博麗内淵閣

饮冰室合集·集外文（增订本）

梁启超 著
夏晓虹 辑

上册

北京大学出版社

图書在版編目（CIP）數據

《飲冰室合集》集外文：增訂本：全3册／梁啓超著；夏曉虹輯. -- 2版. --北京：北京大學出版社，2025.5
（博雅文淵閣）
ISBN 978-7-301-34526-9

Ⅰ.①飲…　Ⅱ.①梁…②夏…　Ⅲ.①梁啓超（1873—1929）—文集　Ⅳ.①B259.11-53

中國國家版本館CIP數據核字（2023）第190174號

書　　　名	《飲冰室合集》集外文（增訂本）（全三册） 《YINBINGSHI HEJI》JIWAIWEN（ZENGDING BEN）（QUAN SAN CE）
著作責任者	梁啓超　著　夏曉虹　輯
責任編輯	徐丹麗　徐邁　鄭子欣
標準書號	ISBN 978-7-301-34526-9
出版發行	北京大學出版社
地　　　址	北京市海淀區成府路205號　100871
網　　　址	http://www.pup.cn　　新浪微博：@北京大學出版社
電子郵箱	編輯部 wsz@pup.cn　　總編室 zpup@pup.cn
電　　　話	郵購部 010-62752015　發行部 010-62750672　編輯部 010-62752022
印　刷　者	北京中科印刷有限公司
經　銷　者	新華書店
	787毫米×1092毫米　16開本　109印張　1809千字
	2005年1月第1版
	2025年5月第2版　2025年5月第1次印刷
定　　　價	498.00圓（全三册）

未經許可，不得以任何方式複製或抄襲本書之部分或全部内容。
版權所有，侵權必究
舉報電話：010-62752024　電子郵箱：fd@pup.cn
圖書如有印裝質量問題，請與出版部聯繫，電話：010-62756370

目　　録

上　册

《〈飲冰室合集〉集外文》序　　　　　　　　　　夏曉虹/1
　編輯凡例　　　　　　　　　　　　　　　　　　　　　1

文集補編

子所雅言,《詩》《書》執禮皆雅言也。葉公問孔子於子路,子路不對。子
曰:"女奚不曰:其爲人也,發憤忘食,樂以忘憂,不知老之將至云爾。"
子曰:"我非生而知之者,好古,敏以求之者也。"子不語怪力亂神　　1
寄蕙仙夫人　　　　　　　　　　　　　　　　　　　　　2
與康有爲等人書　　　　　　　　　　　　　　　　　　　3
會報叙　　　　　　　　　　　　　　　　　　　　　　　7
南皮先生賜壽記　　　　　　　　　　　　　　　　　　　7
與陳三立、熊希齡函　　　　　　　　　　　　　　　　　9
上海新設中國女學堂章程　　　　　　　　　　　　　　10
上陳寶箴書　　　　　　　　　　　　　　　　　　　　13
《試行印花税條説》跋　　　　　　　　　　　　　　　15
《意大利興國俠士傳》序　　　　　　　　　　　　　　16
《大東合邦新義》叙　　　　　　　　　　　　　　　　17
《英人强賣鴉片記》序　　　　　　　　　　　　　　　18
《中西學門徑書七種》叙　　　　　　　　　　　　　　19
《長興學記》叙　　　　　　　　　　　　　　　　　　20
讀《春秋》界説上(補)　　　　　　　　　　　　　　21

時務學堂功課詳細章程	25
呈請代奏查辦德人毀壞聖像以伸公憤稿	34
代總理衙門奏擬京師大學堂章程	36
擬譯書局章程並瀝陳開辦情形摺	45
創辦《時務報》源委	48
擬在上海設立編譯學堂并請准予學生出身摺	51
請飭一切書籍報章概准免納釐稅呈	53
《冒巢民先生年譜》跋	53
與日本東邦協會書	54
上品川彌二郎子爵書	60
致大阪日清協和會山本梅崖書	61
《續變法通議》題記	62
亡友瀏陽譚遺像讚	62
大同志學會序	63
自立會序	64
論剛毅籌款事	65
致孫中山函三通	68
致孫眉函二通	70
書十二月二十四日僞上諭後	71
與經元善書	74
致督憲弔英后書	75
敬謝同志	75
致澳洲保皇會諸同志書	76
異哉所謂支那教育權者	77
《新民叢報》章程	79
《新民叢報》之特色	82
似此遂足以破種界乎	83
英日同盟論	84
《新民叢報》問答	85

將裨學堂緣起	99
媚外奇聞	100
崇拜外國者流看者	101
行人失辭	104
《周末學術餘議》識語	108
朝旨深意	109
自治？非律賓自治？	110
革命！俄羅斯革命！	111
英杜和議遂成	112
中俄之內亂外患	112
《近世歐洲四大家政治學說》自序	113
《近世歐洲四大家政治學說》例言	114
《飲冰室師友論學牋》識語	115
論學生公憤事	116
蔡鈞蹴辱國權問題	119
西藏密約問題	122
檀香山賠款問題	123
民選領事問題	124
(中國唯一之文學報)新小說	125
"黃梨洲"緒論	131
飲冰室主人告白	132
西村博士自識錄	133
南洋公學學生退學事件	137
讀《讀通鑑論》	140
尚同子《〈論紀年〉書後》案語	144
《彌勒約翰自由原理》序	145
小說叢話	146
上海《時報》緣起	151
《時報》發刊例	152

辨妄廣告	154
辨誣再白	155
辨妄再白	156
忠告香港《中國日報》及其日本訪事員	157
《新釋名》叙	161
《近世中國秘史》序	162
《樂典教科書》叙	163
美國大統領選舉臆評	163
聖路易博覽會之各種會議	164
俄國芬蘭總督之遇害	166
俄國虛無黨之大活動	167
論膠濟鐵路與德國權力之關係	168
粵漢鐵路交涉之警聞	169
鐵路權之轉移	172
旅順逃竄俄艦之國際交涉	175
澳洲新內閣與二十世紀前途之關係	179
英國之西藏	181
哀西藏	183
嗚呼四川教育界	196
比國留學界報告	198
東三省自治制度之公布	200
所謂大隈主義	206
雜評二則	216
俄國新內務大臣	217
俄國立憲政治之動機	218
嗚呼俄國之立憲問題	220
續紀俄國立憲問題	224
自由乎？死乎？	226
自由死自由不死	233

俄京聚眾事件與上海聚眾事件	238
鄂督與粵漢鐵路之關係	239
讀廣東國民贖路股票章程書後	242
顧問政治	248
文字獄與文明國	249
治外法權與國民思想能力之關係	250
中國之多數政治	252
《中國原始民族之現狀》識語	253
《羅馬四論》識語	254
讀《今後之滿洲》書後	255
抵制禁約與中美國交之關係	270
評政府對於日俄和議之舉動	274
再評政府對於日俄和議之舉動	276
日俄和議紀事本末	277
《節本明儒學案》例言	284
記東京學界公憤事並述余之意見	287
《上海領事裁判及會審制度》識語	311
過去一年間世界大事記	312
歐洲最近政局	339
國家原論（日本小野塚博士原著）	342
《松陰文鈔》叙	359
《中國存亡一大問題》叙	359
《中國存亡一大問題》跋	360
《意大利立憲政治之近況》跋	361
日本豫備立憲時代之人民	362
論法律之性質（日本法學博士奧田義人原著）	393
雜答某報	399
中國不亡論	438
再駁某報之土地國有論（補）	448

中日改約問題與最惠國條款	458
中日改約問題與協定税率	467
新出現之兩雜誌	470
聞東京留學界與監察員衝突事有感	482
原學	484
中國文明之傳播	488
説淮	503
《學報》談叢	507
政聞社社約	509
一年來政界之波瀾	511
改革之動機安在？	512
所謂袁張内閣	514
嗚呼韓國嗚呼韓皇嗚呼韓民	515
政治上之監督機關	516
政聞社總務員馬良等上資政院總裁論資政院組織權限説帖	525
致劉士驥電	542
飲冰室啓事	543
上濤貝勒牋	544
再論錦愛鐵路問題	548
美國歡迎前大統領	549
日韓合併問題	550
德國膠州灣增兵問題	550
立憲九年籌備案恭跋	551
爲狄葆賢書扇小序	560
《法政雜誌》序	560
論法治國之公文格式	562
致袁世凱電	568
論佛教與國民之關繫	569

中　册

答民主黨在天津開歡迎會辭	573
在民主黨直隸支部歡迎會演說詞	574
蒞國民黨歡迎會演說辭	576
與國民黨參議胡瑛之談話	579
在臨時工商會演說詞	580
覆民主黨員文耀等書	585
《鹽政雜誌》序	586
《庸言》叙	589
撰述啓事	589
《俄蒙交涉始末》識語	590
論國務院會議	591
論審計院	591
介紹大律師熊垓	592
《中華警察協會雜誌》題詞	593
進步黨在京開成立大會演說詞	595
進步黨特別會演說詞	597
致段芝貴宣撫使電	600
代康南海訃告知交	601
在北京青年會之演說	鄧少萍筆錄/601
知命盡性	603
在參政院第十五次會議發言	605
在北京律師公會歡迎會之演說	607
在清華學校演說詞	608
歐戰後思想變遷之大勢	610
在浙江省教育會之演說辭	611
《論語今譯》叙	614
國體問題與五國警告	615

梁啓超啓事	617
呈請辭職文	618
呈報赴美日期文	618
《曾文正公嘉言鈔》鈔例	619
致滇中將士書	620
致譚學夔電	621
梁啓超特別啓事	621
梁任公不黨之聲明	622
梁啓超啓事	622
復呂公望電	623
《省制條議》序	623
棘人梁啓超等泣血稽顙	624
杭州演説詞	624
對於興亞借款問題之意見	626
致杭州各界電	628
復呂公望書	628
在南京軍警政各界歡迎會演説詞	629
在江蘇省議會歡迎會演説詞	632
致黎元洪總統段祺瑞總理電	633
海珠事變遇難三君追悼會	634
致大總統黎元洪電	635
辭勳位電	636
弔黃克强先生電	637
聯合請卹電	637
致譚延闓電	638
恕訃不周	638
致張嘉森電	639
致上海張孝準等青電	639
告蔡松坡先生逝世電	640

致蔣方震、石陶鈞電	640
致王家襄等電	641
致譚延闓電	641
致各當道通電	642
祭蔡松坡先生文	642
致陸榮廷督軍刪電	644
《(再造共和)唐會澤大事記》序	645
在廣東高等師範學校演說詞	645
蒞潮州旅滬紳商歡迎會演說詞	651
在蔡松坡先生追悼會場演說詞	654
在上海南洋公學之演說詞	656
在上海青年會之演詞	660
創設松坡圖書館緣起	665
申謝	668
蔡公遺孤教養協會規則	668
蔡公遺孤教養協會呈請立案文	669
在上海商務總會之演說	姚泳白筆記/670
在江蘇教育總會之演說	674
在濟南鎮守使署參觀武術表演之演說	676
在教育部之演說	677
在清華學校之演說	683
對報界之演說	685
在各政團歡迎會席上之演說	687
在各學校歡迎會之演說	692
梁啓超啓事	695
周八寸琢璧題詞	695
在天津青年會之演說詞	696
與《大公報》記者談今後之社會事業	697
《民國財政史》序	699

在南開學校演説詞	周恩來筆録/700
答客問對於德美國交斷絶及我國應取若何態度之意見	706
爲康有爲六十徵壽啓	707
爲捐助松坡圖書館鬻字例	707
在國民外交後援會成立大會之演説	708
絶交後之緊急問題	711
《曾胡治兵語録》序	713
關於時局之談話	714
馬廠公電	715
在憲法研究會報告入閣經過情形之演説	715
關於召集參議院問題政府之電文	716
與《大公報》記者之談話	717
大總統布告	718
關於一千萬元墊款之談話	720
戴循若先生暨張耀廷、黄孟曦、熊克丞三先生追悼會啓	721
錢塘張公略傳	723
在財政金融學會成立會之演説	723
財政現狀談話	724
與新聞編譯社社員之談話	725
對於赴日視察員之訓話	726
邵陽蔡公松坡週年紀念祀啓事	727
蔡松坡週年祭文	728
與《京津泰晤士報》記者關於時局之談話	729
請發保和殿《四庫全書》副本文	730
《中國國際條約義務論》序	731
金券條例觀	732
致在京友人函	733
致湯薌銘將軍函	733
覆王揖唐、王印川函	734

祭湯濟武文	734
梁啓超聲明	735
請辦粵賑之呈文	736
與《國民公報》記者問答記	737
爲請求列席平和會議敬告我友邦	740
歐戰議和之感想	743
對德宣戰回顧談	746
呈大總統爲上海松坡圖書館成立請將楊參政守敬藏書撥置文	753
中國國際關係之改造	754
歐戰結局之教訓	758
與上海新聞記者之談話	760
國際同盟與中國	761
梁啓超啓事	764
關於歐洲和會問題我輿論之商榷	764
在憲法研究會餞别會之演説	766
在戰後外交研究會及國民外交後援會召開之外交講演會之演説	767
在協約國民協會之演説詞	768
在國際税法平等會演説詞	772
在上海銀行公會歡迎會之答謝詞	775
辭行啓事	776
《中華新武術·棍術科》序	776
錫蘭風景	777
張君勱《英屬馬來及海外中華民族之前途》跋	778
與英報記者之談話	778
致汪大燮、林長民電	780
覆國際聯盟同志會電	781
致汪大燮、林長民電	781
致汪大燮、林長民電	782
在巴黎萬國報界聯合會歡迎會演説詞	782

中國與列强在遠東政治關係上必要之更改	786
致外交部轉汪大燮、林長民電	787
致《字林報》闢謠電	787
致汪大燮、林長民轉上海商會暨商團聯合會電	788
致林長民並國民外交協會電	789
致汪大燮、林長民轉國民外交協會電	789
呈大總統徐世昌電	790
致汪大燮、林長民轉南北當局諸公電	790
與梁啓勳書	791
英國對華貿易觀	794
歐遊抵滬與記者之談話	801
在南通之演説	802
在中國公學演説詞	804
關於山東問題談話	806
臨行致總統書	807
致浙江齊耀珊省長電	808
"五四紀念日"感言	809
《印光法師文鈔》題詞	810
佛教東來之史地研究	賈伸筆記／810
《國際聯盟及其趨勢》序	813
梁啓超啓事	814
縱談諸重要問題	814
湖南省自治根本法草案	816
在講學社歡迎羅素之盛會演説詞	826
《動忍廬詩存》序	828
《蔣叔南遊記第一集》序	829
對於日本提案之意見	829
新煙酒借欵	830
梁啓超啓事	833

復小呂宋中華總商會書	833
青年元氣之培養	834
梁啓超啓事	837
張煦《梁任公提訴老子時代問題一案判决書》識語	837
爲新聞風紀起見忠告投稿家及編輯者一封信	838
答張爾田書	840
《澈底翻騰的清華革命》序	840
覆曹錕、吴佩孚電	841
農業與將來之社會	危微筆記/842
山東歷史博物展覽會開幕演説詞	危微筆記/843
先輩與後輩	844
先進者之新覺悟與新任務	梁思成筆記/845
什麽是新文化	849
祝湖南省憲之實施	852
奮鬥的湖南人	緯文、余蓋合記/858
湖南教育界之回顧	余蓋、李厚孚記/860
梁啓超啓事	864
互競與互助	864
研究哲學的方法	簡贊雍筆記/867
對武漢報界之演説	870
對於河南教育前途之希望	872
母校觀念及祖國觀念	劉熾晶、梁啓雄筆録/874
致大總統黎元洪電	876
對於羅文幹案國民所應持的正義	877
復裘可桴書	879
"狂狷"	郭廷以記/879
《荀子人性的見解》識語	882
《統計學原理及應用》序	882
謝客啓事	883

爲創設文化學院事求助於國中同志	883
梁任公對於時局之痛語	885
松坡圖書館上大總統呈文	887
致《黃報》記者書	888
梁啓超啓事	888
《梁任公學術講演集》(第三輯)自序	889
梁啓超謹白	889
介紹大音樂家(二則)	890
梁啓超啓事	891
致《晨報副鎸》記者書	892
《法律評論》題辭	892
在日使館之演説	893
倡議籌賑日本震災通電	894
倡議籌賑日本震災致各報館通電	895
在陳師曾追悼會之演説	896
女子與教育	梁月梅、蘇國才、羅素好筆記/897
文史學家性格及其預備	賀麟筆記/900
爲松坡圖書館徵書致譚延闓函	903
在范源廉校長就職典禮上的演説	李林昌筆記/904
關於醫大美專兩校風潮對記者之談話	906
東原圖書館募捐辦法	907
講學社招待太戈爾茶會歡迎辭	908
松坡圖書館第一次年會報告	909
松坡圖書館呈内務、教育部文	910
怎樣的涵養品格和磨練智慧	賀麟、張蔭麟筆記/910
在香山慈幼院之講演	凌宴池筆記/917
恕訃不週	919
致段祺瑞電	920
青年必讀書	920

孫文之價值	921
爲松坡圖書館鬻字改定潤格	922
松坡圖書館報告事項	923
《中國歷朝統系圖》序	924
《國立北京師範大學民國十四年畢業同學錄》叙	925
呈請補助中華圖書館協會文	926
學問獨立與清華第二期事業	926
爲美國同學捐欵致學生會函	929
與清華研究院同學談話記	930
指導之方針及選擇研究題目之商榷	周傳儒記/933
介紹法比兩大音樂家	940
失望與有爲	940
松坡圖書館呈内務、教育部文	942
梁啓超啓事	942
答梁漱溟書	943
狂狷的愛國青年	萬超恒等筆記/944
王政《爲蓄妾問題質梁任公先生》跋語	947
答《晨報》記者電話訪談	948
國産之保護及獎厲（補）	948
與劉勉己書	953
與徐志摩書（二則）	954
政治家之修養	張鋭、吳其昌筆記/955
致吳宓書	962
致曹雲祥校長書	964
對慘案之憤慨	965
病院談話記	徐志摩筆記/966
國恥演講詞	梁思忠筆記/968
爲松坡圖書館徵書致浙江省長夏超函	970
我的病與協和醫院	971

對美客談廢除領判權	974
《松坡軍中遺墨》序	975
《碣陽詩話》序	975
致張孝若電	976
祭張嗇庵先生文	976
題劉畫跋	977
新書介紹‧《中華民國省區全誌》	978
致孫傳芳電	980
蔡松坡遺事	梁啓超口述，周傳儒筆記/980
蔡松坡與袁世凱	992
《〈中華民國省區全誌〉第五編〈北嶺南嶺部　鄂湘贛三省誌〉》序	999
覆楊杏佛書	1000
要幹便站在前線	1001
聘任余紹宋學長函	1002
司法儲才館開館辭	1002
敬告英國人	1004
《司法儲才館季刊》發刊詞	1006
陸王學派與青年修養	1007
梁漱溟《人心與人生》介紹詞	1013
學問的趣味與趣味的學問	1014
經濟生活之非唯物的部分	彭時筆記/1019
法官之修養	李良、彭時筆記/1022
接收京師圖書館改組辦理情形手摺	1027
北海談話記	周傳儒、吳其昌筆記/1030
王森然著《中學國文教學概要》序	1037
致教育部請辭國立圖書館長書	1040
《歷代名人生卒年表》序	1041
知命與努力	王劭年、張澤雄筆述/1041
致北京圖書館委員會請津貼編纂《圖書大辭典》函	1047

《中國圖書大辭典》編纂内容概要	1048
編輯《圖書大辭典》(又名《群籍考》)計畫	1049
社會學在中國方面的幾個重要問題研究舉例	周傳儒筆記/1058
王靜安先生墓前悼辭	吳其昌、姚名達筆記/1071
《國學論叢》第一卷第三號(王靜安先生紀念號)序	1072
范靜生先生追悼會	1074
《紀元通譜》序	1075
祖國政府與南洋荷屬華僑教育	1075
《固安文獻志》序	1083
飲冰室詩話(補)	1084
賦得荔實周天兩歲星(得星字五言八韻)	1116
廣邱菽園詩中八賢歌即效其體	1117
和吳濟川贈行即用其韻	1117
遣懷	1118
辛亥元旦	1118
白葭先生屬題精忠柏圖	1118
南湖所藏道衍爲中山王畫山水希世寶也，行住坐卧與俱，借觀三日，題長歌歸之	1119
壽陳弢庵太保七十	1119
爲李一山題唐拓武梁祠畫象本	1120
哭湯濟武	1120
百里述泰西一美術家言：黑人爲天下至美。子楷、君勱盛贊其説，戲賦一絶，以當附和。	1121
汪母潘太夫人七十壽詩	1121
亡妻李夫人葬畢告墓文	1122
題《海岳遊記》	1125
田村先生，醫中國手，以餘事藝菊，滿園秋艷，爲北地冠。見招會賞，輒題一絶	1126
題宋石門羅漢畫像	1126

下　册

專集補編

西學書目表　　　　　　　　　　　　　　　　　　　　　　1129
 西學書目表上　　　　　　　　　　　　　　　　　　　1129
 西學書目表中　　　　　　　　　　　　　　　　　　　1137
 西學書目表下　　　　　　　　　　　　　　　　　　　1147
 西學書目表附卷　　　　　　　　　　　　　　　　　　1151
讀西學書法　　　　　　　　　　　　　　　　　　　　　　1164
《論語》《公羊》相通說　　　　　　　　　　　　　　　　　1176
戊戌政變記（補）　　　　　　　　　　　　　　　　　　　1197
  論戊戌八月之變乃廢立而非訓政　　　　　　　　　1197
  政變近報　　　　　　　　　　　　　　　　　　　1199
 卷四　　　　　　　　　　　　　　　　　　　　　　　1201
  第四篇　政變正紀　　　　　　　　　　　　　　　1201
   第二章　窮捕志士　　　　　　　　　　　　　1201
   第三章　論西后及今政府將來之政策如何　　　1203
 卷五　　　　　　　　　　　　　　　　　　　　　　　1206
  第五篇　政變後之關係　　　　　　　　　　　　　1206
   第一章　論中國之將來　　　　　　　　　　　1206
   第二章　支那與各國之關係　　　　　　　　　1208
   （第二章　關係之問題）　　　　　　　　　　　1210
   第三章　日英政策旁觀論　　　　　　　　　　1211
 卷七　　　　　　　　　　　　　　　　　　　　　　　1213
  附錄一　改革起原（補）　　　　　　　　　　　　　1213
和文漢讀法　　　　　　　　　　　　　　　　　　　　　　1215
 叙　　　　　　　　　　　　　　　　　　　　　沈翔雲/1215
 和文漢讀法　　　　　　　　　　　　　　　　　　　1216

跋	紫瀾漁長	1233
《譯書彙編》叙例		1233
附録：叙	勵志會	1235

國家論　　　　　　　　　　　　　　　〔德國〕伯倫知理原著/1235
　卷一　　　　　　　　　　　　　　　　　　　　　　　　1235
　　第一章　國家之改革　　　　　　　　　　　　　　　　1235
　　第二章　國家之主義　　　　　　　　　　　　　　　　1240
　　第三章　國家之建立沿革及亡滅　　　　　　　　　　　1243
　　第四章　立國之淵源　　　　　　　　　　　　　　　　1246
　　第五章　國家之準的　　　　　　　　　　　　　　　　1251
　卷二　（闕）　　　　　　　　　　　　　　　　　　　　1255
　卷三　國體　　　　　　　　　　　　　　　　　　　　　1255
　　第一章　四種正體　政體　　　　　　　　　　　　　　1255
　　第二章　四種之變體　民體　　　　　　　　　　　　　1258
　　第三章　近世代議君主政治及代議共和政治　　　　　　1261
　　第四章　代議(一曰立憲，義同)君主政治之端緒　　　　1264
　卷四　公權之作用　　　　　　　　　　　　　　　　　　1265
　　第一章　至尊權　國權　主權　　　　　　　　　　　　1265
　　第二章　國家主權(國民主權)　君主主權(政府主權)　　1269
　　第三章　公權之區別　　　　　　　　　　　　　　　　1271

飲冰室自由書(補)　　　　　　　　　　　　　　　　　　　1274
　德國可畏　　　　　　　　　　　　　　　　　　　　　　1274
　歐美諸國對中國貿易損耗　　　　　　　　　　　　　　　1274
　蒙的斯鳩之學說　　　　　　　　　　　　　　　　　　　1275
　列國東洋艦隊　　　　　　　　　　　　　　　　　　　　1279

現今世界大勢論　　　　　　　　　　　　　　　　　　　　1280
　叙　　　　　　　　　　　　　　　　　　　　　　　　　1280
　　第一節　論民族主義之進步　　　　　　　　　　　　　1280
　　第二節　論民族帝國主義之由來　　　　　　　　　　　1281

第三節　英國之帝國主義　　　　　　　　　　　　1283

　　　第四節　德國之帝國主義　　　　　　　　　　　　1285

　　　第五節　俄國之帝國主義　　　　　　　　　　　　1287

　　　第六節　美國之帝國主義　　　　　　　　　　　　1289

　　　第七節　論今日世界競爭之點集注於中國　　　　　1291

　　　第八節　論各國經營中國之手段　　　　　　　　　1292

　　　第九節　論殖民政略　　　　　　　　　　　　　　1294

　　　第十節　論鐵路政略及傳教政略　　　　　　　　　1296

　　　第十一節　論工商政略　　　　　　　　　　　　　1298

　　　第十二節　結論　　　　　　　　　　　　　　　　1300

(政治小説)新中國未來記(稿本)(補)　　　　　　　　　1301

　　　第五回　奔喪阻船兩覘怪象　對病論藥獨契微言　　1301

新羅馬傳奇(補)　　　　　　　　　　　　　　　　　　1316

　　　第七齣　隱農　　　　　　　　　　　　　　　　　1316

(通俗精神教育新劇本)班定遠平西域　　　　　　　　　1318

　　例言　　　　　　　　　　　　　　　　　　　　　　1318

　　第一幕　言志　　　　　　　　　　　　　　　　　　1320

　　第二幕　出師　　　　　　　　　　　　　　　　　　1322

　　第三幕　平虜　　　　　　　　　　　　　　　　　　1324

　　第四幕　上書　　　　　　　　　　　　　　　　　　1327

　　第五幕　軍談　　　　　　　　　　　　　　　　　　1328

　　第六幕　凱旋　　　　　　　　　　　　　　　　　　1331

　　附：粵語釋文　　　　　　　　　　　　　　　　　　1334

越南亡國史(補)　　　　　　　　　　　　　　　　　　1336

　　叙　　　　　　　　　　　　　　　　　　　　　　　1336

　　例言　　　　　　　　　　　　　　　　　　　　　　1337

財政原論　　　　　　　　　　　　　　　　　　　　　1337

　　例言　　　　　　　　　　　　　　　　　　　　　　1337

　　《財政原論》目次　　　　　　　　　　　　　　　　1338

編首　總論	1338
第一編　國家經費論	1339
第二編　國家收入論	1342
第三編　收支適合論	1352
第四編　財務樞機論	1355
第五編　地方財政論	1357

雙濤閣時事日記(補) 1359

序例　1359

財政問題商榷書初編 1359

叙言　1359

第一期財政計畫意見書　1360

財政問題商榷書次編 1377

吾黨對於國民捐之意見　1377

論今日整理財政宜先劃定國稅與地方稅之範圍(稅制問題之一)　1383

本年財政現狀質問政府案　1391

講壇　第一集 1398

《時事新報》記者誌　1398

人生目的何在　1398

無聊消遣　1401

將來觀念與現在主義　1403

推理作用　1406

自由意志　1409

甚麼是"我"　1415

最苦與最樂　1418

意志之磨鍊　1420

讀《孟子》記(修養論之部)　1424

世界平和與中國 1445

歐遊心影錄(補) 1453

第三篇　倫敦初旅　1453

國學小史(補) 1454
    諸子考證與其勃興之原因 1454
中學以上作文教學法 1458
    序言一 衛士生、束世澂/1458
    序言二 衛士生、束世澂/1459
    中學以上作文教學法 衛士生、束世澂記/1460
        (一) 提綱 1460
        (二) 記述之文 1462
        (三) 記靜態之文 1464
        (四) 記動態之文 1467
        (五) 記事文 1471
        (六) 論辨之文 1475
        (七) 教授法 1481
    附錄　國文教學法十講 1487
        第一講　從教材上比較文言文白話文適用之程度
        黃鑄卿、吳煒、彭雲谷、饒郡光筆記/1487
        第二講　論濫作論事文之弊 黃鑄卿、吳煒、彭雲谷、饒郡光筆記/1490
        第三講　敘事文命題之商榷 學生黃如金筆記/1492
先秦政治思想史(補) 1496
    《儒家哲學及其政治思想》識語 1496
讀書法講義 1497
中國近三百年學術史(補) 1510
    《清代政治之影響於學術者》題記 1510
    《清代學者整理舊學之總成績》序 1510
《大乘起信論》考證 1511
    前論　研究本問題之豫備 1511
    本論上　從文獻上考察 1515
        一　《起信論》果馬鳴造乎？ 1515
        二　《起信論》果真諦譯乎 1519

本論下　從學理上考察　　　　　　　　　　　　　　1527
　　　　一　《起信論》在佛學界位置概說　　　　　　　1527
　　　　二　佛身論之史的發展與起信思想　　　　　　　1530
　　　　三　心識論之史的發展與起信思想　　　　　　　1533
　　　　四　從教理上討論《起信論》成立之年代與地方　1538
　　結論　《起信論》之作者及其價值　　　　　　　　　1541
　　餘論　　　　　　　　　　　　　　　　　　　　　　1542
　　　　一　《起信論》與《占察經》　　　　　　　　　1542
　　　　二　《起信論》與《釋摩訶衍論》　　　　　　　1545
朱舜水先生年譜（補）　　　　　　　　　　　　　　　　1547
　　朱舜水先生學說彙纂　　　　　　　　　　　　　　　1547
　　朱舜水先生言行雜記　　　　　　　　　　　　　　　1556

附　錄

就任日期通告　　　　　　　　　　　　　　　　　　　　1561
呈大總統報明就職視事日期文　　　　　　　　　　　　　1561
令各省高等檢察廳　　　　　　　　　　　　　　　　　　1562
呈大總統擬將新疆司法籌備處暫緩裁撤請鑒核施行文　　　1563
令京外各級檢察廳　　　　　　　　　　　　　　　　　　1563
呈大總統陳明本部已未派往各國修習員另籌辦法
　　暨嗣後毋庸呈請等情鑒核備案文　　　　　　　　　　1564
呈大總統遵將司法籌備處裁撤其應辦事宜擬分別改歸高等審判
　　檢察兩廳辦理毋庸遴員兼任請鑒核示遵文　　　　　　1565
呈大總統擬就各級審判廳試辦章程條文分別修正補訂
　　以昭劃一開單請鑒核示遵文（附《修正各級審判廳
　　試辦章程三條》）　　　　　　　　　　　　　　　　1566
呈大總統擬懇准照約法將廣西桂林地方審判廳判決楊松林等
　　一案宣告減刑暨由部按新刑律施行細則改刑等情
　　請鑒核批示施行文　　　　　　　　　　　　　　　　1567

令各省高等審判檢察廳	1568
令各省高等審判檢察廳縣知事幫審員	1570
令駱通、何炳麟、張祥麟、蔣棻	1571
令胡振禔	1571
令京師地方京內外高等審判廳	1572
令京師直隸高等審檢廳	1573
令直隸高等審判檢察第二高等審判檢察分廳	1573
令公布《監獄身分簿》（附身分簿）	1574
呈大總統擬懇將辛萼樓一犯宣告減刑請鑒核施行文	1580
監獄看守服務規則	1581
令各省高等檢察廳	1590
令直隸高等審判檢察廳	1590
令京師地方審判廳京內外高等審判廳（附《查封動產暫行辦法》）	1591
令京外高等審判廳（附《民事訴訟費用徵收規則》）	1593
司法部布告定期考驗並甄拔司法人員（附《甄拔司法人員準則》）	1598
令京師及沿路綫各省高等以下各級審檢廳縣知事幫審員	1603
令京外各級審判廳暨各縣知事幫審員	1604
令京外高等審判檢察廳	1605
批張鵬飛呈	1606
批神州大學代表張嘉森等呈	1606
令京外高等以下各該審檢廳審檢所及行使司法之縣知事	1607
令京外高等審判檢察廳	1608
令公布《監獄規則》（附規則）	1608
令請覲各員開具履歷赴部報到	1616
令直隸高等審檢廳	1616
令山東高等審檢廳	1617
致大理院長函	1617
司法部布告爲發給律師證書事	1618
令順天府習藝所辦事員	1619

呈大總統擬將直隸第一高等審檢分廳裁撤裁缺各員一律免官另候
　　任用並設在熱河之直隸第二高等審檢分廳改正名稱各等情
　　　　請鑒核施行文　　　　　　　　　　　　　　　　　1619
令浙江高等檢察廳　　　　　　　　　　　　　　　　　　　1620
令京外各級審判廳暨各縣知事幫審員　　　　　　　　　　　1621
令京外各級審判檢察廳長官　　　　　　　　　　　　　　　1622
令京外高等地方審判廳　　　　　　　　　　　　　　　　　1622
令公布《修正律師暫行章程第七章第八章》各條文(附修正文)　1623
令公布《律師懲戒會暫行規則》(附規則)　　　　　　　　　1624
令各省高等檢察廳　　　　　　　　　　　　　　　　　　　1627
令京外高等檢察廳　　　　　　　　　　　　　　　　　　　1628
令各省高等檢察廳檢察長　　　　　　　　　　　　　　　　1628
令各省高等檢察廳檢察長　　　　　　　　　　　　　　　　1629
令各省高等以下審判檢察廳縣知事幫審員新疆司法籌備處　　1630
呈大總統擬懇將已故前四川重慶高等檢察分廳監督檢察官馬柱
　　比較陸軍上校陣亡例給卹請鑒核批准施行文　　　　　　1631
令各省高等檢察廳　　　　　　　　　　　　　　　　　　　1632
呈大總統擬具司法官廻避辦法四條繕單請鑒核施行文(附單)　1633
令各省高等檢察廳　　　　　　　　　　　　　　　　　　　1634
呈大總統謹補訂各省法官回避辦法二條繕單
　　請鑒核施行文(附單)　　　　　　　　　　　　　　　　1634
呈大總統查明山西河東地方檢察長閻秉真現無吸烟證據擬請
　　免其懲處請鑒核批示施行文　　　　　　　　　　　　　1635
致汪有齡先生聘任爲法律編查會副會長書　　　　　　　　　1636
令京師律師懲戒會會長　　　　　　　　　　　　　　　　　1637
致董康先生等聘任爲法律編查會顧問書　　　　　　　　　　1637
致羅文幹先生等聘任爲法律編查會編查員書　　　　　　　　1638
呈大總統所有司法部裁缺各員張軫等均行開去薦任本缺仍留原官資格
　　其餘各員擬仍照舊供職請鑒核批示遵行文　　　　　　　1639

令總檢察廳及京師高等以下審判檢察廳(附《司法官考績規則》)	1640
呈大總統擬將直隸豐寧縣監犯改處無期徒刑之池維垣白雲升二犯再減爲一等有期徒刑十年等情請鑒核批示施行文	1644
呈大總統謹將應行迴避之河南等省高等廳長官互相調用人員開單請鑒核施行文(附單)	1645
呈大總統據甘肅山東高等檢察廳呈報同級審判廳覆判杜清潔程旦等各案未據刑律減等情輕法重擬懇宣告減刑以資救濟請鑒核示遵文	1646
呈大總統爲擬預定期日實行《國幣條例施行細則》之第二條以立新幣之基礎且推廣中國銀行鈔票文	1647
呈大總統爲臚陳鑄幣計畫文(附說帖)	1650
呈大總統推行國幣簡易辦法說帖	1658
呈大總統爲將整理造幣廠計畫臚舉綱要別具說帖文(附說帖)	1659
批裕國實業銀行總籌備處代表董耕雲呈	1662
批裕國實業銀行總籌備處代表董耕雲呈	1663
呈大總統漢口商會會長俞崇敬承銷印花年認鉅額請從優獎勵文	1664
呈大總統請將原有遇閏加徵及已未停免各省一律免除文	1665
呈大總統次長金還請叙官等文	1666
批華富殖業銀行呈	1666
呈大總統請任免本部秘書文	1667
令部員開去兼差	1668
呈大總統陳明本部裁撤機關陶汰人員情形文	1668
令京兆察哈爾財政廳廳長張家口稅務監督	1669
呈大總統擬請將揚由常關另派監督管理毋庸由鎮江關兼管文	1670
令在職各員	1671
呈大總統擬將山東民運區域福山等十八縣攤入地丁之鹽課自七年分上忙起一律豁免實行直接新稅文	1672
令公布《戰時財政金融審議會規則》(附規則)	1673
呈大總統兩淮緝私統領季光恩應請開缺另用遴派	

劉槐森接充文 　　　　　　　　　　　　　　　　　　　　1674
呈大總統武昌造幣分廠廠長一職遴員更替文 　　　　　　　　1675
呈大總統會同覈議陝西省長請豁免田賦附加二成銀兩
　　未便照准文 　　　　　　　　　　　　　　　　　　　　1676
呈大總統爲兩浙北監長林兩場知事營私舞弊請交
　　文官高等懲戒委員會依法懲戒恭呈祈鑒文 　　　　　　　1677
呈大總統爲大員違法處理公務涉及刑事範圍應請明令
　　依法懲處文 　　　　　　　　　　　　　　　　　　　　1678
令公布《戰時財政金融審議會辦事細則》(附細則) 　　　　　1681
令公布《菸酒行政評議會章程》(附章程) 　　　　　　　　　1682
令公布《清理檔案處章程》(附章程) 　　　　　　　　　　　1683
令公布修正《戰時財政金融審議會辦事細則》第四條文 　　　1684
令各省財政廳 　　　　　　　　　　　　　　　　　　　　　1685
財政部布告爲殖業銀行私發債票事 　　　　　　　　　　　　1686
呈大總統分別修正《全國菸酒公賣暫行簡章》文 　　　　　　1686
令公布《財政部特派赴日財務行政視察團章程》(附章程) 　 1687
呈大總統請將四川寧遠關裁撤歸成都關監督派員
　　管理並將該監督吳士椿免職另用文 　　　　　　　　　　1688
呈大總統爲擬定各省區處理官產人員懲戒章程並給獎
　　辦法文(附章程) 　　　　　　　　　　　　　　　　　　1689

存　目 　　　　　　　　　　　　　　　　　　　　　　　1692

後　記 　　　　　　　　　　　　　　　　　　　　　　　1702

《〈飲冰室合集〉集外文》序

夏曉虹

本書名爲《〈飲冰室合集〉集外文》,則對《合集》一書自當有所交代。梁啓超1929年1月溘然長逝後,親友會商,決定由林志鈞主持編輯遺稿成書,是即爲1936年由中華書局出版的《飲冰室合集》。這部皇皇40册的大書,在很長時間裏被認作是收錄最全的梁著。而梁文1902年第一次結集時,題名爲《飲冰室文集》,以梁氏取《莊子·人間世》"吾朝受命而夕飲冰,我其内熱與"之意,將書齋命名"飲冰室",自署即爲"飲冰室主人"。所謂"飲冰",自然是表達了任公先生對國事的憂心如焚;即以治學論,又何嘗不因"内熱"而博聞强記、筆耕不輟。此後,梁氏文集的多種版本均冠以"飲冰室"之名,重要者如1905年上海廣智書局版《(分類精校)飲冰室文集》,1916年上海中華書局版《飲冰室文集》,同年上海商務印書館版《飲冰室叢著》,1926年上海中華書局版《(乙丑重編)飲冰室文集》,無不如此。以梁啓超在近現代社會地位之重要,林志鈞先生肯定,梁集編印的意義在於,"藉可窺見作者思想之發展及三十年來政局及學術界轉變之迹"(《飲冰室合集·例言》),誠爲知言。

《飲冰室合集》的編輯原則,在《例言》中已有説明:"本編以編年爲主,搜集已印未印諸作,分兩大類:甲類文集,附詩詞、題跋、壽序、祭文、墓誌等;乙類專著,附門人筆記若干種。約以時代先後爲次,專著中又各自爲類,而第其年次。"這在印成之書上,便區分爲"文集"16册與"專集"24册。

依照梁啓超生前的想法,其文集編纂當經删汰。林志鈞曾記梁氏病中言:"吾年得至六十,當删定生平所爲文,使稍稍當意,即以自壽。"雖然,林氏爲"詮次斯集,每欲有所商榷是正,獨不能起任公於九原而問之"(《〈飲冰室合集〉序》）感慨神傷，但梁啓超有關編集的説法實已流傳於知交、學生間。弟子吳其昌録其晚年言談，便有記載："吾笑俞蔭甫（樾）《曲園全集》體例之雜，乃下至楹聯、燈謎、牙牌、酒令……都吝不肯芟。吾他日之集，毋乃類此。"因此吳氏以爲林志鈞編《飲冰室合集》，"楹聯以下盡删不録"（吳其昌《梁任公先生晚年言行記》），正是尊重梁啓超遺意。

不過，作者自定本與逝後的全集本，原有各自的著眼點與讀者群。前者不妨以"精要"爲準則，後者則理應以"求全"爲鵠的。林志鈞先生當年受託編輯《合集》，定位實在兩者之間：雖有所取捨——如《例言》説明，殘稿中凡"確認爲未定稿或已廢棄之作"不入集；又，早年在日本發表的時事評論多捨棄——但大旨仍力求將任公先生的重要作品盡皆納入。只是由於梁啓超的寫作速度驚人、數量龐大，而林先生限於時間、精力與條件，輯録時，主要依據由梁侄廷燦編輯的《（乙丑重編）飲冰室文集》與手稿，再配以晚年學生們筆記的講義，因此，即使以其自期衡量，也有不少遺漏。這就爲我編《〈飲冰室合集〉集外文》留下了巨大的空間。

極而言之，從梁啓超病殁到《飲冰室合集》問世，其間經歷了七年。而我編這部《〈飲冰室合集〉集外文》，斷斷續續倒做了近十年，正合了古語所謂"十年磨一劍"。

大概是1992年吧，清華大學中文系主持出版的"清華文叢"第一種《吳宓與陳寅恪》問世，引起讀書界關注。中文系主任徐葆耕先生有意趁熱打鐵，藉助編輯"文叢"，繼承與光大由原清華國學院開創的治學傳統。而赫赫有名的"四大導師"中，如陳寅恪的詩集，王國維的《古史新證》講義，趙元任的《中國現代語言學的開拓和發展》論文選，均已有著落，唯獨年紀最長的梁啓超落了單。依我淺見，以梁氏之聲望、著述，"清華文叢"中本應爲其留有一席之地。將此意説與徐先生聽，等於"引火燒身"，這任務最後便落實在建議者頭上。

梁氏著作等身，卷帙浩繁的《飲冰室合集》容易給人留下一網打盡的印象。可我自1982年做研究生以來，接觸梁著多年，深知集外之文所在多有。于是想象，編一本幾十萬字的佚文集並非難事，數月可成。而一旦著手，卻發現這其實是個浩大的工程，且誘人愈陷愈深。迨至輯佚數量已達到約莫四十萬字，便只好與"清華文叢"脱離關係。因爲那套書的設計，每本只在十幾二十萬字的篇幅，並没有上下册的編制。

於是，我重新設計了自己的編輯方案。按照梁啓超之友徐佛蘇的推算，梁氏"生平之文字合'著'與'述'兩項言之，約在'一千四百萬字'内外。蓋每月平均以三萬字計，每年平均以卅六萬字計，而四十年可得'千四百萬字'之和數也"（《記梁任公先生逸事注》）。我無法精確統計《飲冰室合集》的字數，但以一千四百萬相減，餘數也必定極爲可觀。以一人之力，欲遍録集外之文，自知非窮年皓首不能完工。我雖爲梁啓超其人其文的魅力所吸引，却是人到中年，尚有個人的研究計劃，不欲將全部精力投入此中。退而求其次，便想出劃地自限一法，只收輯梁氏生前已發表之作，亦即曾經影響於社會的文字，這起碼有利於較全面地展示作爲"公衆人物"的梁啓超形象。

以我的性格，凡事既已開頭，便求完備。在儘先利用北京大學圖書館與北京圖書館（現易名爲"國家圖書館"）的收藏之餘，凡有機會遠赴國外，搜輯梁啓超遺作也必定成爲首務。而國外借閱與複製的便利，確令我的工作效率大爲提高。1993年12月至1994年7月，訪學日本，於東京大學與京都大學查找了《新民叢報》《學報》《政論》上諸文。1997年3月至7月，輾轉於哥倫比亞大學、哈佛大學等美國著名學府，也集中查閱了《知新報》《晨報》《大公報》《清華週刊》，並找到了《西學書目表》的初版本，以及聞名而未識面的商務印書館函授教材《讀書法講義》。1998年5月到7月在德國講學，又利用海德堡大學漢學研究所購買的《政府公報》，補上了梁啓超於民國年間兩任總長時期簽署的公文。這些大批量的複印，奠定了這部《集外文》的主體。

近年國内近代報刊影印本的面世，確爲搜尋遺篇提供了方便。諸如《時務報》《清議報》《大公報》《晨報》，均爲我最先采用。不過，若論輯佚，不易保存的報紙顯然更值得重視，我於此中屢有發現。與梁啓超關係密切的近現代報章，除上列數種外，《國民公報》與《時事新報》無疑價值最高。但兩報既無影印本，縮微膠卷亦不完全，只好對照北大的原件與北圖的縮微膠卷，倒也收穫頗豐。在原先不被看好的首都圖書館，我也有意外發現，《讀西學書法》的初刊本便是在此覓得。

除自己所到之處用心查找外，我也曾向各方求助，擾人多多。已經過世的中山大學圖書館原任副館長饒鴻兢先生，即爲我郵寄來《〈論語〉〈公羊〉相通說》。中國社會科學院近代史所的友人湯立峰，也曾代我借書及複印文章。不僅麻煩國內的朋友和學生，如孟華、袁進、陳子善、杜玲玲等，甚至爲得到在哈佛時有目無書的《居易集》中梁啓超致經元善書，我也率爾遠託美國衛斯理學院（Wellesley College）的魏愛蓮（Ellen Widmer）教授。如此被我煩擾的尚有日本東京大學教授藤井省三、現任教於神户大學的濱田麻矢等多位。特別是爲尋覓《和文漢讀法》的最早刊本，我接連驚動了京都大學的平田昌司教授以及該校出身的齋藤希史先生。更令我感動的是，大阪經濟大學的樽本照雄先生受我面託，不但寫信向日本國會圖書館查詢此書，而且在網上刊登尋書啓事。雖然這些努力終於落空，到手的只是翻印增補本，但在求索的過程中，我得到了可貴的友情。直到本書初校樣出來後，華南師範大學素未謀面的左鵬軍先生，也由中山大學吳承學兄代爲請託，寄來《〈勒忍廬詩存〉序》，爲充滿溫馨記憶的編輯手記補上了最後一筆。

　　如此興師動衆，"上窮碧落下黃泉"，結果也不能説完滿無缺。上述初版本《和文漢讀法》之隱身不現，便是一大憾事。楊殿珣的《中國歷代年譜總錄》與謝巍的《中國歷代人物年譜考錄》中均有著錄且爲編者親見的《厲樊榭先生年譜》一卷，我也未能訪到，一辨究竟（我頗疑心此作的真僞）。遺漏的散篇文章，當然更不止一二。最令我扼腕的是《梁啓超年譜長編》中已提及的梁應考鄉試所作一文一詩，並具體指明載於光緒己丑《廣東闈墨》某册某頁，而我終於無緣得見。另有收入《經藝奇觀》的梁氏早年所撰八股文四篇，雖然《梁啓超研究》已轉錄，但我的編輯方針是，儘可能利用原刊。經過多方努力，未能如願，此四文於是不得已而割愛。個人的感覺是，輯佚如秋日之掃落葉，難以窮盡。如此表白，並非想爲此編的未能盡如人意尋找藉口，不過是出於將此事作一了斷的考慮——曠日持久地拖下去總不是好辦法。將已收集到的大體成型的梁啓超遺篇儘早提供給研究者使用，對於學界或許更有益。

　　輯錄的過程中，李國俊先生編著的《梁啓超著述系年》爲我案頭必備之書，時時參考。對於肯花功夫做資料編集工作的研究者，我總是懷着特別的敬意。

2000 年 12 月 21 日於京北西三旗

編輯凡例

一、本書輯録《飲冰室合集》未收之梁啓超佚文,體例依從《飲冰室合集》,分爲兩編:散篇文章入"文集集外文",有單行本者入"專集集外文"。後者如遇未及編入原本之零篇,亦代爲增補。

二、所收録各文,以梁啓超生前發表者爲限。惟個別已定稿之書序,雖刊本出版較遲,亦予優容。

三、除梁啓超自撰文,亦酌録由他人筆記之演説詞。

四、如有一文多刊,儘可能擇取最早發表者或與梁啓超關係密切之報章作底本。

五、編録次序,大體按寫作時間先後排列。如有不明者,則以發表時間爲據。但有時爲照顧閲讀方便,亦酌情略作調整,將相關文章編列一處。

六、每篇(書)後,均注明出處,以便查考。

七、編中引用古籍,已儘量查對原書,並作校記。

八、爲最大程度保持原貌,編中文字一仍其舊,擬改之字以[ ]表示,擬增之字以( )表示,衍字以〈 〉表示。又,明顯錯字如"已"之爲"己",已徑行改正。

九、凡原文只有句讀或無斷句者,均代爲標點;凡已用新式標點者,大體保留原樣。

十、附録部分收入由梁啓超簽署之公文,以備研究者參考。因數量過多,凡編者以爲意義不大者,僅作存目,不列原文。

文集補編

子所雅言,《詩》《書》執禮皆雅言也。葉公問孔子於子路,子路不對。子曰:"女奚不曰:其爲人也,發憤忘食,樂以忘憂,不知老之將至云爾。"子曰:"我非生而知之者,好古,敏以求之者也。"子不語怪力亂神

聖人揭經學之要,所以存經也。蓋《詩》《書》《禮》學經之本也。子既發憤而敏求之,又以不語防其弊焉,非以存經歟?記者意謂:吾編次聖言,至"雅言""不語"之間,未嘗不廢書而歎也。曰:嗟乎!王路廢而邪道興,經訓微而群言亂。孔子生於其間,論次《詩》《書》,修起《禮》《樂》;肩先覺之任,而與人未嘗隱,抱絶世之質,而下學不敢寬;訂諸經於暮年,息異喙於濁世,其功詎不偉歟?自孔子既没,六藝從此缺焉。周衰樂壞,其書先亾。《易》以卜筮之故,僅存於世。萬物聚散,皆在《春秋》,文成數萬,其指數千。後世學者,大都棄經任傳,蓋不亾而亾久矣。獨《詩》《書》《禮》專門名世之業,流傳派衍,至於今不廢,夫非子之雅言之遺澤孔長哉?雖然,吾子之教無行不與者也。子豈不願盡以其發憤之作,述古之篇,詔之吾黨,俾游、夏、師、賜、季路之徒,咸遵吾子之業,以顯於當世,而顧有言有不言者何哉?蓋《詩》者《樂》之本也。《雅》《頌》各得其所,而後《樂》正。傳《詩》即傳《樂》也。至於假年以學《易》,道窮而作《春秋》,雖皆垂老所篤好者,然而與群弟子言:象數之幽奇,不若《風》《雅》之和易

也；尊攘之隱志，不如《謨》《誥》之昭明也；蓍龜史巫之隱僻，又不若節文度數之詳著也。吾子之敎也，蓋其愼也。且夫羣經之厄於世也亦至矣。《緯書》晚出，諸子並作，索隱行怪，經義之一厄也。逮其後焚典籍，愚黔首，爭力召亂，遺經幾灰燼焉，此又一厄也。至於刑名黄老之術，一變而爲清淨寂滅之敎，以彼衺辭誕説，悍然自名曰經，而經之重厄於神異不經之説者，尤可哀已。子不語怪力亂神，然則經至今日幸存而不絶，賴有是歟？故論好學以治經爲本，而亦非默守一編也，出其心以與古相會，發憤周乎羣籍，而聞道雖晚，幾忘老至之年，斯流覽主博，研究主精，何至雋語華辭，以箋疏而紊説經之體；論正業以辨惑爲基，而亦非空言心學也，殫其力以與道相求，好古發於至情，而真積既深，不主良知之説，斯芟夷卮言，考證古愔，庶可守先待後，爲斯文獨嚴吾圉之防。故曰所以存經也。

（廣州聚奎堂1889年版《光緒己丑恩科廣東闈墨》）

寄蕙仙夫人

蕙姊侍者：黄浦言別，將一載矣。去年失意，淹留京塵。雖復戰鼓摧心，青衫落魄，而更闌獨歸，徹夜私語，呼姊喚弟，有如童時。弄兒剖瓜，役婢澆菊，賭牌數籌，持蟹鬥酒，客中之樂，未或過之。歲月如流，故我猶是。東睨雲水，有新亭之涕；南望滄波，動鄉關之念。明月依舊，白雲在天。天涯隔花，所思千里。躑躅故居，尋覓游跡，露階月地，觸處惘然。涼秋忽至，木葉蕭槭。向曉就枕，猶不成寐。疎簾淡月，彷彿颜色。昔昔游想，弗獲一夢。我懷怫鬱，誰可與語？一二朋輩，孺博將歸，穗卿欲來，又復不果。每念去年，相處密邇。出多連輿接席之歡，入有摘粉搓脂之樂；其爲愉惱，豈直霄壤？卿弄嬌慈母，俯仰羣嫂，初七下九，想不寂寥。但當流蘇夜寒，一燈對影，相念之苦，諒復同之。小照一幀，隨書郵上。卿視別來肌貌，何如舊時？置之懷中，以當相見。七夕坐月，雙星笑人。良辰美景，樂事賞心，又孤負了今年一度矣。奈何奈何！言不盡意，便訊飲噉。七月七日，啓超寫寄。

（1919年10月10日《時報》）

與康有爲等人書[*]

（前脱）甫之子譚服生，才識明達，魄力絶倫，所見未有其比，惜佞西學太甚，伯理璽之選也。因鐵樵相稱來拜，公子之中，此爲最矣。有陝西書院山長劉光蕡自刻强學會兩序(旁注：京師、上海)，於陝倡行，推重甚至。此人想亦有魄力，聞已在陝糾貲設織布局矣。輒以書獎導開諭之，並餽以《僞經考》。視其他日何如，或收爲偏安帝都之用也。駿事入報辨誣，最無謂，當以無事治之，彼豈能持"莫須有"三字屈人邪？此後宜置之。

又

（前脱）視一切事無所謂成，無所謂敗。此事(弟子)亦知之，然同學人才太少，未能布廣長舌也。如此，則於成敗之間，不能無芥蒂焉矣。尚有一法於此：我輩以教爲主，國之存亡，於教無與。或一切不問，專以講學授徒爲事。俟吾黨俱有成就之後，乃始出而傳教。是亦一道也。(弟子)自思所學未足，大有入山數年之志。但一切已辦之事，又未能抛撇耳。近學祘讀史，又讀内典(旁注：讀小乘經，得舊教頗多。又讀律論)，所見似視疇昔有進。歸依佛法，甚至竊見吾教太平大

---

* 原題爲《與康有爲書》，因内中夾有與他人書，故改題。

同之學,皆婆羅門舊教所有,佛吐棄不屑道者。覺平生所學,失所憑依,奈何?

屬勸長者勿行,(某)亦頗以爲然。然(某)於西行之説,頗主張者。(某)意以爲,長者當與世相絶,但率數弟子以著書爲事,此外復有數人在外間説世間法,此乃第一要事。粵中既難安居,則移家入桂,計亦良得。今既如此,可罷論矣。

又

(某)宗旨頗與同門諸君不同。諸君開口便勸人傳教,新學小生,入館未及數月,即令其發揮學者,令其向人述先生之道。夫己之學且未成,安能發揮他人?其敝也必。入乎耳,出乎口日日撦拾聽講之餘文,而居然以通學自命。其初也,猶乘其乍發之氣,詆斥流俗,志尚嘐嘐。然一二年後,内學未成,而客氣已沮,必疲敝與常人等。豈惟如此,自借其一二高論,以巧爲藏身之地,謂一切小節,皆不足爲我累,必卑污苟賤,無所不至。吾黨中蹈兹阱者,蓋十之五六,真可憤恨!此非(某)故爲苛論,此阱(某)曾自蹈之。去年在都,幾成無賴,瞎馬深池,念之猶慄,故深知牆高基下之爲大害也。(某)昔在館,亦曾發此論,謂吾黨志士,皆須入山數年,乃可出世。而君勉諸人大笑之,謂天下將亡矣,汝方入山,人甯待汝邪?(某)時亦無以對。不知我輩宗旨乃傳教也,非爲政也;乃救地毬及無量世界衆生也,非救一國也。一國之亡,於我何與焉?且吾不解學問不成者,其將挾何術以救中國也。即多此數年入山之時日,亦能作何事乎?今我以數年之功成學,學成以後,救無量世界。(下脱)

又

夫子大人函丈:弟十六次應言之事,條列於下,敬請道安。(弟子)元頓 (六月七日)

第三書及《四上書記》前後各序録副寄上。第四書粵中云已開刻,則無須更寫。第一書及朝殿文,南中皆有定本,尤無須更寫矣。

此間希顧前交與古香閣印,云本之大小,如《公車上書記》。彼恐不能獲利,請改用小本,如《策府統宗》,此則萬不可。故提取其稿,商之别家,議復同彼。蓋嘗詢之諸書賈,據云自强學會敗後,《公車上書記》已不能銷,恐此書亦不能銷,云云。當直語之曰:《公車記》已銷數萬部,度買此書之人,亦不過數萬人。人有一部,自無購者矣。而彼執迷如故也。此事或俟之他日,報館自買機器印之。粵中能刻最佳。刻本必務精雅,若如《救時芻言》,則文字減色矣。

四月廿七日信,羽子世伯收到數月,不以送來,真大異聞。昨以信追之,乃始送至。信內所言各事,皆成明日黃華矣。此後有書來,望即直寄此間,勿由人轉交。切盼切盼!

容純甫在此見數次,非常才人也,可以爲勝、廣。

又

(幼博世叔、君勉擧長)昨得書,言股不足,欲由上海撥款云云。聞之大驚,豈潘、黃皆不願坿耶?(旁注:世叔不欲收潘股,超謂收之便。)惟(超)在港不聞潘有它言,黃與(超)言,固云月杪交一半。信來時不過十八日,消息亦似未定,或君勉過慮耳。上海頃擬自造房屋,置機器,存款數實不足資挹注,穰卿亦不願也。頃在此擬一招股章程,試往招之,冀有應者,今録呈上。澳報久開,而不聞有集股章程,又無股份簿,此亦太無條理,宜速爲之。即以股份簿十本寄我,望或有成也。今日在此做得一大快意事,説人捐金三千,買都老爺上摺子,專言科擧。今將小引呈上。現已集有千餘矣,想兩日內可成也。請公等亦擬數篇,各出其議論。不然,(超)獨作十篇,恐才盡也。此事俟明春次亮入京辦之。次亮此次乃請假,非改官也。伍秩庸苦相邀,以二等參贊相待。(旁注:無頭等缺,惟李合肥出使有之耳。)頃已應之(旁注:二月行),頗欲要挾之,令多帶同志一二人。惟彼自言,初放日,即有條子三百餘,恐不能容也。惟彼能來苦邀一不送條子之人,亦難得矣。渠今日入南京,仍慮(超)不往,已先送裝千兩來矣。穗田書已買一二,俟買齊寄上。《四上書記》印成,由鴻安棧寄上。此信由海關寄。凡(超)所來信,請皆呈長者。若已南行,即請寄去。敬承起居。(啓超)頓首　十一月廿六夕五更

又

(前脱)中國今日非變法不能爲治,稍有識者,莫不知之。然風氣未開,人才

未備，一切新政，無自舉行，故近日推廣學校之議漸昌焉。雖然，科舉不變，朝廷所重，不在於是，故奇才異能，鮮有應者。殫心竭力，求在京師、上海設一學堂，尚經年不能定。即使有成，而一院百人，所獲有幾？惟科舉一變，則海內洗心，三年之內，人才不教而自成。此實維新之第一義也。惟天聽隔絕，廷臣守舊，難望丕變。若得言官十餘人，共昌斯義，連牘入陳，雷動風行，或見采納。昔胡文忠以四萬金賄肅順，求賞左文襄四品卿督師，於是中興之基定焉。豪傑舉事，但求有濟。伊尹之志，子輿所取。今擬聯合同志，共集義款，以百金爲一分，總集三千金，分餽臺官，乞爲入告。其封事則請同志中文筆優長者擬定，或主詳盡，或主簡明，各明一義，各舉一法，要其宗旨不離科舉一事。務使一月之內，十摺上聞，天高聽卑，必蒙垂鑒。則人才蔚興，庶政可舉，數百年之國脈，數百兆之生靈，將有賴焉。

又

孔子紀年，黃、汪不能用。後吳小村文[父]子來，又力助張目，仍不能用。蓋二君皆非言教之人，且有去年之事，尤爲傷禽驚弦也。去年南局之封，實亦此事最受力，蓋見者以爲自改正朔，必有異志也。四月廿七書云，改朔爲合群之道。誠然。然合群以此，招忌亦以此。天下事一美一惡，一利一害，其極點必同比例也。今此館經營拮据，數月至今，仍有八十老翁過危橋之勢。(旁注：謂經費。)若因此再蹶，則求復起更難矣。故諸君不願，(弟子)亦不復力爭也。來書謂再蹶再興，數敗不挫，斯法立矣。然我輩非擁朱、頓之貲，事事仰人。欲集萬金以就一事，固不易易。故毋寧稍諧衆論，俟局面既定，然後徐圖。此事惟公度一人全力舉之，而公度於(弟子)以非常相待，此館全權，時時可以在我。日內(弟子)病，公度疑其太勞，覓同門襄其事。(弟子)思文字之任，(弟子)一人能舉之。其料理局中(下脫)

(1898年10月湖南刊本《翼教叢編》)

會報叙

(《會報》專紀會中各事,每册附一二頁,有則録,無則闕)

嗚呼！欲救今日之中國,舍學會末由哉！自强學一役,被議中綴,而京師一二劬學之士,猶爲小會,月輒數集,相與講論治平之道,亹亹勿絶。今琉璃廠之西學堂是也。惟歲以來,此風漸邑,於是桂林有聖學會,長沙有湘學會,武昌有質學會,蘇州有蘇學會,上海有算學會、務農會、不纏足會等,次第興起,或規模已成,或草剏未定。若其肇始建議者,若醫會、游歷會、化學會、格致會、工藝會、紅十字會、戒煙會等,繼軌並作。蓋公理既明,此風益盛,實中國剥極而復一大鍵也。興者瘝衆,海内志士,益屬耳目焉。不有記載,靡以公其義於天下。爰就《時務報》末簡,附載此編,凡各會辦事情形及序記章程等皆入焉。覘新國覘新學者,或有樂乎此也。啓超記。

(1897年9月《時務報》第38册)

南皮先生賜壽記

惟二十三年八月三日,實南皮先生六十一年攬揆之辰。聖母愷懌,天子愉敬,恩賚稠叠,綸綍優渥。海内耆儒通人,下及巖穴蹠跼之士,靡不謳喻舞蹈,罄慮竭蓋,彷彿盛德,貢禱善頌。今治若舊治地,父老童孺,闐衢溢郭,以謳以歌。越及禹域之表,任味朱離之長,頌相度之坐治,問温公之起居。(啓超)等既學于先生，餂耳德論，及厝治之略，竊附見知之義，思述所以壽天下者爲先生壽，乃擇言曰：自甲午以後，上洎宵旰，下逮漆室，咸岌岌憂天下，若不終日。憂之其宜哉，顧吾聞肇域名國，若歐洲之法蘭機、普魯士、意大利，亞洲之日本，自晚近五十年間，咸值陽厄，創刱糜爛，宗祐不隊若綫。丁此也厥有耆德碩望之大賢出，以大義鼓其民，以新學鑄其士。數稔之後，其民若士，等國恥于家衂，急王愆若身難，千喙一語，千睫一涕，千手一業，千室一學，千夫一志，旋踵之頃，危奠弱起，則牟拉巴、爹亞士、畢思麻克、嘉富洱、島津久光、三條實美諸人之爲之也。軍事定，天子益知天下事，匪先生莫屬，有所興革，靡不咨先生。海內民若士，經兹創，則徬惑憂慹，思所以自救，而未知其朕。先生以爲國之强弱，根荄于人才；才之盛衰，胚胎于風氣。于是以牟氏、爹氏、畢氏、島津氏、三條氏所奠法植普拯意起倭之道，建表以倡于天下，日皇皇焉，惟衆民强民智民之爲務。而學堂，而學會，而譯書，而藏書，而譯報，可與天下共者，弗獨有也。而掖之誘之，而誨之導之，而左之右之，而領之袖之，天下豪桀之士，若赤子獲依其慈母，其蚩蚩之衆，寐者思覺，痺者思起，蹶者思植，頑者思恥，夸者思懼，柔者思强，渙者思聚，灰者思然。豪桀相與語曰：天下微張公，吾將披髮入山，吾將蹈東海。蚩蚩者相與語曰：余毋自棄，毋恐，張公其將拯余，以故雖經刱敗，喪師失地，而人心不隳；雖外侮內患，蹙蹙相迫，而舉國有所恃，士氣益厲。先生歌則天下歌，先生泣則天下泣，先生憂則天下憂，先生樂則天下樂。先生以天下爲心，天下以先生爲命，故曰以壽天下者壽先生。今先生之所以用天下者，十未盡一二，然且以修軌政則道路治，以整軍實則士兵合，以督學校則中西通，以惠商業則權利饒。他日天子之所以用先生，與先生之所以用天下者，寗惟是而已；其將萃四裔之智慧，昌一代之學術，摧萬夫之目議，蕩千禩之痼疾，洒數世之國恥，起億室之塗炭，又烏在天下之無可爲也！小子狂簡，靡測高厚，顧不敢以尋常祝禱之言進。若夫經術之淵懿，治績之鴻鑠，海內達者，謳歌未央，備哉粲爛，靡取沓陳。昔歌詠之體，義主吉祥；銘頌之篇，例歸揚舖。若乃紀一代之盛軌，貽來史之傳信，據事麗意，記載爲宜。用敢述其所知與所聞見，陳先生所以壽天下之道，以告吾黨之憂天下者。

（1897年10月6日《知新報》第33冊）

與陳三立、熊希齡函*

（丁酉十月初五日）

(伯嚴、秉山)兩兄：伻來得書，殷勤懇摯，語重至不克荷。本已定月之三日啓行，惟穰兄勉留一琴數日。頃定以初七日偕行，約十五前後必抵湘也。分教習必由自行聘定，乃易臂使。(超)所見廣雅書院、兩湖書院，其分教與總教皆不相能，可爲殷鑒。故(超)初時欲在湘請分教，以便講授；頃深思之，似未爲可。已擬偕分教韓君孔广(名文舉)、葉君湘南(名覺)同來矣。(超)之意欲兼學堂、書院二者之長，兼學西文者爲内課，用學堂之法教之；專學中學不學西文者爲外課，用書院之法行之。既擬舉此，一二年之日力心力專用於此間，則欲多成就些人才出來。教四五十人與教一二百人，其所用日力心力相去不甚相遠，故欲以多爲貴也。粗擬章程、功課，到湘後當以請正。今日捄中國，下手工夫在通湘、粤爲一氣。欲通湘、粤爲一氣，在以湘之才，用粤之財，鐵路其第一義也。少穆有閎論，想已聞之。復生將歸湘，緣爲盛杏蓀聘請辦礦，可爲一喜。匆匆奉布，相見不遠，不縷不縷。敬叩道安。弟啓超頓

(1898年7月15日《湘報》第112號)

---

* 原題爲《梁卓如啓超原函》。

上海新設中國女學堂章程

一、學堂之設，悉遵吾儒聖教，堂中亦供奉至聖先師神位。辦理宗旨，欲復三代婦學宏規，爲大開民智張本，必使婦人各得其自有之權，然後風氣可開，名實相副。故堂中一切捐助創始，及提調、教習，皆用婦女爲之。

以上立學大意一條。

二、堂中暫設教習四人，中文西文各半，皆延請華婦主之。大率每學生二十人而設中西文教習各一人。此後經費漸充，學生漸增，教習亦漸增。

三、堂中設提調二人，華婦西婦各一，皆常川駐學，照料學生出入，管束堂中女僕人等，酌奉薪水。

四、堂中設內董事十二人，皆以曾經捐款之婦人爲之。主輪日到學，稽察功課，並助提調照料、管束一切，不領薪水。

五、堂中設外董事十二人，皆以曾經捐款之人之子若夫若兄弟爲之。主在外提倡集款，延聘教習、提調，商定功課，稽察用度等事，不領薪水。

六、堂中設司事二人，以男子爲之，主管銀錢出入及堂內外瑣務。由外董事公擇老成謹慤、能會計者爲之，酌給薪水。

以上辦事人員章程五條。

七、堂中暫招學生四十人。以後經費漸充，隨時增廣。

八、學生年限，幼不過八歲，長不過十五歲。

九、凡學生年在八歲至十一歲者，必能略識字，方許入學。十二歲至十五歲者，必略識文法，能閱淺近之信札者，乃許入學。俟有定期，即刊日報中，以廣招徠，以示大信。

十、纏足爲中國婦女陋習，既已講求學問，即宜互相勸改。惟刱辦之始，風氣未開，茲暫擬有志來學者，無論已纏足未纏足，一律俱收。待數年以後，始畫定界限,凡纏足者,皆不收入學。

十一、立學之意,義主平等,雖不必嚴分流品;然此堂之設,爲風氣之先,爲他日師範所自出,故必擇良家閨秀,始足儀型海内。凡奴婢娼妓,一切不收。

以上招選學生章程五條。

十二、堂中功課,中文西文各半。皆先識字,次文法,次讀各門學問啓蒙粗淺之書,次讀史志藝術治法性理之書。

十三、堂中設顓門之學三科:一算學,二醫學,三法學。學生每人必自仞一門,惟習醫學法學者,於粗淺之算理,亦必須通曉。

十四、於三科之外,別設師範科,專講求教育童蒙之法。凡自仞此科者,於各種學問,皆須略知本末,則不必於三科之中,自占顓門。

十五、紡織繪畫等事,婦學所必需。俟經費擴充,陸續延請教習,教以中外藝事。

十六、堂中每月設課一次,由教習命題,評定甲乙。每季設大課一次,課卷送通人評定,列等第,設獎賞。惟初辦之始,或學生未能應課,則此項俟數月以後,始行舉辦。

以上學規五條。

十七、凡堂中執事,上自教習提調,下至服役人等,一切皆用婦人。嚴別内外,自堂門以内,永遠不准男子闌入。其司事人所居,在門外別闢一院,不得與堂内毘連。其外董事等,或有商確,亦只得在外院集議。

十八、學堂初設,租界地貴,圖成不易,擬設於滬南桂墅里。惟去城及租界過遠,必預備各人住宿之所,方爲妥便。

十九、學生學費,仿照西國書院章程,略爲減收。第一、二、三三年,每月每生收銀一元,膳在外,駐堂不計房費,每節每生賞僕傭五角。將來辦有成效,來者漸衆,乃議加收。若捐費既裕,亦可仍舊,或多開數堂,以廣教育,隨時相度情形商定。如遇醴泉芝草,當不拘常例,酌籌培植之道。

二十、堂中雇潔淨誠懇之僕婦等,學生來學者,一切侍奉,均須周到;若有不遵使令,應告提調更換。各生不得自帶僕婦來堂,至滋別事。如有隨行僕婦,當另設一房屋。因婦女出入,必有隨行者。以上云云,是各生僕婦不與其住宿之謂,若隨行者亦宜設法安置。

以上堂規四條。

二十一、凡學生習顓事，或師範科及藝事等，學成者由堂中給以文憑，他日即可以充當醫生、律師、教習等任。

二十二、滬濱鄭衞之風向盛，而租界中桑濮穢跡，尤彰明昭著。今刱設女學，各得自有之權，不先從本根上講究起，恐流弊較男學外孔内楊者更烈。公議凡眞正節婦之女，即非醴泉芝草，亦宜破格栽培，尉以專刱師範一門。秉貞母之賦，界先覺覺後覺，或冀形端表正，防微杜漸，其庶幾乎！

以上學成出學規例二條。

二十三、凡書捐者，請皆書其夫或子之官階、籍貫、姓名，及本人所受封典，以備登之捐籍。凡各業輸捐，准書局棧、公司、莊典、行號等各業招牌。

二十四、西國義舉，多有認年捐月捐之例。堂中常年費用不貲，必得常年經費，乃易集事。若海内賢淑，開辦創捐款至五百元以上，每年常捐款至五十元以上者，皆准送一生入堂讀書，免其脩金膳費，以爲好善之報，而資激勸。滬上南北市，局棧、公司、莊典、行號等各大業，皆拼股者多，難書女東姓氏，擬祇募常捐，不勸刱捐。或闔業群捐，或各家分捐，每業共數若干，准其併計。至五十元以上者，亦照例准送一生，入堂肄業。

二十五、凡捐款不論華婦西婦，嫡室簉室，不論捐金多寡，自一元以上，一律皆收。

以上捐例三條。

二十六、草刱之始，經費未充，擬先設堂上海，然後再議推廣，普及各省府州縣。

二十七、西文教習，擬先聘江西康女士愛德，湖北石女士美玉。其華文教習及提調等，以次訪聘。

二十八、凡内外董事，皆須由同人公舉，依西國舉議員之例，以投匭爲法。惟刱辦之始，同人皆散在他方，未能聚議。擬暫由倡議諸君，權充外董事之職；倡議諸命婦，權充内董事之職。俟一二年後，規模稍定，乃如法公舉。

二十九、所有捐款，暫由不纏足會（現設大馬路泥城橋西塊）代收，將樂助諸芳名刊列《時務報》末，其開銷各項，亦登《時務報》中，以昭大信。

三十、此係試辦草刱章程，取具大意。至其堂中詳細功課及辦事章程等，俟開辦後，更由教習、提調，暨內外董事諸君，妥立細章。

三十一、堂宇落成後，除供奉至聖先師神位外，另闢一院，裝設龕座，爲女先董祠。將來諸女董出心出力者，身後憑現在女董公論，敬贈鄉諡，恭送栗主入祠，春秋兩祭永遠配享，與斯堂並垂不朽焉。海内賢淑，果係清正良家，樂輸者，當另設一龕，數至百元，亦一律配享。始助未足，准陸續加捐併計。

以上暫章五[六]條。

（此學堂現爲經聯珊太守總其成，已于十月二十六日在滬之寓昌廟桂墅里鳩工，訂期明年三月落成，首夏開館。董助其事者爲施子英、嚴小舫、鄭陶齋三觀察，陳敬如軍門暨汪穰卿進士、康幼博通守、梁卓如孝廉也，又得康長素水部、張季直殿撰、曾重伯太史允爲局外竭力匡贊，合併聲明。）

（1897年12月4日《時務報》第47冊）

上陳寶箴書[*]

侍郎世丈閣下：入湘以來，已逾一月，所懷欲陳者無慮千萬。初以公王事賢勞，未敢瀆擾。學堂開學以後，又自勔於功課，旦夕罕暇。昨於九日爲學堂假期，即思造膝請見。嗣以諸公會商學會事，又不克矣。托庇彌邇，而侍教疎逖，良用自責也。月之望日，伯嚴約諸公集於堂中。坐次述世丈之言，謂時局危蹙，至於今日，欲與諸君子商一破釜沈舟萬死一生之策。彼時同坐諸公咸爲動容。（啓超）聞是言，心突突不自制，熱血騰騰焉，將焰出於腔。葢振蕩迅激，欲哭不得淚，欲臥不得瞑者，迄今六晝夜。徑欲走見，有所陳説，而呐於言語，弗克自達。用敢以筆代舌，披瀝肝膽，爲我公一言之。（啓超）以爲，天下事，思之而己之力量不能爲者，勿思焉可也；言之而所與言之人權力不能行者，勿言焉可也。嗚呼！今日非變法，萬無可以圖存之理。而欲以變法之事望政府諸

---

[*] 原題爲《上陳中丞書》。

賢，南山可移，東海可涸，而法終不可得變。然則此種願望之念，斷絶焉可也。願望既絶，束手待斃。數年之後，吾十八省爲中原血，爲俎上肉，寧有一幸！故爲今日計，必有腹地一二省可以自立，然後中國有一綫之生路。今夫以今之天下，天子在上，海内爲一，而貿然説疆吏以自立，豈非大逆不道狂悖之言哉！雖然，天下之事變既已若此矣，決裂糜爛，衆所共睹。及今不圖，數年之後，所守之土，不爲臺灣之獻，即爲膠州之奪。彼時挂冠而逃，固所不可；即拒敵致命，粉身碎骨，何補於國，何補於民！一人之粉焉碎焉，猶可言也；天下由兹荼毒，大局由兹陸沈，虛懷忠義之名，實有陷溺之罪。故（啓超）以爲，今日之督撫，苟不日夜孜孜存自立之心者，雖有雄才大略，忠肝義膽，究其他日結局，不出唐景崧、葉名琛之兩途。一生一死，而其爲天下之人萬世之唾罵者，一而已。偉哉竇融！天下大亂，乃注意河西，指爲移種處，卒能捍衛一隅，佐復漢室。偉哉鄭成功！流賊遍地，大帥埽境，乃能以海外孤島，存明正朔垂四十年。夫使天下大局苟尚有一綫之可以保全，則亦何取於此？而無如不爲竇氏、鄭氏之布置，即步唐氏、葉氏之後塵。二者比較，孰得孰失，不待智者而決矣。且（啓超）之爲此言也，豈有如前代游説無賴之士，勸人爲豪傑割據之謀，以因利乘便云爾哉！今之天下，非割據之天下。非直非割據之天下，抑且日思所以合十八省爲一國，以拒外人，猶懼不濟，而況於自生界畫乎！此其義也，雖五尺之童，莫不知之。（啓超）雖戇愚，豈昧於此？所謂日夜孜孜存自立之心者，謂爲他日窮無復之之時計耳，豈曰爲目前之言哉！而無事則整頓人才，興起地利，其於地方之責，亦固應爾，而終不必有自立之一日，此豈非如天之福乎？脱有不幸，使乘輿播遷，而六飛有駐足之地，大統淪陷，而種類有倚恃之所，如是焉而已。今以明公莅湘以來，吏治肅清，百廢具舉，維新之政，次第舉行，已爲並時封疆之所無矣。而（啓超）必謂非存自立之心，不足以善其後者，蓋以治一省與立一國，其規模條理，一切絶異。（本無所謂異也。西人各行省之自治，其規模條理，皆與一國同。惟今日中國之省則大異耳。）以今日尋常名封疆之行徑施之，雖苦心孤詣，而於捍他日之大難，則猶未足也。以一省荷天下之重，以一省當萬國之衝，則將以民與人相見，以學與人相見。所以練其民與其學者，固非尋常之力所能有濟也。自昔日本至幸也，獨惜我中國數十年以來，累受挫辱，而封疆之中，曾無一人思效薩、長二氏之所爲者。已實不競，而何人之尤。嗚呼！使胡文忠公生於今日，其所措施,蓋必有以異於人矣。我公明德耆碩,爲后、帝所倚重,政府所深知。德澤在湘,婦孺知感。有所興舉,如慈母行令於其愛子,(脱一句)公度、研甫,皆一時人才之選,殆若天意欲使三湘自立,以存中國,而特聚人才於一城,以備公之用者。天下豪傑之士,慷慨悲歌,且汗且喘。是天下思自救而不得其塗,則咸注目於瀟湘雲夢間,冀獲寶融所謂移種處。其喁焉願效死力以待公之用者,蓋不乏人也。(啓超)雖拙陋,竊窮數日夜之苦思力索,極其條理及下手之法,以爲若使德人膠州之禍不息,今歲即成瓜分之勢,斯無可言矣。若能假以五年,則湖南或可不亡也。然明公必於他日自立之宗旨樹標既定,摩之極熟,不令少衰,然後一切條理乃因而從之。敢先以一書專論此義,上塵清聽。倘不以爲狂悖之言也,則將竭其駑駘之所及者,更次第陳焉。無任待命之至。(啓超)誠惶誠恐,頓首。謹上

(1898年10月湖南刊本《翼教叢編》)

《試行印花稅條説》跋

所擬極切當,條條可行。與中國言辦事,如哄小孩兒,非以此法不可也。惟其中論票價,可許行店抬高,鄙意謂必不可。蓋印票究與鈔票異,鈔票則可以漲價。蓋國家並無强人用鈔票之例,不過人樂其便,喜用之耳。苟嫌其價漲而不用,則仍用現錢,無不可也。若印花票,則凡運貨者皆不能不用,不能以現錢代也。故苟一抬價,則怨讟必起矣。若釐金與印花許民間擇一完納,則用此法以鼓舞之,爲暢銷印票之計,或庶可耳。然並行則必不可之事。蓋官便釐金而不便印花,爲其不能舞弊也;民則印花雖便矣,而初時知其利者少,必多遲疑。既可以並行,則官必設法抑勒,仍有右釐而左印之弊。如此,則印必不行。故必勒令歸一,遽將釐金廢之,非有印花者不准放行,然後可。既如此,則有若

干商貨,自必有若干印税,錢工何有不暢銷之足慮乎？如原議云云者,必鈔法既行,印花税票可當鈔票用,無往而不用之,上至納錢糧地丁,下至市面交易,無不將此印票通行,然後可。然既能如彼,則此項權利歸之於鈔票,亦已足矣,不必在印票也。蓋行印花,雖可以寓鈔票之意,而仍不〈無〉徑指爲鈔票,此亦不可不深察也。新會梁啓超注

(1898 年 3 月 17 日《湘報》)

《意大利興國俠士傳》序

司馬子長之傳游俠也,曰"不愛其軀,赴士之阨困"。嗚呼！子長氏其知之矣。夫天下之達道,曰智,曰仁,曰勇,俠者合乎勇,而實統智、仁而一之也。是故雪大恥,復大仇,起毁家,興亡國,非俠者莫屬。強隣眈眈,億兆瞑瞑;上下懸隔如山海,内外崩離如沙鹿。當此之時,火生水中,雷霆交擊,摩以大熱,衆火焚槐,眈眈者駭汗而俯走,瞑瞑者刮目而起立,盪滌結轄而脉相貫,表裏通氣而肺合驢,驅龍狂起魚爛,其誰爲之乎？則曰俠士哉。今夫五洲萬國之迭興迭滅也,而稱爲強者,則曰俄,曰美,曰英,曰德,曰法,曰日本,而意大利亦駸駸與乎其列焉。夫俄、美、德,其俠君大彼得、華盛頓、威廉,憤其國之受侮而起之也。英、法、日本,其俠士開新黨、革政黨、共和黨、尊攘黨、開化黨,憤其國之葥弱而起之也。意大利,羅馬舊都,地濱海,其勢嵯岈,故其人角立而不群,一隅而有國數十。然以分散之故,見侮于強國,幾不能自立。志士乃倡聯邦之論,綿歷歲月,卒償其所願,而意乃列于大邦。嗚呼！昔之意乃今之中國也。中國統二十行省,合四百兆人。省與省不相聯,人與人不相通,二十行省成爲二十國,四百兆人成爲四百兆國。強鄰眈眈,億兆瞑瞑,竟無有不愛其軀,赴國之阨困,如電飛雷鳴,震撼山岳,以奮邦人志氣,以塞敵人覬覦者,蓋俠學之絶也久矣。孔

子曰：志士仁人，有殺身以成仁，無求生以害仁。方今文明之運，西逝而東升。震旦之氣，日摩月盪，必有俠君俠相俠士起而雪大恥、復大仇，以開新治、禦外侮者。爰取《意大利興國俠士傳》譯之，以告邦人，以驗吾言焉。戊戌二月，新會梁啓超序。

（上海大同譯書局1898年版《意大利興國俠士傳》）

《大東合邦新義》叙

《易》曰："保合太和。"《書》曰："合和萬邦。""合"之爲義，其終古之閎模、六匡之元運哉！夫天地猶胚胎也，列星猶肩髀也，經緯山河猶血脈也。人既中天地而生，則彌綸宙合，呼吸日月，消息氣數，包孕山河，六通八埏，躍躍乎肘腋間耳，何所爭權力，何所分種類，何所謂東西南朔，何所謂遐邇親疏？孔子道"大同"，墨子説"尚同"，胥萬物爲一體，溥衆生其如接，大道無我，亦良美哉！而必各君其國，各子其民，境界而胡越之眇乎，其不足道矣。然而天下大勢，有不能一蹴及者。胡《春秋》經世，基於據亂，大《易》終篇，衷於未濟，小康大順，如躡級焉？蓋吸引之力微，則交感之情渙也。今天下五洲雄峙矣，六種蕃濩矣，強凌弱，衆暴寡，鋤非種，翼同盟，爭奪相殺之風日益烈矣。故希臘聯盟，則埃及西走；巴黎立約，則強俄東竄；十八國同仇，而拿破侖屈於城下；十三州共和，而華盛頓起於灰燼。衆建者昌，孤立者斃，驕蹇自大，甯非謬歟？夫日神濛霧，幕障於東溟；亞洲選奡，刀俎於殊族。黃白兩種，勢逾冰炭；東南利藪，角分一臠。而凡百士夫，瞑然鼾睡，積薪厝火，猶以爲安。猝有變故，輔車無補，形隔勢殊，幾何不爲蛇豕餌也！故欲策富強，非變法不可；欲衛種類，非聯盟不可。日本距今二十年耳，而槼模若此；倘中國翹然自立，與商利病，有不雄視地球也哉！余偶覽群籍，摭攬《合邦新義》一書，考其人則森本丹芳，亦一時之豪傑也。夫宗廇摧折，則庸廇護之；長材矯揉，則規矩繩之。"合邦"云者，蓋護教之庸廇，保民之規矩焉爾。惜乎摭論繁蕪，立意狙險，似持公論，旋狃私見，攘我藩服，搖我心腹，援隙奮筆，殊屬枝梧。然於列國情弊，合縱條理，批謬剔瑕，洞中肯綮，固歷朝史案之餘唾，亦東方自主之長策也。爰屬門人陳生霞騫，因其義，正其文，據縞素而增采繪焉。靈曜耿耿，無私覆些；改絃更張，必來取法。丹芳子或當嘐養歟？

孔子生二千四百四十八年，光緒二十四年春二月序。

（上海大同譯書局 1898 年版《大東合邦新義》）

《英人強賣鴉片記》序

自昔神聖綿留之裔，距今億兆磐牙之處，俄然而股折於法，釁分於日，冠裳裂於普，指臂役於俄，何令人牟掠一至於此也！罣罣豪族，芸芸衆庶，叢怨積忿，啕嘯風起，莫不歸獄於英人鴉片之役，疆臣過激之弊。然而文忠履粵，嘔心瀝血，成敗利鈍，天實爲之，無足議矣。英商訌喝，蝠心豺性，倫敦議院，猶腹非之，則曲直之故，不辯而自明矣。厥後袞袞諸公，密商和約，沈湎償事，罪所當誅。然而塼塗塞海，譙僥戴山，形格勢殊，亦無怪其傾且折矣。夫褓身反縛，投於虎穴，而欲陵轢猛獸，塊然中處，是自危也。挈千金之裘，委於歧路，執萬乘之珠，質于強寇，綿日累月，然後從而追躡之，是自愚也。故質的張而弓矢至焉，林木茂而斧斤伐焉。強鄰交侵，援隙而愚我者，亦如是焉已爾。而我國士夫投於虎穴而不怖，委於歧路而不悟，質於強寇而無疑；弓矢環伺，斧斤雲集，儼然高臥，毫不知警。是誠束手待斃，而并無遺策耶？抑欲廣長舌、說上法，以愓其強暴耶？故居安思危，此謂知本；臨難而鑄兵，雖速亦無及矣。夫俄以彼得而興，普以維廉而霸。日本數區，僻臨甌脫，睦仁雄起，重溟洞開。之數君者,類皆從諫若轉圜,用賢如不及。紆貴降尊,折衝於樽俎之上;鼎新革故,置民於衽簞之中。故雷霆震驚,不崇朝而沃野午里矣。我中國幅員廓張,四十倍於日;民物蕃殖,四倍於俄。握鴻圖,孕八荒,開闢以來,推爲雄長。倘以彼得、維廉之智,繩以立憲維新之法,則一統元化,不旋踵而立見矣,誰復藉端起釁而甘爲戎首也哉?故曰強者制人,弱者制於人。履霜堅冰,非一朝一夕之故也。湯君覺頓瞭於此義,爰取日人所誌鴉片戰者,譯成一書。夫亦曰度在身、稽在人,庶不至如國史之鋪張揚厲云爾。

孔子生二千四百四十九年戊戌春三月,新會梁啓超敘。

(上海大同譯書局1898年版《英人強賣鴉片記》)

《中西學門徑書七種》叙

或問於南海先生曰:"大千世界,芸芸萬種,有強弱乎?"曰:"有。""弱者必愚而強者必智乎?"曰:"否。蓋氣之強弱根乎魄,性之愚智息於魂。其魄小者,魂必強;其魄雄者,魂必弱。棄魂而守魄,是爲陷性之阱。故騏驥仰秣,韓盧守夜,神龜召灼,狐革爲裳,合胎卵飛沈諸種類而受制於倮人者,無智力也。棄魄而守魂,是爲載道之器。故潛龍造曆,飛龍造書,太昊作干戈,高陽作禮樂,竭耳目心思之妙用以取材於萬物者,智力強也。智力強,則學問開,新有自來矣。不甯惟是,湛湛天元,心之主也;六慾以滓之,三毒以盪之,則其源蔽矣。汶汶胚胎,生之質也;三明以鑣之,六藝以游之,則其機動矣。故鷹化爲鳩,鼠化爲鴽,由惡而之善也,君子以是徵文化焉。秦女化石,公牛化虎,由善而之惡也,君子以是占民俗焉。世界蕃變,文明彪舉,塊然中處,甯有他哉!是在學之善不善焉已耳。夫善射者,有儀表之度;善斲者,有規矩之數。此皆有所得以至於妙。然而公輸不可爲逢蒙,蒲且不可爲大匠者,是曰諭於一曲,而未窺其度數也。今四庫遺帙,汗牛充棟;泰西祈學,群雄爭長。袞袞諸公,未窺門徑,輒欲以一支半解了之,蓋亦如公輸學射、蒲且掣斧之類云爾,是自愚也。夫愚者自愚,猶可說也;愚而自智,可勝道哉!"余聞之,不覺背之刺[刺],顙之泚,而又恐學者之茫無所據也。於是研精搆思,欲踵南海先生《長興學記》之餘義,駢列一書,以質吾黨,此《幼學通議》《孟子界說》《春秋界說》數篇所由嚆矢也。洎乙未余駐京師,乃得徧購所譯西書,以充目力。適家弟啓勳潛心西學,爰將讀法層序,綴成一卷,約舉而條示之,名之曰《讀西學書法》。去年秋,余又講學湘南,凡屬《學約》《章程》,均余手定。内分專精、涉獵兩門,固南海先生課學之常法,亦同學少年擇善之標準也。夫巢林不過數枝,飲河不過滿腹。凡此數種,余欲付之剞劂也久矣。頃友人袖出一書,籤曰《輶軒今語》。余閱之,蓋徐研甫先生所撰者也。然而條理蕃溥,精義岑奧,決破羅網,盪除榛穢,非有卓識鉅力,精思沈學,而能翔實如是哉!若絜裘領,詘五指而頓之,誠足補余所未備者也。爰據己意,首列《長興學記》,次列《輶軒今語》,踵列余生平所綴各書,總名曰《中西學門徑書七種》。雖蓬生麻中,未嘗不捧腹自笑。然駟牡分馳,同歸一轍,歷階趨進,亦未始非愚者智之、弱者強之之一助焉。

孔子生二千四百四十九年,爲光緒二十四年,三月,新會梁啓超記。

(上海大同譯書局 1898 年版《中西學門徑書七種》)

《長興學記》叙

在昔有漢學、宋學之爭,於今有中學、西學之辨,究其終始,折中孔子而已。孔子創制法後,繙經演緯,俟聖不惑在大義,因時變通在微言。二宗既暢,條枾彌天。雖七十遞矣,孟、荀潤色於齊楚;城旦苛政,圖書不淪於燒薪。然東京訓詁,代興經籍,道息宋世,老、楊奪統,仁愛義乖,陵夷至今,大患瘉迫。南海先生憂之,講學長興里,著爲《學記》,昭示來兹,愛同類以及異類,推孔教以仁萬國。啓超幸以爝火之明,得日月之炤耀。邇者講學長沙,仁智兹媿。懼大道之統或墜于耶躬,乃敬將此書上石,以饋天下焉。弟子梁啓超敬誌。

(上海大同譯書局 1898 年版《中西學門徑書七種》)

讀《春秋》界説上(補)*

(見彼所著《公羊義疏》)學句股者,見青出朱入而以爲顔色;學代數者,見甲乙丙丁而以爲干支,不亦陋乎!

界説四　孔子因避時難,故僅借事以爲記號,而大義皆傳于口説。

問者曰:然則《春秋》曷爲不並舉其義與事而兩著之,而惟事之是傳何也? 答之曰:孔子作《春秋》,於當時王公大人有所襃譏貶損不可書見,乃口授弟子。(見《漢書·藝文志》)故《春秋繁露》曰:"用則天下平,不用則安其身。"《中庸》曰:"既明且哲,以保其身。"斯又孔子之無可如何者也。故欲求《春秋》者,但求之於口説焉可矣。《繁露》曰"不能察寂若無",爲徒讀經文者言之也;曰"能察之無乎不在",爲能傳口説者言之也。

界説五　既明第二至第四三條之理,則可以知《春秋》有三書:一曰"未修之春秋",二曰"記號之春秋",三曰"口説之春秋"。

"未修之春秋"者何? 孟子以與《晉乘》《楚檮杌》並舉者是也。"記號之春秋"者何? 今本是也。"口説之春秋"者何? 《公羊》《穀梁傳》《春秋繁露》、《公羊》何注及先秦兩漢諸儒所引《春秋》之義皆是也。"未修春

---

* 《飲冰室合集·文集》之三所録爲《清議報》第 6 册刊出者,不全。爲節省篇幅,兹不重録。

秋"久佚矣,從何見之?曰可以從傳注文中求得之。今試舉其一例:如開卷第一句,"元年春王正月",據何注云:"變一爲元,元者氣也。"則知原文必爲"一年"。據傳云:"曷爲先言王?"則知原文必無"王"字。據傳云:"公何以不言即位?"可知原文有"公即位"。合而觀之,則知"未修之春秋",爲"一年春正月公即位"矣。用此法以求之,雖不能盡見,亦十得八九矣。自孔子修之,則爲今本之《春秋》。改"一"爲"元",以明以元統天之義;加一"王"字,以明師文王及大一統之義;去"公即位",以明讓國爲賢之義。於是大義出焉矣。變"元"也,加"王"也,去"公即位"也,所謂記號也,所謂文也,統天、師文、讓國,所謂口説也,所謂義也。孟子所尊之《春秋》,乃"口説之春秋"也。漢人凡引《春秋》者,皆引口説之義,而直指爲"《春秋》曰"云云(此漢儒引《春秋》通例,兩漢書中多不勝舉),蓋口説者乃經之精華也。董子曰:"今夫天子踰年即位,諸侯于封内三年稱子,皆不在經也,而操之與在經無以異。非無其辨也,有所見而經安受其贅也。"故凡先師言《春秋》之義,皆不必在經,而操之與在經無以異。學《春秋》者不可不察也。《易》曰"書不盡言"。言者即口説之謂也。而劉歆移書太常博士,乃詆其"信口説而背傳記",此所以歆學盛而口説晦,卒使二千年無解《春秋》者。悲夫!

界説六　先師所傳口説,與經別行,故箸之竹帛之時,間有遺漏錯置。

問者曰:既已謂《公羊傳》《穀梁傳》《春秋繁露》及先秦兩漢諸儒所引《春秋》之義,皆同爲孔子口説矣;然每有一經而《公》《穀》不同義者,或《公羊》與《繁露》不同義者,或《繁露》與何注不同義者,或諸書與秦漢儒者所引皆不同義者,則又何也?答之曰:此無足疑也。先師傳《春秋》時,本經文自經文,口説自口説,不相比附。太史公所謂"文成數萬",即指經文;"其指數千",即指口説。先師師弟相傳,默記此數千條之義理。當其初受之於孔子也,必詳言某義屬某經。及歷數傳展轉相授,以至箸于竹帛之時,則容有失記,或有其義尚能記而不記其屬于何經者。此亦極尋常之理。求之於傳文中,亦有實據焉。隱二年"紀子伯、莒子盟于密"傳:"紀子伯者何?無聞焉耳。"文十四年"宋子哀來奔"傳:"無聞焉耳。"(隱二年何注云:"《春秋》有改周受命之制。孔子畏時遠害,又知秦將燔《詩》《書》,其説口授相傳。至漢公羊氏及弟子胡母生等,乃始記于竹帛,故有所失也。")此等有經而無義者,是先師失其義也。桓五年傳,《春秋》有"譏父老子代從政"者,則未知其在齊與在曹與。是先師能記及口説中有此義,而經文之中,有兩經與此義相屬者,不能確記其屬於何經也。凡《公》《穀》同經異義之故,皆可以此求之。即如開卷"元年春王正月"一條,《公羊》則極襃隱公,而《穀梁》則微不足于隱公,似不知何所適從矣,不知無足怪也。《春秋》有"賢讓國"一義,又有"大居正"一義,公、穀兩家傳口説時,皆同受之。及著之竹帛時,穀梁則以"大居正"之義,解隱公之事;公羊則以"讓國"之義,解隱公之事,而別以"大居正"之義,解宋宣公之事。要之其同爲《春秋》之義、孔子之傳一也。援傳例言之,則亦當云"《春秋》有言'大居正'者,則未知其在魯與在宋與云爾"。故必取其異經而同義者,徧舉以比較之;則其同經而異義者,可以無疑矣。太史公所謂"其指數千"者,今苟取群書之義,而一一列出之,編爲一書,不必與經文相比附,則益曠然無罣礙無争辯矣。此董子作《繁露》之法也。觀于此益知先師所重者在口説,其事與文皆可作筌蹄之棄。故偶有錯置之處,而不以爲意,但求其義之傳于後世而已。後世之治《春秋》者,於此中斤斤争之抑惑矣。

界説七 《春秋》既借記號以明義,有時據事直書,恐其義不顯明,故常變其詞變其實,以著其義。

《春秋繁露》云:"《春秋》之書事時詭其實以有避也,其書人時易其名以有諱也。"又曰:"説《春秋》者入則詭辭隨其委曲而後得之。"(俱《玉英》篇)或者疑焉,謂孔子作《春秋》以教萬世,安有用詭之理?不知董子所謂"詭"者,乃詭變之詭,非詭詐之詭。篇中所述晉文、莒子、慶父、紀季諸條,語意甚明,皆謂變其文而已。故南海先生作《〈春秋〉變辭變實考》,以大發明董子之意。蓋《春秋》之變文明義者實多,不勝數也。試舉數例:如"元年春王正月",本當書"公即位"也;孔子必變其詞而去之者,蓋如是而後隱公讓國之意始見也。"無駭帥師入極",本滅極也,孔子必變其實言"入"者,蓋如是而後内大惡諱之義始明也。"尹氏卒",本當如"劉卷卒"之例書其名,蓋氏人所同也,卒人所獨也,若不書名,知是何人?此實不可通曉;孔子必變其辭言"尹氏"者,蓋如是而後其世世爲卿之實始見也。似此之類，不可枚舉。實則《春秋》一書，變文者居十之七八，所以取其別異，易爲記號而已。世之溝猶瞀儒，輒以左氏之記載翔博，而疑公羊之簡略錯誤；然則直疑《春秋》可耳，何必公羊哉！有見人演代數者，謂以甲加乙則爲天，以乙減甲則爲地，乃大詫異，謂天之爲物，豈甲乙相加所能造成？因指演數者爲誣辭也。吾見瞀儒之測《春秋》者，有類于是矣。

界說八　《春秋》之例，乃借以明義。義既明，則例不必泥。

《公羊傳》注中，每以時日月爲例，以地爲例，以書不書爲例，以崩薨卒葬爲例。所以有例者何？取易於標識也。蓋既借事以明義，惟事之種類有限，而義之差別無窮，恐其記號之易混也，故立爲標識以表之，然後就此標識以爲比例，則耳目較清云爾。譬之算者於未知之數命天元一以代之，然後一切數因其所命之天元一以遞加遞消焉。《春秋》之各例，猶天元一也。命天元一所以待加減，設各例所以待變例者，無不變者也。使其不變，則無所用其例矣。故董子曰：《春秋》無達例。算者之立法，所以求數也；既得其數，則法爲筌蹄矣。《春秋》之立例，所以求義也；既得其義，則例亦筌蹄矣。故左傳家之蔽於事，公、穀家之蔽于例，一也。吾今教學者以檢對數表之法，教學者以用算尺之法，但一開卷一展尺而諸數畢具焉，雖不明法者亦能得其數矣。將《春秋》所有大義一一條列而出之，雖不明例者亦能得其義矣。然後得以餘日推求聖人所以立此義之故，而據而施之實用，此乃真孔子作《春秋》之意也。以視拘于文、局於事、滯于例者，其所得何如矣！

（上海大同譯書局1898年版《中西學門徑書七種》；又，1899年3月《清議報》第8冊）

時務學堂功課詳細章程

第一節　本學堂所廣之學，分爲兩種：一曰溥通學，二曰專門學。溥通學，凡學生人人皆當通習；顓門學，每人各占一門。

第二節　溥通學之條目有四：一曰經學，二曰諸子學，三曰公理學（此種學大約原本《聖經》，參合算理、公法、格物諸學而成。中國向未有此學，其詳別見），四曰中外史志及格、算諸學之粗淺者。

第三節　顓門學之條目有三：一曰公法學（憲法、民律、刑律之類，爲内公法；交涉、公法、約章之類，爲外公法），二曰掌故學，三曰格算學。（顓門之學非盡於斯，特就所能教者舉之耳。又，各專門學，非入西人專門學成不能大成。現時所教，不過就譯出各書，略引端倪。學者因其性之所近，自擇焉可也。）

第四節　凡初入學堂，六箇月以前，皆治溥通學；至六箇月以後，乃各認專門。既認專門之後，其溥通學仍一律並習。

第五節　學生所讀書，皆分兩類：一曰專精之書，二曰涉獵之書。專精之書，必須終卷，按日分課，不許躐等；涉獵之書，隨意繙閲。（無論溥通學、專門學，皆各有專精之書、涉獵之書，其目别列。）

第六節　每日讀專精之書，約居時刻十之六；讀涉獵之書，約居時刻十之四。二者不可偏廢。（六箇月以後，既溥學、專學兩者並習，或每日有兩種專精之書，而無涉獵之書，亦無不可。）

第七節　凡學生，每人設劄記册一分，每日將專精某書某篇共幾葉、涉獵某書某篇共幾葉詳細注明。其所讀之書，有所心得，皆記於册上。（心得約分二端：一引申本書之義，一辨駁本書之義。其别有觸悟在本書之外者，亦可記入。）若初學之始，心得尚少者，準其鈔録書中要義及所聞師友論説，入劄記中，以當功課。惟必須注明鈔録何書及記何人之言，不得掠美。

第八節　凡劄記册，五日一繳，由院長批答發還。學生人設兩册，繳此册時，即領回彼册。

　　第九節　　堂上設一待問甌，學生讀書所有疑義，用待問格紙書而納之甌中，由院長當堂批答榜示。凡所問，必須按切古人切問、審問二義。凡其瑣屑不經及夸大無當者，皆不許問。

　　第十節　　劄記册由院長評定後，按日填注分數，共分六等：最高者三分，次者二分半，次者二分，次者分半，平常者一分，劣下者半分。凡每生每日最少必須有劄記或問疑共二條。苟滿二條之數，即記半分；不滿者，不記分；其善問者，於劄記册外別記分數。

　　第十一節　　每月通計分數，以三十分爲及格。（有重病告假者別計。）溢分者，給以獎賞。統計溢分之數共若干，照溢出分數，攤算銀數。求得每溢一分，應得獎銀若干，即依其所溢之數攤給。其不及格在三分以外者，應記出，歸下月溢分數內扣補。

　　第十二節　　每月設月課一次，每次命兩題，以作一藝爲完卷。由院長閱定，分列等第，批給獎賞，仍記列分數，備大考時統計之用。

　　第十三節　　每季大考一次，請學堂督辦官與紳董公同到堂彙考。將三箇月內之劄記册、待問格及課卷三項，通同核閱，彙算分數多寡。其有功課精進，能自創新理，或發條例自著新書者，爲異常高等，除原有分數外，仍可特加。合一季內功課之高下，列爲一表，榜諸學堂大門，並登《湘學報》及《湘報》中，以示鼓勸。（其每月分數，榜諸講堂，登諸日報。）

　　第十四節　　學生劄記、問格、課卷，皆擇其尤者，鈔存刊刻。每季刻一次，公諸天下。

　　第十五節　　院長每五日講學一次，所講何學，當日榜示。講學之日，擇高才生二人爲書記，坐講席側，攜筆研記所講。講畢，二人參合所記，寫出清本，交鈔寫人鈔兩分，一榜堂，一存院長處。

第一年讀書分月課程表坿

	專精之書	涉獵之書
		凡涉獵之書，不過摘舉其尤要者，略列一二。既謂之涉獵，則無乎不可，不必限于此也。
第一月溥通學	讀書法 　此書見學校報第一、第二冊。 禮記·學記篇、少儀篇 管子·弟子職篇 孟子 　先閱學校報中《讀孟子界說》，其餘按學校報中《孟子今義》求之，半月可卒業。	宋元學案中象山學案、上蔡學案 朱子語類中論爲學之方、訓門人諸卷 　此等皆爲發揚志氣、鞭策向學之書，宜先讀。約數日可卒業。 史記·儒林列傳、漢書·藝文志·六藝略、漢書·儒林傳 　此等爲經學原流之書，必當先讀，以知梗概。數日可卒業。 格致須知中天文、地學、地理、地志諸種。
第二月溥通學	春秋公羊傳 　先閱學校報中《讀春秋界說》，其餘按學校報中《春秋公法學》求之。	
	春秋公羊傳 公理學 　其書按次印入學校報中。學者治《春秋》，既諳諸例，即當求公理，以互相印證。	春秋繁露、春秋穀梁傳溥通學經學 　《繁露》爲《春秋》之關鍵，《穀梁》爲《公羊》之羽翼，皆當於讀《公羊》特並讀之。《繁露》宜擇讀，其詳別見。 公法諸書 　《春秋》一書，皆言内公法、外公法之義。故讀《春秋》時，必須略窺公法之書，乃易通也。 萬國史記 時務、知新、湘學各報

续 表

第三月溥通學	春秋公羊傳 公理學	春秋穀梁傳 公法諸書 萬國史記
		日本國志 格致須知中重、力、化、汽諸種 各報
第四月溥通學	春秋公羊傳 　此書每日讀湘刻本八九葉,約月餘可以卒業。既與《繁露》《穀梁》《白虎通》、公法等書合讀,三月之功,無不全通矣。 禮記·中庸篇、禮運篇、大學篇 　《中庸》爲孔子行狀,《禮運》《大學》皆言大同之書,宜先讀。 公理學	白虎通 　中多《春秋》之制,讀《春秋》時,宜並讀之。 日本國志 泰西新史攬要 格致彙編 各報
第五月溥通學	論語 　先閱學校報中《讀論語界說》,分類求之,數日可卒業。 諸子學術流派書 　此書學堂有刻本,當與學校報中《讀諸子界說》並讀。	四庫提要子部 　擇其周秦諸子各書提要略觀之。 宋元學案、明儒學案各卷小序及各傳 　讀《諸子學派書》,可兼觀宋、明諸儒學派。

續　表

第五月溥通學	古學案上卷 　此書按次印在學校報中，上卷言孔子以前學派及孔門諸子學派。 公理學	國朝先正事略·儒林、經學兩門 　本朝學派亦當略知，未有完善之書，姑讀此編。 佐治芻言 　此爲憲法學之書，然學者宜人人共讀，可先於此特讀之。 日本國志 格致彙編 格物質學 各報
第六月溥通學	二戴記中裁篇先讀 　其篇目先後，別著《界説》中。 周禮 　先閲學校報中《讀周禮界説》。 荀子 　先閲學校報中《讀荀子界説》。 古學案中卷 　中卷言周秦諸子學派。 公理學	周秦諸子任意涉獵 三史任意涉獵 西學啓蒙十六種任意涉獵 西國政學事物源流 　上海譯書局新刻本。 各報
第七月溥通學	古學案中卷 荀子 墨子 公理學	
第七月顓門學公法門	公法會通 　最便學者。 公法總論 萬國公法	以後涉獵書不能具列。凡治某門者，即任意涉獵本門之書。其書目別爲《書目表》詳之。

续表

掌故门	周礼 　　先阅学校报中《读周礼界说》。 秦会要 　　此书在学校报中。因二千年制度多本於秦，故必以此书为掌故学根原。	
格算门	格物质学 　　此为言格致总学最新而最明白之书。 学算笔谭 笔算数学 　　以为学算显浅易入之书。	
第八月溥通学	二戴记 古学案中卷 墨子 　　先阅学校报中《读墨子界说》。 公理学	
第八月颛门学公法门	佐治刍言 　　此书为内公法之书。 公法便览 　　凡治公法学者，皆当随时取与《春秋》相印证。	
掌故门	佐治刍言 　　治掌故学者，必须读宪法书，乃不为古法所蔽，故须读此书。若已经涉猎者，则不必读。 周礼 日本国志	

續 表

格算門	幾何原本 形學備旨 　二書宜參互讀。 代數術 代數備旨 　二書宜參互讀。 談天 　與《天文圖説》《天文揭要》參看。	
第九月溥通學	古學案下卷 　下卷言秦、漢至唐儒者學派。 管子 公理學	
第九月顧問學公法門	各國交涉公法論 左氏春秋、國語、戰國策 　此等例案，有可以略爲引證者。	
掌故門	歷代職官表 全史職官志 通考、續通考、皇朝通考職官門 日本國志・職官志	
格算門	幾何原本、形學備旨 代數術、代數備旨 地學淺釋 　與《地學指略》《地學稽古論》並讀。	

续 表

第十月溥通學	古學案附卷 　　附卷言外教流派。 老子 莊子 列子 公理學	
第十月顓門學公法門	各國交涉公法論 希臘志略 羅馬志略	
掌故門	歷代職官表 全史職官志 三通考職官門 日本國志・職官志	
格算門	幾何原本、形學備旨 代數術、代數備旨 地學淺釋 化學鑑原	
第十一月溥通學	古學案附卷 呂氏春秋 淮南子 公理學	
第十一月顓門學公法門	各國通商條約 通商約章類纂 歐洲史略	

續表

掌故門	唐律疏義 全史刑律志 日本國志·刑律志 法國律例 英律全書	
格算門	幾何原本、形學備旨 代數術、代數難題 化學鑑原續編 化學分原	
第十二月溥通學	左氏春秋 　先閱學校報中《讀左氏界說》。 商君書、韓非子 公理學	
第十二月顓門學公法門	通商約章及成案 法國律例 英律全書	
掌故門	法國律例 大清律例	
格算門	幾何原本 代數難題 代微積拾級、微積溯原 化學鑑原續編、補編	

　　以上各書，略列大概。其資稟尋常者，或每月功課未能悉依期限；惟其次第，則大略視此，按步以進，雖在中材，亦可有成。至其讀書之法，悉箸諸學校

報中。其一年以後之功課，則今時未能遽定。因近歲繙譯西書之局踵起頗多，若新籍輩出，則取途亦殊。贏讀之作，俟諸異日。又，應行涉獵之書，不一而足，專門各學，爲數尤多。故僅列必須終卷之書，作爲專精業，以備按日程功，有所稽察。其餘各籍，具詳《書目表》中，不復備列。要之學堂功課之書，未經撰成，無論何種學問，皆不能專恃一書可以貫通，亦不能一書之中全屬要義。此中不便學者之處極多，今茲未能，聊復爾爾。

（上海大同譯書局 1898 年版《中西學門徑書七種》）

呈請代奏查辦德人毀壞聖像以伸公憤稿

具呈爲聖像手臂被毀，聖教可憂，乞飭駐使責問德廷嚴辦，以保聖教而安人心，伏乞代奏事。竊聞山東即墨縣文廟孔子像被德人毀拆，斷聖像手臂，並抉先賢子路眼，蔑我聖教，視我無人，天下士類，咸爲震動，凡有血氣，怒髮咸指。伏惟孔子道參天地，德在生民，列代奉之以爲教。我朝列聖，尤加尊崇，令天下人知君臣父子之綱，家知孝弟忠信之義，廟祀皇皇，至鉅典也。西國之來，雖微有譏詞，而尚不敢明相攻毀。自膠、旅之事，習知吾國勢極弱，尚未敢遽加分滅者，蓋猶畏吾人心也。頃乃公毀先聖先賢之像，是明則蔑吾聖教，實隱以嘗我人心。若士氣不揚，人心已死，彼即徧毀吾郡邑文廟，即焚燬吾四書六經，即昌言攻吾先師，即到處迫人入教。若人咸畏勢，大教淪亡，皇上孤立於上，誰與共此國者也。夫皇上以冲齡踐阼，二三大臣輔助於下，而天下晏然，四海靖謐者，非以其威力爲之，實以君臣之義深入人心，相與扶植而立此國者也。夫君臣之義，父子之綱，乃孔子所立。若大教既亡，綱常絶紐，則教既亡，而國亦隨之。舉人等私憂竊痛，實有難言。彼越數萬里而傳彼教，稍不得當，則索地殺人。我在內地，而不能自保其廟像，夫復何言！《中庸》稱："事死如事生，事亡如事存。"古者用尸,後世用像,皆在主外。明世張孚敬不知此義,妄改用主,而即墨猶存古義。德人敢行狂妄,實蔑視我全國之人。朝廷若不知保護,人心從此盡失。割膠不過失一方之土地,毀像則失天下之人心,失天下之聖教,事之重大,未有過此。查兩國和約,既保彼教,亦當保吾教,乃合公平均沾之道。伏乞皇上深察人心,卹念聖教,飭下駐德國使臣呂海寰,責問德廷,責令查辦毀壞聖像之人,勒令賠償,庶可絕禍萌而保大教,存國體而繫人心。伏乞代奏皇上聖鑒。謹呈

公啓附後

公啓者:山東即墨縣文廟孔子像被德人毀壞,並將先賢子路像抉其雙睛,我中國四萬萬人敷天痛憤,況在士人同爲髮指。彼知我國勢弱,而畏我人心未去,乃欲滅我聖教,先覘我士氣如何。若坐聽其毀,則各郡縣文廟必繼踵凌滅,四書六經必公然焚燒,聖教必昌言攻擊。吾教之盛衰,國之存亡,咸在此舉。頃者公車咸集,宜伸公憤。具呈都察院,代奏請與德國理論,查辦毀像之人,以伸士氣而保聖教。凡我同人,讀孔子之書,受孔子之教,苟忍坐視聖教之淪亡,則是自外衣冠之種族。單到,請書姓名,並注科分、省分,以便彙列。附上呈稿傳覽。此事經都察院堂官領銜,全台列名,已於初八日上摺,山東京官、公車亦於初六遞呈。事關公憤,非一二人之私也。　　梁啓超、麥孟華、林旭、張銑、陳榮袞、陳濤、程式穀、張鵬一、龍煥綸、錢用中、況仕任、邢廷莢同啓

（1898年6月13日《湘報》）

代總理衙門奏擬京師大學堂章程

第一章　總　綱

　　第一節　京師大學堂爲各省之表率,萬國所瞻仰。規模當極宏遠,條理當極詳密,不可因陋就簡,有失首善體制。

　　第二節　各省近多設立學堂,然其章程、功課皆未盡善,且體例不能畫一,聲氣不能相通。今京師既設大學堂,則各省學堂皆當歸大學堂統轄,一氣呵成;一切章程、功課,皆當遵依此次所定,務使脈絡貫注,綱舉目張。

　　第三節　西國大學堂學生,皆由中學堂學成者遞陞。今各省之中學堂,草創設立,猶未能徧,則京師(大)學堂之學生,其情形亦與西國之大學堂略有不同。今當於大學堂中兼寓小學堂、中學堂之意,就中分列班次,循級而陞,庶幾兼容並包,兩無窒礙。

　　第四節　西國最重師範學堂,蓋必教習得人,然後學生易於成就。中國向無此舉,故各省學堂不能收效。今當於堂中別立一師範齋,以養教習之才。

　　第五節　西國學堂皆有一定功課書,由淺入深,條理秩然,有小學堂讀本,有中學堂讀本,(有)中[大]學堂讀本,按日程功,收效自易。今中國既無此等書,故言中學,則四庫七略,浩如烟海,窮年莫殫,望洋而歎;言西學則陵亂無章,顧此失彼,皮毛徒襲,成效終虛。加以師範學堂未立,教習不得其人,一切教法皆不講究。前者學堂不能成就人才,皆由於此。今宜在上海等處開一編譯局,取各種溥通學盡人所當習者,悉編爲功課書,分小學、中學、大學三級,量中人之才所能肄習者,每日定爲一課。局中集中西通才,專司纂譯。其言中學者,薈萃經子史之精要,及與時務相關者編成之,取其精華,棄其糟粕。其言西學者,譯西人學堂所用之書,加以潤色。既勒爲定本,除學堂學生每人給一分外,仍請旨頒行各省學堂,悉遵教授,庶可以一趨向而廣民智。

第六節　學者應讀之書甚多,一人之力,必不能盡購。乾隆年間,高宗純皇帝於江浙等省設三閣,盡藏四庫所有之書,俾士子借讀,嘉惠士林,法良意美。泰西各國於都城省會皆設有藏書樓,亦是此意。近張之洞在廣東設廣雅書院,陳寶箴在湖南所設時務學堂,亦皆有藏書。京師大學堂爲各省表率,體制尤當崇閎。今擬設一大藏書樓,廣集中西要籍,以供士林流覽而廣天下風氣。

第七節　泰西各種實學,多藉試驗始能發明,故儀器爲學堂必需之事。各國都會,率皆有博物院,蒐集各種有用器物,陳設其中,以備學者觀摩,事半功倍。今亦宜仿其意,設一儀器院,集各種天、算、聲、光、化、電、農、礦、機器、製造、動植物各種學問應用之儀器,咸儲院中,以爲實力考求之助。

第八節　現時各省會所設之中學堂尚屬寥寥,無以備大學堂前茅之用。其各府州縣小學堂,尤爲絕無僅有。若不尅期開辦,則雖有大學堂,而額數有限,不能逮下,成就無幾。今宜一面開辦,一面嚴飭各省督撫、學政,迅速將中學堂、小學堂開辦,務使一年之內,每省每府每州縣皆有學堂,庶幾風行草偃,立見成效。

第二章　學堂功課例

第一節　近年各省所設學堂,雖名爲中西兼習,實則有西而無中,且有西文而無西學。蓋由兩者之學未能貫通,故偶涉西事之人,輒鄙中學爲無用。各省學堂既以洋務爲主義,即以中學爲具文。其所聘中文教習,多屬學究帖括之流;其所定中文功課,不過循例呫嗶之事。故學生之視此學亦同贅疣,義理之學全不講究,經史掌故未嘗厝心。考東西各國,無論何等學校,斷未有盡舍本國之學而徒講他國之學者,亦未有絕不通本國之學而能通他國之學者。中國學人之大蔽,治中學者則絕口不言西學,治西學者亦絕口不言中學。此兩學所以終不能合,徒互相詬病,若水火不相入也。夫中學,體也;西學,用也。二者相需,缺一不可,體用不備,安能成才?且既不講義理,絕無根柢,則浮慕西學,必無心得,祇增習氣。前者各學堂之不能成就人才,其弊皆由於此。且前者設立學堂之意，亦與今异。當同文館、廣方言館初設時，風氣尚未大開，不過欲培植譯人，以爲總署及各使館之用，故僅教語言文字，而於各種學問皆從簡略。今此次設立學堂之意，乃欲培非常之才，以備他日特達之用，則其教法亦當不同。夫僅通中國語言文字之人，必不能謂爲中學之人才；然則僅通西國語言文字之人，亦不能謂爲西學之人才，明矣。西文與西學，二者判然不同。各學堂皆專教西文，而欲成就人才，必不可得矣。功課之完善與否，實學生成就所攸關，故定功課爲學堂第一要著。今力矯流弊，標舉兩義：一曰中西並重，觀其會通，無得偏廢；二曰以西文爲學堂之一門，不以西文爲學堂之全體，以西文爲西學發凡，不以西文爲西學究竟。宜昌明此意，頒示各省。

第二節　西國學堂所讀之書皆分兩類：一曰溥通學，二曰專門學。溥通學者，凡學生皆當通習者也；專門學者，每人各占一門者也。今略依泰西、日本通行學校功課之種別，參以中學，列爲一表如下：

經學第一；理學第二；中外掌故學第三；諸子學第四；初級算學第五；初級格致學第六；初級政治學第七；初級地理學第八；文學第九；體操學第十。以上皆溥通學。其應讀之書，皆由上海編譯局纂成功課書，按日分課。無論何種學生，三年之內，必須將本局所纂之書全數卒業，始得領學成文憑。惟體操學不在功課書內。英國語言文字學第十一；法國語言文字學第十二；俄國語言文字學第十三；德國語言文字學第十四；日本語言文字學第十五。以上語言文字學五種，凡學生每人自認一種，與溥通學同時並習，其功課悉用洋人原本。高等纂[算]學第十六；高等格致學第十七；高等政治學第十八，法律學歸此門；高等地理學第十九，測繪學歸此門；農學第二十；礦學第二十一；工程學第二十二；商學第二十三；兵學第二十四；衛生學第二十五，醫學歸此門。以上十種專門學，俟溥通學即[既]卒業後，每學生各占一門或兩門。其已習西文之學生，即讀西文各門讀本之書；其未習西文之學生，即讀編譯局譯出各門之書。

第三節　凡學生年在二十以下，必須認習一國語言文字。其年在二十一以上，舌本已強，不能學習者，准其免習，即(以)譯出各書爲功課；惟其學成得獎，當與兼習西文者稍示區別。

第四節　本學堂以實事求是爲主，固不得如各省書院之虛應故事，亦非如前者學堂之僅襲皮毛。所定功課，必當嚴密切實，乃能收效。今擬凡肄業者，每日必以六小時在講堂，由教習督課，以四小時歸齋自課。其在講堂督課之六小時，讀中文書、西文書時刻各半。除休沐日之外，每日課肄時刻不得缺少，不遵依者，即當屏出。

第五節　考驗學生功課之高下，依西例用積分之法。每日讀編譯局所編溥通學功課書，能通一課者，即爲及格。功課書之外，每日仍當將所讀書條舉心得，入劄記册中。其劄記呈教習評閲，記注分數，以爲高下之識別。其西文功課，則以背誦、默寫、觧說三事記注分數。每月總核其數之多寡，列榜揭示。

第六節　每月考課一次，就溥通學十類中每類命一題，以作兩藝爲完卷。其頭班學生習專門學者，則命專門之題試之。由教習閲定，分別上取、次取。其課卷、劄記列高等者，擇尤刊布，如同文館算學課藝之例，布諸天下，以爲楷模。

第三章　學生入學例

第一節　學生分爲兩項：第一項，諭旨所列翰林院編檢、各部院司員、大門侍衞、候補候選道府州縣以上及大員子弟、八旗世職、各省武職後裔之願入學堂肄業者；第二項，各省中學堂學成、領有文憑咨送來京肄業者。

第二節　學生分兩班：其治各種溥通學已卒業者，作爲頭班；現治溥通學者，作爲二班。第一項學生投考到堂之始，皆作爲二班，以漸而升。第二項學生咨送到堂時，先由總教習考試，如實係曾經治溥通學卒業者，即作爲頭班；若未卒業者，即作爲二班，俟補足後乃升。

第三節　恭繹諭旨，有其"願入學堂者，均准入學肄習"等語，似不必先行甄別考録，仰見廣大教澤之聖意。惟絶無節制，人數既多，恐其中或有沾染習氣不可教誨，或資質劣下難以成就者，亦在所不免。一體雜廁，恐於堂中功課有碍。今擬凡此各項人員願來學者，取結報名投到，先作爲附課生。一月以後，由總教習、提調等察其人品資質實可教誨，然後留學，庶幾精益求精，成就較多。

第四節　既不經甄別，則願來學者多少無定額，經費及學舍等亦皆不能懸定。今擬略示限制，暫以五百人爲額。其第一項學生，額設三百人；第二項學生，額設二百人。若取額已滿，續行投到咨到者，暫作爲外課生。俟缺出乃補。

凡外課生不住學堂，不給膏火。

第五節　額設學生分爲六級，略依同文館之例，據功課之優劣，以第其膏火之多寡。略列表如下：

等　次	額　數	每月膏火
第一級	三十人	二十兩
第二級	五十人	十六兩
第三級	六十人	十兩
第四級	一百人	八兩
第五級	一百人	六兩
第六級	一百六十人	四兩
合　計	五百人	

第六節　凡學生留學補額，寧闕毋濫；六級遞升，寧嚴毋寬，以昭慎重。其有本在優級者，或功課不如格，則隨時黜降，以優者補升。或犯堂規，輕者降爲外課，重者彬擯出。

第七節　於前三級學生中，選其高才者作爲師範生，專講求教授之法，爲他日分往各省學堂充當教習之用。

第八節　西國師範生之例，即以教授爲功課。故師範學堂，每與小學堂並立，即以小學堂生徒，命師範生教之。今譯[繹]諭旨，凡大員子弟、八旗世職等皆可來學，未指明年限。今擬擇其年在十六以下十二以上者作爲小學生，別立小學堂於堂中，使師範生得以有所考驗，實一舉兩得之道。

第四章　學成出身例

第一節　前者所設各學堂，所以不能成就人才之故，雖由功課未能如法，教習未能得人，亦由國家科第仕進不出此途，學成而無所用，故高才之人不肯就學。今既創此盛舉，必宜力矯前獘。古者貢舉皆出於學校，西人亦然。我中國因學校之制未成，故科舉之法亦敝。現京師大學堂既立，各省亦當繼設，即宜變通科舉，使出此途，以勵人才而開風氣。

第二節　本年正月初七日上諭，已有各省學堂經濟科舉人、經濟科貢士各名號。今擬通飭各省，上自省會，下及府州縣，皆須一年内設立學堂，府州縣謂之小學,省會謂之中學,京師謂之大學。由小學卒業領有文憑者,作爲經濟科生員升入中學;由中學卒業領有文憑者,作爲舉人升入大學;由大學卒業領有文憑者,作爲進士引見授官。既得舉人者,可以充各處學堂教習之職;既得進士者,就其專門,各因所長,授以職事,以佐新政。惟錄用之愈廣,斯成就之益多。

第三節　京師大學堂多有已經授職之人員,其卒業後應如何破格擢用之處,出自聖裁。其各省中學堂學生,如有已經中式舉人者,其卒業升入大學堂之時,亦即可作爲進士,與大學堂中已經授職之人員一體相待。

第四節　大學堂中卒業各生,擇其尤高才者,先授以清貴之職,仍遣游學歐美各國數年,以資閱歷而期大成。游學既歸,乃加以不次擢用,庶可以濟時艱而勸後進。

第五節　學生既有出身,教習亦宜獎勵。今擬自京師大學堂分教習及各省學堂總教習,其實心教授著有成效確有憑證者,皆三年一保舉。原係生監者,賞給舉人;原係舉人者,賞給進士,引見授職;原係有職人員者,從異常勞績保舉之例,以爲盡心善誘者勸。

第五章　聘用教習例

第一節　同文館及北洋學堂等,多以西人爲總教習。然學堂功課,既中西並重,華人容有兼通西學者,西人必無兼通中學者。前此各學堂於中學不免偏枯,皆由以西人爲總教習故也。即專就西文而論,英、法、俄、德諸文並用,無論任聘何國之人,皆不能節制他種文字之教習。專門諸學亦然。故必擇中國通人,學貫中西,能見其大者爲總教習,然後可以崇體制而收實效。

第二節　學生之成就與否,全視教習。教習得人,則綱目畢舉;教習不得人,則徒糜巨帑,必無成效。此舉既屬維新之政,實事求是,必不可如教習庶吉士、國子監祭酒等之虛應故事。宜取品學兼優通中外者,不論官階,不論年齒,務以得人爲主;或由總理衙門大臣保薦人才可任此職者,請旨擢用。

第三節　設溥通學分教習十人,皆華人。英文分教習十二人,英人、華人各六;日本分教習二人,日本人、華人各一;俄、德、法文分教習各一人,或用彼國人,或用華人,隨所有而定。專門學十種,分教習各一人,皆用歐美洲人。

第四節　用使臣自辟參、隨例，凡分教習皆由總教習辟用，以免枘鑿之見，而收指臂之益。其歐美人或難於聘請者，則由總教習、總辦隨時會同總署及各國使臣，向彼中學堂商請。

第五節　現當開辦之始，各學生大率初學，必須先依編譯局所編出之溥通功課卒業，然後乃習專門。計最速者，亦當在兩年以後。現時專門各學之分教習，如尚無學生可教，即暫以充編譯局繙譯之用。

第六章　設官例

第一節　設管學大臣一員，以大學士、尚書、侍郎爲之，略如(管)國子監事務大臣之職。

第二節　設總教習一員，不拘資格，由特旨擢用，略如國子監祭酒、司業之職。

第三節　設分教習漢人二十四員，由總教習奏調，略如翰林院五經博士、國子監助教之職。其西人爲分教習者，不以官論。

第四節　設總辦一人，以小九卿及各部(院)司員充。

第五節　設提調八人，以各部院司員充。以一人管支應，以五人分股稽查學生功課，以二人管堂中雜務。

第六節　設供事十六員，謄錄八員。

第七節　藏書樓設提調一員，供事十員。

第八節　儀器院設提調一員，供事四員。

第九節　以上各員，除管學大臣外，皆須常川駐紮學堂。

第七章　經　費

第一節　西國凡一切動用款項，皆用豫算表、決算表之法。豫算者，先估計此事應需款若干，甲項用若干，乙項用若干，擬出大概數目，然後撥款措辦也。決算者，每年終，將其開銷實數分別某項某項，開出清單也。中國向來無列表豫算之法，故款項每患舞弊，費帑愈多，成效愈少。今宜力除積獘，采用西法，先列爲常年豫算表，開辦豫算表，然後按表撥款辦理。

　　第二節　中國官制向患祿薄。今既使之實事求是，必厚其薪俸，使有以自養，然後可責以實心任事。今除管學大臣不別領俸外，其各教習及辦事人應領俸薪，列一中數，爲表如下：

職名	人數	每人每月薪水	每年合計
總教習	一	三百兩	三千六百兩
專門學分教習(西人)	一[十]	三百兩	三萬六千兩
溥通學分教習頭班	六	五十兩	三千六百兩
溥通學分教習二班	八	三十兩	三[二]千八百八十兩
西文分教習頭班(西人)	八	二百兩	一萬九千二百兩
西文分教習二班	八	五十兩	四千八百兩
總辦	一	一百兩	一千二百兩
提調	八	五十兩	四千八百兩
藏書樓提調	一	五十兩	六百兩
儀器院提調	一	五十兩	六百兩
供事	三十	四兩	一千四百四十兩
謄錄	八	四兩	四[三]百八十四兩

統計每年開銷八萬一千六百兩。①
右②教習及其餘辦事(人)薪俸豫算表第一。

　　學生分爲六級，每級以所領膏火之多寡爲差，列表如下：

級數	人數	每人每月膏火	每年合計
第一級	三十	二十兩	七千二百兩
第二級	五十	十六兩	九千六百兩
第三級	六十	十兩	七千二百兩
第四級	一百	八兩	九千六百兩
第五級	一百	六兩	七千二百兩
第六級	一百六十	四兩	七千六百八十兩
附設之小學堂學生	八十	四兩	二千四百[三千八百四十]兩

總計每年開銷五萬零四百八十兩。
右學生膏火豫算表第二。

---

①　此數與上列各項相加總數有出入。以下三項總計數字亦有誤。
②　即上。下同。

其餘各雜用,列表如下:

伙食:共五百六十人,每人每月三兩,每年約一萬六千兩
華文功課書:每學生五[一]分,每分約二兩,每年約一萬兩
西文功課書:每學生一分,每分約二兩,每年約一萬兩
獎賞:每月一千兩,每年一萬二千兩
紙張及墨水洋筆等:每年約二千兩
僕役薪工飯食:約用一百人,每年約三千六百兩
預備額外雜用:每年五千兩

總計五萬六千六百兩。

右其餘雜用豫算表。

三表合計,每年共應開銷十八萬八千六百三十兩之譜,是爲常年統計經費之數。

第三節　開辦經費,以建學堂、購書、購器及聘洋教習來華之川貲爲數大宗。今略列如下:

建築學堂費:約十萬兩
建築藏書樓費:約二萬兩
建築儀器院費:約二萬兩
購中國書費:約五萬兩
購西文書費:約四萬兩
購東文書費:約一萬兩
購儀器費:約十萬兩
洋教習來華川貲:約一萬兩

右開辦經費豫算表,約三十五萬兩。

第四節　一切工程及購書、器等費,皆由總辦、提調經理,皆當實支寔銷,不得染一毫官塲積習。

第八章　新[暫]章

第一節　以上所列,不過大概情形。若開辦以後,千條萬緒,非事前所能悉定,在辦事人各司所職,順時酌擬。

　　第二節　功課之緩急次序,及每日督課分科分課及記分數之法,其章程皆歸總教習、分教習續擬。

　　第三節　一切堂規,歸總辦、提調續擬。

　　第四節　建築學堂,分段分齋,一切格式,歸總辦、提調續擬。

　　第五節　應購各書目錄,及藏書樓收藏、借閱詳細章程,歸藏書樓提調續擬。

　　第六節　應購各器並儀器院准人游觀詳細章程,歸儀器院提調續擬。

　　第七節　學成出身詳細章程,應由總教習會同總理衙門、禮部詳擬。

　　第八節　各省府州縣學堂訓章,應由大學堂總教習、總辦擬定,請旨頒示。

　　第九節　學生卒業後,選其高才者出洋游學。其章程俟臨時由總教習會同總理衙門詳擬。

(1898年7月10—11日《京報》)

擬譯書局章程並瀝陳開辦情形摺

　　具呈六品銜辦理譯書局事務舉人梁啓超,爲恭擬譯書局章程並瀝陳開辦情形,呈請代奏事。竊五月十五日奉上諭:"新設之譯書局由管學大臣督率辦理。欽此。"同日奉上諭:"梁啓超着賞給六品銜,辦理譯書局事務。欽此。"旋於五月二十三日,奉到總理衙門劄開,"將上海譯書局改爲官督商辦,飭將開辦日期妥議,詳細章程呈送本衙門,核定立案"等語。除將上海官商合辦之譯書局章程遵報總署立案外,所有京師譯書局章程及開辦情形,理合呈報,恭請奏明核示,以資辦理。謹擬章程十條,開具於後。

　　一、查原章程第二章,功課分溥通、專門兩種。開學之始,自當先以譯溥通之書爲最急，其中除體操一門，原章聲明不在功課書內無庸編輯外，其餘當分門纂譯。

一、查原章溥通學第一門爲經學，原奏亦有將經史等書撮其精華之語。惟六經如日中天，字字皆實，凡在學生，皆當全讀，既無糟粕之可言，則全體精華，何勞撮錄？可否將經學一門提出，不在編譯之列，伏乞聖裁。

一、泰西、日本各種學校，皆有修身一科，無非薈萃前言往行，以爲薰陶德性之助。今理學門功課書，擬輯宋明諸賢語錄文集之名言，分類纂成，使學者讀之，以爲立身根柢。

一、掌故學擬略依"三通"所分門目而損益之。每一門先編中國歷代沿革得失，次及現時各國制度異同，使學者參互比較，開卷瞭然，既無數典忘祖之虞，亦得通變不倦之益。查編纂各種功課書之中，以此門爲最繁重，其所分門目容再詳列。

一、諸子中與西人今日格致、政治之學相通者不少，功課書即專擇此類加以發明，使學者知彼之所長皆我之所有。

一、初級算學、格致學、政治學、地學四門，悉譯泰西、日本各學校所譯之書，其間有未明晰者，自加案語，惟不屬入本文。

一、以上溥通學諸書，必一年以後乃能告竣。專門學各書以次續譯。

一、編譯各書悉依西例，分爲每日一課，以備教習按日督課之用。每課之後，用西例附以答問，提挈其最要者，備學生記誦。

一、各書編成譯成後，如有餘力，仍將原書用通俗語編成演義體，務極淺近易曉，俾蒙學有所誦習。

一、各書除備送大學堂應用外，其餘各省，每學堂按送一分，餘則以賤價廉售。

以上章程十條，略具梗概，伏乞聖鑒核示遵行。然開辦之始，尚有數事當瀆陳者，謹臚陳之。

一曰通籌全局請增經費也。凡譯專門之書，必須聘請專門之人，無論華士、西士，其通習專門者，聲價必昂，每月薪水大約在二百金之譜。依原奏每月千金，不過能聘五人，而局用及紙墨費已無所出。即開辦第一年，先譯溥通學各書，可以緩聘專門之人。然中外掌故學一門極其繁難，非合多人之力不能纂成,尤非得博學高才之人不能勝任。成書既當從速,則分纂必藉多人,竊計最少亦當以十人爲率。既爲博學高才,則聘請自不易易。京官當差有資可積,故薪水尚能從廉。至外聘各人,若太廉,誰肯就者?以每人每月薪水六十金起算,已居原定經費三分之二。至上海、廣東,尋常繙譯無不每月百金。溥通學譯人最少亦須得五人。然則印局一切辦事人等薪水暨紙墨印工不計,而每月千金已不敷開銷遠甚矣。可否請加增經費每月二千兩,庶可以資辦理而免支絀。

二曰請撥給開辦經費也。查原章,學堂藏書樓、儀器院皆有辦理經費。今譯書局開辦之始,購買印書機器暨洋文書籍,所費固已不資,而編輯中學功課,取材尤當大備。其中掌故一門,所據之書最爲繁浩,如二十四史、《九通》《資治通鑑》《續通鑑》《大清會典》《大清通禮》《十朝聖訓》《東華錄》《國朝耆獻類徵》等書,卷帙甚繁,編輯之時缺一不可。其餘取材於群籍書之中者尚多,既例簡義賅,豈能因陋就簡?然則歷代要書必須備列,且編纂時必須批評割補,亦不能借藏書樓之本以應用,故非專購不可。計京師一局購機器,購洋文書籍、中國書籍,三者非得萬金不能開辦。伏乞請旨飭下戶部,歸入大學堂開辦經費項內,一併籌撥。

三曰經費求速領也。學堂屢奉旨催辦,開學必當在今年,而功課各書,開學時即便須用,故譯書局之開視學堂當尤急。現時學堂尚未開辦,戶部所籌經費想未移撥。惟譯局則相須甚殷,苟未有確款,則無從聘請繙譯、分纂等人,必至延誤,啓超豈能當此重咎?今擬於七月即行開局編譯,已向日本東京購得美國學堂初級功課書十數種,次第開譯。所有應領每月經費,應請於七月領起。每月預先發給,以備開支薪水、局各項之用。所請開辦經費,如蒙俞允,亦請於七月以前領給,俾資辦理,無任遲延。所有啓超籌辦譯書局情形,伏乞代奏皇上聖鑒。再恭繹原摺,有准其來徃京滬等語,啓超現擬於月抄赴上海購採書籍,延聘譯人,合併呈明。謹呈。

(1898年8月23日《京報》)

創辦《時務報》源委*

本日在《國聞報》中，見有汪君穰卿告白，云"康年於丙申秋，在上海創辦《時務報》，延請新會梁卓如孝廉爲主筆"等語，閱之不勝駭詫。現《時務報》既奉旨改爲官報，又適派吾師南海康先生督辦，局外人見穰卿告白，恐將有謂啟超攘奪彼所獨創之事者，故不得不詳細言之。夫所謂創辦者何？一曰籌欵，二曰出力而已。查《時務報》初起，係用上海強學會餘欵。當乙未九月，康先生在上海辦強學會，張南皮師首捐一千五百兩爲開辦經費，滬上諸當道亦有捐助者，遂在王家沙地方開辦。當時，康先生以母壽之故，不能久駐上海，因致穰卿一函兩電，屬其來滬接辦。時穰卿猶在湖北就館也。既而穰卿到滬，而京師強學會爲言者中止，滬會亦因停辦。當時尚餘銀七百餘兩，又將原租房屋已交去一年之租銀追回半年，得三百五十元，又將會中所置器物書籍等項變賣，得二百餘元，共得千二百金，實爲《時務報》嚆矢。第一期報中所登汪穰卿進士、梁卓如孝廉捐集銀一千二百兩者，即此項也。第三期以後，改爲張孝達制軍捐銀七百兩，汪、梁捐集六百元者，以原存七百兩，乃南皮師原捐，故改登，其追回房租、變賣器物等項，無從指名，故仍冒我等二人名號。當時穰卿因欲沒康先生之舊跡，故不將此欵聲明強學會之餘欵，而登爲汪某某捐集云云。黃公度京卿改之，使並列兩名，實則啟超何嘗有捐集之功？而冒此稱，實滋不安耳。此《時務報》最初之起點也。強學停辦之後，穰卿即在滬度歲（時穰卿已移家上海，時啟超方在京師），康先生並招出滬改辦報以續會事。時同鄉黃公度京卿遵憲適在滬，公度固強學會同事之人，憤學會之停散，謀再振之，亦以報館爲倡始。於是與穰卿及啟超三人，日夜謀議此事。公度自捐金一千圓爲開辦費，且語穰卿云"我

---

* 原題《梁卓如孝廉述創辦〈時務報〉源委》。

輩辦此事,當作爲衆人之事,不可作爲一人之事,乃易有成。故吾所集欵,不作爲股分,不作爲墊欵,務期此事之成而已"。此等語固公度屢言之,穰卿屢聞之者也。創辦時所出印公啓三十條,係由啓超初擬草稿,而公度大加改定。(彼時穰卿力主辦日報,欲與天南遯叟争短長。公度及啓超力主旬報之説,乃定議。)其後聘請英文繙譯張少塘,係公度託鄭瀚生司馬代請者;東文繙譯古城貞吉,係由公度託日本駐上海總領事代請者。所立合同,亦出公度之手;其致函各處勸捐,託各處派報,亦多公度之力。當時公度在上海,至九月始北行。數月之中,報館一切事,公度無不與聞。其捐欵之獨多也如彼,其開辦之出力也如此,今穰卿自稱《時務報》爲彼所創辦者,不知置公度於何地也!鄒殿書部郎凌瀚,亦强學會同事之人,志願與公度同,故首捐五百金開辦。吴季清大令德潚與公度、穰卿、啓超皆至交,當時又與啓超同寓京師,故《時務報》開辦一切事,無不共之。丙申五月,季清先生與其子、亡友鐵樵(名樵)同到滬,即寓在報館,朝夕商榷一切,故《時務報公啓》即以公度、季清、殿書、穰卿及啓超五人出名,此人人所共見者。(當時《公啓》釘成一小本,自四、五月間,即分送各處同志;至第一期出報時,用單張夾在報内,想閱報諸君無不共見。四人之名,豈可剗去?)今穰卿自稱《時務報》爲彼所創辦者,不知置季清、殿書于何地也!同人既定議此報爲衆人之事,不得作爲一人之事,因得以公義向各同志勸捐。而海内君子,亦以公義之故而樂助之,兩年以來,捐欵至萬餘金。此實《時務報》爲公事而非私事之明證。今穰卿自稱《時務報》爲彼所創辦者,不知置捐欵諸公于何地也!至於啓超既爲穰卿傭工之人,亦復何足比數;然自問創辦時固不無微勞矣。當丙申五六月間,穰卿湖北館地尚未辭却,恐報館之或不能支,住鄂住滬,不能自決,屢商之於啓超。啓超謂報能銷四千份,則此局便可支持,因固留之。啓超自以不諳會計,憚管雜務,因與穰卿約彼理事務,兼外間酬應,而啓超主報中文字,此總理、撰述之名,所由分也。當時各因其才,自執一職,天澤之分不甚嚴。總辦之與屬員,名分平等,而啓超亦貿貿然自忘其受總辦厚恩,爲總辦雇請之人也。當時總辦之勤勞,固云至矣。然即如啓超者,忝任報中文字,每期報中論説四千餘言,歸其撰述,東西文各報二萬餘言,歸其潤色;一切奏牘、告白等項,歸其編排;全本報章,歸其覆校。十日一册,每册三萬字,經啓超自撰及删改者幾萬字,其餘亦字字經目經心。六月酷暑,洋蠟皆變流質,獨居一小樓上,揮汗執筆,日不遑食,夜不遑息。記當時一人所任之事，自去年以來，分七八人始乃任之。雖云受總辦厚恩，顧東家生意，然自問亦無負於《時務報》矣。然猶不止此。計丙申七月初一爲《時務報》出報之日，而穰卿於六月前赴湖北，月底始返滬；七月下旬，又因祝南皮壽辰，前赴湖北，中秋後始返滬。彼時正當創辦吃緊之時，承乏其間者誰乎？雖以啓超之不才，亦只得竭蹶從事，僭行護理總辦而已。此後局面既成矣，捐欵既至萬餘金矣，銷報既至萬餘分矣，穰卿之以啓超爲功狗，固其宜也。且穰卿之自稱《時務報》爲彼創辦，不自今日始。當丙申夏、秋間，海內鉅公、同志提倡斯舉，捐欵日多，當時我兩人商議，謂不可無謝啓。啓超謂"宜將公啓內出名之五人作爲公函，凡有捐欵者，五人公謝之"。穰卿謂"何必如是，只我兩人出名足矣"。凡此等館中雜務，向章皆由穰卿主辦，啓超不能爭也。自八月後，凡有捐欵者，皆穰卿一人出名函謝矣。其函中之言，猶夫本日《國聞報》告白之言也。蓋當初辦之時，早已有據爲汪氏產業之計；而天下之人，視此局爲汪氏產業也，亦已久矣。穰卿既爲東家，則啓超雖欲辭傭工之名，豈可得哉！當開辦之始，公度恐穰卿應酬太繁（蓋穰卿宗旨，謂必須吃花酒，乃能廣通聲氣。故每日常有半日在應酬中，一面吃酒，一面辦事），不能兼辦全局之事，因議推吳鐵樵（名樵，四川人，季清先生之子，去年已即世矣）爲坐辦。時鐵樵方由蜀至湘，公度屢函電促之。又開辦時所出公啓內辦事規條第九欵云："本報除住館辦事各人外，另舉總董四人。所有辦事規條，應由總董議定，交館中照行"云云。自丙申秋至丁酉夏，公度屢申此議，謂當舉總董。以此兩事之故，穰卿深銜公度，在滬日日向同人訛排之。且徧騰書各省同志，攻擊無所不至，以致各同志中，有生平極敬公度轉而爲極惡公度者。至去年八月，公度赴湘任，道經上海，因力持董事之議，幾於翻臉，始勉強依議舉數人。然此後遇事，未嘗一公商如故也。總董雖有虛名，豈能干預汪家產業哉！穰卿常語啓超云："公度欲以其官稍大，捐錢稍多，而撓我權利，我故抗之，度彼如我何。公度一抗，則莫有毒予者矣。"此言啓超之所熟聞也。自兹以往，正名之論大起，日日自語云："總理之名不可不正，總理之權利不可不定。"於是東家之架子益出矣。去年一年中，館中凡添請十餘人。時啓超在滬同事也，而所添請之人，未有一次與啓超言及者。雖總辦之尊，東家之闊，亦何至如是乎？啓超性狹隘，誠不能無所芥蒂，自去秋以來，常不免有齟齬總辦之事，此實不容自諱也。至於館中開銷，公度與啓超開辦時，再四熟籌，能銷報四千份，即可支持。

乃後此捐歇萬餘金,銷報萬餘份,而去年年底,猶幾於不能度歲,致使《萬國公報》從旁訕笑。雖由各處報費難於收齊,然其中曲折,固有非傭工小人所能窺者。穰卿與啓超之有意見,自去年以來矣。同事之難,自古所嘆;以亂易整,旁觀所笑。啓超所以隱忍於心,絕不敢爲我同志一言之也。獨所不解者,穰卿於康先生何怨何仇,而以啓超有嫌之故,遷怒於康先生,日日向花酒塲中,專以詆排爲事;猶以爲未足,又於《時務日報》中,編造謠言,嬉笑怒罵;猶以爲未足,又騰書當道及各省大府,設法搆陷之,至誣以不可聽聞之言。夫謗康先生之人亦多矣,誣康先生之言,亦種種色色怪怪奇奇無所不有矣,啓超固不與辯,亦不稍憤;獨怪我穰卿自命維新之人,乃亦同室操戈,落井下石,吾不解其何心也!康先生之待穰卿,自啓超觀之,可謂得朋友之道矣。乙未辦强學會,屢致函電,請其來滬接辦,是久以同志可信之人待之也。此次奉旨督辦《時務報》後,即致一電一函與穰卿,請其仍舊辦理,已不過遙領而已。(電文云:"奉旨辦報,一切依舊,望相助。有爲叩。"其函則係六月十二由郵政局寄者,文長不能全錄。)康先生之於穰卿,可謂盡道矣。而穰卿既無覆電,又無回信,既不肯仍舊同辦,又不肯交出,私衆人所捐之金爲己產,私衆人所出之力爲己功,不顧交情,顯抗聖旨,吾不解其何心也!此後之事,既改歸官辦,則亦非啓超之所敢言。惟於創辦之原委,及啓超之果爲傭工與否,不得不曉曉一辯白之。褊心之誚,固不敢辭。知我罪我,聽之海內同志而已。六月二十四日,新會梁啓超謹白。

(1898年9月26日《知新報》第66冊)

擬在上海設立編譯學堂并請准予學生出身摺

具呈六品銜辦理譯書局事務舉人梁啓超呈,爲擬在上海設立編譯學堂,培養譯才,並請准予學生出身呈請代奏事。竊舉人前奉特派辦理譯書局事務,又蒙加給開辦經費等項，感激莫名。譯書一事，爲育才之關鍵，我皇上三令五申，鄭重於斯，舉人敢不勉竭駑駘，仰副聖意！查中國向來風氣未開，中西兼通之人實不多觀，故前者間有譯出之書，大都一人口授一人筆述，展轉刪潤，訛誤滋多。故舉人此次辦理譯務，擬先聘日人，先譯東文。因日本人兼通漢文、西文之人尚多，收效較速。而中土譯才甚多[少]，計不得不出此也。今既爲經久之謀，自以養譯才爲急。擬一面繙譯東文，一面在上海設立編譯學堂。堂中設學生六十人，分爲兩項；其第一項，係已通中國學問，嘗多閱譯出各書而未嘗通西文者，則以西文教之；其第二項，係已學西文而未通中國學問者，則以中國學問教之。兩途並進，則兩年之後，學生皆能繙譯，不須口授筆述展轉譌誤，而成書可以速且佳矣。查香港、澳門各處通習西文之人不少，惜中學太無根柢，不能效力中國，致爲洋人所用，殊堪痛惜。今若招致此輩而教之，實可事半功倍。他日成就，爲用更多，又不徒繙譯之才而已。伏惟皇上昌明政教，寔事求是，除各省官立學堂外，更許臣民自行籌辦，務期宏獎風流，用意良厚。今舉人擬設繙譯學堂，上體皇上作人之意，下爲譯局經久之謀。伏乞請旨准其設立，不勝翹企。再，堂中所擬招第一項學生，多係舉貢生監，已通學問能文章者；第二項學生，多係已從香港各處通習西文者。皆屬已經成材之人，必有以鼓勵之，始能樂於來學。擬請旨，許其將來學成出身，與各省之高等學堂一例，庶幾可以招徠淘汰，得人較多。至學堂經費，擬即就譯書局款項，每月劃出若干應用，未能綽有餘裕，故堂中教習，擬多以上海徐家滙學堂之西人爲之。該教士等學問優長，教授有法。舉人徑與函商，樂於相助，薪水可以從儉，不必計較。伏查大學堂總教習丁韙良，亦係教士，則繙譯學堂兼延教士爲教習，似亦無妨。他日或教有成效，能得傳旨嘉獎，則彼族更樂於效力矣。如此，則經費較省，更易集事。合併陳明。所有舉人擬設編譯學堂情由，伏乞代奏皇上聖鑒。謹呈。

（1898年9月6日《京報》）

請飭一切書籍報章概准免納釐稅呈

再查泰西各國通例，凡書籍報紙，一概免稅，所以流通典籍，開廣風氣，意至美也。中國海關稅則，本無書報納稅之條，惟仍須作爲紙稅完納，各處釐卡亦然。統計此項稅釐，國家每年所入，其數極微，而因此之故，勞費留滯，大礙流通。故山陝雲貴四川各省分士子欲購一書，欲閱一報，殊不易易，因之見聞固陋者多，通知外事者少。此非我皇上作育人材之意也。請援各國通例，飭總理衙門通飭各海關各釐局，凡一切書籍報章，概准免納釐稅。計國帑此項每年所省不過數百金，而沾漑士林，獲益非鮮。謹附片陳明，伏乞代奏，請旨施行。謹呈。

（1898年8月26日《諭摺彙存》）

《冒巢民先生年譜》跋

黨莫盛於明。自大軍入關後，勝朝貳臣束身歸命者半闖逆餘孽，恩賢士夫之甚其後也，於是倡論禁社會，懸爲厲條。乾嘉文士吠聲相和，疾黨如仇，指會爲賊。習非勝是，深入人心，於是學者避此號若浼。嚶求之意蓋闕，散沙之形遂見。士氣不振，安國恥若素。即有一二攘臂思起，被髮狂叫，獨木難任，卒乃莫捄故無黨之獘極於今日。吾觀泰西諸國，會黨充地，名號若鯽，而彼土達悊未或憂之。且其言曰：黨也者，國之礎也。礎堅則國立，礎弱則國亡。以視我二百年來士夫之説，何其相悖與？吾又聞：日本變法之始，藩士倡尊攘論，聚同志，棄官爵，號稱浪民。脅幕府自強，傳露布，直指以某日殺關白，某日刺閣老，天下騷動矕慄，而卒以成維新之功。余每讀外史氏所紀載，輒引劍擊筑，仰天拊髀，唏嘘憤涌不自勝，以謂吾國苟得若此者數十輩，豈有今日也？丙申春夏閒居上海，始見冒君鶴亭，英姿颯爽，氣咄咄若朝日。問姓字，諳邑居，輒憶其先德巢民先生言論行事，而口摹之，而目營之，而心追之。《留都防亂》一揭，越歲將三百，生氣凜凜，尚塞於天壤。其以視法之牟拉巴，日本之中山忠光，雖異地不同時，其浩然之氣，輝映若旦莫。又復懸想，以今日事變之亟，天下之大，乃竟無如先生其人者出，以明大義於天下，天下事寧復有幸？則流涕痛哭，不復自制，而因以痛恨於倡論厲禁社會之人不置也。鶴亭既撰先生年譜，以跋相屬。鶴亭之文，史家之文也；鶴亭之志，殆先生之志也。其文之體例與其品式，則瑞安孫氏夫既言之。余悲其志，因述余志以質之，並以告夫天下之有志者。

新會梁啓超

（1911年"如皋冒氏叢書"本《冒巢民先生年譜》）

與日本東邦協會書[*]

梁啓超百拜上書

東邦協會會頭（副島伯爵、近衛公爵）暨諸君子閣下：伏處震旦，聞高風之日久矣。諸君子軫念東方大局永惟輔車唇齒之義，開宏會，以相扶救甚盛。僕以孤憤遠人，為奸賊所不容。跋涉貴邦，思為秦庭之哭。抵東京後，即思走謁。以

---

[*] 已據日本《東邦協會會報》第五十三號《支那志士之憤悱》及《日本外交文書》第三十一册梁啓超致大隈外務大臣書（1898年10月26日）校正，茲不詳出校記。

貴政府之意秘密斯舉，未敢造次，謹先述敝邦此次政變情形，及鄙懷所欲陳者，一一言之。

敝邦此次政變，其原因約有四端：一曰，帝與后之爭；二曰，新與舊之爭；三曰，滿與漢之爭；四曰，俄與英之爭。然要而論之，實則祇有兩派而已。蓋我皇上之主義，在開新，用漢人聯日、英以圖自立；西后之主義，在守舊，用滿人聯俄以求保護。故綜此四端，實爲帝后兩派也。皇上本非西后親生之子，當其即位之時，不過擁爲虛名，而西后自專朝柄。皇上雖在位二十四載，而於君主應享之權利，實未嘗一日能享之也。皇上年既漸長，而外患亦日深。數年以來，屢思發憤改革，皆見制於西后。凡皇上有所親信之人，西后必加譴逐。甲午年之竄安維峻，乙未年之褫長麟、汪鳴鑾，革文廷式，今年四月之逐翁同龢，皆此類也。蓋其意，務欲剪盡皇上之羽翼，去盡皇上之心腹，使皇上孤立於上，然後能任其所欲爲。此歷年以來，西后奪權之實情也。然使既奪其權而能舉其職，則亦何傷？無如西后之政策，惟一意求俄人之保護，甘心爲奴隸。但求北京之無事，頤和園之安全，雖盡割全國之膏腴，盡棄全國之利益，亦所不惜。皇上痛心疾首，無可如何。去年以來，膠灣諸港，相繼割棄。於是，康先生伏闕上書，痛哭言事，極陳：若不改革，則國必不立。其言哀懇切直，感動上意。於是，皇上變法之意益決。於四月廿三日，大誓群臣，宣改革之意。於同四月廿七日召見康先生，詢變法之略。康先生請皇上以俄前皇大彼得之心爲心，以日本明治之法爲法，因進呈《日本變政記》二十卷，譯述貴邦三十年以來改革之情形，參以(敝邦)特別之狀質。斟酌損益，條理秩然。皇上見之，益信改革之可以成就，將次第舉行。而滿洲諸大臣以爲變法不利於己，共思藉西后之力以阻撓新政。其滿洲大臣之最奸雄者，則榮祿爲首也。彼等思阻撓變法，非廢立皇上不可。因與西后定議，命榮祿出爲直隸總督，節制北洋。董福祥、聶士成、袁世凱之三軍，而定期於九月，脅皇上隨西后巡幸天津，同視三軍。其意蓋欲乘此時以兵力廢立也。此意，凡屬滿洲大臣，無不知之。漢臣中亦多知之者，而不敢言。翁同龢最忠於皇上，因力諫天津之行，遂以罪去官。自此以往，更無敢以爲言者矣。

我皇上之英明仁厚，真曠古所罕有。驟驟以語他邦之人，必以吾言爲夸，而不相信。即僕等未覲見皇上以前，亦不料其能如是也。蓋二十年來腐壞之政府,皆西后所造成,而外人不知者,以爲一切政策皆出于皇上,故其惡名嫁於皇上。此實不白之奇冤也。皇上於外國情形極爲瞭亮,於内邦積獘疾首痛心,無一毫自大之見,無一毫戀舊之習。皇上能有全權,則期月三年之間,必能盡掃千年之舊獘,盡行歐、美之良法。即以數月以來之新政言之:千餘年以八股取士之法,一旦毅然革除,徧設全國大學、中學、小學,注意教育制度;汰裁冗員,改革官制,許天下士民上書言事;下詔罪己;延見小臣。凡此諸端,皆支那數千年以來君主所不能行者,而皇上奮然行之,其明斷已可概見矣。然此數月之中,皇上固未爲能行其志也。西后事事掣肘,每欲舉一事,必經多少之勉强,始能准行。或准行其末節,而不准行其本原;或准行其一端,而不准行其全體。故數月以來,改革之迹,其於皇上心中之所欲行者,猶未及十之一也。皇上之意,欲設制度局於宫中,依貴邦明治初年之制,置議定參預等官,取各衙門辦事之規則而更定之。因遣人游歷貴國,考察法規,欲設地方自治之制;欲聘貴邦名士,爲宫中顧問官。凡北京各衙門及地方自治衙門,皆設顧問官,聘貴邦人爲之。欲易服以一人心;欲遷都以脱垢膩;欲去朝覲拜跪之禮;欲行游幸各國之典。凡此諸端,皆欲行而未能行者。所能行者,不過支葉之事而已。然彼軍機各部,及各省督撫諸臣,明知國權在西后之手,皇上不能有黜陟之權,故雖皇上出令,莫肯奉行。三令五申,聽之藐藐。自恃爲西后所用之人,而皇上卒不能治其不奉詔之罪。此所以改革數月,而未能大見推行之效也。然而滿洲黨欲去皇上之議愈不能忍矣。自五月以來,守舊之徒,紛紛愬於西后,請禁止皇上之改革,驅逐康先生出京。西后皆咲而不答。蓋彼於天津之一役,布算已定。榮禄嘗語其同黨云:欲廢皇上而不得其罪名,不如聽其顛倒改革,使天下共憤,然後一舉而擒之。此實西后與榮禄之隱謀也。及七月間,其逆謀爲皇上所覺察,因堅持不肯巡幸天津之議;又于北洋三將之中,特召袁世凱入京,賞以侍郎,待以優禮,激以忠義,冀其有事可以保護;又賜密詔與康有爲、譚嗣同等,令其設法保護,以免於難。不意,其事遽爲西后、榮禄所疑,西后即日垂簾,榮禄馳入政府。以康先生最爲皇上所信用,數月來之新政,皆出其手,故誣以篡[簒]逆之惡名,罪及黨類,務將皇上股肱耳目,先斬除净盡。於是出皇上於南海之瀛臺。凡舊日服侍皇上之内監,恐其爲皇上之心腹,悉皆屠殺,而西后則易己之心腹以監守之。遂乃盡反皇上所行之政,徧捕海内有志之士,而廢立之舉,遂乃明目張膽無復忌憚矣。

要而論之,(敝邦)今日情形,實與貴邦安政、慶應之時大略相類。皇上即貴邦之孝明天皇也;西后即貴邦之大將軍也;滿洲全族即貴邦之幕吏也。(敝邦)議論之士,持公武合體之論者有之;持尊王討幕之論者有之。而合體之説,固萬不能行矣。何也?皇上苟不圖改革,一切守舊,一切廢弛,一切奉西后之意,一切任滿洲大臣之欲,則無不可合。然如此,則如社稷何哉?故皇上賜康先生密諭,有云:"不變法則祖宗之國不保;若變法則朕之位不保。"此合體之所以難也。蓋不改革則合,改革則分;不改革則亡,改革則存。兩者比較,萬無能合之理。此亦如貴邦公武合體之終不能行矣。至于尊討之説①,以西后之罪論之,彼曾酖弑慈安皇太后,幽殺孝則皇后,虐戮宗室,恣肆奸淫,任用宦寺,賣官鬻爵,聚斂貨財,驕侈淫佚,其罪固擢髮難數。且彼不過先帝之遺妾,彼又非今上之母。彼既欲謀害皇上,則討之誠不爲過。然而又有難焉者。竊嘗與貴邦昔年情形比較之,其較難于貴邦者有三端:貴邦幕府雖威福久積,然于皇室則有君臣之分。(敝邦)西后則朝權久據,且於皇上冒母子之名。故討逆幕則天下之人皆明其義,討逆后則天下之人或疑其名,其難一也。貴邦天皇與將軍一居京都,一居江户,不相偪處。故公卿處士之有志者,得出入宫禁,與天皇從容布置,而幕府無如之何。(敝邦)則皇上與西后同處一宫,聲息相聞。且皇上左右皆西后之私人,皇上所有舉動,西后無不立知。故此次僅下一密諭,圖自保之法,而禍變已起矣。一旦廢立,即使外省有舉義之兵,兵未及京都,而彼已可立置皇上于死地。是皇上直爲西后質子也,其難二也。皇上手下無尺寸之兵柄,與當時貴國之皇室略同。然當時貴國有薩、長、土、佐諸藩相與夾輔,故雖藉處士之功,尤賴強藩之力。藩侯自君其國,經數百年。本藩之士民,皆其赤子。彼一舉義,幕府無如之何。甚者如毛利公父子,黜其爵、討其罪而已,而終不能削其兵力、禁其舉義也。故王室得其維持,而志士有所憑藉。若(敝邦)則不然。各省督撫數年一任,位如傳舍。順政府之意則安富尊榮;稍有拂逆,授意參劾,即日罷官矣。即如此次之事,湖南爲人才之淵藪、(敝邦)之長門也。而政變數日,即已將陳寶箴、黄遵憲、徐仁鑄等,一概罷斥,而一切權柄皆歸守舊之徒,無

---

① 以下至"竊嘗與貴邦"之間原闕,以〇代之,據《東邦協會會報》補。

復可用矣。處士以一身毫無憑藉，惟有引頸就戮而已，其難三也。以故帝后合體之事，既無可望；尊帝討逆之事，亦不能行。此就國內言之，其難已如此。此（敝邦）志士所以吞聲飲恨，血淚俱盡，志計俱窮，以至於今日，而我皇上之位卒岌岌不能保，（敝邦）改革之事，遂廢于半途也。

　　雖然①（敝邦）之不振，非獨（敝邦）之憂。支那之安危關係全地球和平爭亂之局。歐、米各國，雖五尺童子無不知之。而與貴邦同處一洲，輔車相依，唇亡齒寒，尤爲最易見之事。想貴邦雖五尺童子亦無不知之。今西后與賊臣榮祿等之主義，壹意求露國之保護，甘心爲其奴隸。露人外交政策，最險而最巧。常以甘言美語釣餌人國，所壤之邦不知幾何姓矣！今諸邦雖持均勢之主義，各謀在我邦得額外之利益，以抵制之。然我之僞政府，皆惟露人之言是聽。露人直以我政府爲傀儡，而暗中一切舉動，將悉陰持之。故使僞政府不更易，主權不能復，則於東方之局，各邦常爲客，而露人常爲主。以客敵主，常處於不能勝之勢，恐支那之全折而入於露，爲時甚近矣，何均勢抵制之可言？且即使能均勢，能抵制，而亦非日本之利也。支那苟爲諸國所分割，日本惟福建一省，或可染指，然尚在不可必得之數。即能得之，抑亦甚微矣。歐力既全趨于東方，亞洲大陸必狼藉縻爛，日本能免其害乎？露人哥殺克之兵隊長驅以入關，蹴踏支那東北，日本能高枕無憂乎？故今日爲日本計，支那安則日本安；支那危則日本危；支那亡則日本亦不可問矣。然支那之自立與否，全繫乎改革不改革；支那之改革與否，全繫乎皇上位權之安危。然則我皇上位權之安危，與日本全國之相關，其切近如此。僕願貴邦政府之熟察此機軸也。

　　夫使（敝邦）果爲未開之野蠻，已死之髑髏，則所謂朽木不可雕，糞牆不可圬者，雖欲提携，而不能受力。苟其如是，則僕固不敢奢望於貴國也。然僕竊自揣之，敝國固非無可爲者也。上之則有皇上之英明仁厚，實出尋常意計之外。苟有可以安國家、利生民者，知之無不行，行之無不力。但使皇上有復權之一日，按次第以變法，令行禁止，一二年間，一切積獘可以盡去，一切美政可以盡行。敝國幅員之廣，人民之衆，物產之饒，豈有不能自立之理？此敝國君權之可用也。下之則數年以來，風氣大開。各省學會、學校、新聞、雜誌，紛紛並起。

---

① 此處及下段原刊聯綴而下，據《日本外交文書》分段。

年少之人，志盛氣銳，愛國心切，而無一毫自尊自大之習。咸自濯磨，講求專門之學，以備國家之用。計湖南、廣東兩省，此類之志士，其數不下三四萬人。各省亦所在皆有。大率敝邦之人三十歲以上者，別爲一種類；二十歲以下者，別爲一種類。兩種之人，其意想氣象正大相反。惜舊種徧居要津，而新種皆貧賤之士，手無尺寸柄，現時不得不忍受魚肉耳。然而愈壓之則愈振，愈虐之則愈奮。正所謂"野火燒不盡，春風吹又生"者。今時不過萌芽而已。數年以後，此輩皆成就，歐人欲臣而妾之，恐未易也。此敝國民氣之可用也。故以鄙意計之，以爲(敝邦)現時之情形，視貴國三十年前未多讓也。

然而又有不同者，則貴邦三十年前，外患未亟，其大憂僅在内訌，故專恃國内之力，而即可以底定。(敝邦)今日，如以一羊處于群虎之間，情形之險，百倍貴國。大患既迫於外，則亦不能不借友邦之力以抵禦之。此僕等所以不能不爲秦庭之哭，呼將伯之助，而深有望於同洲同文同種之大日本也。至于其如何相助之處，秩秩大猷槃槃宏議，諸君子自有成竹在胸，非遠人所敢致詞也。僕聞弱爲六極之一，持國論者所最忌也。方今世界，逐鹿中原，捷足者先得焉。時一去，不可復追；勢一失，不可復得。外交之方針稍一舛誤，團結之志氣稍一軟弱，他日將有不勝其悔者。如奕者然，一著放過，則全局星散，不可不慎也。僕嘗觀英國近年來之政策，著著退讓，未嘗不爲之頓足；見露、獨之政策，或如鷙鷹，或如瘐狗，未嘗不爲之震驚。歐洲未來之勝負，決於是矣。竊知貴政府之必慎所擇也。僕憂憤滿腔，情思迫切，交淺言深，冒瀆清聽。惟恕其唐突，而有以教之，幸甚。啓超再拜

十月三十日

（1898年12月日本《東邦協會會報》第53號）

上品川彌二郎子爵書

思父先生閣下：啓超昔在震旦，游於南海康先生之門。南海之爲教也，凡入塾者皆授以《幽室文稿》，曰"苟志氣稍偶衰落，輒讀此書，勝於暮皷晨鐘也。"僕既受此書，因日與松陰先生相晤對，而並與閣下相晤對者，數年於茲矣。天假之緣，以政變之故，行邁貴國。自顧菲材，雖不敢仰希先哲，然敝邦今日情形，與貴邦幕末之際相類。每讀《送生田叙》中語，謂"今日事機之會，朝去夕來，使有志之士，變喜怒於其間，何能有爲"，竊服膺斯言，雖波瀾詭譎，千起百落，曾不敢以動其心也。近聞貴邦新報中議論，頗有目僕等爲急激誤大事者。然僕又聞之松陰先生之言矣，曰：觀望持重，今正義人比比皆然，是爲最大下策；何如輕快直率，打破局面，然後徐占地布石之爲愈乎！又曰：天下之不見血久矣，一見血丹赤噴出，然後事可爲也。僕等師友共持此義，方且日自責其和緩，而曾何急激之可言！敝邦數千年之疲頓澆薄，視貴邦幕末時，又復遇之，非用雷霆萬鈞之力，不能打破局面。自今日以往，或乃敝邦可以自强之時也。亟思走謁，一瞻風采，因體貴政府秘密保護之盛心，未敢造次。謹先以書達其景仰，他日更當請見。松陰先生著述及行狀，尚有他刻否？能惠賜一二種，不勝大幸。敬承起居。梁啓超再頓。（陰曆九月二十日）

再啓：超因景仰松陰、東行兩先生，今更名吉田晉。現居牛込鶴卷町四十番。如有賜函，不勝喜盼。

（1908年10月《民報》第24號）

致大阪日清協和會山本梅崖書*

　　梅崖先生有道：滬上一瞻風采，匆匆未盡所懷，每一東望，未嘗不思。此者相見，差慰饑渴，願[顧]胸中所磊塞而欲吐者，十分未得其一也。聞之康文羽子，深悉先生近狀。又聞爲敝邦之變，馳驅入東京，上書貴政府，爲之營救，感何可言！弟等爲呂、武、操、莽所不容，空拳徒張，寸心未死，忍留七尺，來哭秦廷。適值貴邦政海翻瀾，朝士淘淘[洶洶]，洵莫能執咎。事機迅逝，後此難迫[追]，既爲敝邦痛，抑亦爲貴邦惜也。竊察貴邦人士，頗有畏露如虎之心。僕以爲，露之爲東方患，雖五尺童子，皆知之矣。然我東方欲自保獨立，必及露人羽翼未成，庶幾尚可以之[止]之，則今日正其時也。及今所[不]圖，數年之後，豈復有圖之之時哉！僕甚不解貴政府之裴廻瞻顧者，將欲何待也。敝邦雖孱矣，然一二年來，南部諸省，民氣奮發，智力開張，頗異疇昔。以湘擬長，以粵擬薩，未敢多讓也。願[顧]貴邦三十年前，外患未迫，故僅擴國內之力而即可成。敝邦今日，敵氛四張，非借友邦之助而難奏效，是則所以深望於貴邦者耳。聞之西人之論也，曰冒險家多者，其國必强；反是則弱。吉田、西鄉，皆第一冒險之人也。貴邦近日得無有千金性質之子，坐不垂(堂)之想，而漸失前者冒險之乎？何其勇於争明黨而怯於謀大局也！先生篤[萬]目亞艱，其必有以處此。貴邦後起之秀，可以濟他日之時艱者，先生夾袋中必有其人，幸舉以告我。協和會之成，東方之福也。今集者幾何人？不勝祝禱。言語未達，接見不易。貴翰往返無異譚，伏乞勿吝金玉，幸幸。敬請道安，不一一。

（1898 年 11 月 20 日《臺灣日日新報》）

---

* 此爲十一月六日，梁啓超得知大阪日清協和會成立所寄之函。

《續變法通議》題記

余於丙申之秋，始爲《變法通議》，登於《時務報》。冀我后我大夫，或賜采擇，則芻蕘一得，未必無流壤之助。雖然，舉世墨墨，外患逐逐，全局岌岌。當余之言之，豈敢望其邅見施行哉！乃未及兩載，而學校科舉之議，已一一著諸功令；且並有草莽臣所未敢言，而聖天子已毅然而行之者。嗚呼！是豈丙申夏秋間所及料也！諺曰："鷄鳴而天曉。"鳴之時未必即曉之時也，然聞之者知其去曉不遠矣。方今朝局一變，頑燄復熾，其艱難視丙申間殆十倍焉。雖然，嚶嚶之聲，徧滿寰區；杲杲之影，已浴桑海。忽焉一旦赤輪吐於地平，光明照於大地，亦意中事也。用更綴述所懷，續成前作。明夷待訪，期以歲年。光緒戊戌十月，任公自記。

（1898年12月《清議報》第1冊）

亡友瀏陽譚遺像讚

嗚呼嗟嘻！此爲誰？犖犖其骨，稜稜其威。平生所志所學，百未竟一，而以身爲國犧。四百兆同胞生命，緊[繫]茲一髮，公今已矣，吾又誰與歸？公爲天下流血，吾寧爲公悲？但將仰之大廈，折此隆棟，其何以支？雖後有繼起，吾烏從而知之？嗚呼嗟嘻！如此頭顱，如此鬚眉；海枯石爛，肝膽不移。五日不相見,今公竟如斯,嗚呼嗟嘻!

(1898年12月日本《東亞時論》第2號)

大同志學會序

　　歲二月,橫濱大同學校生徒,剏一志學會,將以尊其所聞,學其所志,集寰宇之智識,拯宗國之危阽,甚盛甚盛!以余有一日之長也,使長其會而爲之序。序曰:先哲有言,有志焉而不至者矣,未有不志而能至焉者也。故志也者群學之起點,而萬事之原動力也。顧吾嘗聞陸子靜之言曰:"今人如何便解有志?須先有智識始得。"又曰:"孔子十五而志於學。怪底千餘年無一人有志者,教他志箇甚麼?必先有智識而後有志願。"(俱見《傳習錄》)吾嘗服膺其言。竊以爲志也者學之基礎,而智也者又志之基礎也。彼家人婦子,終日營營逐逐,所志不出於筐篋因乾餱而可以興訟,爭一錢而可以隕命。何也?其所知限於一身也。市井之夫,所知限于一家,故志不出錙銖焉。衿纓之子,所知限於一鄉一邑,故志不出金紫焉。若是者謂其無志乎?不能也。凡人未有無志者也,而志之大小,恒因其智之大小以爲差。吾得進以一言曰:有知焉而不志者矣,未有不知而能志焉者也。故必知食之可以飽,然後求食之志生焉;知學之可貴,然後求學之志生焉。必知有京師,然後適京師之志立焉;知有天下,然後救天下之志立焉。所知愈擴充,則所志愈浩廣;所知愈真確,則所志愈堅定。其度數之大小高下,如寒暑表然。水銀之升降,一因夫空氣之漲縮,分豪不能假借;雖欲強爲飾之,而亦必不能久也。今諸子有賢父兄之教,得通人以爲之師,故斐然嘐然,有以異於流俗人矣。吾叩其所志,則皆曰以古人自期,以天下爲己任。斯豈非孔子所謂"狂者進取"乎?吾固不敢謂諸子之有是言無是志也。雖然,苟知之不真確,操之不熟,摩之不熱,誠恐今日之斐然嘐然有不足恃者。不見夫電乎？燁然而飛，可以怵目。不見夫水乎？搏而躍之，可以過顙。雖然，不移時而其狀全變矣。故吾今者於立志之外欲有兩言焉：一曰求所以擴充其志者，一曰求所以實副其志者。厥道云何？曰學而已矣。非學無以增智，非智無以定志。譬諸志在醫病，則不可不治方術備藥籠；志在救火，則不可不集大衆修水具。苟不致力於此，而空言以號於世曰："吾欲醫病，吾欲救火。"未見其能至也。今國家之病，殆入膏肓，而內憂外患之急，其烈更甚於燎原之火也。將欲醫之，將欲救之，千條萬緒，千辛萬苦。非廣之以閱歷，恐一試而茫無適從；非行之以至誠，恐半途而廢然以返。諸子其念之哉！王文成之學旨曰："知行合一。"苟知之則未有不行者；若其不行，仍是未知而已。故諸子亦勉求擴充其所知、真確其所知斯可矣。孟子曰："先立乎其大者，則其小者不能奪也。"孔子曰："匹夫不可奪志。"不可奪者，志之謂也；先立乎其大者，知之謂也。諸子其念之哉！

(1899年4月《清議報》第13冊)

自立會序

甚矣大丈夫之貴自立也！橫覽古今中外多事之際，則英雄豪傑乘時而起焉，豈嘗有某人限做某事，某事必待某人哉！大抵凡有志任事者，則天下之事，皆將成於其手。洵乎英雄豪傑之本無種也！西人之常言曰：國之所以有自立之權者，由於人民有自立之權；人民所以有自立之權者，由於其有自立之志與自立之行。嗟乎！中國之失自立權也久矣。憂時之士，扼腕豎髮，太息痛恨於執政者之非其人。夫執政者之罪，固無可貸焉；然豈不聞乎國者民之積也？未有人人不思自立，而國能自立者；亦未有人人思自立，而國猶不能自立者。孔子曰："己欲立而立人。"故我輩亦當責諸己而已。己苟能立，天下之事待我者多矣。徃者□君□□提倡同輩共倡此會，思以講致用之學，爲愛國之基。今兹□君紹述厥志，加以光大，請余更其名，且系以序。余竊惟吾國民之弊習，望人甚奢，而望己甚歉；責人甚嚴，而責己甚寬；求助於人之心多，而卓拔不撓之心少。此中國致弱之最大根原也。記曰："强立而不反，謂之大成。"《易》曰："君子以獨立不懼。"爰稽古誼，爲定今名，並以告我同胞中之欲爲大丈夫者。

（1899年5月《清議報》第16册）

論剛毅籌款事

逆賊剛毅南下，從事搜括，既閲數月。直道在人，公論難掩。滬、港各報，或聲罪致討，或冷嘲熱諷，既已不一而足。而《清議報》猶闕然。閲報諸君子，以大義相責者蓋紛紛焉，曰此而不論，"清議"之謂何矣！是以哀時客①一論之。論曰：

剛毅者何如人也？囚我聖主，彼實爲獄卒；戮我六賢，彼實爲劊手；新政行而復廢，彼實爲炸彈之藥；中國存而遂亡，彼實爲催命之符。若而人者，不知其與我四萬萬同胞有何仇敵，而芟之刈之，臠之割之，輾毅之活埋之，其忍心害理至於如此其極也！舉國懷忠抱義之士，皆思得其肉以爲食。曾不自戢，猶復悍然狼顧而虎眈，以朘我脂，削我膏，剥我膚，吸我血，以供滿洲逆黨之驕佚淫泆，用我民力以制我民之死命。此而可忍，孰不可忍！

剛毅之籌款何爲乎？曰今年户部開銷，出入相抵，尚不足二千二百萬有奇，故以西后之命搜取之於民間也。此二千二百萬之缺乏何自生乎？曰國債與兵餉二者爲其大宗也。哀時客②曰：不語及此則已；苟語及此，而猶不怒目切

---

① 《（分類精校）飲冰室文集》去"哀時客"三字。
② 《（分類精校）飲冰室文集》"哀時客"三字易作"梁啓超"，下同。

齒者，必非人類也！夫中國何以有國債？以敗於日本之役也。以中國之大而何以敗于日本？豈非西后與滿洲逆黨實執其咎哉！糜海軍巨萬之款以築頤和園。一旦軍興，有國不顧，有民不謀。擅以我同胞公共產業之土地，割與他人，擅取我同胞辛勤血汗之資財，獻與他國，不惜擲四萬萬人之生命財產，以易其頤和咫尺之地。其剝民財之法也，於第一次云息借商款，非惟無息，而本錢亦皆爲黃鶴，乃給一臭腐不值一文之虛銜封典以了事。於其第二次也，使各省攤派借款，大省數百萬，小者亦數十萬，曾不一語言謝。於其第三次也，設昭信股票，婪索橫掠，詢其所用，則以千萬修天津行宮，號爲閱兵，以謀廢立。今者逆賊剛毅之舉，乃其第四次矣。而今次之最大目的，尤在兵餉一事。夫兵者國之大政也。有國不可無兵，有兵不可無餉，夫孰得而非之！雖然，亦視其所以練兵之意何在耳。凡國之有兵也，所以禦敵也，非所以制民也。故泰西言政治學者，謂凡屬國民，人人皆有當兵之義務，人人皆有出資財爲國養兵之義務。凡以兵也者，所以保國民之生命財產者也。人人出其力出其財以保一國之生命財產，實不啻自出其力自出其財以自保生命財產也。若今日滿洲逆黨之意則何如？其練兵也，非以敵外寇也，乃以壓內亂也。故彼等常言曰"防家賊"，又曰"吾之兵力拒外國不足勦土匪有餘矣。"嗚呼！此何等心，此何等言也！侵括吾民之生命財產以爲己有，懼民不服，又使民出其力出其財以助凶燄而自束縛自壓制，其用心亦云險，而用術亦云巧矣。而況榮祿之練兵數萬，又實爲操、莽逆謀之地步也。嗚呼！國家歲入所以不足二千二百萬者，以此之故。逆賊剛毅所以南下者，以此之故。我同胞之國民，其知之否耶？其知之否耶？

逆毅之在江南也，肢篋得二百餘萬；其在廣東也，初云二百餘萬，今聞又將倍之，且歲供焉。若此者皆絞我同胞之膏血而得之者也。雖然，其文飾之則有詞矣。曰"我朝深仁厚澤，自康熙以來，守'永不加賦'之諭，至今不渝。今所取者，官吏之宦囊也，商賈之贏利也，非取之於民也"。哀時客曰：此掩耳盜鈴之言也。而我民信之，抑何我民易欺之甚也！夫官吏之視差缺也，以爲市道耳。天下豈有自備資斧而來做官之人哉！政府取諸官吏，官吏不取諸民，將何取之？此猶使人爲盜，自分其贓，而曰"我非盜也"。狙公飼狙，朝三暮四，其伎倆何以異是？若夫取諸商者，尤直接而剝小民之血汗者也。泰西資生學家言，於入口稅猶不當重抽之，謂其所抽之重稅仍由我民之買物者自出之也。如彼逆毅之在廣東也,合七十二行會商,使之報效。不知者謂其所取僅在各行之富商也,曾不思我全省小民日用飲食起居百物,豈有一件不仰給於七十二行者!彼七十二行每年報效此巨款,不取償於買物之人,於何取之?是不啻向我全省數千萬人,一一紾其臂而奪其食也。不見乎數年以來,百物騰踊,而謀生度日之難,過於前此數倍乎?是皆出彼滿洲逆黨第一第二第三次之搜括使然也。而我民猶夢夢然不知其來由,是可歎也!今者洋銀一圓,糴米不滿三斗矣;百斤之柴,值銀四錢矣。自今以往,我省每年更出四五百萬金以供逆黨之浪費。吁嗟乎傷哉!其何以聊生?而況彼谿壑之慾,永無滿期。後此之加索,正未有艾也。我同胞之國民,其知之否耶?其知之否耶?

吁嗟乎傷哉!彼逆黨者,豺狼之性,狐狸之行,以食肉吸血爲本業,吾無責焉。獨怪我同胞國民,何故甘心以其自竭才力自揮血汗千辛萬苦所得之資財,必盡獻之於豺狼狐狸之手然後爲快也!鄉間土財主,數十年爲守財虜,視一文如命。一旦涉訟,不惜傾家以奉有司焉。代其子弟買案首十名内買關節買薦卷,一擲數千,不惜焉。捐官捐銜捐翎捐頂捐封典,一擲數萬,不惜焉。其高者認地方州縣候補官爲恩師,其下者與門上跟班三小子拜爸兄弟,罄己所蓄,任其取攜,不惜焉。即遊商於海外者,其通達時務發憤國事之人,雖所在多有;然亦有所謂頑固者流,視公使如天,視領事如神,視翰林進士秋風客如菩薩,平日一毛不拔,惟此天也神也菩薩也,勒揩之,誆騙之,則摩頂放踵以事天神菩薩,不惜焉。嗟乎!入一名學,中一名舉,領一箇虛銜,受一軸封誥,得地方官吏之一盼,受秋風客之一聯一砵卷,見所謂中堂大人者一面,請一安,唱一喏,究竟於自己有何益處?乃不惜割棄其生平所最疼最愛之心肝兒肉兒以易之,欲不謂其無自立性焉,不可得也。試觀外國之民何如?我國之民何如?外國之商何如?我國之商何如?然則逆賊剛毅之流,不過因我民之有此奴隸性而善用之耳,於彼乎何尤!

使以彼輩巴結官場巴結奴才孝敬外江佬滿洲逆黨之資財,而以之譯書報,則民智之開,指日而待也;以之開學堂,則人才之多,不可勝用也;以之興工藝機器,則商務之盛,甲於地球也;以之設警察,則路不拾遺也;以之辦民兵,則國勢之強,雖合歐洲諸國之力莫敢予侮也。移而用之他事,亦莫不皆然矣。夫所謂政治者,不外以地方人民之財,辦地方人民之事而已。是即人民以己之財辦己之事也。以己之財，辦己之事，雖傾家破產而不爲過。若以己之財而獻諸行路之人仇敵之人，雖一毫一釐，而亦有所不可。夫彼外江佬之偃然稱爲官者，皆以行路人視我民者也；彼滿洲逆黨之費盡心力以防家賊者，皆以仇敵視我民者也。我竭吾財以供奉之，而彼豺狼狐狸，豈嘗有一言之感謝；反以我爲亞更，以我爲羊殺，謂此蚩蚩者照例應替人作馬牛，出其滿身臭汗，馱此臭銅錢以供吾輩大人們老爺們之揮霍，乃其天職也云爾。而我民之蚩蚩者，亦果自認此爲己之天職，樂獻其財于豺狼狐狸以爲榮以爲快，是實可謂亞更之魁，而羊殺之傑也。人苟甘心爲亞更之魁羊殺之傑，夫復何言！獨惜我東南錦繡一奧區，人民土地財產，皆可以敵歐洲之一國，而我民涉重洋冒萬險一縷一血一粒一汗所得之區區，曾不足以填賊黨之谿壑於萬一也。我國民而猶不悟也，則吾於豺狼狐狸之逆毅，又何責焉！又何責焉！

（1899年12月《清議報》第32册）

致孫中山函三通

其一

捧讀來示，欣悉一切。弟自問前者狹隘之見，不免有之，若盈滿則未有也。至於辦事宗旨，弟數年來，至今未嘗稍變，惟務求國之獨立而已；若其方略，則隨時變通，但可以救我國民者，則傾心助之，初無成心也。與君雖相見數次，究未能各傾肺腑。今約會晤，甚善甚善。惟弟現寓狹隘，室中前後左右皆學生，不便暢談。若枉駕，祈於下禮拜三日下午三點鐘到上野精養軒小酌叙譚爲盼。此請大安。

弟名心叩　　十八

其二

逸仙仁兄鑒:前日承惠書,弟已入東京。昨晚八點鐘始復來濱,知足下又枉駕報館,失迎爲罪。又承今日賜饌,本當趨陪。惟今晚六點鐘有他友之約,三日前已應允之,不能不往,尊席祇得恭辭,望見諒爲盼。下午三點鐘欲造尊寓,談近日之事,望足下在寓少待,能並約楊君衢雲同談尤妙。此請大安。

弟卓頓首

其三

逸仙仁兄足下:弟於十二月卅一日抵檀,今已十日。此間同志大約皆已會見,李昌兄誠深沉可以共大事者,黃亮、卓海、何寬、李祿、鄭金皆熱心人也。同人相見皆問兄起居,備致殷勤。弟與李昌略述兄近日所布置各事,甚爲欣慰。令兄在他埠,因此埠有疫症,彼此不許通往來,故至今尚未得見,然已彼此通信問候矣。弟此來不無從權辦理之事,但兄須諒弟所處之境遇,望勿怪之。要之我輩既已訂交,他日共天下事必無分岐之理。弟日夜無時不焦念此事,兄但假以時日,弟必有調停之善法也。匆匆白數語,餘容續布。此請大安。

弟名心叩　一月十一日

(革命史編輯社 1928 年 11 月版《中華民國開國前革命史》上編)

致孫眉函二通

其一

孫眉仁兄同志閣下：拜別以來，忽經旬日，每念厚誼，未嘗或忘。近日北京事益急，各國西報日日揚言必當救皇上，廢西后；而唐山來書，南方預備既足，亦指日起事，此誠今日最大機會也。弟因現時外交之事甚要，欲急往美。本擬十號搭阿士梯耶前往，因太急，不能得船位。而昨日多力船來，接有香港、星架坡兩電，皆催弟即刻回唐，又別有一電催會項也。弟現尚未定行止，然弟意究以往美爲要。因唐山事有弟不爲多，無弟不爲少，美國事則惟弟就近前往乃可也，故現時仍往美爲多。阿昌隨行之議既決，望閣下即遣其尅日前來大埠，以便同往。弟約在二十號之船，必啓行矣。

今日得接德初兄來書，内附閣下所惠隆儀五十元，謝謝！閣下前爲公事，既已如此出力，復多所餽贈，於弟誠不敢當也。

本月四號大埠本會請酒，集者百三十餘人，道威值理數名皆到。是日共加捐六千餘金，今日鍾木賢、黄亮又各加捐三千元（四號之席，兩位已各加捐千元），可謂踴躍之至。人心如此，大事何患不成？望告各同志即將會款迅速收集，急電匯歸，以應急需，是所切盼。此請義安。

弟啓超頓首　　七月七號

太夫人尊前望代弟請安。楊納兄、譚允兄處望代傳電問候。

其二

孫眉仁兄同志：阿昌到埠，得接手書，欣悉一切。弟本定擬搭二十號之船往金山,乃於本日唐山、金山船同時到埠,接有星加坡電文兩封,上海、香港、日本信函多件,皆催弟即日歸國辦事,不可少延貽誤。弟看此情形,必是起義在即,有用着弟之處。再四籌度,不能不改而東歸,決於明日搭日本丸東返矣。弟此行歸去,必見逸仙,隨機應變,務求其合,不令其分,弟自問必能做到也。至弟既東行,行蹤無定,所有阿昌相隨之議,似可作罷論。蓋東方無甚可開見識之事,而阿昌現當就學之年,似仍當令其入書館,勝於東歸也。此子循良,弟甚愛之,望其勉學成就,他日共事之日正長也。至於令姪及各同志捐項,仍望趕收趕匯,因唐山急催弟歸,其事機之急可知,其需款之急可知矣。匆匆手此告別,即請義安。楊納、譚允諸兄望打鋼線代弟問好告別。

弟啟超頓首　　七月十七日

(革命史編輯社 1928 年 11 月版《中華民國開國前革命史》上編)

書十二月二十四日僞上諭後

嗚呼!逆后賊臣之計畫,竟如此其狠毒耶!嗚呼!逆后賊臣之手段,竟如此其拙劣耶!彼輩與我四萬萬人何怨何仇,而取其所愛戴之聖主幽之廢之,必致之於死地而後已?彼輩與中國何冤何孽,懼其維新自強之機尚有一線之萌蘖,而芟之鋤之,必使之無復遺苗而後為快?彼輩與外國何德何恩,慮其瓜分之遲遲也,而三揖三讓,延之導之,必使盡吾所有以畀之而後始安?豺狼梟獍,抑何肺腸!后土皇天,是孰可忍!嗚呼!讀十二月二十四日僞上諭,而不髮豎皆裂者,豈得復為人哉!豈得復為人哉!

當穆宗(即同治帝)崩而無子,於例當為穆宗立後,此人人所同知也。西后舍是而立我皇上也,非有愛於皇上也;懼穆宗有子,則毅后(即同治皇后)得權,而己將為退院之僧也。於是敢枉國法、犯輿論,而復立皇上為文宗(即咸豐帝)後。夫文宗則既有子矣，何更以立後爲？彼其居心之險惡，固已路人皆見。御史吳可讀死諫一疏，固已抉彼狗彘之心肝，而逆料其後來之鬼蜮未始有極矣。《禮經》曰：爲人後者爲之子。兄爲弟後者且有之矣，況於弟爲兄後乎？皇上既嗣穆宗繼大統，則爲穆宗後固宜也。皇上既不爲穆宗後，則是穆宗爲閏位。以十三年之同治而變爲閏位，不可也。西后自知理屈詞窮，於是云俟皇上生有皇子，則以之後穆宗。以是爲穆宗計則得矣，然皇上不又成閏位乎？以二十餘年之光緒而變爲閏位，又何說乎？是則西后所以彌縫掩飾者，終無一而可耳。昔時恐毅后之分其權也，乃爲文宗立後；爲文宗立後，則毅后既非皇后，又非皇太后，無所位置，於是毅后不得不死。今者怒皇上之行其權也，乃又爲穆宗立後；爲穆宗立後，則皇上既非皇帝，又非太上皇，無所位置，於是皇上不得不死。龍漦帝后，燕啄王孫，國家將亡，必有妖孽。生此妖孽，以亡中國，以絕滿洲。嗚呼！讀十二月廿四日僞上諭，而不髮豎皆裂者，豈得復爲人哉！豈得復爲人哉！

彼逆后賊臣，固日謂祖宗之法不可變者也，抑豈不聞本朝祖宗之法，不許立太子乎？《儲貳金鑑》一書，固愛親覺羅氏之傳家寶也。國初大小臣工，以請立儲而獲譴者不可勝數。逆后賊臣，豈其忘之！而今之所謂大阿哥溥儁，從何而來？皇上於祖宗之法也，其利於民者則守之，其損於民者則變之，西后於祖宗之法也，其便於己者則守之，其礙於己者則變之。吾於是不能不嘆其用心之悍而操術之狡矣。雖然，西后之變法，又豈止此一事而已！祖宗之法，不許母后臨朝，而西后乃三次垂簾，寖行篡弒；祖宗之法，不許外戚柄國，而西后乃縱榮祿，身兼將相，權傾舉朝；祖宗之法，不許奄宦預政，而西后乃瞎李聯英，黷亂宮闈，賣官鬻爵，祖宗之法，不許擾民聚斂，而西后乃興頤和園，剝盡脂膏，供己歡娛。是天下勇於變法者，莫西后若也。彼以變法之故，而自戕其身，自覆其家，自絕其族，自作自受，曾何足憐。而獨恨我二十一省膏腴之壤，四百餘兆衣冠之倫，何罪何辜，而一併斷送於其手也。《詩》曰："鴟鴞鴟鴞，既取我子，毋毀我室。"嗚呼！讀十二月廿四日僞上諭，而不髮豎皆裂者，豈得復爲人哉！豈得復爲人哉！

此僞上諭名爲立儲，而其實不止立儲，雖五尺童子皆能知之，無待余言也。試問懸賞以購刺新黨何爲乎？試問奪劉坤一之疆職何爲乎？試問使李鴻章出守廣東何爲乎？試問榮祿握全國之兵權何爲乎？試問召俄、法兩國兵入京師何爲乎？試問集親王、貝勒、御前大臣、軍機大臣、大學士、六部尚書會議何爲乎？彼豈不以爲維新領袖者皇上也，帝黨所憑藉者皇上也，天下人所愛戴者皇上也。皇上一日生存，則天下之望一日不絕；天下之望一日不絕，則逆后賊臣之位一日不安，而新政之根株終不能盡拔，中國之生機終不能盡鋤。故處心積慮，籌畫經年，必致皇上於死地，使天下忠義之士，灰心短氣，而無復繫戀，夫然後高枕而無後患。是猶小說所載欲奪人之妻而先毒殺其夫者，其用心如出一轍。嗚呼！讀十二月廿四日僞上諭，而不髮豎皆裂者，豈得復爲人哉！豈得復爲人哉！

彼逆后賊臣計畫之狠毒，至於是而極矣。然吾謂其手段之拙劣者，亦即在於是。彼輩豈不以爲通國兵權，皆在我掌握，通國官吏，皆爲我羽翼，可以爲所欲爲，橫行無事矣；而豈意有海外義民百數十電之力爭，而豈意有上海紳商三千餘人之死諫，而豈意有大江以南數省豪傑磨拳擦掌號呼奔走乘機而討賊！彼苟非如是，尚不足以激天下之憤怒；彼苟非如是，尚不足以驚破冥頑者之夢；彼苟非如是，尚不足以促各省豪傑，使之大團結；彼苟非如是，尚不足以使中立之人皆歸於帝黨；彼苟非如是，尚不足以表暴其野蠻醜態於萬國；彼苟非如是，尚不足以顯其窮兇極惡，令人忍之無可忍，恕之無可恕，他日非碎屍萬段而不饜普天率土之人心。彼之所藉以自保者，而豈知即爲自戕之快刀；彼之所欲以制人者，而豈知即爲助人之利器！吾於是不得不憐其愚蠢笨拙至於如是其極也。

今者篡弒之事，雖暫中止，光緒紀元，雖未遽變，不知彼逆后賊臣果有所畏有所悟而不敢行兇耶，抑有所待有所謀以爲他日之地步也。記不云乎："怨毒之於人甚矣。"又曰："君父之仇，不與共戴天。"今者皇上之命，懸於逆賊之手。萬一有變，則我四萬萬同胞，當思皇上之及於難，皆因欲救我輩而來。雖流盡我東南十數省之血，以拚彼逆后賊臣之命，亦決不辭。吾知朱虛敬業，必不絕於天壤也。雖然，若皇上遇變之後而始問罪，則雖三冢磔蚩尤，千刀剮王莽，豈足以償普天冤憤於萬一！今及其有所待有所謀也，而萬衆一心，萬口一聲，萬軀一力，以戴我聖主，護我慈母。彼逆后賊臣或亦有所警省，而棄其狠毒之計畫，改其拙劣之手段，俾吾四萬萬人復見天日，而吾四萬萬人亦可有所恕諒以待彼輩，則甯非彼此之福歟？得百愚公，何山不移？得千精衛，何海不塡？嗚呼！是在我同胞矣。

　　作者越在檀島，電信不通。經一月始得見內地報章，始確悉此事，著論以誅伐之。論之出於世，當在事後四五十日矣。報名"清議"，而於此事久闕焉，誠不足以謝天下。然事變之起，未始有艾。今之此論，固未可以六日菖蒲、十日黃菊目之也。　　正月廿一日，作者附記。

（1900年3月《清議報》第39冊）

與經元善書*

　　從報紙中得悉先生近事，氣貫雲霄，聲振天地，歲寒松柏，巋然獨存。國家養士數百年，得一先生，可以不恨矣。雖爲權奸所忌，流離播越，一生九死，然操、莽之謀，卒因之而暫沮。今年之仍得爲光緒二十六年者，皆先生之力也。一言重於九鼎，先生之所以報君國者，所造實多矣。今者薄海僑民，乃至碧眼紅髯之異族，無不敬慕先生，尸祝而歌泣之。先生內之既不負初心，外之復不負輿望，此正孔子所謂"求仁而得仁"，又何怨者。雖復被嫉妒，被搆陷，顛沛況瘁，輾徙驚辱，吾竊意先生，必有甘之如飴，而絕不以動其心者。大賢豪傑之舉動，固不可及也。伏乞先生將息道履，善自攝任，留此參天兩地之心力，以爲他日旋乾轉坤之用，不勝大望。名心叩。

　　聖皇在位二十六年二月廿八日，由檀香山泐寄。

（1902年8月上海同文社版《居易初集》）

----

*　原題《梁君來書》。

致督憲弔英后書

　　澳洲聯邦總督好頓爵帥鈞鑒：敬啓者：僕代表澳洲各省保皇會華民致書爵帥鈞座。頃聞大英國大后帝龍馭上賓，殊深惋惜。我華民旅居澳洲者無不敬愛后帝，悼惜不置。謹修寸楮，奉呈爵轅，伏懇代達帝后親屬，以表區區之忱，不勝銘感。抑后帝崩殂之耗，實全世界凡有血氣者所共悲憫也。梁啓超再拜。

（1901年2月2日澳洲雪梨《東華新報》）

敬謝同志

　　敬啓者：弟自來遊澳洲，忽逾半載。所至各埠，敬蒙同志慇懃厚待，感惠既多。兹弟於本月十四日由雪梨埠乘輪東旋，復蒙各埠同志多贈賻儀各物，拜領之下，感激萬分。然同志之所以眷注小弟，厚貌深情者，實推忠君愛國之心以及於弟者也。弟以王事靡盬，行色匆匆，弗克遍與各埠同志握別，特刊數語於報端，以佈恭辭而表謝忱。伏冀鑒照不宣。

會小弟梁啓超偕羅昌頓首

（1901年5月8日澳洲雪梨《東華新報》）

致澳洲保皇會諸同志書

澳洲保皇會列位同志義兄鑒：握別以來，忽忽月餘矣。五月廿九號舟抵長崎，三十一號舟抵神戶，皆登岸暫留半日，與各同志相見。日本各新聞紙已紛紛記弟行蹤，絡繹不絕。三十一號弟即乘火車入東京，日本諸友及各學生皆迎於火車站，橫濱諸同志亦有來東京相見者。六月二號橫濱諸同志開一歡迎會，請弟與羅昌，爲洗塵之宴。是日九點鐘，弟由東京出橫濱，下午一點鐘在會所演說，集者四五百人。主席馮君紫珊先述歡迎之意，請弟開演。弟歷演去年七月首途橫濱以來經歷各事：言及到上海一禮拜，入虎口而不死，則同人皆爲歡慰；言及漢難諸君之慘烈，則同人皆爲憤動；言及到澳洲以來各埠同志之熱心忠愛，又推其愛國之心以愛及小弟，情意之厚，禮貌之隆，則同人皆油然生親愛之心，恍如與澳洲諸同志相晤對；末復論及現時中國之情形及弟最近之意見，則同人皆深表同情，願相與戮力，成始成終。計演說凡兩點半鐘之久。馮君復將澳洲各會所贈寶星徧示同人，始散。會後稍歇息，各同志紛紛問行蹤安否，幾有應接不暇之勢。五點鐘就宴於聘珍樓，集者百餘人。計是日距弟在雪梨赴餞別會之日恰滿一月，而其盛會亦不相上下。南北數萬里間，而同聲相應，若合符節，豈非合群之大效耶？席間馮君紫珊先起演說，次弟演說，次鄭君席儒演說，以次演說者十餘人。或言内地之情勢，或講吾黨之責任，或論擴充東京學校培養人才之要，或談開設大譯書局廣開風氣之益，高談雄辯，美不勝收。弟與濱中諸同志相別一年有餘，覺其見識議論比前者大有進步，尤使弟喜躍不勝者也。弟以東京事務紛繁，故翌日即由濱返京。而濱中同志相愛殊甚，紛紛招宴，乃於六月六號復出濱住數日。我同志之厚情深愛，歷久彌新，真使人感謝不盡也。自到日本十日，日日接見賓客，幾無一刻之暇，日本友人及留東學生來相見者絡繹不絕。最可喜者張之洞撤回學生之議，後爲日本政府所堅持不許撤回，仍勒令供其學費，張不得不從。現被撤者不過七八人耳，故此後負擔可以稍輕。又弟前年與諸同志在東京所創設高等學校，改名東亞學校，現建築校舍已落成，規模極爲完整，深可喜慰。然經費所缺甚多，現每月尚須另籌二百餘金，乃敷開銷。加以内地各寒士有志者紛紛東來求學，每月來者殆三四十人。其人大率皆聰明特達之士，然大半不能自備學費者。若能籌有鉅欵，將此學校擴充之，大養各省之少年奇士，則將來扶持國脈，皆於此是賴矣。讀杜工部"安得廣廈千萬間，大庇天下寒士俱歡顔"之句，不禁爲之翹然高望，穆然神往也。此請義安。會小弟梁啓超頓首。六月十三號。

（1901年7月27日澳洲雪梨《東華新報》）

異哉所謂支那教育權者

　　吾嘗讀泰西各報紙，日日宣言曰：必如何如何乃能握支那之商務權，必如何如何乃能握支那之交通權（鐵路輪船等）、練兵權。吾甚怪之，甚厭聞之。吾近讀日本各報紙，日日宣言曰：必如何如何而後能握支那之教育權。吾愈益怪之，愈益厭聞之。

　　今日欲救中國，不可不首從事於教育；欲從事教育，不可不取所長於最近最易之日本。此義人多能知之，吾亦稱謂然者也。雖然，當知今日世界，爲國家主義之世界，則教育亦不可不爲國家主義之教育。國家主義之教育，非他國人所得而代也。日本欲握我教育權者，日本人之國家主義也，夫何足怪！可怪者，我國人不自有其教育權，不自有其國家主義也。

　　日本各報之論此者多矣。吾今擇譯其一以告我國民，即《教育時論》第五百九十九號中有題"就于支那教育調查會"一篇。其略曰：

　　　　今日之支那，渴望教育，機運殆將發展。我國先事而制其權，是不可失之機也。我國教育家，苟趁此時容喙于支那教育問題，握其實權，則我他日之在支那，爲教育上之主動者，爲智識上之母國。此種子一播，確立地步，則將來萬種之權，皆由是起焉。

不見泰西諸國乎？彼自十五世紀以來，即實行植民政略，務以扶植勢力於他國。其狡猾之手段，實有可驚者。彼等一垂涎於其地，則不顧德義之如何，先驅本國無賴之徒移住之，不加以制裁，任其掠奪欺騙。此輩雖道德無成效，而富有成效；即富無成效，而徒衆之孳殖有成效。孳殖既多，本國乃派才德兼備之人往，名爲保護旅民。於是布法律，施民政，使該地之士①民，不知不覺，慕本國（指泰西）之風，遂於曖昧模糊之中，使其地隸屬於本國。此等實例。於印度見之，於澳洲見之，於南洋群島見之，今於支那又將見之。

彼等於種種方面，實行此政策，往往經營在數百年以前，結果在數百年以後。即教育之事，亦其一端也。彼等自殖民之始，即派傳教士以布耶穌教，冥冥之中，換其人民之腦筋，使同化于己。今英語之教育權，在支那者，實有許多潛勢力。近者聯合軍之戰役既終，彼等於香港於長江一帶，大張此幟，欲興多少無關係之學校。彼其事事著先鞭務實際，實有可爲吾日本人他山之石者。

各國之鷹瞵虎視，既如此矣。今日我日本，不可不競時制先，以教育爲扶植勢力之源。以支那爲可取也，則速取之；以支那爲可教化也，則速教化之。既悟此義，則刻不容緩，宜速遣教育家于支那，國家設法保護補助之。雖當帑藏窘絀之時，不可惜此小費，失此機會，以貽我等子孫無窮之悔也。噫！北清之野，漠漠千里，渴望日本人之來前。漸醒之清廷，呼將伯于東方，盡吐哺握髮之禮。似此時機，空前絕後。苟遲疑不決，曰姑待之姑待之，恐他日我欲有事于清國之時，不知今日之清國，尚有存焉否也。

嘻！此雖日本一報一人之言，實不啻其一國之言也。中國人之熱心于教育，中國之福也；日本之熱心助我教育，尤中國之福也。至其所謂教育權者，日本果能得之否乎？此屬於未定之問題。要之吾國民若不自有之，則無論何國，

---

① 原作"土"，據《飲冰室全集》第四十三冊改。

皆可以得之。法律之公例,凡無主權之物,人人皆得而取也。即人不取之,而我亦終不能有,然則於人何尤哉!

(1901年12月《清議報》第100册)

《新民叢報》章程[*]

中國報館之興久矣,雖然,求一完全無缺具報章之資格,足與東西各報相頡頏者,殆無聞焉。非勸說陳言,則翻譯外論,其記事繁簡失宜,其編輯混雜無序,殆幼稚時代勢固有不得不然者耶?本社同人有慨於是,不揣檮昧,創爲此册,其果能有助於中國之進步與否,雖不敢自信,要亦中國報界中前此所未有矣。兹將章程略列於下:

第一章 宗 旨

一、本報取《大學》"新民"之義,以爲欲維新吾國,當先維新吾民。中國所以不振,由於國民公德缺乏,智慧不開。故本報專對此病而藥治之,務採合中西道德,以爲德育之方針;廣羅政學理論,以爲智育之本原。

一、本報以教育爲主腦,以政論爲附從。但今日世界所趨,重在國家主義之教育,故於政治亦不得不詳。惟所論務在養吾人國家思想,故於目前政府一二事之得失,不暇沾沾詞費也。

一、本報爲吾國前途起見,一以國民公利公益爲目的,持論務極公平,不偏於一黨派。不爲灌夫罵坐之語,以敗壞中國者咎非專在一人也;不爲危險激

---

[*] 原題《本報告白》。

烈之言，以導中國進步當以漸也。

第二章　門　類

一、本報純仿外國大叢報之例，備列各門類，務使讀者得因此報而獲世界種種之智識。其門類如下：

一、圖畫　每卷之首，印中外各地圖或風景圖及地球名人影像。

二、論説　必取政事學問之關於大本大原、切於時用者，乃著爲論。

三、學説　述泰西名儒學説之最精要者。

四、時局　論天下大勢以爲中國之鑑。

五、政治　專以養國家思想，使吾人知文明世界立國之本原。

六、史傳　或中史，或外史，或古史，或近史，或人物傳，隨時記載。

七、地理　或總論，或分論。

八、教育　本報以教育爲主義，故於此門尤注意焉。或論原理，或述方法，總以合於中國國民教育爲的。

九、宗教　宗教者，德育之本也。本報主信仰自由，思想自由。惟陳列各義，加以發明，以備讀者之采擇，無入主出奴之弊。

十、學術　或哲學，或藝學，或中國固有之學，擷其精華論之。

十一、農工商　三者富國之本也。述泰西斯業發達之狀及其由來，以資比較。

十二、兵事　武備者，國民之精神也，特注意焉。

十三、財政　理財學今爲專門科學，凡立國者所宜講也，故條述其理法。

十四、法律　中國人所尤缺者，法律思想也，故述法家言以導之。

十五、國聞短評　擇中國外國近事之切要者，略加緒論，談言微中，聞者足戒。

十六、名家談叢　短篇小文，一語破的，時或有絶精之論，江湖大雅，盖同好焉。

十七、輿論一斑　各報紙中之論説，擇其雅馴者，撮其大意，加以評論，此東西報館之通例也。

十八、雜俎　一名新智識之雜貨店。

十九、問答　閱報諸君或有疑問,本社同人當竭所聞以對,亦望閱報者代答焉。

二十、小説　或章回體,或片假體,要以切於時勢,摹寫人情,使讀者拍案稱快。

二十一、文苑　詩古文辭妙選附錄,亦可見中國文學思潮之變遷也。

二十二、紹介新著　凡各處新出之書,無論爲著爲編爲譯,皆列其目,時加評隲,以便學者別擇購讀。

二十三、中國近事　以簡要確實爲主。

二十四、海外彙報　地球大事爲吾人所不可不注目者,皆備載之。

二十五、餘錄　無可歸類者附於此。

第三章　體　例

一、本報用洋式釘裝,每册約六萬字内外,比之《萬國公報》《時務報》《清議報》等,加兩倍有餘。

一、本報月出兩次,以朔望日發行,每年共出二十四册。

一、第二章所載各門類,不能每册具備,然一册中最少必有十五門以上。

一、各門類皆由通人撰述編纂,非直譯洋報剪抄華報也。

一、定閱全年廿四册者,價洋五元;定閱半年十二册者,價二元六毫;每册零售者,價洋二毫五仙。美洲、澳洲、南洋、海參崴各埠,全年六元,半年三元二毫,零售每册三毫。各外埠郵費照加。

一、有願任代派者,乞函告本報社,自當按址寄送。

一、代派處派至五份以上者,提一成半爲酬勞;派至十份以上者,提二成爲酬勞。

一、如欲購閱本報者,乞先將報費郵寄前來,乃爲作實。各代派處亦必須於本報既出第二册以後,即向閱報諸君收取報資,彙寄本社,否則一概停寄,仍追取前費。

(1902年2月《新民叢報》第1號)

《新民叢報》之特色[*]

一、本報全册皆經同人意匠經營，精心結撰，無一語不用心，無一字屬閑筆。非敢自誇，卻堪自信。

二、本報議論，其取材雖大半原本於西籍，然一一皆鎔鑄之，以適於中國人之用。蓋他邦之論著，無論若何精深透闢，而其程度能適合於吾國民之腦筋，而使之感動，使之受用者，殆希也。故本報從無直譯之文。

三、吾國民最乏普通知識，常有他邦一小學生徒所能知之事理，而吾士大夫猶瞢然者。故本報多設門類，間册論載，但能閱本報一年者，即他種書一部不讀，亦可以知政治、學術之崖略矣。

四、求學者最苦於不得門徑，讀本報則能知各學之端倪，可以自擇自進。

五、人不可以因事而廢學，而事務繁忙之人，實無日力讀書，則莫如讀本報，既有學理以助思想之進步，復知時局以爲治事之應用。

六、本報所載中國外國近事，擇精語詳，可省則省，應有盡有。又設輿論一斑一門，凡中國各報之名論，皆擇載其大要。苟無日力多讀他報者，即專閱本報，所得已多矣。

七、本報每類皆各自爲葉，各自爲次。閱滿全年後，分拆而裝潢之，可得數十種絶妙佳書。

八、本報於新出各書皆加以評隲，如書目解題之例，學者可因以知所別擇，無迷厥途。

九、本報每卷必有名人畫像、地球名勝數種，讀者可得尚友臥游之樂。

十、本報之雜俎、小説、文苑等門，皆趣味濃深，怡魂悦目，茶前酒後，調冰

---

[*] 原題《本報之特色》。

圍爐，能使讀者生氣盎然。非若尋常叢報，滿紙臚載生澀之語，令人如耽古樂，惟恐臥也。

本社同人自述

（1902年2月《新民叢報》第1號）

似此遂足以破種界乎

　　本朝起遼瀋入主中夏，故於滿漢交涉抵抗調和之事，實爲二百餘年第一大問題。當攝政睿親王初入關也，甫一月，即下教國中，使滿漢互通婚姻，其規模實爲宏遠。使能行之，則種界今早破滅矣。雖然，當時滿人乘勝驕橫之氣，與其初來嫉妒之心，必不能從者也；當時漢人排外自尊之念，與其含憤積怨之餘，亦必不能從者也。故此制卒未嘗一行，而後反懸爲禁。二百年來，雖漢軍旗人，亦未嘗與漢人一通姻，無論滿人也。今則外憂日迫，民智日開，政府竊竊然憂漢滿水火，終釀大患，頗思所以調和之策，頃乃以懿旨詔互相通婚，其用心良善。雖然，婚姻者人各有自由權者也。滿漢之溝絶數百年矣，其俗不相習，其性不相同，雖日下一詔以敦迫之，吾知其不過一紙空文耳。古文云：應天以實不以文。豈惟應天，應人亦然。政府若真欲除漢滿之界也，則當自大本大原之地行之，以實利實益示之，雖無通婚，必相安焉矣。不然，雖通何益？歐洲各國王室，皆互有葭莩，然其猜忌自若也，況民間之一二家乎？子曰：禮云禮云，玉帛云乎哉！樂云樂云，鐘鼓云乎哉！

（1902年2月《新民叢報》第2號）

英日同盟論

日本自甲午戰勝以後，赫然列於世界大國之林。近年以來，全球之競爭點，皆集於中國，而日本之位置，乃益重要。前歲義和團之役，英國首電請其就近發師，是其證也。英人久執五洲之牛耳，而於東方利害，所關尤重，故今不得不求友助於遠東，亦勢使之然也。英人百年以來，以名譽的獨立自誇，未嘗一與他國聯盟。其間如德奧意之合縱，如俄法之連橫，震動一世，而英國常僑然立於兩造之外，其所恃者厚也。今乃忽然納交於不同洲不同種不同文之日本，日人之榮亦極矣。陽曆二月十二日，日本政府大臣，布其密約之文於兩議院，舉國歡聲雷動，幾於若狂。頻日以來，紛紛開祝宴，志慶賀，殆視得臺灣時之氣象，猶有加焉。嗚呼！吾國人之僑居此土者，旁觀冷眼，感慨何如？

其同盟約章凡六款，大率以保全中國高麗之獨立主權及其土地，而英日兩國相提攜以謀工商業之利益，是也，其用意亦良不惡。非惟不惡，於中國目前之局面，或多賴焉。約成之次日，其外交官照會中國朝鮮兩政府，皆感激涕零云。嗚呼！不惟政府，吾恐兩國人民之所感，亦當如是，以爲吾今者乃幸得託餘生於歐亞兩强國肘翼之下，吾高枕無憂矣。嗚呼！吾非謂英日兩國之不當有此約，吾固信此約之基於公法，合於人道，爲全球各國所無異議，顧吾特不願聞吾國人之歌此約舞此約崇拜此約也。

《飲冰室自由書》有一條，題曰"保全支那"者，其言曰："歐人日本人動曰保全支那，吾生平最不喜聞此言。支那而須藉他人之保全也，則必不能保全；支那而可以保全也，則必不藉他人之保全。言保全人者，是謂侵人自由；望人之保全我者，是謂放棄自由。"彼歌舞英日同盟者，盍一思之？

此約發布後數日，日本之《時事新報》，繪一畫圖，爲英日兩女神之像，倚輪持戟，而保護中韓兩孩童於其膝下。嗚呼！吾國人見此圖者，當有如何之感慨乎？吾遂爲英日膝下一弄兒以自足乎？

(1902年2月《新民叢報》第2號)

《新民叢報》問答*

（問）讀貴報第一號紹介新著一門原富條下，於英文之 Political Economy 欲譯爲政術理財學。比之日本所譯經濟學，嚴氏所譯計學，雖似稍確稍賅；然用四字之名，未免太冗，稱述往往不便。如日本書中有所謂經濟界經濟社會經濟問題等文，以計字易之固不通，以政術理財字易之亦不通也。此學者在中國，雖無顓門，但其事爲人生所必需，隨文明而發達。吾中國開化數千年，古籍之中，豈竟無一名詞足以當此義者。貴撰述博通羣典，必有所見。乞悉心研搜，定一雅馴之名以惠末學，幸甚幸甚！（東京愛讀生）

（答）政術理財學之名，冗而不適，誠如尊諭。惟此名求之古籍，脗合無間者，實覺甚難。《洪範》八政，一曰食，二曰貨。班書因採之爲食貨志。食貨二字，頗賅此學之材料。然但有其客體，不有其主體，未能滿意。《管子》有《輕重》篇，篇云："桓公曰：輕重有數乎？管子①曰：輕重無數，物發而應之，聞聲而乘之。故爲國不能來天下之財，致天下之民，則國不可成。"《輕重》凡十八篇，皆言所謂經濟學之理法者也。必求諸古名，則輕重二字最適。然其語不通用，驟出之亂人耳目，殆未可也。《論語》賜不受命，而貨殖焉。太史公用之以作《貨殖列傳》。此二字亦頗近，但所謂 Political Economy 者，合公團之富，與私人之富言之，而其注重實在公富。貨殖則偏於私富，不含政術之義，亦非盡當。《史記》有《平準書》，所言皆朝廷理財之事。索隱曰："大司農屬官有平準令丞

---

* "問答欄"答者多不具名，間有署爲"飲冰"者，姑一併錄入。
① 以下應有"對"字。

者,以均天下郡國輸斂,貴則糶之,賤則買之,平賦以相準。故命曰平準也。"按漢代平準之制,本所以吸集天下財富於京師,其事非爲人群全體之利益,本不足以當 Political Economy 之義。雖然,單舉平準二字,尚不失爲均利宜民之意。且此二字出於《史記》,人人一望而解,而又不至與他種名詞相混。然則迻譯之爲平準學,似尚不繆。由是日本所謂經濟家則名爲平準家,經濟學者則名爲平準學者,經濟界則名爲平準界,經濟社會爲平準社會,經濟問題爲平準問題,施諸各種附屬名詞,似尚無窒礙。聊臚此諸義以酬明問,並以質當世之深通此學者,並望通儒碩學,更駁詰之而垂教焉。

（問）貴報學説與學術,其界限似不甚分明,敢問其分類之命意所在。（同上）

（答）就論理之原則言之,則學説可包於學術之中。以之分類並列,頗不合論法。但本報之意,惟以紹介各種新學開通我國民智爲主,非欲藏諸名山以傳不朽也。故因便宜以分類,其不合論法者正多,非特此兩門耳。至所以分此兩者之故,學説則專取中外大儒一家之言,有左右世界之力者,擷其要領；學術則泛論諸種學問,或總論,或分論,或有形學,或無形學,以使人知學界之大勢及其概略,故不得不另爲一門也。

（問）日本書中金融二字其意云何？中國當以何譯之？（東京愛讀生）

（答）金融者指金銀行情之變動漲落,嚴氏《原富》譯爲金銀本值,省稱銀值。惟值字僅言其性質,不言其形態,於變動漲落之象不甚著。且省稱銀值,尤不適用於金貨本位之國。日本言金融,取金錢融通之義,如吾古者以泉名幣意也。沿用之似亦可乎。

（問）中國近日多倡民權之論,其説大率宗法儒盧梭。然日本人譯盧梭之説,多名爲天賦人權説。民權與人權有以異乎？此兩名詞果孰當？（東京愛讀生）

（答）民權之説,實非倡自盧梭。如希臘古賢柏拉圖、阿里士多德亦多言之,但至十八世紀而大昌明耳。民權兩字,其義實不賅括,乃中國人對於專制政治一時未確定之名詞耳。天賦人權之原字,拉丁文爲 Jura innata, Jura connata,法蘭西文爲 Droits d'l Homme, Droits Humains,英文爲 Right of man,德文爲 Urrecht, Fundamentalrecht, Angeborenes Menschenrecht, Menschenrecht。其意謂人人生而固有之自由自治的權利,及平等均一的權利,實天之所以與我,而他人所不可犯不可奪者也。然則其意以爲此權者,凡號稱人類,莫不有之,無論其爲君爲民也。其語意範圍,不專用於政治上也,故以日本譯語爲當。

（問）貴報第四號論説第七葉,載白沙先生崖山弔古詩二句,讀之令人愛國之心油然而生。極欲受其全文,以資諷誦。又奇石二字,出典若何,并希示教。（上海衝冠子）

（答）奇石者,崖山江海交匯處,有浮石二,高各數丈,形勢突兀,狀類門闃。故居民字之曰上奇石下奇石,亦稱崖門。崖門者以石形得名也。宋帝及張、陸諸烈殉國於此,賊臣張弘範實尸其功,因勒奇石爲銘曰："張弘範滅宋於此。"陳白沙居近崖海,常臨憑弔,乃爲冠一字刻於其上曰："宋張弘範滅宋於此。"更題一詩於石陰云："忍奪中華與外夷,乾坤回首重堪悲。鐫功奇石張弘範,不是胡兒是漢兒。"此石粵中多有搨本,而新會尤夥。碑旁又附一詩,則前明逸民南海陳獨漉恭尹之作也。詩曰："山木蕭蕭風更吹,兩崖風浪至今悲。一聲望帝啼荒殿,十載愁人拜古祠。海水有門分上下,江山無界限華夷。停舟我亦艱難日,愧向蒼苔讀舊碑。"文中荒殿古祠云云者,附近居民,爲殉國帝后立殿,並附三忠祠,以爲亡國紀念也。白沙之言怒而嚴,獨漉之言哀而苦。嗚呼!獨漉之遇瘉慘而感瘉深矣。

（問）貴報中有要素二字,不得其解。《譯書彙編》中,亦恒用之。本當向彼處請質,今即向尊處請質。若以瑣屑不答,亦無妨。（蘇州華之範）

（答）要素二字,本物理學化學上用語。素猶質也。中國人譯化學書,所用原質二字,日人譯爲原素。其移用於他種科學所含意義亦同。如云,土地人民爲立國之要素,猶云輕氣養氣爲成水之原質也。要字與原字有別,望文自明。

（問）經濟學原名 Political Economy,直譯之爲政治節用學,迨 Morsbotl 氏而始名爲 Economics。日本人譯之爲經濟學,不求其理而驟觀之,則經濟似與政治混而無別。夫經者含政治之義,濟者寓泉流之旨,其與斯學本義已極相符。日本當時之定爲此名,蓋已斟酌審慎而無遺議者矣。貴報第三號乃欲易爲平準學。夫平準者誠如嚴氏所謂西京一令,以名官職,不足以副斯學。乃如嚴氏之譯爲計學,其名則誠雅馴矣;若謂用之處處而無扞格,則恐爲賢者自許之太過也。案 Statistics 者亦財政之中而獨立一學者，日本人則譯爲統計學，又曰計學。今中國之方輿人民出產國用，皆渺無定稽，是此學爲中國所宜急講者矣。今若竟從嚴氏之名，則不知此後而欲譯 Statistics，其又將以何者而易之。貴報第七號而又名之曰生計學。雖生計二字其較嚴氏爲稍善，然終嫌範圍太小，而不能以政治理財之意包括於其中。竊謂泰西近世所新發明事理，爲我中國曠古所未有者，不一而足。若必一一而冠以我中國所固有名辭，是誠許子之不憚煩矣，亦恐未必有此吻合者。且舉國草創，禮部尚乏檢定之例。文人結習，好尚新異，誤而用之，必至沿襲數十載而後始能改。與其遺誚後賢，不如其仍舊貫，以俟商榷。如其不然，則財政學日本亦有用之者，且包舉斯學之旨，而義界亦自清也。用以質之，以爲何如？想貴撰述亦必有説者矣。（駒場紅柳生）

（答）平準二字之不安，鄙人亦自知之，故既棄去。計學與 Statistics 相混，且單一名詞，不便於用。如日本所謂經濟問題經濟世界經濟革命等語，若易以計問題計世界計革命等，便覺不詞。鄙人亦既以此質問於侯官嚴氏，尚未得其覆答也。尊論謂近世所新發明事理，不能一一冠以我國固有名詞，此論誠偉。惟經濟二字，襲用日本，終覺不安。以此名中國太通行，易混學者之目。而謂其確切當於西文原義，鄙意究未敢附和也。故終願海內大雅，悉心商榷而重定之。至謂財政二字，可以包舉斯學之旨，而義界亦清云云，鄙意殊不謂然。財政者不過經濟學之一部分耳。指財政爲經濟，無異指朝廷爲國家。考德國近世學者，於此學分類定名，最爲精密。其所謂 Wirtschaftslehre 者，經濟學之總名也；或稱爲 Volkswirtschaftslehre 及 Nationaloekonomie，則國民經濟學之義也；又稱爲 Politische Oekonomie，則政治經濟學之義也。而又分爲家政經濟學 Domestic Economy 及營業經濟學 Industorial Economy 等門。至其專屬於行政者，則謂之 Wirtschaftspflege。而其中又分兩門：一曰 Wirtschaftspolitik，日人譯爲經濟政策學；二曰 Finanzwissenschaft，日人譯爲財政學。然則財政學不足以包舉經濟學之全部明矣。試以日本人所通定經濟學部門列表示之：

經濟學 { 純正經濟學／應用經濟學 { 經濟政策學（狹義之應用經濟學）／財政學 }

由是言之，財政學決不可用也。嚴氏又謂苟欲適俗，莫如徑用理財。是亦不可。

蓋此等專用名詞，萬不可以動詞冠其上。若用理財，則其於用之於複雜名詞時，窒礙亦滋多矣。故鄙見仍欲存生計二字以待後賢也。日本所譯諸學之名，多可仍用。惟經濟學社會學二者，竊以爲必當更求新名。更望哲達有以誨之。

（問）達爾文、約翰彌勒、赫胥黎、斯賓塞等所著書，除《天演論》《名學》外，其餘諸書，日本均有譯本否？乞示復。（上海南洋公學邵聞泰）

（答）諸書多有譯本。但求其說理之明達，文筆之淵懿，能如嚴譯《天演論》者希矣。茲列其目奉答。

達爾文著一種

原名	譯名	譯者
Origin of Species	生物始源	經濟雜誌社

約翰彌勒著五種

原名	譯名	譯者
On Liberty	自由之理	中村敬太郎
Utilitarianism	利用論	澀谷啓藏
On The Representative Government	代議政體	前橋孝義
System of Logic	論理學綱要	
Principles of Political Economy	經濟原論	天野爲之

斯賓塞著六種

原名	譯名	譯者
Social Statics	社會平權論	松島剛
Principles of Sociology	社會學之原理	乘竹孝太郎
……	代議政體論	……
Principles of Morality	倫理原論（未全）	田中登作
First Principles	綜合哲學原理	藤井宇平
抽譯社會學原理之第二章	政法哲學	濱野四郎 渡邊治

赫胥黎著　　無

（問）貴報第四號學術第二葉小注："歐洲十四五世紀時學權由教會散諸民間情形正與此同。"不知學權何由自教會而散，其情形若何，乞全錄其事實。（高郵憂憂子）

（答）歐洲中世以前，教育學問之權，皆爲教會所壟斷。羅馬教皇備極專制，即耶穌經典，亦不許人讀，他可知矣。其時哲學惟有所謂士哥拉學派者，亦經由教士所傳授。當時國民教育之義未興，所有公衆教育事業，皆在教會之手，欲求學者舍教會幾無所得塗徑。此實束縛思想之根由也。及亞剌伯人西漸，十字軍東征，歐亞交通日頻繁，東方文明以如潮之勢而輸入。自土耳其人陷君士但丁奴不（今土耳其都城）也，其中博學之士，皆西走於意大利。故意大利爲古學復興之中心點，未幾遂將希臘前哲柏拉圖、亞里士多德、畢達哥拉諸賢之書譯成羅馬文者三十八種。而馬丁·路得之宗教革命，亦應時並起。自此以往，教會不能壟斷學權矣。其事略如右。此實歐洲開化第一關鍵，其詳具專史。若欲述之，雖累萬言，不能盡也。

（問）第四號學術第二頁云，獨至獲麟以後，迄於秦始，實爲中國社會變動最劇之時代。按中國當時未有社會，而貴報云最劇之時代，意即坑儒焚書之禍歟，或當時有如今日社會之舉，與社會相暗合歟？（同上）

（答）社會者日人翻譯英文 Society 之語，中國或譯之爲群。此處所謂社會，即人群之義耳。此字近日譯日本書者多用之，已幾數見不鮮矣。本報或用群字，或用社會字，隨筆所之，不能劃一，致淆耳目，記者當任其咎。然社會二字，他日亦必通行於中國無疑矣。恐讀者尚多誤以爲立會之意，故贅答于此。

（問）第八號論説第七頁日本維新之役，其倡之成之者，非有得於王學，即有得於禪宗。不知王學何派？禪宗何派？主王學禪宗者何人？日本近日若伊藤、井上輩，曾主王學及禪宗否？望明示之。（同上）

（答）日本維新之先導，最有力量者，如梁川星巖、大鹽中齋、橫井小楠、佐久間象山、吉田松陰、高杉東行等，皆王學大師也。成功最盛者爲西鄉南洲，亦王學鉅子也。若伊藤、井上等後輩之乘時者耳。然伊藤及前首相山縣有朋、現首相桂太郎等，皆吉田松陰之門人，其學固自有淵源也。王學與禪宗，本相出入，故當時睹學者亦得力于禪宗。而日本佛學最盛，維新之功，方外人助力者固不少。

（問）讀貴報第八號於英文之 Political Economy 又有譯爲財政學。財政二字，較之日本所譯經濟學，嚴氏所譯計學，貴撰述所譯之平準學生計學，似稍切實賅括；然尚嫌範圍太小，不能以政治理財之意，包括其中。誠如貴撰述所云財政者不過經濟學之一部分，指財政爲經濟，無異指朝廷爲國家，是則財政學決不可用明矣。然則終無一名詞足以定之乎？鄙意殊謂不然。夫我中國即無固有之名詞以冠之，亦不妨創一新名詞。如泰西近今有新發明之事理，即創一新字以名之也。若必欲以我國古名詞名泰西今事理，恐亦不能確切無遺憾。貴撰述學術博通，苟悉心商榷，豈不能定一雅馴之名詞，以釋群疑而惠末學。如不得已，則國計學似足賅此學朝廷理財之事。由是日本所謂經濟家則名爲國計家，經濟學者則名爲國計學者，經濟界則名爲國計界，經濟社會爲國計社會，經濟問題爲國計問題，加之各種名詞之上，似尚少窒礙之處。且此國計二字，義界既清；吾國文中亦嘗用之，人人一望即解，必無亂人耳目之弊。用以質之貴撰述，並當世之高明，尚祈互答而指正焉。（無錫孫開圻）

（答）經濟不專屬諸國，國計只能賅括財政，不能及其他。至如所謂"箇人經濟""家事經濟"者，皆經濟學中一部分，以國計統之，似不合論理。嚴氏專用一計字，正以其可兼國計家計等而言耳。本報微嫌其單詞，不便於用，故易以生計，不得已也。

（問）地輿一學，所關最大。僕于此學雖未深究，然每見異説，嘗竊誌之，以備參考。今以貴報第六號《中國地理大勢論》首揭曰：中國面積十五倍于日本云云。因以所知之説，錄呈高明，俾賜辨晰爲望。按中國面積十五倍于日本之説，亦僕所夙聞，而不知其所本。曾見龔古愚《地輿圖攷》云：皇朝一統，雖藩封不計，而幅員之廣，已南北相距五千六百九十五里，東西九千二百八十里。截長補短，約得三十兆三十五萬八千有奇方里。《天津日日新聞》云：十八省計地一千三百十二萬萬三千餘方里。又同新聞載林氏獬《閩中女學會述略》曰，一百五十三萬四千九百五十三方里。僕聞之于日本一友人，據西洋某地輿書云：支那東部得一百三十五萬三千三百五十方英里。而日本通行本之《世界新地圖》云：支那本部一百三十三萬六千八百四十方哩（按：此亦以英里計者），合滿、蒙、西藏、準噶爾、東土爾基斯坦計四百二十一萬八千四百一方哩。以上諸説，言

人人殊，而與貴報十五倍于日本之説，亦無一合者。貴主筆博極群書，遨遊遍天下，當必有確説以折衷之也。（笨庵）

（答）鄙著所述，亦偶依舊籍未經深考。今承糾正，惶謝何如。日本地誌之作，以山上萬次郎所著爲最名家。頃覆查其大地誌，据云中國大於日本二十七倍。復列一比較表，則日本面積二十七萬方里，中國面積七十萬方里，中國本部則二十萬方里也。（皆計日本里。日本一里，當中國七里有奇。）前人屢稱十五倍者，殆專指本部言歟？鄙人晚學，於普通學悉未經按規則以從事，見笑大方者不少，望海内君子更辱教之。

（問）貴報第九號言讀東書有簡便之法，慧者一旬，魯者兩月，無不可以手一卷而味津津矣。其法若何，乞賜還答，幸甚！（山陰孫鄘齋）

（答）真通東文，固非易易。至讀東書能自索解，則殊不難。鄙人初徂東時，從同學羅君學讀東籍，羅君爲簡法相指授。其後續有自故鄉來者，復以此相質，則爲草《和文漢讀法》以語之。此己亥夏五六月間事也。其書僅以一日夜之力成之，漏略草率殊多。且其時不解日本文法，訛謬可笑者尤不少。惟以示一二親友，不敢問世也。後鄙人西游，學生諸君竟以灾梨棗，今重數版矣。而一覆讀，尚覺汗顔。頃乞羅君及一二同學重爲增補改定，卷末復用此法譯東籍十數章以爲讀例，既將脱稿矣。將與鄙著《東籍月旦》及羅君新著《和文奇字解》合印之，名曰東學津逮三種。竊謂苟依此法，不求能文而求能讀，則慧者一旬魯者兩月之語，决非夸言。印成後更當乞教，今恕不具。

（附）答蘇州徽刼生（原書略）

辱書感佩無量。所規《飲冰室詩話》中語，文士窠臼，不克檢點净盡，誠如大教相愛相勉之言，敢不服膺。此後謹勿復蹈也。他有繆悮，仍乞毋吝誨言，無任延佇。賜書無住址，謹附報奉復。

（問）貴報第十三號《斯巴達小志》末段云：吾昨夜無寐而夢。何夢？夢啜黑羹。啜黑羹三字何義，乞教。（潮州李溶）

（答）來喀瓦士之制，導民以節儉，導民以刻苦。故其飲食極粗惡，每飯供黑羹一皿，以爲最上品，老人特嗜之。其他食品，以委諸少壯者。有某國王聞此羹之名，特召一斯巴達庖人，使製而供之，則味怪不能入口。王駭然。庖人曰：君欲知此味乎？非曾浴於歐羅打士 EUROTUS 河者，不知其美也。盖斯巴達人初生,必浴於此河,故庖人云然。

(附)答不倚庵主

盧、孟、斯諸君書,日本雖多譯本,然率皆明治初年出版,今覓購頗不易易。此復。

(附)答《順天時報》記者

讀大論所規,感佩無量。佛說法有實有權,凡以普度衆生而已。今日中國積弊之深,必非以一法門而可救者。我同業各因其地位,隨時現身,同歸殊塗,一致百慮,終必有同達此大目的之一日。願共勉之。至尊論所云云,鄙人固當服膺也。

(問)貴報十六號邊沁學説第十葉十行中,要之邊氏著書雖數十種,云云。究竟邊氏之書,日本譯出者共得若干種,乞示。(亞俠青年)

(答)鄙人所知者衹四種,其餘尚有碎篇,不能記憶。此四種其精善者也。

一、立法論綱　　　　　　　田口卯吉譯
二、利學正宗　　　　　　　陸奧宗光譯
三、政治真論(一名王權辨妄)　藤田四郎譯
四、民法論綱　　　　　　　何禮之譯

(問)貴報《中國專制政體進化史論》,泰西專制政治,已得聞矣。若日本明治以前,亦有非人穢多等稱號。此外尚有專制政體乎?(同上)

(答)凡國不經一次文明革命,則前此必爲專制政體。日本昔日之專制亦甚矣,上有大將軍,其下諸藩並立,各私其民。當時海禁綦嚴,民不得出海外。不寧惟是,乃至此藩之民與彼藩之民,不許相往來。吉田松陰即曾以此獲罪者也。即此一端,可以推見。其他不能枚舉。

(問)譚瀏陽先生所著《仁學》一書,有謂其仿美國某士書而作者,此語信乎?(同上)

(答)所謂某士者,不知誰指。惟瀏陽先生未通西文,其讀西籍,皆據譯本。前此中國譯本之書,無一可以備瀏陽先生取仿之資格者,鄙人所敢斷言也。惟其中以太兩字之名詞,出於傅蘭雅所著《治心免病法》中。當時先生亦頗好此書,以譯本太寒儉,聞足音跫然而喜也。然此等書,何足以望先生之一指趾,稍有眼力者,當能辨之。先生當時宗教之思想極盛,欲會通孔、佛、耶而爲一;而

所得力者，尤在佛學。智者、慈恩、圭峰以後一人而已。（先生不喜禪宗。）先生又深於算，且好研究質化學。以當時一無憑藉，而能爲此等言，實天縱也。使今日先生猶在，其鼓鑄天下之力，更當何如耶？念此慨然。鄙人行將有"譚瀏陽"之著，當更揭先生之真面目，以告天下。

（問）英克林威爾振臂一呼，國會軍聲勢大振，卒以議院之議，斬查爾斯。此等人物，此等事業，誠國民所當膜拜，所當歌頌者。其後獨攬大權，解散議院，頗似蹈查爾斯覆轍。然史稱英國强盛，人民安樂，果何故歟？克將軍之行爲，與查爾斯輩有異歟？願貴撰述有以教我。（無錫自由室主）

（答）克將軍乃英國清教徒中之最志芳行潔者。其嗜自由如性命，非與拿破侖輩懷抱野心者可同日語也。將軍生平毀譽最雜，雖蓋棺後二百餘年，而至今尚似未論定。蓋由當時王黨及腐敗教士嫉之已甚，於其死後，著書詆之者，汗牛充棟。而將軍亦獨斷獨行，率其心之所安，旁若無人，往往授人以可議之迹。如征愛蘭之役，解散議院之役，其尤著者也。要之苟平心以讀英國史，則知當時之議院，萬不可以不解散。蓋長期國會已歷五年，前此代表一國民意者，今一國民意，已非彼等所能代表矣。而彼等欲藉此以行議院專制立法行政機關，合而爲一，危國家莫甚焉。將軍之解散，豈爲己哉？爲國而已。鄙人生平最崇拜克將軍，見日本人所著歷史，率皆信狂吠之口，羅織以攻將軍者，蒙竊憤焉。行將廣徵諸書，草一將軍傳，以伸義憤於我國也。

（問）貴報第十九號《生計學學説沿革小史》第九章，舉環球九萬里爲白種人一大"瑪傑"。瑪傑二字作何解説？（荆州駐防正黄旗黄中興）

（答）瑪傑者，英文之 Market，今譯其音也。西人都會中，皆公建一市塲，百貨群萃於其中，謂之瑪傑。廣東俗譯謂之街市。香港有之。

（問）貴報第十九號《亞丹斯密學説》第一頁引證及美國哲華遜所撰《獨立檄文》之説，鄙人不識《獨立檄文》出於何種書中，抑另有專書行世？嘗見政治小説《纍卵東洋》一書中，載有老衲示智度以美國《獨立檄文》一篇，祇有五條，不審即是此種否耶？乞貴社大總撰述登報答我爲盼。（毘陵汪文炳）

（答）此文爲世界上第一大文，凡美國史皆有載。前年東京所出之《國民報》，曾有譯本。惜其譯文不甚佳，未足以稱其原作耳。《纍卵東洋》所載非完本。

（問）英吉利格蘭斯頓文字，歐洲頗有聲名洋溢之概。斯人固已於前年沒世，其著述究竟有若干種，究竟以何種文字爲有特出之色，光燄萬丈，足令人喜笑怒罵隨之者也。乞教。（前人）

（答）格蘭斯頓乃英國大政治家，嘗四度爲宰相，十九世紀第一等偉人也。卒於一千八百九十三年，即光緒十九年癸巳也。生平不以文學名，雖其所著書有十八種之多，大率皆政論耳。晚年嘗手譯羅馬和里士之詩，然其文才終爲政才所掩也。當時與彼齊名之的士黎里（亦曾數度爲宰相者），則兼以文學名。所著小說數種，多嬉笑怒罵語。格公乃粹然醇儒，不若是也。

（問）貴報第二十一號談叢門《加藤博士天則百話》中，每篇分原話一原話十三等，大約即《百話》之次第，爲擇譯幾篇，故不能順一二三四而下。鄙人臆度之，未知是否。至第十頁譯者所案其他種著述動累萬言，究竟指何種文字而言，且加藤博士共有若干種文字行於世界學界？鄙人不獲瞭明，請教。（藝庵）

（答）次序之例如尊問。加藤氏所著書，有《道德法律進化之理》一編，最爲近作，彼之主義大率盡於是。其餘見於各叢報之散篇甚多，不能具舉。二十年前加藤嘗自出一叢報，名曰《天則》，今已佚久矣。其早年之作，有《人權新論》《二百年後之吾人》等書，皆小篇也。

（問）貴報第八號傳記《張班傳》第一頁引哥侖布士、仮頓曲、立溫斯敦闢新地事以代表之。三人之時代事實，鄙意中絶無所諳，雖在他處見過影響語，尚茫茫難考。祈將當年時日暨地理之狀況、人民之關鍵，略述一二示復。（前人）

（答）哥侖布士爲尋得亞美利加洲之人，本報已登其遺像。稍讀西史者，心中應無不有斯人，不必多述。仮頓曲其官則仮頓（武員之末職也，又西人通稱船主亦以此名），其名則曲也。覓得澳洲及檀香山後，爲檀香山土蠻所殺。立溫斯敦首游歷亞非利加洲内地。其游記中國亦有節譯本，乃十餘年前上海書坊所印，名爲《黑蠻風土記》者是也。其地理詳況，非片紙所能具答。他日有暇，別著其傳。

（問）貴社報中計各種多寡之數，若方里人口等類，動輒作表。至位次大約必自下而上推作看，而每逢三位必加用一點。究竟如何算法，鄙人實不能通，足見才力綿薄，學問孤陋。欲邀高懷瀆答，不知羞愧也。（前人）

（答）凡千數之位及百萬數之位，皆加一點以醒目，便於數耳。此是記數通例，非本報所創也。若單位之下，尚有零數者，則其單位處亦必加一點，不必論其零數之爲三位與否也。

（問）世界非常之人物，多出于溫帶。而澳大利亞及南亞美利加大陸之南，半在南溫帶中，至今闃無人物，其故何歟？（曉暾）

（答）地理與文明之關係，其原因結果甚複雜。氣候之寒溫熱，不過原因之一端云爾。若港灣之多寡，交通之便不便，山脉之連隔，乃至雨量之多寡，動植物之盛衰，皆與有關係焉。必人群已立，始有文明；必文明已開，始有人物。歐、亞兩洲所以文明早開之故，本報有《地理與文明之關係》一篇曾略言其理，可覆視也。澳洲所以不產人物者，以其與人種發源之地相隔太遠，數千年來無交通；而其地無高山大川，無海灣，大陸之內地頗磽瘠故也。今所開者，惟沿海數要區耳，其餘內地非礦山則牧場也。然近來已漸有人物矣。前年始爲聯邦，其宰相巴頓亦當今一傑出之政治家也。南美所以不產人物者，其地河流太多，雨量太盛，天行之力，壓倒人治。故惟動植物大蕃衍，而頗不適於人類之所居。故巴西一地，幅員等中國，而人數不過三百分之一，至今猶未能大開焉。研究此等問題，最爲有趣，深喜君之問難也。

（問）古今東西教門派別，共有若干？現存者尚有若干？希臘教與現行新舊教有何區別？（曉暾）

（答）此問題太大，非倉猝所能具答。兹以所知者列爲一表，其中漏略猶多，不能備也。①

此其大較也。凡宗教皆屬於迷信者，故吾孔子之教，不可與諸宗教並列。

希臘教與新舊兩教，比較其近於新教者猶多，而往往與舊教相反。如羅馬舊教不許人讀經典，希臘教則許；羅馬教許偶像於教堂，許赦罪，希臘教不許，之類是也。其餘異點尚多，然皆形式上耳。希臘宗所以首與羅馬宗分離者，實由人種習俗之感情也。

（問）凡創宗教之主，皆以仁慈救人爲主。回教主馬罕默德以殺戮爲事，然史稱其年四十，山居求道，豁然有得。所得果爲何道？禁食犬豕何意？雖其教勢力

---

① 表見下頁。——編者

日衰,其人則堅忍鷙悍,至死不改變。或其教實有不可磨滅者在歟?(曉畹)

(一)佛教
- (甲)印度佛教
  - (一)小乘
    - (一)大衆部
    - (二)上座部
    （此二部復有別派,不具錄。）
  - (二)大乘
- (乙)中國佛教
  - (一)三論宗
  - (二)成實宗
  - (三)地論宗
  - (四)禪　宗(復分南北二派,南派中復分五宗。)
  - (五)涅槃宗
  - (六)攝論宗
  - (七)俱舍宗
  - (八)天台宗
  - (九)律　宗
  - (十)淨土宗
  - (十一)法相宗
  - (十二)華嚴宗
  - (十三)真言宗
- (丙)日本佛教
  - (一)真　宗
  - (二)日蓮宗
  - (三)時　宗
  （專擧中國所無而日本始開宗者）

(二)基督教
- (一)羅馬宗 Roman Catholic
- (二)希臘宗 Greek
- (三)亞米尼亞宗 Armenian
- (四)路德宗 Protestant
- (五)卡爾維尼宗 Calvinism
- (六)菩列士拜的倫宗 Presbyterian(即長老會)
- (七)獨立宗 Independent
- (八)巴的士宗 Baptist
  （自四至八皆所謂新教與羅馬宗反對者,派別尚多,不能具表。）
- (九)摩爾門宗 Mormon(以一夫多妻爲教規)

(三)回回教　Islam

(四)印度教 { (一)婆羅門教 / (二)韋陀教 / (三)印度教 }

(五)猶太教

(六)波斯教

（答）宗教專以迷信範圍人，其一勝一敗之故，有時不在宗旨之優劣。蓋宗教非順天演自然之運以導人者也。馬罕默德乃英雄，非聖賢也，與孔、佛、耶異，蓋假迷信以成其事業者爾。雖然，吾嘗讀日本文學博士《論耶穌》一文，謂新教之專制酷猛，亦幾等回教，然則不可專以罪馬罕默德矣。禁食犬豕，不知何意。

（問）閱貴報廿六號政界時評門《張伯倫帝國政略》一節，有謂："英國殖民地，其自治之制甚完備，自有政府，自有議會，毫不受母國之束縛，殆純然爲一獨立國之形。內地人之好談外事而不知大勢者，以爲英國將來或遇有各屬地，奮然獨立，則英帝國將不免分裂。此囈語也。"夫英國各屬地之自治，盡人皆知之矣。但不識印度之議會，爲英人耶？爲印人耶？據貴報云云，似乎印人亦自有政府，自有議會。否則謂英人之在印度者，已純然爲一獨立國，不必如美國故事，奮然獨立，而印度土人，不應奮然獨立也。鄙人曾讀美人 Goldwin Smith 所著 *Commonwealth or Empire*（此書西曆千九百〇二年秋間出版），其 Imperialism 篇，有論英印一節，略譯如左：

> 異族相合，性質風俗，各有所異，於社會上必不相安。今日者英人對印人則蔑視之，印人對英人則畏敬之。然印人之畏敬，迫於勢也。自其內觀之，團結印人胸中者，有痛恨英人之氣；浸淫印人腦中者，有反抗英人之思。此種思想，爲印人朝夕所不忘。吾嘗聞英之官吏曰：統制異地，而不能使異族與我族相安，必有破壞之日。但其如何結果，非吾人所能預測也。

以此觀之，則印人所念念不忘者，非思奮然獨立耶？英官吏所云云者，非慮印人之奮然獨立耶？倘如貴報所云，則必抹煞印度，始合貴報之議論。不然，則美國人之著書，亦如內地人之好談外事而不知大勢者。再不然，則貴社人之好談外事，而亦不知大勢者。鄙人才薄學疏，莫衷一是。乞登報示復，以

釋疑團。(經滄)

（答）此語誠本報記者一時粗率，界限未能分明，辱承詰問，不敢自文。但英人之待屬地，本有兩種方法：其一爲白人多而土人少者，則純以自治制度行之；其一爲土人多而白人少者，則純以專制政體馭之。其第一種，則澳洲、加拿大之屬是也；其第二種，則印度乃至南洋群島之英屬，以及吾所割之香港等類，皆是也。其在第一種，則母國雖派總督往，而不過一名譽耳，實則無責任；其責任全在本地之民選議會，及其多數黨之政黨内閣。其第二種，則英所派總督，有莫大威權，雖東方君主不及也。故其第一種之與英帝國，有母子之關係；其第二種則有主奴之關係。本報廿六號所云云，是專指其第一種耳。至如印度者，誰謂其不應奮然獨立？然此恐不過理想上一佳話耳。今日研究時局者，已久將此問題，撇置腦後矣。今印度人家中，雖一小刀，尚不許庋藏，人民欲操一至微之鐵工，如造針造釘等業，尚且有噤，從何處得復見天日耶？況其人民之格品卑下如此，國中之宗派爭閲如此，雖予以資籍，假以機會，夫亦安能獨立也！其結果之終歸於劣敗淘汰，殆可十斷八九矣。故今日英國之與屬地，其有子母關係者，則斷不必離母而獨立；其有主奴關係者，又斷不能離主國而獨立。然則憂英帝國之不免分裂者，果囈語而已。還質高明，謂爲何如。

（1902 年 3 月—1903 年 3 月《新民叢報》第 3、6—9、11、15、21、22、26、28 號）

將弁學堂緣起

湖北於去歲杪設立將弁學堂，欲仿日本士官學校之制，其用意不可謂不善。惟其緣起或有未能深知者，茲略記之。初湖北設武備學堂，其時與日本人之交涉尚淺也，故請德國人爲教習。夫教授與學校管理法，在教育學中，本爲分科，教習之不能兼管校事，理勢然也。吾國當道向不知此，故一委諸德弁，其辦理不能有效，亦固其所。其後鄂督崇拜日本之心日盛，漸厭德弁，三年合同滿，即欲辭退之。夫辭退之權操自我，本無所難也。而當道不敢，輒援田舍翁請學究之例，雖來年不欲送關聘，仍虛言挽留者，一面別聘日本尉官二三人，使居於學堂中。雖然，德教習未去，本無席位以容日教習也，於是號稱爲請來譯兵書也者。夫使其目的在譯兵書，則武昌之地亦大矣，何至無舍館之所，豈必惟武備學堂之是擇者？蓋其意欲以風示德弁，若曰瓜代者將至，汝可見幾而作矣。無奈紅髯碧眼者流，不通人情，前弁合同雖滿，而德領事又薦新矣。外國之命重於天語，當道者豈敢不受，於是武備學堂之皋比，仍爲德人所擁。鄂督如舍利弗之天花著身，拂之不去也，乃大窘。而所聘拱候瓜代之日弁，不得不仍以譯書之名分，贅疣於武漢者兩年有奇。去秋，日本參謀本部之有力者，曰福島安正，游歷至鄂，詰鄂督曰：君聘吾國將官來而無職以授之，何也？此非我大日本帝國保全支那卵翼支那之本心也，宜速位置之。日本亦外國也，其命亦重於天語，又安敢不受？於是鄂督益窘。無已，乃別設一將裨學堂，而訂日弁爲教習，且全權皆屬之焉。今者湖北一省，武備將裨兩學堂，重規疊矩，相得益彰焉。噫嘻盛矣！

（1902年3月《新民叢報》第3號）

媚外奇聞

中國人最恭順者也。察勢力之所在，而崇拜之，以固全己之勢力，中國人之特長也。自甲午一創，庚子再創，而崇拜日本之熱度驟漲。昔之以北京爲勢利要津者，今則移於東京矣。下自民間，上迄政府，莫不皆然。吾固無暇深怪，雖然，崇拜之則亦有術矣。能獻殷勤於其政府，上也；否則參謀本部，亦其次也；等而下之，能通聲氣於其民間之大黨派，雖無大效，猶可得其言論之助力也。乃近所聞某疆吏之事，有足使人發一大噱者。某疆吏以黨俄聞者也，述者不欲道其名，故無從知爲誰何。惟傳其因黨俄之故，懼爲日本所排，不得安於其位，曲思解免，而無由自達，乃夤緣轉託日本最著名某女史者，爲善辭以達於日本皇后云。其意蓋以日后必能道其事於日皇，日皇必能行其權於日政府，日政府必能容其噱於中國政府，於是吾之地位可以高枕無憂矣。其用心可謂曲折周到，視太后召見各國公使夫人而並及其子女，其手段有過之無不及。惜立憲文明國無有如李大叔其人者耳。

（1902年3月《新民叢報》第3號）

崇拜外國者流看者

於戲盛哉！吾中國近日之洋務家也。洋務家之伎倆何如？見一外國人則崇之拜之，視之如無所不知無所不能之上帝。雖外國一流氓，其入中國也，其聲價可以埒周孔。官吏士夫與交接者，得其一顧盼，登龍門不如也。嗚呼！外國人果有如此之價值否，吾所交者少，吾不敢言。惟以所聞，則去秋有日本人某到北京勸人東來游學，從之游者六人，備資斧八百金，並行李付之，而與之偕。該日人則自乘一等艙，而置六人者於三等艙，猶可言也。及到門司，又宴飲若干日，到西京，又流連花叢若干日，開一清單以示六人者，而八百之金僅餘二百有奇矣，猶可言也。及到東京，則置此六人者於一客寓中，室之小與維摩詰臥病之處相等，六人膝相促，乃能容焉，猶可言也。詎知安歇甫定，而日本某者竟去如黃鶴，并金與行李皆無踪影，如是者十餘日後，乃由他學生之久旅斯國者，爲之招呼追索云。嘻！日本之高人達士，當亦不少，吾非敢以此人爲全國之代表也。雖然！以外國人爲全知全能者亦可以鑒矣。此一事也。

更有類於此者一事。美國教士傅蘭雅嘗受傭於上海製造局有年,譯格致書甚多,此稍治西學者所能知也。吾輩昔亦深敬其爲人。去年盛杏蓀派北洋大學堂卒業生九人游學美國,以傅爲監督,吾輩方慶得人焉。乃近日得該處學生某君來一書,讀之真有使人怒髮衝冠者。茲錄其原文如下:

敬啓者:辱受國民厚顧,得預游學之列,分科學習,欲盡一藝一能,或可報國民於萬一。雖某爲四萬萬中之一人,有何能爲;然某亦衆人之一也,不敢有厚望於他人,而於己則責之綦嚴。今到美已三越月,此處風俗人情,未暇細查,故無以奉告。惟我等留學之苦,恐外人知而未詳,故謹將詳細情形,以達尊聽,幸其有辱教焉。初入卜忌利大學校,以爲此學校是美洲有名學校,繼而細查美國通都大邑,學校教師,凡負高名者,俱在東邊城邑,有如伍君所謂美國東西學校費用略同,而東方則遠勝西方。今卜忌利在美國西方,闢墾以來,不過二十餘年,窮鄉僻壤,止能習礦學一門,其餘學問皆以東方爲美,美國學生非不得已無在此肄業者。傅蘭雅之子家立則遣之東方游學,而我等則羅致於此,蓋亦有故焉。傅氏身爲卜忌利大學校漢語教習,常誇於人前,謂己有大勢力於中國,中國官員悉樂聽命。今中國派學生來美,又爲傅氏照料,竟實其言,故盡置我等於此,以顯其能也。而我等在此之有無裨益,則所不遑顧,其設計可知。且我等初來此國,人地生疎,殊形不便。傅氏月受我國百金,膺監督重任,自當妥爲垂顧,以免我等有礙於功課。不圖言過其實,多方爽約。入學之初,既不藉其先容;功課之餘,亦未聞其善誘。竟月不來,置身事外,飲食起居之事,皆我等自爲操持,視我等如路人,棄約言如弁髦。初尚以所居相隔十餘里,不便往來;近數日來相居較近,而更形隔膜。因何以故,則非所知焉。現我等所居之屋,長約三丈,廣二丈,一樓一底。傅氏以三千金購得之,月以五十金租與我等,實則不值三十金(據土人言)。計四年之租與息,即可以償其屋價,而傅氏則四年後白得一屋,故其必欲我等同居,多方阻撓,佈散流言,傷我等體面者,以此三千金起見矣。且以同國之人聚處一室,則觀感無人,與在北洋大學校,無以異也。雖欲與美人交接,而家徒四壁,殊足爲外人冷齒。故外國之俗尚,西人之意志,絕無所知焉。傅氏亦自知我等同居之弊,自認不諱,但辭以無人租屋與中國人,故不得不使我等同居云云。此語謊也。此處凡初入校者須居校一年,若居離校較近者,可以稟免。今我等居近校,分居校內,亦其宜也。乃傅氏於校內佈散謠言,謂中國人最不潔,而風俗又甚不好,與之相處,必受其弊。故我等欲自行分居,試問各處有餘房否,則答以傅教習管你們,未見其言,不能納子。由是可知傅氏必早已運動運動矣。見利忘義之人,何勝浩歎!彼既能在此散流言、惑衆聽,亦必能在中國散流言、惑衆聽也;美國人且爲所惑,中國人亦必能爲所惑也。又如購書一事,我等已憊於奔命。學堂常十數日盡書一卷,欲購新書,先列一清單,託傅氏簽字,既簽字,然後挾單往書坊取書。但傅氏常不暇,屢訪之多不遇,既遇乃求簽字購書,又待數十日而書始到,時則又更易一新書矣。前數日忽向書坊言,謂近日已簽字者一概不作準,使我等遑遑焉,如假冒簽字向書坊騙書者無異,外人亦有以我等爲棍騙者流,其傷我等名聲體面者真莫斯若,而傷我國體亦莫斯若!即使我無傅氏之事,亦多爲土人歧視,不名之曰支那賤種,即號之爲顏色之人。今更有此一番,真無顏久居於此。衆同硯因此皆爲之大怒,於是欲離傅氏之軛束而自工自食。傅氏恐我等之舉動有傷其名聲,并又無辭以對中國政府,故不得已低首下心,任我等辱罵一輪,并又致書至我等處認罪。現已爭回購書之歉,并得分居之條。傅氏對陳君言:余七十多歲,未有遇過如是之人,且未受過如是之氣。此事本擬早告,但考期在即,故遲之又遲。此請大安。某某頓首。

嗚呼!此身受者言之歷歷,必非以無根之談,污衊傅某明矣。審如是也,則傅氏號稱美國博士,號稱耶穌教牧師,何其所行之似蝎似鼠又似蛆也。傅某猶如此,而類於傅某者何限,而下於傅某者又何限!是皆洋務家所視爲全知全能之上帝者也。嘻!洋務家聽者,洋務家看者。

(1902年4月《新民叢報》第5號)

行人失辭

一月前各報紛傳駐日公使蔡氏致書江、鄂、粵各督阻止派留學生於日本一事，聞者且駭且怪，將信將疑。昨日東京《萬朝報》乃得其致北京外務部一書全文，錄於報上，日本各報館攻議紛起，政府及政黨人員詰責麕集，蔡使之狼狽極矣。本報宗旨專務提倡理想，發明大義，例不屑於一人一事之微，浪費筆墨。特以此事關於現在之國體，及將來之民智，其影響至重且大，因鈔錄該報所登原文併爲鞠譏之如下：

蔡星使鈞致外務部書　　正月初一日

查各省遣派生徒，例給咨文，由使臣送學及查察照料。殊不知照料自屬應爲，查察實難越俎。諸生徒不受範圍，猶屬細事。溯自康、梁毒燄銷息以來，其逋逃潛匿日邦，爲所包庇者，指不勝屈。類皆竊其餘唾，巧肆簧鼓，借合群之義，而自由之説日橫，醉民主之風，而革命之議愈肆。各省聰俊子弟，來茲肄業，熟聞邪説，沾染日邦惡習，遂入歧邪，竟有流蕩忘返之勢。譬諸螟寄蠃生，楚書郢説，父兄之教訓莫能及，官長之督率無所施也。伏思朝廷歲費巨貲，分遣生徒，寄學異國，原冀培植人材，周知外事，增益所能，以爲他日干城之選。詎料學業未成，而根本已失；宗旨一變，則心術全乖。加以日邦民德久衰，風俗淫亂，政府腐敗，天皇徒擁虛名於上，庇我逆臣，袒我匪徒，且暗中引誘學生以作亂之謀，以便從而取利，故於匪黨之倡言革命者，反多方以獎勸之。將來學生等卒業回華，散佈各省，倚爲心腹，假以事權。其中或亦有天良未喪之徒，能爲國家效力；然莠多良寡，煽惑已深，則何難揚彼頹波，微倖於死灰重熾。竊恐曩歲湖北之變，難免不復見於南北各省，此不得不爲之深思熟慮者也。鈞本擬將此等情形，密陳天聽，及榮相慈鑒，獨以此事，關係日本體面，既重且大。彼方窮乏已極，常冀我派學生，藉其膏火，聊助學校經費；而外則以同文之説，欲使文明輸入中國，若真心相助者。反覆躊躇，投鼠實有忌器之思；且慮事機不密，一洩春光，將招日人嫉忌，不特使者有履虎之危，轉大與邦交有礙，職是再三慎重審顧而徬徨耳。聞各省仍須添派學生，恐將來愈聚愈多，流品愈雜，逆勢日熾。日人利有中國之亂，常肆言誣謗宮闈，污毀榮相，希冀皇上親政；從此轉相煽誘，墮其術中，不啻爲虎添翼。現計諸生來者，數已逾四五百人。綜核所費巨款，即各省自設學堂，亦應敷出。但能延聘泰西著名教習主講於學堂，慎選清白子弟，分門肄業，再由使臣多譯東西有用書籍，無民權平等諸邪説者，咨送貴衙門核印，頒行各省學堂，亦足資借鏡從長之益。將見成材轉易，樂育尤多，奚至有入主出奴之患、舍己從人之虞也哉！鈞未至日東以前，曾立論各省宜多派生徒，游學觀摩，藉開風氣。乃至此細加考察，而後知日本之號稱維新者，有名無實。其政府多樹黨援，各分門户，不顧公義，每歎所聞不符所見。又不料康、梁以逋逃之藪，爲邪説之叢，敗壞人心，一至於此，尤不敢自護片言前失，而弗爲國家大局久遠計也。至康、梁餘孽，現聚於橫濱一埠爲多；在東京者，則深藏固匿，不敢與使署人相一面也。橫埠商民，受愚已久，所以有借中華會館房屋，爲彼逆黨開設大同學校之舉。鈞自蒞此邦，密圖解散其黨。借會館請宴，親與諸紳商几席周旋。初諷以微言，次曉以大義，藉捐廉提倡，勸會館自立學堂，以教育其子弟。開導再三，諸人乃頓悟前非，咸願改邪歸正。合議收回會館學房，重建商民公學，求鈞作主，予以自新之路。計自今以後，凡彼自由革命逆黨，一旦頓失衆商伙助經費，無可爲固結團聚之資，徐以俟之，勢將解體而涣散矣。若各省更能永停添派游學，俾卒業者有去無來，則根株悉拔，流毒有時而盡。至於商民自開公學，好名畏罪，勢業與彼黨分馳，自當由官長提倡主持，曉以忠君愛上之忱，與以上進出身之路。夫而後人心一正，學術自端，邪説不禁而自止，逆黨不驅而自遠矣。區區樗昧之見，知無不言，言無不盡。係爲顧全大局，仰承樞意，籌畫久遠之計。是否有當，務求密回堂憲，請示周行，俾有遵循，而無隕越。不勝禱切屏營之至。

此書既出現後,各報紛紛攻難,有謂其邪言熒聽者,有謂其見識卑怯者,有謂其污衊日本國民,有傷邦交,宜撤令回國者,有謂其語侵日本天皇,大不敬,宜照會中國政府嚴治其罪者。眾口嗷嗷,不能盡錄。今但錄四月三日(陽曆)"日本"報中評林一門之漢文詩三章,亦可見日人之眾怒難犯矣。其詩云:

是誰氏

嘲罵我風俗,不知是誰氏。密書偽乎真,公揭新聞紙。兩國全交情,其任在公使。公使而無禮,國交可以止。

來此邦

禹域與神州,咫尺隔一水。古來兩相賴,形勢如唇齒。乘槎來此邦,駐劄為公使。至誠應盡職,暴慢何無恥。

何無禮

妨礙留學生,不解國交體。暴言無所憚,極口逞醜詆。保全竭友情,我意固存此。兩國正尋盟,彼獨何無禮。

評曰:蔡使以此書故,將至不能見容於日本,自作自受,亦復誰尤。顧最可憤憤者,外交官為一國之代表,其自辱而國體即與之俱辱。中國方當荊天棘地之時,更何堪復蒙此奇醜耶?篇中滿紙狂瞽之言,駁不勝駁。至其中最可笑者,莫如謂日本"窮乏已極,常冀我派學生,藉其膏伙[火],聊助學校經費"云云。夫日本雖財政困難,何至恃外國學生以助國帑。信如蔡言,則數年前中國未有一學生來東,則日本全國之學校,豈不皆以經費無出而全行倒蹋耶?又謂"日人利有中國之亂,常肆言誣謗宮闈,污毀榮相,希冀皇上親政;從此轉相煽誘,墮其術中,不啻為虎添翼"云云。夫謗宮闈可謂之罪也,毀榮相未必可謂之罪也。日本以伊藤、山縣、大隈等赫赫元勳,功在社稷,而報紙中日日唾罵之,侮弄之,繪圖畫以揶揄之,作詩歌以嘲笑之者,尚無日無之,言論自由,不能禁也,而況於外國之大臣耶?蔡使謂日人希冀皇上親政,轉相煽誘,然則蔡必恐懼皇上親政,咒詛皇上之永不親政明矣。彼盈廷頑錮,雖視皇上如眼中釘,如喉中鯁,然猶必致美其詞,曰母子一心也,曰兩宮慈孝也;而蔡氏乃敢于明目張胆,謂希冀親政,即為利中國之亂,彼其居心,視言自由言革命者何如?即以守舊黨之律治之,恐亦罪不容於死也。至其謂橫濱大同學校為康、梁逆黨所設等語,本報開設橫濱,最知其詳。查大同學校創於光緒二十三年,由閩埠紳商在中華會館集議建設;而康、梁來東,乃在光緒二十四年九、十月之交,學校與康、梁何與?蔡氏以為外埠商民,一如內地之柔弱而易魚肉也,乃欲欺凌之,舉其所公立事業歸之康、梁,因撲滅而自以為功。其所以為康、梁計者,則誠忠矣,奈犯眾怒何?至其謂"重建商民公學","由官長提倡主持",此事濱中久有所聞。若誠能如是,則以橫濱區區一隅,而有兩公學,教育日盛,豈不可賀?居斯土者,日日翹足望之,而惜其至今數月,寂然未有聞也。要之中國他日之存亡絕續,皆將惟日本留學生是賴,多得一人,即多收一人之益。中國今日大事,未有過於是者。吾敢昌言曰:阻止派留學生之人,即我國文明之公敵也。雖然今日中國新機已動,懸崖轉石,欲罷不能,蔡氏何人,乃欲阻之,毋亦古詩所謂"蚍蜉撼大樹,可笑不自量"耳。蔡謂各省若能"永停添派游學,俾卒業者有去無來,則根株悉拔,流毒有時而盡"云云,無論各省大吏,未必皆惟蔡言是聽也;無論日本政府與蔡反對,強之使派,而當道者不敢不從也。即使果如蔡言,而東京現時留學生數百人中,由官費者不過強半耳,其餘則皆自備資斧,茹根嘗膽而來,而近數月來陸續渡航者,幾於無船無之,又可盡乎?凡國民文明程度愈高者,則其仰庇於他人之事愈少,豈必官派哉!彼日本之伊藤井上何人也。蔡氏盍多服滋補藥物,保養此尸居餘氣之身,勿遽就木,佇看十年以後,日本留學生之成就何如矣。雖然,蔡氏亦云智矣。彼其自忖斗筲碌碌,無計可留其姓氏於十年數十年以後,乃特為此一書,故以抗文明之盛潮,他日有著《中國思想發達史》者,則蔡氏此書,勢不得不採之以備一重公案,則蔡鈞盛名,將得附於奧國梅特涅、俄國坡比德挪士夫之末簡,而並以不朽矣,豈不幸哉!豈不壯哉!或曰蔡氏近贊助留學生會館事,又捐助東亞學校經費,其有悔過自新之意歟?或曰:是藉此以解免於日本人,以求保其三年一任也。或曰:是口蜜腹劍也。記者蓋無得而斷焉。

又按：蔡使函中謂勸諭橫濱商人收回大同學校房屋一事，略記如下：蔡甫到任，即立意與大同學校爲敵，以自徼功，乃謀嗾紳商爲其鷹犬，屢次到中華會館挑釁滋事。奈諸紳商不墮其術中，莫之肯助。久之，乃得一盧某者，嗾令出名興訟，謂大同學校佔據中華會館房屋。日本裁判所審論數次，卒於陽曆四月五日即華曆二月廿七日，斷定盧某無可以訟學校之資格，遂將原稟擲還。計此事蔡、盧所得之結果，惟消耗數百金之律師費、數十金之裁判堂費而已。嘻！是亦不可以已乎？記者附識。

（1902 年 4 月《新民叢報》第 5 號）

《周末學術餘議》識語

右來稿一篇，以二月杪寄到。本擬登第四號，因排印不及，故改登本號。篇中陳義，悉洞本原。第五條辨屈原爲文家而非學派，尤中癥結。他山之石，可以攻玉，記者所心折而深感也。其中惟第一條，與鄙見不無異同。荀卿之攻孟子，實由黨同伐異之見。來稿謂二子未脫神權宗教思想，荀之攻之，專在此點。而二子書中，既不能得其言五行之證據，則引舊注附會之說，強謂言五德者即言五行，恐思、孟所不受也。西漢經說，多出荀卿（汪容甫《述學》考據頗詳），而陰陽五行說最盛。然則謂此種道術，原本荀卿，尚稍爲近耳。常時諸子，互相爭辯，常不免強詞奪理，頗類村嫗嫚罵口吻，實吾國學史上一污點。如孟氏謂楊氏無君，墨氏無父。夫爲我與無君何涉，兼愛與無父何涉？斯豈非溢惡之言耶？荀之攻孟，亦若是則已耳。荀學之取義宏博，綜理密微，誠中國之阿里士多德也，吾非敢鄙薄之。但其《非十二子》一篇，則期期以爲不可耳。第五條所論，其大旨固所心折。但鄙論標題爲"學術思想變遷之大勢"，非欲爲中國哲學史也，故苟有可以代表一時代一地方之思想者，不得不著論之。如第一章之胚胎時代，第四章之魏晉時代，其思想更下於屈原，亦不得不舉論也。不問其思想之爲良爲否，爲完全爲不完全，爲有條理爲無條理，但在其時代占勢力者，則舉之，此本論之例也。屈原之不脫宗教神話，實亦可爲當時湘楚間思想幼稚之一徵，烏可以其不完全無條理而遺之？且屈子之厭世觀與其國家主義，亦實先秦思想界一特色也。鄙論第五號已略言之矣。至其餘各條，皆精覈辨析，實足匡我不逮。他日全論殺青彙印時，必當校改以報盛意也。　記者附識

（1902年4月《新民叢報》第6號）

朝旨深意

四月初十日，有賞給御前大臣軍機大臣總管內務府大臣南書房上書房大學士各部院尚書左都御史及各省將軍督撫《平定粵匪捻匪回匪方略》各一部之上諭。當此國步迍邅之日，忽舉前此武功懿鑠之盛，而宣示之表彰之，其有意耶？其無意耶？諸臣讀此者，亦可見龍興異域之大清，其威力如此其巍巍，高拱深宮之太后，其功烈如此其赫赫，其孰敢不悚息詟慄，軒饕而歌舞之者乎？抑大清之入主中夏，二百五十年矣，其間所經大難，以粵捻回爲最劇。彼等以區區揭竿之衆，群起一呼，蹂躪半天下，慓颰輕忽，所向破碎。當是之時，清祚岌岌不可終日，而皇太后猶能指揮若定，草薙而禽獮之。自茲以降，海內肅清，感慨風雲奮袂扼腕之士，唏其微矣。今日之天子，今日之執政，夫亦可以高枕鼾睡，般樂佚遊，睥睨此四萬萬奴隸，視同無物焉矣，而汲汲講求方略胡爲者？藉曰：內憂不足懼，而猶懼外患，故以是相惕焉。吾甚惜乎甲午一役，無平定日本方略；庚子一役，無平定八國聯軍方略。而後此之所以對付外患者，非可膠柱刻舟，以平粵平捻平回之前事爲師也。然則朝旨之意可見矣。若曰：爾四萬萬漢族，當知雖以粵捻回之猖獗，不能訖我大清之天命；此後猶有陳涉輟耕石

勒倚嘯者，其亦可以戒矣。設其有之，則軍機大臣各部院尚書各省將軍督撫，持此方略以摧枯拉朽焉云爾。嗚呼！四萬萬漢人聽者，各部院各省之大清社稷臣聽者。

（1902 年 6 月《新民叢報》第 9 號）

自治？非律賓自治？

西六月一日(四月廿五日)倫敦電云：美國大統領盧斯福演說，謂非律賓他日若能有自治力之時，美國當許其自治。聽者大感動云。美國如果有是心乎，庶不愧爲大國民，不愧爲自由國民；果能踐是言乎，庶不爲華盛頓羞，不爲林肯羞。

古巴隸美後，於今四年，今美已許其獨立。西五月廿一日，美總督解任歸，而古巴共和國之大統領麻兒瑪宣誓就任矣。善哉善哉！己立立人，己達達人。大國民自由國民固當如是。

非律賓敗軍之將，愛國之士夫，流寓於日本者數十，吾往往從之游，且哀且敬焉。吾聞近年以西班牙文著錄之書籍，其成於非律賓人之手者，十而四五。其醫師律師等赫赫有名於歐洲者，不乏其人。其布告獨立時，所頒憲法十四章百有一條，正當詳密，視歐美最文明國之憲法，一無所讓。烏在今日之非人，其力不足以自治也。美國而果有是心乎，果踐是言乎，吾祝其爲古巴之日不遠也。

嗚呼！我國民試一自省，其自治力視非律賓何如矣。

（1902 年 6 月《新民叢報》第 9 號）

革命！俄羅斯革命！

咄，俄羅斯革命！吁，俄羅斯遂不免於革命！嘻，俄羅斯殆不可以不革命！

俄羅斯革命之機，動之已數十年，其主動者不過學生耳，理想耳。今則工役思革命，軍人思革命，舉國之民，除宮中及最少數之高等貴族外，幾無一人不思革命。革命之機，殆將熟矣。

女學生者，俄國革命黨中最有勢力者也。近日以革命之報紙書籍，密贈於聖彼得堡之海軍將校，及全國之航海家，皆已得其同情。全國之工役，相約要求增加庸率減縮操作時刻，期以五月同盟罷工。今於聖彼得堡莫斯科兩大都會，已爆發流血矣。其餘各地蠢動者，所在皆是。迦遜省巡撫和波林忌，已公言無術以制境內之暴發。加哥福省，現已成恐怖時代，官吏悉逃難他去。嘻，岌岌不可終日矣。

或言俄今皇知勢不可遏，不得不改圖以求自免，將踵前皇亞歷山大第三未竟之志，改行立憲政體云。其信與否，吾不敢知；即信矣，而能救與否，吾不敢知。要之十年之內，俄國於革命立憲二者，必居一焉，吾敢知之。

夫使俄國或迫於革命而立憲乎，或求立憲不得而卒收功於革命乎，則自今以往，地球上完全專制之大國，惟餘一支那矣。

（1902 年 6 月《新民叢報》第 9 號）

英杜和議遂成

英杜戰爭，新聞紙中報其媾和期近者，已屢見不一見，卒蹉跎荏苒，直至西六月一日（四月廿五日），以和約既定議畫押聞。此役自一八九九年十月下宣戰書，以迄今日，凡亙二年零七個月。英國所耗軍費，共二十千萬磅，發兵三十萬人，馬三十萬匹，自英國立國以來，戰事未有烈於此者也。而和議成後，則英國所得者，阿連治殖民地四萬八千三百二十六英方里，杜蘭斯哇殖民地十一萬九千百三十九英方里，其所獲亦不可謂不豐矣。當兵釁將開時，杜國大統領古魯家，寄書於美國一友人曰：英人欲取兩共和國為屬地，吾知其終必能如願，但不可不擲非常可驚之代價以易之耳。噫嘻，壯哉此言！萬里之外，聞者猶為動色。以全數不滿二十五萬之波亞人，而與世界中第一強盛之英帝國為敵，相持至兩年七個月之久，婦女荷戈，老弱倚馬，矢盡援絕，人無退志。嗚呼！可不謂豪傑之國民哉！普天下血性男子，誰不臨睨南雲，而灑一掬同情之淚也！

（1902年6月《新民叢報》第9號）

中俄之內亂外患

中國之內亂，可以生外患，俄國之外患，可以止內亂。中國所最畏者外患也，然欲免外患，不可不汲汲防內亂；俄國反是，所最畏者內亂也，然欲免內亂，則必不可絶外患。今不幸而外患絶，此其内亂所以洊至也。彼俄之軍人，常因外患以爲衣食之資。今其來滿洲以蒐薙支那人者，固屬賞心樂事，然其在本國爲防禦歐洲之役者，則髀肉生久矣，悁悁不平之心，因之以起。今也大學生之革命運動，勞役者之罷工同盟，紛起於各處，而軍人之不平者，亦從而和之，俄廷之前途，可爲寒心。

西五月五日倫敦報紙言俄内務大臣之被刺死也，其刺客受鞫之際，不肯告發同謀者一人之姓名，惟言同謀者多至不可紀極，且言我輩無所憾於今上皇帝，惟與滿朝官吏爲仇耳。又曰：吾不願被赦，吾願吾一死之後，繼我而起者十百千萬而未已也。云云。此言一布，舉國人心愈感動，政府諸員頗憂懼。

俄廷所恃以爲專制之護符者軍隊也，然軍隊不用命，則政府之術乃窮。今已開其端矣。西五月二日報云：俄政府現逮捕墨斯科舊京之軍士八百人，擬流之於絶域，爲其當鎮壓亂民時，不肯放銃也。又聖彼得堡海軍步兵分隊。亦同受此處分。又聞有陸軍將校五十七人。亦不日就逮云。嗚呼！俄國之内情，岌岌不可終日如此。聞其政府積憂之極，謂非挑撥外患，導蠢蠢之人心以向外界，則前途遂不可救。果爾則俄國之興妖作怪於東方，其又不遠乎！

（1902年6月《新民叢報》第10號）

《近世歐洲四大家政治學説》自序

天下有理想然後有事實，理想者事實之母也。十九世紀之歐美，爛花繁錦，如火如荼，百年間進步之速率，合前此二三千年，蓋猶不逮。嘻！何其盛哉！淺見者以爲是百年來二三豪傑之所組織所整頓所莊嚴，而豈知其原因遠在近世史之初期。所謂學藝復興宗教改革以來，舉一世之學術思想，爬剔而刮磨之，其新種子早已徧布於地下。迨十七八世紀，復有眼光心力曠絶千古之數大儒出，發揮而光大之，譬之驚雷起蟄，而隔歲所播之種，皆怒萌而甲坼矣。至十九世紀，則其已孳已殖枝條蓊鬱之時期爾。他事勿暇具論，即如政治一端，舉凡十九世紀新國之所以立，憲法之所以成，政府之所以鞏固而安全，人民之所以康樂而仁壽，抑何一非食十七八世紀陸克、盧梭、孟德斯鳩諸賢之賜也！若諸賢者，手曾無尺寸之柄，躬未親廊廟之業，生當濁世，明珠暗投，往往不爲時俗所重，其甚者乃至舉國欲殺，顚連窮餓，極人生不堪之境遇。及其身沒數十年百年之後，而食其福者乃徧於天下焉。嗚呼！士君子之不肯枉其所信以苟容於一時也，有以夫，有以夫！抑又聞之，世界之進化，無盡無限也。無論若何鴻聖殊哲，其立論只能爲一時代進步之用，而不欲以之範圍千百年以後。故諸賢之說，在今日之歐美，其駕而上之糾而正之者，蓋其不少焉。若士達因、墺斯陳、伯倫知理諸賢，殆其儔也。雖然，此何足以爲前賢損，不有前賢，安有後賢？盧、孟諸哲，生十八世紀，而爲十九世紀之母；墺、伯諸哲，生十九世紀，而爲二十世紀之母。時不同，故其學說之所以進者不同，而豈足以爲前賢病也！若今日之中國，猶未經過歐美之十九世紀時代也，然則思所以播其種而起其蟄者，其不可不求諸十八世紀以前甚明矣。審如是也，則斯編者，其亦我國民遒鐸之一助也夫。壬寅五月，飲冰室主人自序於橫濱。

（上海廣智書局 1902 年 8 月版《近世歐洲四大家政治學說》）

《近世歐洲四大家政治學説》例言

一、斯編乃輯譯英儒霍布士、陸克，法儒盧梭、孟德斯鳩之學説之關於政治者，最錄成書。

一、霍布士之學説，其戾於公理者頗多。然此後諸家，多因其説而發揮之、駁詰之，然後公理隨而出焉，故首錄之，亦使人知思想變遷之由來也。

一、斯編全從法人阿勿雷脫所著《理學沿革史》中摘譯。譯者不通法文，所據者又日本名士中江篤介譯本也。

一、編中陸克學說，乃采用《國民報》漢譯本。此報乃東京之中國留學生所設也。不敢掠美，謹識數言，以表謝意。

一、敘論諸家學說，時以己意下案語；惟陸克一篇則闕如，非不欲之，實未暇也。然讀者所求，在先哲之微言耳，安用此末學膚受之評論哉！

譯者識

（上海廣智書局 1902 年 8 月版《近世歐洲四大家政治學說》）

《飲冰室師友論學牋》識語

莊生有言：居空谷者，聞足音跫然而喜矣。又曰：去國三年，見似人者而喜矣。豈不以人性樂群，物情懷土，固有感於天然而不能自制者耶？矧乃磊磊之盟，相厲於歲寒；嚶嚶之聲，不已於風雨。有麗澤講習之益，無金人多言之累。東鱗西爪，牖我良多；吉羽桂枝，寗容自悶。是用搜集，公諸江湖。其不關學術者，蓋闕如也。　飲冰子識

（1902 年 7 月《新民叢報》第 12 號）

論學生公憤事

凡文明國之所以立，莫急於養人才。今日我政府官吏之言維新者亦曰莫急於養人才，然養人才之手段有三種：一曰以養人之法養之者，二曰以養牛馬之法養之者，三曰以養雞豚之法養之者。何謂養牛馬之法養之？以備驅策鞭箠者是也。何謂養雞豚之法養之？以備烹炙爨割者是也。吾昔以爲政府官吏不過以牛馬之養養人才也，吾今乃知其直以雞豚之養養人才也。嗟乎痛哉！前此之既烹既割者不忍言矣，而今乃又磨刀霍霍而來，雖曰吾國多才，抑何以堪此！

七月初二日（即西曆八月五日）日本警察署忽有將吳君敬恒、孫君揆均遞解回籍之事。留學生方奔走相急難，而警吏已護送西發。吳孫二君以何罪蒙此奇冤，莫能知也；而其獲罪之起因，可以推揣知之。罪何在？曰在請公使送學生肄業（參閱《新民叢報》第十三、十四號餘錄門①）。官立學校既必須公使保送，然則學生非求公使，將更何求？求送學而有罪，則留學其先有罪矣。而吳孫二君又非自求也，乃代他學生而求之。代求送學而有罪，則凡關涉於學事者其皆有罪矣。蔡氏之職，公使也。其自認爲國民之代表，爲朝廷之代表，姑勿問。即以朝廷論，去年秋冬間，不嘗屢下明詔令公使保護照料學生乎？然則送學之事，豈其待學生自求之，豈其待他人代學生求之？待其自求，待其代求，則公使已不知其罪矣。不自知其罪，則反以罪無罪之人，亦何怪焉！

吳君者，北洋大學堂南洋公學之教師也，廣東大學堂之顧問也（粵人，字稚暉）。孫君者，南菁書院之學長也（粵人，內閣中書，字叔房）。乃不願作師而願作弟子，其爲非尋常人可想矣。吾國有此等人才，是吾國前途一線光明也。其代學

---

① 初刊《新民叢報》時，作"參閱餘錄門"，據《（分類精校）飲冰室文集》（廣智書局1905年版）改。

生以哀請我公使也，爲學生非自爲也，又爲現在學生將來學生之全體大局，而非徒爲此區區九人也。此九人者不見送，其事抑末矣，而後此源源而來之學生不知幾何，其必欲入官立學校者不知幾何，則其待送於公使者亦自不知幾何。而公使於學生既已視如仇讎，前此之留難者既屢見不一見，然則此後公使與私費生之交涉如何，實以此九人者爲最後之問題。有此哀請，而得不得尚未可知；無此哀請，則私費生入學之途真永絶也。兩君之齗齗於此問題，夫豈得已也！

警察署之命退兩君也，其名曰妨害治安。夫中國人在中國主權地，而要求所應得之權利，其與日本之治安有何與也？夫使兩君之要求而出於強硬手段，則其於治安也猶有辭；顧兩君之與公使交涉，不過一度，其問答語一字一句，皆詳見於留學生會館布告文。① 聲聲公使，聲聲學生，從容委曲之口吻，吞聲忍氣之情狀，讀者猶將哀嗤之，而不謂似此已逢大清國欽差大臣之怒，呵責不已而至於斥逐，斥逐不已而至於逮捕，逮捕不已而至於遞解也。

留學生既不得請於公使，於是抗電以伸訴於北京政府，亦要求權利之次第當如是也。而公使則已先自飛電徧告要津曰：留學生造反。夫留學生皆在日本也，吾不知所謂反者，反日本乎？反中國乎？噫譆！我知之矣。其意曰若輩何人，乃敢訐公使。反之云者，反公使云耳。以數百人決議所同認之罪惡而有訐之者，則可以任意坐以大逆不道之名，此真文明國民所百思不得其解者也。而吳孫兩君之罪案於是焉定矣。

案既下，留學生動色相奔走。或以質問於公使，公使則曰：吾亦不認吳孫之有罪，此日本政府之意，吾不知之。嘻！是何言歟？公使者，有保護本國人之責任者也。公使而不知之也，則宜提出以詰問於日本政府；公使而認爲無罪也，則宜抗爭於日本政府，以營救之。日本既許外國人有内地雜居之權，既居其地，即有居民應享之權利，夫安得以無罪之人而妄逮捕妄驅逐也？公使而知之也，認其有罪也，猶可言也；不知之而不詰問，認其無罪而不營救，然則我國民每歲以十數萬之膏血，豢一木偶之公使，何爲也？嘻！欲輾釁之則輾釁耳，欲洭醢之則洭醢耳，而彼胡爲者？

---

① 初刊《新民叢報》時，此下原有夾注"參閲餘録門"，據《飲冰室全集》（中華書局 1916 年版）略去。

吾不怪夫日本人受公使之愚何以如是其易,吾惟怪夫公使所憑藉之力何以能使日本人受愚如是其易,吾尤怪乎我國民何故不有其權而甘讓諸公使,吾又怪乎公使何故不有其權而甘讓諸日本人。公使對於日本人,褻代表一國之資格;國民對於公使,褻自主一國之資格。公使斗筲,吾不屑責之,顧安得不爲我國民警告也!

我國民以此爲區區僅小之問題乎?內爭之事,而託調停於外人,既辱國矣;內爭不能克,而假外人之權力以干預之,辱益甚矣;乃至內並不爭,而防其萌蘗焉,乞外人以先事而鋤之,其辱更何如矣。辱猶可也,而生此國爲此民者,苟有一毫不肯放棄權利之心,則一啓口一舉手一投足而無不爲罪,而四萬萬人豈有復見天日之望耶?本國政府已矣,而復有他國政府爲之後援。吾民之在內地者,他國未能直接以奴隸之,則借本國政府爲傀儡焉;吾民之在海外者,本國不能直接奴隸之,則借他國爲傀儡焉。於彼乎於此乎,無所往而不奴隸。苟不甘是者,則五洲雖大,竟無所容。痛乎!

附記一則 初三日下午記

吳君之被逮也,以爲士可殺,不可辱,欲以一死喚醒群夢,起國民權利思想。乃於初三日午前六點鐘警吏拘引出竟時,自沈於河,以救獲甦。吳君非厭世主義,欲一瞑以謝責也,亦非有所畏而自戕也,欲以此示不爲奴隸者之模範而已。嗚呼!留學生其念之。嗚呼!國民其念之。吳君被救後,友人檢其衣底,得一小包,封題"其言也善"四字,內一書云:

信之以死,明不作賊。民權自由,建邦天則。削髮維新,片言可決。以尸爲諫,懷憂曲突。唏噓悲哉!公使何與?孔曰成仁,孟曰取義。亡國之慘,將有如是。諸公努力,僕終不死。

吳敬恒絶命作此。敬恒所以就死於大日本國者,奉勸大日本念唇齒之義,留學一事,不可阻礙。如欲興我國家,尤以顧全私費學生之便利爲最要。若專取現在政府之信用,恐未得其益,先受其害。因我國皇上方蒙難,官場之腐敗,爲二十四史所少見。若大日本國官人久與相處,與之俱化,則支那之利益不可得,而大日本之良風隳矣。大日本良風一隳,將胥黃種人盡奴於白種人，豈不可哀矣哉！

又敬恒一人已伏其罪，一切被連引之孫君等，宜可復其自由歸國之權。

光緒廿八年七月三日即明治卅五年八月六日

（1902年8月《新民叢報》第13號）

蔡鈞衊辱國權問題

蔡鈞何人也？其名豈足屢污我《新民叢報》？然而竟相污至再至三，是亦蔡鈞之好手段也。

六月廿五、六、七等日，有蔡鈞與留學生紛爭一事。其詳別見《新民叢報》①中，茲不贅述。此事之起，由蔡鈞不肯咨送留學生入學也。日本例，凡入學校者，無論本國人外國人，皆須有人爲之保證。若官立學校，則與官交涉，須公使爲保證，亦屬情理之常。蔡鈞者，文明之敵也，恨不舉東京留學諸生，一旦而驅之出境。其於官費生，固已視之如眼中釘，其咨送也，不得已耳。至私費生，則其仇之愈甚，故出全力以阻之，抵死不肯咨送。蓋懼吾國之多才而欲牧[伐]其萌蘖也，其罪一也。不送則不送耳，不過得罪學生團體已耳。然而蔡鈞乃縮頭曳尾一種類，無此膽量也，乃出其官塲枕中祕之手段，曰模棱，曰掩飾，曰推宕，僞許以五人互保，便允咨送。彼其時固本無欲送之心也。無欲送之心，而以爲學生之可欺，其罪二也。己則不送，而欲嫁其責於日本人，謂參謀本部不肯收納。夫參謀本部咨覆之文具在也，學生非如蔡鈞之胸無點墨，何至並

---

① 初刊《新民叢報》，上四字原作"本號餘錄門"，據《（分類精校）飲冰室文集》（廣智書局1905年版）改。

文中之意而不能解。蔡鈞食言而肥,而猶欲掩耳盜鈴以欺人,其計之拙,亦不可思議矣,其罪三也。學生求見不見,質問不答,豈不思汝所處之地位爲一國人之公僕耶?何物銅臭,無禮乃爾!其罪四也。

以上四罪,顧猶可恕。其最不可忍者,則最後蠛辱國權一大問題也。夫公使館者,治外法權之地也。公法上視之如本國,非所在國之權力所能及也。乃蔡鈞一則使日本警吏拘吳、孫二君,再則使日本警吏拘來謁學生五十餘人。夫蔡鈞仇學生,則自仇之可耳,而奈何其不能自了,而假手於他人也。嗚呼!我國民其知之否耶?蔡鈞者,全國政府官吏之縮本也;此案者,將來中國前途之倒影也。現政府統治一國之能力,早已掃地以盡矣。雖然,彼有所恃以自楯焉。何恃?曰恃外人。國民之言論舉動,有一不愜於己者,則以太阿之柄授諸外人,使草薙而禽獮之。使館可以揖警察而使人,則境內何不可以召軍隊而使來。二百年前僅有一吳三桂,今則爲吳三桂者舉國皆是也。夫縮頭曳尾之蔡鈞,則何足責;然此中消息,有識者不得不寒心也。

日本各報紙,數日來衆口沸騰,議論此事,公論尚未泯没。今以吾所見之報,列其左右袒及中立者如下:

時事新報	袒蔡鈞
中央新聞	袒學生
東京朝日新聞	袒學生
日本新聞	袒學生
東京日日新聞	中立
國民新聞	中立
每日新聞	袒學生
萬朝報	袒學生
二六新聞	袒學生
大阪朝日新聞	袒學生
每夕新聞	袒學生
都新聞	袒學生
讀賣新聞	袒學生

日本有一西文報,曰"日本泰唔士"Japan Times 者,其訪事人以此案質問

於蔡鈞。蔡鈞曰："是康有爲所嗾使也。"云云。嘻，異哉！康南海久旅英屬，與東京學生，曾無一面緣，何從嗾使耶？學生皆知自由獨立之大義，豈爲人所嗾使者耶？蔡鈞豈以爲我一國青年子弟，皆似受人嗾使之蔡鈞耶？蔡鈞常欲舉泰西數百年大哲所發明之公理，地球數十文明國所施行之舉動，盡取而納諸康黨，其愛康黨也至矣，然康黨則烏敢當此？"日本泰晤士"，亦袒留學生。

留學生以國權問題，所關重大也，乃集議於會館，以滿塲一致，決議蔡使放棄國權之罪。乃以電報彈劾之於北京朝廷，且飛檄各督撫，請蔡使之解任。此舉也，不過爲蔡鈞增一保案耳。雖然，是烏可以已？一國公僕，而濫用其權，以損害主人權利者，主人例得放逐之。雖其力未能，是固不可以已也。孔子之齋戒沐浴以請討陳恒，何爲也？夫蔡鈞乃公僕中之輿儓，么麽小醜焉耳。

且主人不自知其爲主人之資格則亦已耳，苟其知之，則以多數之主人，斷無不能勝少數之悍僕之理。吾嘗讀歐西百餘年來之歷史，其革千載之積弊，建回天之偉業者，何一不從學生團結而來。遠徵諸法蘭西之巴黎、奧大利之維也納，近徵諸俄羅斯之聖彼得堡！葱葱哉，鬱鬱哉！學生之氣概，轟轟哉！烈烈哉！學生之事業，嗚呼噫嘻，何渠不若漢？

以暴制暴，非所貴也。故有文明思想者，常善以文明之手段，恢復其固有之權利。今次之舉，其近之矣。自立於無可訾議之地，以溫和之法而請願於使署，以溫和之法而集議於會館，以溫和之法而要求於朝廷，此歐西人民所經由之路也。我中國國民運動之歷史，一見於乙未年日本議和時之公車上書，再見於庚子年立大阿哥時海外之飛電，並此而三矣。而此次之舉，尤有次第，有法度，是國民運動力進化之明證也。吾欲爲中國前途賀。

（1902年8月《新民叢報》第13號）

西藏密約問題

北京朝廷最喜與他國結密約，尤喜與俄羅斯結密約。嘻，咄咄怪事！

丙申、庚子，兩度滿洲密約，既與舉其所謂祖宗發祥之地，置諸虎狼俄卵翼之下。猶以爲未足，近日復有蒙古密約、西藏密約之事。其約文大略具載《新民叢報》①中。日本報章與上海報章所登約文互異，未知孰實。如上海報章所言，西藏固非中國之西藏；即如日本報所言，西藏亦非復中國之西藏矣。

俄人自去年西曆十月以來，先後派探險隊於西藏者數次。名爲探險隊，實則哥薩克兵也。計其總數，已有八千五百人之多。其中騎兵工兵砲兵最多云。此等探險隊，徧覽西藏之地形、民情、風俗，及中國政府對於西藏之統治力，一一詳細報於本國政府。故數月以來，俄人所以經略此地者，既胸有成竹，至是遂有密約之事。

第一次之滿洲密約，曰爲還遼之酬報也；第二次滿洲密約，曰爲平亂之酬報也。而此次之西藏密約，卻爲何來？是舉地球之政論家，百思不得其解者也。雖然，此豈難明哉。中國一切內治外交之所以變動，非原本於一國人利害之問題，實原本於當局者一二人利害之問題。以本國一私人，懷挾數萬金乃至十數萬金以謁王公大人，皆可得一府一道乃至一省之統治權；況以地球堂堂一大國政府之力，其所懷挾者數十倍數百倍於此而未有已也。得此術以行之，雖盡攬十八行省之統治權可也，而何有於區區一西藏。

此密約當交涉之衝者，俄公使與軍機大臣大學士榮祿二人也。而此次俄親王之入京，於運動最有力云。其運動力所及，上自最尊貴之榮中堂，下及最下賤之李蓮英，而密約之起稿，則出瞿鴻禨之手云。

---

① 初刊《新民叢報》，上四字原作"前號本報"，據《（分類精校）飲冰室文集》（廣智書局 1905 年版）改。

日本人之論此事，不如滿洲密約之注意，蓋其利害與日本相遠也。至於英、俄交涉事件，則此約實行以後，而波斯問題，阿富汗問題，乃至印度問題，皆生影響矣，不知英人何以待之。

(1902年8月《新民叢報》第13號)

檀香山賠款問題

庚子春，檀香山以治疫之故，焚燒人民財產數百萬，而吾華商居大半焉。初焚時，檀政府擔認賠償，乃至今三年，毫無影響。蓋檀政府之力，實不足以辦此，故請求諸美國華盛頓政府，乞以國庫支辦云。今年美國議會，此案殆將通過，全檀僑民，鵠立以待涸轍之救。乃最後爲某議員所沮尼，竟於豫算案內除去此項。今欲得賠款，不可不再望諸三年後之第五十八次議會。然五十七議會，可以否決，五十八議會，又安保其不否決耶？且否決之數，十八九在意計中耳。若是乎，吾華商之數百萬血本，其遂已矣。

號稱第一等文明國，號稱自由政體之祖國，而其所行如是，真棍騙耳，直竊賊耳！先哲有言：兩不平等者相遇，無所謂道理，權力即道理也。斯言諒哉！吾聞南美洲之各地，數十年來，屢次革命。其革命軍無論大小，無論成不成，而每暴動一次，則吾華商財產損害者必以數百萬計，今已不知其幾千萬矣，而何有區區之檀島！雖然，我政府豈惟不問而已，並不知有此事；豈惟不知有此事而已，且並不知其地有中國人；豈惟不知其地有中國人而已，恐並地球上有此地而亦不知也。

檀香山之役，日本人所損失者，不過區區十數萬耳。然頃者據所報告，則旅檀之日人，開大集議於領事館，決議特派二員，歸愬於政府，由日本政府與美國政府直接交涉。雖其果能有效與否不可知，然爲一國公僕，受國民委託者，不當如是耶？若我華民則何所呼籲，何所伸訴乎？無父無母之孤兒，在途中受他人之鞭笞呵斥，忍氣吞聲，並哭不敢，而何有於爭辯！哀哉無國之民！哀哉無國之民！

(1902年8月《新民叢報》第13號)

民選領事問題

中國駐劄檀香山領事楊蔚彬，貪污殘暴，閤埠僑商，久欲得其肉以爲食，但願全國體，不欲與爲難也。乃楊黷貨無厭，竟串同奸儈偷走鴉片私烟，計瞞稅直美銀五萬元(約墨銀十萬元)。又欲並其合夥之奸儈所得一部分之利益而奪之，夥忿忿，洩其事。於是美政府根究全案，水落石出，並查有私帶不合例之人上岸之案多件。美政府乃照會北京政府，解其任，訊其罪，楊已去矣。

美政府知中國官場爲魑魅罔兩之窟也，乃告檀島華商曰：吾願與商交涉，不願與官交涉。請爾等於閤埠中有望者，公舉一人焉爲領事。若貴政府不認，吾國能必使認之。華商之有文明思想者，提及官之一字，輒鄙之不以人類齒，故今尚未肯徑諾之云。雖然，此事殆非可以已。聞美政府之意，欲舉金山、紐約、馬尼刺諸地領事，皆一律照此法辦理云。

我政府所不欲派之人，而他政府強之使派，是國恥也。雖然，美人心目中，信用我國民，不信用我政府，是亦大國之風度也。夫政府既自取其侮，而國民又烏可放棄其責也？嗚呼！美國之舉動，視彼戢戢然媚腐敗官吏，越俎以代人壓制民權者，何如矣。

(1902年8月《新民叢報》第13號)

(中國唯一之文學報)新小說

(每月一回　十五日發行　洋裝百八十葉)

小說之道,感人深矣。泰西論文學者,必以小說首屈一指,豈不以此種文體曲折透達,淋漓盡致,描人群之情狀,批天地之窾奧,有非尋常文家所能及者耶?中國自先秦以前,斯道既鬯,《漢書·藝文志》已列小說家於九流。但漢唐以後,學者拘文牽義,困於破碎之訓詁,騖於玄渺之心性,而於人情事理切實之跡毫不措意,於是反鄙小說爲不足道。夫人之好讀小說,過於他書,性使然矣。小說既終不可廢,而所謂好學深思之士君子吐棄不肯從事,則儇薄無行者從而篡其統,於是小說家言遂至毒天下。中國人心風俗之敗壞,未始不坐是。本社同人恫焉,是用因勢而利導之,取方領矩步之徒所不屑道者,集精力而從事焉。班孟堅不云乎:"閭里小知者之所及,亦使綴而不忘。如或一言可采,此亦芻蕘狂夫之議也。"其諸新世界之青年,亦在所不棄歟?條例如下:

一、本報宗旨,專在借小說家言,以發起國民政治思想,激厲其愛國精神。一切淫猥鄙野之言,有傷德育者,在所必擯。

一、本報所登載各篇,著、譯各半,但一切精心結撰,務求不損中國文學之名譽。

一、本報文言、俗語參用;其俗語之中,官話與粵語參用。但其書既用某體者,則全部一律。

一、本報所登各書,其屬長篇者,每號或登一回、二三回不等。惟必每號全回完結,非如前者《清議報》登《佳人奇遇》之例,將就釘裝,語氣未完,戛然中止也。

本報之内容如下:

一、圖畫

專搜羅東西古今英雄名士美人之影像，按期登載，以資觀感。其風景畫，則專採名勝地方趣味濃深者及歷史上有關係者登之。而每篇小說中，亦常插入最精緻之繡像繪畫，其畫皆由著譯者意匠結搆，託名手寫之。

二、論說

本報論說專屬於小說之範圍，大指欲爲中國說部創一新境界。如論文學上小說之價值，社會上小說之勢力，東西各國小說學進化之歷史及小說家之功德，中國小說界革命之必要及其方法等，題尚夥，多不能豫定。

三、歷史小說

歷史小說者，專以歷史上事實爲材料，而用演義體敘述之。蓋讀正史則易生厭，讀演義則易生感。徵諸陳壽之《三國志》與坊間通行之《三國演義》，其比較釐然矣。故本社同志窩注精力於演義，以恢奇俶詭之筆，代莊嚴典重之文。茲將擬著譯之目列下：

一、《羅馬史演義》

此書乃翻譯西人某氏所著。羅馬爲古代世界文明之中心點，有王政時代，有貴族政時代，有共和政時代，有帝政時代。其全盛也，事事足爲後世法；其就衰也，事事足爲後世戒。有大政治家，有大宗教家，有大文學家，有空前絕後之豪傑，有震今鑠古之美人，蓋歷史之最有趣味者，莫羅馬史若也。此書原本在歐洲既重版十四次，今特譯之，以餉同好。

一、《十九世紀演義》

欲知今日各文明國之所以成立，莫要於讀十九世紀史矣。此書乃採集當代大史家之著述數十種鎔鑄而成，起維也納會議，迄義和團事變，其中五大洲各國之大事一一詳載，精神活現。

一、《自由鐘》

此書即美國獨立史演義也。因美人初起義時,於費特費府建一獨立閣,上懸大鐘,有大事則撞之,以召集國民僉議焉,故取以爲名。首敘英人虐政,次敘八年血戰,末敘聯邦立憲。讀之使人愛國自立之念油然而生。

一、《洪水禍》

此書即法國大革命演義也。昔法王路易第十四臨終之言曰:"朕死後,大洪水將來。"故取以爲名。此書初敘革命前太平歌舞驕奢滿盈之象,及當時官吏貴族之橫暴,民間風俗之腐敗;次敘革命時代空前絕後之慘劇,使人股慄;而以拿破侖撼天動地之霸業終焉。其中以極淺顯之筆,發明盧梭、孟德斯鳩諸哲之學理,尤足發人深省。

一、《東歐女豪傑》

此書專敘俄羅斯民黨之事實,以女豪傑威拉、莎菲亞、葉些三人爲中心點,將一切運動之歷史皆納入其中。蓋愛國美人之多,未有及俄羅斯者也。其中事跡出沒變化,悲壯淋漓,無一不出人意想之外。以最愛自由之人,而生於專制最烈之國,流萬數千志士之血,以求易將來之幸福,至今未成,而其志不衰,其勢且日增月盛,有加無已。中國愛國之士,各宜奉此爲枕中鴻祕者也。

一、《亞歷山大外傳》

一、《華盛頓外傳》

一、《拿破侖外傳》

一、《俾斯麥外傳》

一、《西鄉隆盛外傳》

四、政治小說

政治小說者,著者欲借以吐露其所懷抱之政治思想也。其立論皆以中國爲主,事實全由於幻想。其書皆出於自著,書目如下:

一、《新中國未來記》

此書起筆於義和團事變,敘至今後五十年止。全用幻夢倒影之法,而敘述皆用史筆,一若實有其人實有其事者然,令讀者置身其間,不復覺其爲寓言也。

其結搆，先於南方有一省獨立，舉國豪傑同心協助之，建設共和立憲完全之政府，與全球各國結平等之約，通商修好。數年之後，各省皆應之，群起獨立，爲共和政府者四五。復以諸豪傑之盡瘁，合爲一聯邦大共和國。東三省亦改爲一立憲君主國，未幾亦加入聯邦。舉國國民戮力一心，從事於殖產興業，文學之盛，國力之富，冠絕全球。尋以西藏、蒙古主權問題，與俄羅斯開戰端，用外交手段聯結英、美、日三國，大破俄軍。復有民間志士，以私人資格暗助俄羅斯虛無黨，覆其專制政府。最後因英、美、荷蘭諸國殖民地虐待黃人問題，幾釀成人種戰爭，歐美各國合縱以謀我，黃種諸國連橫以應之，中國爲主盟，協同日本、非律賓等國，互整軍備。戰端將破裂，匈加利人出而調停，其事乃解。卒在中國京師開一萬國平和會議，中國宰相爲議長，議定黃白兩種人權利平等、互相親睦種種條款，而此書亦以結局焉。

一、《舊中國未來記》

此書體例亦與前同，惟叙述不變之中國，寫其將來之慘狀。各強國初時利用北京政府及各省大吏爲傀儡，剝奪全國民權利無所不至，人民皆伺外國一嚬一笑，爲其奴隸，猶不足以謀生，卒至暴動屢起。外國人藉口平亂，實行瓜分政策。各國復互相紛爭，各驅中國人從事軍役，自鬥以糜爛。卒經五十年後，始有大革命軍起，僅保障一兩省，以爲恢復之基。是此書之內容也。

一、《新桃源》（一名《海外新中國》）

此書專爲發明地方自治之制度，以補《新中國未來記》所未及。其結搆，設爲二百年前，有中國一大族民，不堪虐政，相率航海，遯於一大荒島，孳衍發達，至今日而內地始有與之交通者。其制度一如歐美第一等文明國，且有其善而無其弊焉。其人又不忘祖國，卒助內地志士奏維新之偉業，將其法制一切移植於父母之邦。是此書之內容也。

五、哲理科學小說

專借小說以發明哲學及格致學，其取材皆出於譯本：

一、《共和國》　希臘大哲柏拉圖著

一、《華嚴界》　英國德麻摩里著

一、《新社會》　日本矢野文雄著

一、《世界未來記》　法國埃留著

一、《月世界一周》

一、《空中旅行》

一、《海底旅行》

六、軍事小說

專以養成國民尚武精神爲主，其取材皆出於譯本。題未定。

七、冒險小說

如《魯敏遜漂流記》之流，以激厲國民遠游冒險精神爲主。題未定。

八、探偵小說

探偵小說，其奇情怪想，往往出人意表。前《時務報》曾譯數段，不過嘗鼎一臠耳。本報更博採西國最新最奇之本而譯之。題未定。

九、寫情小說

人類有公性情二：一曰英雄，二曰男女。情之爲物，固天地間一要素矣。本報竊附《國風》之義，不廢《關雎》之亂，但意必蘊藉，言必雅馴。題未定。

十、語怪小說

妖怪學爲哲理之一科，好學深思之士喜研究焉。西人談空說有之書，汗牛充棟，幾等中國。取其尤新奇可詫者譯之，亦研究魂學之一助也。

十一、劄記體小説

如《聊齋》《閲微草堂》之類，隨意裒録。

十二、傳奇體小説

本社員有深通此道、酷嗜此業者一二人，欲繼索士比亞、福禄特爾之風，爲中國劇壇起革命軍，其結搆詞藻决不在《新羅馬傳奇》下也。題未定。

十三、世界名人逸事

體例略如《世説新語》，但常有長篇鉅製。大率刺取古今中外豪傑之軼事足以廉頑立懦者，最而録之，於青年立志最有裨助。

十四、新樂府

本報全編皆文學科所屬也，故文苑一門，視尋常報章應有特色。專取泰西史事或現今風俗可法可戒者，用白香山《秦中》《樂府》，尤西堂《明史樂府》之例，長言永歎之，以資觀感。

十五、粤謳及廣東戲本

此門專爲廣東人而設，純用粤語。

其餘或有應增之門類，隨時補入。

一、以上各門不能每册具備，但每册最少必在八門以上。

一、定價零售每册四角，定閲全年十二册者定價四元，定閲半年六册者定價二元二角，郵費另加，惟皆須依日本銀折交。

一、代派至十份以上者，照例提二成爲酬勞。

一、定閲全年半年者，必須先將報費清交，乃爲作實；否則一概不寄，决弗徇情。

　　一、海內外各都會市鎮，凡代派《新民叢報》之處，皆有本報寄售，欲閱者請各就近挂號。

　　一、本報第一號定於中曆九月十五日發行，欲先覩爲快者，請預行挂號通知。

橫 濱 山 下 町 百 五 十 二 番
新　小　説　報　社

（1902年8月《新民叢報》第14號）

"黃梨洲"緒論*

　　問孕育十九世紀之歐洲者，誰乎？必曰盧梭。雖極惡盧梭者不能以此言爲非也。吾中國亦有一盧梭，誰歟？曰梨洲先生。

　　梨洲生明萬曆三十八年，實西曆一千六百十年。盧梭生西曆一千七百十二年，實本朝康熙五十一年。其相去殆百歲，故以時代進化公例論之，則於百年前得一盧梭易，於二百年前得一梨洲難。盧梭歐產也，雖當路易第十四專制極點之時代，然有希臘、羅馬之政體可承，有柏拉圖、阿里士多德之遺書可讀，其能發明民義而光大之，尚屬易易。梨洲則生數千年一統專制之國，賢哲之所垂訓，史册之所紀載，其下者則督責之説，劉狗之論，榜箠之政，縛軛之制，其上焉者亦不過言保民若赤子，言牧民若禽畜而已，於生民之大原，群治之大本，未有能夢焉者也。故以民族性質論之，則於歐洲得一盧梭易，於亞洲得一梨洲

---

　　* 此爲梁擬著之《中國近世三大思想家》"黃梨洲"一章之"緒論"，由韓文舉《捫蝨談虎録》之"黃梨洲"一則録出。

難。夫吾非欲阿吾先輩以自夸耀也，吾亦知梨洲之理想，不如盧梭之圓滿；梨洲之發明，不如盧梭之詳盡。雖然，以茲兩端相比較，則吾以梨洲先生爲中國之盧梭，吾自信非溢美之言。

且盧梭亦何足以比梨洲？盧梭於著書之外，無他可表見者。梨洲則當鼎革之交，間關蹈海，謀所以匡復故國，遺艱投大，百折不撓。蓋梨洲非議論家而實行家也。盧梭道心淺薄，爲貧所驅，放浪自汙，細行往往不檢。梨洲則學問氣節，矯矯絕俗，上接道統，爲世儒宗。蓋梨洲非才子而哲人也。故盧梭一生之歷史，常不免貽妒嫉者以口實，即敬盧梭愛盧梭之人，亦不過頌其大功，略其小過，而終不能爲諱也。至梨洲先生，則不惟我輩在聞知私淑之列者，頂禮膜拜；即彼至迂舊至頑鈍之輩，亦不能不首頫心折，曰大儒，曰人師。若是乎我梨洲先生，果非盧梭之所能及也。

雖然，盧梭出而十九世紀之歐洲既已若彼，梨洲出而二百年來之中國依舊若此，則何也？曰：是固不可以咎梨洲也。歐洲一盧梭出，而千百盧梭接踵而興，風馳雲捲，頃刻徧天下；中國一梨洲出，而二百年來，曾無第二之梨洲其人者。盧梭之書一出世，再版者數十次，重譯者十餘國；梨洲之著述，乃二百年來溷沈於訓詁名物之故紙堆中，若隱若顯，不佚如縷。嗚呼！是豈梨洲之罪也。今者盧梭之民約論潮洶洶然，風蓬蓬然，其來東矣。吾黨愛國之士，列炬以燭之，張樂以導之，呼萬歲以歡迎之。若是乎則中國之盧梭，烏可以不著論也！人人知崇拜中國之盧梭，則二十世紀之中國，視十九世紀之歐洲，又何多讓焉，又何多讓焉！作"黃梨洲"。

（1902年8月《新民叢報》第14號）

飲冰室主人告白

啓者：數月以來，疊承海內外大雅君子枉書，或屬故人，或屬新交。其所以獎厲之教誨之者甚盛其厚,每一浣誦,感佩無任。本宜一一速復,奈才力綿薄,爲文字應酬所困,竟日幾無寸暇,又不欲假手他人,以負盛懷。頃檢篋中未裁答者不下二百餘通,怠慢之咎,夫何敢辭。今後更定課程,日復五書,次第清寄,以答雅睍。先泐數語,以當負荊。尚望諸君子勿執前咎,更惠金玉,空谷足音,翹企靡云。

八月一日　　飲冰室主人敬白

(1902年9月《新民叢報》第15號)

西村博士自識錄

　　日本文學博士西村茂樹,以前月卒。博士深通漢學,又深通西學,蓋東國之粹然醇儒也。其著譯書凡數十種,於德育智育,皆最有功焉。偶檢此編,覺其言論多有適於吾國之用者,因隨譯一二,介紹諸我學界。　飲冰識

　　道德之學,不出知行兩端。儒教言知行兩全,哲學言知行合一,其意皆同。王陽明更進一步,言知是行之始,行是知之成。余謂人之於道,知之者甚多,而行之者甚少,是知未能直接以生出行也。蓋知與行之間,更要一物焉,信是也。知道而不信道,終不能行。信也者,知與行之間之樞紐也,孔子所謂篤信好學是也。若僅説知與行,則二者連絡之力尚弱。故宋儒揭出真知二字以補之。然言真知不如言篤信也。

　　太宰春臺(譯者按:春臺名純,日本百年前之大儒也。)曰:"佛氏開口言信。信自愚出,愚者信之本也。"可謂特識之言。雖然,有所未盡也。信有二:有正信,有迷信。通天地之理而後信者,正信也;爲禍福所惑而信者,迷信也。開口言信,不獨佛氏,凡宗教家皆然。今日信教之徒,皆迷信而已。

泰東之學説,無特標一主義者,故其説多散漫無統紀。泰西之學説,皆有一定之主義,故其説有所歸著,無散漫之患。雖然,拘泥主義之失,亦往往不免。如持進化論者,欲據進化之理以盡世界萬事萬物;持唯物論者,欲據唯物之理以盡世界萬事萬物;持唯心論者,欲據唯心之理以盡世界萬事萬物。夫宇宙之事物,雖因一元氣之運動,然非必囿於一規則之中者也。進化者固多,而退縮者亦未嘗無。凡物有以質爲根者,亦有以靈爲根者。學者苟先畫一定義於己之胸中,而欲强世界之大現象大變化以悉從我,是大不可也。

西學家見風俗品行之粗野者,動詈之爲野蠻。雖然,野蠻者,文明之素地也。今世號稱文明國者,何一不經野蠻時代而來。故野蠻之風,非深足惡。風俗品行之最惡劣者,腐敗也,邪曲也。國民而陷於腐敗邪曲者,其脱之也極難。國之滅亡,皆基於是。

古人云:議論多而成功少。蓋議論過於精密,時或爲議論所妨而不能奏功。功業之成,常在議論之外也。近年學問日開,故官吏政論家經濟家,往往皆能議論。一事之來,則群議蜂起,一是一非,使人迷所適從。"晋朱伺爲江夏騎曹督。時西陽夷賊抄掠,太守楊珉,每請督將議距賊計,伺獨不言。珉曰:朱將軍何以不言?伺曰:諸人以舌擊賊,伺惟以力耳。"今日言政事言理財言教育言實業之人,皆以舌爲之者多,而以力爲之者,寥寥如晨星焉。可慨。

邊沁曰:政府者有害之物也。然所以設之者,以小害物制大害物而已。其言雖有弊,然不可謂全無理也。故政府害民之事少,而能制止他之大害者,良政府也,其民必享幸福;政府害民之事多,而不能制止他之大害者,惡政府也,其民之受禍將不可測。

除弊宜以漸,若急除之,則潰裂四出,遂不可拯。此經世家之常言也。其言固非無理。雖然,若一概主漸而斥急,天下將皆自安於弊中而不覺悟,於是其弊益深厚,有不至國亡不止者。譬如病毒在身,以緩和之藥治之,其病毒益侵蝕,身遂隕焉。若於彼時以快刀截斷病源,雖復一時苦痛,遂可望全愈。今日亦有許多之事,宜用霹靂手段,不宜用緩慢手段者。余日望良政治家之快刀久矣。

以疑心聽人言,爲政者之大戒也。疑心一存,則忠言如僞,正言如邪,智言如愚，要言如散，甚者並疑其進言之人物，而誤其忠奸。雖然，使聽言者生此疑心之由推其本初，則言者亦與有罪也。世人之無誠心，未有若今日之甚者。其外面言公利，其内心全在私利。言爲國家，而實爲己，言助人而實欲陷人，若此者比比皆然。聽者初信之，後知爲其所賣，再不墮其計，因此機心日積日深，終至於盡人互相疑而後已。是言者之僞言爲原因，而聽者之疑心爲結果也。坐是之故，社會之信義，掃地以盡。國家之憂，莫大於此。

"凡欲爲一事業者，無論爲政治，爲教育，皆不可不兼理與情兩者而用之。若論事物之理，則不可不棄情而專據理。"此英儒斯賓塞之言也。今世人論理多失其正鵠者，皆由其論據雜以情也，故是非邪正混淆，而無所把捉。論事者尤當於此二者之差別深致意焉。

國之進步，若栽花果。欲得良花美果者，不可不糞其土地，培其根幹，則良花美果自然生焉；或擇他之良種而移植焉，則亦能繁茂矣。不然者，於土地根幹，曾不措意，見他木所開之美花，他樹所結之良果，摘取之緣附於己之樹木，以爲美觀，誰不笑其大愚。乃世之以識者自命者，亦往往學此伎倆焉，可爲浩嘆。

國民之風氣，宜剛強不宜柔弱。剛強雖進於粗暴，然教育之則能興其國焉。柔弱者，一轉而爲卑屈，再轉而爲腐敗，永不能復生剛健之民，而國遂不可救。

凡社會以平和爲最可貴。雖然俗人好平和過度，遇有爭曲直者，傍人專謀事之穩便，使直者之説不得伸，而糢糊以了事。坐是之故，下情被抑於中途，而不能上伸，直者屈，曲者恣，而社會之道義墜地焉，不可不戒也。

凡宗教皆有戒，佛家之五戒十戒，耶教之天主十戒，回教之五戒，皆是也。此宗教之佳處也。戒者也，儒教所謂克己是也。無克己之學者，必不能善其身。今之言學問者，皆不下克己工夫；不惟不下工夫而已，反嗤笑克己慎獨種種切實之學問，謂爲迂談，縱逸身心，惟以學功利之術爲自得。乃如之人，使其得志，放僻邪侈，無不爲矣。有教育之任者，不可不深長思也。

世人動言教育兒童者，規則不可過嚴，恐失其伸張之氣，或流於怯懦，或陷於卑屈；不如聽其稍任性，則自由之氣，可使發達。此似是而非之言也。凡兒童之驕傲任性者，以富豪之家父母溺愛者爲最甚。此等子弟，大率懦弱而不勉學業,傲狠而不用師長之言。及年稍長,則惑溺酒色,一無成就。反是而家風嚴肅者,其兒童能守規則,成就學業者多。教育者能體此意,則稍過於嚴厲,不使陷於縱恣,爲最要矣。古之養兵者,紀律之兵常强,放慢之兵常弱,亦同此理而已。

　　自古英雄豪傑,不能檢束其身而自放縱者,往往有焉,是豪傑之短處也。雖然,彼豪傑以有他種大功業,故其小節,世人或不之問焉。今世之自命豪傑者,動則放縱無度,而猶以不拘小節自許。問其事業如何,則惟大言放語,其實功毫無足觀者。彼無豪傑之長處,而惟有其短處。譬之刀劍,真豪傑如名刀,雖有小瑕疵,不失其爲利刃;今之假豪傑,如有大瑕疵之鈍刀,真是一文不值。

　　印度之因明,言求真理之法有三:曰現量,曰比量,曰聖教量。余亦有求真理之七法:其一直覺法,又名良心判斷法。如一壯大之男子,打擲一幼弱童子,而奪其所持之物,一見便知其曲直是也。其二比較事實法。彼此比較,而知其得失也。如今者欲借國債於外,當考前此外國借債之歷史,由於若何政策,所得若何結果,而因以參照於我邦,判其得失,是也。其三推度法。如見河水之濁,因想水源之處,必有大雨;見風俗之頹敗,而推原其頹敗之源,在於何處,是也。其四折衷法。兩端之論,各具一理,則取其中者以爲真理。如性善惡之論是也。其五權衡法。有兩反對之意見,各含多少之道理,因權其輕重而取其重者。如孟子紾兄之臂而奪之食不紾則不得食之喻是也。其六背面反證法。世間謬論流行,察其背面,而舉其反證,則真理自現。如宗教家言謂無宗教則人類皆兇暴,今若觀各種宗教未入我國以前,人類之情狀若何,則其謬自不辨而明,是也。其七多聞闕疑法。道理有可疑者,廣考識者之言,取其可信之部分,其餘悉存而不論。如達爾文之進化論是也。

(1902年10月《新民叢報》第18號)

南洋公學學生退學事件

十月十七日，上海南洋公學特班、政治班、頭班、二班、三班、四班、五班、六班學生二百餘人，同時退學，實中國國民前途關係第一重要事件也。其始末及善後事宜①，兹不具列。本社記者，聞此且憤且憂且喜且懼，不嫌越俎，略陳蠡見，爲國中辦學堂者告，且爲國中學生團體告。

人群之所以進步，有二要素：一曰秩序，二曰自由。斯二者相反而相成。學校者，最能代表此二要素之精神者也。騷擾衝突，最足以破壞秩序。全國學校而屢有此等警報，必非現象之良者也。雖以鄙人之好動好競，亦必非樂聞有此等事，且不願國中今後屢有此等事。雖然，今兹之役，吾不能不敬服南洋公學學生之志節氣魄，而深爲公學辦事諸人羞也。凡一團體之有破壞舉動也，必非一二人之所能爲，亦非一二事之所可致，必有遠因總因，伏之許久。彼其所含破裂之種子，既多且熟，如滿屋爆藥，待火星而陡發焉。偶有一二至微至小之近因分因，爲之一點一撥，而其末流遂橫决而不可制。不知者以爲是區區小節，豈值小題大做，無端而爲此平地風波之舉，以爲是其人之囂張而桀驁也。曾亦思美國所以獨立，豈其因區區之印税條例；日本之所以討幕，豈其因區區之攘夷違勅也。雖微此事，而其獨立討幕之變，固始終不可免。通覽古今萬國破壞之歷史，無論大而一國，小而一初級之團體，其革命風潮之進播，皆若是焉耳。今兹之變，以區區一墨水壺事件，而波瀾乃至於是。使除墨水壺事件外而無他原因也，則吾不能不責備諸學生之無忍耐無秩序。雖然，吾信此區區事件，必不足以動第五班全班生之公憤，且動公學全學生之公憤也。彼其辦學堂者之意若曰：今日科舉之制漸廢矣，學校之論漸昌矣，吾此學堂，爲干禄之階

---

① 初刊《新民叢報》時，此下原有"略見本號餘錄"門，《(分類精校)飲冰室文集》將其刪去。

梯，爲終南之捷徑，吾安往而不得學生？以此一念，而其待學生也，固已犬馬畜之，娼優視之，以爲彼輩皆搖尾乞憐於我而來也。以此一念，固已與國民教育主義不並容。以此一念，則其他萬種束縛馳驟令學生萬不能堪之事，固已日積月進而不知所極。使學生而終無半點國民思想也，亦何難靦然而安焉。而今日世界摩激之風潮，固不許爾爾；今日我國民進步之程度，固不許爾爾。以此相持，其何一日之能安也。嗚呼！此風潮日烈一日，此程度日進一日，吾恐數年以後豈惟南洋公學，舉國之學校，亦將如是焉矣。又豈惟舉國之學校，凡國中一切團體，亦皆如是焉矣。

當道者毋以此爲不過二百餘少年之浮躁舉動也。以吾所聞，兩年以來，若杭州，若廣州，若其他諸省，此等小小騷動，既已屢見不一見。雖其間團體不堅，輒被挫折失敗，而其機固已大動矣。在辦學校者之意，豈不以學生不遵規則，萬方同慨，非我等之責任也。夫學校以規則秩序爲貴，使學生而事事與本校之主權爲敵，與本校之成規爲敵，則寧可謂學生之本分焉？雖然，亦視其成規爲何如耳。歐美人待黑奴之規則，亦不可不謂之規則，人類待牛馬之規則，亦不可不謂之規則。以此而相桔焉，其誰能堪也！學生之智識程度，視總辦教習已高數級。總辦教習不自揣，靦然擁臬比以臨之。不寧惟是，反娼嫉焉，而思弄卑劣之手段以犄之；有所挾焉，而以呼爾蹴爾之聲色臨之。此而能受，其爲無人心者矣。故吾非欲盡爲學生迴護也，使辦學校者而能自省焉，改良焉，其規則悉根於公理，悉參酌於現今各文明國所通行之大例，其教習皆略通當世之務，有相當之學力，於此而其學生猶囂張焉，浮動焉，事事相與爲難焉，則雖移郊移遂，而豈爲過也。而無如今日之辦學堂者，殊不足以間執人口也。嗚呼！豈惟一校，即一國亦如是矣。同一無政府黨也，在美國則人皆厭之惡之，在俄國則人皆憐之慕之，以其所對待者不同也。嗚呼！履霜而惕堅冰，月暈而思颱颶。吾爲南洋公學悲，吾爲南洋公學懼。吾尤慮可悲可懼之事，什伯於南洋公學者，更在其後也。任教育事業之人其念之，任更重大於教育事業之人其念之！

頗聞繼任之人，懲於前事，欲更張一二小小規則以籠絡學生，或且置規則於可有可無之列，貌爲癡聾，一任所至，以是爲善後之政策云。嘻！誤矣。吾固言此次之風波，非由最近一二之小原因而起。苟不從精神上大加洗刷，雖東補西苴,曰日取小節而改之何益也。且團體者,必非以其規則而可存立者也。苟有規則而不行,則與無規則等,而學堂已非復學堂矣。立學之意,所以訓練國民。國民之要素不一,而守規則重秩序,實爲其要點,如之何其可以置之若有若無也。彼持此政策者,豈不以爲學生囂張不靖,頑梗不化,終非可以規則圍範之,吾不如任之焉,無以身爲怨府也。顧吾信我中國之少年,必非有蔑規則好破壞之性質。苟規則而良焉,而適應於文明程度焉,則正宜以嚴厲行之,絲毫無所假借,吾知其未有不能受者也。苟如是而猶有不受者焉,則必其爲秩序之蟊賊者也。其力固斷不能動全體而與辦事人爲敵,而又何足爲慮也。而不然者,初既以惡規則生出少年不平抗爭之心,繼乃以無規則而養成少年蔑視秩序之習,則少年之墮落,真不可救,而吾國之前途,更不可問矣。

抑吾更欲爲學生諸君進一言。西哲有言:"惡規則固惡也,而猶勝於無規則。"今諸君以不忍於壓制。犧牲其種種利益,以演此活劇,誠可欽慕。顧吾望諸君以此精神,以此魄力,必別造一新團體,而使之由惡規則變爲良規則,無使之由惡規則變爲無規則。頃見滬上各報,知諸君有共和學校之設置。其前途若何,非局外所得揣測。要之勿爲同情者所痛,而爲反對者所快,此則鄙人所以爲諸君勸,兼爲一國之青年勸者也。竊嘗論之,教育與政治,其性質大異。其在政治,則人人皆治人者,人人皆受治於人者,故治者與受治者同權,而治者應受受治者之監督;其在教育,則教者爲一級,受教者爲一級,故教者與受教者不能同權,而受教者應服教者之監督。今諸君之以共和名新校也,不知共和其教育之主義歟,抑共和其教育之法式歟,共和其教育之結果歟,抑共和其教育之現象歟?由前之説,吾爲新校之前途賀;由後之説,吾爲新校之前途弔。且豈惟弔新校而已,吾中國教育之事業,且於此生頓挫;吾中國少年之性質,且於此生影響。嗚呼!諸君之責任,亦其重哉!諸君之地位,亦其艱哉!

又聞公學當局者,今頗以柔滑手段,欲籠絡諸君歸學,以解嘲於萬一。吾知諸君中必無有或受其愚者也;苟其有之,則是此一段民權萌芽之歷史,被點污於此輩之手,非直同學之罪人,又一國之罪人也。拿破侖言用兵之術曰:"兵之勝敗,全在最後之五分鐘而已。"今諸君以最文明之舉動,以與文明之敵相抗,吾知諸君之初志,非爲一己計,實爲一國教育之前途計也。使諸君而堅忍焉,持久焉,始以破壞而終以建設焉,則一國之學生團體,皆將有所瞻仰,有所踵繼，使學生之資格地位，進而益上，而彼所謂腐敗之教育家，亦將知所畏，而稍有一二之自省。諸君今日之事，其必爲將來中國教育史上一最大之紀念，無可疑也。而不然者，彼文明之敵將怏然曰：此少年氣盛輩，有文明思想者，不過如是如是。任其跳擲少選，且將帖然矣。於是益無所憚以自恣，豈惟南洋公學不能改良，且恐他校之腐敗者益更腐敗，而其影響又不徒在教育事業而已。嗚呼！吾聞俄皇近者悉召回西伯利亞遣戍之青年矣。俄國大學中，昔由警察部監督者，今則改歸校中團體自監督矣。天下之可敬可愛可崇拜者，孰有過於俄羅斯學生者乎？吾意我黃族摯誠強毅之男兒，其必不讓後進之斯拉夫族以獨步矣。

（1902年11月《新民叢報》第21號）

讀《讀通鑑論》

王莽之後，合天下士民頌公德勸成篡奪者，再見於武氏傳游藝一授顯秩，而上表請改唐爲周者六萬人。功若漢、唐，德若湯、武，未聞有此也。孟子曰：得乎邱民爲天子。其三代之餘，風教尚存，人心猶樸，而直道不枉之世乎？若後世教衰行薄，私利乘權，無不可爵餌之士，無不可利囮之民，邱民亦惡足恃哉！盜賊可君君之矣，婦人可君君之矣，夷狄可君君之矣。孔子曰：天下有道，則庶人不議。後世庶人之議，大亂之歸也。且與之食而旦謳歌之，夕奪之衣而夕咀咒之。恩不必深，怨不在大，激之則以興，盡迷其故。利在目睫，而禍在信宿，則見利而忘禍；陽制其欲，而陰圖其安，則奔欲而棄安。贅壻得妻，而謂他人爲父母；猾民受賄，而訟廉吏之貪污。上無與懲之益，進而聽之，不肖者利其易惑而蠱之，邱民之違天常拂天性也，無所不至，而可云得之爲天子哉！以賢治不肖，以貴治賤，上天下澤，而民志定。澤者，下流之委也，天固無待於其推

崇也。斯則萬世不易之大經也。卷二十一

案：法儒孟德斯鳩言共和政體之國，以道德心爲立國之元氣，豈不然哉！今日中國民權固不伸也，使其伸矣，而今日之人心風俗，果能有以異於船山之所云乎？吾見其滋甚而已。昔聞澳大利亞洲之黑蠻，有白人取其一小女，自乳哺時而即養之於家，撫養之若己出，衣服飲食，華贍麗都者十餘年。年將及笄，忽有數黑蠻過其門，此女與交數語，輒從而遁去，甘復入於深山，以衣木葉食生鼠，棄其前此之尊榮安富如敝屣然，蓋天性不可移也。人甘粱黍，而蜘蛆甘糞。以粱黍飼蛆，而蛆且逃，不則死矣。然則歐美人嗜自由，而支那人嗜爲奴。強奴而使之自由，其無異強蛆以鬵鼎烹也。然則其數千年跼蹐於至暗黑至猥賤之境地，彼實樂之，而復何尤。雖然，蛆生於糞而嗜糞，其性然也；人生於自由而嗜爲奴，未必其性然也。性不爾爾，而竟爾爾者，則有習焉而成第二之性者也。夫所謂習者何也？則數千年之民賊桎之梏之箝之灼之，而衣冠禽獸之賤儒，復緣飾所謂人倫，所謂道德，所謂經義，所謂史裁者，爲之文其奸而濟其惡，夫安得不胥斯人而失其本性也。婦人之纏足也，纏之數十年，雖解之而不能行矣，寧得謂足之天性本如是也！然則欲民之有恥也，欲民之去奴隸而爲完人也，欲民之去禽獸而成人格也，其必自復其自主之權，返其獨立之性，使民知其所以立於天地者固當如是如是，庶幾乎有瘳焉矣。船山未審於此，徒憤民之無狀也，而欲嚴上天下澤之義，是所謂揚湯止沸，而不知去薪而沸自銷也。

罷兵必有所歸，兵罷而無所歸，則爲盜爲亂。張說平麟州叛，胡奏罷邊兵二十萬人，而天下帖然，蓋其所罷者府兵也。府兵故農人也，歸而田其田，廬其廬，父子夫婦相保於穹室栗薪之間，故帖然也。於是而知府兵之徒以毒天下，而無救於國之危亂，審矣。說之言曰：臣久在疆場，具知其情。將帥苟以自衛及役使營私而已。夫民之任爲兵者，必佻宕不戢輕於死而憚於勞之徒，然後貪醨酒椎牛之利，而可任之以效死。夫府兵之初，利租庸之免，而自樂爲兵，或亦其材勇之可堪也。迨其後著籍而不可委卸，則視爲不獲已之役，而柔弱愿樸者皆垂涕就道以赴行伍。若此者其鈍懦之材，既任爲役，而不任爲兵，畏死而不憚勞，則樂爲役以避鋒鏑，役之而無不受命，驕貪之將領，何所恤而不役以營私邪？團隊之長役之矣，偏稗役之矣，大將役之矣，行邊之大臣役之矣，乃至紈袴之子弟,元戎之僕妾役之矣,幕府之墨客,過從之遊士,彈箏擊筑,六博投瓊,調鷹飼犬之徒,皆得而役之,爲兵者亦欣然願爲奴隸以偷一日之生。嗚呼!府兵者惡得有兵哉,舉百萬井彊耕耨之丁壯爲奴隸而已矣。卷二十二

  案:此論唐府兵之制,與今日之募兵者,其外形稍異;要其論兵與役之不相容,任國防之事者,不可待之以奴隸,有奴隸之性者,不可托之以國防,則其識韙矣。夫今日中國之兵,則何一而非奴隸也。吾見夫長江一帶之兵船,舍送迎督撫眷屬之外無他事矣;吾見夫各營之兵丁勇弁,舍伺候主帥執唾壺虎子裝煙倒茶之外,無他能矣。此猶其舊焉者。若今所謂洋操者,其遊學外國陸軍學校卒業之學生,猶且非仰候補道府總辦委員之鼻息,不能得一差遣,而兵丁更何論也。夫兵也者一國之公衛也,爲一國人保其生命財產,故一國人皆宜致敬焉。而又非徒虛文之敬禮而可以高其資格也,必使一國之權利,爲一國人所公有,而一國之義務,爲一國人所公任,然後任是者知所以自重,而他人亦從而重之。其戰也,自爲其性命財產而戰也,非有所奴隸於他人也,如是然後有兵之精神。不然,則雖千萬變其兵制,而奴隸之資格如故也,而兵之徒毒天下而無救於國之危亂如故也。船山先生慨乎其言之矣!

  自唐以上,財賦所自出,皆取之豫兗冀雍而已足,未嘗求足於江淮也。恃江淮以爲資,自第五琦始。當其時,賊據幽冀,陷兩都。山東雖未盡失,而隔絕不通;蜀賦既寡,又限以劍門棧道之險。所可資以贍軍者,唯江淮。故琦請督租庸,自漢水達洋州以輸於扶風,一時不獲已之計也。乃自是以後,人視江淮爲腴土。劉晏因之輦東南以供西北,東南之民力殫焉,垂及千年,而未得稍舒。嗚呼!朝廷既以爲外府垂腴朵頤之,官吏亦視以爲壇場,耕夫紅女,有宵旰旦,以應密罟之誅求。乃至衣被之靡麗,口實之珍奇,苛細煩勞,以聽貪人之侈濫。匪舌是出,不敢告勞,亦將孰與念之哉?自漢以上,吳越楚閩皆荒服也。自晉東遷,而江淮之力始盡。然唐以前姚秦、拓拔、宇文,唐以後自朱溫以迄宋初,江南割據,而河維關中未嘗不足以立國。九州之廣,豈必江濱海澨之可漁獵乎?祖第五琦、劉晏之術者,因其人惜廉隅,畏鞭笞,易於弋取,而見爲無盡之藏,竭三吳以奉西北,而西北坐食之。三吳之人,不給饘粥之食。抑待哺於上游;而上游無三年之積,一罹水旱,死徙相望。乃西北蒙坐食之休,而民抑不爲

之加富者,豈徒天道之虧盈哉?坐食而驕,驕而佚。月倍三釜之餐,工無再易之力。陂堰不修,桑蠶不事,舉先王盡力溝洫之良田,聽命於旱蝗而不思捍救。洊飢相迫,則夫削妻骸,弟烹兄肉。其彊者彎弓馳馬以殺奪行旅,而猶睥睨東南,妒勞人之采梠剝蟹也。誰使之然?非偏困東南以驕西北者縱之而誰咎耶?驕之使橫,佚之使惰。貪欲可遂,則笑傲以忘所自來;供億不遑,則怏忿而狂興以逞。其野人惡舌喑啞以脅羸懦之馴民,其士大夫氣涌膽張恫喝以凌衣冠之雅士。於是國家無事,則依中涓附戚里而不惜廉隅;天下有虞,則降賊戴檀虜而不知君父。何一而非坐食東南者之教猱豢虎,以使農非農,士非士,日漸月靡,俾波逝而無迴瀾哉?冀土者唐堯勤儉之餘澤也,三河者商家六百載奠安之樂土也,長安者周漢之所久安而長治者也。生於此遂,教於此斁,一移其儲偫之權於江介,而中原幾爲無實之土。第五琦不得已而偶用之,害遂移於千載。秉國之均,不平謂何?非均平方正之君子,以大公宰六合,未易以齊五方而綏四海。邵康節猶抑南以伸北,亦不審民情天化之變矣。卷二十三

案:吾向者亦襲千年來之謬論,狃於外著之現象,以爲西北地力果竭,不能不有待於東南者,地運然也。及讀船山此論,而歎其識之過人遠矣。進化學之公例,凡物之廢置不用者,則其能力將漸銷失。有耳也,久不用之則必聾;有口也,久不用之則必瘖。於人體有然,於地力亦如是矣。不然,以地理學通例言之,凡氣候稍寒地味稍瘠之土,其文明之發達,常視沃土之民爲尤進焉。條頓民族與拉丁民族之比較,是其例也。況關中河內幽燕之地,猶在溫帶,而非北歐瘠壤之所能幾耶!漢京之盛,見於《兩都賦》者,所謂鄭白之沃,衣食之原,竹林果園,芳草甘木。夫非同是土耶,何以千數百年而彫落若此?乃知驕之使橫,佚之使惰,以人事而災及地利。天下事未有有果而無因者,船山此論,實可以抉西北彫敝之原因,而無餘蘊矣。專制民賊之毒天下,其禍乃至於此極。東南則敝於供億,西北則敝於怠荒。水旱蝗蟥,飢饉疾疫,每歲死者以數百萬計,餓莩纍纍,相屬於道,何一非大民賊小民賊之搤其吭而致其命也!以五洲第一天府上腴之國,而數千年常被一二民賊扼之,遂使吾民欲求一飽而不可得。嗚呼!吾甚怪夫吾民之何以受之若固也。船山云:其人畏鞭笞,易弋取。夫既畏鞭笞則人鞭笞之矣,既易弋取則人弋取之矣,然則又豈特民賊之罪也!吾嘗

聞己亥年剛毅之下江南下嶺南矣，嶺南僻壤之民，幾於易子食而析骸爨，而剛毅之行囊固纍纍然，千餘萬捆載牛腰也。近者建一學堂而云無費，派一學生而云無費，而回鑾費數千萬取於東南焉，賠款數萬萬取於東南焉，方且又修頤和園以娛暮年矣。亞美利加因祖國關稅之不平，遂起而獨立。而彼之戢戢然於羶種之腳底，竭吾膏血以伺其嚬笑而恬不爲怪者，吾又安從而與之言也！

（1903年2月《新民叢報》第26號）

尚同子《〈論紀年〉書後》案語

飲冰案：所論卓有特識，不徇俗見，誠可欽佩。《改曆私議》一篇，尤發地球前哲所未發。他日或竟行之，未可知也。至中國史而以西曆紀年，則鄙人有未敢附和者。鄙人嘗於《清議報》第九十一號縱論及此，錄出以供參考：

（前略）惟廢之故，當採用何者以代之，是今日著中國（史）一緊要之問題也。甲説曰：當採世界通行之符號，仍以耶穌降生紀元。此最廓然大公，且從于多數，而與泰西交通利便之法也。雖然，耶穌紀元，雖占地球面積之多數，然通行之民族，亦尚不及全世界人數三分之一。吾冒然用之，未免近于徇衆趨勢。其不便一。耶穌雖爲教主，吾人所當崇敬，而謂其教旨遂能涵蓋全世界，恐不能得天下後世人之畫諾。貿然用之，于公義亦無所取。其不便二。泰東史與耶穌教關係甚淺，用之種種不便。且以中國民族固守國粹之性質，強欲使改用耶穌紀年，終屬空言耳。其不便三。有此三者，此論似可拋棄。（後略）

鄙人之論，以孔子紀年，非謂藉此之尊教主也。此種思想，拋棄久矣。惟我祖國以地球三分一之民數，有四千年之歷史，何可妄自菲薄，惟人是從？鄙人嘗謂中國若强盛之後，他日地球或有會議通用一言語之事，或一於中國語，亦未可定。何也？現在各國語通用之人數，未有一焉能如中國語之多者也。耶穌之紀元，雖不能以是爲例，然皆從多數，則中國民族，固有一位置耳。然此等各私其國，誠非大同之道。鄙人亦非故爲争此等門面，實則叙中國事而用西曆，種種不便也。作者試自草一史，當知其窒礙。至於數百千年以後，萬不能不從同，彼時如何決定此問題，實非今日所能預測也。鄙人所著《飲冰室自由書》內有一條曾論及此，復補録之如下：

> 抑地球之中，萬國既已交通矣，而猶各自爲紀年，以繁簡之例治之，亦宜歸於一者也。各尊其國，各尊其教，然則當一於誰氏乎，則非吾所能言也。吾度他日必有地球萬國立一大會會議紀年之事，其會議也，苟相持而不能下，則莫如以大會議之年爲元年。

此數年前舊説，亦非可行者。今姑録以質尚同之。

（1903 年 2 月《新民叢報》第 26 號）

《彌勒約翰自由原理》序

十九世紀之有彌勒約翰，其猶希臘之有亞里士多德乎？論古代學術之起源，無論何科，殆皆可謂濫觴於亞里士多德；論今代學術之進步，無論何科，殆皆可謂集成於彌勒約翰。彌勒約翰在數千年學界中之位置，如此其崇偉而莊嚴也。顧吾國人於其學説之崖略，曾未夢及，乃至其名亦若隱若没，近數年來始有耳而道之。吁！我思想界之程度，可以悼矣。彌氏著述始入中國，實自侯官嚴氏所譯《名學》。雖然，《名學》不過彌氏學之一指趾耳。且其理邃賾，專爲治哲理者語思索之法，界判斷之力，雖復博深切明，然欲使一般國民讀之而深有所感受焉，非可望也。《自由原理》一書，爲彌氏中年之作，專發明政治上、宗教上自由原理。吾涉獵彌氏書十數種，謂其程度之適合於我祖國，可以爲我民族藥者，此編爲最。久欲紹介輸入之，而苦無暇也。壬寅臘將盡，馬子君武持其所譯本見示，則驚喜忭躍。以君之學識，以君之文藻，譯此書，吾知彌勒如在，必自賀其學理之得一新殖民地也。歲暮迫人事，未獲卒業，而剞劂敦迫，僅能草數言以歸之。顧吾以信君武者信此書，深喜《天演論》以後，吾國得第二之善譯本，以是爲我學界前途賀。癸卯正月十日，新會梁啓超。

（1903年2月上海開明書局版《彌勒約翰自由原理》）

小説叢話

談話體之文學尚矣。此體近二三百年來益發達，即最乾燥之考據學金石學，往往用此體出之，趣味轉增焉。至如詩話文話詞話等，更汗牛充棟矣；乃至四六話制義話楹聯話，亦有作者。人人知其無用，然猶有一過目之價值，不可誣也。惟小説尚闕如，雖由學士大夫鄙棄不道，抑亦此學幼稚之徵證也。余今春航海時，篋中挾《桃花扇》一部，藉以消遣，偶有所觸，綴筆記十餘條。一昨平子、蜕庵、璪齋、彗广、均歷、曼殊集余所，出示之，僉曰："是小説叢話也，亦中國前此未有之作。盍多爲數十條，成一帙焉？"談次，因相與縱論小説，各述其所心得之微言大義，無一不足解頤者。余曰："各筆之，便一帙。"眾曰："善。"遂命紙筆，一夕而得百數十條，畀新小説社次第刊之。此後有所發明，賡續當未已也。抑海内有同嗜者，東鱗西爪，時以相貽，亦談興之一助歟？編次不有體例，惟著者之名分注焉，無責任之責任，亦各負之也。

癸卯初臘，飲冰識。

文學之進化有一大關鍵，即由古語之文學，變爲俗語之文學是也。各國文學史之開展,靡不循此軌道。中國先秦之文,殆皆用俗語,觀《公羊傳》《楚辭》《墨子》《莊子》,其間各國方言錯出者不少,可爲左證。故先秦文界之光明,數千年稱最焉。尋常論者,多謂宋元以降,爲中國文學退化時代。余曰不然。夫六朝之文,靡靡不足道矣。即如唐代,韓、柳諸賢,自謂"起八代之衰",要其文能在文學史上有價值者幾何？昌黎謂"非三代兩漢之書不敢觀",余以爲此即其受病之源也。自宋以後,實爲祖國文學之大進化。何以故？俗語文學大發達故。宋後俗語文學有兩大派：其一則儒家禪家之語錄,其二則小說也。小說者,決非以古語之文體而能工者也。本朝以來,考據學盛,俗語文體,生一頓挫,第一派又中絕矣。苟欲思想之普及,則此體非徒小說家當採用而已,凡百文章,莫不有然。雖然,自語言文字,相去愈遠,今欲爲此,誠非易易。吾曾試驗,吾最知之。

天津《國聞報》初出時,有一雄文,曰《本館附印小說緣起》,殆萬餘言,實成於幾道與別士二人之手。余當時狂愛之,後竟不克裒集。惟記其中有兩大段,謂人類之公性情,一曰英雄,二曰男女,故一切小說,不能脫離此二性。可謂批卻導窾者矣。然吾以爲人類於重英雄愛男女之外,尚有一附屬性焉,曰畏鬼神。以此三者,可以該盡中國之小說矣。若以泰西説部文學之進化,幾合一切理想而冶之,又非此三者所能限耳。《國聞報》論說欄登此文,凡十餘日。讀者方日日引領以待其所附印者,而始終竟未附一回,亦可稱文壇一逸話。

余欲爲《中國未來記》者有年,卒無屬稿暇。庚子間,有某某者,亦欲作之。南海贈以詩云："我游上海考書肆,問書何者銷流多？經史不及八股盛,八股無如小說何。鄭聲不倦雅樂睡,人情所好聖不呵。(中略)聞君董狐託小說,以敵八股功最深。衿纓市井皆快覩,上達下達真妙音。方今大地此學盛,欲爭六藝爲七岑。去年卓如欲述作,荏苒不成失靈藥。或託樂府或稗官,或述前事或後覺,擬出一治與一亂,普問人心果何樂？庶俾四萬萬國民,茶餘睡醒用戲謔。以君妙筆爲寫生,海潮大聲起木鐸。乞放霞光照大千,五日爲期連畫諾。"吾《未來記》果能成,此亦一影事也。

泰西詩家之詩,一詩動輒數萬言。若前代之荷馬、但丁,近世之擺倫、彌兒頓,其最著名之作,率皆累數百葉,始成一章者也。中國之詩,最長者如《孔雀東南飛》《北征》《南山》之類,罕過二三千言外者。吾昔與黃公度論詩,謂即此可見吾東方文家才力薄弱,視西哲有慚色矣。既而思之,吾中國亦非無此等雄著可與彼頡頏者。吾輩僅求之於狹義之詩,而謂我詩僅如是,其謗點祖國文學,罪不淺矣。詩何以有狹義有廣義?彼西人之詩不一體,吾儕譯其名詞,則皆曰詩而已。若吾中國之騷之樂府之詞之曲,皆詩屬也,而尋常不名曰詩,於是乎詩之技乃有所限。吾以爲若取最狹義,則惟三百篇可謂之詩;若取其最廣義,則凡詞曲之類,皆應謂之詩。數詩才而至詞曲,則古代之屈、宋,豈讓荷馬、但丁?而近世大名鼎鼎之數家,若湯臨川、孔東塘、蔣藏園其人者,何嘗不一詩累數萬言耶?其才力又豈在擺倫、彌兒頓下耶?(以下七條,癸卯正月飲冰太平洋舟中作。)

　　斯賓塞嘗言,宇宙萬事,皆循進化之理。惟文學獨不然,有時若與進化爲反比例云云。(彼推原其故,謂文學必帶一種野蠻之迷信,乃能寫出天然之妙;文明愈開,則此種文學愈絕。故文學與科學之消息,適成反比例云云。其言頗含至理。)此論在中國,尤爲文家所同認而無異議者矣。故昌黎言,"非三代兩漢之書不敢觀"。三代文學,優於兩漢;兩漢文學,優於三唐;三唐文學,優於近世:此幾如鐵案,不能移動矣。顧吾以爲以風格論,誠當爾爾;以體裁論,則固有未盡然者。凡一切事物,其程度愈低級者則愈簡單,愈高等者則愈複雜,此公例也。故我之詩界,濫觴於三百篇,限以四言,其體裁爲最簡單;漸進爲五言,漸進爲七言,稍複雜矣,漸進爲長短句,愈複雜矣,長短句而有一定之腔、一定之譜,若宋人之詞者,則愈複雜矣;由宋詞而更進爲元曲,其複雜乃達於極點。曲本之詩(以廣義之名名之),所以優勝于他體之詩者,凡有四端:唱歌與科白相間,甲所不能盡者,以乙補之,乙所不能傳者,以甲描之,可以淋漓盡致,其長一也。尋常之詩,只能寫一人之意境(若《孔雀東南飛》等篇,錯落描畫數人者,不能多觀,且非後人所能學步,強學之必成芻狗),曲本內容主伴,可多至十數人或數十人,各盡其情,其長二也。每詩自數折乃至數十折,每折自數調乃至數十調,一惟作者所欲,極自由之樂,其長三也。詩限以五七言,其塗隘矣;詞代以長短句,稍進,然爲調所困,仍不能增減一字也;曲本則稍解音律者,可任意綴合諸調,別爲新調(詞亦可爾爾,然究不如曲之自由),即舊調之中,亦可以添加所謂花指者,往往視原調一句增加至七八字乃至十數字,而不爲病,其長四也。故吾嘗以爲中國韻文,其後乎今日者,進化之運,未知何如;其前乎今日者,則吾必以曲本爲巨擘矣。嘻!附庸蔚爲大國,雖使屈、宋、蘇、李生今日,亦應有前賢畏後生之感,吾又安能薄今人愛古人哉!

論曲本當首音律。余不嫻音律，但以結搆之精嚴、文藻之壯麗、寄託之遥深論之，竊謂孔云亭之《桃花扇》，冠絶前古矣。其事跡本爲數千年歷史上最大關係之事跡，惟此時代乃能産此文章。雖然，同時代之文家亦多矣，而此蟠天際地之傑搆，獨讓云亭，云亭亦可謂時代之驕兒哉！

《桃花扇》卷首之《先聲》一齣，卷末之《餘韻》一齣，皆云亭創格，前此所未有，亦後人所不能學也。一部極凄慘極哀艷極忙亂之書，而極太平起，以極閑静極空曠結，真有華嚴鏡影之觀。非有道之士，不能作此結搆。

《桃花扇》之老贊禮，云亭自謂也，處處點綴入場，寄無限感慨。卷首之試一齣《先聲》，卷中之加二十一齣《孤吟》，卷末之續四十齣《餘韻》，皆以老贊禮作正脚色。盖此諸齣者，全書之脈絡也。其《先聲》一齣演白云："更可喜把老夫衰態，也拉上了排場，做了一箇副末脚色，惹的俺哭一回，笑一回，怒一回，罵一回。那滿座賓客，怎曉得我老夫就是戲中之人？"此一語所謂文家之畫龍點睛也。全書得此，精神便活現數倍，且使讀者加無限感動，可謂妙文。《孤吟》一齣結詩云："當年真是戲，今日戲如真。兩度旁觀者，天留冷眼人。"《餘韻》一齣演白云："江山江山，一忙一閑。誰贏誰輸，兩鬢皆斑。"凡此皆託老贊禮之口，皆作極達觀之語。然其外愈達觀者，實其内愈哀痛愈辛酸之表徵也。云亭人格，於斯可見。

以一部哭聲淚痕之書，其開場第一演白，乃云"日麗唐虞世，花開甲子年。山中無寇盗，地上總神仙"；以一箇家破國亡之人，其自道履歷，乃云"最喜無禍無災，活了九十七歲"。此非打趣語，乃傷心語也，爲當時腐敗之人心寫照也。

《桃花扇》於種族之戚，不敢十分明言，盖生於專制政體下，不得不爾也。然書中固往往不能自制，一讀之使人生故國之感。余尤愛誦者，如"莫過烏衣巷，是別姓人家新畫梁"（《聽稗》）；"誰知歌罷剩空筵？長江一綫，吳頭楚尾路三千，盡歸別姓，雨翻雲變。寒濤東捲，萬事付空烟"（《沈江》）；"將五十年興亡看飽。那烏衣巷不姓王，莫愁湖鬼夜哭，鳳凰臺棲梟鳥。殘山夢最真，舊境丢難掉，不信這輿圖换藁。謅一套《哀江南》，放悲聲唱到老"（《餘韻》）。讀此而不油然生民族主義之思想者，必其無人心者也。

《桃花扇》沈痛之調，以《哭主》《沈江》兩齣爲最。《哭主》叙北朝之亡，《沈江》叙南朝之亡也。《哭主》中《勝如花》兩腔云："高皇帝，在九京，不管亡家破鼎。那知他聖子神孫，反不如斷蓬飄梗！十七年憂國如病，呼不應天靈祖靈，調不來親兵救兵。白練無情，送君王一命。傷心煞煤山私幸，獨殉了社稷蒼生，獨殉了社稷蒼生。"其二云："宮車出，廟社傾，破碎中原費整。養文臣帷幄無謀，豢武夫疆場不猛。到今日山殘水膥，對大江月明浪明，滿樓頭呼聲哭聲。這恨怎平，有皇天作證。從今後戮力奔命，破國仇早復神京，破國仇早復神京。"《沈江》之《普天樂》云："撇下俺斷蓬船，丟下俺無家犬。叫天呼地千百遍，歸無路進又難前。那滾滾雪浪拍天，流不盡湘纍怨。勝黃土一丈，江魚腹寬展。摘脫下袍靴冠冕，累死英雄，到此日看江山換主，無可留戀。"其《古輪臺》云："走江邊，滿腔憤恨向誰言？老淚風吹面。孤城一片，望救目穿。使盡殘兵血戰，跳出重圍，故國苦戀。誰知歌罷剩空筵？長江一線，吳頭楚尾路三千，盡歸別姓，雨翻雲變。寒濤東捲，萬事付空烟。精魂顯，《大招》聲逐海天遠。"此數折者，余每一讀之，輒覺酸淚盈盈，承睫而欲下。文章之感人，一至此耶？

蔣藏園著《臨川夢》，設言有俞二姑者，讀《牡丹亭》而生感致病。此不過為自己寫照，極表景仰臨川之熱誠而已，然亦可見小說之道，感人深矣。乃近有實事與此相類，而其癡想尤甚者。頃倫敦《泰晤士報》，載有"讀小說而自殺"一條，其文曰：英國著名小說家瑪利女史所著《米的亞端》一書，極言有推理思想之人，容易自殺。今者竟有讀此書而真自殺之人，即同國一牧師之子名噶士者，一夜飽讀此書，愀然語其母曰："此兒（指書中之人物）乃竟死耶！"若不勝感動者然。翌晨檢其寢室，則見其著乃父之法服縊死焉。搜其襟底，見有小字一行曰："衣法服以赴天國，吾望之久矣，非自殺也。"云云。噫！小說之神力，不可思議，乃如此耶！

查每年地球各國小說出版之數，約八千種乃至一萬種。內美國約二千種，英國一千五百餘種，俄國約一千種，法國約六百種，伊大利、西班牙各五百餘種，日本四百五十餘種，印度、叙利亞約四百種云。

（1903年9月、1904年10月《新小說》第7、11號）

上海《時報》緣起

《時報》何爲而作也？記曰："君子而時中。"又曰："溥博淵泉，而時出之。"故道國齊民，莫貴于時。此豈惟中國之教爲然耳；其在泰西，達爾文氏始發明物競天擇優勝劣敗之公理，而斯賓塞以適者生存一語易之，故不適焉者或雖優而反爲劣，適焉者或雖劣而反爲優，勝敗之林，在于是矣。故狐貉誠煖，不足以當暑；綌葛云麗，不足以御冬。與時不相應，未有不敝焉者也。今之中國，其高居權要伏處山谷者，既不知天下之大勢，謂欲抱持數千年之舊治舊學，可以應今日之變，則亦既情見勢絀，蹙然如不可終日矣。於是江湖魁奇少年蹛踔之士耳，泰西各國之由何途而撥亂操何業而致强也，相與歆之，奔走焉，號呼焉，曰：吾其若是吾其若是！夫彼之所以撥亂而致强者，誰曰不然？而獨不知與吾輩之時代果有適焉否也。孔子曰："過猶不及。"不及于時者，蹉跎荏苒，日即腐敗，而國遂不可救；過于時者，叫囂狂擲，終無一成，或緣是以生他種難局，而國亦遂不可救。要之亡國之咎，兩者均之。若夫明達沈毅之士，有志于執兩用中，爲國民謀秩序之進步者，亦有焉矣。顧或于常識不足，於學理不明，於事勢不審。故言之不能有故，持之不能成理；欲實行焉而倀倀不知所適從，奮發以興舉一二事，則以誤其方略而致失敗者項相望也。則相與懲焉，不復敢齒及變革。嗚呼！全國中言論家政治家種類雖繁，究其指歸，不出于此三途。耗矣哀哉！今日千鈞一髮之時哉。同人有怵于此，爰創此報，命之曰"時"。於祖國國粹固所尊重也，而不適于當世之務者，束閣之；於泰西文明固所崇拜也，而不應于中國之程度者，緩置之。而于本國及世界所起之大問題，凡關于政治學術者，必竭同人諝識之所及，以公平之論，研究其是非利害，與夫所以匡救之應付之之方策，以獻替于我有司，而商榷于我國民。若夫新聞事實之報道，世界輿論之趨向，內地國情之調查，政藝學理之發明，言論思想之介紹，茶餘酒後之資料,凡全球文明國報館所應盡之義務,不敢不勉。此則同人以言報國之微志也。雖然,西哲亦有言:"完備之事物,必產于完備之時代。"今以我國文明發達如彼其幼稚也,而本報乃欲竊比于各國大報館之林,知其無當矣。傾步積以致千里,百川學以放四海,務先後追隨于國家之進步而與相應焉,則本報所日孜孜也。吾國家能在地球諸國中,占最高之位置,而因使本報在地球諸報館中,不得不求占最高之位置,則國民之恩我,無量也夫!國民之恩我,無量也夫!

(1904年1月《新民叢報》第44、45號)

《時報》發刊例

第一　本報論説以"公"爲主,不偏徇一黨之意見。非好爲模棱,實鑒乎挾黨見以論國事,必將有辟於所親好,辟於所賤惡。非惟自蔽,抑其言亦不足取重於社會也,故勉避之。

第二　本報論説以"要"爲主。凡所討論,必一國一群之大問題。若遼豕白頭之理想,鄰猫産子之事實,概不置論,以嚴別裁。

第三　本報論説以"周"爲主。凡每日所出事實,其關於一國一群之大問題,爲國民所當厝意者,必次論之。或著之論説,或綴以批評,務獻芻蕘,以助達識。

第四　本報論説以"適"爲主。雖有高尚之學理,恢奇之言論,苟其不適於中國今日社會之程度,則其言必無力,而反以滋病。故同人相勖,必度可行者乃言之。

第五　本報紀事以"博"爲主。故於北京、天津、金陵均置特別訪事,其餘各省皆有坐訪;又日本東京置特別訪事二員,倫敦、紐約、舊金山、芝加哥、聖路易各一員;其餘美洲、澳洲各埠皆託人代理。又現當日俄戰争之際,本館特派一觀戰訪事員，隨時通信。又上海各西報、日本東京各日報及雜誌，皆購備全份，精擇翻譯；歐美各大日報，亦定購十餘家備譯，務期材料豐富，使讀者不出户而知天下。

　　第六　本報紀事以"速"爲主。各處訪事員凡遇要事，必以電達，務供閱者先覩之快。

　　第七　本報紀事以"確"爲主。凡風聞影響之事，概不登録。若有訪函一時失實者，必更正之。

　　第八　本報紀事以"直"爲主。凡事關大局者，必忠實報聞，無所隱諱。

　　第九　本報紀事以"正"爲主。凡攻訐他人陰私，或輕薄排擠，借端報復之言，概嚴屏絶，以全報館之德義。

　　第十　本報特置"批評"一門，凡每日出現之事實，以簡短雋利之筆評論之，使讀者雖無暇徧閲新聞，已可略知梗概，且增事實之趣味，助讀者之常識。

　　第十一　本報每張附印"小説"兩種，或自撰，或翻譯，或章回，或短篇，以助興味，而資多聞。惟小説非有益於社會者不録。

　　第十二　本報設"報界輿論"一門。凡全國及海外所有華文報章，共六十餘種，本報悉與交換。每日擇其論説之佳者，撮其大意叙述之。使讀者手一紙，而各報之精華皆見焉。此亦東西各報館之達例也。

　　第十三　本報設"外論擷華"一門。凡東西文各報之論説批評，其關於我國問題及世界全局問題者，則譯録之，一如報界輿論之例。

　　第十四　本報設"介紹新著"一門。凡新印各書，每禮拜彙録其目及出版局名，定價數目；其善本加以評論，以備内地學者之采擇。

　　第十五　本報設"詞林"一門，詩古文辭之尤雅者隨録焉。

　　第十六　本報設"插畫"一門，或寓意諷事，或中西名人畫像，或各國風景畫，或與事實比附之地圖，隨時采登。

　　第十七　本報設"商情報告表"一門。上海各行市價，專員採訪，詳細紀載；外埠亦擇要隨録。

　　第十八　本報設"口碑叢述"一門。其有近世遺聞軼事，雖屬過去，亦予甄録，以供史料，而資多識。

　　第十九　本報設"談瀛零拾"一門。凡世界之奇聞瑣記，足以新我輩之耳目者,亦間錄焉。

第二十　本報於京鈔及官私專件,取材務博,別裁務精;要者不遺,蔓者不錄。

第二十一　本報編排務求"秩序"。如論說、諭旨、電報及緊要新聞,皆有一定之位置,使讀者開卷即見,不勞探索。其紀載本國新聞,以地別之;外國新聞,以國別之。

第二十二　本報編排務求"顯醒",故二號三號四號五號六號字模及各種圈點符號,俱行置備。其最緊要之事則用大字,次者用中字,尋常新聞用小字。用大字者所以醒目也,用小字者求內容之豐富也。論說批評中之主眼,新聞中之標題,皆加圈點,以爲識別,凡以省讀者之目力而已。

第二十三　本報遇有緊要新聞、特別電報,必常派傳單,以期敏速。

第二十四　本報別類務多,取材最富。既用各小號字排入,尚慮限于篇幅,不能全錄,特于每日排印洋紙兩大張,不惜工貨,以求瞻博,而定價格外從廉。

第二十五　本館廣聘通人留局坐辦外,尚有特約寄稿主筆數十人,俱屬海內外一時名士。議論文章,務足發揚祖國之光榮。

第二十六　本報定期四月出報。初印時,每日印行十萬張,每兩大張售錢十二文,本埠外埠一律送閱三天,不取分文。如各外埠有願代派本報者,請即開明住址姓名,函達本館,以便照寄。

上海英界四馬路時報館謹啟

（1904 年 1 月《新民叢報》第 44、45 號）

辨妄廣告

頃見香港《中國日報》《世界公益報》等登有鄙人上日本伊藤博文氏一書,

且加以種種評論,初見甚爲駭異;嗣見日本《東邦協會會報》第百壹拾號載有李寶森氏書簡一篇,正與彼等所録之文相同。該書乃李某上日本伯爵副島種臣者,副島氏爲東邦協會會頭,故其報登之云。原書中有"憶庚子聯軍抵津時曾奉書左右",又有"倘有策用之處,請照會敝國政府相召"等語。試思鄙人當庚子年何由在天津者,日本人如欲見鄙人,何由藉北京政府之介紹者,此其誣妄不辯自明。且鄙人雖知識闇陋,雖病狂心喪,亦何至作彼等言如該兩報所録者。該兩報日以詆排攻擊爲事,乃至出此卑劣之手段,嫁名以誣人。又如《中國日報》某日所登,記有鄙人二月十五日在横濱演説之語。二月十五,鄙人正在香港。該報於吾到港離港之時日亦曾登載,然則從何處有此分身術,復在濱演説耶?此亦該報造謡而失撿自敗露者矣。該報作此等舉動,於鄙人何損,徒傷報館之德義,而損該報之價值耳!且今日何時耶,國亡之不暇。民間若誠有志者,各盡其力所能及者而自勉焉。方針不同,我敗焉,猶望人之成;苟其可成,成之何必在我!真憂國者不當如是耶?堂堂正正以政見相辨難,猶可言也;若造謡誣謗,含沙射人,斯亦不可以已耶?鄙人不能不爲該兩報惜之。本不欲曉曉置辨,特以此等事名節所關,不能默爾而息。除將《東邦協會會報》原文點石寄往該兩報,屬其更正外,更辨明始末於此。

梁啓超敬白

(1904 年 1 月《新民叢報》第 44、45 號)

辨誣再白

啓者:前見香港《中國日報》《世界公益報》等載有鄙人上書日本伊藤氏之事,初見甚怪訝,知必有忌者相與誣謗。顧誣謗他事,悠悠之口,何足置辯?此乃有關名節,斷難默爾而息。因見其云據博文館之《日露戰争實記》,即發函往詰問。旋得其回函,並言《東邦協會會報》載有李某上副島氏書,正與此同,自認錯誤,立即更正。今將博文館原信及《東邦協會報》原文統付石印宣布,以證明此一重公案。夫李某原書之理想文筆,其必非出於鄙人之手,稍有目者自能辨之。即該兩報記者亦何嘗不知,不過借此爲詆排之具耳。今觀原書中,一則曰"惟恨僻處嶺南"云云,再則曰"憶庚子聯軍抵京時曾奉書左右"云云,三則曰"倘有策用之處,請照會敝國政府相召"云云,凡此豈鄙人所居之地位而出是言者?該兩報則將其前後之文删去,而硬派爲鄙人所作,連篇屢牘,出盡種種醜詞以相詆者,凡十餘日而未有已。《公益報》乃至爲之詳下箋注,此真李某所始願不及。然天下事之兒戲可笑,亦孰有甚於此者耶!此後該兩報之更正也,聽之;不更正也,聽之。海内識者見此石印,亦當自有定論。又如《中國日報》記二月望日鄙人在横濱演説種種怪語,二月望日,鄙人正在香港。該報於吾到港離港之時日亦曾登載,然則從何處有此分身術,復在濱演説耶?此亦該報造謠而失檢自敗者矣。該兩報作此等舉動,於鄙人何損,徒傷報館之德義,而墜該報之信用耳。且今日何時耶,國亡之不暇。民間若誠有志者,各盡其力所能及而自勉焉。即方針不同,而揭宗旨以相辨難,堂堂正正,各明一義,亦豈不光明磊落也耶!若造謠誣謗,含沙射人,此乃最卑劣之手段,鄙人不能不爲該報惜之。

四月朔日　　　梁啓超敬白

(1904年1月《新民叢報》第44、45號)

辨妄再白

香港《中國日報》前登載鄙人二月十五在横濱演説之事,自見與事實不符,且與該報前文矛盾,因爲支離之遁詞,謂所指乃東曆二月十五,且聲明,是日爲温高華某君經過橫濱時之叙集云云。查東曆二月十五,即華曆除夕,以是晚集衆演説,毋乃不近人情。且從温高華到橫濱之船,其日本皇后船期,則東曆二月八日也;其中國皇后船期,則東曆三月七日也。温高華某君何從以是日飛渡到濱耶?至於鄙人之排斥共和,則豈惟演説,此後方將著書昌言之何賴之有焉?該報主張共和,則主張之可耳,鄙人豈以我不言共和,而仇人之言共和哉?而該報造謡誣人則奚爲者?此等事本何足辨,但彼既強詞,要不能不一揭其隱耳。

梁啓超又白

(1904年6月《新民叢報》第49號)

忠告香港《中國日報》及其日本訪事員

貴報日以造謡誣謗爲事,可謂無所不用其極矣。鄙人向來不屑與辯,謂今日固非鬥此等浪筆閑墨之時也。而貴報以爲得計,如瘈犬吠人,人不之校,則益昂首搖尾,自鳴得意者。嘻!是亦不可以已乎。貴報誣詞幾於無日不有,實無如許閑精力與貴報悉辯,但擇舉數端,以例其餘焉。

貴報嘗載廣東所派美國留學生監督湯君強迫學生向我拜門之一事。美國留學生監督乃陳君而非湯君,貴報訪事人固陋不知之,不足爲怪;貴報在香港,而亦有此謬誤,貿然登之,吾所深不解也。湯君固非美國學生監督,亦並非日本學生監督,其與我爲舊交,到東後嘗訪我,暢談數日,誠然也。但彼偕來者僅一人,其人亦我數年舊交。至於廣東全部之學生,皆在西京,未嘗有一人東來橫濱者,而拜門之説從何而來?貴報欲以欺舉國人,而不知西京全部之廣東學生皆可以作證也。至如陳君,則後湯君三日到濱,帶領歐美學生二十餘人,内十一人先後到叢報社。陳君與學生數人是夕宿於叢報社,誠有之也。但俱屬同鄉,且多故舊,乘船既久,登岸訪友,憩息一晚,何嫌何疑,此亦何足怪者。彼十一人到叢報社後,休憩不及兩刻,隨即由報社中一人同往東京游覽,夜間十點鐘始返。而是夜，我因與陳君暢談，學生諸君亦已倦臥。與我交談尚無多，而拜門之説又從何而來？貴報欲以欺舉國人，而不知歐美全部之廣東學生又皆可以作證也。至廣東所派日本學生留學西京之事，係由兩廣學務處所預定，日本人某所挾持，在我則大反對之，嘗與湯君及其同來之友人痛言之，此彼兩人可以作證者。我所以反對西京者，蓋有其特別之理由，亦不必與貴報言。顧微聞公使亦反對此舉，學務處亦頗欲遷地矣，而礙於帶領學生之日本人某之情面，是以未決。然此又豈貴報訪事人所能知者，而妄謂鄙人勒令廣東留學生不許往東京，何其無根之甚耶！鄙人能有此權力，行專制於兩廣學務處耶？可笑一至如此。此事本無損於鄙人名譽，但以事實所在，不得不證明，亦可見貴報訪事員所訪得確實之消息，大略如是矣。

　　貴報又曾記學生伍嘉傑謀害其妻一案，而將貴黨人所造之孽，轉以誣陷鄙人及大同學校諸職員。觀此而歎貴報及貴報之訪事人，昧良喪心，真不可思議也。鄙人居東數年，顧未聞學生中有伍嘉傑其人者。及其案既發作，驚動警察署，日本各報紙和盤托出之後，鄙人聞之，始大驚駭。然以事尤，固無閒日月爲一私人抱不平也。惟聞諸橫濱街談巷議，輿論紛紛，謂全出於貴黨人某某某某等之教唆，而貴報訪事人實爲之主謀，其誰不知！貴報雖能造謠，以欺香港及内地人，然斷不能以一手掩盡橫濱人之口也。至貴黨人何以出此辣手，非我之所能知。惟據《橫濱貿易新報》連日所載，將貴黨與謀此事之四五人姓名年歲職業住址，及其與伍氏夫婦交涉之始末，一一詳載，若數家珍。該報至爲一小説，名曰《春雨恨》，凡十二續，連登於六月十四日至二十五日之紙面，嬉笑怒罵，無所不至。雖該報本意爲攻擊彼之癲狂病院而作，非爲區區之伍某夫婦，然坐是之故，我國留學生之名譽，我國居留商民之名譽，皆爲貴黨人此一舉掃地以盡。公等不自省愧，而反誣扳他人，何其有靦面目至於此極耶！貴黨人日日以自由平等革命諸口頭禪爲護身符，然除家庭革命外，無他能革者。貴報訪事人以大義滅親之舉動加於其父，盡人所同知矣。而今者，伍某復有大義滅妻之手段。日日言女權，言平等，不知所謂女權者何在。貴黨人所以深恨恨者，不過以大同學校女教習潘氏救伍某之妻，而敗貴黨之謀也。以吾所聞，伍某之妻鄧氏與潘氏有親屬之關係。鄧既陷貴黨術中，死生一髮，乃費九牛萬象之力，求救於潘。潘氏不忍坐視，乃報警察，挈醫生往驗，而鄧始得釋。其始末皆歷歷載於日本報，並鄧氏之筆跡亦點石印入，醫生證明其非癲狂之甘結亦備載焉，貴黨人復何狡賴之有？而不意貴訪事人乃行所謂惡人先告狀之手段者，將貴黨所做之事轉而嫁諸別人，謂鄙人與吾友人煽惑其妻。鄙人與伍某無一面之雅，其妻更不必問。貴訪事造此謠言，今能令伍某及其妻來與我對質耶？至潘氏將伍妻救出後，其兄旋來，於此事即不復過問，雲過天空，此又詢諸橫濱街談巷議，誰不知者。潘氏此舉，謂之爲好管閑事也，可；謂之爲義俠也，亦可。此聽之公論而已。而貴訪事之悍然無忌憚至於此極，此真非尋常意想之所能及矣。讀香港《中國日報》記事之價值者，可以視此矣。

貴報又言：鄙人在美洲，假捐助上海愛國學校之名，假捐助章、鄒獄費之名以斂財等事。壬寅冬間，愛國學校之將立，鄙人嘗籌助四百金，（爲四百，爲五百，今不能確記。）以速其成。鄙人與愛國學校之關係只此。彼時不欲自出名，不肯言之，亦無人知之。然有經手人，今猶在東京，且有該學校之謝函可據也。及到紐約時，得該校一公函告急時，無所爲計，乃屬波士頓埠，以所捐大同學校經費暫行挪移，寄美金百五十元，往託廣智書局轉交，亦有收條可據。此後惟在紐約埠，以大同、愛國兩學校名義，合捐得數百金，此紐約人人所同知者。及其欵收齊，而愛國學校已解散。主權者既無人，從何處交去，且亦無從報告也，只得將其欵全歸大同學校。此中情節，當即函告紐約。而橫濱大同學校，將所捐欵一一發給收條於紐約，今紐約人所持收條與大同學校之合計冊，其數目俱可稽也。除紐約一埠以外，更無以愛國學校名義捐欵之事。若章、鄒獄費，則更毫無影響矣。吾今爲一證言於此：吾此次布告，神明所鑒，而美國數十埠華僑所能共見者也。若梁某而有在美國捐助章、鄒獄費之事，若梁某於紐約一埠外而有捐助愛國學校費之事，天其殛之！即天不殛，而此十餘萬之華僑共見此布告，梁某而有一字不實不盡者，非人類也！雖然，貴報非言理者，非言實事者，吾亦烏從喻之？

貴報又載，檀香山李某嘗捐助我數千金，託其子某於大同學校，而我因其言革命而逐之之事；又言澳洲捐欵七八萬，盡入我私囊之事。李某之果曾捐數千金與否，澳洲之果嘗捐七八萬與否，及其所捐欵之匯於何處，用於何途，則貴報所記與鄙人所辨，兩造之詞，在李某與澳洲人兩皆能見之，其孰真孰僞，彼等一見，了然於胸中，無俟余喋喋也。至李某之子，以一十五六歲毫無知識之小童，其父兄又不在，前託一代理人，而其代理人又他往，乃轉託西文教習某君者，亦從檀香山來者也，以此因緣，不得已受託，而爲之代理。而李子以不遵約束，屢犯學規之故，值理教習團體幾次商議，不得不令其退學。此學校規則，固應如是也。此事始末，貴報訪事人甯不知者。李子既退學，不得已而寄食宿於新民叢報社，以待其父寄川資返檀，借貸亦數十金。吾但見其爲輕狂跋扈之一小孩耳，顧未知其已深通盧梭、孟德斯鳩之大義，有華盛頓、拿破侖之氣概，儼然已具革命黨魁桀之資格，如貴報所云云也。李子居報社殆將一月，貴報訪事人及貴黨諸大豪傑，詗知李子之有憾於大同學校也，謂是又一奇貨，可藉之以爲誣詆康、梁之一手段也，乃運動之，假其口以相詆諆。貴報訪事人試撫心自問，此語果道著毛病否耶？其後，李之父以二百金寄往某店，使以一百金交其子結欠項，其餘百金代寫船票往檀，切不可交彼手云云。某店主人爲余言，有其父墨信，若往裁判所，可以呈出者也。而貴報謂其父有數百金存某店，某店受我之命，勒令李子歸我黨，不談革命，乃許交之。貴報敢令李某父子來與鄙人及某店主人四面對質否耶？且貴黨收得此少年豪傑之李氏子，可借之爲攻擊康、梁之一手段者，乃珍若拱璧耳。就鄙人觀之，則如李氏子及貴報訪事人之類，其言革命與不言革命，於社會上何嘗有一羊塵一兎塵之關係？而謂我乃運動之，強迫之，使入我黨耶，其亦太不自慚已耳。

此外，貴報誣攻之詞無日不有。要之，貴報除攻擊康、梁外，殆無論説；除誣捏康、梁外，殆無記事；除笑罵康、梁外，殆無雜文。許子真不憚煩哉！乃至如李寶森所上伊藤書，證據確鑿，博文館辯之再三，伊藤氏亦託森大來致書該館代辯，而貴報猶謂，安知李寶森非即梁啓超，梁啓超非即李寶森？似此強詞奪理，從何辨之？貴報休矣！僕等若欲揭貴黨人關於公德私德之行誼，雖累數十萬言，不憂無材料也。顧不爲者，以爲義不應爾，非直不暇也。孔云亭《桃花扇》云："日日争門户，今年傍那家？"嘻！是亦不可以已耶。此則鄙人以忠實之熱情，欲忠告於貴報者也。

梁啓超白

（1904年9月《新民叢報》第53號）

《新釋名》叙

社會由簡趨繁，學問之分科愈精，名詞之出生愈夥。學者有志嚮學，往往一開卷，輒遇滿紙不經見之字面。驟視焉莫索其解，或以意揣度，而差之毫釐，謬以千里。其敝也，小焉則失究研學術之正鵠，大焉或釀成謬誤理想之源泉，所關非細故也。是以不揣綿薄，相約同學數輩，稗販群書，爲《新釋名》。匪敢曰著述，聊盡其力之所能及，爲幼稚之學界，執舌人役耳。績學君子，惠而教之。　甲辰五月，本社編輯部謹識。

略例

一、本編由同學數子分類擔任。

一、本編雜采群書，未經精細審定。其間或有舛誤衝突之處，亦所不免。蓋本編乃稿本，非定本也。但所採必擇名家之書，庶幾不中不遠。

一、本編每條必將所據某書或參考某書注出。

一、諸名詞或有含義甚廣，諸家所下界說至今紛紛，未衷一是者，編者安敢謂今茲所解，足爲定案？惟廣陳諸義，擇一而從。其是非待學者之鑑別而已。

一、本編所釋諸名，隨手譯述，未嘗編次。整而齊之，待諸成書之後。

一、本編於各名詞，皆附注英文。其非採用日文者，則並日文注之，以便參考。

一、本編於本報每號之末，附印數葉，蟬聯而下，以便拆釘。

一、本編現擬編述各門如下：

　一、哲學類_{道德學、論理學、社會學、教育學等並附焉}

　二、生計學類

　三、法律學類

　四、形而下諸科學類

一、以上分類法極知不確當、不包括,但稿本取其便耳。其本名詞之專屬於本類中某科者,皆注出之。

(1904年6月《新民叢報》第49號)

《近世中國秘史》序*

捫蝨談虎客,好讀雜史,如嗜痂然。居常語余:"爲國民者安可以不知國史?顧讀吾國史,勞多而結果少。如披沙揀金,沙億萬不得金一。厭沙而金亦埋没;一一揀之,則窮數十寒暑,爲前人浪筆閑墨之奴隸也。吾欲以吾所揀得者,都錄而貢諸學界,爲學者省節其有用之目力,如何?"余丞贊之。歲甲辰六月,客以所集晚明迄今日遺事八篇見眎。余讀之曰:斯八者,雖東雲一鱗,西雲一爪,然固二百年來犖犖大事。讀之則民族興替之大原,躍躍言外也。宜布之便。客丐余命名。余略思索,以今名進。客曰:"凡我所採集,皆前人文集筆記,或乃採官書文牘。'秘史'之號,毋乃不稱?"余曰:"記事者豈能自有所杜撰?又豈能以數百年之遺聞,一一皆得諸口碑?勢不能不以官私記載爲取材明也。茲編所采,往往及禁書;即不爾,亦散在群籍,爲尋常學子所罕見者也。字以'秘史',誰曰不宜?"客請序,遂書此歸之。《近世中國秘史》印成後一日,飲冰室主人記。

(上海廣智書局1904年8月版《近世中國秘史》第一編)

---

* 《飲冰室合集》文集之十六誤將韓文舉(捫蝨談虎客)《自序》收入。

《樂典教科書》叙

　　新學得一國語言文字者，如新覓得一殖民地，其愉快不可思議，其將來之利益不可思議。前世紀以來，英旗徧於大地，英語之勢力亦徧於大地。學者漸知務此之爲急，侁侁從事者不乏人矣。於是或學校，或獨修，皆待英語教科書若渴，而印刷者之多亦若鯽。雖然，求其佳本，殆不得一。蓋今所譯出者，皆英人用之於印度，用之於香港，以教其半開之土民，惟獎勵其奴隸之根性，導責以服從之義務。讀其書者，漸漬既久，與之俱化，結成一媚外之性質，而人格遂日以卑下，所關非細故也。廣智主人取英國柏烈奇書局所編"二十世紀新讀本"譯而行之。原書爲彼中專門教育諸大家協力所成，爲世界中最新最良之本，其所教壹以愛國爲主，以養成偉大國民資格爲歸。以此牖學者，其於從前種種蔑棄國粹、崇拜外人之劣習，吾知免矣，遂喜而爲之序。

甲辰八月　　　　飲冰室主人

（上海廣智書局 1904 年 8 月版《樂典教科書》）

美國大統領選舉臆評

　　美國本年爲改選大統領之期，向例以西曆六月各黨派選定候補者，十月乃以間接投票選大統領。兩大政黨中，利帕璧力根黨，最有力之候補者，即現任大統領盧斯福氏是也。盧氏自就任以來，內治外交，處置咸宜，收攬人心，爲一時望。但近年嚴行托辣斯之監督，加以最近反對鐵路公司之合併，以致大傷資本家之感情。於是該黨之有力者軒拿氏乘間抵隙，密糾合資本家，欲自立於候補者之地位。(軒氏夙有"大統領製造者"之綽號，因近年大統領之被選多藉其援助也。)於是爲盧斯福氏一勍敵。則數月前軒氏忽然死去，於是盧氏爲該黨獨一無二之資格，全黨一致屬意之，幾無與爭者。還觀彼丹們奇勒黨，黨勢欠統一，至今迄不能適當之候補者。其最有力者格里文及阿爾尼之兩氏，然格氏今既已絕意於政界，阿氏前任外務大臣時，爲委內瑞拉事件，欲與英國齟齬，幾至失和，國民咸咎其失策，大有不滿之意。故現在該黨惟推紐約高等法院之裁判長巴卡氏爲候補，稍有勢在南部之丹們奇勒黨，亦舉黨一致推戴之。雖然，其不能敵盧斯福氏，殆無疑義。以故此次選舉盧氏，殆無能與競爭者。往歲每屆大統領易人之期，則舉國紛擾，馴至生計界大受其影響。今者選期將至，而國中尚頗沈着，或者此數月間可無甚變動乎。

(1904年6月《新民叢報》第49號)

聖路易博覽會之各種會議

自一千八百八十九年，巴黎博覽會，始就會場中開種種之萬國會議。自茲以後，芝加高之博覽會繼之，千九百年巴黎之博覽會復繼之，此皆交通日繁，文明日進，而萬國漸趨於大同之徵兆也。此次聖路易之博覽會，亦仿其例。今將其所定會議之條件及其時日報告如下：

一、　萬國報館主筆訪事會議　　西五月十六日至廿一日
二、　運輸交通會議　　　　　　同上
三、　教育會議　　　　　　　　六月十八日至七月一日

四、	牙科醫會議	八月廿九日至九月三日
五、	電學會議	九月十二日至十七日
六、	法律學會議	九月廿九日至十月一日
七、	工學會議	十月三日至九日
八、	禁酒禁煙會議	十月十日至十五日
九、	禮拜日休暇實行會議	十月十二日至十四日
十、	盲啞教育會議	十月十七日至二十日
十一、	圖書會議	十月十八日至廿一日
十二、	空中旅行法研究會議	期未定
十三、	政治生計會議	同上
十四、	弭兵會議	同上
十五、	林政會議	同上

　　此次會議事件，與前數回最相異者，則無宗教會議是也。此殆由科學日昌，宗教問題漸爲世界無關輕重之問題歟？

　　此次會議事件，最無價值者，則弭兵會議是也。俄皇親自倡萬國平和會於海牙，口血未乾，而遂有今日之事。今者帝國主義之跋扈，正達於極點，各國日夕汲汲，以擴張軍備爲獨一無二之政策。當此而言弭兵，豈非不識時務？無論會議之結果若何，不過一篇好文章而已。使兵而可弭也，其在中國獨立自強之後乎？

　　此次會議事件，最有趣味者，則電學及空中飛行之研究是也。電學之功用，今雖已有種種不可思議之現象，其實方始萌芽耳。此美國電學最發達之區，今開此會議，其結果必有大可觀者。空中飛行之事，各國研究之者，大不乏人，且積有年所。今次美國政府，特懸賞十萬金，令有製新式飛船，在此次賽會得頭等賞牌者給之，將來必有大新發明，聳動一世之耳目者矣。

（1904年6月《新民叢報》第49號）

俄國芬蘭總督之遇害

（俄國內治之前途奈何）

西曆六月十八日（華曆五月六日），柏林電報，稱俄國芬蘭總督波布里哥夫爲芬蘭人所誅，誅之者爲元老院議員之子查曼氏，其手段則以短銃暗殺云。嗚呼！壯哉此男子，壯哉此男子！

欲知此事之原因結果，不可不先明芬蘭與俄羅斯之關係。芬蘭自前世紀之初，爲俄人藩屬以來，呻吟於他族專制之下者既百年。其積年之壓迫慘虐，今且勿具論；即近五年以來，種種新布之法令，實有使芬蘭人欲忍不能忍者。前此芬蘭人本有獨立之立法權，乃一千九百九十九年，芬蘭國會議定法律數種，既經可決，而俄人復提出之於聖彼得堡，別開芬蘭會議，於是原有之立法權，全爲俄國中央政府所攘奪。其時芬蘭上下兩議院竭全力以反對此新制，不能救也。此爲俄國特別壓制政策之第一著。芬蘭人前此惟有服役於芬蘭軍隊之義務，乃千九百年，俄政府下徵兵新令，使人人皆有服役俄軍之義務，歸俄國陸軍大臣管轄，是芬蘭人爲其仇敵納血稅也。故嫉怨之感情，自茲益烈。乃俄政府猶以爲未足，更於前年下一辣手，以俄語爲芬蘭通用語。凡欲任官吏者，不可不舉其祖國國語而拋棄之。現任各官，限五年內，須全用俄語。計芬蘭人口二百七十萬，而解俄語者僅八千，是永絕芬人參與政治之生機也。芬人於是忍無可忍，受無可受，全國朝野上下，日夕謀所以反抗俄燄者，數年於茲矣。若此者，皆波布里哥夫謀之，而彼得堡政府主斷之者也。蓄怨積憤之既久，於是前年四月有比爾盛福爾市民與哥薩克兵衝突之事。俄猶不悛，強暴之行，有加無已。此次戰役，以一二佞臣之野心，驅百數十萬無辜之市民，塗肝腦於東亞原野，使芬蘭人不得不爲其敵之敵效死力。芬蘭人稍有血性，稍有智識，其必有以自審矣。與其斃於敵之敵也，毋寧與敵俱斃，此革命運動所由驟熾也。故於日前布告檄文，聲俄政府之無狀，其簡末即大書"殺波布里哥夫殺波布里哥夫"之一語。果也不及數日，而波氏之凶耗，已接於吾前。嗚呼！天下淋漓痛快之事，孰有過此者耶？孰有過此者耶？果也再越兩日，旋有比爾盛福爾市民襲擊官廨廣殺長吏之電報。自茲以往，芬蘭問題，愈益重大聳一世之耳目矣。

芬蘭革命之前途，雖未知如何，要之彼以議會現成之團體，鼓動全國民之義憤，俄廷君臣旰食之日方長矣。即使無成，而博浪之椎，亦足使民賊驚心動魄。俄君臣而知所鑒也，其禍或將稍戢也；不然，外患未已，內憂乘之，有自滅而已矣。雖然，吾記此事，吾不暇為俄國君臣憂，而竊竊焉為我當道憂；不暇為芬蘭人起舞，而反為我國民掩袂而羞乎。

（1904年6月《新民叢報》第49號）

俄國虛無黨之大活動

俄國芬蘭總督波布里哥夫死後四十日（西曆七月廿九日，華曆六月十七日），其內務大臣布黎威被刺之快報，復聞於吾前。

布黎威之殺，芬蘭人殺之也。先是芬蘭人布告檄文，其末二語云：殺波布里哥夫！殺布黎威！檄文出現後二十日，而波布里哥夫死，更兩月而布黎威死。壯哉芬蘭人！快哉虛無黨！

布黎威者，俄羅斯專制政治之中心也。前皇亞歷山大第二被刺後，任警察總監，出全力以搜捕黨人，使全國戰栗者，布黎威也。

未幾任芬蘭事務長官，運種種手段以剝奪芬蘭人之自由，使芬蘭失獨立之國會者，布黎威也。

繼西巴京之後，任內務大臣，益磨牙吮血，專行其志，去春虐殺猶太人事件，主持之者，布黎威也。

與歷山大公比梭布拉梭夫等相結託，主持日俄開戰論者，布黎威也。

　　布黎威者，全俄之公敵也，全世界人道之公敵也。以二十年人民之怨毒，一旦去之，俄民之愉快何如！以二十年頑黨所依賴，一旦失之，俄廷之恐怖何如！

　　西巴京之骨未寒，布黎威隨之，至是而俄國內務大臣死於虛無黨者四矣。專制政治家之末路可怖，專制政治家之末路可憐。

（1904 年 8 月《新民叢報》第 51 號）

論膠濟鐵路與德國權力之關係

　　世界各國對於中國之政策有二：一曰保全，二曰瓜分。保全政策者美、日、英所標櫫也，瓜分政策者俄、法之所懷抱也。而德國之目的最爲不明。德者於甲乙兩政策，各爲最圓滿之預備，覘時勢之宜於行某種政策而遂行之者也。凡倡保全政策者必其工商業大發達，能以生計問題制中國之死命者也；倡瓜分政策者則異是。要之兩者皆足以亡中國，其揆一也。乃者膠州、濟南間之鐵路全開通，此事之關係於中國前途者，其重大不讓日俄戰役。此鐵路公司乃由德國全體之大資本家組織而成，而柏林之中央銀行，給以補助資本金一百五十兆元，雖謂之爲政府的事業焉，可也。德國此舉，其爲有侵略土地的野心與否，姑勿論；即使無之，而握山東全省生計界之實權，已足以制我死命。現在鐵路近旁新開之煤鐵礦，據膠州年報所記，其煤礦爲無烟性及瀝青性之最佳品，以用之軍艦及東方一帶商船最宜。計其採掘之費，每噸需三元。由鐵路運出青島，每噸需四元二角。售之於船舶，每噸十元至十三元。其鐵塊亦爲上等良品，現在山東附近各都市，供建築及其他用品，已極銷流。膠濟鐵路既通之後，此鐵礦利用之途，自更益廣，而此礦區實德國資本家所左右也。現在所投資本已二千萬元，聞將來預備增加者尚六千萬元以外，此礦遂爲中國內地第一大礦矣。此皆與膠濟鐵路相輔，爲德國東方殖民之一大成功者也。故美國人評之曰：青島者，將來第二之香港也。膠濟鐵路者，舉山東全省三千五百萬之人口，而置諸德國勢力範圍下者也。二十世紀以後之世界，惟戰勝於產業界者，乃能役人；反是則爲役於人。此稍有識者所同認矣。故此後滅人國者，決不恃砲彈，決不恃艦隊，而惟握其生計之實權以爲之主人。彼德國前此本與俄同一侵略政策者也，此次俄軍失敗之後，或遂一變其方針，以從同於英、美、日所謂開放門戶之主義者，亦未可定。雖然，就令爾爾，而中國遂可以保全乎？狐之吸精髓以死人，與虎之啖骨肉以死人，其所施之手段不同，而受之者之結果則一也。若杜蘭斯哇人，賭亡國之孤注，以與英人戰者，豈謂英之掠其土地哉？所爭者不過鑽石礦金礦之兩問題耳。故知痳瘍之疾，甚於癰疽；將萎之花，慘於槁木。論者毋徒狃於日本戰利，以爲是保全主義之制勝，吾可以高枕爲樂也。埃及、高麗，至今未亡，試問其國於天地間之價值如何哉？抑今日欲挽茲浩劫，豈徒吾相之責任而已，實業家之責任，抑更重焉。國中有一人焉，不以責任爲責任，則國將有受其敝者，而況於舉國人視切膚之痛爲秦越耶？噫！

(1904年6月《新民叢報》第49號)

粵漢鐵路交涉之警聞

粵漢鐵路交涉，可稱今年外交界一大事。

此事對外交涉，爲中國與美國之交涉；而在美國黑幕之後者，有比利時之交涉；在比利時黑幕之後者，有俄、法兩國之交涉。

其對內交涉，則湘紳與湘官之交涉，湘官與鄂官、粵官之交涉，湘、粵、鄂官與鐵路大臣之交涉，鐵路大臣與中央政府之交涉，中央政府與湘、粵、鄂官紳之交涉。

粵漢鐵路之歷史 光緒廿三年五月，比利時公司之代表人盧比爾，由北京往漢口。比利時者，實俄、法同盟之傀儡，全地球所同認也。彼既得蘆漢鐵路之敷設權，遂欲更擴張之，由漢口經廣東以接續安南邊境，其北路則經張家口到北京以接俄國西伯利支線，以通俄、法兩國之勢力範圍，使相連絡。所謂司馬昭之心，路人皆見者也。其計畫未成，而翌年（廿四年）有美國人創設華美合興公司，承辦粵漢線之議。其時比利時公司之代表人，謀所以妨害之者，不遺餘力。及中國政府借用美資之意嚮既定，於是比公司於表面上，不能容喙，然冥冥中所運手段，一日未嘗息也。

華美合興公司之成立 光緒十四年，美國大資本家布黎士始倡設合興公司，其目的專欲輸入母財於中國，而因以間接握政治上之權力。其公司初起，凡爲五十五股，其股東皆美國著名之資本家財政家也。當時以我公使伍廷芳之斡旋，遂得粵漢鐵路之敷設權。隨即派工程師巴遜測量線路，估算工費。測算畢，乃知前此所豫算之額，所缺實多（原額四百萬磅），乃更與中國政府協議，將修正原約。二十五年夏，派美國著名法律家圭黎氏，至中國與督辦盛宣懷提議玆事。

俄法比三國之抗議 比、法兩國覘茲隙之可乘也，乃出種種手段以防害之。比公司代表人，屢向盛氏爲種種要求。而上海之法國領事，抗議尤力，駐北京俄公使亦協助之。蓋彼等詗知合興公司中多有英國股份也，乃抗言曰："若中國政府，查有英人投資本於粵漢鐵路者而默許之，則是中國政府欺萬國也云云。"以茲阻力，故雖有圭氏之才，與中、美兩國政府之助，而遷延遷延，亙於數月，直至其年（二十五年）臘月而新契約始漸就緒。

俄法比之陰謀及美國之被賣 圭黎之交涉，其被障害者數月。至廿六年之末，忽極順適，俄、法之反對運動，戛然中止，而新契約遂以成立。時美國當局者，謂由堅持之所致，而俄、法、比殆知難而退也。庸詎知彼等見夫直接之運動勞而少功也，乃一改方針，不爲政治上正面攻擊，而爲生計上側面攻擊，棄其北京、上海之運動，而一移之於紐約。嗚呼！爲鬼爲蜮，則不可測。俄、法之外交政略，真可畏，真可畏！

方圭黎之正與盛宣懷交涉也，而美國一有力之運動家何域查將軍者（即現任合興公司之總辦），受比利時公司之嗾使，設法買收粵漢公司股份。其時比利時公司，方受國王特別保護，以前户部大臣倭爾的爲首長，刻意欲求得粵漢鐵路之管理權。而機會適與之相應，即合興公司之發起人上議院議員布黎士，恰以其時溘然長逝，該公司忽失主動力。而其年（廿五年）二三月間，義和團亂機已動，人心惶惑，淺識者流，惴惴然以投資中國爲懼。何域查利用此機，凡所布畫，著著奏功矣。

華美合興公司主權之遷移 圭黎氏由上海返紐約，旋向該公司理事會，報告交涉之成績，且議將來計畫之方針。不圖何域查氏，已代表比利時公司所新買之股票，爲理事會之一員。圭黎氏覩此事實，錯愕萬狀，乃提議定一期限，禁股東將股票出賣，且欲出賣者，必須經理事會之承認，而議竟不行。而何域查之爲比利時公司効死力者，且汲汲未有已。

圭黎與盛宣懷訂言，謂此草案既經兩造之承認，則其畫押之全權，當委諸駐美公使伍廷芳，以速爲妙。乃盛氏設種種口實，遷延時日，久不畫押。論者謂盛氏實亦比利時傀儡之一人云。自廿六年十二月，圭黎電促盛氏者不下十數次，直至廿七年六月，北京政府始電告伍使畫押。而此數月間，比利時人在紐約收買粵漢鐵路股份，日增一日。至西曆五月，開理事會，而比黨之股，已占過半，投票得二十二票之多數。此新契約中雖特增一條謂"此權利不得讓與他國人"，然既無及矣。

自玆以往，比利時股份，益占大多數，而何域查遂被選爲公司總辦。華美合興公司之主權，非直中國人不能過問，即美國人亦不能過問矣。噫，異哉！

第二之蘆漢鐵路 今年以來，比利時公司始實行其種種方略。前此駐華之公司總辦，退出上海，總工程師巴遜亦辭職，理事會員全權，在比黨手中，其行動一依蘆漢之成案。自玆以往，而俄、法在中國南部之勢力範圍定矣。

中國對待之方略如何 今玆以湖南官紳之發議，謂其違反廿七年六月新約中所謂"權利不許讓與他國"之一條，乃爲廢約贖路之議，而合興公司提出種種難題以相抵抗。據兩月內各報紙所記載，則盛宣懷電致外部之辦法，其最要者如下（凡六條錄一、二、五）：

（一）合興公司已提出小票五百五十四萬圓（美金）。既認定廢約，則由湘省或户部預籌欵項以備贖回提出抵借之小票。

(二)愼訪美國或他國著名律師,將案情研究,以備美公司興訟。

(五)廢約即須停工,資遣美國工匠百餘名回國。如不得直,預備賠償各欵。

今者此案交涉,正最轇轕之時。其結局若何,雖有智者,不敢云能善其後也。但今日我輩所宜熟知者,則美公司之主權,已不在美人而在比人,且不在比人而在俄、法也。此次之交涉,非美人作難,而比人作難;非比人作難,而俄、法作難也。更質言之,則非資本問題,而政治問題也。嗚呼!我政府何以待之?我國民何以待之?

今日我即有此資本,而約之能廢與否,已將費萬牛千象之力。而即此區區資本之一問題,所謂美金五百五十餘萬者,已合墨銀將千萬圓,吾政府果有此力耶?吾湘粵鄂之民,果有此力耶?張空拳以圖抵抗,烏在其能濟矣。嗚呼!此則其遠因甚複雜。吾語及此,而更無一辭之能贊矣。嗚呼慟哉!

(1904年7月《新民叢報》第50號)

鐵路權之轉移

(俄法之勢力遂貫我全國)

警警警!!!粵漢鐵路之交涉。 警警警!!!山西鐵路之交涉。

十年以來,列強以鐵路政策亡中國,路權所及之地,即政府所及之地,稍有識者能知之能言之矣。以此之故,鐵路問題,非惟各國對於中國第一大問題,且爲各國互相交涉爭權競勢之第一大問題。

有間接從經濟上圖我者,英、美等國是也;有直接從政治上圖我者,俄、法等國是也。兩者目的不同,而皆以鐵路政策爲手段。兩者結果皆不利於中國,而俄、法所挾持,尤咄咄逼人。

俄法之外交政略，蓋不可思議。彼懼夫直接交涉，往往招他國之忌也，故別有其間接者傀儡者。誰歟？則比利時也。

拉丁民族之所建國，其在今日猶帶活潑氣者，惟法蘭西與比利時。比與法之感情，"人種的"也；而俄與法之感情，又"政略的"也。緣此，故俄、法、比三國相狼狽，有三位一體之觀。知此，然後列強在中國鐵路政策之大勢，可得而論也。

聞者疑吾言乎？試觀比利時公司承辦蘆漢鐵路，而其集資權管理權，全在巴黎華俄銀行支店。何以必由華俄銀行？其策源自俄國來也。何以必在巴黎支店？其財源自法國來也。故吾儕凡遇比國與中國之交涉，皆當以俄、法之交涉視之，蓋不爲過。

俄國以西伯利亞鐵路滿洲鐵路謀中國，盡人知之。雖然，俄國之志，斷不止此。彼當蘆漢鐵路契約之既定也，中國方以自力辦榆營鐵路（自山海關至營口），款不繼，而俄人遂出而攬之，此光緒廿四年五六月間事也。彼得此路後，則其縱貫鐵路由聖彼得至營口，由營口以至北京，由北京至漢口，皆其勢力範圍。血脈貫注之効力，不可思議也。英國憚其然也，故出死力以爭之。戊戌夏秋間，英、俄爲此，幾斷國交。此當爲我國民所猶記憶也。榆營鐵路之卒用英國資本也，實俄人痛心疾首刻不能忘者也。

俄雖失之於榆營，旋欲再行之於蒙古。西伯利之路，歧一線至張家口，以接我內地，此其近數年來所布畫也。而彼路又必以蘆漢爲接續線，其臂指之運用乃靈，又俄人所慮之至熟者也，於是乎遂有買收山西鐵路之事。

法人以安南龍州鐵路圖中國，又盡人知之。雖然，法人之志，亦斷不止此。

彼欲與其所投資本之蘆漢鐵路相接，以保俄、法勢力之權衡，是其素志也，於是乎遂有買收粵漢鐵路之事。

此兩事者，俄、法所常目在之者也。然俄、法自爲之，動天下之耳目也，故一以委諸其所傀儡之比利時。買收粵漢鐵路，起於光緒廿六七年間；而其成功而發表之也，實在去冬。蓋比國人復利用得一美國人名何域查①者爲第二之傀儡，買收粵漢股份之過半。今之爲粵漢鐵路公司新總辦者，何域查也。現在與

---

① 初刊《新民叢報》時，作"何域提"，據《（分類精校）飲冰室文集》（廣智書局1905年版）改，下同。

吾政府及湘、粤之民，爲種種困難之交涉者，比利時之主動也。而立乎其後者，又俄、法也①。異哉咄咄！痛哉咄咄！

兹事之警未已，曾幾何時，而七月十一日北京電報，復有福公司將山西鐵路權，以一千三百萬兩，轉售于比利時之事。異哉咄咄！痛哉咄咄！

彼之買收此兩鐵路權，其目的何在乎？俄人既不得志於滿洲，則馬首一轉，以全力注於蒙古，此稍明時局者所能知也。山西、粤漢兩鐵路之權，既入於彼手，則蒙古鐵路，北接西伯利線而南抵山西邊境，然後由山西線接至正定，由正定接至漢口，由漢口接至廣州，由廣州接至欽州，由欽州接至龍州，由龍州接至安南東京，然後直貫歐、亞之一大鐵路，全爲俄、法、比同盟國之資本所左右，有常山陣蛇首尾相應之妙用。吾觀于此，而不禁歎俄、法用心之深密，手段之巧黠，舉動之敏鷙，至於如此其極也。

山西鐵路之轉售，以疾雷不及掩耳之勢，忽爾發現。其前此之密勿交涉如何，非局外所能深詳，但其事之真確，殆可無疑也。顧吾所最不解者，則前此山西商務局與福公司所定合同，原以華人主權借款辦路礦，六十年內價款收還。雖其內容實權全在福公司，而外面名義上，而猶曰吾華官商所借也。今不及數年，而遂由福公司專賣與比利時，然則此權者比人得之于福公司之手乎，抑得之于商務局之手乎？將來商務局直與比利時公司交涉乎，抑仍間接由福公司與彼交涉乎？使商務局如於期限以前，能有力還福公司之借款也，則比利時果肯依福公司原定契約，還我中國乎？凡此諸轇轕之問題，皆相緣而起，恐不徒如今日粤漢鐵路交涉之狼狽而已。嗚呼！誰爲厲階，而至於此？

山西路礦權之原動力某氏，嘗持引商力以禦兵力之説，謂借洋債以辦路礦，爲救中國一奇策（見去年《中外日報》十月初六日附張）。其説甚辨。今者覩山西路權轉移之異狀，將謂之何？將謂之何？

抑吾因此二事而更生一異感焉。粤漢鐵路公司之發起者，美國人也；山西福公司之發起者，英國人也。彼其非有欲爭權利於中國之心，則自始不必爲此汲汲明也。既已發起矣，既已獲得矣，而何以比利時以小小伎倆，遂能取而代之？毋亦由英、美之經營此者，以私人資格，而俄、法、比之經營此者，以政府之

---

① 初刊《新民叢報》時，此下原有夾注"參觀前號"，改本同上。

資格耶？彼則事權分而易流動，此則事權集而有定趣，處心積慮以謀之，蔑不濟矣。由此觀之，他日繼起者，又豈惟此兩路而已。帝國主義之盛行，不得不還而趨重於中央集權，即此亦可以觀世變矣。吁！

(1904 年 9 月《新民叢報》第 52 號)

旅順逃竄俄艦之國際交涉

八月十日(陽曆)，黃海大海戰之結果，旅順俄艦分竄各港，其竄膠州灣者若干艘，竄芝罘者一艘，竄上海者二艘，於是日德、中日、中俄之國際交涉紛起。今記載事實，而略評之，亦談國際法者一新興味，而中國之國力，益於茲可覘也。

(一) 膠州灣俄艦事件　黃海海戰之當日，俄國戰鬭艦緇沙黎域、巡洋艦亞士哥列、那域、及驅逐艦三隻，同時遁入膠州灣。亞士哥列裝煤後，旋遁至上海。那域裝煤後，遁向北方。尚餘緇沙黎域及驅逐艦在焉。此報達於日本，日人全國激昂，不可嚮邇。各大報館，皆紛紛責備，謂德、俄預有密約，德國無嚴守中立之真意。其勢洶洶然，謂雖緣此與德國斷絕國交，所不避也。東京政府直與德公使為嚴厲之談判。旋以十三日，德政府下令於青島總督，使為適當之處置，並以電文告日本政府。其條件如下：

一、交戰國軍艦入膠州灣者，許裝載煤及糧食。其所載者足敷其由膠州以達於距膠州最近之本國軍港而止。其寄港時間，仍不許逾二十四點鐘。

一、二十四點鐘內，若實未能出港，則再給以二十四點鐘之展期。

一、若於此指定期限內，不肯出港者，則由地方官勒令解卸武裝。

一、凡交戰國軍艦，曾經一次入港者，下次不得再入。

此電文發布後,旋即實行。緇沙黎域因不能出港,既解武裝云。日本朝野,深與滿足,遂無復異議。

此次德國之處置,實行國際法上所謂"二十四點鐘規則"者,本屬習見之先例。其解卸武裝一舉,亦不過援春間上海俄艦"滿洲號"成例。所可佩者,則德國處置之公平與敏捷而已。獨其間爲國際法開新例者一事,則第四條是也。"交戰國軍艦一度入於中立港者不得再度復入"之宣言,實自此始。將來於國際法發達史上,其必有價值焉矣。

其關於中國地位之研究者,則國際法上租借港主權問題是已。膠州等諸租借地,爲前此先例所無,故國際法上諸疑問紛起焉。自經旅順後,而租借地與交戰國之關係定;自經此次後,而租借地與中立國之關係定。嗚呼!吾固羞言之。

(二)芝罘俄艦事件　初十日大海戰後,俄國驅逐艦列士的拿號竄遁,以十一日午前四點鐘竄入我芝罘。日本驅逐艦二艘,蹤跡得之。見其未解武裝,遂以十二日午前三點鐘遣中尉某與彼交涉,令其於一點鐘內,出港與降伏,二者擇一。俄艦不聽,遂以其日午前五點十五分捕獲之。

此事件傳達於歐洲,各國議論紛然,謂俄、日兩國,皆犯中國之中立,不履行對於中立國之義務。雖以英、美之昵於日本,而其非難之聲,且極高。法國爭之尤力,駐北京之法公使,爲俄艦抱不平於我政府。而我駐法公使孫寶琦氏,關於此事,亦有所警告。俄公使更以全力恫喝我政府,不待論矣。我政府無如之何,卒嚴譴芝罘之將官以爲謝。俄猶未饜,復迫我與日本交涉,遂有外務部照會日使代俄索艦之事。現正交涉中,而其結果斷不交還,可豫言矣。

日政府以列強輿論之可畏也,乃於二十日爲通牒,布告內外以自解。今節譯之:

> 此次日俄戰爭,清國地位,全屬異例。兩交戰國種種之戰鬭行爲,殆舉而行之於清國境內。清國既非戰爭之當事者,而其境土之一部,則爲交戰地,一部則爲中立地。此事於國際法上言之,則可謂一大變態;以理言之,則可謂爾矛爾盾。然此怪象之成,則自兩交戰國之同意,依特別協定而創造之者也。
>
> 帝國政府爲欲保持清國之外國通商及其他諸般之安謐,故與俄國

約束,制限交戰之區域,欲其誠意履行。復約於戰爭有關係地方以外,尊重清國之中立。帝國政府欲以如上之條約,使兩國於戰場地域以外,俱不得占領清國之土地港灣,或使用之於戰爭上必要之時地。蓋以帝國政府之所見,清國之所謂中立者,不過交戰國兵力所不及占領之地點而已,非果完全中立也。因自俄國之同意,爲不得移動海軍或陸軍於清國領域內,以免戰敗禍害之條約。今列士的拿,逸出旅順,遁入芝罘,是其既不得於自國港灣,求避難地以免我攻擊,而遁入此港者也。是即兩交戰國彼此同意,而破清國既定之中立者也。則帝國之限於此件,暫以芝罘爲交戰地也,亦固其所。而此事件之終局,芝罘亦即隨而恢復中立。是則日本對於芝罘所措置,實自俄國無視其約束,直接當然而生之結果耳。雖然,俄國對清國之中立,加以重大之損害,無視自己之約言,固非僅此事件,又非限以芝罘矣。旅順之陷於包圍而孤立無助也,無幾而彼即於同地之要塞與芝罘自國領事館之間,建設無線電信。此通信機關,帝國政府雖累次抗議,而至今尚依然繼續運用也。又於上海當戰爭開始時,其砲艦滿洲號,無視清國之中立,雖自清國受出港之豫告後,尚碇泊港內,經數週之久,重開數次之談判,然後承諾武裝之解除。今巡洋艦亞士克列①,及驅逐艦古勞佐乙,復碇泊上海,幾及旬日,而尚未肯出港,且復不肯解除武裝。

(後略)

日人之所以自解免者,固云辨矣。以吾儕公平之眼評之,則俄羅斯爲此事之戎首,固無待言。若日本之舉動,則楚固失矣,齊亦未爲得也。列士的拿之入芝罘,與緇沙黎域等之入膠州,其時同,其性質同,而日本之所以處置者不同,是明不視我國與德國立於同等之地位也。據彼東鄉司令官所報告,日本驅逐艦躡俄艦跡入芝罘時,直遣人與俄艦交涉,命出港,命降伏,未嘗與我地方官交一言也。盜入他室,盜固罪矣;捕盜者不一問主人,遂排闥而牽出之,其對於主人之禮,可謂盡乎?若謂明知中國不能以自力驅之使去,則經一次形式之交涉後,若誠不去,然後捕之,則吾固無辭也。日人無以自解,乃強爲之辭曰:中國之中立,非完全中立,不過爲兩交戰國特別協定之中立。斯固然也。至謂此

---

① 初刊《新民叢報》時,作"阿士克列",據《飲冰室全集》(中華書局 1916 年版)改。

舉爲兩國同意暫破中國既定之中立,於事爲無傷,則吾見其論理之不完也。夫中國此次空前怪狀之中立,誠爲兩交戰國所創造。既創造以後,經天下萬國之公認,恐又非兩交戰國所得任意而破之也。不然,則尋常之布告中立者,但布告之而已,而何以中國當布告之始,各國互相通牒,以商榷之明認之,非以此怪狀之中立,宜有第四國以爲之保證乎?如日本言,謂可以隨意破壞也,則當初交戰時,俄騎有在遼河以西者,日本何以不竟擊之?滿洲號在上海,日本何以不如此次逕捕獲之?然則日本自始固知此等行動之不當也明矣。而以前此慎重之態度,自立於無可疵議之地位,得據正義以鳴俄國之非,日人得同情於世界,未始不賴此也。何圖一旦,戰勝而驕,遂爲此狂躁之舉。夫中國之中立,爲完全爲不完全,固別問題也。而日本所既指認爲中立之地域,則當視之與完全中立地同科。若此舉者,可謂爲尊重中國之中立得乎?日人謂區區一驅逐艦,所關本細,但不可以茲作俑,故出於此。夫彼區區者,經有日本兩艦在港外監視,其爲釜底游魂,斷難逃脫,此事勢之甚明白者也。日本當此,何難一還我國之體面,爲一度正式交涉,待其不能,捕之寧晚。嗚呼!我國之不齒久矣。此事先既失諸俄,後復失諸日,政府固無力爭此區區權利,且無心爭此區區權利,即我國民亦何顏爭此區區權利。雖然,若語於學界上之發言權,則吾人亦不能遂爲寒蟬之噤而已。抑日本以茲區區,害各國之感情,爲此役名譽之一污點,吾不能不爲日本人惜之。吾度彼蓋未始不稍悔其造次之失,既已行之,則終回護之,此殆所謂騎虎者非耶?嘻!

(三)上海俄艦事件 同時俄之巡洋艦亞士克列、驅逐艦古勞佐乙,遁入上海,至今已將逾兩來復,而日日在船塢修理,既不出港,復不解裝。日本公使屢次抗議,吾政府與俄政府亦屢次交涉,而至今頑然不應。俄國之無意尊重中國之中立,非止一次,此則慨不勝慨,而責無可責者矣。今日電報,各國領事會議處置之法,將行干涉,而日本則主張以獨力對付之。使芝罘事件而亦如此也,則吾無憾,且亦無辭也。雖然,吾中國之中立,本可笑者,本可憐者。其能否持中立局面以相始終,其權全在人而不在我。使芝罘事件之處置而非如彼也,則其結局亦必同於上海而已。然則吾曉曉焉,其亦無恥也哉!(七月十四日稿)

(1904年9月《新民叢報》第52號)

澳洲新内閣與二十世紀前途之關係

今年者，全世界勞働者一大紀念之年也，或且爲全世界一大紀念之年也。何以故？以勞働黨之組織内閣，實始今年故。

社會問題爲二十世紀第一大問題，稍明時局者皆能知之。現在全地之社會黨黨員其總數幾何，吾不能言之；但其有選舉權者已在九百萬人以上，則吾能言之。

數年來各國議會之議員，其代表社會黨者，以非常之速率，歲歲增加。其最著者爲德國。德國今年國會諸政黨中，其最占多數議員之黨，即社會黨也。自餘諸國，亦駸駸增加，幾爲一日千里之勢。雖然，竟未聞有以勞働者之黨魁任大宰相組織内閣者；有之，則自今年之澳洲新内閣始。

去歲澳洲聯邦議會之行選舉也，上下兩院間勞働黨之議員，皆大增加。其在下院，七十五員中，勞働黨占二十四員，上院三十六員中，亦占十四員。故政府黨與在野黨之均衡，一爲勞働黨之所左右。彼勞働黨向固援政府黨與智堅內閣（前宰相）相狼狽者也。初智堅內閣，以調和仲裁法案，大得同情於勞働黨。調和仲裁法案者，乃以最近社會主義之精神爲基礎，設一特別裁判所。凡遇有資本家與勞働者爭鬩之事，全歸該所辦理，使閉鎖工場同盟罷工等野蠻舉動，可以消滅。誠當今政策所不容已也。此法案當千八百九十四年，曾行諸紐西蘭，結果甚良。智堅乃提出欲行於全澳，勞働黨贊之，此智堅內閣之所以成立也。

乃未幾即以此案，而勞働黨與智堅內閣復分裂。蓋勞働黨所主持者，謂此法案，凡工人無論爲私人所雇、爲國家所雇，皆可通用。因前此域多利亞省鐵道工人，謀同盟罷工，而政府以雇主之權利鎮壓之。彼黨之不平，蓋在於是。彼黨議員乃提出修正案以要求於政府。雖然，政府之意，以爲此修正案之成立,則與聯邦法律相牴觸,而惹起政治上之問題。蓋法律上所賦與各省政府之權利,有非聯邦政府所能干涉者。此智堅內閣所以不能強從也。於是四月二十一日,以此案提議於議會。勞働黨與自由貿易黨聯合,政府得二十九票,反對政府者得三十八票,政府遂敗。

　　於是智堅援例辭職。澳洲總督遂命勞働黨首領和新氏組織內閣(按:澳洲之總督,爲英皇之代表。其地位一如英皇之在英國,無責任者也。而組織內閣之命,必自彼發。但所命者必爲議會多數黨之首領,不能任意自命也),其閣員如下:

　　總理大臣兼大藏大臣　　　　　　和新
　　外務大臣　　　　　　　　　　　囂士
　　司法大臣　　　　　　　　　　　別京士
　　內務大臣　　　　　　　　　　　伊埃爾巴志拉
　　商稅關務大臣　　　　　　　　　腓志耶
　　國防大臣　　　　　　　　　　　特遜
　　驛遞總長　　　　　　　　　　　馬韓
　　聯邦行政會副議長(非閣員)　　　麥基利哥兒

右諸員中,惟別京士一人屬於自由黨,其餘皆勞働黨云。前此該黨揭櫫之政綱,曰白澳洲之維持(第一),曰養老年金之核行(第二),曰特占事業之屬於國有(第三),曰義勇艦隊之組織(第四),曰公債之制限(第五),曰仲裁法案之強制實行(第六),曰航海條約之發布(第七)。今該黨得所藉手,其於此諸政策,必將有所建白矣。

　　和新氏就任以來,對於公債及關稅諸政策,悉爲穩重之進行,絕無粗忽輕暴等弊。此各國政論家所同刮目者也。夫以勞働黨組織內閣,實前古所未聞,而以二十世紀最重最要之社會問題,蒸鬱孕育,而遂至有此舉。識者於此,可以觀世變也。和新氏可謂全世界勞働黨之陳勝、吳廣也。吾知此後爲其項、劉者,益不乏人。新世界之開幕,其在此乎?其在此乎?故不避對岸火災之誚,述其始末以介紹於我學界云爾。

(1904年9月《新民叢報》第53號)

英國之西藏

數月以來，世界之大事，除日俄戰爭以外，最令人注目者，曰英藏交涉。

自六月廿三日(陽曆八月三日)，英軍入西藏之首都拉薩，英藏交涉遂告終局。七月廿二日(陽曆九月二日)，十條之英藏條約成。自茲以往，西藏遂將爲英國人之西藏。

今譯其條約全文如下：

第一條　照依光緒十六年所訂立國界條約第一款，在哲孟雄界邊重建界碑。

第二條　除雅頓一埠以外，再將江孜及哥達克兩地爲通商口岸，供英藏兩國民往來貿易。將來或再查確，何處應爲通商口岸者，仍得隨時議開。

第三條　英藏之通商稅則，一經議定後，毋得將稅率任意增加。

第四條　前此光緒十九年所訂條約，有應修改者，統由西藏政府派專員，與英國全權大臣商訂。

第五條　自印度邊界直通雅頓、江孜、哥達克一帶，所經道路，不得設立局卡。其道路有險惡不宜行旅者，由西藏自行修築，務使便於商民。又該三地須由西藏政府特派一官員駐紮，凡英國領事官所有與駐藏大臣及其餘藏官之交涉文書，皆經此官員之手。將來若增開通商口岸，亦援此爲例。

第六條　因西藏政府不依條約，妄啓兵端，應賠償英國兵費七十五萬磅，限西曆千九百六年一月一日交訖。其交收之地，臨時由英國政府指定。

第七條　英國暫時派戍兵駐於焦黎志地方，待通商口岸開定賠款交清時，方行撤還。

第八條　由印度邊界至江孜一帶，所有堡寨，皆平毁之。

第九條　西藏政府，若不經英國政府之許諾，不得將西藏之地割讓或租借於他國。又西藏之政治，不得受他國之干涉。又不得擅許他國在藏地修築馬路鐵路建設電線開採礦產。

第十條　此條約以千九百四年九月二日，由英國邊務大臣張伯士彬，與西藏達賴喇嘛，在齊耶阿地方公同畫押。備英文藏文各一份，但以英文爲正本。

（附注一）光緒十六年條約者，由中國駐藏大臣升泰與英國印度總督麥凱士所訂，所謂藏哲（哲孟雄）界約是也。其第一款云：藏哲之界，以自布坦之交界支莫摯山起，至廓爾喀邊界止。（下略）哲孟雄即介於布坦與廓爾喀之間者也。

（附注二）雅頓在藏哲交界處，舊有税關，爲西藏與印度通商獨一之關門。江孜在尼揚楚河與章魯河合流處，一路通拉薩，一路通西卡孜，全藏之要衝也。哥達克，湖名，其都會在湖旁，距拉薩二百餘里。

右條約所最宜注意者，則第九條也。所謂勢力範圍之一語者，前此各國競施諸中國本部，今則英國獨施諸西藏也。土地不許割讓，不許租借，路權礦權，不許讓與英國以外諸國，皆勢力範圍之成例也。西藏者，第二之哲孟雄也。

次宜注意者，則第四條也。前此中國之待屬國，皆不干涉其政權，惟於西藏則駐大臣以握之。西藏爲中國完全屬國，天下所同認也。故前此一切外交事件，皆駐藏大臣主持，實對於保護國應享之權利也。今訂約全以英藏兩政府直接交涉，並前此中國經手訂定之約，其修改權亦不許我過問。中國與西藏，從此義斷恩絶也。西藏者，第二之朝鮮也。

聞中國政府於此約文公布後，近乃提抗議於英政府云。雖然，天下惟有義務者爲有權利，又惟有權力者爲有權利。中國於西藏，放棄其義務久矣，而英藏紛爭以來，復無一毫權力以盾其後。甑已破矣，而乃顧之。噫！果何爲者？果何爲者？

（1904年10月《新民叢報》第54號）

哀西藏

數百年藩屬中國之西藏,而今已矣。國中關心時局者,其視線全注於日俄戰役,而於英藏交涉,往往若無覩焉。嗚呼!滿洲、西藏兩者之關係輕重,未易軒輊也。作《哀西藏》。

一、西藏與中國之交涉

西藏,古吐蕃國也,元、明稱烏斯藏。自唐太宗以文成公主下嫁吐蕃贊普,始通中國。唐、宋時頗爲邊患。元世祖封八思巴爲帝師大寶法王,以領其地,西藏始爲宗教政治。明太祖以其地曠人悍,欲殺其勢而分其力,凡元代法王國師後人來朝貢者,輒封之。成祖沿此政策,凡封法王者五,封西天佛子者二,灌頂大國師者九,灌頂國師者十有八,皆世襲焉,若土司。自是西藏益弱,終明世不爲西鄙患,歲朝貢惟謹。蓋宗教政治,實西藏所以自取滅,而中國之御之也亦以此。疇昔之受法號者,皆紅教也。永樂中有宗喀巴者起,倡黃教。明中葉宗派益大,凡紅教諸法王亦俯首稱弟子,漸有統一全藏之勢。今所謂達賴剌麻、班禪剌麻者,即宗喀巴二大弟子之正統,彼中稱其以呼畢勒罕(譯言化身)世世轉生者也。本朝太宗崇德七年,達賴剌麻遣使至盛京通好,且獻符命,是爲西藏通滿洲之始。順治九年,達賴朝京師,受封焉。未幾,其臣有第巴者,梟雄有遠略,思統一全藏及附屬諸佛教國,乃乘達賴之卒(康熙二十五年),祕不發喪,自專國事。既祖準噶爾以殘喀爾喀蒙古,復唆準噶爾以鬭中國,又外構策妄,内閧拉藏汗,於是西北擾攘者凡數十年。聖祖既服準噶爾,至康熙五十七年,復乘餘威率大兵由巴里坤、青海、四川三路並進以臨藏。藏人請和,乃册立其第六世達賴剌麻以鎮撫之。是爲西藏交涉之第一期。

中國之有駐藏大臣也，昉於雍正之初，而定於乾隆之中葉。雍正二年，羅卜藏丹津之叛，青海剌麻助焉。其年冬，藏中噶布倫等三人，煽惑其民，欲投準噶爾以敵中國。北京政府竭全力，乃僅討平之。卒收巴塘以入川，而派蒙古台吉頗羅鼐爲貝子，總藏事，留正副大臣二人領川陝兵二千分駐前後藏鎮撫之。是爲大臣駐藏之始。未幾頗羅鼐死，其子朱爾墨特襲封，以駐藏大臣不便於己，先奏罷駐防兵，陰通準噶爾謀變。時乾隆十五年也。駐藏都統傅清等爲所戕，事旋平。自是西藏始不封汗王貝子，以四噶布倫分其權，而總於達賴剌麻。增駐藏大臣兵千五百使戍藏，然猶未盡干涉其内政也。其後班禪剌麻舍瑪爾巴欲與達賴爭權，憤唆廓爾喀入寇。達賴敗，廓人飽颺而去。五十六年，復深入，福康安、海蘭察大舉平之，留士番兵三千，漢蒙古兵各千，戍藏。自是駐藏二大臣行事儀注，始與達賴、班禪平等。其四噶布倫及番目缺，均大臣與達賴會同選授，事權始歸一，衛藏等郡縣矣。自第巴以後凡百年間，以達賴轉生，真贋錯出，紛爭屢起。至是特頒一瓶，供於中藏之大招寺。遇有呼畢勒罕出世，互報差異者，探籌決之。未幾復移其瓶於京師之雍和宮，自是全藏之主權者，竟由北京政府所指命，至今不改。

中國之待諸屬國，若高麗，若緬甸，若暹羅，若安南，其所施政策，皆取羈縻勿絶而已，於其内政絶不干涉。惟在西藏，則兵權全握之，政治權（命官權）全握之，商權全握之。（英人維廉卡黎所著《西藏探險記》第六章，言西藏之閉關，全由中國人指使之。中國人所以必令西藏閉關者，全爲獨占商權起見。因歷言華、藏商業之利益。就中論華茶以西藏爲一大市場，若西藏與他國通商，則華茶利權，必盡爲印度茶所奪，故華人必竭全力以拒外商云云。其言未免太高視中國政府，蓋中國政府從未聞有以保護商民利益爲行政之方針者也。雖然，其所述現狀，固自不誣。但十年來，印茶入藏者已歲三十餘萬石，前此政策，失之久矣。故國初有以茶與大黄制西人之語，西藏商權，前此實全爲中國所壟斷也。）故笛羅女史（英人。以千八百九十二年子身由甘肅入藏，翌年由打箭爐歸。近世有名之探險家也）謂中國之對西藏，純用歐人待殖民地之法（如百年前英之待亞美利加），謂此種之屬國政治，乃"西洋的"而非"東洋的"也。其言殆不爲過。準此以談，中國與西藏關係之切密，蓋可知矣。

二、歐美人之探險於西藏（附日本人）

西藏者，所稱世界祕密國也。十九世紀以還，"世界者全世界人之世界"一語，既已實行，凡凸出於五大洋上之陸地，無一不互交他國之足跡。其瞖層雲，障濃霧，不可思議者，惟餘一西藏。其首都拉薩，號稱神靈不可侵犯，除中國人以外，無得窺其奧者。據西史所記述，白種人曾至其地者，前後不及二十人，大半爲天主教教徒。其最初之一人，曰阿德歷，以千三百二十五年始至其地，時尚未有所謂達賴、班禪剌麻諸名稱者。後越三百年，有西士德者(亦天主教教徒)，再至拉薩，正第五世達賴剌麻在位時，我順治、康熙間也。十九世紀以來，有英人德麻滿甯(以千八百十一年至)，法人約克及加卑(以千八百四十六年至)，皆至拉薩謁剌麻。約克著旅行日記公諸世。開西藏研究之端緒者，自約克也。

十九世紀下半紀以來，歐美人入藏者不尠，然率皆不得至拉薩。今列舉之(以下照譯《日本外交時報》第七十九號《西藏遠征篇》)：

俄羅斯大探險家布里華士奇爲數度之大旅行。其第三度旅行欲尋河源(黃河)，以一八七九年三月往，一八八〇年十月返。其第四度乃探險於西藏北部，以一八八三年十一月往，一八八五年十月返。其死後俄人羅波羅士奇復經崑崙山之西入西藏。是爲俄人入藏之始。

美國人洛奇爾凡兩度入藏，第一次在千八百八十八、九兩年，第二次在千八百九十一、二兩年。著有《蒙古西藏日記》，一八九四年，在華盛頓出版。是爲美人入藏之始。

又千八百八十九年至九十年，比利時天主教徒之一團體入藏。

又千八百九十一年至九十二年，英人巴華士尉與梭羅德博士同入藏。

千八百九十二年，英人笛羅女史子身孤往，率亞細亞人五名，由甘肅入西藏。九十三年，經四川之打箭爐，返於中國。所歷艱苦，不可名狀，世以比諸立溫斯敦之探非洲云。其旅行日記，以前年(一九〇二年)在倫敦出版。西籍中言藏事者，推此書最良云。

又法人焦德羅氏、格黎拿爾氏以千八百九十三、四兩年入藏。

英人列德的兒以千八百九十五年，偕其妻入藏。

千八百九十六年，英人維廉卡黎入藏，著有《探險記》。(日本《東邦協會會報》有譯本)

同年，英人笛志大尉入藏，亦著有旅行記。

又瑞典著名探險家士比海津以一八九六年及一九〇一年兩度入藏。

其旅行記，今最歡迎於時。

又俄羅斯人哥士羅夫自千九百年至千九百〇一年入藏，所探祕密頗多云。

日本人則近三四年來，漸有探險於西藏者，曰河口慧海，曰成田安輝，曰能海寬。河口成田，今已返國；能海氏則消息杳沈，疑其被害也。（譯者案：河口氏有《西藏旅行記》二大冊，今年出版，頗饒趣味。又日本近立一西藏研究會，新出一書，題曰"西藏"，亦頗簡明。）

（附言）中國書言藏事者，除《西藏圖考》外，有杜昌丁之《藏行紀程》，王世睿之《進藏紀程》，徐瀛之《西征日記》《斾林紀略》，盛繩祖之《衛藏識略》《入藏程站》等書，皆可供參考。而以姚瑩之《康輶紀行》為最佳本，於其政俗，多可考見焉。

以百年以來，而西人足跡履藏境者可屈指數也若彼，讀其所紀載，則又皆冒萬險，瀕九死，視前此哥侖布之於美，偘頓廓之於澳，立溫斯敦之於非，其艱困猶將過之。使西藏而長此終古也，則西藏真世界之不可思議國也。而不意物競天擇之公例，固不許爾爾。曾幾何時，西藏遂有今日。嗚呼！西藏竟有今日！

三、西藏與英國之交涉（附俄國交涉）

條頓民族之所以優勝於世界者不一端，其最可畏者，曰政策之遠大堅忍，進步之沈著秩序是也。彼其國是一定，則孳孳行之，不計近功，而常責效於數百年以後。若英人於極東交涉之西藏問題，亦其一端也。今請略述其歷史。

英人既併有印度，刻意欲建一大帝國於中亞西亞，使東接揚子江流域，西達波斯灣阿剌伯海。其遠略雄圖，懷抱之者已非一日。其進取之法，亦向各方面次第進行。而東南端一方面，則務先舉喜馬拉耶山麓諸國，置諸勢力範圍以內。其所最注意者為西藏。而欲圖西藏，不可不先圖布丹（官書或作布坦），圖廓爾喀（譯音為尼泊爾，今從官書），圖哲孟雄（譯音為西金，今從官書）。故欲語英藏交涉，不可不先語英國與彼三國之交涉。

（一）**哲孟雄隸英始末** 哲孟雄國於喜馬拉耶山上，其國王與西藏貴族世為婚姻，實西藏一附庸也。嘉慶十九年，為廓爾喀所攻，幾亡。英人助之，王復位,且奪廓之台萊、摩蘭兩地與哲,許有事爲之防護。是爲英、哲交涉之始。道光十五年,廓、哲復交閧,英爲和解之。遂割哲之大吉嶺及毘連印度之平原隸英,而英政府歲酬哲王俸三百鎊爲報酬,旋增至六百鎊(視哲王固有之歲入已較多云)。自是大吉嶺附近日發達,而哲王亦相安者十餘年。其後以販奴事(販哲人入藏爲藏貴族奴)與英屢衝突。道光廿九年,大吉嶺知事某,謁哲王,商善後,哲人囚之。英乃遣兵復仇,割其下台萊全境,停其王歲俸者數年。然哲人仇英之心益甚,販奴業亦卒不悛。咸豐十年,英將葛剌率兵一小隊,竟據哲爲城下盟。約四事:一許英通商,二保護游歷外人,三改治道路,四與西藏謀互市之利。哲王從之,歲俸亦增至千二百鎊。顧哲王終怏怏,於通商築路之約置不問。光緒十年,王遂孫於西藏。十三年,藏兵入哲,敗於英(語詳下)。王懼,乃歸國。英人設官監督之,始與印度諸藩伍矣。十八年,哲王不堪挾制,復思孫於印度。中途爲藏兵所縶,送印度政府,乃被錮於大吉嶺獄。越三年見赦,復藩王位。哲孟雄之地位,乃純與印度内地等,至今不變。自是印度入藏之中路通。

(二) 布丹、廓爾喀與英國之關係 布丹、廓爾喀,皆爲半獨立國,在英政府保護之下。印、藏間之甌脱凡三國,哲在中央,布宅其東,而廓圍其西。英之對哲則用侵略,其對布與廓則用懷柔,未知其果欲是歟,抑將有待也。布丹民俗,略同西藏,宗教亦尊喇嘛。自大吉嶺東北行一日而抵噶倫繃,實爲布、藏互市地。更東北行一日而抵培頓。二地者,昔皆屬布丹。同治四年,布人襲印度敗於英,遂割第司泰河以東與培頓平原一帶地方迄亞山上部,歸英以講。其東之巴克薩,英防軍駐焉。自是印度入藏之東路通。廓爾喀故蒙古族,而與印度同俗。其人驍悍,屢與英爲仇。道光二十年,攻印度,陷哲孟雄,爲英人所擊退。(時英人攻我浙、粤,廓爾喀遣人告駐藏大臣曰:"小國與里底所屬之披楞地相隣,每受其侮。今聞里底與京屬搆兵,京屬屢勝。臣願率所部往攻里底屬地以助天討。"我政府答以遠夷相攻,天朝向不過問云云。不知彼所謂里底者即英國[殆不列顛之譯音],京屬者指中國[意言北京直轄地也]披楞者即印度之孟加拉也。此亦吾外交史上一笑柄,附記於此。)此後廓、哲屢搆釁,然每經一次,則英人之權力在彼兩國中者,愈進一步。自英人據大吉嶺、噶倫繃、培頓後,廓人紛紛來集。奉景教者,爲英人充兵役者,大不乏人。廓之地位雖稍優於彼兩國,然亦爲英用而已。

(三) 中國與英國關於藏緬之交涉 緬甸爲我藩屬,而以二十年前入於英,盡人所能知矣。而其地位實由英、藏之交涉定之。初,乾隆三十八年,英人始遣濮克爾者,持節入藏,班禪剌麻待之良厚,然未抵拉薩,不得要領。四十九年,再遣搭納者使藏,亦如之。是爲印、藏交通之始。蓋其時印度總督海士廷格,雄才大略,謀闢印、藏互市之途,孜孜從事者殆十年。今者英人對西藏政策,皆祖海氏也。迨海氏去印度,而西藏使節不通者垂百餘年。光緒二年,英國與我結芝罘條約,始特提英國使節得入西藏一事。十年,印度民政廳書記官馬考烈者,自請爲商務使,入藏察商務。英政府許之,與我政府展轉交涉,由總理衙門發護照俾前往。使馬氏得照即行,而取道於川爐,當無障礙。而乃遷延至半年之久,復挈多數之學者,由哲孟雄往,沿途探察礦脈。於是藏人滋惑,群起拒使節,勢至洶洶,殆將用武。中國於此,將踐約而以兵力鎮壓藏人耶,抑食言而撤回英使護照耶？二者必居一於是。政府乃取後策,竟婉勸馬氏離藏境,馬氏怏怏歸。於是更結所謂北京條約者五條,中國對於緬甸,全放棄上國之權利,而割毘隣緬甸之一地以爲報酬。緬甸主權,遂全歸英。該條約第四節,更申言印、藏通商之事。自是英、藏間關係,日趨複雜。

(四)英藏第一次搆釁及藏哲界約 馬考烈既罷歸,藏人不知以彼之故,而我上國所損權利,若玆其鉅也,謂其反抗之力,足使英人懼也。自是藐英益甚,乃欲燿威於舊屬之哲孟雄,遂勸哲王棄國入西藏。王應其召,去國二年有奇。英人忠告不聽,且答書辱之。光緒十四年,藏人遂遣兵入哲,築堡寨於龍洞,嚴陳兵備,阻絶商旅。十五年三月,英人出兵擊之,藏兵遂不支。然英軍以轉運困難之故,所縻亦至巨。事既定,遂與我駐藏大臣重結所謂藏哲界約者八條。(一)訂定藏、哲之界(原約第一、第三款),(二)中國認哲孟雄爲英國屬地(原約第二款),(三)開印、藏通商之路及外交交涉(原約第四、第六款)。此其內容之最要者。而(一)(三)兩項遂爲今日藏事之伏線矣。該約以光緒十六年二月十七日,我駐藏大臣升泰(即今大臣有泰之從兄)與英印度總督麥凱士畫押於大吉嶺;其年七月十二日,換正約於倫敦。

越三年(光緒十九年),復遣使會商於印度之加拉吉打,遵十六年之約,妥議界務商務詳細章程。約開雅頓爲通商口岸,以光緒廿一年開市設稅關,以總稅務司赫德轄之,限五年以內不徵稅。(原約如是。惟五年期滿後,至今仍未徵稅云。)惟英人請於藏、哲交界處立界碑,中國不許,而英人入藏自由之權利,亦不完全。英人快快。越十年遂有今日之事。

（附）**俄藏之交涉** 英人欲建大帝國於中亞，而以南亞爲根據地；俄人亦欲建大帝國於中亞，而以北亞爲根據地。兩國者，各以百年之成算，向於其目的，汲汲進行，而短兵相接之點，在於西藏。俄、英之爭藏，事勢之不可逃避者也。二十年來，英人對藏政策，多用威逼，俄人對藏政策，純用懷柔。故俄人著著成功，英人著著失敗。俄既征服青海以北之蒙古種族，乃用宗教政策，馴其土民，而盪影響於西藏。（俄人在本國，以希臘教爲國教，其國民幾無信仰自由之權。乃其對於東方之佛教徒，則專取寬大主義，且極力保護佛寺，獎厲佛宗，以買其歡心。蒙古等處之剌麻，悉以西藏爲宗主。故蒙古人信賴俄國之心，間接以傳於西藏也。）三十年來，圖藏之志日銳。有德爾遮其人者，俄政府所派祕密運動員也，出其機敏之伎倆，得夤緣爲今達賴之教師。（或謂其在本國政府領出之機密費，每歲實逾百萬云。）又廣植徒黨於藏中，籠絡其僧侶及其人民。數年前，俄皇曾贈達賴以希臘教主教之法服，由德爾遮轉達。達賴喜不自勝，日服之以登壇。（以佛教法王而受希臘主教之號，實可駭可笑。蓋達賴以佛教爲世界唯一之教，謂俄皇亦緇門中人，故貪其金色法服之焜燿，而沾沾自喜也。）俄、藏之交，日益親矣。而藏之相臣有查達者（次於剌麻之第二等僧正也），復極持聯俄主義。蓋查氏在藏人中，實以最通外事聞。彼嘗居印二十餘年，熟視英人蠶食印度之現狀，既憤且懼，謂西藏非得一大國爲援，不足以禦英。此主義持之有年。今達賴即位，查氏旋爲首相，猶遲疑於倚中倚俄兩者之間。甲午一役以後，知中國不可恃，乃全嚮俄。庚子之冬，聯軍陷京師之報既達拉薩，中國威信益墜地。俄乃誘藏以結密約。據歐美各報所述，其事確不誣。然約文至祕，局外莫能見也。自庚子至今，西藏幾爲俄羅斯之西藏。

四、今次之事變

英兵此次之入藏，其所藉口者，曰藏人於光緒十六年、十九年之條約，不能履行也。平心論之，則禍機所自發，我政府實有不能諉其咎者。三百年來禁絕西藏之外交，其於對待屬國之法，既得之矣。然哲孟雄等爲西藏屬國，實我陪臣，而乃不禁其外交，展轉而來，遂與不禁西藏外交無異。故區區之哲，遂爲印、藏兵端之導火線。其失策者一也。我之干預西藏內政，雖頗周密，然藏兵執照，由達賴剌麻蓋印，駐藏大臣，不能實行指揮。故挑釁暴動，得以自由，中央政府，未從彈壓。其失策者二也。我國外交，向以顧頇延宕爲法門，莫或逼之，則模棱以終古也。十六年、十九年兩次之約，於印藏通商、英人入藏及建立界碑之事，既經兩國全權之苙盟，而乃遷延遷延，不訂細章，復不在藏地爲實施之豫備。在我政府固久已忘之，而以爲英人亦既相忘也，而豈識夫彼於已得之權，萬不肯放棄也。坐是之故，令英有辭。其失策者三也。故今日之禍，吾無慰夫英焉，吾無嗔夫藏焉，其責任實在我政府。

雖然，英之欲逞於藏也既久，顧持滿不發者，非有愛於藏、有憚於我也，慮俄人之議其後也。故乘日、俄之交鬨，乃今舉其十二年來懷抱之宿志而實行之。故英藏條約，謂之曰日俄戰爭之結果，可也。今檢查去年以來各報之紀事，以極簡單之筆，記今次英藏交涉如下：

去年陽曆十一月六日　英政府始下訓令於印度總督，命派兵入藏。蓋恐國論之或有反對，乃乘議院未開以前，定此方針，亦深察日俄戰機之已熟，料俄人無餘力以相抵抗也。

十二月廿四日　張伯士彬大佐，率遠征隊達於藏境之花梨。其地距大吉嶺百四十吉羅米突。

今年三月廿七日　張大佐之兵駐於花梨者，三月有奇。俟麥都那將軍大兵之至，會齊以是日指江孜進發。英軍共步兵八百五十人，馬兵百五十人，礮六尊。

卅一日　英軍抵緇納，西藏軍衛戍地也。是日，拉薩政府派一將官來止英軍勿進發。張大佐告以此次之來，帶平和的使命而已，強進不止。藏軍千五百拒之，遂開戰。麥將軍幾負傷。藏軍旋大敗，死傷五百，捕虜二百。

四月三日　駐藏大臣遣使於英軍，止其前進。不聽。

五日　麥將軍進至巴謨阿湖，藏兵八百人，爲英軍擊退，傷亡甚衆。

六日　英軍之格爾卡斯兵一中隊，印度兵一中隊，在嘉羅山峽下，與藏兵鏖戰六小時。英軍傷亡二十五人，藏軍二百人。

二十八日　英軍至江孜迤東四十英里之峽路，藏軍千五百人守焉。以彈丸不能命中，英軍安然前進。

五月廿六日　外務部得駐英公使張德彝電，言已商英藩部，請電印度總督停止進兵。所議各條,請與駐華英使商定。電藏速辦。

廿七日　英人襲據巴拉村,以次掃蕩各村落。

六月一日　張大佐牒告駐藏大臣,限以本月二十五日至江孜會議。

七日　藏軍襲坎馬之英軍礮臺,不利,百六十四人死之。時英國兵力總數,凡四千六百人。

二十六日　英軍占領江孜。

二十九日　藏人乞休戰,以待使節之至。英人許之,約以三十日。

七月一日　休戰期滿。

二日　拉薩政府代表人至江孜,與張大佐會議,不得要領。復展休戰期限三日。

五日　張大佐復下命攻擊,破我礮壘。

十三日　張大佐傳檄遠近布告入拉薩議和之事。翌日拔隊進行。

十九日　英軍至拿亞孜。拉薩政府代表人來言,拉薩爲宗教聖地,非商議國事之所,請回使節,返於江孜。英人不許。

八月九日　英兵入拉薩,達賴剌麻逃。實華曆六月廿八日也。

十六日　張大佐始往見我駐藏大臣,告以中國之責任。

同日　我駐藏大臣電外務部,請派專員與英訂約。

九月九日　英國大佐張伯士彬與達賴剌麻訂約十條,簽押定議。實華曆八月初一日也。

十日　駐藏大臣有泰,以英藏約文大意電告政府。

十五日　英兵退出拉薩。

此一年來英、藏交涉始末之大略也。嗚呼!以數千年世外桃源之西藏,今竟若是;以三百年來我卵我翼之西藏,今竟若是!夫吾所謂前此三大失策者,爲直接間接釀成藏禍之根原,往事不可追矣。而此次英兵入花梨入江孜以來,事亘八九月。夫孰不知英兵至拉薩後,要盟之下,有必非吾所能堪者,而竟無一介之使,先發以制銖黍之勝。讀此次英藏新約,稍有血氣者,不能不拊膺而長慟也。其條約全文,既譯登於各報紙①,今據上海《時報》特電原文再録,資參考

---

① "登於各報紙",原刊《新民叢報》時作"登本報前號",據《飲冰室全集》(中華書局1916年版)改。

焉。(各報所載①,詞句之間,互有詳略,故複錄此文。)

（一）西藏番人,現允遵照庚寅約章之第一款,將哲孟雄邊界,重立界碑。

（二）西藏番人,應允除亞東關外,并在"江孜""噶大克"二處,開埠通商,英藏商民,均可聽便往來。其癸巳年所立商約,所有不妥處,須與藏番商改。改定後,以上所開之三地,均須遵辦。其商民前往印度,應就現行道路轉運。如另有商務興旺之地,再行商酌添設商埠。

（三）癸巳約章,甚不妥協。應另案由西藏派番官,與英國商改。

（四）稅則一經訂妥後,不得再加。

（五）由印度邊界,至"亞東""江孜""噶大克"三處邊界,沿途不得設立關卡等。如各該處道路險峻難行,仍須由藏修理。又該三處,應由西藏設立番官。所有駐紮該處之英官,如有文件致駐藏大臣,及漢番各官,均應由該官接遞。將來他處如添設商埠,亦應倣此辦理。

（六）因藏番不遵約章,開罪英國邊務大臣,妄動兵釁,應由藏賠給兵費五十萬磅,合盧布七百五十萬元。勻作三年付給,以西曆一千九百零五年元旦為首期。至該款定於何地交收,應由英國先行咨會,或即在大吉嶺交收。

（七）因欲將前六款,實力辦到,故印兵英兵仍行留駐春丕(按:即城備),俟三年後,商埠已開,賠款已清,方行撤退;否則仍駐該處。

（八）由印度邊界,至江孜及前藏地方,凡阻塞之區,均須由藏番修改平易。

（九）此後如不經英國允許,則無論何國人,不得典賣租給西藏土地,又不得預聞一切應辦事宜。又無論何國,不得派遣官民到藏,協同藏番辦理各事。又不得干預修道,並築路開鑛等事。又各樣恒產,及一切值錢產業,不得自與外人抵押對換租賣。

（十）此約由英國邊務大臣榮,與達賴喇嘛,於七月二十三日,在西招畫押蓋印。約文用英文及番文繕寫,以英文為准。

---

① "各報所載",原刊作"前號所載由日本報重譯",改本同上。

約既畫押,環球聳目。俄、德、美、意公使,相繼抗議,而俄尤劇。於是我政府始照例電責駐藏大臣有泰使廢約云。見兔顧犬,嗟何及矣,而況乎犬之復不競也。近數日日本報紙載北京電,有派唐紹儀爲全權議改約之事。唐氏頗嫻英語,然以當此既壞之局,能有濟乎?是又不待著卜爾。嗚呼西藏!

兹約之影響,本報前號,既略爲短評。今復載內地最有力兩大新聞之意見,資參考焉。《中外日報》"論英藏新約"(八月初九日)云:

(前略)按此約所行當注意者有三端:一爲逕由英國邊務大臣與達賴喇嘛自行立約,置中國駐藏大臣於不顧。是英國已不認西藏爲中國之屬地,並忘駐藏大臣有管理全藏之權,直視之與寄居官等。其當注意者一也。一爲約中兩載無論何國之語,按此語中實含有中國在內,直視中國與諸國等。約中明言不得預聞一切應辦事宜,又言不得派遣官民到藏,協同藏番辦理各事,蓋即指駐藏大臣之職掌而言。是中國此後,不能復有政權於西藏,而駐藏大臣,直同虛設,已不言可知。其當注意者二也。一爲約中明言,如不經英國允許,即不得如何如何云云,是英國已明認西藏爲英之屬地,一切外交政策,當惟英國之命是聽,即與日本之待高麗無異。而西藏此後,當脫離中國之羈絆,而受英國之約束。其當注意者三也。本館竊謂英、俄兩國,注意西藏,爲日已久。英人欲鞏固其印度之勢力,而杜俄人之覬覦,自不能不取西藏爲己屬。使中國能見及此,急派重臣以鎮之,遣大兵以守之,或猶不致激成此舉;而中國又不能。於是英人乘日、俄正在交戰,俄人不暇西顧之時,急從印度守臣之議,派兵入藏,以收此鷸蚌相爭,漁翁得利之明效。此則英人之深謀,可考而知者也。最可怪者,中國政府,當英兵入藏之始,既不急遣專使前往戰地,以與英熟商,以阻英兵之前進,又不遣精銳之兵爲西藏之保衛,遂致釀成此禍。(中略)惟當英兵大舉進藏之時,英之與藏,必有另訂新約之舉,已在人人意中,則補救之策,更不能不講。乃又遣一不諳外交,素無名望,而又遲遲不欲往之有泰當之,遂致一誤再誤,無可救藥。政府之咎,可勝道哉!嗚呼!西藏已矣,不必言矣。俄人於東三省,既爲日本所困阨,而西藏一區,又被英人捷足先登,則失利之餘,豈能無所取償?而取償之地,殆不出於蒙疆回疆之間。政府諸公,若爲亡羊補牢之計,其急留意於回疆蒙疆可也。

《時報》論中國棄讓西藏(八月初八、初九日)云：

（前略）猶記咸豐八年十年之間，俄人於英國肆擾沿海，進薄都門之際，而乘中國之不覺，且欺英國之不知，略施恫喝，安坐以割我黑龍江北數千里膏腴之地。當時中國，不甚愛惜。而英則以受俄之紿，茹恨至今。曾越幾時，而今日之英人，亦藉俄、日相持之時，諗俄之無力與聞，以數千之印兵，冒酷署，度奇險，不折一矢，而入於拉薩之首府。全藏六千里之天壤，一舉手而措諸要盟之下焉。而有泰電致政府之辭，猶與當日黑龍江將軍奕山從權辦理之奏無異，此豈所謂循環往復者耶？西人謂俄國於此，不啻受一當頭之擊，良不誣矣。而吾於此，乃有不勝其悲且睯者，則以英、俄之自爲得喪不必言。惟藏地之利害，關繫於我中國之安危者，至深且鉅。凡彼一出一入之間，皆足以遺其不利於我。今請一抉此事之害，而歷歷陳之。夫我國人於西藏之事，多數之庸衆，或未之聞；既少數之賢哲者流，亦聞之而不甚措意。則豈不以西藏之地，不及東三省之要，英人之政策，不逮俄人之狡，而世界列國於英人侵藏之舉動，其注視亦不若滿洲問題之殷，遂因此而疑他日之禍患、未來之糾葛，亦不至如東三省之甚乎？雖然，此數端者，吾固有以明其不然也。何以證之？西藏者，地學家所推爲全世界第一之高原者也。而其形勢之在中國，猶有高屋建瓴之勢，幾若全部之首領然。故東三省地居東北，其地理之利害，專在京師；而西藏一隅之地形，實足以扼中國之吭，而拊其背，以制我全國之生命。形勝若此，固不當與東三省軒輊而異視矣。且西藏之通蒙古，昉自元時。而本朝尤利用其黃教以制蒙古，此固乾隆御撰碑文所宣言而不諱者也。今者青海、賀蘭、伊犁內二部，以迄內六盟外四盟之蒙古，其所奉宗教，莫不出於西藏，而以藏地爲教門之宗，則藏之影響於西北藩部者，又豈淺鮮耶？今此約遂行，而西藏果入英之勢力範圍，則英因此旁睨新疆，而新疆危，俯瞰滇蜀，而滇蜀危。據江河兩源所發流之山脈，以遙握其全權，而黃河長江所經過之流域，皆苦不安。至於平日黃教流行之蒙古藩部，其震懾聲勢，更不待言。然則謂西藏不繫要害者，非也。英人此次之伐藏，實爲擴充印度之防禦線起見。此微獨他人有以窺之，而英皇遊歷歸國，親蒞議會，亦既明白宣示此意者也。夫今日以擴充印度之防禦，進兵西藏，而西藏已入其掌中；則安知異日者,不又以擴充西藏之防禦,而復染指於他處乎?且英國於非洲之縱貫橫貫兩大鐵路,垂見成功,而越海以遙連印度之脈絡。今者更藉印度之聲威,乘機以略得全藏。此正其帝國主義瞬息千里之日也。而謂英人之用心,必非俄比,得隴不復望蜀,有是理乎?吾料英人撫全藏而經營之,以利用盎格魯撒遜人種所最擅長之殖民政略,重以布達拉城之沃野、大金沙江之通流,不出十年,必將建一第二之英國於此邦,無異其在澳洲之例,有斷然者。而此時之中國,將復奈何?然則謂英人必無他意者,非也。(中略)俄人於英國之所爲,則固瘏痜不忘,而較日本之於滿洲問題無異者也。頗聞駐京俄使,因英人之入藏,已於我外務部有所責言。若使真以藏地主權,畀之於英,則俄人之逞辭相責者,又將惟我是詰。一旦涉及各國均勢之說,豈非又一東三省俄約之往事,而惴慄可憂者耶?(下略)

又《時報》"英藏新約書後"(八月十三日)云:

西藏已矣。中國自來以棄地之風,高於天下,而不出一辭,不措一策,安坐而去六十萬里之地,蓋莫此次之棄藏地若。藏地固明明內屬也,而英、藏相持,中國之應之者,乃純取中立態度,以調停於其間,遂至新約已成,而政府初猶不知其事。以今日失之之易如此,則迴溯當日孫士毅、和琳諸人之先後獻策籌畫,乾隆一朝,大兵兩次之所勘定者,正不知其何謂也。雖然,約既定矣,成事不說。今所論者,則新約所載各條,遺義頗多,猶不能不有望於後來之補苴也。按此約言及交涉之事,僅有英人如何如何云云,藏番如何如何云云,幾無一語涉及中國;又祇用英、番文兩則,而不用中文。說者以此爲英人不認中國有主權於西藏之證,是固昭晳無疑矣。猶幸前此藏印交界之約,不盡滿望於英人,故英人欲藉今日城下之盟,以追悔前日互訂之約,遂不得不追述前文,以期商改。夫英人欲不認中國之主權,則必置前約於不論而後可。今既追述前約矣,前約固明明光緒十六年、十九年之所訂,而中國辦理分界大臣所協議畫押者也。中國必執此以爭復上邦之權,英人豈竟無所恤,此非可乘之隙乎?約文第一條云:光緒十六年條約所有哲孟雄之邊界,須照十六年訂立之第一款辦理,再行重立界石。考光緒十六年,藏印交界之約,藏邊險要如支莫摰山及分水脊一帶之山等處,其形勢已與印界共之。而英人之意,猶未愜也。今既首以重立界石爲言，必不免藉端拓界之想。若他日不善應之，則既失於前者，復將愈憂於後。前日險要之形勢，爲藏、印之間之所共者，此後或將盡折而入於印，使藏人失其憑藉，愈無可以拒英之時，是可慮也。彼光緒七年，中俄之約所載各條，至八年，畫界於伊犂，而分界之情形，已大異於初定之日，此非往事之可爲成例者耶？是必慎之於先，或猶有小補於後耳。又約文第三條有光緒十九年條約內有不妥之處，須再行商改，另案辦理云云。按中國與外人訂立條約，從未有頒行官本。故十九年印藏之約，能舉其全文，以質言其利害者甚稀。然頗聞十六年之初約，實由總稅務司某，從中主持。某固英人也，雖久任客卿，而其爲中國謀者，終不若其爲英謀之切，故此約多偏袒於英。厥後我駐英使臣，偵知其有損於我，遂疊以印藏之情狀，警告中朝，其後始略有修改。今者英人明言十九年之約不妥，則英人之不利，於此可知。然而就主位以立言，彼英人之所不利者，或未必並爲我所不利也。此尤必當詳察原約，斟酌從違，以先向英人抗議者矣。（下略）

（1904年10月《新民叢報》第55號）

嗚呼四川教育界

蜀爲天府之國，而僻處內地，開化較後於中原，顧氣腴厚而沈雄。數千年來，往往一時代學風之所播，蜀之受影響者稍晚，而結果或有以優於他地，地理之感化使然也。近一二年，蜀中游學之風驟盛，舉國想望，謂其前途浩如也。不意有督學鄭沅請改教官以領學堂之議。

鄭沅奏議曰：

竊維教職一班，世稱清苦。（中略）查川省中小學堂，地方紳士管理。

其中未嘗無實心任事者，而資望淺，輒爲人所挾持。其劣敗者則藉興學斂費，以公濟私，無所不至。兩年以來，學堂之無成效，大率由此。臣愚以爲與其用紳士，不如用教官，以名實則相副，以體制則較崇。且今日風氣，每立一學堂，即有一種新說謬論之書，流染于不覺。學校雖舊，明倫宣講，略具規模。若用教官，必能整飭士習，爲益實多。于是總理例支之費，即爲教官養廉之資，而覆試繳費之弊，可以永除矣。或謂教官平庸，慮於近時學術隔膜。據臣延訪所及，實不乏開爽敏練之員，亦實有請咨出洋游歷者，且皆優於文理。以之辦理學務，實無不宜。如或拘滯性成，不諳教育，尚有督臣及臣隨時糾劾，比之紳士暗中把持，無從深究者爲何如耶？臣自按臨各屬以來，考試則控書斗刁難，學堂則控總理侵蝕，紛紛呈訴。究詰多端，默察情形，似宜因時變通，始有兩利而無一弊。且各屬學堂，尚多延緩未辦者，得此尤有迫之使不得不興之勢。（下略）

奏上，奉硃批：學務大臣知道。欽此。

嗚呼！此何語耶？此何事耶？今日中國社會百事，無一不令人起厭世思想。其差强人意者，惟内地學堂勃興，求學者漸衆。一綫生機，將於是乎賴。今日中國政府百事，無一不迫人走於破壞一途。其稍維繫人心者，惟表面上於教育事業，尚有奬厲而無摧壓。舉國志士，姑容忍焉，冀以間接收效於將來。今此事何事耶？此語何語耶？督臣悍然請之，政府貿然諾之。鄭某而不知教職之不足以任學務耶而請之，則鄭某其休矣，毋煬竈學界爲也；鄭某而明知教職之不足以任學務耶而請之，則是借刀殺人，懼蜀學之有由栦而急急夷刈也，則甘心爲全蜀公敵而已。嗚呼！鄭某一人安足責；而舉國之當道，與鄭某同識見同手段者，十而八九也。中國教育界之前途可知耳。嗚呼！歐天下人而使之不得不出於破壞者，彼輩也夫！彼輩也夫！

（1904年10月《新民叢報》第55號）

比國留學界報告

頃有以比國留學界近聞貽書相告屬加評論者,三日之間,得三函焉。其詞旨全同,皆指斥監督某氏之舉動者也。鄙人年來深感學界風潮,無益於大局,雅不欲復爲煽動之言。雖然,讀此等之報告,實有令人髮指氣短者,雖欲無言,安得已乎? 乃錄原文,略附跋語。(原文直載其名,今姑爲諱之,存彼羞惡之心,或使自改焉。)

(一)援引私人　(甲)增執事。川派學生,僅十餘人耳。監督職約束照顧,事非繁劇,一人已足辦矣。即語言不通,添一繙譯,此亦情有可原。而必添文案添收支,是胡爲者? 文案收支之屬他人,猶可言也。而一則世誼,一則胞弟,是胡爲者? 湖北學生,多於川省。其監督閻某,且兼管德、法等國留學生,事之繁簡,不言可知。乃閻則一人兼數事而不辭,劉則隨員埒於欽使而未足。蓋其派學生之始,彼即有無數私人往還於胸中。後所派者川人爲多,私黨無從鑽入,遂假文案收支等之名目而一一安之。小人用心,如是如是。(乙)募學生。川派學生十,學員二,未嘗問其通法文否也。及抵漢口,忽有添法文學生之説。至滬,忽有鐵路總辦馮"即川臬"電示添法文學生四名之説。雖其時僞托學生代訪,實則胸中已有成竹。故彭君□□以某君薦而彼却之,震旦學堂教員馬相伯先生送本堂學生二名試驗,試驗後而亦置之。彼固有世誼二人,門生一人,如癡如醉之堂弟粗識法字母者一人,以應此馮總辦之命也。

(二)侵蝕船費　上海啓行時,上行公事云:"搭法某公司輪,執事、學員、學生均買二等艙票。"及上船云:"二等艙不敷坐,只有三等艙十二位。"學生咸謂:"既是二等艙票,誰肯坐三等艙!"劉亦故爲倉皇,訏謂:"國勢之弱,受侮若此。須向法公司辨白。"其私黨謂時已無及,劉遂以種種新名詞呵學生。學生一時不辨其詐,互相太息而受之。翌晨某君來,謂昨夜上船時,購船票皆二等艙。乃知三等艙特爲學生而設,其中斡旋情形,皆劉之詐也。至香港,有二等艙出。學生請其與船主爭,劉云:"即繙譯與船主爭,亦不可挽回,况不通語言乎?"學生又向伊索船票調查實情,劉云:"此次二十餘人,一律皆買二等艙,票亦合寫一張。"遂以伊二等艙票出示。票書法文,而學生不識者多,劉實欲以欺學生也。有某君者,習法文既三年矣,獨於此票所書一一得而悉之。以告同學,大譁,詰劉,劉詞支離不能對。學生遠涉重瀛,固以求學爲目的也,故亦置之。按二等艙價二百五十六兩,三等半之。計其飽私囊者殆千有餘金。

（三）厄苦學生　三等艙皆在船尾,偶遇風浪,簸蕩殊甚,坐臥傾吐不少安。風雨至則寒氣逼人肌骨,神魂顛倒,避無可避。或大浪入艙,衣被俱濕,三兩相依,只揮淚而已。學生中有暈船者,七八日不能食西餐,食即吐,飢臥牀蓐,奄奄無人氣。劉漠不關心。請屬中國茶居每日煮粥以延生命,則云:"飲食衣服,終須同化。洋船規矩甚嚴,雖仟百金不能囑人私造。此君生機殆絕,無可如何者也。"厥後亦毫不慰問。至洗衣一事,尤屬可恨。學生著白色夏衣,五日一洗,覺污穢已極。而劉且聲色俱厲,謂:"如此瀾綽,虛糜公費。"叱學生自洗。嗚呼!劉監督真可謂能節公費者矣。

（四）諂媚公使　初湖北學生到比,比政府意在籠絡,故格外周旋。在黎業斯代爲租屋,並派員經理一切。黎業斯乃明年賽會之所,比政府欲使學生合住一二年,待開會時,則學生亦儼然會場一陳列品。此其用意至陰險者也。乃欽使爲倀,務壓制學生,媚比政府。學生之分住者,盡迫之黎業斯合住焉。湖北學生及閻監督竭力營謀。閻去職後,乃得合住六月,然後分住之權利。某等不幸,適值湖北頭班學生六月限滿分住之日,欽使媚外心虔,必令某等居之。劉監督鑒閻之被撤,兢兢焉恐已位之不保也,乃助桀爲虐,益壓抑學生。某等要求再四,終不能挽回,不得已亦以六月限滿分住如湖北學生之例。要之,蓋此屋僅租一年,某等限滿之日,即房屋限滿之日,固甚便利也。詎劉奉錫帥（川督）考察賽會差委,租屋限滿,正賽會初開,劉住足無地,故任意遷延,指撥房屋之不當,而欲另租屋一年以便其私。此後劉監督將爲退院之僧,而欽使又將大伸干涉之權。聞湖北學生初分住，欽使將第二生命之學費，一律尅扣，且又不交與本人，而欲從中取利。某等既要以六月限滿分住如湖北學生之例，則學費又安能保其不尅扣，不從中取利，而交與本人乎？吾知亦難免矣。可歎可歎！

此報告有溢惡之言與否，非吾所敢知，然其所述似無可容捏造之餘地。若果爾者，則某氏之對於四川，對於全國，萬喙不能辭其罪也。嗚呼！國亡矣，種滅矣，某氏即竭其鼯鼠之技，歲所得者無過數千金。人生何所不得數千金，而竟以此賣其名譽且以賣國也。夫蜀中派遣留學比國之舉，原爲欲自辦川漢鐵路，以挽利權於萬一。今日列強以鐵路政策亡中國，稍有識者能知之，能言之。而自辦川漢鐵路一事，實年來疆吏舉措中最強人意者。承玆乏者，其忍復摧其萌蘗以貽禍水於方來也！而某氏若此，是懼吾中國鐵路人才之有成，而故挫抑之也。是益明告國民以官吏之不足信用，而迫之至於絕望，使不得不群趨於破壞之一途也。某氏以此爲薄物細故耶？公之此一舉，其間接以爲亡國之原因得兩端矣。某氏自反而不縮也，吾願其改之；某氏而不改也，吾願他人與某氏同地位者，勿尤而效之。不然，當今民氣漸昌之日而犯衆怒，終非公等之福也。抑吾更爲比國留學生進一言，曰忍辱負重。公等之所擔荷，甯屑與一二斗筲爭一日之短長？非惟不屑，亦不暇也。公等當自有千古。若監督某者，一年以後安在哉？

（1904年11月《新民叢報》第56號）

東三省自治制度之公布

頃見上海《時報》，載有"創立東三省保衛公所章程"。吾讀之，而驚，而喜，而疑，而希望，而慚愧。今全錄原文，附以評論。

（一）本公所宗旨，專爲保衛本地商民之生命財產起見。各就本地設立公所,先從興京、海龍各屬創辦,俟有成效,再行推廣。

（二）本公所責任,專以民事爲重。故所設董事,皆由本地紳商中選擇推舉。其人數多寡,各視其地之廣狹之繁簡爲斷。惟自庚子以來,官權久失,州縣各員,幾成虛設。今議自立公所後,所有國課正供及盜賊要案由公所經手者,必仍移交地方官以重官權。惟地方一切新政,及尋常詞訟,兩造情願由公所公斷者,則概由公所董事秉公辦結,地方官亦不得過問。

（三）本公所以本地人力財力辦理本地民事,所有一切內政,原有十分自主之權。同人當效其死力,合其團體,以保此權利爲第一要務。無論何國,皆不得施其官勢兵力,致損我民人自主之權。

（四）本公所管治地面,爲現在戰地圈界之內。自立公所後,當公舉專員,專司交涉事件。惟該員所辦之事,有不洽輿情之處,本公所有權可隨時更易他員。

（五）公所各董事中,公舉一人爲總辦,一人爲副總辦,總理一切行法之權。以四年爲期,屆期另舉他員代之。其有衆望所歸、國民愛戴、不忍其更易者,准留一任。然無論如何,總辦一缺,總不得有逾八年之限,以昭大公。公所任事之責暫分五大股,其略如左：

　　一爲會議股　是爲議法之所。凡公所董事,其無專職者,皆隸於此股。而公舉一人爲之長,遇有內外要事,或立章程,或訂條約,應討論者,皆由此股集衆員議之。可否從違,以人數爲斷,如泰西之鄉邑議院然。

　　二爲裁判股　是爲執法之所。凡地方民人有財產詞訟等事,皆由此股專員調停審斷。原告被告皆坐談立答,使各盡其詞。其不能自言者,可請人代白。即鄉里老民文士,皆得入座聽審。其是非曲直,聽股中各員公議,而股長一人定決之。

　　三爲交涉股　舉熟諳公法,通日、俄語文者爲股員,而另聘名望素著、爲外人信服者爲之長,專司地方交涉之事。

　　四爲財政股　舉本地商民有田產商業者爲股員,并公推一人爲之長。凡公所經費及地方公款,皆由此股掌其出入,造冊存案,并按月榜示通衢。股員有舞弊者，重罰不貸。至其籌捐細章，隨時隨地另議。

　　五爲武備股　公所之設，原爲保護地方，則武備之事，尤不容緩。其辦法有二：一爲保甲，專爲清理地方，以免窩藏匪類，如各國警察是也；二爲團練，專爲勦辦盜賊，抗禦外侮。凡居民壯男十八歲以上皆須充兵三年，備調三年。富室愛子不願者可捐免。另有詳細專條，茲不預及。

（六）本公所刻即開辦。現所議定者共有七八縣，約一萬二千餘方里地面之廣，皆日本兵力尚未施及之前。我同志趕即創辦此舉，原以輔官力之不逮，完中立之全權。將來無論何國，皆不得恃其兵力，據我寸土，奪我主權。茲特聲明公布天下：將來中國與日、俄國際交涉及地方制度，無論有何變遷，而我保衛公所已立之地位、已辦之義務，始終如一，不得稍有更易。

（七）本公所既有專員司籌款團練等事，則其捐項名目軍裝制度，但有本地方民人公認，即可施行無礙。本國及他國官長，皆不得阻撓。

（八）公所董事及總辦等員，皆以本地紳商有財產在本地者方能選舉。他省紳商及外國官弁，可由本公所訪聘作爲客官，以備顧問，并可隨時另易他員，惟永不得充當總辦董事等職。又各國各省客民，有在本地娶妻居住二十年，以財產值千金以上者，准其入籍，享一切利益。

（九）先在興京創立總公所，爲各縣會議匯總之處。所有一切章程條規，用淺文刊布，務在簡當詳明，易於施辦，萬不可鋪張浮文，反少實際。又公所設立後，尚擬用王氏新字，廣立學堂以興教育。

（十）此章程創議於甲辰七月望日，限於本年八月內，在興京各屬一律切實施行。

保衛公所創辦鄉團清單

洪東毅　　　　住興京西高力營子管領鄉團一千餘名
鄭俊卿　　　　住興京西德勒哦河管領鄉團五百餘名
何九皋　　　　住興京西南夾河管領鄉團一千餘名
朱常慶　　　　住興京西薩爾滸管領鄉團六百餘名

王振邦	住興京西營盤管領鄉團四百餘名
王寶雲、刁鳳山	住海龍西南罕陽管領鄉團二千餘名
陽忠輔、張煥伯	住西安縣大疙疸管領（東平）（西安）（西豐）三縣鄉團五千餘名

組織各會人

張　榕	住奉天省城北關

隨同辦事人

曾有翼	住奉天省城南紅凌堡
張金祺	住奉天省城北趙義屯
吳秉哲	住興京西鐵貝山

各公所團練地名

興京廳屬	通化懷仁開原臨江柳河
海龍府屬	西安西豐東平鐵嶺

招撫協同辦理鄉團人名

陳　凱	領七八百人在興仁東
蘇驍起	領五百人在鐵嶺寒波嶺
龔德愔	領三四百人在興京西

此事之價值　吾儕於此事，未能得實地調查之機會，不知其果有實行之決心、有實行之勢力歟，抑僅僅一二志士張空拳、作空談以弄筆墨也。觀其章程之末，備列多數人之姓名、住址及其統帶鄉團之人數，且其人亦有一二知名爲人所信者，則其非全屬理想，可以推見。惟其章程第十條云：創議於七月望日，限八月內即全屬施行。其毋乃太神速乎？此則又似非實際家言。雖然，其所處之地位，危迫至此，急起直追，亦所宜然，未可以此邊疑爲無價值之公布也。

此事可以成立之理由　汎觀各國歷史，每經一次戰役，則戰地之政治社會，必蒙直接間接之影響，而生多少變動。此不刊之公例也。中國前此歷代累有戰亂，而經亂之地，其政治未或變動者，其故何由？蓋無意識之暴動，既無自力直接改革之心，而四海鼎沸，全國雲擾，其戰亂純爲無秩序的，戰地之民，舍逃死外無復他思想。戰後則比戶成莽，萬竈無煙，雖欲以他力間接以圖自保，而勢更不能也。今東三省之戰亂，則與此異。甲午一役，庚子一役，今歲一役，彼中人身受干戈之慘者三度矣。然皆文明軍隊之所占領（俄軍雖非全文明，猶愈於草澤揭竿），未嘗洗百塵而空之也。而硝煙彈雨之況，日接於目；徵發供億之苦，日刺於心。以故其人民雖極不痛不癢者，猶將怵然生自保之心。而戎馬倥傯中，實尚有容彼自謀之餘地。故東三省人有此舉動，似可怪而實非可怪也。

章程之批評 草此章程者，必爲有政治思想之人。此稍有識者所同認矣。其行法、立法、司法三機關具備焉，而外交軍政財政，亦爲獨立一機關，不明言隸於行法部，而察其精神，似以並屬於立法部者然。方英國長期國會時之政體，正與此類。過渡時代，亦宜爾爾也。其第二條稱某某等事件，仍移交地方官以重官權云云，最爲得體。非特手段應如是，即實行次第亦應如是也。獨其屢言自主之權言主權言國民等名詞，稍屬無謂。天下事有其實者往往不必有其名，況未有其實而用其名。萬一中央政府誤會以生阻力，則何益矣。鄙意以爲此保衛所若眞成立，他日所希望之結果，當求如英之加拿大及澳洲，人民有代議自治之權，而仍由中央政府派一總督或將軍，代表君主以統治之。此最善之辦法也。故徒多立新名目，使人滋疑於名實之間，甚無取也。吾度創辦諸君之學識，實有見於是，其政策亦必在是，惜乎尚有一二客氣未淨盡也。

北京政府對此問題當若何 爲東三省人民計，勢不可不出於此舉，此無待曉曉也。爲北京政府計則當若何？五年以來，東三省軍事民事，一惟聖彼得堡政府所命，我長官坐嘯畫諾而已。主權之名實不能相應，此無可諱者也。今者日本持矛入室，爲我驅賊；賊即去矣，而此後主權安屬，又豈待智者而乃察之。夫寧不見東京各報之輿論，謂當蘇丹我而坡里西亞我乎？夫寧不見金蓋諸都會，已儼然見日本民政廳之星羅碁布乎？然則自今以往，北京政府雖名義上能有東三省，而實際上決不能有東三省，實際有之者非俄即日，昭昭明甚也。欲使東三省名實俱在中國人之手，惟東三省人民有完全強固之自治機關，而北京政府以名義上臨之，斯爲兩全。夫實際之統治權，我政府既不能得之於俄、日明矣，然則以畀諸俄、日，何如以畀諸我民？夫此章程中固明言某種某種權利，仍移交地方官以重官權矣。其所欲興辦之事，皆前此官權所不辦者，而今乃圖自辦之，然則於原有之官權，一毫無傷也。又其所欲興辦之事，皆後此官權所不能辦或不屑辦而日本將代辦之者，而今乃先自辦之，然則於應有之官權，又一毫無傷也。故爲我政府計，於此事宜大獎厲之；即不獎厲之，亦放任之,而無或干涉之。此處置之善者也。

列國之對於此問題當若何 此事若空言而非實行,則不必論;即欲實行而無其實力,亦不必論。若實行矣,有實力矣,則萬國之視線,將咸集焉,其處置之之政策當若何?此地關係最切密者,惟俄與日。俄既屢敗,恐遂不能保其勢力於滿洲,則可以掣肘我者,舍日殆無他屬也。日人之滿洲善後策,吾儕未能確知其政府意嚮之所存。綜其輿論,不出三端:一曰歸還説,二曰保護説,三曰永世中立説(《法學新報》有學士某著《滿洲永世中立説》十餘萬言)。而永世中立説最爲無力。所以無力者何?以東三省無中立之資格也。國際法上所謂永世中立者有二:一曰永世中立國,二曰永世中立地。若此保衛公所章程能實行,則以東三省置之中國政府保護之下,經各國公認而爲永世中立地者也。是當爲各國政府所最歡迎,而日本亦無辭以相謝也。此章程者,實中國人保有東三省之不二法門也。

此事及於全國將來之影響 吾中國行專制政體數千年,固由人事使然,抑地理上亦有以致之。以爾許大國而謀統一,其進行不得不出於兼并,其結果自不得不出於專制。今者立憲自治之論漸昌於國中,而欲驟舉全國以置諸秩序自由之下,識者固知其難,於是有倡各省獨立而後合爲聯邦者。然以三千年來棲息同一政治社會之下之國民,乃欲由合而分之,復由分而合之,其取道之迂亦甚矣。夫非經一次大雲擾之後,不能劃一區域而獨立。獨立以後,其合之之難,且更十倍也。以此之故而言改革者之説,遂將窮。惟東三省則自三百年來,雖號稱合於中國,而行政機關,實與内地不相屬。故東三省者,實天然自治之試驗場也。此保衛公所若能實行,一以使吾人自知吾種族非劣於歐美日本,可以由秩序而得自由,而國民自信力因以加强;一以使政府知人民之自任民事以自保自衛,實爲分政府之勞,助政府之治,而絲毫不侵損政府之權,而政府猜忌心可以盡息。若辦理得宜,二三年後,雖舉國化之,可也。天下事有作始簡而將畢巨者,此類是也。

結論 以故吾讀此章程,吾歡迎之,吾歌舞之,吾希望無盡也。雖然,吾今知其表面,而未由知其内容。使其内容而無價值者,則吾之此文,亦無價值焉爾。

(1904年11月《新民叢報》第56號)

所謂大隈主義

日本憲政本黨首領伯爵大隈重信氏,自十年以來,常持協助中國一主義以爲政見者也。乃者其黨人有清韓協會之組織,大隈氏於開會時大演說,洋洋萬餘言,發表其對於時局之意見。雖未可謂代表全國之輿論,然憲政本黨,爲日本最強有力兩政黨之一,其在議院,占三分有一之勢力,故其言實甚有價值之言也。其演說題爲"日本在東亞細亞之勢力"。昔美國大統領門羅嘗宣言曰:"亞美利加者,亞美利加人之亞美利加也。"今大隈演說,其言外之意,則亦曰"東亞細亞者,東亞細亞人之東亞細亞也"。演說之翌日,東京諸大新聞,皆記載之,而下以批評。以其與門羅主義性質相類也,故字之曰大隈主義。實則此主義今在日本,頗占勢力,不能目爲大隈所專有。然十年前倡之者,實自大隈,則系以大隈亦宜。此演說之譯文,今既徧於歐美各國,而其内容與我國關係最切密焉。上海各報,偶有譯述,然未得其十之一。故今屬社員摘譯要領,而略附評論,使我國研究時局者得省覽焉。

(前略)數世界之強國,今日本則其一也。語至此,則鄙人請先與諸君釋強國之界說。所謂強國者,非徒自命曰吾甚強吾甚強云爾;必其他之強國皆相與公認曰,彼甚強彼甚強,夫如是乃謂之強國。質而言之,則對於世界之問題有發言權者,則世界之強國也。而不然者,則世界一切大問題,經他強國之決定,不過循例以一言牒告我而已,則雖囂然自命曰強,亦不過閉門以居,雄長婢僕,謂之強焉不得也。自今以往,吾日本果能達此地位與否,將於此戰焉決之。

今茲戰事,鄙人於軍旅蓋未之學,不能道其詳也。今簡單述之,則俄羅斯之國,歐羅巴中古時代之國也。鄙人於去年十一月,在某會演說,嘗言俄羅斯與蒙古之相類。謂其武力爲蒙古的武力,其軍隊組織,爲蒙古的軍隊組織，其君主專制，爲蒙古的君主專制。夫蒙古之勢力，蓋在距今五世紀以前。而其餘霞成綺，尚延殘喘於今日，而成所謂俄羅斯勢力者，實不思議之一現象也。就進化公理論之，以彼中古時代之殭石，猶能生存於今世界，滋可惑也。揆厥所由，不過一種外交的關係，維持使然。即於國際上保勢力之平衡，夫是以尚有所謂俄羅斯一國者，得現勢力於五陸之上云爾。語其實，則蓋已外强中乾，實力早歸消滅，所餘者不過過去之惰力而已。日本不然。日本所持之勢力，則勃興之新勢力也。吸納世界之文明，利用世界所有之科學，脱離中古的專制的封建的之羈絆，遂屬行立憲政治，制定憲法，擴張自由。試詢諸歷史，自法蘭西大革命以來，專制之舊勢力，既漸消耗；逮千八百四十八年以後，幾全漸滅而靡所餘。其最頑强以抵抗憲政者，若奧大利，若普魯士，若日耳曼列國，悉皆敗北，不得不降心相從。其至今不變者，僅一俄羅斯耳。固由斯拉夫民族政治思想缺乏，抑亦其地勢難攻易守使然。自拿破侖以百勝之威，深入致敗，西歐諸國，震而懾之，此實俄羅斯買得勢力之源泉也。雖然，以此等勢力與新勢力競爭，而謂其終能獲利，則進化之公理，其可以無講矣。今也俄羅斯以亞細亞的之舊勢力，而盤踞歐羅巴；日本以歐羅巴的之新文明，而崛起亞細亞。兩造相見於疆場，而亞形歐魂者，竟非歐形亞魂者之所能敵。此雖似不可思議之現象，實則與進化原則相符，真理之不可逃避者也。故今兹之戰，日必終勝，俄必終敗，可於此焉決之。

但戰勝之後，日本之地位，其變遷果何若乎？以我輩之理想之希望，則自今以往，世界一切問題，我日本帝國皆有完全之發言權，豈非快事！顧鄙人今讓數步，謂日本將來對於東亞細亞有十分之權力，諸君得毋謂大隈太自貶損，導國民以暮氣者乎？雖然，鄙人思之重思之，以彼北美合衆國，自離英獨立以來，國勢駸駸載驟，一日千里，其對於全世界而占一甚要之位置，諸君所同知也。然彼最有名之門羅主義，即前大統領門羅所宣言，至今美國人奉爲金科玉律者，猶不過曰："亞美利加之政局，不許歐羅巴人干涉；而美國對於歐羅巴政局，亦不干涉之。"夫以美國而尚如是也，而我日本以突然勃興之勢力，遂謂可以握世界之發言權，凡世界一切問題，皆日本權力所能及，毋乃稍涉空想耶？故鄙人以爲戰勝之後，有一目的焉爲我日本所能達者,即凡東亞細亞一切事件,苟戾於日本政府之意者,無論如何之強國,不能任意恣行,是則鄙人所敢斷言也。(中略)

日本之地位既定,今請進論清、韓。今兹之役,日本固必勝也。問其何以必勝?則乘世界文明之潮流,與彼反抗於世界文明者相遇,而克之而已。孔子曰:仁者無敵。又曰:以至仁伐至不仁,彼不仁而我仁,以此臨之,雖有堅銳,未或不能摧也。今者環繞我國四周者,大率皆奄奄久病至可憐愍之國民。彼少年客氣者流,疇昔往往持侵略主義。叩其説則曰:今日之世界,強權世界而已。箇人之交涉有道德,國際之交涉無所謂道德。日本強則侵略鄰國,是應享之權利也。嗚呼!其悖甚矣。彼所謂國際的道德不能成立者,果可稱爲真理乎?夫豈無一二國或一二事,偶弄權謀術數以取勝於一時者,然不過例外而已。舉此以概全體,而謂國際的道義,今甚幼稚,適見其爲武斷也。二十世紀之今日,最早無復權謀術數存立之餘地。且凡侵人者人恒侵之,略人者人恒略之,復仇之舉,終不可避,歷史上有明鑒矣。彼以武力侵略人國者,蓋未有能善其後者也。甚矣人類谿壑之慾之難弭也!彼俄皇對於世界之宣言,其口血未乾也,一則曰維持支那之現狀,再則曰保全支那之領土,三則曰開放支那之門户。千九百年俄皇自宣言之,同年美國大統領麥堅尼牒告各國,俄之外務大臣林士德夫之回牒,又公言之,此天下萬國所共聞也。然其口蜜也,而其腹劍也。其皇帝,其外務大臣,其内閣,其參謀本部,方日夜汲汲,取支那地圖,畫星線以屬諸俄版,計畫正熟,而表面上猶侈然倡維持保全開放之論以欺天下,可畏孰甚於是!吾黨視事機之切迫,不得不舉疇昔堅持之意見,纚演之以告我國民。故當明治三十年,鄙人在東邦協會,嘗爲一次演説。其筆記刊於該協會之會報,且翻譯之以布諸歐美之新聞。三十一年再度演説,亦既公布之。鄙人對於此問題之政見,始終一貫也。鄙人第一次演説,嘗謂凡國之亡,有自亡而已,未有以外部之壓力而能亡之者。譬彼獅子,號爲獸王,咆哮一聲,百獸震恐,無可以死之之道也。惟其體中有蟲生焉,則展轉魚爛,卒以自仆。彼支那者,世界無比之大帝國,擁有四萬萬之大民族。苟非自亡,則他國萬無可以亡之之理。拿破侖嘗有言:"將來之世界,或爲支那人所支配,蓋未可知。"以若此之國,而曰亡之亡之,談何容易耶?論者徒見夫今之支那，日蹙百里，乃藐而玩之，然此不過一世紀來之事耳。距今二百年前，彼俄國蓋世豪傑絕代之侵略家大彼得其人者，日駸駸經略支那北地。而支那之康熙帝，運神武以追攘之，彼虎狼俄卒以沮喪。締結所謂尼布楚條約者，在俄國為非常之屈辱，在中國為非常之名譽，此稍讀歷史者之所能知也。曾幾何時，康熙帝之子孫，日以不競。閱百年後，俄遂取阿姆河。更五十年後，俄遂取沿海州。自茲以還，乘支那之國難，又篡取海參威一帶。凡百年間，支那之地之失於俄者，其面積殆足當日本全國之二十倍。日蹙百里，誠不誣矣。雖然，俄之得之也，皆以外交，非以武力。彼俄之外交，其雄偉固可驚。以支那言之，則其失敗，皆自動的而非他動的也。豈惟支那，即凡古今亡國之歷史，亦若是則已耳。羅馬以蠻族之侵略而亡，雖然，蠻族決非能亡羅馬者。羅馬腐敗，既達極點，然後蠻族乘焉。所謂物必自腐然後蟲生之，皆自亡而非亡於人也。此鄙人對於支那問題第一之前提也。又第二次演說，嘗極論瓜分支那，為萬做不到之事，首倡保全支那論，以為支那人勸。其時正值瓜分論極盛之時，各國汲汲於勢力範圍之爭占，而鄙人獨犯衆議以駁斥之，謂此不過紙上一游戲文章云爾。考勢力範圍 Sphere of influence 一語，蓋起於柏林會議時。自茲以往，遂為外交家一常談。當各國之會議於柏林以議亞非利加洲之分轄也，著名大外交家畢士麥，據案握氊，作鴻溝於地圖上，命之曰：某某地屬英，某某地屬德，某某地屬法。更不憚煩而於其中添一甌脫焉，曰某某地中立。果也紙上之鉛筆，不數年而變為地上之國旗。初若兒戲，後乃徵實。淺識者狃焉，而欲以施諸支那，曾亦思支那與非洲，固非可同日而道耶？諸君試一繙非洲之地圖，其白黑相參錯，蓋未經探險之地，尚如是其廣漠也。若支那，則有四千年文明之歷史也，四萬萬大民族之所住居也，絕世機敏之外交家所攸產也。其與亞非利加洲之相異，如此其甚也，而論者乃欲援彼例此，天下之愚，孰過此也！故鄙人當時評論各國所謂勢力範圍者，謂不過與未經簽署之證書，同一價值。乃至並日本要求福建不許割讓之權利，亦為鄙議所不贊。其時各新聞非笑我之聲，盈耳殆不可聽。顧鄙人堅持己見，且以勸告於當道，謂抱空質而玩實事，甚無謂也。乃益汲汲焉謀所以誘導支那開發支那者。竊以為支那今尚蒙昧，啟牖之者必賴一教師；支那今罹沈痼，療治之者必賴一國手。而此教師此國手誰能任之耶？其交際最舊之英國耶？其境壤相接之俄國耶？其友誼新聯之美國耶？是皆不能。其能之之國，獨一無二，曰日本而已，日本而已。此皆鄙人數年來之懷抱，屢次曉音瘏口忠告於當局者；何幸至今日，而其實行之機，已在目前也。

抑吾謂日本為啟牖支那獨一無二之教師，為療治支那獨一無二之國手，其論據果安在乎？則以我輩之先祖，與支那人殆無殊別故。論者或曰日本人者，亞利安民族也。亞利安族之如彼其可貴而可羨也，此吾所未能解也。夫曰我輩血管中容或有亞利安族之血相交混，吾豈敢謂其不然；若我輩之血統，決非與亞利安族同，此則吾所能斷也。故我日本與支那同種同文，實不可磨滅之事實，而亦無容諱者也。蓋其原始既同一民族，而近今千五百年來，支那之文學美術宗教政治學藝就中其關係最重之倫理，次第輸入。凡我日本所以有今日者，何一不受賜於支那。若非爾者，我至今猶為土蠻也。質而言之，則此五千萬之大民族，皆孔子之門人也。以誦法孔子故，開口輒言仁義。仁義云者，實支那哲學所薰育，而我國立國之最大精神也。今之自命通人者，以輕蔑支那之故，乃至并孔子而惡之。嘻！其亦不思之甚矣。試舉景教以為比例。中古時代，羅馬教皇，腐敗既極。或者以惡教皇之故，並及基督。然基督之為聖人，固不可誣也。羅馬教皇及其教徒，濫用權力，造種種罪孽，視普通俗徒，殆更甚焉。地獄正為此輩而設，固也。然不可以之罪基督。孔子亦然。支那人為孔子孫者雖或墮落，而不可以罪孔子。今者我日本人，固皆孔子之徒也。日本與支那，非直同種同文而已，而又同門，彼此本師，皆出於一。今者入諸君之家庭，則風俗習慣，皆演自支那也。詗諸君之腦識，則政治學藝，皆傳自支那也。以若此之國民，使從事於啟迪支那療治支那之事業，誠最適當而匪異人任也。今試以日本人向於支那人進言曰：足下今者中佛教之毒，中儒教之毒，病既入膏肓矣。雖然，我輩前此固與君同病者。近頃以泰西輸入之良藥治之，而健康乃百倍疇昔。今願以經驗之良方進，君其受之。如是則其言至親切而易入。以視彼異人種殊風俗之他國，其進言之有力與否，相去不可以道里計也。夫猜忌心者，人類之所不能免也。加以疇昔傳教之士，其傷害支那人之感情者，既深且遠，欲一旦言之能入，固已難矣。故吾謂有可以開導支那人之資格者，舍日本無屬也。

抑鄙人以爲今日支那所最欠缺者，惟有一事，曰政治能力而已。以政治惡故，故風俗惡；以政治惡故，故文學惡；以政治惡故，故技藝惡；乃至以政治惡故，而國民凡百之現象，皆大墮落。即如彼朝鮮者，當千五百年以前，殆無一事不優於日本。（中略）而何以今之朝鮮乃若是？亦曰政治不良之結果而已。支那亦然。支那前代之學術思想，炳燿天壤，今勿具論。即其織物陶器彫刻繪畫等種種工藝品，當其盛也，猶使見者穆然想見大國之氣象。乃僅二百年來，次第墮落，每下愈況，逮今日而衰微乃至此極。然則今日欲開導支那，亦曰導之使改良政治而已。孰導之？則我日本獨一無二之天職也。前此我輩欲盡此天職，尚猶有阻力者橫掣於吾旁，若今日則阻力消而時會來矣。雖謂日本今乃得所藉手，以報大恩，抑非爲過。

當此千載一時千鈞一髮之會，而猶或以無責任之侵略論，惹起支那人之猜疑嫉妒，其爲國家前途之障礙亦甚矣。故吾願我國之政治家及學者，於言論之間，三致意也。夫所謂保全支那開放支那者，既於宣戰詔勅，明揭之以告天下；又不徒我日本而已，若美國，若英國，固皆同抱此主義者。此主義非日本之主義，而世界之主義也。今若反於此主義，而使支那人自今以往覺日本之不足信恃，則將來於政治界必生大變動，而世界之平和將從茲破壞焉。此不可不深察也。今請以朝鮮爲譬。彼朝鮮者，今日固信賴我甚深者也。萬一朝鮮君臣，或誤會我天皇陛下之聖意，謂我對於彼而懷野心也，乃不復信我，而別爲他國陰謀之所籠絡，以致迫我日本使不得不爲他種強硬之處置，是得云日本之亡朝鮮乎？決不可，彼朝鮮固自取亡也。支那亦然。使支那君臣，爲他野心國權謀術數之所賣，以致大爲日本之害，至於萬不得已，不能默爾而息，以釀成不忍言之事，則執其咎者，在支那人，不在日本人。而日本不持侵略主義之本心，尚可白於天下也。夫以我國民對於同種同文同師之友國，其必不至有此等不良之結果，此吾所能斷言也。但今者當先以全副之熱腸，捧示於支那，使永絕其猜疑之念，亦今日之必要也。

日本對於東亞細亞之責任，既重且大，夫已言之矣。今更欲取戰後之媾和條件一揚榷之。（中略）鄙人以爲，自茲役以後，我日本必立於保證東方平和大局之地位，此媾和條件最重要之精神也。今茲之役，非爲侵略而戰，乃爲平和而戰，此天下所同認矣。然尤有要者，則以此戰永樹平和之基礎，絶侵略之根原，使一戰之後，更無待再戰。終局之大目的，實在於是。今請更言俄羅斯侵略之趨勢。凡世界之勢力，大率起於國際利益之競爭。蓋國際的交涉，恒不免有多少之混雜，相競之下，而強權生焉。獨彼俄羅斯越烏拉山以侵略東洋之一勢力，則其性質與普通文明國之國際競爭，頗有所異。蓋俄國自數世紀以來，皆向於勢力薄弱之地，加壓力以行侵略。其勢力之所以成立，罔不由此。而此種勢力，逢弱乃進，遇強斯止。恰如水然，岩石砥之，山嶺障之，則屈折委蛇，東旋西折，以易他道。所謂俄羅斯之勢力者，如是如是，俄國之北，則北冰洋也，天然之地勢限之。其最初欲西出，遇日耳曼之強有力者，止焉。乃歧兩線：一向黑海。土耳其之勢力，甚薄弱也，乃進焉，直加壓力，欲盡取格里米亞半島及黑海沿岸。一向巴爾幹。巴爾幹諸國之勢力，逾薄弱也，進焉。乃始焉爲英國所制，繼焉爲列國共同力所制，遇強輒止，於是西南兩路皆不得志。此勢力乃一轉而向於中亞細亞，思由此更歧兩線：一由阿富汗以窺印度，一經波斯以出波斯灣。凡其所經，皆勢力至薄弱之國也，進焉，以暴力壓之。而不虞亦先有強有力之英國，睨於其旁，夫是以終不得逞。於是乃舉其所有之勢力，征服西伯利亞蕃族，壓迫支那北部，遂伸其高掌遠蹠於滿洲、朝鮮之野。乘團匪之亂，乃舉全滿洲爲軍事的占領。何以故？以所對待者皆弱國故，無強有力者與之相遇故。而不虞泰東有勃興之日本，出其新勢力以與之抗衡，於是乎有日俄之戰。夫避強欺弱，俄羅斯自古之政策然矣。彼其疇昔乘戰勝波蘭餘威以向於日耳曼、奧大利、匈牙利時代之勢力，彼其向於巴爾幹時代之勢力，彼其向於印度時代之勢力，屢次與英國、德國及其他歐洲列國之強有力者相遇，而遂爲蠖屈爲雌伏；則其今茲向於東方之勢力與日本之強有力者相遇，而必出於蠖屈雌伏，蓋無待蓍蔡矣。雖然俄人之汲汲伸其勢力也，非一蹶輒止者，往往伺可乘之隙，則捲土重來，至於再，至於三。此徵諸巴爾幹半島之例，其最可鑒者也。巴爾幹問題者，本由列國會議而成。列國之利害關係，非終古如一也，往往因於時勢。而列國均勢政策，不免多所變更，而利害之衝突起焉。故列國共同之力，其外觀似甚強，其實際乃甚薄弱。此即外交可乘之隙也。故俄羅斯向於巴爾幹半島之勢力，如噴火山然，暫動還休，不可豫期，一有機會，蓬蓬起矣。何以故？以防制之者，非一國之力，而數國之力故。數國之力合則強，強則避焉，數國之力分則薄，薄斯乘焉。此巴爾幹問題，所以至於今不決也。今者俄羅斯向於東方之勢力，凡世界之商業國所皆不喜也。英國有然，美國有然，德國亦有然。何以故？以俄羅斯勢力所及之地，其商業必衰退故。使俄人而得志於支那也，則將來世界商業中心點之天府國，皆將為俄國重稅之所苦。故諸國之群起而反對之，勢使然也。其反對有徵乎？曰有。彼支那門戶開放之議論，何自起乎？苟無閉之者，則無取乎開之者。孰閉之？俄羅斯閉之。俄羅斯國旗所翻之地，即商業門戶全閉之地。各國之斷斷提議，蓋有由也。故日本與俄宣戰之報，一達於海外，各國無不額手熱心以表同情者，為此而已，為此而已。然則戰事既定以後，我日本與列國協同，以共制虎狼俄，宜為策之最良也。雖然，夫既言之矣，列國協同云者，其外觀似甚強，其實際乃甚薄弱。即如格里米亞一役，以俄人之擅侵人國也，英、法同盟，仗義以致討之，前後亙三年，俄遂屈伏，不可謂非豪舉也。乃戰爭後三十年，而俄、法同盟成立，後四十年遂有干涉日本還遼之舉。可知列國協同云者，似可恃而大不可恃。一旦因時局之變遷，利害之衝突，而翩其反而者，蓋數見不鮮矣。故我日本自今以往，務以獨力所能及者，仗劍以代表全世界之利益，為泰東永遠平和之保證。此我國之地位使然，亦天職之無容諉卸者也。故此次媾和條約，務取將來東方之禍根而剗除之，實第一之主義也。

此戰之結局，當在何日，今難預定。大抵其時日愈久，則日本之要求條件，隨而愈大。且使旅順陷落或海參威陷落之後，俄人自棄奉天北走，而戰局遂告終也，則當先將滿洲全部，置之於俄羅斯勢力以外。又將來若海參威軍港，常為俄國軍艦之所碇泊，則於支那海日本海危險實多。宜援巴黎會議限制黑海艦隊毋使通航於坡士菲拉海峽之成例，我日本以戰勝之權利，收此軍港。且為沿海州之割讓，為庫頁島之恢復，毋使俄人得於支那海日本海間置優勢之艦隊，以危害大局。此外如彼數世紀以來所經營之西伯利亞，在我日本既無侵略土地之野心，苟不至危及將來之平和者，不必要求割讓以爲名高也。若夫東淸鐵道，則吾日本固必收之。雖然，東淸鐵道與夫西伯利鐵路達於海參威之一部分，雖收之歸日本管轄之下，吾日本決不閉守之，爲一己之私利，直公之於天下，爲世界交通之孔道。而彼俄羅斯者，亦不得閉守西伯利亞，直開放其門戶，謀增進貿易上相互之利益，更毋得課重稅以遏商源。務使西伯利無限之富源，廣漠之土地，與天下共之。設種種文明法令，無或爲各國實業之妨礙。他日西伯利亞地方日益繁榮，自由空氣，彌綸磅礴，夫然後日、俄之交，益加親密，而東洋之平和，可以久矣。夫日本固非欲黷兵示威以苦人也。但使平和回復以後，俄國更能採用文明政治，以強固其國家而發榮滋長其斯拉夫民族，乃至並俄國內地之門戶而亦開放之，使全世界相互之利益，更增進焉，此乃日本所禱祀以求也。

其最後一問題，則滿洲善後問題是也。此非對於俄羅斯之問題，而對於支那之問題也。夫滿洲者，其幅員殆當日本之二倍半，有三千年來之歷史，且自二千年來，與日本有關係。雖然，其人口稀疏，其經濟上之發達，幼稚實甚。此何故乎？則亦吾前者所言政治不良，秩序不立，是以及此。即如彼馬賊云者，其起原蓋非自今日，殆與支那之歷史，同時並起。蓋支那北部之舊族，即周之狄，漢之匈奴，經種種變遷，若遼若金若元，遂及於今之愛親覺羅氏，皆起於北部，以強勢壓迫支那。其征服支那，非一度矣。（中略）彼一旦跨馬南下，則所謂漢兵者，終非其敵。無事則下馬游牧焉耕稼焉，一旦爲餓所驅，則全部皆賊。其上馬，則兵也，賊也；其下馬，則牧也，農也。故馬賊決非起於今日，實支那有史以來之一強族也。徒以政治不良，秩序不立，文明不能進步，故因緣亂事，遂至舉全族之土地，爲強俄餌。然則今玆戰役以後，將一依前此之狀態，舉此地以還附於支那，支那之政府，果能治之乎？若其不能，則以棼亂之所伏，遂將更受他國之壓迫，爲將來種種禍胎，而重以累我日本。此日本所不能不預爲計也。日本在泰東之地位，既以保障平和爲一大責任，有相當之權利，即有相當之義務與之爲緣。故日本於其犧牲數十萬生命糜費數十億金錢所得之土地，願拱手還附於支那，無有難色。雖然，其還附之也，勢不得不滕以多數之條件。又非徒對於滿洲爲然耳，即對於支那全部亦有然。蓋以秩序紊亂如今日者，國於吾鄰，其災害必將延及我日本，此勢之無可逃避者也。故吾日本將來一面以滿洲還中國，一面勸告支那皇帝使行善政確立全國之秩序，且博採列國文物制度，與世界之文明同化，務使其與列國同立於物競場中，得居適者生存之數。蓋我日本以東亞平和保證人之資格，以支那後見者（譯者案："後見者"三字乃日本通行語，亦爲法律上用語。如孤兒未成人以前，或其母，或其伯叔，乃至其父所託之人，即此孤兒之後見者也。此文言中國現方賴日本之維持調護，故以此爲喻。）之資格，其責任例應如是也。故鄙人所切望者，自今以往，支那皇帝以逮長官，皆宜體日本皇帝及日本國民一片熱腸，受其忠告以行文明之政。我日本竭其力之所能及者，必無吝相助。斯日本之義務則然，亦全體國民之所同意也。於斯時也，世界列國之商工業家之在支那，所至皆獲安恬以營其生計，而前此輕蔑支那之國民，亦不得不肅然起敬。如是則世界之平和，不期而自來；支那之尊嚴，不召而自至。是則我日本國民對於同種同文同師之國民，所以盡義務而酬大恩者也。（下略）

評曰：大隈氏之爲此言也，不自今日始。蓋其十年來之懷抱，誠如是也。故謂其非本心之言，殆不可。雖然，其斷斷長言之，而大半若爲中國人說法者，則亦有故。蓋以中村、戶水諸博士，嘗著《論滿洲善後策》，舉日本之野心以捧示天下，若見垣一方焉。我國報界競翻譯之，加以評論。而其論亦漸動當道，曉然於依賴他國之萬不足恃。日本人亦微聞之也，慮因此而害我感情，而將來外交上之難題，由是生焉，乃汲汲焉思所以辯解之。而大隈此文，即其最有力之代表者也。平心論之，則國際上之交涉，惟有強權，更無道德。雖有大隈之辯才，而事實固有不可掩也。故謀國者而有依賴他國之心，未有能自立者。我之毋依賴日本宜矣。雖然，我國民依賴心，殆成爲第二之天性，而政府當道，抑更甚焉。最可慮者，始焉依賴日本，繼焉聞有人言日本之不可依賴也，乃忽移其依賴日本者轉以依賴他國，則其禍根之所種，殆有盲人瞎馬夜半深池不能喻其險者。大隈不云乎，俄國百年來所以掠地於我者，皆非以兵力，而以外交也。近日頗有政府聯俄之說，吾度諸公雖憒憒，亦不至若是，且即有此思想，亦無此魄力，吾敢斷之。雖然，狡焉思啓者，豈惟一俄？若徒以猜忌日本之故，示他國以隙之可乘,則咸豐十一年光緒廿一年外交失敗之歷史,或將復演,而中國且益不可救也。故大隈之言,其亦有一顧之價值焉矣。

　　大隈之反對瓜分論而提倡保全論也,蓋自十年以前。以吾中國人所受言之,則被瓜分與被保全,其慘辱正相等,兩者蓋無擇也。雖然,大隈發明中國無可瓜分之理,讀之使人氣一王。其言國有自亡而他人莫或能亡之,讀之使人發深省。以是為普通之中國人說法,誠藥之良哉！其排斥勢力範圍之説,可謂獨立不懼;其斷斷於同種同師,可謂不忘本也。數年以來,日本學者,不復自仞與中國同民族也久矣。我固不屑攀日本以為榮,日本亦何必遠我以為辱。近田口卯吉氏,倡日本為阿利安族之説,舉國多和之者,群沾沾自喜焉。適以見其器量之小,而崇拜他族之奴性未去耳。大隈之説,蓋駁田口者。大隈猶磊落一男子也。

　　其論俄羅斯國情兩段,最沈酣詳盡,真是胸有千秋。當道中而尚有懼俄癖者,宜以此藥之。

（1904 年 11 月《新民叢報》第 57 號）

雜評二則

　　十九世紀末一大偉人前杜蘭斯哇爾大統領古魯家氏,薨逝已三月。本報對於此可崇拜之人物,甯能無一言乎？初古魯家之薨,故國人民,請其遺骸歸葬於波亞,英人許之。陽曆十二月十七日,全波亞公民大集會,舉行莊嚴盛大之葬儀。主禮牧師某,以極悲壯之音演説云："我波亞國民,對於此標題自由平等之新國旗(案:指英國),宜忠實服從者也。雖然,此老偉人所示我輩以國民發展之方針,我國民又當步趨進行,不可一日忘諸。"嗚呼！讀者聞此言,當生若何之感慨乎？宋人詩云:今日何遷次,新官對舊官。笑啼俱不敢,始信做人難。

以此思哀,哀可知耳。雖然,亡國民而能如波亞者,又亡國中之獨一無二者也。波亞惟有古魯家,故雖亡而猶維持比較的名譽也。

陽曆十二月廿二日,朝鮮電報云:韓廷得日本公使照會,謂咸鏡道一帶地方官,皆須以能通日語之人任之。韓廷現已照行云。嗚呼!俄人之滅波蘭也,禁波蘭人操其國語。今朝鮮又將見之矣。吾甯暇爲朝鮮人歎息,夫不見庚子辛丑間,略通 A、B、C、ィロハ者,已揮無上威力於北方政界耶?

(1904 年 12 月《新民叢報》第 59 號)

俄國新內務大臣

俄國內務大臣布黎威被戮,亘兩月餘,無敢就斯職者。最後公爵米爾士奇卒被命爲新內務大臣。各國報館論之曰:是俄國內政之一新紀元也。飲冰子曰:其爲俄國內政一新紀元與否未可知,要之一新紀元之楔子也。

德國《柏林新聞》,於陽曆九月三十日,得俄京電報曰:米公之就任,俄國報界,咸踴躍歡迎。雖以虛無黨之機關報,亦深表同情。爲此一事,即以東方戰事之敗衂,俄國民間,猶暫爲忘懷,蓋其喜足以易其憤也。

九月廿三日,奧都維也納《布黎斯新聞》云:去年俄皇下寬大之恩詔,全俄人民,喁喁望治。而煬竈其間者,則前內相布黎威實尸其咎。今新內相就任之始,即宣言實行恩詔之德意,以調和各階級之爭鬩,而力求堅信用於人民。是不徒俄國民士之所歡迎,亦我友邦所同致賀也。米公嘗語我訪事員云(按:《布黎斯新聞》自我):"余極信地方議會爲國家無上利益,務欲使之日加發達。且深望地方議會,各忠實以盡其職務,毋徒喧囂騷擾以爲中央政府之妨礙。將來政府地方議會及人民三者,聯爲一體,上下和衷協濟,國家之前途,皆將賴之。"此其言抑何寬洪而知大體乎!吾儕不禁爲今後之俄國額手稱慶也。

　　猶太人之機關新聞《那士的報》曰：新內相政綱之全體，今雖未公布，而嘗許設法爲猶太人謀生活職業，已宣示於大衆。即此一政綱，已足令我全國人添無窮希望。新內相之就任演説，專務調和政府與人民中間之爭端。此全俄國民數十年來懷抱之宿望，今者將由新內相而成就之也。

自餘各國新聞，諸類此之評論，不可枚舉。米爾士奇之就任，實歐洲政治界人人所拭目以俟者也。嗚呼！人亦何樂而爲布黎威，人亦何苦而不爲米爾士奇？

飲冰子曰：米爾士奇果有履行其宣言之志與否，吾不敢言；果有實行其宣言之力與否，吾不敢言。若果有者，則俄羅斯政界一線光明，從茲始矣。是孰使之？則芬蘭人之匕首，虛無黨之炸彈使之。偉哉匕首！聖哉炸彈！

（1904年11月《新民叢報》第56號）

俄國立憲政治之動機

　　二十世紀之國家，終無容專制政體存立之餘地。以頑強之俄羅斯，遂不能與自由神之威力抗。嗚呼！舉天下之惡魔，遂不能與自由神之威力抗。

　　陽曆十一月十九日，俄國新內務大臣，以皇帝之命，召集全國三十四省地方議會之議長於聖彼得堡，將對於地方行政問題，有所諮決。各議會遂利用此時機，開一聯合會議。十九日，第一次集議，列席者，凡各地方議長三十二人，及各地方代表者六十四人。第二次集議，總員九十八人。第三次，百零四人。卒以同月二十三日，爲第一次之結議。以全會一致，決定十二條法案，建議於政府，且謀以自力實行之。其大略，則：

　　朝廷命吏，所有過舉，當使之負民事上及刑事上之責任。
　　平民之身體及家宅，有神聖不可侵犯之權，政府當認之，不能任意闖入逮捕。

信仰自由,結社自由,出版自由,集會自由,政府當認許之,且爲實際的保障。

凡俄國全國人民,其所享公權私權,悉皆平等。

改革地方議會,擴張其權限,且立一堅定遠大之基礎。

此其大略也。又以此決議,當得保證,以期實行,於是乃要求開設國會。其決議文曰:

本會竊惟現今內治外交之時局,事關重大,且極困難,故述其希望如左,以請於政府。本會願一國之主權者(案:即指皇帝),以國民代表者之翼贊,決定國是而革新之,務使主權者與國民相互協力,以共圖國家之發達。以此之故,故切望主權者予國民以自由選舉之權,使出代表者,而每年召集之,以確定立法之基礎。

此決議案聞已由內務大臣代奏。其贊成此決議之議員,多屬貴族及富豪之大地主云。此奏議既達俄廷,大臣中之保守黨,出全力以相抵抗。就中宗教總監坡鼈那士德夫,持之尤力,謂若采此議,必爲革命之導線云。今廷臣中贊成此案最有力者,爲新內務大臣米爾士奇,而皇帝實陰袒之。反對此案最有力者,即宗教總監坡氏,而皇太后實陰袒之。俄國立憲政治之勝敗,其揭曉當不遠,而一視帝黨后黨之權力消長爲斷。(以上直譯陽曆十二月六日日本《時事新報》,其標題曰"露國革新之大風潮"。)

評曰:俄國自千八百六十四年,始布自治政於各地方,於是所謂地方議會者起焉。其制由各地之貴族富豪及農民等,各選出代表人,凡關於各地方上教育之普及,道路橋梁之修築,衛生機關之設備等,其權利義務,皆歸此議會,實俄國民權之一大基礎也。聞亞歷山大第二,嘗刻意欲擴張其權限,忽遇暗刺,齎志以終。自茲以還,政府之方針一變,謂地方議會,實流播自由之毒於民間,爲中央政府施政之一大棘刺也,乃更汲汲思裁抑之。凡地方議會議決之事件,非經總督之認可,不能實行,且不能上達於政府。其各地選出之議員,若所轄總督,認爲不利於國家者,得任意罷黜之。於是地方議會,徒擁虛名,無有實力。千九百年以來,政府所布不動產課稅案,及酒精專賣案,與地方議會起大衝突，而卒歸政府之全勝。蓋中央與地方不相容久矣。今者當日俄戰役屢敗之餘，又值芬蘭總督及前內務大臣恐怖之後，故米爾士奇氏毅然爲召集地方議會於中央之舉，而皇帝亦毅然采之。一月以前，俄國各黨機關報，皆相率歌頌其新內務大臣，若重有希望者然。今若此，其可謂不負輿望者也。其實行與否，雖未決定，若其幾則千載一時哉。

　　重評曰：各國民權之歷史，其所挾持以易得之者，罔不由租稅問題。即俄羅斯亦何獨不然？租稅問題，實對付專制政府之不二法門也。今俄之地方議會，其所挾持者，實在此點。今次之成否不可知，若其將來最後之戰勝，則各國前此纏演之歷史，固明以告我矣。以租稅問題爲正軍，以暗殺主義爲游擊隊，俄民之復見天日，其遂不遠乎！

（1904 年 12 月《新民叢報》第 58 號）

嗚呼俄國之立憲問題

　　前記俄國地方議會要求立憲一事，爾後日有所聞，至陽曆十二月十九日遂揭曉，而終歸專制黨之勝利。嗚呼！俄國之前途黯澹。嗚呼！俄國之前途黯澹。

　　今最錄半月來之消息如下（記載皆用陽曆）：

　　　　（十二月十二日路透電）前日聖彼得堡有小暴動起，其主動者非自由主義之維新黨，而社會主義之革命黨也。昨日審問行刺前內務大臣布黎威之人，革命黨復爲示威運動。

　　　　（同日日本外務省所得電）十二月十一日，有學生千五百名以上，集於尼布士奇街（原注云：俄京最繁華之處），爲示威運動，標革命之題詞於紅旗上，高呼自由萬歲。緣此學生與警察起大衝突，負傷四十二名，就縛者百八十名。

其夜學生團體，又標社會主義，爲示威運動，宣言反對貴族政治及目下之戰爭。率由警察官以武力干涉，學生負傷者百名内外。

（同日日本外務省所得電）法國《阿羅爾》報告（原注：主張社會主義之報館）：十二月三日，俄京各自由派會集。其代表人決議三條，署名者凡六百人，由墨斯科辯護士聯合會之代表人七名，提出於司法大臣。其決議條件如下：

（一）信仰自由，言論自由，出版自由，結社自由。

（二）凡前此因階級差別國籍差別，而租税額因以不平等者悉廢之。

（三）立國民代議會，政府大臣，對於此議會而負責任。

法國《巴黎新報》云（原注：温和派之報館）：司法大臣現已奉表辭職，其表文云：臣向來主持專制主義者。今也司法部之大小官吏，全反對臣之主義，臣實不能晏然復尸此職云云。

據各報所述，則新内務大臣米爾士奇之勢力，駸駸日進。將來政府部内重要之地位，將大有變動。即墨斯科府尹西爾士大公，將辭職，阿力塞夫大公，止於海軍省長官，海軍中將亞威倫，將任海軍大臣；又華爾梭府尹，玖福府尹，墨斯科警察長官等，一切頑固派，皆將辭職。新内務大臣一派，果能得終局之勝利乎，現方在危疑之交。聞此問題，將以十二月十九日頒詔決定之云。

（十二月十五日路透電）墨斯科市會，本日以全會一致，提出改革案四條：

（一）政府當盡其力所能逮以保護臣民。

（二）凡前此"除外例"之法律，一切廢之。（按：除外例者，即指階級制度也。）

（三）信仰自由，出版自由，集會自由，當以法律規定之。

（四）與人民以參政權。

（十二月十六日路透電）俄國自由運動之發展，日見顯著。全國新聞紙，皆昌言極端之改革，毫無忌憚。學生及凡受教育之人士，到處運動，日日集會。

（十二月十七日日本外務省報告）據各方面來電，俄國要求立憲，已爲公然之運動。其事態極重大,主動者不徒學生及浮浪社會而已,凡有識者及上流社會之人,皆傳播此主義,官吏附和之者亦不少。全國人民,皆狂奔於此問題,戰事反視爲第二著矣。　立憲黨機關新聞《波志的尼報》云:前此地方議會之代表人,開秘密會議於墨斯科,實由新内務大臣默許之。旋以秘密會議,恐益招頑固黨之忌,萬一墨斯科府尹西爾士大公下嚴辣之處置,將益助其激昂。故米氏特公然許可之,使在政府監督之下,爲光明磊落之會議。俄皇亦竟許之。新内務大臣此舉,大受全國輿論之歡迎。而守舊派驚愕萬狀,西爾士大公及宗教總監坡鼇那士的夫,急奏於皇太后云:皇帝及内務大臣之政策,不過欲造成革命而已。於是俄皇奉太后懿旨,收回前日成命。然局勢既已澎湃進步,不可收拾。地方議會之百有四名代表者,竟明抗懿旨,開會議三日,爲激烈之演說者數次,最後卒以自由主義之決議,提出於政府。　同時各地方爲此等之集會此等之決議者,殆無日無之,無地無之。而官吏之附和者,亦居大多數。現在官廷中,自由派與保守派之軋轢,正達極點云。　内務大臣米爾士奇有辭職之意,俄皇温旨慰留之。后黨亦恐米氏辭職,益招國民憤激,或生意外之變,故亦傳懿旨慰留云。　奧京新聞云:有一俄國名士至維也納,論俄國現在政局,謂立憲主義之勝敗,一視戰局之前途如何以爲定云。

（十二月十九日路透電）據聖彼得堡電報,俄國之頑固黨,已大獲全勝,凡新聞紙之鼓吹立憲政體者,皆被禁止。俄皇更宣言,謂將代皇太子維持今日之專制政治云。

評曰:吾自二十日來,每晨起讀報紙,所最關心注目者,惟此一事。吾與俄國人民無絲毫之關涉,不知此事之激刺吾腦筋,何以如是其甚也。及讀至十九日電報,乃不禁廢書而歎也。雖然,以此爲立憲黨遂失敗乎,吾有以知其不然矣。考俄國自十九世紀下半紀以來,其歷史殆純爲陰謀肅殺之氣所充滿。國中虛無黨員乃至芬蘭人波蘭人等,霹靂舉動,屢見不一見。雖然,或出於單獨運動,或出於極少數人之通謀,從未有合全國之力,爲共同一致之舉,與政府相抗者。即偶有結合,亦皆地位低微勢力薄弱之人,故政府以軍隊警察之力,足鎮壓之而有餘。且其手段,惟以戕殺主權者及當道者,純用恐怖主義,其所得結果若何,固未暇計及。故數十年來,建堂堂旗鼓,爲秩序的行動以對於政府者，未嘗有也。此前此國民程度則然，不足爲怪也。雖然，數十年來，自由平等之理論，已瀰漫於全俄之思想界。遠溯俄國文學之先達，其最有力者，曰羅麽那梭夫，曰碎梭志哥夫。一則亞爾士里克之漁父，一則僻陬之農夫也。爾後文豪輩興，其出身大率與彼二子相彷彿。故俄國文學，全屬於田舍的平民的也。寖假而此種理想，風靡一世，現代之文宗托爾斯泰伯，實代表之，而影響遂及於貴族大吏。即今皇尼古拉第二，亦汲其流者之一人也。英國占士摩里博士評俄皇，謂其腦中含有兩種反對之性質，其一則專制神聖也，其一則平民主義也。可謂知言。夫此種思想之磅礴鬱積既已若此，將必有若決江河沛乎莫禦之一日，所爭者蚤暮耳。史家記拿破侖在聖希燊拿島最後之遺言云："吾死後百年，全國世界將爲俄羅斯所統一，否則全世界皆變爲共和政體，二者必居一於是。真正之共和政體，將自俄羅斯創之。"云云。其言似奇，然滋可味也。

　　新內務大臣米爾士奇，現政府中自由主義之代表也。雖然，當其初就任時，俄廷兼命里烏士奇爲內務大臣之貳。此兩人者，其資望閱歷，殆相頡頏，故同時若有兩內務大臣者然。里氏之主義，則與米氏全立於反對之地位者也。蓋自始而兩派之衝突，政府內情之不統一，可以想見矣。今則米氏殆如伴食然，而里氏汲汲於嚴飭警察，爲內亂之預防。據最近倫敦《泰晤士報》，記俄國之增遣滿洲軍也，俄皇親送之於格辣那。自聖彼得至格辣那，不過十餘里，而鐵路沿途之守備隊，凡步兵二萬人，其他波蘭南部之警衛線，步兵數千人，乃至各橋梁下皆以小艇載步兵云。其憂危窘迫之狀，可見一斑矣。嗚呼！日皇之閱兵也，則乘匹馬，列百數十人之儀從耳，而沿途萬歲之聲，不絕於耳。日皇何樂，俄皇何苦，願主權者一鑑之。

　　今者就表面上觀之，俄之頑固黨，雖似獲勝利，而實際決不爾爾。今也全俄之懷抱自由思想者，已組織成一秩序發達之有機體，即軍隊警察中，表同情者亦大多數焉，終非彼硜硜者所能抗也。日本人評之曰："今後俄國對於此內亂之方略：（一）必留多數之常備軍於內地以防有變，因此不能多派遣陸軍於極東；即所派遣者，亦皆老弱之豫備兵，給與窳陳之武器。（二）國帑空乏，雖欲增徵租稅，募集公債，而國民皆反對戰爭，益有所挾以持政府之急。（三）政府務欲樹威於外，以眩惑國民，恢復其崇拜專制君主之心，故不量國力，出種種自殺之拙劣手段。如近者派遣波羅的艦隊，派遣第二東洋艦隊，更欲組織第三東洋艦隊，乃至陸軍下全國徵集之令，其命意皆在此。實則全不可用，而徒糜莫大之經費，結局適以自戕。"云云。此雖敵國輕蔑之言，然去實情亦不遠也。要之俄羅斯政治之革新，不於戰爭中見之，必於戰爭後見之。吾爲俄國民黨前途，抱如潮之希望也。

（1904年12月《新民叢報》第59號）

續紀俄國立憲問題

吾日讀報紙，撫其關於俄國內政問題者彙觀之，不禁聯想及一千七百八十六七年間法國之情狀也。今續紀近報，再系以論（記載皆用陽曆）。

（十二月二十三日柏林電）據聖彼得堡消息云，聖彼得堡可尊敬之市民，凡六千人，聯名上書俄皇，要求立憲。

（十二月二十五日柏林電）墨斯科之農業協會，有反對政府之示威運動。現討論正極激烈。

（十二月二十七日倫敦電）波蘭之拉德謨地方，於本月二十五日，爲革命的示威運動。官兵彈壓之，兩造各小有損傷。

（十二月二十七日路透電）俄皇於本月廿六日，下詔於參議院，題曰"國家行政改良案"。其大略云：

帝國國體之根本，固當永遠維持，萬世不易。雖然，因時代之變遷，而行政務與之相應，亦政府之義務也。今將一新百度，與民更始。茲布綱領，咸使聞知：（第一）藉法律爲保障，使公人私人，同受保護以得安固。今當由何途，使法律能完全施行，是朕所甚念也。自今以往，一切官憲，無論對於何人，皆當行公平且嚴正之法律。此爲官吏第一義務。苟有違法之事，則不能逃法律之責任。若人民有因官吏違法，而致受其損害者，則被損害之人，可訴諸法律，以求回復其權利。（第二）地方及各都市之團體，自辦其地方公益事業，其權限今更當擴大之。且於法律之範圍內，許各團體以獨立之餘地。凡各地方公務，許該地人民有利害關係者，各出代表員以參預之。又每縣之下鄉市鎮等小區域，皆得設公共團體，以辦理本地公事。（第三）各人皆平等以受治於法律之下，故訴訟法當平等無差別，且司法權之獨立，更當確定之。（第四）朕甚愍職工小民，欲加保護，故擬立一法案，採用國家保險之制。（譯者案：國家保險之制者，現代社會黨所持之政策也。瑞士已全國實行之。此原理及方法甚詳，茲不能具述。）（第五）前因犯罪者多，每每頒行"非常法"以約束之。今將前此，一切非常法，悉加改正，且謹慎之不濫用。（譯者案：此專指從前待國事犯之法，所謂第三局之法令是也。）（第六）現行法中，對於人民之不奉國教者，其權利義務，有種種差別之點，今加改正。（第七）現行法中，對於外人及土著人，其權利義務，有差別之點，今加改正。（第八）現行法中，對於出版法，其無謂之制限，今撤廢之，別訂定明確之出版法。苟不悖於新法者，不羈束其自由。　以上綱領之大概也。其末段更宣言云：朕以誠意欲行全國之大革新，其實施當不遠。今先示朕心所在，凡以適應時勢，力保國家。凡爾大臣，當迅速開一會議，調查法案，迅速具奏。

（十二月二十八日路透電）俄國南部埃加的里那地方之警察長官哥加希耶被刺死。哥氏者，現任陸軍大臣之姻戚也。

（一九○五年一月五日路透電）俄國墨斯科地方議會議長布靈士，上書於內務大臣云：俄國今日之現狀，殆陷於無政府的之革命。抑此不徒青年輩之騷擾而已，實全社會之情勢使然也。及今不圖，則全社會乃至皇帝陸下之玉體，其前途之危險，皆不可思議。今欲免革命，惟有一途，曰求我皇信賴國民而已。臣等對於我皇一片熱誠，敢私於執事代達之。

（一月八日路透電）聖彼得堡，公然開一反對政府之演說會，昨日聚集，至者極盛。

（同日倫敦電）俄國某處某處之警察長官二人，同日被刺。

（又）坡鼈那士德夫之勢力依然。

(一月十二日柏林電)俄國內務大臣米爾士奇辭職，域提氏代之。(譯者案：域提氏前戶部大臣，主持非戰說者也。其政見與米爾士奇亦相近。)

此問題之結果，果將如何？據十二月廿七日路透電，其頌俄皇實心改革之舉，謂此詔勅實由政府與國民交讓之結果，實亞歷山大第二解放隸農以後之最善政也，且全俄人民，到處皆歡欣滿足云云。而法國諸新聞，大率以冷嘲熱謔評之，謂此詔勅之價值，全視其實行力之如何；謂俄皇欲以空言塞民望，未見其能有功也。俄國新聞，自十二月十九日被禁後，其言論殆不能自由。然觀於警官被刺之事，地方暴動之舉，屢接於耳目，則其人心之激昂，有加無已，可概見也。嗚呼！吾有以信其來日之方大難也。

雖然，吾望俄國而猶翠然神往也。俄猶有地方議會，所缺者中央參政之權利耳；俄猶有法律，所缺者法律之制定權及監督權耳。若吾中國則何如？

俄皇之詔勅，其能實行有價值與否，吾無從斷言。要之但有此詔勅，已不可不謂政府與人民交讓之結果也。交讓者，各國憲法所以成立之大根原，匪直俄人也。政府與人民何以能交讓？交讓必先以交爭。譬之兩國戰爭，其結局必出於和，顧未有不能戰而言和者也。戰極劇不相下，而和生焉。然則欲和者不可不預備戰事，欲與政府交讓者，不可不預備交爭。(甲辰十二月十一日，陽曆正月十六日稿)

(1905年1月《新民叢報》第60號)

自由乎？死乎？

譆譆！出出！！俄國革命！！！

自陽曆去年十一月十九日，俄國各地方議會，始開聯合會於舊都。閱一月，至十二月十九日，而有俄皇否認立憲之事。更閱一月，至今年正月十九日，而有冬宮爆裂彈及舉國大同盟罷工之事。人有恆言曰：改革事業，如轉巨石於危崖，非達其最終之目的地不止。觀於俄國最近現狀而益信。

前此各地方議會，以極平和極秩序之舉動，求政體根本之改革。乃俄皇欲以一紙無責任之詔書鎮壓之，而詔書中於其要求之主點，所謂開國會出代議士者，無一語提及也。夫俄之王室，自累世以來，未嘗有能堅明約束者。雖有仁言，其不足以靖狂熱之民情，既昭昭矣。而況乎所謂仁言者，復不愜於眾也。於是乎俄人遂不得不出最後之手段。

正月十八日，路透電云（記載皆用陽曆，下同）：

聖彼得之鐵工，有同盟罷工之舉，其他諸職工應之，現輟業者已五萬人。政府之彌華河船塢工程，亦已停工。此事現初起，但其中似有才智之士，以極巧妙之組織法指揮之，殆將釀一大事。

同日電，又云：

現調查各工場停工人數，共七萬五千內外。

二十日，路透電云：

俄國之工人及其他各團體與夫社會黨之代表者，共一千五百人，以正月十八日，公然開會議於俄京。決議三條，請願於政府：

一、請許人民以完全之權利。

二、請立補助貧民之法案。

三、請除資本家壓抑勞傭之特別威權。

此外如言論集會自由之保障，下級人民教育之普及，國務大臣之責任，所得稅之改正等，各子目，皆備述之。云云。

由此觀之，俄國此次之同盟罷工，與近年來歐美各國所起之同盟罷工其性質大有所異，即其所爭者，非生計上之問題，而政治上之問題也。質而言之，則此次之罷工，革命的罷工也。同日電，又云：

現各種商業家，擬悉相率加入於此同盟罷工。

尋常之罷工，大率勞力者與資本家相角。今則資本家勞力者為協同一致之運動焉，此實一特別之現象也。而以船塢工程停止故，於海軍前途大有影響；以鐵工停止故，於軍事全體之前途皆大有影響。此實足以制俄廷頑黨之死命者也。路透電謂其有巧妙之組織，誠哉巧妙。

此方面之風潮方澎湃而未有已，乃同時復有冬宮爆裂彈之事。

正月二十日，路透電云：

> 俄國每年例以本月十九日舉行大祭，俄皇俄后及外交團諸員皆臨焉。昨日舉此典之時，冬宮（譯者案：冬宮者，俄國最著名之離宮，俄皇所常御也。）對岸發祝砲。內一砲實以石榴開花炸彈，向冬宮轟擊。其炸片一落於俄皇前，距寶座僅十五步。其一片斃警官一名，其一片傷牧師一名。其他諸片，將冬宮窗櫺及他物，盡皆轟碎。當下將發砲部隊之兵卒，全數逮捕。

其日俄國半官報論此事，謂由兵隊之偶誤，非有他意。而奧、法諸國各報，皆謂此舉出於暗殺之陰謀，毫無可疑。果也二十二日，柏林電報云：

> 現在祝砲事件，經已為嚴重之審訊，蓋確出於陰謀云。

而俄皇已於翌日避地他徙矣。二十日，路透電云：

> 俄皇去聖彼得堡，往沙士哥西羅宮止焉。

其後之形勢何如，二十一日，路透電云：

> 聖彼得堡情形，日急一日。現在以電燈局煤燈局之職工罷業故，全市皆為之黑暗，市民競購買蠟燭以代之……政府印刷局亦罷工……各新聞報館皆罷工，今日全市無一新聞紙……兵器廠所有工人悉散去……沿路鐵道之工人悉散去，鐵路為之不通行。

二十二日上午，電云：

> 今日大牧師嘉般氏率領四十萬人，伏闕上書，其書殆可稱天下古今最悲壯最切直之大文。其大略云："今者人民被侮被辱純然立於奴隸之地位，政府鞭笞馳驟之，用吾民力於所不能堪。我等非人，而牛馬也。我等居此盜賊官吏壓制之下，忍而待之者，日復一日，年復一年。今實忍之無可忍，與其永沈此苦海，不如死之為樂也。今者全國人民之止痛劑，獨一無二，曰參政權而已。今某等瀝血誠伏斧鑕以匍匐哀訴於我皇，若不得請，願畢命於皇宮前之廣場。云云。又全市民皆紛紛持各色之旗，大書

曰:我所擇者只有兩途:自由乎？墳墓乎？其中一部分之急激派,沿街大呼曰:無政府萬歲！無政府萬歲！

同日下午,電云:

> 俄廷調軍隊五萬,鎮壓市民,直發鎗射擊。市民皆不持武器,故死傷狼藉。首領嘉般氏死焉。（譯者案:其後電云,負傷耳。想未死也。）其奉命實行攻擊市民者,哥薩克騎兵也。至步兵大率表同情於市民,倒戈向政府。步兵之死傷者,亦三百人云。……現俄廷飛檄各省,調集全國軍隊,從事鎮壓。

二十三日,電報云:

> 市民至尼古拉士橋,軍隊擊之。市民告兵卒曰:俄國獨非公等之國耶？何苦戕同胞！萬口同聲,其言哀以壯。步兵立刻拋鎗,惟哥薩克暴戾殊甚。現市中到處戰鬥,婦女小兒,死傷尤夥,哀號詈罵之聲,沸然盈耳。入夜全市慘憺,人民皆舍家逃亡,贖有軍隊露營雪中而已。

又云:

> 俄國公報謂本日之變,死者七十六人,傷者二百三十三人。實欺人之言也。頃據確實調查,死者當在千五百乃至二千,傷者當在四千乃至五千。

又云:

> 頃俄京施行戒嚴令,皇太后已逃去,皇帝亦不知所在。

二十一、二十二等日之騷動,其騷動者僅私人之職工而已,至是而軍隊之關係起,前此所執者,仍平和手段也,至是而戰爭之狀起。二十三日下午,電報云:

> 西巴士特波爾海軍工場火起。……工場中罷業者四萬人,持武器,由哥爾彼那進於聖彼得堡。

又云:

> 黑海艦隊水兵八千人起革命的暴動。俄廷召軍隊拒之,軍隊無肯發砲者。

又云：

> 俄京附近鐵路八英里被掘。……華爾梭附近停車塲大火起。
>
> 前此暴動者，僅在聖彼得堡及其附近耳，不兩日而蔓延於全國。

二十四日，電云：

> 墨斯科之同盟罷業繼起。全市之電燈煤氣燈皆滅，黑暗一如聖彼得堡。哥里那亦有暴動者萬餘人，與之響應，全市諸製造所皆停閉。……淮爾納罷工亦繼起。

二十五日，電云：

> 波蘭之拉特模地方大起革命。……哥烏那省全省罷工。……阿秩沙，西巴士特波爾，卡爾哥弗，奇士彌弗諸大市皆大動搖。……波蘭之埒志地方大起革命。俄國之駐防軍，今爲民黨所包圍。

二十六日，電云：

> 芬蘭全境亦亂。其首都海土科市民五千人，與警官生大衝突。

又云：

> 里巴烏之海軍倉庫大火起，里華爾之陸軍倉庫亦然。

又云：

> 奉天之俄軍，以糧食不足，寒衣不具，將謀叛亂，形勢極危急云。

由是觀之，此事之影響，直及於戰局。奉天軍之果與祖國民黨有關係否，今未能明言。要之同時並起，事出有因也。

俄廷之所以對付民黨者，則何如？二十四日，柏林電云：

> 聖彼得堡，今純然變爲戰塲，且軍隊大半不袒政府。雖然，俄廷猶決意用強硬手段，謂藉專制之威靈，必可以始終鎮壓之。

二十五日，柏林電云：

> 俄皇命內務大臣德黎潑夫（譯者案：自米爾士奇辭職後，本命域提氏代之。域提亦辭故以德氏代。）爲聖彼得堡總督。此官乃新設者，其職權甚廣，代俄皇專斷

一切,殆如假皇。帝云

同日,倫敦電云:

俄皇現尚不知所在,或云在沙士哥西羅,或云在卡的拿,或云在哥濱黑圭黎,或云在某河舡中。惟聞本日開御前會議,決議始終持鎮壓策云。……俄廷諸臣,多有不以俄皇之逃匿爲然者。

又云:

新總督德黎潑夫下嚴命,命各工人速復業,否則放逐之於村落,不許復在帝都云。

又云:

頃逮捕懷抱自由主義之知名士,凡大學之教師,報館之主筆,法廷之法律家,共數十人。文豪麥占哥爾奇與焉。(譯者案:哥爾奇者,俄國近數年來新出現之小說家,與托爾斯泰齊名者。)

二十六日,電云:

墨斯科警察長徧張告示云:此次同盟罷工之運動,實出於英、日兩國之陰謀。罷工者所恃以爲養,皆由英國陰接濟之。勸人民勿爲所愚云云。……英國公使聞此謗言,直與俄政府爲激烈之交涉,迫其速行辯正。又要求特派戍兵保護英國使館。

又云:

俄皇頃頒溫旨,慰諭工人,謂將定減少作工時刻之法律,且爲確實之保證。又對於彼等所要求,將細加審議,酌量採行。……又聞俄皇有欲引見職工代表人十二名之說。

民間之所以準備對付政府者何如?二十四日,倫敦電云:

昨夜有大律師三百五十人開臨時法律會議,其決議如左:

一、與彼同盟罷工者協同一致。

二、對於政府誅戮無辜之舉,爲絕對的抗議。

三、爲此事須抗爭之於法廷。

四、募捐欵以接濟同盟罷工者。

二十五日，電云：

嘉般氏徧發函檄於全國，聲討俄皇之罪，謂我國民不可不萬衆一心，以圖報復云云。（譯者案：據此電則知嘉般氏實未死也。）

歐洲各國對於此役之感情何如？連日各地電報云：

全歐各國，殆無不以此事爲一大事，諸報館皆表同情於俄民，無一袒俄廷者。內中與俄同盟之法國激昂特甚。其報紙大率謂市民不持武器，爲平和之要求，俄廷以強暴手段待之，實無理之甚云云。又某新聞紙謂俄太后俄皇爲坡鼈那士德夫之傀儡，日被玩弄於股掌上，至今迷夢不醒，實屬可憐。

比利時素表同情於俄，今次亦大加非難。其新聞紙多以俄皇此次之出奔，與一七九一年法王路易第十六之出奔相比較。比國人民，憤俄廷舉動旣極，本月二十三日晚，至有在俄國公使館門前爲示威運動以表敵意者。警官彈壓，僅乃無事。

各國紛紛募義捐，以卹俄國被難之民。

各國中惟德國對於此事，視之稍冷淡。

此最近一旬間俄國變亂之大概情形也。其間更有一事，與此事有間接之關繫者。二十四日，電報云：

俄國頑固黨首領宗教總監坡鼈那士德夫抱病危篤，命在旦夕。

或謂此魔若去，則俄國政界前途，將生大影響云。雖然，此恐非一二人之問題，而全部之問題也。果以一人去而全部爲動，則亦我輩爲俄民所禱祀以求耳。

嗚呼！痛！！嗚呼！慘！！俄國革命！！！嗚呼！壯！！嗚呼！烈！！俄國革命！！！自由乎？死乎？二者殆必居一於是。吾儕更拭目以觀其後。

（1905年1月《新民叢報》第61號）

自由死自由不死

嗚呼！頑強之俄政府竟不屈。嗚呼！堅毅之俄國民竟不屈。嗚呼！以堅毅之俄國民對於頑強之俄政府，雖有頑強，恐遂終不得不屈。今更刺取一月來全俄上下交鬨之事實，詳紀之。

俄政府當此事變初起，其對待之之政策，約有二端：一曰對於少數之主動者，則欲以嚴威壓滅之；二曰對於大多數之景從者，則欲以權術解散之。

正月二十六日電報云(記載皆用陽曆，下同)：

> 俄大藏大臣及聖彼得總督大張告示於諸通衢，略謂凡爾職工，宜忠於政府，勿爲本國奸謅不平之徒所煽動，徒中敵人之計。今本官等已奉勅旨草擬職工保險法案，且議以法律之力，減縮勞働時刻。爾等宜靜聽後命云云。

同日電報云：

> 昨日聖彼得堡警吏逮捕民黨五千人，其中法律家百餘人，擬流之於西伯利亞，即日起解。

此外所報，關於俄政府之舉措者不一，其手段大率不出此兩途也。還顧人民之方面則何如？二十六日電云：

> 正月二十五日，俄京大略復歸靜謐，工場漸次皆開業。蓋緣工人之同盟罷工者，資力缺乏，不得已而降心相從也。

由此觀之，非俄廷之權術，果足以解散此輩也，彼內部固有不得已者存也。然下等社會之氣燄稍衰，而上等社會之運動方始。同日電云：

> 聖彼得堡之土木學工學礦學諸大學學生，各提出決議於所隸之省部，

大約言政府處置人民之政策，慘酷而悖於人道，今決議停學，有所商議云云。其他各學校提出此類決議者甚多，殆徧全都。

又所謂靜謐者，不過俄京之一部分而已。俄京之氣燄稍衰，而各地方之運動乃瘉盛。同日電云：

　　二十四日，墨斯科有三千人爲示威運動，高揭旗幟，文曰：漱爾奇斯可殺！漱爾奇斯可殺！（譯者案：漱氏者，俄皇之叔父，現任墨斯科總督者也。）哥薩克騎兵射擊之，殺傷多人。明日，示威稍戢，然罷業益蔓延。　二十四日，黎華爾全市罷工。　同日，利卡全市罷工。　同日，沙拉德夫全市罷工。　二十六日，利波市全市罷工，電話電報線，皆被割斷。　同日，芬蘭首都海盛科兒士有工人五千，爲示威運動。警官彈壓之，死傷多數。

二十八日電云：

　　波蘭之洛緇地方一日之間，炸藥爆發者凡三十五次，死者百五十餘人。　波蘭拉德謨市中劇戰。　華爾騷之暴動再發，勢極猖獗。　利波地方，以情形危急，俄政府更增派軍隊往鎭壓。

三十日電云：

　　有投炸彈於墨斯科之格廉靈城者，（譯者案：格廉靈者，舊京之大內也，皇宮在焉。）太公漱爾奇斯之邸宅，僅免於難。　華爾騷之叛亂益甚，軍隊與民衆，爭鬥不絕。軍隊誤擊英國領事，負微傷焉。　波蘭出身之官吏一人，在柏謨地方被暗殺。此人乃波蘭人爲俄政府之倀以虐其同胞最有力者也。數日以來，每日必有數處起暴動者。　俄京人民以文豪麥占哥爾奇被逮，誓設法救之。

此正月下旬俄國之大略情形也。至其影響及於外國，更有不可思議者。卅一日電云：

　　昨夕巴黎市民六千人，開大集議，攻擊俄廷之無狀。法國警吏，嚴行彈壓。忽有炸彈一枚爆發，傷警吏二人。旋在俄國公使館門前，掘得一炸彈，幸未發也。

二月四日電云：

　　　　法國議院，有提出議案，謂俄廷舉動，戾於人道，我法國宜速解聯盟之約者。其外部大臣達爾堪斯乃演說，極言俄、法之親交，爲法國之利益甚多，不可冒昧渝盟云云。及採決時，主聯俄者百四十人，反對聯俄者九十人，議乃不行。

七日電云：

　　　　英國自由黨黨議，欲間接協助俄國民黨，使其成功。

語曰：吹皺一池春水，干卿甚事？俄民之苦痛，於英、法人何與？俄民之幸福，於英、法人何與？而路見不平，拔刀相助者，且接踵焉。所謂同情同感者非耶？然此猶其虛想也，請語實事。九日電云：

　　　　俄人在法國續募公債五百兆馬克，人民皆冷視之。現已滿期，而應募者尚不及一百兆馬克。云俄人以此次失敗，欲於四五月間再行募集。以情形度之，諒亦必無好結果也。　歐洲各國，以俄國內政紊亂，故各市場之俄國公債票，價值皆大落。此後俄國無論欲募公債於何國，殆皆無望也。

果也越一月後，復有俄人新公債失敗之事。三月九日電云：

　　　　俄政府與法國銀行家協商，擬借新債二千萬磅，且聲言此次爲最後之債，訂明以後若干年不再募借云。

三月十四日電云：

　　　　俄國新公債，利息五分，以九十一磅爲百磅。將有成議，不日可於巴黎發表。

乃翌十五日電忽云：

　　　　法國銀行家對於俄政府募債草約，不肯畫押，云須延期，俟俄國情形一變之後，乃再商議云。路透社評之曰：名延期實拒絕也。《的黎格拉新聞》(巴黎)，謂銀行家之意，必須俟戰局了結後，乃議再借。

　　　　《魯威新聞》(巴黎)，謂法國人民之意，必俟俄皇發布憲法之後，乃肯應募。

近世之戰爭，其勝負非徒在兵力也，而尤在財力。俄國向恃財源於法，今若此，俄其殆哉！至是乃不得不還降心以求諸其民。三月二十日電云：

> 俄國外債之舉既失敗，乃決議募二百兆盧布之內債於國中。今方開議，成否未必也。

夫自一月二十一日虐殺事件以還，俄民之睭睭於政府，其沸度日增一日。今以戰事急而相衰，其成敗之數，蓋可知耳。吾更懸此言以觀其後。

且此事之影響於戰爭者，尤不止此。二月七日電云：

> 俄國西伯利亞一帶，亂事蔓延，鐵路多被掘毀，運輸不通。現議設法改由海運云云。

其後此等噩耗，屢有所聞。蓋俄之與四境諸鄰斷絕交通者，殆十餘日云。內外交煎，急於星火。於是頑迷之俄廷，終不得堅持其壓制主義，雖然仍欲敷衍粉飾以苟弭於一時。二月三日電云：

> 小說家麥占哥爾奇現已釋放。俄皇以昨日召見職工代表人，於沙士哥西羅之行宮。

又云：

> 俄皇本日再發布改革詔勅，言甚哀痛。大約謂現當敵國外患煎迫之時，不宜妄更政體以生紛擾。惟朕必以忠實之意，酬人民之希望，爾小民宜靜以待之云云。此等甘言，俄人聞之既熟，莫或傾耳也。

自茲以往，騷亂徧地，日有所聞，不能備載。而俄政府亦疲於奔命，忽焉發鐵路之重戍兵，忽焉布波蘭之戒嚴令，其狼狽之狀，有非可以言語形容者。而盈廷頑固，亦愈不得不降心矣。二月七日電云：

> 俄國貴族，會議立憲問題，贊成者百五十八人，反對者二十人。遂以大多數之可決，請俄皇急詔國民令出代表者，以參預國政。

貴族之恐怖方深，民黨之進行益厲。同日電云：

> 芬蘭新總督約翰遜，在海盛科市被刺。

翌十七日電云：

墨斯科總督太公漱爾奇斯，在格廉靈城畡乘馬車行。途中二行客亦乘車迎面來，至接近，忽投一爆裂彈。太公馬車粉碎焉，太公之軀，紛如微塵，無一存者。

嗚呼！以炙手可熱之太公，至是亦卒與乃翁亞歷第二同一結局。（太公，今皇之叔父也。）昔人云：願生生世世勿產帝王家。俄廷之謂矣。而墨斯科市民，自宣告太公死刑後，一月之中，狙之兩度，而卒達其志。俄民能力，得不驚絕！

於是盈廷皇皇，人人有遑恤我後之心。自今除與人民媾和之外，殆更無他途。二月二十一日電云：

　　俄皇已下詔勑，決意召集國民議會。其實行之期，當不遠。

此電一播，全歐懽騰，謂全俄積翳，今真一掃。以數千人之血易此，其得失猶足相償也。使其無中變，苟如是，是亦足矣。雖然，事固有難言者。

客曰：俄國立憲政治又殤。其殤也，小產也。三十年來，殤者再焉，並此而三矣。

主人曰：俄國立憲政治，非小產而難產也。其將為后稷之不坼不副乎，抑將為老聃之破脅以出乎？吾不能知之。要之其胎氣甚旺盛，吾能知之。

西曆三月間電報云：俄皇已再下詔，罷國民公選代議士之議。

又曰：俄國各地罷工再起，且更蔓延。

吾記俄事，已累牘，報中更無餘紙以再容此數見不鮮之事實。讀者勿以《新民叢報》紙面之靜謐，認作聖彼得堡及其他都會之靜謐也。天下惟能愛自由者，其自由終不死。吾請俟俄民為其立憲政治作湯餅會時，更泚筆為之祝詞。若其出現於《新民叢報》之何號，則不敢知也。

（1905 年 2 月《新民叢報》第 62、63 號）

俄京聚衆事件與上海聚衆事件

當俄京聚衆事件如火如荼之際，同時我上海有因俄水兵殺人案聚衆抗議之事。

問者曰：俄京事件與上海事件，其目的之大小相萬也，其範圍之廣狹相萬也，其組織之疏密相萬也，其實力之強弱相萬也，子提以並論，子無恥矣。

應之曰：正以其目的大小相萬，範圍廣狹相萬，組織疏密相萬，實力強弱相萬，故不得不並論之。吾雖恥，吾烏得已？

無論何種之政府，其中必有幾分焉，爲輿論所左右，故曰輿論者最後之戰勝。此微獨自由政體之國有然，即專制政體之國亦有然也。輿論而敗者，必其未能成爲輿論；或成矣，而不堅持，不旋踵而失輿論之資格者也。吾於上海事件略見之。

彼事件，自其發端伊始，上海道未嘗爲輿論之聲援也，其後乃加入焉。何以故？以一月前上海之民氣，儼然具有輿論之資格故。而上海以外之官吏，若南洋大臣，若外務部，若駐俄公使，乃至凡與此案有關係者，始終未嘗一爲聲援。何以故？輿論僅限於上海，上海以外無輿論故。逮最後之今日，則上海輿論與夫加入輿論之上海道，殆全歸失敗。何以故？無實力以盾其後，氣一餒而輿論之資格已消失故。茲事雖小，可以喩大。

要之我國人未知輿論之性質與其作用也。今毋論他事，且語此案。此案被戕之人，寧波籍也。顧寧波非他，中國之地也；寧波人非他，中國國民也。使有他縣他府或他省之人而殺寧波人，則可以曰此寧波人也；今殺之者爲與我異國之俄羅斯人，則我輩所知者，殺中國人耳。寧波不寧波，非所宜言也。而公憤之起，惟限於寧波一部分之人，是我國對於同胞感情薄弱之表徵也。輿論所以無力者一也。此事之起在上海，顧其事非上海之事，中國之事也。上海一隅以外，更無或表同情於上海之輿論，以爲之後援。輿論所以無力者二也。此猶細故也。我輩當思，彼俄兵何以能殺人？何以殺人而我莫敢誰何？以我政府之無力也。我政府何以無力？以官吏之腐敗，政體之不適於時勢也。我今不欲爲死者伸奇冤則已，不欲爲未死者謀安全則已，苟其欲之，則僅與俄艦俄領抗不得也，僅與上海及南京之長官抗不得也，根本的救治，必在政府。現政府之生命，與吾民之生命，今既不兩立。前此言之，猶或謂爲空言。今見東三省之事而信也，見周生有（被殺人之姓名）之案而益信也。現政府若長存立，則四萬萬人，人人皆可爲周生有。故今欲救未死之周生有，則必求得一地位焉，可以爲我四萬萬人將來生命之保證者，其機關全在政府。不向於政府而有所抗議，乃鰓鰓然惟於上海道若南洋大臣加責難焉，所謂放飯流歠而問無齒決。輿論所以無力者三也。

雖然，以上海一隅，以寧波人一部分，而有此曇花一現之輿論，吾猶爲中國前途賀。莊生不云乎：邂空谷者，見似人而喜矣。孟子亦曰：善推其所爲而已矣。鄉土之感情推之，則國家之感情也；私人之問題推之，則政治之問題也。上海人寧波人而聞俄京事件而恥也，全國人而聞上海事件而恥也，則中國之前途，其猶可賀也。

(1905年1月《新民叢報》第61號)

鄂督與粵漢鐵路之關係

(最初一秘密歷史)

孟子曰：古之君子，其過也，如日月之食焉，人皆見之；及其更也，人皆仰之。其南皮張宮保之謂乎？中俄密約之議，始倡之者實惟宮保。乙未春間，馬關和約將成，宮保時攝兩江篆，電奏力爭，有懇請總署及出使大臣急與俄國商訂密約,助我攻倭之語(電奏全文見《中東戰紀本末》)。未及一年,政府即采是議,與俄訂密約。然則推原禍本,謂今日時局糜爛,由宮保一言之誤可也。乃自己亥庚子以還,宮保力主拒俄,其言論亦爲政府所憚。今民間猶有一線清議者,又宮保主持調護之功也。粤漢鐵路之事亦然。丁酉秋冬間,蘆漢鐵路既定局,始議南幹線之地域。盛宮保意本欲取道江西以達廣東,便萍鄉煤之轉運。時則義甯陳中丞撫湘,謂湖南、廣東兩省之地勢與其人物,皆將來中國之中堅也。謀所以溝通之,乃力持湘、粤之議,即今粤漢鐵路之濫觴也。陳中丞之倡是議也,本欲以黄公度京卿遵憲董其事。時京卿陳臬湘中也,以京卿文理密察之才,又籍於粤,南洋及美洲諸富商,敬之如神明,若以任路事,則資本鳩集,指顧間耳。陳中丞之獨推之也以此。將具摺奏薦,乞聯銜於張宮保,而宮保尼之。中丞力爭再三,幾失懽焉。宮保不恤,而卒以屬諸今督辦盛大臣。宮保之必右盛而左黄也,其真意所在,局外盖難懸斷。顧微聞宮保之攝兩江也,其時王夔石中堂實攝北洋,而盛大臣方卸津海關道任。甲午之役,軍械窳敗,叢獘曖昧,言者爭歸咎於盛。盛之去任,實緣此。去任後,交南北洋查辦,朝旨嚴厲,咎且不測。盛乞緩頰於王,王既許之矣,乃更乞援於宮保。宮保擬爲兩摺,甲摺爲洗刷,乙摺嚴參之,遣客袖以際盛。盛愕然不知所爲,戰慄叩憲意。客曰:公能爲張公接辦湖北鐵廠者,則以甲摺進;否則以乙摺進。盖宮保時辦鐵廠,縻六百萬而無成效,部旨切責綦急,故責難於盛以圖彌縫也。盛良久乃曰:大人栽培,敢不如命。惟鐵廠虧累已甚,力實不任。無已,其惟保我辦鐵路,庶鐵之用途廣,可以補苴。盖宮保持盛之急以要盛,盛亦還持宮保之急以相要也。客以復於宮保,宮保無已,許焉。遂進甲摺,并保路才。時論謂之六百萬金之奏摺。未幾遂有盛宣懷以四品京堂候補授爲督辦鐵路總公司大臣之命,盛氏與全國鐵路之關係自兹始。然則其必又以粤漢路畀盛者,何也?盛以爲蘆漢鐵路所經皆瘠地,未必能獲利也,刻意欲得南路。而宮保既以六百萬售一摺,則其所索報酬雖奢,亦無以拒之。故宮保誠非有惡於黄、有愛於盛,而騎虎之勢不得不爾爾也。而豈料以此一念之私,遂將湘、粤、鄂三省置諸俄、法、比同盟國勢力範圍之下,而亡國之禍根,即種於是也。諺曰:知有今日,悔不當初。吾張宮保其應悔之矣。雖然,宮保固勇於改過者。今日力爭廢約之事,非宮保莫能主之也;湘、粤紳士,意見屢有衝突,非宮保莫能調和之也;湘粤紳士,前後意旨,不免互歧，非宮保莫能堅執之也，贖路之欵至鉅，非宮保莫能籌措之也。宮保若能始終左右廢約之事，以底於成，則今日之功，其亦可以贖七年前之罪矣。抑吾更欲爲宮保進一言：與合興訂約者，盛大臣也；知比人篡奪全路而不肯抗議者，盛大臣也；代合興樹援於美政府，而使廢約之議，更加棘手者，盛大臣也。而保薦盛大臣辦鐵路者，宮保也；奪湘、粵鐵路於湘、粵人之手，而以畀盛大臣者，宮保也。今茲之事，廢約必興訟，盡人知之；興訟我必無可負之理，而訟費不貲，且賠欵或不能免，亦盡人知之。此訟費與賠欵，當何自出乎？以此責湘、粵人，湘粵人不任受也。且今籌贖路及接工之費，已不勝其瘁，更安有餘力以代人受過也？即使有力，則應接之路應辦之事正多，而豈可以血汗之母財，投諸不可復之地也？故將來訟費及賠欵之所出，勢不可不如楊孝廉之言，謂一切無名欵項，皆應盛出，不合代彼費錢費力。（楊孝廉度代表留美留日學生致各當道電文語，見十月初九日上海《時報》。）蓋前此之利，盛自享之；則今茲之難，盛自當之。非故爲是以苦盛公，實則天理人情應如是也。雖然，其有完全之資格，可以督責盛公，使不得不踐行此義務者誰乎？則非張宮保無與望也。非直以宮保現今之地位爲然耳，盛之舉主，實惟宮保。宮保於七年以前，既以百口保盛公之堪膺此任，而今乃若此。天下萬世，不宮保之責，而誰責哉？吾儕小民，不宮保之望，而誰望哉？夫宮保公忠體國之心，老而彌劭；沈幾觀變之識，與年俱進。此舉國所同仰也。近一年來，宮保所以爲我湘、粵人計者，心力俱瘁，吾儕惟有感激涕零而已，七年前之事，甯忍復毛舉以相責備？但以事機急迫，恐虧一簣之功，不得不爲宮保一言，不得不爲湘、粵紳士一言。嗚呼！我輩既認定出訟費出賠償費爲盛大臣不可逃卸之義務，然則督責盛大臣以出訟費出賠償費者，其亦爲盛大臣之舉主，即張宮保其人者，不可逃之義務也夫。嗚呼！宮保自有千秋，其忍使天下後世，追原禍始，大書特書曰：亡中國者張、盛同罪也！

（1905年1月《新民叢報》第60號）

讀廣東國民贖路股票章程書後

粵漢路權問題，爲數月來全國耳目所屬。吾粵紳商，幾經集議，乃創爲彩票贖路之舉。以此事關於生計界前途，影響頗大，故論之。

（附冠原章）

第八欵　股分　本公司集資本銀一千萬元，分五百萬股招集，每股銀二大元。

第九欵　招集之方法　資本分十次招集，每次招五十萬股。每兩箇月招集一次，開會一次。（下略）

第十二欵　股票之常利　股本應支老本息，每年週息四釐算，即每銀一元，每年得息四仙。此老本息訂以一年分給一次。

第十三欵　股票之特利　此股票每條二元，每月招集五十萬分，得本銀一百萬元。每次募集股票收齊時，提出二十二萬零五百元爲特利，以懸賞應募者以爲激厲，俾得歡忻鼓舞。該銀分配如左：

　　　　一等特利五份　　每份二萬元
　　　　二等特利五份　　每份三千元
　　　　三等特利五份　　每份一千元
　　　　四等特利五份　　每份五百元
　　　　五等特利一百份　每份四十元
　　　　六等特利一千份　每份十四元
　　　　七等特利一萬份　每份四元

開齊以上特利一萬一千一百二十份之後，再將此等得利之票再合齊，用機器攪出一條，加賞銀四萬元，以爲踴躍應募者勸。

第十五欵　存儲股票之實利　本公司每次集股票五十萬條，該股本銀一百萬元,酌提二成零爲獎賞之用。凡我買股票者,無論得分特利與否,俱作爲鐵路之股票。俾知本公司股票之益,祇有開會得利,並無輸票虧本,與賭各項彩票者大相逕庭。

第十六欸　預算老本之均利　本公司招股贖路,擬招集十次,共一千萬元。除股票之特利獎勵,招股之酬金及開會之日機器紙張建廠開投人員薪工等項,需用二成零至三成之間,似於股本票底,不無虧損。不知現在造成之鐵路,早經開行,車票暢銷,已獲厚利。計此路極大之利益,通盤籌畫,以之彌補開會支銷各欸,實屬有盈無絀。通盤計算,每年老本週息,儘足相當有餘。

此種集股法正當乎？曰:否。可行乎？曰:可行。完善乎？曰:善則有之,完則未也。

西人有一種公債,日本譯之爲"籤札付公債"者,廣東此次贖路集股法,即變其形式而用其精神也。

籤札付公債者,於其債券各附一證票,每次發債券利息時,除常利外,更用抽籤法以分特利,得彩者於常利外有意外之獲焉。今茲贖路股票法,其精神全與彼同。所異者,則彼之特利,於派常利時分配之;此之特利,則於最初集股時分配之也。

此種公債,在昔土耳其政府所辦之鐵路社債嘗用之,近今法蘭西、意大利之國債及地方債亦頻用之,日本勸業銀行之勸業債券亦用之。然土耳其用之而受其敝,法蘭西、意大利、日本用之而收其功。

財政家論此種公債票,其發行之方法,有當注意者五:

一、其常利必視尋常之公債稍低率。

二、得特利者之數,以多爲貴。其特利之總額,與政府每年因常利低率所得利益相比較,必須尚有贏餘。

三、得特利者,其額不可過大。

四、抽籤開彩,不可頻數,每年最多以二次爲度。

五、償期不可過長。

土耳其之所以敝者,以其悖於第三第五之原則也。彼得一等特利者,至獲二十四萬元,而償還之期至五十年,故不旋踵而棼如亂絲。德、意、日不然。法國當一八六五年，用此法以募百二十兆圓之公債，而於政府之財政，民間之生計，不生惡果，則愼用此五原則之爲之也。

此種公債，其性質之一部分，近於賭博，故學者多反對之。其反對之言，有根於道德範圍者，有根於法律範圍者。法律論者謂今世各文明國之法律，凡近於彩票類之事業，悉禁之。（一八三六年，法國所頒法律第二條所規定，後此各文明國皆有之。）今政府乃避其名而襲其實，是政府自犯法律之精神也。此其論頗有力。今以不切於中國今日之法律，且勿置論。道德論者曰："富蘭克令曰：（富氏美國獨立時一偉人，功德亞於華盛頓者。）'或告汝以勤儉智三者之外，有他途可以致富，此其人即飲汝以鴆者也。'此種公債，即示民以勤儉智之外有致富之途也。"此其論固無以易。而財政家駁之，謂勤儉智固爲致富之正途，雖然，亦有於三者之外，別由天幸以致富，而不得謂爲非正者。如彼懋遷居奇，而忽遇意外之漲價；鳩貲采礦，而驟得特別之礦苗是也。故徒手不事事而惟僥倖之爲望者，道德之所禁也；於勤儉之範圍內而更有僥倖之希望，道德所不禁也。絞多數人血汗所集之母財，犧牲之以供少數人之僥倖，道德之所禁也；多數人可以不失其母財及其母財所例演之子，而於其間別有機會焉與特別之僥倖於其群中之少數人，道德所不禁也。此兩公例者，於生計界一切現象，皆適用焉。而籤札付公債，正以不繆於此公例，故不爲社會蠹也。（此指遵用前此五原則者而言。若土耳其之鐵路公債，則直彩票耳。）

此種公債之性質，所以與彩票殊別者，以失彩者不喪其母財，而毋致失望，得彩者非過甚之暴富，亦不致爲過甚之浪費也。此就其消極一面言之也。不甯惟是，在風氣未開之國，人民不知公債之利益，則以此種公債導之最良。蓋資本不集合，則社會一切大事業，無自而興。而集合資本，舍利用人民貯蓄心之外，更無他道。泰西各國之有公債，其精神非徒爲調劑政府之財政也，亦以作人民貯蓄之機關，爲一國總殖增進取之實力也。人民之有貯蓄心，固其天性。然貯蓄恒欲厝諸安全之地，甯窖藏焉以供不肖子孫之揮散，而不肯投諸公共事業以自利而利社會者，蓋有焉矣。此中國今日之大患，而各國當風氣未開時，亦莫不經此階級也。雖然，人之欲安全之心與其欲僥倖之心，兩者每相戰而交相勝。愈鄙吝之人，愈好從事於賭博類事業，往往有以此傾其家者。此又普通社會之習性也。夫窖藏而廢置焉，與賭博而消費焉，其性質若大相反對，要之其不以爲母財等也。一國之總殖而不以爲母財，國未有能興者也。故善謀國者，當其國民流通貯蓄之風氣未開，乃思一法爲，取人民欲安全之心與欲饒倖之心而兩利用之，是即"籤札付公債"之所由起也。

日本國家公債，向不用此。惟有所謂勸業銀行者，亦帶半官業的性質，專獎勵貯蓄，結集資本，爲一國殖產興業地者也。其債券之規則略如下：

（一）債券每張全額五圓，年利三釐。償還時附以特利，由抽籤得之。

（二）債券凡十萬張，以二十年內分三十次償還。第一年償還一次，第二年至第六年每年償還三次，第七年至第二十年每年償還一次。

（三）特利之分配法如下：

等級	每張之特利	初回	自第二回至第十六回凡五年間		自第十七回至第三十回凡十四年每回
			每回	一年三回合計	
一等	五百圓	十五枚	三枚	九枚	七枚
二等	百圓	三十枚	七枚	二十一枚	十三枚
三等	十圓	五十枚	十五枚	四十五枚	六十枚
四等	五圓	百二十枚	三十五枚	百〇五枚	百二十枚
五等	二圓	七百八十五枚	三百四十枚	千〇二十枚	一千枚
計		一千枚 一萬三千一百七十圓	四百枚 三千二百〇五圓	千二百枚 九千六百十五圓	一千二百枚 八千圓

今將我粵漢鐵路債券與日本勸業銀行債券，列其異點比較之：

	粵漢鐵路	勸業銀行
券面金額	二圓	五圓
每年常利	四釐	三釐
券數總額及總金額	每月招五十萬分，共合銀一百萬元	每組十萬分，共合銀五十萬元
特利等級	七等	五等

续 表

	粤漢鐵路	勸業銀行
得特利者之票數及與總票比較率	得特利者一萬一千一百二十票,對於總票五十萬張,約每四十九票中有一票得特利者	得特利者二萬一千四百票,對於總票十萬張,約每五票中有一票得特利者
特利最高點及與原券金額比較率	二萬元,對於原券金額二元爲一萬倍	五百元,對於原券金額五元爲一百倍
特利最低點及與原券金額比較率	四元,對於原券金額二元爲一倍	二元,對於原券金額五元爲五分之二
特利外之特利	四萬元,對於原券爲二萬倍	無
特利總金額及與原券總金額比較率	派出特利總計二十二萬〇五百元,對於原數一百萬元,約提出百分之二十二而強	派出特利總計七萬八千〇十五元,對於原數五十萬,約提出百分之十六分而弱
分派特利次數及年限	共一次,債券發出後一月內分派	共三十次,債券發出後分二十年內分派
常利年限	無期限	二十年內本利償訖

以我與彼兩兩比較,而取前此五公例以衡之,則其孰完孰不完,孰適孰不適,可以見矣。即其常利之輕重一也,得特利者之多寡二也,特利金額之大小三也,特利分派期限之長短四也,蓋勸業銀行債券,其性質與彩票劃然分殊,粤漢鐵路股票,其性質猶近於彩票者多,而近於籤札付公債者少也。

彩票之爲物也,賣票者之利益,常優勝於買票者;籤札公債,則賣買兩造,五雀六燕,厥利維均也。彩票之爲物也,買票者之小部分,受莫大之利益,其大部分蒙不可復之損害;籤札公債,則大部分受普通之利益,小部分受特別之利益,而損害則一切絕無也。故辦彩票者,但豫算於給彩之外,猶有餘利焉足矣;籤札公債,則給彩之外,必須籌所以利用此餘出之母財,使殖子焉。辦彩票者,求鼓動小部分人投機之狂熱而已;籤札公債,則必須思所以保全大部分人之普通利益者焉。故公債辦法,與彩票辦法,其界限必當分明,不容一毫相混,勢則然也。故所給特利不能太多也,其給之當分多次不能太驟也,凡所以維持公益,使大部分普通之常利,得確實之保證也。夫使以特利之支給過度,致常利之保證不確實,或將生虧缺,而常利之支付不能踐前言,則是取茲事之根底而破壞之。土耳其鐵路債券所以不勝其敝者,皆坐是也。故吾於今次粵中此舉無間然焉,顧願當局者於此點再三致意云爾。

原章第十六欵,謂現在已成之路,既獲厚利,所得利益,以之彌補特利及開會支銷費,有盈無絀云云。著者非在局中,未經確實調查。若此語果實,則雖以現章特利之多費,尚屬可行。若其不然,則鄙意謂毋甯稍減特利之數也。

今後之中國,不可不厚集全國總殖與列強決戰於經濟競爭之場,稍明時局者,皆能言之。集之之法不一途,若籤札付公債券,亦其一端也。吾粵人於茲事正創始焉,行之得其道,他日踵起取法者,可以徧國中,使一國食無窮之利可也。而不然者,信用一墜,後此引爲大戒,蒙其害者豈直一粵漢鐵路而已!吾之此論,非僅爲區區一粵漢鐵路責善云也。

抑吾更有一言:數年以來,各省紛紛開設彩票,當道以此爲籌欵之一特別法門,其意謂吾未嘗以強迫力取諸民,其弊害視加賦有間也。庸詎知其敝所極,可以使一國人,悉以投機僥倖爲務,總殖之大部分,不以爲母財,而悉供消費,國力消耗於冥冥之中,不數十年,舉國皆涸轍之鮒矣。殷鑒不遠,近世之西班牙、葡萄牙,其前車也。孔子曰:百姓足,君孰與不足?百姓不足,君孰與足?至國力消耗之既盡,有司雖更欲竭澤而漁可復得乎?吾嘗謂中國之財政機關,有自殺之道三:捐官,一也;借外債,二也;開彩票,三也。三者皆自謂以救財政之困,權宜以濟一時也。其弊害之影響於他方面者勿論,即以財政論,彼三者皆財政之魔鬼,非財政之救主也。夫籤札公債之與彩票,其外質絕相類,其精神乃適相反:一則獎厲貯蓄焉,一則獎厲消費焉。以此之故,其所生之結果,判若天淵。今有欲忠於財政者乎,以彼易此,安見其不可行?是一轉移間耳。以非此論範圍,若語其詳,竢諸異日。

(1905年2月《新民叢報》第62號)

顧問政治

二月二十三日上海《時報》北京專電云：外務部代奏山東巡撫楊士驤請聘德國男爵士根道爾夫爲山東省顧問，奉旨允准。

埃及之政治，顧問政治也。一八七六年，請英人乞爾遜、法人讓迫流爲顧問，問今。

朝鮮之政治，顧問政治也。去秋以來，日賀田爲財政顧問，田尼遜爲外交顧問，某某某某等爲教育行政顧問、警察行政顧問、交通行政顧問，問今之朝鮮，猶是朝鮮人之朝鮮否也？

今者憂國之士，輒相驚以瓜分。寄語公等，必毋憂此。英人至今不以埃及爲印度，日人至今不以朝鮮爲琉球，公等爲是鰓鰓，奚爲者？

嗚呼？顧問政治，遂亡山東。嗚呼！顧問政治，遂亡中國。楊士驤也，士根道爾夫也，吾中國歷史上永不可忘之一大紀念也。

楊士驤竟敢冒此大不韙創中國顧問政治之新紀元耶？吾爲中國人恥之，吾爲中國人痛之！抑楊士驤雅不欲冒此大不韙而終不得不創中國顧問政治之新紀元耶？吾益爲中國人恥之，吾益爲中國人痛之！

（1905 年 2 月《新民叢報》第 63 號）

文字獄與文明國

兩月前有《警世鐘》之獄，最近復有《警鐘日報》之獄。誰發之？握有上海警察權之文明國人發之。誰主持之？握有上海裁判權之文明國人主持之。

文明國與非文明國之差別多端，而言論之自由與不自由其一也。今受治於文明國法律之下者則若此。

文明國之法律，固文明也；雖然，不與非文明人共之。吾輩人與人相處，雖極悍戾者，猶知互尊其生命之所有權也。顧偶一欵客，供膳雙雞焉。雞語我曰：汝自謂文明於我，曷爲視我生命所有權若弁髦也？我應之曰：我文明我，非文明汝也。

英國號稱最自由之國也，其法律號稱言論最自由之法律也。去春香港諸華文報，有以黃種白種字樣而逮主筆者，至今各報莫敢齒及黃白，而指斥英國之論文及記事，更無論也。一年以前，惟香港然也。今則上海一香港矣。自今以往，全中國將一香港矣。去年香港某報初發刊，有某黨機關報主幹某自號爲中國革命開幕偉人者，揚言曰：吾有權力，能令該報於兩月內，非封禁則命停刊，非命停刊即逐主筆。果也，不及兩月，而三者竟踐其一焉。今請寄語彼輩，毋太自苦，外人自有代公爲之者。

頻年以來，政府當道，日日思與報館爲敵，移牒租界，尋瘢索垢者，屢見不一見焉。如《蘇報》，如《國民日日報》，其最著也。今請寄語彼輩，毋太自苦，外人自有代公爲之者。

聞此案初起，會審公堂不允出票云。賢哉！會審員也。而德領事致函云：《警鐘報》污衊皇太后皇上。《警鐘》之果污衊與否，吾不能知焉；即污衊，而吹皺一池春水，干卿甚事也。吾不知我當道見德領事之拔劍相助以理不平，以仇禁夫我民之污衊我皇太后皇上者，其果拳拳稱謝焉否也。吾不知吾民間之與

《警鐘》同業而異宗旨者,見《警鐘》以獲戾外人而致蹶,其果忻忻稱快焉否也。

嗚呼！吾更何言哉？吾惟哀哀泣告我種種階級種種黨派之同胞曰:兔死狐悲,物傷其類。又曰:兄弟鬩於牆,外禦其侮。

（1905年2月《新民叢報》第63號）

治外法權與國民思想能力之關係

中國國內各租界,外人有領事裁判權,亦稱之爲特別之治外法權。若上海一地,有完全之混成裁判者(混成裁判者,以駐在領事之團體行司法權。各國所施諸埃及者也。今上海正屬此類),此權之尤爲發達者也。其餘若已經割棄之香港、澳門,及密邇內地之南洋、日本,雖不屬治外法權之範圍,然我國人居留者甚多,與內地有切密之關係,而政府之權不能及焉。吾本論並此等諸地總論之。

此等諸地,果爲中國之福乎？抑爲中國之禍乎？(若香港、上海諸地,爲國體之大恥辱,此自屬別問題。盡人皆知,無待言者。)殆不可一概論。

平心論之,此諸地爲新思想輸入之孔道,章章不可掩也。言論自由,出版自由,爲文明普及不可缺之條件,盡人知之。而在專制國法律之下,跼天蹐地,微①詞諷刺,輒已得咎。我國數千年來,未必絕無懷抱異想之人,而不能滋長其萌蘗,公表之以貢獻於社會者,勢使然也。數年以來,交通漸開。以自力求得新知識於外界者,日有其人,而復得此諸地爲根據,可以大聲疾呼而無所忌憚。故糾彈抨擊之言,日騰於報章;恢詭畸異之論,數見於新籍。取數千年來思想界之束縛,以極短之日月而破壞之、解放之,其食此諸地之賜者,不可謂不多也。

---

① 初刊《新民叢報》作"激",據《(分類精校)飲冰室文集》(廣智書局1905年版)改。

雖然,思想一方面,日見漲進,能力一方面,日見萎縮,則亦受此諸地之影響者最多。夫病者而呻焉,勞者而歌焉,其所患不緣此而治也,而一呻一歌之際,其目前之苦痛,則既略減。故夫處專制政治之下者,苟並其言論自由而束之,使不得發舒,則其怨毒將悉蓄於腔,而日以增益。於斯時也,則懷抱新思想者流,生出兩派焉:其志行薄弱者,不厭世則發狂,而銷磨淘汰以去;其志行堅强者,則以憤鬱之深,而務從實事上以自救其苦痛,於是能力出焉。若於言論上猶有餘地以恣之,則憤已略洩,而氣已稍瘳矣。故或以能言論爲義務之已盡,而實行之心力,因以減殺。此一患也。其不能言論或不好言論之人,宜若汲汲於實事。但其任事之始,其心目中已有一外國或租界爲之逋逃藪。一旦風吹草動,則以三四五金之旅費,三四五日之里程,可以自庇於上海,更倍之,則香港、南洋、日本。鴻飛冥冥,雖有矰繳,靡所施矣。孟子曰:其操心也危,其慮患也深,故達。以今日之政府,其行政法之粗疏,已不足以陶鑄志士之思慮;而復有此等至便利至密邇之治外法權地以爲之尾閭,則安能危而安能深也!故志士之任事者,非必其初志之虛而不實也,非必其天才之果不如人也,而坐是之故,其思慮綿密之一點,必不能發達。吾昔聞人言:久居紐約者,其眼必加利。因車馬太闐塞,眼鈍而行路難也。若夫居曠野者,眼官之用不勞,而效力亦減矣。今中國志士能力之萎縮,其理由亦猶是而已。日本維新前黨禍之起,西鄉、月照輩,見窘於政府,舍投海自湛外無他途。故其人不反對政府則已,苟反對政府,則已自處於淮陰背水陣中,舍"死"與"勝利",二者之外,更無他途。今日中國志士之地位,可以失敗而不死,故失敗者踵相續也。此又一患也。

夫必謂此諸地於中國之前途,有百害而無一利,此誠不免矯激之論。以中國民智之窒閉,民氣之脆弱,積之已數千年,不有言論,何以喚起多數之同情?若絶無逋逃之地,則政府方將於其萌蘖焉,而摧拉之,而後此之發達,亦終不可期。故有此諸地以爲之過渡,安得非福?今過渡之時代,既漸去矣,過渡之事業,其可以已矣。吾國人若猶狃於前此之地位,則恐其竟漂泊於中流以終古也。

雖然,乃者一年數月以來,則此諸地者,其性質將生一變象。昔之言論自由者,今干涉或過於内地矣;昔之逋逃最適者,今國事犯充獄中矣。自今以往,爲本國專制權與外國專制權嬗代之時代。其或者磨煉我國志士之時機已至乎,是又禍與福相倚之一端也。

因感《警世鐘》及《警鐘日報》之獄,再書此。

(1905 年 3 月《新民叢報》第 64 號)

中國之多數政治

上海《時報》載有政務處會議修復貢院一案,詳記各大員說帖所主張者如下:

外務部各堂官同一說帖議主不修。

商部各堂官同一說帖議主緩修。

內閣各堂官同一說帖議主修。

翰林院各堂官同一說帖議主修。

吏部孫中堂、張尚書合上說帖主不修。　其餘各堂官同一說帖議主修。

戶部五堂官同一說帖議主緩修。　惟戴侍郎另上說帖議主修。

理藩院各堂官同一說帖議主修。

兵部各堂官同一說帖議主緩修。

刑部各堂官同一說帖議主修。

都察院各堂官同一說帖議主修。　科道御史各具說帖,主修者十之六七,主不修者十之二三。

禮部各堂官同一說帖議主修。

工部各堂官同一說帖議主修。

光祿寺三堂官同一說帖議主修。　惟張京卿亨嘉另上說帖議主不修。

太常寺各堂官同一説帖議主修。

　　大理寺各堂官同一説帖議主修。

嘻！此即中國第一次會議朝政之結果也。多數政治，爲今世界最完美之政治。此天下所同認也。此次多數之勝利，竟誰屬耶？

　　論者曰：彼老朽而黨於政府者爲然耳。雖然，使合全國人有普通選舉權，以其代表人會議一事，其結果亦必爾爾，或且更甚焉。吾敢言。

　　論者曰：彼頑憒而無新智識者爲然耳。雖然，使合全國中所謂少年有新智識者，以其代表人會議一事，其結果雖或不爾爾，而惡果或更甚焉。吾敢言。

　　橘在江南爲橘，過江北爲枳。以今日之民智民德民力，何一而可哉？何一而可哉？

（1905年3月《新民叢報》第64號）

《中國原始民族之現狀》識語

　　頃編國史，觀上古漢、苗劇争之遺跡，深悲彼劣敗之族，其歷史之片鱗隻甲，不獲傳於後，乃至並其性格習慣，亦不復爲世界所聞知，致憨惜焉。有郵自北京來，則此文也，發讀狂喜，亟以入報。夫文運愈進化，則前古殭跡復活者愈多。或者苗族之歷史性格習慣，其將緣附我漢族進化之運以復活乎？蚩尤有靈，宜左右之。　飲冰識

（1905年1月《新民叢報》第60號）

《羅馬四論》識語

明夷先生游歐洲,著《十一國游記》。其觀察之精密,論斷之博深切明,非直我國前此游記所未有,即日本人之著述,亦瞠乎未有見也。其論羅馬數篇,條舉具得失以與中國相比較。以先生之醲粹於國學,引證既贍且博,又親歷羅馬,一切皆由目覩所得,兩兩相校,而得其真相。吾中國不如人之處,固僂指不稍諱,而其優秀之點,亦發皇之無餘蘊。讀之真令吾國民足以自豪,引觴滿飲,蹶然以興,知中國決非爲人下也。嗚呼!我國自十年以來,以屢挫之餘,人人萎苶蜷伏,幾不敢自比於大國。佛說有言:三界唯心所造。我國民今若此,吾不知其所造惡果之何終極也。然則先生之論,其起衰之第一良劑乎?或者曰:今日猶囂囂言國粹,長夸張之氣,其猶將訑訑然距歐西文明於千里乎?應之曰:國民之自尊者,一國之元氣也。自尊則何害?況夸張云者,我本無而妄自誣爲有云也。先生所論列,皆有古籍可考證,無一語杜撰,甯云夸張?若我本有而妄自誣爲無,則又何如?故今擷取游記之言羅馬者四節,名曰"羅馬四論",先登報中,以詔國人之拜歐而蔑祖者云。　飲冰識

(1905年4月《新民叢報》第67號)

讀《今後之滿洲》書後

可憐無定河邊骨，猶是深閨夢裏人。吾見今者北京政府，方汲汲爲收還滿洲之準備日不給，一若深信日本於此區區之必余畀者。嗚呼！居今日而議收還滿洲，其即斷送滿洲焉耳。門人周生伯勛，譯日本有賀長雄之《滿洲委任統治論》，加以批評，題曰"今後之滿洲"，東鄰隱志，昭揭纖盡焉。但其結論所以策中國者，與鄙見不無異同，乃廣其義以作茲篇。

一、委任統治與割讓之比較

原著謂爲中國計，割讓滿洲，最爲上策。此實駭俗之言，若痛極而姑爲滑稽也者。雖然，委任統治之與割讓，其事實上果有以異乎？有賀氏徵引先例，而舉英之於昔布里斯島及奧之於坡士尼亞、赫斯戈維納爲證，此其事猶懸遠，或非吾國人所能悉也。實則何必歐洲，其最切近之比例，即十年來中國之租借地，若膠州、旅順、大連、威海、廣灣，皆與委任統治異名同實者也。異哉！有賀氏原著有所謂"委任統治與清國主權"之一章也（有賀原著第四章之文，周譯改置第二節，題爲"委任統治後滿洲與中國之關係"。但擷譯其意，於原文有所未盡，故今補譯之如下），其言曰："清國以滿洲之統治委於日本，決無絲毫傷及其主權。何以故？清國以自由之意志締結條約故。猶土耳其以昔布里斯委英，以坡、赫兩地委奧，無絲毫傷土之主權。何以故？土耳其以自由意志締結條約故。此猶云法律上之理論也。若以事實上證之，猶有十焉：（一）滿洲輿圖，仍屬清國，不改顏色。（二）滿洲仍用清國正朔，不變陽曆。（三）儀式祭典，一依其舊。（四）滿洲正式旗章，仍用龍旂，惟官署用日本國旗，他不爾也。（五）滿洲仍用清國貨幣。（六）滿洲土民，仍爲清國臣民。其旅行海外，仍受清國領事保護，不歸日本領事保護。(七)滿洲土民,對於日本官署,雖有納稅義務,對於日本國家,無當兵義務。中國將來若行徵兵令,仍可與內地一體徵發。(八)司法權雖歸日本,然其權非日本天皇之權,乃清國皇帝之權,轉託之於日本,日本受之而生效力者也。(九)外交權雖歸日本,然關於清國主權消長之事,仍須與中國政府協商。(十)郵便電信鐵路及各種交通機關,雖純歸日本經營,但當立特別優待之條件,許清國使用之。"以上所述,即有賀氏所謂委任統治無損於中國主權之論據也。嗚呼!吾不知有賀氏爲此言,將以欺世界耶,將以欺中國耶,抑還自欺也?自欺則何必,欺世界又安能? 彼直以一手掩我四萬萬人之目云爾。如謂以自由意志締結條約,即爲無損主權之徵也,則謂我猶有主權於臺灣、香港可也,謂法猶有主權於奧斯鹿林可也。何也? 彼曷嘗非以自由意志締結條約也。(如曰彼出於迫脅,非自由意志,然則將來日本外交官,必無一語要求委任統治於我然後可。苟有一語,則已非我之自由也。)乃若其所舉十端,以之爲主權之實現也,則法律上"主權"(德語之Souveränität)之解釋,雖論戰未定,顧其爲物也,絕對無限,最高無上,完全不可分,則今世學者,率宗此義,亦有賀氏所常稱道也。曾謂彼所舉十者,足以當此名詞否也? 且有賀氏胡勿曰:吾日本戰勝之權利,不容爾老大帝國容喙也。則吾靡怨也。顧悍然於其大著中奮筆爲"委任統治與清國主權"之一章,豈有他哉? 爲我國簽委任狀時當局者一解嘲之資而已。膠州條約第一條云:"該五十啓羅米突界內之主權,仍爲中國皇帝所有。"旅大條約第一條云:"惟中國帝權,不得稍損礙。"廣灣條約第一條云:"中國自主權,毋得妨礙。"(威海與旅順同條件,九龍與廣灣同條件,故約文亦簡略,不復著此條。)凡此皆以條約爲主權之保證者也。而試問以上諸地,我所得行之主權,果何在也? (主權乃獨立不倚者。若必待條約保證之,則已非主權之爲物矣,況所保證又極曖昧乎?) 又膠州灣條約第三條云:"因恐將來中德兩國或於主權上生衝突,故清國政府允於租借期限內,將該地施行主權之權利,不自行之,而以委諸德國。"此約文即解釋委任統治之性質最確當者,而有賀氏處分滿洲之政策皆基是。租借云,委任統治云,狙公飼狙,朝四暮三云爾。吾國人若猶有不知委任統治爲何物者,則何不取膠、威、旅大之前事以觀之也。夫膠、威、旅大諸地,固國際法家所認爲"平時占領"之一種,而吾國人心目中,亦共信其爲覆水難收者也。使滿洲之前途,而竟如有賀氏所言也,而猶謂其有瘉於割讓,吾苦不知其所瘉者何在也。故我國今後,苟能於割讓與委任統治之外,而更有他術焉以善其後,則其利害猶有可言者。如僅於此二者之中校利害而已,則周氏所謂與其委任毋寧割讓之說,吾猶取之。

二、割讓滿洲能否實行

利害且勿論,但割讓之說,能實行乎？此實一怪象之問題也。欲研究此問題,當分四方面觀察之:一曰我政府之意嚮如何;二曰俄政府之意嚮如何;三曰列國之意嚮如何;四曰日本之意嚮如何。我政府慣爲掩耳盜鈴之計,必寧取委任,毋取割讓,此可斷言者。雖然,此非我政府權力所能及也。即彼香港也,臺灣也,我政府豈其甘割讓者,而終不得不爾。故日本人以戰勝之威,既能得委任統治於我,即能得割讓於我。故我之反對割讓與否,謂爲無價值之提議可也。其次則俄國。俄必不甘滿洲之割讓於日,固也。但其視委任統治與視割讓,其利害正相等,兩者均不甘也。而其力苟能拒割讓,即能拒委任統治;苟不能拒委任統治,則坐視我割讓,亦徒呼負負而已。故俄國反對提議之有價值與否,視戰事之進行何如。而所爭者非委任與割讓孰能成功之問題,實日俄在滿洲發言權孰有力之問題也,故今亦不必置辨。次則列國之意嚮,實問題中一要點也。列國中可分二派:一則世所目爲侵略派者,黨於俄之國也;二則世所目爲保全派者,黨於日之國也。其侵略派宜贊成他人之割讓以爲自割讓之地,固也。但以龐大之滿洲,忽入於密邇肘腋之日本之手,侵略大勢,驟失均平,如是則非侵略派所欲。保全派者,日以保中國領土相揭櫫,宣言至再三。一朝而三省輿圖改色焉,其劌心刺目,抑泰甚矣。如是則非保全派所欲。故夫列國之意嚮,則委任統治也,割讓也,皆其所不欲者也,而割讓之見妒尤甚。此亦至易見者。最後則日本之政略,實此問題之所由決定也。今世所謂文明國者,罔不虎其質而羊其皮。其野心固路人皆見,猶必口仁慈貌義俠以自飾。此各國所同,而日本亦其一也。日本自十年來,日本保全支那之大言號於天下。其宣戰詔勅,方日責俄人有併吞滿洲之志。口血未乾,反汗頗難,此其不欲實居割讓滿洲之名者一也。此役以後,日本海陸軍之價值,忽騰漲於世界,而黃禍之聲愈高,皙種之猜忌愈甚。若驟以萬里之滿洲爲戰利品（日人名戰爭所鹵獲者爲戰利品）,太惹列强之耳目,而於日本將來之雄飛,或生反動阻力,此其不欲實居割讓滿洲之名者二也。以滿洲爲完全之屬地,則其施政方略,或束縛於憲法之解釋,掣肘於議會之協贊。委任統治,則一切以天皇大權之名行之,而舉動反得自由,此其不欲實居割讓滿洲之名者三也。審如是也,則微論我之不欲割讓也,藉曰欲之,而人或且不余受也。嗚呼!割地者至痛之事也。今茲之役,乃至欲爲簡易直捷之割地而猶不能,天下之可痛,孰過是也!

三、永久中立策

(1) 永久中立之性質及其歷史

今後滿洲之處置,最利於我者,其惟永久中立策乎?於國際法上而有永久中立一種之國體,實自百年以來耳。永久中立國烏乎起?蓋有數國焉,境壤相接,易生衝突,乃於其間劃出一小國,相約不侵犯之,以求國際上之平和,故亦名之曰甌脫之國 Pufferstaat Etat tampon。故此種國家,必有他國爲以爲之擔保。而擔保國與被擔保國,各有其應守之義務。即擔保國:(1) 不得加兵於該國;(2)若他國有加兵於該國者,擔保國共防禦之。此其義務也。被擔保國(即永久中立國):(1) 不得與他國結攻守同盟之約;(2) 不得受他國領土之割讓;(3) 非值自衛防禦緊急時,不得與他國交戰。此其義務也。當今現存之永久中立國有四,請表示其名及其情狀:

國 名	位 置	面積(英方里)	人 口	成立年	擔保國	記 事
瑞士共和國 Switzerland	歐洲中原	一萬六千餘	三百三十五萬餘	千八百十五年維也納會議	奧、法、英、葡、普、俄	拿破崙第一既竄於聖希狨拿島,列國會議,以瑞士爲中原甌脫,永久中立
比利時王國 Belgium	歐北瀕大西洋	一萬一千餘	七百餘萬	千八百三十一年倫敦條約	歐洲列強	初本與荷蘭同國,而其人屬拉丁種,與法國同種。一八三一年革命,脫荷羈軛。然國小不能自立。今併於法,則失均勢。故列國會議,定爲永久中立

續　表

國　名	位　置	面積(英方里)	人　口	成立年	擔保國	記　　事
盧森堡侯國 Luxemburg	歐洲介於德法之交	一千餘	二百四十餘萬	一千八百六十八年倫敦條約	歐洲列強	初爲日耳曼聯邦之一。維也納會議，約普國以兵戍之。其後法帝拿破崙第三，陰嗾荷蘭，購收其地。德相俾士麥爭之，普、法將至用兵。俄皇出而調停，卒以列國會議，爲永久中立。
康哥王國 Congo	非洲中央面大西洋	八十餘萬	二千八百餘萬	一千八百八十五年柏林條約	歐洲列強	其地握非洲商業之樞要。歐洲列強，瓜分非洲，各垂涎焉。慮其衝突，乃以列國會議，使比利時王兼王之，爲永久中立。

此現存之永久中立國也。此外更有謂永久中立地者，其性質亦大略相同。今更舉之(全世界永久中立之地段頗多，今舉其要者)：

(1) 埃阿尼亞群島 ｛本英國之保護國。及一八五四年，英法同盟軍與俄搆釁，此島反宣告中立。戰事畢，遂爲希臘領土。一八六三年，列國復與希臘締約，破壞此地之要塞，認爲永世局外中立地，以此地爲軍事上之樞要也。

(2) 蘇彝士運河 ｛本屬埃及，而埃及又土耳其屬國也。一八七八年，俄、土交兵，俄人認爲敵國境域，欲加攻擊封鎖。列國以其地爲全世界交通孔道，一有事則商運全塞，故迫俄國認爲局外中立地。此後列強皆默認之。

(3) 沙杯士 ｛本意大利屬地，後歸法國，旋認爲局外中立。

(4) 摩黎士尼 ｛在普魯士與荷蘭之間，一僻村也。一八一四年，普、荷爭之，不決。後乃以爲一獨立市。其民豁免服軍役之義務，因兩國兵役，皆不許調之也。其有訴訟，則由該市民任意控於一國之裁判所，或普或荷，惟所擇。一百三十年，公議合併之於比利時。

(5) 湄公河 ｛本暹羅領土。一八九六年，英、法兩國協議，欲使英之經營緬甸，法之經營安南，兩不相妨，乃以條約認爲永久中立。

觀此諸地，則永久中立之性質及其來歷，可略見矣。其始由於彼此交爭，其繼由於彼此交讓。一爭一讓之結果，遂成此一種怪象之國家。故永久中立國者，時代之產兒也，非天然而人造者也。其在十九世紀之前半期，競爭燒點在歐洲，故瑞士、比利時諸國出生焉。其後半期，燒點移於非洲，故康哥出生焉。今則燒點移於亞洲，故亞洲東部，宜有此種國家者也。而今之滿洲，正迫我不得不希望此途以蘄自活者也。在昔朝鮮，早宜以儕諸瑞士、比利時之列，二十年前識者，既常道之。（黄公度京卿素持此論。）苟能爾者，則前此中日之戰，其可以已；今茲日俄之戰，其亦可以已也。今則朝鮮往矣，而滿洲乃與朝鮮陷於同一之地位。今日乃謀以此處置滿洲，其既晚矣。顧及今圖之，或尚可爲；更逸此機，後此更欲求如今日，豈復得也！今請就各方面以研究滿洲永久中立之一問題。

（2）永久中立之利害

（一）自滿洲人民之一方面論之，則有百利而無一害也。滿洲疇昔在北京政府治下。北京政府行政之腐敗，既不俟言矣；而滿洲又其所視爲羈縻之域，其管理法校內地抑更劣焉。故滿洲人民產業教育之程度，皆在內地下。而其地以數國競爭燒點之故，頻年蹂躪，無復寧居，又靡論矣。誠能永久中立，則日本人所稱永保東亞平和者，其能否實現，固不可期，若滿洲一隅之平和，夫固永保之矣。而不然者，或割讓也，或委任統治也，則以日本現在之國力，雖或能卵翼之，使其原野無復戰爭之慘；而租稅之繁重，徭役之苛急，恐滿洲人欲求如前此在舊政府之下，爲無意識之放任政治，而亦不可復得。誠能永久中立，而次第造成一良政府，則此種國體，在法不許多養兵。人民免此重大之負擔，得以其體力智力財力之全部，從事於殖產興業，其爲幸福，豈有涯涘！故永久中立如能成就，則其爲利於滿洲者無算，蓋不竢論。

（二）自中國政府一方面論之，則利害參半，而害不足以掩其利也。害安在？（一）欲圖永久中立，必提出列國會議，懼緣此別生枝節，牽動全局也。此俟下節別論之。（二）永久中立若成，則滿洲遂永遠自外於中國。吾後此雖有自振之日，亦難收回也，斯固然也。雖然，吾國之能收回滿洲與否，即決於日俄和議垂成之一刹那頃。過此以往，而猶言收回收回，是貧子說金之類耳。蓋永久中立不成，則滿洲無論以若何之名義，其實權必入於日本。既入日本，而曰吾徐徐收回云爾，多見其不知量也。如曰：以吾國之力，苟易良政府，十年以後，海陸軍可爲全球長。一戰以後，寧曰不可復？此義也，吾夙昔所常以自信也。雖然，苟有此一日，則豈惟滿洲，凡附屬我國四境，前此或經割讓，或經租借，或經受他國保護之諸地，何一不可復？苟有此一日，則又不必鰓鰓然以一滿洲之能復與否爲利害榮辱也。然此皆貧子說金而已。在今日言今日，則滿洲者，譬之吾有妻妾，將爲人掠據；欲免掠據，惟發心出家爲尼。譬之吾有子弟，將宣告死刑；欲免死刑，惟自行終身禁錮。爲尼也，禁錮也，雖非吾所欲也，然以視掠據，以視死刑，則有間耳。故夫滿洲誠能爲永世中立也，則吾國臥榻之北首，無復一大國鼾睡於其間，不至蹈歷史上之覆轍，以危及中原（參觀附注），利一。其他列強，不得援均勢之說，更圖於他地謀割讓謀委任統治，利二。爲今日中國計，莫便於是。吾深懼夫我當局者，醉鄰使之甘言，執珠還之頑夢，飛蛾赴火，飲鴆引年，貪收回之虛名，得割讓之實禍，此真一著鑄錯全局靡救者。嗚呼！毒蛇在手，壯士斷腕。我國今日非有舍棄滿洲之決心，不能獲保全滿洲之結果。千鈞一髮，舍此何以哉？舍此何以哉！

（附注）日本既得委任統治於滿洲，則其志必非以得滿洲而遂饜也。戶水寬人者，亦彼中一法學博士也，其人在輿論界甚有力。（當日俄開戰前，有著名之"七博士提議"者，蓋彼帝國大學法學博士七人，首倡主戰論也。而戶水實居其一焉，其勢力略可想矣。）頃著一書，名曰"亞細亞東部之霸權"，其第十葉一段云："名義上歸還滿洲於支那，而事實上以爲日本之領土。則一旦支那內地有亂，我日本駐屯滿洲軍，直可以蹂躪支那。"此其全論主要之點也。彼復下解釋曰："滿洲與直隸接壤。日本得滿洲，即可移兵以取直隸。直隸亡則南部瓦解矣。其時南方各省，若有倡獨立者，吾日本宜助其成，衆建之而殺其力，則支那永在日本卵翼下也。"末復引中國歷史上之成例，謂二千年來起於東北之族，常能制西南。極論日本得滿洲，有建瓴之勢，十八省傳檄而定，云云。此雖一人之私言，而實代表彼中一部分之輿論也。我國人若猶有信滿洲之能歸還者，盍一讀此書。①

（3）永久中立能否實行

吾之希望在是，人其許我乎？此最切要之問題也。其最反對者，必爲日本。日本犧牲數十萬之生命，數十兆之財產，若其結果僅使滿洲永久中立，則日本更無特別權利於滿洲，爲他人作嫁衣而已。故日本人非疲弊於戰事，窮蹙於外交，必不肯貿然以此相許，至易見也。其最贊成者，必爲俄羅斯。開戰以前，俄人視滿洲爲已得之物，今則得而復失者也。既不能自有之，則尤不願其落於敵手，毋寧公諸世界而已。故俄人今後之視滿洲亦與我同，其贊成永久中立宜也。其在法國，則北方之關係甚淺薄，滿洲問題不足爲彼輕重。顧法、俄同盟也，其於日本固非慊焉。苟有可以殺日本之勢力者，彼歡迎之，必也。其在德國，方虎視於山東。日本有滿洲，則德人之勁敵也。其不願日本大得志於大陸，猶俄志也。其在英、美，苟使滿洲能開放，以爲彼商業之尾閭，則滿洲行政主權誰屬，固非所深問。雖然，等開放也，瑞士、比利時之開放，與臺灣之開放，則固有間。且日人飛躍太驟，黃禍之説，雖英、美亦安能無介然也。故我國若提出滿洲永久中立之議，英、美必有贊成無反對，又可斷言也。夫美人保全中國領土之主義，宣言之不憚再三者也。使滿洲永久中立說終不成，則割讓與委任統治，其勢必不得不出於一。委任統治與割讓，異名同實，美人豈其不知？然則彼之助我張目，亦意計中也。然則我國今日特患無外交才耳。苟有加富爾、卑斯麥、的士黎里其人者，以當其衝，利用俄、德、法、英、美之贊成，以敵一日本之反對，安在其不能濟也？

（4）滿洲永久中立國之組織

前所論列，有永久中立國與永久中立地之兩種。滿洲本中國之一領土，自

---

① 初刊《新民叢報》時，此下原有"戶水氏書，次期當譯以登報"一語，據《飲冰室全集》（中華書局1916年版）刪。

昔非成一國之形,似宜以爲永世中立地者也。雖然,彼擁有百萬英方里之面積,八百餘萬之人口,遠非摩黎士尼一荒市、蘇彝士一河道之比,無政府以統治之,安在其能立也？故滿洲不能永久中立則已,苟其能之,非別建國,無可言者。然彼又自昔非成一國之形者,今毫無預備而驟建國,則將採用何種政體乎？是相緣而起之第一問題也。使滿洲人民而既有自建國之能力也,則立一共和新政府,最直捷了當,而更無他國之得容喙也。而試問今日滿洲之程度能焉否也？共和不能,必立君主。君主之位,誰能尸之？是相緣而起之第二問題也。若比利時,若盧森堡,皆先有君主者也,與滿洲不類。其相類者,厥惟康哥。滿洲而建國置君,其必如康哥之以他國王兼王,此事理之順序也。而最適於此資格者誰耶？中國皇帝兼王耶？我之所最利也,而日本慮不余信也。日本天皇兼王耶？使我滿洲人民,誠能如澳洲,能如加拿大,有自治之實力,不過戴一無責任之君主於其上云爾,則戴中國與戴日本,固無所擇。其奈現在程度,斷不足以語此。苟爾爾者,其視委任統治,亦五十步百步耳,而我斷斷爭此何爲也？任擇歐洲諸國一王公兼王耶？中國人而自棄中國之滿洲,滿洲人而自棄滿洲之滿洲,亦已甚矣；乃至亞洲人而自棄亞洲之滿洲,其更何以爲情也！(或曰盍以高麗廢王之名義兼王之。此滑稽談耳,不足措論也。)審如是也,則滿洲議永久中立,而欲援康哥之例,此殆必不可行者。

然則此舉欲圖成,其更有道乎？曰：難矣,而非絶無也。其第一著當於滿洲問題未提出以前,先使滿洲於名義上自爲一國,則封藩是也。頗聞一年以前,滿洲分藩說,既偶現鱗爪於北京政論界。雖然,以分藩爲滿洲善後策之究竟也不可,以分藩爲滿洲善後策之前提也可。何謂前提？即使彼於名義上自成一國,以作將來認爲永久中立國之預備,而免屆時爲置君問題,別生爭論而已。(若非爲永久中立之預備,而貿然言分藩,無論其不成也；即成,亦爲日本保護國,如越南之在法而已。)問曰：以此極短之日月,而欲使滿洲於名義上造成一國,其可能乎？應之曰：比利時,昔固荷蘭一領土也。其建國置君,在一八三〇年七月,其認爲永久中立,在一八三一年十二月,相去不過一年有奇耳。比利時以革命建國,滿洲以分藩建國,其造成國家之原因雖不同,然其爲新國家之出現則一也(由一舊國而分立新國者,最難爲得舊國之承認。若北京政府分藩滿洲後,而首認其獨立,則滿洲獨立國之資格,十具八九矣),安在其不能也？問曰：懼日本於事前,而阻分藩之議也。應之曰：日本雖懷抱野心，但今者其事實上之權力，未變爲法律上之權力，彼斷不能邊犯名義，阻我爲滿洲之處分也。即如我政府今派趙爾巽爲駐滿大臣，日人欲之與否，固未可知，然終無詞以拒我勿使派，此其已事也。夫分藩之不能拒，與派員之不能拒，等也。凡此皆我政府現時所得自由處置，而無論何國，皆不能容喙也。故吾國若無以滿洲爲永久中立國之心則已耳，苟其有之，則分藩之舉，正今日所宜迅速實行者也。

　　分藩實行，則將來之君位可定。雖然，國不能以一君主而治也，必有政府。滿洲人民果足以自組織政府乎？此相緣而起之第三問題也。如其不能，則將以中國人助之。雖然，滿洲如果別自爲國也，則中國人固與彼爲異國也。以異國人而干涉其政治，則他之異國，亦將援例而干涉其政治，則滿洲亦第二之埃及耳，第二之朝鮮耳。故欲使滿洲而得永久中立之實（永久中立國，其軍事上有限制，其外交上於攻守同盟條約有限制。其主權雖不如普通國之完全，然於他種内政，固保其獨立也），必使滿洲政府，皆以滿洲人組織之而後可。其道何由？曰擴充滿洲人民之範圍是也。法宜寬定入籍之律，令他國人之居滿洲若干年者（期限可極短），即得爲滿洲人，而與舊有國民得同等之權利義務。其本爲中國人，日本人，歐美人，所不問也。此議若宣布，必可以大獲各國之同情，而於助永久中立之成就，必有大力。歐美人倡滿洲開放說，非一日矣。若此，則真絕對的開放，而公滿洲一切權利於世界者也。不及十年，滿洲人民之程度，雖追蹤美國焉可也。難者曰：信如子言，則日本、歐美人將紛紛入籍滿洲，而政治實權，漸落其手。如是，則又朝三暮四，引虎以自衛而已。應之曰：凡入籍他國者，必須棄其舊屬之國籍。彼歐美、日本之上流社會，自初一二十年間，其甘於下喬入幽者，必希也。而吾中國於其時也，大獎厲入籍滿洲之舉。今民間懷抱利器、鬱鬱不得藉手者，所在而有，其歸之也，將若水就下。不十年，而新政府之基礎可以定矣。後此歐美、日本之入籍者，雖接踵而來，而以我舊有之勢力以與彼競，亦安在其必不能勝也？且就令勢力之一部分，移於彼輩之手，然彼既歸化滿洲國，署名滿洲人，則必服滿洲之國法，不易舞文以爲母國利。且使滿洲國之基礎既定，則凡歸化者，自生出一種之新愛國心。賣本國以利母國，非惟不能，亦不欲也。彼美國其已事矣。故歸化之多，必無損於滿洲之獨立，而惟有益於其進步。鰓鰓慮此者，實不達情勢耳。

(5) 外交之次第

綜以上所論，則外交上之方術及其次第，宜分北京政府及滿洲國新政府兩方面，分途赴之。其北京政府方面所當有事者：

一、自今即封一藩王於滿洲，認爲中國保護半主權之王國，宣布於世界。

二、滿洲王國宣布獨立時（即宣言不受北京政府保護），北京政府，即首先承認之。

三、既承認其獨立，旋即由北京政府提議，謂當爲永世中立國，自擔保之，且求列強之擔保。

其滿洲王國新政府所當有事者：

一、國王受封之國後，即宣言獨立，不復受北京政府保護。

二、即派遣公使，赴中國及各國，求其承認。

三、定滿洲爲立憲王國，制憲法草案宣布之。

四、宣布商業上開放門戶之主義。

五、宣布入籍之國律。

此其章明較著之辦法也。此外尚有暗中運動。其收效最奇而最烈，則當日俄和議未就以前，先派一二閱歷多而望實高之外交家，以半公半私之資格，游歷歐美，結其政界之有力者，諷以此意，而叩其同情。一言蔽之，則利用列強猜忌心而已。而俄、法、德最易爲吾用者也。嗚呼！苟國中有加富爾、卑士麥其人者，此舉之成，十八九耳。

吾前此固言最反對者必爲日本，今請計日本所持以爲反對之口實者何如。於事前而反對分藩不可也，吾固言今日我國無論以若何方法置處滿洲，彼日本於法理上無容喙之權利也。次則於滿洲宣告獨立時不承認之，此亦不可。國際法上，凡交戰團體之進而稱國，最難承認者，爲舊屬之母國。苟母國認之，第三國其必隨之矣。滿洲分藩，雖與交戰團體殊科，要之爲一新國湧現於世界者也。其所以成立之次第，宜無不同。且使我國有人焉，能運動五六之列強，使皆隨北京政府之後以承認滿洲獨立，則日本雖欲自立異，亦安可得也！苟其立異也，則其與滿洲新國之政府，既已國交斷絕，則惟有占領其地以爲己屬而已，如是則與割讓於中國之手何異？日本方日以仁慈義俠之門面語自飾，其必不肯出此，固章章也。若是乎，此第一第二著之反對，皆無可慮者。

吾意滿洲苟有宣告獨立之時，日本必一面承認之，一面運其鼯鼠之技，欲使滿洲王國爲第二之朝鮮（即變成日本保護國）。於斯時也，滿洲王國，一宜以強硬手段堅持之。凡種種有義務無權利之契約，無論若何恫喝，皆拒勿納。而北京政府，即以其時提出永久中立之議，以求助於各國。以日本之保護説與吾國之中立説，兩者並提出，以憑全球輿論之裁判，一公一私，一直一曲，彼各國者，其袒我耶，袒彼耶？此無待蓍龜矣。

日本之反對永久中立，其最有力之論究如何？彼將曰：永久中立國之性質，以限制軍備爲特色。今盡撤滿洲之軍備，萬一俄人破約，捲土重來，則軟體動物之滿洲，虀粉無論矣，而第二次第三次之日俄戰爭，且將不免。是使我日本盡棄此役之勞，養虎以自遺患也。且滿洲內地，馬賊充斥，妨害治安，所在而有。以絕無軍備之永久中立國統治之，抑大悖情勢也。我則釋之曰：永久中立國，雖限制軍備，而非禁絕軍備。且所限制者，在軍備之使用，而非在軍備其物。法家言曰"永久中立國，除平時專爲國防之一目的外，不得與他國啓戰端，及關涉他國戰爭之事。"(Do not in time of peace enter into any engagements which might lead them into hostilities for other purely defensive purposes.）然則亦不許其濫用軍備耳。若當自衛權（Rights of self-preservation）不容已之際，猶得用之。然則滿洲苟爲永久中立國，固得養若干之兵以自守，國際法理所未嘗禁也。如是，則撫粹伏莽，輯寧境中，固不必他國爲抱杞憂。若慮虎狼俄之反覆也，則苟爲永久中立，彼俄國亦必擔保國之一。攖列強之怒，食言而肥，俄人雖悍，亦豈其輕易敢爾！（俄人於黑海艦隊限制問題，屢次欲破巴黎條約，且嘗遇數次之特別機會，而終不能大達其志，可見各國公言宣誓之約文，不易蔑棄。）且將來日俄行成，日人必將割讓俄屬之沿海州（即烏蘇里一帶，咸豐十年，以北京條約割讓於俄者。海參崴軍港所在地也），及西伯利亞鐵路之一部分。此日本輿論舉國一致之希望也。苟能爾爾，則俄國之鐵騎，永不能復南下以窺滿洲。滿洲之篋，舍日本外，更無能胠之者矣。日本而以防俄爲口實也，吾可以此折之。

其次起之反對論，必又曰：滿洲人無組織政府之能力，懼不保其治安也。夫滿洲人果有此能力與否，今未經試驗，日本人亦安從知之？藉曰無之也，苟其内亂不至蔓延以危及日本,日本可不必過問也。雖然,我既以獨立自由之幸福畀滿洲,則爲滿洲計,必希望其得一良政府。此非特日本有此博愛,即我其亦同之也。滿洲果行開放入籍之策,則十年以後,其政府或更良於日本,亦意中事。而最初十年中,未足以語於此,則雇楚材以爲晉用,亦屬彼之自由。苟傭聘契約,締結得宜,於其獨立主權,一毫無損也。彼日本維新之始,客卿曷嘗不充滿朝列也。如是則微特中國人可爲滿洲用,日本人可爲滿洲用,即歐美人亦皆可爲滿洲用。然此不過政府與私人之交涉,非政府與政府之交涉,他國其何必爲代庖之憂也。日本而以滿洲乏才爲口實也,吾可以此折之。

　　舍此二者外,日本所持以爲反對者,容復有更端,但吾今者苦不能得之。要之其有力之論據,抑亦少矣。夫以吾所策列強中,舍日本外,其反對滿洲永久中立者,殆無之。而日本所以反對者,亦不過爾爾。然則吾苟有良外交家,則此舉之成,豈其難哉!豈其難哉!

　　日本所最願望者,則戰後一切問題,由日、俄兩國自行解決;其所最患者,則第三國參於其間也。我政府而欲實行滿洲永久中立之策也,其慎毋首與日本商也。首與日本商,是與虎謀其皮也。彼必將恫喝我曰:嘻!安得此亡國之言?永久中立,必附諸列國會議。列國會議,則列國且紛紛自謀其權利,是引虎自衛而召瓜分也。嗚呼!我當道其毋爲此言所懾也。戰後一切問題之關於中國者,無論如何,必須經一次之列國會議,乃能解決。即我不提議,而列國豈遂肯噤若寒蟬,一任諸兩交戰國之孤行其志也。會議既終不可免,我先期而預備,見機而首倡之,則我爲原動,或有一二焉,可達我希望。而不然者,純立於被動之地位,並發言權亦亡之,則坐受宰割而已。我國向來外交有一定之方針,曰無動爲大。而不知天下事,往往有省事而反以多事,好事而反以無事者,在當局宜何擇焉。雖然,列國會議,又未始非危險之一途也。吾疇昔屢言欲抵制日本,在利用列強之猜忌心。此固現今治標之不二法門。但列國之懷抱野心,滔滔者皆日本也。非有眼明手快氣高力定之外交家以當其衝,恐不能利用彼,而反爲所利用,則其結果或誠有如日本所言者。夫庚申之役,坐失烏蘇里千里之地;甲午之役,坐失旅順、膠灣、威海諸要隘。當時外交家,曷嘗不曰吾以乙抵制甲,以丁抵制丙也。而病我者,即不在甲丙,而在乙丁。國無人焉,雖有良策,幾何不適以自敝也。嗚呼嗚呼!沅有芷兮澧有蘭,思公子兮未敢言。

吾不敢言,吾望當局者自擇而已。

問者曰:如子所言,既能利用列强猜忌心以使滿洲永久中立,則何不逕利用列强猜忌心使迫日本將滿洲名實悉還於我,爲策不尤得耶?應之曰:不然。永久中立問題,則世界之公利公益也,列國贊助之,是爲仗義,爲本分;歸還問題,則我之私利私益也,列國贊助之,是爲偏袒,爲干涉。仗義之舉,列國慕之;干涉之舉,列國憚之。仗義之舉,日本無詞以相拒。干涉之舉,日本將宣言曰:此我兩家事,卿勿預知也。則列國雖更欲容喙焉,豈可得也?故吾欲收還滿洲而求助於列國也,此必不可得之數也。且使列國中果有忽起而助我者乎?則其可畏必更有甚於日本者。何也?彼苟非有所利,則何必自買怨於日本,而爲我謀私益也。故苟使列强中有强干涉日本使還我滿洲者,則其事後索償於我,正未知所終極。甲午還遼之役,其前車也。誠如是也,亦以二三滿洲易一滿洲耳。而日人所謂列國會議爲亡國之原者,果不幸而言中矣。若永久中立說,則我超然立於事外,其助之者,不足以市恩於我。其事之成就也,只能爲前此外交爭端之結果,不復能爲後此外交爭端之原因。兩者之利害得失,不可同日語矣。天下事有差毫釐而謬千里者,此之謂也。

四、永久中立外尚有他策乎

吾策中國今日之處置滿洲,莫有良於永久中立者矣。若不得已而思其次,則遷都策是也。日本於名義上歸我滿洲,而於事實上要求委任統治也。其所藉口者,不過曰慮我不能自守,俄人將再起而承其敝耳。果爾,則吾將受滿洲而還都之,集全國之兵力以自戍。以此兵力,果足禦俄南下與否,在日本或未肯信之。顧無論如何,邦畿之內,不容有外國統治權蝨於其間,章章明甚也。日本雖天驕,豈其遽敢朝鮮我?故我不欲真收還滿洲則已,苟其欲之,舍此策末由。

雖然,此策也,吾有以知今主權者之萬不能用也。更不得已而思其下,則有割讓而已,其毋收還。《紅樓夢》名語云:"蚤知擔受虛名,悔不當初打箇主意。"使日本而以委任統治之條件還我滿洲,此真永擔虛名,千古之遺恨也。不如逕割讓焉,蠲其大惠,而冀有所易。所易維何?旅順是已。以萬里龐大膏腴之地賜日本,而乞其以彈丸黑子之旅順歸我。爲日本計,彼其在本境,有良軍港四焉,旅順之得失,不足爲輕重於日本之海軍。其所以必爭之者,爲此地爲俄所控,而足以病日本耳。俄勢既熸於東方,日本臥榻側,已無復他人鼾睡。益一旅順,無裨於經濟之競爭,徒重守戍以增其國民負擔。故彼中報館,且有倡填塞旅順説者。雖一人好奇之私言,而旅順不甚爲重於日本,則實情也。若我中國,苟從兹淪亡,斯亦已耳。若猶未也,終必須有重興海軍之一日。而舉國無一良軍港,則海軍將安麗也。故旅順之能恢復與否,實吾國生死所由定也。雖以萬里厖大膏腴之滿洲以與之相易,爲吾計猶良得耳。旅順苟還,則威海隨之,是我以一滿洲易兩旅順也。嗚呼!吾亦安忍言棄滿洲?顧割讓棄也,委任統治亦棄也。棄等耳,則何如有所易。雖然,吾又有以知此策之不能用也。

五、結　論

　　吾刺刺語不休,一言蔽之曰:無論如何,必無予日本以委任統治而已。自膠灣開租借之端,不及一年,而五六之膠灣繼之。苟滿洲開委任統治之端,不及一年,吾見五六之滿洲,突兀於吾前也。山東,第二之滿洲也;廣西、雲南,第三之滿洲也。其第四五六之滿洲,我不言而人皆同喻也。鄭子産不云乎:國不競亦陵,何國之爲!我國今方爲軟體動物的國家,苟有老辣之外交家丁此衝厄,則其外交方針,惟一而已,曰:

　　　　吾寧割地,而必不肯締結棄實取名之條約。事實上之權力,我力不能禦,取攜焉可也;法律上之權力,吾雖死猶靳之。君有所欲耶?以兵艦來,以軍隊來,吾撤吾官吏,改吾地圖。若以紙來耳,以舌來耳,其毋望以豚蹄獲篝車也。

吾以爲此一方針,於今後之外交界,事事皆適用。路權也,礦權也,航權也,內地之領事裁判權也,其他種種不規則之權也,客賊並來,波譎雲湧。我所以對付之者,惟此一術,惟此一術。而現今煎迫眉睫之滿洲問題,實此種示威運動最適之試驗場也。傳曰:牛雖瘠,償於豚上,其畏不死。吾嘗普觀二十年來我國外交之歷史,其以畏葸而失敗者,吾習聞之矣;其以強硬而失敗者,吾未之聞也。(近日外省之交涉,亦有以强硬成功者,容詳詢訪①事者記其顛末。若粵漢鐵路,又其明效大驗矣。)嗚呼!天下事豈遂不可爲,顧安所得其人而語之。

客曰:子之言,憤言耳,豈其可行?我割地,彼拜嘉耳。君之地,則能消幾度割也。應之曰:今之天下,跖其行而堯其言者,方占優勢。彼方日自號於衆曰:吾堯也堯也。以是與跖言跖行者相敵,以冀收倍蓰什伯之穫。吾今咄之曰:子言堯則行不可不堯,若行跖則言亦不可不跖。吾惟裸吾體與子相見耳。吾有以知堯之必大窘也。嘻!吾不必盡吾言,國中當有解人。

他事勿論,今所研究者,滿洲問題也。吾以爲處置此問題,無如造成永久中立國之良也。吾慮吾國人猶沈酣春夢,日日倚閭以盼滿洲之歸期也,發言盈廷,其究也,則成有賀氏之名耳。時乎時乎不再來,國之存亡,在於今日。哀哉哀哉!退静默而莫余知兮,進號呼又莫余聞。吾欲瘏吾口以徧告當道有力者,吾知其終不吾聽也。吾欲訴諸國民之輿論,國民其有此決心而輿論得一致耶?其庶幾可以動政府。吾造此論,吾捧一縷血誠,敬商榷於我同業諸君子與全國學界諸君子。

(1905年5月《新民叢報》第68號)

抵制禁約與中美國交之關係

某月日,東報得北京專電,稱直督袁氏示禁天津商民,令勿附和上海商會抵制華工禁約之舉。此事信否未可知,若果爾,則吾欲爲袁氏進一言。

袁氏此舉,吾不知何意也。謂其必欲媚美人而損我國體蔑我人格以爲快,苟非喪心病狂,斷不至是。袁氏蓋無是也。爲之説者則曰:今日俄和議之始,其利

---

① "訪"字,原刊字未印出,擬補。

害關係於中國前途者至重且劇,而美人實調護於其間。今以薄物細故而傷美國之感情,於大局且不利。袁氏之示禁也以此。使果爾爾者,吾毋寧袒袁氏,毋爲養指而失肩背也。雖然,以彼我情形鑑之,其結果決不爾爾。請今畢其辭。

一、國際法先例,本有報復之一義,英語所謂 Retortion 也。學者釋其界說,謂若甲國對於乙國忽有觸害"友誼"Comity 或"不公平"Jus inquum 之處置,則被害國政府得還以其道對付加害國政府,使其廢棄此不法之行爲然後已。而所謂不公平云者,則反於"最優待國條約"The most favoured nation clause 之本意,而待此國人民比於待他國人民特多不利之謂也。今者美之華工禁約,其性質正屬此類。我政府即實行報復之政策,則舉天下之法家,猶不能議其非。今我政府不肯出此,惟用平和手段與之磋商,則我對於美之友誼,可謂盡矣。若夫人民之舉動,則與國際法之範圍,渺不相屬。人民欲購何國之貨,不欲購何國之貨,全屬其意志之自由,非直不能以國際條約束縛之,即國内法亦無所容其干涉之餘地也。美國而有責言也,吾政府但曰:"我國法上人民自由權利,神聖不可侵犯。此非政府所能過問也。"即此一語,已足關其口而有餘。而兩政府公人之交涉,仍可温其顏而善其詞,而於國際交誼,豈能有絲毫之障也。此不必慮者一。

二、兵家言曰知彼知己。豈惟用兵,外交亦然。我國前此外交,坐不知彼而失敗者,不知凡幾也。故今得言美國對於此案之内容。美國之仇視華人者,不過工黨;其相仇最甚者,又不過太平洋沿岸之數省,即加罅寬尼省爲戎首,而柯利近、華盛頓、們天拿等四五省附和之。美國凡四十五省,其全力相仇者僅九之一,其他皆吠聲耳。不甯惟是,今者世界大勢,資本家與勞力者之利害,常不相容。勞力家之所利,必資本家之所害也。故禁約之舉,出於勞力者之妒意,而資本家不與焉。美之資本家,爲彼工黨所窘也亦至矣。操工時刻,則日脅日減;報庸價率,則日索日昂。同盟罷業,一歲數見或數十見。資本家苦之,而無術以殺其勢也。故彼之歡迎華工,視吾民求工於彼之心,加迫切焉。此鄙人目擊灼知之實情。即未至美境者,其亦可想像得之也。故吾國與他國爭他約,容或須與其全國人爲敵;若此次爭禁約,則彼中有力者,皆非我之敵,而反爲我之援也。夫不見一月以來,美國東部南部各省之報紙,其議論皆一變,援我國抵制之可畏以爲辭,而紛紛忠告於其國民使圖變計乎?我政府若不審此情，而以爲禁約之舉，出於美人舉國一致之同情，而因以不敢攖其鋒，此所謂合九州鑄大錯者也。難者曰：如吾子言，則今美國政府之實權，工黨尸之乎？抑資本家尸之乎？答曰：今之政府，爲利巴別里根黨，全美資本家之淵藪也。難者曰：然則何以解於今政府之堅持而與我爲難也？答之曰：是又有故。夫兩害相權取其輕，兩利相權取其重，情之常也。美國資本家，固歡迎華工也，然不如其壟斷政權之心之爲尤重也。兩者得兼則兼之，否則毋甯稍讓其限制華工之利益於工黨，而取永持政柄之利益於己黨。蓋美有大政黨二，其一即利巴別里根，今在朝者也；其他則底門奇勒，今在野者也。工黨又立於此兩大政黨之外，而常以舉足左右輕重之。利黨純以資本家組織而成，自十餘年來，已占最優之勢。底黨則近者極力媚工黨，謀結爲援以相傾，故利黨常兢兢焉。使彼無端而忽焉自提議以解禁約，則底黨將乘隙相攻，而多數之勢力者，且群起集矢焉，而政府將不可以一朝居。彼非大愚，安肯出此也？於此時也，則利黨有一苦衷，懷抱之而不敢昌言者，曰：望我政府持之甚力，而彼乃有詞以搪塞政黨，以兩收其利而已。兩利而何？一則不失政權之利，二則得華工以潤其資本之利是也。雖然，此彼萬不能昌言者也。豈惟不能昌言，必且貌爲與我極堅持者，以飾工黨之耳目，以明其不得已。故吾謂今美政府之相梗，非其本心也，對內之權術則然也。有太平洋輪船公司總辦名士連者，彼中一有力之實業家也，嘗語余云："貴國政府若堅持此約，不得則甯撤公使下國旗以爭之，則爭約之效，始可覩矣。"吾深韙其言，謂最能知美國內部之真相也。夫今者美政府必不肯緣此薄物細故而與我斷絕國交，此事勢之最易見者也。故我進一步，則彼讓一步。我爲彼計，則使之有詞以謝工黨而已。鄭子產有言：國不競亦陵，何國之爲？我國今日一切外交事件，皆當持此方針以赴之。若此次禁約，則尤其易成功者也。準此以談，則雖以我政府之名義，實行所謂報復政策者，猶斷不至於妨害國交，而況乎此次抵制，純以國民私人之資格，與國際上絲毫無與也。此不必慮者又一。

故夫袁氏如有此舉，其過舉也。袁氏苟自知其爲過舉也，則所以暗中調護以圖補牢者，其亦有道也。吾固知天津一隅非美貨輸入之樞要地，袁氏之禁，不足爲輕重也。雖然，當知今日中國之民氣，如新蘗焉，滋長之則榮，摧拉之則絕。爲長官者，一迎一拒之間，消息綦大。嗚呼！袁氏其勿徇外人一二甘言，以斲伐百十年甫萌之元氣哉！

抑吾更欲爲争約諸公進一言：公等以私人之資格，以一二月間極短之晷刻，而能動世界兩大國國際之關係，使地球諸國咸瞠目結舌相奔告曰：中國不可侮！中國不可侮！公等之造福於國民者，既有其朕矣，而公等或猶未自信其能力如此之宏大也。吾嘗取世界各國之能力而分校之：有國焉，其政府其國民爲一體，而其意嚮其行動，能左右世界生出國際之影響者；有國焉，其政府之意嚮之行動，雖無國民爲之後援，而亦能左右世界生出國際之影響者；有國焉，其國民之意嚮之行動，雖無政府爲之後援，而亦能左右世界生出國際之影響者。其具有第一種魔力之國，則今世界中立憲之三四强皆是也；其具有第二種魔力之國，舉世界惟一俄羅斯；其具有第三種魔力之國，舉世界惟一中國。今次争約之舉，主持之者，不過國民之一小部分耳，未嘗用此魔力之全體也；抑不過草創建議耳，未嘗覘此魔力之實行也。然七日於菟，其氣食牛。美國在京在滬之外交官，爲之動容矣。美國東部南部之興論，爲之一變矣。誠能實行而堅持之，不及半年，凱歌之來，吾操券以俟也。且以此役，而使我全國民自知其魔力之偉大，實如是如是，而後此他役，敢於利用此力，以爲政府之後援，以使我國民之資格之位置，益見重於世界，則公等所以自效於國者，豈惟此區區一禁約而已。而不然者，以虎始而以蝎終，則此後更遇他役，國民亦且自疑曰：吾之力烏足以動此！而其氣一茶，不可復振。而仇我忌我者亦曰：彼其國民之性質，固如是如是，一鬨而已，空言而已。則吾之資格之位置，亦一落千丈，而永不復能以自拔。則此舉之禍中國，其未知所終極也。先民有言：君以此始，必以此終。公等如自初若無聞見焉，舉此事而委心任運於政府，則亦已耳；今既倡之矣，舉國屬耳目焉，全世界屬耳目焉，知公等必不自貽羞以貽國民羞也。吾聞美公使今方電告彼政府曰："支那人之性質，一鬨而已，空言而已。不及數月，其氣將痾，無爲畏彼。"嗚呼！公等亦思此言，即爲彼畏我之實據乎？其且畏我而且侮我也。彼誠於吾國民之性質，方研究焉而未審其真也。嗚呼！此役者，真我國民性質之試金石，又我國民自捧其性質以賽會於全世界之博覽場也。公等其一雪此言哉！公等其一雪此言哉！

（1905年5月《新民叢報》第68號）

評政府對於日俄和議之舉動

五月廿四日《時報》北京專電云：政府有意參預日、俄議和事，曾以此商諸美國，求其贊同。現得美政府回答，謂中國若於此際，遽派專使，以參預此事，則美國殊不贊成。竊爲中國計，現下惟當注意和議之進行，細察日、俄兩國之意見何如，而爲臨機應變之舉措耳。

六月初一日同報北京專電云：政務處現在會議對付日、俄和局事，擬與英、美兩國約明，願表同情，俾得參與會議。現已向該兩國公使密商此事。

又云：中國先曾運動欲由英、美、德、法各國會議以解決滿洲問題，俄國公使亦賄託各當道暗中煽動，然因各國置之不理，遂作罷論。次而有參預和局之議，亦因美公使忠告，不得已而中止焉。現正決議由皇上致國書於英、美、德、法各君主請共保護滿洲。以此與四國公使商議，亦未得其贊助。正在躊躇之際，適接駐日楊使電稱日本決無占領滿洲之意，請始終與日本協議以決定大計，云云。於是太后稍爲安心，廟議似爲之一變。

又初四日同報北京專電云：去月三十日，各國公使同至外務部有所會議。於是那尚書於初一日召見後即往訪英、日、俄三公使，陳明中國對于和局之意見。

又初三日同報北京專電云：北洋大臣袁世凱，電致政務處，謂東三省問題，當與日本協議，切勿請各國干預，致生枝節。

評曰：我政府忽欲派專使以參預日、俄和議，吾不知其意何在。但和議者，兩交戰國之事，非第三國所能容喙也。開戰之始，我不宜中立而竟中立，議和之際，我不宜參預而欲參預，皆可謂奇事，可謂奇想。雖曰日、俄和議，其關係於我者甚多，然此亦須俟彼兩交戰國之議畢，然後乃能及之。此事理之順序也。故我國對於此事，斷無始終不與聞之理，此奚待言者。惟派正式之使節，則今尚非其時。美公使謂爲尚早,誠哉然也。

至運動英、美、德、法各國會議以解決滿洲問題,此自不易之辦法。惟我國所以待滿洲者,意欲云何,此不可不早定者。如欲使各國勸日本以歸還我滿洲也,則誠如袁氏所云,切勿爾爾,致生枝節。盖俄、法、德脅日還遼之擧,殷鑒不遠。各國而許助我者,則將來外交上之難題目日起而未有已。而日俄戰爭之結果,卒至中、日、俄三國俱無利益,而漁人之利,惟第四國獨攬之。此至危極險之道,萬萬不可者也。

至楊公使電稱日本決無占領滿洲之意云云,則吾敢斷言曰:楊公使爲人所愚也。當易其詞云:日本於名義上決無占領滿洲之事。若夫名義以外,日本之意云何,則更不待吾之曉曉也。中國政府而果從楊氏、袁氏之說始終惟與日本協議也,則吾更下一斷語曰:滿洲決非復中國人之滿洲而已。

吾敢忠告我政府曰:滿洲之事,必當由我提出以付諸列國會議。但當先定處置滿洲之目的,舍分藩以造成永久中立國外,無他策也。我現今即宜派重員往歐美,以此目的諷示各國,以求同情。但其人宜以半官半私之資格,如日、俄開戰之始日本派末松、金子兩氏漫遊歐美之例,而必不可派專使,尤不宜邊參預日、俄和議。派使者正式之交涉,不過臨時循例而已。運動之成功,則全在此半官半私之遊歷員。當趁今日,以第一等人才充遊歷員;待諸異日,雖以第二等人才充公使可也。

日人最畏我將此事提出列國會議。旬日以來,彼中報紙,聞我有此等擧動,紛紛笑罵。其語甚多,今不具述。我政府當思滿洲之事,日本與我,果同一利害否?如同一也,則我當惟日本言是聽;而不然者,日本之所害,則我之所利也,日本所最畏者,我所宜亟行者也。

雖然,若非有以滿洲爲永久中立國之决心,而漫然付諸會議,則中國必以會議而亡。　得失之間,不容一髮。吾念此盖股慄,故不惜申申然再三言之。

(1905 年 5 月《新民叢報》第 68 號)

再評政府對於日俄和議之舉動

前評既成,今日(六月十一日)見日本《時事新報》北京特電云:一昨日外務部忽發照會於各國使館云:日、俄兩國全權在華盛頓若有關於滿洲問題之決議,中國政府不認爲有效。

又電云:我公使內田氏見此照會,既爲强硬之警告於中國政府。

又電云:江蘇巡撫陸,湖北巡撫端,皆極反對派使歐洲運動列國會議之説,謂若有此舉,其結果傷害日本感情,啓瓜分之端云云。督撫中大率皆同此意。

評曰:我政府忽發此照會,最强人意,誠可謂得外交上之順序者也。日本公使爲强硬之警告,其言不知云何,但其恫喝萬狀,可想見耳。此電一傳,日本各有力之新聞紙,紛紛論之。其言之無禮,吾不忍盡述,要之無一能自完其説者也。夫滿洲事實上之權力,雖一入於俄,再入於日,然皆未能變之爲法律上之權力也。以法律上之權力論之,吾現今固尚有全權處置滿洲者也。而日、俄兩國私自之決議所以處分我主權所屬之土地者,安能强我以必從?合地球法家裁判之,豈謂中國宜認彼所決議爲有効乎?且我云無效云者;非惟有損於我,我認爲無效;即有益於我,我亦斷不能認爲有效也。甲有妻子,乙丙二人,商議販鬻之,而謂甲有必當承認其有效之義務乎?且日本亦烏知我事後之必不從其決議也,或者事後而我以好意割贈北京於日本,亦未可知。此皆我自由也。而不然者,未嘗以其條件語我,則雖割贈東京於我,我猶謂之無效也。我之照會,正天下之公義,事理之最淺著者。此而出强硬手段以相警告,是對於我帝國爲無禮之舉動也。是可忍孰不可忍也!

諸督撫之反對列國會議也,殆由對於滿洲問題,百思而不得其策也。吾固屢言之矣,苟欲藉列國會議之力以索還滿洲,則誠如彼所云:傷日本之感情,啓瓜分之漸也。吾亦期期以爲不可也。雖然,若竟專倚賴日本乎,則委任統治而已；或別出一名，而總之與委任統治同物耳。苟其如是，則割之割之割割割……可也，無他言，無他言。故夫開列國會議者，危道也；不開列國會議者，又待斃之道也。故滿洲問題，舍吾永世中立說之外，無可言者。

（1905年5月《新民叢報》第68號）

日俄和議紀事本末

美國大統領作調人 日俄戰局，破裂於彼明治三十七年二月十日。越十有六月，即彼明治三十八年六月九日，美國大統領盧斯福發議勸媾和，其日以正式公文貽兩國政府。翌十日，兩國皆諾。和議自茲發端。

談判地 俄人初提議欲以法都巴黎為談判地，日本不可，卒乃定美都華盛頓為會場。既又主秘密，以華盛頓太屬耳目，乃改其附近之坡的馬士島焉。

兩全權 日本初議以侯爵伊藤博文為全權，既而中變，改派現任外務大臣男爵小村壽太郎氏，以駐美公使高平氏副焉。或曰：伊藤取巧，自辭也。俄國初派駐法公使尼里德夫氏，既而改派駐羅馬公使伯爵謨拉比夫氏，旋以謨氏遘疾，卒派內務大臣域提氏，亦以駐美公使羅善氏副焉。

日本軍占領樺太 兩全權方在途，日軍忽突進占領樺太島。樺太者，我國官書所稱庫頁，俄國所稱薩哈連，日本當三十年前割諸俄國以交換千島者也。當交戰伊始，日人恢復樺太之論，久囂然於國中。今茲占領，凡以為和議時正式割讓預占地步，實外交上一要著也。

兩全權抵美及俄全權之大言 日本全權以七月二十八日至華盛頓，俄全權以八月二日至焉。有質意見於域提者，域曰：今茲之戰，我國苦不能覺日本有何等之大勝利。蓋吾俄國民皆視此役為羈縻遠地之擾亂，於國家之安危，曾不足以動其豪末。日本當知我之言和，非有不得已者存。彼提出之條件，苟有損於吾俄自尊之面目者,吾知其無能圖成也。盖戰敗國全權之氣燄,既有俯視餘子之概矣。

第一次會合 八月八日,兩全權同抵談判地。翌九日,遂爲第一次會合,互換全權文據,及議定英、法語並用,以法語爲主等項。

第二次會合及日本要求條件 翌十日,遂爲第二次會合,正式之交涉自兹始。日本首提出要求條件十二事:

(一)賠償戰費(但其額未明言)。
(二)割讓樺太。
(三)承襲旅順、大連灣之租借權。
(四)(五)俄、日各撤退滿洲軍。
(六)保全支那領土且開放其門户。
(七)韓國之宗主權。
(八)割讓哈爾賓以南之鐵路。
(九)烏港幹線之非軍事鐵路,仍歸俄國。
(十)俄國軍艦竄入於中立港者悉歸日本。
(十一)制限俄國東方海軍力。
(十二)烏港以北之漁業權歸日本。

第三次會合 則八月十二日也,俄全權於割地償金兩問題,一意峻拒,其他條件,亦多反對。辨爭歷數小時,幾有破裂之勢。於是乃將其條件之次第變更,先其易者而後其難者。於是議第一款,爲韓國主權問題。俄全權雖認日本在韓國有優越權,然於俄、韓境上日人築寨防守之事,大加反對,其於日全權所提出對韓之諸條項亦多不肯畫諾。是日無議決之事。而俄全權又提議欲將和議記事公之於世,盖欲示諸國以日本要求之過大,和議苟有破裂,其責任則歸諸日本也。日全權不允,是以中止。其日俄都,輿論沸騰,咸責日本不情之請,主戰論復占勢力。

第四第五次會合 翌十三日,爲來復日,停議。十四日,第四次會合,韓國主權問題遂決定。次及第二第三款,言日、俄兩國各撤退滿洲兵。十五日,第五次會合,議第四款,言保全中國領土開放中國門户。以上之條款,兩全權皆無異議,遂決定。次及第五款,則由烏港至白令海峽間西伯利亞沿岸一帶漁業權讓與日本之事，辨爭不相下，僅記其議事錄，以俟次日之決定。次則第六款，即旅順、大連及其附近地之租借權讓與日本，當下定議。

第六第七次會合 十六日，第六次會合，討議及於第七款，則哈爾賓以南鐵路之讓與是也。俄全權初以此鐵路爲私人所有權，以反對日本之要求，旋亦遂互讓決定。次及第八款，則言烏港幹線鐵路不得充軍用，亦小有爭論，旋歸妥協。翌十七日，爲第七次會合，始議及第九第十第十一三款。第九款即戰費賠償問題，第十款即竄逃艦隊問題，第十一款即限制海軍力問題。此三款，即會合以來彼此相持不下辨爭最劇者也，故俟他款決定，最後乃提議焉。是日彼此仍堅持，不讓一步，談判殆復破裂。

第八次會合乃談判中止 翌十八日，爲第八次會合，提議第十二款，即樺太割讓問題，終不決，而前此所議第五款，即西伯利海岸漁業權問題，以是日決定。其餘最重要之四款，終不相下，乃定延期，至二十二日再議。屆日，兩全權會合，俄全權又請延期，至二十六日。屆日又請延期，至二十九日。二十九日爲最後之談判，和約遂定。

和議之成立及條約之內容 一年有半之戰雲，至是遂解。其媾和條約草案，今已成立，不日署印。據各報館電達內容如下：

第一條　日、俄兩國之主權者，及兩國之臣民，自今以往，再締親交。

第二條　俄國承認日本在朝鮮境內一切政治上經濟上軍事上，皆占優越之利益。凡日本對於朝鮮所有施設保護監督之手段，俄國概不反對。惟俄國臣民在朝鮮者，應與他國臣民之在朝鮮者，一體優待。

第三條　日、俄兩國軍隊在滿洲境內者，同時撤退。惟私人及私立會社（公司）原得之利益，依然存在。

第四條　旅順口、青泥窪一帶俄國所有之權利，及其附近之土地海面，皆轉爲日本所有。但俄國臣民之財產及權利，仍尊重保護之。

第五條　日、俄兩國政府在滿洲地方所有經營工商業之手段（但其手段限於與各國同樣者），彼此不相妨障。

第六條　滿洲鐵道，以寬城子（即長春）驛站爲界，其北屬俄，其南屬日。俄國於其所有之部分，凡前此與清國所結條約應得之權利，一切保存之。惟鐵路只許供商工業之用。

長春以南鐵路枝線附近之煤礦，悉歸日本。

日、俄兩國於其鐵路所通行之地，一切施設，有完全之自由。

第七條　日、俄兩國鐵路相接續，以寬城子爲連絡點。

第八條　此兩枝線以保障兩國商業運輸爲目的，彼此車輛來往，互不相妨障。

第九條　俄國將樺太島南部正北緯五十度止，及其附近之島嶼，讓與日本。

宗谷海峽及韃靼灣，彼此有自由通航權。

第十條　居於樺太南部之俄國臣民，其變更國籍與否，聽其自由。其不變更者，仍一體優待。又俄國罪囚在此地者，應交還。

第十一條　日本海、阿哥士克海、白令海一帶，凡俄國領海內之漁業權，讓與日本。

第十二條　日、俄兩國戰前之通商條約，自今復認爲有効，彼此皆照最優待之國相待。

第十三條　俘虜互相交換，彼此各將其給養費實額開列，清算互償。

第十四條　條約用英、法文各一本。或解釋時生異議，以法文本爲正。

第十五條　本條約署印後五十日內，經兩國主權者批准實行。

日本國民之憤激及其暴動　日本國民方日顒顒焉企踵以望平和，及和約之內容一播，全國失望，舉三島悉爲悲慘之氣所充塞。今略紀之。

憤激之原因　日本人自以戰勝國，凡日本所提議，俄國悉當屈服。今見讓步太甚，失望之極，殆至發狂。其所最不滿者：

（一）初時有償金之提議，其額雖未明言，民間盛傳有五十億或二十億之說。其後雖經俄國拒絕，猶有改換名目作爲補償給養捕虜費若干億之說。及見其結果一文俱無，人民大怨，且生出經濟界之恐慌。

（二）樺太島本日本地，今次復以兵力占領，舉國皆謂從此恢復。其後聞日、俄中分之議，咸已不快，猶風傳俄人許以若干億贖回該島北部。及最後發布約文，並無贖金，而割還其半，人民更觸起歷史上舊怨，滋益激昂。

（三）朝鮮主權一款，初時各報館電告約文，甚爲簡略，只言俄人在朝鮮得有最惠國條款，日人因疑上國之權不確實。

（四）滿洲地方，兩國同時撤兵。日人謂如此則日本在滿洲，不能占優越之地位，此次戰爭之目的，遂不得達。而撤兵之後，俄人在界外仍駐兵，與滿洲比鄰，易生再次之騷擾。日本於形勢上，反不能及俄國。

（五）宗谷海峽，初時傳兩國艦隊皆禁止通行，人民以爲損國家之光榮，深爲感慨。其後知約文實爲兩國艦隊皆許通航，仍不能銷其惡感。

（六）其他諸款，如竄逃艦隊問題，限制海軍問題等，凡日本要求條件之重要者，悉皆放棄，咸以爲大損戰勝國之面目，故憤心隨恥心而生。

（七）總以上諸原因，復有政黨之與現政府反對者，欲利用此時機，煽一國興論以倒政府，故其燄益張。

暴動之情狀及政府彈壓之手段 憤激之情，如風如電，橫掃直閃，倏忽徧於全國。而東京首善之區，尤爲其燒點。旬日之間，全都騷然，演出三十年來未有之慘劇。今略紀其實。

國民大會 九月五日，東京市民倡所謂國民大會者於日比谷公園，露地演說，反對和款。政府命警察彈壓之，守公園門，禁止來者。卒由其代表人匆匆登高阜演說數語，宣讀提議：（一）伏闕上書，請天皇勿批准條約；（二）發電滿洲軍，令其勿停戰。群衆鼓掌如雷，咸表同情。既而來者愈衆，警察干涉愈嚴，拔刀相嚇，致傷多人。民衆與警察奮鬥，互有死傷。

火內務大臣官舍 其夕，民衆愈集愈多。警察之力不足鎭之，乃命憲兵相助。憲兵傷人民數十人，衆益激昂。內務大臣官舍與日比谷公園毗鄰，而內務大臣者，又警吏之所屬也，衆乃以此遷怒，火其邸。

破壞半官報 和議之成也，全國報館皆攻擊政府不遺餘力，惟《國民新聞》，獨爲政府辨護。《國民新聞》者，前此專提倡平民主義，與藩閥爲敵者也。兩年來見賣於政府，爲之喉舌，故有半官報之目焉。人民怨毒之甚，乃相率闖入，毀其機器及其廛屋。以警兵嚴護，損傷不多。

仇警察 其後官民之衝突愈益劇烈，人民皆與警察爲仇。六日七日八日凡三日間，全東京市之警察署，被燼者三十餘所，市內之警察出張所（街中小屋，警察休憩之地），悉爲灰燼，無一存者。警吏蟄伏不敢出，全市殆如無政府然。

閙教案 連日俄國教堂在東京者被燬。又以美國爲調人，故遷怒及之，美教會數所亦燬焉。其餘他國教會被害者尚不少。又有以禍端之起，由我中國者，欲火我留學生會館以洩憤。公使請彼政府保護，僅乃無事。

各地之舉動 東京以外，全國各地，皆如沸如狂，舉動亦略相等。今不備記。

戒嚴令之發布 九月七日，政府乃施行戒嚴令於東京市及其附近。又增調憲兵以資防壓，令警視總監及東京郵便局，皆歸衛戍總督轄下。每一警察出執役，以四憲兵夾持之。人心皇皇，如臨大敵。

言論自由之抑壓 同日頒行新聞紙雜誌取締規則。(取締者，管理之意。)翌日，《都新聞》《二六新聞》《萬朝報》《報知新聞》被命停止發行，其他《日本新聞》《朝日新聞》《人民新聞》等，陸續停止，或科罰金。

政府之辯明 政府一面施鎮壓手段，一面欲宣導民氣，乃於九月八日開宴會於首相邸，徧請上下兩議院議員之有力者(兩大政黨首領等)，及報館主筆，集焉。首相桂太郎氏宣告此次議和之不得已，其大意：(一)經濟力不能持久；(二)兵力今後益薄弱，戰員恐不充；(三)此後續戰，勝負未可必。以此理由，不能不稍遜以求平和。云云。衆人未能心折也。

政黨之決議 九月九日，憲政本黨開會議於本部，宣布決議案兩條：(一)講和條件，乖戾宣戰之本意，消失戰捷之權利，違背國民之意思，爲千載之大屈辱，政府不能辭其責。(二)言論自由，集會自由，憲法之所保障也；政府濫用警察權，殺傷無辜之人民，致帝都陷於無政府之狀態，遂布戒嚴令，爲憲政創始以來第一大失政，政府不能辭其責云云。

內務大臣警視總監之辭職 九月十二日，內務大臣芳川顯正氏警視總監安立綱之氏，引責辭職，民氣稍平。將來結局，恐非至內閣更迭而不止也。

和約平議 此次日本之外交，總不能不謂之失敗。蓋其所獲者，如韓國宗主權，滿洲鐵路等，皆戰爭中已獲之結果，此次外交，惟有所損，絕無所加也。其所以失敗之由：(一)或言美大統領之調停，出於日本政府之授意；果爾，則日先立於乞和之地位，其過大之要求，自難如意。此其信否，今未可斷。(二)聞英、美兩國，皆有挾迫日本速就平和之意，其所挾者則外債也。日本如不讓步，則將失與國之同情。（三）當第三次會合時，域提忽提議變更條款之次第，將最難決之四問題，移諸最後，實爲制勝之一原因。蓋十二款中，俄徇日請者既有八焉，餘四而日本猶堅持不相讓，則和議之破裂，其責任將不在俄而在日，俄人有詞矣。而彼八則兩造之所輕，而此四乃兩造之所重也。爲日本計，宜先其所重而後其所輕，毋使俄人得先發以博世界之同情。此之不圖，則小村手段非域提敵也。和款一播，各國皆驚日本之寬仁，且云此次爲道德上之大勝利云（俱見東京各新聞之電報），言外殆含嘲諷焉。而域提電奏俄皇，謂日本政府已全應我皇之所要求，宛如戰勝國口吻。日本人認此役爲大屈辱，誠非無故。雖然，以日本現在實力論之，其所徵發，已及國民第二軍，戰員漸告缺乏。而戰爭之起，一年有半，日本支出軍事費既十七億元有奇，若再繼續，其財力實有所不堪。現在全國經濟界窘迫之情狀，章章不可掩也。此就日本一方面言之也。若夫俄國，誠有如域提所云羈縻屬地之戰爭，於其本國曾不足以損毫末。俄國者非積極的戰敗，而消極的戰敗也。既非城下盟，而欲得償金，在旁觀者固知其不能。故償金問題，實日本人虛榮之夢想而已。至於樺太之中分，誠難慊然。然國際法上戰時占領地，本非可稱權利之占領，雖還其半，而於日本之面目，尚非大損。抑樺太非此次交戰之目的也。此次之目的，在朝鮮問題、滿洲問題，若樺太則其附屬之枝葉而已。此役既已定朝鮮之宗主權，又俄國在滿洲及遼東半島之力既已殺，則其最高之目的，實已達其七八，此亦不可掩之事實也。顧所憾者，此皆戰爭上之所獲，而非外交上之所獲。更質言之，則皆軍人之賜，而非政治家之賜。彼政治家實未嘗有絲豪之力能爲軍人之後援也，此其國民所以深憾而不可解也。或曰：彼將於甲方面有所讓，而於乙方面取償焉，所謂以屈爲申也。吾見彼半官報（《國民新聞》）評大隈氏之演說有云："外交之成功，不徒在區區和約，更有他途焉。請大隈徐以觀其後。"果爾，則此言信矣，所謂他途者安在？舍中國其有他哉！先以極讓步之和款博世界列強之矜憐，後此與中國之交涉，無論要求若何，而第三國將諒之而不輕容喙也。此亦一妙用也。嗚呼！我國甯有如域提其人者哉？

日俄和約與中國 和約第六條云："日、俄兩國於其鐵路所通行之地，一切施設，有完全之自由。"此係據電報，譯文簡略，未知其內容實際如何。九月九日《時事新報》解釋之云：鐵路問題，最初俄國欲以現在占領區域爲界，日本欲以松花江爲界。其後協議交讓,卒定以長春爲界。長春以南之鐵路及其附屬撫順、烟臺之煤礦,昔屬俄國權利者,悉讓與日本。又長春、吉林間之鐵路敷設權,歸日本,俄國不阻撓之。其結果則長春、吉林線以南之滿洲,爲日本勢力範圍;其北則俄國勢力範圍也。云云。由此言之,則日、俄實瓜分滿洲也。約文中所謂一切施設者,其範圍不知何如,大約不離委任統治者近是。嗚呼!當局者其慎毋以兩國撤兵遽爾自安也。

(1905年5月《新民叢報》第69號)

《節本明儒學案》例言

啓超自學於萬木草堂,即受《明儒學案》,十年來以爲常課。每隨讀隨將精要語圈出,備再度研覽,代書紳云爾。乃今取舊讀數本,重加鳌訂,節鈔以成是編。非敢點竄《堯典》,塗改《清廟》,良以今日學絶道喪之餘,非有鞭辟近裏之學以藥之,萬不能矯學風而起國衰。求諸古籍,惟此書最良。而原本浩瀚,讀者或望洋而畏,不能卒業;又或汎汎一讀,迷於蔓枝,仍無心得。抑今者當社會現象日趨複雜之時,學者應讀之書無量,祖國古籍,占位置十之一耳;祖國古籍應讀者又無量,語道之書,又占位置十之一耳。以至有限之日力,而治多數不可緩之學問,其安能殫?故公此本於世,亦爲同志略節精力云爾。道學與科學,界線最當分明。道學者,受用之學也,自得而無待於外者也,通古今中外而無二者也;科學者,應用之學也,藉辨論積累而始成者也,隨社會文明程度而進化者也。故科學尚新,道學則千百年以上之陳言,當世哲人,無以過之。科學尚博,道學則一言半句,可以畢生受用不盡。老子曰:"爲學日益,爲道日損。"學謂科學也,道謂道學也。抑科學之大別復二:一曰物的科學,二曰心的科學。心的科學者,若哲學、倫理學、心理學等皆是也。今世東西諸國,其關於此類之書,亦汗牛充棟,要之皆屬科學之範圍,不屬道學之範圍。何以故？以其屬於日益的方面,不屬於日損的方面故。此類書非可不讀也,然讀之只有裨於智育,無裨於德育,亦不過與理化、算術、法律、經濟諸科占同等之位置而已。啓超所以提倡此書之意,將於智育以外,爲德育界饋之糧也。顧明儒言治心治身之道備矣,而其學説之一大部分,則又理也,氣也,性也,命也,太極也,陰陽也,或探造物之原理,或語心體之現象。凡此皆所謂心的科學也,其於學道之功,本已無與。況吾輩苟欲治此種科學,則有今泰西最新之學説在,而諸儒所言,直努狗之可耳。故以讀科學書之心眼以讀宋明語録,直謂之無一毫價值可也。今本書所鈔,專在治心治身之要,其屬於科學範圍者,一切不鈔。

　　宋明儒者,以辨佛爲一大事。成爲習氣,即梨洲亦不免。夫佛固不可謗,謗之無傷於日月,不俟論矣。抑宋明哲學,何以能放一異彩,其從佛學轉手之跡,顯然共見。葉水心云："既變而從之,而又以其道貶之,顛倒流轉,不復自知。"可謂深中其病。顧又勿論此,藉使當時哲學,果遠出佛説之上,而學者能受用與不能受用,夫又豈在於口舌？蓋此事本屬智育範圍,非德育範圍矣。羅念菴曰："此亦是閑話,辨若明白,亦於吾身何干？吾輩一個性命,千瘡百孔,醫治不暇,何得有許多爲人説長道短耶？"劉念臺亦云："莫懸虛勘三教異同,且當下辨人禽兩路。"誠知本之言也。故今於辨佛之説,一切不鈔。

　　諸儒言下手工夫,多互相箴砭救正,此言説之所由益多也。如或因學者操持過甚,而以自然之説救正之；或因學者放任過甚,而以戒愼之説救正之；凡此皆針對當時學風以立言。佛説既破我執,又當破法執。所謂法尚當舍,何況非法？是也。此如服藥所以藥病,然藥力恆偏,緣藥復生他病,故再以藥藥藥。實則藥期於無病,藥本當舍；藥既已病,則藥藥之藥,更當舍。此事理之至易明者也。當時學者得良醫指出病原,授以藥而瞑眩焉,陽明是也。其後服藥過度,漸生他病,則更有他良醫加減其方,龍溪、念菴、蕺山之徒是也。方不一,總期於已病而已。今學者並未信己之有病,並未肯服藥,則惟保存本來痼疾,若緣藥而生之他病,未嘗有也。如此則藥藥之藥,實不適用,但肯服食此公共獨步單方,已儘殼我輩受用不盡。以佛語解之,則我輩今日當先破我執,其[後]破法執,則百尺竿頭之一步,俟諸異日耳。故將此類辨論,一概不鈔。惟江右一派,多矯當時放任之弊,此弊雖今之不悦學者,亦多犯之,故稍存録焉。

梨洲之著《學案》，本有兩目的：其一則示學者以入道之門，其他則創製學史，成不朽之業也。既曰學史，則諸儒之真面目，必須備見，乃為盛水不漏，其《發凡》所稱必其人一生之精神透露編中乃能見其學術是也。今節鈔之意，只取其第一個目的供我輩受用而已，所謂"憑他弱水三千，我只取一瓢飲"。以是之故，往往將其最精妙之談刪去，而留其平易切實者。此平易切實之言，或非本人所重視，幾於買櫝還珠矣。故欲由節本以窺當時學術流派，其滅裂莫甚焉，然則此本謂之梨洲之罪人可也。雖然，有原書在，志在掌故者，固可反而求之。啟超雖妄，寧敢抹倒先輩名山大業邪？

日本井上哲次郎氏有言："治王學者，其所信之主義，曰知行合一。故其人身教之功，比諸言教之功為尤大。欲觀其精神，無寧於其行事求之。"（井上氏著《日本陽明派之哲學》第六二十七葉）此知言也。梨洲本書於諸儒列傳，類能傳其精神，今全鈔錄以資高山景行之志；且其學說之大概，及梨洲先生之意見，皆具於此焉。此又梨洲精神所寄也。

《明儒學案》，實不啻王氏學案也。前夫子王子者，皆王學之先河；後夫子王子者，皆王學之與裔；其並時者，或相發明（如甘泉之類），或相非難（如整菴之類），而其中心點則王學也。原本之《姚江學案》，純采蕺山所輯《陽明傳信錄》，已極精粹，無所容刪節，故全錄之。（原本錄陽明語，鄙見尚嫌其太嚴，有許多切要語遺而未入者。初意欲補之，以乖體例中止。學者最宜讀《陽明全集》及《傳習錄》，若日力不逮者，則拙著《德育鑑》及《王陽明傳》可參觀也。）

江右之學，最得王門真傳；蕺山則如孔之有孟、荀，佛之有馬鳴、龍樹也。故於姚江案以外，惟此兩案所錄獨多。見羅為王學別子，甘泉為王學同調。見羅言說最多，甘泉徒侶最廣。原本於此二案，致為浩瀚。啟超則謂其粹精者，他案盡之矣，而大部分皆陳言也，故所錄獨少。諸儒上中下三案亦然。

原本都為六十二卷。今卷帙既殺於舊，乃以案分之，案為一卷，都凡十二卷。

眉端案語，皆疇昔自課時拉雜筆記者，毫無精論，本不敢以玷前哲名著；但念或可以促讀者注意，而助其向上之心，亦未始無小補，姑存之。

薛敬軒曰："將聖賢言語當一場話說，學者之通患。"梨洲亦云："學貴自得，最忌說破後作光景玩弄。"吾黨誠有志於自治之學，但受持此中片言半句，拳拳服膺而不失之,則既可以終身受用不盡。若以之飾口耳四寸之間,則賢於博弈耳。不龜手之藥,一也,或以霸,或不免於洴澼絖。此則吾黨自擇,而梨洲先生寧能助予!

乙巳十月　　　　　　　　　　　　　　後學梁啓超鈔竟記

（新民叢報社1905年版《節本明儒學案》,
錄自商務印書館1916年9月版《飲冰室叢著》）

記東京學界公憤事並述余之意見

最初之風説　初,日本政府有發布清韓留學生取締規則之説。(取締者,管理之意。)其内容若何,未能知也。而學界聞之,乃大悲悵。僉謂今韓國者,日本之保護國也。儕我與韓伍,是日本蔑視我國權也。此規則若布,無論内容若何,我輩義不可更託足於日本。此六七月間之風説也。

規則之發布　迨陽曆十一月二日,日本文部省有"關於許清國留學生入學之公私立學校規程"發布,凡十五條。今錄其原文及譯文如下(原文據明治三十八年十一月二日第六千七百五號官報):

文部省令第十九號

清國人ヲ入學セシムル公私立學校ニ關スル規程ヲ定ムルコト左ノ如シ

明治三十八年十一月二日　文部大臣　久保田讓

清國人ヲ入學セシムル公私立學校ニ關スル規程

第一條　公立又ハ私立ノ學校ニ於テ清國人ノ入學ヲ許可セントスルトキハ其ノ入學願書ニ本邦所在ノ清國公館ノ紹介書ヲ添付

セシムヘシ

第二條　公立又ハ私立ノ學校ニ於テハ清國人生徒ニ對シ本人ノ志望ニ依リ其ノ學校所定ノ學科目中一科目若ハ數科目ヲ闕カシムルコトヲ得

第三條　清國人ヲ入學ャシムル公立又ハ私立ノ學校ニ於テハ其ノ敬育ニ關係スル職員ノ名簿清國人生徒ノ學籍簿出席簿及往復書類綴ヲ備フヘシ

　　前項ノ學籍簿ニハ生徒ノ氏名、原籍、年齡、居所、入學前ノ經歷、入學ヲ紹介シタル官廳ノ名稱、官費私費ノ區別、賞罰、入學轉學退學ノ年月日又其ノ學年、卒業ノ年月日、轉學退學ノ事由等ヲ記載スヘシ

第四條　公立又ハ私立ノ學校ニ於テ清國人生徒ノ轉學又ハ退學ヲ許可セントスルトキハ其ノ願書ニ本邦所在ノ清國公館ノ承認書ヲ添付セシムヘシ

第五條　清國人ヲ入學セシムル公立又ハ私立ノ學校ニ於テハ毎年一月及七月ノ二回ニ其前六箇月間ニ入學ヲ許可シタル清國人生徒ノ員數ヲ文部大臣ニ報告スヘシ

　　前項ノ規定ハ清國人生徒ノ轉學者退學者及卒業者ニ關シ之ヲ準用ス

第六條　公立又ハ私立ノ學校ニ於テ清國人生徒卒業シ又ハ之ニ退學ヲ命シタルトキハ一箇月以内ニ其ノ氏名及退學ヲ命シタル事由ヲ本人ノ入學ヲ紹介シタル清國公館ニ報告スヘシ

第七條　清國人ヲ入學セシムル公立又ハ私立ノ學校中文部大臣ニ於テ適當ト認ムルモノハ特ニ之ヲ選定シ清國政府ニ通告ス

第八條　公立又ハ私立ノ學校ニシテ前條ノ選定ヲ受ケシトスルトキハ管理者又ハ設立者ニ於テ左ノ事項ヲ具シ文部文[大]臣ニ申請スヘシ但シ特別ノ規定ニ依リ既ニ開申シ若ハ認可ヲ得タル事項ハ之ヲ省略スルコトヲ得

一、清國人教育ニ關スル沿革
　　　二、學則中清國人教育ニ關スル規定
　　　三、學校長若ハ學校代表者ノ履歷
　　　四、教員ノ氏名資格學業經歷及分擔學科目
　　　五、清國人生徒定員及學年學級別現在員數
　　　六、清國人生徒校外監督ノ方法
　　　七、清國人卒業者ノ員數及卒業後ノ情況
　　　八、清國人生徒ニ充ツル校地校舍及寄宿舍ノ圖面
　　　九、經費及維持ノ方法
　　　十、教科書教授用器具器械及標本ノ目錄
　　　　　前項第二號及第八號ノ變更ハ文部大臣ノ認可ヲ受クヘシ
第九條　選定ヲ受ケタル公立又ハ私立ノ學校ニ於テハ清國人生徒ヲシテ寄宿舍又ハ學校ノ監督ニ屬スル下宿等ニ宿泊セシメ校外ノ取締ヲナスヘシ
第十條　選定ヲ受ケタル公立又ハ私立ノ學校ハ他ノ學校ニ於テ性行不良ナルカ爲退學ヲ命セラレタル清國人ヲ入學セシムルコトヲ得ス
第十一條　文部大臣ハ必要ト認メタルトキハ吏員ヲシヲ選定ヲ受ケタル公立又ハ私立ノ學校ノ試驗ニ立會ハシメ又ハ試驗問題及其ノ答案ヲ査閱セシムルコトァルヘシ
　　　　　前項ノ場合ニ於テ試驗ノ問題又ハ方法中不適當ト認メタルモノァルトキハ當該吏員ハ其ノ變更ヲ命スルコトヲ得
　　　　　試驗問題答案及成績表ハ少クトモ五箇年間之ヲ保存スヘシ
第十二條　選定ヲ受ケタル公立又ハ私立ノ學校ニ於テハ每學年終了後一箇月以內ニ其ノ清國人生徒ノ教育上ノ經過ヲ文部大臣ニ報告スヘシ
第十三條　選定ヲ受ケタル公立又ハ私立ノ學校ニシテ此規定ニ違

背シ又ハ其ノ成績不良ナリト認メタルトキハ文部大臣ハ其ノ選定ヲ取消スコトァルヘシ

第十四條　本令ノ規定ニ依リ文部大臣ニ提出スヘキ書類ハ地方長官ヲ經由スヘシ

第十五條　本令ノ規定ハ小學校及小學校ニ類スル各種學校ニ關シ之ヲ適用セス

附　則

本令ハ明治三十九年一月一日ヨリ施行ス

譯文(直譯)

關於令清國人入學之公私立學校規程

第一條　公立及私立學校,將許可清國人入學之時,於其入學願書,必令附加一在本邦清國公館之紹介書。

第二條　公立及私立學校,對於清國學生,若有本人志望欲於該學校所定學科中闕習一科或數科者,聽之。

第三條　令清國人入學之公私立學校,其關係於教育之職員名簿,清國生徒學籍簿、出席簿及往復書類綴,須保存之。

　　　　前項之學籍簿,須將生徒之姓名、原籍、年齡、住所、入學前之經歷、紹介入學之官廳名、官費私費之區別、賞罰、入學轉學退學之年月日及其學年、卒業之年月日、轉學退學之事由等,記載之。

第四條　公立及私立學校,將許可清國學生轉學退學之時,於其願書,必令附加一本邦清國公館之承認書。

第五條　令清國人入學之公私立學校,每年須以一月、七月兩次,將前此六箇月間入學之清國生徒人數,報告於文部大臣。

　　　　其清國生徒之轉學者、退學者、卒業者,報告亦如之。

第六條　公私立學校,若有清國學生卒業或被命退學,須於一箇月以內,將其姓名及被命退學之事由,報告於原紹介之清國公館。

第七條　令清國人入學之公私立學校中,經文部大臣認爲適當者,特選定之,而通告於清國政府。

第八條　公立及私立學校,欲受前條之選定之時(案:意言欲得受選定之權利也),其管理者及設立者,須將左列之事項,具申於文部大臣。但依於特別之規定,前此既已申報若既經認可者,得省略之。

一、關於清國人教育之沿革。

二、學則中關於清國人教育之規定。

三、學校長及學校代表者之履歷。

四、教育[員]之姓名、資格、學業經歷及分擔學科目。

五、清國學生定額,及某學年某學級現在人數。

六、清國學生校外監督之方法。

七、清國人卒業者之人數,及卒業後之情況。

八、供清國學生用之校地校舍及寄宿舍之圖。

九、經費及維持之方法。

十、教科書、教授用器具、器械、及標本之目錄。

前列第二及第八兩項,若有變更時,須經文部大臣認可。

第九條　受選定之公私立學校,其令清國人宿泊之寄宿舍及屬於學校監督之旅館,要爲校外之取締。

第十條　受選定之公私立學校,遇有清國人曾在他學校以性行不良之故被命退學者,不得復令入學。

第十一條　受選定之公私立學校,當試驗時,文部大臣得隨意派吏員臨視,或查閱其試驗問題及答案。

當臨視時,該吏員於其試驗問題及方法,或有認爲不適當者,得命其變更。

試驗問題、答案、及成績表,最少須於五年內保存之。

第十二條　受選定之公私立學校,每一學年完結後,須於一箇月以內將該校清國生徒教育之經驗報告於文部大臣。

第十三條　受選定之公私立學校,或有違背此規則及成績不良者,文部大臣得取消其選定。(案:謂剝奪其受選定之權利也。)

第十四條　其遵依本令所規定而提出於文部大臣之案牘，須經由地方長官。

第十五條　本令所規定，凡小學校及類於小學校之各種學校，皆(不)適用之。

附　則

本令自明治三十九年一月一日施行。

此規則對於我學界之利害如何　此規則之間接關係於我學生者，惟第一第四第九第十之四條，其餘則皆彼文部省直接監督彼國人所設立之學校者也。當其未發布時，鄙人聞有特別取締之說，心竊憤悶，與留學諸君同。及見此規則，而反釋然，誠以其利多而害少也。請略舉之：

(一) 日本人近來爲中國學生特設之學校，如弘文、同文、經緯、東斌等，日見繁夥。雖非無稍臻完善者，但其間亦多有託教育之美名，行營利之目的，教科混雜，教授非人，講義則因陋就簡，試驗則奉行故事。我青年最可貴重之時日，被其貽誤者不知凡幾。此規則之大部分，專在監督此等學校。其第八條、第十一條、第十三條，尤爲嚴重。此規則既頒，此等學校，其前此混雜之常態，必不能久存。

(一) 此等學校，其於寄宿舍衛生上，多不注意，管理法亦不能與普通之日本學校盡同一之義務。乃至有月徵收二十五元，並校醫而不設者。其他缺點，不可枚舉。此規則第九條，使辦學校者任校外取締之責，以後不能不趨於整肅。

(一) 中國人入日本原有之學校，與日本人同學者，其間學科，多有爲我國人所不需要。勉強學之，徒費日力。如彼之所謂國文(其國文中之高尚者，如《太平記》《竹取物語》之屬，中學校師範學校皆授之)及日本地理、日本歷史之類是也。我學生之入其中學及高等師範學校者，多以此爲苦。此規則之第二條，實爲我學生開一方便。

(一) 規則之第一、第四條，於我入學轉學之自由，稍加制限。此爲不便之點。然前此學界，實有以轉學退學太自由之故，甚有一月而所入之校更迭再三者，其於進學之道，所障殊多。加此限制，抑利害參半耳。

此鄙人最初對於此規則之意見也。故竊以爲此規則發布，其最感不便者，當爲日本人中專辦營利學校之輩。而我國學生，雖稍有不便，顧其利益足以償其損害而有餘也。乃萬不料有今日之事。

留學生總會館之提議 規則布後逾旬日，留學生總會館經評議員之議決，有所提議。大略認第九條爲侵害我居住自由，第十條性行不良一語，意義漠然，失諸廣泛，慮生誣陷。啓爭論，請公使照會文部省改正，或加解釋。似此辦法，尚慎重而有秩序，鄙人所極表同情也。乃更不料交涉未了而遽有今日之事。

學界大多數憤慨之原因 今次之決裂，其原因決非徒在此規則問題也，蓋蓄憤甚久，而借此一洩也。（一）以近今日本對韓政策，在在痛心怵目。學界稍有血性者，無不表哀憐於韓。及聞有清韓取締之風說，益挑撥其惡感。（二）日本戰勝後，其對於中國之政策，似有變動，輿論多持威逼主義。而現在方在北京會議滿洲事件，相持未決。學界以愛國之故，對於日本多感不快。（三）在東習普通者，於其所入之學校，覺其教科之不完備，管理法之混亂，平昔已不勝感慨。特以求學之故，舍此無途，含辱忍垢以就之。（四）日本報紙對於我學生，常有嫚辱之批評，使我不堪。以此諸原因，故其惡感情磅礴鬱積於胸中者既久，如炸藥徧地，待熱度而爆發。此規則之發布，則無端而忽予之以導火線耳。

學界大多數對於此規則之批評 兩旬以來，學界中積熱成狂。其關於此規則之批評，繁多不可悉紀。以鄙人所聞者：

一、此規則之名，清國留學生取締規則也，故無論其内容若何，吾輩義不可忍受。何以故？以損辱我國權故。日本人留學於歐美各國者寧乏人，何以不聞某國有取締日本學生之規則？即我國人留學他國者寧止一日，何以不聞某國開日本之先例別爲規則以取締我也？若是夫彼日本明蔑視我國權也。

二、此規則之名，原清韓留學生取締規則也。不過恐我國不認，姑爲朝三暮四之計，去韓留清云爾。夫其儕我使與受彼保護之韓爲伍，是可忍，孰不可忍！

三、規則第一、第四條言入學轉學必經公使之介紹承認，明侵害我入學自由。

四、規則中有侵害我書信秘密自由之件。

五、規則中有學生卒業後將姓名通告於我國政府請其登用之語,是日本人欲結好我政府,愚弄我學生,以握我教育權,且漸干預我用人行政之權。

六、規則第九條,剝奪我居住自由權。查日本惟待娼妓,乃有勒令居住於指定地所之制。是娼妓我也。

七、規則第十條性行不良一語,不知以何者爲良不良之標準。廣義狹義之解釋,界説漠然。萬一我輩有持革命主義爲北京政府所忌者,可以授意日本,竟誣指爲性行不良,絶我入學之路。其設計之狠毒,不可思議。

以上皆鄙人日來所習聞一般之輿論也。其尚有他論與否,未及悉知。但大概所以煽動一般學生,起爾許大風潮者,皆此等議論激成之。至其是否,辨於下方。

全體休課及要求取消　此等議論既播,一般之學生,大受刺激。於是路礦速成學堂,首倡休課之議。翌日,而弘文一部分繼之。翌日,而女學生全部繼之。翌日,而各學校全體之學生繼之。其間有一二校反對者,則或游説以大義,或脅逼以威力,不及三四日,而全體停課矣。

學生當停課前後,並未嘗以正式提出意見書,不知其所要求者如何。然輿論大指所歸,則曰非日本文部省取消此規則,義不可復履日本之土也。

日本報界之反撥　我學界公憤正熾之時,而日本各報復冷笑熱罵以反撥之。或曰:支那人放縱卑劣。或曰:支那人稱游學,彼誠學而游者也。或曰:彼烏合之衆耳,行見其鳥獸散也。凡此種種虐謔,皆予我以極不堪。而其尤甚者,爲《朝日新聞》所載青柳篤恒(其人爲早稻田教員)"對於清國學生意見"一篇,誣詆我學界,無所不至。而謂經此次風潮後,將淘汰其輕躁者,而留其善良者。又《讀賣新聞》載有"某政客與清國留學生問題"一篇,言此事件之起,原因日本政府受北京政府之囑託。初,張之洞在都,已與日本公使内田康哉提此議。内田不允。後經再三諄囑,直至今日,磋磨數次,然後發表。凡此諸論,皆與我以絶大之刺戟,而使全學界增數倍之熱度者也。

聯合會之成立及自治制之發布　此次團體之大之堅,實中國前此所未嘗有也。初停課説之倡始,原因不滿於總會館幹事之所爲,故發起此議者,不經總會館,並不經各同鄉會,其原動力則各校之同窗會也。課既停之第一日,人心洶洶,幾陷於無政府之狀態。於是有識者亟圖整齊之,乃組織一聯合會,頃刻而就。聯合會劈頭第一著手,曰發布自治規則。其大略則相戒不許上課以外,尚不許入飲食店,不許入公園,不許入勸工場等。置糾察員若干人,分布各區,以糾其違犯。此規則者,大有整齊嚴肅之觀,雖日人亦為之起敬。

陳天華之蹈海 問題尚未著落,忽有陳君天華自湛之慘耗。陳君,湖南新化縣人,血誠男子也。其志節,其行誼,其言論,久為學界所崇拜。及此問題起,忽以身殉之,遺書萬餘言以貽學界。內所言者,凡四大端:一曰關於此次問題者,二曰關於政治上革命排滿之必要者,三曰關於路礦等項利權收回者,四曰關於將來對待日本之方針者。自君之死,而全學界熱度復陡增數倍。蓋君深憤日本報紙上"放縱卑劣"之辱罵,乃以身殉之,而勸告後死者以團體之不可不堅也。顧所最奇者,君遺書中,自言最初即為反對停課之人,又有"取締問題可了則了萬勿固執"之語(據學界用真筆版所印遺書原本)。而君之既死,乃反以增固執者之熱狂,是恐又非君之志已。

文部省之拒絕及全體歸國之決議 聯合會意見,由公使與日本政府交涉。公使自言交涉數次,不允取消,且有指定日期令即上課之語。於是人心益加激昂,舍相率歸國外,無他計矣。未幾總會館新職員之組織成,而所計畫者,皆屬於歸國以後之事。

以上略記此事始末大概情形也。其他不關大節目者,闕不記。今更以鄙見私評之,且及於善後問題。

取消規則之能否 大多數之意見要求規則之取消。然此規則之取消,屬於可能的否乎?此最當研究也。此規則非他,彼之省令,而法家所稱獨立命令者也。(日本憲法第九條云:"天皇ハ法律ノ執行スル為ニ必要ナル命令ヲ發シ又ハ發セシム。"又明治十九年二月勅令第一號第四條云:"各省大臣ハ法律勅令ノ範圍內ニ於テ其職權ニ依リ省令ヲ發スルコトヲ得。"省令權力之淵源根於此。)此種命令,本有絕對的效力。而省令尤為最高官廳所發,無論從何種方面,不可得而取消之。何以故?以取消者高級官廳對於下級官廳所用之名詞故。下級官廳所發命令,其權力之淵源,雖亦根於彼憲法之第九條,但高級官廳本有監督下級官廳之權,故對於所發之命令,得以取消之廢止之停止之。(取消者,使其命令最初之效力全然喪失也。廢止者,被廢止以後效力喪失也。停止者，中止之義，暫時効力喪失也。）若夫內閣之各省，爲最高級官廳，則監督之者，惟有天皇，及議會耳（議會之監督，只就政治的方面，而非就法律的方面而言），此外無他種權力可以及之。若欲撤回省令，其道何由？則彼之內閣官制第三條云："內閣總理大臣ハ須要ト認ムルトキハ行政各部處分又ハ命令ヲ中止セシメ勅裁ヲ待ツコトヲ得。"今此規則既以省令布之，苟欲撤回，則非履行此手續（日語"手續"之義，言辦事照例循行之規矩也）不可。日政府果肯爾爾乎，則非吾之所敢言也。（或曰起行政訴訟，是亦不可。對於行政處分，可起訴訟；對於行政命令，不能起訴訟也。）抑頗聞此議發起，由路礦速成學校發傳單，謂經與日本某法學士商，據言今將屆開議會之時，提出議會，可以取消，云云。此亦非確論也。查日本憲法，惟緊急勅令，須經次期議會承諾，乃向於將來而有効力。何以故？以緊急勅令，乃議會閉會中所發布以之代法律者，而法律必須經議會之協贊也。（日本憲法第八條云："天皇ハ帝國議會閉會ノ場合ニ於テ法律ニ代ルヘキ勅令ヲ發ス此ノ勅令ハ次ノ會期ニ於テ帝國議會ニ提出スヘシ若議會ニ於テ承諾セザルトキハ政府ハ將來ニ向テ其ノ効力ヲ失フコトヲ公布スヘシ。"又第三十七條云："凡テ法律ハ帝國議會ノ協贊ヲ經ルヲ要ス。"故緊急勅令之所以必要議會承諾者，以其有代法律之性質也。）彼之所以必經議會通過而始有効力者，全以其有代法律之性質故。若尋常命令，則行動於法律範圍之內（憲法第九條云"但シ命令ヲ以テ法律ヲ變更スルコトヲ得ズ"），故無待議會之左右，抑亦非議會所得左右也。議會所以監督國務大臣者，或以質問，或以彈劾，其範圍頗廣。若關於命令方面，則質問者對於其命令之意味而質詰之，求其說明，國務大臣有必須說明之責，然非可遽因其質問而遂取消也。彈劾者，則議會認其命令屬於違憲違法者（憲謂憲法，法謂法律），乃上奏彈劾之，令該大臣負其責任。然彈劾之後，彼天皇又非能自進而廢止此命令也。何以故？以法條上無此明文故。（參觀岡實氏《行政法論綱》第二四一葉。）故欲經議會以廢止此規則，當如何而始能辦到乎？則必先有議員中五人以上之人建議，將此事件作爲彈劾案，經第一讀會、第二讀會、第三讀會通過，列之於議案之中，然後開議。議時得多數可決，上奏彈劾。而內閣總理大臣見此事之重大，不得已而中止此命令以待勅裁，其天皇命廢止則廢止之。夫如是然後能成功。此則就政治上方面言之。苟議會大多數人，利用此爲攻擊政府之好材料，或認爲政策上之大失計，而以加入於內閣責任問題，未始不可。若以法律論，謂提出議會，可以取消，直夢囈之言耳。雖然，更就他方面論之。日本民法第二條云："外國人ハ法令又ハ條約ニ禁止アル場合ヲ除ク外私權ヲ享有ス。"此言外國人與本國之區別。外國人享有私權之範圍，得以法以令以條約三者限制之。法謂法律也，令謂命令也。然則彼無論以何種之命令限制外國人之自由，亦唯所欲爲。外國人所享有權，不過在法令條約所不禁止之範圍内，與日本人民平等。而以外國人要求其廢止命令，實屬不可能之事也。（據日本憲法，豈惟外國人無要求權，即本國人亦無要求權，惟有請願權耳。而此權尚非盡人而有。彼憲法第五十條云："兩議院ハ臣民ヨリ呈出スル請願書ヲ受クルコトヲ得。"岡實氏《行政法論綱》解釋之，謂人民請願，只能由議院間接上達耳，非令直接有此權也。原著一五一葉，本國人猶如此，更何論外國人。）故近者日本報紙屢言，謂若容認我之要求取消，是失其國家及政府之威信。夫此規則之頒行，有損於我國權與否，尚俟論定。此規則之取消，有損於彼之國權，則章章明甚也。我不甘受，而謂彼甘乎？是直強以所不能，而迫談判之破裂而已。吾所以斷斷論此者，非爲日本辯護，實則深察此目的之難達，堅持不下，無可轉圜，則真舍歸國外無他術。是不可以不熟計也。（此文草定未發布，有總會館新幹事某君來言，謂文部省已允取消，今待正式之交涉耳。此或彼以政策上，恐失我歡心，乃甘屈辱，而由首相中止之，以仰勅裁。是未可知。果能如此，何慶如之！果能如此，則真可謂例外之讓步矣。）

此規則之必不可不取消其理由安在　雖然能取消與否，是就彼之法律上言之也，我輩非日本人，豈必永局促於日本法律之下？寢假而彼果發一命令，果我萬不能受，則我亦褰裳去之可耳。故取消之能不能，且暫勿論。顧吾所最欲研究者，則此規則之必不可不取消，其理由果何在也。前舉學界大多數對於此規則之批評，其重要者凡七端。今以鄙見解釋之（對照前文）：

一、認此規則之名爲"清國留學生取締規則"，謂予我以特別之待遇，侵辱我國權，此不可不取消之最大論據也。夫果有取締清國留學生字樣，則我輩雖一刻不能受，宜也。而此規則之名稱，實爲"清國人ヲ入學セシムル公私立學校ニ關スル規程"，而非如我輩所傳說云云也。（昨日有學生公舉往上海爲歸國招待員某君過訪，僕告之曰：彼規則之原名，如此如此。某君曰：不然，十一月二日官報，其名明爲清國留學生取締規則也。僕曰：君親見之乎？某君曰：親見之。時余寓無官報，無以應也。客既去，乃展轉假得彼日之官報來，審視之，果非爾，即前所列原文是也。及今日又有新幹事某君來，僕復告之，且出官報相示。某君復曰：他報皆言取締規則，獨官報不爾耳。余寓舊報紙皆散佚，復無以應也。）夫日本政府之頒此規則，果挾惡意與否，其內容不可知。若語其表面，則對於日本人所立學校之規則，而非對於我國留學生之規則也。(於"清國人ヲ入學セシム"與公私立學校之間加一連屬詞"ル"字,所以示明爲何種學校。其上半句主格之名詞,則"公私立學校"也,而非"清國人"也。)以日本國之文部省,對於日本人所立之學校,而特設規程,而我必曰不許汝爾爾,是得爲有理由矣乎?彼最有力之論據,則引日本人留學他國者,及我國人留學於日本以外之他國者,以爲反比例也。曾亦思日本人留學歐美者雖多,問某國有如弘文、同文、經緯等學校,專爲日本學生而設者乎?我國人留學歐美者雖多,問某國有如弘文、同文、經緯等學校,專爲我學生而設者乎?既無此等學校,則其無此等規則,宜也。今日本忽有此等學校,紛紛繼起,其現象實爲各國前此之所無。今必曰汝雖有此等學校,而必不許汝管理之,恐無以服其心也。難者曰:雖有此種之學校,而彼日本普通諸學校現行規則,儘可適用,何必別立?雖然,以鄙見論之,則如弘文、同文、經緯等學校,其性質實與諸學校殊別。將適用小學校令乎?不可。將適用中學校令乎?不可。將適用高等學校及大學校令乎?皆不可。前此此等學校所以雜亂無章腐敗日甚者,則皆由無一定之規程以約束之也。故此規程之設立,實不容已也。且彼文部省之特立規程以約束此等學校,亦限制彼校長與教師等之自由耳,於我何與?而出死力以代之爭,豈以彼學校之腐敗未極,而更思助之燄乎?(數月前,有在神田設某學校欲以騙我國人者。未幾,文部省察其情,以警察力干涉之。可見此後此種學校,必更有之。若彼文部不行監督,實非學界之利。)難者曰:彼關於彼之學校之規定,吾勿問也,獨奈何其條文中有涉及學生者數條也?應之曰:如是則吾於條文中有侵及我者,吾爭之,或請彼增加"附則",增加"但書"(條文中有但字以示限制者,名曰但書),變其解釋,以消其原文之効力,我斯理直也。若必曰全取消之,則彼有詞也。且謂其條文不應以不正當之法侵學生自由可也,謂條文中不應涉及學生不可也。何也?學生者,組成學校之一要素。言學校則必言及學生。試繙法規大全一讀,其關於教育之法律命令以百計,曾有一焉不言及學生者乎?故謂言及學生,即侵我國權,是強詞耳。

二、曰儕我與韓爲伍,此最刺戟感情之一種論據也。然謂此規則本取締清韓學生,後以權術之作用,乃去韓留清,其真相果如此與否,吾不敢知。但法律上之公例,只論行爲,不論意志。即有此意志,而無此行爲,不能認之爲有罪也。故即使日本政府最初而果有此議也,及其省令之發布而既不爾,則吾亦安能責之?

三、規則第一條、第四條所言添附之介紹書、承認書,誠使我稍感不便。吾所謂宜要求增加附則但書以變更解釋者,此其一也。雖然,謂此即爲侵害我求學自由,則亦不可。論者亦知日本無論何種學校,其入學必須保證人乎?其退學轉學必須保證人之承認乎?(明治三十四年所頒中學校令施行規則第三十四條參照。)我學界新來諸君,經會館幹事直接,保送入校者,或不知此。若乃數年前,則私費生欲入彼校,即覓保證人一項,已不知經幾許周折。(其保證人之資格,必須日本人有住屋於東京市者。)今來者日多,安能人人乞日本人爲之保證,勢固不得不取諸我國人。而我國人必取諸公館,又自然之勢也。此之紹介人,即與彼之保證人同一位置。若必曰此即爲制限我之自由也,則日本學生之必覓保證人,亦可曰限制彼之自由乎?又查日本明治三十三年七月文部省令第十一號"文部省直轄學校外國委託生ニ關スル規程"第二條云:"外國人欲入學者,須添附本邦駐在之公使或領事之委託書,而願出於帝國大學總長或學校長。"此規程乃爲一般之外國人而設,非限於我也。而此次規則第一條,正與之同類。如以此而認爲特別待遇也,則所謂別者,亦日本人與外國人之別耳,而我寧能憾焉?且論者所持最大之目的,豈不曰争國權也?苟争國權,則公使之介紹承認,於我國權無傷也。我若爲此目的而争,則亦宜以學生全體之意見,要求公使訂定契約,令此後關於介紹與承認,不得加限制耳,而何必借他人法律之力以削我公使之權也?雖然,以事實論,若必需公使之介紹承認,其不便者甚多,此亦不可諱也。而文部省續布之說明書,則既言所謂公館者,非必公使領事之直接,即留學生會館幹事等亦可。其爲飾詞強解與否不可知(原文"公館"二字之意味實指公使領事,觀彼第三條有"官廳"字樣,可知說明書之所言,實強飾也),就令果爲飾詞強解,但使此說明書所言,變爲正式之條文,則原文第一、第四兩條制限之效力,已消失矣。則此點之争,其亦可以已也。

四、謂規則中有侵害我書信秘密自由者。爲此言者,必其未嘗見規則原文,或見之而不通東文,不能了解其意義者也。彼文部省說明書,辨之甚明。

五、謂規則中有學生卒業後將姓名通告於我國政府請其登用云云。初聞此語，實不知其何所指。及細校原文，大約因第七條之末，有"特選定之通告於清國政府"一語，未嘗通閱全條，而以訛傳訛也。又第六條有將姓名報告於介紹之公館一語，然實無求我登用之明文。若謂言外即含此意，未免近於深文，凡解法律之文，不應如是。且日本學校於學生卒業時，亦必通告其原保證人，使其臨席。今此文之介紹人，既與彼之保證人相當。介紹人勢不能於所介紹者卒業之時，而一一臨之，則一箇月內，報告於彼，似亦情理之所宜有也。

六、謂第九條剝奪我居住自由權，此全條文中最動公憤之點也。然以鄙人之淺學，細讀該條至十數次，實不見其含有勒令我學生居住於指定地所之意味。前所列原文及譯文，可覆按比較也。（一）其條文發端有"受選定之公私立學校"字樣，所謂受選定之公私立學校，其界說見第七條，即專指弘文、經緯等也。然則其入他種之官立、公立、私立學校與日本人同學者，及入中國人所設學校（如清華學校）者，不在此條範圍之內甚明。（二）即在弘文、經緯等學校，據條文解釋，亦不過彼校為我國人所設之寄宿舍及為我國人所別賃之旅館，其校外取締之責，校主必須任之云耳。夫寄宿舍之必須由學校取締，此則一般學校所同。日本凡關於公私立學校之法令，皆有此條，不俟贅論。若夫屬於學校監督之下宿等，則惟弘文等校乃有之，此種事項，實日本前此之所無。日本學校，其不住舍之學生，則任意自居耳。而我國學生，或以新來不解語言，索居不便，苟寄宿舍人滿，則舍館一事，甚以為苦。而彼等學校，其來學者之數，以可驚之速率而增加，不及擴充寄宿舍以容之。乃因陋就簡，別以學校之名義，賃旅館於附近，為假設寄宿舍，而與住舍者徵同額之費。此實一奇異之現象也。文部省如誠欲整頓之，則宜令彼必擴充其正式之寄宿舍，務盡容志願住舍之學生；而此種似是而非之寄宿舍，一概禁絕。雖然，萬一土木工程之速率，與學生增加之速率，不能相應，則暫時假設，似亦屬一方便。既假設矣，則必令其與寄宿舍為同一之取締，庶免如今者各外塾之混雜腐敗。此對於我學生，實有益而無損者也。若夫不住寄宿舍，不住學校監督之旅館者，其取締如何，本條無明文也。無明文則必與日本學生之自居者同，可無疑矣。而説者必强解釋之,謂此條爲勒令我學生必居於指定地點,試熟察原文,果有此意味乎?竊計爲此説者,殆見其條文中有"シメ"字樣,知其含"使令"之意,又見其條文有"ベシ"字樣,知其含"必要"之意,因誤讀以爲必要使清國人生徒宿泊於某某地也。殊不知日文之"シメ",並不含有强迫之意。即如本規則之題目"清國人ヲ入學セシム"一語,寧得解爲强迫清國人入學乎?(彼文部省説明書中亦屢有"日本學生ヲ入學セシムル學校"之語,可以互證。)而條末"校外ノ取締ヲナスヘシ"一語,不過謂該校對於此等宿舍,要爲取締而已,而於不住舍之生何與也?竟以此生爾許大風潮,是真不可解也。雖然,法文之解釋,往往有争點。吾所解釋,固確見其無限制我居住自由之惡意矣。或有就他方面解釋,可指爲有此惡意,亦未可知。就令爾爾,而彼文部省續布之説明書,内有"文部省ハ自炊其他ノ方法ニ依レル共同宿所ノ如キハ寧口適當ト認ム"之語,其言寧認爲適當,謂比較的適當也。然則即使本文有此惡意,得此説明書,而効力亦已消滅矣。

又全條文中,取締二字,僅此處一見。而必强命其名曰取締規則,豈不異哉!

七、第十條性行不良一語,其意義誠失於廣泛。但彼文部省説明書,引"中學校令施行規則"第五十一條爲證,吾覆查其原文,確爲"性行不良"四字。然則此亦彼中一般中學校規則通用語,非特爲我學生而設也。但彼説明書中,又有"紊品行觸刑律等不良之行"云云,則亦已下解釋矣,限於觸刑律,則範圍甚狹矣。又云"性行之良不良,由學校審定。清國公使及文部省非所與聞",則亦無慮牽及政治問題矣。誠如是,則此争點毋亦可以已耶?其與日本通例異者,則彼中規程無甲校認爲不良,乙校不得收容之語。就此點論之,可謂之特別待遇,可謂之稍侵求學自由。(然日本各學校,有學生以性行不良之故被命退學者,輒將其名通告於同程度之他學校,他校自屏絶之。雖無此法文而有此事實也。)然使"性行不良"一語,從狹義之解釋,以條文確定之,則所謂不良者,必觸刑律者也。如此之人,則學界方且當以公意逐之歸國。而此條所規定,抑非苛遇耳。

(附)文部省説明書 以上七條,鄙人當此問題初起時,所懷抱之意見,即如此。後見文部省所頒布於各學校之説明書,正相發明。今譯録之

(據十二月十六日東京《朝日新聞》所載)：

一、文部省令第十九號："關於令清國人入學公私立學校規程"，其精神並非欲拘束清國留學生之自由，不過監督此種類之學校，而以圖留學生之利益耳。此規程中，有關係於留學生者，實與明治三十四年文部省令第三號(中學校令施行規則)及同三十六年同省令第三十四號(私立學校認定規則)中關於日本學生者正同。日清人之間，毫無差別。不寧惟是，且其中尚有特別便宜，爲日本學生所不能得，而特許諸清國留學生者。(譯者案：此語不知所指，殆指該省令第二條中國學生得選科缺科歟？)外間或稱此規程爲清國留學生取締規則，實由誤解而生耳。

一、同省令第一條，言明入學者須添附清國公館之紹介書。雖然，非必公使館及領事館之直接紹介書也，凡清國公使所認爲確實之清國人(如留學生會館幹事等)之紹介書，在文部省皆認爲有同一之効力。故此規定對於留學生，無絲毫之不便。

一、該省令第三條有"往復書類綴"一語，學生或以爲侵害書信之秘密。此大誤也。據條文所明示，則凡關於學校校務上之往復書類，須保存之，與學生之私信一毫無涉(中學校令施行規則第卅四條第七項參照)。

一、該省令自第一條至第六條，爲一切有中國學生之學校而言。其第七條以下，則專以監督彼特別之學校，專爲中國人而設，經文部省認可者。(譯者案：此指弘文、同文、經緯、東斌等。)故此種特別學校以外之學校，毫無關係。

一、第七條以下，有關係於留學生者，不過第九、第十、第十一三條。而此三條，實非有妨於學生之自治。今逐條說明之。

一、第九條專爲欲使留學生得安全勉學，故使學校取締下宿屋。此規定之適用，不過就於衞生風紀之點，而監督下宿耳。即學生自行開纛及用他種方法共同住宿者，文部省亦認爲適當。故留學生依於此規定，未嘗有何種之不自由。

一、第十條之目的，原因恐有賫品行觸刑律等不良之行爲，或致有不良之感化及於他學生，故不許入學。即對於日本學生，亦有此種規定（中學校令施行規則第五十一條第一項）。而所謂性行之良不良，由學校所審定，清國公使及文部，非所與聞。

一、第十一條之規定，與專收日本學生之私立學校認定規則第三條，同一旨趣，亦非於日清人之間，故設差別也。

右說明書，其中容有一二屬於強詞之解釋者。然即強詞，而已可因其解釋以爲我權利之保障。竊以爲苟如是，是亦足也。

日本人皆言此次風潮，全由我學生誤解省令。吾以爲誤解誠所不能免，而所以誤解之遠因，則尚有焉。平心論之，日本所以布此規則，其內情實有費人嫌猜之點。蓋兩年前張之洞曾有與日使商約束留學生之事，此盡人所曾聞也。及今年六七月間，外間忽有布取締中國學生之風說，日本各報紙，言之鑿鑿。使果絕無影響，則此風說從何而來？風說既播，我留學生會館總幹事，乃質問於公使，公使質問於彼外部。外部覆答，謂絕無其事。公使復以告於會館，人心乃定。此過去關係於此事件之歷史，人人共知者也。曾幾何時，而此規則忽發布，然則我政府我公使，似嘗與聞此事，實有蛛絲馬跡之可尋。而日本政府此舉，似出於一種陰謀政略，亦有不能掩者。故學生一見規則，而憤怒遂起，亦有以召之者矣。及此規則之布，其名稱如此，其內容如此，吾意其與北京政府囑託之原意，必有許多不相應者。但其名稱既如此，其內容既如此，則我學生對之，亦宜只認其行爲，不認其意志。彼其發機果含何等惡意與否不必問，但其於彼中營利的學校，嚴行監督，既有利於我，復未嘗有他種特別侵我自由之處，然則聽之可耳。即恐其條文因廣義狹義之解釋而生弊端，則亦要求說明，要求增加附則或"但書"，斯亦足矣。而今乃至是，推原其故，殆由學界中，其實親見此規則原文者，十不得一。又或見矣，而粗心讀之，於其文法有不甚了解之處，不復措意。其他則或僅見譯本，或並譯本而未見之（一友言留學生會館貼有此規則譯文，與此所譯絕異，不知信否。本篇將官報原文載於卷端，正欲使讀者悉心參校也），積平居種種不快之感情，加以前此極可懊恨之風說，橫亙胸中。故一見規則，不問名稱如何，內容如何，輒相驚以伯有。旬日之間，演成此驚天動地之大活劇，眞不可思議也。吾對於此事既大驚喜，復大驚懼。曷爲喜？喜吾國民果有此偉大之團結力，八千子弟，心惟一焉，寧犧牲其所最愛慕之學業，而不忍國家蒙毫髮之辱。夫此規則非眞辱國也，然以吾心理所認爲辱者，則以死抗之，此即所以措吾國於無辱之道也。可喜者一。又當此感情沸亂熱度如狂之際，乃能從容布嚴重自治令，而全學界皆遵守之，毫無放縱卑劣之狀態，以增人口實。是其主動者，非徒有破壞力，且有建設力。而大多數之人，既有服從輿論、服從法律之習慣也。可喜者二。曷爲懼？懼吾國民常識之幼稚，斷事之輕躁。遇一問題之起，不肯虛心研究其真相，不慮其結果如何，而惟憑一瞥之感情以爲標準。其異己者，則惟挾意氣以排之。頗聞此次有少數之維持派，並其集會言論之自由，亦爲聯合會所箝制。而疇昔在學界最浹輿望之人，其受敢死隊之死刑宣告者，不知凡幾。若此者，吾聞諸道路，未敢信也。使其有之，則是法國大革命之小影也，山嶽黨所以涸飲巴黎之血，而羅蘭夫人之所以上斷頭臺也。以大多數血氣用事之人，而支配少數之有學識有經驗者，且摧殘之，此社會秩序，所以一破而不可回復也。夫安得以不懼也？嗚呼！全國國民乎，學界諸君乎，儻肯假一刹那頃，稍平其盛氣，以垂聽鄙人嘔心瀝血之言也！

善後策如何 鄙人今發布此論，實無異與全學界數千人宣戰。當大衆熱度如狂之餘，以一人孤立於與輿論極端反對之地位，其危險寧可思議。雖然，吾爲學界前途計，不忍不言。吾爲國家前途計，不忍不言。雖論文朝布，而刃夕剸於吾腹，吾猶言之。吾將述善後策。吾懼人之不吾聽也，吾先爲一誓言於此，曰：吾之此論，出於吾一人自由意志，非絲毫有所受於人也。吾自此問題發生以後，苟曾與一日本人交談，曾見一留學生總會館之舊幹事等，天其殛之！諸君如肯垂信此誓之不虛也，則吾可以言乎。吾以爲今後對此問題，當敬遵陳君天華之遺囑，曰可了則了，萬勿固執而已。使果能如諸君所希望，竟獲取消，則如天之福，何以加之？若其不能，則要求文部省將其説明書所解釋，變爲正式之公文，就原章追加"但書"，予我權利，以確實之保障，斯亦可以已矣。今略擬應加之"但書"如下：

（一）第一條附加云"但留學生會館幹事之介紹書有同一之効力"。

（二）第九條附加云"但住寄宿舍若學校監督之下宿等與否，聽學生之自由"。(此條實贅疣也。原文本無不許自由之意味，何必蛇足？)

（三）第十條附加云"但性行不良限於刑法上之常事犯罪行爲"。(加常事二字者，別於國事犯也。説明書尚有由學校審定不經兩國官吏之語，頗屬切要。但此似不必追加，因原文爲"他ノ學校ニ於テ性行不良ナルカ爲"云云，其鑑定權在學校，意氣已明也。)

竊聞現今學界所標二大旗幟,一曰不受特別待遇,一曰要求求學自由。夫所謂特別待遇者,謂取締清國留學生之一名號也。然此名號全然譌傳,既屬不可爭之事實,則此外雖有特別,其亦僅矣。第一條之特別,則凡外國人所皆同也。第二條之特別,則我所最利也。第九條吾認爲特別,實非特別也。第十條所爭四字之字面,又彼中學規通用名詞也。如是則何不慊之與有?所謂求學不自由者,則第一、第四、第十之三條,稍見之耳。若能加此"但書",則原文即使有限制我自由之惡意,而効力亦已消滅也。以鄙見料之,彼文部省對於我學界此舉,深有所感動,其交讓之精神,即已微露。若更爲懇切之交涉,其必應此要求無疑矣。記曰:喪亦不可久也,時亦不可失也。自問題發生以來,數千人頓失學業,犧牲其無價之光陰於虛牝者,倏已兩旬,更能消幾番風雨也。

談判破裂之結果如何 或者曰:丈夫行事,當貫初終。箇人且然,況在團體。彼日人方笑我爲烏合,今若變初論,是適令彼言中也。於是乎有持"一錯便錯到底"之説者。雖然,鄙人竊以爲誤矣。孟子曰:古之君子,過則改之;今之君子,過則順之。豈徒順之,又從爲之辭。諸君如不認前此之爲過舉也,則請取鄙言,再平心觀之。即極惡鄙人者,其勿遽以人廢言。若有質詰,鄙人願悉應答,不敢辭。若誠覺其過舉矣,則當思此過舉非他,實由愛國熱誠過度而生,光明磊落,無足爲諱。知過而改,是益發揚其光明磊落之本相也。若曰既錯寧錯到底耳,則此後舉動,不過要實其前言,純屬意氣用事。豈惟意氣用事,抑此心先已穢垢不净,非復前此愛國熱誠之本相矣。陽明先生之教曰:不欺良知。諸君前此之良知,確見如彼,毅然行之,此鄙人所爲五體投地也。假使今後之良知,而確見爲如此,則亦宜毅然改之,此乃真不自欺之學也。且諸君或未深慮其後耳。諸君堅持取消說,萬一果能達其目的,則鄙人以失言之故,雖永受唾罵於社會,猶將歡欣鼓舞,日高唱學界萬歲,不敢有懟。萬一而日本政府,始終以强硬之態度相持也,則我最後惟一之武器,只有全體歸國。是即諸君所現行之戰略也。抑諸君倡歸國論,而必期以全體也,毋亦示日人以我團體之大且堅,以一雪彼報紙中烏合卑劣之誚,淘汰留良之辱也。審如是也,則必八千人者,無復一人苟留,然後我之對於日本,乃完全足以自豪。若歸者逾七千,而留者千數百焉,而此恥終不可雪。何也?彼對於歸去之各箇人,固不得不表敬意,而對於學界團體,終不能免狎侮之情也。審如是也,則今所亟當研究者，爲全體歸國能否實行之一問題。鄙人有以知其必不能也。即今畫諾者紛紛，諸君能保其間必無面從心違者乎？況未畫諾者尚不知凡幾也。而諸君豈能揮其神力，一一枻而出之。藉曰吾動之以熱誠，脅之以武力，大勢既成，少數者不患不相就。則試問今有卒業士官志願入陸軍大學者，諸君其忍使之歸乎？今方在聯隊在振武者，諸君其忍使之歸乎？海軍之就學，經爾許曲折之交涉今始就緒，其有新派來者，諸君忍使之歸乎？今在兩京帝國大學者，諸君忍使之歸乎？今在高等師範高等工業者，皆以三四百人之入學試驗，而得入者不過十數，而諸君忍使之歸乎？即今在早稻田大學部法政本科及其他公私立之大學專門學者，而諸君忍使之歸乎？以鄙人之頑愚，則謂就使此規則果爲取締字樣，果辱國體，而彼輩義不可以不留。即其憤而欲歸，而同人猶當以忍辱負重之大義相責備。傳有之：一慚之不忍，而終身慚乎？句踐之爲厮養於吳，寧得曰有奴隸性也？雖然，吾知諸君之斥我者必有詞矣，曰：句踐所忍者，一身之辱也，吾輩所不忍者，一國之辱也。求學欲以振國恥耳。恥而不恤，則其所以活用此學之精神已先失，寶此死學何爲也！此其義之不合於論理姑勿論，以此義適用於此事件，爲文不對題，又勿論。藉曰果如諸君所希望，八千人皆歸矣，無一留者矣，則非特使日本人咋舌，即世界萬國，猶將動色而相視矣。然此等舉動，細剖分之，果含有何種之性質乎？曰中國國民與日本國國民絕交之性質是也。此性質何以可貴？即兩國國民爲權利上之抗爭，而我寧犧牲一切而不肯屈辱，故可貴也。既以不肯屈辱而絕交，則既絕後而以客位之資格先溫交情者，即爲繼續其屈辱。此論理之所明示也。而此次之絕交，非箇人而國民也。使國民中而有一人焉，先就彼而溫交情者，是即國民全體之屈辱。而前此之名譽，經此污點而不復保其價值也。則試問此次全體歸國後，諸君敢保北京政府及各省疆吏，永不復送學生乎？且科舉既廢，學生廷試既行，認島國爲終南捷徑者，不可悉數。諸君又敢保今後私費生永無一來者乎？吾恐今雖全體歸國，迨明年今日，而八千之數又盈矣，否亦逮其半矣。於彼時也，彼日人將冷笑於旁曰：子不我思，豈無他人？吾固早料支那人終必屈於我，而我固爲最後之戰勝也。果爾，則今兹之運動，直謂之毫無效果之運動而已。更充類以至於盡，而曰吾八千人者歸，而以其雄辯折服當道，以其熱誠感動社會，安見不能使自今以往，官私費之學生，悉絕跡於日本？信如是也，則此次倡歸國論者之目的，可謂完全貫徹而無遺憾也。然信如是也，則爲中國前途之福乎，抑非中國前途之福乎？此又不可不審也。夫數年以來，國內所以有多少動力者，何一非日本學界之反響。即諸君所以能有今度偉大之精神者，亦豈非學界刺激磨礪所養成也。以三四年間所造之因，而今者所收之果如是。比例推之，更閱三四年，因愈深厚，而果愈光大，從可知也。若反於此現象，此三四年間，無日本學界，則其能逾於三四年前者幾何。比例推之，則學界從今中絕，更閱三四年後，其能逾於今日者幾何，又從可知也。夫寧得曰，今者學界所齎歸之學識，已足供給吾國之需要而無俟外求也？吾有以信其必不能也。不能而曰日本學界可廢絕，吾不知其所持論理，果何在也！爲負氣之言，則曰吾寧國亡耳，而不肯忍吾所辱以求學。此種思想，吾無以名之。強取譬焉，則猶與庖人賭氣，而曰我不食也，何損於庖人，徒自取餓莩耳。論者或曰：吾之歸國，非消極的政策，而積極的政策也。必歸國然後取消之目的可望達也。況歸國猶非我最後之手段，吾尚有一武器焉。抵制美約，前事之師也。雖然，吾以爲日政府而肯屈讓者，則旬日之間當決矣。旬日而不決，則必其取消之不可能也。彼文部當局澤柳政太郎氏，不嘗宣言曰，雖八千學生，一人不留，日本決不以爲意乎？（見十七日《東京日日新聞》。）然則謂必能以歸國易取消，吾所不敢言也。夫取消之難，吾既詳言之矣。使其終不取消，則我所謂積極的政策，全屬無效，有盡歸於消極的而已。若夫抵制日貨，則誠足以制日之死命。雖然，抵制日貨之實行，有視美貨更難辦到者，吾恐亦成理想上之一佳話而已。且此規則之解釋，既如吾前此所云云，今以區區小故，而濫用此最後之武器，毋乃蹊牛於田而奪之牛乎？漢臣曰：脫有盜長陵一坏土，何以待之？吾以爲此武器當有適用之時，而以此問題爲動機，恐牛刀割雞，喪其効力而已。而論者固又曰：求學豈必日本，彼歐美其又日本之本師也。吾將謀學界之大移殖，誰能禦我？雖然，吾以爲此強詞耳。夫預備留學歐美之財力，與預備留學歐美之學力，其所需皆倍蓰於日本，此論者所能知也。今學於日本者十人中，能有一人學於歐美，斯云幸也，而安見移植之足云也！且問以何因緣而必須移植，則曰以相驚以取締之嫌疑故。率此以往，苟真能移植，而以八千人任聚於何國之一都會，吾恐此發嫌疑之嘗試我者，則日相接也。吾又相驚而又移植焉，幾何其不爲宋人之苗矣。嗚呼！吾所以不憚以一身爲數千學生之矢的，而曉音瘏口以作此最逆耳之言者，無他焉,誠不忍見東京學界之解散而已。東京學界之社會,雖不無缺點,然在中國現在種種社會中,吾敢言其爲最良之社會無疑也。且勿論其將來所收之果何如,即以現在論,而監督當局,指揮輿論,已隱隱共認其潛勢力。此潛勢力非一日所致,積四五年之時日,刻刻爲有機體之發達,及於今而進化階級適至是也。如箇人然,今方在成童之期,前途希望,如海如潮,而忍以薄物細故,自經於溝瀆也?頗聞主破壞者之説曰:吾將挾此社會,超東海而更建設之於上海。嘻!此又空花之夢也。竊計此次歸國團體中,盲從者居若干焉,脅從者居若干焉,其眞出於國恥觀念者,得半已云幸矣。而此半數中,往歐美者將若干焉,歸鄉里謀於地方上有所建樹者,又將若干焉,又去三之二矣。若是乎,其能居上海以繼續此社會之遺產者,十人中最多得一二耳。以一有機體之社會,而驟減去其員數(即組成社會之分子)十之八九,且移根以植他地,而謂其能成立乎?吾知難矣。即使成立,則亦別添附些少之原子於上海之學界社會,而必不能指爲東京學界社會之相續者,章章明甚也。然則最良最有力之東京學界社會,竟因此區區意氣而澌滅也。夫使其事件果屬於國權之關係,則犧牲小群以保全大群,猶可言也。而所爭者毫無輕重則若彼,而乃以前途最有希望之團體殉之,雖右手揕吾胸,左手捫吾舌,吾猶曰期期以爲不可也。

嗚呼!往者不可追矣。自問題之發生,僅逾旬日,而歸去者既數百。其他則以汽船人滿,不能飛渡耳。吾每見一歸者,未嘗不爲之痛心,未嘗不曉音瘏口以挽留之。而往往盛氣相凌,曾不肯一畢聽吾言。吾望其歸帆而不知淚之承睫也。其間如川、陝、雲、貴、甘肅諸省,經半歲跋涉,始達此地。初志未遂,勉賦歸歟。又有一二省,前此絶未嘗一度派學生。今僅有來者,方共希望之爲輸入文明一樞紐,業未竟而遂破壞之。言念及此,眞可爲仰天長慟也。其有志欲留者,又爲威力所迫,不得不曠課。彼特爲中國人而設之學校,一停俱停,所損失尚不甚大。其與日本人同學者,坐犧牲數旬之功課,他日補習,何等困難。嗚呼!此次主動諸君,其寧不憐念乎?前此以愛國之故,致生誤解,熱誠成狂,不遑計此,固無足怪。自今以往,若猶以鄙人之言爲足採也,則鄙人望諸君之有以善補過也。抑諸君此舉,其足以增我學界之光榮,保我學界之權利者,亦既多矣。何也?法文解釋,本有異同。廣義狹義,効力全異。若無諸君此舉,則文部省未必發此説明書,即欲其追加但書,或亦甚難。今有此説明,則如第九條既從狹義解釋，第一、第四條既從廣義解釋，彼即有陰謀欲束縛我，而既已無效。此皆諸君之賜也。以團體如此之厖大，如此之整齊，如此之決心，使日本人乃至世界人，自今以往，咸知我學生之果不可侮，我中國之果不可侮。此又諸君之賜也。然則此次所收之果亦已豐矣。過此以往，則亢龍有悔之時也。鄙人不敏，深望主動諸君，推其光明磊落之本懷，一轉方針，爲東京學界謀善後之策。豈惟東京學界賴之，抑中國前途實將賴之！

稿既成，上海《時報》郵至，見其十六日報來稿欄，載有《東京留學生抵制取締公啓》，有不能已於言者。今節錄其原文略辨之。

東京留學生抵制取締公啓（按：取締二字有約束意）

（前略）今十月，日本國報紙載有取締清國留學生規則中二條，有爲校外取締者：一則指定住宿，不准移轉；一則既經入校，不准退學。吁！是何言歟？是何言歟？夫取締留學生之法，爲全球萬國所無。我國之留學於各國者，不聞爲之取締。即日本維新以前，亦曾留學歐美，而歐美亦未嘗取締之。（中略）況彼之指定住宿而不准移轉，則任彼店中之小使女僕，皆得挾制學生，而飲食起居，隨其極端苛待，亦只徒喚奈何而已。使其可以退學，則當苛虐難堪時，猶可退學返國。無如彼更不准退學也，不將俯首帖耳，含垢忍辱，以待取卒業證書乎？（中略）且不准退學則無論彼之學堂，如何腐敗，一朝失足，必滿期始得釋放，是何異監獄之限人乎？日本民法，除法定條約禁止外，外國人皆同享有權利。而其國法之權利一節，自由權九種，有住居、移轉、身體、請願四者之自由。今乃不准遷居，是無住居移轉自由也；不准退學，是無身體、請願自由也。奪去自由，即失其人格。以留學而失人格，士氣安在？國體安在？（下略）

辨曰：原文謂取締二字有約束之意，未免曲解。日本之會社司理人，名曰取締役，豈得曰約束役乎？況此規則名稱，實無取締字樣，則此二字之意義，實可不辨。

又原文謂規則中有既經入校不准退學二語，全篇指斥此事，至再至三。但原章具在，試通觀之，曾有此語否乎？然則作此公啓者，必未嘗見規則原文無疑矣。藉曰既見之，則有意改其條文，文致其罪，以助煽動力也。豈知今方將與人抗争，則其所憑藉以爲争之材料，不可不正確。不正確則其効力全消失，是取敗之道也。以此爲戰略，竊爲主動諸君不取也。其謂指定住宿不准移轉，則其是否，前文辨之已明。

又原文引日本民法除法定條約禁止外，外國人皆同享有權利，云云。其所據者，大約即民法之第二條，如吾前所引者。但其原文實爲"外國人ハ法令又ハ條約ニ禁止アル場合ヲ除ク外私權ヲ享有ス"。法即法律，令即命令，與條約而爲三。此其義本甚明。而著者乃改法令爲法定，試問法定條約四字，復成何種文義？且原文中之"又ハ"字，當作何安插耶？法律之文，一字不容苟簡。如此引法文，未免太鹵莽矣。彼日本民法，原取人類平等主義，故其第一條云"私權享有，始於出生"，言凡人類生而享有私權，即外國人亦然。除公權爲外國人所例不得享有之外，若私權則固自平等也。雖然，以其爲外國人之故，故得以法以令以條約限制之。是所謂例外也，是於平等中有不平等者存也。此種法理，吾前既言之矣。至其所謂自由權九種，殆指彼憲法第二十二條至第三十條所規定。雖然，獨不見此九條文中，每條之首，皆冠以"日本臣民"四字乎？我輩非日本臣民，豈能援以爲例？夫外國人不受憲法之保障，此法理所明示矣。故我苟欲與彼争權利，惟宜引我與彼所締條約以爲後援，而不能引彼之憲法以爲後援。（法律命令所規定本國人之權利義務，不得觸背憲法；法律命令所規定外國人之權利義務，不得觸背條約。其位置正相當。）爲此說者，直取笑於人耳。其餘各端，前文辨之甚詳，不再贅。

又同日《時報》要件欄，載東京學生寄來此規則譯文。其中實有誤譯之處，不能不爲糾正。今條舉之：

（一）該譯本於此規則之名稱，譯爲"公立私立各學校關於清國人入學之規則"。若照此意義，則其原文當爲"公私立學校ニ於テ清國人入學ニ關スル規則"方爲脗合。今原文實爲"清國人ヲ入學セシムル公私立學校ニ關スル規程"，則當譯爲"關於許清國人入學之公私立學校規程"也。如彼所譯，則此規則爲對於學生而設；如原文，則此規則爲對於學校而設也。

（二）第一條、第四條、第六條之"清國公館"字樣，誤譯爲清國公使館或清國公使。

（三）第八條第二項，原文爲"學則中清國人教育ニ關スル規定"，譯爲"專關於清國學生之規則"，語意有輕重廣狹之別。

（四）第九條譯爲"公立或私立各學校已受文部大臣選定者，必須使清國學生在其寄宿舍或在其監督之下宿屋以便取締"。果爾，則其條文當爲"選定ヲ受ケタル公立又ハ私立ノ學校ニ於テハ清國人生徒ヲシテ必ズ寄宿舍又ハ學校ノ監督ニ屬スル下宿屋ニ宿泊セシメ以テ取締ヲ便ニスベシ"。但其原文不爾爾。本篇首葉所載，可對照。

（1905年12月《新民叢報》第71號）

《上海領事裁判及會審制度》識語

比者國權思想稍發達，朝野上下，漸知領事裁判權爲國恥，竊竊思拒回之。如前年水兵殺人案，去年擅押婦女案，其刺激尤烈者也。夫拒回領事裁判權，必與國法之完整國力之充實相俟，固非空言所能取辦。然即國法完整，國力充實，而其中之轇轕，尚不可僂指。未洞悉其癥結，則外交上未可保不敗也。又即在國法未完整、國力未充實之時，此權未驟能拒回。然苟能洞悉其癥結，則就中可以保持我未失之權利者，抑亦不少。而不然者，一事之失，遂授繼起者以先例之可援，累轇轕以轇轕，非徒損現在之面目，乃益以盤根錯節，貽諸將來，是烏可以不愼也！夫一切事皆若是矣，而領事裁判其一端而已。吾友希白，因感去年上海法廷滋擾之事，乃出其疇昔所研究，竭兩浹旬之力以成此文。吾受而讀之，乃始知上海領事裁判及會審制度之内容，有種種複雜之結搆，奇異不可思議者。吾舊日未嘗夢見，抑當亦舉國所未夢見也。而考其所以致此之歷史，則吾前此外交官及地方當局，其顛倒昏繆，亦有奇異不可思議者。嗚呼！彼全無心肝，視國事如秦越，固不足深責；抑亦不學無術，於他人之所以謀我者，毫無所感覺，雖有忠者，亦愚弄於他族耳。嗚呼！學之不可以已也如是夫。抑吾更有一言：今後之中國，決當出一閧之時代，以入於研究之時代。以云研究，則條理萬千，悉踏實地，絕非可徒恃一瞥之感情，無根之理想，而欲集事也；又非可以囫圇概說，而能得其條理也。即以政治的方面論，所當研究之箇箇事件，固已無量。而此文所標之問題，即其一也。吾敢證此文爲此問題空前之作。吾願當局者精讀之，吾願國民之有國權思想者皆精讀之。如曰此不過一局部之事，吾不屑屑意也，則試問安有全體而非由一局部構成者？普天下之學問，何一非研究一局部者？以云限於一局部而怠於研究，則亦缺研究的精神而已。惟此文多述法理，未治此學者，驟讀或難索解。顧吾信真有研究的精神者，必不厭之。　飲冰識

（1906 年 1 月《新民叢報》第 73 號）

過去一年間世界大事記

過去一年三百餘日間，而地球上一舊國亡焉，一新國建焉，其他各國内治上外交上爲著大之變遷者，且以十數。嗚呼！是可謂多事之年也已，抑亦世運以懸崖轉石之勢，其變化之激烈，有不得不然者耶？甯得曰與我無直接關係，而秦越肥瘠相視也？今以紀事本末體，述其犖犖大者如干事。

第一　瑞典那威之分離

（甲）前記

兩國聯合之由來　那威舊屬丹麥，既四百年。至一八一四年，丹麥以維也

納列國同盟會議之壓迫割之以與瑞典。那威人民大反抗，主張自制憲法，自選國王。於是瑞、那間遂動干戈。時瑞典王比爾訥，洞察形勢，爲調和之策。乃從那威人民所希望，許其自立國家，自制憲法，而以瑞王兼王之。於是於國際法上現出一種新式之國家，即所謂物合國 Peaeunion 是也。（物合國者，物質上的連合之意也。即兩國家於其內部，各爲自治；對於外部，則全然合一國際法上認爲唯一之權利主體者也。世界上此種國家僅有二，其一瑞那，其他則奧匈也。然瑞那之成立，先於奧匈五十餘年。今瑞那既分，則僅餘其一耳。）其成立實以一八一五年八月。

兩國聯合之困難 聯合案雖明言出於兩國民自由意志，實則被迫於外界，不得已耳。察其內部，則兩國實無可以聯合之要素。蓋徵諸既往之歷史，兩國未嘗同戴一政府，又未嘗互爲主屬，而國民性質，又各異其揆。就政治方面論，則瑞典，君主貴族政也；那威，民主政也。就經濟的方面論，則瑞典，重農業而主張保護貿易者也；那威，重工商業而主張自由貿易者也。以此之故，兩國間利害，動相背馳，軋轢之伏機，九十年來，殆如一日。

外交權問題 瑞、那兩國古來之政治思想，皆以外交事務屬於國王之私權。國王則經由外務大臣以行使此權利，幾於認外交官爲非國家之代表，而國王箇人之代表也。而物合國在國際法上認爲唯一之權利主體，則其外交權之不可分更甚明。故那威從丹麥分離後，此權晏然入於瑞王之手，如是者數十年。迨一八八五年，瑞典始頒一法律曰：外務大臣，對於瑞典之國會而負責任。（疇昔認爲國王代表，而非國家代表，故對於國會而不有責任。）於是那威人大激昂。蓋那威之內閣無外務，瑞典之外務大臣，即攝那威之外交事務者也。今僅對瑞典國會而負責任，對那威國會而全無責任，是不啻剝奪那人外交上種種之權利也。此那人所持之說也。雖然，外務大臣者，瑞典之閣員也。瑞典閣員，無對於那威國會而負責任之理。此瑞人所持之說也。如是相持者歲餘，不能決，那人又特別設那威外務大臣之議。雖然，以國際法上獨一之權利主體，而有兩外交機關，是亦不可行。於是那人建議，悉歸失敗。

特設領事官問題 外務大臣問題失敗，領事官問題繼之。此問題實由那威海運業發達之結果，自然而生者也。蓋瑞典採保護關稅主義，那威採自由關稅主義，其利害關係，自不相容。而那威海運業，比諸瑞典，其盛大蓋三倍。那威於領事行政，負擔其經費之半，而領事官之任命，乃由瑞典國，而非由瑞那聯合國，此那人所大不平也。故一八九一年，此問題漸爲實際問題。那威特設委員會以研究之，決議自設領事。自此瑞、那兩議會，爭論紛紛，波瀾萬丈。直至一九〇一年，由瑞典發議，開兩國聯合委員會，以審議此事。其決議大略如下：

（一）兩國各設獨立之領事官。該領事官各屬於其本國政府。

（二）兩國領事官，對於外務大臣及其他外交官之關係，由兩國議會制同樣之法律以規定之。但此法律，非經兩國之同意，不能廢止變更。

此決議於一九〇三年十二月通過聯合議會，經國王裁可。於是十年來之争端漸息。

（乙）本記

瑞典之食言 自是那威政府，遂汲汲制定法律，以一九〇四年五月草案成，以正式致諸瑞都。而瑞典之覆答，逾時不至。且前外務大臣向表同情於那威者，忽辭職，首相波士的林兼之。那人大失望。迨一九〇四年十一月覆答至，則與草案之精神，大相剌繆，謂凡領事官之任免及監督，皆屬於外務大臣權限。那人大恚。

那威之强硬及瑞那之衝突 一九〇五年（即去年）三月，那威内閣總辭職，米京遜氏爲首相，以非常强硬之決心，對於瑞政府。謂依一八一五年之協約，那威可不俟瑞典之同意，而有派遣領事之權。遂制定法律，以全院一致通過於議會。時五月十八日也。既決議，以草案上國王。二十七日，國王拒絶，不予裁可。那威内閣引責辭職，不許。前此那威之保守黨，刻意欲維持兩國之聯合。至是鑑已往之失敗，察大勢之所趨，遂擲棄黨見，與急激黨相提携，捧强硬之決心爲後府後援。

分離之宣言 六月二日，首相米京遜臨議會，報告國王拒絶裁可之事。國民代表者，咸以王之決心與國民之希望，全相背馳，不得不出最後之手段。自六日下午至七日黎明，徹夜開會，以議分離之舉。其日午前十時，再開會。首相米氏代表全閣員而報告於議會曰：國王陛下對於此事件之態度，全與立憲精神相反。現内閣不能任其責，謹辭職以聽處置於國民。於是議會以非常肅穆之態，宣告阿士加陛下已失那威王位，瑞、那聯合，亦同時解體。以前内閣員組織假政府，使於現行憲法及法律之下，暫時行使王權。且上一奏議於前王，謂此舉純爲自由獨立起見，非有所憾於王室，亦非有所憾於瑞典國民，故願戴阿士加陛下一子爲國王。此奏議除五名之社會黨員外，其他議員，皆熱心贊成。八日，創設外務省。九日，懸新國旗。於是九十年來相提携之姊妹國，一旦絶緣。

兩國間之危機 七月二十五日，瑞典政府，提出分離案於國會，全體一致否決。其結果致瑞典内閣之動搖。八月二日，新内閣成立。那威則以八月十三日提出分離案，行全國國民投票，贊成者三十六萬八千二百票，反對者僅百八十四票。而瑞、那兩方之報紙，頻比較兩國之軍備。蓋據最近統計，瑞典步兵七五六〇〇，騎兵二五〇〇，砲兵四五〇，總計七八五〇〇人，砲二四〇門。那威步兵五五一四〇，他種兵一四八七八，總計七〇〇一八人，砲一八六門。而瑞典軍艦總數六十五隻，内甲裝者十一。那威軍艦總數五十一隻，内甲裝者四隻云。

分離之協商 卒乃兩國互派委員協商分離善後事宜，八月三十日會議於卡爾士達。因破壞要塞一條，相持不下，戰機殆將破裂。至九月二十三日，兩國卒以交讓精神，結協商案五條：（一）兩國有爭議，委之於海牙之仲裁裁判。（二）設定中立帶地，兩國各破壞要塞。（三）畫定牧畜權之地域。（四）貨物通過國境，不增稅率。（五）航路依各國成例，而兩國舊有之利益，互相尊重之。

分離之確定 瑞典議會，卒承認此協商案，十月十六日，決議解瑞、那之結合。國王阿士加，旋以正式公文，承認那威獨立，通告列國。同時致一書於那威議會之議長曰：貴議會爲不法的決議，乃至並寡人本有之否認權，亦侵及焉。寡人靦然擁虛器於其上，更胡爲者？以此之故，謹揮老淚與所愛之國土人民告別。若乃卿等盛意，欲戴寡人之血族以作新君，懼徒生猜嫌，非兩國之福，謹辭。初分離問題之初起，那威國民中，或主立君，或主共和，論爭頗烈。卒以十月三十一日議會對於二十九票而得八十七票之多數，決議迎立丹麥之卡爾親王爲那威王。

結論 嗚呼！昔也瑞典不費一鏃之矢，而得統治權於那威；今也那威不流一滴之血，而得自由權於瑞典。九十年間，殆如一夢，豈所謂天道好還者耶？雖然，似此平和高潔之革命，抑亦有史以來未之前聞矣。無他，其自治之有機體，本已發達完滿，時機既熟，而人事適與之相應也。

第二　摩洛哥事件

日俄戰爭之影響　語曰：牽一髮而全身動。其今世界之謂乎？日俄戰爭之影響，不徒及於亞細亞、歐羅巴，乃間接而波蕩於亞非利加之一隅。

摩洛哥之位置及其與列國之關係　摩洛哥，非洲西北隅一帝國也。名雖爲帝，實則其君主之權力，時漲時縮，所及者僅全國四分之一。此外諸地，則無量獨立之部落，相對峙，相鹵掠，實迷信腐敗之淵藪也。顧其雨量多，地味饒，且富於金礦，故歐人冒險者頗往焉。其良港灣惟丹治耶一地，外國貿易，亦跼蹐於此港及其附近。雖然，此港實當齊布拉達海峽之衝，爲地中海之西門，與亞爾治耶相屬，又與西班牙隔一衣帶水，遙遙相望。彼齊布拉達者，英國所恃以制地中海海權者也。彼亞爾治耶者，法國之領土也。故英、法、班三國，皆與此地有非常重要之關係。

英法班之相持　地中海以南，撒哈拉沙漠以北，拿安岬以東，波翁岬以西，一片大地，總名爲馬格列布，蓋日没之義也。摩洛哥、阿爾塞利、條尼士三國在焉。法人既奄有阿爾塞利，占此大地之中央，復進而東，以條尼士爲保護國，於是更欲進而西，植勢力於摩洛哥。此自然之勢也。而法國若實行此政策，則首蒙其損害者，英、班兩國也。西班牙與摩洛哥隔一葦之海峽，常欲掠奪之以自固。當一八六〇年、一八八四年，嘗兩次略其沿岸之地，其野心可見。今雖國力未充，而跛不忘履，惟欲摩人保持現狀，以待將來可取之機。故法人所主張摩洛哥内地門户開放政策，班人所大不利也。（一九〇一年，班之政治家錫爾烏拉嘗云：有人於此謀開一街道，而危及我不動産之安全，則我有反對開此街道之權利。街道指摩洛哥，不動産指西班牙本國也。）英國在摩洛哥，其商業上關係頗多。蓋英之貿易額，視法之在摩者多三分之二也。不甯惟是，其於戰略上更有重大之利害。英人欲握地中海海權，當一六六一年既取丹治耶（即摩洛哥唯一之良港）於葡人之手，越二十年而失之，其恨未嘗一日忘也。未幾復得齊布拉達（丹治耶對岸），今以爲海軍根據地，地中海西門之重鎮焉。雖然，其食糧飲料，不可不仰給於摩洛哥。苟有他國焉，在摩洛哥沿岸，别得海軍根據地，則齊布拉達之戰略上價值，爲之頓銷。故爲英人計，能奄有摩洛哥上也；即不能，亦不可使人於他國勢力範圍。（英名將訥爾遂常曰：丹治耶不可不常在弱國之手。）故英人之開闢商地，雖唯力是視，獨於摩洛哥內地之門戶開放，則不甚表同情也。

狄爾加士之政策 法外部大臣狄爾加士，當代第一流之外交家也。就職以來，以經營摩洛哥爲重要政略。然此地既與英、班有密切關係，法人欲得志於摩，不可不先與彼兩國協商明也。會英杜戰爭，起於南非。狄氏利用此機，謂英人不遑北顧也，欲圈出英國，而專商諸西班牙。一九〇二年十一月，法、班兩國，成一秘密協商。大約舉摩洛哥中分南北，班取其北，法取其南，而以丹治耶附近爲中立地，免太觸英忌。其他種種條件，秘不盡傳。此密約將次成立，而班人抱將來之希望，不欲法人獲特別權利也，又無圈出英人之決心也，卒反對分割之議。而狄氏之計畫遂空。

英法協商之成立 狄氏見班人之不足與謀也，乃轉而求助於英。英人首欲得丹治耶，以與齊布拉達相犄角。法人憚海峽控制權，盡落英手也，堅不許。議幾破，時一九〇三年三月也。翌年，卒以埃及問題、摩洛哥問題相屬解決。英國在埃及，法國在摩洛哥，皆宣言無變更其國體之意。惟法國認英國在埃及有優越之權，凡英對埃之一切行動，不妨害之；英國認法國在摩洛哥有優越之權，凡法對摩之一切行動，不妨害之。而兩地內地，皆取門戶開放利益均沾主義。又此兩國之關稅租稅及汽車脚價，常使平均。又丹治耶一帶地，不得築壘塞及其他關於戰略上之工事。此協商案，以一九〇四年四月八日發布。法國旋以商諸西班牙，其年十月法、班協商成。法人得此兩協商以盾其後，遂欲漸漬其勢力於全摩，期以若干年，使成爲完全之保護國。

德國之霹靂手段 德、法仇也，德皇又當代唯一之野心家也，又憾法人於此事件，專商諸英、班，而視德若無物也。自其協商之始，既不慊之，而苦於發難之無名，且憚俄法同盟之不易侮也。及去年春，俄軍連敗於滿洲，旅順亦既陷落。德皇覬法之孤立也，突以三月下旬巡行地中海，途次忽幸丹治耶，與摩帝相見。雖登岸僅二小時，而備受摩人之歡迎，舉都若狂焉。德皇此舉，如神龍出沒，不可方物。而其本意在諷示摩人以德之可恃，間接以妨害法人在摩之舉動，章章不能掩也。

各國對於此事之批評 德皇此種奇異之舉措，忽聳動全世界。各國報紙，紛紛議論。而最憤激者，厥惟法人，不俟問矣。英人亦滋不慊焉。英后同時亦巡地中海，而避德皇不與相見。英皇復微行巴黎，與法大統領會晤。此實英、法兩國對於德國而爲示威運動也。雖然，英人之必不肯賭國力以助他人保優勝之地位，不待言矣。英皇此舉，毋亦市不費之惠於法云爾。於是德相彼羅氏，在議會關於此事件而演說曰：德國絕無侵略摩洛哥之野心，惟欲保護商業上之利益而已。且德與摩一切商業上交涉，不欲介於他國以行之，惟欲與摩帝直接行之。此德國之志也。

德報之言 德國半官報，對於法國諸報之攻詰，夷然答之曰："英、法協商，未通告於我德。我德雖無以第三國之資格干涉他人協商之權利，雖然，摩帝之主權，與法國之權力，果無衝突否乎？吾不能無疑。抑法人行保護權於條尼士，而該國內他邦商業利益，全被排斥。摩洛哥得毋有同一之結果乎？此亦第三國所不可不慮及也。"法之各報，舉英法協商中開放門戶之語以相難。德報答之曰：吾不知有英法協商，吾不認法人有若何之地位。吾德人與摩洛哥交涉，不必經法國之手，猶吾皇由伯林赴丹治耶，不必經巴黎也。

德國第二次霹靂手段 德人所藉口者，曰摩洛哥開放門戶之不確實也。法人欲釋此蒂芥，乃以四月十四日用正式之照會，致德使，爲確實之保證，且叩德人用意之所存。乃德人遷延不答，忽出不意，命塔丁伯哈爲駐摩公使。塔氏者，以熟諳摩洛哥情狀聞於時者也。其任之也，將使摩人益暱德而疏法。說摩帝使與一八八〇年參列馬德列會議（此會議即瓜分非洲之會議也）。諸國相謀，再開第二次會議，毋使得有一國爲獨占優勝之地位。摩帝大感之。

狄爾加士之末路 時法人方提出改革案於摩廷。德使塔氏，勸摩帝退還之，而別開列國會議。英人見德人之燄日張，而法人之氣日荼也，乃急遣特使羅梭氏適摩，思有所調停。塔氏於其未抵摩都之前二日，且脅且誘，竭種種之力，勸摩廷使決定會議之舉。摩廷亦思乘列國相爭，以苟延殘喘於歲月也，乃采其議。以五月廿七日牒告法國，謂以他國代行改革內政之業，非民意所許。同時通牒各國，乞開會議於丹治耶，以討議摩洛哥改革案。於是一年前由英法協商案內法國所得之利益，遂盡爲德人所破壞。所贏得者，確定英人在埃及之地位而已。狄爾加士數年來所苦心經營，竟如一夢。蓋狄氏之主持此政策也，閣員中自初既有不表同情者，至是益責其種種失機，嬉笑怒罵之言，不堪入耳。六月六日，狄氏遂引責辭職，首相盧威兼攝外務大臣。計狄氏當外交之衝，既已七年,親俄暱英聯班,拔法國於孤立窮蹙之地位,而進諸高明,以破壞俾士麥之陰謀(俾士麥晚年政策,全在代法人之交,使之孤立),其手段之敏,功績之偉,有令人驚歎者。今以此見排於政界,識者爲法廷惜之。

德法協商 新外務大臣盧氏,一反狄氏之政略,願放棄已得之摩洛哥保護權,與德國爲平和協商。受任之當日,即與駐巴黎之德使會晤,爾後復頻數會晤。六月二十一日照會德使,陳法國所主張。同時適法之陸軍大臣有類於挑戰之演說,兩國人心,皆大激昂。及廿七日,德國覆牒至,七月八日,協商成。法人撤回抗議,願參列於列國會議,德國亦願於會議時尊敬法國在摩洛哥正當之利益及各種條約上之權利。法人雖不慊焉,而無如何也。

列國會議 九月二十八日,兩國遂協定會議之範圍,定開議於西班牙之亞奇的拉士。英、奧、班、美諸國皆與焉。今會議方進行中,而兩國衝突之報頻聞,未知結果之何若也。

結論 此事於我國毫無直接間接之關係。雖然,此事世界大事也,抑亦有重要諸點,可爲我國鑒者:(一)觀此可知甲國之事,而乙丙諸國標以爲目的物而協商之者,即不認甲國爲完全獨立之表徵也。試問嘗有以英國爲目的而德、法協商者乎?有以俄國爲目的而英、美協商者乎?故觀英法、法班、德法之協商,則知摩雖未爲法之保護國,而各國固早不以獨立國視摩矣。舉較近之例,則朝鮮是矣。光緒十一年,則中、日協商也。光緒廿二年,則日、俄協商也。最近則英、日協商也。皆以朝鮮爲目的物也。明夫此,則當思美國宣言門户開放時,其目的物爲誰;兩次之英日同盟協約,其目的物爲誰。是安可以不悚也!(二)觀此可知列國乘帝國主義之高潮,各狡焉思啓。其野心之蓬勃,其手段之詭異,真有龍拏虎擲之概。現象瞬息百變,出人意表。苟非有銳敏之眼光,老練之手腕,必不足以立於外交之衝,以保持國家之地位名譽。而吾國之養成此才,當由何道也。(三)觀此可知列強之中,惟德人更有不可思議之氣象,一舉一動,莫不有機心存於其間。而其精思雄力,辣手急才,皆足與之相應。惟如是,故於其一舉一動,皆不可不加特別之注意。自日俄媾和以後,彼之對於我,忽若棄其強酷政策,而執懷柔政策。其用意所在,不可不熟察也。嗚呼!毋曰一池春水干卿甚事。雖區區之摩洛哥事件,抑亦前事之師耳。

第三　奧匈帝國之變兆

歷史補述　奧大利、匈牙利，自一八六七年成所謂"物合國"者(與瑞典、那威同性質)，於今三十餘年。兩國政府之權，常爲自由黨所握。自由黨者，專以擁護兩國之聯合爲主義者也。而匈國之在野黨即所謂獨立黨者，常抱持離奧分立之主義。三十餘年，殆如一日。

匈國政府黨之失敗　匈國首相伯爵的士亞，常以強硬態度臨反對之獨立黨。前年秋(一九〇三年)，布議事新章，以強迫之力，使通過於議會。獨立黨睹此，謂政府承維也納之授意，欲犧牲匈國之利益以從奧國之利益也。於是抗争鼎沸，議會秩序，幾爲蕩然。去年(一九〇四年)一月四日，政府不得已，解散議會，以訴諸國民。豈知選舉場裏，形勢大變。以噶蘇士(路易·噶蘇士之子。其父爲提倡匈牙利獨立之偉人，本報曾爲作傳)所率之獨立黨爲中堅，而國民黨舊教黨和之，爲連衡之勢以抗政府。選舉之結果，政府黨僅得百五十一票，反對黨得二百四十二票。(内獨立黨百五十九，其餘各黨八十三。)於是的氏内閣總辭職。

國王行幸匈都　獨立黨平昔所主張，則舉凡軍事上經濟上一切政務，皆離奧而自立。是實舉兩國聯合之根本而破壞之也。故政府黨失敗後，維也納人心皇懼。安得拉士者，匈之名將也，素袒政府。今次選舉，舉其黨以附和在野黨，政府是以失利。至是斡旋於奧、匈兩京之間，思有所盡力。二月中旬，噶蘇士詣維也納謁王，議不協。王命安得拉士組織新内閣，辭不就。三月十九日，王如布拉彼斯得(匈都)，再以命安氏。安氏者，反對黨中之平和派也，其政綱與獨立黨非全相容，卒不就。王固知非噶蘇士不足以饜人望，而憚噶氏得政，則奧、匈分離，現於實際也。不得已仍命前相的氏攝相。四月五日嗒然歸奧京。

獨立黨政綱五事　王行後二日(四月七日)，噶蘇士在議院提議廢止昨秋政府所頒議事新章，以百二票之大多數可決。同日選委員二十一人，草上奏案。十三日，案成，提出於議會。舊例奏議皆稱"皇帝及國王陛下"，至是改稱國王陛下，示不喜聯合也。奏中列政綱五事：(一)實行責任内閣之制。必其在議會占多數之黨，乃得任政府。(二)改正選舉法議院法。(三)行政權須用之公正，以確保國民政治上之自由。(四)改良經濟社會。匈國於經濟上爲完全獨立,設獨立之稅關等。(五)匈牙利設獨立之軍隊。其所用語言及徽章,皆別定之。奏末極言爲匈牙利圖利民福起見,不得已有此要求。王如拒絶之,或躊躇不決答焉,則前途之危,有不忍言者。

"不黨內閣" 五月十一日,上奏案以大多數決議,致諸奧京。而國王不肯俯從,匈議會亦不肯退讓。至是的士亞署任內閣,既以責備之不能堪,復退其職。國王與安得拉士等數次交涉,竟無成議。欲再求後任於政黨中,料無可望。乃於六月十九日,命陸軍中將菲治巴利組織"不黨內閣"。("不黨內閣"者,以不屬於政黨之人任內閣也。日本稱爲"超然內閣",謂超然立於政黨以外也。)六月廿一日,新首相率閣員以臨議會。議會大譁,噶蘇士揚言曰:新內閣蔑視政黨,宜勿認之。即自由黨(故相的氏所率之黨)亦謂無議會多數之後援,不得立於政府。於是噶蘇士之提議,殆以全會一致可決之。國王詔命停會(各國議會開會中,例得以國王之勑,停會若干日),不聽,討論日不暇給。議員般菲氏,提議匈國所應納之聯合國公費,暫行停止。更以議會之命,命各地方官暫時勿得徵收租稅召集兵役。此提議以大多數通過於"那威萬歲"聲中。(當時那威獨立之機已熟。)上議院亦與之作桴鼓應,決議不認新內閣。新內閣辭職,王不許。

不黨政府之失敗 九月十二日,菲治巴利內閣遂辭職。而其辭職之原因,不在與匈議會之衝突,而在與奧政府之衝突,是一奇也。初菲氏既組織"不黨內閣",全議會之聯合反對起。菲氏乃爲應變的政略,擬實行普通選舉制。(普通選舉者,凡成年之國民,皆有選舉權,不設制限也。)蓋依匈牙利現行之選舉制,則全國千七百萬人中,有選舉權者僅九十萬。菲氏以爲議會之極端反對派,非必出於全國人民之公意也,故欲出此政策以撓之。此政策者,匈人所大喜也。而奧政府懼匈既行普通選舉,則奧人必踵其後,爲同一之要求,於奧政界,將生變動,乃極力反對之。九月十日,開"奧匈執政官會議"於維也納,奧匈帝親臨。卒乃匈內閣總辭職,許之,使暫署以待後命。

國王與民黨協商 菲氏暫署政府,國王旋與反對黨領袖噶蘇士等私相協商。九月二十三日,噶氏等如維也納,謁王於王宮。王乞彼等變其政綱:(一)撤去軍事上問題。(二)勿牽涉軍政外交,以搖動奧匈聯合之基礎。(三)其他兩國交涉諸問題,由兩國協定之。(四)關於豫算徵兵之常規,及軍事上所需餉項,請毋阻撓。噶氏等既退,以不能奉詔辭焉。王再命停會,議院大譁。

"不黨內閣"再建　在野多數黨既辭不受職,王益窘。十月十六日,命菲治巴利再復職,且許其實行普通選舉制。二十二日,聯合反對黨更開種種集會以攻掊新政府。而新政府大標政綱,謂以擁護憲法爲目的,特採普通選舉制。凡匈牙利男子年及二十四歲能識字讀書者,皆有選舉權。其關於軍事上,則以憲法上匈牙利王之特權許匈國軍隊用匈國通行之摩的約語云云。歐洲各國報館,皆以此政綱爲匈牙利政治史上一新紀元。未知匈人能躊躇滿志焉否也。

結論　當去年五六月間,瑞、那分離之議既熟,奧、匈關係,亦儳焉若不可終日。而終不至大決裂者,雖由奧之退讓,抑匈人亦自知當中原列強之衝,苟內訌甚,其將有乘之者也。抑匈人自金牛憲章發布以來,即具有自治之實力。史家謂次於英國而能適用立憲政治者,莫匈人若也。故以堅忍之民意,爲穩重之要求,數十年來,著著進步,其終得最後之勝利宜耳。

第四　法國政教分離案

問題之來歷　歐洲自宗教改革以來,羅馬舊教勢力,日就衰弱。及前世紀末,意大利聯合王國成,教皇權力,掃地以盡。所恃爲奧援者,餘一法國而已。法當拿破侖第一時代,將利用教力,以行政策上之操縱,故與教皇彼阿第七結約。其繼續期限,訂以百年。及今日而約期將滿,此政教分離之議所由起也。

動議之通過　共和黨主張政教分離,多歷年所。前內閣首相喀謨布氏,曾將法案提出議會,未獲可決。至一九〇四年(去年)一月下旬,首相以他種原因辭職,大藏大臣盧威繼之,襲前內閣之政策。二月十日,新首相在議院演説,謂羅馬教會之態度,有迫國家使不得不與彼分離之勢。復將前案提出動議,贊成者三百四十三,反對者百八十九,遂通過。

決議　自兹以往,在下議院大加討議,爲激烈之辨争,凡五十回。直至七月三日採決,贊成者多於反對者百有八票,遂決議。蓋對於原案有所修正,稍寬大云。十一月下旬,上院亦決議,大約認羅馬教會爲一種教育團體,與他種教育團體有同一之權利義務云。此法案以今年一月一日施行。

結論　自中世以來,羅馬教會勢力,蟠據政界之中樞,炙手可熱矣。降及近世,宗教革命起,殺人流血,以億兆計。十八世紀以後稍靖,而餘氛猶未沬,豈所謂百足之蟲至死不僵者耶？直至法國政教分離，然後全局乃告終，蓋亘五六百年矣。茲事雖若小，然實全世界歷史上一大結束也。抑此事亦有影響於吾中國者。東方舊教徒保護權，德、法二國恒迭爲消長，法爭則德讓，法退則德進。此三十年來歷史所明示，土耳其及小亞細亞之外交政局，可覆按也。其在我國亦有然。今後法人之於教務，將袖手矣，德人其必興之代興。吾懼夫吾國之教案將益多事也。

第五　美國與中美南美諸國

大勢及歷史　世界大勢，駸駸有趨於統一之機。而所以爲統一之具者，一曰併吞，一曰聯合。要之弱小之國，不復能立於今後之宇内，而二十世紀末，舉全世界將僅餘大國五六焉。此史家鑑往知來而可以預決者也。此趨勢於歐有然，於亞有然，而南北美之新大陸尤著。美國者，新大陸之主人翁也。今將語美國之政略，請先述全美諸國關係之歷史。

美國伸權力於全美，實門羅主義導其源。門羅主義者，當門羅任大統領時，法人恃神聖同盟之後援，欲侵略墨西哥。門羅乃宣言曰：亞美利加者，亞美利加人之亞美利加也。自茲以往，此宣言幾成爲國際上一種法例，歐洲各國，斂手不敢與諸美爲難，而全美聯合之議亦漸起。一八二六年，以委内瑞拉人所提倡，開聯合會議於巴拿馬，而美國、智利、巴西皆不至，議遂不集。一八四五年，波兒喀爲大統領，公言曰：合美洲諸國而爲一，此吾美國之義務也。其後一八八三年，拉丁民族諸國，復開聯合會議於委内瑞拉之京城，亦不得要領。一八八九年至一八九〇年，美國大統領提倡開聯合會議於美京華盛頓，諸國咸集。乃決議開縱貫鐵道，及設仲裁裁判，議亦不就，僅以公議設南北美國勢調查會於美京。一九〇一年至一九〇二年，復開聯合會議於墨西哥。縱貫鐵道，決議施行，仲裁裁判，則主強制，而美國政府，自爲裁判長。列國未畫諾，期以後五年再議之。此過去歷史之大概也。

大統領之教書　美國現任大統領盧斯福，絶世英物，常主張以戰鬥爲平和之保障，此盡人所能知也。前年十二月，被選續任。故事大統領就職，必下教於國中。盧氏教書之末節云："吾輩所最希望者，鄰邦之秩序與繁榮也。苟其人民爲適當之行動，不論何國，吾美對之，皆樂表友情，決不於其社會上政治上各事件，有所干涉。若其有暴行蠻舉，則文明國所不能容也。即吾西大陸，亦安能逃此文明之干涉？吾美國以奉行門羅主義故，苟有危及全美之秩序者，吾將行吾之國際警察權（International Police Power）云云。"蓋盧氏藉口於門羅主義，恬然以西大陸之警察官自居也，其野心如見矣。

美國與巴拿馬 一九〇三年十一月，巴拿馬離哥倫比亞而自立，新建一共和國。而美國首承認之。巴之獨立，美實陰主焉，此世界所同認也。乃巴人本無建設共和政治之能力，立國未一年，內亂紛起，益授美以干涉之口實。一九〇四年十月下旬，巴國在野黨，擁陸軍總司令官科爾達爲首領，以謀革命。巴首相乞援於美公使。美政府遂致書亂黨脅之，且派軍艦三艘入巴拿馬灣示威焉。亂黨遂斂息。美公使旋命巴人將全國陸軍解散，巴人戢戢受命。今所存者，士官三名，兵卒二十名而已。一九〇五年正月，美國陸軍大臣塔虎巡視巴拿馬。巴人不論何黨，皆熱心歡迎。塔氏演說曰：吾美國不欲諸君革命。諸君而好革命也，則美國以維持秩序之大義，不得有私於諸君矣。其言殆有旁若無人之概，巴人唯唯而已。於是巴拿馬於事實上，既變爲美國之保護國。

美國與委內瑞拉 委內瑞拉與各國紛擾事件，已亙年餘。至去年正月，美國發最後之通牒於委政府，謂此後若對於外國人不履行義務，美國將以武力相干涉。旋遣軍艦數艘示威，寢以無事。

美國與散得米哥 散得米哥（San Domiu[n]go）者，西印度群島中一小共和國，向未著聞於世界者也。去年春，美國忽與結協約，監督其財政權，於是大駭舉世之視聽。散得米哥，島國也。與哈的國同居一島，而哈國占三分之一，散國占三分之二。其島廣袤約三萬英方里，西印度群島中第二大島也。自巴拿馬運河既開，由歐洲及美國東部至運河，實以此島爲要衝。故自今以後，其軍略上之價值頓增。此國自一八六五年離西班牙獨立，迄今僅四十年，而大小革命凡五十餘次，終日紛爭，迄無寧歲。以故租稅無所出，財政瀕於危，所積公債至三千五百萬美金。其債權國，則美、英、法、德、比、意、班也。而美最多，法次之。美政府藉口於門羅主義，謂恐歐洲各國之干涉也，乃猝起而自當干涉之任。以一月二十日與散政府結協約，握其財權，並整頓其內政。後元老院責政府之專擅，而大統領盧斯福謂爲西大陸平和計，不得不爾。元老卒亦許之，約遂成。

東洋海軍新根據地 八九月間,美國有經營海軍新根據地於奇士加島(Kiska)之說。該島在阿拉士加之南端。阿拉士加者,北太平洋一新開地,而美國聯邦政府之領土也。其事尚未發表,不知所經營如何。若其成,則美國在東方之兵力,又增倍蓰矣。

結論 號稱愛平和厭侵略之美國,近十年間,政略一變,立於正反對之地位。稍明時局者所能知矣。南美中美諸國,終必有歸其卵翼之一日,特需時耳。嗚呼!自今以往,非有廣土衆民之國,安足以立於天地!抑彼拉丁民族之國於新大陸者,無可以建設共和政治之資格,而妄希美名,日相喋血,其亦有以召之矣。

第六　朝鮮之亡國

嗚呼!吾觀於朝鮮,而歎亡國之易易也。二十年前大院君初執政時代之朝鮮何如?十年前中日將搆釁時代之朝鮮何如?兩年前日俄將搆釁時代之朝鮮何如?而今日之朝鮮何如?人人曰:朝鮮必亡!朝鮮必亡!而朝鮮竟亡也。朝鮮人亦或自虞度曰:如是則可以不亡,如彼或亦可以不亡。而朝鮮竟亡也。亡朝鮮者,始以中國人,繼以俄國人,終以日本人。雖然,非中、俄、日人能亡朝鮮,而朝鮮自亡也。春秋書梁亡,傳曰:魚爛而亡。朝鮮之謂也。吾語其歷史而不知涕之何從也。

　　(一) 前　記

當日俄搆釁前,有中日爭韓日俄爭韓之兩時代。其事實略記載於去年本報之《朝鮮亡國史略》(第五十三號至第五十四號),今不複述。述日俄交戰以後事。

日本在朝鮮爲軍事上之占領 初日俄將交戰時,兩國政府,日以文牒往復。而俄之駐韓公使,大運其機敏之外交手段,恫喝與誘餌並行。韓廷上下,畏而惑之。俄使氣燄薰天,炙手可熱。日人蜷伏,殆如冬蟄。而朝鮮政府,且向各國宣告交戰中局外中立,瞘然自以爲安。及前年二月十日(癸卯十二月廿四日),兩國宣戰詔勅下。而前一日日本陸軍第十二師團已入韓城,同日日本軍艦千代田、高千穗、淺間及水雷艦隊,擊沈俄艦於仁川。於是戰局開,而朝鮮之局面亦一變。二月十一日,俄使巴布羅福及在韓京之俄人與使館護衛兵,遂悄然就歸途。

日俄兩國關於國際法上之爭議 二月二十二日(甲辰正月七日),俄政府通牒於駐紮俄京之各國公使,詆日本爲蔑視破壞朝鮮之獨立。其文曰:

> 日、俄兩國間,自談判破裂以來,日本政府之態度,公然違犯文明諸國互相遵守之法律及習慣。其違犯之罪,我政府雖不能一一名狀,然其敢于韓國,加以暴戾之行爲,固各國之所最宜注意者也。夫韓國之獨立及保全,已爲各國所公認。其所以不可犯之原義,見于千八百九十五年之馬關條約,千九百二年之日英協約,及千九百二年三月十六日之俄法宣言。韓國皇帝,豫知日、俄兩國衝突之危險,于本年一月,以嚴守中立之宣言書,送之于各國。各國既樂受之,俄國亦承認之。而據我在韓公使之報告,英國政府,曾命其駐韓公使,以對于該宣言書之謝表,捧呈之于韓國皇帝云。然日本政府,藐視此等之事實,蔑視各條約及其義務,違背國際法之原則,敢爲如左之行爲。今歷證其確認爲十分精確之事實如左:
>
> 一、未戰之先,日本軍隊,于曾經宣言中立之韓國上陸。
>
> 二、日本艦隊,于二月八日,即宣戰前五日,碇泊于中立港之濟物浦(韓國境)。而其艦長以日本人之惡意,割斷我經由丹馬之海底電線,且破壞韓國政府交通之電線。因此之故,我軍艦二隻,竟陷于國交破裂,無由得知之境遇。而日艦對之,竟加以突然之襲擊。
>
> 三、日本政府,不遵現行之國際法,于將戰之前,將我在韓國之商船數隻,作爲戰利品以捕收之。
>
> 四、日本政府,命駐韓公使,對于韓國皇帝,宣言韓國自今,須置于日本行政下。若不從,則日本軍隊當占領皇城,以此意警告于韓國皇帝。
>
> 五、日本政府,託駐韓法國公使,致書于我國駐韓公使,促其率公使館員,退去韓國。
>
> 我國政府于前記各事,確認其有大違國際法之罪。自量對於日本政府之行動,有提出抗議于各國之義務,且確信重視國際法原則之各國,必與我政府表同情而無疑。又今後我政府以日本于韓國欲壟斷其不法之權力,以故韓國政府所出之命令及宣言,全數作爲無效。特爲豫告。

日本政府旋發回牒以辯明之。其文曰：

頃聞俄國政府致書于各國，責日本政府以違背國際法之行爲行之於韓國，且聲明將來韓國政府之命令及宣言，作爲無效云云。

帝國政府于此，對于俄國政府之意見及其聲明，本以爲無足顧慮。然任事實之誣妄，或恐中立國中，因此而致生誤解，以故對于此而辯其誣妄，固信其爲帝國政府之權利及其義務也。茲于俄國之公文，關于其所謂有十分之證佐且聲明其爲確實之事實之五點，爲辯明之如左：

一、日本軍隊，于宣戰之前，于韓國上陸，帝國政府亦認之。然而交戰之狀態既已成矣，且夫維持韓國之獨立及領土之保全，爲此次戰爭之一目的，因之派軍隊于爲俄國所侵迫之地方，固屬于我國必要之權利。況此事已得韓國政府明確之同意者乎，日本軍隊于韓國上陸，較之俄國于平和商議時，未經清國之同意，而派大軍于滿洲者大爲不同。孰曲孰直，必有能辨之者。

二、我國政府，于俄國公文之第二點，聲明其爲全然無根之虛言。我國政府並無遮斷俄國海底電線之事，亦無破壞韓國政府電信之事。若夫對于二月八日，我艦隊攻擊俄國在仁川之艦隊，而加之以非難，則當時交戰之狀態，既已成，且韓國已準日軍于仁川上陸故也。該港雖于日俄戰爭，無何等之關係，然一言以蔽之曰：已無中立港之性質而已矣。

三、我國政府，設立捕獲審判所，關于捕獲商船之合法與否，命以全權下最終之決定。以故關于俄國公文之第三點，今不能爲何等之說明。

四、我國政府于俄國公文第四點之所說，聲明其爲全然無根據之事實。

五、我國政府，斷言俄國公文第五點所說之不精確。我國政府，對于俄國公使，雖直接要求其退去之事亦無之。二月十日，駐韓法國署理公使來訪我國公使，以俄國公使欲退去韓國之意告，並尋我公使關于此事之意見。我公使以俄國公使，率其隨員及護衛兵平和撤退，當以日本軍隊極力保護之意答之。爾後關于此事，日、法兩公使，更有往復之書翰。于是俄國公使，遂以二月十一日，自行退出韓京。而仁川一帶，我國已以日兵護衛之。

兹尚有一事可以附記者:駐釜山之俄領事,至二月二十八日,尚未離其任地。該官之所以淹留如此之久者,因未接何等之訓令,出於不得已也。蓋俄公使于未行之先,應與該領事以訓令之事,想已忘卻。其後撤退之訓令,殆達于該領事,該領事亦有速離釜山之意。我國駐釜山之領事,于俄領事之起程也,與以一切之便宜。其後俄領事,遂由我領事之斡旋,經日本而赴上海。

日韓議定書 二月二十三日(正月八日),日本駐韓公使林權助,遂與韓國外務大臣訂結所謂日韓議定書者,實日本外交上一鳴驚人之手段也。其文如下:

第一條 日、韓兩帝國間,為保持永久不易之親交,確立東洋之和平,大韓帝國政府,確信大日本帝國政府,關于施政之改良,容納其忠告。

第二條 大日本帝國政府,於大韓帝國之皇室,以確實之親誼,使之安全及康甯。

第三條 大日本帝國政府,確實保證大韓帝國之獨立及領土之保全。

第四條 為第三國之侵害或內亂,大韓帝國皇室之安甯或領土之保全有危險時,大日本帝國政府,須速取臨機必要之措置。而大韓帝國政府,為使大日本政府易於從事,當與以十分之便宜。

大日本政府為達前項之目的,於軍略上必要之地點,得臨機收用之。

第五條 此後不經兩國政府互相承認,違背本協約主義之協約,不得與第三國訂立之。

就此議定書之內容言之:(一)韓國於施政上之改良,不可不容日本之忠告。(二)日本於韓國版圖內,得為軍事上及政治上臨機必要之措置。而韓國對於此,有與以十分便宜之義務。(三)凡將來與此議定書精神相背之條約,有不得與第三國締結之限制。質而言之,韓國因此議定書,拋棄其自治權之一部分,而以關於重要國務之干涉權,讓之於日本政府。故以事實論,韓國已自承認為日本之保護國。此議定書,即謂一種之保護條約可也。

此議定書草案,當初開戰時,已提出於韓政府。而韓廷大臣李容翊、玄尚健等,猶以局外中立説動韓皇,莫知所適。二月二十一日,開議政府會議,發言盈廷,終莫能決。二十二日,開御前會議決定之。二十三日,遂畫諾。

議定書畫諾後十餘日,韓人之愛國者,咸集矢於外部大臣李址鎔之一身。三月三日,遂有志士四五人,投爆彈於李氏之邸,李氏外出獲免。而人民間反抗之氣燄益大熾。翌日,其四五人者,見逮於日本警察之手。或曰:是實以嫌疑被累,非本人也。然反抗之氣燄亦遂衰。

伊藤博文之使韓　世人或謂日本有軍人而無外交家。雖然,日本外交家之手段,固非可侮也。吾於伊藤博文使韓之役益信之。日人深知韓人倚賴之根性最強也,又知韓國於宮廷以外無第二之勢力也,乃當全韓人心惶惑之時,忽派伊藤氏爲皇室聘問專使。伊藤者,日本人中之最有聞於鄰國者也。三月七日,忽受使韓之命。韓人聞之,以爲議定書第一條所謂施政之改良者,遂將迫我實行,惶恐無計。及伊藤抵韓,乃知其所銜者,非國家機關之天皇的使命,而自然人之天皇的使命也;非日、韓兩國家之交涉,而日、韓兩皇室之交際也。三月二十日伊藤謁韓皇於皇宮,惟致日皇敬問之語及其手書,而於内政外交上,不置一詞。韓人遂安,以爲日人果親我也。蓋日本深鑒於甲午之役,以急激之強迫改革,大損韓人之同情,故今兹大加持重,所謂將軍欲以巧勝人,盤馬彎弓故不發也。日本之外交,殆以失敗而進化矣。

俄韓國交之斷絶　四月三十日,日軍大破俄軍於鴨綠江,以次占領九連城、鳳皇城。旅順之交通絶,勝負之局漸定,其影響遂使韓廷倚賴日本之心益堅。五月十九日(四月初五日),韓廷遂發勅宣書,聲明俄、韓之國交從此斷絶。其文曰:

一、前此韓、俄兩國間所締結之條約及協定,一切罷廢,全然無效。

一、俄國臣民及其會社前此所訂之特許合同,至今期限未滿者,此後大韓政府,若認爲無妨害,則許其繼續享有權利。惟圖們江欝陵島森林伐植之合同,不特以其爲俄政府所自經營者而已,又且不遵原定章程,恣行侵占,故該特權自今罷廢,全然無效。

此等舉動,其出於日本政府之指揮,路人共見。自兹以往,韓國全脱離兩大之夾持,而入於一強之羈勒矣。

韓人排日之檄文　日本之外交,既已著著制勝,然韓人中猶有跛不忘履者。俄、韓國交斷絕後不久,而排日論復大倡。有草檄文徧布於十三道者,今譯錄其全文如下:

方今韓、日之交涉,東洋安危之樞機也。誠宜敦睦好誼,實心相孚,如輔車相依,魯、衛相親,然後東亞之勢益張,免俄人之吞噬。此非惟日本之所求,亦我韓之所願也。何幸日本皇帝,宏慮遠量,萬里暴師,不憚勞苦,直搗滿洲旅順之域,先摧貪暴之俄鋒,修好我韓;欲保全我疆土,鞏固我獨立權。此誠韓人所最感歎,謂東亞之安,實此役攸賴也。何圖任使之臣,不得其人,約書甫成,二三其德。與貪鄙賣國之奸黨相結,威脅我皇上,攘奪我國權。全國之利益,無不攫入掌握之中,政府大官黜陟之權,無不干預。苞苴公行,館庭成市。所愛者雖僉邪奸宄之輩,勸之而顯陞;所憎者雖公正善良之人,告之而遞改。沮遏我聖上維新之治。其兵民之入我境者,肆其暴行,比之俄人之貪殘,尚有過之,而恬然不知戢。所謂保全鞏固之約,果如是乎?率此不已,則將囊橐我三千里之疆土,魚肉我二千萬之生靈。雖使俄人肆志於東洋,其禍或尚不至若是之烈也。防盜入鄰家而代逐之,藉其功而盡奪其家產,則爲家主者,反不如失於盜之爲愈也。今之情勢,何以異是!我韓雖疲廢,二千萬之人口,同心齊憤,激發義氣,求生於方死之地,圖存於將亡之時,則何有我弱之足患而彼强之可畏乎!雖氣盡力屈,弱不敵强,不猶愈於束手而死縮頭而亡乎?彼日人貪暴之行,百不能舉其一二。今臚其大概於左,以通告十三省同胞之士。伏願諸君子毋偷目前一日之安,協力發憤,鞏固我宗社,安保我生靈,使有辭於天下萬國,千萬幸甚!

一、鐵道作弊

南大門外之停車場邊,有地八千餘坪,及停車場傍近三角形之地二千餘坪,皆爲都以建屋必要之地,不許他用。此我宮內府所明定者也。昨秋協定停車場區域之時,畫地六萬九千餘坪。當時日本株式會社,十分滿足,初無一言請加。乃今年陽四月,日公使移照外部,要求右二處地段一萬餘坪以附屬於停車場。不待認許,遂移植木栅,標石而勒行占領。我鐵道院嚴正拒絕。日使最後乃照會外部,自定此地段之價二萬四千元,謂已由株式會社劃付第一銀行,又開城人參案被害日人之恤費,亦在其中扣除。此豈非強橫之抑買乎?

昨秋署理鐵道院總裁崔夏榮與日使所訂之協定書第五項云:汲水鑿井之地一百坪以內,當歸會社收用,與鐵道院協議酌宜定之云云。而其後株式會社要求牛首峴爲鑿井之地,且加請二百坪。鐵道院回牒,謂牛首峴接近南廟,不許。更與商他處,日人不理。忽逕自牛首峴橫鑿山根,以通隧道。夫鑿井者,鑿平面而深之以得水儲水之謂也,豈有橫鑿山根之理乎?鐵道院嚴督詰責,置若罔聞,始終未嘗停役。警務廳派員禁止亦不聽。今已鑿通三道,合三四十間。爆藥日轟,南山響震。

永登浦停車場開設以來,日人欲廣占,鐵道院堅持不許。日人竟以自意占領之。夫日本國內鐵道極多,雖大都會之停車場,用地亦不過幾千坪。今在我國,則占地如是之廣,豈不可駭!

取線路傍邊之土田水田,其損害之價,由該工事人以時價賠給,此通例也。而左右支吾,不給嶺南之地。我鐵道院別派技師前往視察,始賠給若干,而不滿半價。其技師未到之地,則竟不給。稷山一郡水土田十九石十四斗落田一石八斗不給價,松楸七百株,浮石四千五百塊,柴場二百四十亦同。移葬費二百五十兩亦不給。日人之飲食債不酬而去者,四千八百五兩。有該郡守之報告可憑。他邑可推而知矣。已熟之牟麥方生之穀苗,不問主人而刈去之,天下有是理乎?

鐵道所用之砂石,該會社曾與官內省約,每一立方坪準價若干,而竟違約。千里之砂石一空,而一文未納於官內省。

今年以速成之故,到處役夫甚多。日人之役夫亦多,而皆無賴潑皮也。我役夫則恃其黨與,狐假虎威。日人則惟聽通譯之慫慂,不法行爲,無所不至。侵掠村里,劫奪婦女,打人傷命,作鬧官府。地方官或欲捕治,則日人袒護衆徒,挐之反受其辱。今此患害,殆甚於火賊。而官吏人民,皆畏其氣焰,不敢告訴於京院。其各郡民訴之可據者如下:

清州金致安之妻,歸寗夫家,爲鐵道什長金德順勒執以去,迫令同居。官往捕捉,則日人抗不許。此忠州觀察使之報告也。

據沃川民柳成烈告狀,言鐵道院役夫通譯人,藉日人之勢,闌入村間,無論貧富人家，所有米粟，盡數掠去。地方官無如何。

振威之役夫輩，因醉而與邑吏相詰於酒店。日人遂闖入官府，打破門窗，縛打吏屬。又振威屬役夫之什長，攘奪婦女於村間。又爲賊而荷杖入村，討索錢財，至四千餘金。有民訴可憑。亦日人袒護之故也。

右數件特其千百中之一二也。振威以南五六百里之地，殆成邱墟。清州懷德以下尤甚。費潤等之郡，則日人公行劫掠，攘奪婦女，而民不敢訴於地方官，亦無報告。冤憤漲天，慘無人理。日人恐釀民變，反駐一小兵隊於懷德以鎮壓之。此外尚有一事，爲往古所無之變。金山郡守李成海，人頗強硬，禁彼不法，袒恤我民，即日使照會我外部，謂防礙鐵道工事，應嚴行處罰者也。日人及役夫輩，積憾已深。郡守自太邱還官，至渠谷店，鐵道牌長洪明善橫行偃臥。官隸呵其無禮，洪即大怒，揮打官隸，招集日人及役夫，四面圍匝。役夫朴南老，打破轎子，曳出郡守，裂破衣冠。日人近藤精一、直田爲名等十餘人，以大棒亂打郡守，渾身重傷。官隸皆成肉泥。此見於邑報者也。

永同之役夫金水卜、許聖五，酗酒不給價，反毆店主。郡守千世顯捕治之。役夫輩亂入官庭，亂言悖說，氣勢危駭。日人十餘名，各持鐵杖，突入官庭，亂打官隸，二吏死焉。又犯郡守，拳打足踢，渾身被傷，腦破眼傷，血流如湧，昏仆不省。

其他如破蕪岐等之邑獄門，打官吏，碎官物，諸如此小變，連紙屢牘，不能盡書。

一、侵奪國權攫取利益

韓半島爲日本所有之說。

教唆我國之宰相，使發用銀行券。

內地未經通商之處，任意居住。將欲殖民於我土地，私買不法。

欎陵島之森林，任意採伐，闌入居留。反禁韓人之採伐，又擅課稅於韓人。

勒占濟州島之牧場魚基。

環海三面之漁業權。盡入彼手，我民失業。

勒占稷山金礦及昌原銅礦。

一、北進軍之作弊

　　西北各地方,日軍所到之處,軍糧馬草,擅自儲置於校宮及客舍,致位牌闕之不安。(案:殆震驚陵廟之意歟?)

　　占奪東軒,任意居住,恣行暴掠,攘奪雞豚牛馬米穀錢貨。人民逃散,閭里空虛。

右文據日人松宮春一郎所著"最近之韓國"譯載。其所以掊擊日人者,雖非能見其大,然所舉歷歷皆事實,日人所以蹂躪韓人,與韓人所以自相蹂躪者,皆略可見焉。蓋不待統監府之設,而韓之不國,蓋已久矣。其檄中署名者三十一人,蓋無一知名之士云。檄雖布,毫無影響。日人亦一笑置之。

長森案　長森案亦名韓國荒蕪地開墾問題,蓋日人長森藤吉氏,以私人之資格,欲壟斷朝鮮全國荒蕪地以從事開墾也。其契約之要點如下:

(一) 韓國內府所屬土地及官業民業土地未經開墾者,悉歸長森氏集資本從事開墾。

(二) 長森氏開墾以上之土地而改良之,以後種植牧畜漁獵等有利事業,悉歸長森氏全權辦理,且有完全使用之權。

(三) 開辦五年,不納租稅。五年以後,若所經營事業既有利,則與現在已開闢之土地,納同率之稅於朝鮮政府。(但遇天災地變水旱之類,收穫不足,則其租稅或減或免。)

(四) 本約由所經營各部分經已完成之後起算,凡五十年為滿期。滿期之後,商議再續。

此等契約吾無以評之,若欲強評者,則如漢武之語田蚡曰:君何不遂取武庫而已!而日本政府乃為之代表,將全案提出於韓廷。而韓廷怵於其勢,亦殆將應之。實陽曆月　日也。是為日本實行日韓議定書所得權利之第一著。

韓人之激昂及其運動　此案既提出於韓廷,舉國譁然。於是朴箕陽、李宗說等,首倡異議,聯合縉紳士夫抗疏爭之,以宗潢李乾夏首署。其疏略曰:

(前略)韓國地形,山多野少,環海三千里,山澤居三之二。凡此山澤,皆荒蕪地也。今乃一舉而割國土三分之二,予諸外人,天下可駭之事,孰有過此!(中略)且以日本人言之,二十年來,號稱扶我國家之獨立,證我領土之保全。今茲憤强俄之侵略，動全國之師團以争之，其以信義自暴於東洋，非一日也。今以義始而以利終，名實相悖，情僞互眩。臣等以爲此殆不過起於一二商民私利之見，在日本政府之老成謀國者，未必弁髦信義至於如是也。今若束手聽從，則割肉飼虎，肉有盡時，而虎無饜期。臣等誠不忍見祖宗之疆土日蹙，不忍與賣國之徒同立於陛下之本朝也。云云。

其言慷慨激昂，聲淚俱下，韓廷亦大有所感悟。而諸人者，又非徒抗疏而已，一面傳檄四方，激動全國公憤，一面倡立所謂農礦會社者以相抵制。以宫内省大臣朴陽圭、尚禮院卿金相焕、中樞院副議長李道宰等爲首領，號稱集資本一千萬元，分爲二十萬股，每股五十元，其股東惟朝鮮人乃得充之。其經營事業之第一著，即從事於荒蕪地之開墾。而全國荒地之先占權，皆歸該會社所獨有。此其手段，與吾湘人創礦務總公司以圖挽將失之礦權者，何其相類也。韓人以是爲抵禦外力之不二法門也，官紳倡之，政府贊之。雖然，以韓人之能力，與其資力，豈能組織此厖大之會社者？當其會社章程之發布也，日人譁然笑之曰：是滑稽之政策也，是俳優之擧動也。果也倡之月餘，所集資本不能及千分之一，不旋踵而解散。

然自是以往，排日之運動大起，漢城西門外鐘路天洞一帶日日集會，處處演說。以培万學堂、漢語學校兩處生徒爲中心點，於是有所謂保安會、獨立協會、興國協會、一心會等，所至號召會員，切齒裂眦，喘汗奔走。其他有散在全國之負裻商者，出没於平安、咸鏡兩道，或切電線，或毀鐵道，或以日本軍情諜洩於俄國。而種種擧動，實韓廷有力諸大臣陰主之。在日本各報，則目之曰亂暴之徒也，陰險之輩也。以旁觀公平之眼論之，使韓人並此區區之敵愾心而無之也，則禽畜之不如也。雖然，此區區之敵愾心，其終必無救於亡韓，又稍達時局者所能預斷也。

日人專制政治之發端　此長森案之交涉，韓廷一面拒絕，韓之人民，復一面運動反對。日本則一面使其公使威逼要求，一面使其駐紮軍隊，實行軍事警察，委其司令官原口氏以全權，使處置韓境內回復秩序之事。其手段如下：

（一）捕縛會黨首領　保安會長元世性等三名，又負裻商首領吉泳洙，内官姜錫鎬，先後被逮。

（二）禁止集會自由　以妨害治安名義，一切新立之會，皆被解散，不許人在韓京聚集演說。

（三）束縛出版自由　韓人所發行之《皇城新聞》《帝國新聞》，皆須呈日本警官檢閱後，乃得發行。

以脆蒲弱柳之韓人，當此嚴霜烈日之處置，不轉瞬間，而其指天畫地憨跳狂擲之氣象，全歇滅矣。嗚呼！無能力以盾其後，則客氣之不足恃也如此。嗚呼！

此案之結局　自長森案提出以來，韓國朝野上下皆激烈抵抗。而日本輿論，亦大不直其政府。不直之者，非謂其對韓手段，失於嚴厲也。一則長森氏之在本國，本非知名士，以此不足輕重之私人，畀以全韓土地之大權，謂其政府之輕重失當也。一則以對韓政策，大綱未立，諸事曾未一著手，而以此區區者害韓人之感情，謂其政府之先後失宜也。於是政府幾度商議，乃於實際上撤回長森案，於名義上改爲無期限之延期，而別提出所謂韓國內政改革案者，以爲此權利之代償。自茲以往，而朝鮮乃真爲日本人之朝鮮矣。

內政改革案　陽曆八月十二日，日本駐韓公使林權助，謁見韓皇，將改革案提出。未幾遂畫諾。今將原案全文譯出，次乃略評之。

（一）韓國因欲整理財政，特於度支部內設財政監督，聘日本人目賀田種太郎氏充之。

（二）因整理財政之故，日本許貸與欵項於韓國。其第一期貸欵三百萬圓。

（三）略。

（四）將韓國舊有之典圜局廢去，別爲白銅貨幣之處置，以確立幣制。

（五）結日韓幣制同盟，凡日本政府所鑄造之貨幣及鈔幣，在韓國一律通行。

（六）特設中央銀行，司理徵收租稅及其他公金各事務。

（七）略。

（八）因向來外交事務，辦理失宜，故特設外部顧問，永由日本政府推薦。而現薦美國人田尼遜氏充之。

（九）韓廷將所有一切外交事務，及保護海（外）韓人之事務，皆託諸日本政府。俟此約實施後，即將前此派出駐劄各國之公使領事，盡行召還。

（十）韓國召還各國公使之時，各國派來駐韓公使，亦同時撤退。惟留外國領事，駐紮境內。

（十一）因欲整理財政之故，將韓國軍備縮小，以節糜費。前此全國二萬之兵額，當減爲一千內外。除守備京城之外，各地方兵丁，一切撤退。

（十二）結日韓兵器同盟，整理現在之軍器。

（十三）整肅宮禁，除君側之惡，禁巫女卜祝。凡一切雜輩，不許出入宮廷。

（十四至二十三）略。

（二十四）除現定度支外交兩顧問官外，不復置總顧問官。前此所聘外國顧問皆黜免。

（二十五）略。

右二十五條，則日本政府提出於韓廷改革案之內容也。其後經屢次協議，雖稍有修改，然大體皆經許諾。至二十二日，先行發布三條，其文如下：

一、韓國政府，傭聘日本政府所推薦之日本人一名爲財務顧問。凡關於財務之事項，必諮而後行。

二、韓國政府，傭聘日本政府所推薦之外國人一名爲外部顧問。凡關於外交之要務，必諮而後行。

三、韓國政府，若欲與外國締結條約，及其他重要之外交案件，如對於外國人許與特權等事，一切須先與日本政府協議。

同日又別訂一約云：

前此各國公使謁見韓皇，例須經外部請於宮內省，待其指定時日，乃許召見。自今以往，因內政改革之故，韓皇之下問於日本公使者，與日使之忠告於韓皇者，皆當甚多，特廢此例。除捧呈國書仍循故事外，其餘不拘何時，得以任意入謁。

據此諸約，則韓國政府凡關於財政外交兩大政，悉不能自行其志，必諮於顧問。顧問所不許，無施行之權利，顧問所指定，有不得不施行之義務。自推薦顧問之約定，則韓之財政及外交，事實上已生出必須日本指導之結果。而況乎締結條約，必直接經日本政府協議，則所謂外交顧問者，亦不過在漢城辦理小節，而全韓外交之主動，實已移於東京之霞關矣。

顧問政治之進行　其後日人目賀田種太郎氏,受聘爲財務顧問,美人士的文氏,受聘爲外部顧問。未幾日人丸山重俊氏,復受聘爲警務顧問。十月十五日(九月七日),韓人與目賀田氏所訂之約云:

（一）目賀田種太郎,整理監查韓政府之財政。凡財政上諸般之設備,當誠實擔任審議起案之責。

（二）韓政府關於財政一切事務,須得目賀田種太郎之同意然後施行。

韓國議政府開會議,凡關涉財政事項,目賀田種太郎得參與會議,又得將其關於財政上之意見,經度支部大臣而提議于議政府。

議政府之決議及各部事務與財政有關係者,於上奏之前,須經目賀田種太郎之同意及加印。

（三）目賀田種太郎,關於財政事務,得請謁見及上奏。

（四）（五）略。

（六）本契約雖不豫定期限,但於各一方既生出必須解除本協約之情形時,互相協議後,經日本代表者之同意而解除之。

其明年二月三日(甲辰十二月廿九日),丸山重俊氏受聘爲警務顧問,其契約亦略相同。由本契約之形式觀之,雖爲一私人之目賀田種太郎與韓政府代表者所結民法上之契約,然該氏受聘之原因,實出於日韓兩政府代表者所結之日韓協約。以故執行本契約之權力而使之有效者,其在日本政府之手也,不待論矣。即謂本契約爲日韓協約第一條之別約可矣。自是以往,韓國之顧問政治乃確立。

軍政之施行　十月十二日(九月四日),日本陸軍大將長谷川氏,特派爲駐韓軍總司令官。未幾遂於占領地域施行軍政,其規定如下:

一、內外人所有既得之權利,不妨礙軍事行動者,盡力保護之。

二、於軍政地域內,凡欲興辦事業須使役多數人員如開礦伐森等業,須得軍司令部認可。

三、於軍政地域內,有妨軍事行動者(所舉例略之),依軍律處分。

四、外國人若非得大本營及陸軍大臣軍司令官之許可,不得出入逗留於開港場以外之軍政地域。

五、於軍政地域內執行條項如左：

第一　集會及新聞雜誌廣告等，認爲妨害治安者，解散之、停止之、禁止之。

第二　調查官有民有之諸物品可供軍需者，依於事宜，而禁止其使用、移動及輸出。

第三　不問何人，携有銃砲彈藥及其他危險之諸物品者，皆檢查之，依於事宜而沒收之。

第四　爲保軍政地域內之安寗，認爲必要時，不問何人，得遞解出境。

第五第六　略。

此規則其始本僅行於咸鏡道一帶，未幾遂擴張於京城及其附近，名爲治安警察法。長谷川司令官之告示云：

我軍爲保護軍事行動上之利益，於作戰軍之背後，因維持公安秩序之必要，曾於管區內布軍令而實施之。今也於京城及其附近之關於治安的警察，我軍代韓國警察擔任之，以期秩序愈加嚴肅。茲公布軍令，使一切人民相戒勿犯焉。（下略）

自是以往，舉韓國受治於軍政之下，若束溼焉。韓國民間有所謂一進會共進會等，蜂屯蟻聚，氣勢初若可畏。治安警察一布，戢戢而已。自是遂送殘臘以達於去歲之蚤春。

（此項未完）

（1906年1—2月、4月《新民叢報》第73、74、78號）

歐洲最近政局

（摩洛哥問題）

摩洛哥會議

　　歐洲久沈靜之國際政局，至今春益多事。

　　初，法人與英、班協商，得摩洛哥保護權。而德人忽起撓之，於是有開列國會議之事(其始末略見前號記載門)。

　　會場在西班牙屬之阿治布拉，開議期爲陽曆一月十六日。會議要案略如下：

　　　　一、財政改革之事。先改革稅關，革除官吏中飽。惟此事與法國銀行有關涉，因摩借法債，以稅關作抵也，故法銀行據稅關徵收權。

　　　　一、設立中央銀行事。其權限大略協定。惟摩王非借新公債，無從辦此。

　　　　一、改正出入口稅率。增加輸入稅，輕減輸出稅。

　　　　一、外國人。遵依馬特里舊約，照納租稅。（案：就此可見前此外國人不納稅也。）

　　　　一、不許兵器入口。不論土人歐洲人，一概嚴禁。歐洲諸國，亦各嚴禁私售私運。

　　　　一、界約。摩與法，摩與班，皆重新畫定界約。

　　　　一、全國皆設警察。以保內外人生命財產之安全。

　　今所爭議不決者，警察權問題也。摩洛哥秩序久紊，其政府無自行警察權之實力，列國所公認也。故法國以保護在摩之法人爲名，欲行警察權於其全國。而在此等野蠻國之警察，與在文明國之警察頗異，往往須大用武力。故警察與陸軍，殆有異名同實之觀。法人得此權，是仍不啻得摩洛哥保護權也。於是德人大抗之，主張以此權分委諸列國，不得以一國專焉。今爲此一點，爭論甚劇，兩國破裂之機，間不容髮。

德國之動因

德國何故悍然凌壓法國，若是之甚乎？據西報所論，其動因約有數端：

其一　自德、法戰後，故相俾士麥政策，常欲墜法於九淵，使不得復與列強齒，此盡人所同知也。及今帝即位，頗變此策，思與法接近以釋前嫌，顧法人不應之。其外部大臣狄爾加士，反與各國結種種密約，破壞德、奧、意同盟，且聯英、法之交，使德人陷於孤立。至是今帝始悟失計，復採俾公政略。故此事之發源，實在掃蕩狄爾加士之政策，危法國之地位也。

其二　德人當十九世紀之末，頗不以地中海問題爲意，惟利用之以爲操縱外交之一手段。故以條尼斯陷法國，欲以離法、意之交，卒利用此事件及羅馬問題，使意人投入三角同盟。迨一八九六年，意與阿比斯尼搆戰，英人旁觀焉；德人亦以三角同盟之範圍不及地中海，靳與援助。自是意始轉而與法親，假條尼斯問題以買其懽心，承認法國在條之主權。一八九九年，復承認法國在摩洛哥優越權。及一九〇四年，英國認之，未幾西班牙認之，於是法國在北非洲之政略，得意已極。此皆狄爾加士之成功也。惟狄氏藐德國太甚，若此間事不容彼有發言權者。德人銜之，亦固其所。

其三　德久思逞於法，惟俄、法同盟與德、奧、意同盟對峙，保均勢之局，德人有所憚，不敢發。及去年旅順之陷，奉天之敗，德人覷俄之疲敝，不復能爲法援也，故急起直追，欲乘此一大挫法鋒，是以及此。

其四　德國自十年以來，注全力於東亞，思根據膠州以侵略我。而其所倚爲狼狽者，則俄也。俄既大敗，日、英同盟新約成，眈眈逐逐之野心，忽生一阻力。於是其殖民政策，不得不轉其鋒於他方，失東隅而收桑榆，故一洩之於摩洛哥也。

其五　俄人敗後，俄之波蘭人，忽恢復勢力。其影響遂及於德、奧之波蘭人，咸思排德，奧國內之波蘭人，主張聯合英、法以抗德，而土耳其亦隨之。故德國更不可示威於一國，以回復權勢。

坐此諸因，故德人沖天驚人之手段，遂非得已。

列國之態度

此次會議，前此一八八〇年馬特里會議有關係之各國，除丹麥外，皆列席焉。德、法則衝突之主動力也。其餘各國態度，大略如下：

一、英國　法人在摩之保護權，本英國首認之，故英人苟有可以為法援者，無不盡力。此意中事也。雖然，其能否賭兵力以助法，是非所敢言。（去年十月七日法國巴黎《瑪丹新聞》忽有記事一段云："法國若受德國之攻擊，則英國即行艦隊動員令，占領奇羅運河，以十萬陸兵戌梭黎蘇彼阿斯坦地方。此英政府與法政府所訂口約也。若德人欲得正式的文書，則英亦加不辭云云。"《瑪丹》者，法國最有力之報也，其記事言論夙為重大於世界。德人見此，其報館直攻擊英國不遺餘力。而英報亦與之舌戰。倫敦《泰晤士》云："《瑪丹》所記，其為事實與否，屬於別問題；雖然，德國若以不法行為攻擊法國，則我英政府必能得國民之同情，以拯鄰國之難，無可疑也。"自此兩大報館有此等論，全歐震動，儼然若不可終日。既而英政府對於德政府聲明絕無此事，人心稍安。然兩國內情如何，究秘莫能明也。）

二、西班牙　近與法國甚親厚，且已認法之保護權，或當袒法。雖然，彼固夙懷野心於摩洛哥者，或亦乘鷸蚌以收漁人之利也。

三、意大利　其地位最困難，既先與法國有協約，而又與德為同盟，不知何袒而可。今者其外務大臣威那士達侯，為本會議長，素以老練之外交家聞，不識何以善其後也。

四、比利時　比以工商立國，法人既宣言開放摩洛哥門戶，則比當無間然。且法素助比得種種權利於中國，比人所深感也，故當袒法。

五、美國　摩洛哥與各國通商訂約，實由美國首導之。故苟能於商業上實行開放門戶、機會均等主義，則美人當無異議。至境上警察權等事，非所欲過問也。

六、俄羅斯　俄國新聞，皆言當以全力助法，同盟國固應如是。

七、摩洛哥　摩洛哥參列使臣莫黎氏，其手段亦有不可侮者。彼最初不為何等之提案，惟要求有參加會議之權利而已。開會之始，彼所宣言者有三：其一云，使臣無承認列國所議改革案之權利，有此權者惟國王耳。其二云，若會議案不侵及摩國領土主權者，使臣可奏報國王。其三云，列國中有一國獨施行改革案者，嚴拒絕之。蓋皆受德人之指嗾也。

結果及影響

此會議今方在紛紜轇轕中，兩強相持不下，其結果甚難言。要之法國數年來苦心經營之所得，一旦盡歸泡影，殆非所甘。且德之凌侮已甚，法人讓步復讓步，終不得當。其或出於一戰，亦意計中事。惟各國皆互有攻守同盟之約，牽一髮而全身爲動，戰固非易言。然則法人竟以屈辱終耶？誰能知之。

德之所以注全力於此問題者，其原因雖有數端，而最主要者，則彼之殖民政策，不能逞於東亞，乃轉而向於北非也。若法人而以屈辱終也，則彼不能逞於北非者，或又將轉而向於東亞，則雲南、廣西間，其多事矣。德之根據在山東，爲英、日同盟力所束縛，此數年內，殆無展驥足之餘地。法之根據在安南，其進取也在腹地。日本勢力，鞭長莫及，英國獨力，或未足以制之。且其所用者隱謀，以種種猾詐手段植根蒂焉，抑非武力所能遏也。嗚呼！銅山西崩，洛鐘東應，甯得曰對岸火災云爾？

（1906年2月《新民叢報》第74號）

國家原論（日本小野塚博士原著）

法學博士小野塚喜平次，日本第一流之政治學者也。新游學歐洲歸，任東京帝國大學政治學講座。其所著《政治學大綱》，根據現世最新最確之學說，而以極嚴整之論法演述之，實可稱斯學第一良著。此論即其書中之第二編也。

《政治學大綱》，留學界曾有譯本，余未之見。惟同人多云有不愜之處,故慫恿余別譯之。

原著文簡義賅,恐讀者或難領會,故量余學力所能及,時或加以解釋。又或鄙見所感,時亦加以引申。其解原文者加一(注)字,其引申鄙見者加一(案)字,惟皆以小字附一段之末,不攙雜原文。

所用術語不欲妄易其難解者,亦爲加注。

原著凡以三編組織而成,第一編緒論,第二編國家原論,第三編政策原論。今先譯此編。　　譯者識

第一章　國家之性質

第一節　關於國家之性質諸學說

國家者,宇宙現象之一也。宇宙現象,語其究極,不過淵源於人類之心界,無絕對客觀的者存(注一)。故欲語國家性質,而毫不參入主觀的分子,實學理上不可能之業也。雖然,疇昔學者,往往以國家爲超然於人類心理作用之外,成一獨立之現象。此種學說,今總名之曰客觀的國家說,其他則名之曰主觀的國家說(注二)。彼諸說固非截然各不相容,但就彼所認爲重要之點以區別之而已。故有一人而兼祖兩說者,亦無足怪。

(注一)宇宙現象,淵源於人類之心界,此原著緒論中所説明也。其大略曰:"人類之所謂宇宙,果能離人類之思想而爲絕對的存在乎?(與人類思想相緣而始存在,則謂之相對的存在。)此問題,實無論何人,而皆不敢武斷者也。夫宇宙者,人類所認之宇宙也。人類由知覺以得印象;蓄積所得印象,而聯想之,則概念生焉,以概念之結集,而見有所謂宇宙者存。故欲研究宇宙萬有之象,及溯其本原,則所研究者,實不過外界之與人類精神相緣者耳。而此外界別有其本體與否,則非人類之智識所能及也。"此其理甚精深奧妙,若欲闡發,則累萬言不能盡。此屬於哲學範圍,且勿具徵。若騾括其大意,則佛經所謂"三界唯心萬法唯識"盡之矣。蓋言宇宙一切事物,其真有真無不可知,不過我見之爲有故有耳;若無我,則一切現象或竟不可得見。是與我相緣也。相緣故不能爲絕對的存在,而祇能爲相對的存在也。國家亦宇宙現象之一,故國家亦不能爲絕對的存在也。

(注二)主觀的者,憑吾心之理想而研究也;客觀的者,就事物之本體而研究也。據前所言,則凡百現象,皆不能有絕對的本體者存,然則凡百學問,亦不能有絕對之客觀的研究,明矣。而人類社會之現象,比諸自然界之現象,愈加茫漠,故益不能純任客觀也。

第一款　客觀的國家說

其重要者四:曰事實說,曰狀態說,曰分子說,曰自然的有機體說。

第一　事實說

其言曰:國家者,現存之事實也。申言之,則國家者,非由心界而生,而實現於吾目前之一現象,雖欲疑而無所容疑者也。輓近學者,主持此說者頗多。雖然,不過斷言其爲事實而已,而不能言其爲何種類之事實,物理的乎,心理的乎,將心物合并的乎？含有物質的觀念乎,抑含有事態的觀念乎？此諸問題,不能剖答,故欲以此說明國家之性質,無有是處。

第二　狀態說

自然法派(注一)之論國家,多主狀態說,屢以種種之形式表示之。而其所表者,常不能獨立,而與他說相連。其言曰:國家者,狀態也,統治之狀態也。蓋自然法派,以國家爲國民的狀態,而與自然的狀態相對者也。(注二)康德亦取此說。其言曰:國民中各箇人相互關係之狀態,謂之國民的狀態。國民全體與其分子關係之狀態,謂之國家。(注三)

以國家爲統治關係說,亦狀態說之一變形也。

持狀態說者,究其極,則舉國家而分爲共存的斷續的無量數之統治關係也。(注四)於是乎國家之統一觀念,與國家之永續觀念,不可得表見。夫所謂統一此無量數關係之一物(注五),不過假吾人結集的思想而始生,非能離吾人而獨立,無待言也。而持狀態說者,棄置此結集所必要之點而不問,故其說不完,無有是處。

（注一）自然法派者,一派之學者,主張人類循自然之狀態而有自然之原理者也。此派當十七世紀之下半迄十八世紀之末,爲全盛時代。虎哥、霍布士、斯賓挪莎、洛克、盧梭,皆派中之鉅子也。

（注二）此派謂國家由人爲之力以構成,即所謂民約也。未相約以建國家之前,謂之自然的狀態,既相約建國家以後,謂之國民的狀態。

（注三）謂一國中么匿與么匿關係之狀態,爲國民的狀態;么匿與拓都關係之狀態,爲國家的狀態。

（注四）自然法派之論,謂衆人相約而成國家。其意即謂國家非爲積極的存在,而爲消極的存在也。因衆人合意而始有國家,故爲共同的;人相嬗代謝,則衆人之意亦相嬗代謝,故爲斷續的。並時而有多人,故橫數之而有無量數之統治機關,積年而有多人之代嬗,故豎數之而又有無量數之統治機關也。是使國家缺統一之觀念,且缺永續之觀念也。

(注五)此物即指國家。

第三　分子說

分子說者,舉構成國家各分子之一,而指爲國家者也。國家之分子,曰土地,曰人民,曰統治者。此三者皆屬顯而易見之象。論者認其一爲國家之最大要素,而遂至與國家之本質混視也。其別有三:

(甲)　土地說

歐洲中世,視領土爲君主世襲之財產,與古代希臘、羅馬之國家觀念,正相反對。希臘、羅馬,重人輕土,認人之團體爲國家。中世反之,認土地爲國家。國家觀念之重心點既變動,故由市府國家,變爲領土國家。(注一)謂土地之廣狹,與政權之消長,有大關係焉。此歷史所明示也。此說也,視土地過重,其誤謬甚易見。

(注一)至今西人猶稱公民爲 Citizen,市民之義也,蓋沿希臘之舊。希臘純爲市府政治,羅馬則不然。羅馬解紐以後,而歐洲又生出許多市府政治。

(乙)　人民說

以國家與構成國家之人類,視爲同一。其理若甚順而易明,故爲最古之一學說。自希臘人即以之爲根本觀念,下逮中世,和者尚多。降及近世,而有力之民權說,且以爲根據。彼主張"國家機關構成權"一派之學說(注一),謂國權之作用,本在人民,國家機關之權限分配,當由民出。是皆以人民說爲論證者也。

(注一)洛克、盧梭等不必論,即孟德斯鳩,亦屬此派也,故有三權鼎立之說。

此說之缺點,在以國民與無數之箇人混而爲一。夫國民者,指多數有統一的思想之人類也。故必能結合多數以成唯一之組織,始得受此稱。此組織何自而成? 必憑依一法理焉可以綰多數之意思而使歸於一者。故所謂國民意思者,非一之自然意思,乃表示多數自然意思於法理上之一法定意思也。而由多數之意思,遂能自然產出唯一之意思乎? 恐非心理上所許也。且使有少數之意思與多數之意思相矛盾,彼此對峙,則舍法理更何道以解釋之? (注一)故此說之蔽,亦由偏重國家之一分子而蔑其他也。

(注一)此段先論國家意思之不可不統一。然由何道以使之統一,決非能由自然而致,而必賴於法定也。持民權說者,謂多數之意思,即國家意思。然使多數而箇箇孤立,則是複體而非單體也。謬於統一之義，若謂合多數即成唯一，則由複體以產出單體，物理上容或有之，心理上則決不許也。且多數者，亦多云爾，非全數之謂也。世固未有全數之意思而悉同一者，苟有少數戾於多數，則彼少數之意思，不被排斥於國家意思以外乎？彼少數者非國家乎？非搆成國民之一分子乎？故此説無論如何，不能完滿也。此本段之大意也。

（丙） 統治者説(注一)

(注一)"統治者"者，統治國家之人也，如君主之類是也。曷爲不言君主説而言"統治者説"？統治者不專限於君主也。

有混統治者與政府與國家之三物而一之者，則"統治者説"其當之矣。以統治之人，有實見之軀殼而易於名狀也，故直指之爲具體的國家。坐此之故，而謂國家之所以現於實際者，惟在此統治者而已，而人民土地，皆其統治之目的物也。此説也，古今學者，多或祖之。而彼祖此説者，且自稱曰：以此論國家，而國家始現於實。故吾之説，現實的也。(注一)雖然，謂統治者即國家，而統治者不過一"自然人"耳，夫如是則國家之生命，必且斷續而不相屬。(注二)若欲辯護此説，則不可不別假一制度焉，使箇人之生命雖變絶，而國家之生命不隨而變絶。質言之，則必設抽象的統治者以繼承一定之地位而視之爲唯一之統治者然後可。(注三)此而曰現實，則與彼之民權説所謂多數之意思即唯一之意思者，何以異也？(注四)

(注一)此説在上古中古，最占勢力，固不待言。即十九世紀之下半紀，亦尚有倡之者。如德人哈爾黎、沙狄爾託、河侖等，皆著名法家而祖此説者也。

(注二)自然人者，法家所用語，對於法人而言也。法人者，法律上所認爲人格；而自然人，則尋常一般之人類也。國家本屬於法人之種類，統治者之箇人，則屬於自然人之種類。法人可以歷百千年而不死，自然人則爲生理上所限制，無長生久視之理。若謂統治者之箇人即國家，然則統治者死亡之時，國家之生命，豈不隨之而俱絶乎？是不通之論也。

(注三)具體與抽象，爲相對用語。具體者，英文之 Concrete 也；抽象者，英文之 Abstract 也。其義如其文。具體者，本體具足也；抽象者，抽出其現象而與本體相離者也。以我國家名者流通用之語示其例，如堅白石三字，"石"，具體的也，實指一物也；"堅""白"，抽象的也，指一物之屬性，而可離其物以立言也。如本文所謂具體的統治者，則實指此統治之人也；抽象的統治者，則謂此人有統治之屬性，今抽出此屬性以立言也。前者所重在"者"字，後者所重在"統治"字，二者顯然有別。

(注四)如前所難，則持"統治者説"之根據既破，苟欲回護之，不可不變其説，曰所謂"統治者"，非具體的而抽象的也。然具體與抽象，既已異物。然則有一物於此，吾曰：此物白石也。及爲人所難而不勝，則曰：以其白故，故謂之白石。可乎？夫白與白石，固顯然爲二物焉矣。夫統治與統治者，亦顯然爲二物焉矣。

故統治者説，用之於抽象的以説明國家之實質，則無大效，而反使法理上之抽象的統治者，與事實上之具體的統治者，易生混淆。使世界而僅有專制君主國，則此説尚或可存。若以語於近世國家之現象，則去之遠矣。且就令在專制君主國，亦止能謂立法行政之最高機關，在君主耳。謂君主與國家同一物，固論理學上所不能許也。夫統治本爲國家一要素，論國家則不能忽視統治者，此何待言。而直以之爲國家，則無有是處。

今請括分子説之三種而總評之：夫既欲以學理明國家之性質，則不可不舉普通國家公共之性質以立言。若僅取特別之國家，舉其偶有之現象，而推論於一般國家，是大不可也。土地也，人民也，統治者也，此三者，其在國家如鼎之足，不能缺一。僅用其一而欲以組織國家，此大過也。而持分子説者，皆誤認一部以爲全部者也。夫言語所以表示事物。社會愈進化，則事物愈複雜，而言語亦愈增多，非得已也。今者各文明國，所謂"國家"之一語，與彼"統治者""國民""國土"諸語，咸獨立而並行。乃無端而欲相即之（注一），其毋乃自樂於退化也歟？

（注一）謂國民即國家，國家即國民，乃至謂國土即國家，統治者即國家，皆所謂相即也。

第四　自然的有機體説

以國家爲有機體，古今學者多贊之。然其説亦各有異同。今大別之爲二：一曰自然的有機體説，二曰心理的有機體説。自然的有機體説，謂國家爲自然科學中有機體之一種，其與搆成國家之箇人，各自獨立，而被支配於自然法則之一物體也。亦有雖認國家爲有心理的性質，然總謂國家之形相，純與自然的有機體相同，國家實人類中之至大者也。此種學説，皆屬於自然有機體説之一派也。其蔽也，視兩者類似之點過重，乃至有以研究尋常有機物之結果，直推而比附之於國家，以生出種種奇論者。今不暇一一舉駁之。

第二款　主觀的國家説

主觀的國家説，亦非純不任客觀的研究也。雖然，其於國家現象與自然現象之差別，深留意焉，而以國家歸於人類之心理作用者也。其有力之説凡三：曰心理的有機體説，曰團體説，曰人格説。

第一　心理的有機體説

此說比諸自然的有機體說，稍重主觀，其所論不至如彼之走於極端。此派中雖亦持說各有異同，要之以國家與自然界生物，稍異其性質，故往往於有機體之上冠以心理的、道德的、合同的、高等的、不完全的等語。其言曰：疇昔學者，以國家爲箇人之集合體，由箇人之性質以說國家，誤也。國家實自始即爲統一的之物，當由國家以解釋箇人。又曰：國家非如器械然，可以由人任意製作之變更之者也。其所以以國家列入有機體之論據，諸家亦微有異同。如云物質的元素與精神的元素相結合也，全體之分科也，各部之獨立及協同也，先自內部發育然後成長以達於外部也。若此者，皆舉國家與其他有機體，一一比較之，又其細胞組織機關等，一皆據解剖學上、生理學上、生物學上、心理學上種種公式，以相對照。此其論據之要點也。(注一)其論頗有理趣，近世學者，大率皆贊同焉。雖然，此說也，亦有未敢盡附和者。次節更詳辨之。

(注一)國家有機體說，發源甚古。若希臘古哲柏拉圖，以人身喻國家，是也。雖然，其說不光大。自法國大革命以後，自然法派之民約說，大失價值，其反動力遂產出有機體說。十九世紀初元，西埃靈、華格拿輩，已倡之。其後黎阿福郎治等，更謂國家純然與自然界諸有機體同物，即本文所稱自然的有機體說是也。及伯倫知理興，始冠以精神的有機體、道德的有機體諸形容詞，以與自然的有機體示區別，即本文所稱心理的有機體說是也。此派實以伯氏爲鉅子。今因原文簡略，恐讀者未晰，故撮述伯氏學說一斑，以供參考。

伯氏曰：十八世紀以來之學者，以國民爲社會，以國家爲積人而成，如集阿屯以成物體。似矣，而未得其真也。夫徒抹五彩，不得謂之圖畫；徒堆瓦石，不得謂之宮室；徒集脈絡與血輪，不得謂之人類。惟國亦然。國也者，非徒聚人民之謂也，亦有其意志焉，亦有其行爲焉，故曰有機體。試即國家與尋常有機物相類之點而比較之：(一)精神與形體相聯合；(二)全體支官，各有其固有之性質及其生活職掌(指政府各機關及議會)；(三)聯結肢官以構成一全體(指憲法)；(四)先自內部發育然後長成以達於外部(指國家之沿革)。此其大概也。其他尚有種種新奇之論，如以國家代表男性，以教會代表女性，又列舉人體十六種機關，以與國家之機關對照。今摘舉其二三：

Männlicher Geist(精神) = Regiment(政府)

Verstand(理會力) = Rath(議會)

Gedächtniss+Gerüdi(紀念+名聲) = Inneres+Äuβeres(内治+外交)

Sprache(言語) = Herrscher(統治者)

伯氏學說，其大體段固極有價值；然如此類，未免好行小慧，失諸穿鑿。故小野塚氏不取之也。

第二　團體說

團體說，謂國家者人類之繼續的結合，即所謂共同團體也。此說實自遠古傳來，不得謂之新說。惟古代所研究者，注意於團體之目的，而團體本身之性質構造,莫或省焉。中世之團體説與近世之自然法説,雖皆指國家爲社會的團體,但其論據偏於法理的,而於歷史的、社會的不甚厝心。輓近學者,於國家本體之外,更以歷史的社會的爲左證,於是團體説乃大光。

其在最近代,助長團體説之發達者,則志爾奇氏也。志氏之意見,雖非盡無可議;若其研究組合現象,學識邃遠,能證明國家存立於法律以外之理,真可謂有價值之言已。據其説,則國家者,以強固的組織與永續的目的所結合之團體,而與箇人有區別之一體也。而其體之所以成立、所以繼續,實多數之箇人爲之。(注一)

(注一)志爾奇氏(Otto Gierke),現今德國柏林大學總長,世界第一流之法學家也。著有《人類團體本質論》(*Das Wesen der menschlichen Verbande*),以極高尚之哲理,極精密之論理,解釋人類團體所以成立之由。他日更當介紹其梗概於我學界。

此説也,於國家與箇人之關係,國家機關與國家全部及一部之關係,與夫國家之永續性等,皆能一一説明之;於國家自然的發生變遷,與人爲的助長改造,皆可以解釋之而不相矛盾。故以團體觀念爲國家觀念之第一義,誠哉其然矣。雖然,團體云者,謂多數人類以共同結合力所集之一體也。如此則"社會"一語,已足表明此意義而有餘,而言社會則國與群之關係益易見,且研究社會所得之結果,直可利用之以説明國家觀念。故與其謂之團體,毋寗謂之社會。至其屬於何等之社會乎,則次節更畢其詞。

第三　人格説

人格者,謂法律上之人格,即法人之義也。(注一)公法學者,往往主此説,認國家爲有法律上之人格,在私法上爲權利之主體,在公法上爲統治之主體。此説所以異於"統治者説"者,彼直以統治之箇人爲國家,此則謂國家爲主觀的人格。而國家與箇人之統治者,未可併爲一談也。(注二)此説就法理論一方面,其價值若何,且勿具論。今惟以政治學之資格論其當否。

(注一)人格者,有人類之資格也。復分兩種:一曰自然人,即生理上之人格也;二曰法人,即法律上之人格也。

(注二)統治者,一自然人也,純乎客觀者也。國家爲法人,則必附益以主觀的分子,乃能搆成之。

夫字國家以法人,謂國家有法律上主體之人格云爾。據法家言,則一切人格,皆由法律所認定,(注一)不問其爲自然人與否,皆以人視之。法人云者,便於與自然人示區別而已,非以其爲法人之故,遂能舉自然人所實含有之性質而悉有之也。(注二)故無論自然人,無論國家,其以何因緣而稱爲人格,此法學所證明也。然法學所證明之範圍,止於此而已,其他固非所問。故無論自然人,無論國家,皆當於法學以外,更爲種種科學上之研究。(注三)法人之觀念,非絕對的,而關係的也。(注四)直推之以釋政治學上之國家,安見其可?

(注一)人格緣法律而始生,法律以前無人格。人格者,法律之所創造也。法人之人格有然,自然人之人格亦有然。法律以前之人類,可謂爲事實上之人,而不可謂爲人格也。

(注二)法人與自然人相異之點甚多。如就其發生之原論之,自然人當未有法律以前,既已成爲事實上之人,即客觀的單位之一實質也;法人則當未有法律以前,毫不見其存在也。就其內容性質論之,自然人生理上所有種種之機能,法人非全有之。自然人爲生理所限,壽命一定;法人則可以不老不死。凡此之類,不可枚舉。

(注三)故兩者之同爲人格,可以法學證明之;至其爲若何之人格,則法學所不過問也。如欲知自然人爲若何之人格,則不可不別求諸生理學及心理學,明其體幹之組織,機能之作用,然後所謂自然人者,具有何等之性質,可得而見也。所謂法學以外,更爲種種之研究也。若僅曰:此人有人格也。謂之知法則可,謂之知人則未也。今方欲討論國家之性質,而答以國家者人格也,是得爲知國家矣乎?

(注四)自然人之觀念,可謂之絕對的觀念,蓋劃然爲一客觀的具體,不必與他體相緣也。法人之觀念,則自法理上説明而始可得見,明藉法理之關係,故非絕對的也。

故使人格説而能於法理論以外更得論證,吾固樂贊之。何也?凡解釋複雜之現象,苟能以簡單之定義説明之,最可貴也。其奈法律以外,更無可以證明國家爲人格之事實。不甯惟是,此説與有機體説等,其論國家也,皆提挈統一之本體過重,而視組織之之分子(即箇人)過輕,其不免於流弊也明矣。況如伯倫知理所倡之人格説,非舉一切國家而可適用之,時又或國家以外之團體亦適用焉。故欲以此説明國家之性質,無有是處。

第二節 關於國家性質之研究

本節欲明示國家性質,進而求得國家之定義。有先當研究者三事:一曰國家與實在,二曰國家與有機體,三曰國家與社會。

研究伊始,先置一言,曰國家性質之觀念是也。凡觀念祇能有一,不能有二。(注一)國家之觀念亦然。通諸國所表於實際諸現象中,求得其公共之原素,而舉其特別獨有之點,與其他自然的現象、社會的現象相異者,建設一觀念,此即國家性質之觀念也。(注二)申言之,則合過去現在所有之國家,有緣吾心理的作用而浮出於吾腦際之一影象,名之曰國家觀念。(注三)此觀念若有二,則除去其一,誤謬即生。(注四)疇昔學者之研究社會的諸學科也(注五),每貴理想而賤事實。於是乎國家觀念乃有二:其一則理想的、抽象的觀念,其他則實際的、具體的觀念也。雖近今鉅子,猶或不免此蔽,良可慨歟。吾非謂理想的國家性質之不可以研究也。雖然,理想者,各人之希望也。以希望條件,加入國家實在性質之中,甯有當邪?(注六)

(注一)觀念者,英文之 Idea,德文之 Idee 也。如是如是,斯謂之人,所謂觀念也。不能曰如此謂之人如彼亦謂之人,故曰只能有一不能有二,二則非觀念矣。

(注二)對於一事物,而欲得正確之觀念,其道何由?則(一)當通觀其同種同類之事物,求得其共有性,而(二)其所舉共有性,又必為他種類事物所無,而此種類事物所特有者。如云"人也者,有理性之動物也",斯可謂極正確之觀念也。何也?凡屬人類,無不有理性。故有理性云者,可謂人類之共有性也。人類以外,更無他種有理性之動物。故有理性云者,又可謂人類之特有性也。(人類以外,如上帝也,鬼神也,其有理性與否,是非吾人知識所能及,可勿論。即使彼有理性,而亦不足以破此觀念。何也?彼既非動物也,故謂"人者,有理性者也",或不正確;謂"人者,有理性之動物也",則極正確矣。)若云"人也者,性善者也",則不正確。何也?以吾所經驗,人類中明有性不善者,則"善"不足為共有性也。(言性惡亦然。)又若云"人也者,能群之動物也",則亦不正確。何也?以吾所經驗,即蜂即蟻,亦皆能群,匪直人耳,則"群"不足為特有性也。欲求正確觀念,必以此兩者為標準。故國家觀念,(一)必須為諸國所同具者;(二)須為其他自然的現象(如普通之有機體)及社會的現象(如箇人及非國家的團體)所無,而國家所特有者。然則求得之,豈易易耶?

(注三)觀念者,實際所經驗之事物既去之後,逾時復遇同一之經驗,與前所經驗者相結合,而留一影象於吾心目中者也。故非根於過去現在,則觀念不成立。

(注四)觀念必須一。若有多數之觀念,苟其不相矛盾而有系屬者,固可結合而為一,則仍一而非二也。如"人者,有理性之動物也","有理性"一觀念,"動物"一觀念,然此兩觀念不相矛盾而有系屬,故能合成一新觀念。如云"中國人者,亞洲中有理性之動物也",可也,蓋合三觀念成一觀念也。又云"孔子者,古代亞洲中有理性之動物也",可也,蓋合四觀念成一觀念也。若云"人有性善,有性不善",則不可,兩觀念矛盾,不能合為一也。就性善一觀念按之,則彼性惡者,人歟非人歟不能斷。就性惡一觀念按之亦然。故曰除去其一誤謬即生也。又若云"人也者,能言且能群之動物也",亦不可,兩觀念不相系屬(言不屬於群之系,群不屬於言之系),不能合為一也。有能言不能群之動物於此,可謂之人矣乎,不能斷。能群不能言之動物亦然。故曰除去其一誤謬即生也。

（注五）社會的諸學科，對自然界的諸學科而言。自然界的諸學科，如物理學、生理學、人類學等皆是；社會的諸學科，如生計學、倫理學、法學、政治學等皆是。

（注六）如盧梭民約說，後儒以其繆於歷史上事實難之。康德爲之辨曰：事實上雖無此種性質之國家，理想上應有此種之國家也。似此者無論其理想若何高尚，總不能以加入國家觀念之中，以其僅屬於希望的也。如云攝生之道日進，人壽可至數百，此其希望之能與否且勿論，要之不能立一觀念曰，人也者數百歲之動物也，或曰數百歲之有理性動物也。

第一款　國家與實在

或曰：國家者，與自然學之目的物（注一）等，爲獨立之一體而實在者也。或曰：不然，國家者，由思想構成，學問上假定之物也。此兩說絕不能相容，而語國家者最初所起之問題也。欲釋此問題，當先明"實在"之界說，次乃及國家與"實在"之關係。

（注一）自然學者謂自然界諸學科即研究自然界現象之各種科學也。目的物者，凡研究學問，必以一事物爲目的而研究之，如生物學以植物動物爲目的物，人類學以人身爲目的物也。凡自然學之目的物，皆實有其體者。

第一　實在

實在與想像對，其事物非徒虛懸焉麗吾腦際而若或有之云爾。以吾之心理作用，見其立於吾以外，比較的成一客觀的獨立相，而於時間空間占位置焉，若是者謂之實在。

獨體物之實在，夫人能知之。集體物之實在，則其根據有可言焉。集體物者，以常識所謂獨體物（注一）爲么匿，而集之以成拓都者也。凡集體，無論爲物質、爲現象（注二），其所以集而成體也，必有一理由焉，能概括其諸么匿而約之於一者，所謂統一之基礎也。此基礎有二：一曰結合原因上之統一，其各么匿以同一原因之作用相結合者是也；二曰共同目的上之統一，其么匿之多數，以若干之共同目的（注三）相結合者是也。故僅以外形上共存接續之有無，斷獨立實在之有無，非正鵠也。國家者，集體現象也。而結合原因上之統一，於國家實在論最有關係焉。今縷言之。

（注一）以科學的智識嚴格論之，其在化學方面，則可稱獨體者，惟原素 Elements 耳。除原素外，皆合二以上而成之集體也。其在物理學方面，則可稱獨體者，惟原子 Atom 耳。除原子外，皆合多數而成之集體也。然則雖謂自然學之目的物，無一非集體物焉可也。若尋常所稱，則一樹也,一馬也,一人也,一地球也,乃至人工所製造之一物也,皆謂之獨體。此言常識者,就通稱以別於科學的也。

（注二）集體不必專屬物質,現象亦有之。物質,有形的集體也;現象,無形的集體也。雖無形不得謂之非實在。前文所謂比較的成一客觀的獨立相,謂現象也。

（注三）此目的不必匼之全體而皆同也,多數而已。么匼之多數,又非必一切之目的而皆同也,若干而已。

試舉自然界之實例以明之。彼一切無機物,緣物理的、化學的諸力而生結合,即所謂結合原因上之統一也。若夫動植等有機物,其結合原因,果僅在物理的、化學的範圍內,如今者科學家所考徵乎,抑更有一種特別之生活力,爲我輩所未能考徵或終不可得考徵者乎？是未可知。要之其本身必有一原因焉,爲各么匼結合之媒介,然後其拓都乃能爲獨立之實在相,無可疑也。集體之么匼,雖恒相接相屬,然此非其所以能獨立而成實在相也。固有積若干么匼,相接相屬,而不能指其拓都爲獨立實在相者。如雜累土石,雖至成陵,不爲集體。彼其所以能不潰散者,其原因不在土石自身,乃地球之吸力運於其外耳。反是,如彼天體,各么匼之相距離,不可以道理計,而不害爲一集體,成獨立之實在相焉,則天體自身有原因存也。

普通觀念,大抵認其拓都體爲一獨立實在相者,同時亦並認其么匼體爲一獨立實在相,似未精確。蓋兩者恒以其一爲主,其他則或爲其分子而屬於其下,或爲其集團而踞於其上,僅爲相關係的實在相而已。（注一）雖然,此觀念不足精確之程度稍不足耳,未可云全誤也。認拓都么匼各爲獨立實在相,其在思想上雖同時不得兩立,然非謂實在相絕對的限於其一,不能以命其他也。同一物也,以所觀察方面之差別,而甲見爲多數獨立實在相之一集團,乙見爲一獨立實在相之多數分子者,有焉矣。而甲乙所見,非不相容,兩者皆持之有故,且皆言之成理也。（注二）徒以種種原因（原注云:例如物質的密接）,故驟觀焉,或僅見其拓都,或僅見其么匼,而直覺的認爲獨立實相;至其他之實相,則再思熟察焉而始見之耳。（注三）

（注一）拓都與么匼,爲關係的存立,而恒以其一爲主,以其他爲從。如一軍隊容多數兵士,軍隊之拓都體,主也;而兵士之么匼體,不過爲其分子而從焉。如多數商店結一公所（如糖業公所錢業公所茶絲業公所等）,商店之么匼體,主也;而公所之拓都體,不過爲其集團而從焉。又如一房屋容多數瓦椽,多數房屋成一閭巷。房屋對於瓦椽,拓都體也,而主也,瓦椽從而已矣;其對於閭巷,么匼體也,而亦主也,閭巷從而已矣。

(注二)主從非不可互相易。如美國四十五省,省各有政府,復有一聯邦政府。其各省政府,么匿體也;其聯邦政府,拓都體也。謂各省政府爲主,而聯邦政府不過其集團,可也;謂聯邦政府爲主,而各省政府不過其分子,亦可也。特視各人所觀察何如耳。兩者皆可通,且兩者皆正確也。

(注三)此等關係的實相,最易認其一而遺其他。如乍覩一樹,吾只見其拓都體,認爲唯一之實相,而不知其非有多種原素之么匿體,則此樹決不能滋長,而彼原素,亦實相也。又如乍覩一軍艦,吾只見其么匿體,認爲唯一之實相,而不知非有艦隊之拓都體,則此艦決不能立功。而彼艦隊,亦實相也。"直覺的"者,英文之 Intuitive,謂眼耳鼻舌身所受之現象,直接而感覺之者也。

第二　國家現象之分析

欲知國家之性質,不可不先取國家現象中之客觀的事實爲盡人所同認者而論之,即其所發表於人類間一定之活動是也。申言之,則人類以相互意思之關係所發活動(注一),有一定之形式以相並相續者是也。領土者,人類活動之場也。苟將"國家的人類"(注二)之觀念除去,則所餘者惟地球上一部分之土地耳,無復領土。故國家之爲物,離人類而不能構成者也。國家中可以直覺之物體惟二:曰領土,曰人類。其不可以直覺者一焉,則人類之作用是已。此作用,非物理的,而心理的也。夫此作用固未嘗不由物理的原因而生,此作用亦未嘗不產物理的結果。雖然,所謂國家的現象之人類作用,非直接爲物理的而常爲心理的,至易明也。然則國家之最大要素,亦曰人類之心理的集合現象而已。故謂國家爲立於人類以外之一種自然的現象者,其於根本觀念,已剌謬矣。(注三)國家既爲多數人類之現象,則其現象亦自多數。顧何以能約此多數現象使歸於一以稱國家? 又必有其統一之基礎存。則結合原因上之統一,與共同目的上之統一,必居其一,或兼有其二也。

(注一)活動者,譯英文之 Activity,名詞也,即指其活動相也。此活動相不專指行爲,乃兼行爲與意思言之。意思則所謂動機也。

(注二)國家的人類,謂人類之已構成國家者也,即國民之意。

(注三)此指有機體說也。

第三　決論

國家各分子,恒有共同目的以相持續,即以此證國家爲獨立實在相,亦未始不可。雖然,國家目的安在,言人人殊。此種論辨,與國家實在論無關,今暫置之,惟論國家有結合原因上統一之理。

國家現象，以人類爲主動。人類者，自然科學上所明認爲實在者也。惟人與人之間，未嘗爲物質的密接，故就此點論之，與其謂人類爲國家之分子，毋寧謂國家爲人類之集團。雖然，集體之能否爲實在相，不以其分子之密接與否爲斷，而以其結合力存於各分子本身與否爲斷。故苟能確指國家所以成立之故，有一定之原因，存於人類，則國家能獨立而成實相之要素，於是乎具。夫所以能集人成國者有一最大原因焉，則人類之共同性是也。論此性之起原者，其説雖不一，然凡能建國之人類，莫不有此。此不惟古今學者所公認，即徵諸現在事實，其左證固無量已。即間有少數人，偶於一時一地，演出反對之現象，此不過有特別原因起焉，適與此普通性質爲反對之方向，偶障其本性使不發現耳。不得遂以此證共同性之不存也。(注一)若是乎，以此一端，而國家之爲一獨立實在相，已無所容難矣。既認國家爲獨立實在相，則其搆成之之箇人，勢不得不認爲分子。(原注云：拓都與么匿之獨立實在相，同時不得兩立。)雖然，就箇人方面觀察之，則謂國家不過人類之集團，別無客觀的獨立，亦未始不可。此兩種觀察法，自古迄今，恒對峙不相下。豈惟古今，吾恐更盡來劫，亦終不獲一致也。(原注云：觀察之所以差別，則學者思想之方向，與研究之起點，各有差別，是其原因也。此原因，則雖未來永劫，終不能免。)

(注一)國民共同性，最難磨滅，亦如箇人之特性焉。性素怯者，遇急難時，爲自衛計，或生奇勇，移時而怯性復見矣；性素忍者，聞仁人言，或發慈悲，移時而忍性復現矣。皆所謂有特別原因爲反對之方向者也。如法國民之共同性，不善自治。雖大革命起，若與其本性絶相反，不旋踵而帝制興焉。即繼以數次革命，然至今爲中央集權制如故也。此最足以證共同性者也。故以政治家自命者，不可不深察此性。

吾謂此兩種觀察，各有真理，而皆不免走於極端。吾命其名，一曰國家主義，亦稱國家本位説；一曰箇人主義，又稱箇人本位説。(案)要之任主一説，而於國家之有獨立實在相，不足爲病也。至於此實相，與自然學目的物所謂集體之實相，爲同爲異，此未能斷定，抑亦政治學範圍中終不可得斷定者也。蓋彼則物質的實相也，而此則心理的實相也。物質的實相與心理的實相爲同爲異，則非人智之所能及也。

(案)著者尚有調和此兩主義之説，見次編。

第二款　國家與有機體

國家一有機體，此近世論國家者最盛行之一説也。大抵以有機體爲前提，以生出種種決論。但或其決論雖正當，而前提與決論之連鎖，每不適於論理；又或連鎖與決論，咸無間然，而前提非由直覺，須委曲加以論證。夫論理學公例，苟前提非有完全根據，則論礎必至動搖。此不可不審也。欲斷國家爲有機體與否，則有機體之觀念，先不可不分明。世固有驟視焉若夫婦之愚可以與知，細按焉雖聖人亦有所不能盡者。如有機體之觀念，亦其一也。有機體之特徵，在生活。曷爲能生活？曰有生活力。何謂生活力？則不可思議也。蓋生活之本質，今未有能言之者，且恐終無有能言之者，則亦僅據其盎晬於外者，爲區別之鵠云爾。吾今所欲研究者，國家性質與有機體之異同耳。且無暇縷述自然學上之有機體論以增支蔓，惟遵捷徑以達本文。

生活分爲二，一潛伏生活，二發現生活。二者復各分爲二，一植物生活，二動物生活。自然發達之現象，凡生物中所共有性也。分科的組織，分業的協同(注一)，則生物中大多數(原注云：除最下等生物)所共有性也。若智覺，若意思，則惟高等動物始見之。持國家爲有機體之說者，以國家與高等動物，類似者多，乃直認爲有機體之一種，其意蓋以示別於器械的集合云爾。歐美人稱有機體一語，原與器械之觀念相對待。夫以自然界諸學之進步，他日或竟能發明有機之爲物亦不過一種複雜的器械組織焉，是未可知。然在今日，則器械云者，謂由人製作以供人利用之物也。若國家之爲物，則國家自身以外，無有能製作之能利用之者。故謂國家異於器械，誠至言也。雖然，以欲證其異於器械故，而必假有機體一語以冠之。其毋乃蛇足也。且所謂國家與高等動物相類似者，吾固不能謂其全無，但其相差別者亦不尠焉。今條舉之：

(注一)凡有機體必爲分科的組織。如人之一身，五官四支臟府血輪，各有所司，不相侵軼，是也。又必有分業的協同，如五官四支臟府血輪，交相爲養，交相爲用，是也。

(一)么匿獨立之範圍。　凡有機體，其愈高等者，其各么匿獨立之範圍愈狹，劃然定主從之關係。若國家，則論者所稱爲最高有機體也，愈趨文明，而其么匿之箇人，獨立範圍，乃愈趨廣。(原注云：活動、移轉、及智情意之發達。)(注一)

(注一)下等動物，其各么匿或離本體而可以獨立。如蚯蚓，斷其半而所餘半體猶蠕蠕然，是也。若人，則殘其一官，而可以致死。故曰愈高等者，其么匿獨立之範圍愈狹也。國家不然。野蠻時代，箇人往往失其自由；愈文明而民權乃愈發達。如今世各國，莫不采地方自治制，以與中央集權制相輔。英、美號稱最文明，即其地方自治制最圓滿者也。

(二)發生成長消滅之狀態。(注一)

(注一)有機體之發生,純任天然。國家則天然人事參半。此其發生狀態之異也。有機體之發育,各有定期。未屆其期,莫能強焉;既屆其期,則亦莫能禦。國家進步,雖亦有不可躐之階級,然可以人力助長之,使一階級所歷之期,大加減縮,若委任運,亦可以涉千歲而無寸進。非若人之七八歲而齒必齔,十四五而必通人道也。此其成長狀態之異也。人壽不逾百年,而國得良治,千載未艾。此其消滅狀態之異也。

(三)么匿間隔多少及對於外界明確之程度。(注一)

(注一)凡有機體,其構成之之各么匿,恆相密接。國家則不然,有機體劃然成一軀殼,與他軀殼顯相離異。國家於此種程度,不如彼之明確。國家之外界有二:其一則包含於其中之各人,其行動有爲國家所不干涉者。故箇人爲國家之么匿,同時亦爲社會之么匿。是曰社會的外界。其二則對峙於其外之各國,是曰國際的外界。國際的外界之程度,雖稍易明;社會的外界之程度,則非倉卒所能辨也。

(四)物質法則與心理法則支配之程度。(注一)

(注一)有機體爲物質的實在相,故受支配於物質法則;國家爲心理的實在相,故受支配於心理法則。受支配于物質法則,故其結構自受生而已定;受支配於心理法則,故其機關須運人事以組織之。組織完善者,則指揮如神;組織拙劣者,或全失其駕馭之力。

(五)客觀的存在之程度。(注一)

(注一)現象不能全離主觀,固也。然比較的有程度之差焉。如草木禽獸,雖無人焉,彼固自在,彼確有客觀的存在也。國家不然,離人無國。又不徒有人而已;即有人焉,而其人無國家觀念,則猶之無國也。如彼圖騰社會之部民是也。故國家雖非無客觀的存在,然其程度甚微矣。何也?國家者,人類仞之而始有,不仞之而遂無也。

彼持有機體論者,於此等差別,非必其盡無見也。見之而欲回護前說,故加種種形容詞於有機體一語以上,以示國家之特徵。雖然,既謂之有機體矣,則必其於有機體之性質,既已具備,而所加形容詞,不過於諸有機體通性之外,而更舉其特性以示別於他種有機體焉,斯可耳。乃若前所述五者,固有機體之通性也,而國家缺焉,則無論加何種形容詞,而終不能以厠諸有機體之列。此論理學之嚴例,不容或干者也。(注一)又有命國家爲不完全之有機體者,其意固稍周,而用語明陷於矛盾。彼固欲將有機體一語,狹其內包,而擴其外延。(注二)小至種子細菌,中通哺乳動物,大極國家人群,悉納諸一名詞之中。是亦一種之世界觀也。雖然,似此則已非復普通生物學上所謂有機體,是直取有機體一語而別命以新義云爾。夫概括多數事物,而約以一觀念,可也;一名詞而大小兩義雜用焉,則治科學者所當勉避也。學者苟能慎審焉,明國家與普通有機體之異同，勿徒夸張其類似之點，則時或借用此語，以佐說明之具，亦安見其不可？或乃軼學理之軌道，取普通有機體之現象，直推以論國家，而於國家特有之現象爲普通有機體所無者，反漏略焉，則其所失寧細故也？且徒命國家曰有機體而已，則普通有機體之特徵所謂"自然發達"之一觀念，久銘篆於我輩腦際，驟聞此名詞，而此觀念緣而生焉，則於箇人之意思行動，其足導國家之進步以絶大影響者，或反蔑焉而不以爲意，其毋乃以學說毒天下矣乎？（注三）況乎欲研究國家之機關與組織，則有機體一語，殊不足爲輕重也。吾所以雖祖國家非器械之說，而於國家即有機體之說，終未敢苟同也。

（注一）凡科學用語，於種類之系屬，最當分明。如云"人也者，有理性之動物也"。動物之通性，人皆備之，雖直曰"人也者，動物也"，決無以爲難也。加"有理性"一形容詞，所以示其既全有動物通性之外而復有此特性，以別其爲此一類之動物云爾。又如云"中國人者，亞洲中之有理性動物也"，亦復如是。動物之通性，中國人皆備之；有理性動物之通性，中國人亦皆備之。加"亞洲"一形容詞，所以示其於既全有彼兩種通性之外，而復有此特性也。若云"上帝者，有理性之動物也"，則決不可。上帝之果有理性與否，姑勿論，而動物之通性，上帝皆不備之，則無論加何種形容詞，而卒非論理學所許也。謂國家爲某種的某種的之有機體者，得毋類是？

（注二）内包外延者，亦論理學上用語也。凡事物，其外延愈廣者，其内包愈狹；其内包愈廣者，其外延愈狹。如人與動物相比較，人之外延狹於動物，蓋人以外尚有他種動物也。其内包則廣於動物，動物所有之性質，人皆有之，而復於共有之通性外，別加入其獨有之特性也。

（注三）有機體之流弊，以此點爲最。盖普通之有機體，皆受物理學上因果律之支配，有必至之符，而非人力所能強易，即所謂自然發達者是也。學者驟聞有機體之說，直以此觀念推之於國家觀念，以爲國家之自然發達，亦若是則已耳，則有甘爲天演之奴隸，而蔑棄人演之自由，悉委心以聽其遷移，幾何不爲中國舊說言氣數者助之燄也！昔列子曾論力與命消長之理。夫普通有機體之發達，命爲之也；國家之發達，則力爲之也。是烏可以併爲一談也？

（本節未完）

（1906年2月《新民叢報》第74、75號）

《松陰文鈔》叙

日本維新之業，其原因固多端，而推本其原動力，必歸諸吉田松陰。松陰可謂新日本之創造者矣。日本現世人物，其嘖嘖萬口者，如伊藤博文、桂太郎輩，皆松陰門下弟子，不待論；雖謂全日本之新精神，皆松陰所感化焉可也。夫松陰生三十二年，而見僇於政府，生平所爲事業，無一不失敗；其學問又非有以遠過於儕輩，若近世之新學理，無洪無纖，皆松陰所未嘗夢見也。顧其力之及於一國者何以若是？固知事業與學問皆枝葉也，而有爲事業、學問之本原者。本原盛大，則枝葉不必出自我，而不啻出自我；而不然者，日修其枝葉，本則撥矣，夫安所麗？吾生平好讀松陰文，乃鈔其最足爲我國人厲者，著於篇。丙午二月，梁啓超鈔竟記。

（上海廣智書局 1906 年 4 月版《松陰文鈔》）

《中國存亡一大問題》*叙

本書以近著論文二篇組織而成。原著載《新民叢報》第四年第三、第四兩號，今欲普及此主義，故復[複]印單行本。

---

* 此書爲集《開明專制論》第八章第一節《論中國今日萬不能行共和制之理由》與《申論種族革命與政治革命之得失》二文而成。

本書對於最近一部分之輿論頗有異同，然非欲以意氣爭勝，發表吾之所信而已。愛國君子有所持主義與本書反對者，能據論理，闡學説，徵事實，賜正當之辯難，此著者所最歡迎也。

　　凡賜辯難者，及有懷疑欲要求著者以説明者，則或自發表之於各新聞雜誌，或逕投書橫濱新民社。苟所難所質有價值，則著者必竭其愚以應下問，以次將答辯之語揭入《新民叢報》中。惟意氣嫚罵之言，則恕不報，著者非欲爭意氣也。

丙午三月　　著者識

（1906年刊本《中國存亡一大問題》）

《中國存亡一大問題》跋

　　流俗之主持排滿論者，積極的政策也。何也？我躬爲主動者也。流俗之主持立憲論者，消極的政策也。何也？我躬爲受動者也。國民對於政府，而惟有消極的政策無積極的政策，則國必殆。故積極的政策，鄙人所最尊者也。但本論既將流俗之積極的政策從根柢摧陷之，國中志士讀吾此論，其挾黨見迷空想不肯硏求事實服從眞理者不必論，其有憬然生今是昨非之感者，而前此所迷信一旦失所依據，或且一變而爲消極的，不復肯自立於主動之地位，而惟冀以受動獲幸福，則大非鄙人之本意矣。何也？蓋鄙人固絶對主張積極的政策，但政策有以異於流俗之所云焉耳。鄙人所謂積極者何？則國民自動之政治革命是已。鄙人關於此政策所懷抱尚多，其條理及其進行之次第，當於《新民叢報》第四年第六號以下陸續發表之，今非一言所能盡也。

著者又識

（1906年刊本《中國存亡一大問題》）

《意大利立憲政治之近況》跋

本文見《國家學會雜誌》第二十卷第五號，實本年陽曆五月最新出版也。著者爲此邦第一流政治學者，文之價值，無竢曉陳。其著論之意，本爲日本國民借鑑；顧以今日我國人讀之，尤有足發深省者。彼持極端共和主義者無論矣，即彼一派之立憲論者，亦若以爲立憲政治，僅一紙法文之所可致。不及今從各方面養成立憲國民之資格，而思收其效於一旦，恐將來之失望而生反動，其危險有甚於方今者。夫以意國民沐憲政之澤，已三十餘年，而其結果今猶若是，則茲事之非可一蹴幾也，其洞若觀火矣。抑吾更有感者，日本之立憲，後於意大利殆二十年，而今者日本人所享憲政之利益，視意大利人遠優勝焉。其故何由？蓋日本立憲以前，曾經過開明專制之一階級，而意無之。（撒的尼亞王國，曾略經此階級，意大利帝國則否。）日本至今日尚行大權政治（前此大隈、板垣聯合之憲政黨内閣，雖近於政黨政治，然其基礎不牢，旋被傾覆。後亦無繼者），而意大利則自立憲伊始，已成政黨内閣之形，故兩國人民立憲程度之發達未臻完滿也同。而日本政治之狀態，與其程度相應；意大利政治之狀態，與其程度不相應。與人民程度相應之政治，能爲秩序的發達，政治狀態進一步，人民程度隨而進一步，人民程度進一步，政治狀態亦隨而進一步，如是相引相長，其進無已時；與人民程度不相應之政治，其發軔之美觀，雖或足以眩一時，然緣種種阻力，使其進步濡滯，甚或弊捄於此而生於彼，緣是而益致墮落。嗚呼！政論之不可以冒昧也如是乎？讀者從此方面觀察之，則此文其可以爲吾攻錯之助焉矣。

（1906 年 6 月《新民叢報》第 81 號）

日本豫備立憲時代之人民

自考察政治大臣之歸國,幾經運動,乃始有七月十三日上諭之宣布,世所稱爲豫備立憲之上諭者是也。其論文中既未指定立憲之期限,又未明言豫備之條理。且自宣布以後,殆將一月,而政府所以爲豫備之著手者,無一可見,惟反動之報,日有所聞。舉國志士,失望可想矣。雖然,諭中固明言曰:今日惟有及時詳晰甄核仿行憲政。又曰:預備立憲基礎。又曰:預儲立憲國民資格。其言果出於誠心與否且勿論,要之豫備立憲四字,既已出諸政府之口,則自今以往之中國,字之曰預備立憲時代亦宜。顧豫備云者,匪以空言而以事實也。豫備之事實,政府與人民兩方面,宜分途進行,而人民爲尤要。何也?人民誠進行矣,則政府雖欲不進行而將不可得也。今博考東史,自明治七年至明治二十三年間,彼中史家所稱爲豫備立憲時代者,觀其人民所以對政府者何如,所以自豫備者何如。《詩》曰:他山之石,可以攻玉。我國民若能採日本人民當時所豫備者以自爲豫備,則今日豫備一語,雖使政府欲以欺我,吾信其欺之必不能久也。作"日本豫備立憲時代之人民"。

一、公議輿論之由來

考日本憲政所以發達,實由以公議輿論四字爲護符。而此四字之深入人心而成爲政界之口頭禪者,蓋已甚久。日本前此諸藩並立,而大將軍德川氏實總政權。及慶應三年(明治元年之前一年),德川慶喜奉還大政。其表文中,既有"廣盡天下之公議"一語;而幕臣松平容堂(德川氏之家臣),嘗以書上慶喜,其第一、第二兩條,亦言一切萬機,必當自京師之議政所出。議政所分爲上下,議事官上自公卿下至陪臣庶民。蓋立憲之觀念,自幕府末葉,固既已胚胎於士大夫之心目間矣。其後薩摩、長門兩藩,有連兵討德川氏之舉。慶喜再度上表,亦云:"方今國家形勢,日瀕於危。臣愚以爲宜早與列藩同心戮力,採天下之公議輿論,以定大公至平之國是。"(慶應三年十二月十八日上)慶喜所以爲此言者,蓋當時薩、長二藩挾公議輿論以排斥幕府,惡幕府前此之專也。幕府亦挾公議輿論以抵制薩、長,懼薩、長將來之專也。雖各爲其私,而公議輿論四字,其勢力已日滋長於無形間矣。

明治元年正月,初頒太政官職制,有總裁、議定、參與、徵士、貢士諸名。其貢士由諸藩各選其藩士,貢諸京師。大藩三員,中藩二員,小藩一員。其職權則曰"執公議輿論以議事"。其徵士則諸藩士及都鄙之有才者拔任之,無定員。其選舉之法,則曰"據衆議以拔擢"。所謂公議輿論之機關,於茲犗立矣。其年三月,其天皇御紫宸殿,以五條誓天地。第一條云:"廣興會議萬機決於公論。"政府以博採公議之旨明白宣布,自茲始。此實憲政之萌芽,而後此民權發達之原動力也。

　　按:日本之誓文五條,彼中稱爲憲法之憲法。蓋後此人民種種運動,其所以監督政府要求政府者,皆援此誓文爲口實;而政府所以不得自恣者,亦此誓文息壤在彼故也。而推求此誓文所以下頒之故,謂必由其君相大公無我樂推權與民,吾蓋未敢言之。毋亦由當時士民之熱心於政治改革者,既已隱然占有勢力,而政府方欲殺舊幕府之勢,不能不借重之以爲援耳。而緣此之故,人民復從而借重之,以益長其勢力。遞相爲因,遞相爲果,而憲政遂以成立。夫人民既有一部分之潛勢力,則政府自不能不借重之以爲援。此我國民所宜知者一也。政府之所以借重我者,我得復從而借重之,以益長其勢力。此我國民所宜知者二也。今茲上諭,夫亦既明有庶政公諸輿論之言矣,將來能實行與否,則亦視吾人民勢力之消長何如耳。

二、四參議建議請開議院

日本當明治初元,公議輿論四字屢出現於政界。雖然,當知彼所謂公議輿論者,非屬於一般人民,屬於少數之貴族耳。其公議則諸藩之公議也,其輿論则藩士之舆论也。及幕府既黜,废藩置县之制既行,中央政府之基础既定,其借重於公议舆论者渐稀。故明治元年设议政官,旋废之。明治二年置集议院,旋罢之。自兹以往数年间,政府举动,日趋於专制。及明治七年,忽有四参议建议请开议院之事。国民之要求立宪,滥觞於此。

初,明治六年十月,日本政府以征韩论生分裂。西乡隆盛辞职,副岛种臣、板垣退助、後藤象二郎、江藤新平四参议继之,朝局爲之一变,人心皇皇,不可终日。会有小室信夫、古泽滋二人者,留学英国新归,慕议院政治之美,乃说板垣、後藤使建议。板垣、後藤更与副岛、江藤商,约连署。卒乃以明治七年正月十八日上奏曰:

臣等伏察方今政权之所归,上不在帝室,下不在人民,而独归於有司。夫有司上之未尝不曰尊帝室,而帝室渐失其尊荣;下之未尝不曰保人民,而政令百端,朝出暮改,政刑成於情实,赏罚出於爱憎,言路壅蔽,困苦无告。如是而欲天下之治安,虽三尺童子,犹知其不可。因循不改,恐国家土崩之势,可计日而待也。臣等爱国之情,不能自已,乃讲求所以振救之道,亦曰在张天下之公议而已。张天下公议之道,亦曰立民选议院而已。民选议院立,则有司之权有所限,而上下咸受其福。请言其故。夫人民对於政府有纳税之义务,则必当有参政之权利。此天下之通论,无俟臣等词费也。故臣等窃愿有司毋抵抗此公理而已。难者曰:我民不学无识,未进於开明,故立民选议院,今尚非其时。臣等以爲信如彼言,则所以使吾民学且智而急进於开明之道,即在速立民选议院。何以言之?盖欲使人民进於开明之域,则宜先使之保有其通义权理,使之与闻天下之事,而有自尊自重与天下共忧乐之气象。如是而民犹安於固陋,以不学无识自甘者,未之闻也。计不出此,而待自学而智自进於开明,是何异於百年俟河清也!甚乃或曰:今日而开议院,是集群愚而已。嘻!何其自待太高而蔑人太甚也。今有司中其智谋勇功优秀於寻常者,固未尝无人。虽然,又安知世无人焉其学问识见更优於彼者?盖天下之人,非可如是蔑视云也。将曰可蔑视乎,则有司亦其中之一人也。均之不学无识,则仅凭有司之专裁,与博采人民之舆论,其贤愚固有间矣。臣等谓有司之智,视维新前则亦有进矣。何也?人之智识,愈用而愈开焉。故曰:民选议院,是即使民學且智而急進於文明之道也。夫政府所宜奉以爲目的者,亦曰助長人民之進步而已。其在草昧之世,野蠻之俗,民勇悍而不馴,故宜導之以服從。今我國既非草昧,而吾民之從順者既已過甚,然則今日所宜奉爲目的者,莫如立民選議院,作人民勇往敢爲之氣,使咸知分任國事之義務。實今日救時之不二法門也。

夫政府何以强?天下人民皆同心而已。臣等不必遠徵舊事,即以去年十一月政府之變革驗之。當時我政府孤立之勢,殆哉岌岌乎!而一國人民,能以政府之變革爲喜戚者幾何人?匪直不以爲喜戚而已,一國人民,漠然不知有其事者十而八九也,惟見兵隊之解散,則相率而驚耳。今若立民選議院,則政府人民之間,情實相通,合爲一體,而國始以强,政府始以强。臣等按諸天下之公理,考諸我國之現勢,核諸政府之本職,更徵諸去年十月政變之事實,臣等所以自信其說者愈堅。竊謂今日維持大局振起國勢之道,舍立民選議院外,更無他途。(中略)惟陛下裁擇而施行焉,國家幸甚!

當是時,四參議之勢,重於天下。加以陸軍大將西鄉隆盛,擁重兵負嵎於鹿兒島,遙爲聲援,舉國屬耳目焉。一旦此建議之出,其勢殆將披靡一世。不幸而其月十四日,有武市熊吉等要擊右大臣岩倉具視。二月江藤新平(即四參議之一)奔還故鄉佐賀謀暴動,事敗伏誅。緣此之故,其機遂窒。史家謂苟無此二事,則民選議院之成立,早見於明治七八年之交,未可知也(指原氏《明治政史》之説)。

未幾加藤弘之氏(德國學者之泰斗)作書難四參議之説,持立憲尚早論,四參議復使古澤滋代作答書反駁之,彼此皆累數千言。大井憲太郎復作書難加藤,加藤答之,大井反駁,又各累數千言。森有禮氏、西周氏復右加藤以難四參議,津田眞道氏、西村茂樹氏,復右四參議以難加藤。(按:諸人皆明治政界學界中錚錚人物。)一時新聞雜誌,論戰沸騰,而國會開設之問題,始漸漬於全國人民之腦際矣。

按:當時兩造所論辨,就今日吾輩讀之,覺其言皆膚淺影響,而不足以自堅其壁壘,故不全錄焉。(若全錄之,當盡數十紙。)雖然,真理以愈辨而愈明,人智以愈瀹而愈闢。日本人民後此政治思想之發達,則皆此次之論戰導之也。抑以日本當時朝野之熱心論辨此事,而我國今日舉國人對於立憲問題,冷淡視之,其亦重可媿歟?

三、政黨之萌芽

四參議建議請開議院,同時與其徒設一愛國公黨,爲誓文四條,實爲日本政黨之嚆矢。既而江藤新平以暴動敗,板垣憤然曰:"退助將以退助之獨力,誓於退助未死以前立此議院。"於是與古澤滋俱歸故鄉高知縣,創一立志社,標獨立自治之旨以鼓舞其少壯子弟,子弟從風而靡。後此之自由黨,實孕育於是。一年之間,各府縣與之作桴鼓應者,無慮二三十社,其名不可得悉舉。時則國是論者流與國權論者流,各抱一定之宗旨以向於政府。國是論者,主張早定國是採行憲政者也;國權論者,主張征伐朝鮮改正條約者也。以政府之舉動,不能副此希望,故相率而攻之。其最錚錚者,則有若小松原英太郎、關新吾、加藤九郎、末廣重恭、杉田定一、栗原亮一、橫瀨文彦、山脇巍、中島勝義、坪田繁、竹田正志等,皆爲報館主筆,以政論鼓吹一世。先是日本雖既有《橫濱每日新聞》《東京日日新聞》《郵便報知新聞》《朝野新聞》《曙新聞》《讀賣新聞》等,但不過爲事實之報道,未可稱爲政論之機關。至是有《采風新聞》《評論新聞》《草莽雜誌》等出,放論橫議,無所不至,大率以暗殺大臣顛覆政府相鼓吹。而舊有之各新聞,其態度亦緣是一變。《東京日日新聞》,由福地源一郎主任,主張漸進論,隱然爲政府之機關。《報知新聞》,由藤田茂吉主任,主張急進論,公然爲板垣之後援。兩相對峙,其勢力以略同一之比例而駢進焉。而福澤諭吉者,以英學之先達,自明治維新以前,先已設立慶應義塾,專務養成實際之人才。至是復設《時事新報》,且倡立三田演說會,凡慶應義塾出身之俊傑,皆走集麾下,結爲一團體,主張立憲,而不取過激之自由民權論。蓋當時日本全國之勢力,可分爲四:一曰現政府派,以木户孝允爲中堅;二曰西南派,以西鄉隆盛爲中堅;三曰高知派,以板垣退助爲中堅;四曰三田派,以福澤諭吉爲中堅。除西南派旋以暴動滅亡,其軍人與現政府派相合外,而高知派即爲後此自由黨之本山,三田派即成後此進步黨之一部分。(進步黨合三大部分而成,三田派其一也。詳見後。)蓋政黨之萌芽,自斯時矣。

於是政府對於此現象,不得不於言論自由略爲壓制,乃有讒謗律及新聞紙條例之發布。其讒謗律凡八條:

第一條言：凡不論事實之有無，將壞人名譽之事摘發公布者，謂之讒毀。不明舉行事而加人以惡名者，謂之誹謗。凡以著作文書或畫圖肖像以展觀發賣貼示而讒毀誹謗他人者，皆科以罪。而其科罪之輕重，第二條以下別定之。對於乘輿，對於皇族，對於官吏，對於華士族平民，其懲罰各有差。

其新聞紙條例凡十六條：

其內容大略：（一）須呈願書於內務省，得其允准，乃可發行。而其願書所須聲明者：（1）名稱；（2）印刷之定期；（3）持主之姓名住所；（4）編輯人之姓名住所；（5）印刷人之姓名住所。五目中有詐謬者，則禁止或停止之。（二）凡主筆者及投書者，皆須用真名。有犯讒謗律者科其罪。（三）教唆人犯罪者，禁獄五日以上三年以下，罰金百圓以上五百圓以下。其教唆爲煽動群眾強逼官府者，與首犯同罪。（四）凡載變壞政府顛覆國家之論以煽動騷亂者，禁獄一年至三年。其至於實犯者與首犯同。（五）誹毀成法，亂國民遵法之義務，及曲庇顯觸刑律之罪犯者，禁獄一月以上一年以下，罰金五圓以上百圓以下。其他條目不備述。

蓋民氣發達之方驟，而政府恆思裁抑之，此亦各國所數見不鮮也。蓋自此兩條例之頒布，而言論自由，大加限制，一時名士，投縲絏者踵相接焉。而政府亦以同時開地方官會議（明治七年下詔召集各地方官，使代表各地方人民，會議地方事，旋以故中輟。及明治八年六月實行之。所議凡五事，其第五事即地方民會之事，爲後此府縣會市町村會之嚆矢），確定立法行政司法三權鼎立之制（明治八年四月十四日下詔云：朕即位之初，首會群臣，以五事誓於神明，定國是以求保民。幸藉祖宗之靈，群臣之力，以致今日之小康。顧中興日淺，內治之當振作更張者不少。朕今擴充誓文之意，設元老院以廣立法之源，置大審院以鞏審判之權，又召集地方官以通民情圖公益，將以漸立憲政之基，與汝眾庶俱賴之慶。汝眾庶其無或守常習故，毋或輕舉急進，以副朕意焉），設元老院草定議院規則（八年七月五日始設元老院，同時草定議院規則），卒乃下確定憲政之明詔（明治九年九月下詔於元老院云：朕今欲廣採海外各國之成法，以定國憲。卿等其擬其草案，朕將擇焉）。然則人民之運動，其影響於政府之改革者，不已多耶！

未幾有西南之役（即西鄉隆盛之亂也。事在明治十年），政府與人民兩方面，其精力悉集注於此，故政論暫衰息。及亂之既平，政府方謂可高枕爲樂，而人民要求之聲，乃自茲益囂。蓋前此不平之徒，咸隱然屬望於西鄉，欲以武力倒政府。

至是乃覺此種手段，不足以達其最後之目的，舉國志士，始一變其方向，盡趨於要求政府之一途。

初，板垣、副島、後藤、江藤等設愛國公會於東京，以江藤暴動事敗解散。板垣歸高知設立志社，未幾社員已千餘人，開洋學所、法學所等，大鼓吹民權自由論。其他各地，相嚶和者叠起。至是板垣復倡興愛國社，勢力忽披靡於全國。實明治十一年四月也。其所頒合議書八條如下：

一、此社名曰愛國社，設於東京。

二、愛國社，由各縣分社派社員二人或三人，駐東京，每月數次，定期相會。察大政之所由出，及天下之形勢事情，協議討論，以謀一般人民之公益，而報知於各分社。

三、前條之外，每年以二月八月之初十日，開大會於東京，決定一切事務。（但有非常大事，得由東京社員報告各分社，開臨時大會。）

四、大會時，各縣社長必須出席。（但社長有事故，可派代理人。）

五、有緊急事件，須即行決議或建白之時，或不能待春秋兩季大會，又不及開臨時大會，則得由在京社員協議辦理，隨即報告各分社。

六、各縣結社之體裁規則，及會議之方法設施等，各隨其民心風土之宜以辦理。二季大會時，互相照會。（但各縣須製社員名簿，大會時報其增減。）

七、為交際親密起見，各縣社員，須常互相通信，又各分社決議事件亦互相報告。

八、我輩既以至誠自信而結此社，各思保護擴張其通義權利，故常宜勤勉忍耐，雖歷艱難憂戚，百挫千折，始終不渝。

按：此合議書，頗不合章程之體，錄之以見其幼稚時代之實況云爾。

翌年（明治十二年）三月，愛國社員第二次大會，各縣分社派代表人者凡十八縣八十八人。同年十一月，開第三次大會於大坂，立志社社員提出兩議案：一曰連名上書天子請速開國會，二曰派人游說於各府縣以擴張黨勢。衆社員討議贊成，乃分全國為十一區，各派游說員，而公舉石陽社之河野廣中、自鄉社之杉田定一、聯合社之北川貞彥，為游說員長。（按：河野氏前經兩任衆議院議長，杉田氏則現任衆議院議長也。）其請開國會之上書，則決議以翌年三月奉呈，俟游說之結果，得多數同情,以厚植勢力云。

按:日本現今最大之政黨,爲立憲政友會,即現首相西園寺公望所率者是也。而政友會之基礎,實爲自由黨;自由黨之基礎,實爲愛國社。故語日本政黨,必以愛國社爲濫觴焉。而溯其起原,則主動者數人而已。指原氏《明治政史》記愛國社第一第二次大會時,其來會者惟有士族,而平民不見隻影。然則當時日本人民,其政治思想之薄弱,可以概見。曾幾何時,而聯名要求開設國會者,風起水涌,徧國中焉。馴至今日,販夫豎子,皆口國政矣。彼少數主動者,其願力之效,不亦偉耶?抑當時民會方始萌芽,而政府禁制自由之法令已發布,民間主動者之罹法網,相屬於路。是知惟辟作威,何國蔑有?其不足以沮有機體的民黨之成立,抑章章矣。

又按:愛國社之性質,與美國聯邦之性質頗相類。蓋先有多數小社,乃結合之爲一大社,而前有之小社仍未解散也。諸小社能結合爲一大社,此其勢之所以日張也。

四、國會期成同盟會

愛國社之第三次大會也,決議上書要求開設國會。方遣游説員從事運動,而岡山縣志士,以爲國會之設,一日不容緩,乃合備前、備中、美作三國(按:皆日本舊藩國名)人民,率先以從事於此舉。明治十月,傳檄四方以相號召。其檄文略云:

(前略)夫明治初年之御誓文,與夫八年四月十四日之聖詔,此我天皇陛下之御美德,千載下猶將赫赫爲國史光焉。此無俟草茅之更爲頌諛也。雖然,吾儕小民,自拜詔書,方喁喁企踵,謂國會之開設,可計日以待。乃遲之又久,今仍寂然無聞,而政府且若莫或以爲意。此何故歟?蓋國會者,人民休戚痛癢之所攸關也。人民不自求之,而僥倖政府之我畀,是梯雲而欲以升天也。此我岡山縣下三國三十一郡一區千一百七十一村百有六町之人民,所以自反自省自罪自悔,奮發興起,以哀訴懇願,祈此事之必成也。(下略)

同時福岡縣屬亦創共愛會，以開設國會改正條約二事建白於政府。此共愛會之性質，與尋常政社異。尋常政社，則標一宗旨，募集同志，其社員皆以私人資格而已。共愛會則代表一地方全體人民之總意者也。其組織之法，每一町村，各選五名以下之委員，以及於一郡，先結一郡爲一團體，每團體各設本部，置正副議長以下各職員，擔任事務。復由每郡各選委員七人以下，結集之名曰州民會，即共愛會也。（按：日本制府縣之下有郡市，郡之下有町村。）於是以明治十二年十二月十六日，其委員六十五人決議，上書於政府，舉箱田六輔、南川正雄二人爲代表焉。十三年正月，與岡山縣委員西毅一，先後抵東京，呈請願書於政府，不報。

愛國社既以要求開設國會之目的，游說於四方。至十三年四月，表同情者陸續輻輳於大阪，於是開第四次大會。議長片岡健吉（按：片岡氏後此屢任衆議院議長），副議長西山志澄，幹事杉田定一、內藤魯一等，提議改愛國社爲國會期成同盟會，意謂矢此同盟，以期國會之必底於成也。其同盟規約云：

　　國會之設，爲今日救國之第一義，稍有識者能知之矣。然顧晏然以望諸政府，政府實有開設國會之誠意與否不敢知；藉曰有之，而國會者以民意而立者也，苟人民無希望國會之誠意，則立猶不立而已。夫我人民則既希望國會矣，而未嘗以其希望之實，表示於政府，則政府亦曷從而喻之？乃者國內二三縣，以其希望上聞者，亦固有焉，而政府不報。不報而吾儕之希望，遂從玆已乎？夫誠懷抱一希望者，非俟此希望之既償，則無中途可以抛棄之理。故一度不償而至於再，再度不償而至於三，由是而十度焉百度焉，非得勿休也。此吾輩國會期成同盟會之所由立也。夫國會者，國家之大事也，當結合全國人民以求得之。我全國人民果能結合以表示此希望乎，政府其必無詞以靳我；若全國人民結合而政府猶相靳焉，則是政府之負國家，而非吾儕小民之罪焉矣。今結同盟布其規約如左：

　　一、爲要求開設國會起見，立此國會期成同盟會。非至國會開設見諸實事時，無論經若干歲月，决不解散此同盟。

　　二、下次大會，以明治十四年十月一日開於東京。

　　三、至下次大會時，務求各府縣國郡之戶數，咸得過半數之同意。同人須抱此目的，竭力運動。

四、至下次大會時，各分會須各擬憲法草案，携付評議。

五、下次大會時，其會員必須爲代表百人以上者。

六、置中央本部於東京，設常務委員二人。

七、分全國爲八區，每區各設游説演説員，分擔責任。

於是投票選舉臨時委員，三師社員河野廣中、民政社員渡邊禎一郎二氏，被舉爲國會願望書起草委員，河野廣中、片岡健吉二氏，被舉爲捧呈委員。時政府悲愛國社之勢日盛也，於四月五日，急頒集會條例十六條，思所以限制之。（條文不備錄。）幸其大會以四月九日畢，條例之公牘，未達於大阪（時大會開於大阪），是以得免干涉。於是河野、片岡二氏，爲東京、大阪二府、山形、福島、茨城、廣島、愛媛、石川、島根、岐阜、堺、高知、福岡、宮城、新潟、兵庫、長野、愛知、岩手、長崎、德島、大分、熊本、滋賀二十二縣凡八萬七千人之代表，携國會開設之請願書以赴東京，數詣太政官及元老院。太政官以向來無受理政治上人民請願書之成例，卻不納。元老院亦以向例除建白書外一切不受理，辭焉。徧叩各署，無一應者。河野、片岡二氏，在京二十餘日，無日不奔走於當道，而其目的卒不克達。至五月十日，作數千言之報告，叙述政府託詞延宕之實情，報告於各府縣，怏怏遂歸。

時各府縣各以其地方人民之名義，提出請願書於政府者，尚以十數，皆不得要領。就中長野縣之獎匡社，其委員運動最力，屢次至太政官署與大臣及其屬僚，爲激烈之辯論，卒不報。於是各志士益肆力於游説運動，冀喚起極大多數之同情，以要挾政府。適其時政府以濫發紙幣之故，致紙幣價下落，舉國經濟界，爲之恐慌。又值有北海道官物拂下事件，益予民間以攻擊之口實。（北海道官物拂下事件者，初明治二年置開拓使，經營北海道墾殖，前後十年間，所費殆及一千萬圓。至是有商人名五代友厚者，與當道狼狽，將北海道官有物全行承受，僅出三十萬圓代價，猶且分三十年繳納，不計利息。故人民大憤激，謂現政府專橫之弊，將過於德川幕府。）於是各新聞以此二事爲口實，竭全力以責難政府。各地演説會，皆以此爲問題，論鋒大肆。而其結論，皆以政府之專橫，全坐國會之不立，因以爲喚起民情之具。未幾而各府縣人民輻輳輦轂下，專以要求立憲爲目的者，不下千數，其連署之名，不下四十餘萬。有小原彌總八、赤澤常容二人者，憤政府壅塞言路，先後懷請願書，自戕於宮門外。民氣洶洶，將釀大變。

於是以明治十四年十月十二日下詔云：

　　朕承祖宗二千五百有餘年之鴻緒，復振乾綱，總攬大政。夙期建立憲政體，爲子孫可繼之業。前此明治八年，設元老院，十一年開府縣會，凡此皆以漸次創基，循序進步。朕心所在，當既爲爾有衆所共知。顧立國之體，國各殊宜；非常之業，不可輕舉。我祖我宗照臨在上，凡所以纘遺烈弘洪模，變通古今斷而行之者，責在朕躬。今將以明治二十三年，召議員，開國會，以成朕之初志。特假以時日，使在廷臣僚，當經畫之責。至其組織權限，朕將親裁，屆時而別有所公布焉。朕惟人心之進，每與時會競速，或乃浮言胥動，竟忘大計。宜及今明徵謨訓，公示朝野臣民。若仍有趣躁急煽事變而害國安者，國有常刑。茲布腹心，告示有衆。

自是而日本立憲之政體始定。

　　按：日本人謂其立憲政體爲無血的革命，以此自豪於世界。然觀其成立發達之跡，辛苦曲折，視歐、美諸國何多讓耶？西儒有言：權利者，不斷之競爭也。又曰：天下無無代價之物。由專制而變爲立憲，是舊權利者權利之制限，而新權利者權利之取得也。被限制者，非至萬不得已，而勢不肯相讓；而欲新取得權利者，非有勤勞不足以易之。故立憲事業，未有不自人民之要求而得之者。苟人民未嘗要求，微論其不能得也；即得矣，而必不能完全；即完全矣，而實行必不能有效。日本憲法，其民權之程度，比諸歐、美，雖有不逮；然其運用之成跡，斐然可觀。或疑彼欽定憲法，授之自上，何以能若是？而不知其動機實發自人民，而非發自政府也。人民誠能自發此動機，則政府雖欲壓之，亦烏從壓之？不觀當時日本政府所以待愛國社員者何如，所以待其他人民之請願者何如，而其後卒乃不能不屈於輿論，予前此反對政府者以滿足。孔子不云乎：求則得之，舍則失之。求在我者也。豈惟日本，今世界各憲法國，莫不皆然。我國人其可以鑒矣。

五、自由黨之勃興

　　當國會期成同盟會之第二次大會也（明治十三年十一月十日），其會員之一部分,有謂僅以開設國會爲目的,其主義太簡單而不能有力。宜組織一自由主義之政黨,使人民勢力得現於實者。自由黨之萌櫱,實發於是。然同盟會多數會員,大率仍主抱持舊目的,期貫徹此目的後,乃議他及。於是其一小部分之人,別擬所謂自由黨結成盟約者公布之:

第一條　我黨,以擴充我日本人民之自由,伸張保存其權利爲目的。同此目的者,相合以組織此黨。

第二條　我黨,務求國家之進步,增人民之幸福。

第三條　我黨,信我日本國民之當同權。

第四條　我黨,信我日本國以行立憲政體爲得宜。

其時立憲詔勅猶未頒,人心正洶洶。而法國主義之學者,復從而揚其波。侯爵西園寺公望者,日本之貴胄也(即現任首相者),久留學法國,恰以其時卒業歸。乃與松澤求策、松田正久等謀(松田氏現任遞信省大臣),設一"東洋自由新聞",而自爲其社長。前此報館主筆,率皆草莽下士,其勳胄貴顯,避之若浼。西園寺此舉,實震動一世,於民權説之傳播,極有影響焉。政府大駭,乃忠告該侯,使辭社長,其新聞旋被封禁。松澤、松田兩氏,以觸犯新聞條例下獄。而名士中江篤介(中江氏爲日本法國學派之鉅子,世稱爲兆民先生。以前五年去世),同時自開私塾,廣養生徒。又以獨力發行一雜誌,名曰"政理叢談",專鼓吹盧梭民約主義,舉國靡然應之。初,板垣輩之倡民權自由論也,僅就事實上立論,未嘗有學理以爲之後援。及西園寺、中江等出,乃祖述泰西十八世紀末之法理論,壁壘森嚴,以與專制主義宣戰。疇昔之言民權者,獲此奧援,勇氣十倍。此亦自由黨成立之一近因也。

國會期成同盟會,本期以明治十四年十一月開第二次大會。其年十月十日,開設國會之詔勅已下(參觀前號前節),於是以十月中旬,全體一致決議,改爲自由黨。其盟約如下:

第一章　吾黨,以擴充自由保全權利增進幸福改良社會爲目的。

第二章　吾黨,宜盡力以求確立善美之立憲政體。

第三章　吾黨,以日本國中與吾黨同主義同目的之人士,一致協合,組織而成。

其規則如下：

第一章　於東京設中央本部,於地方置地方部。其地方部各冠以該地方之名,稱自由黨某部。

第二章　黨中公舉總理(一名)副總理(一名)常議員(若干名)幹事(五名)管理關於自由黨全體之事務,其任期各一年。黨中設常備委員十名,其任期一年。但第一期由此次大會公舉,第二期以後,由各地方選出。

第三章　正副總理,凡通常會及臨時會所決定之事件,實行之。

第四章　常議員,評議關於黨中利害之重要事件。

第五章　幹事,分掌會計及黨員之出入、文書之往復、所有品之監護等事。

第六章　常備委員,參本部之議事,翼贊本部之事業,且巡回於各地方。

第七章　總理及常議員,不受薪水。幹事以下之役員,略給薄俸。

第八章　凡役員,連舉者連任。

第九章　地方部,置對於中央本部之部理一名。其他役員,各從其便置之。

第十章　地方部,每年以六月十二月兩次,調製其地方之黨衆名簿,明其加除增減,報告於中央本部。

第十一章　與吾黨同主義而欲新入黨者,當由其所在之地方部,查察其人之族籍姓名身分,乃容納之。

第十二章　欲脫黨者,須以文件聲明其理由,届出於本人所在之地方部。

第十三章　每年十月,由地方部出代議員開大會議於東京。

第十四章　當大會議時,凡黨中一切應創辦事件應施行事件,議定之。又改選本部役員,又由幹事報告前年度施行事件及其會計之決算,又議決翌年度之會計豫算。

第十五章　遇有緊要事件不能待通常會議之期者,總理得臨時召集各地方之代議人開會議。

案:此規則未足稱爲十分完善者。以其爲日本初有政黨時所定之規則，故録其全文，以備吾國言政黨者之參考云。

同月二十九日，舉定第一期役員。總理則板垣退助，副總理則中島信行，常議員則後藤象二郎、馬場辰猪、末廣重恭、竹内綱，幹事則林包明、山際七司、内藤魯一、大石正己、林正明。正僦屋於東京京橋鎗屋町，榜黨名於門。翌日而警察干涉起。蓋謂據其黨盟約第二條，此屬於政治結社，當遵集會條例第二條，屆出於警察署。(集會條例第二條云：講談論議及結社之關於政治者，須於結社前，將其社名社則及社員名簿屆出於所屬之警察署，待其認可。)以不屆出故，屢詰問辨駁。卒科罰金二圓，補屆出，遂無事。

先是本年四五月間，末廣重恭、大石正己、淺野乾、本多孫四郎、佐伯剛平、西村玄道、原猪作、波多野承五郎、門田正經、高橋基一、堀口昇、鈴木券太郎、田口卯吉、馬場辰猪等，胥謀組織一國友會，常相集演説，發刊一《國友雜誌》，號稱民權自由論之中堅。至是盡入於自由黨。

是歲與自由黨相先後而興者，有大坂之立憲政黨。其發起人爲草間時福、田口鎌吉、甲田良造、土居通豫、永田一二、小島忠里、古澤滋等，而豪農土倉庄三郎大資助之。結黨之始，請於自由黨，聘其副總理中島信行爲總理。自由黨時方議開支部於關西(西京以西謂之關西)，以中島氏爲之長，故猶豫未許。後以此立憲政黨，亦不外爲本黨擴張勢力，卒許之。明治十五年正月，黨規立。二月一日，發行機關新聞。此黨與自由黨交際極親，其後遂合爲一黨。

未幾九州諸郡縣(日本西南別島謂之九州，即福岡、熊本、長崎諸市所在地是也)亦應之，組織一九州改進黨，箱田六輔、頭山滿、高田露等，實發起之。合福岡縣之玄洋社、有明會，鹿兒島縣之自治社、公友會、三州社、博愛社、長崎縣開進會、先愛社，熊本縣之公議政黨等，大團結而成之。此黨亦與自由黨同主義，其後遂合於自由黨。

自由黨總理板垣退助，大爲該黨盡力，徧游説於各地。三月十日至甲府，臨自由黨懇親會。席間演説，題爲"自由黨組織大意"，全黨所以能成立發達之精神，蓋具於是焉。今譯其全文如左：

　　諸君，我自由黨蓋猶未足稱完全之政黨也。故今日鄙人應諸君之請，有所陳説，亦不過親睦之會話，而非黨中之政談。雖然，於將來政黨之團結，大有所期，唯諸君鑒之。夫大丈夫之處世建業也，豫知其難而赴焉，則其成之者將易；先以爲易而進焉，則其成之也將難。孔子有言：先難後獲。士君子之任事者，不可不察此至熟也。今我黨發此宏願，欲植自由之苗，以刈自由之實，則不可不先一望其應開拓之原野，應芟夷之障礙，知其業之難，然後把耒耜以從事焉。鄙人今所欲陳於諸君者，則在此而已。

我國疇昔沿封建之制，其建國也，則仗群雄之武力，壓服民眾而統御之云爾，非以民眾共同之意建國以爲治也。民不參與國事，殆如奴隸。其視國家，則秦越之相視肥瘠，毫無共同觀念。其士（譯者案：日本前此有士庶人之分，畫然爲兩階級，如我春秋時代然。故篇中屢分別言之）雖略有國民資格，亦惟以循君命爲本分，他非所知。坐是之故，舉國人各懷單獨之心，莫有公同之念，知有私己之自由，而不知有公眾之自由。國之所以不潰者，徒恃君臣之義以綱維之耳。此紐一解，則人心將潰散而不可復收拾。（譯者案：當時自由黨頗思建設共和之國體，故有此言。）其所謂：自由者，動則放縱慢恣，而詘己伸群之良果，終不可得期。是其障礙一也。

封建之政，以專制爲治。故凡有爲之士，莫不欲爲治人者，而不識自治之宜有事也。以爲非處於治人者之地位，則一切無所施其力。乃相率以求此地位，爭此地位。緣求生忮，甚乃嫉人之功，賊人之名。此種風氣，上自宦途，下逮私交，莫不瀰漫，罔知所屆。是其障礙二也。（譯者案：以上兩條，皆就封建積弊立論，以日本前此爲封建制故也。然我國雖非封建，其弊亦恰與之同。蓋以專制之原因，自必生此結果，不問其爲何種形式之專制也。）

有爲之士，既自欲爲治人者以行專制，而不任人民以自治。其無力而治於人者，則以服從專制爲本分，養倚賴之習，而銷獨立之志，因人成事，莫或自治自衛，黨於其人，而非與於其道。我國承專制之舊，此敝殆不可救。是其障礙三也。

在封建之世，其爲士者，雖權利義務，兩者咸有，稍受教育，智力略優。自餘小民，則惟出粟米麻絲作器皿共貨財以事其上，不得蒙教育之澤，雖財力稍裕，而智力缺如。坐此之故，智力與財力，兩相背馳，不能調洽。（譯者案：日本前此學問智識，爲貴族階級所專有，平民莫得分其末光焉。此封建舊制之結果，其積弊甚於中國今日者也。中國自行科舉以來，白屋公卿，以爲常事，智力非一階級所能專矣。然彼有此士族之一階級，其智力既獨優秀，又與國家之利害關係相密切，故改革之業，士族實成始成終焉。我國則以四民平等之故，舉國人皆視國如秦越。此又我之地位不如彼者也。）且自海禁既開,氣運急進,而受此氣運之影響者,在少壯爲較速,在老輩爲較遲。少壯醉泰西之文物,老輩猶安封建之陋習。故老輩所有之經驗,與少壯所發之學識,兩相乖離,不能互協助以奏效。是其障礙四也。

我邦自古政體,分士民兩族。士爲治人者,民爲治於人者。習以成風,政權全歸治者之手。其爲士者以常參與國政故,雖饒有政治思想,其爲民者,以常被治故,政治思想無自發生,其間劃然分一鴻溝。智者日益智,愚者日益愚。是其障礙五也。(譯者案:此障礙爲我國所無,詳見前案語。)

我建國既歷二千五百有餘年,物換星移,政變亦既不少。雖然,或兩朝競統,或群雄争霸,未或能更革政治之大體,專制之政,千年如一日。以此誤國家上進之機,比諸泰西列國之進勢,其遲速蓋不可同年而語矣。夫未開之民,天然之氣性存焉,長育之原質不乏,如人之孩幼也。半開之民,被人爲之政法所斬喪,發成之力缺如,則如人之老大也。我邦人民,蓋非幼者,而已爲老者。是其障礙六也。

我邦之教,有神儒佛三宗。神道乃太古神政之遺傳,永爲王政之輔翼。佛教則自外鑠,非爲國教,然亦常與政治相緣,有政教一體之觀。儒教則政治與道德錯雜,合修身治國爲一途。政府以師父自居,以教導人民爲其責。坐是之故,政教之界分不明,官吏往往以政治干涉私人品行。又社會交際上,以私交害社交,或以社交妨私交者,往往而有。是其障礙七也。

今也我黨所應開拓之原野,如此其荒蕪,所應芟夷之障礙,如此其繁夥,以此思艱,艱可知矣。鄙人與諸君,不敢以綿薄自諉,而共力於開拓芟夷之業,則當以何者爲未耜耶?此我輩今日所最宜講也。我黨欲建立憲政體,以全公衆之自由,則必人人去其自私之心,興其共同之念。相友相助之習慣,不可不養之於豫也。夫建國施政之本意,原在依衆力之結合以護各人之權利。故人誠欲賴政治以享自由,則不得不割棄天然之自由,以求取人文之自由。使人可以違世獨立不藉公衆之力而能遂其性也,則自放自恣於天然之自由可也。惟其不然,故不得不互相容忍,以享人文之自由爲已足。故伸公衆之自由,即所以全一己之自由,而社會成立之本體,在於是矣。我邦人民乏共同之念,懷自私之心,不知詘一己之自由以伸公衆之自由,則專制之積弊使然也。故欲矯正此弊,惟在使人民有參政權,得與於國家公同之事,以明私利公益之無二致。我黨宜率先全國,各去其私,以興起共同觀念。此鄙人所望於諸君者一也。

我黨欲自治而不欲治人。曷爲欲自治而不欲治人?夫治人猶易,而自治實難。避難趨易,人之常也。雖然,以一世先覺自命者,宜讓其所易者於人,而力其所難者於己。不憚舉世之毀譽,不顧一身之安危,毅然排天下之大難,立千古之偉功者,大丈夫所當有事也。凡業愈難而成之者愈寡,此正英雄立功之地也。若其業易而能成之者衆,又豈待我輩哉!人欲試其才用其智,則何往而綽綽無餘地,而何必爲治人者乃始克自表見也?彼英國碩儒斯賓塞爾,以進世道爲己任,自命爲坤輿之帝王爲真正之立法家。嘻!大丈夫苟能超然立於自治之境,成難成之業以進世道,施於有政,是亦爲政,而豈必在其位也!我黨宜以易者讓人,以難者自任,埽猜忌之念,懷公明之心,以創自治之業。此鄙人所望於諸君者二也。(譯者案:此論雖似稍膚淺,然甚足爲我國人之藥。我國人其屬於消極的者不必論,即屬於積極的者,亦以爲非當其位則不能行其志。殊不知凡人無論居何地位,而無不可以自盡其天職。即以政治方面論之,非特在朝而有政界人物,即在野亦有政界人物。知在野之人物,有可以左右政界之道,則亦何必以不得在朝自諉卸耶?)

今欲鞏固我黨以摧敵黨,則各鼓其獨立之氣,以道義相孚,宜黨於其主義,而非黨於其人。夫我黨所飢渴載慕之自由,實天地之公道,非一人所得而私也。若黨於其人,是私黨耳。所信相同,而因以爲一致的行動,夫是之謂公黨。且人與人相黨,其力存於人,故不得不弱;以主義相結,其志存於己,故不得不强。三軍可奪帥,以其勇之在人也;匹夫不可奪志,以其志之在己也。苟不黨其人而與其道,其人雖亡,而其道固存;苟不與其道而黨其人,其人亡,而其道亦隨而息矣。故我黨宜有自恃之志,不黨其人而與其道。此鄙人所望於諸君者三也。(譯者案:此條論公黨私黨之別,最爲博深切明。日本人或論自由黨爲黨於主義,進步黨爲黨於人,亦非無見。)

我黨之急,在集衆力。夫人之有智力者,率銳於進取之氣;有財力者,率偏於退守之性;有經驗者,率畸於持重之心。各有短長,不能相强。故目的大同者,宜勿問其小異,長短相補,以期於全。例如目的同在改革政體以求參政權,而或主一局議院,或主兩局議院,或主普通選舉,或主制限選舉,此待臨機實施時,乃研究其孰利孰害可耳。事機未至,而徒爭小異而捨大同,競意見而忘大局,是添足亡酒之類也。夫泰西諸邦,政黨對峙,其主義各有所存,絲毫不肯相讓。論者謂政爭之盛,實為國家之利焉。雖然,彼守成之政黨,既已練熟;我創業之政黨,猶屬幼稚。若太事精覈,反有爭小誤大之虞。故我黨,宜且勿爭精細之主義,而先為粗枝大葉之運動,但求盡力以團結一大政黨。此鄙人所望於諸君者四也。

我黨團結之旨趣,在建設據輿論以施政之政體。夫輿論為政治之樞機,政治之良否,則輿論之隆污實繫之。今欲進輿論於隆美之域以立善良之政,則宜使一般人民,皆發達其政治思想。夫國之所以能行良政以完斯民之幸福者,全在被治者能以輿論之勢力牽制治者使不得擅權而已。若被治者缺政治思想,不知賴輿論以制治者之術,雖有善政良法,不旋踵而復陷於專恣壓制耳,而欲永享樂利,其道無由。蓋有良民斯有良政。故欲改良政體以永謀國益,不可不先革新人心以育成良民。而上智下愚兩者之間,政治思想之懸隔尤甚。苟非接近而調和之,則民心之革新,終不可期。故我黨智者宜退而導愚者,愚者當進而追智者,以期政治思想之浹洽,開國民康福之基。此鄙人所望於諸君者五也。(譯者案:此文謂國之所以能行良政,全由被治者以輿論之勢力,牽制治者使不得擅權而已,可謂一語破的。我國人果能知此義,何憂政府之不改良乎?然何以能造成此對於政府而有勢力之輿論,則其途不可不審耳。)

我黨既欲導此老大帝國使進於開明,則其進路自不得不視尋常稍異。譬之幼年夙學者,宜循常則以程功課;老歲晚學者,不得不據變則以求速成。夫人先修一身齊一家而后[後]治一國,當然之順序也。若我邦晚達之人民,則當先求得參政之權,使與聞一國之事,知公私利害之無二致,然後乃可折而語及一身一家之事矣。泰西今日政度憲章之美,蓋自幼而長,循一定之秩序以漸進。今以既老之我邦,欲與泰西並馳,勢不得不更求捷徑。夫人類社會者,活動之社會也,不可膠柱刻舟以求之。故我黨不效腐儒俗士之見,勉圖國家之上進,以期凌駕泰西。此鄙人所望於諸君者六也。

我黨貴自由之政,而不願干涉之治。夫以政治而干涉私行,紊政教之分,混公私之別,干涉盛行,則民慣於依賴,而獨立之風,將掃地以盡。故欲爲我黨者,宜以正政教之分矯干涉之弊自任。其從事於我黨之團結而弘自由之道,此屬於社交而非屬於私交者也。故私交或不相洽,而社交主義忻合,是即自由之良朋,宜相携以行其道者也。或私交雖相洽,而社交之主義不相容,是即自由之仇敵,不能相携以行其道者也。我黨,宜勿以私交害社交,勿以社交妨私交,互相寬容,能申能詘。此鄙人所望於諸君者七也。

如前所云,以鄙人所望於諸君者爲耒耜,持此以與諸君拓自由之荒原,冀穫自由之美果,鄙人固誠知其難也。雖然,凡任事者,知其難而氣不餒,則雖難必成;不知其難而志驟驕,雖易必敗。不見彼西鄉隆盛乎?彼固一世之豪也。其始也,以匹夫起西海之濱,自任天下之重,豈惟知其難而已,且自覺其業之殆終不成。蓋嘗與僧月照相率而自湛於薩洋之淵矣,幸獲拯救,保其餘生。復向難途而勉赴焉,而卒以成不世之勳。及其終也,謂天下之業易就耳,孟浪一擲,肝腦塗地。夫西鄉氏所以強於始而弱於卒者,成於其所難,而敗於其所易而已。故鄙人與諸君今相携而欲張大此自由主義,毋狎其易而驕吾志,毋憚其難而餒吾氣,若是其庶幾乎!夫自由者,惟至誠剛毅爲能得之,而非區區權謀方略所能與也。世有淺薄者流,欲得自由,而汲汲講方略求權謀。以吾觀之,其方略非方略,其權謀非權謀,實乃狼狽耳。吾黨所欲拓之原野,其障礙雖多,諸君如以至誠爲耒,以剛毅爲耜,沐雨櫛風,水耕火耨,則豈復苗而不秀秀而不實之爲患也?諸君勉旃!

此會之畢,板垣氏復南面游説於濃州之岐阜,在公園開懇親會,會散而遇刺客。客爲相原尚褧,與板垣同縣。蓋其生平所持主義,與板垣相反,認板垣爲過激不忠之國賊。以爲斃此賊魁,則自由黨將全體消滅云。其事可疾,其志抑可悲也。板垣當遇刺時,大呼曰:"板垣雖死,自由不亡!"至今傳爲名言。黨員聞報,奔走駭告,慰問者不絶於路。然負傷輕微,不久旋愈。而自由黨緣此益張。

按:自由黨者,日本最初之政黨,而亦日本最大之政黨也。今雖更名曰立憲政友會,其黨魁由板垣而伊藤,由伊藤而西園寺,然其基礎固繼續以迄今矣。故吾記日本豫備立憲時代人民之擧動,而於自由黨言之不厭其詳也。夫立憲政治,必賴有政黨而後運用乃得其宜。此不徒在政黨內閣之國爲然也。蓋政黨者,代表國中一部分之輿論以監督政府者也。其在政黨內閣耶，則一黨在朝，他黨在野，甲黨之舉動，乙黨從而監督之矣。其在不黨內閣耶（日本人謂之超然內閣），則諸黨俱在野，交監督之矣。或與一黨提攜，而他黨亦監督之矣。故政府常不得以自恣，而政治日良。板垣氏所謂：被治者能以輿論之勢力牽制治者，使不得擅權，誠知本之言也。夫誠有大政黨當與現政府相對峙，而其勢力巍然其不可侮，則政府雖欲擅權，而勢固有所不可矣。政府欲擅權而勢不可，而政治猶不進者，吾未之聞也。問者曰：吾以一大黨之力，革政府之命而代之，不猶愈於監督乎？應之曰：革命自為一事，政黨又自為一事。即革命之後，亦不可無政黨。蓋政府無時而不待監督，非謂革命後之政府，可以毋監督也。然以革命的主義而組織黨者，其性質為與現政府不兩立，故責效必在現政府既倒之後。現政府一日尚存，則一日聽其腐敗，且利其腐敗，得以為倒之之口實。以政黨的主義而組織黨者，其性質為與現政府相對峙，故隨時可以責效，而惟以改良政府為期。革命的主義之黨，苟有勢力，則政府畏之，然始終與之立不兩立之地位，非彼倒政府，則政府摧滅彼，故其性質為暫時的。政黨的主義之黨，苟有勢力，則政府亦畏之，然可以與之立於相對峙之地位，畏之則採其意見以免其責耳，故其性質為永續的，此兩者比較得失之林也。夫受治於惡政府之下者，革命的主義之黨不能不發生，此感召之理然也。雖然，憤政府之惡，不得已而組織革命黨，猶可言也，幸政府之惡，以冀革命黨之成立，不可言也。蓋革命者，凡以求良政府而已。苟其能良，斯可勿革。然政府無人民監督於其後，則常趨於惡而不趨於良者，勢也。監督之而終不能良，不得已而出於革，古今各國之文明革命，大率如是矣。故欲為革命者，當革命未能實行之先，組織一勢力，對於政府而厲行監督焉，此責任之宜盡者也。其認革命為不必要者，組織一勢力，對於政府而厲行監督，務使勢力漸張，而逼政府以不得不受監督之勢，此尤責任之宜盡者也。板垣所謂以輿論之勢力牽制治者，使不得擅權，如斯而已，如斯而已！而我國至今日尚不能見此種勢力之成立，而舉國人民，亦無或竭心力以求此種勢力之成立者，此吾所以為中國前途慟也。因讀板垣氏演說，不能已於言。

或曰：子安得以當時之日本比今日之中國？今日之中國，若欲組織一如日本當時之自由黨者,政府其許之耶?應之曰:子未知當時日本政府所以壓制政黨者何如耳,吾將於次章紀之。彼國志士,能排此難關以成有力之政黨,而謂我國不能耶?殆非然矣。

六、改進黨之勃興

日本自明治以前,爲封建國,諸藩各植勢力,及覆幕府而建王政,則薩、長、土、肥四藩功最高焉。故廢藩以後,而此四藩之藩士,握中央政府之實權。薩藩則西鄉隆盛、大久保利通,長藩則木户孝允、廣澤眞臣、伊藤博文,土藩則板垣退助、後藤象二郎,肥藩則大隈重信、副島種臣、江藤新平,其代表也。及征韓論分裂以來(見第二節),西鄉、板垣、後藤、副島、江藤先後辭職,朝列爲空。自是政權全集於大久保、木户二人之手,由薩長土肥政府漸變爲薩長政府。(日本直至今日,猶是薩長政府。蓋日本爲富於軍事能力之國民,而薩、長人又日本國民中之尤富於軍事能力者也。)其時薩、長以外之人,惟大隈氏與大久保深結託,得安其位以有所設施。及西南之役(即西鄉之亂,事在明治十年),木户盡瘁以薨,大久保見鉏於兇俠,明治政府,失其棟梁。大隈、伊藤輩,乃以第二流人物起而當其衝。適值民間國會請願之運動,風起水湧。見事敏捷之大隈,欲乘此機以摧藩閥專政之燄(藩閥謂薩、長也,至今猶以爲通名),乃竊游説左大臣有栖川親王、右大臣岩倉具視(此二人皆直接於皇室有關係者也,非藩閥中人),以國會開設之不可以已,期以明治十五年召議員,十六年開國會。(時明治十三年也)大隈此計畫,未嘗與薩、長諸參議謀,彼等乃指大隈爲行跡詭祕,圖以陰謀覆政府。同時適有北海道官物拂下事件起(見第四節),民間以爲攻擊政府之材料,輿論讙動。而政府內自持反對説與民間應和者,則大隈也,故其見猜忌滋甚。夫大隈非有戰陣之功也,又非有藩閥之後援也,惟恃自己之才力,以製出自己之地位。而其畢生之目的,在摧破藩閥政治,以建設國民政治,始終以之。以如此之人物,如此之懷抱,而立於當時如彼之地位,勢固有岌岌不可終日者矣。果也,明治十四年之末,薩、長諸藩士合謀,排斥大隈於政府以外。故其年十月,立憲之詔勅方頒,同時而大隈辭職。以大隈辭職之故,純粹之薩長政府,緣茲成立;而民間一最有價值之政黨,亦緣茲發生。實日本政界中一大事也。

今日之憲政本黨，在十年前曰進步黨。其初起時曰改進黨，實大隈之軍隊，所挾之以與藩閥政府血鬥者也。(大隈於兩月以前，已辭憲政本黨總理之任。今此黨非復大隈所統率。此其理由甚長，容別論之。)其黨實合四派強有力之分子以成：一曰嚶鳴社派，二曰東洋議政會派，三曰鷗渡會派，四曰官僚派。嚶鳴社者，沼間守一率之，以《每日新聞》爲其機關。初，沼間與河野敏鎌、益田克德、須藤時一郎、小畑美稻、大島貞敏等，共設一法律講習會。及西南亂平，民權自由論勃興，彼乃一變其組織，改稱嚶鳴社，大開演說會討論時事，許一切人傍聽焉。時河野敏鎌方爲元老院幹事，每屆會日，輒要該院議長有栖川親王往就傍聽席，親王蒙其感化力頗多。乃明治十二年，政府忽下令，凡官吏不得爲政談集會。嚶鳴社社員，大半屬官吏。且創始之沼間，亦元老院權大書記官也，緣此命令，不能自由以立於演說會場。彼乃毅然脫官籍以下民間，執該社牛耳。又知報紙爲政治上一大勢力也，乃買收《橫濱每日新聞》而移之東京，改題曰《東京橫濱每日新聞》，據之以爲開發國民思想之一機關。彼實嚶鳴社中第一之雄辯家也，且其爲人多霸氣，精悍而有幹事才。當國會請願之大運動起，彼挾嚶鳴社及《每日新聞》爲之後援，自投於國會期成同盟會，爲其最有力之指導者。尋與同盟會中人謀組織自由黨，以意見不合，終成分離。此實後此改進黨一強有力之分子也。

東洋議政會者，矢野文雄率之(此人又爲日本之大小說家，著有《經國美談》，《清議報》嘗譯之。又嘗任中國公使。今已退隱，不復與聞政界事)、藤田茂吉、犬養毅(此人爲該黨二十年來始終最有力之指導者)、尾崎行雄(此人亦盡力於該黨垂二十年。後脫黨而入政友會，旋又脫政友會。今爲東京市長)、箕浦勝人(此人今尚爲該黨之重要人物)等，凡慶應義塾出身之俊傑屬焉，以《郵便報知新聞》爲其機關。(此報今日尚爲該黨機關，每日出報十二萬紙。)初，大儒福澤諭吉，高尚不仕，自開一慶應義塾，專以英、美穩健之思想，牖其國民。日本政治界、實業界之人才，多由茲出，而矢野其最早達者也。大隈之在政府也，百事每咨福澤。其爲大藏卿也，就福澤訪人才。福澤以矢野薦，用爲書記，委諸重任。拔茅連茹，犬養、尾崎輩，同在要職。及大隈解綬，相率連袂以下野。乃組織一東洋議政會，與嚶鳴社枹鼓相應，爲東京論壇之重鎮。此又後此改進黨一強有力之分子也。

鷗渡會者，當時大學中之七少年，小野梓率之(此人爲專門學校之創造者，日本第一流之政治家也。不幸短命,於開國會之先已卒。專門學校,即今之早稻田大學也),高田早苗、天野爲之、山田一郞、山田喜之助、岡山兼吉、市島謙吉、砂川雄俊等屬焉。(諸人大率皆與專門學校有密切之關係。)在當時社會中,其最有新穎之思想,英銳之意氣者,端推此輩。大隈之在政府謀改革官制也,彼等雖一介書生,已卓然以國事爲己任。常會於小野之家,講求所以建立憲政之策,乃因其地名名曰鷗渡會。時小野方任一等檢查官,世目爲大隈之智囊。大隈一切設施,半由小野獻替。而小野所憑藉之資料,則鷗渡會同人所供給也。故鷗渡會不啻爲大隈間接之顧問會焉。會員之數雖寥寥,亦後此改進黨一強有力之分子也。

其他尚有大隈直屬之官僚,統計院小書記官牛場卓藏、外務權大書記官中上川彥次郞、農商務大書記官牟田口元學、外務權少書記官小松原英太郞、農商務權少書記官中野武營、文部權大書記官島田三郞、權少書記官田中耕造、大藏權少書記官森下岩楠等,與矢野、犬養、尾崎、小野輩,隨大隈同日辭職。未幾驛遞總監前島密(此人有大功於日本郵便事業)、判事北畠治房、農商務卿河野敏鎌繼之。於是政府中無復大隈派之片影,翩翩群集於草莽。此皆後此改進黨強有力之分子也。

彼嚶鳴社與東洋議政會,自其初組織時,固已爲政黨之準備。鷗渡會者,亦養精蓄銳,待有同主義之政黨起,從而加入者也。適立憲詔勅方下,自由黨以一瀉千里之勢,奮迅成立。而大隈及其素有關係之人,又同時出政府,於是人人皆感結黨之必要。時機已熟,於是乎最有價值之改進黨,遂不坼不副而產出於政界。

自由黨成立後之十旬,即明治十五年三月十四日,立憲改進黨興。此實日本國中有歷史之兩大政黨。而其發生之時代,殆可謂之同一者也。改進黨之趣意書曰:

> 明詔渙降,立憲事定。我帝國臣民,際萬世一遇之盛時,果當立若何之計畫,盡若何之職分,以求無愧爲帝國臣民耶?曰:惟結一政黨,相應相求,以表我輿論而已。我兄弟其來猗!結我政黨副我職分猗!
>
> 幸福者,人之所欲也。雖然,少數專有之幸福,吾黨所不與也。吾黨所希望者,皇室之尊榮,人民之幸福也。雖然,曇花一現之尊榮幸福,吾黨所不欲也。吾黨所希望者,無窮之尊榮,永遠之幸福也。以是之故,苟其

一二私黨，專我帝國，蔑王室之尊榮與人民之幸福，偷目前之苟安，忘永遠之禍害者，我黨必目之爲公敵。我黨欲集全國中與我同希望之人以結此政黨。我兄弟其來猗！結我政黨表我希望猗！

政治之改良前進，我黨所最渴望也。蓋不求政治之改良前進，而空希冀無窮之尊榮永遠之幸福，此必不可得之數也。雖然，急激之變革，非吾儕所欲。蓋不循順序而侈謀變革，則紊社會之秩序，卻妨政治之進行。以是之故，彼競於躁急，務爲激昂者，吾黨所不與也。吾黨欲以順正之手段，改良我政治，以着實之方便而前進之者也。今定約束二章如左：

第一章　我黨名曰立憲改進黨。

第二章　我黨以帝國之臣民有如左之希望者結成之：

一、保王室之尊榮，全人民之幸福。

二、主內治之改良，及國權之擴張。

三、省中央干涉之政略，建地方自治之基礎。

四、隨社會之進步，以伸張選舉權。

五、對於外國，務省政略上之交涉，厚通商上之關係。

六、幣制採硬貨主義。

按：趣意書之第二段，是對於政府宣戰也。其第三段，則與自由黨立異也。改進黨之精神在此。

於是行莊嚴之結黨式，推大隈爲總理，河野敏鎌爲副總理，小野梓、牟田口元學、春木義彰爲掌事，而黨以成。乃連日開演說會，解釋其黨綱，及論政治家之資格，與夫英、美各國政法之美點。傍聽闐坐，民氣大張。

改進黨既集一時知名士以成，其黨員皆富於學識，老於閱歷，贍於辯才，而復以如焚之熱誠運用之，故一舉而聳全國之觀聽。彼自由黨經板垣等七八年之鼓吹，有愛國社、國會期成同盟會爲之先河。而改進黨崛起平地，一轉瞬間，而勢力與之相埒。當此之時，兩黨殆中分日本。上自通都大邑，下逮山陬海澨，其支部所在發生，人民相與偶語者，非言改進，則言自由。不爲黨人者，幾自覺於國民資格有不具焉。此可謂日本政界上最活躍之時代也已。

而政府之側目於人民也，亦自是滋甚。

按：改進黨者，日本最高尚之政黨也。其黨員皆中流以上之人士，富於健全之常識，常爲秩序之行動，忠於主義，百折不撓。受無量之壓制，而未嘗爲一度之解散，累歲處於逆境，而節操曾不少渝。以視彼自由黨之聚散無常方針屢變，則彼雖常制多數而接近於政權，而價值蓋遜此一等矣。今者雖其黨員中一部分，漸喪此精神，以致見棄於其黨首；然就日本政黨史上觀之，其光芒猶閃爍千古，不可誣也。要之日本政黨之價值，不在其立憲以後，而在其立憲以前。蓋日本之有政黨，凡以摧藩閥政府之專制而已。立憲以後，藩閥政府，雖勢力依然，然一切行動，受憲法之限制，無可容專制之餘地。故政黨之對之也，常若爲消極的監督，而不能盡爲積極的猛攻。此其價值所以稍遜於前者，一也。又立憲以後，日本屢用兵於外。故國民之視武人也，常重於政治家。而武人大率薩、長產也。坐是之故，藩閥之勢力，有日長而無日消。黨人之欲行其政見者，乃不得不遷就焉而與藩閥相結托。此其價值所以稍遜於前者，二也。若夫當明治十四五年之交，則風馳雲捲，氣象萬千。其黨人之言論行動，皆可以動風雨而泣鬼神。自由、改進兩黨，其手段雖殊，其精神則無二也。夫日本之所以有今日，則何一不食當時之賜？質而言之，則日本今日之地位，日本國民自造之也。今我國之言政者，動曰法日本。吾以爲日本而可法也，則亦法其國民已耳，則亦法其明治十四五年間之國民而已。

又按：熟察日本民權之所以發達，政黨之所以成立，於其間有一大消息焉，曰大政治家在野是已。夫政治家以實行政見爲期，而非掌政權不能實行政見。然則大政治家不在朝而在野，似非國家之福。雖然，凡善良之政治，不可不求其基礎於國民。而欲求政治基礎於國民，則非有在野之政治家不可。此在憲法久定之國，其行政黨政治者，則常有兩大黨焉，一在朝，一在野。其政治自能受支配於輿論，不待言矣。若在未立憲之國，人民固不知政治爲何物，非有富於政治上之學識及經驗之人，從而提絜之，則國民未從得政治上之思想，更未從爲政治上之生活。於此而欲國民政治之發生，此未胎而欲求子也，未華而欲求實也。國民政治不發生，而欲國家即於盛強，是又欲入而閉之門也。故大政治家在野，實國家所以致盛強之一要素也。徵諸日本，則自西鄉、板垣、副島、江藤、後藤之下野，而政治現象開一新紀元焉；自大隈及其屬僚之下野，而政治現象又開一新紀元焉。則試問此諸君子者，其在朝也與在野也，於日本孰利？吾必曰在野利。於何知之？前後同是人也，而其在野之事業，視其在朝之事業，偉大且十倍，夫是以知之。日本政治家，知在野之可以爲政治生活也，故不必斷斷焉以在朝與否爲重輕。在朝苟不能行其志，則翩然以下。然又非如小丈夫悻悻之爲也，又非如厭世者流，賦歸去來，而消極以自晦也。不以下野爲其政治生活縮小之徵，而以下野爲其政治生活開展之徵。如板垣、大隈，皆其人也；即後藤、副島、江藤、前島、河野、沼間、矢野、小野、犬養、尾崎輩，亦皆其人也。我國人之思想乃大異是。彼駑馬戀棧豆者無論矣；即其稍上焉者，亦爲不在其位不謀其政之舊說所囿，以爲一去官職，即與政治絕緣，而無復盡瘁於國家之途。此等謬想，實政治不進步之一大原因也。試以近事比附論之。項城袁氏，西林岑氏，豈非世之所謂賢者，而有可以指導國民之資格者耶？岑氏左遷雲貴，頗不得志。袁氏以改革官制，爲反對黨所排，鬱鬱尤甚。此與明治六年之板垣，明治十四年之大隈，其地位蓋相若也。使以日本之政治家而處今日袁、岑之境，則有挂冠神武門以去，訴同情於國民已耳。苟袁、岑而出此，吾信我國民之所以待之者，必不讓日本國民之待隈、板明也。而袁、岑所持之政治意見，必緣此而得實行，其勢且倍易於日本。何也？今之尸權力於政府者，其才非大久保、木戶、伊藤伍也。而袁、岑顧不出此，即舉國中人亦無或懸擬希望其出於此者。其本非有真愛國之心，非以改良政治爲己任耶，則亦如吾前者所謂駑馬戀棧豆之類，夫復何責。若其猶有此心也，而不敢出此，則必以爲印綬一解，而即無復爲政治事業之途也。夫在我國古代之理想，以國家爲君主私有物，以官吏爲君主私人，則失官即無以自效於國家，固也。而袁、岑生於今日，乃不知國民政治之不容不發生，不知所以求政治基礎於國民，是其智不逮大隈、板垣遠也。夫吾之此論，固非勸告彼二人之辭職也，吾知彼二人之不足以語於斯也。所以比附論及之者，則以我國人不解在野可以爲政治事業之理，爲至可恫也。此種迷見，非惟官吏有然，即人民亦皆有然。雖有如焚之熱誠，而終不能離官職而以自力造出政治上之地位，彼非有所憚而不敢爲，蓋信其不能爲也。若明治初年間，自由、改進兩黨之手段,吾國人所未能理解也。於何證之?於革命黨之言論證之,於立憲黨之行動證之。革命黨非不愛國也,非不以改良政治爲目的也,而其手段則謂必撲滅現政府後,然後政治上乃有可言。此斷案何自生乎?其前提則曰:既撲滅現政府後,吾代之爲政府,吾乃得所藉手以從事於政治生涯也。此其迷見,正與官吏同。質而言之,則謂非在朝者不能爲政治事業而已。夫政治家以握政權爲最終之目的,此何待言。然謂非握政權則不能爲政治家,此東洋錮蔽之舊思想,而非可適用於今日明矣。使大隈、板垣而懷此迷見也,則當其不得志於政府也,非學江藤新平、西鄉隆盛之舉動,將無從行其政見以報國家。而試問多益三四人之江藤、西鄉,多演三四次佐賀、鹿兒島之惡劇,於日本果有何裨益?而使無板垣,無大隈,則日本之政治現象,能有今日焉否也?今革命黨員中,雖其有政治上之學識者,而莫或爲政治上之活動,則其所見有蔽之者故也。若夫有信革命之不可而主張立憲者,似能直接以改良政治爲目的,而非若革命派之假途於間接矣,宜其急起直追以行其所信。而亦未聞或如是,不過謂政府立憲吾表同情云爾。夫政府而果立憲,則公之表同情與否,曷足爲輕重!政府而永不立憲,則公之同情,毋乃僅得表諸他之憲政國也,然則公亦多此一表而已。雖然,吾今責彼以能空言不能實行,彼將不服。彼其意當若曰:吾非謂徒言爲已足也。使吾爲政府,吾將舉吾所主張之立憲政體而立即實行之。而無如吾之不爲政府何也?此其迷見,又正與革命黨同。質而言之,亦謂非在朝則不能爲政治事業而已。信如彼言,則日本之能爲政治事業者,在昔惟有大久保、木戶、伊藤之流,在近今惟有桂、西園寺之輩;而大隈、板垣,惟當學安石之東山絲竹、淵明之三徑菊松也。信如是也,則日本之政治現象,又果能有今日焉否也?要而論之,我中國,今日無論爲官吏一派與夫民間之革命一派、立憲一派,雖趨舍異路,而其不知在野政治家之性質則同。坐此之故,而在野政治家,遂永不出現。上焉既無板垣、大隈,中焉復無河野廣中、片岡健吉、沼間守一、矢野文雄之徒,下焉復無景從自由、改進兩黨之無名的豪傑,於是全國之人,可分之爲二級:一曰現有政權而抵死欲保守之者,二曰現無政權而抵死欲攘奪之者。其所以抵死保守、抵死攘奪之故,或爲箇人之私利耶,或藉此以謀國家之公益耶,雖可不一概論;要之沮閼國民政治,使失其發達之途,厥罪均也。舉國中既認政治爲政府當道之專有物,其不在政府當道者,莫或思分其一席。而政府當道,則又皆不知政治爲何物者也。以一國政治,而全委諸不知政治爲何物之人,則夫政治之永不改良,而國家之日即憔悴也,其又誰尤?中國前途之有瘳與否,吾將於其能發生在野之政治家與否爲卜之。

又按:甚矣,學問之影響於人心者深也!又私人事業,苟其爲積極的進行者,無論進行於何方面,而皆可以裨國家也。日本當明治初元,其政府固未知注重於教育,而高等教育更無論。時則有福澤諭吉,竊慕英國學風,開一慶應義塾,網後進英才而教之。其所授者在英國政治學説,而尤注重門治斯達派之經濟論,遂爲日本言政治經濟之先河。其門下士後此率皆投入改進黨,爲其健全之分子。改進黨之能成立,則慶應義塾功最多焉。其後大隈與小野梓輩,設專門學校,以爲黨員之製造場,猶斯志也。同時有中江篤介者,沈醉盧梭民約之説,亦開一私塾以鼓吹之,則自由黨之所以張也。復有箕作祥麟者,亦開一私塾,而專以研究法律爲務。未幾其私塾遂改爲帝國大學,則國權論於兹昌明焉。其私塾之生徒,後此多爲立憲帝政黨員。(立憲帝政黨,雖非有大政黨之價值,然亦與自由、改進兩黨先後起。詳次節。)此三塾者,一則代表英國學派,一則代表法國學派,一則代表德國學派。遂使日本之思潮,朝暉夕陰,氣象萬千,漸演漸進,以成今日之國勢。然則日本之政治,政黨造之;日本之政黨,私塾造之。此亦其預備立憲時代人民之所有事也。

七、其他諸黨派

改進黨成立後旬日,而有所謂立憲帝政黨者興。其性質頗曖昧,或謂實當時政府之傀儡,所以抵抗兩黨者也。倡之者爲福地源一郎、丸山作樂、水野寅次郎三人,亦一時知名士也。福地當幕府時代,已治西學。文章辯才,皆橫絶一世。初在官籍,挂冠而爲報館主筆,首創《東京日日新聞》,實爲日本報館之嚆矢。特受木户孝允之信用,常爲政府辯護,故有御用新聞之目。至是組織此帝國憲政黨,其宗旨在保存萬世不易之國體,鞏固公衆之權利康福,擴張國權,對於各國而保光榮。循漸進步,不泥守舊,不爭躁急,恆秩序進步以保國安云云。其黨綱十一章,今不備錄,要之亦堂堂然爲一公黨之行動也。但其爲政府黨之事實,則亦自白不諱。其黨綱衍義有云:

> 我黨既定黨綱後,以寫本呈諸內閣大臣參議諸公,質以今日內閣主義,與此黨綱有無異同。諸公答以盡同,此我黨員所共聞而亦深信之者也。然則今日之內閣,雖未公然爲政黨內閣,然既與立憲帝政黨同主義,則就實際論之,雖謂爲帝國憲政黨之內閣可也。夫以主義合,亦以主義離。主義同則贊成之,主義異則排擊之,此政黨所宜爾也。苟於離合之間,無挾私憤謀私利者存,則其離合實可謂公明正大之舉動。自今以往,苟內閣諸公不食其言,常執此主義,則我黨雖不欲阿政府,而以我黨主義之故,不得不擁護之。若諸公二三其德,違此主義,則我黨雖欲爲政府辯護,而見制於我黨主義,亦辯護末由。

就此觀之,其爲當時之政府黨,蓋已甚明。故當時福地等開演說會,雖聽者塞座,而非笑之聲盈耳。然彼等意氣不衰,且日游說於四方,黨勢亦頗張。

> 按:當時日本政府,因憚民黨之勢,且暗中使嗾數人別樹一黨,爲己之傀儡,以抵抗之。此似屬卑劣手段。雖然,即此益可以見輿論之價值焉。輿論苟相團結而成勢力,則政府決不能抵抗。藉欲抵抗,亦仍惟訴諸輿論而已。夫至政府與在野黨交起而互訴諸輿論,則彼此立於兩造之地位,而裁判之者乃在國民。兩造各欲求勝,則兩造不能不出種種方便,以冀博裁判者之同情。夫政府日與在野黨爭國民之同情,而政治現象猶不進者,吾未之聞也。故曰:日本政府此手段雖似卑劣,然緣此益可以見輿論之價值也。且天下惟有主義者能與有主義者爲政友,亦惟有主義者能與有主義者爲政敵。日本當時政府雖專制,然有主義之專制也。故當其使嗾私人樹一黨以與他黨戰也,亦能標出其主義,堂堂正正以立於陣頭。若我政府而能達此程度乎?吾國有夛矣。

於時三大政黨,鼎峙於東京,筆舌之戰,沸羹蜩唐。而其爭之最烈者,則主權所在之一問題也。自由黨之機關報曰:天下非一人之天下,天下之天下也。國家自人民而成,故主權宜在人民。帝政黨之機關報曰:日本人民,自建國以來,即爲天皇之臣民。即憲法之制定,國會之開設,亦屬於天皇之大權,故主權宜在天皇。改進黨則折衷之,謂君主專制之時代已去,而共和政治亦不適,故在制憲法設國會以後,主權宜存於君民之間。國會則天皇與人民共組織而成者也(按:改進黨當時全以模倣英國爲主,故有此説),故主權宜在國會。此等論爭,彼此各累數十萬言,經數月不息。由今日觀之,誠見其學理之幼稚。然當時以此論爭故,傳播種種政治思想於多數國民腦中,功蓋不在禹下。

三大政黨鼎鎭於東京,而條跗於各地。其在自由黨方面,於大坂則有立憲政黨,於靜岡有岳南自由黨,於高知有海南自由黨,於但馬有但馬自由黨,於淡路有淡路自由黨,於愛知有愛知自由黨,於參河有三陽自由黨,於近江有大津自由黨,於石見有石陽自由黨,於越後有頸城三郡自由黨,於越中有自治黨,於東北有東北州自由黨。其在立憲改進黨方面,於兵庫有兵庫改進黨,於靜岡有靜岡改進黨,於茨城有水戸改進黨,於福井有若越改進黨,於越中有越中改進黨,於大分有大分改進黨,於秋田有秋田改進黨,於新潟有新潟改進黨,於福岡有柳川改進黨。其在立憲帝政黨方面,於丹後有宮津漸進黨,於東京有立憲中正黨,又有扶桑立憲帝政會,於岡山有中正會,於山梨有立憲保守黨,於土佐有高陽立憲帝政黨。其他不與三大政黨連絡者,有熊本之紫溟會及公議政黨,有金澤之立憲眞正黨,有筑前之立憲帝政黨,有能登之能奧自由改進黨,有鹿兒島之博愛黨,有越前之慮愛會,有靜岡之先愛會,有愛媛之扶植會,有和歌山之同友會,有福井之知憲會,莫不標主義、申約束,以割據於一方。就中紫溟會,爲參事院議官安塲保和、太政官大書記官井上毅所倡,其團結稱最堅固,三大政黨外最爲有力。而其主義與自由改進兩黨甚齟齬,甯與帝政黨接近,亦政府一強援也。今譯述其檄文:

> 能興國者政黨也,能亡國者亦政黨也。將顚而扶之,既危而安之者,亦政黨也。國之禍福,亦視政黨之制多數者何如耳。今天下競沈醉於政論,政黨之勢漸成。天若相我國,其庶產一中正之政黨,制全局之多數,期永遠之大計,漸進而有所定。不幸而激昂熱疏之徒,占勝於一擲,一變而煽爭亂,再變而覆社會。國之淪亡,可期日而待也。今我輩亦既立此旋渦之中。當此之時,將阿時好投時機附和雷同以賈名乎,將左推右就如風中之旗以與世推移乎,抑亦求眞理之所在,屹立於大中至正之域,以挽頹波

而持百世之公論乎？更約言之，則我輩將爲興國之政黨乎，抑將爲亂國之政黨乎？此不可不慎察也。詭激之政論，實濫觴於歐洲，謂國家起於民約，謂主權存於國民，謂法律成於衆庶之好欲。其言神奇痛快，於刺戟煽動最便，以故風靡一時之人心，潰奔汩軼，不可遏抑。恣殺伐而日買自由，躬弒逆而日行天討，黨怨慘憯，展轉相仇，遺毒百年而未有已。若火燎原，鄰鄰相煽，舉寰宇大小之國，希有不被其禍者。我國久孤立東洋，外交之局新開。而歐洲詭激之政黨，先決防而入，數年之間以非常之速力，漫延都鄙，寖成羽翼。醫家言曰：初染疫之士，其病必烈。此自然之勢，無足怪者。夫勢之所趨，用激最便。平易真實之說，往往不足以感人。聚衆結黨，尤以神奇之論爲易入。今時勢既已若兹，我輩亦何苦冒難險逆時流，獨執中正之議乎？蓋大有所不得已也。今我日本帝國，實當非常之奇局，丁陽九之險運。蓋數百年來，寰宇之大勢，日新月異。百般事業，白種悉已著先鞭，橫行東西，有如長蛇。我國既失機於前，今以蕞爾介列國之間，攜錙銖以入千金之市，引寡弱以馳萬軍之中，其勢如肉處群虎之林，永懸烈日之下。今誠欲擴張國勢，轉危爲安，以保全獨立，是無他道，亦曰壹國民之心力而已。勿慼小部之害，而廢大局之利；勿以簡人之私，而誤全國之謀。智者致其謀，勇者致其力。凡我同胞，無朝無野，皆當審一世之大勢，以謀一世之大事，其何暇故爲激昂之論，以圖頃刻之快意也哉！比利時國旗之銘曰：能合斯强。有味乎其言之也！（下略）

按：讀此檄文，則當時革命論之盛，可以想見，蓋自由黨之大部分畸於此也。此檄自明所以反對革命論之理由，謂全由世界大勢所壓迫，岌岌不可終日，宜勿爲内競，乃得蓄其銳以從事外競。誠知本之言也！顧吾別有所感者，日本當時革命論如此其昌，殆視現在之中國有過之無不及焉。而夷考當時日本政府所以待彼之革命黨者，與今日中國政府所以待我之革命黨者，其手段乃絶異。日本則予以新希望而解散之，迅速實行立憲是也；中國則增益其不平而助長之，羅織淫行殺戮是也。此兩政策者，極端反對而不能相容。而日本昔日之政策，已收良結果，成功以去矣；而中國現在之政策，其結果將若何，反而觀之，夫豈待蓍龜也！

當政黨勃興之際，國人爲好奇心所敺，於是更有一不適時勢之詭異政黨興焉,曰東洋社會黨。倡之者爲樽井藤吉、赤松泰助二人。結黨後僅二月,遽爲警察所干涉解散。

按:社會黨當二十年前,在歐洲亦始句出萌達耳。而日本當時,乃已有和之者,其腦筋之敏鋭易感受,盖足多焉。然以今日之日本,猶未至社會黨渟興之機運;乃於二十年前而倡此與時勢不相應之論,即微警察干涉,吾知其决不適生存,旋以消滅巳耳。

(未完)

(1906年7—8月、10月《新民叢報》第83、84、89號)

論法律之性質(日本法學博士奥田義人原著)

此奥田博士《法學通論》中之一章也,以其可供治法學者之參考,故譯之。譯者識

第一節 法律觀念

第一款 關於法律觀念之學説

卒然問曰:何謂法律?發問雖簡,而作答殊難。故古今釋法律觀念者,言人人殊,學説如鯽矣。夫學説之變遷,即此學沿革發達之表徵也。是以古代法律,有古代之觀念;近世法律,有近世之觀念。而近世觀念中,學者亦各出其所信,而言之有故,持之成理。今通古今而臚其重要者如左:

(1)神意説 神意説者,謂法律或以直接或以間接受牗示於神天者也。直接云者,謂神天自制法而親授諸人類;間接云者,謂雖非親授而默相之也。

謨罕默德（Mohamat）自稱入定深山，天使加布里埃下降，授以法典，名曰《可蘭》（Koran），來喀瓦士（Lycurga[u]s）自稱從十二神之一名亞波羅者，受《斯巴達法典》：皆謂直接受牖示於神天者也。猶太之《摩西（Moses）法典》，印度之《摩奴（Manu）法典》，希臘之《綿尼（Menes）法典》，皆以同一之觀念而發生者也。我國稱"天乃錫禹《洪範九疇》"，亦其類也。此觀念起於最古，而有國莫不皆然。蓋由統治者欲壹其民，察彼之缺於智力而強於迷信也，利用此爲施治之政術。政術與迷信和合，而此觀念益確立焉。其後時勢遷移，根據漸弱，乃不得不稍更其說，謂吾之法悉循天心而立也。此間接論所由起也。雖然，古今法學鉅子，其持此觀念以釋法律者，實不乏人。意之麥士德爾，法之佐波那爾，其著者也。惟欲立此觀念之左證，則宜先確知神天之有無。藉曰有之，其性質何若。睿不及此，則武斷而已。

（2）正義說　正義說者，或曰法律即正義也，或曰正義之一部分也。所說雖有出入，要之以正義爲法律基礎者近是。其在希臘，畢達哥士（I'ittacus）曰：法律者，正義也。栢拉圖曰：正義一稱法律，實箇人與國家兩有機體所同具之智、勇、節三德和合而生之原理也。喀來士布（Chrysippus）曰：法律者，正不正之鵠也。大率以正義與法律視同一物。其在羅馬，錫爾士（Celsus）曰：法律者，術之公且善者也。哥克（Coke）曰：法律不外正理。其說亦率同希臘。夫正義觀念，能包孕法律觀念，不俟論也。雖然，據此觀念，遂能定法律之爲何物乎？謂法律即正義，則反於正義之法律，不應存在。然謂反於正義之法律，則司敗[法]不得適用焉，恐非學理所能許也。又如關於手續之法律將由何道而以正義之觀念說明之乎？限期上控，何故爲正義？逾期不能上控，何故爲反於正義？雖有辯者，恐難索解也。況所謂正義者，於何定之？伊誰定之？漠然亦安適從也？

（3）人性說　人性說者，謂以法律爲完復人性之鵠也。德儒倭兒弗（Christian Wolff）曰：法律者，所以使人履行其義務以復其本性之一手段也。是其義也。雖然，一切法律，果皆可爲完復人性之鵠乎？藉曰可也，彼道德宗教，何一非完復人性之鵠。然則若何之鵠，命曰法律，若何之鵠，命曰道德，命曰宗教，其界說抑難言爾。

（4）道德說　道德說者，或曰法律即道德，或曰道德之一部分也。虎哥曰：法律者，强人於正，而道德的行爲之規則也。佐謨曰：法律者，以對外一定之權力，付與人群，而道德上之規則也。是其義也。夫道德與法律，其爲人事之鵠一也。雖然，外形判焉。道德以心爲主，由内正外；法律以行爲主，由外正内。法律上規則，雖爲道德上規則之一部，然僅據此未足以明法律之觀念。信如此說，則必謂反於道德之法律皆非法律然後可。不寧惟是，如手續法，如憲法，如行政法，皆可謂之非法律。何也？此等諸法，其所含道德觀念實鮮也。

（5）自然律説　自然律説者，謂法爲自然律之一節也。法也者，非天作之，非人作之，實一種天然之現象也。宇宙萬物，有倫有脊。既有倫脊，法自彌綸。日月星辰，循此以運行；春夏秋冬，率是以來往。豈其於人而獨能外之？人也者，自然界之一物也。故法也者，自然律之一部也。孟德斯鳩曰：法也者，以廣義言之，實事物本性必至之符。天帝有法，萬化有法，衆生有法，人類亦有法。是其義也。此學説以近世科學之進步，殆益證其不誣。雖然，以之釋法律，蓋有所未盡。蓋推其全體以言其一端，雖無刺謬，而此一端屬於全體之某部分乎？國家法律屬於自然律之某部分乎？苦難見也。

（6）秩序關係説　此説頗與前説近似，謂法也者，則也；則也者，事物因果相嬗而有一定之關係者也。英國物理學大家赫胥黎（Huxley）曰：法之本質曰秩序，所以示有一定之原因者，必有一定之結果也。是其義也。雖然，此亦推全體以言一端。而此一端屬於全體之某部分，未能言之。

（7）自由規律説　自由規律説者，謂法律所以定各人自由行動之範圍，一面爲天賦自由立制限，一面爲天賦自由施保障者也。康德曰：根據自由原理，而立條件焉，使各人之自由與他人自由相調和，謂之法律。莎威尼亦曰：設規則焉，示一無形之界綫，而使各人之生存動作得正確之自由範圍，謂之法律。是其義也。當自由論全盛時代，此説殆披靡學界。雖然，斯亦未可稱薦論。蓋此觀念可適用諸法律之一部，而未可以概全部也。何也？法律中有保障人之自由者，亦有爲保障一人之自由，而限制他人之自由者，亦有無論何人咸不得自由者。

（8）民約説　民約説者，謂國家由人民相約而成，法律由民意一致之結果而立。申言之，則法律者，民相約建國時所定之約章也。此説雖萌芽於古代，而大成之者爲盧梭。其言雖辯，奈歷史上無一根據，適成爲空華幻想而已。國家法律，果成於人民之約法乎？歷史上曾見有先民爲茲約法者乎？法律以前更有約乎？祖父約法，何故以其自由意思，侵縛子孫之自由意思乎？此皆民約論敗績失據之點也。

（9）公意説　公意説者，謂法律所以發表當時人民全體之意思者也。莎威尼曰：法律非人力所能創作，而發育於自然者也。人民於日用交際，積久而習成焉，因釀之以爲法。故慣習法者，最良之法律也。何也？彼直接以發表人民之所信也。立法者之制定法律，不過取人民所信，加以形式云爾。實則人民公意間接而發現者也，此説與民約説略相似。其所異者，民約説謂初建國時相結契約，公意説謂當時人民全體意思，彼爲一時的，而此爲隨時的，彼爲有形的，而此爲無形的也。然以此釋法律，義亦未完。蓋此説若信，則反於人民公意之法律，當不得復謂之法律。不甯惟是，所謂公意者，果由何道以形於外，抑太不分明也。

（10）命令説　命令説者，謂法律爲主權者之命令。此觀念導源於羅馬法曹，而大成於英國之分析法學派。霍布士曰：法律者，有權力之人命某部下，以某事當爲某事不當爲之言語也。其後邊沁、阿士丁皆祖述之，因曰：法律者，治者規定受治者之行爲所頒命令也。此説大得學者之贊同，一時阿士丁之名，震全歐法學界。雖然，亦非蔫論也。命令云者，優强者所行諸劣弱者也。劣弱者若不率則惡報隨之，制裁是也。信如是也，則（一）憲法及行政法之一部，可謂之非法律。何也？以其多屬於規定國家自身之行爲者也。於是德人邊達英遷就其説，謂法律者，對於國家及人民所發之命令也。蓋謂如是則憲法行政法，可納入而無礙也。雖然，發令者國家也。自爲發令者，自爲受令者，毋乃矛盾矣乎？（二）慣習法可謂之非法律。何也？彼非由命令而成立，由承認而成立也。（三）法律不得以權利爲本位。何也？由命令而服從之關係生焉，由服從而義務之關係生焉。然則權利果何在也？（四）人民行爲，有僅爲法律所許，而非必爲法律所命者，私法中數見不鮮焉。故直以命令釋法律，無有是處。

（11）强行規則説　此説與前説相待，謂法律者藉外界之制裁以强行之規則也，無强制力不得謂法律。德儒德瑪莎士曰：法律與道德之別，在制裁之有無。其弟子康德陵曰：法律者，立一規則而以外界之苦痛懲彼侵軼者也。伊耶陵曰：强行者，非徒爲實行法律之手段云爾，實法律之要素也。故無强行力之法律,謂之非法律。外此如英之邊沁、阿士丁,德之黎布匿、康德,其以制裁爲法律之要素也皆同。雖然,制裁之觀念,言人人殊。此觀念不明,則此説無著,又無制裁之法律,時非無之,若憲法及行政法之一部是也。故此説亦未完粹也。

（12）共同生活要件説　謂法律爲人類共同生活要件之一部也。匈牙利之蒲盧士奇（Pulszkey）曰:法律者,國家所認爲社會生存要件之規則也。英之坡洛（Pollock）曰:法律者,示人以人類共同生活之要件也。是其義也。夫法爲利群而立,固無待言。然直以此爲法,則反於共同生活要件者,當不可謂之法律。夫反於共同生活要件,固惡法也。然以其惡故而謂之非法,則烏可？

（13）行爲説　行爲説者,謂法律爲行爲之規則也。英儒荷爾郎曰:法律者,人類外界行爲之規則,藉政治的最高權力而强行之者也。法儒埃莎伯曰:法律者,人類外界之義務的規則也。是其義也。學者或難之,謂信如此説,則關於意思者,當謂之非法律；然法律固有制裁及於意思者。

第二款　法律之實質的意義

綜上所述,互有短長,而行爲説,其最普及且最適於近世之法律思想者也。今採之以立定義。曰:

法律者,國家所制定、所承認之行爲規則也。

更分析之如下:

（一）法律者,國家所制定、所承認者也。

行爲規則中,經國家制定承認者,謂之法律。制定與承認二者,法律之所由生也。其在成文法,則制定之；其在慣習法,則承認之。

（二）法律者,行爲之規則也。

法律所以異於道德者,一以其專屬於外界行爲規則,一以其必待國家之制定承認也。難者或曰:以法律而示内部意思之規則者,未始或無；限以行爲,毋乃不周？應之曰:古代法律,其干涉或及於内心。蓋古者謂法爲神天所牖示,爲道德之一部。其不設内外之界,宜也。雖然,法律者,進化者也。故其觀念,非必古今同揆。近世法律,惟規飭行爲,不制限意思,章章明甚也。故生今日而以行爲規則示法律之定義，決無大過。難者又曰：若憲法若行政法等，皆屬於國家機關內部之組織，安得曰行爲規則？應之曰：此等非直接之行爲規則，固也。雖然，其目的將以使行爲規則，運用自如，非於行爲規則外，獨立而爲其用也。故此等規則，常與他規相須而不可離。其不失爲行爲規則明矣。

學者或附益以制裁之觀念，謂法律者國家強制執行之行爲規則也。雖然，法律非皆主制裁者，如憲法中國家自規定其行爲者是也。又法律非皆用制裁者，干法行爲，則制裁之；適法行爲，則放任之也。故附益以制裁觀念，徒隘法律之圍範耳。

抑吾更有一言：法律者固國家所制定、所承認也，然制定與承認，非必國家躬自爲之也。凡規則之淵源於國權者，皆可以當法律。故國家以外之公法人所制定、承認諸規則，皆爲法律。又非必一國家獨爲之也，數國公同制定、承認之規則，皆可以當法律。故國際法亦稱法律。

第二節　法律與道德之區別

欲深明法律之性質，則其與道德之界線，最當三致意也。兩者之所由起，其鵠皆以利群。故在昔先民，視同一物。即洎今代，而以法律爲道德之附庸者，尚比比也。自國家觀念發達，然後兩者之界線益明。蓋今世之法律，舍國家無所麗也。今請語其區別。

（一）法律所支配者，人類交涉之外界行爲，及與行爲有關係之意思也。道德異是，支配意思，而嚴監動機焉。申言之，則法律者，外而制行，且緣制行而獲制心；道德者，內而制心，且緣制心而獲制行。

（二）法律者，國家之典要也，其成立必假援於權力；道德者，社會之大經也，其成立不假援於權力。

（三）法律以假權力而制諸外故，其遵守之也，緣關係而無所逃；道德以不假權力而制諸內故，其遵守之也，各反其良心而負責任。

由是觀之，兩者之差別，可以略識矣。至法律果與道德全異其範圍乎，抑爲道德之一部分乎，學者往往曉辨。然此殆不必辨也。法律上之規則，其大部分與道德上之規則相一致，無待言也。惟道德以意思爲主，延及動機；法律以行爲爲主,不及動機。此其最異者也。何謂動機?如殺人,法律所禁也;報君父之仇,道德所許也。然終不能以報仇故而不以殺人論,則法律之性質然也。不甯惟是,雖有窮凶極惡之規則,苟經國家制定、承認,則不得不謂之法律。故專就法律論法律,竟謂之與道德殊科可也。其内容與實質,雖或從同;若其形體,則彼自彼,此自此也。吾非謂可重法律而輕道德。蓋二者相俟,然後舉利群之實;苟缺其一,群終不可得而理也。

(1906年8月《新民叢報》第84號)

雜答某報

　　頃以事故,無暇爲報中屬文者殆兩月餘。前此對於某報之論辯,同人多有詒書相告語,謂彼既詖遁,無取復與爭口舌者;亦有謂其邪説惑人,宜終折之者。鄙人以爲今方宜進行於實際,惟日不足,安暇嘵嘵作論爭。然對於第三者而盡説明之義務,亦實際的方面所宜爾也,乃更草此文以雜答之。過此以往,則予欲無言矣。

著者識

　　吾之論旨,始終以政治革命爲救國之唯一手段,而所謂種族革命社會革命者,皆認爲節外生枝,無益於事,而徒礙政治革命之實行,故辭而闢之。所以必辭而闢之者,欲國民集精力以向於政治革命之一途,國庶有豸也。今兹之論,亦爲第三者釋其疑,非對於該報而欲角勝也,乃更提出諸問題如下:

一、自滿洲入關後中國果已亡國否乎?

　　此實最切要之問題也。若中國果已亡國,則吾輩今日,當惟光復此國是務,過此以往,皆不成問題。而吾輩所日日號呼曰救亡救亡者,亦無可言。何則？惟未亡者可云救之,已亡者則安所用其救也！按某報屢言我國民我國民,就文義上觀之,似認中國爲未亡國者。何也？國民云者,國之民也。惟有國斯稱國民(澳洲、美洲之土夷不得稱國民);既亡國則爲無國,無國之人,不得稱國民也。此就彼文義上言之也。雖然,彼輩所提倡者,有亡國紀念會;所印布者,有《亡國慘記》。而彼報第一號有云:"彼滿洲者,對於明朝,則爲易姓;而對於中國,則爲亡國之寇讎。"是則明認中國爲已亡也。而此認識之當否,則吾雖欲不致辯焉,而有所不忍也。近世學者言事實上國家之定義,曰有國民,有領土,有統一之主權。具此三要素,謂之國家;此三要素缺一,而國家消滅。我中國現在之領土,則黃帝以來繼長增高之領土也;其國民,則黃帝以來繼續吸納之國民也;其主權,則黃帝以來更迭遞嬗之主權也。中國之未亡,抑章章也。而歷代之帝王,則總攬統治權者而已。總攬統治權者,乃國家之一機關,而非國家也。故中國自有史以來,皆可謂之有易姓而無亡國。若以總攬統治權者統系之交代而指爲亡國,則中國之亡,不啻二十餘次矣。雖明之朱氏,今之愛新覺羅氏,吾亦認爲總攬統治權者之更迭,司機關者之易人,而於我國家之存亡絲豪無與者也。

　　雖然,更有一説焉。彼報第一號又曰:"以一王室仆一王室,謂之易姓;以一國家踣一國家,謂之亡國。"此似能知總攬統治權者與國家之爲二物也,而認滿洲爲以彼國家踣我國家而我國家緣此以亡也。欲證其説之當否,則當先審滿洲前次之果爲國家與否。國家事實上之三要素:曰領土,曰國民,曰主權。三者缺一,不得謂之國家。小野塚博士曰:"逐水草遷徙之游牧人民,僅有土地而無有領土,故僅有社會而無有國家。"而前此之滿洲,正其例也。故滿洲決不可謂之國家。既非國家,則其非以彼國家踣我國家,抑明甚也。且滿洲豈惟非一國家而已,今之皇室,本起於建州衛。建州衛則自明以來,我國之羈縻州也,其酋長時受策命以統其部,如雲南、四川、廣西之土司然。今西南土司之人民,不能不認爲中國之人民;則明時建州衛之人民,亦不能不認爲中國之人民。愛新覺羅氏,亦我固有人民之一分子而已。然猶可曰:當時國籍法未定,羈縻之州,不能與内地同視也。然清太祖弩兒哈赤,在明曾受龍虎將軍之職,此明見於史册者,史閣部復睿親王書所謂貴國昔在本朝曾膺封號者是也。是清室之先代,確爲明之臣民,亦即爲中國之臣民,鐵案如山,不能移動矣。清之代明,則是本國臣民對於舊王統倡内亂謀篡奪而獲成功也,決不可謂以一國家蹖一國家也。

難者曰:滿洲之爲游牧而無領土,此初起時爲然耳。若其後奠都瀋陽,建國號曰清,明、清兩國,爲國際的對峙若干年。明代表中國,而清代表滿洲。明滅於清,則非滿洲滅中國而何也?應之曰:不然。清之始建國,乃内亂進行之現象,決不可與固有之國家同論也。滿洲本無國,但中國臣民中之愛新覺羅一族,對於中央政府而謀革命。其勢力既漸張,乃割據中國固有領土之一部分曰遼陽者,自設一假政府,以與舊政府相對峙。其後此假政府之勢力,著著進行,遂取中央政府而代之也。此如沛之劉氏,本無國,革命進行中,建漢國於巴蜀關中,其後卒代秦;濠之朱氏,本無國,革命進行中,建吳國於金陵(明初號吳),其後卒代元。若以瀋陽之清爲中國外之一國,而謂其亡中國也,則劉氏可謂以漢國亡中國,李氏可謂以唐國亡中國,朱氏可謂以吳國亡中國,有是理乎?故吾謂清之代明,決非以一國家蹖一國家也。

難者曰:如子言,以滿洲本非國故,而證中國之未亡。然則日耳曼蠻族,其始亦游牧而非國也,而史家皆謂羅馬亡於日耳曼者,何也?應之曰:羅馬固已亡,而中國固未亡也。美濃部博士曰:"普通之國家消滅,則失權力之統一是也。即現在之政府已傾覆,而無能代之之新政府以爲統一,則國家於事實上失其存在焉矣。"羅馬之亡,蓋若是也。故裂爲若干國,而無復所謂羅馬者存。中國不然。清之興也,領土如故,國民如故,主權之統一如故;所異者,則總攬統治權之一機關,由朱氏之手以入於愛新覺羅氏之手而已。故明之王統亡,而中國之國家未嘗亡也。

難者曰:印度之主權,今猶統一也,而世人皆認印度爲亡於英者,何也?應之曰:印度之外固有英國也。故今印度領土爲英之領土,印度人民爲英之人民,印度主權爲英之主權,而英國於印度之領土人民主權外,別自有其領土人民主權也。今者中國之外,更有所謂滿洲國者乎?中國領土人民主權之外,更有所謂滿洲國之領土人民主權者乎?夫在同一之領土範圍内,必不能同時而有兩國家存立,明也。故今在亞細亞中部東部間,苟有中國,則必不容復有所謂滿洲國;苟有滿洲國,則必不容復有所謂中國。而滿洲國之自始未嘗存在,此吾所既證明也。而此領土爲中國國家固有之領土，此人民爲中國國家固有之人民，此主權爲中國國家固有之主權，又事實上之至易見者也。吾故敢斷言曰：中國自有史以來以迄今日，皆有易姓而無亡國也。

今之斷斷然寶其復仇主義之敝帚者，其蔽安在？曰：無他，始終爲君主主體説之謬論所窶，認總攬統治主權者即爲國家。所謂革命者，革此君位耳；所謂光復者，復此君位耳。一言蔽之，則其心目中日只見有一君位也。吾之意，則以爲君位者，國家之一機關耳，其輕重亦不過與他機關等（如國會）。而此機關之形式，苟國民程度而適於爲共和立憲耶，則以選舉任之可也；苟未適耶，則因前舊而聽其世襲亦可也。而世襲之中，其某甲某乙享此特權，皆屬不必爭之問題。所爭者，此機關之權限而已。故如最近那威之迎王於他國，在東方諸國素認君主即爲國家者，聞之若不勝駭焉。若以近世國家之觀念，君主不過爲國家之一機關，則真孟子所謂牛羊何擇也。然則今之在此位者，就使果非我族類，而必須排而去之與否，固非最亟之問題。況其先代本中國人民之一分子，而又經二百餘年同化者耶？

或疑滿洲先代，雖可名之曰我國臣民，然名義上之臣民耳。其與我不同族，固章章難揜也。雖然，其在宗法社會之時代，彼固決不可認爲我臣民；若以近世國家學者之觀念，則國民者，爲共同生活多數人類之集合，而於其人數及其血統，既已脱單純的家族及血族團體之狀態者也（美濃部博士之説）。故日本北海道之倭奴，雖與日本人異種，而不得不謂之日本國臣民。中國西南之苗、猺，雖與中國人異種，而不得不謂之中國臣民。滿洲在朱明時代之中國，亦猶是也。

或疑滿洲入關所篡奪者，非直一君位耳。率其族多數之人以占我權利焉，是以可疾也。曰斯固然也。然此抑亦專制君位之附屬物耳。王充《論衡》曰：高祖之起，則豐、沛之邦，多封侯之人。明世復泗州、濠州民，世世無所與。帝者之豐於所昵，而與彼同里居者，常得特權，中國歷史上之慣例也。但使專制政體消滅，則此種特權，自不能以存矣。

讀者諸君其將致疑焉，曰：滿洲果何德於梁某，而多爲説辭以爲之辯護也。嘻！吾果何愛於滿洲而爲之辯護者，而以諸君之心理，則無惑乎有此疑也。諸君之心理與吾之心理，所異者云何？諸君認君位甚重，故爭之惟恐不力；吾則認爲甚輕,故所爭者不在此而別有在。夫苟能注全力以爭機關之權限,權限定而機關良,機關良而國家受其利矣。不此之務,而不惜流千萬人之血,耗一國之物力,當此列强眈眈之餘,冒萬險擲孤注,而惟此區區不足重輕之君位之誰屬是爭,曾是智者而若是乎?夫使中國之國家而見亡於滿洲國也,則不仇滿洲者,可謂其不忠於國家也。今則安徽人之君位,見奪於建州衛人耳。諸君苟非欲自爲天子,或爲從龍之彥者,則抱持此節外生枝之主義何爲也?

　　夫吾之主義與排滿家之主義不相容者,何也?君主者,國之一機關也。吾以爲當爭此機關之權限,而排滿家以爲必當爭此機關之誰屬,此其所以爲異也。彼排滿家之一部分,抑未嘗不認權限之當爭也。然以爲此機關之所屬未變易之時,決不屑與彼言權限。苟此機關屬彼不屬我,雖其權限若何讓步,而決不容許也。則其結果仍在爭所屬而已。而所屬之變易,不知經若干歲月之鼓吹而始可望成功(觀某報近日之言論,則彼固知種族革命共和立憲之非可驟致,而欲期以多數之歲月,使其思想普及於一般,養成共和國民之資格,然後從事矣。此可謂某報言論之進化也。然所需之歲月幾何,則吾不敢言矣),而尚有內界外界無數之危險隨屬於其後。而當所屬未變易以前,則權限問題,置諸度外,任彼機關之專橫,不一過問焉。若此者,其眼光果嘗注及國家耶?抑亦僅見有君主已耳。吾所最惡於彼輩者,徒以其舉權限問題置諸度外也。而排滿主義之結果不能不且將此問題置諸度外,又勢使然也。一國中消極的人物,無望其爲此問題盡力;而一國中積極的人物,又爲彼謬論所誤,而將此問題置諸度外,是彼謬論之禍國家也。吾之不能不與彼力爭者以此。吾果爲滿洲辯論乎哉?夫攻擊滿洲,吾猶以爲無謂,矧乃辯護也。

二、今之政府爲滿洲政府乎抑中國政府乎?

　　排滿家有恆言曰:"滿洲政府。"雖然,今之政府,果爲滿洲政府乎,抑中國政府乎?名實之間,不可不察也。若今之政府爲滿洲政府,則今之國家,不可不謂之滿洲國家;若今之國家爲中國國家,則今之政府不得復謂之滿洲政府。何也?政府者,國家之一機關,與國家一體相屬而不可離異者也。如人然,張三頭上之口,必不能指爲李四之口;若果爲李四之口,則頭與軀亦匪復張三矣。

今之排滿家，未嘗不以中國國民自豪；獨至政府，則歧而遠之曰滿洲。試問滿洲國何在？無國則安得有爲國機關之政府？中國既號稱國，而此爲國機關之政府，又潛匿於何所也？故若稱滿洲政府，則必須認中國爲已亡，必須謂現今世界中，只有滿洲國，而無所謂中國。然世界中自古及今未嘗有滿洲國（萬曆四十四年至崇禎十七年間之有滿洲國，猶至元二十四年迄二十八年間之有吳國耳），而吾中國自有史以迄今日未嘗亡，則吾既言之矣，則滿洲不能有政府，而中國國內無滿洲政府存立之餘地，章章明甚。夫滿洲抑嘗有政府矣，自萬曆四十四年至崇禎十七年間，瀋陽之政府，則滿洲政府也。自茲以往，則滿洲政府消滅，而繼受明政府焉。明政府則秦以來之一國中央政府也。夫一聯隊於此，雖舉全隊之將校士卒，盡皆更迭，而聯隊之獨立體不變；一學校於此，雖舉全校之教師生徒，盡皆更迭，而學校之獨立體不變。政府亦然。中國自數千年來有此國家，中國之國家，自數千年來有此政府之一機關，無論運用此機關之人，若何更迭，無論其機關之或良或不良，而機關則終古不滅也。故吾謂今之政府，實中國政府，而非滿洲政府也。

夫吾所以又斷斷然辨此者，何也？使今政府而爲滿洲政府，非中國政府耶，則以吾中國國民視之，亦如日本政府耳，如俄羅斯政府耳，其良與否非吾之所宜過問，吾無爲監督之以求其改良。使其實爲中國政府也，則監督之而求其改良者，非吾中國國民之責而誰責也？排滿家之恆言曰："吾誓不爲滿洲政府上條陳。"曰："滿洲政府愈腐敗，則吾革命之目的愈易達。"故凡監督政府、改良政府之事業，皆誤認爲黨滿而指爲不忠於國家。豈知政府爲我國之政府，其良不良之利害，直接及於我焉。而我乃以之與日本政府、俄羅斯政府同一漠視，等諸外人，明棄其固有之權利，放其應盡之責任，而猶以名節自矜焉，吾不知其何心也。夫政府者，未有不藉人民之監督而能良者也。吾中國人民，前此拘於舊說，未嘗明監督政府之大義。今幸已漸知之矣，又自舉其政府以贈諸人，而以不屑監督爲名高，以其永不改良爲得計，而政府果永以腐敗終，而危及國家矣。嗚呼！抑安得此不祥之言哉？

吾今請正告讀者諸君曰：滿洲政府四字，實不成名詞也。今之政府，則我四萬萬人組成之國家所有機關也。其今後之能改良與否，則視我國民之認爲我政府歟，抑認爲日本政府、俄羅斯政府之類歟？孟子曰：吾弟則愛之，秦人之弟則不愛也。孔子曰：愛之能勿勞乎？忠焉能勿誨乎？今之持排滿論者，認國家爲非我之國家(謂中國已亡，則今之國家，滿洲之國家，而非我國家矣)，認政府爲非我國家之政府，無惑乎其不勞不誨，坐視其腐敝覆亡以終古也。而猶自命爲愛國，吾抑不知其愛之何屬矣。

三、政治革命論與種族革命論，孰爲喚起國民之責任心，孰爲消沮國民之責任心乎？

　　彼報第八號之所以責我者曰："導一國之人，以立於局外之地位，而爲無責任之言，是直增殖其倚賴性，而鋤除其責任心而已。"使吾所持之論，而果可以生此結果，則吾不敢辭其罪。顧吾見夫吾之論不足以生此結果，而彼之論乃反足以生此結果也。夫吾之論，一面主張勸告開明，一面主張要求立憲。兩者同時並行，而收果有遠有近。勸告開明者，因立憲未能實行之時，監督政府之機關未立，而於政府之舉動，又不容默爾而息，故從而勸告之。雖似立於局外而無責任，然以視彼黨一委國家之事於政府所爲視同秦越而不一過問者，則有間矣。若要求立憲，則其精神全在求此監督機關之成立。監督機關成立，而國民乃始不立於局外之地位矣。而合一國之人，從各方面進行，以促此機關之成立，是即現在國民獨一無二之責任也。夫吾謂此爲獨一無二之責任者何也？但使有監督機關，自能限制執行機關而不致專橫，而於近世文明國家之組織，既已不繆矣。其在已有此機關之國，國民常不怠於監督，夫斯之謂盡責任。其在未有此機關之國，國民注全力以期建設此機關，夫斯之謂盡責任。而豈曰必争總攬機關之座位，然後爲盡責任云也。乃如彼報所言，今之政府，滿洲政府也，待吾顛覆彼而自造焉。彼一日未顛覆，吾一日不屑監督之。公之顛覆彼，渺未有期；而彼以公不屑監督之故，反驕橫而一無所憚。公自怠於監督，猶之可也；而他人有以監督政府爲言者，公且謂其黨滿而與之不兩立。使國民皆從公之教焉，視現政府之舉動，如秦人視越人之肥瘠，拱手以待公新政府之發生耳，則真所謂鋤除國民之責任心者也。夫此政府者，明明我四萬萬人之政府也；監督此政府以圖改良者，明明我四萬萬人不可辭之責任也。而公等輕輕加以滿洲政府之一形容詞，欲導國民使與之斷絕關係，則率國民而放棄責任者，非公等而誰？吾之所以惡於公等者正以此。而不圖公等不自省，而反以此誣我也。

讀者諸君，其勿以吾爲持消極主義之人也。吾若持消極主義，僅希望現今總攬統治權者，畀吾儕以一紙之欽定憲法而已，則亦何必衝種族革命論之最高潮，以一身爲衆矢之鵠者。吾確見夫正當之立憲，非人民之要求，末由得之。而舉國人民要求立憲，而終不能得正當之立憲者，則亦無有；而要求云者，必持積極主義之人，乃能任之。而今之持積極主義者，乃率皆蔽於感情，昧於辨理，爭其所不必爭，而不爭其所必爭。夫爭其所不必爭，則徒費力於無用耳，猶無傷也。然緣此之故，而不爭其所必爭，則國家之進步，其不知誤盡幾許矣。一國中持積極主義之人者，本居少數。而其中之一部分，既冥行躑躅，以爭其所不必爭焉，則此小部分之欲爭其所必爭者，以力薄而爭之不能有力，是以對於國家而功久不就也。夫所謂不必爭者何也？則君位之屬於滿洲人與否是也。所謂必爭者何也？則監督機關之建設與否是也。換言之，則彼乃種族的，而此乃政治的也。諸君徒以不明要求之作用也，則以惟排斥王統，乃爲積極的行動，謂舍此以外，更別無積極的行動。然則今世各文明國之憲法，惟法蘭西爲以積極的得之，而其他諸國皆以消極的得之乎？必不然矣。夫知排滿以外尚有積極的行動，則可以知鄙人非持消極主義之人矣。然鄙人雖自持此種之積極主義，而僅以少數人不能使此主義有效，亦猶彼排滿家雖持彼種之積極主義，而僅以少數人亦不能使彼主義有效也。夫是以各不得不訴諸第三者也。而彼之手段，則以起革命軍爲唯一之責任者也。而革命軍之起，據彼自言，則謂必在於國民主義民族主義大昌明之後也。（屢見彼報第三號第七號等）則試問此主義之傳播，達於若何程度，而始爲昌明耶？自今以往，更歷若何之歲月，而所謂昌明者，乃始得現於實耶？此則彼之所無從確答也。十年未昌明，則革命軍十年不能起；二十年未昌明，則革命軍二十年不能起。而彼既以舍起革命軍外更無盡責任之手段，則此十年二十年間，人民之對此政府，更何所事事？質而言之，則放任而已。彼報第七號亦言："國之大患在政府專擅，而國民放任。"彼而不知此義，則無責焉耳；亦既知矣，曾亦思彼所持之論，其結果乃正如是耶？吾之論則不然。人民之對於政府，無一刻而可以放任者也。故以建設此完備之監督機關爲唯一之目的，注全力以要求之。此要求之所以爲責任也。然無論若何要求,而此機關之建設,終不能一蹴而就。而當其未就以前,又不能於政府之所爲,不一過問也,於是乎有勸告。此勸告之所以亦爲責任也。要之彼之所謂盡責任者有所待,所待未至,則相率而立於放任之地位焉耳;吾之所謂盡責任者無所待,將來有將來之責任,現在有現在之責任,不以將來之責任妨現在之責任,蓋無一時立於放任之地位者也。吾說與彼說之異點在是,願第三者平心審之。

　　吾謂彼所待者未至,則相率而立於放任之地位。彼將不服,曰:我日日以鼓吹國民主義、民族主義爲事,吾之責任,無一日而不盡也。雖然,所盡者不過鼓吹云耳,而當革命軍未起或起而未成之時,始終未嘗動政府之豪末。於此時代間,政府自政府,國民自國民。國民之對於政府,實有放任而無監督也。此其故,全坐爲滿洲政府一名詞所誤,認政府爲非我政府,而因以漠視之。而豈意無形之間,已負放棄責任之重辜而不自覺也。

　　大抵排滿家者流,亦自分兩派:其甲派則不揣善後如何,惟欲破壞者也,其論旨自不得不偏於急進,恨不得今日言之而明日行之;其乙派則破壞之後,更求建設者也,其論旨自不得不偏於漸進,知現在國民程度未足語於此,而懸一鵠以期將來之能至。該報近日所標榜,可謂其屬於乙派者也。夫乙派固視甲派有進矣,然僅恃筆舌鼓吹之力,而欲今日此等程度之國民,養成其有能破壞能建設之能力,且少數猶未足,而必須大多數焉,吾雖不敢謂其必不能至,然所需之歲月,當幾許耶?以吾揣之,最速則非三四十年不能爲功矣。而此三四十年中,現政府之所以斷送我權利者,已不知幾何。逮夫論者所自信爲國民能力已充可以實行革命之時,而國家抑已不知何在矣。而自茲以前,則對於政府而一毫不過問者也。夫無一刻而不監督政府,此國民應盡之責任也。而如該報之持論,則將有三四十年間不盡此責任矣(即論者強爲說辭,謂無須三四十年之久,吾姑假借之,二十年耶?十年耶?五年耶?則亦既有二十年十年五年間之放棄此責任矣),謂非鋤除國民之責任心而何也!夫同一排滿也,而急進與漸進,其豫備之手段,固不得不稍異。該報記者,其果主張急進耶?抑主張漸進耶?吾猶未敢斷言之。若主張急進,則直可謂之自然的暴動,吾更何責焉。若主張漸進,則何所嫌忌,而不於革命軍未起以前,與現政府針鋒相對,事事而實行其監督焉。得寸則吾之寸也,得尺則吾之尺也。如是則目前之光陰,不至擲諸虛牝,而所得之結果,抑何一不足以爲他日之憑藉?吾不知該報記者果誠何心,而必力與此種政策爲難也。此無他故焉,其胸中先橫亘一成見曰:"我國民對於滿洲政府,義不當要求。"(彼報第四號之言)此吾所謂以感情矇蔽其辦理心者也。而不知此政府乃我中國國家之政府,而決不容以讓諸滿洲者也。嗚呼!名之不正,其流毒乃至是耶?嗚呼!吾信排滿論者中,其真懷抱熱血以救國爲目的者,固不乏人,若有能垂採鄙言者乎?一面實行要求,一面預備爲要求後援之武力。要求而遂耶,則武力戢而不用,如天之福也(區區君位,抑何足爭);若經若干年而要求仍不遂耶,其時武力之預備已充實,則一舉而顛覆之可也。夫在最近十數年間,武力之預備等之未充實也,革命軍等之未起也,則何苦不利用此歲月,效各國之成例,而以要求先之也耶?若持排滿論者,而必深閉固拒此政策也,則吾敢謂其實爲感情之奴隸,而一毫不足以語於救國之事業者也。使持排滿論者而肯兼採此政策也,則吾信自今以往數年間,其結果必有可觀也。而惜乎其蔽於感情而終不寤也。

夫此政策決非與排滿主義不相容,明甚也。使彼黨而肯兼採此政策也,則可以與吾黨之手段,甚相接近,微相反而實相成。蓋吾黨之手段,一面要求立憲;而當未實行立憲以前,一面預備要求不遂時所用之武力。要求同,而與要求同時並行者不同。吾黨以爲雖未立憲以前,我固不可以不指導政府也,故認勸告爲必要;彼黨以爲局外之言無效力也,故認勸告爲不必要。彼黨慮要求之不易遂,而必須有後援也,故必預備革命軍之實力;吾黨則以爲苟有大團結之民黨以從事要求也,則迫政府以不能不受監督,而革命軍之實力,殆可以不用。此所謂其手段大略相接近而微相反者也。而吾黨做勸告開明功夫,未必不爲彼黨間接生助力;彼黨做預備革命軍功夫,亦未必不爲吾黨間接生助力。此所謂相反而實相成者也。夫要求,各國立憲前慣用之成例也。英國以此得之,德意志帝國內諸國以此得之,日本以此得之,即古代羅馬之平民,亦以此得之,而今俄羅斯之虛無黨,且採用之。要求果何害於名節耶?而彼之拒此説也,無過兩義:一曰,要求必不我應;二曰,對於滿洲政府義不當要求,雖得君主立憲,而戴異族之君主,非我所欲。夫以第一説言之,則未嘗要求焉,安知其必不我應?

吾以爲誠要求焉，則非政府之能應，而政府之不能不應矣。以第二説言之，則滿洲政府四字，吾固謂其不成名詞也。而謂君主立憲必不如共和立憲，則是未解立憲政體之性質，不知君主與大統領同爲國家之一機關，特因其或世襲或選舉而小異其形式也。故吾以爲信能立憲，則君主與共和可無擇也，而君主之屬於某族某姓，抑更不必問矣。若謂雖能得完善之憲法，而猶必滿洲之君主是排，則苟非認君主即國家者，吾苦不能見此主義之有何必要也。吾此論本爲第三者言之也。若該報記者之盛氣咄咄，吾固不敢進言焉。雖然，吾終不忍以不肖之心待人，故吾仍認該記者爲有心救國者。信如是也，則請其平心靜氣，一察鄙言。若猶有幾微可採耶，則請一面雖鼓吹國民以預備革命軍之實力，一面仍鼓吹國民使先革命以要求。預備革命軍之實力，此如列國之擴張軍備也；先革命以要求，則武裝的平和焉。軍備不可無而非必用也，有之則雖不用，而其效力與用等矣。信如是也，則彼報與我報，可以相提攜而共向針鋒於政府，可以相提攜以鼓吹國民，使研究何術可以實行監督政府，且迫政府使不得不受監督。如此則勢力相加，而其效果可以增倍蓰焉，不賢於今之嘵嘵論辨而勢力相消者耶？然信如是也，則必多從政治上立論，而少從種族上立論。即革命軍之實力所以不得不預備者，亦徒以其專制之不悛也而革之，而非以其異族之在君位也而革之。何則？苟以其異族之在君位而革之，則雖有善良之政體，而決不許其存在也。此即吾所謂節外生枝而極無謂者也。該報記者而肯採此言耶，吾馨香祝之。雖然，吾信其必不能採也，吾之願望殆虛也，則吾惟仍訴諸第三者而已。

四、立憲政體之不能確立其原因果由滿漢利害相反乎？

彼報第五號，謂"滿洲民族與我民族利害相反，欲其行正當之立憲，無異授人以刀而使之自殺"，悍然引申此義者，凡數千言。吾友佛公評之，謂覩此段論文，知彼之良心，已不知其何落。彼此共同之目的，不外救國。乃徒爲攻擊他黨計，不憚拋棄救國問題於九霄雲外，是何心理？(見本報第十一號)誠哉然也！蓋該報記者，憚現政府之果爲正當的立憲，則彼所持排滿主義，將如猢猻失樹，更無著落，故不惜爲此言以提撕之也，所謂其心可誅者也。吾於此義，別有所見，惟斷不肯如彼報記者之不顧大局，公然發布之，雖坐此失敗於詞鋒，所不辭也。但彼所言滿漢利害相反之點，誠或有之。然其間獨無利害相同者乎？相同者何？則中國亡而無漢無滿，而皆無所麗是也。而滿漢相閧，其結果必至於召亡也。吾以爲彼滿人者，不計及其全族之利害則已耳；苟計及其全族之利害，則必能斷然擲棄排漢之政策，而取同化於漢族之政策，蓋非是決無以自存也。論者徒見此次之改革，而鐵良、榮慶最作梗焉，且彼明倡立憲利漢不利滿之説，因此指爲"立憲政體之不能改定，實由滿漢利害相反"之明證。吾之所見則不然。鐵良、榮慶，果能有此宏識公德，爲滿洲全族人計利害乎？鐵良只知有一鐵良，榮慶只知有一榮慶耳，其他非所知也。使彼二人而果有爲滿洲全族人計利害之心也，寢假遇一事件焉，而滿洲五百萬人之利害與鐵、榮二人之利害適相反者，而鐵榮能犧牲其自身之利害以徇彼全族之利害焉，則可命之曰滿族之忠臣也已矣。雖然，吾有以知彼之必不能也。然彼固明明昌言立憲利漢不利滿，一若甚爲滿洲全族計者，何也？吾以爲彼之所以不願立憲者，原不過懼緣立憲之故而失其本身之富貴權力。惟此隱衷，不能公言之也。適值此排滿論正熾之時，彼乃借此説以聳君主之聽，託名爲忠於本朝忠於本族以自文其奸。而不知本朝云本族云之名詞，不過爲彼一私人所利用，甚則舉國洶洶之排滿家，皆爲彼一私人所利用而已。鐵良、榮慶之藏身固甚巧，而排滿家乃爲其所仇之人作荆軻而不自知，毋亦重可哀耶？夫此次爲改革之梗者，固不獨鐵、榮二人矣，即漢員之大僚，亦居大多數焉。若彼者，寧得謂其認改革爲利滿不利漢而因以梗之耶？毋亦認改革爲不利於己一身之富貴權力而因以梗之耳。質而言之，則個人主義者，今日中國膏肓之病也。大局之利害與己身之利害相反，則寧犧牲大局而顧本身。漢人有然，滿人亦有然，而絶非能有種族的觀念參與於其間也。有言責者，誠欲以口誅筆伐弭國家之慝，則當并全軍向於個人主義以包圍之。若枝蔓於種族問題，則所謂藥不對症，而反爲個人主義者流寬其罪，膏肓之疾，終不得而瘳也。

　　吾以爲凡其人之眼光，能計及一種族之利害者，則導之而與計一國家之利害，其必甚易矣。夫以單一之種族組成一國家者，則種族之利害，即國家之利害，自無分別之可言。若夫以二以上之種族組成一國家者，苟其各族之人，誠能有自愛其族之心也,則當本族利害與他族利害相反時,固不免先其族而後他族;若當本族利害與國家利害相反時,則自必能先國家而後其族。此無他焉,善推其所爲而已。如愛爾蘭人與英爲仇,英皇室有慶,至樹黑旂焉。然使大不列顛國有國難,則愛爾蘭人執戈前驅者,相屬於道也。此何以故?蓋人之在世也,有私的生活,有公的生活。一身之利害,則由私的生活而生其觀念者也;一種族之利害,一國家之利害,則皆由公的生活而生其觀念者也。惟淺識者流,知有私的生活而不知有公的生活,故常不肯以一身之利害,徇一種族一國家之利害。若其人而能知置重於一種族之利害矣,則必其識見已能超越私的生活之範圍,以入於公的生活之範圍。而一種族利害之觀念,與一國家利害之觀念,則同屬於公的生活之範圍中者也。故有見於甲者,必能有見於乙;無見於乙者,必其並於甲而未嘗有見者也。曷爲不能有見?則以始終踢踏於私的生活之範圍内,以個人主義剋滅其他之主義而已。今中國無論漢人,無論滿人,皆坐是病。吾輩惟當認此病爲國之大敵,合全力以征討之。自兹以外,皆不對證之藥焉耳。

夫今日滿人之爲梗者,則皆計一身之利害,而非能計全滿族之利害者也。使其能計全滿族之利害也,則必能推之以進一解焉,曰漢人果可得排乎?排漢主義,而果爲滿人之利乎?善夫上海《時報》之言也,曰:"滿漢民數相較,爲百與一之比例。使漢人死於鬨者十,而當滿人一,則漢人犧牲其十之一,而滿人已無噍類矣。"又曰:"故滿漢而毋相鬨則已耳,不幸而相鬨,則必鬨十次而滿人之勝利十次焉,鬨百次而滿人之勝利百次焉,然後可。傳曰:盡敵而反。敵可盡乎?此不啻爲滿人排漢者言之矣。夫相鬨者不能歷十百而無一度之失敗,此事理之不可逃避者也。然今日以滿人而排漢,雖九勝而一敗,而一敗已不復足以自存。"(見八月廿八日該報《憲政解蔽》篇)夫此乃事理之至顯淺而易見者也。滿人果自爲其全族計者,則不待上智,但一轉念而即可有見於此矣。故吾以爲今後滿人而誠欲其族之自存也,則惟夙夜孜孜,求所以盡同化於漢人者,如北魏孝文之政策焉,舍是無他途也。今滿洲中能知此義者,當亦非無人。而彼之標排漢主義以爲名者,非徒中國之罪人,抑亦滿洲之蟊賊也。實則彼寧知有漢,寧知有滿,個人主義而已。倘就個人而加以恐怖焉,使其權勢與其生命不能相容,看彼肯舍其生命以殉滿洲全族之利益否也。而今之持排滿論者,反若幸滿洲之有此種人，得以增我口實，而一般之感情，愈以漲奔焉。自以爲我利用彼也，而豈知彼方利用我，而個人主義之目的，乃完全克達也。彼此交利用，而國家大事去矣。

故吾謂滿漢利害相反，非立憲政體不能確立之原因；而現在有權力者之抱持其個人主義，乃立憲政體不能確立之原因也。知病之所在，即知藥之所在。若藥不對病，吾慮其雖瞑眩而不能瘳也。

（附言）自前號報之出數日間，而示威之函盈寸。僕雖懦乎，抑非此之可恫喝者。但就中一函，有謂我勸漢人以勿排滿，而不能禁滿人之不排漢者。又有謂前頗信我言，懸而待之；今則知吾言之不驗，而至於失望者。夫滿人排漢之一問題，以吾所觀察，則謂其動機全根於個人之利害，當以別種手段對付之。排滿論則徒資之口實而張其燄耳。此義前文已明，不必再辯。若謂吾言不驗而因以失望者，其意殆指此次改革之有名無實耶？此則未深讀吾論而誤解吾意者也。夫吾所持者爲積極論而非消極論，吾屢言之矣，故夫吾之非勸吾國民袖手旁睨以待欽定憲法之發布甚明也。吾之手段，必曰要求。使國民既有一強有力之機關以實行焉，而政府終不我應，且察彼已實無應我要求之餘望，則吾言可謂不驗，而無惑乎舉國人之失望焉已。而試問我國民曾從事於此焉否也？此次改革動機，全起於出洋考察政治之五大臣。而五大臣考察政治之舉，吾固早謂其於中國前途無甚關係者也。（見本報第四號）僅一二在位摭拾耳食以爲陳說，而國民意思，自始未嘗有所表現以參與乎其間，故此次之有改革，本出吾人意計外，而此次改革之不結果，乃實在吾人意計中也。夫操豚蹄以祝篝車，識者猶笑其妄；況並豚蹄之不持，而所希更有逾於篝車，天下寧有此絕無代價之物耶？觀日本所以得此區區憲法者，其國民用力之多寡何如。今我國民袖手以待之，不得則頹然失望焉，夫亦安往而不失望也！吾此論非以答彼致書示威之人，特見夫近來失望者之愈益多，或益增其發狂，或竟流於厭世，兩者皆非國家之福，故更申吾要求之說，以相勸屬云爾。

或疑兩民族以上同棲一國，必不能得善良之憲政，引奧大利、匈牙利等國爲例，而因以證排滿論與政治革命論之不能相離。其說若甚辯。雖然，吾以爲中國非奧、匈之比也。大抵爲種族之標幟者，莫如語言。奧之與匈，其國語溝然相離。前此匈國國會、匈國軍隊，皆用奧語，而不得用匈語，匈人以全力爭之，去歲幾釀分離問題，至今未決。夫此等現象，在今日中國，固無慮也。然此猶就奧、匈雙立國之組織言之也。若夫奧與匈各自有其政府，有其憲法，而其運用之，皆不能良善，奧則尤甚。識者以爲實由國內種族不一，有以致之，誠篤論也。雖然，亦知彼之所謂種族不一者，其內容果何如哉？奧國促於歐之中央，自昔以來，本非一民族所專有。彼歐洲三大種族，如條頓人、斯拉夫人、拉丁人，皆各有分子於其境內，故各地方各欲維持其舊組織，各民族各欲保存其舊言語。故今之奧國，操德意志語者九百十一萬餘人，操波希米語及其類似語者六百萬人，操波蘭語者四百三十餘萬人，操廬丁語者三百三十餘萬人，操斯羅奔語者百餘萬人，其他操塞爾維亞語、意大利語、羅馬尼亞語、馬幾亞語者各數十萬人（參觀本報第十號譯述門《論奧大利立憲制之運用與民族之複雜》）。地醜德齊，莫能相尚。夫一國中而有多數異言語異慣習之人種，其於國家結合之基礎，本已不固矣，而最病者尤莫如地醜德齊。使其中有一族獨占大多數而制優勝焉，則固可以此族爲結合之中心點，吸集群小族而使之同化。彼小族而能同化耶，種界遂泯，如天之福也；其不能同化耶，則其力不足以危及國家之結合，猶無傷也。以地醜德齊故，各族莫能相讓，莫能相化，夫是以軋轢無已時。如彼德意志族者，奧王統屬焉，其族亦比較的占多數，宜其可以爲統一之中心點矣。然而不能者，則以其雖比較的占多數，然以全奧民數核之，猶不及三之一。若其他各族相結以與德意志族相對，則德意志族反成少數故也。故種族複雜，實奧國膏肓之病，雖和緩亦無能爲力者也。惟匈亦然。匈之總民數約千六百萬，內馬幾亞人五百萬，華拉焦人二百三十餘萬，撒遜人百四十餘萬，士羅域人二百二十餘萬，格羅人百三十餘萬，蘇格拉和尼亞人百萬，其他廬丁人、污德人、塞爾維亞人各數十萬。馬幾亞族雖比較的占多數，然亦不及全匈民數三之一。若其他各族相結以與彼相對，則馬幾亞族反成少數也。一八四八年匈國之獨立，所以不久而旋敗者，以此問題梗於其間也。故如奧、匈者，則誠以種族問題爲政治問題之障，雖有善良之憲法，而不能爲用。如奧、匈者，惟恃舊世界君主專制之組織，庶可以僅保其結合而得以自存。若專制君主之政體，既被進化的社會所淘汰而不能保持，則此種國家前途之光榮，亦將隨舊世界之政體而同歸歇滅已耳。惟俄亦然，惟恃專制爲能保帝國之資格，專制一去，帝國戾戾焉，則亦與奧、匈有同一之理由也。若夫我中國，則與彼大異。漢族而外，雖尚有滿、蒙、藏、回、苗諸族，然漢族占大大多數，即盡合群族以相對，猶不能當我十之一。藉此雷霆萬鈞之力，無論何族，而不得不與我同化。即不同化，而既立憲以後，斷不能緣此而危及國家基礎。故民族複雜云者，在奧、匈可以成政治上之問題，在中國絕不能成政治上之問題也。且更以最簡單之一語論斷之，彼滿洲人所操者爲何語乎？種族之鴻溝，以語言爲第一標幟焉。今論者乃妄以奧、匈各族儗滿、漢，何其太不倫也。夫使我國而果如奧、匈之以種族問題爲政治問題障也，則豈惟不能爲君主立憲，將愈益不能爲共和立憲。何也？苟於奧國國家組織分子之中，而除去其所謂君主者，則其現象將若何？吾知其中之德意志人必合於德意志帝國，馬幾亞人必合於匈牙利國，波希米人必合於俄國，意大利人必合於意大利國，塞爾維亞人必合於塞爾維亞國，羅馬尼亞人必合於羅馬尼亞國，其餘各族人分屬於各國，而所謂奧大利帝國者，將粉碎虛空，頃刻而變成爲歷史上紀念之一名詞矣。故使我國而果爲與奧大利同種類之國也，則鄙人將並君主立憲且不敢主張焉，而共和更無論矣。何也？國家之能進步與否，尚屬第二問題；而國家之能結合不破裂與否，乃屬第一問題也。今論者日高語共和，而頻引奧大利爲我比例，抑安得此不祥之言哉？夫惟我之與奧，內容絕殊，故君主立憲可也，共和立憲亦可也。無論出於何途，而總不慮種族問題爲之障。所辨者，則歷史上之位置及現時人民之程度，以何者爲適宜耳。此則吾所既屢言之而無復疑點者也。

五、社會革命果爲今日中國所必要乎？

此問題含義甚複雜，非短篇單詞所能盡也。此略述其所懷，若其詳則異日商榷之。

中國今日若從事於立法事業，其應參用今世學者所倡社會主義之精神與否，別爲一問題；中國今日之社會經濟的組織，應爲根本的革命與否，又別爲一問題。此不可混也。今先解決第二問題,次乃附論第一問題。

　吾以爲中國今日有不必行社會革命之理由,有不可行社會革命之理由,有不能行社會革命之理由。

　於本論之前,不可不先示革命之概念。凡事物之變遷有二種,一緩一急。其變化之程度緩慢,緣周遭之情狀,而生活方向漸趨於一新生面,其變遷時代無太甚之損害及苦痛,如植物然,觀乎其外,始終若一,而內部實時時變化。若此者謂之發達,亦謂之進化(Development or Evolution)。反之,其變化性極急劇,不與周遭之情狀相應,舊制度秩序忽被破壞,社會之混亂苦痛緣之。若此者謂之革命(Revolution)。吾以爲歐美今日之經濟社會,殆陷於不得不革命之窮境;而中國之經濟社會,則惟當稍加補苴之力,使循軌道以發達進化,而危險之革命手段,非所適用也。請言其理。

　所謂中國不必行社會革命者,何也？彼歐人之經濟社會,所以積成今日之狀態者,全由革命來也。而今之社會革命論,則前度革命之反動也。中國可以避前度之革命,是故不必爲再度之革命。夫謂歐人今日經濟社會之狀態,全由革命來者,何也？歐洲當十七八世紀之交,其各國人之有土地所有權者,於法不過四萬人,於英萬九千人,於奧二萬六千人,合今日耳曼諸邦,不過二萬人,他國略稱是。而當時全歐總民數,既在一萬六千萬人以上。於一萬六千萬人中,而爲地主者不及二十萬人。蓋歐洲前此之農民,大半在隸農之地位,是其貧富之階級,早隨貴賤之階級而同時懸絶矣。幸而彼之個人土地私有權,發達甚遲緩,未全脫前此部落土地所有權之時代(英國自一七六〇年至一八三三年凡七十餘年間,其所謂"共有地"者,漸次改爲私有地。其地凡七百萬英畝。一英畝約當我四畝六分餘也),故貧民稍得以此爲養。農業以外,則手工業亦頗發達。其習慣有所謂工業組合者,約如我國各工業之有聯行。政府之對於農業工業,皆制爲種種法律以保護干涉之。故雖不能有突飛之進步,然亦相安而致有秩序。此歐洲舊社會組織之大略也。及斯密亞丹興,大攻擊政府干涉主義,而以自由競爭爲揭櫫。謂社會如水然,任其自競,則供求相劑,而自底於平。此論既出,披靡一世,各國政府亦漸爲所動。前此爲過度之干涉者,一反而爲過度之放任。其驟變之影響,既已劇矣。同時而占士瓦特,發明蒸汽(一七六九年)。未幾,李察又緣之以發明紡績器。於是斯密與瓦特之二傑,相提攜以蹴踏舊社會,如雙龍攪海,而工業革命(The Industrial Revolution)之時代以屆。前此人類注其筋力之全部以從事製作,雖或間附以牛馬力等,然利用自然力之器械,殆可謂絕無。及汽機發明,其普通者視人力加十二倍,或乃加數百倍至千倍,則試譣其影響於社會之組織者何如。生產之方法,劃然爲一新紀元。以一人而能產前此十二人乃至數百千人之所產,則其所產者之價值必驟廉。前此業手工者,勢不能與之競,而必至於歇業。前此執一藝者,所得之利益,自全歸於其手。偶值其物價騰,則所得隨而益豐。但恃十指之勞,苟勤儉以將之,雖寠人可以致中產,故於工業界絕無所謂階級者存。及機器既興,無數技能之民,驟失其業,不得不自投於有機器之公司以求餬口。而機器所用之勞力,與舊社會所用之勞力又絕異,前此十年學一技者,至是而悉不爲用。而婦女及未成年者,其輕便適用,或反過於壯夫,而壯夫愈以失業。前此工人自製一物,售之而自得其值。今則分業之度益進,與其謂之分業,毋寧謂之合力。每一物之成,必經若干人之手。欲指某物爲某人所製,渺不可得。而工人之外,復有供給其資本與器具者,又須得若干之報酬。故欲求公平之分配,終不可期。不得已而採最簡單之方法,行賃銀制度。即出資本者,雇用若干之職工,每人每日,給以庸錢若干,而製成一器,所得之贏,悉歸雇主。而雇主與被雇者之間,即資本家與勞働者之間,劃然成兩階級而不可踰越。此實舊社會之人所未夢見也。夫物質界之新現象既已若是矣,使思想界而非有新學說以爲之援,則其激變尚不至如是其甚。前此在工業組合制度之下,其物價或以習慣或以法律羈束之。若有一人忽貶價以圖壟斷,則立將見擯於同行而不能自存。於其物之品質亦然,大率一律,而競爭之餘地甚狹。及機器一興,生產額忽過前此數倍,非低廉其價值,改良其品質,則將無消售之途。適有自由競争之學說出而爲援,前此之習慣法律,一切摧棄,無所復用。製造家惟日孜孜,重機器以機器,加改良以改良,其勢滔滔,繼續無限,以迄今日。一般公衆,緣此而得價廉質良之物,而社會富量,亦日以增殖,其功德固不在禹下。然欲製價廉質良之物以投社會之好,彼無資本者與有資本者競,則無資本者必敗;小資本者與大資本者競,則小資本者必敗;次大資本者與更大資本者競,則次大資本者必敗。展轉相競,如鬭鶉然,群鶉皆斃,一鶉獨存。當其斃也,則感莫大之苦痛,犧牲無量數之資本,犧牲無量數人之勞力,然後乃造成今日所謂富者之一階級。(大資本與小資本競,而小資本全致虧耗,故曰犧牲無量數之資本。無資本者雖有技能,不能自存,此犧牲勞力者一;當小資本與大資本競時,各雇用勞力者,及小資本失敗,而所雇用之勞力者隨而失業,此犧牲勞力者二。故曰犧牲無量數人之勞力。)嗚呼!一將功成萬骨枯,今日歐洲之經濟社會當之矣。然軍事上一將功成以後,處乎其下者,猶得有休養生息之時;經濟上一將功成以後,處乎其下者,乃永沈九淵而不能以自拔。此富族專制之禍,所以烈於洪水猛獸,而社會革命論所以不能不昌也。而推其根原,則實由前此工業組織之變遷,不以進化的而以革命的,如暴風疾雨之驟至,應之者手忙腳亂,不知所措,任其自然,遂至偏跛於一方而不可收拾。而所謂應之失措者,其一在政府方面,其一在人民方面。其在政府方面者,則放任太過,雖有應干涉之點而不干涉也。其在人民方面者,多數人民,不能察風潮之趨嚮,而別循新方面以求生活也。美國經濟學大家伊里(R. T.Ely)曰:"使當工業革命將至之前,工人有識見高邁者,能合多數工人為一團,置機器,應時勢,而一新其製造法,是即地方之組合也,即一種之協立製造會社(Cooperative Factory)也。果爾則工業組織之過渡,可以圓滑而推移,而後此之騷擾革命可以免。惜乎見不及此,墨守其故,終至此等利器,僅為少數野心家所利用,馴至今日積重難返之勢,可嘆也。"(*Outlines of Economics* 第一編第四章)其意蓋謂使今日勞働者階級,當時能知此義,則可以自躋於資本家之列,而奇贏所獲,不致壟斷於少數也。此誠一種之探源論也。雖然,吾以為當時歐洲之多數人民,即見果及此,而於貧富懸隔之潮流,所能挽救者終無幾也。何也? 彼貧富懸隔之現象,自工業革命前而既植其基,及工業革命以後,則其基益鞏固,而其程度益顯著云耳。蓋當瓦特與斯密之未出世,而全歐之土地,本已在少數人之手;全歐之資本,自然亦在少數人之手。其餘大多數人,業農者大率帶隸農之性質,所獲差足以自贍耳;其業工商者,賴其技能,以餬其口,雖能獨立,而富量終微。逮夫機器興,競爭盛,欲結合資本以從事,則其所結合資本中之多量,必為舊有資本者所占。其餘多數中產以下者,雖悉數結合,而猶不足以敵彼什之一。故彼工業革命之結果,非自革命後而富者始富、貧者始貧,實則革命前之富者愈以富,革命前之貧者終以貧也。我國現時之經濟社會組織,與歐洲工業革命前之組織則既有異,中產之家多,而特別豪富之家少。其所以能致此良現象者,原因蓋有數端:一曰無貴族制度。歐洲各國,皆有貴族,其貴族大率有封地。少數之貴族,即地主也;而多數之齊民,率皆無立錐焉。生產之三要素，其一已歸少數人之獨占矣。(經濟學者言生產三要素：一曰土地，二曰資本，三曰勞力。)故貴族即兼爲富族，勢則然也。中國自秦以來，貴族即已消滅。此後雖死灰偶燃，而終不能長存。及至本朝，根株愈益浄盡，雖以親王之貴，亦有歲俸而無食邑。白屋公卿，習以爲常。蓬蓽寒酸，轉瞬可登八座；堂皇閣老，歸田即伍齊民。坐此之故，舉國無階級之可言，而富力之兼併亦因以不劇也。二曰行平均相續法。歐洲各國舊俗，大率行長子相續。自法蘭西大革命後，雖力矯此弊，而至今迄未盡除。夫長子相續，則其財產永聚而不分，母財厚而所孳生之贏愈鉅，其於一國總殖之增加，固甚有效。然偏枯太甚，不免有兄爲天子、弟爲匹夫之患，一國富力，永聚於少數人之手，此其敝也。我國則自漢以來，已行平均相續法(此事余別有考據)，祖父所有財產，子孫得而均沾之。其敝也，母財碎散，不以供生產，而徒以供消費。諺所謂"人無三代富"，職此之由，蓋擁萬金之貲者，有子五人，人得二千；其子復有子五人，苟無所增殖而復均之其子，則人餘四百矣。非長袖則不足以善舞。我國富民之難世其家者，非徒膏粱紈袴之不善保泰，抑亦制度使然矣。雖然，緣此之故，生產方面，雖日蹙促，而分配方面，則甚均勻，而極貧極富之階級，無自而生。此又利害之相倚者也。三曰賦稅極輕。歐洲諸國，前此受貴族教會重重壓制，供億煩苛，朘削無藝。侯伯僧侶，不負納稅之義務，而一切負擔，全委諸齊氓。及屢經宗教革命、政治革命，積弊方除，而產業革命已同時並起，無復貧民蘇生之餘地矣。中國則既無貴族教會梗於其間，取於民者惟一國家。而古昔聖哲，夙以薄賦爲教。歷代帝王，稍自愛者，咸凜然於古訓而莫敢犯，蠲租減稅，代有所聞。逮本朝行一條鞭制，而所取益薄。當釐金未興以前，民之無田者，終身可不賦一銖於政府，勞力所入，自享有其全部。夫富量由貯蓄而生，此經濟學之通義也；而所貯蓄者，又必爲所消費之餘額，又經濟學之通義也。然則必所入能有餘於所出，而後治產之事乃有可言。歐洲十八世紀以前之社會，齊氓一歲所入，而政府貴族教會，朘其泰半，所餘者僅贍事畜，蓋云幸矣。中國則勤動所獲，能自有之。以儉輔勤，積數年便可致中產。故貯蓄之美風，在泰西則學者廣爲論著以發明，政府多設機關以勸厲，而其效卒不大觀；中國則人人能之，若天性然，亦其制度有以致之也。勤儉儲蓄之人愈多，則中產之家亦愈多，此又因果所必至也。凡此皆所以說明我國現在經濟社會之組織，與歐洲工業革命前之經濟社會組織，有絕異之點。而我本來無極貧極富之兩階級存，其理由皆坐是也。雖然，我國今後不能不採用機器以從事生產，勢使然也。既採用機器以從事生產，則必須結合大資本，而小資本必被侵蝕，而經濟社會組織不得不緣此而一變，又勢使然也。然則歐人工業革命所生之惡結果（即釀出今日社會革命之惡因），我其可以免乎？曰：雖不能盡免，而決不至如彼其甚也。蓋歐人今日之社會革命論，全由現今經濟社會組織不完善而來；而歐人現今經濟社會組織之不完善，又由工業革命前之經濟社會組織不完善而來。我國現今經濟社會之組織，雖未可云完善，然以比諸工業革命前之歐洲，則固優於彼。故今後生產問題，雖有進化，而分配問題，仍可循此進化之軌以行，而兩度之革命，殆皆可以不起也。（歐人前此之工業革命，可謂之生產的革命；今後之社會革命，可謂之分配的革命。）請言其理：夫生產之方法變，非大資本則不能博贏。而大資本必非獨力所能任也，於是乎股份公司（株式會社）起。此歐人經過之陳迹，而我國將來亦不能不斆之者也。然歐人之招股而創此等公司也，其應募而爲股東者，則舊日少數之豪族也；中國今日招股而創此等公司也，其應募而爲股東者，則現在多數之中產家也。此其發腳點之差異，而將來分配之均不均，其幾即兆於是也。夫歐人豈必其樂以股東之權利盡讓諸豪族？使如伊里所言，合工人以組織一協立製造會社者，豈其無一人能見及此？而無如其前此社會之組織，本已分貧富二途。貧者雖相結合，然猶以千百之僬僥國人與一二之龍伯國人抗，蔑有濟矣。故昔日之富者，因工業革命而愈富；昔日之貧者，因工業革命而愈貧。（雖間有工業革命後由貧而富由富而貧者，然例外也。）何也？非大資本不能獲奇贏，而公司則大資本所在也。有股份於公司者則日以富，無股份於公司者則日以貧。公司股份爲少數人所占，則多數人遂不得不食貧以終古也。而中國情形則有異於是。試以最近之事實證之：粵漢鐵路招股二千萬，今已滿額。而其最大股東不過占二十五萬乃至三十萬耳，其數又不過一二人，其占十股以下者乃最大多數（每股五元）。蓋公司全股四百萬份，而其爲股東者百餘萬人。此我國前此經濟社會分配均善之表徵，亦即我國將來經濟社會分配均善之朕兆也。誠使得賢才以任之，復有完密之法律以維持之，杜絕當事者之舞弊，防制野心家之投機，則公司愈發達，獲利愈豐，而股東所受者亦愈多。股東之人數既繁，大股少，而小股多，則分配不期均而自均。將來風氣大開，人人知非資本結合不足以獲利，舉國中產以下之家，悉舉其所貯蓄以投於公司。生産方法，大變而進於前，分配方法，仍可以率循而無大軼於舊，則我國經濟界之前途，真可以安轡循軌，爲發達的進化的，而非爲革命的矣。夫今者歐美人見貧富階級懸絶之莫救也，以是有倡爲以公司代工人貯蓄，將其庸錢之一部分代貯焉，積以爲公司之股本，他日公司獲利，彼得分沾，則勞動者兼爲資本家，而鴻溝或可以漸圖消滅。然在積重難返之歐美，此等補苴，不能爲效也。而我國則此事出於天然，不勞人力。蓋工業革新以後，而受庸錢之人，半皆兼有資本家之資格，此殆可以今日之現象而測知之者也。（其不能舉一切勞動者而悉有某公司之股分，此無待言。然舉國無一貧人，則雖行極端社會主義之後，猶將難之。但使不貧者居大多數，即經濟社會絶好之現象矣。）此無他故焉，現今之經濟社會組織，其於分配一方面，已比較的完善，而遠非泰西舊社會所及。由現今社會以孕育將來社會，其危險之程度自不大故也。而無識者妄引歐人經過之惡現象以相怵，是乃所謂杞人之憂也。然又非徒恃現在經濟社會組織之差完善而遂以自安也。彼歐人所以致今日之惡現象者，其一固由彼舊社會所孕育，其二亦由彼政府誤用學理，放任而助長之。今我既具此天然之美質，復鑑彼百餘年來之流弊，熟察其受病之源，博徵其救治之法，採其可用者先事而施焉（其條理詳下方），則亦可以消患於未然，而覆轍之軌，吾知免矣。所謂不必行社會革命者，此也。

所謂中國不可行社會革命者，何也？社會革命論，以分配之趨均爲期，質言之，則抑資本家之專橫，謀勞働者之利益也。此在歐美，誠醫群之聖藥；而施諸今日之中國，恐利不足以償其病也。吾以爲策中國今日經濟界之前途，當以獎厲資本家爲第一義，而以保護勞働者爲第二義。請言其理：夫今日東西列强，所以以支那問題爲全世界第一大問題者，何也？凡以國際的經濟競争之所攸決云爾。經濟學公例，租與庸厚則其贏薄，租與庸薄則其贏厚。（土地所得曰租，勞力所得曰庸，資本所得曰贏，此嚴譯《原富》所命名也。日人譯之曰地代，曰勞銀，曰利潤。）故擁資本者常以懋遷於租庸兩薄之地爲利，不得則亦求其一薄者。歐人自工業革命以來，日以過富爲患，母財歲進而業場不增。其在歐土，土地之租與勞力之庸，皆日漲日甚。資本家不能用之求贏，乃一轉而趨於美洲、澳洲諸新地。此新地者，其土地率未經利用，租可以薄；而人口甚希，庸不能輕。於是招募華工以充之，則租庸兩薄而贏倍蓰矣。乃不數十年，而美、澳諸地昔爲舊陸尾閭者，今其自身且以資本過剩爲患。一方面堵截舊陸之資本，使不得侵入新陸以求贏，而舊陸之資本家病；一方面其自身過剩之資本，不能求贏於本土，而新陸之資本家亦病。日本以後起銳進，十年之間，資本八九倍於其前。國中租庸，日漲月騰，而日本之資本家亦病。於是相與旁皇卻顧，臨睨全球，現今租庸兩薄之地，無如中國，故挾資本以求贏，其最良之市場，亦莫如中國。世界各國，咸以支那問題為唯一之大問題者，皆此之由。我國民於斯時也，苟能結合資本，假泰西文明利器（機器），利用我固有之薄租薄庸以求贏，則國富可以驟進，十年以往，天下莫禦矣。而不然者，以現在資本之微微不振星星不團，不能從事於大事業，而東西各國，為經濟公例所驅迫，挾其過剩之資本以臨我，如洪水之滔天，如猛獸之出柙，其將何以禦之？夫空言之不能敵實事也久矣。兩年以來，利權回收之論，洋溢於國中。爭路爭鑛，言多於鯽，然曾未見一路之能自築，一礦之能自開。而日人南滿洲鐵道會社，已以百兆之雄資，伏東省而鹽其腦。而各處枝路，尚往往假資於外人。而各國製造品之滔滔汩汩以輸入，盡奪吾民之舊業者，又庸耳俗目所未嘗察也。夫自生產方法革新以後，惟資本家為能食文明之利，而非資本家則反蒙文明之害，此當世侈談民生主義者所能知也。曾亦思自今以往，我中國若無大資本家出現，則將有他國之大資本家入而代之。而彼大資本家既占勢力以後，則凡無資本者或有資本而不大者，只能宛轉瘐死於其腳下，而永無復蘇生之一日。彼歐美今日之勞働者，其欲見天日，猶如此其艱也。但使他國資本勢力充滿於我國中之時，即我四萬萬同胞為馬牛以終古之日。其時舉國中誰復為貧、誰復為富，惟有於中國經濟界分兩大階級焉：一曰食文明之利者，其人為外國人；一曰蒙文明之害者，其人為中國人而已。於彼時也，則真不可不合全國以倡社會革命矣。雖然，晚矣，無及矣！此非吾故為危言以悚聽也，夫寧不見今日全國經濟界稍帶活氣者，惟有洋場；而洋場之中國人，則皆餕外商之餘也。月暈知風，礎潤知雨，而況乎風雨之已來襲者耶？我中國今日欲解決此至危極險之問題，惟有獎厲資本家，使舉其所貯蓄者，結合焉，而採百餘年來西人所發明之新生產方法以從事於生產，國家則珍惜而保護之，使其事業可以發達，以與外抗，使他之資本家聞其風羨其利，而相率以圖結集，從各方面以抵當外競之潮流，庶或有濟。雖作始數年間，稍犧牲他部分人之利益，然為國家計，所不辭也。今乃無故自驚，睡魘夢囈，倡此與國家全體利害相反之社會革命論，以排斥資本家為務。寖假而國民信從其教，日煽惑勞働者以要求減少時間，要求增加庸率，不則同盟罷工以挾之，資本家蒙此損失，不復能與他國之同業競，而因以倒斃。他之資本家，益復懲羹吹虀，裹足不前。坐聽外國資本勢力，駸駸然淹沒我全國之市場，欲抵抗已失其時，而無復縶寨之餘地。全國人民，乃不得不帖服於異族鞭箠之下，以餬其口，則今之持社會革命論者，其亡國之罪，真上通於天矣。此非吾故苛其詞，實則居今日而倡此不適於國家生存之社會革命論，其結果必至如是也。要之吾對於經濟問題之意見，可以簡單數語宣示之，曰：今日中國所急當研究者，乃生產問題，非分配問題也。何則？生產問題者，國際競爭問題也；分配問題者，國內競爭問題也。生產問題能解決與否，則國家之存亡係焉。生產問題不解決，則後此將無復分配問題容我解決也。由此言之，則雖目前以解決生產問題故，致使全國富量落於少數人之手，貽分配問題之隱禍於將來，而急則治標，猶將舍彼而趨此，而況乎其可毋慮也。孔子與門人立，拱而尚右，二三子亦皆尚右。孔子曰：二三子之嗜學也，我則有姊之喪故也。夫歐美人之倡社會革命，乃應於時勢不得不然，是姊喪尚右之類也。今吾國情形與彼立於正反對之地位，聞其一二學說，乃吠影吠聲以隨逐之，雖崇拜歐風，亦何必至於此極耶？夫無喪而學人尚右不過爲笑，固匪害於實事；若病異症而妄嘗人藥，則自厭其壽耳。今之倡社會革命論者，蓋此類也。所謂不可行社會革命者，此也。

　　所謂中國不能行社會革命者，何也？欲爲社會革命，非體段圓滿，則不能收其功。而圓滿之社會革命，雖以歐美現在之程度，更歷百年後，猶未必能行之，而現在之中國更無論也。今排滿家之言社會革命者，以土地國有爲唯一之揭櫫。不知土地國有者，社會革命中之一條件，而非其全體也。各國社會主義者流，屢提出土地國有之議案，不過以此爲進行之著手，而非謂舍此無餘事也。如今排滿家所倡社會革命者之言，謂歐美所以不能解決社會問題者，因爲未能解決土地問題。一若但解決土地問題，則社會問題即全部解決者然，是由未識社會主義之爲何物也。(其詳別於下方駁之。)近世最圓滿之社會革命論，其最大宗旨，不外舉生產機關而歸諸國有。土地之所以必須爲國有者，以其爲重要生產機關之一也。然土地之外，尚有其重要之生產機關焉，即資本是也。而推原歐美現社會分配不均之根由，兩者相衡，則資本又爲其主動。蓋自生產方法一變以後，無資本者萬不能與有資本者競，小資本者萬不能與大資本者競。此資本直接之勢力，無待言矣。若語其間接之勢力，則地價地租之所以騰漲者何自乎？亦都會發達之結果而已。都會之所以發達者何自乎？亦資本膨脹之結果而已。彼歐洲當工業革命以前，土地爲少數人所占有者已久。然社會問題不發生於彼時而發生於今日者，土地之利用不廣，雖擁之猶石田也。及資本之所殖益進，則土地之價值隨而益騰。地主所以能占勢力於生產界者，食資本之賜也。(如某氏演說稱："英國大地主威斯敏士打公爵，有封地在倫敦西偏。後來因擴張倫敦城，把那地統圈進去。他一家的地租，占倫敦地租四分之一，富與國家相等。"須知倫敦城何以擴張？由資本膨脹故。倫敦地租何以騰漲？由資本膨脹故。若無工業革命後之資本膨脹，則今日之威斯敏士打，亦無從有敵國之富也。其他同類之現象，皆可以此說明之。)又況彼資本家常能以賤價買收未發達之土地，而自以資本之力發達之以兩收其利，是又以資本之力支配土地也。(美國人占士比兒，於二十年前，買收汶天拿省、華盛頓省諸土地，而自築大北鐵路以貫之。彼時此等土地，皆印度紅夷出沒之所，殆不值一錢。今則其最鬧之市，地價驟驟追紐約、芝加高矣。近今泰西資本家，率無不用此術。)要之，欲解決社會問題者，當以解決資本問題爲第一義，以解決土地問題爲第二義。且土地問題，雖謂爲資本問題之附屬焉可也。若工場，若道具(機器)，其性質亦與土地近，皆資本之附屬也。質而言之，則必舉一切之生產機關而悉爲國有，然後可稱爲圓滿之社會革命。若其一部分爲國有，而他之大部分仍爲私有，則社會革命之目的終不能達也。然則圓滿之社會革命論，其新社會之經濟組織何如？以簡單之語說明之，亦曰國家自爲地主自爲資本家，而國民皆爲勞働者而已。即一切生產事業，皆由國家獨占，而國民不得以此爲競也。夫同爲勞働者也，何以於現在則苦之，於革命後則甘之？誠以如現在經濟社會之組織，彼勞働所得之結果，地主攫其若干焉，資本家攫其若干焉，而勞働者所得乃不及什之一。若革命以後，勞働之結果，雖割其一部分以與國家，而所自得之一部分，其分量必有以逾於今日。且國家所割取我之一部分，亦還爲社會用，實則還爲我用而已。如此則分配極均，而世界將底於大同。此社會革命論之真精神，而吾昔所謂認此主義爲將來世界最高尚美妙之主義者(見本年本報第四號)，良有以也。而試問今日之中國，能行此焉否也。其在歐美之難此主義者，有自由競争絕而進化將滯之問題，有因技能而異報酬或平均報酬孰爲適當之問題，有報酬平等將遏絕勞働動機之問題，有分配職業應由強制抑由自擇之問題。其他此類之問題尚夥，不縷述。凡此諸問題，皆歐美學者所未盡解決，而即此主義難實行之一原因也。今中國且勿語此，惟有一最淺易最簡單之問題,曰:既行社會革命,建設社會的國家,則必以國家爲一公司,且爲獨一無二之公司。此公司之性質,則取全國人之衣食住,乃至所執職業,一切干涉之而負其責任。就令如彼報所言,我國人民程度已十分發達,而此等政府,果適於存在否乎？足以任此之人才有之乎？有之能保其無濫用職權專制以爲民病乎？能之而可以持久而無弊乎？此問題,絶無待高尚之學理以爲證,雖五尺之童能辨之。論者如必謂中國今日能建設此等政府也,則強詞奪理,吾安從復與之言？若知其不能,則社會革命論,直自今取消焉可也。夫論者固明知社會革命之不能實行也,於是鹵莽滅裂,盗取其主義之一節以爲旗幟,冀以欺天下之無識者。庸詎知凡一學説之立,必有其一貫之精神,盗取一節,未或能於其精神有當也。彼排滿家之社會革命論,自孫文倡也。某報第十號,載有孫文演説,殆可爲其論據之中心。今得痛駁之,以爲中國不能行社會革命之左證。

附駁孫文演説中關於社會革命論者

(原文)我們這回革命,不但要做國民的國家,而且要做社會的國家。這決是歐美所不能及的。歐美爲甚不能解決社會問題？因爲沒有解決土地問題。大凡文明進步,地價日漲。(中略)英國大地主威斯敏士打公爵,有封地在倫敦西偏。後來因擴張倫敦城,把那地統圈進去。他一家的地租,占倫敦地租四分之一,富與國家相等。貧富不均,竟到這等地步。

駁曰:歐美所以不能解決社會問題者,因爲沒有解決資本問題。資本問題不能解決,則雖解決土地問題,而其結果與現社會相校不過五十步之與百步耳。文明進步,地價日漲,固也。然地價所以日漲,實資本膨脹使然。質言之,則文明進步者,資本進步之謂也。能以資本土地一切歸諸國有,則可以圓滿解決此問題而無遺憾,近世歐美學者所持社會主義是也；若其未能,但使一國之資本在多數人之手,而不爲少數人所壟斷,則此問題亦可以解決幾分,吾所希望之中國將來社會是也。若如孫文説,則並一分而不能解決也。(詳下)

(原文)中國現在資本家還沒有出世,所以幾千年地價,從來沒有加增,這是與各國不同的。但是革命之後,卻不能照前一樣。比方現在香港、上海地價,比内地高至數百倍。因爲文明發達,交通便利,故此漲到這樣。假如他日全國改良,那地價一定是跟著文明日日漲高的。到那時候,以前值一萬銀子的地，必漲至數十萬數百萬。上海五十年前黃浦灘邊的地，本無甚價值，近來竟加至每畝百數十萬元，這就是最顯的證據了。就這樣看來，將來富者日富，貧者日貧，十年之後，社會問題，便一天緊似一天了。

　　駁曰：此所述情形是也，而其下文所言救治之法則非也。又彼舉地價之漲以爲將來富者日富、貧者日貧之表徵，乃舉其果而遺其因，知其偏而不知其全也。蓋地價之漲，乃資本膨脹之結果，而非其原因。而資本家但使擁有若干之債券股式，就令無尺寸之地，或所有之地永不漲價，而猶不害其日富也。孫文誤認土地漲價爲致富之惟一原因，故立論往往而謬也。此俟下段詳駁之。但如所述，香港、上海地價，比内地高數百倍，孫文亦知其何爲而有此現象乎？痛哉！此外國資本之結果也。黃浦灘地，每畝值百數十萬元。然除稅關及招商局兩片地外，更無尺寸爲我國人所有權矣（其或我國人所有而挂洋牌者，則不可知），孫文其知之否耶？孫文亦知中國没有資本家出現，故地價没有加增；然則地價之加增，由資本家之出現，其理甚明。使資本家永不出現，則地價其永不加增矣。而曰革命之後，卻不能照前同樣，吾不知彼革命之後所以致地價之漲者，其道何由？吾但知資本家之一名詞，孫文所最嫌惡也。惡其富之日以富，而使他部分之貧日以貧也。如是則必壓抑資本家使不起，然後民生主義之目的乃克達。如是則以彼前説論之，吾果不知革命後之地價何由而漲也。吾則謂今日乃經濟上國際競爭你死我活一大關頭。我若無大資本家起，則他國之資本家將相率蠶食我市場，而使我無以自存。夫所謂乖舛蠶食我市場者，非必其買收我土地，建工場於我國中而始能然也。昔日本越後，有煤油礦，所出頗豐。美國斯坦達會社者，世所稱煤油大王也，欲奪其業，乃拼著五百萬美金之虧衂，貶價而與之競。越後礦卒不支，降於斯坦達，而受其支配矣。使越後礦之力，能拼着虧衂一千萬美金以與之競，又安見斯坦達之不反降於彼也。吾以爲今後中國經濟上之國際競爭，其浴血淋漓之象，必當若是矣。現在各國製造品之輸入我國者，滔滔若注巨壑。徒以我地廣人衆，雖十倍其分量，猶能容受。而我國又未嘗自製造以相抵制，故各國各占一方面以爲尾閭，而未至短兵相搏之時。一旦我國睡獅忽起，改變生產方法以堵其進途，彼時各國資本家，必有瞠目相視，攘袂競起，挾其托辣斯巨靈之掌，以與我殊死戰者。我國如能闖過此難關，乃可以自立於世界，以我之租庸兩薄，求贏較易。復鼓吹人民愛國心以助之，則凱歌之奏，固亦非難。而其第一義所最急者，則有大資本以爲之盾也。不此之務，而惟資本家獨占利益是懼，鰓鰓然思所以遏抑之。其結果也，能遏抑國內之資本家使不起，不能遏抑國外之資本家使不來，無貧無富，同即憔悴。丈尋之潢，龍蝦争沫，彼時噬臍，嗟何及矣。夫印度人民，至今豈嘗有社會問題，勞其解決者，而其生計現象何如矣！孫文欲印度我乎？吾之經濟政策，以獎厲保護資本家併力外競爲主，而其餘皆爲輔。苟持論反於吾之政策者，吾必認爲國賊，竭吾力所及以申討伐，雖殉之以身，亦所不辭。

（原文）解決的方法，社會學者（按：此語誤。豈有倡民生主義之人，而不知Socialism 與 Sociology 之分耶，抑筆記者之陋也？）兄弟所最信的，是定地價的法。比方地主有地價值一千元，可定價爲一千，或多至二千。就算那地將來因交通發達，價漲至一萬，地主應得二千，已屬有益無損，贏利八千，當歸國家。這於國計民生，皆有大益。少數富人把持壟斷的弊竇，自然永絶。這是最簡便易行之法。歐美各國，地價已漲至極點，就算要定地價，苦於沒有標準，故此難行。至於地價未漲的地方，恰好急行此法。所以德國在膠州，荷蘭在爪哇，已有實效。中國内地文明，沒有進步，地價沒有增長，倘若仿行起來，一定容易。兄弟剛纔所説，社會革命，在外國難，在中國易，就是爲此。行了這法之後，文明越進，國家越富，一切財政問題，斷不至難辦。現今苛捐，盡數蠲除，物價也漸便宜了，人民也漸富足了，把幾千年捐輸的弊政，永遠斷絶。漫説中國從前所沒有，就歐美、日本，雖説富强，究竟人民負擔租税，未免太重。中國行了社會革命之後，私人永遠不用納税，但收地租一項，已成地球上最富的國。這社會的國家，決非他國所能及；這社會革命的事業，定爲文明各國將來所取法的了。

駁曰：嘻嘻！是即孫文新發明之社會革命的政策耶？吾反覆十百徧而不解其所謂，請一一詰之。不知孫文所謂定地價的法，將於定地價後而猶准買賣乎，抑不准賣買也？彼既自言爲土地國有主義，則此問殆可無庸發，不過費索解已耳。姑舍是，則不知政府於定地價時隨即買收之乎，抑定地價後遲之又久然後買收之乎？若於定地價時隨即買收之，既買收後即當不復許買賣。夫物之不可交換者，即無價格之可言。此經濟學之通義也。土地既非賣品，則初時以一千收入者，得強名爲值一千，以二千收入者，得強名爲值二千耳，而何從有將來價漲至一萬贏利八千以歸國家之說也？若遲之又久，然後買收之，則何必豫爲定價？其所以豫爲定價者，恐此地於未買收以前，因買賣頻繁而價漲，而將來買收之費將多也。殊不知既定價之後，則買賣必立時止截。如甲有地定價二千，因交通發達，而乙以四千購諸甲。及政府從乙手買收時，則仍給原定價二千耳，如是則誰肯爲乙者？故定價後遲之又久然後買收者，謂以財政所暫不逮而姑爲先後，斯可耳；若既定價後，則土地立失其有價値之性質，而斷無復漲價至一萬贏利八千以歸國家之理，又可斷言也。如是則國家欲緣此而於財政上得一時之大宗收入，萬無是理，而惟有責效於將來。將來之效如何，則國家自以地主之資格，徵地代（租）於其民，即彼所謂但收地租一項，已成地球最富之國是也。然收租之率，將依買收時之價値而勒定之乎，抑比例交通發達之程度隨時而消長之乎？如勒定之，則有昔沃土而後爲荒邨，昔瘠壤而後爲鬧市者。亙古不變，安得謂平？此於國計民生，兩無利益，殆必非彼之所取也。如隨時而消長之，則將以何爲消長之標準也？吾爲彼計，厥有二法：一曰國家自估價者。如此地當買收時，値價一千，其地主歲收租一百；今估量交通發達之後，此地應値價一萬，則國家歲收租一千。此一法也。然官吏能無舞弊以虐民否耶？民能服官吏所估之價與否耶？夫現在各國之收地租，大率以地價爲標準，如日本所謂土地臺帳法是也。政府略勘定全國之地價，第其高下，而據置之以收租。經若干年，地價既漲，則改正而增收之，所謂地價修正案是也。然必有交換然後有價格，有價格然後可據之爲收租之標準，而民無異言。若土地國有後，無復價格之可言，則除估價之外，實無他術。而民之能服與否，則正乃一問題也。二曰參用競賣法。國家懸一地以召租，欲租者各出價，價高得焉。此亦一法也。此法最公，民無異言。然豪強兼併，必緣茲而益甚。且其他諸弊，尚有不可勝窮者。要之無論用何法，謂國家緣此得莫大之歲入，可以爲財政開一新紀元，則誠有之；若繩以社會主義所謂均少數利益於多數之本旨，則風馬牛不相及也。何也？必有資本者乃能向國家租地，其無資本者無立錐如故也；又必有大資本者，乃能租得廣大之面積與良好之地段，而小資本者，則惟跼踏於磽确之一隅也。誠如是也，則富者愈富、貧者愈貧之趨勢，何嘗因土地國有而能免也！抑孫文昔嘗與我言矣，曰："今之耕者，率貢其所穫之半於租主而未有已，農之所以困也。土地國有後，必能耕者而後授以田，直納若干之租於國，而無復有一層地主從中朘削之，則農民可以大蘇。"（此吾與足下在精養軒所辨論者，莫賴也。）此於前兩法之外，別為一法者也。此法頗有合於古者井田之意，且與社會主義之本旨不謬，吾所深許。雖然，此以施諸農民則可矣，顧孫文能率一國之民而盡農乎？且一人所租地之面積，有限制乎？無限制乎？其所租地之位置，由政府指定乎？由租者請願乎？如所租之面積有限制也，則有欲開牧場者，有欲開工廠者，所需地必較農為廣，限之，是無異奪其業耳。且豈必工與牧為然，即同一農也，而躬耕者與用機器者，其一人所能耕之面積則迥絕，其限以躬耕所能耕者為標準乎？將以機器所能耕者為標準乎？如以躬耕為標準，則無異國家禁用機器；如以用機器為標準，則國家安得此廣土？如躬耕者與用機者各異其標準，則國家何厚於有機器者，而苛於無機器者也。是限制之法，終不可行也。如無限制也，則誰不欲多租者，國家又安從而給之？是無限制之法，亦終不可行也。要之，若欲行井田之意，薄其租以聽民之自名田，則無論有限無限而皆不可行。何也？即使小其限至人租一畝，而將來人口加增之結果，終非此永古不增之地面所能給也。復次，如所租之位置由政府指定也，則業農牧者欲租田野，業工商者欲租都市，政府寧能反其所欲而授之？若位置由租者請願也，則人人欲得一廛於黃浦灘，政府將何以給其欲也？是又兩者皆不可行也。此段所論利病，乃以吾昔日所聞於孫文者而反詰之。若孫文不承認其曾有此言，或今日已變其政策，則吾言皆為無效。要之，僅言土地國有而不言資本國有，則其所生出之政策，不出兩途：其一則吾前所舉示之二法也，其二則吾所述孫文疇昔語我之一法也。使孫文能於此二者之外，別有其途，則請有以語我來。而不然者，由後之說，則四衝八撞，無論何方面皆不可以實行；由前之說，則是國家營私之目的，而於社會主義風馬牛不相及也。

單稅論(即孫文所謂一切苛捐盡數蠲除,但收地租一項也)之主唱者爲顯理佐治,其所著《進步與貧困》一書之結論,曾極言之。後之論者,認爲財政學上一種學說而已,若以解決社會問題,則未之許也。蓋社會革命家所以主張土地國有者,以凡一切生產機關皆當國有,而土地爲生產機關之一云爾。惟一切生產機關皆國有,國家爲唯一之地主唯一之資本家,而全國民供其勞力,然後分配之均,乃可得言。而不然者,生產三要素,其土地國家掌之,其資本少數富者持之,其勞力多數貧者供之。及夫合三成物,得價而售,其售所獲,當以幾分酬土地之一要素而歸諸國家,當以幾分酬資本之一要素而歸諸彼少數者,當以幾分酬勞力之一要素而歸諸此多數者,此其界限甚難分析(實無從分析)。其究也,仍不能不采現社會所行之地代(即租)制度與賃銀(即庸)制度。不過現行之地代,少數地主壟斷之;土地國有後之地代,唯一之國家壟斷之。其位置雖移,其性質無別也。而資本家實居間以握其大權。蓋納地代而得使用國家之土地者,資本家也;給賃銀而得左右貧民之運命者,亦資本家也。夫歐美現社會所以杌陧不可終日者,曰惟資本家專橫故。使徒解決土地問題而不解決資本問題,則其有以瘳於今日之現象者幾何也?且社會主義之目的,在救自由競爭之敝而已。生產機關皆歸國家,然後私人劇烈之競爭可不行。若國家僅壟斷其一機關,而以他之重要機關仍委諸私人,國家乃享前此此機關主人所享之利,是不啻國家自以私人之資格,插足於競爭場裏,而與其民獵一圍也,是亦欲止沸而益以薪已耳。是故以土地國有爲行單稅之手段,而謂爲財政上一良法也,是則成問題(能行與否,應行與否,又當別論);若以簡單之土地國有論,而謂可以矯正現在之經濟社會組織,免富者愈富、貧者愈貧之惡果也,是則不成問題也。夫有朝衣朝冠而不襪不履者,則行路之人,莫不笑之。孫文之民生主義,正此類也。孫文乎,苟欲言民生主義者,再伏案數年其可也。

孫文又謂,歐美各國,地價已漲至極點,就算要定地價,苦於沒有標準,故此難行,而因以證明社會革命,在外國難,在中國易,就是爲此。此真可謂奇謬之談。謂歐美地價,漲至極點,孫文能爲保險公司保其不再漲乎?吾見倫敦、巴黎、柏林、紐約、芝加高之地價,方月異而歲不同也。且謂價已漲者則無標準,價未漲者則有標準,是何道理?吾國現在之地價,則漲於秦、漢、唐、宋時多多矣。吾粵新寧、香山之地價，則漲於二十年前多多矣。若因其漲而謂其無標準，則我國亦何從覓標準耶？若我國有標準，則歐美各國，果以何理由而無標準？吾以爲欲求正當之標準，亦曰時價而已。我國有我國之時價，歐美有歐美之時價，吾苦不解其難易之有何差別也。若曰我國以價賤故，故買收之所費少而易，歐美以價高故，故買收之所費鉅而難，則何不思歐美國富之比例，與吾相去幾何也？要之，孫文所以言中國行社會革命易於歐美者，實不外前此與吾言"大亂之後，人民離散，田荒不治，舉而奪之"之說，此足下己亥七月間與吾在住吉亭三更擁被時所言。青眼虎（此綽號足下當能記之）在旁知狀，足下寧能忘耶？今抵死圖賴，不肯承認，此乃足下羞惡之心，自知懺悔。吾方喜足下之進化，何忍責焉，而惜乎雖懺悔而仍不足以自完其說也。

孫文又謂德國在膠州，荷蘭在爪哇，行之已有實效，而欲我中國仿行起來。嘻！非喪心病狂，而安得有此言也！孫文亦思膠州之在德國、爪哇之在荷蘭，果居何等位置焉否也？吾固嘗言以土地國有行單稅制，爲財政上一有研究價值之問題，政府壟斷生產之一要素，自茲可無患貧。爲政府計則良得，但不知其影響於國民者何如耳。夫德、荷政府，則朘膠州、爪哇之脂膏以自肥者也。孫文欲膠州、爪哇我全國耶？吾真不料其喪心病狂一至此極也。夫中華民國共和政府而憂貧也，則所以救之者亦多術矣，而何必以僇亡之餘自擬者。

又孫文之言，尚有可發大噱者。彼云"英國一百年前，人數已有一千餘萬，本地之糧，供給有餘。到了今日，人數不過加三倍，糧米已不敷二月之用，民食專靠外國之粟。故英國要注重海軍，保護海權，防糧運不繼。因英國富人，把耕地改做牧地，或變獵場，所獲較豐，且徵收容易，故農業漸廢。並非土地不足，貧民無田可耕，都靠做工餬口"云云。謂英國注重海軍，其目的乃專在防糧運不繼，真是聞所未聞。夫經濟無國界，利之所在，商民趨之，如水就壑。英國既乏糧，他國之餘於糧者，自能餉之。非有愛於英，利在則然耳。雖無海軍，豈憂不繼？若曰戰時不能以此論，則當日俄戰役中，我國人之以米餉日本者，又豈少耶？雖買十分有一之兵事保險（恐爲俄艦捕虜或擊沉，故買兵事保險。其價視尋常保險加數倍），猶且爲之矣。夫英國所以注重海軍者,一則因沿海爲國,非此不足以自存;一則因殖民地夥多,非此不足以爲守。此則雖小學校生徒,類能解之者。而其不得不併力於殖民地,又資本膨脹之結果也。如孫文言,豈謂英國苟非改農地爲獵牧地,國內農產,足以自贍,而即無待於海軍乎?此與本問題無關,本不必齒及;所以齒及者,以覘所謂大革命家之學識有如是耳。又彼謂英國並非土地不足,只緣以耕地改獵牧地,致貧民無田可耕,以此爲貧富懸絕之原因。此亦大不然。英國土地之大部分,向在少數貴族之手,即不改爲獵牧地,而貧民之有田可耕者,本已甚希。夫隸農,雖耕焉而不可謂有田也;即非隸農,而受人之庸錢以耕人田,仍不可謂有田也。彼美國之農地,可謂極廣矣,而耕者率立於一農業公司支配之下,計日以給其勞力之直而已。蓋自生產法一變以後,前此之小農小工制度,忽易爲大農大工制度。兩者職業雖殊,而變化之性質無別也。夫受農業公司之支配以爲人耕田,與受工業公司之支配以爲人製器,兩者果何所擇!而孫文謂,貧民無田可耕,都靠做工餬口。工業卻全歸資本家所握,工廠偶然停歇,貧民立時饑餓。且使全國無一工廠,其大工悉舉其資本以爲大農,而激烈競爭之結果,終必有所廢乃能有所興。而農業公司有停歇者,貧民遂可以免於饑餓乎?要之,但使資本在少數人手裏,而絕對放任其競爭,則多數貧民,自必陷於困苦,初不問其以此資本經營何業也。至英國以農地變爲獵牧地,此自是彼資本家應於其國經濟之現狀,見夫業此焉而可以得較厚之贏也,則群焉趨之。此亦如荷蘭之資本家率業船,比利時之資本家率業鐵,凡以爲增殖資本之一手段而已,而未嘗因其趨重何業,而影響及於貧民生計也。(影響所以及於貧民生計者,以資本在少數人手之故,而非因其以此業之資本移於彼業,而遂生影響也。)如孫文言,豈謂今日英國,但將獵牧地反爲農地,而貧民遂可以家給人足乎?吾以爲今日各國所通患者,皆土地不足也,匪獨英國。而孫文謂英國並非土地不足,可謂異聞。夫土地之面積,自數十萬年前既已確定,造化主不能因吾人類之增加,而日造新壤,計口分以授之。此瑪爾梭士之人口論,所以不勝其杞人之憂也。即使無工業革命之結果,而人浮於地,固已爲病。歐人所以當四百年前,即汲汲以殖民爲務,其動機皆坐是也。即如孫文所述,英國今日人口三倍於百年前,則百年前本地之糧供給有餘者,而今日之需要三倍之，其將何以自存？即不改爲獵牧地，而英民遂得免於饑餓乎？夫英民今日得免於饑餓者，雖謂全食工業革命之賜焉可也。自機器出而英人首利用之，英自此冠帶衣履天下。各國之需要，而英人供給之。供給必有報酬，而英人享受之。英自是廢農不務。英對於他國，以械器易粟；他國對於英，以粟易械器。交易之間，而英大獲其贏。資本家壟其泰半，而貧民亦得餕其餘。然無論所壟者、所餕者，則皆他國人所以餉英也。夫英之所以有今日，徒以廢農故也。如孫文言，以廢農爲今日貧民饑餓之原因，寖假英人悉廢其諸業而復於農，英政府復采孫文之土地國有策，凡能耕者則授之以田，斯可謂不病貧民矣。然三倍於昔之人民，能有三倍於昔之土地以給之乎？百數十年後人民復三倍於今，更能三倍其三倍之土地以給之乎？毋亦日迫之於饑餓而已。孫文所謂並非土地不足，徒以貧民無田可耕者，吾不知其説之何以自完也。夫雖無工業革命，而土地已患不足，其理既若是矣。若夫工業革命以後，資本日以膨脹，然所操資本，無論用之以治何業，總不能離土地而獨立。以國中有定限之土地，而資本家咸欲得之爲業場，競争之結果，而租必日增。租厚則病贏，而資本家將無所利，於是益不得不轉而求租薄之地，此殖民政策所以爲今日各國唯一之政策也。而土地不足，實爲之原。吾又不知孫文所謂並非土地不足之説，果何以自完也。而謂解決土地問題即能解決社會問題，吾誠不知其何途之從而能爾爾也。且孫文所以徵引英國之現狀者，豈非以爲中國將來之比例乎？以彼所言，則英地主改耕地爲獵牧地，乃貧民無田可耕之原因。洵如是也，則中國之社會問題，其永可以不發生矣。孫文得毋憂我中國面積四百餘萬方里之廣土，至他日文明進步以後，將悉不爲耕地乎？如是則何不憂天墜之猶爲愈也。孫文何不曰：將來之土地，將悉爲大農所壟斷，貧民雖有可耕者，而非其田。則其説完矣。然洵如是也，則非解決資本問題，而一切問題，皆無從解決。孫文之土地國有論，則嫫母傅粉，而自以爲西施也。

　　吾反覆讀孫文之演説，惟見其一字不通耳，而不能指出其所以致謬誤之總根本何在。蓋必其人稍有科學的頭腦，每發一義，能持之有故，言之成理。但其觀察點有一誤謬之處，故駁論者可以此爲攻，而持論者亦可以此爲守。若孫文則頭腦稀亂，自論自駁，無一路之可通，吾亦安從取其謬點之總根本而指之？無已，則有一焉。孫文其獨尊農業而排斥農業以外之他業耶？其土地國有後之社會，殆欲斟酌古代井田之遺法耶？洵如是也，則古昔聖賢之言，而宋儒所夢寐以之者也，第不知其通於今後之社會焉否耳。

又孫文謂："行了這法之後，物價也漸便宜了，人民也漸富足了。"此語吾又不解其所謂。夫物價之貴賤，果從何處覓其標準耶？如就物之本體以言，只能以甲乙兩物相校而觀其比價。如云近二十年來銀價賤，近一二年來銀價貴，何以知其貴賤？以與金價比較故也。故就他方面言之，亦可云近二十年金價貴，近一二年來金價賤。其他物品亦例是。如以米爲標準，十年前米百斤值銀五元，柴百斤值銀三角，某物某物百斤，值銀若干若干。今米之價如前也，而柴百斤值銀五角矣，某物某物百斤之價，皆比例三與五爲加增矣，則是百物之價增於米價也。（或米價增至每百斤六元，而其他百物皆以三與五之比例爲加增，則亦可謂百物之價增於米也。）從他方面觀之，則是米價賤於百物之價也。夫如是則有貴賤之可言。然物物而比較之，此以驗社會需要趨於何方則可，而於物價貴賤之共通原理無與也。若夫一切物品，舉十年之通以較之，而無一不漲於其前，是則金價或銀價之趨賤耳，而非其餘物價之趨貴也。（若就他方面言之，則即謂其餘物價趨貴，亦未始不可。然其理一也。）何也？物價之貴賤何以名？以其與金銀之比價而名之耳。此與貨幣政策有密切之關係，今勿具論。若求諸貨幣以外，則尚有一原則焉，曰：物價必比例於需要額與生產費。需要者多，則物價必騰；生產費重，則物價必騰。然文明程度高，則人之欲望之種類愈增；又文明程度高，則傭錢必漲。傭錢漲亦爲生產費增加之一，故物價必隨文明程度而日騰，又經濟界之普通現象也。此其理由，諸經濟學書皆言之，無俟詳述。即觀諸吾國內地與通商口岸之比較，亦可以爲左證矣。今孫文謂行了彼土地國有政策後，物價必漸賤，吾真不解其所由。若其行圓滿的社會主義，將生產機關悉歸諸國家，則此派學者所考案，有謂宜依各人每日勢力之所直，給以憑票，其人即持憑票以向公立之種種商店換取物品者。如是則並貨幣亦廢置不用，只以種種勢力與種種物品比價而立一標準，則物價無復貴賤之可言。孫文若采此說也，則物價漸賤之言爲不通也。而不然者，土地以外之一切生產機關，仍爲私有，物價必隨文明程度之高下而爲消長。物價而趨賤，則必其需要之日減者也。需要日減，是貧困之一徵也，否則庸錢趨微也。庸錢趨微，亦貧困之一徵也，而又何人民富足之與有！吾觀於此，而益疑孫文之社會革命論，除復反於古昔井田時代之社會，無他途也。舉農業以外一切之諸業而悉禁之，以國有之土地授諸能耕之人而課其租。現有四萬萬人，苟國中有四十萬萬畝地，則人授十畝焉。數年以後，民增而地不增，則割所授於前人者，勻其分量以授後人，至一人授一畝或數人合授一畝而未有止。若是則於孔子所謂不患寡而患不均者，洵有合矣，但不知吾國民何以堪也。而不然，則必孫文封盡全世界之金銀礦，使永不產出，否則以金鋼鑽爲貨幣也，舍此兩者外，更無可以使物價趨賤之途。

以上兩段，於本論論旨，無甚關係。不過以其語語外行，令人噴飯，故附駁之，亦使聽演說而大拍掌者，念及此掌之無辜而受痛耳。

以上駁孫文說竟。彼報第五號別有《論社會革命與政治革命並行》一篇，吾擬駁之久矣，蹉跎不果。今吾所主張者，大率已見前方。雖非直接駁彼文，而彼文已無復立足之餘地。況彼文膚淺凌亂，實無可駁之價值耶。惟其中有一條不可不加以糾正者，彼論述泰西學者之說，謂貧富懸隔之所由起，在放任競爭，絕對承認私有財產權，是也。而其所下絕對承認私有財產權之解釋，謂"無私有財產制，不能生貧富，固也；有私有財產制，而不絕對容許之，加相當之限制，則資本亦無由跋扈。即於可獨占之天然生產力，苟不許其私有，則資本所以支配一切之權失矣"云云，此所以證其言土地國有而不言資本國有之理由也。此說社會主義論者中，固有言之者，然其論之不完全，顯而易見。即吾前所謂國家自以私人資格，插足於競爭場裏，而分其一臠耳。夫資本家固非必其皆有土地者，往往納地代於他之地主，借其地以從事生產，而未嘗不可以爲劇烈之競爭。土地國有後，則以前此納諸私人之地代，轉而納諸國家耳，或變所有權而爲永代借地權，或永小作權耳，於其跋扈何阻焉？以吾所聞加私有財產權以相當之限制者，其條件則異是。凡不爲生產機關者（如家屋器具古玩等），則承認其私有；其爲生產機關者，則歸諸國有而已。必如是而後可以稱社會革命，不如是者，皆朝衣朝冠而不襪不履者也。而此種之社會革命，我中國現時果能行否,此則吾欲求彼黨中人賜一言之確答者也。

大抵今日之歐美,其社會惡果,日積日著。各國政治家乃至學者,莫不認此爲唯一之大問題,孳孳研究。而其論所以救治之方者,亦言人人殊。雖然,要其大別,可以二派該之:一曰社會改良主義派,即承認現在之社會組織而加以矯正者也,華克拿、須摩拉、布棱達那等所倡者與俾士麥所贊成者屬焉;二曰社會革命主義派,即不承認現在之社會組織而欲破壞之以再謀建設者也,麥喀、比比兒輩所倡率者屬焉。兩者易於混同,而性質實大相反。今孫文及其徒所倡果屬於何派乎?吾苦難明之。謂其屬甲派而不類,謂其屬乙派而又不類,殆欲合兩派而各有節取耶?而不知其不相容也。是又荷蓑笠以入宮門之類也。質而言之,彼輩始終未識社會主義爲何物而已。

又彼號論文尚有云:"明初屯衛之制,其田皆國有也。明初所以得行此者,亦正以政治革命後易爲功也。觀於其後欲贖取已賣之田,猶患費無所出,乃其初設時若甚輕易舉者,斯亦可知其故矣。行土地國有於政治革命之際,果何事強奪耶?"嘻嘻!此其故,雖微公言,吾固已熟知之,豈非吾前所聞於貴頭領所謂大革命後積屍滿地、榛莽成林,十餘年後大難削平,田土無主者十而七八,夫是以能一舉而收之者耶?明初屯衛制所以得行之而易爲功者,非利故田主之因喪亂而散亡耶?後此欲贖而患無費者,非以承平之後不便掠奪耶?貴頭領於前言,抵死圖賴,而公等亦辨之惟恐不力。吾方謂豺性之已改矣,奈何不解藏蹤跡,浮萍一道開,更爲此自實前言之供狀耶?而猶曰無事強奪,吾不知殺人以梃以刃,果何異也。且以明初爲政治革命後,則公等所謂政治革命者,吾今乃知之矣。

彼報第五號所以醜詆我者,可謂無所不用其極。其笑我謂前此昌言經濟革命斷不能免,又紹介社會主義之學說,而今乃反排斥之。夫吾謂經濟革命不能免者,就泰西論泰西也,今日我何嘗謂其能免耶?社會主義學說,其屬於改良主義者,吾固絕對表同情;其關於革命主義者,則吾亦未始不贊美之。而謂其必不可行,即行亦在千數百年之後,此吾第四號報所已言者(第四號出在彼報第五號之前)。彼謂今之社會主義學說,已漸趨實行,謂各國民法爲趨重民生主義,謂日本鐵道國有案通過,爲國家民生主義之實現,此言誠是也。而不知此乃社會改良主義,非社會革命主義。而兩者之最大異點，則以承認現在之經濟社會組織與否爲界也(即以承認一切生產機關之私有權與否爲界)。公等絕不知此兩者之區別，混爲一爐，忽而此爲，忽而彼爲，吾安從而詰之？彼報彼號有言曰：世每惟不知者乃易言之。又曰：梁某全不知社會革命之眞。又曰：梁氏之攻民生主義，於民生主義毫無所知者也。夫淺學如余，則安敢自云能知者。但初吾以爲公等必知之甚深，然後言，及證以貴報前後十號之偉著，則公等所知，視"目不識歐文師友無長者"之梁某，且不逮焉。惟不知者乃易言之，毋乃夫子自道耶？若夫公等之四不像的民生主義，其甚深微妙，則眞非我之所得知矣。

吾初以爲社會革命論，在今日之中國，不成問題，不足以惑人，故聽彼報之鴉蛙聒聒，不復與辯，謂無取浪費筆墨也。今彼報乃寶此燕石，沾沾自喜，且無識者亦頗復附和之，故不得不爲之疏通證明，非好辨也。雖然，本論之對於彼報，亦可謂不留餘地矣。彼報見此，其將幡然悔悟，自知其擾擾之無謂耶，抑將老羞成怒，再爲狼嗥牛吼之態，折理不勝，惟事嫚罵耶？此則非吾所敢言矣。

以上據鄙見以解決"中國今日社會應爲根本的革命與否"之一問題已竟，今將附論"中國今日若從事於立法事業，其應參用今世學者所倡社會主義之精神與否"之一問題。此問題則吾所絕對贊成者也。此種社會主義，即所謂社會改良主義也。其條理多端，不能盡述。略舉其概，則如鐵道、市街、電車、電燈、煤燈、自來水等事業，皆歸諸國有或市有也，如制定工場條例也，如制定各種產業組合法也，如制定各種强制保險法也，如特置種種貯蓄機關也，如以累進率行所得稅及遺產稅也。諸如此類，條理甚繁，別有專書，茲不具引。夫鐵道等歸諸公有，則事業之帶獨占性質者，其利益不爲少數人所專矣。制定各種產業組合法，則小資本者及無資本者，皆得自從事於生產事業矣。制定工場條例，則資本家不能虐待勞動者，而婦女兒童，尤得相當之保護矣。制定各種强制保險法，則民之失業或老病者，皆有以爲養矣。特置種種貯蓄機關，予人民以貯蓄之方便，則小資本家必日增矣。以累進率行所得稅及遺產稅，則泰富者常損其餘量以貢於公矣。夫以我國現在之社會組織，既已小資本家多而大資本家少，將來生產方法一變以後，大資本家之資本，與小資本家之資本，其量同時並進，固已不至奔軼太遠，造成如歐美今日積重難返之勢。而右所舉社會改良主义诸条件,又彼中无量数之政豪学哲,几经研究而得之者也。彼行之于狂澜既倒之后,故其效不甚章;我行之于曲突徙薪以前,故其敝未由至。夫欧洲所以演出工业革命之恶果而迫今后之社会革命使不能不发生者,固由瓦特机器之发明,骤变其生产之方,亦由斯密放任之学说,助长其竞争之燄。两者缺一,其惨剧当不至若是之甚。今我于生产方法改良之始,能鉴彼放任过度之弊,而有所取裁,则可以食瓦特机器之利,而不致蒙斯密学说之害,其理甚明。记曰:甘受和,白受采。我以本质较良之社会,而采行先事豫防之方针,则彼圆满社会主义家所希望之黄金世界,虽未可期,而现在欧美社会阴风惨雨之气象,其亦可以免矣。而何必无故自惊,必欲摧翻现社会之根柢而后为快也。而况乎其所谓摧翻者,又实未尝能动其豪末,而徒虎皮羊质以自扰扰也。嘻!其亦可以知返矣。

要之,今之言社会革命者,其未知社会革命论之由来及其性质而妄言之耶?则妄言惑人之罪可诛。其已知之而故支离闪烁、张皇其词以耸人听耶?则不过吾前者所谓利用此以博一般下等社会之同情,冀赌徒、光棍、大盗、小偷、乞丐、流氓、狱囚之悉为我用,惧黄巾赤眉之不滋蔓,复从而煽之而已。其立心之险恶,其操术之卑劣,真不可思议也。而一般学子,既年少而富于好奇心,复刺激于感情,以骚动为第二之天性,外之既未尝研究他人学说之真相,内之复未能诊察本国社会之实情。于是野心家乘之而中以诐词,致此等四不像之民生主义,亦以吠影吠声之结果,俨然若有势力于一时,吾安得不为此幼稚时代之国民一长恸也!

结　论

故吾以为种族革命,不必要者也;社会革命,尤不必要者也。坦坦广途,独一无二,由之则至,歧之则亡,曰政治革命而已。更易其词以定其宗曰:今日欲救中国,惟有昌国家主义。其他民族主义、社会主义,皆当诎于国家主义之下。闻吾此论而不寤者,吾必谓其非真爱国也已。

(1906年8—9月《新民丛报》第84—86号)

中國不亡論

(再答某報第十號對於本報之駁論)

　　某報第十號有《雜駁新民叢報》一篇,其言支離謬妄,無一語能自完其說,每下愈況,本無再駁之價值。但彼附注一言云:"非承認則須反駁。"吾若不反駁,則第三者將以吾爲默認彼言耶,是故又不得已於辯也。

　　彼報標題第一條云:"自滿洲入關後,中國已亡國。今之政府,乃滿洲政府,非中國政府。"此命題之正確與否,即吾與彼論爭之要點也,故本文當專以此爲範圍。彼所論有涉及此範圍外者,則當別駁之。此從略也。

　　欲知今之政府,爲中國政府,抑爲滿洲政府,當先辨今之國家,爲中國國家,抑爲滿洲國家。國家之問題解決,則政府之問題隨而解決。此所謂前提正確則斷案必正確也。故滿洲政府四字能成一名詞與否,不必論,但論中國爲是否已亡國。我與彼所論爭者,在此簡單之一語而已。

　　彼報謂不當根據法理以論亡國,此大謬也。國家之性質及其現象,惟以科學的研究,乃能爲正確之説明。此種説明,即所謂法理論也。而國家之滅亡,則國家現象之一種也。若何而爲滅亡,若何而非滅亡,不可不求學理以爲之根據。而所根據之學理正確與否,此不可不審者一也。學理既正確,而事實與此學理所命之定義相應或不相應,此不可不審者二也。今持此以衡彼説。

　　彼報共分六段。其第一段略謂民族與政治之關係,非常密切。使全國人民,分爲兩族,利害相反,則政治現象,無從得善良。故非解決種族問題,不能解決政治問題,云云。駁之曰:此乃以政治論,攙入法理論也。其標題既爲論滿洲入關後中國已亡國,此論則全軼出於標題之範圍外。就令彼所言毫無差誤,究竟與中國已亡未亡之一問題有何關涉?論者前誚我爲不知政治論與法理論之區別,今何爲復蹈之?夫國家有兩民族以上,利害相反,而因以釀成不善良之政治者，是誠有之，如俄羅斯是也，如奧大利亦是也。然此乃政治上國家利害之問題，非法理上國家存在與否之問題也。且國內之人緣利害相反而生出政治上之障礙者，又豈必其爲兩族共棲而始有之云爾，如前此歐洲各國貴族之與平民，亦其例也，如北美合衆國之南北戰爭，亦其例也，如近世各國資本家之與勞働者，亦其例也。凡此皆政治上之問題，而於法理上國家存在與否之問題無與也。（如美國苟緣南北戰爭以召分裂，則其影響可謂及於國家之本體。既不分裂，則於本體絲毫無與。）此問題之解決，非本論範圍，故不詳論。以簡單之語略説之，則無論何國，凡屬政治上大小諸問題，其所以恆有論爭者，殆皆可謂之緣國內各方面人民有利害衝突之點而起。而其衝突之發動力，或自種族上生，或自宗教上生，或自階級上生，或自地方上生，或自經濟上生，種種不同，而無國無之。謂解決種族問題即能解決政治問題者謬也，謂不能解決種族問題即不能解決政治問題者亦謬也。有並無種族問題之須解決而政治問題仍不能解決者，如法蘭西諸國是也。法蘭西本以一民族爲一國民，無種族問題之可言。而貴族平民，利害衝突，爭數十年而不決。最近則政教分離案，亦衝突之結果也。有種族問題已解決而政治問題仍不能解決者，如意大利是也。意大利糾合星散之民族以建國，而建國後爲教會諸問題，尚屢費衝突也。有欲解決種族問題則將不能解決政治問題者，如奧大利是也。使奧之國民，各主張民族主義，則奧將分裂，而更無復政治問題之可言也。有將種族問題加入政治問題內一同解決者，如英國之於愛爾蘭是也。英、愛殊族，利害衝突，然只認爲一通常之政治問題，與他之政治問題，同上議案，各黨派贊成、反對，惟所擇也。有不必解決種族問題而能解決政治問題者，如美國是也。美國人種複雜，而不害其合衆以成國，從未聞以種族問題致生衝突也。我國種族問題與政治問題之關係，於此諸國中最肖何國，此非一言所能盡。以非本論範圍，且略之以待將來。要之，以國民利害有衝突之說，而強率入種族問題於政治問題者，其言皆無當也。

其第二段謂中國曾已建國，今日雖亡，失其國民之資格，然追溯前日之曾爲國民，與豫定後日之復爲國民，故可稱爲國民。如達官暫廢，他日可以驟起，固與臺隸有殊，云云。駁之曰：此非事實論，非法理論，無恥之言也。若曰追溯前日之曾爲國民，故可自稱國民，則散居各國之猶太人，可自稱爲猶太國民，分隸俄、普、奧之波蘭人，可自稱爲波蘭國民，乃至前此腓尼西亞、巴比倫、希伯來、敘利亞之苗裔,皆可以彼之祖宗曾爲國民故,而自稱爲國民。作者素以湛深法理自詡,此所據者誰氏之法理,願有以教我也。若曰豫定後日之復爲國民,故可稱爲國民,則據囂俄懷舊之作,今日阿非利加洲之黑人,可自稱爲阿非利加國民,遵阿圭拿度派之志,今日馬尼剌諸島之土人,皆可自稱爲菲律賓國民,乃至中國西南之苗、日本之蝦夷、南洋之巫來由、西伯利亞之諸胡,亦誰敢謂其千百年後必不能建國者,即吾輩謂其不能,又安知彼之不自豫定以爲能者,則皆可以此之故,而自稱爲苗國民、蝦國民、巫來由西伯利國民。作者素以湛深法理自詡,此所據者,又不知誰氏之法理,願有以教我也。夫達官而廢置,則平民耳;若重而囚繫,則罪犯耳。以平民罪犯,而舉昔日之曾爲達官以自豪,戀中堂大人之號而不肯舍,非天下之至頑鈍無恥者,安得有此也!如曰將來可以起復也,則俟起復時稱之未晚。且尋常之平民罪犯,雖未經爲達官者,安見其他日不可以爲宰相爲督撫,則何不可豫以中堂大人之號自娛也?此其不衷於事實,雖五尺童子能知之矣。要之本報認中國爲未亡,故對內對外,皆得岸然自稱曰我國民。若彼報認中國爲已亡,認滿洲爲已略奪我中國者,則只能自稱曰滿奴,自稱曰捕虜。若欲稱國民者,則請公等別建新國,經列國之承認,得爲國際法上之主體時,稱之未晚。若現在以亡國之人而自稱國民,徒爲天下僇笑耳。今請與彼報記者約,務請將全世界法學家言,有證明無國人民可稱國民之法理,徵引焉以解我惑;如其不能,則請將彼報前此所稱我國民字樣,悉行更正,以後更絕對不許用此二字,否則我終謂足下認中國爲未亡已耳。(此段請賜答,勿躲避不言。)

其第三段以法理解釋亡國之意義,吾一切能承認之。雖然,此無的而放矢也。以一國家踣一國家,吾固認爲亡國,此覆讀本報第十二號之論文可以知之者。彼報引近世學者所示之觀念,謂一方之國家,失其國家權力,他之國家代之而爲行使其權力者,於是一方之國家消滅,同時他之國家,開始其權力行使,云云。此皆吾第十二號所已認者,無勞彼報之證引。而此觀念適用於明清嬗代之關係與否,則吾與彼論爭之燒點也。其第四段論此,今請於下方駁詰明之。

吾認滿洲非國家,認滿洲人本爲中國之臣民,此吾全論最要之點。彼所以相難者,手忙腳亂,全失依據,自相矛盾,不復成文。今逐段駁之如下:

(原文)夫建州之名,得於胡元。至明設營州、中屯、左屯、右屯、後屯五衛,屬北平行都指揮使司。其右屯衛即胡元之建州。永樂二年,右屯衛徙治薊州,其餘四衛,亦皆徙治內地諸縣,則建州之地不毛久矣。自是以後,保塞諸胡,羈縻不絕。至正統二年,建州左衛都督猛可帖木兒爲七姓野人所殺,其子童倉與叔范察(原注:范察爲滿洲遠祖),逋亡朝鮮。童倉弟董山,嗣爲建州衛指揮。無何范察歸建州,乃令董山領左,范察領右。董山盜邊無虛月,尋誅之,邊備日嚴。嘉靖廿一年,建州夷李撒哈赤入寇,巡撫禦之,已復稍戢。歷諸酋,至覺昌安、塔克世,以犯邊伏誅。塔酋子奴兒哈赤,復受明左都督敕書,封龍虎將軍。其後始叛,稱帝擾邊。子皇太極孫福臨相繼立,乘明亂據中國。由是以觀,滿洲自奴兒哈赤稱帝以前,受天朝羈縻,弱則戢服,強則盜邊,未嘗以齊民自居。而明之待之,亦以其爲殊方異類,第綏靖之,使不爲邊患而已。其域既非內地,其人復異齊氓。

駁曰:此不足以證彼說之正確,而適足以證我說之正確也。我所主張者,謂滿洲非國耳,謂滿洲人爲中國之臣民耳。就彼所考據,則滿洲之非國益明。范察既爲愛新覺羅氏之遠祖,而范察之兄爲建州左衛都督,都督非明官耶?范察之姪董山爲建州衛指揮,指揮非明官耶?是不待龍虎將軍之封,而其爲明臣民之資格久已定矣。若以受天朝羈靡[縻]弱則戢服、強則盜邊,而指爲非臣民之據也,則中唐淮、蔡諸鎮,何一非受羈縻,弱則服而強則寇者,然則亦得以此之故,而指諸鎮非唐之臣民乎?必不然矣。若以其域非內地而指爲非臣民之據也,則英國除英倫、蘇格蘭、愛爾蘭之外,其餘各地之人,皆非英之臣民,而臺灣人亦決不能謂之日本臣民也。若以其人異齊氓而指爲非臣民之據也,吾不知所謂齊氓者以何爲標準,推其意殆必以種族也。然則在美國之黑人,不能謂之美國人民(美國無臣民之稱,故行文易此字);在日本之蝦夷,不能謂之日本臣民也。此其語語悖謬於法理,不待智者而辨矣。故滿洲之本爲中國臣民,雖百口不能動此鐵案。(請賜答,勿略過。)

(原文)是故滿洲之稱臣於中國,乃以殊方異類之資格,而非以中國臣民之資格,此最易辨者。前趙劉元海之祖,自漢末已居河內。元海在晉,仕至并州刺史。安祿山生於營州柳城,史思明生於寧夷州,皆爲唐地。禄山仕至尚書左僕射,思明仕至河北節度使,皆封郡王,非龍虎將軍擁虚號者可比。且雜居内地,又非遠在塞外別爲部落者可比。然以民族主義衡之,則皆爲逆胡。何則?爲其以異族盜中國也。如論者言,則元海之於晉,可比於三國鼎立;而安、史亦不失爲隗囂、公孫述也,豈不謬哉?夫元海、安、史,猶不得不謂爲醜虜,況滿洲耶?夫中國自明以前,包孕異類,亦至繁矣。然必同化者,乃真爲中國人。滿洲語言文字風俗,皆不同中國,不得謂爲中國人也。

駁曰:此段之心勞日拙,真乃可憐。其意欲以滿洲前此之未同化,而指爲非中國人,乃曰"必同化者乃真爲中國人"。若如彼言,則彼所引例之劉元海,受業大師,兼通五經,善能文章,常恥隨、陸無武,絳、灌少文。就彼之定義以衡之,正乃彼所謂真爲中國人者也,而復以虜呼之,何也?(此語請賜答,勿躲避不言。)彼謂以民族主義衡之則皆爲逆胡,誠哉然也。然民族主義所謂臣民,非必國家主義所謂臣民。論者之説,以施諸圖騰社會、宗法社會可也。若我中國,則二千年來,已進化而入於國家社會之域,而論者欲退而圖騰之,不亦惑乎?若以國家主義言,則元海之於晉,誠可比於三國鼎立,而安、史誠隗囂、公孫述之類,吾言之何憚也?且即如論者之説,必同化者乃真爲中國人,安、史暫勿論,若元海則按諸論理學,而可決論者之已認爲真中國人矣。以中國人稱亂於中國,與孫權、劉備何異?而謂其不能比於三國鼎立,吾又不知其所據者爲何法理也。而況乎謂必同化者乃爲中國人,其論亦大謬。蝦夷未嘗同化於日本,得不謂爲日本人耶?(是否,請賜答。)要之,自國家觀念發達以來,由血統的政治變爲領土的政治。凡領土内之人民,苟非帶有他國之國籍,自他國而來旅居者,則自其出生伊始,直爲其國之臣民。此種觀念,在歐洲發達甚近,而在我國則發達已甚古。論者徒以欲難吾所持滿洲人本中國臣民之説,乃盡棄其所學而不醉。吁!吾甚憐之。

(原文)例如印度、非洲人,不得爲英國人。若以印度、非洲人主英國,不得爲以英國人治英國人。不特此也,即使風俗略有相似,猶不得謂爲同國。例如佛郎哥之主,皆曾爲羅馬皇帝,不得謂以羅馬人治羅馬人也。況滿洲與中國,風俗亦不相同耶?彼又謂今西南土司之人民，不能不認爲中國之人民；則明時建州衛之人民，亦不能不認爲中國之人民。夫建州諸胡之在明，比於苗、猺，是則然矣。然苗、猺之於我，使其耦俱無猜，則固可以相安；苟其爲患於中國，則亦仇讎而已。誰云苗、猺可以主中國耶？

駁曰：論者亦認滿洲之在明，與今之苗、猺正同比例耶？然則苗、猺果爲中國臣民否？（請賜確答。）苗、猺誠爲中國臣民，則滿洲人之亦爲中國臣民，可無疑義矣。彼謂誰云苗、猺可以主中國，夫苗、猺可以主中國與否，此政治上之問題也；苗、猺主中國則中國可謂之亡國與否，此法理上之問題也。就政治上論，豈惟苗、猺不可以主中國，即中國人亦有不可以主中國者矣。下而秦始、隋煬，上而漢高、明太，吾皆認其不可以主中國者也，而何有於苗、猺？就法理上論，則苗、猺人本中國人之一分子，雖以苗、猺人主中國，而決不得謂中國因此而亡，此事理之至易見者也。（請據法理以賜覆答。）論者謂印度、非洲人不得爲英國人，此等怪論，非淵學卓識如足下者，無以詒我也。今之普通地理書，皆稱英國人民有三百四十五兆二十六萬二千九百六十人，五尺童子能知之。不知除出印度、非洲人外，安從得此數？一言以爲不智，吾不得不以此語還贈論者矣。若問以印度、非洲人主英國，得爲以英國人治英國人否，此就君主主體說言之，可以成問題；就國家主體說言之，則不能成問題。何則？以國家主體說論，則治英國人者乃英國，而非英國內之某人也。故以英國人爲英國君主，固可謂之以英國治英國人；即以印度、非洲之英國臣民爲英國君主，亦可謂之以英國治英國人；甚乃以法國、德國人爲英國君主，仍可謂之以英國治英國人。豈必徵諸遠，彼丹麥人之主那威，則最近之事實耳，其於以那威國治那威人無傷也。如論者言，得無謂爲以丹麥人治那威人耶？（是否，請賜確答。）論者常誚我爲持君主主體說，吾固非持君主主體說者。然如論者言，不知國家主體說中之某大師，教足下以發此奇論也。夫印度、非洲人爲英國君主，固必無之事，然固嘗有以猶太人爲英國大宰相者矣，彼與格蘭斯頓齊名之的士黎里是也。夫君主與宰相，同爲國家之一機關，而行國家之統治權者也。如論者言，則的士黎里可謂之以猶太人治英國人矣。夫英國之大宰相，其權且過於美國之大統領，不過英國歷史上之結果，留此君主之一席耳。使英國而爲民主國，則當的士黎里與格蘭斯頓競爭選舉時，由論者之說，惟格蘭斯頓當選時代，乃爲以英國人治英國人，若的士黎里當選時代，便爲以猶太人治英國人也。此又可求例於美國。美國黑人中有一政治家，襲其國父之名，而自名華盛頓者，現列爲議員，大統領盧斯福特優禮之。寖假此黑人勢力增長，其政治才爲多數國民所公認，及選舉大統領時而竟當選焉，則論者其將奔走相告，謂以非洲人治美國人矣。夫君主與大統領，同爲國家之元首，同爲國家之一機關，其性質非有異也。（異否，請確答。若異，則足下之說尚有商量；若不異，則請全體取消之。）故就政治上論，印度、非洲人爲英國之元首，其於英國爲利爲害，此屬於別問題；若就法理上論，則雖以印度、非洲人爲英國之元首，其於英國國家之存在，無絲毫之影響。此稍治國家學者所能知也。今也因中國臣民一分子之愛新覺羅氏爲中國君主，而指中國爲已亡，是何異因的士黎里爲英國宰相，而指英國爲已亡也？慎矣！要之論者之腦中，全爲數千年來君主即國家之謬論所充塞，驟聞一二學理，而耳食不化。舊思想擺脫不下，又重蔽之以感情，故陷於巨謬而不自知。如本號之論文，可謂無一語能自完其說。同一葉中，矛盾往往而見。若其全篇之矛盾更無論，其與前數號之矛盾更無論也。

（原文）彼又謂滿洲之始建國，乃內亂進行之象。夫滿洲既非中國臣民，則其建國不得擬以內亂明甚。（中略）何得與漢高、明太之始建國相比？

駁曰：使滿洲誠非中國臣民，自不能擬以內亂。然滿洲爲中國臣民，既鐵案如山，不能搖動，則當其割據中國土地之一部分以別建國時，與劉氏之漢、朱氏之吳無所擇，其事甚明。

其第五段，摭吾所引美濃部博士之一語，指爲誤譯，指爲點竄。於犖犖大端角人不勝，而捃摭一二字句以相抵，此誠論者之慣技也。論者謂美濃部之說爲舉例，誠哉其言。又云"非謂舍此而外別，無國家之消滅"，其說亦甚當。雖然，吾豈謂舍此而外別，無國家之消滅乎？吾嘗謂印度雖統一而不得不謂爲亡國（見本報第十二號第五、六葉），論者寧未見之耶？論者屢稱："一方之國家，失其國家權力，他之國家權力，代之而爲行使其權力者，謂之亡國。"若自矜其新發明者。吾之論印度亡國，不既以此義爲論據乎？（是否，請確答。）論者謂我點竄東文以欺人,毋亦論者刪隱我文以欺人耳。且使吾實爲誤譯實爲點竄,美濃部之説,全如論者所言,則固不足據之以難吾所持中國不亡之大義。何也？滿洲本爲中國之臣民,非以他之國家權力,代我而爲行使也。

其第六段復分七小段以駁我説,今逐一解答之。

（原文）（一）所謂亡國者,此國已亡之謂,非謂必尚有他國存在,然後此國乃可謂亡也。印度既爲英所滅,則印度即爲亡國。使他日英國復爲他國所滅,其時印度仍然亡國也。

答曰:是也。印度以有英國之國家權力代之而爲行使其權力,故謂之亡國。設他日英國爲他國所滅,而復有他國之國家權力代印度以行使權力,則印度仍謂之亡國。然今日之中國,非有他之國家以代爲權力行使也,故不得以現在之印度論,亦不得以將來之印度論。

（原文）（二）國家爲他之權力所侵入,而全失其固有之權力,則可謂之亡國。是故雖使未成國家之游牧民族,侵入甲國,奪其主權,則甲國亦謂之亡國。何也？雖其侵入之權力,非他國家之權力,然已失甲國家之權力故也。是故不能謂必有征服之國家在,然後被征服之國乃爲亡國。

答曰:此説之當否,當以甲國家固有之權力喪失與否爲斷。盎格魯撒遜人之始入英國,在紀元後三百餘年。其確成國家,稱爲英倫,在八百二十八年。及一千六十六年,諾曼人侵入,威廉即英王位,號爲威廉第一,其血統直傳至今日。今之愛德華第七,猶諾曼人之胄也。諾曼人者,譯言北方人,蓋北方一族之海賊,自八百三十五年以來,屢侵英國,前後亘二百餘年,而卒爲英王者也。然史家未聞有以諾曼人威廉第一之即英王位,而謂英國爲亡於是時者。且今世各國所豔稱所效法之大憲章,即威廉子孫所頒定。英人但以求得大憲章爲急,不聞其以争諾曼人之王位爲急也。以諾曼人爲英國君主,不得謂英國已亡;則以滿洲人爲中國君主,不得謂中國已亡。事同一律,其理甚明。(是否,請賜答。)夫諾曼人本非英國臣民,而猶若是,況滿洲人本爲中國臣民者耶！

（原文）（三）征服本有二種:一曰吞併,二曰侵入。而爲以一國踣一國則同。今論者祗認吞併爲亡國,而不認侵入。然則設使朝鮮驟强,侵入中國,遣其國民,駐防各省,定都順天,而以其本國爲留都,論者亦將認爲非亡國。

答曰:不然。朝鮮國家也,而滿洲非國家。朝鮮建國已千餘年,雖中間屢爲中國所征服,稱臣於中國,然其國家自在。滿洲只能與諾曼人爲例,不能與朝鮮國爲例。

（原文）（四）滿洲在塞外,已建國號曰清,則清國者,即滿洲國之別名。（中略）今者以清國治中國,何云以中國治中國?

答曰:不然。明國即吳國之別名,不能謂以明國治中國,不能謂以吳國滅中國。

（原文）（五）今日之滿洲,謬以清國爲中國,而非於中國之外,別立清國。此猶契丹爲遼,女真爲金,蒙古爲元,皆以其名施諸中國,更不別立遼、金、元於其本部也。然遼、金、元終不得混於中國。

答曰:以諾曼人王英之例例之,則遼、金、元皆非能滅我中國者。吾故曰:中國自有史以來,皆有易姓,而無亡國。（見第十二號第三葉）

（原文）（六）如論者言,是檢其舊國之名而別建他號以籠罩中國者,即可以認爲中國。然則無論何國侵入,皆得行此伎倆,而吾輩亦皆可謂之以中國治中國。

答曰:不然。彼以國而來侵入,是有他之國家權力行使於被征服之國家之上也。滿洲人之王中國則不爾爾。

（原文）（七）如論者言,是無國之人,入主中國,即可云以中國治中國。然則晉世五胡,殆皆無故國者也。又使以猶太人入主中國,建國號曰某,亦可云以中國治中國乎?

答曰:晉世五胡,大半皆中國之臣民,其亂象只與五季時代之十鎭等,安得云中國已亡?若以無國之人入主中國,就君主主體說言之,不能謂以中國人治中國人;就國家主體說言之,固仍得謂以中國治中國人。夫以有國之丹麥人入主那威,仍不失爲以那威國治那威人,其故可思矣。若夫以猶太人入主中國,此固事實上必無之事。蓋一甲國人入主乙國,必有其歷史上之關係。如諾曼人主英,有婚姻上之關係;滿洲人主中國,有臣民資格之關係也。若猶太之一人而本爲中國臣民者,則亦與現在之滿洲人等耳。其可以主中國與否,則政治上之問題;不能因此而謂中國已亡,則法理上之問題也。

吾之此論出,吾知普通之排滿家讀之,必將驚詫駭汗,舌撟而不能下,目張而不能翕,髳戟而不能垂。惟彼報記者,駭詫當不至若是之甚,但煩亂暴怒而已。何也?彼蓋曾耳食一二師說,而略解國家之性質者也。而叵耐所受學理,皆不適於解決此問題,末由以自張其軍。是學理之負論者,非論者之負學理也。要之,欲證言中國之不亡,必以國家非君主爲前提;欲證言中國之已亡,必當以君主即國家爲前提。論者前因吾引波倫哈克學說,則以君主主體說誚我,而自命爲持國家主體說者。今按諸此文,乃無一語而非君主主體說,所謂不自見其睫者非耶?即以君主主體說衡之,其持論亦不完。愛新覺羅氏以固有中國臣民一分子而篡中國之舊王位,若持君主主體說,仍不失爲以中國人治中國人。因此而謂中國已亡,則直是種族主體說而已。種族主體說者何?謂以種族爲統治權之主體也。質而言之,則國家即種族,種族即國家也。此以解釋圖騰社會、宗法社會時代之國家,庶幾近之;而欲以施諸今日,是何異認礓石爲鴻寶也哉!吾之此論,非徒爲彼報記者下箴砭,抑亦使一般國民因此問題以研究國家之果爲何物,確知國家之性質,然後國家觀念乃得明,然後對於國家之義務乃得盡。予豈好辯哉?予不得已也。

由此言之,我國民之對於滿洲王統,只當如英國民之對於諾曼王統,惟併力以爭君主之權限,而不必分力以爭君位之誰屬。而種族革命論,實乃節外生枝,而徒阻政治革命之進行。雖有蘇、張之舌,無以易吾言也。

嗚呼!以數千年有神聖歷史之中國,乃無端造作妖言,指爲已亡,不祥莫大焉!草此論已,乃重爲祝曰:宵寐匪禎,札闥鴻庥;祓除不祥,中國萬歲!

(附言)彼報於論文之末附數語,要吾反駁,若甚自鳴得意者然。夫吾則豈有所憚而不敢反駁者?彼報歷號之譫語,何嘗有一焉能難倒吾說者?徒以彼展轉狡遁,於吾所持根本大義,無一能答,而徒支離於瑣碎末節,瘈狗狂嘷,而群蛙隨之爭鳴,故不屑與校耳。今之此論,於重要之點,皆爲注出。論者若能逐一再反駁之,則吾願聞。若躲躲閃閃,於此諸點不反駁,而更挑剔舞文於一二字句之間,則吾又安從再與若語也?

(1906年9月《新民叢報》第86號)

再駁某報之土地國有論(補)*

三、就社會問題上正土地國有論之誤謬

社會問題之真意,要以分配趨均爲期,凡以使全國中各社會階級(不問貧富)皆調和秩序以發達而已。申言之,則救資本兼并之敝,對於大資本家而保護小資本家,此其一也;又調和資本家與勞働者之利害衝突,對於資本家而保護勞働者,此其二也。(社會問題,不當專以現在貧者一階級之利益爲標準。蓋社會者,全社會人之社會,固非富者階級所得專,亦非貧者階級所得專也。但在歐美,其富者階級之受特別保護既已久,故言社會問題者,不得不益注重於貧者一面耳。)然則國家所採政策,其能達此目的者,即其能解決社會問題者也;其不能達此目的者,即其不能解決此問題者也。吾以爲如歐美學者所倡道之社會主義,舉生產機關悉爲國有者,最足以達此目的。然其事非可實行;即行矣,而於國民經濟亦非有利。其次則社會改良主義派所發明種種政策,苟能采用之,則不必收土地爲國有,而亦可以達此目的。若如彼報所持之簡單的土地國有論,則始終不能達此目的者也。請言其理。

彼之所以誾誾然主張土地國有者,豈非以惡豪強之兼并耶?豈非以兼并土地之結果,而生貧富階級之懸絕耶?夫兼并土地,誠爲貧富階級懸絕之一因,然不能謂舍此無其他之原因也。故吾前者謂資本家不必皆自有土地,往往納地代於地主,借其地以營業,而未嘗不可以致大富。此誠社會上數見不鮮之現象也。乃彼報所以相答之言則曰:"乃若借地於人而獨能獲大利者,則亦有之。英倫之西看溫加頓有賣花者,租地以爲貿易。人以爲此微業也,而不知其贏甚多。乃身與妻子,爲敝服以欺其地主,使不爲加租之議。及地主廉得其

---

* 本文第一、二節已收入《飲冰室合集·文集》之十八,題爲《駁某報之土地國有論》。

情,而賣花者已富此所謂漏網之魚也。云云。"此等輕薄尖刻之口吻,誠彼報最得意之長技哉,而曾不顧明眼人之方捧腹於其旁也。夫經濟上之貨物,雖離土地而不能產出。然人之爲經濟行爲也,則有直接利用土地者,有間接利用土地者。而間接利用者,其所得往往較直接者爲尤裕。此經濟社會普通之現象,初不必治此學者然後能知也。(此就私人之富以言。而社會主義,即以救私人之過富過貧爲目的者也。)太史公亦有言:用貧求富,農不如工,工不如商。夫農則直接利用土地者也,工則強半間接利用土地者也,商則重間接以間接者也。故土地制度之變革,惟農業家最蒙其影響。工業家所感痛癢,既已不甚大;若商業家則幾於無矣。夫躉賣發行之商業,一歲爲數百萬數千萬之出入者,尋常事耳。而善持籌者,常能得什一以上之利潤。然其直接取資於土地者,不過得半畝之廛於鬧市而已,更進則一二畝之倉庫而已。又質押業銀行業保險業取引所業(賣買股份票者謂之取引所業),其獲利愈豐而且較確實,社會上所謂富之一階級,半胎孕於是。問其直接利用土地者,則亦舍其營業上必要之房屋無他也。在現今私有財產制度之下,其營此業而既致富者,往往購地以自建廛店,固也。然當其初營業之始,則賃屋從事者十而八九(銀行保險業等,大率最初即購地自建屋,則其營業上性質使然。彼以是自增殖其信用力故耳),而不害其可以致富。此其租地之性質與英倫之賣花者抑何所擇？論者得毋曰此亦漏網之魚也？即土地國有後,彼不過須多納此半畝乃至數畝之地代於政府,在其支出總帳中,不過占比例百之二三。而謂恃此以遏資本集中兼并致富之勢,能焉否也？況經濟社會發達後,則各項有價證券(凡國債票,公司股份票,及各公司之社債票等,總名有價證券),成爲一種動產,流通買賣。於是以投機而獲大利者,所在多有。其善居奇者,不旬日而致鉅萬,比比然矣。(日本大隈伯,即以此術致富。)而業此者則並鬧市中半畝之廛而可以不要者也。如此則除住家所需地外,更無取納一銖之地代於政府,而儼然以素封聞國中矣。試問土地國有政策,能損其豪末否也？至於工業,則其與土地之關係較爲切密。蓋所需之原料,皆直接資土地之力而產出者也。然謂工業家必須有面積廣漠之土地,然後其業乃克昌,則又不然。(彼報第十二號第六五葉云:"今姑即美國論之,則最大資本及爲最劇烈競爭者,若航業大王,其船廠船澳碼頭之地,問爲其所有者耶,抑借諸人者耶？若煤油大王,其礦山及其所恃以運輸之鐵道,問爲其所有者耶,抑借諸人者耶？其他若牛肉托辣斯牧牛之地,烟草托辣斯種烟之地,麵粉托辣斯種麥之地,亦問爲其所有耶,抑借諸人者耶？"其言若甚辯,然實無絲毫之價值。下方辨之。)凡世界愈文明,則分業愈顯著。故爲製造業者,以不必從事於原料之生產爲原則。其兼營之者，則例外耳。如論者言，則英國之織布公司，不可不有廣大之種棉地，而其棉花胡乃來自美國及印度？其織絨公司，必不可不有廣大之牧羊場，而其羊毛胡乃來自澳洲？日本之精糖會社，不可不有廣大之蔗圃，而其糖料胡乃來自臺灣及爪哇？更推類言之，則製針公司，不可不自買礦山以求得鐵；製靴公司，不可不自鬭牛場以求得皮；建造公司，不可不自養森林以求得木。而凡公司之不有此等土地權者，其業豈不終無以自振耶？殊不思此複雜之經濟社會中，實多有其供給原料之塗，恣企業家之所擇。其在數十年前之美國，地沃而價廉。企業家見夫自購其地以生產原料，而生產費可以較廉也，則兼營之可也。其在他國，或見爲不利也，則不兼營之亦可也。要其目的，在能以最廉之價得原料而已。於此而謂必以製造公司自有土地以生產原料者，乃能得最廉價之原料乎，此大不可。使以高價買入土地，而此種固定資本，須求偌大之利子以彌之，則自產原料之價不能廉矣。又使須以高價雇勞働者以從事耕牧，又須置若干之監督管理人，致生產費加多；甚則以管理失當之故，而生產額反遜於小農，則自產原料之價又不能廉矣。反之，而他之企業家，不兼營原料之生產者，或以資本之厚，能一時購入多量，或以見機之敏，人我棄取之間，悉中機宜，或以特別之關係，而得某地方中此種原料之獨占，則其得之之價，自能以較廉於人。如是則雖無尺寸之原料生產地，顧能與擁有多地者競而倒而斃之，固坦坦不足爲怪也。且業競之勝敗，固不能僅以得原料之手段爲標準。以良手段得原料，不過節縮生產費之一端耳。節縮生產費，又不過企業原則之一端耳。乃如論者之說，一若彼大公司所以能制勝者，全恃其有得原料之良手段；而其手段之所以良者，又不外自有業場而自供給之也。嗚呼！其傎甚矣。彼惟誤認此前提，故生出至奇極繆之斷案，謂但使收原料業場於國家，毋令大企業家得壟斷，而豪强兼并資本集中之禍自可以熄。信如彼言，則英國之爲織布織絨業者，何以能雄於其國且雄於世界也？（日本當數年前，烟草未歸專賣。時則有村井兄弟商會及岩谷商會兩家，爲劇烈之競爭，日張廣告。其文曰："勿驚！稅金五十萬圓，職工三百萬人。"而岩谷氏且緣業此之故，而得所謂實業男爵者，且被選爲衆議院議員，其勢力可謂極偉大矣。村井氏之勢力亦略稱是。然問其烟草之原料，則皆自外國來，岩谷、村井未嘗有一町一反之種烟地在日本境內也。然則就令日本當時果行土地國有制，於岩谷、村井之富，何損一毫？所差者，則其製烟之工廠，若在土地私有制下，則能購地以自建築；若在土地國有制下，則須借地於國家而建築之耳。借地以建此工廠，其所應納之地代能幾何？歲十萬耶，歲二十萬耶，極矣。而以行土地單稅之故,雜稅一切不征,則彼前此應納稅五十萬者,今所納者不過十萬乃至二十萬,是彼反緣此而每歲可多得三四十萬之利也。然則土地國有制,徒以助富者而長其燄耳。其與社會主義之精神,抑立於正反對之地位也。)故知凡從事於製造的工業者,皆不過間接利用土地。土地制度之變革,其影響於彼輩者甚微弱。何則?土地不過以供給其所需之原料而已。彼即不自有土地,曾不患原料之不能供給。而況乎今後之經濟界,實混全世界為一大市場。彼大企業家擁此大資本,自能使國外最廉價之原料,滾滾以入應其求。而謂僅恃國內之土地國有制,遂能抑彼專橫,使毋與貧之一階級相懸絕,不亦謬乎!準此以談,則土地國有制之影響於製造工業家者,實不過在工廠所需區區之地,能私有之與否而已。而謂必私有此百數十畝工廠之土地,然後能以致富,苟借地以建築工廠,遂無復吸收過當利潤之途,則以鄙人之駑愚,誠不解其理由之何在也。夫租地以建工廠,與英倫之租地賣花者又何所擇?如論者說,得毋又為漏網之魚也。又彼報所論航業,其誤謬亦與論製造工業相等。彼謂以航業致富者,全恃有船廠船澳碼頭。此未解航業之性質者也。航業公司能自有碼頭則其利便較大,而所獲亦較豐。此誠不可爭之事實。然此如業銀行者之兼業倉庫,亦如製造會社之自產原料,皆其附隨之業務,而非其必要之業務也。故各國制度,常有以碼頭專歸國有或市有者(如日本大坂築港事業是也);又或另組織一公司以經營之,而不屬於一航業公司者(如日本之神戶棧橋會社是也)。而航業家初未嘗因此之故,而損其本業應有之利也;亦未嘗因此之故,而競爭不能劇行也。若夫船廠船澳,則為造船業所必不可少之物,而非航業所必不可少之物。論者混為一談,毋乃過舉?以吾觀之,則土地國有與否,其影響於航業者,視他業為更少。所爭者,亦不過其營業上必需建築物之所在地能私有與否焉耳。而謂此區區之地為私有為借用,遂能生偌大影響於其營業,又吾之所苦不能解也。故吾謂斯亦賣花之類也。(彼所謂美國之航業大王者,吾不知其誰指。美國諸業皆趨於合同,惟航業則今尚呈割據之姿,無所謂大王也。得毋指摩根所經營之大西洋航業托辣斯耶?摩根固無航業大王之名,而此托辣斯恰無一船廠船澳也。)若夫造船業,則其船廠船澳,誠與土地有不可離之關係,其蒙土地國有之影響者似甚大。乃細按諸事實,殊又不然。蓋船廠船澳所在地,應有其特別之位置。其地必非在鬧市與孔道,未必因交通發達之結果,而地價生激變之漲落。其地惟造船為最適,而他業反不適,則非業此者無或欲得之。而一國之造船業,大率仰政府之補助獎勵,相與競爭者甚少。故欲得其地之人隨而少,而地價更無激漲之由。且就一方面觀之，造船公司無此地則不能存立，固已。就他方面觀之，則造船公司以有此地之故，不過減其流動資本之額，而增其固定資本之額。若能以略有一定之地代，分月納於地主而借用之，於業此者不可謂不利。何則？苟除建築物之外，專就其土地之自身而論之，未必能移時而驟增其值。又其土地自身直接之生產物，不能逐年增多，故此等地反不必以所有之爲利也。然在私有制度之下，苟不購入之而常借用之，則恐隨事業之擴張，而地主日居奇以昂其租，故其所有權殆不能不歸於企業者之手耳。然謂彼企業者，惟以賴有此土地之故而始獲利，以之與鐵路線旁之土地同一視，實非正論也。彼公司既投資本之一部分以購此地，緣是而資本變爲固定。此資本固有其應生之利子，而就簿記學上論之，此利子即無異其所納之地代也。雖在土地國有之後，而政府之對於此等事業，亦只當有獎厲補助，而更無限制壓抑。然則政府所徵其地代，宜以其購入資本之利子爲標準，而不容有所逾。（例如其地以十萬金購入，此十萬金若爲流動資本而以貸諸人，則歲可得利子七千。今以用之購地故，而歲失此七千，則此七千即其地每年之地代也。則土地國有後政府所徵其地代，亦不可逾七千，以此種事業宜獎厲故也。然則公司雖歲須多納七千於政府，而彼十萬之流動資本，仍可得七千之利子，則其借貸對照表，豈不適相消而無所餘乎？）果爾，則土地國有與否，能影響於其企業利潤之增減者，可謂絕無。若謂慮業此者之過富，以釀成社會之不均，而假土地國有制以裁抑之，則政府引高地代之率，誠在在足以制其死命，但恐非政策上所宜爾耳。至於礦業之性質，則與土地所有權更無關繫。蓋在今日，無論何國，其土地所有權，皆有限制，而礦山則大率皆國有故也。日本民法第二百七條云：" 土地之所有權，於法令之制限內，及於其土地之上下。" 礦業法第三條云：" 未採掘之礦業，爲國之所有。" 礦業法所云云，即民法上所謂 " 法令之制限 " 之一種也。蓋土地所有權，以能及於其土地之上下爲原則。若以他種法令示限制者，則爲其例外。有礦業法之規定，故所有權及於土地之下者不能完全，其下之礦產歸國有而非私人所有權所能據也。自餘他國之法制，亦大率類是。然則雖在土地私有制度之下，而此制度之適用，曾不能及於礦山。礦山者，無論何時，其性質皆爲國有。而人民之有礦業權者，就法理上論之，實不過借國家之土地以營業也。（日本礦業法，於礦業稅礦產稅之外，尚有礦區稅。）如論者説，惟私有土地乃能行兼并，而借用土地則不能，然則礦業宜爲最均平之分配焉矣。而何以各國第一等之富豪，強半起自礦業，而貧民之受壓制而呻吟者，亦莫礦工若也？故夫以礦業一端論，除非悉舉以歸諸國營，而絕對不許私人之自營，則礦工之被壓制，或可以免。（礦業應爲國家專業與否，華克拿財政學所論最平允。）若猶許私人自營耶，則在土地國有制度之下，與在土地私有制度之下，其對於分配上所生結果，兩者絲毫無以異。何也？未禀請採掘以前，礦山屬諸國有，兩者同也。既禀請採掘以後，則能行礦業權於國有礦山之上，亦兩者同也。乃如論者言，謂現今礦業家所以能專橫，全由土地私有使然；一改爲國有，而遂能爲根本的救治。吾真百思而不得其解也。以上所論，凡以證明一切工商業（除鐵路外），皆可租地以從事。而其競爭之劇兼并之烈，與在土地私有制之下，毫無所異。而謂持簡單偏狹的土地國有政策，遂足以挽此狂瀾，實夢囈之言也。此彼報所持主義不能成立者三十四也。

且如彼言，謂牛肉托辣斯以有牧牛之地故能專橫，烟草托辣斯以有種烟之地故能專橫，麵粉托辣斯以有種麥之地故能專橫，尋其理由，毋過曰：彼坐此乃能得價廉之原料而已。夫原料之能價廉與否，初不關於需要原料者能自生產之與否，既如前述。今即如論者之意，謂自有土地以從事生產，爲企業家得價廉原料之不二法門；然則土地國有後，企業家失此資格，而因以不能專橫，其一切原料，不得不仰給於直接利用土地之小農。小農得自主以昂其價，於是乎企業家所得之利潤，因之而較薄。而此企業家所損之利潤，則還入於小農之手以報酬其勞働也。是一轉移間，而分配已均於無形。彼論者所希望之目的，寧非在是耶？殊不思經濟者無國界者也。於製造品之需要供給也有然，於原料品之需要供給也亦有然。彼企業家不能得價廉之原料於國內者，則將轉而求之於國外而已。於斯時也，國內之原料生產家（即小農），將貶其價以與外國原料競耶，則企業家雖無土地，而固可以得廉價之原料於國內。以論者之眼觀之，仍不外奪勞働者之所得以益其利潤，與均富量於多數之本旨無與也。若仍如論者之目的，昂其價以期厚勞働之報酬耶，則其原料在市場上將無復過問，而多數之小農，且凍餒以死矣。夫如彼所持之土地國有論，與土地單稅論相緣，一國之負擔，全責諸直接利用土地之農民，則一切原料，其生產費皆甚鉅，而萬不能與他國所產者爭衡。則企業家不能得價廉之原料於本國，殆不俟問。而本國價貴之原料，既不能求市場於國內，更遑問求市場於國外！然則土地國有制，一方面對於富者，未嘗能節其絲毫之專橫；一方面對於貧者，反使之蒙邱山之損害。此彼報所持主義不能成立者三十五也。

且彼所以斤斤焉言社會革命者，不過欲均少數人之富於多數人而已。誠如是也，則必其富量，既出於少數者之手，緣是而即入於多數者之手，然後其目的乃爲克達。若雖出於少數者之手，而終不能入於多數者之手，則爲是擾擾何爲也！如彼言，謂牛肉托辣斯以有牧牛之地故能專橫，烟草托辣斯以有種烟之地故能專橫，麵粉托辣斯以有種麥之地故能專橫，其理由既不外曰：彼坐此乃能得價廉之原料也。即坐此得價廉之原料，於社會抑何損害？而彼報必深惡痛絕之者，豈不以其絞取勞働之結果，而使貧者益以貧也？其意盖曰："使勞働者自有土地而自耕牧之，則其地之所生產者，可悉爲其所得。今因爲傭於人而代之耕牧，所得者僅區區之庸錢。而庸錢以外之物值，即歸於地主而兼爲企業家者之手。故彼之以一身而兼地主企業家之兩資格者，實無異搾取勞働之結果以厚其利潤也。而土地國有，則使勞働者能享受其全額，故勞働者受其賜也。"今欲判此論之當否，則當查企業家所減損之利潤，是否即爲勞働者所收得而已。例如有一麵粉公司於此，自有土地而雇人爲之種麥。其每畝所產麥，歲可值二十元，而其雇人所費庸錢，歲不過十三四元，則此六七元似爲絞取勞働之結果矣。然按諸實際，則殊不然。假使土地國有制行，小農直接受地於國家以耕，則此二十元者，果能全爲耕者之所得乎？政府所徵地代，約去其三元矣；肥料之所投、農器之所損，約去其一元有奇矣；由生產地運致之於市場以求售，轉運之費、囤積之費，約去其半元乃至一元矣。如此則此勞働者所得，亦不過十五元內外。視前此所獲庸錢，不過增一元有奇耳。萬一遇天災地變，或市價暴落，而所產不能值二十元，則此所增一元有奇，竟不可得。甚且所得不能如前此所受庸錢之數，未可知也。是知企業家所割取之六七元，實依三種性質以受分配：其一則土地之報酬，即地代是也；其二則資本之報酬，即肥料農器等所需是也；其三則企業之報酬，即對於天變地災或市價漲落所生意外之結果而爲保險是也。（企業家心力勤勞之報酬，亦含此項內。）除此三者以外，夫然後乃爲勞働之報酬。藉令土地國有後，勞働者租地以自耕，而其總收入，果能免前三項之分配乎？如其不能，則勞働者之實收入，其又安能有以逾於前也！所異者，則地代一項之分配，前此則地主享之，而土地國有後，則國家享之耳。然自勞働者一方面觀之，實無絲毫增加之利益。然則土地國有，與均富於多數之旨果何與也？此彼報所持主義不能成立者三十六也。

　　抑彼報對於此非難，亦嘗爲強辯矣。其言曰："夫國家者何？國民之團體人格也。少數地主之利益而移諸國家，猶曰於均利益於多數之旨無關，其性質與在少數地主之手無異。是惟以謂諸專制之國，其所謂國有制度，但以政府專其利者，則可耳；非所論於將來之中華立憲民國也。"推其意，不過謂政府所收之地代，還以用諸種種公益事業云爾。夫在今世立憲國，其政府所收入，則何一而非用諸公益事業者？苟不爾，則其政府將不能以一朝居矣。雖然，就財政政策上論之，非惟其支出之當否，於公益有影響也；即收入之當否，亦於公益有影響。在今世各國普通財政制度之下，諸種租稅，同時並行。使國中各階級之人民，各應於其能力以負擔租稅，愈富者則負擔愈多，貧者則負擔遞減以至於無。然後總其所收入者，以施設各種公益事業，使國中無貧無富，悉食其利。此則於均利益於多數人之旨，洵有合矣。乃今如彼報所持之土地單稅論，除土地外一切租稅皆豁免，則以無營業稅故，無論爲若何之大買賣大製造者，可以不納一文於政府；以無所得稅故，歲入數萬乃至數十萬者，可以不納一文於政府；以無相續稅故，安坐而受人千百萬之遺贈者，可以不納一文於政府；以無各種消費稅故，彼富豪之車服狗馬窮奢極侈者，可以不納一文於政府。而惟彼鋤禾當午汗滴田土之農夫，常須納其所人[入]五分之一。更舉例以言之，則如前此日本之岩谷商會，販烟草於美國以營業者，本須歲納稅金五十萬元；及土地國有後，則一切豁免。而惟彼耕數畝烟地之農夫，以必須向政府租地故，每歲不得不納十數元或數十元之地代。就令國家以所收地代，還用諸公益事業，然此公益事業之利益，則岩谷氏與種烟之農夫同享受之者也。而岩谷氏所享受之分量，其優於種烟之小農者，又不知其幾千萬倍也。乃岩谷氏對於國家，不負一文之納稅義務，而享千萬倍於人之權利；種烟小農，對於國家，負偌大義務，而所享權利，乃僅他人千萬分之一。若是，則土地國有政策，果不能得損富益貧之結果，而惟反得損貧益富之結果也。豈惟不能均利益於多數，實徒以毗利益於少數而已。此彼報所持主義不能成立者三十七也。

　　彼報謂"泰西貧民所以重困者，並非土地不足。只緣土地爲少數人所壟斷，致貧民無田可耕，靠做工以餬口。"（撮擧原文大意）又曰："勞働者有田可耕，於工業之供給，無過多之慮，則資本家益不能制勞働者之命。"又曰："小民之恒性,視自耕爲樂,而工役爲苦,故庸銀亦不得視耕者所獲爲絀。其他勞働者之利益皆準於是。"綜此三段,蓋謂土地國有,能得庸銀增加之結果也。問土地國有曷爲而能得庸銀增加之結果,則曰:企業家苟欲尅減庸銀之率,則勞働者可相率罷工歸農,則企業家不惟不能脅制勞働者,而勞働者反能脅制企業家也。其所據之理由,不外是矣。嘻!爲此言者,其於經濟上普通之學理,直絲毫無所知焉耳。今請一一駁之。

　　世運日進,則人滿之憂日劇,對於土地而常感不足。此實所謂天地猶憾者。自瑪爾梭士人口論出世以來,各國政治家汲汲憂之而思所以救之,本報第十四號夫既詳述矣。而彼報引亨利佐治所作圖,謂由自身下推於子孫,與上遡於父祖,其數相等。據之以駁瑪爾梭士。夫亨氏對於瑪氏之挑戰,吾輩固可以守中立,不必有所左右袒。即瑪氏所謂人口二十年而增一倍之説,吾亦認其爲過當之談。然如彼報所主張,則人口新陳交嬗,後者適足補前者之缺而已。似此則世界人口,宜永古爲一定之數,絕無增減,夫然後與彼所列之圖相應。此則不必求諸幽邃之原理,但據顯淺之事實,而可以證其謬。試舉數大國百年間人口增加之統計以明之:

	千八百年之人口	千九百年之人口
俄　國	三八,八〇〇,〇〇〇	一一二,四三〇,〇〇〇
美　國	五,三〇六,〇〇〇	七六,四五〇,〇〇〇
德　國	二一,〇〇〇,〇〇〇	五六,三七〇,〇〇〇
奧　匈	二三,一〇〇,〇〇〇	四五,四〇〇,〇〇〇
日　本	二五,五〇〇,〇〇〇	四四,八〇〇,〇〇〇
英　國	一六,二〇〇,〇〇〇	四一,四八四,〇〇〇
法　國	二六,九〇〇,〇〇〇	三八,九六〇,〇〇〇

據右表所示,除法國外,其餘六國百年間人口之增加,皆一倍或二三倍。又據最近十年間之統計,則英國每人口一千,十年間凡增加九十八人有奇,丹麥增加百二十六人有奇,那威增加百二十人有奇,俄國增加百三十六人有奇,德國增加百三十九人有奇,法國增加十二人有奇,美國增加二百六人有奇。除美國之鋭增與法國之鋭減,皆有其特別之原因外,大率人口每十年而增十之一有

奇,此中率也。人口歲歲加增,既已若是,而土地則自洪荒開闢以來,其分量一成而不可變者也。然則一國之土地,在今日供一國人之耕而見爲有餘者,越數十年而將不見其有餘;在今日見爲僅足者,越數十年而將見爲不足。此至淺之理也。欲救此弊,惟有廣開間接利用土地之途,務變形以增殖富量,其不能僅恃直接利用土地之業明矣。今彼報所持土地國有論,謂經此一次社會革命後,可以永無第二次之革命。問其理由,不過曰:貧民自此有田可耕,而富者不能制其死命也。曾亦思中國現在有四萬萬人者,越十年當爲四萬四千餘萬,越二十年當爲五千萬,越六七十年,當倍今日之數,爲八萬萬。國家擁此面積一定之土地,即不必計口以授,惟聽民之租耕,然在今日見爲僅足者,在七八十年後而猶能足乎?七八十年後而猶能足者,百五六十年後而猶能足乎?即曰土壤改良之結果,收穫可以增加。然爲報酬遞減之法則所限,其增加之率,固有極點。然則土地國有後,越數十年百年,而第二次之革命,遂不可逃避矣。何也?據彼報所論,以貧民無田可耕,爲召革命惟一之原因;而土地國有後,使貧民有田可耕,即爲免第二次革命唯一之救治法。若乃雖土地國有,而貧民仍復無田可耕,則第二次革命,夫安得不發生也?故在今日,苟資本家尅減勞働者之庸銀,則勞働者可以罷工歸農,不爲所挾制。若在數十年百年後,全國土地之永小作權,已在半數人之手,其餘半數人不能取得此權者,則餬口於工廠。工廠雖尅減其庸銀,彼將何以抵抗?舍之而去耶?則更無地可租,有凍餒以死耳。如是則其死命被制於工廠,視生息於土地私有制下者,曾有以異焉否也?此彼報所持主義不能成立者三十八也。

且如彼報之説,謂必貧民有田可耕,乃可以不受資本家之脅制,則吾恐第二次革命,不必更俟諸數十年百年以後,即彼土地國有制施行之始,而國中已有一大部分之人不能食其賜也。蓋以中國現在人口之總額,配分之於全國土地之面積,則耕地或尚不虞其不足。然各地人口疏密之比例,相去懸絶;而人民以有家室等種種牽累故,遷徙匪易。故甲省耕地,猶甚有餘者;乙省耕地,已甚形不足。此事實之較然可見者矣。即如吾粵,據日本統計年鑑所調查,謂每英方里人口,平均三百十九人。然此合瓊州計之也。若專計腹地,則當每英方里平均四百人以上。就中南海、番禺、順德、香山、新會諸縣,平均應在七八百人以上。緣耕地不足之故,人民航海覓食於南洋、日本、美洲、澳洲、非洲者,二三百萬;就工於香港者亦數十萬;餬口於鄰近諸省者亦數十萬;其在省城及各市鎮爲小手藝及賤工以謀生者,且百餘萬。而乞丐盜賊,亦不下數十萬。吾粵之土地,固非如英倫蘇格蘭,爲少數大地主所壟斷也,更未嘗或廢耕以爲獵場也。其小農自有地而自耕之者,實居大多數。即其不自有地者,欲貸地以耕,固非有甚苛之條件。蓋全省本無大農,而分耕之慣習,自古未變也。然而諸大縣中,常有半數人,患無田可耕者何也?實土地不足使然也。今即行土地國有制,盡收所有權歸諸國家,而聽欲耕者之來租,則能得耕地者,亦不過半數人已耳;其餘半數,不能得如故也。現在之形勢,既已若是;越數十年後,土地面積如故,而人口倍於今日。則今之有五百萬人不得耕地者,彼時且有千萬人;今之有千萬人不得耕地者,彼時且有二千萬人矣。而謂土地國有制,即能對於此病爲根本之療治,何其傎也!於此時也,苟有大工廠興,則人之趨之者,將如水就下,而民困可以大蘇。然庸銀之高下,初不緣土地之私有國有而生影響也。何則?此面積有限之土地,無論爲私有爲國有,而其不足於耕也同。在此前提之下,雖日取土地制度而一變之,終不能增其量以給人求。故欲求庸銀之有增無減,宜別有道焉以善導之;否則不揣其本而齊其末,終無當也。此彼報所持主義不能成立者三十九也。

(未完)

(1906年11月《新民叢報》第92號)

中日改約問題與最惠國條款

馬關和議後,我總理衙門大臣張蔭桓與日使林董,締結中日通商航海條約於北京,訂以換約日起算,十年期滿,期滿後六箇月內,任一國皆可提議修改。中間義和團戰亂後,雖復訂有新商約,然不過該約之追加條件而已,該約之効力,則尚在也。考該約之交換,在光緒二十二年,即明治二十九年陽曆十月二十日。至今年彼日,實爲期滿之時。今則又屆滿後一月餘矣。據該約第二十六款,苟當此六箇月内,兩國各無提議,則此約將續行十年。夫此約成於戰敗之後,事事多所屈讓,其不利於我無待言也。而今後十年間,能回復一二與否,則其時機全在此差餘之四箇月。此四箇月之關係,不可謂不重也。頃者旅居日本神戸、横濱、長崎之華商,有電請外部提議改約之擧。駐剳三埠領事,聞亦有稟帖建議。此誠我外交界一活潑之徵。記者所深表同情也。因述此次改約之要點,貢其一得,冀外部當局者省覽而采擇焉。

外交通例,凡兩獨立國締結條約,其雙方之權利義務必平等;苟有一方不平等者,必其一方已失獨立之資格者也。日本自明治初年,即以改正條約爲一重大問題,朝野上下,萃全力以圖之。凡閱二十餘寒暑,卒至明治三十二年然後告成。其所以争之如此其亟者,誠以國體所在,非得已也。考日本當時所争,其重要者有三端:一曰領事裁判權問題。蓋前此外國領事得行裁判權於日本,改正後則拒回此權也。二曰最惠國條款問題。蓋前此日本與諸國條約,其中關於最惠國條款者,皆爲片面的;改正後則爲相互的也。三曰國定税率問題。前此關税税率,皆以條約定之;改正後則由主國自定也。此三事中,惟國定税率一事,未能盡達其目的(日本現在與英、法、德、奧四國猶結協定税率條約。除四國外,則行用國定税率),自餘兩事,則可謂大成功矣。此日本過去之成案也。

我國與諸國所結條約,皆不平等條約也,與日本改正條約前之情形正同。日本所汲汲改正之三事,亦正我之所刻不容緩者也。雖然,領事裁判權,非俟法律大定,不能議拒回。國定税率,則今者各國方以此爲商戰之盾,不欲我行保護政策,必注全力以反對。我國力未充,今且未能及此。故以我國今日情形所能辦到而刻不容緩者,惟最惠國條款之一問題。

最惠國條款,英語謂之 The most favoured nation clause,我國條約文中所稱最優待之國等字樣是也。語其意義,則甲乙兩國締結條約,而約文中明列一條,謂兩國中無論何國,與第三國丙所立之條約,其有或現在或將來所許予之利益,甲當以許丙者許乙,乙亦當以許丙者許甲也。其起原自第十七世紀末,至今日殆成爲條約上之通例。蓋自交通大開以後,國際貿易盛行。使甲國對於乙國,將特別優異之保護權利,而丙丁等國無之,則丙丁等國勢將不能與甲國對峙,而商戰緣以劣敗。故丙丁等國不得不要求乙國,使其如所許於甲國者以相許。此最惠國條款之所由起也。

最惠國條款,有相互的,有片面的。何謂相互的?甲乙訂約,甲以此許諸乙、乙亦以此許諸甲是也。何謂片面的?惟甲以此許諸乙,而乙以此許諸甲與否,不著明文是也。夫兩平等國訂約,凡一切權利,皆宜爲相互的。若最惠國條款之性質,更宜相互而不容片面,抑章章也。故歐美諸國之結約,其關於此條款,無不爲相互的。其有爲片面的者,則自彼與東方諸國強迫結約不以平等相待始也。

前此日本與諸國所結約,皆所謂片面的最惠條款也。試舉其文:

　　日英舊約第二十三條云:日本政府,將來有許與外國政府或臣民以特典之時,不列顛國政府及臣民,亦應得同樣之免許。

　　日奧舊約第二十條云:日本天皇陛下所許與他國政府及其人民特別之權利,或將來所許與者,奧大利、匈牙利之政府及人民,得同樣之免許。

　　日德舊約第十九條云:日本天皇陛下所許與他國政府及其人民特別之免許或便宜,或將來所許與者,德國政府及其人民,自此條約施行之日起,應得同樣之免許。

此不過略舉其例,其他與諸國所訂約大率類是。約文中明言日本所許與他國者,英、奧、德政府及人民得一體均沾;而英、奧、德所許與他國者,日本政府及人民得一體均沾與否,未嘗言明。此所謂片面的也。日人深以爲恥,乃以前後二十餘年間,萃全國人之精力,以求從事於改正。卒乃自明治二十七年起至三十二年止,改正之功,次第完成。自茲以往,關於最惠國條款,皆爲相互的。試更舉其文:

　　日英新約第十五條云:兩締盟國,其一方之通商航海,對於他之一方,總以最惠國之基礎爲主意。凡關於通商航海一切事項,其一方所許與別國政府船舶臣民或人民之一切特典殊遇及免除,或將來所許者,他之一方之政府船舶臣民或人民,即時無條件而許與之。(日、德新約第十六條全同。)

　　日墨新約第五條云:兩締盟國,於其一方之領地,關於通商航海旅行住居之事，許與他外國之臣民或人民之一切殊遇特權及免除，或將來所許與者，他之一方之臣民或人民，亦許與之。其殊遇特權及免除，若對於他國之臣民或人民爲無報酬而許與者，則亦無報酬而許與之。若有別種之契約而後許與者，則得以同樣之契約或有同一價值之報酬而許與之。

日俄新約第十六條云：此後有許與他國者，俄國即時得同樣之許與。俄國對日本人亦然。

日秘新約第六條云：秘魯國政府及人民，自此條約施行之日，日本國大皇帝所既許與於他國之政府及人民之權利殊典特例裁判權其他一切之利益，及將來所許與者，應一切受之。日本政府及人民，亦應受秘魯國現在將來所許與他國政府人民之一切權利殊典特例。

右所舉者，其一斑也。自餘若日美條約第十四條，日德條約第十六條，日嗹條約第十四條，日意條約第十五條，其文大率類此，不備舉。要之，日本與各國所訂約，前此之關於最惠國條款者，皆爲片面的；自改正以後，今則皆爲相互的。兩相比較，顯而易見者也。

今徧考我國與各國所訂條約，其關於最惠國條款者，列其條文如下：

（道光二十三年與英國在虎門鎭所訂條約第八款）大淸國大皇帝，將來無論因何事故，許與他外國之臣民或市民以特別利益，或增加之，英國臣民，即時照所許者，擴充享受。（此條約現坊間通行各條約書失載，此據英人布魯濟爾《支那史》下卷附錄五五九頁譯出也。）

（咸豐八年與法國在天津所訂條約第四十款）中國將來如有特恩曠典優免保祐，別國得之，大法國亦與焉。

（咸豐八年與美國在北塘所訂條約第三十款）現經兩國議定，嗣後大淸朝有何惠政恩典利益，施及他國或其商民，無論關涉船隻海面通商貿易政事交往等事情，爲該國並其商民從來未沾抑爲此條約所無者，亦當立准大合衆國官民，一體均沾。

（咸豐十一年與德國在天津所訂條約第四十款）兩國議定，中國大皇帝今後所有恩渥利益施於別國，布國（案，即普魯士也）及德意志通商稅條公會和約各國（案，即德意志帝國內各聯邦也），無不一體均沾實惠。

（道光二十七年與瑞典、那威國在廣東所訂條約第二款）中國日後如另有利益及於各國,瑞典、那威國等人民,應一體均沾,用昭平允。

(同治二年與丹麥在天津所訂條約第五十四款)各國所有已定條約內載取益防損各事,大丹國官民亦准無不同獲其美。嗣後大清國或與無論何國加有別項潤及之處,亦可同歸一致,以免輕重之分。

(同治二年與荷蘭在天津所訂條約第十五款)一現經兩國所定條約,凡有取益防損之道,尚未議及者,若他國今後別有潤及之處,荷國無不同獲其美。

(同治三年與西班牙在天津所訂條約第五十款)一各國所有已定條約內載取益防損各事,日斯巴尼亞國官民,亦准無不同獲其美。嗣後中國或與無論何國加有別項潤及之處,亦可同歸一致,以免輕重之分。

(同治四年與比利時在天津所訂條約第四十五款)兩國議定,中國大皇帝今後所有恩渥利益施於別國,比國無不一體均沾實惠。

(同治五年與意大利在天津所訂條約第五十四款)各國所有已定條約內載取益防損各事,大義國官民,亦准無不同獲其美。嗣後大清國或與無論何國加有別項潤及之處,亦可同歸一致。至各國如有與大清國有利益之事,與義國人民無礙,義國亦出力行辦以昭睦誼。

(同治八年與奧大利在天津所訂條約第四十三款)今後中國如有恩施利益別國之處,奧斯馬加國亦無不一體均沾實惠。中國商民,如赴奧斯馬加國貿易,應與奧斯馬加國最為優待之國商民一律。

(光緒十三年與葡萄牙在天津所訂條約第十款)一所有中國恩施防損或關涉通商行船之利益,無論減少船鈔出口入口稅項內地稅項與及各種取益之處,業經准給別國人民或將來准給者,亦當立准大西洋國人民。惟中國如有與他國之益,彼此立有如何專行專章,大西洋國既欲援他國之益,使其人民同沾,亦允於所議專章,一體遵守。

(同治十三年與祕魯在天津所訂條約第十六款)今後中國如有恩施利益之處,舉凡通商事務,別國一經獲其美善,祕國官民亦無不一體均沾實惠。中國官民在祕國亦應與祕國最為優待之國官民一律。

據右所列,則凡我國前此與各國所訂之條約,其關於最惠國條款者,皆片面的也。(惟前後俄約不見有關於最惠國條款者,或吾所見尚未備耶?)蓋皆僅言我所許與他國之利益,彼國應一體均沾;而彼國所許與他國之利益,我國能一體均沾與否,絕不言明也。不言明,則我之不能有此權利,固在言外耳。就中惟葡約爲取有償主義,他約皆取無償主義。(有償主義者,謂有報酬然後得此利益。他國之欲得此利益者,亦不可不出此報酬也。)然所謂有償主義者,亦不過片面的有償主義。盖葡人雖取他國之報酬,然後給與利益者;我若以同樣之報酬,而欲享葡人所予他國之利益,其得否尚非約文所明示也。又意約第五十四款,亦稍與他約異,其云各國與大清國有利益之事,義國亦當出力行辦云云。此所規定者,已不在最惠國條款之範圍內,殆借以敷衍耳。且其語甚閃爍不確定,毫不足爲權利之盾也。其中惟奧約秘約,兼言及中國人一方面,比諸約稍具平等之體,然猶不能得完全之相互的最惠也。稍有心者,讀此諸約文,其果有動於中否耶?

惟同治七年與美國在華盛頓所結條約第六條云:

> 美國人民前往中國或經歷各處或常行居住,中國總須按照相待最優之國所得經歷常住之利益,俾美國人一體均沾。中國人至美國或經歷各處或常行居住,美國亦必按照相待最優之國所得經歷與常住之利益,俾中國人一體均沾。

此約可謂之純粹相互的最惠國條款也。雖然,此不過美國當時欲墾殖西部,急於招華工,故爲此以相餌耳。逮夫鳥盡弓藏,至光諸七年、光緒二十年,兩次換約,甚乃至下逐客之令,而前約成廢紙,固已久矣。

又光緒二十年與英國在倫敦所訂滇緬界務商務條約第十七條云:

> 兩國人民,無論英民在中國地界,或華民在英國地界,凡有一切應享權利,現在所有,或日後所添,均與相待最優之國一律,不得有異。

此亦可謂相互的最惠條款也。雖然,此不過行諸接界土壤之一局部,而非及於兩國之全部。若語於全部之利益,則仍從虎門鎭條約所規定,依然片面的而已。

其真可稱相互的最惠條款者,則惟最近於光緒二十五年與墨西哥在華盛頓所訂條約而已。其第六款云:

> 中國人民准赴墨國各處地方往來運貨貿易,與別國人民一律無異。墨國人民准赴別國人民所至之中國通商口岸往來運貨貿易。嗣後兩國如

有給與他國利益之處，係出於甘讓，立有互相酬報專條者，彼此均須將互相酬報之專條，一體遵守，或互訂專章，方准同沾所給他國之利益。

其第十七款云：

中國人民在墨國有控告事件，聽其至審院控告。應得權利恩施，與墨國人民或與相待最優之國人民無異。

我中國自與各國訂約以來，其能保全國體者，惟此約而已。固由墨西哥注意墾殖，利華人之前往，就範較易；亦由當局得人，有國際法之智識，不輕徇人以自貶損也。其時訂約大臣伍廷芳上奏云：

此次訂約，臣先將歷來中國與各國所訂條約，詳審得失。復將墨國與英、美所訂條約，比類參觀，有可采者則用之，有窒礙者則去之。取益防損，酌理準情，歷經磋磨，務臻美善。（中略）務期內裨商務，外保僑氓，尤以崇國體馭遠人爲至要。（中略）將來與各國修訂條約，亦可視此爲衡。云云。

誠哉其言之非夸也！即最惠國條款一端，純然采相互的有償主義。後有從事改正條約之業者，其不可不首斅之矣。

今當中日條約期滿可以提議條約之時，請舉日約關於最惠國條款者徵之：我同治十年初與日本訂通商章程三十三條，其中無關於最惠國條款者，殆由兩國皆不諳外交，不知及此也。及甲午挫衂後，繼馬關之約而有商約，即光緒二十二年在北京所訂之通商行船條約二十九款是也。其第四款云：

日本臣民，准帶家屬員役僕婢等在中國已開及日後約開通商各口岸城鎮來往居住，從事商業工藝製作及別項合例事業。又准其於通商各口，任意往返，隨帶貨物家具。凡通商各口岸城鎮，無論現在已定及將來所定外國人居住地界之內，均准賃買房屋租地起造禮拜堂醫院墳塋。其一切優例豁除利益，均照現在及將來給與最優待之國臣民，一律無異。

其第二十五款云：

按照中國與日本國現行各約章，日本國家及臣民應得優例豁除利益，今特申明，存之勿失。又大清國大皇帝陛下已經或將來如有給予別國國家或臣民優例豁除利益，日本國家臣民，亦一律享受。

由此觀之,此約文但言我所給與他國者,日本得一律享受;而日本所給與他國者,我得一律享受與否,絕不提及。此正所謂片面的最惠國條款,與我歷來與各國所訂之約同,又與日本前此與各國所訂之約同也。夫領事裁判權與片面的最惠條款兩者,日人前此所受辱於各國,而舉國人張拳切齒以相爭者也。然彼在甲午以前,猶不得以施諸我(前此日本在我國有領事裁判權,我在日本亦有此權,可謂爲相互的領事裁判權。今則變爲片面的矣);及夫一勝之威,則彼前此所不欲受於人者,今悉以加我焉。雖國力不逮,無如之何,然今昔之感,我國民覩此,何以爲情哉!

今屆改約之期,竊以爲他事雖或未能及,而此事爲國體所關,不可不提議力爭。而欲爭此事,固非漫無把握也。蓋此事之性質,與領事裁判權異。領事裁判權者,彼享特別之利益於我;相互的最惠國條款者,我享通常之利益於彼而已。彼既享特別之利益於我,欲從而撤銷之,其事逆而難;彼既以通常之利益與人,欲從而均沾之,其事順而易。夫拒回領事裁判權,則其人民之在我國者,必須受治於我法律之下,我法律或不完善,則損及彼焉,故彼非能輕於我應也;結相互約最惠條款,則必其所能許諸各國者,然後以許我,夫一切之國皆可以相許,則其事之必無損於彼也明矣,豈其因並許我而邊有損焉?必不然也。故曰:彼逆而難,此順而易也。況日本近今政策,常刻意欲與我交驩。我若提此議而堅持焉,其必不以此區區者,傷害我全國上下之感情,而貽國交以障礙,此又可據情理而信之者也。吾故曰非漫無把握而云然也。

且使日本而如美國如荷蘭,向來本特設苛例以待我民,則今者驟然要求以撤銷,其事抑非易。然日本不爾也。無論兩國國交上,乃至吾民之僑寓於日本者,日本之相待,原未嘗比諸外國而有所歧視。故就事實上論之,雖謂我國已得最惠國權利於日本焉可也。今玆提議要求,則將事實上之權利,變爲條約上之權利而已,故曰其事順而易也。

問者曰:既有事實上之權利,夫亦可以相安矣,而更提議改正,毋乃多事?應之曰:不然。國際之有條約,猶國內之有法律,皆所以爲權利之保證也。凡事實上之權利,非有保證焉而不能確實。如我國人民,於事實上固原有種種之自由權。然非有憲法以爲之保證,則政府一旦剝奪之,而無所據以相爭。條約亦由是也。苟不然,則各國條約中,必斷斷焉互以此最惠字樣,著之明文,毋乃不憚煩也。且日本於平時固未嘗有所歧視於我民,然遇一特別問題之發生,以無此條約明文保證之故，而不欲以各國所公享之權利與我者，則亦有焉矣。其在光緒二十五年初撤居留地之時，凡各國人皆許雜居於内地，獨我國人則思特別限制之。幸其時旅日僑商，大運動彼之政黨及各報館，盛倡反對論，而此議乃中止。苟有相互的最惠條款者，彼焉得爾也！又八年前日本收家屋税，外國人之在舊居留地者，一律徵之。外國人不服，卒提出於海牙仲裁裁判。今年夏間判決，日本政府敗訴，乃將前所已收者悉還諸外人。獨我橫濱、長崎華商之在舊居留地者，不以見還焉。苟有相互的最惠條款者，彼又焉得爾也！由此觀之，事實上之權利，不足恃也。欲其可恃，惟使之變成條約上之權利而已。

　　此就人民利益一方面言之也。然最惠國條款，通常皆有國家及人民字樣，是利益所關，又不徒在人民也。況此事又不徒利益問題，而實關係國體問題。其緣此而能得利益與否且勿問，然以兩平等國相交際，非此不足以完其面目。然則更安可以悠悠視之耶？

　　抑吾之爲此論，非徒對於日本一國而已。吾既認此片面的最惠條款，爲國體之大辱，而現在吾與各國所訂之約，無一不然，則對於各國，而皆須要求改正者也。但必先得一國承認改正，則他國自易於就緒。而日本現方刻意與我交驩，而其事實上又本無歧視，故日本之承認，有較易於他國。今又適當改約之時，苟能以全力要求得之，則將來各國改正之功，皆自此發軔矣。莊子曰：其作始也簡，其將畢也鉅。勿謂兹事小，國家永久之名譽，其或繫之矣。

　　或曰：國恥之大者，莫若領事裁判權。今彼之不能去，而惟此是爭，其無乃放飯流歠而問無齒決乎？應之曰：不然。天下事當以漸而幾。得寸則吾之寸也，得尺則吾之尺也。日本之議改正條約也，前後凡亘二十餘年，從種種方面以進行，得一步乃進一步。明治十二年，寺島宗則之爲外務卿，首與美國訂恢復税權及相互的最惠條款之約。其後明治十三年至十九年間，井上馨爲外務卿，則先從税權著手，次從裁判權著手，幾經挫跌，而後卒底於成。若是乎此業之不易，而不可不多爲其途以進也，日本抑前事之師矣。我今先從事於此，誰曰不宜？願我政府亟圖之！願我國民促我政府亟圖之！

（1906年8月《新民叢報》第85號）

中日改約問題與協定稅率

項據采訪,知我政府已與日本提議改約,此實我外交進取之一表徵,記者所歡欣而頌禱也。雖然,其提議之條件,有涉及日本稅率者。竊以爲此乃節外生枝,必不能達其所希望之目的,而徒以阻他條件之進行,不如其已也。謹據事實以陳其利害。

駐日楊公使上外務部電,據稱呂、盛兩大臣來電以日本新稅則,所載諸國應享協定稅則利益,獨中國不與,受虧甚深。請趁滿約之時,刻日知照酌改,或設法預爲地步。楊使以請於外部,外部復電,謂已照會日林使轉商日政府,請將稅額改照各國一律,仍望設法向日外務省磋商云云。我當局之注意此事,可以概見。雖然,竊反覆繹此電文,而有不能索解者。夫謂自新稅則之頒,而我之進口商務大受虧,誠哉然也。至謂各國皆享協定稅則利益,則未衷情實也。今請先擧我受虧之點,次乃與他國比較之。

日本自明治三十二年,實施所謂關稅定率法者,改前此之從價稅爲從量稅,臚列物品若干種,各種每若干斤抽稅幾何,著爲定表。行之數年,及日俄戰爭起,以特別稅之名義,各有加增。迨戰事告終,方謂特別稅可從茲豁免,不意新頒稅則,其率視舊稅與特別稅之和,且有加焉。此各國商於日本者所同以爲苦,匪特我也。今將其稅表中我國所輸入之重要物品,列其比較如左:

(貨名)		(舊稅)	(特別稅)		(新稅)
桂皮	每百斤	九角二	加 四角七一		三元五角
生絲	〻	七十九元七角一	……		百六十四元
冰片		值百抽十	……	每百斤	三百元
丁香	每百斤	一元七角二	加 一元〇四		七元二角
小麥	〻	一角五九	〻 三角七七		五角七

大　豆	一角三七	二角八九	四角三
桂皮油	十五元八角	七元四角	四十五元
沈　香	十二元五角八	十八元三角一	六十二元七角
鹿　皮	二元一角二	一元九角四	四元
紅牛皮	五元五角三	一元八角五	七元一角
魚　絲	三十元〇七五	……	一百元〇八
銀　硃	十四元三角 加 七元四角		二十八元二角

此不過擧其概也。然卽以右表所列數目字較之，則新稅之視舊稅，少者增一倍，多者增四五六倍。商人之苦痛，可以推見。雖然，此新稅則，非專爲苛征我商而設也。其表中所列物品千數百種，有爲我國與他國所同有者，有爲他國所有我國所無者，有爲我國所有他國所無者，而其稅率無一不加焉。我以此責日人，日人不任受也。至其中有數國焉，與日本結有協定稅率條約者，此自國際上特別之關係，未易援以爲例也。考日本前此關稅，皆以條約定之，不能由本國任意增加，如我國現在與諸國所結之約然。日人深以爲恥，臥薪嘗膽，積二十年，奏改正條約之功，於是始得變爲國定稅率。此殆與拒回領事裁判權，同爲一大事業焉。就中以條約協定稅率者，仍存四國，曰英，曰奧匈，曰德，曰法。惟與奧匈爲相互的協定稅率，其與英、法、德皆爲片面的協定稅率。相互的協定稅率者，甲乙兩國，各指定其所產重要之物品，以條約定其稅率，在條約有效期間，甲不得增征乙，乙亦不得增征甲也。片面的協定稅率者，甲國對於乙國，指定其所產重要之物品，以條約定其稅率，乙對於甲不能增征，而甲國對於乙國所產物品，其增征與否，條約無明文也。日本與奧匈條約，其彼此協定稅率之物品各有八種，此所謂相互的也。其與英、法、德，所結條約，則英之物品輸入日本以條約定其稅率者三十九種，法則十八種，德則五十九種。凡此諸品，皆當條約有效期間日本不能任意增征其稅者也。而日本物品之輸入英、德、法者，其所征之稅率，則惟從彼之國定率，而未嘗以條約限之。此所謂片面的也。三國之中，英國本爲自由貿易國，凡他國貨物進口者皆不征焉。故其貨物之輸往他國者，亦恒要求結協定稅率以相報酬，此不足爲怪也。若德、法兩國，本行苛重之保護稅，獨其對于日本，乃得享此片面的協定權利。此則日人改正條約之業，一簣未完，而至今朝野上下，引爲深病者也。數年後修約期屆，吾信日人

其必竭全力以争之矣。準此以談,則日本之有協定稅率,乃其例外而非其原則也。其與英國,則緣彼爲自由貿易之故而有以相酬;凡非自由貿易之國,不能援以爲例,無待言矣。其與奧匈,則基於彼此互惠之旨也。其與德、法,則非彼所欲,而前此屈辱之條約,至今猶暫時履行也。要之,日本人之行國定稅率,實幾經血汗而後得之。今且益貫徹初志,收圓滿之結果焉。其必不能緣我之抗議,而驟許我以協定稅率也,洞若觀火矣。故以此爲要求,吾敢信其要求之必無効也。

要而論之,定稅率者,國法上之行爲,非國際法上之行爲也。凡在獨立主權國,皆得以單獨之意思自制定之。(其出於相讓互惠而結特別之條約者不在此論。如日本之與英與奧匈是也。)苟其對於他國之商品而加重征也,他國只有"還重征彼商品以相報復"之權利,而無"禁彼使勿重征我"之權利。此次日本新頒稅則,雖於各國商品,一律增征,然對於我國出產大宗,增之獨重焉(如前表所列),對於我之製造品,增之尤重焉(如冰片、桂皮、油、銀、硃等)。明欺我無自定稅率之權,彼物品之輸入我國者,一依值百抽十之從價稅,爲條約所束縛,我無從還增征之以相報復,故彼得恣意重征焉以行其保護政略。其手段之惡辣,誠深可憤慨也。雖然,我若對於彼而抗議焉,彼將曰:此我國獨立之主權,非他國所得容喙也。則吾無辭矣。且彼所重征之目的物,其標題則物品之名稱也,並未嘗指名曰:此物爲來自某國之故而重征之也。我若責彼,彼將曰:無論何國有此物品輸入我日本,我皆據此率以稅之,非特有苛於貴國也。則吾又無辭矣。如前記外部楊使及呂、盛大臣往復電文,謂請日政府將稅額改照各國一律。苟以此提議,吾知日人必岸然相答曰:吾所征貴國稅率,除一二國有例外特別協定外,本已與各國一律,無所容改。不知吾當局者何以難之?夫源濁者流必不清,幹悴者枝必不榮。我政府乎,我國民乎,至今日緣此一問題,乃始知吾之受虧甚深乎?知其受虧而欲爭之,曾不知今之受虧者乃其果也,而所以改此受虧者,別有其因焉。因之不治,而冀果之克除,必無幸矣。吾請正告我政府我國民曰:回復稅權問題,實我國將來經濟界生死問題。自今以往,舉國上下,宜處心積慮,以求一伸者也。何謂回復稅權?即廢條約上限制之稅率,而得以我國家之自由意思制定之是已。信能如是,則外國商品之滔滔侵蝕我市塲者,我稍施操縱,而自足爲國內諸業之保障。不寗惟是,外人憚我報復,亦不敢爲無理之橫斂,以阻我貨之外流。則如此次日本苛稅之問題,何從生焉?今未能回復此權,而曉曉然與之爭此末節,雖唇焦舌敝,猶無當也。雖然,我國之稅權回復,實全地球經濟界之一大事也。我國他日主齊盟於天下,將恃此焉。若欲得之,其必在內治大修明之後,藉一戰之威以爲聲援,而決非張空拳運長舌之所能改也。我政府我國民而感今日之受虧也,則自今臥薪嘗膽,忍辱負重,念茲在茲,而冀收效果於十年或十五年以後可也。今未能爲積極的建樹,而欲圖消極的補救,吾知其無能爲役耳。

若夫最惠國條欵問題,則與此異。彼其勢甚順,而其事較易,吾固言之矣。故吾以爲今茲與日本提議修約,其精神宜專注於此一途也。吾慮我政府爭其所不能爭者,而不爭其所能爭者,或致此提議無效而空逸機會也,故不惜重言之。

(1906 年 9 月《新民叢報》第 86 號)

新出現之兩雜誌

吾國出版界,近一年來,奮迅發達。即其定期出版之雜誌,以東京學界一隅論,陸續出現者已逾十種,且爲分科發達之趨勢,不可不謂進步之良現象也。以吾所見,其認爲最有價值者得兩種:一曰純爲政治上之性質者,湘潭楊氏所主任之《中國新報》是也;一曰純爲學問上之性質者,香山何氏所主任之《學報》是也。今略下批評:

一、中國新報

《中國新報》者,一種純粹之政論報也。其敘文如下:

今地球上以大國被稱者十數,而中國居其一。雖然,以中國之大言之,固有非各國所能及者;若以言乎富與強,則反在各國下數等。此其故何也?則以中國之政體爲專制之政體,而其政府爲放任之政府故也。何謂放任之政府?則以對於內惟知竊財,對於外惟知贈禮,人民之生命財產,非其所問。一言以蔽之,即曰不負責任之政府也。今中國之談政治者率多依賴政府之心,日注意於國民所以被治之途,而不從事於國民所以自治之道。此不惟不通治體,抑且增長國民之放任心而減少國民之責任心,於國家之進步,必有損而無益矣。是不知政府之所以不負責任者,由於人民之不負責任;使人民而愈放任,斯政府亦愈放任矣。於此而欲求政府之進步,是猶欲南行者而北其轍也。故謀國者之所宜主張者,惟國民責任論而已矣。雖然,國民之責任亦不可以空言而負也,尤必有能力以附之。今試問中國國民中之能力如何?則其程度至不齊一。而其所以爲差異者,則大抵由於種族之別。合同國異種之民而計之,大抵可分爲漢、滿、蒙、回、藏五族。而五族之中,其已進入於國家社會,而有國民之資格者,厥惟漢人。若滿、蒙、回、藏四族,則皆尚在宗法社會,或爲游牧之種人,或爲耕稼之族人,而於國民之資格,猶不完全。蓋極東西通古今之人類社會,無不經蠻夷社會、宗法社會之三大階級而以次進化者。蠻夷社會無主義,宗法社會爲民族主義,軍國社會爲國家主義。此西儒甄克思所發明,一定不移之公例,無論何種社會,而莫之能外者也。今世西洋各強國國家之程度,皆已入於完全之軍國社會。而以中國之國家程度言之,則其自封建制度破壞後,由宗法社會進入於軍國社會者,固已二千餘年,惟尚不能如各國之有完全軍國制度耳。而國民之中滿、蒙、回、藏四族,則皆猶在宗法社會之中,有民族主義而無國家主義,與中國國家之程度不相應。惟漢人則手創此中國者,其程度乃獨高,而與國家同有國家主義而無民族主義。故以其能力而論,則政治能力、經濟能力、軍事能力,雖在今不能及於西洋,而自古無敵於東洋。當其內政整理時,而與他民族遇也,則他民族必劣敗於其軍事能力之下;當其內政不理時,而與他民族遇也,則他民族雖偶優勝於軍事,而旋必劣敗於其政治能力、經濟能力之下。漢族數千年來之歷史,可以此數語包括之。蓋進化者優勝,而退化者劣敗。宗法社會之族一遇軍國社會之族而立敗，民族主義之種人族人，一遇軍國社會之國民而立敗，此自然淘汰之理。而中國爲東方數千年惟一之國家，漢族爲東方數千年惟一之人種者，即以有此惟一之特色也。而其可一蹴以躋於完全軍國社會者，即在乎此。吾人欲言國民責任，則必取其能力足以組織完全軍國者而與之言，勢不能不於國民中，後滿、蒙、回、藏而先漢族，以漢族負此先憂後樂之義務焉。此亦事勢之不得不然者也。夫吾人之所以欲國民負責任者，乃欲以國民之能力，改造一責任政府耳。其所以欲改造責任政府者，欲使中國成一完全之軍國社會，以與各軍國同立於生存競爭之中，而無劣敗之懼耳。雖然，今世各國雖曰軍國，然豈其專以軍事立國爲無意識之戰爭者乎？蓋皆以經濟之爭，而有軍事；又以軍事之爭，而有經濟。不僅爲軍事國，又已爲經濟國。合言之，則曰經濟戰爭國又曰經濟的軍國，非此則不足以自立於世界。故吾人所欲建設之完全國家，乃爲經濟戰爭國。故吾人之主義乃世界的國家主義，即經濟的軍國主義。以此主義，可以立國於世界，而無不適故也。然欲成一經濟的軍國，則不可不採世界各軍國之制度，而變吾專制國家爲立憲國家，變吾放任政府爲責任政府。然一言立憲，則有一問題發生，即立憲云者，君主立憲乎？民主立憲乎？因此問題而又有二問題發生，即其一爲君主立憲與民主立憲，所須國民能力之程度，孰爲多寡乎？其二爲君主立憲與民主立憲，所得之國民幸福，孰爲多寡乎？是二問題者，吾人以一語解決之曰：國民所須能力之多寡，不以君主立憲民主立憲而異；國民所得幸福之多寡，亦不以君主立憲民主立憲而異。其有異者，以憲而異，而非以主而異也。其能力可爲民主立憲國之國民者，即可爲君主立憲國之國民；可爲君主立憲國之國民者，即可爲民主立憲國之國民。此其所同者也。而君主國民之幸福，有多於民主國民之幸福者，如英之與法是也；民主國民之幸福，有多於君主國民之幸福者，如美之與德是也。同爲君主國民，而幸福之多寡有不同者，如英之與德是也；同爲民主國民，而幸福之多寡有不同者，如美之與法是也。此其所以異也。蓋幸福者，民所自取，而非主所畀與，則所問者在憲而不在主矣。然則中國宜爲君主立憲乎，抑宜爲民主立憲乎？曰是不當以理論決，而當以事實決；又不當以他日之事實決，而當以今日之事實決。若吾人之所主張者，則以爲今日中國之事實，但能爲君主立憲，而不能爲民主立憲。此於理無可言，惟據勢以爲斷耳。其勢如何？曰：若爲民主立憲，則有困難之二問題：一曰滿、蒙、回、藏人之文化，不能驟等於漢人；二曰漢人之兵力，不能驟及於蒙、回、藏人。蓋共和國民於憲法上有人人平等之權利。今滿、蒙、回、藏之人，方言民族主義，國家觀念最爲淺薄。欲其與漢人並立，五族平等，共選舉議員，共選舉大統領，此其事他日或能行之，而今時必不能也。今既不能，則漢人組織共和國家，滿人無復有地土之可守，必以反抗而盡敗滅，蒙、回、藏之人，則必以民族主義而各離立。是非謂滿人爲君主，則可以統制之；漢人爲君主，則不能統制之也。又非謂漢人爲君主，可以統制之；漢人爲民主，則不能統制之也。乃以舊政府初滅新政府未強之際，其兵力必不能制服各族，使仍爲我領土。而蒙、回、藏者，持民族主義者也，無欲與漢人同立於一國家一政府之下，以爲生活之心，則必乘此以解紐而各離立。是其時必以漢、蒙、回、藏四族，分爲四小中國。此四小中國中，其始終能立國者，惟漢人，而蒙、回、藏皆不能。若有一不能者，而爲強國所併，則世界諸國中所倡支那領土保全各國勢力均等主義，必被其所破壞而生各國之紛爭。於時俄必得蒙與回，英必得藏，法、德、日本等必下手於二十一行省，其影響遂波及漢人之國，亦就滅亡。以內部瓜分之原因，而得外部瓜分之結果，此皆欲成民主國所必至之符也。是一言立憲，則以就現有之君主立憲爲宜，而以滿漢平等蒙回同化，以實行國民統一之策焉。故吾人之所問者，不在國體而在政體，不爭乎主而爭乎憲。果能爲立憲國，則完全之軍國可以成，而與吾人之經濟的軍國主義無悖矣。然而立憲之事，不可依賴政府，而惟恃吾民自任之。世界中無論何國之政府，未有願立憲者。此不必希望，亦不必責怨，希望之與責怨，皆倚賴政府之性質也。凡立憲之國家無不有責任之政府者，故吾民今日之事業，惟有改造責任政府爲惟一之事業。而改造責任政府之方法，則有一至重極要之物，爲必不可缺者。其物爲何？則議會是也。夫議會者所以代表人民監督政府之機關。使一國無此機關，則欲政府爲責任政府，不可得也。是乃吾民今日所最急者。然反對此者，必有二說焉：其一爲人民程度說，以爲今日人民程度尚不足以爲此也。然吾人以爲進行一步，即程度高一步,鼓其進行,即所以養其程度。若不進行,而待程度之足,雖再歷萬年,猶將不足也。且中國人民之程度與中國政府之程度爲對待,而非與各國人民之程度爲對待也。今謂中國人民程度尚爲未足,而中國政府之程度乃爲已足,其理如何可通!自吾人觀之,則非因人民程度之不足之故,而政府不必進行,實因政府之程度不足之故,而人民不得不進行耳。此人民程度説之非也。其二爲政府勢力説,以爲政府可以爲人民進行之阻力。此不知中國之政府之能力,既不足以爲開明,復不足以爲野蠻,惟能爲放任之政府。此其與俄羅斯等之專制國異者也。觀其竊財贈禮,則其放任之情狀可見。天下惟放任者最易劣敗。此進一步,則彼退一步,有退讓而無抵抗。今中國之權利,以政府之放任而遍地皆是。人民但群起而自取之,斯其勢力已足於左右叱咤之聲中,而促政府之倒矣。蓋天下易倒之政府,莫中國政府若。有武力固可,即無武力,亦易易耳。此政府勢力説之非也。有此二者故,吾人以爲國民未有自負責任之心以改造責任政府耳,不然何難之有?夫以責任之人民,改造責任之政府,是之謂政治革命。居今日而謀救中國,實以此爲至易至良之惟一方法,而吾人之所篤信欲有以此貢獻於我國民者。此《中國新報》之所以作也。吾人惟以二三之同志無黨無勢,而與政府宣戰,雖以若何無能力之政府,亦豈無方法以禦之?然國家之事,人人有責。吾人亦以此爲盡吾少數人之責任,以冀國民之或聽之,而有起而共謀吾國者。嗟我同胞,其盍聽諸!

此報之宗旨,全在喚醒國民,使各負政治上之責任,自進以改造政府,成完全發達强有力之立憲國家,以外競於世界。比年以來,政論騰沸,入主出奴。要其指歸,不外兩派:一曰以種界爲立脚點者,二曰以國界爲立脚點者。惟以種界爲立脚點,故不得不斷斷焉爭君位之誰屬,不得不以漢主易滿主。而既滅絶現今之君統,則舉國中無復一人一姓有可以爲君主之資格,不得不强易以民主。而國民程度之能相應與否,有歷史上之事實以爲之源泉與否,所不暇問。非惟不暇問,抑亦不能問也。以此之故,非煽動國民之好亂性,舉現在秩序而一切破壞之,則不能達其所欲至之目的。又見夫無恒業無學識之人,居國中之最大多數,而煽動之亦較易也,乃不得不別闢一塗徑以買其歡心,於是乎壓抑資本家之謬説起,凡以爲實行其種界主義之手段也。故有民族、民主、民生三主義同時提挈之説。惟以國界爲立脚點,故惟選擇適於國家生存發達之政體而求其實行,使國家種種機關,各有權責,盡其職以發達,而元首一機關之爲世襲爲選舉可勿問,其屬於國中某族某姓之人可勿問。而常審察世界之大勢及吾國在世界上所處之位置,以研究所以外爭自存之道。知非獎厲生産事業,則國家將以乾腊而亡也,故必注重於資本,毋使國民所資以自養者,盡爲人所攘。又知夫内亂擾攘,則民力消耗,更無復殖産興業之餘裕也,故苟其可避則勉避之。又知夫欲以産業立國,不可不以軍事立國以爲後援也,故常欲厚一國之軍實以對外,而不欲以之對内。凡此諸端,皆兩派絶異之點。根本觀念既異,其枝葉自無一而能同。而其對於中國,孰適孰不適,則非有真學識者,不易別擇也。近者排滿黨之某機關報,即主張前派者也;而《中國新報》,則主張後派者也。

　　《中國新報》論君主立憲、民主立憲得失之問題,謂不當以理論決,而當以事實決;又不當以他日之事實決,而當以今日之事實決。吾前此論中國不能行民主立憲制之理由,曰國民程度不相應也,曰無歷史上之根據也。而《中國新報》則謂,就令漢人之程度可以爲民主,而滿、蒙、回、藏之四族決不能。不能焉而我新民主國之勢力,又未足以馭之,其勢必解組,以畔中國。而彼又無自保障其獨立之實力,則必爲强國所併,而以召中國之瓜分。此實最博深切明之言,而予排滿革命派以至難之返答也。夫中國之始建國,雖由漢人;然滿、蒙、回、藏諸族之加入其間,其久者將歷千年,其近者亦數百歲,已成爲歷史上密切之關係。今日而言中國國土,則本部十八省與東三省、内外蒙古、新疆、青海、西藏之總稱也;今日而言中國國民,則漢、滿、蒙、回、藏、苗諸族,凡居於中國領土内者之總稱也。而不察之徒,其言中國也,則惟知本部,而幾忘卻其他諸地;其言國民也,則惟知漢族,而幾忘卻其他諸族,故持論往往而繆也。以近世世界大勢推之,惟擁有大國者,乃能出而與列强競,以立於不敗之地。故各國紛紛求殖民地講帝國主義,若恐後焉。我國於歷史上幾經變遷統合,乃始能舉亞細亞之小半,冶爲一鑪,以成此厖大之領土。此天然之資格,各國所艷羨而不能得,而我所宜兢兢保全勿俾隕越者也。夫使僅以我漢族保守此本部十八行省,雖亦未嘗不可以立國,且尚不失爲一偉大之國,然長袖善舞,較諸合諸部而爲一,固既有遜矣。況乎此種現象,在昔日猶可言,在今日則必不可言。蓋使滿、蒙、回、藏諸族所居之地，自始各自爲國，而至今未與中國合併，則世界列強之對待之也，不以加入於所謂"支那問題"之一範圍中，雖其地位生若何異動，而或可不至牽及中國。今則歷史上混成爲一國家者，已數百年。他國之視其土地，則中國之領土也；視其人民，則中國之國民也。使一旦而今日國內之位置組織，忽有變更，則牽一髮而全身動，其危險將導及於全國。而民族主義者，則舉中國而內自分裂之，而因導外人以分裂我之機者也。民族主義者之言曰：凡兩民族棲息於一國家之內，利害相反，休戚不相共，則善良之政治，末由發生。此其言未始非含一面真理之言也。雖然，使一切之國家，而皆如日本然，以單獨之一民族組成一國民，其勢豈不至順？然無如除日本外，舉世更無第二之日本。而凡有兩民族以上之國，苟其國中諸族，皆各懷排他之觀念，而不許他族之與己並棲，則國家之結合，其何一日之能繼續也！故吾以爲使國家不幸而有兩民族以上焉，則爲政治家者，惟有以混成同化之爲目的；即其未能遽同化者，亦當設種種手段，使之循此方嚮以進行，以收其效於方來，而斷無挑之使互相排之理。故滿人中之持排漢論者，其罪固不容於誅；漢人中之持排滿論者，其愚亦不可及。滿人之持排漢論者，出於擁護箇人之私利，而因以誤大局，故可誅；漢人持排滿論者，昧乎事勢之所當然，雖竭其力而無補於大局，或且有害事，故可憫也。故今日我國民之對於此問題，惟當合力黽勉，思所以取滿人之持排漢論者，排其箇人而去之，而不可復持排滿論以與之相角。若以此角焉，則其智識，亦不過五十步之與百步已耳。夫所謂只當同化而不當相排者，何也？夫兩民族以上之同棲，既已成爲歷史上之事實矣，事實固不可洗滌者也。語曰：鳧脛雖短，續之則悲；鶴膝雖長，斷之則憂。舍同化之外，亦安有術焉能變其複體以爲單體者？不同化而欲變複體以爲單體，則非取國家瓜分之而各族各據有一部分焉，固不可也。今使漢族而據民族主義以處理中國也，則人之欲私其族，誰不如我？豈惟滿族，蒙、藏、回、苗，皆將各持其民族主義以相對抗。我不願受他族之支配，而謂人願受我族之支配乎？以人道平等之理想衡之，抑何不恕？且既認兩民族共棲爲政治上之魔障，即強合容納，復何所取？故既持民族的國家主義，則不能不聽滿、蒙、回、藏諸族之各自立國，理則然矣。即不欲聽之，而當新革命後，舉國擾攘，綏定本部，猶且不易，更安所得餘力以及遠？是不得不聽滿、蒙、回、藏之各自立國又勢使然矣。就令滿、蒙、回、藏，能各自立國而自維持之,然分一國而爲五國,與合五國而爲一國,其以之競於世界也孰利?而爲中國之政治家者,以今日領土之全部爲舞臺,與劃取今日領土之一小半以爲舞臺,其設施且孰難而孰易、孰悴而孰榮也?而況乎彼諸族必不能自建國,即建矣而必不能自維持之,其實情實如《中國新報序》所云云也。而持褊狹的民族主義以爲根本觀念,其所生之結果,必至如是。是何異怵他人之不瓜分我,而倒太阿以授之柄也?若吾黨之持國家主義者則異是。民族二字,在政治上不成問題,能支配者惟有國家,所支配者則爲國民。而所謂某族支配某族、某族支配於某族之説,皆謂之不詞,而凡齗齗然争此者,皆如癡人之自捕其影也。夫最近世界史中,固嘗有以民族主義興其國者矣,若意大利,若德意志,皆是也。彼以其民族各自散立,故楬櫫此主義以統一之,由民族主義而得紐衆小國以建一大國焉。我中國歷史上之事實與現在之情形,恰與彼立於正反對之地位,由民族主義而得裂一大國以爲衆小國。同一藥也,善用之可以已疾,而誤用之亦可以殺人,此類是已。《中國新報》其灼有見於此也。但彼據此以爲中國不能行民主主義之理由,吾以爲不如據此以爲中國不能言民族主義之理由。二者雖相因,而一乃直接,一乃間接。若夫中國之不能爲民主立憲,則吾所主張者,仍在人民程度問題,與歷史上事實問題。彼滿、蒙、回、藏諸族程度之不足,亦中國國民程度不足説中之一義也。何也?言中國國民,不能屏彼等於範圍外也。質諸《中國新報》記者,謂爲何如?

二、學　報

《學報》者,普通學界之饋貧糧也。其叙例如下:

中國不能以今日之現狀自安,洞若觀火矣。舉國無智愚賢不肖,皆相與嗟咄曰:革新其宜哉!雖然,國家每興舉一事,環顧國中,其才之足以任此者闃焉,以名實不相副而事廢置矣。非惟大事有然,小事亦有然。國家每革一舊,而國人失其業者不可勝數。欲就他業,而一無所能,旁皇於生計,而無以自贍。非惟民之駑下者有然,即其優秀者亦有然。由前之現象言之,則我國家其終見淘汰於國際競争也;由後之現象言之,則我國民其永爲世界之僇民也。夫吾國在法非劣敗之國,吾民在法非劣敗之民,抑章章也。今胡以若此？無他，事無大小，人無才愚，固未有不學而能不學而知者。吾中國前此非無學也，而所學不與外界周遭之境遇相應。夫處澤國者而學樵薪，隱林箐者而學競渡，生長都會而學搆巢營窟之術，身被章服而學綴毛結葉之工，於此而欲用人者歎無可用之人，用於人者歎人之不我用，豈不悖哉！而不幸於我中國前此之所學，正有類於是。今之稍有識者，亦既知學之別有其道矣，而興學之聲，洋溢於國中，則學校其選也。雖然，學校教人以學，而必教者先自有學。教者之學非學，則學其學者安得謂學？吾不敢謂今之教於學校者其學皆非學，其奈鳳毛麟角，不能充社會之需於萬一也。興學之效不睹，其原因一也。凡肄於校者，非徒聽受而已足，必益之以自習。而自習則於師說之外，必有所參考引申而後能盡其蘊。今也末從，躑躅冥行，囫圇吞剝，雖有良師，猶慮所受之不固，況良者行數郡國不一遇也。興學之效不覩，其原因二也。學校所以養成未來之國民也，入而受學者，下自六七歲，上至三十歲，止矣。其出而活動於社會，遲者當在二十年以後，速者亦在四五年以後。然社會不能一日而不理者也，又非可以未來之國民未及其活動期而暫以今日之現狀自安也，故言興學者不當徒爲未來活動之國民計，當並爲現在活動之國民計。而現在活動之國民，則年行已長大，且劬瘁於公私之職業，不能如學僮之挾卷而伏案也，而坐此遂無復得新智識之途。社會將來之能進步與否未可期，而現在先墮落而不可救。興學之效不睹，其原因三也。《學報》何爲而作也？爲供給此三種最急之需要而作也。爲學校苦於無良教師、學校教師苦於無良教科書故，是故有《學報》；爲學校生徒苦於無良參考書，不便復習故，是故有《學報》；爲中年以上之人或限於境遇不能入學校者，無自修自進之途徑故，是故有《學報》。《學報》果能對於社會而無負此責任乎？未敢云自信也。雖然，懸此鵠以自黽，其或克至。儻能以涓埃之力，貢獻於社會，而裨造國家於萬一，則《學報》之榮幸，何以加焉！抑猶有一言，學也者，世界之公物也，非一人一國所得而專也；學也者，又人類發達之天產也，非一時代所得而畫也。故言中學西學者妄也，言新學舊學者妄也。《學報》所介紹之學，謂凡生於今日而爲中國國民之一分子、爲世界人類之一分子者所不可不學云爾。此而不學，其終淘汰也已矣。興！興！！興！！！我國民。光緒二十二年十二月《學報》主任者香山何天柱澄意叙。

例一、學說者，大率前人所已發明者也。就令所發明未盡，而即此已足爲社會用。故本報惟忠實以介紹世界學者之學說，不敢妄矜創作。

例二、學術上之原理原則，通世界而共之者也。然應用此原理原則，以研究一局部之學，則各國學者，分擔此義務焉。其關於我國之一局部，他國學者，語焉不詳，故以撰著而不以譯述，如中國歷史、中國地理其選也。

例三、學問之道博矣，僅一科學，著作且汗牛充棟而不能盡其義，矧乃欲舉諸學科而悉紹介於一小册。故本報所述，惟取其最普通而最適用者。本報非欲以養成博士，欲以養成國民而已。

例四、言之無文，行而不遠。翻譯之作，每詰籟爲病，文明輸將之所以滯也。本報行文，務取達雅，述深遠之學理，尤力求其平易。

例五、本報所述者，盡人而當學者也。然雖盡人而當學，非盡人而能以其學導人，故報中各學科，皆乞國中耆宿及東西留學諸彦之專厥科者任焉。

例六、諸科中有宜首尾完貫由淺入深者，如英文論理學等科是也，單篇片論，將使學者索塗不得也，故以教科書之體行之。有宜鉤元提要，或專提一義暢爲發明以備參考者，如歷史地理等科是也，若全部纂述，非惟卷帙浩博，不成體裁，且亦寡趣味也，故以論說之體行之。其他諸科，準是爲鵠，非自凌亂其例也。

例七、恒言區學科爲普通、專門兩大別，此不過取便教育云爾，非學科自身劃然有此兩性質以爲之鴻溝也。如歷史科，尋常所謂普通科也，然固爲獨立之一科學，專門家踵起焉。法律科、經濟科，尋常所謂專門科也，然各國以列於中學課表矣。故普通、專門者，非客觀的性質之異，而主觀的程度之差耳。本報所述，以本報主任所認爲國民不可不學者爲標準，故內容各科，雖大略本中學校課目，而亦間有出入。

例八、有關於學之總體，不能專屬一科者，署爲通論，冠每册之首。

例九、歷史爲人類過去之跡，未來之鑑。爲中國國民之一分子，不可不知中國歷史之真；爲世界人類之一分子，不可不知世界歷史之真。本報所述，專以陳文明進退之跡，說明其原因結果，鑑昔以善今也。

例十、坤輿搏搏[搏搏]，造物以錫倮蟲，不私一族，善用之者保有之。

本報地理科,多就其與人生關係者立言,誨善用也。

例十一、偉人之言論行事,其予社會以感化力者最大,故布魯特奇之《英雄傳》,能鑄羅蘭夫人,能鑄拿破侖,能鑄維廉第三。本報置傳記一門,意乃在是。

例十二、物皆有象,象皆有數。通象與數,乾坤無餘蘊矣。形上爲道,形下爲器。數學幾何,他國五尺之童,罔不習焉。本報所述,數學自代數以上,幾何則起初級,或闡其公理,或釋其難題。

例十三、博物理化,所謂物質的文明也,泰西富强强半基是焉。本報所述,在其普通應用者,及其新發明者。

例十四、居今世而不通他國之一國語,殆猶面牆矣。其在東方,英語之用最廣。本報所述,欲使未學者可不外求師授,方學者可以得最良之顧問。音讀義訓,由淺入深,不厭其詳。更以新機軸自編文典,且別擇難字難句,加解釋焉,以爲學此程度稍高者之助。繡出鴛鴦,金針盡度矣。

例十五、論理學,學者或稱爲群學之鑰,蓋導人以用思用辯之公例也。記稱學問思辯,此足以當之矣。苟未治此,則發一言,立一義,無往而不誤謬。本報取泰西碩儒最新最良之作譯焉。惟其義例奧博,故其譯詞特趨曉暢。

例十六、學所以活用於社會。社會現象之最複雜者,政治現象與經濟現象也。政治思想不發達,無以爲立憲國民;經濟思想不發達,則全國生計,將見淘汰於今後之世界。日本中學學科,近增法制經濟一門,誠知其普及之爲急也。本報所述,取其要略,爲國民所萬不可不知者,介紹之。

例十七、樂者樂也,而可以正人心。我先王以爲教,今萬國教育家所有事也,故本報備音樂一科。

例十八、古人云:登高能賦,可以爲大夫。今人云:登高能圖,可以爲士。故本報備圖畫一科。

例十九、箇人之強弱,則國家之強弱繫焉。欲繕性,自繕生始。故本報備生理衛生一科,生命保險之顧問也。

例二十、竹頭木屑,牛溲馬勃,巧者摭之,皆吾用也。談言微中,說詩解賾[頤],收彼奚囊,歸諸雜俎。

例二十一、報名學報，不涉政論。然不周知四國，聾瞽而已。附錄時事，資省覽焉。

例二十二、本報既欲供給社會之三種需要，如《叙》所言，則應於下問，而竭所知以奉答，亦責任所當盡也。附錄質疑一門，每册以質疑殿勝焉。

其《叙》文中謂應於現今社會之三種需要而作，今觀其第一號之內容，可謂能踐其言也。凡人類莫不有求智識之慾望，而愈有以助長之，則此慾望愈發達，而社會之文明亦愈進。所以助長智識之慾望者，其道不一，而書報則最有力者也。泰西日本諸國，其關於學術上之報章特盛，各種科學，莫不有其專門之雜誌，且每一科之雜誌，動以十數百數計。我中國前此則雜誌既寥寥，即有一二，而其性質甚複雜不明，政談學說，莊言諧語，錯雜於一編中，而純粹爲學術上之研究者，未有一焉。此雖辦報者之幼稚，亦由社會需要之程度，未及此也。《學報》者，可謂中國學術上報章之先河也。其中門類，略以中學校學科爲主而損益之，欲先饋國人以普通之常識，然後得有基礎以進於專門高深之學理也。其視各國分科之學報，固有所不逮；然以比諸日本之《中學世界》《中等教育》等雜誌，蓋有過之無不及焉。其中文字，多出知名士所撰述，皆於此科確有心得，然後擷其菁華絜其綱領以立言。非徒教師學生最良之參考書，抑亦凡一切學者所當各手一卷也。

其中最精采者，尤推英文及論理學兩門。英文純導人以自修之法，取著名之讀本及文典，以新法解剖之，得此者誠可以不外求師。而學校學生，循是塗以行，亦可以事半功倍。其論理學則英國大哲耶氏之作，從英文譯出。原著之嚴明，與譯筆之達雅，可稱雙絕。視嚴譯之《名學》，其裨效於始學，過彼遠矣。其國史一門，亦多能發前人所未發明。自餘各篇稱是。每月庬然一巨帙，亦前此雜誌界未有之偉觀也。吾覩此報之出現，吾爲中國學界前途距躍三百焉。

(1906年10月《新民叢報》第88號)

聞東京留學界與監察員衝突事有感

自學部頒定留學新章,於是東京使館附屬之學務監督處,有監察員之設。自本年陽曆一月一日,開始辦事,而學界與之屢起衝突。至二月二十一日,竟有弘文學生毆傷監察員之變,此實一可痛心之事也。東京學界,自前年以文部省令起風潮時,吾儕嘗謂我學生而勞日本取締,甚不可也,法宜我政府自爲取締之。蓋自學生赴東者日多,其真誠向學、思他日有以效於國家者,固不乏人;而濫竽[竽]其間,羌無實際,甚且爲放縱卑劣之行,不顧國體者,蓋亦有焉。國家歲費此大宗金錢,思易取學問爲國家前途福。且內地學校,程度既不完,無從養出實力之國民,則一綫生機,惟留學生是賴。故設法以求留學界之改良進步,實今日政府最重要之責任,而不容諉卸者也。乃者創行監察之舉,將以調查各校學科學課之優劣,與夫教習之嚴弛,學生之勤惰;且與各校組成一教育協會,研究教育方法,各校長無不勉就範圍;又與彼當局交涉,增大學及高等專門學額。凡此舉動,於實益的方面,尚能竭力經營。日本文部省亦甚贊美此舉,謂爲收益不少,果能從此實行,一方面可爲我國培養實才,一方面可以挽回彼國教育名譽云云。竊謂我政府近日舉動,無一足以饜輿望,獨此一舉,尚可謂差強人意者也。乃不意學界誤會,生種種猜忌,屢相衝突,而竟有此次之惡劇,貽外人笑,此實可爲痛心也。竊以爲吾輩所憾於政府者,謂其不負責任也。中國當此千鈞一髮之時會,百廢之當舉者,政府何一不當直接間接以進行而保護之?顧乃泄泄沓沓,以消極的行動,而妨害國家之發達及生存,此我國民所當併力以監督責備之而不容赦者也。乃若其既向積極的而有所舉措矣,若其方針之誤也,或其手段之不完也,我國民宜有以忠告之;苟其方針與手段,大致尚不謬,則我國民亦宜服從之。何也?服從國家之權,本人民應盡之義務。而政府爲國家機關,服從政府命令,即所以服從國家。此世界之通義也。而今者愛國之士，不敢徒以此語勸告國民者，何也？以政府爲不盡責任之政府，苟有服從無反抗，則國家將喪於政府之手云爾。然使極端的反其說，謂人民對於政府，當有反抗無服從，則不惟反於法理，而事實上固亦匪應如是也。故吾以爲此當爲具體的批判，而不當爲抽象的批判。申言之，則政府之舉動，其有不爲國家之利益者，則當反抗之；其有爲國家之利益者，則當服從之而已。若今日學界派監察之舉，其裏面有若何目的，雖非所敢言；若以表面觀之，則可謂自知其責任而自踐之者也。何以言之？以今日之學說，莫不認教育爲國家的事業。各國上自國立學校，下及家庭教育，政府罔不干涉之。今我留學東京者垂二萬人，而謂可無一定之趣旨與畫一之方法乎？此而放任不問，則政府可謂不負責任之尤者矣。然則以其地之在外國而委託諸外人使代我爲之乎，無論有損國體，至可恥也，抑事實有不能行者。前年風潮，其已事也。故設監督處設監察員，實刻不容緩之事。而使館此舉，吾謂爲差強人意者，實平心之言也。使監督處監察員而不舉其職，則學界責備之宜也。其部章有不良者，指駁之而要求其改正，尤宜也。今壹不出於此，乃當其執行職務之始，未嘗提出理由，而惟群起與之爲敵，然則得毋以一事不舉爲政府之天職耶？於學界之實益，既有妨礙，不寗惟是，徒使政府得所藉口，謂今之少年，一味輕佻浮薄，無別擇是非之常識，其反抗之言論舉動，毫無價值。坐是之故，或則誘於阻力之頻仍，反放任焉而一事不辦，或則藉詞於程度之幼稚，益無忌憚以行其專制，則影響於中國前途之進步者，非細故也。此則煽動衝突之人，不能辭其咎。而此後遇此等事，當加以別擇，而不可徒輕於一發以爲快者也。

雖然，在政府方面，則亦宜自省矣。夫我國人民，素富於服從性。獨至今日，則遇事而生反抗，其愈有智識之社會則愈甚。此其故安在？毋亦以政府平日之舉動，曾無一焉爲國家人民計利益者，人民不信任政府之程度，已達極點，故遇一事而無不生其惡感情。豈人民好爲是？而政府實有以自取之也。即如此次之舉，曷爲而生此惡果？則以政府方窮治革命黨，又風傳一二疆吏，有專派人竄入學界偵探革命黨之說。風聲鶴唳，咸相驚以伯有。故遇監督處有派監察員一事，咸以爲是將訶我也，不士君子我而盜賊我也，乃相率而譟之。夫監察員之必非監察革命黨抑章章也。何也？苟其監察革命黨則必以祕密，如鼠之畫伏夜動焉，豈有堂堂正正以進行者？然遂不能免此嫌疑，則政府其他之舉動,太授人以可疑之隙,故作繭而遂以自縛也。政府乎,官吏乎,苟非盡去其鬼蜮之行,瀝肝胆以與人民相見,則安所往而不見疑? 人民之怨毒,將遇機而輒一洩。蓄之愈久,壓之愈甚,而其洩之也亦愈烈。諸公前途之危險,太行、孟門,未可云喻。監察員之見毆,則其小焉者耳。

(1906年11月《新民叢報》第90號)

原　　學

(1)　學之定義及其必要
(2)　學之範圍及其分類
(3)　學之起原及其次第
(4)　學之發達及其傳布
(5)　學之應用及其選擇

　　著者夙欲草此文,以標題太大,陳義太博,不敢率爾操觚,欲竢積研究心得,而後從事焉。《學報》初發刊,主任者敦迫從事,草草成之,殊乖本懷。它日覃精,更當改作。

著者識

一、學之定義及其必要

　　卒然問曰:何謂學? 盡人能對,而盡人恐難善其對。吾國之文,於學字有兩用:一用之於名詞者,二用之於動詞者。用之於名詞者,謂所學者也;用之於動詞者,謂能學者也。二者用途雖殊,而性質實一貫。《說文》云:學,覺悟也。此訓名詞用之學也。《論語集注》云:學之為言效也。此訓動詞用之學也。其義皆近確，然語太簡單。請參酌近世學者之説，下定義而解釋之。

名詞之學，其定義曰：

> 學也者，精密而有系統之智識也。

動詞之學，其定義曰：

> 學也者，所以求得精密而有系統之智識也。

今請將此定義解剖之。

凡有生有氣有知之物，其對於外界之所見所聞所觸者，則莫不有感覺。然下等動物，其所感覺者，過而輒忘。人類則一度感覺，恒印象於腦中。所感覺愈多，則所印象亦愈衆。後此之感覺與前此之印象相同或相類似者，則其印象忽再來復。來復既屢，遂構成一種概念。如彼孩童，家有畜犬，聞家人以犬呼之，而犬之一象，印於其腦。繼游街衢，見有形狀與家之畜犬相類者，復聞以犬呼之，又印於其腦。如是積至數次，而犬之概念確立焉。其他概念皆例此。此智識之第一級也。稍進則爲概念與概念之聯絡。外界現象之所見所聞所觸者，日不知凡幾，棼然其如亂絲也。然每見甲現象之起，而乙現象恒先導於其前，或乙現象之興，而丙現象恒隨屬於其後，於是參伍錯綜，漸知夫甲與乙之必有關係，乙與丙之必有關係。故因月暈而知將風，因礎潤而知將雨，見流潦而知既有淫霖，覩槁苗而知既苦燠旱。此智識之第二級也。雖然，此現象與彼現象之有關係也，其在尋常人，大率知其然而不知其所以然。知月暈之將風，而不知未風之前月何爲而先暈；知礎潤之將雨，而不知未雨之前礎胡爲而先潤。蓋其所知者，皆得之於經驗，而非得之於研究也。人類智識之欲望，不能以此而自安也。於是每遇一現象之已著，必欲求其所自來；每遇一現象之方興，必欲究其所終極，所謂原因結果之關係是也。此智識之第三級也。夫欲舉一切現象而知其原因結果之關係，則其事甚不易矣。因前有因，因之因復有其因，如是無盡；果後有果，果之果復有其果，如是無盡。或一因而結數果，或一果而本數因。徒恃經驗，固莫能測其由；研究失宜，亦不能稱其實。見風前之月暈，而謂月暈爲風之因；見礎潤後之雨，而謂雨爲礎潤之果。日食星隕，而指爲凶變之將臨；疾癘夭折，而認爲天鬼之見譴。其爲誤謬，將不可紀極。必也臚舉一切現象，分別而部居之，於同類之諸現象中，求出其共通之原理原則，而據之以説明他之現象焉，如是斯可謂之有系統，如是斯可謂之精密。此智識之第四級也。夫欲於同類諸現象中，求得其原理原則，而原理原則，隱於現象之自身而不易見也，則未求得以前，須積幾許經驗幾許研究，可想見也。欲據此原理原則以説明他現象，而此原理原則之果正確無誤與否未易信也，則既求得以後，尚須積幾許經驗幾許研究，可想見也。力於是焉謂之學。分科而研究之謂之科學，由是而所得之智識謂之學識。學識與常識異。前所列三級之智識，皆常識也；其第四級之智識，則學識也。雖性質不殊，而程度有別。《説文》云：學，覺悟也。覺也者，謂前三級之智識也；悟也者，謂第四級之智識也。積覺而悟，學乃斯立。此名詞之學之定義也。

　　生有涯而知無涯。雖有睿哲，欲舉宇宙無窮之現象而悉研究之，勢固不給矣。幸也人類有普通性，可以相學而盡人之長。故甲之經驗及研究所得，乙得而有之；前人經驗及研究所得，後人得而有之；此邦人經驗及研究所得，彼邦人得而有之。夫常有老農老圃之口碑，而天文學家、地質學家，因之以發明新理者焉；有鍛冶賤工之手術，而機器學家因之以發明新藝者焉；常有閭閻市廛之習慣，而政治學家、法律學家、經濟學家因之以發明新制度者焉。則老農老圃鍛冶賤工與夫閭閻市廛之細民，雖謂之爲諸學者之本師可也。夫吾此言非詭異之言也。彼輩積其經驗，學者乃一舉而受之，以其所經驗爲經驗，據之以研究原理原則，則事半而功倍矣。故無論若何偉大之學者，其學未有不學之於人者也。後之學者，並前人所積之經驗與其研究所得之原理原則而悉受之，而復據以積經驗施研究焉，其經驗與研究所得，復次後之學者又受之，展轉相學，展轉相受，而人類之智識，乃日濬日進而無已時。此學之爲用也。《論語集注》曰：學之爲言效也。是其義也。夫志欲爲學者，則受前人所經驗所研究者，復加以研究焉，而更求新原理新原則之發明，或取所受之原理原則之有誤謬者而是正之，其造福於世界者，固至重且鉅。然不必盡天下之人而皆能如是也。其在一般之人，則舉前人所發明之原理原則，受而實有之於己，以應用於社會，則學之能事畢矣。斯乃普通之所謂學也。

　　故夫以廣義言之，則人自孩抱以迄衰老，日用行習之間，無時而不相學，無事而不相學，無取夫別建學之名也。以狹義言之，則學也者，求得精密而有系統之智識也。夫固非有所受焉而不得也。或者曰：吾既非志爲學者，則何必汲汲焉惟精密而有系統之智識是求,雖小誤謬小淩亂而不為病。而豈知不然。天下事有一定之秩序,故有自然必至之符。如旅行然,識途者發蹤指示,循其踵以前,則能至其所向矣;而不然者,卻曲於絕潢,旁皇於歧路,未有能至者也。故以公人之事業言之,無財政上之學識者,萬不足以理財;無軍事上之學識者,萬不足以治兵。凡他百事,莫不皆然。以私人之事業言之,無商業上之學識者,必折閱於市;無農業上之學識者,必狼藉其田。凡他百事,亦莫不皆然。故學之不可以已也。問者曰:甚矣!子言之誕也。歷史上之以理財治兵聞於後者,豈其盡有財政上軍事上之學識?即曰有之,而其所謂學識者,已久為今世學者所唾棄矣,而其成功以去也既若彼。若夫闤闠之夫,山谷之叟,足未嘗一履農商學校之闑,更未嘗知世間有所謂農業工業學,而我國之農商,未或以此見廢也。應之曰:不然。世界者,不斷之競爭也。其相與競爭之對手異,則其所持以競爭之具亦異。其在古昔,無學識者與無學識者相競,故其勝敗在所遇,或校普通智識之高下而已。其在今後,則以其國出而競於世界,人有學識而我無之,其敗可立而待也。即以私人而競於社會,甲有學識而乙無之,其敗可立而待也。夫使以淮陰、衛公生今日而其學不加,果足以戰勝於四鄰否也?使管仲、劉晏生今日而其學不加,果能維持國家不破產焉否也?若夫吾國農商業與人比較,日日被侵蝕而不足以自存,抑昭昭矣。無他,人之於利之所宜趨害之所宜避者,當未事之先,而已若燭照數計,十年乃至數十年後之結果何若,歷歷能指諸掌。而我乃若暗夜無燭,摸索以行,情見勢絀,安往而不敗也!夫人之所以能如是者,豈其所受於天者獨有異哉?萬事皆有其原理原則。夫既有發明之者以公示於天下,彼不過學得此原理原則,循之以進行耳。其事並非有他謬巧,而馴而致之也亦非難。我所缺乏者則此數年受學之功,而一敗遂至塗地。吁!其痛也。即幸而不敗,亦不過其所行之徑,無意間偶與此原理原則相合,而非能操券以祈勝也。兒童有為九連環之戲者,解環之訣,蓋一定焉。諳其訣者,頃刻而事畢矣;不諳者,或累長日而不得解,即偶解一次,而復次尚為所困焉。夫訣固非苦人以難學也,而不學者自苦。斯言雖小,可以喻大。

(本節已完,全論未完)

中國文明之傳播

泰西文明,蘋末於埃及,由是而希伯來、腓尼西亞,而希臘,而羅馬,而奈渣蘭半島,而歐洲中原,而法蘭西、英吉利,其發達之跡,鑿然若有弟次。此稍讀西史者所能知也。其所以展轉傳播遲速先後之由,緣天然者半,緣人事者亦半。治史者,觀夫人事,而知所以自勉,觀夫天然,而思所以勝之而導之者,則所演日進矣。故良史於茲三致意焉。

我國版圖之廣垮歐洲,文明之古逾歐洲,故其自萌蘖以迄成熟,蓋經邈遠之歲月。而其由根幹而跗萼,寖以條達扶疏者,亦鑿然有涂轍之可尋,猶泰西也。讀史者苟善觀間,則興味長而效用廣焉。吾之此論,引其端而已,匪能盡也。

我國文明,獨立而發生於我國耶,抑自他國傳來耶?換言之,則我祖之始以文明詒我者,其人本爲中國之土著耶,抑產自他方而移植茲土耶?今尚屬歷史上未定之問題,不具論。(或言神農、黃帝,皆自西徂東者。)要之自有史以來,我文明發生地,實在河南、山東之處。河南、山東之處,蓋我國之埃及也。

我國文明,一元耶,多元耶?換言之,則由一箇文明單獨以演出耶,抑由二箇以上之文明糅合以演出耶?(泰西之文明,可謂之爲多元者。蓋埃及文明小亞細亞文明,糅合以渡地中海。而海西諸國,復自有其本來之文明以相糅也。)此亦歷史上未定之問題,不具論。(或言苗族本有文明,且發生先於我者。)要之古代他族,雖有文明,亦爲我族所吸收而不留其痕。故言我國文明,必託始於羲、農、黃帝,非自羲、農、黃帝出者,不足爲輕重於我史界也。

史家稱伏羲、神農皆都陳(《御覽》引《帝王世紀》),今河南陳州也。據大河與淮水之央,而汴、潁二支流交其間,實文明發生唯一之適當地也。(顧氏《讀史方輿紀要》陳州條下云:其地原隰沃衍,水流津通。故汲黯守淮陽,益修陂塘以溉民田;賈渠爲豫州刺史,通運渠二百餘里;鄧艾又爲廣漕渠屯田積穀,皆此地也。)故我族初自行國變爲居國(必爲居國始有農業,故知神農時代,我族已爲居國也),即宅於是焉,陳實我國所當紀念最古之聖地也。故言文明之傳播,其發軔必自茲始。

伏羲、神農兩代,其所歷歲月之久暫,不可得而詳也。據神話史家言,殆不下千歲。(《御覽》引《遁甲開山圖》云:自女媧氏以下凡十五代,皆襲包犧之號。司馬貞《補史記三皇本紀》云:自神農至帝榆罔,凡八代五百三十年。)此千歲間,我文明之灌被似不越於河南。然神農時,夙沙氏煮海爲鹽以相拒,其民叛以來歸。論者謂夙沙氏所煮之海,蓋渤海云。然則已引其緒於山東矣。

凡言黃帝者必言崑崙,西史家或謂黃帝實自巴比倫東徙云,第弗深考。然黃帝號有熊氏,《史記集解》引皇甫謐云:有熊今河南新鄭。然則其根據地固在河南也。黃帝以神武之資,四征八討,故文明隨而擴張。據《史記》本紀,東至於海登丸山及岱宗,則今兗州乃至登萊也;西至於空同登雞頭,則今華州乃至肅州也;南至於江登熊湘,則今岳州乃至長沙也;北逐葷粥,合符釜山,而邑於涿鹿之阿,則今保定也。又二子,青陽降居江水,昌意降居若水。據《水經》,二水皆在蜀,則今川東焉。準此以談,我神祖聲威所被,殆及今中國本部之半。然語其實力,大抵仍不過由河南以逮山東、直隸。蓋循黃河而下趨瀕海沃衍之壤,以拓殖山東,實進化之順序所宜然。若夫緣蚩尤、獯鬻兩大戰爭,乃渡河而北,奠都直隸以資控馭,則神祖之遠略也。

自茲以往,河南、山東、直隸三省,爲開化區域。繼黃帝者曰少昊,都窮桑,今山東兗州府也。繼少昊者曰顓頊,都帝丘,今直隸大名府也。繼顓頊者曰帝嚳,都亳,今河南河南府也。至唐虞時代而一變。

伏羲、神農以來,居黃河沿岸低地者已千餘年。及帝堯而都平陽,實爲今山西平陽府。帝舜而都蒲坂,實爲今山西蒲州府。夏禹而都安邑,實爲今山西解州。由低地而趨高原,舍沃壤而就瘠土,此實反於古代人民之通性,歷史上之變例也。考《史記》,舜耕於歷山(《集解》引鄭玄曰:在河東),漁於雷澤(《集解》引鄭玄曰:雷夏,兗州澤,今屬濟陰),陶於河濱(《集解》引皇甫謐曰:濟陰定陶西南陶丘亭),作什器於壽丘(《集解》引皇甫謐曰:在魯東門之北),就時於負夏(《集解》引鄭玄曰:衛地)。然則諸聖少年釣游之地,仍在河南、山東沿岸,可以推見。乃帝都反去此而就彼者,則以帝堯晚世,遭洪水之厄,低地不可以復居,不得不舍濕而趨燥也。故洪水者,實山西開化之一大原因也。

自洪水之厄,而固有之文明蒙一陽九焉,千餘年間所孕育於河南、山東者,淹沒殆盡。堯、舜時之茆茨土階,視黃帝時之明堂袞冕,若甚退化者然,則天行之酷烈使然也。及禹平水土,乃恢復舊觀,而益以盛大。據《禹貢》所紀禹域,則

　　一、冀州　　今山西及直隸乃自盛京之半
　　二、濟河惟兗州　　今直隸及山東河南
　　三、海岱惟青州　　今山東
　　四、海岱及淮惟徐州　　今山東及安徽
　　五、淮海惟揚州　　今安徽江蘇乃至浙江江西
　　六、荊及衡陽惟荊州　　今湖北及湖南
　　七、荊河惟豫州　　今河南及湖北
　　八、黑水西河惟雍州　　今陝西乃至甘肅
　　九、華陽黑水惟梁州　　今四川及陝西

由此觀之,則今中國本部,除福建、兩廣、雲貴外,皆禹域也。雖然,謂當時文明所被,與《禹貢》所紀同一範圍,則亦不可。蓋我國文明,大率隨殖民而傳播。而《禹貢》所載諸地域,不過爲禹跡所及調查之結果。其稍上者,則被征服之異族,率朝貢已耳,其能受文明之影響者甚希。觀於殷、周之間,而各地狉獿之跡,猶儡儡可見,故知虞、夏之交,九州之域,其文明非皆可與河南、山東、直隸、山西四省齊觀也。

上古第一大事,則我族與苗族之戰爭也。然此洸洸勍敵之苗族,果自有其文明乎?苟有之,則其程度若何? 此歷史上一未定之問題。雖然,苗族有金屬兵器(《管子》言:蚩尤始作兵),有刑法(見《書·呂刑》),則見於故書雅記者也。惟彼不能自保存發達之,故自黃帝以來,漸次爲我族所吸納,化成於我文明,而彼族且至不能自延其殘喘。我則緣與彼競之故,而我文明之領域,反日以擴張。蓋堯伐南蠻於丹水之浦(今湖北地),舜巡守於蒼梧之野(今湖南永州),禹會諸侯於會稽之山(今浙江紹興),凡皆與苗族競也。自茲以往,我文明駸駸南下,踰淮以達江矣。

自夏禹以前,爲文明傳播第一時期。此時期中,以河南爲中心點,漸東下

而擴於山東，又東北折而擴於直隸之一部，最後乃西北折而擴於山西。而四川、湖北、湖南、江南、浙江，亦既蒔種子一二，其穫實則竢諸千年後也。

太史公曰：昔唐人都河東，殷人都河內，周人都河南。夫三河居天下之中，若鼎足，王者所更居也。（《貨殖列傳》）我文明本起於河以南，其間黃帝以軍略之故徙涿鹿，唐、虞、夏以洪水之故，徙平陽、蒲坂、安邑，皆渡河而北，蓋變局也。及商湯而復歸於亳，在今河南歸德府，又返於黃河南岸下游之低地。中間遷隞、遷相、遷耿。相、耿皆河北地，其遷也，避河患也，猶唐虞也，天然力迫之使然也。其後亦卒歸於亳。要之三代以前，我文明皆沿黃河而發達。而唐虞以前，其發達僅限於南岸及下游；唐虞以後，則北岸及上游益發達焉。夏、商千年間，實黃河流域文明休養滋長之時代也。

周之興也以邠、岐，邠、岐今陝西也。陝西文明之傳播，後於河南者殆千餘年，則太行山山脉爲之障也。《史記》稱夏后氏政衰，后稷子不窋失其官而奔戎狄之間。再傳至公劉，務耕種，行地宜。百姓懷之，多徙而保歸焉。（《周本紀》）我族之殖民於河以西自兹始。及太王爲異族所迫，始遷徙東下，稍與中原相接近，而所化被者亦愈廣。（《史記》云：古公止於岐下，乃貶戎狄之俗。然則當時邠、岐間猶戎狄之俗也。）及王季嗣位十年間，而與西戎戰者七焉（見《竹書紀年》）。文王亦屢有事於昆夷（昆夷，西戎也，見《詩》傳），《采薇》之詩所由作也。由此觀之，陝西全省在夏、商間，純爲夷狄之地。及周之起，長安遂作帝都，一躍而爲文明之中心點焉。此前史以來之一新現象也。

自周以前，史文簡略，百不識一。自周以後，以《春秋》《國語》及《左氏傳》所記，略可得其真相，然後歎文明之普及，真非一朝一夕之效也。夫以長安帝都也，而驪戎瞰其門户；洛陽亦帝都也，其所在之河南，又二千年間文明之本營也，而陸渾之戎、伊洛之戎蟠其腹心。以首善之區，而蠻俗之蟲穴其間者，尚若是，他何論焉！故齊在山東，山東文明傳播次早之地也。而太公初封營丘，萊夷即與之爭國（見《史記·齊世家》），則齊本屬萊夷之占有權焉，是當時山東之一部分，猶未開也。晉在山西，山西唐、虞之所都也。而籍談之言曰：晉居深山之中，戎狄之與鄰，而遠於王室。王靈不及，拜戎不暇（見《左傳》）。則晉之前後左右，皆蠻族焉，是當時山西之大部分，猶未開也。秦分周之故地以立國，然自秦仲以來，世與戎戰，死於戎者五代。蓋函關以西，皆戎之勢力範圍焉，是當時陝西之大部分，猶未開也。文王時稱化行江漢，詩人屢頌之。然春秋之楚，猶不齒於上國，是當時湖北之一部及湖南之全部，殆猶未開也。吳則自泰伯、虞仲時，方斷髮文身；越數百年至春秋末，始與中原交通。越之後起，更無論矣。是當時江南全部，皆猶未開，而浙江更無論也。自吳而北之，當今徐州、淮安間，有徐夷、淮夷焉，自周之初興，未嘗一服屬中國。殷武庚即結以作叛，周公征焉，其後魯公伯禽又征焉，《費誓》是也，其後周宣王又征焉。《詩》曰："徐方震驚。"又曰："淮夷來同。"然卒未克服，春秋間而徐偃王且霸三十六國（見《韓非子》），偪陽、邾、莒所謂"僻陋在夷"者，謂此夷也。是當時江蘇、安徽之與河南、山東接壤者，皆猶未開也。準是以談，則周初之文明，雖經夏、商千年間之涵養孕育，而其粲然可觀者，仍不過黃河沿岸之原野，其他猶狉狉如也。至春秋而突飛之進步起。

我國文明所以普及，則周之封建制最有力焉。周制所以異於前代者，前代帝王之有天下也，伐人國而服之，使率朝貢已耳，故有元后群后之稱。群后非元后所命也，與元后同為酋長，各自長其部落。及相競之結果，降服於強者，而尊之曰元。炎、黃、唐、虞、夏、商，舉由斯道也。故《史記》稱黃帝曰：諸侯有不服者，從而征之，從者去之。孟子稱武丁朝諸侯有天下，諸侯之朝不朝，即有天下與否惟一之徽識也。夫彼群后諸侯者，各藉其祖宗傳來之業，以長其部落，其固有之部落非必與我同族也。而其與中央政府之關係，又甚淺薄，中央政府之同化力，不足以及之，故久率其故而莫或能變也。周則不然。周之興雖非能取舊有之部落而悉滅之，而於其力之所及，大置藩焉。其所置者，非宗親則功臣也，否則古帝王之胤也。然此三者，其種類雖不同，其同為我族，同抱持我族之文明，則一也。藉中央政府之保護，而分殖於各方面。其舊部落之未經夷滅者，藩侯得自以其力馴擾之使同化焉，否則吞噬之而已。故藩侯之勢力漲一度，則文明之傳播廣一度。故經春秋戰國數百年間，遂能合全國於一爐而冶之。此過渡時代之最有效力者，實周制使然也。

欲證明此現象，宜讀《春秋》齊、晉、秦、楚、吳、越，春秋之六霸國也。自齊以外，其始皆蕞爾耳，徒以介於諸蠻族之間，不得不取軍國主義以自衛。以取軍國主義，故能蠶食附近諸蠻族以自強。而被蠶食之諸蠻族部落，非滅亡則同化，而我文明即普殖於其地。徵諸吳、楚、秦而易見也。吳之泰伯，周宗親也；

楚之鬻熊，周賓師也；秦之秦仲，周近臣也。其子孫各樹勢力以征服其附近之諸蠻，雖不能直接爲周室增勢力，然其勢力則皆我文明之勢力也。故自齊之強，而萊夷、山戎、己氏之戎等滅焉，山東全境及直隸南部純開化矣。自晉之強，而赤狄、白狄、長狄、東山皋落、廧咎如、甲氏、留吁、鐸辰、肥、鼓、潞、揚拒泉皋伊雒之戎、驪戎、姜戎、允姓戎等滅焉，山西全境及直隸北部、河南北部純開化矣。自秦之強，而犬戎及西戎三十六國滅焉，陝西全部及甘肅、四川之一小部純開化矣。自楚之強，而盧戎群蠻、百濮等或滅或服屬焉，湖北、江西全部純開化矣。自吳、楚、越之強，而淮夷、徐夷滅焉，安徽、江蘇全部純開化矣。蓋逮春秋之季，而舉禹域殆無復夷俗矣。孔子作《春秋》，諸侯用夷禮則夷之，夷而進於中國則中國之。故隱、桓、莊、閔、僖之世，內其國而外諸夏；文、宣、成、襄之世，內諸夏而外夷狄；昭、定、哀之世，天下遠近大小若一，夷狄進至于爵。此非徒託空言云爾，春秋之初所謂夷狄者，春秋之末而已全同化於中國，事實則然也。

春秋時所以能舉諸戎狄之地而悉爲中國者，其道有四：一曰殲滅，二曰攘逐，三曰徙置，四曰雜婚。殲滅者，其例甚多，不遑枚舉。攘逐者，排而出諸域外。如晉伐鮮虞，驅而出之，後爲林胡、樓煩以開匈奴者是也。徙置者，據其地而徙其民於我內地，迫之使與我同化。如秦人遷陸渾之戎是也。雜婚者，異族之居我內地者，常與我族結婚。如周惠王有狄后隗氏；晉獻公取大戎狐姬生重耳，小戎子生夷吾，驪戎之女驪姬生奚齊，其姊生卓子；晉文公娶廧咎如之女季隗生二子，以叔隗妻其臣趙衰，生盾，其後開趙國。又不徒取彼族之女而已，亦有以我族之女而下嫁之者。如晉侯以女妻潞子嬰兒是也（潞,赤狄種）。以此四者，故異族不復能蠢於諸夏之間，非遠走則殲殀，否則入洪鑪而冶之也。試以今地略考當時開化之地域。

第一　河南

(1) 開封府　鄭國在焉，宋、魯、衛錯境。
(2) 陳州府　陳國、頓國、項國在焉，宋、鄭、楚錯境。
(3) 許州鄭　許國、鄭國在焉，楚錯境。
(4) 歸德府　宋國、葛國、戴國在焉，鄭、衛、曹、楚錯境。
(5) 衛輝府　衛國在焉，鄭、晉、南燕錯境。
(6) 彰德府　衛國在焉，晉錯境。

(7) 懷慶府　用地後多入於晉。

(8) 河南府　王城在焉，尚有滑、毛、虢等國，後多入於秦、晉。

(9) 南陽府　申、呂、蓼、鄧都等國在焉，後入於楚。

(10) 汝寧府　蔡、沈、江、柏、房、黃、蔣、息、賴、應等國在焉，後入於楚。

第二　山東

(1) 濟南府　齊國、譚國在焉。

(2) 泰安府　魯國、牟國、須句國、宿國在焉，齊錯境。

(3) 兗州府　魯國及遂、郕、滕、薛、邾、小邾、茅、極、郎、任、郜、偪陽等國在焉，後皆入於齊、魯。

(4) 沂州府　鄟、郯、鄅、顓臾、莒等國在焉，後多入齊、魯。

(5) 曹州府　曹國在焉，魯、衛、齊、晉錯境。

(6) 東昌府　郭、杞、莒在焉，後全入於齊。

(7) 青州府　萊夷、介夷故地，後全入於齊。

第三　山西

(1) 太原府　晉國在焉。

(2) 平陽府　楊、霍、郇、魏、賈、冀等國在焉，全入於晉。

(3) 潞安府　黎國及赤狄之潞氏、留吁國在焉，入於晉。

(4) 汾州府　晉地。

(5) 澤州府　晉地。

第四　直隸

(1) 順天府　北燕國在焉。

(2) 永平府　無終國在焉，即山戎，亦稱北戎，滅於齊，其地入燕。

(3) 保定府　燕地。

(4) 河間府　燕地。

(5) 天津府　燕地。

(6) 正定府　鮮虞、肥、鼓等國在焉，皆狄種也，滅於晉。

(7) 順德府　長狄在焉，後入於晉。

(8) 廣平府　赤狄、甲氏國在焉，入於晉。

(9) 大名府　衛、鄭錯境。

第五　陝西

(1)　西安府　周都在焉,復有畢、鄭二國,驪戎亦處其間,後入於秦。

(2)　同州府　周、秦、晉錯境,大荔戎亦在焉,後入於秦。

(3)　鳳翔府　周發祥地,後犬戎據焉,入於秦。

(4)　興安州　庸國地。

(5)　延安府　犬戎、白狄在焉,入於秦。

(6)　附平涼府　秦發祥地,允姓之戎在焉,後全入秦。

第六　江南

(1)　江寧府　楚地。

(2)　蘇州府　吳國在焉。

(3)　常州府　吳地。

(4)　鎮江府　吳地。

(5)　淮安府　淮夷地,後入吳。

(6)　海　州　莒、魯錯境。

(7)　楊州府　吳地。

(8)　通　州　吳地。

(9)　徐州府　舊徐夷、淮夷地,宋、楚錯境,後入楚。

(10)　安慶府　桐國在焉,後入楚。

(11)　寧國府　吳地。

(12)　池州府　楚地。

(13)　太平府　吳地,楚錯境。

(14)　廬州府　蠻族有群舒者在焉,入於楚。

(15)　無為州　楚地。

(16)　六安州　英、六二國在焉,入於楚。

(17)　鳳陽府　楚、吳錯境,先有徐夷,後入楚。

(18)　潁州府　胡、蓼二國在焉,後入楚,宋、吳錯境。

第七　江西

(1)　南昌府　吳邊界。

(2)　廣信府　吳地。

（3）饒州府　吳、楚錯境。

（4）九江府　楚地。

（5）南康府　楚地。

第八　湖廣

（1）武昌府　楚地。

（2）漢陽府　楚地。

（3）安陸府　聃、權國在焉,入於楚。

（4）襄陽府　鄾、羅、穀三國及盧戎在焉,入於楚。

（5）鄖陽府　絞、庸二國在焉,入於楚。

（6）德安府　鄖、軫、隨、貳等國在焉,入於楚。

（7）黄州府　弦國在焉,入於楚。

（8）荆州府　楚國在焉。

（9）宜昌府　夔國在焉,入於楚。

（10）岳州府　楚地。

第九　浙江

（1）杭州府　吳、越分屬。

（2）嘉興府　越地,吳錯境。

（3）寧波府　越地。

（4）紹興府　越國在焉。

（5）衢州府　越地。

第十　四川

（1）夔州府　庸國地,後入楚。

（2）重慶府　邊國地在焉,後入楚。

就右表觀之,則知春秋時代,今河南、山東、湖北、安徽、江蘇,爲全部分開化地;今陝西、山西、直隸、浙江,爲大部分開化地;今甘肅、四川、湖南、江西,爲小部分開化地;今福建、廣東、廣西、雲南、貴州,爲全部分未開化地。此其大較也。若同一開化,而北部之程度,遠優於南,又不俟論也。此爲文明傳播第二時期,用力最勤,而穫實最豐矣。

春秋時代之文明,亦可謂之多元的文明。蓋前此文明有惟一之中心點,至是則從各方面各自發達而各具特色也。而所謂各具特色者，不過以我文明化被他族，而所化成者或雜以其地固有之分子，而略生差別耳。至其能化成之本體，則固仍出於一元也。

戰國，實我文明之成熟時代也，全盛時代也。其特色在取春秋以前之文明，發揮而光大之，且彼此交換，成種種複雜之關係，而漸趨於一焉。申言之，則戰國文明者，就春秋文明之地域範圍內，而加以精深加以美茂者也。若語其傳播力增廣之比例，則反不逮春秋遠甚。雖然，於此時代間（自春秋末迄漢定天下，皆屬此時代），亦非無數方面句出萌達者。請次論之。

一、四川　四川與中原關係甚古，而開化則比較的甚遲，則全由交通不便使然也。黃帝二子降居江水、若水，其地皆在蜀，而昌意且娶蜀山氏女生顓頊焉。是蜀與中原交涉，殆更早於山東，而他地更無論矣。乃後此閱二三千年，猶未能受中國文明之影響焉。推原其故，或我祖果自西徂東。當其降自崑崙時，循巴顏克喇山脉、岷山山脉而東下，道出巴蜀，偶留跡痕。及其既蒞中原，不遑反顧。而胤孫之留滯此間者，當其初留之時，本身猶未脫狉獉之域；後此既不能與中原之大宗相接近，則獨處叢箐，末由進化。蜀之所以久不開，大抵坐是也。其地神話最多而最特別。若杜宇，若蠶叢，若魚鳧，古代神祕之帝號，不可殫紀焉。李白所謂"開國何茫然"，"四萬八千家[歲]，不與秦塞通人烟"也。岷、巴兩大山脉，橫亙其東北。江源湍急，不可得渡。故非陝西、湖北兩地大開之後，而力不足以及四川，地勢使然也。周之興也以西，故武王伐紂，庸、蜀、羌、髳人從焉。蜀與中原交，此其第二次矣。見於周代史乘者有巴、蜀、苴、庸等國。蜀在成都，巴在重慶，庸則在湖北鄖陽，而領域及夔州焉（苴無考）。春秋之季，楚人與秦人巴人滅庸，楚之圖蜀自此始。戰國之初，蜀強能爲楚患，楚至作扞關以拒之。及楚失漢中於秦，其力不復足以及蜀。故秦惠王因苴、蜀相攻，用司馬錯之議，滅蜀，遂滅巴、苴，蜀始合於中國。秦封子惲爲蜀侯，徙秦民萬家實之（見《華陽國志》），四川自是爲中原之殖民地矣。

二、湖南　春秋楚地不及湖南，及戰國之盛，而楚有長沙、衡、永、常德、辰、沅，殆舉湘之全境。楚以何時拓此境，《史記・楚世家》無述焉，惟屢記秦取楚黔中郡。黔中即今辰、沅二州也，地何時屬楚不可考。《吳起列傳》言起相楚時，南平百越，北并陳、蔡。然則楚之奄有全湘，殆皆在相起數年之間也。（起相悼王，悼王死而起被害。悼王在位凡二十一年。然起本爲魏守西河，及魏武侯疑之，始去魏適楚。魏武侯元年，當楚悼王十六年。然則起之相楚，最多不過五六年耳，而内治及兵力如彼，不亦偉乎。）《吕氏春秋》又稱吳起徙楚之貴人往實廣虛之地。然則湖南之始有文明，起之賜也。

三、甘肅　戰國時有義渠、翟豲、朐衍諸戎，皆在今甘肅。而義渠在平涼，翟豲在鞏昌、蘭州之間，朐衍在寧夏。秦昭王時，宣太后詐殺義渠王，遂殘義渠，開隴西、北地二郡。北地平涼、寧夏，隴西鞏昌也。甘肅合中國自兹始。後及漢代，屢産名將焉。而趙襄子并代踰句注，武靈王兵力貫榆中、九原，破林胡、樓煩，置雲中、雁門郡。代，今山西之大同也。雁門在朔平、寧武間，雲中則至歸化城矣。燕亦開漁陽、上谷。上谷今宣化，漁陽今承德云。至是而中國北以長城爲塞，山西、直隸之全部，昔未開者，今皆開矣。

四、福建　地理家言：山所以爲閡，海所以爲通。豈不然哉！福建去中原非遠也，徒以仙霞嶺之隔，故亘古不通上國。及楚滅越，殺越王無疆，諸族子乃播散，濱於江南及海上，或稱王，或稱君。(見《史記·越世家》)及楚漢之際，而有所謂越東海王摇，及閩越王無諸者。甌閩之見知於上國自此始。福建之初開，蓋自海道而非由陸疆也。

五、廣東　廣東所以久不得通中原，亦大庾嶺爲之也。古代廣東土著惟蜑族(蜑見《説文》，云南蠻族，居叢籍間。今廣東尚有蜑族，以水爲家。蓋我族迫感之至此)。及越滅吳，吳宗室貴族浮海徙來者數千人。楚滅越，越之族亦有至者。(昔讀阮氏《廣東通志》見此説，第不記其所徵引者爲何書。今行篋中無阮志，不能查也。)他方人移殖於粤自兹始。及秦始皇三十三年，發諸嘗逋亡人及贅壻賈人，開鑿五嶺，略取陸梁地(《史記正義》云：嶺南之人，多處山陸，其性強梁，故曰陸梁)，爲桂林、象郡、南海，以謫遣戍。蓋守五嶺者凡五十萬人云(見《史記·秦始皇本紀》)。粤之有中原民族自兹始(吳越之民，非中原民族也)。任囂語趙佗，謂頗有中國人相輔。蓋謂此也。要之當時海運未通，吾粤之所以能交上國，全恃始皇所鑿新道。故尉佗興兵絶新道(見《史記·南越列傳》)，而粤爲獨立國者且數十年。始皇亦粤之功臣哉！

六、遼陽　《史記》稱顓頊東至於蟠木，或言今之老林窩集。《堯典》"宅嵎夷"，或言即今遼東半島之金州。殷時孤竹國，或言在今山海關外。疑莫能明也。要之春秋時代，齊北伐山戎，其兵力蓋及今遼地。戰國之末，燕王亡徙居遼東焉(《史記·燕世家》)，蓋遼河以東也。秦始皇三十三年，拔遼東，滅燕，置遼東郡。遼合於中國自兹始。

秦始皇壹天下,置郡三十六。後益以四,爲四十郡。

(1) 內史　今陝西　故秦都

(2) 三川　今河南　故周

(3) 潁川　今河南

(4) 南陽　今河南　以上二郡故屬韓

(5) 邯鄲　今直隸、河南　故趙都

(6) 鉅鹿　今直隸

(7) 上黨　今山西　先韓後趙

(8) 太原　今山西

(9) 九原　今關外歸化城

(10) 雲中　今關外　以上六郡故屬趙

(11) 河東　今山西

(12) 東郡　今直隸　魏取衛地

(13) 碭郡　今河南、江蘇　魏分宋地

(14) 上郡　今陝西　以上四郡故屬魏

(15) 上谷　今直隸

(16) 漁陽　今直隸

(17) 代郡　今直隸、山西

(18) 雁門　今山西

(19) 右北平　今直隸

(20) 遼西　今盛京

(21) 遼東　今盛京　以上七郡故屬燕。雁、代則趙、燕之境

(22) 南郡　今湖北　故楚都

(23) 漢中　今陝西、湖北

(24) 黔中　今湖南

(25) 長沙　今湖南

(26) 薛郡　今山東

(27) 泗水　今山東　以上二郡先魯

（28）九江　　今安徽、江西

（29）鄣郡　　今江蘇

（30）會稽　　今浙江　　以上三郡先吳、越。以上九郡故屬楚

（31）齊郡　　今山東

（32）琅邪　　今山東　　以上二郡故屬齊

（33）隴西　　今甘肅　　故戎羌地

（34）北地　　今陝西甘肅　故義渠國

（35）巴郡　　今四川　　故巴國

（36）蜀郡　　今四川　　故蜀國。以上初置三十六郡

（37）閩中　　今福建　　故閩族地,後屬越

（38）南海　　今廣東　　故百越地

（39）桂林　　今廣西　　同

（40）象郡　　今安南　　同。以上後置四郡

秦時我文明所播及之境域如右。然西自巴郡、蜀郡,南自長沙、黔中以至閩中、南海、桂林、象郡,東自遼西、遼東,北自雲中、九原、代郡、雁門以至右北平,皆不過兵力所及云爾。若語於文明,其程度不逮腹地遠甚,固不竢論。

漢,我文明統一之時代也。承戰國大發達之後,休養生息,繼長增高。然進步自是渟滯,無大特色足以表異於前代。惟關中以帝都所在,吸集天下之菁英,故其文化特盛。太史公謂關中之地於天下三分之一,而人衆不過什三,然量其富什居其六也(《史記·貨殖列傳》)。蓋自秦并天下,舉六國文明,薈集於咸陽。(阿房宮備六國宮室之式,即此一端,可例其餘。)漢代復徙豪傑諸侯強族於京師,所謂三選七觀,供奉陵邑。觀《兩都》《兩京賦》之所紀,其盛大可想見。故漢初之文明,殆集中於一點。譬諸西史,則羅馬時代之羅馬城也。然郡國參立(漢初郡縣與封建並行,故有郡有國),諸侯王或自封殖於其境內。故如吳王濞、淮南王安等,招致天下遊士賓客,其於南部之開化,亦有影響焉。雖然,聲明文物之中心點,仍在黃河流域,尤在其上游,章章不可揜也。

漢代文明新播之地,最顯著者莫如朝鮮。朝鮮自箕子開國,當周初,其開化殆較西南部諸省爲尤早。然中間隔絕,不通上國,俗蓋淪於夷。戰國全燕時,嘗略屬其地,置吏築障塞;秦滅燕,屬遼東外徼,皆僅以兵力及之而已。及

燕、秦亂,而燕、齊、趙人往避地者數萬口。燕人衛滿,亡命爲胡服,東渡洱水(即鴨綠江),說朝鮮王準,請率中國亡命,爲朝鮮屏藩。準信任之。滿乃益誘集中國人,至數十萬,遂攻準奪其國。朝鮮之再度開化,則中國人因亂殖民之效也。例諸歐洲,其南意大利之卑薩歟?

漢武帝滅朝鮮,且服屬其附近諸國沃沮、句驪、濊貊等,乃置其地爲四郡:曰玄菟,曰樂浪,曰臨屯,曰真番。玄菟,今咸鏡道;臨屯,今江原道(元山在焉);樂浪,今平安道(平壤、義州在焉);真番,今黃海道及京畿道也(漢城、仁川在焉)。昭帝時,罷臨屯、真番,以并樂浪、玄菟,凡二郡。蓋今朝鮮地之泰半,二千年前,吾郡縣也。

今朝鮮半島之南慶尚、全羅、忠清三道,在漢時曰三韓,即馬韓、弁韓、辰韓是也,未內屬於中國。然辰韓亦名秦韓,其耆老自言秦之亡人避苦役而來者,史家謂其言語有類秦人。(名國爲邦,弓爲弧,賦爲寇,行酒爲行觴,相呼皆爲徒。)辰韓在朝鮮極東北,臨日本海,釜山浦在焉,與日本之對馬島相望。然則秦末之亂,其間接以增長我殖民力者,不亦遠耶?

其次爲四川。四川自秦滅蜀後,雖合於中國,然僿野殊甚。及秦之亡,項羽裂地封諸將,而漢王王巴蜀、關中。後卒用此以定天下,蜀稍見重矣。自文翁守蜀,文教因以大開(《漢書·循吏傳》云:景帝末,文翁爲蜀郡太守,見蜀地僻陋,有蠻夷風,欲誘進之。乃選郡縣小吏遣詣京師,受業博士或學律令,還歸以爲右職。又修起學官於成都市中,招下縣子弟以爲學官弟子。由是大化,蜀地學於京師者比齊、魯焉。至今巴蜀好文雅,文翁之化也),而經濟界亦甚發達。蓋巴蜀次於關中,爲天下饒。其所以致此者,則畜奴之力居多,蓋如美國南部諸州矣。《史記·貨殖(列)傳》言有僮手指千者(僮奴婢也,有手指千,則有奴百人也),其人皆與千户侯等。而蜀之卓王孫、程鄭輩,皆蓄僮千人,服食擬於王侯。蓋蜀人常掠今叙州、嘉定以西之別種人而奴使之。《貨殖(列)傳》稱巴蜀南御滇僰僰僮(僰言地,出僮也)。《西南夷傳》稱巴蜀民或竊出商賈,取其筰馬僰僮。僰,今叙州也。漢興以來,蜀既比於上國,然所開通者,猶不過重慶以東、成都以北。其餘西南,尚爲異俗。《史記·西南夷傳》云:自滇以北君長以什數,邛都最大。自嶲以東北君長以什數,筰都最大。自筰以東北君長以什數,冉駹最大。自冉駹東北君長以什數,白馬最大。邛都爲今之寗遠,筰都爲今之嘉定,冉駹爲今之雅州,白馬氏則入甘肅境矣。自武帝時,此諸地尚爲椎結游牧之俗。及唐蒙置犍爲郡以通夜郎,而今叙州之地始開。南越之亡,兵威所振,遂誅殺邛君、筰侯。冉駹震恐,請臣置吏。乃以邛都爲越嶲郡,筰都爲沈犂郡,冉駹爲汶山郡,廣漢西白馬爲武都郡。自是川西南北皆內屬,幾奄有今之全蜀矣。

貴州之距上國,視雲南近;而雲南之通上國,乃較蚤於貴州。戰國楚成王時,使將軍莊蹻將兵循江上,略巴、蜀、黔中以西。蹻至滇池,池方三百里,旁平地肥饒數千里,以兵威定屬楚,欲歸報。會秦擊奪楚巴、黔中郡,道塞不通,因遂以其衆王滇,變服從其俗以長之。是滇之開通,乃在先秦,而王之者又中國種族也。莊蹻之於滇,猶泰伯之於吳哉!然在漢初,固儼然爲殊類之民矣。《史記·西南夷傳》曰:西南夷君長以什數,夜郎最大。其西靡莫之屬以十數,滇最大。滇,今雲南之雲南府。夜郎,則貴州之貴陽、遵義、安順間也。自唐蒙議通夜郎以制南越,始置牂柯郡。是爲貴州交通之始,然羈縻而已。及南越亡而夜郎侯入朝,關係稍密。張騫倡議通印度,武帝命王然于、柏始昌、呂越人等求焉,道滇。歸乃言滇大國,足事親附。卒亦於亡南越後,征滇王入朝。是爲雲南交通之始。然二國猶自君其地,漢之統治權不行。成帝時夜郎王興反,牂柯太守陳立擊平之,國始絕。東漢末桓帝時,郡人尹政乃從汝南許慎、應奉受經書,還教授鄉里。貴州之被文化自玆始。滇則兩漢數百年間,屢戕長吏,反不絕。蜀漢時,諸葛亮渡瀘平之,置雲南郡,滇始內屬也。

廣東、廣西,自秦時雖已置吏,秦亂旋絕。而尉佗以中國人王之,役屬閩越、西甌駱,西闢蒼梧至桂林,傳歷數世。其篳路藍縷之功,亦有足多者。及武帝平南越,置儋耳、珠崖、南海、蒼梧、九真、桂林、合浦、交阯九郡,二廣自是比於上國也。

要之漢武帝者,中國文明最有關係之人也。北之拒匈奴,以免中國文明之被蹂躪;西之開西域,爲東西文明交通之發軔焉。內而對於已闢之地,則尊儒術,廣學官,使文明普及;對於未闢之地,則川、廣、雲、貴之不爲異域者,帝之賜也。如帝者,真我國史上第一之偉人哉!

(未完)

(1907年2、3月《學報》第1年第1—2號)

説　淮

　　淮,我國自有史以來最有價值之地域也。自河淮混流,而淮之價值始減;自河決淤淮,而淮之價值益減。雖然,其價值雖減,而未嘗滅也。作《説淮》。
　　淮,發源自河南南陽府桐柏縣,流經信陽州北,又東歷羅山縣北、確山縣南,又東流經真陽縣、息縣,南及光山縣、光州、固始縣,入安徽經潁州南、霍邱縣北、潁上縣南,又東經壽州北及懷遠縣南,又東經鳳陽府城及臨淮縣城北,又東北經五河縣城東、盱眙縣城北、泗州城南,又東北(經)清河縣南,又東經淮安府城北及安東縣城南,以入於海。今長淮入洪澤湖,由湖循淤黃河口以入海。最近地理書多不言淮直入海。自南宋以來,河、淮合流,河奪淮路。故自湖以東,不名之曰淮而名之曰河。實則今之淤黃河,本淮之故道也。《漢書·地理志》曰:淮行三千二百四十里。實國內第三之名瀆,而世界上第二等之大川也。
　　長淮所過,南北群川,無不附淮以達於海。其最著者,北則有渦,有潁,有蔡,有汴,有泗,有汝,有睢,南則有淝,有運河。統此諸水之所灌,皆得名曰長淮流域。而此長淮流域,則中國全部歷史之料之泰半,由茲産出也。
　　伏羲、神農皆都陳,爲今河南陳州,實潁、蔡入淮匯流之處。然則我國文明最初之中心點,與其謂在黃河流域,毋寧謂在長淮流域之爲愈也。蓋河水湍急,不宜於初民之航行;其所氾濫之壤沙,確不宜於初民之技藝。故謂我國文明必濫觴於瀕河,其所以然之故,識者已多疑之。今按諸實際,乃知其在河南淮北。而受賜最多者,非河而淮、潁也。其後黃帝、堯、舜,渡河而北,則亦淮甸文明傳播之效而已。(虞、夏以前,黃河故道與今河道所在不甚相遠,非如五十年前入淮混流也。證諸《禹貢》可知。)
　　自黃帝、堯、舜以後,本族徙殖於黃河沿岸,而長淮下游,有一別派之種族起焉,中原人名之曰奄夷、曰徐夷、曰淮夷。此種族當與黃帝、堯、舜一派同爲羲、農苗裔。但彼一派西北遷，而此一派東南下，年代綿邈，不相聞問，於是乎相視若異族然。而此東南下之一派，保持乃祖强武之精神，始終不喪失。故淮甸之民，自周代以迄今日，皆以獷悍著。而非常之豪傑，亦往往出於其間，殆地理之影響使然也。

周定天下，號稱大一統。而周公居東三年征奄，功不克大集。奄，今徐州也。其後魯公伯禽繼周公之業復征之，作《費誓》，所謂"徂茲淮夷，萊[徐]戎並興"是也。越百餘年而周宣王復有事於徐、淮，《常武》《江漢》之詩所由作也。其詩曰："匪安匪遊，淮夷來求。""匪安匪舒，淮夷來鋪。"又曰："率彼淮浦，省此徐土。"又曰："徐方繹騷，震驚徐方。"又曰："鋪敦淮濆"，"截彼淮浦"。又曰："徐方既來，徐方既同。"其爲當時史家所艷稱之一大事業，可以想見。然徐、淮卒未以此服屬於上國也。春秋之初，徐偃王即僭王號，斂袵而朝者三十六國焉。春秋之末，吳季子歷聘諸國而首至徐，徐猶未亡也。淮夷亦屢見於《春秋》，傳稱莒僻陋在夷，謂淮夷也。若是乎終春秋之世，徐、淮之倔强如昨也。然齊、越、吳諸霸國迭興，淮族不能展權力於域外，逮戰國而淮甸盡入於楚。

秦漢以後，種族畛域，無復存矣。而淮人俊邁之氣，亘古照耀於史乘。夫我國史上以匹夫而有天下者二人焉：曰漢高祖，曰明太祖。漢高起於沛，在今安徽宿州西北，淮甸也；明太起於濠，在今安徽鳳陽府東，亦淮甸也。兩朝佐命之傑，則淮人什八九焉。其他如西漢末，則樊崇、徐宣、謝祿、刁子都等發難於青、徐間，其後群盜立更始爲淮陽王。東漢末，則袁紹首連東諸侯以討董卓，與第[弟]術，稱雄東南者十餘年。紹，汝南汝陽人，汝陽當今河南陳州府商水縣，則本初、公路兄第[弟]，固淮人也。隋末則有杜伏威、輔公祐用淮衆起事，於群雄中最以驍悍聞。唐末則濮人王仙芝首難。濮，今山東曹州，亦接境淮甸。而所嘯聚者又皆淮人也。朱溫則以碭山群盜干大器矣，其後楊行密收高駢之餘燼，猶能傳三姓，至南唐尚爲重鎮，皆用淮之效也。元末則穎州人劉福通首以白蓮會倡亂淮北，繼之者則郭子興起於濠，芝蔴李、彭大、趙均用等起於徐，而明太祖因之以定天下焉。即至最近洪楊之役，苗沛霖以一介書生，牽掣大軍爲心腹患者殆十數年。即金陵克復以後，而捻匪猶橫行畿甸，平之者淮軍，而所平者亦半皆淮人也。由此觀之，自天下有事，淮人往往先天下而動，又往往以淮人之動動天下。豈其性異人,毋亦地理上影響使然也!

太史公曰:越滅吳,而不能正江淮北。(《正義》云:正,長也。江淮北謂廣陵縣、徐、泗等州也。)越東侵廣地至泗上。(《史記·楚世家》)淮之爲重於天下久矣。徐淮夷不賓周室者六七百年,恃淮險也。春秋時,吳人觀兵於淮上,遂能爭長中原。越滅吳,句踐去渡淮南,以淮上地與楚,而越爲楚縣矣。楚於戰國爲後亡,則繇有淮、泗也。夫以三國之吳,孫氏父子兄弟,才略絶一時,東南人才,盡爲之用,而終吳之世,不能得魏尺寸地者,以吳無淮也。蓋吳據荆、揚,盡長江所極而有之,而壽陽、合肥、蘄春,悉爲魏境,是以始終不得自展也。晉以敗亡之餘,倉皇南渡,而歷宋迄陳,抗對北虜者五代,桓溫、劉裕,且兩次北伐,幾收中原,有淮故也。楊行密割據,迄於李氏,不賓中國者凡三姓,有淮故也。夫淝水之役,謝元[玄]以八千人當苻堅九十萬之衆,清口之役,楊行密以三萬人當朱温八州之師,衆寡懸殊,而卒以勝者,此用淮之明效也。吳不得淮南,而鄧艾理之,則吳并於晉;陳不得淮南,而賀若弼理之,則陳并於隋。洪、楊之役,胡文忠與陳玉成全力爭淮甸,淮甸復而金陵日蹙矣。由此觀之,淮之爲重於天下也若此。

太史公又曰:夫自淮北沛、陳、汝南、南郡,此西楚也。其俗剽輕易發怒,地薄寡於積聚。(《史記·貨殖列傳》)夫俗之剽輕,則誠然矣。若所謂地薄寡於積聚,則或漢時猶然,而後此蓋不爾也。魏正始中,司馬懿用鄧艾之策,北臨淮水。自鍾離以南(今鳳陽府治),橫石以西(今壽州治),盡沘水四百餘里(沘水即淠水,淮之支流,經河南固始縣及江南六安州、壽州),五里置營,且田且守。兼修廣淮陽、百尺二渠(淮陽、百尺渠俱在陳州),上引河流,下通淮、潁,大治諸陂於潁南潁北,穿渠三百里,溉田二萬頃。淮南淮北,倉庾相望。(《晉書·鄧艾傳》)其後五代迄宋,以汴爲都,而淮、潁實爲轉運之樞。堰陂相屬,代有修濬。梁伏滔著《正淮論》曰:龍泉之陂,良田萬頃;舒六之貢,利盡蠻越。顧氏《讀史方輿紀要》亦曰:長淮南北,土廣田良。從來有事於江淮者,耕屯其兼并之本。淮甸之稱沃壤,自二千年以迄今矣。若其據兩戒之間,當南北之樞,爲四戰之區,則其俗之剽輕易發怒,實地勢使然。而驍雄之屢出其間,果非偶然也。

自河、淮混流,而淮之價值始減。考《禹貢》入海者四瀆:曰河,曰江,曰淮,曰濟。《説文》"瀆"下云:獨也,以其獨流而入於海也。是其義也。自漢武帝時,河決濮陽瓠子口,開河口,注鉅野,通淮、泗。河、淮混流,濫觴[觴]於是。

宋太宗時，河決溫縣、滎澤、頓丘，泛於曹、澶、濮、濟諸州，東南流入彭城界，入於淮。真宗時，河決鄆及武定州，尋溢滑、濮、澶、曹、鄆諸州，浮於徐、濟，而東入淮。河、淮混流之機益熟。蓋自隋煬帝濬運河以後，導河入淮，而四瀆之形勢，既已一變矣。加以靖康間，宋、金分立，金人決河流以病南宋。及胡元奠都燕京，濬會通河以資漕運，前明因之，本朝因之。於是河、淮混流之局大定，沿而勿革者垂六百年，淮殆失其獨立之資格。雖然，河之流於中幹山脈以北，其天性也；其絕中幹山脈而南，則人力使然也。人力終不敵天行，故自金章宗後，大德中決蒲口，至正中決金隄，而明、清兩代，河決凡二十八次，決而北者什八，決而南者不過什二耳。迨咸豐五年，河忽決銅瓦箱入濟，復漢、唐數代之故道。蓋淮之失其獨立者亦百年，而復其獨立者纔五十年耳。夫當長淮獨立時代，宇內恆分裂，而淮為用武必爭之地。及會通河成，溝江、淮、河而一之，淮之價值頓減，而中國統一之局，大定而不遷者，亦既數百年。今則會通河淤，而復漢、唐之舊觀，論者或懼此為中國分裂之朕兆焉。雖然，海運方開，而縱貫南北之鐵路，且相繼起，今昔殊趣矣。夫會通河，固北京政府之命脈也。當河之北決而淤會通也，正值洪楊氣燄最張之時，僅以漕運梗塞之一事論之，固已足制北京政府之死命。然卒不顛覆者，則適值輪舶之利用已開，而海運有以濟其窮耳。故曰今昔殊趣也。乃者京漢鐵路既已告成，津鎮鐵路，亦將就緒，凡此皆足以代會通河之功用而有餘。南北分裂之局，吾信其永不復現於我將來之史界矣。而長淮回復獨立之後，永保安流，亦增交通之利便，助經濟之發達已耳。然則今後之用淮，非復如元、明時代之用淮，抑非復如漢、唐時代之用淮。吾之《說淮》，抑歷史上一陳跡也。

　　夫自河、淮混流後，而淮之價值始減；自河決淤淮後，而淮之價值益減，固也。雖然，此非淮之本性也。夫洪澤湖，在昔不過一小蕩耳。自舊河既淤，長淮不能出海，無尾閭以為之洩，乃盡注於洪澤，僅間接由淤黃河以達海，由會通河以通江。故輪舶不得上泝，而價值反在白河及珠江之下。然其灌域之長與河幅之廣，實則僅下於揚子江一等耳。而又非如黃河之水勢湍激，不適航行，實天然交通之良機關也。後有謀國者，倣美人修浚密士失必河之例，將洪澤湖東淤黃河之一段濬之，則淮將復能直接以朝宗於海。而洪澤湖之面積必縮小，而會通河之淤塞必更甚，而長淮上游，必緣此而加深。夫洪澤湖縮小，則膏腴之壤增焉。會通河淤塞,有鐵路以代之,其效力勝彼萬萬也。長淮上游加深,則沿淮兩岸,或將能與沿江兩岸競繁盛,則食其利者數省矣。後有採用此議者乎,則吾之《說淮》,抑非徒歷史上一陳跡也。

(1907年3月《學報》第1年第2號)

《學報》談叢

釋　國

今世學者,釋國家之定義,曰有領土,有人民,有主權,三者和合,謂之國家。承學之士,莫不宗其說矣。某先生曰:吾國文之"國"字,正含此義。蓋"國"者,會意字也。中以"國",指人國也,即人民。國下以"一"象地平,指土地也。上以"戈",取武力之意,指主權也外以"國",則國家之境域,即領土之意也。古人造字之精深微妙如此。

干支與字母之關係

去春馬湘伯先生,訪余於箱根之環翠樓,得侍杖履者三日,所以相誨良厚。一日先生驟詰曰:大撓作甲子,究有何用?豈徒以紀日之故,造此二十二字耶?余不能對。先生曰:"吾以爲此中國之字母也。希臘、(希)伯來、腓尼西亞之字皆二十二母耳,及羅馬乃增爲二十五,近世英、法等國,乃增爲二十六。我之數與彼正同也。甲,篆書作☖;乙,篆書作☖;丙,古文或作☖;丁,篆書作☖;申,古文或作☖。而今,羅馬字之A,希臘文作☖,讀如革阿切,是其形與篆文之甲甚相近,其音讀亦與粵人之呼甲不遠也。羅馬字之i,其小寫爲☖,其讀爲衣,法文亦然，是形與聲皆與乙同也。羅馬文之 B，與丙同音，與古文∞同形，不過一橫寫一豎寫耳。羅馬文之 T，與我之丁，又形聲皆同矣。羅馬文之ᴎ，與申同音，與古文ᘒ同形，不過一左轉一右轉耳。凡此皆有痕跡可尋者也。我國文甲乙丙丁等二十二字，其字形之變遷，不知幾何；其音讀之變遷，又不知幾何。若能博考古鐘鼎款識，盡羅列其異體以求其形，又精挈古音，廣搜各地方言以求其聲，或者此二十二文者，某文當羅馬字某母，悉能確證之，此亦一新發明也。吾子能從事否？"余以學淺謝不敏。雖然，先生之語，固足以喚起學者之研究矣，謹述之以爲國人告。

近者國人皆知教育普及之爲急，而一語及教育普及，即有一大障礙橫於其前，曰國文之難識，而不能逮下也，於是造新字之議，識者多袒之。而新字以何爲標準，則衆說殽亂。而余平昔所主張者，則用羅馬字母也。此其理由甚長，須別著論。但如先生言則此字母者，爲西人所發明耶；抑自我大撓作始，而西徂以牖彼耶；或本起源於崑崙之墟，分東西而傳布耶，皆未可知。要之自有此論，則吾所主張用羅馬字母之議，必不能以舍己徇人目之矣。

苦學之模範

學未有不歷甘苦而能成者。然或因所處地位之不同，其苦學有逾於常人，則其成就亦有逾於常人。今略舉東西古今數人以爲模範：

貧而苦學者　漢大儒丁寬，以善《易》聞，見《漢書·儒林傳》。少家貧，爲項生從者。項生從大師田何受《易》，寬竊聽焉，而敏解過項生。田何乃授之《易》，卒爲大儒。日本伊藤博文，本牧人子。少時，在吉田松陰所設松下村塾爲廝養，後卒受松陰之學，爲日本元勳。美國大實業家卡匿奇，今所稱鋼鐵大王者也。少極貧，無力以入學校，專以傭工之暇往市立圖書館讀書，卒得淵博之智識，號今代偉人。既富後乃捐數千萬金以徧設圖書館，報前德也。可見人不以門地限，是在有志而已。

富而苦學者　英國前大宰相的士黎里，保守黨黨魁，與格蘭斯頓齊名者也。本猶太人，其父富鉅萬。的公少年獨不好游蕩，專志力學，罹腦病者數次，卒成爲十九世紀第一流之大政治家。美國哥侖比亞學校教授博士夏德，家素封。博士性喜研究東方史，悉散其資，游中國，治中國學三十年。家所藏中國古籍名畫古器不可勝計，稱現代第一流史家。世祿之家，鮮克由禮。富而苦學，校諸貧而苦學者，抑尤難矣。

  無師友而苦學者 邵康節在百源山，冬不爐、夏不扇者三年。得家書投諸溪中，恐其亂心也，卒成大儒。日本福澤諭吉，當明治維新時，即苦求西學。時舉國中無一字典，福澤家又貧，展轉從華商處借得一香港出版之華英字典，乃全部手抄之。福澤少時，能鮮英文，而不能操英語，見英人相與筆談云，蓋爲此也。而遂以開日本三十年來之學風，舉國以泰山北斗仰之。昔人絕無師友，猶能以獨力成名儒，況余輩之有所受而事半功倍者乎？此而不成學，何以爲人也！

  老而苦學者 英名相格蘭斯頓，年八十始學西班牙文。易簀時自歎曰：他無所戀，惜西班牙文未卒業耳。香山容純甫先生，五十年前卒業於美國耶路大學，得博士之學位。歸國以策干李秀成及曾文正，皆不能行其志。今隱居哈佛，行年已八十六矣。常自恨國學不深，不能以所學輸入國中。至今日以全史自課，誓畢業然後瞑云。昔人云：老而好學，猶炳燭之光。炳燭者且黽黽，而在朝曦初昇之時代者反悠悠乎？

（1907年3月《學報》第1年第2號）

政聞社社約

第一 宗 旨

  本社以國人於政治上有同一之主義者組織而成。

  其主義之大綱如下：

一、確定立憲政治,使國人皆有參與國政之權。

二、對於內政外交,指陳其利害得失,以盡國民對於國家之責任心。

三、喚起國人政治之熱心,及增長其政治上之智識與道德。

第二　辦　法

一、編撰　以次發行有力之雜誌、日報及適用之書籍等。

二、交通及調查　交通各內地,輸入政治上之學識及通告政治上之利弊,又調查其關於政治上一切之事。

三、建議及警告　關係國家重要之事,申告政府。

第三　社　員

一、表同情於本社之宗旨,願助本社得達其上列之目的者,可為本社之社員。

二、凡社員,皆經本社社員之紹介,而後入社。

三、凡社員,皆當宣揚本社之主義,吸引同志,及為本社盡力於一切之事務。

四、本社與各社員皆有相助之義。

五、凡社員,皆得任本社之職員,其章程別定之。

發起人

蔣智由

徐公勉

黃可權

吳淵民

鄧孝可

王廣齡

陳高第

　　　　　　　　事務所　　日本東京麴町區下六番町五番地

(1907年10月《政論》第1號)

一年來政界之波瀾

自去年七月十三日預備立憲之詔下，流光如羽，忽已一年。

此一年間贏得何物？政府不動，國民不動，營營焉動而未休者，惟有箇人。

箇人之動，恒與他之箇人相狼狽。狼狽之結果，則有所援，有所排。

徐世昌曷爲出軍機？有排之者。端方曷爲出督兩江？有排之者。袁世凱曷爲解兵柄且開去一切要差？有排之者。

鐵良、榮慶曷爲出軍機？有排之者。岑春煊曷爲失兩廣而得雲貴？有排之者。

林紹年曷爲入軍機？有援之者。岑春煊曷爲得郵傳部？有援之者。

振貝子曷爲開缺？慶親王曷爲乞休？有排之者。

瞿鴻禨曷爲驅逐回籍？有排之者。岑春煊曷爲忽失郵傳部，寖假而並失兩廣？有排之者。林紹年曷爲而出軍機？有排之者。

張之洞曷爲而入軍機？有援之者。

袁世凱曷爲而入軍機？有援之者。楊士驤曷爲而得北洋？陳夔龍曷爲而得四川？有援之者。

趙爾巽曷爲而得湖廣？有排之者。汪大燮、于式枚曷爲而出洋？有排之者。

援人之人，同時即爲排人之人，又同時即爲被排之人。排人之人亦然，被援被排之人亦然。

終歲營營，目的安在？曰：箇人利害問題而已。

此等現象，求諸前史，罕見其例。無已則晚唐牛、李之黨爭，庶幾近之。求諸近今各國政界，亦罕見其例。無已，則十年來朝鮮內閣之迭興迭仆，庶幾近之。

嗚呼！箇人主義，其中國不瘳之疾耶？今日之外患何如，今日之內憂何如,尚安有容箇人自利之餘地者？而此主義之跋扈,日甚一日也,則既若此！

問者曰：今世文明國,靡不藉政黨以運用憲政,而政黨則皆援我而排他者也。今之政界,毋亦類是？應之曰：不然。政黨者以主義相結合,不以人相結合。同吾主義者則援焉,雖仇弗辭；反吾主義者則排焉,雖友勿恤。夫是之謂公黨。今之翻雲覆雨相援相排者,問其主義安在？無有也。是私黨,非公黨也。公黨之福國家,與私黨之禍國家,同一比例焉矣。

然則此現象其將擾擾以終古耶？曰：或然,或不然。私黨不消滅,則國家不能生存；公黨不發生,則私黨不能消滅。

公黨發生,能使現在政界之無主義者,被淘汰於政界以外,則政界之塵翳净。公黨發生,能使現在政界之有主義者,不必以箇人之資格排私敵,而常以國民代表之資格排公敵,則政界之基礎牢。

嗚呼！是在國民。

（1907年10月《政論》第1號）

改革之動機安在？

（一）

"改革之機將動！改革之機將動！！"此語也,吾習聞之有年,而近數月來尤聒。破除滿漢之明詔降矣,立憲會議開矣,建設責任內閣之議,且見於奏報矣。嘻！改革之機,毋乃真動？

此機之動,不自今日。辛丑和議成時,曾一見之,而今竟何如？五大臣歸國後,曾再見之,而今竟何如？

凡物之動,有自動,有被動。毫無因緣而能自動,其事固甚希；若本無自動之誠意與能力,而惟恃他力爲被動,則其勢亦斷不可以久。何以故？所被之他力一過,而永静性復現故。

辛丑之動,八國聯軍之他力使然也;去歲之動,日俄戰爭之他力使然也;今兹之動,則革命黨暗殺之他力使然也。

使八國聯軍、日俄戰爭、革命黨暗殺等事實,刹那刹那,相續不斷,則改革之進行,當無已時,夫此則非國家之福明矣。雖然,不如是者,則改革之機果動與否,吾未能信之。

(二)

前兩次之動機,怵於外患;今兹之動機,怵於内憂。

怵於外患,乃思以改革敷衍外國;怵於内憂,乃思以改革敷衍國民。

元首之汲汲敷衍也,在前此則懼爲被黜之朝鮮太皇帝,在今兹則懼爲被轟之亞歷山大第二也。廷臣之汲汲敷衍也,在前此則懼廷雍毓賢之見邀,在今兹則懼恩銘之求代也。要之皆以私人利害爲前提,而於國家問題,絲毫無與也。

以改革敷衍外國,愚而已矣;以改革敷衍國民,其心術乃不復可問。何以故？待國民而用外交手段,是不啻以敵意遇國民故。

敵民者民恆敵之,桴鼓之應,其安能逃？以畏革命黨故而敷衍國民,烏知夫敷衍手段,即爲革命黨之媒也。謂余不信,俄羅斯其前車矣。

當道諸公,其猶有一二賢者乎,開誠心,布公道,以改革之業,與國民共之,將對付革命黨之一問題,廓清辭闢,勿稍留芥蒂於胸中,以與改革事業相離,則改革之機,其真動矣。改革之機真動,革命黨其何由生存？

(1907年10月《政論》第1號)

所謂袁張內閣

咄咄!! 袁張內閣成,萬目睽睽視,視袁張內閣,萬口嗷嗷論,論袁張內閣。

甲曰:袁、張必衝突,此內閣決無好果。乙曰:袁、張若能調和,此內閣將有好果。

吾不欲語張袁內閣之結果,吾惟於"張袁內閣"之一名詞,不能無所疑。

日本前內閣,吾得名之曰桂內閣;今內閣,吾得名之曰西園寺內閣。英國前內閣,吾得名之曰巴科內閣;今內閣,吾得名之曰邊那文內閣。曷爲得名之?曰:以日本全國政治上之責任,則桂氏、西園寺氏負之;英國全國政治上之責任,則巴氏、邊氏負之故。

袁、張果能負中國政治上之責任耶?藉曰負之,則對於誰而負之耶?我中國今日,而欲問政治之責任,則可問者,惟皇太后、皇上耳。而袁、張則皇太后、皇上之喉舌也。夫三十年來爲皇太后、皇上喉舌之人,則亦多矣,豈其袁、張而獨有異?而袁張內閣之名,何由而來?

夫爲君主喉舌之軍機大臣,則一私人之機關也;代君主負責任之內閣,則國家之機關也。以一私人機關而謂可以冒國家機關之名,吾未之前聞。

使在軍機大臣制度之下而可以得良政治也,則何必袁、張?使在軍機大臣制度之下而不能得良政治也,則袁、張奈何?才賢十倍於袁、張者,又將奈何?而嘵嘵語結果,毋乃詞費!

(1907 年 10 月《政論》第 1 號)

嗚呼韓國嗚呼韓皇嗚呼韓民

韓政府更迭,韓皇讓位,韓兵解散,日韓新協約成立。嗚呼!韓亡。嗚呼!韓其盡亡。

環球奔走相告曰:日人亡韓。夫日人則安能亡韓?韓之亡,韓皇亡之,韓民亡之。

韓皇曷爲亡韓?韓皇小有機智,好專斷而無定見,專務敷衍以塗人耳目。百事皆親自裁決,而群臣仰其鼻息爲進退。其用人也,廢置如弈棋,往往一年之間,而其顧問官及各部大臣更迭以數十次。又常欲倚賴外國以自保其地位。十年以來,改革之詔,殆數十下,而政治曾無稍變於昔。韓有此皇,而韓遂以亡。

韓民曷爲亡韓?韓民畏兩班官吏如虎,以得廁吏籍,爲無上之榮幸。其仕於朝者,則惟知樹私黨,互相援引,互相擠排,只知有箇人,而不復知有國家。其一般小民,視國事若於己無與,始終未嘗爲政治上之運動,惟希望上之施以恩澤,趨勢利若鶩,見外人之有勢力於其國中者,則崇拜若不及。聞他人協商保全其領土,則大喜過望,謂可高枕無患。韓有此民,而韓遂以亡。

天下事無獨有偶。韓有此皇,不意更有酷似韓皇之皇;韓有此民,不意更有酷似韓民之民。

孔子曰:三人行必有我師焉,其不善者而改之。信如斯也,則韓皇與韓民,其亦可師也。

(1907年10月《政論》第1號)

政治上之監督機關

(十月十一日在東京錦輝館所開政聞社大會席上演)

（前略）今日之中國，稍有識者皆知其瀕於危亡。既知矣而憂之，既憂矣而思所以救之。雖然，言救國者，不一其人，不一其法，而效卒不睹者，則以其於根本的解決未得其道也。國家之生命，繫於政治。苟所施之政治，而不適於國之生存，國未有不悴者也。然則欲使所施之政治，常適於國家之生存，爲之亦有道乎？曰：斯固不易，而未可云絕無也。凡行政治必以人。而人類也者，以智德不完全之故，有意無意之間，常現出種種之缺點。此根於普通性而無可如何者也。故非有人監督乎其旁，而能軌於正者蓋鮮焉。試觀兒童就學，苟無師傅，罕能進業；百工居肆，苟無監工，罕能善事。而況於執政者，所處之地位，最易濫用其權力而放棄其責任乎！故無監督機關，則政治終無由以進於良。此萬古不易之通義也。我中國政治思想，發達甚早。自春秋戰國以來，一般學説，已認君主爲國家之一機關，而不認國家爲君主之私有物。此種大義，久已深入人心，宜其政治可以完滿進化。而顧不爾爾者，則徒以監督機關久未立故也。夫我國先民，固未嘗不知監督機關之爲急也。而所以組織此機關者，苦於不得其術，故屢試屢敗，而卒終於廢置。試觀前史：當漢光武時，曾議以司隸校尉糾察三公矣。蓋三公爲執政機關，而欲以司隸校尉爲監督機關也。然司隸校尉，本亦一行政官耳，且以一人之單獨機關，而假以偌大之權，則其濫用將更甚於執政，故事勢上萬不可行，而議旋廢矣。唐太宗嘗命執政於會議國政時，諫官得列座預聞，隨時糾正。是欲以諫官爲監督機關也。然諫官之任命，亦由執政，其斷不能舉監督之實，無俟論也。就中給事中一職，專主封駁。苟認詔書爲不當，可以封還。其職權較確實而有力。得其人以任之，則執政未始不有所憚。故有唐一代，若崔仁師、夏侯銛、許孟容、袁高、孔戣、呂元膺、郭承嘏、盧載輩,皆以給事中封還詔書,匡救失政,前史著爲美談。但給事中之任免,亦由執政意旨,與諫官同。故其能舉監督之實者,亦累世不一覯也。及至宋代,其制較備。據《宋史・職官志》云:凡命令之出,由中書省宣奉,門下省審讀,然後付尚書省頒行。又曰:門下之職,所以駁正中書違失。又曰:門下省,受天下之成事,審命令,駁正迷失。凡中書省畫黃錄黃,樞密院錄白畫旨,及尚書省六部所上,有法式事,皆審駁之。是宋制以門下省爲一獨立之監督機關,與中書省、尚書省、樞密院諸機關相對峙。其體制較諸前代,可稱完備。然考諸當時實情,則所謂審讀駁正者,殆成虛設。而省中之封駁房,至元豐間而已廢。此何以故?蓋此監督機關與其餘諸機關,俱出於君主之任免,根本於同一之淵源以成立。故獨立之資格不具,而對抗力無自發生也。其餘若歷代之御史臺,以及今之都察院,亦未嘗不以監督政府爲其職權。然皆以同一之理由,其監督萬不能實行。而其職權之偉大鞏固,且遠不逮宋之門下省,更無論矣。故欲監督機關之有力,必當使其機關由選舉而成立,非由任命而成立;必當使其權力之淵源,在人民而不在君主。誠非有所靳於君主,而事實上非此不行也。我中國歷史上,有千古僅見最名譽之一事業焉,則漢昭帝始元六年民黨與吏黨爭議鹽鐵而勝之之事是也。於時有詔書命丞相御史大夫與郡國所舉賢良文學議國家大計。其時丞相車千秋,固无咎无譽之輩;而御史大夫桑弘羊,則不世之才也。其賢良則茂陵唐生、九江祝生,文學則魯國萬生等爲之魁,凡六十餘人,咸聚闕庭。賢良文學首倡罷鹽鐵之議,以次論列執政之闕失,而詰以政治上之責任,全體一致,侃侃以爭。與桑弘羊及其僚屬辨論往復凡六十餘次,而鹽鐵惡稅,卒緣是而罷。今所傳桓寬撰之《鹽鐵論》,具錄其全文,凡五萬餘言。此實我國史上惟一之大議案也,而其卓著成效也既若彼。由此觀之,則知監督機關,苟以選舉而成,則必能詰政府之責任,以指陳其缺失。而無論若何專橫之政府,終不能抗其鋒。此豈必遠徵泰西,我先民之經驗,固既已明告我矣。然漢代之政治,不聞緣此而永即於良者,則以此種賢良文學之會議,不過一時偶見之現象,而非永久設立之機關也。靡論其選舉之者,爲郡國守相,仍不能具獨立之資格也;抑其選舉與否,召集與否,全出於時主一人之意。故經此一役以後,而二千年來,無復嗣響,亦何足怪!綜此以談,則我國自秦漢以後,未嘗不知監督機關爲國家所不可缺,而汲汲思欲建設之,而惜也不得所以建設此機關之術。

其所設者，如欲以左手監督右手，或欲以指監督其臂，以臂監督其身，此所謂航斷潢汜絕港，未有能至者也。質而言之，則監督、執行兩機關之成立與運用，其權力之淵源，同出於君主。彼其效力之所以不著，皆坐是耳。故中國歷史上之陳跡，幸而能得賢君主，則良政治行而國以康；不幸而不得賢君主，則惡政治行而國以危。一國之命脈，全繫於君主之一身。雖然，彼君主亦人類耳。人類之普通性，有監督則易進於賢，無監督則易流於不肖。豈惟執政，即君主其更甚焉。監督政府之術既不行，而欲求政治之能良，則拔本塞源，其勢不得不進而謀監督君主。我中國先聖昔賢，如孔子、墨子、孟子、荀卿、賈誼、董仲舒，與夫周漢間之哲人，其所倡監督君主之學説甚多，今不具引。而其監督之方法，亦有數種：一曰形式上之監督；二曰名譽上之監督；三曰精神上之監督。所謂形式上之監督者，如立師保凝丞等官是也。就表面論之，固儼然若有一機關焉。然此種機關，果有能與君主對抗之力乎？雖五尺童子，知其不然矣。雖有賢君主，不過藉之爲一補助之用；其不賢之君主，則蹂躪之若拉枯朽，或虛設以伴食而已。是此種監督法不能不失敗也。所謂名譽上之監督者，則以生前没後之榮譽導之，所謂"名之曰幽厲，雖孝子慈孫百世不能改"，欲使時主有所憚焉。雖然，人之能自愛其名者，必其人稍賢者也。夫既賢矣，雖毋監督而可；其不賢者，區區身後之名，安足以刼之也！所謂精神上之監督者，則以宗教之力臨之，言必稱天，使君主對於天而負責任。稽之經傳，實以此法爲不二法門。周漢儒者之極言災異，其微言大義不外促君主之恐懼修省。雖然，所謂天者，不過抽象的之一名詞耳。欲變抽象的而爲具體的，其道無由。故雖在草昧時代之君主，而此種監督法，已不能收多效。若夫智識稍開，科學稍明，則更等諸芻狗矣。先哲亦知其然也，故勉欲使抽象之天，變爲具體之天，乃思託其體於人民。故曰：民之所欲，天必從之。又曰：天視自我民視，天聽自我民聽。天聰明，自我民聰明；天明畏，自我民明畏。凡此皆欲移監督君主之權於人民，其用心可謂良苦。雖然，其所謂民之所欲與夫民視、民聽、民聰明、民明畏者，又仍爲抽象的而非具體的。蓋非有一固定之機關，則所謂民意者終無從指也。故雖有瞽誦史諷工箴士諫諸文，而聽與不聽、采與不采，仍惟君主所欲。且於事理上固實不得強君主而聽之采之；即聽之采之，亦不可指爲真正之民意也。夫如是，故先哲所立之監督君主案，遂無往而不窮。人民欲行其監督權，則將何由？

計惟有舉國一致，揭竿而與君主爲難，易其位而去之耳。故曰聞誅一夫未聞弒君，又曰湯武革命順天應人。於此等非常之舉，而不得不以正義許之者，蓋君主既以一身全荷政治上之責任，苟其失政，則責有所歸。孔孟欲其學說一貫，盛水不漏，其結論不得不如是也。雖然，革命之業，固非易舉。倘必假途於此乃得行政治上之監督權，則人民能行此權之時，蓋亦寡矣。不甯惟是，苟革命屢行，則其國常陷於無政治之地位，視惡政治之害抑更甚焉。不甯惟是，苟革命既行，而監督機關，隨而成立，政治可以永即於良，則忍苦痛而爲之可也；若雖經一度革命，而後此所以爲監督者，依然無完全之術，則革命遂與不革命等，而徒流兆民之血胡爲也？夫我國歷史上數千年來纍演之革命，則若是已矣。君主以無監督機關而敢於行惡政治，人民以君主之行惡政治而起革命，革命既終，而監督君主之機關，終無自成立，惡政治終無自銷除。故人民以憔悴爲恆，而歷史以血污充牣，皆此之由。由是言之，人民欲直接監督君主，爲事實上所不能；即能矣，亦非國家之福。故所當勉者，曰監督政府而已足矣。顧我先民常若注意於監督君主，而不注意於監督政府者，則以監督政府之道已窮，不得不舉此權責委諸君主，而還以監督君主之權責望諸國民也。而其事萬不能實行，即行矣而非國家之福，又既若是，此所以三千年來歷史，若一邱之貉也。雖然，此又不能深爲我先民咎也。凡無論爲監督君主爲監督政府，皆非有機關焉而不能實行。而組織此機關之良法，本甚不易，而在我國前代爲尤甚。何以言之？夫監督機關權力之淵源，苟發自君主而即爲無效，此既不待法理上之解釋，即徵以中國前事而既較然矣。既不能發自君主，則可以發生此權力者，惟有國民。然國民箇箇散處於國中，當以何術而使之能共同一致以行此監督權？此即事實上不易解決之一問題也。則還徵諸西史。泰西自古代之希臘、羅馬，即有代表民意之機關發生。乃降及中世，全然淪沒。直至近百餘年，而此機關乃復活於各國。其一興一廢之間，果孰爲之而孰致之耶？是無他故焉。古代希臘，其地勢華離錯落，各邦駢立，大者數萬人，小者或僅數千。而其中所謂公民者，又不過其三分之一或十分之一，故聚諸廣塲而議政也甚易。羅馬亦然。其始建樹，不過羅馬一城耳，而又惟貴族得與政事，故元老院得建設焉。及夫羅馬四征八討，幾壹全歐，疆宇日恢，而元老院之勢力日殺。逮其極盛，而以帝政易共和政矣。豈其人民之退化耶？領土既廣，人口滋繁，在勢無能集之於一堂故耳。日耳曼民族亦然。當其在森林中，萬幾惟采公議。及其既蹂躪羅馬，分建諸大國，乃一變而爲武門專擅之政，亦以廣土衆民，無術可以合議也。於斯時也，惟英國以僻在海隅，爲羅馬威棱所不及，得延舊制於殘喘。而冥冥之中，又若有默示之者，無端而發明代議之制。自有代議之制，則比例人數以選出代表人，不必舉全國民集於一堂。而自法理上觀之，其效力可以與全國民集於一堂者同視。自有此法則，無論若何大國，若何衆民，皆可以設代表民意之機關，而無不普及之爲患。近世立憲政體之所以能建設，皆賴是也。夫此法者本非有甚深微妙，不可思議之秘密，顧前此諸國民，莫或見及此，而讓英人以獨創之名譽。此殆文學家所謂妙手偶得之，天也，非人所能爲也。然苟不有此偶得，則至今歐美、日本各國之憲政，且將不能成立。故吾輩生今日，而漫然以監督機關之不蚤立，責備我先民，我先民固不任受矣。我國三代以前，史皆闕文，不可深考。然《洪範》稱謀及庶人，《周禮‧朝士》稱聚萬民而詢焉，則古代必有此機關，其跡尚可察見。意其機關，亦必如彼中之希臘，盡人而皆有直接參政權也。而後此所以中絶者，其理由與羅馬之不得不變爲帝政，當亦正同。蓋自春秋以還，歷史發展，兼并日盛，大國有衆數百萬，小者亦數十萬。既無代議之制，則前此之舊機關，自不得不廢；而後此之新機關，亦自無從成立。秦漢以後，海內爲一，幅員更廣於羅馬，人數抑數倍之，而此種機關，愈不能設立。此所謂事有必至理有固然者也。顧雖如是，而我先民固確知監督機關之萬不可缺，既已癉精竭慮，從種種方面謀所以建設之。謀監督政府不得，則轉而謀監督君主；謀監督君主不得，又轉而謀監督政府。雖所立方案，盡成幻泡，而謂其無見於此未嘗致力於此焉，決不可也。使當二千年前，而能無意中發明此代議制度，或他國發明之而爲我所知，吾敢信孔、墨大聖，及歷代之哲王哲士，必將采用之若不及矣。吾儕生當今日，目覩此完美之制度，而設法以移植之於我文明祖國之中，實則所以竟數千年來無數哲人懷抱未竟之志，解決其經營慘淡而未能解決之問題。非徒對於我躬及我子孫而應負此責任，且對於我祖宗而應負此莫大之責任也。其責任維何？亦曰務建設一由人民選舉代議制之國會，以爲政治上鞏固永續之監督機關而已。我國民而不認此責任，則吾復何言，雖言抑莫余聽也。若誠認之矣，則吾於若何而可以盡此責任之方法，更欲進一言。（編者按：演至此處，拍掌之聲方酣，而無意識之革命派乃起而擾亂會場，逾時始鎮静。）

宋人詩曰：鋤禾日當午，汗滴田下土。誰知盤中飧，粒粒皆辛苦。人之欲得一飯，而其不能無勞而獲也，猶且若是；況於欲改良一國之政治，竟數千年先民未竟之志，而爲萬世子孫謀不刊之樂利者耶？其非可以安坐而得之，抑豈俟論矣！今者中國日言預備立憲，夫立憲之真精神何在？其最重要者，亦曰規定國家各種機關之組織及其權限云爾。質言之，則有人民選舉之監督機關與否，即立憲與非立憲之一鴻溝也。夫所謂立憲者，既以設立監督機關爲一最重要之業，而監督機關之所監督者維何？則政府也。然則望立憲之動機發自政府，是無異望政府之特建此機關，以待人民之監督自己，此必無之事也。如久放縱之兒童，必不願有師保；久跅弛之劣馬，必不願就銜勒。故通觀近百餘年來各國立憲經過之歷史，從未聞有其政府三揖三讓自爲主動以求憲政之成立者。政府豈惟不自爲主動而已，且常出種種手段，以圖沮其進行。此亦人之恒情，無足怪者。雖然，抑未嘗聞以政府設法沮礙之故，而憲政不能進行，其最後之勝利，必歸於立憲之新主義，而不歸於專制之舊主義，則何以故？蓋政府猶舟也，國民猶水也，水則載舟，水則覆舟。無論若何之政府，未有不恃人民承認擁戴之力，而能成立能存在者。彼政府所以能施專制於人民，必其人民甘願受之而不辭者也。譬有兩人於此，甲無故唾乙而乙直受之，則乙必已自認受唾爲固有之義務，緣是而甲亦自認唾人爲固有之權利。兩方之意思表示既已一致，而其權利義務，遂寖假而變成法律的矣，寖假而抶之而受之焉，寖假而蹴之而受之焉，寖假而縶縛之鑾割之而受之焉。則甲之權利，伸張於無限；而乙之義務，亦負擔於無限。使當其唾我也，而瞋目以視之，則亦何敢更抶我？當其抶我也，而大聲以斥之，則亦何敢更蹴我？當其蹴我也，而攘臂以抗之，則亦何敢更縶縛我鑾割我？況乎政府之專制人民也，其事勢與兩私人之相陵則又有異。兩私人之相陵也，或其天然之膂力，遠出我上，我事實上未從抵抗之，則有不能不帖服之勢。若夫政府與人民交惡，則惟政府於事實上有不能抵抗人民之理由，而決無人民於事實上不能抵抗政府之理由。何則？政府之專制人民，必非能一一直接而自專制之也，必有所假手。其所假手者，則大小官吏也，警察也，兵隊也。而官吏警察軍隊，亦皆人民之一分子也。且其所以能養此官吏警察兵隊而使爲用者，必賴財政。而政府非能自擅金穴以支此財政也，而其所仰給者則人民也。故使政府對於人民全體或其大多數而挾敵意以相見乎，則不待交綏,而政府之分崩離析,可立而待也。彼梅特涅,豈非一世之雄哉？當其盛時,十數國之君相,膜拜於其足下者,垂三十年,而不得不放逐以死。俄羅斯貴族,席數百年之積威,當十九世紀政體改革之旋渦,而屹然曾不爲動；迄最近兩三年間,而一片降旛出石頭矣。由此觀之,人民不監督政府則已,既監督之,則政府實無術以逃監督；人民不欲建設監督機關則已,誠欲之,則此機關實無術以沮其成立。丁斯時也,苟其政府不自量而冥頑確執,則必徒自取滅亡,如奧國之梅特涅政府是也。以戰事擬之,則力屈而乞降之類也。苟其政府而有銳利之眼光,如俗語所謂因風轉舵者,幡然蹷起,以承認人民之要求,即利用人民之信任,而自負責任以當政局,則能大行其志,而國亦日趨於榮,如日本之伊藤博文政府是也。以戰事擬之,則審敵勢之不可侮,而自提出兩方有利之媾和條件也。此兩國者,其憲政成立之手續雖不同,而其主動力在人民則無不同。奧國苟無人民之主動,則梅特涅決不遜荒；日本苟無人民之主動,則並伊藤博文之欽定憲法,亦未見其遽頒也。今中國之執政,其自欲爲梅特涅耶,自欲爲伊藤博文耶？非我輩所與知。要之我國民若欲使將來中國之政治,能如現在之奧國、日本,則於千八百二十餘年時奧國國民之舉動,明治十餘年時日本國民之舉動,不可以不學。誠能如是,則今之執政,欲爲梅特涅也聽之,欲爲伊藤博文也聽之。一趨一舍之間,彼其自身所受之影響,緣此而異；而國民所得之結果,不緣此而異也。所謂奧國、日本當時國民之舉動者何？曰:國民對於政府,而爲政治上之一致的運動是已。蓋政府之得行專制,不外恃人民承認之力以爲後援。而所謂承認者,又非必積極的明認也,僅消極的默認而已足矣。政府欲多數之人民明認其專制,其事固甚難；然欲多數之人民默認其專制,其事則甚易。有人於此,其對於專制政府之舉動,本深不謂然,然以種種理由,或不敢過問焉,或不暇過問焉,或不屑過問焉。叩其人之本心,必無袒護專制政府之意甚明。即其人亦自謂:吾始終未嘗助專制政府爲虐,則雖無功而亦決不至於有罪。而豈知其即此翛然中立不過問之一態度,即界專制政府以無量之助力,而使之得永肆其毒也！蓋專制政府所欲得於人民者,非有他焉,欲得其不過問政治而已。吾方以不過問爲中立,彼即以吾之不過問爲後援。一人如是,十人如是,百千萬人如是,寖假而全國過半數人如是,則專制政府,遂置其基礎於國民大多數意思之上,而安如磐石矣。是故當知,當立憲政體與專制政體爭勝之時,爲國民者,苟非黨於立憲,則必黨於專制,而於其間決無所謂局外中立者存。凡中立黨,皆專制黨也。何也？彼專制黨所利用以戰勝立憲黨者,惟此輩之資格爲最宜也。然則我輩生今日,而欲除專制之毒,舉立憲之實,其所以致此之道當何由？曰:第一,當一變其消極的態度,而爲積極的態度。吾始以爲吾之消極的態度,充其量不過無功而已,而亦未始有過。而豈知吾之消極,即供給專制政府以唯一之武器,而國家生命所繫之憲政,冥冥中即墮於吾手。夫國家生命而墮於吾手,則吾對於吾祖宗吾子孫而欲免罪人之名,安可得也？故生今日,必當人人奮起爲政治上之運動,此第一義也。第二,當一變其單獨的行動,而爲一致的行動。政府勢力,所以不能不左右於人民者,以人民之多數而已。使取人民而離析之,各以箇人之資格對於政府,則政府亦答畜之已耳。我中國近十年來,人民持積極的態度以對政府者,固不乏人,然皆人自爲戰,無步伐,無次第。故甲有所倡議而乙不應之,乙有所盡力而丙不援之。非不肯相應援,機關不先備,雖欲應援而未從也。而政府乃得以先摧甲而後拉乙,或於一方面蹴乙,同時於他方面踐丙。即不必摧拉蹴踐之,而力薄勢分,終難有所成就。此皆單獨的行動使然也。誠能變爲一致的行動,則疇昔以一髮之力,不能繫一蟬翼者,結千萬髮爲巨綆,是以迴萬斛之舟焉,其孰之能禦也！第三,當一變暫時的進行,爲繼續的進行。我國近數年來,國民一致的行動,亦已漸發生。如爭路權、爭礦權,或對於著名之污吏,而爲排斥運動,夫既屢行之,而未始不時時見效。雖然,一事件之起而結合生,一事件之過而結合止,故其結合不成爲有機體,末由發榮滋長以臻於碩大。猝有他事件之新發生,而重新結合,往往後時而失機。且無常設之機關,惟遇事而臨時號召,則其所運動補救者,終不免頭痛灸頭腳痛灸腳,雖能爲枝葉之糾繩,而終不能爲根本之解決。故非設法焉變之爲繼續的進行,不能有功也。夫誠能合多數國民,持積極的態度,爲一致的運動,而復要以繼續的進行,則國民勢力漲一度,即專制政治勢力消一度。政府雖欲維持其專制之舊現狀,而誰與共之？此實歐美、日本諸立憲國所同遵之大路。遵矣而未有不能至者。惜乎我國民之久不爲此也。雖然,及今爲之,則猶可及也。

　　問者曰:如子所言,國中能有大多數人反對專制而爲立憲的運動,則專制政府自不能存在,吾固信之。然大多數云者,必其過半數以上之謂也。今吾子欲希國中過半數以上之人，同加入於此運動，則當需幾何之歲月乎？恐運動未成，而國亡久矣。應之曰：不然。我國自經戰國秦漢間社會大革命以還，國民政治思想，早已普（及）①；政當順民意之一大義，久已深入人心。如經冬之花，待春來而句出萌達。今所缺者，轉摤此樞機之人耳。其人爲誰？則一國之中流社會是也。中流社會，爲一國之中堅，國家之大業，恒藉其手以成。此徵諸各國，莫不有然，而今日之中國爲尤甚。蓋中國階級制度久廢，本無所謂特別之上流社會與下流社會，不過現在之最貴或最富者，強指爲上流，其智識程度稍低下者，強指爲下流耳。如彼歐洲諸國及日本，其歷史上有特別之一貴族階級，久把持政治上之權力，非使其地位有變動，而政體之改革不可期。我中國則無需是也。又如歐美諸國之現狀，貧富懸絕，其國中灼然有下流社會之一階級存。彼欲爲社會革命者，不能不據之爲主體。我中國亦無需是也。但使一國中有普通智識居普通地位之中流社會，能以改良一國政治爲己任，則居乎其上者，尸居餘氣，無相與交綏之價值，居乎其下者，本無一定之成見，有人焉爲之先，且所導之路，於彼有百利而無一害，有相率景從已耳。不觀乎去年抵制美約之舉，舉國有井水飲處，靡不響應也。故監督機關之能建設與否，憲政之能成立與否，國家之能不亡與否，亦視一國中中流社會之責任心何如耳。

問者曰：如子言，欲各多數國民，持積極的態度，爲一致的運動，而後要以繼續的進行。誠能如是，則何不一刀兩段，迳起而行革命，而僅以建設政治上之監督機關自滿足何也？應之曰：吾不知問者所稱革命，其定義何指。若以英語之 Revolution 爲革命，則建設監督機關，即政治革命也。故明治初年之日本，史家謂之革命；乃至一千八百三十二年之英國，史家亦謂之革命。若必以中國舊觀念爲標準，則革命二字相屬，始見於大《易》，所謂湯武革命順乎天而應乎人，必革君主之統，乃爲革命。吾今名之曰君主革命。今問者所稱革命，不知於此兩義何取乎？若取前義，則吾以爲欲爲政治革命，取途莫捷於吾策也；若取後義，則吾以爲居今日而言君主革命，於政治上之進行，絕無關係，無利於國家而反貽害也。夫君主革命論，在孔、孟固亦承認之。然所以承認之之理由，徒以前此於政治上之監督機關，無術以離君主而別爲建設，勢不得不使君主對

---

① 原刊字缺，擬補。

於國民而負政治上之責任;既負責而或不盡其責,則不可無以糺之;糺之之術既窮,則惟有取而易置之。此君主革命論所以得成立之根據也。雖然,前君主既已不盡責而見革命矣,繼之者又不盡責將奈何?則曰再革之。復繼之者又不盡責將奈何?則亦曰再革之。推原所以革之之目的,不過欲使之負政治上之責任。然一革再革三革乃至數十革,而無術以使之負政治上之責任如故也。是之謂手段與目的不相應。蓋君主之地位,最不適於負政治上之責任。而當欲解決政治問題時,忽攙入君主問題以一併解決,在勢為至不便,且至不利。故近世各國從事於改革政體之事業,恒不搖動其國體,非惟不欲耗其力於無用之地,抑必如是乃可以收成功也。今之言革命者,若其以單純之君主革命為前提,則直可謂無意識之言,無復辨難之價值矣。若其兼以政治革命為前提,則當問必須行君主革命乃能行政治革命乎,抑無須行君主革命而亦已可以行政治革命乎?如謂必須行君主革命而後可以行政治革命,則英、德、奧、意、日本,何以有今日焉?夫既不必行君主革命而已可行政治革命,則亦何必舍捷而就紆,舍易而就難,徒使無責任之政府,得借君主為護符,而於敵政府之外,更增一敵也!故今日我國民所當急起直追者,惟在建設政治上之監督機關而已。有監督機關與執政機關對峙,而崇君主於兩機關之上,使君主為無責任者,執政機關為負責任者,監督機關為糺責任者,則三千年之宿題可以解決,政治可以日即於良,而國家可以與天同壽。嘻!此真今日我國民獨一無二之責任也。

(1907年11月《政論》第2號)

政聞社總務員馬良等上資政院總裁論資政院組織權限說帖

呈為請釐正資政院組織權限,以宣示立憲之實,瀝陳管見,敬祈鈞鑒事:竊惟我皇太后皇上鑒宇内大勢,知立憲政體爲富强之源,屢頒明詔,實行預備;又知立憲政體之精神,在設立議決機關,以與行政機關相維繫,乃首命設立資政院,而以殿下總其成。此誠致治之本,而舉國臣民所歡抃以迎者也。比月以來,有詔命將院中章程,速行規定。以殿下望兼親賢,公忠體國,重以幕府多才,濟濟翼贊,凡茲施設,當有成謨。惟是茲事體大,且屬經始。泰山不擇土壤,聖哲尚采芻蕘,苟有所懷,安敢自隱?是用懷獻芹之愚,效記珠之助,率貢一得,希垂采焉。謹案八月十三日上諭,立憲政體取決公論,上下議院,實爲行政之本,中國上下議院,一時未能成立,亟宜設資政院以立議院基礎等因。諭旨中明言上下議院,則今之資政院,實爲將來上下兩議院公共之基礎。大哉王言!舉國臣庶所當凜遵者也。考古今各國之議院,有行一院制者,有行二院制者。行二院制之國,其下院皆代表全國人民,以選舉而成立;其上院則或代表特別階級,或代表聯邦地方,各緣其國情而異。若夫行一院制之國,則今已甚希。其有之者,亦必其合二院以爲一院,而非於二院中,去其甲院而僅留其乙院也。今諭旨並提上下議院,則中國將來,必當采二院制,早在聖明洞鑒之中。徒以草創伊始,諸事未周,不得不從權暫置一院云爾。苟能深繹聖訓,則知外間所臆測,謂資政院僅爲上議院之預備者,其疑可以立破。而將來上下兩議院,皆由現今之資政院胚胎而成;現今之資政院,即當兼有將來上下兩議院之性質。此實聖意所在,而不容或悖者也。既認定此宗旨,則今日資政院之組織權限,必當包涵將來上下兩議院之組織權限。持此爲衡,庶可以副答明詔而慰天下之望。今謹陳管見,分條說明,以備采擇。

　　第一項　謹將所擬資政院之組織恭呈鈞核

　　謹案今之資政院,既合將來之上下議院而暫爲一院,則欲資政院之組織完備,必當先將將來上下兩院之組織,預爲籌畫。考各國之下院,皆由人民選舉。其選舉法雖小有差別,而大致則無甚異同。將來中國設下議院,但采其成法,稍加斟酌損益而已足,無甚困難之問題,當費研究也。獨至上議院之組織,則各國因其國情之差異,而大有逕庭。舉其大別,則有以上議院代表特別階級者,如英國、日本之名爲貴族院是也;有以上議院代表地方聯邦者,如德國之參事院,由聯邦之各國,比例其大小,而各派議員若干人,美國之元老院,每州不問大小,皆各舉議員二人是也。大抵君國主之上議院,多用以代表貴族;聯邦國之上議院，多用以代表地方，此其大較也。我國爲君主國體，則第一法不可不采用，其理易明。又我國幅員遼廓，各省利害不同，雖非聯邦，而第二法亦不可不略采。故將來上議院，必當會通英、德、美、日之制度，各采其長，而鑄之於一爐。而今之資政院，亦當先含此意。以此一部分爲上院之基礎，而再加以人民選舉之一部分爲下院之基礎，庶足以仰酬睿慮，而俯順輿情矣。請將所擬組織法條舉之：

一曰皇族議員宜分別設置也。凡君主立憲國，皇室與國家，休戚相共，故恒以皇族列於上議院。日本之制，凡皇族年在十八以上之男子，照例作爲貴族院議員。其餘各君主國，大率由君主隨時任命。考日本所謂成年之皇族，不過三十餘人，故可以盡入院中，而毫無窒礙。我朝椒聊蕃衍，自紅帶子以上，皆系出天潢，而其數蓋數十萬。若采日本之制，勢固有所不行，則不能不稍示限制。故將來上議院，當設皇族議員一種。凡皇族自貝子以上已成年者，即有爲上議院議員之資格。其鎭國公以下，有才德出眾者，由特旨簡派，不在此數。如是則尊崇國體之精神，庶可以永固。今資政院既爲將來上議院之基礎，則此項議員，必當先審定者也。

二曰蒙古、西藏議員必當設置也。資政院者，大清帝國之資政院也，必須全帝國版圖內皆有代表，然後其組織始完。查去年頒新官制資政院項內，東三省及內地各行省，皆有代表，惟蒙、藏缺如。側聞彼中人民，頗有觖望，謂資政院爲將來議院基礎，今既見屛於資政院，則將來亦必見屛於議院可知。雖朝廷決無歧視之心，爲舉國所共信，然既有此嫌疑，即以資其口實。方今俄之於蒙，英之於藏，皆噢咻煦嘔，市其歡心。俄國議院既開，蒙古人之在歐洲俄屬者，皆有選舉權。今我國家雖竭力懷柔，尚難保其心之絕無外向，而況可授之口實，以使之解體乎？竊查英國上議院，有愛爾蘭貴族二十八人，蘇格蘭貴族十六人，僧侶貴族二十六人。我國之位置蒙、藏，正宜援茲成例。蓋蒙、藏皆地廣人稀，郡縣之制，尚未施行，則下議院之選舉，亦驟難措手。下議院既暫無一人以代表之，則上議院必當謀所以位置。而資政院既爲上議院之基礎，則當愼之於始，免使向隅。竊謂宜仿英國待蘇、愛之法以待蒙古，令其各盟比例大小，各舉一人或二三人爲資政院議員；宜仿英國待僧侶之法以待西藏，舉其喇嘛及噶倫卜、噶布倫、總堪巴等若干人爲資政院議員。既示以朝廷大公無私之誠，即可以增其回首面内之感，此實所以固邊圉而鞏國基，不可不深留意者也。

三曰當別置欽選議員以待勳賢也。考日本上議院，既有公侯伯子男五等爵之議員，復有所謂勅選議員者，凡有勳勞於國家及有學識者任焉。我國階級制度，久已消滅，故五等爵之議員，勢難仿行。何以言之？蓋今制功臣自一等公至恩騎尉，都凡二十六級，皆爵也。每級相去不過一間，勢不能有軒輊於其間。今使如日本之制，則三等男有此特別權利，而一等輕車都尉則無之。然三等男之視一等輕車都尉，僅差一級耳，而權利忽相去霄壤，豈得謂平？若一等輕車都尉有之，則二三等輕車都尉，何以獨無？二三等輕車都尉有之，則騎都尉、雲騎尉、恩騎尉，何以獨無？然則此二十六等爵者，苟有特別權利，則當俱有，若無之則當俱無。若於其中強分界限，或有或無，則無論以何級爲界，而皆失祖宗頒爵之本意。今若使之俱有耶，則舉國中雲騎尉、恩騎尉，不知幾千萬，安能一一予以特權？且以事實言之，則調查選舉，亦無從措手。然則俱有之說，既萬不可行，而一有一無，非惟不合理論，抑亦深戾祖制。故將來中國上議院，除皇族及蒙古、西藏之貴族外，勢不能別有所謂貴族階級者存。非好與各國立異，實則歷史上使然也。然則前此及將來有勳勞於國家者，竟無特別優待之道乎？曰有之，則欽選議員是已。日本勅選議員之例，凡天皇認爲有勳勞者得與焉。苟仿此以行，則簡自帝心，前此勳裔，及後此翊戴中興大業諸臣，皆可以特達拔擢，而舉故舊不遺之實。即皇族自鎮國公以下，亦可以結主知以邀此殊榮。而此項議員，又非徒限於勳勞者而已，其有學識者亦得與選。故或有耆舊之臣，未膺爵賞者，或草莽賢俊，未被選舉者，咸能別承天眷，列於議員，則上之皆可以勸懋功，下之復可以網遺逸，誠一舉而數善備也。但各國通例，此項議員額數，皆有限制，亦宜采焉。

四曰宜令各省諮議局派出議員以爲一省之代表也。各國上議院之制，或以代表特別階級，或以代表聯邦地方，前既舉其例矣。我中國既爲君主國，又幅員極廣，各省利害不同，必宜兼采二者之意，乃爲盡善。今既有皇族議員，蒙古、西藏議員，欽選議員三項，以代表特別階級，其以次當計及者，則代表地方之議員是已。考各國上議院代表地方之制，各有不同，而美國爲最善。美國凡分四十六州，每州舉上議院議員二人，不論大小，皆同一律，故其上議院議員總數爲九十二人。以外觀論之，州有大小之分，員無多寡之異，似屬不均。然按之實際,乃大不然,蓋與下議院相劑,而適得其平故也。查美國最大之州如紐約,有七百餘萬人,其最小之州如尼和達,僅四萬餘人。下議院之選舉,勢不得不以人數爲比例,則紐約州能選出議員百九十人者,尼和達州僅能選出一人,其偏枯可謂至極。使徒有下議院而無上議院,則尼和達州之利益,將永爲紐約州所壓制矣。故既有下議院以代表人數,則大州不至受虧;復有上議院以代表地方,則小州不至受虧,誠可謂斟酌盡善矣。我國最大之省如四川,將及七千萬人;最小之省如廣西,不過五百萬人;更小者如黑龍江,不過一百萬人。將來下議院之選舉,勢不得不以人數爲比例,則四川所舉議員之數,當十四倍於廣西,而七十倍於黑龍江,安得不謂之偏枯？故將來我國之上議院,必當兼采美國之制,每省不論大小,平均派出若干人,似屬不易之法矣。資政院既爲上院基礎,此制即宜實行。今已奉明詔,令各省設立諮議局,其成立應指日可待。謂宜令各省諮議局,就其議員中互選二人,爲資政院議員,將來別立上議院;而各省諮議局或改爲省議會,則亦由省議會互選若干人以入上議院。各省一律,如是則兩院相劑,而舉國無不平之患矣。

五曰宜以人民選舉之議員爲中堅也。以上所陳四項議員,凡以備將來上議院之資格也。雖然,職等竊惟皇太后皇上聖意,其所責望於資政院者,將以爲上下兩議院之基礎,而非徒爲上議院之基礎云爾。然則資政院議員,略當以半數含上院之性質,以半數含下院之性質,然後立議院基礎之明詔,乃得現於實。伏讀屢次諭旨,一則曰大權統於朝廷,庶政公諸輿論;再則曰立憲政體,取決公論。夫所謂輿論公論,何從表示？亦曰多數人民之趨嚮而已。多數人民之趨嚮,何從察見？則人民選舉之議員,即其代表也。由此言之,則聖意所在,最注重人民選舉,較然甚明。而資政院既兼爲下議院基礎,徧考各國之下議院,無不由人民之選舉而成。苟缺此項,則設立資政院之真精神全失,非惟於憲政原理,相背而馳,抑且與皇太后皇上之本意,大相刺謬。此職等所以不能不鄭重審慎,而深望殿下主持終始者也。謹案去年所頒官制草案,資政院議員第三種,由督撫保薦者六十六人,而督撫保薦,又必經學務公所、教育會、商會、地方自治局所等公舉。是於保薦之中,仍寓選舉之意。立法苦心,既爲舉國所共諒。雖然,以職等之愚昧,竊謂似此辦法,必不能得輿論之實,而徒以滋舞弊之端。非別立選舉機關以行之,恐無以答聖廑而慰民望也。何以言之？蓋學務公所之設立，其議長議紳，由提學使指定，本非出自公舉。以此爲代表輿論之機關，其性質本已不符，是此制之不宜者一也。教育會商會地方自治局所三項，由人民自辦，其性質與學務公所略有不同，借之爲選舉機關，似較妥適。然此三項之機關，各多未設立，若舍此外無他機關，則選舉之事，勢必不能普及，是此制之不宜者二也。且各省之教育會、商會、地方自治局所等，率皆設於省城，而與省城遠隔之各府州縣，能與其間者蓋鮮焉。所選之人，即能代表省城之輿論，而決不能代表全省之輿論，是此制之不宜者三也。就令教育會、商會、地方自治局所，各府州縣皆與其事，而爲多數人所共同設立。然其所代表者，亦不過學界、商界、紳界之人，而地方多數之農民、工民，終無得與選舉之事。我國以農工立國，安可如此？今若原案，全付闕如，是此制之不宜者四也。況選舉之權，雖屬於此諸種團體；而保薦之權，仍屬督撫。必經保薦，然後議員之資格成立。苟被選之人，爲督撫所不喜，抑而不薦，則選舉直同於無效，是此制之不宜者五也。有此五因，則此制之必當改訂，似無待言。顧前此議官制案之王大臣，所以出於此者，殆以現在選舉機關，未嘗建設，不得已乃借舊有之團體以爲用。此其苦衷，固當共諒。然按之理論，考之事勢，既已萬不可行，則改絃更張，似亦不容已。職等翟翟之愚，以爲欲救此弊，惟有別置臨時之選舉機關而已。考各國選舉之制，有用直接選舉者，亦名單選舉，即由人民直接選出議員是也；有用間接選舉者，亦名複選舉，則選舉分兩次執行，先由人民選出選舉人，再由選舉人選出議員是也。兩者各有短長，而其利害則當按各國情形以爲斷。我國地廣人衆，即將來開設下議院，勢固不能不用複選舉。蓋下議院議員之數，最多當不逾八百人。我國人數四萬萬，則約當以五十萬人選出一員。而五十萬人之所居，其面積當亙數百里，欲集一地以行選舉，此殆必無之事。故吾中國必當用複選舉制，非謂複選舉之能優於單選舉，而情勢所限，實有不得不然者也。既明此義，則今者資政院之選舉機關，即可遵此道而成立矣。今請先定各省議員之額。略以五十萬人選出一人爲標準，則如黑龍江應選二員，廣西應選十員，其不滿一千萬人之省，皆視此爲推。其人多之省，則以累進法調劑之。如一千萬人以上之省，每百萬人增加一員；二千萬人以上之省；每百五十萬人增加一員；三千萬人以上之省，每二百萬人增加一員。如是則各省應選議員之數可以推定矣。次乃就各州縣以定選舉人之額。其不滿十萬人之州縣,以五萬人選出選舉人一員;十萬人以上之州縣,每萬人增加一員;二十萬人以上之州縣,每萬五千人增加一員;三十萬人以上之州縣,每二萬人增加一員。如是則每州縣應設選舉人之數,可以推定矣。然後分兩次選舉。第一次責成州縣,令將所屬應有之選舉人,分區選出。第二次則集各州縣之選舉人於省城,將其省應有之資政院議員選出。此選舉人之一階級,即所謂選舉機關也,即所以代原章所指定之學務公所、教育會、商會、地方自治局所等團體而完其責任也。必如是,則所舉出之議員,乃真能爲代表國民輿論者,而於累次諭旨之精神,庶有合矣。或疑此種選舉,雖屬至公,然現在人民程度尚低,選出之人,安能盡當?職等以爲若使此種機關所選出之人,無可以爲議員之資格,則學務公所等團體所選出之人,亦應無可以爲議員之資格。學務公所等團體所選出之人,既有可以爲議員之資格,則此種機關所選出之人,亦應有可以爲議員之資格。何則?人民固同是人民耳,既不因甲種選舉法而程度忽然增高,自不能因乙種選舉法而程度忽然低減。今王大臣所擬官制案,既認學務公所等團體之選舉爲可行,則其不以程度不足爲病也甚明,何獨於此複選舉法而疑之?蓋此複選舉法之本意,實與原案所定,無甚差別。不過彼則以少數人任意結合之團體爲選舉機關,此則以全體人民遵依法律而別建選舉機關而已。彼尚私而此至公,彼有弊而此無弊。若夫人民程度一問題,則純然超於兩者之外。謂必如彼然後可,如此則不可,有是理耶?夫使人民直接選舉議員,則其程度或慮不足。然既先由人民選出選舉人,彼選舉人,必其學識能秀於其縣或其鄉者也。再以此學識較秀之人選出議員,則其所選之員之程度,必不至太劣下明矣。若語其實際,則將來學務公所等團體所擬選之人,當複選舉時所選舉者,決不出此數。不過出於彼則私,而出於此則公耳。或疑中國現在人民程度,斷不能行普通選舉,不能盡人而有選舉權。若行此法,則人民中孰爲有選舉權者,孰爲無選舉權者,不可不先爲規定。而分別規定,實不易易,則此法雖善,似恐未能實行。職等謹案現今各立憲國,無論何國,斷未有行絕對的普通選舉者,必分別加以限制。其限制之法,或以財産爲限制,必納若干以上之國稅,然後有選舉權,是也;或以教育程度爲限制,必曾受若干之教育,然後有選舉權,是也。我中國草創伊始,用財産限制,則其鑑定也甚難;用教育程度限制,則其鑑定也較易。且以中國國情論之,用財産限制,則其缺憾甚多;用教育程度限制，則其缺憾較少。請言其故。蓋用財產限制者，必以納直接國稅若干以上爲衡。我國租稅法未定，所謂直接國稅者，不過地稅一項。然自行一條鞭制以來，錢漕地丁，合併爲一，人納若干，無從稽核，所謂鑑定不易者也。此外更有一極大之窒礙焉，則京外各旗，向惟服兵役義務，無有田產；即從事耕屯者，莊地亦非其所有，率皆無稅可納。而甲省之人，或以游宦經商，入籍於乙省者，亦皆無錢漕丁役之户籍。若必用財產制限，則此兩項之人，其選舉權皆將剝奪，揆諸情理，豈得謂平？所謂缺憾甚多者此也。由此言之，則財產制限之制，必將來租稅法大加改革之後，或可采行，而近今一二十年間，斷無采用之理也明矣。除此以外，則惟有用教育程度制限之一法。考各國教育程度制限之制，有以能書姓名爲及格者，有以能讀憲法能解憲法爲及格者。若采第二法，則每人而試驗之，固不勝其繁；若采第一法，則凡成年之男子，皆許其投票。當投票時，必須自書姓名及所選人之姓名；苟不能書，則其選舉權自然消滅。此則無待特別試驗而自能鑑定者也。我國若以此爲制限，則人民之能有選舉權者，恐亦不過四分之一耳，其亦不失於濫矣。若及格者而能加多，則豈不益爲國家之慶耶？或疑此法惟人民程度極高之國，如美、法、德等乃行之，以今日中國而效顰，無乃躐等？不知財產制限與教育程度制限之異同，於一般之人民程度，可謂絕無關係。如謂有財產而多納國稅者程度必高，否則必劣，然則旗人之久在宦途，與夫游宦寄籍於他省者，其程度必當視擁有數畝薄田之田舍翁爲尤遜，天下有是理耶？況我中國向以廉介爲尚，古今賢哲，不名一錢者，往往而有，豈得以此而謂其程度之不足耶？彼用財產制限之國，大抵有其歷史上之理由，非謂必如是，乃爲正鵠也。而我國行之，萬萬不宜。又既若彼矣，則舍彼取此，何不可之有？若謂僅以能書姓名爲標準，則有選舉權之人太多，而恐失之濫，此亦大不然。歐、美、日本諸國，教育久已普及，而貧富相去懸絶，則用教育程度制限，其得選舉權之人，必視用財產制限爲加多。我國教育尚未普及，而中人之產尚夥，則用教育程度制限，其得選舉權之人，視用財產制限應略相等，或且加少焉，而安有濫之爲病耶？況今所擬用者，又爲複選舉制，而非單選舉制。若使僅能書姓名之人直接選舉議員，則慮其失當，猶之可也今彼所選者，不過選舉人耳。所選出之選舉人，則必其教育程度，又高出於尋常數等者也。以此輩人而選舉議員，而尚虞其程度之不足，則我國將永無開設議院之時矣。

大抵事理以歷練而始明，智識以磨瀹而愈啓。日本當初開國會之時，其人民程度實未嘗有以遠過於我國之今日。國會既開，人民習於政治，程度亦即隨之而昇。若不畀與參政權，使人民與國家共休戚，則雖更閱十年二十年，而程度之無從加進，又可斷言也。今既設立資政院，則亦就現今之人民以爲資政院已耳。若託於程度不足，而廢選舉之制，則亦可託於程度不足，並欽選互推保薦之制而廢之。蓋選舉固取材於今日之人民，即欽選互推保薦，亦不過取材於今日之人民。等是人民也，等是程度也，斷無不足於此而能足於彼之理。信如是也，則資政院豈不終無從成立，而皇太后皇上屢次諄諄之訓諭，豈不將弁髦視之耶？以殿下之明，其必能辨之矣。或又疑以多數人民選出之議員，苟智識不齊，必當事雜言厖，以掣行政官之肘，而新政將有治絲而棼之慮。職等以爲此亦可以無患也。若必汲汲慮此，則雖靡選舉之制，而以原案所擬之欽選互推薦保諸員，組織資政院，其智識亦安能齊，其厖雜亦安能免？以云掣肘，即彼亦已有餘，且不徒資政院爲然也。即如都察院及京外各大員之專摺言事，亦何嘗不掣肘？政府若惡其掣肘，則資政院誠可不設，即都察院及各大員專摺言事之權，亦當禁止。此其不成政體，豈待問矣！若以正當之理論言之，則資政院不過爲議決機關，其權自有所限制，不容其侵入執政機關之範圍，雖欲掣肘，其可得耶？且執政所行之政策，可以隨時向資政院說明。使其政策而爲國利民福耶，則當說明時，必能使議員了然明白，大生感動，而必得多數之贊成。即有少數人故持私意，欲與執政爲難者，而執政理直氣壯，侃侃與之辨難，彼終必折服於舌鋒之下。苟欲始終强詞奪理，而斷無從得多數之附和。然則資政院只有爲執政之後援，而何掣肘之有？若其政策而不爲國利民福，坐是雖百端陳說，而終不能得多數之贊成耶，則政府亦當自反省而改之，庶可以報國家，而不辜皇太后皇上之委任。此則《詩》所謂"他山之石，可以攻玉"，而非可以掣肘云矣。職等以爲今日之中國，徒以人民無參政權之故，故政府之設施，無從自白於天下，偶使人民有所負擔，則群相疑以爲厲已〔己〕。又或內治外交，勢處兩難，而不得已之苦衷，不能予天下以共見，故局外嗷嗷責備，每不與局中情實相應。政府處此種地位，如衣敗絮行荆棘中，動輒得咎，徒增其苦。誠使有代表全國之一議決機關，而政府遇事，得向之伸訴說明。則爲政府者，除非心跡曖昧，事不可以對人言，則或不樂有此耳；而不然者，堂堂正正，將所行之政策，大白於天下，以一掃局外之疑團，而永靖無稽之蜚語，臺諫風聞攻訐之情弊可以息，人民飛電抗爭之風潮可以免，爲政府計，亦安有便於此者乎？夫以今日朝廷厲精圖治，實行憲政，則自今以往，凡心跡曖昧不可對人之執政，其必不能受皇太后皇上委任明矣；其公忠體國之大臣，則斷不至以人民參政之故而掣其肘，反以人民參政之故而得行其志，此又事理之至易見者也。或又疑由多數人民選舉，則所選出者必多少年輕躁之徒，而於國家大計，恐將貽誤。職等以爲此亦過慮也。人民多數，皆屬山野樸愿之夫，保守之性甚重。其所選者，必老成耆宿之士，未必皆爲少年。此其不必慮者一也。即少年亦不能盡目爲輕躁之徒。其輕躁者蕩檢踰閑，恒爲鄉里所不齒，決無從與選。少年而能與選者，必其穩重而較有學識者也。穩重而有學識之人，正國家之所寶，豈能以年少而薄之？此其不必慮者二也。況資政院之議員，又非徒有人民選舉之一部分而已，此外尚有皇族議員、欽選議員與夫各省諮議局所派之議員，其人率皆老成而有閱歷者。然則人民所選，就令有一二少年輕躁之輩濫廁其間，然其勢甚孤，不足以擾全局；偶有輕率之建議，全體老成持重之人，可以矯正之。此其不必慮者三也。由此言之，則人民選舉一部分之資政院議員，實有百利而無一害。凡俗論之爲種種疑難者，皆不過疑心生魅，苟深思之，當未有不渙然冰釋者矣。夫以資政院爲將來上下兩院之基礎，非有民選一部分，無以代表下議院之性質。則恪遵聖訓，既不容不力求完善，而俗人所疑種種流弊，又實可以無慮，則以殿下之明，其必有以處此矣。若猶有設難者，不過謂現在戶籍未經查明，區域未嘗劃定，驟行選舉，恐生混雜云爾。然今者方頒明詔，令各省講求統計。雖微資政院之選舉，而調查戶口之事，亦豈能更遷延不辦？今趁此選舉之機，敦促督撫州縣，厲行斯業，則成效可以更速，豈不一舉而兩得耶？至劃分選舉區一事，則調查戶口之後，飭各督撫督率州縣，就舊有之團練保甲諸局而損益之，其業本非甚難。數月之功，而此兩事皆可就緒矣。夫事既關於國家大計，則雖稍繁難，猶當爲之，而況並無所謂繁難者耶？職等爲國家前途計，不避喋喋，謹以此舉籲陳於殿下。伏乞殿下於擬定資政院章程時，始終堅持此議，則憲政鞏固之基礎，悉由殿下造之矣。

六曰行政官不宜多占議員之位置也。資政院既爲議決機關，按諸立憲政體三權鼎立之原理，自當與行政官不相雜廁。乃去年所頒官制原案，有由京官會推五十六人爲議員之一條。此項議員,無論將來在上議院中在下議院中,皆無可位置;求諸各國議院成例,更未之前聞。據法理以評之,自宜必在裁撤之列。惟草創伊始,或有不得已者存。且京秩甚多,以現在制度,並非人人皆有專掌,而其中通達治體之人,或較草莽爲多。則留此一項,亦可從權,但其員數似宜略減。蓋如職等所擬,則他種議員,其數已極不少,恐院中以人滿爲憂也。又此項議員若仍存留,則亦當示以限制。限制維何?曰四品京堂以上不得被選是也。夫官至四品京堂,則必有行政上之專責,與彼雍容揄揚之待[侍]從,出入諷議之臺諫,先後奔走之潛郎,固自有異。若復列於議決機關之資政院,則行政立法兩權混淆,殊失立憲之旨。且既由各衙門會推,苟爲長官者不超然事外,則安有以屬員而敢與長官爭選舉耶?勢必至所被推者,盡屬大學士尚書侍郎丞參,而小臣無一能厠其列。如是,則所謂會推者,亦不過一空名,而結果必將與原章之初意相刺謬也。此立限制之所以不容已也。

　　七曰議員員數不能太少也。去年官制原案所擬資政院議員總數爲百三十人,今以職等所擬,合各種議員計之,其數當在六七百人之間,驟視之似覺其太多。雖然,資政院既爲將來上下兩院之總基礎,以各國上下議院之總員數較之,則只見其少,而並不見其多也。考英國上院五百七十九員,下院六百七十員,都凡一千二百四十九員;日本上院三百六十餘員,下院三百七十餘員,都凡七百五十餘員。自餘各國亦大略稱是。我國幅員及人口,皆十倍於英、日,欲求代表之普遍,則議員亦當十倍於彼。今所擬之數,埒於日而遜於英,則全國中向隅之地向隅之民,當已多矣。若視此而尤減焉,則必顧彼失此,絲毫不能舉代表國民之實其毋乃非詔書中所謂公諸輿論之本意乎?或疑議員之數既多,則俸給之額亦巨,今財政正竭蹶之餘,何更堪此重負?不知各國議員,有有俸者,有無俸者。即有俸之國,其俸亦甚薄。如日本例,則每員歲俸前此八百圓,今改爲二千圓。我國若執其中,以一千圓爲率,則雖八百名之議員,所費亦不過歲八十萬。前此科舉未廢之時,每歲科場費及士子賓興費,何止此數?今辦立憲第一大事業,而乃靳此乎?況若爲撙節財政起見,則雖仿英、德、意諸國例,議員皆不給俸,亦未始不可。如此則薄予以來京川資、住京旅費足矣。司農雖窘,豈其爭此?故苟持此説而欲強減資政院員數者,亦不通治體之言而已矣。

綜上所陳，有皇族議員，蒙古、西藏議員，欽選議員，各省諮議局所派議員，以爲將來上議院之基礎；有全國人民用複選舉法所選出之議員，以爲下議院之基礎。如此，則規制略備，而於累次詔旨之精神，庶有當矣。將來分之爲二院，可以收互相調劑之功；今暫合之爲一院，可以得運用自如之效。以職等之愚，爲資政院組織完善計，似無以易此。惟殿下垂采焉。

第二項　謹將所擬資政院之權限恭呈鈞核

謹案：資政院之設立，既以爲議院之基礎，則凡將來議院所應有之權限，今之資政院皆當有之。蓋必如是，然後能予之以練習之機，而使之知所以盡責任之道。恭繹八月二十四日上諭，謂使議員資格，日進高明，議院早日成立，端賴是矣。竊查各國議院，其權限之廣狹，各有不同。我國將來議院之權限，固不能失諸太狹，亦不可失諸太廣。今請參酌君主立憲國之制度，條陳其概，以資采擇焉。

一曰宜有完全之立法權也。前代學者之論憲政，本以三權鼎立爲一要件。三權鼎立者，謂行政權屬諸政府，立法權屬諸議院，司法權屬諸裁判所，而元首總攬之於上也。後此各國事實所趨，立法權固不能盡屬於議院，而議院所有事者，亦非限於立法權。雖然，立法爲議院一重要之職務，此固各國制度所從同也。今資政院既爲議院之基礎，則此最重要之立法權，其必不可缺矣。查各國法律，皆經三種形式而成立：一曰提出，二曰議決，三曰裁可。提出權則政府及議院共有之，議決權則議院行之，裁可權則君主綰之。三者相須，而法律之效力以生。今案資政院官制原案第十二條開列應議事件，其第二項爲新定法律事項，則資政院應有此權，原案已承認之。但其議決之權能如何，則未見規定。若新定法律事項而經資政院否決者，尚得謂之法律與否，原案蓋渾圇未言。夫使當時編纂官制王大臣，認資政院之可決爲法律成立必要之一要素乎，則章程必須聲明，否則此權恐不能行，而往往被蹂躪也；若其認資政院之議決非法律成立必要之要素乎，則雖否決，而法律之效力自在，然則多此一次交議何爲者？是資政院果成贅疣，不如不設之爲愈矣。提出法案之權，各國通例皆政府議院共有之。而資政院原章，亦未規定。惟其第二十七條云：資政院有自行提議事件，非有參議員三十人以上同意者不得開議。此條所謂提議者，不知爲提出法案耶，抑如日本所謂動議耶？若指尋常動議，則各國通例，有一人贊成已足。

今限至三十人,毋乃太過?若指提出法案,則條文當加明瞭。若如原文,殊足令人迷罔也。夫尋常動議而必須三十人以上之贊成,其爲無理,固不待問;即提出法案之事,限制亦不可太嚴。查日本每院議員總數,各三百六七十人,而其提出法案,不過得二十人之贊成而已足,是比例全員十六分之一耳。今如原章所定,資政院議員總額,僅百三十人,而每發一案,必須三十人以上之贊成,是比例全員三分之一也。各國通例,凡議員有過半數或三分之一列席,已可開議。以此例之,則百三十人之資政院議員,苟有七十人或四十人以上列席,已可開議。今欲提議一事,而必須三十人以上之同意,此何異必以列席議員過半數之同意,乃得提議也?則亦永奪其提議權而已。今細推原章之意,似深不欲以法律議決權假諸資政院,而限制之惟恐不嚴者。度其理由,不過恐君主大權緣此旁落也,或慮其議決之失當而貽害國家也。雖然,職等考之法理,按之情勢,竊謂以完全之法律議決權,付與資政院,其於皇太后皇上之大權,實絲毫無所侵損。彼今世君主立憲國,曾未聞有以此爲病者,何獨於我而疑之?況我國先聖立教,恒勗厲居高位之人以虛已容物,成爲義理,深入人心。我皇太后皇上益勵冲挹,不遺芻蕘,凡前代專制君主專己凌人之弊,廓清淨盡。以現在慣例論之,各種法令章程,從未聞有不經下問,而中旨特發者。小則由軍機大臣會議,大則內閣六部九卿翰詹科道會議。故法律經議決然後發布,實可謂我國現行之成例。所稍缺者,則議決機關,未嘗獨立組織,故可決否決,無一定之標準云爾。然則自今以往,以議決權畀諸資政院,不能謂緣此而固有之君權蒙其損害。何也?我皇太后皇上,本不以此權自私,而一向皆公之於人。但前此僅公諸一二廷臣,今後則公諸代表全國臣民之資政院云爾。若慮資政院議員,程度不足,決議或生誤謬,則前此之大學士六部九卿翰詹科道,其程度能高出於資政院議員之證據果安在?前此不靳於彼,而今茲乃靳於此,誠苦難索解也。況資政院議員,原有欽選之一部分,皇太后皇上所認爲有學識而可以語國家大計者,皆得領袖院中,爲之主持,而尚何踰越常軌沮撓大計之足爲患乎?又況各國通例,君主有解散議院之權,有不裁可法律之權。然則苟遇有不應議決而議決之法律,可行其不裁可權以防止之;遇有應議決而不議決之法律,可行其解散權以救正之。故職等以爲采各國議院通行之常例,將完全之立法權,付與資政院,實有百利而無一害也。

二曰宜有承認豫算權也。查各國財政豫算案，有作爲法律者，有不作爲法律者。然無論作爲法律與否，要必經議院之承認，然後施行。蓋以國家財政，不外取之於人民。而人民爲國家負擔此財政，必須得其心悅誠服，然後取之也順，而財政根本，不至動搖，意至美也。謹案資政院原案第十二條第三項，有議歲出入預算事項之權，可謂能深知其意。然資政院對於預算案，能有修正權與否，若其不承認，則政府必須撤回另製與否，一切皆未有明文規定。則資政院此權之不確實，亦與其立法權相等，甚非所以昭大信於臣民也。職等竊謂朝廷若不欲公此權於人民，則仍率前代故事，予取予求，惟以強制力使負義務，亦何不可！但人民能應之與否，應之而能無怨與否，則非所敢言耳。今既知此道之不可以久，而思以付諸衆議，而衆意之從違，無一定之效力，不過聽政府一場報告耳，如此則與前此之僅出告示，復何所擇？而謂其效果有以勝於前，恐難言矣。方今司農仰屋，疆吏呼庚，舉國財政，將有瀕於破產之勢。今後欲植國基於不敝，其第一著手，即當以整理財政爲本原。然非有代表民意之機關，實行財政監督權，則亦終無整理之一日。稍通政治學理之人，當無不明此義者。故資政院承認預算權之必當確定，雖謂爲中國存亡之所關焉可也。

三曰宜有參與條約權也。各國憲法通例，其與他國締結條約之大權，皆在君主或大統領。然如德、法、美、意諸國，則必須經議院之承認而始生效力。瑞士國則並締約權亦歸國會，而大統領不得與聞。夫議院之所以當參與締約權者，何也？以條約既公布，則國民必須遵守，而與國內之法律，有同一之效力，其利害影響於人民者甚多。故國之元首，雖本有此權，然必經代表民意機關之承認乃行之，非徒以慎邦交，抑賴此以免賈民怨也。我國以積弱既久，處列強脅迫之下，外交事項，最爲困難。外人洶洶要挾，既無詞以抵抗；國民嗷嗷怨嗟，復無術以謝責。試觀近今數年間，其最勞執政之旰食者，何一非起自外交問題耶？今欲避內外之責言，免上下之交惡，則莫如仿各國成例，以參與條約權界諸資政院。則自今以往，若遇外人無理之要索，可藉國民後援之力以解其紛；而政府對外政策，或有不得已者存，亦可以將其理由大白於臣民，而不致以一身爲集矢之的。然則此舉者，在他國行之猶可緩，而在中國采之當尤急也。

四曰宜有上奏彈劾[劾]之權也。各國之設立議院，非徒以參與立法而已矣，欲藉公議興論之力，以匡執政之不逮，使大臣無專擅之嫌，而皇室獲磐石之安也。蓋國家一切政治，待人而行；而人之賢否，至有不齊，非得人而監督之，恐難持久而無弊。其在各部屬僚及地方官，常有政府長官以爲之監督，則欲縱恣而未從。獨至政府大臣，既爲全國最高之官，更無地位能高於彼者以監督其上，藉曰有之，則君主而已。然君主以一人高拱深宮，欲事事而監督之，無論勢有不給，且察察爲明，亦非治體。萬一於大臣過舉，有不及覺，則政治失當，人民將以怨大臣者而怨及君主，甚非所以保持尊嚴也。故各國既設議院以爲代表民意之機關，則必予之以上奏彈劾執政之權，使之爲君主之耳目，蓋法之盡善者也。我國舊制設都察院，許其直言極諫，意蓋在是。但都察院之言官，不過以一人之私意建言，則徇情隱庇及挾嫌攻訐之弊，兩皆難免，往往熒惑耳目，使人主迷所適從。議院則合全國臣民種種階級組織以成，而每建一議，必由多數取決。苟政府誠無闕失，而議員中有欲挾私嫌以行誣謗，決不能得多數之贊成，而彈章無由成立。若議員中有過半數贊成彈劾，則必政府之舉措，確有不愜輿情之處，更豈宜壅於上聞？今資政院既爲議院之基，則予以此權誠屬正當之舉矣。夫使執政之人，可以保其必無闕失，則並都察院亦可以不立。而列祖列宗所以必立都察院者，誠以深宮之監察，勢不克周，而以耳目寄諸言官也。然與其寄耳目於一二人，而常滋流弊，何若寄耳目於多數人，而永杜嫌疑。今以上奏彈劾權畀諸資政院，則爲執政計，或有不利；而爲皇室及國家計，則無不利。爲罔上行私之執政計，或有所不利；而爲公忠體國之執政計，則無所不利也。或疑資政院議員，既有此權，則草莽輕躁之徒，恐不免濫用之以掣肘政府。雖然，以職等所擬，非徒有人民選舉之一部分，而尚有皇族議員、欽選議員等之一部分，既用多數取決，則輕躁者雖欲妄爲建議，而老成者必不漫爲雷同。若各部分之議員，皆以彈劾爲宜，則執政必有可彈劾之道明矣。況彈劾之權雖在資政院，而采擇與否，則仍皇太后皇上斷自聖裁。所彈劾而當也，則免黜執政，別擇賢者；所彈劾而不當也，則解散資政院，更求正當之輿論。一人超然於上，如天地日月之無私，而進賢退不肖之權，仍握之於上，而非臣民所得妄干，如是則安有大權旁落之足爲患乎？夫資政院之有此權，與都察院之有此權，其性質實無甚差異，不過彼私而此公，彼疏而此密耳，果何所憚而必靳此？

五曰資政院宜可以解散也。查各國憲法，除美國外，其君主或大統領，皆有解散下議院之權。若議院與政府相持不下之時，或別任大臣，或解散議院，其權皆在元首。必如是然後可以維持於不敝,而統一之效可見也。解散議院之理由安在？蓋議院凡以代表輿論,然必爲正當而有價值之輿論,始有益於國家。苟政府之政策,並無失當之處,而議院漫然反對之,則此輿論果爲正當之輿論與否,蓋未可信。故解散之使再選舉,以覘民意之所存,法至善也。查資政院官制原章,並無關於解散之規定,其爲偶略耶,抑故闕耶,非所敢知。職等以爲苟資政院之決議,無一毫事實上之效力,則資政院之設何爲者？苟其決議而有效力,則與政府對抗之事,勢不能免。使資政院而不能解散,將政府舍辭職外,無復一事之可辦。故原章之缺此條,苟非欲削君主之大權,即欲滅資政院之效用,二者必居一於是。夫此二者,皆非我皇太后皇上設立此院之本意明矣。職等以爲資政院當議決法律及豫算案時,或與政府意見相衝突,或對於政府而上奏彈劾。苟皇太后皇上而以資政院之決議及上奏爲可采也,則飭下政府大臣,遵輿論以行；政府不欲遵行,則聽其辭職。若皇太后皇上而以資政院之決議及上奏爲不足采也,則飭命再議；再議而猶持前見,則行大權以解散之。至其解散之法,則惟解散人民用複選舉法所選出之一部分,其皇族議員、蒙藏議員、欽選議員、各省代表議員等,可無庸解散。惟暫時停會,待再選舉時,乃召集開議耳。蓋各國通例,凡解散下議院時,則上議院暫行停會。今資政院既兼有上下兩院之性質,則當解散時,惟行之於其一部分,最適當也。

六曰宜定有過半數議員列席即得開議也。考英國之例,其上議院議員有三人列席,即得開議；下議院則四十人列席,即得開議。德國上院,無規定之明文；其下院,則過半數列席,乃得開議。美國、法國、意國等,其上下兩院皆過半數列席,乃得開議。日本則上下兩院,皆以有三分之一列席,即得開議。綜較各國,英國限制最寬,日本次之,其餘他國,大抵同一。夫以英國限制如彼之寬,然猶常常以不滿此數,不能開議,此其故可思矣。查資政院官制原案第十八條云:資政院非全院人數三分之二以上列席,不得開議。按之各國皆無此例,惟議改正憲法案時,乃有之耳。我國臣民,對於政治上之熱心,視各國尚有遠遜,缺席之事,當所常有。苟必三分之二以上列席乃得開議,恐一會期中,其能開議之日,不及十之一,如此則資政院將成虛設矣。職等之意,謂能采日本制以三分之一爲必要之定員,最上也；否則亦當采各國通例,以過半數爲必要之定員。如是則資政院始得以行其應盡之權。踐其應盡之責矣。

以上所言，僅就資政院權限舉其犖犖大端。此外如資政院院內之自治，資政院議員言論身體之自由，皆權限中極切要者。去年所頒資政院官制原案，已略有規定，雖未甚周密，而大體亦既不謬，故不贅陳。惟資政院既設立，則同時有一極要之事，不能不相因而至者，曰責任內閣之制是也。所謂責任內閣者何？今世立憲君主國，必以君主無責任爲原則。夫君主總攬一國之大權，何以能無責任？則以有內閣大臣代君主以負責任故也。內閣大臣，何以能代君主負責任？蓋每有詔勅及頒行一切法律，必經內閣大臣副署，然後施行。而政策苟有失當，則副署之大臣，實任其咎。此種法理，雖至近今西國，乃大發明，而我國古制，實往往略含此意。如漢制有災異，則策免三公，即大臣引責之意也。唐制不經鳳閣鸞臺，不得爲勅，即大臣副署之意也。夫以一國之大，百僚之衆，一切敷政，豈能保其盡無闕失？然政之有闕失，其咎必不在君主而恒在大臣。何也？雖極專制之君主，勢固不能取一國大小政務而悉躬親之，其究也，必假手於臣僚。而臣僚藉君主之名以行，苟有闕失，皆得諉其過於君主，以自解免。人民見政治之有失，則以怨大臣者並怨及君主。君主代大臣受過，則革命之禍，所由不絕也。且在此種制度之下，雖有賢能之大臣，亦往往不能行其志。蓋軍機處與各部離立，無所統一，每事非互相推諉，則互相掣肘。苟有闕失，咸不任其咎，而推詔旨以爲護身符。行政之所以種種叢脞，弊蓋坐是。今欲更新百度，勢不能不專其責成，效外國內閣之制，置一總理大臣，以統一各部。苟有失政，則全內閣之大臣，連帶以負責任。庶功過皆有所歸，而庶績視此以爲考成。各國設立內閣之本意，皆在於是。雖然，我國人驟然聞此，必疑內閣大臣，權力如此其重，則將專橫恣肆，無所防制，且大權下移，而國本將爲之搖動。殊不知苟無議院，則此弊誠所不免；既有議院，則內閣大臣對於議院以負責任，民具爾瞻，豈能恣意妄爲？且政治之責任，雖大臣負之，然任免大臣之權，仍君主握之。苟經議院之彈劾，失君主之信用，則其職立解，安有大權旁落之患，如前代之以權臣危國本者耶？要之君主勢不能躬親百事，而必假手於大臣，此專制國之通例也。非大臣代君主負責任，則必君主代大臣負責任。大臣代君主負責任，則遇有失政，君主易置大臣而已足；君主代大臣負責任，則人民府怨於君主，而大臣反逍遙於事外。爲君主計，孰得孰失，宜何擇焉？先聖有言：爲天下得人難。自古聖明之君主，亦不外爲國家得賢大臣，委以庶政而已。今立憲制度,任免大臣之權,常在君主,而萬不聽其旁落;惟以君主欲得賢臣也甚難。欲其常賢,莫若以民意爲之標準。故曰:民之所好好之,民之所惡惡之。此之謂民之父母。責任内閣之制,則立議院以爲代表民意之機關,而君主之任免大臣,常察此機關之趨向以行之。大臣苟欲固其位,非得人民之同情不可;欲得人民之同情,非黽勉以求國利民福不可。大臣而能黽勉於國利民福者,君主從而委任之,則所謂垂拱而天下治矣。泰西、日本諸國,所以君主保億世之榮,而國家有磐石之安,其道皆坐是也。今中國當預備立憲時代,苟能正定資政院之權限,立責任內閣,使大臣對於資政院而負責任,則郅治之隆,亦可計日而待矣。職等一得之見,是否有當,伏乞殿下垂察。

案:此説帖連署人名凡六百餘人。適因資政院總裁倫貝子報聘日本,由馬良君、徐公勉君、侯延爽君、隆福君在濱離宮呈遞,名多,不備載。編輯部識

(1908年4月《政論》第3號)

致劉士驥電 *

(1908年10月25日)

轉劉士驥:聞振華背議獨立,黨無涉,康師不能干與,駭甚。定宗旨,固黨勢,乃招股。覆。超、勤、孟、逸。

(《康梁徐謀財害命鐵證書》,1910年印本)

---

* 原題作《欲攫奪振華欵歸康有爲享用電》。

飲冰室啓事

頃得内地友人來書，言有人作匿名檄文徧寄各處，外寫"橫濱梁緘"字樣，中多詭誕之語，聞之不勝駭異。先帝龍馭上賓，凡有血氣，莫不悲痛。矧如鄙人曾受一日之知者，椎心泣血，更胡能已？幸而今上皇帝以正當之系統，紹登大寶；監國攝政王以親賢行周公之事，宗社危而復安，先帝所詒謀之憲政實行有期。此舉國臣民於悲慟之餘，繼以欣慰者也。今觀該檄文種種悖謬之語，實非鄙人所忍聞。鄙人雖無似，然素性不畏强禦，且以光明磊落，自矢從不屑爲鬼蜮之行。苟有所不慊於當道，自當直抒己見，不避怨敵。十年來之言論，無不與天下共見，豈肯爲蝙蝠陰飛之行，作射工噴血之舉？今見該僞檄文文字蕪雜，鄙人雖不文，當不至濫劣若是。稍有識者，應能辨之。況鄙人自兩年前屏居日本某荒村，讀書養志，與橫濱相隔千餘里。凡在知交，皆所深悉。而該僞檄乃寫"橫濱梁緘"字樣，其心勞日拙之伎倆，亦可笑也。要之，今日中國，萬不容再有內亂暴動之舉；苟有之，則是自速其亡。鄙人年來於各報中所撰論文，痛論此義，已不啻瘏口嘵音。況當國卹疊遭，危疑洊起，豈可更爲無謀之舉，危及國家？誠恐〈中〉國中賢士君子或有阿好鄙人者，誤認作僞之言謂爲鄙人志事所在，三言市虎，致釀事端，爰登報章以發其隱。鄙人所知，只有此檄。此外尚有他等文件與否，僻居海外，非所盡知。其有用賤名或匿名影響以發函件者，皆屬僞託。凡我同志，幸勿輕信！

(1908年12月26日《時報》)

上濤貝勒牋

下士某百拜上書王爺殿下：某故罪臣也，咎戾積躬，奔越海外，閉門思過，已歷十年。身受德宗景皇帝高厚之恩，而龍馭上賓，曾不獲攀髯一慟，清夜内省，無以爲人。今值我皇上握符闡珍，監國攝政王垂裳負扆，百度維新，天下想望。殿下以赤舄之尊，持皇華之節，歷聘友邦，爰蒞斯土。彼都人士，及我僑民，莫不距躍歡舞，竭誠奉迎。而某獨以負愆之躬，深自引嫌，竟不克匍伏道周，一瞻顏色，良用自悼。顧嘗聞之：孝子之事親也，雖受責而不敢怨咨，雖見擯而不敢自外。資父事君，其道豈殊？某既爲國家食毛踐土之民，重以先帝生死肉骨之惠，況當朝廷厲精圖治之日，更仰殿下吐哺握髮之誠，苟其於國家利病生民休戚稍有所知，而緘默不言，則罪滋重焉。用敢不避冒昧披瀝肝膽爲殿下一陳之。竊以爲中國危急存亡之機，未有甚於今日者也。先帝洞鑒天時人事，知挽救之道，惟恃立憲，乃渙降大誥，與民更始。今舉國官吏以至士庶，亦既靡然嚮風矣。雖然，立憲之政，惟其實不惟其名。苟實之不舉，而徒欲襲此名以上下相蒙，未有能濟者也。夫國家之有政治，猶輪船汽車之有機器也。機器事件，有一不具，或雖具而稍有銹壞，則不能以運行。以甲種機器事件，移置以於乙種機器，則枘鑿而不相入，其究也歸於兩敗。故古今中外之圖治者，莫急於統籌全局，綱舉然後目張。而我國今日之籌備憲政，譬諸則用銹壞之舊機器，雜取他機器之一二事件，以攙入之，而又不能具者也。夫自籌備憲政以來，亦既若上下戮力，惟日不足。而某顧乃以此比之者何也？蓋無論欲舉何政，必委諸行政機關，而任之者則在司此行政機關之人。今試以我國行政機關，比之東西諸立憲國，其有一相類者乎？以我國司行政機關之人，比諸東西諸立憲國，其又有一相類者乎？以行政機關論之，則京署與外署不相連絡；京署之中，各部與各部不相連絡；外署之中，各省府州縣互不相連絡；而無論京署外署，其署內職司復各不相連絡。責任無所歸,功過無所考,冗員充牣,糜帑而不事事。此我國現在行政機關之情狀也。以司機關之人論之,則內外群僚,其乃心國家忠於職務者,千萬人中不得一二焉;即有一二,又未必明於世界大勢,知立憲國官吏所當有事,惟蹈常習故致謹於簿書期會之間已耳。然此已其最賢者也,其他則大率恃苟且奔競以進,視官職爲市易之具,巧立名目,罔利自肥,一切要政,悉以敷衍了之。此我國現在司行政機關之人之情狀也。夫以機關則如彼,以司機關之人則如此,此如董仲舒所謂琴瑟不調,甚者必改絃更張,然後可鼓。苟非挈裘振領,正本清源,於整飭紀綱澄肅吏治之道,痛下一番工夫,而務舉其實,則復何一事之能辦者!而今也不然。舊制之弊,舊習之壞,一切因而勿革,而徒鶩新政之名。朝設一署,暮置一局,今日頒一法,明日議一章,凡他國所有新政之名目,我幾盡有之矣。然人之有之,則以爲國利民福之具;我之有之,則以爲鑽營奔競之資。信如是也,則不如其無之,猶可以不致浪糜國帑,而斲喪國民之元氣也。且國家凡百庶政無一不互相連屬,而其緩急先後之序,非統籌全局,則無以劑其宜。同是一要政也,往往有非先辦甲事而乙事萬不能著手者;一誤其序,則並歸於無成而已。乃今之籌備憲政,其本末倒置者不知凡幾,此某之所最爲寒心也。試舉一端論之。夫政無大小,其舉之莫不需財。故欲辦一事,必須將此事所需之財源,立一計畫,確有把握,然後興作。一國財源,只有此數,而應辦之事太多,則權其輕重緩急而分配務使得宜,此施政之本也。乃還觀我國之財政則何如?歲入不滿二萬萬,而償還外債本息,去其六千萬,所餘者乃分配於中央政府及二十二行省,以爲政費。即新政一事不辦,夫固已竭蹶不可終日。今也朝設一署,暮頒一法令,條誥雨集,責吏民以奉行;而奉行之經費,則惟挪東補西挖肉填瘡,而絕未嘗有一定之計畫。此而欲其辦有實際,安可得乎?今且勿論他事,殿下所司者軍政也,請言軍政。陸軍三十六鎮之計畫,創之已數年矣。而考其所以程功之道,則惟有分配各省,而責成於督撫。無論督撫未嘗實心任事也,即有實心,而費又安從出?各省所入,其支銷皆已前定,而未有一省入能敷出者。今中央政府,責以某省練若干鎮,某省練若干鎮,文告急於星火;而一語及費之所出,則不復能置詞,惟曰飭該督撫,無論如何,必須先儘此款而已。督撫雖極公忠,雖極多才,而無米之炊,云何能致!陸軍既若是矣,而海軍則亦有然。今之籌辦海軍,非欲藉此以自齒於東西諸强之列耶？而試觀現在世界海軍之趨勢則何如？各國每次之擴張案，其經費動十餘萬萬；一戰艦之製造費，動數千萬。今我國之籌辦海軍，其將以爲裝飾之美觀耶，抑期於可以一戰耶？若期於可以一戰，而不先從財政著手，以現今區區之歲入，就令將大小庶政，一切停止，而悉舉以投諸海軍，閱十年之久，而吾所成就者，猶不足與歐洲第三四等之海軍國比，況乃列強哉！今於陸軍海軍財政，一無所計畫，而惟責各省督撫以報效。報效者雖逾千萬，而遷延年餘，實繳者不及二三十萬。夫恃千餘萬以辦海軍，已如九牛一毛，不知何用而可，況並此而爲虛數也哉！而各督撫所認報效之款，又豈嘗將該省財政通盤籌畫，確見有此餘閒款項，可以隨時提支者？不過以此買政府歡心，得以爲升遷之資。迨升遷他適，而前此所報效之責任，非復吾事矣。凡今日督撫之所以對付政府者，胥是術也。由此言之，則殿下與諸邸雖日夜不遑啓處，以圖陸海軍之發達，而其效又烏可覩耶？然此固不能盡爲各督撫咎也。每歲所入，僅有此數，而待支之款百出而不窮。今日陸軍軍諮處及陸軍部曰，無論款項若何緊急，先儘陸軍；明日海軍籌辦處曰，無論若何緊急，先儘海軍；又明日則郵傳部曰，先儘其鐵路；又明日則民政部曰，先儘警察；學部曰，先儘教育；其他凡百庶政，莫不有然。要其結局，則無論何項，皆不能儘。以其儘無可儘，且雖不儘，而政府亦無辭以相難也。各督撫亦知其然也，故惟悉置不理，一味敷衍，遷延以塞責；或揣測某部某處權力較大者，則略爲應酬，以謀升遷之地，其他非所問也。然則無論若何良法美意，但以財政不給之故，即閣置不能舉；藉欲舉之，則不過京外文牘往還，塗飾了事。此實我國近數年來政界之現狀，無可爲諱者也。夫使其弊徒在新政之不能舉辦，猶可言也；而最危險者，乃在假新政之名，而日日朘人民之脂膏以自肥。數年以來，各省所興種種雜捐，名目猥繁，爲古今中外所未聞。人民之直接間接受其荼毒者，至於不可紀極。殿下特未盡知之耳；苟其知之，必將有瞿然愀然而一日不能以安者。夫以各國租稅所入，與吾相較，則吾民之負擔似不得云重。雖然，此當視其國民之富力何如，未可以皮相斷也。蓋歐美列强，國民財產，平均每人約二千餘圓；其每歲收入贏息，平均每人二百餘圓。故雖納十餘圓之租稅，於國家毫不覺其重。今我國民財產收入，未有調查，雖不能言其實數；然各種生利事業，盡爲外人所奪。十年以來，入口貨物所值，平均過於出口者，一萬三千萬兩。合以外債本息，每年漏巵於外者,合計約二萬萬兩。以上積十餘年,爲二三十萬萬兩,民力幾何,奚以堪此?!故二三年來,各處城市,破產頻仍,恐慌屢起。今日全國實已至民窮財盡之時,更事誅求,不出數年,悉成餓莩矣。然則國家將一切不取諸民而坐聽各種新政經費無著悉置不辦乎?是又不然。苟能遵財政學之公例,以理一國之財,則自有許多新稅源可以絶不厲民,而增國帑數倍之收入者。以某之謭陋,前此曾略擬一《中國改革財政私案》,竊謂苟能實見施行,則每年得十萬萬元之收入,殊非難事。但非將財政機關,從根本以改革之,無從措手耳。今不此之務,而唯竭澤而漁,以朘削貧寠之小民,充其量,所得不能增數千百萬,而舉國已騷然矣。夫民至於不能自贍其生,則挺而走險,何所不至。無曰養兵,即可以防亂。試觀唐宋元明之末葉,何一非由財政紊亂,釀成鉅變,以至於宗社爲墟耶?試觀英國法國百年前之革命,何一非由賦稅繁重,民不堪命,舉起而與王室爲難耶?夫即以財政一項論,苟非及今以霹靂手段經理之,而其禍之所極,已不堪設想;況乎今之所謂籌備憲政者,其紛糾而無紀,敷衍而無實,無一非財政之類也。夫苟非迫於時勢之萬不得已,則亦何取乎立憲?既曰立憲矣,苟徒襲其名,思以塗飾天下耳目,而實際乃與立憲政治之原則相反,則將來患之所中,必有視專制爲更甚者。彼波斯、土耳其兩國,固與我國同一年宣布立憲者也,徒以陽託其名,而陰反其實,遂以釀成大亂,兩國之皇室幾覆焉。殷鑒不遠,此去年事耳。今者舉國官吏,見朝廷立憲明詔,三令五申也,則人人自託於籌備。觀其奏報之文,雖若甚美,而究其實心實力,忠於國家忠於憲政者能有幾人?大率供此爲干進之階,罔利之途,擇肥而食,飽則颺去耳。彼輩視官職爲傳舍,精華已竭,褰裳去之,國之安危,於己無與也。故人人明知外患內憂之岌岌不可以終日,顧各懷得過且過之心。若殿下則安能?殿下與國家爲一體,與朝廷爲一體。國家朝廷,萬年有道,則殿下安富尊榮,與天無極;國家朝廷,脱有不諱,則殿下欲爲長安一布衣,豈可得耶?某豈好爲此不祥之言,實有見夫今日官方之頹壞如彼,民力之彫悴如此,而徒日託於籌辦新政,毫不審緩急先後之序,絶不爲綜覈名實之謀。此如久病之夫,而雜進庸醫之藥,不至速其死亡而不止。此某所爲椎心泣血,而不自覺其言之戇也。抑某更欲有言者。殿下今方總戎政,或且深自引嫌,不願干與國家大計。然以某所聞,彼立憲國軍人,不談政治者,指偏裨以下言之耳;若在元戎,豈以此論?日本首相桂太郎,非陸軍大將耶?況殿下以旦奭之尊,秉方召之寄,與國休戚,爲民具瞻者哉!殿下而猶謙讓,則天下將何賴焉?某逋逃之餘,罪當九死,豈宜仰首伸眉,論列大計?徒以天下興亡,匹夫有責;更念嘗受先帝一日之知,無以爲報。十年以來,不敢自暇,竊博考列國圖治之軌跡,按以宗邦當今之時勢,所懷萬千,欲陳無路。今值軺車茌止,吐握賢勞,竊願假階前盈尺之地,俾得謁拜獻其芻蕘。某自審獲戾甚深,非敢有所希冀,以求肆赦;且閉戶著書,足以自給,更無藉此干進之心。惟迫於憂國愚誠,不能自已,故不避冒昧,願貢狂瞽。惟殿下垂鑒而賜接見,不勝大幸。肅此恭叩王爺殿下崇安。下士某百拜。

(中華書局 1916 年 8 月版《飲冰室全集》第四十一册)

再論錦愛鐵路問題

吾於錦愛鐵路事,曾有所著論。近聞我政府以日俄兩國直接間接反對之故,頗思中輟此議,道路所傳,未知信否。吾以爲我政府若實有所見於利害比較之間,則宜舉宜廢,誠有可商榷之餘地;若見脅於他國而幡然以改,此大不可也。凡國交上可以互相束縛其行動者,惟在條約。吾與日俄之鐵路條約,雖有禁平行線之文,然錦愛之與南滿、東清,皆非平行線。南滿之風馬牛不相及,固無論矣;即其與東清之關係,雖曰縱切齊齊哈爾而過,然一縱一橫,範圍迥別。日俄若欲藉口干涉,終不能得正當之理由明甚。若欲向甲國借款辦一路,而必須待命於乙國,則直縣鄙耳,何國之爲!此風一開,紛紛效尤,將何以待之?爲今之計,能移此款以辦張恰鐵路最善也;若不爾者,則正以他人抗議之故,我不可無以應敵。所謂"騎虎者難下也",吾固言之矣。此路若辦理得宜,誠爲東三省起死回生唯一之良方。吾於此路,非絕對的反對也,但必附以條件,始能贊成耳。其一,則與美國所定借款合同,須無損主權;其二,則有一殖民公司,與之相輔。此二事,若能辦到,則於政治上及國民生計上皆可以得良效果;所餘者,則財政上增加負擔之問題耳。然使第二事能辦到,則十年樹木之計,亦豈終不可以爲償？今此事由我賢大吏倡始,於合同之條件,當能大有所斟酌。吾所望者,不辦則已,既辦則勿爲其偏而爲其全。必須麗以一殖民公司,路成一段,則内地移殖之業,與之俱進,此則非直東三省之利也。至於殖民公司之辦法如何,則普魯之行於其西鄙者,最精善而事事悉可以步趨。我大吏而有意也,吾將更端以貢所懷。

(1910年4月《國風報》第1年第7號)

美國歡迎前大統領

美國前大統領盧斯福氏,自亞非利加獵象歸,取道歐羅巴。歐羅巴諸國,禮之如王者,布衣之尊,振古以來,未之聞也。陽曆六月二十日,歸及紐約。美人歡迎於海溽者十餘萬人,四十五州各出代表以集,典禮之盛,爲美國開國以來所未有,方諸拿破侖凱旋於巴黎,蔑如也。於是塔虎特方任大統領,美人視之若無覩。而盧氏以眇眇一市民,非有一階之籍於朝也,此行作爲汗漫游而歸,非有賢勞於國也,然而扶攜郊勞,舉國若狂,論者謂其頗有類於羅馬共和末葉之綳標、愷撒輩。天道百年而一變。美自華盛頓建國迄今,周星已十,其或將返於帝制,顧茲勿深論。處今日弱肉强食之世,非厚集全國國力以競於外,則將無以自存。而非得人以指導之,則内無以爲集,而外無以爲競。是故國力不充之國,不足道矣;雖充矣,而勝敗之數,恆視乎指導之之人物何如;指導者得人矣,又視乎其國民所以服其指導者何如。盧氏者,指導今日之美國最適材者也;而今茲之歡迎,則美國人能服其指導之表徵也。君子以是知美之興未有艾已。

(1910年7月《國風報》第1年第16號)

日韓合併問題

日韓合併之議，今垂成矣。是議也，始倡之者實爲韓人，而日人若不甚以爲意者，殆所謂"將軍欲以巧勝人，盤馬彎弓故不發"耶？今則日本朝野上下，汲汲研究合併善後之策，蓋已認此爲決定義。今所擬議者，非利害可否問題，而進行方法問題而已。韓之亡，蓋亡於日俄宣戰之日，匪自今始。區區虛名，有之與無，於韓人則何擇？最可憐者，赫赫韓皇，行將爲歸命侯；而巖巖之兩班（朝鮮貴族號曰兩班，擅國權者數百年於茲矣），自此永夷爲皂隸耳。嗚呼！彼爲民上而偷旦夕之安，謂國亡而吾之富貴自在者，斯可鑒也。

（1910年7月《國風報》第1年第16號）

德國膠州灣增兵問題

德國自租借膠州灣以來，置守兵四千人，其所練中國兵在外。（募中國人練以爲兵也，數年前始練一百二十八人，今總數若干未確知。）今年四五月間，忽增置步兵騎兵各二千人，砲兵千六百人，共五千六百人，合諸舊有者，將及萬矣。魯撫孫慕帥奔告政府，政府相顧動色，要德人以撤還。雖然，人之政府，謀定然後動，其必不因我空言抗議而中止其政策也明矣。夫德國此次之增兵，其意果安在乎？若欲維持膠州灣境內及附近之治安，即前此四千人而已足。其意之不在是，蓋章章矣。然則何爲而必增兵？曰：中國大亂之起，不出二三年。中國醉生夢死之官吏,恬然不之知,而外國人則已洞若觀火也。嗚呼!吾見碧眼紅髯之駐防兵,徧國中矣,豈直一膠州哉!

(1910年8月《國風報》第1年第19號)

立憲九年籌備案恭跋

　　光緒三十四年八月初一日,憲政編查館王大臣會奏遵擬憲法大綱並逐年應行籌備事宜摺,末附有九年籌備案一份,此實宣統八年前立法行政之準則,而國家安危存亡之所攸繫也。吾儕小民,朝夕循誦,祇惕奉承,罔敢或怠。雖然,於欽佩之中,猶有不能不懷疑者焉,曰:此籌備案果能一一實行否耶?苟不能實行,則其所以扞格之者安在?有案而不實行,則其所生之結果,又當何如?藉曰悉能實行也,即此遂足以舉預備立憲之實否耶?苟其不能,則其缺點又安在?凡此皆今日全國民所亟當研究之大問題也。而自此案頒布後,已逾二年,上而大吏,中而臺諫,下而民間輿論,似未嘗於此一厝意焉。揆諸先帝渙汗大號之本意,其有怍矣。今也日日言豫備立憲,而人民之失望於政府也愈甚。雖曰局中之艱苦,非局外所能盡喻,得毋亦所由之道,有未盡善,而其效乃坐是不睹耶?不揣檮昧,條其所惑,以效忠告,庶幾我政府我國民,一省覽而資採擇焉。

一、籌備案所列舉之條目

　　謹案全案所列舉籌備之目,都凡二十七事,賡續分屬於九年中。每年所籌備者,多則十四五事,少則六七事。夫以一國之大,政務之繁,而所列舉者僅有此數,則其宜爲犖犖最大者可知也。顧恭繹原案,則其洪纖有太相懸絕者。大者則如宣布憲法、皇室大典、釐訂頒布民刑商訴訟法院會計諸法典,小者則如籌辦八旗生計、編輯國民必讀課本、設簡易識字學塾。夫八旗生計、國民識字等,夫孰謂非今日至急之一政務,夫孰謂非此九年內亟應籌辦? 然以列於此案中,則夫最急而應籌辦之政務,其類此者抑何限! 即如貨幣法之當頒定也,銀行法之當改正也,鐵路之當推廣也,郵電之當經理也,農業之當保護也,工商之當獎厲也,種種衛生章程之當頒布也,凡此皆何一可緩者? 欲悉數之,又可盡乎? 今一切不舉,而獨於編纂課本、創設學塾等列為一條,得毋於輕重繁簡之間,有所未當乎? 就令專就教育言之,簡易識字一事,其目之見於案中者凡五年,臚舉其成效者復三年,其他各種學校皆不及焉。在王大臣之意,豈不曰教育普及所以增進人民程度為立憲之基礎也獨不解所謂教育普及者,僅恃此區區之簡易識字學塾而已足耶? 乃於最重要之國民教育機關若小學校中學校等,皆未嘗以其推廣完成之期,列諸案中。於彼何其疏闊,而於此何其苛細,此愚蒙所不能解也。況此事第二三年辦之於廳州縣,第四五年辦之於鄉鎮,而原案皆注云學部各省督撫同辦。吾以為此等事非由地方自治團體辦之則決不能有效者也。今以責諸鞭長莫及之督撫及學部,其毋乃徒欲於案中增一項以為美觀乎? 夫吾則豈有惡於簡易識字學塾者,顧以凡圖治當先知治體。於不必干涉者而干涉之,徒益煩擾。而國之大臣,疲精神於衡石量書,其他要政,勢必反致叢脞。姑舉此一端以為例耳。

又原案第二三四年,均有籌備文官考試章程、任用章程、官俸章程一項,此皆澄清吏治之一要務,固已。然與此同類而所關尤為重要者,有若文官分限章程,有若官吏服務章程,有若官吏懲戒章程,皆闕而不舉,則又何也? 得毋以此等綜核名實之舉,於今日專務鑽營徇庇舞文作弊之官吏社會有所不便耶?

又各級審判廳之籌備,其項目亙於八年,而審判官之養成考試任用分限等,一字未提及。得毋以審判官之性質,與普通文官毫無差別耶? 不然,何詳於彼而略於此也?

又原案之例,每辦一事必先以釐訂章程,次以頒布章程,然後次以實行。獨於第六年有設立行政審判院一項,而六年以前於行政審判法之制定初未之及。若謂制定行政審判法,即包舉於設立行政審判院一項目中,則其他諸項目,何皆不然? 若謂無行政審判法而可以設行政審判院,則吾不解此院果何所據以行審判也?

原案第一年頒布城鎮鄉自治章程,第二年頒布廳州縣自治章程,第二年至第六年辦城鎮鄉自治，第三年自第七年辦廳州縣自治。由此推之，似國家所認爲地方團體有法人之資格者，僅城鎮鄉與廳州縣之兩級。然參證諸他種法令，則又不然。城鎮鄉自治章程中，明有府議會府董事會等名稱，是府亦爲一種之自治團體也；諮議局章程中，明定各省之所有財産及所負義務，是省亦爲一種之自治團體也。而此九年中，關於省與府之地方自治事項，未聞以何年頒布章程，未聞以何年籌辦，何年成立，此大不可解也。夫府且勿具論，若夫各行省在法律上之地位，應認爲地方自治團體而賦與以法人之資格與否，實爲目前之最大問題。全國人民直接之休戚，胥繫是焉。夫以我國地理上歷史上之關係言之，其不能以廳州縣爲最高之地方自治團體，此人人所共知，而亦政府之所默認也。乃於此九年籌備案中，竟不聞頒布省之自治章程，實行各省之自治則何也？窺王大臣之意，得毋以第三年有釐訂直省官制一項，謂即此而已足耶？夫官治與自治，其性質絕不相蒙，而其道並行而不悖，此王大臣所能知矣。而今乃闕之，其遺忘耶？其有意剝奪各行省之自治權耶？

又原案於各種法律，皆先以釐訂，越一二年或三四年乃始頒布。獨至第九年宣布憲法一項，則前此八年中絶無釐訂之文，豈以爲憲法之重要，反不如他種法律，而可輕率以將事乎？抑謂事關重大，其内容不可先行漏洩，以避事雜言厖之弊乎？夫我國立憲之機，發之自上，則應採欽定憲法主義，誠不俟論。雖然，法也者，國民意力之所合成也。法而不與國民意力相應，則事實上終不能有效。先帝立憲之本意，蓋實有見於此。然則將來之欽定憲法，其必當博採輿論，所欲與聚，所惡勿施，明矣，而秘之果何爲也？

又原案宣布憲法項下，注曰憲政編查館辦。夫謂我國憲法當由欽定，則斷自聖衷；而下此一切機關，不許容喙，猶可言也。今既不爾，以如此重大事件，而僅屬諸憲政編查館，而不使他機關參與，其毋乃非朝廷鄭重審慎之意乎？

原案所最可駭者，則責任内閣以何年成立，始終未嘗叙及也。謂此事包舉於京師官制中耶，則行政審判院也，審計院也，弼德院顧問大臣也，何一非京師官制者，曷爲而於第六第八第九等年而別條舉之？謂彼等爲前此所未有之官，故不得不別舉耶？則責任内閣，亦何嘗爲前此所有者！王大臣之意，得毋謂現今專掌題奏之內閣，或夙夜出納之軍機大臣，或分立無統之各部尚書，稍易其名，遂足以當立憲國之責任内閣乎？必不然矣。夫建設責任内閣，實爲立憲政體之第一義。今也編製此外觀秩然之九年籌備案,纖悉至於簡易課本學塾,且年年縷舉而不厭,獨於此最重要之機關而遺忘之,其果遺忘耶,抑有惡其害己者而故去其籍耶?則人民之致疑於政府立憲之不誠,又何足怪!凡此皆鄙見對於原案所列舉之條目不能無疑者也。其類此者尚多,不復縷述。

二、籌備案所排列之次序

原案區分九年,排列整整,一若於次第秩序之間,幾經審慎而後發者。然按諸實際,乃大不然。有宜先而後者,有宜後而先者,有宜合而分者,有宜分而合者。試條舉之:原案第二年釐訂京師官制,第三年釐訂直省官制,一事而兩年分辦,此大不可解者也。試問釐訂官制之本意,果實有見於現行官制之不足以致治而欲大行改革耶,抑欲撿拾一二外國官職之名入吾縉紳錄中以爲美觀耶?如後之説,則何籌備憲政之可言!如前之説,則宜合內外以通盤籌畫,而不能枝枝節節以圖功明矣。大抵釐訂官制之根本辦法,在先定國家政務之範圍及其種類,次乃辨其孰爲屬於官治行政者,孰爲屬於自治行政者;於官治行政範圍中,辨其孰爲屬於中央官廳者,孰爲屬於地方官廳者。夫所謂中央官廳與地方官廳之別,非以其官廳之或在京師或在直省云也,其政務屬於中央者,雖其官廳分設於各直省,不害其爲中央官廳,如各國之海關造幣廠專賣局等其最著也(類此者極多,若徧舉之,當數百事而未有已);其政務屬於地方者,雖其官廳設於京師,不害其爲地方政廳,如京府京縣之衙署、都城之市政公廨等其最著也。今議改官制而京師與直省乃各不相蒙,則試問各鑄幣局各官辦鐵路局各電報局之官吏,其在外省者什而八九,將歸諸京師官制乎,抑歸諸直省官制乎?然此猶曰專辦一事,且或非各省所俱有也。又如提學使交涉使巡警道勸業道乃至清理財政官等,將歸諸京師官制乎,抑歸諸直省官制乎?夫現行官制之缺點雖不一端,而最甚者莫如將中央與地方分作兩橛,界限不清,而互相侵越,互相推諉。今釐訂新官制,是無異爲中央與地方劃定一新界約也。凡重定界約者,必於舊界有所變更,或一造有所新割讓,而他造有所新占領焉;或兩造互有所新割讓,而亦互有所新占領焉,要之非兩造協而謀之不能爲功者也。乃今也必釐訂京師官制既畢,然後釐訂直省官制,吾誠不知其釐訂之從何著手也!

原案第三年釐訂地方稅章程，第四年釐訂國家稅章程，驟然觀之，一若登高自卑，有條不紊，不知此大乖財政學理，而按諸實際，又不可行也。蓋一國之租稅政策，欲使之既足國用而復不病民，則不可不根據租稅原則按照本國情形，以確定一租稅系統。而此租稅系統者，則國稅先定，然後地方稅隨之者也。故斷無先釐訂地方稅而後及國稅之理。況地方稅之最重要者爲附加稅（即《城鎮鄉自治章程》所謂"附捐"）。附加稅云者，附於國稅而加課之也。然則國稅未定，地方稅將何所麗以存立？原案云云，真解人難索矣。此事甚長，吾當別論之。（參觀第三號論說門《地方財政之先決問題》及第四號論說門《國稅與地方稅之關係》。）

原案於第三年試辦各省預算決算，第六年試辦全國預算，而第四年始編訂會計法，第七年始頒布會計法，第八年始實行會計法。吾不知會計法未頒布實行以前，預算決算從何辦起？勿論他事，即會計年度與預算格式，已不知其何所適從矣。或曰：會計法未布以前，略計本年所需幾何以製爲一表，何嘗不可？答曰：是誠可也；然若是，則我國已行之千數百年矣，無俟宣統二年宣統五年始行試辦也。

原案於第二年調查各省人戶總數，第四年調查各省人口總數。戶與口分爲兩次調查，吾誠不解其命意之所在。夫調查人戶時，已非併口數而調查之不可（民政部奏定調查戶口章程，第四章爲調查戶數，而此章第十一條，即以人口多寡爲正戶附戶之別），何苦分爲兩截，徒增政費，且重擾人民也。

原案之最奇特者，則凡各種法令皆將編訂釐訂頒布實行逐年排列是已。故第一年則修改新刑律，第二年則核訂新刑律，第三年則頒布新刑律，直至第六年乃實行新刑律。第一年則編訂民律、商律、刑事民事訴訟律等法典。至第四年乃核訂之，第六年乃頒布之，第八年乃實行之。第二年編訂文官考試章程、任用章程、官俸章程，第三年乃頒布之，第四年乃實行之。第二年釐訂京師官制，第三年釐訂直省官制，至第五年乃頒布新定內外官制，第七年乃試辦新定內外官制，直至第九年然後新定內外官制一律實行。第三年編訂戶籍法，第五年頒布，第六年實行。第四年編訂會計法，直至第七年然後頒布，第八年然後實行。惟第三年釐訂地方稅章程，第四年頒布；第四年釐訂國家稅章程，第五年頒布，皆不言實行之年。大約此章程爲政府所憑藉以取於民者，急何能擇，故即以頒布之時爲實行之時矣。夫民律、商律、刑律等諸大法典，其內容浩瀚，其條理繁雜，幾經審慎然後頒布，此吾所最欽佩也。若謂無論何種法律章程，必須窮一年之力以編訂，而編訂既了之後，又必須待來年或越數年始宜頒布，則天下安有如是之情理？夫國家之所以立一法者，豈不以此法爲應於時勢之要求，萬不可缺也。信如是也，則早頒一日，即救一日之敝。而故遼緩之，效彼月攘一鷄以待來年者之所行，果何爲也哉！然此猶得曰出於慎重之意，未可厚非也。若頒布與實行，爲期懸絕，則事實上將有無窮之障礙生焉。今世各立憲國之法律，皆以經國會議決君主裁可之後，即爲完成，公布特其形式耳。然加以此形式之公布，則其法律立生效力，更無復絲毫疑義。其有施行期限稍予猶豫者，不過因遼遠之地，小民或未能周知耳。故大率以官報到達該地之日，即爲新法律在該地有效之時。此何以故？盖新定一法律，皆所以規定人民之新權利新義務也。而凡新法律皆有改廢舊法律之力，是又消滅人民之舊權利舊義務也。故每一法律之頒布，則國中無量數人之公私權利義務，皆緣而生大變動。既頒布矣，而實行之期，乃遲至一年或三四年，則此一年或三四年中，人民將何所適從。其間公私訴訟，甲則主張新權利，乙則主張舊權利，而孰爲適法，一任官吏之上下其手。如此，則蝸唐沸羹之象，豈復可思議！此真所謂治絲而棼之也。鄙意以爲中國幅員太廣，交通未便，則法律效力發生之期間，不能各地畫一，原非得已。然或據各省距京師道里之遠近，定一等級；或即以《政治官報》到達之日爲期，皆未始不可。今若原案所定，則雖輦轂之下，而奉旨頒布之法律，猶有一年或數年等於廢紙，吾不知果有何理由而必須如此也。而尤可異者，則莫如新官制。第二年已釐訂矣，至第五年始頒布；頒布猶具文耳，至第七年始試辦；試辦猶兒戲耳，至第九年始實行。夫官制之爲物，固當與時推移，務求其適。而今日之時局，一日百變，國家政務之範圍隨之。故各國官職之廢置，無歲無有。自第二年至第九年凡八年間，其變遷當幾何，而謂前所釐訂者，後尚可用乎？且政府既立意於第九年乃改官制，則何不亦俟彼年始行釐訂？而先爾僕僕，甚無謂也。平心論之，今日非先行大改官制，復何一事之能辦！全份籌備案乃至一切摺奏章程，皆拉雜摧燒之可也。若欲舉預備立憲之實者，惟有於第一二年，全力以注此耳。憲政編查館諸王大臣，亦豈不知此；而無奈完善之官制，於國家憲政雖有大利，而於籌備憲政之人乃大不利，其籌備之責任愈重者，則其不利也愈甚。故籌備案中，不能不於第二三年姑列一釐訂之目以塞輿望,而遲之又久而頒布,遲之又久而試辦,更遲至[之]又久無所逃避然後實行。夫所釐訂之新官制,其內容如何,果足爲施行憲政適宜之機關與否,未可知也;然猶塗飾遷延,一至於此,他更何望矣!全案中本末倒置之事,莫此爲甚。稍有識者,安得不爲流涕而長太息哉!

要之全案中每一項目而分數年排列者,大率毫無意義,不過苟以塞篇幅,示每年項目之多而已。夫以九年内全國託命之法案,而其究極不過塞篇幅,是安得不爲流涕而長太息也!

三、籌備案所責成之機關

原案每項目下,皆有某部某館某處辦或各省督撫辦或某某會同辦字樣。就表面論之,則以此明責任之所歸,豈不甚善?然按諸事實,即又有不可行者。蓋政治上之事項,與行政上之事項,其性質截然差別。① 行政事項貴分任,而政治事項貴總攬。今此案名曰"籌備憲政",其性質固宜屬於政治事項者居多數,有欲專責於一二行政機關而不能者。若前所述制定憲法之權,不能專委諸憲政編查館,其最著矣。(憲政編查館雖非行政機關,然亦豈足爲總攬機關。)其他若釐訂官制,若釐訂租稅,若舉行豫算等事,何一非當内合各部外合各省然後能行者。又如設立行政審判院,設立審計院,設立弼德院、顧問大臣等事,凡此皆爲獨立之一機關,又何待他機關之代爲辦者。(此諸院與資政院事同一律,而第二年第三年關於資政院事項,皆注曰"資政院辦",而此諸項,則憲政編查館、會議政務處同辦,此不可解也。)又此九年内雖未有完全之上下議院,而資政院固已成立,則釐訂官制、核訂諸大法典以及草定憲法,乃至凡一切政治事項,固宜許資政院以參與。乃原案於第三年舉行開院以後,資政院無復一事可辦,豈真僅以此爲一裝飾品耶?推原案之蔽,在於僅據現在所有之機關,而硬派以職務。殊不知現有機關,本不足以副籌備憲政之用,而性質之散漫無統一,尤爲致梗之大原。苟非建設一有統率有責任之内閣,則憲政萬無能籌備之時。吾國人徒見各國之所謂内閣、所謂國務大臣者,大率以行政各部之長官組織而成,乃謂吾既有各部,則凡百分委之已足。

---

① 此下原有夾注"參觀附錄《憲政淺說》第二章第三節",據《梁任公文集》(上海共和編譯局 1914 年版)略去。

殊不知内閣之與各部，其性質大有差別，其即以各部長官列爲閣員也，不過取事實上之便利，而非謂法理上不得不然。故其人實以一身而同時兼司兩機關：以其爲各部長官之資格，而分任行政上之事項；以其爲閣員之資格，而總攬政治上之事項。故各部則獨裁機關也，而内閣則合議機關也。雖曰舍各部之外無内閣，而斷不能逕指各部之本體即爲内閣，蓋其性質使然也。今吾國徒有行政機關而無政治機關，故於事之不能專屬一部者，不得已而悉以歸諸憲政編查館及會議政務處。夫此兩者果足以當政治機關乎，勿論朝延［廷］本視之爲無足重輕，其資格不足以語此也；即欲強以當之，然一國之總攬政治機關，豈容有兩箇乎？總攬政治機關而與行政機關全然分離，則又有一事能辦者乎？苟不厝意於此，而欲籌備之有成效，吁其難矣！

四、籌備案所期待之成效

原案所指數之成效，如云某年某事一律成立，某年某事一律完備者頗多，而尤切明者，則如第八年云"變通旗制一律辦定化除畛域"，第七年云"人民識字義者須得百分之一"，第八年云"人民識字義者須得五十分之一"，第九年云"人民識字義者須得二十分之一"。夫變通旗制處以第一年設立，若云法律上之滿漢平等也，則應自第一二年即爲實行，何待八年！第八年以前，民、刑、商、訴諸法典，已大半頒布施行；若旗制尚未變通辦定，豈一國中人民尚有所謂治外法權者在耶？則一切法典，幾何不全歸無效也！又第八年以前，城鎮鄉廳州縣之地方自治，已一律成立；若旗制尚未變通辦定，則公民之資格，何能畫一，豈一國中人民，尚有一部分不加入地方團體，不能沐自治之惠者耶？故此事至第八年始辦，實屬遲遲，事理之至易見者矣。抑變通旗制者，政治上之手段也；而化除畛域者，社會上之事實也。國家之力所能逮者，惟在變通旗制；若民旗畛域之以何時而始得化除，蓋有非徒恃政治之效者矣。即曰有效也，必需時日。今於第八年始變通旗制，而於是年即云"化除畛域"，得毋謂人民心理之轉移，有似化學上物質之和合，可使旋至而立有效者耶？以此期成，不至大失望而不止也。

又原案所謂某年人民識字義者須得幾分之幾，問其何以能致此，必曰吾固有簡易識字學塾也。顧吾又嘗考學部奏定簡易學塾辦法，則凡皆以爲中年失學者補習之地也。夫人至中年，則固非父兄師長之所能督責；且爲仰事俯畜計，其職業各有所趣，國家甯能以待未成年學童之法待之，而强迫以必就學塾之義務乎？殆不然矣。若是則學塾雖開，亦安能言人民識字義者，必遞年以一定之比例而增進耶？即曰可以比例增進，又安能謂今年方有百分之一者，明年即有五十分之一，再明年便有二十分之一？夫樹人之計，期以百年。教育之爲效，庶政中之最强固而亦最遼緩者也。雖以德國、日本教育之盛，而其發達之程度，且經十年猶未能增進一倍。今我乃欲兩年而一倍，三年而五倍，天下有如此容易之業耶？夫如原案所云云，豈非吾儕小民所日夜禱祠者；而無如按諸事勢與其所以經畫之跡，實無異適燕而南轅，蒸沙以求飯，蓋未有能致者也。其他各項目，亦什九類是已耳。古人有言："其言之不怍，則爲之也難。"又曰："輕諾者必寡信。"人民之竊竊焉疑之，又何怪焉！

嗟乎！此九年籌備案者，憲政之能成立與否係之；憲政之能成立與否，則數千年國家之存亡、數萬國民之生死係之。而今也其内容之鹵莽滅裂，一至於此。就令事事實力奉行，然其效之如何，抑已可睹；況乎其未必爾也。嗟乎！國家苟非煎迫於内憂外患，窮無復之，則亦何必紛紛焉爲是改作者。既已不堪於煎迫而欲有所改作矣，毋亦朝野上下，精白乃心，困而學之，誠而求之，其庶幾挽浩刼於萬一，而迴天眷於將替。而今顧何如矣！夫俗吏愚㥟，不足深責。若乃憲政編查館諸王大臣之公忠體國，及其中濟濟髦士之績學識時，則舉國所具瞻也；謂其苟欲塗飾耳目、敷衍門面以上欺君父、下愚士民耶，則以我大夫之賢，何至如是！而其所表示設施以與天下共見者，則固若此矣；而籌備之功，歷程已三之一，其成績則又若彼矣。循此以思，則至宣統八年號稱籌備完成之時，其果有以上答君父之憂勤而下蘇士民之飢渴與否，又豈待問也！嗚呼，以我大夫之賢而竟如是也！其必有慮之未熟而擇之未精者也，吾儕小民，雖百無一似，然幸生不諱之朝，與有匹夫之責，苟心所謂危而不以告，則戾滋重焉。乃僅述所疑，恭跋如右。語曰："狂夫之言，聖人擇焉。"又曰："良藥苦口利於病，忠言逆耳利於行。"庶幾改之，余日望之。

（1910年2月《國風報》第1年第1期）

爲狄葆賢書扇小序

辱示索近作,兼使作佛語。頻年耽俗學,心徑荒茸,殆不可理,深媿無以應明命。厪鈔數月來所爲古近體若干首,就斧大匠,以校少作頗得咫進否。雅勿欲示人,惟思與公一商略耳。頃更擬爲長歌,答公"佛學叢書"之約,第須索公一畫相易。交換之期,限以今月。

(1910年9月2日《時報》)

《法政雜誌》序

美國前大統領盧斯福者,可謂並世第一流人物也已。罷職後,自厠身於"奧特洛克"雜誌社爲主筆。去歲在歐洲演説,嘗自述其所以執此業之故。其言曰:"言論之有造於社會,盡人所同知也。然著書之言論,嫌於太謹嚴;日報之言論,嫌於太漫漶。著書之收效,期以百年,雖堅健而苦遲;日報之生命,限於一日,雖迅普而苦短。位其中者,莫如雜誌。"其言或不免阿好乎?然雜誌之爲物,其在社會上之位置,略可見矣。

今世一切事業,大率分科發達。蓋現象日趨複雜,而一現象之範圍中,其所函愈富,而所造愈深,非有專門,不能以善其事也。即雜誌亦何莫不然?今各國之名雜誌,大抵各明一義,而對於社會之一部分事業,大有所靖獻。吾國之雜誌，雖有名作，而未足以語於是。或志欲爲之，而毅力不足持於其後，方始趨進，乃戛然中止。我國文物進步之所以濡滯，此亦其一原因也。

今日欲求分科雜誌之發達，則最要者莫如政法矣。蓋以中國今日，殆儳然不可以俄頃即安。苟非政治現象大有所變，則國且不綱，而凡百更安所麗！朝野達識熱誠之士，日以憲政相呼號，皆爲是也。雖然，憲政政治，質言之，則法治的政治而已，人民的政治而已。人民非涵養於法律精神者深，則雖有良法，等於殭石；人民非感興於政治趣味者厚，則雖予以參政權，亦棄置不用，即用矣，而終不能淬厲以圖進也。我國數千年來，以放任爲治。國家未嘗以法律整齊其民，民亦樂其不擾，而相與安之。一旦律以嚴肅之法，而納之於一定之秩序，非所習也。而他人之侵權違法，亦視爲固然，所以抵抗而糾正之者不力。此其性質與立憲主義最不能相容者也。然一方面雖久習於放任，一方面仍久梏於專制。以專制之故，人民與國家之關係，所感日薄。其愛國也，不如其愛身家也；其愛國也，不如其愛鄉邑也；其愛國也，不如其愛黨派也。是故賦之以政治上之權利而不知寶，課之以政治上之義務而不知踐，此又其性質與立憲主義最不相容者也。

比年以來，上下侈談預備立憲矣。當道之苟且敷衍，以塗民耳目，固不足道；而環顧吾民之所以應之者，則亦未見其有以異於彼所云也。不見夫諮議局之初複選舉，而放棄選舉權者所在多有乎？不見夫選舉之際，而弊端屢見告乎？不見夫議決法案，往往不滿人望，甚且有以庇賭徇盜貽笑鄰邦者乎？不見夫所議決者，什九爲行政官所壓抑，不生效力，而無道以自衛乎？不見夫各級自治，籌備有年，而成效一無可睹，且常緣此而釀禍亂乎？不見夫以區區調查戶口之故，而擾攘日有所聞乎？不見夫私立公司，什九無成績之可見乎？不見夫教育事業，近數年間，反日形退步乎？此等現象，隨舉一二；若悉數之，更僕不能盡也。此其罪，在官吏之溺職無狀者半，在吾民之不自愛不自振者亦半。抑西哲有恒言：但使有能盡責任之國民，則斷不容有不盡責任之政府。然則官吏之罪，國民毋亦分尸之矣！

然則國民法律觀念與政治能力之薄弱，其受之於天而不可改乎？曰：惡，是何言？吾國民於此二事，乃實有優異於他族之點。吾昔嘗別著論言之，今不暇沓述也。而在今日乃反若事事出人下者，則於近二三百年間，全世界社會之變遷太劇,而今者潮流乃正被於我。我數千年所固有者,不能與之相應,舍其舊而新是謀,則當乎將渡彼岸而放於中流之際,氣象險惡,固其所耳。當斯時也,則必先予之以應於新時勢之智識,然後能發揚其應於新時勢之能力。言論之功,學問之效,於是乎在矣。

今國中政法一門之譯書,固稍有可見,然既已不足以語於著述,且於輸進國民政治常識,專恃成書,亦所不能也。疇昔學界,政法類之雜誌,亦時時間作,然多不竟其功。今法政雜誌社有發刊《法政雜誌》之舉,吾知其於國民之法律觀念與政治能力,必將大有所造也,乃樂爲之序。

(1911年3月《法政雜誌》第1年第1期)

論法治國之公文格式

論治者惟其精神,不惟其形式。此稍知治體者所能言也。雖然,天下固有形式爲精神所攸寄,苟乖其形式,即精神亦失所保障者。蓋凡政治上法律上之公牘皆有然,而立憲法治國其尤甚者也。

法律行爲者,行爲中之最嚴格者也。雖屬於私人交涉者,猶且必須遵一定之格式,履一定之手續,非是則不生效力,所以正分界而避爭議也。若國家之行其統治權而頒布公文也,則格式之嚴益加甚。蓋國家也者,非自然人而法人也。法人之意思,不能直接發表,而必假手於其機關。嚴定格式者,所以證明機關行爲之正確也。蓋雖在疇昔之專制國,則固已致謹於是矣;而在今世立憲國,則區別愈益精密,而施行愈益嚴重。此何故歟?蓋專制國惟有一最高機關,而其他機關,悉爲級數從屬之關係,權限爭議甚稀,故格式雖稍游移而不爲病。立憲國不然,於最高機關之下,而有多數之獨立機關(如上下議院、弼德院、大理院、審計院、行政裁判院等,皆憲法上之獨立機關,與政府對峙者也。其他地方團體,亦率皆數機關並立),互相限制,互相補助,以完統治權之作用。當其行使統治權也,或以某部分專屬諸某機關,而絕不許他機關之侵軼;或數機關相協和以行,而彼此各有其權界。苟非分別部居以鄭重其形式,其必至甲機關之權責,爲乙機關所侵蔽,無所盾以自完,而立憲精神,將翻根柢以破壞。此各國規定公文式所由兢兢也。今得分二項略論之:

第一　法律及命令

專制國之法規,其制定之手續,至爲簡單。《漢書·杜周傳》云:"三尺安出哉?前主所是著爲律,後主所是疏爲令。"蓋立法事業,專屬於一機關,而增修改廢,悉隨其意。其頒之也,亦不必循一定之嚴格。故吾國歷代法規,或名法(《周禮》稱"懸法""讀法",楚有《僕區法》《芳[茅]門法》,晉有《被廬法》,魏有《法經》,其最古者也),或名憲(《管子》稱"布憲"),或名律(《秦律》六章,《漢蕭何律》九章,張湯復《越官律》,趙禹爲《朝律》,皆後世律所本也),或名令(漢有令甲、令乙、令丙等,其他漢命見於古籍者,尚十數種),或名科(《梁科》二十篇,天監四[二]年頒,科之名所自始),或名格(東魏《麟趾格》,興和三年頒,格之名所自始),或名式(西魏《大統式》,大統十年頒,式之名所自始),或名勅(宋代刑律名爲勅,《建隆編勅》其最先也),或名典(歷代行政法率稱爲典,《唐六典》其最古也),雖名稱雜多,然其間無主法助法之別,其頒廢手續略同一,其效力强弱,亦無等差。蓋在專制政體之下,即此未嘗不足以爲治也。近世立憲國則異是,同是法規,而因其內容性質不同,則制定發布之形式不同,而所生效力亦不同。試舉其概:

(第一)法律與命令之別　公文之以法規形式表示者,有兩大別:曰法律,曰命令。命令得由行政機關專發之,法律必須經立法機關之議決,此其最異之點也。今世立憲國之法律,率經三種手續然後成立:一曰提出,其權分屬於政府及兩院;二曰議決,其權專屬於兩院;三曰裁可公布,其權專屬於君上。惟其手續如此其鄭重也,故其所生效力甚强,舍憲法外莫能與之抗。惟以法律能改廢法律,不能以他種形式之公文改廢法律也。

(第二)命令之種類　命令者,其效力次於法律一等者也,而有緣其種類之異,而效力强弱及發布之手續隨而異。略舉其概,可分四種:

(一)緊急勅令　當議會不能召集時,而發之以代法律者也。故其效力與法律相等，且能用之以改廢法律。而其發布之條件有三：（一）要經弼德院諮詢；（二）要由大臣副署；（三）要得議會事後承諾。

（二）獨立命令　亦稱大權命令。此歐美各國所無，惟日本獨有之。日本之制，君上爲保持國家安寗秩序、增進臣民幸福起見，得自發此種命令或使行政官發之。此種命令，其拘束人民之效力，亦與法律同；惟不能以之改廢法律，且其內容不能與法律相牴觸。其頒發之權，則專屬於君上及行政部，而立法部不得過問。其種類復有勅令、閣令、部令及地方官廳令等之別。在勅令則亦以弼德院諮詢及大臣副署爲必要之條件，在閣令則以經內閣會議爲必要之條件也。

　　此種命令，其最容疑議之點，則在其與法律範圍之分野何如。某事項必須以法律規定之，某事項得以獨立命令規定之，此其影響於立法行政兩機關權力之消長者，蓋甚大也。

（三）委任命令　謂於法律所委任之範圍內而發布命令也。所謂委任者，或取分野不定之事項而委任之（其事項之性質，或以法律規定，或以命令規定，皆可，而用法律明文將此種委諸命令也），或取法律分野內之事項而委任之（其事項本應以法律規定，而爲省手續煩重起見，即用法律明文將此種委諸命令也。法律分野內之事項得隨意委任與否，學者言人人殊），其頒發之手續亦與獨立命令同（歐美各國皆有委任命令，而無獨立命令。蓋日本所謂獨立命令範圍內之事項，在歐美各國，非經法律之委任，則不得擅發也。質言之，則日本之獨立命令，可稱爲憲法上概括的之委任；歐美之委任命令，則爲法律上個別的之委任也。故日本學者有將此項與前項之獨立命令併爲一談者，亦有將此項與次項之執行命令併爲一談者）。

（四）執行命令　爲執行法律起見，而規定其細目也。此種命令，純然爲法律之附庸，所執行之法律廢，則自隨以俱廢。（學者多言委任命令，亦委任之之法律廢，則命令自隨以俱廢者。惟伊陵尼反對此說。委任命令與執行命令之異點，當於此求之。）其種類及頒發之手續，亦與前二項同，惟不必經弼德院諮詢者多。

（五）官廳內部命令　此種命令，全爲規定各官廳內部之組織及其辦事規則而設。其與法律及前四種命令異者，彼則對於全國人民直接生拘束力，此則不爾，其效力專行於官廳內部也。故頒發之手續，亦視前爲益簡易。

夫等是法規也，而必於其間畫分法律、命令兩大門類，復於命令中分若干小門類，各嚴其度量分界而不許相踰越者，何也？蓋緣其效力有強弱廣狹之殊，故制定之機關應分別單複，而頒發之手續應分別煩簡也。例如第二至第五之四種命令，皆不能以之改廢法律，且其內容不能抵觸法律，故其制定頒布之權，專委諸行政機關而已足。何也？重要之權利義務，既規定於法律中，得法律以爲嚴重之保障，則行政部無論若何專橫，終不能假此四種命令以蹂躪人權明矣。而此四種中，其效力所及，復各不同。第五種之官廳內部命令，不能直接生拘束力於全國，則其影響於人民者自較薄，故全由行政部任意發之，而不煩以他機關參預其間。第四種之執行命令及第三種之委任命令，雖有直接拘束人民之力，然其性質不過爲法律之附庸（第四種固純屬附庸，第三種雖間有具獨立之姿者，然其淵源，總根本於委任之法律，終不失爲附庸也），各麗於個別之法律，能單獨發揮其效力之餘地甚小，故其大部分由各級官廳自發，惟重要者以勅令行之。第二種之獨立命令，其分野或慮與法律相混，故其重要事項之出以勅令者，恆經弼德院參預。凡此皆與法律異其系統者也。夫法律也者，規定國家機關與人民之權限，且規定人民相互之權限者也。一國秩序之根本，皆從此生。頒一法律，則全國人或緣此而取得新權利，或緣此而負荷新義務，君民上下皆應守之，故爲事不得不鄭重。君主、政府、議會三機關，各相協和，經多數之手續而始成立；而欲改廢之，亦還經此諸機關，還履此諸手續，實非得已也。顧猶慮國有大事迫不及待，則設爲權宜之制，而有所謂緊急勅令者出焉。緊急勅令者，與法律同其系統者也，變形之法律也，以行政部侵立法部之權者也。然不能廢之者，所以應變而待非常也。故其行之必諮詢於弼德院。夫弼德院雖非有嚴重之責任，然固爲憲法上之機關矣。然不止此也，必使副署大臣全負其責，而求承諾於次期議會。求承諾云者，求解除責任也。（歐洲各國憲法正文對於事後承諾事項，有直書爲求解除責任者。）其意若曰：以君主之命而改廢法律，本爲違憲；徒以國家危急存亡之際，不得不破格出此。此種違憲舉動，閣臣實責無可辭。然既有不能不行權之理由，故述之以求議會之見恕云爾。由此觀之，則法規所以分出以上種種形式者，凡所以別效力之強弱，爲立法權究竟之保障，使人民得有所信賴，而相安於法律狀態，實法治精神之所攸寄也。

今我國人惟不達此義，是故律令則例章程規條等，紛如雨下，名稱雜糅，不立差別。今日頒一法，明日又頒一與之相反對之法；甲部出一令，乙部旋出一與之相矛盾之令。問其名義，則同是章程或規則也；問其手續，則同是奏准或欽定也。所頒愈多，愈樊然淆亂，使人靡所適從。以此而欲人民安於法律狀態，以此而欲舉法治之實，斯無異南轅而北其轍也。

吾嘗習聞民黨之所以詰責政府矣，動則曰：政府以命令改廢法律，違反立憲精神也。夫責之誠是也。然政府而欲謝責，則亦有辭矣，彼將曰：吾惟以命令改廢命令，未嘗改廢法律。或又曰：吾蓋以法律改廢法律，而並非濫用命令。則民黨終無所挾持以與之爭也。夫何種事項，必須以法律規定，法律成立，必須經何機關，用何手續，自始未有一定之明文，而乃於樊然淆亂之章程詔令中，辨其效力之孰強孰弱，不亦遠乎？今欲救此敝，則（第一）當釐定法律之範圍而正其名：（一）規定國家重要機關之組織者；（二）規定公私法人之組織者；（三）檢束人民之自由權者；（四）賦予人民以新權利者；（五）課人民以新負擔及國庫增加新負擔者；（六）其他凡國家施政影響及於人民全部者。凡此等類，必須正其名曰法律（或省稱法），必須經一定之手續而始成立。（第二）則法律成立之手續：（一）政府或資政院提出；（二）資政院可決；（三）皇上裁可公布。三者有一不備，則不得以法律名。（第三）分別整理舊法規：宣統二年九月以前（資政院開院前）已頒之法規，何者名爲法律，何者不名爲法律，用明詔宣示之，列表以告天下。然後（第四）定法律之效力：凡舊法規之認爲法律者，以及陸續新制定之法律，一切命令不得抵觸之，尤不得擅以命令改廢之。其或權宜頒緊急勅令以代法律，必須經次期資政院之承諾。如此則有所持循，而上下相蒙之弊，其或可以免矣。

第二　詔旨

君主國之行使統治權，常以詔旨。此不問立憲、專制而皆同者也。然立憲之所以異夫專制者，則其詔旨之關於政治者與不關於政治者嚴立區別，而頒布之形式各殊也。請言其概：

（第一）政治以外之詔旨

（甲）　勸勉臣民之詔（如日本之教育勅語、軍人勅語、戊申詔勅等是）

（乙）　恩詔(關於慈善救恤及其他)
（丙）　關於皇室事項之詔(其事項與國務無關者)
（丁）　尋常應酬之詔(如逢慶典及其他例發者)
（第二）政治上之詔旨
（甲）　公布法律之詔
（乙）　公布勑令之詔
（丙）　公布預算及公債條件等之詔
（丁）　公布條約之詔
（戊）　任免特簡官之詔

政治以外之詔旨，間亦用大臣副署，然以不副署者爲多，以其本無責任之可負，無取爲此僕僕也。然此項詔旨，在立憲國發之甚少，每年不過數次而已。若夫政治上之詔旨，則發之誠頻繁矣。然其詞皆甚簡單，以數語冠於法規原文之上而已，蓋所重者，在法規不在詔旨也。而此等詔旨，必由國務大臣副署。副署者對於詔文及其所冠之法規，令負責任，不能假之以自爲護符也。其政治上長文之詔旨而不與法規相麗者，在立憲國蓋絕無僅有。若其有之，則亦副署大臣對於詔文中一字一句，皆全負其責任，尤不能假之以自爲護符也。凡此皆所以貫澈君主無責任之本旨，而長保神聖不可侵犯之威嚴也。

今我國則與此異：任一曹郎，免一丞倅，動煩詔書；黃河安瀾，京師得雪，皆頒特旨。至於頒布煌煌纚纚之法規，乃反無一定程式，降頒明詔與否，惟政府所便。而政府凡百設施，率皆以上諭宣示意見，一若政策全自君上出，而政府無與焉者。其政府失職，爲他機關所抨擊，則又常託庇於詔旨爲之辯護，以卸其責任。於是全以君上立於政治責任之衝，而政府反隱匿於其後。其有失政，則民怨悉府於君上也。而現行法律之不便於政府者，常用詔書破壞之，晏然不以爲怪，則違法之咎，又將在君上。此實與立憲精神最相反，而陷皇室於至危之地者也。

今後之中國，苟非誠欲立憲，斯亦已耳；若確信非立憲無以救危亡，則改此慣習，其最要也。法當如日本之例，嚴定公文程式，除公布法規條約及任免大臣外，絕不發政治上之詔旨。夫天下事惟愈稀者乃愈見貴，而凡在尊嚴之地位者，尤不可多言以授人以隙。故今世各立憲國，輕易不發一詔書；苟其發之，則人民尊仰之若聖典，所謂"三年不言言乃雍"也。若我國詔旨，日頒數道，其無關大計者,則何必以衡石量書之役,褻及尊嚴;其有關大計者,則又徒爲大臣受過,而爲民罍之的。此甚非立憲政體之所宜出也。

以上兩事,僅舉其最要者。其他公文格式之應釐定者尚多,未能縷述。然但能謹於此,則亦大綱既具,而法治之實效,庶可幾矣。竊謂新內閣而稍有公忠體國之心,當速定之以繫民望。而不然者,則今年資政院開院,其第一事即當提出此案。若此之不定,則資政院無論議決何法案,悉歸無效,而憲政之實行,法治之實現,正恐未知期以何日也。

(1911 年 9 月《法政雜誌》第 1 年第 7 期)

致袁世凱電

袁宮保鑒:閱東報,見新內閣員以超濫竽,且疑且駭,超庸愚,何足贊鴻業,備員伴食,於國於公,兩無所裨,謹堅辭。深負雅意,無任慚悚。

顧竊欲進一言者,禍變至此,今後戡亂圖治,必須視全國民多數意嚮,雖有非常之才,苟拂輿情,終無善果。傳聞諸道路,謂新政府尚主戰議。同胞塗炭,豈有未極,何忍更加薙獮?況欲備戰力,勢且不得不有所仰於外,險象之乘,詎堪設想?公之忠誠明察,當不出此。

今惟有於北京、武昌兩地之外,別擇要區,如上海之類,速開國民會議,合全國人民代表,以解決聯邦國體、單一國體、立君政體、共和政體之各大問題,及其統一組織之方(法)條理。會議〈法〉結果,絕對服從,庶幾交讓精神得發生,分裂之禍可免。超一月以來,殷憂深念,從各方面窮思國家前途安危,悲喜參半,頗有所懷,別容函布。辱承雅意,聊貢愚誠。梁啓超叩。勘。

(1911 年 11 月 26 日《申報》)

論佛教與國民之關繫

　　合多數之人民,立國於大地之上,思想如是其紛糅,學術如是其複雜,境遇如是其差別,教育之所不能統一,法律之所不能整齊;而無老無幼、無男無女、無貴無賤、無智無愚、無賢無不肖,人人有一至尊之信仰、至大之希望、至嚴之監督、至公之裁判,高明者不能有所越焉,駑下者不能有所外焉,國家之原素歟?人類之靈魂歟?曰:唯宗教之故。

　　國勢之興廢,人種之強弱,政治之隆污,常與宗教之盛衰、信仰之厚薄,有密切之關繫,因果昭然,無可怪者。使宗教而昌明也,信仰而純篤也,其國度未有不蒸蒸日上者。如或不然,則岌岌焉不可終日矣。曠觀世界,徵諸歷史,彼日耳曼、英吉利新造之國,何其興之忽耶?希臘、羅馬、埃及、猶太先進之邦,何其亡之暴耶?曰:唯宗教之故。

　　中國者,非世所謂無教之國歟,非亦所謂多教之國歟?由先之說,則已無宗教之可言;由後之說,則信仰究當屬於何教耶?夫信教自由,言論自由,文明公理,并行不悖。不佞平昔師友之所召,議論之所及,捫籥而譚,自忘固陋。近攬神州之現狀,印以素日所主持,竊謂吾國求治之術多矣,而尤以宗教爲亟;宗教之別繁矣,而斷以佛教爲宜。問者疑吾言乎?請從容而畢其說。

一、中國之程度以佛教爲最逗機

　　中國今日文野之程度,實亦一大疑問也。語其政治,有數千年不絕之歷史焉;考其學術,有數十家相傳之派別焉;觀其人民,有數百兆統一之文字焉。泱泱聲譽,彪炳全球,儼然爲世界古國僅存之碩果。然而人心偷惰,道德陵夷,政治薄弱,學說瑣碎,又幾與野蠻之部落、喪亂之國民,把臂入林,或且加甚焉。

執是以往，習焉不改，十稔而國可亡矣，百年而種可滅矣。夫宗教之信仰，與國民之程度，其比例必相等，其流布始普通。而中國何如哉？上焉者翺翔于九天之上，下焉者宛轉于九淵之中。使無宗教以統一之，或宗教而不逗機也，則其擾亂社會，渙散人心，將甚于洪水猛獸之災，慘于地覆天傾之禍。眷懷祖國，我心忡忡，大事因緣，唯此而已。然逗機之教，舍我佛其奚屬我？其説有二：

（一）佛教者，唯心之教也。 物有本末，事有終始。夫事物千差萬幻，因緣互成。如不明其本之所在，始之所起，而用分別之心，逗下劣之見，窮老盡氣，執一端以求之，則入海算沙，只自困耳。事之不可終通也，物之不能盡格也；非侈言神秘而不可傳，即鄙為瑣屑而不足道。古今中外，立教者多矣，孰能免於此哉？唯佛則不然，其一代時教，深廣無涯，一言以蔽之曰："三界唯心。"慮衆生之未易信解也，再益之曰："萬法唯識。"夫佛之所以成佛者，證窮此心而已，心外固無少法之增也。衆生之所以為衆生者，遺昧此心而已，心中亦無少法之損也。以中國程度不齊，思想不一，阻礙進行，莫此為甚。使明此義，則善惡因果，等若空花，生死涅槃，猶如昨夢，尚何一人之不收，一法之未盡哉！此佛教之逗機者一也。

（二）佛教者，平等之教也。 昔世尊初成正覺，即曰："奇哉奇哉！大地衆生，無不具有如來智慧，但以妄念而不證得。"烏乎！即此一言，已不愧為天中之天、聖中之聖矣。夫他教之教主，無不以神聖自居，示人以萬萬不及；其信徒之自待也，亦絕不取存希冀非分之心。而佛教則不然，望人之成佛也，則勸以發大心；恐人之不思成佛也，則責之為敗種，其平等為何如哉！中國今日，專制之威未盡，共和之利未彰，家喻戶曉，移風易俗，期以百年，猶恐未當。使以宗教所詮，為政治之原理，平等之説，化人心于不知，功效將來，不可思議。此佛教之逗機者二也。

一、佛教之事理以中國為究竟

佛教之成立，蓋三千年於兹矣，其流通亦數十國矣。為問發揮至理，典籍昭垂，以何國為最多？曰唯中國。宏法利生，龍象輩出，以何國為最衆？曰唯中國。雖然，中國佛教特別之故，尚有兩大端。

（一）佛教之大乘，唯中國傳之。　我佛說法，有權有實。權者，非究竟也，其理悉出小乘；實者，究竟也，其理悉在大乘。佛滅度後六百年，印度所傳，但有小乘；小乘之中，復分二十部。馬鳴菩薩始造《大乘起信論》以振之，而小乘諸師，紛紛集矢，謂大乘非佛說。其後龍樹、世親等諸大德，抱殘守闕，少延墜緒而已。及玄奘法師西遊，正值印度性、相爭霸，大乘極盛之時，尚須轉譯《起信論》以反哺之，其他可知矣。中國雖當漢、晉之際，正法初至，小乘略興；而其後二千年來，遂成爲大乘統一之時代。此其究竟者一也。

（二）佛教之宗派，唯中國開之。　學佛而不知宗派，則時教權、實，總無由分，其由[猶]入山而迷途徑，航海而失經緯也。宗派亦多矣，而融通哲學，究竟法源，莫過于教下三宗。其中唯法相一家，源淵天竺，若華嚴、天台，則皆創之中國。他若禪門、淨土，原始要終，亦無一非中國所發揮而光大者。即他國之得聞大乘，亦無一非受諸中國，而不能別有所益焉。此其究竟者二也。

以言中國之程度則如此，佛教之事理則如彼，我國民其亦知所向乎？僕于此道，無能爲役，然不自揣度，亦嘗有所申論矣。比以同志徵文甚急，不獲從容，涼夜短更，偷暇塞責。揆諸佛教之真理，固多影響之譚，即按諸平昔所主張，亦有支吾之處，置筆緘札，不復檢點矣。假我須臾，當別有所作，以贖急就之愆，則續者之對於斯篇，正不妨作前魚之棄也。

（1912 年 10 月《佛學叢報》第 1 號）

梁启超 著
夏晓虹 辑

饮冰室合集
集外文（增订本）

中册

北京大学出版社
PEKING UNIVERSITY PRESS

目　録

中　册

答民主黨在天津開歡迎會辭	573
在民主黨直隸支部歡迎會演説詞	574
蒞國民黨歡迎會演説辭	576
與國民黨參議胡瑛之談話	579
在臨時工商會演説詞	580
覆民主黨員文耀等書	585
《鹽政雜誌》序	586
《庸言》叙	589
撰述啓事	589
《俄蒙交涉始末》識語	590
論國務院會議	591
論審計院	591
介紹大律師熊垓	592
《中華警察協會雜誌》題詞	593
進步黨在京開成立大會演説詞	595
進步黨特別會演説詞	597
致段芝貴宣撫使電	600
代康南海訃告知交	601
在北京青年會之演説	鄧少萍筆録/601
知命盡性	603
在參政院第十五次會議發言	605

在北京律師公會歡迎會之演説	607
在清華學校演説詞	608
歐戰後思想變遷之大勢	610
在浙江省教育會之演説辭	611
《論語今譯》叙	614
國體問題與五國警告	615
梁啓超啓事	617
呈請辭職文	618
呈報赴美日期文	618
《曾文正公嘉言鈔》鈔例	619
致滇中將士書	620
致譚學夔電	621
梁啓超特別啓事	621
梁任公不黨之聲明	622
梁啓超啓事	622
復呂公望電	623
《省制條議》序	623
棘人梁啓超等泣血稽顙	624
杭州演説詞	624
對於興亞借款問題之意見	626
致杭州各界電	628
復呂公望書	628
在南京軍警政各界歡迎會演説詞	629
在江蘇省議會歡迎會演説詞	632
致黎元洪總統段祺瑞總理電	633
海珠事變遇難三君追悼會	634
致大總統黎元洪電	635
辭勳位電	636
弔黃克强先生電	637

聯合請卹電	637
致譚延闓電	638
恕訃不周	638
致張嘉森電	639
致上海張孝準等青電	639
告蔡松坡先生逝世電	640
致蔣方震、石陶鈞電	640
致王家襄等電	641
致譚延闓電	641
致各當道通電	642
祭蔡松坡先生文	642
致陸榮廷督軍刪電	644
《(再造共和)唐會澤大事記》序	645
在廣東高等師範學校演説詞	645
蒞潮州旅滬紳商歡迎會演説詞	651
在蔡松坡先生追悼會場演説詞	654
在上海南洋公學之演説詞	656
在上海青年會之演詞	660
創設松坡圖書館緣起	665
申謝	668
蔡公遺孤教養協會規則	668
蔡公遺孤教養協會呈請立案文	669
在上海商務總會之演説	姚泳白筆記/670
在江蘇教育總會之演説	674
在濟南鎮守使署參觀武術表演之演説	676
在教育部之演説	677
在清華學校之演説	683
對報界之演説	685
在各政團歡迎會席上之演説	687

在各學校歡迎會之演説	692
梁啓超啓事	695
周八寸瑑璧題詞	695
在天津青年會之演説詞	696
與《大公報》記者談今後之社會事業	697
《民國財政史》序	699
在南開學校演説詞	周恩來筆録/700
答客問對於德美國交斷絶及我國應取若何態度之意見	706
爲康有爲六十徵壽啓	707
爲捐助松坡圖書館鬻字例	707
在國民外交後援會成立大會之演説	708
絶交後之緊急問題	711
《曾胡治兵語録》序	713
關於時局之談話	714
馬廠公電	715
在憲法研究會報告入閣經過情形之演説	715
關於召集參議院問題政府之電文	716
與《大公報》記者之談話	717
大總統布告	718
關於一千萬元墊款之談話	720
戴循若先生曁張耀廷、黄孟曦、熊克丞三先生追悼會啓	721
錢塘張公略傳	723
在財政金融學會成立會之演説	723
財政現狀談話	724
與新聞編譯社社員之談話	725
對於赴日視察員之訓話	726
邵陽蔡公松坡週年紀念祀啓事	727
蔡松坡週年祭文	728
與《京津泰晤士報》記者關於時局之談話	729

請發保和殿《四庫全書》副本文	730
《中國國際條約義務論》序	731
金券條例觀	732
致在京友人函	733
致湯薌銘將軍函	733
覆王揖唐、王印川函	734
祭湯濟武文	734
梁啓超聲明	735
請辦粵賑之呈文	736
與《國民公報》記者問答記	737
爲請求列席平和會議敬告我友邦	740
歐戰議和之感想	743
對德宣戰回顧談	746
呈大總統爲上海松坡圖書館成立請將楊參政守敬藏書撥置文	753
中國國際關係之改造	754
歐戰結局之教訓	758
與上海新聞記者之談話	760
國際同盟與中國	761
梁啓超啓事	764
關於歐洲和會問題我輿論之商榷	764
在憲法研究會餞別會之演說	766
在戰後外交研究會及國民外交後援會召開之外交講演會之演説	767
在協約國民協會之演説詞	768
在國際稅法平等會演説詞	772
在上海銀行公會歡迎會之答謝詞	775
辭行啓事	776
《中華新武術・棍術科》序	776
錫蘭風景	777
張君勱《英屬馬來及海外中華民族之前途》跋	778

與英報記者之談話	778
致汪大燮、林長民電	780
覆國際聯盟同志會電	781
致汪大燮、林長民電	781
致汪大燮、林長民電	782
在巴黎萬國報界聯合會歡迎會演說詞	782
中國與列強在遠東政治關係上必要之更改	786
致外交部轉汪大燮、林長民電	787
致《字林報》闢謠電	787
致汪大燮、林長民轉上海商會暨商團聯合會電	788
致林長民並國民外交協會電	789
致汪大燮、林長民轉國民外交協會電	789
呈大總統徐世昌電	790
致汪大燮、林長民轉南北當局諸公電	790
與梁啓勳書	791
英國對華貿易觀	794
歐遊抵滬與記者之談話	801
在南通之演說	802
在中國公學演說詞	804
關於山東問題談話	806
臨行致總統書	807
致浙江齊耀珊省長電	808
"五四紀念日"感言	809
《印光法師文鈔》題詞	810
佛教東來之史地研究	賈伸筆記/810
《國際聯盟及其趨勢》序	813
梁啓超啓事	814
縱談諸重要問題	814
湖南省自治根本法草案	816

在講學社歡迎羅素之盛會演説詞	826
《勤忍廬詩存》序	828
《蔣叔南遊記第一集》序	829
對於日本提案之意見	829
新煙酒借欵	830
梁啓超啓事	833
復小吕宋中華總商會書	833
青年元氣之培養	834
梁啓超啓事	837
張煦《梁任公提訴老子時代問題一案判決書》識語	837
爲新聞風紀起見忠告投稿家及編輯者一封信	838
答張爾田書	840
《澈底翻騰的清華革命》序	840
覆曹錕、吴佩孚電	841
農業與將來之社會	危微筆記/842
山東歷史博物展覽會開幕演説詞	危微筆記/843
先輩與後輩	844
先進者之新覺悟與新任務	梁思成筆記/845
什麽是新文化	849
祝湖南省憲之實施	852
奮鬥的湖南人	緯文、余蓋合記/858
湖南教育界之回顧	余蓋、李厚孚記/860
梁啓超啓事	864
互競與互助	864
研究哲學的方法	簡贊雍筆記/867
對武漢報界之演説	870
對於河南教育前途之希望	872
母校觀念及祖國觀念	劉熾晶、梁啓雄筆錄/874
致大總統黎元洪電	876

對於羅文幹案國民所應持的正義	877
復裘可桴書	879
"狂狷"	郭廷以記/879
《荀子人性的見解》識語	882
《統計學原理及應用》序	882
謝客啓事	883
爲創設文化學院事求助於國中同志	883
梁任公對於時局之痛語	885
松坡圖書館上大總統呈文	887
致《黄報》記者書	888
梁啓超啓事	888
《梁任公學術講演集》(第三輯)自序	889
梁啓超謹白	889
介紹大音樂家(二則)	890
梁啓超啓事	891
致《晨報副鎸》記者書	892
《法律評論》題辭	892
在日使館之演説	893
倡議籌賑日本震災通電	894
倡議籌賑日本震災致各報館通電	895
在陳師曾追悼會之演説	896
女子與教育	梁月梅、蘇國才、羅素好筆記/897
文史學家性格及其預備	賀麟筆記/900
爲松坡圖書館徵書致譚延闓函	903
在范源廉校長就職典禮上的演説	李林昌筆記/904
關於醫大美專兩校風潮對記者之談話	906
東原圖書館募捐辦法	907
講學社招待太戈爾茶會歡迎辭	908
松坡圖書館第一次年會報告	909

松坡圖書館呈内務、教育部文	910
怎樣的涵養品格和磨練智慧	賀麟、張蔭麟筆記/910
在香山慈幼院之講演	凌宴池筆記/917
恕訐不週	919
致段祺瑞電	920
青年必讀書	920
孫文之價值	921
爲松坡圖書館鬻字改定潤格	922
松坡圖書館報告事項	923
《中國歷朝統系圖》序	924
《國立北京師範大學民國十四年畢業同學録》叙	925
呈請補助中華圖書館協會文	926
學問獨立與清華第二期事業	926
爲美國同學捐欵致學生會函	929
與清華研究院同學談話記	930
指導之方針及選擇研究題目之商榷	周傳儒記/933
介紹法比兩大音樂家	940
失望與有爲	940
松坡圖書館呈内務、教育部文	942
梁啓超啓事	942
答梁漱溟書	943
狂猖的愛國青年	萬超恒等筆記/944
王政《爲蓄妾問題質梁任公先生》跋語	947
答《晨報》記者電話訪談	948
國産之保護及奬厲（補）	948
與劉勉己書	953
與徐志摩書（二則）	954
政治家之修養	張鋭、吴其昌筆記/955
致吴宓書	962

致曹雲祥校長書	964
對慘案之憤慨	965
病院談話記	徐志摩筆記/966
國恥演講詞	梁思忠筆記/968
爲松坡圖書館徵書致浙江省長夏超函	970
我的病與協和醫院	971
對美客談廢除領判權	974
《松坡軍中遺墨》序	975
《碣陽詩話》序	975
致張孝若電	976
祭張嗇庵先生文	976
題劉畫跋	977
新書介紹·《中華民國省區全誌》	978
致孫傳芳電	980
蔡松坡遺事	梁啓超口述,周傳儒筆記/980
蔡松坡與袁世凱	992
《〈中華民國省區全誌〉第五編〈北嶺南嶺部　鄂湘贛三省誌〉》序	999
覆楊杏佛書	1000
要幹便站在前線	1001
聘任余紹宋學長函	1002
司法儲才館開館辭	1002
敬告英國人	1004
《司法儲才館季刊》發刊詞	1006
陸王學派與青年修養	1007
梁漱溟《人心與人生》介紹詞	1013
學問的趣味與趣味的學問	1014
經濟生活之非唯物的部分	彭時筆記/1019
法官之修養	李良、彭時筆記/1022
接收京師圖書館改組辦理情形手摺	1027

北海談話記	周傳儒、吳其昌筆記/1030
王森然著《中學國文教學概要》序	1037
致教育部請辭國立圖書館長書	1040
《歷代名人生卒年表》序	1041
知命與努力	王劭年、張澤雄筆述/1041
致北京圖書館委員會請津貼編纂《圖書大辭典》函	1047
《中國圖書大辭典》編纂內容概要	1048
編輯《圖書大辭典》(又名《群籍考》)計畫	1049
社會學在中國方面的幾個重要問題研究舉例	周傳儒筆記/1058
王靜安先生墓前悼辭	吳其昌、姚名達筆記/1071
《國學論叢》第一卷第三號(王靜安先生紀念號)序	1072
范靜生先生追悼會	1074
《紀元通譜》序	1075
祖國政府與南洋荷屬華僑教育	1075
《固安文獻志》序	1083
飲冰室詩話(補)	1084
賦得荔實周天兩歲星(得星字五言八韻)	1116
廣邱菽園詩中八賢歌即效其體	1117
和吳濟川贈行即用其韻	1117
遣懷	1118
辛亥元旦	1118
白葭先生屬題精忠柏圖	1118
南湖所藏道衍爲中山王畫山水希世寶也,行住坐臥與俱,借觀三日,題長歌歸之	1119
壽陳弢庵太保七十	1119
爲李一山題唐拓武梁祠畫象本	1120
哭湯濟武	1120
百里述泰西一美術家言:黑人爲天下至美。子楷、君勱盛贊其説,戲賦一絶,以當附和。	1121

汪母潘太夫人七十壽詩 　　　　　　　　　　　　　1121
亡妻李夫人葬畢告墓文 　　　　　　　　　　　　　1122
題《海岳遊記》 　　　　　　　　　　　　　　　　　1125
田村先生，醫中國手，以餘事藝菊，滿園秋艷，
　　　爲北地冠。見招會賞，輒題一絶 　　　　　　1126
題宋石門羅漢畫像 　　　　　　　　　　　　　　　1126

答民主黨在天津開歡迎會辭

（十月八日於利順德）

去國十五年，今爲歸國之第一日，與諸君相見，有無限之感慨。十五年來，空言救國，於事實上無毫末之補，於創造共和實毫未盡力。全國國民從各面作許多事業，鄙人皆不與焉，實深慙愧。乃蒙諸君不棄，勞諸君之歡迎，實不敢當。今幸舊好新知會於一堂，以精神上之感通，皆有特別之感情。鄙人既與民主黨負有歷史上之關係，今日歸國，適逢民主黨之成立，實異常歡慰。愛國之士皆注重政黨，然今日中國之政黨，不能遽以外國爲比例。大凡政黨之於政治，必納之於軌道之內，乃易程功。政黨與政治絕不相容，則障礙物多，政黨決難發達；必須將障礙物極力排去，然後有上軌道之機會。今幸障礙物除去，已與以上軌道之機會矣。然而上此軌道，又非用全力以挾持之，絕不能遵此軌道以行。今共和告成，將及一載，而尚未入此軌道，實由未用全力也。夫排除障礙既已用全力矣，而搬移以同上此軌道者，實未用全力。所謂全力者何？宜以排除力之精神，從事於搬移以上此軌道，必須使全國人有政治之能力。而所以生此能力者，在引起國民政治上之興味，以從事於政治，則政治教育爲第一要素。政治教育與政治學教育異：政治學教育在學校，政治教育在政客之演說，報紙之指導。今日政黨發生極多，而注重在政治教育者絕少。黨員之對於本黨，皆係向政客用工夫，絕非向國民用工夫。對於國民，必當注重政治教育，各國無不皆然，而在今日之中國尤爲切要。國人皆有政治能力，又極力加以訓練，步伐整齊，然後可以競爭。政權發展政策以政治教育論，比諸外國，中國當先受中小學之教育。而今日之中國，一方面不能不作大學工夫，一方面當亟爲中小學之教育，故較之外國，尤困難數倍。觀外國兩黨演說，常無特異之點，表面上常似一樣，初亦不解。後深求其故，乃知注重在政治教育，輸入此種智識，自可生特別之關係，於擴張黨勢用意甚深。美國政黨，其組織純然一國家。羅斯福之另組黨，固儼然革命也。中國今日雖邊辦不到美國地位，宜師其方法，師其精神，分科研究，以組成極有智識能力之政黨。此則對於民主黨深致期望者也。

(1912年10月13日《大公報》)

在民主黨直隸支部歡迎會演說詞

(十月九日於李公祠)

鄙人與民主黨諸公，多年來以精神相感通，今日備承歡迎，甚爲感激。民主黨現在籌備中，將來之進步今日雖難斷定，且國中黨派常有種種變遷，不能就一時現象加以論定，今但就中國之現況及第三黨之地位略研究之。凡文明各國，以兩大政黨爲原則，以其國家之組合原動力在人民。人民之見地不同，有保守者，有進步者。具此兩種思想，乃構成兩政黨。蓋國家之須此兩大政黨者，以無保守黨，則無立足之地；無進步黨，則無活動之機。是以一國之中，有此兩種人之組合，以化除國家之積弊，則於立國之根本必得無限之裨補。蓋在國家極有秩序之時與國民極爲鎮靜之時，兩大政黨彼此補助，則國家之進步必能達到極美備之點也。若保守太過，凡一切社會之腐敗現象而亦保守之，必生無窮之弊竇，此必然之理也。進步之精神太過，其弊類是。譬諸行路然，舉左足以前行，右足必立於穩健之地；舉右足以前行，左足亦必立於穩健之地。進步黨者，舉行之足也，保守黨者，立於穩健之足也，二者相須而相成。設欲擺脫兩足相須之方法，且處無飛行術之時代，而欲騰空飛行，勢必跌落於地而後已，是欲求速而反不能進步也。要言之，兩黨皆有精神，皆有能力，特用之太過，則弊亦隨生。在秩序平靜之時，兩黨相輔固極良美。然在未達此程度之先，兩黨之組織必各趨於極端之發達，甚非國家之福也。處此時代，而一調停而融貫者，則第三黨是也。今以本國之情形論之，兩黨雖皆強大，然以數千年專制之中國一變而共和，而事實上，則大多數之保守分子在社會上之活動力雖有限，而人數則占最多數，進步黨分子雖占少數，而活動力則甚爲強大。據此兩方面之現象以觀察之，不可謂爲非好現象也。第三黨當取兩黨之長，以補兩黨之短，此發生之要義也。而居此地位，應採如何之態度，當亟亟研究之：

第一，不爭政權。大凡政黨皆主張政黨內閣，其原則在總攬政權，以行其本黨之政見。第三黨既無極端的主張，值兩黨各持其實行本黨政策之時代，在國會中自不能占有大多數，此不能得政權之道也。然第三黨之不爭政權，並非消極的，實乃積極的。何以言之？因政權二字，各黨趨於極端之發達，彼此相爭，必生許多之障礙。有第三黨以調停之，則政治之發達可使達於美滿之地位，而政治界上之新空氣即緣是以生。此所謂第三黨有積極之態度也。

第二，在監督政府。中國現時有兩大黨，在前政府中，定有一黨執行政權。保守、進步兩黨，無論何黨在朝，何黨在野，皆無不可。然至極端之時，不能互相監督，彼此相持，只知交爭，不知交讓，國家將虞分裂。第三黨當察其趨勢如何而吸收之，如保守黨在朝，對於不應保守者而亦保守之，則第三黨可合在野之進步黨，而規正之，調和之；如進步黨在朝者然。是第三黨監督政府具莫大之能力焉。惟其間妙用甚繁，用之當，則對於其他兩黨而立於親信地位；用之不當，則對於其他兩黨必立於服從地位，此最難運用者也。

第三，黨員之資格，須就保守、進步兩黨之趨勢而取。古人執其兩端用其中，於民之義，以養成之。一須養學識，其道不專學極端之保守，而以安於現狀爲主；亦不專學極端之進步，而養成穩健之知識。各支部能開講習會，研究會，甚屬要道，蓋養成普通政治之常識，非此莫屬也。二須養道德。前謂不爭政權爲積極之行動者，非以此鳴高，亦非以此冀免衝突，蓋拋棄個人之目的，而一方[力]保持國家大局，此即政黨之道德，與外國所謂之投機黨情形不同。外國投機黨專主迎合他黨，第三黨爲之不善，易流於此，最不可不察也。鄙人不善演說，不過際此盛會，發表意見。此後在津日久，得與諸公常相討論，則尤所盼望者也。

（1912 年 10 月 14 日《大公報》）

蒞國民黨歡迎會演說辭

十月二十日,國民黨本部理事幹事參議員諸君開會歡迎先生於六國飯店,並邀民主黨重要諸君作陪。席間孫毓筠君代表黨意起立致詞云:"今日國民黨本部歡迎梁任公先生。適吳蓮伯先生到後,因參議院開會而去,乃以代表之責委之毓筠。我國十餘年改革之動機,發自梁任公先生。無論何人,無不承認;即世界萬國,無一不承認者也。然風氣未開之日,梁任公先生首先提倡改革。而至癸卯甲辰之交,國中改革派又分而為二:一為漸進派,一為急進派。兩派之主張雖各不同,而其欲建一強固之國家,以與世界相角逐,則初無二致也。梁先生在前清時代受政府之戮辱,流離海外,至十餘年之久。然眷懷祖國,出所蘊蓄,以迪吾國民,雖十餘年如一日。用心之苦,用力之勤,已為國民所共見。今民國成立,國民黨同人欲竭其所能為以盡力於建設之業。先生能以經國偉畫與國民黨相提攜,是則同人之所盼禱者也。云云。"次則先生答詞。其發端略言"鄙人十餘年來雖有志為國盡瘁,然所經營者則空言而已。民國之成,乃國民從種種方面冒種種之困苦,以有今日。其中出代價最多者,無如今之國民黨。云云"。次則胡瑛君演說,略言"今日得聆梁任公先生之偉論,深引為幸。此次民國之成立,決非一地方一時間一部分人之所能造成,乃合全國以救國為生涯不避堅苦利害之仁人義士之力以造成之者也。而梁先生十餘年盡瘁為國,抒其偉論以指導國民,即以救國為生涯不避堅苦利害之一人也。曩先生演說政黨方針,或得之最堅苦之閱歷,或得之最廣博之學識,拜聆之下,固極欽佩。不過一己所見尚自略有異同,故欲略陳所見。今日國中非黨派競爭之為患,乃無真正政黨之為患。何以言之?凡黨必有主義,且不可與國民相分離。而今日中國政黨自政黨,國民自國民,各不相謀。問政黨之所代表者為何?則政黨無以答焉。問國民之利益以何黨為能代表?則國民無以應焉。以是之故，凡一政黨不特一般黨員不知黨爲何物，且更不知黨之主義。如是而欲爲國民謀幸福，安可得哉？不特不能爲國民謀幸福，凡種種背於黨義，勢必層見迭出，則黨之爲物又安從而存在？梁先生此次返國，其大責任即在鞏固國家基礎而謀建設大業。所望能與當代人傑造成一真正政黨，則國事前途，庶有豸乎。云云"。其後賓主雜談，盡歡而散。先生演說詞如下：

鄙人今日承國中最大黨之歡迎，列茲盛會，不勝榮幸。鄙人雖未嘗列籍於何黨，然在各黨中皆多親交，且多平生所敬慕之人，故每承寵召，輒思傾吐所懷，以冀贊助吾國政黨前途於萬一。今日之會，猶斯意也。竊惟共和政治必賴政黨始能運用，此義蓋已盡人知之。然政黨作用之精神與組織之艱難，恐國人猶或有未喻者，故今竊欲略有所言。

政黨之作用，有消極積極兩方面。自消極的方面言之，則免使緣政爭以致流血也。蓋聚無量數人以成國，國中各部分之人，其利害決不能一致，常有立於相反之兩極端者。各欲伸張自己之利益而不惜犧牲他人之利益，此人類性質通有之缺點，不必爲諱者也。欲伸張自己之利益而獨立不能達其目的，於是聯結多數人與自己有共同利害關係者合以謀之，此亦人類之常情也。然在專制政體之下，凡現居權要之一部分人，必盡其力所能及，壓制異己者，使在政治上不能立於平等競爭之地位。於是被壓者無所控愬，激而橫決，除以武力相見之外，末由自振。此革命流血之所由起也。此種專制，非惟在君主國體有之，即在民主國體亦有之。彼中美南美諸國，即其前事也。惟在政黨政治完全發達之國，然後革命流血之慘禍可以永絕。蓋政黨政治之國，非無戰爭也，然問其戰場何在？則第一爲選舉會場也，第二爲議院議場也。問其戰器爲何物？則第一口舌也，第二筆墨也。政黨員則戰鬪員也；憲法及各種既定之法律，則各政黨之交戰條規也。故能以黑血代紅血，以演說之聲代槍礮之聲，是故雖有內爭而無內亂。各國先哲，知人性之終不能免於爭也，故不謀止爭而惟謀節爭。政黨者內爭之有節制者也，故雖爭而不爲國家之害。歐美各國於政黨之競爭，不惟不禁止之而反益獎勵之者，凡以此也。

自積極的方面言之，則緣各行其是以導國家之進步也。凡一國政治之設施，不能全然有利而無病也，大抵每一利恆必有一病與之相緣。是故每行一政策，或有期收效於將來，而目前之利益不能不略爲犧牲者；亦有急就目前，而將來之利益不能不犧牲者；有爲國權起見，而不免犧牲個人之利益者；有爲人權起見，而不免犧牲團體之利益者。兩方皆持之有故，言之成理，而見仁見智，視夫國中各部分人性之所近與識之所及爲判，於是政黨起焉。凡政黨之政策，雖立於兩極端，而皆足以代表國利民福。職是之由，夫國利民福既有多端，然當其用力於甲方面，則乙方面終不免有所犧牲。犧牲固非得已，然犧牲太多或太久，則國家一部分之元氣受傷矣，於是國家之政策不能不轉向他方面以圖矯正。然政治家之節操，不容枉其所信以隨時轉移也，故視多數民心之所向背以爲進退。當在朝黨選舉失敗而在野黨勝利之時，知人心已厭倦此政策矣，則奉身而退，行內閣交迭，在野黨變爲在朝。故當甲黨退而乙黨進，則乙方面之國利民福得實現焉；及乙黨退而甲黨進，則甲方面之國利民福又得實現焉。如是展轉互引，相反相成，故國家之進步無有已時，政黨最大之作用即在是耳。

國家之有賴於政黨既若是矣，然則如何然後能得強立之政黨乎？第一須求分子之健全，故黨員貴精而不貴多。凡徵兵者必檢驗體格，集疲癃殘疾之人以成軍，雖十萬人等於無一人也。然則合多數不適於政黨生活之人以爲黨員，或合多數借政黨以圖私利之人以爲黨員，如是而能成爲一強立之政黨，未之前聞。第二須求組織之統一，故黨令貴專而不貴散。一國三公，政無從理；軍用二帥，未戰先潰。必將全黨合爲一體，然後有機的發達可得期也。此義鄙人於他黨集會席上之演說，既屢言之，其崖略見於各報，不復贅述。

最後更有重要之一言，則黨德是已。黨德當分對內對外兩方面言之。對內之黨德，即對於本黨黨員認爲政友者也。最要者勿借本黨之目的以遂個人之目的，勿因一己之利益以犧牲同黨黨員之利益。蓋私目的與私利益，千萬人無一人能同者，且必與他人之私目的私利益相衝突。聚各爲其私之人於一團，其團決無能存在之理。故從事政黨者，當其以私人資格立於世上時，固不妨有私目的；當其以政黨員之資格立於世上時，則必須將私目的收起，而惟認公目的。此政黨成立之最要義也。對外之黨德，即對於他黨黨員認爲政敵者也。耶穌教之言曰："汝其愛汝敵。"驟聞者或以爲過，然孟子不云乎，"愛人者人恆愛之，敬人者人恆敬之"。是故凡欲自尊重其人格者，同時亦必尊重他人之人格。政黨亦然，凡以政黨自居者，未有不尊重他黨者也。凡國家既自認爲列於國際團體者，則雖有戰爭，亦必恪守交戰條規；苟故意違反之，是無異自取消其國際團體之資格而已。是故各政黨之對抗也,奮鬥固不可不力,然必行動於憲法及法律範圍之下,其最懸爲厲禁者,則參用武力也。譬之奕[弈]者,未嘗不凝神竭力以求勝敵,若因奪車而致揮拳,則稍知自重者斷不出此也。且政黨之作用,原期化有血之政爭爲無血之政爭,若繼之以武力,則更何貴有政黨!他黨而亦以武力相應耶,則惹起內亂以致分裂而已;他黨而帖伏於吾武力之下耶,則亦暫屈於專制,久之必且激而橫決,則國家之不祥莫大焉。故對外之黨德,各國政黨皆嚴守之。其最著者,如近日美國羅斯福遇刺,而塔虎特威爾遜皆停戰以待其平復,此意最可師也。

　　鄙人未嘗爲政黨生活,故於政黨之利病,實非有真知灼見。今因中國政黨方始萌芽,期其盛大,故略陳所見以備各黨之采擇耳。

　　　　　　(正蒙印書局1912年12月版《梁任公先生演說集》第一輯)

與國民黨參議胡瑛之談話

　　自共和成立以來,政府之對於議會,人民之對於政府,以及北方之對於南方,甲黨之對於乙黨,無日不汲汲從事於對付手段,而絕無積極之方針。尊論誠洞見其病根所伏,因此而全國人士演成兩種現象。其向來主張激烈改革者,名曰功成身退,解職歸田,實則厄於種種阻力,而心灰意冷;向來主張平和改革者,皆以爲主張既歸於失敗,復何興味再譚國政?充此兩種人士之意,中國將變爲無主之國,又豈前途之幸福耶?蓋激烈派不能謂推翻專制,即責任已完,實則前路茫茫,大功猶未足云告成也。平和派從前之所主張,不過暫置國體不論,先從政體上著手。質言之,即舍難而就易,先其易者而後其難者是也。現既共和確立,得速收意料以外之美果,正可進而求圓滿之政體,豈有大障礙物已除,同生活於最神聖之民主國體以下,反不實行發揮其抱負者乎?惟期兩派人士隨時接洽,消除誤解,以共謀國政之發達。

(1912年11月1日《大公報》)

在臨時工商會演說詞

(十一月一日)

今日爲中國第一次由人民舉代表組成之工商會議,而兄弟今日適正在京,承會中之招待,得與諸君接談數語實兄弟之莫大榮幸。今日之所以開工商會議者,實因以先工商業之不發達,思所以改良之法,故開此會議。惟以前吾國工商業之不發達既已過去,可以不言。兄弟今日就以後工商業之進行方法,與諸君研究之。欲吾國工商之改良,當先將改良之障礙除去。我國工商業之不能振起者何在乎?即受外國工商業之壓迫是也。在昔中外未曾交通之時,本國工商亦頗可維持。現在以外國工商界日益進步之故,我國不能與之俱進,遂至大受外人之壓迫。然我國工商界改良之說並不自今始,已有念[廿]餘年矣。仿他人股份公司辦法開設公司,已屬不少,然固改良矣;其實,效未見,而病先生。試觀吾國之各股份公司,辦之有效者實十不見一,不過皆將資本消耗而已。由此看來,是所謂工商改良者,未見其利,先見其害。故兄弟以爲,以後工商會議之目的,當研究以前改良之未見實效者所在,始能見日後之真能改良。從前之所謂改良,其所以不能改良者有三問題:

第一,貨力問題。所謂貨力者,係指資本之週轉而言。無論工界、商界,皆以資本爲第一要素。中國工商界之不振起者,資本缺乏爲其最大原因。各國工商界資本皆極充足,是以轉運自如,能獲大利。中國工商界大受壓迫,職此之故,現在無論欲如何改良,必須從資本入手。但所謂資本者,不能專指一人所出之錢。一人所出之錢,只能謂之爲基本,不能謂之爲資本。欲作大事業者，專倚一二人之財力基本，萬不能有所作爲。然則須如何始能達到大事業之目的乎？是則非金融機關爲之流動不可也。各國財力甚厚，金融機關極爲活動，故能成就其各種事業。吾國欲發達工商業，非先整頓金融機關不可。蓋金融機關之活動與否，實與工商業有密切之關係。比如一織布廠係一百萬資本，置機器用去四五十萬，修理房屋用去十餘萬，以及買原料、雇工人、開辦費等各項又用去二三十萬，合計資本已所餘無幾。此織布廠數月後織出之布，可以得二十萬利金，然非第一次織出之布賣出後，不能作第二次布。因其資本有限，不能不俟第一次賣出之錢回復後，再作第二次之生意。此時若有金融機關爲之補助，當其第一次資本未回復，假以資本，此布廠雖少出利息，然可不必曠廢數月之時間。不曠廢數月之時間，其利息已賺出不少矣。試問，以前後之能得金融機關補助與否兩相比較，利之大小，不辨自明。即運物商人亦復如是。如買十萬元布賣與他人，可以賺一兩萬元利，不可謂不厚矣。然布雖買到，不能即刻賣出，非俟一月或兩月不可。於是等第一次之布賣出後，再作第二次之生意。故於此時，若有金融機關爲之補助，則可不耗此一月或兩月之時間，而可直接作第二次之生意。生意既不間斷，其利益自厚。若無金融機關爲之補助，亦惟有甘棄其利益，耗其時間，付之無可如何而已。諸如此類之事甚多，可見工商業一非有宏大之資本，二非有流動之金融機關不可。所以觀現在之外國人，對於工商全採資本主義。我國對於工商，能補助其資本，又活動金融機關，使之日漸豐厚，亦未嘗不可直追外人。無如中國刻下實無所謂金融機關。比如山西之票號，除作官場中生意及匯兌外，直無事之可作，與一般商家通融者極少。又如上海錢莊，亦爲金融機關。然此種金融機關頗有危險，其所用之紙票毫無預備，並不知準備金之事。使用其所發之票固甚危險，即與之通融資本，亦甚危險。由此看來，若此種之金融機關，欲倚之發達事業，豈不難哉！與外國並駕齊驅，豈非絕對必無之事！我國欲振興工商業，必整理金融機關，其爲第一前提乎！

　　第二，組織問題。譬如現在要工商業之發達，非有大規模之公司不可。因爲外國有大規模之公司，其成本較輕；成本既輕，則物品價廉；價廉則銷場廣矣。並且，一人組織之公司或數人合辦之公司，其資本甚薄弱；資本既薄弱，則公司難期發達有必然者。所以要成立一極大之公司，無論如何，總是股份有限公司。歐美之公司，無不如是之辦法；非然者，資本不能厚，規模不能大也。但是，中國人能否有辦股份有限公司之資格，兄弟對此問題甚有疑義。覺得我中國人之性質，爲何不能辦股份有限公司，其原因究安在耶？以兄弟之眼光看來，歐美各國之所以能辦者，能運用共和政體耳。有能運用共和政體資格之人，然後可以運用此公司。何以言之？因爲公司之組織法與共和國家之組織同。公司之股東大會，即一國之國會也；公司之總理，即一國之大總統也；總理以下有許多之總董、董事，即一國之國務員也。他若公司中之有監察，猶一國之有審計院；公司中之大會雖有一定之時期，然其內部分辦事務之會議常常開會，則其性質又與國務員會議性質相同。而公司之所以能維持發達，不使作弊，實在一方面所辦之事務一切均是公開，無秘密之必要，他方面則爲股東者有監督公司之精神，一纖一微之間，不肯放棄其監督之天職。有此數種原素，公司乃可以完全成立。所以，股份有限公司全然是有法治國之精神。然而回顧我中國人要說人民監督政府，則非常之懶惰。監督之說，中國人甚難運用。間有開通者，呼號奔走，而相告曰：監督政府也，監督政府也。然亦不過口頭禪耳。所以，辦公司也，股東不去監督，偶然監督一次，以爲公衆之事業不必如此，最要緊者，每年之官利而已。要之，外國人辦公司，無所爲官利，祇望公司之發達，所盈餘者俱置於公司之內，爲擴充之地步。一分也分一釐也，分二釐也二分也〔二分也分二釐也〕，此種官利之辦法，實外國所無有者。而中國人別俱不管，眈眈於官利是求。所以辦公司之人，其初創辦也，譬如股份號稱一百萬，必先標明曰，官利每年可約若干，或一分，或二分。於是於一百萬資本之中，先提官利一二十萬。其餘則總辦也，提調也，種種官樣文章，位置私人，無非依公司爲謀衣食之地。而股東則祇知官利，不知監督，視若無覩，一任總理之揮霍。所以，中國之股東對於公司向來冷淡。惟其視公司冷淡也，於是有種種之弊竇。且辦公司之人，都有一種作弊之思想，借公司之名濫置私人。如此現狀，中國之公司遂不能辦好矣。譬如一國然，人民無監督之精神，而要希望政治之改良，其可得乎？所以第二項，公司之組織與國家之組織同，辦理公司之人，須知爲公司中之公僕，有許多之股東監督。如此，則辦理公司之資格具，是之謂共和國之國民。

第三，人才問題。即以公司言之，辦理公司之人，無論何種人，中國均可謂之無人。外國之大公司，工人以數百萬計，每日營業之收入支出以千萬計，每年以十數萬萬計，幾乎與一小國相類。常有恒言曰：爲一小國之國務總理易，而爲一大公司之總辦難。譬如，德國克虜伯礮廠、美國比斯伯鐵廠，其管轄土地比南歐之小國尤大，其工人比小國之人民尤衆，其財政出入比小國之國家費用尤多。以如此之大公司，是必有非常明瞭廉幹之人才，始足以當其總理。此在我中國，不必言其如此之大者，即以鐵道論，試問中國能否有辦理之人？數十年來，各處之欲辦鐵道者甚多，而試一觀其總理，則無非該省地方之大紳士。如廣東辦粤漢鐵路之請唐少川先生、梁震東先生，皆如此類，無非爲政府之一大官而已。次而求其進者，則請一技師。如廣東之請詹天佑先生，亦如此類。使詹天佑先生而爲一大工程師，其成績自然必有可觀。不過，以能爲工程師之人，而即可以總理全局，則又不盡然。所以，中國欲辦一事，並不求其能辦事之人，祇求其社會上露面之人而已。推其原意，亦並非不欲舉其能辦事之人出面辦事，特無可舉其能辦事之人，不得不舉其社會上露面之人而已。此種辦法，決無有能辦理大公司之理。而其所舉之人，又往往潔身自愛，雅不欲與聞其事而負其責任。在上者既不負責任，在下者又復利用其在上者之名，而爲種種不當之行爲。況其在上者，如唐少川先生之類，或能爲政治大家，或能爲國務總理，而未必能爲一辦理公司之人。由此言之，則我國辦理公司之人，已可謂之無人。況總理得人，猶非總理可以集事，猶必有賴於分科辦事之人。以此辦事之人言之，我國工商學校既不發達，不得不盼外國留學工商學者之歸來。及其歸來，又無一種公司可以爲其展才之地，除作官而外，毫無其他用處。當初在外國之學機械工業、採礦工業之類者，一旦回國考試，與以翰林、中書之官銜，學商業銀行者亦復如此。此是政府無公司與之辦理，而使之全趨乎作官之一途。即有一公司，亦資本不足，薪水不豐，不足以動其心。而在留學生思想之中，又日久變遷，亦漸忘其從前之學問，而僅僅乎祇有作官之思想。其在外國，凡一公司之內，自總理以至下級之人，無不由學校出身，盡趨其學校出身而入之公司之中者。我國前清時代之教育，則盡趨其各種人才而入於作官之一途，實因其除作官外，無論何事，莫有美於作官者。作官可以不施一點之勞働，而得異常之報酬。政府苦欵無才绌，乃亟亟培養人才。及至有才出世，而又一方面毫無極大規模之企業以爲其用武之地，而一方面又有一不施勞働而可得異常報酬之大企業在其後,則何怪乎其無人才也。即有一公司,亦能辦理,公司之人,自總理而下,純然不知新世界之工商業者。以純然不知工商業之人而辦理公司,又何怪乎其公司之不發達也！我中國數十年來,日言工商業,今日開一研究會,明日派一調查員,今日立專部,明日派專使,今日發起某公司,明日發起某公司,而其實則許多先決問題尚未解決,何足以語辦公司？不特不能辦公司,並且將一國之資本亦摧殘枯槁之而不已也。

至云改良工商業之語,則具體的條件亦多,今日不能徧說。就其最簡單者言之,則凡一國之產業,未有不與政治相關係者。政治不良之國,產業必永無發達之一日。試觀歐洲各國,近百年來,無論何國國民,無不努力以改革其政治。推原其故,未嘗不是全世界經濟現象變遷利害有以致之也。不爲產業一方面之發達,亦求其政治上之改革,流幾次之血,費幾多之力,以與惡劣政府爭。其政治上改革果也,政治改良,則其國產業發達之速,又未嘗不與其政治同比例。中國由專制制度而改爲共和國體,在名義上已全屬新換旗幟,而事實上政治現象,試問與從前能差幾何耶？不能以架中華民國之招牌,即可以謂之共和；必要舉全國之人民,養成爲法治國之國民,而與政府同行動於範圍之中,而不敢逾越,始可以謂之共和國民。在前清時代,政府擬辦國利民福之事亦不知幾次,而無如一經開辦,必至與人民毫無關係,徒然增人民之負擔而已。現在國體既改共和,在座工商諸君與工商部總長均可稱爲得人,總長對於工商業非常盡力,凡在工商界之人已無不感激。不過,現在所謂良政治之保障,不在人而尤在法。依人爲治,則總長善而部員未能盡善,部員盡善,而總長易人,又未嘗善。專制時代,得君如堯、舜,究不得不稱之爲盡善。然而堯後未嘗有第二之堯,舜後未嘗有第二之舜。所以,依人不足以爲治,必依法而後始可以爲治。人民對於國家之義務全不放棄,對於監督之責任全不放棄,則國之政治上未有不良者。猶之股東監督其總理,毫不放棄其責任,監督不善,股東齊起而易人,則其公司亦(未)有不良者。且中國工商界最大之病,莫過於安分守己之一語,以爲安分守己,即是一人之道德。不知己之範圍有寬有窄。中國工商界之人,現已範圍過窄,以爲一身而外,皆非己有。不知一團體,一社會,一國家,皆己與焉。團體,己之團體也；社會,己之社會也；國家,己之國家也；營商之一公司,亦己之公司也。欲守自己之己,而並守社會之己,國家之己,公司之己,則其社會也，國家也，公司也，未有不發達者。中國從前政治種種腐敗，皆因不知此故，視法律爲空文，視信用爲不足道致之也。嗣後，中國人民應奮起其監督政府之能力，而活動於政治範圍之中方可。試觀英國昔日之國會及種種行政機關，皆係貴族、僧侶及少數之士子而已；後來憲政忽然發達，皆因工商團體之中，各市各縣均派代表至國會。使一種工商代表加入國會之中，而英國憲政史上爲之赫然生色，而劃出一新時期。今日最佔勢力之黨人，亦無非皆爲工商界之代表。是工商業之人加入政治活動之中，而政治未有不改良者。鄙人甚希望中國工商業改良，而希望改良尚有一先決問題，先決問題即政治方面言之也。工商業之人而入政治活動之中，則工商業未有不發達，而政治亦未有不發達者。

（1912年11月17—20日《大公報》）

覆民主黨員文耀等書

奉書敬悉。鄙人與國中諸黨並多親友，民主黨、共和黨雖皆曾挂名黨籍，然黨務向未與聞。還津以來，閉戶著述，都中賢士大夫希得接晤。諸公此次通電，鄙人十三日閱報始知其事。翌兩日閱報始見其文。俄蒙協約問題，鄙人所主張已爲一文，擬登《庸言報》第一號。承示以主持策畫相責備，鄙人無似，安肯當此危急存亡之際，漫爲無責任之言，等國家於孤注，以快意氣？故閱報後，曾即致書於一二主動諸賢，乞其於熱度沸騰之餘，仍須保幾分冷靜頭腦。原書具在，可覆按也。頻日來，承各界以茲事相詢者極與[衆]，鄙人個人之態度，晤我者皆能知之。今因明問，更述其略。專此，即請群安！
啓超頓首。

（1912年11月19日《國民公報》）

《鹽政雜誌》序

吾國有一物焉，爲人人所必需，國家所託命，數千年來，隱於黑幕之中。承平之時，因此而殺身破家者，殆不可以數計，一遇亂世，則劇盜流寇，憑藉於茲，以亡人國，試一翻千餘年來之亡國史，無不關係於此。是果何怪物耶？則將應之曰鹽。

夫鹽之爲物，極戔戔耳，人生每日食不過數錢，而謂其利害一至於此，必有疑余爲好作危言者。而孰知前者所言，不過一端，若欲列舉之，則非數言所能盡。今試約略言之，則內政也，外交也，國計也，民生也，殆無不與鹽有密切關係，受直接影響。

何謂關係內政？我國擾亂治平之分子，不外盜與梟之兩種。自鐵道交通，西北一帶，向以彎弓射人爲業者，均已絕跡，所苦者惟東南之海盜耳。自長江流域，以迄江浙閩粵，凡所謂盜者，無不倚梟爲耳目，販私爲營業。官力弛則盜化爲梟，官力張則梟變爲盜。盜無梟則勢孤，且乏糧，私鹽者實資寇兵以盜糧也。故欲治盜必先去梟，欲去梟必先變鹽法。吾向不解世界各國，何國無鹽？課稅者有之，專賣者有之，何以各國無梟，而獨產於我國？我國自漢以來，即課鹽稅，何以梟之產出，在唐中葉而後？今而後知梟之產出，實由鹽價之不平。甲地之鹽，移諸乙地，即可獲數倍之利。況一有稅而一無稅，其相差不啻倍蓰。既懸此爲魚之餌，矢之的，而欲禁人民之不販私，能乎否乎？梟害既不易除，於是議者，以厚集兵力爲捕梟之必要。其言曰：我但嚴查密捕，何難絕其根株！不知緝私之人，即販私之人，兵與梟一而二，二而一，此固彰彰在人耳目，毋庸諱言。況自專制解紐，鹽法益隨而破壞，向之格殺勿論，猶有戒心者，今則明目張膽，結隊橫行，裁汰之兵卒，聚眾之會匪，無不廁集其中。近更變本加厲，假集會自由之名，公然建樹名號，以相狼狽。此等人既不能復爲農，不能復爲工，亦不能復爲普通之商。舍以其所素習者，引而使趨於正軌，更無消弭之策。欲以兵力解散,絶其生計,小之亡命江湖,流爲盜賊;大之揭竿聚衆,釀成流寇。若唐末之黄巢、蜀王建、吴越餞[錢]鏐,元末則張士誠、方國珍,明末則汪直,清初則粤盜譚阿昭,閩盜蔡牽、王倫、李兆受輩。大之殺人百萬,卒移國祚;小之塗毒生靈,擾亂至數十年。其始特販鹽之梟耳,捕之急遂流毒至此。今者民國新造,五族共和,方將去千餘年之弊政,重人道之主義,梟之一字,不可再汙二十世紀之中國史,以爲萬國所騰笑。此關於内政者一。

何謂關係外交？鹽政一端,本係内政,無所謂外交問題,自鹽税抵押外債後,遂發生債權者與債務者之關係。今則小借款既以鹽政權爲抵當(谷利斯浦合同第四款),大借款又要求管理我鹽政,如六國資本團之要挾,外交團之抗議,殆無不以此爲要點。我不整理,人將代我整理;我不改革,人將代我改革。歐美日本各報帋,近發一致之言論,以爲鹽政不歸歐美人管理,永無改革之日。不但無改革之人才,之能力,之決心,即有其人,亦必阻力橫生,萬難振作。若歸歐美人管理,必能清償外債,增加歲入,並引海關以爲證。余對於此等議論,固不敢謂其出於善意,或惡意;亦不敢謂外人代辦鹽政,即埃及我中國;亦非如西報所論,中國人不許外人代辦鹽政者,爲顧全面子。平心思之,非不知外人代辦鹽政,必能排去阻力,剔除中飽,於國家經濟,不無裨益。然以獨立國之名義,立於世界各國之間,不能自理其稅務,而煩他人爲之代理,稍有良心者,吾知必引爲大恥。夫使非我國固有之事業,不能不借材異地,猶可説也;若鹽政,則我國有數千年之歷史,專賣制之發生,遠在唐代,成規俱在,何難仿行？以我國固有之事,而欲假手外人,則國内行政,何事不可託外人代辦？況關税郵政,外人代辦,其害猶輕;惟鹽政一事,關係各部行政,且與人民生計,有密切關係,外人代辦,其害將不可言。然雖知外人代辦之害,拒之則大借款不成,國將不國。即使不再借外債,然鹽税之抵押外債,已三千餘萬兩,若不改革,此項税源,必難穩固。萬一貽誤,外人即可根據合同,實行管理。此關係外交者二。

何謂關係國計？我國總歲入,不過四億兩,而鹽税占十分之一有奇。若據張季直先生之計劃,熊秉三先生之宣言,改革後雖不加鹽税,歲入可增加一倍,以地丁關税比之,不過得其半數。夫立國之本,首在財政。我國財政,如地丁一時不能整理,印花税一時不能實行,關税因條約之關係,不能自主,舍鹽税外,何處更得大宗款項？若中央不定統一方針,具改革決心,鹽政統一,決其無望。吾知今年之歲入，比諸前清，不但不能增加，亦必不能復其舊額。而國家需款浩繁，豈能始終以借債爲生活耶？此關係國計者三。

何謂關係民生？光復以來，社會主義大倡。主極端社會說者，以鹽爲惡稅，方且提倡自由貿易制度。夫鹽稅是否惡稅，係別一問題。但論今日之時勢，鹽稅已抵外債，能否減免？即使可以減免，應籌何種新稅源，以爲補償？其新籌之稅源，是否勝於鹽稅？吾知無論何人，不能答此難問，則自由貿易制度，非今日所能行。夫鹽稅既不能減免，當改良其制度，務使人民所納之稅，負擔平均，涓滴歸公。斷不容少數官商，蝨處其中，以吸人民之膏血，亦不容產鹽地方，食無稅之私鹽，不產鹽地方，食重稅之官鹽，且納重價而食惡鹽，賦稅之不平，其有過於此者乎？蓋國家課鹽稅，其酷更甚於米稅。米雖人生必需，尚有雜糧可以代之，惟鹽則絕對無他物可代。國家不得已取此稅源，若專爲利國，猶可言也；若欲以此爲商人牟利之事業，而商人所獲之利，且倍於國家，豈共和國民所能忍受？吾敢爲一言以決之曰：共和國之人民，祇有對於國家，負納稅義務；不能對於商人，負納稅義務。惟國家有鹽專賣權，無論何人，不能享此特權。惟有犧牲人民，以利國家；不能犧牲多數人民，以利鹽商。此關係民生者四。

夫一事而關係內政，外交，國計，民生，豈得謂非我國一大問題乎？乃觀政府、社會及各政黨，罕有注意於此點者，非不知利害之大，實以鹽務一事，數千年來，隱於秘密之中，敢言者不知其內容，而不能言，或言之而不能盡，能言者，非鹽之關係人不欲言，即慮鹽商之反對而不敢言。於是鹽政一道，遂爲專門之學。即鄙人海外歸來，鑒於我國鹽制之腐敗，未始不欲發表政見，以貢獻於國民，苦於不知內容，無從著筆。景君本白，十餘年來，研究鹽政，於各國鹽制，耳熟能詳，而尤具改革之熱心者。邀集同志，組織《鹽政雜誌》，以研究鹽制，改良鹽法，指導政府以方針，灌輸社會以常識爲宗旨。吾知此書出版，必能風行海內，向之視爲一種專門學者，必能變爲人人皆知之常識，則鹽政改革之期庶乎近矣。僕於鹽務，本非素長，承景君囑，略誌數語，述其緣起。後有所得，當賡續以進，以與同志諸君商榷焉。

壬子十一月　　梁啓超謹序

（1912年12月《鹽政雜誌》第1年第1期）

《庸言》叙

庸之義有三：一訓常，言其無奇也；一訓恒，言其不易也；一訓用，言其適應也。振奇之論，未嘗不可以驟聳天下之觀聽，而爲道每不可久，且按諸實而多閡焉。天下事物，皆有原理原則。其原理之體常不易，其用之演爲原則也，則常以適應於外界爲職志。不入乎其軌者，或以爲深賾隱曲，而實則布帛菽粟，夫婦之愚可與知能者也。言之龐雜，至今極矣，而其去治理若愈遠，毋亦於兹三義者有所未愜焉，則《庸言》報之所爲作也。

(1912年12月《庸言》第1卷第1號)

撰述啓事[*]

一、啓超所爲文皆署姓名，文中辭義直接全負責任。

二、本報撰述諸君之文，皆經啓超校閲，負附帶之責任。

三、對於各種問題，撰述諸君各自由發表意見，或互有異同，或與啓超有異同，原不爲病。故一號中或並載兩反對之説，或前後號互相辯難，著者各負

---

[*] 原題《梁啓超啓事》。

責任。

四、啓超除本報外，與一切日報叢報皆無直接關係，故對於他報之主義言論毫不負責任（緣國中多謠傳某報某報爲啓超所辦，故特聲言）。

五、啓超獨立發表意見，雖最敬愛之師友，其言論行事，啓超一切不負連帶責任。

六、啓超現在對於國中各團體尚無深切關係，無論何團體之言論行事，啓超皆不負責任。

(1912年12月《庸言》第1卷第1號)

《俄蒙交涉始末》識語

梁啓超曰：俄蒙協約發表後，舉國震駭憤痛，輿論亦紛紛莫衷一是。啓超本欲專著一文論之，顧以爲凡欲與人論一事，必須此事真相，相與了解，然後論點可得而定也。吾友林君唯剛，績學富而治國聞最悉，乃乞爲一文紀其始末，且爲論斷之。今唯剛之言，皆吾心中所欲言，吾殆可以更無言也。然吾猶別欲有言者，此問題本對外問題也，而影響實波及於對內問題。甲説曰：外交失敗一至此極，皆政府尸其罪。託國於此政府之下，吾國甯復有豸！非推翻而易置之不可也。乙説曰：國民對外，當爲一致行動。當此危急存亡之際，安可更生内訌？亦惟維持政府以觀後效而已。啓超以爲此兩説皆是也，而皆有所未盡也。今政府之舉措，安能逃國民之責備？然聽其於敗壞國事之後奉身而退，謂足謝咎，此徒以便巧宦耳，於責任之義何有焉？若泛言維持，而政府復得託庇以自即安，此又與於不祥之甚者也。故以爲吾國民當嚴峻督責政府，使求正當辦法以自贖，待事後而更校其功罪焉可也。抑邦之杌陧，又非盡卿尹百僚之責焉，我國民於事前事後，漫無所主以導政府之先而盾其後，是益授政府以分謗之口實也。故吾願國民一面督責政府，一面更自督責焉，又豈獨俄蒙協約一事云爾哉！

十一月十八日　梁啓超附識

（1912年12月《庸言》第1卷第1號）

論國務院會議

　　國務院每旬有三日定期會議，此制度之良否，吾欲一論之。政務貴統一，而閣議爲之樞，其關係之重，不俟問也。然議不欲數，數則煩。各國之閣議，多無定期；即有之亦不如此其頻頻也。今百事草創，固不可以人律我。然此間日一會議，究竟於國家大計所裨幾何？吾恐積久成爲具文，徒資國務員游談之府耳，則反不如節此精神以黽勉於部務之爲得也。前清軍機大臣，疲日力於召見，雖有賢者，亦無研究政務之餘裕。今之國務院會議，毋乃類是。

（1912年12月《庸言》第1卷第2號）

論審計院

　　審計院者，財政上之司法監督，嚴正獨立之一機關也。非惟獨立於行政部之外，亦且獨立於立法部之外。東西各國，於院員資格之取得，及其分限之保障,致極鄭重焉。我國既採其制,宜師其意。乃觀某月日任職命令,審計院五部之長,即以財政部五司之長充之,明犯各國共守之原則而恬不爲怪。吾不解其何取也。謂任院事者不知此原則耶,何至瞶瞶若是!誠瞶瞶若是,又豈可復託以院事者!既已知之而故蹈之,得毋欺天下人之無目耶?吾國所謂新政所謂新機關所謂新人物,無一不類是,是可一哭也。

(1912年12月《庸言》第1卷第2號)

介紹大律師熊垓

熊垓君留學日本中央大學及帝國大學,歷時九年之久,於法學深有心得。本官外交部僉事,兼充條約科科長,現爲保障人權鞏固國法起見,特遞呈辭職,改充律師。業經司法總長核准,發給律師執照,幷在京師高等審判廳登録。所有京師各級審判廳一切民刑訴訟及公證立約等件,均可代辦。凡有欲在各級審判廳涉訟者,在北京可逕往順治門外兵馬司前街熊君事務所接洽;在天津可逕往古樓東廣業里方公館內暫設事務所接洽,必於訟事大有利益,幸勿交臂失之可也。

　　介紹人　梁啓超　梁啓勳　湯　叡　吳貫因　藍公武　仝　啓

(1913年1月《庸言》第1卷第3號)

《中華警察協會雜誌》題詞

　　國於天地,必有與立。立國之要件雖不一端,而能維持國內之秩序,則其最要者也。一年以來,萑苻滿地,變亂四起。人民無所託命,相率避地於外國,匿跡於租界,而與外人接近之地,且常藉外兵以維持治安,國事之敗壞,一至於此。國家形式雖存,而實質之亡,固已久矣。此其受病之原因,固千條萬殊,而警察行政之敗壞,實亦有以致之。蓋警察之職掌,非徒爲内部行政之一部分也,其關係實互於政治之全般。例如不能佐司法官逮捕罪犯,則於司法行政有礙(所謂司法警察);不能助收稅官搜索漏稅,(各國通例,收稅官搜索漏稅,得請警察援助。日本之《國稅犯則者處分法》即明規定之。)則於財務行政有礙;不能保護學校之安全,則於教育行政有礙;不能保護人民之營業,則於經濟行政有礙;不能保護行旅之往來,則於交通行政有礙;不能保護外人之生命財產,則於外交行政有礙。其所關者範圍如此之廣,故警務而敗壞,則其與有關係之政事,皆將隨之而敗壞。牽一髮,動全身;銅山崩,洛鐘應;自然之勢也。是故今日欲回復秩序,修明庶政,其必自整頓警察行政始。雖然,今日欲整頓警察之行政,豈易事者?微特四境之内,險象環生,未易撥亂以爲治也;且今之中國既爲共和立憲國矣,而共和立憲之國,政府之行政,不徒貴能盡責任,又貴能守法律。凡百皆然,而警察行政,則守法尤爲其要件也。試舉例以言之。警察有進入民居搜查罪犯之責,而必以不妨害住居自由爲原則。試問今之警察,能守此原則以盡其責否耶?警察有稽查人民住址之責,而必以不妨害遷徙自由爲原則。試問今之警察,能守此原則以盡其責否耶?警察有逮捕人民或救護人民之責,而必以不妨害身體自由爲原則。試問今之警察,能守此原則以盡其責否耶?警察有取締宗教事務之責,而必以不妨害信教自由爲原則。試問今之警察,能守此原則以盡其責否耶?且警察以搜索罪證爲目的,可以收押人民之文書,而必以不妨害書信自由爲原則。試問今之警察，能守此原則以盡其責否耶？警察以搜索禁品爲目的，又可以收押人民之用物，而必以不妨害所有權自由爲原則。試問今之警察，能守此原則以盡其責否耶？社會各種之團體，警察有取締之責，而必以不妨害結社自由爲原則。試問今之警察，能守此原則以盡其責否耶？乃至新聞書籍之發行，警察亦有取締之責，而必以不妨害出版自由爲原則。試問今之警察，能守此原則以盡其責否耶？以上所舉，皆屬保安之事，猶僅就警察之消極的言之也。而今世之警察，不徒在能維持社會之治安，又貴能增進人民之幸福。所謂"助長行政"者，實今世警察之一重要職掌也。然試問今之警察，其足以增進人民之幸福者果安在？吾見乎全國四萬萬人，其生老病死，悉聽自然，而自始未嘗受政府一分之賜焉，未藉警察一分之力焉，而何有於助長也！不寧惟是，警察積極之職務，不第在政治一方面已也，且並及於經濟一方面。故欲保一國林業之利，則貴有森林警察焉，然中國今日果有森林警察否耶？欲保一國鑛業之利，則貴有鑛業警察焉，然中國今日果有鑛業警察否耶？欲保一國漁業之利，則貴有漁業警察焉，中國今日果有漁業警察否耶？夫任舉一事，皆足以見警政之不修。其甚者且並警察法規而無之；或雖有其法規矣，而未有是等之警察；或雖有其警察矣，而未嘗一舉其警察之責任。然則今日欲整頓警務，所謂"一部十七史從何處説起"耶？雖然，今之警務，誠有種種之缺點，然能切實討論而謀所以匡正之，未嘗不可使之日有起色。則欲靳警政之刷新，研究之事，烏可以已？今中華警察協會同人有鑒於此，爰有《警察雜誌》之發行，意將以研究所得，助當道之行政，而並以求友助於海內之賢士大夫。徵序於余，余安敢辭？

（1913年1月《中華警察協會雜誌》第1期）

進步黨在京開成立大會演説詞

（五月二十九日）

今日爲進步黨開成立大會之期，在座諸君對於今日，無不懷抱無窮之希望。抑不第在座諸君懷抱此希望已也，吾人試一察國人之心理，如孫先生適所云云，則全國國人無不希望進步黨之有今日也。更一檢外國報紙，其歡迎進步黨之熱誠，往往流露於字裡行間，則雖謂全國之人對於今日，無不懷抱無窮之希望也可。而天氣晴朗，尤足鼓吾人之興，則今日之會誠盛事也。啓超去國日久，於黨事又少經驗，承諸公謬推爲理事，原不敢當。但以辦理黨務，純爲義務，義務所在，不敢規避。啓超但有一分能力，即當貢獻於吾黨，是則啓超區區之愚，所願終身效忠於黨者也。吾今試問進步黨以何因緣而成立？則吾人當先知進步黨前身爲共和、民主、統一三黨。三黨各有其精神，今乃融合而爲一新精神。而此新精神又爲何者？則吾不可不一語。前此三黨之精神，三黨揭櫫之主義，如彼此相同有二者：第一，欲將全國政治導入軌道；第二，欲造成一種可爲模範之政黨，以立政黨政治之基礎。此三黨素持之主義，即三黨固有之精神。向令三黨分立，固未嘗不可貫澈此二種主義，但終不如聯合爲一之較易爲力。此進步黨之所由成立也。吾人曷爲而屢以政治軌道爲言？必吾國之政治尚未上軌道也。而吾國政治之所以不上軌道者，亦自有故：其一，腐敗官僚不能上政治軌道者也；其二，人民中少數暴徒亦不能上政治軌道者也。今吾黨當用何法，引此二種人物同上政治軌道？此問題誠不可不一研究也。大抵共和國體立憲政體之下，萬事當解決於民意；而民意之所由表見者，莫如政黨。今政黨尚不僅一進步黨也，其在他黨，何嘗無少數人欲上政治軌道？其如全國政治皆在政治軌道以外，斷非少數人所能爲力。何則？今既有一大政黨先上政治軌道，即足以引導他黨共上政治軌道。國之政黨既共上政治軌道矣，縱有何等野心家，亦無能自外此政治軌道兩[而]得存在也。是以吾人一方面當設法擬除暴徒，而一方面尤當設法擬除腐敗官僚。此中緩急輕重，不可不熟審也。夫暴徒足以致亂，人多知之，然試問苟不去腐敗政治，而欲與致治，能乎不能？第是，腐敗政治又將何道以去之？蓋甚難言。如設有人詢於啓超曰：君有法以去腐敗政治？於啓超必謹謝不敏。即以此遍告國人，恐亦無一人敢自承曰能者。然苟有人問：進步黨有能力以去腐敗政治乎？則啓超必首先應曰：能。大抵政治通例，苟國之人民對於握政權者不加以監督，則未有不出政治軌道之外者也。即以今大總統論，中外報紙評論其人者多矣，有愛敬之至極點者，有憎惡之至極點者。然無論爲愛敬爲憎惡，要其爲人有一種政治材能者也。此種有政治材能之人物，握有政權之時，苟無一大政黨監督於其旁，日謀所以將順其美，匡救其惡者，則徒令此種政治必將溢出於政治軌道以外，不亦惜哉！故吾黨惟一之任務，在以穩健抵制暴烈，而以發揚抵制腐敗。一方去腐敗政治而守其老成持重之態度，一方去暴亂行動而養其發揚蹈厲之精神，此其事非難爲也。夫進步黨未成立以前，三黨分立，猶各有所表見於政府與社會；則進步黨已成立後，薈萃三黨之英，通力合作，其力不更易哉！吾所謂進步黨之新精神者，此也。然吾黨又將何以發揮此精神，則吾黨所亟應反省者也。吾人當認定，進步黨於國家前途之爲功爲罪，皆在今日吾人決心何如。吾進步黨蓋政黨之模型也，模型而健全，則異日之政黨亦必健全；模型而惡劣，則異日之政黨亦必惡劣。吾黨同志不可不勉爲其難也。前此一年中，政黨性質之暗昧不獨他黨有然，即吾進步黨前身之三黨，亦時或不免。或謂吾國之政黨做一"黨"字而未嘗做"政"字，此言雖謔，然揆諸事實，實有確切不移者。大抵政黨之所以活動者：第一，政府議會有一致之主張；第二，以政治行爲與政治常識普及國人，而其普及之方法，則演說與出版特尚矣。爲問此一年中，有一黨從事於此等事業者乎？吾敢斷言其無也。其最顯著者，各國於總選舉時，公開演說者不知凡幾。美國於選舉總統時，盧斯福氏曾一日而演說至七八次。試問吾國此屆選舉，曾有一黨公開演說者乎？又政黨非以感情爲結合者也，故一切感情皆不宜屬入政黨。今也不然，各黨之中，地方感情之果不待言矣，甚至因個人有感情之不洽，而改入主義相反之政黨者，是真不知政黨爲何物也。吾黨前途固不當僅做"黨"字而不做"政"字，尤當勉爲政黨前途立一絕好之模範，斯可以發揮本黨之精神矣。啓超今日以簡單數語爲諸君告曰：國不統一，則國不發達；黨不統一，則黨不發達。故政黨所最忌者，黨内有黨是也。吾黨同志宜無不曉然於此主義。某有以三黨合併籌備中所經之困難爲本黨前途悲觀之論據者，啓超所不信也。啓超請就近取譬：鄉人有議婚者，其未婚也，往往爭持小節，重勞媒介之奔走；及其既婚，則不第新郎新婦魚水和諧，即兩姻婭往來亦必甚密。吾黨方籌備合併之時，譬猶其未婚時期也，籌備員則其媒介也；今既婚矣，有不魚水和諧者乎？然而，中國人有一絶大之缺點焉，即虎頭蛇尾是也。方資政院之召集也，不第國人之屬望甚殷，即議員之自待亦殊不薄，曾幾何時而星散矣。不有武漢起義，吾不知資政院何以下台也。臨時參議院之始發生也，其蓬勃之氣亦鋭不可當，曾幾何時而烟消火滅矣。不有國會召集，吾不知臨時參議院又何以下台也。今國會召集伊始，其前途之能不蹈此覆轍與否，正爲一大疑問。國家之法定機關且然，況政黨乎？吾願吾黨同志無論何人，皆當始終如一，積極進行，毋謂吾一人無關大局也。請以啓超個人與吾黨前途之關係略陳一二。啓超自問，學問上之興味較事務上之興味爲濃，故啓超雖任黨務，而竊願致力於研究政情、調查政況、決定政策等事業也。政黨最後之目的在政治之活動，啓超除自信吾黨確能活動矣，然後敢離黨而他就；否則，無論何如，決不一日而去黨也。若啓超尚有他事，不能常留部中爲黨服務，則甚望諸君之見諒也。區區之愚，伏候時教。

（1913年6月2—3日、5日《大公報》）

進步黨特别會演説詞

（六月十五日）

本黨成立之初，即有一種散漫之現象，是蓋由於本黨内部機關組織之未備,及本黨對於時局無一定之方針故也。啓超與在京理事,對於本黨內部機關之組織自應負責,但本黨理事長現在武昌,一切尚待商榷,故未免稍稽時日。刻正在進行中,不日當可組織完備也。至於本黨對於時局之方針,以啓超個人徵求各方面之意見,要皆爲個人之主張,不足以爲黨義也。若本黨黨綱,固爲本黨一切黨義所自出,然亦不能正對時局,立一定之方針。啓超以爲,本黨對於時局,不可不有一定之方針,以爲政治上進行之標準。各國政黨常軌,每於國會開會之前,必開大會,議決本黨具體的政策,以爲政治上言論行動之方針。今本黨既爲一大政黨,又值國會開會期中,自應決定一種具體的政策。但今日之會,時間短促,此種政策又非片言所能盡,啓超當候異日以文字發表之,藉候諸君之討論。今日姑提出目前之數個重大問題一討論之。

第一,總統問題。選舉總統,當依據憲法。但各國政黨先例,於選舉期前,必公推一候補者,其目的在令國家發達。是故美共和黨之主張舉塔虎脫也,信塔之能發達其國家也;進步黨之主張舉盧斯福也,信盧之能發達其國家也;民主黨之主張舉威爾遜也,信威之能發達其國家也。其所信仰之人雖各有不同,而其所以謀國家之發達則一也。今民國建設伊始,此屆國會方爲第一期之國會,而國勢又極飄搖,斷不足以語國家發達之方。吾人第問,將以何方而使國家存在耳?是故,吾人於推定總統候補者之時,當求一能令國家存在之人,此實本黨推出候補總統之惟一標準也。在各國政黨通例,凡所推之候補總統,必在本黨。今本黨理事長現任副總統黎君元洪,吾人固備極崇拜,其能力亦足以發達將來之國家也。據現在國勢而論,理事長亦當表示意見,以爲目前能維持國家使存在者,莫今臨時大總統袁公世凱。若故,吾人當體理事長之實,推袁公爲本黨正式總統候補者。

啓超於是將由總統問題而進涉政府問題。今之論者,好以總統與政府併爲一談。有因愛敬總統而遂主擁護政府者,有因憎惡總統而遂欲推翻政府者,此其人於論理學乃一無所知也。總統與政府實爲兩機關,既不能以總統而牽涉政府,亦不能以政府而牽涉總統。今之政府,無論何人,決不得以強而善之政府許之。其所以不強不善者,一方面由於總統,一方面由於政黨。自共和宣佈以後,總統對於政局,因臨時之故,不免敷衍。啓超嘗以個人資格與總統晤談,談次,亦甚致慨於現政府之七零八落。而其所以無改組之決心者,則以臨時期内，不欲多所紛更耳。而政黨之對於政府，攻擊者有之，擁護者亦有之。然其所以攻擊所以擁護者，亦絕不問政府之爲善爲惡、爲强爲弱也。試視今之政府，總理既在病假中，財政、教育兩總長又皆缺席，而以次長代理，總理兼内務總長，而内務亦遂由次長代理。以内閣領袖之總理及其重要部分之總長，皆在缺席之中，此種内閣，誠有如總統所謂七零八落之内閣也。向令長此遷延，不特時局將日形泯夢，即國民對於總統之信仰力亦必銳減，故吾人對於現内閣認爲有改組之必要。

於是因改組内閣而發生兩問題也：一、内閣將以何方改組？二、本黨應否加入新内閣？今之爲改組内閣說者，衆論紛紜，莫衷一是。其中頗有主張政黨内閣說者。其實政黨内閣乃不成爲一種主張，蓋政黨本所以謀政治上活動者也。去年，國民黨持政黨内閣之說，視爲一種黨義，爲該黨所新發明者。而當時之反對派，即倡不黨内閣之說，相持不下。自吾人觀之，殊爲可笑。譬如有人問於啓超曰：君爲誰？則啓超必答以姓某名某。今乃不是之答，而曰吾是人，有不令人咥然失笑者乎？又或答曰：吾乃非人。不更可笑乎？故既爲政黨，自當接近政權。本黨對於内閣改組之主張，直可認爲非本黨改組不可。但所謂政黨内閣者，當以能否實行本黨黨義爲斷。本黨將來能否實行組織内閣，非今日所可逆臆。蓋一方須得總統之贊同，一方又須得他黨積極的協助或消極的不反對，而後可實行本黨黨義；否則，雖有本黨黨員加入内閣，而不能實行本黨黨義，仍不得謂爲本黨之内閣也。且本黨所受之苦痛亦多矣，他黨指本黨爲政黨，其實政府施政，何嘗與本黨有一次之磋商？吾人既感此種苦痛，故現在則主張内閣有改組之必要。將來則本黨雖可出而擔任組織，但不可不從各方面之觀察而審慎出之；否則，毋寧持總統人才内閣之說，以徐俟時機也。

第二，憲法問題。憲法問題條理紛繁，啓超當以文字發表之。今日姑以先舉總統乎、先定憲法乎之一問題，與諸君討論。啓超以爲，無憲法則何有總統？可直截了當主張：先定憲法，後舉總統。並可藉此督促國會，早日制定憲法也。是則本黨對於憲法問題之主張也。此外，尚有與時局極有關係之兩大問題，請述之如次。

一、宋案。宋案純然爲法律問題，與政治無涉，吾人固無須討論及此。但他黨恃此爲攻擊政府之武器，吾黨亦當表示一種主張。啓超以爲，趙君秉鈞之被宋案嫌疑，實以洪述祖之關係。洪係案中要犯，當早日引渡，歸法庭審訊。俟供證確鑒，再定趙君有到案之必要與否。故本黨於宋案，主張爲法律問題，而以引渡洪述祖爲一種解決之方法。

二、借款。借款非應否借款之問題，本黨主張，第一當監督用途，否則六月以後，又入窮鄉矣。如欲再借，又失信用。啓超以爲，此項借款當存入代理國庫之中國銀行，以爲發行兌換券之準備金，則於國家財政前途裨益匪鮮矣。

（1913年6月18日、19日《大公報》）

致段芝貴宣撫使電

九江段宣撫使鑒：唐蟒在九江被獲，此子比匪，罪誠難逭。惟亡友紱丞先生才常僅此一子，紱丞胎造民國，厥功最高，兄弟死難，國而忘家。援之古義，當蒙十世之宥。蟒少年無識，自罹斯罪，他日當可命其自新。謹掬血淚，爲故子請命。願轉告駐潯法官，貸其一死，感同身受。

（1913年8月24日《大公報》）

代康南海訃告知交[1]

康南海先生於陰曆七月八日痛遭太師母勞太夫人溘逝之變，大憂哀毀，海內外知交不及徧訃，謹此代爲奉聞。

梁啓超
徐　勤　謹啓

其有唁函輓文，交北京騾馬市大街果子巷延旺廟後交通部羅宅，上海廣智書局，香港中環亞賓律道三號康宅。

（1913年9月1日《時報》）

在北京青年會之演説

（一九一三年十二月三日）

鄧少萍　筆録

其　一

十二月初三日晚七句半鐘，北京青年會開特別演説大會，敦請司法總長梁任公先生蒞會演講《社會感化力之分擔》，名言偉論，聞者興感。特節

---

[1]　代擬題。

錄之，以供衆覽。

啓超承天下最有名譽之團體所邀訂，得與諸君會集一堂，幸何如之！近雖公私交迫，今夕却能得此良機，俾可相與研究"社會感化力分擔"之問題，尤所欣慰。竊我國自與歐美交通以來，東西文明，相形見絀。匪特内政外交，著著失敗，而教育、軍事。亦事事不能如人。倘捫心自問，此實不能爲諱也。自辛亥以還，國政改爲共和，庶事有維新之目。然返觀近象，則内亂依然環生，盜賊充斥如故，且民德之退化，大有江河千里之勢。此有心人所以疾首痛心，相與研求病源，而力施拯救者也。夫中國之病源果安在乎？曰社會不良。而社會不良，何關於國家之治亂乎？曰社會不良之國之國民，處專制政體之下，不能望治，而處共和政體之下則尤甚。何以故？曰專制政體，雖大權歸於一人，然有時得聖君賢相，尤可望治。而共和政體者，大權公諸國民，苟國民無圖治之資格，則國家豈有致治之希望？譬空氣然，設人處污濁之空氣中，而求身軀之能康健者，是南轅而北轍也。試通覽古今中西史乘，欲考其國家之興衰，大都以國民之品格爲衡，而品格之高下，則又以其所受之感化力爲何如耳。此感化力之所自出，大要不外四端。（一）政治，（二）箇人，（三）學校，（四）團體。昔漢文帝崇尚儒術，整飭吏治，而天下肅然。曹操播弄朝政，把持國柄，而士風傾壞。此政治感化力之明證也。若夫孟子所言，"聞伯夷之風者，頑夫廉，懦夫有立志"，則又足爲箇人感化力之確證。至於學校之進德修業，團體之砥礪觀磨，則皆具有感化力者。然以四者之感力相較，則政治、箇人、學校之力，皆遠出於團體感化力之下。蓋政治爲間接的勸懲，而乏親切感化力之能力。至於箇人感化，則聖賢復若鳳毛麟角，得其感化力，蓋戛乎難之。而學校則又若爲期不甚久也。

基督教青年會者，寰球公認爲最高尚之團體也。啓超昔游美、澳二洲時，嘗驚嘆青年會之發達，雖三家村亦必有該會之蹤迹。我國僑民中，稍有知識者，如詢之，則以伊爲青年會會友對。且所往演説之區，大都假青年會會所。此誠青年會之發達，有補於社會、國家之鐵證也。我國社會腐敗，由來已久。凡事業之建設其中者，非惟無相生相長之力，而反使之枯槁彫殘，缺乏生機，静言思之，吾儕得毋引爲恥辱耶？甚願諸君緣此一會，皆發揚蹈厲，恢廓弘圖。勿使我國不良社會之積習，轉累此有益寰球之團體，不能發達於北京、於中國，重負剏辦及在事諸君之苦心也。啓超現擔任別部分職務，不獲日常到會，與諸君彼此切磋，良用抱憾。然切願北京各界青年，奮勇努力，俾此會日漸發達。行見首善社會，被其感化，而風聲所樹，煥發新象。則我國之光榮，亦與爲無曁矣。

(1914年3月《青年》第17卷第2號)

知命盡性

(六月二十一日在孔教會講演)

啓超忝在本會會員之列，事冗罕至，歉甚。今日承召講經，自愧學殖荒落，未能發揮聖道，固辭不獲，敬就聖經所恒書"知命盡性"四字，敷陳其義，就正於諸公前。性命之學至宋元而大盛，凡所發問，啓超何敢望萬一！但靜觀世變，覺天下之足以供吾人受用者，不外此二字。《論語》末章云："不知命，無以爲君子。"足見"命"爲孔教最精微之理。《墨子·非命》篇所云：老莊所力辯，不厭求詳，尤見命學關係之重。子所云"不知命，無以爲君子"，"君子"二字，乃孔子立教之名稱，即人格也。君子既爲人格，而命學又最深，不知命即無以爲君子，然則全世界之合人格者不其少哉？不知孔子之所謂"命"，乃人人所當知而且易知者，固不必如宋儒理氣之說過於深，且不似庸人吉凶禍福之說之近於妄。《中庸》云："天命之謂性，率性之謂道，修道之謂教。"可見命者天命，天命即性也。人之性受於天，天之所命即成爲人之性。性者非他，宇宙間一切物類之所同具也。附子性熱，大黃性凉，砒霜性毒。故性者又本能之謂，知命者，即知天命我以何種本能。就此本能保存而發揮之，是謂盡性。孔子云："唯天下至誠爲能盡其性。能盡其性，則能盡人之性；能盡人之性，則能盡物之性；能盡物之性，則可與贊天地之化育"也。世界上進化之極點，可一言以蔽之曰：人人各盡其本能而已。世之人則不然，往往不但不能盡其本能，而反戕賊之，抑或舍棄其本能而強爲其所不能焉。此即孔子所謂"不知命"也。夫人之生斯世也，一面須求有利於世界，一面須求有利於自己。此人人之本分，抑人人之所能也。不知命者，恆以現在之地位爲未足，而妄求不可得之境，富貴利達，宮室妻妾，日繫於胸，其終也，無往而不失敗。居常戚戚不安，虛度一生，人己兩無所益。凡反乎本能，未有不至於此者也。其原在於不知命，不知命則不能盡性。夫能盡性，則雖化育而可贊；不能盡性，而雖小己而無成。差一毫，失千里，是不可不深長思也。至"能盡其性，則能盡人之性"，其故若何？曰：人性不甚相遠。孟子云："凡同類者，舉相似也。"凡人既能盡其本能，即能引誘他人各盡其本能。蓋互相摹仿，相觀而善，本人類之共通性質。知此，即可見"盡其性，則能盡人性"一語簡單明瞭，終身受用不盡。世之論孔子者，或以爲尚私德而罕及公德，重入世而不言出世；予謂不然。孔子者，乃以個人主義與世界主義合而爲一，又以世間法與出世間法合而爲一者也。何言個人主義與世界主義相合也？孔子之道，重在修身。若人人皆能自尊自貴，各修其身，則世界之人俱臻於善，此即個人與世界合一之理。《論語》"天下無道則隱"一語，似與世界無關；然隱居不仕，亦是發揮本能。《易》曰："居其室，出其言，善，則千里之外應之。"又曰："行發乎邇，見乎遠。"使其言論行事足爲社會模範，無論現在與將來，必有受其感化者。此種人物遂成不可磨滅之人物，真理亦賴之以長存。古今亂世多矣，其遺老遁身林野，感化甚遙。故孔子之道，雖當亂世而不衰，數千年之社會賴以維持，所謂"乾坤不息"也。由此言之，將謂之個人主義乎？將謂爲世界主義乎？子曰："誠者非成己而已也，所以成物也。"故曰："孔子之個人主義即世界主義。何言入世法與出世法同也？孔子言必稱天。天乃抽象物，其所表見在於命。命何在？在各人之性。人之性不能盡知，我之性可得而知。從此體貼，終身由之而不能盡，各人皆有可以自樂之道。出世法非以樂爲究竟乎？孔教所言天人合一天人相與之際甚多，實人人所能到。故曰：世間法與出世法一也。吾人欲利己欲利人，欲入世欲出世，固可知所從學矣。學者何？學爲君子也。君子者，人格之稱也。欲造君子資格，其條目甚多，而知命實爲其要素。今服習孔子之道，須知根本在此。能體貼至此，則身心安泰，樂天知命，所謂"仁者不憂"，道在是矣。諸公又須注意，知命者非委心任命之謂，乃謂知天命我之本能。知其本能所在，即須竭力爲之，其有不成，庶返諸吾心而安，萬不可見義不爲多所瞻顧而棄其本能也。不獨個人爲然，國家亦有國家之本能,社會亦有社會之本能。吾人從事於國家事業社會事業者,亦須審其本能,竭力發揮。如有不成,或天命尚有所待,返之吾心而可即安。如此,則無入而不自得。記曰:"清明在躬,志氣如神。"知命者方有此境象。求其在我,盡人合天。願與同會諸君子共勉之!

(1914 年 6 月 26 日、29 日《申報》)

在參政院第十五次會議發言

(十月二日)

本席根據約法第三十一條,立法院之職權第八項,提出關於政治上之疑義,要求大總統答復。本院現在既代行立法院之職權,當然可以提出政治上之疑義,要求大總統答復。現在外交上日本、英國在山東種種行爲,關係重大,故本席對於此事擬提出質問書,要求政府答復,擬請議長變更議事日程,先議此事。

自歐洲戰事發生,我國外交上經過情形,大總統曾召集本院同人到府報告一次,當時對於大總統所報告固尚有不甚滿意之處,而以中國現在之地位時局,政府措施若此,已覺不易,故同人對於大總統所報告亦認爲相對的同意。日來據各方面經過情形,與前大異,覺從前所報告皆無確實之保證,來日方長,距前二十日情事已一變若此,則未來者尚復何堪設想。至政府外交方面,固有種種秘密,不能全分宣布,而本院曾代行立法院,即爲代表國民,現在全國人民對於此次事變,既已非常憤激,本院即不能不代表國民將懷疑之點及希望政府進行情形,提出疑義於政府,請求大總統答覆。據本席觀之,應質問之點甚多,兹擇其最要者略説明之。從前外交部最初通告將戰争區域畫定,外交部通告有三次,最初宣布完全中立,及日、德宣戰,不能不宣布局部中立,已而日兵登陸,不得已而展長戰線,指定龍口、萊州。當時外交部通告各交戰國之文書,不能不稍爲含混其範圍，但究竟有無憑據，想外交部於畫定區域之後，決不能無文書或口頭之通告於交戰國也。現日兵在山東種種溢出範圍舉動，前數日日兵已將濰縣車站佔據，徵之中外文字之記載，如《順天時報》特電日本在濟南僑民因第八聯隊將佔膠濟鐵路，預備歡迎。又北京《英文日報》所載日使以私人資格告我外交部，表示其將佔領膠濟鐵路。此等雖爲新聞之言，而《順天時報》是何處之機關報，恐盡人皆知。北京《英文報》亦是外人所辦，所載料非全屬子虛。再據各方面報告，日兵向西行不止，試問濰縣以西無一德兵，日本不向目的地之膠州進行，乃向濰縣以西，究係何理？以地理上觀之，自萊州、龍口登岸，越平度而至膠州，地勢正順，並無德兵防阻，日兵何不出此？先時外交部之通告，只准日兵在萊州、龍口行動，實不得已之辦法，現日兵溢出範圍之舉動，我外部亦曾見聞否耶？日兵若斯舉動，其注意決非只膠州一地，蓋將以山東全省爲其軍隊根基地，爲第二之東三省也。此等心理，洵屬路人共見，政府已通告於先，日本竟有此等行動，亦曾與之交涉否耶？再此次山東方面日本兵隊固居多數，然日本與英爲同盟國，故日本對於膠州舉動，事前必與英商酌而後進行，則日本現在山東種種之行動，英國當然不能不分擔責任，因其有連帶之關係也。況英國對於歐洲戰事所以加入戰團者，實係爲尊重比利時之中立，且據英國首相在議會演說，該國此次加入戰團，並無他意，實係爲尊重公法，尊重人道，尊重世界文明起見。我輩向來對於英人此種主義，即甚崇拜，此次尤加欽佩。乃不意該國在歐洲則行此主義，在東方則以聯軍在我山東作種種破壞我中立舉動，與其在歐洲行爲適相反對，究竟係何道理？我政府辦理交涉，除對日本抗議外，對於英國一面是否亦曾一問訊耶？現在日本在山東地方種種不法行爲，雖據該省一方面人民所具公呈，惟因日本向來以文明國自命，我輩對其此種情形，固不敢遽信，然現在具公呈人民之籍貫姓名及被害地方情形言之鑿鑿，我政府究竟已有所聞否耶？此種哀哀之呈訴，政府已曾見之否耶？雖云在戰爭地面之人民稍受損失，固屬小事，但不可不注意者，爲此種舉動實爲不認我爲國家，如果以平等國相待，斷不出此，而日、英聯軍，竟有此種舉動，究竟是何居心耶？猶憶去歲南京我國因平定內亂用兵之時，有日人闖入戰線，被我軍誤傷，日本遂要求將該管軍統免職，並使我素有名譽之軍隊向彼謝罪，此並非重提舊怨，誠以日本果稍有尊重中國國家之心，即不應有如此舉動。我政府果知有保護人民之責任,對於此種舉動即不能坐視,故必須質問,政府究竟曾知此事與否,曾想有辦法與否？又聞日本在山東曾發許多軍用票,按各國在交戰時代,對於其暫時佔領之地,可將本國種種強制力施行,用臨時貨幣,今我對日本在山東不過因形勢之不得已,暫行假道與彼,究竟彼有何權利將此種紙幣強制發行,究竟此種紙幣將來有無兌現之時？回想從前日、俄戰爭時,日本在奉天發行軍用票五千餘萬,後雖換成正金銀行兌換券,實則一文不能兌換。日本此種舉動,實不費一錢,使我中國物價騰貴,生計恐慌,試問我國民尚有知覺能否承認？政府又能否袖手旁觀？本席對於此種種非常懷疑,且此種懷疑,恐不只本席個人,想國民全體亦當同此懷疑,同此憤激。若謂任人蹂躪,無法抵抗,在他人可作此言,在政府當局諸人絕對不能作此言以卸責任。本席意見一面質問政府,請其將懷疑之點明白答覆,一面由本院斟酌建議,催促政府進行。且此次事情與日本交涉,固為重要,而對於英國之舉動懷疑尤甚,該國何以對於比利時之中立如彼,對於中國中立如此,政府對於日本實有抗議,對於英國無之,故一面質問政府,一面將本院之主張請政府從速進行,以表示中國國家機關對於此事非常願負責任,此次但得政府肯負責任,本院代表民意機關無論如何必與政府一致,倘政府辦事冷淡,則專靠代表民意機關恐斷不能作事。本席意見如此,倘本院同人皆以為然,則如何質問,如何建議之處,當請大家討論。

(1914年10月6日《申報》)

在北京律師公會歡迎會之演說[*]

今日司法界之困難,已如貴會頌詞中所舉諸端,甚為詳要。然總之不外兩大問題:一經費,一人才。曩者國家財政部,仰給於行政官之籌濟,而司法、行

---

[*] 此為演說大略。

政混而爲一,無獨立所需之經費。自司法劃分以後,奪司法權於行政官之手,此中遂多種種牽制之處。然此尚不足虞。刻下中央財政,力謀統一,則此問題,自可解決。所難者即人才問題也。司法人才,不外兩部,即法官、律師是。目下人才缺乏,自屬實情。若以程度不及之人,濫竽其中,則司法前途,危險殊甚。今欲謀救濟之方,則惟有未設司法機關之處暫緩設立,已設者暫爲裁撤,僅留省會中法院,擇良好之司法人才,爲完善之組織,用爲模範。俟將來經費充足,人才健全,再行推設。至刻下人才救濟之方,則惟有各法官、律師,先結合少數之人,以道德相砥礪,久之則他之不道德者,亦皆爲其感化,而人心風俗,胥以是爲轉移。北京爲首善之區,甚願司法中人恪遵道德,互相勗勉,爲全國模範。區區之意在此。

(1913年10月31日《大共和日報》)

在清華學校演説詞*

君子二字其意甚廣,欲爲之詮注,頗難得其確解。惟英人所稱勁德爾門包羅衆義,與我國君子之意差相吻合。證之古史,君子每與小人對待,學善則爲君子,學不善則爲小人。君子小人之分,似無定衡。顧習尚沿傳類以君子爲人格之標準。望治者,每以人人有士君子之心相勗。《論語》云:"君子人與,君子人也。"明乎君子品高,未易幾及也。

英美教育精神,以養成國民之人格爲宗旨。國家猶機器也,國民猶輪軸也。轉移盤旋,端在國民,必使人人得發展其本能,人人得勉爲勁德爾門,即我國所謂君子者。莽莽神州,需用君子人,於今益亟,本英美教育大意而更張之。

---

* 此爲演説大意。原題作《梁任公先生演説詞》。

國民之人格,駸駸日上乎。

君子之義,既鮮確詁,欲得其具體的條件,亦非易言。《魯論》所述,多聖賢學養之漸,君子立品之方,連篇累牘勢難臚舉。《周易》六十四卦,言君子者凡五十三。乾坤二卦所云尤爲提要鉤元。乾象曰:"天行健,君子以自强不息。"坤象曰:"地勢坤,君子以厚德載物。"推本乎此,君子之條件庶幾近之矣。

乾象言,君子自勵猶天之運行不息,不得有一暴十寒之弊。才智如董子,猶云勉强學問。《中庸》亦曰,或勉强而行之。人非上聖,其求學之道,非勉强不得入於自然。且學者立志,尤須堅忍强毅,雖遇顛沛流離,不屈不撓,若或見利而進,知難而退,非大有爲者之事,何足取焉?人之生世,猶舟之航於海。順風逆風,因時而異,如必風順而後揚帆,登岸無日矣。

且夫自勝則爲强,乍見孺子入水,急欲援手,情之真也。繼而思之,往援則己危,趨而避之,私欲之念起,不克自勝故也。孔子曰:"克己復禮爲仁。"王陽明曰:"治山中賊易,治心中賊難。"古來忠臣孝子憤時憂國奮不欲生,然或念及妻兒,輒有難於一死不能自克者。若能擯私欲尚果毅,自强不息,則自勵之功與天同德,猶英之勁德爾門,見義勇爲,不避艱險,非吾輩所謂君子其人哉。

坤象言君子接物,度量寬厚,猶大地之博,無所不載。君子責己甚厚,責人甚輕。孔子曰:"躬自厚而薄責於人。"蓋惟有容人之量,處世接物坦焉無所芥蒂,然後得以膺重任,非如小有才者,輕佻狂薄,毫無度量,不然小不忍必亂大謀,君子不爲也。當其名高任重,氣度雍容,望之儼然,即之溫然,此其所以爲厚也,此其所以爲君子也。

縱觀四萬萬同胞,得安居樂業,教養其子若弟者幾何人?讀書子弟能得良師益友之薰陶者幾何人?清華學子,薈中西之鴻儒,集四方之俊秀,爲師爲友,相蹉相磨,他年遨遊海外,吸收新文明,改良我社會,促進我政治,所謂君子人者,非清華學子,行將焉屬?雖然君子之德風,小人之德草,今日之清華學子,將來即爲社會之表率,語默作止,皆爲國民所倣傚。設或不慎,壞習慣之傳行急如暴雨,則大事僨矣。深願及此時機,崇德修學,勉爲真君子,異日出膺大任,足以挽既倒之狂瀾,作中流之砥柱,則民國幸甚矣。

(1914年11月《清華週刊》第20期)

歐戰後思想變遷之大勢

(十一月六日在北京基督教青年會講演)

所欲討論者,乃歐洲戰爭後思想變遷之大勢。因中國今日種種事物受西方之影響極大,今後亦不可不講求應受之方。吾意今度之戰爭,可簡言之曰民族國家的戰爭。四十年前無所謂德意志帝國,當時所有者,不過普魯士及小國二十餘處,而卒成爲大聯邦國,則此一例也。意大利建國之初,不過一極小之沙達利亞,而卒由瑪志尼輩建成一極大之國家,此二例也。塞爾維亞六百年前滅于最强之土耳其,戢戢不敢出氣,而塞人之腦中有民族之見存,至一千八百十八年,卒成半獨立國,至柏林會議以後,則成爲完全獨立國,其在東歐陸師之强亞于德國焉,此三例也。蓋塞國之人欲集合塞國以外之塞國人聯爲一氣,而集爲大民族的國家。塞爾維亞國亦爲斯拉夫之分派,其人數有一萬二千萬之多,俄羅斯民族亦有九千萬人之多。近世世界思想日益發揮,而民族本能亦日益發達。日本割我台灣之時,吾台民因墳墓財産之故,不得已而變爲法律上之日本人者。若普法戰爭之時,普國割取法之科爾索司及洛林二省,法相甘必大忍痛簽字之時,宣言于衆曰我法人其世世無忘此恥,但不可出之于口。兩省之人盡徙至法國本土焉,以故法人四十年來復仇之念未嘗少衰。普國當時故不欲割法土以重構其怨。而武人必欲割之以爲快,故至今日猶爲怨毒之原因,蓋其所從來遠矣。

近世學者以構造單一的民族國家爲理想的原則,然如西班牙、葡萄牙,諸非單一民族組織之國家乎?俄羅斯、美利堅,其構造國家之民族極雜,而建國亦臻于雄武,則亦未爲定論也。

自文藝復興以後,極端言國家主義,絞百姓血汗之金錢,以供殺人之用,竭才士之聰明智力,日日研究殺人之術,各各發達其本能,膨脹其勢力,而衝突生焉。故往往不數十年,又有流血之禍。吾以爲,今度歐洲戰事結束之後,各國見所收之結束不過爾爾,甚或得不償失,當必有翻然自悔其初心,極端國家主義之勢燄縱不能全被摧殘。亦必稍爲斂抑。但當其盛時,則莫敢當其鋒者。法國革命之時,有一國會議員主張非戰論,即殺之以釁鼓祭旗,正猶辛亥革命之時,天下之人敢有對于國體政體稍持商量的態度,罪均在不赦之列。勢之所趨,雖有大力,莫之能逆矣。以吾東洋而論,則日本國家主義發達已至其極矣,中國所受外來之影響亦已至矣,後此亦當不復更有甚者。惟人生在此一面爲構造國家之一分子,一面又爲世界人類之一個人,世間文明幸福事業因有非國家之力不能辦到者,亦有非國家之力所能至者。例如中國之文明不可謂發達矣,然若孔孟老莊程朱陸王,皆個人之精神言論播爲風氣,蔚成徒黨,國家或從而協助之(甚或反摧殘焉)。即如基督教青年會,在世界事業占何等之位置,亦由于各國仁人君子心力之所爲,必非盡出于國家之力也。且中國國家機關之構造,與近世西洋各國所謂國家絶異。百姓各相忘于國家之中,幾皆耕田鑿井不知帝力之于我何有。而執政之人,苦于地大而任重,縱有如何能力,亦難發揮。故今日吾人承歐戰之潮流,而欲新國家之運命,仍以改良社會爲第一要義。結合小數健全之分子,以倡議多數健全之分子,與國家機關之人分擔其任務,即爲吾人所以自盡之道。

(1914 年 11 月 11 日《申報》)

在浙江省教育會之演説辭

(一九一五年六月)

梁任公先生文章、經濟,有口皆碑。月初慕西湖風景,買棹來杭。經本會假座第一舞臺,請其演説,到會聽講者約五千餘人。亟録其講詞於左,以供教育界之參考。蔡鴈仁識。

浙省文物,夙所傾慕,不徒羨山川之勝已也。茲來承教育會之寵召,得與邦人士會晤一堂,欣幸奚似,且在座者,又多政學界鉅子及青年子弟,對此良朋,不能無一言以進。但鄙人於教育經驗極淺薄,敢貢所見,以就教焉。

自中日交涉失敗而後,國人莫不痛心疾首,對於既往,深抱悲憤;對於未來,益覺危懼。而扶助國家之思想亦盛,所謂救國儲金,提倡國貨,即其表著者。本愛國之熱誠,謀救國之方法,無論其效果如何,鄙人極為欽佩。第有一言以告諸君曰:毋憑一時之客氣,而不及永久之計畫,否則必無效果之可言。曩者國人每因一地方或國際間之權利關係,發生類似此等之事實,卒至虎頭蛇尾而無結局。此無他,感情之作用,非根本之解決也。然則必如何而後可?孟子曰"盈科而後進,放乎四海"。有本者如是,凡事從根本入手,必能持久而弗墜。默察救國儲金、提倡國貨等事,雖為義憤所激發,猶恐一時的而非永久的。蓋吾國人之頭腦,純為感情的作用,急則爭存,事過輒忘,此實無可諱言者。況國人僅知治標而不知治本,欲不復蹈前轍得乎?當此眾潮極熱之際,而鄙人獨下冷淡之語,非表示反對,意欲以自勵者勵人也。如救國儲金,事非不善,而勉強解囊,終必竭蹶。所以然者,個人之經濟不發達,而隨感情作用以出資之故也。故對於救國儲金,固當堅持到底。而經濟方面,亦須力謀發展,庶得應濟之道,而無涸轍之虞。即就提倡國貨言,亦美事也。然經濟原則,擇有利而行之。如其必需之物,為吾國所無,或有之而不適用,其中轉生窒礙。今當從根本著想,竭力仿造外貨,以濟國貨之窮。苟其所出之物,果與外來者等,則國貨不提倡而自提倡矣。不然,縱而效力,亦極薄弱。不見夫杭州著名之綢緞乎?近年來外人以花樣之翻新,或價格之低廉,相繼輸入銷路幾為所奪。斯事也,徒言抵制,當然無益。幸得游學者歸而出其所知,提倡改良,則杭州新式之花緞,各處暢銷,即足以抵制外來之貨。設無此番改革,恐不久將全行淘汰。以此推之,可以得提倡國貨之道矣。吾國游學歸國者,頗不乏人,惜多投身政界,而對於實業研究者絕少。因而故步自封,改良無望。茲受外界之激刺,而提倡國貨,用意至深,進行非易。何則?無國貨以替代之也。夫以國貨替代言之,斷非朝夕所能。事前必有幾許年之預備,而後始得端倪。吾國人平日不知預備,而臨時乃謀救濟,是大謬也。今後救濟之法則何如?必預以偉大之目光,施久遠之計畫,使十年二十年後,而得其良好之效果。鄙意當注重教育以謀國產之發達,是爲要策。現在斷不能責備政府,須求个人反諸己。對於國家,對於社會,對於自身,無負天職也可。人但知日本交涉之勝利,政治修明,軍隊强盛所致,此猶表面上之觀察也。實則日本人於自身,均有職業上之計劃,無論現在與將來,依一定之目的以求之。故無閑游之國民,好學問,圖事業,又始終而不慚。試舉一例而言之:統計一小部分之學問也,明治初年,不過少數人盡心研究,後乃專開學校,極爲發達。又如明治保險會社,其初亦然,以極小之資本,而獨立經營,今乃增至千萬元以上。蓋日本國民性極堅忍,認一種學問爲有興味者,即死守而勿失,營業亦然。吾人自問果何如?急宜竭全力以從事於學問、事業,始有効力。彼普之勝法,日之敗俄,莫不歸功於教育。而吾國教育創辦亦十餘年矣,核其成績,較之外國所見,寧不負慚?政府非不提倡也,社會非不歡迎也,而在教育者缺乏真實之熱誠。如日本教師,俸金亦不甚厚,而能終身其業者,認教育爲國家之要圖也。吾國不然。教師之薪修太微,五日京兆,毫不負責,遇有機緣,輒舍之而他,因而教育界精神常爲外力所牽動。牽動力之最大者,作官是也。夫作官固何利?勞力少而得報豐,故無論何人,均有傾向於官之一途。清時辦學有保舉,而教育者之目的在官;學生有獎勵,而被教育者之目的亦在官——咸以學校爲謀官之堦級也。尤可笑者,則考試留學生一事。牙科進士,商科舉人,或除部員,或任知縣,學不得用,則等於不學。官職有限,趨之若鶩,競爭之途,不其狹乎?至於爲作官起見,何必入學校?不入學校而作官者所在皆是。今之求學者,心目中猶有一官字縈之,無他,習性難除也。以鄙人思之,初出學校之新人才,而與舊官僚競争仕途,必不勝。其結果在國家消耗人才,在自身失却能力,莘莘學子,亦何苦作此妄想耶?況青年與國家,極有關係。由今觀之,行多激烈。激烈無益也,必着實行之。吾輩現時種種之苦困,多造因於前輩;而將來如何,必造因於吾輩。吾輩若效前輩,亦步亦趨,則中華民國從此已矣。所望吾輩有獨立之能力以自生活,并造種種之善因於後世,庶幾前途有望。青年乎,鄙人有一言以相告,即第一主意求圖利的職業是也。官雖職業,非圖利的。出相當之勞力以經營者,始得謂爲真正之圖利的職業。職業本無貴賤之分,譬諸公司之經理與工役,皆職業也。苟盡心於職務,必獲多少之成功。故成功貴乎專心與有恒。日本之統計家,其成功亦無異於哲學家、政治家也。杭人絲職業之成功,亦由熱心家專攻所致。吾人當不問事業之大小,必努力而爲之,未成之先,或有種種阻力以礙進行,但不可畏難苟安,中道而止。有如行舟,途遇風浪,風浪不足懼,勇往直前,必能達到彼岸。願青年以寶貴之光陰,用之於有益之事業。在學校則宜努力於學問,並當爲將來職業上之預備也。各個人既有獨立生活之職業,而後全國之經濟發達,經濟發達,乃可望政治之改良。蓋政治與經濟有密切之關係也。世界各國經濟不發達者,其政治無望改良。“倉廩實而知禮節,衣食足而知榮辱”,管子之言,信不誣也。吾國人欲自强,欲獨立,道在於是。但非教育不爲功,未受教育者,知識幼稺,能力薄弱,斷不能争存於經濟界。故宜藉教育之力,以謀經濟之發達。經濟之發達如何,端在吾人所爲之事業。事業之成與否,又視吾人固具之能力,不能徒責諸政府也。如前所述日本之保險業,杭之絲織業,可爲明證。若曰大事業非政府提倡不可,是特希望人之助己,而不能自謀發展者也,烏能成殊功?故今日吾人不可以一時的感情,而圖洩憤,必深思熟考其由來。何以同爲一國,而彼則强而我則弱,弱之點何在,當思所以改之,不能專責人而不求諸己也。苟人人對於自己,盡忠職業,以勞力换利益,利益雖小,亦足多焉。彼徒慕虛榮者,實事業之蠹也。今後吾人當除去一己之私弊,人人自勉,人人自愛,則前途不可量。言詞草草,諸希諒察。

(1915年6月20日《教育週報》第89期)

《論語今譯》叙

輓近衡國者,恒据民智通塞,等差文野,於是士夫昌言科學救國之論。憂時者又欲刱爲簡畫文字,以教以學,以綴言紀事。繇前之説,則横譯者也;繇後之説,則退演者也。横譯之語,皆從外來;退演之文,純乎新腊。外來者以言文易學術，新舘者以文字就語言。言乎進取，一橫以進，一退以爲進，皆有舘於時者也。將叚爲權概，以宏教育之量，國教其胚胎矣。國教者，孔孟恒言，吾生民之齊德特性，根氐於是。越者迂遠聖訓，或諡以朸敗，依違不共尊信。中人以下，顧乃僮年講誦，白首而不能通。曩見吾友諸暨周孝懷撰著《虛字使用法》，比對之文，關節理解，縱譯之善者也。乃者富順張君佩年［嚴］，本其師説，成《孝經、論語、孟子今譯》若干卷。眡其書，開發頭角，無不具之意、弗達之辭。三古修詞之妙，錯綜偵列，又能以語言檢括之，安置妥帖，平不頗，退以爲進，此其術哉？吾嘗疑《七略》稱《尚書》古文，讀應《爾疋》。司馬遷從孔安國問故，其爲《史記》，凡取《尚書》，以詁訓代正字。如《書》云"庶績咸熙"，遷文則曰"衆功皆興"，蓋解古今語而可知也。吾國經學，大氐漢儒偏於詁，宋儒偏於訓。詁者通古今之異言，訓者理環結之賸義。二者必确必精，而後可以言訓詁之學。蓋詁訓者，釋經之雅言；今譯之作，則雅言之藉以對照而證明之者也。張君志小學教育甚勤，其更循是次譯吾國禮教精微之典，明白分疏，以沁入全國婦孺人人之心而化爲常識，則其導而弗牽，開而弗達，納竹帛於口耳，聚古今如旦莫，方之文章爾疋殆庶之才，以語化民成俗之效，吾恐在此不在彼也。梁啓超叙。

（上海中華書局 1915 年 7 月版《論語今譯》）

國體問題與五國警告

當國體問題之初發生，吾即期期以爲不可，曾著一論以責備首難諸子。蓋以國民一分子之資格，對於國家此種重大問題，而宣示其所主張，斯實固有之權利，抑亦不可辭之責任也。同時外國各報紙，對於茲事，前後紛紛有所論列。其論調雖不一，大率爲我代抱憂危者什之八九。吾儕不必問其意見之是否與我相同,然甲國之政治現象,原不能禁乙國輿論之研究評騭。所評而中肯綮,則他山攻錯,亦吾儕所最歡受也。乃最近而有所謂五國警告者,特聞日本主動,英、俄隨聲,維法與意,次第加入,用正式之文牒,勞使臣之玉趾,一告未已,繼以再三。覆牒既移,頻開閣議,雖其將來態度安出,未敢斷言,然其當局既明有最後决心之宣言,其報紙且日騰自由行動之暴論,嗚呼!此何體相耶?此何朕兆耶?我國民積年來怵息焦灼、驚心動魄之一大禍,所謂外人干涉我內政者,今真將實現矣。誰爲爲之,孰令致之,其罪責自有所歸。但使天壤間尚有此國土、此人民,終必有正定此爰書之一日。此固吾儕閫以內之事,不必向外人饒舌也。獨吾頗復有數語,欲還爲吾強鄰告者。吾鄰之不宜濫用干涉手段,與吾國內之不宜妄爲帝政運動,其利害所率,恰成比例。吾鄰之愛我而進我以忠告也,豈不曰今正當全球龍戰之際,國於東亞大陸者,不宜無風生波,醞釀亂機,以摇此方和平之局也。此義固吾儕所絕對承認者。雖然,尤當知吾鄰而悍然容喙於吾內政,則其所生之波愈大,而和平之破壞也愈劇。夫使吾國而更無一愛國之人耶,則舉國人視國體之變置,如秦人視越人之肥瘠,但憑少數人之播弄而莫復過問,帖耳蜷伏於勢力之下而已。果爾而謂變更國體,足以爲內亂之媒,其說先自不能成立。使吾國而猶有愛國之人耶,則國內非法之勢力,愈益不能使之帖服,義可斷言也。吾鄰警告之旨趣,不外以保和平、防擾亂爲職志。擾亂何自致?其必由政治上之不平致之,其必由政府、人民相互間之惡感致之。然易地以觀,倘使政治上不平,變爲國際上之不平,一國內政府、人民相互間之惡感,變爲兩國家、兩民族相互間之惡感,則其擾亂之範圍,必更擴大而末由收拾。此又事理之至易見者也。吾嘗論吾國之國民性,蓋含有兩種反對之徵象:一方面可目爲最慣服從勢力之國民,一方面可目爲最富反抗勢力之國民。是故常呻吟於專制,而專制必受之以革命;常爲異族所征服,而恒必還征服彼征服者。若僅狃於其一方面而不察其他方面,以此與國民遇,終必取敗而已。吾以爲今日吾國內之帝政運動,與夫吾鄰之干涉運動,兩皆狃於其一方面,而忘卻其他方面者也。故謂帝政運動,不能使人民帖服於一時耶,吾不敢言;然早晚必爲國內不祥之徵兆,吾所敢言也。干涉運動,謂不能使吾民族帖服於一時耶,吾不敢言;然早晚必爲國際間共通不祥之徵兆,吾所敢言也。今幸也各友邦之牒文,既幸諒此意,爲友誼之答覆,吾深望吾鄰之所以愛我而爲我謀者，至此而止，過此以往，聽吾之自爲謀焉。而不然者，懲羹吹虀，止沸揚湯，擾亂和平之責任，將別有所歸焉矣。

吾至此，則不能不更痛哭流涕，爲熱心於帝政運動者進一言：公等若猶有絲毫愛惜國家之心，則此種不祥之運動，其可以已矣。若並常識而無之也，並良心而無之也，吾復何言！苟此二者猶非漸滅至於零點，則當能知今日國勢杌陧、民生憔悴之故，其罪不在共和。吾欲鍼砭公等，謂爲政治上信仰之錯誤，吾知公等惟竊笑於吾旁。既非出於政治上之信仰，而此種運動，猶猛進不已，公等之目的，固予路人以共見而無忌憚也。而試問今者杌陧憔悴之現象，豈變更國體後所能剗滌？豈惟不能剗滌，而必且增加其程度，此五尺童子所能逆覩，豈其以公等之智而見不及此？然則公等所希望之目的，幸而得達，爲歡幾何，是亦不可已乎？而公等必從而爲之辭曰：民意也，民意也。公等所製造之民意，其原料如何，其手術如何，天下人既知之，公等固亦自知之。明目張膽，以售決不可售之欺，夫亦何必！而公等必將又曰：以列強勸告而中止進行，是甘受干涉，而內政之決定，竟已聽命於外人也。吾以爲今茲之去干涉，誠間不容髮，及今杜之，抑猶未爲失時。彼列強所謂警告，今固猶是詢問我之意見，而非出於彼之意見，以要我以必從也。而以我大總統既以不合時宜宣示於前，我外交當局復以靜候民意婉陳於後，然則今日但能將公等所製之民意，稍斂其鋒，而付諸眞正民意，以從事解決，吾敢信其上之必能遂大總統之初心，下之可以踐外交當局之言責，發收由我，而由人乎哉？而不然者，明知其過而怙之，明知其險而冒之，其結果非吾所忍言也已。

（1915年11月29日《大公報》）

梁啓超啓事

（聲明脫黨）

鄙人前歲組織進步黨，被推爲理事，忽忽逾期，媿無貢效。頃養疴津門，黨事久不與聞,除向本部函辭理事(外),並聲告脫黨〈外〉。此啓。

(1915年9月10日《時報》)

呈請辭職文

竊啓超因緣時會,獲預嘉招。處士未有遠謨,書生乃其本色,過蒙恩禮,終始弗遺。猥隨諷議之班,仍託賓僚之上,循涯逾分,又歷年時。近緣祇役,爰泝桐江,見嚴陵山水之高,求方干鈞[釣]遊之宅,低徊竟日,欣慨交心。吾非斯人之徒,竊有終焉之志。此旋轅倍道,趣對威顏,尚期效用股肱,取謂愛其毛羽。不圖遭疾,致阻趨公;纔望上都,言歸私館。雖蒙異數之加,聽其休沐之便;惟是恩稠賈誼,莫對蒼生;德媿蘧瑗,久疏過闕。在大總統爲尊士,在啓超爲曠官。蓋聞先勞後祿,忠信乃其本原;當官而行,名實必其相副。伏願弛其負荷,俾遂寬閑。飯牛同甯氏之歌,何幸生逢堯、舜;薇蕨亦周家之粟,詎云高揖夷、齊。實迫屏庸,冀安調息。翔鴻寥廓,仍包天地之中;老馬識塗,徐效馳驅之報。不勝懇迫,待命之至。

(1916年9月上海國民書社版《袁氏盜國記》)

呈報赴美日期文

竊爲赴美養疴呈報啓程日期仰祈鈞鑒事。竊啓超因病呈懇休職調養,於十一月二十一日奉批令:"給假兩月,俾資調理。此批。"等因奉此,具見大總統隆情高誼,感奮莫名。比覺百脈僨張,頭目爲眩。外强中乾,而方劑屢易;冬行春令,則瘝疫將興。偶緣用藥之偏,遂失養生之主。默審陰邪內閉,灾疹環攻;風寒中而自知,長夜憂而不寐。計非澄心收攝,屛絕諸緣,未易復元,恐將束手。查美洲各屬,氣候溫和,宜於營衞。兹擬即日放洋,擇地休養。使良醫得早從事,猶爲已疾之方;幸物外聽其逍遥,竊取達生之義。合將啓程赴美日期呈明,謹乞大總統鈞鑒。謹呈。

(1916年9月上海國民書社版《袁氏盜國記》)

《曾文正公嘉言鈔》鈔例

一、是編從金陵刻本《曾文正全集》中書札、家書、家訓、日記、文集五種摘鈔,其餘嘉言散見他種遺著者,姑付闕如。

一、是編原取自便省覽,故務求簡要,往往一段之中,僅節數語,不嫌割裂,但求受用耳。亦有同此一義,而屢見屢鈔者,以存文正强聒不舍之真,亦使讀者得時習而悦之益。

一、文正居大亂之世,半生治軍。是編所鈔,言戰事者亦什之一二。其爲軍人寶鑒,固無待言;即非軍人,亦當涵詠其理而善推之於用。蓋人生天地間,本以奮斗爲生涯,何時何事,非在戰爭中者。是編所鈔關於軍事之諸條,吾確信凡任事者,苟能體其意而服膺之,必終身受用不盡也。

一、是編所鈔關於觀人用人之諸條,讀者或以爲文正秉權勢,居高位,故能爾爾,吾儕則無需此。其實不然。人無論居何地位,執何職業,皆須與人共事,求友求助。苟善讀此,無往而不自得師也。

一、文正於學術、文藝,獨得處甚多,垂訓亦至精。今所鈔從略。

一、胡文忠、左文襄嘉言附鈔，以見當時賢哲責善憂世，相觀而善，有自來也。

丙辰正月啓超記

（上海商務印書館 1916 年 5 月版《曾文正公嘉言鈔》）

致滇中將士書

滇中同義諸將校士卒公鑒：大盜移國，天柱將傾，賴諸公一怒以安天下之民。海内志士仁人，感極而泣；環球萬國，動色起敬。自有史以來，以一地方之舉動而關係全局，功未有若斯之偉也。啓超駑下無似，徒懷孤憤。數月以來，在外奔走呼號，思與諸公作桴鼓應，以效助於萬一，而力不副志，所成就殊微劣不足道。差幸是非既已大明，各友邦態度日趨變而助順，大約日内必承認爲交戰團體，更稍進展，則承認爲正統國家。而購械之路已通，此後可源源接濟。大局之定，當不遠矣。啓超本擬俟外交略定後，即入滇從軍，與諸公共此壯猷。行有日矣，而桂中陸將軍遣使見招，謂當俟啓超入桂，乃能部署發表。以今日形勢，桂之見重於天下自無待言，故不得不改馬頭以趨所急。今已抵越南之海防，五日内外當在桂軍矣。爲事會所牽，未能與我最名譽最愛敬之首義諸賢握手並轡，企念之懷，曷其有極？諸公義麾所指，奇捷殊勳，恒使萬國動色。雖曰以順伐逆，應乎心理之大同，然非義勇養之有素，曷克臻此？元凶之殪，指顧間事耳，在今日幾已不成問題。然莽、卓雖誅，大局豈遂云已定？將來若何肅清餘孽，若何確立治安，此艱鉅之任，仍惟諸公肩之。望諸公益奮其高尚武俠之精神，爲全國軍界樹最良之模範，則國家之利賴，其永永無極也。啓超瞻視南雲，不勝崇仰渴慕之誠。謹託友人黃君群躬詣昆明，代達誠款。尚希鑒此微誠,相與努力,啓超不勝榮幸之至。專此即叩勛安。不宣。三月十七日。

(1916年5月《大中華》第2卷第5期)

致譚學夔電

八旗會館譚典虞鑒:粵事總須幹督到,熟商善後。此時若逞意氣,則危險不可名狀。望懇切告君勉及諸賢,無論如何,必須維持秩序,以待幹督至。啓超。庚。

(1916年4月17日《申報》)

梁啓超特別啓事

鄙人此次從西南諸賢之後,參贊義舉,不過稍效筆舌之勞,並無需用欵之處。區區奔走,函電等費尚能自籌,故始終未嘗託人募集義捐,更未嘗收受一文之捐欵,又無論何處何項公欵,皆未絲毫經手。如有假用鄙人名義募捐,或海內外各界有將助義之貲託他人轉交鄙人者,鄙人既絕無聞知,斷不能代負責任。若有此等情節,請仍向原經手人詢問,與鄙人無涉。謹啓。

(1916年7月19日《中華新報》)

梁任公不黨之聲明

鄙人前曾列名進步黨,但三年以來,久已不與聞黨事。自去年籌安會發生,更正式宣告脫黨。此後所有用進步黨名義所發之言論行動,與鄙人當然絕無關係。乃近日尚頻得函電,言及黨事,恐中外尚有誤會,特再聲明。抑鄙人更有欲陳者:現當國基再造之始,一切建設問題,當合全國優秀人士,以協議一致解決之。若樹黨相持,實有百害而無一利。所望前此各黨要人,設法將所屬之黨實行解散,免留畛域痕跡,以影響於政局,則國家前途之福也。

(1916年6月25日《大公報》)

梁啓超啓事

鄙人前曾挂名進步黨及海外之憲政黨,但久已不與聞黨事。去秋曾一再宣言,與一切政黨脫離關係。今方居喪,更不忍與聞國政。恐中外尚有誤會,特更聲明:凡進步黨及海外憲政黨之言論行動,鄙人絲毫不負責任。謹啓。

(1916年7月1日《中華新報》)

復呂公望電

杭州呂都督鑒：蕭電敬悉。自大總統依法繼任後，唐撫軍長蒸日通電，即議速撤軍務院，徒以約法、國會、內閣三問題未決，荏苒至今。今浣汗大號，重翳頓開，若軍務院依然對峙存立，不特中外猜疑，且我師前此不得已之苦心亦無由自白。我公建議立行撤廢，良深欽佩。想諸撫軍睠懷大局，廓然至公，必咸樂贊也。肅復。並乞以鄙意代致滇、黔、邕、衡、叙、肇等處。啓超。江。

（1916 年 7 月 5 日《中華新報》）

《省制條議》序

省制爲開國以來宿題，懸四年未決，今殆不得不決矣。而世論亦愈益殽雜。吾以爲，立灋而規規焉捄矯一時之敝者，則必有所蔽，而他敝乘之。君勱斯案，可謂中正博達，綜理密微。誠能舉而措之，則國家之統一既可維繫，而地方之自由發展亦綽乎有餘裕也。慎思明辨，是在民獻也已。

民國五年七月　梁啓超

（商務印書館 1916 年 8 月版《省制條議》）

棘人梁啓超等泣血稽顙

哀啓者：先考蓮澗府君痛於本年舊曆二月十一日壽終香港寓舍正寢，不孝啓超越七十七日，始在滬聞喪成服。現俟粵中秩序恢復後，始能定期扶柩回里安葬。如承戚友寵錫哀輓之辭，乞於陽曆九月十五日以前，隨時惠寄天津意租界二馬路本宅，上海康腦脫路十八號本寓，香港永樂街同德安號，俾彙獻靈幃，藉光泉壤。其他厚贈，概不敢承。恕訃不周，諸惟矜鑒。

（1916年8月12日《時報》）

杭州演説詞

（九月十三日在浙江督軍公署）

啓超自上年五月遊浙，感諸君子過度歡迎，方謂暫離易聚。乃旋偕馮華帥入都，時帝制風説已盛，當即面訊項城。項城指誓天日，以爲決無此心。馮華老進見之時，所言相若，私意天下之説謊話者，必不施諸關係密切之人，可以騙啓超，決無騙馮華老之理。時心憶杭州山水，並欲踐臨別之言，滿望冬間至杭。未幾帝制問題，居然實現，幾有成熟之機。啓超本良心上所不安者，發爲警告言論，尚不能暢所欲云，而人已驚駭如狂，乃襆被出都，暫息滬上。詢諸浙人之在滬者，知獨立預備，着手進行。本欲稍以棉力相助，但念既養成潛勢力，無待文電空言。今春被邀至廣西時,雲貴之兵力財力,十分困難。廣西雖較勝之,又爲廣東所扼。是時希望浙省獨立,而又恐地理上之關係,浙之獨立甚艱,又不敢爲非分之希望。及始得浙省獨立消息,疑是疑非。事後方悉,馮華老態度如前,兩省終保和平之局,洵足感人。西南萬難之中,不得不設軍務院機關,以資號召,而龍濟光輒尼之。及浙省獨立之信傳來,龍亦改換舊態,因交通便利,若浙者中央尚無可如何,則廣東可想矣。是浙之大有造於西南也。而當夫楚歌四面,兀立不搖,浙人赴機之勇,慮事之明,爲全國所不及。啓超方欲東下,而桂粤之猜疑未解,不得不隻身冒死,一赴羊城,以期挽回大局。雖怵以海珠之變,所不敢辭。由粤至滬,離杭不遙,復有意外種種牽涉,遲未成行。承戴之督軍,迭次函招,得與諸君子重相握手,追憶此半年內吾輩同處患難之中,前塵若夢,然而未來之責任,又何可寬？項城不死,自足爲進步之阻力；然即項城已死,不能謂之已進步也。從前衆人之眼光,注重於一部分,猶可防也。至於後患發生,正無定在,防不勝防。就中浙人之責任較他省又遠過之。浙經幾度變遷,政治之進行無阻,此他省所未聞者。原其致此之由,實有歷史上之關係。宋避金兵而南渡,中原文獻蕩然。其老舊皆隨扈錢唐,繼繼承承七百年,浙省遂如鄒魯。如敝省廣東之殷富,人才亦彪炳古今。然終不及浙江者,歷史上之根柢轉淺也。浙省有如此深厚之歷史,有如此明著之成績,全國模範之資格,厥惟浙江。既欲爲全國模範,其責任之重大爲何如,諸君以模範全國爲難乎？譬如欲教顏平原作書,非王右軍不可；欲教趙吳興作書,非顏平原不可；若教中小學生書法,則吾輩優爲之矣。全國現象如斯。浙省之可以模範全國,夫豈虛言？吾輩談變法二十餘年,究竟所期望者安在,殊覺可憐。模範全國之道如何？要在諸君子人人有警覺心,必使內力自能發動,不假借於外緣。凡軍政、民政、教育、實業,本此警覺心以積極進行,浙省之福,抑亦全國之福也。

（1916年9月16日《時事新報》）

對於興亞借款問題之意見^{*}

先生首就政策上批評,謂吾於此項性質之借款極端反對,蓋假實業借款之名,以挪用於行政費,實財政上一種自殺政策,今後當局所最宜切戒也。夫當今日財政千瘡百孔,司農仰屋之時,非借債不能渡此難關,既天下所共知,我國民誠不宜漫爲無責任之言,斷斷然挑剔政府。但預算冊上用途分項分目,一一確定,不准挪用,且須表裏名實相應,此爲整理財政第一原則。若號稱備用於甲事之金錢,暗中移用於乙事,此實立憲國財政之厲禁,有干犯者,即爲違憲。袁氏四年間,濫用國庫至數萬萬,其弊竇皆在此。就中如隴秦豫海鐵路、同成鐵路等借款,尺地未購,寸軌未築,而借款到手即罄。號稱振興實業,實則斥賣國產,直接斷送實業之生機,復以用途曖昧未由稽核之故,濫費無憚,間接增長政治之腐敗。我國民所痛心疾首於袁氏之理財策者,以此事爲最矣。今當與民更始之時,謂宜一反其所爲,開誠心,循正軌,庶政象得有漸趨清明之望。自與五國團交涉以來,政治借款、實業借款之兩名稱,劃然對峙。凡屬政治借款,其用途經債權者之指定,嚴相束縛。此雖爲極可恥之事,然緣此稍防制當局之自由濫費,未始非國家之福耳。今爲軍事善後及補充此數月之行政費,既萬不能不借款,此項借款以種種牽連關係,萬不能不向五國團商議,此既爲有識者所同認,當局若有憂國之誠心,肯負責任,惟宜簡單明了,開誠布公,與五國團亟開談判。雖條件稍涉苛酷,國民亦應爲之原諒。今若蹈襲袁氏故智,挪東補西,賣乖弄巧,終必無成,徒釀外交之葛藤,益當局之狼狽耳。故鄙人對於此類性質之借款,根本反對,初不問其訂自何國、用何種名義、有何種條件也。

---

* 原題作《梁任公先生對於興亞借款問題之意見》(第四次談話)。

記者曰：據當局所説明此項借款，實藉以爲將來大借款之媒介，湘皖兩鑛實爲媒介人斡旋之報酬。以大借款成立之困難，當局不得已而求助，其苦心得毋可諒？先生曰：以吾觀之，此等求助，恐非惟無益，而反有害。蓋此次興亞借款與元年之比國借款、谷利斯浦借款性質略同。彼兩項借款，其於二年之五國團善後大借款爲有力助成耶？爲增加障礙耶？過去事實，一一皆足令吾儕猛省。蓋當時一面向五國團開始交涉，一面復與比公司及谷利斯浦秘商，結果雖得一時融通墊借，而始終不能脱五國團範圍。而五國團乃得以我當局之曖昧反覆爲口實，致大借款成立愈稽延，而條件愈嚴酷。此稍留心當時事實者，當尚能記憶。今兹興亞借款繼演前劇，其結果所生障礙、所招困難，或恐更甚耳。嗚呼！吾甚不願吾之不幸而言中也。

至於以斡旋大借款之酬勞，而以此兩大良鑛爲餽贈，此尤爲政策上所萬不能容許者。蓋以此兩鑛賣價五百萬猶且不可，况此五百萬不過挪用數月，數月後，仍須涓滴歸還，問政府有何所得而竟斷送此二鑛乎？每一次短期通融小款，即予以莫大之報酬，恐不出數年，全國國産立盡耳。

記者最後乃詢國會方面以未經交議違法簽約，將起彈劾，而當局以借款墊款性質不同，自行辯護，先生謂何如？先生曰：違法簽約問題，國會所持理由固甚正，然以爲此猶其小節耳。《約法》第六條第三項云："人民有保有財産及營業之自由。"苟此權不能確保，則全國人將不知死所矣。湘皖兩鑛或爲地方團體法人之財産及營業，或爲商民預股之財産及營業，試問國家據何權力，能抹殺各私人或法人固有之權利，不經法律上移轉之程序，事前並不與財産主體、營業主體一商，而悍然將其所有權許與他人合辦或抵押與他人。此例一開，人民財産，更安有絲毫之保障？將來若有人墊款與政府，而要求將同仁堂、瑞蚨祥合辦，政府將許之乎？要求將貴報館合辦，政府亦將許之乎？吾以爲政府違憲之罪，最重者實在此點。若僅斷斷於提案手續之先後，抑末矣。

（1916年9月23日《時事新報》）

致杭州各界電

杭州分送呂督軍、周參謀長、王廳長、莫廳長、夏廳長、范廳長、殷廳長、童師長、張師長、潘旅長、來旅長、俞旅長、李旅長、省議會、教育會、商會、《全浙公報》《之江日報》《浙江民報》公鑒：昨見上海《民意報》，載有貴省議會金君燮等六十人，致元首、總揆、國會電，指斥鄙人。驟讀不知所解，覆觀益用嗢噱。鄙人承寵召游杭三日，每與諸公接晤，皆廣座旅見，未嘗一次與一人獨對。凡所出話，十耳共聞。此三日間，鄙人口中曾否提及省長兩字，諸公當能切實證明。金君等電中所言，毋乃太惡作劇！素仰貴省士夫，富於常識，謂自治盛軌當爲全國楷模。安有以省議會莊嚴之府，省會議員，有責任之躬，而乃無的注矢，有類中魘，逐影吠聲，自喪價值？想該電或屬捏名虛搆，仍望諸公宣佈事實，以靖謠囂，不勝大願。啓超叩。有。

(1916年9月26日《時事新報》)

復呂公望書

戴之督軍麾下：前承寵召，獲接清塵，吸涤飲光，沁心滌慮。北山勒移，願訂後約；南皮雅遊，難諼前塵。惠好所詒，藏寫曷極？昨因報章，誤傳市虎；偶馳公電，藉釋杯蛇。旋奉復電聲明，即已迷雲盡解；更勞遠使，慰勞有加，循誦再三,感慚無既。謹復寸緘,顓陳歉悃;寮幕群賢,並此道謝。即頌勳安,諸惟荃察。制梁啓超頓首。

(1916年9月29日《時事新報》)

在南京軍警政各界歡迎會演説詞

(九月三十日在江蘇督軍公署)

啓超一書生耳,於國家大事少所經歷。二十年來所僅能致力者,則本其所信,以言論與國人相見。自去年四五月之交,聞政府有改帝制之謀。初不之信,以前總統袁項城深識民情,決不於此風雨飄颻之日,犧牲國事以爲一己。時方游西湖,藉[籍]先生亮儕亦自甯來杭,爲述華老之意,雙方觀察,均以項城料事之明,決不出此。其後與華老先後入京,所聞於項城者,大略相同,即項城自語曰,有以帝位相強者惟有避地倫敦等語。以皆報上所已發表者也,凡吾儕見項城時所欲爲彼道者,彼常先吾等而出口,故所懷抱者,竟無以達於項城之耳。自八月而後,項城爲左右所朦,而籌安會生。其所標榜者,曰研究學理。然啓超素以言論爲生命,對於若兹大事,安能緘默?故一方則發表反對之文,而他方則以交誼關係,不能不爲項城忠告。凡苦口爲項城道者,前後專札具見報章。蓋吾儕所希冀者,以彼之地位,以彼之威望,凡所欲爲,何求不遂,奚必變更國體,而後可以有爲哉?故當日心中所望於項城者,如能免此舉,不至陷國家於破壞,則人民之福,何以加兹?吾人今日即不以惡意推定項城,而自公的一方論之,假謂項城之忘[志],所以必變更國體者,或者如醫生以舊藥方爲無效,乃另換一新方。蓋既換以後,或者進步較速,而於國家多所補益。然自啓超觀之,則此等藥方,萬不可以更動。以國體之立,本非易事;況以三四年之短期,而定爲某國體爲良、某國體爲惡,乃萬不可能之事。國體爲庶政之本，豈可忽此忽彼而視爲兒戲哉！啓超既以與項城交誼，危詞陳説，不蒙見察；乃與蔡君松波[坡]密商於京津之間，約數閲月，而決以實力相抵制。蓋誠見夫國體一變，即令一時彌縫了局，而日後必生大亂。語有之：變速則禍小，變遲則禍大。按之當日情形，深信此語爲萬不能免之現象。乃定計以一隅之地爲起點，藉武力爲文字之後盾。然猶有懼者，各省之宣告獨立，而不出以有秩序的精神，各地蠭起，自相競爭，隱憂之大，亦正未艾。故當時所抱宗旨，不動則已，動則必以全省。必如是，則於破壞之中，仍得維持秩序而已。西南起義，若唐督軍、陸督軍素有信用，爲地方聽命，故舉事較易。然當日馮督軍之態度，所以促成此舉者，其力之大，人所共知。不過一獨立而一保持中立態度，外形不同，而精神始終互相感通。蓋以地理言，雲貴偏在一隅，而江蘇則爲長江樞紐，於全局關係甚大。且以華老與項城交誼言，則數十年相處，非比常人。即令於項城舉動不能贊成，而要其所以對待之法，自不能與蔡松坡、唐蓂賡、陸幹卿並駕而驅。即以啓超論，當十月間，道出上海以至抵肇慶之日，中間所作爲，以外形論，何嘗與華老合？而華老每深知其用意，進求其所以然之故，故雖各處一方，而大本所在，無一不謀而合。外間傳聞，若華老與西南有何等密約，抑知彼此之間，並無文字上之約束，惟僅有相喻於無言之妙了[耳]。然既有此精神，而以華老與蔡松坡、唐蓂賡易地以處，吾知華老之所爲亦與蔡、唐諸公等。蓋一則相處較久，一則爲義憤所激發。相處久者，惟有垂涕而道；爲義憤所激者，可以攘臂而爭。此則以朋友之交、以國家大義二者，原不相背馳者也。孟子曰：禹與顔子，易地則皆然。正謂是也。雖然，此皆已往之事，尚未及於今後也。蓋中國近數年來，爲政治上之梗者則有二：在清末葉，種族之説大倡，醖釀數年，終於爆發，乃茹痛忍苦，渡此一關。此一梗也。滿清既亡，共和之局定於倉卒，民智未發達，國權之行使不適當，致令天下人民於共和政治有所懷疑。而項城乃利用此心理爲改制之謀，乃有此次西南義舉，演成國體戰爭。此二梗也。今者種族問題已無，而國體之定，已如不廢江河萬古長流。回憶當初，誠如渡舟大洋，風濤萬丈，外交軍事財政之險，豈可勝計？乃出多少代價，而竟得穩達彼岸，則國民之力，抑亦天助也。自鄙人觀之，最險關頭，現已過去。即令今日是非未一，事雜言厖，常人心中猶有一種危懼，此猶杞人憂天，不識大勢者也。試問今之當局者。誰不知共和爲惟一不可易之制？以項城在國中威望，猶不能改造此局，則此外人物誰敢抱此野心、瞰此非分者乎？然而今後究由何道乃得爲此國體立一萬年不拔之基，則吾以爲可以五字括之，曰平和的進步而已。所謂平和的進步者，第一可證以不進步的平和。即凡國家大事，動以變革爲慮，惟保存之是好。稍有危險，即有所憚而不敢爲，如是平和固得矣，而進步則何如？美其名曰平和，實則腐敗而已，頑舊而已。且以方今之大勢論，國際競爭如是其烈，外交大勢若是其危，經濟組織之變，迥異前古。若政治、若社會、若教育、若生計，所應改革者正多。使我人貪此平和之名，而阻塞國家新機，不惟大勢所不許，質言之，則無以立國而已。其次證以不平和的進步。凡國家無論何事以猛進爲主事，因猛進之故，而至於衝突，則曰此改制時必經之階級也，此當然之代價也。凡更張之舉。是否與國情相合，概置不問，而維新之好，是動搖也，破壞也，非進步也。且用此手段，而誠能達進步之目的於一二，甯非可欣？無如此種進步。以新者之獨伸，而他方必與舊者相衝突。衝突以後，或舊勝而新敗，則國家復陷於復古之狀態。證之數年歷史，豈不若是耶？可知此種進步，不惟犧牲平和，而於進步之目的，絲毫無與。不過有動有反動，而國家長此紛擾而已。今國中政治潮流雖不能一言盡，而要之一以平和爲旗幟，一以進步相標榜。此兩派所言，各有一部分之真理，而要不能謂爲全是。蓋僅有平和，不能合於世界之新潮流；僅有進步，不能爲固有國情留有餘地步，已如上述。故以啓超所見，非合此二者而調和之，則不足以定今後之國本也。環顧海內人才，其能通達國情，富於閱歷，昔爲軍界重鎮、今復領袖東南，如華老者，當世能有幾人。蓋吾儕所希望之進步的平和與平和的進步兩主義，惟華老足以代表之。不徒江蘇一方蒙其幸福，即内之進而與黎總統、段總理互相夾輔，則國基何患不立，而政局何患不定？且以西南起義之經過，中間直接間接與華老精神感通，於茲已久，則提携國中兩大潮流，以屏蔽東南擁護黎、段，舍華老外又何人乎？此誠國家之柱石，而國民之所當倚若長城者也。況乎以華老所處之地，當南北之衝。凡所發現，大抵非單純一義所能解決。惟其聞見政情，而又持之以定，故大疑大難，往往消滅於無形，而國家隱蒙其福者已不淺矣。且僚友多才，群賢濟濟，持此以安邦定國，何患不達？即今

[令]遲速有異,而要必有之一日,可斷言也。既承諸君盛意歡迎,故於感謝之餘,略述所懷,惟諸君子有以教之。

(1916年10月3日《時事新報》)

在江蘇省議會歡迎會演說詞

(九月三十日在江蘇省議會)

各國關於省制之問題,種類不同,大別有二:其一,自有省而後始有國家者,如美國是也;其二,先有國而後有省者,如英國是也。此二者皆由於歷史上沿革使然,決非一朝一夕所能企及,亦非數條法文所可擴改者。吾國省制問題,在憲法上爲最關重要之問題。省制之良否,關係一國之盛衰興亡,極應加以研究,但僅憑學理則斷不可。啓超於民國元二年嘗有廢省之主張,然證之事實,已爲不合。蓋以自元以來大行政區劃之行,固已久矣。以省論,蓋有二種資格:其一,具有國家行政區域之資格;其二,則具有地方最高自治之資格。此二者須平均發達,始可立地方事業之基。滿清末季,親貴□政,盛行中央集權主義,致使地方無權而一事不能舉,因以敗亡。及至民國元二年之間,擴張省權,各省幾有各自爲政之勢。至袁項城當國,復剝奪省權,種種壓迫,較滿清爲尤盛。其所謂取消省權,非僅指解散省會而言也,爲財權兵權及應歸地方所有之種種權利,悉攬歸中央,致不能特[持]久。由前以觀,偏重官治固屬不可,偏重自治,亦不能免意外之反動。然省制固當兼顧兩方,始可期完美之發達也。第自治問題非如前清所謂由國家籌辦立憲,籌辦城鎮鄉自治之謂也,乃吾人民自治自之謂也。由國家籌辦自治,則所謂官辦自治,殊與自治原意不合。爲父之于子然。父固有監督其子之權,可以取其收入,以供撫育用;然而子之人格,爲父者不可奪之也。爲父而奪其人格,是視子如父之一肢一體,但借父之軀使,而不與以獨立之衣服飲食,則必至飢餓而至於死耳。官辦自治即此之謂,此其所以不可也。且共和國家,非人民皆能自治不可。袁項城解散民意機關,其罪固在袁氏,吾輩國民(豈)盡辭其責也。蓋吾輩苟人人富有自治之能力,項城雖雄,其能如我輩何?拿破崙之專制,苟行之於現世之法國,亦必不成。美之羅斯威爾,視拿破崙不相上下,而其不敢傚拿氏之所爲者,非不欲也,勢不能也。所以吾人苟自治程度甚高,袁氏雖有野心,自治決不致爲所摧殘。就江蘇言之,上海一隅,自治極爲發達,凡百事業,皆由地方人士辦理。無錫、南通亦均如此,皆諸君子所深知者。設使此三處之地方長官,而欲施其蠻橫之壓力,則此地方人士必不能受之,且彼亦不敢加之也。即使其人上假省長、總統之力而竟敢加之,迨三五年解職去後,種種事業仍可立時恢復舊觀,此可斷言者。夫一縣如此,推之一省一國均如此,自治何患有摧殘者!故竊以爲,自治者自治自之謂也。苟賴官代辦,自治是仍非真正之自治耳。略述所見,請諸君有以教之。

(1916年10月4日《時事新報》)

致黎元洪總統段祺瑞總理電

北京大總統、段總理鈞鑒:昨由甯返滬,閱九月二十九日北京《興中報》,稱啓超曾派代表赴徐州會議等語,事太無根,甚爲詫異。乞飭澈查。啓超叩。支。

(1916年10月5日《時事新報》)

海珠事變遇難三君追悼會*

王協吉(廣齡)、譚典虞(學夔)、湯覺頓(叡)三君遭海珠之變，身殉國事。同人悲悼，爲位聚哭，尚未舉行。茲定陽曆十月二十二日上[下]午一點鐘起五點鐘止，在順治門外江西會館爲三君開追悼會。凡與三君雅故並感念海珠事變者，務乞鑒臨。

梁啓超	范源廉	劉崇佑	陳國祥	藍任大	曾廣倫	張一麟	李鼎華
藍公武	劉顯治	周大烈	陳漢第	韓賓禮	蕭寶珩	張一鵬	林長民
湯化龍	張耀曾	陳敬第	程璧光	曹嘉祥	麥秩嚴	胡汝麟	姚華
羅惇曧	楊廷棟	徐勤	徐紹楨	陳復	向瑞彝	李國珍	籍忠寅
羅惇曼	谷鍾秀	伍莊	黃士龍	林汝魁	黃群	文群	梁秋水
陳錦濤	梁善濟	王家襄	鍾鼎基	黃慕松	姚傳駒	蕭堃	陳友仁
孟森	徐佛蘇	梁啓勳	謝昭	楊言昌	王敬芳	金還	

同啓

(1916年10月9日《晨鐘》)

(附) 輓湯覺頓

納公規若豪髮，貽公謗若邱山，不祥如余，願世世勿相友；
盡其才爲張良，潔其身爲龔勝，非命而奪，疑蒼蒼者匪天。

---

* 題目爲編者所擬。

輓海珠三烈

是經世才,是治軍才,是理民才,使中國不亡,胡諸賢同盡;
孰義約我,孰智開我,孰力弼我,既後死爲罪,抑長生可憂。

(1916年10月23日《時事新報》)

致大總統黎元洪電

　　大總統鈞鑒:恭讀九日申令,以前中國銀行總裁湯叡資志殉國,特予褒揚,並著陸軍部查同時死難諸人,一併優卹等因,仰見我大總統軫念先烈至意,感激莫名。查海珠之變,實軍興以來最慘之歷史,殉難者皆一時俊才,百身莫贖。前總裁湯叡志潔行芳,品優學贍,理財卓識,海內所宗。前在中國銀行小試其長,手定規模,至今攸賴。帝制議興,蟬脫濁穢,奔走間關,備嘗勞瘁。初在京、津,首參義謀;用慨桂、粵,力排紛局。魯連之願未償,酈生之烹太酷。平生一介不苟,身後十口無歸。追往懷來,凄心酸鼻。同難諸賢,有陸軍少將譚學夔,絕世妙才,湛深積學,滇師未起以前,即以同志密圖,又復專任粵事,籌畫孔艱;有原任廣東警察廳長王廣齡,以堅苦卓絕之才,盡瘁厥職,前來粵遭水火慘災,兩旬廢寢忘食,以事救護,民懷其德,有口皆碑;有廣州商團總董岑伯著,商界異才,迭次毀家,以謀公益,所辦商團,識者稱爲徵兵模範。此三君者,俱以援助義師,維持粵局,思效纓冠之救,乃罹虺蜮之凶。又有護國軍司令呂仲明,志切同仇,禍攖駢首。凡此諸人,皆以身殉國,視死如歸,義烈所留,神人皆敬。然皆身後煢獨,孀孤靡託,湯、王二賢,慘況尤甚。合無仰懇我大總統,除將該前總裁等事績宣付史館,並許在死事地方特籌褒揚表彰外,仍飭令陸軍部,對於各該員遺族分別優卹，以旌國殤，而慰忠魂。堯等不勝感愴待命之至。唐繼堯、岑春煊、梁啓超、蔡鍔、陸榮廷、陳炳焜、呂公望、譚延闓、劉顯世、羅佩金、戴勘、李烈鈞、李根源、朱慶瀾謹呈。

（1916 年 10 月 27 日《晨鐘》）

辭勳位電

北京大總統鈞鑒：頃閱報章，知以國慶酬庸，啓超不才，濫膺懋賞。聞命之下，慚悚莫名。竊自去歲帝議橫興，輿情憤駭；嚴帥揮淚以誓旅，義士濺血以即戎。言執戈衛社之義，惟倡義諸將獨爲其難；語舍身殉國之功，則死事群賢宜食其報。若啓超者，雖緣孤憤，偶參戎機，但騖空言，羌無實績。洎我大總統離明繼照，正力肩艱鉅於方來，而啓超以銜恤靡依，未獲分憂勞於萬一。不譴已爲過望，蒙賞實太無名。若謂坐譚弄筆，可貪天功；竊恐濫賞爛羊，反玷國紀。伏望我大總統俯鑒微誠，將所授啓超勳一位收回成命。庶幾名器不濫，樹風聲之大坊；亦使素志獲全，問影衾而無怍。瀝布下情，伏惟鈞鑒。梁啓超謹呈。真。

（1916 年 10 月 13 日《時事新報》）

弔黄克強先生電

《時事新報》轉送黄克強先生遺族鑒：閱報驚傳凶問，痛悼失次。人亡國瘁，同聲一哭。謹奉唁。梁啟超。冬。

(1916年11月3日《時事新報》)

(附)挽黄克強先生聯

道不同，初未相謀，逢此百凶，豈料造車終合轍；
天下溺，援之以手，歿而猶視，應憐並世幾愚公。

(1916年12月22日《時事新報》)

聯合請卹電

南京馮副總統、長沙譚督軍、廣東陸督軍朱省長、南甯陳督軍、雲南唐督軍、貴陽劉督軍、成都羅督軍、重慶戴省長、杭州呂督軍鑒：組公東電悉。克強先生盡瘁民國，始終不渝。人亡國瘁，同聲一哭。政府優卹，義所宜然。懇副總統挈銜聯請，並附賤名。啟超江印

(1917年9月版《黄克強先生榮哀錄》)

致譚延闓電

長沙譚督軍鑒：滿擬詣湘會葬，爲公私所牽，不克成行，歉甚！頃派鄭舞[舜]欽、李孝勉爲代表，聊達梗誠。啓超庚印

（1917年9月版《黃克強先生榮哀錄》）

恕訃不周

不孝啓超等罪孽深重，不自隕滅，禍延顯考，蓮澗府君痛於民國五年三月十四日壽終香港寓寢（舊曆二月十一日），享年六十又八。茲擇於陽曆十一月十四日設奠廣東省城東園，哀此訃聞。

孤哀子梁啓超、勳、文雄 泣血稽顙

（1916年11月6日《時事新報》）

致張嘉森電

《時事新報》張君勱鑒：聞松坡之喪，痛極。身後事望在申熟商。餘續詳。超。青。

(1916年11月10日《時事新報》)

致上海張孝準等青電

（願爲蔡鍔經理喪事）

天禍中國，松坡病竟不救，愴痛震悼，國人所同。喪事一切由超經理，各處各賻，即由上海康腦矨路十八號敝寓代收。望據電轉京外各機關。

(1916年11月12日《晨鐘》)

告蔡松坡先生逝世電

　　北京大總統、段總理、張總長、范總長、谷總長、陳總長、參議院王議長、衆議院湯議長、陳副議長、陳二安先生、籍亮儕先生、國民公報館、南京副總統、廣東陸督軍、朱省長、李俠和先生、雲南唐督軍、貴陽劉督軍並轉任省長、南甯陳督軍並轉岑西林先生、成都羅督軍並轉殷鎮守使、重慶戴省長、杭州呂督軍、長沙譚督軍、范政務廳長、袁財政廳長、肇慶李鎮守使、汕頭莫鎮守使、黃道尹、高州林鎮守使、天津熊秉三先生、蹇季常先生、汪伯唐先生、上海康南海先生、唐少川先生、章行嚴先生、時事新報館張君勱先生、申報館、新聞報館同鑒：頃得日本福岡來電，蔡公松波[坡]因肺病延及心臟，於八日午前四點鐘逝世。國家失此長城，痛悼何極！後事現由蔣君方震、石君陶鈞在彼料理。謹先報聞。梁啓超叩。青。印。

（1916年11月11日《時事新報》）

致蔣方震、石陶鈞電

　　大學病院蔣方震、石陶鈞：庚電痛悉，天道甯論！已即分報各處。遺囑云何？應否暫勿告其母？請電君勱。需欵否？盼覆。超。青。

（1916年11月20日《時事新報》）

致王家襄等電

（請爲蔡鍔舉行國葬）

　　王議長、湯議長、張總長、范總長、谷總長鑒：湘督提議，請政府爲蔡公舉行國葬，各督長多同兹希望，乞極力主持。啓超。文。印。

（1916年11月15日《晨鐘》）

致譚延闓電

　　《時事新報》轉譚督軍鑒：得秉均電，驚聞大故，痛悼何極！全湘安危，繫公一身。望節哀順變，奪情任事。啓超。元。代。

（1916年11月15日《時事新報》）

致各當道通電

(爲設立蔡松坡紀念圖書館事)

　　蔡公松坡,功在社稷,民不能忘。滬上同人議設一紀念圖書館,即在館中奉祠鑄像,庶可以範後人,而垂不朽。擬懇我公賜銜發起,以資提倡,務乞垂諾,並盼賜覆。梁啓超叩。江。

(1916年12月13日《時事新報》)

祭蔡松坡先生文

　　黄克强君既殁於上海,閲時未幾,而雲南起義之蔡松坡先生,又以微疾薨於日本。嗟乎嗟乎,天何殲我良士之速也!中國蜷伏於專制政體之下者,二千年於兹矣。輓近遷流,靡知所屆;外潮寖迫,日瀕於亡。於是章句考據之士,日惟奔走號呼於國内。其究也,書生迂闊,一事不能成,而檻車就道,赭衣滿山,時時有逮捕鈎黨之險。志士怒焉,同盟敵愾,麕聚海外,負笈他邦。漸漬乎休風,沐浴乎文化,除舊布新,堅卓激而匾折。種族之悲思,號召徧於域中,隱忍經夫年歲。卒之謀國方略,徒託之空談,飲恨茹痛,莫救此危局。此崖山所以雪涕,梨洲所以泣血者也。豎子召亂,義旗斯舉,蒼黄出走,餘皇匿處。衆中擁戴,若戴恭之立盆子;士卒譁譟,慘汧陽之戕壽輝。軍無主名,擲盧得梟;凡此之類,莫非天幸。楊堅有移鼎之志,尉佗懷竊號之心。南面而稱攝皇,路人皆知司馬。躬操、莽之行,而陰險過之;効荆、聶所好,而詭祕特甚。是豈足以服海内之人心,託民生之大命也耶?狙擊國士,殘害英賢;毒過於蝮蛇,而哀深於黃鳥。投袂而起者,爲匹夫復仇;雲集響應者,集聚矢之的。乃者學異文成,大兵不能踰潯陽而下;降非孫皓,勁旅不得越天塹以南。徒使豪傑欷歔,壯士扼腕,玆可痛也。革命暴烈,至再至三。有奮□之勇,無衰竭之患。逆節昭著,衆共棄之。先生乃脱身虎口,寄宿菰蘆,仗義執言,興師問罪。要盟而神弗之信,□擊而劍及於門。山嶽崩頹,雲物變色。蒼頭特起,則金鼓振於滇池,瞋目大呼,則羽檄飛於洱海。於斯時也,擊首擊尾,九地九天。白日出而爝火無光,洪鑪熾而毛髮爲燼;若沸湯之沃殘雪,如利刃之摧朽株。黔桂聞風而競起,蜀浙遥集而景附;湖湘合併,百粤齊驅。一髮至細,牽挽動乎千鈞;星星之火,燎原何可撲滅者哉!獨夫授命,叛約者死;大位遞嬗,餘孽蟄伏。蠻、觸交訌,更無意義可言;滕、薛爭長,仍以兵戎相見。師出無名,其謂之何哉?先生倏然遼引,避之若浼。六國金印,則視若綴旒;高牙大纛,則賤同土芥。扁舟南下,渡海而東;憤世嫉俗,奄薀邊病。若者假藉權勢,蒙席威名;左右輕重,以竊禄利,先生豈樂久爲所用哉?遠適異國,昔賢悲歎;但化異物,遂以槁死。烏虖!裹屍馬革,忍藁葬於兒女子之手中;灑淚高寒,聽烏咽於海以外之潮水。芳醑既設,橙柚雜陳;毅魄英魂,傷其來格。悲夫!民國五年十一月二十一日。岑春煊、梁啓超、陳炯明、薩鎮冰、譚學衡、易仁善、陸榮廷、朱慶瀾敬奠。

(1916年12月2日《時事新報》)

(附)輓黄蔡二公

十日喪兩賢,天下事可知矣;
千鈞繫一髮,後死者其念諸。

(1916年11月30日《民國日報》)

輓蔡松坡聯

知所惡有甚於死者；
非夫人之慟而誰爲？

（1916年12月《大中華》第2卷第12期）

致陸榮廷督軍刪電

（請開放海珠作公園）

奉批准爲海珠先烈給卹，並撥地建築墳塔，粵人咸深感謝。墳塔兩事，現正由啓超等籌備進行。前呈所請建塔於遇難地點，懇將海珠全部除李忠簡祠外，全行開放，闢作公園，俾便游覽，而資觀感。若僅劃小部分，不獨不敷布置，且現在警察仍在此辦事，警備森嚴，游人裹足，無以見我督軍省長表揚先烈矜式國人之盛意。恐前呈簡略，警廳或有誤會，謹再電懇，請飭警廳將十二區署移讓，以便規畫。無任企禱。

（1916年12月29日《晨鐘》）

《(再造共和)唐會澤大事記》序

　　帝制議起,國人劫於淫威,含怨蓄怒,側目結舌,莫敢出氣。首發難自會澤,黔、桂、川、粵、湘、浙望風嗣響,曾不旬月,而雄奸隕,國體復。自古用兵,起西南陲以向中原抗朔方,成功未有若斯之易者也。項城擅兵數十年,北軍號勁旅,將帥多出門下,屢夷國難,聲施動中外,又位元首,操全國魁柄,形勢利便,餉械給足,擐甲之士十倍義師;乃一蹉跌,遂至狼狽不能自振,抑鬱憤慨以死,為天下笑,何也?狃於積勝之威,而蔽於利慾之私也。夫據僻遠貧瘠之地而勃然以興,席全盛之勢而忽然以亡,此其故可深長思哉!會澤年未三十,甚少,而功名之所成就者,已章章在人耳目如是。使鑒於人已得失之故,不畫而益進,則他日奇庸偉績,足以資吾曹之紀載歌詠者,詎可量耶?其參謀長庾君恩暘將敘述會澤生平事實,著為史略,以詔國人,而命僕為之序。是役也,會澤與僕有共患難之誼,故序庾君之書,不頌而規,且使當世之士知所鏡焉。

　　民國五年十二月,新會梁啓超序。

（雲南圖書館 1917 年 2 月版《[再造共和]唐會澤大事記》）

在廣東高等師範學校演説詞

　　啓超此次返里,實為奔先君之喪,胸中有無限哀痛,故對於各界歡迎,均未敢赴。惟學界諸君,多爲素所欲親炙之人;且教育之事,爲國家前途所託命,中國將來一線希望,實懸於諸君之手。故啓超今日來此,不徒感激諸君歡迎之意,尤自抱一片熱誠,欲領教於諸君。古人謂學問之道,貴互相勸勉。今不敢復以客套之詞,煩諸君之聽。然對學生諸君,既忝居一日之長,因謹以其經驗所得,略爲陳之。今日講演題目曰:

"學生之自覺心及其修養方法。"

此題應分爲二節。今先講自覺心,次乃及其修養方法。何謂自覺心?老子曰:自知者明,自克者强。《中庸》曰:"雖愚必明,雖柔必强。"夫能明能强,在己則人格成立,在國則國家盛强,斯即自覺之謂也。凡人之所以異於禽獸者,全視此一點之自覺心。禽獸雖有知覺運動,與人無殊,然要爲生理衝動之結果,故食則不擇,食畢不留。人則於生理衝動之外,並能內省,故食物當前,必計其利害得失,以爲取舍。此即最單簡之自覺心也。自覺之義,與自省同。《論語》所謂"吾日三省吾身","見不賢而内自省",即道自覺心之用也。第此種自覺心,雖野蠻人及無教育人亦有之。人類程度之殊,非屬有無問題,僅屬强弱問題。文明人則强,野蠻人則弱;多受教育之人則强,不受教育之人則弱。大凡無教育之人,其自覺心於個人立身行己上,容有流露,迨其合群辦事之日,則隱而不見,斯實自覺心薄弱之明徵也。是故自覺心者,實爲共和國民所必不可缺。甚哉吾國人自覺心之薄弱也!夫天之生人,果有何種意味乎?人居世界,果負何種義務乎?此雖屬哲學上問題,然要爲人類所必不可不思索者。今我中國人,對於世界及國家之責任如何,此凡爲國民者所必當亟求解決者也。而國人每忽視之,無容心焉,斯實自覺心薄弱之過也。要之吾國人之自覺心,比之外人,饒爲薄弱,是無可辯者。嗚呼!吾未敢驟望吾國四萬萬人同時自覺,吾惟望中國少數曾受教育爲將來社會中堅人物之學生,先行自覺而已。須知世界無論何種政體,其實際支配國家者,要皆爲社會中少數曾受教育之優秀人才。學生諸君,實其選也。苟能自覺,國家前途賴之。今更將關於學生自覺三事,條論於後:

(一)學生當自覺其幸福之優厚。諸君試放眼以觀,全國數千萬人中,能如爾等入學校受教育者,有幾人乎?爾之父母,爾之兄弟姊妹,皆能如爾之放下職業,從容就學乎?此不必徒爲家計所限而已,或其時未舉教育,或其地未設學校,則雖有力就學,亦抱願難償。即就啓超言之。啓超少時非不好學,資質亦非在中人以下,每欲從良師益友講求學業。然當時國中欲覓一學校,乃不可得,以故至今各國文字不諳,理科數學不習,以視諸君,饒有愧色。如斯豈志懈質魯之咎,良由不得受新式教育所致也。然則諸君今日獲沾學校教育,實為人生不易多得之良好機會。宜如何自覺其幸福之優厚,期勿負之,勉力進修,庶對己而無愧。吾謂諸君於修業之暇,當時時反躬自問:若稍不忠誠於學問,其何以對父兄師友,何以對社會國家,並何以對一己乎?亦內省工夫所不可少之事也。此其一。

(二)學生當自覺其責任之重大。學生所享幸福之厚,既如上論;然幸福如何,今姑勿爲深邃解釋,質言之,則權利爾。有權利斯有義務,爲人生不易之原則。責任者即緣義務而生者也。遠大責任且勿具論,先就一家言之。今諸君入校就學,父母節衣縮食以供費用,其意亦欲育我成才,庶幾丕振家聲也。一家之內,豈無叔姪兄弟,共分責任?然吾享權利最優,則父兄之責望者切,而責任所負獨重。在家有然,在國家在社會亦然。今諸君所在學校,或則爲官立,其經費支出自國庫;或則爲私立,其學校由社會先覺辛苦經營,其經費由社會眾人共同捐助。國家、社會,不惜財力,建立此校,以教育我者何爲?亦望我於將來能爲國家社會盡一點義務也。吾素不欲向青年學子作悲觀語,以犯教育上之大諱忌。但言至此,亦不能不一言之:今日中國實已陷於最危險之時期。所以然者,皆由我輩四十以上之人虛度光陰,學無所用,有負國家社會,貽汝輩後起青年以重大之痛苦。所望汝後輩之人,從今奮起直追,直接打救一己,間接打救國家,從根本上再造成一番人格,少彌蓋其罪惡。若汝等今猶不自振發,一如吾輩往日,是又增加重罪惡,而使後人食其報也。譬如病者,舊病未起,新病又生。中國前途,尚可救藥乎?嗚呼!從前留學生回國任事者不知幾多人矣,若者攪起民軍,若者同化官僚,若者贊成帝制以為國人詬病。夫有知識之人而爲惡,其流毒甚於無知識者百倍,所謂才足濟奸也。故中國社會之壞,實由十年前之青年墮落所致。諸君不久畢業出校,十年以後,將爲社會占有勢力之人。能自愛自立,則爲社會種無窮之幸福;否則爲社會增一重之歹人。近日中國病息奄奄,幾屆群醫束手之候,豈容再復剝斲!故今後幸而國存,實諸君之功;不幸而亡,則諸君之罪。我輩前日之罪,已無以對祖宗。諸君萬宜勉其責任,勿蹈覆轍。此其二。

(三)學生當自覺其時代之危險。此非吾故爲危詞以聳聽也。古人有言:人生最危險時代,爲十五歲至二十五歲間。賢乎視此,否乎視此。蓋人當幼時,立於家庭生活之下,受父若母之監護提携,萬不至自陷於歧路。若二十五歲以後,則學識經驗,差足自輔。惟十五歲至二十五年間,實爲離家庭生活而入學校生活時期,其境況驟變。如鄉民遷市,驟轉水土,由此而康健者有之,其不幸者,而病而死。夫人自立之力未充,而驟缺他人之扶持,其機最易墮落。校中豈無師長,然監護管理,遠不如家庭之周至。亦有良朋,然十益友之益,不敵一損友之害。其害中於品性者尤烈,一旦習慣既成,不易變易。須知個人品性之成立,實在此時期中。爲良爲否,往後即難改變。夫變化氣質之説,吾曾屢用工夫,然時期已過,恒苦其難。質言之,人能爲社會最高尚人物,在此時期;爲最惡劣人物,亦在此時期。真人生一生死大關頭也。不徒品性,學問亦然。人當此少年時期,腦筋易於印受物事,無所學而不成。如植物之幼嫩,可以隨意爲杯爲棬。成長以後,則不能也。人當壯年以後,則爲學非常之難。吾往者居留外國,見其各種學藝之美,無一不思學,亦無一有心得,至今事事皆無成就。《學記》所謂"時過而後學,則勤苦而難成"也。中年之人,腦筋漸成殭石,不易印受新事物矣。夫天下事物,皆可失而後得;獨時間則去而不留。孔子曰:"逝者如斯夫,不舍晝夜。"人當青年,不知時間之可寶貴,任意放過,不甚愛惜。既而悔之,已無及矣。譬之紈袴少年,揮金似土;一旦窮乏,求不可得,可勝歎哉!要之品性者,一蹶不易復振;時間者,一去不能復留。諸君須時時以此自省,勿浪度此修養時期也。此其三。

以上三事,諸君能時時以此自省,如曾子之日三省其身,則方法思想,自油然而繼起。此實立身求學之大根本也。吾於是繼此一述修養之方法。

今諸君在學校内修業,有良師訓導。苟能留心,則循序漸進,不患無進益。然吾嘗見學校學生,其修業憑證同,其畢業憑證同,而出校以後,其在社會上之位置事業,殊不相等。可見教室之外,尚有個人修養工夫,實爲求學者所必不可忽之事。近年國中先輩,有擬推崇孔子,儕於世界宗教教主。以吾觀之,則孔子教人修養人格之法,最爲完備。吾人每據其一二端,終身行之,受用有餘。往者歐洲十九世紀教育思潮,極端崇拜干涉主義。近十數年學風已變,轉重個人修養。其解釋教育之意義,若曰:教育者,教人能底於自教自育之域也。此實爲二十世紀之教育新思想。然吾國教籍中,求可以代表此思想之語,亦頗不乏。如《中庸》之"誠者自誠也,而道自道也"。又云:"能盡其性,則能盡人之性;能盡人之性,則能盡物之性。"盡己性者,發達自己本能之謂。此二語本屬哲學上之研究,解釋頗近幽邃。但持此以驗個人修養之要,則與新教育思想若合符節。今謹以三端,續爲諸君告:

(一)鍛煉身體　孟子有云,天之將降大任於是人也,必先苦其心志,勞其筋骨,餓其體膚,空乏其身,行拂亂其所爲,所以動心忍性,增益其所不能。此數語,愈讀愈覺有力。今從生理學上研究,知人之肢體,以運用而能力益發達,否則衰息。生物學家研究之結果,謂某島山中有魚,其目皆盲,以其視覺習而不用故也;溫泉水草,入冰水則死,以其生態習而不耐也。醫學家研究之結果,謂人之生理機關,其變化甚多。如動耳筋、腹中盲腸,均由久不運用,其機能遂至廢止。進化論大家達爾文有言,人類初本有鰓,又言男子初本有乳腺,皆因不用而廢。統觀以上所述,得悟一大原則:生理機關,不用則廢。往日醫家研究養胃之法,主張食物當擇其易消化者。近日醫家乃爲大有力之反對,論以爲胃之責任,實在消化;若嬌養而不盡其用,則消化之力必因而大衰減。蔡松坡此次就醫東瀛,過滬時,曾對吾言:"納溪之役,糧食不繼,前後四十日,軍中以砂雜米同煑充饑。"吾人日常食品,每擇取細嫩之質,精美之品,如鷄蛋牛乳之類,洵易消化矣;一旦當此境遇,將何以堪之?吾之足力甚弱,居恒不耐遠行。此次討袁師起,赴陸督軍之召,由安南間道入桂,間關步行數百里。初時頓覺勞苦不堪,數日以後,遂習而不覺。經此勞動之後,前此所患胃病,今乃若失,可見運動之有益個人康健甚大。今以吾國人與外國人體質比較,則强弱極相懸。所以然者,由吾國人好逸居,而外國人好運動也。國者人之積也。人人之體質弱,即國家之體質弱。今欲强一己,强國家,則均當持一鍛煉身體主義。雖學校之內,已有關於體育之教科,然吾人必於定規功課之外,須有一種運動興味。凡肢體各部,若能力不甚發達,即宜勉力練習,以養成一健全體格。此其一。

(二)鍛煉意志　夫人之不肖,皆非其初之本願爲之也,其素志必不如是也。方其少在家庭,未有不欲爲一佳子弟者;出處社會,未有不欲爲一有用人才者。凡少年之人，莫不具有多少志氣，但視其能堅持到底始終貫澈否耳。孔子曰："吾未見剛者。"又曰："强哉矯！"何爲剛？何爲强？即此種堅强不拔之氣也。但求之青年，往往難之。諺語所謂"立脚未定"是也。故人不患無高尚志願，惟患無堅强不拔之氣副之。此實爲少年時代所亟須磨練者也。吾國近來道德事業，均極衰落，甚於五季。其原因總由國民意志薄弱。如去年袁氏之亂，無論社會士夫，城野良民，即立身政界中人，亦孰不審其不義，而深爲拒絶者。然其結果，則搢紳商賈，亦紛紛勸進，稱帝稱臣，内則玷辱人格，外則斲喪國本，皆由意志不堅牢所致。蓋人最初之意念，皆遵理性之判斷，所謂良心第一命令，無不合於道者。但一轉念之頃，則或徇時勢，或計利害，意慮轆轤，在心上轉得幾回，則頓變其初志。始終强固不撓，殊非易事。譬之作長行者，愈行而愈倦，故曰"行百里者半九十"。即就小事論之，如戒鴉片之人，能行願者十不得九，皆由半途喫苦不住，一念放鬆，遂致前功盡廢。古來志行薄弱之士，曾有幾人能成事業者乎？抑古來建功立業之偉事，曾有幾人意志薄弱者乎？或謂學生在校，潛心學業，罕遇磨練意志之機會。不知事無大小，皆可藉以磨礪精神，如學業上勉赴其所短，如操行上勉戒其所癖。意念不起則已，既起以後，必求實行，務達其的而後已；若半途而廢，即是爲外物所征服，尚有何自立之地乎？往常見交游朋輩中，其道德學業，年退一年，其原因皆在志行薄弱。寖假成爲習慣，必至一事無能，而同於廢疾，斯亦殆矣。《論語》曰："知及之，仁不能守之，雖得，必失之。"《中庸》曰："擇乎中庸而不能幾[期]月守。"何以守之？堅强不拔之意志是也。但堅强意志，與剛愎自用不同，此在自克，彼則自縱。二者又慎勿混視也。此其二。

（三）鍛煉腦筋　上言身體以鍛煉而發達，腦亦身體之一部，不運用則官能廢。故曾文正云：精神愈勵愈出。孟子又云：生於憂患，死於安樂。逸樂者，真死人之具也。今學生居學校中，自有日常功課，尚不至過於逸樂。然當於公課之外，時時運用其思想，以磨勵其腦筋。吾國學業進步，所以不及外人者，良由秦漢以後，學生腦力運用之範圍隘，不能自由，絶少客觀研究。如火熱水沸，本日常共見之事，人以發明吸力，我猶熟視無覩。須知天下事物現象，皆有理存。能隨在求其所以然之故，即能發見物理原則。科學成立，不外乎是。若僅限於教室所課，教師所授，則天下事物，安能一一而教之？一人如此，其人學識不長進；人人如此，其學術無發明。處於今日物競之世，必歸淘汰無疑矣。而吾國人習性，每不任自由研究。雖最切近之事，如人強我弱，人勝我敗，皆不肯求其故，所以積弱至於此極。夫腦筋磨煉，惟在青年時代爲有效。自立之機，實在於此。此其三。

吾欲與諸君所言之語，本不祇此。然即此引申之，亦不下數萬言。言不在多，貴求其要。吾訥於口，未能暢言。望諸君鑒吾誠意，自相磋勵，將來自立立人，誠己誠物，國家賴之，又豈獨吾一人之榮幸已也！

(1917年1月《東方雜誌》第14卷第1號)

蒞潮州旅滬紳商歡迎會演説詞

(十二月十日)

啓超住滬數月，久思與同鄉諸君相見。去歲由津南下，與蔡松坡共謀起義，因迹涉嫌疑，且袁探遍地，故未敢逕訪諸同鄉。及由廣西來滬，又遭親喪，不能出門，無由相見。今夕承諸君厚愛，愧不敢當。然荷此光榮，敢以對於實業界及中國前途之感想，爲諸君貢一言。

啓超二十年前，曾訪黄公度先生於潮州會館。時公度住潮幫商家中，因此得與潮州同鄉相見。公度爲啓超言：使全國商人，皆能學潮商，則商業之繁榮，當不知達於何境。蓋潮商有勤與儉二美德，目的所在，則萃全力以赴之。其資本之運用，絕無浪費。而團體之結合，尤極堅固。常能顧全潮商全體之利益，遇私利與公利衝突時，則甯犧牲私利，以全公利。潮商所以能稱雄於國內外，凡以此也。啓超聞公度此言，二十餘年矣，由今觀之，尚覺其言之可味。雖然，現在時勢，與昔大異。今日科學發達，一年之進步，可抵以前十年；十年之進步，可抵以前百年。潮商勤儉之美德，固覺可貴，然苟保守舊局面，長此不變，謂不失敗,殆未易言。歐戰之興,迄今二年餘矣,殺人盈野,其禍日烈。問其戰因,果將安在？爲奥太子被暗殺而戰乎？爲犯比利時中立而戰乎？皆非也,實則爲生計戰爭而已。蓋歐洲人,本甚稠密,同盟國與協約國,其生計之抵觸,已有短兵相接之勢,而雙方之學術資本,又旗鼓相當,故平和不能解決者,乃求以戰爭解決之。然生計之競爭無已時。今爲生計之故,至訴之兵力；他日戰局告終,和平之生計競爭,仍日益加烈也。今環球人口,約十五萬萬,而中國有四萬萬,約占其四分之一。生計之競爭,本無國界。我占環球四分之一之人口,已爲四分之三之人口所逼迫,而生活日艱。今後而無新眼光,以奮鬬之精神,於四面楚歌中,殺開一條生面,則未有不敗者。試就潮州商業論之。砂糖前爲潮州出口貨之大宗,今被洋糖打擊,一蹶不振矣。潮商前亦有販烟土致富者,今則煙禁肅清之期,在指顧間矣。略舉一二,可概其餘。今試問潮州尚有健全之工商業,此後可長恃以無恐者乎？無有也。故今日而徒保守舊局面,而來日之大難,豈堪設想！然則我國之商業,果無發展之餘地乎？是又不然。傳曰：有人此有土,有土此有財。使我國而無人無地也,則誠無如之何。然我國土廣民衆,莫能與京,故無論何項事業,苟經營得宜,皆可以博巨利。如紙烟一項,外國視爲極大之利源。而我國有人口四萬萬,人多,則吸紙烟者亦多。此業誠發達,則所獲之利,比之外國,奚止倍蓰。其他衣食之品,則亦有然。顧今乃無一業足與外國競爭,甯非我國民可羞之事乎？且我國民之不能利用機會,言之尤可痛心。歐戰以來,日美因此機會,皆獲大利。美素爲富國,今不必論。若日本則前固爲債務國也,每歲輸入之超過,其額極巨。其學者及政治家,時有種種之企圖,謂二十年以後,庶幾得脫離債務國之地位乎。豈期歐戰以來,不及二年,乃由債務國一變而爲債權國。日本銀行,前有準備匯兌之款,凡二萬萬餘,存之倫敦,每歲常蒙損失,故所存之額,不敢公開。今蒙歐戰之賜,自去歲已公開矣。今歲上半年,其所存之額,達六萬八千萬餘。而三井則積資至四千餘萬,三菱則積資至三千餘萬。至於航業,往者日本輪船,其數無多,今則眺望太平洋,飛航之來往,十之八九,皆日船也。夫日本以豫期二十年後始致之業,一逢機會,即收其效於目前；而我値此機會,乃絕無所獲。爲問此咎,果孰尸之？彼政府官吏,有應得之罪,固無所逃其責；而我商人,則亦與有罪焉。蓋我國現在商人,太傾於保守。保守念重,則陷於自棄而不知,例如謂錢莊非甯波人不能辦,銀行非外國人不能辦。此種觀念,幾牢不可破。不知彼人也,我亦人也,安有彼能辦,而我不能辦者!須知今世之商業,須有大規模。質言之,則今後非有限公司,斷不能獲大利。今商場中人,聞有限公司之名,輒掩耳而走,以前此失敗者之多也。不知前此之有限公司,多由官場提倡之,筦理其事者,非為候補道台,則為候補知府。以官吏揮霍之手段,經營商業,夫安得不失敗也!若任事者有相當之學識技能,而以生計主義經營之,則有限公司,何嘗不可辦!如彼商務印書館,任事者何嘗非讀書人,然以商業之原則經營之,今遂坐博奇贏矣。可知前此有限公司之失敗,咎在任事者不得其人,非此業之不可為也。抑有限公司之經營,常須有專門之學識。前此斯業之失敗,又常以缺乏此項學識故。今國中一部分人士,亦知此等學識之不可少矣,於是有出洋學商業者。然留學之人,不出於商界,學成歸國,不得資本。欲集股以為之,而素乏信用,事不易成,故此項人才,無所用之。今若能由商家派遣子弟,以學商業。學成之後,已既有資,即或不足,提倡亦易。如是則專門學識之人才,得用武之地,商業之發展,將一日千里矣。此等計畫,使能早二十年或十年而為之,則今日何至落他人之後,空羨外國商業之繁榮。然東隅雖失,尚可收之桑榆。孟子曰:"七年之病,求三年之艾。"及今圖之,事猶可為。竊敢以此為同鄉諸君告。以潮商之雄於資力,所缺者新計畫已耳,非資本也。竊望大發宏願,一新商業之規模,以為全國之模範,則非獨潮州之幸,抑亦中國之幸也。

　　抑啟超又有一言欲以告諸君者:蔡公松坡,為國捐軀,功在天下,人皆知之。蔡公此次起義,以數千之兵,敵袁軍數萬,轉戰千里,支持半年。嘗帶二衛兵臨陣指揮,二衛兵皆中彈死,蔡之不死,幸而免耳。當師次大井驛時,因苦戰經月,全軍疲勞,自將官以至士卒,環請退守永甯。松坡以軍一退則大局將不可收拾,而將士疲勞已極,不允其退而驅之戰,又非人情。於是仰天長嘆,急取槍將自殺。繼思此身一死,則護國軍瓦解矣,於國何裨?乃強起親臨各營,對士卒演說,勉以大義,聲淚俱下。士卒皆感泣,許以死守不退。松坡乃召高級將官會議,謂軍心已轉,不可言退。時尚有二軍官請退,松坡叱麾出斬之。於是無敢言退者,軍心遂定。未幾,別運韜略,時奏奇捷,袁軍為之膽落。松坡在軍中,軍書旁午,夜不得寢者,幾四十日。在健康之人,猶易得疾,況以病軀當之,此其所以致不起之疾也。松坡為國犧牲,現諸知友擬為之設一圖書館,以作紀念。已得大總統、段總理及多數督軍、省長贊成，俟章程印成之後，當分送同鄉諸君。因承厚愛，故並敢以此告，意者其亦樂成斯美乎！

(1916年12月12日《時事新報》)

在蔡松坡先生追悼會場演説詞

(十二月十四日)

今日滬人之追悼蔡先生者，豈非以先生之大功大業，有足以令人景仰追思而出於不能自已者乎？顧我以爲先生之爲人□無奇材異能，若漢高祖、唐太宗、拿破崙之流，其行動無一定軌道，非後人所得而仿效者也。先生之爲人，猶諸葛武侯、曾文正公，其行動一本於規矩，固盡人可學而能者也。然則，吾人與其空言景仰，不若效法其平生之所爲，斯先生可以不朽，而吾人自得益不少矣。請進述先生之行動爲吾人所當學者如左：

一曰心地純潔　人惟有自私自利之心，於是圖虛榮者有之，圖快樂者有之，鮮衣美食之不足，而希冀高爵厚祿者比比皆是。先生自十五歲時，即有志留學，然家貧無貲。其離家鄉而至漢口，僅貸錢二百文。既抵漢，復賃得銀五元而至滬。其在東瀛，衣布袍，履木屐，十年不易。厥後官雲南都督，月俸僅支六十元。袁氏當國，以爲國中人才，皆可以金錢羅致，于先生入都之初，即給俸六千元。先生却之，僅支銀一千元，並盡以恤親友，充公益，而自奉菲薄如故也。蓋先生一生絕無嗜欲，其視布衣蔬食與錦綉膏梁，無所謂榮辱也。故官之得失，位之高下，皆非先生所樂道。試思民國以來，曾任總理、總長、都督、巡按使者不可勝數，至今日，並其姓氏而無聞焉。蓋高官厚祿，不過一時虛榮，而世人之猶趨之若鶩者，其心地去先生遠矣。先生嘗言：人之行事，須服從良心上第一個命令。第一命令者，良知也；第二、第三命令，計較心也。有計較即不純潔矣。譬如帝制發生,本無樂爲之贊成者也。然而贊成者卒有其人也,則其人於第一念本爲不贊成,然恐一反對,即難保其地位。只此一轉念間,而計較心生矣。蓋第二念既恐難保其地位,必有第三念以爲贊成則或可增進其利益,於是第四念不得不贊成,竟列名勸進矣。故若先生者,惟有服從良心上第一個命令而已。此無他,心地純潔之功也。夫天賦與吾人之心地豈有異於先生哉,特污□未能掃淨耳。今日追悼,既咸覩先生之遺容,盍亦進而求效先生之心跡。

　　二曰擔負責任　人生於世,無國家,無社會,必不能獨立生存。社會愈進步,則吾人所受之恩惠愈深。受恩澤,斯職分重。知職分所在,而不能盡力以爲之,是爲忘恩。故不獨在官之大總統、總理、總長等應各盡其職分也,即若地方紳士有□理地方公益之職分,軍人有保衛國家之職分,文人學士有著述演説之職分,皆所謂擔負責任也。譬如推翻帝制之時,先生既非都督,亦非巡按使,不過一常人等耳。即使不起而反對,亦未必有人責之也。顧必獨爲其難者,職分所在,將全國人人已棄之責任,以個人擔之負之耳。況先生湘人也,但使在一省起義,亦已盡其職分矣。而必擇根據地,以冀響應全國者,亦以全國人已棄之責任,以個人擔之負之耳。觀其用兵累月,轉戰千里,歷盡艱辛,此非吾人將各人之責任悉諉於先生之過乎?夫世論儘有公道,果於社會能盡其職分,人無不樂從之者。先生之成功,其明效也。

　　三曰遇事謹慎　尚意氣,好□罵,未有能成事者也;然畏葸不前,亦不足以成事。先生之成功,跡近冒險,然未嘗不審慎以出之也。先生嘗謂:古人云,遇事非十分妥不做者,固也;然苟有六分把握,而謹慎以圖之,即可成功。故雖以滇省極瘠之區,用兵至危之事,一經規劃布置,即一往平坦,屢戰成功者,審慎於先也。最可欽者,民國以來,各省俱恃外債,即極富之粵省,亦所不免。先生於滇,獨未借分文,何也?曰我有所懼也,懼無以清償,而喪失我之主權也。其小心寅畏有如此。至用兵之神,往往出人意料,而先生則若不假思索者,蓋思之早熟也。

　　四曰立志堅忍　立定主意,堅持到底,不達其目的不止。孟子所謂"苦其心志,勞其筋骨,餓其體膚"者,先生似之矣。以一苦學生,官至都督,而居無半椽之屋,耕無半畝之田,其自待之刻苦可以想見矣。至起義之初,滬上報紙鋪張護國軍聲勢,一若有兵若干萬者。究其實,所統之軍僅三千一百三十人耳,卒能敵九萬餘之北兵。軍器餉糈,在在見絀,蜀道又復難行。先生則以區區之兵,分一半作戰,輪流而進,於是無戰不勝矣。縱有小挫則身先士卒,以一身之精神,分置三千一百三十人,而三千一百三十人無一不立奮,蓋先生固早以死誓也。此非堅忍不拔之精神,有以致之乎?即論其居恒交際,凡所不欲之事,人不得而强之。然亦從未與人齟齬,非忍耐功夫,曷克臻此?

綜上四者觀之,先生之爲人,甯有奇材異能爲人所不可及者乎?故謂諸君既景仰先生,而爲之追悼,當事事效法先生。否則以開追悼會爲先生榮,先生固不受虛榮者。諸君乎,盍亦思所以副景仰崇拜之實者乎?則學之是也。學之如何?四者是矣。

(1916年12月19日《時事新報》)

在上海南洋公學之演説詞*

(十二月十五日)

今日到此校演説,鄙人極有一感覺。蔡公松坡,實爲此校前班學生。公之至此校,名諱非用諤[鍔],乃蔡艮寅是也。(查蔡公諤[鍔]即己亥年五月南洋公學考取外班生第六名蔡艮寅,第五名即今教育總長范静生君是也。)其未來滬時之所經歷,或爲在座諸君所未及知,請略言之。公家寒甚,至不能具衣食;而公求學之志,未嘗稍懈。公有一表兄,家亦甚貧。公向借錢二百文,步至漢口,路中辛勤,可想而知。幸公有一友在漢口,贈以六元,始得至滬而入此校肄業。後公在漢口謀革命,同事者五人,唐才常其一也。事敗,公得脱,即東走日本。自此時至今,所謂五人,僅存三人而已。今教育總長范静生君,即此三人

---

* 原題作《梁任公先生在南洋公學演説記略》。

之一也。啓超在湘主時務學校，始識公，即深器之。其後苦歷患難，今適在公之喪後而臨此校，故有所感觸也。鄙人以爲蔡公之於此間，甚有關係，故擬將蔡公遺像，送至貴校，以留紀念，而資觀感。（大拍掌）至今日鄙人所欲與諸君商榷者至夥，今止就一時之所感覺者言之。中國今日之學務，可謂不振極矣。彼泰西各國，凡一國民，皆受有完全之教育，由小學以至大學，拾級以升，而後入社會辦事。其學之興也如此，以視吾國，其相去奚可以道里計！今日中國學校中，其內容完美者，不可多得；教員之佳者，既不可多覯，則學子感覺困難之處必甚多，可以斷言。今日中國之社會，一污穢充塞之社會也，其所需要之人材，徧地皆然。故君等學成，不患無致用之地。特無學問者，將來社會中，恐不能有一立足地耳。譬如欲辦鐵路，必需有鐵路學校之畢業生。其他種種專門人材，亦甚可貴。而中國今日專門人材之缺乏，較之財政之竭蹶爲尤甚，則社會之有望於諸君者何如，諸君其知勉哉！夫今日財政之消乏極矣，而人材之消乏，乃更過之。天下可嘆之事，孰過於是？天下可危之事，又孰過於是？雖然，今日非無人材也，大都辦事家耳，次等之人物耳；欲求夐絕一世之人物，殆不可得。誠哉中國之危，有以也。復次，以今日中國不良之社會，苟以身投入其中，殆必喪失此節操而後止，鮮有能自拔者。諸君今日在學校中，雖各校之校風，有佳否之別，然既名校風，尚不至於喪失人格之價值。若在社會，則恐有難言者矣。夫以今日設施未完備之學校，其基可謂甚薄；及出而投身社會，其能免此惡濁之空氣者，不其大難？然則諸君今日之修立，殆不可不加之意也。吾國自提倡新學來，已廿年矣，其效不過如是。以本校論，可稱中國自辦學校之最早者。（時務學校尚後一年，彼時簡陋已極，言之可笑。）而彼時學風，尚未能盡善，則自噲[鄶]以下可知矣。是知改革學風之責，又今日諸君子所有事也。在帝制未倡議前，國中諸前輩，對於新學界，多有不滿意處。以爲由今之道，無變今之俗，則足以亡國而有餘。彼輩具此頑固之觀念，既深且久，於是結果乃至欲稱帝制，甚至復科舉而廢學校。此其根本心理，已屬大誤。彼時鄙人等目覩茲現狀，乃竭力反對之。我輩反對其稱帝制猶其次，反對其復舊之思想，尤其要也。今此種勢力，已銷滅無餘，足見終非新思想之敵。然新界人物，受社會惡濁之空氣，喪失其節操者，往往而有。使果袁勢至今仍熾，則有新思想之人物，或亦轉而趨奉之，較官僚輩爲尤甚，未可知也。由此以觀，所謂今日之新人物者,亦多不足恃。故今後學界,非大放光明,另闢一新境界,一掃從前之惡濁不可。否則肉食者流,其誤國殃民者,必仍未有艾也。夫今日中國軍事財政外交等種種之困難危險,不可勝數。然鄙人以爲此乃一時之現象,不足深慮。惟全國學風,不能改良,臻於至善,一般學者,無自覺心,此最爲可慮者也。設今君輩或詢我改良之法,將何道之從?則吾將答曰:雖此完全責任,不能歸之諸君,而先輩亦半分其責;然彼不過提倡之而已,實行之責,仍在君等之自覺也。倘君等不知自覺,則君等之師,雖日以身作則,誨人諄諄不倦,亦何益乎!所謂自覺云者,即自覺諸君今日之地位爲何如,而後精研學理,講求道德,爲學界另闢一新境界是也。昔英國某哲學家有言曰:意之所至,無不可達者,在人之自爲耳。由是以觀,人生於世最要者,即開拓一己之命運是也。吾輩命運,決無有冥冥中爲之主宰者。有志竟成,天下固無不可成之事。人皆須有開拓一己命運之決心,而後人格始立。譬如人至稍有智識時,即無不有未來之思想,吾將來之爲士、爲工、爲商、爲富貴、爲貧賤、爲何種之事業,皆無不在思想中。此即所謂志也。人至青年,即當有志。所志既定,此後有所作爲,即無不準此以進行。雖有種種之困難,亦無足慮。蓋困難者,爲最有益於吾人者也。孟子曰:天將降大任於斯人也,必先苦其心志,勞其筋骨,餓其體膚,空乏其身體,拂亂其所爲,所以動心忍性,增益其所不能。此實至理名言,吾人所當三復者也。又鄙意以爲困難之來,必須有抵抗力,以抵抗之。抵抗力強者,則凡百困難,皆爲所敗。經一次困難,則抵抗力即增加一分,往後則抵抗力愈強,困難愈少,將無不成之事矣。古來英雄豪傑之所以成其爲英雄豪傑者,豈有他哉?亦視其抵抗力之強弱而已矣。今試譬諸人身,殆無不畏嚴寒相侵,而鼻獨否。雖大風雪,終年無物,以保護之,然而鼻未嘗畏寒者,是鼻之有抵抗力也。其抵抗力所以如此之強者,非一朝一夕之故,實自幼即如是歷練所致而然也。其他人身各部分,所以無抵抗力,習慣所不能改也。向使吾人自幼將人身各部分亦如鼻之無所保護,則亦有禦寒之抵抗力矣。由此言之,爲人之道,夫豈不然哉!今試觀紈袴子弟,出必軒車高馬,承下風而奔走者若而人,頤指氣使者若而人,及其結果,乃多墮落不可聞問者。而貧困之士,其初雖遭人齒冷,將來(未)必有所作爲。何者?在勞苦有以增益其抵抗力也。又試譬諸行路,有下山時,即有上山時;譬諸航海,有順風時,即有逆風時。然則人之不能無逆境,亦猶行路之不能無上山時,航海之不能無逆風時也。倘祇能下山,祇能航順風,則一旦苟遇上山及逆風,其不傾倒而失慎者幾希。是故學[孟子]所以教人以困心衡慮,誠哉其不誣與。在諸君現時,或有家庭之隱痛,或有諸事之不順心,及其他種種之逆境,良足以阻人志氣,吾以爲此正天與諸君一歷練之絕好機會也。諸君若能於此時將此等小小難關打破,則此後皆康莊矣。譬如在學校,所讀之書,有不明者,所受之課,有未解者,必詢諸師長,質於學友,底於明曉,而後已,此亦所謂打破困難之一也。諸君勉之識之。即以啓超而論,少時頗好吸紙煙,刻不能離,未能戒去,即常引爲深憾。以爲志氣不立,何以爲人？堂堂大丈夫,乃爲紙煙之奴隸耶？卒戒去之。吾所以引此者,亦欲在座諸君知天下無難成之事。凡有嗜好,即當毅然去之,勿使滋蔓耳。烏有辦大事者,而無堅毅之學力者哉？且吾今之所以有深望於諸君者,以諸君一己之命運,即吾中國將來之命運也。我輩年已老大,對於國家,已負莫大之罪孽。國家之所由致此者,皆吾輩中年人之責也。而吾國將來惟一之希望,即未來之學生,即今日在座諸君是也。試思蔡公松坡,非本校之一學生乎？何以今日建赫赫之業？舜何人？予何人也？有爲者亦若是。諸君諸君,可以勉矣！使諸君能開拓一己之命運,則中國之命運,亦必隨諸君之命運而開拓。若是則後望正無窮期。啓超甚願諸君之有以爲予輩補過也。諸君之父兄前輩,處中國國民負擔未重時,逸樂而去。近日國步日艱,民生日蹙,諸君此後,恐求其逸樂而不得。鄙意惟有自勵自立,藉以間接發展國家之一法耳。苟人人能自勵自立,則國家之受賜,即已無窮,初不必全國而皆英雄豪傑也。自辛亥以來,政治變幻,日益不測。當政務者,多朝甲而夕乙,紛更無已時。今試屈指計之,其數已不在少。然而此等人,皆可謂之能自勵自立,能開拓一己之命運乎？所謂自勵自立云者,必有獨立之性質,不受外界之潮流,不爲時政所變遷。雖爲一小公司之主任,蓋猶勝於赫赫有名之總次長也。此即自勵自立,開拓一己命運之謂也。夫吾之爲是言,決非希望全國人民皆爲有名之英雄。使全國四萬萬人民皆英雄豪傑,則豈不甚善？而無如不能也,是則不得不有賴於無名之英雄矣。總之能獨立,能自食其力,能犯百難以赴所志,則國何患不強？目今之政治,雖稍紛擾,皆不足慮也。諸君今日身居此工業學校,勿以輕心掉之,必須努力養成一良好之學風,爲全國之模範,影響所及,使全國學校,皆聞風而興起,豈不善哉！而諸君之責任,又果何如也！以諸君之年、之學力材能，再加以堅毅不磨之志向，一往無前之氣概，前途未可限量。諸君既負此重望，益宜自勵自勉，勿視此身太小，勿視學業爲畏途，勿以爲事之難成。必須在休養立[之時]，痛下一番工夫，平居則與同學相切磋砥礪。將來在社會辦事，力以挽救時風爲己任，時時自鼓其氣，毋一息之或懈，毋一事之或餒。十年或二十年後，我中國庶有瘳乎！今日承諸君不棄，命發揮所志，曉曉至此，亦已將數千言。質而言之，不外勸諸君自立自勵，研精學理，注重道德，有自覺心而已。以後爲日正長，鄙人與諸君相談之機會亦甚多，今姑止此。有以味我之言焉，則幸甚幸甚！

(1916年12月17—21日《時事新報》)

在上海青年會之演詞

(十二月十五日)

啓超爲會員已四年，愧無所盡。今晚得與一堂相會，極以爲幸。今所欲言者，或者諸君以爲太迂遠，但啓超常以爲不從改良社會下手，則中國決無可爲。但言改良社會者甚多，而可觀效果甚少，推求其故，則中國一般對於高尚理想，不能聽受故也。此種風氣不先改造，則社會改良亦爲無根。所以改造之者，則輸入與時勢相應之學說，且使人人對於此種學說，發生信仰，然後空氣一變，根本已定，而枝葉處自易易矣。青年會於改良社會最爲盡力，故極願以青年會爲機關，而傳布一己所懷抱。雖今晚所言，爲不成系統之論，然啓超所以盡力於中國之理想，即在於是，故以今晚爲發端，而與諸君討論之。

講演之題，爲人格之養成。人格二字，蔡公松坡於雲南誓師時，嘗有"爲國人爭回人格"之語，諸君當知之。故近來人格二字，爲社會流行語。然此二字作何解釋，法律學者哲學者，千言萬語，尚不能盡；以啓超學力，何足以當此，且亦决非一場演説所能盡，故但就所想到之一部分而略言之。人格者，簡言之，則人之所以爲人而已。中國先賢有曰："人之所以異於禽獸者幾希。"然則先賢之意曰：若何若何則爲人，否則非人，其限界雖嚴，而差別則甚微。究其所以爲人之處安在，啓超嘗爲杜撰一名詞，曰人者，合神格與獸格二者而成者也。昔人有言："與天地合其德。"此爲神格。人生不能無男女飲食之欲，此爲獸格。夫神與禽獸，兩不相容，如何合在一處？而不合則不成人，何也？但有皮骨固不可，而但有靈魂，又安在其可？若是乎取此二者而合之，亦大不易，故爲諸君論人格之調和發展。一人身上，矛盾處極多，現實與理想相矛盾，現在與未來相矛盾，個性與群性相矛盾。譬如四肢五官，因生理作用之衝動，有不能不聽其所至之時。饑則不能不食，學則非休息不可，受人怒駡非生氣不可，見奇象非戰慄不可，皆生理上之衝動也。

自生理言，則人與禽獸無異。然有不同處，則禽獸有食即食，其爲他獸而設與否不問也。惟人不然，其饑而求食也同，但下手之前，常先自問曰：此食究屬我歟？非爲他人設歟？食而過多，不能無病歟？食後不至生後患歟？凡此種種，不以求食之故，而忘社會中人我之界。此外若男女財產，無一而不經此階級。此何物乎？曰理性是也。有理性然後能判斷研究，而人之所以爲人者，於是乎在。然一人之身，理性與生理常起衝突。譬之人當餓時，不至任意奪人之食；然餓至不了時，常人耐四五時之久，再上者耐至七八時，再上者耐至十二時二十四時，謂自甘坐斃，不思得粒食以自飽，世間決無此理。此現實與理想之矛盾者一也。爲將來飽食煖衣計，則目前不能不操作；爲將來學問大成計，目前不能不勤苦。如是欲求將來安樂，則現在不能不勞苦；現在不勞苦，將來必有受苦之日。如是將來樂，現在苦；現在樂，將來苦。此現在與未來之矛盾者二也。人與禽獸同，愛己而外，則愛人。愛己不學而能，愛人亦不學而能。老母之愛子也，可謂至矣盡矣，此愛人之超乎其極者也。其他若愛夫婦，愛親戚朋友，推而廣之至一鄉一村一縣一省一國一世界，程度有淺深，範圍有廣狹，要其爲人，則一而已。然常人因一己之故，至於排斥他人，此則一時間人己之衝突；而爲永久計，勢不能獨愛己而不愛人，或愛人而不愛己。此個性與群性之矛盾者三也。夫一人之身，備此種種相異之性，此爲一種不可解之祕密。而爲人之道，則取此不相容者而調和之耳。調和則人格完全，不調和則爲人格分裂。諸君聞分裂之説，當以爲奇聞。昔人有五馬分尸之説，既無五馬，既非尸，何得謂分裂？應之曰不然。人身之矛盾性質，若是其多，苟非有以調和之，則偏輕偏重，莫知所向，而心境之不安，莫此爲甚，故曰分裂焉。譬之有人刻意求作壞人，則不過一壞人耳，而人格不爲分裂。抑知人總是人，求爲一完全禽獸而不可得。當其重現實也，則理想擾之；當其重現在也，則未來一念擾之，當其重個性也，則群性擾之。此憧憧往來之狀，天下痛苦莫甚焉，雖不謂爲人格之分裂，安可得乎？考中外古今之學説宗教，不外二者：其一重現在實際，譬諸倫理中之功利主義，政治學上之多數幸福，此爲樂天主義。此偏於獸格之學説也。其二則以現在爲污濁，爲苦惱，爲過渡，而究竟則在將來，死後則升天國。此偏於神格之學説也。兩者均不免有弊。蓋人自比於禽獸固不可，然不顧血肉之軀[軀]，而但求靈魂之超脱，是否可能，原屬疑問。即能矣，而謂人生在世，專爲受苦，必到天國，乃有樂境，則人世之無意味，莫過是矣。夫所以爲世界者，求人類之安全，求文明之進步，必爲鍥而不舍，然後有日新月異之象。如其不然，離人事而講超脱，則世界安有進步可言乎？由此而知所以貴有人格者，則將理想施之於現實，將未來顯之於現在，將個性充而至於群性，此其要義也。

然諸君必問曰：此工夫之下手處若何？則我以爲人而無肉體，其精神亦無所附麗。此在上帝容或能之，非所語於人類也。故爲人者，第一貴在發達身體，注意獸格一方，簡言之，則成一強而善之動物而已。既言動物，則動物之所能者，當盡力學之。譬諸動物學者，謂動物平均壽命，視長成期加四倍。如馬之長成爲兩年，故其壽命爲八年。人之長成期，或云二十歲，或云二十五歲，如是人之壽命，應爲百歲。伍秩庸自言必活至百餘歲，此並非奇論，乃人類當然之權利也。然古語云：“人生七十古來稀。”則以用力用腦之處，有所偏勝，乃致夭折，不獨己也。先天之傳授有厚薄，因而身體有強弱，又不獨一家以内已也。或以瘟疫而死，或以戰爭而死，此則意外之事，非人所能用力。人所能用力者，則本身範圍以内而已。然公衆之責，亦不能不盡，如防疫衛生之類是也。一己方面與社會方面，既做了若干年，則以後數十年平均壽命，必從而增進。歐美人壽命，較中國長，現在歐美人壽命較二十年前長，其效大可見矣。故獸格之不可抹殺有如是者。若就反面之神格言之，其理正與此同。今有人焉，專重精神，而不知身體之可貴，不特身體不保，且精神受虧。譬諸講演，講與聽皆精神事業也。若無此健康之軀,安從而聽而講？且有時因生計不足,而精神痛苦而人格不保者有之矣。如是不獨身體,即家計亦不可不管。然既有身體,既有精神,而二者常相衝突,或以現實害理想,或以現在害將來,或以己害一群,則如之何而可？啓超有一簡單之語告公等,則在服從良心上之第一命令而已。諸君知良心爲物,時時對於諸君而發言,即諸君不願聽,而良心之發言自若。而第一句大抵真語也,第二第三則有他人爲之代發言者矣。譬諸父母病則之良心第一語必曰：君非回去不可。而第二句則曰：奈我外間妻子之樂何,奈我海上逍遥之樂何。第三第四句或者曰：父母雖親,奈路上辛苦何,奈歸而無益何。此皆自行捫蓋之語,非真語也。聽第一語,則精神(安)而身體必不痛苦；聽第二第三語,則身體受虧,而精神永無安寧之日。又如與外國戰爭,第一命令則曰：汝非去不可。其第二第三語則曰：路上辛苦,性命寶貴。然當知人孰無死,死又何足惜！或者臨陣而逃,則刑罰隨之,其痛苦爲何如乎？由此言之,良心之第一命令出於天然,本於公理,有歸束,有折衷,而人格調和之大方針也。所謂調和發展者如此。次論人格之擴充普溥[溥遍]。

　　人之在世,惟其有我而又有人。我之外,則以與我同者,謂之爲人。如是,一世之内,不能但有我而無人,灼灼然也。我固當重,而人亦不可不重,故尊重自己者,非尊重他人不可。人與動植物異者,以凡稱物者,其本身無價值,必有人用之,而後價值乃生。譬之狗之爲用廣矣,可守夜,可爲獵狗,故有人出重金以購之者。如廣東人之嗜狗者,則殺而食之而已。又如一完具之茶盃,當其供飲也,則用爲盃；忽而需盃之磁片,則惟有碎之而已。故曰"天地不仁,以萬物爲芻狗"。夫上帝視人,或者與人類之視禽獸同,吾儕不得而知之。但以物與人較,則物者,人類之器械,而非有自覺者也。至於人則不然。以身爲人用固不可,以他人爲我用亦不可；以身爲人有固不可,以他人爲我有亦不可。今論至此,則蔡將軍所謂"争人格"之語,可得而明矣。袁世凱以金錢以權力奔走一世,視天下人若器械,視天下人如妾婦,視天下人爲奴隸,苟有不從者,則從而驅除之。蔡將軍之所争者,即争此物也。夫所謂不可爲人所有者,則以中國倫理有子爲父有、婦爲夫有之説。此非孔子之真學説,後儒附會,乃生此謬論。夫人而可以爲人所有,則人可以爲貨物,豈不與人格之説大相衝突乎？此義既明,乃可語人格之擴充。孔子云："己欲立而立人,己欲達而達人。""己所不欲,勿施於人。"既盡其在我,更推我之所有者以及乎人,則人之天職盡矣。故人既不可自貶以與物同,亦不可貶人以與物同。不自貶不貶人固善矣,更推而上之,求所以立人達人,則社會道德有不進於高明者乎?夫袁世凱之可惡,固盡人而知之矣,然諸君當知今黨派之現狀,正與袁氏同。甲持一說,乙持一說,對於反對之見解,則吐[唾]罵其人,視爲大逆不道,則以去袁爲心者,孰知其不能尊重他人意思,與袁氏等乎?夫人各有一意思,此何奇之有?我而欲强人從我,則勸導之而已。一次不從,則再勸導之。若曰:不准不從,不從不可。則天下寧有此理乎?如啓超之講演,以吾之意見與諸君相交換,一次不足則二次,二次不足則三次,如是方得謂爲尊重他人人格也。如騙錢者,乘他人精神上之不防備,從而有所取盈。人知騙錢之爲可恥,抑知不尊重他人人格者,亦無非强奪巧取而已,而世不以其事爲可恥,抑亦奇矣。第一段中既言一己之當修養,惟一己不能獨存,必賴他人維持,故人格之擴充尤爲可貴。今欠錢而不還,或受恩而不報,人必曰此人無人格。然諸君亦知,吾儕人人,對於社會,乃一大債務者乎?惟社會有無窮恩典與我輩,而我輩乃得生存。諸君讀《羅濱生漂流記》,羅氏以一人開闢荒島,作舟則採木,求食則自耕。故無社會之境,非人人自爲羅濱生不可而已,用刀非先開礦不可,捕魚非先結網不可,結網非先求麻不可,如是尚可以爲人乎?吾儕出世以後,有室可居,有路可走,皆先輩心血所造成,傳於吾輩之遺產。而生斯世者,則日取此公共遺產一部而消費之。專爲己而不爲社會者,是專以浪費爲事者也。家中子弟,專以嫖賭爲事,遺產蕩然,則家不能存。而國亦猶是耳。常人常曰:此物是吾所有。而實則可以爲一人所有者,亦僅矣。譬諸衣服,則原始以來,以有養蠶者種麻者,乃得而成,無養蠶無種麻,則衣服何由而來?然則所謂自己所有者,實皆社會之賜也。吾著一書,曰梁啓超之著作,此皆無恥之言也。何也?使中國無文字,則書何由成?無堯、舜、禹、湯、周公、孔子之思想,則書何由成?又如新學家讀了外國書,受了外國教育,乃有種種新著作。然則大聖大賢與夫大思想家大學者,皆吸盡社會精華,占盡社會便宜,多分了此社會公共社產,乃以有成者也。諸君既明此義,則知非有社會,一人不能造成。然則人之所盡於社會者,宜何如耶?夫取產業一部而消費之,此本無傷。然一方消費遺產,而他方則發達之,乃爲盡一身之天職。況以四千年古國如中國社會,皆聖賢豪傑心力所造成。則今日中國人所以增加此遺產之義務，爲何如耶？過去之人而無此義務心，則社會已早消滅；現在之人而無此義務心，則社會早晚間必歸於盡，可不懼哉！歐美義務心强，故遺產厚；中國義務心弱，故遺產薄。今後而不想增加，不想報答，則中國之遺產其殆矣。如是人格之溥遍云者，當知一人不能離社會而獨存，而二者一體者也。有社會的人格，有法律的人格。地方團體，法律上之人格也；社會者，事實上之人格也。二者皆合無數小人格，乃造成大人格。大而不發達，則小不發達；小而不發達，則大亦不發達。一人爲我，而與我相關者，有縣有省有國，故以啓超言之，則爲我新會，我廣東，我中國。我固當重，而凡可以與我字相聯屬者，不可不同時使之發達也。此之謂人格之擴充溥遍。

現在社會風氣日壞，非人人心目中有高尚理想，則社會無由改良，而青年爲尤要，故略述所懷。使啓超所言，有一二語可以爲諸君受用者，啓超之幸，何以加之！

（1916 年 12 月 16—18 日《時事新報》）

創設松坡圖書館緣起

自蔡公松坡之没，海内識與不識，莫不痛悼，所至皆群集而誅祭。公既歸葬，哀思未沫，胥謀所以紀念其功德以傳於後，議者多謂范金以鑄范蠡，立祠以祀諸葛，此寰球崇報之常典，抑亦國人心理所同然。既而思之，公在[生]平專崇實際，恥冒虛榮，遺電諄諄以薄葬爲請；若稍涉鋪張，其毋乃非公之意？其必求一事焉，可以繫人懷思，而又使社會永被其澤者，庶乃公之所許而不訶也。於是乎有建設松坡大學之議。意則善矣，然在今日欲辦一完善之私立大學，爲功頗非易易；辦而弗善，懼爲公玷也。公夙嗜學，蓄書頗富，所至恒以自隨。今次東渡養疴，猶載書數十簏。比隨公靈以返，置於殯宫，其遺族則以保全珍護之責委諸治喪之同人。尤有公遺墨，纍纍盈篋，及居恒所常御之服用器物數十事，皆宜永寶之，且公諸當世，以發人觀感者也。同人僉然同聲曰：今世各文明國圖書館之設，徧於都邑。蓋歐美諸國雖百數十家之村落，猶必有一圖書館。其大都會之圖書館，規模宏敞，收藏浩富，古代帝室之天祿石渠，視之猶瞠乎若其後也。然皆廓然任人借觀流覽，使寒士之好學者，得以盡窺秘籍。夫豈惟寒士，雖素封之家，亦豈能於書無所不蓄？我有圖書館，然後學問普及之效，乃可得而覩也。今以中國之大，而私立之圖書館，竟無一焉。即京師及各省間有公立之館，亦皆規模不備，不能收裨益公衆之功用。昔美國豪紳卡匿奇氏，嘗云一國圖書館之有無多寡，可以覘其國文野之程度。此言若信，則我國民與世界相見，其慚汗爲何如哉！夫我國頻年以來，故家零落，古籍散佚，日稀一日。苟非有宏館以網羅之，恐十年以後方策，且將掃地以盡。爲保存國粹計，藏奉豈容更緩？若夫歐美學術，日新月異，其新出優美之著作，汗牛充棟。凡學子負笈歸自海外者，未由賡續研究其新籍，斯與學問日疏，而識想乃凝滯，而趨於陋。苟非有公衆所設之館廣收而資給之，則吾國學問破產之日，其將不遠也。學問破產，而國猶能國，未之前聞。蔡公本以苦學生而卓然自樹立者也。其游學時代所以爲學識之營養者，講筵而外，則得於彼都之圖書館最多，故生前常以吾國之久缺此物爲大憾大恥。今欲繼公之志而永其紀念，則一舉備數美，夫孰有逾於茲事者！夫館既建，則即可于館中奉祠鑄像，於是普通崇報之典抑未有缺也。同人不敏，乃詢謀僉同，以作始之。世之君子，其有懷思蔡公而熱心公益者，共策群力，以觀厥成，則同人等榮幸何以加諸！

　　發起人　（以姓字筆畫簡繁爲次）

　　　　王士珍　王占元　王家襄
　　　　田文烈　呂公望　朱家寶　朱慶瀾　任可澄　谷鍾秀
　　　　李　純　李厚基　李經羲　岑春煊　周樹模　唐繼堯
　　　　范源廉　倪嗣冲　徐樹錚　梁啓超　唐紹儀　孫寶琦
　　　　曹　錕　郭宗熙　陳錦濤　陳炳焜　陳樹藩

松坡圖書館籌辦及勸捐簡章

　　一、本館設籌辦處，由發起人公推籌辦主任一人，主持籌辦一切事宜。由籌辦主任指籌辦員若干人，分任籌辦事宜。

二、本館大略計畫，擬在上海購地二十畝內外，中建圖書館及蔡公祠，外爲公園，樹蔡公銅像。所籌經費，先儘購地建造之用，次以購置圖籍。若有餘款，得由同人決議，劃出若干，爲蔡公遺孤教養費。

三、本館建築，聘用外國技師，採擇最新圖式，於防火及通風、光線等務十分注意。初辦時，規模不求太大，惟仍度留餘地，備擴充之用。

四、本館藏書分本國書、外國書兩大部。本國書凡四庫所有者，務設法以次搜羅完備。除購置外，有以家藏善本惠贈者，最所歡迎。外國書，英、法、德、俄、日文分冊庋藏，各種科學、文學之名著廣爲其採置，新出版者隨時購取。

五、中外書之分類編目皆分請專門家任之，務便查覽。

六、本館除藏書外，凡蔡公遺書遺墨遺物，別設一室寶藏之。

七、凡捐款貯存上海中國銀行及浙江興業銀行。

八、凡捐款除直交本籌辦處外，其經收各機關列下：

一、上海時事新報館；

一、上海商務印書館及各省分館；

一、上海中華書局及各省分局；

一、本籌辦處臨時委託之機關。

九、凡捐款收到後，由籌辦主任署名蓋印，發回收證，即將芳名及所捐數目登報。

十、捐款開支於本館落成時，將大數登報，將細數刊印徵信錄，分贈捐款人。

十一、捐款獎勵規則如下（捐書價值與捐款相當者其獎勵同）：

一、凡捐款不問多少，皆存館中，公園將芳名泐石。

一、凡捐款五十元以上者，除泐石外，加贈蔡公遺著一種。

一、凡捐款一百元以上者，除泐石及贈遺著外，加贈蔡公遺像銀質紀念章。

一、凡捐款一千元以上者，除泐石及加贈外，仍將玉照台銜彙懸閱覽室。

一、凡捐款萬元以上者，除泐石及加贈外，仍將玉照台銜專懸禮堂。

一、凡經手募捐之額倍於自捐者，適用前項之獎勵。（例如經手募捐百元以上者,除泐石外,加贈蔡公遺著一種。餘類推。)

(1916年12月17—18日《時事新報》)

申　謝

蔡松坡先生靈柩此次由日回滬,由滬返湘,承總巡捕房及各捕房派巡沿途照料,并蒙各界各團體各代表各同鄉諸公參與行列,再勞迎送,開會追悼,彌增哀感。孝家諸孤均在提攜襁褓之中,不克登門叩謝,深爲歉仄,伏乞鑒原。

蔡公治喪事務所同人梁啓超等謹啓

(1916年12月18日《時事新報》)

蔡公遺孤教養協會規則

民國再造,元勳蔡松坡君逝世後,所遺兒女均尚幼稚。兹由與蔡公有關係諸君,發起蔡公遺孤教養協會,所定規則爲録如下:

第一條　本協會以籌畫贊理蔡公遺孤教養事宜爲職。

第二條　本協會公推評議員若干人執行左列職務:一、規畫遺孤教養方針;二、籌措保管分配遺孤教養費;三、推定主任。

第三條　本協會推定左列各項主任,受評議員全體之委託,執行其職:一、教育主任:主計畫監督遺孤教育之進行,審度學科,選擇學校,考察學績等。

二、駐湘會計主任:主在湘教養費之保管及分配。三、駐滬會計主任:主在滬教養費之保管。

  第四條 各主任須將職務上進行情形,每半年報告評議員一次;若進行有障礙時,求評議員全體之解決。

  第五條 評議員之評議以通信行之。

  第六條 各主任有辭職者,由評議員全體審查改推。

  第七條 本協會俟遺孤成年後,由評議員全體決議撤銷之。

評議員:梁啓超、譚延闓、熊希齡、范源廉、蔣方震、張孝準、石陶鈞、曾繼梧、張嘉璈、袁家普、范治煥、蕭堃、唐蟒、岳森、何鵬翔、袁思亮

教育主任:石陶鈞

駐湘會計主任:岳森、唐蟒

駐滬會計主任:袁思亮、張嘉璈

(1917年1月5日《大公報》)

蔡公遺孤教養協會呈請立案文

  呈爲組織蔡公遺孤教養協會呈請察核立案事。竊蔡故上將松坡,身歷百戰,再造共和,帝燄藉以剷除,同胞蒙其福利。迺以積勞得疾,就醫東隣,噩耗飛來,悲悼無似。昨承大總統特令舉行國葬,飾終令典,備極哀榮。惟查該故上將服官滇桂,供職京都,先後凡十餘年。時以國事憂勞,家計未遑過問,清風兩袖,勁節孤鳴。刻下白髮在堂,黃口在抱,善後事宜,百端待理。超等或素同患難,或謬許知交;悲元勳之長逝,痛遺孤之無依。爰集同人組織蔡公遺孤教養協會,所有關於該故上將之遺孤教養事宜,由同人悉心籌畫。務期六尺有託,蔚國器於將來;內顧無憂,慰英魂於地下。理合擬具規則,呈請察核立案。

謹呈湖南省長。

（1917年2月17日《時事新報》）

在上海商務總會之演說

（十二月二十日）
姚詠白　筆記

　　今晚承南北兩市商會諸君歡招，實覺光榮之至。因吾國全國商業，以上海爲總樞紐；而南北兩市商會，尤爲上海商業之總樞紐。今日有機會得與代表全國商業之重要人物歡聚一堂，詎非最榮幸之事？啓超自問於商業上毫無學問經驗，實不敢於諸君之前表示意見。但既承寵召，姑將平日所最希望者一二事，略爲陳述，以當座譚，倘亦諸公之所許乎？啓超於最近一二年來，常有一種非常感慨之事。其事維何？即歐洲戰事是也。蓋自歐戰發生以來，世界各國經濟上，惹起非常之變動。其影響之所及，國際上遂發生絶大之關係。吾所人[人所]目覩者，一爲美國，一爲日本。美國距今四十年前，資本人才，無一不仰給於外國。至近二三十年來，各方面進步雖速，然終不能脫離債務國之地位。今乘此歐戰機會，遂一躍而爲世界之大債權國。今後歐洲無論何國，經濟上之勢力，恐不能與美國匹敵矣。更就日本而言：日本政府四十年來對外負債之額本甚距，而此二年以來，其對外之債權，幾可與其債務相殺。不但此也，日本四十年來，國際貿易，無年不輸入超過於輸成[出]；而今年上半年，則輸出超過之數至一萬八千餘萬之鉅，日本銀行準備金，增加至六萬萬元有餘。由此觀之，可知歐洲戰事，乃自有天地以來所未有之好機會。以中國地大物博，平日苟有些少之準備，則數十年來通商上之損失，何難趁此機會，全數恢復。而不料其結果適相反，上而政府，下而人民，不但不能得歐戰之利益，而且反受歐戰之苦痛，豈不可慨哉！蓋政府日以借債爲生活，今因歐戰之故，外債不易借入，則苦之。商民則因歐戰之故，或苦於金融之緊迫，或苦於貿易之困難。即使有一部分商民，因歐戰而獲利益者，如顏料鐵鑛等是，然以國家全體經濟上觀之，區區所得，何足償其所失？況此種小利益，亦非因平日有所準備而來，不過偶然得之。彼當局者，且不自知其所以然，故並此種偶然之小利益，亦不甚可靠。即如今年銻價大跌，業此者，或因而受損失矣。夫吾人遇此千載一時之機會，而不能得些少之利益，天下可歎之事，孰有過於此者？今此種最好之機會行將過去，不能復來，悔已無及。今後吾人更有一極大危險橫在目前，不可不特別注意者，即歐戰了後，各國必將竭其全力，以冀恢復其戰時經濟上之損失，此時吾國經濟上，又不知要受多少壓迫。吾人若不及早預備，力求自衛之策，則此時之痛苦，更有不可言狀者矣。夫吾人遇此好機會，不但不能得利益，而且反受痛苦，究其原因，自不得不歸咎於政府。因政府不能幫助商民，以致有此惡果。雖然，此事全諉其責於政府，亦非持平之論。蓋事有非政府幫助不可做者，亦有不待政府幫助而亦可做者。政治不良之結果，各種阻力誠有之，然亦有非政府之力所能阻者。故政府誠不良，而商民自己亦須負一半之責任。今試以日本比之。日本人有一種特長，不論政界商界學界，凡先輩對於後進，皆抱有一種虛心。先輩自知學識不足，常能以先輩之力量，援引後起新進之士，以資臂助。就政界言之，彼維新元老，自知自己學問智識，不足以應時勢之要求，於是竭力設法，提拔新人才，補自己之不足，故政治日有進步。學界亦然，日本人先輩本皆深信漢學；後知僅僅漢學一項不足自立，乃採用西學，以補不足，而學問遂大有進步。商界亦然，彼日本之資本家，常不以目前自己之地位為滿足，於是日求新法，以擴張或改良其固有之事業。彼三井、三菱、岩崎、大倉、古河等諸大資本家，皆非近來新起家者，彼等皆明治初年時之小資本家，當時財產不過數萬乃至數十萬。但其眼光遠大，知與外人通商競爭，墨守舊法，必至失敗，於是力求改良。或派遣其子弟留學外國，或聘請國內專門名家使為己助，利用世界最新之智識技術，以擴張或改良其已固有之事業，故能收莫大之效果。現在日本後起資本家固亦甚多，但實業界之中堅人物，仍不能不推少數老輩資本家，蓋非無因也。吾國政治學問實業不能進步之原因，實在新舊暌隔太甚。即就政治上言之，如袁世凱時代之復古主義，又如前清諸遺老之頑固，皆足為社會進步之障害；然彼等自身，卒亦因此而失敗。蓋為老輩者，既無獎勵後進提拔新人才之意,於是後輩對於老輩,亦以老朽目之,無可希望,無可依賴,其結果乃釀成革命。政治如是,實業正[亦]然。夫吾國商人本來具有特長,外人亦屢言之,如尚信用,崇節儉,皆爲吾國人商業上固有之美德,加之以多年之經驗,今日所以尚能立足者,蓋全恃乎此。然現在世界交通便利,商務上之競爭日烈,一切情形,與閉關時代迥然不同。僅恃此數點,而無專門學問智識以補助之,實不足以圖存。譬如有一物産焉,爲全世界之所無,則此種物産當然可以獲大利。然吾素未研究,不知此物之性質用途,待一旦需要大起,方知此物之可貴,然又不知其需要所起之原因,則何能居奇操勝哉!我國老輩商人,大半恃一己之經驗以起家,以爲吾生平未嘗有專門學問智識,何以亦能手創如許財産,可知經商何必學問。彼爲子弟者,亦以爲吾祖若父,亟[並]無專門學問智識,亦能手創如許財産,經商何必學問。因有此種觀念,故一切事業不復更求改良,此即所謂保守性質是也。吾國數十年來,皆爲此保守性質所誤。彼外人經商技能,日新月異;而我則故步自封,毫無進步。以此與人競爭,譬如戰爭之時,孤城自守,雖能苟延殘喘,而早晚必有破城之一日。苟長此以往,勢不至驅全國人民盡爲外人之勞働者不止。言念及此,曷勝悲觀!然吾人更就樂觀一方面言之:我國地大物博,未墾之地,未開之鑛,以及未興工業,不知若干;人口繁衆,物産之需要甚多,勞働之供給又便。苟能利用,非無補救之法。但補救須有補救之能力智識方可,否則仍屬空言。根本補救之法,仍在各個人之自奮,不可常存依賴政府之心。即使政府有多少障害,儘可設法排除之,則自己可以有爲之餘地尚多。啓超商業上知識甚淺,何者可爲,不能具體指出。但其重要者,如金融機關一項,亦多有發展之餘地。現在上海錢業雖亦不少,然勢力之大,終不如外國銀行。不知者以爲外國銀行之資金,皆自倫敦、巴黎運來,孰知皆是吾中國人之存款。以自己之武器,假手於人,而反受其操縱,豈不可惜?現在所與之競爭,雖覺不易,然若能急起直進[追],尚多活動之餘地。譬如各幫商人,若能各組織一有力之銀行,以供給本幫商人之資金,吾恐猶覺應接不暇耳。惟現在凡百事業,非有大資本則不能與人競爭;而大資本則斷非個人之力所能及,於是公司之組織尚焉。然以前辦公司者多半失敗,因此人人一聞公司二字,便有戒懼之心,以致大資本之公司不易組織。要(知)以前公司失敗,非無原因:一則向來辦大公司者,往往爲官場中人;即非官場,亦常有官場之真[臭]味。夫營業機關,一帶官場氣味,未有能辦得好者,所謂當局不得其人,此失敗原因之一也。欲補救此弊,尚不甚難。但以真實商人去辦公司,(公)私二字分得明白,屏除從前一切惡習,使[便]可杜絕此弊。此外更有當事者雖極熱心,欲將公司辦好,而因自己能力智識之缺乏,或管理不得其法,或組織不能完全,以致失敗者有之。此乃失敗之第二原因也。欲補救此弊,則須從收用新人才上入手。去今十年廿年前,新人才或不易物色;而今則外國留學畢業,成績良好者不乏其人。此種人才,政府方面既不能一一用之;苟社會方面能設法羅致之,使在實業界活動,則最新之智識技術,皆可應用,自然可與外人競爭。或謂此種學生,學問雖好,經驗毫無,何能邊用?不知經驗非生而有之者。苟予以相當之習練,數年之後,經驗自富。譬如有某家子弟,其所學為銀行,而成績甚好;則為先輩者應幫助以資本,為之組織一新式銀行,俾得盡其所長,以效力於社會。則數年後,彼等於金融情形既熟,經驗自富。再過十年,且可推為銀行之前輩矣。總而言之,後輩新人才,欲以自己力量創辦一事業,實非容易。獎勵提倡,其責任全在於先輩商人也。銀行不過為商業機關之一耳,其他各種實業,無不如是。苟先輩商人有此種計畫,新人才必益自奮勉,實業自能發達。日本之所以有今日者,因其先輩皆能注意於此也。今日商業上重要機關,如倉庫、航路、保險、銀行等,其權皆操諸外人之手。苟不自振,吾國人似太無志氣。急起直追,是所望於商界諸先輩耳。此外商業上應為之事,如商業教育、商務調查等,皆屬要圖。所謂商業教育者,非僅指商業學堂而言,凡關於商業上之演說、譚話等,亦教育之一種。例如先輩隨時以所得經驗教訓後輩,後輩隨(時)以所學之智識報告先輩,彼此交換智識,亦是教育之一法也。至於商務調查一事,尤為重要。啓超聞本商會已著手於此,深為感佩。查日本於廿年以前,在上海設創一東亞同文書院。此書院畢業學生,皆分路派往吾國內地調查商業,調查所得,編為報告。數年前日本出版之《支那經濟全書》,即此種報告彙輯而成。此書出版已有十餘大冊,以後尚須陸續出版。我國各地商業情形及一切統計,無不羅列其中。夫吾中國之事,外人竟費許多金錢,調查如此清楚,而及[我]本國人反茫然不知,豈不可恥!豈不可嘆!此種事業非日本政府所能及,不過一日本公眾團體之所為耳,而成績如此良好。可知此種有益之事業,政府能夫[去]辦更好,即使政府不辦,人民自己亦可去辦。調查方法,最好須先將應行調查各項,編成詳細節目,然後列爲表式,使各地逐條答復可耳,並不大需經費。但能多用一分力,便有一分效果,但必須有人負責任耳。上海商會辦理此事,實最相宜。若上海商會再不去辦,此外更有何希望哉! 要之,現在中外商戰競爭之時,先輩商人,責任甚大;而上海先輩商人,責任尤大。此啓超所以不揣冒昧,敢於諸君之前進一言,以自述其平日之所希望也。

（1916年12月28—29日《時事新報》）

在江蘇教育總會之演説*

（十二月二十一日）

　　早年即知全國之教育事業,多爲江蘇教育會所發動。今日蒞此,得與諸位聚會一堂,榮莫大焉。但余於教育方面,研究雖有多年,而爲教員只半年耳,深以未知教法爲愧;其於教育之原理,尤無必[心]得。今蒞此討論,甚屬赧顏。惟此會爲全國最有名譽之會,亦不得不略爲陳述,以與諸君商榷。余今日所講者,爲良能增進之教育。昔王陽明先生提倡良知良能之説,謂身心之學,重在實行,蓋闢當時學者空言性命之弊。今不講良知而講良能者,因講良能而良知即包括在内故也。夫我國自與外人交通以來,受各方之壓迫,非有進取之能力,絶不足以圖存。且陽明之學,譬之人身,如五官四肢,久不運動,則身亦廢棄焉。孔孟之語,有最精要者,如《中庸》所謂"能盡人之性則能盡物之性",孟子謂"盡其心者知其性也"。然解釋此説者,語多精微,人亦厭聽。今以簡單講述。譬如動物,犬馬各有其心;其不若人者,蓋人心萬能,各事皆爲人做。在二三千年前人所不能者,今皆能之。即若雷電一物,昔人無不視爲神聖,今乃有取而用之者。安知今日之所不能者,後來或有能之一日。要知人心萬能,愈演

---

*　此爲演説大略。

愈進。故教育事業，能爲後來全世界人類謀進步。但此話甚屬空虛，不如爲人所能爲者，以供給於社會。個人擴充其能力，團體亦各擴充其能力，一步一步發達，則且爲全部之發達矣。故一已能力之養成，在修已，其程度則以能發達社會爲止境。且人之思想，非一已所有。如余之著書，其言論有從社會各方面摽竊而來。即着衣亦然，今之社會尚窄，十年前則尚寬。斯知人之思想行爲，無不由社會而來，復轉布社會上去。小孩本能，能模仿親近之人言動。故孟子謂取人善，與人爲善，取與之間，設施教育之法，不外此也。是以能盡人之性，則能盡物之性。一已之良能，修養發出，則社會亦受其影響。人者萬物之靈，物則借爲人用而已。老子曰："天地不仁，以萬物爲芻狗。"故世界之進化，不外一二大思想家所轉移。而教育方針，亦不外此良能二字。此原則已世所公認。惟吾人有種種之能力，終不及外人。在昔之學者，其於手足不甚運動，腦力亦不善用，將本能摧殘，故社會亦受其影響。今日之新教育，其與良能之背馳者不少。試將良能增進之方法一商榷之：（一）趣味教育。當歐西一百年前，學者以研究古典爲乾枯無味，有礙教育。如中國小孩之讀《三字經》《千字文》等，此有防[妨]腦力，固不殆[待]言。今日之教幼兒，多以游戲時施教，此較之昔日爲優，然理解方面，究難發達。是當勞動其腦，使之了解爲宜。此宜商榷者一。（二）紙片教育。今之學校，亦科舉變相。學生除教科書外，多未寓目；其用功者，亦只能閱參考書而已。故教者敷衍講解，學者亦敷衍條答，是以受益寥寥也。然教科太繁，用腦多則能力減少。且學生之修養能力，富在二十五年以前。今之學者，每每畢業後苦無位置，蓋由於已之能力甚少，故舍做官一途，實無他事可爲。其病源則在於所學非所用，所用非所學已耳。予謂經濟破產不足懼，所懼者人才破產耳。今多一學生，則多一高等游民；少一進學校之生徒，則社會多一有用之人。此皆教育不良之故。此後正宜養其能力，使之發達於社會。蓋能力人人皆有。果能各盡其心，畢業後即足供社會之用矣。此商榷者二。（三）國民教育。人民皆爲國家存在，故國家有所主張，國民無不隨之，如軍隊之教育是也。此法可教中流以下之人，若天才則非由教育而出。是以國民教育與國家有益，其結果則消滅個性，而學科而束縛，不能使腦發達，人格智識，亦日見低下。此宜施以個性教育。予在湖南時務學校時，其於學生，均注意其精神做去，其一切教授方法，仍爲坐擁皋比舊式。然講後見有缺點，即爲設法以補救之。故在講望[室]外,宜察學生之個性;而學生亦宜自察其個性,以爲補救。此應商榷者三。予今在此略陳此意,願江蘇教育會諸君,此後將不良教育設法改良,其缺點則設法補救,定其方針,益從而發達擴充之,則教育界幸甚矣。

(1916年12月22—23日《時報》)

在濟南鎮守使署參觀武術表演之演説[*]

(十二月廿七日)

　　尚武精神乃國家之所以立,主權之所以寄。國於地球上,無論值何時代,舍是實無以爲對内對外之要素。我國武術發達最早,考諸歷史,在在有徵。惜晚近人民流於文弱,斯道傳者遂少。日本之武士道乃竊我緒餘,全國上下,幾於無人不習,用能戰勝强國,雄視東亞。使我國人民誠能因固有之美德發揮而光大之,以至於普及,使四萬萬均成體質强健之份子,則我國家不患無强盛之一日。

(1917年1月11日《晨鐘》)

---

[*] 此爲演説節略。

在教育部之演説

（中國教育之前途與教育家之自覺）
（一月九日）

　　教育部爲全國教育行政最高機關，諸君又爲全國教育最高機關主要之人，今日鄙人與諸君相見一堂，非常榮幸。但鄙人於教育經驗甚少，親身從事教育者，不過在湖南辦學校半年有餘，時間既短，辦法又不完備；今乃在全國教育最高機關，與諸君談論教育，豈不慚愧？查我國創辦教育，在前清光、宣時代。當時無論新舊中人，莫不以教育爲救國之要圖。其規模制度，雖不完備，然辦理教育之人，抱有一種熱誠，皆視教育爲應盡之義務，此種精神，實爲後來所不及。以今日教育現狀而論，學校數目，頗有推廣，學生名數，頗有增多，形式上不無進步；至精神上則有遠遜於昔者。昔時人人視爲救國要圖，今乃不爲一般人所重視，地方上不獨無提倡，且從而摧殘之。不獨此也，即社會對於教育，亦有種種懷疑之處，以爲教育究竟於國家有無利益。夫教育爲立國之根本，有不待言者。至今日而復發生教育有無利益問題，詎不大可駭異！然必有所以致此者，其故不可不深察也，此誠非常危險。故鄙人近日對於教育，抱有非常之悲觀，以爲今之教育方法，非根本改革不可。夫現在教育之氣象，何以至於此極？固屬政府與社會方面，俱有種種之原因；而教育之自身，亦實有不能自存之處。今後之改良，蓋一方面在乎全國政治之趨向，一方面在乎教育界之認定責任也。以教育與其他政治之關係而言，教育總長處最高機關，不能不負責任。至教育自身不能自存者，究在何處？鄙人在教育上無實在經驗，言之恐不能中肯。惟個人之意見，以爲有數點，應當注意。試縷陳之：

　　第一點，現在教育未脱科舉餘習也。現在學校形式上，雖有採用新式教科書，而精神上仍志在獵官，是與科舉尚無甚出入也。中國科舉習慣，在漢朝時已有萌芽，唐、宋時始完全成立，至清室乃極端發達。漢武帝立五經博士弟子員,供皇帝之侍奉。有識者非之,太史公《儒林傳》曰:余讀功令至於廣厲學官之路,未嘗不廢書而歎也。夫廣開學校,爲極善之舉,何至廢書而歎?可見當時之學校,專爲官吏而設,入學校亦惟在於求官,班固所謂利禄之途然也。太史公所爲歎息者,即在於此。然則我國利禄之害,其中於學校久矣。鄙人前在日本時,遇後藤君,叩以台灣教育。後藤君謂台灣教育,無法辦理。該處人入學校,即志在做官,不做官,即不入學校云云。當時余聞是言,心中頗有感觸。豈獨台灣,中國全國亦何嘗不然?其時中國初辦教育,學校尚未完備。而主持教育者,仍沿用科舉之方法,惟知獎勵學生做官,如學生畢業獎勵,留學生考試分部章程,紛紛頒布。此在他人所深惡痛絶者,而吾國方竭力獎勵之不暇。夫以二千年來之惡習,久已深印於全國人之腦筋,極力矯正,尚恐不足,而況加以獎勵,其結果尚可問乎?至今日其險象已露矣。即西河沿一帶客棧,求官者多至數萬,遑論他處。此時教育尚未能普及,已有此現象。假使將來教育普及,全國人皆有做官思想,試問何以應付之?此非鄙人之妄言也。從來教育,具若何之方針,斯造成若何之國民。教育以做官爲方針,必使全國人有做官之思想,而後已耳。教育不能普及,尚有農工商等人;一旦普及,則農也工也商也將全變爲官矣。世界甯有此等國家耶?欲去此種積習,亦非政府定一方針,應[即]可辦到者;是在教育界中人通力合作,以矯正之。如一時不能去净,則逐漸圖之,從前錯誤,或有矯正之一日也。社會對於教育懷疑之點,前已言之。如抱此疑問者僅屬頑固之人,猶有説也;實則不獨頑固者然,即不頑固者,亦大都如此也。教育之墜[墮]落,至於此極,尚可問乎?至於科舉積習,如何始可剷除?其矯正之法式,或將此弊編入教科書,或著爲論説,亦不敢遽定;惟教育界人不可不時時研究之,教育最高機關中人,尤不可不時時研究之。研究之結果,必有方法以矯正之。此所當注意者一也。

　　第二點,學問不求實用也。據鄙人之意見,學問可分爲二類:一爲紙的學問,一爲事的學問。所謂紙的學問者,即書面上的學問,所謂紙上談兵是也。事的學問,乃可以應用可以作事之學問也。中國數千年來,及歐洲文明未興以前,皆是紙的學問。讀古人書,不外摹倣與解釋二類,所學專爲印證古人,食而不化,經史文詞,固有然矣。即新學盛興,乃有礦學、醫學。然讀礦學書,祇知讀熟,不能應用,其無用與熟讀經史文學等。有如燒紙成灰而吞,無論文學之紙灰,礦學之紙灰,其為無用一也。歐洲二百年前,實用學問,未能發達,亦是為紙的學問所誤。如學幾何,祇能熟習其程式,而不能應用於事物,其無用與吾國之文學等耳。自實用教育發明,歐洲教育經一次之大改革後,然後科學乃大進步。吾國始而八股,繼而策論,繼而各種教科書,形式上非無改革,然皆為紙的學問,不過天地玄黃,變作某種教科書之天地日月耳,又何裨於實用乎？教師之教也,但使學生能讀能解,已盡其事,不問其他；學生之學也,亦志在能讀能解,可以考取最優等,不問其他。然學而不能應用於世,無論如何勤學,終是紙的學問,其結果紙仍紙,我仍我,社會仍社會,無一毫益處也。且不獨毫無益處,若細細研究,其結果,則受教育者,文化反在未受教育者之下。何也？彼未受教育者,尚能與社會時常接近；既受教育者,反與社會全然斷絕。欲再學,則時不再來,又自謂地位較高,不屑與社會為伍,以致自暴自棄,一無所能。故未受教育者,尚能得一技之長,為農為工為商；而已受教育者,則舍做官外無他能力,因做官祇須每日到署,盡人而能也。此固由今日社會他種事業,全不發達,不能全責教育自身,然教育自身,亦不能辭其責。如某君在外國留學商業,當其求學時,本無做官之志；乃回國後,欲在商界謀一事而不可得,遂不得不求為官矣。彼本為商業學生,何以不能在商界做事？固由於中國商業太舊,而實際由於彼在學校時,除讀書外,未曾研究一切商業習慣,或僅知外國商情,而不知本國商情者,皆紙的學問誤之也,何能全責社會乎？今使有人勸一商界中人曰：爾用人,須用商業畢業之人。其人亦勉從之。然彼所用之商業畢業者,卒不能為之辦一事,一經失敗,則此後永遠不敢再用此輩矣。故吾人須知紙的學問之害,於學生在學校時,令其研究一切社會應用之事,則學校愈多,國家愈進步。蓋人之機能,愈用而愈發達。如專在紙的學問上用功夫,則空耗費腦力而已。總之學校與社會,萬不可分離。在學校時,於社會應有之智識,研究有素,畢業後,斷不患無人用之。在學校養成一種活動之能力,將來在社會上,可以不必求人,亦足自立。且天下事積小以成大。一學生能為一小事,推至十百千萬學生,其事業安可限量耶？現在學校與社會,既不相容。頑固者以為學校無用,學校中人則自謂紙的學問已不少,社會上何以不用,因而憤世嫉俗,使學校與社會,至相仇視。社會既為一般老農老工老商所據,事事不求進步；學校中人又無機會與社會相接,亦不能貢獻新得於社會,大局豈能進步？非獨無進步也,甚且仇視日深,終至牽動大局,而禍變未有已時。此所當注意者二也。

第三點,即趣味教育程度問題也。此爲鄙人個人之一種感覺,現在尚未能自信,然不妨與諸君商榷之。教育兒童,純用趣味引誘,則不能擴張其可能性。從前教師之對於兒童,過於嚴厲,專用體罰,致使兒童視就學爲畏途,且足以妨害兒童之發育。今矯其弊,專以趣味教育,引起兒童就學之興味,如教科書之圖畫等之類,其法固善,然趣味教育之程度,則不能不加以研究。如近時教科書之深淺,種類之選擇,課程之分配,僅足爲中材以下之標準;稍聰穎者,則雖倍之不爲多。此在編者教者,或不欲過費兒童之腦力,然失之過寬,亦實有不宜之處。蓋人類之可能性,非常之大。教育之目的,即在擴張其可能性。愈用愈發達,愈不用亦遂退化。證之生理學中,不乏其例。今有二人於此,年歲相若,體質相若,衣服之厚薄亦相若,乃一則畏寒,一則不畏寒,則皮膚中可能性發達之程度異也。蓋人類皮膚中反抗外界激刺之可能性,愈受强迫,愈益發達,如常以冷水浴者,自能耐寒之類。故可能性者,加以若何之勉强,斯發達至若何之程度者也。人之精神,亦復如是。昔人謂精神愈用而愈出,實爲名言。如吾儕每日做事見客,亦不覺其苦;若長日無事,身體反覺疲倦,即其證也。故教育兒童,徒以趣味教育,俾其毫無勉强,必不能擴張兒童之可能性也。回思吾儕束髮受書之際,並無今日美麗之教科書,悅目之圖畫,成績亦頗不惡,則以受各種逼迫之故,其可能性自然發達也。讀書而令兒童自己思索,不爲講解,未免近於蠻野。然如爲師長者,或授一書而强使記誦,或發一義而使之思索,衡以今日教授之法,固屬不合,然往往因此而生記憶力與理解力焉。鄙人言此,並非主張舊日之教法,不過證明今日純用趣味引誘,不加强迫,亦未免過猶不及耳。此所當注意者三也。

第四點,言文不一致,足以阻科學之進步也。以中國現在之文字,學現在世界之科學,欲其進步,殆絶不可能之事。非以其煩難也,以中國之字,常用者不過數千,原不爲難,難者其文法之組織耳。語言與文字分而爲二,其結果自不得不爲紙的學問。蓋吾國之文字,乃古時之文字,惟宜對古人用之,不宜用以求今之科學也。歐美各國,亦有古文今文兩種。古文惟用於經典,研究科學,絶不用之。即如德國科學之進步,不過百年間事。其學問所以如此發達者,實因國語獨立。故我國教育各種科學,必用古之文字,是爲國內之不獨立,是爲對古人之不獨立。講來講去，皆是古來學問，非現在之學問，無怪教育之不能發達也。此事聞貴部久已注意，可謂卓識。然不可不乘此時機，造成一種國語。所謂國語者，非用一地方之俚語也，其程度必視尋常之語言稍高，視尋常之文字較低。將來通用於各學校，以利教育，則於科學之進步，教育之普及，均有莫大之裨益矣。從前一般教育家，深以兒童讀經爲詬病，誠以六七歲之兒童，萬不能與之講經說古也。今雖易以教科書，而所用者猶是古來文字，直五十步笑百步耳，科學之不能進步者以此。故鄙人以爲及早造成一種國語，用以編纂教科書，以利教育，誠目前非常重要之事。此所當注意者四也。

　　以上四點，不過鄙人一己之感想，是否有當，不敢自信。此外或尚有其他意見，惟苦於時間，不能詳盡。他日如有機緣，當以文字或演說貢獻於諸君也。此數點外，鄙人尚有數言貢獻於教育界者。大凡教育之前途，及現在之缺點，他日之改良等問題，身在教育界者，自必有一種感想。惟主義政策，究屬空言，必得其人，然後乃能有濟；否則雖有善法，亦屬無補於事。外國教育之進步，由於多數之教育家之力任其難。中國果有教育家否，殊爲疑問。蓋凡爲教育家者，必終身以教育爲職志，教育之外，無論何事，均非所計；又須頭腦明淨，識見卓越，然後能負此重任。吾國教育界中人，或一面在學校當教習，一面又兼營他事，即有不兼他事者，亦皆存一無可如何之心。夫教育之事業，何等重要！專心致志，尚恐不能盡善；今乃存一無可如何之心，試問何能進步？從前塾間教師，所入極微，又極勞苦，然其興味極濃，精神貫注。學生感觸其精神，自能有益。今之教育中人，既以擔任教育爲無可如何，其精神之懈怠可想，學生豈能獲益乎？夫學界之力，常與政界相抗。學界與政界爭人材，學界自不能勝。況現在之時局，日有變遷，做官亦並不甚難。故苟非志向極堅定之人，未有不爲此潮流所捲去者。教育家之難得，職此之故也。欲矯除以上之弊，卓然自立爲教育家，萬不可不有一種哲學之理想，以與社會之惡習相抵抗。哲學之理想，乃最高尚之理想。不獨教育界人有此理想，可以不爲外物所動；即平常人有此理想，亦可免除許多煩惱。吾人須知，人類爲何生存，吾人在世界上有何責任。如僅爲飲食男女等事，上天又何必生此世人乎？然則吾人生在世間，必有責任明矣。有責任斯有目的。照此目的做去，則雖苦不覺其苦；否則即一日做一無目的之事，其苦已不可名狀矣。今者全國之人，均陷於悲觀。其悲觀之所由來，亦實以無目的之故。現在不知造何因，將來不知收何果，終日忙忙碌碌，而不知究爲誰忙碌，焉得不自覺其苦乎？夫人類之進化無窮者也。先哲有云："在止於至善。"至既有限，止亦無期，惟循進化之軌道而行。一人所不能做者，合全世界人爲之；一時所不能爲者，合千萬年爲之。其能達到與否，均不得知，然却不能不抱此目的以行。蓋世界之進化軌道，乃有統系者，如一條鐵練然鐵練爲無數之鐵鐶互相銜接，互相聯絡而成，自首至尾，節節進步，不能中斷也。人生於世，於社會有關，於進化有關，祇要做一分事業，即有一分效果；萬一不做，則如鐵練中斷，先我之人，既前功盡棄，後我之人，亦無從下手，吾人之責任，又豈輕哉！張子所謂"乾稱父，坤稱母，予茲藐焉，乃混然中處"者，其責任若何之重大！知此責任，無論作何事業，心常舒泰；否則雖努力爲之，未有不自覺其苦者。一般之人如此，而教育家之責任尤重。然切不可因其責重，而退縮不前，祇須認定方針，必可達到目的，所謂求則得之是也。人生不過數十寒暑耳，社會之紛紛擾擾，吾人何必去管。名利爲身外之物，貪多務得，有何用處？即人有百裘，著於身者，祇一裘也。明乎此理，自然不作出位之思矣。況教育家自己所做之事，較他事尤有把握。如政治家之政策有失敗時，而教育則無所謂失敗也。功夫一毫不妄用，何樂而不爲乎？余願身當教育之衝者，自知其事業重大，且又極有把握，將他事看輕，執定主意，不與社會上之濁空氣相接觸，則心君泰然，自有餘樂，何必以官易我之教育乎？世界各國之教育家，莫不有此理想，故能將至苦之生涯，視爲至樂之境，否則世界何能有進步？如藝花者，起早眠遲，非不知自逸之樂也，惟其目的在欲得好花，故雖勞而不覺其苦。教育家之成德達材，視今日之生徒，即他日文明燦爛之花也。鄙人極願我國之教育家，養成此志，將來對於中國之前途，固有莫大之希望，即對於自己一身，亦有非常之愉快矣。

（1917年1月《教育公報》第4年第2期）

在清華學校之演説

（學生自修之三大要義）
（一月十日）

鄙人於兩年前，嘗居此月餘，與諸君日夕相見。雖年來奔走四方，席不暇煖，所經危難，不知凡幾，然與諸君之感情，既深且厚，未嘗一日忘。故在此百忙中，亦不能不一來與諸君相見。

相去兩載，人事之遷移，又如許矣。舊日之座上諸君，當有一部分已遠遊外國。而今日座中諸君，想有一部分乃新來，未曾相識，唯大多數當能認此故人。今對於校長及各教員殷勤之情意，與乎諸君活潑之精神，鄙人無限愉快，聊作數言，以相切磋，題爲學生自修之三大要義。

（一）爲人之要義；（二）作事之要義；（三）學問之要義。

第一爲人之要義。古來宗教哲學等書，言之已不厭甚[其]詳；唯欲作一概括之語以論之，則"反省克己"四字，爲最要義。反省之結果，即人與禽獸之所由分也。生理作用，人畜無異焉。如飢而思食，渴而思飲，勞而思息，倦而思眠，凡有血氣，莫或不爾。唯禽獸則全爲生理衝動所支配，人則於生理衝動之時，每能加以思索，是謂反省。反省而覺其不當，則收束其慾望，是謂克己。如飢火內煎，見有可食之物，陳於吾前。禽獸則不問其誰屬，輒攫而食之；人則不然，物非所有，固不能奪，即所有權乃屬於我，亦當思所以分惠同病之人，此道德之所由生也。《論語》所謂吾日三省吾身，又曰而內自省也，又曰內省不疚[疢]，皆申明此反省之要義。凡事思而後行，言思而後出，此立身之大本也。人之所以爲萬物之靈，即因其具有此種能力，惟必思所以發達之而已。此似易而實最難，惟當慎之於始。譬如以不誠之舉動欺人，以快意道他人之短長，傳播以爲譚柄，此人類之惡根性，自非聖哲，莫不有之。若放縱而不自克，便成習慣，循至此心不能自主，墮落乃不知所屆。古來聖賢立教，不外糾正人之此種習慣。惟不自省，至此惡性已成，習慣曾不自覺，則雖有良師益友，亦莫能助也。諸君之年齡，(在)①人生最有希望之時期，然亦爲最危險之時期。大抵十五至二十時，乃終身最大之關頭，宜謹慎小心，以發達良心之本能，使支配耳目手足，勿爲耳目手足所支配。事之來也，可行與否，宜問良心。良心之第一命令，必爲真理，宜服從之。若稍遲疑，則耳目手足之慾望，各出其主意，而妄發命令，結果必大錯謬。譬諸受他人之所託，代保管其金錢。良心之第一命令，必曰克盡厥職，勿墜信用也。若不服從此命令，則耳目之慾，必曰吾久枯寂，盍借此以入梨園；口腹之慾，必曰吾久乾燥，盍借此以訪酒家。如是則良心之本能，竟爲物慾所蔽矣。小事如此，大事亦何獨不然？歷史上之惡人，遺臭萬世，然當日其良心之第一命令，必無誤也。人之主體，乃在良心。須自幼養成良心之獨立，勿爲四支五官之奴隸。身奴於人，尚或可救；唯自作支體之奴隸，則莫能助。唯當反省克己。

　　第二作事之要義。大抵各人之所受用，固自有其獨到處，未必從同，若鄙人則以"精力集中"四字，爲作事之祕訣，以爲必如此，其力乃大。譬諸以鏡取火，集徑寸之日光於一點，着物即燃，此顯而易見者也。凡事不爲則已，爲之必用全力，乃克有成。昔有一文弱之孝子，力不能縛一雞。父死未葬，比鄰失慎，延及居廬，此子乃舉棺而出諸火。此何故？精力集中而已。語曰：至誠所感，金石爲開。又曰：思之思之，鬼神通之。李廣射石而没羽，非無稽也。即以最近之事言之，蔡公松坡，體質本極文弱，然去年在四川之役，嘗四十晝夜不得寧息，更自出其精力，以鼓將士之勇氣，卒獲大勝。非精力集中，豈能及此？蓋精力與物不同，物力有定限，而精力則無窮。譬諸五百馬力之機器，五百即其定量矣。精力則不然，善用之則其力無限，此人類之所以不可思議也。《論語》所謂"居處恭，執事敬"，此語最爲精透。據朱子之所解釋，謂敬者主一無適之謂。主一無適，即精力集中而已。法國人嘗著一書，以自箴其國人，謂英國人每作一事，必集精力而爲之，法人則不如此，英之所以能強也。至於中國，更何論焉，中且不有，何集之云！執業不對於職務負責任，而思及其次，此我國之國民

---

① 據 1917 年 3 月《東方雜誌》14 卷 3 號同文改。下同。

性也。爲學亦然,慧而不專,愚將勝之。學算而思及於文,文固不成,算亦無得,此一定之理也。余最有此等經驗。每作一文,或演説,若意志認爲必要時,聚精神而爲之,則能動人,己之精力多一分,則人之受感動亦多一分;若循例敷衍,未見其有能動人者矣。正如電力之感應,絲毫不容假借也。曾文正謂精神愈用而愈强。願諸君今日於學業上,日操練此精神,而他日任事,自能收效矣。

第三學問之要義。勤也,勉也,此古聖賢所以勸人爲學之言也。余以爲學問之道,宜先在開發本能。孔子曰:"人能弘道,非道弘人。"梭格拉底曰:"余非以學問教人,乃教人以爲學。"此即所謂能與人規矩,不能使人巧,所成幾許,求其在我而已。若求學而專以試驗及格爲宗旨,則試驗之後,學問即還諸教師,於我無有也。然則若何？曰當求在應用而已。譬諸算學,於記帳之外,當用之以細心思;譬諸幾何,於繪圖之外,當用之以增條理。凡百學問,莫不皆然。若以學問爲學校照例之功課,謂非此不足以得畢業證書,則畢業之後,所學悉還諸教師,於己一無所得也。例如體操,學校之常課也,其用在强健身體,爲他日任事之預備。若云非此不足以得文憑,吾强爲之,則假期之後,其可以按日晝寢矣乎,是無益也。孔子曰:"古之學者爲己,今之學者爲人。"學以致用,即爲己也;欲得文憑,以炫燿鄉人,此爲人也。年來畢業學生,奚啻千萬,問其可以能致用於國家者,能有幾人？此無他,亦曰爲人太多,而自爲太少耳。願諸君爲學,但求發達其本能,勿務於外,此余所以發至親愛之精神,至(熱)誠之希望,奉告於諸君也。

(1917年1月12—13日《晨鐘》)

對報界之演説

(一月十二日在安慶會館)

今日承同業諸君招待,愧不敢當。鄙人最初與國家發生關係,即自經營報事始。其對於他方面，有脫離者，亦有中斷者，惟對於報界，始終無脫離或中斷之時，今後且將益盡力於是焉。此次來京，對於報界有種種不調之感想，願與諸君略言之。（一）北京報紙之多，爲世界各文明國首都所未有。鄙人二十年前，即抱此種希望，謂國家文野之分，以報紙之多少爲標準。若中國之報紙，能與他國比擬，則其他亦可類推。今則居然都到眼前來矣，宜若可以樂觀。然按之實際，其混雜之狀態，愈足令人悲觀。理想與事實，其相去一何懸殊之甚耶？（二）報紙爲社會之縮影，社會之事事物物，無不映射於報紙。欲知社會之真相者，須於報紙中求之，此定例也。中國之報紙則不然，虛虛實實，令人迷離惝恍，不可辨別。無以名之，請以電影爲喻。電影館林立，互相競爭，製造影片之人，惟日求新奇以炫人目。驟觀之，儼若真有其境，真有其事其人，實則皆製造影片之人，意想假造，未可遽認爲事實者也。中國之社會固不良，然尚不若報紙上之蜃樓海市，不可端倪。報紙上之社會，與實際上之社會，成爲兩截，此亦奇異之現象也。（三）言龐事雜，更甚於前。報界中之言龐事雜，無可諱言。然迴想民國元二年，不啻若唐、虞、三代之盛。兩派各有極端之主張，爭論不已，固相若也。然彼時爲憲法問題，借款問題，財政問題，無論其意見何若，尚各有一番之研究。今則此等含有研究的性質之文章，幾於鳳毛麟角，不可概見。偶或有之，亦屬聊充篇幅，置之無關緊要之地位，閱者亦絕不注意及之。以問題最多之國家，在報紙上觀之，幾若毫無問題之國家，有之則人的問題而已，未有及於事理者也。就以上三種感想論之，欲不悲觀，不可得已。然此爲一時之現象，苟報界中堅人物，力矯其弊，必有挽回之日。余以爲第一須用力者，萬不可迎合社會，必須出全力矯正社會。在專制時代，所謂逢君之惡，長君之惡，野心家惟知取悅於一人，以達攫奪權位之目的；今日則野心家專務逢社會之惡，長社會之惡，以取悅於社會，而達其攫奪權位之目的。社會之弱點在貪鄙，則以金錢利用之；社會之弱點在怯弱，則以威力利用之。社會之弱點，只有二三分，甲方面一度利用，增長一二分，乙方面一度利用，又增長一二分，展轉利用，非至全社會陸沈不已。野心家爲權利起見，無所不用其極。吾報界負指導社會之責，何爲供野心家之利用而自失其天職耶？

（1917年3月《東方雜誌》第14卷第3號）

在各政團歡迎會席上之演説[*]

（一月十三日在湖廣會館）

今日開會諸君，在國家最高立法府，爲全國政治之中心，國民所託命。啓超何人，敢當歡迎？特此番北來，亦良欲覓一機緣，與諸君握手言歡。祇以人事匆忙，未遂斯願。不謂今日竟得有此機會，與諸君聚晤一堂，啓超榮幸何以加兹！此則鄙見有所陳述之先，宜深致其謝忱者。此下請將鄙見暨所希望於諸君者，以次陳之。自項城解散國會，以迄去歲帝制之興，民國基礎摧殘以盡，斯時之民國殆已死去。已死之民國，不數月後又復重興，幾爲始料所不及，此蓋天不亡中國所致。雖天無常親，唯民是視，共和之復，實全國人民心理所同然，非一二野心家所能破壞。故當日已遂料去年此時之局面必不能久，而今年此時之局面必不甚遠。西南起義，啓超奔走其間。迨項城取消帝制，啓超在軍務院起草主持恢復國會，因有軍務院第二號布告。此亦當時十省軍民長官之要求，全國民心所趨響[嚮]，啓超不過以全國心理，由公文式表而出之而已。旋項城去世，後二十餘日，新舊約法之爭猶未解決。今日之國會，亦未回復，國仍陷於杌陧不安之狀。當時啓超適值新喪哀痛，不聞國事，然猶勉强越禮發電至七八次，有一電至二千餘言，力辯非適用舊約法，恢復舊國會不可。蓋此次國會，爲共和（復）活後第一次國會。譬之一家血統，此乃單傳之獨子，設竟不幸中折，則此血統滅絶，無復繼續之可言。現有之國會，爲民國生死存亡所關，亦有如是者。因無國會，則約法所規定，由兩院制定之憲法即無由産出。憲法無由産出，則民國將何所託命？故就此點論，啓超雖在苫塊，亦不能不竭力以争。此不僅啓超一人之感想如是，即全國人民之感想亦如是。是故，此次回復

---

[*] 此爲演説概略。

之國會，其基礎直可謂之建築於全國心理之上；而由此國會產出之憲法，亦可謂之根據於全國心理之上。則全國人民之愛護此國體戰争，所受之損失，如川如粤，最爲慘烈，而國民甯犧牲此以易之者，無他，以國會保存，則可爲共和命脈之憲法得由之而產出爲耳。雖然，國民愛護國會如是其勤，尊重國會如是其至，則所責望於國會自不能不切而且急。責望無他，即在先事速定此根（本）之憲法。啓超來自南方，覺國民此一種責望之感想時時侵及余腦。有詢余者，一則曰民國憲法何時可望產出？再則曰民國憲法究竟能否產出？此種感想，啓超原不能認爲正當。然使國民僅懷疑憲法產出之時期，猶有可説；若竟使國民懷疑及憲法產出之能否一問題，則見全國心理對於憲法產生之前途已生莫大之疑懼，此何等可畏之感想，可驚之事實，而諸君猶能漠不動耶？以啓超所希望，則兩院諸君當顧念人民責望之切，於比較的詳慎之中，總以及早制定憲法，使告成功爲要義。至所謂憲法問題，啓超亦有商榷之點，欲就教於諸君者。第一，不可以憲法爲救濟一時政治現象之具。蓋憲法者，國家百年根本之大法；而政治現象者，乃隨時變遷之潮流。設以一時政治現象不良，即欲以憲法之條文爲補偏救弊之用，則制憲者將不勝其改憲之勞。況政治現象，常有幾種矛盾之勢同時並見，憲法救甲而漏乙，又將若何？是故，制憲法者之眼光，當常然超出目前一時之政治現象，而洞矚數十年或數百年以上，而後憲法不爲政象所朦，國基不爲淺見所動。第二，諸君當知自己之地位與資格。蓋今日國會諸君，一方面固爲兩院之議員，一方面乃爲憲法會議之議員。此兩種資格不可輕爲混視。而其以出席憲法會議之資格論，則實超出於全國各種機關以上，誠以憲法會議所代表者，乃代表國家最高主權之行使。此當如振衣高岡，全國在望。故議員雖有在一國元首或政府機關者，即不能專爲元首或政府謀利益而制憲，亦即不能因此而避嫌，放棄制憲之權。譬之家長立一家規，斷不能專爲長房而立，或專爲次房而立。憲法之不能專爲某部分某機關而立，亦猶是也。第三，憲法未定以前，必不可有黨派之意見。方今歐洲戰事未息，開戰各國咸以一國國家正值危急之故，各泯黨見以共濟。我國此時豈得曰猶非危急存亡之秋乎？人類者，感情之動物。及黨派，則多感情用事。而感情爲物，又多偏勝不可遏制之處。故無論如何，萬不可以一時之感情，而牽及本來清□之頭腦，或因感情之懷疑，而成彼此牽掣之死法。此皆抽象之點。尚有具體討論之條，欲並就教於諸君。

其一爲省制問題。現在憲法會議已將省制條文通過，此可深幸之事。顧猶有言者，則省制加入憲法，啓超本不贊成，今則猶此主張。誠以現時各省政權以實際言，皆在督軍。然試問此時諸君規定省制，能將督軍之職權一一規定否乎？故知僅定省長與省議會之職權者，於現時省之政權本不相干。由此以言，則顧及現時之政治現象，必不能顧及將來。吾人所抱之理想制度，而豫立一將來之理想制度，又必不能顧及現時之政治現象。顧此失彼，何如留以待時？果其時機已至，則吾人理想之省制或尚可見諸實行。此事本不應如此累詞，惟愚慮所及，竊恐現時憲法會議所通過之省制十六條，以言調和，則誠調和，以言融合，恐猶未能，此不能不請就正者。

其二爲彈劾權與解散問題。欲使政府與國會均能運用憲法於和平之政軌以內，則此雙方之自衛權自不能缺其一。惟臨時約法，國會須三分二以上之出席，四分三以上之可決，始能行使彈劾，與夫憲法草案，元首須得參議院三分二以上之同意，始可解散眾議院，則此兩權雖有如無，猶之自衛者有槍而無彈。現時促政治入軌道之聲入耳屢矣，然此兩權各不能行使，又猶之鐵道僅有一軌，彼此皆循此軌，不阻即衝。夫使貪調和之名，而至憲法條文如廢紙，立法、行政兩種機關各無軌可循，尚有何利可言！故啓超以爲，此兩權均應規定，均不應如此牽制。欲政治之上軌道，必於憲法上多闢其軌以廣其途。否則，憲法已先無軌，而尚欲人之循其軌乎？

其三爲不信任投票問題。此乃各國之憲法習慣，初未列入於條文。我國憲法草案規定之。啓超嘗以研究此事之故，詢之駐京美國公使。美公使固公法學博士也，彼謂施用不信任投票制，必其國有兩大政黨對峙，而後無流弊。蓋甲乙兩黨勢均力敵，此不信任投票必不能輕用。非在朝黨全失敗後，在野黨即無敢登政治舞臺之機會。然果至此，而不信任投票或轉歸於不用。此如英國最近政象，國會每屆總選舉後，如在朝黨驟失多數後援於國會，則內閣即自行辭職，讓在野黨出而改組，初不待不信任投票之實現而後解紐也。反之，如法蘭西無對峙之兩大黨，而亦施用不信任投票制，其弊即不可勝言。故自其第三共和以來，內閣更迭平均不出六月。蓋一國小黨紛立，一政府之成，本非一黨所組織，必聯合他黨而始得信任。稍有不遂，甫見信任之黨即可改聯反對黨而倒之矣。法國尚且如是,政黨幼穉過於法國者又將何如?是故近來新進國家之回[國]民,每每好取先進國所未嘗施用之制度,或僅爲政治上之習慣者,而必一一訂之條文,鑄爲定範,此寔余所不能贊同者也。以上云云,皆美公使所述之語。啓超以爲,吾國採用此制,較法國尤有甚者,則吾國憲法草案不僅規定不信任投票之制,并規定及此不信任投票之結果,謂非解散國會,即內閣辭職。條文板滯,無彈力性至此,其爲危險,詎可思議?故以啓超愚見,最好憲法不規定此制,或雖有規定,而不必定及此制之結果。或者必謂此制若不規定通用,國會將何以監督行政?不知國會監督行政最力之武器,乃在不通過政府提出之預算案,而定所謂會計法以範圍之。苟政府不依此會計法以施行預算者,國會即與以否決。所謂事前監督,較之待政府已有失職始行投不信任票或彈劾案者,其利害得失自不待辯。故啓超尤希望諸君在國會早將會計法訂出,以寔施其監督行政之權也。

其四爲平政院設立與否問題。此項機關憲法草案本有規定,現在憲法會議否決廢去。啓超則以爲,吾國數千年來,行政權獨强,均賴有一審判行政者之機關以司糾劾,而稍減其弊。此時共和雖復,行政權猶强。如謂行政裁判可以司法機關括之,則恐司法機關有不暇制裁行政之苦,而國會之監督政府又不能及於行政處分。故不如仍保留憲法草案之所有爲圓滿充足,且可抑行政機關專橫之積弊也。

以上皆憲法問題中之舉舉大者。此外尚有憲法本身外之問題,亦請一言。一爲清皇室優待條件之如入憲法。此事本無不可,惟啓超個人之意,以爲憲法條文宜簡括整齊,方足以昭嚴重。優待條件似嫌其瑣細,列入憲法,不倫不類,於憲法之組織上無乃不甚愜當乎?一爲國會組織法之宜變更。西哲有言:國會者,社會之縮影。蓋謂社會有若干之勢力,國會即代表有若干之勢力。以國會原在收納社會各種之勢力,成爲一國政治之中心。若減去社會上一種之勢力於國會之中,即國會減少一種表現之勢力於社會之上。是以各國咸設兩院,以上院代表一部分特別勢力,以下院代表一般普通勢力。此如歐洲各國,其上院代表學問界或工商界等等,姑不多論。即宗教界亦復如是。如奉舊教國,而仍使新教有所代表;奉新教國者亦然。何以故?即國會一物,非融納全國所有人各方勢力,即不足成爲一國之重心。今吾國各種之勢力是否盡在國會,而國會外可謂無旁溢不軌之勢力否,啓超不敢爲此兩諛之言。此何以故?則吾國國會本未盡納各種之勢(力)於其内,所謂國會自國會,人民自人民,代表自代表,所代表自所代表者,此又何怪國會外之勢力時時影響及於國會?説者必謂共和國家,主義平等,無取區分。其實無論何種國家,必有兩種精神存在,即一爲保守精神,一爲進取精神。歐人之所以採用兩院制者,正以一院代表偏於保守之精神者,一院代表偏於進取之精神者。否則,兩院制度果何取義?今吾民國雖採兩院制,然試問吾兩院之區別點何在?設有法校學生叩余,余將不能答之。吾國此時固無所謂學問團體工商團體,而宗教團體則本非吾有,市民與鄉民選舉又不能區分,兩院各自代表誠有難言。然仍必勉爲思索。以啓超所研究,則於參議院之組織內,除省議會所選出代表地方外,尚須加入數種:或代表工商團體,如商會之總理,公司之總董、技師等等;或代表行政階級,如退職後之元首、閣員,退職後之海陸軍官,曾任若干年之高級司法官吏等等;或代表學問團體,如曾任若干年之大學校校長、高等專門學校校長等等。多爲其途,廣加融納,庶使全國分馳之精神,矛盾之思想,咸得互相裁抑,互相表現。而國會以外搗亂之分子,既可盡納於軌物之中,國會以外活動之勢力,復可平衡於社會之上,則真國家萬年不拔之基,國會自身不朽之業。至於具體之修改,是在諸若[君]平心以思。然此必猶有疑者,意謂國會組織法既經修改,則現時之議員地位又將如何?不知此實不成問題。蓋現在國會爲共和復活後第一次國會,國會所託命者,前已言之者屢。果令國會組織法而有變更,則現時之議員,亦必待本屆法定期滿,而後交替於依新法選出之議員,斷無中道變其資格失其地位之理。故此實不足疑慮者也。以上所述啓超個人對於憲法及與憲法有關各問題已畢,設詞已嫌累贅。倘諸君不以爲謬,對此數點加以注意,則中華民國之根本大法,克由此國體戰爭回復共和可爲紀念之兩院諸君造出,斯真不負數十年先烈之剖腹斷脰,與夫此次西南數省拚性命財產犧牲所得之一線國基、一脈精神。如不然者,憲法竟不能成或成而不適於用,則諸君試思,尚有何種方法何種機關可以補救撐持?此則啓超本其平日對於國會愛護之殷,責望之切,而不能不陳述求諒於諸君之前者也。

(1917年1月15—16日《晨鐘》)

在各學校歡迎會之演說

（一月十五日在江西會館）

鄙人平生每覺學生相對，最爲愉快，蓋以其富於活潑之精神，使人不倦也。今日在全國之首都，與各學校最高級之生徒相聚於一室，其愉快又當何如！歡迎非所敢當，但乘於難得之機會，與諸君相討論，固所願也。

今日種種可悲之現象，非由於在社會上活動之人所造也耶？然於可悲之中，猶有一線之希望，覺此心未可全灰者，則以爲往事已矣，來者難誣，安知今日未出社會之人，他日竟不能匡救之也？此其所以愉快也。雖然，今日社會上之腐弊分子，其前此之地位亦正與諸君同，而此輩今日之所以償國人之希望者則何如矣！萬方一慨，而對於首都之感想則尤甚。何則？蓋以首都之氣習，每爲一切風化之先導也。自古皆言：京都爲首善之區。可爲首善，則亦當然可以爲首惡矣。今諸君以血氣未定年齡，日在此萬惡之社會中，與群魔爲緣，其危險真不可思議。偶一不慎，墮落將不知胡底，遑論匡救時弊哉！諸君辭學校而上世途之日已漸近，前途方針宜先定之。譬諸登舟，所之地點自當早定，烏可任其飄流而莫知所適也！志何事？孟子曰："尚志。"蓋以志不立，則天下無可爲之事。諸君所志若何，余固不能一一以徵求答覆。然竊以爲，欲作官者當不乏其人。余非絕對的謂官之必不可爲，成形之國家，機關既備，則司機亦惡可無人也！但以爲，立志欲以官爲業，非職業之上乘者耳。英國現任首相盧斯佐治之言曰：人生最不幸，乃得巨大之遺產；其次，則每月得定額之收入金。其意蓋謂，不勞而獲，必將漸喪失其自身之本能，固萬不可；即職業之有無權操於他人，亦不可也。兩者之結果，都與人格獨立相妨也。盧相以爲，英人獨立生活之精神日見衰弱，故作此沈痛之語以箴之。吾國承千數百年科舉之習，學者久以作官爲謀生之途。惡性遺傳，於今爲烈。願諸君勿更以學堂爲場屋也。太史公作《儒林列傳》，其發端一語曰："余讀功令，至於廣厲學官之路，未嘗不廢書而歎也。"廣厲學官，寧非佳事？學[何]以太史公之深惡痛疾如此其甚也？亦以崇尚功名，宦途太廣，則人皆依朝廷以爲活，漸(表)喪失其獨立之本能耳。至於今日，夫復何言！科舉時代，猶有資格爲之限，妄念仍略有妨閑；今則無論何人，搖身一變，即可以佩徽章而入公門矣。不勞力而月得厚資，以肥其身，以長其子孫，亦何怪蛊蛊者之趨之若鶩也！農夫鋤禾，胼手胝足，途行商旅，風日所侵，以視作官，甘苦莫若。即如諸君校中之教師，朝則登講壇，夕則編講義，計其所入，曾不如部中之一主事。若不計人格，而徒論皮囊，則誠彼智而我獨愚矣。今之學者，遠承科舉時代之劣根性，近又薰染於新潮流之惡氣習，學之神久，已爲官之魔所征服，發念作官，亦何足怪？然余以爲，此途漸不通行矣。一國之機關幾許，亦豈得盡人而官之？惜諸君出世太晚，若早生十年，自當易易。今之畢業歸國者，其學問寗不如人，何以官運如此其不亨也？則亦可以廢然而返矣。今在帝京，待養於政府者不下數萬人，政府則唯仰給於老百姓或外國。正如蠹魚蛀書，書盡則與之俱斃。在場諸君，計有三千餘人，他日能否有三十人得官，正未可必。坦途多矣，亦何必争此絕路哉！

且作官亦何樂之有？今在北京待職之數萬人，其對於現任官僚，正如溺鬼之覓代，常欲多方挑撥，擠之使去，而自居其位也。蓋官額有限，而求官者則無窮。此等特權，豈能爲此少數人所獨享而偏枯哉！故今之爲官者，譬如一犬得骨，群犬狺狺以環伺其旁，争奪迨無寧日。一旦罷職，則以昔日之尊榮，又豈肯自貶與小民争業，寧向軌道外以求生活耳。一切道德之墮落，實由斯始。此人格墮落之途徑也。更進而論之，人若久於作吏，則人格亦將廢棄。據生理學之試驗，一身不常用之部分，則漸失其機能。鄙人之腿，其明證矣。以終日多伏案，絕少運動，今已不能作遼遠之旅行。今之爲官者，欲成好官僚，非盡將一身之機能而停止之不可；一旦失業，何以爲生？東京市上，有乘一推一挽之東洋車者，人都識爲達官。還顧我國則何如？北京生活程度之高，殊可驚歎。雖則大國民之氣度自與常人殊，而小百姓之負擔毋乃太重耶？奢侈之風，實爲道德墮落之本原。氣骨乃生民所具，其所以低頭屈膝，赧顏以向人者，實爲慾望所驅迫，至自喪其人格耳。諸君日處於此大烘爐中，宜常提起十二分精神，毋自貽伊戚。國家已爲他人所誤，勿勞諸君。吾之所以苦口奉勸者，願諸君毋自誤耳。諸君記之，他日自當覺吾言之不謬也。

然則奈何？第一，須於學問中求自立而已。諸君自幼年即受完備之教育，幸福已異乎尋常。若猶云，舍作宦途之糞蛆，無業可圖，則未得機會以入學校者，不幾盡爲餓殍耶？以中國土地之大，待舉之事百未逮一，人才缺乏不足分配，以視歐美學者得業之難易，實不可以道里計。人皆苦於己國職業競爭之不易，而以吾國爲寶山。吾儕日在寶山，乃一無所覩，此則學識問題，而非有無問題矣。收買制錢之事，非他人已攫數千萬而去，而國人乃發覺者耶？始爲此業者，即上海某書院之學生也。吾非教諸君摯摯以唯利是圖，但舉此以爲學識得業之明證耳。西人之入中國者，不假資本，而有術可以奔走吾商人。此無他，學問即其資本耳。欲得斯果，唯當於在學之年，先下預備工夫。但求學與用相應，勿徒以試驗及格爲職志，試驗後，即以所學還諸教師也。人之良能，端賴學問以展友[發]之，所謂學以致用也。小學校之學生或未能領會此理，願諸君其三思之。

第二，宜養成良好之習慣也。糾正惡習慣，其道匪易。吾儕讀《曾文正公集》，見其戒食潮煙及晏起，亦嘗下大力。以曾文正且如此況爲我輩！此事宜先自審其惡習之所在，乃下工夫，一面宜糾正惡習，一面宜養成良習。以諸君之齡，爲功尚易。若行年長大，漸成固習，則大難矣。

第二[三]，宜磨練堅強之意志也。志行薄弱，乃墮落之根本，因循即自悞之媒，宜自思之。意志堅強，可以排除一切外界之障礙。外界之障礙無時或無，視己之能力何如耳。若有确乎其不可拔之氣，即成功與失敗所攸分也。撲諸史乘，自知不謬。有謂意志之強否是在先天，則教育可以無須矣。是大悞也。下後天之工夫，當在十七八歲以下，十四五歲以上。蓋鍛煉意志之事業，過小不可，而過大亦難。鍛煉之時，宜從小事下手。曾文正之戒潮煙，即他年平定內亂之下手工夫矣。願諸君及今以小事作試驗，養成堅強之意志，以自成人格，則他日出而任事，自當無往而不成功。願諸君刪除爲官之念頭，宅心遠大，則他日之事業將無窮。過去社會之失望，他日當回復於諸君之手也。

（1917年1月18—19日《晨鐘》）

梁啓超啓事

（伸謝與道歉）

鄙人此次來都，渥荷各界厚意，寵以逾分之接待，感激之私，莫可言宣。又或枉駕賜教，而鄙人以人事倥偬，未及快聆，尤爲歉仄。茲已於十七日出都，臨行亦不及遍辭。用藉報端，聊伸謝悃，並道歉忱。此啓。

（1917年1月18日《晨鐘》）

周八寸瑑璧題詞

璧以民國五年六月在廣州東郊古冢中出土，今歸吾友譚仲鸞表兄。仲鸞以冢中諸遺物，詳考博證，知所發者，實爲南越文王胡冢，而此璧據《考工記》古說，則爲公侯享天子所用璧也。神物顯晦有時，仲鸞得此，何羨百城！啓超。

（1917年1月《東方雜誌》第14卷第1號）

在天津青年會之演説詞*

(一月二十日)

今日來青年會演説,承諸君子之不棄,且其間又多會員,鄙人實爲倖極,然亦愧極。查青年會之設,原爲造就青年,俾成完全人格,故鄙人對於青年會,尤欲其發達於無止境。蓋國家之所以能存之者,在青年;青年不強,國焉何有?是以余盼青年會之強,即所以盼青年之強;盼青年之強,即盼望我中國之強也。鄙人見於今日青年有兩大通弊,亟宜補救者:一曰補救自己之缺點,一曰希望之要點。比如,自家有何項之缺點,不去補救,其缺點終必仍是缺點。至於希望爲人生最要之事,青年人無希望心,則無前途矣。若欲有前途,非有希望心不可。既有希望心矣,尤非達我希望之目的不可(鼓掌)。蓋人無論何事,非有希望心不可。以前種種事每每落空,既因有各種之失過,並各制度屢屢變更。職是之故,而人無標準之希望。即夫我國實業之不發達,未始非無希望心有以致之耳。人之對於希望心如是之不堅固,我中國前途不其危歟?現在我國如此之倒運,皆因過去之青年不能造就社會;而現在之青年若仍不能造就社會,則國家前途仍是不堪設想。夫社會之窳敗,實由老一輩者弄壞之。舊社會不良,尚無害新社會;新社會若不良,實屬可懼一事。故吾謂今之青年補救其缺點,正可以改良不良之舊社〈社〉會也。中國青年之缺點果何在乎?約言之,計有二端:一由於多未受過樸實之教育,一由於無基礎之學,而好高尚之學。以上二端,最爲青年極大之缺點者。(一)般青年出入社會之間,而社會猶欲其良,是真緣木求魚之類也。是故鄙人對於諸君,甚望去其缺點,皆存希望心。社會上希望高尚,則國家希望亦即高尚矣。此則余所最盼望者也。

---

* 此爲演説大略。

（1917年1月28日《大公報》）

與《大公報》記者談今後之社會事業

精神之弱點

　　余自來好於新聞雜誌作文，或對於公衆演說，是等皆不外一種興奮劑，如飲酒然，少則無效，多則有害。故兹後頗不願多作此等事，不欲再以興奮之酒激動國人，而欲以滋養之飯進之。吾國人精神界有二大弱點：一爲思想卑下，一爲思想浮淺。惟其卑下，故政治無清明之氣；惟其浮淺，故人心有不安之狀。舉凡世界之善良制度，一到中國，無不百弊叢生，徒供私人之利用。雖換百十當道，而滔滔者皆是此類，甚或一蟹不如一蟹，則又將如何，又復何濟？國人中亦未嘗無熱誠愛國之士，惟其思想浮淺，不能有主觀的完密之研究，而好爲客觀的輕率之論斷。如觀曲綫，只看其一部，則似有直綫之象；如執一部以斷言，則本是曲綫者，硬認爲直綫，其爲錯誤必矣。今之論事者往往如此，而青年之流尤犯此病。譬如謂美國是共和國，故我國應當一切效之。其於美國之歷史國情與夫制度之得失利弊，非所過問，是即執曲綫之一節，而斷爲直綫之類也。夫使此種精神的病根不除，則多一種主張，即多一重争執；多一人活動，即多一重紛擾。無論如何，終歸無望也。

救濟之方法

　　余數月來，對於此等精神的救治方法有一種考案，即周歷講演是也。此種講演，擬用兩種課目：一爲人格修養，一爲學問研究法。人格修養者，教人之所以爲人，使其有高尚之思想，用以治思想卑下之病也。學問研究法者，教人得自立講學之法,使其有綿密之頭腦,用以治思想浮淺之病也。夫今日活動於各種舞台者,胥爲十年前之青年。惟其從前之修養不足,準備不充,是以一經開演,使鬧笑話。今若專就現時舞台人物施以變革,則前仆後繼,演劇者只有此等人物。故不如從後台下手改良,爲充足之鍛煉,夫然後或有一幕好戲可看。蓋今之青年,即爲十年後作種種活動之人物。使能陶鎔其品性,修養其學識,則後此袍笏登場,總可免蹈今日之覆轍。用是希望國中有識之士,不必想自家隨和上台,亦不必專在台下批評,宜多在後台作排演功夫。此種講演,固係以對於青年爲主,亦希望現在已在社會上活動之人,分少許之時光,爲公同之研究也。

實行之計畫

此種講演,當初理想,擬下三年苦功,周歷各處。每處以一個月計算,三年之間,可到二三十處。每處講演三四周,每日講演兩小時。講義現在在編製,擬只編大綱,臨時用筆記詳錄,講後加以修飾,即可印刷分配。此大概之計畫也。惟實行之時頗多困難,例如先從天津開始,而天津學生數千人,如何挑選?此其一。此種講演與演説不同,帶有研究討論之性質,甚希望有問難,故聽講者至多不能過五百人。連日與各校校長商量,多主張分爲數班聽講,然則講演時間已遠逾原定計畫之時間矣。此其二。現下此種辦法尚未商妥,故實行猶未定期也。

一般之政見

(記者於談話間,詢先生出京後對於政局之感想,先生云)此次到京後,各方面似均有所覺悟,國會尤然。在京議論,以憲法問題爲多,皆平素所屢經發表者。執此意見,向各黨派披述,均無甚非難。參議院組織之宜變更,尤所主張,人亦多以爲然。蓋國會欲強有力,非網羅各方面之勢力代表不可也。國會組織法、選舉法如不改良,下屆國會恐尚不及現在之國會。至於政黨,則本立憲政治下不可少之物。惟今日政治,似尚不可語於立憲政治,故過去現在均不得謂有政黨。今之政團，初未於國民間占有地盤，惟以議員爲基礎而組織之，其不足稱爲政黨明矣。以今日形勢言，似尚非組織眞政黨之時期也。

（1917年1月30日《大公報》）

《民國財政史》序

《論語》"監二代"，荀卿"法後王"，法制之因革損益視乎史，信有然矣。吾國古籍，言財政者莫備於《周官》。冢宰掌國用之大柄，以九賦斂財賄，以九式節財用，掌財會財，各有專職，而出納準焉。嗣是以後，漢設主計，唐設度支，宋設會計，明設黃冊，清設估冊銷冊，莫不具備名色物數，通天下出納之額，列之篇章，表示當世，既便鉤稽，並資考鏡。陳編具在，亦得失之林矣。民國成立後，國用益繁，制度之變更益數，詎可無所記載以詔我國人哉？陽湖惲子居氏有言：三代以上，民養生之事未備，故以能生民養民者爲善政；三代以後，民養生之事已備，故聽民之自生自養，而以不擾之者爲善政。然自晚近以來，海禁大開，情勢驟變，蓄養民力，尤爲急務。保育行政日益繁，政費日益鉅，而取財之道，當以人民納稅之力爲度，取之無藝，民將受困。是所課之稅，又須公平普及，不可稍涉苛擾。惲子所謂生養之方，與不擾之政，在今日尤宜兼營而並籌焉。古之爲政也簡，今之爲政也繁。簡則易理，繁則易棼，勢使然也。欲探討紬繹，察往以知來，則史尚矣。今日之財政，由古代遞嬗而成，或數百年一大變，或數十年一小變。其間興革利病之源，有史焉以資觀覽，乃可取鑑往事，徐圖革新。猶之醫者治疾，必洞見本源，而後可以施治，非貿然下藥所得奏功也。故挈鑽財政者，必以史爲經緯，方能若網在綱，權衡益當，不致因變遷之繁賾，怵於目，駭於心，而中無所主，則財政史之作，尚可以一日緩歟？夫國家一切政治，其舉之也，罔不需財，故不論任何職司，苟於財政茫無所知，則終末由以善其事。或不量財力所及而妄事興作,或不明富源所在而坐廢不舉,兩者有一於此,國遂緣以病矣。又不徒職官而已也,國與民原屬一體,人民能明國家財政情形,則各項租稅,自可踴躍輸將,不愆厥期。且自國會而省會而縣會,聚群彥於一堂,各因其職而於財政有所獻替,苟原委未明,則建白曷由得當?故凡爲國民,均應具財政常識,如布帛粟菽之不可須臾離也。雖然,官與民固應具財政常識矣,而所謂財政常識者何歟?簡言之,即洞明近時財政概要,及將來整理之方針是也。賈君果伯,久參曹政,欲以近世財政實相,餉遺於社會。於是蒐集比年來內外財政之沿革,排比詮次,抉菁華,吐糟粕,撰爲《民國財政史》一書,索余序而行之。往余曾以國民宜求財政常識,著論以告當世,良欲使上自執政,下逮氓庶,莫不深悉財政綱要,以爲他日整頓財務計劃之信券。今得賈君是編而讀之,所謂人人應備之財政常識,一開卷而盡羅於目,豈僅國政隱受其益,抑社會實利賴焉,故樂爲之序云。

民國六年二月,新會梁啓超序。

(上海商務印書館 1917 年 4 月版《民國財政史》上冊)

在南開學校演說詞

周恩來　筆錄

　　任公先生上月三十一日應校長張先生之請,來蒞吾校。闔校師生特開歡迎會於禮堂,丐其教言。先生慨然登壇演講,歷時約一鐘有半,氣度雍容,言若金石,入人腦海。筆之於紙,退而記之,得四千餘言。惜余不文,未克以生花之筆,達先生之妙諦,僅述意焉耳。閱者苟深思之,寢饋其中,儻亦他山之助乎!再斯篇草就,得孔君雲卿糾正之力甚多。不敢掠美,誌此,聊表謝忱。　記者識諸君乎，啓超今日值此良機，得來吾嚮往多年之學校，與諸君相聚一堂，榮幸之至。當二年前，鄙人旅居津門時，即希令子弟來斯學校，並期來此參觀，以冀得悉貴校詳情，而與學校方面多所聯絡。蓋國中興學多年，明效尚未大著。使全國學校能悉如南開之負盛名，則誠中國前途之大幸！職此之故，接洽之心，益爲迫切。前歲之末，與貴校長本有宿約，嗣以政變，不得已南下，稍盡吾力。延擱年餘，今日始達素願。情積之愈久者，相見亦愈快焉。

　　貴校校風之佳，不僅國內周知，即外人來參觀者，亦莫不稱許。考其所以致此之由，固原於職教員熱心教導，斯能感化學生；然要亦學生能以誠求學，遂成此不朽之名。國內日益推崇，外人因之贊許。而造之之始，固甚艱難，非草率從事，所克奏其效也。現今國內對於貴校學生，甚希望大有作爲於社會；並望貴校榮譽，日與俱長。負斯責者，是在諸君。惟現今之榮譽，既不易保持；而未來之責任，尤屬艱於擔任。且責任非一校所私有也，在貴校職教員所以趨全力以教導學生者，亦以國家一綫之希望，實繫諸二十世紀之新青年。使青年而無忝厥責，則國事尚有希望；非然者前途不堪設想矣。譬之一家，其子弟惡劣，敗壞家聲，則其家雖富，終亦見其敗亡。家猶國也。以現今國勢言，執政者已屬有負諸君，乃復使諸君擔斯重任，受此憂患。換言之，即作斯政局者，實使諸君艱於前進也。青年中尤以學校中青年有最大之希望。父兄之期其子弟，重興已敗之家庭，屬望之念甚殷。而吾等之視學校青年，猶此志也。是今後國家之興衰與否，實以諸君之能力爲斷。彼歐美、日本之青年，其責任之重大，固無待言。然其前輩所作之功業，已如是其盛，故其力不必倍於前，而責已盡，國已日興。猶之良善家庭，其父兄遺子弟以財產，教之以善道，苟其守成不變，即可保舊狀勿替。至若吾國處飄搖欲倒之境，所恃者厥惟青年。而青年尤貴乎有建設之長，排難之力。方之齊家者，處敗壞家庭，必先改良其家風。而此家風又爲素所薰染，改之維艱。然舍此一道，別無良策。是非有大毅力排萬難以創之，不易成功。諸君之於國家，亦宜以改革家風之道改革之，無用其遲疑。蓋青年今日之責任，其重大百倍於他人。而又只此一策，足以興國，自尋生路於萬難之中。吾希望諸君處現今之地位，先定一決心焉。知其難處，必破其難關，而後立志定方針，以從事於建設。決心定之於先，方法研之於後，斯不至無所措手足矣。家風之改革，驟視之似屬甚難，然吾人不必問如何改法，且不必計前輩執權阻撓與否，但請自隗始。改革一己之惡風劣習，即家風全部已改善一分。使人人皆能如是，則其家風當然轉惡爲善。以己及人，以家化國，澤被全體。故吾人欲改革國家，不必思及他人，先以一己爲主位。敦己之品，堅己之力，如此個人之人格立，一己之根基固矣。以貴校論，校舍若是其小，學生不過千人，較以歐美之學校，猶瞠乎其後。然追想十二年前，天津無所謂南開；而今則巍然峙立，遠近咸知者，不過以數位職員，協力同心，積久所致，僅十二年之差耳。今試取校外之空氣比較，已異其味。十數年間數人之力，克使天津污濁空氣中立一新鮮空氣之所。在諸君爲數將及一千，日夕受職教員之薰陶，復授以產出南開學校開闢新鮮空氣所在之能力，其所收效又奚僅如上所述？矧張校長所爲之事，非他人所不能爲者，亦非有冒艱險破危難以成之者。使諸君能如造南開之方，造一己能力，亦如貴校長者，則數十年後，其發達何可限量！而全國最壞風氣，或可藉斯一廓清之。事之思之維艱，行之而又未見其艱者，皆此類也。

但決心定矣，此後欲在社會上得一立足地，其根本預籌之方法維何？曰在中學校鍛煉之時代。何言乎？西人有之：一人之命運否泰，視其在中學校之生命如何以爲判。蓋人當十五歲以前，其體魄腦力，未甚發達。期其思想言動有自主力，在所不可，而意志之決定力，尤甚薄弱。故其時一切行爲，恒恃父母師長之指導。逮出中學而入大學，或置身社會，其時身體發達已足，意志已定。如染惡習，期其改舍，誠非易事。故吾人惟當十五歲至念[廿]五歲之間，爲人生最重要之時期，抑亦最危險之時期也。諸君在南開攻讀，校風尚好，危險似較他校減少，然不過減少耳。校風爲學生所造，品行良否，要仍以一己之修養力如何爲斷。蓋在十五歲以下，其責任可歸之父母師長，至此十年中則純恃己力。昔希臘大哲學家蘇格拉底語其弟子言曰：吾非以學問授汝，乃教汝以如何造學問。斯二語也，爲世界教育家所公認，而於中學校尤有莫大之關係。教員之教其學生也，僅教其知學問耳，功課授以如何讀法，道德授以如何守法，決非使學生如其言而行，便可立成完人。孔子至聖，所言亦祇於指導世人。是故教員授學生造學問之力，苟因其言而悟，推而行之，未有不成完人者也。且在中學校時代，一切習慣品行，皆於是立其基礎。善者因之，惡者舍之，一生之人格立矣。不然，時機一過，畢業中學，或出而問世，或投身大學，入自由教育時代，其惡習慣吾人雖欲排去，而種種方面，已挾之使不得遁，其難猶變更帝制而復共和也。譬之吸烟，年長之人，亦知其害。而習慣已成，欲禁吸之，且難於反對帝制。猶早眠早興者，偶爾失眠，其困苦亦甚。總此以觀，惡習慣排去因[固]自不易，而良習慣已養成者去之亦艱。是此十年中，果能舍惡就善，養成良好習慣，則一生可受其益。非然者"少小不努力，老大徒傷悲"。施一分力，改良習慣於二十五歲以前者，此後用十倍百倍之力，亦未必能矣。品行堅定，既爲他年入世之基，則今日在中學校中各種惡習，務必剷之使盡，不容其有絲毫存留。即以誑言論，在今日中國最爲流行之惡習，虛誇聲勢，盛譽他人。雖賢者不免，似此不足爲病，實則結果趨全國人民溺於虛妄，而通國皆假。究其因，何莫非幼小養成之？故舉一反三，希諸君立時改革。若俟之果[異]日者，誠非吾所忍言其結果矣。

　　吾人之品行，何者爲滿足？斯誠難以一言盡之。然欲將來立身社會，而不爲潮流所激動，入於歧途，則意志堅定是。今吾人欲作一事，以必達其目的爲指歸，艱難困苦，非所計也。此爲成功秘訣。方之乘舟，欲抵一地，中途遇逆風。意志薄弱者，必折舟而回，順則復行。旅進旅退，徘徊中途，終無達彼岸之望。使遇事而悉如此，則均無所成。故凡事欲計其成，必須有一種堅忍不拔之氣隨之。匠人製桌，陶人製碗，事無大小，致力一也。無論聰明愚魯，果其氣不頹，力不怠，則大小必有成，結果無或殊。所謂"命運"，上天非能預判之也。孟子所謂"養吾浩然之氣"，是固在此十年中鍛煉之。使此十年光陰，未擲虛牝，意志果克堅定也，則後日事業，終可底成。使優游歲月，無所適止，則結果亦如之。或問曰：養成意志堅定之方維何？曰遇事循其理而行。在學校中舉動一準乎師長，似無所操練也。實則以小推大，無稍差異。攻讀者喜新厭故，擇一棄百，不得謂之爲是。性近文科者，於算學一道，終以明徹爲目的，則結果必如其願。此學生時代最易發生之事。若是則雖吾性所反對之科，可變爲所愛近之課。推之一切，無不破的矣。此屬於積極的。若消極者，性遠於理化厭之，則令吾所長者，特別發達，隨時隨事，增吾智識。於是吾之品行，當然因之高尚，而意志亦逐漸堅定，一生處世之把握即牢，豈必待出校後而始可注意於磨練也哉！再此種意志當發動時，必須審慎周詳。叩之良心而無愧，問之師長而稱善，然後傾吾力行之。非則濫行不審，徒見其害也。學算學習外國語者，因其困難乾燥，遂生厭怠之心。然決不能因其難置之弗學，且從而堅其志，破其難關。一而再，再而三，終見算學、外國語有明通之望也。昔之思想遲滯者，今轉因之敏捷。移其智而習他學科，所在皆易。逮入社會，以其堅定之志，敏捷之思，入困難之境，亦無所謂困難矣。蓋内界能力可抵抗外界艱難。今日學校之修養，即預儲此項能力。磨練多年，他日之結果當然所向無敵。古今中外豪傑聖賢傳記，吾日讀之，崇拜之，終弗及堅吾意志，爲益宏多。使諸君盡如是，則一己之人格立，中學校時代之第一品行問題決矣。

就智識論，其要亦多同於品行。吾人在社會任事，非有相當智識，斷不能率而操觚。矧居今之世，事業之複雜，又百倍於前。學術日新月異。諸君居校攻讀課本，固爲求相當智識，然僅將此數本書爛熟胸中，非可畢乃事也。無論中國各種書籍不甚充足，即在最完備之國，其學校亦絕對不能授學生以一切應用之學，或儘有之。逮學之既久，出而問此，時期已易，所學又未必合諸世用。矧學校中課本之學問，行之於社會，又絕不能枘鑿相入也！然則學校中之課本，終無濟於實用，學之何爲？曰是又不然。學校課本授人以造學問方法也。譬之學化學者，必先考查元素。初視水之成分，以爲即元素耳，細分之斯得二種元素。由是觀凡百事理，非可驟下判斷。多經一次試驗，必多一新發現之理。讀書不可以一目了然。便妄自尊大。讀竟細玩其味，方知作者苦心，及命意所在。如在化學試驗室，未試驗前與既試驗後，其感想之差爲如何耶？讀史者必考其因果，如在戰國時之秦，處極西之地，至始皇能兼併六國，統一中原，乃不數十載又亡於楚漢。考其原因，究其得失，思之有悟。叩之教員，或誤或是，或有缺憾。取而證之於今，是皆吾人利用讀書之效果。他日爲外交家，爲行政官，胥恃此思矣。猶之習算學者，非僅答一二問題便爲能事。使學生盡如是類，則其所學者，初不過受之教員。逮考試時仍還之教員耳，於學生何有？當學幾何時，細心揣度，終則腦思細密，收其效用。體操時懼教員扣分，方始臨操，身體強健非所計，則終必體魄日羸，自傷其體。因形骸雖經訓練，而意志不屬，決不得收其實效。反之體魄日強，益以腦思細密，何求不遂？故吾人在學校中，藉十年鍛煉之機，修養意志，開闢學問門徑，使入於求學之趣途。以冀此後入世，得機斯能求學，不致學與事截然爲兩途焉。今南開職教員及學生，均爲不可多得之才。而諸君又何幸有如斯之練習場，得以磨練意志，訓練腦思。

諸君之根本堅固，此後出而升學他校，留學外邦，無論其校風如何，決無妨害。腦思細密，雖高尚學科，亦不至艱於考求。而作事則意志堅定，無所謂困難。處學校如此，入社會亦然。如斯方不負如此之學校，如此之師長也。非然者，以今日時勢之危險，社會之惡習，諸君處新鮮空氣之所，自不虞有他。一日出身社會，入污濁之流，其成敗不敢必矣。在昔私塾時代，士子終日孳孳，不計意志，逮入世方知力薄能鮮。而今日之社會，又污卑甚於昔。使無堅强意志之學生入之，烏見其不與社會同流哉？昔日學校中人，吾人視之以爲佳者，而今日置身社會，便隨流合污，毫無克己能力。即由外國歸來或畢業大學者，亦多如是。所以然者，豈非磨練工淺，與社會相敵之力薄耶？以學問一端論，近時無復有講之者，而士大夫尤甚。憶昔二十年前，鄙人居京，欲尋朋輩講學，甚屬易事。適用與否不必計，好學之心固甚盛也。今則言舊學者既渺渺難訪，而新學亦復無人過問。若謂舊學陳腐，知者寥寥，故主持無人，豈新學號稱時流及由外邦歸來者，尚無此倡學能力耶？非不爲也，因其昔日在學校中未嘗有所磨練。僅受學而已，預備講義錄而已，熟讀胸中，考時還授之教員。教員亦與以佳評，學生用是自足，將來效力如何，不暇計也。即有在校時以研究學問發明學理爲志者，逮入社會，以其與社會無關，置之不求。初則暫別，繼而長辭矣。故今日社會墮落之大原，在已往青年其腦力未嘗磨練，意志未嘗堅定也。若今者國家萬一之希望，純繫諸學校青年之身矣。苟學校青年能人人磨練其腦力，堅定其意志，倡爲風氣，普及全國，則誠國家無疆之福也。余以此期之全國學校中青年，而於南開尤深吾一層希望。設比較稍佳之南開，其青年亦同世俗浮流，則全國之希望，恐亦隨之斷絕矣。

　　鄙人今日之言，望諸君勿視爲空言無補，稍加研究，當能輔助諸君之腦思意志。惟時間匆匆，不得與諸君長談。他日設有機緣，深盼復來貴校，與諸君多所商確[榷]。然今日一席話，尤望諸君勿忘。幸甚！

(1917年2月6日、3月7日《校風》第56、57期)

答客問對於德美國交斷絕及我國應取若何態度之意見[*]

（二月十日）

問：我政府提出抗議，適在先生來京之翌日，故外間謂此事決定，實由於先生之主張，信否？

答：鄙人未到京以前，聞政府已疊開會議，略定辦法。不過兹事重大，當局爲詳慎起見，曾向鄙人談及。究竟今日所取辦法，與政府原議無大變更也。

問：然則外間所傳，前日之國務會議，先生亦列席，信耶？

答：鄙人非國務員，何得列席於國務會議？不過以私人資格，與二三當局談話則有之。

問：先生對於此事意見究竟如何？

答：此次德發通牒，欲實行其潛行艇之新計劃，以侵害中立國人民之生命財産，實爲國際公法人道主義所不容。中國亦中立國之一，既接此項通牒，若容忍不言，則勢同默認，國家資格何存？故政府決定抗議，實爲正當之處置，鄙人所極贊成者也。抑鄙人更有希望者，德國與我國素本親愛，今接到此項抗議，若能聽受而不實行其無理之主張，則兩國國交自可無害。萬一不然，則吾國當再取相當之辦法，亦屬萬不獲已之事。至協商諸國對於吾國之加入固極樂承，然我政府不可不隨時先與接洽。如與我最有密切關係之日本，尤應時時彼此互換意見，以求一致之進行。斯皆爲根本之辦法也。

（1917年2月11日《晨鐘》）

---

[*] 此乃錄其重要之詞。

爲康有爲六十徵壽啓①

舊曆二月初五日,爲南海先生六十正壽。有以文字爲壽者,請送至山東路國是報館代收可也。

梁啓超
徐 勤 同啓

(1917年2月14日《時報》)

爲捐助松坡圖書館鬻字例

屏幅	五尺以內,每幅四元。
	五尺以外,每幅六元。
楹聯	五尺以內,每對十元。
	五尺以外,每對十五元。
中堂	每幅八元,五尺以外十二元。
單條	每條四元,五尺以外六元。橫幅同。
扇面	每持四元。

---

① 代擬題。

册頁　每頁四元。

凡紙限用淳化宣、玉版宣、煮硾宣。

天津十五天取件，北京二十五天取件。

天津收件處　　意國界二馬路十九數梁宅
　　　　　　　北門外鍋店街文美齋
　　　　　　　東城小雅寶胡同梁宅
北京收件處　琉璃廠清秘閣　寶文齋　同古堂
　　　　　　楊梅竹斜街彝古齋

（1917年2月17日《晨鐘》）

在國民外交後援會成立大會之演説

（三月三日於江西會館）

今日國民外交後援會成立大會，啓超亦得參與，非常欣慰。此次外交問題與國家前途關係非常重大，所以有一大部分重要人熱心國是者組織此會，使爲全國模範，亦即所以表示國民對於國家對於政治之責任心，更足以使世界各國知中國國民有此自覺心之表示，無論結果如何，其影響已屬非細。啓超個人意見於未發表之前，當先説明個人對於此事之經過情形。當美德斷絶國交事件發生，啓超在津得此消息，異常焦急，即以爲此非美德兩國問題，勢必牽動全世界各國，中國亦必不能置身事外。適得政府電召，即星夜來京，乃知政府之應付此事，業已決定方針，對德提出嚴重抗議。啓超亦甚贊成政府之舉動。自抗議提出後，舉國人士莫不一致贊同，但尚有一般人或不知其中真相者，深以德國之新潛艇計畫殊於我無關，我國因鮮有船舶在外，又何必多此一舉？殊不知國家既位於世界國際團體之間，國家有應爭之體面，有應盡之責任。應爭之體面而不爭,應盡之責任而不盡,是自立於國際團體之外,烏乎可?

啓超抵京後,亦嘗與各國公使往返訪晤。德使曾謂:英國曩亦有封鎖計畫,中國曾未有言;今於德國封鎖海面,何獨提起抗議?啓超即還問:英、德先後封鎖情形是否相同?如其然也,中國對德抗議誠不當已。國際公法中有所謂(一)決鬬(二)暗殺者,英、德封鎖計畫不同之點即在於此。按之國際公法,國際團體中人所不能公認者,我亦不能公認;國際公法所講不去者,我亦何能緘默?此我國從根本上著想,完全爲擁護國際公法,不得不有此主張。希望德國採納我之勸告,恢復中立國之原狀者也。

最近所傳法國之商船被德人擊沉,我國國民被難者五百餘人,此皆新潛艇計畫之結果。查海牙和平會公約,所以保障中立國權利備至,我國亦曾簽字。此次我既認德人舉動不當,提出抗議,所希望於彼者,乃所得適與我所希望者相反。如擊沉者雖爲法船,而所在地乃中立地點。我國民以中立國人,於中立地點而竟不能得相當之保護,故我國一方面以國家對於國民之責任,一方面對於世界國家地位,尤不得不有一種主張也。

此次我國對德抗議,所以未限以答復期間,初仍爲顧全友誼。乃至今彼竟不正式答復,是即不尊重我國之國家行爲。對於我之希望和平,現在究竟尚能維持否,以啓超觀察,迨已至盡頭處,幾無餘地。

今之國民外交後援會,所謂"國民外交"是也。非有精細之國民眼光,不足以語"國民外交"四字。我國外交直可謂從無"國際"二字,中國國民可謂數千來年未有國際之生活。自海禁開後,始有國際外交之可言。而世界大勢所趨,更不容不求入國際團體,求有國際團體一員之資格;非然者,即不能立國於此世界。此我國民所不可不知者也。

要之,我國已往之失既無從挽回,今後如何始能立國,是不可不善爲之謀。若仍守保持主義,轉求人之不我干涉,即步步退縮,前途有不堪設想者。蓋現在國際關係日益緊迫,此後無論何國,若不與其別國生有關係,能否存在,此已成爲最可研究之問題。此尤講求外交之刻不容緩者。在十九世紀中葉,德國在世界之地位亦甚低微,所以能日增强盛,全由俾士麥克之敏活外交手腕。德國自此政策後,俄、法視之,乃不得不預備對待。英前守名譽主義,對於世界一視同仁;而以世界大勢變遷,今亦一變而爲進取。如東方日本,其眼光最早,故能與我戰而勝，與俄戰亦勝。經此一二次之成功，國勢遂蒸蒸日上。然細按之，其以軍事成功歟，抑以外交成功歟？以啓超視之，成功於軍事者僅十之四，成功於外交爲十之六，外交之關係有如此者。美國向持伯羅主義，而此次亦大活動，亦以世界趨勢有不得不然者。

我國人不可妄自菲薄，亦毋以我爲無加入戰國資格爲懼。我國民須知者：第一，我國從前所失之機會不少，現在世界大勢變遷非常之快，不容再有猶疑。第二，世界國際問題已漸漸逼緊至中國，我國民不可再以數千年來相沿之保守頭腦，應付此世界潮流。此次德國公布潛艇戰略，中立國中最強大之美國首先活動，各中立小國亦非常注意。我國應時而起，實千載一時之機會。故啓超之意以爲，非乘此時機加入世界國際團體不可。我政府我國民須有決心，須鼓其勇氣，努力前進。第活動之始，亦不可不出之審慎，我多數國民不妨反覆討論也。

啓超之見以爲，我國民尤有最當注意之要點，一即我國加入戰國後，應負之義務爲何如。我輩須責備政府，使與協約國妥商，對於我應盡之義務範圍，必視我國民能力所及爲止，須有限度，不可過量；必使得友邦予我以確切保障，宣示全國，使國民釋其疑慮，安心活動。蓋我既與國際團體共同活動，自有應盡之義務。若其範圍非我國民能力所及，致有人出而爲我代盡此義務，則難保不有意外危險。故須得確切保障，使國民知無危險，此本會第一須要求政府特別注意者也。其二，我國已對德提起抗議，或至絶交，或再進一步，在我國純爲迫不得已，爲擁護國際公法，尊重人道主義起見，於國際團體間初無所謂交換利益。但我國對於有約各國，原有許多希望尚未能達到者，如關稅問題，賠款問題，彼此有共同利害，於我國財政上尤有絶大關係。有此機會，自不得不有所提議。如賠款問題，德國佔額甚巨，若乘此侵没，實屬不名譽行爲，我所不欲。然關稅問題，在光緒二十八九年間，我國曾先後與各國磋商改訂，英、美、日、葡均已商妥，第五至德國，竟乃拒絶，遂不果行。但我國當時並非同時與各國提出磋商，其辦法已屬錯誤。往事姑不具論。今德國既不能採納我之誠意，致有國交變動，我亦當於此自謀。此外尚有不相當之條約，如《辛丑條約》之附屬各種文件，於此亦當然有適當辦法。就以上所論，可謂爲一種消極的希望。更有積極的希望，即當乘此際會，爲我新中華民國國際上開一新紀元。無論爲現在所可辦到者，或現在雖不可必辦，而將來定可辦到者，我國民須要求政府積極進行，必使消極的可以辦到，積極的亦有把握。現在中立之局既不可守，不進則退，且有不容我不進者。我國民須以全力督促政府，萬不能再優柔寡斷，坐誤事機。此啓超個人之意見，幸諸君有以賜教焉。

（1917年3月4—6日《大公報》）

絕交後之緊急問題

宣戰問題

（一）宣戰之必要

疑宣戰之不必要者，不過援美國爲例。然我國情形與美不同之點有二：（其一）美宣戰後立即實有戰事，故不能不爲戰前之預備，現在增加海軍費數萬萬，即爲此也。故彼非俟預備略完時，宜暫勿宣戰。我則雖宣戰後，仍無戰事，故不必有所待。（其二）美國境內無租界，無領事裁判權，其他一切與德國不平等之條約皆無之。故爲現時計，絕交不宣戰，所以防範境內德人，無憂竭蹶；爲將來計，雖舊條約繼續有效，無甚吃虧。我則非廢止條約，不能得適當之法以範德僑。蓋即領事裁判權一項，已無從撤銷。而此權既存，則吾對德僑無往而不生窒礙也。爲將來計，苟不宣戰，則國交復續時，舊條約效力亦復續，我所負種種不正當之義務無由解除。故宣戰後，將來重締和約，在我爲有利也。要之，經此交涉後，對德感情已傷，即不宣戰，亦豈能減德人之惡感？故宜擇吾國所有利者毅然行之。此非勉徇協商國之意，蓋我之所以自處者實應如是也。

(二) 宣戰之理由

德人答覆之傲慢，實蔑視我國家威嚴。且最近復爲第二次宣言，始終厲行潛艇戰略，有意反抗我之忠告。凡此皆絕交之理由，亦即宣戰之理由也。且遠東平和之局，實自德占膠州一役，始行破壞。彼役之發生，實德人蔑棄國際公法之第一步也。似此蔑棄公法之國，我國爲人類正義計，爲自國過去所受之利害計，皆宜奮起而懲治之。宣戰之理由，固甚堂堂正正也。

(三) 宣戰之時期

時期以速爲貴。蓋吾絕交之理由，即爲宣戰之理由，既如前述；今若不趕緊銜接將來，別覓宣戰之理由，恐不可得。蓋普通宣戰之慣例，皆於兩國軍隊接觸衝突後行之。我與德既無接觸之事實，且彼又決無先向我宣戰之事。我自審若無宣戰之必要，則長此終古；既認爲必要，則無所躊躇也。

或謂須俟與協商國交換條件確定後乃可宣戰，此大謬論。我自爲人道爲公法爲國仇與德宣戰，非有所偏愛偏憎於協約國與德奧之間也。且國交非以市道交也，而何交換利益之可云！至於改正關稅等事，本我國十餘年所希望，久爲國際間之宿題。我自選適當之時機與各國提議，乘各友邦與我睦誼益敦之時，吾認爲時機之適當耳。此與宣戰截然爲兩事，斷不容混爲一談也。

對奧問題

既對德宣戰，對奧自當取同一態度。即如現在對德絕交，而對奧維持現狀，其危險實不可思議。蓋德人種種陰謀，至爲可畏。証諸近日在美、墨等國之行動，寔可驚心。若有奧使館領事館奧租界爲其陰謀之府，可危孰甚！或曰美與奧不絕交，我宜效之。此大不然。美無奧租界無奧領事裁判權，故可置奧於不問耳。

然則與奧絕交宣戰之程序如何？曰：奧亦曾以潛艇政策通告我駐使，我今宜以最後通牒致奧，令其撤銷，限二十四小時答覆，逾期即絕交宣戰並行可耳。

要之，凡一政策須有徹底的主張，若且前且卻，必至進退失據。是在政府國會毅然決然，鼓勇以赴之耳。

（1917年3月26日《晨鐘》）

《曾胡治兵語録》序

　　松坡既死於國事，越一年，國人刊其遺著《曾胡治兵語録》行於世。世知松坡之事功，讀此書，可以知其事功所由來矣。自古聖賢豪傑，初未嘗求見事功於當世也；惟其精神積於中，著於外，世人見之，以爲事功耳。閱世以後，事功或已磨滅，而精神不敝；傳之後世，遭際時會，此精神復現爲事功焉。松坡論曾胡二公之事功，謂其爲良心血性二者所驅使；則松坡之事功，亦爲此良心血性所驅使而已。曾胡二公，一生兢兢於存誠去僞，松坡於此，尤闡發不遺餘力。精神所至，金石爲開。二公屢言之，松坡亦屢述之。二公之言，不啻詔示松坡，使其出死生，冒危難，掬一誠以救天下之僞，則雖謂松坡之事功，皆二公之事功可也。松坡自謂身膺軍職，非大發志願，以救國爲目的，以死爲歸屬，不足渡同胞於苦海，置國家於坦途。今松坡得所歸矣，而救國志願，曾未達其萬一。護國軍之起，僅使民國生死肉骨，如大病方甦，元氣已傷，將養扶持，所需於事功者，正復無限。來者不可見，惟恃此耿耿精神，常留存於吾國民隱微之間，可以使曾胡復生，使松坡不死，以解除日後之千災百難，超苦海而入坦途。而此語録十餘章，實揭吾國民之偉大精神以昭茲來許者也。

　　民國六年四月，新會梁啓超序。

（上海商務印書館1917年4月版《曾胡治兵語録》）

關於時局之談話

（五月十二日）

　　前日衆議院事，當日接北京友人電告，深爲憤慨。以段總理之明，此等無意識之舉動，事前當不與聞。余於衆議院開委員會之日以前，曾兩次致書段總理，謂外交問題如通不過，宜即奉身以退，用符憲政常例。今次突有請願團等法外之行動發生，實屬出人意外。吾人惟望議院方面認定題目，勿將外交、內政併爲一談，藉此爲快心任性之資料；又望段總理始終勿逸出憲政軌道，而反對段總理個人者，尤宜放鬆一步，勿越逼越緊，激出事故。要之，今日時局，甲乙兩派均各自有其勢力。甲如對乙生問題，則爲甲之自殺；乙如對甲生問題，則爲乙之自殺；甲乙互相生問題，則爲甲乙雙雙自殺，又即甲乙以共同行爲而殺國家。故希望雙方之人均宜自行省覺。至外交問題，仍希望國會速予開會通過，蓋國會前已贊成對德絕交，則絕交以後，無時而不可入於交戰狀態。如承認絕交而不贊同宣戰，則前此之承認絕交，直爲毫無意味。此國會爲統一其自身之意思起見，亦不可與政府立異也。

（1917 年 5 月 13 日《大公报》）

馬廠公電

《申報》《新聞報》《時報》《時事新報》鑒：啓超等於冬日晚，隨段芝老馳入馬廠第八師。此間已於江日組織討逆軍司令部，推芝老爲總司令，同時宣布討逆檄文，想已達覽。現近畿軍隊編成進發者，已在三師以上。直、魯、豫、奉諸督，一致進行。逆勳授首之期，當不在遠。乞將情形登報，以定人心，而作士氣。梁啓超、湯化龍。支。

（1917年7月6日《時報》）

在憲法研究會報告入閣經過情形之演説[*]
（七月二十六日）

今兹入閣，實爲吾輩政策有實現之希望，故爲國家計，爲團體計，不得不犧牲個人，冒險奮鬥。今後之進退，一視吾輩之政策能否實現爲斷，使世人曉然於政黨政治與尋常做官之不同也。至一國之中，因政見之不同，自生許多黨派。吾輩允宜尊重他黨，於軌道内互相競争；斷不可摧殘他黨，演成一黨專制之惡結果也。

（1917年7月27日《晨鐘》）

---

[*] 此爲演説大略。

關於召集參議院問題政府之電文

國體新復，政府初成，國會既已解散，憲法尚未成立，今日仍爲適用《約法》時代。雖行政司法組織粗完，而未有立法機關。揆之《約法》第四條，"中華民國以參議院、臨時大總統、國務員、法院行使其統治權"之文，不相符合，則組織立法機關實爲最急之務。憂時之士，對於立法機關之組織蓋有數説：一爲恢復舊國會之説。以爲召集令下，旦夕可成，利在求速，以兹爲便。不知明令解散之後，斷無重行召集之理。即以事實而論，凡最高機關能行使其職權者，全賴人民信仰之心。自經解散，國會之威信全失，唐督軍破甑之説，可謂罕譬而喻。威信既失，精神不存。假恢復徒滋紛藉，此恢復之説必不可行也。一爲改選之説。以爲國會不良，咎在分子。是説也，雖持之有故，而行之實難。蓋選舉程序，繁重萬分，調查宣布，必非一時所能竣功。加以初選複選之期，則國會之成立爲期尚遠。若倉卒集事，必蹈元年調查虚誣之弊。而且人數過多，權限不明，規制未善，言者多口。苟假一時之便利，將貽日後之紛争。是則改選之説，豈但目前困難，亦非所以計長久也。一爲改組之説。即陸巡閲使之所主張，减其額數，嚴其資格，則所選必爲良材，而議事庶遵軌道。然改組國會，必先改《國會組織法》，尤必先有提議改組並制定法律之機關，其職權又必爲法律所許可者。否則，高言改組，不生法律效力，且其遷延時日，較改選殆又過之。苟無合法之機關，改組之説仍不得實施也。夫今日既爲遵行《約法》時代，則所謂合法之立法機關，無過於《約法》上之參議院者。其立法之職權，載在《約法》，班然可考。夫國會之職權，乃由《約法》上之參議院遞嬗而來。有參議院行使立法職權，即無異於國會之存在，是與《約法》精神、共和本旨皆不違悖。且人數無多，選派由地方自定，依據《約法》，可以迅速成立。救時之圖，計無逾於此者。制憲之權屬諸國會，《約法》具有明文。自各省督軍主張另定制憲機關，贊成者衆。然解決制憲問題,勢必增修《約法》。惟《約法》上之參議院,乃有此職權,是非召集《約法》上之參議院不爲功也。至於《國會組織法》,乃《約法》上參議院所制定。既有制定之權畀以修改之任,於法爲宜,於理爲順。則改組之主張,亦必先召集《約法》上之參議院,乃能貫徹也。總之,憲法未定以前,《約法》爲根本大法。依據《約法》,以召集《約法》上之參議院,依據《約法》上參議院之職權,以解決制憲、修正國會組織各問題,則事事守法以行,於政治上能得平允,於法律上不生矛盾。但立法爲最高機關,其成立程序,政府應徵集多數意見。謹就討論所得,詳悉電達;即請發抒偉見,迅速詳復。總期國是早定,依序施行,是爲至盼。國務院敬印。

(1917年7月29日《晨鐘》)

與《大公報》記者之談話[*]

（八月十日）

借款問題 財政狀況之百孔千瘡,此吾人所知者。爲補苴周轉計,暫時雖不能無借款之必要,但現在金賤銀貴,借款吃虧太大,政府但能掌持,決不敢輕於舉債,受良心之苛責。故目下借款雖有一小部分正在談判,成否正未可必。要之,如果忍痛一時,而所得足以償其所失,亦尚不妨。是以將來如果借款告成,亦當用爲整頓中,交兩行之用,以減小民苦痛。欲兩行之救濟,非同時爲之不可。如舍甲而單救乙,則其結果將雙方無救。

宣戰問題 此事發表即在三五日內,馮總統意見完全與內閣一致。連日閣員每日會議,均爲對德宣戰之種種佈置。今日國務會議,亦大部爲此,蓋政

---

[*] 此爲談話大要。

府認爲最急之務也。

參議院問題 各省來電,贊成召集臨時參議院者大概到齊,惟雲南迄無表示,兩廣頗有異議。粤省陳督軍來電,主張恢復舊國會常會,而另組制憲機關。此事之做不到,與主張恢復舊國會,開憲法會議而不開常會者相同,故決不能行。大概候對德宣戰案宣佈後,即實行召集。因目下所忙者,悉爲宣戰案。如二事同時並辦,辦事上殊嫌緊湊。

(1917年8月11日《大公報》)

大總統布告

(對德對奧宣戰文)

我中華民國政府,前以德國施行潛水艇計畫,違背國際公法,危害中立國人民生命財產,曾於本年二月九日,向德政府提出抗議,並聲明萬一抗議無效,不得已將與德國斷絕外交關係等語。不意抗議之後,其潛水艇計畫曾不少變,中立國之船隻,交戰國之商船,橫被轟毁,日增其數,我國人民之被害者亦復甚衆。我政府不能不視爲抗議之無效,雖欲忍痛偸安,非惟無以對仗義知恥之國人,亦且無以謝當仁不讓之與國。中外共憤,詢謀僉同。遂於三月十四日,向德政府宣告斷絕外交關係,並將經過情形宣示中外。我中華民國政府所希冀者和平,所尊重者公法,所保護者,我本國人民之生命財產,初非有仇於德國。設令德政府有悔禍之心,怵於公憤,改其戰略,實我政府之所禱企,不忍邃視爲公敵者也。乃自絕交以後,歷時五月,潛艇之攻擊如故。非特德國而已,即與德國取同一政策之奧國,亦始終未改其度。既背公法,復以傷害吾人民,我政府責善之深心,至是實已絕望。爰自中華民國六年八月十四日上午十時起,對德國、奧國宣告立於戰爭地位。所有以前我國與德、奧兩國訂立之條約、合同、協約及其他國際條款、國際協議,屬於中德、中奧間之關係者,悉依據國際公法及慣例,一律廢止。我中華民國政府,仍遵守海牙和平會條約及其他國際協約關於戰時文明行動之條款,罔敢逾越。宣戰主旨在乎阻遏戰禍,促進和局。凡我國民,宜喻此意。當茲國變初平,瘡痍未復,遭逢不幸,有此釁端。本大總統睠念民生,能無心惻!非當萬無苟免之機,決不為是一息爭存之舉。公法之莊嚴,不能自我失之;國際之地位,不能自我圮之;世界友邦之平和幸福,更不能自我而遲悞之。所願舉國人民,奮發淬厲,同履堅貞,為我中華民國保此悠久無疆之國命,而光大之,以立於國際團體之中,共享其樂利也。布告遐邇,咸使聞知。此布。

[大總統印]

中華民國六年八月十四日
　　　國務總理
　　　　　　段祺瑞
　　　陸軍總長
　　　外交總長汪大燮
　　　內務總長湯化龍
　　　財政總長梁啓超
　　　海軍總長劉冠雄
　　　司法總長林長民
　　　教育總長范源廉
　　　農商總長張國淦
　　　交通總長曹汝霖

(1917年8月14日《政府公報》)

關於一千萬元墊款之談話

(八月三十日)

昨日下午四時，訪友某君特訪梁財政總長於財政部，某君之意，在欲知此次一千萬元借款之內容與其用途。梁君言：

一千萬元借款之合同，確如貴報所載，但都中各報尚有載為有折扣者，此實錯誤。是項借款並無折扣，惟一年七釐之利息先行扣除耳。當初談判利率，尚不止七釐；而百分一之用費，似利率倘予增高，則亦可以無有。最後決定，不如利率稍低，而仍予以百分一之用費。至於是項借款之用途，在合同中仍以之充某某等月之行政費，且細目依第一次善後借款辦理。但所謂行政費者，包括甚廣，是在運用之如何，今尚未達可以明告之機會。惟余自到任以來，即欲先從整理鈔幣入手，以免商民久困。言共[其]至小之一部分，各銅元鈔票實與生活程度低下之人民有密切關係。查是銅元票，初號過七十萬元之譜。復辟一舉，張鎮芳居財政地位，竟增發二百萬元，於是共有二百七十萬元之銅元票。現經設法維持，而後價已日漲，大約可使與額面價格相近。至論金融機關之全部要鍵，即在中、交兩行之鈔票，自必竭力設法予以維持。此次借款固不足以資兌現，然余意亦必不肯即行流用於政費，或當使之間接影響於金融。倘金融能因之而活動，則政府與商民自必交受其益。又前此中、交兩行已發鉅額之鈔票，此固盡人皆知。但現在計畫，交行固未有所增發，而中行鈔票自九月起，亦必欲使之絕對不須增發，以免整理之愈難。依目下計算，如各方面能以國家為前提，不濫支臨時經費，則兩月以後，財政上當有收支適合之希望。關於各機關收支之限制方法，應得各方面之同意，故前數日已略加商榷，大約一星期後，尚須提出一種具體之辦法。俟有機會，當與貴記者細談。

(1917年8月31日《晨鐘》)

戴循若先生暨 張耀廷 黃孟曦 三先生追悼會啓
熊克丞

　　四川兼督軍戴循若先生，忠果正直，急公赴義。辛亥革命，先生在滇，與蔡公松波[坡]密畫軍機，力襄義舉。旋丁艱回黔，適值黔省公口林立，桑梓糜爛。先生復單騎赴滇，乞師拯救，於是與唐公蓂賡整旅入黔，取消公口，恢復秩序。繼而唐公被任黔督，先生參贊樞要，勞心殫慮，黔賴以安。民國三年，任黔巡按，勵精圖治，政績昭然。及袁氏陰謀帝制，先生入都，備得確狀，乃與蔡公松波[坡]先後出都，奔走黔滇，同謀首義。後蔡公督師入蜀，先生任右翼總司令，兼顧川湘，罷勞軍旅，奮勇討逆。迨袁氏殞命，共和重光，先生以會辦軍務，奉令入川，旋復受命省長，就職兼督，清匪理民，勤勞備至，功在國家，德庇人民。不幸於本年八月，於川中橫遭叛將之禍，死於亂兵之中。財政廳長黃君孟曦，參謀長張君耀廷，先奉令出城，突遇叛兵，受害極慘。黔軍混成旅長熊克丞君，與先生困守危城，備歷艱辛，嗣復隨護出城，同遭慘禍。啓超等慨國家之多難，傷人才之喪亡，於邑悽愴中，情結轎用。特定於本月二十三日下午一時至五時，在宣武門外江西會館開追悼大會，以表痛忱。凡念先生與諸君爲國之誠，而傷其殉職之慘者，敬祈屆期賁臨，同伸輓弔。如有輓聯輓章，請先期交進步黨本部爲盼。此啓。

梁啓超	湯化龍	汪大燮	范源廉	張國淦	林長民
熊希齡	汪[江]天鐸	金還	蒲殿俊	王揖唐	王印川
藍公武	李國珍	任可澄	蹇念益	劉崇佑	莫德惠
方貞	劉景沂	陳光譜	張伯衍	劉鴻慶	張嘉謀
彭運斌	陳瀛洲	張坤	王玉樹	任曜墀	郭光麟
黃佩蘭	王廷弼	梁文淵	侯汝信	陳國祥	王家襄
梁善濟	杜成鎔	劉顯治	黃群	黃元操	梁啓勳

胡汝麟	王敬芳	凌文淵	江 庸	劉彭壽	由宗龍
籍忠寅	陳漢第	劉道鏗	蔣方震	王澤敆	張 烈
符詩鎔	唐爾鏞	熊 垓	邱 珍	黃象熙	夏同龢
婁鴻聲	畢維垣	徐承錦	孫世杰	張金鑑	范治煥
姚 華	李燿忠	邵 章	陳光燾	郭 涵	孟昭漢
蔣鳳梧	羅 綸	陳 善	嚴天駿	張聯芳	阮毓崧
董增儒	胡源匯	劉景烈	陳士髦	虞廷愷	陳銘鑑
劉星楠	王錫泉	袁華選	姚傳駒	張杜蘭	張昇雲
劉光旭	范殿棟	徐新六	葛 莊	同啓	

(1917年9月12日《晨鐘》)

(附)輓川中殉難諸賢

天意復何言,蜀道尚難公豈瞑;
故人成踵盡,神州可輓道彌孤。

大節亦同完,猛將重哀埋濁碧;
奇才難再得,故人早爲話髯參。

取義信如歸,懸知雲護儲胥,盡室殉從良自得;
思君竟何許,便有魂來關塞,九京望祭倘相聞。

烽火忍相陵,臨節誓驂甯苟免;
豪賢嗟並命,迴川注淚恐難乾。

(1917年10月2日《時事新報》)

錢塘張公略傳[*]

張公諱承禮，字耀亭，浙江錢塘人。年弱冠，遊學日本習陸軍，以學行第一畢業於士官學校。歸國奉職陸軍部軍學司，既復遊日本，入陸軍戶山學校，習高等戰術學。歸值辛亥之變，乃隻身走杭州，與同志籌定光復事。民國元年，任南京陸軍部軍學司長，旋任北京陸軍部參事，保定軍官學校教育長等職。帝制事起，蔡公鍔密圖大計於京師，以滇黔形勢相屬，欲得同志共謀，乃請於當軸，任公爲貴州軍署參謀長，已南下入湘矣。而蔡公離京有疑之者，以急電要公歸。五年春，始得間出京。旋袁氏卒，蔡公督川，因病離職，與戴公戡相見重慶，電促公往，乃入蜀。戴公兼川督，任公參謀長，多所擘畫。戴公因復辟事起，被圍於成都內城，彼此相失。公與黃公大暹冒險東下求援，遇伏被戕於龍泉驛，時年三十有三。

（松坡圖書館 1924 年 4 月版《松坡圖書館十二年分報告》）

在財政金融學會成立會之演說

（十月八日）

鄙人雖非會長，然對於本會之成，極以爲中國之幸。蓋中國財政金融上苟

---

[*] 此文原未單獨名篇，而是合併在《蔡公祠奉祀諸公略傳》題下，現依照《飲冰室合集》篇名體例補擬。

無一種辦法,則中國前途惟有黑暗而已。大抵當局之人,日日以對付事務爲事,不能對於全局有系統的計畫。今幸得富有學識之人結爲團體,對於當局者與以指導,與以勉勵,爲立一系統計畫,以促進當局者之熱心,國家學術上之幸事,何以加之!現在國內之人,常以理想爲無關得失,僅能對付目前,已足了事。其實非理想之爲可憂,而全國無真事實足供研究之爲可憂也。有真事實,斯理想隨之而生,計畫隨之而立。吾於本會前途既具莫大之希望,以國中有學識者結爲一團,應樹一學術上之模範團,更進而爲貢獻於行政之政[改]革,是所望焉。

(1917年10月9日《晨鐘》)

財政現狀談話

民國成立,今六稔矣。自昨歲袁氏之帝制,今歲張氏之復辟,兩度失敗,而民國之基礎,益以鞏固。今復逢國慶之日,誠有尤足紀念者已。《大陸報》者,北美共和先進國僑居滬上數君子之所經營,夙爲我鼓吹共和,不遺餘力。以我今兹之紀念,視諸往歲爲尤可慶賀也,則爲發行特刊以誌之,其友愛吾國人之摯厚,何以加焉?余以表示個人之感謝,故樂爲略述財政現狀以餉其讀者。今日財政受病之深,其由來也久矣。前清末季,支絀已甚,迄於民國,益見棼亂。民國三四年間,收入較爲充裕,支出漸循軌道。使當日袁氏而有整理財政之決心者,未始不可有爲。乃無何而帝制發生,西南起義,共和幸告無恙,而財政益不支矣。兹承三造共和之後,昔日之瘡痍未復,年來之負擔又增,整理之道,何啻千端萬緒。顧收支必先適合,現狀得以維持,而後有整理之可言。今收入不敷支出,人民不堪增稅,着手之初,惟有反乎量出爲入之常例,而取量入爲出之主義而已。乃本此主義,編製下屆會計年度以前十個月之概算,業經成就。中央收支,悉將按此概算辦理。斯後行政經費不必取給於外資,亦毋庸乞靈於新發之鈔票。此數月來所苦心籌畫而粗見成效者也。

中交兩行前以墊給政費,發票過多,中行、京行之兌現,辦理復不甚善,遂皆陷於今之地步。今財政之量入爲出,既經嚴格的施行,兩行發行鈔票,且絕截止數目,銀行信用,自不至更見墮落。顧此僅消極之維持耳。若夫積極維持之方法,則有各大鐵路以及直隸、山東、河南三省,察哈爾、歸綏兩區域征收專欵收受京鈔,與夫流通匯兌諸端,皆不日實行,中、交、京鈔之市價,自必日益增高也。余意即時兌現,徒令有力者飽載現欵以去,而小民獲益無多。何如使票價逐漸增長,以至於其面值,其利或較普及也。前所言者,皆維持之法,未及整理也。整理銀行,改革幣制,需欵甚鉅,是以有幣制借欵之議焉。幣制問題,討論經十餘年,決議經多次,而實行者無幾。余昔總裁幣制局事務,亦以沮撓之多,不克如志爲憾。幣制棼亂,則財政、商業交受其敝,國際貿易難於發展,故余之財政政策以整理幣制爲一要務。整理之方,自以從劃一銀幣入手爲宜。金匯兌本位,余素所主張者也。第今日金銀市價變遷甚驟,或將俟歐戰終後,察看世界幣制之趨勢,然後酌定方針焉。

(1917年10月10日《大陸報[雙十節增刊紀念]》)

與新聞編譯社社員之談話

(關於西南問題)
(十月二十五日)

歐戰方酣,將來和平重見,世界各國無一不大受其影響,特影響如何,今日尚未能灼見耳。我國處此,正宜一心一德,共籌於世界上得一立足之地,不當再自內鬨,以銷麼[磨]此一再疲敝之元氣。且國內各派意見儘有不同,而愛護國家，此衷當係一致，根本上自無絕對不可調和之處。故余於世之所謂西南問題力主調停，即總統、總理以及各國務員，亦皆持調停主義，惟調停之程度或有深淺之不同耳。數月以來，函電專使繹絡[絡繹]往還，希冀終可和平解決。不謂川境滇軍既先啓釁，湖南零陵又告獨立，粵東之陳炳焜屢有力圖和平之言，而日來情勢亦復極形混沌。中央調停之苦衷既不見納，不得已惟有用兵。然中央不欲用兵之初衷，觀於湖南兵力彼衆我寡，足徵事前之並無所備。現在兵連禍結，何時可以終了，固難逆料，然吾輩調停之意仍未失望。此次啓釁諸人，經變之後，應有相當之覺悟。即如羅佩金在川與劉存厚交惡，川禍遂起，至今已漸覺前日之非，主張漸趨和平。且唐繼堯諸人亦未必力主破裂，特將驕兵悍，部下諸人各逞私見，遂至難制。倘能稍經懲創，必可翻然而知和平之要，彼時再主調停，當可收效。猶之十餘年前英國與南非洲感情極惡，毫無調停之望，遂至用兵。及後英人戰勝，英之執政主張調停，南非洲自然聽命。不特至今相安無事，且歐戰一起，南非洲兵士致力沙場者前後相望。英內閣中次於首相佐治氏而最著令聞之斯表玆將軍，即當日抗戰英人最力者也。故吾輩不特對於調停之舉不可以現在之兵事而灰心，抑且於西南愛國之士仍抱無窮之望，他日爲國家有用之材。

（1917年10月26日《公言報》）

對於赴日視察員之訓話[*]

（十一月三日）

　　吾國留日學生，習財政者適與學習陸軍者相反。蓋學習陸軍者皆由淺而深，由易而難，其先所學者則爲士兵動作，漸而至軍官動作，故於軍隊事務均嘗

---

[*] 此爲談話大略。

親歷。至學習財政者，所學多屬學理，而未詳其事務，以致吾國財政人才於財務行政之細目絕少研究，此誠爲一大憾事。今諸君於財政上皆已有充分之學識，此行幸更一究彼國之財務行政，務令鉅細靡遺，是爲最要。當前清之季，吾國亦嘗派員往各國考察財政，惟所派者多爲大僚，不屑躬親細務，其結果仍無所得。諸君大抵爲財部之事務官，當能曲體此意，力矯前弊，而於彼國財務行政上有所得也。要之，諸君此行，不獨國人視爲重要，即日人亦頗視爲重要。願諸君勉旃，有以副此雙方之期望也，幸甚！

（1917年11月5日《晨鐘》）

邵陽蔡公松坡週年紀念祀啓事

邵陽蔡公松坡上將，再造共和，功在民國。逝世後，倏忽一年，同人等緬懷勳業，展誦遺言，感國家之多故，冀申甫之再生。於本月十一日（星期日）下午一時至五時，假順治門大街江西會館，爲補行初八日週年紀念祀。蔡公爲民國元勳，凡我同胞，靡不崇仰。務懇邦人君子，屆時賁臨。其有哀輓文聯，並請先期送交未央胡同進步黨本部代收爲盼。此啓。

梁啓超	張國淦	蒲殿俊	蹇念益	杜成鎔	籍忠寅
劉彭壽	莫德惠	李耀忠	梁文淵	蔣鳳梧	張聯芳
胡源匯	劉景[星]楠	袁華選	范治煥	劉光旭	湯化龍
熊希齡	王揖唐	劉崇佑	劉顯治	胡汝麟	由宗龍
方貞	張烈	陳光燾	羅綸	陳銘鑑	劉景烈
王錫泉	姚傳駒	張昇雲	劉鴻慶	林長民	江天鐸
王印川	陳國祥	黃群	王敬芳	陳漢第	劉景沂
符時鎔	郭涵	陳善	阮毓崧	陳士髦	陳光譜

張杜蘭	張伯衍	邱　珍	汪大燮	任可澄	藍公武
王家襄	黃元操	凌文淵	蔣方震	徐丞錦	任曜墀
孟昭漢	嚴天駿	董增儒	虞廷愷	唐爾鏞	孫世杰
熊　垓	范殿棟	范源濂	金　還	李國珍	梁善濟
梁啓勳	江　庸	王澤敩	張金鑑	黃佩蘭①	

（1917年11月6日《晨鐘》）

蔡松坡週年祭文

維六年十一月十一日，梁啓超等謹以素羞清酒，致祭於故人松坡蔡君之靈，曰：嗚呼！光陰往來，龍蛇起伏；雲情幻狗，夢途訝鹿。君之逝矣，倏焉一年；忽春忽秋，爲桑爲田。悃兮前塵，恫兮後辰；雄靈有覺，彼天無聞。皇皇其績，懸懸若墜；哀哉同心，潸然墮淚。嗟君之逝，邦失其媛；日月易除，靈照長圓。朔風既烈，孔懷渺歎；及時薦物，尚其式蕉。嗚呼尚饗！

（附）輓聯

墓木已拱人何在；
蔓草方除風又生。

（1917年11月16日《盛京時報》）

---

① 後又增加"宋梓、李增穗、梁登瀛、賈纘緒、楊潤身、段永新、馬維麟"，見11月8日《晨鐘》。

與《京津泰晤士報》記者關於時局之談話

（十一月八日）

昨日下午，記者訪梁啓超氏於財政部，叩以財政之現狀，梁氏曰：

予對於財政，頗爲樂觀，但亦有種種困難之處，爲人人所知。如今年改變之後，特別支出自然增加，不得不設法彌補其虧短。吾人著手第一件事，即在節省經費。今中央政府支出總額已經削減，不令超過收入總額。故本年內如無特別事故，當不致有不足之虞。

特別支出增加，爲必不可免之事，譬如償還本年到期之短期借欵，即其一例也。予初就職時，曾作一預算，表示經常收入足供經常支出，而特別支出則須仰給於特別收入。照予當時之預算，各銀行無須墊欵以供行政費用。近來北京中國、交通兩銀行已停止發行鈔票，又如新近交到幣制借欵一批，亦非用諸行政費，乃用以救濟金融之市面。至抬高中、交兩行鈔票之價格，實爲一緊要問題，因此採用種種辦法。如河南、山東、直隸、察哈爾、歸綏各處，均照收北京鈔票，以完納某項稅欵；又該兩行亦可用此項鈔票，匯解至兌現之地。予以爲，此種辦法勝於現金支付，蓋其利之所及尤廣，鈔票之價格必然增漲無疑。

兩行發行鈔票之價額雖不甚巨，但因幣制未統一，其使用範圍限於發行之區域。通行既有限制，其需要自然亦有限制。故銀弊之統一，允爲改良幣制之第一步。予對於經濟上改革之計畫，可得而言曰：凡收入之可行者增加之，支出之非必要者削減之，惟決不徵收新稅於人民耳。

記者詢以中國新近借欵事，梁氏答曰：

距今數月前，曹汝霖氏時爲交通銀行總理，即磋商此項借欵，直至入長交通部以後，方始妥洽。予於此事毫無所知。至於財政部證券爲擔保，及此種擔保品可以要求即時支付問題，予以爲無可懼之理，蓋此項證券在兩年以內尚未到期也。

记者又询梁氏以军械事件，答曰：

余於所谓军械同盟计画一无所知，经报纸喧传，始注意及之。报载借款以购买军械，缔结某项云云。予因各项借款均须经过予手，乃立时加以探询，所得消息并无此项借款，即购买军械，亦不过照平常之交易办理耳。实则中国需用若干军械，现在所磋商者，决不致有攫取专利权等事。至於磋商已至若何地步，则予不知也。

关於南京铁路[礦]问题，梁氏亦有所说明曰：

此项原约乃在袁世凯逝世前不久，由中国政府与日本公司所订定，後经注销，并借款偿清旧债，组织新公司，准各国人购买股票至一定之限额，该礦仍归华人掌握。虽须以一定数量之铁售与日本，然中国如有需要，须尽先供给。此种办法之磋商，目下正在进行。若惟恐以该礦之出产，准许某一国有专利权，则断无此理云。

(1917年11月12—13日《大公报》)

请发保和殿《四库全书》副本文

窃惟永明四部，出谢朓之标题；太史五宗，赐宝融以世守。宠照异代，颂协拜时。诚以西崑肇府，天苞以吐彩而愈珍；东壁开厢，儒效以昭陈而益著。尚方笔札，但备刊雠；秘省图书，常供赉给。缅百城之嘉话，实一代之耿光。晚学中微，斯风寖替。緘縢石镜，但资脉望之仙；绨裹绛云，辄遘祝融之厄。是知旧橱三馆，专守而反湮；华瞳千仓，善藏以永逮。巾箱之寄，衡酌至难。曩以故督军蔡锷，志在云霄，名垂竹帛。重忆东路角巾之约，爰有北堂钞书之谋。俾可策念名勋，贞延人纪。洒於去岁创办松坡图书馆，精谬广购，藜杖潜搜。冀为多士造文林辯囿之樞,即爲新邦泝聖域賢關之訓。經始爲烈,不朽在兹。而年序既周,鈿軸猶缺;曾無鴻寶,以煥麟台;靡張大國之風,鮮徠遠人之聽。域中群志僉切,喁瞻伏睹。《四庫全書》者,翰府菁英,文樓淵海。博綜丹素,昔歸天禄之藏;錯列琳瑯,今畀長恩之守。信詞源之總匯,邦獻之朝宗。而縹囊所分,僂指可數。其庋於内宬者,固舊姓所深珍;其牽於曹司者,亦新邦之華選。惟保和殿所陳副本,典守猶懸。深唯往兹一人握室,徒侈右文之鉅觀;邇則萬姓協和,實爲汲古之修綆。若使金題到架,但飾瑯環,瓊紙名函,常虚清閟;則羽陵化蠹,解蝕叢殘,宛委慢藏,慮增佚漏。而且蘭台久貯,多成賄改添經;棗版臨摹,或致訛尊閣本。推其護惜,雖未讓柳監之詮兩廂;而殫於周防,或竟蹈牛君之嗟五厄。似未如悉頒典册,嘉錫師儒;俾握槧鉛,恣其周覽。猶可幹夫文運,儻有挽於危時。諮議僉同,特用具論。懇請特准將《四庫全書》一部,發交松坡圖書館保存。啓超等當芸帙長熏,檀欒永護;包山擇廙,魯壁[壁]俾扃。不使速艘異國,如皕宋藏書;不使殘簡市門,如《永樂大典》。務令潁邸舊書,盡賜温公之第;《貞觀政要》,獨彰蔡罕之才。則政府勸學之盛心,凡屬子民,同膺厚惠。豈唯前哲所憑式,實爲民國之光輝;令聞所貽,良無紀極。啓超等不勝主臣待命之至。

(1917年11月17日《大公報》)

《中國國際條約義務論》序

恫哉!中國國際上之地位也。其始深閉固拒,不屑與人立於平等也;其繼情見勢絀,欲復求與人立於平等,不可得也。今行條約,什九皆含垢之載書也。條約本質則既若是矣,使適用時,能嚴正以持其界域,則垢辱猶不至溢出本質之外。而奉行者瞢焉,往往舉國權之未爲條約所剥盡者而並棄擲之。先例一開,後此即欲求全於約中,而又不可得也。改約誠艱矣,然亦曷嘗無機之可乘?顧一逸再逸,熟視若無覩也;或偶一改焉,而不衡審於輕重之程,争一小利,而以二三大害易之也;甚則別有目的,而假手段於外,不惜於舊約之外,而重規疊矩,以自重其辱也。嗚呼!我國際條約上過去之陳跡,豈不如是耶?孔子亦有言:"知恥近乎勇。"我國人知國際上之恥者能幾夫?豈曰一無所知,知其然而不知其所以然,知其概而不知其端緒,猶之乎不知也。精讀刁君此書,則庶幾知之矣。夫知恥則必思所以遠恥矣,刁君謂今日已入再造復興之時代,然耶?非然耶?嗚呼!邦人諸友,自擇之而已。民國七年三月,新會梁啓超。

(上海商務印書館 1927 年 1 月 4 版《中國國際條約義務論》)

金券條例觀

(答某通信社記者問)

(八月十三日)

幣制改革爲吾十餘年之主張,予長財政部後,向四國銀行團重提幣制借款之議,此事實也。然四國團曾向財部索幣制之具體計畫,予曾集合幣制專家,草一幣制計畫,以統一銀幣爲第一步,以整理紙幣爲第二步,以採用金匯兌本位爲第三步。金本位之實行,必待銀幣紙幣整理之後。苟不如此,則縱以金爲幣,否則,一種金質或金券時時與銀幣相折合,是不得謂之幣也。於今日紛亂之制幣中,多添一種金券以紛亂之,又何取乎?

(1918 年 8 月 14 日《晨鐘》)

致在京友人函

（詢湯化龍身後情形）

（上略）嗚呼！濟武噩耗竟証實耶？病中聞此，五內摧裂。彼中後事，誰爲料理？此間遺族，曾否聞知？爲位遥哭，將以何時？望一一見示。天道如此，吾儕真可以休矣。

九月六日

（1918年9月7日《晨鐘》）

致湯薌銘將軍函

鑄新我兄左右：日前得濟兄凶問，悲痛驚疑，百感交集。嗚呼！以衆生之罪惡，禍及斯人，仁壽其有徵耶？使人對於天道不能無疑矣。當時即欲踵門，以知究竟，奈病體支離，困頓不能起，展轉焦急，莫可如何。嗚呼！濟兄往矣，唯使濟兄之精神不死，責在吾儕。願我兄千萬自愛，是爲至禱。臨書神馳，不盡縷縷。敬請大安！啓超頓。七日。

（1918年9月10日《晨鐘》）

覆王揖唐、王印川函

（爲籌備湯化龍追悼會事）

魚電奉悉。日前得濟公凶問，展轉病榻，既悲且疑，謂天道其有知耶，胡爲取斯民之優秀者而先奪之也！本擬扶病出門，赴會籌商，且順道以養疴西山之麓。奈醫者謂氣血未復，不任車馬之勞，禁不使動。用敢以告請於發起名單附以賤名，籌辦之事，有勞兩公，伏枕稽首，無任焦急。

九月八日

（1918年9月9日《晨鐘》）

祭湯濟武文

維中華民國七年十月十四日，我湯公濟武之柩歸自北美，啓超等祗迓於津門，既擇地暫安靈輀，分日受奠，謹以清酒庶羞不腆之物，先於柩次致祭，爰爲文以哭之，曰：嗚呼！桂以香銷，蘭以膏竭，代馬以出塞而嘶風，越犬以踰嶺而吠雪。蓋怪所怪者，氣類之妖；而名可名者，性命之賊。若我湯公濟武，素抱貞心，遠適異國，本有謝於浮名，原無心於晦迹。渡海略同夫管甯，被刺乃類於來歙，此豈可以天道論，抑何能以常理測也！維公早掇科名，遂登朝籍。鑒清政之不綱，視一官如無物。公以爲身之窮達，所性不存；國之興亡，匹夫有責。爰指扶桑之區，言尋采藥之蹟，政法是研，寒暑載罹。遄歸鄂渚，實主議席，道人之木鐸方徇,武漢之義旗首揭。溯維民國肇建,僉曰我公之力。然而國之與共,非一手一足;亂之所生,豈一朝一夕?綜計七年以來,大抵屢循覆轍,比建屋而飄搖,若置器而頗側。公則壹以軌道相繩,不爲威力所劫。故袁氏稱帝;而公則爲絶裾之温嶠;張氏復辟,而公又爲擊楫之祖逖。相期共濟中原,不願佚出規律,是我公再造共和之功,有迥非尋常輩流所及者。書勳當勒諸旂常,誓心可矢以天日。無何,外侮方來,内訌不息,事變既愈出而愈奇,出處亦時起而時躓。終以事外之身,静觀局中之奕,乃興游海之思,聊作乘槎之客。下車采風,入境問俗,馳上林之帛書,寄名山之副墨。擷彼菁英,供我醻啜,蓋始終以愛國爲心。而不料片紙隻字,竟留爲千秋萬世之遺澤。嗚呼!公之名以是傳,而公之命遂永畢矣。誰歟賊者,殊費揣臆,非甚仇讎,孰爲荆聶?公不爲武元衡,何以爲蔡人所乘?公遠出趙宣子,何以無鉏麑之觸?意者才大爲斯世所不容,名高爲造物所深嫉歟?不然,胡不摶刃於殄民禍國者之胸,而偏與我公相厄耶?聞公噩耗,氣以摧折;瞻公素旒,心以悽惻;見公遺像,淚隨聲咽;思公疇曩,痛逾生別。騎鯨客去,空想像昔日宫袍;化鶴人歸,應愁睹當年城郭。招羈魂兮海天蒼,灑熱淚兮江水碧。倘公靈兮不昧,尚陟降兮來格。尚饗。

(附)輓聯:

寇盗忍相侵竟遣交期隔泉路
邱山漫回首自憐歲晚更滄江

(1918年12月1日《晨報》)

梁啓超聲明

敝人邇來並未鬻字,十月一日亦未在《時報》《神州日報》登有鬻字廣告。

特此聲明。

(1918年10月15日《時報》)

請辦粵賑之呈文

呈爲廣東水災需欵辦賑,擬請撥帑發給以蘇民困,恭呈仰祈鈞鑒事。竊本年八月二十九日,接廣東督軍李耀漢電稱:"粵省三江水漲,各屬基圍多被冲決,田廬淹没,飢民遍地。雖經耀漢捐廉,由各善堂籌欵,先辦急賑,但灾區遼闊,棉力有限。重以本年兩次水灾,早造既經失收,晚季又不能播種。似此情形,非有鉅欵不能救濟。粵中財政又極困乏,無欵可撥。伏乞瀝陳中央,請撥欵一二十萬元,匯粵辦賑,以拯灾黎,不勝籲懇之至。"等因。查粵省此次水灾,三江同漲,灾區遼闊,實爲數十年來所未有。哀鴻遍野,慘不忍聞。該督軍電請發欵辦賑,實爲萬不得已之策。夫粵地兵戈迭起,已非無辜之赤子所堪。若中央覆幬不遺,益使内向之黎民,生慕飢者易食、竭[渴]者易飲,今實其時。而啓超等南望窮而無告之民,尤切倒懸之痛。理合據情瀝陳鈞座,伏乞令下財部,迅撥鉅欵二十萬元,匯粵辦賑,以拯灾黎,粵民幸甚!謹呈大總統。具呈人葉恭綽、梁士詒、梁啓超、江天鐸、馮耿光。

(1918年10月7日《大公報》)

與《國民公報》記者問答記*

（十月二十三日）

日本在野名流有和平期成會之組織，各報登載，謂梁任公爲主動之一人。昨本報記者往訪任公，其問答如下：

問：近者平和期成會之組織，先生與聞乎？

答：聞之，旬日來各方面皆有人來接洽。

問：此會得先生協同主持，當更有力。

答：余未加入。

問：然則先生不以平和宗旨爲然乎？抑有所不慊於此會乎？

答：否否。平和爲今日時勢所必要，且亦鄙人夙所主張，此會發起諸賢，又皆平昔所契敬，主持其事者，實吾最親愛之人。吾聞[此]會成立發展，喜極不寐也。

問：然則何爲不加入？

答：此全屬吾個人之事，不含政治意味。其一，因大病新起，元氣未復，醫者力戒節省思慮，且必須轉地療養。吾生平擔任一事，必思積極負責任。此時籌畫奔走既非病軀所堪，徒挂空名則又何必。其二，有數種著述經營多年，迄未成就，皆由爲政治所牽擾，致荒本業。一年以來，閉戶自精，已成十餘萬言，但所就僅十之一二。自審心思才力不能兩用，涉足政治，勢必廢著述。吾自覺欲效忠於國家社會，毋寧以全力盡瘁於著述，爲能盡吾天職。故毅然中止政治生涯，非俟著述之願略酬，決不更爲政治活動。故凡含有政治意味之團體，概不願加入。其三，

---

* 原題爲《梁任公之平和談》。

此會成否及其效果如何,決不以吾一人進退爲輕重,故吾可以不加入。

問:舊進步黨員與先生關係甚密,先生既如此消極,諸賢亦得毋亦取同一之態度乎?

答:凡以政治爲職志者,則目前第一問題,當先盡力以取得和平,然後政治有可言。我同志諸賢既未能脫離政治關係者,吾以爲亟當與各派協同活動,不容消極。至於鄙人,平生向不取消極主義,今中止政治生涯,將從別方面有所積極耳。謂不作政治活動即爲消極,吾所不承。

問:此次平和運動,先生卜其能成否?

答:若平和不成,則紛擾何日始了?非至國亡,恐無了日。以全國人心理所趨及世界大勢所迫,宜若可成。雖然,若非雙方當事者及大多數國民有根本覺悟,則終恐無成;即成,亦無補於時局也。

問:何謂雙方當事者之根本覺悟?

答:應有兩種覺悟:其一,現在雙方,甲主威信,乙言護法,皆欲自占一好名目,而將戰爭之責任嫁與其敵。實則使兩方主戰者,清夜捫心自問,何嘗有所謂威信,所謂護法?蓋皆有不可告人之隱,特借此以自掩護耳。若北方果爲威信而戰也,威信能行於南方與否且勿論,試問中央對於北方諸督威信何在?愈主戰,而愈倒持太阿以授彼在外擁兵之軍閥。以此言威信,夫將誰欺!若南方果爲護法而戰也,北方能守法與否且勿論,試問南方舉動有一合法者乎?同一法也,便己則護之,不便則不護;敵違法則護法,我違法則護我。以此言護法,又將誰欺!實則彼雙方者曷嘗知威信護法作何解釋,其心目中曷嘗有絲毫威信護法之念存,直盜此美名,以天下人爲可欺耳。殊不知國人之視公等,已如見其肺肝,此等美名決非不誠無物者所能濫盜。公等若自質言:吾爲意氣也,吾爲權利也。雖復麤獷頑悍,猶不失磊落氣象。若長戴此假面具不肯自揭,國人終必共起,爲公等揭之;即國人竟無此能力,國外人且必共起,爲公等揭之。此其宜有根本覺悟者一也。

問:請問其二?

答:若雙方者能有一方有大力量以貫徹其慾望,則借此假面具爲手段,吾亦無責。質言之,則北方武力果能統一全國者,吾禱祝(之),崇拜之;

南方武力果能統一全國者，吾亦禱祝之，崇拜之。今交閧逾年，戰績既衆所共見，雙方醜態豈猶暴露未盡？所謂指揮江湘，犁掃滇粵者，所謂會師武漢，直擣幽燕者，豈非各各對牀夢囈？此猶不自羞，國人咸爲公等羞之。夫雙方當事者雖極愚頑，至今日豈不自知其大言之決不能踐？既知之矣，而猶爲是以苦我父老子弟，則其居心何等，人責可逃，鬼誅難逭。此其宜有根本覺悟者二也。

問：何謂國民大多數之根本覺悟？

答：須知軍國主義之爲物，與中國數千年來建國之根本精神本不相應。吾國人前此眩於德國、日本之驟強，欲效其顰，致此名義爲武人所利用，一切俶擾之根原皆起於此。今歐戰將終，世界思潮劇變，即彼真正有力之軍國主義，亦已爲世界所不容，非久將全絕其跡。觀美國威總統之宣言，此見其端矣。況我國之僞軍國主義，乃由少數蠢如豕、貪如羊，狠如狼之武人，竊取名號以營其私。若此者，無南無北，無新無舊，皆一邱之貉也。更質言之，則現在擁兵弄兵之人及將來謀擁兵謀弄兵之人，實我國民公敵，其運命與國家之運命不能並存。今舉國共痛恨於武人之干政矣，然干涉武人之干政，亦惟武人，調和武人者，亦惟武人，遞相乘除，安有紀極？夫既已擁兵在手，其力量足以揮斥一切，蹴踏一切，而欲責其安本分而勿干政，此固必不可得之數矣。是故吾敢下明決之斷案曰：自今以往，有軍隊則無中國，有中國則應無軍隊。軍隊能收束與否，即國家存亡所攸判。然無論如何，武人運命終必隨歐戰完結而消滅。但我國人自消滅之耶？抑外人代我消滅之耶？此則在我國民之有徹底覺悟，尤在少數明大體有天良之武人有徹底覺悟耳。

問：先生視現時各方面既有此等覺悟乎？

答：似未也。其有覺悟者，則無力者也。吾惟冀其覺悟之日不遠耳。

問：現在歐戰平和之機已大動，我國將來所受影響如何？

答：吾不忍言。去年吾儕力排衆議，主張對德宣戰，固逆料歐戰之結果必有今日，以此爲增進我國國際地位之絕好時機。豈料雙方皆利用此爲政爭資料，而置國家大計於不顧，因此而倒閣，因此而發生督軍團，因此而復辟,蹉跎光陰,已歷半載。及段閣再現,吾當時以本已厭離政界之身,而毅然入閣者,徒欲貫徹宣戰之初志,求能出兵歐洲,當時盡一分義務,即將來享一分權利。吾在閣數月中,蓋無日不提此議,謂無論如何,必須趕今年春期決戰以前,有數萬人到西戰場,則將來平和會議之發言權,我國必不在人下。吾之入閣,凡爲此一事而已。而豈料宣戰以來一年之歲月,竟爲內訌銷磨以盡。今千載一時之機已逸,更有何說?今但能有和平統一之國家,俾將來國際團體上尚認爲一國,斯已過望矣。雖然,恐並此希望而不能達也。哀哉!

(1918年10月24日《國民公報》)

爲請求列席平和會議敬告我友邦

天祐公理,我同袍諸友邦主持人道之大戰争卒獲全勝,使彼擾亂世界之魔王與歷史上諸野心惡魔同一命運,斯寔人類進化一大徵兆,全世界永遠之大慶也。我國人雖無似,幸得追隨諸友邦之後,有參列此空前大祝典之光榮。若鄙人者,實爲一年以前力排浮議主張對德宣戰之一人,今值此大慶,私心欣悦更何可言喻!惡魔現已降伏,則善後平和會議自當以非常速率而進行。凡前此弱國久受壓制,顛連無告者,皆將得所控愬,在正義明星庇蔭擔保之下,回復其自由而發展其本能,以從事於人類全體社會之貢獻。此實千載一時之機也。乃據最近道路所聞,頗有謂各友邦因我內難未寧,且對於宣戰後之義務多未圓滿履行,致有排斥我不許列席之說。吾以爲此必浮言,非事實也。若實有之,則吾不僅爲中國痛,且爲我友邦惜。謹代表我全國大多數人民之希望,陳其利害,惟各友邦明達君子垂察焉。

前此所述我友邦兩種責備,吾皆承認之,不敢有所諱飾,且吾國民對此實有無限之慙愧，故吾於陳述意見之先，願掬誠爲我國民代懺於我友邦之前。雖然，有不得不求各友邦之恕諒者：凡一國家當革命前後，國內擾亂實爲事實上所不能免。徵諸列國往史，莫不有然。況我國變數千年帝政而爲共和，則此數年間之擾攘，似未足遽爲吾人無政治統一能力之表徵，更不能以此而擠我不齒於獨立國家之林。此我友邦宜公平觀察者一也。宣戰後，義務怠慢之咎，吾絶不敢爲我政府辯護。雖然，猶有一綫當原諒者，則以自對德問題發生以後，政海波瀾陡起，曾無晷刻停息。政府屢易，內難疲於因應。而此種政瀾，實直接緣對德問題而起。我政府及明達之國民，雖察見緣此惹起內亂，亦且不恤，而必貫徹其主張，以立於各國所標正義人道一大旂之下，我國內爲此主義所受之犧牲，實不爲不巨。雖實力直接協助多所未逮，而冒此絶大犧牲，間接爲我友邦聲援，似不得謂一無微勞。此我友邦宜公平觀察者二也。即曰我政府怠慢，亦不過惟政府少數官吏實尸其咎，而我多數國民協助友邦之誠意，固隨處有最確實之表現。如在法國之華工，在美國之華僑，多有於其職務之外，盡力以裨助戰事者。國內各埠之華商，以種種方便爲物產上之協助，皆其顯著者也。然則，我友邦似不能以政府一二人一二事之怠慢，而抹煞我全國人多數之熱誠。此我友邦宜公平觀察者三也。

威總統所提倡各民族自主自決主義，誠爲人道之福音，世界永久和平之根據也。若欲寔現此主義，則我國之參列平和大會，尤有極強固之理由焉。何以言之？今茲之和平大會，以常理測之，其議題之關於中國者必不少。就令其問題僅限於國際交涉，不干我內政，而無論何種交涉，要必緣此而有新權利新義務之發生，欲與我國內政範圍畫出一明確之鴻溝，遂不可得。而諸議題成立之結果，其應由我國人自負實行之責者，更什而八九。（關於各議題，吾亦有所主張，當別論之。）若會議時，先將我國擯於會外，則是我民族自身之利害及自身將來所負之責任，竟不容我有參與之餘地，則民族自主自決之大義謂何？夫以情論之，就令中國問題無一條列於會議席上，而我國既忝附諸友邦之後，以對一共同之敵，其善後事件，固不容屏我勿使與聞。況以理論之，中國問題必占議題之一重要部分，既無可疑，而偏不許我容喙，則是中國全變爲他國隨意處分之一目的物，凡屬人類血氣之倫，豈能甘服？彼戰敗之德、奥，在理應受世界之裁判懲罰，然終不能屏諸和平會議席外，抑甚明矣。何也？雖法廷裁判罪人,亦不可不求罪人之甘伏承諾也。我國於此次戰爭,即云無功,何至有罪;即云有罪,何至并出席辯訴於法廷而亦不之許?果爾,則正義人道之謂何矣!若果我友邦不許我列席者,則我政府我國民惟有嚴正宣布:凡會議中關於中國問題之議案,無論若何處分,我國絕對不能承認;其所產生之義務,我國絕對不能履行。何則?凡有人格之個人,對於他人處分我身之議案,爲我所未嘗與聞未嘗承諾者,絕對無應負之責任。有人格之國家,亦當如是也。

　　復次,威總統及英國前外相格連所倡國際同盟會,吾信其必爲二十世紀中最有光榮之產物。雖其圓滿成立在於何時不能決言,然此次和平會議,必能將此人類大合同大進化之國際同盟,舉其最重要之一部分基礎從事建築,吾敢斷言也。(吾關於此事別有意見,當續布之。)

　　然則,將來此種國際同盟,其性質爲僅歐美數大強國之私團體乎,抑爲全世界人類所建設之國家一公共團體乎?由前之説,殊不足以副國際大同盟之名,其於威總統之理想亦相去遠甚,何貴有此?由後之説,則我有四萬萬民衆之國家,在理當不能屏諸國際之外,尤不能由別一國或二國以上爲我代表,然則關於將來組織此等團體之計畫,何可不令我與聞?吾確信,此種同盟成立後,我國必能爲其最忠實之一員;而以中國爲其一員,必能於世界有莫大之貢獻。以我國人口物產之豐富,對於補償此次經濟上所受大戰之瘡痍,正負有莫大責任。國中明達之士,對於此種天職已有十分自覺,而要當賴先進之各友邦相與提攜協助,然後能增長吾人之興味,而益發揮其本能,實踐其天職。夫中國人發其本能,踐其天職,實世界全人類四分之一發前此未發之本能,踐前此未踐之天職也,其於全世界之進化,所關豈復細故?今必欲屏諸國際以外,而使全世界人類有四分之一,不克參加於全人類之協同活動,在我國爲莫大之恥辱,固無待言,而全世界人類本能之損失,又胡可量耶?

　　吾國今日一切事業皆在幼稚時代,凡百皆有待於先進國之扶掖保育,無可諱言。質言之,則我國公私事業,皆不能(不)望我友邦爲人才的與資力的之協助。更質言之,則我國爲整理內政,有時不得不廣用客卿;爲開發利源,無往而不須更借外資。此事實所趨,吾人可以公言而無諱者也。惟吾人所希望者,則此等事當由我自動,不可受他人強迫而動;當受各友邦平均之協助,而不願爲一二國所獨專。以此之故,必須吾國爲國際團體之一員,使關於自身之事能與聞,能了解;苟非然者,則其效不舉,而且或生他種軌道外之險象。蓋各國既不能不干預我事,而又不以平等待我,將惹起吾人莫大之疑惑。其失望之結果,乃至激成排外之反動,殊不可知。又我既不能受萬國平等之待遇,寖假爲自衛計,不能不專聯絡一二國以圖利便,則中國問題,將成爲世界第二戰爭之起因矣。尤有當慮及者,今德國軍事上雖一敗塗地,然其國民商業上之能力及手腕實不可侮。且彼等與華商往日之感情聯絡本甚周到,若我今次盡力於協約友邦,而結果反見外見擯,難保不激動華商之反感,變成一種經濟上親德之態度。此事雖屬過慮,然亦不可不預防也。夫使我國能如其本分,光明正大以參列於國際之林,則吾受蔭於此正義人道一大旌幟下以自壯,則一切擾攘根原自可以廓掃。故我國之參列和平會議,關係於我國之榮辱者猶小,而關係於世界安危者實大也。

　　以上所陳,皆至淺之義,我友邦明達之當局寧不熟知?故道路所傳言,當必非事實,然則吾之言亦爲詞費矣。

(1918 年 11 月 14 日《國民公報》)

歐戰議和之感想[*]

(十一月十四日與《大公報》記者談)

歐洲西[兩]大民族之將來

　　德國此次一敗塗地,爲德人所不及料。然而日耳曼民族智力之優秀,精神之偉大,要爲不可沒滅。今後脱去軍國主義之束縛,其民族亦儘可向別途發

---

[*] 此爲談話大要。

展。吾人甚望其於文化方面努力,更有所貢獻,或較現在猶有榮譽。今次德國戰敗,最受打擊者當爲經濟關係,半世紀間恐猶難望元氣之恢復。且從德意志聯邦國家觀之,文化上之德意志,本有不可消滅之素質;經濟上之德意志,亦有驟難解體之情形。蓋交通機關關稅規定,久有聯成一片之觀,不能因一時之悲運,解除數十年之聯鎖。惟政治上之德意志國家,今後能否存在,實爲一個問題。以吾觀察,德意志今後若能回其普法戰爭時之舊觀,已算幸事,恐不幸而回於普奧戰爭時代之狀態也。斯拉夫民族自來在於不自然狀態之下發展,自俄國革命,今之束縛馳驟[驟馳],今已擺脫無遺。自今以往,將即於新發達之途,其途徑亦不在少。夫俄國過激派雖爲世界所詛罵,然彼等自有其理想,自有其目的,種種活動,皆係由其腦海中發出,與吾國號稱民黨之流,混手段目的爲一者,決不可同日而語。此種民族,前途猶未可限量也。

文明進化退化之分歧

世界進化,以由分而合爲正軌。此次大戰以後,小民族之獨立爲國家者,當不下一二十國。從進化公例觀之,是進化是退化,直不敢斷定。要其分歧之點,須視國家以上能否成立超國家之國體,所謂國際大同盟是也。國際大同盟之能否實現,本是未知之數;惟今日確有成立之必要,且未嘗無其機會,或能有一部見之事實,要未可知。蓋各國懲於戰禍之慘烈,軍國主義暫時總當戢其兇鋒,各務經濟之活動。經濟之爲物,本來無國家之界域。將來各以經濟共通爲聯絡之階梯,經濟聯絡愈密接,政治範圍愈削小。如外交則取公開,一洗縱橫捭闔之積習,軍事則務收縮,消弭窮兵黷武之禍根。當茲創痛鉅深之時,易謀痛定思痛之計。國際大同盟所以易有成立之望者,蓋反對之障礙,因時勢之變遷,自然消去不少也。

國際大同盟之與中國

國際大同盟足以抑止強大國對於弱小國之政治的野心,故往往爲新進氣盛之國家所不喜。如東方之某國,即有人認此爲妨礙其國家之發展也。然此事之利害衝突,無寧在英美人之間。美國威爾遜總統倡導此義,全國景從;惟反對之論,英國有之。如與此有關連之海洋自由論,即為英人所躊躇不敢贊同者。茲後要視英國之覺悟何如耳。自中國之地位言之,自應表示贊成。我既贊成,便當從積極消極兩方面謀此事之成就。積極云者,政府國民竭其微力,鼓吹是議,與友邦先覺同其活動。消極云者,見秘密外交之害,即勉力避却之;見軍國主義之害,即勉力驅逐之。期以促成國際大同盟理想之實現,加入其間,託於大國家團體之下,保其地位,圖其發達,以求效用於人類社會也。

平和會議與中國問題

關於此點,方在研究思考之中,尚不能有確定之見解。查此次歐洲平和會議,是否將遠東問題同時解決,同地討論,又是否僅及其一部,或併及多數問題,均非所知。要之,此一大問題必不免於提出。姑從我自身著想,在平和會議關於中國以外之事,自當與英美同其主張;至關於中國不當僅有權利之要求,尤當表示崇高之精神。第一,可以開放外蒙、西藏,實行威爾遜所謂民族自治自決主義,多予各該地人民以自治之機會。但持宗主權,居指導之地位,且不妨許外人公同指導也。第二,青島之當歸還中國,本不待論。即外人租借地之威海、旅順,從前本為對待德國青島膠州灣而起,今目的已銷失,則各該處或請即予歸還,或請明白保證,租借期滿即行見還,不再展延。第三,中東鐵路本為中俄合辦,今鑒於東北形勢,宜聲明以我之名義,而用各國之力,共同管理之。第四,領事裁判權固為中國之恥辱,即在各國僑民,受裁判於非法官之領事館員,亦豈有利?宜即請求撤回此權,或於租界地方,由中國政府任命外人為法官,以當審判之衡。雖係任用客卿,究竟主權在我,為過渡計,兩得其平。第五,關於關稅,雖不能遽望互相平等,然一部分之自由科[課]稅,務望得許。如消費稅之類,為各國稅收之中堅,亟當加以整革,以裕財源。誠以稅則不改,收入不旺,國家財政長此困竭,非中國之利,亦非通商友邦之利也。以上五端,略見大概而已。

(1918年11月15日《大公報》)

對德宣戰回顧談

嗚呼！歐戰告終矣。自喜報傳達以來，官署放假，學校放假，商店工場放假，舉國人居然得自附於戰勝國之末，隨班逐隊，歡呼萬歲，彩烈興高，熙如春釀。獨有一年以前，因主張對德宣戰被國民唾罵欲死之一老書生，閉户黯然，乃草"敬告友邦請求列席平和會議"之文，一執筆則其顙有泚，不知作何説而可。誰實爲之，而至於此！嗚呼！追歎前事，亦復何益。然兹事關係既如此其重，苟不將其真相一爲表示，則醉生夢死之國民，將終古不知其所以然。且將來我國家與世界國際團體接觸之日正長，若長此以盲人瞎罵之態度應之，則將來之狼狽，更安紀極！故今將此事顛末爲鄙人所經歷者，略述梗概，無飾無隱，聊以爲懲前毖後之一助焉。嗚呼！子毋謂秦無人，吾謀適不用耳。

當護國軍告終之後，吾守制家居，本不願復與聞國事。美德絕交議起之次日，吾方在天津，府院交馳電促入京，吾以事關國命太大，奔馳而往。既至，即夕深夜晤合肥於其邸，備陳意見，促其速決，與美採一致行動。合肥聞吾言，相視莫逆，蓋此事之發動，全由合肥英斷，吾無功焉。惟當時府院間相猜既久，此事實爲衝突破裂之起因。時雙方各未知吾意嚮何如，咸欲藉吾言爲重。吾主張既與院同，合肥乃益堅所信，而府中群小，恨我乃無極。余之在京也，外交團及國會議員，接晤者日不暇給。余既熱望政府貫徹此政策，所以贊助之者亦惟力是視。幸也絕交案以多數通過於國會，遂爲此政策成立之發軔。既而宣戰案賡續提議，而府院間積久之怨毒，遂藉此爆發。夫絕交與宣戰，不過同一事件進行先後之程序。既已絕交，則宣戰乃當然之結果，何至更成問題！而吾國人心理，乃有大不可思議者。宣戰論之興，不獨前此反對絕交者反對之，即贊成絕交者亦大半反對，即不反對亦遲疑觀望。蓋入此第二難關，吾之促政府決心提出，已不知費幾許氣力；及既提出，而全國乃悉集矢於余身矣。數當時反對之派別，其代表所謂民黨者則孫文也，唐紹儀也；其代表所謂遺老者，則康南海也；其合肥門下之人，則徐樹錚也。孫唐康各有宣言及電報等徧登各報，孫氏部下驍將某著一小冊，題曰"中國存亡大問題"，所以醜詆我不遺餘力。南海切責我爲病狂，謂佇看一年後德軍入北京拿汝作元兇懲辦也。徐樹錚日日揚言，謂合肥爲梁某所誤。嗟乎！以此詈我我殊不敢當，我策不過同於合肥耳，豈能謂合肥從我？然以合肥平日信用徐樹錚之深厚，獨於此事能毅然不爲所動，此則合肥大過人處也。此等輩雖噂沓相煽，猶不足以阻撓大局。其所以卒至軒然起大波者，則以反對之總機關，實在總統府，而其最有力之武器，則國會也。當時兩院中號稱民黨之無賴政客，既出盡鬼蜮手段，挑撥成府院惡感，乃即蟠踞公府以爲策源地。黃陂者腦簡單而性忠厚之人也，方深不慊於合肥，遂爲彼輩所利用。於是公府國會相呼應，藉此爲倒閣之一好題目。此種現象，醞釀日熟，余憂之殆廢寢食。自以處超然之地，無嫌無疑，銳意欲從事調和。蓋余在京兩旬餘，每間日必入公府，所以相譬説者，既心力俱瘁，而卒無效。當時反對黨所預言者，則曰：美國不過絕交而止，決不加入戰團也；曰俄德必單獨媾和也；曰德之潛艇戰略已奏奇效，一月後必破巴黎，兩月後英民將全數餓死，三月後德軍將乘西伯利亞鐵路直搗北京也。所謂民黨閣員者，前此雖贊成絕交，至是大盡改其度，乃至翻外國資本，強覓出絕交不宣戰之先例以相抵制。所謂民黨議員者，在院中院外，演説談論，無非頌揚德國，且著印多數小冊子，煽動國民。內之則外交部部員，外之則多數軍人，率皆衆口一詞，以開罪於德國爲大戚。而其所公共擁戴之傀儡，則黃陂也。有一日，黃陂召東海合肥及余與素著名親德之某軍官主客五人會議大計，黃陂備述反對派所主種種理由相咨詢，因謂宣戰案必當閣置，且謂此事當取決輿論。所謂輿論者，不獨國會，且當並及省議會商會。實則此諸種機關，反對派久已運動成熟，其反對固當然也。時在座諸人，合肥直接當局，避衝突不欲多發言；東海老成，言貴無競；某軍官則黃陂所引爲聲援者也。黃陂發言後，四座木然相對久之。時余實不能復默，乃爲起立之談話，如演説然，歷一小時之久。所言者不過從四方八面力陳必要宣戰之理由，並及宣戰後之辦法。今事過境遷，無取詳述。然余性既戆直，重以彼時頗含痛憤，故言之不覺其重。當余侃侃健談時，黃陂終席怒目視余。次則東海以簡單有力之言，義正詞嚴，結贊吾説。而合肥一種強毅之態度，始終凝然。黃陂卒不歡而罷。余審事不可爲，未幾亦襆被出都矣。自此搆煽日益甚，反對空氣瀰漫於國會。合肥力竭聲嘶，乃乞靈於督軍，卒乃出極下愚之策，用公民團脅迫國會，求其通過。由是而合肥免職；由是而督軍兵諫；由是而張勳入衛，解散國會；由是而復辟；由是而南北擾攘至今未已。此其事實皆章章在人耳目，而最初之動機，實起於反對（之）宣戰。嗚呼！我欲請現在成群結隊隨班祝捷之國民，當此酒酣耳熱歡呼狂擲之後，更平心靜氣一聽吾言，試將前前後後因果一合參，則知今之號稱護法者，是否尚有絲毫價值。今之號稱護法者，其最大題目，豈不曰政府非法解散國會也？無論解散國會，並非出段合肥手，而實由彼輩包圍公府之民黨議員勾結張勳，引賊入室而因以自殺。合肥爲討伐張勳之人，不能爲張勳代負其罪責也。即爲深文之説謂解散之動機，實由公民團之圍國會，然此猶不足深爲合肥罪。夫公民團之舉，其手段鹵莽拙劣，即吾亦極爲痛心疾首。然使再平心以觀察當時形勢，國會大多數反對宣戰，既爲萬目共見之事實，（吾知現在彼無恥之議員，聞吾此言必曰：吾當時並未反對也。吾請正告彼曰：請汝勿重無恥以無恥，汝等舉動，甯能以一手掩盡天下目耶？）而依法則一會期否決之案，同會期中不能再提出。當此種形勢之下，若在今世普通立憲國，必解散國會再訴諸民意，此實天經地義，無足驚奇。然我約法既無解散國會之權能，若聽其自然趨勢，則讀者諸君試思之，其結果當何如。此宣戰案必以多數反對而廢止，或閣置而廢止，此必然之數也。如是則國會爲反對協約國之國會，爲親德之國會，已完全鮮明表示。讀者諸君須知，國會非他，號稱代表全國民意者也。國會既爲反對宣戰之表示，則無異表示我全國民以反對協約國爲民意，以親德爲民意也。讀者諸君請思之又重思之，若果爾者，試問今日我國民將何地自容！然而合肥竟坐是免職矣。合肥免職後一月中，殆成爲黃陂之天下，爲國會多數黨議員之天下。亦幸而彼輩所勾結之張勳，莽莽撞撞演了一齣復辟滑稽劇而因以自倒耳；使張勳而稍取巧者，不惟不解散國會而反略敷衍國會，吾知彼號稱民黨議員者，必膜拜之若天神，隨同張勳以表示其極端親德之態度。讀者諸君請思之，若果爾者，試問今日我國民又何地自容！未幾合肥討逆，再造共和，勳業爛然，此固無論何人不能反對者也。而反對者乃有辭曰：汝何故不恢復舊國會，是即汝罪。讀者諸君請思之，當時若恢復舊國會，則宣戰案之結果當何如。當時正值俄國革命之後，親德派志得意滿，宣戰派方危疑不自安。質言之，則反對宣戰空氣正瀰漫全國，無論官界軍界紳界商學界勞働界皆眾口一辭。而舊國會議員，挾持成見以迎合之，此案提出國會，其必仍以大多數反對而廢止，或以閣置而廢止，此又無可逃避之數也。如是則終無異表示我全國民以反對協約國爲民意以親德爲民意也。讀者諸君請思之又重思之，若果爾者，試問今日我國民更將何地自容！由此言之，無論國會並非由合肥解散，即果由合肥解散，亦何足以爲合肥罪！張勳解散而合肥不爲恢復，更何足以爲合肥罪！試以國家例父母，以政府國會例兩兄弟。父母病篤，長兄得一良藥，確信其可以起死，而儌弟作梗，堅不許服，不服則必致父母於死地。長兄不得已乃操戈以逐其弟於外，君子只當憐其遇悲其志而不能責其非，何也？父母生命，固重於弟也。而爲之弟者，曾不自反其阻撓服藥之不孝，而惟責其兄操戈相逐之不友，乃更反戈以攻其兄焉。若此者罪在兄乎，罪在弟乎？此獄直可片言決耳。夫在初時，藥之適宜與否，未有定論，未有實據，兄謂不服則父母必死，弟謂服之則父母必死，則其相持相責，尚無足怪。及至是非大白之時，則爲弟者，固宜有服善自責之天良；而旁視批評，亦當觀察前後真相，稍持公道。今段合肥以對內主戰失敗之結果，幾爲全國人所厭惡。爲[如]彼好亂性成之孫洪伊等輩，乃至倡議以懲辦罪魁爲南北媾和條件。而淺薄之輿論，或且摭拾之以爲快談。吾於合肥後半段之舉動，誠亦多所不慊，絕不欲爲之辯護；若論其前半段則實能爲國家主持大計，負荷責任，不折不撓。我國家至今日在全球慶祝聲中尚能保全一二分面目者，實惟彼是賴。

若論此次內亂紛擾之起原乎，其各方面小枝節不必論，論其主要動機，實在外交問題與國會問題。此雖揕吾胸而刀加吾頸，吾敢矢口不變曰：罪在國會之多數黨，不在合肥也。（合肥最可責備者，如四川方面勾結劉存厚，墮壞中央威信；如奉軍截械入關，予以默許；及濫借外債，黷武無功等。然此皆以後之事，與最切紛擾之起因無關。）由是而進求其結論，問現在號稱護法者，有何意義，有何價值？此雖揕吾胸而刀加吾頸，吾敢矢口不變曰：除鬧意氣爭地位外，毫無意義，毫無價值也。吾所以曉曉追述者，並非爲某一派作辯護人，而與他一派爭閒氣，實欲我國人因此得數種良好之教訓焉。其一，現在世界之平和會議,轉瞬將開;而國內之平和統一,迄猶未成。在前此北洋主戰派狂喊亂叫時,國人誠宜責備北洋派。今彼等頑夢,既略警醒矣,目前平和成立與否,責任實不在北而在南。南方所挂護法招牌,本來無一毫意義無一毫價值。當事諸人,切宜猛省,萬不可因爲面子拉不下,仍復牽連撐架,重賈全國之怨毒。須知美總統賀電文中,已明白有國內分裂將不得列席和會之表示,近來此等主張,更頻見於外交團中。若結果卒至如此,恐食公等之肉不足以謝天下也。其二,國民對於國家大事,宜有虛心精慎之考慮,乃不至爲無識之讕言所煽惑。即如此次反對宣戰之舉,彼少數野心之無賴政客,不過借此爲政爭之武器,其於是非利害之間,曷嘗有真知灼見!然以全國民皆無真知灼見之故,不知不覺,遂爲野心家所利用。試問當時反對宣戰之空氣,是否徧於國中;今日隨班祝捷之人人,是否什有七八皆當時反對之人?苟非爾者,彼野心家又豈能乘之以張其毒燄?以如此無智識易煽惑之國民,而使之運用取決多數之立憲政治,危險云何可量!夫多數政治,既爲今代國家不容不進達之一階級,而群愚政治之足以禍害國家又實如彼,我國民真不可不自警,不可不自勉。即如此次對德問題,若全徇當時國民多數之意見以爲方針,則禍中於國家者將安底極?我國民經此次教訓之後,當知多數所以爲是者未必是,多數所以爲非者未必非,對於先輩有識者之言論,宜虛心靜聽,經精密之考察後,乃爲良心上之評判,如此然後可以爲有參政程度之國民。苟國民終不能養成此程度,而以之運用多數政治,其危險實不可思議也。其三,當知無論何種權力,皆不可以濫用。濫用之結果,不惟擾害公衆,而必至自損其信用。彼軍人之濫用權力,禍等於洪水猛獸,亦既漸爲國人所共棄矣。殊不知國會多數黨之濫用權力,其害亦正不亞於此。即如此次國會之多數黨,倘能適用其權力至適可而止,何至激成解散?何至惹起一年餘內亂之風潮?到了今日,國家與人民固備受其害,即彼輩亦何利者!復次,當知法律若有偏畸之處,則必爲擾亂之根因。倘使我國約法,如萬國現行憲法通例,將國會之彈劾權與政府之解散權對立,則議員亦何至漫無忌憚以濫用其權力!苟濫用者則政府亦依法解散之耳,有何奇異!不幸而約法缺此規定,議員遂藉爲護身符橫行無忌,乃至關係國家存亡之議案,竟藉之以刦持政府。政府屈從其所刦持則負國家;既不願負國家,惟有解散之耳;而解散則又違法。然則此非政府之罪,實法律之罪也。倘使將來憲法所規定,其條文或其精神仍如今約法者，吾敢決緣此所生之內亂，將至再至三而未有已時。何也？將來政府所提議案，其關係重大一如去年之宣戰案者，何歲無之，一經國會之刼持，則有責任心之政府，終不得不出於非法解散，則反對者振振有辭，而護法軍將一歲一度鼛起矣。是故我國民經此次教訓，可以知吾輩前此關於憲法問題，屢次所表示之意見，皆爲國家安寗利益計，有極光明極公正之理由。他日對於此類問題，宜有十分覺悟，斯亦亡羊補牢之道也。

以上所述，因宣戰案之回顧，而涉及內亂責任問題，且涉及憲法問題，吾甚覺其詞費，或惹讀者之厭。然事實上既有因果聯鎖，即不容已於言。今所言姑止於此，還入本文。此事前半段之歷史，段合肥有功無罪，既如前所言。至後半段之歷史，則合肥亦有不得不與彼輩中分其咎者，則出兵計畫不實行是也。此事由於合肥之怠慢者半，由於內亂之牽制者亦半，故曰中分也。當吾爲對德問題入京初次晤黃陂晤合肥時，吾所主張者，不惟絕交，而且必要宣戰；不惟宣戰，而且必要宣行出兵。當時有所謂第一步、第二步、第三步之名詞，黃陂則勉強行第一步而止，合肥謂必須行到第二步，吾則謂必須行到第三步。當時黃陂聞吾言，固驚怖之以爲河漢無極；即合肥言外之意，亦以爲書生理想，未免突飛太過。質言之，則合肥對於出兵歐洲，雖不以爲非，然實始終未嘗熱心也。然吾所以堅持此種突飛的主張者，在當時固不敢斷言德國一敗塗地至於此極，然其決不能取勝，則固已爲吾所確信。吾今兹自白吾當時之心理，吾意實欲趁此時機替國家出個風頭。既出風頭，便要痛痛快快出到極地，故極力主張，在戰場上與各友邦結一共同利害，爲將來增進國家地位，作一層牢固之保障。此吾主張出兵之第一理由也。復次，我國軍政，敗壞已極。若能將一部分軍隊出向歐洲，託外國人重加訓練，使之目覩他人整齊嚴肅之軍紀，高尚純潔之軍志，複雜巧妙之軍術，經一番觀感之後，將來凱旋而歸，必可爲我軍界開一新局面，而國家實利賴之。此吾主張出兵之第二理由也。吾因抱此偉大之妄想，故對於宣戰一事，以無限之興味赴之，欲竭吾平生精力以贊其成。及遭國會之反對閣置，而吾之希望，亦已葬送於悲憤中矣。及張勳造亂，合肥討逆功成，吾之癡心乃復起。當合肥由津入京之前一日，吾深夜與談，猶勸其勿擔任組閣，惟當成立一參戰處，提兵自行出征，吾樂爲彼任一軍中書記。然以彼時形勢，黃陂已遜荒使館，河間尚坐鎮金陵，北京政局，不可以無人主持，合肥之擔任組閣，亦良非得已。吾之厭離政界,本已久矣。然前此既因對德問題,與合肥發生深厚之關係;馬廠一役,又患難相共,彼時實不容潔身而退。且吾所懷抱偉大之妄想,方刻意欲求貫徹。以此諸原因,吾遂慨然允爲段閣之一閣員。吾此次入閣,其夢寐不忘之事有二:其屬於吾主管部者,則改革幣制;而關於全局者,則出兵歐洲也。當宣戰命令發布以後,吾在國務會議席上,提議催促者不知若干次,與合肥私語者又不知若干次。吾當時所主張,謂無論如何必須趕本年二月春期大戰以前,我有兵數萬到西歐戰場。動員計畫,請參陸兩部任之;軍費所需,我負其責。須知當時美國大兵,到歐者尚屬寥寥,西戰場危如累卵,英法人盼我出兵,如望雲霓,實千載一時之機也。嗚呼!讀者諸君請思之,使當時軍事當局,對於鄙人所主張,稍稍了解,稍稍熱心,能實行其十分之一二,則我國今日榮譽之高,達於何等!不此之務,而惟日與南方爭雞蟲之得失,吾不得不爲合肥深惜也。最可憐最難堪者,吾當時以閣員資格,有責任之言,與法美等國公使交涉,商量運兵方法,商量軍費,人皆以極熱誠之意迎我。而我內部實始終未嘗切實進行,致使於[我]國家幾成爲欺騙之國,我個人亦幾成爲欺騙之人。嗚呼!嗚呼!愧如之何,痛如之何!及段閣連袂辭職後參戰處將次成立時,吾猶曾向合肥進一次最後之忠告,勸其更勿投身國內政爭旋渦中,惟當親身先赴法國戰場,而大兵之運輸徐隨其後。當時合肥若能采吾此議,則最少亦尚能有二萬人趕夏期戰爭前到西歐戰場。讀者諸君請思之,若果爾者,則中國榮譽何如,合肥榮譽又何如!乃合肥自身,始終未有此等徹底覺悟,對其彼所主張參戰之大目的,若明若昧,久之乃至漸忘其所以然。加以彼門下濟濟多士,目光如豆,惟務擁其首領以擾國內一時之權勢,而出兵之事,遂長此終古矣。尤可憐者,當徐東海當選總統之時,吾方大病,展轉牀蓐,以不肯捨忘此偉大妄想故,託人致詞於彼,請速行切實計畫,爲趕明年春期戰場之準備。(其實,縱使德國未遽降,而今後戰爭,歐人需要我兵之熱望已減矣,蓋美兵力已極雄厚故也。)而今已矣,此千載一時之機,竟永逸而不可復追矣。推原此次參戰目的後半段所以不能貫徹之原因,其最大罪惡,固在南方好亂之徒,興無名之師,牽制政府,致不能有餘裕以發展於外。雖然,更進一步觀察,則區區數省之弄兵潢池,儘可聽其自生自滅。使非合肥手下諸健兒張牙舞爪小題大做,彼等早已自相屠殺,且爲國人所共棄矣。今以內競之故,添置槍械既十數萬,浪擲軍費且一萬數千萬，以此出兵歐洲，何事不辦！今乃以十數萬軍糧供土匪軍搶掠之資，一萬數千萬軍費飽少數軍官谿壑之欲，所得成績，究竟何在！徒使人民恐怖愁苦，且以外交偏重一方之故，惹起多數友邦種種猜忌，致令歐戰告終，而我國能否列席平和會議尚至成一問題。天耶人耶，誰謂爲之，而至於此！此吾所以回顧一年前事而抱無涯之感也。

（1918年11月18日《國民公報》）

呈大總統爲上海松坡圖書館成立請將楊參政守敬藏書撥置文

爲上海松坡圖書館成立懇請撥給書籍事。竊查松坡圖書館於民國五年創始，伏蒙鈞座提倡，克告成立。仰見大總統篤念勳勞至意有加無已。惟是斯館之設，所以播揚前烈，昭示來茲。況上海爲南北往來之通津，中外文人所萃集，非廣置秘籍，宏搜善本，無以饜閱者之望。故參政楊守敬舊藏書籍甚富，曾爲公府購置，近儲國務院中。擬請移置該館，嘉惠學子，庶使民人觀感，永壯宏規。所有懇請撥給楊氏舊藏書籍，移置松坡圖書館緣由，理合呈請批示遵行。謹呈

（1918年11月26日《政府公報》）

中國國際關係之改造*

中國參戰之意義及其價值

　　中國自宣戰後，因種種事故，對於具體的義務，多所未盡。外人因有疑及我參戰之意義及價值者，此大誤也。此次我協約國之戰，本爲和平而戰，非爲戰爭而戰。申言之，則全世界人類所懷抱正義人道永久平和之高尚信條，將藉此一戰而完全表現。故其所最需要者，不僅在戰鬭力之增加，而尤在同情之擴大。我國以酷嗜平和聞於天下，且於歐美各國之和戰，自古未嘗一度與聞。今茲乃毅然加入者，無他，爲此種正義平和之神聖觀念所驅，發於胸臆而不能自已。雖自審其於實力方面所能貢獻者有限，然而不敢自餒者，我不加入，是無異世界中有一大國對於彼强暴主義默予承認，我之宣戰，無異表示世界中增多四萬萬人願爲正義平和而戰。蓋自中國與美國採一致行動，而今次戰爭，始可完全稱爲全世界人類與彼人類之公敵戰矣。當我政策之初決，我友邦咸瀝熱誠以相歡迎。夫豈不知我之實力能相助者只有此數，然而不我遐棄者，凡以鑒吾誠意也。而我國民實亦以一種極大覺悟，破除其數千年閉關自守之故見，自進而參加於人類全體之正義平和活動，以盡其爲國際團體一員之天職，使人類全體共同生活之基礎更進一步，斯即我國參戰最大之意義，最大之價值也。若夫勞力原料之供輸，敵國商業之禁制，直接間接，爲戰事之補助者，抑其末節耳。

平和自由之國民

　　我國民最富於平和思想，且久生息於自由空氣之國民也。外人徒見我最

---

* 原注明爲"英譯原文"。

近一兩年來督軍政治之暴橫,幾疑我國純爲一武斷政制之國,此大誤也。我國從前專務文治,無所謂軍閥。自德人橫奪我膠州,未幾復藉義和拳爲口實,侮我太甚。我刺激於強暴之凌壓,乃始謀練兵。既而革命之役,一興一亡,皆在軍隊,遂至數年來禍亂相尋。人民感軍隊之苦痛,既達其極,推原禍始,則德國之武力高壓主義,實間接貽我以此惡影響。今德之武力既殄滅,且使普天下共知專恃武力不足以爲國,自今以往,應無復有如德之以強暴加我者,我亦可無復以國防爲汲汲,則裁兵之舉,非久必當實行。我國民從此可脫離數年來不自然之生活,恢復其前此平和自由之舊。而我國民現在之智識能力,較之共和以前,確不能謂爲無進步。一旦恢復其平和自由,必足以爲國際團體中一優秀之團員,爲世界人類大有所貢獻。此吾所能確信也。

如何而能永絕戰亂之源耶

數十年來,全世界人人心目中預抱隱憂,謂將來必爲戰亂之媒者有二焉:一曰近東問題,二曰遠東問題。此兩問題前此惹起一部分之戰爭,各已數度,而識者憂其禍之未已,謂非惹全球大戰不止。果也近東問題以一星之火,釀成燎原,禍至此極矣。今次出此空前絕後之代價,此問題之禍根,庶幾可以永絕。其所餘者,則遠東問題也。推原近東問題屢惹戰亂之由,固緣巴爾幹諸民族之自身,有種種缺點,而其最大病根,實由與近東問題關係密接之數國,各自以己國一時私利爲本位,而不惜以巴爾幹諸國供其犧牲。問其究竟所得結果何如?巴爾幹民族生息於此種外界壓迫,不自然狀態之下,受無量苦痛,釀成內部連年之紛亂,固無論矣。而彼欲因以爲利者,所得利究安在?結果乃使己身蒙莫大之害,且並與此問題無關之國,亦牽牽而同受其害耳。吾人經此次教訓,可以發明一原則焉:凡強國對於弱國之交涉而專以己身私利爲本位者,結果未必能犧牲弱國,而犧牲或先及於其自身。試觀俄德奧土四國,今豈非與巴爾幹諸國同其運命,或且求爲巴爾幹而不可得。天道好還,疾速至此。吾人若稍有推理本能者,於此種可驚可畏之原則,真當常目在之也。還顧遠東問題則又何如?遠東問題,固以我國爲中心也。試問我國自海通以來,各國所以遇我者,何一非專以己國之私利爲本位?夫自利爲人類天性之一,吾豈敢謂謀國者必不許求自利，雖然亦當爲對面利益稍留餘地。須知經濟學上所謂兼利爲利獨利非利之原則，實愈久而愈新也。若各國之待中國猶不改前此態度乎，吾國自身受外界壓迫，能力日就萎縮而瀕於亂亡，斯固然矣；而各國之私利，又安往而不生衝突？則將來爲遠東問題所生之戰亂，其慘痛或且倍於今日。今欲爲永遠平和計乎，吾欲掬熱誠以告與我關係密切之各友邦，對於我國民爲國家生存上所必要之希望，深加體諒，而樂予承認，在"不妨碍我國前途發展"之基礎上，謀各國公沾之利益，而各本國之一時的局部的利害，暫且置爲第二義。果能本此精神以解決遠東問題，則我國方能真受正義人道之庇蔭，以遂其自然之發達，不至以衰敗召亂而重貽友邦之憂，而友邦亦不至以我國爲其利害衝突之媒，則世界之真和平，庶乎其可以保障矣。

國際上之舊關係與新關係

吾所謂我國家生存上必要之希望者，其條件吾當於他日別舉之，今但就國際上舊關係應加改良之基本觀念，略爲陳述。第一，當知我國與各國現行條約，大率沿襲百年前或二百年前之底本，中間雖屢經修換，而精神卒未嘗變。當時我國方在閉關時代，各種條約，多由强迫而成，故不平等之規定，滿紙皆是（例如領事裁判權關稅限制權等）。又或當輪船鐵路未通前所必要之規定，至今日依然存在（如陸路通商章程等）；又或當時爲保護或限制一公司之利益起見爲狹義之規定，今依然存在，而變爲廣義之解釋（如專賣權等）。凡此皆在當日情勢，或有所不得已。今環境狀態之變遷，已如隔世，而因一種惰力性之保留，卒莫之能改。第二，片面的最惠條款，嚴格適用。各國每乘一種機會，要求一種權利，而他國即與均沾，故不平等之條件，展轉增加，束縛程度愈增愈酷。要求改正，則連雞之勢，實現無期。第三，或因一事件發生之一種防制作用，致有條約上特別嚴酷之規定。其事久經過去，防制之目的早已消滅，而條約上之義務，依然存在（如《辛丑和約》中諸條件）。第四，或因各國相互抵制作用，以强力取得條約上不正當之權利。今抵制之目的或已喪失，或將喪失，而條約依然存在者（如因膠州灣之事而有旅順、大連之事，因旅大而有威海衛、廣州灣之事）。凡此諸端，皆以條約之具體規定，而使我國際關係在一種極不自然極不平等的狀態之下，使我國民生種種迷惑感種種苦痛，而爲其進步發達之障者也。至於近年來列強之對我政策(此類或見諸彼我條約，或見諸各國相互間之協約，或默許，或並無明文而惟從事實上表現者)，尤有根本謬誤之點。其一，則十餘年前所盛行之勢力範圍說，欲將中國境內權利爲地域的分獵。自門戶開放機會均等之主張出，此種謬想，雖表面上似一時屛息，然實際並未蠲除，故至今猶有所謂特殊地位等名目，常發見於外交家口吻中。此種觀念，即爲導爭根因，非從根本上覺悟掃除，將來之禍殆不堪設想。其二，則各國歷來共通之誤點，皆務保護本國人經濟上之利益，而於中國人之利益，太過漠視，或從而摧殘之(甚者或專保護其本國一部分人之利益，而他部分人發展於中國之機會反爲所妨害)。此種政策之結果，能使中國人之生產力及購買力兩者皆日趨銷乏。此種結果，固非中國人之福，然亦豈與我通商者之福？況此種政策之影響，不惟在經濟上，而必且及於政治上。以我工商業極幼稚之國民，苟經濟上外來之高壓力太強，不復留我以相當發展之機會，勢必至民窮財盡，而國家生命且爲之動搖。萬一不幸而到此境界，恐列強旰食之日亦正長耳。故吾願我友邦之大政治家對於以上諸點，能爲根本上之覺悟，庶遠東問題得正當之解決，而無至貽世界之憂也。威爾遜總統有言：國無論大小強弱，其權利皆當平等。又謂凡一民族，不得由其他數民族協議處置，有如物權之轉移。此兩主義實行於全世界人類庶可安枕，我友邦之人民，當莫不謂然也。

新國際關係之設定及我國民對於世界之貢獻

我國此次之參戰，誠以此事爲全世界人類共同之義舉，我在理不容自外，勉竭此血誠，冀不愧爲國際團體之一員耳。今我國民亦絕無非分之希望，不過欲求國際團體員對等之資格，完全無缺，得恢復從前喪失之自由，得扶植將來相當之發展。誠能如此，吾敢信我國人對於世界爲和平後之貢獻，其所盡之義務，決不讓他國。以我原料之豐富，勞力之勤良，以之補償戰後瘡痍，實負一莫大責任。而既於經濟上與各國生出均等的深厚關係，此即爲永遠和平最有力之保證。我國人既免於一國或數國之箝制，以養成其自治自決之能力，則遠東問題，更復何勞焦慮，而世界戰亂，復何從而來？是在我友邦貫徹正義人道之本旨，予吾人以滿足而已。

抑吾尚有二義，求我友邦勿誤會者：其一，我國人此種希望，並非因參戰而求報償，實則國際上對等地位，本爲吾國所宜有。凡吾所希望之條件，大率皆多年懸而未解之宿題，即微今次參戰，即微今次會議，我亦有權提出要求友邦好意之承諾。不過今正當正義人道大放光明之際，更有萬國群英聚集一堂之機會，深願借此極有榮譽之會場，爲我國樹新紀元之基礎。其餘[與]參戰問題，並非有何種因果之聯續也。其二，我國人此種希望，並非專爲我國利益起見，實以我國本身利害，牽動全世界之利害者太大。必關係密切諸國，能以我國之利益，及萬國共同之利益爲先，而以彼各國自身特別之利益爲後，庶可以得正常圓滿之解決，而世界永遠和平，乃得所保障。故吾人此種希望，不獨爲我國人而希望，實爲全世界而希望也。

我友邦之有識者，若能鑒吾人之誠意乎，則吾所希望之具體的條件，將以次陳述之。

（1918年11月28日《國民公報》）

歐戰結局之教訓

諸君，我這講壇文，專爲青年修養而設，本來是不談政治的。但是這幾天我入到北京，看見好些中國人外國人，聽見好些中國事外國事，不免有許多感觸，覺得這回歐洲局面，眼前就給我們狠好的教訓，所以要借這個題目，和別的人説法一回。

這幾天普天同慶的祝賀，不是因爲我們的敵國德意志打敗仗嗎？這德意志誰不知道是地球上天字第一號的强國，開戰四年以來，沒有敗過一次。今日裏嘩喇喇一聲就一敗塗地到這種田地，這可也是人人料不到的。你道到底甚麼緣故呢？古人說的好："衆怒難犯，專欲難成。"任憑你有翻天倒海的本領，若是天下都不願意的事，你偏要做，早晚總要還你個失敗，這叫做衆怒難犯。專想擴充自己的權勢欲望，別人苦痛怎麼樣一概不管，四圍形勢怎麼樣一概不管，一味莽莽撞撞打那一相情願的主意，從沒有能彀成功的，這叫做專欲難成。你不信，只看那威廉第二，何等一位英雄好漢，若不是他自己拚命往死路上闖去，天下人誰還奈得他何？他偏要犯衆怒、務專欲，把自己斷送了還不彀，簡直把他祖宗艱難締造的國家，從九天之上一摔摔落九天之下。我以爲我們中國有權利經過世故的人，看見這種簇新的實例，總應該驚心動魄，求一個保全身名的道理。萬不料我狠替他擔心的人，他自己卻沒有一毫覺悟，好像從前失敗的不彀，非走到水窮山盡，不肯干休。那威廉可是騎上虎背沒有法兒下來，只好硬着心隨他摔死。爲甚麼已經從虎背上下來的人，卻拚命還要爬上去，這可真真令人難解。若說我要替國家負責任，須知威廉的本心，何嘗不是替德國負責任。但是他若是肯少負幾分責任，這德國也不至鬧到這般田地哩。唉！這樣絕好的教訓擺在眼前，卻一點領會不來，教我有何話說呢？

　　這回德國失敗，簡單一句話說明，這就叫做軍閥的末路。我們要知道人家的軍閥，可是怎麼個長遠的歷史，可是怎麼個完備的組織。人家可從沒有一個大字不認識的人，可以做督軍，做師長、旅長；人家可從沒有把兵卒口糧供給各級帶兵官三七四六層層吞剝；人家可從沒有東拉幾個火夫便叫做軍官，西扯幾個土匪便叫做軍隊；人家可從沒有奉到政府命令去打仗，卻喬腔作勢要這樣要那樣，鬧來鬧去，到底是一步不前。我們要知道人家的軍閥，個個都是學問淵深，個個都是才能出衆，個個都是赤誠爲國，個個都是奉公守法，個個都是視死如歸。單只爲逆着世界潮流進行，一旦瓦解土崩，使個個在國內在國外都無容足之地。我以爲我們這丘八爺的頭兒們，看見這種情形，再自己拿鏡子照一照他的尊範，總應該有幾分慙愧，有幾分惶恐，總應處[該]想一想我錢也撈彀了、惡也作彀了、醜也丟彀了，不如趁這個時候稍稍斂跡，替自己幾根老骨頭和自己的兒孫找一條活路。萬不料還是從前一樣的成群結隊張牙舞爪，開口政治，閉口法律，總統的事也要管，內閣的事也要管，國會的事也要管。唉！人人都說你們可恨，我但覺得你們可憐。今日款是沒有借的了，仟從你怎麼掙逼中央，也掙不出一文了。你管轄的地皮是已經刮盡，再刮也刮不着了。你從前當作摇錢樹越多越好的丘八爺,今日以後,倒要叫你嘗嘗滋味。到那時,你想要提個錢包溜到租界享福,恐怕天下没有這樣便宜的事哩。還有一件,你們睡裏夢裏可曾知道,從前人家正在拚命打仗争個你死我活,没有工夫來管我們閑事,一面還是希望我們自己了得了。如今人家忙是已經忙過來了,看是着實看不過了,早已連日連夜在那裏商量開甚麽萬國委員會,章程也擬好了,人也商量過了,怎麽樣的監督財政,怎麽樣的裁兵,怎麽樣的剿匪,開了一大片賬,替我們想得無微不到。只要再看一看我們自己還是要辦還是不要辦,還是辦得動還是辦不動,再過三五個月看過清楚,可也再不能客氣了。到那時你還敢張牙舞爪,我就説你是個好漢。唉!外國干涉外國監督這些話,從前那聽個[個聽]見了不是怒目切齒,今日卻是都説早來一日便得一日性命。若不是被你們逼得走頭無路,人雖無良,何至如此?你們想一想德國軍閥怎麽樣,你配和他比嗎?如今是恁[怎]麽個結局了呢?就是俄國軍閥又怎麽樣?你也配和他比嗎?如今又是怎麽個結局了呢?眼看着自己的運命捱不過一年半載,何苦不趁風轉帆,找一個安穩下梢的所在,一定要等到火燒上身、繩穿着鼻,方才覺悟,這覺悟還中甚麽用呢?

  我這段話,實是苦口婆心,並非嬉笑怒駡。因爲你們現在好容易碰着這種種好教訓,但使稍有三幾分覺悟,都還來得及。只怕我這些話就没有法吹到你們耳朵邊,吹到了你們卻暴跳如雷了,教我有甚麽方法來超度你們、普救你們呢?

(1918年12月1日《國民公報》)

與上海新聞記者之談話[*]

(十二月二日)

  余此次歐行,純以個人資格。所以然者,爲謀考慮各方情形及發言上之便

---

* 此爲演説大意。

利。尤望全國報界共同考慮研究，發表一致之主張，以匡不逮。至於將來議和會議，吾國所應提出條件，總須衡量利害輕重，寧可少提，而務求扼要。蓋多提瑣屑，易起人嫌，而所得或僅爲名義，實際轉無所得，此失計也。惟一條件既經提出，全國興論務須一致，以貫澈其主張。此等應提之條件，余尚未能詳加考慮，但就目前而論，以改正關稅問題爲最要。從來吾國與各國所訂商約，雖中經修訂，然大抵尚沿襲百年前閉關時代受人迫壓而訂定之約文，其精神全然爲不平等。故今後所要求者，即根本上改訂此等商約爲最要。質諸君以爲何如？

（1918年12月3日《晨報》）

國際同盟與中國

　　美總統威爾遜、英前外相格雷諸名士所鼓吹之國際大同盟，實目前最有價值之新問題，而亦多年最有興味之宿題也。但昔僅爲理論上之研究，今則當爲事實上之建設。吾今欲以中國人之眼光，對於此問題一試評論焉。

　　今次之戰，爲世界之永久平和而戰也。然則此戰在將來歷史上其評價果居何等，亦視永久平和之能否實現能否保障以爲斷而已。凡戰亂非起於戰亂之時，既伏有戰亂根因，則其爆發，早晚終不得逃避。所謂戰亂根因者，恒自強國處分弱國而起。弱國之國際關係既在一種不自然不安穩的狀態之下，強國因而生心。兩強相忌相陋，於是乎有擴張不已之軍備，於是乎有秘密捭闔之外交。故當前世紀末今世紀初，協約式之外交流行，武裝的之平和儼見。而全世界人心目中，各皆懷莫大之憂怖，共知非常之慘禍，將迫眉睫。果也以一至小弱之塞爾維亞問題，陷全球於血海，舉百年來人類休養生息，所得之菁華而殉之矣。今顯武罪魁殄滅，於最近之將來，歐洲一隅，無復戰禍，固可預卜。雖然，是遂可以高枕即安乎？因俄、德、奧、土等國內亂之結果，歐洲國家之個數，或且生異動；換言之，則歐洲或從此新誕生數國或十數國，皆未可知。而此新誕之幼稚國，隨處足以爲列强利害衝突之導線。然此猶其小者。其數十年來最惱亂世界政治家心血之遠東問題，今猶在極混沌極陧杌之中。在本問題中任舉一小問題，皆可以軒然起大波，惹全球之波動。此等果爲長治久安之現象乎？質言之，則小弱國國際上之地位，苟無合理的規定與正義的共公的强固保障，而惟由境壤相接或向有特殊關係之數國相持操縱於其間，則其所生惡結果，必至不可思議。此國際同盟之必要者一也。復次，軍事戰爭之慘酷，吾人今已備嘗；而經濟戰爭，其慘酷實較軍事有過之無不及。吾人過去所受苦痛之教訓，已非一度。自今以往，以補償戰後瘡痍之目的，各國經濟上之猛烈競爭，視前必且過數倍。苟其行動無公認之準則以爲相當之限制，必因此而各國間惡感日積，馴至爲大亂之階梯。此國際同盟之必要者又一也。要之此次戰爭，在世界文明史上有何等價值，要當以國際同盟能否成立爲衡。若其不成，則雖謂此戰以毫無意義而起訖，亦未始不可。何也？戰爭之目的，本在求永遠平和。此目的既未貫徹，則戰爭遂等於無意義也。

　　國際同盟一語，在歐人久生息於國家主義之下者，或以此爲太高遠之理想，謂不切於事實。我國人則不然。我國往哲所訓，皆以"治國平天下"相次連舉，而政治家最終之目的，必在"平天下"。蓋我國人向來不認國家爲人類最高團體，而謂必須有更高級之團體焉，爲一切國家所宗主，是即所謂天下也。換言之，則我中國人之思想，謂政治之爲物，非以一國之安寧幸福爲究竟目的，而實以人類全體之安寧幸福爲究竟目的。此種廣博的世界主義，實我數千年來政治論之中堅也。在當時以中國交通所及一隅之地指爲世界，指其人爲人類全體，由今觀之，誠覺可笑。然此種世界主義之發揮光大，卒爲我中國全部永遠統一之根因。而其進行之徑路，則與吾儕今日所渴望之國際同盟，其性質頗有相類者。當春秋時代（西紀前七七〇年至三七六年間），黃河、長江兩流域間，小國五六十，大國十二，戰爭無歲無之。至春秋中葉，乃進爲霸政時代。北方齊（今山東省）晉（今山西省）等大國，以保護弱小之精神，結爲協約，以與南方抱侵略主義之楚國（今湖北、安徽等省）對抗。經數十年之久，楚國卒屈服，亦加入此同盟。然後國際大同盟之形成，保持平和百餘年。而我國民化合統一之基礎，實樹於此。其同盟有種種條約，盟諸明神。其盟約每經數年輒有修改。其約中對於各國軍備之配置,及國際調停裁判等皆有所規定;乃至各國内政(如君位繼承法等),亦多涉及。與約之國有犯約章者,則以同盟團體之名義共伐之。伐時各與約國應於其國力出相當之兵額,有規避者則與被伐之國同罪。此我國春秋時代,組織國際同盟之大概也。雖今日規模宏大之國際團體,非古代一隅小邦可擬,今日物質文明之發越,尤非古代朴野簡單之可比,其應規定之條件,相去固懸絕;然可證明此種方式,爲群治進化所必由之徑,且行之而實能有效。蓋論文明之極致,必以吾國古代所謂大同主義(即人類全體大結合共同活動)爲究竟。一切歷史,無非向此極修遠崇高之前路,節節進行。而求得"大同"之手段,則有兩種:一者力征經營,以武力消滅群小,使成一大。此種手段,二千年來屢試屢敗。今兹戰役,可謂最後試驗之落第矣。然不能因此手段之不適,而遂中止。"大同"之進行,蓋别有坦途焉,即以民約的精神擴而大之,使各國由聯合而漸成爲化合。以現在之國家保持現狀爲基礎,使之各應於境遇而有發達其本能之圓滿機會;同時使相互間發生種種共同利害,其關係愈密接,則其必須共守之規律亦日增,久之則畛域之見漸泯,馴至成爲一體。我國文明史上最有價值之春秋時代,所以能鎔鑄多數國使卒成爲二千年來不可分之一國者,蓋循此方式以進行(近世美國之合衆國亦略同此方式)。吾以爲將來理想的之世界大同,必當取途於是。而國際同盟即其最良之手段也。

當威爾遜初倡此論之時,世人所最憂慮者,則德國之態度也。蓋世界上若猶有一大武力國,感此同盟之不便於己而不肯加入,或不肯以誠心服從同盟之重要條件,則此同盟遂同虛設。前此數次海牙平和會議卒歸無效者,凡以此也。今德國地位一轉,惟有託庇於同盟之下,尚可得相當之保護,其必樂從,固無待言。(俄亦一大武力國,今亦與德處同一形勢之下。)此外爲正義人道而奮鬥之友邦,安有不樂觀厥成之理?故積年理想,今度必將實現,殆無可疑。而完成此大戰之價值者,必在此舉矣。

聞各國中,頗有曲解此同盟之意義,謂當專以強大之數國爲組織之主體者。此與威總統所宣布之主義精神相悖,其必不能成爲輿論,固無待言。若如此説,則弱國欲求自進以列於同盟,非先擴張其武力不可,則是誨人以黷武,而與倡立同盟之原意,適相背馳也。其言雖無價值,吾固不容已於辯也。

吾國人熱望此同盟之成立,幾於舉國一致,此吾所敢斷言也。此同盟最要之保證條件，即在限制軍備。故吾謂我國爲表示此熱望之真誠起見，宜率先厲行裁兵。蓋侵略主義既爲天下所共棄，此後我友邦斷無復有以此加諸我；藉曰有之，而亦必有他方面之制裁，使莫能發。故此後更無國防之可言，養兵徒以耗國殃民，更復何取！故首當應世界潮流，舉偃武修文之實，使與同盟之大主義相應。然後自審其地位境遇，竭其力以爲世界貢獻，以勉求爲將來此同盟中最忠實最優良之一員，則我參戰之精神，亦庶乎其貫徹矣。

至關於同盟之實行條件，各國名士論之綦詳，吾亦薄有鄙見，更當續貢耳。

(1918年12月8日《國民公報》)

梁啓超啓事

昨日鄙人因會客過多，"星期論壇"未及續著，深爲抱歉。下星期一准繼續撰就刊登。特此佈告。

(1918年12月8日《大公報》)

關於歐洲和會問題我輿論之商榷

今玆歐洲平和會議，不惟結歐戰終局，蓋全世界之國際關係，將有所改造焉。當此國際平等主義大昌之時，我國民亦宜訴其積年所受冤酷於主持正義人道之諸友邦，一求伸理；而國民外交，又爲各國所共標榜，故我國民於此時宜發揮一種輿論，內以督促政府，而外以博世界之同情，寔今日所最當有事也。然欲輿論發生效力，第一，當求有價值；第二，當求一致。今舉其應注意之點，與國民一商榷焉。

第一，當知此次歐美各國待決之問題甚多，議場中討論中國問題之日有限，且彼方當創痍俶擾之際，眼光尚無暇集注於遠東。我當如何設法，喚起其注意，使吾所陳說，能得彼之傾聽，且如何設法，使我所提出之各問題，在此極貴重之會議時間內得列入議事日程，此輿論所當留意者一也。

第二，當知我國此次參戰，本出於正義人道之觀念。今茲和會所提出希望條件，絕不宜含有求償利益之意，以損我參戰價值。況吾爲事故所牽，於參戰應盡義務，正多抱歉，若要求款目太多，恐人疑我力微望奢，反遭齒冷。故我於各種條件中，宜擇其題目尤正大而爲國家生存所必要者三數端，格外注重，而輿論所鼓吹，亦以此爲焦點，庶幾簡要專壹，易於期成。此當留意者又一也。

第三，當知我國承積弱之餘，前此條約，多作繭自縛。今茲若要求改正，恐恢復一種權利，不能不履行一種義務以相交換。我既有此覺悟，自不能不權衡於權利、義務兩者是否足以相償。凡騖虛名而鮮實利之事，宜悉從緩；其於實施以前有許多履行之先決條件者，尤宜審慎，恐實施無期，而所履行者先自增縛也。大抵所注重者，宜以國家生命問題爲先，而以國家體面問題爲後；以即時可以寔施者爲先，而以預約於將來者爲後。此輿論所宜留意者又一也。

鄙人今有歐行，雖純屬私人汗漫之游，亦誠欲郵達吾國民多數所希望，訴諸彼都輿論，以冀爲當局之助。但智慮短淺，恐不足以宣國民真意，故陳此三義以相商榷。若其具體的條件如何，鼓吹進行之方法如何，深盼海內明達有以教之，俾在內在外得一致作桴鼓應，所至幸也。

附言：如荷垂教，請由北京《國民公報》、上海《時事新報》轉交。

（1918年12月17日《國民公報》）

在憲法研究會餞別會之演説[*]

（十二月二十日於未央胡同本部）

鄙人此次歐行，純係私人資格，不含有政治意味。惟歐戰和議，關係於吾國利害者至鉅。由國民分子的義務而言，則凡有利於吾國，而爲鄙人力之所能逮者，必當竭誠有所貢獻。鄙人對於和會之意見，業於日前犢有論説，登載於各日報矣，今且勿贅。惟今日世界潮流急轉之時，從前舊思想舊主義，概已不能適用，不許存在。吾國即亦不能不應此潮流，以力求進步。吾黨歷年以來之奮闘[鬥]於政治潮流也，亦即爲力求進步。故雖其間屢起屢伏，未能一一如所預期，實皆政治之不良有以致之。而鄙人則實敢斷言：吾主義爲始終顛撲不破，而最通[適]應於今日之世界者。諸君子熱忱毅力，有進無退。鄙人此行考察，如有所得，將願研究一新主義，標示一新旗幟，圖政治上根本之更新，爲吾黨增一番新氣象也。

（1918年12月21日《晨報》）

---

[*] 此爲演説大略。

在戰後外交研究會及國民外交後援會召開之外交講演會之演説*

（十二月二十二日於湖廣會館）

　　一曰破除勢力範圍。勢力範圍者，係各國在中國各自畫定區域，認爲其勢力所及。此在我國，固困於此等形勢之下，而列國亦不免緣此而發生衝突。最近世界亂源，恒起於近東、遠東兩問題。今此歐戰，即起於近東問題，此後或將移而至遠東。故此等形勢若不破除，或且有第二次之世界大戰發生。吾人此等主張，實不僅爲本國謀私利，抑亦於世界謀安寧。二曰撤銷領事裁判權。領事裁判權之應行撤銷，已爲人所公認，但吾國要須先有準備：一者製成完全之法典，二者爲内地雜居之預備。此二者準備完成，始可實行。鄙意最好定一年限，分年籌備，屆期實行，則列國亦必允吾所請矣。三曰改正關稅。吾國關稅首應行改正者，如從前與各國所訂條約爲值百抽五，又《馬凱條約》爲值百抽一二.五，然百物一律，絶無區别。改正之目的，在應分别其性質。有應輕减者，如機器之類，雖免稅亦可；有應增重者，如煙草等嗜好品，雖值百抽二十、三十，亦不爲過。更有一言，當爲列國聲明者，即吾國改正關稅，决不採保護主義，仍與各國自由貿易。

　　各國無不注重國民外交，其政府之外交政策，恒依以爲轉移。吾國夙無所謂國民外交者，一方固由當局者之不知注重，一方亦由我國民素未造成此等勢力。此後應當切實研究，並造成此等勢力，以與各國國民爲國民的外交。是則吾人所應努力者也。

（1918年12月23日《晨報》）

---

* 此爲演説大意。

在協約國民協會之演說詞

今日承協約國民協會邀請到會一談，不勝榮幸。昔達爾文研究生物學，發明物競天擇，優勝劣敗，爲進化之一原則；然非謂進化必由競爭也。後之學者，於競爭之理，發揮過甚，其流弊遂有德國尼采等一派，崇奉强權之學說。德國甘冒大不韙，以引起世界之大戰爭，而卒至一敗塗地者，即受此等學說之害也。夫人類及他動物之進化，由於互相扶助者，實較競爭爲甚。俄國苦魯退金君之互助論，列舉此理甚詳。人類苟非互助，而專相競爭，恐今日已無孑遺，世界之文化，永無發展之日矣。

互助之事，最偉大者，爲今次協約各國及聯合國之共爲人道正義自由而抵抗德國也。德國備戰四十餘年，其軍力甚强。協約一方，則籌備未周，初戰時，兵有不敵之處。而卒能告此大捷者，能互助也。互助之精神，將爲世界之新精神，世界文化，將由此闢一新紀元。且今之互助，非如中世紀之神聖同盟，爲專制政府之互助也。今之協約及聯合，非爲私利，非爲權力，而爲自由平等博愛之協約與聯合，爲愛和平重公理之民族之協約與聯合，誠人類互助之一大進化也。

此次鄙人游歐，非僅欲一飽眼界，實欲親歷戰事最烈之地，親見於斯役任絶大犧牲之各民族，藉以吸取此互助之新精神，領略此世界之新文化也。此次和戰，皆爲人民之和戰。中國人民之舊精神，頗有與此新精神符合之處，尤歡迎此互助之新世紀。余此行頗願發抒我華人民之心理，使他民族之領會；並願挹取歐美、日本互助之新空氣，攜歸我國，藉於世界之新文化，有所盡力也。今雖尚未啓程，尚未身歷外邦，而已克來貴會挹取此新空氣，實萬分欣喜。協約國民協會，雖爲私人團體，實可謂協約國民聯合國民之一小模型，互助新精神之一結晶體。余出游之前，能先來此觀諸君之濟濟一堂①，互謀公益，何幸如之！

　　此協約國民協會，設於中國之首都，尤爲極可欣幸之事。中國兵力薄弱，遠處東亞，而又因變更數千年來之國體，不免有數年之紛擾，遂於此役，未克參加盡力，吾人極以爲遺憾。然此戰之目的，既在和平之建設，世界之互助；中國雖未能助戰，而能於此目的有所盡力扶助焉，當亦爲世界所歡迎。中國人之愛和平，輕武力，爲世界所共知。中國因此自衛力薄弱，國際上吃虧。於是前清之末，鑒於他國武力之發達，亦思效之，而有練新兵之舉。民國以來，益添增軍隊，以爲非此不足以立國也。然武力主義，終不適於中國之國情。好鐵不打釘、好男不當兵之思想，深入於中國人心，其結果遂有今日之現狀。今日中國人之所渴望者，爲恢復其數千年偃武修文之舊主義，以便安居樂業，自由發展。所大幸者，德國之武力主義，完全失敗。武力主義，從此不適用，世界人心，皆已悔悟。今後各國，皆將偃武修文。中國毋庸恐懼，可以實行其主義矣。限制軍備，將爲和平建設之一要素。中國之軍備，限制至最小程度，全國人民，必極歡迎，世界當亦樂聞。此中國之可以有助於實行此役之目的者一也。中國人口繁殖，物產豐富。此次歐戰，犧牲極巨，補充所需甚多，中國大有可以效勞之處。中國貨本缺乏，可引入外貨，發達富源。歷來中國所受外貨之賜已頗多，如鐵路即其一端。然所受外貨之害，亦復不少。其害多由於外貨之競爭，及獲取權利之競爭。兹後若能以世界之互助新精神，引用外貨，則中國與他國發生之關係，可免損害中國主權；他國在中國相互之關係，可免攘奪權利，而因之損害中國主權。於是外貨之入，可以有百利而無一害。中國固受其賜，而外貨亦獲利。世界物料之缺乏，並可藉以補充。此即互助之一大進步，而爲中國之可以有助於此役之目的者二也。此種互助之舉，亦須有人爲之提倡。此事非貴會莫屬。故此協約國民協會之設於此地，實世界進化之一佳兆也。

　　然互助之舉，尚有更大者，國際大同盟是也。貴會爲協約聯合國民之一小雛型，亦可謂之國際大同盟之一雛型。然吾人終望國際大同盟之實現，且能包舉全世界焉。美總統固爲鼓吹此大同盟之極有力者，他國政治家及人民，亦主

---

①　此句原文有誤，已據同日之《晨報》校改。下同。

張甚力，此同盟當可實現。中國政治學者之理想爲大同。大同者，四海一家之意。國際大同盟，功成完滿，即達此域。故中國人對於國際大同盟之贊成，必不遜於他國人也。

惟今後國際大同盟，果將取何形式，至何程度？此同盟者，限於自由之民族。惟自由之程度，各國不等，當以何程度爲限？余意德、奧之武力主義專制政府既倒，此外他國，決無有再敢以武力主義專制政治治國者。今將世界各國，皆歸入大同盟，當無流弊也。

惟聞有人主張此同盟，應由七列強組織之。或謂英國之"法賓"學社，即主斯說，余不知其然否。此說實甚可怪。此大同盟，非和平之大同盟耶？七列強之所以強固，由於國家人民之發達，尤因於兵力之強盛。以兵力強盛者組織之，而兵力不強者，不與焉，幾何其不爲中世紀之神聖同盟！德國武力，昔日最強，照此辦法，應爲國際大同盟之首領矣。他國之不得加入者若希望加入，必增加其兵力，使其國爲列強之一而後可。是鼓勵武力主義也，是推倒德國，徒多此一舉矣，世界和平之謂何?！余意此同盟必須爲和平之同盟。愛和平之國家，不問其強弱大小，皆當共同組織之，然後名副其實也。

組織此同盟，當有各國之代表。各國代表人數，當然不等。如海地共和國之代表，當然不能如美國之代表之多。然則代表人數，應有何標準？此同盟既非提倡武治，而爲發達和平，則代表人數，當然不得以軍隊多寡之數爲比例，並不當以兵力強弱爲比例。限制軍備至最小限度，中國必須實行；他國縱不願即行，其人民必日要求，其結果亦必限至最小限度。故各國兵力，不久當皆至最小限度，當至同一地位。此亦代表人數不當依據兵力爲標準之一理由也。

或謂當以人口爲比例。余意如僅以一種單純之事實爲比例者，人口比例，應爲最公平，因此爲人類公共之舉。人口多者，其關係亦較多，代表自亦當較多。譬如聖瑪林奴小共和國之代表人數，當然應較法、意之人口多數十倍者爲少也。

惟一國家之政治及民治主義之發展程度，與經濟之發展程度，亦與維持世界和平有關係。又一國富源之豐絀，亦有關係。富源豐沃者，對於世界供給較多也。余意國際同盟內代表人數多寡之標準，當有四種：（一）人口之多寡。人口多者，於人類公共生活之關係較多，代表人數，亦當較多。（二）民治主義政治發展之程度。世界平和，與民治發展，關係極密，必須鼓勵。民治程度高者，其國之愛和平亦必較深,故其代表亦當較多。(三)富源之豐絀。富源豐者,其供給世界人類之能力亦較大,故代表亦當較多。(四)貲本之貧富經濟發展之程度。貲本富、經濟程度高者,其供給人類之能力亦較大,故代表亦當較多。依此四標準,以定各國代表之人數,庶乎其公允矣。

難者將謂國際大同盟須有強制之能力,以便處理不服從者,故兵力亦一要素。則答之曰:國際大同盟之以兵力強制執行其決議也,必爲同盟之公共行爲,非爲同盟內一國或數國之單獨行爲,故當有公共之兵力。此公共之兵力,可有兩種:(一)國際大同盟公共之海陸軍;(二)屬於一國或數國之海陸軍而供公共之使用者。國際大同盟之組織,雖不限於強國,而強國當然在其中。強國之軍備,即有可以借用者,不必同盟內皆屬強國,而後方有強制執行之力也。若夫公共之兵力,余意可先以德、奧降伏之海軍軍艦組織之。當余聞德、奧海軍降伏之際,即發生此思想。今聞威爾遜總統,亦具此意,未知他國之意如何。若不以此降伏之軍艦,歸諸公共用途,則應屬何國,亦一易起爭執之事。聞意大利與南斯拉夫國,處置奧國艦隊,即有困難之點,此其一徵也。德、奧兩國之新軍艦,合之亦一強有力之海軍,足以應用。所惜者,中國軍艦,多屬無用;否則就余個人之意,亦可奉贈國際大同盟,爲公共之用也。此公共之海軍,應有使用各國軍港之權。若需一專駐地,余意君士但丁及海參威皆可。此外若欲用中國之軍港,余意中國人民,亦無反對者。惟公共海軍艦員,須以各國之人共同組織之,不當專用一國或少數國之人耳。

此次在京勾留數日,即當赴歐。此行得以親吸歐美之新精神,將來回國時,或能於互助之主義,有所獻替。彼時貴會當更發達,願再聆教。

(1918年12月24—25日《國民公報》)

在國際税法平等會演説詞

(十二月二十七日在上海卡爾登西飯店)

今日承諸君招待,異常欣幸。諸君皆實業界之有力人物,主張一國之平等權利,具足證諸君對於國際團體之觀察,力爭上流,不甘落人之後。

現世界之新潮流,曰國民外交。所謂國民外交者,非多數國民自辦外交之謂也,乃一國外交方針,必以國民之利害爲前提也。昔日政府外交時代,外交方針之立,大抵出於三五人之密謀定計,故往往有窮兵黷武之舉。今則不然,凡國家之發展,應以國民自身利害爲前提。故一國不可妄侵害他人利益,同時亦不可忘一國本身之利益。諸君之發起兹會,即由兹精神而出,此啓超之所極爲感佩者也。

目前外交事項雖多,而關税尤爲重要,以其與實業界最有密切關係也。兹會之發起,由實業界諸君之自覺而生,故兹會謂爲國民外交之先河可焉。請先言外交之大概,然後及夫關税。

此次平和大會中,中國人多謂應有所要求。此言有語病。譬如法、比兩國,當德國侵略之衝,所受損害,不可以數計,又豈復要求權利之所能補償者!如英、美兩國,其壯丁之犧牲財政之負擔,不可以數計,豈復要求權利之所能補償者!各國之戰也,爲正義人道也,爲永久平和也,爲新紀元之進步也。此各友邦所共有之精神也。以各國政府所宣布之條件觀之,一方固在收縮戰事,而他方則在規定將來之國際關係。威爾遜總統十四條之宣言,世界各國所公認爲議和之標準者,即本此以上精神而出者也。以中國地位論,其對於議和之方針,與世界共見者,則在消除一切不平等之關係。而其要義有二:第一,不使中國爲日後戰争之媒;第二,中國應有自由發展之權利。以啓超觀之,中國參列平和會議之精神,不出此二者而已。

所謂不使中國爲日後戰爭之媒者,第一,則打破勢力範圍。勢力範圍起源於德之占領膠洲[州]灣;俄國繼之,而有旅、大;英國繼之,而有威海、九龍。今德國既敗矣,其侵略政策亦告敗矣,然則因德國而生之侵略的原因,當然隨此戰爭而俱終。且膠洲[州]、威海者,吾國之海口也。海口與一國之生存有莫大關係。譬諸塞爾維之擾騷於巴爾幹,其原因爲何?爭 Scutari 海口而已。俄、土屢次之戰爲何?則爭君士但丁堡海口而已。近威爾遜總統十四條中,謂他日波蘭而爲獨立國,當以海口與之,皆此意也。吾國海口爲各國所占,以割據之形式,互相對抗,不惟妨害中國之發達,且遠東之形勢,日陷於危險狀況。故以啓超所見,凡此諸地,中國但願收回以後,作爲各國自由通商之地,並設公共租界。此種希望,決非過分之要求也。

其次,勢力範圍之所表現者,則爲某流域歸某國,某流域歸某國。此與門戶開放機會均等相衝突者也。此等地域上或有文書之約束,如不割讓條約之類,望各國以一種宣言取消之者也。至其表現於事實而最顯著者,則爲鐵路。若資本工程司,原料供給,管理方法,皆以分國之精神出之,成爲鐵路割據之形勢。此亦與中國政治經濟有莫大危險。故以啓超之希望,中國當一方顧全資本國之利益,他方當籌統一之辦法。此中國與資本國兩利之道,所望各國從而贊同之者也。以上所述二事,如租借地、如分占之鐵路如能一律撤銷,則啓超所謂中國爲日後戰禍之媒之危險,或者可以免矣。

所謂中國自由發展之權利者,約有數事:第一,庚子賠款。庚子賠款,其直接原因爲拳匪。而拳匪之由來,即爲德國侵略之反動。當日各國所以要求此鉅款者,隱寓懲創之意。然今日中國排外思想現已消除淨盡,猶復留此莫大負擔,不能不謂各國懲創之過甚。且此款一日未償,實於中國人民之自重心,生一種障害。美國於數年前退回一部,以充教育經費。各友邦有退回賠款之意思者,當不乏。此啓超所日夜禱祝其成爲事實者也。至此款用途,當然用之於教育事業,以教育事業與一國之發達永久之平和其關係至密切也。第二,則爲領事裁判權。此項裁判權,爲不對等之最顯著者。即各國中施行此項裁判者,亦以其行使之不便,而不欲長此保留。即以《馬凱條約》論,各友邦固已表示廢去此項裁判之意矣。以啓超所希望者,非欲立時收回,但能限以年限,將每年應辦事項詳細列表,各事辦成以後,各國應撤銷此項裁判。如是則撤銷有一定期限,而政府之進行,受一種督促,且國民方面,可執此分年籌備表,以責政府之進行矣。

最後則爲關税。諒諸君研究已久,必有詳密之意見。今姑以個人意想,爲諸君言之。現行税率發生於數十年前,當時政府太無關税智識,致頒此項税率。此可謂片面的協定,均一的課税法,乃至物價大變時,亦無變更評價之自由。此與國際平等之原理相去太懸絶矣。諸君之希望關税改正,殆如飢渴。以啓超觀之,中國之所以希望此自由者,絶不含保護貿易排斥私貨之精神。蓋保護之結果,必演爲關税戰争。此關税戰争之慘酷,不讓於武力戰争。此皆過去之習慣,非中國所樂於採用也。且以改正關税之方法,圖增加財政上收入,亦非中國之目的也。所以要求改正者,改今日之均一的課税,而爲分等的公理的科學的税法也。譬之煙酒爲值百抽五,機器亦爲值百抽五,乃爲世界所無之税法。即令改爲值百抽十或值百抽二十、三十,而煙酒與機器同税,亦爲不合理之税法。故啓超所望者,能採各國共通之原則,即爲分等級之税法是也。《馬凱條約》中廢釐金以後,改爲值百抽十二五。竊意應以十二五爲標準率,普通貨物依此爲税率;至於奢侈品,如煙酒税,應在十二五之上,增爲二十五或三十。此二十五或三十之税率,視其他國,不啻甚輕。其他貨物則有值百抽二十者,有值百抽十者,有抽四五者,有抽二三者,乃至如機器之類,一文不抽,亦無不可。總之依貨物之性質而定税率,非爲均一的税率。如此辦法,於各國之商務,不生妨礙;或者某種貨物,以免税之故,進口之數,較前增加,未可知也。且税率稍增,則裁釐後虧欠有可以彌補之途。去年忝長財部時,嘗有所籌備,擬編定一種新關税率,以求各友邦之贊同。以余所聞,政府方針,大略相同,想非久政府或有新税率及詳細説明之發表。而其中決不含有保護政策及圖財政上過分之收入增加,可以斷言也。此項税法,一經改定,決不輕易紛更。且爲防止敵國經濟侵略起見,對於德、奥貨物,尤有特別規定。而此新税率,與裁釐同時並行。依上所云,則關税改正之精神,大略如是。諸君皆以實業爲性命者也,今日爲實業之大障者,厥在釐金。釐金統裁,而關税爲合理的規定,則以中國人與外國人立於自由競争原則之下。以吾國物料之富,勞力之賤,吾國實業之發達,當不落人之後。是在諸君之努力而已。

當此國民外交時代,凡事之行,固在政府;而所以督促政府者,則在國民審察內外形勢，造成健全之輿論，以爲政府後盾。關稅一端與諸君有密切關係，尤望諸君注意其他各事，使國內上下出於一途，此啓超於諸君不能無厚望焉。此遊不過私人汗漫之遊，考察各國形勢，以增長個人聞見；然可以爲諸君爲國人盡力者，當惟力是視。務乞諸君匡其不逮，隨時予以指導，則啓超之幸莫過是矣。

（1918年12月28日《時事新報》）

在上海銀行公會歡迎會之答謝詞*

（十二月二十七日）

　　銀行公會之成立，爲近來最可喜現象之一。但不可即據爲滿足，以天下事物無不在進化之中，銀行公會之前途尚屬無量。即以歐戰終了以後而論，運用金融之方法必推陳出新，日有發明，較諸今日必加倍敏活。吾人苟取而研究之，即取其法則，可較諸歐人更省周折。此一感想也。尚有一端，即金融之力所左右政治是已。前者商人忽視政治，往往爲政府所愚。近來有可喜之現象，即商人對於自身之利害，能詳細打算，自成一勢力，不爲政治所搖動。如北京紙幣停止兌現，而上海猶能獨立，不受支配，即此勢力之明證也。故深希望有職業有實力之人，本其職業上之勢力以左右政治，使之漸趨於良善也。

（1918年12月28日《時事新報》）

---

* 此爲演説大旨。

辭行啓事

啓超等此次赴歐,倉卒登程,所有中外故舊,未及遍辭,臨行又承枉送,亦未及趨謝,毋任惶愧。用特登報道歉,並鳴謝忱。此啓。

張嘉森　丁文江
梁啓超　劉崇傑
　　　　徐新六
蔣方震　楊維新

（1918年12月27日《晨報》）

《中華新武術·棍術科》序

古之戎器,金質與木質並用。劉熙《釋名》:殳長丈二尺而無刃。又曰:剡木傷盜曰槍。載籍武器之"槍"字皆從木,其作"鎗"者則酒器矣。太公《六韜》:天棓柄長五尺。晉宣帝教曰:諸圍上守者皆作棓,人一枝,邂逅衝突,以棓掊之。"棓"即"棒"字。《吳志·賀齊傳》:討黟歙山賊,賊能禁五兵,乃多作勁木白棓破之。《北魏書·爾朱榮傳》:人馬逼戰,刀不如棒。《通鑑·唐記[紀]》:顏慶破蠻,蜀民數千,爭操白棓以助官軍。諸書所語"白棓",即今之棍也。揚雄《反離騷》"棍申椒與菌桂",此"棍"字見經籍之始。《漢書》注:棍,大束也。《宋史·刑法志》：豎堅木，令獄卒跳躍於上，謂之超棍。此猶非兵器也。隋大業末，天下亂，流賊萬人將近少林寺，寺僧將散走。有老頭陀持短棍，衝賊鋒，當之者皆辟易，不敢入寺。乃選少壯僧百人授棍法。唐太宗征王世充，用僧衆以棍破之，叙其首功十三人，封賞有差。用棍禦敵，此爲確證。明清以降，火器繁興，器日益精，技日益拙。以械灌畦，不如抱甕，莊生微恉，知者鮮矣。濟南鎮守使馬君子貞，究心武技，教授兵士，著有成績。其棍法一科，受之保陽平氏，平氏得之南宫孟氏，此少林所語北派家法，授受具有淵源。前過濟南，獲觀操練，超距拍張，俱見精采。所願國中各校列爲課程，使人人有自衛之方，而尚武之精神出矣。抑又思之，泰西火器窮極精利。物窮則返，理有固然。齒以剛折，舌以柔存。倘技擊日精，安知無以柔制剛之一日？知天人消息之微者，或不河漢斯言也。梁啓超叙。

（上海商務印書館 1920 年 6 月再版《中華新武術·棍術科》）

錫蘭風景*

錫蘭爲佛説《楞伽經》處，經本以地得名，吾字之曰楞伽島。島有坎第湖，周遭三里，拔海七千餘尺。吾以夏臘十三夜宿此，天無片雲，步月行歌，繞湖一匝。

（1919 年 2 月 25 日《國民公報》）

---

* 原爲風景明信片，刊出時注："此片係一月十四日梁任公先生由哥崙布惠寄本報者。"

張君勱《英屬馬來及海外中華民族之前途》跋

英人殖民地凡二大別：其一，自治殖民地，如加拿大、澳洲等是；其二，直轄殖民地，如印度及馬來半島等是。南非洲本爲直轄，今則成自治矣。凡各國之初，得殖民地，未有不取直轄統治制者也；而久之，遂不得不進爲自治，則住民智識、能力進步之結果使然耳。美國之於檀香山、菲律賓，或已許自治，或將許自治矣。吾族雖劣下，何至南菲[非]洲玻亞人、檀香山、菲律賓土人之下？特吾民之僑居於外者，有兩大缺點：一則視其地如寄，未嘗爲終身、子孫久居之計；二則在祖國時本馴習於專制政治之下，不知參政權之可貴，僑外者更無論矣。坐此二因，故南洋僑民，雖爲數極眾，且於產業界占莫大勢力，而不免終古爲人奴畜也。近二十年來，志士之游南洋者多矣，其激厲僑民之言論亦多矣，然皆欲勸僑民使有所效於祖國，未有就地使僑民自爲計者。君勱此論，所見敻絕矣。飲冰跋

（1919年2月12日《國民公報》）

與英報記者之談話

今年二月十六日，梁任公先生赴法，道出倫敦，英國倫敦日日電報新聞記者特訪任公先生於旅次，談數小時。是日即揭載在二月十七日該報。

兹覓得原報，抄譯於左：

（前略）先生昨日在倫敦旅次談及中國經濟問題，謂此次由巴黎再來倫敦時，甚望與朝野細談啓發中國富源之事業。並謂中國產物如鐵、煤、煤油等物，皆非得外國資本不能開採。就中煤油一礦，在山西某處已見成效。現在採辦之規模雖小，然其成功已甚顯著云云。

或問先生曰：日本在中國之鐵礦事業上確已得優先權利否？先生對於目下輿論多謂如是，未免言過其實也。日本在中國鐵礦業固未得何等之優先權利，即於他項產業，亦未必然。故吾謂中國尚亟需外國巨欸，以採辦富源。其採辦之法，莫若中外資本家合力經營；投資之法，莫若商辦而直受中國政府之保護云云。又問：中國政府能擔保此項商企業之安全否？答曰：中國版圖如此其大，此次國內之紛爭，直接蒙其影響者，其實一小部分而已，此人多不察者也。雖然，吾非謂國內紛爭不足憂也，但和平恢復，尚可早日期望；且於今日之紛爭時代，在中國版圖一大部分之內商企業，猶能經營而獲利，此亦人多所不察者也。中國需用外欸，不特於上述數種產業而然，即於鐵道擴張及延長之事業，亦無不歡迎外欸。但經營之法，仍須中外合辦。例如外國資本家須荐用工程師，並出資本之一大半，中國資本家則出其餘，而招用工人，選舉董事，則照投資之多寡而定。如津浦及滬寧鐵道借欸之條件，概可準用。鐵道事業之外，中國尚需欸項以修理河道，擴張運河，改良運輸。此種事業為中國甚有利益，亦為人人所切望者也。

商業之發達既能於種種方面改良我國之政治，我國人皆爭先恐後，竭力投資以成其事。試舉中國之預算而言之：去年之不足額至五千萬元之多，若使中國無內閧之憂，則不難漸漸填補。民國三、四兩年歲入曾有超過，但各省不肯解欸，至今數年之久，故不足額積至如是其巨。

中國倘不為勢所迫，而能善用其經費，實不必借用外欸。中國每年之歲入，因軍事而支出者百分之五十，是故吾人於和會內諸項問題之一有特別關心者，即裁撤軍備是也。使我國能將有用的錢財以改良教育、商業諸種事業，當遠勝用於軍備多多矣。

此次之戰爭有二重影響及於我國者，人人未必皆知。此二重影響者，武斷主義之流傳是也。吾人早已以解散無用軍隊為目的，然而解散軍隊，須有職業以安置被裁軍人,毋使遊手好閒,流爲國害。是故吾人甚望商企業改良後,能吸收而用之。吾也尤望巴黎和平會議能以裁撤軍隊一事勸進我國,使我國政府易於著手。要之,中國既非破壞世界之和平者,又非圖謀武斷政策者,其所堅持之希望,實於和平中擴張商業,使此次戰争所摧殘之各國,亦得以擴張其商業。此吾人唯一之目的也。

(1919年4月13日《晨報》)

致汪大燮、林長民電

(對於外交之主張)

譯送汪、林總長:抵英即聞和會已提青島問題。頃抵法,略悉此間經過情形,大致與吾輩在京主張相同,頗爲欣慰。宣戰後,中德條約根本取消,青島歸還已成中德直接問題。日雖出兵,地位與諸協約國等,斷不能於我領土主權有所侵犯,更不能發生權利繼承問題。超在京時,曾將此議向該國外交界要人剴切忠告,不審彼朝野有無覺悟。吾輩着眼,不在歸還之名義,而在主權之實際。膠濟諸路關切膚利害,不能與青島分爲兩案。若再藉口出兵,謂當獲得,試問比、塞將何以報英、法?總之,此次和會爲國際開一新局面,我當乘機力圖自由發展,前此所謂勢力範圍、特殊地位,皆當切實打破。凡約章有戾此原則者,當然廢棄,青島其一端耳。内外當輔,切宜統籌兼顧,進行次第,極當注意。至關税、領判兩事,先此不圖,更無機會,亦斷不容延遲。又裁兵爲救國第一義,國際聯盟草案已列專條。我宜首先自定兵額,誠意勵行,勿待他人越俎。凡此諸端,望政府確定方針,毋辜民望。乞代呈大總統。啓超,二十三日。

(1919年2月28日《晨報》)

覆國際聯盟同志會電

譯送國際聯盟同志會鑒：奉兩電，承以超承乏會長，悚惕之至。當遵會中決議，與各國同志周旋。查三月十日各國此項團體開大會，吾國亦已加入。本會進行，乞時見示。二十五日。

（1919年3月7日《晨報》）

致汪大燮、林長民電

（述在法各情）

轉汪、林總長鑒：超已在此間大報館發表意見數次，且別撰小冊，名曰《中國問題與世界和平》，所鼓吹略如在京原議，惟于山東問題更加發揮。法政府相待極優，各國來賓罕有此待遇。十日後，更有各界歡迎數次，待視察戰綫歸後舉行。此電請轉達同人及仲策。啓超，六日。

（1919年3月13日《晨報》）

致汪大燮、林長民電

（交還青島之對策）

　　轉汪、林二君鑒：交還青島，中、日對德同此要求，而孰爲主體，實目下競爭之點。查自日本占據膠濟鐵路，數年以來，中國純取抗議方針，以不承認日本承繼德國權利爲根本。去年九月，德軍垂敗，政府究何用意，乃於此時對日換文訂約以自縛。此種密約，有背威氏十四條宗旨，可望取消。尚乞政府勿再授人口實，不然，千載一時良會，不啻爲一二訂約之人所壞，實堪惋惜。超漫遊之身，除襄助鼓吹外，於和會實際進行未嘗過問。惟既有所聞，不敢不告，以備當局參攷。乞轉呈大總統。超，十一日。

（1919 年 3 月 22 日《晨報》）

在巴黎萬國報界聯合會歡迎會演説詞

（三月十九日）

　　諸君：鄙人今承我同業諸君招讌法國各界名士及我國政府代表，諸賢皆聚一堂，鄙人不勝榮幸。昔拿破侖嘗稱報界人士爲第四階級，法國向來報界價值之高可以想見，況在今日輿論政治涵蓋世界之時，報館之爲重於天下更豈有量！頃者，幹事長及臨時主席 Gerard 君所説，對於鄙人推挹太過，殊不敢當。

雖然，鄙人半生從事持觚，與報界因緣最深，每晤同業，如逢故人。故今夕之會，實一大紀念，敢披胸臆，略述所懷。

鄙人此次純以中華民國一市民資格出遊，並不帶有何種政府職務。出遊之主要目的，在考察戰後世界文明變遷之跡，以歸餉國民。其中尤有一事極關心者，則戰爭中我友邦所受犧牲，我國民對之常若痌瘝在抱，亟思調查實況，用寄同情。故到巴黎後，席不暇煖，即先馳往戰地視察。承吾國政府派員殷勤招待，予以種種利便，故旬日之間，歷地不少。自蘭士及凡爾登諸地起，次歷洛林州之梅滋，亞爾莎士州之司脫拉堡，乃至來茵河下游我聯軍新屯戍之諸地，皆至焉。處處所接觸，皆予我以極深之印象，今請略言之。吾此行刺激最烈者，則德人殘暴之狀是已。德之殘暴，吾昔在本國閱戰報早已知之。但百聞不如一見，今所見者，其殘暴之程度乃迴出吾意想之外。即如蘭士大教堂之建築及彫刻繪畫，不徒為法國文明之專產，實全世界文明之公產也。而德軍乃以爲目標，專恣礮擊，此非仇視法國，實仇視世界文明耳。其他各戰地，所過皆成焦土，成沙漠，計非百年不能恢復。當戰時兩軍相搏，猶得云無可逃避也，而其中乃多為退軍時所燒掠，是何居心！鄙人因此感覺德國之軍國主義，實世界文明之大洪水，苟任其盡情發揮，恐非將千年來人類公共文明悉數淹沒以盡焉不止也。

既覩魔劫之烈，益感保障之勞。吾於茲役關係最大之凡爾登要塞戰爭，承該要塞司令詳細指述，略聞梗概，覺法蘭西人為全世界文明所盡之力，其豐偉實難計算。吾向讀法國歷史，以爲法人有一種最高尚之性格，其性格為何？即為人類全體幸福起見，即已身蒙莫大之犧牲，亦所不惜是也。此種性格，當百年前大革命時已極力表見，際今茲戰役，而發揮乃益盡致。質言之，則法人受百年不可復之損害，而求以易得全世界百年太平之局也。吾所至，聞有兩語為法人戰爭中所最樂誦者：其一曰 On ne h[l]asse pas! 其一曰 On les a! 吾為加廣義之解釋，前者即防堵魔力不許擾我靈界之義也，後者即人類自由今已復得之義也。法人以非常努力之結果，今已實踐二語，非徒法國之慶，實全世界人類之大慶也。

復次吾此遊，尚有數小事足令我生無窮之觀感者。其一，吾至梅滋時，見中央公園五十年來巍立之威廉第一銅像仆矣，今易以法人。諸君試一猜度，此法人爲誰……玻亞加里耶？否否。克里曼索耶？否否。岳福耶？福煦耶？否否。其人戴平圓之鐵帽，穿淡藍之呢服，背負包裹，胸懸小鐵勳章，而足踏法軍軍胄，吾一望而知爲法國最忠勇之一兵卒Poilu，惟其名則無聞焉。吾惟脫帽致敬，直呼以"法蘭西先生"而已。吾覺此銅像實爲平民精神結晶體之象徵，徘徊其下而不忍去。① 翌日，至司脫拉堡，吾在街頭見一白髮老人，胸佩黑綠綬之紀念章，知爲一八七〇年戰役之軍人也。吾不藉介紹，握手與語，所聞掌故甚多，有一言最激盪吾耳鼓者。彼曰："四十八年來，足跡未嘗離司脫拉堡一步，然未嘗操半句德語出自余口。"鄙人因此類推，覺亞爾莎士、洛林二州，此四十九年中，爲德人所有者不過地圖之顏色耳，其人民之靈魂，非外魔之所能奪也。吾覩此純潔無垢之愛國心所表示，吾於此次戰役法國之地位乃益了解。此等事雖小節，皆令吾畢生不忘者也。

今戰爭告終，而歷史上空前絶後之平和會議開於巴黎。此會議之事業不徒結束戰事而已，實以謀世界永久平和，質言之，則世界再造之會議也。故各國有識之政治家，以國際聯盟之組織爲本會議主題，可謂得其本矣。國際聯盟之理想，吾中國發達甚早。我國當二千五百年前，國内本爲數十小國，與現時歐洲略同。而我先哲孔子、孟子、墨子之談，常以"大同"爲理想的政治，"治國"國(之)上更有"平天下"一段事業。其政論常著眼於人類全體之幸福，與現今各國有名之學者及政治家所提倡實多暗合。我國民久受陶鎔於此種理想之下，酷愛平和出於天性，故今兹聞國際聯盟之成立，全國人皆以高度之熱誠迎之。法國民以自由、平等、同胞之三大主義爲立國精神，而國際聯盟實此三大主義發展之極則。吾知法人之樂贊厥成，其殷摯必倍於吾人矣。頗聞法人中一部分，謂求國基之安全爲第一義；以余所見，則欲達安全之目的，實以國際聯盟爲最良手段。若然，成立一強有力之國際團體，而以此團體之強制力，使德國不復成爲軍國，則法國最大之安全何以加兹？豈惟法國，即各國之謀安全，皆當由斯道矣。

歷觀歷史上戰事，大率起於弱國而牽及強國，故弱國地位得公平之保障，實維持世界平和之最要條件也。我國前此因政體不良，馴致積弱。今甫經改

---

① 此句原有缺字與誤字，據5月26日《晨報》改。

革，元氣未復，其爲弱國，無可諱言。然前此交通未便，我國去世界政治中心稍遠，故其影響不及於歐美列強。自德人占領膠州以來，中國問題始成爲世界問題矣。山東爲我國之耶路撒冷，而其地勢橫亙南北，握全國之要樞。德廢皇威廉第二藉口於二教士之被害，遂強占以爲侵略遠東之根據地，吾國憂患實自茲始。今以我友邦之力，將此根據剗去，實吾國人所同籾感也。雖然，若使德人侵略所得之遺產，復有一國專起而繼承之，則拒虎進狼，隱患滋大。此種危機，不趁此時設法消弭，則不出十年，遠東問題必爲第二次世界大戰爭之媒，吾敢斷言也。又祕密條約爲外交上一種魔道，於公安最爲妨礙。現代公明之政治家，皆看破此點，故國際聯盟憲典草案，關於密約之檢制已有專條規定，此吾所深佩者也。然尤屬望者，其效力不僅防止將來，而且溯及既往。無論何國，其雙方所締密約，或貽一方以危險，或貽第三者以危險，皆當設法矯正。此實今茲平和會議最重要之一責任，吾敢斷言也。我國前此因與世界遠隔，凡百習守故常，其與各國交涉，多立於被動地位。今我國民已漸覺醒矣，此次參戰，即我國民自進而與各國共同活動之一好證據。此後我國民將益以自動之精神，圖自發之實效，吾敢信吾民並非無此能力。此能力發揮之後，以吾國之地大物博，其所以貢獻於世界，爲人類全體文明之補助者，必且甚多。雖然，凡舊現象足爲我自發之障礙者，不可不先排除之。此排除障礙之業，當由我國民自己努力，固無待言；然仰助於我義俠之友邦者，亦正多焉。法國爲共和之先進國，以國體論，實與我爲兄弟之邦。吾信法人對我必有十分同情也。

　　吾今以極誠懇極愉快之意，致謝我同業諸君及政學商軍各界名流。祝法國國運日隆，我兩國邦交日篤，並祝世界永久平和實現，一切幸福，與諸君共之！

（1919年5月22—23日《時事新報》）

中國與列強在遠東政治關係上必要之更改*

德國之武力主義失敗後，應使各國皆有正當自由之生存，中國不能獨外也。中國已有決心盡其應盡之力，以扶助增進人類全體幸福之事業，而在國際聯盟中，爲一有名譽之會員。中國爲其自由圓滿之發展起見，當要求撤銷發展上之阻力；一爲收回租借地。租借地始於德人之占膠洲[州]灣，他國繼之，以保均勢。今國際聯盟成立，"均勢"二字已無意義矣。二爲撤廢勢力範圍。勢力範圍原於鐵道，外人在中國鐵道，祇得有商業經濟之利益，不得有政治之意味。第三，修改關稅。中國現行稅則不合科學原理，必須修改。中國非欲行保護政策，但望按公平之理制定稅則耳。

膠洲[州]灣德國奪自中國，當然須直接交還中國，日本不能藉口犧牲，有所要求。試問英、美助法奪回土地，曾要求報償耶？膠洲[州]灣關係中國之生存，極爲重要。中國問題較和會中之多數問題爲重，爲公理及將來世界和平起見，皆當詳考中國之希望。必以公平之心了解中國之希望，而以公正之法解決之，然後和平可以公正而永久也。

(1919年3月30日《晨報》)

---

* 此爲梁氏1919年3月9日在《巴黎時報》所刊同題文之大意。

致外交部轉汪大燮、林長民電

外交部轉汪、林總長：閲戰地歸，連日各界招待，今日謁威總統，談極快。轉各報。超，二十五日。

(1919年3月31日《晨報》)

致《字林報》闢謡電*

謡傳鄙人所持意見與我國代表正式提出者不同，此種無稽之談，意在使外人以爲我人於此重大事件意見誤歧，故特力爲辯正。倘蒙刊載此電，無任感盼。按：中國提出於和平會議之要求，鄙人皆熱誠贊助。行將以鄙人在此間發表論著、演説及談話稿送上，藉以證明謡傳之誣也。

(1919年4月15日《時事新報》)

---

* 此爲梁啟超1919年4月11日自巴黎來電。

致汪大燮、林長民轉上海商會暨商團聯合會電

　　轉汪、林總長新十碼轉電上海商會暨商團聯合會：接來電駭異，諸公所責，不勞申辯。僕在此所主張，曾著成小册，譯英、法文，印布數千，中外共見；又曾在萬國報界歡迎會席上演説兩小時，中外共聞，演説詞由顧使譯印分送。此等文字，不久當可寄到，可以令全國人知僕在外所作何事也。僕此行雖以私人考察，然苟可以爲國家雪恥復權者，不敢辭匹夫之責。山東問題，國命所關，痛陳疾呼，不待言矣。他若南滿洲、高徐、順濟諸路當如何規復，關税、領事裁判權諸大問題當如何貫澈，僕鼓吹輿論，惟力是視。至謡謗之來，確有人橫造蜚語，挾私傾我。誰實嗾使，未便質言。僕言論行事，爲世所共見聞，百千蜚語，於我何損？惟惜有責任之人，傾其精力，用於内訌，出此下策，爲可痛耳。諸公萬里之外，不分情實，本愛國之誠，爲投梭之怒，亦無足怪。然安能以一二宵小所造蜚語，遂以賣國誣人？今和議瞬息告終，外交究竟有無把握，諸公若誠憂國，内之宜要求政府速廢高徐順濟路約及其他各項密約，使助我者易於爲力；外之宜督促各使通盤籌劃，互示意見，對外一意鼓勇，進行關税、領事裁判權等事。失此好機，後將無望，尤不容泄沓偏廢。若僕者，常率吾國民天職，爲國盡力，不煩忠告也。梁啓超，十二日。

（1919 年 4 月 20 日《晨報》）

致林長民並國民外交協會電

（主張先廢高徐順濟路約）

轉林宗孟先生，轉外交協會張、熊、王、范、莊諸公：電敬悉。和會內情，向未過問，惟知已提者似僅山東問題。當局與各國要人曾否切實接洽，探察各方面情形，不無疑慮。此間議論，"二十一條"共知爲被逼，而高徐順濟路約，形式上乃我自動，不啻甘認日本襲德國利權爲正當。去年九月，德國垂敗，我國因區區二千萬，加繩自縛，外人騰詆，幾難置辯。現最要先廢此約，務請力爭。外間頗傳專使頻以細故，多生意見。吾儕責望當局縈切，但盼傳聞之誤。除與陸使晤談較多，其餘未嘗聞問。惟謹慎著論、演説，歷訪要人，所言悉如尊旨。私人後援，惟力是視。現有人方搆與事實相背之謡以誣我，坐是更不願與聞局中事。承囑代表貴會，愧難如命，但已引伸尊旨，迭與顧使談及。啓超，十六。

（1919 年 4 月 23 日《國民公報》）

致汪大燮、林長民轉國民外交協會電

汪、林兩總長轉外交協會：對德國事聞將以青島直接交還，因日使力爭結果，英、法爲所動。吾若認此，不啻加繩自縛。請警告政府及國民，嚴責各全權，萬勿署名，以示決心。啓超，二十四日。

（1919 年 5 月 2 日《晨報》）

呈大總統徐世昌電

汪、林總長代呈大總統鈞鑒：聞北京學界對和局表義憤，愛國熱誠令策國者知我人心未死。報傳逮捕多人，想不確。爲禦侮拯難計，政府惟與國民一致。祈因勢利導，使民氣不衰，國權或有瘳。啓超叩。

（1919年5月23日《晨報》）

致汪大燮、林長民轉南北當局諸公電

（請速泯内争合力對外）

轉汪、林總長請轉南北當局諸公鑒：和約拒署，表示國民義憤，差強人意。然外交方益艱鉅，全國一致對外，猶懼不濟，若更擾攘分崩，不亡何待！啓超在歐數月，每遇彼都人士以内亂情形相質，則若芒刺在背，不知所對。外交失敗以來，相愛者咸冀我因此刺激，速弭内訌，以圖外競，庶助我者得以張目。今滬議杳無續耗，大局益趨混沌。循此以往，豈惟今茲所失規復無期，竊恐有人藉口保安，稱兵相壓，愛我者亦無能爲助。中國人如重洋遇颶，遠援無補，出入生死，純恃自力。若再操戈舟中，只有同歸於盡。當此存亡俄頃，有何嫌怨之不可捐，有何權利之復可戀？諸公之明，甯見不及此！伏望本熱誠交讓之精神，快刀斷麻，迅謀統一，合全國智力，謀對外善後，則失馬禍福，蓋未可知。若長此爲意氣之争,結果祇同歸於自殺,國家固已矣,諸公亦何樂焉?萬里驚魂,垂涕而道,伏惟垂察,以惠我民。梁啓超叩,七月一日。

(1919 年 7 月 14 日《晨報》)

與梁啓勳書*

仲弟鑒:半載無書,知觖望者不獨吾弟也。淹法三月,昨日復來英矣。今日最稱清暇,草草寄此紙。地遠訊疏,殆恒情耶?默計一書往復,例須三月,甫執筆而興已減。吾書固稀,弟亦不數,餘親朋幾無一字,以云觖望,彼此均也。而此間之忙,又爲乏書之最大原因,弟宜察之。

今當首述吾四月來之狀況,以慰遠懷。簡單言之,則體氣日加强健,神志日加發皇也。起居雖非嚴格的有節制,然視國内生活,較有秩序,運動及呼吸空氣時較多,故體胖而顔澤。最近影相,曾次第奉寄,試以較去歲病後所影,殆如兩人矣。至内部心靈界之變化,則殊不能自測其所屆。數月以來,晤種種性質差别之人,聞種種派别錯綜之論,覩種種利害衝突之事,炫以范象通神之圖畫彫刻,摩以迴腸蕩氣之詩歌音樂,環以恢詭葱鬱之社會狀態,飫以雄偉矯變之天然風景,以吾之天性富於情感,而志不懈於向上,弟試思之,其感受刺激宜何如者!吾自覺吾之意境,日在醖釀發酵中,吾之靈府,必將起一絶大之革命。惟①革命産兒爲何物,今尚在不可知之數耳。

數月來主要之功課,可分爲四:一曰見人,二曰聽講義,三曰遊覽名所,四曰習英文。

法國方面之名士,已見者殆十之七八,最多見者則政治家及哲學、文學家

---

* 原刊題爲《梁任公先生之家書》。
① 原連上作"革命性",據《梁啓超年譜長編》(上海人民出版社 1983 年版)改。下凡此不再注。

也。政治家除專制怪杰之克里曼梭外，殆皆已見。(克氏專派一屬員來相接待，惟兩度約見，皆以忙而訂後期，大約此人須待彼下野後乃見矣。)法之政黨以十數，自極右黨至極左黨，其首領皆已見。覺氣味最好者爲社會黨，次則王黨，次則天主教黨，所謂溫和共和黨急進共和黨者，最占勢力，而最爲無聊。中庸君子之性質萬方同概也。

學者社會極爲沉瀣，第一流之哲學家三人，皆已見，且成交契。其文學家則第二流者略已見，最著名之兩人，以不在巴黎，未獲見，將來必當見也。巴黎人最富於社交性，每赴茶會一次，可以得友無算。吾於其他茶會多謝絶，惟學者之家，有約必到，故所識獨多。若在淹留半年，恐全巴黎之書呆子，皆成知己矣。

所見人最得意者，有二：其一爲新派哲學鉅子柏格森，其二爲三國協商主動人大外交家笛爾加莎。二人皆爲十年來夢寐願見之人，一見皆成良友，最足快也。笛氏與克里曼梭兩雄相厄，今方爲失敗者。然其人精悍諳練，全法之政界殆罕儔匹，將來必有活動無疑。彼之外交，精通歐洲情狀，而對於遠東實多隔膜。他日再見，當有以進之。

吾輩在歐訪客，其最矜持者，莫過於初訪柏格森矣。吾與百里、振飛三人(先)一日分途預備談話資料徹夜讀其所著書，橫[擷]擇要點，以備請益。振飛翻譯有天才，無論何時，本皆縱橫自在，獨於訪柏氏之前，戰戰慄慄，惟恐不勝。及既見，爲長時間之問難，乃大得柏氏之褒歎，謂吾儕研究彼之哲學極深邃云，可愧也。吾告以吾友張東蓀譯彼之《創化論》，已將成，彼大喜過望，索贈印本，且允作序文。乞告東蓀，努力成之，毋使我負諾責也。

除法人外，則美國人最多見，五全權已見其四(威爾遜、蘭辛、豪斯大佐、槐德)。惟英人甚寡緣，其要人皆未得一面也。

此外小國名士，見者甚多，希臘各當局尤稔熟，因歸途決欲游雅典，特與結驩也。芬蘭、波蘭人極力運動我往游彼國，然交通太不便，未必能成行。

游歷地方頗少，初到時，曾以十日之力，游戰地及萊因河左岸聯軍占領地，其後復游北部戰地，又一游克魯蘇大鐵廠。除此三次外，未嘗出巴黎一步。將來法國南部農工業最盛處，非游不可。惟在法游歷，有一難題，因其政府招待太殷勤，每來一次，必派數員隨伴，且旅費皆政府供給，吾受之滋愧，因此頗沮游興也。

　　住巴黎雖數月，然游覽名勝頗少，因每日太忙。惟來復稍得休暇，則盡一日之力以流連風景，故所得殊少。其間有可特別相告者三事：其一，游隧道，內陳髑髏七百萬具，皆大革命時發掘累代古墳，羅列此間者，當為世界獨一無二之壯觀，入之勝讀佛經七百萬卷也。其二，游盧騷故居，即著《民約論》處。其闇人言亞洲人來游者，以吾輩為嚆矢也。其三，有一七十八歲之老女優，當拿破侖第三時已負盛名者，多年不登場矣。某日為一文豪紀念，特以義務獻技。其日吾本約往參議院傍聽，臨時謝絕改往聽之，因得一瞻西方譚叫天之顏色，實此行一段奇事也。

　　又曾乘飛機騰空五百基羅米突，曾登最大之天文臺，窺月里山河、土星光環，此皆足記者。至於博物館、圖書館、美術館等，皆匆匆一覽而已。最苦者每詣一處，其政府皆先知照該館館長職員等全部作官樣迎送，甚感局促也。

　　生平不喜觀劇，弟所知也，至此乃不期而心醉。每觀一次，恒竟夕振蕩不怡，而嗜之乃益篤。雖然，為時日所限，往觀尚不逮十度也。

　　吾在此發憤當學生，現所受講義：一戰時各國財政及金融，二西戰場戰史，三法國政黨現狀，四近世文學潮流，即此已費時日不少矣。其講義皆精絕，將來可各成一書也。他日復返法，尚擬請柏格森專為我講授哲學，不審彼有此時日否耳。

　　此行若通歐語，所獲奚啻十倍！前此蹉跎，雖悔何裨，今惟汲汲作補牢計耳。故每日所有空隙，盡舉以習英文，雖甚燥苦，然本師（丁在君）獎其進步甚速，故興益不衰。

　　吾弟讀至此，則吾每日之起居注，可以想像得之矣。質言之，則數月來之光陰，可謂一秒一分，未嘗枉費。所最鞅鞅者，則中國人方面之拜往寒暄、飲食徵逐，奪我寶貴時間不少，此亦無可如何也。弟察此情形，則我書問稀闊之罪，當可末減耶。

　　所最負疚者，此行於外交絲毫無補也。平情論之，失敗之責任，什之七八在政府，而全權殊不足深責。但據吾所見，事前事後，因應失當者，亦正不少。坐視而不能補救，付諸浩嘆而已。

　　三四月間，謠言之興，懸想吾弟及同人，不知若何怫怒。邇來見京滬各報為我訟直者，亦復多方揣測，不得其真相。其實此事甚明瞭，製造謠言只此一處,即巴黎專使團中之一人是也。其人亦非必特有所惡於我,彼當三四月間興高采烈,以爲大功告成在即,欲攘他人之功,又恐功轉爲人所攘,故排亭林,排象山。排亭林者,妒其辭令優美驟得令名也;排象山者,因其爲領袖,欲取而代之也。又恐象山去而別有人代之也,於是極力謀毀其人,一紙電報,滿城風雨。此種行爲鬼蜮情狀,從何說起? 今事過境遷,在我固更無勞自白。最可惜者,以極寶貴之光陰,日消磨於内訌中,中間險象環生,當局冥然罔覺,而旁觀者又不能進一言。嗚呼! 中國人此等性質,將何以自立於大地耶?

最近尤有極可笑之謠言,謂我已與法人集一大公司辦礦,吾聞之真受寵若驚。然巴黎、倫敦之中國人皆信之,彼輩蓋并法國限制資本出境之禁令,亦不知也。嗚呼無常識至此,真可憐愍!

吾到歐未嘗作一文,實無以對志先、東蓀諸君,惟以忙求諒而已。日記極凌亂,且不過簡單摘要備忘,非俟歸後不能補綴整理也。且當思想變化發酵之際,殊不欲輕於下筆也。

旅英約一月,尚思游北歐及東歐,惟交通極不便,恐難成行耳。法國尚擬住兩月,稍爲深邃的研究,歸期總在歲杪。

項決定購置圖書若干,歸而庋之北京,供同人流覽之需。已定雜誌若干種,按期寄弟處,請保存之。欲言尚多,姑止於此。六月九日。

(1919年8月23—24日《晨報》)

英國對華貿易觀

梁先生此文,係用英文著作,曾載入倫敦《泰晤士報》八月九日經濟增刊(*The Times Trade Supplement*)。本文即從該報譯出。 記者附誌

近項以來,英人爲恢復國内元氣計,朝野上下,無不心營目注,力謀出口貿

易之擴張。如小亞細亞,如巴爾幹,如新獲之諸殖民地,皆其視線所集,認爲宣洩商品之尾閭者也。雖然,於此尚有一市場焉,彼英人涉足最早,銷路最大,發展亦至易易,而英人視之轉覺淡焉若忘者,非中國也耶?中國人民之衆,物產之富,世所盡知,無庸贅陳。今第舉戰前三十年來之貿易,摘其統計,列表如左,以資吾人之探討。

華洋貿易數額表(以百萬兩爲單位)

年份	進口	出口	總數
一八八三年	七三.六	七〇.二	一四三.八
一八九三年	一五一.四	一一六.六	二六八.〇
一九〇三年	三二六.七	二一四.四	五一四.一
一九一三年	五七〇.二	四〇三.〇	九七三.二

觀此,可知每閱十年,則中國商務增加一倍;三十年來,貿易額已共增七倍,進步不可謂不速。雖然,此種進步,可謂已臻極度乎?吾人對之,亦已躊躇滿志乎?他不具論,今但舉日本對外貿易冊,略一檢閱,即可知其不然已。

日本對外貿易表(以百萬兩爲單位)

年份	貿易總數
一八八三年	四四.七
一八九三年	一二二.七
一九〇三年	四一八.四
一九一三年	九三九.二

右表,日本所增,遠不止七倍,而爲二十有一倍。且以一九一三年國民平均所佔之貿易額言之,中國每人祇二兩四錢四分(是時約當八先令),而日本則爲十八兩零四分(是時約當六十先令),然則中國商業之發展,豈可謂不遺餘力,無復擴充餘地乎?查一八八〇年,全國進口棉貨,其總額爲二千三百四十萬兩,一九一三年,爲一萬八千二百四十萬兩,即當三十年前之八倍有奇,然而國民之消費額,每人平均仍祇一先令有半;而同年印度之消費額,乃爲每人二先令零十分之八。又火油進口,一九一三年,爲一萬八千四百萬介倫,平均攤算,每人每

年，不足一介倫之百分四十六。此進口貨未發達之明證也。出口貿易，首推絲棉。生棉出口，一九一三年，印度爲五十萬噸，美國爲二百萬噸，而吾中國祇五萬噸。絲之出口，同年中國爲八百五十萬基羅格蘭姆，而日本轉有一千二百萬之多，其視中國，約超過三分之一。此又出口貨未發達之明證也。由是觀之，中國實業，實完全在幼稚時代，發揮光大，全在未來，過去所增，特其發動之初步焉耳。如英國者，三十年前，中國貿易在其掌握中者，約居百分之四十三；嗣後漸次跌落，至一九一三年，竟減至百分之二十四。然則遠東商務之不振，匪特吾華人爲未盡厥職，即英商亦與有懈弛之責已。

夫華人靈敏耐勞，其能力不下於日本；且原料豐富，人工低廉，此二點皆優於日本遠甚。而中日商業之進步，竟相去懸殊，不克爲正比例之增加，此何以故？曰交通機關之缺乏，關稅制度之不良，實爲其二大主因。

交通機關，中國近漸知注重。國內鐵道，除已成者不計外，就現在論，其在擬議中者，約長四千英里，其在建造中也，爲六大幹線，約長四千五百英里。此等計畫，一經竣工，將來路線當增一倍又十成之三，其便利商業之功效，自非淺鮮。且非獨路成後爲然，即在建築時期，若材料，若機器，此項物件，大半爲中國所無，即不得不求諸外洋。今假定每年所築爲六百英里，每英里之建築費設備費，平均爲一萬二千鎊，則每年所費，當需七百二十萬鎊之鉅款。此項鉅款，誠非盡用於購置，然流諸外洋者，至少當有全額之三分之二，此可斷言者也。抑猶有進者，以中國幅員之廣，路線之長，築路工程，斷非咄嗟所能竣，其對於材料機器之購置，亦斷非一時的現象。假使待築之路爲三萬英里，其建築時間已非四十年不辦。而吾所謂三萬英里者，猶不能不謂爲最低之估計。蓋以人口比例之，每萬人尚祇一英里之百分七十五；以面積比例之，每千英方里，尚祇七英里又十分之一也。

關稅問題，爲今日中國最難解決之問題，亦即中國商務上最大之障礙。溯自一八五八年以來，現行協定稅則，提出修正者，前後祇兩次（一在一九〇二年，一在一九一八年），且即此兩度之修正，亦僅僅於從量課稅之貨價上，粗有所更易，而值百抽五之原則，迄無絲毫之變動。一九〇二年時，英、美、日本與中國重訂商約，訂定中國如裁撤釐金，則此三國允加關稅至一分二釐半，即值百抽一二.五，但爲須得締約各國全體同意之條件所束縛，此約竟不能實行。

第二次之修正,以在歐戰時期,無由得適當之物價,故新修正之稅則,亦只能暫時行用,俟歐戰終了後二年,尚須加以修正也。

何云乎此項稅則,予商務上以重大障礙也?蓋由不分奢侈必需等品級,一律值百抽五故。此等辦法,揆諸租稅原理,最為不公。譬如煙草酒類,其性質上本應重征者,各國對於此項之稅率,有征至值百抽八十者,(美國)有征至原值一倍者,(英國及其他數國)其於國家收入上,莫不視為重大之稅源。而中國獨不然,一九一三年之歲收,兩項合計,不過八十萬兩,祇居全國進口稅額二十分之一,蓋猶是值百抽五而已。他若棉花等原料進口,通例本應免稅,而在中國則與煙酒等受同等之待遇,一律須納值百抽五之進口稅。故中國紗商如欲輸入長條棉花與本國花混用,以期造成上等棉紗者,按稅則每包須納稅一兩八錢。造紙廠買入木酥時亦然,洋燭廠買入油蠟,玻璃廠買入蘇打,火柴廠買入燐質及他種化學品,各廠家買入機器時,亦莫不皆然。此其禍之直接中於工商業,並間接及於國家財政者,直不可以言語形容。蓋成本既重,售價自不能不貴。售價既貴,尚安望其能與自由輸入之日本競爭耶?

關稅而外,其次所當論者為釐金。釐金之制,肇於洪楊之役,在當時原不過為一種軍興之臨時稅,而收額鉅大,地丁鹽稅而外,無與倫比。軍事告終,此稅遂不能遽裁。政府為國庫收入計,且節次添設,稽征日密。至今日凡城廂市鎮,水陸要衝,已無不有釐卡之分設。論其稅率,初辦時祇抽一釐,即值百抽一,為數原不為過重;但每過一卡,即須加抽一次,所過愈多,所抽愈重,故沿途併征之結果,其數亦至為可觀。若現行稅率,雖各省自為風氣,並無劃一之標準。核其明文所定,至少已抽三釐,最多乃至六釐。而其他如河工捐公益捐等名目甚眾,尚須釐金之一倍或四分之三,必須附帶征收,尚未計算在內。故今日實征之總額,已在六釐或一分之間。更加以局員非法之需索,與通過鄰省時加捐之稅額,則貨物到達,非征至值百抽二十以上不止。此猶就金錢方面言之也。每經一卡,須經一次之驗看。驗看一次,留難一次,此其阻礙商業,亦何遽在苛稅之下乎?

如上所論,足知中國今日,蓋有兩種不良之稅制:一為釐金,一為關稅。此兩種稅制,於商務上均有莫大之弊害,此為世人所盡知。惟其弊害之原委若何,或未為人人所詳悉,爰再進而一究其內容。凡研究中國商務問題者,不可不知中國境內,有有約口岸與內地之區別。蓋此兩種區域,雖同屬中國之境界,而所行稅制,截然不同也。其所稱內地,並非即中國腹地之謂,按法,凡未經開放作爲商埠之區,雖沿海地方,性質上猶是內地。反之有約口岸,亦有深入內部,不盡沿海臨江者。今中國此等口岸,凡七十餘處,大都在長江流域。其人口約一千二百萬,居全國人口額百分之三;其面積約一萬四千方英里,當中國本部百分之一,民國全部千分之五弱(假定各口岸之面積爲二百英里)。而全國商務之菁華,莫不薈萃於是。凡洋貨來華,首須從此等口岸經過,納值百抽五之關稅,然後開始發賣,或分銷內地。但運入內地時,沿途釐金,尚須另抽,或總納一次之子口半稅亦可。按子口半稅爲二釐半,即值百抽二.五。納此稅是除落地稅外,不再抽任何之捐稅。故路途遠者,多納子口半稅,以比較的或稍輕減也。

　　由是觀之,中國進口稅率,表面上雖定爲五釐,合以運銷內地之稅,實際已增至一分七釐半,即值百抽十七.五。現行稅則,既無奢侈若必需等品級之分別,而粗棉紗、原細布、原粗布、原細斜等,又爲內地所通銷,則是大宗洋貨,皆將膺此重征也。就人口論,有約各口統計祇一千二百萬,居全國百分之三。此百分之三之人口,其銷費洋貨之量,能有幾何?至多不過金額四分之一耳。今假定各口附近地帶,人口四千八百萬(即居全國人口百分之十二),亦銷去全額四分之一,所餘尚有一半,不能不運往內地。運往內地,不能不征至一分七釐半。此種事實,與進口貿易之影響若何,蓋可以數字表明之。查一九一三年,全國進口貨價額,爲五億七千萬兩。以匯價六先令計,約當英金九千六百萬鎊。今即以此數按人口稅額,市場遠近,草擬一表如下:

	有約各口 (人口一千二百萬)	各口附近地帶 (人口四千八百萬)	內　地 (人口三億四千萬)
消費總數	二千四百萬鎊	二千四百萬鎊	四千八百萬鎊
每人消費量	四十先令	十先令	二先令十辦士
應征稅項	關稅五釐	關稅五釐 釐金六釐至一分六	關稅五釐 子口半稅二釐五

負擔總數	值百抽五	值百抽十一至十五	落地稅六釐至一分 值百抽十三.五 至十七.五

洵如斯表，則同一國民之消費力，在口岸爲四十先令者，至內地當減至二先令十辦士。而捐稅之重，則自值百抽五而抽十一、抽十五、抽十七.五，乃與道路之修短成正比例。夫道路遠，則水腳大；水腳大，則成本貴。政府不加體恤，以促商務之發達，而轉課以比例俱長之重稅，寧非故桎洋貨於口岸，使不得溢入內地耶？夫內地人口三億四千萬，佔全國人口百分之八十五。但使於進口貨，每人每年，多一先令之購入，其消費額，已達一千七百萬金鎊。然則中國未來之商務，其希望全在於內地，此理又甚明瞭也。

出口貿易，與進口情形同。土產出口，必須向有約口岸報關納稅，從該口裝輪起運。故使此項土產，即爲該口本地之所出，祇須納五釐關稅已足；苟其不然，則沿途釐金，愈抽愈重，其結果必有多數土產，坐是不能出口者。

欲矯上述諸弊害，不能不從速裁撤釐金；欲從速裁撤釐金，不能不爲中政府另籌收入《馬凱條約》，裁釐加稅之預約，即爲此事實行之見端。然預約日久而實行無期，其間蓋有兩重之困難：一爲難得各國全體之同意，此事德國首先反對，其他數國繼之，事實上遂無從進行；一爲加稅所得，不敵裁釐之所失，中政府遽失大宗之稅收，尚未籌有相當之抵補。今將釐金收入總額，列表如左：

（一）釐金收入（即除去征收費者）　　　　　二六,〇〇〇,〇〇〇兩
（二）常關收入部分　　　　　　　　　　　　六,〇〇〇,〇〇〇兩
（三）附征雜稅　　　　　　　　　　　　　　九,〇〇〇,〇〇〇兩
總計　　　　　　　　　　　　　　　　　　四一,〇〇〇,〇〇〇兩

如上表，可知裁釐所失爲四一,〇〇〇,〇〇〇兩。而按照一九一三年全國進口稅，加一倍半估計（即值百抽一二.五），不過二八,五〇〇,〇〇〇兩。從此款更除去現行之子口半稅，則加稅所得，祇二六,〇〇〇,〇〇〇兩耳。

然則內地釐金，遂可保持不裁乎？此又不然。中國今日，不惜巨大之犧牲，以謀商業之便利，此予所敢深信者。今於此項問題，尚不免有多少疑慮者，獨有洋商方面耳。洋商何以懷疑？其意以爲進口稅及子口半稅兩項合計，名

義上雖爲七釐半，而征不足數，其實征不過五釐，加稅之後，在外人或反爲不利。此大誤也。須知洋貨稅項，不止釐金一種，其他尚有一落地稅在。其關於釐金者，固可以子口半稅單代替之，而落地稅之征收，則概在貨物到達以後。夫物既到達，不能保其不卸裝轉口；卸裝轉口，即不能保其不另行征稅，故五釐之説爲不足信。或又謂加稅之後，中國釐金，是否能悉行裁去，尚屬疑問。是説也，亦未始無法以處之。其法維何？即分期辦理是已。請一陳其概略：

今假定裁釐時期爲四年，每年裁去釐局四分之一，則可先將全部洋貨亦分爲四大類。譬如第一年先裁甲類釐局，甲類貨物改用新訂之稅則，其餘乙丙丁三類抽釐如故，沿用現行稅則亦如故。至第二年，乙類釐局裁撤，乙類貨物即相繼遵用新稅則。第三、四年裁丙丁兩稅時亦然。如此辦理，不特加稅之後，釐局果否裁撤，不難予人以共見共聞；即於國家財政上，以逐年減少之故，亦不至生急劇之變動。便宜之計，無逾於此。

然此但就《馬凱條約》所許範圍言之也。此等範圍，既無何等分類之稅率，其結果徒足以阻原料及機器等之進口。然則原訂之值百抽十二.五稅率，吾人雖不欲輕有所更改，而在此值百抽十二.五之稅率內，要不可不有相當之變通。如奢侈各品，必須加征若干，以加征之故，於進口商亦未必有若何影響也。一八八七年，重征煙片稅，而煙片業轉盛，此爲絶好之例證。吾意進口各貨，大略當分爲五[三]類，而各予以一適當之稅率：其中百分之五十，宜按《馬凱條約》所訂一二.五抽稅；百分之二十五，須減至此數以下；而其他百分之二十五，則必須增至一二.五以上，二五（即值百抽二十五）以下。此等稅率，較之各國，相去猶遠，於洋商決無何等之不利；而政府藉此已可稍減機器原料之進口稅，以略施其獎勵實業之政策。夫中國實業之發展，表面雖爲吾華人之利；而國力日富，購買力隨以俱強，其銷費洋貨之量自相將俱長。況中國進口，大部份俱來自英國。此種減稅政策，不啻爲英國貨物削減售價，以推廣其銷路，其於增進中英商務之功效，顧不大耶？

（1919年10月《銀行周報》第120號）

歐遊抵滬與記者之談話

（三月五日於黃浦碼頭）

（記者先詢對於外交方面之意見，梁先生曰）予初履國土，即聞直接交涉之呼聲，不勝駭異。夫既拒簽於前，當然不能直接交涉於後。吾輩在巴黎時，對於不簽字一層亦略盡力，且對於有條件簽請說亦復反對，乃有不簽字之結果。今果直接交涉，不但前功盡失，並且前後矛盾，自喪信用，國際人格從此一墜千丈，不能再與他國為正義之要求矣。其間最足惑人聽聞者，為英法感情說，以為提出聯盟必大傷英法感情，此說實不值一笑。殊（不）知和會與聯盟完全不同，和會代表各國，聯盟則為國際之一共同機關。和會猶如省議會聯合會，而聯盟則參議院也。雖同由省議會選出，其性質不同。聯盟既為超然之一機關，當然不能以一二國之感情為本位。且訴諸聯盟與退交和會不同，當然不傷英法感情。雖訴諸聯盟，得勝與否，仍在未可知之數。然吾輩果以此問題引全世界人之注意，將來必有好影響。天下惡事必與祕密相伴，愈公開則正義愈明。一國之政治能公開於全國人，一國之外交能公開於全世界，則流弊自然減少而至於無也。

（記者又叩先生歸後對於社會將從何方面盡力，梁先生曰）去國一年餘，對於國內情形頗不明瞭，惟對於此種狀態亦不願加以考究。決定對於現實的各方面（尤以政治方面為最），皆一概絕緣；而對於各方面的黑暗，則由個人良心為猛烈的攻擊。暫時如此，以後研究有得，再擬定建設方針，供國人之採擇。

（1920年3月7日《時事新報》）

在南通之演説[*]

(三月九日在更俗劇場)

今日到中國自治發源之地,莫大榮幸。在歐一年中,每到一處,輒想及南通,是以返國後即來遊。何以亟欲遊(南)通?外國能有良好之成績,可歸功於自治兩字。聯邦不必論,即單一國家如英、法,亦不外本地人管本地事,併要管得好之一義而已。各將本地事辦好,乃有共同之事,可聯合各單位以共行之,於是成一泱泱大國。余歐遊之後,始知歐洲各國之根本,在各地方之自治。張季直先生嘗戲言其主義爲村落主義,余初亦未嘗不腹誹之。今乃知中國倘能人人行張先生之村落主義,則我國便可成一村落國家。故歸後亟欲一觀此南通之村落,並有何法可以廣布此村落精神。鄙人無庸歌頌南通之自治,試略談歐遊所見各國自治之精神,以爲南通百尺竿頭,更進一步之助。試言法比戰時,比亡其國,法失其精華之區,何以轉敗爲勝?何以將來尚可發展?犧牲精神是也。比如計較利害,比可不殘破,甚至德國戰勝,比可獲利。設比果如是者,比國立國之精神已去。然其時比國上下,明知國必亡,而力出拒抗,其理由謂其國家之地位,不能不出此,不暇計及利害。此與我國之忠臣烈士,君辱臣死,不計利害者相同。然我國出之於讀書砥礪氣節之士,而比則出之於匹夫匹婦。其所以能出此者,自治精神深入人心而已。居是土,即有應享之權利,應盡之義務。人來犯我,雖死必抗。此無待學問之力,不過人類自愛互助之性而已。我國提倡愛國,每每一鼓作氣,再衰三竭,此根柢未植之故,即國家與個人關係未確立之故。然必先個人與地方有密切之關係,而後地方與國家生密切之關係,南通人士,與國家有公共之休戚,然以之比較與南通地方之休戚,其疏

---

[*] 此爲演説大略。

密大有間矣。故立國必先固立地方自治，而後擴允其愛鄉心，以成愛國心。簡言之，國家不外一放大之村落也。我國與歐美相遇，何以瞠乎其後？因我國國家無地方自治之基礎，人存政舉，人亡政息，成爲中國國家通例。如此之國家，以前尚可生存，今則所與接觸之國家，有實在地方之基礎，自不能禦之。蓋愛國家，愛地方，愛自己，打成一片，故愛國心自然而生，毋庸培植。否則學問智識，不過附麗之而已。歐洲各國以戰事之故，物質文明，大遭破壞，即如麵包、煤炭，均甚缺乏。戰敗戰勝之國皆然，不過程度之差別耳。戰爭中物質之痛苦如此之甚，戰後一時亦不能恢復，元氣如此之傷，然吾人不敢輕視。即如德國承大敗之後，挫辱愈甚，中興或愈速。何故？自了自事之精神是也。爲地方爲國家之精神不少衰，此可以復興之故。吾國言自治，已二十餘年，然全國除南通外，無一能言自治者。自治即自己治自己之謂，而謂政府籌辦自治，豈非詼諧之談？故以前所言之自治，不過人助我之治而已。南通之得有今日，以先輩數人實行自治而已。然欲爲南通諸君告者，自治不能盡委諸先輩，自己如不看定責任，不能各人盡自己之治，仍不能逃人存政舉、人亡政息之習。故敢爲諸君忠告者，自治非先輩數人之事，乃人人之事。不以先輩之心爲心，終恐成爲先輩之治，而究能永久保存與否，實不敢知。周公之治至備，然後世無存，而歐洲中古時代之市府規模，猶可復見，則自治不自治之別也。南通爲舉國之模範，南通如舉自治之實，發揮其精神，則誠可爲全國之師資，否則他處無張三張四先生之老輩者，欲效南通不可得矣。此諸先輩之精神，不外自了自事。諸君如能師法之，則南通之基礎可定；他處如師法之，則其基礎亦可定。自治之精義，不外自衛與自決。外力壓來則自衛，自己利害範圍事則自決。何以能行自治？不外自發與自任。自發謂發展自己本能，自在謂認定自己責任。不可謂人不盡其責任，而我可放棄我之責任也。以自發與自任之方法，而發揮自衛自決之精神，則自治之道盡矣。

（1920年3月12日《時事新報》）

在中國公學演説詞*

（三月十三日）

鄙人從歐洲初歸，即遇本校開學，實爲幸榮[榮幸]。鄙人對於校中任事諸人皆爲道義交，可謂精神上久已結合一致，惟自己未曾稍盡義務爲可愧耳。此次遊歐，爲時短而歷地多，故觀察亦不甚清切，所帶來之土產，因不甚多。惟有一件可使精神受大影響者，即將悲觀之觀念完全掃清是已。因此精神得以振作，換言之，即將暮氣一掃而空。此次遊歐所得止此。何以能致此？則因觀察歐洲百年來所以進步之故，而中國又何以效法彼邦而不能相似之故，鄙人對於此點有所感想。考歐洲所以致此者，乃因其社會上政治上固有基礎而自然發展以成者也。其固有基礎與中國不同，故中國不能效法。歐洲在此百年中，可謂在一種不自然之狀態中，亦可謂在病的狀態中。中國效法此種病態，故不能成功。第一以政治論。例如代議制，乃一大潮流，亦十九世紀唯一之寶物。各國皆趨此途，稍有成功，而中國獨否。此何故？蓋代議制在歐洲確爲一種階段，而在中國則無此可能性。蓋必有貴族地主，方能立憲，以政權集中於少數賢人之手，以爲交付於群衆之過渡。如英國確有此種少數優秀之人。先由貴族擴至中產階級，再擴至平民，以必有階級始能次第下移。此少數人皆有自任心。如日本亦然，以固有階級之少數優秀代表全體人民。至於中國則不然。自秦以來，久無階級。故欲效法英、日，竟致失敗，蓋因社會根底完全不同故也。中國本有民意政治之雛形，全國人久已有輿論民嵒之印象。但其表示之方法則甚爲渾漠，爲可憾耳。如御史制度，即其一例。其實自民本主義而言，中國人民向來有不願政府干涉之心，亦殊合民本主義之精神。對於此種特性

---

* 此乃演説大意。

不可漠視。往者吾人徒作中央集權之迷夢，而忘却此種固有特性。須知集權與中國民性最不相容，強行之，其結果不生反動，必生變態。此所以吾人雖欲效法歐洲而不能成功者也。但此種不成功果爲中國之不幸乎？抑幸乎？先以他國爲喻。如日、德，究竟其效法於英者爲成功歟抑失敗歟？日本則因結果未揭曉，懸而勿論。且言德國。其先本分兩派：一爲共和統一派，一爲君主統一派。迨俾士麥出，君主統一乃成。假定無俾氏，又假定出於共和統一之途，吾敢斷言亦必成功，特不過稍遲耳。又假定其早已採用民本主義，吾敢決其雖未能發展如現在之速，然必仍發達如故。則可見此五十年乃繞道而走，至今仍須歸原路，則並非幸也可知矣。總之德國雖學英而成，然其價值至今日則仍不免於重新估定。如中國雖爲學而失敗者，然其失敗未必爲不幸。譬如一人上山，一人走平地。山後無路，勢必重下；而不能上山者，則有平路可走。可知中國國民此次失敗不過小受波折，固無傷於大體，且將來大有希望也。第二論社會亦然。中國社會制度頗有互助精神。競爭之説素爲中國人所不解，而互助則西方人不甚了解。中國禮教及祖先崇拜皆有一部分爲出於克己精神與犧牲精神者。中國人之特性在能抛棄個人享樂而歐人則反之。夫以道德上而言，決不能謂個人享樂主義爲高。則中國人之所長，正在能維持社會的生存與增長。故中國數千年來經外族之蹂躪，而人數未嘗減少。職此之故，因此吾以爲不必學他人之競爭主義，不如就固有之特性而修正擴充之也。第三論經濟。西方經濟之發展全由於資本主義，乃係一種不自然之狀態，並非合理之組織。現在雖十分發達，然已將趨末路；且其積重難返，不能挽救，勢必破裂。中國對於資本集中，最不適宜。數十年來欲爲之效法，而始終失敗。然此失敗未必爲不幸。蓋中國因無貴族地主，始終實行小農制度。此種小農制度法國自革命後始得之，俄之多數派亦主張此制，而中國則固有之。現代經濟皆以農業爲經濟基礎，則中國學資本主義而未成，豈非天幸！將來大可取新近研究所得之制度而採用之，鄙人覺中國之可愛正在此。總之，吾人當將固有國民性發揮光大之，即當以消極變爲積極是已。如政治本爲民本主義，惜其止在反對方面，不在組織方面；社會制度本爲互助主義，亦惜止限於家庭方面。若變爲積極，斯佳矣。鄙人自作此遊，對於中國，甚爲樂觀，興會亦濃，且覺由消極變積極之動機，現已發端。諸君當知中國前途絶對無悲觀，中國固有之基礎亦最合世界新潮，但求各人自高尚其人格，勵進前往，可也。以人格論，在現代，以李寧爲最。其刻苦之精神，其忠於主義之精神，最足以感化人。完全以人格感化全俄，故其主義能見實行。惟俄國國民性爲極端，與中國人之中庸性格不同。吾以爲中國人亦非設法調和不可，即於思想當爲澈底解放，而行爲則當踏實，必自立在穩當之地位。學生諸君，當人人有自任心，極力從培植能力方面着想，總須將自己發展到圓滿方可。對於中國不必悲觀，對於自己，則設法養成高尚人格，則前途誠未可量也。

（1920年3月14日《時事新報》）

關於山東問題談話*

（三月十九日）

（上略）山東問題，余初到北京，尚未悉當局之真意何若，惟聞日本送來之通牒，至今仍在擱置之中，余亦未悉其內容何似。余意山東問題在和會中失敗之原因固甚複雜，而英、法之敷衍日本實爲其主因之一。然及吾國拒絶簽字後，英、法輿論亦多數對於中國深表同情，不特美上院大倡反對之論已也。是以由公理方面言之，此事日本雖勝利而實失敗，吾國雖失敗而實勝利。蓋人類天性，每對於弱者表同情，强權的外交此後必漸失其效力。今吾國若盡廢拒絶簽字之前功，竟允日本之要求而有直接交涉之事，則國家人格因此失墜，前此對我表同情者必皆失望而去，是日本於勝利之外更加一層勝利，而吾國之失敗

＊ 原題爲"梁任公之山東問題談話"，記者按云："以上談話係得諸某君者，僅紀其大略而已。"又，同日《晨報》有《總統對於外交問題之態度》，記述三月二十日梁啓超回答徐世昌之徵詢，大意略謂："世人對於國際聯盟之觀察，其始過於樂觀，現時又過於悲觀。至山東問題果然提出，究竟有無把握，目下固不敢斷言。然若與日本直接交涉，於國家人格損失太大，深望總統對於此點須極力注意。"

遂終於失敗矣。至於拒絶直接交涉之後,將此事提出於國際聯盟,勝負之數究竟如何,今日無論何人,固皆不能斷定,且其手續應行研究之處甚多,亦非短時間所能談及。總之,爲國家人格計,余以爲今日不可不先有拒絶直接交涉之决心耳。

(1920 年 3 月 21 日《晨報》)

臨行致總統書

(爲學生移送法庭事)

大總統鈞鑒:一昨獲聆清誨,欣感莫名。最耿耿者,所請學生免移法庭事,未蒙荃察,輒恃愛知之雅,竭其忠誨之誠。聞諸善謀國者之於民氣也,太上則因藉,其次則宣洩,若防而壅之,摶而躍之,未有不與之俱敝者也。學生運動過去之陳跡,啓超越在海外,靡悉其詳;要其出於愛國之愚誠,實天下所共見。至其舉措,容或過當,此自血氣方剛之少年所萬不能免。政府若誠以父師自居,而愛之如子弟,則充其量不過收二物之威,斷無取繩以三尺之法。此數十學子者,即云有咎,拘縶經歲,示懲已逾其量。前塵影事,情過境遷;春序方始,樹藝維宜。正可釋合窜家,驅之就傅,何必更揚湯止沸,平地掀波?微聞所司持議,輒謂釋放之後,慮增扇動之紛。以蒙所揆,適得其反:其一,學生義憤,種因外交。今政府對外方針已順輿情,彼學子亦誰肯費有限之光陰,爲無病之呼籲。所謂風止雨息,雲無處所;因殊果變,無待蓍龜。其二,若謂拘懲數輩,足堵怒潮,其爲失計,正恐更甚。當知學生本非土匪,絶無所謂渠魁。若必繩以刑名,即亦難分首從。人之欲善,誰不如我;天下健者,豈唯董公?若激彼惡傷其類之心,恐釀成與日偕亡之感,爲民師保,胡忍出此!或謂移送法庭之本意,不過爲宥釋結束之階梯。若果爾者,當局用心,抑亦良苦。但既具此美意,謂宜出以直捷,何必更事迂回? 譬諸兒童舉措,父兄所不謂然,但加庭訓,何勞國典! 況我民國萌蘗幼脆之司法獨立,經幾番風饕雨虐,正不知命在何時。我大總統雖欲倚廷尉爲天下之平,而執法者能否自伸其良心,乃在不可知之數。萬一所司不能仰體盛意,措施稍失當,則使人致疑於恃國之利器以仇匹夫,其損四國之觀聽,不益大耶! 頗聞茲事,樞機決在今日。心所謂危,不敢不告。伏望我大總統迅飭所司,將被拘諸生責成取保,安心就學,大局幸甚! 嗚呼! 千金之隄,潰於蟻穴,殷鑒不遠,即在清季。以我大總統之明,當不勞啓超喋喋也。承賜盛宴,本宜趨陪。值賤舍有故,急電促歸,頃即返津,一往省親。屆日能否復行趨領,殊未敢言。罪甚罪甚! 伏惟宥涵。肅此,敬承鈞安。不盡。

　　再者,微聞一年來學生舉動,當局恒以有人主使爲疑,甚者乃搆爲黨派利用之說。啓超久在海外,前事安敢妄論。但此等群衆運動,在歐美各國,數見不鮮,未有不純由自動者。鬼蜮伎倆,操縱少數嗜利鮮恥之政客,則嘗聞之矣;操縱多數天真爛縵之青年,則未之前聞。此無他,祕密則易藏垢,公開則無遁形耳。是以政府因應之法,亦惟受之以公。若妄爲逆億,未有不歧而誤者。啓超歸國未及一旬,於被拘諸生,無一人能舉其姓氏;都中諸校教職員,未或獲晤。今茲再三瀆請,不過率其心之所感觸,告其心之所謂危,與學界團體更無絲毫係屬。此當爲鈞座所洞察,不俟陳述也。

（1920 年 3 月 24 日《晨報》）

致浙江齊耀珊省長電

（請維持一師）

　　浙江齊省長鑒:近聞浙省一師更換校長,生徒惶惶,已陷失業狀況。茲復有勒令休業之謠,誠恐壓迫過甚,牽動全局,尚祈鼎力維持,恢復原狀。學界前途，關繫非淺。某等或情關教育，或誼切梓桑，冒昧瀆陳，諸乞鑒諒。梁啓超、張一麐、范源廉、梁善濟、蔡元培、湯爾和、王家襄、汪大燮、孫寶琦、王式通。

（1920年3月28日《晨報》）

"五四紀念日"感言

去年五月四日，爲國史上最有價値之一紀念日，蓋無可疑。價値安在？則國人自覺自動之一表徵是已。"五四運動"，本不過一種局部的政治運動，其成功亦遠不逮運動者之所豫期，然而無損其價値者何也？則以此次政治運動，實以文化運動爲其原動力，故機緣發於此，而效果乃現於彼，此實因果律必至之符。一年來文化運動盤礴於國中，什九皆"五四"之賜也。吾以爲今後若願保持增長"五四"之價値，宜以文化運動爲主而以政治運動爲輔。第一，爲國家之保存及發展起見，一時的政治事業與永久的文化事業相較，其輕重本已懸絶。第二，非從文化方面樹一健全基礎，社會不能洗心革面，則無根蒂的政治運動，決然無效。第三，目前之政治運動，專恃感情衝動作用。感情之爲物，起滅迅速，乏繼續性，群衆尤甚。經數次挫折，易致頽喪。頽喪以後，元氣之回復，倍難於前。第四，現在萬惡的政治社會，朝野皆一邱之貉。一與爲緣，則鉤距傾軋自炫放逸諸惡德必相隨而起，易使人格墮落。以此諸因，故吾以爲，今日之青年，宜萃全力以從事於文化運動，則將來之有效的政治運動，自孕育於其中。青年誠能於此點得大激[澈]大悟，則"五四紀念"庶爲不虛矣。

（1920年5月4日《晨報》）

《印光法師文鈔》題詞

古德弘法，皆覷破時節因緣，應機調伏眾生。印光大師，文字三昧，真今日群盲之眼也。誦此後，更進以蓮池、憨山、紫柏、藕益諸集，培足信根，庶解行證得，有下手處。啓超具縛凡夫，何足以測大師？述所受益，用策精進云爾。

庚申四月八日，新會梁啓超敬題

（上海商務印書館 1920 年版《印光法師文鈔》）

佛教東來之史地研究

（在高師演講）

賈伸　筆記

今日應貴校史地學會之邀，得與諸君共聚一堂，榮甚幸甚！余今日所講之題目，即佛教東來之史地研究。

世界文明之發源地五：埃及、小亞細亞、希臘、印度、中國是也。埃及、小亞細亞、希臘環地中海而居，風帆往來，三國之智識賴以交換；如高朋良友，切磋一堂，而益促進其文明。故三國之文明，自己的兼有外來的。此天之所賦者獨厚也。印度僻在東鄙，地理較三國爲遜；然亞力山大之兵力侵入，印度亦得與西方文明接觸。惟我中國，東南環海，遙與南洋群島及日本、美洲相隣；諸地皆後進國也，無關於我國文明之促進。而西北二面，山沙爲阻，所與隣者又皆東胡、匈奴等野蠻民族,以言交換文明,更無足論矣。惟西南一部,連接印度,而又爲雪山峻嶺所阻隔;是猶人之日居斗室,孤陋寡聞,其所有文明皆自己的而無外來的。此天之賦中國者甚薄也。是故中印之交通,與中國文明有絕大之關係。然中印之交通,却以佛教之東來爲媒介;而其所以能東來者,則又與西域諸國有關。

按西域之名,始見於《漢書·西域傳》(伸按:西域之名《史記》已有,或係先生一時疎忽),始通於孝武之時。然有廣義狹義之分。自玉門陽關以西,直至歐洲,包有波斯、安息、大食等國者,廣義之西域也;自玉門以西,葱嶺以東,昔日之所謂三十六國,今日之甘肅西部及新疆一帶者,狹義之西域也。此處所指,乃狹義之西域。西域中有所謂大月氏國者,羌種也。成湯時與中國關係最密,《詩》所謂"昔有成湯,自彼氐羌,莫敢不來享,莫敢不來王"是也。《漢書·西域傳》云:"大月氏本居敦煌祁連間。至冒頓單于攻月氏,而老上單于殺月氏,以其頭爲飲器,月氏乃遠去,過大宛西擊大夏而臣之"。按:大夏即今之布哈爾。其人爲塞種(即印度殺帝利種)。其地既爲大月氏所據,乃南徙於克什米爾一帶而居,即《西域傳》所謂"大月氏西君大夏,而塞王南君罽賓",是也。哀平之世,月氏人迦膩色迦併有西北印度及中印度之一部,地跨葱巔東西,龐然成一大帝國。王熱心佛學,會國中學者於克什米爾,結集經典。按印度之法藏結集,前後凡四次,此其末也,印度之有大乘教自此始。於是佛教以印度爲中心,遂播之西域。

曩者匈奴盛時,每誘西域以爲之輔,而中國亦致力降服之以斷匈奴之右臂。自孝武大行討伐以來,窮追異域,漠南已無王庭。至迦王之時,匈奴已不能爲中國患。中國既不好大喜功,遂衅甲囊弓,不復用武。西域以附庸之國,一變而爲自由之民,印度勢力,因以漸漸侵入。東漢末葉,西域且與印度同文焉。及三國初,佛教遂大盛於西域。至西晉末,五胡亂華;西域之五凉,亦起而爲亂。勢不克東侵,遂轉而西犯,由是中印交通之道大啓,正如十字軍之交換東西文明焉者。據此則知佛教非由印度直接入中國,乃由西域間接而入中國者也。(按:佛教之入中國,在漢明帝時,先生所謂五凉云云者,蓋自此以後,中國乃有入印取經之事;自此以前,中國佛教,殆皆得之於西域。)然三國以前,小乘經典,居十分之九。東晉而後,自西域傳來之經典,多恐其贗,遂直入印度以探其真;正如中國之文明,昔由日本間接得來者,今則直探歐美矣。是以自晉隆安以至唐開元三百五十年間,中人赴印求經典者,前仆後繼,代不乏人。就中以朱士行、支法領、法顯、玄奘諸人爲最著。

朱士行得《大般若經》一篇。經凡六百卷,朱以未窺全豹爲憾,因西往求之。至於闐獲《法華經》,不復西往,因留此以終身焉。

支法領敦煌人也(慧遠弟子)。因求《華嚴經》以至于闐。獲經後亦不復西行,其後五十年中人始譯之。至唐時,印度之《華嚴經》乃由中國而譯之者,是亦我國之異彩也。然朱、支二人皆至于闐而止,猶未及印度也。至印度求經之第一人,厥爲法顯。

法顯慨律藏殘闕,遂於晉隆安三年,西度流沙以至天竺。同行者十一人,由敦煌啓行(按《佛國記》云:發跡長安),經鄯善、吐魯番、焉耆以至于闐。同行者三人,由此經葱嶺南以赴印度,與法顯歧。法顯乃由此經葉城道蒲犁以度葱嶺。行一月,至阿富汗地,再過印度河以至克什米爾。後由加爾各達乘帆言旋,本欲經師子(錫蘭島)及訶陵(爪哇或云新加坡)二國,以趨廣州。不意途遇暴風,漂流於耶婆提者累年(地失考)。後又漂於長廣郡界牢山(即勞山)南岸(即今之膠州灣),始得登陸。自印至此,行已歷三年。若以往返居留之歲月計之,則殆十五星霜矣。同行十一人,流亡已盡,其返者,止法顯一人而已。卓絶堅苦之志,亦堪嘉矣。著有《佛國記》。

玄奘唐初人,時突厥之勢方張,西行爲艱。玄奘由敦煌西發,至高昌(吐魯番)。高昌王親賜之表,使如突厥求護。因道拜城,(按:突厥在隋唐時,奄有漠北。故玄奘不能隨法顯之故道以赴印,必至漠北以如突厥。中印交通之道,此爲最遠。)踰帕米爾以至印度。印度有戒賢、智光二大師,玄奘每與之問難。戒日王(印度之霸者)又爲之結高台於城門上,使說法,一時無能與之駁辯者。戒日王大詡之,待遇甚優。留印凡十七年而歸。著有《西域記》。

玄奘之後,又有玄照者,由西藏經尼泊爾以入印求經,此文成公主之力也。(因公主嫁於吐番王,故得此道。)然道路奇險,民性剽悍,過行死口者亦甚衆。後義净著《求法高僧傳》,言僧侶每有自雲南經緬甸以入印度者。此陸路上之交通也;又有自廣州及東京灣以入印度者,此水路上之交通也。綜水陸而計之,中印交通之道,殆有七焉。此七道者,大足以表見中人之冒險精神,亦足榮也。然中人之至印度與耶教之至耶路撒冷，回人之至麥加不同，蓋彼等皆爲個人祈福而去；中人則純爲求學而往，此其意志，有足多者。雖然，猶有進者。佛教者，中國之佛教，非印度之佛教也。蓋大乘之行於中國者五，除法相宗，爲印度之原有外；餘如天台、華嚴、法華諸宗，中國皆有創造之精神。而禪宗一派，代傳一人，至第二十八祖，遂播中土，而印度不復留影矣；故亦可謂爲中國之佛教。質言之，中國雖取印度之文明，然食而能化，遂溶爲己有。此先人之偉業，功不可没也。今世界大通，智識無窮，灌輸而闡揚之，實吾輩第一責任。奮乎勉哉！勿使先人遺烈墜地！

（1920年11月19日《晨報》）

《國際聯盟及其趨勢》序

國際聯盟，足以解決今日之時局乎？吾信其不能。雖然，吾敢豫言：二十世紀下半期之世界，國際聯盟之世界也。天下事固先有理想而後有事實。事實必起於麤榷，遲遲又久，乃始完成；完成乃賡續向上焉。國際聯盟，爲全人類最高團體之業，其大成抑何容易。假手於歐戰，假手於威爾遜，發其端云爾；譬諸呱呱墮地，而殷勤閔鬻，方有待於後人。各國仁人志士，鍥而不舍，良有由也。而吾國人乃忽乎忽乎，莫之或究；甚或以切效之不睹，從而非笑之。嘻！其慎矣！余歐遊中，親覩兹盟之成，察其起原經過與其趨勢不敢怠。所劄記猥多，未及理也。歸而吳子品今已斐然有所述作，成通論數萬言。其分論未屬稿，輒就余叩意見；乃相約共著此書，余雖常餉以資料且多所論列；然方從事他業，未暇執筆。凡書之組織及其文辭，皆出吳子。吳子以余於此書有所互助，謂不願掠美，宜如初約附余名。若是乎，則余掠吳子之美，重余愧也。抑章實齋有言，"古人之言所以爲公也，未嘗矜於文辭而私據爲己有也"。兹書如有當於世用，則固可無問其爲出於我與出於吳子也。

民國九年十二月三十一日　　　　　　　　　　　　梁啓超

（共學社"時代叢書"《國際聯盟及其趨勢》上卷）

梁啓超啓事

啓超近在清華學校擔任講授，鐘點已多，加以講前預備，遂致日無餘咎[晷]。在此期內，凡我知友請勿損[枉]顧，重區區失迓之疚，幸甚！

（1921年1月12日《晨報》）

縱談諸重要問題

（一）山東問題　日本所以急於華盛頓會議開會前，幣重言甘，要求直接交涉者，是直接交涉，利於日本。華盛頓會議，不利於日本，此不待思索，僅依常識，能判斷之。日之利，我之不利也。日之不利，我之利也。若謂山東問題，我不利於華盛頓會議，而利於直接交涉。則是日本恐將利於己，而急於求其不利也，有是理乎？況我國反對直接交涉，尚自有其根據耶？

余反對直接交涉之根據，已詳於致顏外長書。余之立場，本無審查小幡公使提出覺書中條件之必要。然其陰謀之條件，亦應揭出，使列國曉然於日本之提出直接交涉，不獨毫無根據，條件又令我以難堪也。此次小幡公使提出條件之最難堪者，則在該覺書之第三條也。其第三條云："山東鐵路及附屬鑛山，作爲中、日合辦之組織。"

在日本方面,辦到此條,則萬事已足。蓋此辦法,完全襲侵略南滿之故智也。日本所以能橫行南滿者,以有南滿鐵路耳。我國民試思,如山東變成第二之南滿,其利於日本爲何如?其害於我國又何如?此更無俟吾喋陳,稍有常識者,當能判斷。各國方以廢除特殊利益相號召,而日本主張"南滿除外",各國幾無如之何。此條若實行,則是"滿蒙除外"之外,復加以"山東除外"而已。此不特我國所難堪,亦各國所不容也。吾以爲我國在華盛頓會議席上,對於此條具體的主張,其最低限度,如下:

一、膠濟鐵路,由中國向新銀行團借款辦理。

二、附屬礦山,由中國自由處分,與他地礦山無異。無論何國人,苟遵吾礦例以投資開發,皆所歡迎。

必如是,然後與門戶開放機會均等之本旨相合。吾並非有意與日本爲難,惟確信非如此,不能破除勢力範圍之餘毒;非如此,不能保持遠東和平;當爲英、美各國所諒解而表同情者也。況日本提出之條件,已公於世。太平洋會議之解決,我國祇有覺書條件以上之勝利,斷無覺書條件以上之失敗。蓋直接交涉,條件如此。提出華盛頓會議,日本恐引起英、美之反感,條件只有自行減輕,斷無加酷故也。況日本之所欲,既在山東鐵路;我國之所爭,亦在山東鐵路。直接交涉,日本斷不肯對此讓步。提出華盛頓會議,列強易爲調停。蓋山東鐵路,若爲中、日合辦,則日本在華之特殊地位益高,破壞列強均勢益甚,隱患已貽,禍機先伏,實與華盛頓會議之本旨相反。故自列強觀之,究其量,亦不過如吾所言我國讓步之最低限度,向新銀行團借款辦理而已。然已勝於爲日本一國所壟斷,而打擊日本之侵略政策不淺矣。

小幡公使提出覺書之條件,已公於世。或謂提出華府會議,日本之條件,必更酷,固謬。或謂華府會議不能解決,歸而與日本交涉,條件亦必更酷,亦謬。或謂以維持世界和平爲目的之華府會議,不討論有擾亂世界和平之可能之山東問題,尤謬。所患者,政府故予延宕,不即拒絕,又不敢交涉,使日本有所藉口,致阻礙此問題之提出耳。

(二)原則無用 此次我國提案,以原則爲宜?抑以具體問題爲宜?亦一大問題。余以爲原則空空洞洞,恐無實用。石井、蘭辛條約,日英同盟條約,皆揭有原則,而毫無實用者也。故我國提案,以具體問題爲宜。

（三）鐵路共管　余以爲除中國自辦之鐵路外,有一國獨占性質之鐵路,我國保留相當之權利,儘可提歸國際共管,以免一國之壟斷,而形成特殊地位。

（四）國際管理　此乃道路之言,不可置信。然此説若確,惟望武人政客之自覺而已,否則無如之何也。然從歷史上觀察,以數國處分一國,必啓紛爭,非列強之利。列強若自爲計,必不出此,吾對彌勒外字新聞之記者,已細論之。

十,九,一五日。

（1921年10月《學林》第1卷第2期）

湖南省自治根本法草案

兹爲湖南省保持治安增進幸福起見,經全省公民公決,制定此自治根本法公布之。

第一章　總　綱

第一條　湖南省以現在之〇道〇十〇縣爲境界。
第二條　凡有中華民國國籍之人民,住居本省一年以上者,皆爲本省人民。
第三條　本省自治權在不觸背中華民國憲法範圍内,由本省所指定各機關根據本法行使之。

第二章　人民之權利義務

第四條　全省人民生命財産之安固及言論集會出版之自由,遵據中華民國憲法及法律所規定。

中央法令有反於前項精神者,在本省不生效力。

第五條　全省人民不論男女,自六歲至十四歲皆有受教育之義務。

第六條　全省男子自二十歲至四十五歲之間,須合計有十個月,服國民軍之義務。

第三章　省議會

第七條　省議會以全省公民直接選舉之議員組織之。

凡有選舉權者稱爲公民。

選舉比例人口,以每五萬公民選一人爲率。

第八條　人民年滿二十歲以上,除患精神病者及被剝奪或停止公權者外,皆有選舉議員之權。

第九條　公民除具有左列各項資格之一者外,皆有被選爲議員之權:

一、現職軍人;

二、現任行政司法官吏;

三、在校未畢業之學生;

四、無正當職業者。

第十條　省議會議員經原選舉區用正式投票撤回者,則失其資格。

此項撤回動議,得由該選舉區公民五分之一以上連署提出,以全區公民投票決定之。

第十一條　省議會議員任期二年。

第十二條　省議會以每年〇月〇〇日定期自行集會,會期以兩個月爲限,但得延長二十日。

由省長動議,或議員三分之一以上連署動議,得開臨時會,但會期不得超過常會。

第十三條　省議會彈劾省長案,經全省公民總投票否決時,省長應解散省議會。

全省公民二十分之一以上連署動議彈劾省議會,經全省公民總投票可決時,省長應解散省議會。

公民總投票及動議之程序,以法律定之。

省議會解散後,應於一個月內舉行新選舉。

第十四條　省議會內部組織議事規則及議員之責任與保障等,適用中華民國憲法及議院法所規定。

第四章　省長及省政府

第十五條　省長由省議會議員、縣議會議員,依法成立之全省教育會、全省農工商會職員聯合選舉本省公民三人為候補者,呈請中華民國大總統擇一任命之。

全省教育會、農工商會之組織,以法律定之。

第十六條　現職軍人被選任為省長時,須解除軍職,乃得就任。

第十七條　省長任期三年,但得連任兩次。

第十八條　省議會得向大總統彈劾省長。省長被彈劾時,其職權之行使即日暫行停止。

大總統應於十五日以内,將彈劾案付全省公民總投票,多數通過時,則省長免職。

投票多數否決時,則省長地位等於新就任。

第十九條　省政府由省長所任命之各廳政務員若干人及省議會選舉之參政員二人組織之。

各廳之廢置,以省議會議決之省官制定之。

參政員之選舉,以法律定之。

第二十條　政務會議由省長及政務員參政員聯席開之,以省長為議長,省長缺席時,由首席政務員代理。

關於法律草案或施政方針及一切問題,關涉各廳權限爭議者,應提出政務會議決定之。

第二十一條　省長之命令及處分,須經政務員一人以上之副署。

第二十二條　政務員、參政員各對於省議會負責任。

省議會對於政務員、參政員全體或一員,得為不信任投票。

第二十三條　省長有事故或停止職務時，由首席政務員代行其職。

第五章　立　法

第二十四條　在不觸背中華民國憲法及法律之範圍內，本省得自行制定法律。

第二十五條　法律案由省長或省議會議員提出之。

省長提出法律案，須先經政務會議決定。

第二十六條　全省教育會、全省農工商會得提出關於教育、生計之法律案，省議會必須以之附議。

此項議案開議時，提案者得派員列席，但不得參加表決。

省議會提出關於教育、生計之重要議案，須先向各該會諮詢意見。

第二十七條　全省公民十分之一以上連署動議，得提出法律案，呈請省長諮省議會議決。

省議會若擱置不議，或議而否決時，省長得將該案付全省公民總投票。

第二十八條　省議會議決之法律，於一個月內由省長公布之。

省長對於該法律不同意時，得拒絕公布，即將不同意之理由諮省議會，同時提交全省公民總投票。總投票通過原案時，省長應即日公布之。

省議會議員三分之一以上連署動議，或縣議會過半數以上之連署動議，得要求將已議決之法律展緩兩月公布。在兩月內省長須將該案提交全省公民總投票。

第二十九條　本省內各縣各市各鄉自行制定之自治法，不與本法相觸背者，皆承認其效力。

第六章　財　政

第三十條　除海關稅、鹽稅、烟酒稅、印花稅外，其他各項租稅，悉由本省以法律之形式，由省議會議決徵收或廢止之。

第三十一條　省政府以增進全省幸福之目的，得募集省公債；但須以法律之形式，由省議會議定其條項及數目。

第三十二條　省政府須於會計年度前三個月，將次年度之預算案提交省議會議決。

第三十三條　省議會於會計年度終了後，須將前年度之决算提交省議會議决。

第三十四條　省議會對於預算案，不得爲增加歲出或增加新項目之修正。

第三十五條　省財政之收支，由省庫執行之。

省庫之組織及職掌，以法律定之。

第三十六條　省財政之收支，皆須送省審計署察核。

省審計署之組織，以法律定之。

第三十七條　省政府得受中央政府之委託，代徵中央所屬之租稅；其徵收費中央任之。

第七章　司法及行政裁判

第三十八條　省長受中央政府之委託，監督全省司法行政。

第三十九條　人民對於地方行政處分有不服時，得提訴於省平政署。

省平政署之組織，以法律定之。

第八章　軍　政

第四十條　本省設置國民軍，由省長統率之。

國民軍之組織，以法律定之。

第九章　本法之改正

第四十一條　省議會三分之二以上之表決，或全省公民十分之一以上之連署動議，得提出改正憲法案，由全省公民總投票決定之。

湖南省自治法大綱草案

（一）省長由省議會議員、縣議會議員、全省教育會、全省商會職員聯合選舉本省公民三人爲候補者，呈請大總統擇一任命，任期三年。

（理由）省長本以純粹選舉爲最合理，但爲各省易爲於推行起見，將形式的任命權仍歸中央。所任命者，既限於被選舉候補之三人，中央自不能專濫。

選舉權專屬省議會，易被操縱運動；屬省公民全體，又易起混雜。故加入縣議會、教育會、商會，實爲折衷辦法。將來農會、工會成立，自當一律加入。

（二）省議會得向大總統彈劾省長。大總統應於十五日以内，將彈劾案付全省公民總投票。投票結果，以過半數之贊否定去留。

（理由）彈劾權專屬諸省議會，示責任所寄也。呈請大總統者，形式上之任命權在大總統也。由公民總投票者決定者，防議會挾私也。

以上省長。

（三）省議會由全省公民直接選舉之，議員組成之。

（理由）間接選舉流弊滋多，故直用直接。

（四）人民年滿二十歲以上，住居本省滿一年以上，除患精神病者及被剥奪或停止公權者外，皆有選舉權。

（理由）選舉之階級的制限決當廢止，故採世界通行普通選舉制。

（五）有選舉權之人民，除具有左列各項資格之一者外，皆有被選舉爲議員之權：

一、現職軍人；

二、現任行政司法官吏；

三、在校未畢業之學生；

四、無正當職業者。

（理由）被選舉權本當與選舉權同一範圍，但消極的制限仍不可少。

（六）省議會議員任期兩年。

（理由）任期過長，不能隨時適應民意；過短，則選舉煩擾，故折衷定爲兩年。

（七）省議會以每年　　月　　日定期自行集會，會期以兩個月爲限，但得延長二十日。

由省長動議或議員三分之一以上連署動議，得開臨時會，會期不得超過常會。

（理由）議會與省長爲對待機關，不應由省長召集，故當定期自行集會餘易明。

（八）議員能愿選舉區用正式投票撤回者，則失其資格。此項撤回動議，得由該選舉區有選舉權之公民五分之一以上連署提出，以全區公民投票決定之。

（理由）此制美國各州多行之，所以防議員專擅舞弊。中國最宜採用。

（九）省議會彈劾省長案，經全省公民總投票否決時，則省長解散省議會。

全省公民（有選舉權者）十分之一以上連署動議彈劾省議會時，則省長解散省議會。

省議會解散後，應於一個月內舉行新選舉。

（理由）省議會若省長得自由解散，則有省長專擅之弊。右所規定，參酌德國宗國憲法及其各州憲法，最爲公平。

以上省議會及議員。

（十）在不觸背中華民國憲法及法律之範圍內，本省得自行制定法律。

（理由）中國幅員太廣，慣習互殊。若事事皆以全國統一的法律規定之，勢必不能實行，徒損法律之尊嚴，故當以立法權之一部分畀諸各省。各省立法權既在不觸背民國憲法及法律之範圍內始得行使，自無破壞統一之患。

（十一）法律案由省長或省議會議員提出之。

（理由）易明。

（十二）全省教育會、全省農工商會得提出關於教育、生計之法律案，省議會必須以之付議。

此項議案開議時，提案者得派員列席，但不得參加表決。

省議會提出關於教育、生計之重要議案，須先向各該會諮詢意見。

各該會組織，別以法律定之。

（理由）此項規定採自德國新憲法第百十五條，其用意以調議代議制度，實最中庸的民治主義所表現也。就實際論之，社會分化日益細密，利病日益複雜，一切以委之議員。議員既非萬能，豈因應適當？關於某項事業之法案，直接從事該事業者不得與聞,而與該事業向無關係之游離政客獨操其權,對於個中利害豈中肯綮？故德國憲法此條出現後,歐美識者咸稱道不置,按諸我國情形,尤爲補偏救弊最善法門,是當採也。

（十三）全省公民十分之一以上連署,各縣（議）會三分之一以上動議,得提出法律案,呈請省長諮省議會議決。省議會若閣置不議,或議而否決時,省長應將該案付全省公民總投票。

（理由）右規定採德國新憲法第七十三條第二項。

（十四）省議會議決之法律,於一個月內由省長公布之。

省長對於該法律不同意時,得將一[不]同意之理由移諮省議會,並提交全省公民總投票。

省議會議員三分之一以上連署,全省縣議會三分之二以上動議,皆得要求將已議決之法律展緩兩月公佈。在兩月內,即提交全省公民總投票。

（理由）右所規定,採德國新憲法第六十九、第七十、第七十二、第七十三等條,瑞士憲法及美國各州憲法類此者尤夥,此實最合於民主（主）義之則真[原則]精神。蓋尋常立法大權仍屬議會,但遇議會措置失當之時,救濟尚有多途。行政首長之救濟,其一也；議會少數黨之救濟,其二也；公民之救濟,其三也；而最終之決定則歸諸公民總投票。夫如是,則主權在民之實乃舉矣。現在世界政制之傾向皆趨於此點,我國所宜亟採也。

以上立法。

（十五）省政府由省長任命,各廳政務員組織之。

（十六）政務員對於省議會負責任。

省議會對於政務員全體或一員,得爲不信任投票。

（理由）省政府應對省議員負責之理由無待詳述,但不必連帶負責,因非政黨政治,無連帶之必要也。

不信任投票之結果如何,不必規定,因事實上總應出於引責辭職或省長下令免職之兩途。若省長及其僚屬與議會堅持,尚可彈劾省長,而最後之曲直,則公民總投票自能判決也。

（十七）除海關稅、鹽稅、烟酒稅、印花稅外,其他各項租稅,悉由本省以法律之形式,由省議會議定徵收之。

（理由）現在中央對於各省之收入原只此四項，故此種規定並未稍侵中央權限。凡稅案必用法律形式，昭慎重也。

（十八）省政府以增進全省幸福之目的，得募集省公債；但須用法律之形式，由省議會議定募集之。

（理由）公債自當有，但防濫發，故規定其目的，且須用法律形式通過。

（十九）省政府須於會計年度前三個月，將來年度之預算案提交議會議決。

（理由）易明。

（二十）省政府於會計年度終了後，須將前年度之決算提交省議會審查。

（理由）易明。

（二十一）省議會對於預算案，不得爲增加歲出或增加新項目之修正。

（理由）易明。

（二十二）省政府得受中央政府之委託，代徵中央所屬之租稅；其徵收費中央任之。

（理由）易明。

（二十三）省政府歲出入，皆須送審計署察核。

審計署之組織，以法律定之。

（理由）省財政既已獨立，故有設審計署之必要。

以上財政。

（二十四）地方審檢廳，以省長任命之法官組織之。

其法官任用及保障，從民國法令所規定。

（理由）爲司法獨立普及起見，應由本省自辦；但高等廳以上，仍歸中央監督。

（二十五）本省設平政署，其組織以法律定之。

（理由）爲救濟行政起見，不能專仰中央，平政院故宜自設。其最高審級，則中央平政院也。

以上司法及行政裁判。

（二十六）凡他省軍隊，永遠不許駐防本省。

（理由）國軍應存應廢，固屬於別問題；但現在客軍駐防，全襲滿清遺制，宜絕對排斥，故當規定於省法中，永垂厲禁。

（二十七）廢止省內所有舊式軍隊，代以國民軍。其國民軍之組織，別以法律定之。

（理由）省民爲自衛起見，不須有常備軍，但有寓兵於農之國民軍而已足。立國民軍之組織，則瑞士成案可稽也。

（二十八）全省公民自二十歲至四十歲之間，須合計有十二個月在國民軍中服義務。

（理由）此項規定，參酌瑞士制度。蓋國民兵役義務並不免除，但可以延長。分期服役非如德、法、日等國之徵兵制度，將初成年之國民奪取其求學謀生最吃緊之光陰，以學殺人也。且國民軍皆就地服役，廢時廢業不多，而國民身心之鍛煉皆有實益，故宜效之。

以上軍事。

（二十九）全省人民不論男女，自六歲至十四歲，皆有受教育之義務。

（理由）強迫教育之必要無待贅述。欲求實施，當以省法嚴格規定之。

以上教育。

（三十）本省內各縣各市各鄉自行制定之自治根本法，不與本法相觸背者，皆承認其效力。

（理由）民治基礎愈低級之自治團體，愈關重要，故省根本法當以容納縣市鄉根本法爲原則。

以上縣市鄉自治。

（三十一）省議會三分之二以上之表決，或全省公民十分之一以上之連署動議，得提出改正法案，由全省公民總投票行之。

（理由）美國各州憲法、瑞士憲法、德國憲法之改正程序皆略同，今採之。

以上改正本法。

（1920年9月7日《晨報》）

在講學社歡迎羅素之盛會演說詞

講學社成立之後,第一次請到新時代的大哲羅素先生,實屬本社真大的光榮。今日我們開會歡迎羅素先生,我趁此機會,先說一說本社的宗旨。

我們對於中國的文化運動,向來主張"絕對的無限制盡量輸入"。因爲現在全世界,已到改造的氣運。在這種氣運裏頭,自然是要經過懷疑的試驗的時代。所以學派紛紛並出,表面上不免有許多矛盾,但各有開闢將來局面起見。總之各有各的好影響。就學問的本質說,本來就沒有絕對的好或絕對的不好。爲中國現在計,說是那種絕對的適宜,那種絕對的不適宜,誰也不能下這個斷語。我想我們中國如此之地大物博,我們的聰明才力,比較各文明國的人,也還不算下劣。現在正當我們學問飢餓的時候,對於追求真理的心事,異當迫切;又好像經過嚴冬之後,陽和初轉,許久含蓄的樹芽花蕊,正要開放。我們要趁這個機運,要培養他,令他發達,只有一個方法,就是絕對的自由研究。所以無論何種學說,只要是有價值的,我們都要把他輸入,令各方面的人,對於那一種有興味,就向那一種盡量研究。表面上看來,所走的方向,或者不同,結果總是對於文化的全體,得一種進步。我又想現在世界學者所研究種種理想的制度,在歐洲辦不到的,或者我們中國倒是最好的一個試驗場。因爲歐洲已經到了積重難返的時候,有許多制度,明明知道是好的,却是沒有方法辦得下去,若是要辦,就要出很大的犧牲,經很大的苦痛,還不知道成功怎麼樣。我們中國因爲近來社會進步比較的慢,歐洲先進國走錯的路,都看得出來了,他治病的藥方,漸漸有了具體的成案了。我們像一塊未有染過顏色的白紙,要他往好的路走,比較的還不甚難。就這一點看來,我們的文化運動,不光是對於本國自己的責任,實在是對於世界人類的一種責任。至於採哪一種方案算最好的呢,總要經過自由研究,種種試驗之後,才可以決定。今日只要把種種的學說,無制限輸入，聽國人比較選擇，將來自然可以得最良的結果。我們個人做學問，固然應該各尊所信，不必苟同。至於講學社，是一個介紹的機關。只要是有價值的學說，我們不分門戶，都要把他介紹進來。好像我們開一個大商店，只要是好貨，都要辦進，憑各人喜歡買哪樣就買哪樣。我常説中國學問的衰落，由漢朝的表彰六藝，罷黜百家。若是要表彰甚麽，罷黜甚麽，無論他表彰的罷黜的對不對，總是把思想的自由錮蔽了。所以我們要大開門戶，把現代有價值的學説都要歡迎，都要灌輸。這就是我們講學社的宗旨。

這回請得羅素先生同百勒女士來，是我們最高興的事。因爲我們認爲往後世界人類所要求的，是生活的理想化，理想的生活化。羅素先生的學說，最能滿足這個要求。甚麽叫做理想的生活化呢？理想是人類的必要，但是離開生活的理想，便成了玩弄光景。我們中國幾千年許多哲學，不能説他不好。歐洲希臘以來，許多哲學，也不能説他不好。但是多半離生活遠了，雖是好，我們得不到他的好處。所以我們理想是要的，卻是要和我們目前生活息息相關的理想。甚麽叫做生活理想化呢？人類還能不要生活嗎？但是沒有理想的生活，那生活便變成了無意義。難道我們在世界幾十年，就是當一回吃飯機器嗎？我們因爲一種高尚的目的來生活，這生活才算有價值。所以我們要的是理想的生活。現在各國的學者，都是向這個方向進行，然而最有成績的，只怕要推羅素先生第一了。諸君有許多讀過先生的書，諒來已經知道大概。將來聽先生的講演，自然明白，不用我多説了。

我現在請諸君最要注意的，是羅素先生的人格。先生因爲反對戰爭，很受他本國政府的干涉。後來因爲傳布他的大同理想，抵抗國家主義，也曾下過六個月的獄。我們讀的《向自由之路》這部書，就是先生入獄的前幾天做成的。先生出獄以後，傳播他的主義，格外的猛烈。這是真正學者獨立不懼的態度，這是真正爲人類自由而戰的豪傑。這回先生不遠萬里而來，我們一面聽先生的演説，一面還要受先生人格的感化，這纔不辜負先生一行啊！

我對於先生，却是有一個特別要求。我先引一段笑話來做比方。我們從前小説裏頭，講有一位神仙，叫做呂純陽，能點石成金。他想找一個人能放棄塵世繁華的做徒弟，常用點石成金的法子出來試驗人，以爲收受徒弟的方法。後來遇着一位先生，呂純陽拿手指點一塊小石頭，就成了一塊金子給那個人，那個人不要。再點一塊大的給他，他又不要。再點幾塊更大的給他，他還是不要。呂純陽很歡喜，以爲這個人真是一個清心寡慾的人，就問他你到底想要甚麼。他答道還要把指頭給我們。甚麼是羅素先生的指頭呢？先生把他自己研究學問的方法傳授給我們，我們用先生的方法研究下去，自然可以做到先生一樣的學問。這不是我們變了第二個呂純陽，也能點石成金囉嗎？我想先生對於我們中國人這點好學的熱誠，很能鑒諒，一定給他們大大的滿足。我今天代表本社竭誠歡迎，並祝先生健康。

（1920 年 11 月 10 日《晨報》）

《動忍廬詩存》序

古之詩，不出乎六義也。漢以來之樂府歌謠，唐以來之感遇遣興，猶有六義之遺風。後世詩集，強半爲文酒酬和、揄揚贈序之作。翻閱集中，一種世俗鄙俚之習，敷陳粉飾之詞，滿目煙蕪。真義銷亡，至此已極。嗚呼！詩之不見重於世，匪一朝一夕之故，而積習有以誤之已。向者啓超由滬來京，得讀濟南高君動忍廬詩一過。其間雖不乏紀遊紀事，而大段尚不出乎六義之外。文酒酬和、揄揚贈序諸什，反覺寥寥可數。若高君殆知詩之道者歟。古人之詩，往往有詩無題；今人之詩，往往有題無詩。青蓮之所以爲詩僊者，在能超然塵埃之表；浣花之所以爲詩聖者，在能蟬脫世垢之辭。希臘詩人尼采曰：吾愛以血書者。蓋足以見真性情真境界也。高君之詩，其性情境界見諸辭表，矯然有絕俗之志，近世詩集所僅見焉。

（中華民國十年二月，新會梁啓超識於燕京）

《蔣叔南遊記第一集》序

"江山清空我塵土，雖有去路尋無緣。"東坡詩也。"人生難得秋前雨，乞與虛堂一夜眠。"石帚詩也。處此炎濁薰惱中，逝將去汝，自憩於世相不染之境，悠然與自然爲侶，雖然，此何容易？既已不獲，借人羽翰，種我業緣，抑亦慰情聊勝也。每讀叔南遊記，吾不復知此身之在炎濁薰惱中也。一刹那之神會，無始無明，忽爾崩落，具廣長舌者，何必諸佛哉！吾夙字叔南以"徐霞客第二"。霞客遊跡，度流沙，登雪嶺，與我本師佛接警欬矣。叔南儻有意耶？辛酉五月，梁啓超。

（上海福興印書局 1921 年版《蔣叔南遊記第一集》）

對於日本提案之意見[*]

我（梁氏自稱）於日本提案以後，曾致顏外長一書，即主拒絕直接交涉。嗣外部將日本提案公布，我觀此案中如第三條，爲我國所絕不能許，其他各條，亦均不利於我。但歐美人不諳東方實情，易爲日本提案所欺，故我國決不能空言拒絕，須有一種駁案。我意拒絕直接交涉最要之點，在說明日本提案之無

---

[*] 此爲梁啓超回答《晨報》記者"對於日本提出山東問題直接交涉案之意見"的談話，原題爲"梁啓超對於日本提案之意見"。

根據。日本提案之根據，不外"二十一條"及《凡爾賽和約》。"二十一條"雖經我國簽字，然係日本以哀的美敦書强迫而成者，我國民實未承認；至於《凡爾賽和約》，我國未經簽字，故日本提案可謂全無根據。故我國駁案應首將此點聲明。

次之，日本提案，我前已説過，實際均不利於我。故我國駁案，應逐條反駁，並揭出其提案之裏面，使世界各國咸曉然於日本之提案不利於中國，不致爲日人所欺。

最後，我國對於山東問題之意見，亦應表示。例如第三條日本主張山東鐵路由中日合辦，我國除反駁外，更應主張收歸中國自辦。關於中國對山東問題之具體意見，非此短促談話中所能罄述，總之，我意拒絕直接交涉，絕無疑義，而決非空言拒絕所能了事，故主提出駁案。駁案要點：一、聲明日本提案之無根據，即爲我國異日在國際留一發言之地步。二、逐條反駁，使世界人民不明遠東真相者，亦瞭然於日本提案之裏面，有許多詭秘。三、發表中國對於山東問題之主張，使世界各國咸瞭然於中國之真意，即所以使日本無從在國際間顛倒黑白。如此則我國進退，庶幾綽有餘裕矣。

(1921年9月24日《晨報》)

新煙酒借欵

(譯自英文《導報》)

新銀行團代表屢次申明非經中國國民同意，決不借欵於政府之説，今已破壞無餘矣。何則，支加哥銀行團代表阿博脱君，今竟與代理財政總長在北京交涉新借欵矣。

此等交涉進行極秘，條件若何，以及進行至于若何程度，均不能得其詳，兹僅據所知者，略陳其經過之事實如次：

下月之初有已經到期之借欵兩宗，其債權一即爲支加哥銀行團，一爲太平洋貿易公司，總數爲一千一百萬元。北京政府現在既不能償本復不能償利，故擬另借新欵，欵額爲美金一千五百萬元，即以中國僅有之煙酒稅，於與鹽稅同一條件下，交與債權人，完全由外人管理，各省亦得派洋稽核員。原擬數日前簽字，以國內銀行界之反對，及潘代長位置之不穩固，遂以延期，非已放棄前議也。

今請以前財政總長與中國國民一分子之資格，陳述中國人何以必須爲我銀行界後盾，以反對此項借欵之理由；北京政府早已不爲國人所信任，尤以現財部爲最，其應行舉辦或棄而不辦之事殊多，姑不具論，凡我愛國國民知之久矣。現在之政府毫無政策，不啻爲軍人之代理人，搜括國帑，以奉其主人無厭之求，雖一文亦不放過，今則區區蓄藏久已涸竭，然尚時爲百萬，或十數萬之借欵，利率極高而折扣尤駭人聽聞。人雖不願爲無責任控詰，然凡有一毫自尊之心者，當不至入此種政府。而若輩之所以盤據而不去者，其亦爲個人利益計乎。如是之政府，不如速去之爲愈也。乃不圖於此北京政府行將自食其所播種之果時，阿博脫氏乃復進而予以一綫生機，彼蓋不知政府以外之中國人不滿意其行動耳。

我知美國銀行團必曰此種借欵，係特殊性質，不可與普通借欵同論，以其目的蓋用以還舊債者也。吾人雖不知此項新借欵用以償欠欵之本利者果幾何，然固知必有一小部分入財政部，而今之財政部，心目中固早已常作數千元想，不作百萬元想矣。且也，僅此區區，或可暫救北京政府破產之阨，然此實大背中國人之希望，是即中國人反對此項借欵之第一理由也。

不僅此也，煙酒稅已爲他項借欵之抵押，與阿博脫氏無關者，蓋建築浦口商場借欵五千萬佛郎，即以此爲抵押，五年內債亦如之。前此整理內債計劃，政府即許以於此項稅收中年撥一千萬元，故此項借欵，將全部來源，交與外人之議，不特對持前項債票者，爲不公，即對此次整理內債計劃，政府又將何以自解，可信彼若此不顧公議，任意食言之餘，結果必將引起財政界之大擾亂也。

且現在亟須交付之借欵，不僅支加哥銀行團一處，借欵之未經以特別國家收入爲擔保者，尚有二萬八千萬元左右，其中日本借欵將及一萬六千萬。然則阿博脫氏欲令吾人信任此項借款，可以保全中國政府之信用者，奚可信耶，不過令其他外人之爲債權人者，得以群起任意要求以各項未經許可之利益，爲擔保耳。如以一千五百萬元之借款，即可以得每年八百萬元以至一千萬元之歲入（然此僅爲現政府下之收數），則盡吾所有，舉地丁田賦亦不足以滿其他外國債權人之慾，以其他外國債權人之欠額，且十倍於此。而此後無論任何整理外債計劃，將因此而愈增紛擾矣。國人固極願知阿博脫氏果以何法動代理財長之觀聽，以所借欠額與所欲管理之歲收相差實太遠也。

更有進者，一般人皆懷疑阿博脫氏等有外國煙商在其後，此亦可謂爲正當者，吾人不知支加哥銀行團與太平洋貿易公司有若何關係，然可信後者與在華英美煙公司關係極密切，然謂我國煙商願居于與其外國同業有財政關係之人之管理下者，不可信也。

今敢警告一言，煙酒稅非可與鹽稅關稅，相提並論也。鹽稅關稅，在通商口岸，較易征取，且常集中於近口各地。煙酒稅則不然，全國皆產煙酒，窮鄉僻壤，交通異常困難之地，無不有之，外人而欲征取是項稅收，殊非易易，此猶謂各省皆下愚無知，而竟承認北京之借款合同也，然全國煙酒商人已準備竭力反對，使北京政府一意孤行，其反抗方法固不僅僅爲消極之抵抗，或者竟引起與北京政府有大不利之結果。北京政府之生機既已日蹙，一旦有變，便可破壞無餘，則此一紙合同必又爲美國與歐洲及日本坐而討論時，要求分我杯羹之具。既不能維持北京政府之信用，亦不能使美國投資者之早得還款也。然而自美國退還庚子賠款以來，全中國人對美國人之好意則從此去矣。

新銀行團代表自知之，吾儕多數人對此組織皆抱友誼的態度，以吾人深謝其能停止北京政府之任意喪棄利源也。然使今果忘拉門德氏決不違逆中國民意，迫中國借款之宣言，而爲阿博脫氏之助者，則引起外人群起爭索國家收入之責任，當由該團負之，至此則吾人惟有竭力反對已耳。吾人固不能望新銀行團爲吾人之利他主義之友，爲吾人而犧牲其利益，但吾人固極願其稍待須臾，俾吾人得與賣國者，清算帳目而自謀所以救濟之道。屆時必仍望外人之助，新銀行團固無所失也。使吾人而失敗，則新銀行團亦較易自處矣，中國銀行界屢次上書政府，陳述整理外債之必要，可知我人固未嘗忘我國之債務，然使其忘拉門德，與斯蒂芬之宣言，不顧全國之反對，以爲此事實上不公正之事業，則必將引起極可怕之紛擾與煩難,是可斷言也。

(1921年10月30—31日《晨報》)

梁啓超啓事

項見天津《益世報》"北京通信"載有鄙人往曹錕處祝壽之記事,鄙人生平足跡未嘗一到保定,半年來在南開大學講學,未嘗一次缺課。特此聲明。

(1921年11月25日《晨報》)

復小呂宋中華總商會書

中華總商會諸先生同鑒海天相望,企佇懸情;奉誦惠書,備聆種切。即諗諸公維持企業,誠信交孚,眉宇紫芝,如同接席。雖復稍闕牋問,而情感時與潛通也。曩者得晤薛、吳二君於抗爭菲律賓《簿記條例》,早悉此中情形,實與商務至多關係。來書謂此案已向斐島專員暨福比總督處繕呈請願書,當承容納。智慮周密,至爲佩仰。啓超自當與各方面設法協助,稍盡區區。所冀諸公據理堅持,無負初志。脩書佈復,馳系良深,并頌

日祉

梁啓超頓

(1921年12月菲律賓《華僑商報》第3卷第1期)

青年元氣之培養

(二月六日在南開學校講演)

梁任公先生，前學期在本校講演"中國歷史研究法"，同人得益甚多，聞此學期先生將赴清華學校講演，二月六日爲本校現學期開始之日，先生尚親臨演說，對於"青年元氣之培養"再三注意，開導周詳，因記之以餉同人。記者識

諸君，我今年要到清華學校講演，很可惜不能像去年一樣在本校常與諸君相聚一堂，去年又限於時間不能多得機會一位一位的與諸君交換意見，在講堂裏頭又不能多所討論，這是很遺憾的。但諸君向學之誠及聽得很有興味，我是知到的；至消化力何如，未看試卷，不能知到，惟腦子裏既有印象，即現在不生影響，將來亦必發生的。我本來想在講歷史時間之外擇幾個題目與諸君講講，後來歷史亦未能講完，更無時候多講。今天所講的題目是"青年元氣之培養"，此題本來至少須二三回始能講完，今天開學，時間不多，不能詳講，只好簡單說說。

諸君在第三年級者，只有一年，便須出校，即在一二年者，亦離出校不遠。簡單言之，人必到社會，不到社會則所學亦無所施用，在學校到社會爲人生最危險之時代，我們總應設法減少這個危險爲要。

數年來全國人對於學生之希望甚大，以爲將來學生在社會上可爲的事甚多，且能舉極大之效，此本應有之事，如事事始終由老人把持，不求改良，何用希望學生呢。但現在最壞之人，國人均指爲賣國者，他們從前亦被衆人希望過，他也曾在某時代慷慨激昂的愛國自重，人人都推重他，他亦自負甚大，後來何以竟變成如此壞呢？因爲他自己未知社會之危險，未曾預先有種種預備，社

會上幾千年傳下來壞的性質壞的習慣甚多,如大火猛爐,無論何物均被其熔化。

學生在學校時人人都有改革社會的思想,但一到社會與之抵抗,漸知其不可侮,有一敗便降的,有二回三回反抗不勝而勇氣消減的,有與惡社會戰而不勝屢屢失敗,便與之講和,不復施其攻擊,漸與想好而與之俱化,其有才具出衆者更可在惡社會中興風作浪,加增舊社會的壞以圖其一己之利呢。

與惡社會戰敗而消極而講和者甚多,其激烈者或發狂自殺者亦有。我今看諸君,覺得極可愛,但我們已經受了多少青年的騙了,一班又一班,一個浪又一個浪,正所謂大江東去,淘盡了多少英雄豪傑。現在世人目爲賣國賊的,從前我們希望他與希望現在諸君是一個樣呀。青年之可愛在元氣,孟子曰"吾善養吾浩然之氣",宋明儒言理、氣、打坐等謂爲所以養氣,今我所講與宋明儒所講的不同:

一,設法減少摧殘元氣的資料,從物質上精神上加增培養元氣的資料。

一,尋出一種高尚的嗜好,自己的人生觀。

今試舉實在的幾件事講講:

一結婚 此事爲諸君眼前的問題,萬不可以早婚,非生計獨立不可以婚。余今言培養元氣,何以先論結婚呢?古人云:"人不婚宦,情慾失半。"人不能不生活衣住,因生活衣住而嘗影響於其人之人格,如欲保持人格,當以自己能力謀自己生活爲最要。從幼年在學校爲將來的預備不能不依靠長輩。但長輩只能供給你上學,到學校畢業,長者之責完了,往後便是你自己的事情了。一個人不能獨力謀生,保持你的人格,便不能不墮落。此非一般人爲然,即有學問的人亦如是,用自己的力量維持不了的時候,非墮落學壞不可。如你們諸君大學畢業後一個人維持自己的能力,人人都有的,無論如智識低下的人都可以自謀生活的。但結了婚之後,便即要擔任女子的生活了。不到數年,有了兒女,家累日更加重,到那時候,投降下來,只求惡社會容你生活,一點事都不能做了。

我奉勸諸君非自己的能力到可以創造家庭的時候,無論如何切不可以造次結婚,別的事情都可以遷就老輩,惟獨這件事情是不能遷就老輩的。從前叫做"討兒媳婦",現在叫做"新家庭的創立",若無相當能力,如何能創立新家庭呢。青年男女,無論如何,必要認定非自己有相當能力不可以創立新家庭的時候,切不可以創立。初時單人匹馬獨往獨來,自己一人有何不可,若後邊有了一群兒女，那必至棄甲拽兵而走了。

二職業　三年生諸君離職業問題已不遠了。我看來新人物的需要在今日的社會日見其加增，而供給實未能相應，數年前學生謀職業甚困難，因社會對於新人物不甚需要，所以謀事頗難。但將來十年後各處學校林立，人材衆多，供過於求，到那時當又不容易了。惟現在確是極需要新人物的時候，即以上海商界而論，其從前之頑固腐敗實比北京政界爲尤甚，但此二三年來上海商界很吸收許多新學生。諸君現在在學之學校名譽甚好，諸君所學實際上亦比較的優良，故職業問題可以不必太憂慮。一二年級諸君，如將來尚到外國留學，則入社會當在七八年後，那時當更難於今日了。爲將來計，選擇預備不可沒有，應向自己特長的方面發展。譬如欲到某公司某銀行辦事或欲以所學教人，其預備極不相同。如學文科則一方面著書一方面如強嗜好於好的方面則變好，引嗜好於惡的方面則變惡，故人須擇一二種高尚的嗜好養成之。如我學商或學礦，將來任事不能長年長月在商塲或礦地，故在職業以外必有嗜好，無高尚的嗜好，則必染到卑下的嗜好，如打牌，花酒等等。凡人不自引於正路則必日趨下流，諸君要那[拿]自己當作"花""樹"，自己好好的培養。若自己性情與之相近，即如寫字，繪畫，音樂，等等，每日爲之，養成習慣，將來在社會上任事到疲勞或到極不得意的時候，亦可因此而回復加增其勇氣，此種嗜好非養成不可。

我們生在世上爲甚麽？我們每日造事爲的是甚麽？人人各有他自己的人生觀，但每日各人將自己的人生觀提醒提醒，這是最要的。我自己向來是樂觀的，我自己的人生觀，可以講是無所爲而爲之，我無論做何事，要做一事就是一事，絶不以爲手段。古人有言："讀經致用。"從前讀書爲的是昇官發財，三年一科考狀元，考到的興高采烈，考不到的无限懊惱。我無所爲而爲之，即所謂爲真理而求真理，爲勞動而作勞動，爲文藝而研究文藝，爲科學而研究科學。古人勸世人每謂積陰功可以生子發財，及其不生子不發財，則必怨懟而不復行慈善事。我今爲的是"人要愛人，我故愛人"，報應何如，我都不問。

今日因時間短促，不能詳細講，後半段對於精神修養的話，更爲簡略，不過略供諸君的參考。望諸君留意。

（1922年2月23日《南開週刊》第27期）

梁啓超啓事

　　鄙人素不能爲酬應之文,比來從事著述購[講]演,更罕暇日。凡有以介壽銘墓等文辭相屬者,恕不奉命。

（1922年2月24日《晨報》）

張煦《梁任公提訴老子時代問題一案判決書》識語

　　張君寄示此稿,考證精覈,極見學者態度。其標題及組織,採用文學的方式,尤有意趣。鄙人對於此案雖未撤回原訴,然深喜老子得此辯才無礙之律師也。

梁啓超識

（1922年3月22日《晨報副鎸》）

爲新聞風紀起見忠告投稿家及編輯者一封信

晨報館編輯諸公鑒：我這封信是爲著一件與我無關的事，替社會上的弱者——女子——抱不平，向諸公進些少忠告，希賜採登。

這事是貴報三月十九日社會咫聞裏頭所載，題目是"兩個戀愛的慘劇"。我今日得着一位朋友的信，詳述這件事始末，和那投稿者所講完全相反，請把這信節鈔呈鑒：

第一節所説的"某大學的教授……獲得沈女士的戀愛"，是指的陶孟和。孟和結婚是四五年前的事。據我所知道，"男子生了神經病"云云，絕對與事實不符，如此毀謗人家，已經是極可惡的了。第二節的某司長，就是秦景陽，他新近續絃，是我做的證婚人，所以前後的事實我都是完全知道。陳女士是松江人，他的母親是在北京女子師範做監學的，家庭本是很開通的。陳女士一年以前同一個北大的學生認識，平時常常往來，但是並沒有婚約。到了去年夏天，陳女士看見這位學生舉動不甚妥當，就和他絕了交。那時秦景陽還未斷弦。那個學生，並且將從前受過陳女士禮物都送還給他。他以後有一封信給陳女士，我是看過的，所以我這話並不是據陳女士一面之詞。今年春天有人替秦君做媒，秦君要求先和陳女士見面，以後又先徵求陳女士的同意，然後與陳家正式訂婚，陳女士並且將從前與北大學生這件事完全告訴秦君。他們未結婚以前，我就在秦家里見過陳女士，他們關係的光明正大，可以想見了。他們結婚的前一天（三月三日）晚上，天忽然下起雪來，恐怕在中央公園行禮，馬車不能進去，新人步行不便，纔臨時把禮堂改到秦君自己家裏。這也是我在北京親身與聞的。拿我上邊說的話，和《晨報》上新聞比較，就知道這一段新聞的用意了。陳女士家裏原不是有錢的。但是他母親只有這一個女兒，自己又在此地當監學，不至於要北大這位學生出學費。大概先生也是可以相信得過的。其餘的話，無一句不是誣衊，陳女士與北大那位學生絕交，秦景陽從前的夫人還没有死，他偏說是嫌貧愛富。人家因爲怕下雪改到自己家中結婚，他偏說怕宣布罪狀，避到親戚家裏。未結婚以前，陳女士天天和秦君見面的，他偏說他是因北大那位學生在中央公園，這種不道德的謠言，造了出來，毁壞一個婦人的名譽，不是一個極下賤的人，是做不出的。我真不懂《晨報》何以找到這種好的訪事。最可惡的是這兩節新聞，男子的姓名却都隱起，女子的便大書特書，豈不分明是欺負女子的惡習遺傳下來的毒。

我和秦君雖然相識，交情並不深，陳女士更没有見過，但寫這封信給我的那位朋友，我知道他生平不會說謊的，憑我的天良，他說一個字我信他一個字。所以我對於這段造謠誣衊的新聞，異常憤懣，現在正是男女社交公開漸有希望的時代，這點子嫩芽，我們應該很細心保護他，把他培養發達起來。若是一個女子有過男朋友就不能和別人結婚，從前朋友交際的事實，就可以爲旁人污衊的把柄，那麼，男女交際的前途，還堪設想嗎？投稿造謠的人，自然是那位失戀的學生或他的朋友，我認爲這些人，不惟遭塌別人的人格，並且遭塌自己的人格，我很希望他改悔；若不肯改悔，社會上應須給他一種制裁。社會上的壞人敢於橫行無忌，都是好人懶管閑事縱容他們。我想主持輿論的報紙，對於這點，不容輕輕放過。

再者：近來各報設社會一欄，要想把社會黑暗方面揭穿，用意原甚好，但稍不審慎，便被壞人利用了，我想凡像這類毁壞別人名譽的新聞，最少也須有投稿者真姓名真住址，纔可採錄。否則拿好好的言論機關，供那些害群之馬來利用，報紙縱不自愛，奈社會何？我這回以社會一分子的資格要求那條新聞的投稿人把自己真姓名揭出，我信我有這個權利而且信人人都有這個權利的，那人若不肯揭出，我們就認他爲站在黑暗方面含沙射人的敗類，當與衆共棄之。

十一，三，二十三，梁啓超

（1922年3月25日《晨報》）

答張爾田書

孟劬先生惠鑒：一月以前，即入京在清華講學，久未返津寓。惠札在津，爲家人誤閣，昨始得讀。奉答稽遲，皇悚何極！拙著本爲講稿，隨撰隨印，其中繁蕪紕繆之處，覆視亦自知之。今承教言，彌復深省。所論心術之微，影響於風會，尤爲切論，以後當益自檢責也。講課極忙，未克詳對，先復數語，敬拜昌言。得閒更圖良晤，就正壹是。手此，敬頌著祺！不盡。啓超頓首

（1922 年 4 月《亞洲學術雜誌》第 1 卷第 3 期）

《澈底翻騰的清華革命》序

我與清華學校，因屢次講演的關係，對於學生及學校，情感皆日益深摯。關於本校改革發展諸問題，頗有所蘊積，原預定作一次講演，題曰"清華學校之前途"。因搜集資料未備，且講課太忙，迄未能發表。今因《澈底翻騰的清華革命》出版之便，述吾希望之要點如下：

一、希望立即改組一九人或十一人之董事會，由中美兩國教育家及與清華關係極深之人任之。兩國外交機關，只能各派董事一員。

二、希望清華前現教員、前現學生共組一實務的（非交際的）校友會爲學校主體。每年開大會一次，通過董事會所提出之預算及其他計畫。

三、希望經費完全獨立，由董事會管理，不必再經外交機關之手。

四、希望漸次減縮留美方面經費，騰出財力，辦成一完備之大學。將來游美者皆以大學畢業後研究或實習的資格前往。

五、希望積極的預籌基金，爲十八年後賠欸終了時維持學校生命之預備。

此文因脫稿匆促，恕我不能列舉理由。但我確認爲必須如此，庶學校基礎可以永固，而發展乃可有期。願愛護斯校者急起圖之！

十一，三，二五　梁啓超。

（吳景超等編《澈底翻騰的清華革命——改組現存的董事會》1922年版）

覆曹錕、吳佩孚電

保定曹巡閱使，吳巡閱使均鑒，並請轉田、陳、齊、馮、劉、陸、蕭各督軍，馬都統鑒，效電敬悉，諸公於軍事倥偬之際，尊重民意，謀鞏國本，希齡等曷勝欽佩。承詢各節，經約集在京同人討論，僉以解決糾紛，當先謀統一，謀統一當以恢復民國六年國會，完成憲法爲最敏速最便利之方法。但憲法未成以前，所有統一善後各問題，應由南北各省選派代表於適中之地，組織會議，協謀解決。諸公偉略碩望，舉國所仰，倘荷合力促成，民國前途，實利賴之，管見當否，仍候裁奪。熊希齡、汪大燮、孫寶琦、王芝祥、錢能訓、蔡元培、王寵惠、梁啓超、谷鍾秀、林長民、梁善濟、張耀曾等同叩。禡（二十二日）。

（1922年5月25日《晨報》）

農業與將來之社會

（全國農業討論會開幕式演説詞）
（七月四日在濟南山東省教育會）
危微　筆記

今所講者爲"農業與將來之社會"。當歐戰結束，社會破裂，人心惶惶。推其原因，蓋由於百年前工業革命而後，工業發達，工廠林立，致演富者益富貧者益貧之兩種現象。是專望工商業發達，而拋棄農業，必不能解決社會的貧富，謀相對的平均也。戰時德國置各國群攻於不顧，必欲封鎖英國者，即英國缺少農業之原因。雖然，諸君其勿以余爲反對工商業，蓋各國置工商業於農業之先，皆所不可也！吾國以農立國，欲謀經濟上發展，非倡農業不可。況吾國對世界各國供給原料，取用不盡。世界各國以重工商輕農的結果，致釀成社會革命。吾國從此發展帶農的工業，則貧富階級，不至大相懸殊。總之，不貪工商業過當的利益，反於農業，以工商業輔助農業。改造人類的社會，爲世界各國模範，端在中國人。中國人對世界人負責之重大，不徒在供給原料而已也。望大家努力討論向前作去。

（1922 年 7 月 9 日《晨報》）

山東歷史博物展覽會開幕演説詞*

（設立博物館之必要）
（七月五日在濟南圖書館）
危微　筆記

　　今日爲山東歷史博物展覽會開幕日，啓超以個人資格，與中華教育改進社社員資格，得參與本會典禮，無任榮幸。兹將歷史博物館與山東博物館分別言之：人類之進步，專賴綜合已往之智識經驗而灌輸於現在，使其智慧道德繼續增高。故過去之經驗，與未來之發展，關係至鉅。例如富人財産，因遺傳而增加，故其子孫益富。物産之富如此，精神之富，何獨不然。試觀猩猿之屬，其生理上之購[構]造與人類本來相若，徒以猩猿不能綜合其智慧經驗遺傳於後代，故爲人類所征服。人類能綜合智識經驗使之流傳，而禽獸則否，此即人禽之所由分也。蓋過去之歷史，可以作後來之模範。吾人僅用一時之心力，即能了解古人畢生精力之發明，如無形文化：爲孔子之仁，孟子之義，墨子之兼愛，老子之無爲。物質的文化爲：奈端之力學，達爾文之生物學，瓦特之發明蒸汽（機），皆可爲吾人所受之遺産。吾人更從而發明之，置於遺産，而世世保存之，是即一國之文化；亦即全世界之文化。人類進化之原則，不外乎是。換言之，所謂人類進化之原則者，即保持祖宗所留之遺産而傳之後人也。所謂遺産者，歷史是也。但歷史僅爲一種書籍，其所載事跡，恒不能表現。欲表現之，非博物館不可。博物館者，所以補書籍之不及。歐美各國無不注重歷史品，即美國自有事績可述，不過百年。然對於百年前物，亦竭力保存，視若珍品。再察歐洲各國居民不及千人之小都市，亦均有博物館。再巴黎之路弗爾博物館，陳列甚備。如繪畫，音樂，彫刻，風俗等，均有詳細之歷史，民族進化之痕跡，悉借此以

---

*　此爲演講大略。

表現。留學者若欲研究一物一體,雖一年之久,亦不克畢事。故研究學問者,因此而愈加切實。歷史博物館有學校以外之教育的價值,其重要可知。

（1922年7月9日《晨報》）

先輩與後輩①

（八月八日在南京公共演講廳）

此次到南京,擔任東大暑校功課,數日來所講空話很多。今天亦隨便談談空話,擬一題目,爲"先輩與後輩"。凡一社會之進化如何,概視其社會之人。社會上人一排一排,甲乙丙丁新陳代謝,甲過去乙方來。前一班人因後一班不會做,帶他去做；後一班人因前一班未做完,代他去做。所以社會組織,有同竹簾,聯絡不斷。因時間有先後之分,遂起先輩與後輩之名稱。先後輩同在舞台上活動,一方面固能令社會進化,一方面亦能令社會凌亂,以致破裂。嘗見先輩之於後輩,每視爲少不更事；後輩之於先輩,每視爲頑固無能。其結果,消極則互相漠視,無形中令社會停滯不進；積極則先輩壓制後輩,後輩反動,因革先輩之命。知先後輩之關係及責任,非謀先後輩之聯絡不可。欲謀先後輩之聯絡,非雙方覺悟不可。小兒之動手動脚,其母止之,小兒必反動,雖無多大能力,亦必大哭一場。此無他,一因本性活潑,一因尚未經過規則。推而至於二十餘歲之青年,先輩以爲妄爲者,其實一樣,毫不足怪。青年心理,最易隨社會風氣流行,判斷下得速,抛棄亦速。青年皆然,孔子當青年時亦然,所以謂"三十而立,四十而不惑"。故先輩對於後輩,當平心靜氣,採一種方針,加以指導。但如何夠得上指導,究用何方法,我以爲必須身爲人範,所謂"以身教者從"。

---

① 此爲演説大略。

否則其所令反其所好，無論如何，總不足以服人。所以先輩要教後輩，第一須品行，第二須知識。譬如行路，先輩當帶後輩行。倘至中途不能行，即當讓人行。既不行又不讓，如之何其可？名義上居指導地位，事實上不能指導，現在社會上先輩多犯此病。且多十幾年前所得之知識，如何指導得動？某國有某大首領，當其爲首領時，已預備第二步人，逐漸將事交與其做，自己立在旁邊，如同保護人一般。中國則不然，如江蘇之省教育會，可謂爲中國最有聲名之團體。而早年舉會長是張謇，及至現今仍是張謇，其實早應居指導地位矣。此先輩所當覺悟者也。至於後輩，現在多得新知識，將來多做些事業，本所當然。但須知現在所可學而知者，皆曾經先輩費多少心思力量，方發明一點學問，不能因多讀幾部現成書，即無顧忌。縱對於先輩之見解行爲不以爲然，亦當以血誠毅力，將我之見解行爲，減少先輩之舊有。且須知自己心理現狀不到三十不能立，不到四十不能不惑，刻刻以自己爲未成熟之心理，恐怕自己走差了路。此則希望於後輩者也。總之一社會中，先輩與後輩，必如連環套，而不可畫鴻溝，必銜接不斷方好。今日在座者，有先輩亦有後輩，故隨便談談如此。

（1922年8月10日《申報》）

先進者之新覺悟與新任務

（八月二十一日在南通爲縣教育會四團體演講）
梁思成　筆記

南通是我們全國公認第一個先進的城市。南通教育會和各團體是我國教育界中之先進者。他們價值之高，影響之大，國人共知，也不必我來頌揚。我今日來講，也無非是希望他"百尺竿頭，再進一步"的意思。

凡是先進者必定已經先有了覺悟，然後纔可以叫做"先進者"。有許多別人所還沒有見到的事，自己先見到了；別人所還未做的事，自己先做了，然後可以叫做先進。南通是已經有他先乎他人的覺悟與事業,所以是個先進者。他既是個先進者,當然是盡了許多任務的。或是爲本身已盡了許多任務,然而因爲本身盡任務,影響到別的地方,令他們模仿我,這便是對全國盡了任務。然而這些都是舊任務,以後還應當有新的。我們想知道先進者之新任務,要知道他的困難:

第一,對於舊社會阻力之抵抗。譬如有個後進者,跟着人家走,是没有甚麼難的。然而先進者所做的事是前人所未做;社會上見了,覺得非常怪誕,以爲是不應該的。或者以爲是應當做,而認爲做不成的。這種種的心理,都要先進者去開闢他,是第一件難事。

第二,人才缺乏。初辦一件事業,往往只有幾個人能看得到。同輩中因爲眼光各不相同,不肯幫助。要等後輩,他們還未成就。所以往往感覺到人才不足。

因爲有這兩點難處,所以先進者的事業,往往不能完備。一面舊社會阻力强大,要與他奮鬥。有時還要遷就遷就他,於是不免把自己的理想和計劃,犧牲一部分,以求事業之成功。對於第二點就因爲一件事不能一人全做,在這時候,自己雖有十分的理想,也不過只行得到四五分乃至六七分。所以其勢是不能完備的。

我們若是看看他們事業成功後之現象,又看見有兩種流弊:

第一,因爲經過多少奮鬥之後,然後成一件事業。一人精力有限。先進者已經成了一件事業,已經疲倦了,要休息休息,於是進步一定也停一停。他那前進的朝氣一停,暮氣便立刻乘機而起。有了這種通病,所以先進者成功之後,正如漲到最高點的潮水,立刻就要退下去的。這是第一個流弊。

第二,成功的先進者,因過去之成功,得了經驗,以爲成功一定要從這條路走,其結果便易偏於保守。一個人做事一定要有經驗,經驗太深就往往爲環境所蒙蔽。十年前的路,固然是應當如此走法的,殊不知環境是時時變更的,一味的用老法子是走不通的。若是有人上條陳請他改革,先進者便把經驗抬出來,説我成功所走的路如此。但是我們要知道時代不同,而先進者往往因經驗而輕視環境。

因爲有這兩個弊,所以先進者的事業不能跟環境開展。然而人類的進步——一切生物都要順環境——又不能以舊限今。譬方我們中國,可算是世界上唯一的先進國了。今日的英、德、法等國，不知比他後多少輩數，然而何以今日事事落人之後呢？因爲他是一個先進者，而且是個成功的先進者，所以限於疲倦和保守，不能跟着環境俱進。

先進者既犯了這兩種弊病，他的結果就足以：

第一，予後進者以壞影響。因爲先進者是後進者的模範。先進者在昔日本有他的理想和計劃，因爲遇着困難，未得完成。後進者見了，以爲他們只是如此便了，不知時代不同，只顧模仿那保守之先進者。若是如此，先進者便爲社會製了不良之影響，使社會退却而失去進步之彈力性。

第二，前面已説過，先進者是後進者的模範了。因爲他不能順應環境，所以必定要停止不進。例如引路的人，引路的停了，跟的必停，若是不停，必定要超過引路的。如此後進者便不承認他是先進者。於是又生不良之影響。先進者是過來人，後進者是没有經驗的。先進者引着，便不會走錯路。現在先進不動了，後進者只得自己前進，如此便有走錯路的危險。這結果又是個不好的現象。

先輩和後輩本來是和連環一樣的，永遠不使他斷絶。若是先進者不能盡引路之責，使後進者横衝直撞，使環扣斷絶，便是一種險現象。

如此看來，先進者便不能不有一種覺悟，他應覺悟：一當初之困難，二成功後之弊病，三有弊病後所生的壞影響。他們應當有這種覺悟，並且求所以免其病，以完了他們的任務。

然則其任務何在？古人有句話，説"繼往開來"。這便是"承上啓下"的意思。如同蛇退皮一般，由舊社會退到新社會，使他不要斷絶。

然則如何指導法子呢？就是將昔日走路之困難，以及所走的冤枉路告知後進者。或是把空理想之做不到者，指點給他們。此外還要將自己實在之事業和久遠之計劃告訴他們，令他們不要以我先進者之事業爲滿足。先進者要常站在戰線第一排上與舊社會開戰。個人的先進者，團體的先進者，皆當如此。一國之所以貴有先進者亦在乎此。不然，若有學者或是政治家，拿着他二十年前的學問狂然自大，他先進者的資格便立刻消滅。没有這種精神，便不足以爲先進者。無論在政治，教育，實業，以及自治團體等等，都應當站在第一排，砲火最猛處。須要步步與新潮並進。凡先進者都盡了這任務，那社會便日進無疆。現在世上最有這種精神的民族便是盎格羅索克遜族（Anglo Saxon）。看他們好像保守，然而內面是時時刻刻與新潮並進的。

南通在中國是個先進的地方，而在座諸君在南通多半是後進者。然而以團體而論又是個先進的團體。以個人之後輩，而維持團體上先進的精神與面目，是一件極不易的事。若南通有許多不足爲人模範者而被人學去，那就害人不淺了。或是人家都進前去了，而南通還落後，那麼南通的莊嚴要墮下去，亦非社會之福。乃至其他方面的進步，亦要受南通的影響。南通諸君，要覺悟自己地位之重要，任務之重大。有了這種覺悟，就可以進步了。

以上所說都是很普通的，就一切任務而說的。至於教育，乃是各種任務中之一件，又是根本上之一件。我希望教育界諸君，順應環境進步，時時都站在第一排。至於具體的條件，不能多講，請只舉四點。

第一，希望教育界注重公民教育。現在中國全國的學校教育，多半都靠着書本子智識，教人做個人的很少。至於如何方能做一個共和國國民的常識，則絕對的還沒有。在學校的學生必定要有這種訓練，不然就不能成爲一個共和國國民。試問現在的國民，有沒有把選舉當作一件正經事的？以一國民，在代議政治之下，而不以選舉當一回事，如此的國民那能改良政治？所以共和國民最普通應做的事，必定要根本上在學校裏注意。

第二，希望教育界注重科學教育。今年科學社在南通開會，是因爲社員對於南通有一種景仰。還有一個意思就因南通是全國之先進者。想在這裏開會可以刺激到南通教育界之一部分，叫他注意科學教育。我望南通率先做去。萬不可以爲科學是大學理科然後可以做的。乃是要從小打底子。我們中國的中學小學實在沒有這門，雖有也不過是些教科書的學問。教法又是非科學的。我望先進的南通教育界率先把南通做成科學的教育的首創人。

第三，希望教育界注重自動的教育。二十年來我國教育界都是受了日本的影響，都是裝罐頭的——怎麼裝進去的，還是照模照樣吐出來。這種教法，簡直與八股沒有分別，不過八股讀的是"子曰，學而時習之……"而他們讀點教科書便了。先生教多少，學生只知得先生的一部分。然而教育這件事，乃是要學生自己找智識的。小小的孩子，要母親嚼飯餵；若是長大了還食母親的嚼飯，便無味了。現在的學校教育，都是嚼飯餵人的。又如拉人力車的，拉着坐車人走了一趟,坐車人還是不識路的。再拉一趟還是不識的。不過你若指點他,如此如此走,叫他自己走一次,路便識了。所以善於教人的不代人嚼飯,不代人走路。以後我們的小學以至大學,都非大大的改革不可。我望先進的南通教育界做新教育,不代人走路。

第四,造成模範的中學。這一項本來不能與前三項並列的,不過現在姑且當第四項講。南通的小學現在已有好幾百了,各專門也有了,大學也在籌備了。去年孟祿博士來中國,説我們中學缺乏,中學不好,大學便沒有好學生,如此學問界便產生不出領袖人才。若不好好的改革中學,中國教育界便沒有好的日子。我聽這驚心動魄的話,回頭一看,果然不差。我們現在正求解決他,但是沒有實行。我望先進的南通教育界,特別注意,造成一個模範的中學。

我望南通教育界能注重這四點,那麼南通教育界便不愧爲舉國承認之先進者。若是南通都不做,別處我更不能去責備了。最後一段話,望南通教育界以之自任。前面所説,尤願南通全部人民,有那種覺悟,拿來做自己的任務。

(1922年8月26日《時事新報》)

什麽是新文化

(科學的理解與自律的情操)
(八月三十一日在長沙第一中學)

今天所演的是"什麽是新文化",這幾年來所謂新文化運動,舉國的先覺相率提倡,一般青年勇猛前進;這是一個頂好的現像,但是口頭講的很多,你若問他什麽是新文化? 却又有許多答不出來,即或答了出來,也是一個人一樣。本來這個問題很難,文化二字包括甚廣;人類所發生的文明都可謂之新文化,不過他有許多方面的解釋,所以大家反爲不懂。不懂還要口頭去講,這可謂無誠意的,即或有誠意的去講,僅僅對於意思懂得而不能得真正的理解,那末,必會發生許多的流弊。所以要講新文化,必有兩個先決的要點:

一、在知識上要有科學的理解;

一、在品格上要有自律的情操。

新文化在現在要養成一種最優秀最新穎的事業,一方要有新知識,否則在現世站不住;一方要有新人格,否則不能生存;新知識和舊知識不同的點,就是新的無論何事總是用科學的去研究。科學的理解和非科學的理解,如何分別呢?非科學的理解:是專靠很聰明,閉目瞑想,猝然領悟;從前無論中外,都是如此。這種有時也可得很高層的知識,然而大概都犯着:樣樣懂,樣樣不懂;問他真不真,則不能回答;這都是理想的錯誤。科學的研究如何呢?凡事必由分析整理着手,非找到的確底證據不相信;非有澈底了解,不輕易講;一個問題都可以還原;駁人家須要預備人家回駁;所以科學的研究不能籠統,對於前人所説的,非經過多少經驗,不肯相信。對於自己,不能因一時聰明的悟到,即謂了解;總要(切)①實研究才相信才發表。但是研究也不能太多。譬如今天拿一部文學雜誌來講,明天又拿一部法政雜誌來講,這是萬不成的。所謂科學理解,是要有窄而深的研究,用科學的方法分析整理,據這一點看來,我們現在到底是有科學的理解沒有?我相信素來講新文化的人對於科學是不能詆毀的,但是現在我們中國新文化運動中的人,大多未曾經過此番工夫,輕信附和,人云亦云;譬如我們的衣袖,要研究怎樣大小才合衛生?但是現在許多人不這樣講,只看怎樣才時髦;人家説不好,即跟着説不好,人家説未必不好,也跟着説未必不好,這層是一般青年最容易發生的毛病,可使知識淺薄,社會墜落。還有一種,本來一樣東西他的本質很好,倘無了解的能力,專從表面上看,也會生出毛病出來。譬如共和政體,必用科學的方法去研究分析,要知道如何才是共和,如何才可名實相符,又如現在所謂社會主義,聯省自治,僅知道皮毛,不了解他的内容,也是一樣,這是很危險的,我們中國就是吃了此虧,現在新文化的好處固多,壞處也有,壞處就是在這裏!希望我們以後有志於新文化運動的,趕緊對於從前走錯了的路不要走了!還希望找一門專門學,用科學的方法專

---

① 所見刊字未印出,擬補。

心研究，萬不可犯着籠統毛病，這是新文化主要條件。

關於品格底自律的。新時代需要的人格和舊時代不同之點在什麼地方？舊時代無論社會家庭，總是一部分人爲主體，一部分人爲附屬，國家是帝王爲主，人民爲附屬，家庭是父母爲主，子女爲附屬，學校是校長爲主，學生爲附屬；現在所謂新人格，即是各個人到了成人的時候，必有各個人自立的能力。不要專靠別人，作別人的附屬；好像在孩提時候，要父母餵飯，現在是要到自己吃飯的時候了。

在先前倚賴還不要緊，因爲當時人類分爲兩階級：（一）倚賴的。是要受人支配；（二）被倚賴的。是受倚賴的底隸屬；這種現像只可在文化幼稚的時代，到現在已經像成了年的人，是不成了。

自由，自治，現在可以說是代表新文化的，但是我們有一宗不能忘的，是爲什麼才自由呢？可以說就是不倚賴別人，能自治，這個名之曰"自律"。一個人能自律而不能自由，是先輩的不對，倘若不能自律硬要講自由……或還要倚賴別人；是頂不好的，甚至妨害社會秩序，也是有的。現在各學校都有自治團體，這是新教育的精神。中學校以上，要他口①可自律，對於自己的情感，應發展的發展，不應發展的，要自抑制，這是情操，這是能自律；果真這樣，能自治當然讓他自治，能走路當然讓走；不然，牽着手還怕跌，那能自走呢！

青年要使他達到自治的程度如何？要看他自律的程度如何爲標準。譬如學校不要規條，因爲學生有自治的能力，假若沒這種能力，非管理不可，那沒[末]學校自有種規條來管理他，又如圖書館本來沒有什麼規章，因爲一班人已經成了一種遵守的習慣，倘或你要破壞他的習慣！讀書高聲朗誦……他也只好立出一種規條來，管束你，因爲你不能自律。

我看新文化的精神，很有幾點和舊文化相同的地方，如從前的法家"信賞必罰"使社會上現出一種整齊嚴肅，而儒家則要"道之以政，齊之以刑，民免而無恥"即是新文化的"自律"！不用旁力去壓制他使他自己去作。法家的方法，非採用嚴務的監督不可，如學校一定要用記過，開缺；……儒家是專要人自治，要使社會養成一種各個人都自治的風氣，不用旁人去干涉，這即所謂"有恥

---

① 所見刊字迹不清。

且格"。好像學校裏學生都有自治的習慣能力。在教師既免去了許多干涉的煩惱,在學生也增加無窮的興趣。那末,儒家主義,可以説正合乎新文化了。我國現代青年,所犯的毛病,遂是不肯努力作自律的工夫,自己沒有養成自律的情操,一心專求要解放,要自由;要知道上古時代不自律,還可以,倘要在(解)放時代不自律,是不能的,既不自律還要求解放,那是更不成了;所以一方面要求解放自由,一方面要自己看如何才能得到自律的精神,所以我希望青年們——要作新文化運動,應當要"知識上,非做到科學的理解不可;在道德——品格——上,非做到自律的情操不可"! 我今天因時間倉促,對於各位沒多大的貢獻,不過希望諸位在以上兩點注意罷了!

(1922年9月1—2日長沙《大公報》)

祝湖南省憲之實施

(九月一日在湖南省議會)

啓超等得參與貴會觀禮,爲莫大光榮。湖南爲首倡自治之省分,今日又爲二次常會開會之第一天,啓超適逢嘉會,參觀盛典,更屬絶大紀念。啓超於二十五年前,在長沙講學半年。現在行年五十,算來過去半生,今日又到湖南,回想從前,不勝感慨。在二十五年以前,不敢有自治希望;而二十五年以後,竟有今日。憲法公布,議會開會,誠二十五年以前夢想所不到者。人嘗云:理想快於事實。以常理論,當然理想在先,事實在後。但有時社會進步,速度加增,事實比理想還快。二十五年以後之湖南,居然有今日,即其明徵。啓超遇此機會,非常高興。今日承議長及諸君破格優待,以神聖莊嚴之議會,容許來賓登台講演,在啓超個人,不免爲輕妄舉動,甚不敢當,私心至感。稍有意見陳述,題爲"祝湖南省憲之實施"。省自治主義,自民國成立以來,醖釀許久。大家都有感覺,如僅恃中央集權,斷難使各省平均發展。歐洲小國,如瑞士,區域不過湖南一路之大。其所以能實行民主者,因有二十二聯邦,使地方分段發展,於聯邦之上,組織一政府。大國如美雖不及中國之大,在世界上亦算甚大。如專恃華盛頓一政府集權,試問安有今日之發展?最初有十三州之聯邦,後來漸漸擴充,乃至四十餘州,故能實行民主政體。中國之省,即與外國邦州相同。民國成立以來,中央統一與聯邦自治主義,彼此都在研究,兩方面均有理由。但已經過去之十年均係中央集權,成績如何,昭昭在人耳目。至於現在,即主張統一集權之人,亦皆轉而主張聯省自治,可謂全國一致。惟許多省分,有一部分人,努力運動自治,可惜至今無一成功。其制憲已經公布,依據省憲之立法機關,已經成立,行將依法組織各項機關之省,惟有啓超所最戀愛之湖南。但憲法實施,非僅湖南一省之事,且關係全國。進一步言,湖南自治成績如何,即是聯省主義能否發展之徵。現在全國反對省憲者,亦復不少,而且有力。如先進省分,無特別成績,必予反對者以口實。且反對之外,尚有懷疑與無感覺者。懷疑者以爲憲法不知能否實行,無感覺者,無論爲地方自治,與中央集權,均不理會。如先進省分成績不良,則懷疑者並將變爲反對,無感覺者,永遠不能感覺,如此則聯省主義甚爲危險。由是而言,今日在座諸公,責任非常重大。以一省論,將來地方自治,即在此會場起點;以全國論,聯省主義能否貫澈,亦在此會場判決。議員諸公當知自己地位發展,能爲全國功之魁;反而言之,即可爲全國罪之魁。因爲良好主義,所以救國家之危急。如先進省分不良,使全國人心理均失信仰,對於惟一救國之良葯,不肯服食,豈非陷全國生命於各〔危〕地?盼望諸公將此關係存諸腦中也。

又有貢獻於諸君者,第一信守憲法。中國人對於法治,向來信仰薄弱,每一法案公布後,即行忘記。湖南雖屬猛進,此種習慣,恐亦難免。中國約法固不完滿,但如事事依據約法,亦不致糟至現今地步。省憲內容,比較約法如何,姑置弗論。即約法優於憲法,然至今日當希望省憲實施,約法廢止。省憲之運動,現外省均(已)①極力搖旗吶喊,以情理論,總不至成爲具文。因憲法爲中國新發生之觀念,斷不能不知不覺又復忘記。盼望無論爲立法之人,爲行政之

---

① 所見刊字迹不清,擬補。

人，均抱定主義，誠心誠意，斷斷乎不可在憲法範圍以外有一步行動；即旁人有踰越範圍者，亦決不容許。至憲法優劣如何又是另一問題，在批評者，以爲有可疑之點。但無論何國憲法，未必十分完備，如果行之不便，或有弊端，自有立法機關，可以修改。惟當公布以後，未修正以前，雖日日鼓吹修改，而對於該法，仍當切實遵守，恭謹奉行，方可算法治國的國民，共和國的國家。此其一點。

　　第二運用憲法。憲法除遵守外，如無運用之能力，譬如一部良好機器，自己不知安置，必求諸人，即人爲安置完全，而自己不知轉運，仍屬無用。民國十餘年來，法律不能表現，一方面由於不能遵守，一方面由於不知運用。希望湖南議（會）①，研究如何運用，方見精神。

　　至於遵守與運用之責任，仍當由行政機關與立法機關分擔。惟立法機關視行政機關，責任尤重。因爲湖南省憲精神，最高之權，屬之議會，省長及各司長，均由會議產生，議會實爲行政之母。議員諸公，不僅負立法功罪責任，行政方面，爲功爲罪，議會亦當負責。照此説來，必有良好議會，以產出良好政府，方可貫澈自治主義。從社會上説起來，中國的小百姓，比之外國的小百姓，一點不及；即居上中社會者，底質亦覺太壞。吾輩生長此種社會中，好歹亦均不能自信。底質既壞，當思改良。改良方法，非由諸君自造不可。啓超因親愛湖南，説話不存客氣，希望原諒。諸君須先改良本身，再改良議會；改良議會，方可改良機關。改良之點有三：第一點，維持人格。現在普通名詞，莫不曰人格。如謂不夠人格，人人不肯承認；但中國人做事，不夠人格之處很多，地位愈高者，愈不維持人格。全國滔滔，大抵如是。一言蔽之，無論如何，人格不可爲金錢所賣。啓超此次爲聯省主義而來，對諸君人格十二分尊重。但諸公亦無知道各省議會與中央國會，莫不有買票事實。如江蘇、安徽各省國會議員，運動費有多至七八萬者。查外國選票運動者，均係設法宣傳政策，故亦常請人捐款，以爲應酬之資。至於以錢買票，在立憲國與共和國，均無此事。如果買票，是將自己人格與國民人格雙方破產。議員當以人民爲主，以金錢向主人買取議員，設使主人一旦棄捐，人格亦復何在？且議員如用錢買取，有如前清捐大

---

① 所見刊字迹不清，擬補。

八成候補道者方(可)①得差,收回資本。但一省道員多至一百餘人,吸取人民之脂膏,力何能給?此種弊病,諸君固無之。但在他處,事所常有,因直切言之,以冀諸君之毋沾染此習。啟超甚愛湖南,並擁護湖南省憲,湖南之利害,實如啟超之利害,故不覺言之切也。因為公益利益與自己利益常有衝突,如果損公利己時,不惜犧牲憲法,以顧自己利益,則不能維持人格。希望諸公永無此事;如有此種之人,當群起攻之。此雖卑論,亦關緊要,務望注意。以外尚有附帶條件,即不以人的問題去分黨派。議會政治固當有黨派,固無論何項政策,有利有弊,一政策發表,贊成反對兩方均有理由,有主張公共利益者,有主張個人利益者,有主張急進者,有主張緩進者。但議會當以政治主義為黨,不以人的問題為黨。啟超參觀各國議會,黨派雖多,均係政治問題,絕對無人的關係。新聞所載亦是如此。中國十餘年以來,爭點專在人的問題,新聞紙所載從未云對於政策如何主張。即如四川劉熊之爭,都是私見。少數人得有勢力,全省人即隨入其黨。每每因人的問題,終日爭鬧。諸君當為全省人民作公僕,毋為一二人作私僕,致損人格也。

第二點,為養成良好習慣,即所謂如何運用及討論運用之方法。此事就詳密條目言之,甚多。今日不能多講,祇言其要點:一、希望多開會,勤出席。省議會依憲法規定,會期僅兩個月,延長一月,亦不過三個月,時間亦甚短促。一切事件均在開創時期,重要議案不知凡幾,議員受省民委託,解決全省事件,責任亦至重要,非十分勤勉,不能作到。啟超個人對國會常盡忠告,因國會每於開會時,許久不足法定人數;足法定人數後,三十餘分鐘又須休息,休息後又每苦不足人數,每日開會實不過點多鐘。又間日開會,每星期不過三日,合計不過四五點鐘。無論多大天才,如此懶散,決難解決若干事件。外國國會並星期亦有不休息者,遇有重大問題接續討論,多時尚不休息。英國國會討論愛爾蘭自治案,一九一一年討論加稅案,有接續討論至二十餘鐘之久者。議場外面設有小餐台,食後仍入議場議事,務必得有結果始行散會。總之非有奮勉精神,為國民公僕,談何容易?以英國議事規則運用非常之神速,腦筋又非常靈敏,對於議案當如此慎重,始能收圓滿之效果;如程度幼稚,又復懶散,決難辦好。

---

① 所見刊字迹不清,擬補。

盼望貴議會力矯此種習慣，對於開會時期切勿浪費，以資經濟。二、少數黨應服從多數黨。湖南議會原無黨派，愚以爲黨派應有，如無黨派，亦非議會好現象。因無黨不爭，不爭則對於問題無研究。但黨派雖分，仍應依少數服從多數原則。未表決以前，少數黨對於所有主張可以盡情爭論，發表意見；表決後，自須服從多數，方合公共道德。試舉一例，如英國自由黨爲最大之黨，十九世紀時，自由黨極少，當時發起只二人，所爭各普通選舉種種之事，每會期提出一次，不能制勝，復繼續再提。如以中國習慣，只二人主張以爲必不能通過，即可不必提案。不知英國人對於議案一次不能解決，照議會通例，一會期內，不能再提，然下會期仍可再提，而至於十餘年，每次提出，極力辯論，如果失敗，乃再接再厲。又如獨立社會黨因議憲法反對憲法中之重要部分，在議場辯論時，異常激烈。表決失敗後，乃宣言以誠意遵守，服從多數；但聲明非本人意見，不過服從機關，本人意見如有機會，仍應提出云云。貴會如有黨派，亦應守少數服從多數之例，切不可因少數關係失敗，即不出席或搗亂，以破壞秩序。如此作去，既非立憲國民所應作，且難成事。三、多數黨對於少數黨，應有道德心，絕對尊重少數黨意見，任其任量發表。余在歐洲參觀英國國會，見其少數黨首領出席發言，盡情發言，多數黨首領在旁注意記錄，俟其發言畢，然後起立逐項辯駁。中國則不然，如只二三人之少數黨，每禁其發言，或於發言時，嗤之以鼻，或謀之議長，將其所提之案，不列日程。此皆阻其發表意見，與尊重少數黨意見之原則不合，盼望矯正。四、中國機關最普通之弊，在隨時隨意發言。外國政黨組織發言，每預先派定。如對於本派主張，推出一人能透澈發表者，代爲說明，以故每派主張，最多不過二三人發言。在議會發言，應句句切實，以便寶貴光陰，不至浪費不相干之言論，以免有礙議事精神。有以爲充當議員，即不能不說話。國會公團及私人團體，均有此現象，張三言之於前，李四言之於後，翻來覆去，不過幾句原話。無論有發言之必要與否，總以發言出風頭。大家如存風頭思想，百餘人出百餘次風頭，國會八百餘人，即須出八百風頭，議事時間，無怪其迂緩。盼望以後無發言之必要者，可不發表，應節省一分光陰，即能多辦一番事業。尚有一點應注意者，外國多少問題，注重在審查會解決，大會時間因之可以節省。最近有一例，今年中華教育改進社開會時，會期爲一星期，議案多至三百三十餘件，均已通過。辦法係先分組，頭四天工夫，由各組將各案議好,再於大會作形式之通過。議會議案,有二讀三讀,雖不能完全照此辦法,亦可採用,以便節省時間。

第三點,希望培養。各國國會省議會,均有最大圖書館,遇有問題發生,應詳密研究,搜集資料。未到議場以前,先將種種學説事實,詳細考慮然後於大會就議案判斷。又問題發生,關於某項者,可訪同專門家。如交通農業等事,不能盡人皆知,自應向專門家詢問,以故各大學教授,受議員之詢問者甚多。將研究資料,交之教授,請其共同判斷,此點關係亦爲重要。改良三點,已經説明,再□□□□□□□南目前政治問題,非本人不能明瞭,無從判斷。由旁觀者看來,有數點宜注意。議會事事依照憲法,促政府實行,恐辦不了,現只就各項要點督促。如裁兵問題,在從前湖南不能講到此,因湘省爲南北要衝,時局紛糾,湖南首當其衝,無自衛力量,秩序將不能保。現在危險已完全過去,北伐,南征,均不成事實。湖南前數年所受痛苦,現已減少許多,對於裁兵已有機會。希望漸次着手,依憲法規定作去。二財政統一,應想方法,議會政府方面,如何始能切實實行。中央政府財政不能統一,已將破產,省政府財政如仍前紛裂,亦將無辦法。湘省省憲公布後,省議會應督促政府,將財政整理,以全力作去。教育應就全省力量,以謀發展。瑞士不及湖南三路中一路之大,有六大學。湖南現應依照省憲規定,將大學早日成立。湖南此次預選省長,均有相當能力。決之選權雖操之縣議會,鄙意祇以能奉行省憲,貫澈政策者爲適宜。又省憲精神,應尊重擁護,並應知道省係屬之國家。省與國比,應以中華民國爲第一位,省爲第二位。省與國有衝突時,應犧牲省。省自治爲自治之樞紐,對于縣鄉村,應予提倡,亦不能以省之權力侵害。兩點均應注意。如此辦理,庶湖南省憲實施,可收圓滿效果,可爲全國模範。今天演講費詞,妨害貴會寶貴時間,甚對不起。承貴會及各界優待,愧不敢當,敬謹致謝。

(1922年9月2日長沙《大公報》)

奮鬥的湖南人

（九月一日在長沙遵道會）
緯文、余蓋　合記

二十五年以前，我在湖南住過半年，那時纔二十四歲，二十五歲離開長沙，到今年又是二十五年了，恰恰佔了我過去五十年的中心。這次重來，恍惚是回故鄉一樣，使我發生無限的感想。怎麼呢？因爲我個人自從小時候，立身行志，許多是受了湖南曾、胡諸先輩的感化，這幾年來講學的朋友，大半也是湖南人，所以我自己覺得很有一部分像是湖南人了。今天承諸位到此，我非常感激，所講的題目就是"奮鬥的湖南人"。

湖南人到底有什麼特色，能夠使我被感化和全國人的注意？有許多人總說湖南人是"蠻子"，這個名稱，表面似乎有點不大聽好[好聽]，但據我看來，湖南人的特色，遂是在這個"蠻"字頭上。其實"蠻子"也不專只湖南人，我們廣東發達比湖南還要慢些，在周朝時候，連湖北及長江一帶，都是南蠻之列；所以自明以前，湖南在歷史上無大關係。當曾、左、彭、胡諸人的時代，有許多人批評他替滿人盡力是不好，但是那時對付的是洪、楊。到底洪、楊是爲國家爲地方，還是曾、左等爲國家、地方？我很恨那些恭維洪、楊的，我覺得洪、楊實在不是爲國家、地方。

曾、左、胡、彭諸人的事業是怎樣呢？他們是經過許多的困難才成就的。曾文正公的一生歷史，一半在失敗之中，胡文忠公一半還未成就遂死了，羅羅山可謂完全是失敗者；他們處在最困難的境地來奮鬥，而奮鬥的精神非常堅果；他們並不是爲個人來奮鬥，是完全爲主義而奮鬥；對於洪、楊那一種盜賊行爲，滿清無力對付，全國人民的生命將不保，覺得爲士大夫的應該把他打倒，所以才有這極大的犧牲。最妙的是一群人，都是一些學生，沒有軍士[事]知識，跟着他們輔助他們；一方面固屬友誼的關係，一方面也是爲主義而奮鬥；畢竟滿清因此中興,使社會有數十年的安寧,這①全是一班湖南人爲主義而奮鬥的犧牲換來的,這是第一班湖南人奮鬥的事業。

到了滿清末葉,全國人不滿意於滿清政府和二千年來的專制政體,發生最猛烈的宣戰;最初發動的,遂是湖南人唐拂塵、譚復生,兩先生可以說是頭一個革命家,爲變法,維新,爲主義而奮鬥的。唐拂塵先生那時(帶)②領了一群大的不過二十五六歲——林圭——小的不過十四五歲的——蔡松坡——沒有經驗的,時務學生;拚命去幹那爲主義而奮鬥的事業,結果竟至於失敗,唐且以身殉,一群青年跟着犧牲的,十一人中有八個,餘下三人,一位姓陳的不久也病死了,其餘二人,遂是蔡松坡和范靜生,我那時在日本作大本營,聽得這個消息,非常的悲痛。到後來革命成功,黃克強,是一個最猛勇的實行家,他功成不居。前唐後黃,可稱建設中華民國的最有力的先覺者;他們爲什麼要這樣犧牲呢?不外是爲貫澈主義!

民國成立,袁世凱稱帝,自以爲佈置周密,預料必可成功,那時蔡松坡,離滇在京,算已經入了袁的樊籠,但他千辛萬苦設法逃去袁的勢力範圍,突然在滇起義,以很單薄的力出四川,袁傾全國之力同他相持,結果居然摧倒袁氏,并使他活活地氣死;然而松坡也因爲勞頓過度,得了吐血症,後來死在日本的醫院裡。那時出力的不僅蔡松坡,同事的湖南人也很多。最後安福派猖獗,張敬堯來湖南,給湖南人以最大的壓力;而譚、趙諸人,以一種百折不回的精神,把湖南從北政府手中恢復轉來,得有現在的地位。這遂是"湖南蠻子"那種崛強之心,爲主義所在,什麼都可以犧牲的特點!

湖南人自曾、左至現在,本身和全部跟着的爲主義奮鬥的犧牲,已經不少;以這樣貧苦的地方,用這樣大的犧牲來供給全國,然而十一年來國家之對待他實在太薄。一來湖南地當衝要,所以南北必爭之地;二來湖南人却也奇怪,只要爲主義的犧牲,是甘心去換的;這豈不可謂湖南人崛強的性在中國最爲奇特的麼!

中國人素來以中庸調和爲美德,而湖南蠻子却不然,譬如滿清時候新舊之争,湖南王益吾等,和我旗鼓相當,攻擊得非常利害,那時雖不免有溢軌的話,

---

① 所見刊字未印清,擬補。
② 所見刊字未印清,擬補。

然而我却非常佩服他那種崛强之氣,可見湖南人最難調和的。中庸本是美德,但是有價值聲色的人,總要偏一點,不過不要現出一種驕氣罷了。據我個人觀察,在這平凡的中華民族,不可不有這湖南蠻子。我很希望湖南人要繼續從前,不要説蠻子不好,要把先輩的蠻氣繼續下去。現在應奮鬥的地方還很多,以國內而論:許多不正當的勢力還存在,你們的先輩,已經奮鬥去了一部分,存在的現在的青年應繼續負責。對外呢——一國之存在,總要有一二次的表獻力量,然後鞏固。中國承滿清積弱,對外奮鬥久不敢講,但是欺壓太甚,早晚非開一次戰不可,非把內外的腐敗清一次不可;這種責任在誰呢?固然全國都要共同負担,究竟還是要靠湖南蠻子,所以我對於現在湖南的青年,有最大的希望和忠告,你們應該保持犧牲爲主義奮鬥的精神,作全國的向導模範,把國家基礎定穩固,這才算湖南青年的特點。

(1922年9月3日長沙《大公報》)

湖南教育界之回顧

(九月一日在長沙第一中學)
余蓋、李厚孚　記

今天在此同貴省教育界諸君聚集一堂,我覺有很大的榮幸和感慨。我不是湖南人,更不是湘省教育會中人,但我常覺梁啓超的名字與湖南教育界有關係;在湖南同胞或者也有同樣的感想,所以我很願意把(我)①從前在湖南所辦的教育事業和諸位談談。

我來湖南辦時務學堂,在二十五年以前,我才滿二十四歲。當時中國教育狀況,祇有北京同文館,廣東的廣方言館,是專造翻譯人才的。要想學洋鬼子

---

①　原刊字未印出,擬補。

話當翻譯的才去入學，否則是不入這種學堂的。我現每每回想到此，覺得太奇，但那時却視爲天經地義。在那時學生除要學洋話外還要求學問的，即是湖南的時務學堂，所以時務學校，不僅在湖南占先進的地位，即在中國也是佔先進的地位。

以現在的教育原理和方法看來，那時的教育極幼穉，極可笑。即如時務學堂，只分中文西文兩部，中文部設經史等課。西文部設英算等課。所謂"時務學堂"以爲是教時務的學術的學堂。校址即在現在小東街的秦豫旅館，第一班學生四十名，寄宿講演，都在其內，我是總教席。當時時務學堂的大概情形，就是如此。

不過我覺得與湖南教育界有關係而且於全國教育界有莫大的影響的，在師弟同學間的精神，能夠結合一氣，一群人都有濃厚的興味，聯合多方面來注重做事。

當時湖南的撫台是陳右銘先生，他是曾文正的門生，當代的大理學家，喜講宋學和古文，氣象莊嚴而不頑固，對於時局，很熱心圖謀造成一個新局面。我們以一群青年在他的旗幟下大活動，是很高興做事的，故朝氣很大。他有一位公子陳伯嚴先生也很喜歡贊助我們，而學台係江建霞、徐仁鑄，臬台係黃公度，都是開明的，地方官如此。地方紳士則有熊秉三、譚復生、皮鹿門、歐陽□、姜諸先生，熊、譚都係青年而有猛進精神，皮和歐陽都是老先生。

那時的青年皆有進取思想，高談時局，研究滿清怎樣對不起漢人及中國二千年來的專制惡毒。這班青年，都是向這二個目標走。而我們在湘所做的事，分作四項，是：

（一）辦時務學堂；
（二）組織南學會；
（三）發刊《湘報》——日報；
（四）發刊《湘學報》——雜誌。

南學會，是公開講演的機關，講演社會上不以爲奇怪的話。時務學堂則專研究怎樣貫澈我們的主義。《湘報》與南學會同一作用，《湘學報》與時務學堂同一作用。那時，我們研究國家政治，亦甚可笑，公然把世界各國分作三等，列爲一表，是：

（一）頭等國——共和國家；

（二）二等國——君民共主的國家；

（三）三等國——君主專制國。

　　諸如此類的事很多，不可勝舉。在這個時候，作新法運動的青年，皆不認識 ABCD……所說的話，完全由於自造，故有些好，有些是外行。當時更有一個發狂的舉動，就是想運動湖南獨立。但是怎麼能夠使湖南獨立？對陳右老怎樣說起？依照陳伯嚴所想的辦法，由我對陳右老寫一封長信，大致說："旅順大連灣……都被洋人強奪去了，北京不守，清帝蒙塵，湖南須獨立建都，作爲留種之地。"此本是我們青年的妄想，陳右老自然不肯依從。但他的心理，也很感動，想打主意，救北京政府。這皆是我們二十五年前在湖南的離奇思想和舉動。

　　當時時務學堂學生四十人中，最大的是戴修禮，最少的，是蔡艮寅（即松坡）。所講的經是《春秋公羊傳》。每天除教授這些學術外，學生須預兩本劄記，發表感想，隔日輪流交教師批評。我就借題發揮，宣傳主義。而學生發憤求學，又很守規矩，兩三月後，就得輿論贊許。王湘綺先生來考試學生《公羊傳》，也頗稱贊，以爲讀書得間。學生因在學堂天天所研究的，都是政治上的學問，所談論的都是很新奇的理想。過了半年，皆已同化。不過在學堂時，未與外界親近，校外的人不知內容，故不發生什麼影響。及至年假放假後，學生回家發狂似的宣傳起來，風聲所播，全湘人皆知道了，於是目爲大逆不道，有的攻擊我們，有的勸誡我們，由是新舊大大開戰。南學會《湘報》，平日言論是很和平的，到此時也和社會奮鬥起來了。當時王葵園、葉煥彬皆攻擊我們，作我們的勁敵，那種奮鬥精神都是我所佩服的。假滿開學，學生家庭就不准他們再來時務學堂，而學生與家庭奮鬥，比老師與社會奮鬥更烈。

　　我在時務學堂，每天除講三四點鐘的學外，還要同學生談話，及作種種運動，一天到晚，忙個不了，因此成病。就往上海就醫，本擬病好後再回湘講學。因病好時，北京（已）①有維新的動機，我們就乘這個機會把大本營移到北京，我同譚復生先生都到北京去了。

---

① 原刊字未印出，擬補。

我們去後，兩湖總督張之洞要取消時務學堂，陳撫台却極力維持，後因我和譚去了，沒有得力的人主持；加以戊戌變政失敗，右老去職，復生遇難，秉三被地方官看管，這學堂當然不能永久維持，後改爲求實學堂，後又改爲高等學堂。

戊戌之役，我亡命日本。時時務學堂曾辦了三班，第一班四十人吃我的迷藥最多，感化最深——第二班，我也教授過，第三班我全未教過——其中有十餘人，要到日本來找我。因爲家庭不許，他們差不多帶宗教性質似的，與家奮鬥借錢逃出來，有的到上海，便無錢吃飯的，有的衣服破爛，好像叫化子的。當他們出門時，他們不知我在日本何處，一直跑到上海，打聽了我的住址，通信告我，我就想盡方法籌錢接到日本。日間同住在一間房子，繼續講時務學堂的功課外，又學學日本文；晚間共同睡在一個大帳子內。過了八個月，唐拂塵先生在漢口圖謀革命，十餘同學，回漢幫助，竟不（幸）①死難者八人，餘三人，一人後來病死，一是蔡艮寅，一即范靜生。吾黨元氣，在這一次損傷甚大，至今思之，猶覺慟心。

回想我在湖南時的時務學堂，以形式與知識而論，遠不如現在的學校；但師弟同學間精神結合聯成一氣，可以養成領袖人才，却比現在的學校强多了。現在的學校，表面雖好，却如作買賣的雜貨店，教師是賣貨者，學生是買貨者，師弟間不發生關係，造就一班水平綫的人才則可，要想造就特別的人才，是難能的。希望以後的湖南教育界注意現在時勢的需要，採取新式的完備的辦法，却亦不要丢却了以前的精神。

本題原爲"湖南教育界之回顧與前瞻"，因爲時間匆促，只能略略述完回顧一段，候至教育會，再將前瞻的意思貢獻。

（1922 年 9 月 3 日長沙《大公報》）

---

① 原刊字未印出，擬補。

梁啓超啓事

　　啓者：此次承趙省長及省教育會之約，來湘講演，備蒙各界慇勤招待，舊雨新交，情均綢摯，感荷難忘。祇以行色匆匆，未能一一走候。湘山情重，漢水輪馳。南望嶽雲，依依不盡。謹登報端，代達謝悃。此啓。

（1922年9月8日長沙《大公報》）

互競與互助

（在武昌暑期學校講演）

　　近來五六十年，社會上有二大潮流，皆出自生物學之原則，表面相反，實質相必成。一由英人達爾文倡物競天擇之説，即嚴又陵先生所譯之《天演論》，以爲自下等動物以至人類，皆因互相競爭而後進化。此之謂互競。一由俄人克魯泡金倡互相扶助之説，以爲自下等動物以至人類，皆因互相扶助而後進化。此之謂互助。

　　現有以互競爲利己主義，似楊子"爲我"之説；以互助爲利他主義，似墨子"兼愛"之説。

　　二派學説，皆由科學而成哲學。其影響社會國家者，至重且大：空前未有之五年歐戰，不可謂非互競所推演之成績也。現在各派社會主義，難免不演出將來世界之社會大革命，互助之成績亦可預料矣。

但此二派是否極端反對，無相容之餘地？以予觀之，凡真理皆相對而非絕對，此方面固有真理，同時他方面亦可不失其爲真理之所在。此二派，皆有極大價値，個人與社會對此二派，皆當擇用。果能善用之，決非如冰炭之不相容。現在試分述之於後。

互競爲人類好勝心向上心之表現。人類如無好勝心向上心，則生氣大半無存。故宋明以來，絕對以競爭爲惡德，殊爲非是。不過互競有二種最要之原理：（一）互競須守公共規約之範圍，用光明正大之手段，如是而互競，則互競爲最有興趣之事。如藝術之比賽，或考試或運動，因皆可令人互競而發生興趣。又如學問之研究，或考証鄭康成、孔穎達之所未考證，或發明奈端、瓦特之所未發明，一方面可令個人得無上之愉快，一方面又可使社會得莫大之利益。人人永遠居於比賽之地位，甲進一步，則乙更進一步。不惟學術如此，即政治經濟各方面皆然。假令在武昌有主張拆城者，亦有主張不拆城者。拆城派與非拆城派，各有理由，試開辯論會，各抒偉論，互相攻擊。此種競爭，悉皆守公共規則之範圍，用光明正大之手段，無論何方長短，自見其結果，即發現兩方長處。故互競無論何時何地何事，皆有利益於社會，有興趣於個人。雖下等遊戲之互競，亦猶是也。不過現在互競，大都不守公共規約之範圍，而用宵小陰謀之手段。此種互競，不獨於個人無興趣，且有害於社會。如互競總統，或議員之選舉，果能光明正大，而確守法律，亦何不可？歐美各國，每屆選舉之期，舉國若狂，各樹旗幟，皆確守公共規約，故極饒興趣。而我國人表面以競爭爲恥，實則選舉換票，無所不爲。袁世凱皇帝之夢，初亦何嘗承認？此種政治上之互競，原非妓女之行爲，何必含羞而不公開？與外人之互競精神，完全相反，真同及年女子，臨嫁數日，故作凄匕[切]之啼聲也。不知競爭既人類所不能免，何不爭其所當爭，而舍其所不當爭？中國十餘年來，政治之不良，與其謂受互競之毒，毋寧謂其不知互競之原理。

（二）互競不可以勝敗之結果，增減其興趣。孔子所謂"無所爭"，及孟子"不怨勝己"之語，即此意也。孔子"溫良恭儉讓"，原非懦夫。其所教六藝中，樂與射，雖有爲墨子所不取，實注重快樂主義之表徵。如當時之射，亦猶現在打球之分隊，所以獎勵競爭之精神，養成競爭之習慣。孟子謂"不怨勝己"，原以勝敗是比賽之常事，且必有勝有敗，而後有興趣。東坡嘗以勝固有興，敗亦有興，亦因比賽，原在求樂也。歐美人對於政治之競爭，每視爲遊戲比賽之事，以見□(其)德謨克拉西之精神。其競爭未得之黨，如南洋煙草公司之出廣告，甚至請人沿街説項，或向人自薦。對於他方面競爭之人，除私德外，輒力加攻擊，或言其才能之不足，或言其政見之難行，務使其目的達到而後已。及選舉時，每開一票，則如我國科舉時代之唱名。至結果後，失敗者□賀獲勝者，蓋其視全國最大選舉，不過如全國之聯合打球而已。但凡事當未結果時，則刻不容懈，故有議及最重事件，□繼續三十二小時而不少息者。及結果後，則如奕者一棋既畢，不復似前此之不讓一步，而和好如初。蓋原來人生，非一事可了一世，故競爭應爭其所當爭，不必問其結果如何也。歐美人有此互競之精神，故個人與社會，兩得其利。我國人無互競之精神，而結果所以不良。故今日不惟不可强人不互競，且當獎勵之。但必合上述二種原理，而後互競，是一方面尊重自己之競爭，一方面更尊重他人之競爭，利己即所以利他也。

　　互助表面似專利他，實則一方面是我助人，一方面即是人助我，且非互助不能自助。蓋無論何人不能獨自存在，必與他人相依爲命。孔子有言："己欲立而立人，己欲達而達人。"吾人不可以爲聖如孔子，而後能之。原來無論何人，果欲自立，非立人不可；果欲自達，非達人不可。雖鄙俗事，無不如是。如營貿易，似爲純粹利己，然非望人有□(可)生之財，則自己決不能生財。我既生財，人亦可以生財。往者，我國商人運售茶葉於俄，獲利甚多，亦因俄人原有可獲之利。但轉購其可以供給我國之物品，俄人亦何嘗不因以獲利？現在各國要求德國賠欸，必德國有欸可賠，然後能行。故必互得利益，而後可成社會；若只一部分有利益，社會決難存在。所謂"互助"者，意即相助。我助人多少，人亦助我多少。助人非損我益人，益人即所以益我。如我今日講演，苟有可益諸君者，我固未嘗損，且因講演之預備，而益我思想。孔子、墨子，給後人以最大之學問，後人之益大矣，而孔子、墨子未嘗有損也。奈端、瓦特，給後人以最大之發明，後人之益大矣，而奈端、瓦特亦未嘗有損也。他如政治、文藝、美術、音樂之類，莫不皆然。老子所謂"既以爲人己愈有，既以與人己愈多"，誠爲至理名言。天下事，大都如此。故互助一方面助人，一方面又擴充自己之生活內容也。

如上所謂互競,似利己而實利人,互助似利他而實利己。不惟二者可以相通,且隨時互競,即隨時互助;隨時互助,即隨時互競。故我以爲個人之修養,應採此二種主義而並行之。即改良社會者,亦當明其原理之所在,而後社會可望進步也。

時間倉猝,無多預備,因述其大要如此,以請教諸君。

(1922年9月7—8日長沙《大公報》)

研究哲學的方法

(一九二二年九月四日在武昌哲學社演講)
簡贊雍 筆記

今晚承哲學社请我演講《研究哲學的方法》;我平日對于研究哲學,頗有興趣,所以很想作長時間的演講,以答諸君的厚意,無奈這幾天,講演太多,又忙于應酬,精神疲倦極了,實在不能多談,只約略言之吧!

近幾年來,國中青年,多半熱中于改造社會,但是社會依據古來的舊遺傳、舊風俗、舊禮教、舊制度……已經根深蒂固了,我們很難改造的;就是許多青年,多方破壞,不過動摇一部分的表面罷了,依然不能達到澈底的、全體的改造。那嗎,要想根本的改造,須從何處下手呢?我以爲著手的地方,必須先從"思想改造"起。因爲"思想"的勢力,能以支配個人,能以支配社會。若對于舊思想能以改變面目,對於舊禮教、舊制度……自然抱懷疑的態度;從懷疑的態度,必想設法改革;於是舊社會不用大力攻擊,自然瓦解,而新社會就可因此建造出來了!由此看來,社會改造的先決問題,便是思想改造。思想如若没有改造,社會總不會達到根本的、完美的改造。中國近幾年來,改造社會的熱度很高,而實際的效果很小,我想,就是因爲這個原故。説到這裏,諸位一定疑問:"思想如何改造呢?"那嗎,要想圓滿答覆這個問題,就不能不"乞靈"於"哲學"了！因爲什麼呢？因爲哲學是總合的學問，也就是一切思想的總匯，試看西洋的社會變遷、學術更新，無不受哲學的支配；可見哲學的勢力，是很雄厚的。中國近二三年來，學術界對於研究哲學，所以很有濃厚的興趣，想必是受了這個影響。國人既然對於研究哲學，很有興趣；那嗎，研究的方法，就不能不注意了。因爲凡研究一種學術，或辦一樣事體，總要有完善的方法，才能進行順利，得良好的效果；不然，漫無頭緒，恐怕是徒勞而無功咧！西洋近百年來，學術所以能有驚天動地的進步，雖說原因很多，但是最大者，是因爲他們的"方法完善"。中國學術所以沒有長足的進步，不用多說，是因爲"方法不好"。從此，可知"方法"對於研究學術的關係，是何等的重大喲！現在閒話說的很多了，以下就講：《研究哲學的方法》吧。研究哲學的方法，我想約有三種：

（一）問題的研究——哲學的範圍，既然廣大無極，故所包含的問題，自然也多極了。但是人類智識有限，不能把這些問題，研究無遺；且所研究的，未必有圓滿的解決，所以哲學上問題固然多，而研究的精粗及多寡，必隨我們智力的高低而定。古代人民智識淺陋，只知注意外界事物，故那時哲學思想，很覺淺俗。西臘哲學的鼻祖色萊斯以"水"解釋宇宙問題，就是一個明證。後來智力大進，所注意的事物漸漸由外向內；所解釋的方法，也漸漸由淺入深。於是伯拉圖以"觀念"的影像說明萬物的實體，而亞理士多德以"形質"的關係，解釋一切事物的變化。他們二人與色氏一比較，就可知道研究哲學上的問題，真是隨人類智力而進步的。其餘例證很多，不暇枚舉，請諸位看看哲學史，即可明白前後變遷了。哲學上的問題，既然很多，我們將何從研究？那嗎，我們爲時間、精力所限，絕對不能把這些問題，研究完全；所以須就自己所最愛研究的某一問題，明其意義，溯其原始；以忠誠的態度，澈底討論之。例如研究"性的問題"，有個哲學家主張，性"善"；有個哲學家主張性"惡"；有個哲學家主張性"不善""不惡"；我們應該怎樣解決呢？須要先解明"性"的意義及其範圍，然後看看他們所指的性之意義及範圍，是否相同？要是不同，不同之處在那裏？不同的理由是什麼？把這些問題精確解決以後，方可評定他們所主張的，那個是對，那個是不對。像這樣研究性的問題，尚可得到圓滿的解決，而有真正的價值。如若不按以上的步驟，信口爭辯，任意判斷，那是毫無意識的；所以研究某項問題，首先就要解明其意義及範圍；進而攷察此人所說的意義及範圍和他人所說的是否相同;然後再討論他們所主張的不同,孰是孰非?研究問題的方法,大約不外乎此。

(二)派別的研究——這位哲學家和那位哲學家的"天性"不同,"見解"不同,所處的"環境"不同,所承受的思想不同;所以對於宇宙事務的意見及主張,自然不能一樣的。他們的見解及主張,既然各不相同,於是分門立户,派別就產出了。我們研究這些派別,必須觀察他們來龍去脈及其影響。例如孔老二派同生於周末社會紋[紊]亂,政治腐敗的時代;爲什麽孔子主張"和緩的改良",而老子主張"極端的革命"呢?孔子影響于社會,爲什麽大于老子呢?以上種種原因,必有個起落的痕跡;認清這些痕跡,再解剖他們學說的精髓,才可迎刃而解。於是,各派的真精神,自然顯露出來,而評判各派的價值,也不至有所偏重。再拿西洋"唯心""唯物"兩派來講:唯心派主張無物能離精神而存在;唯物派主張惟有物質是存在的。這兩派既立于反對地位,很有研究的趣味。研究時,總是先觀察兩派的眼光若何?態度若何?次而探求他們學說的精髓在那裏;影響于社會及學術什麽樣?最後再看各派從古到今變遷的大勢。我們研究幾派的哲學,是用這樣的方法;若研究一派的哲學,也是用這樣的方法。

(三)時代的研究——一個時代有一個時代的環境、時勢。環境及時勢一變,那嗎,學術思想,自然隨之也變;學術,思想環境……既然都已變更,這個時代必有這個時代的特別色彩。所以古今中外,一代有一代的特色及精神;哲學既然是各種學術的總滙,必能代表一代之精神。試看周末戰國的哲學和漢朝的不同;漢朝的又和唐朝的不同;唐朝的又和宋明的不同。他們不同的地方在何處;他們不同的因果,是什麽?都應當特別研究之,因爲一時代有一時代的背景,哲學思潮往往由背景而發生;若不先明其背景何在,就難知道這個時代哲學的源流;源流不明,便不能懂得其真精神及其歸宿。比倣[方]研究宋明理學。先須考察宋明思想,受什麽影響?那時代的狀況若何?時代的環境若何?詳細考察以後,方才明瞭宋明理學發生的淵源及其本質;最後再評量其在社會的價值,也不至有輕有重。用這種方法,去研究一時代的哲學,方可探清他的起原、組織及其作用。

以上三種方法,並非各自獨立,不相爲謀。而且互有關係,相輔而行。設如研究這個時代的哲學，就不能不研究這個時代的派別及各派所討論的問題，其餘可以依此類推，無須多說，也可知道了。在座諸君，想必對於哲學，很有趣味，請將這三種方法擇一而試用之。時間很短促，說的很簡略，請諸位原諒原諒。

（1922年12月《覺燈》第1卷第1期）

對武漢報界之演說

（一九二二年九月五日）

六日鄂函云：武漢新聞記者聯歡會昨日（五號）在萬國春舉行歡迎梁任公、黃任之兩先生大會。

首由梁任公先生演說，略謂：

諸君今日都是新聞界健全份子，居然給我以絕好機會，得與同業相見，甚爲感慰。漢口是中國中心，漢口報紙，亦即全國言論界之中心。承諸君不棄，尤爲欣幸。今日中國言論界應注意之事甚多，如政治應如何監督，社會應如何指導，教育實業應如何振興，皆宜切實注重。今日因時間無多，殊不能盡述。惟有一個問題，須與諸君研究，即對於無業遊民應下一種攻擊令是也。吾國社會所以如此墮落，各種事業所以如此敗壞，概是一般無業遊民有以致之。然則吾儕言論界，應有共同攻擊之必要。惟其砲壘甚堅，攻亦不易。吾儕於此，當有一種有力的預備。吾在北京曾有"有槍砲階級與無槍砲階級宣戰"演說一篇，諸君想已見之，內中所云即是有業階級與無業階級奮鬥，有業階級被無業階級支配之意。現在歐洲則確有無產階級，但有產者似無妨礙社會之能力，惟無業與有業者則不能十分注意。無業種類約分爲四：（一）乞丐；（二）強盜；（三）流氓；（四）廢物。諸君試觀此種無業遊民，該有多少。於是社會上應豢養如許廢物,社會甯復有幸!不過普通"乞丐""强盗""流氓""廢物"其爲害社會猶不足懼,吾儕所最懼而痛心者,則爲高等"乞丐""强盗""流氓""廢物"。蓋普通"乞丐""强盗""流氓""廢物"猶不過一人豢養一人而已;而高等"乞丐""强盗""流氓""廢物"則須萬人百萬人豢養其一人。今日一切官僚,上自總統下至局長所長,無一不以官場爲生活,吾人即可名之爲"高等乞丐"。乞丐云者即自己不做事,專靠人家栽培是也。試問今日在高級機關之人,誰不在搖尾乞憐之下?於是受高等流氓之栽培,遂變爲高等乞丐,換言之即在大乞丐之下小乞丐而已。智識階級尚且如此,寧不可懼?至於"高等强盗"即各省督軍、巡閱使是也,亦有曾作過督軍、巡閱使而後實行强盗者,亦有非真爲强盗而其行動有似强盗者。凡此種强盗,彼於國民之前,亦不自諱,於是〈爲〉全國人民都在許多强盗支配之下。而此種强盗飯量甚大,常人只兩碗三碗已足,彼非千碗萬碗不可。於是彼一人已食千人萬人之食矣。第三種爲"高等流氓"。流氓與乞丐、强盗略有不同,質言之,居於乞丐、强盗之中間,即一般政客是也。此種高等流氓本領甚大,隨地可以鑽入。吾人平日所見各種農工商會,在理當爲農工商人所組織,其實不然,各團體內皆屬高等流氓而已。吾曾見上海某報有一紀事,不啻高等流氓之寫真。該紀事云:某日徐家匯開勞工大會,有某甲衣服華麗,坐黃包車赴會。途中以手杖重擊車夫,謂將往赴勞工大會,須加快行走云云。試問此種人能代表工人否乎?尤可痛心者,凡社會上任何好團體,任何好事業,一經彼等加入,即敗壞不堪。縱有一二潔身自愛者,亦將引身而退。中國所以無一絕對好團體,好事業者,職是之故。第四有爲"高等廢物"。此種人,或曾經做過高等乞丐、强盗、流氓之後,而以高明自鳴者,或做詩學佛,或以賭酒爲生涯,見人則説幾句悲觀話。此種人頗能得社會之重視,然其飯量亦不甚小,可以食口人之食。故吾人以爲社會最大弊害,不在政府,不在政治,而在此種無業階級。若長此任其猖獗,吾儕國民非至破産不可。可憐一般士農工商小民所榨出血汗,盡爲彼吮吸而去。天下傷心之事,孰過於此?吾儕立在言論界,政見本各有不同,亦不必强同。不過對於無業階級宣戰,應有一致主張。總之吾人在世界吃飯,須用自己"腦""血"汗造出者食之始甘。除曾用過"腦""血"汗而至年老者,社會應予以相當援助外,凡在壯年時候,要想吃飯,就要勞動。若不勞動,即爲掠奪他人之食爲己食,與乞丐、强盗、流氓、廢物無異。吾國社會此種寄生蟲太多,現在各省精華,均爲此種寄生蟲佔盡。在此一點,吾甚望吾國言論界須努力攻擊,非攻擊乾净不可。不過此時所講乃言論界消極抵制方法,但應以何種積極方法以鼓勵有業階級,吾思黄任之先生對於此類計畫研究有素,吾今請黄先生爲諸君述之。

（1922年9月9日長沙《大公報》）

對於河南教育前途之希望[*]

（九月十三日在開封模範講演社）

諸君以爲河南是你們的河南乎,我以爲不然,河南是全國人的老家鄉,非現在豫人所獨有,我梁某此次來豫,不是作客,是回我老家鄉,看看祖宗墳墓田廬。其何以故,因我國人侈言我國有五千年的文明,各省的人都如此説,其實一千年前我們廣東尚不配説蠻夷,二千年前湖北江蘇,尚是蠻夷之俗,那有五千年的文明,只有河南山東等省,自伏羲神農即在此地建都,一切文明都是從此發源,長江以南及京畿以北各處文化,都從河南傳輸過去,所以真足代表我國五千年文化,就是河南。古代且不必説,即春秋戰國時代,周秦諸子百家各學派,均發生於此,漢宋兩代,此地又爲全國政治之中心。即以歷代大儒而論,亦以河南爲最多。我常與友人取廿四史上的人物,就其籍貫,列爲百分表,河南人物之多,實屬可驚。最盛的時代,在兩漢竟得百分之四十,魏晋唐宋,至少亦有百分之廿,而我們廣東唐宋以前,每得百分之零,據此看來,河南爲我國五千年文明中心,各省實莫與京。中間最不幸的時代,即遼金元三朝,以異族侵入中原,我們老家鄉,大受摧殘,人民流離失所,所有文明中心之趨勢,漸移而南,中原文化,日就墮落。自海禁大開,沿海各省,逐漸發展,河南以僻處腹地,

---

[*] 此爲講演大意,筆述者署名"澹"。

交通不便之故,文明程度,一落千丈,自有河南以來,文化之衰歇,未有甚於此時者也。此不僅河南之不幸,實爲全國之不幸。現在鐵路交通,文明中心又漸漸移歸内地,京漢隴海兩路,交貫河南中心,此實輸入文化之利器。隴海路完全修成後,不獨爲中國東西大幹路,實爲歐亞溝通之大幹路,屆時河南必能大加發展,爲我中國文化放一異彩。以上所述,多係理論,兹就河南現狀切實言之:(一)現在教育界之論調,大致約有兩派:甲說主張先求普及,乙說主張提高程度,皆持之有故,言之成理。我以爲一方面當力謀教育普及,一方面又要提高程度,如專謀普及而我不謀提高,結果必甚平常。如現在山西教育,確已普及,爲各省冠,然據中外人士之評論,多謂山西教育之效果很小,文明程度,並未有顯著之進步。雲南爲普及教育計,學校林立,然師資不足,充教師者多老秀才及測字算卦者流,虛糜巨款,成績毫無,故教育專言普及,而不知提高程度,其弊甚多。我以爲每省應將中等以上學校設法提高,注重人才教育,如因經費困難,當設法將每種學校辦個程度較高的,用新教育新思潮去作模範,此是我對於河南教育之第一希望。(二)河南現在要緊籌辦一個最高學府,瑞士一國,全境不及開封歸德兩府之大,然有一個最有名的大學,各國派往留學者極多,我常希望我國各省至少均要辦一個大學,唯他省似尚可緩,可以代表我國五千年文化之河南,則萬不可緩。以文明最古之地,連一個大學也沒有,寧不令人失望,我很希望河南於各專門之外,趕緊辦一大學,如無經費,即將現有之專門學校合起來,組織一完備大學校,聘請有名教授,造成人才。又外國留學生,如在美國,每一人最少年需兩千元,若四五年畢業,最少須耗在萬餘元,我國在外留費[學]生約去萬人,年費不貲,極不合算,假使以全國所耗之留學經費(年約五千萬元),在中國辦大學,延聘中外名人爲教授,養成的人必然很多。日本人出外留學必大學畢業後,再研究幾年,纔得派出去考察若干年,辦法尚好。我國派出留學生,循例補送,無目的,無限制,不講需要,隨便求學。歸國後或幹縣知事,或謀一闊差,即是結果。河南偏又鄭重其事,特設一留學歐美預備學校,試問留學歐美,必要如此預備嗎,我以爲最好將這些不經濟的教育費,合在一起,辦成一個大學,是我對於河南教育第二個希望。(三)河南要緊辦一個博物館,因現在自動的教育,藉重圖書館者甚大,然尤須有良好之博物館以爲助。河南的博物館,尤爲重要,爲我國體面計,應由河南組織一很大很完備的博物館,將中國五千年文明成績,搜集羅列,以供中外學者之研究。我常謂河南之一磚一瓦,到美國即成奇寶,因美國最古之物,不過一百餘年至四百年,較之中國,實有愧色,故河南籌辦博物館,實不可緩,是我對於河南教育第三希望。

(1922年9月17—18日《晨報》)

母校觀念及祖國觀念

(在南開學校十八週年紀念會演說)

劉熾晶、梁啓雄　筆錄

諸君今日爲母校慶祝十八週年紀念,必同具一種快樂;此種快樂維何,則由團體生活所得也。以團體生活爲樂,即吾人天賦之本能;將此本能擴而充之,一切更大之團體快樂,皆從此出。孟子曰:"古之人所以大過者無他焉,善推其所爲而已矣。"故推愛母校之心,自然能愛國家,乃至愛全人類,因其本能發動之性質及徑路本同一也。

團體生活何以可貴耶?此種生活惟人類有之,其他動物則否,動物中如蜂如蟻雖有近似團體生活者,然無永久繼續及時時增高之能力,故不足以與人並也。然則人類團體生活又賴何而養成耶?此無他,即社會學家所謂"同類意識"爲之耳!蓋吾人居住同,言語同,利害同,甚至批評和見解皆相近於同,故無待外力即可彼此諒解,彼此感化,彼此摹倣,遂成爲一種共通性。吾人初與歐美日等人遇,或本國南北不同俗不同言語之人遇,彼此必不能融洽,及其共處日久,其同類意識既養成,則前此之彼此胡越相視,今皆已化爲兄弟相親矣。

團體生活,種類甚複雜。大團體常包含無數小團體,而大團體之成立,即以小團體爲其階段。故人類常同時兼作數種團體之團體員。然欲適於大團體生活，往往須從小團體中受生活訓練。現在人類生活之最高團體厥惟國家。國家是否即團體生活進步之止境，原屬疑問，即以國家論，亦以許多小團體爲基礎而始能成立。國家團體基礎之最重要者，在古代爲家族或部族，在近世爲都市。考之往古，國家之成立，其中必經過許多階級，而人類文明道德愈進步，團體生活階級亦愈高；其所以高者，即其團體根基鞏固也。古代團體皆以血統之關係而成立。以血統相同，故養成其同類意識。此種團體，最小者爲夫婦父子兄弟所結合之家庭，最大者爲同姓或婚媾之部落，孔子曰，"欲治其國者，先齊其家"。孟子曰，"國之本在家"。皆言將家族之同類意識擴大則成爲國也。迨人類社會日趨複雜，經濟狀況以都市爲中心，國家根本之基礎，乃由家族團體生活放大而成爲都市團體生活矣。

都市團體生活，在各國社會上之進化，大率皆經過此種階級，而就歷史上之最顯而易見者，厥惟古代希臘之城國 Cities，故在此城國內居住之民稱曰市民 Citizens，各城國無論其政策爲尚文或尚武，皆具一種極有團結力之團體生活。

都市團體與家族團體之根本不同點，即爲家族團體專賴人類天性的感情作用，相親相愛，以相維繫而鞏固其存立，而都市團體則絕無感情親愛之可言。其所以能成此團體者，乃由集合多數不同姓不相識之人，專恃法律以繩其綱紀，以保其秩序，此種呆板死法，毫無情面可講，固不如感情親愛之有趣味，但須知感情親愛過重者，對於辦事進行之手續，往往爲之牽掣。即孟子所謂"父子之間不責善之本旨也"。故欲得完善之團體生活，厥求之於善折衷於斯二者之新團體乎？

學校集多數之青年於一堂，授以同等之智識箴以同等之道德，誘以同等之興味，則所謂"同類意識"自然現於其間。而學校行政之政策，則具家族感情作用而兼備都市法律之精神，若是者，儻所謂善折衷於家族都市兩者之間歟？故學校實爲團體生活最主要之訓練塲矣。

吾人生於世，祇數十寒暑耳；於此數十寒暑內，居學校之時期，將及畢生之三分一，而於終身之預備，及養成生活之基礎。胥視於此時期卜之矣，是故對於選擇良好之學校不可不慎也。

諸君今已得良好之學校矣，已享受團體生活之訓練及預備矣，今日共聚一堂爲母校慶祝，固爲愛母校之一種表現，然於表現外仍須知如何愛法。大率最簡單最容易之愛法，先從愛"我"始，倘學生個個皆知愛"我"即是個個皆愛母校，何以言之？因爲學生個個皆能愛"我"即能自治，能守校規，倘學生個個皆能自治能守校規，則學校自然昌盛矣。此理無他，不外孔子"欲齊家先修身"一語耳。所以諸君第一要先求自治，無論在校出校，常關心校務及顧及母校名譽，一方面得良師指導，一方由自己進步，努力自强，爲母校最良之份子，則學校之聲價日增，而諸君所訓練之基礎於此亦成矣。此真愛母校而自愛之精神也。

由愛母校擴充而及於一縣，一省，一國，甚至全世界，皆可本此精神而進。諸君須知能做好學生者，即能做好國民，能真愛母校者，即能愛祖國，故在校能愛母校，出校能愛祖國，斯爲完美之學生優秀之國民矣，諸君勉乎哉。

（1922 年 10 月 26 日《南開週刊》第 45 期）

致大總統黎元洪電

（爲羅文幹被捕事）

北京大總統鈞鑒，讀報稱鈞座仰承某議長意旨，交諭逮捕財長羅君，未知信否，羅罪有無，局外無從推測。惟閣員瀆職，議會儘可彈劾。法庭偵查有據，理合自動。若私人告密，而元首奉命唯謹，蹂躪人權，有如草芥，尚復成何事體。中國之無法久矣，常人毀法，冀法定機關，有以制裁之。法所自出之機關，而日以毀法爲事，則全國陸沈，其何日之有？啓超講學東南，日不暇給，豈有閒情管此閑事，惟睹魑魅白日橫行都市，至於此極，良不能已於言。彼哉不足責，公所處何地，忍更比諸匪人以亂天下也？痛憤陳言，惟公圖之。梁啓超叩。哿。

（1922 年 11 月 24 日《晨報》）

對於羅文榦案國民所應持的正義

篇中意義文句，由著者絕對負責，與登載之報紙無涉。著者記

第一　羅文榦是否受賄爲一問題。羅果有受賄行爲，當然該依法懲治，毫無疑義。

第二　逮捕羅文榦手續別爲一問題。無論羅有無受賄行爲，以下各節必須由法庭徹底根究。

（一）要問警察總監薛之珩根據警察法令某條某條，可以貪夜入人家宅任意拿人，非票傳薛之珩嚴訊不可。

（二）薛之珩若説是有東廠胡同一位姓黎的叫他辦；那麼，便要問那姓黎的是什麼人？説是中華民國大總統嗎？便要問大總統根據約法第幾條可以擅自叫人拿人？沒有國務員副署的東西，是否可以叫做"大總統命令"？既已不是大總統命令，那麼，當然是住在東廠胡同一位私人姓黎名叫元洪的胡行亂説。這個姓黎名元洪的私人，爲什麼可以指揮行政官吏隨意拿人，非票傳他來嚴訊不可。

（三）據國務院通電，説那位姓黎的是受了兩個人的主使，一個姓吳名叫什麼景濂，一位姓張名叫什麼伯烈。這兩個人又是什麼人？據他們自己説是衆議院正副議長。他們還有一封公函披露在各報上，上款寫"此致大總統"，下款寫"衆議院議長吳景濂副議長張伯烈"；底下還蓋着衆議院印信，那麼，便要問這封公函內所叙的情節，是經過某月某日衆議院議決？既沒有經過議決，那麼，便要問那姓吳姓張的根據議院法第幾條，關於未經合議的事件可以用議長個人名義移文大總統？若找不出條文來，便顯然是姓吳姓張的兩個私人盜用衆議院印信，該得何罪？這兩個私人查出別人有犯罪行爲，本來可以到法庭告發，誰也不能攔他，他却不然，盜用了印信，跑到東廠胡同威逼別一個私人（黎

元洪)叫他濫用國家行政機關去拿人,該得何罪？這兩個私人已經犯了這兩重大罪,法庭傳訊他,他又抗不到案；還去威逼別一個私人(黎元洪)叫他干涉法庭,又該得何罪？以上三項罪名,非立刻逮捕那姓吳姓張的兩個私人依法懲治不可。

我說：羅文幹是否犯罪,要等各方面調查事實後纔能證明。這種事法庭當然會辦,我們做國民的不必管他。却是目前事實上已經證明犯罪的最少有三個人：

首犯　吳景濂　張伯烈

罪名

(一) 以私人資格盜用衆議院印信。

(二) 假借議長名義招搖撞騙威逼行政機關亂拿人。

(三) 抗拒法庭票傳不肯到案。

共犯　黎元洪

罪名　聽了兩個私人的教唆,用私人資格亂發命令拿人。

這三個人犯的都是衆目昭彰的現行罪。羅文幹無罪嗎？羅文幹釋放後,這三個犯人的罪固然要辦；羅文幹有罪嗎？羅文幹鎗斃後,這三個人的罪還是要辦。

國會若不能懲辦那盜用印信的犯人吳景濂、張伯烈,便是中華民國沒有國會。法庭若不能懲辦這首犯從犯三個人,便是中華民國沒有法庭。國民若對於這件事沒有人說句公道話,只好把中華民國的金字招牌下了罷！

十一年十一月廿三

(1922 年 11 月 27 日《晨報》)

復裘可桴書

奉書狂喜，相見當不相識，睹名即往事歷歷也。所規正得我心，所以自任者亦既審之塾[熟]矣。比方嬰小極，力絕講學，不復能多所罄。報上數言，先達惓惓云爾。敬上可桴吾友。啓超

（1922年12月18日《無錫新報》）

"狂狷"

在東大附中講　郭廷以　記

我在這裏講演，已經三個月了，每天都有；但是我所講的是一門功課，聽的人又是少數，未能和中學方面的同學常爲接觸。今天本來很想多講一點，因爲身體不好，醫生説不宜多講話，所以我也有點戒心；這是我很抱歉，很對不起諸君的！不得已，只好作一簡單的無可再簡單，直簡單到兩個字，就是："狂狷"。

這兩個字從字面上有[看]來，是很不好的；狂這個字，如"狂狷"、"輕狂"，像是有神經病似的；狷這個字，普通是作"狹隘"、"脾氣不好"解；這不過是通常人眼中的"狂妄"罷了。

孔子周游列國，到陳國——河南陳州——的時候，想起他自己在曲阜辦的學堂，他就説："歸與，歸與，吾黨之小子狂簡。"（按原書狷作簡）他覺着他那些

小朋友(那時有許多學生没有跟孔子出來,仍在曲阜,參看劉寶楠《論語正義》)有些精[神]經病,脾氣不好,"斐然成草[章],不知所以裁之"。離别很久了,怎麽回去教導教導他們。《孟子》萬章問:"孔子在陳,何思魯之狂士?"孟子也説出狂狷有許多可取的地方。我們想想,孔老先生和孟老先生何以喜歡這些有神經病和脾氣不好的小朋友呢?這裏頭定有道理。孟子曾批評過他們,他説:"狂者進取,獧者有所不爲也。"(獧同狷,段玉裁謂當作獧。)這種有神經病的青年,年少氣壯,富於進取的精神,對於現狀都覺不滿,覺着社會國家均須改造,以偉人自許。躬負其責,這樣文化才會有進步。而那種庸庸碌碌的鄉原,處處抱"得過且過"的態度,環境好像和他没有關係,可以説他是神經衰弱,是最可恨的。孔子説:"過我門而不入我室,我不憾焉者,其惟鄉原乎!鄉原德之賊也!"孟子説狂者"其志嘐嘐然,曰:古之人,古之人!"鄉原就批評狂者説:"何以是嘐嘐也!言不顧行行不顧言!則曰'古之人,古之人!'"順口亂講,又做不到。孔子却最愛狂者好大喜高,這樣他必定是不滿足現狀,然後才有進步。治經學要像鄭玄,史學像司馬遷,理學像朱熹,事業像周公,孔明,軍人像唐太宗,孔子以爲這樣就好。

狂者的長處,就在進取;但是要"不忘其初"。當十五六歲的時候,精神旺盛,很能夠進取;怕是數年以後,得到畢業證書,或大學畢業得到學士、碩士、博士,保守的心怕就來了,就要"忘其初"了,——把從前進取的精神失掉了。大概人到三十歲的時候,還能"不忘其初";五十歲以後,保守的精神就盛了。但是孔子、孟子是永"不忘共[其]初"的;孔子將死的時候,他還説:"加我數年,五十以學《易》,可以無大過矣!"(按孔子講這句話的時候,必定還没有五十歲;皇侃《論語集解義疏》謂:"當孔子爾時年已四十五六",似爲近理;梁先生此説,未免有些過甚。)仍希望將《易》讀通,自己可以成爲一個完人。孟子見梁惠王的時候,梁惠王稱他爲"叟"——老頭子,——可見那時孟子已經年紀很大,鬍鬚很長了;但他仍舊説:"彼丈夫也,吾丈夫也,吾何畏彼哉?""舜何人也,予何人也,有爲者亦若是!"(注)簡直精神亂跳!這都是"不忘其初",所謂"死而後已",一意在進取。《易經》上説:"君子以自强不息","自强"就是進取,"不息"就是不忘其初。

狷者是"有所不爲"的。孟子説:"人有不爲也,而後可以有爲。"無所不爲,是最不好的。鄉原説:"行何爲踽踽涼涼?生斯世也,善斯可矣。"人家怎樣,我也怎樣。一個人要是無所不爲,還是人嗎?諸君所痛恨的賣國賊,也就是因爲他無所不爲。像上次江蘇省議員把學校經費減少,來增加自己的薪俸,無所不爲以至於此。有所不爲,然後才能把精神集中。

孟子又説狷者,"不屑不絜",《牡丹亭》上有句話:"一生兒愛好是天然",很可以作這句的注解。自己處處要潔净,要愛好,當議員受賄就不潔了。孟老先生到處發脾氣,他説:"堂高數仞,榱題數尺,我得志,弗爲也!食前方丈,侍妾數百人,我得志,弗爲也!般樂飲酒,驅騁田獵,後車千乘,我得志,弗爲也!"住高大的房屋,吃酒席,玩姨太太……他都不爲;因爲這些都不乾浮[净]。這種性格,叫做潔僻[癖];狷者也是這樣。

孔子説:"吾黨之小子狂狷",我們做一個人,不做一個狂者,就要做個狷者。狂者進取,狷者有所不爲。不狂不狷,簡直就成了木頭刻的人。但是進取須先要能夠站住,譬如人的兩隻腿,當走路的時候,必定一隻腿向前,一隻腿站住支撑着身子,不能夠兩隻腿同時向前。向前那隻腿就是狂,站住那隻腿就是狷,一狂一狷,然後才能進步。所以這兩個字看來雖是很不好的字眼,但是仔細解釋一下,確是很有道理的;無怪乎孔老先生和孟老先生喜歡他。

今天沒有旁的話多説,就只有這兩個字供獻。希望諸君也做個有神經病的人,庶幾可做孔老先生所喜欢歡的"吾黨之小子";古先聖賢教我們做人的方法,才可得到,不至於辜負了他們的一片好心。今天所講的不多,——實在有用的話不在多,多了恐怕反沒用處;少了還便於諸君記憶,並希望諸君永遠記下。今天得和諸君聚首一堂,精神非常愉快!

(注)據梁先生的語意,似乎爲孟子這幾句話是見過梁惠王以後,或者見梁惠王前幾年講的。但是我們無從證明梁先生這種意思是對的。據趙岐注的孟子,孟子見梁王當在去齊以後;所以孟子所講的話,不一定就在見梁惠王的前後幾年。或者講這幾句話的孟子,還正是二十來歲的少年時代,也不敢説。再者梁先生累説孔孟喜歡狂狷之人,實在他們並非十分真心喜歡;何以見得?你看孔子説:"不得中行而與之,必也狂狷乎!"他所主愛的還是"中行"之士,次愛的才是"狂狷"之士。因爲"中道"——即"中行"——"不可必得,故思其次也。"至於説孟子喜歡這種人,查孟子原書,並沒有這種意思;他不過把孔子何

以思"魯之狂士"解説給萬章聽一聽罷了。

再者文中小學注解,都是記的人加進去的。

(1923年10月22日《申報》)

《荀子人性的見解》識語

友人劉君鴻岷,以其族弟著存君近作此篇見示,疑《性惡》篇非荀子所作。此讖若信,則學界翻一大公案矣。余方忙於他課,未暇重繹《荀子》全書,對於劉君之説,不敢遽下批評。惟覺此問題關係重大,亟介紹之以促治國聞者之研討云爾。

十二年一月十一日,梁啓超識。

(1923年1月16日《晨報副鎸》)

《統計學原理及應用》序

統計之學,在我國發源周譜,旁行斜上,史遷效焉。後此表牒,皆襲其軌。其在泰西,雖作始較晚,近今則蔚為大國,理法日邃密,而應用範圍更普及於社會現象之全部。凡欲治一顓門之學,觀其大較而得其共相,舍此末由也。今國中百學日新,而以此名其家者不一二覯。王子仲武創造二篇,一詮原理,一斠應用,斯真能鑿鼇叢啓康莊者。其功豈特在斯學,抑亦百學之鑰也已。

民國十二年一月十三日,時講學秣陵,課畢北歸,倚裝記。

梁啓超

(上海商務印書館 1927 年 7 月版《統計學原理及應用》)

謝客啓事*

鄙人年來雖委身教育,但惟願就自己所好之學科,爲短期之巡回講演,或自約同志,作私人講學。至於國立諸校之任何職員,斷斷不能承乏。敬告學界諸君,幸無以此相瀆。鄙人頃患心臟病,南京講課勉强終了後,即遵醫命,閉門養痾,三個月内不能見客。無論何界人士枉顧者,恕不面會。謹啓。

(1923 年 1 月 20 日《晨報》)

爲創設文化學院事求助於國中同志

啓超確信我國儒家之人生哲學,爲陶養人格至善之鵠,全世界無論何國無論何派之學説,未見其比。在今日有發揮光大之必要。

啓超確信先秦諸子及宋明理學,皆能在世界學術上佔重要位置,亟宜爬羅其宗别,磨洗其面目。

啓超確信佛教爲最崇貴最圓滿之宗教;其大乘教理,尤爲人類最高文化之

---

* 原題《梁啓超啓事》。

產物。而現代闡明傳播之責任,全在我中國人。

啓超確信我國文學美術,在人類文化中有絕大價值;與泰西作品接觸後,當發生異彩。今日則蛻變猛進之機運漸將成熟。

啓超確信中國歷史在人類文化中有絕大意義,其資料之豐,世界罕匹,實亘古未闢之無盡寶藏。今日已到不容扃鐍之時代;而開採之須用極大勞費。

啓超確信欲創造新中國,非賦予國民以新元氣不可。而新元氣決非枝枝節節吸受外國物質文明所能養成,必須有內發的心力以爲之主。以上五事,實爲其芽種。

啓超確信當現在全世界懷疑沉悶時代,我國人對於人類宜有精神的貢獻。即智識方面,亦宜有所持以與人交換。以上五事之發明整理,實吾儕對世界應負之義務。

啓超確信欲從事於發明整理,必須在舊學上積有豐富精勤的修養,而於外交(來)文化亦有相當的了解,乃能勝任。今日正在人才絕續之交,過此以往,益難爲力。

啓超雖不敢自命爲勝任。然確信我在今日,最少應爲積極負責之一人;我若怠棄,無以謝天下。

啓超確信茲事決非一手一足之烈所能爲力。故亟宜有一機關以鳩集現在已有相當學力之同志,培養將來熱心茲業之青年。

啓超確信現行學校制度有種種缺點,欲培養多數青年共成茲業,其講習指導之方法及機關之組織,皆當特別。

以上說理由竟,當陳述現擬之計畫。

一 設一講學機關,名曰文化學院,採用半學校半書院的組織,精神方面,力求人格的互發;智識方面,專重方法之指導。其規程當續布。

一 啓超自任院長。現已約定同志六七人任分科教導員。仍當隨時物色邀約。

一 所擬收容學員種類如下:

(一)本班 收容中學畢業學生。

(二)研究班 收容大學及高等專門畢業學生或經特別測驗後由院中許可者。

（三）補習班　收容高師學生專教導以國史國文之教授法。

（四）函授班　收容國內有志斯學而不能來院者。

一　院舍在天津南開大學新校址中。一切學課與南開保相當之聯絡關係。

一　教導以外擬辦諸事：

（一）整理重要古籍校勘訓釋編訂令盡人能讀且樂讀。

（二）將舊籍或新著翻譯歐文。

（三）編定學校用之國史國文及人生哲學教本。

（四）以定期出版物公布同人研究所得。

（五）巡回講演。

一　現時所需最低限度之經費：

（一）建築院舍費　四萬元

（二）購置圖書費　二萬元

（三）頭兩年經費　共四萬元

啓超今以極誠懇的意思及積極負責任的精神，敬求海內同志予以樂贊，俾得於十二年秋季始業，不勝大願。梁啓超百拜。

（1923年1月21日《晨報》）

梁任公對於時局之痛語

（法律破產代議政治破產）

梁任公新自南京講學歸來，養疴津門，有某君前往訪問，據言梁氏之病，乃由用腦過度，心房漲大，但屬初起，尚無妨礙云云。談次詢及梁氏對於時局何故不發言？梁氏謂本有千言萬語要説，但醫生既禁止執筆，只得罷休。且現在魑魅魍魎白晝橫行之局面，亦斷非徒恃筆舌所能救濟也。梁氏談下去狠發出沈痛的歎聲，説道：

這回鼓動風潮的幾位宵小，原是國人共棄，我不屑責備。最可痛者，司法官（檢察長）對於破壞司法的命令，爲什麽奉行唯謹？國會兩院中，我總以爲明白有血性的人，也還不少，爲什麽會把千夫所指的閣員，多數同意？中國人對於法律觀念，本來很薄弱，現在立法行政司法三機關，合力蹂躪法律，豈不是明白告訴人説"法律是裝飾品，可以不算一回事"嗎？豈不是明白告訴人説"法律專用來摧殘弱者，凡屬有權力的人，都絶對不受法律拘束"嗎？經這一回，真可以説是法律完全破産。中國人對於代議制度，本來是很冷淡，很懷疑。我們方希望這回國會恢復之後，議員們應該會稍爲激發點天良，替代議政體争一點氣。不料數月來，醜態百出，除了膜拜軍閥，助紂爲虐之外，别無所事。這回兩院同意票，我敢説是議員過半數。已宣告自己人格破産。我在半月以前，因江蘇省議員削減教育經費，增加自己歲費一事，氣極了，曾作一篇文，討伐他們。内中有幾句説道："若循此不變，則將來議會之地位，將成了君子惡居下流。議員一名詞，將成了國人皆曰可殺。"當時有人問我，你爲什麽專對於議員如此責備呢？我説我們本來想靠議員來制裁軍閥官僚的罪惡，保護人民權利。如今議員卻火上加油，專門與人民爲敵，連軍閥所不肯做的事都做了。他們的罪惡，豈不是更加幾倍嗎？他們不足責，最可痛者，是做出種種實證，告訴世界人，以中國人不能行代議政治。從今日以後，真可以説議會制度完全破産了！

梁氏説到這裡，氣狠急促，像是憤慨到十二分的樣子。某君因彼方有病，不便久談，遂興辭而去。

（1923年1月27日《晨報》）

松坡圖書館上大總統呈文

（十二年三月十七日）

呈爲呈報接收快雪堂設立松坡圖書館，請飭所司備案事。竊啓超等於十一年九月呈請撥北海官房設立圖書館一節，經准十月六日公府庶務司來函，蒙批撥給快雪堂。旋准十二年三月二日司函，案查北海快雪堂，前奉諭撥作貴處圖書館等因，業商由貴處於快雪堂兩廊石刻加造護欄，以便分管。經司於上月十一日遵諭派員，將快雪堂所屬全部官房及其毗連之基地、樹木，逐一會同貴處委員踏勘，撥交在案。惟撥交範圍非圖不顯，兹特繪具詳圖，四周以毗連馬路及小路之單直綫爲界，界内屋地樹木均交貴處收管。除兩廊石刻不在其内，並另繪同式底圖存司備查外，相應檢圖一份，送請貴處查收。即希按圖收受，妥爲保管。等因奉此。竊聞麗澤講習，會友以文；衆庶謳思，有功則祀。故將軍蔡鍔行高志潔，學粹勛崇。力能復楚，奮包胥之同仇；義不帝秦，逐魯連以長往。啓超等緬懷芳躅，思永薪傳。僉謂宜闢典籍之府，用惠士林；更置仰高之祠，藉禋明德。惟我大總統篤念舊勳，揄揚盛事；指華林逍遥之館，作石渠天禄之藏。海塵不飛，館壇斯在。長依勝地，與晴雪而比清；式應嘉名，共貞松而永固。啓超等祗承殊貺，倍矢微誠。擬將該館前二進作爲陳列、閲覽圖書之所，後一進爲蔡公祠，奉祀故蔡將軍及護國之役死事諸先烈。其快雪堂石刻則護以雕欄，保其遺蹟。行看縫掖有人，集鴻都而校字；山堂圖象，過燕市以題歌。啓超等無任感抃，謹述情由，請飭下主管官署備案。謹呈大總統

（松坡圖書館1924年4月版《松坡圖書館十二年分報告》）

致《黃報》記者書

《黃報》記者先生：

啓超在西山休養，友來報[輒]以曾見貴輒[報]載有梁啓超論奉直文相問，頗發駭笑。啓超年來不言政，不作政評，更無論投稿貴報，焉得有此？若謂貴館作者適有與啓超同姓名者，則啓超不敢纂掠其著述之美，敬勞記者先生惠印此函，並另作聲明，以釋誤會。然如有藉託情事，則貴館應負相當責任，考澈來源，以杜作僞之嘗試。廣東新會梁啓超

（1923年5月5日《黃報》）

梁啓超啓事

（爲《黃報》同姓名文章事）

方才聽説這幾天《黃報》上登有一篇研究直奉關係的文字署名"梁啓超"的，真是詫異極了！也許《黃報》的作者竟是奇巧的與我同姓同名，但在現今這樣無奇不有的社會裡，什麼事都會發現，所以我想對於那篇署名"梁啓超"的大文，應得有個聲明：

第一，要聲明是我——廣東新會的梁啓超——絕對不是那篇文字的作者；

第二，我近來不做研究現實政局的文字；

第三，我從來未曾有過投稿《黄報》的榮幸。

我也已有信給《黄報》的主筆，請聲明那篇文字的來源，若然是有人故意借用我的名字，我祇有請《黄報》的主筆對我完全負責。五月三日。

（1923年5月5日《晨報》）

《梁任公學術講演集》（第三輯）自序

年來所講，商務印書館已兩度裒錄，今復輯客歲秋冬間金陵所講爲三集。此半年間，日必有講，但多未自屬稿。此集所存，未及半也。內數篇爲學生筆記者，雖未盡愜，無暇校改，輒復存之。十二年四月，啓超記。

（上海商務印書館1923年9月版《梁任公學術講演集》第三輯）

梁啓超謹白

日前思成、思永兩小兒在北京市內爲汽車所傷，成折其左股，而永則傷勢較輕。現均入協和醫院。醫者言險象已過，性命固無虞，且不至於殘疾。屢承遠道親友函電相詢，謹此告慰，並申謝忱。

（1923年5月17日《晨報》）

介紹大音樂家(二則)

其一

大"梵和琳"家(Violinist)喀拉士拉君(見十八日《晨報》)爲近代希有之天才,今來中國實不易得,欲聆音樂之真,欲感歐化之粹,不可失此良會。喀君已定在平安奏演,然售價過昂,且定位幾滿,故擬商請喀君另在真光劇場演藝一次,以餉我國人士。俟接洽一定,由真光劇場露布日期及價格,特此介紹。

梁啓超　林長民
張嘉森　湯　漪
王　徵　陳博[溥]賢
發起人　楊袁昌英　蔣夢麐　公啓
黃　澂　徐志摩
瞿世英　江　庸
蔣方震　孫伏園

(1923年5月23日《晨報》)

其二

敬啓者:世界唯一大音樂家喀拉士拉君(Mr. Kreisler),漫遊東方,獻其絕藝。到日本時,傾國屬耳。來京數日,曾假座平安演奏兩次。外國士女趨之若狂,座無餘隙,而吾國人聽者寥寥。藝術興趣,足覘國化。喀君言次,頗致遺憾。茲由同人等與之特約，騰挪時間，於今日二十八日(星期一)下午四時半至七時，在真光劇場專爲我國人士演奏兩小時。其報酬及一切用費，約需三千元。同人以介紹真正藝術於國人爲懷，售票擬從廉價(喀君在京津滬奏技，票價約售六元，無一次不滿座)，以便聽衆。不能不仰望社會有力者，予以提倡，使人間士女，得聞鈞天之音，並知歐化之粹，不勝切盼之至。

發起人　梁啓超　林長民
　　　　張嘉森　湯　漪
　　　　王　徵　陳溥賢
　　　　楊袁昌英　蔣夢麐　公啓
　　　　黃　澂　徐志摩
　　　　瞿世英　江　庸
　　　　蔣方震　孫伏園

（1923年5月28日《晨報》）

梁啓超啓事

昨見報章，見所謂"孔道會"者舉鄙人爲會長，某月某日，鄙人在安慶會館爲該會演説等語，不勝駭異。該會之所幹者爲何事，所(發)起者爲何許人，概非所知。但擘[劈]頭即來此一著，不知是何用意。鄙人於孔子之道未能闖其微，而於該會之心理尤未能窺其奥也。謹白。

（1923年6月11日《晨報》）

致《晨報副鎸》記者書

（上略）内附錄三"評胡"一段，刪去不登亦可。因《清華週刊》曾登胡氏原目，故不得不一辨，並非要彈摘胡氏也。若必欲並登，似宜將"胡目"一并登出（《努力》曾登過），否則令讀者納悶矣。（下略）

（1923年6月23日《晨報副鎸》）

《法律評論》題辭

十年來國家機關之舉措，無一不令人氣盡，稍足以繫中外之望者，司法界而已。所以能爾者，則亦有由：法條方嚴，程序峻密，不易舞文一也。登庸循格，保障有規，久任諳事二也。職屬冷曹，巧宦弗趨，流品較清三也。是故司法界成績所以稍優於他界，存乎法者半，存乎人者亦半。撤銷領事裁判權之議，所以能通過於太平洋會議者，非徒恃國際正義爲盾耳，亦十餘年來之所播殖，而今乃將刈穫也。雖然，過去成績，果足恃乎？天下事一中以暮氣，不難舉前此所積累者，一朝而空之。今吾司法界爲朝氣耶，爲暮氣耶？外界之干涉蹂躪，日出不窮，獻身靖共斯職者，焦頭爛額以與争旦夕之命，力詘則往往嗒然引退，其未退者，益感於孤露無助，或委心以任其遷流所極，故十年來前途無限光明之司法界，今亦爲黯澹之氛圍所充塞，疇昔臥薪嘗膽以恢復法權爲畢生志事之人，如浪淘沙，滔滔殆盡。吁！可痛也。《法律評論》之創辦，豈敢曰能挽狂瀾而振之，顧董其役者，皆與斯界關係最深之人，學識經驗，既足以模楷群流，而其鍥而不舍之精神，視十年前似未有異也。嘻！此非朝氣來復之徵耶？今友邦攷察司法團有緩來之訊，吾儕不能不爲收回法權之前途，稍爲觖望；雖然，吾信茲事非久終須寔現，吾深冀《法律評論》之出，能增長司法界之朝氣，使益磅礴，以待後之來者，刮目而視也。

(1923 年 7 月 1 日《法律評論》創刊號)

在日使館之演説*

(八月四日)

鄙人今日蒙芳澤公使介紹得與入澤、岡部二君會面，不勝榮幸。鄙人以爲吾東方文化實爲世界之第一等文化，最少限度，亦爲第一流文化中之一部分。故發揮光大此種文化，不僅爲吾東方諸國之事，實爲全世界人類之貢獻。而發揮光大之責任，則非吾東方人自負之不可，此種文化事業博大繁頤，不易枚舉。最少有三部分，應以大規模辦理之。第一思想部。凡哲學專家，自孔孟先秦諸子，以及歷代賢哲與佛氏諸書皆屬之。研究之法，可分二途，(一)此部淵博無涯，研究非易，後之學者，每難得其要領，故應採其精華，提其綱要，以利學者。(二)數千年來古籍，因時代之不同，文義之不明訓詁注解，宜加校正或引伸之。第二文獻部。文獻之義，包括甚廣。凡文學，美術，音樂，以及一切藝術俱屬之。文獻之考訂保存搜討，尤非大力不能舉。有時不能專恃紙片，以資考存。且於地面上不足以資搜討更當求之於地下者。近來地下發見之物，往往可以

---

* 此爲演説大意。

訂正從來歷史上傳說或注解之謬。隴海路修築以後，沿路發掘，爲近世發見古物最大之成績。至於世間流傳之品，歷來淪亡殆盡者，尤宜竭力搜羅珍藏以免散失而資參考。第三自然科學部。此部中尤宜注意者爲地質、博物諸科。以吾國地大物博，大有此二科發展之餘地。近來歐美人專研博物者，在吾東方頗多新發見，吾尤宜從事探求。凡此種種大業，皆非私人能力所可及，固有賴於政府之施設。今日中國政局紛擾，無暇顧此，深爲遺憾。日本政府今以文化爲重，以賠款經營此事，非惟對中國之貢獻，非惟對東方文化之貢獻，亦對全世界文化之大貢獻也。文化事業本非一國之事，從事文化便無所謂國界。吾兩國人固宜通力合作，即歐美人有研究吾東方文化之專家，亦應羅致之，不久當見吾東方有最高文化之府，實足額手稱慶。日本文化於吾中國所獲者實多，在古代本在弟子之列，而其發展之力，至爲偉大，近代作品轉有詳吾中國人所不能詳，闡吾中國人之所未闡，可謂青出於藍而勝於藍，在今日實有可爲吾國師資者。今復有此盛舉，尤吾人所深致感佩。而吾國近年以來，雖處此政府紛擾之下，海內有志之士，以私家之研究，彼此響應者，亦頗有文藝復興趨勢。但盼日本方面以此有限之款，用之着着適當，俾吾國人有可以通力合作之機會，則效果必大有可觀者。今夕宴會不含絲毫政治、外交的意味，合兩國人士，共同討論此最高尚最悠久最博大之事業，實空前之盛會。啓超謹代表吾國人敬致謝忱，并祝吾東方文化從此大大發展，以貢獻於全社會人類。

（1923年8月8日《晨報》）

倡議籌賑日本震災通電

日本此次震災，爲歷史未聞之浩劫。災情全部真相，尚未明瞭，但據現在報告，則彼都商工業及文化之中心，殆悉成焦土，嗷鴻遍野，迷聽驚心。我國學士僑商數千人，同在難中，呼號路絕，凡有血氣，能不惻然。我國地處密邇，救災恤鄰，責無旁貸。竊謂一面宜由政府急派軍艦，運載糧食，馳往急賑。一面宜由民間發起大規模之救濟會，募集鉅欵，採辦物品，陸續營救。近年來日本政府對我之舉措，誠多予吾人以不慊。但少數軍閥之責任，不能以致怨於其國民。《詩》曰，凡民有喪，匍匐救之。我國民素崇汎愛之敎，際茲急難，誠宜率先仗義，發揚利他忘我之精神，劍及履及，爲諸國倡，非特國際道義宜然，抑亦良心之所命也。凡百君子，諒有同情，伏候提倡，執鞭欣慕。梁啓超江。

（1923年9月6日《晨報》）

倡議籌賑日本震災致各報館通電[*]

各報館均鑒：日本此次風水火災，爲歷史未聞之浩刼。據外電所報，人民死亡數百萬，財産損失數萬萬。使館領館，消息均絕。血氣之論［倫］，同聲哀悼。我國地處密邇，救災卹鄰，責無旁貸。謂宜盡吾力所能逮，迅派軍艦商舶，募易服食各物，馳往急賑，一以解災區人類之倒懸，一以拯各友邦及我國僑民之殘喘。劍及履及，義不容辭。過去數年間，日本政府舉措頗招我國民惡感，雖爲不可掩之事實，然患難相卹，人道宜然。我國當搆［覯］閔函侮之餘，若能率先仗義爲諸國倡，殊足以發揚東方文化利他忘我之精神，於增進國際地位關係，抑非細也。率布所感，求其友聲。梁啓超江印

（1923年9月7日《大公報》）

---

[*] 原刊題爲《梁任公江電》。

在陳師曾追悼會之演説

（十月十七日）

　　諸君，我們想不到有今天的悲痛如此，前次日本的地震，大家深爲惋惜，以爲文化損失甚大，如今陳師曾之死，可説是中國文化界的地震。我們期望陳師曾對於中國文化界盡力的時間甚長，想不到忽然逝世，所以陳師曾之死，如同意外之天災地變一樣。陳師曾之家世，及平生的行狀與夫美術上之價值，另有到會諸君報告，予對於陳君幾代世交，略知其家世，至於其作品，自以爲不諳畫法，不便批評，不過亦可略説幾句。無論何種藝術，不是盡從模仿得來。真有不朽之價值，全在個人自己發揮創造之天才。此種天才，不盡是屬於藝術方面，乃個人人格所表現，有高尚優美的人格，斯有永久的價值。試看我國過去美術家，凡可以成爲名家，傳之永遠，沒有不是個人富於優美的情感，再以藝術發表其個性與感想。過去之人，且不論，如今有此種天才者，或者甚多，以所知者論，陳師曾在現代美術界，可稱第一人。無論山水花草人物，皆能寫出他的人格，以及詩詞雕刻，種種方面，許多難以薈萃的美才，師曾一人皆能融會貫通之。而其作品之表現，都有他的精神，有真摯之情感，有強固之意智，有雄渾之魄力。而他的人生觀，亦很看得通達。處於如今渾濁社會中，表面雖無反抗之表示，而不肯隨波逐流，取悦於人，在其作品上，處處皆可觀察得出。又非有矯然獨異劍拔弩張之神氣，此正是他的高尚優美人格可以爲吾人的模範。所以極希望大家於極悲痛之中，將陳師曾此種精神，由其遺跡影響於將來社會，受很大之感化，不僅在藝術上加進，乃至使社會風氣因其藝術影響而提高向上。大衆如於此點注意努力，庶可慰陳師曾在天之靈，此是我之一點誠意供獻於諸君。

（1923年10月18日《晨報》）

女子與教育

(一九二三年十月二十七日在女子高等師範附屬中學校講演)
梁月梅、蘇國才、羅素妤　筆記

　　女子在社會上最大的貢獻，就是使一般小國民，在多少年內，能受一種良好的教育。而社會上最需要的，也就是教育這種義務，否則從前的文化，不能傳到現在；現在的文化，不能傳與下一代。人類因爲先輩後輩相傳，而後輩的人，將上一輩傳給他的文化，保守着，或盡力發揮，使社會一天一天的進化，所以比一切動物高尚些。

　　一個人受教育的時期，大概在二十五歲以前；此後就是服務社會的時期了。廿五歲前的生活，是受學校教育與家庭教育的時代。——常人但知教育專是讀書，不知道凡學習一切事情，都叫做受教育。我們人才生出來第一天，就要受教育的，否則我們連東西也沒有得吃了，所以不一定入學校，才算是受教育。試想我們進學校的時候，已七八歲了，那七八歲以前所受，完全是家庭教育。一個人受教育的時期，不過廿五歲，而家庭教育，已佔去差不多三分之一了。諸君現在雖受的是學校教育，實在說起來，還是沒有離開家庭，所以實際上家庭教育，在一個人受教育的時期內，佔半數以上，因此家庭教育比學校教育爲重要。

　　家庭教育，當然應由兩性共同擔任，不過現在社會組織，以女子擔任的時候爲多，故女子對於家庭教育之關係，比男子重要。人類社會進化，全視教育之程度，女子與社會進化之關係，就重在這一點。

　　從前許多大人物，因受良好之家庭教育，才能成功。如李二曲先生，年幼喪父，他母親想他做一個有爲的人物，常常將"孔孟亦無父兒耳"這句話，去激發他的志氣，他後來果然成功了。顧亭林先生的母親，未嫁過門就守節——這件事對不對，當然是另外一個問題，不合人道的名教，原來是我們反對的，但這是他個人的關係，我們且不必管他——顧亭林先生是過給他的，但他一生做人，都受了他母親教育的影響，所以他的學問才那麼好，氣節那麼高，這都可以説是他母親家庭教育的成績。

家庭教育，每能養成許多特出的人才——我們要知道，養成特別人材，不能專恃學校，當今所謂學校教育，對於那些學生，天分高的，低的，勤的，懶的，都施以同等的教育，將課程定成一條水平線，使那聰明的等着，愚笨的努力去趕，他的結果，不過養成許多平凡的人。我們試看古今偉人，都不出於學校，可見學校以外，一定要有其他的幫助，才能成功的，而這一類養成特別人材的貢獻，就不能不倚賴女子了。

依我看現在所謂女子教育之最大方針，就是養成女子做教育家。——教育家，不一定在學校内，拿起粉筆，跑上講壇，去寫字教人，若能在家教育兒童，亦能使社會得到間接的利益。爲女子的，倘能將他的特別天才，去盡力於家庭教育，養成許多特出的人才，那正是現在中國最大之要求。——我不是説女子於教育外，什麼都不理會，就是好，如美術文學等，非絶對不能去研究，不過就中國的環境説起來，這些都不是最需要的。

中學本來是預備升學的，——或將來留學，但女子於中學畢業後能升學的，有多少人？諸君現在都存一個升學或留學的希望，但我大胆説，百人中不能有多少人完全能達到這個目的。還有因家庭的經濟方面，有時也未必不發生障碍。所以我們不能不退一步想，倘若我們不能達到自己目的的時候，應該怎樣呢？我想這是應該打算的。這些話並不是没志氣話，皆是我經驗之談。我有好些姊妹在學時，都有那麼樣的思想，但結果都達不到本來的目的。最大的原因，就是女子結婚後，不能求學。諸君或者説，"我要持獨身主義"，但到底一定不能不打破這個理想，因爲習慣和環境的影響，使你不能如此的。我有好些朋友，是大學教授的太太們，都是去過外國留學的，他們或者學的是法律，或建築，等等，但他們説，結婚後那些東西都用不着了，因爲兒女的緣故，再没功夫去理會那些。至於那些從來未學過的家庭常識，倒很需要，我以爲這都是很對的道理。不過有特别天才的女子，都有好高鶩遠的思想，而終究做不到。譬如有一個人，他對於英文都常肯用心，成績非常之好，最後或者因爲經濟，或其他的關係，入不到大學，從前學的，不久都忘掉了，到後來常常悔恨，"我何不將學英文的腦力和時間,研究別的有用的科學呢?"這都是我姊妹中的經驗之談,我希望諸君不至於說我頑固。

　　諸君亦當知時間之寶貴,在學校時應該如何去利用他。第一,我們應該自己想想,家庭經濟狀況如何,再量力去做。倘若或是有求高深學問之可能,就應該竭力去預備,否則就當用經濟的方法,去學最有用的科學;如像研究中國日用的常識,以備應用在家庭教育上面,正是應該的。現在中國學校的中文,都不很完備,若是無校外教育的補助,恐怕一定無好結果。所以能使兒童在入校以前,先有國學的基礎,那末將來無論學什麼都比較容易。我承認女生中間祇有少數人,能求高深的學問,然則在女子中學時代,應該注重中國國學,如國文國史國地種種常識,使女子對於那些都有相當之了解程度,將來可以應用在家庭教育裏面。其次還應該注重教育學,於擔任教育和管理的方法,皆仔細研究。還有品格,也非常要緊。一個人的品格,十歲左右就定了,要改是不容易的,所以想待學校去淘[陶]冶一個人的品格,是做不到的。想使後一輩的人,成一個我們理想的人物,不能不靠家庭教育的幫助,不能不靠自己品格高尚做兒童的模範。所以諸君不應當過唱高調,因為時間甚寶貴,費在唱高調裏面,是不值得的;應該自己預想自己應做的事情,充分去發展他。這些事雖然是極平常的事,而實在是非常重要。

　　最近所謂婦女運動、婦女解放,那些話,都非常流行,不祇流行於外國,就連中國,也有這種新趨向。我以為婦女解放,是社會上很重要的一個問題,所以我非常贊成這種舉動。不過因為女子解放,而使女子男性化,那是我絕對不贊成的。但現在世界大勢,都有這種趨向,我以為這不但不能將女子人格抬高,反把女子人格看輕了。男子不以不如女子為羞恥,倘若女子不是看不起自己的人格,何必捨棄自己固有的人格而學男子呢?我並非頑固,而且我相信諸君都知道我是個新人物,我向來提倡澈底的改革,不贊成不澈底的。如像女子應該有參政權,也是我贊成的。但我可不贊成女子一定去做政客,好像我體格健全未犯過刑律故有充分的選舉權,與被選舉權,但我不去做議員,做政客,而願去當一個學者。那末神聖的女子,何必與那些象坊橋的豬仔同事而一定去學他們呢?若以為男子既可做議員,於是女子也要去爭,那一定會鬧出亂子來的。因為社會要分工,所以不必混合為一。譬如我是個學者,不會拉車,若是一定勉强我去拉，一定做不到，因我祇能盡我的本分。即使一個車夫來當我的地位，也是做不到的，所以我們祇能盡我們的能力做事罷了。倘若社會上一切的事情，都勉强去做，那社會一定亂到不成樣了。所以我以爲女子解放，祇應該將女子應有權爭回來就是了。若不然祇顧趨時髦，不務實際，那一定將本能應該發展的摧殘了爲止，——"盲從"，是社會上最不經濟的事情，爲個人打算，亦不是應當的。我這篇話，也許諸君以爲頑固，但我總希望諸君去想一想！

(1924 年 6 月《闢才雜誌》第 3 號)

文史學家性格及其預備

(爲清華學校職業指導部講演)
賀麟　筆記

　　職業指導是與諸君前途很好的事，但也是很難的事。我的子弟們，常以此問題質我，我總是對他們説："無論學那樣都好，都有用。你對於那樣學科興趣最濃厚，你就去學那樣罷！"因爲擇業問題，實在很難解決，別説別人幫你決定很難，就是你自己決定了之後，將來也許要發生變遷。我們先輩吃了擇業問題的虧的人很不少，即如嚴又陵先生是個學海軍的，而恐他連海船都沒有坐過幾次，然而對於文哲方面却大有貢獻。又如胡適之先生，原來是學農的，現在他專講哲學和文學了。

　　假使他們開首時擇業不誤，他們的造就也許更深，對於社會的貢獻，或可更大。現在清華有了擇業指導，諸君各就其興趣最濃的而專學之；自己固然少吃虧，社會也可以少吃虧。

　　職業指導部要我同諸君講講關於學文學和史學所應具的性格和應有的預備，所以我便照題做文章，以"文史學家之性格及其預備"來作今天演講的題目。

文學和史學,似乎甚相關連。以前章實齋做《文史通義》一書還以"文史"二者相提並論。其實這兩樣東西,各走不同的方向。史學最重科學精神,文學方面,除文學批評及散文的一部分,與史學的性質相同,注重科學精神外,其餘的純文學,都是超科學的,都是全靠想像力。所以史學家與文學家簡直是不可兼的。因此我分作兩部講,先講史學家之性格及其預備,次講文學家的性格及其預備。

一、史學家之性格及其預備

　　我也是一個於文史兩樣都有興趣的人,三十歲以前,常做文學的東西,近來纔覺得我應該專攻史學,假如我將來於學術上稍有成就,一定在史學方面。

　　中國人要想在自然科學中,對於世界有何貢獻,實一極難之事。在社會科學方面,雖比較有新發明之可能性,但也是很難。惟史學方面可以供我們發明開闢以貢獻於世界的礦地却異常之多。如果用西洋的科學方法以研究中國數千年來很豐富的史料,實一極容易而且極偉大之事業。

　　中國的史料,錯雜散漫,未經整理過的,實在豐富的很。即如單是研究北京城的歷史,也可以作成一篇很體面的文字。況且歷史的資料的來源,也異常之多:除開書本上的陳的資料,我們還可以親自用觀察力去搜尋目前的史料。不單是地上的,地下的史料也還多的很。羅馬因近百年來發掘古物太多,致使全部歷史,整個改觀。中國因修築汴洛鐵路,所發現的古物,和在甘肅璜皇[敦煌]石室所發現的書籍,於中國史上亦添加了不少的資料。

　　試問研究此種歷史,整理此種資料,究竟是誰的責任呢? 誰最適宜於幹這事呢? 外國人因有語言文字及其他種種困難,自然不能幹。中國的老輩,也還是幹不下來,因爲他們不知道治史的新方法。他們如果能夠幹,早幹了! 所以我說這個責任,是應該中國現在的青年負擔;而且也要這般通西學知道新方法的人,才最適合幹此事。我很希望對於史學有興趣的人,到外國去專學此科,用外國的新方法來整理中國的史料。對於資料方面我可以幫忙的我總十分願意盡力——希望我們大家能合作。

　　作史家,所必具之性格,最重要的就是要有科學的頭腦,可以分作三層説明：

（一）耐煩的搜討性　搜集史料，絕不可厭煩難。因爲單有一兩條史料，實是乾燥無味，毫無意思。但集合多了，便有價值。所以研究史學的人，最要能耐煩，要如做小生意的打小算盤一樣，非積有很多很多的紙條子不可。

（二）精細的判斷力　史料有真有僞，有可信有不可信，有前人故意造假的，有由於文學家鋪張揚厲放大其詞的。故史學家須有精細嚴刻的判斷力，如像法官一樣，把真的僞的辨別得清清楚楚。

（三）銳敏的觀察力　史學家要善於觀察，於別人不注意的東西内，看出很重要的史料來。

總之，這種科學的頭腦，爲凡治科學者所必具，非獨史學爲然。不過學史學者，尤其應該特別注意。

史學家最要緊的是要能了解文化之範圍，於經濟、藝術、科學各方面雖不必專，但不可不略略了解一點。德國新近有歷史哲學，意思就是要了解文化的範圍。所以史學家須凌空整個的知道歷史哲學，然後來研究整理中國的史料，這不僅於中國史有貢獻，或許可以爲現在很幼稚的歷史哲學開一新途徑。

關於中國史學的書籍，如《史通》、《通誌》的序文、《文史通義》，三書，是非讀不可的。我剛才不是説歷史的資料不單地上的，還有地下的嗎？地下之資料，有時比地上的還較爲重要，故我常説大學應該添設採掘一科。所以學史學的人，對于採掘必須研究，纔可以搜集地下的史料。研究古代歷史，最重採掘；但研究近代史學，則須善於刺探。如像新聞記者一樣的走往各處探訪，要使別人能夠盡量的告訴你實在情形。

二、文學家的性格及其預備

文學家的性格，却大與科學相反：文學家最重的是想像。神經太健康的人，必不易當文學家。大凡文學家，總是帶點女性，感情異常濃厚，性質異常奇怪，反對現在社會禮法，而對於自然界却異常親切戀愛——這幾點都是文學家的主要性格。

《詩經》的性質，温柔敦厚，乃是帶有社會性，用以教人涵養性靈，調和情感的。所以稱爲"詩教"。但是若往外國研究文學，而注重調和情感，那就成了隨俗浮沉，模稜兩可的人，豈不可笑？所以往外國研究文學，頂好是取其所長，把情感盡量發洩。因此研究外國文學，我不一定主張要有如何精深的中國文學作基礎，但表現自己的情感思想，無論如何要用本國文字纔好。

用白話表現情感，有時自比用文言方便，而且不受拘束。但我認爲白話表情，有時還嫌不足。我主張學文學的人，對於中國詩文少讀猶不妨（如果他對於文學有興趣，他自然要讀陶詩、《楚辭》和李杜的集，你禁也禁不住），但"小學"却非特別注意不可。

美國人過的忙的生活，故喜作小詩和短篇小說，這種文學有好處亦有毛病。中國人生性從容安閒，小說動輒做一百二十回，戲劇起碼就是幾十齣。中西文學這一點的異同短長，也是大家所應該知道的。

今天所講的題目很大，而時間又很短，我自己也沒有十分預備，覺得所説的很不滿意。諸君個人如有什麽要問的，可在我規定接見學生的時間内來面談。

（1923 年 10 月 26 日《清華週刊》第 291 號）

爲松坡圖書館徵書致譚延闓函

邵陽蔡松坡先生，於洪憲之役，在滇起義，再造共和，不幸病殁日本〈人〉。啓超等以蔡公功在國家，應有紀念，矜式國人，爰於七年在上海擇地建立松社。社中分爲兩部：一爲蔡公祠，供奉蔡公栗主，並附祀蔡公起義在海珠、成都死難諸賢；一爲圖書館，搜集中外各種圖書，冀爲社會教育之助。嗣以同人等均寄居北京，去秋決議北遷，藉便照料。蒙黄陂黎公撥給北海快雪堂全部，爲建立該館之用，經始三年，漸有眉目。惟是規模較大，籌措經費，與搜集圖書，均極困難,非海内明達,義力相助,恐無大觀厥成。擬於本國書籍先從各省志書入手。其州縣分志,所關尤屬重要。中州文物之區,志書向稱完全。公於是邦文獻,素有研究,特懇大力,代爲徵集,捐贈本館,則拜功德,寧有涯矣。

(1923年12月8日《時事新報》)

在范源廉校長就職典禮上的演説

(一九二四年一月十日於北京師範大學)

李林昌　筆記

今天躬與盛會,覺得異常榮幸,我自己對於學界情感,本來濃厚,對於本校尤覺特別親愛。年來校長虛懸,校内校外,都很着急,本校籌備師大委員會爲鞏固師大基礎起見,組織董事會,再由董事會推薦校長;諸君所渴望的范校長今已就職了。范校長是師大第一任的校長,我們很希望范校長永遠伴着師大發展。范校長,不待言,當然是師範大學的理想校長。不過對於人的希望不可過奢;理想很快,轉瞬間就可以到九天以上;可是就事實上説,却很慢的,無論那種社會也是如此。現在我們受環境的壓迫過甚,校長當然負責,爲學校奮圖;可是不能靠一人,非大家一致努力不可。旁的不講,單説經費,何等困難;現在教育當局很好,以後的變遷誰能擔保,本校非擴充不可,預算也當然要增加的,可是現在的經費狀況,我們還敢講到預算的增加麽?像這樣的情形,怎能容易教我們的理想實現呢?不只經費一端,其餘環境不良,都爲進行的阻碍,所以我們要原諒他。我們的希望,儘管大,不過希望校長進行不要過快。不要貪虛面子,本校不圖外表的放大,要圖内容的充實。我們要表現出我們的特色來,把原來高師的精神再加上幾倍的充實,有幾部分辦出特色來,可不辜負改大的本意。這是一點。

第二點希望全校人以學校利害爲前提。本校教職員諸先生,一致的先本校的利害而後本身的利害。團體利害，與自己利害或者有時相衝突。要説完全不顧自己，這是没有的。自己利害關係，在他方面看很小；可是在自己看却很大。團體利害，與個人利害不能相容的時候，我們要以團體爲重。諸先生歷盡艱辛，這種精神我們要繼續擴充下去。學生方面，近來全國學校鬧風潮，大家都感到些厭煩了。教員惹出學生的笑罵來。當然教員是有可笑罵的地方，不過學生爲自己的利害關係，鬧起風波來，往往把自己所愛的團體破壞。即以本校而論，在千人以上，個人利害關係那能一致？自己要没有犧牲，無一時不可起風潮。一方面爲個人利害，一方面要顧到團體的利害。清末那時學校鬧風潮，多半是起於厨房調菜；近來風潮進步了，不只爲舌頭了，可是無意識的風潮，仍是不少。所以我們要常替别的各方面想一想！

旁的方面，個人當然最好是官費，考試還有獎賞；可是學校怎麼辦呢？因爲從前獎勵師範教育，所以是官費；可是我們想一想我們爲什麼享受這種權利呢？學校經費困難；我們要捐出一年費用，就可辦出許多有益的事來。關於自身問題，最好自己提出來。教職員諸先生也最好自動。大家像一家一樣，彼此互相體諒才好！

高等師範過去，師大新成立，我們當然振刷精神，互相諒解，一致努力。"能以禮讓爲國乎，何有？""所惡於上，毋以使下！"我們希望能爲全國造出最好的人材來，這種精神，不獨用於學問，在品格上更要注意。大家作成一個完全互助前進的團體。我信的過，大家有這種精神，將來不特學識爲全國人模範，品格也要爲全國人模範。

（1923 年 12 月《教育叢刊》第 4 卷第 8 集）

關於醫大美專兩校風潮對記者之談話

(一月二十一日)

學生鬧風潮誠爲最不祥最不幸之事,吾人根本不能贊同。此次醫大美專兩校學生來謁余者,皆以極懇切之意勸導之。若使學校當局以適當之方法處置之,則排解本非難事。不幸醫大當局竟乞助於武裝警察,致使莊嚴之學府變成軍警示威之所,不獨有失教育精神,且將授政府以措置學生之先例矣。吾人對學生無故排斥教員攻擊校長,絕對反對,而同時對於學校當局以武力壓服學生,亦絕對反對。余與洪式閭君素昧生平;其學問道德如何,不敢輕下斷語,微聞洪君留德僅兩年,在校教職員多屬其所師承者,一旦驟臨其上,自生不平,蓋校長之資望,於指揮校務上亦有重大關係也。此次風潮完全爲前教育當局疏忽所釀成者,爲今之計,唯有望學生與學校當局平心靜氣共謀解決辦法。校長職務多屬事務,殊與研究學問有礙。洪君既爲學者,此時急流勇退,公私兩利。余意醫大校長以湯爾和、伍連德二人爲最適當。湯君與醫校有歷史的關係,該校教職員多爲其後輩,自能使人誠服。伍君醫術名聞全國,爲我國醫學界重鎮,教職員學生更不至有異議。由董事會選出亦可,由教育部任命亦無不可。

至美專風潮與醫大性質,微有不同,依現狀觀之,則曲在學生方面,且反對校長之人,實屬無多。但該校當局宜慎重處理,若踏醫大覆轍,以武力解決,則吾人亦非反對不可。學生與該校當局宜設法協商,其解決之道,自非絕無也。

(1924年1月22日《晨報》)

東原圖書館募捐辦法

一、本圖書館爲戴東原先生二百周年紀念之建築物，故定名爲東原圖書館。

二、本圖書館設在安徽省立第四女子師範學校内，以與該校互助合作爲原則。但圖書館爲獨立機關。

三、本圖書館應有圖書如下：

（一）東原先生本人之著作；

（二）東原先生參與之著作；

（三）其他與東原先生有關之著作；

（四）師範學校應用之圖書雜誌報章；

（五）公衆閱覽之圖書雜誌報章，得視經濟狀況逐漸增備。

四、本圖書館募集金額爲六萬元，約以二萬元爲建築費，二萬元爲第一次購備圖書雜誌報章費，二萬元爲逐年生息維持擴充之基金。

五、致謝辦法：

（一）凡捐欸捐書，均於結束時登報鳴謝。

（二）凡捐欸捐書上百元的，均鐫名永留紀念。

（三）凡捐欸上千元的，除（一）（二）兩紀念外，並懸挂本人攝影紀念。

（四）本圖書館内設藏書樓、閱書廳、辦公廳等等，捐款上萬元的，除（一）（二）（三）項紀念外，即以捐欸人的别號或他指定紀念的人的别號命名，稱爲某某樓某某廳。

（五）除上列各項紀念外，本圖書館依據捐資興學褒獎條例，陳請政府分別給獎。

六、本圖書館設董事會，監督館務。董事十五人，由發起人及捐欸人通信公推，會章另訂。

七、收欵處公請各埠中國銀行擔任；無中國銀行之地方，公請屯溪程仲沂君擔任。

八、收欵據用三聯單：一爲收據，交捐欵人收存；二爲報告，由經募人交安徽屯溪第四女子師範程仲沂君收存；三爲存根，由經募人自行收存。收欵據印一千本，分送經募人使用。

九、募得之欵，由經募人即行用東原圖書館名義存交各埠中國銀行，或逕寄屯溪程仲沂君收。

發起人　范源廉　許世英　金猷樹　洪有豐　熊希齡　江朝宗　江彤侯　　　陶知行　嚴　修　蔣夢麐　孫　洛　胡　適　梁啓超　張廣建　　　吳興周　余魯卿　程宗泗

（1924年1月25日《晨報副鎸》）

講學社招待太戈爾茶會歡迎辭*

（四月二十五日）

中印兩國是兄弟之邦，一千三四百年以前，印度偉人來遊吾邦者踵相接，故吾國文化上所受印度之影響，深且大。今兹吾人又獲與印度現代偉人相接，使數百年中斷之溝通，又得一接近之機緣，此實吾人最爲榮幸之事。吾國之哲學，文學，美術，雕刻，小學，音樂，乃至於醫學、數學，天文亦莫不受其影響，余將於明日（即二十六日）及後日（即二十七日）在師大北大講演，聊表歡迎太氏之意。

（1924年4月26日《晨報》）

---

* 此爲演説大意。

松坡圖書館第一次年會報告[*]

（五月十八日）

（甲）經過情形。本館自十一年底經始籌備，因限於經費，不能僱用多人，趕編書目，從速開館。現在第二館外國文圖書目錄已編輯竣事，擬定六月一日先行開館。第一館書目亦將次編完，因北海一時未能開放，開館之期尚難確定。本館因籌添置圖書經費，擬照京師圖書館先例，略收最低閱覽券費，以謀持久。（乙）報告事件。（一）國文圖書：前由政府撥捐楊守敬舊書二千四百餘部約二萬册，佛經五百餘函約四千餘册，各處捐贈舊書一百餘部約四千餘册，總計二萬九千餘册。（二）外國文圖書：讀書俱樂部捐贈六千餘册，各處捐贈一千一百餘册，本館新置二千五百餘册，總計九千八百餘册。（三）物品：各處捐贈五百餘件。（四）經費：（1）基金，總計七年長期公債九萬元，每年應得利息五千四百元。（2）支出預算，兩館每月經常費約三百元，每年各項臨時支出，約一千三四百元，與收入相較，每年餘四五百元。

（1924年5月19日《晨報》）

---

[*] 此爲報告概略。

松坡圖書館呈内務、教育部文

（十三年五月二十八日）

爲呈請備案事。竊啓超等於民國十一年秋，先後呈准大總統暨財政部撥予北海快雪堂全部及西單牌樓石虎胡同七號官房，專爲松坡圖書館之用，即於是年十二月設立籌備處，議定簡章、規則。以快雪堂爲第一館，專藏國文圖書，於後楹改建蔡公祠；以石虎胡同官房爲第二館，專藏外國文圖書。業於十二年十一月四日開成立會於第一館。現在第二館圖書目録業已編輯就緒，擬於六月一日先行開館，供衆閱覽。所有《松坡圖書館簡章》及《第二館閱覽規則》理合各檢一份，呈請鑒核備案。① 謹呈内務、教育總長

（松坡圖書館 1925 年 3 月版《松坡圖書館十三年分報告》）

怎樣的涵養品格和磨練智慧

賀　麟　張蔭麟　筆記

校長，諸君，我今年所擔任的演講，缺課太多，實在對不起諸君；講起道德，我自己就首先慚愧。不過這是因家庭間事所牽，無可如何，諸君當能見諒。

---

① 《呈内務部文》加"並乞飭下警察廳隨時保護"。

今晚所講的是怎樣的涵養品格和磨練智慧，一方面是屬於德育，一方面是屬於智育。

但有一句話我要首先申明的，無論講德育，智育，我絕不相信有獨步單方；我相信"頭頭是道"，"同歸殊塗"。不能呆板的固執一偏之見。古今中外名人所講，都不過是許多路中照一條路。我現在不過把我自己所認爲很好的路，自己所曾走過的路，貢獻給諸君。

近年以來，青年品格之低降實在是不可掩的事實。其最大的原因，就是經濟的壓迫。現在世界各國，都感覺經濟的困難，而中國爲尤甚。全國人好像困在久旱的池塘中的魚，大家在裏面爭水吃。現在如此，將來恐怕更要利害。人們不能不生存，因爲要生存，就會顧不得品格了。大部分青年——尤其是在清華的青年，受着父母的庇蔭，現在尚未感覺到這種困難。不過此境不可長久，將來這種狂風暴雨，諸君終有身當其衝之一日。到時便知此中的危險了。

但是，許多還未身當這種壓迫之衝的青年，早已經變壞了！他們雖是學生，已儼然變成小政客，日夜鈎心鬪角，求佔人家的便宜，出不正當的風頭。這種現象，從前已有之，近日爲甚。蓋自五四運動以後，青年的精神，一方面大爲振作，一方面也就發生弊端。其重要的原因，由於政界的惡濁空氣傳染進教育界去了。沒廉恥的教育家，往往拿金錢去買弄學生。一般青年，雖無引誘，已難保不墮落。何況教育當局，處在師長地位的，竟從中利用，"以身作則"，其結果那堪設想呢？

像諸君在清華，社會壞習氣尚未十分侵入，經濟的壓迫也不利害，所以空氣較爲乾净，品格尚能保持至相當的程度。但在此時若不把品格的根底打好，將來一到惡濁的社會裏，也就危險了。

唉！我看二十年來的青年，一批一批的墮落下去，真正痛心得狠！從前一班慷慨激昂滿腔熱血的青年，一到社會裏去，不幾年，因爲受不起風波，便志氣消失，漸漸的由失意而墮落。在他一方面，有些碰到好機會的，便志得意滿，但沒些時受了社會惡濁的同化，生平的志氣和從前的學識漸漸的不知消歸何所了。近年來的青年，好像海潮一般，一波一波的往下底降。正如蘇東坡所謂，大江東去浪聲沉，多少英雄豪傑，雨散灰飛。若長是如此，中國前途，真不堪設想了。所以在我們青年品格未固定，可善可惡的時候，須得早早下點涵養功夫,把根基打好,將來到社會裏才能不屈不撓,立得住脚。

涵養的方法是怎樣呢?我以爲必須注意下列各點:

(一) 有精到的技能

(二) 有高傲的志氣

(三) 有眞摯的信仰

(四) 有濃深的興趣

第(一)項,可以說是完全屬於物質方面。因爲生在現在的社會,非有精到的本事,不能維持生活。生活不能維持,還講什麽道德?孔子說:"飯疏食飲水,曲肱而枕之,樂亦在其中矣。"這話誠然不錯,不過也要有"疏食"可"飯"有水可飲才能"樂在其中"。"賢哉回也一簞食,一瓢飲,在陋巷,人不堪其憂,回也不改其樂;賢哉回也";這話誠然不錯;不過也要有"簞食"、"瓢飲"、"陋巷",才能"不改其樂"。所以總要有維持最低限度生活的技能,才可以維持人格。況且現在的經濟狀況和從前不同。例如"一瓢飲"從前是"昏夜叩人之門戶……無不與者";現在北京城裏是用自來水,倘使孔子、顏子住在今日北京城沒有錢買自來水,便不能生活。可見許多從前不用勞力可得的,現在却不能了。又如諸葛亮,陶潛,都是躬耕自給的,但是假使他們生在現代,要想耕田,也非有金錢買田不行。可見許多從前祇要用勞力便可得到的東西,現在却不能了。所以,必有可以換得金錢的精到技能,才能維持生活。

外國是有産階級與無産階級對抗,而中國是有業階級與無業階級對抗。現在中國講共産主義者,大都是無業游民,不過拿這些主義來混飯吃。我記得從前上海有一個身穿洋服,手持士的的"先生",坐着人力車去高昌廟、龍華寺,半路頻拿士的擊車夫,說"快的走!不要誤我的事!"問他什麽事他說他現在正趕時候到那裏討論勞働問題!現在中國所謂大總統、大元帥、巡閱使、總司令、督軍、省長……固然是無業游民;而罵他們反對他們最激烈的也何嘗不是無業游民?拿槍亂殺的固然無業游民,而高唱裁兵的又那一個不是無業游民。中國所以鬧到這樣糟,都是爲此。

這些話誰也知道,而且誰也不願意做無業游民。但因爲沒有技能,或有技能而不精到,找不到事做,結果便流爲游民。所以我說精到的技能,精到二字,應該特別注意。有了精到的技能,要找相當職業,固然現在比從前難些。在歐美各國，許多人雖有相當的技能還找不到職業；但是在中國，只要你有精到的技能，若說找不到職業，我絕不相信。有人說："技能何嘗靠得住；你看：某人也做總統了，某人也做總長了，某人某人⋯⋯也做督軍省長⋯⋯了！他們何嘗有些技能？"這些事實，誠然有之，倡（但）憑藉機會而居上位，不過是少數的例外。社會上最後的公道，總是有的。現在中國社會對於人才的需要甚緊迫，外國回來的學生，雖一天比一天多而能供給社會需求的還少，因為他們大半是不懂國情。我剛才和人談天，說起某人大倡小學改革，而他的改革是根據美國某埠的；像這種人，於中國情形全不了解，誰還找他辦事？又如有許多在外國學經濟的人，對於本國經濟狀況反不十分熟悉。雖然中國銀行界需人才，他們怎能辦得了呢？所以我覺得找不到職業的，有十分之七八是自己對不起社會，社會對不起自己的，總是極少數的例外。如果真正有精到的本事，人人且爭着要找他，更不愁找不到職業。例如學做茶碗，倘若你能做得真真價廉物美，誰也爭着要買你的。例如北京城裏幾位有真學問的教授，倘若他們肯，他就處處學校都要爭着請他們。又例音樂界的蕭友梅，倘若他肯出馬，什麼音樂會也少不了他。所以在目前只怕自己沒有真本領，有真本領而會餓死的我真不相信，諸君無論學那一門學問，總要學到精絕，學到到家，維持生活是絕對不成問題的。

有技能可以維持生活，不致因被經濟壓迫而墮落，然後纔可以講得到人格。

講到涵養品格，第一要養成高傲的志氣。倘若沒有高傲的志氣，見了別人住一百塊錢一個月的房子，自己住五十塊錢一個月的，比不上他，便羨慕他，要學他；見了別人坐汽車馬車，自己坐人力車，比不上他，便羨慕他，要學他；因為羨慕他，要學他，於是連人格都不顧。大多數人品格之墮落皆由於此——由於物質生活之提高。

孟子說，堂高數仞，榱題數尺，我得志，不為也；食前方丈，侍妾數百人，我得志，不為也；般樂飲酒，驅騁田獵，後車千乘，我不為也；有了這種高傲的志氣，自己有自己的做人方法，"在彼者皆我所不為"；便不會因羨慕他人物質的享用而移其志。孟子嘗稱道狂狷說，"不得中道而與之，必也狂狷"，狂者進取；狷者有所不為，狷者不屑不潔，能如是自然可以養成高傲的志氣。所以我講道德,不主張消極的節制,而主張積極的提高,放大與擴充。像莊子所説,背若泰山,翼若垂天之雲,搏扶摇羊角而上者九萬里,去以六月息的大鵬,决不屑和斥鷃争一粒粟,因爲他們度量大小不同之故。許多人决不會見一個銅子而動心,决不會因一個銅子而殺人放火;但是一塊錢,十塊錢,一千塊錢,一萬塊錢⋯⋯就不同了!

你看因十塊錢的津貼而變節的學生,真不知多少!孟子"魚我所欲"章説得好:"一簞食,一豆羹,得之則生,弗得則死;嘑爾而與之,行道之人弗受;蹴爾而與之,乞人不屑也。萬鍾則不辨[辯]禮義而受之。萬鍾於我何加焉?爲宫室之美,妻妾之奉,所識窮乏者得我與?"一個銅子和一萬塊錢,一簞食、一豆羹和萬鍾,實在有什麽分别?無論爲大爲少而把自己人格賣掉,都是睬不起自己。所以孟子批評他道:"是亦不可以已[乎],此之謂失其本心。"我們要把志氣提高,把度量放大,不爲一銅子的奴隸,也不爲一萬塊錢的奴隸,更不爲宫室之美,妻妾之奉,所識窮乏者得我,而賣掉自己的人格;於物質之奉,如鷦鷯巢於深林,不過一枝,鼹鼠飲河,不過滿腹,此外世人以爲狠快樂,狠榮耀的東西,我看他如大鵬之看斥鷃的一粒粟一樣。那麽,品格就高尚了。

還有一層,志氣高傲,纔可以安處風波,不怕逆境。人生不能不碰風波,捱得過風波,便到坦途。終身在風波中的狠少。許多人因爲志氣太小,當不住風波,便墮落下去。人生之能否成功,全看其能否捱得風浪。譬如航行一千里的水程,中途遇着風浪便不敢進,那就永無登彼岸之希望。有了高傲的志氣,不爲困難所撓,打破了難關,以後便一帆風順了。

所以我們用不着戰戰兢兢地去防備墮落,衹要提高志氣"先立乎其大者,則其小者不能奪"了。

高傲的志氣,青年人多有之,不過多因爲操持不堅,後來日漸消磨至盡。且光有志氣,尚恐怕有客氣之病,故必須濟之以真摯的信仰。

所謂信仰,不單指宗教,凡政治家信仰某種主義,文學家信仰他的優美的境界,以及凡信仰某種主張見解,都是信仰。總而言之:信仰者,就是除開現在以外,相信還有未來遠大的境界。有了信仰,拿現在做將來的預備,無論現在怎樣感覺痛苦,總以爲所信的主義,將來有無限光明。耶穌爲什麽死在十字架而不悔?因爲他相信他的流血可以超救衆生。一個人若有信仰,不獨不肯作卑污苟且的事,且可以忘却目前惡濁的境界,而別有一種安慰;於目前一切痛苦、困難,都不覺得失望,不發生懼怕,所以我希望青年們總要有一種真摯的信仰。

人們在空間和時間中的活動能力很小,無論如何,一切現實活動,總爲時間空間所限。但是理想則不然,無論什麽地方,什麽時間,我們的理想都可以達到。所以信仰是可以打破時間和空間的束縛的。人若没有信仰,只知目前現世,那麽,生活就未免太乾燥無味了。

最後講到趣味的生活,這可説是我個人自得的法門。

有人問子路:孔子是什麽樣人? 子路不答。孔子對他説,你何不告訴他:"其爲人也,發憤忘食,樂以忘憂,不知老之將至。"可見孔子生平,也是深得力於趣味。

一個人於他的職業的本身自然要有濃深的趣味。同時最好於職業以外選擇一種有濃深趣味的消遣——如踢球、圍棋、歌樂等——來陶冶性情。這種趣味濃深的消遣,至好在青年時代養成,庶幾將來別的壞習慣不會"取而代之"。

我所謂興趣,是要没有反面的。譬如吃,也許是有趣,但吃多了生病便没趣了;譬如賭,也許有趣,賭輸了便没趣了;其他類此者舉之不盡;——這類的消遣,不能算是趣味的。

我個人是一個書獃子,覺得無論做什麽事情,都比不上做學問這樣有興趣。生平在政治上打了好幾個跟斗,——爲功爲罪且別論,——所以不致墮落到十八層地獄者,都是因爲養成了讀書的趣味。

以上我所説的四層,完全是積極的提高。就是孟子所謂"先立乎其大者"。宋儒如陸象山、明儒如王陽明都以此爲教。

現在要講到怎的磨練智慧,因爲時候已不早,祇能簡略的説。

有人主張主觀的静坐修養,以求智識。這條路我不贊成。我以爲要客觀的考察,纔可以得到智識,其方法不外:

(一) 發生問題要大膽

(二) 搜集整理資料要耐煩

(三) 判斷要謹密

天下事最怕以不成問題了之。没有問題，便没有研究。不會讀書的人，看見書全是平面的；會讀書的人，覺得書是凹凸不平的。我們要訓練自己的腦筋，於別人所不注意處注意，於別人所不懷疑處懷疑。天下古今，那一時，那一地没有蘋果落地，而因之發明引力的祇有奈端；那一時，那一地没有水汽掀壺蓋，而因之發明蒸汽機關的祇有一瓦特；因爲他們能對於別人以爲不成問題的發生問題。

　　我們對於事物所以不會發生問題者，由於有所"蔽"，《荀子·解蔽》篇説得最透切。"蔽"有兩種，一種是自己蔽自己，——自己的成見蔽自己；一種是蔽於別人。——或爲古人所蔽，或爲今人所蔽，或爲時代所蔽，都是蔽於別人。能打破這兩種蔽，便看見什麽東西都是浮起，都會去注意他。

　　既發生了問題，要想解決他，不能空口講白話，必須以資料爲根據。達爾文養鴿子養了二十餘年，觀察螞蟻打架觀察了若干年，纔得到資料來做他生物學上發明的根據。資料不會找我們，非我們耐煩去找他不可。自然界如此，書本上也是如此。找到了資料，要耐煩去整理他，分析他。這兩步工夫做到，則此問題之解決，思過半矣。

　　下判斷的工夫，和發生問題相反。發生問題越大膽越好，但下判斷要十分細心謹慎，絲毫不能苟且。倘若發現反證，必須勇於改正，甚至把全部工作棄却亦所不惜，千萬勿爲成見所蔽。

　　關於磨練智慧，我最後還有兩句話：

　　一是荀子所説的"好一則博"。怎麽"好一"反會"博"呢？許多不會做學問的人樣樣都想懂，結果只是一樣都不懂。譬如開一間商店，與其挂起種種貨色都有的招牌，而種種貨色都不完備；何如專辦一種貨，而能完備呢？所以入手研究學問，範圍愈狹愈好。而在此範圍以內，四方八面都要曉得透澈。例如我這學年擔任講近三百年中國學術史，三百年以前，我可以不管；但是在這三百年以內，不獨學術的本身，而且學術與政治的影響，學者的生活，學者的年齡等問題，都要知道。

　　能如是，那就是博了。又例如做一個人的年譜——我常説做年譜最可爲初學磨練史學技術——於那個人的生平思想，以及時代背景等都能熟悉，這便是博了。

學問無論大小，無論有用没用，皆可以訓練自己的腦筋。把腦筋訓練好，道路走熟，以後無論所研究什麽東西，都得着門徑了。

　　最末一句話，就是孟子所謂"深造""自得"。我們求學萬不可光靠教育，萬不可光靠課本，要"深造自得"。做學問想得深刻的印象，想真正的訓練腦筋，要不怕吃苦，不怕走冤枉路。寧可用狠笨的方法，費狠多的時候，去亂碰亂衝；不要偷懶，不要貪便宜。歷盡困苦艱難求來的學問，比之安坐而得的一定更透澈，更有深刻的印象。

　　現在的學校教育，教授法太好，學習太容易，最足以使學生"軟化"。尤其是美國式的教育，最喜歡走捷徑，結果得之易，失之也易。所以我警告諸君，要披荆斬棘，求"深造自得"。

　　以上所講的，雖然極普通，但都是我個人所得。上面也説過，我不過把所認爲狠好的，所曾走過的路貢獻給諸君。

（1924年6月《清華週刊》第318號）

在香山慈幼院之講演

（九月二十九日）
凌宴池　筆記

　　今日熊院長邀余演講，頗窘。因此次爲游息而來，毫無預備，無專門題目，人多而班次不齊。兹姑就個人感想言之。余在本院未盡義務，惟熊院長係二十年前老友，辦成此事，余甚覺光榮，本院學生近始有附學者，初本全係貧苦子弟，諸君所知。此種學校世界上極爲重要，而爲中國所無，我國近來學制爲貴族的，適以造成階級制度，譬如院長及余均鄉下寒苦出身，若每年出數百元就學，連中學都不能進，遑論出洋留學，耗費鉅萬，只好於十七八時去學手藝，做小買賣而已。可知現代學制好處固多，壞處亦不少。我國舊時寒苦子弟，具有天材,及用苦功者,往往能求得大學問。如山西李二曲先生,早孤,母撫之,常曰孔孟亦皆無父之人,二曲亦以此自勵,其所成就,雖不逮孔孟,而言行風采,三百年後猶令人感想。若此人生今之世,入學校而不能,惟有墜落而已。匪特二曲爲然,即孔孟再生,無錢入學,亦恐淪[淪]於厮養,故令貧民得受同等教育,實爲當今之急務。院長及余可算最早辦貴族教育之人,惟時考試合格,貧民可免費,並給奬品(指湖南務學校①而言),此校一滿一年,即爲西太后所封閉,學生不過數十人。其著名者如蔡松坡將軍,范源濂先生,蔡年最少,是爲新式學校之始,是以今日學校之功過,院長及余須兩任之。熊院長自脱離政界後,以普通學校流弊甚多,思補救之,乃專辦此校,此舉實爲中國所必需,余甚望將來得擴充而張大之。凡本校教職員及學校[生],均負此重責,此校固非熊院長苦心孤詣,曷克臻此,但求悠久擴充,則非一人之力所能及,教職員等須共謀改良持久之方,不均僅靠一人執行計畫。世界潮流之趨向,已漸注重於平民方面,君等又住如此好的地方,犧牲全付精力,亦甚值得。至於學生一方,應知此種學校,爲君等無數同等地位之姊妹兄弟們願入而不能者。即勉强得入普通學校,試思家中父母每年籌數十百元,何等辛苦,而君等在此,只要用功自愛,院長及各師長莫不待之如子女。又此地本爲皇帝所居,前清李鴻章私游頤和園静宜園,爲人參奏,幾不保首領,縱如院長之長髯,亦不能來此一步,今君等眠食於斯,何等幸福,且群居不落莫,相與切磋研究,雖是中小學校,而房屋之精美宏大爲普通師範大學所不及,君等在此真萬分便宜。惟天下便宜事,决不能爲一人占盡,只會占便宜者,决爲社會所不容。社會有恩於我,必將圖報,余常覺社會待我厚,無以報之。君等今日地位,如借債然,社會今日放債愈多,君等將來還本愈鉅,在學校旣享權利,出學校尚盡義務。盡義務之方,最少須先有一種看家本事,確實會做一種事情,事情不論大小,孔夫子、唐太宗等,是會作事情者,即木匠小工等,亦算會做事情,能做事情,即算在社會上盡了一種義務,君等想做教職員,此刻須預備教職員本事;想做院長,須預備院長本事。孔孟均是窮苦出身,君等有志氣想做偉大人物,便可預備偉大人物本事。不過造成偉大人物,總須由于機會,近來許多大學畢業生博士學生等,往往不會做

---

① 應爲時務學校。

事，翻成高等游民，將來此等博士滿街，真真不了，故與其做高等游民，不如就低等職業。又母校務須特別愛護，望其如君等身材之日日長大。目下在就學時代，雖不能十分爲力，只須把學校名譽做好。學校名譽之好否，不在教職員而在學生，君等能將學問人品做好，使他人稱贊學校面子光彩，便是愛護學校之方。今日熊院長本欲余演講研究學問之法，余以門類甚多，時間太少，僅講此一篇空話，君等能將此話常常記省，則於個人、學校、國家均不無裨益。香山慈幼院，九，二十九。

（1924年10月3日《晨報》）

恕訃不週

先室李夫人悼於民國十三年九月十三日即甲子年八月十五日未時病終京寓內寢，擇於陽曆十月十二日即夏曆九月十四日在宣內報子街聚賢堂領帖，謹此訃聞。

杖期夫梁啓超泣稽首

哀子 適周　思永　思順　思成　思忠　思寧　思遠　思莊　思懿　思禮　泣血稽顙

（1924年10月4日《晨報》）

致段祺瑞電

北京段執政鑒。東電奉悉,啓超年來就悦著述,對於政界現狀,久已隔膜,即偶有所懷,亦惟欲個人負責發表,以與國人商榷。無論何種會議皆不願參加。硜硜之愚,祈垂諒察。梁啓超叩。微。

(1925年1月9日《晨報》)

青年必讀書

青年必讀書十部	附　注
孟子	三項標準:
荀子	一、修養資助;
左傳	二、歷史及掌故常識;
漢書	三、文學興味。
後漢書	近人著作外國著作不在此數。
資治通鑒(或通鑒紀事本末)	
通志二十略	
王陽明傳習錄	
唐宋詩醇	
詞綜	

(1925年2月12日《京報副刊》)

孫文之價值[*]

《晨報》記者對於孫逸仙君逝世表哀悼，徵求我的感想，我和孫君在政治上不同黨派，這是人人共知的，所以説話稍爲感覺困難，怕的是易招誤會。但該報記者既問到我，我只得把我心腑裹頭的話簡單一講。

孫君是一位歷史上大人物，這是無論何人不能不公認的事實。我對於他最佩服的：第一，是意志力堅强，經歷多少風波，始終未嘗挫折。第二，是臨事機警，長於應變，尤其對於群衆心理，最善觀察，最善應用。第三，是操守廉潔，——最少他自己本身不肯胡亂弄錢，便弄錢也絶不爲個人目的。孫君人物的價值就在這三件。

我對於孫君所最不滿的一件事，是"爲目的而不擇手段"。孟子説："行一不義，殺一不辜，而得天下，不爲也。"這句話也許有人覺得迂闊不切事情，但我始終認爲政治家道德所必要的，因爲不擇手段的理論一倡，人人都藉口於"一時過渡的手段"，結果可以把目的扔向一邊，所謂"本來目的"倒反變成裝飾品了。孫君手段真運用得敏捷：我記得民國六年有一位朋友閒談説："孫文和段祺瑞乃至當時所謂督軍團如張作霖等等有一天因利害共同上，會聯合起來。"我當時覺得這話太滑稽了。誰知竟成事實！這是最近人人共見的一個顯例。此外類似這樣的事，我不能多舉了。在現在這種社會裹頭，不合用手段的人，便悖於"適者生存"的原則，孫君不得已而出此，我們也有相當的原諒。但我以爲孫君所以成功者在此，其所以失敗者亦未必不在此。我們很可惜的是：孫君本來目的沒有實現的機會他便死去了，我們所看見的只是孫君的手段，無從判斷他的真價值。但以怎麽一位强毅機警，在民國成立上有深厚歷史的人，一旦

[*] 副題爲"梁任公談話"。

失去，實爲國家一大不幸，我們不能不失聲哀悼。

（1925 年 3 月 13 日《晨報》）

爲松坡圖書館鬻字改定潤格

　　[對聯每副]四尺六圓。六尺八圓。八尺十二圓。[中堂每張]四尺十圓。六尺十二圓。八尺二十圓。[條屏及橫幅每條]四尺六圓。六尺八圓。六尺四開價同四尺。八尺十圓。八尺四開價同六尺。[扇面]每個四圓。[册頁]每方四圓。

　　凡不滿四尺價同四尺。榜書另議。凡紙皆用生宣。若寫金箋者潤格加倍。凡打格隸楷每紙加五角。凡加上欵者扇面册頁每件加一圓，其餘加二圓。

　　[天津經售處]意界瑪爾谷路二十五號梁宅[北京經售處]西單石虎胡同七號松坡圖書館[上海經售處]英界望平街時事新報館。

　　凡購件人務須先將潤格交各經售處一月内取件。中華民國十四年四月一日。

（1925 年 4 月 1 日《晨報》）

松坡圖書館報告事項

本館自移京以來，十二、十三兩年均有報告印行。茲再撮舉重要事項報告如左：

甲、本館經過及現狀

一、本館於民國十一年秋，先後呈准　大總統暨　財政部撥予北海快雪堂全部及西單牌樓石虎胡同七號官房，當即設處籌備，議定簡章、規則、規約，於十二年十一月四日開成立會，十三年六月一日第二館開始閱覽。現經政府議定，開放北海。一俟開放後，第一館即當籌備開館。

二、本館現藏有中國文圖書三萬九千餘册，外國文圖書一萬餘册。

三、本館編輯圖書目錄及管理法，全用歐美最新式。

四、本館第二館自十三年六月開館，至十二月止，閱覽人數計共三千四百餘人。十四年每月逐有增加。

五、本館由同志籌集欵項創辦。除歷年各種購置設備外，現存七年長期公債九萬二千五百元，每年實得利息五千五百五十元，作爲維持經費。

六、本館因基金微薄，極力撙節。館中雇用員役及經常、臨時等費，十三年實支五千六百八十元，收支幾不相抵。幸賴自由捐欵三千餘元，始得添購公債及新置中外圖書一千餘元。

乙、本館募捐理由及計劃

本館創辦以來，由少數同志勉籌欵項，維持至今。現因下列三種理由，有求助於海內外多數同志之必要。

一、本館現有基金利息，於經常、臨時兩費已入不敷出。現在北海行將開放，第一館開始閱覽，各項經費自必增加，添購圖書費尤無着，故每年基金利息約應增加五千元以上。

二、第二館房屋純係舊式，藏書室尤爲狹隘簡陋，非另行改建，不足以保存圖書，至少非萬餘元不辦。

三、同人常欲爲蔡將軍建一銅像於第一館門前，現北海將次開放，爲觀感起見，亟應建設，此項經費亦需數千元。

丙、捐贈之收領及酬答

一、凡惠捐者，交欵程序悉照本館《會計規則》。

二、凡惠捐者，請於捐册上書明籍貫、住址，以便留名紀念及通信報告。

三、凡惠捐者，不拘多少，每年均將台名刊列《報告》及本館紀名牌，俾衆週知。

四、凡惠捐至百元以上，或經手募捐至千元以上者，皆推爲本館維持員。

五、凡惠捐至千元以上，或經募至五千元以上者，請將相片惠寄本館，裝懸館室，以供景仰，并由本館贈送紀念物品，永紉厚情。

啟超再白

（松坡圖書館 1925 年 5 月版《松坡圖書館募捐啓》）

《中國歷朝統系圖》序

余既論次清代學者整理舊學之總成績，於史部表志感想特多。今余友王亦鶴以所著《中國歷朝統系圖》來相商榷，錄自上古，以迄滿清，遞嬗分明，正閏攸別，較前人年表爲完審。此工作良不可少。讀其自序，體例悉當，且稿經七易而後成，用力可謂勤矣。凡治國史者，不可無此圖；學校更不可無此圖。亦鶴一舊學者，在國內外嘗從事新教育二十年。當余居東，兒女從之遊，循循然良教師也。今此圖將刊行海內，其有益於學子尤宏遠矣。

梁啓超

（上海中華書局 1925 年 5 月版《中國歷朝統系圖》）

《國立北京師範大學民國十四年畢業同學録》叙

　　中國之采用新式教育，其首注意者則師範也，而南北兩高師成績最良。北高師在首善之區，俊士咸造，所成就益眾。比以時勢之要求，改建大學，而范君靜生爲之長，學風益以振厲，全國屬耳目焉。然而，政府弗恤，經費無著。范君以去就爭，至今未得當。新造之師範大學蓋僶焉，如不能終日。而一九二五年級之同學，乃於此時奮自淬厲，裒然各畢其所業。詩云："風雨如晦，雞鳴不已。"推斯志也，何艱阻之不可勝，而物務之不可成哉？諸君製《同學録》，而乞言於余，余謹以"無負今日"四字爲贈。昔孔子思吾黨小子曰："進取不忘其初。"夫惟不忘其初，乃可以進取。諸君念之矣。十四年五月，梁啓超。

（1925 年版《國立北京師範大學民國十四年畢業同學録》）

呈請補助中華圖書館協會文

呈爲請予補助用彰文化恭呈仰祈鈞鑒事：竊查近今教育趨勢，多利賴於圖書館，而民族文化，亦即於是覘之。啓超等顧國籍之亟待董理，新學之尚須研尋，以爲非力謀圖書館教育之發展，不可與列邦爭數千年文化之威權，所關深鉅，孰則逾是；用萃集全國公私立二百餘圖書館及國中研究斯學之人，組織中華圖書館協會，業於本年四月成立。擬先從分類、編目、索引及教育四端着手。惟寒儒奮力，終不易於經營，國家右文，寧有吝夫嘉惠：合無仰懇執政顧念國學，特予殊施，俾所策畫，早得觀成，士林幸甚，爲此敬呈伏候訓示施行。謹呈臨時執政。

中華圖書館協會董事梁啓超、袁同禮、顏惠慶、蔡元培、范源廉、熊希齡、胡適、袁希濤、洪有豐、丁文江、王正廷、沈祖榮、鍾福慶、陶知行、余日章

中華民國十四年七月六日

（1925年8月《中華圖書館協會會報》第1卷第2期）

學問獨立與清華第二期事業

學問之成績有二：一，發明新原則，二，應用已發明之原則以研究前人未經研究之現象。

二者有一於此——無論所發明所研究者爲大爲小——要之對於全人類智識有所增益貢獻，其學問皆有獨立價值。否則縱能闇誦許多原則或縷述他人研究之結果，其學問皆爲裨販，不算獨立。

一國之學問獨立，例須經過若干時期始能完成。始專廣爲裨販，儲得豐富之常識；因彼常識，而就自己環境所必需與其所能致，施以不斷的實際研究，於是獨立之基礎乃建。

凡世界新進國，其發展途徑罔不中是，美國與日本即其最著的前例。

凡一獨立國家，其學問皆有獨立之可能與必要。所謂可能者：因自然界及人類社會之事象，各國各有其特點，故甲國人所已發明已研究者，乙國人饒有從他方面新發明新研究之餘地。所謂必要者：不僅從國家主義著想爲一國之利害關係及名譽計而已；乙國人所能發明研究者，未必爲甲國之所能；乙國人若怠棄其義務，便是全人類智識綫一大損失，對於人類進化史爲不忠實者爲有罪者。

此在小國寡民猶且有然，若在廣土衆民之國則尤甚；因其學問獨立可能性愈强，則其對於學問所負之義務愈重。

中國學問，在人類進化史上，本優有獨立的成績。雖然，其學問偏於現實的而帶有保守性。人偏於現實故，從前發明之理論及方法，皆務應當時所需，過時焉輒不適；以帶保守性故，貪戀不適之理法，漸喪失其學問的價值。

《記》曰："學然後知不足。"我國近數十年與世界學問相接觸，遂專有"不足"的自覺，乃始自奮進於所謂"新學"之林。對於新學，我當然爲後進國，必須經過模倣裨販之一時期，毫無足怪。

模倣裨販，也非易易；若雜亂無章，試嘗輒止，將並模販亦無所得。且也，凡一種新現象之改變成立，必須經過有相當人數之大規模運動；否則雖有一二秀拔之才，而孤掌難鳴，不足爲時運輕重。中國自曾文正、李文忠輩提倡新學數十年，而成績可觀者蓋鮮，以此。

清華學校之設立，以遊美預備爲目的，其學額普及於各省；其學課爲遊學常識之充分的預備；起自中等科，爲長時間多數人之同型的訓練，畢業後隨其志願，認定專科，在美受該科之完全教育；今則每年學成而歸者以百數十計，在社會上形成一新學風，其於模倣裨販上實已有相當之成績。此爲清華第一期事業。

中國學問界決不以此爲滿足，自今以往，應漸脫離模販時期，入於獨立時期。此時期,雖賴全學界之分勞協作,不能專責備清華,然而清華當然要負一部分重要的使命。

清華當局有見於此,於是有大學部及研究院之設。清華能否完其所當完之責任,則視過去及現在與清華有關係之人人其自覺及努力之程度如何。

今之清華,漸已爲本校畢業回國同學所支配;今後此種趨勢,當益加強烈,此無庸爲諱者。吾儕雖不願清華以畛域自封;然利用同學愛護母校之心理以圖校業之進展,於勢最便而爲效最宏,故吾儕對於此種趨勢,不惟不反對,且熱烈歡迎焉。質而言之,則清華前途之使命,由現在在校及留美同學所負者什而八九也。

我同學須具有以下兩種覺悟:

其一,當知美國人是最重現代實務的國民,其學問皆以適應於彼國現在之用爲主;而美國社會組織及其日常生活,與吾國相隔太遠,在彼最適用者,在我或爲最不適用(商業各分科此例最著),我同學若僅以聽受彼中校課自足,結果所學盡變成"洋八股",歸來一無所用,且並不能得實習之機會以求所學之增益。故我同學在留學中,不容徒費全副精力以習彼國之實務而忘卻我國之實務,當常常注意其研究方法,思及回國後與本國實務接觸,如何始能應用。

其二,當知我國自然界現象及過去先民活動之跡,其在全人類進化階段上皆有莫大關係;然而始終未曾經科學的精密研究,正如無盡藏之寶礦,未經新法開採。今各國學者,咸思向此方面致力,然此事決非外國人所能勝任,又非本國無學識之人所能勝任。若以本國人應用現代治學方法,返而求諸在我,則任何方面,精加研索,皆可以爲驚世的發明。

一國之學問獨立,須全國各部分人共同努力,並不望清華以獨占。但爲事勢便利計,吾希望清華最少以下三種學問之獨立自任:

一、自然科學——尤注重者生物學與礦物學

二、工學

三、史學與考古學

前二項由學校經濟上觀察,清華有完全設備之可能,故可將設備費較簡之學科讓諸他校,而清華任其最繁難者。第三項清華現在教員中懷抱此興味者頗不乏人,而設備亦在可能之列,故亦當分擔其責任之一部分也。

此不過舉其大者，其他學科所力所能及，自亦不嫌其多，要當有所專注以求次第發展，不可務廣而荒耳。

若能辦到此著，便是清華第二期事業成功。一國之政治獨立及社會生活獨立，俱以學問爲之基礎。吾儕今努力從事於學問獨立，即爲他日一切獨立之準備。如此乃可語於清華第三期事業。

（1925年9月11日《清華週刊》第350期）

爲美國同學捐欵致學生會函

清華學生會諸君公鑒：六月杪，得羅君隆基來電，匯到貴會滬案後援捐欵美金一千元。愛國熱誠，欽遲無既。欵到時，鄙人不在北京，該公司亦久無通知書。中間經由外交部担保，展轉多次，直至九月一日始將全欵取出，計合華銀一千七百四十九元六角。鄙人關於滬案救濟，未嘗直接辦理。查有晨報社滬案後援募欵團，辦理茲事，極爲出力。前後所募，已逾八萬，皆由該團特派專員會同上海總商會總工會協同發放。過去成績，至可信仰。今即將貴會捐欵全數交與該團，俟收條發到，即當寄上。滬案現已擱淺，前途殊難樂觀。惟經此次運動，實可將我國民之自覺的表示，公諸天下，不能謂爲無償之犧牲耳。諸君負笈海外，覩此次宗邦慘痛，奇辱義憤，當倍尋常。但雪恥之方，當求諸在我。七年之病，求三年之艾。舍續學救國外，又寗有他途。願諸君益勉之矣。鄙人從本學期起，在本校服務，將來與我同學諸君共學之日正多，深願益相淬厲，同保歲寒也。手此即頌　學益不盡。

梁啓超

（1925年9月11日《清華週刊》第350期）

與清華研究院同學談話記*

（九月十一日下午三時半在研究院第五研究室）

連日與諸君討論研究題目，雖未確定，已能略見大概，均各有相當價值。至以後研究方針，有爲諸君所應共同了解者，須爲諸君言之。以不能與諸君一一面談，故舉行此會。下述意見，曾商之王先生靜安，亦頗以爲然，故此會即不能代表教授團意見，至少亦可代表王先生意見。

現諸君所選擇之研究題，無論單篇成帙，若能告成，均可爲有價值之著作。但余以爲研究之方法，並不限於一題目一論文而已，此外更有一條路在，即專讀一書。昨日諸君選擇研究題時，僅某君於研究題目外，更讀《韓非子》一書，餘則未之見。此或爲諸君所未注意，或以此法爲不適用，故今略述之。

漢人有專經之學，後世學問範圍日廣，則或專一史，或專一子，乃至或專任何書，皆可以名其家。今代學術之多，雖又非昔比，然此法尚依然適用，所以者何，因其書有被選專讀之價值者，必其內容極豐富，可以從種種方面用種種方法研究而各有所得。例如經部之《詩經》《書經》《左傳》《周禮》等。子部之《老子》《墨子》《莊子》《荀子》《韓非》等。史部之《史記》《漢書》，小學之《說文》等。此等書，經前人讀過者，不知幾千百萬人，苟能善讀，則各人必有其心得。今日治學方法，經先輩發明者日益多，復有西來之科學方法爲之助，我輩若能應用之，以讀有價值之古書，其所得必甚多，可斷言也。

專精一書之所得，有主產物，有副產物。例如以研究春秋時代史而讀《左傳》，其研究所得，則主產物也。春秋時代史，固饒有專精研究之價值，欲研究之，舍《左傳》末由，專就此一點論，主產物之收穫，已可謂極豐富矣。然苟能專

---

* 原題《梁任公教授談話記》。

精《左傳》，則其所得，必不止此。試取顧棟高《春秋大事表》讀之，已可見其溢出尋常史家研究之範圍者，不知凡幾。吾儕用今法而廣其意——例如或研究春秋以前之社會狀況，或研究春秋時代民族心理、哲學思想之類，皆可得莫大之收穫，此所謂副產物也。又如讀《荀子》以了解荀卿學術之全部之真相爲目的，所讀[謂]主產物也。然苟能精讀《荀子》，則因其書中對於當時代諸家學說所徵引，所批評，可以並了解諸家學說，最少亦引起研究諸家學說之興味，此一種副產物也。因書中所言禮制以了解古代社會狀況，又一副產物也。因其文意稍艱深，讀通之可以了解若干之古訓及古代文法，又一副產物也。諸如此類，不勝臚舉。又如讀《說文》以研究文字學爲目的，此主產物也。研究文字學固舍《說文》末由也。然苟能善讀之，則推原造字之意，以研究有史以前之社會狀況及民族心理，妙義環生，不知紀極，此其副產也。略舉三書爲例，他可類推。凡專讀一名著，即其主產物，已受用不盡，況更有無數之副產耶。

或疑專書研究，偏於守約，有妨博通。其實不然，學問之道，固有專通與博通之兩種。例如非了解周秦各家學說，不能了解《荀子》，此博通之說也。然非對於諸子爲各別的了解，則亦不能了解諸子之各部。甲自任爲"荀子通"之學者，乙丙丁自任爲"墨子通""老子通""韓子通"之學者，所謂專通也，乃正所以爲通也，不專荀子而欲求爲"荀子通"難矣。

或疑吾儕抱遠志以來負笈，而結果乃僅讀一二書，所得毋乃太儉，此種見解實太謬。設研究院之本意，非欲諸君在此一年中即研究出莫大之成果也；目的乃專欲諸君在此得若干治學方法耳。治學方法，舉一反三，能善讀一書，即能用其法以讀他書。能善治一學，即能用其法以治他學。諸君若能以專精一書爲研究，而因以學得最精密最經濟的讀書法，吾以爲所得，固已多矣。

我輩從前讀書，無人指導。大抵抱一書死讀，左衝右撞，在荊棘中尋出大路來，此種讀法，往往枉費工夫，得不償勞。然學問皆從閱歷甘苦而來，其有之於己者甚固，一生受用不盡，雖笨法而實亦善法也。自學校教育勃興以來，在校青年，無餘日以從事此種笨法，且以不願。得智識太易，故所得亦淺薄，而堅實發展之餘地亦日少。若能於學校"裝罐頭的"生活終了之後，用一二年之力，學我輩笨法，其有助於將來學問基礎者實不少。此本院所以主張於論文或研究之外，更兼取專書研究之一塗徑也。

至於論文式研究，則擇題之法，不可犯下列諸弊。

第一空泛之弊　題目有過於理論的，用演繹式的。如先用原則而推論之批評，則純出個人之主張矣。研究似以先有客觀材料，而以無成見地判斷出之爲佳。故太寬泛而專靠推論者少選。

第二太大之弊　諸君選題，有爲終身事業或四五年始能畢事者。夫研究一題，自不能限定一年畢業爲準，但亦不可太大，使教授無從指導。如中國文學史、中國教育史等均患此病。與其大而難成，孰若其小而能精。蓋往往題目視之甚小，而爲之亦匪易易。例如陳先生寅恪所示古代碑誌與外族有關係者之類，此種題目雖小，但對於内容非完全了解，將其各種隱僻材料，搜檢靡遺，固不易下手也。題目太大，固可一步步分開來做，然頗費時日。余意以爲與其擇一繁重之題，積年不完畢，不如擇一小題研究完畢再研究一題之爲愈也。

且研究題目太大，不特研究時感覺上述之困難，亦且受物質上之打擊。如書籍缺乏，有因而停止其工作者，以是而趣味亦盡。故諸君擇題須擇定可以從一本書中得基本材料之題，然後研究之時，不致棘手。否則如某君所擇之《詩經》研究，參攷書列至千餘種，固無從驟得，即得之一年中又安能盡讀。又如某君研究中國海運史，試問如中國舊籍中得覓此種材料，何等困難。本院草創伊始，在此短時期内，於書籍一端，倉卒亦不易得，深望諸君於此點亦能加以注意。

總之，本院目的，在養成諸君研究學問方法，以長期見面機會，而加以指導。此外更重矯正從前之習慣，新出學校者之著作，大都由聽講而來。例如論文研究，或有甚佳之著作，但均由他人處得來，而非自己心得所出。在評閱者亦窮於應付。本院力矯斯弊，務期諸君必於此種學問，真能費若干時間，下一番苦功，不嫌麻煩呆板而進行之。關於選擇論題之方法，他日當更爲諸君作一度之商榷焉。

研究院規定年限，本可延長。但各人境遇不同，能否多利用此種機會，殊難逆料。但吾儕總須體念國家費此巨欵，切不可空洞過去，仍然一無所得。即自己方面，亦須加以顧慮，一事不成，毫無所得，終至廢然而返，毋乃太不經濟。

至於研究指導，即不在個人範圍之下者，亦可盡力襄助。教授方面，以王静安先生爲最難得，其專精之學，在今日幾稱絕學。而其所謙稱爲未嘗研究者,亦且高我十倍。我於學問未嘗有一精深之研究,蓋門類過多,時間又少故也。王先生則不然。先生方面亦不少,但時間則較我爲多。加以腦筋靈敏,精神忠實,方法精明,而一方面自己又極謙虛,此誠國內有數之學者。故我個人亦深以得與先生共處爲幸,尤願諸君嚮學親師,勿失此機會也。

又本院爲新出之機關,吾人當用十分努力發揮而光大之,鄙意以此後應出一種刊物,季刊或年刊,每年至少須有二期。諸君須猛勇從事,以觀其成焉。

(1925 年 9 月 25 日《清華週刊》第 24 卷第 3 號)

指導之方針及選擇研究題目之商榷

(九月十三日爲研究院同學講)
周傳儒　記

前幾天與諸君討論研究方法,我們提出專治一經,這不過是一種輔助的方法,並不是獨一無二,非此不可的。近來與諸君談話覺得所選題目,往往過於寬泛,很難指導。所以我今天選出這個題目,向諸君說說,使得大家有一個共同的標準。

(甲) 指導之方針

研究院的目的,是在養成大學者,但是大學者不是很快很短的時間所能養成的。古今中外的大學者,大致以四十歲以前爲預備時代;所有著作皆在四十歲以後。文學家、兵家、藝術家純靠天才可以希望早成;所以有人說學圍棋要成國手,須在十七歲以前,十七歲還沒學好以後就狠難學好了。至於大學者,不單靠天才,還要靠修養,如果用科學的方法來研究,並且要得精深結論,必需有相當的時間,並受種種磨鍊,使其治學的方法,與治學的興味都經種種的訓練陶冶，才可以使學問成就。所以研究院的志願，雖在養成大學者，然絕對不敢希望速成；大發明、大貢獻，皆在將來；立刻就要成功，那是我們不敢妄想的。

在研究院中，必需作到的，有兩件事：

一、養成做學問的能力。

二、養成做學問的良好習慣。

能力方面：

（A）明敏　眼光異常敏銳，就是古人所說的讀書得間。一般人看來不成問題的，自己可以發生問題，能夠發生問題，即做學問的起點；若凡事不成問題，那便無學問可言了。蘋果落地，本來是一個不成問題的事實，牛頓加以懷疑，遂發明萬有引力的原理；開水壺蓋衝脱，也是一個不成問題的事實，瓦特加以研究，遂發明蒸汽機關。讀書亦是做學問的一方面，所有發明創造，皆由發生問題得來。如何才可以磨練得眼光快，腦精快，刁鑽古怪，凡別人注意不到的地方，自己都懷疑研究，這是做學問的第一步。

（B）密察　就是《中庸》所謂文理密察，不輕忘，不鑿空，仔細觀察，並且要曉得如何觀察的方法；心思縝密，一點不粗索，一點不苟且。每一問題發生，就搜集材料，不斷觀察，務求周密，務求圓到，這是做學問的第二步。

（C）別裁　做學問，首先怕沒有資料，資料太多，又怕無法駕馭。所謂別裁的意思，即在辨別真偽，辨別有無，辨別主要與次要。若無去取抓梳的能力，那末，滿桌材料，皆成瓦礫了。別裁以後，貴在綜理；古人說讀書如一屋散錢，要如何設法貫穿，始可以供我們的應用。別裁好比繩索，資料好比散錢，用一根繩索把散錢貫穿起來，這是做學問的第三步。

（D）通方　觀察一種事物，要徹表徹裡，徹始徹終，這就叫作通方。通方，是做學問的最後一步，別裁能力，非要到通方的境地不可。一個問題或現象，可以分作內外兩面觀察，首先要問題或現象的內容，全部清楚（如牛頓發明引力，至少對於數學，全部了解）；其次要問題或現象的外圍，就是周圍有關係的事物全部清楚。前面的可以叫作本通，後面的可以叫作旁通，本通旁通都徹底以後，才不至於偏陋拘虛，好像莊子所說的一區之見。

上述四種，可以說是做學問必需的能力，而且是萬不可少的。但是此種能力，在短時間中不易得，尤非經嚴格訓練以後不可得。不過祇要一面自己肯受此種訓練,一面又自己訓練自己,無論如何,必有相當的成功。我們在研究院時間狠短,希望於此短時間中,幫助諸君,養成良好能力。

習慣方面:

(A) 忠實 但凡不肯忠實,必定一事無成。學問上的不忠實,無如勦說與盲從。絶對不用自己的腦精思想,一味聽人指使,這叫着盲從;自己並無心得,隨便以古人所説,改頭换面,這叫着勦説。這兩種都是做學問的大忌,簡直是學術界的蟊賊,若些微有點此種壞習慣,簡直把終身都糟榻[蹋]了。

(B) 深切 做學問還有兩種弊病,就是膚闊與籠統,各種科目似乎都懂得一點皮毛,其實全不徹底。對於一切現象,好像隔着幾層窗紗觀物,模模糊糊,看不清楚,膚闊就是不着邊際,籠統就是不分明;對於外部,無明白的界限,對於内部,無清楚的間隔。這種毛病,在從前科舉時代最多,譬如對空策,讀書人中十之七八,皆以此爲獵取功名的利器。現在學校裡,尤其是國文歷史等科,最易養成一種無邊際不明瞭模模糊糊的觀念。我們應當設法改正,不要强不知以爲知,不要以半解爲全知,不做則已,要做就須深切,就須徹底。

(C) 敬慎 敬慎是做學問狠重要一個條件,不敬慎便流爲武斷,武斷是做學問所最忌諱的。得了一個孤證,而且是未見靠得住的孤證,就隨便主張下去;或者對於客觀事物,一點不明瞭,就魯莽妄下斷語,都是不敬慎。判斷是非,評定真偽,萬不可魯莽從事。又有一種人喜歡作翻案,出風頭,其末流必至於尖酸刻薄,這也是犯不得的。還有一種人,護短護前,明明看見最初的假定靠不住,但是因爲費了許多心血,割捨不下,於是支離牽强,曲爲附會,現今比較有名的學者,大多犯此毛病,其結果則使學問陷於歧路,這也是亟當改正的。

(D) 不倦 《論語》説居之無倦,行之以忠,這也是應當養成的習慣。所謂不倦,有兩種意義:一是耐煩,在搜集資料時,不嫌麻煩,在比較資料時,不惜工夫;雖是極小的問題,一樣的全副精神對付,並且不認爲小題大做。好像達爾文養鴿子,每天的看管觀察歷一二十年,一點不厭倦。二是持久,所有大學者,皆在中年以後,大致以四十至七十,爲著作成熟時期,要是没有老而不衰的精神,其著述那里會成功呢!譬如兩個人,一個早達,一個晚成,早達的到三四十歲後就擱筆,晚成的四十以後,仍然繼續鑽研,其結果則晚成的勝利,早達的失敗。現在的青年,大抵在大學畢業,或者留學回來以後,學問就算終了,教書的人,還肯對付功課,不當教員的人,連書都不翻,這是一種狠可悲觀的現象。惟一的原因,就是研究學問時代未先養成良好習慣。要得發生興味,第一要有相當時間以爲練習,第二要深入其中,甘苦備嘗,假使未與結緣,或者結緣不深,則日久生厭了。

上述四種良好習慣,非養成不可,反方面的壞習慣,非去掉不可。養成能力,即是磨鍊材智,養成習慣,即是陶冶德性。我們所謂學者,不是指書獸子,要做學問,固然須得養成真實能力,良好習慣,就是作事方面,此種能力與習慣,也是不可少的。研究院的表面目的,固在造成著作家及教育家,但是骨子裡還須要有做社會上領袖人物必須備的能力與習慣,此種能力與習慣,在本院中就用讀書與作論文的方法來養成。假使在研究院住上一年二年或者三年,經過一番磨練涵養,比較從前弊病減少,能力增加,這就算成功了。離校以後,具有此項本錢,無論讀書亦可,做事亦可。否則縱然功課很好,論文很好,但是將來做學問做事的本錢,一點沒有得到,這種小成就,有限得很,實在沒有什麽重要。研究院諸君,應當抱定宗旨,不望在院內有什麽著作的成就,而在有做學問的預備。

(乙) 選擇研究題目之商榷

在未選擇題目以前,先定下幾種原則,合乎這幾種原則的就選,不合這幾種原則的就不選。我所擬的原則如下:

一、有範圍,而且範圍不宜太大。在牌告上已經公布的題目中,陳寅恪先生的題目,比較明瞭,我自己的題目,最是寬泛。諸君選擇題目,不可太大,大了無法指導,並且容易犯空疏籠統的毛病。題目範圍要明瞭,要狹小,最大限度,也需一年之內,能夠徹底研究終了的。

二、須有相當豐富材料。古人說長袖善舞,多財善賈,如果材料豐富,可以用很小的勞力收很大的效果,並且容易引起興味。若是證據短少,材料缺乏,或須求之於地下,或須求之於遠方,都是耗時費事,並且用力不討好,這種題目最不相宜。

三、材料雖有,要用相當勞力,始能搜集。太便易,太撿現成不足以訓練材智,也不足以陶冶習慣。時常這樣貪圖現成,日子久了,必定畏難苟安,學問必無所成,就有成也不能深造。

四、材料要比較的容易尋求。做學問貴在善於利用材料,不一定圖書豐富,才可以做學問;就單有一部"十三經",單有一部"二十四史",這也足夠我們研究了。譬如善烹調的人,不祇會烹調燕窠魚翅,僅有小菜,有香料,也可以烹調得很好。不怕圖書簡陋,材料缺乏;我們可以用種種方法,得到良好結果。

五、題目須前人所未作,或前人作得不滿意,亟須改作。研究前人已經研究過的題目,容易受他人束縛;縱然費了九牛二虎的氣力,不過作一點補綴改正的工夫;往往一個問題經前代大師考訂過後,我們簡直沒有插嘴的餘地了。並且利用他人材料,自己不去搜集,磨練不了自己的能力。

六、題目須能照顧各方面。選擇一個題目,最好要對于搜集判斷組織三方面,俱有訓練的機會。這個題目做了,我們的能力習慣都得着頂好的訓練,再研究別的問題時,那便異常容易了。或者多做幾個題目,一個訓練搜集,一個訓練判斷,一個訓練組織,這樣一項一項的來也可以。

根據上面所述的方針及原則,擬出若干題目,以爲示例。有寫得很詳細的,有寫得很簡略的,這是因爲一時的方便,沒有別的意思。其沒有指出範圍及參考書的幾個題目,無論是誰,高興研究,可以依照寫出來了的方法,自行編製。

指導研究題目示例

一、重訂《詩譜》

主旨　根據歐陽修所補鄭玄《詩譜》訂正其譌舛。

體例　先依原譜分國譜三,再合爲一總譜,每譜後附以詳細的說明。

著眼點　(一)《商頌》爲商詩抑宋詩;

　　　　(二)《周南》《召南》是否皆文武時詩;

　　　　(三)《豳風》之《七月》爲何時代詩;

　　　　(四) 大、小《雅》之宣王詩、幽王詩考實;

　　　　(五) 其他《國風》、二《雅》各詩之時代有問題者。

研究法　將幾個著眼點逐個博稽前人異説，加以判斷。

參考書　除原《譜》及《毛序》外，近人重要著作如下：

（一）《三家詩遺説》(王氏集疏本)（二）《魏氏詩古微》（三）《冀氏詩本誼》（四）《皮氏詩經通論》（五）其他各單篇(例如王先生之説商頌)

二、從畫題上研究中國繪畫之變遷發展

主旨　唐以前畫傳世極希，但名畫目録各書尚有記載。吾儕若彙集其目，比而類之，觀其命題所取材，亦可以察某時代某種畫已發生，或最盛行，或漸消滅。

範圍（一）以晉至南宋爲主要部分；

（二）宋以後有餘力乃續撰；

（三）晉以前資料散見史籍者遇見即鈔輯之。

主要書籍　《歷代名畫記》《貞觀朝野畫録》(?)　《宣和畫譜》《佩文齋書畫譜》《大觀録》《式古堂書畫彙考》　其他畫録諸書

體例　製成兩表：

（一）以畫題爲經時代爲緯(畫題分類俟資料搜齊後乃定)

（二）以時代爲經畫題爲緯

爲一總論説明其沿革並求其沿革之原因。

三、歷代壁畫考

主旨　在研究壁畫見於載籍者共有多少。

範圍　自漢迄今。

主要書籍　如前(但宋以後爲同樣的注意)。此外應補入者，如《洛陽伽藍記》《高僧傳》等。

四、《説文》之會意字

資料　以《説文》爲主，其契文金文中足資補正者遇見即補入，但不必強索。

範圍　（一）《説文》中明言爲會意之字；

（二）雖不明言會意而言"從某從某"或言"從某從某某亦聲"之字；

（三）形聲字中僅言"從某某聲"而聲中實會意者。

分類　俟各字列齊後加以分析，方能定其類。

主要參考書　《説文段注》《説文義証》《經籍纂詁》

五、從文字上研究有史以前之社會情狀及心理

方法大略同前，但不專限於會意字耳。

六、部曲考

主旨　《唐律》中部曲奴婢連文並舉者十餘條，南北朝各史傳中言部曲者甚多，今詳考其性質：

（一）從《三國志》到新、舊《唐書》編[編]翻閱之，遇有言部曲者悉行錄出（《唐律》各條亦然）。（說部中有言及者，一見即錄入，但不必專搜。）

（二）錄出後，比而觀之，確定部曲二字函義如何，與常人異者安在，與奴婢異者又安在。

（三）研究其何時發生，何時消滅，及生滅原因何在。

七、春秋時代之男女風紀

資料　《左傳》爲主，《國風》《史記》輔之，先秦西漢子部書供參考。

八、從各史裔夷傳中作古社會狀況之比較研究

資料　以正史爲主，如《大唐西域記》《瀛涯勝覽》一類書，研究到某國時，取供參考。

範圍　以風俗及社會組織爲主，分類隨意。

九、佛家經錄研究

主旨　在研究此種特殊之目錄學。

主要書籍　（俱在《大藏經》內）　《三藏集記》《衆經目錄》《大唐內典錄》《開元釋教錄》《古今譯經圖記》《至元法寶勘同》

範圍　經錄之家數及沿革；

　　　諸家分類法（創與因）；

　　　分類優劣比較；

　　　別裁力比較。

十、從市舶司到海關

十一、歷史上之强制移民

十二、董仲舒研究

十三、王充研究

十四、錢竹汀研究

十五、章實齋研究

(1925年10月2日、9日《清華週刊》第24卷第4—5號)

介紹法比兩大音樂家

　　法國提琴聖手畢柳司基君、比國鋼琴泰斗蔣曾君聯袂來京遊歷，同人等特敦請其在真光劇場奏演絕技一日，機會難得，凡愛好音樂者，務希準臨與此盛會爲盼。
〔日期〕九月十九日（星期六）下午三時
劇單請向真光索取
　　　　　　胡　適　徐志摩
發起人　梁啓超　張歆海　同啓
　　　　陳西瀅　陳淵泉

(1925年9月18日《晨報》)

失望與有爲*

(九月二十五日在國立北京師範大學開學式講演)

　　本校組織大綱，是由董事會所賦予，余忝爲董事之一，今日又逢盛會，自應

---

* 此爲演說大略。

避免普通頌禱俗套,而以最誠懇之態度,爲諸君進一言,余對本校抱兩種感想:(一)失望(二)有爲。何言失望？本校上年改升大學,不知費幾許躊躇,方産出一董事會,董事會成立之後,又不知經多少周折,推定范静生先生爲校長。在我們當時舉定范先生時,滿擬他永遠幹去,將本校基弄好,以成一完善之師範大學。詎知他半途辭職,所以大爲失望,但范先生與余有卅年之關係,諸位諒已知道,此次辭職,余曾再三挽勸,據稱:"伊此次不能復職之理由,約有二種:(甲)校內關係。伊對來長本校,對內部確有一種精密計畫,奈東家方面無力擔任經費何？伊向來作事負責,校內計畫既不能做倒[到],只有辭職之一法。(乙)校外關係。京國立各校,常有一種聯合行動,爲校長者,若不聯合一致,幾難立足。范先生前此擔任師大校校長,本係抱一種革新目的而來,今結果仍是政客生涯,以潔白之教育家,受此污穢之傳染,范先生實不願爲。"由上二點觀察,我們對范先生之不肯復職,亦不能不相當原諒也。董事會方面對繼任校長,自應盡心選擇,以副諸生之望。范先生既因校外行動複雜,而辭校長,余與范先生志道俱同,萬難肩承。現與諸君約,除行政事務外,至於講堂之事,余星期一至星期五,定在清華上課,星期六一日則擬在本校講授。如學校方面多派鐘點,無樂不從。至於校長一席,本人實不能擔任,並非規避,良有苦衷,所幸校中各教授以合作之精神,業已籌備開學,董事方面,不久即有會議,對於校長人選,決有辦法,將來舉出之人,無論董事非董事,或與諸君理想中之校長不合,亦盼勿持異議,因董事會現已議定變更制度,今後校長改一年一任也。師範大學負債纍纍,猶如孤城一般,諸同學及各教授是守孤城之人,董事會爲城外之援助者,同力合作,決可有爲,決可制勝,隋煬帝有言,"外間正圖儂,不可不慎"。願諸君勉之！

(1925年9月26日《晨報》)

松坡圖書館呈內務、教育部文

（十四年九月二十七日）

爲呈請備案事。竊啓超等於民國十一年秋，先後呈准大總統暨財政部撥予北海快雪堂全部及西單牌樓石虎胡同七號官房，專爲松坡圖書館之用，嗣於十三年六月一日，石虎胡同第二館先行開館，業經呈請備案。現在北海公園第一館書目亦已編輯就緒，擬於十月一日開館，供衆閱覽。所有《松坡圖書館十三年報告》及《第一館閱覽規則》理合各檢一份，呈請鑒核備案。謹呈內務、教育總長

（松坡圖書館 1926 年 2 月版《松坡圖書館十四年分報告》）

梁啓超啓事

（告訪客）

鄙人在清華學校每日上午皆有講課，城內親友乞勿以其時見訪，致徒勞遠涉，不克拱迓。又下午亦忙于著述，見訪者如非有特別事故，請以坐談十五分鐘爲度。諸乞原諒。

（1925 年 9 月 30 日《晨報》）

答梁漱溟書

漱冥宗兄惠鑒：讀報知巨川先生遺文已裒輯印布，正思馳書奉乞，頃承惠簡先施，感喜不可言罄。讀簡後，更檢《伏卵錄》中一段敬讀，乃知先生所以相期許者如此其厚，而啓超之所以遇先生者，乃如彼其無狀！今前事渾不省記，而斷不敢有他詞自諱飾其罪。一言蔽之，學不鞭辟近裏，不能以至誠負天下之重，以至虛憍慢士，日儕於流俗人而不自覺，豈唯昔者，今猶是也。自先生殉節後，啓超在報中讀遺言，感涕至不可仰，深自懊恨並世有此人，而我乃不獲一見。（後讀公著述而喜之，亦殊不知公即先生之嗣，宰平相告，乃知之，故納交之心益切。）豈知先生固嘗辱教至四五，乃[而]我乃偃蹇自絕如此耶！《伏卵錄》中相教之語雖不多，正如晦翁所謂一棒一條痕，一摑一掌血，其所以嘉惠啓超者實至大。末數語，蓋猶不以啓超爲不可教，終不忍絕之；先生德量益使我知勉矣！願公於春秋絜祀時，得間爲我昭告，爲言：啓超沒齒不敢忘先生之教，力求以先生之精神拯天下溺，斯即所以報先生也。遺書尚未全部精讀，但此種俊偉堅卓的人格感化，吾敢信其片紙隻字皆關世道。其效力即不見於今，亦必見於後。吾漱冥其益思所以繼述而光大之，則先生固不死也！校事草剏，課業頗忙，又正爲亡妻營葬，益卒卒日不暇給。草草敬復奉謝，不宣萬一。

啓超再拜　十月一日

（商務印書館 1927 年 6 月版《桂林梁先生遺書》）

狂狷的愛國青年

(一九二五年十月十日在北京師範大學講演)
萬超恒　程侃聲　霍世休　陳伯陽　筆記

諸君：今天是國慶日，我本該講些頌禱的話，高興的話，不過我也來此不易，不便專講浮辭，應該講些勉勵的話才好。題目是"狂狷的愛國青年"。

現在的青年，腦子中個個都有一句話："我應該愛國。"愛國，他們都知道愛，却不知所以愛之之道。究竟如何方爲愛國呢：我的回答很單簡："我自己求我自身爲一個健全的國民。"這話或者有人以爲只"健全國民"四字，不能就算愛國，還應當有旁的。或又有人以爲全國同胞甚多，何在乎我一人。這也不對；因爲現在是"中華民國"，不是"帝國"，人民是全國主人；團體的分支不好時，全團體必不能好。比如一人的血管細胞有病，若想身體強健，這是沒有的事；國家由人民組成，人民不好，國家自然也不能好。

所謂健全國民，我以爲在積極方面，自己總要能爲國做些好事；不然，在消極方面，至少也不爲國做壞事。健全國民的標準既如此，但如何方能向標準做去？我想起孔子一段事情來：孔子在陳絶粮，想起魯國的弟子們，說："歸與，歸與！吾黨之小子狂簡。"諸君知道，狂狷二字，并非好字眼，狂是狂妄；狷，狷狹。後來孟子的門弟子問孟子："孔子在陳，何思魯之狂士？"孟子解釋狂狷二字很好，說："狂者進取，狷者有所不爲也。"對於進取二字，還附有條件："進取不忘其初"對"有所不爲也"的解釋是"不屑不潔[絜]"。想孟子對狂字的意思，是：無論對何事，我自己都不頹唐。現在青年的通病是什麼"煩悶呀"，"悲哀呀"，報紙常見的，無往不是頹唐的話，這真是青年界最不幸之事！我五十歲的人，尚不敢有何無聊感想；諸君現是在中學時代，若就有許多"悲感"，進了大學，恐將都是多愁多病身了。不知是《紅樓夢》上的多愁多病，還是別種的多愁多病：這太不狂了！我們青年要"狂"，應該拿"進取"二字，常常放在腦中。各人的聰明不同,才力也不同,并非人人都以同一方法"進取";但方法雖不同,而"進取"則一。

假使我是軍人,遇與外人戰爭時,我便爲國戰爭;我是政治家,便爲國建設各種事業;我是教育家,便日日心在學校;將學校辦好,這就是愛國。我做學問,就極力謀進步;我耕田,就做一個好農夫,把力量盡用在田地上,使他多添些出產品。

進取一事的成敗難定,端賴才力。才力雖不同,而進取的願望却不可不有。當常常不滿足現狀,而常常進取。孟子說狂者"其志嘐嘐然,曰:古之人,古之人,夷考其行,而不掩焉者也",這真是上好青年。想做到,誠非一日之功;若人遇事不進取而反萎靡不振,社會上若多此種人,那是最不好的現象。孔子的意思,並不在人進取一事,一定能做得到,但進取的願望,却不可不有。人有願望,又能做到,那是大聖大賢,非狂狷小子了。

"進取不忘其初",這句話不要忘記了。進取,青年人都有此志;但恐後來都忘掉了。諸君都在中學,正像含苞未放的花一樣,都是青年,都是"初",無所謂"忘其初"。若是現在有些壯志,將來一進大學後,什麼都不要,什麼都不幹了:那就是所謂"忘其初"。我們應該一生一世,都有狂氣,不忘我們進取的初志,古來多少做大事業的人,他們成功的要素,就是進取能"有恒""持久"。若進取一事,只一時間高興,過後都忘,必無成就可言。

一國能否强盛,係在青年。有人小時似甚聰明,但至二三十歲後,即頹唐不堪。國中若多這類人民,必難振興。以現在歐洲諸國來比較:南歐比法人民在少年時代,都甚奮發;北部如德如英,他們的學者,幾乎都在五十歲後,才起始著書。自五十歲起爲國致力三十年,至八十歲止。一人在初年雖有些壯志,但才力不足,不能做些事業。待得到多少經驗之後,本可做一番事業,但又"忘其初",所以一事無成。我們應該常記"進取不忘其初"這句話,應一生一世緊記這一句話,一生一世本着初志向前做下去。能如此,便總可爲國做些事業。

"狷",此字在不好方面說爲狷狹,在好方面則爲狷介。狷字最要緊的解釋是"有所不爲"。人病在"毫無忌憚""無所不爲"。凡人若毫無忌憚無所不爲,則雖有聰明才力,適足以助其爲非。如此,我們甚或反希冀此種人少有聰明才力。一人處世待人,對"有所不爲"都甚重要,遇事自己以爲不應該做的,便堅決不做。爲國做事對"有所不爲"，尤爲重要。孔子、柳下惠、伊尹同爲聖賢，均有不同之處。其相同之處："得百里之地而君之，皆能以朝諸侯，有天下。行一不善，殺一不辜，雖得天下，不爲也。"現在人講愛國，在愛國旗幟之下，無論何事，都可借着好名目去做。此小焉者也，大者如欲取政權，雖是我從前常常罵的人，現在只要有利於我，就可和他交往；能接濟我的軍械，給我幾支槍，雖與我主義不同，也可和他携手。他們的飾辭是："我想達到我的初志，無妨暫時間利用他們"，只要能達到我目的，便可以"無所不爲"。這我以爲公務不當如此，就是私務，也不當如此。

有人以爲現在的人太壞，他說："我想殺完他們後，讓好人民出來。"這話對麼？不對。這正是想爲國做一點好事，却先做了一番壞事，雖然用手段達到了目的，但目前所受的害已不堪言了。等而下之。或爲其他慾望所薰染，便"無所不爲"了。比如，人初下糞坑，以爲髒極，到混慣了，也便覺得有些意思，以後甚或覺得那種滋味也還不錯。你們青年人，都未受過社會的薰染，不知社會上的一切情形，在學校，環境都好，除讀書遊戲以外無別事。先生所講的都是爲學，到後來離開學校到社會上去任事，一見社會乃是那種情形，不同流合污，又不能在社會上立足。雖在學校，或有些壯志，慾矯正社會一切不良之處，但至此時，頹唐的便隨便混鬧，有志的便慾奮鬭改造。到實在不能奮鬭，便第二步思站遠一點，不同他們混鬧。第三步不混鬧就不能在社會上立足，於是第四步便稍稍做點點壞事。久之便以爲很有意味。第五步便研究怎樣做壞事，才可取高官厚祿，人至此也便完了。但起先也未始不是有志青年。這事與夏日用的蒼蠅紙黏蒼蠅一樣，起先蒼蠅飛落在紙上，只不過一足黏住，於是經幾番挣扎，便自二足三足以致全身都黏住不能走脱了。"狷"是"有所不爲"，要解釋是"不屑不潔[絜]"。有些事我一定不做，便斫頭我也還是不做。在學校時候便預想我何事做，何等事不做。孟子曰："人有所不爲，然後可以有爲。"我看不起不願做的事情，便斫我頭我還是不做，這就是狷者的氣概。人能"不屑不潔[絜]"，才能替自己的人格做得保。

狂狷好比人走路，一支足提起，一支足着地。飛起騰空的是狂；老老實實着地的便是狷。在前提起的一支足狂完後再狷，在後的便反狷爲狂了。所以狂狷二字，在表面上好像是相反，其實是互相爲用。諸君這種年齡，正人類表現狂狷美德的時候,應常常把狂狷的美德來磨練自己,如此才能做真正的健全國民。國人都能做狂者狷者,便都是健全國民。《論語》上有云:"己欲立而立人,己欲達而達人。"我欲自己是健全國民,我便助別人使與我一樣是"健全國民"。國民都健全,國家也會健全。人民是國家基礎,若基礎不好,人民都頹唐狡獪,國家也一定好不了。

今天是第十四次國慶日,我何不講門面話,大家到底對國慶有什麼感觸,有什麼想像?好一點的學校尚提倡慶祝,次等的便放天假玩玩罷了。

我們建設共和國,並非由大多數國民心內的要求出此。他們看見現代一般偉人政客,不論在朝在野,無人能稍爲國做些許好事,專幹那禍國殃民的有害事情。因此大多數國民,不但不知慶祝國慶,且每以共和不若專制,至國慶日反時時喚起他們的反感。這是起初一般國民,一般青年對政治無觀念。無進取無企圖,所以也無自覺。其次共和成立以後,多少政客官僚,使人深惡痛恨,雖是社會上的優秀份子,也每因私人目的,無所不爲。若常常就這樣下去,以後尚能再有十四次國慶日否,我亦不敢説。青年在現今的責任甚大;想國家好,國家就可好,想壞也會壞,最重要是自己先健全。現在國慶日是無意識,如慾使有意識,我先使我是健全國民。

今天我高興得很,故專提孔子所説的"狂狷"二字以奉勸諸君!

(1926年4月《教育叢刊》第5卷第6集)

王政《爲蓄妾問題質梁任公先生》跋語

所論自是正義。吾所著者,乃歷史講義,非作論文,故徵引當時不主張廢妾者所持之理由云爾。其理由充足與否,則未暇論及。以現狀論,凡已有妾者須承認其地位,毫無可疑;否則,將現在國內之妾悉判離異,牽涉到妾子問題,其擾亂社會實甚。若立法禁止，亦只能定自某年之後不准置妾耳，亦須俟實行婚姻登記後，此種法律，乃能有效。至弟所主無子再娶一妻之說，與舊倫理觀念相去益遠，殊不可行。余功課太忙，無暇作文論此事，草草答復如右。

啓超　一四，一〇，二八。

（1925年11月6日《清華週刊》第24卷第9號）

答《晨報》記者電話訪談

（何來赴滬之說）
（十一月四日）

余（梁自稱）自來清華後，日忙講學，幾不過問時事。頃閱某報竟有余業已南下之說，閱畢不竟爲之大笑。蔣百里固爲余十餘載友人，然因深知余不願與聞政治，故其行動亦鮮告余，最近三個月幾未一通消息。余每星期六上午十時在師範大學講學，欲知余行蹤者，請其于是日前來旁聽可也。

（1925年11月5日《晨報》）

國產之保護及獎勵（補）*

（解題）1　國產者，謂本國生產事業。工廠生產與非工廠生產，私有與公

---

* 此爲《飲冰室合集》失收之同題文第一節及第二節開頭部分，《合集》已有部分不重錄。

有，俱包在内。

  2　保護有三義：（一）保護從事生産的人使有機會生産且得安心生産。（二）保護本國産品使能與外國産品立於有利的競爭地位。（三）對於生産兩大要素——勞力與資本，平均保護，以涵養生産力。

  3　獎勵者，以使本國産品能普供本國人所需求爲原則。但某某種特殊産品之輸出，取其與他國特殊産品之輸入相抵者，時或例外獎勵之。

（一）

  我作這篇文的動機，全因討論共産主義及對俄問題而起，所以未入本文以前，有先把我對於政治上一般主張略爲說明之必要。

  國人諒來都大概知道：我在國内政治黨派分野裏頭，向來屬於漸進派。我對於現狀不滿足，認爲必要改革乃至必要革命。但我無論何時何事，對於那些暴力的無理性的無效率的革命論及革命手段，總是要反對。我反對他們，和反對現在的勢力家取同一態度。急進派對於我無論如何誤會或如何誣衊，我一概不管；我說的話，有時被現在勢力家斷章取義的利用一下作他們護符，我也管不着。我信得過我自己未嘗與任何軍閥或其他禍國殃民的人們合作，我說的話，總没有替任何勢力家辯護他的私利益，我憑我良知所見得到的爲國家爲國民打算——只要我高興，只要我有工夫，我便亮着嗓子說我心裏頭要說的話，無論和任何方面奮鬥，我都不辭。

  現在要開始我的冒頭空論了：

  第一，我根本不相信"萬應靈藥式"的什麽什麽主義可以適用於任何國家。政治原理可以有世界性，政治問題及政策，只是國別的，不會有世界性。哲學科學上問題可以有普遍且永久性，政治上問題，只是"當時此地"的，不會有普遍永久性。所以侈談外國流行的時髦主義，不管那主義本身好壞如何，縱令好極，也不過是學堂裏的"洋八股"！也不過是由橫文譯出來的"井田封建論"！共産主義在俄國是否實行，行得好不好，我們不深知，亦不必多管，縱令實行，行得好，萬不能因爲俄國人吃大黄芒硝治好了病，便把大黄芒硝硬給中國人吃。如其有這樣"頭腦冬烘"的主張，無論他的動機如何純潔，我們只能上他個徽號"墨斯科貢院里出身的洋擧人"！共產主義能否爲將來人類造最大幸福，我們不知道，縱令能，卻不能因爲人參是補身子的藥，便隨便找一個發大寒熱的人也灌他參湯。如其有這樣純任理想的主張，我們只能上他個徽號"坐城樓讀《周易》卻敵兵的書包軍師"！

第二，我根本不相信專制政治可以叫做良政治；尤其不相信無產階級專制可是爲得到良政治的一種手段。專制總是政治上最大罪惡，無論專制者爲君主，爲貴族，爲僧侶，爲資產階級，爲無產階級，爲少數，爲多數。我相信"專欲難成"這句格言。我相信無論政治上社會上經濟上種種問題，國內總不免有一部分人和他部分人利害衝突，衝突的結果，當然不免抗争，抗争的結果，總要雙方有覺悟，裁制自己利益的一部分，承認對方利益的一部分，以交讓護助的精神而得較圓滿的解決。二次三次抗争，亦復如是。如是遞迭交争交讓之結果，自由幸福的質和量都隨而加增。尤其是經濟事項，非在"兩利俱存"的條件之下，萬無建全發展之望。若一方面得勢便將別方面盡量的摧殘壓抑，其勢只有循環報復，陷國家於長期的擾亂。尤其是言論集會出版罷工各種自由，若全被禁壓——像蘇俄現政府所行爲，我以爲只有令國民良心麻痺，精神萎瘁，能力減殺，不能不認爲絕對的惡政治。

第三，我根本不相信中國有所謂有產階級與無產階級相對峙。若勉強要找中國階級的分野，或者有業階級和無業階級還成個名詞。有業階級，如真的農人工人商人和在官廳學校公司……裏拿自己的腦筋或氣力換飯吃的，這些人無論有產無產、產多產少，都謂之有業。無業階級，如闊軍人、闊官僚、闊少爺……乃至租界裏的流氓，學堂裏及其他演說場里高談什麽時髦主義的大小政客，這些闊人們人人有產不消說了，那些流氓及時髦政客們並不見得都無產——也許自命代表無產階級的人便有不少的產，這些人通通叫做無業階級。如其說中國必須有階級戰争嗎？那末，只有有業階級起而奮鬥，打倒無業階級，便天下太平，若無業階級得專橫行，國家便永沈地獄。至於從"洋八股書"里販來有產無產階級這個名詞，在中國我認爲絕對不適用。

第四，我根本不相信"全民革命"事業可以用宣傳吶喊及其他煽動手段得來。全民政治成立之條件有二：一，須全民爲自己切身利害有深切的自覺和不得已的自動；二，須全民有接管政治的相當能力。這兩個條件都非倉卒間所能造成，必須指導社會的人們狠耐煩，肯下水磨工夫，慢慢地啓發他們扶植他們；而且要社會在比較的安寧狀態之下，纔有着手的餘地。換句話說：我們若盼望全民政治出現，總要給全國人民補藥吃，培養好他們的體子，令他們有氣力，那麼，什麼"内除國賊外抗強權"，他們都會自動的辦，而且包可以辦到。如其不然，專用興奮劑去刺激他們，他們吃醉了狂叫亂舞一陣，酒氣過後，躺下便像死人一般；鬧得幾次連興奮性也失掉；若要加分量去興奮，或者如趙飛燕的妙藥活活送了漢成帝一條命，亦未可知。再者，一群醉漢亂叫亂鬧，鬧不成功也還罷了，一定把全場秩序攪得稀爛，令不醉的人無從插手。所以煽動式的革命論和革命手段，只是野心家利用群衆心理弱點，造成"趁火打劫"的機會。這些人不惟不是全民政治之友，換一方面看，還可以說是全民政治之敵。

第五，我根本不相信一個國民的政治活動可以和別個國民合作；尤其不相信今日的中國有聯某國某國之可能或必要。既有兩個國家存立在世界，當有各有各的利害不相容地方，一國民想改革自己的政治，而借重別國人的指導或幫助，我敢斬釘截鐵的說一句，除了甘心做吳三桂、李完用的人，不該有這種喪心病狂的舉動。這種話若在國内流行，便是國民品性墮落到十二萬分的表示，這個國家簡直已經宣告死刑了！至於外交上呢，除卻絕交宣戰的場合外，無論對何國保相當的友誼是應該的；卻沒有什麼聯不聯。聯人須有本錢，中國配嗎？拿什麼去聯？若說我有一個大敵，要聯別個來制他，譬如綿羊怕老虎，跑去和狼拜爸，老虎撐得走撐不走，另一回事，自己除了送給豺狼當點心，怕沒有第二條路！朋友們請睜眼一看，清末聯日聯俄聯英聯法鬧得烏煙瘴氣，那一回不是送一份大禮物完事！我真不料在民國第十四個年頭，還有道光間《海國圖志》派的"以夷制夷論"發現於社會，且成爲一個問題，重勞智識階級之討論！輿論界之恥辱，真莫此爲甚了。

（二）

楔子已完，言歸正傳。

我和急進派的看法根本不同者三點：

（一）我並不說對外問題不須注意，不須努力；但以爲必須對内問題得相當之解決,然後對外乃有成功之可能。

（二）就對内問題論,我並不說社會問題不是當今急務;但以爲必先有稍爲像樣的政治才配講到社會經濟制度。

（三）就社會問題論,我並不說分配問題可以放鬆;但以爲至少須有可以分配的生產品纔談得到分配。

總而言之,我以爲在中國的"當時此地"真心救國救社會的人,應該將對内問題、政治問題、生產問題放在第一位。若把對外運動分了對内的精神,政治革命毫無進步而侈言社會革命,不注意獎勵生產而學人家講分配,我以爲至少也犯了本末倒置的毛病,成績是斷不會有的,而流弊先已不可勝言。

現在先從第三項生產分配問題講起。

（下略）

善①談主義的大學者們想來忘了形囉吧？你在美國英國學堂裏聽的經濟學講義,分配論占全篇幅的大半,生產論不過循例附帶一講便了;你在圖書館内天天看的新聞雜誌什有九是勞資争鬧的事實和研究救濟這種事實的方法；你老先生不知不覺把自己認成歐美人,把中國認成英國美國,因此便把英國美國問題認成中國問題了！殊不知人家在十八九世紀中拚命研究生產方略,生產發達的結果,現在吃傷食了,非大大的吃巴豆湯萆麻油不可,先生們看見你的師傅開方子不是巴豆湯便是萆麻油,便以爲巴豆湯萆麻油是萬應靈藥,一個氣血久虧奄奄垂斃的人找你開方子,你也拿這兩樣來灌他,這樣國手,包你一貼送命！先生們直着嗓子喝口號,叫勞動階級打倒資本階級,試問中國資本階級在哪裏？你説尅扣軍餉刮地皮腰纏萬貫的軍閥們官僚們是資本階級嗎？那麽,因打家刼舍擄人綁票而腰纏萬貫的强盗當然也是資本階級。强盗誰説不該打,不過打强盗不會在經濟學講義上成爲一種學説一種主義重勞博士教授們討論提倡。資本是"拿錢去經營生產事業生出利息"之謂,試問軍閥們强盗們的錢有幾個投在生產事業來？博士教授們若回到你學校里考試,你先出個題目"什麽是資本階級"？你答個"例如中國的軍閥和强盗",請問你先生是不是在你試卷後頭賞一個大圓包子？老實說,中國如果有個把資本家能穀端得

---

① 以下原刊於"卻是中國國家和中國人也不會存在了"之後,爲第三節之結尾,下接第四節"講到保護獎勵"。

上臺盤和歐美二三等資本家平起平坐嗎，我説這個人便是黃帝子孫裏頭最有出息的一個人，我們正應該愛護他獎勵他叫他往戰綫上和外國人比比拳頭，替我們争一口氣。幸而中國也没有這種人，倘或有之，外國競争的同行在前面打他，中國背横文講義的先生們又在後面打他，他便有一百個身也不彀成齏粉了。朋友們聽啊！中國人要打倒資本階級嗎？往門治斯達打去！往紐約打去！往大阪打去！吸盡我們膏血腦髓的都是那邊的人，中國人配嗎？打死中國銀行的金還，打死商務印書館的張元濟，打死先施公司的陳霞，乃至把所有中國人開的公司工廠一個個打得粉碎，把他們所有那點"用顯微鏡才照得見的資本和公積"三一三十一的平分給他們手下的工人，中國社會問題便算解决了嗎？勞動階級便有飯吃了嗎？

朋友們！醒醒罷！中國不是英國美國，中國目前火燒眉毛的是生產問題，不是分配問題。分配問題要在"國産之保護及獎勵"的政策之下纔有得好講，如其不然，只是搗亂。

（1925年11月17日、24日《晨報副鎸》）

與劉勉己書*

勉己足下：被你逼得無可奈何，只得把講義擱下，胡亂交卷。但是話匣子打開，停不了，"博士買驢"説了一大堆還没到題呢。只得又擱下，編别的講義去。下星期再説罷。

一四，一一，六，啓超，清華學校。

（1925年11月17日《晨報副鎸》）

---

* 爲發表《國産之保護及獎勵》事。

與徐志摩書(二則)

其一[*]

志摩足下：你問我要稿子，我實在沒有時候應命，只好拿這份講義搪塞。這份講義是：我們一位同事劉壽民教授講世界通史正講到古代的印度，他因爲我對於佛教研究頗有興味，請我把"印度之佛教"這個題目代講一下，我一時高興答應了，講了好幾堂還没有講完。這份講義分兩大部：一是"佛的時代及原始佛教教理概要"，二是"佛滅後一千年間佛教在印度傳播發展之大勢"。現在把"教理概要"那部分鈔給你。

我對於佛教不過喜歡罷了，不能説是懂，我所講的不敢説没有錯。況且那麽偉大的宗教，函義那麽豐富，在講堂五七個鐘頭，如何能講得明白且没有遺漏？所以我説的只是我認爲最重要的幾個題目，即：

(一) 從認識論出發的因緣觀

(二) 業與輪迴

(三) 無常與無我

(四) 解脱與涅槃

這四節是教理概要的正文。還有前頭幾節論當時印度思想界形勢及佛教的特長，我認爲非略加説明不能了解佛教的地位和價值，所以講來做個楔子。

各節之中，"業與輪迴"一節，我比較的做得愜心。但爲學生們聽得易懂且有趣味起見，裡頭多用譬喻話。佛經常説："凡譬喻不過有少分相應。"意思説是：譬喻所用的事物，不過和所譬的事物有小部分相類似罷了，所以用譬喻和

---

[*] 爲刊《佛教教理概要》事。

聽譬喻都有不小的危險，因爲泥着譬喻容易走入迷途。你既要把這講義發表，我對於這一點不能不鄭重聲明請讀者們注意。

志摩足下：像我這樣做學問是不作興的：今天做什麼文化史裡頭的奴隸制度，明天做什麼讀荀子示例，第三天做什麼佛教教理，第四天又做什麼國産保護，……這樣雜亂無章，斷斷續續，那作品如何要得？你斟酌著罷，若以爲不可登，或者抽下來騰出副刊的空白紙實行你"翻印紅樓夢"那話，我倒是極端贊成。

十四，十一，十三，啓超，清華研究院。

（1925年11月28日《晨報副鎸》）

其二[*]

志摩足下：吾講佛學，志摩已笑其不合時宜，抑更有不合時宜之人著有一書，而吾爲之作序，志摩儻更願拓副刊之餘白以布之耶？此書吾信其爲現代一名著，頗思更得不合時宜之人共讀之也。

十二月六日　啓超。

（1925年12月14日《晨報副鎸》）

政治家之修養

張鋭　吳其昌　筆記

政治家之修養，此題在現今狀況之下，頗有講之必要。然"政治家"一名

---

[*] 爲刊《余越園龍游縣志序》。

詞,在現代爲最不合時宜之名詞。現今合時宜者在做"官",不在做"政治家"。故有志於"做官"者,此等問題,正可不必一顧。近年來中國之狀態,根本無政治可言,亦無所謂致[政]治家。但有"暴民"與"軍閥",互相勾結而活動。故此處此情況之下,頗爲悲觀。惟因前途陷於極悲觀之境,故我人有志研究政治學者,愈不得不講修養,以爲將來運用之預備,以期一洗從前之積弊,而造成政治界上一新紀元。故此問題,在現時頗有講之必要,今分三部講之:

一、學識之修養。

二、才能之修養。

三、德操之修養。

(一)學識之修養 政治貴在實行,而非空言所能了事。然學識則亦斷不可少,而尤其是在當代之政治。凡當代政治之實情,及當代政治上必需之學問,無論何如,必應有充分之了解,但不可以空泛之原理,以衡制一切耳。空泛之原理,如《論語》云,"政者正也",以其原理而言之,則絲毫不誤,而無適於用。凡所謂一切主義,一切原理,皆屬於次要部分。譬如醫生用藥。必須按方對病,隨時隨處應變。不可云我抱洩瀉主義,我抱劍補主義。近時丁在君,胡適之曾言"少談主義,多談問題",此言我以爲極是。因主義本身,並無好壞,惟視合乎情形與否。譬如附子、肉桂、大黃、礞石,可以殺人,亦可以生人,惟視病狀如何耳!故我人習政治者,不應專講空論,專講主義。須知政治是一國的,一時的,但能合時合地者,即是良好政治。譬如井田制度,非不善也,而現時中國情形,則絕對不可行。外國學者,學理紛紜,莫衷一是,然而何者果適宜於中國,則吾人必須先能研究中國本身問題。至於澈底了解,方可有應用之處,方可有取舍別擇之能力。否則雖熟背外國法律,亦絲毫無用。

研究問題,應注意下列二點:

(1)應注重歷史上的研究。此項包括甚廣,因政治非突然的產物,必有其前因,然後有其後果。研究政治者,必須了解其前因。譬如醫生,必須尋討受症人起病之原因,及其起病後之經過,方可下藥。政治家之研究政治,完全同一原理。例如研究關稅問題,至少應詳細參考《馬凱條約》《南京條約》等,以明釀成現在惡果之淵源。吾人對於關稅問題,無論其態度或强硬,或軟弱,而此種有直接關係之歷史,皆應注意。

（２）應注重現狀。譬如醫生，既知病源之所在，然猶必須日驗其溫度，時按其脈搏，不可有一時之粗忽，政治現狀之研究，亦然。此項研究，廣義的可謂之"社會調查"，狹義的可謂之"政治調查"。因政治之為物，刻刻在變化之中，故我人必須以精密敏銳之眼光，時時注意及之。

學問為問題的，非主義的。研究問題，須注重其歷史及現狀。修養訓練之法，不僅限於書本上之知識，或他人之談話。當使自身對之，苦心搜討，下切實之研究，不貴博而貴精，最好每年內擇政治上兩三重大問題而研究之，必以澈底了解為目的。如是浸淫其中久之，則我人之腦經當漸精密，手段亦漸穩固。愈久愈精，則我人雖在學校內，而政治知識已具。他日出而作實際政治時，即能觸類旁通，隨機應變矣。

此個人之修養方法也。尚有一團體的修養方法，惜乎中國學校，從未有行之者。此種方法，即英人所謂"模擬議會"是也。英著名大學，如劍橋，牛津，行之最盛。當舉行時，各種情形，與政府實際情形，完全相同。每年舉行一次，所有學生，皆須加入，即不發言，亦應履行表決之義務。提案必須為具體的討論，問題必須為國家目前實際上重要之問題。學生，中分為二黨，甲為政府黨，則乙為反對黨。他日甲黨下野，則乙黨執政，而甲黨反對之。政府黨組織內閣後，即提出政治施設之具體計劃，反對黨出而反駁之，然後付議會表決。當舉行時，視之極為尊重，並非視為游戲。除請本校教員出席為旁觀及顧問外，又請國內真正之大政治家出席，加以批評及指導。往往有國家政府未決之問題，而學校模擬政府先已決行，國家政府，不無少少受其影響者。英美人民之政治訓鍊，大多根基於是。其後投身政治界者，固可得一番之經驗，即一般人民，亦可養成參與政治之習慣，與精密的判斷力。此種"模擬議會"，比較實際議會，如覺更有生趣。

模擬議會討論一問題，必求澈底了解，費時在所不計。須知五分鐘十分鐘之辯論，全無用處，此美國人之特性，而中國人所刻意模倣者。然實際上討論一大問題，非一二小時不辦。諸君如有意在清華首創模倣議會，最佳題案，如廣州政府將不日公布兩案。統一廣東後，即日實行。（一）《三三三一案》，（二）《四四二案》。（一）案謂田產，三歸田主，三歸佃戶，三歸國有，一歸中央執行委員會。（二）案謂財產，四歸本人，四歸國有，二歸中央執行委員會。

(實行其共產主義。)大可加以注意,及討論。又如關稅問題,關稅自主,根本無討論餘地。而其過渡辦法,及履行自主之手續,則甲黨之計劃,乙黨不妨反對之。此種模倣議會,於實際政治,甚有裨補,惜中國無人提倡之者。我懷此意已久,而無機會發表。憶昔居日本時,早稻田大學首創此舉。其後日本全國各校,風起倣行,此爲極有價值之修養。最好中國由我清華大學首創之,使他校聞風而起,則收効于他日者,實爲無量。

（二）才能的修養　此五字,嚴格論之,似稍有語病。因大政治家,類皆具有天才,如非人力所能爲。然而天才,並非完全可恃,故吾人必須有相當之修養以輔之。須知有天才者,固無待乎修養,然既有天才,而又能加之修養,則其成就,必更有可觀也。即中才而有相當之修養,亦可得相當之效果,若是乎修養之不可以不講也。所謂才能者有四：

（1）組織。

（2）執行。

（3）著述。

（4）演講。

（1）組織。中國人之特性,最缺乏者,組織力也。蓋往昔之傳統思想,完全以個人爲單位。以爲個人者,天下國家之一份子也,個人盡能自治其身,則天下國家,安得而不治。故《大學》之政治觀念,在"在[先]修其身","身修而後家齊,家齊而後國治,國治而後天下平"。華人特性,已缺乏組織力,而又經聖人如此提倡,故中國團體生活,幾等于零。今以小例之,如中國僑外之留學生,以個人與個人敵,則中國學生,從未落人之後,且往往超人之前；若以團體言之,則彼三人所組織者,可敵中國十人所組織者矣。以此推大,則今日中國處此列強之中,非特別注重組織力不能。

（2）執行。孫中山謂"知難行易",余謂未必然。中山之組織能力,極佳,而其執行能力,則不逮其執行[組織]能力遠甚。執行須實行之,非空言執行方法所能濟。且執行,必須有一二經驗豐富之領袖人才,爲之指導。春秋時有父兄執政,子弟觀政之制,如子展、伯有、子皮、子產,以次遞升,又如今英之外相張伯倫,幼時即爲其父老張伯倫之秘書,及其父死,即升爲外長,其經驗已極豐富矣。

（3）著述。（4）演講。此二項，前此不甚重要。蓋以前政治家，重在得君，今則重在得民。重在得君，但求君一人之信任，即可實現其計劃，故無著述演講之必要。然當時之伏闕上書，亦可謂之著述，游說縱橫，亦可謂之演講。現代重在得民，則有所施設，必須求民衆之了解。故必賴著述及演講，以徵求社會之同情。

在政治確在軌道上行動之時代，則此後二項才能，二者必有其一，方能在政界活動，使中國而無真正之民主政體，則邦國即將云亡，尚何研究政治之可言。如不欲中國之即亡，而欲促真正民主政治之實現，則此二項才能，關係極重要矣。然在此項才能之中，必須注意一點，即不應空言謾罵，禁人之言論自由是也。須知政黨雖爲政治上不可免之事，然亦必出之〈平〉心平氣和之態度，絕對不能以暴力威迫對方，或類似此項之行動也。

此四項才能之中，前二項在學校中，幾無練習之機會。其原因，蓋此二項皆偏於實施方面。空言者固無論矣，即有模擬之行動，一方面可以今日之行爲，作他日之預備；一方面可於學校之團體上，實驗政治之雛形。然須知學校團體，與社會團體，迥乎不類。故此二項，吾人在學校中，修養之機會極少也。

著述及演講，在學校中修養之機會，亦不甚多。故凡所謂"才能的修養"之四項，在學校中，皆不易實行。最好能追隨一富有學識及經濟之前輩大師，而作其助手。如前此所講英外相張伯倫之類。而在今日之中國，則吾人有志研究政治者，所感受惟一之痛苦，即爲無良好合格之前輩而隨之。使隨非其人，則不特無益，反有害也。故在今日，惟在我輩努力以求諸己而已。

（三）德操之修養　德操之修養，似又可分爲二種：

（1）德量。

（2）操守。

今分別言之。

（1）德量。政治上之道德，亦隨政治之狀況而變易。前此所謂政治道德，類皆講求個人之私德，如清、廉、勤、敏之類。而在今日，則講求個人之私德以外，又須講求人與人相互之道德。在今日民主政體之下，政治家惟一之道德，在能容納異己。——能有容納反對黨之氣量——否則欲出於一己之自由壟斷，則其結果，必至反至於專制。不應全無證據，而動輒詆毀他人之人格。不應邊爾以賣國賊三字，爲攻擊敵黨無敵之利器。又敵黨當權之時，應盡監督之責，而不應有"撤台"之行爲。此種舉動，可諡之爲"極無價值之消極抵抗"。又如同議一案，敵黨主張，爲我所反對，然我應須有充分之理由，與之辯論，不可作"意氣"之爭鬧。又一經通過之後，則吾個人，或少數人，雖始終持反對之態度，不少改變，然同時必須履行服從之義務。儘可繼續無窮，提出於下次會議，而當時則不可不服從多數。是故在一定軌道上之政治，必須有容納敵黨之容量。所謂德量者此其一。

又爲政黨領袖者，應絕對的絲毫無嫉妒之心。真正偉大之領袖，必能用較己更高之人物。如漢高祖但能將將，若云將兵，則遠不如韓信、彭越。謀畫則遠不如張良、陳平。而高祖能用而盡其才，故帝業克成。若絲毫有嫉妒之心，欲恃一己之聰明才力，以總攬一切，則無論如何，結果必敗。如項羽有一范增而不能用，而卒歸於亡，此皆其明證也。民國以來之政治家，如袁世凱，不能謂之無才，而根本之病，即在于此。段祺瑞等，亦有此弊，故吾人但視某人部下有較彼更高之人材，似即可假定其人，爲有領袖之才能。《大學》云："若有一臣，斷斷猗，無他技，其心休休焉，其似有容也，人之有能，若己有之。"作領袖者，正必須有此種之懷抱，虛心下懷，一言之善，吾必納之，一技之長，吾必用之。如此，方能有濟。又作領袖者最好能擇定一人。因其特長，而專任一事，聽其發展，而不少加掣肘。彼所不能當者，我代當之。如此，則人各盡其死力，見効較易，而收効較大矣。能用，則全任之；不能用，則立罷之；此爲爲領袖者必要之條件。須如齊桓公之於管仲，吳大帝之於張昭，唐玄宗之於宋璟，方可謂有容人之量也。"容人之量"，爲領袖者惟一之要素。若遇事而嫉妒才高者，排斥異己者，則當時缺一人之助，猶是小事，恐此後必歸於失敗也。所謂德量者此其二。

（2）操守。政治界本爲鮑魚之肆，易染惡濁。蓋專以權利爲後盾者，而於在今日之中國爲尤甚。二十（年）來，不知有多少青年，在學校中，確具有愛國熱誠，而一入社會，則亦隨之俱污，殊爲可嘆。現時政治活動，幾於無論如何，不能出下列二項之斜途。得意者，作"紅的"壞官僚；失意者，則取極卑劣手段以運動，亦所不卹。不出孔子所謂"患得患失"之一語。若吾人苟有志欲作真正之政治家者，首先必須抱定有"忍餓"之決心。否則隨波逐流，與惡社會相浮沉，不數年，即没世無聞。此不特貽害國家，亦徒然犧牲一生。吾願吾人有志走政治路者，先具有"至死不變强者矯"之精神，與夫"臨大節而不渝"之操守。所謂操守者此其一。

又政治生活，不能不稍用手段。然而用手段，務須有一種限制，不能因欲達吾之目的，則凡可以達目的者，即無所不爲。更不能少有卑鄙之醜態，又不當因欲達某項另有作用並非正當之目的，而濫用其手段。如陳炯明、郭松齡等之行爲。須知張作霖，人人得而誅之，惟獨郭松齡不能誅之。孫中山，人人可以反對之，惟獨陳炯明，不可反對。吾人即欲在中國獲有政權，亦不應引狼入室，以亂國家。所謂"行一不義，殺一不辜，而得天下，不爲也"。或有難者，謂："設有道義之人，不用手段，即不能得政權，其優善之政治，即不得實現，不更可惜乎？則何妨權而變之，稍用手段，以期實現其優善之政治，不猶得逾於失乎？"其實不然，中國現時之亂，即在政客之太不擇其手段。日暮途窮，倒行逆施，在政治中奮鬥愈久者，此等惡習亦愈重。初因目的而不擇手段，後即以污濁手段爲目的。中國之亂，完全根據於是，故吾人必須深戒而痛改之。所謂操守者此其二。

又吾人爲政，當以是非之公論爲標準，不當因危言而退縮，不當因甘言而誘惑。蓋政治上必有相反之兩派，吾黨得勢，則一切政治施設，但求有利於國民，無愧於良心，即可放膽行去。而失勢之黨，必故作危詞以恐吾，甘詞以誘我，冷語以諷我，尼語以阻我，鄙語以笑罵吾。吾但問此項政治果有益於國民與否，如果爲國民造福，則當抱"死有所不恤，利有所不顧"之矢誓。一切不正當之言論，絲毫不可爲所煽動。若朝三暮四，瞻前顧後，"一凡人譽之，即自以爲有餘，一凡人阻之，即自以爲不足"。此皆所謂"軟疲玩熟，無風骨之人也"。所謂操守者。此其三。

吾人如欲養成政治上一偉大之人格，最好專取法於一人。此有如習字然，其初必須模一家，其後乃可變化無方。或謂習字及政治等種種學問，皆須天才，似無待乎模倣。不知既有天才，而更能模倣，則所謂百尺竿頭，更進一步者也。模倣之人物，如當世無當意之人，則可於歷史上求之。既模倣之，則其初須一舉一動，無不效之，如拿破崙一生之學凱沙，蘇東坡一生之學白香山等是。在中國歷史上之政治人物，可資吾人之模倣者，遠之如諸葛亮、王安石、張居正，近之如曾國藩、胡林翼等等，惟在學者任擇；但近者則較遠者易以模倣，曾與胡皆出自書生，處危難之勢，肩重大之任，而勇往直前，義無反顧，互相策勉，互相扶助，其精神誠有足多者。

今所講者，大略盡此。甚望諸君他日有志治政治活動者，於此加以特別注意，即不欲作政治活動者似亦應注意及之也。

按此文，梁先生講演已久，後又面語其昌，附益數段。故與講時微有增多，因此整理，略費時日。然課繁事劇，卒不得暇，稽延過久，不勝歉仄之至！其昌誌

（1925年12月《清華週刊》第24卷第16號）

致吳宓書

雨僧吾兄足下，承示研究院發展計畫意見書，僕大致贊成，若校中維持一月五日決議原案，則僕自願辭去研究院教授一職，若仍留學校，則寧願在大學部任職而已，其理由如下：

（1）若以研究院爲教授研究機關，則僕自己研究學問，當然以回家爲便利，不獨起居飲食較適而已，即舍下書籍亦較校中爲備，我何必徒糜校中數千元之供養，於己不適，而反招物議。

（2）所謂高深專題云云，界說本難確定，若嚴格的論之，我可謂一無專長，實難與此決議，名實相副，合在"陳力就列不能者止"之例。

（3）勉強找一專題，雖未嘗不可，但我根本不以此種辦法爲然，例如要我專授佛教史專題，雖或有一日之長，但試問費數年工夫，養出一兩個研究佛教史之人，於國家有何益處，我雖自己對於此門學課有特別嗜好，然殊不願多數人糜精力於此，在學校方面，尤不應費許多金錢，專爲此三兩個學生造特別機會。

（4）假使我因爲喜歡佛教史，在研究院專以此爲教，然而事實上國內青年，與我同好者，恐未必有人，若因其無人而特設津貼，以招羅學生，則我以爲現在應提倡之學科，不止一端，如佛教史，如方言學之類，以學科之先後緩急論，恐須排列在第十幾名以後，學校究以何爲標準，別的學科不補助，而獨補助此一兩科。

（5）嚴格的論之，現在中國學界，實不配設研究院，因爲根本沒有研究生，例如雖出津貼，以招致研究佛教史或方言學之人，恐亦未必可得，應津貼而來之人，未必便可以裁成。

要之，一月五日之決議，在理論上適當與否，別一問題，在事實上決然辦不出成效，實爲我所確信，故若依此決議，我實不願在院中虛靡校中金錢，及我自己之精力。

我兩月前，爲院中諸生講演，演題爲"我爲什麽來研究院當教授"，大意爲兩件事，（一）養成做學問的良好習慣，（二）指導做學問的良好方法，我對於研究院事業有興味，對於本院前途有希望者，即在此，以現在半年間成績而論，實屬不壞，也可以說超過我的希望，現在三十人中，我認爲可以裁成者，實占三分一以上，其中有三五人，研究成績，實可以附於著作之林而無愧，其所研究者，固皆專題也，但專題却非由教授指定，我不以我自己所研究者強彼輩，彼輩所欲研究者我若絶對不能指導則謝之，若相對的可以指導，則勉強爲之幫助，我以爲若循此辦法辦下去，明年招考稍加嚴，則成績必更優於今年，前途發展，未可限量，今驟然欲根本推翻，真所不解，鄙意謂研究院以現在之精神及辦法，繼續下去，而教授個人專門研究，原亦不妨同時並存，若經費充裕，則將一兩門特別稀奇功課，設津貼以招致學生，亦未始不可，何必將現在辦法根本變更耶，校中決議，僕殊不願以個人意見破壞，惟自己進退，應有自由，故研究院若果如決議所采之方針，僕惟有引退而已，公提出計畫書時，望並以此意，代達當局。

啓超　十三日

（1926年3月《清華週刊》第25卷第4號）

致曹雲祥校長書

（爲挽留張彭春事）

慶五吾兄惠鑒：一昨疊上兩書，想塵清察。仲述去職，爲吾校之大不幸事，前書已兩言之，想公亦同茲感慨。弟與仲述，論交日淺，曾無所私愛。雖然，其爲人品格峻潔，在今溷濁社會中，矙然不淬，實所敬佩。其爲學校謀也甚忠，比年贊襄我公，凡所策畫，類能爲本校鞏其基礎，而增其榮譽。此固我公知人善任之効，然仲述之能舉厥職，決甚章章矣。今大局粗定，前途尚遼，爲我公計，誠不宜自壞長城；爲學校計，又烏可遽烹功狗。仲述所以堅決求去之故，弟不深悉；但公既綰全校樞軸，凡可以排難解紛者，爲力宜無不逮。盼我公貫澈初志，竭誠挽留，務求得當，本校前途實利賴之。弟向來埋頭講課，對於校中行政，殊不願過問，因茲事關係過大，不能不一言。弟毫無所私於仲述。前者因研究院事，彼於内容有不甚了解之處，弟方且誾誾與爭，此亦足見弟之絶無成見，惟求其是而已。抑弟尤有欲痛陳者，值此萬方多難之秋，吾校以特殊關係，能絃誦不輟，以迄於今。傳曰："高明之家，鬼瞰其室。"吾校中人若無澈底覺悟以求無負於天下，天下之責備行將集焉。此弟所爲日兢兢，諒亦我公與諸同事所同感也乎。此達敬請

教安，不盡。

啓超頓首

（1926年2月《清華週刊》第25卷第1號）

對慘案之憤慨*

（三月二十四日）

余自入院後，經劉瑞恒院長之診斷，確爲右腎發生無名之小疙瘩所致。因此物出血，故小便含有血分。大夫決定非行施割不可。否則三數年之後，必致危險，余始決心割治。當施行手術時，祇用局部麻醉劑，故人極清醒，而又不覺苦痛，歷時約三小時始畢，割後亦不感疲勞，翌日精神即已復元，而小便之血完全不見矣。近世醫術之發達，甚可驚人，而協和醫院設備之完全與大夫技術之巧妙，亦足令人感謝。當余割治之時，正國務院慘案發生之日，因醫生禁見客閱報紙，致延至第三日始得聞其詳。余對院衛開槍轟擊群衆，極爲憤慨，無論在任何國家，均非依法從嚴懲辦不可。此風一開，則今後人民皆不必爲群衆運動矣。余意此時應由各法團出來調查當日各種慘殺證據，交由法庭起訴（不可由軍法審判），務使當日直接開槍之將校兵士下令開槍之高級長官，及對於國務應負責任之政府中人皆一體由法庭處以應得之罪，庶以後不至再有此類事變。余病室左右均有當日受傷學生正在治療，聞傷重危險者，頗有其人，因此余所受之刺激與目擊當時慘狀者無異。倘政府不知自動的依法辦理，是政府自棄於人民矣。

學生參加群衆運動，余曾一再勸告，不可太濫。此次事屬對外，自不得已，惟因此而犧牲許多可貴之青年生命，殊爲可痛。余切望青年以後更當格外慎重，苟非萬不得已，切不可再作此種無謂之舉。政府不知尊重民意，縱使千萬次請願，亦豈有裨於國家耶？余愛青年，不能不爲此披肝瀝胆之忠告，聽否非所計也。

（1926年3月25日《晨報》）

---

* 此爲梁啓超在協和醫院與探病之某君談病狀經過及對慘案之感想的梗概。

病院談話記

（三月三十日）

徐志摩　筆記

　　我是本月十六日受手術的，這割症不算危險，但也不算輕，割口至八寸之寬，麻醉至四日之久，直到十九日的下午才漸漸蘇醒過來，誰想到空前的大慘案就在我這麻醉期內發作？那天我神志還在半迷糊狀態，隱約聽著院中人説起這大血案的慘象。實際上我間壁的屋子裡，就躺著一個半死的青年，胸膈間中著子彈，到如今還沒法起出！你可以想像我那時在昏瞀中聽那極不可思議的慘聞！我真覺得痛心極了，感想也是十分的複雜，人又在病床上閑着，滿心的憤慨無從發洩，今天既然講起這件事，你不妨記下些去發表，雖則不免拉雜，也總算是我私人的一點意思。

　　我在病房中也不看報，但憑清華同學們及來探病人的報告得悉一些情形，愈聽我的憤慨愈增，我真不欲言！試想去年五卅的血案還是現鮮鮮的放著，那時我們全國人民怎樣一致的呼籲，反抵，我們也取得國際間一部分真摯的同情，誰知緊接著英國人的殘殺行爲，我們自家的政府演出這樣更荒唐的慘劇！這正當各國調查法權的時候，我們這國家此後還有什麽威信可講，什麽臉面見人？案我所聽著的看來，這次慘案顯然是衛隊得在上的指使慘殺無辜的青年，這當然是我們全體國民對人道對良心負有責任，應分趕速督成嚴密的法律的制裁，上自居最高位的頭兒下至殺人的屠夫一概不予倖免，才可以一來稍慰冤死的青年，二來防範此後類似的獸行。

　　政府這次的荒謬，簡直是不可思議：分明是手無寸鐵的青年學子，他在命令上却一概誣爲格殺勿論的暴徒；分明群衆是爲外交事件請願，他却概稱共產黨的擾亂；况且即使群衆中有少數暴徒厠入（事實上據説並没有），爲臨時制止計，不應出此極端的狠毒手段。再退一步講，即使政府認某部分的陰謀擾亂是實有情形，那就該事前設法防範；不能防止已是失責，何況那天請願事純粹是對外的國民行動，不含任何黨派性質，決不能借題發押[揮]，誣爲某黨某派的陰謀擾亂？至於事後又不先事自己告罪與嚴辦凶手，反來通電發令，希圖矇混嫁罪，可見這次屠殺，直是政府直接授意，更無疑義。聽說起訴事項已在進行中，我希望全體國民奮起責任心與正誼心，要求一個不含糊的結束。否則我們不但在國際間再不能靦顏文明國的地位，這竟是我們民族性靈上不可洗制的一個奇穢的恥辱！

這是對政府的話。再次，爲慘遭毒害的青年們著想，我們痛定思痛，對於一般自居指導青年的領袖們，我們當然也不能完全寬恕。我聽當天參加請願的同學們講，那天主席報告，衛隊已經解除武裝那件事，也確是慘禍的一個關鍵。這不是幾方逼成一個境地，叫一班無辜的青年們自投坑穽！領袖們領袖到底，同死同生，也還是一個說法，何況臨到實際犯難時，領袖們早已不見蹤跡。又聽說那位主席先生的報告是根據李鳴鐘的一封信。假定那信是真的，那就是發信人造謊陷害的責任；若不是真的，那主席的責任就不可逃，青年們一腔熱血，當然是容易鼓動的；那天天幸我自己的兒子因爲在這裡伺候着我不曾去加入，否則一去也就難說有身命的危險，誰沒有子女，誰家父母甘願叫子女們白送命，我們只能期望這是末一次的教訓——多可痛的教訓！——下回再不致有同類的冤業發見！我們並不反對民衆運動，但也得有相當範圍。例如推倒政府的事情，如何可以放在年輕的學生們身上？至少我們不能想像這樣的奇蹟。目標是要認清楚的，領袖也得認清楚的；單憑一團血氣做事，雖則可敬，終究不是我們所期望於純潔的青年們的。

（1926年3月31日《晨報》）

國恥演講詞*

梁思忠　筆記

　　這學期我狠抱歉,把日子都在病院裏過完了;對於同學學業方面没有做什麽事,真覺得對不起諸位同學和學校。今天借這個機會,扶病來和諸君會一會面,並且説幾句話。

　　近幾個月來,國内變故真是異常的多;那一件不是令我們傷心的?連我們學校近來也陷入過這種變態現象。起了如此大的風波。總之,這種變故象徵已遍鋪了全國,處處都現出淒凉景况。在這種哀痛之下,我們不知不覺又到五七。這年年要過的一天,已經有十一年的歷史了。回想起往年今天及其他五月裏的國恥紀念多麽熱鬧:大會演講,運動舉國皆是;單獨今天却冷清清没有理會!往日轟轟烈烈愛國運動,今日何在?誠然,在軍事戒嚴及軍閥暴力之下,不便活動;但是我們不能不承認這是表示我們没有力量;没有養成實力!假使有力量何以積有多年的推進力,在今天這個沸點,失却奮發呢?譬如:英國這次總罷工。英國政府素來對於暴動壓迫最力;何以他的力不能壓迫這次風潮呢?原因不是壓迫力大不大,是運動有没有實力。我們没有實力的弱點已完全曝露,我們現在明白以前種種都走入歧途了。我們走錯的路有三點:

　　第一　前此所謂國民運動,都是一部份的學生運動。國民運動不能和學生運動合爲併論。學生雖算民衆領袖,却不能完全代表民衆;因爲學生做來做去總離不開學生社會,却與一般社會漠不相關。因爲運動,反引起民衆的反感。燒仇貨會把人家血汗换來的小小家當毁了;强迫罷工罷市,不罷即打。這樣一來,同情心既失,同時學生也失去最有實力的後盾,他們運動失效果是當

＊ 原題《梁任公先生國恥演講記》。

然的。這也是群衆領袖自欺欺人引大衆入歧途的結果。

第二　近來所謂國民運動率皆託庇於某種强勢力之下。鹿鐘麟打一次勝仗,天安門就大吹大擂開一次大會;張家口小小一紙電報到,立刻鼓停旗收。像這種依賴軍閥的强力或帝國主義的金錢來運動,真是恥莫大焉!無論紅的,白的,及其他實力如何充足,若非出於自己心坎中的愛國熱誠,我敢說他的運動是没效果的。

第三　近來學生運動,已沾惹了萬惡的政治毒。分黨派的惡現象在學生運動裏也有了。每次運動,什麼左右赤白分得清清楚楚;理說不清,一打了事。我們要知道,内除國賊,外抗强權,合起全國人民同心協力來做還怕力量不足,何況内部分黨派,黨派又分左右呢?只有國賊拍手大笑,帝國主義走狗高聲叫好,實際效果絲毫皆無!

"日日争門户,今年傍那家?!"這是明末著名曲本《桃花扇》裏兩句話;意思說明朝將亡,你們還分彼此!

《尚書》微子與箕子的談話:

"小民方興,相爲敵讎;今殷其淪喪,若涉大水,其無津涯,殷遂喪!"這段是說殷祚將衰,内部意見紛紜。

現在中國情狀,簡直是殷衰明末了,青年學生將來的主人翁,尚且日日争門户,相爲仇敵,國家亡無日矣;

痛心已極,無法責備别的人,只能罵自己和自己最近的人没出息,不能做出一番事業。哀痛之餘,只好要求青年諸君大大自覺一番,匡以前的弱點,謀將來的成就!

我們第一要明白真義意的國民運動確是救國良策。

第二我們要覺悟以前種種錯誤,反而行之。

(1) 狹義的學生運動不要來,要想如何才能得大多數民衆的同情心和後盾。

(2) 絶對不要依賴任何軍閥,尤其是外國的强力爲後盾,依虎作倀。要做就自己去做,更不要怕任何勢力的壓迫。

(3) 根本上澈底自覺,不要依附任何黨派,尤其不可採包辦政策。

我們須要乘超然的態度,以國家爲大前提,組織一個大團結;以公正態度容納任何方面意見。"以前種種譬如昨日死；以後種種譬如今日生。"從今天起，大家合起來，在這種消沈悲慘國無一是的環境下，咬牙吞淚拚着性命往前幹。庶幾乎不白白的過了今天。當羞辱之日反省羞辱的原因，我們不可不省。

我想說的，還說不到十分之一：在病中不敢多勞神，隨便講了這些話！

(1926年5月14日《清華週刊》第25卷第12號)

爲松坡圖書館徵書致浙江省長夏超函

定侯省長勳鑒，敬啓者：往年袁氏僭帝，蔡松坡將軍首舉義師，重奠邦本，身誓許國，口不言功，亮節殊勳，舉世欽仰。同人追懷遺烈，爰有松坡圖書館之設。頻年收集中西書籍達五萬册，以中書部爲第一館，西書部爲第二館，公開閱覽，籍助文化。惟吾國舊籍浩如烟海，近世藏書尤貴專門。必收集之方定有標準，然後研讀之士得其津梁。查各省府州廳縣志書，富有歷史、地理、社會、經濟暨自然科學之材料，實吾國切實有用之書也。但是此類志書坊間無從購買，向來本館羅致，皆賴各省長公署代爲收集捐贈。夙仰貴省文風之盛甲於全國，各處志書尤多出自名手。貴省長宏獎教育，當仁不讓，敢請飭下所屬，各檢該處志書一部，解交貴公署，彙贈本館，嘉惠士林，玉成盛舉，無任感荷。肅此，敬請崇安！伏維勳鑒。

(1926年9月《浙江教育季刊》)

我的病與協和醫院

近來因爲我的病,成了醫學界小小的一個問題。北京社會最流行的讀物——《現代評論》《晨報副刊》,——關於這件事,都有所論列。我想,我自己有說幾句的必要!一來,許多的親友們,不知道手術後我的病態何如,都狠擔心,我應該借這個機會報告一下。二來,怕社會上對於協和惹起誤會。我應該憑我良心爲相當的辯護。三來,怕社會上或者因爲這件事對於醫學或其他科學生出不良的反動觀念。應該把我的感想和主張順帶說一說:

我的便血病已經一年多了。因爲又不痛又不養,身體沒有一點感覺衰弱;精神沒有一點感覺頹敗;所以我簡直不把他當做一回事。去年下半年,也算得我全生涯中工作最努力時期中之一。六個月內,著作約十餘萬言;每星期講演時間平均八點鐘內外;本來未免太過了。到陽曆年底,拿小便給清華校醫一驗,說是含有血質百分之七十,我才少爲有一點着急,找德國、日本各醫生看,吃了一個多月的藥,打了許多的針,一點不見效驗。後來各醫生說:"小便不含有毒菌,當然不是淋症之類。那麼,只有三種病源:一是尿石,二是結核,三是腫瘍物。腫瘍又有兩種:一是善性的——贅瘤之類;二是惡性的——癌病。但即[既]不痛,必非尿石;既不發熱,必非結核;臍下只有腫瘍這一途。但非住醫院用折光鏡檢察之後,不能斷定。"因此入德國醫院住了半個月。檢察過三次,因爲器械不甚精良,檢察不出來,我便退院了。

我對於我自己的體子,向來是狠悻強的。但是,聽見一個"癌"字,便驚心動魄。因爲前年我的夫人便死在這個癌上頭。這個病與體質之強弱無關,他一來便是要命!我聽到這些話,沈吟了許多天。我想,總要徹底檢查;不是他,最好;若是他,我想把他割了過後,趁他未再發以前,屏棄百事,收縮範圍,完成我這部《中國文化史》的工作。同時我要打電報把我的愛女從美洲叫回來,和我多親近些時候。——這是我進協和前一天的感想。

進協和後,子細檢查:第一回,用折光鏡試驗尿管,無病;試驗膀胱,無病;試驗腎臟,左腎分泌出來,其清如水;右腎却分泌鮮血。第二回,用一種藥注射,醫生説:"若分泌功能良好,經五分鐘那藥便隨小便而出。"注射進去,左腎果然五分鐘便分泌了。右腎却遲之又久。第三回,用 X 光線照見右腎裏頭有一個黑點,那黑點當然該是腫瘍物。這種檢察都是我自己親眼看得狠明白的;所以醫生和我都認定"罪人斯得",毫無疑義了。至於這右腎的黑點是什麽東西?醫生説:"非割開後不能預斷;但以理推之,大約是善性的瘤,不是惡性的癌。雖一時不割未嘗不可,但非割不能斷根。"——醫生診斷,大略如此。我和我的家族都坦然主張割治。雖然有許多親友好意的攔阻,我也只好不理會。

割的時候,我上了迷藥,當然不知道情形。後來才曉得割下來的右腎並未有腫瘍物。但是割後一個禮拜内,覺得便血全清了。我們當然狠高興。後來據醫生説:"那一個禮拜内並未(算)①全清,不過肉眼看不出有血罷了。"一個禮拜後,自己也看見顏色並没有十分清楚。後來便轉到内科。内科醫生幾番再診查的結果,説是"一種無理由的出血,與身體絶無妨害;不過血管稍帶硬性,食些藥把他變軟就好了"。——這是在協和三十五天内所經過的情形。

出院之後,直到今日,我還是繼續吃協和的藥。病雖然没有清楚,但是比未受手術以前的確好了許多。從前每次小便都有血,現在不過隔幾天偶然一見。從前紅得可怕,現在雖偶發的時候,顏色也狠淡。我自己細細的試驗,大概走路稍多,或睡眠不足,便一定帶血。只要靜養,便與常人無異。想我若是真能抛棄百事絶對的休息,三兩個月後,應該完全復原,至於其他的病態,一點都没有。雖然經過狠重大的手術,因爲醫生的技術精良,我的體子本來强狀[壯],割治後十天,精神已經如常,現在越發健實了。敬告相愛的親友們,千萬不必爲我憂慮。

右腎是否一定該割,這是醫學上的問題,我們門外漢無從判斷。但是那三

---

① 原刊字未印出,擬補。

次診斷的時候，我不過受局部迷藥，神志依然清楚；所以診查的結(果)，我是逐層逐層看得很明白的。據那時候的看法，罪在右腎，斷無可疑。後來回想，或者他"罪不至死"，或者"罰不當其罪"，也未可知，當時是否可以"刀下留人"，除了專門家，狠難知道。但是右腎有毛病，大概無可疑。説是醫生孟浪，我覺得是冤枉。

"無理由的出血"這句話，本來有點非科學的。但是我病了一年多，精神如故，大概"與身體無妨害"這句話是靠得住了。理由呢，據近來我自己的實驗，大概心身的勞動，總和這個病有些關係。或者這便是"無理由的理由"。

協和這回對於我的病，實在狠用心。各位醫生經過多次討論，異常鄭重。住院期間，對於我十二分懇切。我真是出於至誠的感謝他們。協和組織完善，研究精神及方法，都是最進步的，他對於我們中國醫學的前途，負有極大的責任和希望。我住院一個多月，令我十分感動，我希望我們言論界對於協和常常取獎進的態度，不可取摧殘的態度。

科學呢，本來是無涯涘的。牛頓臨死的時候説："他所得的智識，不過像小孩子在海邊拾幾個蚌壳一般。海上的'宗廟之美，百官之富'，還沒有看到萬分之一。"這話真是對。但是我們不能因爲現代人科學智識還幼稚，便根本懷疑到科學這樣東西。即如我這點小小的病，雖然診查的結果，不如醫生所預期，也許不過偶然例外。至於診病應該用這種嚴密的檢察，不能像中國舊醫那些"陰陽五行"的瞎猜。這是毫無比較的餘地的。我盼望社會上，別要借我這回病爲口實，生出一種反動的怪論，爲中國醫學前途進步之障礙。——這是我發表這篇短文章的微意。

（1926 年 6 月 2 日《晨報副鎸》）

對美客談廢除領判權

梁啓超日昨接見美國訪客，談及領事裁判權問題，美客謂中國擾攘不定，實不宜即行取消領事裁判權，梁立加辯駁謂：

中國政局之變動與否，與領事裁判權，並無關係。中國雖無健强穩固之中央政府，但外人之生命財産皆享受適當保護。數週以前，京師無主，近畿大軍雲集，華人無不罹刦，男婦强行拉去傭工，不給工資，而外人之家，仍安然無恙。且所謂領事裁判權不過一種條約特權，值政局騷亂之際，中外人生命財産同受危險之時，此種條約特權，對於外人之保護殊鮮效用。騷亂時外人猶能度其安然生活，並非由於領事裁判權之存在，乃由華人之敬重外人，此理甚明。至外人以爲苟領事裁判權取消，外人必受危迫，此實神經過敏之談。根據此種見地，列强之必欲堅持毫無效用之領事裁判權，損害中外間之善意，殊非所宜。

訪問美客又謂：租界地之保護政治犯，使不致受其敵黨之凌毒，效益顯然，租界之有助於中國政治家，誠非虛語。梁答謂：

真正之政治家，於變亂時，必能逃往外國，如他國革命時之先例。政治家若在國內依附於外人勢力之下，結果，租界成爲不良搗亂分子之逋逃藪，中國內亂相尋無已，與此大有關係。就此點而論，租界應即取消，其理由殊爲充分。

梁又云：

美國既爲中國之摯友，請寄語美人，勿對中國灰心。中國人刻正奮鬥謀建良好政府及社會之實現。數年內，軍閥之跋扈，大可熄止。但新世紀猶須有待。必羣衆皆受有純正公民之訓練而後可而已。

（1926年6月16日《晨報》）

《松坡軍中遺墨》序

《松坡軍中遺墨》二冊，凡書四通，電稿百零三通，除致余兩書外，皆其秘書唐規嚴巘從軍時所收拾寶存者。民國七年七月，曾由中華書局印行。原稿旋被人攫去，今不知所在矣。即已印出者，亦僅蹇季常念益處存此孤本。松公化去，忽已十年，同人懼芳躅之遂湮，乃重印二千部，以廣其傳。當時余與松公往復函札及其他軍中書牘手稿，不下二十餘萬言。陳叔通敬第携往付印，中途遺失，登報大索兩月無所獲。嗚呼！史料散失之易何必遠溯，吾身及儕輩所躬親者，則既若是矣。此卷有疇昔所偶批者，讀之益可見當時事實之真相，惜所箋注未及萬一也。

丙寅長至日　啓超記。

（松坡學會 1926 年 8 月版《松坡軍中遺墨》）

《碣陽詩話》序

時[詩]話作於今日，每以境過情遷，鄙薄者有之，擯斥者有之。謂當茲新學盛興，雖賢傳聖經，且將束之高閣矣，奚取詩話爲哉？吾謂不然。天下事，往往有行之當時不甚重，而傳之後世最足多者。觀於科舉時代，人人日手一編，家喻户曉，雖以古昔《虞山詩話》《漁洋詩話》《隨園詩話》，名人筆墨超出群倫，然數見不鮮，亦不過各成一家之著作已耳。惟當詩學革命之秋，代遠年湮，此調不彈已久。後儒即有志學詩，前無所師承，後無所仿照。譬諸昏夜失路之人,悵望前途,倘無人焉爲之指導其方向,奚能歸正道而出迷津?一旦是編出而問世,爲後進留一線之傳,如飢得食渴得飲,殆較之唐宋元明以來各詩話事半功倍,料舉世當必格外歡迎也。余深嘉宗蓮是編之撰著,在今日若無足重輕,在將來則大有關係。然則是篇行世,足挽既倒之狂瀾,而作中流之砥柱,洵後學之津梁,詩家之寶筏也。余故甚爲贊成,而爲之序云。

民國十有五年,梁啓超序於保陽客寓。

(北平京津印書局版《碣陽詩話》)

致張孝若電

張孝若世兄:奉電驚聞嗇老長往,哲人其萎,舉國同悲,矧屬契舊,能不失聲?世兄繼志述事,責任綦重。希節哀順變,以慰先靈。道遠未能撫棺竭誠,除郵寄誄詞外,謹先馳唁。梁啓超

(1926年8月30日《申報》)

祭張嗇庵先生文

惟中華民國十五年九月十二日,汪大燮、熊希齡、梁啓超、莊蘊寬等,謹以清酌庶羞致祭於嗇庵先生之靈曰:嗚呼!神嶽頹峰,大星隕地;巨壑舟遷,尺波電逝。遺範空存,德輝永閟;相向失聲,奚能制淚?繄公誕降,劭德通門;吟鶯綺歲,辨馬髫辰。神襌無飾,枕菲彌勤;神鯨跋浪,瑞鷗儀雯。才備九能,學通

六藝；沂公巍科，信國偉器。以第一人，領職中祕；密勿敷陳，出入諷議。遭時多故，海水群飛；哲人遠識，觀變沈幾。共和極軌，郅治可希；殫智竭慮，起衰振微。入總農曹，實參大政；濟濟名流，一時稱盛。肅立教條，嚴持規禁；秩秩壯猷，彰施未竟。公之珂里，曰惟海涯；俗尚樸塞，大利未規。公紆籌策，外域是師；振民育德，以植之基。濬其畎澮，教以樹藝；趙過代田，白公水利。廢人爲梁，蠱師呈技；户習絃歌，俗起凋敝。宏總群任，道與時隆；令行法立，人和政通。臚兹嘉績，更僕難終；寰宇之式，百郡之宗。杖履優游，得天洵厚；弓冶貽謀，壎篪疊奏。神理難知，美疢忽邁；鵬集徵凶，鵕巢告咎。大變等論交同誼，奉職同舟；羨公解組，尚爾淹留。南雲掩晝，江樹凋秋；棟摧梁折，疇不涕流？腹痛回車，感懷疇曩；霖雨東山，繁公是望。狂瀾滔天，非公孰障？存殁百年，吾道安放？史寇能記，緒論夙聞；述公風義，豈藉蕪文？椒漿既薦，蘭藉載陳；靈兮來格，歆此苾芬。尚饗！

（附）輓張季直聯

一老不遺，失慟豈惟吾鄙；
萬方多難，招魂怕望江南。

（《張南通先生榮哀録》，中華書局 1931 年版《張季子九録》附録）

題劉畫跋

杜工部云"語不驚人死不休"。藝術家不具此膽力及志願，未足與言創作也。

海粟之畫是真能開拓得出者，比諸有宋詞家後村、龍川之亞耶，抑杜老又言"老去漸於詩律細"？

　　海粟方盛年，日在猛晉中。它日波瀾老成，吾又安測其所至也？

　　　　　　　　　　　　　　　　　　　　　　啓超

　　　　　　　　　　　　　　　　　　　　　　丙寅初秋

（1926年9月12日《晨報·星期畫刊》第52號）

新書介紹·《中華民國省區全誌》

　　白眉初輯，民國以來第一鴻著。全部八厚冊，六百餘萬言。前四冊已出版行世，第五冊現付印刷。

　　現在預約價格，紙皮者十六元，布皮金字者十九元二角。國內外郵費照加。

　　白眉初先生，係北京師範大學史地系主任兼地理教授，竭二十年之精力，從事考究中國地理，或用公文徵求各省區官府之報告，或用表格隨時隨地徵求私人之調查，更徧考古籍，以溯淵源，復搜羅時賢著述，名人遊記，尤肆力檢查中外報章雜誌，又參考中西文之各種典籍，以期觀察之正確，且時時接觸各省區之學者，周諮博訪，窺測真相。仍不僅此也，足迹北至滿蒙，南歷長江上下游，而徧覽乎東南西南各省，目覩手抄，益多珍品。總之用種種方法，搜得之材料，盈箱累笥，海擁山積，旋於民國六年充北京師範大學地理教授，十年講學，益得經驗，而臻純熟。乃深慮存稿散佚，遂誓志整頓，印行《中華民國省區全誌》。其内容以中國有二十二行省，五特别區域，更有青海一區，外蒙西藏兩自治地，合爲三十省區，本誌即因之分爲三十卷，每卷又分爲七章，即(1)總説(2)商埠(3)都會(4)道縣彙志(5)山水誌略(6)政教民俗(7)實業，實業中之項目，爲交通礦農工商等，將來全書印竣，累之案上，可盈二尺，誠洋洋大觀，宛然一民國全部狀況之寫真照片也。允宜人手一編,家藏一部,校置一函,而全國各圖書館尤應乘預約期間,購置數份,以供國人酣恣閱覽,茲將書目價目,臚列於左:

(A) 書目表

第一冊 《京直綏察熱志》(已印行)

第二冊 《滿洲三省志》(已印行)

第三冊 《魯豫晉志》(已印行)

第四冊 《秦隴羌蜀志》(已印行)

第五冊 《鄂湘贛志》(方付印)

第六冊 《皖蘇浙閩志》(未印)

第七冊 《兩廣雲貴志》(未印)

第八冊 康藏新蒙志》(未印)

(B) 價目表

裝訂狀況	已出半部之預約價	全書出完後之價	國內郵費	國外郵費
紙面者	十六元	二十四元	一元二角	四元
布皮者	十九元二角	二十七元二角	一元二角	四元

(C) 預約收款及書籍發行處所

(1) 北京廠甸師範大學史地系

(2) 北京宣內南鬧市口回回營三號白宅

介紹人:熊希齡、梁啓超、范源廉、王寵惠、任可澄、胡適、李石曾、嚴修、黃郛、李佳白、馬寅初、黃炎培、袁希濤、陳寶泉、鄧萃英、易培基、高一涵、翁文灝、傅銅、查良釗、陶知行、張伯苓、郭秉文、竺可禎、鮑明鈐、張貽惠、張耀翔、韓定生、高魯、陶履恭、王桐齡、蔣維喬、楊樹達、李順卿、汪懋祖

(1926年10月《中華圖書館協會會報》第2卷第2期)

致孫傳芳電

（爲營救熊育錫）

九江孫聯帥勛鑒：久仰威名，尚虛良覿。望風懷想，與日俱長。頃閱報載有南昌心遠大學校長熊君育錫因嫌被逮事，不審確否？啓超與熊君交僅一面，然夙知其學問道德迥出時流，在贛盡力教育垂三十年，成就人才不少。生平專以講學爲事，從無任何黨派關係。似此耆宿，禮當式其廬，以示觀感。若以嫌疑得罪，則爲善者其懼矣。伏望我公念老成典型，迅電營救，不勝大幸。事關國家元氣，不避唐突，冒昧馳聞，諸惟鑒察。梁啓超叩勘。

（1926 年 10 月 30 日《晨報》）

蔡松坡遺事

梁啓超　口述　周傳儒　筆記

今天是蔡松坡將軍十年周忌，《晨報》舘因爲紀念他，要我作一篇文章。我想松坡的功業及道德，人人共知的，用不着我多講空話來恭維他；所以我祇是將我所知道他的事情，零零碎碎，説這幾條。

很可惜，我對于松坡，雖然私人交誼很深，但是他辛亥革命以後，在雲南一切政治上的設施，以及他最有名的護國之役，在戰場上那些情形，我都沒有同他在一塊；所以我所知道他的事蹟，大部分是模糊影響的。

最能知道松坡的，有幾個人：如蔣百里（方震），石陶鈞（醉六），唐規巖

(巘),雷時若(飇),殷叔桓(承瓛)。這幾位朋友本來對于今年的紀念都打算作文章;可惜他們都在南邊,不知道能否趕得上,作好寄來。所以我這篇文章,祇好拿來充數,恐怕不能夠寫出松坡的全部真相。

我因爲病後要調養,自己不能執筆,近來的文章,都是門生記的,這篇也是一樣,事前並沒有搜集多少資料,祇能是據我所知道的所想及的這麼多,拉拉雜雜的寫出來,不過當作一種很粗糙的史料罷了。還有筆記不能盡如原意之處,只好等將來改正。

一

我認得松坡,是在光緒二十二年,那時松坡祇有十五歲,是我們在湖南所辦時務學堂的第一屆的學生,那時的同學,共有四十人,他是最小的一個。他的名字,本來叫作蔡艮寅(蔡鍔這個名字,是他進日本士官學堂時所改的);他年齡很小,但他在當時考上時務學堂的四十人中,名列第三,在學堂中的功課,和每月的月考,都很好,常常列在前幾名。他有一位母舅,名叫樊錐,學問極好,大概松坡小的時候很受他教訓的影響。及到進了時務學堂以後,譚壯飛先生嗣同,唐紱丞先生才常,和我都在堂中教授,我們的教學法有兩面旗幟,一是陸王派的修養論,一是借公羊、孟子發揮民權的政治論,從今日看起來,教法雖狠幼稚,但是給同學們的"烟士披里純"却不小。開學幾個月後,同學們的思想,不知不覺就起劇烈的變化。他們像得了一種新信仰,不獨自己受用,而且努力向外宣傳。記得初開學那幾個月,外面對于我們那個學堂都很恭維,到了放年假同學回家去,把我們那種"怪論",宣傳出去,於是引起很大的反動,爲後來戊戌政變時最有力的口實,這種工作,固然是當時同學全部公共去做的,不止松坡,不過松坡總是他們認爲最有炸彈性的一個人。

到了戊戌政變,時務學堂解散,我亡命到日本。當時那些同學,雖然受社會上極大的壓迫,志氣一點不消極;他們四十人中,有十一人相約出來找我,可是並不知道我在什麼地方。他們冒了許多的困難和危險,居然由家裏逃出來,跑到上海。但是到上海後,一個人不認得;又費了許多手續,慢慢打聽,才知道我的住址,能夠與我通信。後來我聽說,松坡到上海,住在旅舘的時候,身上不多不少,祇剩下一百二十個有孔的銅錢。他在還沒有得到我的回信之前,也曾進南洋公學,在那裏一個多月;其後我接到他們的來信,湊點盤費,讓他們到日本來。但是我在那個時候,正是一個亡命的人,自己一個錢都沒有,不過先將他們請來,再想方法。他們來了之後,我在日本東京小石川久堅町,租了三間屋子;我們十幾個人,打地舖,晚上同在地板上睡,早上捲起被窩每人一張小桌唸書。那時的生活,物質方面,雖然很苦,但是我們精神方面,異常快樂,覺得比在長沙時,興味還好。

在那個時候,主要的功課是叫他們預備上日本學堂。我除了用以前在時務學堂教書的方法,讓大家讀書做剳記之外;他們大部分的時間,都是預備日本話同其他幾種普通學——如數學;這樣的生活,前後有九個月的時間。九個月後,正是庚子秋天,唐紱丞先生,在漢口作頭一次的革命事業;當時跟我出來的十一個人,全都回去參加,大半死在裏頭。松坡那時年齡最小,唐先生看他還不能擔任什麼重要的職務,臨起事的前半月,叫他帶封信回湖南找黃澤生先生(宗浩)(澤生當時在湖南練新軍,他生平最敬仰羅澤南的為人,後來辛亥革命,被民黨看錯了,遂及於難);要求澤生,同時在湖南起事。澤生本來是我們的同志,不過他認為這種革命,目的雖對,方法不行,結果一定把許多同志,白白地葬送了,所以他沒有參加,他亦曾勸過唐先生,勸不轉來,祇好嚴守秘密。松坡把信帶到後,澤生知道事情一定失敗,把所有同志,都葬送了,未免太冤;他把松坡藏在家裏,不讓回去;松坡因此倖而得免,都是黃先生保護他,顧全他。後來漢口的事情完了,黃先生籌好學費,把松坡再送到日本叫他好好的求學;他又回來,還是隨從我過從前那學生生活。

第二次到日本,在那個時候,松坡天天要想學陸軍,我常笑他說"你這樣文弱一個人,怎麼能學陸軍呢!"他就很氣,回答我說:"祇要先生替我想方法,學陸軍,我將來不作一個有名的軍人不算先生的門生。"我亦認為同志中,有學陸軍的必要,所以極力設法;但是那時到日本學陸軍的人,非由政府遣派不可;我很費點事,再加以松坡自己努力設法,才能到士官學校去;自費陸軍學生,算只松坡和蔣百里兩個人。——不久便補官費。他們是士官學校第二班的學生,畢業的成績,都很優良;在日本百餘學生之中,百里名列第一,松坡大致是第五——我記得不很確實。松坡回國後,先到廣西,開辦講武堂;不久,又跑到雲南,起初作標統,後來漸漸升到協統；辛亥革命的時候，他是雲南新軍，唯一的首領；所以武昌起義不久，他在雲南，首先響應，西南局面，因爲他的獨立，起了很大的變化。

二

松坡在雲南的事蹟，很可惜我不在那邊，知道的的確很少，不能多講。當時雲南雖然獨立，貴州四川，還在紛亂之中；松坡把雲南佈置粗定，立刻把他那微弱的軍隊，派遣出去，一支到貴州，一支到四川；所以辛亥革命，滇黔蜀聯爲一氣，把西南局面鞏固，這是他的功勞。松坡的計畫，是對內稍有眉目就趕急設法對外。當時片馬事件發生未久，雲南軍事粗定，他立刻派人出去調查；派去的，都是他最親信的兵，跑去爬雪山，觀察形勢。後來據他講，派去調查的人，手指凍掉了，耳朵凍掉了，都不知道，亦不悔恨；他們覺得是自己責任所在，很有興味，一點不辭勞苦，從這件事，可以看出他治兵得人心的地方。

他在雲南，前後三年，他的政績，一直到現在，雲南人還在歌頌不絕，可惜我不能列舉。他同雲南人雖處得很好，但是覺得武人擁兵自衛不對，一定要變成唐代藩鎮的樣子，所以他屢屢求退，來作旁人的模範。民國二年三年之交，他拍到中央要求退職的電報不下十次，政府總是不肯放他走；他一面寫信拍電給我，教我幫忙，一定要貫徹他的素志，後來費了很大的力氣，居然辦到要政府準他回來；自從他在士官學校畢業，一直到退職回京，中間隔這樣長的時間，我才同他再見面。他雖然將軍職擺脫，他始終不肯把軍事生活拋棄，他回到北京以後，覺得那時所謂新軍，想拿來對外作戰，程度差的很遠，非另起爐灶做一番不可。他在袁世凱面前條陳意見；現在的軍事教育，將來的軍事訓練，都有具體計畫；那時他痴心妄想，以爲袁世凱真心在替國家作事；所以他不願在外省作擁兵自衛的藩鎮，而願來北京作軍事教育家。袁世凱很敷衍他，不說他的計劃不對，可是一點實行的意思都沒有。他一面很憤慨，一面並不消極，約好青年軍官二十餘人，組織一個軍事學會，請好幾位各國有名的軍事學家講演，自己還是像當學生一樣去聽；每禮拜又有一二次的聚會，討論各種計畫，各種軍事上的問題。他在民國三年以後，過這樣的生活，約有一年光景。

歐洲大戰發生，他最初主張同德國說明，要把膠州灣交還中國，由中國派兵守去。這種主張，他當時很堅持，同袁世凱講，袁世凱最初説英國不會參戰，就是英國參戰戰勝，德國亦可以自守，犯不着開罪德國。關于中國要收回膠州灣的問題，我同松坡前後見過老袁幾次，他始終不肯採用我們的主張。後來日本送出最後通牒給德國的時候，松坡還想作萬一的補救，主張中國派遣軍隊，加入青島作戰，袁世凱還是不聽，松坡很憤慨。最後日本向我國提出"二十一條"，那時松坡是參政院的參政；他在參政院中，有一篇一點多鐘的長演説，對于拒絕日本的提議，主張要有最後作戰的決心；一面他又把作戰的計劃，秘密地向袁世凱陳述。袁世凱別有懷抱，對於這種計劃，當然不能採用，同時看見他這種鋒鋩，對於他猜忌得更利害。

　　籌安會起，那時我正在天津，他得着這個消息，當天跑在天津找我；對於後來反對帝制種種計劃，都在當天晚上，谈一個通宵。所有一切部署，就在這個時候安排停當；所以後來松坡從雲南給我寫來的信中有"一切部署，悉如在京時所議"等語（《遺墨》第一頁）。那時所最困難的：就他那方面講，他的勢力在雲南，雲南是邊遠省分，非等到袁世凱的真面目揭穿後不能舉事；而事前又不能不預備，要讓老袁知道了，進行上很感困難。就我這方面講，我佔在輿論界上，不管袁世凱的真面目揭穿與否，事前就要堂堂正正的反對。而我同松坡的交誼，人人共知，彼此有連帶關係；我不做文章反對，不成；我做文章反對，就會牽連到松坡的行動不自由，以後的計劃，没有法子實行。後來我們倆商量的結果，衹好暫時分家各走各的路；我儘管做文章反對，他儘管向人説贊成；所以當時許多軍官，签名贊成改變國體，松坡有名字在裏頭，這是事實，一點不錯；因爲不這樣，不能免去猜忌，不能順利工作。自籌安會發生後三個多月，松坡在北京，常向人説："梁先生是書獃子，不管事實，衹顧空論。"表面我們裝作分家的樣子，因此袁世凱對于他的猜忌，這才鬆懈一點。

　　雖則如此，袁世凱還是不放心，所以在九月間有一次松坡家中遇盗；説來奇怪，這些强盗，跑到他家裏，什麽都不搶，衹是翻他書籍信札，翻得滿地都是，翻不出什麽東西，揚長去了。後來才知道，這些强盗，是袁世凱派去的，其目的在搜檢他的密電本子；那知松坡早已防到了，在遇盗前一個禮拜，已經把他的密電簿，帶到天津，擺在我的臥房裏。袁世凱派去的人搜索一番，毫無所得，没有法子，以整肅軍紀爲名，槍斃了幾個人，才算完事。在那些時候，我們所處的地位,非常困難;便衣偵探,每天都包圍在我同松坡的屋子前後;走一動步,就有暗探跟着。松坡因爲派了許多人到雲南去,一切的通信機關都設在我家裏,不能不常到天津來,然而僕僕住[往]來,最惹注目,祇好裝一個腐敗的樣子,打牌,吃花酒,樣樣都幹;後來報紙上說他同什麼小鳳仙如何如何,這類事情,誠然是有些影響的;因爲他每次到我家裏來,常常帶起妓女在一塊,打牌打個通夜,到了酒闌人靜,才能商量正事。

到了部署已經成熟,他就預備動身,但尚不敢從上海走,先到日本,然後折回雲南。走的前一個禮拜,他託病(其實真病)到天津,住在一個共立醫院裏頭,把旁的事情準備妥當,專等袁世凱派人來看病。一面醫生把診斷書,交來人帶回去,一面他就從共立醫院,雇洋車,到德義樓,租了一間房間,晚上三點鐘,從義德[德義]樓跑到我家裏來,清晨一早,就上日本船,在偵探環視之中,居然讓他出去了。他在家裏頭,嚴守秘密,他的行動,連家人亦不知道;他告訴我,走後一禮拜,才可以對他母親説。動身以後第三天,他的夫人,打電話問我:"松坡到那裏去了?"我真不好回答。祇能對她説,請她轉告老太太,松坡很平安。松坡對于小事情,注意得非常周到;既到日本以後,隨即告假養病,過了二十幾天,有人講蔡某經過香港回雲南去了,袁世凱絶對不相信,説是某天某天,還從別府箱根有信來。不錯,信是有的,人可走了;因爲松坡注意周到,離開日本時,寫了許多信,給袁世凱最親信的軍官們,那些信却是專人跑到別府箱根去發,報告他遊歷的狀況,養病的情形。袁世凱看見來信,筆跡一點不錯,日期一點不錯,郵局的消號圖章,一點不錯,不由他不信;因爲這樣所以他于困難環境之下,居然跑回雲南去了。

三

松坡以民國四年十二月十九日,到雲南省城;因爲他在雲南很有威望,所以他到那邊的時候,很有點像拿破崙從愛耳巴島回巴黎的狀況。五年一月五日,他有一封信給我,中間一段説:"抵滇之日,兒童走卒,群相告語,欣然色喜。不數日,金融恐慌,爲之立平,物價亦均趨平静。迄宣佈獨立後(二十五六等日),人心更爲安適。日來舉辦護國紀念會,人气敵愾,有如火如荼之觀,滇人俠勇好義，於此可窺見一斑。"（《遺墨》第一頁）因爲松坡有如此的威望，所以到雲南祇有一個禮拜，雲南就宣布獨立了。獨立時候，所有一切文件，差不多都是早預備好的；請袁世凱取銷帝制，懲辦元凶，限二十四點鐘答覆的電稿（原稿及旁的文件，具見《盾鼻集》），他未走之前，我就擬好了，他動身的時候，帶着去的。當時幾種重要文件，因爲都是我擬的，我都有底稿留在身邊；所以他獨立後，第二天，幾樁文件都在北京一個英文報上登出來了，袁世凱看見後，這才知道，所有計劃同組織，早預備好的，把袁世凱氣極了。

自從宣布獨立後，他在軍事方面，經過很大的困難，這種情形，完全出乎意料之外。第二年三月三十一日，他有封電報給我，中間一段説："此次出征，師行未能大暢，實因宣布過早，動員緩慢，出師計劃，未盡協宜，以致與京津所豫想者竟相鑿枘，幸上下一心，奮厲無前，輒能以少勝多"（《遺墨》第十六頁）。這個電報，裏邊有許多不方便説的話，並不是"宣布過早"，但確是"動員緩慢"。動員緩慢的原因，就是雲南當局者，要留精鋭，保衞自己，不肯把省城的兵給他；給他的兵，都是從外州縣乃至南部各處，零碎調來，自然動員很緩慢了。他當時究竟帶了多少兵出去呢？事後講起來，令人一驚。我們從爛紙堆中，找出一張由滇出軍時，所編梯團分配單，人數槍枝的分配，如下表：

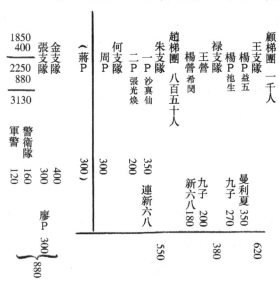

（此表依原樣抄録一字未改，見《遺墨》七、八兩頁）

共計三千一百三十人，松坡帶着雲南兵出去，始終就是這麼多；以三千多疲憊之兵，當袁軍十萬常勝之卒，他的困難情形，就可想而知了。他電中所謂"京津間所豫想者竟相鑿枘"，是怎樣解釋呢？依他算起來，要當冬天水涸的時候，他在雲南，趕急出兵；他走陸路快，袁世凱用江船運兵慢，等他佔領重慶，袁世凱的大兵還未完全開入四川，他可以搶個先着。這種計畫，他同我算得很清楚，以爲有十分把握；但是實際上，宣布獨立以後，二十多天還没有把兵開出去（雲南當局的意思何在，不可得知）。因爲這個原故，給袁世凱以充分的時間，從容預備；後來兩軍作戰，大吃其虧，就爲這一點。

　　最初一戰，在敘府；袁世凱的軍隊，有馮玉祥一旅（跟陳宧到四川去的），松坡頭一回就打勝仗，馮旅退回成都去了。第二大戰，在瀘州，此時袁家大兵，陸續開到，袁軍主要部隊爲曹錕的第三師一師，張敬堯的第七師一師，都算是北洋勁旅，素號精悍而且常打勝仗的。松坡在三月初間，在納谿同袁家軍大血戰，打了一回敗仗；所以致敗的原因，固然是人數的衆寡懸絶，軍械的精粗懸絶；還有一層，劉存厚的軍隊（劉爲川中將領最先響應的一個），盡在前線，而劉軍絶對不能作戰。這是三月七號的事，八號松坡有封信送回雲南，臨末一段説："劉部彈絶餉竭，士氣尤爲腐窳，不堪用之戰線，前夜八時，即由陣地，爭先潰退，勢如潮水；路過司令部，經弟嚇以手槍，復反犇，聞其出東門後，仍鳥獸散，可嘆也。劉部潰後，我軍尚静據陣線，待至豫定之鐘點，始徐徐引退，秩序井然，逆軍未發一追兵，抑云幸也。"（《遺墨》第五頁）這是他在最前線受劉存厚的影響，亦是失敗的最大原因。

　　當時他本人絶對不主張退，因爲拗不過羅佩金，劉存厚的主張，然後退到大洲驛。在他八號寫回雲南的信，頭一段説："納谿戰事，本可有爲，弟一意主積極，而榕軒積之則深以子彈不給，士氣不揚，疲勞太甚爲慮，非暫退不足以全師，議節節防守，俟子彈續到，元氣稍固，再行進取。弟期期以爲不可，退却之命繾定不發者屢日，既發復予遷延一日，乃各方面煎迫多端，遂不得不以退爲進矣，熬不過最後之五分鐘，曷勝扼腕！昨今兩日，默察將士情狀，其精神似甚頽喪；現擬以少數部隊，扼止逆軍之南進，一面將各部隊，在蓬溪大洲驛一帶，停駐三數日，切實整頓，一面於上馬場附近，築防禦陣地，伺機轉移攻勢，此日來之部署也。"（《遺墨》第四頁）那個時候，真是千鈞一髮，經過一回大敗，全部將士,都主張退,自己拗不過他們;假使他那時完全退却,全盤計算都沒了。他後來設法子,到預定的鐘點才退,退到大洲驛後,自己毅然決然的説:"要死就死在這兒,再退一步,非我輩死所。"這才把軍心穩住。

在大驛洲[洲驛]的時候,以大敗之餘,要大家休息,洗洗臉,吃吃飯,他便親自一排一排的同下級軍官和兵士説話,安慰他們;不是講軍事上的話,都講的慰問親切的話。如是者有兩天,到第三天然後把他們召集起來,有一回很沉痛的演説,以後士氣大振。他十一號的信説:"我軍現已悉達指定區域,從事整頓隊伍,補充軍需,休養兵力;一面詳偵地勢敵情,伺機行動。日來部署略有頭緒,散兵已陸續歸隊,士氣初甚頹喪,現已逐漸來蘇,朝氣橫溢矣;所難者,槍枝多破損,未能剋日修理,衣服縷褸,未能換給,彈藥未能悉加補充,而餉項已罄,乞靈無效。……"(《遺墨》第六頁)當時在他軍中的人説,納谿退下來後,大家看來沒法子收拾,他兩天功夫,使得士氣橫溢,除了他的人格偉大感化力強以外,沒有旁的人,亦沒有旁的法子可以做到。古人説:"惟能敗者,方爲名將。"我們看松坡真是一個能敗的人。

從此以後,兩邊相持不下;這個時候兩方軍情,是怎樣一個形勢呢?四月一號松坡有一封電報給唐繼堯劉顯世,説得狠明白:"查我軍前方所控敵軍,爲張敬堯之一師,及曹師周師李旅之一部,器械則係三八及三十年式,間有五響毛瑟;砲係法國及滬造管退,共約廿餘門,手機關槍甚夥,近新到野戰重砲一門。我軍兵力,計十營,其用之於戰線者,日來已達半數,義勇隊一營,器械除舊式毛瑟二營外,餘尚精利。我軍所占陣地,非係自由選擇,純爲背水之陣,部隊逐漸加入,建制每多分割;幸士氣堅定,上下一心,雖傷亡頗衆,晝夜不能安息,風餐露宿,毫不爲阻。惟曠日相持,敵能更番休息,我則夜以繼日,敵則源源增加,我則後顧難繼,言念前途,曷勝焦灼!今昨兩日,舉全力猛攻,逆軍陣線已成鋭角形,其正面尚依然未動,良以地形艱險,守易攻難;既決心繼續猛攻,如能擊退,可望轉危爲安,如再無進步,爲全軍計,祇有另擇陣地扼守,一以伺敵以制勝,一以遷延時日,用待時變。"(《遺墨》第十三頁)兩軍情形,大致如此。

在這種衆寡懸殊,勞逸不同的狀況之下,唯一的方法,祇好出奇制勝;後來他幾次的反攻,都用出奇襲擊的戰略,把袁家軍懲創得很利害。雖然他一個多月,還不能攻下瀘州,但是袁家軍的損失亦很大,所以後來才商量停戰。他三十一號,給我的電説:"兩月來,我軍各路皆捷,逆鋒大挫,近雖逆援大增,兵力較我爲倍,然仍能保持現地,屹立不摇。瀘城方面,係逆軍第七師與第三師之第六旅,爲袁逆之常勝軍,與我轉戰月餘,死傷大半,現伏居戰壕,不敢越雷池一步;即新到之第八師,亦有聞風喪膽之勢;一俟滇中新援續到,既可長驅東下。"(《遺墨》第十六頁)他以很少的饑疲之師,血戰兩個多月;據後來他軍中的人説,衣服完全穿破了,從他自己到兵士,没有一個不是捉襟見肘;粮是絶了,吃的東西,都是糠和沙雜在一起。而他自己,除計劃軍事,擬電報以外;每天還有幾點鐘同軍士演説或談話;後來他的疾病增加,純至喉啞聲嘶,都是這幾個月積勞所致。他在極危險的時候,有一宗可以令他興奮的事情,就是貴州兵由戴循若帶着,出綦江松坎,與他成犄角之勢,可以分開敵人的注意力,他除本軍以外,就靠這支兵,替他添了不少的聲勢。

　　那個時候,雲南那邊的情形,怎模樣呢?他每天都在催援兵,雲南當局,每天都以空話回答,口裏説"就來就來",然而始終没有派一個兵出來,這是如何令人失望的一件事情呀!最奇怪的,蔡松坡是第一軍,李某是第二軍,松坡血戰了這幾個月,李某在廣南[西],始終按兵不動,無論如何催他出兵他絶對不去。尤爲奇怪的,廣西宣布獨立的時候,李部方長驅東下,以争地盤,真是好笑。松坡有一封電報給唐繼堯劉顯世,質問這件事情:"增援計劃,迄未能見諸事實,大足隳士氣,而失機宜。某君竟率所部,違命入桂,致令全般計劃,爲之牽動,深堪扼腕!斐章復屢次堅持己見,欲出會理,蓂公調處一切煞費苦心。兹就鄙見所及,奉質左右,希逐一示覆……"因爲這樣,所以那回起事,真是同袁家軍血肉相搏,争個你死我活的,除戴戡一部外,完全靠松坡所帶那三千多人。至于糧餉,後方亦没有一點接濟;除了他自己的部隊,需要給養外,四川響應的軍隊,亦天天要給養。他給我的電説:"在川滇軍,計十三營,合以川軍劉熊鄭張廖各部,每月餉糈,計需五十餘萬左右。滇軍出發時,携餉不足兩月,早經用罄,就地籌備,亦經羅掘一空;前月哀懇滇黔,僅解到十七萬,杯水車薪,立即告匱;如再無餉接濟,將成餓殍,萬望吾師於各屬華僑,趕爲設法,以解倒懸。"(《遺墨》第二十一頁)兵力單薄,無後援,無餉糈,孤掌支持,真苦我松坡了。

　　後來到五月間,四川獨立,不久袁世凱就氣死了;元凶既除,軍事至此,算是告一結束,各方都在收束部隊。這個時候,前幾個月所千呼萬唤不出來的軍隊，反而大下動員，開拔的，不肯撤回，沒有開拔的，亦趕急出發。松坡氣極了，有封電報，給唐繼堯，要他設法補救，末一段說：" 邇者，滇省於袁氏倒斃之後，於剛出發之軍，不惟不予撤回，反飭仍行前進，未出發者，亦令剋期出發，鍔誠愚陋，實未解命意所在。近則與川軍起衝突於寧遠矣，若竟徇某軍等之一意孤行，必致敗壞，不可收拾，將何以善其後？鍔爲滇計，爲蓂公計，不忍不告，務望設法，力圖挽救是幸。"（《遺墨》第八十頁）這種舉動，不特松坡當時，不解命意所在；事隔十年，我輩到今日，亦不解命意所在；恐怕作史的人，到將來許多年後，還是不解命意所在。當時軍事情形，可惜我不在軍中，不能十分明白，祇能據我所知道的，說一個大概如此。

四

松坡未回滇前，在天津同我分手的時候，我們相約的兩句話："失敗就戰死，絕對不亡命；成功就下野，絕對不爭地盤。" 松坡這種主張，並不是有意鳴高；實在是看見民國以來，武人專橫，風氣太壞，想要以身作則，來矯正一下。他屢屢說，曾胡諸先輩，一面用兵，一面就在想將來解散兵士的方法；我們不得已出來，爲國家作事，要不爲國家，貽留禍患才好，這一點，應當特別注意。他自己的軍隊，收束起來，異常容易；當袁世凱死後，他有封電報，拍到北京，說道："鍔爲時勢及良心所迫，待罪行間，轉戰數月，率國内健兒，相見於修羅場，悱惻之餘，繼以慚悚，所堪以告我邦人於無愧者：出征以來，未濫招一兵，未濫使一錢，師行所至，所部士卒，未擅取民間一草一木，不敢種惡因以貽惡果。故本軍範圍，收束極易，足紓中央南顧之憂。" 這是他不養兵殃民的地方，比諸今日的軍人，今日擴充一師，明日擴充一旅者，有天淵之別了。松坡對于己身權利，看得非常淡薄。功成不居，潔然引退，絕無絲毫戀棧的心理，他給唐繼堯劉顯世電說："蓂公謂善後問題，均未解決，繫鈴解鈴，仍在吾輩，洵屬至論。而所謂善後問題者，俱易解決，惟關于個人之權利加減問題，最易爲梗。今儕輩中，果有三數人，身先引退，飄然遠翥，實足對於今日，號稱偉人，志士，英雄豪傑一流，直接下一針砭，爲後來留一榜樣，未始非善。而鍔處地位，純系帶兵官，戰事既了，即可捧身而退，斯亦各國所同然。務望蓂公爲大局計，爲友誼計，切電在川滇軍各將領，一切善後問題，當完全負責辦理，俾鍔得以尅日東渡，無任盼禱。"(《遺墨》第七十八頁)松坡事前早有宣言，事後立即下野，他的下野，出於本心；與近來發電報說空話，實際上並不打算實行的人不同。所以當時政府，任命他作四川督軍兼省長，他無論如何不肯，前後十幾封電報，給中央，此外給唐繼堯，給我，給旁的許多人的電同信都是這樣，堅辭不幹。

松坡沒回雲南之前，本來有病，回雲南的時候，是抱病去的，後來經幾個月的血戰，勞碌奔波，病更深了。早就應當醫，因爲軍事倥傯，不能醫；軍事完結，就應當醫，又因四川局面未定，當時川人，非要他到任不可；他自己亦覺得，在四川境內，轉戰好幾個月，對不起川中父老；所以又扶病往成都走一趟；十天功夫，把四川善後事情了結。據後來醫生說，早二十天醫，還可有救；但是他因爲大局雖定，川局未了，不能不多躭擱一二十天，他的病，遂致不起。川事稍有眉目，他立定主意辭職，政府同四川人，沒有法子挽留，祇好讓他辭去；臨走時他有一封告川中父老書，寫得極其懇切，可惜現在尋不着了。(儒案，此書曩曾寓目，言簡意深；當時散布甚多，不能無存留下來者。是等有關文獻之重要史料，萬不可沒，他日返川，當努力尋覓，或能尋得亦未可知。)

他到上海，我同他見面，瘦骨不盈一把，幾乎認他不出；聲音亦啞了，我祇好同他筆談；那個時候，他自己並不覺得他的病，沉重至于不可救藥；還想把病醫好以後，不作督軍，不爭地盤，還是貫徹他從前的主張，專門練國防軍對外；還把他練兵計畫，筆談娓娓不倦。離開上海，就往日本就醫，祇有兩個月的光陰，他就與他一手恢復的中華民國長別了，與他數十年來的親戚朋友長別了。松坡死的時候，才三十五歲，假使能夠多活幾年，一定還有許多建設的事業，可惜竟齎志長逝了。

松坡生平，非常好學，即在軍書旁午的時候，還是照常的守時間，唸書。生平最崇拜他的鄉先輩曾文正、胡文忠的爲人，把他們二位先輩，作爲模範人格；他著了一部《曾胡治兵語錄》，他自己說，不算是著作，不過抄下來，警戒自己而已。但是我們看他所抄的，都是曾、胡精粹所在，後來學曾、胡的人，看他這部書，可以得一個扼要的入手地方。松坡少年，很喜歡文學，作詩作得很好，很可惜遺稿散佚，連重要軍事文件，十尚不存四五，何況詩歌，所以他的文藝作品，一首都沒有傳下來。松坡又是一個興味很濃的人，對于各方面，都有興味，談天，遊戲，種種可以接連六七點鐘不倦；他睡覺的時候很少，每夜睡四個鐘頭就夠了；常常喜歡夜談，或夜間□種種遊戲，所以陪他的人，都很怕他。松坡娟[狷]介廉潔，做了這麼多年的都督，和帶兵官，他死的時候，不特沒有存錢，還負了三四千元的債；他死之後，全靠政府有一萬多塊錢的恤金，朋友有一萬多塊錢的奠儀，拿來作安葬費養家費；這筆欵項，由我們幾位朋友會同經理，每年生息，勉强可以供現在他的老太太同他夫人的生活費，可以供將來他的少爺同他的小姐的教育費。

以上拉拉雜雜，舉我所知道所想及寫這麼多；實在不能寫出松坡人格的十之一二，更不曾寫出松坡功業十之一二。有遺漏的地方，同錯誤的地方，還希知道松坡的人，和與松坡有關係的人的原諒和糾正。這次在北海松坡圖書館祭禮，我們的祭文，中間有幾句説："智謀勇功，或有匹儔？皎志不欺，人孰與侔？假公不死，笵彼師旅，仁旗義戈，滔天其已。假公而存，式於國人，政修教明，軌物庶循。斯言匪夸，世莫予信，上訊三光，下訊無竟。"這幾句話，不單是我們的感想；恐怕是天下後世的公論，亦當認爲不錯吧！

十五年十一月四日於清華學校

（1926 年 11 月 28 日《晨報·蔡公松坡十周年忌紀念特刊》）

蔡松坡與袁世凱

今天令我很感動，到這兒一看，這樣大的禮堂，黑壓壓的部[都]坐滿了，方才又聽見主席説，十二點鐘的時候，已經有許多人來，到一點鐘，早沒空位子了。大冷的天氣難得大家還這樣熱心，我自己很害怕，怕我的言論，不足以副諸君之望。從今天到的人這麼多，可以看出全國人擁護共和的心理；我們的心理，就是全國人心理的表現；因爲今天是擁護共和，恢復國體的紀念，大家才到這兒來，不單爲聽某人的講演，爲的是共和之失而復得，國體之危而復安，都在今天，所以格外的高興了。

今天去護國之役，雲南起義，剛滿十週年。十年前，蔡松坡將軍，在雲南起義抗袁，他所謂"爲人格而戰"，使得已失的人格保全，已壞的國體恢復，就在今天。不過今年紀念的意味，比往年格外重大，因爲今年是十週年，所以對于蔡將軍的感想，格外深長些。每年到今天，立刻想起兩個人：一個是護國將軍蔡鍔，一個是洪憲皇帝袁世凱。我今天不是比較他們二人的優劣，乃是報告事實；對他們二人，我不願多下批評，不過這幕很有名的戲劇，他們二人是主脚，不得不提出來大概講講。

我們對于這個擁護共和的紀念，覺得十年前那種義舉，給我們兩種教訓：

一、國民意志力的偉大

二、人格指導力的偉大

從第一項，我們可以看出，無論什麼力量，都比不上國民意志力；要是全國國民公共意志所反對的，無論什麼力量，當之必破。十年前護國之後[役]，兩邊的力量，絕對不成比較；袁世凱在武力方面，歷史很深，從清末淮軍起，他就發生關係；他本是淮軍子弟出身，淮軍方面，自李文忠死後，承繼的人，便是袁世凱。清末小站練新軍，他又是第一個人，在滿洲政府下面，他的勢力，已經佈滿於北洋幾省了。辛亥革命，與袁世凱毫不相干，結果，政治大權，完全落到他手裡，革命黨人，幾無所得。以他從前的地位，清末的地位，假使稍知世界大勢，國民真意，要建設強固國家，並不是不可能；但是他在作臨時大總統時，已經在作當洪憲皇帝的夢，著著預備，都不外想滿足他個人的野心，我們覺得這個人可惜，又覺得這個人可恨。

那時所謂新軍，不過七八師人，器械比較精良，士卒比較有訓練，都在他一人手裡；假使他仗着這種兵力，維持治安，保護秩序，一切措施，咸以民治精神爲準則，不特無人反對，大家一定幫忙。但是他不替國家設想，專替自己設想；即如張勳、倪嗣冲，在那時一個不過千餘人，都是些腐敗隊伍，早應當設法解散，而且他的力量解散張倪的軍隊，易如反掌，不過他懷着鬼胎，恐怕自己手下的新軍靠不住，極力拉攏張倪二人，以爲牽制；不錯，他慮得很是，後來帝制發生，段祺瑞、馮國璋都不贊成，總算他有先見之明了。北洋軍隊，在我們看來，腐敗不堪，但在民國初年，實在比較稍好，他把張倪一流人物留下，北洋的名譽，便讓他們弄糟了。

他一面拉攏腐敗軍隊，抵制新軍；一面又勾結下級軍官，抵制上級軍官，中國軍紀，算是他一手破壞的。按理一師一旅，應當由師長旅長管去；他恐怕師旅長權大，天天同下級官軍勾結，連長排長，可以直接同他見面。與士卒同甘苦，古來名將，原是有的，但是老袁的用意不同，他想連長排長，都受他的指揮，不受師旅長的指揮，師旅長的命令，連排長可以不遵行，須得問他請示去；等到他作皇帝時，上級軍官，雖然反對，下級軍官，仍然贊成，他便可以毫無忌憚了。我們但知道，外交方面，他斷送了許多權利，財政方面，他濫借了許多外債，還不知道軍事方面，弄得綱紀毫無，士卒離散啊！

他這種舉動，起初大家以爲他別無深意，不過是他見識不到罷了；直到籌安會發生，籌備大典，大家才知道老袁用心不淺，種種舉動，種種預備，都爲的是這一著；幾十年的勢力，慢慢地培植，作總統時，已經在那兒預備當皇帝了。當民國三四年之交，籌安會的論調，高唱入雲，老袁自謂算無遺策，瞠眼看看全國，差不多沒有人能同他抵抗。他並不是不知道，全國國民，珍重而且擁護我們的五色國旗；他很明白，全國國民，都反對他當皇帝；不過他以爲要抵抗，除非要有充分的力量，眼看作全國人是不濟事的。他以爲頭一種力量是槍砲，放着手裡有幾十萬雄兵還怕誰來；第二種力量是金錢，有的是外債，有的是造幣廠，不愁旁人不順着他的指頭動，但是結果怎麼樣，幾十萬雄兵，幾千萬金錢，其效力幾等於零，他的皇帝，于是當不成。由這一點看，他根本上沒有知識，全不了解國民意志力的偉大。

轉過頭來，看蔡松坡方面，護國軍起的時候，鬧得轟轟烈烈，到底有多少人，當時不知道；他拍出來四處求援的電報，亦祇吹他有幾多軍隊，幾多器械；後來戰事完了，從軍中字紙簍中，找出他支配軍隊的清單，不過三千一百三十個大人。他不單初出兵是這麼多人，始終是這麼多人，不曾得一點接濟；好幾月後，才有幾省獨立響應，但是遠水不救近火，他祇能以孤軍奮鬥，好像下圍棋，走得沒有眼了，你想這是如何的危險。他自出兵以來，以三千一百三十人，與袁世凱相對抗；初戰在敘府，蔡方有多少人，我沒調查清楚，袁方爲馮玉祥一旅，蔡軍得勝，馮軍退到成都，袁世凱看見事情大了，才傾全國之兵力去討伐他。

袁軍從漢口開到重慶廬[瀘]州的，是他親信的長勝軍，第三師，第七師；直接在前綫的是第三師，曹錕是師長，那時吳子玉許還是團長，此外四川方面，依附袁軍的不少，總數大致不下十萬人。三千對十萬，人數既很懸殊，槍砲的良窳，子彈的多寡，簡直不成比較，軍餉方面，更不用説；老袁以爲蔡松坡不過公麽[么麽]小卒，滿不在意。不特老袁如此想，一般人亦如此想，就是外人方面，雖覺得蔡松坡人可佩服，其實不過表示表示而已，絕對不會成功的。就是松坡自身，亦是毫無把握，他從北京到天津，由天津轉日本，又由日本回雲南；臨別的時候，與我相約兩句話："成功就下野，決不爭地盤；失敗就殉國，決不想亡命。"我們都覺得這句話，不過講講而已，見面的機會，恐怕這是最後一次了。蔡松坡向國內國外的，都説是爲爭人格而戰，這句話從何説起呢？老袁強奸民意，僞造幾十萬人的勸進表，以爲全國人都像王莽篡漢時，大家勸進一樣，松坡覺得這樣一來，我國人在世界上，太沒有面子了，他出頭爭一回已失的人格，原不打算成功。

但是後來雖不能擊敗袁軍，尚能兩下相持，幾個月後，袁軍內部，紛紛離散，各省又獨立響應，老袁一氣而亡。固然，袁若不死，十萬不夠，再添十萬，最後失敗，總仍屬在松坡；不過最少可以表示國民的真意；反過來，松坡若敗，他帶的三千人，一個個都死完，老袁亦不會成功，因爲他違反民意遲早是要敗的。蔡松坡所以打勝，自己的力量，不過一小部分，大部分的力量，靠那視之不見聽之不聞的國民意志力；袁世凱雖擁幾十萬雄兵，又有全國官吏，爲作爪牙；事實上全國人心都反對他，當籌安會發起時，早已痛心疾首，不過大家沒有表示的機會而已。所以老袁名義上有十萬雄兵，實際上不過一個獨夫；以十萬對三千，固然彼衆我寡，以三千對獨夫，就變成彼寡我衆了。我們全國人的意志，借蔡松坡的力量表現；他的力量，又靠全國人的意志支持；從這一點看來，令我們十分興奮，不要看見國內軍閥，如何作威作福，自己失望，其實不相干；大軍閥如袁世凱尚還不濟事，何況二等袁世凱，三等袁世凱，將來一定要走同一的命運。他們那種力量，都不是真力量，那種力量發揮得愈大，愈能激起全國民的意志力，他們的獨夫資格，一天天的加增；由建設在國民意志方面的力量看他們，都不過是些紙老虎。

以國民意志對獨夫的戰爭，頭一次爲蔡松坡與袁世凱，雖然不算十分成功,但是以三千對十萬,以少對多,終能得最後勝利;由此可知靠國民意志作後盾,總可以有相當成就。我們看現在作威作福的軍閥,不要以爲不得了,他們的力量,實際上很有限,國民意志力,一天天的進步,他們的力量一天天的減少。一等袁世凱去了,二等三等袁世凱亦去了,四等五等的袁世凱,亦將照樣的下去,這都是表示國民意志力偉大的証明,很可以令我們興奮。

從第二項,我們可以看出國民意志力,要有人格指導力,才能充分表現;要是人格指導力小,國民意志力,亦不易發揮出來。洪憲帝制發生,大家看五色國旗,被人扯破了,很生氣,很悲憤,當時想作蔡松坡的事業,有同樣見解,同樣理想的人,諒來不少,但是都沒有作出來,惟有他一人成功。他爲什麼能成功?一方面靠從前的地位,所以能得到從前的地位,所以能舉起義旗,所以能抵抗到底,還是靠人格感化。因此我對於蔡松坡平日的修養,大概的講講。

松坡弱不勝衣,家道清貧,我同他關係很深,知道很清楚。十五歲時,他入湖南時務學堂,作第一批的學生,從邵陽家下到長沙,窮得到搭船的錢都沒有,十一月大冷天氣,冒冰霜走路去的。後來時務學堂解散,赴日本留學,到上海,身邊祇剩下一百二十文有孔的銅錢,都從親戚朋友,湊合起來的,算是窮極了。他體子又不強,永遠是瘦瘦的,後來早死,身體弱是主要的原因,但是他很能刻苦耐勞,身體他時常設法校正恢復。他一生最得力的,是陸象山、王陽明的學問,見人講話,說不到幾句,便引到陽明、象山,他又對他的鄉先輩曾文正、胡文忠很佩服,拿來作他的模範人格;他説胡文忠才氣太大,雖令人佩服,然不好學;曾文正雖正,然而努力校,是最好的模範。他在青年時,約當十五、十六、十七這幾年,旁的學問沒有,惟一心學曾文正、王陽明,得的工夫,到是不少,後來出外留學,學識增加,先有底子,以後學的愈多,學得愈有力量,他個人的性格同修養大概如此。

他從日本回來,當時學新兵的人很少,許多地方都找他;起來到廣西,後來又到雲南,在雲南約三四年,適逢辛亥革命,能就首先獨立,又派兵援四川,援貴州,在督軍位上,有三年之久。那時他看是武人擁兵自衛,恐怕釀成藩鎮的禍亂,他要以身作則,首先要求解除兵柄,屢次打電報到北京辭職,袁世凱不許他;他因爲自己主張,非貫徹不可,去意異常堅決,老袁到底放他走了。他自從畢業後,作軍官六七年,作都督三年,死的時候,不惟沒有存錢,反負了五千多塊錢的賬；幸喜債主還好，不問他追要了。他死了，家裡還是從前一般的窮困，沒有片田，沒有塊瓦，衣服樸素，飲食粗陋；他的老太太、夫人、小姐、公子，全靠政府的恤金，朋友的奠儀，生利來養活。這些雖是小節，很可以看出他對於辭受取予，異常嚴格；國家以外，不知道有個人，所以他的人格，很能使大家相信。

　　旁的人同他一般的志氣，旁人作不出，他作得出。他起義時，離雲南幾年了，一個手無寸鐵的人，千辛萬苦，跑到雲南，到的時候，氣象爲之改觀；他以十二月十九，到雲南，到後不滿一禮拜，護國軍的旗幟，就舉起來了。他走的時候，本來很秘密，但是動身以後大家就知道了，一到雲南，金融立刻平息，人民以十二分的熱忱歡迎他，請他報告北京的情形，他於是發表主張，要爲人格百[而]戰，雲南人異常感動。十二月十九以前，還是這個地方，還是這般國民，群衆意志，爲什麽不能表現？雲南並不是没有長官，當時的長官，爲唐繼堯，唐爲什麽不能起義？唐以現任都督，所不敢作的，蔡以前任都督資格去，人心如發狂，立刻作出來了，皆因人格偉大，大家看見後佩服，說壞一點，依賴，才能有這種樣子，這並不是臨時做到的，要靠平日的修養。他平日能以人格示雲南，所以一旦出頭，大家放心高興，隨他作去，可以由他初起義時，看出他人格的偉大。

　　他從出兵後，頭一次在敘府打勝仗，再往前進，到納谿，與十萬袁軍相對抗；本來有三千多人，加上四川響應的軍隊，有一兩萬人。但是都不得力，打先鋒的退下來了，他在後方努力支持，敗軍如潮水一般；旁的軍官，都以爲沒有法子，主張退，他雖堅持，然拗不過大義的意思，慢慢地持冷靜的態度退下。本來不退，到了非退不可時，還能看好地點、時間及步驟，一步步的往後退，那時他很悲憤，軍中遺墨中，有這兩句話："熬不過最後五分鐘，實在可惜。"退到大洲驛，士氣異常頹喪，慢慢想方法恢復；他讓大家休息，吃飯，洗臉，換衣，休息；用了兩天一夜的工夫，一連一連的慰問，士氣大振。他於是下命令説，再退一步，不是我們的死所，排長退，連長斬之，連長退，營長斬之，旅長師長退，總司令斬之，總司令退，全軍斬之，軍容又從新恢復起來。

　　這個時候，袁軍陸續到了，雲南方面，可是毫無接濟；以三千之衆，當十萬之兵，前後支持，凡兩個半月。據後來在他軍中的人説，他每天祇睡一個半鐘頭；吃的飯，異常粗糙，帶泥沙嚥下；自總司令到小兵無不捉襟見肘，這幾天的困難,就可想而知了。他與袁軍接觸,大戰三回,小戰六七回,每攻擊一次,袁軍總受大創;兩個多月的工夫,袁軍祇能把他包圍,不能把他擊退,後來漸漸的袁軍兵心離散,然後這三千多被包圍的軍隊,復活過來。據他軍中的人説,祇有他,才能於大敵包圍之下,如此鎮定,飢寒交迫,士氣仍然旺盛,換一個人,絕對辦不到。大家都同心同德,自願同生同死,皆因他感化力大,令人佩服,所以能以極少極微的力量,抵抗强敵終能獲最後勝利。

從這點看來,救國要靠國民意志力,國民意志力,時常有的,所謂公論自在人心;但是國民意志力,要靠偉大人格作指導;有偉大人格指導,國民意志,可以發生作用,没有,就不能發生作用。當時,有力量反袁的人如國民黨,都亡命在海外,所以袁氏心目中,以爲不會有人抵抗他了;那里知道又跳出一個蔡松坡,與他爲難呢!假使没有蔡松坡,我不敢説袁世凱亦做不成皇帝,然局面必不如此,亦許能維持一二年的局面,但民氣決不會如此發揚,這是我們可以斷定的。所以國民意志力,要偉大人格去指導,有偉大人格指導,民氣可以很旺,我們不必怕持槍的人,他們的力量有限得很;要想抵抗他們容易,單看我們的人格修養何如,如果人格可以令許多人相信,事到臨頭,自然可以擔負重任,抵禦强敵,但這不在臨時,乃靠平日的修養。

蔡松坡自十六七歲起,不斷的鍛鍊精神,鍛鍊身體,自己覺得不偉大,以偉大人物,如王陽明、曾文正作模範,好像一盞明燈,遠遠地照耀着領導着。人格就一天天的擴大了,比[以]他的地位,比他的模範人物王陽明、曾文正,自然他覺得不夠,但是我們看來祇有關係還要重大,没有趕不上的。我們還要知道,他死得早,死時,不過三十五歲,假使他有王、曾一般的高壽,成就或者還要偉大點,亦未可知。蔡松坡不是天才,體氣不好,努力鍛鍊;知識不夠,努力用功,畢竟能做到如此偉大,在中國史上無論如何,總有他的地位。大家的才氣,不弱似蔡松坡,他堅苦卓絶,進行不懈,我們亦堅苦卓絶,進行不懈,必能做到他那個樣子。因爲今天的紀念,大家都想他學他;乃至十年後的紀念;還想到二十年前有這樣一個人,人人努力,人人都可以作蔡松坡,這才是這個紀念的價值,這個紀念會才算不虛開了。

(1926 年 12 月 29 日《晨報副鎸》)

《〈中華民國省區全誌〉第五編〈北嶺南嶺部鄂湘贛三省誌〉》序

今人之學,有長征遠邁,突超乎古人之上者,地理之學,其最也。宋之時,如傅寅、程大昌之詁《禹貢》,王應麟、胡三省之箋《通鑑》,在其時,已號稱精覈淵博,古無其倫。而元明朱思本、羅洪先之流,已駕其上矣。迨勝國之初,顧炎武之《肇域志》、顧祖禹之《讀史方輿紀要》出,而迴視元明,又精密焉。德清胡氏,作《禹貢錐指》,其攷蜀中江、泯、大沱、雅礱、金沙諸水,當時號爲絕學,幾無人敢與之抗;而於今日視之,則弁髦之士,初卒業於中小學者,皆能詳言之矣。此其故,非古時大儒宿學之聰明材力,不能逮今日髫齡之童也;亦非今人之堅苦劬勞,有遠勝於昔之宿學大師也——蓋亦視乎治學之方法而已矣。故得其法,則半功而倍獲;不得其法,則事倍而功半——則不得不歸功今世之治地理學者之持術善而用力勞也。白君眉初,治此學之一人也,其視天下,舉凡不足以易其所好。教授南北各大學,垂十餘年,孜孜矻矻,專以撰《中國省別全誌》爲己任。不間寒暑,每隔年,則成一編,至於今而編已盈五矣。其有裨當世之治地理學者,厥功可以知也。今年秋,出其江西湖北湖南一編示余,且索余序。余惟白君之專精淵懿,尚復何言?然竊有感者。此三省者,處全國之中,郵驛四達;扼大江之腹,厥壤壓飫。以農產言之,則兩湖浮水之田,足以食全國而有餘,宜思如何以改良而耕植之。大冶之鐵,萍株之煤,鄖襄之金,宜思如何以採發而鍛鍊之。以民族言之,則辰沅之蠻,宜思如何以匡柔而勞來之;三危之峒,宜思如何以教育而馴擾之。以形勢言之,則九疑百脈,何法以平其途;巫嶂叢複,何道以通其驛,今之人當如何努力以竟其業。以人文言之,則鹿洞鵝湖,我先賢晦翁、東萊、象山、陽明之所俯仰飲酢,從容講貫之地也;衡山湘水,我先賢屈平、濂溪、船山、湘鄉之所吟嘯歌笑,策勳著書之所也,後之人當如何努力以繼其踪。則白君此編，又豈獨僅有補於地理學者而已哉！故復不辭而爲之序云。中華民國十六年一月十日，新會梁啓超序。

(北京中央地學社 1927 年 6 月版《〈中華民國省區全誌〉第五編〈北嶺南嶺部　鄂湘贛三省誌〉》)

覆楊杏佛書

杏佛仁兄足下：

　　積歲不見，悵望爲勞。頃見本月十一日天津《大公報》載有足下致鄙人一書，鄙人並未接到此書，不知是否出足下之手。書中引東方社電載鄙人擬赴美國磋商翻印《四庫全書》事云云。鄙人似亦曾髣髴見有此項新聞，但以報紙謠言孔多，辨不勝辨，故一笑置之，未嘗理會。鄙人向來態度如此，不自今日始也。既承足下見質，謹就所知，一爲解答。在京建圖書館，事誠有之，此爲十四年冬間事。中華教育文化基金董事會，與教育部協定契約，共組一規模較大之圖書舘。由董事會與教育部合推委員九人(皆本國人)，由委員推荐舘長，而以鄙人承其乏。其後因部中未能履行契約義務，遂中止契約關係，館事由董事會暫行獨辦，其籌備處即設於北海公園內。在此籌備期中，所進行之工作，一面經營建築，一面採購書籍。現建築圖案，正在徵集中。書籍則所購者以歐文爲多，尤注重自然科學，已購入者六千餘册。此外與外國各學術機關或政府交換來者，亦稱是。內中尤注意各種專門雜誌，購到者已三百餘種。將於本年一月十六日開始閱覽。此鄙人承乏該舘以來之大概情形也。美國印《四庫全書》事，鄙人並未聞有此説，不知從何處傳訛而來。至鄙人遊美之説，不爲無因。緣耶路大學去年有電來招，以病却之。前月復相邀約，鄙人見獵心喜，未嘗不思一遊。但爲校課所羈，能否抽身，所不敢知耳。該社想是摭拾影響，混爲一談。足下既過愛相質,謹併奉聞。

此請大安不盡。

梁啓超。一月十二日。

(1927年1月16日《大公報》)

要幹便站在前線[*]

余最近數年以來,絶對不與聞政治,閉門講學,日以著書爲樂。近因籌備儲才館,每週必進城一次。儲才館已定十七日開學,此後往來於清華學校儲才館之間,每週總有二三日在城内。近閲各報,登載余與新閣有關,甚者且謂余命令某某復職云云,讀之不禁爲之一笑。余與當局久未晤面,且當改組内閣之際,余日在清華燕京兩校講演,爲數百學生共見之事實,何能抹殺。況研究系本爲議員所組織之團體,國會消滅,早已隨之而亡。若謂此時研究系尚有何活動,實屬不明真相。余日惟講學是事,外間傳言本可不辯,唯事涉他人,深恐引起誤會,特爲言及。政治要公開,不可再用鬼祟手段,以相争奪。余對政治,向來抱定要幹便幹,自己站在前線打仗,決不願在幕後操縱。今日既決心講學,故把政治擲開,事實最爲雄辯,余不必多所剖白。

(1927年1月16日《晨報》)

---

[*] 此爲與《晨報》記者談話之大要。

聘任余紹宋學長函

越園先生左右:敬啓者:查司法儲才館章程第三條,載"本館設學長一人,由館長聘任之"。執事法學湛深,群流欽仰,極願借重,以資矜式,茲特敦聘爲本館學長。刱辦伊始,諸待商榷,務祈惠然命駕,襄助一切,不勝延企。專泐。祇頌道安。

(1927年1—3月《司法儲才館季刊》第1期)

司法儲才館開館辭

此次政府創辦儲才館,囑鄙人承乏館長,自問素於法學研究極淺,本不敢濫竽。惟承當局殷責,覺此乃國家大事,不便固辭,故雖諉陋,亦思竭其所能,爲將來司法界盡力。好在導師教員等均司法界名宿,學問淵博,經驗豐富,以其可寶之時間,分任繁重之課務,將來本館定有相當之成績也。收回法權爲目前最要之事慮,無不知之者。既欲收回,則須預備。雖前清以來,頗有籌備,惟中經時局變遷,時作時輟,應再更進一步,以期促成。本館之設,正爲此故,甚望本館同人,自導師教員以至學員等,互相努力,以期貫澈此種目的,使將來收回法權時,無人才不敷之虞,所有工作,亦足使外人滿意。今當開幕伊始,功課應如何講求,管理應如何組織,余學長另有報告,今且略談數語。

諸位同學均在各校受過完備教育,茲復經過司法官考試,故於法律之一般智識已有相當成績。然則何以再須講習至三四學期之久耶？蓋本館所注重者有二事：一爲人格之修養，二爲常識之擴充。

一、人格修養　無論何種事業，以人格修養爲最要。司法官之一舉一動，均與人民之生命財產有關，對於人格之修養，尤宜特別注意。今舉兩義，以爲修養人格之方法：（甲）責任心。司法官之一舉一動既與人民之生命財產有關，故須有責任心。凡辦一案，須以訴訟人之利害爲本位。譬如吾人辦案稍遲一二日或稍遲數小時，自以爲略有稽延，無關宏旨，不知有時因此數小時間之稽延，即足使訴訟人破家亡命，雖非有心觖延，而其害則如此矣。故吾人須養成周細勤懇慈愛之人格，凡辦一事，須提起責任心。（乙）興趣。凡人於其所業，均須有一種興趣。司法官本爲專門終身之事業，與普通不同，對於職務，尤須養成興趣，樂此不疲，庶能持久。否則，地位既清苦，事務又呆滯，必且索然無味矣。然興趣何以養成耶？亦曰提起責任心，以訴訟人之利害爲利害而已。爲法官者，須認定本旨，不離其宗，執業既專，彌饒興趣。此猶教育家以學生之利害爲利害，孜孜矻矻，休感相關，豈有對於本業而尚生厭倦者？故興趣一物，即來自責任心之拓充。深望諸君以此養成嚴肅高尚愉快之人格，有此人格，則司法官前途之偉大可預卜矣。

二、常識之擴充　諸君在校時所讀者祇書本條文，然須知書本條文之外，尚有常識極應注重。常識可分爲二種：（一）應用法律；（二）觀察社會。何謂應用法律？大匠能與人以規矩，不能使人巧；能運用規矩，則能巧矣。法界中人因頭腦太細之故，常流於呆板。此不獨中國爲然，即世界各國亦如此也。因運用呆板，常識不足，故法律亦可以殺人。譬如經辦一案，援據條文毫無錯誤，而結果則完全不合於事情。此種例証，隨處可得，且亦不獨中國爲然，世界各國亦有此病。故讀死書者，亦能使當事人受害。中國司法正當過渡之時，此弊尤爲常見。宜如何應用法律，宜如何使常識豐富，此本館所極力注重，而各位導師教員等所欲極力爲諸君指引者也。至於觀察社會，此事亦極重要。凡一案發生，必與社會之各事有關。若於此不能明了，必動多扞格。現在世界正在變動之時，而中國之變動尤不規則。當此時代，凡諸法律事件，往往有不可以常理論者，而參酌討究，尤不能悉以書本爲衡。如經濟問題，因基本搖動，其他各事亦隨之波蕩。此固多屬於立法問題，惟應用時若無常識，亦必極感困難。

故除研究學問外，應如何使諸同學知社會以外之各種情形，此亦本館各位導師教授等所極注重者也。

除此兩點一、人格之修養，二、常識之擴充爲本館所注重外，尚有一事，亦希望同學諸君注意，即外國文是也。諸君皆經大學畢業，於外國文必有相當程度。須知此時司法界中所注重者在收回法權，故須亟爲此種預備。最少沿江沿海須先設立模範法庭，如此則必有精通外文之人，能自由處理外文案件，然後可達到此種目的。即就內地法界人員言，以吾國今日法律書籍之寥落，若不識一二種外國文字，何能閱參考書？何能求進步？故司法人員對於外國文一事，言語尚屬其次，若讀參考書之能力，則必不可無。此亦本館所極力注重者也。本館現設英文日文兩科，深望諸君能多讀英文。若於英文之根底較淺，苦無餘力者，則有日文一種。以本館教員之盡心教授，期以兩年，亦必有相當之成績也。諸君能通外國文，則在通商口岸法庭固可自由處理案件，即在內地，亦可求學問之進步矣。

（1927 年 1—3 月《司法儲才館季刊》第 1 期）

敬告英國人

最近一兩個月，總算是中英關係多事之秋，其變化之劇烈與複雜，實足惹起全世界之注目。我們讀歐邁萊代使的提案，看出英人對於歷來傳統政策之不適用於今日，確有相當覺悟，不能不贊歎英人之聰明。漢口九江租界事件發生後，我們不能不佩服英國人之忍耐鎮靜。却是近來紛紛調艦隊來華，其真意何在，將來直接間接發生變化如何，我們又不能不十分疑慮。

我很盼望英國的聰明政治家及民衆徹底了解下列幾項情況：

其一，這回漢口九江事件，並不是一局部或一時的偶發狀態，實在是鴉片戰争後幾十年的積怨，現在已經快到算總帳時候，正如徧地滿貯火藥，隨時隨處可以爆發，慘殺幾個人，不過應時的導火線，若不設法把爆發的可能性根本消滅，縱然能把一時的火勢壓下或減低，往後遇着第二個導火線，依然發動，而且每發動一次，形勢越發加重一次。

其二，這回事件，千萬別要誤看，以爲與義和團有同樣性質。此事無須我們多辯，只看事件發生以來，漢口九江英僑之生命財產，其所受當局之安全保護如何，便足證明。可見中國人除爲自己國家爭合理〈的〉之主權外，絶無絲毫仇視英國個人的意味。

其三，須知中國内部雖有紛争，而對外心理，舉國一致，絶無南北界限之可言。任何國家對於我們任何地方若施行不正當的高壓手段，那麽，我們三千年前有名的詩歌所謂"兄弟鬩於墙，外禦其侮"，和我們一地方一黨派的人挑釁，結果等於和我們全國人挑釁。

這些話也許是我多說了，以極聰明的英國人，難道對於這種很明顯的事理和趨勢都看不出嗎？但是，現在正是絶好的一個試驗機會，我們不久或者立刻可以發見英國人覺悟之程度如何？及其實現所覺悟之決心如何？以爲我們應付之標準。我們對於任何國家，都没有過分的要求，只是要求凡獨立國家所應享有的權利，我們一律享有。换句話說：我們八十年來受各國用掠奪或欺騙手段所取得的不平等條約之壓制，已到忍無可忍之地位，以全體國民之自覺心行其自衛權，非根本改造此種關係，則彼此永無相安之日。我們並非有意專與英國人爲難，但此種不平等條約之作俑者實惟英國人，直到現在，利用此種不平等條約給我們以最大苦痛者亦仍屬英國人，所以全國人的怨毒，不期然而然的集中到英國。聰明的英國人試想想：這種不正當權利，是否應該或可以永遠保持下去？若英國人還是東印度公司時代的頭腦，我便無話可說；如其不然，則他們對於我們所應採的合理態度，與其被動，何如自動；與其枝葉磋磨，何如根本解決；與其遷延時日，滋生無謂的誤會和惡感，何如急起直追，提前辦理，使兩國精神上的友好早日恢復。簡單說：不平等條約，我們不要是不要定了，雖奮鬥到若干年，乃至四萬萬人死剩一個，也要達此目的；但是，我們願意用國際慣例上正當手續和雙方最友誼最諒解的精神作平和的修改，非逼到我們無路可走時，不願出於片面的革命的行動。現在陸續條約滿期的各國，我深信他們都會了解我們的國民心理,給我們以滿足。英國呢,距條約滿期尚有七年,若順着次序逐一商改,已經落在好幾國的後頭了。英國人若還貪此七年間勉持殘喘之不正當權利,以增加歷史上之惡感,結果還是出於拋棄之一途。到那時或者許多國已經得有相互間圓滿關係,英國不過步其後塵,不復能見好於我們,而兩國將絕未絕之感情,將永遠不能復續,若更走錯一步,採用何種高壓手段以與我們全國人為敵,那麼,前途更不堪設想了。我想聰明的英國人斷不會出此自殺政策罷。

我老實不客氣直說罷:我希望英國人不獨對於這回事件消極的保持這種平恕忍耐的好態度,而且積極的進一步,不等到條約滿期,自動的提議改約,將不平等的權利拋棄以為他國倡,那麼從前首先造此冤業者雖屬英國,今日首先解除此冤業者仍屬英國,我們以今日的感謝,足可以抵銷從前的怨毒而有餘。這一着,不獨是中國人生死關頭所爭,也是英國人在東方地位生死關頭所爭,願聰明的英國人熟思而決行之,彼我幸甚。

【附言】我這篇文章是一個星期以前做成的,因為等着翻譯英文,所以未能發表。據這幾天消息,形勢越發險惡了。我文中曾說過:"英國若和我們一地方或一黨派挑釁,便等於和我們全國人挑釁。"我盼望英國政府明白宣示他出兵的意嚮,令我們得以根據着來決定我們的態度。

一月二十九日啓超再記

(1927年1月30日《晨報》)

《司法儲才館季刊》發刊詞

古者左史記言,右史記動,言動必書,布在方策,當世資其采訪,來者藉以徵攷。不有載筆,厥績弗彰。今之官府學校,大抵咸有刊布之書,或以日,或以月,或以旬、以季。雖繁簡殊塗,洪纖異軌,要皆古史之支流餘裔也。茲館之設,所以儲理官之選,顧名思義,其任彌重。草刱迄今,規制觕具。四方來學者,蓋百有八十餘人,彬彬稱盛焉。是用纂輯季刊,都爲七類。凡課程之編訂,考試之等第,治事之情狀,講演之紀錄,師生之著述,部院之判令,下及書目圖畫,靡不畢載,彙爲一編,燦然具備。庶使執事者益自淬厲,問業者有所觀感,即異日海外人士覘我成績,得斯刊以示之,或亦可爲壤流之助歟?

(1927年1—3月《司法儲才館季刊》第1期)

陸王學派與青年修養

(二月五日在司法儲才館講演)

　　今天爲本館第一次課外講演,以後每星期亦是繼續有的;先儘在外面敦請名流學者,如未覓着,就由我自己充數,原來我自己本擬正式擔任點功課,繼思本館與其他學校性質不同,講堂上鐘點宜少,課外自修時間宜多,所以我自己暫時不作有系統的學術講演。

　　今天講"陸王學派與青年修養",這個題目,好像不識時務——尤其在現在經濟狀況社會情形正在混亂突變,還拿起幾百年前道學先生的語[話]來翻騰,豈不太可笑嗎?但是我們想想修養工夫,是否含有時代性?是否在某時代爲必要,在某時代便不必要?我們生在世上幾十年,最少也須求自己身心得一個安頓處,不然,單是飢則求食,勞則求息,蠕蠕噩噩和動物一般,則生活還有什麼意味,什麼價值?或者感覺稍銳敏一點,便終日受環境的壓迫,陷於煩惱苦悶,結果墮落下去,那更是"天之僇民"了。所以我們單爲自己打算,已經不容缺乏修養工夫,其理甚明。況且一個人總不是做自了漢可以得了的,"四海變秋氣,一室難爲春",我們無論爲公爲私,都有獻身出來替社會做事的必要。尤其在時局萬分艱難的中國今日,正靠後起的青年開拓一個新局面出來,青年們不負這責任,誰來負呢?但是我們想替社會做事,自己須先預備一副本錢,所謂本錢者,不但在書本上得些斷片智識,在人情交際上得些小巧的伎倆,便可濟事,須是磨練出強健的心力,不爲風波所搖,須是養成崇高的人格,不爲毒菌所腐。這種精神,不是一時作得到的;古今中外的偉大人物——或者雖不十分偉大而能成就一部事業的人,都不是一蹴僥倖成功的。在他事業未成功以前,"紥硬寨,打死仗",孜孜矻矻,"鍥而不舍",不知作了幾多狠苦的預備功夫;待到一旦臨大事,好整以暇,遊刃有餘,不過將修養所得的表現出來罷了。我同學們須知讀書的時候,就是修養的時候,能一面注重書本子上學問,一面從事人格修養,"進德修業",雙方並進,這就是將來成就偉大事業的準備;所以我個人認爲青年有修養的必要。

　　以上是説修養的必要;現在接着説修養的方法,究竟要用什麽方法,纔可達到修養的目的呢?古今中外的學者祖師——所講求的法門甚多,今擇要述之:

　　(一)宗教的　宗教家常懸一超人的鵠的——無論天也可,神也可,上帝也可,由此產生出來道德規律,便拿來當他自己作事的標準,不能説他沒有功效;不過這種方法,比較行於沒有十分開化的民族和稍爲腦筋簡單的人,足以幫助他的修養;因爲這種方法,完全靠他力的,不是靠自力的,例如信仰基督教的人,祇要崇拜基督,便以爲能贖我愆尤;信仰佛教净土宗的人,祇要口誦"阿彌陀佛",便以爲能解脱生西。流弊所至,自己的覺性,反受他力壓抑,不能自由發展了。

　　(二)玄學的　玄學的修養法,要脱離名相,得到人以外高深哲理的人生觀,來作有[自]己安心的歸宿,他的好處,自力甚強獨往獨來,當然比宗教全靠他力自由得多;但他的弊病:離名相過遠,結果變成高等娛樂品,不切於實際;非具特別智慧對哲理有特別興趣的,不容易領悟;往往陷於空中樓閣,虛無縹緲的境界;雖説是滿腹玄理,足供談資,亦等於看菜單而忘烹調,讀書譜而廢臨池,自己終究不能受用的。

　　(三)禮法的　禮法的,一可云是"禮文的"——"禮節的",換言之,就是形式上檢束身心的方法,在消極方面:本"君子懷刑"的觀念,凡國法和禮教上不允許的,就絕對的不肯嘗試;在積極方面:禮與法所允許的,便常常從事訓練,一言一動,務期造成軌範,這是他的優點,但他的弊病:(1)偏於形式,禮法禁止的行爲,均須表現出來,禮法纔有制裁的力量;其内心思想,無論懷[壞]到怎樣,法官雖高明,固然不能照燭;就是禮教的範圍和力量稍大,也仍然是達不到的:不過形貌恭敬罷了。(2)病於瑣碎:無論什麽事,須得到一個概念,若網在綱,如裘絜領,然後纔能究源竟委,循序漸進;若衹一枝一節的來尋解決,便永久得不着一個把柄。

以上三種:都不是良好的方法,不能使人們得到修養的效果,我們生在這個變動社會,鎮日忙碌,精神煩悶,不但宗教的,玄學的,不能適用;就是禮法的修養方法,繁文縟節,病於瑣碎,亦易令人厭倦——故不能不選擇一最簡捷的方法。這種方法的案[條]件:第一要切實:能在我最忙的時間——學問上或者是職務上——不相妨害,仍能不斷的作修養功夫;第二須得其要領:好比運用大機器一樣,衹要得着他的原動力,便全部都轉動起來了,不是頭痛醫頭,脚痛醫脚的方法;第三要自動的:不靠人,也不靠着人以外的他種力量,能具備以上三種案[條]件的,古今中外的偉人都有,或者宗教家哲學家,亦復不少。不過依我個人用功實驗的結果,覺得對於現在一般青年的修養最穩當最簡捷最易收效果的,當以陸王一派的學問爲最適合,對於這派的學術,以後有機會,當詳細討論。今天先將他修養的要點講一講。我把他暫分爲四點,分述於下:

(一)致良知 "致良知"這句話是王陽明提出來的,陸象山雖有這種意思,却未明白説出"致良知"三字來,象山説法,仍舊本着孟子的"求放心"。"求放心"這句話,前人解釋放字,如放風箏一樣,放了出去,再收回來,這是不對的;其實"放"字,就是失去本來良心的意思;換言之,就是爲氣禀所拘,人欲所蔽,失去本然之善。"求放心",就是圖恢復已失去的良心。陽明"致良知"三字,便覺明顯得多。

陽明嘗詔告弟子説:"你一點良知,即是你的明師。是便知是,非便知非,一毫昧他不得。良心命令你的行爲,不會錯的"云云……

他的意思:就是説,良心像明師一樣,是與非,辨之最清;良心命令你要作便作,不作便不作,決計不會錯的。近世德哲學家康德 Kant 亦曾説過:"服從良心第一個命令。"因爲第一個命令是眞覺,最明顯不過的:這話完全與陸王旨趣相符合,其所謂"東海有聖人,南海有聖人,此心同,此理同"了。"致良知"的"致"字,係動詞,含有功夫,如普通致書某君之致同意。"致良知",就是推致良知於事事物物;好比諸君將來作司法官,如何裁判始能盡善? 這便是把我的良心推致到人的身上或事物上面去的一個實例。"良心"在人身,猶"舟之有舵"。舟有舵,所以便移轉;如遇暴風駭浪,不會把舵——或者是無舵,那船非沈不可。良知如舵,致良知,就是把舵。吾人每日作事,常常提醒此心,恰如操舟者全副精神注重管舵。良心與生俱來,人人都有,不常用則馳鶩飛揚,莫知所届;猶之舟子之舵,不常用則把不定。所以陸王詔人說"良心就是你的明師",每日遇事到面前便問他,久之自不費力;如舟子之於舵,天天訓練,平時固毫不費力,縱遇大風駭浪,稍用點心,亦可過去。總之陸王方法,不必靠宗敎玄學禮法等,祇靠這點覺性,訓練純熟,平時言行,固從容中道;縱遇重大的困難的大事臨頭,隨便提一提,也可因物付物,動定咸宜。這方法最簡捷,上自大聖大賢,下至婦女孩提,不用拋棄他種事業,都可適用。什麽專靠書本子上"多識前言往行以蓄其德",什麼"禮儀三百——威儀三千"的繁文縟節,都是比不上的,這是陸王學派第一個美點。

(二)重實驗 "致良知",似乎純屬主觀的,怎麼又說到重實驗的客觀方面去呢? 這不是自相矛盾嗎? 其實不然,陸王的意思:以爲事之應作? 要問良知;究要如何作法? 如何推之於人而順? 全驗諸客觀的實際。表面雖似相反,結果全然一貫。陸子靜與兄子淵別後相見,兄問數年學問——從何處下手? 何處致力? 子靜答云:"專從人情事變上下手。"這便是陸學注重實驗的鐵証。考陸氏本是大家庭——並且數代同居,管理家務是輪流的,他說他學問進步最猛烈,就是在二十三歲管理家務的時候,因爲這時有機會把良心推致到事實上去。我們要知道:知與行有最密切的關係。譬如由北京到上海,須先定一觀念。究應怎樣去法,心中常有兩種辯論,一說往南,一說往北,未實行時可以並存的;待到實行時,非實在詳細打聽明白,終沒有達到上海的一日,徒然看路程表是不中用的。又如聽人說,東興樓菜好,在未嘗過以前,縱然下形容詞,說他怎樣甘美可口,終於隔靴搔癢,與自己不相干;必待親自吃過然後纔能眞正知道。所以陽明主張"知行合一",嘗曰:"知是行之始,行是知之終。"又曰:"知而不行,知如未知。"陸王這派學說,雖然對於書本子上學問,不十分攻擊,但總視爲第二層學問;他們的意思,要在實際上作去,凡一言一動,能把自己的良心運用到上面去,就無往而非學問;我們天天在講堂聽講,固爲學問,就是在課外聽講作事,一舉一動,均合於條理,更是緊要的學問;若徒知在講堂上上課,那便等於看路程表和批評菜單子了。我們未研究陸王以前,以爲他們學問,全是主觀的;那知道他們推致良知到事事物物上去,完全屬於客觀的?陸子以管家進學,已以上述;再來看看王子,他的軍事上政治上的事業,祇要有一件,都足成爲偉大人物永垂不朽。奇怪得很:我們現在祇知他爲一大學者,軍事政治,反爲學問所掩,這是什麼緣故呢?因爲他的軍事政治,都是從學問中發出來,同時他的學問,亦因經軍事政治的訓練而益進步。他的軍略政略,就他平宸濠一事,便可看得出來。宸濠爲明室王子,謀覆明社,已有數年預備,詳密布置;陽明無官守,無人責,上書討賊,談笑之頃,三星期削平大難,這是何等神勇——迨削平以後,太監嫉功妬能,仍促御駕親征,並且要他將宸濠放出,他看出此中癥結,便把宸濠解交太監,功成不居,以泯猜忌。這是[時]皇帝仍要到江南,所帶北兵,雲集南昌,他用種種方法供給,使南北軍不相衝突;又百般用方法激動北軍,到歲暮除夕時,令市民作歌謠唱戲,使兵士動思歸之念,於是北兵始撤去。統觀這事的首尾,初宸濠脅迫他,他不但不附和,反興師致討,這是良心命令他作的;旋交宸濠於太監以泯猜忌,也是良心命令他作的;北兵駐南昌,苦吾民,設法促歸,也是良心命令他作的;良心作用之妙,真是不可思議;陽明之學,首重良知,一遇困難問題,更借此機會,訓練思想,直作下去,一面雖似主觀,一面則條理細密,手腕靈敏,又完全屬客觀的。雖用權術,好比醫生對病人說謊一樣(說謊爲極不道德之事,醫生對病人說謊,目的在醫病,故爲良心所許可);也是良心命令所許可的。爲達良好目的而用手段,這手段畢竟是善的。由此足以証明致良知與重實驗,絲毫不相衝突的。

(三)非功利 西洋科學,重實驗,近功利;陸王學派,既重實驗,當然也不能逃此窠臼,怎麼又說非功利呢?但是陸王不是絕對不要利益——不要事功;不過以自己個人爲本位的毀譽得失利害等物,陸王是絕對反對的。陸子在白鹿洞書院——講"君子喻義小人喻利"章,不但聽衆感動,就是朱子大[也]爲感動;當時便把講義寫出來刻在書院壁上。他講的大意:謂"利",是以自己爲本位的。凡專爲自己打算，不但貪財好色要不得，就是學問文章虛榮利祿等，也都要不得的，反覆推闡，爲拔本塞源之論。若不澄清源頭，讀書多固壞，才具大更壞。譬如現在軍閥，無論北也好，南也好，如果他不爲自己利益虛名，專替社會國家謀利益，那麽國家便可立致太平；若專爲自己打算，我希望他讀書少點，才具小點纔好，否則讀書愈多，談什麽問題，什麽主義，則爲惡之本領越大，將禍國不知伊於胡底了！猶之農夫種田，種的是稻和麥，灌溉培養，可成嘉禾；如種的是莠類，加肥料，勤耕耘，所收穫終爲莠類。前賢説得好："種瓜得瓜，種豆得豆。"這是絲毫不爽的，所以陸王主張澄清本源，然後再作學問纔好；一方面與西洋實驗派相近，一方面又主張非功利，這是有西洋學派之長而無其短的明徵。

（四）求自由　非功利，"無我"，似乎專于爲人；孰知却又不然，可以説，完全是爲自己——是爲自己求得絶對的自由；不過非一般人所謂自私自利罷了。也可以説，一般人不善自私自利，陸王乃知大自私自利的。孔子曰"克己復禮"，又曰"古之學者爲己"，這兩句話，表面看來，顯然是矛盾的；其實嚴格解釋起來，仍然是一貫的。一日陽明弟子問曰："弟子只知軀殻的小己，不知精神的大己。"陽明詰之，復曰："口要食美味，目要看好色。"故云："軀殻是不是自己？食爲舌，舌是不是自己的？"凡食一物，口中覺得滋味很好，如良心以爲不應該吃，這時誰的痛苦大？對得住口，不過幾秒鐘的快樂；對不住良心，是永久的痛苦；雙方打算，還是對得住良心的好！所以我們良心，要不受束縛，要求得絶對的自由。但良心自由，是不容易得到的，身體受束縛，可由外力代爲解放，如美國黑奴，有林肯來替他解放；我自己的精神，作了自己軀殻的奴隸，非自己解放自己，就一天到晚，一生到老，都在痛苦之中，莫由自拔：陸王學派，就是從沈淪苦海里自救出來，對内求良心絶對自由，不作軀殻的奴隸；對外不受環境的壓迫和惡化。無論環境如何引誘，總持以甯静淡泊，寂然不動；因爲得利絶對自由，所以同時也得到絶對的快樂。孟子曰："死亦我所惡，所惡有甚於死者。"譬如一碗飯，得之則生，弗得則死；但是有時候權衡輕重，死比食還要快活，這時就不能不死。我們看看明末死節諸臣，是何等從容自得！那些苟全性命的，覥顔人世，人家對他批評怎樣？姑且不問；我看他們精神上真不知受了怎樣的痛苦！如錢牧齋、吴梅村者流，便是一個適例。這種大不自由，就功利方面計算起來，未免太不經濟；橫豎早晚都是死，何必苟活幾年，甘受精神上的痛苦呢？所以陸王一派學者，不作自己奴隸，不受環境壓迫，結果得到大自在，大安樂，獨往獨來，此心常放在極逍遥安樂地方，生固快活，死亦安慰，生死無所容心，抑何往而不自得！以此證明孔子克己爲己之説，不但不相衝突，并且彼此相得益彰，這是陸王給我們修養上最簡捷最完美的方法。我不敢説我在東興樓吃過一回菜，不過在旁邊嘗一嘗他的滋味罷了，希望我們同學大家努力嘗嘗這個滋味纔好！

　　陸王派的學問，在我國有清二百年間，一被經學壓迫，再被程朱派壓迫，日就衰微；東隣日本，反盛行此學，明治維新的豪傑，都是得力於陸王派的學者，陸王也可以説是日本建國的功臣，他學問效力的偉大，從此可見一斑。我們本國嗣裔，反未沐其膏澤，未免可惜；俗諺有云："物極必反。"現在正當物質枯燥，人心煩悶的時期，或許是陸王學術復活的時機罷？再談到我們儲才館的設立，完全是預備養成治外法權的人物；要負擔這種責任，談何容易：非大家同心僇力，最少非有五十人抖擻精神，能夠實地作事不可。然能養成作事的能力，書本子上的學問，固屬緊要；精神修養，尤不可忽；然精神人格修養的方法，又祇有陸王學派最簡捷最美滿最有效驗。所以我今天首向同學介紹陸王派學術的梗概。

　　　　　　　　　　　（1927 年 1—3 月《司法儲才館季刊》第 1 期）

梁漱溟《人心與人生》介紹詞

(二月十八日在清華學校研究院)

　　我們在學校内，爲的是求知識，這固是不錯，然而還要得求知識之根源，就是要得一安身立命的地方，然後才能求學，這是現代青年所同感到的劈頭大問題。因此青年在校內,自己的生活,不要太自苦,要自樂、自信,才能感生活的意味和樂趣。此外更進一層,我們還要有"本錢"。所謂"本錢"便是"心的力量",亦即孟子所謂"浩然之氣",然後做事始成功。中國儒家,自孔子以後,孟子、程朱、陸王都是發揮這個道理的。他們所供獻的至少是世界上解決這種問題的方法的一種,這種是要自己去求,別人不能助你的。不過師友的接觸亦可給的指示、鼓勵,不能看輕。因爲先輩許多用功的人拿他的經驗來指導我們,是最有益的。

梁先生是巨川先生之公子,學是家傳的,定能與我們以許多助力。今天他來爲我們講學,實是一不易得的機會。

(1927年2月22日《大公報》)

學問的趣味與趣味的學問

(三月五日在司法儲才館講演)

今天的講題,是"學問的趣味與趣味的學問",説來有趣味得很!有許多熟朋友説:"若把梁任公這個人解剖或者用化學化分一下,把裏頭所含一種原素名叫'趣味'的抽出來,只怕所賸下僅有零了。"這話雖有點滑稽,我承認我是一個趣味主義者!我以爲:凡人必常常生活於趣味之中,生活才有價值。

孔子表白他自己的生活,並没有特別過人之處,不過是"學而時習之,不亦悦乎!有朋自遠方來,不亦樂乎!人不知而不愠,不亦君子乎!"什麽"悦"啦,"樂"啦,"不愠"啦,可以説是孔子全生活的總量。我們看他對於自己的工作,鎮日的"發憤忘食,樂以忘憂","學而不厭,誨人不倦",他教人亦復如此:"子路問政⋯⋯請益。子曰:毋倦","子張問政,子曰:居之無倦;行之以忠",處處都是教人對於自己的職業忠實做去不要厭倦。孔子所以成就如此偉大,就是因爲他"不厭不倦";他爲什麼能不厭不倦?就是因爲對於自己所活動的對境感覺趣味:一個人若哭喪着臉捱過幾十年,那麼生命便成沙漠,要來何用?倒不如早日投海的好!所以我們無論爲自己求受用,爲社會求幸福,爲全世界求進化,都有提倡趣味生活的必要!我是一個最饒趣味的人,我教人——也是要把趣味印到大家身上去,乃至講政治經濟,也把他認爲一種有趣味的科學。像那簡單的馬克思唯物史觀的物質生活,是我所反對的。

一

怎樣纔算着趣味?就廣義方面觀之:愛飲酒的有酒的趣味,愛賭博的有賭博的趣味;不過這種趣味,與我的趣味,不能完全相印。我的趣味,是有條件的,(一)凡趣味總要自己出[去]領略,佛典上說:"如人飲水,冷暖自知。"人家可以給你的趣味,不能算作趣味的目的;(二)趣味要能永久存在,凡一件事作下去生出和趣味相反的結果,這也不能作趣味的目的。賭錢有趣味嗎?輸了怎麼樣?吃酒有趣味嗎?醉了病了怎麼樣?升官發財有趣味嗎?遇着外面的障礙,不能貫徹自己做官發財主張怎麼樣?……諸如此類,雖然在短時間像有趣味,結果會鬧到俗語說的"沒趣一齊來",所以我們不能承認他是趣味,凡趣味的性質,總要不受外面的反動阻奪永遠可以存在,好比"江上清風——山間明月"一樣,同學們聽我這幾句話,切勿誤會我以爲:我用道德觀念來選擇趣味,我不問德不德,只問趣不趣,我並不是因爲吃酒賭錢不合道德排斥他,是因爲他易受反動障礙,所以反對他;不是以學問合於道德來提倡他,是因他能以趣味始以趣味終合於我趣味主義的條件,所以就來提倡學問,——願意把他作我生活主要的部分。

物質生活的人們:至少要尋得一二件精神生活,然後他的生活纔不致乾燥無味!且從事工作時,精神興奮興會淋漓,其效率必加倍增多!人人如此,必能組成一個興趣豐富快樂的社會。但這種精神的對象是什麼?廣義說起來:"文藝美術,就可說是學問。"簡單說一句:"學問就是趣味最好的目的物。"我們怎樣能在學問上領着趣味,理論雖這樣說,實際上能得到趣味的很少,我看好些學生,在學校里,未嘗不腐精搖神,從事學問;一入社會,便把學問拋在一

邊,這是什麼緣故?都是由於沒有在學問上找到豐富的趣味!同學們要嘗學問的興趣嗎?據我所經歷的,有下兩條路可走:

第一,深入的研究:趣味總是慢慢的來,越引越多:好像吃甘蔗一樣,越嚼他的滋味便越長。假如作學問,每天只有一二點鐘,隨便來消遣,淺嘗中輟,沒有絲毫研究性質,那當然不會發生興趣。或者今天這樣,明天那樣,這當然也不會引起興趣來。以我而論:見人家下圍棋便要走,因爲我不懂他,無法對他發生興趣;那些對圍棋有研究的人,縱然走一着,他都以爲關係甚大,所以能終日坐圍不厭。學問亦然,我們欲得到他的趣味,須選擇一二種與自己脾味相合的,作畢生研究的主腦,或者提綱概括的觀察,或者從事解剖分析的觀察,不怕範圍窄,越窄越便於聚精神!不怕問題難,越難越便於鼓勇氣。務使我身心與學問融化爲一體,然後纔能得到無窮的樂趣!我國人對於學問興趣,平均統計起來,比任何國人都趕不上,一去了學校,便不會繼續研究!推其病根:一因爲學校里科目太繁,一因爲鐘點過多,教師又不能設法使學生深造自得!考試又是分數平均,祇要各科略窺門徑,便不至於失敗!釀成一種淺嘗敷末的風氣。學生於各科,都只知道他的當然,而不知道他的所以然,這個門穿一穿,那個門張一張,再不會看見"宗廟之美,百官之富",叫他如何能發生趣味?我們要想領略趣味,便須專精一種或二種,爲極深刻的研究,聽講看書,訪問師長,實地觀察,握管撰著,都是關於此種,便易嚼出他的滋味來!那麼,以後縱入社會,凡關於此類資料,方將從事蒐集,互相印証,那至於拋棄不學呢?這樣窄而深的研究,也許變成顯微鏡的生活;其實不然,萬有學問,都是相通的,最怕對任何學問,沒有趣味!祇要對一二種發生濃厚趣味,以後移到旁的學問上,便可事半功倍。猶之書家臨碑一樣——初臨歐時,需要三個月纔好!後再臨顏,祇要一月便好,這是我個人經驗之談。所以我們祇要對任何一門學問,發生最濃厚趣味,那便容易豁然貫通了。這是深入的研究方法。

第二,交替的研究:交替的方法,似乎與深入是反相[相反]的。其實要想從學問中得趣味,亦須有主輔的關係:最好以科學的研究爲主,以文藝藝術爲輔,同學們專學法律,以法律爲主要科目,鎮日在法律中討生活,精神最易感受疲勞;爲恢復疲勞起見,至少要在文藝美術方面找一種,輪流的參錯掉換纔好。就以本館余學長說,他是專門研究行政法的,但同時他又是書畫大家:一種是科學的學問,一種是美術的學問,兩種都有相當涵養,常常互相交替,所以就把學問趣味越引越長,覺得日子有趣得很！我個人也是一年到頭忙的不肯歇息,問我忙什麽？不是那一般人的酒食徵逐,忙的是我的趣味。我以爲這是人生最合理的生活,精神舒服得很；若專從物質上討生活,最容易受客觀的限制和反動,也可以說："是非趣味的。"這種非趣味的生活,好比打電報一樣,專打回頭電報,就容易令人們精神上感受無限痛苦——興會頹唐——元氣斯喪了。我並不是絶對排斥物質的人,因爲我經驗的結果,覺得物質生活中,更要找到其他的一兩樣,作我們精神的寄託。這種精神生活主要的條件,是"無所爲而爲"。好比同學們希望收回法權,爲學問而學問的人,法權收回固樂,就是一時不能達到目的——甚至無法律事務可辦,也未嘗不樂；你問我"爲什麽作學問"？我便答道："不爲什麽。"再問,我便答道："爲學問而學問。"或者答道："爲我的趣味。"結果就是學問絶對無用,祇要對於真理有所創獲,我個人便覺得其味無窮——無入而不自得了。

二

以上講的是"學問的趣味",以下再講"趣味的學問",更覺有趣,我們無論遇着什麽事,都當作客觀有趣味的資料。孟子説"有人於此,其待我以橫逆,則君子必自反也"云云,人以無理加到我身,普通人必採取報復主義；孟子偏偏要自反,是我的錯誤嗎？是我的不仁不忠嗎？這是何等涵養的態度！人能以這種態度接物,每遇橫逆之來,便借此機會,研究到我自己的過處,究竟他爲什麽這樣？甚至把客觀所有的事,都當作我自己研究的資料,這樣,便易得增進自己的閱歷經驗。普通一般人,遇到一事困難,便頹喪消極；在趣味主義者觀之,以爲研究的機會到了,仔細思量這回失敗的原因——在我本身麽？在社會環境麽？方將研究之不暇,那有失意阻喪的暇晷呢？我個人遇着事總是這樣,就是本館成立,零零碎碎的瑣事,非常麻煩；我總把他當作趣味,好容易給我一個機會,從容研究,決不肯輕易放過。譬如自己是個愛嫖愛賭的人,當嫖時賭時,就要思量,人家都不愛,我爲什麽要這樣？本身生理上變態嗎？客觀環境促成的嗎？能常常這樣的反觀内照,切己體察,那麽,無論人家的自己的生理上心理上一切關係，都可作爲我自己研究的資料了！事愈多，學問就可以越發更多；越困難，趣味就可以隨之發生。我國從前偉大學者——陸象山、王陽明二先生的學問，就是依這種方法作成的。陸子常説："他的學問，全從人情事變上作工夫。"又説："他二十幾歲時，他那大家族的麻煩帳務，經著他經管了一年，這一年是他畢生學問成就最重要的關鍵。陽明先生呢，他在江西講學，一日某縣吏往聽，覺得很好，便説："我們鎮日兵刑錢穀，不暇學問。"陽明聽著，便指示他説："誰叫你離開事務作學問"？從這一點，就可以想到陽明作學（問）的方法了。他是主張"知行合一"的人，他以爲："致良知"，就是把良知推致到事事物物之上，良知離了事物，便是空虚的。所以研究學問，須將良知與事物打成一片纔好。陽明很後悔——在龍場失了許多機會，晚年到江西，在軍事旁午的時候，就是他學問進步最猛烈的時候，他遇着事情棘手的時候，困難自困難，嘔氣自嘔氣，他總是研究爲什麼困難？爲什麼嘔氣？抱着"廓然大公，物來順應"的態度。這樣作學問，所以能不勞苦，不費力，就會得着一種内聖外王偉大的學問。如一定要閉門靜坐，説我如何存養？如何慎獨？那麼，反不能鞭辟入裏，清切有味。而且不懂得趣味的人，閉起門來作學問；一旦出而應物，稍遇困難，便形頹喪，他的學問事業，一定不會永遠繼續下去的。惟能像陸王派的學問家，把客觀的事實，都當作趣味資料，優游涵泳，怡然自得，保全自己的生活元氣，庶可以老而彌健，自强不息呢！

　　以上我説的兩件事，雖然像是老生常談，恐怕大多數人都不曾會這樣做。唉！我們自己有這種不假外求不會蝕本不會出毛病的趣味世界，竟没有幾個人肯來享受，這是很可惜的！我今天效"野人獻曝"的故事，特地把自己所經歷的告訴同學，希望同學們都起來嘗嘗這個趣味吧。

（1927 年 1—3 月《司法儲才館季刊》第 1 期）

經濟生活之非唯物的部分

（在司法儲才館講演）
彭時　筆記

今天本來想講"人類之精神生活"，嗣因題目過大，短促時間恐怕講不好，祇好將範圍縮小，改爲"經济生活之非唯物的部分"。就題面看來，就可知對馬克思唯物史觀表示不滿；不過純粹就學理討論，不含政治意味。我向來最反對"唯"字的，凡天地無論何種學理，均是相對的，不會是唯一絶對的。我雖是反對唯物論，同時也不贊成唯心論。《中庸》有云："萬物並育而不相害，道並行而不相悖。"一剛一柔，一陰一陽，無往而非對待，偏於一隅，都是不通的。現在講經济學，因蘇俄宣傳影響，"唯物論"勢甚猖獗，人人覺着馬克思的立足點甚强。人類生活，我承認經濟是重要的；但人類生活要點，不僅在經濟，經濟以外的尚多。即就經济而論，專限物質享用，以爲物質提高，經濟生活便解決，這也是靠不住的。歐洲歷史上有一段趣聞——或者可一[以]説是神話，謂馬克思飄零海外，窮愁潦倒，德相俾士麥遣人遺金數百萬馬克，馬克思正欲收領，其人吞吐間——露出係俾士麥的遺贈，遂勃然大怒，峻拒不受。同一金錢，爲什麽不要俾士麥的？可見人類生活，於金錢以外，另有其他要素。這是否諧語神話？姑不必問，總見人生生活不是專靠物質——享受，可以解決的。

現在世界重要問題，在於貧富不均。資本家橫暴，對勞工剩餘的掠奪，就是勞工問題之起點。要想解決這問題，工人工資提高，時間減少，這話我們是承認的；但是單是提高工資，減少時間，謂工人生活便告解決，那仍然是不能的。歐美各國勞動情形，互有不同。今舉一资本最發達的美國來作代表。美國工人生活最高，也可以説勞工生活比一般人都好。他的收入，平均起來，普通工人每星期可得美金三〇元；能有專門技術的，每星期可得八〇元達一〇〇元上下。美金一〇〇元，以現在金價折合我國銀幣，可達二〇〇元。美國大學正教授薪金雖高，但幫教授的收入，還比不上在工廠熟練的工人。此種工人生活，衣食住的精美——尤超過我國上流階級社會的人們；至少要與我梁某個人相等。照說：他們總可得到人生最美滿的生活了；但是幫教授的收入雖少，精神上是很舒服的；工人收入雖豐，生活仍是痛苦的。這是什麼緣故？因為工人變成機械，對於生產計劃，不能參與，對於勞動結果，不能支配，這是人類最痛苦的事。

我三十年前漫遊新大陸，著《新大陸遊記》，曾記得一日參觀屠宰廠，見一高大肥胖的工人，司宰牛的機器，機動牛死，行所無事，大有"用志不紛，乃凝於神"之概，再不會錯的。我當時便問這人技術神妙的緣故？機廠中人說：這人已在廠十二年，一日未間斷，他的工資，每星期可得美金七〇元。據新近由美國回來，談及那人依舊在屠宰廠，每星期工資已增至美金一二〇元之多，他的收入確是很豐富的；不過這種機械生活，我們若替他想想：他們精神是很痛苦的。所以他勞動過度，腦筋麻木，便要從事看電影、休息、飲酒、賭博的消費。為什麼他要這樣？因為他作機械生活，所以取尋刺激性強的娛樂，來資調劑。足徵工人工資無論加至怎樣高，物質享用怎樣豐富，精神生活終究是沒有的。

據生物學家觀察：人類軀幹的進化，已在五十萬年以前，五十萬年以後，便是腦漿的進化。——道德、宗教、文藝、美術等，固屬精神生活；經濟生活也要運用腦力來經營才好。例如小農家經營幾畝薄田，施多少肥料，用多少資本，自己預先打算一番；縱使收穫的結果，與原來計劃相反，——或者是歸於失敗的，但他自己的精神，總覺的很快活。推而至於手工業的工人，——與賣水果的小商人，也是這樣。祇要是運用自己腦力作出來的，無論成功失敗，都是高興的。農家不幸遇了水旱風災，可希望次年豐稔；商人生意虧本，可以重張旗鼓再幹；祇要生產時，用自己腦力，經營擘劃，勞動結果，無論多少，可以完全自己處分，始終不受他人干涉，所以他的精神很自由，鄉間農民有一句話："這東西是我的。"這句話威權多大，也就可以看得出他精神上的快活！

人生精神生活——在那幾點？如宗教、文藝、美術等，我們可以不講；專從經濟部分來講，生產能自己計劃，收入能自己處分，便覺得快活；不然收入雖多，仍然是苦惱。以我國鄉下小農人，與美國屠牛工比較，我國農人一年的收入，還比不上他一星期的收入，兩下距離簡直不可以道里計；但我國農夫，黃髮垂髫,怡然自得;屠牛工則生活枯燥,樂趣毫無,這是什麼緣故呢?數年前英哲學家羅素 Lusell 到中國來,回國後作許多批評中國的文章,我記的他彷彿說過:"中國鄉下的勞農,完全是美術的。"我想他的觀察點,不外剛才說過的兩種:(一)生產由自己計劃,(二)結果可以自己處分。這種在中國人眼光中,沒有什麼奇怪;確是在外國看來,覺得再舒服沒有,他究竟爲什麼舒服?衣食住的粗陋單簡,與外國勞動者比起來,簡直相距不啻千萬里,何以一個覺舒服——一個感受煩惱呢?據我看來,就在精神生活之一點。

現在世界經濟,變動日劇,所釀成的煩悶苦痛——以及將來危機,非設法補救不可,然最大的補救之點,不徒在物質生活的光裕,尤須謀精神生活的自由。在政治工業革命以前,經濟狀況以個人或家庭爲單位,人人可以有機會支配自己的經濟行爲,單位越多,支配平均,所以社會比較安寧;自工業革命後,經濟單位便集中起來,其致每一國家將所有每行產業,都集中歸一二大托辣司(即公司)支配,把一切資本家勞動家都變成機械,如美國屠宰工人一般,終歲勞動,無所用心,這自是煩悶痛苦的。一切資本家勞動家都變成機械,資本主義的國家,固然是這樣;就是現在要與資本主義對抗的共產主義,又何嘗不是這樣?不過國家資本主義,是把資本集中於少數資本家之手;共產主義,則集中於國有之下;我恐怕共產主義集產的力量還要更大,可以說是代托辣司而起的,也可以說是變相的托辣司。生活(在)這種經濟組織下的人們,衣食住的程度,儘管提高,他的生活痛苦,依舊不能解決的。就現在情形觀察,非特別設法不可。蘇俄鑑於貧富不均,故實施共產以資救濟;但能收多少效果,殊未敢必;因爲他最大的弊病——就是使人類變成機械。好比作學生一樣,每星期僅二十幾點的功課,並不算多;每日按時上堂,按時下課,總嫌呆板一點,不然我們自由研究,愛讀自己所愛的書籍,就是每日十幾點鐘,也不覺得疲勞;一是在講堂上課,每日五點鐘,就要想設法調劑,這是什麼原故?就是因爲精神受他力壓迫,變成機械的原故。工廠中工人的生活,精神煩悶,其病根亦即在此。所以我們知道——我們經濟生活,不問資本大小,總要自己打算自己支配,寧可作二個銅元的老板,不願作工廠中煩悶苦惱的機械生活。所以我們要想救活社會,應如何設法將經濟單位化分得多?一方面保存中國小農固有近狀,或發展固有近狀;一方面妨資本主義——或共產主義經濟單位的集中纔好。因爲這兩種都是把人類變機械,使人類不能安寧。

僅物質生活豐富,生活便算滿足,上面已經說過;現在且舉實例說說:前到歐洲見一養老院,內容設備甚完滿,不但衣食住,粗有可觀,就娛樂器具——電影音樂書〈畫〉畫,也甚精良;依理這裏面的老叟老媼,精神總很快活;實在考察起來,他的精神,還比不上鄉下衣服襤褸吃窩窩頭——含飴弄孫的白髮老人生活,這是一定的情形。好比繪畫一般,一個老人手携一個小孩,畫出來甚美觀;如果僅有幾十個老人聚處便覺得極醜;我準此類推,想這極講究的養老院,孤獨伶仃的老人生活,一定是很痛苦的。尤足徵我們人類的生活全部分,不僅在物質;是要於此以外,更有精神安慰之一點。所以我想改造經濟,不僅得物質的充滿,還要於此外圖經濟精神生活的安慰與發展,才可以得着快樂。這種救濟辦法,在此世界未受資本主義(國家資本主義在內)壓迫最烈時,舊社會經濟生活中,當有一部分精神生活存在,趁此全世界經濟沒法解決時,我們要創造一個新經濟生活,來作全世界人類的模範,使世界人類都得到精神的安慰,這纔算盡了我們的責任哩!關於此點,曾數次同朋友談及具體計劃,還沒想好;希望我同學們共同努力,以圖實現,今天不過大概的發端罷了。

(1927年5月《法律評論》第4年第45期)

法官之修養

(五月十四日在司法儲才館講演)

李良　彭時　筆記

修養本爲一般的。大凡能有相當修養的人,隨便作什麽事業都可以;決沒有那一種人另外有一種特別修養的。今天講"法官之修養",這個題目好像不通似的;不過法官職責重大,應該有特別修養的必要。法官人格修養的需要雖然很多,我認爲最重要的有三點,特地提出來講講:

（一）獨立的勇氣　司法獨立，怎樣能夠實現？絕對不專靠憲法及法院編制法幾條空洞的條文所能辦得到的；實際上能否辦得到？不客氣，就靠著法官精神能獨立不能獨立。歐美各國，司法獨立，早已實現，不必要法官本身有特別崇高人格——纔能辦得到；可是我國不然，司法界表面上雖云獨立，實際上是仍然沒有獨立的；其中原因雖多，可以說是由於司法界以外的力量壓迫得太利害。將來怎樣能表現司法尊嚴，怎樣能爲司法界放光彩，要在司法界人，當受壓迫利害或者遇着最困難的時候，我們責任所在，爲保全司法權起見，什麼都可以犧牲，這不是靠一人力量，是要靠大家有團結一致精神的。我且舉過去事實來講講：當袁世凱圖謀帝制——六君子辦籌安會的時候，在司法獨立的國家，當這種破壞國體——圖謀內亂的大亂發生，司法官就立刻提起公訴，以維持司法尊嚴。這時我最佩服一個人，就是現在羅總長。那時他爲總檢察長，要提起訴訟；但總檢察廳是受司法行政首長支配的；當時司法總長不許，遂不果行，羅總長即憤而辭職。這種不畏強禦的精神，實在令人欽佩！我認他作朋友，也就在此。不過對羅總長一人很可尊重，若對司法界全體仍然是可惜的。在外國對於內亂罪，凡屬檢察官，都立刻可直接起訴；可惜當時檢察官應作不作，未免有忝厥職！假使當時法界全體，奮不顧身，依法起訴，老袁固然是很嚙恨，生命危險，也保不住是有的；但是我們要知道人生到處都是危險，比如街上走路撞着汽車，我在此地講演，房子陡然倒塌，都立刻可以送命，豈徒攖野心家的逆鱗嗎？我們爲正義奮鬥，官職縱然被革，也許有其他危險，將來司法地位在社會上便不知增高了多少。我們站在司法界，爲司法尊嚴起見，在我國這種政治狀態底下，苟能抱着守法和犧牲精神，作一二次反抗強權的烈舉，造成一種良好風氣，那麼，司法地位便立刻增高起來了。

這幾年來，各地方司法官自己職權不能行使的很多；即就北京而論，從前金佛郎案發生，政府要想法界人分擔責任，作出要求要司法界審查合法不合法的勾當；這時司法界要認真辦理，政府不高興；遷就點，不但官可保存，並可分潤點阿堵物來飽私囊。在政府方面，威迫利誘，有意腐壞司法界空氣，固然是罪不容誅；司法界甘心受他人利用，作行政官的傀儡，這未免是太無獨立的勇氣了。可是我們站在旁邊，知道罵他們不對；他日輪到我們身上，不要重蹈覆轍，自己來罵自己纔好。我們爲個人良心獨立，要找正當路走；爲司法謀獨立，也靠我們的努力。腐敗固不是由於一人,是由於大家慢慢萎頓下來的。但多數人力量,是由少數人積集成功的;祇要我一人盡我一分力量,作一件有聲有色的事,給同時人或者後來人一種絕大刺激,便能漸漸造成司法界良好空氣。所謂"銅山西崩,洛鐘東應",那是絲毫不爽的。

又如前幾個星期,俄使館黨案發生,羅總長極力要求交正式法庭辦理,終未辦到,這是人家不尊重司法,不是司法本身錯處。不過依我想:假使交到法庭,司法官怎樣辦呢?我們要知道司法官的一舉一動,對於將來影響甚大。現在南北同捕共產黨,固然沒有什麼困難;不過在那時,一方北方軍閥壓迫得利害,要求從嚴懲辦;一方南邊共產黨勢不可侮;這時不是得罪北方軍閥,就是得罪南邊共產黨。得罪北方軍閥,立刻就有危險;得罪共產黨,將來有危險。二者交戰於中,究竟怎辦好呢?假使沒有獨立勇氣,既顧慮目前利害,又怕將來報復,因此便設法取巧,怎樣想方法來拖延,或卸責於他人,祇要三條路走一條,法界腐敗空氣,就立刻濃厚起來了。但受軍閥暗示,作軍閥書記官,或受黨人壓迫,不引用法律;這種病態,尚顯而易見;惟蝙蝠式的模稜派——兩面討好,找一條滑頭路走,本人固然可以保全祿位,可是使司法界蒙垢含羞,便永無湔祓之日了。

我們在司法界的人,天天發牢騷,罵人家看不起我,往往欲委身去幹別的事業;其實司法界以外的壓迫侮辱,也可以說是司法界本身不健強所召致的。古人有云"夫人必自侮,而後人侮之",假使法界人,能特立獨行,以身殉法,祇要能犧牲幾個人,你看效果怎樣?我司法實際上至今未能獨立,都因爲沒有正真[真正]守法的人,如想要達到真正獨立地位,非抱着犧牲精神不可。誰人能勝這種重任呢?我毫不客氣的說,司法儲才館同學當然要"當仁不讓"的。我們有三十人相約爲司法效力,祇要肯作事,不怕沒有機會,將來一遇有困難發生時,能下死的決心——也不一定就死,比如要死三四十人,縱多死三兩人便了不得,祇要有幾個人肯犧牲,不要幾年,風氣便會轉移,使司法真正獨立,與歐美一樣。所以我以爲法官修養第一要有獨立勇氣。

(二)深切的責任心　責任心,無論作何事,都要有的。上面說獨立勇氣,也可歸到責任心裏。至司法官的責任心,比一般行政官教育家不同;因爲司法官一舉一動,都直接影響於訴訟當事人的生命財產,所以他的責任,比其他官吏更重大。我國數千年來的政治，都很尊重司法官吏，前清稍重大的事情——如命案死罪，非上奏詔準，不能執行，就是一個實例。但從前司法事務，委之行政官辦理，精神分開，結果不甚圓滿，故主張司法獨立。自從改行新法以後，凡司法上重要職務，從前分散於行政官的，現在概集中於司法官木[本]身，責任的重大，就不言可知了。

凡人任事，要依我行爲所到的爲本位。教育家以學生爲本位；父母對家庭教育，以子女爲本位。司法官以何人爲本位呢？不用說，當然以訴訟當事人爲本位。我上面已經說過，司法官一舉一動，無不影響到當事人，其利害關係重大，常出於吾人意料以外；假使司法官看輕他的責任，往往因宴客——打牌，遲誤幾天，那麼，窮苦的當事人，困頓旅舍，就生出極大的變動，甚至斷送他的性命，也是實際上所常有的事。又如當書記官的，精神來不及，漫不經意的隨便寫寫；要知道我們平日寫字，寫錯了不要緊，當書記官的寫錯了一個字，足以影響於當事人的身家性命，關係可就大了。我們想到司法界舉動影響的重大，所以我們就應該時時提撕警醒看重我們的責任。我國變法多年，人家天天在那兒攻擊司法制度不好，固然是因爲不知個中內容；其時一般人對他滿意不滿？不滿意的原因安在？我不敢說從前知事大老爺好；可是現在的司法官，特別的壞處固然少，特別的好處，亦復沒有。從前祇要有一二賢明疆吏，如胡文忠公在湖北時，挑選縣吏極嚴，一時訟獄稀簡，內政清平，好處就非常之多；現在一般法官，大半敷衍將事，不求有功，但求寡過；若說怎樣積極作事，真切的替當事人謀利益，那便等於鳳毛麟角——百不得一了。

現在法界一般通病，就在於遲慢疏忽。遲慢固然不能全怪法官，手續法繁重，法官無論怎樣勤勞，也難表現他的敏捷手腕，固爲一種重要原因。可是對自己責任看得不真切，精神萎靡，漫不經意的輕易疏忽，這的確是法界人的罪惡。遲慢疏忽，鑄成了法界一種惡空氣的原因，就是司法官把自己責任未看得重，不曾以當事人利害爲本位的緣故。假使看清自己責任，我想他就是要緩也不敢緩，要疏忽也不敢疏忽的。

刑事爲當事人生命攸關，民事爲當事人財產攸關——亦有影響於當事人生命者，往往因手續緩慢，生出不好的惡果；總要司法界有數人把自己責任看得清，振刷精神，一點不肯放鬆，纔能引起一般人的信仰，司法獨立，也因而維持得住；不然，人家便要來根本推翻——如南邊所謂黨化司法，或者被一個强有力的軍閥加倍摧殘蹂躪。物腐蟲生，這是一定不可避免的趨勢。我希望儲才館同學，共同努力，看清自己職務和責任，令一般人信仰，造成一個確實基礎，那麽，司法獨立，纔有實現的希望。所以我以爲法官修養——第二要有深切的責任心。

（三）美滿的精力 以上所說的——第一要排除外界的壓迫；第二責任心要養得圓滿。有此以後，實際上事情辦得好不好呢？關於此點，法官知識和才能，固屬重要；不過有知識才能後，還要有充分精力，纔能貫澈到底。有一次曾記得李特成先生說：當法官到大理院推事或庭長便沒趣，最有趣是當初級廳或地方廳推事。他在京師地方廳做事時，本來年紀很青，每當開庭時候，他總是將簡易案件先辦，把繁難案件放在後面。當審理簡易案件時，慢慢的不費精神，繼續到七八小時之久，這時繁難案件狡猾的當事人，索性等着，腹飢力疲，不能自主，結果將所預備支吾來騙法官的一套話，因爲精神不好，一句也說不出，甚至情願把實情吐出，以便從速出庭，這是實際上所常有的事；此時當推事的，抖擻精神，用全副精力來對付當事人，便可片言揭破他的假面具，以判斷事實的真僞曲直了。李先生這種經驗，雖然不能事事如此，不過給我們一個重要條件，就是要精力充足。法律本來是很枯燥的東西，我們要常常以趣味看他；遇到困難時，總覺着有趣味。好容易使我看到"犯罪人心理"和"社會心理"，給我一個研究的機會。這時當推事的，把全副精力集中，貫注下去，聲音笑貌之間，現出一種嚴肅氣象，目光炯炯，顯出一種催眠作用，自不難支配被審判者。訓練到有此本領以後，作事的成績，一定超過普通人以上；如無此精力—威嚴—行爲，作事成績，一定不好，可以斷言的。然用什麽方法來訓練自己——養成這種充足精力呢？固然於未作法官以前，要事先預備修養；須知並非專靠學校能辦得到，凡遇一事到手，都把他看作修養工具，多得一番經驗，同時增加一分知識，隨時訓練自己，靡有窮期，終身作事，終身還在當學生，俗諺有云"長到老，學到老"，那裏還有止境。這樣興會淋漓的任事，精力一定是會貫注的，這便是法官修養重要的第三點。

最後有幾句話向同學們說說：現在收回法權，已經不成問題，用什麽程序，雖不敢說，遲早總可以辦到的。我國司法獨立尚未成功，要成功，全靠我們努力。現在司法界人，或者因爲機會未到，或者精力已就衰頹，司法改良，方纔開始，收回法權，祇要政治上軌道，立刻可以辦到；最怕的是——一面吹好，一面面紅耳赤，收回來怎樣呢？老實說，就是我們的責任。我們要知過，將來事辦的好不好，功罪完全在我儲才館同學們身上。我們這群人，能努力作事，爲司法界放光彩，那麼，便是中國司法界千古功臣；萬一不好，根本取消，亦未可知。據我看來，當此危急存亡的時候，也可以說，是好機會，轉移風俗，端在人爲，如果個個都能本着"紮硬寨，打死仗"的精神作去，那有不能達到目的的道理！若仍暮氣沉沉，那麼，不是傀儡，便是罪人了。

司法界被人視爲無足輕重，不過是暫時的局面；同學們能努力掙紮，以後數年，一定是要爲人所信仰的；這事自己關係尚小，關係司法界全體實大，所以我希望同學們努力，對學問要有充分預備，對人格要有切實磨練，以圖開創新司法局面；那纔不負國家的培養哩！

五，一四，司法儲才館。

（1927年5月《法律評論》第4年第48期）

接收京師圖書館改組辦理情形手摺

謹將接收京師圖書館改組辦理情形，開呈鈞鑒。

（一）點收圖書器物　自奉令接收京師圖書館圖書，當即派羅普、何澄一、陳熙賢三人爲接收員，與前京師圖書館主任徐鴻寶接洽辦理。經徐前主任指定前館員分別移交，除館中器物，早已點收清楚外，圖書部分因卷帙浩繁，清查甚需時日，今將點收各庫情形，略述于下：（1）《四庫全書》業經點查，仍交前京師圖書館原派管理員照舊負責管理。

（2）①善本書籍，依據前京師圖書館輯備完全目錄，照鈔一份，會同校合，作爲定本，仍交前京師圖書館任用多年之館員亦即鈞部額外部員，照舊負責管理，以便隨時點驗。

（3）普通書籍業按目錄點驗，仍交前京師圖書館原派館員照舊辦理，因點查北樓新書雜誌時發現失去新書雜誌數十册，業將前京師圖書館所派管理此項書籍之館員即行辭退，責令暗償，並責成接管人員嗣後認真典守。

（4）燉煌寫經，係另儲一室，前京師圖書館派館員余箴墀專責管理。現據徐前主任聲稱，余館員於去年某月業已病故，當時未及派人查點接管，只得將該室暫行封鎖等語。現爲交代起見，業與徐前主任商定合派館員五人，會同查點，計此項寫經共八千六百餘卷，前經大概清查一次，已費時兩月，嗣因有一尺餘長者四卷尚無下落，當令會同覆查，照最初簿據之編號逐卷拆視起訖字樣，並量準尺寸，務求絲毫，無得出入，以昭核實。惟因如此辦理手續極繁，現仍督飭繼續進行，尚未蕆事。以上係點收圖書器物實在情形，今於器物、《四庫全書》、善本書籍、普通書籍四項，均已開具清册，一俟寫經點驗清楚，即可完全交代分別呈報。

（二）用人　館中用人曾奉鈞座面囑勿多更動，以資熟手等因，正與愚見相合，當即准此辦理，故接收後，除永不到館之冗員，不得不予開除，另行派員接替，並聘任鈞部參事羅普爲總務部主任外，其圖書部組織，因事關典守，責任至重，主任一職，當以徐前主任最爲人地相宜，故首先商准鈞部借調留用。至管理各書庫人員，亦概未更換，以示爲事擇人，毫無私意。

（三）經費　本館預算雖經閣議通過，並由財政部函飭匯豐銀行指定鹽餘項下按目指撥，但近因鹽餘告罄，匯豐不能照撥，致接收以來，所有館費，仍完全無着，迄今數月，實未從政府領得分文。只因迭奉面囑，設法勉予維持，不得已暫向北京商業銀行息借四千元，先行墊用。嗣以經費依然無着，銀行不肯再予通融，又不得已將私人十餘年來所積之人壽保險費，作爲抵押，息借現欵，以救目前之急。此項實情前經呈報鈞部，請即轉咨財政部速予轉行匯豐照撥，或另籌的欵接濟在案，迄今未蒙籌發分毫，政府所定本館每月經費，有名無實，一

---

① "（2）"數原未有，代補正。

至於此。不特對於館務擬有預定之計劃，一無所施，且以私人財產，因公受累，亦非鈞部責成辦理之意。況蚊虻負山，勢必立蹶，倘果不支，其如政府信用何！善後之計，切望鈞部急切加意。

（四）布置　接收之始，原定有種種進行計劃，嗣因經費虛懸驟難措手。但前京師圖書館久已陷於不能維持之地位，故機關雖仍存在，實則百事俱廢。徐前主任每爲談及，猶以往日無欵不能辦事爲憾。茲既受任整理，不能不就力之所及，量爲布置，故辦公必需之物品，則置備之（接收之日欲求一筆而不得），房産之汗損破敗者，則裱刷葺治之，其不合衛生及失觀瞻者，則改造之，其辦公地點及館員工匠住室則斟酌闢設或者遷移之，務求在不合圖書館用之建築範圍内，以極撙節方法，略改舊觀，俾得行其預定計劃之小部分焉。今約舉之，則新闢會議室、陳列室、裝訂室、館員工匠住室及改置更衣室、謄寫室等是也。

（五）行政　前京師圖書館原有各項章程，或已停止，或不適用，本當全行酌改。惟因接收未久，一切利弊，尚未深悉，故擇其可行者，照舊施行，而有窒礙者，則略變通之。現於館中行政，訂有每逢星期六日舉行館務會議之例，完全公開，館長及全體館員一律出席。凡關館務，皆經議決，然後施行，現已擬定改訂閱覽章程。（1）《四庫全書》及善本書籍，向係售券閱覽，以若此寶貴書籍，以無限制之售券法，任人取出閱覽，實至危險。即無危險，亦非愛惜珍護之道。現擬改爲不售券，別設研究室，另訂研究章程，如學者真欲研究，非有相當資格，並有介紹或保證者，不得隨意閱覽。（2）爲參觀人利便起見，別闢陳列室，將《四庫全書》及善本等擇要陳列，俾欲廣見聞者，仍得窺見一斑。兩者並行，實於慎重之中，不失公開之意。（3）本館閱報室向來收費銅元一枚，本爲限制閑人起見，但閱報收費究屬於義無取，今擬一律免費，惟入門仍須領券，以防流弊。以上三項，決定於夏曆開年後，即便實行。

（六）繕校《四庫全書》　繕校《四庫》流通辦法，係鈞部去年擬訂，迄今年餘，無法進行。近欲履行鈔送法國之宿約，復由鈞部重提舊事，咨請外交部與法使接洽，一面訓令本館，繼續部定辦法，預爲計劃等因。當以茲事體大，非與各方面商洽一切，必至復蹈去年覆轍，徒勞無功，故嘗就智慮心力之所及，詳細調查，多方接洽，以期輔佐鈞部完成此業。惟以言易行艱，迄今未聞鈞部確定其事。查此項辦法，原係鈞部所定，當時並曾派員經營規畫，後來事雖無成，而功不可没，故奉令後，以爲將來事果决辦，仍必請由部中酌派相當人員，相助爲理。嗣與鈞座晤商，復承以此相囑，可見通力合作，意見相同，正欲於擬具辦法時，所有應與鈞部接洽，及繕校方面如何支配用人等項，一一詳爲規定。但根本問題，現在尚無頭緒，似可無庸亟亟於此。又鈞部决議鈔寫《四庫全書》一事，原以保全國家信用爲第一義，其他非所預計。惟本館奉令，責成預爲計劃，當經迭開館務會議，詳細討論，僉以事繁責重，不易辦理，於經費方面，猶當特別注意。一經費若非萬分確定，恐功廢半途，難於結束。二部中估算約需六七十萬元，實未逐項切實估量。現經再爲詳細核議，原定數目出入，僅足相抵，實少盈餘，而辦理此事，需時總在兩年以上。近來物價工值，飛漲無已，萬一日後支出超過預算，誰負填補之責。因上兩項，本館對於擬製預算，不敢不十分審慎，不能如外間不知情形者，但聞有六七十萬之數目，便相驚以爲莫大利益，而私相擬議也。惟鈞部意在流通，本館職掌所在，責無可卸。惟有盡心力，以期寔事求是耳。至外傳日政府發欵十萬元，與本館接洽鈔寫《四庫》一説，全屬無稽。惟聞上年在本館尚未改組前數月，日本富人某發意欲抄《四庫》，曾展轉託人查詢需欵若干，而以部館兩方均無確實預算，又無負責之人，故久無以答之。館中仝人，每有談及此者，報載云云，或因此誤傳也。

（1927年2月22—26日《晨報》）

北海談話記[①]

周傳儒　吴其昌　筆記

先生每於暑期將近時，約同學諸君作北海之遊，俯仰咏嘯於快雪浴蘭

[①] 原題作《梁先生北海談話記》。

之堂,亦往往邀名師講學其間。去年夏寶山張君勱先生因事來京,爲諸同學講宋賢名理,蓋穆然有鵝湖、鹿洞之遺風焉。今夏復賡盛遊,以時故,諸賢因不能涖止,先生恐無以孚此嘉會,故自述此篇,以爲諸同學之勉策云爾。弟子海寧吳其昌。

今天本想約一二位朋友來演講的,但是都不能來,故只好自己稍談幾句。現在一學年快完了,自己在學校內一年以來,每星期除了在講堂上與同學會面外,其餘接談時間已不能多,暑期以後,有許多同學,不能再來了,即能再來,也暫時有三四月的分別,所以借此地,約大家來玩玩。本來此地是風景最美的地方,也可以說是我們的先後同學的一個紀念的地方。

大約三十多年前,我二十餘歲,在長沙,與幾位同志辦了個時務學堂。學生先後兩班,每班各四十人,辦了一年多,遇着戊戌政變,學堂解散了。第一班同學中有位蔡松坡,那時他只有十餘歲,在班中算是年齡最輕的。想起三十年前事,令我很有感觸;那時算是中國最初辦的學校,功課簡陋得可笑;但我現在回憶,還是非常有興趣;因爲人數很少,所以感情易融洽;而功課簡單,也就有簡單的好處。現在學校功課是多極了,試問學生終日忙忙於機械的訓諫中,那有深造自得了[的]機會?在那時功課是很少的,而同學也就各專習一科;而且精神非常團結。同學們都成了極好的朋友,共了多少次患難,幾十人,幾乎變成了一人。功課因專做一兩門,精力集中,故比較的能深造,最少可以說物質的、功利的觀念,比現在不知淺薄多少。當時同學於"書本子"學問之外,大家對於"做人"〈人〉方法,非常注意,所以後來人材很多。

蔡松坡在全班四十人中,也算是高材生之一,當時的批評:最好的是李炳寰,其次是林圭,蔡松坡可以輪到第三,李、林二人,都是於庚子革命之役殉難了。那一役主持的人是時務學堂教員唐佛塵先生才常,他是中國第一次革命的領袖,成仁於漢口,我們同學隨同殉難的有二十多人,與唐先生同爲中國第一次革命的犧牲者。那時因蔡松坡年紀還小,唐先生不許他直接加入革命事務,叫他帶信到湖南給黃澤生先生。黃先生是當時在湖南帶領新軍的,他是羅忠節公的再傳弟子,生平一切私淑羅忠節公;他雖然和我們同志,却認爲時機未到,屢勸唐先生忍耐待時。他不願意蔡松坡跟着犧牲,便扣留着不放他回去。松坡當時氣憤極了,後來漢口事完全失敗,黃先生因籌點學費,派松坡往日本留學。從日本回來，方入政界，卒至爲國勞瘁而死；於護國之役這一次，總算替國家辦了點事業。他死的時(候)，不過三十五歲，假使他多活十年，也不過四十五歲，至少國內局面，比今天不同一點。

當時我們看松坡，也不過是個好學的小學生罷了；他自己也想不到後來爲國家的大材。一個人將來是什麼樣人誰也不能料定的，此不獨蔡松坡爲然，例如：諸葛武侯在隆中的時候，曾文正公在四十歲以前，胡文忠公三十五六歲以前，他自己也就沒有料到將來會做這樣偉大的事。不過國家需要人材，那是時時需要的，而人們當時時準備着，以供國家的要求。遇到相當的機會，便立刻可以替國家服務。所謂事業也不必一定限定於政治的軍事的，纔可算事業；所以一個人；能抱定爲國家服務的意旨，不會沒有建設的。就怕自家沒有準備着，則機會來了，當然只有放棄的，所以我們當修養着，自己認清自己的責任。

反觀現在的學校，多變成整套的機械作用：上課下課，鬧得頭昏眼花；進學校的人，大多數除了以得畢業文憑爲目的以外，更沒有所謂意志，也沒有機會做旁的事情，有志的青年們，雖然不流於這種現象，也無從跳出圈套外。於是改造教育的要求，一天比一天迫切了。我這兩年來清華學校當教授，當然有我的相當抱負而來的：我頗想在這種新的機關之中，參合着舊的精神。吾所理想的，也許太難不容易實現：我要想把中國儒家道術的修養來做底子，而在學校功課上把他體現出來。在已往的儒家各個不同的派別中，任便做那一家，那都可以的，不過總要有這類的修養來打底子；自己把做人的基礎，先打定了。吾相信假定沒有這類做人的基礎，那末做學問並非爲自己做的。至於智識一方面，固然要用科學方法來研究，而我所希望的是：科學不但應用於求智識，還要用來做自己人格修養的工具。這句話怎麼講呢？例如當研究一個問題時，態度應如何忠實，工作應如何耐煩，見解要如何獨立，整理組織應如何洽理而且細密……凡此之類，都一面求智識，同時一面即用以磨鍊人格，道德的修養，與智識的推求，兩者打成一片。現世的學校，完全偏在智識一方面，而老先生又統統偏在修養一邊，又不免失之太空了；所以要斟酌於兩者之間。我所最希望的是：在求智識的時候，不要忘記了我這種做學問的方法，可以爲修養的工具；而一面在修養的時候，也不是參禪打坐的空修養，要如王陽明所謂在"事上磨鍊"。

事上磨鍊，並不是等到出了學校入到社會才能實行，因爲學校本來就是一個社會,除方纔所説用科學方法作磨鍊工具外,如朋友間相處的方法,乃至一切應事接物,何一不是我們用力的機會。我狠痴心,想把清華做這種理想的試驗場所。但照這兩年的經過看來,我的目的,並非能達到多少。第一個原因,全國學風都走到急功近利及以斷片的智識相夸耀,談到儒家道術的修養,都以爲迂闊不入耳,在這種雰團[圍]之下,想以一個學校極少數人打出一條血路,實在是不容易。第二件,清華學校自有他的歷史,自有他的風氣,我不過是幾十位教員中之一位,當未約到多數教員合作以前,一個人很難爲力的。第三件,我自己也因智識方面嗜好太多,在堂上講課與及在私室和諸君接談時,多半也馳騖於斷片的智識,不能把精神集中於一點。因爲這種原因,所以兩年來所成就,不能如當初的預期。

　　我對於同學諸君,尤其萬分抱歉。大學部選修我的功課的,除了堂上聽講外,絕少接談的機會,不用説了,就是在研究院中,恐怕也不能不令諸君失望。研究院的形式,很有點像道爾頓制的教育,各人自己研究各人的嗜好,而請教授指導指導。老實説,我對於任何學問,並没有專門的特長,所以對於諸同學的工作,中間也有我所知道的,我當然很高興地幫幫他們的忙;也許有我們同學的專門工作,比我還做得好,這倒不是客氣話。外國研究院中的教授,于很隘小範圍内的學問,他真個可以指導研究,而除此隘小範圍以外,他都不管;而我今日在研究院中的地位,却是糟了! 同學以爲我什麽都懂得,所以很親密地天天來請教我;而我自己覺得很慚愧,没有充分幫助。不過,雖然如此,而我的希望,仍是很濃厚着,仍努力繼續下去。什麽希望呢? 假定要我指導某種學問的最高境界,我簡直是不能,可以説:我對於專門學問深刻的研究,在我們同事諸教授中,誰都比我强,我誰都趕不上他;但是,我情願每天在講堂上講做學問的方法。或者同學從前所用的方法不十分對,我可以略略加以糾正。或者他本來已得到方法,而我的方法,可以爲相當的補助。這一點,我在智識上對于諸同學可以説是有若干的暗示;也許同學得到我這種的暗示,可以得到做學問的路,或者可以加增一點勇氣。

　　還有一點:我自己做人,不敢説有所成就;不過直到現在,我覺得還是天天想向上。在人格上的磨鍊及擴充,吾自少到現在,一點不敢放鬆。對於諸同學,我不敢説有多少人格上的感化,不過我總想努力,令不至有若干惡影響到諸同學。諸同學天天看我的起居,談笑,各種〈種〉瑣屑的生活,或者也可以供我同學們相當的暗示或模範。大家至少可以感覺到這一點:我已有一日之長,五十餘歲的人,而自己訓鍊自己的工作,一點都不肯放過,不肯懈怠;天天看慣了這種樣子,也可以使我們同學得到許多勇氣。所以我多在校內一年,我們一部同學,可以多得一年的薰染,則我的志願,已算是不虛了。

現在中國的情形,糟到什麼樣了!將來如何變化?誰也不敢推測。在現在的當局者,那一個是有希望的?那一個幫派是有希望的?那末中國就此沈淪下去了嗎?不!決不的!如果我們這樣想,那我們便太沒志氣,太不長進了!現在一般人,做的不好,固然要後人來改正;就是現在一般人,做的很好,也要後人來繼續下去。現在學校的人,當然是將來中國的中堅;然而現在學校里的人,準備了沒有?準備什麼樣來擔任這個重大的責任?智識才能,固然是要的;然而道德的信仰,——不是宗教——是斷然不可少的。現在時事,糟到這樣,難道是缺乏智識才能的緣故麼?老實說:甚麼壞事情,不是智識才能分子做出來的?現在一般人,根本就不相信道德的存在,而且想把他留下的殘餘,根本去剷除。

我們一回頭,看數十年前,曾文正公那般人的修養。他們看見當時的社會也壞極了,他們一面自己嚴厲的約束自己,不跟惡社會跑,而同時就以這一點來朋友間互相勉厲,天天這樣琢磨着,可以從他們往來的書札中考見。一見面,一動筆,所用以切磋觀磨規勸者,老是這麼樣堅忍,這麼樣忠實,這麼樣吃苦,有恒,負責任⋯⋯這一些話;這些話看起來是很普通的,而他們就只用這些普通話來訓鍊自己。不怕難,不偷巧,最先從自己做起,立個標準,擴充下去,漸次聲應氣求,擴充到一班朋友,久而久之,便造成一種風氣,到時局不可收拾的時候,就只好讓他們這班人出來收拾了。所以曾、胡、江、羅,一般書獃子,居然被他們做了這樣偉大的事業,而後來咸豐以後風氣,居然被他們改變了,造成了他們做書獃子時候的理想道德社會了。可惜江公、羅公,早死一點,不久胡公也死了,單剩曾文正公,晚年精力也衰了。繼曾文正公者,是李文忠公。他就根本不用曾、胡、羅諸人的"道德改造"政策,而換了他的"功利改造"政策。他的智力才能,確比曾文正公強;他專獎厲一班只有才能不講道德的人物。繼他而起的,是袁項城,那就變本加厲,明目張膽的專提拔一種無人格的政客作他的爪牙,天下事就大糟而特糟了。顧亭林《日知錄》批評東漢的名節,數百年養成不足,被曹操一人破壞之而有餘,正是同出一轍呀。

李文忠公,功名之士;以功名爲本位,比較以富貴爲本位的人,還算好些。再傳下去,便不堪設想了,"其父殺人報仇,其子必且行劫";袁項城就以富貴爲本位了!當年曾、胡、江、羅以道德、氣節、廉恥,爲提倡的成蹟,遂消滅無遺。可憐他們用了大半世的功力,象有點眉目了,而被李文忠公以下的黨徒,根本剗除一點也不留,無怪數十年來中國的內亂便有增無遺[已]了。一方面又從外國舶來了許多什麼黨,什麼派,什麼主義⋯⋯譬如孫中山先生,他現在已死了,我對他不願意有甚麼奇[苛]論,且我對於他的個人,也有相當的佩服——但是,孫中山比袁項城總算好得多了。不過,至少也是李鴻章所走的一條路。尤其是他的黨派見解:無論甚麼樣的好人,不入他的黨,多得挨臭駡;無論甚麼壞東西,只要一入他的黨,立刻變成了很好的好人。固然,國民黨的發達,就是靠這樣投機者之投機;而將來的致命傷,也都盡在這般人之中,這句話似乎可以斷定吧?

現在既然把甚麼道德的標準,統統破壞無遺;同時,我們解剖現代思想的潮流,就不出這二股範圍之外,一是袁世凱派,二是孫中山派,而一方面老先生們,又全不知挽救的方法,天天空講些禮教,剛剛被一般青年看做笑話的資料而瞧不起他。我們試看曾文公等,當時是甚麼樣修養的?是這樣的麼?他們所修養的條件:是什麼樣克己,什麼樣處事,什麼樣改變風氣⋯⋯先從個人,朋友,少數人做起,誠誠懇懇,腳踏實地的,一步一步做去;一毫不許放鬆,我們讀曾氏的《原才》,便可見了。風氣雖壞,自己先改造自己,以次改造我的朋友,以及朋友的朋友,找到一個是一個,這樣繼續不斷的努力下去,必然有相當的成功。假定曾文正、胡文忠遲死數十年,也許他們的成功是永久了;假定李文忠、袁項城也走這一條路,也許直到現在還能見這種風氣呢!

然而現在的社會,是必須改造的!不改造他,眼看他就此沈淪下去,這是我們的奇恥大辱!但是誰來改造他?一點不客氣,是我輩!我輩不改造,誰來改造?要改造社會,先從個人做人方面做去,以次及於旁人,一個,二個⋯⋯以至千萬個;只要我自己的努力不斷,不會終沒有成績的。江、羅諸公,我們知道他是個鄉下先生,他爲什麼有這樣偉大的事業?在這一點上,我對於諸同學,很抱希望：希望什麼？希望同學以改造社會風氣爲各人自己的責任。

至於成功麼？是不可說的。天地一日沒有息；我相信我們沒有絕對成功的一日。我們能工作一部份，就有一部的成蹟，最怕是不做。尤其我們斷不要忘了這句話：社會壞，我們切不要"隨其流而揚其波，哺其糟而啜其醴"。不然，則社會愈弄愈壞，壞至於極，是不堪設想的。至少我有一分力量，要加以一分的糾正。至於機會之來不來，是不可說的；但是無論有沒有機會，而我們改善社會的決心的責任，是絕對不能放鬆的。所以我希望我們同學不要說："我的力量太小。"或者說："我們在學校里，是沒有功夫的。"實際上，只要你有多少力量，盡多少責任就得。至於你無論在什麼地方，總是社會的一分子，你也盡一分子的力，我也盡一分子的力，力就大了。將來無論在政治上，或教育上，或文化上，或社會事業上……乃至其他一切方面，你都可以建設你預期的新事業，造成你理想的新風氣，不見得我們的中國就此沈淪下去的。這是對于品格上修養的話。

至於智識上的修養——在學問著述方面，改造自己，那末因我個人對於史學有特別興趣，所以昔時曾經發過一個野心，要想發憤從新改造一部中國史。現在知道，這是絕對不是一個人的力量所可辦到的。非分工合作，是斷不能做成的。所以我在清華，也是這個目的：希望用了我的方法，遇到和我有同等興味的幾位朋友，合起來工作，忠實的切實的努力一下。我常常這樣地想：假定有同志約二三十人，用下二三十年工夫去，終可以得到一部比較好的中國史。我在清華二年，也總可說已經得到幾個了；將來或聚在一塊，或散在各方，但是終有合作的可能。我希望他們得我多少暗示的幫助，將來他們的成績比我強幾倍。

歸納起來罷！以上所講的有二點：

（一）是做人的方法，——在社會上造成一種不逐時流的新人。

（二）是做學問的方法，——在學術界上造成一種適應新潮的國學。

我在清華的目的如此，雖不敢說我的目的，已經滿足達到，而終已得了幾個很好的朋友，這也是使我自己可以安慰自己的一點。

今天，是一年快滿的日子了，趁天氣清和時候約諸同學在此相聚，我希望在座的同學們，能完全明瞭，瞭解這二點——做人，做學問，——而努力向前幹下去呀！

还有與朋友之間,最好是互相勸導切磨,所謂"相觀而善"。一個人生平不得到一個很好的朋友,他的痛苦,比鰥寡孤獨還難過;但是朋友可以找出來的,還可以造出來的。我去改造他,他來改造我。一方面可以找朋友,一方面可以造朋友。所以無論何人,終該要有朋友的,然而,得好朋友,是何等不容易啊?得到了朋友,要看古人對於朋友如何的勸磨,如何的規正;最少不要象現在"功利派"利害的結合:因了一點無聊的糾葛,或者互相團結,或者互相鬧翻,日後想起來,只有可笑,没有話説。我情願我們同學中永遠不會發生因一點無聊的事情,而感情發生裂痕,類似這一類的事實,我情願吾們同學大家以至誠相待,不忘了互相改造與策勉,親密到同家人父子兄弟一樣,那是何等痛快!因爲朋友是很難得的,日後散了,回想當時聚在一起做學問的快活,是不能再得的了!

我今天所講的話,很無倫次,本來不過既然約諸位到此地來玩,隨便談談罷了。不過,總可算是很真摯的話。

(1927 年初夏《清華學校研究院同學錄》)

王森然著《中學國文教學概要》序

在今日學校各項課程之中,最爲重要者,固屬國文;而同時教授最感困難,教師最感缺乏,學生除有生性特別嗜好外,最感覺乾燥而無生趣者,亦惟國文。此其原因:第一:因各項科目,皆有顯著的標準,而國文則惟有象徵的函①義,例如:數學一項,自加、減、乘、除,以至於分數、級數、比例、開方;更高而上之,爲代數、幾何、三角、大代數、解析幾何、微積分,深淺是非,皆有一定標準。如有人云:開方較三角爲深,微分較代數爲淺;兩直角之和,等於一鋭角。則無論何

---

① 原作"正",已據原書(商務印書館 1929 年 6 月版)改,下同,不注。

人，皆知其荒謬絕倫；他如史、地、理、化、生物，各科皆然。惟國文一道不然。既無一定的標準，可以與一己之好惡情感，定古文之是非深淺。例如性不喜佛者，則以昌黎《原道》爲聖經。性喜高玄者，則以史遷《伯夷列傳》《孟子荀卿列傳》等迷離恍惚之文字，爲神龍變幻，其味無窮。如此類者，皆堪發噱。而皆各持一說，言之有故，持之成理，究竟以何爲是非深淺之標準？第二：則各項科學，有進步退步之別，而無新的舊的之分。蓋物質科學，類是後來居上。此在原理上固定如此。只有恩斯坦對於奈端更進一解，斷不至有歐幾理得之徒，堅守門戶之習，以抗十八世紀以下之新數學者。其他各科亦然。惟國文一道不然，近世文學究竟是否優於近古文學，近古是否優於中古，中古是否優於上古，皆難質言。而今日又有新舊語文之爭，用語體者詆文言爲死文學，用文言者詆語體爲野狐禪。究是兩造孰是？皆易令人墮入五里霧中。第三：則各種學科，無黨派之分別；而文學則黨派分別最雜。各種學科，雖亦有異同之爭；然乃是考覈未定的討論，非爭門戶意氣者可比。例如中華人種，或主西來，或主南來，或主東北來。三說皆可互相觀摩攻錯。至於國文則大不然矣。例如李顒主張文以載道，乃謂一部《文選》竟無一字可觀(見《二曲集·答友人請評〈文選〉書》)。江藩主張重振駢儷，乃謂生平差堪語人者，惟不讀唐宋八家文耳(見江藩傳)。此等偏狹見解，至今未盡。其他分門別戶，混亂互戰，宛如今日中國。第四：則範圍太隘，而分類太廣。今試取一任何學校課程表而觀之，則見所謂算學、代數、三角、幾何、平面三角、立體幾何等占七八科目，而其實皆在算學範圍以內也。獨惟國文，則僅列一目，孤子不堪。不知中國文學，包圍之廣，恐十餘科目，尚不能盡。例如：大別之則有文，有詩，有詞，有曲；文之中，又有賦，有辭；辭之中，又有駢，有散；散之中，又有桐城，有陽湖；詩之中，有古，有近，有唐，有宋；唐之中，有李，有杜，有韓溫……宋之中，有西崑，有江西，有四靈；詞之中，有五代，有南北宋；曲之中，有北，有南；再推廣而言之，則孔子之《文言》，許叔重之《說文部首》，鄭康成之《三禮目錄》，陸德明之《經典釋文例錄》，玄奘所譯之《波羅密經》，朱子之《大學章句》；下至於晉女子之《子夜歌》，董解元之《會真記》，湯顯祖之《牡丹亭》，曹雪芹之《紅樓夢》，使置其他之點，一概不論；而單以文學言之，則一而已，以十餘科目所不能盡之材料，而併入一單獨科目之中；則其困苦可知。第五：則因界說之不明；各項學科，愈進步，則其分析愈小；分析愈小，則其界説愈明；界説愈明，則亦愈進步。故於生物之中，又分植物焉，動物焉，等等，物理之中，又分光學焉，力學焉，熱學焉，重學焉，電學焉，等等，惟國學與國文，則今人恒糾紛而不清。夫以國學言之：則國文者，乃其千百分之一體，其小乃無比；以國文言之：則又爲駢散詩詞一切之總彙，其大乃無倫。然而往往因聯想作用，界限不清，以致一聞國學，即聯想以謂等於國文；甚至一聞國文，即聯想以謂等於八股，此爲其受社會所鄙視，而不能發達之惟一原因。第六：因材料之太富，自上古至中古，其文學之產生率，遠不如中古以下；最低限度，亦當爲十與四五之比。然單以上古至中古文章一項而論，詩歌樂府等，一概除外；《楚辭》等專著，亦一概除外。嚴可均輯《全上古（三代）秦漢三國〈魏晉〉六朝文》，以及乾隆時纂《全唐文》，及陸心源等《全唐文補遺》等，合計已近二千卷矣。（全上古至六朝文，七百六十餘卷。《全唐文》一千卷，《全唐文補遺》數十卷。然此數書，脱漏尚多。）全唐一代之詩，亦已九百卷；全宋一代之詞，合《汲古閣》《四印齋》《彊邨》等，所刊亦不下三四百卷。以此例之，綜合中國文學之書，自上古至於今日，當不下三四萬卷。欲於此三四萬卷書中，選其最適當者，試問今日何人，能具此偉大學力？即有此學力，試問非合公衆之力，是否可能？故一翻今日之教科讀本，率皆輾轉抄襲，陳腐爛套，與當時坊選制藝，異點何在？則如何能令學子感生興趣！凡此六難，於中等教育爲尤甚。欲減輕此六種困難與弊端，其法固非止一項，然最大之點，當爲經驗。有經驗，則可隨時處變，加以調劑；其補裨殊非淺尠。王君森然任中學國文教員，至六七年之久；其所積之經驗與心得，皆甚富。今年春，出其積年所編之《中學國文教學概要》六厚冊示余，余嘉其用意之善，用力之劬也，故亦略出鄙見，與王君一商榷之。且望王君之能於經驗之外，於鄙説更留意焉，則其所造，殊非余之所敢料也。丁卯正月新會梁啓超序。

（1927年12月19日《世界日報》）

致教育部請辭國立圖書館長書*

逕啓者，啓超前以本館經費無着，乏力維持，懇准辭職，俾釋重負。旋奉鈞部復函略開，所有館中經費困難情形，本部素所盡悉，茲准來函，益深焦灼，自當即行咨催財政部趕行籌還墊欸，並將經費按月撥付，俾資維持，尚祈勉任艱鉅，始終其事，所請派員接管一節，應勿庸議等因。仰見鈞部對於本館事業極意護持，感慰之餘，原應無再冒瀆。惟念本館度支，現既陷于絕境，斷非空言所能維持。蓋別種機關或尚可一時停頓，而圖書館向來開放閱覽，實爲社會教育之所必需，況本館所藏圖書二十餘萬册，多屬海內菁華，無價至寶，保管之責，非常重大，故館員對此，咸須竟日從公，不得稍離職守，其情況與其他機關人員之虛應故事者，截然不同。萬一以枵腹難支，不免灰心解體，則如許寶書，誰與典守，此爲本館進退兩難之實在情形。啓超前者以此危象爲足慮，不惜以個人私財，勉爲支撐半年，以俟政府之設法籌濟者，正職是故。奈蚊虻之力已窮，而牛羊之劬不得，現在雖經鈞部迭催財政部撥欸救急，顧流光如駛，月計之期，忽焉已至。至此情勢之下，啓超自愧力薄，確已無術支持，與其因循貽誤，負咎日深，何如早讓賢能，別籌救濟，爲此繕呈墊欸清單，即希察核迅予籌還，並申前請仍懇俯准辭去館長一職，即日派員接替，實爲公私兩便，無任屏營待命之至。此致教育總長。

(1927年3月25日《晨報》)

---

* 此函三月二十四日遞上。

《歷代名人生卒年表》序

學術工具之書，愈便檢閱則價值愈增。自錢竹汀剏著《疑年錄》，古今名人生卒年可攷者畢著焉，學者便之。近儒遞有賡續，益彬彬矣。然諸編散見，檢覓頗難，美猶有憾。從子廷燦，從余最久，每有著述，輒令其檢查資料；感舊本之未盡善，乃別製一人一行本之《歷代名人生卒年表》，每行皆附西曆紀元，視前此諸錄加增千餘人。卷首復以姓之筆畫繁簡爲次，製一索引，展卷一索即得，治學者置一編於坐右，其省精力多矣。廷燦夙以自私，余取而布之。

十六年四月，梁啓超。

（上海商務印書館 1934 年 7 月版《歷代名人生卒年表》）

知命與努力

（五月二十二日在華北大學講演）

王劭年　張澤雄　筆述

今天所講的題目是"知命與努力"，知命同努力這兩件事，驟看似乎不易合併在一處，《列子·力命》篇中曾經說明力與命不能相容，我從前作的詩也有"百年力與命相持"之句，都是把知命同努力分開，而且以爲兩者不能並存，可是，究竟是不是這樣呢？現在便要研究這個問題。胡適之先生在歐洲演說中國文化，狠攻擊知命之說，以爲知命是一種懶惰哲學，這種主張，能養成懶惰根性。這話若不錯，那麼，我們這個懶惰人族，將來除了自然淘汰之一途外，真没有别條路可走了。但究竟是不是這樣呢？現在還當討論。

在《論語》裏面有一句話："不知命無以爲君子。"意思是説：凡人非有知命的工夫不能作君子。君子二字在儒家的意義常是代表高尚人格的。可以知道儒家的意見，是以知命爲養成高尚人格的重要條件。其他"五十而知命"等類的話狠多，知命一事在儒家可謂重視極了。再來返觀儒家以外的各家的態度怎樣呢？墨家樹起反對之幟，矯正儒家，所攻擊的，大半是儒家所重視的。所以墨家自然不相信命，《墨子·非命》篇中便極端否認知命，在現在講，可算"打倒知命"了。列子的意見，更可從《力命》篇中看出，他假設兩人對話，一名力，一名命，爭論結果，徧[偏]重於命。列子是代表道家的，可見道家的主張，是根本將命抬到最高的地位，而將力壓服在下面，和墨家重力黜命的宗旨恰恰相反。可是儒家就不然，一面講命，一面亦講力，知命和努力，是同在一樣的重要的地位，即以"不知命無以爲君子"一句論，爲君子便是努力，但却以知命爲必要條件，可知在儒家的眼光中兩者毫無軒輊了。

命字到底怎麼解呢？《論語》中的話很簡單，未曾把定義揭出來。我們只好在儒家後輩的書籍中尋解説，《孟子》《荀子》《禮記》，這三種都是後來儒家的重要的書。《孟子》説："莫之致而至者命也。"意謂並不靠我們力量去促成，而牠自己當然來的，便是命。《荀子》説："節遇謂之命。"節是時節，意謂在某一時節偶然遇着的，便是命。《禮記》説："分於道之謂命。"這一條戴東原解釋得最詳，他以爲道是全體的統一的，在那全體的裏面，分一部分出來，部分對於全體，自然要受其支配，那叫做"分限"，便是命。綜合這幾條，簡單的説，就是：我們的行爲，受了一種不可抵抗的力量的支配，偶然間遇着一個機會，或者被限制着止許在一定範圍內自由活動，這便是命。命的觀念，大概如此。

分限——命——的觀念既明，究竟有多少種類，經過詳密的分析，大約有下列四種：(一)自然界給予的分限：這類分限，極爲明顯易知，如現在天暖，須服薄衣，轉眼秋冬來了，又要需用厚衣，這便是一種自然界的分限，用外國語解釋，便是自然界對於人類行爲，给的一個 order，只能在範圍內活動，想超過是不能的。人類常常自夸，人力萬能征服了自然界，但是到底征服了多少，還是個問題，譬如前時舊金山和日本的地震，人類幾十年努力經營的結果，只消自然界幾秒鐘的破壞，便消滅無餘，人類到底征服了自然界多少呢？近幾天，天文家又傳說慧星將與地球接近，星尾若掃到地面，便要發生危險，此事固未實現，然假設慧星尾與地面接觸了，那變化又何堪設想，彼時人類征服自然界的力量又如何呢？這樣便證明自然界的力量，委實比我們人類大得多，人類不得不在它給予的分限中討生活的。(二)社會給予的分限：凡是一個社會，必有它的時間的遺傳和空間的環境，這兩樣都能給予人們以重變[要]的分限。無論如何強有力的人，在一個歷時很久的社會中，總不能使那若干年遺傳的結果消滅，並且自身反要受它的影響。即如我中華民國，挂上民治招牌已十六年了，實際上種種舉動，所以名實不符者，實在是完全受了數千年歷史情[惰，下同]力所(支)配，不克自拔。社會如此，個人亦如此，一人如此，眾人亦如此，不獨爲世所詬病的軍閥官僚，難免此精力之支配，乃至現代蓬勃之青年，是否果能推翻情力，不受其支配，仔細思之，當然不敢自信，吾人一舉一動，一言一行，所不爲情力所干涉者，實不多見的。至於空間方面，亦復如是，現在中國經濟狀況，日趨貧乏，幾乎有全國國民皆有無食之苦的景況，若想用人的力量去改這種不幸的情形，不是這一端改好，那一端又發生毛病；便是那一端改好，這一端又現出流弊。環境的勢力，好似一條長鏈，互相牽掣，吾人的生活，便是在這全國環境互相牽掣的勢力支配的底下決定，人爲的改造，是不能實現的。小而言之，一個團體，也是這樣，凡一個學校，牠有學風，某一個在這學校裏唸書的學生，當然受學風的影響和支配，想跳出學風以外，是不容易的。而這個學校的學風，又不是單獨成立的，及[又]與其他學校，發生連帶關係，譬如在北京某一學校，牠的學風，不能不受全北京學校的學風的影響和支配，而不能脫離，就是這樣。全北京的學風，影響到某一校；一校的學風，又影響到某一人，關係是如此其密切而複雜，所以社會在空間上給予人們的分限，是不可避免，而不易改造的。(三)個人固有的分限：在個人自身的性質，能力，身體，人格，經濟，諸方面，常有許多不由自主的狀態，這便是個人固有的分限。這些分限，有的是先天帶來的，有的是受了社會的影響自然形成的，然而其爲分限則一。譬如有些人身體好，有些人身體壞，身體好的人每天做十多點鐘的功課，不覺疲倦，身體弱的人每天只用功幾點鐘，便非常困乏，再不停止，甚至患病，像這種差別，是沒有法子去平均和補救的。講其原因，自然是歸咎於父母的身體不強壯，才遺傳這般的體質。這不獨個人為然，即以民族而言，華人同歐美比較，相去實在很遠，這都是以前的祖先遺留的結果，不是一時的現象，然而既經墮落到如此地步，再想齊驅並駕，實無方法可施。既曰實行衛生，或可稍圖改善，然一樣的運動，一樣的營養，而強者自強，弱者自弱，想立刻平等，是不可能的。才能經濟諸端，尤其易見，有聰明有天才的人，一目十行，倚馬萬言，資質愚笨的人，自然趕他不上；有遺產的子弟，可以安富尊榮，卒業遊學，家境困苦的人，自然千辛萬苦，往往學業不完，這種分限，凡為人類，怎能逃脫。身體才能，固然不能變易，即如物質方面之經濟力，似乎可以轉換，然而要將一個窮學生於頃刻中化為富豪，亦是不能實現的事。物質的限制尚且如此之難去，何論其他，個人分限，誠不可輕視的了。（四）對手方給予的分限：凡人固然自己要活動，然而同時別人也要活動，彼此原都是一樣的。加之人的活動方面，對自然常少，而對於他人的常多，所以人們活動是最易和他人發生關係的，（既）然如此，人們活動的時候，那對手方對於自己的活動也很有影響，這影響就是分限了。人們對他人發生活動，他人為應付起見，發出相當的活動來對抗。於是自己起了所謂反應，反應也有順的，也有逆的，遇見順的，尚不要緊，遇見逆的，則自己的活動將受其限制，而不能為所欲為，於是便構成了對手方的分限。這可以拿施教育者與受教育者做個比方，施者雖極力求其領會，然受者仍有活動的餘地，若起了逆的反應，這個教育的方法，便要失敗的。此猶言團體行為也，個人對個人也是如此，朋友，夫婦間的關係，何莫不然，無論如何任性的人，他的行為總難免反[受]其妻之若干分限，妻之方面亦同，人生最親愛者，莫如夫婦，而對手方猶不能不有分限，遑論其他。猶之下棋，我走一着，人亦走一着，設禁止人之移棋，任我獨下，自屬全勝，無如事實不許，禁止他人，既難做到，而人之一着，常常與我以危險，制我之死命，於是不得不放棄預定計畫，與之極力周旋，以求最後之勝利，此即對手分限之說，乃人人相互間，雙方行為接觸所起之反應了。

此四種分限——再加分析，容或更有——既經明瞭，只受一種之限制時，已足發生困難，使數十年之工作，一旦毀壞，然人生厄運，不止如是，實際上，吾人日常生活，幾無不備受四種分限之包圍和壓迫。因此，假使有一不知命的人，不承認分限，甚至不知分限，或不注意分限，以為無論何事，我要如何便如何，可以達到目的。此種人勇氣雖然很大，動輒行其開步走的主義，一往直前，可是，設使前邊有一堵牆，攔住去路，人告訴他前面有牆，牆是走不過去的，而他悍然不顧，以爲没有牆，我不信牆的限制，仍然前行。有時前面本是無牆，僥幸得以穿行，然已是可一不可再的成功，今既有牆，若是牆能任意穿行，自然很好，但牆實在是不能通過的東西，於是結果，他碰了牆，碰得頭破腦裂，不得不回來，回來改變方嚮，仍是照這樣碰牆，碰了幾回之後，一經躺下，比任何軟弱人還軟弱，再無復起的希望。因他努力自信，總想超過他的希望，不想結果失望，自然一蹶不振，這種人的勇氣，不能永久保持，一遇阻礙，必生厭倦，所以不知命——不信分限，專恃莽氣的人是很難成功的。

儒家知命的話，在《論語》中有最重要的一句，便是批評孔子的"知其不可爲而爲之"那一句。可見知其一可爲而爲之——不知或不信分限，不是勇氣；必要知其不可爲而爲之，才算勇氣。明知山上有金礦動手去掘的人，那（不）算有勇；要明知不可爲，而知道應該去做的人，才算偉大。這句話很可以表現孔子的全部人格，也可以作爲知命與努力的注脚，"知其不可爲"便是知命，"而爲之"便是努力，孔子的偉大和勇和[氣]，在此可以完全看出了。我們的科學家，或是夢想他的能力可以征服自然界，能夠制止地震，固不算真科學家；或是因爲知遇地震無法防止，便不講預防之法，聽其自然，也非真科學家。我們的真科學家，必具有下列的精神，便是明知地震是無法控制的，也不作謬妄的大言，但也不流於消極，仍然盡心竭力去研究預防的（方）法，能夠預防多少，便是多少，不因不能控制而自餒，也不因稍一預防而自誇，這種科學家才是真科學家，如我們所需要的。他們的預料，本來只在某一限度，限度之上就應當無效或失敗，但他們知道應該做這種工作，仍是勤勉地去做着，嘗試復嘗試，不妨其多，結果如是失敗，原不出其所料，萬無失望的打擊，幸而一二分的成功，於是他們便喜出望外了。知命之道，如此而已。

這種一二分的成功，爲何可喜呢？因爲世界的成功，都是比較的，無止境的。中國愛國的人，都想把國家弄得象歐美日本一樣富强，好似歐洲[美]日本便是國家的極軌一樣，誰知歐美日本，也不見得便算成功，國中正有無窮的紛擾哩！猶如莊[列]子所語的愚公移山，他雖不能一手把很高的山移完，可是他的子孫能夠繼續着去工作，他及身雖止能見到移去一尺二尺，也是够愉快，比起來未見分毫的移動，强得多了。成功猶如萬萬里的長道，一人的生命能力，萬不能走完，然而走到中途，也勝與終身不走的哩！所以知命者，明知成功之不可必，瞭解分限之不可逃，在分限圈制前提之下去努力，才是真能努力的人啊！

我們爲何需要真正的努力，因爲只有真正的努力，才可不厭不倦。人何以有厭倦，多因不知分限，希望過大，動遭失敗，所以如此。知命的人，便無此弊。孔門學問如"學而不厭，誨人不倦""爲之不厭，誨人不倦""居之無倦""請益又[曰]無倦""自強不息""不怨天不尤人"諸端。所謂不厭，不倦，不息，不怨，不尤，都是不以前途阻礙而退餒，是消極的知命。如"學而時習之不亦悅乎，有朋自遠方來不亦樂乎"，都是以稍有成功而自娛，是積極的努力。所以我們不止要排除尊己黜人的妄誕，也宜蠲去羨人恨己的憂傷，因這兩者都於事實是無益的。我人徒見美國工人生活舒適，比中國資產階級甚或過之，於是自怨自艾，於己之地位運動寧復有濟。猶之豫湘人民，因罹兵災，邊羨妬他省人民，又豈於事實有補。總之，生此環境，丁此時期，惟有勤勉乃身，委曲求全，其他夸誕怨艾之念，均不可存的。

孔子的"發憤忘食，樂以忘憂"工夫，實在是知命和努力的一個大榜樣。儒家弟子，受其感化的，代不乏人，如漢之諸葛亮，固知輔蜀討曹之無功，然而仍以"鞠躬盡瘁死而後已"爲職志者，深明"漢賊不兩立，皇室不偏安"之義，曉得應該如此做去，故不得不做，此由知命而進於努力者也。又如近代之胡林翼、曾國藩，固曾勛業彪炳，而讀其遺書，則立言無不以安命爲本，因二公飽經事故，閱歷有得，故諄諄以安命爲言，此由努力而進於知命者也。凡人能具此二者，則作事時較有把握，較能持久。其知命也，非爲懶惰而知命，實因鎮定而知命；其努力也，非爲僥幸而努力，實爲犧牲而努力，既爲犧牲而努力，做事自然勇氣百倍，既無厭倦，又有快樂了。所以我們要學孔子的發憤忘食，便是學他的努力；要學孔子的樂以忘憂，便是學他的知命。知命和努力，原來是不可分離，互相爲用的，再沒有不相容的疑惑了。知命與努力，這便是儒家的一大特色，也是中國民族一大特色，向來偉大人物，無不如此。諸君持身涉世，如能領悟此一語的意義，做到此一層工夫，可以終身受用不盡！

(1927年5月《國聞周報》第4卷第20期)

致北京圖書館委員會請津貼編纂《圖書大辭典》函

　　北京圖書館委員會公鑒：敬啓者，啓超謬承樂推，承乏館職。竊惟圖書館最大職責，在指導學人以對於書籍鑑別繙檢之能力。中國書籍，浩如煙海，存佚不常，版刻複雜，專門藏家尚苦鈎稽之難，一般學者益覺無從搜擇。謂宜亟編製一圖書大辭典，將中國數千年來曾有書籍若干種，現存者若干種，悉數網羅，分別說明，以近世最精密簡易之表式，作古今典册總匯之簿録。此不獨爲本國學子急切之需求，即各國研究中國文化之人，亦當各手一編，以作津逮也。啓超抱此志願，既已有年。到館伊始，即思著手編輯，徒以館中經費有限，未克實行。今年春間在清華學校研究院督率同學十數人，以自力試辦，黽勉數月，成績斐然。預計繼續進行，兩年當可蕆事。惟是經費所需，如購備參考書籍，給予編纂員津貼，及其他紙張鈔録等雜費，約及萬金，非私人之力所能給。爲此將原擬計畫書，及已成之稿本卡片一部分，提呈貴會，懇力予主持，向教育文化基金董事會，請求撥給國幣一萬元，於兩年内按月或分期直交啓超負責辦理，書成之後，全稿獻呈本館。應如何刊刻流通之處，屆時當更請貴會決定施行。今除附呈計畫書及成績品外，更將本書體例作簡單說明，具於別紙，伏請察核公決，不勝翹企待命之至。專此即頌公綏不宣。

梁啓超謹上　六月十二日

（1927年6月《中華圖書館協會會報》第2卷第6期）

《中國圖書大辭典》編纂内容概要

本書將中國古今書籍(除坊刻猥濫無學問價值者不收外)全數簿録,以經、史、子、集四部爲經,以存、殘、佚、未見四類爲緯,分爲上編、下編及第一附録、第二附録之四部分。

上編　存本及殘本

凡存本,皆詳記本書卷數及著者姓名、籍貫、年代,其不印年月,有可攷者,皆著之。

凡有版本多種者,皆備著之,將各本之比較優劣,爲簡單的説明。

凡鈔本及孤行印本,知其現藏何處者,皆詳著之。

凡外國人所著書,以中國文寫定或譯成中國文者,悉著之。

凡圖繪及金石搨本、器物形範等,以書籍的形式造成卷帙,悉著之。

凡佚書有輯本者,歸入殘本。

下編　佚本及未見本

凡書名曾見於各史藝文、經籍志,歷代官私藏書目録,各省府縣志,及各家著述曾徵引稱道,而原書今已不存者,皆爲佚本。

凡佚本有經後人輯存一部分者,則列於殘本,而本編仍著其目。

凡佚本佚自何代有何考證者,必著之。

凡佚本卷數及著者姓名年代有可考者,皆著之。

凡存佚未確定者,從朱氏《經義考》之例,列於未見本。

凡存本中有稀異之版本，不能確知其現今所在者，亦列於未見本。

第一附錄　統計表

對於各時代著作之多寡、書籍散佚之多寡，某時代對於某種學術著作品之百分比例，某地方人對某種學術著作品之百分比例，及其歷代藏家表、歷代偽書表等，皆作爲統計表。其重要之表目略如計畫中所擬，尚有增補者當隨時更定。

第二附錄　索引

一、書名索引，以各書書名第一字筆畫繁簡爲次，依《康熙字典》部首編製之，各書下仍注明存、殘、佚、未見字樣。

一、人名索引，以著者姓名第一字筆畫爲次編製之。

以上略舉大概，其詳細進行程序具於計畫書中，請賜參考。

（1927年6月《中華圖書館協會會報》第2卷第6期）

編輯《圖書大辭典》（又名《群籍考》）計畫

緣　起

中國文化，因啓發最早，歷史最長，故著述之多，浩如煙海。自周末至于今日，都計群籍，當不下數十萬部。故學者一披卷裏，不啻如鼹鼠飲河，河伯向若，四顧茫然，靡知所屆。每求一書，已得其目，而竟不知其書之存亡；即的知其書之存，而不知其書之何在。如是者輾轉檢考，廣咨旁詢，爲力甚勞，爲功極微。此天下所共苦，而圖書辭典之編輯爲刻不容緩者一也。又因中國典籍，刻刊不易，故流傳不廣。每有孤稿秘笈，無力廣傳，扃鍵既久，與塵俱蠹；或因兵燧時起，狼烟所至，千縑爲灰。故往往名著珍帙，爲玄儒鴻碩一生精力之所聚者，淪泯漸滅，并其名亦不傳于後世，其可痛惜，寧復何如！況今門户洞開，異軌同馳，古華墳典，嗜者漸稀。及今不録，後雖欲一考其名，亦不可得。此天下所共危，而圖書辭典之編輯爲刻不容緩者二也。又因往日賢哲，致力深造。而忽易統覈，遇有表計，共嘲沽販。故雖至今日，簡策山積，然假有友邦試問中華著林，自上古至于輓今，約計如干，散亡已幾，存者之數，略當何率，爲卷何數，爲帙幾何，預知我人必且矯舌而不能對也。又試友邦竺學，欲詢吾華于何種學問，著述最富；往世藝文，何代爲最；鄉邦文獻，盛者何處；此蘩四部，疇當居首，又于一代之中，所宗何學；一方之士，所尚何説；佚亡之率，何代最高；我又知其必且矯舌而不能對也。或又試問古今藏家，其數有幾；蕘書之積，已得何數；麻沙、黑口，踵起如干；子略經郛，部類幾易；吾又知其猶且矯舌而不能對也。此天下所共恥，而圖書辭典之編輯爲(刻)不容緩者三也。又因古賢習尚，託古居述，遂啓後妄，眩世售贋。《連山》《歸藏》，僞于劉炫；《起信》《楞嚴》造自震旦；是真僞之不可不辨。又如古藉沈淪，散見群書；舊槧源流，可徵專考；《尚書大傳》，南渡猶存；《韓詩章句》，晚唐始佚；是存亡之不可不考。此天下所共望，而圖書辭典之編輯爲刻不容緩者四也。綱舉大端，有如上述；網羅細故，勢難枚數。昔朱彝尊著《經義考》，謝啓昆著《小學考》，天下至今，猶食其賜；惜其範圍，僅囿于經。又嘉道以後，巨著蘩出。今兹所編，略蓋倣此，惟廓充其籓，補袽其遺，搜奄檢輯，亦較廣備而已。編輯程序，可述如左。

編輯程序

第一　先將邵懿辰《四庫簡明書目》，莫友芝《邵亭見知傳本書目》，二書參互校檢。將四庫著録之書，除四庫本外，另有何種刊本，又重見于某種叢書中，一一整理清楚。

例如：《周易集解》十七卷（存　唐蜀人李鼎祚撰　四庫本　明刊本　汲古閣刊本　學津討源本　雅雨堂本　岱南閣本　古經解彙函本）

第二　復次，將阮元《揅經室外集》所列四庫未見之本，將其目一一列出，而隨時注其下云有某種刊本或某種叢書本，將四庫未見而現存之書一一整理清楚（隨時附注不限一時）。

例如：《琴操》二卷（存　疑偽　漢陳留蔡邕撰　四庫未見　平津館叢書本　讀畫齋叢書本）

第三　復次，將《四庫總目》，取《八千卷樓書目》（因此書搜輯之富，體例之善，可為各種書目之模範。）參校之，將四庫附入存目之書，有何種刊本見于某種叢書等等一一整理清楚。

例如：《元祐黨人碑考》一卷（存　明瓊州海瑞撰　學海類編本　懺花庵刊本　嶺南遺書本　四庫入存目）

第四　復次，將李之鼎《增訂叢書紀要》，顧修《彙刻書目》，傅雲韶《續彙刻書目》，羅振玉《續彙刻書目》《續彙刻書目補》《三續彙刻書目》，朱記榮《行素堂目睹書目》等書所列書目，參互類集（去其重出），使零碎小品，因叢書而得現存于今日者，得以一一整理清楚。

第五　復次，將全國有名大圖書館之書目如故宮博物院、國立京師、江南、天津、浙江、涵芬樓、北大、清華等，並國外大圖書館書目如東京帝大……（此外如巴黎國民圖書館所藏敦煌寫本書目，見《國學季刊》，哥倫比亞大學所藏中國算學書目，哈佛大學所藏中國植物學書目，見《科學》雜誌等，亦當參攷。）將所有一切現存至今之公共藏書，一一整理清楚。（此一類書，略帶普通性質。）

第六　復次，將現存之大藏書家書目，如《楹書隅錄》《鐵琴銅劍樓書目》《張氏適園藏書志》《觀古堂書目》等等，其他如江安傅氏、武進董氏、德化李氏、北平孫氏、南海潘氏、上元鄧氏、烏程蔣氏、吳興劉氏、平湖葛氏、豐順張氏等亦當輾轉訪求其全目；其或藏主雖已易姓，而其書確實尚存，並未散失者，（如陸心源之書，今歸日本靜嘉堂文庫，丁丙之書，今歸江南圖書館，丁日昌之書，今歸涵芬樓等）則合其書目，如《皕宋樓藏書志》《善本書室藏書志》《持靜齋書目》等參互檢校（去其重複），將所有一切現存至今之私家藏書，一一整理清楚。（此一類書，略帶貴重性質。）

以上整理存者略過。

第七　復次,將古今經籍專攷,如《郡齋讀書志》《直齋目[書]錄解題》《玉海·藝文志》《文獻通考·經籍考》《經義考》《小學考》《鄭堂讀書記》、《溫州經籍志》(屬於地方者)、《朱子著述考》(屬於個人者)、《錢氏藝文志》(屬於氏族者)、《說文書目》(屬於學派者)、《讀書敏求記》、《留真譜》(考訂版本者)等等之專著,參互類集,一一檢校一過,以便將一部分書藉之存亡傳刊淵源,一一整理清楚。

第八　復次,上類經籍專攷整理以後,更取有清以來題跋考訂一類之專籍,如《紅雨樓題跋》《校訂存疑》《繡谷亭薰習錄》《曝書日記》《錢竹汀日記鈔》《東湖叢記》《經籍跋文》《拜經樓題跋》《士禮記[居]題跋》《思適齋集》《書林清話》等之專書,參互類集,檢校一過,以便將別本旁蒐,分合異同,亦整理清楚。

第九　復次,按照下列程序,將已經佚亡之書,按目整理一過。

最初　取八史《經籍志》。

次二　取清人所補各史《藝文志》。(此一類共有二十三種,此不具目。)

次三　取一切官撰書目——如《崇文總目》《紹興秘書省書目》《文淵閣書目》《國史經籍志》《天祿琳琅書目》等等。

次四　取古今大藏書家書目,如遂初堂、箋竹堂、千頃堂、絳雲樓、天一閣、述古堂、士禮居、傳是樓、靜惕室、藝芸精舍、愛日精廬等。

次五　取禁燬書目、銷燬抽燬書目、違礙書目、禁書總目等。

次六　取《太平御覽》《册府元龜》《初學記》《北堂書鈔》《群書治要》《意林》《太平廣記》《錦繡萬花谷》、殘本《永樂大典》、《圖書集成》等類書及《文選注》《一切經音義》等類似類書所徵引之書目。

次七　取二十四史本傳所載其人所著之書。(此類多爲清人所補各史《藝文志》已經搜羅者,便可從略。)

次八　取史部傳記類——如《名臣言行錄》《琬琰錄》《碑傳集》《續集》《耆獻類徵》等等,所載其人所著之書。

次九　取學史類——如《宋元學案》《明儒學案》《學案小識》《漢學師承記》《疇人傳》《高僧傳》等所載其人所著之書。

次十　各省通志之《經籍志》。(郡縣志,力所能及者,亦及之。)

次十一　各省通志之人物傳,所載其人所著之書。

次十二　取古今文集中所載序跋等文字,以存其目。

(此類書,至少須將四庫所著之集部檢閱一過。)

以上整理亡者略過。

第十　復次,寫稿組成,迺爲校勘,補遺,板本源流考等工作。此項工作又完之後,乃纂集稿片而成正編。

以上略述編輯之程序竟。

大抵此項編輯計劃,以先存,次亡,後未見,爲原則。上列方法,即根據此項原則,以支配者。其理由若以經史子集或時代古今爲次序之先後,必至顚倒錯亂脫漏重複不可收拾也。如此則按目錄書,逐部整理,性質雖全屬機械,然上列諸弊,可以悉免,最穩當之方法也。

體例及計劃

至其體例,亦可言者。全書分正、附二編,正編規畫,已如上述,至於附編專爲圖表(正編如聚粟爨飯,附編如既食而漸漸消化矣)。圖表之目,如下方所示。

(一) 古今大叢書一覽表

(二) 古今大刊家一覽表(如宋之麻沙刊本、元之勤有堂余氏、仁安堂余氏、明之經廠刊本、黑口刊本、錫山華氏刊本、清之汲古閣毛氏、江南製造局、各省官書局等,凡不以叢書名者皆入此類。)

(三) 古今大藏家一覽表

(四) 經史子集及各類細目書籍多少比較表

(五) 歷代著作多少比較表

(六) 各種學派著作多少比較表

(七) 地方分佈著作多少比較表

(八) 有某時代中,某種學派著作多少比較表。(如趙宋理學書籍、與各種學派書籍相比較,清代考據書籍與各種學派書籍相比較,等。)

(九) 在某地方中，某種學派著作多少比較表。(如浙東之史學、皖南之禮學、山左之金石、江右之義理、桐城之古文等。)

(十) 歷代書籍存亡比較表

(十一) 經史子集等各類中書籍存亡比較表

(十二) 古今目錄家書籍分類舉例表(如劉向《輯略》起，至最近私家藏目，每種列爲一格，以觀其全。)

(十三) 個人著作一覽表(定一限度，凡若干種若干卷以上者，得著錄。)

(十四) 書籍異名一覽表(此爲便於檢查，如人名辭典，於已[已於]每人本傳下詳其異字異號，而復立別號表於後是也。)

(十五) 古今僞書一覽表

(十六) 古今女子著作各種比較表(如時代比較，學派比較，性別比較等。)

(十七) …………

以上略述附編所編輯圖表之計劃竟。然附編之工作，須俟正編工作完全成功以後，方能下手，表目亦不過就一時記憶所及，舉一例餘，此後可隨時增入也。

形式及範圍

復次，全書編輯之形式，最初稿本，乃用一種卡片，每書爲一片，取其可以分合，以便增漏刪複，片之形式如下：

書　名 (附別名)	
卷　數 (附攷異)	卷
撰　者	撰

部　　類	部　　　類	之　屬
存　亡		
刊　本		
目　見		
附　注		

　　別名云者,一書而兩名,如《廣雅》之又名《博雅》,《老子》之又名《道德經》,《莊子》之又名《南華經》,《列子》之又名《冲虚至德真經》,《吕氏春秋》之又名《吕覽》,之類是也。

　　卷數攷異云者,所以攷一書而卷數異同者(此類之例多不勝舉)。存亡云者,朱氏《經義考》,立存、亡、未見三類,今頗以未賅,更區别推廣之爲存、佚、未見、殘、輯、散見、僞、疑僞、雜僞九類是也。

　　目見云者:專以考已亡之書,如云書亡,目見《漢書·藝文志》之類是也。

　　最後,將卡片纂集成書,或求便利起見,略就通俗,用《康熙字典》筆畫分類,或仍用四庫分類方法,而小加增類變通,皆無不可。如用《康熙字典》分類方法,則其例當如下:

刀部　二畫

切

切韻考四卷(清番禺陳澧撰　經部小學類音韵之屬　存東塾叢書本　北京大學鉛印本)

　　此法明知極俗,或爲博雅君子所不意,然實爲萬不得已之辦法,又已注明某部某類某某之屬,則亦可以告無憾於天下矣。且書之博雅拿陋與否,全視其書之實際內容何如也。

复次，至於取材之範圍問題，亦略可得而述：

時間範圍

自上古有文字起，至最近出版各書止（最近出版各書之無價值者概不著錄）。

空間範圍

（一）凡日本、朝鮮、安南等人各項著作，或全用華文體例者，或全屬中國文化範圍以內者，——如韓人李滉《退溪遺書》、鄭麟趾《高麗史》、日本人室直清《鳩巢先生文集》、物茂鄉[卿]《徂徠集》、伊藤仁齋《古（學）先生文集》等皆得著錄（此一類自知遺漏必多，容待後編續補）。

（二）凡外人著述用我國華文繙譯者——如徐光啓輩所繙譯之歐几里得《幾何原本》，利瑪竇、湯若望輩所繙譯之天算書，李善蘭、華蘅芳本[輩]所繙譯之數理書，嚴復所譯之哲學，林紓所譯之説部，及近人所譯名著，皆得著錄。

（三）凡我國人著作間用外國文字發表者——如玄奘用梵文著《稻蕈經隨聽疏》、近人辜鴻銘用德文著《春秋大義錄》等亦得就其所知者著錄之。

種類範圍

凡古今之小説、曲本、雜劇、彈詞等皆擇善者著錄（惟太無價值之下流書籍不錄）。

編輯凡例

復次，至其編輯凡例，亦有可得述者，海內同好，如能廣賜傾助，可備參顧。

（一）凡板本極多之書，著其較善之本（但較善刊本，則須全著）；其有覆景善本，以廉價出售者，亦錄一二，備寒士易購。

（二）凡多板之書，篇數有異同者，必著之。

（三）凡孤本或難得之本，知其在某藏家者，必著之。

(四) 凡佚本,必著其出處,有某人曾看[爲]作序跋者,皆著之。

(五) 凡已佚之書,與重輯之書,分別存亡,兩俱著之。

例如:《尸子》(舊題周楚人尸佼撰　待考佚　目見《漢書·藝文志》)《尸子》一卷(清肅山汪繼培重輯　存　湖海樓叢書本　二十二子本　子書百種本　任氏刊本)《尸子》一卷(清陽湖孫星衍重輯　存　平津館叢書本)

(六) 凡已佚之書,散見於某書者,必著明之,以備後人重輯。

例如:《橫渠禮記說》三卷(宋郿縣張載撰　佚散見衛湜禮記集說)

(七) 凡未見之書,最近曾見某家藏目者,必著明之,以便尋源訪求。

例如:《李端集》四卷(唐□□李端撰　未見　昭文張氏有明刊本)《盧戶部集》三卷(唐□□盧綸撰　未見　振綺堂汪氏有葉莊藏舊刊本)

(八) 凡近人標點本有價值者著之(注于刊本條下,云:某某人新標點本)。

(九) 凡佚本能知其佚在何時者,必著其時。

(十) 凡僞書及疑僞雜僞之書,著某人發難之大略。

(十一) 凡撰著者著其里貫。

(十二) 凡考證不得逾一百字。

(十三) 凡考證須署姓名,以示責任。

(十四) 凡殘本稿本抄本,及一切有價值之著作而從未見傳刊者,加一特別記號以表彰之。

(十五) 凡四庫未見及失收之本,有價值者,加一特別記號,以便爲繼續編《四庫全書》之預備。

(1927年6月《中華圖書館協會會報》第2卷第6期)

社會學在中國方面的幾個重要問題研究舉例

（在燕大社會學會演講）

周傳儒　筆記

　　學問本無國界，不能說那是歐洲的社會學，這是中國的社會學，這樣的分別，一定說不通。不過原理雖無國界，資料確有分別，無論那個國家，那個民族，那種學問，都有他獨立的資料；爲他國家他民族所無。根據某種學科，已經發明的原則，證以本國從新搜集的資料；或者令原則的正確程度加增，或者遇必要時，加以修正，甚至完全改造。這種情形，各國皆有，所貴在有學者去研究他，把結果公諸全世界，各人研究自己的資料和問題，這是一國家一民族對於人類文化的貢獻，亦即他們對於人類文化的責任。

　　各種科學如此，社會學亦然，就廣義言，本科範圍極大，把政治經濟等等都包括在內，要講學問上的兼併主義，真沒有及得上他的了。就狹義言，範圍仍不算小，但凡人類活動帶有全體意味的，都是社會學的領域。

　　中國人，在世界文化上，責任很大。我國人數最多，占全世界四分之一；假使沒有把這部分人類活動研究好，或者把這部分人類活動拋棄了，至少這門學問，算是缺了一個 Quarter。我國歷史又長，可上溯至五千年，許多現在號稱文化的國家，他們的歷史，只有一半或者三分之一，後半概看得見，前半概看不出，惟有中國，可以看出全部。中國人無論在何種學問，都有我們自己的責任，社會學方面責任更大，須看清楚了。

　　一面我們責任重大，一面讓我們自己發明的餘地很多，研究時很有興味，無論何種科學，我們都佔便宜，外國作學者困難，中國作學者容易。要應用某種原則，我們加增資料去證明他的正確，或者修正他的錯誤，外國人費力，因爲研究得很深，緊要的都被他人說完了，中國人一點不費力，因爲地方大，歷史長，可以自由發展。以前中國人不走科學這條路，現在以科學方法研究中國學問,好像開礦,遍地都是寶貝,遍地都是財源。

自然科學,可以發展的餘地多;比如動物、植物、礦物,許多中國人所有的,外國人没得機會研究,我們自己可以有許多新發明。其他各種自然科學,亦皆如是,惟自然科學,分別較小,特殊發明較難。社會科學,尤其是社會學,不同的地方很多;實地調查,外人不如我們方便,書本學問,外人亦不如我們方便;要做新發明,新貢獻,異常容易,這一點可以使我們興奮。

今天所講,不過泛泛舉幾個例;我的意思,就在使諸君在聽了我的講演之後,對於社會學的研究,責任加重,興味加深。在分條舉例之前,我想對於研究對象及用功次第,稍爲講之。

研究社會學的對象,可以分爲兩種:

一、現在的情形。這種工作,就靠實地調查,像諸君對於成府、海甸一帶,挨門挨户,一一問去,就是這類。極重要,極切實,學社會學的人,應當向這方面努力。

二、歷史的事實。研究歷史,看來比實地調查空泛些,没有那樣切實。但要知道,現在的社會狀況,不是偶然發生的,全由歷史演出。研究社會科學,比自然科學難,在此一點。

自然科學的對象,是静的,變化很少,比如天體,自地球從太陽分出以來,即是如此,不移不變。社會科學的對象,是動的,變化極大;即如衣食住,自古以來,已經好多的進步了。專偏於實地調查,好像看不動的電影,誠然有許多東西,如偉人的照片,要不動才看得明晰,但是哀艷的情節,總要動才有意思。

看電影不單看最後一幕,要看從前的活動;研究社會學,不單看目前生活,還要看已往的變遷。

凡屬社會科學,研究歷史的事實與調查現在的情形,重要相等。後面這部工作,諸君業已着手了,前面那部工作,恐怕未即進行;所以我今天把如何去研究歷史事實,提出來講一講。至於用功的次第,可以分下列幾層:

一、努力求其真相。社會學所講的事物,就是人類社會的活動。不錯,歷史亦是人類社會的活動,但是歷史已成過去,要研究過去活動最難,究竟是否真相,我們没有把握。努力求真,殊不容易,歷史不會説話,後人編派古人,古人不能請律師作辯護呀!絶對的真相,雖欲難求;然在可能範圍內,亦應當努力求去；若不求得真相，一切都無從做起。

　　有許多問題，本來重要，但是沒有資料，或者資料缺乏；對於這類問題，寗可把他放下，等資料出來再作。不能因爲重要，找些不正確的資料，勉充篇幅，容易陷於錯誤，頭一步作錯，底下更困難了。想研究一個問題，就去搜尋資料，資料有了，再去研究不遲。找資料不在一時，不可因一時未得而灰心；資料信不過，放在第二步，研究學問，這種態度萬不可少。

　　二、周察所以發生之原因。資料既已求得而且確信是真的了，便要研究他何以如此？爲什麽發生？中間如何變遷？後來如何消滅？把他經過的情形，從頭細看，一定要得一個所以然，才能把陳腐的東西變成新鮮，呆板的東西變成活動。

　　這種研究，不限於本方面，人類的動作牽連到旁的方面很多。看一種社會活動的發生變遷和消滅，要注意到四周環境、已往歷史，才能知道如何會發生這種現象。所以每研究一問題，往往牽連到鄰近的問題，密切的固然應當一塊作去；疏遠的亦不可半步放鬆。

　　三、觀其所生影響。前面說對於一種事物，要推求他的原因，此刻所說要觀察他的影響。所謂影響，可分兩種：一種是當時的制度風俗，影響到自身的變遷；一種是自身的變遷，影響到當時，或後來的風俗制度。兩方面平等觀察，然後可以看出自身與環境的關係。

　　四、學理的批評。平時所學社會學的原理原則，這種地方用得着了。以近代社會問題的眼光，批評過去人類的活動；用合理的公認的原理，作爲標準，對於從前的制度或主張，從新估定價值。惟不要忘記時代和環境的關係；評定某時代，某制度，要看他去今日多少遠，當時環境如何，才能有公平估價。

　　我們不能以今日都市生活，工廠生活的道德和條理；拿來判斷從前農業生活，牧畜生活的風俗和制度，許多現在認爲不合理，在當時很合理。惟亦不能以幾千年前的風俗制度，拿來應用到今日道德和條理；那時雖然合理，價值很高，到現在已經不適宜而且一落千丈了。

　　五、今日應興應革事項及所採手段。研究社會學的目的，就在解決現代民族的問題；對某問題，從何種主張，取何種態度，應該自己決定。然不能以他國作標準；因爲各有歷史關係，歐美所認爲好的，我們要從新估價，如不估價，我們亦沒有研究的必要了。自然科學如數學、理化,可以有"放之東海而準,放之西海而準,放之南海而準,放之北海而準"的原理;社會科學,如政治、經濟、社會則不然,因爲各有歷史的關係。

退一步說,縱使所有原理同辦法,全是對的,然人類不像石頭,不能隨便磨鑿彫刻。從前有一個笑話,說醫駝背用夾板,駝背夾伸了,人可夾死了。我們自己有不對的地方,看見人家對的,立刻搬過來,不管適宜與否,正如醫駝背用夾板一樣,一定沒有好結果的。

用功次第,大概有這五段;歸根結底,要注意自己歷史的變遷,如何才能達到理想的社會。凡對他人所講,或全部搬來,或一部應用,或用漸進手段,或取激進方略,斟酌情形辦理。合此五段工作,研究才算完成,無論何種問題,皆不可少。

所謂社會學的問題,範圍太大,不能一件件的全講;現在所講,不過舉幾個問題做例,而且所舉幾個例,資料都比較還可以找。至於這幾個例,先後排列的次序,沒有特別意義,不過順其方便而已。

第一,土地問題。這個問題在經濟學中最重要,尤其在中國史上,比其他國家,其他時代,還重要些。歐美各國現代是工業社會,生產的主要機關變爲工廠及機械;工廠機械爲何人所有,即獨佔生產事業。在這種工業社會中,土地的地位,減輕了許多。中國直到現在,尚未全成工業國家,生產的主要機關,不是工廠,仍是土地;所以中國歷來關於經濟的學說及制度,全集中到土地問題。

現今各派社會主義,無論共產或集產,總以爲生產機關,不能讓少數人獨佔,所謂電氣國有,大工廠國有之類,都所以防絕此弊。本來應歸全社會共享的機械,若是讓一人獨佔去了,旁人雖然勤敏,終於無法競爭。即如織布,手工的力量萬不敵機械的力量,所以手工布敵不過機械布的迅速和便易。在近代是機械,在古代是土地,佔據土地,即可以制人死命,無論如何勤敏,沒有土地,便會一籌莫展。中國歷代學者同政治家,對於這個問題,不知道費了多少心血、多少腦筋呢!

頂古的時候,有所謂井田制度,究竟實行到如何程度,因爲資料不夠,我們不得而知。但是無論屬事實,或者屬理想,其主要之點,即在田給能耕的人,能耕的人得田。有時發生爭論，亦不過一百畝或九十畝的數目問題，而不是全部制度問題。土地是國家的，二十授田，六十歸田，"歸田"二字，後來成爲不作官了，回家養老的名詞，實則是人老了，不能耕田，把田還給國家的意思；井田要點，端在於此。

土地是生產要素，不能讓少數人佔了去，儒家極力如此主張；古代儒家如此，宋元以後，還是如此，治國之道，井田爲其先務。這種制度一面看似乎迂腐，一面看很有深意；拿現在的話解釋他，就是土地國有，公共生產機關不能爲少數人所獨佔。能耕授田，不能耕還田，能耕而不耕，不能耕而不還，政府社會都不許可的。

這種土地國有的精神，中國人很强；所以説"普天之下，莫非王土"；又説"食毛踐土，具有天良"；其實"王"不過一個代名詞，就是指的國家。現在的田賦，還是叫田租，漢唐以來，就叫田租；因爲不是自己的，才出租錢。譬如燕大租朗潤園，不管多少，總要納點租，燕大自己建的房子，便不用納租了。田賦直到現在，還是叫租，打官話説，土地直到現在，還是國有；我們買田，至多不過買得九十九年的長期租借權而已。

井田制度，事實上變遷很多，中間能够實行的，有一個時代，自北魏孝文帝起，經北齊、北周到隋唐止。這個時代，有一種制度，不叫"井田"，叫"均田"，在中原地方，施行好幾百年，比較算是能够實行理想。至於施行的方法，因地不同，有寬鄉、狹鄉、中鄉的區別；寬鄉是地廣人稀之處，狹鄉是地密人稠之處，中鄉介於二者之間，地不算大，人亦不多。三種地方，授田不同，寬鄉頂多的、至百餘畝，狹鄉頂少的不過二十餘畝。

這種制度確立後，到唐朝，因爲日子久了，發生弊病，行不大通；所以唐時土地，分爲兩種：一種叫"口分"，一種叫"世業"。所謂口分，二十授田，五十還田，所有權始終是國家的；所謂世業，可以傳給兒子，變成遺產；世業土地，亦有限制，大約不得過口分的百分之二十。古代井田制度，究竟實行與否，不得而知；均田制度，中間有這樣一個時代，行了好幾百年。

像這一類的好理想，研究他實行狀況，事跡很爲顯明；後來大規模儘管没了，大家把土地還是看得很重，雖到土地私有時，還有許多調濟的方法。最主要的如地方團體或宗法團體的公田；大家在中學國文讀本上，想皆讀過范仲淹的

《義田記》，義田，爲一姓所有，雖非屬國家，在私人手上，仍有此法調濟。有的爲一姓所公有，有的爲一地方所公有，尤其在南方沿江沿海各省，這種情形最多。

在廣東，有所謂沙田，江流淤塞，往往堆積成田，這種田，不屬私人，屬於公衆。即如我有一塊田，靠江邊上，後來生了許多沙田，要是沙田小，或者可以歸個人，要是沙田大，完全歸諸公衆。我鄉地方雖小，亦有沙田，不爲一人私有，而爲大祠堂或全縣所公有。東莞縣公田最多，其來源大多出於江流淤塞；廣東許多縣分，都有沙田公所，一縣沙田，歸其管理。

大湖邊涸出的湖田亦然，不屬個人，屬於公衆，這種精神，儼爲一般人所公認。即如東莞縣，新長沙田全歸孔廟中的明倫堂所有，全縣紳士到明倫堂去選舉值年管理之。至其用途，拿來作賑饑荒、修河道、開葬地及其他恤孤救貧的慈善事業；或者拿來獎勵學問、攷科舉，中翰林得多少津貼，中秀才又得多少津貼，總而言之，要不外增進全縣福利。

在土地私有後，尚有這種義田公田制度；或者新出利益，不爲少數所獨佔，以爲調濟；此項精神，與生產機關歸於國有，用意正同。從前孟子勸滕文公行土地公有制度，滕不能行，那知道幾千年後，居然能夠有一部分實現；滕小國地方不過五十里，東莞比滕大多了，假使孟子看見，一定非常的高興。由此看來，主要生產不爲少數所獨佔的精神，咱們中國發達得很早。

換過方面，看遺產承繼制度及承繼的方法，亦可以看出一部分來。法國大革命，是歷史上很重要的事情，人人所共知的；其主要原因，即在土地操在少數人手裏。自革命後，分配稍爲平均一點，但亦祇有法國爲然；英國土地，仍在貴族掌握之下；俄國在革命以前，更不用説。我們中國，三代以後，遺產即不集中，所以不會發生大地主；一個人買百頃田，置妻妾，育兒女，假使生十子，每子祇得十頃，每子再生十孫，每孫祇得一頃，如此愈分愈細，土地分配平均，與歐洲之專傳長子者不同。

俄國雖號共產，但是政局未定，有田能耕與否，尚屬問題。中國幾千年來，便有這種"不患寡而患不均"的思想，全國土地，決不爲少數所獨有，雖然幾經波折，井田廢後有均田，均田廢後有公田，生產機關不爲少數所獨佔的精神，仍是保存不絕。爲什麼各國未能辦到，或辦到而演流血慘劇的，中國半由人爲，半聽自然，居然辦到，毫不費力；由此可以看出我們民族有很高深的思想，有意無意的産生很優美的制度。

（第）二，階級問題。許多人説，人類進化的歷史，即由階級戰争而出。這個話，在歐洲説得通，西洋歷史始終如此；在中國説不通，中國歷史同階級没有多大關係。到底要有階級，彼此天天拚命，才能進步？還是没有階級，不須拚命，亦可進步？階級制度，畢竟是好是壞？這都是另外的問題，此地可以不説。我們要説的，就是中國階級制度，比歐洲階級制度，性質不同，重要亦差多了。

貴族同平民的階級，歐洲到現在還有，英國不用説，爵士紳士，在社會上有特殊勢力；法雖大革命後貴族仍不與平民通婚姻；俄國直至大戰後，才能取消。中國古代有之，春秋時代，貴族與平民之分最顯，戰國以後，根本解决，再後便没有了。暴富不算貴族，因爲他没有歷史的根據；皇室外戚，亦不算貴族，因爲他地位不穩固；要歐洲的 Prince 才算貴族，這種貴族至戰國而止。可以那時的貴族生活，同歐洲十八九世紀的貴族生活相比較；法國大革命，要打倒貴族，那是對的；中國此時，説打倒貴族，那就叫無的放矢。他們的貴族，歷史很早，我們的貴族，歷史很短；他們的貴族，取消得晚，我們的貴族，取消得早。

平民與奴隸的階級，在歐美很顯著，美大總統林肯（Abraham Lincoln）在世界上的事業，就是解放黑奴；俄國在革命前，還有農奴。中國平民與奴隸的區别，歷史很長，起伏亦很多。在春秋時，大致没有奴隸，孔子曾經作過司寇，等於現在的司法總長，應當使得起奴隸，但是趕車是冉有、樊遲，倒茶是闕黨童子，都是他的門生，所謂"弟子服其勞"，没有用底下人。這種資料雖是消極的，但是亦有價值。

後來奴隸很多，窮如杜甫，寄食成都，朝不保夕，亦用好幾個下人；我們知道，他有一個苗子奴隸，叫着"阿段"。以孔子之闊没有用奴隸；以杜甫之窮，用了好幾個奴隸，由此可以看出時代的背景了。大抵戰國之末，貴族消滅，奴隸增加；西漢時多，東漢時少，三國時很衰微，南北朝後復盛，唐代極衆，宋代較稀，元明頗發達，至清代，漸次絶迹。研究幾千年奴隸制度的起伏消長，這是一個很有趣的問題。

研究的步驟，第一，要看何時最多，何時最少？第二，要看來歷何如，係俘虜，係犯罪，抑係買來？第三，要看奴隸的兒子，是否仍爲奴隸？第四，要看在法律上，奴隸和平民身分不同之點安在？第五，要看奴隸消長，有何原因？第六，要看爲什麼不等林肯，不須打仗，居然自能消滅？研究時從這幾方面入手，可以弄得很清楚。

士同農工商的階級，繼貴族同平民的階級而代興；春秋以後，貴族消滅，處士橫議，逐漸發達成一特殊階級，直到今日，仍還存在。譬如此刻滿堂坐的都是讀書人，同一般的農工商不一樣；講得好點，盡是些優秀分子、領袖人物，講得不好點，盡是些高等無賴、特別流氓。我們現在進學堂唸書，已經與普通人兩樣；再進一步，得學士、博士學位，與社會更見隔絕，無形之中，自成一種階級了。

不過這種階級異常活動，一點不固定，窮人亦可以爲士，並沒有何等限制。從前科舉時代，平地一聲雷，所謂"十年窗下無人問，一舉成名天下知"。比如《儒林外史》所講范進當童生時，大家都瞧他不起，等到入學中舉以後，跳到士的階級來，社會上又歡迎得了不得。現代青年，無論如何解放，腦筋中仍有士與非士的階級觀念存在；這一點很費解釋，研究社會學的人，應當注意他。究竟真相何如？益處何如？害處何如？當作問題研究，極有價值。

農與工商亦分階級。《管子》説："三十病農，九十病末。"這兩句話的意思，就是米賣便宜了三十錢一斗，農人吃虧；米賣貴了，九十錢一斗，工商吃虧。從漢代起，采用重農主義，對於末，限制得很嚴；漢高祖時，明令商人不得騎馬，——那時沒有車坐；到現在，大腹賈坐汽車非常之多，誰説他的不是？但在漢朝就算犯罪，要處罰的。

農末分爲兩個階級，這是一種社會政策；雖不十分顯著，但是歷代君主，對於末，總要壓迫些，在社會上的地位及待遇，末不如農，直至宋代還有此類痕迹。《夢梁[梁，下同]録》稱，北宋時代，商人與衆不同，另外穿一種衣服，帶一種帽子，好象現在所謂制服，那種制度，算是給他們一種懲罰。《儒林外史》有一段説，頭巾是秀才們帶的，有一個商人，不知高低，胡亂抓一頂頭巾帶上，被秀才們看見了，不答應，打他一頓。這可見歷代君主同社會對待商人的態度了。不過士民階級，是很顯著的，農末階級，雖然有，不大顯著。中國階級，爲什麼不起爭奪呢？因爲是活動的，不是固定的；奴隸的來源，由於犯罪；貴族犯法，也要貶爲奴隸，等罪過昭雪了，立刻又恢復自由，沒有不可逾越的界綫。即如士民階級，看去似乎顯著，實際上仍然變動不居。諸君家庭狀況，不得而知，但不必盡屬富有；至於我家，世代爲農，我有聰明才力，便可以跳到士的階級去;要有什麼界綫壓迫我們,不讓作士,那我們就非鬥爭不可了。

近代的勞資階級,在歐美因爲工業發達,然後發生的;在中國工業既不發達,根本就説不上;將來究竟能否發生,恐怕還是問題。中國的督軍師長們,殺人放火,連刮帶搶的,一個聚集得幾百萬乃至千萬,這算資本階級嗎?同歐美資本家比,性質既然不同,數目也差得遠着呢!有許多軍閥,在任上刮來搶來的錢,到卸職後,幾年工夫,花個精光,這種祇能算投機掠奪,不能算資本家。

再説中國工人,也同歐美工人不一樣。歐美工人,挣多少,花多少,一天不作工,一天没飯吃;中國工人不然,即如京奉、京綏、京漢各鐵路上工人,都是小康之家;近來因爲軍隊的蹂躪,也許不如從前了。據我所知,天津、塘沽一帶,所有土地,都是工人的財産,勞動者稍爲勤儉點,可以變成小資本家的。

歐美那種大資本家,在中國能否發生,我不敢擔保;亦許不經何種激烈的競爭,可以達到勞資比較接近的理想,容未可知。拿來作政治的手腕,要打倒資本家,那可以的;拿來作學理研究,要打倒資本家,根本就没有這回事。歐洲因爲階級競爭,造成進化的歷史,中國情形不同這種競爭,還有模倣的必要否?如果模倣,好處何在?壞處何在?從事學理的研究,這些地方應當充分了解。

(第)三,婦女問題。這個問題,現今極關重要;因爲女權運動,在歐美固然蓬蓬勃勃的,在中國亦漸次萌芽發展了。研究這個問題,要看中國婦女,幾千年來,在社會上的地位何如?同歐美婦女比較,異同之點安在?這樣研究下去,才可得明瞭的概念,並能得具體的方法。

婦女問題的中心,就是職業問題了。這個問題,在歐美競爭得很利害,第一,因爲他們的經濟組織,建築在工廠上,第二,因爲他們的日常生活,多半在都市中。要是家庭工業,鄉村生活,婦女職業就不會發生問題;譬如廣東的客家,所有日常事務都由婦女擔任;廣東各縣,多植桑樹,育蠶取絲,幾乎成了婦女惟一的工作。

從前中國,爲什麼不談婦女問題呢?就是因爲中國是家庭工業,鄉村生活;説到婦女的職業,先輩差不多不了解,以爲一家之中,婦女盡有事做呀。只要地方安寧,不受天灾人禍,有田可耕,有蠶可育,婦女職業絶對不成問題。由此可知這個問題,何以古代不發生,近代才發生,何以西洋鬧得很激烈,中國還没有什麽消息的原故了。

其次是婦女地位問題。普通人都說中國男子,壓制婦女;外國男子,尊重婦女;這個話,到底對不對,我以爲尚待研究。所謂平等,乃是精神上互相尊重,不單是火車電車上,讓一讓坐位而已。歐美人對待女子,多帶敷衍態度,專講禮貌;其實是真朋友,並不客氣,見面打恭作揖,一定是感情尚未十分融洽;中國人對待女子,倒是其實在得多,敷衍面子的事情,可謂絶少。

在法律上,無論歐洲美洲,一般看來,對於女子的規定,總是不平等的居多。中國法律,當然不離此例;但是有一宗,寡婦的權利,規定得很詳細,要是專門去研究,極爲有趣。從《唐律》起至《大清律令》止,關於婦女的條文少而關於寡婦的條文特別多;侵佔寡婦的財產,法律是不許可的;寡婦沒有兒女,法律是要保護的。這種規定,一方面爲的獎勵守節;一方面還是尊重人道;因爲普通太太小姐們,有家可以代表,無須何等保護,寡婦無人代表,不特別保護,其地位不能安穩。

離婚問題,關係亦很重要,直接影響於婦女的名譽及幸福。依舊習慣看來,完全不對,道德所不容許,法律所不認可;但是新思潮與之相反,雙方意見不合,盡可提出離婚。認真說,離婚之後,受痛苦最深,還是女子;現今所發生的離婚案件,十有八九是輕薄男子,在外面交結情人,因而嫌棄家中的妻室。男子讀書升入了士的階級;女人不讀書,還是糟糠之妻,配不上他,非離婚不可。

像這種情形,男子到很方便,女人可受苦了;所以我說提倡離婚的人,就是婦女的仇敵。從前男子,對妻不滿意,可以討妾,還能彼此相安;現在不同,有一點不如意,立刻離婚,絲毫容她不得;比從前更利害。固然指腹爲婚,流弊甚大,但是自由戀愛,隨便離婚,苦痛亦很多。舊道德自有相當價值,從前估得太高了,現在又估得太低了,兩下都不算公平。

關於婦女問題的,還有妾的問題、娼妓問題,都很值得研究,可惜時間太少,不一一細講了。

(第)四,其他。社會學在中國方面的研究,暫以上述的土地問題、階級問題、婦女問題爲例;拿來說明中國社會問題的性質、特點及研究方法,盡是夠了。我本來打算細說的,還有四個問題;因爲時間的關係,沒有法子,祇好簡單說明如下:

一個是職業團體問題。這個問題，資料較少，但亦不是沒法子找，我們看《東京夢華錄》及《夢粱錄》已有講分行的地方，可見同職業的組合，宋代已經有了。有清中葉，廣東十三行，淮、揚鹽商，勢力尤大。直到現在，各手藝，各商業，凡屬同行的，都有一種組合；這種組合，幾乎全國都是。這確是社會學上很重要的問題；關於資料的搜集，書本上，比較少；實地上，比較多。

一個是信仰問題。中國人的信仰，依時代而不同；地理上的分配，亦多少有點區別；即如六朝的佛教，宋代的道教，清代的喇嘛教，現在的耶穌教，都算一種特色。此外歷代的英雄豪傑，有功社會國家的各地崇奉尤多；假使調查歷代神廟，將其中所塑所繪的神像，列為一樣[榜]好象封神榜一樣；然後推求其原因，考察其來歷，必能得很好的結果。

一個是公共娛樂問題。中國人，比較上不十分講究公共娛樂；但是每年節令，頗帶點娛樂性質。譬如正月初一，過新年；三月初三，修禊；五月初五，吊屈原；七月七日，乞巧；九月九日，登高；此外寒食節吊介子推，清明節上墳，諸如此類，各地方都有。或應時令，如修禊登高，以那時為最適宜；或祭古人，如吊屈原，吊介子推，隱寓一種懷念先哲的思想；久而久之，變成社會上公共娛樂的日子。——排比出來仔細加以研究，可以看出國民性的一部分，考察他們的來源與意義，是一件很有趣味的事情。

還有一個最重要的，是原始社會生活狀態問題了。這個問題，在歷史學、社會學、人類學，都很重要，而且在歐洲，在美洲，在亞洲，都是一樣的有價值。研究東方野蠻民族生活狀態，各史《蠻夷傳》記載得很多，這是絶好的書本資料，以前都沒人開掘過的。中國社會又複雜，國民程度相去得極遠。西南苗猺的生活，最少在三千年以前，以前很少人去調查過。歐洲人要找原始民族很難；除非在博物院中求去；中國人要找原始民族很容易；進化程度，有幾千年的不同，而且材料又豐富，很值得研究一下。

本打算詳細講，時間不早了；好在祇是舉例，多少沒有關係，詳點略點，亦不甚要緊；以後若有機會，另外用一個題目，再講一次，亦未為不可。等我有功夫，打算把社會學在中國方面應研究的題目，開一個單子下來，諸君有願意研究的，可以找我，我可以告訴他。

問題到有了，如何去找資料？泛泛的要說資料在那裏，怎樣去找，這是很難一件事情;事實上亦沒有現成的資料,供我們隨意携取。祇能説研究那一類問題,在那一類書籍那一塊地方,比較容易找些。或者説某項書籍,某個地方,比較的可以尋出許多關於社會問題的資料。

我前面説,研究社會學的對象,可以分爲兩種;一種是現在的情形,一種是歷史的事實。現在的情形,不是本題範圍,可以不講;歷史的事實,正是我要講的。關於這一方面,搜集資料的方法,可以分爲三部:

一、實地調查。歷史上的痕跡,無論關於風俗方面、制度方面、建築方面,古代的東西,現在存留的還很多,可以分頭調查,一定能得許多很好的資料,爲我們研究的根據。

二、實在事物。古代的衣服器具、典章文物,地上的有博物館、考古室,可以供我們去採索;地下的有古墳、古城市、古廟宇,可以使[供]我們的發掘;其中資料,一定極多。

三、書本記載。無論政治、社會、經學、文學、美術各方面,書本記載都是最豐富最容易得的資料。我們在學校里,不能親往各地調查,博物院亦無多,地下發掘,又不容易。沒有法子,僅能在書本上找,雖然比較抽象一點,空泛一點,我們亦祇好以此自甘,等有機會,再出去調查發掘去。

書本上的資料,仍然是散漫得很呀!究竟要往那一類書籍找去?當然離不開的資料儲藏所,是史部書籍,如《二十四史》《九通》一類。即如土地問題:看各史的《食貨志》,《通考》的《食貨考》,《通典》的《食貨典》,以及《二十四史》中討論土地分配的文章,説明土地變遷的著作,就可以得不少的資料。

除這種正當資料,人所共知者以外,還有四種,是一般人不注意,而我認爲很重要的。

甲、法典。有系統的著作,如:《唐律疏議》《宋刑統》《元典章》《大明律例》《大清律例》、中華民國現行六法等,以及各代會典、會要。這種東西,我認爲極重要;因爲《二十四史》,多記個人動作及政治變革,一般的活動很不容易看出來,不如法典會典記載得多。單靠法律書籍不行,不過法律書籍不失爲最重要的一種寶庫;立法之初,就因爲社會上有某種行動,要想加以保護,或者加以抑裁;我們要從法律條文背面,把事實或行動看出來。

從前髣髴記得《唐書·輿服志》有這樣一條法律,限制女人衣服,其長不得拖地過五尺。五尺以外算犯法,然則五尺、四尺,一定是許可的了;可見當時衣服,拖地往往到五尺以上;現在衣服短還可以加限制,就不會有嫌衣服縫得太長的話。後來我在日本博物館看見古代女人衣服,其長真拖地到五六尺,然後恍然大悟。如果有一個博物館,把歷代衣服器物,都搜集起來,自然再好没有;不過事實上辦不到,祇好在法律夾縫中找去。

因事實,可以生法律(或保護,或裁抑),因法律,可以生事實(或興盛,或衰歇);事實流行時,自然有法律發生,法律強有力時,事實亦起變化。我們認爲研究社會學絶好資料,當於《唐律疏議》《宋刑統》《元典章》《大明律例》《大清律例》等書中求之;用精銳眼光,從條文上,看出他事實的背景。

乙、筆記。前人筆記,屬於裨官野史一類;同正史有些地方符合,有些地方出入。此種書籍記載偉大人物、重要事跡,常有失真之處;然一般社會狀況,往往於不知不覺中,自然流露,可以供參考的地方極多。因爲記偉人記政治,有所謂顧忌;而記風俗習慣,爽直逼真,固没有作假的必要,亦無所用其作假啊!

丙、小説。理想派的小説,人物多屬捏造,情節亦屬杜撰,然時代背景,影響到作者心目中的,無形之間自然吐露。寫實派的小説,雖把人名事名隱藏了,但因想描寫入微,形容盡致,自不能不求其近情近理;而當時社會真相,生活狀況,便讓他一管筆和盤托出了。我們不問特殊的事實,專要一般狀況,當然認之爲上等資料。

丁、詩歌。詩歌往往遍[偏]於抒情,但記事的亦不少。記事詩中,固然可以求得當時狀況;就是抒情詩中,亦可於題目及字句間,求得社會背景。尤其是大詩家如杜甫、白居易之類,可於他們詩集中,求出事實來,與歷史相印證,與時代相印證。不過這種資料,比較少,比較困難,得慢慢收稽去。

籠統説,找資料,祇好在這些地方找。至於單獨的問題,另有特殊資料,那要看問題的範圍及性質而定,不是幾句話説得完的;更不是一種書,一個地方求得出的。

今天要講的話没有講完,意思又狠凌亂,恐怕不足以滿諸君之望。假使因爲這個未完而凌亂的講演,能引起諸君研究的趣味,那我就很榮幸了。

(1927年6月《社會學界》第1卷)

王静安先生墓前悼辭

（九月二十日在王國維墓前對清華研究院諸生演説）
吳其昌　姚名達　筆記

　　自殺這個事情，在道德上很是問題：依歐洲人的眼光看來，這是怯弱的行爲；基督教且認做一種罪惡。在中國却不如此——除了小小的自經溝瀆以外，許多偉大的人物有時以自殺表現他的勇氣。孔子説："不降其志，不辱其身，伯夷、叔齊歟！"寧可不生活，不肯降辱；本可不死，只因既不能屈服社會，亦不能屈服於社會，所以終久要自殺。伯夷、叔齊的志氣，就是王静安先生的志氣！違心苟活，比自殺還更苦；一死明志，較偷生還更樂。所以王先生的遺囑説："五十之年，只欠一死。經此世變，義無再辱。"這樣的自殺，完全代表中國學者"不降其志，不辱其身"的精神；不可以歐洲人的眼光去苛評亂解。

　　王先生的性格很複雜而且可以説很矛盾：他的頭腦很冷静，脾氣很和平，情感很濃厚，這是可從他的著述、談話和文學作品看出來的。只因有此三種矛盾的性格合併在一起，所以結果可以至於自殺。他對於社會，因爲有冷静的頭腦，所以能看得很清楚；有和平的脾氣，所以不能取激烈的反抗；有濃厚的情感，所以常常發生莫名的悲憤。積日既久，只有自殺之一途。我們若以中國古代道德觀念去觀察，王先生的自殺是有意義的，和一般無聊的行爲不同。

　　若説起王先生在學問上的貢獻，那是不爲中國所有而是全世界的。其最顯著的實在是發明甲骨文。和他同時因甲骨文而著名的雖有人，但其實有許多重要著作都是他一人做的。以後研究甲骨文的自然有，而能矯正他的絶少。這是他的絶學！不過他的學問絶對不衹這點。我輓他的聯有"其學以通方知類爲宗"一語，通方知類四字能够表現他的學問全體。他觀察各方面都很周到，不以一部分名家。他了解各種學問的關係，而逐次努力做一種學問。本來，凡做學問，都應如此。不可貪多，亦不可昧全，看全部要清楚，做一部要猛勇。我們看王先生的《觀堂集林》，幾乎篇篇都有新發明，只因他能用最科學而合理的方法，所以他的成就極大。此外的著作，亦無不能找出新問題，而得好結果。其辨證最準確而態度最溫和，完全是大學者的氣象。他爲學的方法和道德，實在有過人的地方。

近兩年來，王先生在我們研究院和我們朝夕相處，令我們領受莫大的感化，漸漸成功一種學風。這種學風，若再擴充下去，可以成功中國學界的重鎮。他年過五十而毫不衰疲，自殺的前一天，還討論學問，若加以十年，在學問上一定還有多量的發明和建設，尤其對於研究院不知尚有若干奇偉的造就和貢獻。

最痛心的，我們第三年開學之日，我竟在王先生墓前和諸位同學談話！這不僅我們悲苦，就是全世界的學者亦當覺得受了大損失。在院的舊同學親受過王先生二年的教授，感化最深；新同學雖有些未見過王先生，而履故居可想見聲鬱，讀遺書可領受精神；大家善用他的爲學方法，分循他的爲學路經[徑]，加以清晰的自覺，繼續的努力，既可以自成所學，也不負他二年來的辛苦和對於我們的期望！……

附：輓王靜安先生聯

其學以通方知類爲宗，不僅奇字譯鞮，刓通龜契。

一死明行己有恥之義，莫將凡情恩怨，猜擬鵷鶵。

(1927年10月《國學月報》第2卷第8—10期)

《國學論叢》第一卷第三號(王靜安先生紀念號)序

海寧王先生之歿，海内學者同聲慟哭，乃至歐洲、日本諸學術團體，相率會祭表敬悼，出版界爲專號紀念者亦既數四。我清華研究院爲先生晚年精力所集注，同學受先生教益最深切，所寶存先生遺稿亦較多。既哀校專書，將錄諸木,更采其短篇爲世所未覯者,先付排印,附以同人各記所覩聞之先生嘉言懿行及對於先生學術思想有所論讚者,凡若干篇,爲本論叢紀念號,志哀思焉。先生貢獻於學界之偉績,其章章在人耳目者:若以今文創讀殷墟書契,而因以是正商、周間史蹟及發見當時社會制度之特點,使古文翕然改觀。若剙治《宋元戲曲史》,蒐述《曲録》,使樂劇成爲專門之學。斯二者實空前絶業,後人雖有補苴附益,度終無以度越其範圍。若精校《水經注》,於趙、全、戴外別有發明。若校注蒙古史料,於漠北及西域史實多所懸解。此則續前賢之緒,而卓然能自成一家言。其他單篇著録於《觀堂集林》及本專號與夫羅氏、哈同氏諸叢刻者,其所討論之問題,雖洪纖繁簡不一,然每對於一問題,搜集資料,殆無少遺失,其結論未或不饜心切理,驟視若新異,反覆推較而卒莫之能易。學者徒歆其成績之優異,而不知其所以能致此者,固別有大本大原在也。先生之學,從弘大處立脚,而從精微處著力;具有科學的天才,而以極嚴正之學者的道德貫注而運用之。其少年喜譚哲學,尤酷嗜德意志人康德、叔本華,尼采之書,晚雖棄置不甚治,然於學術之整個不可分的理想,印刻甚深,故雖好從事於箇别問題,爲窄而深的研究,而常能從一問題與他問題之關係上,見出最適當之理解,絶無支離破碎專己守殘之蔽。先生古貌古飾,望者輒疑爲竺舊自封畛,顧其頭腦乃純然爲現代的,對於現代文化原動力之科學精神,全部默契,無所牴拒。而每治一業,恒以極忠實極敬慎之態度行之,有絲毫不自信,則不以著諸竹帛;有一語爲前人所嘗道者,輒棄去,懼蹈勦説之嫌以自點污。蓋其治學之道術所藴蓄者如是,故以治任何顓門之業,無施不可,而每有所致力,未嘗不深造而致其極也。先生没齒僅五十有一耳,精力尚彌滿,興味飆發曾不減少年時,使更假以十年或二十年,其所以靖獻於學者云胡可量?一朝嫉俗,自湛於淵,實全國乃至全世界學術上不可恢復之損失,豈直我清華研究院同學失所宗仰而已。顧我同學受先生之教,少者一年,多者兩年,且夕捧手,飫聞負劍辟咡之詔,其蒙先生治學精神之濡染者至深且厚,薪盡火傳,述先生之志事,賡續其業而光大之,非我同學之責而誰責也。先生之自殺也,時論紛紛非一。啓超以爲先生蓋情感最豐富而情操最嚴正之人也,於何見之?於其所爲詩詞及諸文學批評中見之,於其所以處朋友師弟間見之。充不屑不潔之量,不願與虛僞惡濁之流同立於此世,一死焉而清剛之氣乃永在天壤。夫屈原縱不投汨羅,亦不過更鬱邑侘傺十數年極矣,屈原自沈,我全民族意識上之屈原,曾沈乎哉？丁卯仲冬梁啓超扶病書。

(1928年4月《國學論叢》第1卷第3號)

范靜生先生追悼會

會期：十七年一月七日下午二鐘　會址：南開中學禮堂　凡誼與范先生有關者,屆時均請蒞會,同伸哀感。如蒙撰送哀輓文聯等件,先期逕交南開中學代收爲盼。

　　梁啓超　孫鳳藻　嚴智怡
　　嚴　修　王秉嚞　卞肇新　同啓
　　顏惠慶　李金藻　張伯苓

(1927年12月31日《大公報》)

(附) 輓范源濂

及門中從我間關亡命逾十人,幾傷心漢皋喋血,洱海招魂,碩果憖[憖]遺,急景彫年今並盡；

歸國後與君戮力斯文垂廿載,忍回首廠甸講學,瓊華書府,同舟未濟,異時聞笛祇增哀。

(1928年1月8日《大公報》)

《紀元通譜》序

史君襄哉擬作《紀元通譜》成，上自黃帝，下迄近代，將出版矣；來徵序於予。余觀其弁言，參其凡例，作而歎曰：史君之嘉惠後學，何其厚也！蓋帝帝相承，年號屢易，肇其端者，溯自漢武以後，每立一朝，建元必更。史君兹編之作費時三載，博採群書，參列中外紀元，便於稽核，意至善也！遵斯志也，豈惟《通譜》以年爲經，以事爲緯，歷代大事年表之作，吾將於史君焉有望也！是爲序。

戊辰仲秋梁啓超扶病書

（上海中華書局1933年6月版《紀元通譜》）

祖國政府與南洋荷屬華僑教育

居今日中國而言教育，已足令人與[興]無限感慨；居今日中國而言海外僑民之教育，則更足令人惻痛於心矣。在七八年前，國內內爭，尚未大劇之時，全國教育，方如草木之初萌芽蘖，此時極其全力以溉灌護植之，尚恐其不能邑達，而七八年來戰争益趨混亂，對於教育事業，直接間接時時加以摧殘，至於今日，則河南湖北江西陝西等省學校，皆將有全省停課之趨勢。在本國固有之教育，且日有衰朽零落之氣象；而海外僑胞新產之教育，乃欲極力謀其發展；此真《詩經》所云"風雨如晦，鷄鳴不已"者，令人於萬感之餘，破涕一笑也。

今兹所欲述者,約分二類:(一)對於已前經過之感想,(二)對於將來發展之希望,兹分別述之:

一、對於已前經過之感想

我國人民,因經商或他種關係,而僑居海外者,已遠在一千數百年以前,今以南宋趙汝括[适]《諸蕃志》,元注大淵《西[島]夷志略》諸書以考之,則在南宋時,中外交通,已及歐洲島岸之木蘭皮,及菲洲東岸之崐崙曆期之遠;而於南洋群島,則商業尤繁,發眉流[登流眉]、檳口龍[賓童龍]等處,正今日爪哇、蘇門答臘、麻喇呷,一帶之地也。當時僑民之數,雖無記載可攷;而當時此種地帶,至少可云:華人爲全部之領袖;甚而言之,雖云:華人勢力之圍綫,亦無不可,至少可云:與僻在波羅的海灣入德蘭半島上之荷蘭不生任何統治上之關係。甚而言之:則其地曾否已爲荷人視線所集,尚是問題也。荷人經營南洋群島,其成功尚不過三四百年,此三四百年之間,我國以十數倍之人民數百年之歷史,而仍事事失敗者,其原因不外(一)無政府之保護,(二)無團體之組織,(三)無教育機關……諸大端而已。因此諸大端之打擊,致使我海外華民受環境之凌壓,直至今日,幾尚不能一抬其首。事之痛心,甯過於此!

在此最近五十年中,始稍稍有覺悟者起而提倡保僑之策及華僑教育;自北齊間與海外通商後,有無家塾教育,雖不可攷,而正式學校,至清光緒末始有實現,正式教育機關,至革命後,始能成立。此十數歲天真爛漫之青年,我人對之,自不能不生無數之感想與希望。今一一志之:

其一　祖國內亂對於僑民教育之影響

海外僑民運命之優劣,全視其祖國政府保護政策之如何,此幾於盡人之所知也。而不幸在今日中國之政府,則尚談不到保護政策之如何,根本已無保護之能力。而朝來暮去此興彼仆之執政者,亦根本不負保護之責任,在國內之長期戰爭狀態中,此種現象,原爲必然的結果,而於僑民所受影響之損失,則不可以數計矣。——因無保護之政策,故使僑民受種種環境之牽制,因種種環境之牽制,故於工商百業,種種皆不能發展。工商百業,既種種皆不能發展,而欲企圖教育上觭形之發達,此爲不可能之事實。此譬如十數歲稚弱之童子,其父母因疾病而不能予以相當之保護,則此童子亦可憐已甚。

試反而一觀鄰家之童子,肥飽溫煖,備受父母尊長之驕寵,如爪哇一島於五六萬民衆之中,即有二三萬之學生。而華僑不得祖國政府之援助與獎掖,純任其不可預知之天然演進;致使八十餘萬之人民,而學生乃不足四萬之數,(注一)尪羸壯碩,相差如此,不能不令人惋惜。

教育,經濟,政治,有至相關聯不可分析[拆]之關係,及互伏循環之因果;此人之所公認也。試舉僑務爲例以言之,政治愈脩明,則工商必愈發展,而經濟亦愈充裕;經濟愈充裕,則教育愈發達,教育發達後,則文化日高,勢力日增,而政治基礎,亦日益鞏固。反之,則爲同樣不幸之結果。十六年來因祖國政治之未上軌道,故國內一切已先無建設之可言,況言海外。而此時海外僑胞,能不爲環境所戰勝,据拮於此十六年之中,有此相當進步之成績,此可以見中華民族之毅力,此譬如孤零可憐之童子,無父母之看護,而能自具有相當之自治能力,益較鄰家驕寵之子爲可愛。反而言之,使此十六年中,政府與僑民,同時分道而努力,則其成績,預料其當必更有可觀之處也。

其二　祖國內亂致使文化不能發展及於僑民

祖國因十六年混戰之內亂,其對於海外所受影響之損失,已具如上述,然僑民,中國人也,其人口之泉源,則爲祖國內地之遷徙,僑民所具之性格,"中國性"也;則僑民文化之泉源,當亦必取賢於祖國,不幸而此祖國文化之泉源,已爲戰火所煎乾,無以供僑民之汲取,此亦祖國政府無以對海外僑民之一點也。

祖國先哲所遺下之文化,本極偉大而光榮。然文化之爲物,乃如銀行之儲款,必須輮長增高,逐漸儲積,方能隨時支用,取之不竭。若徒困守前款,以後概不增積,則無論前款之數目如何鉅大,終有困迫或至支盡之一日。文化亦然,先哲之所遺者,固極豐富。然先哲之所以得此豐富之財產,亦由將各個人努力之代價,逐漸增加於全部文化之上。"泰山不擇土壤,湖海不擇細流",故能成其偉大,故文化不日進,則日退,斷無不進不退懸空留住之理。我中華之文化,以前固可與世界抗衡,然近世紀來,因學者不肯"忠誠""切實"地下一番"打硬仗,扎死塞"的工夫,遂至日見退減。視向時僅爲中國附庸完全華化之日本，且迥乎其後。況言歐、美、各國？近日更因混戰益趨劇烈，一二寥寥之學者，汲汲求自保其生命，而國內更民不聊生，尚何有文化之可言！長此以往，祖宗所傳下之遺產，是否將宣告破產，實難保證。尚安望其有"過賸"之餘惠以分潤我僑民耶？

以家庭例之，祖國之同胞，有如父母之宗子或適子，海外之同胞，有如庶子或出嗣子。必宗子長房內衣食之外，尚有鉅大之餘款，然後可以分給於庶子等各小房；今適子長房，正鬧文化上之饑荒，窮餓欲死，則尚有何力以濟諸庶子？祖宗之遺產，不可謂不厚，而爲"袖手坐食"與"同室操戈"之不肖子孫所敗盡，此又不能不令人惋惜者也。

其三　華僑教育與祖國教育

在今日混戰狀態下之中國，國內教育與海外教育同處於一可悲之地位。又在今日"百學俱鳴"狀態下之世界，則中國之教育，無論其爲國內與海外同處於一幼稚之地位。然國內之教育與海外之教育，因歷史、地勢、政治、社會習慣等種種之關係，其情形又復不同。

從歷史上言之：國內學校，鼎革後雖日見增多，然大部分皆自前清光緒間辦起。海外學校，雖有一二在前清已有，（注二）然大部分——幾可云全部分——皆自國民〔民國〕後辦起。故對於祖國教育，不能不自居後輩。從地勢上言之：則本國教育，因直接受本國政府之統轄；海外教育，因距離本國政府之較遠，故兩相比較，不能不有遜色。其他因有種種關係，皆不能不較遜一籌。例如爪哇一埠，據民國七年調查：（注三）有華僑三千餘萬。姑以內務部頒行之假定戶口通例；一家五口，三大二小之成例計之，則當有華童十二萬人，而據當時報告，但有華立學校學生九〇三五人，荷立學校學生五八八四人，合之亦不過一萬五千弱，則統計受小學教育者不過四十分之五而已。不如荷屬南洋西部群島，據一九〇五年調查：已有華僑二三一二〇〇；（注四）而據民八調查：則當時學生尚只有三五二八人。（注五）當時數年間華僑增加之數最低限度，當在二五〇〇〇〇以上，華童約當一〇〇〇〇〇之數，則受小學教育者不過二百分之七強而已。祖國教育，雖亦敝瘵無倫，然恐其幼稚尚不至此也。

又如祖國教育，近數年來中學將已近千，大學將已近百。（注六）是等中學大學,其辦理之善否,程度之高否,則爲另一問題,而形式上物質上則固又具有大學中學之模形。而在南洋僑民方面,則惟聞菲列賓,新加坡有二中學,其餘似尚未聞。夫大學教育,固可囘國求之;而中學教育,實爲當急之務也。

吾並不敢言僑胞努力之精神,後於國人,但爲種種特殊情形所束縛,而未能盡量發展其事業,則亦固深可惋惜者也。

二、對於將來發展之希望

復次,綜上所言,皆爲消極的、悲觀的惋歎,而非積極的、建議的貢獻。而不知近年以來,國人因對於國內之希望較遠,故轉而屬望於海外之僑民者甚爲殷切,因此僑民所負之責任,國人所委托期望之使命,亦愈見重要。即我國人對於華僑教育之一點期望言之,已有下列之各項:

其一　華僑教育有極大發展之可能

何以言華僑教育有極大發展之可能也？因教育之發達與否,當視下列四項爲標準:(一)戶口,(二)交通,(三)經濟,(四)環境。此四項條件之中,有兩項以上,則其教育既有發展之根據,而今日南洋群島之教育,則上列四項資格皆具也。

以言乎戶口:則戶口凋零之區,斷不能有良好教育,而我國華僑在南洋群島者,既已有一五〇〇〇〇〇之多,(注六)若以荷人五六萬人口,有二三萬學生之比例推之,(注七)則教育前途之發展,殊屬不可限量。

以交通言之:則"山性使塞,水性使通"之成語,早已成爲不易之定理。若僻處萬山綿亘之鄕,舟車輪軌之所不能達,如祖國青海西藏等地,則其教育,無論如何不易發達。而南洋群島,則適扼歐亞二洲航線之孔道,與祖國及歐美之交通,皆極便利。消息易以傳達,思潮易以流通,文化學術易以灌輸,教育前途實爲光明而偉大。

以言乎經濟:則教育非經濟不辦,此幾於婦孺皆知,而囘望國內之經濟,則爲戰神揮霍殆盡,官立各學校,則有移教育經費以處理戎機之危險,私立學校,則因戰爭關係蒙種種之損失,故輸助或捐募之財源亦絕,教育經費無絲毫之保障，故各學校皆陷於風雨飄搖之境。反而觀之海外之僑民，即因工商實業致有鉅產，私立學校自非國內所可比，且多數國內私立學校皆仰給於僑商；則其於本地之私立學校，其有羨餘之力可知。至若公立學校，則至少不受戰爭之影響，至少不至於以辦學費移充戰費。規定限定內之當年費，當不至發生意外，即可謀逐漸擴充。而僑民財產之豐厚，斷不至如國內戰爭區域內之民不聊生。故於經濟一項，非但不發生恐慌，而且有無限希望。

以環境而言之：則國內學校所處之環境，實含有二種之危險：其一，時局的危險，戰雲所起，百業爲墟，而學校亦隨之停閉。其二，則有黨派之危險，甲黨所立之學校，一旦乙黨得勢，則立刻陷入於危境。此二種危險，皆足爲教育發展前途之最大障礙，而華僑之教育則絕對無之。

華僑教育，對於此種條件同時皆具，而又以充分之能力以輔助之，故其教育，實有極大發展之可能也。

其二　希望僑民發展其"本國的"文化

荷屬南洋群島，荷蘭學校林立，其經濟較充裕，設備較周全，以至於起居飲食，無一不較華人所設立之學校爲安適。（注八）華人求學，儘可以入荷蘭學校，且可備受彼人之歡迎。何必自立爐灶，設立華僑學校耶？此其本意，不過欲謀本國文化之發展而已。

然則辦理華僑教育，設立華僑學校，其最大目標，最後目標，即爲欲發揚本國固有的文化。此先決問題，斷斷不能忘却。一離却此先決問題範圍以外，則華僑教育，等於虛設，轉不如投入荷蘭學校之直捷，而亦不必糜此金錢，爲他人辦補助教育矣。

然"國性文化"或"民族文化"之一語，其涵義本極廣泛，而難得確當之解釋。並非謂去鵝管而用羊毫，捨洋裝而挾線裝，遂足稱之爲"提倡國粹"；亦並非謂拋棄一切科學，餖飣一二舊藉，遂足自詡爲"整理國故"也。蓋一國有一國文化之特性。此種特性，涵有利弊二端：盲從尊敬，妄自誇大；與吐棄鄙夷，一概抹殺；此二種態度，均非正當。正常之態度，在知其弊端，而極力加於修改或補充，而將其優點，則不但消極的維持之保護之而已，且當更謀積極的發揚而光大之，以貢獻於世界。蓋一國文化之特長處，往往有爲全世界之所不能及也。此種最佳之例,即爲中國。中國文化之不及人處,吾人正當極力加以修正補充,以期臻於盡善盡美。而中國文化特長處,有爲全世界之所不能及者,乃至多不可以勝計。此正賴今日我發揮光大,繼長增高,以貢於世界,以盡我國際文化之義務。若在海外僑民,則不啻我中〈國〉華民族永久駐外之代表,不啻爲一小中華民國之雛形,則當以我先民固有文化之特長與優點,當更特別注意,務使外人一觀其代表,即知其主人。而知我中華民族爲一有文化、有禮儀、溫良恭讓、極文明之民族,聯想而知我民族之文化,全世界皆有採納之價值。是則今日我輩責任之重可知!而在海外僑胞,其責任爲尤重也!

然有令我人不能不痛心者。如海外僑民之子弟,因去國稍久,至本國語言而不能說,以至無回祖國求學之機會,迫不得已而入荷立之學校,又有父母因特殊關係或具有特種心理而令子弟入荷立各學校。荷立各學校因非專爲華人而設,故其課程荷文、英文、法文、德文皆有,而獨無華文;荷史、西洋史、荷領印度開闢史皆有,而獨無祖國之歷史。(注九)故畢業於荷立學校者,至一華字而不能識,一華語而不能講,幾其身亦自忘其爲華人矣。如是安望其更進而知祖國之歷史?更進而發揚祖國之文化?至其甚者,乃至"薰染外習,不惟對於國家,毫無觀念;而且輕本國而重外國,親外人而憎同族",以至於"女生而思與外人結婚"。(注十)此等劣點與敗類,深望此後之辦華僑教育者有以懲懲之,痛矯之也。

其三　希望僑民有以保全其固有之"中國性"

此一點,從表面上驟觀之,如與上點衝突,且似與教育問題無甚關係,其實不然。依進化家說:一種生物,所以能生存者,必有其可以生存之能力。推是言之,一個民族所以能自立而不致見亡於他人者,必有其可以自立之精神與能力。即任舉中國歷史上之例以言之:如北魏柘[拓]跋氏本一强悍慓厲之族,故屢次制伏華人,及至孝靜[文]帝使民盡從華化,其舊精神一失,而北魏即亡。元代蒙古忒種人,其武力實遠在華人之上,及至用許衡姚樞,同化於華人,即見亡於華人。清人在康熙時代屢下詔書,戒旗人濡染漢習,故尚能保其威力。乾隆以後,完全同化於漢,忘其故俗,而實際上早已爲漢人所滅,其後卒見滅於漢人。隨舉數例如此,殆已成爲過去事實上之公例。

依此公例而推之，則此問題乃成一大問題矣！我並非故意欲作此恐怖之言以刺激人之腦筋，然此問題實有注意之必要；我國國民性——舊習慣——之美德，又實有保存之價值。例如"和平""溫柔""退讓""忍耐""知足""恬靜""忠誠"等等，實爲人格上應具之條件；即爲外人所有，我人亦當取法，況乃爲我人之所固有！宜思如何保存而擴充之。不然，若舉動習慣，絲毫已無華人之氣息，則此華僑二字之虛銜，留之亦復何用乎？

保存擴充之道，則當以學校教授管理方法上，時常加以暗示與指導，或以身作則以爲之模範，務使青年學生之腦海中，深刻印有華俗之美德之印象。而同時於教育方針上，亦不能不加以討論也。

三、結論

今日中國討論教育問題，固屬可悲，而於海外華僑，則初不受影響，此聊足以慰吾儕之悲痛者。往者既不必言，今後我儕之所希望於僑民者，於文化上，則不徒望其僅能區區保存其文化，而更望其有真正之學者出，研求而發揮之，以貢其特點於世界。以見我中華民族之文化，有可與日月爭光之價值。而又一方面，則更望全個僑民能保存我祖國固有之特性與美德，(一)以杜絕同化於他人之危險，(二)以提高其愛戀祖國之觀念，(三)以示他人以中華民族模範之行爲，而華僑之教育，於經濟上、交通上、環境上，皆有鉅大發展之可能，我儕當拭目以觀之，其前途殊覺光明而燦爛也。

（注一）見熊理《調查爪哇華僑教育報告》書，《教育公報》，五年十四期。

（注二）如蘇門答臘之華商學校，創於光緒末年，檳榔嶼之中華學校，創於光緒三十三年。雪蘭莪之尊孔學校，創於前清末葉，見薩君陸調查南洋群島華僑教育情形報告書，《教育公報》，七年五期、六期、七期等。

（注三）據民七《調查爪哇華僑教育報告》書，《教育公報》，五年十四期。

（注四）據一九〇五年荷人通計：凡蘇門答臘，一四三二〇〇。網甲島，葛里洞，六八〇〇〇。蓼渚，二〇〇〇〇。《教育公報》，六年二期。

（注五）據《南洋荷屬西部群島華僑學生概況》報告書，《教育公報》，六年十二期。

（注六）據民七農商部調查，見《中國年鑑》。

（注七）見民七《調查爪哇華僑教育》報告書，《教育公報》，五年十四期。

（注八）見熊理《荷領東印度群島荷蘭學校之華僑學生狀況》報告書，《教育公報》，六年七期。

（注九）見熊理《荷領東印度群島荷蘭學校之華僑學生狀況》報告書，載《教育公報》，六年七期。

（注十）仝上，但皆係引用原文。

（1928 年 1 月《荷屬華僑學生會季刊》第 1 卷第 2 期）

《固安文獻志》序

余外舅貴筑李藻舟先生，清同治中官永定河道，十年不遷，而功德在民，其民至今思之。先室李夫人生於固安縣之道署，且長焉，恒爲余道固安事。每欲偕余一訪其幼所釣遊處，人事鹿鹿，卒虛夙約，而夫人已長逝矣。

賈君玉先生纂《文獻志》，以初刻校本見示，讀竟起懷舊之蓄念焉。其書取材豐而覈，在方志中獨刱新體，不朽之業也。戊辰秋，梁啓超

（河北固安公署 1928 年印行《固安文獻志》）

飲冰室詩話(補)*

一

南海先生在美洲近寄數詩，其一題云：《陳登萊及門人陳繼儼，募修白沙先生嘉會樓、楚雲臺，求題二額。追思與簡竹居舊游，寫寄二子》。詩云："世界之學派，心物別兩支。希臘索格底，印度釋牟尼。神我標妙諦，一切相棄遺。耶氏言靈魂，佛説出餘枝。大概古教主，靈明多主之。開口講明德，大學第一辭。孔道雖兼賅，作聖貴睿思。萬物備於我，孟氏發精奇。象山遥接緒，指心之論師。江門風月深，静中養端倪。得此把柄入，萬化皆我隨。天地可闔闢，世界等塵微。渺絶姑射仙，綽約冰雪姿。大教移薄海，姚江醱其醨。尚想楚雲臺，妙契出希夷。吾緬鄉先生，嶺學光在兹。疇昔曾齋心，超出造物兒。既現救國身，未肯脱垢衣。不忍心難絶，且復隨慈悲。大地無不到，現身無不爲。猥以行患難，美洲道逶遲。前遊二十年，黄雲紫水湄。吾友簡朝亮，碩德竹猗猗。携手登釣臺，展裳謁遺祠。撫摩碧玉珪，瓣香獻所思。躊躇嘉會樓，尚想舊風規。圭山端以直，紫水清以漪。方今易新世，學風盡掃披。舉國飲狂泉，功利醉于飴。誰肯搜文獻，拂拭有道碑。我過歐列國，好古賢是希。壞宅千百年，修舊加敬之。豈料兩陳子，古義照鬢眉。慨修前賢蹟，命我題其楣。教宗有運會，盛衰可感歎。千年太平後，心學重張施。中國學必光，視我白沙詩。"吾先生夙以陸王學迪後進，而尤契白沙。蓋十年西樵，所證略同也。讀此詩猶穆然想見萬木講學時爾。

其二題云：《吾曾經滑鐵盧，見擒拿破侖處。及在巴黎，觀其陵墓旗旌紀功

---

* 《飲冰室合集·文集》之四十五所收《詩話》僅録至1906年1月《新民叢報》第72號。

坊,壯麗甚矣。及遊蠟人院,見拿翁帳中殮殍狀,爲淒然於蓋世雄也。賦詩寫寄任弟》。詩云:"滑鐵盧中龍血黃,囚龍荒島太蒼涼。萬里戰雲收絶海,十年霸業對斜陽。旌旗慘淡藏歸櫬,觀闕華嚴指古坊。最痛繐帷殮殍處,奈何低唱月微茫。"

其三爲《巴黎登汽球歌》,詩云:"超超乎我今白日上青天,杳杳乎俯視地上山與川。身輕浩蕩入雲霧,脚底奇特聳峰巒。巍樓峻宇如蟻穴,車馳馬躍似蟻旋。千尺銅樓宇内高第一,下覽若插尖筆端。大道蕩蕩轉羊腸,幺麽牌坊拿破侖。青緑邱壑大如掌,乃是廿里哀倫大公園。巴黎天下大都會,百萬户口繞風煙。人民城郭數歷歷,迴風飄飄天上船。渺渺青霄游惝恍,不知是何世界何川原。德英羅馬皆羃羃,埃及突厥何圈豚。或者已度東亞海,臨睨禹域爲潸然。或者去我惡濁世,突出諸天之外焉。諸天世界多樂土,一星一界何殷繁。禮樂文章皆別特,七寶絢爛生妙蓮。音聲有樹樂自發,其論微妙入神顛。其俗大同無争鬭,其世太平人聖賢。神漿飲罷顏色好,香積食既善見宣。但有喜樂無哀怒,長壽無量億萬千。忽視地球衆生苦,哀爾多難醉腥膻。諸天億劫曾歷盡,無欣無厭隨所便。不忍之心發難滅,再入地獄救斯民。特來世間尋煩惱,不願天上作神仙。復從虛空降塵土,迴望蒼蒼又自憐。問我何能上虛空,汽球之制天無功。汽球周圍十餘丈,中實輕氣能御風。籐筐八尺懸球下,圓周有闌空其中。長繩絙地貫筐内,繩放球起漸漸上蒼穹。長繩一割隨風蕩,飄飄碧落游無窮。吾後登者球墮地,諸客骨折心忡忡。吾女同璧後來遊,球不復用天難通。我幸得時曾升天,天上舊夢猶迷濛。"

其四爲《加拿大海島臥病歲暮感懷五首》,詩云:"東遼鼙鼓人中立,西藏風雲我不知。絶好江山誰筦領,空看書畫想迷離。從何説起中朝事,日飲亡何長夜悲。忽念祖宗開國略,艱難百戰是何時。""八道山川磨邐青,舊封箕子不神靈。殷商血屬惟存汝,晉楚干戈可有名。保護有人寧遣使,太平無事可裁兵。漢陽姬氏於今盡,周鼎摩挲目不瞑。""王母瑶池麗上清,蟠桃正熟賜飛瓊。鈞天廣樂聞同醉,驪火燒烽不少驚。欲勸長星來飲酒,更增圍獵一開營。海枯天隕生何世,哀我蒸黎痛失聲。""華胥夢入境迷濛,又墮迷途大霧中。衆瞽呶呶同論日,群雌粥粥乃無雄。狂泉大飲奇歌舞,博夜摸行失北東。獨有餐氈北海者,冰天雪窖臥書空。""縱橫宙合周寰宇,飄泊身名度落機。澤畔行吟無遠近,海邊鬗雪太支離。一年垂盡陰陽戰,萬樹僵枯雲物悲。誰識伍胥吳市日,鬢鬚全白異當時。"

二

有自署菊隱者,以其友山陽曹民父《感舊述懷六十均》見寄,蓋丙午上元後一日旅日京作云。余讀之,蓋卓然作者之林矣,亟錄以諗同好。詩云:"西風思故鄉,滄海八千路。去國九十日,流光一以誤。志大學不足,時窮日已暮。開軒看明月,清輝滿庭戶。年年此元宵,月與我如故。焉知今在斯,照我廿三度。擁爐坐沈思,寒灰久埋箸。感歎憶童時,由來心力富。讀書異群兒,往往邀時譽。頗聞大人言,此子資殊趣。善儲羽毛豐,健翮當遠翥。爾時方幼稚,意氣高馳馭。無歡亦足娛,欣欣自悅豫。癸巳我十齡,始傲爲章句。荏苒甲乙間,俗文紛營鶩。丙丁新火明,舊夢稍已悟。翻覆戊己事,新舊乃交惡。庚子獎頑民,迷惑令人懼。我時杜里門,朋輩如雲聚。春風載酒游,秋雨分題賦。尋常歡會時,衆人寡思慮。而我獨幽憂,佗儯多愁緒。良辰未嘗樂,佳節都枉負。前途何茫茫,所屆未知處。橫流何滔滔,欲泊不得住。淹留逮壬寅,投冠出門去。春江三月花,枝枝浥曉露。所嗟湖海大,落魄渺小杜。倦遊復歸來,癸卯再之滬。言從老子游(謂湘伯馬師),日與新知晤(震旦諸同學)。中間一入吳,偶爲十日駐。寒山夜聞鐘,孤帆隔江渡。前年始南行,山水邁幽遇。盈盈青溪波,蕭蕭白門樹。奈何大都中,賢豪亦有數。高材只舌人,名士多傖父。世濁孰能清,吾亦行吾素。世夢孰能狂,吾將挾吾具。眼高力不勝,實至名乃副。勉之愛國心,首貴識時務。東鄰乞新火,末光願依附。黑闇期盡驅,文明燦然著。溯從浮海來,煙波曠四顧。遙遙是何山,旭日籠朝霧。扶桑鳴天鷄,蓬島泛輕鷺。觸眼新山河,歸夢陡驚寤。輾轉更歲華,家書極盼佇。小館雪壓簷,竟日飛濃絮。歲寒迫風霜,警我心彌怖。誰能共膽肝,憂樂均相護。昔昔我猶人,牙牙初學語。晨興理吾書,入學還就傅。惜陰如惜金,進德如進步。去冬誤荒嬉,往事那可訴。少年實無謀,徒逞血氣怒。倡言拂衣歸,聯袂互分付。毋乃空貽譏,智不若臭乳。因知智遠人,爲學重根據。區區小子心,綿綿尺書布。"

三

民父復有《今別離》四章,蓋儗人境廬也。(人境原作曾見本報。)詩成,以質陳義甯(伯嚴)。義甯曰:絕作不可再有,雖工亦可不存。遂自摧棄其稿。菊隱從他報撿以見寄,誦一過,理想氣格,儼然人境也。今人境逝矣,此詩不可不傳,乃錄之:"西鄰有歸人,新自西洋至。昨來畀錦囊,署名諗君寄。解囊欣相看,雜然陳百戲。百戲亦尋常,就中有奇器。既非蠟丸書,陳篋訝緘秘。取置鏡臺前,頗與君顏類。儼具傀儡形,微嫌豐彩異。端坐澹無言,索索寡生氣。離心久成灰,那有惜別淚。持以示嬌兒,嬌兒不解事。呼爺乃弗應,牽衣詰三四。道是刻燭成,撫視亦何濟。對此恨轉生,作俑誰階厲。使妾增煩憂,人反爲物累。徒以供摩挲,不如竟捐棄。""憶君臨別時,言駕滄海航。海水深難測,不及離情長。聞君惜分手,念妾心神傷。望洋每興歎,涕泗常淋浪。妾自君之出,懶起梳新妝。門前祓除水,來自大西洋。此水不可盥,中有泪雙行。妾泪與君俱,流入洋中央。燠日蒸爲雨,滴到君衣裳。相思淚合併,兩地徒淒涼。安得鐵綫橋,萬里成津梁。""大陸太無情,誤煞小兒女。明月本團體,恨被地輪阻。輪轉一周天,相隔不相覰。況君更遠行,思之倍酸楚。對月獨徘徊,有誰親笑語。月圓得幾回,地圓自終古。缺陷有情天,那見媧皇補。放眼覽千秋,遺憾滿寰宇。地或悲陸沈,月不常三五。但識團欒歡,疇知別離苦。聚散本靡常,成毀何足數。人生幾良宵,何時共居處。願學費長房,縮地與月距。光明無缺點,普照神州土。""君名震環球,踪迹偏[遍]五洲。自與君離別,一日如三秋。不識君行止,安用通書郵。今晨讀朝報,色喜忘憂愁。知君去非澳,遊歷及美歐。倫敦暫栖息,紐約逍遙遊。家山未慭置,海島時勾留。及時且行樂,人生貴自由。感君不忘妾,愛戀形詩謳。中外競傳誦,報紙稱殊尤。遠聞汽笛聲,疑是君歸舟。"

四

菊隱復寄民父二律,其一爲《除夕與同郡諸子醵飲》:"江海迢迢別里門,一年事去倍銷魂。殘冬異國驚風雪,短夜鄉朋聚酒尊。人爲時窮感遲暮,獨嗟歲晚戀黃昏。相憐今夕思歸夢,空繞家山弟幾邨。"其二爲《元日又雪》:"元日春聲不復聞,西風小館雪繽紛。數樓臨水成珠闕,千樹隔山封白雲。忽憶家園初有信,最難海外合吾群。三年佳節客中負,到此羈愁更十分。"

五

與穗卿一別八年。今春正月,君東遊,訪余於箱根環翠樓;誦杜詩"十觴亦不醉,感子故意長"之句,不自覺其情之移也。君見贈一律云:"自從多難相離後,握手猶疑各夢魂。風雨沈沈燈火閣,杯盤草草語言溫。十年舊事歸青史,一臥滄江剩酒痕。扶醉登樓西望久,白雲何日出山村。"

六

籩伊曾兩度寄詩,余劇愛之。月前又承寄《乙巳歲暮襟感》四律,復採實詩話:"輝牖殘陽乍曖人,孤城愁絶暮笳新。坐來書卷非閒日,靜任衣裳住暗塵。曲巷梅蘇春綽綽,霜空雲薄晚鱗鱗。年光照客同消瘦,獨向風前惜病身。"(獨適)"寸心弱盡驚風雨,還折枯枝挽去春。醒醉各非甯酒怨,死生常覺與身鄰。燈前突兀三年夢,話里悽惶一掬塵。此日岑樓彈指現,海天寂滅反吾真。"(學界近事有感)"樓尤衣單萬籟稀,神州回首暮煙微。天痕隱隱疏星出,海色蒼蒼獨鳥飛。故里欲尋真自謂,殘年無語當人歸。裁書總被新愁誤,無那相思兩地違。"(登大森海樓有懷伯兄津門)"江上梅花怨索居,思歸無計作歸無。忘情自許宜今世,投筆終慚去故都。身外驚疑因及爾,天邊消息獨憐吾。玉關未絶征鴻信,一夜寒聲起岸蘆。"(思家)

七

菊隱復以民父《無題集句》六律見寄。蓋所集者限於坊本《唐詩三百首》云。集句本遊戲之作,大雅弗尚。然佳者殊能令人相説以解。若此六章,真可謂"裁縫滅盡針線跡"者矣。亟錄之:"小姑居處本無郎,擬託良媒亦自傷。蠟燭有心還惜別,羅衣欲換更添香。斑騅只係垂楊岸,海燕雙栖玳瑁梁。弔影分爲千里雁,江流曲似九迴腸。""銀燭秋光冷畫屏,碧天如水夜雲輕。扇裁月魄羞難掩,泪盡羅巾夢不成。九月寒砧催木葉,三邊曙色動危旌。天長地遠魂飛苦,別有幽愁暗恨生。""更問神仙還不還,故園東望路漫漫。鴛鴦瓦冷霜華重,絡緯秋啼金井闌。芳艸獨尋人去後,夜吟應覺月光寒。身無彩鳳雙飛翼,獨宿江城蠟炬殘。""蓬萊此去無多路,不惜珊瑚贈與人。神女生涯原是夢,賈生才調更無倫。紅顏未老恩先斷,流水無情草自春。寂寂江山搖落處,渭城朝雨浥輕塵。""桃李陰陰柳絮飛,碧闌干外繡簾垂。花開堪折只須折,君問歸期未有期。顧我無衣搜盡篋,憐君何事到天涯。此情可待成追憶,臨別殷勤重寄詞。""緩謳漫舞凝絲竹,公主琵琶幽怨多。直道相思了無益,空令歲月易蹉跎。玉顏不及寒鴉色,媚眼唯看宿鷺窠。行到中庭數花朵,水晶簾捲近秋河。"

八

有自署秋華者,以其友敬庵詩一首見寄。題云:"讀飲冰室詩話中曹民父《感舊述懷六十韵》感賦,並述余之志。"讀竟,覺與曹作工力正相敵,亟錄之。詩云:"蒼山十萬重,明月八千里。人生二十年,奈何一彈指。秋宵夜雨長,春日風情綺。感之最難忘,盈盈愛河水。憶余幼年時,由來癡頑子。攀屋每折足,入學多提耳。顧聞大人言,此子質良美。超奇逸驚塵,綜密近文史。當時雖不解,張口竊自喜。壬寅年十六,陡悟俗學恥。倉皇理征裝,長驅從此始。初泛鄂江湄,旋遊浉水涘。首讀政變書,乃識民權理。癸卯入金陵,問學多疑似。其年秋冬間,始交鍾毛氏。二子志良殷,高言漢宋髓。思想既全更,性情乃自矢。蕭條明故宮,猶余鍾山圮。敗石咽寒泉,殘月照秋壘。傷心孝陵土,頹然已半圯。我昔發幽情,涙下不可止。自從來東邦,倏忽一年矣。政論服時賢(謂新會梁任公先生),教宗契高士(九江桂君柏華去年在東,余曾向問佛教概旨)。尤有新知樂,日文漸可擬。粗識學海闊,愧奮益難已。亦嘗閉門坐,凝神收聽視。默唸國前途,憂愛情並起。溯從有文明,已歷四百紀。環顧五大洲,後進誰能比。流風雖暫歇,盛德烏可靡。況有衆國民,寧容逞奸宄。獨怪留學界,邇來象何否。日日言民德,日日行卑鄙。日日言士氣,又流爲囂侈。東扶却西倒,南挽更北馳。傷哉賢者心,撫床嗟無技。小子每自思,責人先責己。志節苟堅定,聖賢豈難企。我躬苟不恤,曉曉徒爲耳。立兹自鞭策,切勿偶自弛。敬告天下人,返躬最足恃。嶽嶽泰山高,清清長河瀰。中國儻真亡,除是藐躬死。"

九

有不署名者,以其友井無詩四章見寄,蓋學道有得之言也。錄之:"有感情時悲欲死,無因緣處卻偸生。靈山十萬八千路,仍是塵中碌碌行。""漫漫長夜旦何時,揮日陽公事轉奇。惟有惺惺常不昧,悲歌慷慨聽鄰雞。""盲人瞎馬夜臨池,不著驚忙不意迷。時念彌陀時勒彎,自然光照大千區。""烈火燒空劇可哀,梵王天上跳身來。灰飛片片原酬願,却悔當初却轉回。"

十

今詩皆不能歌,失詩之用矣。近世有志教育者,於是提倡樂學。然樂已非盡人能學,且雅樂與俗樂,二者亦不可偏廢。俗樂緣舊社會之嗜好,勢力最大。士大夫鄙夷之,而轉移風化之權,悉委諸俗伶,而社會之腐敗益甚。此亦不可不察也。客歲橫濱大同學校生徒,開音樂會,欲演俗劇一本以爲餘興,請諸余。余爲撰《班定遠平西域》六幕,自謂在俗劇中開一新天地也。中有《從軍樂》十二章,乃用俗調《十杯酒》(又名《梳妝檯》)所譜,雖屬遊戲,亦殊自憙。乃錄其詞與其譜:

從軍樂,告國民:世界上,國並立,競生存,獻身護國誰無份?好男兒,莫退讓,發願做軍人。

從軍樂,初進營。排樂隊,唱萬歲,送我行,爺娘慷慨申嚴命。弧矢懸,四方志,今日慰生平。

從軍樂,樂且和。在營裏,如一家,鬢廝磨,同生共死你和我。有前進,無後退,行得也哥哥。

從軍樂,樂野營。平沙白,竈烟細,月華明,令嚴夜寂人初静。劃然嘯,天地肅,奇氣與雲平。

從軍樂，前敵時。鎗林立，硝雲湧，彈星馳，我軍一鼓進行矣。望敵營，白一色，片片是降旗。

　　從軍樂，樂如何？乘雪夜，追敵騎，渡交河，名王繫頸帳前坐。下征鞍，了無事，呼酒倡軍歌。

　　從軍樂，樂且奇。決死隊，摩敵壘，樹國旗，黃龍光影蟠空際。十萬軍，齊拍手，嘖嘖好男兒。

　　從軍樂，樂無窮。人一世，死一遍，難再逢，男兒死有泰山重。爲國民，捨生命，含笑爲鬼雄。

　　從軍樂，樂功成。追逐北，橫絕漠，掃王庭，敵人城下盟初定。守載書，遵約束，羅拜漢威靈。

　　從軍樂，報國仇。瓜分論，保全説，何紛吰，睡獅一吼驚群獸。六七強，走相告，黃禍正橫流。

　　從軍樂，樂太平。弱之肉，強之食，歲靡甯，堂堂一戰全球定。主齊盟，洗兵甲，世界永文明。

　　從軍樂，樂凱旋。華燈張，彩勝結，國旗懸，國門十里歡迎宴。天自長，地自久，中國萬斯年。

從 軍 樂

C調　2/4

十一

　　公度先生《拜曾祖母李太夫人墓》一章，集中最得意之作也。其文云：「鬱鬱山上松，呀呀林中烏。松有蔭孫枝，烏非反哺雛。我生墮地時，太婆七十五。

明年阿弟生，弟兄日爭乳。太婆向母懷，伸手抱兒去。從此不離開，一日百摩撫。親手裁綾羅，爲兒製衣裳。糖霜和麵雪，爲兒作餛飩。髮亂爲梳頭，脚膩爲煖湯。東市買脂粉，黷面日生香。頭上盤雲髻，耳後明月璫。紅裙絳羅襦，事事女兒妝。牙牙初學語，教唱月光光。一讀一背誦，清如新炙簧。三歲甫學步，送兒上學堂。知兒故畏怯，戒師莫嚴莊。將出牽衣送，未歸踦閭望。問訊[訊]日百回，赤足足奔忙。春秋多佳日，親戚盡團聚。雙手擎掌珠，百口百稱譽。我家七十人，諸子愛渠祖。諸婦愛渠娘，諸孫愛渠父。因裙便惜帶，將縑難比素。老人性偏愛，不顧人笑侮。鄰里向我笑，老人愛不差。果然好狀貌，艷艷如蓮花。諸母背我罵，健犢行破車。上樹不停脚，偷芋信手爬。昨日探鵲巢，一跌敗兩牙。嘖血噴滿壁，盤磚畫龍蛇。兄妹昵我言，向婆乞金錢。直傾紫荷囊，滾地金鈴圓。爺娘附我耳，勸婆要加餐。金盤膾鯉魚，果爲兒下咽。伯叔牽我手，心知不相干。故故摩兒頂，要圖老人歡。兒年九歲時，阿爺報登科。劍兒大父旁，一語三摩挲。此兒生屬猴，聰明較猴多。雛鷄比老鷄，異時知如何。我病又老耄，情知不堅牢。風吹兒不長，那見兒扶搖。待兒勝冠時，看兒能奪標。他年上我墓，相携着宮袍。前行張羅繖，後行鳴鼓簫。猪鷄與花果，一一分肩挑。爆竹響墓背，墓前紙錢燒。手捧紫泥封，云是夫人誥。祖孫共羅拜，焚香向神告。兒今幸勝貴，頗如母所料。世言鬼無知，我定開口笑。大父回顧兒，此言兒熟記。一年記一年，兒齒加長矣。兒是孩提心，那知太婆事。但就兒所見，依稀記一二。太婆每出入，籠東挂一杖。後來杖挂壁，時見垂帷帳。夜夜攜兒眠，呼娘搔背蚌。展轉千搥腰，殷殷春雷響。佛前燈尚明，窗隙見月上。大父搴簾來，歡笑時鼓掌。瑣屑及鄉鄰，譏訶到官長。每將野人語，眩作鬼魅狀。太婆悄不應，便知婆欲睡。戶樞徐徐關，移踵車輪曳。明朝阿娘來，奉匜爲盥洗。欲飯爺捧盤，欲羹娘進匕。大父出迎醫，覯縷講脉理。咀嚼分嘗藥，斟酌共量水。自兒有知識，日日見此事。幾年舉場忙，幾年絕域使。忽忽三十年，光陰迅彈指。今日來拜墓，兒既鬚滿嘴。兒今年四十，大父七十九。所喜頗聰强，容顏類如舊。週山看松栢，不要携杖走。拜跪不須扶，未覺躬傴僂。挂珠碧霞犀，猶是母所授。繡補炫錦鷄，斯自粤西購。一手搴領鬚，一手振袍袖。打鼓唱迎神，紅氍齊泥首。上頭爇紅香，中間酌黃酒。青箬苞黍粽，紫絲絡蓮藕。大父在前跪，諸孫跪在後。森森排竹筍，依依伏楊柳。

新婦外曾孫,是婆定婚媾。阿端年始冠,昨年已取婦。隨兄擎腰扇,阿和亦十五。長櫟次當蓀,此皆我兒女。青青秀才衣,兩弟名誰某。少者新簪花,捧觴前拜手。次第別後先,提抱集賤幼。一家盡偕來,只恨不見母。母在婆最憐,刻不離左右。今日母魂靈,得依太婆否。樹靜風不停,草長春不留。世人盡癡心,乞年拜北斗。百年那可求,所願得中壽。謂兒報婆恩,此事難開口。求母如婆年,兒亦奉養久。兒今便有孫,不得母愛憐。愛憐尚不得,那論賢不賢。上羨大父福,下傷吾母年。吁嗟無母人,悠悠者蒼天。"陳伯嚴評云:"《孔雀東南飛》《木蘭辭》後,乃有此奇作絕技,公之斯文若元氣,敢誦斯言。"吳季清評云:"獨漉《王將軍歌》,石笥《李烈女行》,表揚忠烈,極雄厚之致。然不能無摹擬之迹。此篇瑣述家常,純用今事,語語從肺腑間流出,貌不襲古,而溫柔敦厚之意味,沈博絕麗之詞采,又若兼綜國風、離騷、樂府醞釀而融化之。陳伯嚴謂二千年來僅見之作,信然信然。"此詩經兩公評驚,鄙人復何能贊一辭。惟讀至下半,輒使我泪承睫不能終篇。龔定庵詩云:"天亦無母之日月,地亦無母之山川。"以此思哀,哀可知矣。先慈生忌後五日記此。

十二

南海先生以長歌一章見寄,題曰《巡覽全美還穿落機山頂放歌》,讀之亦可見先生近來志事之一斑也。錄入詩話:"祖龍華盛頓開美,十三州憑西洋隅。新蕾百年前未闢,乃爲班法之耘耡。南北戰餘四拾載,西來萬里未通車。蒼莽落機山,只有荒林穴狐猪。眇眇太平洋,只有烟剪晨捕魚。三藩息士高與乾沙,五十年前無人家。而今人居拾萬戶,畫樓廿層聳雲霞。羅生新闢十八載,公囿華握可驚訝。撥倫舍路憑山海,市里繁庶亦怪訝。鹽湖大鎮開自摩門教,多妻被逐來作家。沿海數州皆腴壤,綠陰秀野鋪麥麻。麥粉商估徧大地,以農富國機交加。新墨西哥宜水稻,溝洫舊迹出吾華。落機山中數州地,五金煤鐵大地誇。餘者亦復宜畜牧,牛羊徧野蔽艸沙。回顧我中國,三代文化卓。江南粵蜀閩,尚爲蠻夷穴。羅施南詔在宋時,猶爲鬼國之部落。寰中開闢艱遲猶如此,何況長城外東西北三角。歐洲大陸羅馬初,混混艸昧無人覺。日曼森林晉世開,英倫海賊宋末作。埃及以南莽萬載,眇眇撒拉大沙漠。統觀大地開闢皆甚遲，無有若美之速攫。仗劍艸創數郡土，闢萊順成萬里國。蓋從機器備文明，更賴鐵軌縮地岳。一通氣車四十年，萬里山河野蠻成神仙。農家樓閣丹青麗，工人士女衣帶鮮。小家琴聲弄娟娟，熙熙婦子自姿妍。禮容體態中法律，皆從學校通文篇。自從北購亞拉士駕，富庶雄大無倫邊。地勢東西憑兩海，亞歐交通左右便。我驚開闢進化速，時哉時哉華盛頓林肯之生焉。力少效大古無比，太祖美洲汝爲先。往來全美南北路，東西經過三周穿。行道略返五萬里，度盡落機四回旋。兩洋目極曾登岸，密士失必與微蘇刺皆泛船。東方登曰山，西遊黃石園。日日撫地圖，昔昔考山川。甚妒華盛頓，甚思開新天。橫觀大地中，豈無荒地翳榛煙。高視霸王圖，時來治教起聖賢。波士頓摩新世石，初祖舍我其誰先。從來爭內地，尺寸皆奇艱。一城流血以億萬，兩雄互得守已單。春秋晉楚爭虎牢，三國六朝江淮間。歐洲日曼千里土，千年戰血流斑斑。直布羅陀與旅順，英班俄日爭幾年。魯衛宋鄭盛文化，地居中原無由前。晉楚燕秦齊強大，處於西郵易拓邊。歐陸德法與意奧，千年雄爭兵氣纏。相吞相割千百里，凱歌高奏稱霸尊。師丹焚殺數拾萬，所得有幾何慘殢。拿破侖志一歐土，萬戰不就身竄國猶偏。豈若俄闢鮮卑地，英攫澳洲印度與加拿大焉。葡班地小迫於海，注意新地開最先。只今國弱地頻削，散布全美皆孫玄。萬年英班必不滅，以種徧地皆根萌。古今國勢可以鑒，勿爭朝市棄荒原。英智或失愚或得，放逐或福王或憐。南米有大荒，逝將闢地開坤乾，樓船航渡歲億千。樹我種族播我學，存我文明拓我田。移民迅速殖千萬，立新中國光亘天。既救舊國闢新國，我族既安强且堅。雖未大同天下樂，我願庶幾救顛連。嗚呼不知何時償此願，突兀獨立落機雪峰顚！"

十三

雪如復以《蟲天》二十三章見寄，以簡單之辭，説微妙之法，得未曾有也，視昔人禽言之作霄壤矣。愛不忍釋，錄餉同嗜：

　　螢，爾不弢爾明而戕爾生。吁嗟乎螢！明固爾之天職也，爾烏能全爾生以弢爾明？（螢）

　　蛛，爾之智不如愚。爾智在殺爾，其智之賊乎？（蛛）

蠹,爾禍文字耶?文字禍爾耶?抑爾之嗜耶?(蠹)

蝍蛓蝍蛓,爾之勞勞,爾誰逸也?蝍蛓蝍蛓,爾之勞勞,爾其性耶?抑爾習也?(蝍蛓)

爾巢于人睫,人不爾麋也。爲爾之瑣瑣,無可疑也。爾恃而不戒,岌岌其終危也。(蟭螟)

一切衆生,各有倚著。師爾之智,自繭自縛。(蠶)

火炎炎而撲之,而勇可師也,而無成可悲。雖然,天下事未可知也,而之成其終有時。(蛾)

爾飲爾啄膏與脂,爾瘠所天以自肥。嗚呼!膏與脂至有限也,爾胡爲乎來蚩蚩。(蟲)

爾不知生事難耶?爾以一刹那之生,作無量壽觀耶?抑無可如何而自閒耶?(蜉蝣)

爾腹有物,爾能字之。化非類爲類,惟至誠而無私。嗚呼!爾之仁可師。(螟蛉)

蜂,爾之勞逸,誰所均也?豈爾君之所役,爾爲其順民也。嗟乎!爾之有君,將以羣其羣也。爾之勞逸,胡不均也。(蜂)

伏尸百萬,轉戰千里。異族用命,遇災知徙。殊能可驚,奇慧可喜。嗟嗟!慧爲戎首兮,能爲禍輿。自殄其類兮,作俑可誅。(蟻)

爾朋遊而不爭,爾翔洽乎天和。爾逍遙其樂生,爾幸福其最多。(蝶)

供汝食者,有阿屯之微生。汝曷爲終日營營?汝不終日營營,其不能屬彼以自養也。蠅,吾不汝憎。(蠅)

爾與龜之相憐,其合以天。偉哉造化,不期然而然,曷所名其蚩姸。(蛇)

爾雄伏而雌飛。爾雄粥粥,爾雌跂跂,伊爾之自爲。(蟋蟀)

而不自有其明,而假目以爲生。目之去汝兮,而誰與行?(水母)

爾自味其味也,雖享爾以八珍,不能奪爾嗜也。爾自臭其臭也,雖薰爾以都梁,不能易爾齃也。(蜣蜋蚏且)

天不可信而可信也,而無營而不飢。天可信而不可信也,而之族將夷,而咨嗟而涕洟,而雖悔何追。(信天翁)

爾之相依，不可離也。相生相養，無差池也。能自愛愛他，誰謂爾無知也。造化之所爲耶？抑缺陷爾自彌也？(海葵海和尚)

嗟爾之微，能造世界。不可思議，爾何狡獪。我佛有言，是不足怪。納須彌山，我僅一芥。(珊瑚蟲)

芸芸大千，微爾無生。爾雖渺乎，是生生之所萌。鯤鵬雖巨，而難爾爭。(阿彌巴)

爾何所慕，而幻人相。爾如腦鏡，能納萬狀。何所構造，而孕諸妄。佛説羯摩，爲爾悽愴。人類萬年，厥玄無恙。(精蟲)

十四

有自署愛智廬主人者以《中夜不寐偶成》八章見寄。"天下幾人學杜甫，誰得其皮與其骨"，此詩近之矣。愛不忍釋，錄入詩話："扣角悲長夜，迷陽發短吟。英雄欺世慣，(漢高赤帝子之事，彼豈不知其僞？而班彪乃稱王命，真腐儒也。)賢聖誤人深。(君親無將之説，苟非本於孔子，霸者亦無所挾持以制後世。故豪傑之誤人淺，而賢聖之誤人尤甚於庸衆也。)地獄誰真入，神州竟陸沈。始知稱盗跖，微意費推尋。(莊周憤世既深，而玩聖人亦特甚。知後世霸者有盗跖之行而無盗跖之才，非藉聖人之言以自文不能自恣，故取孔子首攻之。蘇軾謂《盗跖》等篇爲後人僞作，欲爲莊周諱，必欲琢人於詩禮間，斯不免後世文士之見也。)"湖海元龍氣，銷磨益自傷。淮南招隱士，(孔教之國，專制政體之下必多隱逸。蓋從孔教，則君臣之義無所逃於天地之間，所謂不仕無義也。而置身專制污君之朝，又節俠之士所鄙夷而不屑，功人功狗皆不能爲，故獨行隱逸之傳史不絶書也；《廿四史》中無《隱逸傳》者不過一二。)冀北想孫陽。不索胡奴米，終焚僧達床。作緣殊未易，今日憶真長。""試數浮圖級，曾升第幾層。道心常淡泊，傲骨轉崚嶒。理解空文字，疏狂愧友朋。阮公時越禮，應自遜孫登(謂虎柔)。""未能爲善惡，生世太無端。夢覺殊難定，輪迴若是觀。圓球終混沌，方寸有波瀾。何必靈椿壽，朝陽(花名)轉耐看。""奇情聊自負，獨坐且撫琴。不有忘機者，誰知物外心。龍蛇生大澤，斥鷃喜榆林。性質由來異，相逢謾賞音。""現在原無我，人生定幾回。多情期轉世，私語若聞雷。美惡從心理，稱譏是禍胎。(利害毁譽，稱譏苦樂，能動搖人，釋氏謂之八風。而孔子成《春秋》，專以褒譏爲旨，更倡爲責備賢者之説，於是中人之材既不敢出其範圍，而賢者亦束縛於名教。究之大奸大惡，本非空言所能懼；若下愚不移之小人，又非褒譏之所得施。故孔子以後無聖人，而所謂亂臣賊子仍不絶於世。吾國之退化,毋亦聖人之過歟。)華胥與烏託,惟待夢遊來。""悟道輸年少,(孔子三十而立,釋迦出家時年二十九,皆少年也。)繁華攬鏡看。耶穌多霸氣,(建部遯吾《思想家年表》云,耶穌霸氣太稜稜,故不免禍甚。)我佛富悲觀。掃蕩從根底,清虛到涅槃。生前與死後,來去兩無端。(佛言吾人生命之兩端實不可思議。)""萬物爲芻狗,無知憨衆生。孔尼空好禮,摩罕獨能兵。遘禍庸奴少,違時處世輕。最憐平等義,耶佛墨同情。(佛云衆生可憫,互相吞食。老云天地不仁,以萬物爲芻狗。王弼注:地不爲獸生芻,而獸食芻;不爲人生狗,而人食狗;無爲於萬物,而萬物各適其用。嚴又陵以爲括盡達爾文新理,天演家開宗語也。孔教講尊卑貴賤,故重在齊之以禮;至曾子遂言軍旅之事未之學。是以儒教最便於專制;且既不尚武,尤專制之所喜,而亦弱中國之一大原因。以視老子之深遠,回教之精神,固已遠遜。若平等之義,愈瞠乎後矣。")

十五

雪如以《新無題》十二章見寄,錄七:"太陽與地隔,念七千萬程。不因相吸力,那得愛潮生。""儂與郎相歡,辟如地與月。時時繞郎行,掩蔽有圓闕。""儂與郎相慕,如地與火星。暗中作標誌,對面未能明。""朝朝電訊通,萬里亦何有。恨是郎語言,不是郎聲口。""客從郎所來,遺我留聲器。是郎舊時聲,非郎今時意。""郎情太纏綿,纏綿如春雨。絲絲復絲絲,積合乃成縷。""郎情如春雨,春雨何纏綿。熱蒸與寒泣,嘗盡酸苦甜。"

十六

鄉人懺餘生,以使事駐美洲之古巴。頃以《紀古巴亂事有感》十律見寄,且媵以牋云:"古巴民政兩黨,因爭選舉搆亂。美國遽以兵艦相加,奪其政柄。雖以美總統盧斯福之義俠,或不致顯背萬國平和約章,古島容有珠還之日。然黨界之足以亡國,内亂之足以召外兵,則南美洲一帶諸國,覆轍甚多,不獨古巴爲然,正不可不爲我國人警告也。云云。"此真有心人之言,不能徒以詩目之。即以詩論,杜陵詩史,亦不是過矣。亟錄實詩話:"環島一萬一千里,紀年四百十四春。人傳羅馬舊遺種,地辟閣龍新殖民。突屹霸圖開鎖鑰,繁華夜氣洩金銀。劇憐海上田橫客,隸作秦王羈旅臣。""幅員三倍我臺灣,尚有強梁起揭竿。半世紀曾爭獨立(古巴五十年中,革命軍凡三起),幾英雄已受招安。血流枯草無窮碧，心死降旛有底丹。寂寞山城吹畫角，王師高唱大刀鐶。""魚麗于網雉罹羅，只怨嬴秦法太苛。鋌鹿失途終走險，戰龍流血漸成河。奇兒帳下頭顱賤（革命軍初起，黨首爲西班政府捕逮者三百餘人，盡以鳥銃擊殺），老將燈前涕淚多（一千八百十三年，土人揭竿再起，主動者多三十年前革命舊人，蓋世代與政府爲讎者。麥時母高摩斯與今總統巴爾瑪年皆七十餘）。欲作包胥何處哭，那堪衢巷有笙歌（時西班督師巴蘭谷用兵鎮靜，每夜公園陳軍樂，遊女如雲，又開跳舞會以安民心）。""一聲霹靂浪花飛，銕鐵艦沉江召釁奇（美國戰艦名棉者，泊海灣城保護商民，忽爲炸彈轟沉，美班兵釁由此遂開）。探穴遂成騎虎勢，蹊田奚恤奪牛讒。杯中影訝弓蛇現（美艦之沉，美國以爲亂黨所爲，而西班政府則謂美與亂黨有謀，藉此遣兵相助，至今猶存疑案），局外棋看鷸蚌持。監國五年勤遠略，門羅主義至今疑。""香花祝鼓迓兒童，鑄像巍峨紀戰功。政界脫離專制軛，國魂敲起自由鐘。歸元先軫都無恨（麥時母高摩斯山度明古島人，兩佐古巴革命軍。土人自立後，麥死，輿櫬歸葬以摠統之禮），殉國離騷尚可風（古巴文豪河西瑪帝以民權獨立鼓吹國民，卒爲西班所殺）。惱煞共和閒歲月，蕭墻無故仗兵戎。""強鄰戰舶急南行，爲踐當年白馬盟（美古專約本有代平內亂之權，此約即所稱"勃勒阿緬文"也）。諭蜀相如偏有檄（美摠統盧斯福致書駐美京古使，令其傳諭島人，謂美之遣兵不得已也），出師諸葛豈無名。庸知臥榻滋他族，誰遣開門召寇兵。忽聽途人驚走告，將軍舊部又從征（美艦中多昔年美班戰時舊將，盧斯福又諭前古巴總督胡德節制諸軍，識者已知其有干預古政之意矣）。""來朝走馬轉倉皇，父老攀轅泣數行（美遣陸軍大臣塔扶監古巴國政，古摠統巴爾瑪退位。後乘火車還鄉，部臣議紳率國人送行，途爲之塞，無不泣數行下，有議紳某竟哭至失聲）。亡國大夫甯有勇，鬩牆兄弟忒無良。四年紀念留殘碣，半壁蒼茫膡夕陽。忍聽軍前還奏樂，黃塵不見舊沙場。""報說城頭趙幟存（塔扶傳檄島中，仍留古巴國旗，以示必交還意），部民猶感漢家恩。寒沙當日曾埋戟，細柳今時復駐軍（美撤古巴駐兵僅三年耳）。未必田真歸郫闠，可憐車欲裂商君（副總統格勃提爲土人所憤，每欲得而甘心之）。魯連義士先逃海（將軍緬那嘉者，辭官隱山寮中，素爲民政黨所信服。此次出而調和黨界，美干預後已航海赴他國矣），誰與人間再解紛。""如此膏腴一片土，鯨吞蠶食已分明。強權世界忘公理，天演生存起競爭。幾見中原還逐鹿，頗聞列國漸銷兵。頻年無限滄桑感，懶與閒鷗海上盟。""今古興亡付酒杯，閒愁淘盡海潮來。未歸遼鶴家何在，已變沙蟲劫尚灰。大地人才一爐冶，當年王氣半蒿萊。夜來悽絕聞鄰笛，故國山河更可哀。"

十七

懺庵復有《灣城竹枝詞》如干首。灣城者,古巴首都也。其詞亦感均頑艷,且可作地志讀。詞云:"音樂亭西映夕曛,如雲士女集公園。香閨紀念哥侖布,簇簇花毬挂墓門。""衣香鬢影趁風斜,十里沙堤賽汽車。到底玉顔怕吹皺,桃花人面薄籠紗。""夜涼愛納海邊風,數騎香塵牡蠣宫(海旁新築馬路曰牡蠣宫,蜿蜒十餘里。夕陽西下,遊人如鯽,夜深始散)。不怯露寒怯月暈(島中婦女最畏月,謂月曬人面目黧黑也),歸來一路上車篷。""歌場散後不勝情,羅綺叢中逐隊行。生怕教郎見憔悴,街前背立電燈明。""簾櫳望見屋如舟(樓下居人臨街開窗,行人從窗外望見臥室中陳設,故雖小户貧家,其榻帳屏幃皆極整飾),一笑嫣然阿帝優。(見面頌祝之詞,言上帝庇祐也。)儂是小家名碧玉,此間聊借築香巢。""小立窗櫺月色明(閨中人每黄昏時輒倚窗以待所歡之至,至則立窗外談至夜深),喁喁私語口脂馨。昨宵阿母叮嚀囑,莫浪敲門喚妾名(男女雖極相悦,無父母命不得擅自訂婚。男來訪則屏諸門外,不許入室升堂也)。""絃管清宵聒耳嘈,大宫戲院月輪高(院規模壯麗,爲城中戲院之冠)。風流裙屐花園角(院前公家花園,四面酒樓、茶館林立。紈袴少年,獵艷其間,終宵徵逐。華人目爲花園角人物,蓋輕之也),挽臂來餐慢地糕(即英語埃士忌廉也。花園傍某酒肆制者極佳,歐美人來遊者,謂甲地球云)。""百萬青蚨不翼飛,繁華浪説小巴黎。一衣竟耗中人産,怪底街名散拉揮(婦女衣飾店多設在此街)。""鄰家姊妹舞婆娑,鬪得纖腰一搦多。況更弓鞋似纏足,窅娘流毒較如何(島中婦女自幼以極小革靴約足,使纖如中國纏足者然)。""酥胸微袒艷如仙,長曳羅裙顧影翩。跳舞歸來花露重,繡巾斜搭護香肩。""村姬争羨效顰妍,别有生涯勝揀煙。盼到明朝剛禮拜,香囊積得買花錢(煙行雇女工揀煙葉,休息日則盡以所得傭值購粉奩脂盝及一切玩物,華商業此者獲利頗厚)。""鬼臉佯裝諫那譁(每歲二月間,有節名諫那譁,癡兒女皆戴面具作種種怪狀,遊行街市,舉國若狂,蓋鄉人儺之濫觴耳),姸媸摸索費疑猜(是月城中俱樂部皆開跳舞會,赴會者男女皆戴面具,或以帕蒙首,不使人見。幽期密約,掩耳盜鈴,不知凡幾,洵惡俗也)。車中果漫潘郎擲,多少遊人認易差(接連十日,紅男緑女,遊騎如雲,皆以五色紙條或絲帶花果之屬,逢人拋擲,遇素識者擲之愈狂,佻僮少年以得女郎擲己多者爲榮)。""徑寸朱唇齒雪般,目光炯炯髮拘攣。笑他漆靨塗脂澤,粉本初臨墨牡丹(當隸西班牙國時,黑人最受約束,足不許踏公園,衣服不許麗都。自主以後,黑白平權矣。而黑婦效顰,尤足令人噴飯)。""燈光四壁整容堂,一色玻璃大鏡鑲。翦髮匠都渾解事,多將香粉傅何郎(男子剪髮後,以香粉搽面,爲他國所無)。""沉沉院落撤燈光(島中天氣溽暑,人家夜靜,雖客至不掌燈,畏火氣薰蒸也。西人戲謂婦女藏拙之道云),笑語深宵過隔墻。吸到椰漿冰雪冷,可憐風味似南洋(島中多椰樹,人家多吸椰子漿以解渴)。""雪穀冰綃頓透風,香肌熨貼轉玲瓏。銷魂十字耶蘇架,繡到閨人夾臂鬆(婦人內衣也。奢侈之家製以紗綢,刺花朵名字其上,亦有刺作十字架形者,示崇奉宗教之意)。""一丈紅墻覆落花,美境居住最奢華(城外十餘里,地名美境,多富貴人家住宅)。小姑休道無郎慣,昨與姨夫坐馬車(島俗閨女不許踽踽獨行,每出入,非父母,則必有親眷男女相伴)。""有約來觀滄海日,相將躍入華清池。西風吹岸綠波皺,知是楊妃出浴時(美境一帶,跨海築室爲浴堂。盛夏時,男女結隊,平明而往,海日東昇,則浴罷而歸矣)。""妾住劍茆郎隔河(距城五十里外村落名劍茆,有波羅園,環居多小户人家。隔河爲汽機製酒工廠),荒畦十畝種波羅。郎今愛啖波羅蜜,怪底甜言餌妾多。""漫將夫壻問羅敷,似海侯門鎮日趨。嬌憨那知黄種貴,上街人笑拜山奴(華人業貨郎者,謂之上街拜山奴,猶言鄉人也。先是華人與華人遇,互相稱謂,土人遂沿以爲華人之名稱)。""家家閨閣供慈悲(人家閨閣供一女神像,華人輒稱爲觀音菩薩,殊可笑也),奩鑢沉檀像繡絲。一樣神權笑迷信,豈惟中土有淫祠。""豐年景象自懸殊,誇説煙糖價有餘。座滿幾家涼水館,閒談細嚼淡巴菰(灣城之有涼水館,猶滬上之有茶館也)。"

十八

曹民父以其友淮南劍客集昌谷十三律見寄,與民父集唐諸什,可稱雙絶。而《昌谷集》存詩既尠,近體尤寥寥,益復難能可貴也。亟録之:"津頭送别唱流水,家住錢唐東復東。白袷王郎寄桃葉,龐眉書客感秋蓬。飛窗複道傳籌飲,曉月當簾挂玉弓。我有迷魂招不得,明朝歸去事猿公。""臺前斗玉作蛟龍,曼倩詼諧取自容。雨冷香魂吊書客,蛾鬟醉眼拜諸宗。臨歧擊劒生銅吼,帳底吹笙香霧濃。莫道韶華鎮長在,幽愁秋氣上清峰。""墜紅殘萼暗參差,曲岸回篙舴艋遲。桂葉水漵春漠漠,女垣素月角咿咿。願攜漢戟招書鬼,斫取清光寫楚詞。看見秋眉换新緑,金盤玉露自淋漓。""左魂右魄啼肌瘦,白日長饑小甲蔬。赢女機中斷煙素,衛娘髮薄不勝梳。報人義士深相許,索米王門一事無。誰念幽寒坐嗚呃,空將牋上兩行書。""蘆洲客雁報春來,小白長紅越女腮。擲置黄金解龍馬,先將芍藥獻妝臺。濃娥叠柳香唇醉,籜落長竿削玉開。世上英雄本无主,芒碭雲氣抱天回。""何事還車載病身,茂陵歸臥歎清貧。衰燈絡緯喁寒素,御水鵁鶄暖白蘋。有酒惟澆趙州土,今朝誰是拗花人。可憐日暮嫣香落,屈膝銅鋪鏫阿甄。""草梢竹柵鏫池痕,寒入罘罳殿影昏。半卷紅旗臨易水,獨攜大膽出秦門。窗含遠色通書幌,水灌香泥卻月盆。垂霧妖鬟更相語,嫣紅落粉罷承恩。""勞勞誰是憐君者,骨興牽人馬上鞍。眼大心雄知所以,青錢白璧買無端。落花起作回風舞,隙月斜明刮露寒。共宴紅樓最深處,香鬟霧髻半沈檀。""彭祖巫咸幾回死,顏回廿九鬢毛斑。九州人事皆如此,數子將爲傾蓋間。自履藤鞋收石蜜,高懸銀牓詔青山。崑崙使者无消息,仙姿采香垂珮環。""珠帷夜臥不成眠,斫桂燒金待曉筵。小玉開屏見山色,長繩繫日樂當年。橫楣麤錦生紅緯,斷燼遺香裊翠煙。況是青春日將暮,有時半醉百花前。""塘水瀯瀯蟲嗑嗑,荒畦九月稻叉牙。芳谿密影成花洞,白晝千峰老翠華。試向酒旗謌板地,豈知斸地種田家。主人勸我養心骨,自課越儂能賣瓜。""金魚公子夾衫長,禁苑懸簾隔御光。落蒂枯香數分在,楚腰衛鬢四時芳。一泓海水盃中瀉,十夜銅盤膩燭黄。宮錦千端買沈醉,阿侯擊錦覓周郎。""玉壺銀箭稍難傾,白日蕭條夢不成。洛苑香風飛綽綽,清琹醉眼泫泓泓。御溝泉合如環素,銀浦流雲學水聲。憑仗東風好相送,雄光寶卄獻春卿。"

十九

蜀人吴又陵(虞)以《題吴鐵樵畫秋海棠》三絕見寄,其一云:"蕭瑟江關恨未窮,春風不愛愛秋風。一腔熱血知何用,灑作冰綃數點紅。"其二云:"金粉闌珊夕照殘,風枝雨葉寫清寒。他年若化萇弘碧,定有英雄揾淚看。"其三云:"蓬萊同調久飄颻(原注謂譚壯飛),海外金徽咽暮濤(原注謂梁任公)。碧杜紅蘅寄幽怨,爲君重咏左徒騷。"亡友固以余技善畫,而余未得實存其一繖,讀此絕無任泫然。

二十

騰越李根源(字印泉),以學軍留東在聯隊,志士也。以其同里楊發銳(字貢誠)所輯關於騰越之詩歌若干首見寄,或足供種俗之調查,或足補歷史之殘缺,皆瓌寶也。乃錄入詩話以廣其傳,且志搜討之勤。

王堯衢詠騰越邊地種人詩十首。(1)《玃蠻》:(玃在大金沙江內外,有七十餘種,性剛悍,好居高躁地,以生畜射獵為業。)"玃字彝經蝌蚪精,也知天象斷陰晴。覡瞻若用雞為卜,何似天台禱太清。"(2)《妙玀玀》:(妙玀玀皆土蠻官舍之裔,與黑白諸種玀玀迥異。耳圈環,常服用梭羅布。婦人衣胸背粧花,前不掩脛,後長曳地。衣邊彎曲如旗尾,無襟帶,上作井口,自頭籠罩而下,桶裙細摺。專資射獵為生活,有喪則闔寨釀資為助。)"官娜營長異諸蠻,胸背粧花婦女顏。跣足踏歌真個妙,蘆笙吹罷舞衣還。"(3)《僰彝》:(僰彝在大金沙江內外,有百餘種。性柔弱,好居旱地。火炙肉食,不求其熱。或取蜂槽而食之。習緬字,器用籠磁,以紡織稼穡為業。)"酋長之妻數百多,竹樓茅舍娶嬌娥。鷯鷯不用療彝妬,奈爾中華獅吼多。"(4)《蒲人》:(蒲即古百濮人,誤濮為蒲,騰永西南一帶所在多有。形貌粗黑,男女皆束髮為髻。男以青布裹頭,腰繫繩繩,膝下繫黑藤。婦人腦後戴青綠珠,以花布圍腰為裙,上繫海貝十數圍,繫莎羅布於肩上。皆勤力耐勞,苦事耕作。所種苦蕎綠花黑豆等類。知漢語,通貿易。)"微廬彭濮載周書,百濮為蒲西徵居。貴者看頭繩百結,那堪賤膝黑藤餘。"(5)《緬人》:"貝葉傳經金字光,椰漿樹酒共傳觴。國人稽首皈依佛,花落香臺顧象王。"(6)《羯些子》:(羯些子種出孟養宣慰司地,以象牙為大環,從耳尖穿至頰。以紅花布一丈許裹頭,而垂帶於後。衣半身衫,而袒其右肩。米肉不烹而食,勇健熱鎗刀敢戰,喊聲如犬吠。)"鳥喙何如古越王,可縫尺布不成裝。出關若事當年事,也傍雞鳴學孟嘗。"(7)《野人》:(野人居無屋廬,多有茅棚,好遷移。赤髮黃晴。以樹皮毛布為衣,掩其臍下。首戴骨圈,插野雞毛,纏紅藤。執長矛勾刀獵捕禽獸,食蛇鼠。性兇悍,涉險峻如平地。居茶山里麻之外,有離騰越一二千餘里者,有離騰越二三百里者。統計此種人口,不下二三十萬。)"狼人無甑竹筒炊,採取蛇蟲佳饌奇。木葉蔽身林作屋,授衣刮盡樹頭皮。"(8)《地羊鬼》:(地羊鬼短髮黃晴,性奸狡嗜利,習邪術。出沒不常,居猛密木邦兩土司地一帶。)"慣行妖術勝屍蠻,木石能移人肺肝。任爾通身渾是鬼,可能換我寸心丹。"(9)《遮些》:(遮些綰髮為髻,男女皆貫耳佩環。性喜華彩,衣僅蔽體。戰鬥長於弓矢,倚恃象銃,與緬人同。孟養宣慰司一帶皆其種類。)"佩鬘綰髻性豪奢,也學中州鬭麗華。衣綵食甘騎坐象,種人叢裏五侯家。"(10)《阿昌》:(阿昌,一名峨昌,耐寒畏暑,喜燥惡濕,好居高山。刀耕火種,嗜養犬。婦人以紅藤為腰飾,採野葛為衣。嗜酒。背負不擔。禽獸蟲豸皆生噉之,弗擇污穢。今戶撒臘撒隴川南甸四司地,多此種人,約有十餘萬。)"生平畏濕好居山,火種刀耕不暫閒。無似阿昌隨處好,紅藤腰束葛衣斑。"其餘種人猶有白玀玀、黑玀玀、擺夷、崩竜、猓猓、克獵、戛喇、縹人、莽人、卡瓦、小伯夷等數十種類云。

又《火把節》古風一篇云:(火把節,亦名星回節。漢代元封間葉榆有曼阿娜,爲漢禆將郭世忠所害,並欲得其妻阿南。南約以三事:一設幕祭故夫;一焚故夫衣易新衣;一令國人遍知郭以禮娶。郭皆如其言。於六月二十五日,聚國人張松幕,置火其下。阿南俟火熾,焚夫衣,遂躍入死焉。國人哀之,每歲燃炬弔之。其後唐開元間,有鄧賧詔者,六詔之一也。南詔欲併五詔,因星回節召五詔會飲松明樓。鄧賧詔妻慈善,懼難止夫勿行。不聽。乃以鑄鐵釧約夫臂而別。比至,南詔火其樓。諸詔妻尋夫骸不可識,獨慈善以釧故得其骸以歸。南詔異其慧以幣聘之,善以夫未葬爲辭。既葬,乃嬰城自守。南詔以兵攻之。三月食盡,善餓死。南詔尋悔,旌其城曰德源。今雲南六月二十四、五兩日,比戶斫松爲燎,高丈餘,入夜爭先燃之,用以照田祈年,以炬之明暗,卜歲之豐歉。戚友會聚,割生飲酒,全省皆然。間有知兩烈婦故事者。)"六月廿四日,金鵶隱西崑。維南赤熛怒,是夕臨朱幡。引以絳玉節,融風自翩翩。燎薰羃四野,芬苾騰九閶。下乃爇六幽,牽連導孤魂。阿南抗前旌,慈善扶後軒。玉貌宛無恙,雜佩鏘璵璠。故衣尚堪著,不辨殘燒痕。皓腕約單釧,應自臨別存。城郭已非是,何處尋荒窀。時見烈焰中,閃爍青燐昏。村旴聚歌哭,血臂盛瓦盆。不知漢與唐,遺事信口論。上言阿娜妻,次及封德源。一如蒼松枝,乃以松自燔。一甘絕粒死,至今芳草蘊。生未嚙賊肉,地下含煩冤。我與赤手剝,視此羔與豚。照田歲有例,婦孺咸趨奔。寒食弔介子,競渡招屈原。再拜兩嬋娟,惠我禾黍繁。蘆笙轉悽咽,蕭火彌騰掀。我亦坐達旦,醉來舞蹲蹲。作詩紀舊俗,未肯同陸渾。曰覘民力勤,曰勵民風敦。"

明陳珹《正統七年從征麓川入騰衝》一律云:"路入騰陽望眼賒,壯懷激烈不須嗟。時聞鬼嘯兼聞鳥,鮮見民居頻見花。廢寺荒涼啣落日,空城寂寞鎖殘霞。天戈奮迅邊塵靜,六合車書總一家。"

明盧瑄《從征麓川宿騰越龍江驛》一律云:"駐馬龍江日已闌,江皋風靜渡舟閒。參差雲樹山重疊,零落村居室幾間。戍皷遞敲來木枕,野霜飛冷透邊關。明朝擬上平蠻策,萬里清塵按轡還。"又《夜聞麓川賊思氏就擒》一律云:"譙鼓初敲月上時,三傳邊報決群疑。生俘獻捷歸明主,遠地觀光習漢儀。霹靂軍聲威海徼,星馳露布達京畿。師旋樂奏平蠻曲,制作中慚雅頌詩。"

王景昭詠尚書營云:(尚書營在騰越廳城南五里來鳳山後,明兵部尚書王驥征麓川時屯師處。)"我聞尚書營,不識尚書面。殺聲雷震來,虎豹皆股戰。營高壓麓川,營長亘緬甸。麓川如振槁,緬甸如掣電。七縱儼天威,南中永不變。更拂平蠻碑,依稀如公見。"

明陸芸《騰越龍洞河》一律云:"古樹青松最上頭,荒原白骨動邊愁。石根僧定雲常護,谷口龍眠水不流。日落草黃平淡淡,風長溪碧去悠悠。天涯杯酒成何意,塞上音書謾未休。"

明史旌賢《悲蠻暮》一律云:(蠻暮屬騰越州六慰三宣之一,在大金沙江內。田土饒沃,風俗與隴川猛密同。東有等練山,環以那暮江,直走金沙江,當滇緬水陸要衝。萬曆間屢為緬甸莽氏所陷。)"萬里雄藩計轉非,瘡痍滿眼淚沾衣。千秋天地龍堪臥,百戰河山鴻未歸。白骨陣雲橫眸睨,青燐瘴雨失霏微。似聞蠻暮歸侵地,幾得休戈更被圍。"

明張文耀《遊寶峰寺》一律云:"絳節群仙彩閣雄,孤峰一眺大荒空。西天日月消兵氣,南紀山川漸帝風。細路白沙瑤草合,危崖蒼蘚石壇通。淮人鴻寶何人握,咫尺雲璈下八公。"

黔國公沐璘《軍至緬甸望西海》一絕云:"蛇首樓船十丈長,船頭鐃鼓樂笙簧。篙師百櫓齊搖出,阿瓦城邊水似湯。"

漆文昌《復過沙木隴》一絕云:"斷崖巉石水流溪,曾與將軍指路迷。今日重躋思剗削,陰風暗雨暮雲低。"

明童蒙正《賀滇撫周嘉謨中丞平定隴川》一絕云:"蠻煙起處咽悲笳,十月南天雪不花。漢相遙揮白羽扇,乘風一夜渡金沙。"

劉綎字省吾,少豪縱,軀貌雄偉,眉宇若神。能用鑌鐵刀,重百二十觔,馬上輪轉如飛,時稱劉大刀。裝束臨陣,神彩忽變,如俗所畫關壯繆像。自結髮從戎,所著戰功甚多。而其平隴川木邦蠻暮孟密諸夷,直抵緬都阿瓦,受緬王莽瑞體之降,尤為第一偉勳。綎平定緬甸後凱旋,大會文武於永昌,晏集賦詩。以屬綎,意謂其不能也。綎吮筆輒而書云:"祖習干戈未習詞,諸公席上命留題。瓊林宴會君先到,關塞烽煙我獨知。剪髮接疆牽戰馬,折衣抽線補征旗。貔貅百萬臨城下,誰問先生一首詩。"一座皆驚。後綎由騰越調遼東,與滿洲戰,陣亡。世傳其死時,猶著形天干戚之異云。

明鄧子龍,萬曆間緬甸犯邊,子龍爲參將。詔移赴永昌,爲金騰參將。耿馬罕虔與兵鳳通,犯姚關灣甸,景宗真等助之。子龍大破賊於攀枝樹下,斬宗真虔。會劉綎亦俘兵鳳父子以獻,進子龍副總兵官。緬復入寇,孟密(孟密爲騰越六慰三宣之一)把總高國春大破之。以犄角功,子龍優敘,旋爲總兵官。值猛硐土司思仁烝其嫂甘線姑,欲妻之,勿克偕,其黨丙測叛入緬,爲邊患,蠻暮土司奔等練。子龍擊敗之,復猛硐蠻暮兩土司數千里地。子龍老將,愛與文人交歡。其在騰越築萬華館居之,自稱武橋主人。嘗於九日登萬仞關題云:"邊關不見白衣來,萬仞崗頭獨舉杯。西望浮雲遮落日,南來屓氣出樓台。自憐短髮酹殘骨,誰説長纓負將才。何處西風催鐵馬,敗髏衰草不勝哀。"又《別清平洞》云:"開爾清平記六年,許多盤錯破中堅。梅根挂壁全無土,石乳爲門別有天。釋子好看池上樹,莽生休據洞前田。我去莫教碁石爛,有山亭上月長圓。"《題下關萬人塚》云:"天寶南征已捷聞,誰憐枯骨臥黄昏。惟有蒼山公道雪,年年披白吊忠魂。"又《病中聞西騰兵挫》云:"病眼慵看老莫邪,西南轉運不勝嗟。誰憐十萬長平恨,只爲當年説趙奢。"蓋悲指揮吴繼勳等之敗也。時衛所不足用,故以趙括議之。當劉綎平緬露布之傳也,師凱旋而莽應裏復叛。子龍有憂之,登鎮南樓題云:"丈夫生世間,豈爲兒女謀。綱常七尺軀,何不覓封侯。仗劍眼空天下事,浩然之氣凌青霄。百戰身被數十瘡,手開雙石三奪矟。義胆忠肝格鬼神,叱咤咆哮走雷電。醉來解帶大樹眠,詩成落筆楊雄辯。君不見滇南財竭苦用兵,遐天耳目遥金殿。永平夫少婦運多,騰越米貴彝金賤。潞江初瘴鳥不飛,猛林舊壘烏欲啼。曉傳露布晚報警,平民疲困何時醒。願將一陣百蠻空,笑譚顛倒乾坤整。"大抵傷邊臣之怯懦,朝廷不知,所謂"遐天耳目遥金殿"也。其征緬時,緬驅象進。子龍足起蹋一象,即死。緬大驚,奔潰。世傳鄧將軍一脚踢死象,蓋知象膽之所在,傷即斃也。

明馬繼龍《蘭滄江懷古》一律云:"孤城鐵鎖跨長虹,鳥道從天一綫通。樹響龍來陵谷雨,山空猿嘯石樓風。百蠻南詔襟喉地,萬木荒祠鼓角中。象馬何年歸貢賦,土人猶説武侯功。"《慰留鄧子龍將軍》一律云:"萬里驅兵入不毛,橫谿毒水瘴煙高。風霆一鼓空蠻壘,雷雨千山洗賊巢。衆口任教讒薏苡,南人直解頌功勞。邊庭見説還多事,誰許先生解戰袍。"

明張含《謁方忠毅都督祠》一律云:"都督祠堂秋可憐,蕭蕭落木石城邊。山河空抱孤臣恨,勳業從教太史編。銕馬有時嘶漢月,偏師何處哭蠻煙。忠魂千載風雲護,況及金貂奕世傳。"又《蘭津渡》二首云:(1)"山形宛抱哀牢國,千崖萬壑生松風。石路真從漢諸葛,銕柱或傳唐鄂公。橋通赤霄俯碧馬,江含紫煙浮白龍。魚梁鵲架得未有,絶頂咫尺樊桐宫。"(2)"黑水之西哀牢東,岧嶢山色開鴻蒙。魚龍戰鬭日月暗,鸛鶴喧呼煙霧濃。水閣倚石架朱鳳,銕索橫空飛彩虹。江流迸激待禹鑿,百蠻琛贄梯航通。"

明郭春雷《哀牢故縣》一首云:"駬馬南嘶欲盡天,哀牢城外吐番連。空江暮雨沈虹影,古洞春流雜蜃涎。高下人家多傍箐,尋常客路半侵煙。相逢莫笑無拘束,續草耕山亦自便。"

明曹遇《諸葛營》一絕云:"孟獲生擒雍闓平,永昌南下一屯營。僰人也解前朝事,立向斜陽說孔明。"《永昌詞》一首云:"漢武窮邊開永昌,哀牢部落散丁當。流人不學蠻花語,城郭風煙半建康。"永昌故哀牢國也,明初流配獨多吳人,故語言風俗,宛似南都云。又《寶井詞》一絕云:"緬中花落滿蠻山,千兩鴉青馬上還。寒食雨飛防瘴癘,漢人不敢出姚關。"(寶井在姚關數千里外,猛密土司界内。鴉青寶石重一兩三錢,約值黃金三十貫云。)又《白石寺》一絕云:"點蒼山勢如遊龍,踏破煙霞第幾重。十九峰連青欲滴,深藏一朵玉芙蓉。"

吳執齋先生(先生名璋,騰越人。嘉靖時,過浙閩學於王陽明先生之門,居三年,所養益邃。歸,倡明理學於邊城荒服之中,教人以致知力行爲主旨,學者稱執齋先生。)《高黎貢山》一首云:"高黎貢山花正紅,千岫萬岫煙雲中。險道岧嶢鎖眉黛,絶巘突兀摩穹窿。鶯聲鵲聲滿丹嶠,遠色近色皆蒼松。記取此景付彤管,豪吟野眺生春風。"《毘盧閣》一首云:"好山齊立玉欄東,老眼閑憑興不窮。地僻暑收晴雨後,人幽涼墮晚來風。古城鶴去青松獨,方丈雲歸翠嶂空。幾度吟成下樓去,滿身花露月明中。"《來鳳寺》一首云:"雲散煙消萬境開,一天清氣擁樓臺。小橋送客携壺過,幽境尋僧煮茗回。流水似龍隨化去,遠山呈鳳欲歸來。夕陽莎草遊人醉,幾點寒鴉落古苔。"

明李定國其先本滇人，初從爲賊。張獻忠死，與其黨孫可望、劉文秀、艾奇能、白文選、馮雙禮等由蜀奔滇。既擒沙定洲，與孫可望迎永明王於粵，封定國爲國公。後永明爲可望所制，駐安籠，急密封定國爲晉王，使來迎。時定國在廣西屢敗，以得王密敕，赴安籠奉王西行。至滇，與劉文秀共輔之。孫可望既投誠於長沙，大清軍營，進貴州伐滇。定國屢大敗，奉王走楚雄永昌。時戊戌十二月十五日也。又走騰越，先令王宮眷出三宣六慰地，入緬甸。定國督兵三萬餘人扼磨盤山（在騰越分水嶺古關之北），與趙布太、吳三貴力戰十餘晝夜，敗績，兵士死傷殆盡。定國曰：吾焉從？從帝而追及之，俱死無益也。乃入孟艮，屢舉不克。及愛興阿、吳三貴大兵次緬，緬自顧國弱不敢與抗，殺永明宗室吉王、松滋王、瑞王及黔國公沐天波、敘國公馬維興等六百餘人，從臣宮眷等殉難者一千餘人，遂獻永明帝。吳三貴縊之。定國在景線踊躍號哭，自擲於地百十次，不食者三日，兩眼惟流血珠，至七日而死。後有騰越人劉彬弔之云：「凜凜孤忠志獨堅，手持一木欲撐天。磨盤戰地人猶識，燐火常同月色鮮。」定國墓，在景線地方，至今寸草不生。諸種夷人過者，必稽顙拜跪，大呼李將軍三聲而後去。故至各邊地一帶，有舉定國事實問者，即婦孺亦能道之。

又劉彬《讀殘明遺事漫紀》十二首之五云：(1)「倉促乘輿異域巡，每從草莽認君臣。中原尚少藏身地，緬甸誰爲報國人。」(2)「航海勤王事事空，將軍血淚灑西風。彝歌緬酒朝朝樂，何用飛章達帝聰。」(3)「悮國欺君死尚遲，釜魚几肉竟無知。不思出險扶危計，國璽能充幾日飢。」(4)「休從緬甸憶中華，舍死全身事可嗟。當日香魂猶在否，至今誰弔漢嬌娃。」(5)「萬里投身虎口中，身亡國破兩成空。可憐忠義同時盡，血濺番城歲歲紅。」餘七首不傳，蓋必有觸新朝之事，惜哉！

陳佐才《哭黔國公沐天波》七絕一首云：（天波從桂王奔緬，愛興阿追至緬，緬酋殺之以獻清軍。）「戰馬嘶歸還漢地，將軍枯骨在蠻城。招魂惟有沙洲水，日夜鳴鳴作哭聲。」

昆明王思訓《夾江二士歌》云：（夾江舉人王運開與弟運閎以文章氣節相砥礪。明崇禎末，運開挈弟來官永昌推官。值鼎革，無兵不能任戰守，人情洶懼，咸以降請。運開誓不屈，握符命，自縊死。運閎曰：吾素師吾兄，兄既爲國死節，已成仁矣，吾忍負兄地下乎？亦投滄江而死。人哀而葬之，題曰夾江兄弟之墓。）"錦江水，何潾潾，走萬里，入蘭津。蘭津扞羅些，突遭鬼彈過。毒焰能焚山，觸石無不破。誰能攖其鋒，虛聲犯坎坷。王生兄弟魚㒸來，徒手扶天恐其墮。兄握金騰符，雄懷視虜如嬰奴。家無羆虎噬銅馬，裂冠怒髮空拳呼。晉虜投繯畢臣志，身騎箕尾遊天衢。厥弟書生可勿死，不忘夷也西山孤。杜衡薛芷埋蜀客，梁鴻長伴要離側。歸然雙冢峙江潯，月明時聽塤箎音。夾江高寒杳歸計，夜夜猿啼招望帝。"又《三忠墓》云：(在保山城東北官坡，明鼎革時死國者）"天柱西傾日欲黑，破碎金城不留尺。亂離荒遁勢莫支，寸鐵何人持拒賊。金齒慘寂殺氣橫，虎豺入城肆威逼。大夫抱篆哭向天，眥裂髮指憾無力。血戰不可守不能，惟有一死報君父。雙忠遥結潞江魂，孝廉凜凜偕殉國。當日承恩盛儒服，奮臂幾人誓馬革。守土義當不顧身，誰肯輕身埋異域。三仁慷慨成一心，身落南荒心向北。至今合墓起悲風，三百年間增壯色。"

二十一

曹民父以近作五律見寄，並醇厚娟妙。其一為《假休期中內渡返里喜晤伯時出示近作讀而好之即和其〈重客江甯〉韵》："逢君言笑情猶昔，開卷詩篇墨未乾。雙袖携來春海月，十觴醉遣夜堂寒。蛙緣藻井縈蠻吹，鳥敵風沙損健翰。物外閒吟祇隨分，黃鐘高調且休彈。"其二為《日京客中閱天津報紙見載有同人所作諸什根觸舊遊遂成一律即寄諸子》："小別經年罷唱酬，流傳佳句到瀛洲。清樽讀曲淮陰月，細雨橫舟白下秋。欲挽去塵還迅電，空餘孤海感浮漚。何時重把故園酒，同醉湖頭續舊遊。"其三為《日京旅居秋興》："午夢空齋睡起初，開簾斜日曬殘書。客來酒渴茶逾好，鳥散煙銷樹更疏。懶覓真遊人事外，蹔排飽食野行餘。親朋尺素今如束，窮海差堪一慰餘。"其四為《休日獨登芝區丸山》："久思散髮白雲間，纔得拋書一日閒。扶步短筇能伴我，入山秋色便開顏。丹楓的的和霞鬪，素瀑濺濺引澗環。稍喜此時足狂放，翛然盡興不知還。"其五為《旅夜苦雨感作》："山館宵多雨，村醪醉尚寒。殘燈心上影，斷雁夢邊翰。索寞虛芳序，支離念舊歡。書城枯坐里，和墨涕痕乾。"

二十二

民父又以其友淮南劍客詩見寄,詩品亦頡頏民父。其一爲《重客江甯感作》:"誰知重客江城日,躓屐無聊雨不乾。春枕夢回花獨笑,風窗燈燼曉逾寒。奇鵒九首驚嬰孺,大鳥三年短羽翰。霄漢雖遥蓬顆在,鞠縿珍秘莫輕彈。"其二爲《贈某君》:"三年消息杳人海,一笑蒼涼傾酒卮。畫地指天仍故態,建牙吹角總無期。江城寥闃憐君在,春鬢飄蕭愧劍知。可惜黄衫成浪著,不曾勳伐但新詩。(其人頗亦好爲詩。)"

二十三

客有自黔來者,述其鄉有幻雲女士,好學善屬文,尤嗜新籍。適某氏,生子至慧,不幸夭折,哭之慟。適值所天自汴京歸,乃成二律云:"忽地盲塵牽馬跡,如天魔力葬蘭蓀。飲將多惱河邊恨,沁入天涯夢裏魂。惡感情隨秋氣死,好頭面作雪泥痕。西河一掬傷心淚,遮莫夜臺何處村。""懷人無計卜金錢,噩夢驚心破晝眠。疏雨梧桐腸寸斷,秋風蘭蕙泪和煎。教兒至此甯予罪,忍死逢君又月圓。已分孝慈無所補,可堪刹那丈愁田。"其詩哀惋動人,直是宋體中絶妙之什,豈圖得諸閨秀。

二十四

有以其友曹東敷《徂東雜感》十二首見寄者,風格遒絶,吾至愛之:"自我徂東國,月盈已再虧。撚眉思故土,摧結薄蠻畿。學道千秋在,尋師萬里歧。稻梁雖已熟,付與鼠牙肥。""天地方酣戰,浮生信轗軻。薜蘿山鬼哭,芄蔓野狐多。共蠟遊山屐,誰揮指日戈。江心羅刹石,止水自揚波。""黑水度陰山,涓流接兩關。全球推上國,三島峙狂瀾。顧我頻彈泪,依人強斂顔。驊騮奔未已,豈羨蹇驢閒。""麟也空餘泪,鳳兮莫與聞。世方起大道,天欲喪斯文。難托春秋例,甯同鳥獸群。蒼生奈何許,回首仰南雲。""披髮胡爲者,甯知斷尾犧。不文身用隱,枉道世無違。地着狂且易,天鑄大任稀。恥將憂國淚,灑上左衽衣。""世態趨儇薄,躋踏我用憂。難禁桀犬吠,乃與舜豕遊。鑽李傷中核,牽羊飲上流。中東同一致,相對好相尤。""永夜歌行露,當年鄭衛同。尋芳期陌上,采麥出桑中。南望傷喬木,東來指蠨蜋。是非何足定,文野若爲通。""西顧方多事,偷閒夢不酣。鎖江來一筏,望海失千帆。三咽實蟠李,雙携聽鸝柑。蘭成哀思盡,何以慰江南。""季世干戈擾,吾生憂患餘。川流悲逝者,歲暮羨歸與。非我安知我,多予渺愁予。但看涇以渭,終自涅泥淤。""聞有魚糜釁,愈深蠶食愁。綠林逃菜色,赤縣隙韋韝。箕子爲人役,富辰即我謀。飄蕭雙錦帶,珍重繫吳鉤。""名士千言策,先生七里灘。不謀覊鶴俸,那對沐猴冠。混跡何無奈,高歌別有端。夜來理秦鏡,非復舊時顏。""世亂文素賤,何當憂患成。謌因狂當泣,酒以醉爲醒。危燕安巢幕,驚鴻苦戀衡。可憐枯樹盡,小艸寄餘情。"

二十五

南海先生以近作《覩荷蘭京博物院製船型長歌》見寄,感念海權之消長,思所以喚起吾國民之海事思想者,意至厚也。錄之:"蒼茫浩蕩大瀛海,全球土地供吐吞。吞爲天地周四極,據地太半無有垠。吐爲五洲各洲渚,齊煙九點眇川原。一洲割據無數國,有若池中石山蟻垤繁。有能通海任所往,五洲陸島皆聽我盤桓。種類傳散布大地,一聽海王割據權。是在大艦能製造,破浪萬里忘瀾汗。中國海疆七千里,太平洋岸臨紫瀾。大地全勢惟我有,樓艦可以答百蠻。大陸豐飫自飽足,不思開闢徒閉關。惜哉海禁二千年,珠崖猶捐況大秦。腐儒不通時勢變,泥古守經成弱孱。坐令大地主人位,甘讓碧眼紅髯高步於其間。迄今樓艦二萬噸,甲板二尺鐵爲藩。橫絕大海孔龍戰,嚇取土地談笑間。乃逢諸雄競爭日,龐然大國無海軍。如鳥無翼魚無翅,人無手足僅有身。身愈肥盾割愈易,其形類瓜最宜分。嗟爾謀國肉食者,狂泉醉酒何濃熏。昔自科輪布尋地,班葡輒收大陸新。荷蘭先覺逐其後,聚精製艦成殊勳。明末創自地勞打,船制鈍拙無可云。然已徧收南洋島,朝貢諸國亡紛紜。彼得雄心變服學,胡俄遂霸波海濱。英人旁窺得心法,專意製艦肆斧斤。即取印度澳洲加拿大,徧奪南陽諸海門。艦隊第一爲海霸,能擒陸霸拿破輪。故知海力最無上,於今新世尤居尊。縱覽荷蘭船嶋型,感歎彼得木屋勤。藐爾荷蘭强若此,况於中華萬里雲。嗟哉誰爲海王圖,鐵艦乃是中國魂。何當忽見鐵艦五百艘,龍旆翩蕩四海春。嗚呼安得眼前突兀五百艦,橫絕天池殖我民!"

二十六

先生復寄一長歌,題曰《太平洋東岸南北米洲皆吾種舊地》,非徒爲考古界之一新發明,抑所以誘導國民之自覺心者,其影響不尠也。詩如下:"吾遊加拿大,古蹟忽有李陵臺。好事徐維經,購得埋地古錢之一枚。傳聞古錢埋一甕,名字皆自中國來。我曾摩抄墨榻之,視爲異寶藏於懷。米北亞拉士加人,面貌酷似中原胎。新蕾我遇水利長,口稱新墨西哥稻田開。其地溝洫似中土,定是華人移殖回。墨西文明尤古出,遺殿百級高崔嵬。百器制作頗類我,舊民相見情親哉。吾人呼叔似南越,特留酒食意徘徊。秘魯文化亦相似,今雖代遠存刦灰。麥秘中間稱盛世,惜遭蠻亂毀嵩來。我將南遊親考驗,益見吾種滂遠無不賅。想見颶風吹渡海,二萬里遠難重回。或者三苗舊蠻族,或者渤海扶餘栽。或者文身斷髮出吳越,少被文化無通栽。各以國風與野俗,行之新陸傳雲來。文者開文明,野者山澤化日頽。總之太平洋岸東米洲五萬里,落機安底斯以西之草苔,皆吾華遺種之土地,證據確鑿無疑猜。科輪布尋遠在後,先者爲主後者隨。彼挾國力推智者,歐土又近來相偕。遂令光光新大陸,客作主人先安排。赫赫歐洲皷與旂,樹徧南北米洲煦電雷。從來得失多反覆,天道人事古今可相推。我華人類數萬萬,橫絕地球吾爲魁。他日中興樓船破海浪,水濱應問吾故壤。北亞拉士駕南智利,故主重來龍旂颸。"

二十七

何巂高部郎藻翔,吾鄉骨鯁士也。客秋持節入藏,於對藏政策,大有所經畫。近頃以《西行雜詩》見寄,非徒詞采斐然,抑亦輶軒實錄也。亟錄以餉關心邊事者。《芝鴨加船上見粵傭自鬻赴荷蘭充苦力者感賦》:"瓦盆銅鉢朝分水,醃菜乾魚午吃餐。莫纂《黑奴籲天錄》,猪圈還有甲不(叶平)丹(船上人言:某京卿某觀察均以猪奴至甲不丹)。使節初聞赴荷蘭(去年初派陸徵祥充荷使),百年喜見漢衣冠。輪邊十萬咄嗟辦,海外於今覓食難。"《七月十三夜過婆羅洲海峽贈船主》:"月黑天陰渡海腰,婆羅洲外五更潮。白頭浪蹴舵樓過,風雨籌燈立鐵橋。"《檳榔嶼江干晚步》:"五月星洲舶艫歸,開春天氣雨霏霏(庇能以華曆六月爲開春)。胡椒椰葉江干路,芒果熟黃魚正肥(芒果魚以六月芒果熟時登市最肥美)。""合是前身張黑女,茜裙窣地影驚鴻。珠題金紐衝涼屐(土婦晚浴穿衝涼履,飾以金珠),口喫檳榔去食風(江干納涼諺稱食風)。"《過方伯第門首(閩粵鉅商甲第雲連,榜門金字大書方伯第、觀察第,門外印兵持槍鵠立,家家有山園十餘畝,果樹蔭翳)》:"此間樂已不思蜀,海外還堪種子孫。金字牓門方伯第,紅毛丹熟滿山園(紅毛丹似荔枝而多刺)。"《留連子(留連子味甜俗而臭惡,初食之,下咽輒嘔。久客南洋者有嗜痂之癖,諺言喫之令人留連忘歸。)》:"自別唐山(華僑稱中國曰唐山)兩鬢霜,衣冠未改土音忘(華僑娶印婦育子女,仍華裝,而多不解漢語)。勸君莫喫留連子,富貴他年歸故鄉(極樂寺閩粵商鳩貲建,爲遊讌之所,土木三十萬,樓觀幽邃。康南海題楣額勿忘祖國四字,所感深矣)。"《聞星坡海客談保護華僑回國事有感》:"少年無賴走南洋,海禁森嚴詔捕亡。白髮重談嘉道事,田廬無地感滄桑。"《恒河口夜泊候帶水船未至》:"橫海東風吹浪顛,桅燈明滅亂流船。脚緣鐵鎖猱緣上,人命黑奴不值錢。"《印度河口》:"河流九曲瀠天塹,七十二沽形勢同(印度河口旋曲七百里,形勢似直沽)。無量恒河無量劫,夕陽遺甃故王宮(海口有廢宮,英人拘囚印度土王於此。嘗與藏官噶布倫遊此,述遺事泫然)。"《自大吉嶺入哲孟雄境》:"漠北峰巒萬馬奔(由岡底斯山山脈蜿蜒而來),西金(英於十六年佔領哲孟雄,立碉堡羣印度後路屏障以防俄)。鎖鑰控烏孫。漫山嵐湧雲成海(四山雲氣溟濛,中窪如海,西人謂之雲海),驚瀑雷鳴石有門(瀑數道,出西金山澗,湍激雷吼。英人因石勢修閘,以淳瀦之,上設木皮橋)。泰華一丸伸右臂(中原五嶽發脈於此),江河兩派入中原。恒沙無量胡僧劫,興廢何因問世尊(西金即阿育王降生地,現奪顚佛教尚衆。去年英太子至印度,議收回奪顚佛地事,請西藏班禪爲印屬黃教之主,其謀詭矣)。"《石塘遇雨(離噶倫綳約六十里)》:"轉馬出松頂,鬖髻裹煙雨。不見雲裏人,但聞雲外語。"《竹笆道中(布丹西南鄙毗連春丕,地氣和煖,禾麥暢茂,英人以爲佔領春丕後,可以賤價向布丹購地,聯成一片大陸者此也)》:"叠巘參天入布丹(自大吉嶺起程,計十站,日日盤山,直出天表,入春丕後始見山坳一片平壤),竹笆頭目獻蔬盤(牛羊肉賤,唯蔬果至難得。近英人百計籠絡布丹四頭目。今竹笆頭目聞使節至,特獻蔬果,至可感也)。嵌巖三五板皮屋(土人穴山,以木皮爲屋),木客山都趁地攤(無闤闠,蠻婦藉草擺布攤子)。"《多打塘即目》:"野鴿巢雲多似蟻(野鴿巢山洞千萬,群飛蔽日),蹇驢喘月瘦於柴(由亞東關至此,人馬皆喘。嘗一日六點鐘,登高六千尺)。兒茶黃臉巴塘女(藏女以兒茶塗臉,腰鼓搖鈴踏歌,步步自成音節,巴渝舞之遺也),腰鼓搖鈴踏繡鞋。"《唐納山口望諸莫拉利雪山諸峰(唐納山高一萬六千尺,諸莫拉利雪山最高峰二萬三千尺,爲地球上第二高山)》:"喜馬峰頭作重九,四千年來得未有(使節由印度入藏者此爲第一人,登地球上第二高峰,足自豪矣)。壯遊應在元奘前,山賊不居靈運後。咳唾落地成江河,蜿蜒五嶽皆培塿。地平線已沒西極,天樞夜不見北斗(入藏後不見北斗)。凌晨雲氣排海出,白晝怪風吹石走(午後輒有怪風從北徼諸山土囊口而來,人馬或吹至數十里外)。百道飛泉出樹杪,白沙銀礫聲細吼。石閘漩洑螺旋深,古澗斷冰鐵寸厚。壞碉榛棘竄狐兔,陰巖燐骨餒鷹狗(英軍破藏,碉堡殘毀,人馬骨狼籍[藉]。又藏俗以屍餵鷹狗,名天葬)。中亞屋瓴天下脊,北徼屏障土囊口。白頭胡賈出波斯,歐亞孔道通樞紐(英圖併後藏阿里,越帕米爾阿富汗以通波斯灣,與俄西伯利亞鐵路爭衡,非徒窺川滇也)。天竺迤北葱嶺東,宗教佛回居八九。神奈山頭十字軍,蒼頭突起破械杻。吁嗟乎!二十世紀秘密國(南斐北美覓地殆盡,尚留此大陸,咄咄怪事),中原鼾睡無人守。泰西多少地學探險家,足跡未到管窺牖(自十六世紀,歐人探藏者十一家,能至者四五人而已)。我來一萬六千尺,雪山森峙驚奇陡(藏中雪山觸目皆是,以諸莫拉利爲最)。巖腹雷火燒虯松,石罅人臂攫僵柳。斜緣險仄不容脚,下瞰巉巖敢迴首。磨驢旋轉蛇盤上,東歪西倒誰援手。十步九喘竹筒吹,倚樹小立憩復久。下坡險似上坡難,石破馬腹人折肘。(馱行李馬墜澗,石破腹,立斃。沿途驢馬骨狼藉。)山湖周迴六百里(循客木湖周迴二十四站),野鳧黃白成淵藪(湖中野鴨,黃白千萬,藏人以爲喇嘛所化,相戒不敢食)。破驛香火狐鬼廟(野廟及巖腹多畫魑魅百怪之像),壘石膜拜土木偶(驢卒沿山壘石成塚塔數十座,懸紙幡,膜拜其下)。黃昏言投喇嘛寺,人面皴裂髮蓬垢(下馬錯愕,幾不相識,面目似印度人矣)。毾㲪方褥繡佛龕(寺僧以古錦裏四壁,上設繡龕,毾㲪方褥,爲余臥室),且喫酥茶食蠻酒(以牛奶油入竹筒,和爐茶攪數千杵,成紅黃色。藏俗嗜酪酒,以青稞釀成,濃漿如雪毯)。"《客木湖令寺僧種柳萬株》:"他年十萬何郎柳,兩岸陰環客木湖。補入三招圖畫裏,溪山得似白隄無。"《帕克里》:"翅如車輪眼如火,霜鵰人立驀驚馬。廢碉茗磧無人煙,三日盤旋雪山下。"《登色拉寺西望(在拉薩北,寺僧三千餘人,與別蚌寺、甘丹寺名三大寺,參議政之權焉)》:"三千五寺塔黃紅,六十八城煙雨中。欲訪康乾舊碑碣,老僧遺事說雙忠。(雙忠祠在寵斯岡。乾隆時，朱爾墨特之亂，傳拉二公殉難，唐古特立廟祀之。)"《札什城(國初，藏臣衙署在焉，今廢)》："藥王山(在拉薩東)下賣春餳，鉞斧跳歸札什城(元旦後二日，童男女戴假面蟒衣，扮諸魔戲，名跳鉞斧)。屋脊竿幡燈似海(上元夕及唐公主得道日，家家屋脊懸燈千萬)，夜深唯有木魚聲。"《以綠松石屏供養大詔寺泫然有感(寺祀唐文成公主像)》："喜馬峰頭夜隕星，鏗然成石松綠屏。眉黛點點中瓏玲，千年巖璞雲閟扃。山靈呵護烟冥冥，匠石驚眴按圖形。猫兒眼(石名)碧鴨頭青，雲母屏點翡翠翎。綠螘新熟泛湘醽，青銅松根劚茯苓。古苔鏽蝕金帶釘，桐魚細扣聲玲玎。閃山雲(石名)火失晶熒，銅綠斑駁新磨硎。石骨堅縝難鎸銘，東坡玉帶懷前型。山門鎮壓假惺惺，神教忽感雍和瓶。文成遺履(藏人幞頭仿公主履造)閱千齡，妝樓(寺後有公主妝樓唪經處)香火供姈娉。昭陵石馬荒郊坰，唐家天子愛黃庭，唐家公主愛佛經。吁嗟乎！漢番兩戒判渭涇，至今中原柱下毒霧晝晦暝(時論以中國至今受老子之毒)。金銀法輪天西寧，净土一片仗佛靈。夜叉羅剎驚奔霆，韉刀帕首吹膻腥。龍頭(山名，印藏第一重門戶)天險開五丁，西金鷹旗屋建瓴。恒河牛皮風揚舲(藏俗支牛皮為船，四柱支竹)，活佛北走散漚萍。我來憑弔涕欲零，沈沈大詔雙柳廳(寺前有公主手植柳兩株)。丹珠梵唄戎服聽，白晝靈飈吹塔鈴。"《乾隆初，唐古特戶口百八十萬，今僅存百萬，其喇嘛之眾歟！昔日本僧空海離鸞改定僧律，不禁蓄髮(藏人髮終身不梳洗，蓬垢可憎，不如剃去)。娶妻食肉，一時社會推為廣大教主，遂成富庶之業。嘗標此義以勸達賴，噶勒丹池巴期期以為不可。攷印度史，釋迦十六歲娶首布羅駄那國王女耶素陀羅為妻，妃妾駢侍，亦足為佛教不禁嫁娶之證。因拈此示之，以俟後之達者。(初到藏，發善後問題二十四條，交商上三大寺會議，末一條即此義。不意駐藏大臣聯豫於除夕差急足至巴塘密電奏參：勒令喇嘛盡數還俗，改易洋裝，恐操切激變云云。不知是何居心，意蓋別有在也。初七日，奉廷寄詰問，兩宮亦知其誣矣。附誌於此)》："周妻何肉不妨禪，微笑拈花袒右肩。但祝家家歡喜佛，癡男怨女總生天。""夜闌燭焰問陀羅，嚼蠟橫陳悟道多。不似野狐魔障墜，私將戒體壞阿難。""生子當為舍利弗，生女當作比邱尼。不有眾生安有佛，我聞法喜以為妻。""赤足參禪白布妃(白布國王女贊普之妃也，與文成公主同參净業，至今附祀大詔)，是空是色見天機。春風吹綠柳林子(番官世家於拉薩，各闢荒園數十畝，遍植柳，名柳林子，為銷夏地)，蛺蝶雙雙自在飛。"《攢招(自正月初七日至二十五日，藏俗於大詔寺佈施朝佛，名攢招)》："不生西土亦生天，贏得摩頭抱脚緣(蒙古王公朝佛，布施動數十萬，獻金珠寶石無算，冀一抱釋迦彌勒佛脚，或達賴以手摩其頭,畢生心願於此已足。他人布施者,亦往乞一錢焉,以爲佛祐也)。青海黃公家十萬,攢招來乞半文錢。"《大喇嘛》:"葱手搓香捻糌粑(糌粑,青稞研粉,如粤俗之炒米粉,藏人以手捻糌粑和酥茶作飯),銀壺滴乳獻酥茶。(富貴家以銀壺玉碗飲酥茶。)喃喃宣佛金輪轉(無男女老幼,手持金銀輪傘,日夜萬千轉,轉一輪作爲誦經一週,蓋佛家爲不識字者開方便法門也),生子他年大喇嘛。"

二十八

劉裴村先生詩多古體,其近體吾乃未一見。曹民父以所得二章相示,乃實之杜集,殆亂楮葉。哲人餘事,靡不能也。謹錄之:"自笑狂吟如醉僧,一舟萬里寄行縢。忠州酒香賽白傅,夔府日斜悲杜陵。魄力掣鯨碧海水,夢魂飲馬黃河冰。山川南北有奇氣,史遷疏宕吾豈能。(右一舟)""盡喚蠻山壓客舟,甲墟飛去入空逎。雙崖雲洗肌如鐵,一石江穿骨在喉。風靜魚龍排日睡,水還巴蜀接天流。漲時倒海枯時澗,安穩哦詩答櫂謳。(右瞿塘)"

二十九

吳君又陵(虞)復以所作《贈周蒼度》一章惠寄,純然初唐之音,不僅頡頏梅村而已。詩云:"微塵世界真浮漚,我居其間逍遥遊。胸中浩蕩九萬里,眼底慘淡三千秋。高立須彌知和寡,古艷幽懷自傾寫。碧血長啼蜀國鵑,黃金誰市燕臺馬。周郎散漫最多情,念紀怪物還并生。不露文章我能識,鑿破混沌帝亦驚。爲言昔走長安陌,少年同學多奇桀。(陳錫昌、匡綏福諸君。)叢桂淹留解念君,香草芳菲尤愛國。風雲牢落且尋春,自惜嬋娟絶代人。歌成繡被思王子,唾盡明珠爲洛神。邇來顓頊還鄉里,種豆南山行樂耳。誤煞韓非是説難,哀時庾信餘新體(蒼度有《庚子孤懷》詩六十首,予爲之序)。同調相逢堪拂衣,猖狂原不礙精微。蒙縣莊休聊自恣,蘭陵孫況謾相非。砎砎見容卞和陋,支頤坐看鷄蟲鬥。孔尼有道泣麒麟,墨翟無端誚禽獸。道裂應悲謬種興,吹竽雖濫市人聽。叔孫時務方希世,夏侯青紫媿明經。螾螳龍蛇寗用合,儒林傳好兼遊俠。縱饒孟軻談仁義,詎廢蘇秦傳捭闔。善惡參差笑兩家,是非彼我正無涯。屈子離憂寄蘭蕙,陶潛身世感桃花。競將婉媚承歡愛,獨持慷慨增疑怪。蛾眉一笑衆女愁,却葆神明轉超邁。青鐙相憶雨廉纖,溷濁真羞避俗嫌。蘗苦蜜甘聊自適,徑須從汝證華嚴。"

三十

吳又陵復以雜詩四首見寄。錄之:"葛相知多枉,商君莫漫輕。淹中餘狗曲,稷下正梟鳴。寂寞眈玄草,遨遊挾素筝。舊邦姬漢地,遥望不勝情。""不遜真寒士,拘遊豈丈夫。郭隗輸死馬,竇憲本孤雛。雋永非儒論,蒼茫吊屈書。蛾眉空惜誓,沈痛意何如。""刺客無荊聶,愚儒有孟荀。螳蛄方聒耳,腐鼠亦驕人。雅意先黄老,高才隱賤貧。不須嗤佞幸,好爲論錢神(太史公《佞幸傳》以鄧通居首,然使通在今日,固多額納税上議院議員也)。""未獻帝王璞,徒悲天地秋。此身真苦聚,現象總浮漚。肐篋應慚聖,如弦那得侯。殷勤分九品,滄海正橫流(此間主排革而講年誼者,予甚苦之)。"

(1906 年 1 月—1907 年 11 月《新民叢報》第 73—74、77—78、80、82、84—90、92、95 號)

賦得荔實周天兩歲星(得星字五言八韻)

盼得離離實,周天兩易星。歲華吟裏憶,荔子客中馨。錦樹初移囿,珊枝未照庭。關心三百啖,轉眼廿年經。穠艷逾沈李,韶光數落蔞。木精春應序,火齊夏流形。園植朱霞燦,台躔碧漢熒。移根栽上苑,嘉果獻彤廷。

(廣州聚奎堂 1889 年版《光緒己丑恩科廣東闈墨》)

廣邱菽園詩中八賢歌即效其體*

其八

大雅寥落哀中原,牛耳騷壇失主權。五百石洞天外天,孰營度之吾菽園(海澄邱菽子孝廉煒蔓。君所著《五百石洞天揮麈》品詩者十七八)。

(1901年5月1日澳洲悉尼《東華新報》)

和吳濟川贈行即用其韻

悵望銅駝臥棘荊,一槎如寄泛寰瀛。論交肝胆逢吳季,萬里應無負此行。
年來志氣尚崢嶸,欲挈民權朝玉京。君看歐羅今世史,幾回鐵血買文明。
合群救國仗群賢,四億同胞共一肩。爲有橫磨十萬劍,終教人力可回天。
一曲驪歌帶別聲,歸歟時節近清明。胸中落落無窮事,愛國原來不爲名。

(1901年5月11日澳洲悉尼《東華新報》)

---

* 《東華新報》所刊者,惟第八首與收入《飲冰室合集》之《廣詩中八賢歌》全異。

遣懷

黃梅天氣兼旬臥，百感沈沈黯夜堂。遺世遙峰時作瞑，殢愁絲雨不成狂。海鷗受命酣風浪，衡雁費聲徇稻粱。物理推尋得無悶，更容高詠破蒼茫。

（1910年9月3日《時報》）

辛亥元旦

天放人間第一晴，起看海上日華生。中年轉愛春光好，內閣還先國會成。自率群兒介親壽，更邀鄰叟拜王正。人時應逐天心轉，一晌花時說太平。

（中華書局1916年9月版《飲冰室全集》第45冊）

白葭先生屬題精忠柏圖

貞軀爲石忠血碧，湘筠之痕蜀鵑魄。由來精誠所盪鼓，正氣不共流形易。此柏巍然生耶死，義與鄂國爭無極。摧殘已剖根九節，鬱律猶苞黛千尺。程侯別有傷心抱,撫去來今應太息。他年何物飾湖山,風波亭外風波直。

(1916年10月《大同月報》第2卷第10號)

南湖所藏道衍爲中山王畫山水希世寶也,行住坐臥與俱,借觀三日,題長歌歸之*

胸中磊砢何處峰,繚以半死半生之灌木,界以不斷不續之飄瀑,蕩以非雄非雌之長風。其外大海水所激,月午濤落黿伏龍。其顛叢石作人立,媧搏未就難爲容。緣巖度澗得氣異,雜花三兩能青紅。壑壑猨聲送昏曉,山鬼寂聽非人蹤。圖中髼鬆者誰子,臥雲餐霞呼不起。有時俛睨九點煙,千人萬人頭如蟻。事會之來豈終極,今我喪吾方隱几。刹那出動六種震,大法無畏竟如此。持此語誰立蒼茫,當代汾陽異姓王。蚤年亮識山中相,禪榻幾宿聞芋香。想其作圖迻贈時,矯首八極神飛揚。時危異人歸未得,鶴怨猿驚徒旁皇。吁嗟乎!子房文若尚黃土,忘機如師胡自苦。靖難功罪今誰論,畫情霏作南湖雨。

("小萬柳堂叢刊"1918年印本《剪淞留影集》)

壽陳弢庵太保七十

光宣朝士散如煙,魯殿靈光尚巋然。世論似聞尊雅觶,人網猶見繫經筵。

---

* 此詩與《飲冰室合集·文集》之四十五(下)所收《題姚廣孝爲中山王畫山水卷》文字有異,故錄入。

漫迴往運沈淵日，獨葆清夷出壑泉。我亦滄江曾晚臥，祇今謀國髩難玄。

(1917 年 11 月 9 日《晨鐘》)

爲李一山題唐拓武梁祠畫象本

秦封漢闕晚荒荒，那更殘碑間武梁。望古但餘寄圖繪，哀時誰肯正冠裳。終完題蹩神應守，已弁氈推子善藏。豈爲秋盦欣返璧，思賢吾願見羹牆。

(1918 年 5 月 27 日《晨鐘》)

哭湯濟武

江山秋變哀[衰]①，縱目覽衆死。廿年哀時涙，豈料迸吾子。君才如豫章，毅通[篤]見通理。平生憂故國，刻意振波靡。初瞻張吾軍，黨籍比郭、李。繼丁頒洞季，不易中正軌。相從晚益得，起廢謂有恃。世諦方夸毗，高连論里耳[高論迂千里]。坐令伏尸恨，永此銷骨毀。蒼蒼彼何言，中夕膡拊几。瘡痍塞乾坤，傷哉天下士。

美洲聚僑侶，椎埋稱陸、梁。嗟我昔有遊，撫事憂未央。何期乘桴人，蹈彼

---

① 據 1918 年 12 月 1 日《晨報》改。

脩羅塲。市樓把殘[盞]地，機穽乘徜徉。群鏑初不避，一矢成中傷。仰脰不掩辜，百身安足償。所憐澈泉淚，稠疊傾茲鄉。遠生往轍覆，君也重追將。鬼伯爾孰仇，天意殊微茫。吾賴成仁訓，不滅唯心光。彌天素[夙]相期，鬱此熱烈腸。身當騎尾箕，氣當掃槍櫼[櫼槍]。休爲薤露悲，引歌聊慨慷。

（1918年10月12日《大公報》）

百里述泰西一美術家言：黑人爲天下至美。子楷、君勱盛贊其說，戲賦一絕，以當附和。

出土翻新黑女碑，骨完澤黝更多姿。
從知可道非常道，未解談玄漫守雌。

（1919年3月28日《國民公報》）

汪母潘太夫人七十壽詩

佳兒才照世，賢母職兼師。蓄德慶尤遠，貽謀意在斯。徽聲任姒傳，家法郝鍾儀。頌嫓還稱兕，慙無幼婦詞。

（1920年10月27日《新聞報》）

亡妻李夫人葬畢告墓文

惟民國十有四年歲次乙丑夏曆八月既望，鰥夫啓超率哀子思順、思成、思永、思忠、思莊、思達、思懿、思寧、思禮奉先室李夫人靈柩永安於京西香山臥佛寺之東原。實夫人周忌之後一日也。既克葬，乃以特牲清酒庶羞果蓏享於墓而告之曰：

嗚呼！
君真舍我而長逝耶？
任兒女崩摧號戀而一瞑不視耶？
其將從君之母，挈君之殤子，日逍遙於彼界耶？
其將安隱住涅槃視我輩若塵芥耶？

嗚呼哀哉！
君之嬪我，三十三年。
仰事父母，俯育兒女，我實荒厥職，而君獨任其仔肩。
一家之計，上整立規範，下迄瑣屑米鹽，
我都弗恤，君董理之，肅然秩然。
君舍我去，我何賴焉？

我德有闕，君實匡之；
我生多難，君扶將之；
我有疑事，君榷君商；
我有賞心，君寫君藏；
我有幽憂，君噢[噢]使康；

我勞於外,君煦使忘;
我唱君和,我揄君揚。
今我失君,隻影徬徨!

嗚呼哀哉!
君我相敬愛,自結髮來,未始有忤。
七年以前,不知何神魅所弄,而勃谿一度。
君之彌留,引疚自懺,如泣如訴。
我實不德,我實無禮,致君痼疾,豈不由我之故?
天地有窮,此恨不可極,每一沈思,搥胸淚下如雨!

嗚呼哀哉!
君之疾舉世醫者知其不瘳;
胡乃深自諱匿而歐愛子遠遊?
吾悔不強拂君意使之少留,
致彼終天泣血欲贖而末由。
去年正月,去年五月,去年七月乃至八月,剎那剎那千痛萬慘永印我心頭。

嗚呼!
我知君之諸子實君第二生命;
我今語君以彼輩,君其聰聽:
順自侍君疾以迄執君喪,幾勞毀以滅性;
君與我固常憂其病;
今幸無恙,隨婿摯[挈]孫,徜徉新陸,起居殊勝。
阿莊君所最繫戀;今隨厥姊,學而能競。
成、永長矣;率君之教,無改其恒性。
一月以前,同氣四人,天涯合并,
相持一慟,相看一笑,不知有多少悲愉交迸!
君儻曾一臨存,——當那邊夜深人靜?

忠、達、懿、寧,正匍伏墓前展敬;
君試一煦摩省視,看能否比去年淑令。
小子禮在懷,君恨不一見而瞑;
今已牙牙學喚母,——牙牙學喚母,君胡弗應?

嗚呼哀哉!
自君去我,彈指經年。
無情涼月,十三回圓。
月兮,月兮,爲誰圓?
中秋之月兮,照人棄捐!
嗚呼,中秋月兮,今生今世與汝長棄捐——
年年此夜,碧海青天。

嗚呼哀哉!
有懷不極,急景相催。
寒柯辭葉,斜徑封苔。
龍蛇素旐,胡蝶紙灰。
殘陽欲没,靈風動哀。
百年此別,送君夜臺!
塵與影兮不可見,羌蜷局兮余馬懷——
五里一反顧,十里一徘徊。

嗚呼!
人生兮略[若]交蘆,因緣散兮何有?
愛之核兮不滅,與天地兮長久。
"碧雲"兮自飛,"玉泉"兮常溜;
"臥佛"兮一臥千年,夢裏欠伸兮微笑。
鬱鬱兮佳城,融融兮隧道,
我虛兮其左,君領兮其右。

海枯兮石爛,天荒兮地老,
君須我兮山之阿! 行將與君兮於此長相守。

嗚呼哀哉!
尚饗!

十四,九,二十九,作於清華北院二號賃廬。
(1925 年 10 月《清華文藝》第 1 卷第 2 號)

題《海岳遊記》

英才幾輩愧詞林,鮭鱺峥嶸繡兩襟。
少作風行如解縉,歸裝手拓有裴岑。
雪中鶴氅翩翩影,雲裏龍文朗朗吟。
作賦登高吾輩事,會當披髮入山深。

丙寅長夏梁啓超

(1928 年無錫能史閣本《海岳遊記》)

田村先生，醫中國手，以餘事藝菊，滿園秋艷，爲北地冠。見招會賞，輒題一絕

浥露翫佳色，和霞餐落英。
未妨濟物意，持此制頹齡。（菊可制頹齡，淵明詩句也。）

丁卯初冬

（1927年11月19日《北洋畫報》第139期）

題宋石門羅漢畫像

（一）好事近　戲猫

晴晝日烘花，
篩碎一階花影，
花底猫兒打架，
問有無佛性？

霎時熱惱變清凉，
雨過竹逾静。

院院悄無人語，
猛一聲寒磬！

（二）相見歡　養蒲

朝水料水量沙，
眼巴巴，
要看石蒲結子又生花！

菩提葉，
落還長，
且由他。
若會得時一樣沒根芽。

（三）西江月　托鉢

香積炊烟散後，
祇桓齋供完時。
各人受用各些兒，
鉢裏醍醐一味。

達磨十年作甚？
黃梅半夜傳誰？
不如搗碎這銅皮，
免得慧能搗鬼。

（四）清平樂　伏虎

長眉低瞑，

坐得盤陀冷。
坐下山君呼不應，
跟着闍黎入定。

堂堂月照空林，
琅琅泉奏鳴琴。
後夜欠伸一吼，
眼前"大地平沈"。

(1925年10月1月、5日《晨報副鎸》)

饮冰室合集

集外文（增订本）

梁启超 著
夏晓虹 辑

下册

北京大学出版社
PEKING UNIVERSITY PRESS

目　　録

下　册

專集補編

西學書目表　1129
　西學書目表上　1129
　西學書目表中　1137
　西學書目表下　1147
　西學書目表附卷　1151
讀西學書法　1164
《論語》《公羊》相通説　1176
戊戌政變記(補)　1197
　論戊戌八月之變乃廢立而非訓政　1197
　政變近報　1199
　卷四　1201
　　第四篇　政變正紀　1201
　　　第二章　窮捕志士　1201
　　　第三章　論西后及今政府將來之政策如何　1203
　卷五　1206
　　第五篇　政變後之關係　1206
　　　第一章　論中國之將來　1206
　　　第二章　支那與各國之關係　1208
　　　(第二章　關係之問題)　1210

　　　　第三章　日英政策旁觀論　　　　　　　　　　　　1211
　　卷七　　　　　　　　　　　　　　　　　　　　　　　1213
　　　　附錄一　改革起原（補）　　　　　　　　　　　　1213
和文漢讀法　　　　　　　　　　　　　　　　　　　　　1215
　　叙　　　　　　　　　　　　　　　　　　　沈翔雲/1215
　　和文漢讀法　　　　　　　　　　　　　　　　　　　1216
　　跋　　　　　　　　　　　　　　　　　　紫瀾漁長/1233
　《譯書彙編》叙例　　　　　　　　　　　　　　　　　1233
　　附錄：叙　　　　　　　　　　　　　　　　勵志會/1235
國家論　　　　　　　　　　　　　　〔德國〕伯倫知理原著/1235
　　卷一　　　　　　　　　　　　　　　　　　　　　　1235
　　　　第一章　國家之改革　　　　　　　　　　　　　1235
　　　　第二章　國家之主義　　　　　　　　　　　　　1240
　　　　第三章　國家之建立沿革及亡滅　　　　　　　　1243
　　　　第四章　立國之淵源　　　　　　　　　　　　　1246
　　　　第五章　國家之準的　　　　　　　　　　　　　1251
　　卷二　（闕）　　　　　　　　　　　　　　　　　　1255
　　卷三　國體　　　　　　　　　　　　　　　　　　　1255
　　　　第一章　四種正體　政體　　　　　　　　　　　1255
　　　　第二章　四種之變體　民體　　　　　　　　　　1258
　　　　第三章　近世代議君主政治及代議共和政治　　　1261
　　　　第四章　代議（一曰立憲，義同）君主政治之端緒　1264
　　卷四　公權之作用　　　　　　　　　　　　　　　　1265
　　　　第一章　至尊權　國權　主權　　　　　　　　　1265
　　　　第二章　國家主權（國民主權）　君主主權（政府主權）　1269
　　　　第三章　公權之區別　　　　　　　　　　　　　1271
飲冰室自由書（補）　　　　　　　　　　　　　　　　　1274
　　德國可畏　　　　　　　　　　　　　　　　　　　　1274
　　歐美諸國對中國貿易損耗　　　　　　　　　　　　　1274

  蒙的斯鳩之學說 ………………………………………… 1275

  列國東洋艦隊 …………………………………………… 1279

現今世界大勢論 ……………………………………………… 1280

  叙 ………………………………………………………… 1280

  第一節　論民族主義之進步 …………………………… 1280

  第二節　論民族帝國主義之由來 ……………………… 1281

  第三節　英國之帝國主義 ……………………………… 1283

  第四節　德國之帝國主義 ……………………………… 1285

  第五節　俄國之帝國主義 ……………………………… 1287

  第六節　美國之帝國主義 ……………………………… 1289

  第七節　論今日世界競爭之點集注於中國 …………… 1291

  第八節　論各國經營中國之手段 ……………………… 1292

  第九節　論殖民政略 …………………………………… 1294

  第十節　論鐵路政略及傳教政略 ……………………… 1296

  第十一節　論工商政略 ………………………………… 1298

  第十二節　結論 ………………………………………… 1300

(政治小說)新中國未來記(稿本)(補) …………………… 1301

  第五回　奔喪阻船兩覯怪象　對病論藥獨契微言 …… 1301

新羅馬傳奇(補) ……………………………………………… 1316

  第七齣　隱農 …………………………………………… 1316

(通俗精神教育新劇本)班定遠平西域 ……………………… 1318

  例言 ……………………………………………………… 1318

  第一幕　言志 …………………………………………… 1320

  第二幕　出師 …………………………………………… 1322

  第三幕　平虜 …………………………………………… 1324

  第四幕　上書 …………………………………………… 1327

  第五幕　軍談 …………………………………………… 1328

  第六幕　凱旋 …………………………………………… 1331

  附：粵語釋文 …………………………………………… 1334

越南亡國史(補) 1336
 叙 1336
 例言 1337
財政原論 1337
 例言 1337
 《財政原論》目次 1338
  編首　總論 1338
  第一編　國家經費論 1339
  第二編　國家收入論 1342
  第三編　收支適合論 1352
  第四編　財務樞機論 1355
  第五編　地方財政論 1357
雙濤閣時事日記(補) 1359
 序例 1359
財政問題商榷書初編 1359
 叙言 1359
 第一期財政計畫意見書 1360
財政問題商榷書次編 1377
 吾黨對於國民捐之意見 1377
 論今日整理財政宜先劃定國稅與地方稅之範圍(稅制問題之一) 1383
 本年財政現狀質問政府案 1391
講壇　第一集 1398
 《時事新報》記者誌 1398
 人生目的何在 1398
 無聊消遣 1401
 將來觀念與現在主義 1403
 推理作用 1406
 自由意志 1409
 甚麼是"我" 1415

最苦與最樂	1418
意志之磨鍊	1420
讀《孟子》記(修養論之部)	1424

世界平和與中國　　　　　　　　　　　　　　　　　　1445

歐遊心影錄(補)　　　　　　　　　　　　　　　　　　1453
　第三篇　倫敦初旅　　　　　　　　　　　　　　　　1453

國學小史(補)　　　　　　　　　　　　　　　　　　　1454
　諸子考證與其勃興之原因　　　　　　　　　　　　　1454

中學以上作文教學法　　　　　　　　　　　　　　　　1458
　序言一　　　　　　　　　　　　　　　衛士生、束世澂/1458
　序言二　　　　　　　　　　　　　　　衛士生、束世澂/1459
　中學以上作文教學法　　　　　　　　　衛士生、束世澂記/1460
　　(一)提綱　　　　　　　　　　　　　　　　　　　1460
　　(二)記述之文　　　　　　　　　　　　　　　　　1462
　　(三)記靜態之文　　　　　　　　　　　　　　　　1464
　　(四)記動態之文　　　　　　　　　　　　　　　　1467
　　(五)記事文　　　　　　　　　　　　　　　　　　1471
　　(六)論辨之文　　　　　　　　　　　　　　　　　1475
　　(七)教授法　　　　　　　　　　　　　　　　　　1481

　附錄　國文教學法十講　　　　　　　　　　　　　　1487
　　第一講　從教材上比較文言文白話文適用之程度
　　　　　　　　　　　　　黄鑄卿、吳煒、彭雲谷、饒郡光筆記/1487
　　第二講　論濫作論事文之弊　黄鑄卿、吳煒、彭雲谷、饒郡光筆記/1490
　　第三講　叙事文命題之商榷　　　　　　　學生黄如金筆記/1492

先秦政治思想史(補)　　　　　　　　　　　　　　　　1496
　《儒家哲學及其政治思想》識語　　　　　　　　　　1496

讀書法講義　　　　　　　　　　　　　　　　　　　　1497

中國近三百年學術史(補)　　　　　　　　　　　　　　1510
　《清代政治之影響於學術者》題記　　　　　　　　　1510

《清代學者整理舊學之總成績》序　　　　　　　　1510
《大乘起信論》考證　　　　　　　　　　　　　　1511
　　前論　研究本問題之豫備　　　　　　　　　　1511
　　本論上　從文獻上考察　　　　　　　　　　　1515
　　　　一　《起信論》果馬鳴造乎？　　　　　　1515
　　　　二　《起信論》果真諦譯乎　　　　　　　1519
　　本論下　從學理上考察　　　　　　　　　　　1527
　　　　一　《起信論》在佛學界位置概說　　　　1527
　　　　二　佛身論之史的發展與起信思想　　　　1530
　　　　三　心識論之史的發展與起信思想　　　　1533
　　　　四　從教理上討論《起信論》成立之年代與地方　1538
　　結論　《起信論》之作者及其價值　　　　　　1541
　　餘論　　　　　　　　　　　　　　　　　　　1542
　　　　一　《起信論》與《占察經》　　　　　　1542
　　　　二　《起信論》與《釋摩訶衍論》　　　　1545
朱舜水先生年譜（補）　　　　　　　　　　　　　1547
　　朱舜水先生學說彙纂　　　　　　　　　　　　1547
　　朱舜水先生言行雜記　　　　　　　　　　　　1556

附　錄

就任日期通告　　　　　　　　　　　　　　　　　1561
呈大總統報明就職視事日期文　　　　　　　　　　1561
令各省高等檢察廳　　　　　　　　　　　　　　　1562
呈大總統擬將新疆司法籌備處暫緩裁撤請鑒核施行文　1563
令京外各級檢察廳　　　　　　　　　　　　　　　1563
呈大總統陳明本部已未派往各國修習員另籌辦法
　　暨嗣後毋庸呈請等情鑒核備案文　　　　　　　1564
呈大總統遵將司法籌備處裁撤其應辦事宜擬分別改歸高等審判
　　檢察兩廳辦理毋庸遴員兼任請鑒核示遵文　　　1565

呈大總統擬就各級審判廳試辦章程條文分別修正補訂以昭劃一開單請鑒核示遵文(附《修正各級審判廳試辦章程三條》)	1566
呈大總統擬懇准照約法將廣西桂林地方審判廳判決楊松林等一案宣告減刑暨由部按新刑律施行細則改刑等情請鑒核批示施行文	1567
令各省高等審判檢察廳	1568
令各省高等審判檢察廳縣知事幫審員	1570
令駱通、何炳麟、張祥麟、蔣棻	1571
令胡振禔	1571
令京師地方京內外高等審判廳	1572
令京師直隸高等審檢廳	1573
令直隸高等審判檢察第二高等審判檢察分廳	1573
令公布《監獄身分簿》(附身分簿)	1574
呈大總統擬懇將辛蕚樓一犯宣告減刑請鑒核施行文	1580
監獄看守服務規則	1581
令各省高等檢察廳	1590
令直隸高等審判檢察廳	1590
令京師地方審判廳京內外高等審判廳(附《查封動産暫行辦法》)	1591
令京外高等審判廳(附《民事訴訟費用徵收規則》)	1593
司法部布告定期考驗並甄拔司法人員(附《甄拔司法人員準則》)	1598
令京師及沿路綫各省高等以下各級審檢廳縣知事幫審員	1603
令京外各級審判廳暨各縣知事幫審員	1604
令京外高等審判檢察廳	1605
批張鵬飛呈	1606
批神州大學代表張嘉森等呈	1606
令京外高等以下各該審檢廳審檢所及行使司法之縣知事	1607
令京外高等審判檢察廳	1608
令公布《監獄規則》(附規則)	1608

令請觀各員開具履歷赴部報到	1616
令直隸高等審檢廳	1616
令山東高等審檢廳	1617
致大理院長函	1617
司法部布告爲發給律師證書事	1618
令順天府習藝所辦事員	1619
呈大總統擬將直隸第一高等審檢分廳裁撤裁缺各員一律免官另候任用並設在熱河之直隸第二高等審檢分廳改正名稱各等情請鑒核施行文	1619
令浙江高等檢察廳	1620
令京外各級審判廳暨各縣知事幫審員	1621
令京外各級審判檢察廳長官	1622
令京外高等地方審判廳	1622
令公布《修正律師暫行章程第七章第八章》各條文(附修正文)	1623
令公布《律師懲戒會暫行規則》(附規則)	1624
令各省高等檢察廳	1627
令京外高等檢察廳	1628
令各省高等檢察廳檢察長	1628
令各省高等檢察廳檢察長	1629
令各省高等以下審判檢察廳縣知事幫審員新疆司法籌備處	1630
呈大總統擬懇將已故前四川重慶高等檢察分廳監督檢察官馬柱比較陸軍上校陣亡例給卹請鑒核批准施行文	1631
令各省高等檢察廳	1632
呈大總統擬具司法官廻避辦法四條繕單請鑒核施行文(附單)	1633
令各省高等檢察廳	1634
呈大總統謹補訂各省法官回避辦法二條繕單請鑒核施行文(附單)	1634
呈大總統查明山西河東地方檢察長閻秉真現無吸烟證據擬請免其懲處請鑒核批示施行文	1635

致汪有齡先生聘任爲法律編查會副會長書	1636
令京師律師懲戒會會長	1637
致董康先生等聘任爲法律編查會顧問書	1637
致羅文幹先生等聘任爲法律編查會編查員書	1638
呈大總統所有司法部裁缺各員張軫等均行開去薦任本缺仍留原官資格其餘各員擬仍照舊供職請鑒核批示遵行文	1639
令總檢察廳及京師高等以下審判檢察廳(附《司法官考績規則》)	1640
呈大總統擬將直隸豐寧縣監犯改處無期徒刑之池維垣白雲升二犯再減爲一等有期徒刑十年等情請鑒核批示施行文	1644
呈大總統謹將應行迴避之河南等省高等廳長官互相調用人員開單請鑒核施行文(附單)	1645
呈大總統據甘肅山東高等檢察廳呈報同級審判廳覆判杜清潔程旦等各案未據刑律減等情輕法重擬懇宣告減刑以資救濟請鑒核示遵文	1646
呈大總統爲擬預定期日實行《國幣條例施行細則》之第二條以立新幣之基礎且推廣中國銀行鈔票文	1647
呈大總統爲臚陳鑄幣計畫文(附説帖)	1650
呈大總統推行國幣簡易辦法説帖	1658
呈大總統爲將整理造幣廠計畫臚舉綱要別具説帖文(附説帖)	1659
批裕國實業銀行總籌備處代表董耕雲呈	1662
批裕國實業銀行總籌備處代表董耕雲呈	1663
呈大總統漢口商會會長俞崇敬承銷印花年認鉅額請從優獎勵文	1664
呈大總統請將原有遇閏加徵及已未停免各省一律免除文	1665
呈大總統次長金還請叙官等文	1666
批華富殖業銀行呈	1666
呈大總統請任免本部秘書文	1667
令部員開去兼差	1668
呈大總統陳明本部裁撤機關陶汰人員情形文	1668
令京兆察哈爾財政廳廳長張家口税務監督	1669

呈大總統擬請將揚由常關另派監督管理毋庸由鎮江關兼管文	1670
令在職各員	1671
呈大總統擬將山東民運區域福山等十八縣攤入地丁之鹽課自七年分上忙起一律豁免實行直接新税文	1672
令公布《戰時財政金融審議會規則》(附規則)	1673
呈大總統兩淮緝私統領季光恩應請開缺另用遴派劉槐森接充文	1674
呈大總統武昌造幣分廠廠長一職遴員更替文	1675
呈大總統會同覈議陝西省長請豁免田賦附加二成銀兩未便照准文	1676
呈大總統爲兩浙北監長林兩場知事營私舞弊請交文官高等懲戒委員會依法懲戒恭呈祈鑒文	1677
呈大總統爲大員違法處理公務涉及刑事範圍應請明令依法懲處文	1678
令公布《戰時財政金融審議會辦事細則》(附細則)	1681
令公布《菸酒行政評議會章程》(附章程)	1682
令公布《清理檔案處章程》(附章程)	1683
令公布修正《戰時財政金融審議會辦事細則》第四條文	1684
令各省財政廳	1685
財政部布告爲殖業銀行私發債票事	1686
呈大總統分別修正《全國菸酒公賣暫行簡章》文	1686
令公布《財政部特派赴日財務行政視察團章程》(附章程)	1687
呈大總統請將四川寧遠關裁撤歸成都關監督派員管理並將該監督吳士椿免職另用文	1688
呈大總統爲擬定各省區處理官產人員懲戒章程並給獎辦法文(附章程)	1689
存　目	1692
後　記	1702

專集補編

西學書目表*

西學書目表上

書名	撰譯人	刻印處	本數	價值	識語
算學（由淺入深，故先以數學；先理後法，故次以幾何，凡諸形學附焉；次代數，通行之算也；微分積分，非深造不能語，故以終焉。）					
筆算數學	狄考文 鄒立文	益智書會本	三本	一元	用俗語教學童，甚便，惟習問太鯀。
西算啓蒙			一本	一角	太淺，(不)必讀。
心算啓蒙	奴愛士		一本	一角	太淺，不必讀。
數學啓蒙	偉烈亞力	上海排印本	二本	六角	《數理精蘊》之節本，極便初學。
數學理	傅蘭雅 趙元益	製造局本	四本	四百八十	
幾何原本	利瑪竇 徐光啓 偉烈亞力 李善蘭	金陵刻本	與《則古昔齋算學》《重學》三種合刻，共二十本，值二千七百。		初學宜先讀前六卷。

---

* 《西學書目表序例》已收入《飲冰室合集·文集》之一，故不錄。

1130 《飲冰室合集》集外文（增訂本）

又前六卷	利瑪竇 徐光啓	製造局依《數理精蘊》排印本	三本	四角	有刪改，不如讀原書。
形學備旨	狄考文 鄒立文	益智書會本	二本	七角五分	
三角數理	傅蘭雅 華蘅芳	製造局本	六本	八角	
八線備旨	潘慎文 謝洪賚	上海排印本	一本	四角	
圓錐曲線說	艾約瑟 李善蘭	金陵刻本	附《重學》後		
圓錐曲線	求德生 劉維師	益智書會本	一本	二角五分	
運規約指	傅蘭雅 徐建寅	製造局本	一本	二百二十	
器象顯真	傅蘭雅 徐建寅	製造局本	三本	四百八十	
周冪知裁	傅蘭雅 徐壽	製造局本	一本	在《西藝知新》中	
算式集要	傅蘭雅 江衡	製造局本	二本	二百四十	便學者。
代微積拾級	偉烈亞力 李善蘭	上海刻本	三本	一元	難讀。
代數術	傅蘭雅 華蘅芳	製造局本	六本	八百	最要。
代數備旨	狄考文 鄒立文	上海排印本	一本	五角	雖未備，而便初學。
代數難題解法	傅蘭雅 華蘅芳	製造局本	六本	九百六十	
微積溯原	傅蘭雅 華蘅芳	製造局本	六本	七百二十	

新排對數表	赫士 朱葆琛	上海排印本	一本	一元	用西文,極清晰。

重學

重學	艾約瑟 李善蘭	金陵刻本	三種合 二十本	三種合 二千七 百	
重學淺説	偉烈亞力	上海排印本		在王氏《西學 輯存》中	
重學圖説	傅蘭雅	益智書會本	一本	一角 五分	
重學器	傅蘭雅	格致彙編本		在《格致釋 器》中	

電學(電學諸書皆舊法,西人半廢不用。然譯出只此,欲學者宜求諸西文。)

電學	傅蘭雅 徐建寅	製造局本	六本	九百 六十	
電學綱目	傅蘭雅 周郇	製造局本	一本	一百 二十	
電學圖説	傅蘭雅	益智書會本	一本	三角	

化學

金石識別 附表	瑪高溫 華蘅芳	製造局本	六本	九百	
化學鑑原	傅蘭雅 徐壽	製造局本	四本	五百 六十	以上[下]三書,合成一書。
化學鑑原續編	傅蘭雅 徐壽	製造局本	六本	八百	
化學鑑原補編	傅蘭雅 徐壽	製造局本	六本	一千	
化學分原	傅蘭雅 徐建寅	製造局本	二本	三百	

化學考質	傅蘭雅 徐壽	製造局本	六本	一千	以下二書，合成一書。
化學求數	傅蘭雅 徐壽	製造局本	十四本	二千	即《考質》之續編。
化學材料名目表	傅蘭雅	製造局本	一本	一角五分	中西文並列，最要。
化學易知	傅蘭雅	益智書會本	一本	二角五分	
化學闡原	畢利干	同文館本		二兩四錢	難讀。
化學初階	嘉約翰	廣州刻本	四本	一元	即《化學鑑原》，譯文不佳。
化學器	傅蘭雅	格致彙編本	二本	四百	極要。

聲學

聲學	傅蘭雅 徐建寅	製造局本	二本	二百四十	
聲學揭要	赫士 朱葆琛	益智書會本	一本	二角	
西國樂法啓蒙	狄就烈	益智書會本	一本	一角五分	

光學

光學 附視學諸器說	金楷理 趙元益	製造局本	三本	二百八十	
光學揭要	赫士 朱葆琛	益智書會本	一本	四角	
光學圖說	傅蘭雅	益智書會本	一本	一角五分	
顯微鏡遠鏡說	傅蘭雅	格致彙編本	一本	一角五分	
量光力器圖說	傅蘭雅	格致彙編本			

趙元益

汽學

水學圖説	傅蘭雅	益智書會本	一本	一角五分	
熱學圖説	傅蘭雅	益智書會本	一本	一角五分	
水學器氣學器	傅蘭雅	格致彙編本	在《格致釋器》中		

天學

談天	偉烈亞力 李善蘭 徐建寅	製造局重刻本	四本	七百	最精善。
天文圖説	庫嘉立 薛承恩	益智書會本	一本	七角	圖極精美,説亦簡明。
天文揭要	赫士 朱葆琛	益智書會本	二本	七角五分	有新説,補《談天》所未備。
西國天學源流	偉烈亞力	上海排印本	在《弢園西學輯存》中		
測候叢談	金楷理 華蘅芳	製造局本	二本	二百四十	
測候器	傅蘭雅	格致彙編本	一本	一百五十	

地學

地學淺釋	瑪高溫 華蘅芳	製造局本	八本	一千二百	精善完備。
地學指略	文教治 李慶軒	益智書會本	一本	二角五分	
地學稽古論	傅蘭雅	格致彙編本			

書名	著者	版本	冊數	價格	備註
地理初桄	卜舫濟	益智書會本	一本	三角五分	
地勢略解			一本	五角	
地理全志	慕維廉	益智書會本	一本	五角	簡而頗備。
地理志略					
地理略說 附圖	戴集	上海重印本	一本	五角	亦名《淺說》，太淺而舊。
八星之一總論	李提摩太	廣學會本	一本	五分	初名《地球奇妙論》，印入《格致彙編》。

全體學（《心靈學》《知識五門》《人秉雙性說》三種，皆言腦氣筋之事，故附於此。）

書名	著者	版本	冊數	價格	備註
全體闡微	柯為良	福州排印本	四本	一元七角	
全體通考	德貞	同文館本	十六本	四兩五錢	頗備。
全體圖說	傅蘭雅	益智書會本	一本	一角	
全體新論	合信	廣州刻本	一本		舊。
體骨考略	德貞	北京刻本		一元	
體學易知		北京刻本	一本	三角	
省身指掌			一本	五角	
心靈學	顏永京		一本	五角	尚有續篇，未印成。
知識五門	顏永京	益智書會本	一本		
人與微生物爭戰論	傅蘭雅	格致彙編本			
人秉雙性說	傅蘭雅	格致彙編本			

動植物學

書名	著者	版本	冊數	價格	備註
植物學		益智書會本	一本	二角	
植物圖說	傅蘭雅	益智書會本	一本	二角	
動物學新編	潘雅麗	益智書會本	一本	四角	不備。
百鳥圖說	韋門道	益智書會本	一本	二角	
百獸圖說	韋門道	益智書會本	一本	二角	

書名	譯者	版本	本數	價格	備註
西國各[名]菜嘉花論	傅蘭雅	格致彙編本	一本	一角	
蟲學論略	傅蘭雅	格致彙編本			

醫學(先內科,次外科,次藥方,以衛生諸書終焉。諸書多未讀者,不敢妄加圈識。其已讀數書識之。)

書名	譯者	版本	本數	價格	備註
儒門醫學	傅蘭雅 趙元益	製造局本	四本	四角	簡明。
內科理法	舒高第 趙元益	製造局本	十二本	一千八百	頗備。
體用十章		廣州刻本	四本	八角	譯文未善。
西醫略論	合信	廣州刻本	一本	二角	合氏各書繙譯最早,故多舊法。
內科新說	合信	廣州刻本	一本	二角	
婦嬰新說	合信	廣州刻本	一本	二角	
內科闡微	嘉約翰	廣州刻本	一本	二角	
西醫內科全書			六本	一元	
醫理略述	尹端模	廣州刻本	二本	五角	
病理撮要	尹端模	廣州刻本	二本	五角	
兒科撮要	尹端模	廣州刻本	二本	五角	
炎症論略	嘉約翰	廣州刻本	一本	二角	
西醫舉隅 並續編			二本	六角	
脈表診病論	傅蘭雅	格致彙編本	一本	一角五分	
脈說	德貞	萬國公報本			
婦科精蘊	嘉約翰	廣州刻本	五本	一元	
皮膚新編	嘉約翰	廣州刻本	一本	二角五分	
眼科撮要	嘉約翰	廣州刻本	一本	二角五分	
眼科指蒙		益智書會本	一本	六角	
花柳指迷	嘉約翰	廣州刻本	一本	二角	

割症全書	嘉約翰	廣州刻本	七本	一元五角	
裹紮新法	嘉約翰	廣州刻本	一本	二角五分	
臨陣傷科捷要	舒高第 鄭昌棪	製造局本	四本	四百八十	
內外科新說	合信	廣州刻本			
中西病名表			一本	一角五分	
西藥大成	傅蘭雅 趙元益	製造局本	十六本	二千二百	頗備。
萬國藥方	洪士提反	山東刻本	八本	三元	便於購藥。
西藥略釋	嘉約翰	廣州刻本	四本	一元	以所治證分類,亦便。
泰西本草撮要	傅蘭雅	格致彙編本	一本	三角五分	未譯全,即《西藥大成》之節本。
中西藥名表			一本	一角五分	
西藥大成藥名表	傅蘭雅 趙元益	製造局本	一本	一百	
化學衛生論	傅蘭雅	廣學會本	四本	五百七十	《格致彙編》中有之。
居宅衛生論	傅衛雅	格致彙編本	一本	一角五分	以上二書,皆極有用。
孩童衛生論	傅蘭雅	益智書會本	一本	一角五分	
幼童衛生編	傅蘭雅	益智書會本	一本		
初學衛生編	傅蘭雅	益智書會本	一本		以上三書,大略相同,讀其一即可。
衛生要旨		上海石印本	一本	一角	簡明。
延年益壽論	傅蘭雅	格致彙編本	一本	一角	

書名	撰譯人	刻印處	本數	價值
治心免病法	傅蘭雅	益智書會本	一本	五分三角

圖學

書名	撰譯人	刻印處	本數	價值
測地繪圖 附鋅板印圖	傅蘭雅 徐壽	製造局本	四本	六百
繪地法原	金楷理 王德均	製造局本	一本	一百四十
行軍測繪	傅蘭雅 趙元益	製造局本	二本	二百四十
畫形圖說	傅蘭雅	益智書會本	一本	一角五分
西畫初學	傅蘭雅	格致彙編本		
論畫淺說		上海排印本	一本	三分

西學書目表中

書名	撰譯人	刻印處	本數	價值	識語
史志					
萬國史記	岡本監輔	上海排印本	十本	五角	雖甚略,然華文西史無詳者,姑讀之。
萬國通鑑	謝衛樓 趙如光	通行本	六本	一元	教會之書。
四裔編年表	林樂知 嚴良勳 李鳳苞	製造局本	四本	七百二十	雖非完備,而頗便檢覽。
歐洲史略	艾約瑟	稅務司本	一本	在《西學啓蒙十六種》中	
希臘志略	艾約瑟	稅務司本	一本		

羅馬志略	艾約瑟	稅務司本	一本		以上三書，古史之佳者。
俄史輯譯	闞斐迪 徐景羅	益智書會本	四本	六角五分	佳。
大英國志	慕維廉	益智書會本	二本	五角	
法國志略	王韜	自刻本	八本	三元	
聯邦志略	裨治文		一本		甚簡。
米利堅志	岡千仞	日本刻本	三本	八角	
英法俄德四國志略	沈敦和	金陵刻本	二本	二角五分	新於前數書。
德國合盟本末 美國合盟本末	徐建寅	自刻本	一本		
普法戰紀	王韜	自刻本	十本	三元五角	
土國戰事述略	艾約瑟	小方壺齋本			
東方交涉記	林樂知 瞿昂來①	製造局本	二本	二百	言俄土戰事。
英俄印度交涉書	林樂知	製造局本	一本	一百二十	
中東戰紀本末	林樂知 蔡爾康	廣學會本	八本	一元五角	當分別觀之。
泰西新史攬要	李提摩太 蔡爾康	廣學會本	八本	二元	書極佳，譯筆略冗。
天下五洲各大國志要	李提摩太	廣學會本	一本	二角	甚簡略。
列國變通興盛記	李提摩太	廣學會本	一本	二角	論俄日兩章頗佳。
列國歲計政要	林樂知 鄭昌棪	製造局本	六本	七百二十	此種書甚要，惜此本太舊。
歐洲八大帝王傳	李提摩太	廣學會本	一本	五分	

---

① 原誤作"昂瞿來"。

華盛頓傳	黎汝謙	時務報館本			美國開國本末略備。

官制

德國議院章程	徐建寅	自刻本	一本	

學制

西國學校	花之安	廣州刻本	一本	一角五分	好。
文學與國策	林樂知	廣學會本	二本	二角	
七國新學備要	李提摩太	廣學會本	一本	三分	
肄業要覽	顏永京	上海排印本	一本	二角	有新理新法。
西學課程彙編	沈敦和	上海排印本	一本	一角	
格致書院西學課程	傅蘭雅	上海排印本	一本	一角	附有數學題。
教化議	花之安	廣州刻本	一本	一角五分	命意自佳。

法律

萬國公法	丁韙良	同文館本	四本	一元五角	
各國交涉公法論	傅蘭雅 李鳳苞 俞世爵	製造局本	十六本	二千八百	
公法會通	丁韙良	同文館本	五本	一元	
公法便覽	丁韙良	同文館本	六本	一元二角	
公法總論	傅蘭雅 汪振聲	製造局本	一本	九十	
中國古世公法	丁韙良	同文館本	一本	六分	
陸地戰例新選	丁韙良	同文館本	一本	五分	
星軺指掌	丁韙良	同文館本	四本	一兩	

法國律例	聯芳 慶常 畢利幹	同文館本	四十六本	六兩	下編未譯。
英律全書	何啓	香港排本	一本		譯未算[善]。
英國水師律例	舒高第 鄭昌棪	製造局本	二本	四百六十	
比國考察罪犯會紀略	傅蘭雅	格致彙編本			
華英讞案定章考		廣學會本	一本	五分	

農政

農學新法	李提摩太	廣學會本	一本	三分
農事略論	傅蘭雅	格致彙編本		
蠶務圖說	康發達	格致彙編本	一本	六十
紡織機器圖說	傅蘭雅	格致彙編本	一本	五分
西國漂染棉布論	傅蘭雅	格致彙編本	一本	四分
種蔗製糖論略	傅蘭雅	格致彙編本	一本	一角
西國養蜂法	傅蘭雅	格致彙編本		

礦政

實[寶]藏興焉	傅蘭雅 徐壽 徐建寅	製造局本	十六本	二千四百
開煤要法	傅蘭雅 王德均	製造局本	二本	二百四十
井礦工程	傅蘭雅 趙元益	製造局本	二本	二百
銀礦指南	傅蘭雅	製造局本	一本	一百

書名	譯者	版本	冊數	價格	備註
	應祖錫			九十	
冶金錄	傅蘭雅 趙元益	製造局本	二本	二百四十	
西國煉鋼説			一本	一角	
煉鋼要言		製造局本	一本	二十	
礦石圖説	傅蘭雅	益智書會本	一本	一角五分	
礦石輯要編	傅蘭雅	格致彙編本			

工政（諸書多未讀者，不敢妄加圈識。已讀諸書識之。）

書名	譯者	版本	冊數	價格	備註
汽機發軔	偉烈亞力 徐壽	製造局本	四本	六百四十	言汽之理頗詳。
汽機必以 並附卷	傅蘭雅 徐建寅	製造局本	六本	八百	
汽機新製	傅蘭雅 徐建寅	製造局本	二本	二百八十	
新式汽機圖説	傅蘭雅	格致彙編本	一本	一百	
汽機中西名目表		製造局本	一本	一角五分	凡名目表皆要。
兵船汽機	傅蘭雅 華備鈺	製造局本	八本	一千二百	
工程致富	傅蘭雅 鍾天緯	製造局本	八本	一千二百	
考工記要	傅蘭雅 鍾天緯	製造局本	八本	一千五百	即《工程致富》之續編。
海塘輯要	傅蘭雅 趙元益	製造局本	二本	二百四十	
行軍鐵路工程		製造局本	一本	二百	
火車鐵路略論	傅蘭雅	格致彙編本			
倫敦鐵路公司章程	鄧廷鏗 楊葆寅	時務報館本	二本		此書本不能入工政，姑附於此。

煉石編	舒高第 鄭昌棪	製造局本	二本	三百二十	言造塞門德土之法。
鑄錢工藝	傅蘭雅 鍾天緯	製造局本	二本	三百六十	
鼓鑄小銀說略		同文館本	一本	二分	
匠誨與規	傅蘭雅 徐壽	製造局本			
造管之法	傅蘭雅 徐壽	製造局本			
色相留真	傅蘭雅 徐壽	製造局本			《西藝知新》八種共六本,一千二百文。尚有三[二]種,一歸兵政,一歸算學。凡《西藝知新》各書,皆極有用,不必全加圈識。
硫強水法	傅蘭雅 徐壽	製造局本			
卻水衣全論	傅蘭雅 徐壽	製造局本			
回熱爐法	傅蘭雅 徐壽	製造局本			
製肥皂法	林樂知 鄭昌棪	製造局本			
製油燭法	林樂知 鄭昌棪	製造局本			
垸髹致美	傅蘭雅 徐壽	製造局本			
鍍金	金楷理 徐華封	製造局本			《西藝知新續刻》七種共八本,一千二百文。
製造坡[玻]璃	傅蘭雅 徐壽	製造局本			
鐵船針向	傅蘭雅 徐壽	製造局本			
機動圖說	傅蘭雅 徐壽	製造局本			

藝器記珠		製造局本	一本	四百
電氣鍍金略法	傅蘭雅 周郇	製造局本	一本	一百五十
電氣鍍鎳	傅蘭雅 徐華封	製造局本	一本	五十
照像略法	傅蘭雅	格致彙編本	一本	二百
照像乾片法	傅蘭雅	格致彙編本	一本	八十
照像器	傅蘭雅	格致彙編本	一本	一角五分
脫影奇觀 附續編	德貞	北京刻本	五本	一元五角
西燈說略	傅蘭雅	格致彙編本		
西國造紙法	傅蘭雅	格致彙編本		
滅火器說略	傅蘭雅	格致彙編本		

商政

富國策	丁韙良	同文館本	三本	八錢
富國養民策	艾約瑟	稅務司本	一本	在《西學啟蒙十六種》中
生利分利之別	李提摩太	廣學會本	一本	六分
華洋貿易總冊		稅務司本	每年一本	每本三錢六分

兵政（先陸軍，附營壘；次海軍，附戰船；次鎗礮，附藥彈。諸書多未讀，不敢妄加圈識。其已讀數書識之。）

列國陸軍制	林樂知 瞿昂來	製造局本	三本	四百二十	
德國軍制述要	沈敦和	金陵刻本	一本		
戰法學		北京刻本	一本		
陸操新義	李鳳苞		一本	一元	坊間鏤[縷]刻，改名《德國練兵新書》。

臨陣管見	金楷理 趙元益	製造局本	四本	四百八十
前敵須知	舒高第 鄭昌棪	製造局本	五本	三百八十
營壘圖說	金楷理 李鳳苞	製造局本	一本	一百
營城揭要	傅蘭雅 徐建寅	製造局本	二本	二百
營工要覽		製造局本	二本	三百五十
城堡新義	李鳳苞			
水師章程	林樂知 鄭昌棪	製造局本	十六本	二千
英國水師考	傅蘭雅 鍾天緯	製造局本	二本	一百六十
法國水師考	傅蘭雅 鍾天緯	製造局本	一本	一百
美國水師考	傅蘭雅 鍾天緯	製造局本	二本	一百
水師操練	傅蘭雅 徐建寅	製造局本	三本	三百
海軍職要			一本	二角五分
海戰指要	金楷理 趙元益	格致彙編本		
海軍調度要言	舒高第 鄭昌棪	製造局本	二本	二百
防海新論	傅蘭雅 華蘅芳	製造局本	六本	七百二十
列國海戰記	李鳳苞			
水師保身法	程鑾	製造局本	一本	一百

	趙元益				
輪船布陣	傅蘭雅	製造局本	二本	二百四十	
	徐建寅				
鐵甲叢譚		製造局本	二本	三百	
水雷秘要	舒高第	製造局本	六本	一千	
	鄭昌棪				
艇雷記要	李鳳苞		一本	一元五角	
魚雷圖說		天津學堂本	二本	四錢六分	
水雷問答		天津學堂本	一本	二錢三分	
火器略說	黃達權	上海印本	一本	三角	
	王韜				
西礟說略	傅蘭雅	格致彙編本			
回特活德鋼礟說	傅蘭雅	製造局本	一本		在《西藝知新》中。
	徐壽				
礟法畫譜		製造局本	一本	一百	
礟法求新	舒高第	製造局本	八本	一千六百	
	鄭昌棪				
攻守礟法	金楷理	製造局本	一本	一百六十	
	李鳳苞				
兵船礟法	金楷理	製造局本	三本	三百二十	
	朱恩錫				
海戰用礟新說			一本	八角	
礟準心法	金楷理	製造局本	二本	一百六十	
	李鳳苞				
克虜伯礟說	金楷理	製造局本	二本	四百八十	
	李鳳苞				
克虜伯礟操法	金楷理	製造局本	二本	四百八十	
	李鳳苞				

克虜伯礮表	金楷理 李鳳苞	製造局本	二本	四百八十
克虜伯演礮彙譯			一本	一角
克鹿卜陸路礮行礮表			一本	三角
克鹿卜新式陸路礮器具圖説		天津學堂本	一本	三錢六分
克鹿卜電光瞄準器具圖説		天津學堂本	一本	一錢二分
克鹿卜量藥漲力器具圖説		天津學堂本	一本	二錢
克虜伯造彈法	金楷理 李鳳苞	製造局本	三本	二百四十
克虜伯造餅藥法	金楷理 李鳳苞	製造局本	三本	二百四十
克鹿卜子藥圖説		天津學堂本	一本	三錢八分
呵墨士莊子藥圖説		天津學堂本	二本	四錢二分
火藥機器	傅蘭雅 徐壽	格致彙編本		
製火藥法	傅蘭雅 丁樹棠	製造局本	一本	一百五十
子藥準則		製造局本	一本	一百
爆藥記要	舒高第 鄭昌棪	製造局本	一本	一百二十
開地道轟藥法	傅蘭雅 汪振聲	製造局本	二本	三百
礮乘新法	舒高第 鄭昌棪	製造局本	六本	八百

哈乞開司槍圖說		天津學堂本	一本	三錢	

船政（專言海軍者入兵政。）

書名	撰譯人	刻印處	本數	價值	識語
行海要術 附表	金楷理 李鳳苞	製造局本	三本	四百八十	
航海簡法	金楷理 王德均	製造局本	二本	三百	
航海章程		製造局本	一本	一百二十	
御風要術	金楷理 華蘅芳	製造局本	二本	二百四十	
西船略論	傅蘭雅	格致彙編本			
船塢論略	傅蘭雅 鍾天緯	製造局本	一本	八十	
行船免撞章程	傅蘭雅 鍾天緯	製造局本	一本	一百四十	
海道圖說	金楷理 王德均	製造局本	九本	一千	不備。
長江圖說	傅蘭雅 王德均	製造局本	一本	一千	

西學書目表下

書名	撰譯人①	刻印處	本數	價值	識語
游記（西人游歷各地，多國家所派，故著其國名。）					
聘盟日記	雅蘭布 俄人	小方壺齋本			康熙間聘中國所記。
探路日記	密斯耨 英人	小方壺齋本			探西藏雲貴。

---

① 原作"譯撰人"，據前統一。

柬埔寨以北探路記	晃西上[士]法人	同文館本	十五本	一兩六錢	自西貢起，游歷雲南四川等處。
黑蠻風土記	立溫斯敦英人	上海石印本	二本		述非洲內地雜事。
中亞洲俄屬游記	蘭士得路英人	同文館本	二本		
西學考略	丁韙良	同文館本	二本	五錢	丁告假回國，歸而著此，詳於學校。
環游地球雜錄[記]	潘慎文	格致彙編本			
歷覽記略	傅蘭雅	格致彙編本			傅告假回國，觀諸機器廠，歸而著此。

報章

中西聞見錄		北京印本	每月一本		久停，現甚難購，所載亦太舊。
西國近事彙編		製造局本	三十六本	二千三百	自癸酉訖壬午，凡九手[年]。
格致彙編	傅蘭雅	自印本	每年四本	每年一元	凡七年以上，二書皆極要。
萬國公報		廣學會本	每月一本	每年一元三角	前數年極佳，惜今已難購。
中西教會報		廣學會本	每月一本		
本年西國近事	鳳儀	製造局本	每月一本		

格致總

西學啓蒙	艾約瑟	稅務司本	十六本	七元	已將尤要數種散見各類。
格致啓蒙	林樂知 鄭昌棪	製造局本	四本	六百	

書名	著者	版本	冊數	價格	備註
格致須知	傅蘭雅	自印本	三集	一元五角	淺明，嫌太簡。
格致[物]入門	丁韙良	同文館本	七本	一兩八錢	可緩讀。
格致略論	傅蘭雅	格致彙編本			勝於《格致須知》。
格致小引	羅亨利 瞿昂來	製造局本	一本	四十	
格物探原	韋廉臣	廣學會本	四本	一元	
物理推原		徐家匯印本	一本	五角	以上二種，皆教門之書。
博物新編	合信	廣州刻本	一本	二角五分	
格致釋器	傅蘭雅	格致彙編本	三本	六百五十	極要。
格致新機	慕維廉	廣學會本	一本	一角	

西人議論之書

書名	著者	版本	冊數	價格	備註
自西徂東	花之安	廣學會本	六本	一元	粗淺。
治國要務	韋廉臣	廣學會本		二角五分	淺略。
時事新論附圖表	李提摩太	廣學會本	三本	六角	
西鐸	李提摩太		一本		
新政策	李提摩太	廣學會本	一本		
東方時局論略	林樂知	製造局本	一本	七十	
中西關繫略論	林樂知	製造局本	一本	三角	
中西四大政	李提摩太	廣學會本	一本	三分	
整頓中國條議	福士達	時務報館本			
借箸籌防論略	來春石泰 沈敦和	金陵刻本	一本	二角	
揚子江籌防芻議	雷諾 張永燊	時務報本			

無可歸類之書

書名	作者	版本	冊數	價格	備註
譯書事略	傅蘭雅	格致彙編本	一本	一百	
佐治芻言	傅蘭雅 應祖錫	製造局本	三本	三百八十	言政治最佳之書。
辨學啓蒙	艾約瑟	上海重印本	一本	二角	
華語考原	艾約瑟	格致彙編本			
美國博物大會圖說	傅蘭雅	格致彙編本	一本	一角五分	
幼學操身	慶丕 翟汝舟	益智書會本	一本	五角	有用。坊間翻刻改名《西國易筋經》。
幼學初階			一本	一角	
初學階梯			三本	二角五分	
發蒙益慧錄			三本	四角七分	
啓悟要津	卜舫濟	上海排印本	一本	一角	訓蒙極便。
造洋飯書			一本	五角	
西法食譜			一本	八角	
古教彙參		益智書會本	三本	七角	言印度、埃及、希臘舊教，多可觀。
救世教益	李提摩太	廣學會本	一本	三角	傳教之書，此爲最巧，錄之以供借鑑。
聖會史記			四本		
二約釋義叢書	韋廉臣	廣學會本	三本	五角	以上二書，頗載西國古事，故存其目。
昕夕閒談		申報館本	四本		一名《英國小說》。讀之亦可見西俗。
百年一覺	李提摩太	廣學會本	一本	五分	亦西人說部書，言世界百年以後事。

西學書目表附卷

通商以前西人譯著各書（四庫著錄及叢書中有刻本者,皆注出。）

同文算指前編二卷通編八卷別編一卷　天學初函本　海山仙館本　四庫著錄

測量法義一卷　天學初函本　海山仙館本　指海本　四庫著錄
　　　　　　　此書或標徐光啓撰,蓋當時各書皆利口授,而徐與李之藻筆述也。

圜容較義一卷　天學初函本　海山仙館本　守山閣本　四庫著錄
　　　　　　　或標李之藻撰。

乾坤體義三卷　四庫著錄

渾蓋通憲圖說二卷　天學初函本　守山閣本　四庫著錄
　　　　　　　　或標李之藻撰。

經天該一卷　藝海珠塵本

萬國輿圖

西字奇蹟

西國記法

　　以上利瑪竇（其《幾何原本》一種,至偉、李兩君乃譯全,故列近譯各書中。）

地理備考十卷　海山仙館本

　　以上瑪吉士

泰西水法六卷　天學初函本

表度說一卷　天學初函本

簡平儀說一卷　天學初函本　守山閣本　四庫著錄

　　以上熊三拔

天問略一卷　天學初函本　藝海珠塵本　四庫著錄

　　以上陽瑪諾

西學凡一卷　天學初函本　四庫存目

幾何法要四卷　新法算書本　四庫著錄
　　　　　　《新法算書》著錄於四庫,故凡在《算書》中者,皆標著錄。

職方外紀　天學初函本　守山閣本　墨海金壺本　龍威秘書本　四庫著錄

西方答問

利瑪竇行實

　　以上艾儒略

黃赤距度表
正球升度表
奇器圖說三卷　守山閣本　四庫著錄
人身說概二卷
　　　以上鄧玉函
奏疏四卷　新法算書本　四庫著錄
秝法西傳一卷　新法算書本　四庫著錄
新法秝引一卷　新法算書本　四庫著錄
新法表異二卷　新法算書本　四庫著錄
新法曉或二卷　新法算書本　四庫著錄　青照堂本
大測二卷　新法算書本　四庫著錄
學秝小辨二卷　新法算書本　四庫著錄
測天得說二卷　新法算書本　四庫著錄
渾天儀說五卷　新法算書本　四庫著錄
西洋測日秝
星圖
恒星表五卷
恒星出沒二卷　新法算書本　四庫著錄
恒星屏障
測食略二卷　新法算書本　四庫著錄
古今交食考一卷　新法算書本　四庫著錄
交食秝指七卷　新法算書本　四庫著錄
交食表九卷　新法算書本　四庫著錄
交食表用法
交食蒙求
恒星秝指四卷　新法算書本　四庫著錄
八線表一卷　新法算書本　四庫著錄
遠鏡說　新法算書本　四庫著錄　藝海珠塵本
火攻挈要三卷　海山仙館本
　　　以上湯若望
測量全義十卷　新法算書本　四庫著錄
五緯表十卷　新法算書本　四庫著錄

五緯秝指九卷　新法算書本　四庫著録
月離秝指四卷　新法算書本　四庫著録
月離表四卷　新法算書本　四庫著録
日躔厤指一卷　新法算書本　四庫著録
日躔表一卷　新法算書本　四庫著録
黃赤正球一卷　新法算書本　四庫著録
籌算一卷　新法算書本　四庫著録
比例規解一卷
秝引一卷
日躔考晝夜刻分
五緯總論
日躔增五星圖
火木土二百恒年表
周歲時刻表
五緯用法
夜中測時
　　以上羅雅谷
靈言蠡勺二卷　天學初函本　四庫存目
　　以上畢方濟
空際格致二卷　四庫存目
　　以上高一志
天學略義
　　以上孟儒望
靈臺儀象志十四卷　多採入《欽定儀象考成》中
儀象圖二卷
測驗紀略一卷
驗氣説
坤輿全圖
坤輿圖説二卷　指海本　四庫著録
秝法不得已辯一卷
康熙永年厤法表三十二卷
赤道南北星圖

簡平規總星圖
西方要記一卷
坤輿外紀一卷
　　　以上南懷仁
文字考
　　　以上恩理格
天步真原
　　　以上穆尼閣
日躔表月離表
　　　以上戴進賢
周徑密率
求正弦正失捷法
　　　以上杜德美
地球圖說　何國宗、錢大昕奉敕潤色　文選樓本
　　　以上蔣友仁

近譯未印各書(其未譯成及已佚者，皆附見。)

書名	撰譯人	撰譯處	本數	
奈端數理	傅蘭雅 李善蘭	製造局	三本	未譯成
代數學	偉烈亞力 李善蘭			已佚
代數總法	傅蘭雅 華蘅芳	製造局	四本	未印
代數初基	狄考文	益智書會		未印
幾何初基	狄考文	益智書會		未印
三角測算	狄考文	益智書會		未印
心算數學	哈氏	益智書會		未印
格物測算	丁韙良	同文館		已佚
代形合參	潘慎文	益智書會		未印
決疑數術	傅蘭雅	製造局	四本	未印

質數證明	華蘅芳 傅蘭雅 徐壽	製造局	四本	未譯成

以上算學

化學指南	畢利干①	同文館		已佚

以上化學

分光求原	偉烈亞力	製造局	一本	未譯成

以上光學

攝鐵器説	傅蘭雅 徐建寅	製造局	一本	未印

以上電學

天文略論		同文館		未印
恒星經緯表	傅蘭雅 賈步緯	製造局	一本	未印
天文淺説	薛承恩			已佚
測候易知	費理飭	益智書會		未印
測候諸器記	傅蘭雅 江衡	製造局	二本	未印
風雨表説	傅蘭雅 華蘅芳	製造局	一本	未印
燥濕表説	傅蘭雅 徐壽	製造局	一本	未印

以上天文

地説	金楷理 李鳳苞	製造局	八本	未譯成
地球説略	沙氏	益智書會		
地理略論	貝氏	益智書會		
萬國地理	江載德	益智書會		未印
地理大圖	江載德	益智書會		未印

---

① 原作"千",據前統一爲"干"。

地學入門	文氏	益智書會		
地理問答	甘弟德			已佚
以上地學				
人身理論	德貞	益智書會		未印
人身淺説	博氏	益智書會		未印
質體形性	范約翰	益智書會		未印
以上全體學				
動物形性附圖	韋氏	益智書會		未印
植物形性附圖	韋廉臣	益智書會		未印
植物利用	傅蘭雅	益智書會		未印
以上動植物學				
醫學總説	舒高第 趙元益	製造局	六本	未譯成
眼科書	舒高第 趙元益	製造局	六本	未印
婦科全書	舒高第 鄭昌棪①	製造局		未印
以上醫學				
海面測繪	傅蘭雅 黃宗憲	製造局		未譯成
測繪海圖全法	傅蘭雅 趙元益	製造局		付印未成
繪圖測量諸器圖説	傅蘭雅 趙元益	製造局	一本	未印
繪畫船線	傅蘭雅 徐建寅	製造局	二本	未印
以上圖學				
熱學	金楷理 江衡	製造局	二本	未印

---

① 原作"棪",據前統一爲"棪"。

物質遇熱改體	傅蘭雅 徐壽	製造局	一本	未印
汽機尺寸	傅蘭雅 徐建寅	製造局	二本	未印
造汽機等手工	傅蘭雅 徐壽	製造局	二本	未譯成

以上汽學

年代表	傅蘭雅 徐建寅	製造局	一本	未印
印度國史	林樂知	製造局	二本	未印
俄羅斯國史	林樂知 嚴良勳	製造局	二本	未印
德國史	林樂知 嚴良勳	製造局	二本	未印
歐羅巴史	林樂知 嚴良勳	製造局	六本	未印
萬國史	林樂知 王德均	製造局	六本	未印
中國史略	歐氏	益智書會		未印
萬國史略	石氏	益智書會		未印
萬國近史	來因氏	益智書會		未印
花旗國史	施氏	益智書會		未印
俄國新志	傅蘭雅 潘	製造局		未印
法國新志	傅蘭雅 潘	製造局		未印
俄國史略		同文館		未印
各國史略		同文館		未印

以上史志

| 公法千章 | 丁韙良 金楷理 | 同文館 | | 未印 |

公使指南	蔡錫齡	製造局	六本	未印
西法洗冤錄	傅蘭雅 趙元益	製造局		付印未成
以上法律				
金石略辨	傅蘭雅	益智書會		未印
試驗鐵煤法	傅蘭雅 徐壽	製造局	一本	未印
鑄銅書	舒高第 朱格仁	製造局	一本	未印
煉金新語	舒高第 鄭昌棪	製造局		
以上礦政				
泰西工藝	傅蘭雅	益智書會		未印
工藝準繩	傅蘭雅 徐家寶	製造局		未印
造鐵路書	舒高第 鄭昌棪	製造局	三本	未印
造指南針法	傅蘭雅 徐壽	製造局	一本	未印
造象皮法	傅蘭雅 徐壽	製造局	一本	未印
鑄錢論略	傅蘭雅 汪振聲	製造局		未印
以上工政				
保富興國	傅蘭雅 徐家寶	製造局		未印
國政貿易相關書	傅蘭雅 徐家寶	製造局		未印
中國工作商業考		時務報館		未印
以上商政				

西國兵制源流	傅蘭雅 范	製造局		未印
陸軍戰法	傅蘭雅 范	製造局		未印
海用水雷法	傅蘭雅 華蘅芳	製造局	一本	未印
操格林砲法	傅蘭雅 徐建寅	製造局	一本	未印
砲與鐵甲論	傅蘭雅 徐建寅	製造局	十本	未印
營城要説	傅蘭雅 徐建寅	製造局	四本	未印
布國兵船操練	金楷理 李鳳苞	製造局	一本	未印
美國兵船鎗法	金楷理 李鳳苞	製造局	一本	未印
兵船礮法	金楷理 朱格仁	製造局	四本	未譯成
喇叭法	金楷理 朱格仁	製造局	一本	未譯成

以上兵政

造船全法	傅蘭雅 徐建寅	製造局	十本	未印
裝船檣繩索書	舒高第 鄭昌棪	製造局	一本	未譯成
長江新圖説	傅蘭雅 徐家寶	製造局		未譯成

以上船政

中國人所著書（算學書別著錄。表中所列之書，亦有過而存之者，概不加圈識，讀者分別觀之可也。）

海國聞見錄　陳倫炯

海錄　楊炳南

海國圖志　魏源

瀛環志略　徐繼畬

國地異名録　林謙

地球圖說　丁日昌　未刻

續瀛環志略　薛福成　未刻

朔方備乘　何秋濤

英政概　劉啓彤

英藩政概　劉啓彤

法政概　劉啓彤

印度劄記　黃楙材

日本國志　黃遵憲

日本雜事詩　黃遵憲

日本圖經　傅雲龍

日本志　姚文棟　未刻

日本地理兵要　姚文棟

日本新政考　顧厚焜

美國地理兵要　顧厚焜

巴西地理兵要　顧厚焜

巴西政治考　顧厚焜

安南小志　姚文棟

越南世系沿革略　徐延旭

越南輿地圖說　盛慶紱

　　　以上地志

綏服紀略　松筠

中西紀事　夏燮

各國通商條約　同文館本

條約類編　保定刻本

通商約章類纂　天津刻本　坊間翻刻改名《通商約章成案類編》。

通商約章纂要　勞乃宣

國朝柔遠記　王之春　坊間縮印改名《通商始末記》，又名《國朝洋務柔遠記》。

光緒通商綜覈表　錢恂

中外交涉類要表

中俄界約斠注　錢恂
帕米爾分界私議　錢恂
中俄交界續記　王錫祺
　　　以上交涉
奉使俄羅斯日記　張鵬翮
異域錄　圖理琛
出塞紀略　錢良擇
海隅從事錄　丁壽祺
使琉球記　李鼎元
乘槎筆記　斌椿
初使泰西記　宜垕
使西紀程　郭嵩燾
英軺日紀　劉錫鴻
航海述奇　張德彝
使英雜記　張德彝
使法雜記　張德彝
使俄日記　張德彝
隨使日記　張德彝
使還日記　張德彝
使美紀略　陳蘭彬
使東述略　何如璋
出使英法日記　曾紀澤
歐游隨筆　錢德培
使西書略　孫家穀
使德日記　李鳳苞
歐游雜錄　徐建寅　坊間翻刻改名《西遊日記》。
美會紀略　李圭
東行日記　李圭
出使瑣記　蔡鈞
西輶日記　黃楙材
東槎聞見錄　陳家麟
環游地球新錄　李小池

漫游隨録　王韜

扶桑游記　王韜

談瀛録　袁祖志　坊間翻印改名《出洋須知》。

南行日記　吳廣霑

游歷筆記

三洲游記

道西齋日記　王詠霓

古巴雜記　譚乾初

西征紀程　鄒代鈞

俄游彙編　繆祐孫

俄游日記　繆祐孫

西伯利探路記　曹廷杰

奉使朝鮮日記　崇禮

出使英法義比四國日記　薛福成

出使美日祕國日記　崔國因

東轅日記　王之春

使俄草　王之春

泰西采風記　宋育仁

適可齋記行　馬建中

金軺籌筆　坊間縮印改名《中俄交涉記》。

五次問答節略

　　　以上游記　末二種附見

挍邠廬抗議　馮桂芬

曾惠敏集　曾紀澤

瀛海論　張自牧

蠡測卮言　張自牧

瀛海卮言　王之春

西事蠡測　沈純

游歷芻言　黃楙材

籌洋芻議　薛福成

黎蒓齋集　黎庶昌

海外文編　薛福成

雲南勘界籌邊記　姚文棟

公車上書記

四上書記　南海康先生　時務報館代印本

危言　湯壽潛

報國錄治平通議　陳虬　總名《蟄廬叢書》

庸書　陳熾

續富國策　陳熾

適可齋記言　馬建忠

興算學議　譚嗣同

著相庵蟄音　何樹齡

中[卑]議　宋恕　未刻

中西教學通議　黃傳祁　未刻

盛世危言　鄭官應

中國亟宜改革政法論　何啓　以上二種坊間合刻改名《時務叢鈔》，又名《洋務叢書》。

　　以上議論

外國師船表　許景澄

法國海軍識[職]要　馬建忠

俄羅斯鐵路圖表　李家鏊

星軺考轍　劉啓彤　坊間縮印改名《鐵路圖攷》。

子藥準則

魚雷問答

電氣問答

弢園西學輯存　王韜

中西度量權衡表

長江礮臺芻議　姚錫光

天文歌略地理歌略　葉瀚葉瀾

　　以上雜錄

（1896年　月時務報館代印本）

讀西學書法

譯出西書數百種，雖其尠已甚，然苟不審門徑，不知別擇，驟涉其籓，亦頗繁難矣。昔所卒業，略窺一二，輒綴札記數十則，以眎吾黨，匪曰著書也。梁啟超記。

中國譯出各西書，半皆彼中二十年前之著作。西人政學，日出日新，新者出而舊者廢。然則當時所譯，雖有善本，至今亦率爲彼所吐棄矣。惟算學一門，西人之法，無更新於微積者。而當時筆受諸君，又皆深於此學，不讓彼中人士。故諸西書中，以算書爲最良也。

學算必從數學入，乃及代數。偉烈之《數學啓蒙》，即《數理精蘊》之節本。每法取其一題，而去其蕪詞，極便學者。狄考文之《筆算數學》，專爲授蒙之用，全用俗語，習問極多，皆便於初學之書也。二書於比例、開方兩門，皆極簡明，狄書更能舉其要，非中國舊説所能及。惟狄書譯筆太繁耳。

《數學理》説理由淺而深，每門必及代數，頗嫌躐等，於初學不甚相宜。惟天才絶特者，讀之或有速效。

《幾何原本》，徐交定僅譯前六卷，至李壬叔乃續成之。然第十卷之理甚深，非初學所能解。即西人學校通習者，亦僅在前六卷。故偉力亞烈謂西人欲求此書善本，當反索之中國矣。學者初但觀徐譯，久之此學日深，神明其法，自能讀全書也。（《數理精蘊》本較簡，然究以讀原書爲佳。）

《形學備旨》序，謂有許多要題，乃近世新得，不在《幾何原本》之內者，西國每譯幾何，必將要題增補於各卷之後，今李譯皆無之云云。然則讀幾何者，不得不兼讀此書矣。

李壬叔初譯《代數學》已佚，其存者《代微積拾級》，依西人文法，不敢稍有變動，故極佶屈難讀。馮林一嘗以己意重演之，爲《西算新法直解》，然不能善也。

習代數者當以《代數術》爲正宗,而以《代數備旨》輔之。《備旨》習問太多,頗嫌繁而不殺,其弊與《筆算數學》同。且除加減乘除命分外,止有一次二次方程式,於代數一術,亦未完備也。然《代數術》卷二十三論方程界線,頗有錯誤。學者讀至此,姑緩置之,躐讀下卷可也。

《代數難題解法》,率有算草無解說,非已習代數者,不能明之。代數既通,可習微分積分,則爲今時世界上算學之峰極矣。(《代數統法》,局譯成未印。)

西法借根,即中法天元;西法代數,即中法四元。天元密於借根,代數捷於四元。西塾課程,率明筆算後,即習代數。而華若汀以爲先習天元,乃習代數,更便易也。

中國古今算書繁多,不具論。惟華氏《學算筆談》,從記數起以至微積,由極淺以至極深,所用皆西人之法,而經中國人手著,文理邕達,辨難通詳,實學者最便之書也。

《奈端數理》,製造局譯未成。聞理太奧賾,李壬叔亦不能譯云。

《決疑數術》,局譯成未印。西國人命保險諸事,即用此法。《格致彙編》中曾有一篇,略言其術,然不能盡也。

李壬叔所譯《重學》甚精。然聞西人原書,本分三編。其前編極淺,以教孩孺;其後卷極深,一切重學致用之理在焉。李譯者僅其中編耳。

李提摩太嘗語余云:十年以前之電學書,可以一字不讀,西人悉棄不用矣。頃中國譯出電學數書,皆在十年以前。然必先知舊說之粗淺,乃能語新說之精深,則亦不可以不讀也。

凡人之所見所聞,皆與一身成比例。凡大於身千倍以上,或小於身千倍以上者,其形其聲,即末從聞,末從見矣。西人聲、光兩學,實爲世界上加無限力量。有遠鏡,則恒星五緯之大,皆能見之;有顯微鏡,則蠅目蝨舌之小,皆能見之。此皆光學家巧奪造化之事。《格致彙編》中,有《顯微鏡遠鏡說》一書,其法尚新可讀。聲學傳聲、記聲兩事,亦爲非常之學,譯出者尚未有專書也。

泰西專門之學,各有專門之字,條理繁多,非久於其業者,不能盡通而無謬誤也。況於以中譯西,方音淆舛,尤不可憑,豪釐千里,知難免矣。局譯有《金石識別表》《化學材料表》《汽機中西名目表》《西藥大成藥名表》等書,西字、譯音,二者並列,最便查檢。所定名目,亦切當簡易。後有續譯者,可踵而行之也。

《金石識別》，爲化分極有用之書。然原書圖分五色，今譯本去之，則有圖如無圖矣。

《化學鑑原》，與《續編》《補編》，合爲一書，《化學考質》《化學求數》合爲一書，譯出之化學書，最有條理者也。廣州所譯《化學初階》，同文館所譯《化學闡原》，聞即《化學鑑原》云。西文本同一書，而譯出之文，懸絕若此，誠可異也。徐仲虎語余，是書同時尚有教會亦譯出一本，蓋並時而有四本云。《初階》譯筆甚劣，幾難索解，可不讀。

《闡原》所譯原質材料各名，與製造局所定之名不同，其發凡皆見於前此所譯《化學指南》一書。《指南》與《闡原》合爲一書，猶《鑑原》之有《續編》《補編》也。今《指南》已佚，《闡原》遂不可讀。然《指南》《闡原》所定之名，如鑭鐗等類，皆杜撰可笑；視製造局之取羅馬字母弟一音，而加金石偏旁以示識別，其精審不逮遠矣。《闡原》等書，譯在《鑑原》之後，乃不從其所定之名，以致其書不可讀，亦譯者之陋也。

化學莫要於試驗，故置器爲第一義。《格致彙編》中有《化學器》一篇（《格致釋器》有單行本），初學必須之器略具矣，其價值亦備列。

人日居天地間，而不知天地作何狀，是謂大陋。故《談天》《地學淺釋》二書，不可不急讀。二書原本，固爲博大精深之作，即譯筆之雅潔，亦群書中所罕見也。

《談天》初譯成，在上海墨海書局發印，册大將徑尺，圖表朗明，紙刻精絕。今坊間無此本矣。製造局本，有徐仲虎補譯。

《談天》一書，必通算學，明測量，乃能卒業。其稍易明曉者，則有《天文圖説》《天文揭要》二書。《圖説》之圖，精妙可喜。《揭要》則多新法，常有稜正《談天》之誤者。（《揭要》爲登州文會印本，尚有《聲學揭要》《光學揭要》，皆甚新。）

風雲雷雨等，相沿以爲天文，其實皆地面上之物耳。西人言地學者，約分三宗：風雲雷雨等，謂之地文學；地中礦石物迹，謂之地質學；五洲萬國形勢沿革，謂之地志學。地文學之書，如《測候叢譚》等是也；地質學之書，如《地學淺釋》等是也；地志學之書，如《地理全志》等是也。

地質學之書，就地中生物之迹，以考地球初成以來至於今日，天氣地形物種人類遞變之狀，因識地球由草昧而文明之理。游心荒古，歷歷如在目，蓋未有文字以前地球之全史也(西人亦有石史之目)。於三宗之中，其致用似不及彼二者。然欲明格致之理者，必由之，不僅爲礦政之用而已(《地學指略》《地學稽古編》，與《淺釋》有相備之處)。

地志之書，尚無善本。《瀛環志略》，相沿已久，而謬誤殊多，不如《地理全志》。然《全志》太簡略，且亦太舊，近年變遷多矣。聞薛叔耘所輯《續瀛環志略》，其家已謀付印，想必有可觀矣。

地文之書，《測候叢譚》最足觀。近譯《八星之一總論》(初名《地球養民關係》)，尤多新理。

人自有其身，而不知身之情狀，可慭孰甚！故全體學之書，不可不讀。《全體通考》《全體闡微》，號爲詳備。若欲觀大略，則《省身指掌》《體學易知》兩種，讀其一可矣。

泰西又有一學派，專論腦氣管往來之事。有《心靈學》《知識五門》《辨學啓蒙》等書，常得新理。蓋名家堅白馬之支流，亦導源於幾何公論也。辨學與心靈學又自不同。

動植物學，推其本原，可以考種類蕃變之迹；究其致用，可以爲農學畜牧之資，乃格致中最切近有用者也。《植物學》《植物圖説》皆甚精，《動物學新編》則不備，反不如《百鳥圖説》《百獸圖説》。聞李壬叔譯有《動物學》，嘗在天津刻之，未獲見也。西人又譯有《活物學》，亦未見。

微生物亦天地間一大種類，非光學大明，無以知之矣。《格致彙編》中，有《人與微生物爭戰論》一篇，中多瑰詭可聽之論。

西人醫學，設爲特科，選中學生之高才者學焉。中國醫生，乃強半以學帖括不成者爲之。其技之孰良，無待問矣。《漢志》方伎，猶自列爲一略；後世廢棄，良足歎也。譯出醫書，以《内科理法》《西藥大成》爲最備。《儒門醫學》，上卷論養生之理，尤不可不讀。廣東教士譯醫書最多，然偏重外科。近譯《醫理略述》，頗多新理也。

中國人數之衆，甲於大地。然歐洲近三十年間，户口驟增。中國則自嘉慶以來，即號四萬萬，至今百年，其數如昔。固由水旱兵刼之所致，抑亦養生之道未盡，夭折者多也。西人近以格致之理，推求養生所應得之事，飲食居處，事事講求。近譯如《衛生要旨》《化學衛生論》《居宅衛生論》《幼童衛生論》等書，凡自愛之君子，不可以不講也。

《延年益壽論》《治心免病法》二書，所言之理，與尋常西醫書截然不同。蓋彼中之新學也，藝也而漸近乎道矣。西人之學，日以求新爲主，故新法亦日出而不窮。其未經譯出之新書，汗牛充棟，何可勝道邪？去年新創電光照骨之法，三月之間，而舉國醫士，已盡棄舊法而用之。西人舍己從人，真不可及矣。

古人讀書，左圖右史。蕭何入關，收秦圖籍，得以知阨塞、定天下。鄭漁仲《通志》，特立圖譜一略，可謂高識矣。中國向無精圖，由於測繪之事不講，握籌操觚，難乎其人也。西人入學之始，即教以幾何畫形之學，人人習之。蓋以凡百學問，皆有藉乎此也。譯出者有《測地繪圖》《行軍測繪》等書，與《運規約指》《周冪知裁》諸編，本不能分而爲二。然圖畫實爲西人一種顓門之學，以坩算學，亦覺不安，故別錄之。

中國地圖，無一精本。胡文忠之圖，號稱最善，而舛謬漏略，不可僂指。近年新修《會典》，各省派專員測繪，然多因襲舊圖，未能精善。故欲讀圖者，必以譯出西圖爲斷。余所見者，有製造局之《平圓地球圖》二大幅，益智書會《平圓地球圖》一大幅，日本人所繪《坤輿方圖》一大幅，楊□□所譯《五大洲平方總圖》，陳作琴所譯《萬國輿圖》一本，李提摩太所譯《五洲各國統屬圖》，洪文卿《中俄交界圖》三十五幅，天津所譯《八省沿海圖》十六幅，日本人所印《亞細東部圖》一幅，《朝鮮圖》一幅，製造局所譯《海道圖》《長江圖》，稅務司所譯《新長江圖》，某教會所譯《十八省行省圖》，某領事所譯《俄羅斯西伯利鐵路所經各地圖》等，皆有可觀。余所見日本陸軍測量部，所繪東三省、直隸、山東及日本、高麗沿海各地圖，乃去年九月間印成者，華文之圖，以此本爲最新矣。新化鄒君沅帆現譯一圖，據西人極精之本，全分共有六百七十張，三年之內，可以全圖告成，真不朽之盛業矣。

西史之屬，其專史有《大英國志》《俄史輯譯》《法國志略》《米利堅志》《聯邦志略》等書，俄史最佳。鄉人黃君公度，近纂《日本國志》，體例明通，議論閎達，直躋古人著作之林，與舌人之手筆，相去不可道里計矣。

通史有《萬國史記》《萬國通鑑》等。《通鑑》乃教會之書，其言不盡可信，不如《史記》。稅務司所譯《西學啓蒙十六種》，中有《歐洲史略》一書，不以國分而以事紀，其體例似過於二書，惜譯文太劣耳。又有《希臘志略》《羅馬志略》二書（《啓蒙十六種》之二），希臘、羅馬，並歐洲古時聲明文物之國，今泰西政事、藝學，皆於此出焉，亦不可以不讀也。《四裔編年表》，頗便繙閲，而舛錯亦多。

《泰西新史攬要》（初名《泰西近百年來大事記》），述百年以來，歐美各國變法自强之迹，西史中最佳之書也。惜譯筆繁蕪，眩亂耳目。苟得能文者删潤之，可去其半。《列國變通興盛記》，其名甚動人，然書中惟記俄羅斯、日本二篇足觀，其他則亡國之餘，而以爲興盛，於名太不順矣。

紀事本末，有《德國合盟本末》《普法戰紀》《祕智海戰記》《俄土用雷記》，皆足觀。遵義黎氏譯《華盛頓傳》，實則美國開創記也。五十年來，歐洲三大戰，其一曰南北美之役，《防海新論》詳之；其二曰普法之役，《臨陣管見》詳之；其三曰俄土之役，《東方交涉記》詳之。然則此三書者，亦可作紀事本末讀也。至近印之《中東戰紀》，其書議論之是非，稍有知識者能道之，無待余言。

《列國歲計政要》，述歐洲各國疆域、户口、官制、教門、學校、國用、商務、兵力等事。然其書爲同治癸酉年之書，去今二十餘年，因廢變遷，已成陳迹。西人此類之書，歲歲皆有，或官撰，或私述，不一而足。若能自癸酉至今，每年譯成一書，豈不甚善！而惜其止於此也。

變法之本原，曰官制，曰學校。官制之書，尚無譯本，惟徐仲虎之《德國議院章程》近之。然議院不過官制之一事，徐書又僅言開院之例，未及其他也。（惟《英法政概》，《日本國志》中，略述一二。）學校之書，有《德國學校》一書，分門別類，規模略見。近印之《文學興國策》，爲日本興學取法之書，然多閒文矣。

沈仲禮近譯《西學課程彙編》，述西國各學堂所定功課，分門分年，區爲份數，讀之於彼中學制大略可見。顏永京有《肄業要覽》一書，言教學童之理法，頗多精義。父兄欲成就其子弟，不可不讀之。

西人凡百政事，皆有章程，頒行省署。其定章之始，既已精詳審慎，又復隨時修改。有司奉行，不少假借；其不可奉行者，應時改之。此西政之所以善也。今欲變法，莫亟於多譯章程之書，得以取資。頃已譯出印成者，有《水師章程》《行船免撞章程》《德國議院章程》《航海章程》。近者《時務報》附印《倫敦鐵路公司章程》，又譯《日本彙聚法規》，及《開礦章程》，他日告成，甚有補也。

《水師章程》，譯文極佶屈，因官名及所辦事務等名，皆譯音不譯義，故滿紙多不相屬之字，幾於不能讀也。

西國公法家言，皆布衣下士，持空理以著書。講之既久，執政者漸因用之，頗有成《春秋》而亂賊懼之意。然所據者，多羅馬及近世舊案，非能悉由公理；又必彼此兩國，文野（文謂文明之國，野謂野蠻之國）之軌相近，強弱之度相等，乃能用之，否則徒爲空言而已。然近數十年間，因此而免於戰事者，已無慮百十事，則公法家之息兵會，與有力焉。中國與西人交涉日繁，苟明此學者漸多，則折衝尊俎，其弭患無形者，必不少也。

同文館教習丁韙良，公法專家，故館譯多法學之書。然西人治公法，有聲於時者，無慮數十百家。丁譯之《萬國公法》，非大備之書也。局譯《各國交涉公法論》，分三集，爲書十六本，視館譯爲優矣。（聞李丹崖譯有《公法書》，甚詳備，未印出。）

《佐治芻言》，言立國之理，及人所當爲之事。凡國與國相處，人與人相處之道，悉備焉。皆用幾何公論，探本窮原，論政治最通之書。其上半部論國與國相處，多公法家言；下半部論人與人相處，多商學家言。

《中國古世公法論略》，丁韙良得意之書。然以西人譚中國古事，大方見之，鮮不爲笑。中國當封建之世，諸國並立，公法學之昌明，不亞於彼之希臘。若博雅君子，裒而補成之，可得巨帙也。西政之合於中國古世者多矣，又甯獨公法耶？

《星軺指掌》，言使臣之職掌，及派使待使之道，條理粲然，亦章程類之書也。惟原書上編言法程，下編言成案，今僅譯上編耳。

《法國律例》，名爲律例，實則拿破侖治國之規模在焉，不得以刑書讀也。惟譯文繁訛，館譯之書，皆坐此弊。粵人著有《英律全書》，體例未善，慰情聊勝無也。局譯《洗冤錄》未印成。

西人富民之道，仍以農桑畜牧爲本。論者每謂西人重商而賤農，非也。彼中農家，近率改用新法，以化學糞田，以機器播穫，每年所入，視舊法最少亦可增一倍。中國若能務此，豈患貧邪？惜前此洋務諸公，不以此事爲重，故農政各書，悉未譯出。惟《農事略論》《農學新法》，兩種合成，不過萬字，略言其梗概耳。

絲市爲中國出口貨一大宗，而年來爲日本、美國所奪，絲業殆將圮矣。法國蠶務總會，曾託浙海關某稅員，查中國蠶政敗壞之由，查得中國之蠶，皆患瘟病，因詳言其生病之由，及除病之道，著爲《鹽務圖說》一書。今中國欲保全利源，此等書必不可以束高閣矣。

《西國養蜂法》，言印度不養蜂，其所失之利，過於其所得種鴉片之利。然則養蜂之爲利大矣。此書言用光學聚蜂，以化學察蜂等理，至纖至悉。西人於此等微細之事，其講求乃如此，宜其富強哉！

礦政一門，鍊礦各書譯出者，有數種；察勘礦苗之專書，尚無譯者，亦所當留意也。

《汽機發軔》《汽機必以》《汽機新制》諸書，譯本皆甚善。《發軔》詳於理，下二書詳於法。《工程致富》《考工記要》，二種合爲一書，言修房、築路、建橋等大工程。《西藝知新》原續刻共十五種，爲一叢書，皆言手製各物小工程。其法雖頗舊，然中國工人，苟覃心研究，能通其法，則亦可以獲利。因中國物料與工價俱賤，而向用之法，舊於此等十倍也。他人歷萬里，購我物料歸國而製造之，復運來以取售於我，而其利之溥猶如此。貨棄於地，惜哉！

同文館所譯《富國策》，與稅務司所譯《富國養民策》，或言本屬一書云，譯筆皆劣，而精義甚多。其中所言商理商情，合地球人民土地，以幾何公法盈虛消長之，蓋非專門名家者，不能通其窔奧也。中國欲振興商務，非有商學會聚衆講求，大明此等理法不可。

《生利分利之別》一書，不滿三千言。其所論者，商學理中之一義也。俗儒多疑機器一興，小民失業，皆未明此論故也。

製造局新譯《保富興國》《國政貿易相關》，皆言商學大義，未印成。

兵學之書，馬眉叔所譯《海軍職要》，李丹崖所譯《陸操新義》，最佳。《陸操新義》坊間有翻刻本，易名《德國練要》。

《臨陣管見》《前敵須知》《防海新論》《列國陸軍制》《英國水師章程》《德國軍制述要》等書，可先讀。其餘皆專門致用之書，非壹志於兵學者，可以緩讀。

日本人新著有《戰法學》一書，刻於都中日本使署，乃中東戰爭以後所著，言極詳盡，華文兵書中最佳者也。坊間無通行本。

西人游歷各地，多學會所派，或地學會，或商會，或教會，其國家專派人者亦有焉。其所派者，率皆學成之人。所至測驗氣候，量繪阨塞，詳紀俗尚，勒成一書，歸報國家。其國家他日欲有事於此地，則取資焉。游歷之所關重矣。今譯者有法人晃西士《探路記》，英人蘭士路得《俄屬游記》等書，讀之可以知彼中游歷之體例焉。

英人立溫斯敦居非州[洲]內地二十年，諳其地利，習其人情。近年歐人剖分非洲，半用其言也。今彼之著述譯成華文者，有《黑蠻風土記》一書，敘述瑣屑，無關宏恉，蓋必尚有他書，未譯出者也。

《西學考略》，爲丁韙良請假回國之日記，詳於學校。《歷覽記略》，爲傅蘭雅請假回國所記，詳於機器。皆日記之可觀者也。

三十年前，京師創有《中西聞見錄》，略述泰西政藝各事，閱者寥寥，不久旋輟。嗣在上海續繙《格致彙編》，前後七年，中經作輟，皆言西人格致新理，洪纖並載，多有出於所繙各書之外者，讀之可以增益智慧。惜當時風氣未開，嗜之者終復無幾。聞傅蘭雅因譯此編，賠墊數千金云。故光緒十六年以後，即不復譯。今中國欲爲推廣民智起見，必宜重興此舉矣。

欲知近今各國情狀，則製造局所譯《西國近事彙編》，最可讀，爲其繙譯西報，事實頗多也。自同治癸酉起譯至今，然自壬午以後，無刊布之本，實可恨恨。譯出以活字板排印，送總署、南、北洋、海關、道各一分而已。每月一本，所譯者英國《泰晤士報》也。

癸未、甲申間，西人教會始創《萬國公報》，後因事中止，至己丑後復開，至今亦每月一本。中譯西報頗多，欲覘時事者，必讀焉。然教會所立，士夫每不樂觀之。

税務司所譯《西學啓蒙十六種》，中有數種，爲他書所未道及者，如《希臘志略》《羅馬志略》《辨學啓蒙》《富國養民策》，皆特佳之書也。其《西學略述》一種，言希臘昔賢性理詞章之學，足以考西學之所自出，而教之流派，亦頗詳焉。惜譯筆甚劣，繁蕪佶屈，幾不可讀。然其書則不可不讀也。

同文館所譯《格物入門》，無新奇之義，能詳他書所略者，而譯文亦劣，可不必讀。傅蘭雅所譯《格致須知》，分爲三集，共三十餘本，每本不過二十餘頁，力求簡明，便於初學。惟格致各門，理法極繁密，非反覆詰證，不能大明，必非二十餘葉所能達也。故初學讀之，仍苦末由懸解。但欲粗通大略，此書亦可省觀也。

《格致彙編》中,有《格致略論》一種,同一簡括,而明備似過於《須知》。新學披覽,亦可增智也。

《格致探原》《物理推原》,皆教門之書,將一切事物,歸功天主,蓋其本意也。惟所言萬物蕃變之故,多奇鑿可聽。

《格致釋器》中,有《測候器》《化學器》《重學器》《水學器》《氣學器》《照像器》《顯微鏡遠鏡說》等篇(《照像器》以下三種,不入《格致釋器》中,體例則同也),詳言某學需用某器,顯之以圖,系之以說,言明用法,列其價值,專門名家者最便之書也。

通論中國時局之書,最先者,林樂知之《東方時局論略》《中西關繫略論》。近李提摩太之《時事新論》《西鐸》《新政策》,言論多有可採。餘無足觀。

戰事以後,西人代中國籌畫之策,頗復不少。所見者來春石泰之《借箸籌防論略》,金陵有刻本。福士達之《整頓中國條議》,雷諾之《揚子江籌防芻議》,皆將以次坿入《時務報》中。林樂知之《治安策》,見於《中東戰紀本末》,皆多可取者也。

艾約瑟《華語考原》,曾坿印於《格致彙編》中。以西人而考據中國古言,其刺謬固甚多。然有好學深思之處,不可沒也。

五十年來,西國屢興博物大會,集五洲之土產,及製造等物,而大賽之。凡有新學新法,悉萃焉。所以振厲其國人,使工作商業浡興。此西國富強之所由也。光緒十六年,爲美洲開闢四百年之期,開大會於芝嘉皋,其盛爲前此所未有。《格致彙編》中,曾譯有《美國博物大會圖說》,學者讀之,可知此事與商務相關,殊非淺尠也。

《幼學操身》,述體操之法,與中國《易筋經》等相彷彿,而其法較善。有志繕生之學者,不可不留意。西人學堂,皆立體操,定課每日以一二小時爲之。此西人所以多強壯,而舉國皆可爲兵也。中國讀書種子,率文弱柔脆,皆不講體操所致也。

近日士夫,多有因言西學,並祖西教者。懾於富強之威,而盡棄其所據,亦由前此於中國書,未經讀有心得也。亡友陳君通父(名千秋),著有《耶穌教平說》一書,未成而卒。其第四篇曰:泰西政事原於羅馬,與耶穌無關考;其第五篇曰:泰西藝學原於希臘,與耶穌無關考。可謂持平之論矣。

埃及、巴比倫、叙利亞、希臘,皆有小教門,印度之婆羅門,九十六外道爲尤盛,如中國周秦諸子,皆治道術之士也。譯出者有《古教彙參》,述其一二,惜太漏略,且譯筆亦太劣也。《西學略述》中,言教者與《彙參》互有詳略,其疵亦同。聞洪文卿《元史補注》中,述亞洲種教頗詳,顧未之見。

前申報館印有《昕夕閒譚》,亦名《英國小説》,乃彼中説部之書,讀之可見西俗。惜僅譯成上半部耳。廣學會近譯有《百年一覺》,初印於《萬國公報》中,名《回頭看紀略》,亦小説家言。懸揣地球百年以後之情形,中頗有與《禮運》大同之義相合者,可謂奇文矣。聞原書卷帙甚繁,譯出者不過五十分之一二云。

中國人所著言西事之書,所見者如曾惠敏之《文集》,薛叔耘之《籌洋芻議》《四國日記》,《海外文編》,黎蒓齋之《文集》,許竹篔之《外國師船表》,黃豪伯之《印度劄記》《西輶日記》《游歷芻言》,劉丹廷之《英法政概》《星軺考轍》(坊間翻刻,改名《鐵路圖考》),黃公度之《日本國志》《日本雜事詩》,姚子梁之《日本地理兵要》,顧少逸之《美國地理兵要》《巴西地理兵要》《巴西政治考》《日本新政考》,李丹崖之《日記》,張在初之《日記》,徐仲虎之《歐游雜錄》,馬眉叔之《適可齋記言》,錢念劬之《中俄界約注》《帕米爾圖説》《交涉類表要表》《通商綜覈表》,沈□□之《西事蠡測》,陳次亮之《庸書》《續富國策》,湯蟄仙之《危言》,鄒沅帆之《西征紀程》,葉浩吾、清漪兄弟之《天文歌略》《地理歌略》,皆佳者也。餘未盡獲見,不敢具論。近風氣頗開,此種著述,亦日盛一日。然或學無本末,語無心得,互相沿襲,讀之徒費時日,無寗讀黃梨洲之《明夷待訪錄》,龔定菴之《文集》矣。

吾師南海康先生,己丑、乙未凡四上書。其弟四書,推言變法下手之方,及其條理次第。苟由此道,中國之富强,易如反手耳。原稿悉存啓超處,行將敬校上石,以公之天下。

近清河王氏輯有《小方壺齋輿地叢鈔》一書,於中國人近著各書,搜羅頗富。學者亦宜置一通。

天津新印《中西度量權衡表》,未能大備。若有好事者能續補之,則亦有功於西學也。

譯出各書,多二十年前之舊藉,彼中人士,已吐棄不道;且屢經筆舌,每失其意。故欲周知四國,成一家言者,非習西文不可。日本舉國之人,能通英、法文者,幾及其半,此人才之所以盛也。中國一孔之儒,吐棄不屑,固爲可哂。其稍有志趣者,或慮齒長舌强,學步爲難,斯固不然。余所見二十以後始學此者,其成就之人,指不勝屈。西國學童,必習拉丁文(羅馬文字)。蓋法文、英文,各書之中,大半用拉丁文法;猶今人著書,必用秦、漢文義也。故欲求能讀西書,莫如先從拉丁文入手。聞一年之內,即可以自讀各書矣。

今之教子弟者,扶牀入塾,即教以"四書""五經"。夫誠正治平之大義,學者白首猶未能言;今以初學識字之人,驟焉語之,何以能解其意?則非欲其成學也,欲其剽竊兔册,嚮壁虛造,僥倖於科第而已。故常有讀書十年,而於一切事理,未能明晰者,初教之不如法也。今宜於入學之始,教以粗淺之事物,如算學、天文、地理之類,設爲問答,隨機指點,則孺子不苦其勞,而能受其益矣。西人所著,如《啓悟要津》《筆算數學》《格致啓蒙》等書,皆可讀。葉氏《天文歌略》《地理歌略》,亦甚善也。此等書皆未備,異時當分類標例,屬吾黨編纂之,令各種專門之學,皆有入手之處。學童於尋常之物理人事,既已略明,則求"六經"之微言不難矣。

學者一人獨立,難以成學,或力量不能備購各書,則莫若設立學會。大會固不易舉,則莫若爲小會。數十人可以爲會,十餘人可以爲會,即等而少之,至三四人,亦未嘗不可以爲會。聯購各書,嚴立課程,定習專門,互相糾勸。如此以求成學,所謂事半而功倍者也。孔子曰:"君子以文會友。"荀子曰:人之所以異於禽獸者,以其能群也。敬業樂群謂之吉,離羣索居謂之吝。欲自成以成物者,其無憚於紀昀之讋言(紀昀謂漢亡於黨錮,宋亡於講學,明亡於東林,是明目張膽,與李元禮、司馬公、朱子、顧涇陽爲仇,而甘心爲十常侍、蔡京、韓侂胄、魏忠賢之奴隸也。余著有《學會末議》一首,專論斯義),而違傳記之大義也。

(1896年時務報館代印本)

《論語》《公羊》相通説

孔子有義理之學,有經世之學。義理爲本,經世爲用。《論語》多言義理,《春秋》多言經世,要之其原一也。《春秋》口説傳於子夏,公羊高事子夏,受焉;家世傳業,至漢世著竹帛,爲公羊之學。而《論語》一書據鄭康成序,以爲曾子、子夏弟子所記。(《論語讖》亦同此説。)然則《論語》《公羊》同出一家之學,且《論語》記孔子言論行事,《公羊》傳孔子微言大義,説又合一,固其宜也。自僞《左》既興,《公羊》式微,《春秋》之學不絶如綫,於是《論語》亦幾不可通矣。今以二書互相比較,釐剔而疏證之,俾知孔子之道本用同原,内外合軌,庶幾於經學有補乎!新會梁啓超卓如自序。

君子務本。(《學而》)

  謹案:《春秋》有"五始"之義。始者,本也。故《春秋繁露·重政》篇曰:"唯聖人能屬萬物于一,而繫之元也。終不及本所從來……不能遂其功。"而《天人策》亦云:"謂一爲元者,視大始而欲正本也。《春秋》深探其本,而反自貴者始。"皆以"正本"釋"五始"之義,與《論語》"務本"之説正同。

節用而愛人,使民以時。

  謹案:《春秋》于築臺毀臺修舊造邑,或以小惡譏,或以大惡諱,惡其奪民時而開奢泰之漸也。故僖二十年"新作南門",何注以爲"惡奢泰不奉古制常法";成十八年"築鹿囿",何注以爲"刺奢泰妨民";昭元年"叔弓帥師疆運田",何注以爲"刺魯微弱失操,煩擾百姓":皆《論語》"節用時使"之義也。

三年無改于父之道,可謂孝矣。

謹案:《春秋》十二公,《公羊傳》爲十一卷(《穀梁傳》同。左氏爲十二卷,僞說也),合閔公于莊公。何注云:係閔于莊下者,"子未三年,無改于父之道"。此皆先師相傳微言也。故《繁露》又云:則曷爲于其封内三年稱子? 緣孝子之心,則三年不忍當也。並與《論語》相通。

多聞闕疑,慎言其餘,則寡尤;多見闕殆,慎行其餘,則寡悔。(《爲政》)
謹案:《公羊》隱二年傳:"紀子帛者何? 無聞焉耳。"桓十四年傳:"夏五者何? 無聞焉耳。"文十四年傳:"宋子哀者何? 無聞焉耳。"皆于無聞者闕而不傳。而桓五年"甲戌己丑陳侯鮑卒",傳亦云:"君子疑焉,故以二日卒之也。"皆合于《論語》之義。故隱三年何注釋"日有食",亦引此文爲證也。至劉申受《論語述何》解"多聞"爲"所傳聞所聞世","多見"爲"所見世",亦足備一解。

舉直錯諸枉,則民服;舉枉錯諸直,則民不服。
謹案:《春秋繁露·精華》篇云:"以所任賢,謂之主尊國安;所任不賢,謂之主卑國危。"即此義也。故《春秋》于僖公之能任季子則喜之,于宋殤公之不能用孔父則惜之(其義亦見《精華》篇),而于蔡季、吳札、衛叔武、曹喜時、邾叔術、公弟叔肸皆以著舉賢之義,與《論語》此文同爲經世之大法矣。

子張問:"十世可知也?"子曰:"殷因于夏禮,所損益可知也;周因于殷禮,所損益可知也;其或繼周者,雖百世可知也。"
謹案:此《春秋》之大義。《春秋繁露》有《三代改制質文》篇,專發明"新王改制"之說。蓋五德之運,文質之統,窮則反本,若環無端。故《春秋》特立爲三統之制。《淮南子》云:"殷繼①夏,周繼殷,春秋繼周,三代之禮不同。"則直以春秋爲繼周矣。《繁露·改制質文》篇亦言"以春秋當新王",然則《淮南子》"春秋繼周"云云,正此文之注脚也。孔子祖述憲章,損益百代,而成爲《春秋》。故《中庸》述聖人作春秋之意云:"百世以俟聖人而不惑。"亦與"百

---

① "繼"應作"變",下數"繼"字皆同。

世可知"之言相應矣。

非其鬼而祭之,諂也。
　　謹案:僖三十一年傳:"諸侯山川有不在其封内者,則不祭也。"成六年"立武宫"傳:"立者不宜立也。"皆與《論語》合。

孔子謂季氏:"八佾舞于庭,是可忍也,孰不可忍也?"(《八佾》)
　　謹案:隱五年傳:"僭諸公,猶可言也;僭天子,不可言也。"即此義。

子曰:"夷狄之有君,不如諸夏之亡也。"
　　謹案:哀十①年,"公會晉侯及吳子于黄池"。何注以爲惡諸侯之君夷狄,即此意也。故何氏又于襄八②年鄬之會"陳侯逃歸"下引此文爲證,皆大義相通也。
　　又案:《繁露·楚莊王》篇云:"晉伐鮮虞,奚惡乎?晉而同夷狄也。"《竹林》篇曰:《春秋》曰:鄭伐許,何惡乎?鄭而夷狄之也。又曰:"《春秋》之常辭也,不與夷狄而與中國爲禮。至邲之戰,偏然反之,何也?曰:《春秋》無通辭,從變而移。今晉變而爲夷狄,楚變而爲君子,故移其辭以從其事。"皆與此文相發明。

季氏旅于泰山。……子曰:"……曾謂泰山不如林放乎?"
　　謹案:僖三十一年傳:諸侯山川不在封内者不祭。諸侯尚不得祭,況大夫乎!

子曰:"夏禮吾能言之,杞不足徵也;殷禮吾能言之,宋不足徵也。文獻不足故也;足,則吾能徵之矣。"
　　謹案:孔子之作《春秋》也,上黜杞,下存宋,新周王魯,以春秋當新王,其取采者多夏、殷、周之制也。故《中庸》云:"考之三王而不繆。"(《中庸》爲子思述聖祖之德而作,見鄭康成注。)然夏、殷之禮既已無徵,僅有夏時、乾坤,存什一于千百

---

① "十"應作"十三"。
② "八"應作"七"。

耳。故群經所言三代之禮,多皆孔子自行推定者,所謂"吾能言之"也。《春秋》"三統"之義,即本于此。

或問禘之説。子曰:"不知也。知其説者之于天下也,其如示諸斯乎!"指其掌。
　　謹案:文二年"大事于太廟"傳:"五年而再殷祭。"殷祭而以大事名之者,蓋孔子立爲廟制,以教萬世之孝。而宗廟之祭以禘祫爲最重,故大之也。此仁育天下之原也,故曰"其如示諸斯乎"。

獲罪于天,無所禱也。
　　謹案:《公羊》于立煬宫、立武宫皆譏絶之,即此義。

子曰:"周監于二代,郁郁乎文哉!吾從周。"
　　謹案:孔子憲章文武,故隱元年傳云:"王者孰謂？謂文王也。"言周而必云"監于二代"者,所以明"通三統"之義;"從周"者,即兼從二代也。《禮運》述孔子之言曰:我欲觀夏道,是故之杞,而不足徵也;我欲觀殷道,是故之宋,而不足徵也;我觀周道,幽、厲傷之,吾舍魯奚適矣？蓋夏、殷之道,杞、宋亡之;而周道存于魯者尚多。故孔子作《春秋》,託王于魯也。《春秋》于周制有從之者,亦有改之者,詳見"行夏之時"章。

子貢欲去告朔之餼羊。子曰:"賜也,爾愛其羊,我愛其禮。"
　　謹案:文十六年"夏五月,公四不視朔"傳:"公曷爲四不視朔？公有疾也。何言乎公有疾不視朔？自是公無疾,不視朔也。……有疾,猶可言也;無疾,不可言也。"《論語》之言蓋本于此。

哀公問社于宰我。宰我對曰:"夏后氏以松,殷人以柏,周人以栗。"
　　謹案:此《公羊》"三統"之義。
　　又案:"社"字,今文《魯論語》作"主"(《白虎通義》引),作"社"者,古文也。《五經異義》云:"《論語》'哀公問主于宰我'。今《春秋公羊》説祭有主者,孝子之主繫心。夏后氏以松,殷人以柏,周人以栗。"(《禮記·禮器》《祭法》疏引。)然則公羊先師之説與《論語》全合矣。文二年傳:"主者曷用? ……練者用栗。"蓋專言周制歟?

子曰:"管仲之器小哉!"
　　謹案:《繁露·精華》篇:齊桓仗賢臣之能,用大國之資……于柯之盟見其大信,一年而近國之君畢至。……至于救邢、衛之事,見存亡繼絶之義,而明年遠國之君畢至。……其後矜功,振而自足,而不修德。故楚人滅弦而志不憂,江黄伐陳而不往救;損人之國,而執其大夫,不救陳之患,而責陳不納;不復安鄭,而必欲迫之以兵。功未良成,而志已滿矣。故曰:"管仲之器小哉!"此以《春秋》取書之事發明孔子此言,皆口説所傳也。

天將以夫子爲木鐸。
　　謹案:《集解》載孔注云:"言天將命孔子制作法度,以號令于天下。"可謂深通微言矣。哀十四年傳云:"制《春秋》之義,以俟後聖。"蓋孔子作《春秋》,皆欲以爲後王法。故撥亂世反之正,莫近于《春秋》,其治必極于太平而後備,以至符瑞應之,麟爲出游。自孔子没後,至今三千年,俱受治于孔子之《春秋》中,所謂"以夫子爲木鐸"也。

子曰:"人之過也,各于其黨。觀過,斯知仁矣。"(《里仁》)
　　謹案:公羊言《春秋》于趙盾、許止,既誅之而復赦之,即此義也。

子曰:"放于利而行,多怨。"
　　謹案:公矢魚于棠,謂其與民爭利,則以大惡書之;求賵求金求車,則譏之。惡在上者之言利也。《繁露·玉英》篇云:"君子終日言不及利,欲以勿言愧之而已。"皆發明《論語》之旨者也。

子曰:"能以禮讓爲國乎,何有? 不能以禮讓爲國,如禮何?"
　　謹案:《春秋》託始隱公,公羊謂"隱長又賢",蓋賢其能讓也。此外如蔡季、吴季子札、曹喜時、衛叔武、邾夬術諸人,皆亟表章之,亦以其能讓也,所謂

"能以禮讓爲國乎,何有"也。若乎魯桓、宋莊之流,爭奪相殺,大逆無道,一一誅絶之,所謂"不能以禮讓爲國,如禮何"也。

吾道一以貫之。

  謹案:《春秋》有"奉元"之義,《繁露》、何注皆云"變一爲元",然則"元"即"一"也。《春秋》以元統天,與《易》所謂"大哉乾元""乃統天"之説相合,蓋道罔不貫于是矣。兩書可相發明。

小人喻于利。

  謹案:《春秋》惡言利,説見上。

子曰:"焉用佞？禦人以口給,屢憎于人。不知其人①,焉用佞?"(《公冶》)

  謹案:《春秋》惡佞,説詳下"遠佞人"條。

子貢曰:"夫子之文章,可得而聞也;夫子之言性與天道,不可得而聞也。"

  謹案:董子傳《公羊》,而《繁露》多言陰陽五行,有得于性與天道。蓋孔子之作六經也,其制度法物,燦然可以示人者,則著之經;其有非常異義,皆口説相傳,非其人莫得而聞也。六經皆然。(即七緯是也。)而《春秋》爲尤多,《春秋緯》及《繁露》、何注皆是也。子貢蓋恐人徒讀經文,而不復知有口説,故爲此言。以《春秋》之義,非賴口説不明也。

子曰:"伯夷、叔齊不念舊惡,怨是用希。"

  謹案:《春秋》之義,許人以改過。故《繁露·玉英》篇云:齊桓弗宜爲君而立,罪亦重矣。然而知恐懼,故舉賢人以自覆,蓋遂爲賢君。《春秋》善之,亦《春秋》之不念舊惡也。

子曰:"苟志于仁矣,無惡也。"(《里仁》)

---

  ① "人"應作"仁"。

謹案：《春秋》于祭仲、紀季，皆以賢書之。祭仲、紀季非能賢也，所其志而已。宋宣讓國于其弟，其弟亦不與子，而反之兄子，所謂"志于仁"也。雖有不能大居正之惡，而《春秋》書宋禍，移之宋督，以存善志。此董子所謂"《春秋》之義，善無遺也"，皆"志仁無惡"之説也。

子曰："質勝文則野，文勝質則史。文質彬彬，然後君子。"（《雍也》）
　　謹案：孔子作《春秋》，通以三統，所謂"一商一夏，一質一文"，必斟酌盡善，而後制度從之，故云"文質彬彬"也。

務民之義，敬鬼神而遠之。
　　謹案：《春秋》最重民事。《繁露·竹林》篇云："害民之小者，惡之小者也；害民之大者，惡之大者也。"發此義最詳。宗廟之制，親廟迭毀，所謂"敬而遠之"也。故武宮、煬宮之立，《春秋》皆以爲譏，義同《論語》。

魯一變，至于道。
　　謹案：此《春秋》所以託王于魯之意。

子曰："述而不作，信而好古，竊比于我老彭。"（《述而》）
　　謹案：《春秋》者，魯史之舊文也。孔子立制大義，何以不自箸一書，而必因魯史之舊？蓋以爲見之空言，不如見之行事之博深切明也，故述魯史而不作也。凡六經皆孔子手定，而其名皆前人所有，孔子特因而筆削之以明義而已，所謂"述而不作"也。

子曰："甚矣吾衰也！久矣吾不復夢見周公！"
　　謹案：不夢周公，言周公之不可復興也，是公羊"新周"之義也。

舉一隅不以三隅反，則不復也。
　　謹案：《春秋》之立義也，皆舉一隅，以俟人三隅之反。董子所謂"不能察，寂若無；能察之，無物不在"也。故《繁露·玉杯》篇又云："今夫天子踰年即位,諸侯于封內三年稱子,皆不在經也,而操之與在經者無以異。"皆舉一反三之義也。故《論語》此文,爲讀《春秋》者言之也。

冉有曰:"夫子爲衛君乎?"……出曰:"夫子不爲也。"
　謹案:《公羊》之説,"以王父命辭父命","不以父命辭王父命",似與此文相矛盾。不知《春秋》爲萬世立義者也,《論語》論一時之事者也。《春秋》欲明王父尊于父之義,故借衛輒以發之;猶欲明行權之義,故借祭仲以發之耳。非謂衛輒、祭仲爲賢也。讀《春秋》者,無以事害義,斯得之矣。

子曰:"二三子以我爲隱乎?吾無隱乎爾。"
　謹案:孔子作《春秋》,不可以書見,口授弟子。弟子退而異言,殆即所謂"以我爲隱"也。當時門徒三千,得聞緒言者只有七十。而《春秋》之義,弗能察則寂若無,故皆以孔子爲隱也;然苟能察之,則無物不在,則孔子亦何嘗隱哉!

子曰:"蓋有不知而作之者,我無是也。多聞擇其善者而從之,多見而識之,知之次也。"
　謹案:哀十四年傳云:"《春秋》何以始乎隱?祖之所逮聞也。所見異辭,所聞異辭,所傳聞異辭。"即所謂"多聞多見"也。始于祖之所逮聞,故不知無作也。

子曰:"與其進也,不與其退也,唯何甚!"
　謹案:《春秋》列國,進乎禮義者與之,退者因而貶之,即此義也。

人潔己以進,與其潔也,不保其往也。
　謹案:隱二年何注云:"王者即位,不追治前事。"即此義也。

陳司敗問:"昭公知禮乎?"孔子曰:"知禮。"孔子退,揖巫馬期而進之,曰:"吾聞君子不黨,君子亦黨乎?君取于吳爲同姓,謂之吳孟子。君而知禮,孰不知禮?"巫馬期以告。子曰:"丘也幸,苟有過,人必知之。"

  謹案:昭十二年"孟子卒"傳云:"昭公之夫人也。……稱孟子……諱取同姓。蓋吳女也。"與此文合,可以見譏"取同姓"之義,亦可以見"爲尊者諱"之義。

子曰:"泰伯其可謂至德也已矣!三以天下讓。"(《泰伯》)

  謹案:《春秋》貴讓,説見前。

君子篤于親。

  謹案:閔二年傳云:"親親之道也。"而《繁露·楚莊王》篇亦言:《春秋》"近近而遠遠,親親而疏疏"。蓋《春秋》爲度量分界之書,即《中庸》所謂"親親之殺"也,大義俱同。

危邦不入,亂邦不居。

  謹案:宣十七年十一月壬午,公弟叔肸卒,何注云:"稱字,賢之。宣公篡立,叔肸不仕其朝,不食其禄,終身于貧賤。"即此義也。

子曰:"大哉堯之爲君也!巍巍乎!唯天爲大,唯堯則之。蕩蕩乎!民無能名焉。巍巍乎其有成功也!焕乎其有文章!"

舜有臣五人而天下治。

  謹案:《中庸》稱"仲尼祖述堯舜",而孟子傳孔子之學,亦必稱堯舜,蓋孔子所願學者堯舜也。故哀十四年傳云:"其諸君子樂道堯舜之道歟,末不亦樂乎!堯舜之知君子也。"正言"祖述堯舜"之義,與此同。

三分天下有其二,以服事殷。周之德,其可謂至德也已矣。

  謹案:《春秋》所貴,莫如讓德。故孔子最稱文王,《春秋》記始隱公,以其讓也。而云"王者孰謂?謂文王也",蓋以隱之讓,有似于文王也。

子罕言利。(《子罕》)

謹案:《春秋》惡言利,說見上。

子曰:"麻冕,禮也,今也純,儉。吾從衆。拜下,禮也;今拜乎上,泰也。雖違衆,吾從下。"
　　謹案:此公羊改制之大義也。孔子斟酌當時之制,可從衆者則從之,不可從者則違之,此《春秋》之所爲作也。

毋意。
　　謹案:昭十二年傳:"伯于陽者何?公子陽生也。子曰:'我乃知之矣。在側者曰:"子苟知之矣,何以不革?'曰:'如爾所不知何?'"何注曰:"此夫子欲爲後人法,不欲令人妄億。""億"即"意"也,與此同義。

文王既没,文不在兹乎?天之將喪斯文也,後死者不得與于斯文也;天之未喪斯文也,匡人其如子何?"
　　謹案:孔子作《春秋》,以治天下萬世,此孔子以天下萬世自任之言也。隱元年傳:"王者孰謂?謂文王也。""王愆期"注云:"文王即孔子也。"與此文"文不在兹乎"義相合。《春秋》一書,皆以明王法。孟子云:"《春秋》天子之事。"皆通于《論語》,大義所在也。

子曰:"鳳鳥不至,河不出圖,吾已矣夫!"
　　謹案:《易緯坤鑿度》言:孔子筮《易》,得旅,乃歎曰:鳳鳥不至。云云。于是始作《春秋》。然則此數言者,孔子作《春秋》之根也。董子《天人策》亦同此説。
　　又案:《春秋》言符瑞(《繁露》有《符瑞》篇),與此義通。

子欲居九夷。或曰:"陋,如之何?"子曰:"君子居之,何陋之有?"
　　謹案:《春秋》常辭,不使夷狄與中國爲禮。至于所見世,定、哀之間,則天下遠近大小若一,夷狄進至于爵。蓋孔子作《春秋》,非徒以治中國,亦並以治夷狄矣。故《中庸》言"施及蠻貊",孟子言"用夏變夷,即所謂"君子居之,何陋之有也"。此《春秋》太平世之言也。

子曰:"可與共學,未可與適道;可與適道,未可與立;可與立,未可與權。唐棣之華,偏其反而。"

  謹案:漢人以此二章,合爲一章讀之。《繁露·竹林》篇:"《詩》云:'唐棣之華,偏其反而。'……由此觀之,見其指,不任其辭。不任其辭,然後可與適道矣"是也。蓋《春秋》有達權之義。傳云:權者,反經以合于道者也。其義即本此文之"未可與權"及"偏其反而"也。

緇衣羔裘,素衣麑裘,黃衣狐裘。(《鄉黨》)

  謹案:此《公羊》言三統之義。

吉月,必朝服而朝。

  謹案:此即《公羊》譏"不視朔"之意。

割不正,不食。席不正,不坐。

  謹案:此《公羊》"大居正"之義。

子曰:"先進于禮樂,野人也;後進于禮樂,君子也。如用之,則吾從先進。"①

  謹案:《公羊》有"質文改制"之義。先進野人者,質也;後進君子者,文也。《春秋》變周之文,從殷之質,故曰"吾從先進"。此《論語》與《公羊》相通之大義也。

顏淵死。子曰:"噫!天喪予!天喪予!"

  謹案:此與哀十四年傳文相合。

魯人爲長府。閔子騫曰:"仍舊貫,如之何? 何必改作!"

  謹案:《春秋》修舊則譏,築臺則諱,與此同義。

---

  ① 下漏《先進》篇名。

季氏富于周公,而求也爲之聚斂而附益之。孔①子曰:"求,非吾徒也。小子鳴鼓而攻之可也。"

  謹案:《春秋》"譏始用田賦","譏始履畝而税",皆惡奪民利也,與此同義。

以道事君,不可則止。

  謹案:莊四年傳:"三諫不從,遂去之。"與此同義。

是故惡夫佞者。

  謹案:《春秋》惡佞,説見下。

比及三年,可使有勇,且知方也。……比及三年,可使足民。(《顔淵》)②

  謹案:《繁露·考功名》篇,每考必以三年爲期,與此合。

棘子成曰:"君子質而已矣,何以文爲?"子貢曰:"惜乎!夫子之説君子也,駟不及舌。文猶質也,質猶文也。虎豹之鞟,猶犬羊之鞟。"③

  謹案:《春秋》言文質改制,而時人亦有紛紛持此以立説者,皆未識孔子之斟酌盡善,文質兼施,循環無端,終而復始也。故子貢引《春秋》大義以折之。

哀公問子④有若曰:"年饑,用不足,如之何?"有若對曰:"盍徹乎?"曰:"二,吾猶不足,如之何其徹也?"對曰:"百姓足,君孰與不足? 百姓不足,君孰與足?"

  謹案:井田爲孔子第一經濟,故《公羊傳》云:"什一行,而頌聲作矣。"與此同義。

政者,正也。子帥以正,孰敢不正?

---

① "孔"字及下"求"字原無。
② 此條出《先進》篇。
③ 以下出《顔淵》篇。
④ "子"應作"于"。

謹案:此《公羊》"大居正"之義也。

子爲政,焉用殺?子欲善,而民善矣。
　謹案:《鹽鐵論·疾貪》篇云:"《春秋》刺議,不及庶人,責其率也。"本《公羊》之義,與此合。

攻其惡,無攻人之惡。
　謹案:《繁露·仁義法》篇釋此文云:"《春秋》刺上之過,而矜下之苦。小惡在外弗舉,在我書而誹之。……君子攻其惡,無攻人之惡……非仁之寬歟?自攻其惡,非義之全歟?"董子深知《公羊》《論語》相通之本原,故能于其大義闡發甚明也。

舜有天下,選于衆,舉皋陶,不仁者遠矣。湯有天下,選于衆,舉伊尹,不仁者遠矣。
　謹案:《春秋》于尹氏、崔氏,而著"譏世卿"之義。譏世卿,所以立選舉也。故隱元年何注云:"《春秋》時廢選舉之務,置不肖于位。"隱三年何注云:"禮,公卿大夫士,皆選賢而用之。"蓋卿大夫世,則舉直錯枉之制不行。公族宗室,盤踞重位,朋比爲奸,不仁盈廷,而天下不可治矣。故子夏述《春秋》之制(孔子云:以《春秋》傳商),首言選衆舉賢,即"譏世卿"之意也。《漢書·王吉傳》言:"堯舜[舜、湯]不用三公九卿之世,而舉皋陶、伊尹,不仁者遠。"即以《論語》説《公羊》者。(王吉兼通《論語》《公羊》。)

舉賢才。曰:"焉知賢才而舉之?"曰:"舉爾所知。爾所不知,人其舍諸?"(《子路》)
　謹案:與上一條同爲"譏世卿"之義。

子路曰:"衛君待子而爲政,子將奚先?"子曰:"必也正名乎!……名不正,則言不順;言不順,則事不成;事不成,則禮樂不興;禮樂不興,則刑罰不中;刑罰不中,則民無所措手足。"
　謹案:《春秋》一書,以名治天下者也。故莊子云,"《春秋》以道名分";而《繁露》有《深察名號》篇,皆"正名"之義也。《繁露》又云:"治國之端在正名。名之正,興五世。"(《玉英》篇)蓋亦以《論語》解《公羊》者。孔子極言"名不正"之害,乃至于"民無所措手足",此《春秋》之作所以不容已也。

君子于其所不知,蓋闕如也。
　　謹案:昭十二年傳云:"我乃知之矣……如爾所不知何?"即此義。

子曰:"其身正,不令而行;其身不正,雖令不從。"
　　謹案:公羊內外之例,必先正己,而後正人。與此合。

子曰:"苟有用我者,期月而已可也,三年有成。"
　　謹案:《繁露·考功名》篇云,"天子歲試天下",即"期月已可"之義;又云,"三試而一考",即"三年有成"之義。

子曰:"善人爲邦百年,亦可以勝殘去殺矣。誠哉是言也!"
　　謹案:《春秋》託始亂世,隱、桓、莊、閔、僖爲傳聞世,凡九十六年。然後進爲所聞世,乃致昇平。正此文所謂"爲邦百年"也,皆《論語》《公羊》之大義也。

子曰:"如有王者,必世而後仁。"
　　謹案:此"王"字,即《春秋》託王之義也;此"世"字,即《春秋》張三世之義也。《春秋》託始亂世,必歷所傳聞世、所聞世、所見世,而後太平。故曰"必世而後仁"也。

不能正其身,如正人何?
　　謹案:説見上。

葉公問政。子曰:"近者悦,遠者來。"
　　謹案:《春秋》三世之義,先內而後外,由近以及遠。至于太平之世,則天下遠近大小若一,即所謂"悦"也、"來"也,與《論語》合。

無欲速,無見小利。
　　謹案:《春秋》致治,必遲至所見世,然後教化流行,德澤大洽,即所謂"無欲速"也。《春秋》惡言利,説已見前。

父爲子隱,子爲父隱,直在其中矣。
　　謹案:文十五年傳:"此有罪,何閔爾？父母之于子,雖有罪,猶若其不服罪然也。"即"父爲子隱"之義也。至于"子爲父隱",則《春秋》"爲尊者諱",皆其例也。所以隆"親親之道"也。

子曰:"以不教民戰,是謂棄之。"
　　謹案:桓六年傳:"秋八月,壬午,大閲。大閲者何？簡車徒也。何以書？蓋以罕書也。"何注即引此文以解之,蓋義相通也。

子曰:"晉文公譎而不正,齊桓公正而不譎。"(《憲問》)
　　謹案:《繁露·玉英》篇云:"權,譎也。"然則"譎"謂"權","正"謂"經"也,亦通于《公羊》之義。

桓公九合諸侯,不以兵車,管仲之力也。如其仁！如其仁！
　　謹案:《春秋》之桓公,文雖不與,而實則與之。即此義。

管仲相桓公,霸諸侯,一匡天下,民到于今受其賜。微管仲,吾其被髮左衽矣。
　　謹案:義同上。《繁露·玉英》篇亦言管仲相桓之功,殆《公羊》家相傳口説也。

陳恒弑其君,請討之。
　　謹案:僖元年傳:"上無天子,下無方伯。"天子諸侯有爲無道者,臣弑君,子弑父,力能弑之,則討之可也。與此同義。故"孔子成《春秋》,而亂臣賊子懼"也。

子曰:"莫我知也夫!"子貢曰:"何爲其莫知子也?"子曰:"不怨天,不尤人,下學而上達。知我者其天乎!"

謹案:《春秋》本天以治人,儀封人謂"天將以夫子爲木鐸"。而哀十四年傳稱:"顏淵死,子曰:'天喪予!'子路死,子曰:'天祝予!'西狩獲麟,子曰:'吾道窮!'"《論語》亦言"天之將喪斯文也","天之未喪斯文也"。蓋孔子五十而知天命,《春秋》者,以人合天者也。故以《春秋》當新王,而云王者必繼天奉元,養成萬物,所謂"知我者其天"也。知此而義畢矣。

又案:《史記·孔子世家》云:"及西狩獲麟,曰:'吾道窮矣!'喟然曰:'莫我知也夫!'"云云。《説苑·至公》篇云:"夫子行説七十餘君,無定處,意欲使天下之民各得其所,而道不行。退而修《春秋》,采毫毛之美,貶纖芥之惡,人事浹,王道備……上通于天,而麟至。此天之知夫子也。于是喟然而歎曰:'……不怨天,不尤人。'"云云。皆以此章爲因獲麟而發,是殆相傳口説矣。然則"不怨天"者,知天之以己制作爲後王法也;"不尤人"者,人事之厄,天所命也。孔子在庶,而褒貶進退,王者所取,故曰"下學而上達"矣。此言"知我者其天乎",而孟子、董子述孔子之言,曰:"知我者,其惟《春秋》乎!"然則《春秋》之制,皆本于天者矣。此所謂"微言大義"也。

子張曰:"《書》云:'高宗諒闇①,三年不言。'何謂也?"子曰:"何必高宗?古之人皆然。"

謹案:三年之喪,爲孔子所特立。《公羊》譏喪祭喪娶是也。此是當時子張疑問,而孔子託古以告之者。

君薨,百官總己以聽于冢宰三年。

謹案:《繁露·玉杯》篇云:"一日不可無君,而猶三年稱子者,爲君心之未當立也。"文九年傳云:"緣孝子之心,則三年不忍當也。"皆與此同義。

---

① "闇"原作"陰"。

軍旅之事,未之學也。(《衛靈》)
　　謹案:此"春秋無義戰"之義。

子曰:"志士仁人,無求生以害仁,有殺身以成仁。"
　　謹案:《公羊》于"孔父可謂義形于色矣","仇牧可謂不畏强禦矣","荀息可謂不食其言矣",皆反復歎美之,所以表揚名節之事也。與此同義。

顏淵問爲邦。子曰:"行夏之時,乘殷之輅,服周之冕,樂則《韶》舞。"
　　謹案:此《春秋》"新王改制"之微言。損益四代,推原三統,經世之大法,盡于是矣。諸弟子皆不足與言,而惟與顏淵言之。故顏淵死,子曰:"天喪予"也。後人多疑孔子改制之説,如此文者,非言改制,則何以解之哉!其大義,則《繁露·三代改制》《質文》篇、《白虎通·三正》篇發之甚詳,不必贅述。

遠佞人。……佞人殆。
　　謹案:《春秋》最惡佞人。莊十七年秋,鄭瞻自齊逃來。傳:"何以書甚佞也?曰:佞人來矣,佞人來矣。"此孔子之大義,託鄭瞻以發之者也。故《論語》惡佞之言最多。

子曰:"臧文仲其竊位者歟?知柳下惠之賢,而不與立也。"
　　謹案:此《春秋》"譏世卿"之義。

子曰:"躬自厚而薄責于人,則遠怨矣。"
　　謹案:此孔子之制《春秋》也,法行自近者始。故所傳聞曰:内小惡書,外小惡不書。《繁露·仁義法》云:"以仁治人,以義治我,躬自厚而薄責于人。"隱二年何注云:"《春秋》王魯,明當先自詳正,躬自厚而薄責于人,故略外也。"皆引《論語》以説《公羊》者。

子曰:"君子疾没世而名不稱焉。"
　　謹案:《史記·孔子世家》云:"子曰:'弗乎弗乎,君子疾没世而名不稱乎!

吾道不行矣,吾何以自見于後世哉?'"乃作《春秋》,以明王法。以此章爲孔子作《春秋》時語。蓋《春秋》以名治天下者也,故《春秋繁露》有《深察名號》篇,而荀子傳《春秋》,亦有《正名》篇,皆孔子之大義。

吾之于人也,誰毁誰譽?
　　謹案:孔子作《春秋》,于王公大人皆抑揚褒貶之。故當時有以毁譽疑之者,所謂"罪我者以《春秋》"也。此言蓋以自辨耳。

吾猶及史之闕文也。
　　謹案:《春秋》有闕疑之例,説見前。

丘也聞:有國有家者,不患寡,而患不均;不患貧,而患不安。(《季氏》)
　　謹案:孔子經世之業,以大同爲極軌。大同者,均平之謂也。《繁露·度制》篇云:"孔子曰:'不患貧,而患不均。'故有所積重,則有所空虚。大富則驕,大貧則憂。憂則爲盗,驕則爲暴,衆人之情也。聖者則于衆人之情,見亂之所從生。故其制人道而差上下也,使富者足以示貴,而不至于驕,貧者足以養生,而不至于憂。以此爲度而調均之,是以財不匱而上下相安,故易治也。"案:董子發"均"字之義,通闢無閡矣。井田之制,即所謂"均"也,所謂"大同"也。故《公羊傳》云:"什一行,而頌聲作矣。"此孔子經緯萬世之第一大業也。

故遠人不服,則修文德以來之。
　　謹案:《春秋繁露·精華》篇云:齊桓于救邢、衛,"見存亡繼絶之義,而明年遠國之君畢至"。即此義。

孔子曰:"天下有道,則禮樂征伐自天子出;天下無道,則禮樂征伐自諸侯出。自諸侯出,蓋十世希不失矣;自大夫出,五世希不失矣;陪臣執國命,三世希不失矣。"
　　謹案:《春秋》託天子之事,上治諸侯,中治大夫,下治陪臣。惟天子然後改元立號，諸侯不得改元立號。諸侯無專封，無專殺，所以治諸侯也。譏世卿，大夫無遂事，所以治大夫也。盜竊寶玉大弓，至目之曰盜，充其類以盡其義，所以治陪臣也。故曰"大一統"，又曰"以道名分"也。

天下有道，則政不在大夫。
　謹案：襄十六年溴梁之盟，信在大夫。而《春秋》譏之，即此義。

孔子曰："祿之去公室，五世矣；政逮于大夫，四世矣。"
　謹案：《繁露·玉杯》篇云："政逮于大夫，四世，自文公以來之謂也。"蓋引此文以説《春秋》。

邦君之妻，君稱之曰"夫人"，夫人自稱曰"小童"，邦人稱之曰"君夫人"，稱諸異邦曰"寡小君"；異邦人稱之，亦曰"君夫人"。
　謹案：此《春秋》"正名"之義。《春秋》所書夫人某氏，葬我小君某氏，本此。

如有用我者，吾其爲東周乎？①
　謹案：此亦《公羊》"新周"之義。"吾其爲東周"者，言不爲東周也。説詳劉氏《論語正義》，不具引。

惡利口之覆邦家者。
　謹案：此《春秋》"惡佞"之義，説見上。

天何言哉？四時行焉，百物生焉。天何言哉？
　謹案：《春秋》以天治君，以君治民。故隱元年何注云："王者必繼天奉元，養成萬物。"此孔子之大義也。

宰我問："三年之喪，期已久矣。"……子曰："予之不仁也！子生三年，然後免

---

　① 下漏《陽貨》篇名。

于父母之懷。夫三年之喪,天下之通喪也。"

　　謹案:三年喪,爲《春秋》改定之制。故閔元[二]年傳:"三年之喪,實以二十五月。"即《三年問》,所謂"再期之喪,三年也"。宰我見孔子改制,故據舊制以問難,而孔子以《春秋》定制折之也。

子曰:"唯女子與小人爲難養也。"

　　謹案:此《春秋》譏"近刑人"之義。

逸民:伯夷,叔齊,虞仲,夷逸,朱張,柳下惠,少連。①

　　謹案:逸民爲《春秋》所重,説見下。

君子不施其親。

　　謹案:閔二年傳:"緩追逸賊,親親之道也。"即此義。

子夏曰:"大德不踰閑,小德出入可也。"②

　　謹案:《繁露·玉英》篇:"夫權雖反經,亦必(在)可以然之域。不在可以然之域者,故雖死亡,終弗爲也。……故諸侯在(不)可以然之域者,謂之大德,大德無踰閑者,謂正經;諸侯在可以然之域者,謂之小德,小德出入可也。"案:此董子以《公羊》經權之義解《論語》也。

夫子之牆數仞,不得其門而入,不見宗廟之美、百官之富。

　　謹案:《春秋》之義,"弗能察,寂若無;能察之,無物不在"。所謂"不得其門,則不能見宗廟百官"也,義與此同。

仲尼,日月也,無得而踰焉。

　　謹案:孔子制《春秋》之義,以俟後聖,損益百王,斟酌盡善,所謂"由百世之後,等百世之王,莫之能違也"。故賢于堯舜,而爲生民未有之一人也。

----

① 下漏《微子》篇名。
② 下漏《子張》篇名。

天之歷數在爾躬。①

　　謹案:《春秋》以天之端,正王之正,所謂"以天統君"也。故一切皆本于天,"天命""天討""天工"之類是也。此云"天之歷數在爾躬",即孟子所謂"有天下也,孰與之? 曰:天與之",皆命于《春秋》大義也。

　　又案:《堯曰》一章,歷叙唐、虞、夏、殷、周,皆《春秋》三統之義。

審法度,修廢官。

　　謹案:"審法度",謂孔子改制也。《春秋繁露·爵國》篇,見"修廢官"之義。

興滅國。

　　謹案:僖五年傳:"滅者,亡國之善辭也。"注言:"滅者,王者起,當存之,故爲善辭。"與此同義。

繼絶世。

　　謹案:昭三十一年,"黑弓以濫來奔",傳:"文何以無邾婁? 通濫也。……賢者子孫宜有地也。賢者孰謂? 謂叔術也……讓國也。……絶之,則爲叔術不欲絶,不絶則世大夫也。大夫之義不得世,故于是推而通之也。"昭二十年,曹公孫會自鄸出奔,傳:奔言自畔也。不言畔,"爲公子喜時之復[後]諱也。《春秋》爲賢者諱。……讓國也。……賢者子孫,故《春秋》[君子]爲之諱也"。注:"喜時本正當立,有明王興,欲還國。"案:此皆《論語》"繼絶世"之義。

舉逸民。

　　謹案:《春秋》最重逸民。桓十五[七]年何注云:起蔡季,"宜爲天子大夫";宣十七年何注云:起公弟叔肸,"宜爲天子上大夫",皆"舉逸民"之義。

――――――――――

　　① 下漏《堯曰》篇名。

所重：民、食、喪、祭。

謹案：《春秋》言井田，食也；譏喪祭喪娶，喪也；紀郊望禘，嘗祭也。與此同義，所謂"養生送死無憾，王道之始也"。

不教而殺謂之虐；不戒視成謂之暴。

謹案：隱元年何注云："王者受命，不追治前事。"引此文以爲證，蓋微言相通者也。

（1897年7月刊本）

戊戌政變記（補）

論戊戌八月之變乃廢立而非訓政*

或問曰：今次之政變，不過垂簾訓政而已。廢立之説，雖道路紛傳，然未見諸實事。今子乃指之爲廢立，得無失實乎？答之曰：君之所以爲君者何在乎？爲其有君天下之權耳。既篡君權，豈得復謂之有君？夫歷代史傳載母后亂政之事，垂以爲誡者，既不一而足矣。然歷代母后之垂簾，皆因嗣君之幼沖，暫時臨攝。若夫已有長君，而猶復專政者，則惟唐之武后而已。卒乃易唐爲周，幾覆宗社。今日之事，正其類也。皇上即位既二十四年。聖齡已二十九歲矣。臨御宇内。未聞有失德。勤於政事。早朝晏罷。數月以來，乾斷睿照，綱舉目張，豈同襁褓之子，猶有童心者，而忽然有待於訓政何哉？且彼逆后賊臣之設計，固甚巧矣。廢立之顯而驟者，天下之人皆得誅其罪；廢立之隱而漸者，天下之人皆將受其愚。今夫瀛臺屏居，内豎監守，撤出入之板橋，減御膳之品物，起

---

* 此篇收入《飲冰室合集》時，爲《戊戌政變記》第二篇《廢立始末記》第四章《論此次乃廢立而非訓政》，其間多有刪改，故全文照錄。

居飲食,不能自由,如此則與囚虜何異?既已囚虜矣,而猶告天下曰:吾非廢立也。天下之人亦從而信之。嗚呼!何天下之人之易愚弄也。皇上所親愛之妃嬪,則撤其簪珥,施以杖刑,不許進見。皇上所舊用之內監,駢殺夷戮,無一存者。欲食雞絲而不得,欲食米粥而不得,人非木石,受此怨毒,豈能久存?環顧廷臣,無一心腹,幽囚別殿,無復生人之趣。昔雖無病,今亦當命在旦夕矣,況復下硝粉於食品,行無形之酖毒乎?倘他日或有大故,則逆后賊臣,且將以久病升遐告於天下,而天下之人亦將信之乎?嗚呼!是亦全無人心而已。吾以為海內臣子,如有念君父之仇者,則宜於今日而興討賊之師也;海外各國,如有恤友邦之難者,則宜於今日而為問罪之舉也。使今日而不討賊,不問罪,則雖他日皇上被弒,吾知其亦必無問罪討賊之人也。何也?今之不討賊不問罪者,因信逆賊之言,以為非廢立也;然則他日亦必聽逆賊之言,以為非弒君也。嗚呼!痛哉痛哉,何我皇上之冤慘至於如此其極也!何天下之人之全無人心至於如此其極也!

或又問曰:子言誠哀矣。然讀八月初六日上諭,則西后之垂簾,實皇上所懇請。天下之人,雖欲討賊問罪而無辭也。答之曰:子不讀漢獻帝禪位曹丕之詔乎?獻帝屢禪,曹丕屢讓,若有大不得已者然。自此以往,歷代篡弒者,皆循茲軌。然則可謂曹丕之踐阼,實由漢獻之懇請乎?嗚呼!為此說者,非大愚即大悖耳。

或又問曰:皇上之賢,逆后之罪,既已聞命矣。然中國之立君,無有憲法,惟意所欲而已。今西后雖篡位矣,而討賊問罪,猶為無辭也。答之曰:中國之政,向來奉聖經為準衡,故六經即為中國之憲法也。《書》言牝雞無晨,牝雞之晨,惟家之索;《禮》言夫死從子,又言婦人不與外事;《春秋》因文姜之淫而不與莊公之念母。然則母后臨朝,為經義所不容,有明證矣。《論語》君薨聽於冢宰。尋常幼帝之立,母后臨朝,猶為六經所不取,況今日之實為篡逆乎?且支那人向來所信奉,常引為政治之準的者,六經之外,則朱子之書。朱子《綱目》,於北魏胡后之事,則大書胡太后弒其君;於唐武后之事,則大書帝在房州。皆與今日之事,若合符節者也。

(1898年12月《清議報》第1冊)

政變近報*

自政變至今已歷三月,風浪漸息,人人以爲無事。不知西后、榮禄等之蓄謀,乃在以漸而辦,使改革黨安心不他適,因爲一網打盡之計。近來又復將興大獄,故翁同龢忽然被罪圈禁於家。蓋由翁爲皇上第一親信之人,故西后最惡之,榮禄最忌之也。吴大澂久已閒居,忽奉褫革之命,則以其與翁同鄉,翁所汲引之人也。

禮部左侍郎闊普通武,滿洲中之最通達者也。二月間京師志士開保國會,闊與會焉;七月又嘗上摺請開議院。至禮部六堂獲譴,而闊由内閣學士被擢爲禮部侍郎,蓋皇上所特簡也。日前忽奉命加副都統銜,爲西寧辦事大臣,驅置之於窮邊之地,名爲任官,實則謫戍耳。此與甲午冬間出志鋭爲烏里雅蘇臺參贊大臣,事同一例。蓋皇上曾陞官之人,西后必不容也。闊普通武因係滿洲人,故未褫戮耳。

西后、榮禄致電日本公使,令捕害康有爲之事,已登各報。聞現又派有刺客八人,已到橫濱及東京等處。其八人中有一姓陳者,有一姓沈者,餘人尚未能查確其姓氏云。

廣東藩臺岑春煊,爲岑襄勤公之子,最忠誠,有血性,能任事。當七月間上摺請裁冗官,皇上嘉納,立見施行。時岑乃候補四品卿也,皇上將擢用之。值山東藩司出缺,初議簡放爲山東布政使。既而以廣東沿海要區風氣早開,實爲中國維新所屬望,乃特將粤藩張人駿調任山東,而使岑任廣東。至請訓時,皇上面諭命其力辦新政,如督撫有阻撓,隨時電奏云云,實破格之知遇也。故西后深忌之。至是忽有調任甘肅之命,蓋亦投之邊地,與謫戍無異矣。然而入都陛見時,尚有他變,亦未可知也。蓋西后、榮禄之毒手,尚未有艾也。

粤之巨賈劉學詢者,以棍徒起家,以闈姓事被革,其聲名狼籍,夫人而知之矣。此次忽奉游歷外國,考察商務之命,見者頗爲駭詫。後有查其事者,蓋實由駐在日本之某官,獻策於榮禄,謂康有爲之事,當以粤人陷害粤人,乃爲妙策。特薦劉某藉考察商務之名,到各埠布造謡言,顛倒是非,以惑海外忠民之

---

* 此篇未收入單行本《戊戌政變記》中。

耳目，且乘勢設法謀毒害之事云。某官者向與劉同在上海爲飲酒狎妓之密友，故有此薦云。其用心誠苦矣。特惜劉某惡名太著，人人共見，不易惑人，反被人一望而盡見其肺肝耳。今將西歷十二月三十一日，日本新聞所登上海訪事鬼窟生來稿一段，錄於下：

    前十餘日，大監劉學詢及陳某，自北京來上海。劉者太后之腹心，有名棍徒也。志士一聞其名，莫不戰栗。其從前所搆陷之善類，不知若干人矣。今以巨萬苞苴行於太后，乃得拔用，占數銀行之一席。於是日乘馬車，招搖過市。時訪志士之家，莫不蛇蝎視之，一觸嬰其鋒，即立創矣。彼不日將動身赴於日本，專務謀害志士，殆欲行金玉均之事云。

中國向來謠言最多。其謠言之可笑可駭不近情理，往往有出人意表者。即如前者中日交戰之時，國内謠言謂李合肥之子，爲日皇之壻云云。臺灣既割之後，謠傳謂劉永福連獲勝仗，克復全臺云云。此等毫無影響之言，稍有識者皆能辨；而舉國人人信之，真不可解也。此次政變，當五六月間時，北京謠言惶惑，謂皇上病革，已傳衣衾棺槨；謂康有爲進紅丸；謂康有爲嘗在宮中住十餘日；謂康廣仁便衣出入乾清門。諸如此類，不一而足。其誕妄不合情理如此，而京師之人，莫不信之。此則由於奸賊之徒，有意散布此謠言，以爲興大獄之地也。乃近來北京、上海等處，謠言紛紜，其可笑之處，正有與此相類者。一曰康有爲等之東來，居於日本皇宮也；二曰康之初到日本，大隈伯爵，近衛公爵，迎之於橫濱也；三曰康、梁等與品川子爵日相往還，陰有所謀也；四曰東亞同文會，爲康、梁等所倡設也。夫皇宮者何地乎？日本天澤甚嚴，雖内閣大臣，非有事不參内；而謂羈旅外臣，能入而居之乎？外國禮儀尚簡，不必遠迎乃爲恭。雖英國世爵白雷斯福之到日本，日人禮貌極優渥，而亦無出迎橫濱之事。況康等之初來，由神户直入東京，並未到橫濱，見於日本各報，中國各報亦譯之。既無到橫濱之事，則其餘之謬妄可想矣。而謂大隈、近衛往迎之，何其可笑乎？品川子爵爲吉田松陰之高弟子。康、梁等素慕松陰之爲人，故到日本後，即往謁之。相見惟談學而已，且過從亦甚闊疏。品川子乃恬淡高尚之人，日本人人所共知。謠傳之謬，更不足辨也。至東亞同文會之設，皆在政變以前，日本已有人持會章到中國，勸志士入會矣。此在留心時局之人皆知之。造此謠言者，必係極無識之癡人，而信之者亦太不達外事矣。

榮禄等篡廢之謀,蓄之已久。然所以遲遲不發者,有所憚也。前者因劉峴莊制軍不肯畫諾,故爾中止,已諷楊崇伊等劾劉矣。然猶欲得封彊[疆]之大援,故近來屢派心腹大臣,往湖北說張制軍,勸其助成此舉云。昔馬融以經學大師,而爲梁冀草詔收李固;揚雄以一代詞宗,而頌王莽功德;王祥以篤行君子,而媚司馬氏立朝爲三公。想張公素明大義,必不貪一時之寵榮,而貽萬世之唾罵也。

(1899年2月《清議報》第5册)

卷四

第四篇　政變正紀

第二章　窮捕志士

(附)　記南海先生出險事*

嗚呼!先生之被嚴捕而不死,蓋有天焉。自新政行後,滿朝守舊黨,疾先生甚矣,千方百計,欲排之,謗誣繁興。親友咸憂及於大禍,皆勸勿言變法,早出京。先生曰:"死生有命。吾嘗在粵城步經華德里,飛磚掠面幾死。若死蓋亦無所避矣。中國危亡如此,今躬遇聖主,安可計較禍患而不救?"先生之行政,蓋早舍身忘生矣。六月,孫家鼐承軍機大臣意,奏請派先生出上海督辦官報局。而先生感激知遇,且聞九月閲兵廢立之陰謀,深知皇上之危險,義不可

---

* 此篇刊《清議報》時,原在第三章後。

捨去，欲留京設法有所補救，故遲未行。而皇上亦令軍機大臣傳旨命將所編《列國強盛弱亡記》一書盡寫成進呈，然後出京，蓋示意命其留京也。至七月二十九日，而"朕位不保"之密詔忽下，康乃發憤思救護。而初二日旋降明詔，命其迅速馳往上海，毋得遲延矣。先生奉詔後，猶欲布置數日乃行。而初三日又由林旭交到第二次密諭，促行益急。乃於初四日上摺告行，初五日天未明出京。時雖極知事之危險，然仍以為大變當在九月也，故尚從容而行。及初六日，忽步軍統領衙門率兵役來寓舍逮捕，而先生已在途中，不知事變。當時京師諸同志聞變，為先生大憂，而無從通遞消息，咸以為必死。故譚嗣同曰："皇上既無從救，今先生亦無從救，我已無事可辦，惟有待死期而已。"初五晚，先生由鐵路至塘沽，搭招商局某輪船赴上海。既已登舟息於艙矣，因無一等艙位，且須翌午乃動輪，心忽動。於是復登岸，宿塘沽一夕，改乘英公司重慶輪船，遂於初六早十點鐘動輪。其夕榮祿派飛騎在天津塘沽逮捕，大搜不得。知已乘船去，乃發電往烟臺道、上海道，大搜各輪船協拿，又發兵艦飛鷹往追。飛鷹者每點鐘行廿九海里，比重慶輪船速率倍之。而飛鷹以貯煤不足，僅行六點鐘煤即盡，因追不及。重慶船既到烟臺，停泊一點鐘有餘。時先生絕不知政變事，猶登岸游覽，並購五色石子兩筐，徜徉良久，乃歸舟。先一時許，烟臺道員某已接到天津密電。適有急事，須往膠州，因未將其電信看視，藏之懷中而去。及到膠州，譯而視之，則命其截搜重慶船密拿也。因從膠州馳歸烟臺，則船又已開矣，遂不及。先是上海道蔡鈞既奉到密拿之電，連日親乘小輪船到吳淞，凡有船自天津到者，必上船搜畢，然後許搭客登岸。當時上海之志士十數人，聞變後，共謀設法救先生，密乘小船往吳淞，將相機行事。見此情形，以為萬無生理，痛哭而返。初九日下午二點鐘，重慶船將到吳淞，上海道等艤船以俟。乃該船未入口數里許時，先生在船頭與客談笑，方閱浙士姚某奏疏而論議之。忽一英人乘小輪到船，持先生之照片，徧認舟中旅客。見先生携手入房，問之曰："君是康某乎？"先生曰"然"。又問曰："君在北京曾殺人乎？"先生曰："異哉！吾何為殺人哉！"又問曰："然則君何為出京乎？"先生曰："吾奉我大皇帝密旨令出京。"其人曰："密旨云何？"先生乃命取筆墨書以授之。其人乃在懷中出一紙，則北京政府密電諭上海道，謂"皇上已大行，為康某進丸所弒。即可密拿就地正法"云云也。先生視畢，駭然泫然。英人曰："我乃上海領事遣來濮蘭德也。君可即隨我行。"乃携手下小輪船登英兵艦。甫到艦而上海道搜拿之小輪船已到矣。先生與英使館及上海英領事，無一面之識，故英人之相救，非惟出中國官吏之意外，並出先生意外也。英領事所以得此消息及先生之照片者，因上海道奉到密旨後，即抄錄數十分，並購先生照片數十分，照會各國領事，請其協拿。英人素知先生爲變法之領袖，故特救之。先生既由重慶下小輪，因北京政府密電之語，言皇上已大行，竊意皇上已爲西后、榮祿所弒，肝腸寸斷，痛不欲生，乃成一詩曰："忽灑龍漦翳太陰，紫薇移座帝星沈。孤臣辜負傳衣帶，碧海波濤夜夜心。"又作訣家人、弟子數書，蓋尚備死所也。英領事又告以皇上大行之事尚不確，故留此身以有待。當初六至初十四日之間，榮祿等疑先生尚在北京，凡閉城門兩次，停鐵路車三次，發兵三千，緹騎四出，密電紛馳，大搜數日。至初十日，啓超與日本領事自天津下塘沽，猶派小輪船來追捕，疑爲先生云。幸捕者人寡，不然啓超亦不免。蓋天羅地網，既廣且密，中國數千年捕一匹夫未有之大舉也。而先生乃從容購石吟嘯論文，不知事變，未嘗少避。以常理論之，蓋萬無生理矣；而卒獲不死，豈不異哉！是役也，先生有十身不足死：皇上無兩重詔書敦促，則先生不出北京，必死；榮祿之變早作一日，則先生無論在京在途，必死；若先生遲一日出京，則在南海館被捕，必死；若宿天津棧，則不及搭船，必死；若初六日船不開，必死；既搭招商局船，常例必不復登岸，無從搭英船，則英人無從救，必死；飛鷹兵艦速率既倍，若非缺煤，則必追及被捕，必死（或者曰飛鷹艦長仗義釋放云。亦未可知）；烟臺之道員，若非往膠州，則截搜被捕，必死；到上海不遇救，必死；上海道不請各國領事協拿，則英領事不知此事，無從救，必死。有此十必死，當是時也，智者無所施謀，勇者無所施力，愛者無所施恩，人事俱窮，能救其一，不能救其他，死矣，死矣。而竟不死，豈非天哉！豈非天哉！天之曲爲保全先生，曲綫巧奇，若冥冥中有鬼神呵護之，俾留其生以有待者，豈無故歟？或有責先生不死者，蓋未知先生出京，實在事前，先奉詔命而行，非私逃也。及出險後，上又生存，安有舍密詔之重而徇僞命者哉！此不待辨。特於其必死而不死之異，可記之以告天下志士之舍身以救君國者，發起意氣焉。

第三章　論西后及今政府將來之政策如何

或問曰：西后今茲之舉動，其頑固雖已極矣，然內憂外患之急如此，彼其預政之後，或鑒於時局，而悟改革之理，亦未可知。前者日本公使矢野氏覲見時，進以忠告之言，而西后固已納受矣，是或可望也。答之曰：凡物必有原點，然後體質生焉。龜之不能有毛，兔之不能生角，雄雞之不能育卵，枯木之不能開花，彼其無原點也。夫皇上能行改革之事者，有憂國圖強之原點故也，有十年讀書之學識在也。今西后，則除一身之娛樂，非所計也；除一二嬖宦之言論，無所聞也。彼其前此當國三十年，其成效昭昭可覩矣。使他日而能改革，則彼前者應改革已久矣。今將其歷年以改革之費，作娛樂之事，略舉數端於後：

光緒十年，馬江之役，見侮於法蘭西。其後群臣競奏，請辦海軍，備欵三千萬，欲為軍艦大隊。乃僅購數艘，而西后即命提全欵營搆頤和園。問海軍衙門所管何職？則頤和園之工程司也。頤和園之內外，遍貼海軍衙門之告示；頤和園之員役，遍受海軍衙門之俸給。中國①前者所謂海軍省，其情形如此。故自平壤失利，軍警正急之時，乃命停撤海軍衙門。當時各國莫不駭異，而不知其實停頤和園工程也。此非局中人不能知者也。此一事也。

蘆漢鐵路之議，起於十年以前，亦備三千萬以為興築，旋改築山海關，通道盛京。亦提其餘欵以修園囿，令至今兩路之鐵道，皆無成日。此又一事也。

昔閻敬銘為戶部尚書時，因京僚俸薄，而無養廉，乃歲籌二十六萬金以資津貼。西后知之，悉令提為宮中麋費之用。此又一事也。

自兩年以來，還日本兵費之欵項，貸之於歐洲各國。計臣圖償還之策，乃創行昭信股票。而辦理不善，酷吏擾民，道路既已嗟怨。乃所得千萬應償國債者，而西后乃劃提全欵，命榮祿築天津行宮。他日各國之國債，不知向何處籌償；而昭信股票之本息，又不知向何處籌償。西后皆非所計也。此又一事也。

此皆犖犖大端，顯而共見之事。若其墮國勢於冥冥，壞全局於細故者，殆更僕難數也。蓋西后之心，只知有一身，只知有頤和園，只知有奄豎，而不知有國，不知有民。既不知有國，不知有民，而欲其為國民圖幸福，烏可得也！且友邦信其面從忠告之言，而冀其他日之能改革，是亦不察情實之甚者耳。彼於八月十一日所降諭旨，不嘗云"一切自強新政，胥關國計民生，不特已行者，亟應

---

① 原作"支那"，據《戊戌政變記》單行本改。

實力舉行,即尚未興辦者,亦當次第推廣"乎？何以自降諭之後,而禁上書,停學校,復八股,罷特科,廢農工商總局,封報舘,拿主筆,禁學會,廢折漕,復冗官,復武試弓刀石,其推翻新政之事,日出而未有止也？彼於八月十四日所降之諭旨,不嘗云"一切改革黨人,概不株連"乎？何以自降諭之後,而革捕陳寶箴、黃遵憲、陳三立、江標、熊希齡、文廷式、王錫蕃、張元濟、李岳瑞、洪汝冲等,及報舘主筆,學會會員,且日出而未有止也？然則西后之言,其可信否乎？今各國因其面從忠告之言,而信其能改革,恐非各國本心之論也。如果屬本心之論,則吾直謂各國人之無識可也。

　　西后及頑固大臣之政策,以敷衍爲主義。內則敷衍公牘,外則敷衍外國①,但求目前之無事足矣,一年以後之事,非所計也；但求京師之無事足矣,一省之外之事不計也。語以分割之禍,彼則曰吾但善敷衍之,求其現在之無事。吾年今且六七十矣,數年之後,雖有禍而非吾身當之矣。彼其主義如此,君臣一心,盈廷盡然。於此而欲以改革之事望之,是猶②祝斜日之東還,望洪江之西流也,其可得乎？

　　然則滿政府竟無一政策乎？曰:亦有一焉,練兵也。雖然,彼其練兵之宗旨,又別有在焉：一曰,練旗兵以壓漢人；二曰,藉俄③兵以敵各國。昔有某國公使謂醇親王曰:中國之兵力如此,不足以當萬國之衝,宜早設法矣。醇親王曰:我國之兵,爲防家賊而已,非爲禦外侮也。某公使喟然而去。蓋"防家賊"三字,實爲滿洲全部之心事,彼一切政策,皆從此三字演出也。故剛毅常語人云："我家之產業,寗可以贈之於朋友,而必不畀諸家奴。"朋友謂俄國,家奴謂漢人也。往者李鴻章聘於俄,俄皇語之云:"全世界中專制君權完足無缺之國,惟俄及中國④而已。東西各國,與中國皆嘗開釁,惟我俄則數百年相敦睦誼。蓋諸國皆將不利於中國者,實心與中國相提携,惟我俄國而已。"李鴻章告諸西后及守舊黨,皆大信之。是爲清國⑤密約之起點。蓋聯俄之意,亦欲藉以保此專制之君權,而施其抑壓之政策也。吾知其政變之後,於此事必益加注意,是可預

---

① 單行本作"交"。
② 原作"由",據後出單行本改。
③ 原作"露",據單行本改。下同。
④ 原作"支那",據上書改。下同。
⑤ 原作"露",據上書改。

斷也。今者已有在□□□□□各練旗兵二千之舉矣,又有請俄人代練蒙古馬隊八千人之舉矣。嗚呼!此實俄人可殺克馬兵踐踏東亞之先聲也。一二年後,此種馬隊,其數益增,其練益精。俄人不費一餉,不勞一卒,而已養成全隊俄軍於東亞。滿洲政府日日供給之,代作馬牛,是猶豢虎狼以待其啖己,而猶且感而謝之。悲夫!西后及榮祿,所謂實行改革者,其手段殆如此矣。

(1899年1月《清議報》第3冊)

卷五

第五篇　政變後之關係

第一章　論中國之將來*

　　自甲午以前,吾國民不自知國之危也。不知國危,則方且岸然自大,偃然高臥,故於時無所謂"保全"之說。自甲午以後,情見勢絀。東三省之鐵路繼之,廣西之土司繼之,膠州灣繼之,旅順大連灣、威海衛、廣州灣、九龍繼之,各省鐵路、礦務繼之,長江左右不讓與他國,山東、雲貴、兩廣、福建不讓與他國之約紛紛繼之,於是瓜分之形遂成,而"保全中國"之議亦不得不起。丙申、丁酉間,憂國之士,汗且喘走天下,議論其事而講求其法者,雜遝然矣,然未得其下手之方;疾呼狂號,東西馳步,而莫知所湊泊。當時四萬萬人,未有知皇上之聖者也。自戊戌四月廿①三日,而保全中國之事,始有所著,海內喁喁,想望維新矣。僅及三月,大變遽起,聖君被幽,新政悉廢,於是保全之望幾絕。識微之士,扼腕而嗟;虎狼之鄰,眈目而視。僉曰:是固不可復保全矣。哀時客曰:吁!

---

* 此章原刊《清議報》第9冊,題爲《尊皇論一(論保全中國非賴皇上不可)》。
① 《清議報》作"二十"。

有是言哉！有是言哉！

哀時客曰：吾聞之議論家之言，爲今日之中國謀保全者，蓋有三說：

甲説曰：望西后、榮禄、剛毅等他日或能變法，則中國可保全也。

乙説曰：望各省督撫有能變法之人，或此輩入政府，則中國可保全也。

丙説曰：望民間有革命之軍起，效美、法之國體以獨立，則中國可保全也。

然而吾謂爲此談者，皆闇於中國之内情者也。今得一一取而辨之。

甲説之意，謂西后與榮禄等今雖守舊，而他日受友邦之忠告，或更值艱難，必當翻然變計也。辨之曰：夫龜之不能有毛，兔之不能生角，雄雞之不能育子，枯樹之不能生花，以無其本性也。故必有憂國之心，然後可以言變法；必知國之危亡，然後可以言變法；必知國之弱由於守舊，然後可以言變法；必深信變法之可以致强，然後可以言變法。今西后之所知者娱樂耳，榮禄等之所知者權勢耳，豈嘗一毫以國事爲念哉！語以國之將危亡，彼則曰此危言聳聽也，此莠言亂政也。雖外受外侮，内生内亂，而彼等曾不以爲守舊之所致，反歸咎於維新之人，謂其長敵人之志氣，散内國之民心。聞友邦忠告之言，則疑爲新黨所嗾使而已。彼其愚迷，至死不悟。雖土地盡割，宗社立隕，豈復有變計之時哉！故欲以變法自强望之於今政府，譬猶望法之路易十四以興民權，望日本幕府諸臣以成維新也。且彼方倚强俄以自固，得爲小朝廷以終其身，於願已足，遑顧其他。此其心人人共知之。然則爲甲説者，殆非本心之論；否則至愚之人耳，殆不足辨。

乙説之意，謂政府諸臣雖不足道，而各省督撫中如某某某某者，號稱通時務，素主變法，他日保全之機，或賴於此。辨之曰：此耳食之言也。如某某者，任封彊[疆]已數十年，其所辦之事，豈嘗有一成效！彼其於各國政體，毫無所知，於富强本原，瞠乎未察，胸中全是八股家習氣，而又不欲失新黨之聲譽，於是撾拾皮毛，補苴罅漏，而自號於衆曰：吾通西學。夫變法不變本原而變枝葉，不變全體而變一端，非徒無效，祇增弊耳。彼某某者何足以知之！即使知之，而又恐失舊黨之聲譽，豈肯任之！夫人必真有愛國心，然後可任大事。如某某者,吾非敢謂其不愛國也,然愛國之心,究不如其愛名之①心;愛名之心,又不如其愛爵之心。故苟其事於國與名與爵俱利者,則某某必爲之。必不得已而去,於斯三者何先?曰去國。必不得已而去,於斯二者何先?曰去名。今夫任國事者,衆謗所歸,衆怨所集,名爵俱損,智者不爲也。馮道大聖,胡廣中庸,明哲之才,間世一出,太平潤色,正賴此輩。惜哉生非其時,遭此危局,欲望其補救,甯束手待亡耳。此外餘子碌碌,更不足道。凡國民之有識者皆知之,亦不待辨。

丙說之意,以爲政府腐敝,不復可救,惟當從民間倡自主獨立之說,更造新國,庶幾有瘳。辨之曰:此殷憂憤激者之言。此事雖屢行於歐美,而不切於我中國今日之事勢也。西國之所以能立民政者,以民智既開,民力既厚也。人人有自主之權,雖屬公義;然當孩提之時,則不能不藉父母之保護。今中國尚孩提也,孩提而強使自主,時曰助長,非徒無益,將又害之。故今日倡民政於中國,徒取亂耳。民皆蚩蚩,伏莽徧地,一方有事,家揭竿而户竊號,莫能統一,徒魚肉吾民。而外國藉戡亂爲名,因以掠地,是促瓜分之局也。是欲保全之而反以滅裂之也。

故今日議保全中國,惟有一策,曰尊皇而已。今日之變,爲數千年之所未有,皇上之聖,亦爲數千年之所未有。(聖德之記,具詳別篇。)天生聖人,以拯諸夏。凡我同胞,獲此慈父。《易》曰"内文明而外柔順,以蒙大難,文王以之"。今雖幽廢,猶幸生存,天之未絕中國歟?凡我同胞,各厲乃志,各竭乃力,急君父之難,待他日之用,扶國家之敝,杜強敵之謀。勿謂一簣小,積之將成邱陵;勿謂涓滴微,合之將成江海。人人心此心,日日事此事,中國將賴之,四萬萬同胞將賴之。

第二章　支那與各國之關係

奄奄將死之人,藉臥於荒郊,上則鷹雀懸喙而睨之,下則狐犬磨齒而伺之,雖小至蠅蚋蟲蟻亦結隊而思噆之,其惟今日支那之情狀乎!使其人一旦蹶然而起,則環於其旁者,一閧而散,天日清明,晏然無事。不然者,則本人之肢體懸解,骨肉狼藉,固不待言。而鷹雀狐犬之相爭相搏相噬,兩敗俱傷,其勢必於原野厭肉,川谷盈血,未知所極。嗚呼!支那之存亡,其關係於地球五大洲之

---

① "之"字據《清議報》補。

全局如此其切近也。於是有藥物於此，飲之則生，不飲則死。彼其人固已知之，而求得之，且將下咽矣，而有物鯁於其喉焉。鯁去則能咽而生，鯁不去則不能咽而死，死生之間，不能容髮。嗚呼！其惟今日支那之情狀乎！

俄人外交政策，最險而最巧，常以甘言美語釣餌人國。所墟之邦，用此法者，不知幾何姓矣。彼奉其前皇遺詔之政策，朝夕謀得志於東方。故世界諸國中，欲瓜分支那者，惟俄爲最，固盡人而知之也。惟其然也，故不欲支那之強立。欲支那之不強立，則必禁其改革而後可。故俄人語滿洲黨人曰：改革者，漢人之利而滿人之害也。彼滿人固本有不欲改革之性質矣，今聞此言，適與其本有之性質相應，於是生絕大之愛力。故使滿洲黨得志，則俄人亦必隨而得志，此一定之勢也。今諸邦持均勢之主義，各謀在支那得額外之利益，以抵制之。然使滿洲政府聯俄之策既定，則俄人必將以支那政府爲傀儡，而暗中一切舉動，彼將悉陰持之。俄政府享其實，而滿政府效其勞，是俄人於東方又增搆一政府也。如是則東方之事，俄人常爲主，而諸國常爲客。以客敵主，常處於不能勝之勢，而何均勢抵制之可言哉！故支那此次之政變，實俄人所禱祀以求之者也。曰：然則滿政府與俄聯約既成，而後有政變之事乎？曰未也。西后與滿人雖有欲乞俄保護之心，然滿人中向無一人與聞外交之事者。慶親王崇禮敬信之在總理衙門，不過伴食而已。支那聯俄之策，向惟李鴻章主之。今茲之政變，榮祿實爲魁首。榮祿因李鴻章爲西后所喜，而其才足以敵己也，故痛忌之，竭力擠排之。一切政變之事，皆不令李鴻章與聞，懼分己權也。今且藉巡視河工之名驅李出京矣。故前此聯俄之約，雖或有之，然廢立之謀，必非因俄人之力也。若夫以後之事，則吾不敢言矣。

英國之欲瓜分支那乎？否乎？旁觀之論，紛然莫能斷也。然以吾計之，則英人決不以瓜分爲利也。英人以商立國者也。商局之盛衰，英人全國之盛衰關焉。地球商局，若有擾亂崩潰之時，則英國亦不可問也。今完全十八省膏腴之大地，實全世界一大商場，而英人握其利十之八九焉。一旦割而食之，畫鴻溝而界之，即使英人能得全支那三分之一，而已失其三分之二矣。何也？此三分之一屬支那與屬英國，其利所增無幾；其三分之二屬於他人，則英之所損大也。且俄人既得志於支那北部，北部之人，皆蒙古游牧舊部，其人素以敢戰暴戾凌轢南方。今若入於俄，俄人以其兵制部勒之，教練之，驅策之，以蹴踏中原，英人雖有長江而不能安也。此其利害至淺，英人必能審之。故英之不欲瓜分支那，亦自然之情也。

若夫日本則更不待言。支那苟被分割，日本惟福建一省或可染指，然尚在不可必得之數。歐力既全趨於東方，唇亡齒寒，日本之危亦同累卵。彼遼陽之地，昔已得之者，猶且被他人取之於其懷，況在他日乎？故使今日日本而猶有以瓜分支那為心者，雖謂之喪心之人可也。夫英國、日本之不欲支那瓜分也如此，而支那瓜分之勢之急也如彼，欲免支那之瓜分，惟望支那之改革。然支那必如何而後能改革，則日本、英國之人不可不深察也。

第二章　關係之問題*

今類[發]明其關係之實情，特十五箇問題，以反覆講明之。

一問：支那全地已為歐洲各國俎上肉久矣，何以分割之議，倡之數年，而至今不見實行乎？

二問：支那依今日政府保守閉塞之政策，苟不能有所更動，率此行之，能保全諸國之終不瓜分乎？

三問：今日以改革之事，望之於西后及滿洲黨人之手，能乎？否乎？即各國日向總署忠告之，勸其改革，彼能聽乎？即唯唯聽受，彼能實行改革乎？

四問：無論西后等之必不改革也，即使小小改革，然能移其親俄之心，以親日、英乎？

五問：支那與英、日，不聯東方之局，能保全乎？

六問：然則類支那之實行改革，親日、英以保東方，惟當望之誰人乎？

七問：皇上今日被幽，種種抑鬱，且常虞有進毒之事，其能永保生命乎？〈即使命乎〉即使保生命，而徒有虛名，毫無實權，於大局之事能有補乎？

八問：然則支那改革之事，更望之何人、待之何年乎？

九問：然則支那之不能改革必矣，則亡必矣。亡則英、日皆受其害，而日本之禍最烈矣，為日本者，計將安出乎？

十問：日本自揣國力，能與俄人所用於東方之力相敵乎？

---

* 此文在《東亞時論》刊出時，為《論支那政變後之關係》第二章，第一章即《支那與各國之關係》，第三章即《日英政策旁觀論》。

十一問：以日、英敵俄、法、德，能乎？否乎？

十二問：數年之後，日本之力固增矣，彼俄國之力亦增乎？抑減乎？西伯利亞鐵路成後，俄人在東方之力量增乎？減乎？

十三（問）：然則彼時聽其長驅以踐踏東方乎？抑尚思抵拒之術乎？

十四問：今日抵拒之，與他日抵拒之，兩者孰易？

十五問：譬如今日英、日等國，有與俄反抗之事，俄人將遂用兵乎？否乎？

（1898年12月10日《東亞時論》第1號）

第三章　日英政策旁觀論

夫英國、日本之欲扶植支那，內之既有同情也如此，外之復有機會也如彼，然而兩邦顧猶遲疑審慎，莫敢實行其扶植之政策者則何也？吾竊爲兩國計之：日本之意，則自慮其兵力不足以敵俄、法①兩國。欲俟數年以後，新造之堅船盡成，海軍之雄力加增，然後振刷精神，以圖東方之事也。雖然，日本加一艦，俄人亦加一艦；日本之雄力增一分，俄人之雄力亦增一分。然則今日不能敵者，而謂他日之必能敵乎？況以財力論之，日本固不能與俄人匹敵。然則數年以後，俄人所增之兵力，必過於日本明矣。故日本不欲敵俄人則已耳；苟欲敵之，必在②今日，而不在數年以後也。若夫英人之兵力，固足以敵俄人而有餘矣，亦相持而不發者何也？凡君權專制之國，其用兵甚易；共和政體之國，其用兵最難。英之持盈保泰，真有千金之子，坐不垂堂之概。故英人持平和主義，政體使然也。雖然，使平和之局終古可不破壞，則豈不甚善！試問今日之時局，能乎否乎？今日不開戰端，則數年之後，亦必出於一戰耳。夫不免於戰一也，與其待之異日，而全球皆將受其害，孰若決於目前，而東方或可蒙其福乎！且俄人今日不易動兵之徵驗有數端焉：

一、西伯利亞之鐵路未成也。

二、旅順大連灣之完繕未固也。

三、滿洲政府之密約未定也。

---

① 原作"佛"，據後出版本改。
② 原作"至"，據後出版本改。

四、今年大饑饉,元氣凋傷,非藉滿洲接濟,則不能有事於東方也。

五、德國之交將離也。

有此五端,即使日本一國之力,苟昌言以與之抗,吾竊料其猶將退而讓也,況於聯合英、美①乎!夫俄人之兵力其羽翼未成之狀,雖如此矣,至其外交政策,則目光炯炯,有非諸邦所可及者。(日)彼深知日本人之畏彼也,又深知英人之持盈保泰而不易動也,故每每以虛聲奪人,出剽疾輕快之手段,着着占先,步步漸進。蓋逆料英、日之必不出於戰,故不問戰具之如何,惟悍然以逼人。而兩國果着着退讓,聽其占盡東方之陰權矣。今年旅順大連灣之役是也。當時中國之志士,咸抗疏力爭,謂英、日必不許俄人之占領此地,請堅拒之,以俟兩邦之執言。而久之竟無聞焉。蓋俄人早料其必如是,故敢於冒昧強奪也。嗚呼!前事不忘,後事之師。自今以往俄人之施此手段於東方,將日出而不窮,吾不知持東方平和主義者,將何以待之也。

俄皇近倡萬國平和會。嗚呼!此猶虎狼與群獸立約,約勿相搏噬,以待己爪牙之成也。吾見俄皇之用心,有類於是矣。數年以後,五端之阻力既去,則俄人羽毛豐滿而高飛之時,恐我雖欲已,而彼必不能已也。故十九世紀二十世紀之間,全世界之文明將進一級,而必有戰禍以先之焉。此必不能逃之數也。其戰禍之必因中國而起,又眾所共見也。然發之在今日,則中國獲保全,戰而有益於世界者也;發之在他年,則中國必糜爛,戰而無益於世界者也。有心人不可不審擇而決行之也。

日本之於高麗也,犯公法干預其内政焉;非不憚險也,迫於相扶也。英國之於土耳其也,爲之死士二萬人,糜餉七千萬磅;非不恤勞也,急於自衛也。今支那與日本、英國之關係,其重大殆過於高麗、土耳其也,而甯可憚險乎?而甯可恤勞乎?抑昔者高麗、土耳其之事,豈不賴勇進之功哉!彼險者固未嘗險,而勞者固未徒勞也。外交之策,我退則彼進,我進則彼退耳。先發者制人,後發者制於人,此亦千古得失之林矣。

---

① 原作"來",據後出版本改。

卷七

附錄一　改革起原（補）*

強學會雖封禁,然自此以往,風氣漸開,已有不可抑壓之勢。至丙申二月,御史胡孚宸奏請解禁,於是將北京之強學會改爲官書局,派大臣管理其事,惟已盡失開會之本旨,僅存其外觀而已。會員黄遵憲、梁啓超、汪康年等謀將上海強學會改爲《時務報》。《時務報》既出後,聞風興起者益多。各省志士争釀資合群以講新學,大率不出強學會宗旨之五大端。今將此兩年内各省私立之學會、學堂、報館等略列於下:

味經學會	陝西
地學公會	湖南
顯學會	廣東
遜業小學堂	廣東
蘇學會	蘇州
質學會	湖北
聖學會	廣西
廣仁學堂	廣西梧州
粤學會	廣東
群學會	廣東
農學會	上海
蒙學會	上海
通藝學堂	北京

* 補遺段落見諸本篇最後。

知恥會	北京
時務學堂	湖南
南學會	湖南
明達學堂	湖南常德
任學會	湖南衡州
衡州時務學堂	湖南衡州
算藝學堂	湖南瀏陽
算學報	上海
群萌學會	湖南瀏陽
南學分會	湖南岳州
八旗奉直小學堂	北京
時敏學堂	廣東
大同譯書局	上海
譯書公會	上海
測量會	南京
不纏足會	上海、廣東、湖南、福建、新加坡
女學堂	上海
校經學會	湖南
致用學堂	湖南
知新報	澳門
湘學報	湖南
湘報	湖南
天南新報	新加坡
公理學會	湖南、廣東
中西學堂	浙江紹興
東文學社	上海、廣東
大同學堂	澳門
原生學舍	澳門
大同學校	橫濱

實力學堂	新加坡
格致新報	上海

新學之風既倡,民智漸開。故兩年以來,支那人士之識見言論,頗有異於昔日。從前自尊自大,自居於中國,而鄙人爲夷狄之心,多有悟其非者。先覺之士,慨世之徒,攘臂抗論,大聲疾呼,所在多有。而湖南、廣東兩省,實可爲改革之原動力焉。膠變之後,康有爲開經濟學會於京師,與京師各省士夫鼓厲大開學會。先自十二月開粵學會,與林旭開閩學會,與楊鋭開蜀學會,與楊深秀、宋伯魯同開陝學會,皆正、二月並舉焉。經保國會後,又有保滇會、保浙會繼之。自餘各省從風,州縣並起,不可指數。雖有政變,而民智已開,不復可遏抑矣。

(横濱清議報社 1899 年 5 月版《戊戌政變記》)

和文漢讀法

叙　　　　　　　　　　　　　　　　　　　　沈翔雲

讀日本書之益人知之矣。戊戌之秋,吾郡初設學堂之議已寢,迺集同志私立東文學社,不三月而解散,然而社中人士欲學東文之願未嘗衰也。翔雲乃往湖北學武備,今夏四月東渡來遊。而留學之士已糾合同志,開會譯書,以譯成東籍,餉我内地人士,誠先務矣。夫以吾郡一隅,志讀東籍,而徒以未通東文望洋興歎者,已不下數十百人,推而至於他郡,至於他省,奚止萬計?是編之出,其益人豈有涘哉?然使内地人士僅讀譯出之書,仍未能讀未譯之書,尤同人之憾也。《和文漢讀法》一册,字不過三千言,而指示讀和文之法簡要明晰。苟通東文字母者，一讀是册，未有不能讀東藉者。第輾轉傳鈔，不著作者姓氏，書中有引粵語者，意其粵人與？翔雲亦志讀東藉而未通東文之人也，既得是册，因念吾郡同志之憾，更推念他郡他省同志之憾，急付排印，以代手寫，將以貽我內地之同志焉。《譯書彙編》敘例及簡明章程附後，凡我同志，或不棄與！光緒二十六年五月，烏程沈翔雲。

和文漢讀法

第一節

　　凡學日本文之法，其最淺而最要之第一着，當知其文法與中國相顛倒，實字必在上，虛字必在下。如漢文"讀書"，日文則云"書ヲ讀ム"；漢文"遊日本"，日文則云"日本ニ遊フ"。其他句法皆以此爲例。

第二節

　　愈實之字則愈在首，愈虛之字則愈在末。如"不讀書"，則云"書ヲ讀マズ"（ズ即"不"字之義），"可遊日本"，則云"日本ニ遊フベシ"（ベシ即"可"字之義），是其例也。"書"字，日本字所謂名詞也；"讀"字、"遊"字，所謂動詞也；"不"字、"可"字，所謂助動詞也。大抵一句之中，名詞在前，動詞次之，助動詞又次之。

第三節

　　亦有虛字而在句首者，則其虛字乃副詞也。中國人向來但分字爲實字、活字、虛字三種，實字即名詞也，惟虛字之界頗不分明，實包括助動詞、副詞、脈絡詞、語助詞皆在其內。今學日本文，不可不將此諸類辨別之。

第四節

　　名詞最易識別，即中國所謂實字是也。但言實字，則專指一字言；名詞則常包數字。如"書"字，名詞也；"《漢書》"二字，亦名詞也；"班氏《漢書》"四字，亦名詞也；乃至有以一成語當一箇名詞者甚多，不可不知。

第五節

　　動詞亦易識別。或有二字四字之動詞,亦易識別。

第六節

　　助動詞者,所以助此動詞之意味者也。如"讀書"之"讀"字,動詞也。或云"可讀書",或云"不讀書",或云"非讀書",或云"能讀書","可"字、"不"字、"非"字、"能"字,皆助"讀"字之意味者也,所謂"助動詞"也。餘可類推。

第七節

　　惟副詞之性格稍難辨別。試舉其例。如云"既讀書""未讀書""將欲讀書""須讀書""苟不讀書""實能讀書""殆非讀書""最好讀書"云云,"既"字、"未"字、"將"字、"須"字、"苟"字、"實"字、"殆"字、"最"字等,皆副詞也。(如此段第二句"稍難辨別":"難"字,助動詞也;"稍"字,副詞也。第三句"試舉其例":"舉"字,動詞也;"試"字,副詞也。餘可類推。)觀此可以知副詞之性格,凡副詞必在一句之首也。

第八節

　　既知此四種詞之性格,則當知其一定之排列法,即每句之中,副詞第一、名詞第二、動詞第三、助動詞第四是也。一句中,此四種詞具備者,則照此排列。如"最好讀書",日文則云"最モ書ヲ讀ムコトヲ好ム"。一句中,此數種詞或缺一二種者,則抽出之,而排列仍不亂。如"既讀書",則云"既ニ書ヲ讀ム",是只有副詞、名詞、動詞,而無助動詞也。"稍難辨別",則云"稍ヤ辨別ニ難シ",是只有副詞、動詞、助動詞,而無名詞也。

第九節

　　初學時既知寔字虛字顛倒之法,然有時仍覺混亂,不能斷句者,大抵皆由不知副詞之例耳。既知此,則自能斷句而不混亂矣。遇名詞之上無副詞者,知其名詞處必句首也;遇名詞之上有副詞者,知其副詞處必句首也。如此,豈有不能斷句之患乎?

第十節

有一種之形容詞，其用法與位置亦與副詞同。如"學而時習之"之"時"字，"汎愛衆"之"汎"字，是其例也。"時"者，所以形容其"習"也；"汎"者，所以形容其"愛"也。又如"急讀書""勤讀書"云云，"急"字、"勤"字皆形容詞也，位置亦在句首。如"學而時習之"，則云"學ビシテ時ニ之ヲ習フ"。餘可比例推之。

第十一節

副詞與助動詞之界亦有時通用，不甚分明。如"難"字、"能"字之類，有時當助動詞用，有時當副詞用。但學者閱之既熟，自能一舉而知其用法。今不縷述也。

第十二節

一句之中，而有數箇動詞或數箇助動詞、數箇副詞者，其排列仍同。如"好讀書"，則云"書ヲ讀ムコトヲ好ム"，"讀"字、"好"字皆動詞也。如"不可讀書"，則云"書ヲ讀ムベカラズ"（ベカラ，"可"字之義；ズ，"不"字之義），"不""可"二字皆助動詞也。"不可不讀書"，則云"書ヲ讀ム[マ]ザルベカラズ"（ザルホ亦"不"字之義），"不""可""不"三字皆助動詞也。如"亦嘗讀書"，則云"亦タ嘗テ書ヲ讀メリ"；"亦嘗稍讀書"，則云"亦タ嘗テ稍ヤ書ヲ讀メリ"，"亦"字、"嘗"字、"稍"字皆副詞也。

第十三節

凡名詞之下，必有附屬之假名（假名即日本字母）。名詞下而有假名，其假名必脈絡詞也，最當着眼。凡副詞、動詞、助動詞之下，皆有附屬之假名，其假名即上一字之末音耳。日本文法有許多變化，其精微皆在於此。（動詞變化最多，助動（詞）次之，副詞有末音，無變化。）然漢人視之毫無用處，置之不理可也。"最好讀書"，則云"最モ書ヲ讀ムコトヲ好ム"，"最"字下之モ字，"讀"字下之ム字（所列既不同矣，是其變化也。"讀"字或附メ字，或附マ字，如前節），"好"字下之ム字，皆其上一字之末音耳。故凡遇緊接於虛字活字下之假名，暫可置之不理；不然，則徒亂耳目也。此例不可不記。

第十四節

日本書中，凡名詞必寫漢字，不用假名。動詞、副詞十之九用漢字，其有用假名者，不過十之一耳。若助動詞，則十之九皆用假名，其用漢字者殆少。又脈絡詞(如"之"字、"而"字之類)及句末語助詞(如"也"字、"乎"字、"哉"字、"者"字之類)，亦皆用假名，不用漢字。但此種專用假名不寫漢字之字，在日本書籍中，通行者不過數十箇耳。學者既知此種詞之性格，又知其排列法，而猶不能讀和文者，皆爲此數十箇字所累也。今擇其要者標列於下：

第一表

セ【爲】		シ	
ス		スル	
スレ	"的"字、"所"字亦用此。	ナリ	"也"字亦用此。
ナシ	"無"字亦用此。	ナス	
ナセ		ナル	
タリ		タル	"的"字、"所"字亦用此。
タレ			
ズ【不】		ジ	
デ		メ	
子		ザリ	
ザラン		ザル	
ザレ			
アラズ【不、非】		ナラズ	
アラザリ【非】		アラザル	
アラザレ［ル］			
アラン【有】		アリ	
アル		アレ	

ナカル【無】　　　　　　　　　ナカラン
ナキ　　　　　　　　　　　　　ナケン
ナク　　　　　　　　　　　　　ナシ
ベカラ【可】　　　　　　　　　ベキ
ベク　　　　　　　　　　　　　ベケン
ベシ
シメ【使】　　　　　　　　　　シム
ヨリ【因、自、比、與、其】
ノミ【耳、而、已、僅】
ダケ【而已、僅】　此字有時寫作"文[丈]ケ"。
イフ【云、謂】　　　　　　　　イヒ
イハン　　　　　　　　　　　　イヘ
カラ【因、自】　此字與ヨリ同用，文字用ヨリ，
　　　　　　　　語言用カラ。
ラレ【被動詞】　可作"被"字讀。
ント【未然詞】　可作"欲"字讀。
マデ【迄】

第十五節

　　以上皆助動詞之類。(内惟"有"字、"因、自、比"字、"云、謂"字非助動詞，然其用法與他動詞不同。凡尋常動詞之上，必有一脈絡詞。惟カラ、ヨリ等，則與名詞緊接；イへ、イフ之上，必有一ト字以別異之，與其他動詞不同。)其位置皆在名詞、動詞之下，從無有在句首者。

第十六節

　　以上所列，如"有""無""不""可""云"等字皆有語尾變化，其變化亦分現在、過去、未來等，與動詞同例。我輩於其變化之法皆可置之不理，但熟認之，知其爲此字足矣。如"有"字有アラン、アリ、アル、アレ四種。其實則以ア字爲主，而以ラ、リ、ル、レ四字爲語尾變化耳。"無""不""可""云"等字亦然。"無"字以ナ字爲主，以カ、キ、ク、ケ爲變化；"不"字以ザ字爲主，以ラ、リ、ル、

レ爲變化；"可"字以ベ字爲主，以カ、キ、ク、ケ爲變化；"云"字以イ字爲主，以ハ、ヒ、フ、ヘ爲變化。其變化之法，必以同一行之字母。既通其例，一以貫之，毫無窒礙矣。

第十七節

上所列"爲"字凡十餘箇，但此等字日本人譯之爲"爲"字，而應讀作"爲"字者，不過十中之一二耳。其餘大率毫無意義，不過用以足成上文而已。如シ、ス、スル、タリ、タル、ナス、ナリ、ナシ等字滿紙皆是（尤多スル、タル），若一一讀爲"爲"字，則累贅不通矣。其中如スル、タル、タリ等字，讀爲"的"字或"所"字較妥。

第二表

ヤヤ【稍】	マタ【亦】
モ【亦】	タダ【只、惟】
マダ【未】	イヨイヨ【愈々】
マスマス【益々】	タマタマ【偶々】
アルハ【或】 又作アルヒハ。	オホカタ【大抵［方］】

第十八節

以上皆副詞，位置必在句首。副詞多寫漢字者，有時亦寫假名。假名之例若盡列之，則不可勝書，今摘其當用者。

第三表

コノ	コレ【此】
ソノ	ソレ【其】
アノ、カレ、アレ【彼】	
トキ【時】 有時寫作キ。	
コト【事】 有時寫作コ。	

第十九節

以上皆名詞，"此""其""彼"等皆代名詞也。有時不寫漢字，而用コ、ソ、ア等假名，故列出之。

第二十節

"時"字、"事"字等大抵不寫漢字，而用トキ、コト等假名。此兩字日本文用之最多，因其太多，故每用省筆寫作ㇳ、ㇰ。惟コト之字，我輩讀之，常覺其無用。蓋日本人最喜用"事"字，如"食飯"，彼則云"食飯的事"，"讀書"，彼則云"讀書的事"。凡此等皆可置之不問，視之與スル、タリ等同例可也。觀於第八節"最好讀書"云云，日文則爲"最モ書ヲ讀ムコト好ム"，其コト二字之無用甚明。餘一切多類是。

第四表

モノ【者】　"物"字亦用此。
ナリ【也】　"爲"字亦用此。
ヤ【乎、哉、也】
カ【乎、哉】
ゾ［ソ］【乎】

第二十一節

以上皆語助詞，位置必在句末。惟モノ常在句中。

第五表

ドモ【雖】　有時寫作ㇳ［ㇳ゛］，單一ド字或モ字皆有"雖"意。
バ【則】
ナレバ【則】　バ有"則"字之意，ナレ則前所列"爲"字之意也。實則不能謂之爲"爲"字，只當作無用耳。故雖添一ナレ，仍謂之"則"也。
ナレバ【然則】

ト【與、及】　又指點之詞,又別異之詞。
モ【雖、亦】　又兩名詞並列,亦用之與ト字同。
ハ【逗頓之詞】　有時可當"者"字用,句中一讀每用之。
テ【轉語詞】　可當"而"字用。
シ【而】　ニシテ、トシテ皆可當"而"字用。
ヲ【倒裝脈絡詞】　凡名詞與動詞之間必用之。
ニ【倒裝脈絡詞】　其用與ヲ同。又逗頓之詞,其用與ハ略同。
ン【未然之詞】
ル【接續之詞】　凡有ル字處,必不斷句。
ヨ【命令之詞】　在句末。
ノ【的、之】
ガ[カ]【的】

第二十二節

　　以上皆脈絡詞,日本文中最要緊之字也。其中テ、ニ、ヲ、ハ、ノ等字,尤爲要中之要,日本文典所稱"天爾遠波"是也。("天"即テ,"爾"即ニ,"遠"即ヲ,"波"即ハ。)連續成文,皆類[賴]此等字,不可不熟記之。但其中有數字須詳論者,論之如下。

第二十三節

　　ト字作"與"字解。如"我與爾",日文則爲"我爾ト";"兄與弟",日文則云"兄ト弟ト"。大抵其句中兩名詞,一爲主、一爲賓者,則用一ト字;其兩名詞屬平列者,則用兩ト字是也。

第二十四節

　　ト字用爲別異之詞者。如文中引古書或用他人之言,於其所引既畢,必有一ト字以別異之。故凡文中上有"曰"字、"云"字、"以爲"字等,其下必有ト字,乃一定之例也。

第二十五節

　　文中有三四字之成語,或用尋常不常用之字,或本熟字,而用之稍與尋常異者,其下亦每以一卜字指點之。故卜字之用極多。

第二十六節

　　單一モ字,可作"雖"字用,亦可作"亦"字用。大抵屬上則爲"雖",屬下則爲"亦"也。惟有時兩名詞平列,亦用モ字。如"兄卜弟卜",有時作"兄モ弟モ"(亦有時作"兄ニ弟ニ")。又副詞之下,常有モ字。如最モ、尤モ之類。然此不過"最"字、"尤"字之末音耳,毫無意義,切勿誤認爲"雖"字、"亦"字等。要之,副詞、動詞下緊接附屬之假名,必爲無用者,不可不牢記。

第二十七節

　　ヲ字與ニ字皆倒裝用字,其性格略同。惟ヲ字略近"其"字之意,ニ字略近"於"字之意。觀第一節所引例"書ヲ讀ム"與"日本ニ遊フ",可以知其用法。

第二十八節

　　若一句之中,以一動詞綰兩名詞者,則ヲ字、ニ字並用。如"讀書於日本",則云"書ヲ日本ニ讀ム";"盡心於國事",則云"心力ヲ國事ニ盡"。文字中此種句法最多,當知其例。若漫然不省,僅據倒裝之例,而誤認爲"讀日本""盡國事",則不通矣。

第二十九節

　　於句中一讀之時,往往用ニ字以爲逗頓。又副詞之下,亦徃徃用ニ字。此等不能認爲倒裝脈絡詞,學者當合上下文法求之可也。

第三十節

　　日本文中無"之"字,無"則"字。有"之"字則必當代名詞用,非尋常之"之"字也。(如"學而時習之"之"之"字,則寫"之"字;"大學之道"之"之"字,則必不寫"之"字。)

有"則"字則必當"即"字用,非尋常之"則"字也。故文中ノ字即"之"字也,バ字即"則"字也。

第三十一節

讀日本書者,每苦於不能斷句。吾今有一法,凡句中遇有テ字、ル字之處,必不斷句也。但テ字爲轉語詞,ル字爲接續詞,故遇テ字恒爲一讀。テ字作"而"字用,ル字可作"的"字用(有時亦不能逕作"的"字)。如スル、タル等尤多合"的"字之義也。大抵第一表所列各"爲"字中,如シ、セ、ス等,常有當"的"字用者。學者因上下文求之,自能分別領會。

第三十二節

日本文句法往往極長,最爲繁難可厭。然其所以聯爲長句者,皆藉ル字之用也。今譯一二條以爲例:

原文　單純ナル器物之製造ニ從事フルノ智識ヲ發スルヲ得タルノ時代ナリ。
直譯　將發從事於單純的器物之製造的智識之時代也。
譯意　當此之時,人類智識漸發,能製造簡易之器物也。
原文　道理上ノ眞理ニ關スル智識ノ退步スル理ナク。
直譯　無關於道德上之眞理的智識之退步的理。
釋意　關於道德上之智識決無退步之理。

第三十三節

由此觀之,知其ル字皆句中接續要緊之字。若不知此例,任意斷句,或僅據實字在上、虛字在下之例,謂凡遇名詞,必係句首,則窒礙不通矣。既知此例,又合第九節之例,則無以斷句爲難者矣。

第三十四節

又有一例,凡句首有副詞者,其句末必有動詞或助動詞以應之。但日文句法太長,常有隔數十字或數行乃爲一句者。若遇句首既有副詞,句中有許多テ字、ル字，又未得其應之之動詞者，則知其必不斷句；或疊至數十字、數行以下，必得其相應之動詞，乃能斷句也。

第三十五節

以上第一表至第五表所列之日本字，及第十四節至三十三節之解釋日本書中所用之假名字，有用而當記者略盡於是矣。申而論之，書中假名可分爲三類：

第一類　最有用者，如表中所列脈絡詞、結語詞及助動詞等是也。

第二類　半有用者，如シ、ス、スル、タル、ナリ、ナス、ナル、コト之類是也。

第三類　無用者，如緊接於副詞下所附屬之末音是也。

第三十六節

學者既知此，則雖遇書中假名甚多處，不必畏佈[怖]之，一望而能將其有用者摘出，當作漢字讀之，而無用者則棄之也。試擧其例。其文曰"此レノミナラズナリ"，驟觀覺甚難讀；然既知ノミ之爲"僅"，又知ナラズ之爲"不"，又知ナリ之爲"也"，則一望而知其語意爲"不獨此也"。又有一句於此，其文曰"豈ニ成スアラン、ベシ、アラザレヤ"，驟觀亦覺難讀。既知アラン之爲"有"，知ベシ之爲"可"，知アラザレ之爲"非"，知ヤ之爲"哉"，則一望而知其語意爲"豈非可以有成哉"。其"豈"字之ニ，"成"字之ス，知其一爲無用，一爲半無用，自可置之不問矣。故用此法，但牢記前五表所列各字，認字極熟，與漢字等，則於讀日本書，思過半矣。

第三十七節

又有一瑣論。日本刊刻書籍，於濁音之字（サ、シ、ス、セ、ソ等爲原音，ザ、ジ、ズ、ゼ、ゾ等爲濁音），往往缺其兩點，如ザル、ザレ、ズ、ジ、ド等字，書中常刻爲サル、サレ、ス、シ、ト等字者，看之既熟，自能會意辨別。

第三十八節

既熟知以上各例，于書中之假名，必無所窒礙矣。然常有日本字皆能解，而漢字反多不解者，其繁難之處在此不在彼也。今擇其副詞、脈絡詞中常用之奇字列於下：

第六表（凡旁注假名爲原意，偏注於下之假名乃其變化）

去^サリ　サレ　【然也】　"去"字、"左"字，其音皆讀爲サ，故書寫時每用此兩字。去レバ、左レバ皆"然則"也，去レドモ、左レドモ皆"雖然"也。

左^サレ　【然也】

乍^{ナガ}ラ　【而也，則也】

併^{シカシ}　【然而也】

乍^{シカシナガラ}併　【雖然也】　"乍去""乍左"同。

丈^タケ　【而已也】　与ノミ同。

許^{バカ}リ　【而已也】

兼^カ子　【難也】　有欲爲不能之意。

最^{モット}モ　【或作"然"字解】　尤モ同其音，亦讀モットモ也。

折^{ヲリ}　【其時也】　有恰遇其時之意。

拗^{ヲリカラ}柄[折^{ヲリカラ}柄]　【同上】

折^{ヲリセツ}節　【同上】

譯^{ワケ}　【所以然也】

儘^{マヽ}　【照原來樣字[子]之意】

通^{トホ}リ　【猶云如前所言也】

居^井　此字毫無意義，然日文中每用之，但以足成上文而已。

程^ホド　【地位也】　猶粤语"咁樣"之意，實亦毫無意義也。

方^カタ　【與"程"通用】

位 ^(クラヰ) 【與"程"通用】

詰リ ^(ツマ) 【結局也,畢竟也,詰责也】

渡ス ^(ワタ) 【交也】

届ケ ^(トド) トドク 【禀也,送也】 名詞當"禀"字用,動詞當"送"字用。

濟ミ ^(ス) スム 【已經過也】

繰リ ^(ク) クル 【有循環之意】 凡事件做過又做者,則用之。

繰返 ^(クリカヘシ) 【再三反覆之意】

繰越 ^(クリコシ) 【以來月分應支之金,充今月分支出金用之意】

繰替 ^(クリカヘ) 【以甲應得金,充乙用之意】

筋 ^(スヂ) 或作"其筋",凡關於政府內部之事多用,有時當"消息"解。

高 ^(タカ) 【額也】

荷 ^(ニ) ニナフ ニナヒ 【貨物也】

拂 ^(ハラヒ) ハラフ 【支也】 金錢支出之"支"。

宛① ^(アシ) 【每也】

玉ヒ ^(タマ) タマ 【敬辭也】 凡施於所尊敬者皆用之,實亦毫無意義。

給ヒ ^(タマ) タマフ 【與"玉"同】

申 ^(マヲシ) マヲス 【概用語尾助語】 有告申述之意。

掛リ ^(カカ) カカル 【費也,消也】 如用去金若干,則云"金何程ニ掛"。又有"**事務委員**"之意,如"商務局員",則云"商務掛",報館皆有"編輯掛"。

暮シ ^(クラ) クラス 【虛度光陰之意】

---

① 此处读音和意义都与"宛"无关。

若〔ワカ〕【即老少之少】　如少年，謂之"若年"。

流石〔サスガ〕【嗟歎之詞】

有繫〔サスガ〕【與"流石"同音同義】

矢張〔ヤハリ〕【依舊也】

兎角[兎角]〔トニカク トニカク〕【猶云要而論之】

六ヶ敷〔ムヅカシ〕【難也】

成程〔ナルホド〕【現成樣子之意】

餘程〔ヨホド〕【"狼[狠]好"之"狼[狠]"字意】

餘〔アマリ〕【"太好"之"太"字意】

面白〔オモシロイ〕【有趣也，大奇也】

最早〔モハヤ〕【猶俗言"早已"也】

左迄〔サマデ〕【猶言"至此"也】

中中〔ナカナカ〕【頗也，歎息也】

追追〔オヒオヒ〕【猶漸々也，愈々也】

間違〔マチガヒ〕【錯誤也】

差支〔サシツカヘ〕【事遇阻礙之意】

差岡〔サシツカヘ〕【同上】

刺違〔サシチガフ〕【武夫以刀相刺共斃之意】

何卒〔ナニドゾ〕【請也】俗語

丁度〔チャウド〕【恰，湊巧也】

有樣〔アリサマ〕【狀也】

一寸〔チヨット〕【少也,短也,片時也】

都合〔ツガウ〕【妥當也】

充分〔ジウブン〕【十分也,滿足也】

折角〔セツカク〕【有可惜之意】

立派〔リツパ〕【俗語"縹亮"也,"體面"也】

大切〔タイセツ〕【要緊也,珍重也】

殘念〔ザンネン〕【遺憾也】

沙汰〔サタ〕【消息也】

取沙汰〔トリサタ〕【風説也】

味方〔ミカタ〕【對於敵分,言己也】

腹立〔ハラタチ〕 ハラタツ【怒也】 或作"立腹"。

無念[無念]〔子チン ムチン〕【憤恨也】

雙方〔サウハウ〕【兩面也】

隨分〔ズイブン〕【隨便也】

重立〔ヲモタツ〕【要緊也】

勘定〔カンヂヤウ〕【算帳也】

仕事〔シゴト〕【事也】

割合〔ワリアヒ〕【猶言幾分之幾】

事柄〔コトガラ〕【事也】

辭柄[柄]〔ジヘイ ヘイ〕【讀如字】

言葉〔コトバ〕【言也】

^{シアン}
思案 【思也】

^{クワダテ}
企 テ 【謀也】

^{サゲワタシ}
下 渡 【給也，交也】

^{ナカマ}
仲 間 【同人也】

^{チュウサイ}
仲 裁 【居間調停也】

^{アングワイ}
案 外 【意外也】

^{オボエ}
覺 【憑据也】

^{ユクスヱ}
行末 【前程也】

第三十九節

和文中常有以漢文同訓詁之字，彼此誤用者。今舉於下：

第七表

所、處　　如"無所不知"，常作爲"無處不知"。

有、在　　如"在明明德"，常作爲"有明明德"；"知止而後有定"，常寫爲"而後在定"。

已、止　　如"不得已"，常寫爲"不得止"。

至、到　　如"無所不至"，常寫"無所不到"。

因、從

追、逐

視、觀、見　　如"由是觀之"，常作"由是視之"，或"見之"；"觀月""觀山"則作"見月""見山"。

其、夫、彼

此、之、是　　如"由是觀之"，常作"由此觀此"，或"由此觀是"。

若、或、及　　"若"字多作"若子""若弟"之"若"字用。

則、即、乃　　"則"字每當"即"字用，"乃"字亦同。

言、云、謂　　如其事有不堪言者，則作爲"不堪云""不堪謂"。

第四十節

此類通用之字，日人每隨意寫之。學者既知此例，於讀書時，如遇"處"字，覺其不通時，當"所"字讀之，必通矣；遇"在"字，覺其不通時，當"有"字讀之，必通矣。他皆以此爲例。

第四十一節

和文中常有成句熟語，文字中常用者，其中漢字與假名相間，驟視頗難索解。今列其數句：

例ヘハ　　猶言"試舉其例"也。

換之ヲ言　　猶言"申而論之"。

拘ハラズ　　直譯之爲"不拘"，猶云"無論"也。其用法，如云"此事雖難成，而我必爲之"，則云。於是等句，或用論ナシ，或用"勿論"，其義一也。

言マデナク　　直譯爲"言迄無"，譯意則猶云"不待言"也。於是等處，或作"云迄無""謂迄無"等。其"迄"字，或寫"迄"字，或寫マデ。

間違ナク　　直譯之爲"無間違"，譯意則猶俗語"這箇自然"之義。其用處與"言迄無"略同而小異，如"中國今固積弱矣，然猶可以圖強"，則云。

程ナク　　直譯之爲"無程"，譯意即"少頃"之意，猶言"無幾時"也。

去レトモ　　解釋第六表。

左レバ　　解釋第六表"去"字行下。

第四十二節

和文中有寫漢字，而其字實中國所無者，其數頗多。今擇其常用者列之於下：

第八表

抔【ナド 等也】

扨テ【サ 卻說也】

偖テ【與扣同】^サ

軅テ【頓也,忽也】^{ヤガ}

噂【風説也】^{ウワサ}

筈【想像之意】^{ハズ}

开【即"其"字】^ソ

迠【即"迄"字】^{マデ}

拵ル【做作之意】^{コシラヘ}

揃ヒ ソロフ【湊集之意】^{ソロ}

扱ヒ アッカフ【辨[辦]理也、處置也、調停也】^{アッカ}

込 コム【猶云藏在其中也】^{コメ}

辻【十字路】^{ツジ}

榊【神木之名】^{サカキ}

跋

紫瀾漁長

  前明宋濂《日東曲》云:"中土圖書盡購刊,一時文物故斑斑。祇因讀者多顛倒,莫使遺文在不冊。"其自注:"讀者語言絕異,侏離鴂舌,讀下復逆讀上,始爲句。"是即謂我吉備公傳來之"漢文和讀法"也。今沈子東航來學,活刷《和文漢讀法》一書,以便同人,使余校讎之,亦從粗入精之階梯矣。夫漢文和讀與和文漢讀,其法雖異,古今一揆。余於是方深感東西同文之誼焉。日本南海紫瀾漁長跋。

《譯書彙編》叙例

  救今日之中國,開民智其第一義矣。開民智之事約有三端:曰學校,曰報章,曰譯書。學校之事,其用力也多,其及人也狹。啓一學校,受其益者數十百人。而鄉僻之區,遼遠之地,雖有好學有志之士,亦無從丐其餘潤。故非行之以國力,則未易廣育人才矣。若夫報章、譯書,所費少而及人遠,用力少而收效速。雖鄉僻、遼遠之士,苟能購其一册,手其一編,即可周知四國之形勢,研究專門之學業。有志之士,可自任也。歐美諸邦,邢[刊]出之報,國皆數千百家;著譯之書,歲至數千萬種。此其所以驟進文明,而國勢因以富强者也。中國報舘大都不過百家,而游戲無謂者又過其半。夫以二千萬方里之大國,而報章寥寥,止於此數,斯亦奇矣。中國譯書三十餘年矣,製造局之所譯,大都言兵,罕及他學,至於政治,闕焉無聞。故學者日讀西書,而於西國經國之猷、富國之術,類皆瞠目結舌,不能語其本原,抑又奇矣。日本效法泰西,其所譯歐美之書,無慮千數百種,類能擇精撮要,深探政治、學術之原。是以民智驟張,國勢驟奮。蒙等留學是邦,感隣國之勃興,恫吾人之闇蔽,不揣綿薄,用敢糾合同志,開會譯書,餉我人士。擇其當務切用者,刋[刊]爲彙編,以快先覩。月出一册,庶幾僻遠有志之士,或亦手其一編,可以稍覘四國之情勢,少窺專門之學業歟?由是而闢我新學,進我文明,開我民智,張我國勢,或亦大雅君子之所不棄歟?

簡明章程

一、是編搜譯東西有用書藉[籍],按月刊行,以饜吾華人士。

一、是編所刊,以政治一門爲主,如政治學、理財學、法律學、哲學、史學之類,另附雜錄。(每期所出者,或四類,或五類。)

一、是編按月一册,全年十二册。每册以五十頁爲率,每月初一日出書。(第一册定於九月初一日發行。)

一、是編用白紙洋裝,編首冠以東西各國名人名所各種相片。

一、是編每册定價二角,定購全年者兩圓(價須先付)。閏月照加,郵費另計。

一、代派處照價提二成作爲酬勞,郵費不在折扣之内。

一、是編由同人捐資剏辦[辦],如蒙同志之士慨與資助,出書後謹酌量贈送,以酬高誼。

一、是編草剏伊始,末[未]盡美善,尚祈同志糾而正之。

一、各處來函，請徑寄日本東京本鄉區東片町一百四十五番地《譯書彙編》發行所不悮。

　　光緒二十六年五月　　　　　　　　　　　　　　同人公啓

（光緒二十六年沈翔雲印行）

附録：叙　　　　　　　　　　　　　　　　　　　　勵志會

　　沈君既印《和文漢讀法》以爲内地讀東文者助，意良厚也。第沈君所印數百本不足應來者之求，同人因謀更印多本，廣其流傳。以原印第六表所列和漢異義字尚多漏略，搜輯增補者二百餘條，始於和文中常見之異義字十得八九，亦讀者之一便也。庚子六月，勵志會叙。

（明治三十三年七月廿七日勵志會譯書處發行）

國家論　　　　　　　　　　　　　　　〔德國〕伯倫知理原著

卷一

第一章　國家之改革

第一節

　　以學理釋國家之意義，實自希臘人始也。昔時東方諸國之惑於宗教者多矣,猶太人則奉天神爲君主,印度人則委政柄於僧徒,埃及並波斯人,尊崇國王,則以神祀之,迷溺宗教,牢不可破。希臘人獨大悟曰,國猶身也,不羈特立,始能自行其志者也。

當時碩學布拉吐、亞利斯土爾二氏,著有《國家論》,其有補於學理,實非淺鮮。布氏以爲國家積弊滋深,不圖維新,何以自立? 乃創言曰:國家者由道義之相聚而成者也。以政務委之精通法律之人,以軍務委之干城腹心之士,以農業工業委之柔弱婦女,則國之本植矣。

亞氏《國家論》,蓋按當時國勢,且徵於人性固有之思想以立説者。其言曰:聚村落爲一團(即合衆爲國之意),原生民天然之性也。故治國者宜深觀建國之原因,使人事日臻良善,日臻美備焉。夫初建國之時,其意祇期得全人之生命耳;其後漸進,不可不謀人生之樂利矣。

然是時希臘人之論政,多有越於建國之外者,是以希臘實不異於古代諸國。其國家有無限全權,執政者得以擅用威福,凡宗教、風俗、法律、教育、家族及民間一切産業,皆管理之,干涉之。雖夫婦間事,一遇政府,亦不能保其自由之素也。政府惟知有國家,而不知有人民。故希臘人於立法行政,僅能議定耳,無復有自由之權焉。

第二節

於時諸國之通達法律政務者,羅馬人爲最,然其説猶率由希臘之論。故知赫露曰:國家者藉德義至高之人所創建者也。又曰:國君之於民,猶心之制支骸也。然羅馬人立國之意義,與希臘不同者甚繁。今略述如下:

羅馬人分法律道德爲二,以明國家之本在法律。埃及、印度人,以爲國家由於神造。神之道尊而德大,不可不唯命是聽也。羅馬人則不然。其意以爲治國不外乎人民公同之理(公同一曰共同,言人民自守自作自行,爲千萬人所同,千萬人所共,非出於政府之命令者),故風俗及宗教之事,但任民所欲。惟神祭之禮,爲政府所定者耳。其敬神之事,比雅典爲稍寬焉。

羅馬人將公法(國法)與私法(民法)明立界限,聽家長與家族之自由,併保護所有主(謂有土地之人,一曰地主)及商賈之自由。其保護之厚,過於希臘人;然人民之權理,其保護與否,或毁損之,唯國家所欲,是羅馬與希臘相同也；但羅馬之民，及其政府，務保護既定之民法，互自裁制，不敢專恣耳。

能悟政治上之真義者，以羅馬人爲嚆矢。其言曰：國家者國民之形體也。又曰：國家自有一定共通之民意。是實爲一切法律之本源矣。蓋希臘人稱其國家，曰波利知，即中央惟一政府之義也；羅馬人稱其國家，曰例波白律苦，即全國民合衆之義也。

希臘諸國，皆是小邦，如斯巴他與雅典，當時雖稱極盛，然不過彈丸地耳。羅馬則不然。並吞四海，以其都羅馬爲京師，奉羅馬帝爲一國之主，欲使普天之下，悉主悉臣。以勇悍爲能，以侵略爲事，勢威赫赫，版圖絶大。其抗之者，惟西方有日耳曼，東方有波斯而已，此外諸國皆唯唯聽命矣。

第三節

至中古之世，事之大有關係者，有二端焉，即基督教徒與日耳曼人之崛起是已。

基督教徒，起而抗猶太、羅馬二國，自後遂蔓延於諸國。該教之興也，原非藉王公之力，其主權又非受之於國家，不過託渺不可知之所謂天神者，以立宗旨，故自羅馬國中有此教，而政教遂分爲兩途。雖其後教徒立法王，奉爲首領，復羅馬之舊權；然當是之時，羅馬國家，惟司現世並形而下之政，其未來並形而上之政，則該教徒司之。均是權也，而教徒獨占上位矣。德國人之滅羅馬也，奮然欲奪其權，主張政教一權貴賤合一之理。然當時宗教家之氣力文化，迥在政治家之上，故亦不能制勝也。

日耳曼人在中古時，並吞歐洲諸邦。其性勇悍，長於戰鬭，貴不羈特立，重德行，有堅忍不拔之氣，且國勢方盛，無惑乎其能凌駕羅馬之上。然文化則不逮遠甚，故於宗教政務，勢不得不待羅馬人之指導也。自日耳曼人破壞羅馬霸業以後，撫綏屬國，多有許其自立①者。且其民已明法理，知覺大開，以爲法律者從事物之本性而生，以應夫日用者也。因究明其蘊奧，不敢自逞私意而背天然法理，人各以享自由之權爲喜。然其國家爲基督教所掣肘，故黨社之自由權，與民法之特立權，交相牽制，不能運用自在也。

---

① 《國家學綱領》作"自由"。

其民惡國君專制，乃立裁判所，張貴族及平民之權，以制國君之威力，而國事遂全歸黨族與自由之民人。然當時政學未開，國法民法，互相混淆，無復次第。司法之官世其職，且予之采邑，使世襲之。於是國家不相統一，委靡莫振，不能復謀國民之樂利矣。蓋中古之封建，與世襲官、職之制，實由國法民法之混淆而生也。

第四節

當十五世紀下半期，有復古代建國之制一事；第十六世紀上半期，有改革宗教一事。時勢遷移，即此可見矣。復古一事，始於意大利人；改革宗教一事，成於德國人。能使國君有自治之志者（其初政治皆國君專制耳），復古代建國之制之效也；使民心脫於羅馬教數百年來之羈軛，且奪羅馬教王之權，使國君與國土不受其制者，改革宗教之效也。此皆於文明之道，開一生面者也。然當時未能發見國家之新義；其故何也？蓋當時之人，雖因改革宗教，而悟宗教無箝制國家之權，然以宗教爲形而上國家爲形而下之舊説，猶中於人心而未能解脱也。迨其後政學漸興，諸邦文明之士，相繼踵起，而國家改良（言改弊就善也）之基暫立矣。今舉政學家之著名者，略述之：第十六世紀，弗魯連則有麻季維利，法國則有暮担；第十七世紀，荷蘭則有夫臥特具洛，英國則有密耳敦、胡北土及洛苦等諸人。所論分爲共和專制立憲三種，各不相同也。此外又有德人不文德兒夫、來伯尼克二氏，及在荷蘭國之猶太種人斯卑諾薩，其學稍遜焉。

由是國家學漸免基督教之牽制，脱猶太神道之舊習，而以道理與閲歷爲根據，其範圍致廣大矣。

然當時所謂國家，亦不免拘守古説，不本於國家全體以立論；更着眼於各部各民，欲因社會之體裁，而結合爲一國（社會詳於卷二第二章）。於是社會盟約之説起，學理上，益修飾以自由之議論。然自一千五百四十年凡二百年間，此説竟不能利世也。當是時，中古制度日就衰頹，歐洲各國之君主，皆擅用威福。如法王路易十四世，其尤著者也。法王削貴族之權，而漸伸民法，似壓倒封建舊制；然政府猶逞威力，抑屈民人之自由。故當時上下異説：其學者曰，國家即社會也；政府駁之曰，國家即君長之謂也。是時歐洲全土，皆苦於君主之壓制。獨英國自由之民，全藉議院之力，救正政府。雖國民因此事或遭斬刈，然既感動其君主，使之不能專恣矣。其所以能奏此功者，蓋經千六百四十年共和黨之革新，并千六百八十八年立憲王政之革新，擁護舊來之民權，改中古之等族憲法（等族詳於卷二第二章），以開今世代議憲法制定之基也。

第五節

方今列國開明之運，實始於第十八世紀。其間大事最當留意者有三：千七百四十年來，普國藉其君弗利德律克王之力，以致隆盛，一也。中古之人，以君權歸神授，以國家爲君主之私有，普王深非之，始發一新論曰：國君者國家第一之臣僕也。又北美利加之民，脱英國束縛，立代議共和政府，自稱合衆國，二也。千七百八十九年來，法國人主張自由人權，及人類平等之説，遂動干戈，以致革命，三也。

凡此三者，實爲今世風氣今世國家及人類自由之現象，蓋當時言學理者，亦與有力焉。當時著名之學者，意大利則有維哥及喜朗熱利，法國則有孟的斯鳩、路騷①及詩韋，德國則有弗利德律克二世、及看度、匈蒲杜，北美國則有哈彌敦也。

然彼改革黨，亦時不免空漠狂妄之弊，故往往爲歷史黨所抗抵。英國急進黨之革新説，頗涉過激，伯兒克氏抗之，盛稱英國憲法曰：閲歷萬國，未有國基之鞏固，如此憲法者也。德國彌列兒、臥衣兹二氏，亦駁法國改革之議，與拿破崙統一之政，以謀保持國家舊制。又千八百十五年後，歐洲再造之時（言拿破崙敗亡而各國復安之時），德國之歷史法學家尼蒲兒及薩維克尼等，論説藴奧，名噪一時。而究理黨之倡自然法者，雖有大家非喜父多、非革耳二氏，亦不能敵之也。

國家之學理與政務，如是大變面目，以開方今世態及國體之基礎。至第十九世紀，變遷亦甚多矣。夫時局益變，欲循時勢制法度，以建自由之政，亦愈難。然而第十九世紀中，國民團結立國之風氣盛行，國家進化，大有可觀者，蓋公法歸於純潔明晰故也。公法之益，有數端，試詳舉之：陋隘私曲之輩，視國家如家族，以國家爲君主之私有，今之公法，脱此範圍，一也；待國土民人之一切義務，公法本體，無不備之，二也；知國家有意志及德義之性，三也；國家始與宗

---

① 《國家學綱領》作"盧騷"，下同。

教別,且不爲宗教所制,四也;民人參政之權,普及於全社會,五也;一定國家主義,且期國力之合一完備,六也;置民選議院以參與國事,監督政務,七也;據一定成法,明示法規,八也;民人參預裁判之事(即陪審官),得自治之制,九也。凡此數者,實爲當今國家之本體,所以與上古中古之邦國異撰也。

第二章　國家之主義

第一節

國家之名何自始也？蓋建國之初,實出於一家一族。故一鄉之長,其民敬之如家嚴;一族之長,敬之如其部族之君主。如今亞細亞及斯喇榮種(俄羅斯、匈牙利、勃斯尼亞、魯米尼亞人,皆此種也)諸邦,尚仍舊制。

然限於一家一族,非建國之宏規也;合無數家族部族,相助爲理,則成一大國矣。故方今國家立法行政之權,與蠻夷家長族長之權,全然不同,如國民之共同,國勢之擴張,及政治之自由是已。家族部族之國,由婚姻系譜之關係而成者也;今之國家,則成於民人之天性與其欲望也。

今之文明諸邦,皆民人國家也。民人國家者,凡國中之民,合成一體,自斷其理,自宣其意,自行其政之謂也。故民人之意志,即國家之精神。憲法爲其體,官府讓院爲其四支五官,以成一活動體之國家也。由是觀之,國家之要旨,可一言以蔽之,曰無人民則無真國家。

第二節

何謂國土？蓋民人有一定居住之地之謂也。有國土而後始得稱之曰國家。逐水草而居,漂泊無常處者,此蠻民也。雖有酋長統率之,然非真國民,又無真國土,豈得謂之國家？昔猶太人從摩西遠涉,亦未可稱爲國家也。又昔日耳曼諸部之王侯,各率其民去鄉土,遠侵羅馬,當是時其民既棄舊國,未建新國,豈有所謂國家乎？其後各占所有侵地,建立國家,而國家之名始成焉。東西俄顛、亞拉念夫蘭、乾伯兒貢、得耳倫、伯耳佃等國(疑是舊國)亦若是矣。故一言以蔽之,曰無國土則無國家。

第三節

國家一完具之體，欲宣布其意志，指揮處置，以執政務，必不可無所統一也。然亦有聯結無數邦國，成一合衆國，而置二政府者。(如德之帝國，與德之聯邦是也。)如是之國，宜留意於合衆全國，與各支邦之統一，以防彼此之扞格，或豫設法度，以保護統一之治；不然，則不能久立也。

第四節

國家之中，有相反者二端，君長之於臣民，出治者之於被治者是也。此反勢不獨君主之國貴族議政之國有之，即民政之國，亦不能免。倘欲通國利權，平等無小差，與不欲有國家，何以異乎？無上下之別，豈復成國？故民人之權，隸於立法官之權；寡數之民，屈於多數之民(謂民人議政之時)，是勢之所不得已也。

第五節

以國民爲社會，以國家爲民人聚成一體，此說由來尚矣。而德國政學家，獨以新意駁之曰：國家有生氣之組織體也。(組織，化學語，猶言結構也。筋肉關節，相錯綜以成人體，猶組織布帛也。凡有生氣者，皆謂組織體。)徒塗抹五彩，不得謂之圖畫；徒堆積碎石，不得謂之石偶；徒聚線緯與血球，不得謂之人類。必也彼是相依相待，以成一體者也。故國家者，非徒聚民人之謂也，非徒有制度府庫之謂也。國家者蓋有機體也(有機無機，皆化學語。有機，有生氣也，人獸草木是也；無機，無生氣也，土石是也)，然又非動物植物之出於天造者比也，實由屢經沿革而成者也。夫沿革之端有二：國家固有之事，與所以起此沿革之勢，一也；君長措施之權，民人參預之權，二也。

然以理論之，人之造國家，亦如天之造一種有機體也。今舉其類似天造者，臚列於左：

一、精神與形體之聯合。

二、支骸即其形體中各部，各官皆具固有之性情，及生活職掌等事(即諸官府及議院)。

三、宜聯結此等支體，以構造一全體(即憲法)。

四、其成長始於內部，遂及外部（即國家之沿革）。

據此四者觀之，可知國家之爲物，元與無生氣之器機相異。器機雖有樞紐可以運動，然非若國家之有支體五官也。且器機不能長育，唯有一成不變之運動耳，豈同國家可隨其心之所欲，有臨機應變之力乎？

國家聯合之性，早爲古代阿利成種人（歐洲諸國，及小亞細亞數國，皆此種也）所發見。如國家之身體，國家之君長，國民之意志，國民之精神，國民之特性，國家之主權，國家之威力等語，此種人常用之，是可徵也。

第六節

組織國家，非若天之造禽獸也。蓋國家實有利於人類，人始組織而成之也，故組織中，自含有人類之性情矣。蓋國家即高等組織體，亦如自覺自行自語隨己意而動之人體耳。

然組織國家，又非如天之造人類也，亦非成於技工，出於想像也。國家之本體，必由民人之天性而成，嘘吸人類自由之性而生息。雖其本體囿於一定固有之民性，不能出乎範圍，然亦優遊於不羈自由之域矣。

國家已知天然道理，又將所定之道理宣布，由是制作法律，領受其權理而保守之。觀於此，而知國家不外一法律上之人也。國家之職，專在制定法度，而保護人民，故理之世界無上之法體。

又國家有德義者也，宜自知其義務有盡神人之責。故民人生息於版圖之內，凡補助保護之事，及人世之公道，外國之交涉，此三者皆國家當盡之義務也。現時萬國公法，雖未能使各國盡法律上之責，然就古今興亡之跡，觀天之福善禍淫，亦可知德義之力極大矣。

維持保護社會，及民人之財政與教育，皆國家之責，然則國家者又財政教育之歸也。且國家欲一國均得安全，於是經之營之，制定憲法，應民之需，興教育之事，立富厚之基，張其國權，以與外國並立，故國家又政略之歸也。

第七節

國家外別有鄉村社會協會商社等，雖均爲合同團體；然綜合全國民及各社會，使皆有生氣，成一大有機體，唯在國家與宗教耳。彼鄉村會社等，其規模之狹隘,不過一微小團體也。宗教託天神之權,可以維持國中教界;國家則有男子之性,可以自決自行。諺有之曰:"宗教爲母。"然則國家爲父矣。

今據理推究,以求方今文明之世所謂國家之主義何如,則其要領當如下文,曰:國家者即民人團體,在建立一定國土,而自行處理政務者也。

其主義若此,故人之崇國家,服命令,忠信事之,不敢背叛。若使國家無生氣,如一種機器,則人生息於父母之國,一旦有事,雖棄妻子,擲貨財,萬死不顧以赴國難,然究何益哉!

第三章　國家之建立沿革及亡滅

第一節

夫國家者,由國民之沿革而生,勢不得不與沿革共推移也。古初建國之始,已不可考;然徵之近代,亦不難審知建國之所由來。凡國家之壽,長於人壽數倍。若以歲月計之,或涉數千百年,則國家誠爲不死之物也。然歷觀古今國家,其氣魄消耗,漸至老衰而亡滅者有之。今世國家中,建國在數千年以前者,不數見焉。歐洲各邦之最古者,成於漂泊放牧之世,自餘則僅歷數百年而已。若亞美利加各邦,則建國尤爲日淺者也。

國家之建立者,謂新構造一國,或始得國土之時。

太初之國,即始糾合新國之民,而得新國土者,亦不過傳於口碑耳,史册可徵者甚希矣。上古羅馬人所謂不朽帝都者羅馬府是也。

以古今史乘考之,建國有二種:一既設政府,儼然具國家之體,而後新得國土,構成一國家者,如古猶太人略有巴列土顛,日耳曼諸邦人略有羅馬帝國之州郡是也。一民人散居各地,後相合爲一國,制憲法以出治,確定國家之威權者。如愛士蘭者共和政治是也;北亞美利加之民,合一而制定憲法,以建今之合衆國,亦類是也。

按:愛士蘭(一名冰國),西曆八百六十年,諾威國人始發見之。比九百三十年,愛士蘭諸部酋長,合一建共和政府。其後諸酋橫恣,内訌不已。諾威人乘釁蠶食其地,自千二百五十六年,至六十四年,全土盡歸諾人。

千八百十四年，丁抹國王，割諾威予瑞典，於是愛士蘭土亦屬瑞典。

第二節

此外或合舊時數國爲聯邦，或分舊時一國爲數國，或割據國之一部，別設特立之國，此乃改造舊國，非創建新國也。今列舉此類如左：

一、數小國合成一國，外觀似一合衆國，而實不成國家之體裁者。千七百九十八年前，及千八百十五年後，瑞士聯邦；千七百七十六年至八十七年，北亞美利加合衆；千八百十五年至六十六年，德國聯邦，是也。

二、數國聯合，立一合衆政府，内治其民，外與列國並立，能察全國之情狀，而施政無不宜者，此合衆之國也。聯合各邦之權理，雖有限制，猶不失特立體裁者，此聯邦之國也。如千七百八十七年，北美合衆國；千八百四十八年，瑞西盟約國；千八百七十一年，德國聯邦，是也。

三、凡君主久并有兩三①國之地，與外國相比較，亦如一合衆國，是所謂君主合一之制，實與上文第一條所引之聯合國相類。昔時德國倫拔、兒德兩王之聯合，一千八百十四年以後，瑞典、諾威合一，比國王與拉文堡克侯合一，皆是也。

四、與上文第二條所引合衆聯邦相類者，是爲國務合同之制。雖數國統於一君，然比之尋常君主合一之制，立法行政，共統於一政府之下者略異。蓋國務合同，而彼此自有特立權也。千四百七十四年，加斯壒蘭、阿拉昆(西班牙之州名)兩國合一；千八百四十九年，及六十一年，奥國憲法是也。方今奥大利、匈牙利所定憲法(千八百六十七年制定)，殆近於君主合一之制；然觀其官制外務軍務財務議院，實國務之合同也。

五、又別有統一合體之國，即各邦互廢其風俗之殊異者，而定於一尊之國也。千七百七年，英吉利并蘇格蘭建大英國；千八百年，又并愛蘭；又千八百六十九年，比國合荷狼[狼]租連侯國；千八百六十年，至六十一年，梀岡德、納勒兒二王國及數侯國，并歸於意大利國，是也。

六、國王死後，有分割其土地，以予諸王子者。夫分一國爲數小國，

―――――
① 《國家學綱領》無"三"字。

中古往往有此事。今世國家學，法律學，以爲大戾於國民合同國家統一之義，共排斥此説。然而政黨不相容，遂使其國分裂者，雖今世亦不能免也。荷蘭國分裂，而比利時新建國，是也。

七、國内一州，脱本國管轄，而自成特立國者有之。千五百七十九年，荷蘭脱西班牙之管轄；千七百七十六年，北美脱英國之管轄；千八百三十年，希臘脱土耳其之管轄；近世南美諸邦，脱西班牙、葡萄牙之管轄，是也。

八、往古希臘人，謂殖民地（殖民，言移民於遠地，以闢土地，滋生齒也。殖民地猶言國外之屬地也）爲本國之支國。近世歐洲諸國，殖民於海外，元非欲興新國。然而移住之民，歷年既久，生齒漸滋，勢力日旺，自足以執國務，其崛起建國而稱特立者，比比皆是也。故殖民者，實爲異時建國之基也。夫支國欲免本國束縛而自立，若本國大度，許其所請，國之幸也；否則支國或動干戈，以求遂其所欲矣。昔時諸國忌支國之特立，不免有搆兵之事。晚近懲於殷鑑，頓悟良計，見支國欲特立，勢不可禁，則助之，使遂其建國之志。如千八百七十一年，英國自棄希臘諸島之管轄權，是也。

九、凡欲興特立國，其民人不可無十分之威力與自由也，亦有仰命於外國，或藉外國之力以立國者。千七百九十七年，至九十八年，法蘭西建利克黎塞、北阿兒、邊伯他威塞、黑耳威知塞四共和國；其後拿破崙第一，列置諸藩於法國四境，是也。凡此等國，元無活動之力，故所恃之外國，一旦衰敗，則又同歸於盡矣。

第三節

夫人類之生育，必有一定之期，可以卜其盛衰。而國家則不然，蓋國家非天造之有機體也；然亦有與人類之生育相類者。國家幼稚之時，與國家勢力強大之時，其性質固不同矣；及進至老境，則更得別種性質。昔時羅馬人區分國之年齡爲幼弱壯老四等①，可謂善狀矣。

國家形狀及事業，皆隨國之年齡爲變遷者也。其變遷之跡，就各國憲法之沿革觀之，則瞭然矣。此種變遷，於第三卷詳之。

---

① 《國家學綱領》作"四時"。

第四節

　　新國建而舊國亡者，往往有之。蓋新國建立之基，即舊國亡滅之兆也。兼并衆舊國，以建一大新國，或分割大舊國，以建衆小國，皆新舊興亡之代嬗也。

　　新國不興而舊國先滅者，亦有之。如政府一時閉廢，民人散亂，自外而觀，亦似新國不興，而舊國先滅。然政府閉廢，是一時之變耳；時至則將復其舊態。故以政府一時閉廢屬此類爲不當。然則舊國獨滅而新國亦不興者，其狀果何如？

　　一、民人自去其故國，轉移他國，或爲外寇所驅逐而去國，如是者其國滅矣。是與得他國土而建新國者正相反。

　　二、甲國以兵略奪乙國，則乙國亡，是非新建一國，唯擴甲國之版圖耳。昔時羅馬人出兵并吞四方，其版圖遂極海之南北，是也。

　　三、衆小國委靡不振，其同種族中，有一强國起而兼并之，則衆小國皆亡。千八百三年至六年，德意志諸大國，多没收僧領侯國，又并舊帝國直隸之小藩，及特立都府；千八百六十六年，孛國兼并哈挪爲爾王國，克爾黑扇、納叟、戍列斯威、荷爾斯軍諸侯國，及法朗克、荷爾特特立府，是也。

第四章　立國之淵源

　　據古今史乘，以察國家之真相，建國之初，其規模體制①，千差萬别，有不可勝紀者。而理學家者流之論國家，皆以建國淵源，歸於單一事理。今列舉其説如左：

第一節

　　往古東方執彌知羞種人（支那東印度諸邦及日本等皆是）之説曰：國家者以天帝之意成立，係天帝之所構造。

　　據此説推之，則其國家定立神道政體。其深信此説不疑者，古之猶太人是

---

①　《國家學綱領》作"體裁"。

也。以爲天帝自造之國,則天帝必自保持之,自命令之。法律皆出神之託宣,而非人之所爲,決不容變更改正。裁判不必用明達法理之人,唯依據神道,以神明決之可耳。故其行政之機務,亦非君主之所能左右,俱委之於神之託宣。如此之國,概使僧侶伺候神意,故僧侶實秉國柄焉。

徵之古今史乘,知天神爲政之説,實背乎理。勿論國體如何,凡建立國家,且維持國家者誰乎?實非神非鬼也。人類之精神思慮膂力熱望四者,以經營之,處理之,終始不相離者。照之史乘,歷歷有不可復蔽者也。觀古今興亡之故,僧侶輩託神命以擅政,或干預政務,以至覆亡國家者,不爲少矣。故知神道政治者,畢竟不適人類之政體也。假令天神有親政之意,當明示徵驗,使人無可疑,而一一傳其旨也;又何必賦人以識與自由,使其自執政哉?天之造人世,即以政務一委之人類,使其自治,非欲使人立神道體也。且大小邦國,碁布於坤輿,而各國爲政,或趣向殊科,或互相爭鬭,親政者一天神耳,何其鑿枘如是乎?故知人類自爲政而自相争,無他故也。天神親政之説,與人世之實況,全不相符,不足取也。

或曰:國家成於天意。天帝之所建立,是由其裡面而論之者也。夫天賦人以建國爲政之性,則雖建國爲政,出於人爲,而實天意也。且人自爲政,不受神之牽制固然也。然神亦有禍福之權,觀國家之存亡盛衰,其效驗最著明矣。予固知此論之信然。然至理奥妙,可以資清談,未足以解國家之活權也。夫心不忘上帝者,宗教之所貴;然泥守此説,則出於國家學之範圍,而陷於迷溺之鄉矣。人何以建立國家,何以維持國家乎?據此大題,終不能得其明解也。

"保有天祐"之語,始於古者羅馬帝並法朗克王。當時以此語加於尊號之上者,不過表敬神謝恩之意,與"賴神明之冥助"等語無異。此語最行於中古,不獨世襲君主用之,即由民人公選新即君位者亦用之。他如僧侶稱"保有天神及法王之祐助",諸侯稱"保有天神及帝王之祐助",俱此類也。要之中古舉行政權,一歸之於神授也。

第十六世紀以來,諸教之中,有路特兒派,並英吉利教派之僧侶,深信古者弘法師罷武耳士之言。(罷武耳士初大抗基督教,後却入該教,歷游希臘羅馬等諸國,宣布教道,頗得教徒之信賴。後猶太人囚之,終爲羅馬政府所殺。)其宗戒曰:苟在主宰者之下者,誰非臣民?蓋天下除天帝外,無復有主宰者矣。彼僧侶等以此語爲教門要訣,又謀擴充之以及國家,當時天帝親政之說行於世,故此論更有一層勢力。然彼輩實誤解弘法師之本旨矣。師本猶太人,雖幼浸淫神道教,然其作宗戒以諭猶太基督教民之在羅馬者,其意非欲煽動教民,使益固其奉神道之心(羅馬人素奉多神教,不敬天帝。故猶太基督教人之在羅馬者,深怨之),却欲使其翻此執拗之念,而歸真理公道也。其意以爲一切主宰之權,操之天帝。羅馬人擯一神之教,固純然本於人道以定國權者也。夫國權不可不本於神意,何則?上帝造人,使之盡其職也。猶太基督教人之崇敬天神者,苟居羅馬府,不可不服從其命令也。師之本旨,蓋不外於此。故嘗於羅馬之奉基督教者書曰:欲奉神意,請服從一切人世之法規云云。是足以證僧侶輩所言,全反宗戒本意。

其後法國王路易十四世,盛倡君權神授之說,以此爲法蘭西之國體,以謀定專制之基。歐洲諸邦之君主,效其顰者頗衆。獨英國議院,極力排斥,以爲專制如此者,大與英國之民權及憲法相乖戾,因經千六百八十八年之變故,遂廢之。其後第十七八世紀間,不分德兒夫、頭麻瑞士、普國王弗利德律克第二世等,大興德國文學,痛擊神道專制之君權,以明國家成於人爲之權,於是舊來迷夢,始經喚醒。夫國家之權,本成於人爲,故亦當受人之牽制。是真不易之確言。方今文明之民,於學理,於施政,一率由之,以爲天下通義。人爲之國家,與神爲之德義世界,自相爲表裡。神司人世沿革之機,則今人之所信憑,未有敢非之者也。

第二節

理學者流之言曰:國家者依威力而立。又曰:國家者無他,強制弱耳。此說非由學理上得來,蓋就世態實況而立言也。

此說舉權理之淵源,與其制限,一歸之於威力。故君主之暴虐,民人之逆亂,均視爲當然,不甚惡之。夫權理者,實出於天性。彼茫然不解,藐視一切國權與民權而不顧,此種謬說,畢竟超於禽獸界,而非趨於人間界者也。

此說不足取,固勿論耳;然其中亦有合真理者。夫威力不唯不能自生權理,且不能與既成之權理相抗爭而毀損之也。然國家宜有威力,無威力則無權理;幸有權理而無威力,則勢不能保持權理也。國家有主宰權,別有威力之足以抑制民人,然後始得決行保持一切政令法規。故無威力,則國家不立,政府不存也。

第三節

自第十七八世紀之交,至本世紀之初,有一説最爲世人所稱贊。其説曰:國家成於民人之隨意作爲;而民人加入盟約,故國家即盟約之結果耳。此説始於湖北土、不分德兒夫二人。其後路騷著《社會盟約論》,頗行於世。至晚近國憲改良之時,天下多稱贊之。蓋當時之士,欲資此論以除舊法設新法也。今日主張此論者不少,而德國之國家學者流,獨視此爲邪説妄論,排斥不道焉。

據路騷民人社會民約之説,即如左所述,分條辨之:

一、國民分離爲千萬人,不可不使各人隨意生息,隨意進退。夫人之好惡思想,固不能相同,設使各人任意盟約,何以得統一,何以立國家哉?若此盟約,僅可立一時社會耳。其間制度變更不已,安能可保一定之法規,以傳之永遠,使國民一意同心,置國家磐石之安乎?蓋人衆徒相聚而已,未足以成一團體也。

二、民人當保有平等權利。亞利斯土爾有言曰:建國之事,決不起於其國民保平等地位之時;必其中有一人威勢超出者起,爲衆所推服不違,然後有之。

三、全國民人之許諾。所謂盟約者何也?加盟之衆人,皆許諾其條約之謂也。方今天下,未嘗見有如是盟約之國。而路騷獨主張之,立曖昧奇説,以民之多數,故飾爲全數,曰:多數之民意,即全國之民意也。不知民約由人人所欲而決者耳,非少數者有必從多數者之義務也。路騷不辨社會與國民之義,又不知國家所以要統一之理,與國家經其沿革漸次變舊態之理,又不悟國家自有固有之意志存,非聚各民意志而後能行者。彼以國家爲各民隨意所作;果然,則各民意志變遷,國家亦隨之變遷,譬如沙上築屋,朝成夕頽矣。且其立説之旨,以爲藉民間衆論之力,以宰一國,不免大損國家之威望。噫!使堂堂一大公體,變而爲社會之微賤私體,其爲惑亦甚矣。

是故路騷之説,不啻不合真理,又有不合人生實態者,其不足取弗論耳。今夫人之生也,幼養於家庭,自浸染其家之風俗,遂習慣成性。於國亦然。既長,入鄉校,受教育,則民間所存一種風氣,漸移其心,久之遂成第二性。乃知各人之性情,爲全國風氣之所感化,無疑也。然則路騷所謂國家成於各民之任意盟約者,非也。全國民人與各人,其間有一種關係,欲斷不可斷者,互相感孚,而後國家成,蓋理有固然也。

路騷之說,雖妄謬如是之甚,然間亦有合真理者。其言曰:國家不啻逼於民性不可已之勢而成也。又曰:人類自由之意志,實占國家樞要之地,以立法行政。路騷此言,可謂砂中之金。

第四節

繼盟約論而起者,以國家歸於人生固有之建國心,此論是也。蓋盟約論之妄謬最甚者,在以國家徒爲民衆之聚合。姑勿論種類何如,夫既目之曰國,孰非民衆之聚合者?是固不待言也。然及其既成一國,豈可徒聚徒合哉?人心各不相同,故其度世之道,亦隨而異。人皆知己身不羈特立,而己身所固有之習慣才能思想,與人不相同。既有此觀念,則民法不得不本於人情願欲而制定也。雖人人所抱觀念,各不相同,然及其相聚而爲一家,爲一村,則人人亦知己身爲共同團體中之一部;及合而成一國,則思一村一身之外,更知有共同公通之大利害。既有此念,而後能圖全國民衆之公利公便,國家於是乎始建矣。故國家者,因欲民遂其願欲,經營之一大公體也,即民人感發共同心之結果耳。

亞利斯土爾所謂人有建國之性,即此意也。何則?人之性情願欲,及遂此願欲之智慧,此三者實爲國家根本。國家賴民人之自由而生息,民人以共同觀念建立國家,相合相助,而居其中以爲之主。

觀古今建國之跡,其體裁常不一致者,非民人建國性外,別有他故也;活用此性之道,各不相同,或外觀有異故耳。故路騷盟約論,徵之於古今邦國之實狀,未有相符者。自其外形觀之,雖似成於盟約;而推究民人建國之觀念果何由而生,則但謂生於其共同心可耳。

建國之心,非積漸經久,不能成熟。此心蓋初發於一部落之民衆者也。酋長恃其強,以威力臨其民,則其民視酋長之主權,爲出於天授,尊崇敬事,生殺予奪,惟命之從。其後氣運漸開,民衆中占上流者,至自進而參政。自是欲望參政之風,漸漸蔓延全境。全境之民,亦共欲建設國家,經營共同之政。

第五章　國家之準的

第一節

　　近時有曼知士他(英國地名)之論,係英國學者所倡。其言曰:國家無他,一種器具,供各人之使用者耳。此說與舊說正相反。舊說曰:有國家而後始有民人。蓋舊說以國家爲人生無上之準的,不免視國家過重。此二說皆涉偏倚,不得其中。曼知士他論,極重各人之權理。倘云國家有謀民人共同安全福利之義務,則當矣;乃以國家比民用器具,則蔑視此可貴可重之公體,以毀損民人愛國之心,其害之所及,豈淺鮮哉?

　　又舊說曰:國家本是一公體,所以表一切民人之生活者也。且國家有固有準的,不可爲各民意志之所牽制。此言信然。又曰:各人不特爲國家盡力,別有順天盡誠之職分,固不可受國家之抑制。是言又殊不可解矣。

　　一以國家爲民用之器,一歸之固有準的,可謂二說皆失肯綮。然由一面觀之,固全屬器具;由他面觀之,則有固有之準的存也。一物而兩用,隨人之所見而異耳。天下之事,莫不如是。譬嫁娶可知矣。以結夫婦爲生人之情慾也,則婚媾亦情慾之具耳;以夫婦爲生人之大倫,相與成一家,營生業,育子孫,則婚媾又成家之準的矣。於國亦然。觀其一面,實民人使用之器;觀及他面,又當使民人從事於吾準的。

　　以常理言之,人人之福利,與國家之福利,常相聯絡,不可須臾離。民人殷富,則國亦殷富;民人文明,則國亦文明;民人强,則國亦强。是固不待言矣。然有時國利民福不能兩立者,如國家使民人舉其生命財產以救己,是也。自此一面論之,則國家至貴至重,而民人不過爲其輔翼之具耳。然國家或肆其驕傲,擅行威權,漫干涉民人私事,至侵宗教學術之域內。當是之時,民人即有抵抗國家,以保護其自由之權理。

第二節

　　或曰:國家之準的,在制御民人也。此說妄矣。果如是,則國家專任權勢,以虐待民人，究其極，遂至舉一世委暴君污吏之手，使天下蒼生，盡變爲奴隸，安望有文明自由之憲法也！

此説蓋誤會建國之心，爲奸權之心也。亞利斯土爾曰：憲法專謀君主之利，是國之病也。夫政府爲民人受重大之責，倘政府之所爲，不免害國家之福利存立，則民人離反，政府失權，滅亡立見矣。故由國家觀之，民人重而政府輕也。

第三節

或曰：國家之準的，本在國民之外也。此説蓋欲使政府獨司境外之政也，妄愈甚矣。論者欲回護羅馬法王之政府，以張其權，因爲之説曰：欲總理天下之教會，統一法權，則不可無法王政府也。不知此種政府，大悖於國家本義。論者以擴法王之權，統治天下之基督教民爲名，欲使羅馬人去其真國家，就僞國家，豈非大戾於天理人道乎？

第四節

國家本然之準的，專在保護民人耳。此説也，第十八世紀末，盛行於世，而方今學者猶往往主張之，看度、維廉風匈蒲杜二學士，其尤者也。

保護國内民人，使之安全，原屬國家之重要職分，不容疑也。然國家之事，止於此哉？今以此事限國務，是知其一而未知其五也。彼坐於民法之狹隘區域中，以觀國家，欲一倚法律以處凡百政務，果如是，則至大至重之政略，凝滯不行，而國家廢。推其弊，必留意於社會之財產。何則？此種國家，倚法律以保護民人之財產爲自足，全進取之氣也。且如此國家，必至壅學術技藝獎勵之塗，使之委靡不振。何則？其準的惟在保護也。限國家之職務，以爲在保護一端，則其弊有如此者。方今國家，以助長民人身心之福利自任，立何制限，倚何等方法以行之，則最適其宜，是即今人之所深切講究者也；使國家任何等職務，是非今人之所問者也。故保護之説，不行於今日。

第五節

上文所舉國家準的，過於狹隘；而下文欲舉者，亦過於廣漠。或曰：國家本然之準的,在天下生民之康樂。此說果也,則人生百般之事,無不歸於政府之管理。雖一人一家之計,亦盡受官府之干涉指揮,而民人自由之權,將全掃地矣。是古代惡政,復布於今日也。故欲使國家不忘天然制限,凡力所不及,與權外之事,不敢干涉,則莫善於明定其準的。

第六節

羅馬人素明於法理,熟於政務。其言曰:國家之目的,在共同之福利。其意以爲共同之法律者,原非國家之準的,唯不過設以謀共同福利耳。故當因時察宜,以制定之。

此說不謂天下生民之康樂,而謂共同之福利,其區域專在國家不干涉他事,故比前說爲優,且近於真理。然而未可必其無弊。設有暴君奸吏,藉口於共同福利,以弄政權,將何法能防之?況古來不乏其例乎?故國家之準的,須慎重講究,明定其區域也。

第七節

然則何謂國家之準的?曰將職分分爲二:一國家自己之準的,直係全國之利害者;一國家之職分,陰係各社會並各人之利害者。

國家自己之準的何也?曰保存國家,施行政令;曰使民人改良,進於文明,是也。今別爲六條:

一、司理財之事,以謀民人之利用厚生。

二、司教育之事,以謀民人之文明。

三、司法律之事,以辨民人之邪正是非,且設公平便宜之法規。

四、司兵政並外交之事,以宣揚國威於內外。

五、許民人參政之權,且養成其自由之權。

六、施行萬機政務。

凡此六條,皆屬國家之至重準的,不可缺一。然通觀古今之邦國,專用力於其一二,而遺其四五,以成一種國體者,比比皆是也。故偏於理財,則或爲主農之國,或爲主商之國,或爲主工之國;偏於教育,則爲文學之國;偏於法律,則爲法律之國;偏於兵事,則爲尚武之國。即如今之歐美諸邦,概專用力於自由與政略也。抑國家之準的,當注意國民全體之事,不當及社會及各私人之事。(各私人猶言各細民也,別官吏與公會人之辭。)夫改良誠美事也,然社會及各私人之改良,猶屬政府分外之務,非所宜干預也,使自營之可矣;唯有事係全國之安危存亡者,而後可下手耳。

然則國家之準的,惟在謀國民全體之改良,及間接職分耳。(間接,直接之反也,猶言急着、間着,表面、裏面。凡接物,無其名而有其實,表面不然而裏面然,皆謂之間接,即迂曲而到之意。)間接職分惟何?謀社會並各私人之便宜是也。今大別爲三條:

一、平居保護衆庶,使他人不得戕害其權理生命,又使衆庶不罹天然災害,是也。保護權理生命之道如何?曰修民法,置邏卒,設法庭以繩不道,定刑法以懲有罪。豫防天災之道如何?曰常留意於理財之道,使田園不侵不害,保有膏腴,用心於行政之務,設豫防之策,以除人民毒害(時疫水旱類)等,是也。然國家爲是等事,猶須有定限焉。欲保護權理生命,則準乎法律爲其所當爲而已;欲預防天災,則惟行其急務不可措之事可也。慎勿行分外之事,而陷干涉,此當路者不可不知也。

二、各人之自由是也。然所謂自由者,非謂橫恣無所不爲之自由也。人之性情,元不羈而有智慮。由性情而發爲言動,不受他牽制,是謂之自由。故自由者,人人固有之性情,發見於外,欲已不能已之天機也,又人生之至寶也。何則?人有自由,然後始可以顯其靈魂之妙用;又人人得隨意營其事業,而後始有不羈特立之實。故自由者,實天帝造人時之模型。人之精神,常由此靈妙不死之自由而振興也。

法律上並政治上之自由,別之爲二類:一曰國家之自由,即隨意經營國家之謂也。國家之自由,與各人之自由,古今諸國,見解不同。或視國家之自由過重,抑壓各人之自由而不顧;或視各人之自由過重,抑壓國家之自由而不顧,是皆不可也。苟欲謀一國之治安,宜伸張國家之自由,而保護各人之自由,不宜偏倚也。

各人之自由,一係一身之事,即衣食居處之類也;一係接人之事,即結婚結社締交之類也;一係生計之事,即仕宦營業之類也。凡此三者,隨意自決,並隨一己之信仰經驗識見,自擇宗教,作論說,即所謂自由也。

著名性理學者斯卑諾薩以國家之準的,一歸之於自由,即謂各人之宗教並精神之自由也。蓋欲保持宗教與精神之自由，辛苦經營，不遺餘力者，宇內間未有如吾德人者矣。

其三，社會之福利是也。然是時政府之致力，亦須有定限，不可防礙各人之安康與自由。若各人力有不足，或社會欲塞各人之望，特仰其救濟，則政府自當下手也。

卷二　（闕）

卷三　國體

第一章　四種正體　政體

自古代希臘人別政體爲三種，學者至今皆依據焉，曰君主政治，曰貴族合議，曰國民合議，是也。亞利斯土爾稍改其名，曰君主政治，貴族政治，合衆政治；又別其變體，曰暴主政治，權門政治，亂民政治。蓋主權者，能自制私欲以謀公利，則目其政治曰正體；反之曰變體。世人多據主權者之員數，以別政體：一人握政柄，謂之君主政治；數人握政柄，謂之貴族政治；全國民握政柄，謂之合衆政治，可謂謬矣。夫政體之別，視其政府之構造何如耳。凡天下邦國，必推一人爲最上官，使之專當國事。此最上官之人品，足以辨別國體之種類。希臘人別國體，各由其主宰者之種類，以附名稱，亦以此故耳。

此三種政體之外，宜加集合政體一種。此説古代既有之，而今人亦往往倡之。古之羅馬、日耳曼政治，並今之立憲君主政治，皆包含君主貴族合衆三種，相贊相制，以成一體。故謂之集合政治，亦無不可。然實非集合也。蓋羅馬之總宰、元老、民會三者，並今世之君主、上院、下院，唯立法官之集合，而非行政官之集合也。凡一國之政柄，當歸於最上官一人，不當涉於多歧。是故從亞利斯土爾氏之旨，區別主政之人，則無所謂集合政體者。

然古來別政體爲三種，未可謂至盡善也。三種外更加神道政治一種，則備矣。凡政體皆以人爲君主及主政之人，獨神道政治，以天神若人鬼爲國之真主，故其根本與他三種政體不同。或曰神道政治，雖以鬼神爲真主，實賴人代之以行政也。代理者爲法主，則君主政治耳；代理者爲僧官，則貴族政治耳；代理者爲全國之民，則合衆政治耳。固不出於三種政體之外也。然余觀之神道政治，元是一種異樣政體，即實有君主貴族之代理，亦未可遽斷爲君主政治，貴族政治。蓋以國家之主權，歸之於人，與歸之於鬼神，於國家之規模，實大相徑庭也。

亞利斯土爾氏分別政體，而未嘗言及神道政治，豈其識之不足哉？亦以爲國家爲人所構造，非鬼神可得干預，故蔑視之，不以神道政治列入政體中也。

神道政治，與君主政治，其外觀相似矣；唯有以神爲君，以人爲君之別耳。主治被治者，懸隔不啻脊壤，上下之分，嚴不可犯，固兩者所同也。貴族政治，與合衆政治，則反是，主治被治者之間隔甚微，或有全無間隔者，蓋同爲一人，當其主治之時，即與被治無異也。貴族政治之國，被治之庶民，固奉命令，即貴族亦不必常在主治者之地位。何則？貴族在政爲主政官，或參政官，則有主治者之權；然視爲私人（無官職者），則主治者自服被治者之義務，則無異於民也。合衆政治，雖稍有主治者被治者之別；然其國民，無論何人，凡爲議員，爲官吏，握政權者，概視爲私人，故主治者不得不服從全國民之主權也。

神道政治，有與合衆政治相類；君主政治，有與貴族相類者。神道政治之神，合衆政治之全國民，均握其國之主權，而不能自行之，必得代理者以托之也。君主政治，與貴族政治，其君主若貴族，皆握國之主權而自行之也。兩兩相類蓋如是。

右四種政體,俱各據固有之主義而構成之者。其要領如左:

國民全般之福利,非人力之所能及。有監臨人世,控御人世之神,遂欲藉其威靈以立國政,此神道政治之所由起也。夫國家之興廢存亡,舉歸之神意,何其惑之甚也!

民人中有卓拔者起,自握政權,君臨群下時,於是有君主政治。蓋民智漸進,始悟神道政治之非,而思人道政治之可恃。君主政治之起,實在此時也。統率一國,總攬主權,收全國民之勢力與意思,而集之一身,是為君主政體。

於民人中,立貴賤差等,以為豪族。位高而才能亦大,乃付予憲法、行政發令之權,是貴族政治之所由起也。

人之才能權理,不因等級而差,惟本於人類同等同權之理,以立政體,使民人皆得參預政治,是謂合衆政治。

以上所舉四種政體,據國法之差異,立其別者也。一國之憲法,實本政體制定。先察其憲法之差異,則政體自瞭然可別矣。然政體之別,不可泥憲法而判之,時又當求之於政略。蓋憲法一變,政體隨改,而政略則猶取昔日之方針也。然憲法未變,而政略既變者,古今亦不乏其例。

今本此理以判別政體,則純然神道政治處,又有君主政治,貴族政治,合衆政治,而兼神道者。夫純然神道政治,概行於草昧之時,於亞細亞諸邦,幾屬固有之政體,其餘邦國行之者甚少。然兼他種政體而行之者,今世不乏其國也。奉回教之諸國,無不以神道為主義。且全然脫宗教之累者,天下幾不可見。在中古日耳曼諸邦,稍陷神道。如羅馬法王政府,並僧正管領政府,幾是純然神道政治,不異古代亞細亞諸邦。其餘毒延及中古末。及加哇爾黨起於卉布、藐列答尼兒黨起於英國及新英蘭,漸臻改良之運矣。

方今國民,苟以文明自許者,莫不以神道政治為詐術詭道;凡政略有此臭味者,概擯斥之以為鄙陋有害。往時未開化之民,以雲氣雷鳴,驗神之喜怒,以飛鳥之去來,神籤之符號,卜事之吉凶,或以巫祝之妄言為神託。此種神怪淺陋,今世之人,豈有信之者哉?近世君主,欲擅其威福,乘民之迷信宗教,託於神者有之。人人知其妄誕,皆曰神既賦人以智識,使之各賴其力,以圖生存之道,與其候難知之神意,以決國務,不若由我天稟之思慮,以處理之也。

國體之純駁,不惟神道政治然,於貴族政治,亦往往有之。如古代希臘之斯波他，並羅馬共和政治，中古維尼斯，並百崙共和政治，中古德國，方今英國，觀其憲法，則君主政治，觀其政略，則實帶貴族政治之精神也。

凡阿利戍種之民（歐洲各國之民族），重貴族政治，其國政無有不含此臭味者。故或不委政柄於貴族，而貴族猶有幾分勢力。中古貴族之勢甚强，其不能自執政權者，則或輔君主，或爲國會議員，居間而握政柄。今也不然，以其富貴之資，外則示君主之尊嚴，內則抑君主之權力，使君主不敢亢慢，下則檢束士民，使其謹守禮節，不至輕舉妄動，是現今貴族之職分也。然比於中古，其勢力稍遜焉。

夫貴族之所以爲貴族者，以其威望有卓越於人者也。故爲貴族者，須得社會之實權，以維係此威望。其所由得實權者，不一而足：一曰名門大姓之子孫（門閥貴族），二曰世襲莫大之田園（地主貴族），三曰勇武聞於一世（武士貴族），四曰文學有名，或宗教有名（文學宗教貴族），五曰占政府之重任（如羅馬之管長、元長二職），六曰富累巨萬，爲人之所敬重（富有貴族），是也。

是故貴族而失維係威望之實權，或經世之變遷，而失其功用，則勢不免於廢滅。即不廢滅，而地位亦降矣。

又有共和政治，而類君主政治者。觀其國法，則純然共和政治，觀其政略，則大統領無異於國王，希臘比利克列士之時，荷蘭世襲統領之時，法拿破崙第一世、第三世爲大統領之時是也。法國共和政治，在智兒麻克麻烘之時，猶不能免此弊。又有君主政治，而類共和政治者。其外觀如君主政治，而其實近共和政治，諾威國自古有此風。

第二章　四種之變體　民體

國體有名異而實相類者，有名同而實相反者。今一據希臘人之原則，唯就主宰官，判別國體，倘遇其變體，將如何裁之？夫今日立憲君主政治，與代議共和政治，均以自由權付國民。其名雖異，而其行政施設，有太相似者。比之於昔時專制君主政治之類神道政治者，真同名殊實也。今欲察政體之名實異同，不可不將亞利斯土爾氏之分別論，敷衍而彌縫之。亞氏別國體，以主治者爲根據。余謂據被治者以別國體，亦無不可。即就被治者參政之方法，與參政權之大小,定其國民之狀態,而斷其政體屬何種,是也。且國民之語有兩義:其一并稱主治者被治者(即國義),其一專就被治者而言(即民人義)。今將論國民之狀態,因姑從第二義。

以此義分別國民狀態如左:

一、被治者常受主治者之制御,不能脫其羈絆。不惟不得參政之權,即監檢政務之權,亦不能得。唯主治者之命是從,舉政權委之主治者掌中。是謂無自由之國。不問其君主之無道橫恣(謂無限專制政治),與有道遵法(謂有限專制政治),其民皆不得享自由。

此種之國,可謂列國中居最下位者。夫國家依法律以立,一日無法,又何有國家?亞非利加,及亞細亞未開化諸邦,往往行無限專制政治。此固無國家之體裁者。若假以國家之名,是瀆國家也。古羅馬帝國之末,並第十七八世紀間,專制政治,多行於歐洲諸邦。雖其時自由之芽漸發,民向開進之途,然欲望自由之風氣,僅發於上等人士耳。其餘皆俯仰於壓制羈絆中,不能去奴隸心也。

二、貴族唯有參預立法,監檢政務,參預政事之權,其餘民人不能預政事,未嘗享自由。凡政務之事,視爲貴族之特權。如是者,是謂半自由之國。

凡中古封建制之諸邦,皆半自由也。蓋其時雖君主親政,而其臣僚之從屬者,皆相與構立政廳,而握參預政務,議定法律之權,以制君主之專橫也。當時等族制之國亦然。等族政體新立法,必先諮之僧侶貴族;若不得其首肯,不能制定法規,以行之也。故僧侶貴族輩,持其特權,得以監檢宰相之政蹟焉。

三、一國之民,不問貴賤貧富,一切有參政之權。是謂自由之國。古羅馬人所用"例波白律苦"(即同體之義)之語,原此意義也。當時以王侯爲君長,使總萬機,猶不害其例波白律苦。今日合衆政治,與君主政治相對比。若依古義用之於上文,所謂自由國,或使人錯誤。因更稱自由國曰共政國,較爲妥當。

自由有二種:其一國民皆直接參預立法,監檢政務(或於國民之大集會,或於輿論之所歸);其二使所選之議員,參預政事,國民乃間接而行參預監檢之權,是也。

第一種,行於古代共和政治之國。方今瑞西山地之鄉邑憲法,猶略存其遺制。

第二種,由全國民選有教育,有學識者,爲議員,使政府不苦於妄語橫議之獘,蓋欲并行教育之利,與自由之權也。是方今代議政體之本旨,所以博一世之仰望者也。

四、無自由國,半自由國,古代直接參政之自由國,及方今代議政國,爲四種變體。將四種變體,與四種正體相比例,則兩者有相通,有相反。又可見兩者相結,更生一種國體。

神道政治之國主治(即天神),獨以赫赫威靈臨被治者(即隸屬),任意而行政令,其爲無自由國無疑也。然昔猶太國耶和華神,以政權予民,或結條約,設制度,委老成人家長武人等以議政之權。然則猶太之神道政治,可謂稍同共和政治之旨者矣。

貴族政治之國,占社會之高等地位者,獨有政權,故謂之半自由國。此種之國小數之權門大族,獨握大柄;其餘大數之小弱貴族,唯有參立法監行政之權耳。

然貴族政治,亦有分政權予民人者。第二世紀後,羅馬人設代議民會,置平民議員,允平民就官,是也。

庶民政治,各民直接參政之自由國也。初無知愚民,日以操政權爲快,於是此種政體起。及民智漸開,悟爲政之難,遂變爲代議政體。

衆之制寡,勢所不免。故雖自由國,而有與無自由國相同迹。待其國內奴隸,雖自由國,亦不異於半自由國之所爲。

君主政治,有一種奇特之性,能容諸種變體,融和無忤。雖種類有相殊絶如霄壤者,亦包含於君主政中,不見拂戾。即如東洋諸國,並古羅馬帝國,俱君主政,而無自由也。如中古歐洲諸王國,並侯國,概半自由也。古羅馬王國,奉塞耳維憲法,古法朗克王國,設國會,俱各民直接參政之自由也。今之立憲君主政之國,即自由代議政也。

將國家正變兩體對看,則其名實相反者,或相當者,一目瞭然無可疑矣。蓋立憲君主政治,所以甚類代議共和政治者,由兩者俱屬第四種變體;而所以異於無限專制君主政治者,以其屬第一種變體故也。

第三章　近世代議君主政治及代議共和政治

方今開明之民,芟除古來錯雜政體,而僅存二種:曰代議君主政治,曰代議共和政治。前者多行於歐洲,後者多行於美洲。

今將兩種政體之本旨,臚列於左:

一、政權不得私有。以政權爲私有,是貴族政並封建制之所以廢滅。

二、政權悉自國家發生,而供萬民之用者也。故無有與國家乖戾之政權。

三、國家之存立、目的、憲法三者,至大至重,政權當受其制限。

四、國家之元首,非在國家之外者,又非國家之所有主,乃國民及國家之最上機關也。今之國家,非一人之國家,實國民之國家也。

五、國家立法,必要民選代議士參預之。(代議士,一曰代議員,謂代民議政者也。)

六、民選代議士監政府之政務,使宰相任其責。

七、司法之權,特立自主,不與行政相涉。

八、各人身體之自由,及國民全般之自由,當體認之,且保護之。

九、國民除憲法並法律所定者外,別無有服從之義務。

古羅馬人殊重國民之自由,國民之共同心極盛,則稱其國用"例波白律苦"之語,以對照國王世襲私權之國。由是觀之,稱代議君主政曰"例波白律苦",亦無不可。

然"例波白律苦"之語,於今人所用之意義,與君主政治正相對比。然則今人每稱共和政體(即例波白律苦),而代議共和,與代議君政,將何由別?

或曰:君主之權,大於大統領之權,是可以決兩者之別。此說非也。北美合衆國大統領所握之主權,大於英國王之主權;法國大統領之主權,大於比利時、荷蘭兩國王之主權。何得以威權之多少,立兩種之政體之別乎?

人或曰:國權歸於一人之手,是君主政治不可缺之事,於共和政則無之。故君主政治,置一人以總萬機;共和政治,置一官衙以總萬機也。此説亦未足以明兩者之別。何則？共和國舉主權委之一人，昔時往往有其例矣，亦有專握政權之大統領矣。

或曰：定施政之法，委司政之權，俱出於國民之意志，是共和政之本旨也。主權元在國民，是其所以異於君主政也。此說亦未爲得。中古德國之選君制，及羅馬法王之國體，雖國家之元首，俱出於選舉，而其所以爲君主政，曾不異於世襲君主之制也。如古羅馬帝，其位由民意而得，其威權亦由民意而得。然觀其政事，則共和之本旨，全行消滅，而爲純然君主政。近世法國拿破崙之爲帝也，威權皆得於民意，然其制度絕不效共和政，而立純然君主政。

然則兩種政體之別，將於何求之？曰亦就國家之元首別之而已。其差異分明，故立其別，亦極易矣。夫君主者，其身與完全無缺，不羈無上之權，結合而爲一者也。故君主之身，不惟施政之權歸之，即國家之主權，至尊之威靈，亦皆歸之。要言之，君主獨爲國中之主宰，其餘皆臣屬耳。共和政之元首則不然。據憲法論之，全國民及貴族，實爲國家主權之本。全國民及貴族，以國權委大統領。而國權非大統領固有之物，任滿則去；又非不羈之物，必受代議士監檢，不過假大統領以當政務也。

共和政之國，其元首不能無主權。然國民雖遵奉憲法，服從政府之命，而並不欲爲大統領之臣屬。要之主治者被治者之間，不設藩籬，互保平等均一之地，是共和政之本旨也；離隔君主與臣民之間，使上下分明，毫不可犯，是君主政之本旨也。且共和政欲短元首在職之期，屢更選之；君主政欲鞏固元首之地位，不易不犯。兩者之別，更可見矣。

以上論兩種政體之別如此。今舉其實狀實蹟，敘之如左：

一、君主政之類於共和政者，姑置而不論，今就其純者言之。夫君主政以世襲王族爲本王族，視國家之政權，如一家之私有，世繼承之。君主政欲其君必出於此家之血脈，於是此種之血屬一系，連綿不絕，亦猶一國民繼續，亘數世紀不絕也。王族長與國民相結不離，故君主政鞏固永存，王統不絕。不敢以主政之權，委一系族，貴族世襲司政，是謂世襲貴族政治。選貴族之賢者司政，是謂選任貴族政治。前者比後者，稍失共和之本旨；後者比庶民政治，亦不合共和之本旨。

二、由共和政之純者言之，凡國民無不可就之官，無不可任之職。大統領者，無上之官職也，而至賤之人，猶得任之。世有民選爲君，終身不得罷廢。其事雖與共和政殊，而民選一事，稍合共和政之旨。至於世襲君主政則不然。任官不問貴賤，不論門地；獨王位則必限一系，不肯雜以異姓。是此政體之所以爲優也。蓋一以絕姦雄之覬覦，一以使民免爭位革命之慘禍也。

三、共和政，使有司各任其責，即大統領不能免其責。君主政則唯君主不任責，所以示君主在百官之上，至尊不可犯也。故法廷亦不能審判君主。然使君主自任答辨之責，古來非無其例也。

四、君主威權赫赫，非共和政之所企及。故雖大國之大統領，其儀仗裝飾之簡略，不如小國之侯伯。輓近君主爲風俗之所移，已廢舊時陋態，衣食住處言語動作，務學高等縉紳而已。此外所存者，獨能有尊號，有爵位，有儀仗鹵簿，莊嚴可觀耳。今世君主之尊，又迥非高等縉紳可及，而大統領則反更不如富商豪農焉。

五、除同類外，天下無可服從者，是共和政之本旨；立萬民之上至榮也，以此至榮，歸於君主，是君主政之本旨。故共和政之民，服從共同體之國家；君主政之民，隸屬國家主權集點之君主。

六、共和之大統領，任期不長，一旦去官，則一介私人，不過爲尋常庶人而已。君主則位民人之上，終身非可入私人之列者。其職與其身連結，未嘗分離也。君主辭其職，或國亡被廢，則降入私人之列，或有之。是實非常之變，悖於道德之旨者也。蓋已爲人君，雖去職失位之後，其資格依然不消亡也。

七、君主政之任官授職，雖胥吏必出於君命。若共和政，則唯行政官爲大統領所選任，其餘官吏，多委之選舉會（不隸大統領）。

君主政不得其宜，使君主弄權勢，則其獎至於君重民輕，上下乖戾。故調和君民之間，使之連結鞏固，莫若立憲君主政體。

共和政之弊，正與之相反。若究其弊之所極，必至於國民妄逞威權，專橫無所不至，使國家無制御之權，則政府如一公司矣。共和國之人，宜預防此弊。預防之策如何？曰共和國縱令制度得宜，不若使政府勢威，足以立萬民之上，大權足以制御國民。是於統一之道，施政之術，屬不可缺之急務也。

第四章　代議(一曰立憲，義同)君主政治之端緒

原歐洲立憲君主政之所由起，其端有二：一曰，中古等族君主政治之王國侯國。此政體自第十三世紀中葉，至第十六世紀中葉，行於世。二曰，新專制君主政治之王國。此政體自第十六世紀中葉，至第十八世紀末，行於世。

今舉中古等族君主政治，敘之如左：

一、中古之國君，視其位爲私有，又不知當盡之義務，故不免橫恣自用。然幸有古來因襲之法，以制限之。且當時等族，亦以己之權爲私有者，每藉其權以制限王侯之權。以故國君橫恣，不至太甚。

王侯以其封地職位號傳子孫，世襲之權，因日久而益固。但選立侯國，並僧正所領之地，概無此種之權。初王侯有割其封土，分予子弟者；有力矯分地之獎，從子孫繼承之法者。二法並行於世，不能歸一。然其後繼承之法猶行於世，大抵皆效德國王侯繼續之法(千三百五十六年，加兒第四世所制定，所謂金條是也)，使嫡長嗣立。蓋欲全其封疆，使國人協同和輯也。

二、國王爲國內無上之法官，常臨法廷，然不能自判決。必諮之陪審官，據其審判以斷訴。又國王若犯法，則得引致之法廷。當是時，國王雖有一種特權，不難保護名譽。然國王不得不至法官面前，答其訊問，而服貴族之判決。

三、國王一國之大元帥也，然於軍事不能有十分權力。中古等族之世，國王以其旗下臣隸，編成軍隊。臣隸住國王之境內，固有從軍之義務；而於境內法廷，又有爲陪審官之權。其大者儼然養陪臣。幾如小諸侯。是以一旦有警，國王欲使諸侯從己之命，服兵役，頗屬難事。如德國然，諸侯驕傲，往往有違王命辭從軍者。當其稱臣，朝覲以時，忠勤自誓；一旦強大，則恃勢凌君，有如此者。

國王亦自知其勢微，而諸侯不足恃，於是雇人編軍隊，使隸屬於己。然應募者，率皆外國之人，及瑞西賤民，德國農民。故雖名爲國王親兵，其實國人蔑視之，幾毫無威力也。且當內憂外患之際，貴族始支辦軍餉，而平時一仰給王室，故不能多養兵員，多製軍備。

四、制限國王之政權,更有三者:封大臣於郡縣,使爲獨立不羈之主,一也;官中諸職,定爲世襲,門閥子弟任之,盤踞要津,國王不惟不能任意頤使,反不免受其掣肘,而國家要務,每爲貴族之所干涉。二也;貴族檢政務時,與國王共握主宰之權,三也。

五、中古封建之世,國王自給全國之政費,每由內帑歲入之項支辦,而其費額實占王室歲出總額之大半。若有不足,則新課貢賦以填補之。而新賦之事,須豫諮貴族。貴族以爲是,則與之訂條約而後發令。當時貴族貪婪昧義,既與國王訂增稅約,則專課之農民以自免,是其常也。由是觀之,國王困乏,而財政不振,可知也。

六、國王於國家之警察權,亦微弱不振,無有如今之警官憲兵者。其警查之務,一委之普通法官,或任地主之專斷。

七、國王不得擅制法律;若欲設法律條規,須豫求貴族。

卷四　公權之作用

第一章　至尊權　國權　主權

國家者代表國民之威力者也。苟欲伸張其威力,開達民心,不可無運用全局者。此物具十分威力,能指揮他人,使服從於己;或強制之,必達其意。德人謂之至尊權,又謂之國權,法人謂之主權。中古法律語,凡事由官衙判決者,民人或不服,不許更訴之於他官衙,法人稱此類曰有主權行政官衙及選舉會,於其所管區內,獨立行事,不隸他上官者,亦稱有主權。

其後主權之義,隨世而變,至於指無上之國權曰主權。夫學術上,講究主權之意義,使其歸完全者,以法人爲嚆矢,是近世國家學者之所首肯也。當十六世紀,蒲彈氏實爲之首唱。法人之意,在以國權爲無限之權,使國王握之。

蒲彈曰：主權之於國家，無限無窮之權力也。蒲彈所謂"無限"者，國家之他權與法律，不可加之制限之謂也；非不服從天帝之命，不率由天理之謂也。蒲彈又曰：法律依主權者有效力，非主權者依法律有權勢云云。就條約言之，主權者與外國之君締結，固無論矣；即與己國臣民相約，亦有使主權者履行約款之效力，是理之所易睹也。然蒲彈以爲履行條約，是天理之當然，人道之常耳；非使主權者任履行之責之謂也。蒲氏又以爲主權者所定之法律，出於國權，而國權生於主權者，故法律無歸責於主權者之力。

古羅馬法曰皇帝不爲法律之所檢束。

此一條足以見羅馬帝橫恣無憚之意，與當時法學者怯懦無操守之實。蒲彈不惟不究之，且稱之曰，是本於主權之本義，即理論之結果也。

將國家之元首，與國家之全體混同之，其所關係極大，或至於釀禍亂。夫苟混同之，則無論實行與理論，舉國家本然之權勢，並國家內百般之權勢，歸之君主一身，又擴張之進於無限之域，則其極必至舉等族並被治者全體，供犧牲於君主矣。蒲彈以後，世人概混同國家之元首，與國家全體。具洛秋斯氏，始區分國家全體之勢力，與君主之勢力，而信之者甚稀矣。蓋自十七世紀至十八世紀上半期，各國政體，專歸於專制主義，蓋以君主爲國家之妄説，徧行於世之所致也。

蒲彈氏釋主權爲國權，蓋本於國家之意義，下之解釋，可謂得其當。其後倡專制主義者，妄欲使主權尊且重，曰君主占位於國家之上，國家依君主之力而成；君主之於國家，猶天神之於人，任意主宰之耳。而國（權）與主權之關係，全然顛倒矣。

專制君主政體，以主權爲無限之權力。古來人君，皆欲試之實際，以收其功。然其勢力效用，不久而衰頹，人始疑此政體不能固國本。至近世國民益不信賴專制之君，而視國家及社會之見解，盡一變矣。時路騷氏著《主權新論》，天下之人，久思覆歷史上國家，而興道理上國家，故輿論靡然向之。

路騷曰：主權不在於主治者，而在於公民社會。夫各人有自由並同等之權理者，欲建國家以謀安康，乃相結約以興社會，由是共同之意志及權力生矣。共同之意志及權力生，而後主權及國家立矣。故公民之全體，即在主權者，各公民不得不隸之。要言之，共同之意思，國家全體皆服之，是主權之所存也。

主權不可讓予人，不可割予人。繼令國會求之，亦不可交付。又主權常表示社會之威力與權理，而社會常得使用此主權。是故以此主權變更現在憲法，釐革從前權理，亦無不可。由此觀之，路騷氏之論無他，排專制君主之主權，代之以專制國民之主權耳。

嗚呼！路騷之論，誤謬亦甚矣。而其浸染世人之腦筋不淺，欲匡正之豈易哉！爾來積無數經驗，發無數辨論，終於學理上覺破此迷夢，以講究此至重至要而危險可懼之主權，果爲何物，始得確定如左之原則：

一、主權不唯屬君主，不唯屬社會，又不立於國家之外，及國家之上，其實在國家與國家所定之憲法，即主權之所由出。而主權有無之決，實在於此。

父之於子，猶長之於族民，僧侶之於信徒，師長之於弟子。在國家外，別有權勢威望之可以臨其下；然同在人類中，不羈特立，具制御萬衆之權，即有至尊權。而除國家本然之權，並國家內所有萬般之權外，不容有別權。吾人所謂主權者，正指此種之權而言耳。夫方革命之際，盡破其國家舊章，有勢力，有威望者，新起而立人上，則國家靡然從之；或國內之大衆，憤激作亂，屈少衆而統御之。是皆非倚從來國憲，以得主權者，故不得直認爲有個主權。設新立之國，至於整頓就緒，人人視以爲真國家，而後始得有主權也。

蓋在國家興亡之際，主權亦必隨之興亡。國家與主權必相待而立，故曰：有主權則有國家，有國家則有主權。

二、由是觀之，謂社會即一私人之集合團體，而爲天然之主權，其說謬妄不足取矣。私人雖自有其私權，然以私人之資格，而求公權，固不可得也。若由其說，將使整然具體裁之國家，變而爲群衆亂雜之區。譬如變國家與國民爲無粘凝力之輕塵，置於烈風之前，其擾亂不知所底止也。故此說雖庶民政體，猶不能行之。縱令此說果行，其執政必其社會之公民也，其代議士亦必出於公選。而代議士，必待其所選之公民也，烏合之私民，安能建社會？故知此說之妄誕不足取也。

三、或曰有一族民，同志團結爲一，雖未具國家之體裁，然於理言之，則謂之有主權亦可。此說謬妄何哉！如是之族民，未足成一國家。國家之名,不可用之國家以外也。謂此族民,有爲國民,爲國家之力量志望則可;謂有主權則不可。雖建國之基誠立,然爲國家之體裁尚未完全,即無有主權。其存於族民中者,主權之萌芽耳。安有國家未成,而主權先存者哉?

今列舉主權之意義如左:

一、主權不羈特立,無有班次在其上以統之者。今由條理上釋不羈特立之義,則主權無限。究其極獘,外則廢却一切義務,不顧萬國公法;內則蹂躪各個人,並各團體之自由而不顧,是使人類復陷於古代之無政權也。由道德上釋不羈特立之義,則主權有限,使國家外則循萬國公法之制限,內則認許各人,各團體之權理,則於主權之義亦何傷?

二、主權即國家之權力也,此權宜歸於國家及元首。如鄉村團體法廷選舉會之類,均是隸國家之機關,不過各奉其職。故雖至高之官銜,不得有主權。

三、主權即至尊權,羅馬語所謂"麻塞斯提杜"是也。元首握之,立於國內所有之權力,與臣民之上。

四、夫國家欲統一,則又要主權之統一。故主權之統一,實屬國家至重至要之事。設國內有二個主權並立,則扞格不相下,國事終致紛亂。所謂主權統一,觀君主治政之國,極爲明瞭,不容復疑。雖然國家本成於各人之集合,故國之主權者,不必泥定一人,或以議院,及其餘團體爲主權者亦有之。在庶民政體,則國民爲其主權者;在貴族政體,則貴族會議爲其主權者;在立憲政體如英國者,則國王與代議院,聯合爲主權者是也。

在聯合國,則主權有重複之觀:一面有聯邦全體之主權,一面有各邦之主權(見卷三第十章)。

五、以無限獨裁,釋主權之義,古人間有此説,然未得其當。夫偏於專制政體者,以無限之國權,歸於君主一人;爲過激之論者,以無限之國權,歸於公民之大衆。凡謬妄之説之最有害而可懼者,皆胚胎於此説也。神道學者、法律學者、哲理學者,競倡主權有無限之性,欲使此理確然不可動也久矣。神道學者,以天神之權,無量無邊之理爲根柢,曰君主是代天帝宰治也。法律學者,引用羅馬之國法,並其皇帝之權勢,欲以無限之權力予君主。哲理學者，每流於高遠，而愛無限無窮之説，其釋國家國權之意義，亦好用無限語。當時世論，無所適從。迨閲歲年之久，世態變遷，觀於沿革之跡，而知人類所以不堪握無限之權；又知以君主爲無量降威福之神，大有害於國民之自由與福利。於是天下之人，證之學理與實跡，始有所警戒。以爲國權可得而制限，主權亦有有限之性，主權原出於國法所定，故亦宜受國法之制限。繼又悟以憲法定主權，擴充憲法以制限主權之道。

第二章　國家主權(國民主權)　君主主權(政府主權)

　　國家者，國民集合之團體也。既能獨立，有威力，有至尊權，能統一國家，則又不可無根本之主權。故國家者，具主權而有威力者也。夫國家之事，總宜依據憲法，使秩序井然，莫不美備。如國民相集組織一國，處理國事，以資國家之活動，所以指國家之主權，一稱國民主權也。然吾所謂國民主權，與庶民政體所謂國民主權者，其義不同。蓋彼指國民之大衆，直謂之國民，獨適於庶民政體耳；在立憲政體，雖以議院爲一大權，然不敢使之凌貴族以摠攬國家統御之權。此余所謂庶民政體，與國民主權有以異也。立憲政體既然，況於貴族並君主政體乎？

　　國家主權之義，就外交觀之，爲最明瞭。據憲法而論，代國家者君主也。君主以其國之名，與外國締條約，是行國家主權也。及條約既成，任其履行之責者，國家也，非君主之身也。故國有革命之亂，君主喪其位，而他君代之，或國體變爲共和國，其國尚不得免條約之責何也？雖君主及國體變更，其國家則依然國家也。若國家無主權，如何得有此事？故知無上之威力，與至尊權，一歸於國家，不容疑也。羅馬語"麻塞斯提杜"，今譯曰陛下爲國家之元首，代國家攝其至尊權者。用此語以爲尊稱，是今世普通之例也。然此語，古人以爲至尊權。故古羅馬人之言曰，羅馬國民之麻塞斯提杜，乃大統領，並皇帝之麻塞斯提杜之淵源也。

　　又就國家内部之事，求立法權之所在，則知國家主權之所存，據今之國法憲法，及制定法律之權，非君主並政府之專有，必使議院參預之。夫自國家元首,以至各種機關,具一定之秩序,以成一團體,謂之國民。此國民制定憲法,發布法律,是行國家主權也。

　　國家主權者,一國之元素(化學語,一曰素,義同),其威力之大,位望之高如此。而天下之邦國,無不使其元首握之。其元首爲帝王,則稱之君主,予之君主之主權;元首爲大統領,則稱之爲元首耳,不稱尊號,又不予主權,蓋懼大統領,或忘身爲國民之代理,窃蓄異圖以謀政變也。古羅馬人,局量宏大,不爲齟齬如是之事。當其共和政體之時,予大統領以麻塞斯提杜之權,而不怪也。在君主專制,及君主暴虐之國,國家主權,爲君主之所并吞。在過激之共和國,庶民之權勢,赫赫奪目,而國家主權,失其光彩。夫主權有二種,徵之立憲君主政之國而可知。英人稱其國體,曰議院王國,若內閣王國。國王與上下兩院,聯合行事,是行國家主權也,目之曰議院王國;國王與內閣大臣聯合以行事,是行君主之主權也,目之曰內閣王國。

　　國家主權,與君主主權,原非扞格不相容者,是理之易睹者也。請假古人之語辨之。具洛啾斯氏曰:人能視物,人之眼能視物之謂也。又人之思想,屬人之全體,而發露之者獨口也。言有善惡,不是非其口,而是非其人。是皆謂之名異而實同也。國家全體之主權,與國家元首之主權,其關係亦如此。故國家之於元首,二而一,一而二,不可須臾離。猶人之全體之於頭腦,相和則生,相離則死。

　　國家主權之作用如左:

　　　一、國名、位地、記號、版笏、徽章及國旗之可以表國家之權威名譽者是也。損之瀆之,則辱國家之名譽,及至尊權也,犯之者有罰。

　　　二、不服從外國之權。外國欲干涉於吾國事內政,則謝絕之。不敢受與外國交際,當持獨立之體面,使國家元首及使臣,與外國商量,又與外國締約時,使代國家署名。

　　　三、國民制定憲法之適於其天性志望者,且釐革之之權理是也。苟有自由之國民,不可須臾喪此權理也。夫國民大衆激事作亂,破壞國家之秩序法律,驅除政府之吏員,如主人之革傭夫,世人往往以此爲國民之權理,過矣。如是者豈吾所謂國民之權理哉?謂之亂民之暴行可也。

　　　四、立法是也。夫法律者國家之意思,發而見於外者也。故欲發之,要政府與被治者之協議同意。

五、君主之系統絶,及政府覆亡,則造新政府,造新君之主權是也。夫政府國民得造之,國民非政府之所能造。

六、特行國權時,代理人所任之責是也。

政府主權,即君主主權之作用如左:

一、稱號、位地、禱式、及記號之可以表君主之威力名譽者是也。

二、君主位於國内百官萬民之上,以占執政者之至高位地名譽是也。

三、施行各種政權是也。政權原指政略之權而言,然日常施政之權,亦可謂之政權。夫國家主權,制法律,定秩序等,事關遠大,其作用不常。政府主權則不然,以處理國家日常要務,爲其本分,故運用無休期。

四、使國家之官吏,及事務員,各盡其責是也。

五、在今之君主政體,君主不任其責是也。夫使君主不任責,頗屬重要之事。然以理論之,實非也。中古德意志王,及羅馬帝,皆任其責,不異於德國之諸侯。但共和國之元首,無責任之特權耳。

六、於外國交際,代國家主權而自任之。

第三章　公權之區別

凡國權之發見於事業者有數種,古代學者,既言其當區別。亞利斯士爾氏,別國權之作用爲三種:一曰議共同事業之權(即國民之權理),二曰政府百官施政之權,三曰裁判之權是也。方今別國權爲立法行政司法三種,正與亞氏之説相符。古羅馬人,亦將立法行政司法三權之作用區別之,爲最明覈。

於今世之國家,不唯別其作用,且以作用之機關,爲不可缺之要務。昔時雅典之國會,并有立法行政司法三權;羅馬人付大統領以行政司法二權,且大統領往往發布法令規則,是行今之所謂立法權也。中古德國之侯伯行政官,兼任法曹,一面按罪行刑罰,一面發布封内之税則。英國之議院,今日猶握立法行政二權,而其上院更行司法之權。法人蒲彈氏,始論國内,特設數種機關,以分任各種作用之急務。然當時之人,以爲是理論家之希望耳,其實不可行也。其後博識大儒,孟的士鳩氏出,又痛論三權分離之急務,而倏爲天下之所傾聽。

北美合衆國首行之；自法國革命以來，天下之立憲國，多用其説云。

孟的士鳩氏，大別國權爲二種：

　　立法權，

　　執行權。

再別爲二種：

　　重要之執行權（即今所謂行政權），

　　司法權。

古羅馬大統領，既有行政權；而羅馬人，欲加強烈手段，使人民恭順，唯其命是從，因更付大統領以裁判權，實欲使政府之權勢，益旺盛也。孟的士鳩氏曰：須設三個機關，分任立法行政司法三權，不可使一人總收此三權，是保護自由之要務也。蓋孟氏以爲一人握三權，則其權過重，恐有橫恣自用，抑壓人民之自由權理之獘。不若三權鼎立，互相掣肘，使相競立功也。要言之，不可以一個機關，兼數個之用；宜每一權，設一機關。

孟氏之論，大合真理，不容疑也。然欲全然分離國權；使各鼎立，則失之過激。今徵之實際，類別國權（非分離也），而求國家設機關之本意。就人身言之，目司視，耳司聽，口司言，各個機關，分任精神之作用，而不敢兼他作用。於國家亦然，欲其作用整頓，須使官衙，各執當然之職，不許使一官衙，兼數種之職。蓋司法行政之事務，不惟形於外部者不相同，其目的亦不同。故處辦其事務，各要適當之才能。夫同爲一人已，能爲出衆之行政官，又能爲邁群之法曹者，未可保其必無，然亦稀矣。由是觀之，各種事務，非分付於具其本然組織之官衙，與受其教育之官吏，終不能收其功也。

孟氏不類別國權，而分離國權。路騷氏承之，痛論立法執行二權對立之理。北美合衆國，始實施之，使立法行政司法三權，分離鼎立。夫國權要單獨，已如前卷所述。然分離之爲二爲三，使各獨立於一方，不相聯屬，其獘必至於彼此互相争權，紛呶無已，欲國無分崩離析而不可得，是理之所最易睹也。北美人置憲法於立法行政司法三權之上，據憲法選大統領，並代議士，使各當其職，以爲是足以調和一致，而免紛争之獘。其實不然。裁判所勢已不能敵大統領；及議院之爲政，大統領又不得不服議院之威力。由是觀之，三權鼎立之謬，昭昭不待言也。

歐洲邊闌泯昆士丹氏，欲防三權分離之禍，別置王權以統一三權，曰國王牽制三權，使各調和一致，以禁其出於權限外。庶民主義之患，發於下院，則直散議會。貴族主義之患，起於上院，則新增議員；大臣濫弄威柄，則更造內閣；裁判所有瑕疵，則會議院改正法律。要在遏獘於未然，以保治平。夫國內之一致，賴人君之力爲最多。而人君固有制御國家諸機關之威德，真如昆士丹氏之說。雖然，三權加王權爲四種，以此僅爲調和三權，保治平之具，則不可也，況於置國王於行政立法之範圍外乎？

　　凡劃然分離立法行政二權，極有害於事，且於實際上，亦不可行之。徵之天下邦國，確無可疑。而急謀分離，以施於實際，無若北美合衆國，及西班牙者。觀兩國之實況，纔近接於分離之目的耳，未可謂達其目的也。何哉？其政府於報告大發議權，並大統領不允權，始有立法上勢力，此外未見收其功也。立憲君主政體則不然，其政府以行國家統御之實務爲本分，代表全國民，爲國家之無上機關，據憲法實以發表國家之意思。由是觀之，此種政體，亦合自然之理者也。

　　當類別而誤分離之，亦不見其害者，爲行政司法二權。其故何哉？司法於行政，未必要獨立也。故司法省、檢事局並諸裁判所，求警察官之援助，彼此之間，頻頻交通，終歲不絶。

　　謂立法行政司法，皆同等同格，無上下之序，則不可也。三權原非同階並列。蓋作機

　　（此稿未畢）

（1899年4月至10月《清議報》第11、15—19、23、25—31册；又，卷一有上海廣智書局1902年5月版單行本，名《國家學綱領》）

飲冰室自由書（補）

德國可畏*

德國以鷙鷹之手段，行虎狼之慾心，既稱雄於歐洲中原，復突飛於東洋全局，其進取之政策，實有出人意表者。膠州灣之事，既聳動一世之耳目，造起東亞之風雲。近復愈出愈奇，南則插手於非[菲]律賓，北則染指於高麗。據月前西報所載，德人有陰助非島義民拒美之舉。夫助義民，誠善事也。而彼德人者豈有仇於美，豈有德於非[菲]哉？不過欲雪中送炭，買義民之歡心，而他日求非常之報耳。近者德皇之弟亨利親王游朝鮮，於覲見朝主之時，竟要索韓京至元山之鐵路，歸德國承辦。夫德國於朝鮮絕無關係者，其通商口岸不過有二三之德商。今乃無端出此要挾，其無理橫恣，亦已極矣！其經營東方之心亦已苦矣！其視黃種人若無物焉亦已久矣！他日磨牙吮血，先各國而擇人肉者，將不在俄、英而在德也。可畏乎！

歐美諸國對中國貿易損耗**

法人某云：歐洲諸國競爭商務於支那市場，各國擴充本國利益也。然以實計之，則歐人於東方商局，實有損無益。計一千八百九十七年（即光緒廿三年），中國貿易總額，入口貨所值共六萬十百萬佛郎，出口貨所值共六萬五千五百萬佛郎。其中歐美諸國所得之實利，略算不過六千五百萬佛郎；而歐美諸國為保護此貿易額，而派遣兵船駐劄中國海岸者共二十七萬四千噸，費七千九百萬佛郎。而歐洲諸國商船之航東洋者，國家多補助其經費，其總數至八千二百萬佛

---

* 原無題目，代擬。
** 原無題目，代擬。

郎之多。是皆歐美各國爲中國商務而受損耗者也。飲冰主人曰：彼歐美人年年負此損耗而不悔，且着着擴充，有進無已者何也？以生存競爭之公例言之，非此則不足以自立於今日之世界也。

（1899年9月《清議報》第26册）

蒙的斯鳩之學説

蒙的斯鳩，法國人也，生於一千六百八十九年（康熙二十八年）。幼稟天才，讀史有識。少壯，探討各國制度法典，並研究法理學。千七百四十年，舉爲本州議會議員。同年入學士會院，益刻苦厲精研究各學，頗有著述，爲世所稱。千七百四十六年辭議員職，游歷歐洲諸國。歸國後，益潛心述作。先成《羅馬盛衰原因論》、《英國政體論》兩書，既乃成《萬法精理》，以千七百五十年公於世，蓋作者二十年精力之所集也。此書一出，全國之思想言論爲之丕變，真有黃河一瀉千里之勢。僅閲十八月，而重印二十一次，可以想見其聲價矣。當法皇路易第十四之際，君權專制政體，正極全盛。及其殁後，弊害叢出，群治腐敗，道德衰頹，宫廷教會，尤爲蠹政淵藪。然其時學術方進，英國文明之化，日寖寖流入。於是國民新思想漸起，以反動力排斥政治之專制，教會之横恣者紛紛然矣。而蒙氏之書，乘時而出，所以哄動一世也。蒙氏學説，以良知爲本旨，以爲道德及政術，皆以良知所能及之至理爲根基。其論法律也，謂事物必有其不得不然之理，所謂法律也；而此不得不然之理，又有其所從出之本原，謂之法之精神。而所以能講究此理，窮其本原，正吾人之良知所當有事也。其爲術也，凡風俗政體人心家制及人群中一切制度，與法律有關涉者，皆研究之。蒙氏又分各國之政體爲三大類：曰專制政體，曰立君政體，曰共和政體。而於共和政體中，復分兩種：一曰貴族政體，二曰平民政體。後世談政體者，多祖述其説。蒙氏又謂國有三權：一曰立法，議院是也；二曰行法，政府各部是也；三曰司法，裁判院是也。至今各國制度多採之，謂之三權鼎立之制。蒙氏又論奴隸之制，亟當廢禁；又論法堂裁審，不得施刑拷訊，及陪審員之必當設置。今歐洲文明之國，皆一一行其言。故蒙氏者，實可稱地球政界轉變一樞紐云。以千七百五十五年(乾隆二十年)卒,年六十六歲。

　　學説録要:

　　蒙的斯鳩曰:凡屬圓顱方趾而具智慧者,即可以自定法律。雖然,當其未著定法律之前,自有所謂義不義正不正者存,所謂事物自然之理也。法律者,即循此理而設者也。若謂法律所令之外,無所謂善,法律所禁之外,無所謂惡,是猶於未畫圓形之前,而云自其中央達於周邊諸綫長短相等也,如何而可哉!

　　又曰:義也者,人與人、物與物相交接之間所最適宜之理是也。而此理常同一而無有變。若各邦所設之政法,特施行此理義之條目耳。

　　又曰:法律者,以適合於其邦之政體及政之旨趣爲主。不寧惟是,又當適於其國之地勢及風土之寒熱;又當適於其國之廣狹,及與鄰邦相接之位置、土壤之沃瘠,及民之所業,或農、或牧畜、或商賈,各各相宜;又當適於其國民自由權之廣狹,及民所奉之宗教;又當適合於民户之多寡,及人民多數之意響及性質。不寧惟是,此法律與彼法律必有相因,當求其所以設立之故,並創制此法者宗旨之所在。凡欲講究一邦之法律者,必須就此數端悉心考求之,未可執一以論也。故余著《萬法精理》一書,即就各邦而考察此數者以論明之,所謂法律之精神也。

　　弗以埃曰:蒙氏之意,謂法律之精神,在於所以立法之種種原因。是猶局於物理學(即格致學)之旨義也。物理學者,僅於此事物與彼事物相交,而求其所以然之故,而非以吾心爲之主。蒙氏之學限於是,未爲能透徹於法律之真精神也。真精神者何?即盧梭所謂人人意想之自由是也。

　　又曰:蒙氏之於法律,特就現今所行者,而講究其原因。謂之爲法律之史家可也,未可謂之爲法律之理學也。

　　　　任案:欲求得所以立法之原因,其勢不能不議論其是非,判斷其得失。蒙氏於所著《萬法精理》中,其所議論判斷,往往爲後來改制之模範,功固不在盧梭下也。

　　蒙的斯鳩曰:萬國政體,可以三大別概括之:一曰專制政體,二曰立君政體,三曰共和政體。凡邦國之初立也,人民皆慴伏於君主威制之下,不能少伸其自由權,是謂專制政體。及民智大開,不復置尊立君,惟相與議定法律而共遵之,是謂共和政體。此二者,其體裁正相反。立於其間者,則有立君政體。有君以莅於民上,然其威權,受法律之節制,非無限之權是也。

專制政體,絕無法律之力行於其間,其君主惟務以武力威嚇其民。故此種之政,以使民畏懼爲宗旨。雖美其名曰"輯和萬民",實則斲喪元氣,必至舉其所賴以立國之大本,而盡失之。昔有路伊沙奴之野蠻,見果實纍纍綴樹上,攀折不獲,則以斧仆其樹而捋取之。專制政治,殆類是也。然民之受治於專制之下者,動輒曰"但使國祚尚有三數十年,則吾猶可以偷生度日。及吾已死,則大亂雖作,吾又何患焉!"然則專制國民之姑息偷靡,不慮其後,亦與彼野蠻之斫樹採果無異矣。

蒙的斯鳩曰:凡專制之君主,動曰輯和其民,其實非真能輯和也。何也?彼以奪民自由權,使民畏懼爲本旨。夫民者固有求自保之性者也。而畏懼之心,與求自保之性,又常不相容者也。故專制之國,必至官與民各失其所願望而後已。無他,其中之權關本自有相牴牾者存也。故只能謂之苟安,不能謂之輯和。輯和者,人人各有所恃以相處,而安其生也;苟安者,則一時無戰亂而已。

又曰:凡專制之國,所謂輯和者,其中常隱然含有擾亂之種子。

任案:人之恒言曰:亂極必治,治極必亂。歷徵諸二千年之史傳,其陳迹誠如是也。不知其所謂治者,非真治也。特乘人心厭亂之既極,又加以殺人過半,户口頓減,謀食較易,相以帖然苟安而已。實則其中所含擾亂之種子,正多且劇也。故未有經百年治安者,此專制政體之所必至也。夫使果爲真治矣,既治之後,則斷無復亂之理。春秋三世之義,由據亂而進於昇平、太平是也。既治而復亂,則固不得謂爲已治焉耳。

又曰:凡專制之國,必禁遏一切新奇議論,以納其民於隤然不動之域。其政府守一二陳腐之主義,有倡他義者,則謂之爲抗抵、爲異圖。何也?彼其宗旨固以偷一時之安爲極則也。

又曰:凡專制之國,馴擾其民,使若禽獸然。習一二技藝,得隨意而鞭撻之。民既頑冥如禽獸矣,故其中有一極獰惡而善於威嚇之術者,則足以統御之。不寧惟是,乃至雖不以人爲君,亦能統御之。昔瑞典王查爾第十二,嘗有所命於元老院。元老院不奉詔,王曰:"若卿等抗朕命,朕將以一履强命卿等。"元老院遂唯唯從命。由此觀之，一隻之履，可以御臣民。吾故曰不必以人爲君也。

蒙的斯鳩論立君政體，與專制政體之異，其略謂專制之國，君主肆意所欲，絕無一定之法律。然行之既久，漸有相沿成習之法律以御衆，此爲政治沿革之第二期。此種政體威力，與法律並行，蓋專制之稍殺者也。雖然，其法律非因民之所欲而制定，未可稱爲眞法律，只能謂爲例案而已。而此例案者，果何物乎？則沿國家舊制，國王之下，有若干之閥閱權貴，皆有自其先世相傳之規條。君主或自恣，則此輩輒援例規以規諫之，藉以裁制君權，如斯而已。

任案：蒙氏所謂立君政體者，頗近於中國二千年來之政體，其實亦與專制者相去一間耳。若英國之君民共治，不與此同科也。窩的兒嘗評之曰：蒙氏所論專制、立君二者，其性質實相同，特其手段稍異耳。昔有黠鼠說狸奴，使繫鈴於其頸。爾後狸奴來覘鼠，輒聞鈴先避，以免於難。蒙氏所謂立君政治，則繫鈴於狸奴之頸也云云。其喻可謂切當。蓋雖繫鈴之貓，未嘗無捕鼠之志；立君之君，亦未嘗無虐民之心也。

蒙的斯鳩曰：立君政體之國，其所以持之經久，使不壞裂者，有一術焉：蓋一種矯僞之氣習，深入於臣僚之心，即以爵賞自榮之念是也。彼立君政體之國，其臣僚皆懷此一念，於是各競於其職，孜孜莫敢怠。以官階之高下，禄俸之多寡，互相夸耀。因此一念，群臣皆自修飾，或致身效死，以徼身後之榮。究其實則全屬一種矯僞之氣而已。

又曰：立君政體之國，欲其不速歸滅亡，必其君主有好名之心，有自重之意，以己身之光榮，與國家之光榮，合而爲一。如是則必有希合民心，勉強行道之事，而其國亦得以小康。雖然，君主好名之極，而群臣之中無高爵碩望可以鈐制之者，其君主必至自視如鬼神，一無顧忌。

任案：中國二千年來所謂賢君令辟者，其得致小康皆賴此也。然如本朝之高宗，亦所謂好名之極，正自視如鬼神者也。

（1899年12月《清議報》第32册）

列國東洋艦隊

二十世紀之大戰場，在於中國，雖五尺童子能知之。而徵其實例最易見者，莫如東洋艦隊之比較。試舉中日戰事前後增加之率一證之：

中日戰事前各國東洋艦隊

英國	四〇,〇〇〇噸	美國	一〇,〇〇〇噸
俄國	二〇,〇〇〇噸	德國	四,〇〇〇噸
西班牙	一三,〇〇〇噸	意大利	四,〇〇〇噸
法國	一二,〇〇〇噸		

合計約一〇〇,〇〇〇餘噸

中日戰事後各國東洋艦隊表（一八九九年六月所查）

英國	一〇七,〇〇〇噸	德國	三四,〇〇〇噸
俄國	八一,〇〇〇噸	意大利	二〇,〇〇〇噸
法國	三二,〇〇〇噸	美國	四三,〇〇〇噸

合計三二〇,〇〇〇噸

由是觀之，中日一戰之後，數年之間，列國東洋艦隊，忽增加兩倍有餘。而日本海軍力，前者僅六萬三千噸，今者合已有之艦及造而將成之艦統計之，將得二十六萬七千噸。此六十萬噸之艦隊，糜千萬人之膏血，絞列強政家各家之腦漿者，何爲乎？皆爲我中國耳。其相衝突以至決裂乎？抑藉均勢以得平和乎？皆屬於他日之問題。而決裂有決裂之瓜分，平和有平和之瓜分，其非福於我中國則一也。而彼昏昏者猶爾焉睏焉僥倖其三五年之無事，不亦夢乎！

（1900年3月《清議報》第39冊）

現今世界大勢論*

叙

叙曰：士生今日之中國；不務反觀內省，竭精慮以圖張國力、養民德，而芒芒然搖筆弄舌，規畫天下五大洲之形勢，可謂不知本矣。雖然憨兒處火宅而酣嬉，盲人臨深池而躑躅者，彼不知有險象，而奚從畏也，魚見毛嬙而深入，鳥覩西施而高飛者，彼不知有美色，而奚從戀也。然則今日中國之人士，不能反觀內省，竭精慮以圖張國力、養民德者，得毋因其於天下五大洲之形勢見之有未察耶？使其能游目於本國以外，觀他國所以自強之道，及其所以謀我之術，一一探其朔燭其微，而因以自審焉，當必有瞿然汗流浹背，劍及屨及以從事於世界競爭之舞臺者。然則語國民以現今世界之大勢，其亦非詞費也。避地海外，日親典籍，偶讀美人靈綏氏所著《十九世紀末世界之政治》、潔丁士氏所著《平民主義與帝國主義》、日本人浮田利民氏所著《帝國主義論》等書，因撮譯其意參以己見，著為是篇。意不在客觀之世界，而在主觀之中國人也。壬寅三月，飲冰室主人自叙。

第一節　論民族主義之進步

天下勢力之最宏大最雄厚最劇烈者，必其出於事理之不得不然者也。自中古以前（羅馬解紐以前），歐洲之政治家，常視其國為天下，所謂世界的國家。World state 是也。以誤用此理想故，故愛國心不盛，而真正強固之國家不能立焉。（按：吾中國人愛國心之弱，其病源大半坐是，而歐人前此亦所不能免也。）近四百年來，民族主義，日漸發生，日漸強達，遂至磅礴鬱積，為近世史之中心點，順茲者興，逆茲

---

* 原署"飲冰室主人譯著"。又，附錄之《滅國新法論》已收《飲冰室合集》，故略去。

者亡。所號稱英君哲相,如法王路易第十一、顯理第四、英女王意里查白、英相格林威爾、渣沁、意相嘉富洱、德相俾士麥,皆乘此潮流,因勢而利導之,故能建造民族的國家,聲施爛然。苟反抗此大勢者,雖有殊才異能,卒歸敗衂,法帝拿破侖是也。拿破侖所以取敗者,由欲強合無數異種異言異教異習之民族,而成一絕大之帝國,其道與近世史之現象太相反,其不能成也固宜。

夫此民族主義,所以有大力者何也？在昔封建之世(羅馬以前,歐洲之封建時代也),分土分民,或同民族而異邦,或同邦而異民族,胡漢吳越,雜處無猜。及封建之弊,極於墜地,民求自立而先自團,於是種族之界始生。同族則相吸集,異族則相反撥。苟爲他族所箝制壓抑者,雖粉身碎骨,以圖恢復,亦所不辭。若德意志,若意大利,皆以同民族相吸而建新邦;若匈牙利,以異民族而分離於奧大利,皆其最著者也。民族主義者,實製造近世國家之原動力也。

此主義既行,於是各民族咸汲汲然務養其特性,發揮而光大之。自風俗習慣法律文學美術,皆自尊其本族所固有,而與他族相競爭。如群虎互睨,莫肯相下。範圍既日推日廣,界線亦日接日近,漸有地小不足以回旋之概。夫內力既充而不得不思伸於外,此事理之必然者也。於是由民族主義一變而爲民族帝國主義,遂成十九世紀末一新之天地。

民族帝國主義有兩種,其發生皆不自今日,今則合一爐以冶之而已。甲種者,優強民族自移殖於劣弱民族所居之地,紾其臂而奪之,若英國是也。英人自中古以來,與羅馬帝政不相容,去而自立,實爲民族國家發生之嚆矢。故其民族帝國主義,亦著先鞭,得善處屬地之法,遂能控馭全球,凡日所出入處,皆見其國旗焉。乙種者,優強民族能以同化力(能化人使之同於我,謂之同化力)吞納劣弱民族,而抹煞其界限,若美國是也。美國百餘年來,由大西洋之十三省,逐漸擴充,奄有太平洋岸全陸之地,自三百萬人增至八千萬人,固由吸集同族之效,亦未始不因買受併吞他國之屬土而同化其民之所致也。今日之美國,尚能容納德意志、愛爾蘭之移民,綽有餘裕,皆其同化力強盛使然也。

第二節　論民族帝國主義之由來

近世諸儒之學說,其於孕育民族帝國主義與有力者不一家,而以瑪兒梭士

Malthus(英人,生於一七六六年,卒於一八三四年)、達爾文 Darwin charles(英人,生於一八〇九年,卒於一八八二年)二氏爲最。瑪氏嘗著《人口論》一書,謂人類日漸繁植,其增加之率,常與食物之增加不能相當。食物之增加,算術級數也(即由二而四而十六而三十二是也);人口之增加,幾何級數也。(即由二而四而八而十六是也。)苟無術以豫防之,則人滿之患,必不能免,而戰爭疾疫自殺之風將日盛。此論一出,大聳動全歐之耳目,而政治家之思想,幾爲之一變。(按:瑪氏謂人口之增加以幾何級數,實屬杜撰,後儒駁正之者已不少。其所論豫防之法,亦不可行。要其立論之大體,則實爲近世政策之一轉捩也。)當瑪氏以前,歐洲列國,尚以獎厲產子爲急務(千七百九十六年,英國著令云:凡民能生多子以富國家者,可有權要求政府使教育其子。千八百六年著令云:英人有兩子以上者,可享免稅之特權);及於今日,則除法蘭西一國外,殆無不以人滿爲憂者矣。(法國人口增加最少,詳見下表。以此之故,千八百八十五年,法人著令云:貧家有子七人者,以公費教之養。又今年議員俾阿氏提案於議院,謂民有及歲而不婚者,則課以重稅。)今試舉近百年來歐美各國人口增進之大概,列表如下:

	一八〇〇年 人口	一八八〇年 人口
英	一五,五七〇,〇〇〇	三四,六五〇,〇〇〇
法	二七,七二〇,〇〇〇	三七,四三〇,〇〇〇
德	二二,三三〇,〇〇〇	四五,二六〇,〇〇〇
奧	二一,二三〇,〇〇〇	三七,八三〇,〇〇〇
意	一三,三八〇,〇〇〇	二八,九一〇,〇〇〇
班	一〇,四四〇,〇〇〇	一六,二九〇,〇〇〇
合計	一七二,二六〇,〇〇〇	三一二,九九〇,〇〇〇

此八十年前增進之大略也。其中速率最著者,尤以德、俄、美三國爲甚。德國當千八百五十年只有三千五百二十萬人;至千九百年。則有五千六百三十四萬人。俄國當千八百五十年,只有六千八百萬人;至千九百年,則有一萬二千九百萬人。美國當千八百年,只有五百三十萬人;至千九百年,驟增至七千六百三十五萬人。(美國人口,由外國移民入籍者居多。)以此之故,歐洲區區之地,斷不能容此蟄生蕃衍之民族,使之各得其所,勢固不得不求新政策以調劑之。此事理之易見者也。於是乎殖民政略,遂爲維持內治之第一要著。此近世帝國主義發生之原因也。

前代學者，大率倡天賦人權之說，以爲人也者，生而有平等之權利，此天之所以與我，非他人所能奪者也。及達爾文出，發明物競天擇優勝劣敗之理，謂天下惟有強權（惟強者有權利，謂之強權），更無平權。權也者由人自求之自得之，非天賦也。於是全球之議論爲一變，各務自爲強者，自爲優者。一人如是，一國亦然。苟能自強自優，則雖翦滅劣者，而不能謂爲無道。何也？天演之公例則然也。我雖不翦滅之，而彼劣者弱者，終亦不能自存也。以故力征侵略之事，前者視爲蠻暴之舉動，今則以爲文明之常規。歐美人常揚言曰：全世界三分之二，爲無智無能之民族所掌握，不能發宣其天然之富力，以供全球人類之用。此方人滿爲憂，彼乃貨棄於地。故優等民族，不可不以勢力壓服劣等者，取天地之利而均享之。其甚者以爲世界者，優等民族世襲之產業也。優等人斥逐劣等人而奪其利，猶人之斥逐禽獸，實天演強權之最適當而無慙德者也。茲義盛行，而弱肉強食之惡風，變爲天經地義之公德。此近世帝國主義成立之原因也。

　　由此觀之，則近世列強之政策，由世界主義而變爲民族主義，由民族主義而變爲民族帝國主義，皆迫於事理之不得不然，非一二人之力所能爲，亦非一二人之力所能抗者也。今請就諸國中，擇其有代表帝國主義之資格者而論之，得四國焉。

第三節　英國之帝國主義

　　其一英吉利　英國本境之人口不滿四千萬，而其謀生於海外者殆倍之。人口日日增多，而三島之面積不加廣，物產不足以給民用。故英國若一旦失其屬地，不特富源立涸而已，而國威民力，皆隨而衰頹，國民之品性，且將漸滅，勢必與古代之雅典、羅馬，同列於亡國之籍。故英人之帝國主義，非直爲進取計不得不然，即爲保守計亦不得不然也。英國今日之盛強，半由煤礦之豐富。據千八百七十一年政府所報告，謂本國之煤，尚足供三百年之用。然爾來英人用煤之率，日增月加，曾靡底止，故其勢不久必須仰給煤炭於本境以外。或者謂英煤涸竭之時，即英國衰亡之日，非過言也。況其製造之品，消售於屬地者，常視他國有加焉。彼英屬地之依賴母國，不如其母國之依賴屬地爲尤重大也。

故英人之政策，務使其母國與屬地永不相離，不惟保守其版圖而已，又使其海陸通航之路，交通利便，以是爲第一要義。以故海軍之關係，日益重焉。海軍既重，故屯泊貯煤之灣港，亦隨之而重。英國所行於東洋及亞非利加之政略，皆以此爲根據者也。彼其保護土耳其，占據賽布拉士島，皆所以防俄國之蠶食，保地中海之航路，使英國與印度交通之鎖鑰，不至授人也。其市恩於意大利，助其獨立，用術於埃及，握其國權，亦皆爲地中海蘇彝士河之運航權也。近者與杜蘭斯哇之戰，不惜糜重帑營人命，擲獅子搏兎之全力，所以保好望角之權利也。彼波亞民族，日新月盛，駸駸有爲南非全境主人翁之勢。英人非挫摧之，則其在非洲之權力，將墜於地也。故英國北自君士但丁奴不（土耳其京城），南至好望角，其所行之政策，皆自保護航路而生者也。保護航路，即使母國與屬地永不相離之第一著也。

英人之所汲汲者，又不徒在海權而已，於大陸交通機關，亦絲毫不肯讓人。近以俄人西伯利亞鐵路將成，思所以抵制之，乃擬築一大鐵路，自亞歷山大利亞經波斯灣沿岸、橫貫印度、接緬甸、由瀘州出揚子江以通上海，一以鞏勢力於印度，二以張威權於波斯灣沿岸諸國，三以通血脈於支那。而現時印度境內已成之鐵路二千餘英里，實利用之以爲此路之一部。其規模之宏遠，實有使人驚歎而不能措者。

英國工商之國也，無商利是無英國也。近年以來，德國、美國之商業驟進，駸駸乎有駕英而上之勢。疇昔英人於加拿大、澳洲、印度、埃及及其餘屬國保護國，皆專握商權；近則國民之競爭愈劇，新屬地之貿易，容易不肯爲母國之附庸。故今者英國商務，除澳洲、印度外，皆日見減色。於加拿大、古巴爲美國所奪，於亞爾焦利亞爲法國所奪，於南美爲德國所奪。其在澳洲能保其舊位者，不過其地之民，與母國同嗜好同習慣，故日用飲食之品物，多取給於母國云爾。然則英國今日之政策如何？英國自二十年來，產業之發達，既臻絕頂，昔爲世界工業之中心點者，今則變爲世界資本之中心點焉。自美國行保護稅則（免出入口稅者，謂之自由稅；則重抽入口稅者，謂之保護稅則），拒英國之貨物，英人乃以資本代貨物，美國各省所有大製造大公司，英人皆投資本而分其利。於非洲、南美等處亦然，於亞洲亦然。故今日全球到處，幾無不有英人資本之安置。而其此後進取之政策，惟以擴充其工業資本兩者之勢力範圍爲務，此亦不得不然之數也。

因此之故,其所最切要者,在使世界各地,皆平和秩序。若夫政治樞機不完不備之地,其政府之能力薄弱,難保秩序,或官吏腐敗,苛法紛紜,則放置資本於此間,最爲危險,工商之業,末由繁榮。乃不得不干預其内政,代組織一強固而有責任之政府,於是經濟上(日本人謂凡關係於財富者爲經濟)之勢力範圍,遂寖變爲政治上之勢力範圍。此其政略,不獨英國行之,而英國其尤著者也。

第四節　德國之帝國主義

其二德意志　歐洲列國中,其最能發揮現世帝國主義之特性,代表近來世界歷史之趨向者,莫德國若也。德人行帝國主義之政策,不過近十年事耳。當俾士麥時代,德政府專以統一國民爲急務;若夫勤遠略以馳域外之觀,鐵血宰相所未遑及也。彼非不熱心以獎厲殖民,但其殖民事業,不過爲擴充商務起見,於政治毫無關係。及千八百九十年以後,而德之政略一變。蓋經俾公三十年之經營慘淡,國權既已整頓,國力既已充實,精華内積而不得不溢於外。俾公之商業政策,既已使德國工商,雄飛於世界,而商業競爭之劇烈,其影響自及於政治,而政府不得不以權力保護之。然則由俾士麥之國民主義,以引起今皇維廉第二之帝國主義,亦事勢之不得不然者也。

德國雖稱雄於歐洲中原,然以無屬地故,其溢出之人口,皆移住於美國,旋同化於美人。德人徒失其國民,而於國力不能有絲毫之增益。今美國人口三分之一,皆吸收德意志民族者也。德之愛國者,怒焉憂之,漸知殖民政略之不可以已。前柏林大學教授脫來焦氏之《政治學講義》有云:"今日國際歷史,日以發達,勢將壓迫第二流以下之國家,使失其獨立。我德人徒局眼光於歐洲之天地,而未嘗放觀歐洲以外之天地。今者蕩蕩全球,幾爲英、俄兩國所中分,其尚有容我德人之一席否耶?此可爲浩歎者也。"又云:"白種人必握世界之全權,無可疑也。但白種中之諸民族,果誰能捷足以得此權利乎?吾得以一言決之曰:苟無屬地於海外者,必不足以入於强國之林也。"云云。由此觀之,德民族近來之思想,可以概見矣。德人病美國之坐奪其民也,汲汲然設法以維持僑民與母國之關係,故首注力於亞非利加及小亞細亞,而寖及於南美洲及東亞大陸。自一八九〇年,與英國定非洲界約以來,君臣上下,同心戮力,以實行帝國主義。或用鐵路政略，或用殖民政略，或用商業政略，殊塗同歸，集於一鵠。僅閱十稔，而聲勢隆隆，震五洲之耳目矣。

試觀其經略小亞細亞。彼米士坡坦麻。Mesopotamia 與叙利問 Syria 之兩地，古代文明之祖國，而今則蠻族之棄壤也。顧德人用全力以殖民政略於此何也？此地雖不及中國之豐腴，然物產甚富，適於農工諸業，其山多礦，其位置亦便於通商。且人口寥寥，土民之壓力不强，移民於此，無被其同化之患。自水陸形勝觀之，適當亞、歐、非三洲交通之孔道，有山河之險，爲兵略之一要區，得之者於他日世界政略占優勝焉。德人今雖以保護殖民商業爲名，一有機會，則攫而納諸懷必矣。他日亞洲大陸鐵路成，自卡羅（埃及京城）經波斯、印度以達北京之大道既通，則帕黎斯氈，爲三洲鐵路之中心點，握商務之樞權，此德人所夢寐見之者也。（此鐵路即英國所經營者，見前節。）德皇自即位之始，即注意於小亞細亞，故務買土耳其政府之歡心。當亞米尼亞虐殺事件之起，箝束其國內輿論，毋使傷土國之感情；當土希之戰，密援土以破希臘，皆所以爲經營安息（即小亞細亞）之地步而已。今者實行鐵路政略於此間，自君士但丁至波斯之巴俄打一大路，其築路權及運輸權，皆爲德意志銀行所得，以九十九年爲期。此外附近枝路之權利，亦皆歸德國焉。小亞細亞，既已爲德人囊中物矣。

更觀其經略南美。近十年間，於南美大陸之地，德國之產業及殖民，殆爲突飛之進步。雖其商務出入口之總額，尚稍遜英國，至其投資本之多，與商業發達之速，終有非他國之所能及者。即以巴西一國論之，德人所投之資本，已在三萬萬圓以上。此資本或築鐵路，或濬運河，或修橋梁，或設銀行，或興公司，運全巴西於股掌之上者，德人也。委內瑞辣之大鐵路，德人之資本也；智利之農業，德人之營產也；亞爾然丁之土地，半皆德人之所名田也。今日德人在南美之勢力，雖不過產業殖民，而其政治之勢力，必隨之而來，此吾所敢豫言也。德皇嘗揚言云："凡德國臣民所到之地，無論何處，政府必擴張其權力以保護之。"將來南美全洲，必爲德意志帝國之運動場，無可疑也。

要而論之，德人之帝國主義，由俾士麥之商業政策一轉而成，其目的在以國民主義爲基礎，而建一工商業帝國於其上，使充盈橫溢之民力，得尾閭以蓄洩之也。故於政治之爭，可避者則勉避之。既與俄親，又與法和，復與英聯，務調和國際之關係，使得用全力以從事工商殖民之業。此德廷君相之微意也。

惟時與勢,驅列國以入於二十世紀商戰之場。而彼德國者為英、美、俄列強捷足先登,頗有四面楚歌之感,故竭其全力以訓練從事商戰之兵士,及其器械。而其作戰之準備,莫急於連絡世界各地之市場。故德人向此鵠以進行,首以獎厲航業振興海軍為務。德國之航業,二十年來,徐徐增加;至近數年間,忽有一飛衝天之勢。當一八七一年,其大輪船僅有百五十艘,合八萬噸;至一九〇〇年,驟增至千三百艘,百十五萬噸。其增率之速,自美國外,未見其比也。又不惟商船之噸數增加而已,其航業政略,亦進步甚速。疇昔英人在大西洋獨占航權者,今則德國與之代興,駸駸乎有奪席之勢矣。

德國本陸軍國也,但昔者惟爭強弱於歐洲以內,故以陸軍而自雄;今則將決雌雄於歐洲以外,故以海軍為急務。蓋德國此後之運命,非徒在俄、法境上,以鎗丸馬足而決勝負者也;其必在支那之海,非洲之洋,南美之港灣,鼓輪衝風,實力乃見。故德皇以如荼如火之熱心,思擴張海軍。雖國民初未喻旨,不肯聽從,而其大臣每因各事變以游說其民,皇復親自演說於各地,苦訴海權微弱,為德國之憾事。卒能以一八九八年之議會,議決海軍案,以十萬萬圓之預算以經營之。及此案既成,英、俄亦相繼增海軍力,美國亦破西班牙而振威海上。德人復以前案為未足,乃於一九〇〇年(即前年),更議決新案。依此案所經畫,則十四年後(一九一六年),除英國外,德國遂為世界第一大海軍國矣。嗚呼!德意志自建國以來,不過三十年,而其進步之速如此。觀此可以見民族主義之勢力,最強最厚。苟得其道而利導之,斯磅礴鬱積,沛然莫之能禦矣。

第五節　俄國之帝國主義

其三俄羅斯　俄羅斯之帝國主義,由來最久。其初起也,雖緣君主之野心,其大成也,實緣民族之暗潮;其外形雖為侵略之蠻行,其內相實由膨脹之實力。試細論之。俄國之發達,可分為三段:第一段,君士但丁奴不也;第二段,阿富汗斯坦也;第三段,支那也。俄人之欲建大帝國也,起於突厥未據君堡(即君士但丁奴不之省稱,下仿此)以前。第十世紀時,烏拉秩米第一受洗於君堡,娶東羅馬帝之女，實爲俄人與君堡交涉之始。其後爲蒙古所侵害，雄圖一挫。至十五世紀後半，伊凡第三又娶羅馬帝之姪，始稱尊號曰沙 Csar，用東羅馬雙鷲徽章，隱然以承襲羅馬帝統自命。然彼時突厥之勢正强，君堡遂爲所陷(一四五三年)，俄人志不得逞。至十六世紀，伊凡第四益鞏勢力於墨斯科(俄舊都)，號爲第三羅馬，遂越烏拉山，進入鮮卑(即西伯利亞)。實大彼得以前百年間事也。十七世紀之下半，彼得即位，銳意侵略。但其手段雖在侵略，其用志全在平和，以開化國民爲最大之目的。彼不徒變俄國之兵制，與俄國之海軍而已，以萬乘之尊，親赴荷蘭，雜伍傭作，學種種文明技術，傳之於本國。大彼得之主義方針，即俄國二百年來之主義方針也。大彼得之品性，本在半文半野之間，俄國(指人格之俄國)亦然。雖然，彼常以平和爲競爭之手段，以開發内國爲對外競爭之本原。其欲出君堡也，欲出極東之遼東半島也，皆繼大彼得之遺志，藉此以開化歐俄(俄地之在歐洲者)及鮮卑也。大彼得常言：吾之所欲者，非陸而海也。故既突進於波羅的海，復略格里迷亞，汲汲然欲出於黑海。其目的實在繁殖内地，而以君堡爲世界商務之中心點也。

抑俄國之漲進，不在工商業而在農業。俄人土著之民也，非有地面，則不能揮其勢力。其工業近年雖大發達，出入口皆頗增加，雖然，大率皆假手於外國人，而其本國所營者至有限也。俄人雖取保護税政策，排斥外國商品，然其國内新工業仍不能起，惟舊式產業愈益繁昌耳。然則俄國之帝國主義，必非如外國之欲求市場於他地也，彼雖求得市場，而亦無製造品以充牣之利用之也。故俄人之經略世界，不用飛越遠攫之法，而用就近蠶食之法。無以譬之，譬諸火山，其噴口愈衝愈力，鎔石之汁，蔓延四方，而不知所終極者，俄國之情狀也。

俄人有一種貴族，在其國中，最有勢力，所謂軍人門閥是也。彼等素懷野心，欲行侵略主義於亞細亞。其政府之政策，大率爲此輩所鞭策而進取之方針益强。此輩大率謀略優長，手段活潑，且與國同休戚，一國之實權，皆在其手。彼其數世紀以前，蠶食中亞細亞及土耳其也，皆非由政府之命令，不過軍人功名心盛，毅然以一身負責任，征服土民，移植俄族。先以一私人之資格，剏此大業，然後政府以政略隨其後耳。近世黑龍江畔之侵略，亦由謨拉威夫等私人之事業以爲之前驅。然則謂俄人帝國主義，全由君主之雄心而發者，尚非能知其真相也。彼其民族膨脹之力，有非偶然者也。(英人之滅印度也，亦由一公司以私人之資格，篳路藍縷，以啓山林，百戰功成，主權斯得，然後以奉諸政府。其事與俄人在中亞細亞在黑龍江畔所行者正同一轍。但英國商國也，故商人開之；俄國軍國也，故軍人開之。其起於私人一也，其爲民族主義一也。即我中國亦固有之矣。新加坡檳榔嶼之地，皆由廣東嘉應州葉姓者一族，與土蠻力戰三次，前後亘十餘年，乃開闢之者也。顧彼則一私人創之而政府爲其後援，故大業克成，而同族皆受其益；我則有私人而無政府，故葉族既闢星、檳，不能自治，不得不拱手以讓諸英人。嗚呼！我民族非劣於他國，而有壓之使不得漲進者焉。此可爲浩歎也。)

由此觀之，俄人之帝國主義，其主動力有三：一曰君主之雄圖，二曰民族之漲性(農業之盛大，人口之漸增)，三曰軍人之野心。合此三者，並爲一途，此必非如暴風疾雨，可以崇朝而息者也。要而論之，則俄羅斯者實代表斯拉夫民族之特性者也。斯拉夫爲世界各民族中後起之秀，其前途泱泱如春潮，勃勃如坏甲，隱然有蹴踏拉丁凌駕條頓之勢。當今勢力之最可怖者，孰有過於俄者乎？

俄人於所征服之地，其馭之最有方。厚遇其酋長，授以官位，結其歡心；寬待其土民，多興工業，使食其利；因其性不易其俗，隨其教不易其宜，務使之知俄族之可親，以生其喁喁向内之心。故當其侵略之始，恒用絕大蠻力，當頭一棒，使畏俄國之威；其既得之後，則用噢咻煦嫗，寬大羈縻，使懷俄國之德。故俄人在亞洲所得屬地，能使其土民忽與俄同化，固由俄族本爲半歐半亞之種，與亞人易於混同；亦由其深察亞人之性質習慣，得其道以馭之也。以視英人德人等之自尊大自表異而屢憎於人者，其手段之強弱優劣，殆相去萬萬也。故歐人謂俄國爲殖民事業成功最多之國，非虛言也。

第六節　美國之帝國主義

其四美利堅　距今二百年前，歐人有以愛平等愛自由愛進步愛活動爲目的者，相率而遷於新世界。(歐人常稱西半球爲新世界。)其子孫日漸滋殖，日漸漲進。一戰而建造獨立自治之國家者，華盛頓時代也；再戰而實行平等博愛之理想者，林肯時代也；三戰而掌握世界平準(日本所譯"經濟"，今擬易以此二字)之大權者，麥堅尼時代也。美國之地理之人民之歷史，皆有其不得不然之結果。昔以農業國得名者，此後二十世紀中忽變爲工業國商業國。質而言之，則美國者實將來平準界中獨一無二之大帝國也。

麥堅尼之帝國主義，非麥堅尼一人所能爲也，美國民族之大勢，有使之不得不然者也。平準學大家波流氏曰："美國昔以其食品苦我歐洲之農業界者，今其製造品，且將以滔天洪水之勢，淹没我歐之産業，使無餘地矣。"蓋美人商業進步之速，實爲古來所未有。一八九九年與一九〇〇年比較，一年之中，其出口貨之增，實四萬萬零六百萬圓。其製鐵事業之壯大，足以寒歐工之胆。自近世托辣士提（各公司聯合資本之義）之制行，平準界之組織一變，世界之貨幣，盡吸集於美國。紐約、芝加哥諸大市，遂爲全地球金融（謂金銀行情也。日本人譯此兩字，今未有以易人）之中心點，而平準大權，竟由歐而移於美。今日對美政策，實全歐公共之最大問題也。又不惟歐洲而已，其在東方，美國之物品，亦日增月盛，入中國者，入滿洲者，入西伯利者，入日本者，其率皆驟進。如煤油烟草之在日本，開礦機器鐵路材料等之在滿洲，其尤著者也。彼其勢力之在東西兩洋者如此，兩洋之人驚駭之而妒嫉之者又如彼，然則美國人之自視果何如？昔猶未能自知其力之如此雄且鉅也，今則其國民之多數，皆以財界牛耳自任。元老院議員洛知氏嘗言："吾美今與歐洲商戰，方始交綏。諸國出死力以敵我，吾之準備，一刻不容稍懈。非使全世界各國之民皆服從於我國財力之下，則不可止也。"云云。雖其言不無太過，然亦可以見美人之意嚮焉矣。

麥堅尼審此大勢，因風潮而利導之。其與西班牙戰也，決非欲滅西班牙而擴美國之幅員也，實欲得商業政略所不可缺之地也。故其政策能得國民多數之贊成，爲有識者所許可。及其再舉大統領時，司法院乃至下新注釋以解憲法，使其得免舊論之束縛，而自由無礙以實行帝國主義。亦可見此主義爲全國人之公言，而非一人一黨之私言矣。麥堅尼之併夏威（即檀香山，日本譯爲布哇）取菲律賓，所以握太平洋之主權，而爲東方商力之基礎也。前此美國勢力，全發揮於歐洲，固由其民族相切近，亦由大西洋爲文明之中心點。美國東部先發達，職此之由。今則文明之中心，移於太平洋，故美國之文明，亦日趨於西部。麥堅尼以爲亞細亞者，世界第一大市場也。吾美欲占一席位於此間，不可不先謀根據之地。其奪菲島也，實將以馬尼剌爲美國一支店，以壓倒香港、新加坡，而爲泰東之主人翁也。故一面併夏威以爲中站，一面開尼卡拉運河以通兩洋之氣脈，一面獎厲太平洋航業，設太平洋海電，以通往來，其政策皆一貫，其經略皆偉大。美國之前途，誰能限之！

或疑麥堅尼主義與門羅主義相反對,其實不然。門羅主義,實美人帝國主義之先河也。夫門羅主義何自起乎？一千八百二十三年,美國大統領門羅宣言曰:"歐洲列國,現在西半球所有之屬地,吾美不干預之。雖然,若其地既已獨立,而爲美國所認者,歐洲列國或干涉之,則是對於吾美而懷敵意者也。"云云。夫美國果有何權利而爲是宣言乎？無他,美國不徒以己之獨立而自足,隱然以南北兩大陸之盟主自任,以保護他人之獨立爲天職也。是實帝國主義之精神也。既欲防他國之干涉西半球,勢不得不先握大西、太平兩洋之海權。故其縣古巴攫菲島,實皆此主義之精神,一以貫之者也。麥堅尼最後之演説云:"吾國之生產力,其漲進實可驚,我輩不可不盡全力以求新市場。此實今日最緊切之問題也。商業之漲力,壓迫我輩,我輩非以博大之智識强毅之心力以應之,則吾國今日之勢力,將有不能維持者矣。"云云。今也麥堅尼雖死,而帝國主義不死,屛足而立,相繼而起者,人人皆麥堅尼也。美國之前途,誰能限之!

第七節　論今日世界競爭之點集注於中國

此四國者,今日世界第一等國,而帝國主義之代表也。自餘諸國,或則懷抱帝國主義以進取爲保守,而尚未能達其目的也；或則爲他人帝國主義所侵噬,而勢將不能自存也。全地球八十餘國,可以此三者盡之矣。要之其君相宵旰於在朝,其國民奔走於在野者,安歸乎？歸於競爭而已。今日之能有此等龐大帝國也,前此競爭之結果也；今日之既有此等龐大帝國也,又後此競爭之原因也。蓋自人群初起以來,人類別爲無量之小部落,小部落相競進而爲大部落,大部落相競進而爲種族,種族相競進而爲大種族,復相競焉進而爲國家,進而爲大國家,復相競焉進而爲帝國進而爲大帝國。（國家者 State 之義也,帝國者 Empire 之義也,其性質各有不同。）自今以往,則大帝國與大帝國競爭之時代也。脱來焦氏所謂國際歷史,勢將壓迫第二流以下之國家,使失其獨立,誠哉！天地雖大,而此後竟無可以容第二等國立足之餘地也。

夫競爭之劇烈而不可止既如是矣,而其競爭之場果安在乎？歐羅巴者十九世紀前半期之舞臺也。若神聖同盟也（俄、普、奧三國）,若三角同盟也（法、奧、意三國),若俄法同盟也,若拿破侖之役也,若德意志、伊大利統一之役也,若塞爾維亞、門的內哥獨立之役也,若普法之役也,若波蘭問題也,若愛爾蘭問題也,若土耳其問題也,若埃及問題也(埃及在上古時代,常附屬於東洋史之範圍;其在近世時代,常附屬於西洋史之範圍),凡兵家所衝突,政治家所捭闔,無一不在於歐洲。近三十年來,則全歐均勢之局定,而紅髯碧眼兒之野心,皆飛騰於歐洲以外之天地矣。歐洲以外地非小也,然北亞美利加、澳大利亞兩大陸,久已變爲第二之歐洲。主權既定,且將競人而非可競於人矣。於是游刃餘地,僅有南亞美利加、亞非利加、亞細亞之三土。南美、非洲,其位置無可以爲世界競爭中心點之價值。然南美之巴西、智利、委內瑞辣、亞氈丁,其利權固已爲德人鐵血政略所鎔鑄。非洲內地公果立國戴白人爲君王,而德、英、法相轇轕相馳逐於此土者亦既有年,比康士菲德(英前相,與格蘭斯頓齊名者)之南非政策,且釀爲英杜之爭,至今風潮未平矣。美猶如此,非猶如此,而況我亞天府之奧區者耶!

亞洲競爭界之第一期,在於印度。法人在印之殖民政略,既已失敗,英人受之以雄一世,諸國嫉妒之念起焉。俄人越烏拉山驀進於中亞細亞,隱然有拊印背而扼印吭之勢,於是波斯、阿富汗遂爲英、俄競爭之燒點。英人之擴權力於中國者,其初亦不過經營印度之餘力也。鴉片戰役以前,廣東互市之事,皆東印度公司之附庸也。而法人之初插足於安南、暹羅,亦不外欲與印度爭利也。然而亞細亞人之主權,則已去其半矣,大勢所趨,愈接愈劇,及競爭之第二期,而重心點專集於中國矣。

第八節　論各國經營中國之手段

俄人以堅忍沈鷙之性質,佐以眼明手快之政略,首看破中國之暗弱,先登捷足以逞侵噬。其圖中國也,凡分兩路:一曰由東北方者,滿洲一帶是也;二曰由西北方者,自西伯利亞以及伊犁、新疆帕米爾喀什噶爾一帶是也。以言乎第一項,則《愛琿條約》以前之事且勿論。(《愛琿條約》乃咸豐八年黑龍江將軍奕山與俄將岳福所訂者。俄人南下之勢由來已久,吾別有《俄羅斯侵略史》言之甚詳。此文專論近勢,無暇詞費也。)當咸豐十年,英法聯軍入京之役,俄使伊格那夫詭稱調停和議,欺總署諸臣更訂界約,以爲報酬。割烏蘇里江、興凱湖、白稜河、瑚布圖河、琿春河、圖們江以東之地,奄有朝鮮、日本沿海數千吉羅米突之廣野，其所得乃遠在英、法二國之上。於是海參崴之市場，始建立焉。及光緒廿二年，乘日本戰事後，市還遼之恩，李鴻章遂與俄使喀希尼訂秘密條約，所謂《中俄密約》者是也。以此條約，而滿洲之實權，遂全歸俄人掌握。未幾引起膠州之役，俄遂藉口以攫旅順口、大連灣於懷中矣。以言乎第二項，則西北一帶，自雍正五年以來，爲界約及互市章程交涉者凡十六次。恰克圖爲西伯利亞往來孔道，俄人設行棧於各處卡倫，壟斷其利，懷柔諸酋長，給以兵器彈藥，設電線以通本國，前年且有要索恰克圖達北京鐵路權之議矣。而伊犁一帶，自崇厚、曾紀澤兩次交涉以來，雖名爲回復主權，而實則俄人與彼之關係切密於中國者多多矣。自滿洲鐵路條約既定以後，西伯利亞鐵路線，其距離縮短五百四十俄里，且工事加易，料費大省。而彼得以來二百年間，苦心焦慮，欲求一無冰海港而不可得遂以巴布羅福之條約（光緒廿四年），安坐。而得亞洲第一之旅順港。自此以往，而俄人盡將其東歐政略（即巴幹半島與土耳其交涉者），暫置腦後，養精蓄銳，以從事於遠東。既得旅順，俄人遂有海軍國之資格。於是定計自一八九三年至一八九九年七年之内，備四百六十一兆零十萬羅卜（俄幣名），以爲海軍費，九六九七兩年，復增加二千六百萬，九八年復增加九十萬（皆羅卜數），駸駸乎有於陸上海上皆以東洋主人翁自居之意矣。

其次爲英國。英國當中日戰役以後，政略稍因循，勢力幾墜於地；及膠州起釁以後，漸有一飛衝天之概。計光緒二十三四年之間，英人所得大利益於中國者凡七事：其一，與總理衙門定約揚子江地方不許讓與他國；其二，内地江湖河川許其通航自由；其三，緬甸鐵路延長之以達雲南大理府，復由雲南經楚雄、甯遠以通四川；其四，開湖南爲通商口岸；其五，定總稅務司赫德之位置永用英人；其六，租借威海衛以抵抗旅順；其七，租借九龍以擴張香港。數月之間，而其權力已深入鞏固，而百年大計，於以定矣。其前乎此者固非一朝一夕之故，其後乎此者又豈得尺得寸而止耶？

此外德國則專用強暴手段，如膠川之役，以兩教師而索百里之地；義和團之變，德皇誓師謂當留百年恐怖之紀念於支那，是其例也。美國則專用籠絡手段，如列強競占勢力範圍，而美國不與聞；今次賠款，而美人以所應得者還諸中國，是其例也。若法蘭西，若意大利，雖其帝國主義之内力，不及此諸國，然以世界競爭中心點之所在，亦眈眈注意焉。日本者世界後起之秀，而東方先進之雄也。近者帝國主義之聲，洋溢於國中，自政府之大臣，政黨之論客，學校之教師，報館之筆員，乃至新學小生，市井販賈，莫不口其名而艷羨之，講其法而實行之。試問今日茫茫大地，何處有可容日本人行其帝國主義之餘地，非行之於中國而誰行之？近者英日同盟之事成，黃白兩種人握手以立於世界，亦可謂有史以來，未有之佳話也。然試思此佳話之原因若何，其結果若何，豈非此新世紀中民族競爭之大勢，全移於東方，全移於東方之中國，其潮流有使之不得不然者耶？而立於此舞臺之中心者，其自處當何如矣。

第九節　論殖民政略

今日之競爭，不在腕力而在腦力，不在沙場而在市場。彼列國之所以相對者姑勿論，至其所施於中國者，則以殖民政略爲本營，以鐵路政略爲游擊隊，以傳教政略爲偵探隊，而一以工商政略爲中堅也。列國之行殖民政略於中國也，自割香港開五口，以至膠州、旅順、大連、威海以來，四十年間之歷史，多有能道之者，茲不具論。惟論其性質。夫殖民云者，其所殖之民，能有人而非有於人也。何謂有人？凡殖民之所至，則地其地，人其人，富其富，利其利，權其權，如歐美人之在中國是也。何謂有於人？充其地之牛馬，而爲之開耕；備其人之奴隸，而爲之傭役，如中國人之在外洋是也。嗟夫！有競爭力與否，豈必在人數之多寡哉？試以外國人在中國者，與中國人在外國者，列爲兩表，以比較之，而觀其結果，有使人瞿然失驚者。

外國在中國商店及人數表（據千八百九十八年一月統計，香港不在內。）

	商店數	人數
英國	三七四	四,九二九
德國	一〇四	九五〇
葡萄牙	——	九七五
日本	四四	一,一〇六
美國	三二	一,五六四
法國	二九	六九八
瑞典挪威	——	四三九

西班牙	——	三六二
俄國	一二	一一六
合計	五九五	一一,六六〇

中國在外國人數表（未得統計報告，不能確指，姑就所知，舉大略耳。英屬香港及俄屬東三省之地不在內。）

暹羅	約八十萬人
安南	約二十萬人
南洋群島英屬荷屬合計	約六十萬人
菲立賓群島	約二十萬人
澳大利亞洲	約四萬人
日本	約七千人
英屬加拿大	約四萬人
美國	約三十餘萬人
墨西哥	約一萬人
中亞美利加巴拿馬一帶	約一萬人
南亞美利加秘魯智利巴西等國	約十萬人
印度	約一萬五千人
南阿非利加	約三千人
太平洋群島檀香山及其他	約四萬人
西印度群島古巴夏灣拿一帶	約十五萬人
合計	約二百五十餘萬人

試合兩表觀之，外人之來者，不及我旅民二百五十分之一，不及我本國人數五萬分之一。且分爲十數國，其最多者惟英，不過數千人耳。又散處於廿餘租界之中，計每一口岸，多不逾千，少不及百。而制度鏊然，隱若敵國焉。我民所至，動以億計，而不免於爲人臧獲，若是者豈能盡歸咎於政府之無狀哉？蓋吾民族之弱點，亦有當自省焉者矣。何也？彼各國之以殖民著成績者，皆其民自以私人之資格，開闢斯土，然後政府以政略從其後也。（英人割香港及五口通商，仍是東印度公司主爲動力。）今則民族之争，愈接愈厲。吾國二萬里之地，開門以待他族之闖來；而環球四大洲之中，無地可容吾人之投足。吾昔游美、澳時，所著《汗

漫錄》,有一條云:

> 華人之旅居於他國及其屬地者,白人待之有二法:其一則,聽其簇來而不之禁,但其既至也,則爲設特別不平等之法律以苛治之,如香港、南洋群島、墨西哥、南亞美利加諸地是也。其二,則於其既至也,與本地人同受治於一法律之下,權利義務皆平等,惟限之不使得至,既去不使復來,如美國、加拿大、澳洲諸地是也。大抵其地白人少,未經開墾,需人爲牛馬者,則用第一法;其地白人多,開墾就緒,勞力之競争烈者,則用第二法。要之中國人之不能齒於他人一也。今者 White Australia(譯言白澳洲也。巴頓氏演說,昌言白澳洲主義,謂必使澳洲爲白人所專有之洲也)之言又倡矣。十年以後,天地雖大,竟無黄帝子孫側身之所。嗚呼!我國民其思之也邪?其不思也邪?
> (右一九〇一年一月四日,在雪梨市會,聽澳洲聯邦首相巴頓氏演說,歸而記其所感)。

觀於此,則殖民與非殖民之辨,可以立見,而優勝劣敗之趨勢,及中國民族之前途,從可想矣。彼歐人之殖民於我中國也,視之與其既得主權之殖民地(如印度、新加坡、香港、非[菲]立賓等)相等,其所以待我者,則吾所謂第一法是也。彼其利吾人之耕而彼食之也,故不必潴其地,不必俘其人,惟施以特别不平等之法律,以制其死命,斯亦足矣。夫歐人固未嘗全得中國之主權以歸其手也,而吾謂其能施特别不平等之法律於吾民者何也?彼不必用其權以壓我民使低一級,而能用其權以擡彼族使升一級。不見夫内地商賈,欲得優等之權利者,則懸他國旗牌以作護符乎?不見夫内地鄉民,欲得優等之權利者,則夤緣入教以逞武斷乎?在外者則以下於人爲不平等,在内者則以上於我爲不平等,其爲不平等一也。若是乎吾國之久已爲印度、新加坡、香港、菲立賓而不自知也。彼英人固以加拿吉大、孟買、孟加拉、麻打拉薩、錫蘭數口岸而制全印矣;中國雖大,以二十餘租界可以生之死之而有餘,而況乎此後之租界不止二十餘也。此殖民政略之可畏,如此其甚也。

第十節　論鐵路政略及傳教政略

靈綬氏曰:"近世各國所行支那政略,皆鐵路政略也。"可謂至言。豈惟支那,彼近十年來各國所以伸其帝國主義於他地者,安往而不用鐵路政略哉?彼小亞細亞及南美洲所以爲德國人勢力範圍者，以鐵路權也；波斯所以爲英國人勢力範圍者，以鐵路權也；暹羅所以爲法國人勢力範圍者，以鐵路權也。若俄、日之於高麗，則既爭此權矣；英人之欲圖杜蘭斯哇，則先覬此權矣。然則今日之中國，其割據此權之形勢何如？請以表示之：

路名	地段	主權國
一、滿洲鐵路甲	接西伯利亞線達於海參威	俄國
二、滿洲鐵路乙	自旅順達牛莊	俄國
三、楡營鐵路	自山海關達牛莊	英國
四、蘆漢鐵路	自北京達漢口	比利時 實俄國
五、津鎮鐵路	自天津達鎮江	英德兩國
六、粵漢鐵路	自廣州達漢口	美國
七、山東鐵路	自膠州達沂州	德國
八、山西鐵路	自太原達柳林堡	俄國
九、江南鐵路甲	自上海達吳淞	英國
十、江南鐵路乙	自上海達杭州甯波	英國
十一、緬甸鐵路	自緬甸達雲南，復分三派：一達香港，二達漢口、上海、三達成都。	英國
十二、越南鐵路	自安南一達廣西一達雲南。	法國

此外與鐵路權相輔而行者，則曰開礦權，曰內河通航權。蓋自此等條約結定以後，而外國人之放下資本於中國者，殆六七百兆兩。此等鐵路，姑無論其以行兵爲目的，以通商爲目的，要之彼外人者，何以肯放擲爾許之母財於此政紀紊亂伏莽棼擾之國，而如不介意者，彼其所恃必有在矣。其資本所在之地，即爲其政治能力所及之地。吾若拒之，彼固有辭矣，曰：吾若與通商，將以廣利益求安甯也。若能保我利益，還我安寧，吾何爲嘵嘵？不爾則吾安得不爲爾代也？若是乎鐵路政略果爲實行帝國主義之良謨也。以故楡營鐵路，而英、俄幾開兵釁以爭之；津鎮鐵路，英、德卒持均勢以劃之。彼夢夢者猶曰：此等事業，利用他人資本，而無損於我主權。果爾，則人之竭死力以互攫奪，而絲毫不肯相讓者，不亦大愚而可笑矣乎！此鐵路政略之可畏，如此其甚也。

近數十年來，中國士民以仇敎爲獨一無二之大義。傳敎政略之奇險，夫人能言之焉。雖然,自義和團以後,此事幾成偶語棄市之禁,莫有敢挂齒頰者矣。吾非如鄉愚一鬨者之謗耶教,吾非如盈廷瞶瞶者之與傳教爲難。耶教非不可採,教士非無善人,而各國政府利用此教以行其帝國主義之政策,則我國民不可不日相提撕者也。德相俾士麥,宗教思想最淺薄之人也。其在本國,剥奪教徒之特權,風行雷厲,不遺餘力;至其在中國也,乃與法人爭羅馬教護教之名義,豈所謂"司馬昭之心,路人皆見"者耶?果也及其身後,而以兩教士易膠州百里之地,山東一省之權。嗚呼!歐美政治家之抱此等思想,懷此等術數者,又豈止俾士麥一人哉?四百年來,歐洲戰爭以百數,而藉口於宗教者十之八九;四十年來,中外交涉問題以百數,而起釁於宗教者亦十八九。試一覽地圖而比照之於歷史,凡各國新得之殖民地,其前此篳路藍縷以開闢之者,何一非自傳教之力而來?此傳教政略之可畏,如此其甚也。

第十一節　論工商政略

昔者憂國之士,以瓜分危言,棒喝國民,聞者將信而將疑焉。及經庚子之難,神京殘破,鑾輿播蕩,而至今猶得安然於湖山歌舞之下,不喪七邑,而各國聯盟保華之議,且相應相和。彼夢夢者以爲瓜分之禍,可以卒免,吾高枕無患矣。不知有形之瓜分,或致死而致生之;而無形之瓜分,則乃生不如死亡不如存,正所以使我四萬萬國民陷於九淵而莫能救也。夫今日之競爭,不在腕力而在腦力,不在沙場而在市場,夫既言之矣。野蠻國之滅人國也如虎,皮肉筋骨,吞噬無餘,人咸畏之;文明國之滅人國也如狐,媚之蠱之,吸其精血,以瘵以死,人猶眤之。今各國之政策,皆狐行也,非虎行也。姑無論其利用政府疆吏之權,以政府疆吏爲彼奴隸,而吾民爲其奴隸之奴隸也;即不爾,而握全國平準界之權,已足使我民無復遺類。何以言之?二十世紀之世界,雄於平準界者則爲強國,嗇於平準界者則爲弱國,絶於平準界者則爲不國。此中消息,不待識微者而知之矣。今試觀全地球平準界變遷之大勢如何:資本家與勞力者之間,劃然分爲兩階級,富者日以富,而貧者日以貧。自機器製造之業興,有限公司之制立,而疇昔之習一手藝,設一廛肆,得以致中人之産者,殆絶跡於西方矣。自托辣斯特之風行(托辣斯特者,各公司聯盟以厚競争之力也。前年英國之製鐵業創行之),而小製造廠小公司亦無以自立矣。自今以往,五大洲物產人力之菁英,將爲最小數之大資本家所吸集。至此外之多數者,亦非必迫之使爲餓莩也,要之苟非搖尾蒲伏於大資本家之膝下,而決不能以自存。此實未來之暗黑世界,前途之恐怖時代,稍有識者所能見也。夫在歐美方盛之國,猶且以此問題日夜絞政治家學問家之腦髓,而未知所以救;況中國之民,不知自爲計,而政府亦莫爲之計者耶?自今二十年以前,中國貧富之界,懸隔最不相遠,十室之邑,輒有擁中人產,號稱小康者,今則日剝月蹙,風景全非矣。除一二租界之外,游其市鎮,則商況淒涼,行其遂郊,則農聲顰頞;號寒啼飢之聲,不絕於耳,鬻身蕩產之形,不絕於目。吾氓蚩蚩,莫知其所由然。或曰是由官吏之朘削也,或曰是由償款之漏卮也。斯固然矣,然豈知猶其小者,非其大者。其大者乃在全球平準界之橫風怒潮,波及於我國也。夫此風此潮之來,今不過萌芽焉耳,而吾之蒙其害者已如是,自今以往,何以堪之?

　　夫吾國人今日之資本,不足與歐美諸雄相頡頏也明矣,然猶恃天產之富,苟能利用之,則一轉移間,而雄弱之數變焉。雖然,天產之富非可恃也,非有良政法以導之護之劑之,而必不能食其利也。故各國政治家,所以講求保護政策,務以全其國民固有之利益者,皇皇兢兢焉,使本國人比較於外國人,而常得特別優等之利益,此地主之權利,而人民所恃以生存者也。夫是以其大權常在本國人之手,而競爭得有所盾中國則不然,本國人非惟不能得特別優等之利益而已,而與外國人相較,此等利益,反爲外人所特有。夫內河小輪船皆用外國旗號者何也?(揚子江一帶,多用日商名;西江一帶,多用英商美商等名義,其實資本皆自華商也。)用本國名則承辦難,過關難,滋事多而賠累難,攤捐多而應酬難;懸他國旗,則百結並解也。行商之多託外國名義何也?有三聯票,完子口半稅,而雖經千百釐卡,無所留難也。鐵路公司,官辦則一文不能集,洋款則争趨惟恐後者,何也?明知其大利所在,而又畏法律之不可恃,不能堪官吏之魚肉,附於洋人,則高枕無患也。自餘各事,莫不皆然,似此不過其一二端而已。夫以吾民風氣之不開,平準學理之不講,雖爲政府者日日家喻戶曉,勉其從事於各種之富國事業,猶恐其不肯擔任,或擔任而不能善其事,而況乎其縶搏之而敲削之也!即使無外界之侵入,而生齒日繁,人滿爲患,猶且非興新業,不足以相周相救,而況乎掀天揭地之風潮承其後也!夫使吾不能自開其源,而亦無能擾而奪之者,則姑以俟諸異日，或尚有無窮之希望在將來也；其奈得寸入尺獲隴望蜀者，既眈眈相逼乎前，而政府之憪狐威者，今日許以寸，明日予以尺，民間之貪蠅利者，甲也導諸隴，乙也導諸蜀，如長隄一決，萬流注入，其勢狂奔泛濫而莫知所屆。不見夫奕者乎？要害之地，爲敵占先數著，則全盤俱負矣。今我國民以敵人前此所下之數子，猶爲閑著乎？夫既已制我之死命矣，及今知之，而補救固已大難；失[及]今不知，而後局更何堪問也？在本國有地主應享之權利者，猶且如是；其在外者，更何有焉？吾嘗游歷美洲、澳洲、日本諸地，察華商之情況，皆有一落千丈不可收拾之概，比諸十年前，若霄壤矣。吁嗟吁嗟！更後十年，又當若何？若是乎吾中國人之真無以自存也。由今之道，無變今之政，不及一紀，而十八省千百州縣之地，勢必全爲歐美資本家之領域，則夫此間之數萬萬人，所恃以贍饔飱而資事畜者，惟有鬻身入笠，充某製造廠之工匠，某洋行之肩挑，某鐵路公司之驛卒，某礦務公司之礦丁，某輪船公司之水手；其最上者，則爲通事焉，爲工頭焉，爲買辦焉，至尊矣，至榮矣，蔑以加矣。此非吾過激之言也，二十世紀之人類，苟不能爲資本家，即不得不爲勢力者，蓋平準界之大勢所必然也。夫事勢至於若彼，則我民族其無噍類矣。然而政府可以如故也，官吏可以如故也。彼所取者實，而豈惟其名；所吸者血，而豈惟其膚也！所謂無形之瓜分者，如是如是，以視有形焉者之利害輕重何如哉？嗚呼！險哉！工商政略之可畏，如此其甚也。

第十二節　結論

二十世紀民族競爭之慘劇，千枝萬葉，千流萬湍，而悉結集於此一點。然則吾人之應之者當如何？或曰：今後之天下，既自政治界之爭，而移於平準界之爭，則我輩欲圖優勝，宜急起以競於此。嘻！此又不成本末之言也。夫平準競爭之起，由民族之膨脹也；而民族之所以能膨脹，罔不由民族主義國家主義而來。故未有政治界不能自立之民族，而於平準界能稱雄者。不然中國人貨殖之能力，豈嘗讓他人哉？而今顧若此，毋亦梗其中者多所蠹，而盾其後者之無所憑也！故今日欲救中國，無他術焉，亦先建設一民族主義之國家而已。以地球上最大之民族，而能建設適於天演之國家，則天下第一帝國之徽號，誰能篡之？而特不知我民族有此能力爲否也。有之則莫强，無之則竟亡。爲强爲亡，間不容髮，而悉聽我輩之自擇。噫嘻吁！前不見古人，後不見來者。念天地之悠悠，獨愴然而涕下。噫嘻吁！吾又安知夫吾涕之何從哉？

(上海廣智書局1902年5月版)

（政治小説）新中國未來記（稿本）（補）

第五回　奔喪阻船兩覯怪象　對病論藥獨契微言

　　卻説黄、李兩君自從別過陳仲滂之後，回到北京，恰恰碰著中俄新密約被日本的報紙揭了出來，又傳説有廣西巡撫勾引法兵代平亂黨一事，上海、東京各學生，憤激已極。上海一班新黨，便天天在張園集議，打了好些電報。東京學生，又結了個義勇隊，個個磨拳擦掌，好不利害。那黄、李兩君，是久離故國，不知道近來人心風俗如何。聽見有這等舉動，自是歡喜不盡。便連忙跑到上海，想趁這機會，物色幾條好漢，互相聯絡。船到上海，纔攏碼頭，黄君便有個表叔名做陳星南，開的一家鋪子，叫做廣生祥的，打發夥計，迎接上岸。陳星南見他兩人，著實悲喜交集，殷勤款待。但黄君問起家中平安的話，他總是支支吾吾，黄君好生疑心。等到晚上，擺過接風酒，吃過飯，洗過臉，又坐了好一會，陳星南方纔從衣袋裏陶出一封電報，無情無緒的遞過來。黄君不看便罷，一看不覺兩眼直瞪，那眼淚就連珠似的撲簌下來。李君連忙將電報搶過一看，上頭寫的，卻是"母前月棄養父病急速歸武"十一個字。原來毅伯先生有個胞弟，名字叫做克武，這電報便是他打來的。李君看完，瞪著眼，相對無言。因想起自己從小父母雙亡，都是瓊山先生飲食教誨，恩逾骨肉。如今碰著這變故，這回回去，不知還能彀見一面不能。想到這裏，便也陪著嗚嗚咽咽，悲痛起來。黄毅伯已是哭得淚人兒的一般，陳星南勸也不好，不勸也不好，只得跟著做個楚囚相對。停了好一會，倒是李去病帶淚問道："請你老人家給我們查查船期罷。"陳星南道："我是盼望你們到有好幾天了。偏偏這樣湊巧，今天上午，龍門船剛纔開了，你們就來。如今最快的是禮拜一法國公司船了，總要在這裏等三天。"二人聽了無法。陳星南又著實安慰了一番，只得無精打彩的，坐到十點半鐘，便往客房睡去了。黃君翻來覆去，一夜睡不著。天大亮，方纔朦朧合眼。明早七點鐘，李君先起來，正在那裏洗臉。忽見鋪子裏的小夥計，拿著一個洋式名片進來，說道："外邊有位客人來拜會兩位，在客廳裏面等哩。"李君把名片看時，當中寫著"宗明"兩個字，底下角上寫著"字子革支那帝國人"八個字，上首還有一行細字，寫著"南京高等學堂退學生民意公會招待員"十六個字。李君看著沈吟道："怎麼這'退學生'三字倒成了一個官銜名兒了？"（闊哉！闊哉！）一面想，一面連忙漱完口，換好衣服，出來客廳。只見那宗明辮子是剪去了，頭上披著四五寸長的頭髮，前面連額蓋住，兩邊差不多垂到肩膀。身上穿的卻是件藍竹布長衫，脚下登的是一雙洋式半截的皮靴，洋紗黑襪，茶机上還放著一件東洋製的草帽。去病見了這個打扮，不免喫了一驚。（這是上海時髦裝束，足下何少見多怪耶？）彼此見面，拉過手，李去病通過姓名。宗明道："還有一位黃君呢？"去病道："他有點事情，這一刻不能出來。"於是兩人坐下。宗明便開口道："我們一般都是中國將來的主人翁，雖是初見，儘可傾心吐膽。"去病不大懂得他"主人翁"那句話的意思，隨意謙遜幾句，便接著問道："老兄怎曉得兄弟們的行蹤呢？"宗明道："這是敝會的總幹事鄭伯才，昨日纔接到陳仲滂從旅順來的信，說及兩位，因此小弟知道的。"去病道："足下認得仲滂兄嗎？"宗明道："沒有見過，他是伯才的門生。"去病便問這民意公會的來歷。宗明便道："這是前禮拜纔立的。（若是兩三個月以前立起來，只怕現在就已解散了。）我們想今日的支那，只有革命，必要革命，不能不革命，萬萬不可以不革命！那滿洲賊滿洲奴，總是要殺的，要殺得個干干净净，半隻不留的。這就是支那的民意，就是我們民意公會的綱領。李大哥，想我小弟去年在南京高等學堂，不過約起幾位同學演說一回，就被那奴隸的奴隸，甚麼總辦甚麼教習王八蛋，硬要把我們禁止，奪了我們的天賦自由權，這還了得嗎？因此兄弟糾率衆人，做了一件驚天動地的大事業，就把全班都退學了。兄弟一跑，就跑到日本留學。那時有幾位前輩的學生，來告訴我，說是要進學校，總湏預備些日本語言文字，和那些普通學。兄弟想來，照這樣做去，總要兩三年纔能入學校。入校之後，又要好幾年纔能卒業。我們支那早亡掉了，還等得我嗎？因此不管許多，住下三天，便入了早稻田大學的政治科。聽那講義，我雖不甚懂得，買部講義錄來看，卻已是肚子裏爛熟的道理。我在那裏住了半個月，想起來這時候還不去運動做事，讀那死書幹甚麼呢？因此出了學校，往神田一帶的日本客棧裏頭，見有支那人住的，便去運動，且喜結識了許多國民。但係那種埋頭伏案沒有血性的奴隸，卻占了大多數。我天天罵他們，也罵醒了好些。我想在東京地方，講甚麼革命，甚麼破壞，都是不中用的，總要回到內地運動纔好。因此約了幾位主人翁，鼓著勇氣冒著險，跑回來，住在上海。（勇卻真勇，險卻真險。）恰好這位鄭伯才，要開這民意公會，和我們的宗旨都還相合，我便入了會，做了個招待員。"宗明講到這裏，滿臉上都顯著得意之色。李去病聽見他開口說"支那"兩字，心中便好生不悅，忖道："怎麼連名從主人的道理都不懂得？跟著日本人，學這些話頭做甚麼呢？"往後一路聽下去，聽他那一大段高談雄辯，連個黑旋風性子的李爺爺，也被他嚇著，半晌答應不出一個字來。宗明把茶拿起來，呷了一口，稍停一會。去病便問道："那位鄭伯才先生，是怎麼一個人呢？"宗明道："他是國民學堂的國學教習，年紀已有四十來歲，人是很好。但兄弟嫌他到底不免有些奴隸氣，常常勸我們要讀書，不要亂鬧；又愛跟著孔老頭兒說的甚麼臨事而懼，好謀而成，怪討厭的。"去病聽了，點一點頭說道："兄弟倒想見見這位先生，老哥肯替我引進麼？"宗明道："妙極了！兄弟這回來正有一事奉約，明天禮拜六，上海的志士，在張家花園開一大會，會議對俄政策。還有禮拜一晚上，是我們民意公會的定期會議。要奉請閣下和黃君，都定要到場，那時和鄭君是一定可以會面的。"去病道："明天兄弟是一定到的，黃兄的到不到，還未能定。至於禮拜一的晚上，我們兩人便已都不在上海了。"宗明道："為甚麼呢？"去病道："因有家事，趕緊要回去。"宗明道："匈奴未滅何以家為？今日這個時局，不做國事，還顧甚麼家麼？"去病道："別的不打緊，只因昨兒接到一封電報，黃兄的老太太過去了，他的老太爺也是病得很沈重。我們不過要等禮拜一的船，若是有船，今日早已動身了。"那宗明聽了，便哈哈大笑道："你們兩位也未免有點子奴隸氣了。今日革命，便要從家庭革命做起。我們朋友裏頭，有一句通行的話，說道'堯舜禹湯文武周公孔子王八蛋'。為甚麼這樣恨他呢？因為他們造出甚麼三綱五倫，束縛我支那幾千年,這四萬萬奴隸,都是他們造出來的。今日我們不跳出這圈套,還幹得事嗎?就是兄弟去留學,也是家庭革命出來。我還有位好友,也是留學生,做了一部書,叫做'父母必讀'。"李去病聽到這裏,由不得性子發作起來,便正色的説道:"宗大哥,你這些話恐怕不好亂説罷。《大學》講得好:'其所厚者薄,而其所薄者厚,未之有也。'自己的父母都不愛,倒説是愛四萬萬同胞,這是哄誰來?人家的父親病得要死,你還要攔住人家,不要他回去,你是説笑話,還是説正經呢?"宗明也紅著臉,無言可答,又赸赸的説道:"既是這樣,老哥你總可以不忙著回去的呀!"去病憤憤説道:"他的父親,便是我的恩師。"宗明聽説,便又要發起他那種新奇的大議論來,説道:"這卻沒講處了。天下的學問,當與天下共之。自己有點子學問,傳授給別人,原是國民應盡的義務,師弟卻有什麼恩義呢?依你的思想,豈不是三綱變了四綱五倫添出六倫嗎?"李君正聽得不耐煩,也不想和他辨論。恰好小夥計來道:"早飯擺好了,請吃飯罷。"那宗明把身上帶的銀表,瞧了一瞧,趁勢説道:"告辭了,明日務請必到。"李君道:"請致意鄭君。兄弟明日必到,請問是什麼時候呀?"宗明道:"是十二點鐘。"去病答應一個"是",送到鋪門,點頭別去不表。卻説黃君克强,纔合眼睡了一會,又從夢中哭醒轉來。睜眼一看,天已不早,連忙披衣起身,胡亂梳洗,已到早飯時候。李君送客回來,在飯廳裏見著黃君兩隻眼睛,已是菽桃一般。席間,那陳星南,還拿好些無聊的話來慰解他,李君卻不置一詞。飯完,李君道:"我們橫竪要等船,在此悶坐悶哭,也是無益,還是出去散散的好。"陳星南道:"原應該如此纔好。"連忙吩咐小夥計,去叫一輛馬車。不到兩刻工夫,小夥計坐著馬車到了門口。陳星南道:"我鋪子裏有事,恕不奉陪了。"李去病拉著黃克强,没精打彩的上了馬車。馬夫問道:"要到倚場花去呀?"去病道:"隨便到那個花園逛一逛罷。"馬夫跳上車,由四馬路,大馬路,王家沙,一直來到張園,停了馬車。兩人本來無心游玩,卻因在船上的幾天,運動的時候很少,樂得到草地上頭,散一散步。且喜那時天氣尚早,游客不多,倒還清净。去病因怕克强過於傷感,要把別的話支開他的心事,便將剛纔會見宗明的話,一五一十的講給他聽。講完了,嘆了一口氣,克强也著實嘆息,便道:"樹大有枯枝,這也是不能免的但看見一兩個敗類,便將一齊罵倒,卻也不對。我想這些自由平等的體面話,原是最便私圖的。小孩子家脾氣,在家裏頭在書房裏頭,受那父兄師長的督責約束，無論甚麼人，總覺得有點不自在，但是迫於名分，不敢怎麼樣。忽然聽見有許多新道理，就字面上看來，很可以方便自己，那一個不喜歡呢？脫掉了籠頭的馬，自然狂恣起來。要是根性還厚真有愛國心的人，等他再長一兩年，自然歸到穩重的一路。兄弟你說是不是呢？"去病道："這也不錯。但是我從前聽見譚瀏陽說的，中國有兩個大爐子，一個是北京，一個便是上海，憑你什麼英雄好漢，到這裏頭，都要被他鎔化了去。(猛省。)今日看來，這話真是一點不錯。要辦實事的人，總要離開這兩個地方纔好。"克強道："你這話又呆了。通中國便是一個大爐子，他的同化力，強到不可思議，不但比他野蠻的，他化得了去，就是比他文明的，他也化得了去。難道我們怕被他化，便連中國的土地，都不敢踏到嗎？非有入地獄的手段，不能救眾生。不過在地獄裏的生活，要步步留些神便了。"去病聽了，點頭道"是"。兩人一面談，一面齊著脚走。在那裏運動好一會，覺得有點口渴，便到當中大洋樓，揀個座兒坐下喫茶。喫了不到一刻鐘工夫，只聽得外面車聲轔轔，一輛馬車，到洋樓大門停住了。往外一看，只見一位丰姿瀟灑的少年，年紀約摸二十來歲，西裝打扮，渾身穿著一色的十字紋灰色絨的西裝家常衣服，那坎肩中間，垂著一條金錶鍊，鼻梁上頭，還攔著一個金絲眼鏡，左手無名指上，套著一個小小的金戒指，還拿著一條白絲巾，那右手卻攬著一個十八九歲妖妖嬈嬈的少女，後面還跟著一個半村半俏的姐兒，一直跑進樓內，在黃、李兩君的隔連桌兒坐下了。那姐兒在那裏裝烟，那少年一面抽烟，一面撇著那不到家的上海腔，笑嘻嘻的向著那少女說道："小寶，後日便是開花榜個日期，你可有倷東西送把我，我替你弄一名狀元，阿好？"那小寶便道："有倷希奇？倷狀元，倷榜眼，倷探花，有倷個用處？就是北京裏向個皇帝，拿這些物事，來騙你們這些個念書人，在那白紙上寫得幾個烏字，你們便拿來當做一樣希奇個物事，說是倷榜呀綑呀。若是儂，任憑是當今個皇太后，像那唐朝則天娘娘個樣色，真個發出黃榜考才女，把儂嗎，點個頭名女狀元，儂也是看勿起。你們天天鬧些倷花呀榜呀，騙倷人呀！"那少年便說道："我們卻是從外國讀書回來的人，生成是看勿起那滿洲政府的功名，你這話卻罵不著我。"那小寶帶笑說道："你昨夜裏勿是對儂說歇過嗎，下月裏要到河南去鄉試個。還說是你是從外國學來個文章，是加二好個，明年嗎，定規也是一個狀元呀！"那少年把臉一紅，正要找話來回答。只見從洋樓後面臺階上，走進兩個男人，跟著又有兩個倌人，攙著手一齊進來。後面照樣的也有兩個姐兒，拿著烟袋，卻站在臺階上說笑，還沒有進來。那兩個倌人同那小寶點一點頭，那少年又連忙站起，拉他們一桌上坐下。黃、李兩君看那兩人時，一個穿著時花墨青外國摹本緞的夾袍套上一件元青織花漳絨馬褂，手上戴著兩個光瑩瑩黃豆大的鑽石戒指；一個穿著時花豆沙色的甯綢長袍，上截是件銀鎗海虎絨背心，戴一個沒有柄兒的眼鏡，夾在鼻梁上頭，那頭髮帶些淡黃，眼睛帶些淡綠，有點像外國人，又有點不像；兩個都是四十左右年紀。那少年便脅肩諂笑的向著那位穿馬褂的人說道："子翁，昨晚上請不到，抱歉得很。"穿馬褂的便道："昨兒兄弟可巧也做東，請了一位武昌派出去游歷的老朋友，所以不能到來領教，實在對不住。改日再奉請罷。"那少年便又向那穿背心的請教姓名，那人答道："賤姓胡，排行十一。"（外洋華人稱華洋雜種所生之子女爲"十一點"。）卻不回問那少年姓名。那少年只得從口袋裏掏出一個洋式名片遞過來，那人並不細瞧（想是他認不得中國字），接來順手擱在桌子上頭。那少年正要搭話，只聽得那兩人咕嚕咕嚕的拿英話打了幾句，那穿馬褂的便指著穿背心的告訴那少年道："這位胡十一老哥，是在紐約人命燕梳公司裏頭當賬房的，前禮拜纔從香港到上海。"那少年拱一拱手道："久仰久仰。"正要搭赸下去，那兩人卻又打起英國話來，那少年卻是一字不懂。（可見他留學的地方一定不是歐美。）再看那幾位倌人，卻在一邊交頭接耳，唧唧噥噥不知說些甚麼。那少年好生沒趣，怔怔坐著。這邊黃克強、李去病聽那兩人講的英話，滿嘴裏什麼"帖骨"，什麼"腰洒比"（是香港英話），正是又好氣又好笑，沒有閑心去聽他，打算開發茶錢便走。只聽那穿背心的說道："我打聽得那裏有一班子什麼學生，說要來干預，這合同要趕緊定妥纔好。"那穿馬褂的便道："只要在上頭弄得著實，這些學生怕他甚麼？"（這些話那少年都是聽不懂的。）去病覺得話裏有因，便拉克強多坐一會聽下去，纔曉得是美國人要辦某省三府地方的礦，這省名他兩個卻沒有說出。看來胡十一的東家，便是這件事的經手人，那穿馬褂的卻是在官場紳士那邊拉皮條的。兩人正談得入港，只見跑堂的過來，那穿馬褂的搶著，開了茶錢，還和那少年寒暄幾句，又和那小寶嬉皮笑臉的混了一陣。那少年又重新把他兩人著實恭維恭維，他兩人告一聲罪，便帶起一對倌人一對大姐走開了。那少年拿眼獸獸的看著他們剛出大門，便把頭一搖，冷笑一聲說道："這些混帳洋奴！"（足下何不早說，我以爲你不知到他身分呢!)那小寶不待説完,便道:"你説倷人呀?他們人倒蠻好,上海場面上,要算他們頂闊哩!"那少年聽了,卻不知不覺臉上紅了。停了好一會子,赳赳的拿表一看,説道:"噯喲!快到四點了。南京制臺派來的陳大人,約過到我公館裏商量要緊的事體,我幾乎忘記了。(想這個一定比他們闊過。)我們一同回去,阿好?"小寶道:"蠻好。"只見那拿烟袋的姐兒,往外打一個轉身,回來,便三個人同著都去了,不表。卻説黃、李兩君,看了許多情形,悶了一肚子的氣,十分不高興,無情無緒的回到鋪子去,一宿無話。明天吃過早飯,到十一點半鐘,兩人便要去張園赴會。陳星南還要叫馬車,兩人道:"我們是運動慣了,最歡喜走路,走去罷了。"陳星南只得由他。兩人齊著脚步,不消一刻工夫,就走到張園。一直跑上洋房裏頭,看見當中拚著兩張大桌子,大桌子上頭,還放著一張小桌子,猜道這裏一定是會場的演説壇了,卻是滿屋子冷清清的,没有一個人。兩人坐了好一會,看看已到十二點十五分,還是這個樣子。兩人猜疑道:"莫非有甚麽變局,今天不開會嗎?"剛説著,只見有三個人進來,張了一張。内中一個便説道:"我説是還早,你們不信。如今只好在外頭逛點把鐘再來罷。"那兩個道:"也好。"説著又齊齊跑了去了。黃、李兩人在那裏悶悶的老等,一直等到將近兩點鐘,方纔見許多人陸陸續續都到。到了後來,總共也有二三百人,把一座洋樓也差不多要坐滿了。黃、李兩人在西邊角頭坐著,仔細看時,這等人也有穿中國衣服的,也有穿外國衣服的,有把辮子剪去卻穿著長衫馬褂的,有渾身西裝卻把辮子垂下來的,也有許多和昨天見的那宗明一樣打扮的。内中還有好些年輕女人,身上都是上海家常穿的淡素粧束,脚下卻個個都登著一對洋式皮鞋,眼上還個個挂著一副金絲眼鏡,額前的短髮,約有兩寸來長,幾乎盖到眉毛。克强、去病兩人,雖然這地球差不多走了一大半,到這時候,見了這些光怪陸離氣象,倒變了一個初進大觀園的劉老老了。再看時,只見這些人,也有拿著水烟袋的,也有啣著雪茄烟的,也有啣著紙烟捲兒的,那穿西裝的人還有許多戴著帽子的,卻都三三兩兩,高談雄辨,弄得滿屋裏都是烟氣氤氲,人聲嘈雜。過了好一會,看看將近三點鐘,只見有一位穿西裝的,走到桌子旁邊,把鈴一摇,大家也便静了一會。那人便從桌子右手邊一張椅子,步上第一層桌上,站起來,説了一番今日開會的緣故,倒也很有條理。約摸講到十五分鐘,到後頭,便説道:"這回事情,所關重大。滿座同胞,無論那位,有什麽意見,即管上來演説罷。"説完,點一點頭,跟著説一句道:"我想請鄭君伯才演説演説,諸君以爲何如呢?"衆人一齊都鼓掌贊成。只見那鄭伯才從從容容步上演壇,起首聲音很低,慢慢演去,到了後來,那聲音卻是越演越大。大約講的是俄人在東三省怎麼樣的蠻橫,北京政府怎麼樣的倚俄爲命,其餘列强怎麼樣的實行帝國主義,便是出來干涉,也不是爲著中國;怎麼俄人得了東三省,便是個實行瓜分的開幕一齣;我們四萬萬國民,從前怎麼的昏沈,怎麼的散漫,如今應該怎麼樣聯絡,怎麼樣反抗。洋洋灑灑,將近演了一點鐘,真是字字激昂,言言沈痛。黃、李兩人聽著,也著實佩服。卻是座中這些人,那坐得近的,倒還肅静無譁;那坐得遠一點兒的,卻都是交頭接耳,唧唧噥噥,把那聲浪攪得稀亂。幸虧這鄭伯才聲音十分雄壯,要不要大喝兩句,這些人也便静了一响。雖然如此,卻還有一椿事不得了,他們那拍掌,是很没有價值的,隨便就拍起來。那坐得遠的人,只顧談天,並没聽講,他聽見前面的人拍掌,便都跟著拚命的亂拍。鬧到後來,差不多講一句便拍一句,甚至一句還未講完,也拍起來,真個是虎嘯龍吟,山崩地裂。閑話少題。且説鄭伯才講完之後,跟著還有好幾位上去演説,也有講得好的,也有不好的,也有演二三十分鐘的,也有講四五句便跑下來的。黃、李兩人數著,有四位演過之後,卻見昨天來的那宗明步上枱去了。去病向著克强耳朵邊悄悄的説了一句道:"這便是宗明。"克强道:"我們聽聽他。"只見那宗明拿起玻璃杯,呷了一口水,便劈盡喉嚨説道:"今日的支那,只有革命,必要革命,不能不革命,萬萬不可以不革命。我們四萬萬同胞啊,快去革命罷!趕緊革命罷!大家都起來革命罷!這些時候還不革命,等到幾時呢?"他開場講的幾句,那聲音便像撞起那自由鐘來,砰砰訇訇,把滿座的人都嚇一驚。到了弟四五句,聲響便沈下去了。這邊黃、李兩君正要再聽時,卻是没有下文,他連頭也不點一點,便從那桌子的左手邊一跳跳下壇去了。衆人一面大笑,還是一面拍掌。跟著一個穿中國裝的人,也要上去演説。他卻忘記了右手邊有張椅子當做脚踏,卻在演壇前面上頭那張桌子的底下,苦苦的要爬上去,卻又爬不上,惹得滿堂又拍起掌來。那人不好意思,赸赸的歸坐不演了。隨後又接連著兩三位演説,都是聲音很小,也没有人聽他,只是拍掌之聲,總不斷的。黃、李兩人,覺得無趣,正在納悶,只聽得又換了一人,卻演得伶牙利齒,有條有理,除了鄭伯才之外,便算他會講。仔細看來,不是別人,就是昨天帶著小寶來坐了半天的那位少年。二人十分納罕，正想間，只見那宗明引了鄭伯才，東張西望，看見黃、李兩位，便連忙走過來。彼此悄悄的講幾句渴仰的話，鄭伯才便請兩位也要演說演說。原來李去病本打算趁著今天志士齊集，發表發表自己的見地，後來看見這個樣兒，念頭早已打斷了，因此回覆鄭伯才道：「我們今天沒有預備，見諒罷。」伯才還再三勸駕，見二人執意推辭，只得由他。這邊這三位一面講，那邊演壇上又已經換了兩三個人了。通共計算，演過的差不多有二十多位。那黃、李兩君卻是除了鄭伯才、宗明之外，並沒有一個知道他的姓名。看看已經五點多鐘，那些人也漸漸的散去一大半，卻是所議的事，還沒得一點子結果。鄭伯才看這情形，不得已再上演壇，便將民意公會的意思說了一番。又說道：「前回已經發過好些電報，往各處的當道，但是空言，也屬無益。現在聞得東京留學生組織的那義勇隊，預備出發了，我們這裏組織一個，和他應援，格外還打一個電報去東京告訴他們，諸君贊成嗎？」大衆聽說，又齊聲拍掌說道：「贊成贊成！贊成贊成！」鄭伯才一面下壇，一面只見那頭一躺演說那位穿西裝的人，正要搖鈴布告散會，只見衆人便已一鬨而散，一面走，個個還一面記著拍掌，好不快活。那鄭伯才重新來和黃、李二人應酬一番，說道：「這裏不大好談。今晚想要奉訪，兩位有空麼？」黃克強道：「舖子裏有些不方便，還是我們到老先生那邊好。請問尊寓那裏？」伯才道：「新馬路梅福里第五十九號門牌湘潭鄭寓便是。今晚兄弟八點半鐘以後，在家裏專候。」黃、李兩君答應個「是」字，各自別去，不題。且說這位鄭伯才君，單名一個雄字，乃是湖南湘潭縣人。向來是個講宋學的，方領矩步，不苟言笑。從前在湖北武備學堂當過教習，看見有一位學生的課卷，引那《時務報》上頭的民權論，他還加了一片子的批語，著實辨斥了一番，因此滿堂的學生都叫他做「守舊鬼」。那陳仲滂就是他那個時候的學生了。後來經過戊戌以後，不知為甚麼，忽然思想大變，往後便一天激烈一天，近一兩年，卻把全副心血，都傾到革命來。算來通國裏頭的人，拿著「革命」兩字當作口頭禪的，雖也不少，卻是迷信革命，真替革命主義盡忠的，也沒有幾個能彀比得上這位守舊鬼來。近來因為上海開了這間國民學堂，便請他當了國學教習。……閑言少錄。那天晚上黃克強、李去病兩人，吃過飯，稍停了一會，到了八點三刻，便一同到梅福里訪鄭伯才。伯才已經在那裏久候了。彼此見過禮，伯才便開口道：「前天接到陳仲滂君來信，講起兩位的高才碩學，熱心至誠,實在欽服得很。本該昨天就到奉訪,因爲這兩日事體很忙,延到今晚,纔得會談,真是如飢似渴的了。"兩人謙遜幾句,便道:"今日得聞偉論,實在傾倒。"伯才也謙遜一句,又問道:"聽說毅翁尊大人瓊山先生,有點清恙。這位老先生的明德,我們是久聞的了。總望著吉人天相,快些平復,還替我們祖國,多造就幾個人才。"克强聽説不覺眼圈兒又是一紅,説了句"多謝關切"。伯才也不便再撩他心事,便漸漸的彼此談起政見來。伯才道:"現在時局這樣危急,兩位學通三國,跡徧五洲,一定有許多特別心得,尚乞指教。"二人齊稱"不敢",去病便道:"剛纔老先生演説的,便句句都是救時藥言,晚生們意見,也就差不多。"伯才道:"這都是空言,有甚麼補益?兄弟這時,到底總還想不出一個下手方法,好生焦急。"去病道:"老先生在這衝要地方多年,閲歷總是很深的。據先生看來,中國近日民間風氣如何?眼前心上的有用人才,想也見得不少。"伯才嘆一口氣道:"這一兩年來風氣,不能算他不開,但不過沿江沿海一點子地方罷了。至於内地,還是和十年以前,差不了多少。就是這沿江沿海幾省,挂著新黨招牌名兒的,雖也不少,但兄弟總覺得國民實力的進步,和那智識的進步,程度不能相應。這種現象,還不知是福是禍哩!至於講到人才,實在寥落得很。在這裏天天磨拳擦掌的,倒有百十來個,但可談的也不過幾位罷了。至於東京和内地各處的人物,兄弟知道的,也還有些。兩位既留心這件事,待兄弟今晚上開一張清單呈上罷。"黄、李二人聽了,著實欽敬,齊齊答應道:"好極了,費心。"克强接著問道:"老先生德望兩尊,在這裏主持風氣,總是中國前途的一線光明。但晚生還要請教請教,老先生的教育、治事兩大方針,不知可能見教麼?"伯才道:"兄弟想今日中國時局,總免不過這革命的一個關頭。今日辦事,只要專做那革命的預備;今日教育,只要養成那革命的人才。老兄以爲何如呢?"克强道:"不瞞老先生説,晚生從前,也是這個主意;到了近來,卻是覺得今日的中國,這革命是萬萬不能實行的。"伯才聽了,不勝詫異,連忙問道:"怎麼呢?"克强道:"這個問題,説來也話長。就是晚生這位兄弟李君,他也和晚生很反對,我們從前也曾大大的駁論過一回,那些話都登在《新小説》的第二號,諒來老先生已經看過。但晚生今日還有許多思想,許多證據,將來做出一部書來就正罷。"伯才道:"今日中國革命,很不容易,我也知道。總是不能因爲他難,便不做了。你想天下那一件是容易的事呢?這個問題很長,索性等老兄的大著出來，再大家辨論辨論。但兄弟還有一個愚見，革命無論能實行不能實行，這革命論總是要提倡的。爲甚麼呢？第一件，因爲中國將來到底要走那麼一條路方纔可以救得轉來，這時任憑誰，也不能斷定。若現在不喚起多些人好生預備，萬一有機會到來，還不是白白的看他一眼嗎？第二件，但使能彀把一國民氣鼓舞起來，這當道的人，纔有所忌憚，或者從破壞主義裏頭，生出些平和改革的結果來，也是好的。兩君以爲何如麼？"去病聽了，連連點頭。克強道："這話雖也不錯，但晚生的意見，卻是兩樣。晚生以爲若是看定革命是可以做得來的，打算實實把他做去麼？古語説得好：'有謀人之心而使人知之者殆也。'如今要辦的實事，既是一點兒把握都没有，卻天天在那裏叫囂狂擲，豈不是俗語説的'帶著鈴鐺去做賊'嗎？不過是叫那政府加二的猜忌提防，鬧到連學生也不願派，連學堂也不願開，這卻有甚麼益處呢？若是想拿這些議論振起民氣來，做將來辦事的地步麼？據晚生想來，無論是平和還是破壞，總要民間有些實力，纔做得來。這養實力卻是最難，那振民氣倒是最易。若到實力養得差不多的時候，再看定時勢，應該從那一條路實行，那時有幾個報館幾場演説，三兩個月工夫，甚麼氣都振起了。如今整天價瞎談破壞，卻是於實力上頭，生出許多障礙來。爲甚麼呢？因爲現在這個時局，但有絲毫血性的人，個個都是著急到了不得，心裏頭總想去運動做事。若是運動得來，豈不甚好？但是學問未成，毫無憑藉，這運動能有成效嗎？就是結識得幾個會黨綠林，濟甚麼事呢？運動三兩個月，覺得頭頭不是路，這便十個人才墮落的七八個了，豈不是白白送了些人嗎？更可怕的，那些年紀太輕的人，血氣未定，忽然聽了些非常異義，高興起來，目上於天，往後聽到甚麼普通實際的學問，都覺得味如嚼蠟，嫌他繁難遲久。個個鬧到連學堂也不想上，連學問也不想做，只有大言炎炎睥睨一世的樣子，其實這點子客氣，不久也便銷沈。若是這樣的人越發多，我們國民的實力，便到底没有養成的日子了。老先生你説是不是呢？"鄭伯才一面聽，一面心裏想道："怪不得陳仲滂恁地佩服他，這話真是有些遠見。"等到克強講完，伯才還沈吟半晌，便答道："老兄高論，果然與流俗不同，叫兄弟從前的迷信，又起一點疑團了。這話我今晚上還不能奉答，等我細想幾天，再拿筆札商量罷。"隨後三人還談了許多中國近事外國情形，十分嘆惜，越談越覺投契起來。黄、李兩君看看表，已是十一點多鐘，怕累著鋪子裏夥計等門，便告辭去了。伯才問一聲"幾時起程",去病答道:"禮拜一。"伯才道:"兄弟明天也要往杭州一行。今晚上將同志名單開一張,明天送上便是。"於是彼此殷勤握別不提。再說黃、李兩人到了上海之後,那《蘇報》和《中外日報》,是已經登過的,況鄭伯才、宗明,也曾和他會過面,這些新黨們,豈有不知道他們的道理?爲何這幾天總沒有別的人來訪他們呢?原來上海地面,是八點鐘纔算天亮,早半天是沒有人出門的,所有一切應酬,總是在下午以及晚上。恰好禮拜六、禮拜那兩天的下午,都是新黨大會之期,所以他們忙到了不得,並沒有心事顧得到訪友一邊,這也難怪。但是這禮拜六的大會,是已經交代過了。卻是那禮拜的大會,又是爲著甚麼事情呢?看官耐些煩,看下去自然明白。……言歸正傳。再說黃克强、李去病到了禮拜日,依然在上海悶等。二人看了一會新聞紙,又寫了幾封信,寄到各處。吃過中飯,克强的表叔陳星南便道:"我今天鋪子裏沒事,陪著你們出去耍一耍罷。"說著便吩咐夥計叫了一輛馬車來,三人坐著出去。看官,知道上海地面,有甚麼地方可逛呢?還不是來的張園。三人到了張園,進得門來,不覺吃了一驚,只見滿園子裏頭那馬車,足足有一百多輛。星南道:"今天還早,爲何恁麼多車早已到了呢?"三人一齊步到洋樓上看時,只見滿座裏客人,男男女女,已有好幾百,比昨天還熱鬧得多。正是鬢影衣香,可憐兒女;珠迷玉醉,淘盡英雄。舉頭看時,只見當中挂著一面橫額,乃是用生花砌成的,上面寫著"品花會"三個大字。黃、李兩人忽然想起前天那位少年說的話,知道一定是開甚麼花榜了。再看時,只見那些人的裝束,也是有中有西,半中半西,不中不西,和昨天的差不多。虧著那穿皮靴兒戴小眼鏡兒的年輕女郎,倒還沒有一個來。越發仔細看下去,只見有一大半像是很面善的,原來昨日拒俄會議到場的人,今日差不多也都到了。昨日個個都是衝冠怒髮,戰士軍前話死生;今日個個都是洒落歡腸,美人帳下評歌舞。真是提得起放得下,安閒儒雅,沒有一毫臨事倉皇大驚小怪的氣象。兩人看了,滿腹疑團,萬分詫異。看官,你想黃克强、李去病二人,本來心裏頭又是憂國,又是思家,已是沒情沒緒,何況在這喧麼混雜的境界,如何受得?只得招邀著陳星南,同去找一個僻静些地方歇歇。三人走到草地後面那座小洋樓裏頭,在張醉翁椅上坐著,談些家鄉情事。正談了一會,只見前日那個穿馬褂的買辦,帶著一個人倌走進來了。原來那買辦也是廣東人,和陳星南認得,交情也都還好,一進門便彼此招呼起來。星南笑道:

"子翁,今日來做總裁麼?"那人道:"我閑得沒事做,來管這些事!這都是那班甚麼名士呀志士呀瞎鬧的罷了。"星南便指著黃、李兩位,把他姓名履歷,逐一告訴那人。黃、李兩位,自從前天聽過那人的一段祕密的英話,心裏頭本就很討厭他,卻是礙著陳星南的面子,只得胡亂和他招呼。纔知道這人姓楊,別字子蘆,是華俄道勝銀行一個買辦,上海裏頭吃洋行飯的人也算他數一數二的了。那楊子蘆聽見這兩位是從英國讀書回來,心裏想道:"從前一幫美國出洋學生,如今都是侍郎呀欽差呀鬧起來了。這兩個人,我將來倒有用得著他的地方,等我趁這機會,著實把他拉攏拉攏起來。"主意已定,便打著英話,同兩人攀談。這兩人卻是他問一句,纔答一句,再沒多的話,而且都是拿中國話答的。楊子蘆沒法,只好還說著廣東腔,便道:"我們這個銀行,與別家不同,那總辦,便是大俄國的親王,俄國皇帝的叔叔,這就是兄弟嫡嫡親親的東家了。我們這東家,第一喜歡的是中國人。他開了許多取銀的摺子,到處送人,京城裏頭的大老者,那一個不受過他的恩典?就是皇太后跟前的李公公,還得他多少好處呢!我老實告訴你兩位罷,但凡一個人想巴結上進,誰不知道是要走路子?但這路子走得巧不巧,那就要憑各人的眼力了。你們學問雖然了得,但講到這些路數上頭,諒來總熟不過我。如今官場裏頭的紅人,總是靠著'洋園榮'的三字訣,纔能彀飛黃騰達起來。"陳星南聽得出神,便從旁插嘴問道:"怎麼叫做'洋園榮'呢?"楊子蘆道:"最低的本事,也要巴結得上榮中堂(那時榮祿還未死);高一等的呢,巴結上園子裏的李大叔;若是再高等的呢,結識得幾位有體面的洋大人,那就任憑老佛爺見著你,也只好菩薩低眉了。這便叫做'洋園榮'。"陳星南道:"我今日結識得恁麼體面的一位楊大人,你倒不肯替我在老佛爺跟前討點好處來。"楊子蘆正色道:"別要取笑。"又向著黃、李二人說道:"如今官場上頭漂亮的人,那一個不懂得這種道理?但是一件,就是在洋大人裏頭,也要投胎得好。最好的是日本欽差的夫人,還有比他更好的,便是兄弟這位東家。所以南京來的陳道臺、李道臺,湖北來的黃道臺、張道臺,天津來的何道臺,今天要拉兄弟拜爸[把]子,明日要和兄弟結親家。"剛說到這裏,只見他帶來的那個娘姨,氣呼呼的跑進門來,便嚷道:"花榜開哉!倪格素蘭點了頭名狀元哉!"話未說完,只見一群子人跟著都進來了,齊齊嚷道:"狀元公卻躲在這裏來,害得我們做了《牡丹亭》裏頭的郭駝子,那裏不找到。快的看拿什麼東西謝謝我們。"那楊子蘆看這些人時,也有認得的,也有不認得的,大家鬼混一回。還有幾位硬拉著要去吃喜酒的,子蘆沒法,只得把話頭剪斷,說一聲"改日再談",便攜著他的狀元夫人,和這些人一擁而去了。黃克強、李去病聽他談了半天,正是越聽越氣,去病正在那裏氣忿忿的要發作,恰好阿彌陀佛,他走了,這纔得個耳根清淨。再坐一會,也便上車回去。那馬車還打了幾回圈子,走到黃浦灘邊,三人還下車散步一回,陳星南又約他兩位到一家春吃大餐。到九點多鐘,方纔回到鋪子。只見掌櫃的拿著一封信遞過來,卻是鄭伯才給黃、李兩人的。拆開一看,裏面還夾著一封,寫著"仲滂手簡"字樣。忙看時,卻只有寥寥數字,寫道:

別後相思,發於夢寐。頃以事故,急赴蒙古。彼中勢圈,久入狼俄;天假之遇,或有可圖。調查如何,更容續布。伯才先生,志士領袖,相見想懽。海天南北,為國自愛。率布不盡。陳猛頓首。

去病看完,沈吟道:"他忽然跑去蒙古幹甚麼呢?那裏卻有什麼可圖呢?"一面講,一面把鄭伯才的信看時,一張九華堂的素花牋的短札,另外還夾著一張日本雁皮紙的長箋。先看那短札時,寫道:

自項匆談,未罄萬一,然一臠之嘗,惠我已多矣。仲滂一緘纔至,謹以附呈。承委月旦,別紙縷列。人才寥落,至可痛嘆。走所見聞,顧亦有限,聊貢所知,用備夾袋耳。承歡願遂,還希出山,中國前途,公等是賴。杭行倚裝,不及走送,惟神相契,匪以形跡,想能恕原。敬頌行安。鄭雄叩頭。

再看那長箋時,滿紙都是人名,寫道:

周讓 湖南人,雲南知府。邃於佛學,譚瀏陽最敬之,誼兼師友。沈毅謀斷,能當大事。

王式章 廣東人。公等想深知此公,不待再贊。

洪萬年 湖南人。以太史公家居,手開西路各府縣學堂二十三所。辦事條理精詳慎密,一時無兩。好言兵事,有心得。

張兼士 浙江人。大理想家,迷信革命。《民族主義》雜誌之文,皆出其手。

程子穀 福建人。在日本士官學校卒業,現在湖北愷字營當管官。堅忍刻苦,的是軍人資格。

劉念淇 江蘇人。在日本砲兵工學校卒業,現在上海製造局。

衛仲清 雲南人,地方富豪。現在家鄉開礦,手下萬餘人。有遠識,有大志。

葉琦 浙江人。在衛仲清處為謀主,各事皆所布畫。

司徒源廣東人。能造爆藥,人卻平常。

李廷彪廣東人,廣西游勇之魁。近日廣西之亂,半由其主動。但現頗窘蹙。

唐鷟廣東人。運動游勇會黨最爲苦心,數年如一日。沈鷟英邁。鄙人所見貴鄉人,以此君爲最。

馬同善河南人。現任御史,充大學堂提調。京朝士大夫,此爲第一。

孔弘道山東人。現在日本東京法科大學留學,深究法理。人極血誠。

鄭子奇湖南人。崔伯嶽湖南人。章千仞浙江人。夏大武四川人。凌霄直隸人。林志伊福建人。胡翼漢直隸人。以上七人,皆留學日本士官學校。

王濟四川人,□□巡撫之公子。驍勇任俠,敢於任事。

盧學智江西人。在地方小學堂興拓殖,勢力頗大。向治宋學,力行君子也。

趙松湖北人。文學家,運動家。

另女士三人

王端雲廣東人。膽氣血性學識皆過人。現往歐洲,擬留學瑞士。

葉文儞廣東人。在美國大學卒業,纔歸。一大教育家。

孫木蘭浙江人。沈鷟才敏。現在北京某親王府爲給事。

此外在歐洲美洲游學諸君,當已爲兩公所知,不復贅陳。以上所舉,亦僅就記憶所及,隨舉一二,匆匆未能盡也。

克強、去病二人看罷,内中也有聞名的,也有未曾聞名的,便把各人姓名牢記一番,將原信夾入日記簿中。再坐一會,便去安歇。明早起來,略撿行李,別過陳星南,便上法蘭西公司船回廣東去了。且喜風平浪静,禮拜四的早晨,已到了香港。恰好那天下午,便有船去瓊州。兩人將行李搬到客棧,預備吃過中飯,就便過船。因爲還有幾點的時候,便出門散散步。剛走到太平山鐵路近前,只見滿街上的人在那裏亂跑。遠遠看時,原來一個外國人,好像兵船上水手的裝束,扭著一個中國人,在那裏痛打。李去病見了,不由得心中無明業火三千丈,倒衝上來,顧不得許多,一直就跑上前去了。有分教:碧眼胡兒認我法律家,白面書生投身秘密會。

欲知後事如何,且聽下回分解。

(1903年9月《新小説》第7號)

新羅馬傳奇(補)

第七齣　隱農

（外常服扮加富爾上）

〔破齊陣〕君子變爲猿鶴,大江淘盡英雄。盾墨書空,匣刀斷水,畢竟是清談何用。數人才冀北無凡馬,觀天象南陽有臥龍。蒼生遲乃公。

（憶秦娥）今如昨,神州是處風雲惡。風雲惡,百年噩夢,九州鑄錯。雞鳴不已春蕭索,斯人不出天寥廓。天寥廓,名同身隱,聲隨淚落。下官加富爾,意大利國撒的尼亞人也。名國遺民,天潢華胄;初出陸軍之校,旋充測地之官。學書學劍,雄心不讓他人;作繭作絲,蚕歲未能免俗。自從二十以後,來往志那亞諸地,接納時賢,飫聞緒論,靜觀大局,默察前途。眼看專制死灰,魂游釜底;心醉自由空氣,日在中天。不料時乎未來,天只不諒;近緣婢直,猥受竄流。監土木於僻陬,絕交通於首善。（歎介）咳！公等碌碌,懷孤憤以誰言;天地悠悠,生我材其有用。撫新肉之生髀,胡甯忍予;慚斗米之折腰,逝將去汝。因此自呈辭表,棄此微官,物外逍遥,倒也快樂。但我加富爾矢志回天,獻身許國,中原多事,來日方長,難道以尺璧光陰,竟付諸黄金虛牝？今日去官閒散,正爲預備時期,應擇何途,始宏斯願,待我細想則箇。（作默坐介）（雜持名片稟呈介）（外取名片視介）哦,原來是達志格里阿老丈惠臨,快請進來。（雜向外請介）（末披外套持短杖上）江湖名士去,風雨故人來。（入介）（外迎見握手介）不知老丈遠臨,有失迎迓了。（末）聞得老弟去官,特來賀喜。（外）正要和老丈細商前程。（末）待我說來：

〔梁州新郎〕呻聲震耳,奴根破夢,一霎熱情狂湧。關河森鬱,家家磨劍嘶風。老弟啊,時局現象,麻木至此,革命實爲應有之義。你何不投入革命黨中,轟轟烈烈做一場呢?

（外）我想革命雖爲世界不可逃之公理,革命卻爲意大利不可做之難題。只怕莠豆然萁,非種未鋤,先自傷同種。那時候啊,邯鄲誤學新粧步,伊洛重驚被髮戎。（合）天地老,風雲動,這全盤一著誰搏控? 迢迢路,君珍重。

（末）這樣看來,老弟是不主張革命的了。待我再説來:

〔前腔〕汝陽厨及,東林南董,矯矯朝陽鳴鳳。登高振臂,九州雲起龍從。老弟啊,堂堂正正,組織政黨,號召豪俊,共濟艱難,也是救國一良法哩!（外）老丈所見,雖然不差,但我覺得時候還早些。今日裏道旁築室,岸際團沙,良劇虛搬弄。况且國會未開的國家那裏能彀組織甚麽文明政黨出來,便赢教黨人碑上聲華壯,怎償得無定河邊血淚紅。（合）天地老,風雲動,這全盤一著誰搏控? 迢迢路,君珍重。

（末）政黨既不能立,只好著書作報,播些文明種子,也是一椿要緊事業。

〔前腔换頭〕嘔心肝權作警鐘,把筆舌撩醒沈夢。算有靈文字,教人知重。（外）小生卻意不在此。（末）老弟看不起這些事業麽?（外）非敢道雕蟲小技,壯士不爲,此輩都無用。但空籯著那能言鸚鵡三千架,終敵不過那當道豺狼一萬重。（合）天地老,風雲動,這全盤一著誰搏控? 迢迢路,君珍重。

（末）這樣説來,别的都不合式,只好再運動官場去了。

〔前腔换頭〕向宦途養望雍容,説藏器待時而動。也算是良工心苦,一番作用。老弟啊,你千不該萬不該把那頂紗帽兒丢掉了。（外）老丈休怪衝撞,這不過是那熱中富貴一流人遮醜的話,何曾見那簡實行得來。賸有頭巾氣味,手版年華,斷送文明種。待到他黄粱好夢酣甜黑,便拚著志士頭銜委落紅。（合）天地老,風雲動,這全盤一著誰搏控? 迢迢路,君珍重。

（末）到底老弟意見如何,請從直見教罷。（外）老丈啊,我想現今世界大局,凡一國的舉動,動輒把第二第三國的關係牽引出來,非在外交上演些五花八門,一定是不能自立的。又想往後世界大局,全變作經濟競争場面,非從實業上立些深根固蒂,亦到底不能自存的。因此我打算著啊,

〔節節高〕（外）時勢造英雄,休惱公,穿楊百步終須中。調么鳳,馴毒龍,雙肩重。柳條洩漏春將動,壯夫莫空作新亭慟。老丈啊,我只憑著那心有靈犀一點通,不信道古來才大難爲用。

（末）老弟自信力確是不凡,老拙爲國家前途慶賀了。但敢問今後行止,究竟若何?（外）我想黎里一地,南意膏腴,那人民樸愿自治,優於全國,將來必爲我意

大利實業之中心點。意欲躬耕此間,以觀時變。老丈說使得麼?(末)妙極了。

〔前腔〕(末)澄潭一伏龍,臥隆中,權將慧眼觀群夢。桃源洞,雲自封,風相送。長鑱木柄無人共,中原極目心猶痛。只盼著後日啊,聲聲撞起自由鐘,一輪紅日和君捧。

(尾聲)(末)先生歸也天如夢,(外)暫裝起大地河山一笠中。(合)今日啊,誰識這亂服粗頭一老農。

(同下)

舊民批注

　　加富爾初登臺,將他抱負政策悉提出來,又是一番特色。

　　《梁州新郎》四闋,將時流意見一一批駁,皆洞中癥結之言。

　　達志格里阿者,加富爾之先輩,後此曾相共組織政黨。英瑪努亞王即位時,達氏先爲宰相,後乃託病讓位於加氏者也。先從此處點出,最爲穿插得宜。

　　董腥送宋四險韻,被此文押盡,可驚可笑。

(1904年11月《新民叢報》第56號)

(通俗精神教育新劇本)班定遠平西域

例　言

　　一、此劇爲應大同學校音樂會餘興用而作,其會員有請布之者,余頷焉,故有印本。

　　一、此劇主意在提倡尚武精神,而所尤重者,在對外之名譽,故選班定遠爲主人翁。

一、此劇經已演驗，其腔調、節目皆與常劇脗合，可即以原本登場，免被俗伶掃撦點竄。

一、此劇用粵劇舊調舊式，其粵省以外諸省，不能以原本登場，而大致亦固不遠。

一、劇曲本小說家者流，萬不能直演事實。此劇與正史最悖之點，如定遠本無弟，惟有妹曹大家，上書乃大家事實。此劇杜撰出一班惠者，大家字惠姬，以此影射也。緣著作時，本爲學校用，學校女生不肯登場，以男飾女，尤駭聞見，不得不別搆一子虛以相代。若普通劇場用之，則宜直還其真，以旦扮曹大家，趣味尤厚矣。又如定遠在西域之業，本發端於鄯善，以次削平諸國。今移鄯善於最後，實與史文顯違。所以必如此者，緣其他武功萬不能多演，而鄯善一役，最合於劇場興味；若叙鄯善而不及其他，又大失精彩，故不得已顛倒之耳。又如班超初奉使時，官本軍司馬，並無所謂定遠大將軍者。必如此附會，始令劇場生色。又如徐幹本非最初隨使之人，特移於前，以凑脚色。凡此之類，閱者勿刻舟求劍可也。

一、普通劇本，旦脚萬不可少。此本因爲學校用，凡應用旦脚，一切删去。若在普通劇場，應增入數段如下：

（一）第一幕"言志"，可添扮班彪夫婦，而二子一女從侍。班超奉詔出征時，與家人言別，其母宜作爲戀戀不捨之狀；其父則曉以大義，極言從軍爲國民義務，不得姑息悽惋；而班固、曹大家皆和其父之言。如此，可以破中國舊日文弱之謬見者不少。

（二）班超在西域，曾納一西婦，後以李邑譖之，乃棄其婦。可添入一幕名曰"訣妻"，寫得慷慨淋漓。大約言不以女兒情累風雲氣，即其西婦，亦當以名旦扮之，慨然肯捨愛情，以成就其夫君之大業。大約如《茶花女遺事》寫馬克之待亞猛，如此，則興采更覺壯烈。

一、此劇科白、儀式等項，全仿俗劇。實則俗劇有許多可厭之處，本亟宜改良；今乃沿襲之者，因欲使登場可以實演，不得不仍舊社會之所習，否則教授殊不易易。且欲全出新軸，則舞臺、樂器、畫圖等無一不須別製，實非力之所逮也。閱者諒之。

一、此劇本意欲摹寫一偉人之事實，以資觀感，因點綴多失其眞。故附錄《後漢書本傳》於後，以作參考，且不敢重誣古人也。

一、此劇多用粵語，粵省以外之人，讀之或不能解。今特爲《釋文》一篇。

著者識

第一幕　言志

武生黑鬚扮班超上。引唱萬里封侯未足多，天教重整漢山河。何當雪恥酬千古，高立崑崙奏國歌。埋位白某班超，表字仲升，扶風人氏。先君叔皮，史學大家，手編國史。家兄孟堅，纘承家學，著作冠時。舍弟阿惠，今方弱齡，文名已著。通德淸門，這也算一時無兩的了。某性厭丹鉛，腹嫻韜略。虎頭燕頷，人言萬里之侯；馬足龍沙，胸有千秋之業。想起我漢家自武帝時代，鑿通西域，控制匈奴，那張騫、傅介子一班豪傑，短刀匹馬，淩厲權奇，笞異族如犬羊，揚國威於絕域。這等功業，好不令人敬羨。咄！我班某生此雄國，遭逢盛時，怎得天假之緣，爲國盡力，在世界上做一個大大的軍人，替國史上增一回大大的名譽，這纔算不虛生於天地間吔！今日對此茫茫，百感交集，不免將生平心事，表白一回則可。起梆子慢板。唱我祖國大中華惟天驕子，溯炎黃歷虞夏雄武開基。神明胄神明土誰能倫比，羣小夷天所命作我藩籬。昔匈奴曾逞他長蛇封豕，我武皇通西域制彼鯨鯢。呼韓耶勢窮蹙稱臣質子，受降城留紀念日月同輝。近年來國多事威稜稍替，聞鼓鼙思將帥千載一時。轉中慢板大丈夫志四方聞雞而起，誰復能老牖下髀肉虛糜！會有日乘風雲橫行大地，纔不愧轟轟烈烈一個皇漢男兒。嘆板我投筆從戎請從今始，但不知蟄龍雷雨何日飛馳。呀！呀！呀！白且住，我想天生我材，必將有用；在此慷慨悲歌，也是無補。不免回家看哥哥、兄弟一回，共叙天倫之樂罷了。喊也好，就此前往可。唱正是一身許國知無敵，無里懷親尚有情。下公脚扮班固小生扮班惠上。一老家人隨上。固行台唱羅胸萬卷爐天地，下筆千言泣鬼神。畢竟空文難報國，埋位唱輸他營裹一軍人。埋位。班固白老夫班固。班惠白小生班惠。固三弟！惠大哥！固白愚兄今修《漢書》，做到張博望、霍嫖姚諸人列傳，想起國家成立，最要緊的是尙武精神。若非有先君武帝雄才大略，各位名臣神勇奇謀，恐怕一百年前，中國已成左袵了。愚兄前此從竇大將軍勒銘燕然，僅能下馬作露布，未能上馬斬名王。至今思之，雄心未息。惟是齒髮已衰，難事戎軒；徒抱丹鉛，以文名世。細想起來，真真有負國恩了。惠白大哥說那裏話來！大哥手定國史，宣揚國威，千秋之業，自有定評。我想文明世界，最重分勞。二哥磊落權奇，學書學劍，壯志奇情，不可一世。將來或者有一番大事業，和大哥分道揚鑣，替國家爭光，爲家門生色哩！固白正是。你二哥游歷中原，久客未歸，老懷正深想念。昨日接到家書，說道不久還家省親，令我好生歡喜呀！惠白默數行程，計日將到了。固白正是。左右打聽著。家人白從命。武生扮班超上。行臺唱足跡輪蹄天下半，功名塵土卅年強。潛龍未起風雲靜，偷得餘閑一望鄉。白離鄉去井，已歷多年。今日回家，探望哥哥、兄弟一遭。來此已是，不免逕入。入白大哥在上，兄弟拜揖。固、惠起迎。固白賢弟你回來了。分禮坐下。超白告坐。惠白二哥在下，兄弟拜揖。固、超同白一旁坐下。惠白從命。固白二弟壯游十年，定增許多閱歷了。超白多謝大哥教訓。惠白二哥一向平安呀？超白有勞賢弟罣念。固白賢弟啊，你久客乍歸，兄弟歡敘，爲樂無極。坐在一旁，聽愚兄一言則可。起中板，固唱你奇氣拏雲不可攀，十年湖海一身單。料應吸取滄溟水，準備爲霖雨萬山。萬唱我十載鴒原有夢思，鬢花頻捾數歸期。如今不搵英雄淚，快話巴山夜雨時。超唱愛國愛鄉心本一，難兄難弟古無多。願將十載風雲氣，洒向家園作愛河。內吹大開門。內白聖旨到。雜扮侍從武官，捧詔上。中立白班超聽旨。固、惠瀉下。超鵠立鞠躬。雜取詔宣讀皇帝制曰：蠢爾西域，覊縻久絕。匈奴乘勢，煽誘鴟張。及今不除，邊患將大。今命爾班超爲定遠大將軍，率領壯士，馳驛前往，相機勦撫，毋辱朕命。欽哉謝恩！超白領旨。作讓坐狀。雜上坐，超陪坐。超白有勞大駕，後堂擺宴，請天使一敘。雜白皇命在身，不能久停，就此告辭了。超白敬謝天使。雜下。超白大哥、三弟有請。固、惠同上。各分位坐定。固白天使忽降，有何溫詔？超白主上因西域不臣，策命兄弟爲定遠大將軍，迅速就要起行了。固白恭喜賢弟報國之志，今日得達，好不令愚兄歡喜呀！惠白二哥爲國宣勞，民族之福，前途似海。望二哥珍重珍重。超白多謝哥哥、兄弟盛心。君命在身，不能久留，就此拜別。固白賢弟前程萬里，愚兄恕不遠送也。唱三十登壇世所尊，超唱誓憑一劍答君恩。惠唱風雲叱咤來相送，同唱壯別甯爲兒女顏。送行各做手，超下。固白三弟，看你二哥此番替漢家做出一場驚天動地大事業來也。惠白正是。只望早日成功，重敘家庭之樂。超白二弟已行，我們靜候消息便了。同下

第二幕　出師

　　四朝臣出，合唱雲移雉尾開宮扇，日繞龍鱗識聖顏。白丞相趙忠呀，太尉錢孝呀，御史大夫孫仁呀，尚書李義呀。內一人白列公請了。今日主上早朝，因遣班將軍出征，行軍旗親授式，早到候駕呀！眾白請了。雜扮二侍從武官上。總生帝裝上。中板唱身是軒轅主器孫，父天母地子元元。恢張炎冑千秋運，埋位唱奉答皇王百世恩。白朕乃大漢皇帝是也。四百兆同胞血統，主器者莫若長孫；數萬里錦繡山河，有德者俾作民主。朕恭承大統，夙夜兢兢。所幸海宇昇平，人民豐樂，列祖之靈，差堪告慰。獨恨北方匈奴賤族，屢瀆王靈，致煩天討。前者孝武皇帝，慮遠計深，開通西陲，斷彼右臂，歷數十年，虜患遂息。近今大亂初平，未遑遠略。西域諸國，恃遠弗賓。匈奴乘勢，漸肆毒燄。朕見司馬班超，勇能冒險，智足制機，特命爲定遠大將軍，出征絕域。今日整備法駕，舉行親授軍旗之禮。內臣伺候。侍從領旨。班超披甲上。唱十年汗馬酬宏願，一片心肝奉至尊。白今日蒙主上隆恩，舉行軍旗親授式，須速上殿受命呀！上殿叩拜。白小臣定遠大將軍班超見駕。祝吾皇萬歲！帝白平身賜坐。超白謝萬歲。班超旁坐。帝白朕命卿出征西域，並非窮兵黷武，實因中國與匈奴，勢不兩立。西域爲匈奴，則中國弱；爲中國，則匈奴弱。卿當仰體朕意，迅奏膚功呀！超白恭承聖訓。臣雖駑下，敢不加勉！竊願率舊部三十六人前往，然後用西域之人，徇西域之地，必期無損國威，無負陛下呀。帝白壯哉此行！朕今特舉行軍旗親授式，以重使命。卿請前席祗受節麾呀！停鑼鼓，吹敬禮喇叭。班超起，中立，帝授帥字旗。超鞠躬拜受，喇叭止。超白微臣日對此旗，如親陛下呀！帝白軍務緊急，作速起程。朝房無事，兩旁退班。帝下。四朝臣共唱送過吾主下朝堂呀。朝臣下。班超下。

　　停鑼鼓，吹喇叭。小武西裝軍服，胸懸寶星佩劍，扮隊長徐幹上。雜西裝軍士十六人上。徐幹喝令行臺三匝。排立。小鑼鼓。徐幹白某徐幹，在陸軍大學堂卒業多年，今隸班大將軍麾下，充當軍司馬之職。只因班將軍奉命出征，要仿趙武靈王胡服破胡之意，奏請軍士一律收用西裝，得旨允准。故此軍隊上精神形式，煥然一新。現在三軍已集，專等主帥陛辭起行。須得伺候呀！喝令排立。起鬧棚板。內唱飛將軍擁旌旄從天而降，班超武裝上。立唱國旗軍氣兩飛揚。白咄！某班超，奉命專征，任大責重,既關國家安危,復係民族榮悴。昨日召對温室,恭受軍旗;今日拜別國門,遄征絶域。作指天狀上賴神祖黄帝的威靈,作指臺下狀下仗同胞國民的義勇。今兹之役,一定可望成功呀！作顧軍士狀呔！你看軍容肅肅,武夫洸洸。靠著我三十六名健兒,要平那三十六個國土,正是男兒報國一大機會。我班某好生榮幸也！今當首塗伊始,不免先將軍隊操練一回。作顧隊長狀徐將軍。徐白元帥。班白吩咐操演,待本帥登壇指揮呀！徐白從命。班登壇高立。停鑼鼓,吹喇叭。徐督隊上前謁見,行軍禮。演各式操操畢,排立。班白喊也好,喊也好！果然是整齊嚴肅,朝氣凛然,不愧我班某教練出來的子弟呀！徐將軍。徐白元帥。班白軍容已整,作速起程。徐白從命。停鑼鼓,奏軍樂。班上馬行。徐喝令全軍行。合唱《出軍歌》。遶場三匝。下。

出軍歌

　　　　四千餘歲古國古,是我完全土二十世紀誰爲主？是我神明冑。君看黄龍萬旗舞,鼓！鼓！鼓！

　　　　一輪紅日東方湧,約我黄人捧。感生帝降天神種,今有億萬衆。地球蹴踏六種動,勇！勇！勇！

　　　　南蠻北狄復西戎,泱泱大國風。蜿蜒海水環其東,拱護中央中。稱天可汗萬國雄,同！同！同！

　　　　綿綿翼翼萬里城,中有五嶽撐。黄河浩浩流水聲,能令海若驚。東西禹步横庚庚,行！行！行！

　　　　怒攬海翻喜山撼,萬鬼同一膽。弱肉磨牙争欲噉,四鄰虎耽耽。今日死生求出險,敢！敢！敢！

　　　　剖我心肝挖我眼,勒我供貢獻。計口緡錢四萬萬,民實何仇怨。國勢衰嘻人種賤,戰！戰！戰！

　　　　國軌海王權盡失,無地畫禹迹。病夫睡漢不成國,卻要供奴役。雪耻報仇在今日,必！必！必！

　　　　一戰再戰曳兵遁,三戰無餘燼。八國旗颺笳鼓競,張拳空冒刃。打破天荒决人勝,勝！勝！勝！

第三幕　平虜

徐幹帶四軍士上。班超常服上。中慢板。班超行台唱想民族競生存惟强斯顯,作軍人耐勞苦分所當然。我班某出玉門身經百戰,冒砂烟餐磧雪二十餘年。執兜題定疏勒不煩一箭,斬神巫威廣德乃服于寘。那姑墨石城破夷爲郡縣,那莎車地饒沃墾作民田;那番辰屢反覆終成塗炭,那烏孫服王靈榮眥蟬聯;那月氏驕而敗卒修貢獻,那龜茲最崛強無術圖全;那焉耆去漢遠恃其天險,我大軍從天降泥首求憐。踰葱嶺迄縣度群夷革面,我國旗日出入處處高懸。移節麾宣威靈今臨鄯善,啞!啞!啞!埋位坐。徐幹及四軍士旁立。唱施一回霹靂手了此因緣。呀!呀!呀!白某班超。自從奉命專征,在關外二十二年,定西域五十餘國,皆係以夷攻夷,不煩中國一兵一餉。今日群戎,喁喁向化,服從漢家,如依慈母。皆賴列祖威靈,國民洪福,本帥不過會逢其適,獲收成功罷了。現在巡行到鄯善國,不料國王阿廣,因有匈奴使來,禮意頓減。細想起來,非有一番示威運動,不能服他了。自古道:"先發制人,後發爲人所制。"我想今夜先除虜使,再作計較,豈不是好!顧徐幹白徐將軍。徐白元帥。班白你今夜替我率領健兒,直撲虜館,禽其渠魁,不得有悮呀!徐白僅依元帥將令,就此前往預備呀!徐下。四軍士隨下。班白布置已妥,待我退帳,静聽好音呀!班下。

小鑼鼓。一雜鬍鬚高頭,禮服徧懸寶星,扮匈奴欽差,驕容上。一雜鼠鬚眼鏡,尋常西服,扮隨員上。欽差唱雜句我個種名叫做 Turkey,我個國名叫做 Hungary。天上玉皇係我 Family,地下國王都係我嘅 Baby。今日來到呢個 Country,作豎一指狀堂堂欽差實在 Proudly。可笑老班 Crazy,想在老虎頭上 To play。作怒狀叫我聽來好生 Angry,呸!難道我怕你 Chinese,難道我怕你 Chinese?隨員唱雜句オレ係匈奴嘅副欽差,作以手指欽差狀除了アノ就到我エライ。作頓足昂頭狀哈哈好笑シナ也鬧是講出ヘ(イ)タイ,叫老班個嘅ヤ〈ッ〉①ッ來ウルサイ。佢都唔聞得オレ嘅聲名咁タ〈ッ〉カイ,真係オーバカ咯オマヘ。你莫估話你會カンガイ[エ]②,誰知我カンガイ[エ]重比你ハヤイ。等我來收拾你個點ヨクフカイ,睇吓你コ

---

① 爲朗誦節奏需要而增加。下同。
② 爲叶韻而改動。下同。

ワイ唔コワイ。今日錦節皇華幾咁リッパ[パ]〈イ〉①,作以手指鼻狀你話ハナタ〈ツ〉カイ。唔タ〈ツ〉カイ,你話ハナタ〈ツ〉カイ唔タ〈ツ〉カイ。欽差白 I am 匈奴國欽差烏哩單都呀。隨員白ワタシハ匈奴國隨員モモタ|ロウ呀。欽差白米士打摩摩(Mr モモ),你滿口嘰嘰咕嚕,呷的乜野傢伙呀喂?隨員白米士打烏,我講的係 Japanese Language 唎唏,你唔知道咯?近日日本話都唔知幾時興,唔噲講幾句唔算闊佬。好彩我做橫濱領事個陣,就學噲了。只怕將來中國皇太后都要請我去傳話哩。欽差白喂!喂!喂!咪講咁多閑話咯。個嘅老班嚟到點樣作置佢好呢?隨員白唏!你硬係呀嘅,個嘅老班,帶三十六個病猫嚟,你打理佢做乜野啫?今晚冇乜事,不如開樽威士忌,滴幾杯昏覺罷咯。欽差白米士打摩摩,果然爽快。嚟!嚟!嚟!飲杯飲杯。欽差、隨員飲酒。連飲。欽差白飲得真係有趣,等我 Sing 幾句 Song 你聽吓呀!隨員白好呀!好呀!欽差唱西歌雜句。云云。隨員拍掌。白 Very good, very sweet, very nice. 欽差白喂!你亦唱幾句呀!隨員白等我唱隻日本歌你聽吓呀!欽差白 good, good. 隨員唱日本歌。云云。欽差白呃!我就唔覺得有乜好聽咯。隨員白係咯你佔有聽新華喉底咁好咩?各作醉態。欽差白醉咯醉咯,昏覺罷。在枱口揭帽白 Good night, gentlemen. 下。隨員在棚口鞠躬白 ミナサン,我亦去ヤスミ咯。下。

熄滅電燈。徐幹帶四卒荷鎗上。白挽弓當挽強,用箭當用長。射人先射馬,擒賊先擒王。某徐幹,奉元帥將令,翦除虜使。時候已到,須即前往呀!下。少停一息。內鎗聲響,徐幹捧首級上。白元兇已除,追騎隨至,準備迎戰呀!內鎗聲復響。雜扮匈奴兵六人持鎗上。交戰。匈奴兵敗。追北三次。匈奴兵敗下。電燈復明。班超上。埋位白方纔命孩兒們行事,諒早成功也。徐幹上大功告成,作速復命。入見。白稟元帥,匈奴公使首級一顆呈驗。班超白果然奮勇可嘉。首級收起,待明天本帥自有區處。就此退班呀!兩邊下。

起中慢板。總生番王裝扮鄯善國王上。兩侍從隨上。王唱人間世那一件最爲苦況,想起來莫甚過弱國孱王。我鄯善原本是彈丸孤掌,有匈奴和中國兩便爭強。將我來作磨心相持不讓,將事齊還事楚實費商量。那匈奴有雄師鎮臨境上,那漢朝又命將持節招降。無奈何出臨御朝堂之上,啞!啞!啞!埋位坐真果是左又難右又難進又難退又難千難萬難我就啼笑徬徨。呀!呀!呀!白孤家鄯善國大

---

① 爲叶韻而增加。

王是也。只因國小兵微，介於兩大，弱肉強食，岌岌可危。近有漢將班超，率兵前來，令我歸服。惟是匈奴聲勢，更是可畏。左思右想，還是做匈奴奴隸，穩當些些。就此立定政策，等班超上來，拒絕於他。諒他三十六名小卒，也作不出甚麼怪來。若還恃勢凌迫，索性和匈奴欽差商量，翦滅了他，豈不是好？著，就是這個主意。左右伺候著，等孤家延見漢使呀！侍從白從命。大鑼鼓。起中板。班超武裝上。兩軍士隨上擁旄踏破賀蘭山，磧裏禽生夜往還。鐵嶺草枯燒堠火，黑河冰滿渡征鞍。立白今日與鄯善國王約見，左右！軍士白有。超白上前通報。軍士白領命。軍士上前白哎，天使到。侍從白奉奏王上，天使臨門了。國王白待孤出迎。班超入。班超客位，國王主位，兩邊坐。國王白天使光降，有失遠迎，望祈恕罪。班超冷笑白唏，這是小事，倒也不妨。國王作驚惶狀天天天使！班超白大王，本帥奉天子命，撫輯百蠻。西域數十國，咸服王靈，恪奉正朔。大王意下如何呀？國王白天天天使，這這這個好好商量罷。班超白一言而決，何用商量？國王白這這這件事，是是極好的，但但但……班超白但甚麼？請快說呀！國王作驚惶沈吟狀，做手。徐幹捧首級上，白奉元帥命，持虜使頭到來，不免闖入呀！班超白說呀！國王白但但但……班超白大王，我知到了，你想是要匈奴公使到來商量。等我替你請來罷！徐將軍那裏？徐幹入。將首級捧與班超。班超將首級出力置桌上。白你看匈奴公使來。國王、班超同離位，各做手，云云。徐幹瀉下。班超白大王，商量妥當不曾？國王不語，作驚惶狀。班超白快說呀！國王仍不語，作驚惶狀。班超白大王，你不答應，請勿後悔。本帥告辭了。國王白天使息怒，待我說來。國王唱將軍神勇真無敵，上國威靈不敢忘。恨我夜郎空自大，今甘持梃作降王。班超唱迷途知返吾何責，誅叛安良典有常。既是歸心天可汗，速書降表拜君王。白大王，你既歸化，快將降表獻來。國王做手，白無奈何了。作寫表狀。國王唱流沙西漸。守藩封，一統車書萬里同。泰山為礪河為帶，百年長受漢帡幪。將表呈上。班超取表，中立開視。作讀狀大中華帝國萬歲！外臣鄯善國王廣敬頌。將表付軍士，白大王，從今以後，當恪守藩臣之禮，不得有變呀！國王白拜天使命，牢記在心。從今以後，永做天朝不侵不叛之臣了。班超白交涉已畢，就此告辭。國王白恭送天使。班超白少禮留步。班超立，唱軍人兼作外交家，樽俎奇功亦足誇。郤笑東鄰好條約，凱旋聲裏亂如麻。超下。國王前步瞻送，抹額汗，瀉下。

第四幕　上書

　　起板。班惠常服上。老家人隨上。行臺唱戰士軍前半死生,鵷原延竚涕縱橫。天河洗甲應難定,埋位唱擬作將軍入塞行。白小生班惠,自從送二哥出征,轉瞬已經三十多年。在哥哥軍國事大,甯辭馬革裹屍,在小生骨肉情深,能勿鶺原生感？今欲上書天子,乞賜凱旋,不免將表文寫將出來,預備呈奏則可。埋位坐起,慢板。作寫表狀。唱臣班惠謹上言誠惶誠恐,代兄超乞骸骨幸賜優容。想臣超奉國旗遄征異種,原想是死沙場爲國全忠。仗皇靈軍所至孽夷震悚,凌萬難保殘命留待酬庸。臣聞超每戰時先登神勇,經百戰蒙十創血濺衣紅。呀！呀！呀！嘆白想起我二哥在絕域戰場,好生危險,好生勞苦！但這是國民護國的義務。我二哥想是但覺從軍樂,不覺得從軍苦哩！起慢板,唱到今來三十年歲華如矢,拋鄉園辭骨肉迢遞生離。計超齡已七十桑榆暮矣,視茫茫髮蒼蒼非復壯時。精力耗體魄衰杖而後起,雖更欲死王事也恐無時。超自言望祖國葱蘢佳氣,願生入玉門關他非所期。呀！呀！呀！作掩淚狀,白哎！二哥前日有書與我生訣,又命姪兒阿勇上書天子,說道：臣不敢望到酒泉郡,但願生入玉門關。我哥哥這種血誠,真真令人生感。哎！哥哥呀！怎知道你兄弟在此想你,和你一般苦楚也。起慢板,唱臣竊聞那蠻夷畏強侮老,常狡焉思蠢動野性難牢。倘臣超瓜代期遷延不早,難保無煽逆亂上累廑勞。轉中板超那時雖有心力難辦到,九仞山虧一簣全隳前勞。損國威辱皇靈所關非小,臣之愚爲大局敢獻芻蕘。轉快板願陛下念軍人歸心似箭,願陛下念功臣當賜矜全。願陛下念國家前途遼遠,願陛下念微臣骨肉凄然。絲綸一片降三殿,宣取將軍奏凱旋。免教羌笛關山怨,換取琵琶馬上絃。那時節國門私第兩開歡迎宴,歡迎宴萬里神仙眷。這就是微臣私願,惟陛下垂憐。呀！呀！呀！離位白表文寫就,痛切淋漓。等我整備朝衣,明日伏奏便了。唱正是晨雞點點英雄淚,啼鵑聲聲兒女情。呀！呀！呀！下。

　　皇帝上。兩侍從隨上。起中慢板。帝唱承先皇將江山命孤執掌,十三年勤宵旰日昃不遑。賴軍人汗馬功削平邊壤,輔漢家億萬年地久天長。循成例出臨軒朝堂之上,啞！啞！啞！埋位坐大小臣要啓事肅立鵷行。呀！呀！呀！白內臣打聽著,如有章奏,須速報聞。侍從白領旨。班惠上,唱風廻雁字思親淚,日繞龍麟識聖顏。呀！呀！呀！白我班惠代兄上書，來到朝門，上前求覲呀！侍從有請。侍從出見。班惠白定遠侯班超之弟班惠見駕。侍從白站立聽旨。侍從見帝，白定遠侯班超之弟班惠見駕。帝白宣進來。侍從白班惠進。班惠見帝，跪拜。白臣班惠冒昧拜謁。帝白平身。惠起，中立。帝白賢卿有何啓奏？班惠白臣惠有表一通，乞求聖恩，望陛下許臣一言則可。起中板。班惠唱有兄有兄在遠方，功成身老懷故鄉。願賜骸骨還田里，免使功臣作國殤。呀！呀！呀！作呈表狀。帝受表，作讀狀。將表交侍從。帝唱乃兄忠勇爲國光，乃弟肫誠動我腸。今日爲卿頒尺詔，免教骨肉久參商。呀！呀！呀！班惠唱拜謝主恩真浩蕩，雨露無私草木香。從今就把歸期望，私情公義兩堂堂。帝白賢卿安心，朕當即日降旨。班惠白叩謝聖恩。帝白内臣奉此詔書，前往西域宣班大將軍還朝呀！侍從一人白領旨。下。帝唱溫綸一紙酬卿願，零雨三年亦國恩。班惠唱指日皇師歸大漢，萬花繚作凱旋門。帝白吩咐退朝。帝下。惠兩旁下。

第五幕　軍談

幕内設野營景。二軍士席地隨意坐，飲酒食麵包。開幕。二軍士對談。甲今晚真好月色呀咧！乙真好真好。我哋在呢處，真係快活咧！甲我哋做軍人嘅，就有呢種咁好處。你想佢哋哮起屋唫，開廳叫局，三絃二索，酒氣醺醺，烟油滿面，有我哋咁逍遙自在嘮？乙我哋中國人，都話好鐵唔打釘，好仔唔當兵，真係紕繆！呢種咁嘅狗屁話，個個聽慣了，怪不得冇人肯替國家當兵咯！甲我哋元帥真係好漢。你睇佢當初唔係一個讀書仔嗎？一擗擗落個枝筆，立心要在軍營建功立業。呢陣平定西域三十六國，整得我哋中國咁架勢，你睇有邊個讀書佬學得到佢呢？乙就係我哋跟著元帥，你睇得了幾多好處？我每每聽見要打仗，我就眉飛色舞。打完仗，睇見我哋嘅國旗，高高的插起，我就好似白鼻哥睇見女人，飲成埕都唔醉咧！甲係咧係咧。越發係自己拼命打出來嘅地方，睇見越發爽心。好比睇花嚟，有咁靚嘅花自然邊個都話好睇，但係個的自己親手種出來嘅，越睇越愛。個種歡喜，真係講都講唔出咧！乙係咧係咧。今晚咁好月，我哋又冇事，何不唱幾枝野，助吓酒興呢？甲喈喈前幾日我得閒，做得一隻龍舟歌，等我唱你聽吓呀！乙好極好極。你唱咯，我打板。乙打板。甲唱

平沙漠漠白連天，萬里關山月正圓。

大將功成兵士樂,等我自敲檀板説吓當年。

我哋中華本係一個豪強國,萬國全球那個敢共我比肩?

有咁好長城鐵壁北方障,有咁好翡翠明珠南海船。

西面崑崙王母係我宗邦國,東面神山三島係我殖民圈。

四鄰有多少嘅蠻夷長,説到天朝個兩個字呀都當作神仙。

誰想太平日久人心倦,枉被泄沓庸臣弄國權。

士氣民風日日趨文弱,睇我哋軍人唔值半文錢。

無端海外又生出幾個文明國,尚武精神度度著我先鞭。

因此主客情形咁就一變,整得我赤縣神州氣黯然。

今日呢邦插手話要我居留地,明日個國出頭又要占我勢力圈。

有的明講瓜分唔在計,有的口説成全也是枉然。

就係無情木石聽著都起心頭火,況我堂堂男子立在中天!

我就結連同志去注軍人籍,不斬樓蘭我誓不旋。

哎!海有日東還天也有日右轉,莫話中華好欺負咧,你睇吓我呢一輩青年。

甲唱完第一首喇,飲杯酒正咯。乙真係好,真係好,乜你做得咁好歌仔呀喂!甲好話咧,等我又唱呀。乙嚟咯嚟咯。乙打板。甲唱

戰書宣下九重天,全軍大隊出居延。

凜凜帥旗迎著風搖曳,更有十萬輪蹄踏著月娟娟。

聞得昨夜敵營預備來迎戰,又只見傳諭三軍盡向前。

想起百年多少讎和恨,我恨不得把佢全軍作口水嚥。

我全憑今日要爭個啖無窮氣,呢個七尺頑軀值乜嚃錢!

男兒一死總係尋常事,死向沙場正算福壽雙全。

我合營兄弟志氣個個都同樣,已經是氣吞前敵有乜俄延。

果然鼓聲一動齊齊進,殺得佢轍亂旗靡實在可憐。

短兵肉薄同佢拚個生和死,斬將搴旗我獨佔先。

跟著追奔逐北千餘里,處處敵人境內都係我哋國旗懸。

佢一片降旛挂著求停戰,等到城下盟成我正凱旋。

環球各國嚇得無顏色,都話呢隻獅子醒來力可撼天。

你想約我同盟佢又想還我侵地，不煩兵力咁就復我全權。
　　萬國平和我就做個齊盟長，呢陣認得中華有咁大坤乾。
　　我奏著鐃歌就歸去也，走上崑崙山頂咧謝吓老祖軒轅。

乙好啊，好啊，連我都要拍掌咯！乙拍掌。甲喂，我唱得口都乾咯，難道你都唔唱枝我聽吓？做得咩？乙咪咁性急，飲杯正咯。同飲。乙我啱啱做起幾首從軍樂，等我唱俾你聽吓呀！甲好啊好啊。係二簧呀、梆子呀、京腔呀、粵謳呀，抑或又係木魚書、龍舟歌呢？乙吥，都唔係，係幾隻"梳粧臺"。甲嚱"梳粧臺"嗎？就係外江佬叫做"十杯酒"個隻小調，係唔係？乙冇錯冇錯，又叫做"送郎曲"呢！甲唏，你費咁多心血做歌仔，都唔揀個好嘅調，反轉學呢種靡靡之音。我怕唔但係振唔起尚武精神，反變成兒女情多風雲氣少啫。咁嘅歌仔，我就唔想聽咯。乙你咪睇輕佢。呢隻"梳粧臺"調，擺軍樂奏起來，都唔知幾雄壯！甲我就唔信咯。乙你唔信，等我叫埋幾個軍樂隊兄弟來，夾起板唱唱啊！甲但係夜深人靜，無端鬧起軍樂來，怕元帥責罰。乙等我去問過呀！乙入房。甲獨坐飲酒。乙出問過咯，元帥話呢陣軍務已完，任我哋自由頑耍啊。甲咁你叫軍樂隊唔曾？乙叫過咯，就來咯。軍樂隊上。樂隊喂，你哋整乜嘢呀？半夜三更，又叫我哋來當差，難道我哋係你奴隸不成？甲、乙同白唔該咖咯。兄弟，一陣大家飲杯就係咯。樂隊飲唔飲都閒嘅，但係要唱得好嘅；若係唱得唔好，我要你賠兵費啫。乙咪嘈咪嘈，包你有好野聽。樂隊將譜擺好。一人白(喂)①，嚟傢伙咯。奏軍樂。乙唱

　　　　從軍樂，告國民：世界上，國並立，競生存。獻身護國誰無份？好男兒，莫退讓，發願做軍人。
　　　　從軍樂，初進營，排樂隊，唱萬歲，送我行。爺娘慷慨申嚴命。弧矢懸，四方志，今日慰生平。
　　　　從軍樂，樂且和。在營裏，如一家，鬢厮磨。同生共死你和我。有前進，無後退，行得也哥哥。
　　　　從軍樂，樂野營。平沙白，竈烟細，月華明。令嚴夜寂人初靜。劃然嘯，天地肅，奇氣與雲平。
　　　　從軍樂，前敵時。鎗林立，硝雲湧，彈星馳。我軍一鼓進行矣。望敵

---

① 原刊字缺，擬補。

營,白一色,片片是降旗。

　　從軍樂,樂如何。乘雪夜,追敵騎,渡交河。名王繫頸帳前坐。下征鞍,了無事,呼酒唱軍歌。

　　從軍樂,樂且奇。決死隊,摩敵壘,樹國旗。黃龍光影蟠空際。十萬軍,齊拍手,嘖嘖好男兒。

　　從軍樂,樂無窮。人一世,死一遍,難再逢。男兒死有泰山重。爲國民,捨生命,含笑爲鬼雄。

　　從軍樂,樂功成。追逐北,橫絕漠,掃王庭。敵人城下盟初定。守載書,遵約束,羅拜漢威靈。

　　從軍樂,報國仇。瓜分論,保全說,何紛啾。睡獅一吼驚群獸。六七強,走相告,黃禍正橫流。

　　從軍樂,樂太平。弱之肉,強之食,歲靡甯。堂堂一戰全球定。主齊盟,洗兵甲,世界永文明。

　　從軍樂,樂凱旋。華燈張,綵勝結,國旗懸。國門十里歡迎宴。天自長,地自久,中國萬斯年。

甲拍掌好啊,好啊,真好啊!列位,辛苦咖咯,飲杯飲杯。衆好咧。我哋都帶得有酒來,大家飲罷。各席地坐,從背裏中取酒飲。甲哈哈!真係咕唔到,有咁好野嘅!樂隊中一人或二人白確係好啊!等我都學嚐佢,得閑就嚟唱吓開心正得。又另一人白我睇見近來有好多文人學士,都想提倡尚武精神,或做些詩,或做些詞。但係有腔有調,又唔唱得,要嚟何用啫?又有的依著洋樂,譜出歌來,好呢有錯係好。但洋樂嘅腔曲,唔學過就唔嚐唱,點得個個咁得閑去學佢呀?獨有你呢幾首"梳粧臺",通國裏頭,無論大人細蚊,男人女人,個個都記得呢個調,就個個會唱你呢隻歌。據我睇來,比大同音樂會學個的野,重好得多哩。乙好話咯,咪俾咁多高帽我戴咯。夜深咯,睇冷親我。衆大笑。內忽吹喇叭。衆起歸隊。下幕。

第六幕　凱旋

起中板。班超換白鬚上。徐幹隨上。班超行臺唱自從一出玉門關,絕世威名震百蠻。獨有歸心隨去雁,埋位坐。唱升皇臨睍淚斕斑。白老夫班超,自從平定西域,荷蒙聖恩,封爲定遠侯,塞外各國,戢戢受命,奉漢如神。近來又命部將甘英,奉使大秦,開通羅馬,要替中國歷史上,留一個絕大紀念。思想起來,我生平志願,也算遂了八九了。但有一件,未能十分滿意。因我生係中國之人,便死也要做中國之鬼。我今年已七十,尚客遠方,朝廷倚重,不肯召還。前年曾命兒子阿勇,歸國上書,未知聖意如何,叫我好生懸望吔。中板唱我辭國門征絕域王臣蹇蹇,數年華駒隙過三十餘年。成功名算慰了生平心願,我一身功和罪青史能傳。只緣那愛國情許多留戀,莊舄吟鍾儀冠情有同然。計頹齡已七十人生幾見,每念著狐首丘無限淒憐。舉頭來紅日近長安猶遠,望夕陽紅盡處應是中原。念闕廷賦零雨三年不見,英雄淚洒天涯弟妹誰憐。嘆板我忒無聊發浩歌風前聲顫,啞!啞!恨不如南歸雁猶到中原。呀!呀!呀!白徐將軍。徐白元帥。班白非是老夫未能免俗,想著衣錦還鄉;但是去國情懷,人誰能免?因此日盼賜環之詔,常登望鄉之臺。哈哈!將軍呀,你得毋笑我暮氣頹唐,失了軍人的氣概麼?徐白元帥說那裏話來?元帥思鄉思家,皆由愛國心發來。自古道:非多血多淚的人,不能做到英雄豪傑。元帥這一片熱誠,正好作軍人的模範哩。班白昨夜燈花,今朝鵲噪,莫非故國有甚麼好消息來?我們打聽著呀!徐白正是。內吹大開門。內白聖旨到。侍從武官捧詔上。中立白班超聽旨。班鵠立鞠躬。侍從持詔書作讀狀定遠侯大將軍班超,著班師凱旋陛見。欽哉謝恩!班白領旨。班讓坐。侍從與班分賓主坐。班白不知天使光降,有失遠迎,尚求原諒呀!侍從白將軍一代人豪,下官得因公事拜見,三生有幸。王命在身,不能久留,就此拜別呀!班白恭送天使。侍從下。班白徐將軍。徐白元帥。班白今日奉詔還朝,請將軍檢點軍馬,預備起程呀!徐白從命。徐下。班超離位,作大笑狀。白嚇吓吓!真係天道無私,君恩似海。我班仲升卒有生入玉門之日,好不快活人吔!唱匹馬崑崙勒石還,黄金寸寸漢河山。就中幾許英雄血,留與軒轅子姓看。下。

　　大同學校教師上。生徒若干人各持國旗上。兩生別持兩大旗,一寫"歡迎班大將軍凱旋"字樣,一寫"橫濱中國大同學校"字樣。教師用兵式禮操喝號,行三匝。教師白諸君,今日做戲做到班定遠凱旋,我帶埋諸君,亦嚟做一個戲中人,去行歡迎禮。諸君,你咪單係當作頑耍啊。你哋留心讀吓國史,將我祖國從前愛國的軍人,常常放在心中,拿來做自己的模範,咁就個一點尚武真精神,自然發達。人人都係咁樣,將來我哋總有日真個學番今晚咁高興哩。現在凱旋軍就要出枱,大家跟著我企埋一邊等罷。教師、生徒排立一邊。棚口先懸一匾額,寫"歡迎凱旋"字樣,旁繞生花,內藏電燈,用國旗遮住,至此揭開。內先吹喇叭一通。稍停頓。奏軍樂。班超武裝盛服上。徐幹寶星盛服上。十六軍士上。合唱《旋軍歌》。繞場三匝。學校學生揮國旗大呼軍人萬歲!中國萬歲!

旋軍歌

金甌既缺完復完,全收掌管權。臙脂失色還復還,一掃勢力圈。海又東環天右旋,旋!旋!旋!

輦金如山銅作池,債臺高巍巍。青蚨子母今來歸。償我民膏脂。民膏民脂天鑒茲,師!師!師!

璽書謝罪載書更,城下盟重訂。今日之羊我為政,一切權平等。白馬拜天天作證,定!定!定!

鶿翼橫騫鷹眼惡,變作旄頭落。蓋海艨艟礮聲作,和我凱旋樂。更誰敢背和親約,約!約!約!

秦肥越瘠同一鄉,併作長城長。島夷索虜同一堂,併作強軍強。全球看我黃種黃,張!張!張!

五洲大同一統大,於今時未可。黑鬼紅番遭白墮,白也憂黃禍。禍黃者誰亞洲我,我!我!我!

黑山綠林赤眉赤,亂民不算賊。鐫羌破胡復滅狄,雖勇亦小敵。當敵要當諸大國,國!國!國!

諸王諸帝會塗山,我執牛耳先。何洲何地爭觸蠻,看余馬首旋。萬邦和戰奉我權,權!權!權!

G調 2/4 　出　軍　歌　及　旋　軍　歌

| 1.1 1.6 | 5.6 | 5 | 1.1 3.3 | 2 | 0 |
| 3.3 3.2 | 1.1·1.6 | 5.1 2.3 | 1 | 0 |
| 5.5 6.6 | 5.5 | 3 | 5 | 2.3 | 1 | 0 ‖

從軍樂

C調 2/4

```
4.4  4 2 | 1̇  —  | 2̇ 2̇1̇  6 1̇ | 5  —  | 1̇ 6  1̇ |
 5 6  5 4 | 2 5  4 2 | 1  —  | 1  2 | 5  6 |
4.5  4.1 | 2  —  | 1̇ 6  1̇ | 5 6  5 4 | 3 4  4 6 |
5.4  2.1 | 2  4 1 | 4  4 | 2 4  2 1 | 6̣ 1̣  5 6̣ |
 1  —  | 2.5  4 2 | 1  4 4 | 2 1  6̣ 5̣ | 1  —  |
```

附：粵語釋文

嘅　的也。

唔　不也。

睇　看也。

乜　甚麼也。

噲　曉得也。

個陣　彼時也。

嚟　來也。

硬係　必然之辭，猶純然也。

冇　無也。

我哋　我們也。

哝　蹲也。

呢　此也，這也。呢處即此處，呢個即這個。餘倣此。

咁　如此也，恁麼也。

吓　助辭。

野　東西也。

闊佬　闊人也，猶言有體面的人。

呢陣　此時也。

點樣　如何也。

瞬　愚蠢也。
咩　？也。
你哋　你們也。
屋吤　家裏也。
佢　他也。
估　思量也。
呷　亂講也。
傢伙　東西也。
好彩　幸虧也。
咪　不可也。
作置　擺布也。
打理　留心也。
新華　廣東現在名角名也。
佢哋　他們也。
擗　擲也。
架勢　體面也。
嚛　譬辭也。
正咯　正纜也。
外江佬　外省人也。
唔該　對不住也，見諒之辭。
包　保管也。
重　還也。
邊個　那個也。
靚　標緻也。
好話咧　好說了也。
揢　拿也。
啝　遍之意。
嚟傢伙　動手也。
親　著也。冷親，猶言冷着。

讀書佬　讀書人也。

啱啱　剛剛也。

木魚書　婦女所唱俗調也。

噏　荒唐也,謬妄也。

嘈　喧嘩也。

細蚊　小孩子也。

番　有回復之意。學番,猶言再學到也。

（1905年8月—10月《新小説》第19—21號）

越南亡國史（補）

叙

世界有公理邪？强權而已矣。歷史上國名何啻千數,今所餘者數十爾,其它皆殭石也。而此數十中,其運命與殭石爲鄰者,又十而七八也。豈必徵諸遠,其與我接壤雞犬聲相聞者若干國,而今安在也？又豈必徵諸遠,我生數十年來,眼見其社爲屋而宫爲潴者,抑寧止一二數也。麥秀漸漸兮禾黍油油,彼狡童兮,不與我言兮。吾最近得交一越南亡命客,嘗有以語我來,吾聞之而不知其涕洟之何從也。顧我不自哀而哀人耶,人將哀我。讀此編毋哀焉而懼焉,其或庶幾。

乙巳九月　飲冰識

（《飲冰室叢著》第九種《外史鱗爪》,商務印書館1916年9月版）

例　言

一、本書乃由越人巢南子自述，其間文字不有雅馴處，悉仍之，存其真也。

一、書中尚有用越南字者，蓋著者之意，非徒哀告於他國，實欲以並警其國人也。吾儕雖不解，而可以意會耳。

一、吾國人於越南興亡陳跡知之者希，驟觀是書，或且茫然。故特編《越南小志》一卷以爲參攷，亦採集舊籍十數種以成之也。

(《飲冰室叢著》第九種《外史鱗爪》，商務印書館 1916 年 9 月版)

財政原論

例　言

一、著書之恉，欲使財政學識廣被國人，故説理務極詳明，行文力求條達。

一、凡學皆貴致用，而財政爲尤甚。本書所論皆歸宿於我國，博徵過去之歷史，詳審現在之情形，以示將來之方策，不敢徒勦陳言，塗飾耳目。

一、著書之恉，雅不欲侈談學理，衒博夸多。但非原本學理，則政策末由折衷至當。況斯學素未發達，治之者希，陳義太微，反難索解，故所稱述不嫌詳盡。

一、資治之要，在於取鑑。故各國先例時加徵引，指其得失成敗之由，俾國人獲所觀感。

一、著述資料多取諸德人士達因華克拿、日人田尻稻次郎、小林丑三郎、堀江歸一五[四]家之書，其餘供參考者尚數十種。但全書結構及繁簡去取之間頗費別裁，不敢立異，亦不敢苟同。

一、年來譯本如鯽，率刪潤東籍，言不雅馴，枝蔓聱牙，展卷恐臥。本書雖不敢蹈文勝之譏，竊自比辭達之義。其間釋名比事，頗費苦心，讀者亮焉。

一、諸家著書，多詳歲入而略歲出。但歲出失當，則財政基礎將成杌陧。小林之作獨於此三致意，今竊取焉。

一、諸家著書，於地方財政概從簡略。我國中央集權之實未舉，司農殆受成於疆吏，闕而弗講，本則先撥。故本書躋附庸於大國，別置地方財政一編。

一、財政史與財政學相爲因果，非可忽諸。以卷帙太繁，姑從闕如。

一、本書中所擬組織租稅系統私案、諸種租稅法私案，及公債政策論、地方財政論，皆數年來所懷抱，幾經研索，歐[嘔]心而成。自謂若見施行，可以起宗邦於久衰，拯民生於塗炭。有治責者庶幾察諸

　　宣統元年四月　　　　　　　　　　　　　　　　著者識

《財政原論》目次

編首　總論

　第一章　財政學研究之必要
　　（一）財政當局者研究之必要　（二）一般官吏研究之必要　（三）一般國民研究之必要
　第二章　財政
　　第一節　財政之起原及性質
　　　（一）國民之政治組織　（二）國家之目的及職務　（三）國家履行職務所需　（四）財政
　　第二節　財政與私人生計之關係
　　　（一）公生計與私生計　（二）財政之本質
　　第三節　財政與私人生計之區別
　　　（一）財政與私人生計相類之點　（二）其相異之點　（三）目的之異

(四)性質之異　(五)主體存續期久暫之異　(六)收入方法之異
(七)舊說之誤解

第三章　財政學

　第一節　財政學之性質及分科
　　(一)學之定義　(二)財政學之定義及其性質　(三)財政學與諸學之關係　(四)財政學之分科
　第二節　財政學之沿革
　　(一)中國古代財政學一斑　(二)儒家　(三)法家　(四)中國財政學之中衰及其原因　(五)泰西古代財政學　(六)泰西中世財政學　(七)伊大利諸都市之財政　(八)近代之財政學　(九)波丁之學說　(十)財政學始盛於法國之故　(十一)倭奔之學說　(十二)英國財政學之濫觴　(十三)畢提之學說　(十四)法國之官省學派　(十五)重農學派　(十六)斯密亞丹學派　(十七)現代德國之財政學　(十八)現代英美諸國之財政學

第一編　國家經費論

第四章　經費總論

　第一節　經費之性質及其功用
　　(一)經費之性質　(二)貨幣與經費　(三)財政與箇人勞力之關係　(四)無償之勞力　(五)歲出之意義　(六)經費之必要　(七)有害之經費　(八)節約主義及其界說
　第二節　經費支應之原則
　　(一)人民之承認　(二)監督機關　(三)經費之公示　(四)對於經費之限制　(五)經費額之標準　(六)經費支應地在內在外之利害　(七)經費支應與保護政策之關係
　第三節　經費之範圍
　　(一)國家職務之學說　(二)斯密派之箇人主義說　(三)箇人主義說之論據　(四)此派所論定之國家職務　(五)此派所論定之誤謬　(六)國家全能說　(七)其誤謬　(八)中國先哲關於國家職務之觀念

（九）儒墨道法學說比較　（十）中外學說比較　（十一）國家職務範圍之制限　（十二）國家職務之三條件

第四節　經費之分類

　　（一）就經費之起因以分類　（二）就生計上之功用以分類　（三）生產的經費與不生產的經費　（四）兩者區別之必要及其功用　（五）就經費支應之時期以分類　（六）經常費與臨時費　（七）兩者調劑之方法　（八）就支應之目的物以分類　（九）對人經費與對物經費　（十）官俸之原則

第五節　經費增加之趨勢

　　（一）百年來各國經費增加比較率　（二）各國經費細別比較表　（三）各國經費大別比較表　（四）經費與侵略主義之關係　（五）經費與立憲主義之關係　（六）經費增加與國家發達　（七）判斷經費輕重之資料　（八）經費增加之原因　（九）軍事費之增加　（十）公債費　（十一）經費之將來

第六節　中國經費之沿革得失

　　（一）古代之經費　（二）秦漢迄明之經費　（三）本本定制之經費　（四）現行之經費　（五）皇室費與國家費之界限　（六）界限不明之弊　（七）民政費之缺少　（八）尤[冗]費之種類　（九）尤[冗]費日多之原因　（十）節約尤[冗]費之必要及其方法

第五章　經費各論

　第一節　憲法費

　　（一）國長費　（二）英普俄奧日之皇室費說　（三）法美大統領之俸　（四）各國國長費比較表　（五）中國內務府經費　（六）內務府制度之得失　（七）議會費　（八）各國議會組織及議會費　（九）各國議會費比較表　（十）議員俸給問題　（十一）中國將來議會組織私案及議會費豫算

　第二節　國防費

　　（一）英法德美俄奧日各國軍制及軍費　（二）各國陸軍費比較表　（三）各國海軍費比較表　（四）徵兵募兵兩制度與國防費之關係

(五)中國現在之國防費　(六)中國將來國防費之標準

第三節　司法費

(一)各國司法制度及司法費　(二)各國司法費比較表　(三)各國監獄費比較表　(四)中國司法獨立後之司法費豫算

第四節　內務費

(一)內務行政範圍　(二)各國地方制度及地方行政費一斑　(三)地方行政費之分擔　(四)中國現在中央地方政費系統之紊亂　(五)中國地方制度改革私案　(六)各省政費分擔之標準　(七)各府縣政費分擔之標準　(八)各城鎮鄉政費分檐之標準

第五節　外務費

(一)各國外務費一斑　(二)各國外務費比較表　(三)中國現行外務費及外交官制評論

第六節　教育費

(一)宗教費與教育費　(二)各國教育行政及教育費一斑　(三)各國宗教教育費比較表　(四)教育費之分擔　(五)中國教育行政擴張私案及教育費豫算

第七節　生計行政費

(一)生計行政之範圍　(二)各國生計行政制度及行政費一斑　(三)各國生計行政費比較表　(四)中國現行之生計行政費　(五)中國生計行政擴張私案

第八節　官工行政費

(一)官工行政之範圍　(二)各國官工行政制度及政費一斑　(三)各國官工行政費比較表　(四)中國舊有之官工行政　(五)中國現行之官工行政　(六)中國官工行政擴張私案

第九節　財務行政費

(一)各國財務行政費　(二)各國財務行政費比較表　(三)中國現在之財務行政費　(四)中國稅法改革後之財務行政費

第二編　國家收入論

第六章　收入總論

第一節　國家收入之沿革

(一)泰西各國之沿革　(二)私法的收入　(三)采地　(四)山林川澤之利　(五)貢獻　(六)租稅之濫觴　(七)各種租稅發生之次第　(八)現今租稅制度成立之原因　(九)中國國家收入之沿革

第二節　收入之意義及種類

(一)收入之意義　(二)經常收入與臨時收入　(三)普通收入與偶爾收入　(四)公生計的收入與私生計的收入　(五)公私收入區別之要點　(六)財政上公私收入之地位

第七章　私生計的收入論

第一節　官產官業之目的

(一)國家所以得私生計的收入之方法　(二)官產與官業之區別　(三)以發達國民生計爲目的之官業　(四)以增加國庫收入爲目的之官業　(五)以專供國家用物爲目的之官業　(六)社會公益主義與國庫收入主義

第二節　私生計的收入之利害

(一)官產反對論　(二)官產維持論　(三)反對論之優勝　(四)官產官業處分要件　(五)官產官業擴張要件

第三節　官產之種類

第一項　國有土地

(一)官地存續之理由　(二)英美兩國官地之現狀　(三)歐洲大陸諸國官地之現狀　(四)中國土地制度之沿革　(五)中國現在之官地　(六)中國將來可獲得之官地　(七)官地維持之可否　(八)財政上之利害　(九)國家生計上之利害　(十)官地維持與財務行政　(十一)官地與社會政策　(十二)穆勒之土地官有論　(十三)管理官地之方法　(十四)官營法與賃耕法　(十五)各種賃耕法之得失　(十六)利用官地以行內地殖民之法

第二項　國有森林

(一)森林宜歸國有之故　(二)官林與社會公益之關係　(三)經營林業之方法　(四)林業宜歸官營之理由　(五)中國林業現狀　(六)養林之必要及其辦理次第

第三項　國有礦山

(一)礦地與礦業　(二)官營礦業之不可　(三)中國歷史上之覆轍　(四)礦地宜歸國有之理由

第四節　官業之種類

(一)官產與官業之異　(二)獨占官業與非獨占官業　(三)官業獨占與國庫收入主義　(四)官營與賃營

第五節　以公益爲重之官業

(一)此種官業之由來　(二)此種官業與國庫收入之關係　(三)諸家學說略評

第一項　鑄幣業

(一)鑄幣酬金之性質　(二)其在財政上之地位　(三)鑄幣收益之性質　(四)其在財政上之地位　(五)中國前此之謬見

第二項　運輸交通業

第一目　鐵路

(一)鐵路國有論之根據　(二)其反對說　(三)鐵路政策之要點　(四)各國鐵路政策一斑　(五)財政上鐵路之位置　(六)中國鐵路政策私議

第二目　郵政電政

(一)郵政電政當爲官業之故　(二)郵政與財政之關係　(三)電報電話與財政之關係　(四)郵政之附屬事業　(五)中國郵政電政改良擴張私議

第三目　航業

(一)航業不宜官營之故　(二)中國航業政策私議

第三項　普通商業

(一)國家與銀行業　(二)度支部銀行改造議　(三)交通銀行廢

　　　　止議　（四）儲蓄銀行業　（五）保險業
　　　第四項　彩票業
　　　　（一）彩票與財政　（二）彩票與國民生計　（三）彩票廢止議
　第六節　以國庫收入爲重之官業
　　　（一）此種官業之目的　（二）專賣之手段　（三）各國烟酒鹽專賣法一斑　（四）財政上專賣之地位　（五）物產之可行專賣法者　（六）專賣法之缺點　（七）專賣法與國庫會計
第八章　公生計的收入論（其一、酬金）
　第一節　酬金之定義及概念
　　　（一）酬金之性質　（二）與官產官業之異　（三）酬金額之標準　（四）酬金與國家經費之關係
　第二節　酬金徵收法
　　　（一）國庫酬金與官吏酬金　（二）確定酬金與不確定酬金　（三）各別酬金與包括酬金　（四）現資酬金與印花酬金
　第三節　酬金之種類
　　　（一）司法上之酬金　（二）訴訟酬金與非訟酬金　（三）行政上之酬金
第九章　公生計的收入論（其二、租稅總論）
　第一節　租稅之定義及其性質
　　　（一）租稅之語源　（二）中國用語　（三）外國用語　（四）租稅之定義　（五）租稅與他種國家收入之異　（六）財政上租稅之位置　（七）租稅之根本觀念　（八）租稅厲民說　（九）租稅利益說　（十）兩說公評
　第二節　課稅之權理及納稅之義務
　　　（一）國家勤勞實費說　（二）此說之誤謬　（三）國家勤勞利益說　（四）此說之誤謬　（五）公共團體說　（六）此說之正確　（七）團體維持費之分擔　（八）納稅力
　第三節　租稅術語
　　　（一）租稅主體　（二）租稅客體　（三）稅源　（四）租稅單位及稅率　（五）納稅者與負稅者　（六）稅籍稅表

第四節　租稅原則
　第一項　緒言
　　（一）租稅原則之重要　（二）亞丹斯密之四原則　（三）西士蒙狄之四原則　（四）哈兒德之三原則　（五）哈菲列之十原則　（六）華克拿之四綱九目　（七）諸說之折衷
　第二項　財政上之原則
　　（一）租稅當以能充國用爲主　（二）租稅當有屈伸力
　第三項　國民經濟上之原則
　　（一）保護稅源　（二）選擇稅目
　第四項　倫理上之原則
　　第一目　普及之原則
　　　（一）納稅義務之普及　（二）其例外
　　第二目　均等之原則
　　　（一）均等與負擔力　（二）累進稅主義　（三）累進稅之反對論　（四）超進稅及迂進稅　（五）生計最少費之免除　（六）財產所得與勤勞所得課稅之區別　（七）課稅當勿重複
　第五項　租稅行政上之原則
　　　（一）課稅當務正確　（二）課稅當務便宜　（三）收稅費當務節省
第五節　租稅之轉嫁
　（一）租稅轉嫁之性質　（二）前轉後轉之區別　（三）前轉之原因　（四）後轉之原因　（五）消轉　（六）租稅轉嫁與國民生計之關係
第六節　租稅之分類
　（一）直接稅與間接稅　（二）平時稅與臨時稅　（三）配賦稅與定率稅　（四）主體稅與客體稅　（五）綜合分類之法
第七節　租稅制度之組織
　（一）租稅系統必當確立　（二）單稅與複稅　（三）單稅論之起原　（四）諸家之單稅論　（五）單稅之利　（六）單稅之害　（七）複稅之必要　（八）租稅制度組織之三要件　（九）租稅制度與社會政策　（十）複稅之制限

第八節　列國租稅制度

　　(一)近世之稅法改革　(二)改革之原因　(三)德國之租稅制度　(四)聯邦稅法與帝國稅法之調和　(五)美國之租稅制度　(六)美國中央財政之特點　(七)英國之租稅制度　(八)法國之租稅制度　(九)日本之租稅制度　(十)俄國之租稅制度

第九節　中國租稅制度改革私議

　　第一項　過去及現在之制度

　　　(一)租稅與賦役參用之制　(二)古代之租稅制度　(三)秦漢迄隋之租稅制度　(四)唐之租庸調法　(五)唐之兩稅法及其得失　(六)宋元明之租稅制度　(七)本朝之一條鞭法及其得失　(八)現行之租稅制度

　　第二項　今制之敝

　　　(一)所入不足充國用　(二)無屈伸力　(三)稅目去取失當　(四)不能保護稅源　(五)納稅義務不普及　(六)負擔不公平　(七)所收稅不足償徵收之勞費　(八)人民額外之負擔　(九)收稅法不便民　(十)貽惡果於國民生計

　　第三項　改革方針

　　　(一)測量國力以察稅源所在　(二)各種稅源之取舍調劑　(三)中央稅源與地方稅源之分配　(四)收益稅之取舍　(五)地稅負擔平均之法　(六)宅稅之可否　(七)營業稅之可否　(八)所得稅必當采擇之理由　(九)行爲稅之取舍　(十)登錄稅必當采擇之理由　(十一)印花稅之辦法　(十二)遺產稅必當采擇之理由　(十三)通行稅之可否　(十四)地價差增稅之可否　(十五)財產稅之取舍　(十六)財產稅不能行之理由　(十七)消費稅之取舍　(十八)釐金舊關稅必當廢止之理由　(十九)統捐落地稅之不可　(二十)鹽課之敝及整理策　(二十一)烟酒稅必當重課之理由　(二十二)糖稅茶稅之可否　(二十三)其他雜稅之可否　(二十四)關稅與内國消費稅之關係　(二十五)關稅權問題　(二十六)收稅法之根本改革

第十節　租稅之徵收

(一)徵收之機關　(二)委辦機關與專設機關　(三)宜由委辦機關徵收之稅目　(四)宜由專設機關徵收之稅目　(五)中國現行包徵包解法之弊　(六)會計吏當徵保證金與否　(七)各種稅項徵收之時期　(八)前納後納分納之諸法　(九)延納許可及懲罰　(十)使納稅者便利之法　(十一)租稅徵收與行政訴訟

第十章　公生計的收入論(其三、租稅各論)

第一節　地租

第一項　地稅通論

(一)地稅之性質　(二)財政上地稅之位置　(三)地稅賦課之標準　(四)土地之面積　(五)土地之產物　(六)土地之收益　(七)確知土地收益之方法　(八)買賣地價賃貸地租與土地收益之關係　(九)查定收益之方法　(十)土地簿籍制度　(十一)收益申告法　(十二)法國地稅　(十三)普國地稅　(十四)日本地稅　(十五)宅地稅　(十六)地稅之轉嫁

第二項　中國地稅沿革得失及改革私案

(一)土地所有權與地稅　(二)古井田　(三)李悝、商鞅之制　(四)唐以前田制說略　(五)楊炎之制　(六)賦役與地稅　(七)聖祖仁皇帝之制　(八)現行田賦稅率所本　(九)義務與權利不相應之弊　(十)稅率與收益不相應之弊　(十一)地質類別之失當　(十二)宅地無稅之非公　(十三)大舉調查土地之必要　(十四)編製土地簿籍之方法　(十五)全國可稅之地略計　(十六)課稅之標準　(十七)改革後所收稅額略計　(十八)地稅為中央稅與為地方稅孰宜

第二節　宅稅

(一)宅稅之性質　(二)宅稅之地位　(三)宅稅賦課之理由　(四)宅稅賦課之方法　(五)以外部之設備為標準者　(六)以賃貸價格或建築價格為標準者　(七)財務行政上之方便法　(八)英國宅稅　(九)普國宅稅　(十)法國宅稅　(十一)中國歷史上之宅稅　(十二)現行房捐之厲民　(十三)宅稅當為城鎮鄉稅之理由　(十四)宅稅之轉嫁

第三節　營業稅

(一)營業稅之性質及其範圍　(二)營業稅賦課之困難　(三)營業收益之源泉　(四)測知營業收益之方法　(五)課稅標準　(六)普國之營業稅　(七)法國之營業稅　(八)日本之營業稅　(九)中國現行營業稅之種類及其疏略之弊　(十)中國當廢營業稅之理由　(十一)營業稅之轉嫁

第四節　人身稅及階級稅

(一)人身稅之性質　(二)人身稅之缺點　(三)近代租稅制度所以不用人身稅之故　(四)階級稅及其缺點　(五)中國歷史上之人身稅　(六)人身稅階級稅之轉嫁

第五節　所得稅

(一)所得稅之性質　(二)所得稅由人身稅蛻變而來　(三)所得稅賦課之理由　(四)所得與納稅力　(五)所得稅與他種租稅之關係　(六)生計最少額之免除　(七)所得稅與累進稅法　(八)所得稅之徵收法　(九)所得溯源法與總額課稅法　(十)溯源法與累進稅之關係　(十一)勤勞所得與財產所得之稅率區別　(十二)所得稅反對論　(十三)排反對論　(十四)所得稅非與他稅犯複　(十五)公司之所得稅　(十六)英國所得稅法　(十七)普國所得稅法　(十八)意國所得稅法　(十九)日本所得稅法　(二十)法國不行所得稅之故　(二十一)中國古制現制有類似於所得稅者　(二十二)中國必當行所得稅之理由　(二十三)中國所得稅法私案　(二十四)所得稅之轉嫁

第六節　兵役稅

(一)兵役稅之性質　(二)兵役稅與徵兵制度之關係　(三)兵役稅賦課之理由　(四)兵役稅得適用累進稅法　(五)奧國之兵役稅　(六)瑞士之兵役稅　(七)法國之兵役稅　(八)財政上兵役稅之位置　(九)中國采用徵兵制度後當行兵役稅之理由

第七節　行為稅總論

(一)行為稅之性質　(二)與他種租稅之異　(三)財政上行為稅之地位　(四)行為稅賦課之理由　(五)行為稅之種類

第八節　登錄稅

（一）登錄稅之性質　（二）登錄稅之種類　（三）登錄稅之反對論　（四）法國登錄稅　（五）日本登錄稅　（六）中國現行登錄稅之種類及其缺點　（七）中國登錄稅法私案

第九節　遺產稅

（一）遺產稅之性質　（二）遺產稅賦課之論據　（三）偶然所得課稅說　（四）社會政策上之理由　（五）溯及課稅說　（六）所得還原課稅說　（七）遺產稅得適用累進稅法　（八）遺產稅反對論　（九）英國遺產稅法　（十）法國遺產稅法　（十一）德國遺產稅法　（十二）日本遺產稅法　（十三）中國遺產稅法私案

第十節　地價差增稅

（一）地價差增稅之意義及其性質　（二）地價差增稅賦課之理由　（三）財政上地價差增稅之位置　（四）地價差增稅與社會政策　（五）膠州灣之實施試驗　（六）德國各聯邦之續行　（七）各國稅法將受波動之機　（八）中國可行與否　（九）中國試辦之方法及次第

第十一節　印花稅

（一）印花稅之性質　（二）財政上印花稅之位置　（三）印花稅徵收之方法　（四）普國印花稅　（五）奧國印花稅　（六）法國印花稅　（七）英國印花稅　（八）日本印花稅　（九）中國新頒印花稅法私評

第十二節　運輸稅及通行稅

（一）此兩種稅賦課之當否　（二）歐洲諸國之運輸稅　（三）日本之通行稅　（四）中國可以采用通行稅之理由　（五）中國通行稅法私案

第十三節　財產稅

（一）財產稅之性質　（二）財產稅賦課之論據　（三）以財產稅補助所得稅之說　（四）各國之立法例　（五）中國不能行財產稅之理由

第十四節　消費稅總論

（一）消費稅之意義　（二）消費稅賦課之理由　（三）賦課之要件　（四）消費稅與他種租稅之得失　（五）收益稅所得稅財產稅之長短　（六）消費稅之長短　（七）消費稅之形態

第十五節 直接消費稅

（一）直接消費稅之性質　（二）直接消費稅之利害　（三）直接消費稅與禁止稅　（四）直接消費稅與間接消費稅比較　（五）各國之直接消費稅　（六）我國之直接消費稅及其流弊

第十六節　間接消費稅(即物產稅)

（一）物產稅之性質　（二）物產稅賦課之根據　（三）物產稅法發達要件　（四）物產稅賦課之目的　（五）物產稅與矯禁奢習政策之關係　（六）物產稅與租稅義務普及原則之關係　（七）物產稅賦課之原則　（八）國庫收入上之原則　（九）一般財政上之原則　（十）國民生計上之原則　（十一）物產稅賦課之標準　（十二）從價稅法與從量稅法　（十三）生產器具稅　（十四）物產稅徵收之時期　（十五）成品稅半製品稅及原料稅　（十六）印花徵收法　（十七）課稅物品之選擇　（十八）中國常關稅及釐金之弊　（十九）課稅物品繁多之弊　（二十）稅率不正確之弊　（二十一）重複課稅之弊　（二十二）課稅時期不適當之弊　（二十三）於租稅負擔以外更貽民害之弊　（二十四）內外人負擔不公平之弊　（二十五）統捐落地稅出廠稅之得失　（二十六）物產稅之轉嫁

第一項　鹽稅

（一）鹽稅之可否　（二）鹽稅賦課之方法　（三）管子之鹽政　（四）劉晏之鹽政　（五）中國歷代鹽政略說　（六）中國古今諸家學說概評　（七）中國現今鹽務情形　（八）現制根本之誤謬　（九）私鹽日盛之故　（十）引地廢止之必要　（十一）鹽商廢止之必要　（十二）鹽勘加價最為下策　（十三）就場徵稅之難行　（十四）德國之鹽稅　（十五）法國之鹽稅　（十六）奧匈國之鹽專賣法　（十七）意國之鹽專賣法　（十八）印度之鹽專賣法　（十九）日本之鹽專賣法　（二十）中國鹽專賣法私案　（二十一）新法實行後所得鹽課額略算

第二項　酒稅

（一）酒稅當重課之理由　（二）中國歷代酒稅　（三）各國酒稅之

二大系統(火酒稅與葡萄酒麥酒稅) （四)火酒稅法賦課之困難 （五)火酒稅賦課之方法 （六)火酒專賣法 （七)各國之立法例 （八)中國所當采擇之法 （九)葡萄酒麥酒稅賦課之方法 （十)各國之立法例 （十一)中國所當採擇之法

第三項　菸稅

（一)菸稅當重課之理由 （二)菸稅賦課之方法 （三)菸葉專賣法 （四)成品專賣法 （五)各國之立法例 （六)中國當暫行菸葉專賣之理由 （七)中國菸葉專賣法私案 （八)外國菸入口稅問題

第四項　鴉片稅

（一)現在中國財政上鴉片稅之位置 （二)各種禁烟方法比較 （三)現時當行鴉片專賣之理由 （四)鴉片專賣法私案

第五項　糖稅

（一)糖稅賦課之理由 （二)糖稅賦課之方法 （三)各國之立法例 （四)中國現在宜不徵糖稅之理由

第六項　茶稅

（一)茶稅之可否 （二)中國歷代茶稅沿革 （三)十年來中國茶業之趨勢 （四)中國現在宜不徵茶稅之理由 （五)茶引廢止議

第七項　其他之物產稅

（一)織物稅 （二)中國不當行織物稅之理由 （三)葉戲稅 （四)麻雀牌及其他賭具當行禁止稅之理由 （五)其他各國間行之種種物產稅 （六)我國獨有之物產 （七)我國物產稅目的物選擇之標準 （八)各省獨有之物產與地方稅源

第十七節　海關稅

（一)海關稅之起原 （二)輸出稅 （三)賦課之理由 （四)生計上之價值 （五)輸入稅 （六)輸入稅與物產稅之比較 （七)輸入稅賦課之目的 （八)國庫收入主義與保護國產主義 （九)從價稅法與從量稅法之得失 （十)輸入稅與通商條約 （十一)國定稅率與協定稅率 （十二)最高最低稅率 （十三)關稅徵收法 （十四)關稅徵收之時

期　（十五）保税倉庫　（十六）英國之海關税　（十七）其他諸國之海關税　（十八）日本之海關税　（十九）中國之關税權　（二十）税權不能自主之苦痛　（二十一）不能行保護政策之苦痛　（二十二）內國物產税率爲關税率所牽掣之苦痛　（二十三）財政上無屈伸力之苦痛　（二十四）税權回復之必要及其手段　（二十五）税權回復之代價　（二十六）輸出税廢止議　（二十七）税務司雇員問題

第三編　收支適合論

第十一章　收支適合總論

第一節　國庫收支之均衡

（一）收支不均之意義　（二）收餘於支之時　（三）所餘國帑之處分法　（四）有意求餘之弊　（五）收不敷支之時　（六）緣經常費之增加而收不敷支者　（七）緣臨時費之增加而收不敷支者　（八）各種填補之手段　（九）現在中國財政收不敷支之現象及其原因

第二節　收支適合之方法

（一）官產之召賣　（二）國庫非常準備金之設置及利用　（三）非常準備金之性質　（四）古代政治家之思想　（五）中國歷代之非常準備金　（六）非常準備金之弊害　（七）各國之實例　（八）德國學者之強辯　（九）增稅　（十）增稅之利害　（十一）發行公債　（十二）公債有弊說　（十三）公債之必要　（十四）財政學上公債論之地位

第十二章　公債論

第一節　公債之性質

（一）公債之發生　（二）公債發生之條件　（三）國民對於國家之信用　（四）公債與銀行之關係　（五）公債與股分懋遷所之關係　（六）公債之功用　（七）公債與私債之異　（八）此異點與公債發行條件之關係

第二節　公債之種類

（一）財政上之公債與行政上之公債　（二）內國債與外國債　（三）外債之利　（四）外債之弊　（五）抵押公債與無抵押公債　（六）財政上

抵押公債之地位　（七）任意公債與強制公債　（八）強制公債之形態　（九）不換鈔幣　（十）普通公債與愛國公債　（十一）愛國公債之價值　（十二）流動公債與確定公債　（十三）兩者區別之標準　（十四）行政上之流動公債　（十五）財政上之流動公債　（十六）度支部證券　（十七）度支部證券發行之條件及方法　（十八）確定公債之種類　（十九）有期公債與永遠公債　（二十）公債償還之各種方法　（二十一）永遠公債之利害　（二十二）附彩公債　（二十三）年金公債

第三節　公債之募集發行

（一）直接發行法　（二）直接寄賣於股分懋遷所之法　（三）直接廣募之法　（四）直接發行法之缺點　（五）間接發行法之利　（六）最高價發行法　（七）公債之發行價格　（八）平價發行法與低價發行法之得失

第四節　關於公債之行政

（一）公債發行條件與債權者之利益　（二）支息　（三）記名式與無記名式　（四）關於公債形式之政策　（五）登錄公債　（六）公債混合證券　（七）支息之地　（八）支息之時　（九）國庫與銀行來往帳籍　（十）分次支息之法　（十一）支息期與金融季節之關係　（十二）支息期與納稅期之關係　（十三）息票之折成買賣　（十四）公債之額面　（十五）額面大小之原則

第五節　公債之償還及借換

（一）公債償還之必要　（二）財政上之理由　（三）生計上之理由　（四）社會上之理由　（五）公債償還之程度　（六）公債償還之時機　（七）公債償還之計畫　（八）償還基金法與自由償還法　（九）減債基金制度之缺點　（十）英國之成例及其學說　（十一）法國之成例　（十二）日本之成例　（十三）普國之成例　（十四）自由償還法之所長　（十五）自由償還法之運用及制限　（十六）償還之順序　（十七）抽籤償還法與買回銷卻法　（十八）兩法得失比較　（十九）買回法不能行之時　（二十）折成償還法　（二十一）公債借換之意義　（二十二）借換之條件　（二十三）公債息率與市面息率之關係　（二十四）與公債

据置期限之開係　（二十五）公償借換與公債政策　（二十六）借換之時機　（二十七）借換之利益　（二十八）各國之實例

第六節　各國公債一斑

（一）各國公債沿革說略　（二）各國公債現狀說略　（三）各國公債比較表

第七節　中國過去現在之公債

（一）中國外債之起原　（二）不生利之公債　（三）不能自主之公債　（四）甲午以前之公債　（五）甲午役之公債　（六）庚子役之公債　（七）公債本利攤年負擔表　（八）鐵路公債　（九）外債及於財政上之影響　（十）外債及於國民生計上之影響　（十一）中國內債之起原　（十二）昭信股票之失敗　（十三）直隸公債之失敗　（十四）京漢贖路公債之將來

第八節　中國公債政策私議

（一）募集內債之必要　（二）中國前此不能募集內債之故　（三）財政基礎與公債信用之關係　（四）公債能否發行視其用途之有無多寡爲斷　（五）公債發行之難易視其流通之難易爲斷　（六）推廣公債用途之法　（七）銀行鈔幣保證準備金與公債用途之關係　（八）美國日本國立銀行之明效　（九）國立銀行與中央銀行之得失　（十）中國宜兩制並用之理由　（十一）國立銀行以公債充保證之利益　（十二）私人借貸保證與公債用途之關係　（十三）獎厲銀行與推廣公債用途相爲因果之理　（十四）政府專賣業批發保證與公債用途之關係　（十五）會計吏保證金與公債用途之關係　（十六）使公債流通便利之法　（十七）股分懋遷所之設置　（十八）額面大小之等級須得宜　（十九）領息當設便利之法　（二十）度支部銀行及其分行之責任　（二十一）郵政局之補助　（二十二）發行法之選擇　（二十三）償還期限之短速　（二十四）初次試辦宜利用八旗生計問題　（二十五）次宜利用贖路問題　（二十六）使外國人應募內債之方法　（二十七）舊外債整理策　（二十八）增募新外債之可否　（二十九）今後續募外債之條件　（三十）不換鈔幣與公債　（三十一）不換鈔幣之可否　（三十二）發行不換鈔幣之

條件

第四編　財務樞機論

第十三章　歲計豫算論

第一節　豫算之概念

（一）歲計論之範圍　（二）豫算之定義　（三）豫算必要之理由　（四）豫算制度之利益　（五）豫算之發達　（六）生計上政治上之原因　（七）各國之實例　（八）中國古代豫算之觀念

第二節　中國欲行豫算制度之先決問題

（一）貨幣制度與豫算制度之關係　（二）實物徵解法與豫算　（三）制錢折算法與豫算　（四）銀塊秤量法與豫算　（五）幣制統一之必要　（六）幣制問題之沿革　（七）解決幣制問題之要點

第三節　豫算之編成

（一）豫算編成之機關　（二）編成權委諸行政部之理由　（三）中央統一制與各官廳分立制　（四）中央統一編成之次第　（五）中央統一制與度支部大臣　（六）英國之制　（七）美國之制　（八）中央編成制之缺點　（九）中國現制督撫之地位　（十）中國適用中央編成制之困難　（十一）中國適用中央編成制之必要　（十二）官制改革與豫算編成之關係

第四節　會計年度

（一）設會計年度之必要　（二）各國會計年度之異同　（三）採用一年制之理由　（四）採用數年制之理由　（五）數年制之缺點　（六）會計年度之開始期　（七）各國之實例　（八）定會計年度開始期之原則　（九）各國之實例　（十）會計年度開始期與國庫收入之關係　（十一）中國會計年度開始期私議　（十二）歲計整理期限

第五節　歲出入之測算法

（一）歲出之測算法　（二）歲入之測算法　（三）以前一年實收額爲標準之法　（四）增減前一年實收額之法　（五）增減前數年平均實收額之法　（六）總額豫算與純額豫算　（七）各國之實例

第六節　豫算之形式

(一)豫算形式之要件　(二)豫算形式上之區別　(三)總豫算　(四)特別豫算　(五)特別豫算之必要及其制限　(六)各國之實例　(七)追加豫算　(八)追加豫算之必要及其制限　(九)歲出之排列及分類　(十)目的類別與管轄類別　(十一)兩法竝用之利益　(十二)各國之實例

第十四章　豫算議定論

第一節　豫算議定之次第

(一)提出豫算之機關　(二)議定豫算之機關　(三)下議院之先議權　(四)先議權之根據　(五)我國當采此制與否　(六)兩院議定權之差別　(七)上院之修正權　(八)我國不當設差別之理由　(九)議院內審查豫算之機關　(十)全院委員制與特別委員制之得失

第二節　豫算議定之範圍

(一)豫算議定權之制限　(二)一年經費與固定經費　(三)永久豫算之制度　(四)英國之實例　(五)美法德日諸國之實例　(六)賡續費　(七)賡續費之每年分攤

第三節　豫算議定雜題

(一)豫算可分制與不可分制　(二)經費之總額議定與分部議定　(三)豫算之科目　(四)立法科目與行政科目　(五)歲入豫算之議定　(六)豫算不成立　(七)適用前年度豫算之制

第十五章　豫算施行論

第一節　豫算施行之次第

(一)支應司令官　(二)會計主務官　(三)現金出納　(四)金庫制度　(五)合一金庫　(六)行政局部金庫　(七)各官廳金庫　(八)金庫與銀行之關係　(九)英國之制　(十)美國之制　(十一)中國金庫制度改革私議　(十二)度支部銀行之改造　(十三)中央金庫與各省金庫

第二節　豫算施行雜題

(一)科目通用　(二)科目通用之效果及其制限　(三)各國之實例

（四）豫備金　（五）豫備金之必要及其性質　（六）豫備金支應與科目通用之異　（七）各國之實例　（八）豫備金管理法　（九）財政上之非常處分　（八[十]）非常處分之意義　（九[十一]）立法部之事後承諾　（十[十二]）收入剩餘之處分　（十一[十三]）剩餘金發生之原則　（十二[十四]）各官廳處分法　（十三[十五]）中央統一處分法　（十四[十六]）官廳之特別資金　（十五[十七]）中國現制之失當

第十六章　歲計決算論

　第一節　行政監督及司法監督

　　（一）行政監督之必要　（二）決算之公布　（三）行政監督之目的　（四）監督之必要　（五）各國之實例　（六）中國會計檢查院法私案　（七）行政監督之效力　（八）司法監督之效力　（九）現制清理財政官之性質　（十）清理財政官監督之效力如何

　第二節　立法監督及決算報告

　　（一）立法監督之必要　（二）決算及會計檢查報告　（三）決算之形式　（四）決算之審查　（五）立法監督之效力　（六）決算提出之時期　（七）各國之實例

第五編　地方財政論

　第十七章　地方制度論

　　第一節　地方制度與地方財政

　　　（一）地方自治團體之意義　（二）自治團體之職務　（三）官治行政與自治行政之區別　（四）財政之分擔

　　第二節　各國地方制度

　　　（一）單一國之地方制度　（二）英法日諸國制度一斑　（三）聯邦國之地方制度　（四）德國美國制度一斑　（五）聯邦國各州之性質　（六）單一國財政制度與聯邦國財政制度根本之差別

　　第三節　中國地方制度私議

　　　（一）中國現制各省之位置　（二）省之性質一面爲國家行政區域一面爲地方自治團體　（三）省之性質對於地方而爲中央的對於中央而爲地

方的　（四）聯邦分權制度萬不可采之理由　（五）中央集權制度難於實施之理由　（六）根本解決策　（七）行政區域之縮小　（八）民政部大臣監督權之擴張　（九）現制調和策　（十）各省行政機關之改造　（十一）督撫對於兩方面之責任　（十二）諮議局監督權之擴張　（十三）道府行政區域之廢止　（十四）州縣之位置　（十五）城鎮鄉之位置

第十八章　地方財政論

　第一節　通論

　　（一）財政學上地方財政之位置　（二）中央財政與地方財政之系統的配合　（三）各地方人民負擔之均平　（四）中央財政分賦於各地方之法　（五）中央補助各地方財政之法　（六）地方財源　（七）賦役之制　（八）私生計的收入　（九）公生計的收入　（十）國稅之附加稅　（十一）地方之獨立稅目　（十二）獨立稅目之選擇及其制限

　第二節　中國地方財政私議

　　第一項　省之財政

　　　（一）行政區域縮小後各省之財政　（二）現制各省之財政　（三）官治行範圍內之財政與自治行政範圍內之財政　（四）官治範圍豫算與度支部之關係　（五）目[自]治範圍豫算與諮議局之關係　（六）各省財政之司法監督　（七）中央之補助各省　（八）各省之補助州縣以下諸自治團體　（九）各省之財源　（十）各省之募債權　（十一）內債與外債

　　第二項　州縣及城鎮鄉財政

　　　（一）各團體之固有職務　（二）各團體之委任職務　（三）支應兩種職務財源之別　（四）中央及省之補助　（五）州縣稅及城鎮鄉稅　（六）州縣公債及城鎮鄉公債　（七）各團體財政監督之必要　（八）上級官廳監督　（九）公民選舉機關之監督

《財政原論》目次（完）

（1909 年印本）

雙濤閣時事日記（補）*

序　例

　　余爲日記有年，祇以自檢束，且便省記，未嘗示人也。一二親知見者，謂取記中時事一部分以入《國風報》，其於輸進常識，不爲無補。辭不獲已，乃屬憲事小吏，隨日寫之，付諸編輯，而述其例如左方：
　　一、此爲余日記中專涉時事者，他不録。
　　一、所記時事，爲每晨讀報章時隨手記録，故其事間有失實者，亦有一事方在進行中，隨記其所經過，而後此結果乃與前相反者，皆過而存之，以供參稽。
　　一、所記往往附以論評。當一事件中途經過時而預論其結果，誤謬固所不免，悉存之，以校其觀世之識之強弱。前後矛盾者，則以后正前可知。

（1910年3月《國風報》第1卷第5期）

財政問題商榷書初編**

叙　言

　　一月以前，六國借款談判，方次第進行。本會同人，固認借債爲今日中國

---

* 此爲初刊《國風報》的題名，收入《飲冰室合集·專集》時，删去"時事"二字。
** 此書乙篇《償還外債計畫意見書》已收入《飲冰室合集·文集》之二十一，題爲《償還國債意見書》，故不録。

不得已之策也。然如現政府之漫無計畫，徒欲資外債以補行政經費之不足，則本會以爲天下之險未有過是者。反覆討論之結果，謂當將銀行政策貨幣政策外債政策內債政策冶爲一爐，細籌全局，立一大計畫。其大指則在變外債爲內債，將所借外債作爲固定資本，備而不用，用以殖息而已。同人之意，謂必此著辦到，然後租稅政策及其他一切制度，乃有可言也，故名之曰"第一期財政計畫意見書"。又以欲得條件良好之外債，以先孚信於內外爲第一義，故別作"償還外債計畫意見書"，附以詳表，綜覈纖悉，不敢有誕辭焉。詢謀既同，方付剞劂，而監督財政議起，國人咸憤。今則借款談判破裂矣，而國民捐愛國公債不換紙幣之議，未有所決。將來結果，不知何如，財政險象，日益暴著。本編所論，滋不切矣。雖然，本會平昔持論，謂中國今後之財政，若爲消極的支持一時計，則閉關而謀之，未始無策；若欲積極的樹不拔之基，且發達國民生計以拓他日之稅源，始終非利用外資爲，固不可矣。抑我國民非必有所惡於外資也，惡夫緣外資而釀監督財政之惡果而已。然以現政府之漫無計畫，而揮霍之跡歷然，則人之不我信，毋亦我自取之耶？若本會所計畫能見施行，則所借得之款存而不耗也既若彼，而償還計畫確乎可信也又若此，持此以與外資團商榷，又安見不足以間執其口，而卻其無理之要求也哉！信能如是，則外債又何必固拒者。此本會所以不敢有所避，仍公布之以質諸愛國君子也。若夫財政全體，言非一端，本會所賡續討論，亦既積稿逾寸，將取次發布，故茲編名曰"初編"云。

元年六月　本會編輯部識

第一期財政計畫意見書

　　今外債將告成矣。此次所借，爲我國最大之外債，恐亦爲我國最後之外債。苟用之不得當，則母子俱蝕，償還無着，數年以後，政府與國民，同時破產，而國真永淪九淵矣。夫外債宜用之生產不宜用之消費，人人能言之。雖然，據理財總長所報告，本年行政費不敷之額，二萬六千餘萬，將恃此外債以爲彌縫，而舊紙幣三萬三千萬之整理費，尚不在內。信如是也，則雖六千萬鎊外債到手，亦不瞬息而耗盡耳，烏覩所謂生產者哉！吾黨以爲我國財政紊亂，極於今日,決非補苴罅漏所能爲功,更非頭會箕斂所可奏效。若夫興實業濬利源云云,又皆門面語耳,靡論生利未必可期,即有利亦緩不濟急。是非深探本原,通盤籌畫,決不足以回陽九之厄運,立百世之大計也。吾黨同人,有怵於此,爰集衆思,講求大理,謂宜將公債政策銀行政策貨幣政策租稅政策四者,冶爲一爐,同時並舉,各相銜接,各相補助,然後大本立而枝葉可得而治也。乃爲綱領若干條,附以說明,具如左方。夫豈不知茲事體大,驟舉爲難,然熟察大勢,舍此實無救濟之途,且歷觀各先進國,承大難之後,謀建設之業,蓋未有不出於此途而能有濟者。蓋國家譬則輪舟,而財政實爲其汽機。汽機不具,舟安從運？而汽機之爲物,必合全副而後能成,有其一而缺其他焉,不可也,舉其細而遺其大焉更不可也。今我國丁此危急存亡之際,苟財政當局者,猶復苟且偷安,見小欲速,務枝節而不達大體,語以根本計畫,輒望洋而歎,則國事將復何賴！此吾黨所以提出意見,以求國民之審擇也。

第一　目的

一、吾黨之目的,欲借六萬萬外債,而得十二萬萬之用,或更多焉。驟聞者必以爲誕也,然而爲之有道。

二、吾黨之目的,欲使所借外債,將一大部分存爲固定資本,永不動用,而政府及國民,皆直接間接收輸入外資之利,爲之有道。

三、吾黨之目的,欲於無形之中,將外債變爲內債,將定期償還公債變爲永息公債,爲之有道。

四、吾黨之目的,欲於此一兩年中,不待強迫,而得發行內債六萬萬元。夫內債實吾國極難成之業也,然而爲之有道。

五、吾黨之目的,欲國家目前不費一錢,而能銷卻舊鈔幣三萬萬餘元,且收回過賸之銅元,爲之有道。

六、吾黨之目的,欲使外國鈔幣,漸次絕跡於我市場,其硬幣亦然,爲之有道。

七、吾黨之目的,欲使數年之內,全國銀行業大發達,各府州縣,皆得穩健之金融機關,爲之有道。

八、吾黨之目的,欲使利用此次外債之結果,每歲直接獲得千萬元以上之新税源，储之以爲償還準備，爲之有道。

第二　關鍵

一、施行金本位幣制。

二、仿德日制設中央銀行，使總攬發行鈔幣之權。

三、仿美加制設國民銀行，使分領發行鈔幣之權。

四、以法律規定鈔幣之保證準備發行額爲八萬萬元。

五、以兩年內發行內債六萬萬元，使中央銀行承受之，充鈔幣之保證準備；且以次售出於市場，充開辦國民銀行者之保證準備。

六、所借六萬萬元之外債，將二萬萬元存入外國一二大都會之有力銀行，（如英倫銀行之類）以調節國際匯兌。

七、其餘四萬萬元，存入本國中央銀行，使吸集現款充鈔幣兌現準備。

八、中央銀行所承受之內債，以該行鈔幣繳存國庫。

九、頒定國庫制度，使中央銀行及國民銀行代辦國庫事務。

十、國庫出納，全用鈔幣及法定輔幣，但收入許於一定期限內兼用舊幣及其他。

十一、舊官發紙幣及軍用鈔票，於一定期限內悉數與新鈔幣交換。

十二、責成中央銀行收回過賸之銅元。

十三、新鈔幣於兌換條例公布後一年內定期實行兌換。

十四、對於鈔幣收發行稅，對於公債票收所得稅，益以其他一二新稅目，編爲特別會計，名曰減債基金，備將來償還外債之用。

第三　説明

右所舉關鍵諸條，驟視之若渺不相屬；雖然，可先以數言清其眉目也。其綰一切之樞者，惟在銀行。銀行所發鈔幣，必有一大部分不來兌現者。此不來兌現之一部分，實無異銀行向公衆借得一種不付利息且無期償還之存款。雖然，銀行不可不別有債權以爲此種債務之保證也，於是由國家發行公債，而銀行引受之。銀行一面對於公衆爲債務者，一面對於國家爲債權者。持有鈔幣之人民，直接對於銀行爲債權者，實則間接對於國家而爲債權者也。國家直接對於持有債券之人為債務者，實則間接對於持有鈔幣之人而為債務者也。然此種間接債務，可以不支利息，可以無期償還。苟能於一定限度內善用之，則以我國之大，政府於財政上得數萬萬元之挹注，殊非難事。此六萬萬元內債之議，所由得立也。然此種作用，全恃兌換制度之確立。非畫一幣制，則兌換末由得施，故金主位之制，必當同時施行焉。舊鈔幣傷兌換之信用，銅元過賸，幣制動搖，故又當同時收回而銷鎔之。非吸集現款，無以厚兌換之基礎而固其信用也，故宜將所借得之外債，存入中央銀行以資其憑藉。對外匯兌現款流出，則兌換之基礎搖，故宜儲鉅款於外國銀行以調節之。外債之為用，專在此兩者而已。國庫出納委諸銀行，非徒為財務行政上得便利也，即為喚起信用習慣鞏固兌換制度計，亦當爾爾，故國庫制宜同時頒定也。此計畫既行，自能發生新財源以充減債基金之用矣。此諸義者，如五采相施而成錦，如五聲相諧而成調，缺其一焉不可也。苟能同時並舉，則不特國民生計，大食其賜，而國家財政，亦可以驟蘇。今請略為說明之。

一、說明保證準備之性質

本案之主眼，全在銀行；銀行之作用，全在其發行鈔幣；鈔幣之與國家財政有關係也，全在保證準備。故首當從此點說明之。銀行之發兌換鈔幣，凡有持鈔來換者，立予兌現，此定則也。故照例必須銀行存有若干之現款，然後照發若干之鈔幣，斯兌換基礎，永鞏不搖矣。雖然，鈔幣之用，便於硬幣，此盡人所同知也。惟國中無可信之鈔幣，民始不得不專寶硬幣；但使鈔幣隨時可以兌現，則民不喜持現而恒喜持鈔，此又不待教而能者也。故各國銀行之發鈔幣也，其第一著先估算全國需用貨幣約共若干，就中劃出若干成為當用輔幣者，若干成為當用主幣者。其當用輔幣之部分，不能以鈔幣代表者也；其當用主幣之部分，可以鈔幣代表者也。而所出代表主幣之鈔，但使供不逾求，則必展轉流通於市場，而持以兌現者甚罕。故銀行對於所出鈔幣之總額，但預備一小部分之現款以應隨時兌現之用足矣；其他大部分，可以無須現款。何也？市面上必須爾許鈔幣乃能足用，則無人持以兌現者，或甲方來兌現，而乙方復來領鈔，不轉瞬而現款復吸返於銀行之庫矣。即此供不逾求之一界線，名之曰鈔幣需用之最低限度。在此限度內之鈔幣，皆可以無須預備現款而發行者也。雖然，所謂無須預備現款者，非謂並款而可以不備也，但謂所備者不必為現耳。蓋銀行發一圓之鈔幣,即對於公衆而負一圓之債務。雖債主不遽索償,然安可不常思所以應之者?故必有同量之資產或債權與之相消,然後信用乃得孚。現款準備者,銀行之資產也;保證準備者,銀行之債權也。人民之持有銀行鈔幣者,必有一小部分持來兌現,則以所準備之現款應之;其大部分則目前不持來兌現,惟信銀行隨時有現可兌而已。故銀行亦不必備現款,但貯有各種債權證券隨時能易得現款者,斯足以應之矣。此種債權證券維何?則內外公債票、公司股份票、公司債票、商業期票、借據等皆是也。(各種證券中,何種最適於保證準備,當分別論之。)用此種證券作保證,名之曰保證準備。保證準備者,發行鈔幣最妙且最要之作用也。

二、說明中國所以設八萬萬圓保證準備額之理由

保證準備額者,國家以法律規定銀行所得用保證準備發行鈔幣之額數也。(采比例發行制之國,則此額非由法定。但此非我國所宜效。)規定此額數,當以鈔幣需用之最低限度爲標準。觀前條所說,其理自明。今我國果最少當需鈔幣若干乃能足用乎?此無論何人,皆未由漫然武斷者也。蓋欲知鈔幣需用額,必當先考貨幣全體需用額。而貨幣需用額,既緣商業發達之程度而增減,復緣代用物之有無而增減。欲以他國例我國,固無一而可也。若強求一切近之比例,則莫如觀日本之在台灣。台灣人口三百萬,而台灣銀行所發鈔幣,常在一千二百萬內外,其保證準備額,定爲一千萬。是台灣每人平均用鈔幣四元,而其保證準備額,則每人平均約三元三角餘也。台灣前此文化程度,本下於各行省;及隸日本後,經保育開發,今蓋方駕閩粵矣。其所需鈔幣之最低限度若彼,若以我國四萬萬人比例之,則當需用鈔幣十六萬萬元,其保證準備額,可定爲十二三萬萬元。但保證準備額,太少固病穀,太多亦病濫。而當此國本杌陧信用未孚之際,則寧穀毋濫。今擬定爲八萬萬元者,約計每人所需貨幣,平均不能少於五元。故全國硬幣軟幣主幣輔幣合計,約共須二十萬萬元。我國大商務未發達,輔幣之用,視他國較廣,假定爲應居全幣額五分之二(各國輔幣,大率僅占全幣額五分一耳),故宜鑄輔幣約七八萬萬元,此必須用硬幣者也。其餘主幣約需十二三萬萬元,則最多備硬幣三分之一已足,其餘皆可以鈔幣充之。(日本明治四十一年,統計全國共有貨幣六萬二千壹百餘萬元,內軟幣三萬二千三百餘萬元,硬幣二萬九千七百餘萬元。其硬幣中充中央銀行現款準備者,一萬四千六百餘萬元;流通於市場者,一萬五千九百餘萬元。而流通市場

之一部分,輔幣居一萬三千餘萬元,主幣二千八百餘萬元。是日本每人平均需用貨幣十二元餘,內軟幣六元四角餘,硬幣五元七角餘。而此項硬幣中約一半存在中央銀行庫中,故市面流通之硬幣,平均每人三元有奇,內主幣則平均每人五角有奇,輔幣則平均每人二元五角有奇也。若以我國人口比例日本人口,應得貨幣總額四十八萬萬元餘,內軟幣可發二十六萬萬元餘,硬幣二十四萬萬元餘。其貯存中央銀行者,十二萬萬;流通民間者如之。其流通民間一部分,則輔幣居十萬萬內外,餘者為主幣也。但我國生計情況,與日本相去頗遠,故不必援以為比。)今試將十二萬萬元之鈔幣,散布市場,則每人平均不過佔用三元耳。台灣且人需四元,則我之三元,豈其患多者!而此十二萬萬元之鈔幣,但使有四萬萬元現款準備,則兌換基礎,已確乎不拔。故保證準備,可定為八萬萬元也。夫以我國設八萬萬元之保證準備額,不過每人平均占二元耳,以視台灣之人占三元三角餘者,尚不逮其三之二。每人挾二元之鈔幣,只患其少,不患其多。但使銀行信用稍孚,則斷無持來兌現者。故此額實可名為中國鈔幣需用最低限度也。

三、說明所以擬借內債六萬萬元令中央銀行承受之理由

問者曰:既已借有外債矣,何必復借內債,且至六萬萬元之多耶?應之曰:內債者,為調劑全國金融市場決不可少之物;無之,則國中生計末由發達。今之議募借,非僅為救政府財政之窘而已。今之中國,非潤之以外資,則人民決無應募內債之能力,故外債誠不可以已。然外債不足以收調節國內金融之用,故內債亦不可以已也。且發行鈔幣,必須得有價債權證券以為保證準備,既如前述。此等證券,種類雖多,而要以國家公債票及短期確實之商業期票為最良。此各國銀行家經驗之公言也。今者全國中,曾無一枚確實可靠之有價證券。商業期票,非俟銀行業大昌之後,斷無從發達。現在則並穩固之公司股票而亦無之,然則全國中究有何物可充銀行之保證準備者?既無物以充保證準備,則祇能有若干現款出若干鈔幣。現在全國現款安能敷全國易中之用,惟有令全國常在金融涸竭之境遇以底於破產而已。且中央銀行所以能吸集現款者,其妙用全恃有保證準備發行之鈔幣。(說詳下。)今若無此物,則專恃本銀行原有之資本及客戶存款,為數能幾何?恐欲比例之以發數千萬元之鈔幣,猶不可得,況倍蓰此數哉!則中央銀行無術以吸集市場現款,現款準備無從擴充,鈔幣流通自無從擴充,是兌換制度永無確立之日也。夫兌換制度不立,則新幣制未由施行;新幣制不施行,則國家財政國民生計,一切皆無所麗,此豈直一部分之憂而已哉!故發行此項內債,其最大目的,即以供發鈔銀行(中央銀行及國民

銀行皆得發行鈔幣，統名爲發鈔銀行。下仿此）保證準備之用。他日別種有價證券發達，則發鈔銀行之保證品，不專恃此，原可以散布之於市場。今日則非有此物，無從語於銀行制度也。（舊大清銀行兌換則例，准以五成之保證準備出鈔幣。然以全國中無可信之有價證券也，乃許以本銀行之資本及公積充保證準備之數。無論各國無此辦法，藉曰不妨自我作古，然試問大清銀行資本公積合計，能有幾何？最多至千餘萬極矣。千餘萬之鈔幣，在我國市面，何異九牛一毛！似此安能盡統一貨幣調節金融之職務？亡清苟且之法不足道矣，願從事新建設者勿蹈其轍也。)

四、說明中央銀行力能承受此鉅債之理由

問者曰：前此舉辦內債，不下十數次，其債額皆甚微微，然已無一次不失敗。今乃侈言借此巨債，甚矣其誕也！應之曰：不然。有供無求之物品，雖極少亦無人過問；苟供求相應，則雖多焉而不爲病也。前此內債，除貯諸笥底以待派息還本外，一無所用，誰樂受之？今發鈔銀行，既享有用保證準備以發行鈔幣之權利，然非儲有確實之有價證券，不能行使此權利。而全國中舍此項內債外，更無他物可以充保證準備，豈患其不樂應哉！夫既定保證準備額爲八萬萬，今僅募內債六萬萬，則對於此額，尚不足二萬萬。銀行若欲盡用其法定發行力，則除將此項債券全數承受外，仍須覓他種有價證券以補之。故此數決不嫌其多也。問者曰：子言誠是。然必銀行先有爾許資力，乃敢於承受。借問銀行安所得此？應之曰：若使銀行受取政府之公債票，立即須備現款以繳納於政府，斯力誠不逮矣。然而無須也。政府以債券交付銀行，銀行以同額之鈔幣繳呈政府（事實上並不須繳呈。蓋中央銀行必代理國庫事務，國庫收入悉存貯銀行中，但在帳簿上互證明債權債務之關係足矣），不過以紙易紙而已。問者曰：銀行以鈔幣向政府易得債券，政府須經若干年後乃負償還義務。政府以債券向銀行易得鈔幣，旋即將鈔幣充各種政費之用以流布諸市場。市場之人，持向銀行兌現，銀行立須負兌換義務。然則銀行非備有現款，安敢貿然出鈔票以易債券者？應之曰：若使銀行信用不孚，或雖孚矣，而所發鈔幣供過於求，則持鈔者紛來兌現，誠所不免。今既有道以使銀行信用確立（說詳下），而區區數萬萬元之鈔幣，不過在保證準備額內漸次發行，則誰復以兌現爲急者？既不兌現，則銀行所負義務，實永遠名義上之義務而已，故以公債券上之債權爲保證而已足也。今各國政府，皆有所謂永息公債者。（亦名無期償還公債。今世各國公債，什九屬此種。）我國人驟聞之，不審其何以克致，謂以此償還無期之債券，胡其民乃樂受不疑也？殊不知各國公債，其大部分常在銀行庫中，而以充發鈔之保證準備者，爲數尤夥。夫保證準備之鈔

幣,事實上蓋永無兌換者也。則以永息公債作保,誰曰非宜？我國若辦此項公債,即可應用最良之原則,定爲無期隨意償還。則非特開內債史之新紀元,抑亦數十年來公債史之一革命也。

中央銀行承受此項債券,雖一枚不能轉賣而永扃諸庫底,亦不足爲該行病。何也？用爲保證準備,所獲已多也。雖然,發行債券之大目的,本在調節金融市場,決非願其永固定於一處。且事勢相引,亦斷不許其如此。蓋發鈔權既由國民銀行與中央銀行共行之,而國民銀行鈔幣之保證,更不許用公債以外之物。(美國現制日本舊制皆如是。說詳下方。)將來國民銀行發達,則中央銀行所持之債券,其大部分將移於彼。(中央銀行例得用他種有價證券,作保證準備,不限於公債。)且金融機關既整備以後,各種公司及私人需用公債之途,日益擴張,數萬萬元之公債,絕不至以供多求少爲患也。

五、說明利用公債作保證準備以收回舊鈔幣及整頓銅元之法

晚清時代大清交通各銀行及各省官錢局所發紙幣,爲數已不少；軍興以來,更濫發軍用鈔票。據最近理財總長所報告,謂總額已三萬三千餘萬元。此等雖名爲兌換券,然絕無兌換之準備,事實上久已成爲不換紙幣矣。不從速銷卻之,則愈久愈不可收拾。此識者所同憂也。吾黨以爲此誠一難題,然及今圖之,尚非無著手處。日本當明治十一二年時,人口不過三千餘萬,其不換紙幣一萬六千餘萬元,每人平均占五元弱。美國南北戰爭後,不換紙幣四萬五千萬打拉,比例當時人口,每人平均占十二打拉強。然皆由銀行政策與公債政策運用得宜,卒能從容整理以確立兌換制度。今我國舊鈔幣,雖未得確實統計,若理財總長所報告非謬,則比例人口,每人平均所占尚不滿一元。我國生計程度雖幼稚,然鈔幣需用之最低限度,必不僅人占一元明矣。所慮者,他日續發方無已耳。誠能及今整理,則雖直布兌換制,亦當無窒礙。法當於新銀行條例既頒定後,旋即頒一命令,使於一定期限內,將舊鈔幣與新銀行鈔幣交換(不許以舊鈔幣直向銀行兌現)；期限以後,得持新鈔幣隨時向銀行兌現。(銀行實行兌現,必須於銀行條例頒定數月後乃能行之。此於幣制上別有關係,不僅爲舊鈔幣防弊起見而已。其理由別詳下文。)此三萬三千餘萬,尚不逮保證準備額之半,其不致搖動兌換基礎甚明。(參觀次段。)

銅元病民,舉國共見。據當局所調查,謂總額當值三萬萬元內外,洵爲金融界膏肓之患。今欲整理之,除卻將過贆之一部分收回外,更無良法。政府爲

畫一幣制起見，雖忍苦痛，猶當毅然行之。法當定一時價，令民持向發鈔銀行，與新鈔幣交換。（本當照法定原價，以百枚換主幣一元，乃爲正辦。但現在爲數太多，價值久落，略依現在市價交換，民不以爲厲已。且贋造太多，若換法定原價，適以獎之，故雖隨時定交換時價，亦可。）銀行收得後，即繳回政府，暫勿發出，待他日斟酌各地方情形，徐圖分布。此正本清源之道也。

以上兩事之辦法，國中識者，類能見及，所苦者無術以得此財源耳。計收回舊鈔幣之三萬三千餘萬元，一出而不復歸者也，易得廢紙，摧燒之而已。銅元值三萬萬元，最少亦當收回三之一，又一萬萬元矣。此一萬萬元之廢銅，原價恐不能及三之一，則所損失總須數千萬。兩者合計，非得四萬萬元內外不能著手。今即借得外債數萬萬，而以補昨今兩年行政費之不足，瞬息且立盡，安有餘力及此？此論者所爲談虎色變也。而吾之所以更議借內債六萬萬者，亦即爲此。今試發此債券，令中央銀行承受之。銀行本宜繳六萬萬現款於政府也，然而不必，但預備六萬萬元之鈔幣，任政府隨時提用足矣。政府又不必悉數提用也，令銀行將應繳之鈔幣，酌撥各處，以與舊鈔幣及銅元交換，費去若干，則報銷於政府足矣。是政府可以不費一錢而坐消此兩大蠹，且尚餘二萬萬以供他種建設費也。夫曰不費一錢，言誠近誕。蓋此項公債，將來終須償還，而每年負擔之利息，亦不得云少也。雖然，鈔幣常需保證準備，保證準備常需公債。此數萬萬元之公債，可以遲之又久然後償還；即既償還，仍須別發新債券以補之。則自國庫一方面觀之，除歲給微息外，雖謂之絕無損失可也。然民之食賜，則既無量矣。

六、說明所以將所借外債四萬萬元存入中央銀行之故

所以擬將所借外債四萬萬元存入中央銀行者：（一）整理財務行政，首在改革國庫制度。將來必須采各國通例，委中央銀行代辦國庫事務，則國家所有收入，例應存入銀行，隨時支取。此次借得外債，盡數存入銀行，固其宜也。（二）尤有最要之一著焉。前五段所言用內債充保證準備發行鈔幣之法，就國家財政與國民生計兩方面觀之，皆以此爲起死回生之聖藥，無俟深辨。然必如何然後可以施行無障，則首在兌換基礎之確立。兌換基礎既確立以後，信用洽孚於民，則民於鈔幣需用最低限度內，必無或持鈔以求兌現。此現今各文明國普通現象也。雖然，我國人於信用習慣，養之無素；且前此各銀行錢局等失信既屢，

驚弓之鳥，疑猜滋多。故非先示之以大信，無以植基於不敝。大約全國之兌換鈔幣，陸續發行，雖至十萬萬以上，決不嫌多。而當兌換制初布伊始，必須預備一二萬萬現款，以應兌現者之請求。但使能於半年內，將此一二萬散布市場，令鈔幣大博信用，則半年以後，所散出之款，必仍歸銀行庫中。根基一定，兌換制永不復搖動矣。然中央銀行初辦時從何得此巨款，故非先藉國家存款爲之挹注焉不可也。夫中央銀行辦理得宜，常爲國家財政命脈所繫，而非有國家之後援，則中央銀行亦末由行其職務。各國皆然，非直我矣。

七、說明中央銀行吸集現款之作用及其與改革幣制之關係

政府雖以四萬萬元存入中央銀行，而此四萬萬元不能遽指爲現款也，不過自京滬各外國銀行得有債權證書，隨時可以劃撥而已。夫中央銀行所以具有絕大威力，能綰全國金融之鍵而調節保育之者，以其常爲一國現款之集中點也。（今歐洲日本諸國，全國硬幣，儲於中央銀行庫內以供兌換準備者，恆十之六七；其散在市場者僅十之二三。）夫惟現款集中，斯準備力厚，兌換基礎，永不動搖。銀行鈔幣，常存發行餘力，一旦有事，則盡用其力以救濟之甚易。（發行餘力者，屬於保證準備額言之也。例如我國定保證準備額爲八萬萬元，而全國需用鈔幣常十二萬萬，銀行固不得不照此數以供給之，則視其所蓄現款之額何如，而發行力有增減焉。苟蓄有四萬萬元之現款，則所餘八萬萬正與保證準備額脗合，發行力正盡。苟蓄有五萬萬元之現款，則同是十二萬萬元之鈔幣也，而其用保證準備發行者僅七萬萬，斯有一萬萬之發行餘力矣。若現款不及四萬萬而仍發鈔十二萬萬，或現款僅四萬萬而發鈔十二萬萬以上，則名之曰制限外發行。制限外發行，可暫不可常。而爲銀行信用起見，總以能常存發行餘力爲貴。）故各國中央銀行，恆出種種手段，務吸集現款，非無故也。今我中央銀行，既設有八萬萬元之保證準備額，復得有政府四萬萬元之存款，則其所資以爲吸集現款之具者既甚便，亦視所以善用之者何如耳。大抵我國現款，其一部分散在市場，其一部分藏在京滬港各外國銀行庫底。欲吸集之，則兩方面皆須注意焉。吸集散在市場之一部分，當用兩法：其一，采主幣自由鑄造之制；其二，認鈔幣爲最重要之法幣，務使納租稅及其他公款，非用此不可。其第一法，關於貨幣學理，其說甚長，今姑緩述。其第二法，則據舊預算案，國家每年收入二萬七千餘萬，人民或以現款交納，或以新鈔幣交納，本聽其便。其以現款交納者，國家則以存入銀行，其以鈔幣交納者，必其先持現款以易得此鈔幣者也，其現款自必展轉先入於銀行矣。而國家支出之款，則一切悉用鈔幣，除持幣兌現外，則現款一文不復流出。計一年間出入相抵，銀行所儲蓄現款，可望至一

萬萬以上。而自由鑄造之所吸者，亦可望數千萬。此吸集市場現款之法也。外國銀行庫底之現款，彼所恃以爲發行該行鈔票之準備也。外國鈔票日橫溢於我市場，苟無術以抵制之，則不惟侵蝕本國鈔幣之範圍，令我無發行餘地，且將倒持太阿，授人以柄，他日金融全權，盡爲所握，我將純變爲生計上之屬國。故將此宗現款，逐漸收還於本國中央銀行，實我國言理財者第一急務也。茲事以吾黨所見，極有辦法。惟事關機密，行之須極巧妙，此萬不能形諸筆墨也。

鈔幣本以兌換爲正辦。然當初發之時，未能遽行兌換，非徒以現款吸集未足而已，且新幣尚未鑄成，即併力趕鑄，亦豈能咄嗟供全國流通兌換之用？故頒定兌換制度時，宜聲明此著，約俟一年或數個月後乃許兌換。若能辦理得宜，則在此期間，所吸得之現款已不少，而新幣亦可陸續鑄備矣。夫以我國現在幣制之紊亂，幣式之複雜，欲廓清而畫一之，非假塗於兌換鈔幣，萬難圖功。此其所關者，又豈僅在銀行事業而已！

八、説明所以將二萬萬元存入外國銀行之理由

此舉之目的，一以防現款之流出，一以獎金塊之流入，而總以爲行金主位幣制之預備。吾黨對於幣制問題，疇昔不敢遽議行金主位也，但欲借銀主位爲過渡，一二年後乃行虛金主位焉耳。雖然，國於今日之世界，終非金主位不能外競。疇昔所以不敢議行者，以得金無術耳。今既借得大宗外債，則此一二年間，吾國對外，有莫大之債權（將來雖成債務，目前則爲債權），其情形恰與驟得償金於外國者同一位置。（日本所以能改金主位，全恃得償金於我。德之行此，亦緣得償金於法。今我忍辱借款，情形雖與彼相反，然就借款後一二年之國際借替關係言之，則正同一位置也。）舍今日不行金主位，他日更無行之之時。此我國民所當一決者也。行金主位之要著，首在儲金於中央銀行以爲兌換準備。我國今日現金至乏，惟有設法吸之於外。吸金於外之法，則亦在利用國際兌匯之關係而操縱之耳。凡國際借貸，皆以匯票。然對外債權多於債務，則匯入之票價騰，匯出之票價落；債務多於債權者反是。權務太不足以相殺，則騰落逾其度，而須輸送現款以補其窮，名曰現款輸送點。我國歷年對外貿易輸入超過者常六七千萬，復加以外債償還本息三千餘萬，雖華僑匯歸之款數千萬，略足抵其一部分，然仍以須歲負債務爲常，故遞年現款流出者不知凡幾。民生所以日悴，此亦其一原因也。今借得大宗外債，定期以一二年內交到，則此一二年中，我之對外債權，遠過於其債務（前此債

務之差額,約千萬內外。今若借得六萬萬,分三年交納,則每年除補差額外,尚應有債權一萬九千萬內外也),疇昔須輸出現款者,今必須輸入現款明矣。使我國而仍用銀主位制,則輸入之現款,將悉以銀充之。全世界之廢銀,將悉流潴於我國,將來窮於處分,爲患不可勝言。觀現在借款將成,而銀價即連日暴騰,消息可窺一斑矣。故必當於借款成立之時,旋即布金主位幣制,同時施行購銀條例。(仿美國印度之制。)此著既辦到,則可以遏廢銀入口之勢矣。其所借得之款,以二萬萬存於外國市場。凡本國匯出之票,由此項下劃撥,則本國現存之金,斷無或流出。而外國匯入之票,其價恒在現款輸送點以上,現金自不得不流入。若行之得法,一二年間,可望吸現金二三萬萬元以上。合以本國現有之金,次第吸集於中央銀行,而復以小部分之銀爲補助,則兌換之基礎,穩於崇嶽矣。然現金雖暫時流入,苟非有法以保持之,不旋踵仍可以流出。保持之法,則常賴有在外之現款以爲補苴。日本所以維持金主位幣制,恒恃此也。本案所以擬存款於外國銀行者,亦爲此也。

九、說明中央銀行與國民銀行同有發鈔權之理由

　　此事關係國民生計甚鉅,但其理由非詳說不能明瞭,當別爲專案研究之。今簡單述其大意,則非兼采國民銀行制,不能促銀行業之發達。且公債之用途,無自而廣;公債之價值,無自而生也。今且先就公債一方面言之。論者多疑於中央銀行制與國民銀行制不兩立,吾黨昔亦同此懷疑。今積多次研究,得有調劑妙法,俟爲專案論之。

　　吾前言發公債六萬萬,令中央銀行承受,非謂必同時並發也,不過於若干期限內,擬定可以共發此數而已。又非必盡由中央銀行受之也,謂中央銀行雖以獨力猶能受此數而已。而立法之本意,則總期此債權散布於全國多數人之手,斯又不待辦也。然所以達此目的之法,必賴國民銀行。請言其理。今當財政竭蹶之際,一切政費無出,酬勞有功,則擬用公債;解散軍隊,則擬用公債;發給官俸,則擬用公債。然軍民持此公債,不知索償期以何時,其不樂受宜也。而國家負此債務,將來終須償還,而目前竟不能資之爲生利之具,其可惜又孰甚!今試仿美國現行制及日本明治六年至三十年之制,頒國民銀行條例,凡人民組織公司設立銀行以公債票存納於政府者,許其發行與所納公債票同額(或八九成)之鈔幣。例如有軍隊一萬於此,人給五十元之公債票以行解散。其在現時，軍人挾此債券，無道以易得現錢，除歲領微息外，更無道以生利也。國民銀行制既頒，則此萬人者，可組織一五十萬元之有限公司以開銀行，將所有公債票存納政府作抵，得發四十餘萬元之鈔幣。將此鈔幣揭貸與人，可以得一分以上之利息；而公債之原息數釐，仍歸其所有，是得兩重息也。而市場得此四十餘萬元以展轉挹注，生產事業緣此而興者，又不知凡幾矣。昔日本當明治六年，發行金禄公債一萬六千萬元。其華族之領有此公債者，胥謀利用之以開"第十五國立銀行"（國民銀行日本名之曰國立銀行），同時又設立"日本鐵道會社"，由第十五國立銀行貸給二千餘萬元，遂建鐵路五百餘英里。而後此西南之役，該銀行尚有鉅款貸給政府。此成效之最著者也。我國若行此制，則本年內對於軍吏俸餉等項，雖發一萬萬元以上之公債，而不爲病。一面設法普勸持有公債券者，集資開國民銀行而已。彼輩能自開固善也，即不能，而見機敏捷之商人，必有購取其債票以開之者，則債票之價值生，國家之威信進矣。而持票者既可以得錢，斯亦不以國家爲厲已也。此一萬萬元之債券，一變而爲國民銀行之資本，再變而爲鈔幣。銀行擁此鈔幣，必放貸與人乃能生利也。於是可以引受各種公司之社債，折收各種商業之融通期票，則市面上可以得低利資本之供給。數年以後，所生之利，雖倍蓰於一萬萬元可也。又不徒此項債票爲然也，即政府責成中央銀行承受以充保證準備之債票，一俟國民銀行條例既布以後，人民欲開國民銀行者，必須求得公債票，則必有向中央銀行轉買者，而該債票遂漸次入於多數人之手矣。於是乎中央銀行賣出債票之結果，或吸集得現金，或易取他項之有價證券。自是中央銀行之保證準備，不必專恃公債，各種證券，可以句出萌達，而全國金融機關，可以大改觀矣。此於謂一舉而數善備也。

所擬保證準備額八萬萬，本可盡此額以發公債。雖然，保證準備純用公債，非術之善者也，必當留出一部分以資他種有價證券發達之地步，此所以暫定新募公債額爲六萬萬也。此六萬萬不必同時發之，但預定於一兩年內共發此數而已；又非必全由中央銀行承受，但未有人承受者，則暫由中央銀行先承受而已。例如第一次發二萬萬元，其一萬萬元以供解散軍隊折給官俸之用，已散在軍民手中；其餘一萬萬元，則由中央銀行承受也。中央銀行承受一萬萬元，則可以出一萬萬元之鈔幣；其餘一萬萬元，視其有若干已充國民銀行資本者，則該國民銀行，可以出同額之鈔幣。但使中央國民兩種銀行所出鈔幣，合計不逾八萬萬,則在此最低限度内,必無或持鈔兌現者。而鈔幣之保證,什九恃公債。公債僅以發六萬萬爲限,則市面鈔幣,除現款準備項下外,無緣得逾八萬萬也。斯兌換基礎,永不搖動矣。

十、說明本案救濟財政現狀之效及將來償還計畫

據本案所擬,則借外債六萬萬内債六萬萬,共爲十二萬萬。除存入外國銀行之二萬萬元專以備調節國際匯兌用不宜妄動外,自餘十萬萬,則存於本國中央銀行,而該銀行應隨時以鈔幣繳政府應用者也。内除賞功及解散軍隊與夫他項所用公債,假定爲一萬萬,此項不經銀行手,則銀行應繳政府之鈔,約爲九萬萬。又除政府以四萬萬委託銀行收回舊鈔幣及銅元,則銀行應繳政府之鈔,約爲五萬萬。政府爲補助銀行吸集現款鞏固兌換基礎起見,其所存之四萬萬,不宜悉數提用。大抵當最初一二年間當常存半數勿妄動,實際所能提用之鈔,約三萬萬也。問者曰:借六萬萬外債而僅得三萬萬之用,爲計不太拙乎?答之曰:苟非用此法,則賞功軍及其他臨時費皆須發現款,假定此數爲一萬萬,則所借外債,僅餘五萬萬矣。收回舊鈔幣及銅元,假定費四萬萬,則所餘僅一萬萬矣。其多寡視本案所計畫何如者!夫本案所計畫,則國家不加費一錢,而可以支辦解散軍隊等之臨時費,可以整頓舊鈔幣及銅元,尚有三萬萬爲補助行政費及建設生利之用。不寧惟是,其所借外債六萬萬,更有三分之二原封未動也。夫本案非有他謬巧,不過於外債之外,更加以同額之内債耳。内債之議,國中倡之者不乏人。然不得其法,則雖刑威勢迫,恐欲求千數百萬而不可得;今用此法,則數萬萬不難立致耳。不得其法,則内債債券,爲無用之長物,國家空負債務,人民未由利用此債權以爲生產;今用此法,則由内債所生之利益,相引無盡,各方面咸食其賜耳。夫外債用諸生產則爲利,用之消費則爲害,此稍具常識者所同稱道也。今得此外債而漫然無計畫以用之,則以補行政經費之不足,一兩年而盡耳,消費孰甚焉!依本案所計畫,則儲其大部分以供兌換準備之用,究其實,則不過以外債供給銀行營業資金而已。銀行憑藉此資金,則可以引受内債,可以弘通鈔幣。内債既行,人民得憑藉之爲資本,以興種種產業;全國現款,保存於中央一有力機關,而代之以鈔幣,以流通於市面,是一重資本而得兩三重之用,生產力莫大焉。此其效果,又非鰓鰓然設一官辦工廠築一國有鐵路者所可同日語也。

問者曰：如子所言，政府驟得兩大宗款項以資運畫，爲現時計，則良得矣，而負累日重，將來償還，將安所出？應之曰：今即不用此計畫，而六萬萬外債之負累，終不能免。今所增益者，則新內債之累耳。然此項內債，其目的本以充鈔幣保證準備之用。我國鈔幣需用最低限度，既不能少於八萬萬，則無論何時，而充保證準備用之內債，亦終不能少於六萬萬。故此項內債，實可用永息公債辦法，而不必汲汲於償還。即政府他日欲償還以固信用，亦惟有借新還舊耳。非國家不願還，實市場形勢不許還也。故目前所立償還計畫，但注重外債而已足。外債既以三分之一存入外國銀行，其餘存在中央銀行者亦僅動用其半，是所借外債，實有三分之二留爲固定資本，未嘗稍缺也。其三分一則爲流動資本，而直接間接所生之利，可儲積以備償還者固不乏。試舉其一二。各國中央銀行，對於保證準備所發行之鈔幣，莫不徵發行稅。稅率最微者，莫如日本，猶徵千分之十二半。我國若采其制，則八萬萬元之鈔幣，歲可徵稅千萬元。此實行本案以後直接所得之新稅源一也。內債六萬萬，假定爲六釐息，而對於持有債券者徵所得稅千分之二十，歲可得七八十萬。此實行本案後直接所得之新稅源二也。我國疇昔言理財者，恒艷羨印花稅，然印花稅之爲物，非國中有價證券大發達之後，安從辦起？實行本案後，則人民漸知有價證券之作用，各項證券，句出萌達，於其買賣移轉之間，而印花稅之收入可以日增。此間接所得之新稅源三也。其他因貨幣畫一金融圓活之故，致各種產業，可以勃興，其重重間接開拓稅源者，益更僕難數。於諸種新稅源中，割出數項，編爲特別會計，名曰減債基金，歲歲利殖之以供他日償還之用，爲道抑非難矣。更質言之，則本案對於將來之計畫，可謂之變外債爲內債，變定期償還債爲永息債。國家之負累雖同，然其危險分子，則已剗去矣。

第四　結論

此計畫非吾黨所能嚮壁虛造也。槐脫之在俄，布黎士的之在奧，盧薩志之在意，松方正義之在日本，皆當財政紊亂竭蹶達於極點之時，起死而肉骨之，其所恃以爲轉捩之機者，罔不由是。譬之理蒙茸之裘，非挈領而振之，終不可理矣。金融與財政之關係，則領之在裘也。故言財政而不首注意於金融，未有能有功者。今若實行吾黨所計畫，則（一）供給國民以善良之貨幣，民志定矣。

(二)兌換基礎立，收節省貨幣之效，而資本之用，增加倍蓰矣。(三)現款集中，而時其出入，救濟市場極便利，無恐慌之患矣。(四)中央銀行威力漸強，外國資本團，無從挾制矣。(五)有法以獎厲國民銀行，使之發達，則金融機關，徧於全國矣。(六)民漸睹公債之利而習於其用，他日國家有不時之需，再募新債，亦易為力，不必仰給於外矣。(七)公債利用之途既開，則他種有價證券之觀念，亦聯想而發達，資本之活用，相引於靡窮矣。(八)銀行業既發達，則不能不思所以利殖其資金者，則廉息以放諸市場，而各種實業浡然興矣。(九)實業浡興之結果，各種新稅源自增，而國庫收入可日豐矣。(十)國計與民生，俱日向榮，期以歲年，可永脫債務國之資格矣。以上所論，粗舉其概；若悉數其展轉相生之利，雖累牘不能盡也。是故吾黨深願我國民常目在之，而促政府以實行也。

比者外國資本團乘我之危，乃至提出監督財兵等條件以要我。我國民憤其橫暴也，於是拒債之議復驟昌焉。吾黨自始固非絕對主持借債論者也，資本團近日之舉動，又吾黨所深為痛心疾首也。雖然，熟鑑國內情形，苟非暫假外資以為母財，則雖有萬全之計畫，亦無從著手。苟得母財而善用之，則後來之希望，又泱泱乎未有涯涘也。此吾黨所以不敢漫為無責任之言，侈談拒債以迎合輿論也。夫外人所以提出監督財政之議者，毋亦以防我浪費為口實云爾。而我前此所借外債，其浪費之跡，實章章不可揜；而後此計畫，又未嘗示人以可信之道，則人之見責，亦何足怪！誠能實行本案，則所借之債，實全用為固定資本，幾於備而不用，不過憑藉之以為生利之媒介已耳。持此以與資本團交涉，或亦可以塞其口而減殺其嚴酷之條件也。

夫既倡拒債，而司農仰屋，國家機關無道以運轉也，則不得不求別法焉以拯救之。於是有三種有力之説出焉：曰國民捐，曰強迫公債，曰不換紙幣。今請更研究此三者之得失。

（一）國民捐何如　倡此說者，專訴諸國民之愛國心。夫愛國心誠可利用也，然而有其限度。苟當救死不贍之時，雖有賢聖，亦不能責之先公而後私。我國今日實民窮財盡之時也，今政費歲入不足垂三萬萬，而欲恃民捐以補其缺，稍有責任心之政治家，當不能為此言。此殆不足深辯。

（二）強迫公債何如　內債與外債之利害比較，緣夫國情時勢而各有不同，非可以一言武斷。而外債之危險，過於內債，此實情也。故倡此說者不能謂爲無見。夫吾黨固極力主張內債者也，然謂欲得內債，行之當有道。若本案所擬，則固不事強迫而可得數萬萬矣。若乃不根據生計上之原則，不應用財政上之學理，而欲冥行擿埴以求之，則二十年前之昭信股票，去年北方之愛國公債，其已事矣。刑威勢迫，所得幾何；操之過蹙，釀變而已。夫國民捐與強迫公債，皆空想而斷不能收效，固無論；假使遂能實行，而其影響於國民生計者何如，又不可不熟慮也。吸集全國之遊資，以供國家行政之消費，民復何所賴以從事生產者？民業既悴，稅源亦涸，即國家又何利焉？

（三）不換紙幣何如　不換紙幣，爲財政上之非常手段。今國家危急至此，冒險以行之，亦吾黨所相對的贊成也。雖然，不換紙幣濫發過度，則流弊不可勝窮。以此權畀現政府，其果能免濫發之弊與否，非直吾黨所不敢保證，恐亦國民全體所不敢保證也。不甯惟是，政府雖欲發不換紙幣，然其遂能否流通於市場，良亦難言。今市面上固有多數之外國銀幣外國銀行兌換券也，政府之力，無從掃而去之。民不信用政府，則專用彼等爲易中之具，其究也，必至將本國正幣盡行驅逐，而發行兌換鈔幣之權，漸次爲外國銀行所蝕盡而已。故我國而欲行此，其特別之危險，又非他國所能例也。夫不換紙幣，不過一種無息之公債而已。使國內公債，已供過於求，末從再發，則行此良非得已。今我國舊有公債，不逮數百萬，而保證準備額，可容數萬萬，公債不患無用途，則何若不布兌換制度以示大信於內外哉！夫不換紙幣之正則，亦惟當於鈔幣需用最低限度內行之。而此最低限度內，則皆可以公債作保證而發兌換鈔幣者也。以本案所計畫與不換紙幣相較，則彼爲無息之公債，此爲有息之公債而已。國家出此微息，而民信焉，外人欽焉，且其公債又可多得一重生產媒介之用，孰與冒險而惴惴於流弊者哉！

是故吾黨思之重思之，以爲今日中國救亡起衰，舍采用本案外，更無良圖。故願竭黨人之力以期其成，且望國民咸贊之以貫其的。此則發布本意見書之微意也。

（共和建設討論會 1912 年 6 月版）

財政問題商榷書次編

吾黨對於國民捐之意見

問曰:比者國民捐之說,徧於國中,當道倡率,國民景從。貴會對於茲舉,其討論之結果,可得聞乎?

答曰:今之倡國民捐者,雖徧國中,然其倡論之動機,各不同也,其所擬議之用途,各不同也;甚至所謂國民捐之意義,各不同也。非分別論之,則其利害末由判也。

就倡論之動機言之,其相反者有二:

一、絕對的反對外債欲以國民捐代之者;

二、本非反對外債,惟深憤外人之驕橫,故借國民捐,作一種手段以抵制之,俾彼不能乘我之危,以恣要挾,冀將來借債條件,不致太苛酷者。

就所擬議之用途言之,其相反者亦有二:

一、欲恃此以爲新國建設費者;

二、欲恃此以救一時之急維持現狀者。

就所指之意義言之,其相反者亦有二:

一、視爲慈善的性質,純聽人自由樂輸者;

二、視爲義務的性質,略參以督責强迫者。

吾黨之對於國民捐,不敢爲絕對的贊成,必附以條件,然後能贊成焉。即贊成矣,而其辦法,又頗有異於時論所云云。今請先將時論所主張者,一一商榷其利病,次乃述吾黨之所懷。

夫國民捐本爲反對外債而起也。其一部分有識之士,蓋其心不謂然口猶力倡者,則欲以示威於外人,明我國尚有可以自活之途,非海外錢神所得制我死命。持此以爲政府外交之後援,庶幾借欵條件,易於就範。若此者,國民捐乃其手段,非其目的,而目的實仍在外債。質言之,則反對外債不過一種作用,究其極,則以能得良條件之外債爲職志也。此以視一般簡單之國民捐論,似可謂較有意識焉矣。欲評此策之是否可行,則(第一)當問外國資本團,能否緣此而屈伏於我;(第二)當問若彼不屈伏,我能否永更不屈服於彼。欲推定此斷案,其首當審辯者,則彼之欲貸欸與我之欲借欸,其情孰急也。歐美各國苦資本過賸,息率低穀,其思尾閭我國以圖滋殖,固實情也。雖然,在彼儘有翔而後集之餘地,初非必汲汲於一時;在我已處急何能擇之危機,若僬然不可終日。今欲藉國民捐以爲減輕外債條件之手段,使外資團懾此虛聲,降心遽就,則目的誠達矣;然外資團是否如此易與,斯我國民所宜熟計也。我之虛實,彼窺之審矣,彼其知我,蓋有以逾於我民之自知也。彼決我無論遲早,終必有窮鳥投懷之一日也,於是故遼緩之,若爲不欲貸者以困斃我,我則何以待之?諺不云乎,"硬漢須要硬到底"。我若能別有勝算焉,雖國民捐失敗之後,仍可以不借外債,則以此示武於人,誠可矣,而不然者,數月之後,復幡然仰面以求人,人見我黔驢之技已窮,則所以陵轢而羈靮我者愈不可忍受。而其時財政紊亂愈甚,竭蹶愈加,外界情形愈迫我以不得不降心相就,則結果其眞不可問矣。兵志有之,先爲不可勝以待敵之可勝。今之國民捐,未知果有不可勝之道焉否也。

是故吾黨以爲不拒外債則已,既昌言拒之,則必當有最終之決心。若以得外債爲目的,而以國民捐之示威運動,爲減輕條件之手段,則此種外交伎倆,太淺躁而無根抵,恐非所以取勝,而徒以重敗也。

然則一意謝絕外債而代之以國民捐如何?曰:第一當問所資辦於國民捐者,其用途維何,所欲得之數目約幾何;次乃推度我國民財力所能擔負者幾何,然後其得失乃可得而論次也。據國務長所報告,今年入不敷出約二萬六千萬,其收回軍用鈔票等費,又三萬三千餘萬,而皆欲仰外債以資彌補。信如是也,恐吾民雖剝肌膚鬻妻子,猶不足以取盈矣。雖然,國務長報告之數,吾黨本絕對的不能承認。吾黨不信歲入不足有如此之鉅,吾黨不信現行鈔票有如此之多,且募外債以補行政經費之不瞻,吾黨又期期以爲不可。(參觀吾黨對於公債之意見篇。)是故苟如現政府所計畫,僅爲補償本年行政費起見而已,則吾黨以爲與其募外債,毋甯募國民捐之爲愈也。何也?本年行政費,若因陋就簡,使各省儘其所入，自行處理，大節減冗官冗費，原未嘗不可以支持。（茲事吾黨別有討論。）今舉國所最汲汲者，無過解散軍隊之費耳。以吾黨所策，則最多八九百萬而足矣。（茲事亦別有討論，吾黨曾將辦法陳電國務院。）爲此區區，而冒險忍辱以借外債，誠無所取；而使國民擔荷之，尚爲其力所可克勝。國民捐所擬集之數目及其用途而僅爾爾，吾黨固未始不深以爲可也。雖然，此種消極的財政政策，果足以救今日之時弊乎？今日我國國民生計，凋敝已極，非急有以拯之，則一二年後，全國破產之禍，必無可逃避。拯之之策不一，而其總樞機則在改革幣制，潤澤金融。此其所需，固非如普通之行政費，須直接由國家無償支出也。然國家非備有大宗欵項，則辦理末由著手。此宗欵項，無論我國民現在力不能任也，藉曰勉強能任，而衡以財政學理，要以利用外債爲最有利。吾黨所以絶對的不敢昌言拒債者實以此。

由此言之，現政府擬借外債之用途，或可以國民捐代之者也；吾黨擬借外債之用途，不可以國民捐代之者也。若僅爲今年財政補苴罅漏維持現狀起見，則國民捐雖有可以商量之餘地，然得過且過，明年之枘鑿又若之何！在稍具常識之財政家，謂宜放開眼界，從財政將來基礎著想，從國民生計大勢著想，則簡單之國民捐論，恐有不敢漫然附和者矣。

今之倡國民捐者，動引一八七一年法人償普故事，謂彼之數十萬萬佛郎之償金，頃刻能集，我之欲善，何不如彼？於是有某鉅子宣言，謂但使人捐一圓，即可得四萬萬矣。又有某鉅子宣言，謂某省一月内，可望得三千萬矣。此種無責任之言，本非政治家所當出諸口。雖然，我國民客氣方勝，貿然附和者實不乏人，是固不可不一置辨也。夫我既欲取師資於法，則法國當時情狀若何，其辦法與我爲同爲異，吾黨願與國民一揚搉之：

第一，當時法人所以驟償此欵者，乃募集内國公債而非義捐也。義捐與公債，其性質絶異，至爲易見。義捐純爲慈善性質，其財一經捐出則不擬收回；公債含有營利性質，應募者雖將己財借與國家，而每年向國家支息焉，將來索國家還本焉。不甯惟是，彼持有債券者，若值緩急，則可以適市求善價而立沽之。故民之應募公債也，與投資本以營普通之生產事業同，雖獲利或稍微，而其安穩無憂虧蝕則過之。故當國家急難時，人民舉其資本之一部分，由各公司之股份而移諸國債，稍加激勸，則其道至順。今國民捐辦法，民之出財者，除效忠國家心安理得獲精神上之愉快外，一無所得；而所出之財，其本與息皆不可復。若法人當時用此法，其能立集爾許鉅欵以償普乎，吾黨不能無疑。

第二，孟子有言："民之為道也，有恒產者有恒心，無恒產者無恒心。"蓋人民生計，必其於仰事俯畜之外，更有餘裕，乃可責以急國家之急。法人以多金聞天下，四十年前，其富力尤為萬國冠；而其民之性，又不甚好冒險以企業，惟喜貸財與人以坐收其息。故各國之募債者，恒適巴黎，至今猶爾。故償普之債，一呼而集。蓋公債之性質，本與投資營業無異。必其國民於日用所費之外，更蓄有資本以待生利之用，然後企業可也，應募債可也。使法人當時之富力，一如我國今日，則其能頃刻成此豪舉與否，吾黨不能無疑。

第三，更有一事當留意者，則當時法人之能驟償此鉅欵，其財非盡由法人解囊而出者也。欲明此理，當知歐美各國公債流通之情形。歐美各國公債，無所謂內債外債之別，實與各項股分票同為國際證券之一種。凡募公債，皆由其國之中央銀行與諸大銀行全數承受，乃轉售債券於民間；而本國銀行，又大率與他國銀行聯絡。故債券一出，即已不脛而走，徧於諸國。當時法國募債條件，既極優異，而復許分二十次交納，極便於小民之零碎貯蓄；而法國人民富力之充足，與其政府財政基礎之鞏固，復為各國所共信；而彼中央銀行之司理員，又忠勤幹練，能以種種手段，吸集鄰資。據公債史所紀載，則當時法人償普之欵，募債五十萬萬佛郎，而此種債券，由外國人應募者，實四十萬萬；即普人所承受者，亦逾十萬萬。此所以雖驟輦鉅欵與敵，而於其國內之生計界，一毫不見紊亂也。假使法人於此役，而涓滴皆須取諸本國國民之囊，則其能舉重若輕至是與否，吾黨不能無疑。

由此觀之，則法人之所以能有彼豪舉者，其原因可知矣。其最大之動力，由國民有極強烈之愛國心，固也；然又必有前舉三條件與之相輔，然後愛國心乃得發揮。古之善言治者，必曰因勢而利導之。蓋自利之與利國，其道本相因，而絕非不能相容。但普通人民，知自利之義者甚多，而知利國之義者抑少。善為國者，舉利國之事寓諸自利中。人民日由之而不知其道，而國家之受福已多矣。今文明國之理財政策，罔不遵此道也。而法國當時所以能濟彼艱難，又行此道而備極圓妙者也。今我國之倡國民捐者，惟單純訴諸愛國心而已。專恃道德之制裁，而無一毫利益之觀念以攙雜其間，高尚洵高尚矣，純潔洵純潔矣,而政治家以此爲經國之遠猷,吾黨竊疑其未爲至也。先哲有言:"行不貴苟難。"又曰:"議道自己,而制法以民。"凡道非普通一切人所能共由者,君子不準之以率天下也。故雖教孝而決不教人以割股,雖教忠而決不教人以納肝,其於畸節,固共欽之,然絕不以責望於常人也。夫謂毀家紓難,爲國民應踐之義務,此猶曰身體髮膚受諸父母,割股療疾,義所宜然,夫誰得謂其非者,然能由此者幾人?不能共由,斯得謂之庸德矣乎!故各國學者之論公債也,咸抨擊愛國公債,謂非正軌,以其不可以普及且不可以持久也。苟以愛國公債而欲使之普及且持久焉,則勢固有不得不出於強迫者矣,而弊遂不勝其利。夫愛國公債,將來固還其本,或且更薄給其息也,而識者且期期以爲不可,則國民捐更可思矣。

今之言國民捐者必曰:聽人自由樂捐,決無或加以強迫也。然試請倡者平心論之,若真絕對的自由樂捐,其所捐之額,能得幾何?欲使所捐稍有可觀,則非於自由之外稍加以他力焉,恐無濟矣。夫所謂強迫者,非必其由政府立條戒設禁網也。過度之感情,偏頗之輿論,其威脅群衆之力,視政府之條戒禁網常倍蓰之。今次之國民捐,其中一大部分,實由急國家之難,自願樂輸,此何待言。然謂其中絕無一部分由直接間接強迫而來者,又誰能信之?吾黨以爲既標愛國之名義,以相勸勉矣,使出財者有分毫勉強,則已瀆愛國心之神聖。若操之更蹙,則怨咨日積,激而橫決,大局將不可問。竊願倡論者一顧其後也。

且靡論爲自由爲強迫也,然欲求所捐之數稍多而有濟於事,必要審吾民力所能逮者爲何如。孟子辨不爲者與不能者之形,而舉折枝與挾山超海爲喻。今欲仰國民捐以救今日財政之困,雖未必挾山超海之類,而決非折枝之類明矣。生計學者釋貧富之義,必以自由財之多寡爲衡。何謂自由財?各人一歲之所入,將其所資以維持本身及家族之生命萬不可缺之費除出,復將其來年繼續營生所需之資本除出,而此外猶有贏餘得以任意自由使用者是也。無論愛國心若何強烈,充其量則舉此自由財之全部分以獻於國家極矣。若更欲進於此,雖以孔墨之聖,所不能也。夫曰舉全部分以獻於國家,此充類至義之盡之言耳,民即願獻,國家又安可取之?大抵國家之取於民者,略以取其自由財百分之一二爲極度。此非徒曰不欲厲民以自養也,蓋爲涵養稅源計,不得不然。必人民遞年有新興之生產事業，然後收益稅行爲稅等之收入得增焉；必人民生活程度歲進，然後消費稅之收入得增焉。國家所取於民者太多，則私人生產事業之資本，必緣而萎縮，而其生活程度必緣而穀薄。直接病民，而間接即以病國。故善理財者，遇國家有大興作大改革需費較多之時，其資辦之所出，恆不仰租稅而仰公債，有時並不仰內債而惟仰外債，凡以此也。今國民捐之爲物，自法理上論之，雖非租稅；而自生計行爲上論之，則民之捐輸者，固與納租稅無異也。今當此民窮財盡之時，而欲括全國自由財之大部分以振贍國庫，吾黨竊以爲失計莫過是也。

要之吾黨之意，以爲國民捐無論如何激勸督促，終不能多得；藉曰能多得，又非國家之所宜受故。以之供目前小費，雖未始不可，然欲鞏固新國之基礎，必非徒了目前小費而遂可即安。故於國民捐以外，終必須別求國家收入之途。苟求他途而不能得，則僅此涓滴之國民捐，亦胡濟於事者；若得他途焉，固又不必爲此涓滴以擾民已耳。吾黨對於國民捐之根本觀念，大略若此。雖然，今國民捐既已鼓吹之而施行之矣，且捐欵已交納者亦不乏矣，則吾黨對於今後處理之策，亦願略有所商榷焉。

一、現在各處勸捐團體雖不少，然微聞所以捐得者，實以官界與軍界爲較多，其捐一月半月之俸餉者，時有所聞。若此者，實將其所得之一部分獻於國家，其性質與所得稅頗有相似者。所得稅本財政家所公認爲最良之稅目，而我國今日，實苦無從辦起。今制定此稅，而先行諸官吏社會，亦未嘗非一種作用。但軍人爲國家服務，且所入太微，自無更稅之之理耳。

二、今惟簡單勸捐，在人民捐資者，其資一往而不復，於個人生計無利。民以其往而不復也，勢必不願多捐，則於國庫收入無利。所捐之欵，徒用之消費，而絲毫不能生產，則於社會生計全體無利。欲使三者並利，不如將所收之欵，改爲年金公債。年金公債與普通公債性質不同，而宜若較爲吾國人所喜。苟政府信用稍立，辦之非難。誠欲辦此，則各國成規具在，可覆按也。

三、更有一法，則倡辦"國立人壽保險"，而以所捐金充保險費。國立保險主義，今歐美各國方盛倡之。而英屬紐西蘭，行之二十餘年，成效卓著。英倫本國，亦附在郵政局行之。其他各國，紛紛仿傚。此蓋社會政策之一種，最與時代精神相應；而用以吸集游資，投諸生產，爲道亦最便。他日我國必須仿行。

今乘國民捐熱潮最高時,利用愛國心之刺激以成此業,亦一種妙用也。其辦法若何,吾黨別有專案,容當續布。

四、其或捐歟者全發於愛國心,絕對不願受報酬者;又或所捐太零碎,不能改爲年金或保險者;又或用演劇展覽等方法募集捐歟,不能得捐者之主名者,國庫無別法處置,祇得敬受之。然須念此物爲人民脂膏血汗之資,其動機又出於最高尚純潔之愛國心,政府苟非善用之爲國家建一可大可久之事業,則實無以謝天下。以吾黨所見,莫如貯之以充中央銀行之資本。蓋中央銀行苟能速成立而辦理得宜,則國家與國民,皆食莫大之賜;即爲救濟目前財政困狀計,其生發固自無限也。

論今日整理財政宜先劃定國稅與地方稅之範圍(稅制問題之一)*

中國財政之紊亂竭涸,至今日而極矣。政府以一切之行政費,歟無從出,不得已乃思仰給於外債。姑無論現在借歟之談判破裂,外債之事,能否成立,尚屬一疑問;就令可以轉圜,然借債之事,可暫不可常。欲使國家之經費,永得來源,則財政終不可以不整理。夫今日而言整理財政,其事固非一端;而整理稅制,則其最要者也。整理稅制,其事亦千條萬殊,然有一先決之問題焉,則國稅與地方稅,當明爲區分是也。中國自前清時代,中央不能自徵租稅,其經費悉由各省貢獻,國家財政之基礎,已不鞏固。比者承革命之後,地方之權愈重,政府欲仰各省之供給經費,益加困難。循此以往,中央政府,以經費無從出,有坐待瓦解而已。故非劃定中央與地方徵稅權之範圍,而舉屬於國稅者,由中央自管理徵收之,則國家之財政,終必陷於破綻。且以租稅之性質論之,其應屬於中央稅者,由直省代爲整理,固無以善其事,其應屬於地方稅者,由中央代爲整理,亦無以善其事。彼此之權限不分,而各使其越俎代謀,則租稅之制度終無由去不良以歸於良也。故區分國稅與地方稅之範圍,實爲整理稅制上應先決定之一要件。言理財者,實不可不先注意於此也。然則國稅與地方稅之範圍,以何者爲區分之之標準?於是有謂間接稅宜爲國稅,而直接稅則宜爲地方

---

* 此文未能確定爲梁啓超所作,以全書收入,姑一併錄之。

税者。其意謂人民之負擔直接税,易感苦痛;而負擔間接税,則不甚感苦痛。而國家之徵收租税也,一面固責人民以義務,一面因施政之結果,又常予人民以利益。然中央之行政,其予人民以利益者,常不顯著;地方之行政,其予人民以利益者,則甚密切。夫人民對於地方之行政,既受密切之利益,則宜使之負擔易感苦痛之租税;對於中央之行政,既不受密切之利益,則宜使之負擔不易感苦痛之租税。不特於理爲至順,於勢亦易行。此主張此説者所持之論據也。雖然,此實一偏之論,未足以爲區分國税與地方税之標準也。今試先就直接税言之。夫直接税之宜於爲地方税者固甚多,然其不宜於爲地方税者則亦不少。試舉其例:一爲財産税。夫股票公債票暨其他有價證券之財産,其性質易於移轉,非一地方之官吏,所能徧爲稽查。故在桀黠者,往往於課税之際,移轉其財産於他方,因得以免税。若其善良者,則因此等財産,時須移動,其在甲地焉,既受課以甲地之地方税,其移至乙地焉,又受課以乙地之地方税。納税頻仍,不惟苦其重,而又苦其繁。故以財産税爲地方税,一面既有漏税之弊,一面又有負擔不公平之弊也。二爲所得税。人民所得之利,非必僅取之一地方,而地方官吏之權力,則只能行使於一地方。故以所得税而爲地方税,則漏税之弊,自必層見疊出也。不特此也,人民所得之利,既非必僅取自一地方,苟其於 A 地歲有千金之收入,於 B 地亦歲有千金之收入,是歲有二千金之所得也。斯時課税之法將何如?將令 AB 兩地,皆得課以二千金之所得税耶?是比之他人之納税,爲兩重之負擔,其不平孰甚焉!抑令 AB 兩地,僅各課以千金之所得税耶?然就所得税之性質論之,在所得之人,對於所在地之地方税,彼固樂負擔之;對於非所在地之地方税,欲令其負擔,不特於理不合,於勢亦不易行,故其結果必僅負擔千金之所得税而已。然視彼二千金之得自一地方者,一則以千金之所得受課税,一則以二千金之所得受課税,其不平又孰甚焉!是二者無一而可也。略舉一二,而直接税之不盡可爲地方税,已可概見矣。(中國現雖未有所得税、財産税,然將來政費擴張,此二税終必施行。)又再就間接税論之,亦非無可爲地方税者。蓋間接税之所長,一在使負擔之普及,一在可調和租税負擔之不公平。地方團體之經費,使悉以直接税充之,則負擔之欠公平,實不能免。以間接税調和之,實良策也。故現今歐美、日本各國,多指定若干之間接税,許得用爲地方税,或於國税之外,許地方得徵收附加税,誠爲此也。故謂國税與地方税之區分,可以直接稅、間接稅爲標準者,其說實不足採也。次則有謂宜以一切之稅爲國稅,而以附加稅爲地方稅者。法儒盧羅,即盛唱此說者也。其意謂中央政府之職務廣,而地方團體之職務狹。雖僅以附加稅爲地方稅,當能維持其政務。而一切稅制,其整理之權,皆歸中央,於財務行政上,實有種種之利便。此唱以附加稅爲地方稅者所執之理由也。雖然,此等理論,雖以行極端中央集權之國,猶不能行之。蓋在立憲政體之下,地方自治之事業,逐日擴張。凡經濟上之行政,教育上之行政,衛生上之行政,其所需之經費,隨歲月而日增。欲僅恃附加稅以維持政費,勢必不能。況中國領土遼廓,現在之行省,實等他國一國。今後地方制度,雖必當改正,然地方團體,必仍保留有甚大之權限。一切政費,欲僅恃附加稅以維持之,此何異欲以一木支大廈耶?就令對於固有之政務,可勉爲維持;然以附加稅之少彈力性,一有新興之事業,萬不能再仰給於附加稅,而必當別求新財源。故欲以附加稅與非附加稅,爲區別國稅與地方稅之標準,其說亦不足採也。復次,又有謂地方稅當限於附加稅,其有不足則由政府予以補助金。如英國前此,地方團體,常由國庫予以補助金。當一八八七年,中央所補助地方之經費,達於六百萬鎊以上。此亦維持地方政費之一法也。雖然,此其理論亦極薄弱也。夫在立憲政治之下,地方團體,既有獨立之政務,又安可無獨立之財源?而隨地方事業之膨脹,僅恃附加稅,固不足以充經費;即再恃補助金,亦豈足以充經費耶?不寧惟是,使地方行政,而須仰中央之補助金,不惟經費有不足之慮而已,且使地方人民,養成倚賴政府之性質,其於發揚國民之獨立性與責任心,實大有妨礙也。故此說亦不足採也。然則國稅與地方稅,果以何爲區分之標準耶?且試從種種方面以觀察之,而後爲定其界限焉。

甲　從中央與地方之權限觀察之

　　中央與地方,其權限之互爲伸縮,因國而異,從而其財政權亦因國而異。蓋一國有一國特別之國情,欲以他國例中國,未有能善其事者也。雖然,就政治之原則言之,中央與地方之權限,固有可爲劃分之標準在焉。其第一則視國家之政治取中央集權制度與取地方分權制度是也。今日東西各國,其政治之組織,一面謀行政之統一,一面又謀地方之發達,固無採絕對之中央集權制者,亦無採絕對之地方分權制者。雖然,因國體之異,則有集權分權之分焉。即在統一國,常傾於集權制度;而在聯邦國,則常傾於分權制度是也。中國爲統一之國家,聯邦國之分權制度,自不能援以爲例。顧雖同爲統一之國家,因國情之異,其中央地方權限之廣狹,亦因之而異。雖然,政治上亦有一原則焉,即在領土隘狹之國,中央之權限極強大,而地方之權限極隘小;在領土遼闊之國,中央固得行相對之集權,地方亦得行相對之分權也。以中國領土之廣大,就令將來廢去行省制度,而上級之地方團體,其領域之廣,當非其他統一國之地方區域所可比,則其保有之權限,當亦視他國有加也。權限既不狹,則地方稅之範圍亦不狹矣。第二則視地方團體其級數之多少是也。凡地方制度,苟其區域之級數多,則租稅之可劃歸國稅者,必因之而少;苟其區域之級數少,則租稅之可劃歸國稅者,必因之而多。故中央財政權之廣狹,常視地方階級之多少爲伸縮。欲劃定國稅與地方稅,實不能不著意於此也。今試稽各國之地方制度,大率分爲三級:其最下級爲純自治團體,其以上之二級,則一面爲地方之自治團體,一面又爲國家之行政區域。此各國所同然也。(日本之地方制度,其市、町、村爲純自治團體,自斯以上,則有郡及府、縣之二級。法國於鎮、鄉,純自治團體,以上亦僅有府、縣二級。普魯士於市、町、村,純自治團體,以上則有州、郡、縣之三級。然其郡僅爲行政區域,而不兼自治團體,少此一重之地方稅,則亦無異他國之三級制度也。美國之地方制度,有州、郡、邑之三級,然皆兼爲自治團體與國家行政區域,與他國稍異。)中國當前清時代,地方之最下級區域爲城、鎮、鄉,自斯以上,尚有縣、府、道、省之四級。使皆予以法人之資格,則人民之負擔地方稅,將至五重。地方之賦稅,既重且繁,則國稅之範圍,必因之而大縮小。然此等地方制度,太背乎政治學理,非今後所可長存,此稍有識者之所能知也。以吾黨之見,欲謀國家之統一,與圖地方之發達,皆不可不廢去省制。比聞法制院起草地方官制,省之一級,仍將保存;然府、道二級,則擬廢去。是地方區域,縮爲三級,循各國之通例矣。地方級數既縮少,則地方稅之範圍,亦必因之而縮小,故前此直省所保有之廣大財政權,必大爲削除。此緣地方制度之變更,而相伴而生之結果也。説者謂以我國行省之大,政務之繁,地方費額,終不能下於中央。不知處今日國際競爭劇烈之世界,不能不強固中央政府之權力。不特陸海軍費,各國皆急激膨脹,且國家採保育之政策,凡經濟上教育上之行政,其所需之費額,皆日繼長而增高。故中央費額,終非地方費額之所可比也。今試稽各國中央費與地方費之比例:

國名	年代	中央經費	地方經費	總額	對總額百地方經費之比例
英國	一八七〇年至七八年	八七,四二二	六七,四五一	一五四,八七四①	四三
法國	一八八六年	一三一,七四〇	五三,四〇〇	一八五,一四〇	二八
意國	一八八五年	六九,二二〇	二七,三〇〇	九六,五二〇	二八
美國	一八八六年至八七年	五三,六〇〇	二一,四六〇	七五,〇六〇	二八.六

右表以千鎊爲單位

按：數年來，英、德等國地方經費大見膨脹，其對於中央費之比例，或比右表有加。然中國今日之急務，則在整理國政而不在整理地方自治，故地方費對於中央費之比例，宜更在他國之下。

由上表觀之，各國之地方經費，對於中央經費，其少者爲二八與七二之比例，其多者爲四三與五七之比例。要之雖最多之國，終不能與中央經費匹敵也。中國今日，由對外言之，列强相逼，皆抱侵略之野心，非整頓國防，及造成一强有力之政府，不足以求自存，故中央費急宜增加；由對内言之，則地方自治，不惟未發達而已，且多並自治團體而未成立，故地方費似宜縮少。雖然，現在省之一級，既未廢去，則以此廣大之地方區域，其政費必尚繁多，不能謂自治事業未發達，即可爲極端之削除也。然則因道、府之廢，裁去此二級之經費，與舉政務之應屬於中央者，並移其財源以歸中央，庶乎其可矣。此從中央與地方之權限，以定國稅與地方稅之範圍也。

乙　從中央經費與地方經費之性質觀察之

國家一切之經費，因其性質之異，有不可不劃歸中央，與不可不劃歸地方者。今試列舉以說明之。

第一，文治經費與武備經費　文治經費，中央與地方，可以分而有之；若武備經費，則必全屬中央，此非地方所可染指也。蓋軍政之權，必歸中央，始能保軍制之統一。現在東西列强，其軍政權未有不全收歸於中央者。軍政權既屬中央之權，故軍事費亦屬中央之費也。中國今日，各省自有兵權，故有湘軍鄂軍粤軍等之名詞，而不聞有所謂中華民國軍隊者。有直省軍隊而無國家軍隊，寧非一可駭之怪現象耶？故非舉各省之兵權，全收歸中央，不特軍政難保統

---

① 應爲"三"。

一,且無由啓發軍人之共同愛國心,而消滅其地方之僻見也。軍政權既收歸中央,則軍事經費,自屬中央之經費矣。

　　第二,國内經費與國際經費　國内經費,中央與地方,可以分配;若國際經費,非全屬中央,亦無以善其事也。蓋外交之權,非全收歸於中央,不特外交之政策,難期統一,易滋國際之紛擾。且外交也者,乃國家與國家交涉之事,而非國家與個人交涉之事。而中央政府,可爲國家之代表,地方官廳,不足爲國家之代表。故當集其權於中央,而不能分寄於地方各機關。此不獨於學理爲然,徵之事實,現今東西各國其外交權亦未有不全屬中央者也。中國欲釐正行政之系統,外交之權,自不能不全收歸於中央。此權既屬中央,則國際上之經費,亦當屬中央之經費矣。

　　第三,一般利益之經費與特別利益之經費　國家施政之結果,無不予人民以利益者;所異者其利益有直接與間接之殊而已。蓋在立憲政治之下,有利民之政,而無厲民之政,此各國政治之普通現象也。雖然,均是利益,有一般的與特別的之分焉。所謂一般的者,舉國之人,皆受其利益者也;所謂特別的者,限於一地方或一部分之人,受其利益者也。舉例以言之:如司法之事,所以保障人民之自由權利,此舉國之人,所同受其利益者,所謂一般的者也;若夫修築道路水道,此限於一地方之人,能受其利益者,所謂特別的者也。一般利益之政務,其權宜歸中央;特別利益之政務,其權宜歸地方。其所以然者,蓋在一般利益之政務,當使受其利者,人人均等。若分寄其權於各地方,則必有畸輕畸重之殊,將惹起人民之不平矣。若夫特別利益之政務,如上舉修築道路水道之類,惟該地方團體,與之有密切之關係,使之自辦,方易舉成效。若令政府越俎代謀,則因闇於其地方之情形,其利常不足以償其所費。故一般利益之政務,其權必歸中央;特別利益之政務,其權必歸地方。此行政之系統所宜然,無可混淆者也。而一般利益之政務,其權既屬中央,其經費亦必屬中央費,特別利益之政務,其權既屬地方,其經費亦必屬地方費。此又相因而至之事也。

　　第四,需用普通智識政務之經費與需用高等智識政務之經費　國家之行政,有僅需普通智識者,有必需高等智識者,因其所需者不同,則其權之應誰屬,亦從而異。而依各國之行政系統,需用普通智識之政務,其權可歸地方;需用高等智識之政務,其權必歸中央。其所以然者,則以在中央政府,有高等智識之人多；在地方區域，有高等智識之人少也。舉例以言之：如制定官制，編纂法典，此需有高等智識者，故其權必歸中央(但限於其地方特殊之法，可由其地方議會制定)；若夫衛生行政、救恤行政，此需普通智識而已足，故委其權於地方，已足以舉其事也。而行政權之在中央者，其經費宜屬中央費；行政權之在地方者，其經費宜屬地方費。上已屢言之，可例推而定矣。

依上所論，中央經費與地方經費，其範圍既略有定。經費之範圍既定，則租稅之孰可充中央之經費，孰可充地方之經費，可得而選擇矣。

丙　從租稅之性質觀察之

一國之租稅，其性質有宜於爲國稅者，有宜於爲地方稅者。使舉宜於爲國稅者，而劃作地方稅，宜於爲地方稅者，而劃作國稅，則於稅務行政上，不惟生出種種之困難，且必釀出種種之弊害。故國稅與地方稅，區分得宜，則兩受其利；區分不得宜，則兩受其弊。欲釐正國稅與地方稅之系統，誠不能不先審各種租稅之性質也。然則何者宜於爲國稅？何者宜於爲地方稅？吾且試就國稅與地方稅之性質，分別而論之。

第一，租稅之無課稅重複之虞者則可作地方稅，其有課稅重複之虞者則宜作國稅　課稅之原則，貴乎公平。使同一物品，而受若干重之課稅，則民不惟苦其重，而又苦其繁，租稅之原則，實不許爾爾也。顧常有一種之物品或行爲，使劃作國稅，則僅受一重之課稅；若劃作地方稅，則在甲地，既被課以甲地之地方稅，移至乙地，又必被課以乙地之地方稅，而每移一地，則添一重之負擔。此非必各地方之有意於苛徵，實其租稅之性質，不宜於作地方稅也。如中國之國產貨，遇釐金之苛制，所至輒被徵稅，甚有荷十餘重之負擔者，斯則稅制不善之弊也。(中國現在國稅與地方稅未分，釐金之收入雖非必悉充地方經費，然所至設卡課稅之法，實無異地方稅之課稅法矣。)故一國之租稅，苟其一度納稅之後，不至有再被徵課之虞者，則以之作國稅可也，以之作地方稅亦可也；若其易陷於重複課稅者，則斷不宜作地方稅。蓋以之屬國稅，則稅法統一，自可期一度納稅之後，免爲再度之負擔；若以之作地方稅，則其物品每移轉於一地，即常須多納一重之租稅，且其稅法因地而異，尤有足以大苦納稅者。故此等租稅，斷不宜作地方稅也。

第二，國稅之費途多用之爲人民謀無形之利益，地方稅之費途則多用之爲

人民謀有形之利益　中央之經費,如用之軍事、外交等項,其結果雖未嘗無所利於人民,然其利益,實爲無形的,而非有形的。故人民之負擔此等之經費,純出於義務心,而未嘗有希冀報償心。則欲求可充此等經費之稅源,宜擇人民之不大感苦痛者,乃易徵收。蓋既僅予人民以無形之利益,則亦宜使人民爲無形之負擔也。(中央經費固亦有用之爲人民謀有形之利益者,然比之地方經費則甚少。)若夫地方所經營之事,多爲人民謀有形之利益,如道路、溝渠、電燈、自來水,暨其他衛生、救恤等事業,其予人民以利益者,實顯而易見。故人民之負擔此等之經費,非純爲義務之負擔,實含有報酬之負擔。則欲求充此等經費之稅源,宜擇其負擔之純歸本地住民者。何也？此等事業,受其利益者,惟在本地住民,則擔其義務者,亦當限於本地住民也。例如地稅、家屋稅等,以之充此等之經費,最爲相宜。蓋在納稅者,於地方有密切之關係。地方行政所生之利益,彼享受之,則地方行政所需之經費,彼亦當負擔之也。

　　第三,國稅之財源可求之各方面,若地方稅之財源只能求之於國內而不能求之於國際　一國之租稅,就內外之關係言之,可分之爲二類：一爲對內稅,一爲對外稅。何謂對內稅？以其財源取自國內事物也。何謂對外稅？以其財源取自國際貿易也。普通之稅,多屬於對內稅,若海關稅則屬於對外稅者也。夫關稅雖有輸出稅與輸入稅之分,然輸出稅之性質,有礙商工業之發展,使之不易與外國競爭,故現今多數之文明國,皆廢止之。惟墺、俄、瑞士等國,尚存此稅而已(及中國),然其稅率比之輸入稅,大率甚輕。故多數之國,其關稅實全爲對外稅者也。即其尚存有輸出稅者,亦其大部分爲對外稅者也。而在對外稅,只宜爲國稅,而不宜爲地方稅。蓋課地方稅之原則,在於徵本地之財,以辦本地之事；而關稅之財源,則非必出於一地方者也。蓋在有課輸出稅之國,輸出之貨物,非必限於海關所在地之出產物也,實則集合全國之物品,特借徑於海關所在地,以輸出於外國。苟徵其稅以作地方稅,是不啻斂全國之利,以肥一地方也。以一地方之行政費,而令其他各地方之人,爲之分擔其經費,不平之事,有甚於此耶？就令不課輸出稅,而課輸入稅則各國之所同也。然由外國輸入之物品,非全由海關所在地之人消費之也,實則借此爲徑,而分散於其他各地。其物品既由各地方分銷之,則其所徵之稅,亦由各地方之人分擔之也。而以是劃爲一地方之經費,是令各地方之人,爲此地方分擔其義務也,又豈理之所可通耶？故凡屬對外稅，必不可爲地方稅，蓋地方稅之財源，只能求之本地方，而不能求之他地方也。

由上觀之，國稅與地方稅，其性質既截然不同，而中央與地方之權限，及中央與地方之經費，又各有其範圍。持此以爲標準，則何者宜於爲國稅，何者宜於爲地方稅，不難別擇而定矣。若夫就全國所有之租稅，以何爲國稅，以何爲地方稅，以何爲國稅而並許地方徵收附加稅，且附加稅之限制應如何，則本會又將各著專論，以與國人商榷也。

夫中國今日之急務，在造成一強有力之政府。欲造成一強有力之政府，必使其有獨立之財政，凡租稅之應劃爲國稅者，由中央自行徵收，而不待直省之貢獻。而國稅與地方稅既分，在地方之財務行政，亦有種種之便利，斯實一舉而兩得焉。故欲整理稅制，不能不首注意於此也。

本年財政現狀質問政府案

民國本年財政現狀，就唐總理、熊總長報告不足甚鉅。茲經本會逐條籤出，由滬本部職員會議決，郵交本會會員湯化龍，於六月十四日提出參議院。爰錄左方，質之國人。

比者政府以借外債之故，惹出外人監督財政問題，以致國民洶懼，國本動搖。推原外債議所由起，則補本年歲計之不足，實其最大動機也。夫歲計之困，有目共見，固深能爲政府諒。雖然，歲計不足之實額如何，亦當澈底查悉，夫然後得以知財政真相，而舉參議之實也。是故欲有所質問於政府，請賜明答。

據唐總理在南京本院所報告，及熊總長在上海所發通電，與其就職後在參議院所報告，皆謂本年歲計不足額二萬六千萬兩。其所列出入項目，雖互有異同，然總數則既脗合，三次報告皆同，其必確有所見可知。然據本員所校覈，則有懷疑之數事如下：

第一，政府謂據前清宣統三年預算案，不敷七千八百餘萬兩；現政府即繼受之，其不敷者應同額。欲知此數是否可信，當先問宣統三年預算是否可信。竊查前清之造預算也，當局者既不解財政行政之組織，復無忠實職務之誠意，惟憑各部院各地方之要索而已。故支出則濫開虛數，收入則匿蝕實欵，該預算

案無一毫可信之價值,舉國所共知也。今舉其最顯著者數端:

甲、海陸軍費　前清海陸軍部爲親貴所壟斷,故其預算浮冒尤甚,總支出在一萬萬兩以上,占歲出三分之一。今計海軍除購買船隻與外人訂合同不能取消外,其餘皆屬虛縻,理應全行裁撤,當可節數百萬。陸軍託名整頓,以二十四鎮計,每鎮平均百五十萬,實在浮支不下三十萬,此項可節七百二十餘萬。該預算有旗營巡防營等費凡四千餘萬,今諸營一部分已經解散,其費應裁;一部分編爲新軍,應入熊總長所云六十師團中計算,彼處既列增加之項,則此處自應裁減。又該預算尚有綠營巡防裁撤遣散及充軍事等費一千三百餘萬,亦足充現招新兵之用。現列入彼項,則宜減此項。統計該預算案之軍事費,實在裁去過半。敢問政府照數援引,視爲本年歲出必需之額,此何説也?

乙、中央行政費　前清之中央行政費,以郵、度、外三部爲最巨。其司員月薪五六百至一二百不等,每部以數百人計。他部冗員,亦復例是。故京師各衙門費占九千萬。今官制雖未定,然政府必當爲官擇人,不應爲人設官。故每部司員多不過百人,少則數十人已足,月薪亦較前大減。以本員所推測,此項行政費,當撙節十之五六。今一以前清預算爲標準,敢問政府是否行政組織一照前清,不加改革?

丙、追加籌備費　前清預算有追加籌備費一項二千四百餘萬兩。所謂籌備,實皆不急之務,今亦悉已停止。敢問政府,何故仍以列入歲出項下?

丁、一般歲出之增加　該預算案,宣統三年之歲出,比較元年無一項不增加,甚且有增至一倍以上者。他勿具論,即據郵部所報告,交通行政費,前次二千三百五十餘萬兩者,一躍而進爲五千六百七十萬兩。政務之發達,安有爾許速率?敢問政府是否已經查確絶無冒濫?

戊、一般歲入之減少　該預算案各省歲入,無一不比元年分減少。夫減少亦事所常有,然何以省省皆如是,豈無一省獨增者乎?敢問已否確查知其絶無隱匿?

要之,自軍興以來舊局全翻,收支情況,與前迥殊。就使舊預算案全可信憑,已不可爲共和新國之計畫,況本爲鹵莽滅裂虛僞糊塗者哉!本員竊疑前清預算,倘一經綜覈,則不唯出入可以相抵而已,而歲入反且有餘。前年資政院之決議案,固餘三百萬矣。夫資政院案對於各種行政冗費,所削減者尚未十之一二也，然已如是，況今之改絃而更張者哉！敢問政府，曷不別立計畫而惟援引前清謬案以相比附？即曰一時未能調查清理，姑且比附大概，則曷為不援引資政院案，而惟引前清內閣原案也？

第二，政府稱宣統三年以後，四國幣制實業借款，粵漢川漢鐵道借款，津浦鐵道追加借款，郵傳部日本正金借款，各省救濟市面借款，合計本銀約二萬萬兩，本年須支息銀一千萬兩。查四國幣制實業借款，粵漢川漢鐵道借款等，皆因兵事停議，未嘗交付。敢問政府未經收款而先付息，天下寧有是理？津浦加借款三百萬，於宣統二年成立，前清預算案中債息項下應已列入，曷為重引？所餘者則郵部正金借款一百萬，南北臨時政府各借數百萬，及各處救濟市面借款千數百萬耳。敢問何處得有二萬萬？今政府既云有此數，則請將某項借款幾何，契約何時成立，款項在何處交付，已用去幾何，用於何事，現存幾何，存於何處，一一列表公示，俾直接得以解本院之惑，而間接以解全國人之惑也。

第三，政府稱各省免稅減捐，商務停滯，歲入項下應少收五千萬兩。竊查東南諸省，雖有減釐免捐之舉，而旋復以他法徵收，且有仍舊徵收者。軍興以來，軍用浩繁，各省應用，寧非恃此？雖其中減少，自所不免，然何至遂達此巨額？敢問政府是否別有灼見？

第四，唐總理演說，稱去冬未付之外債利息及賠款二千萬有奇，指為本年歲出增加之一宗。熊總長則不特提此數，而以編入雜支出一萬萬兩項下。查歷年外債償款，其大部分皆由海關稅指撥。軍興後此款由總稅務司儲存，並未動用。舊曆年終，已存八百餘萬；今復三月有奇，春季收入例較冬季為多，計所存者應已及二千萬之數。此項存欠，明明足以相抵，敢問政府曷為認作本年新增之歲出？

第五，唐總理稱陸軍六十師團，一年餉額八千餘萬兩，指為新增之費。而不知此六十師團中，前清所謂禁衛軍綠營旗營新軍防營等既盡包括在內，宣統預算，已列有六千餘萬。敢問唐總理得毋謂於原有諸軍之外，而別增此六十師團，故於原案六千餘萬外，復須加此八千萬成一萬四千餘萬耶？熊總長則稱八十師團餉額加倍，須增三千萬兩。同一國務院之國務員，而所報告之兵額既殊，餉額亦復懸絕，敢問政府何說為真？以兵額言，則兩公所報，恐皆未確。據本員所聞，湘鄂各號稱八師，而鄂實六師，湘實四師耳；蜀號稱六師，實只五師耳。自餘各省，可以類推。敢問政府曾否查得實數？以餉額言，則熊總長所謂增加三千萬者其説較唐總理之八千萬爲近真。然尤有一事當奉質者，政府對於此六十八十師團，鋭意以遣散自任，且宣言遣散告成，在五個半月以内，敢問政府對於餉額，仍以全年計算又何説也？

第六，唐總理稱各地公共建築物，經軍事破壞者，規復之費需一千萬兩。敢問此種需用國家經費建築之物，果何所指？需數曷爲如此其鉅？

第七，唐總理稱傷亡軍士之恩恤費，需一千萬兩，敢問政府擬每人給恤費幾何？據本員所揣測，若以平均每人百元起算，則必傷亡兵士至十萬人，方須支出一千萬兩。敢問此次交戰者，果有幾師團？傷亡者是否盈此數？

第八，唐總理演説歲出增加之狀況，於去冬欠償外債本息外，復有外債利息及賠欵五千萬兩之一條。熊總長通告雖不提此條，然其末段有云，"加以從前外債賠欵，此次中外商民損失償欵，將來遣散軍隊恩恤等欵，以及新國建設經費，約計支出又當在一萬萬兩上下"等語。竊查外債賠欵五千餘萬，前清宣統預算，早已列入；苟控除此項，則預算之支出，亦何至達三萬五千餘萬者？敢問政府既已將前清預算不敷之額，全數鈔襲比附，而新支出復添入此欵，得毋因吾國改變政體之故，而各國之債權，遂須加倍索償乎？列此五千萬，既已重複矣，而又於此項外，加列去冬未償之二千萬。夫彼五千萬，即包含於此五千萬之中者，此五千萬，又包含於前預算案三萬五千萬之中者也，是重複之中，又加重複焉，始終實數不過五千萬耳。而由唐、熊兩公之報告，一轉移播弄，遂變成一萬二千萬，敢問政府，天下古今曾有此算法焉否也？

第九，遣散軍隊，不知政府所擬遣者爲數若干。今姑以遣三十師團計之，每名發給兩月恩餉，每一師團月餉十二萬，兩月爲二十四萬，總計應需七百二十萬。而宣統預算中有遣散綠營等一千三百萬，移充此數，尚贏餘五百餘萬。敢問政府，何故別認此爲宣統預算外之新支數也？

第十，熊總長於唐總理所言外債費、建築物規復費、恩恤費等，皆不特提子目及費額，而益以他種支出，共稱爲需一萬萬兩内外。敢問政府此一萬萬細目如何？似此囫圇，似非所以示天下也。

總合以上諸疑問，本院對於政府之報告，欲求明示更正之點如下：

其一，誤算虛報者

　　甲、外債費五千萬，已含在宣統預算案中。既比附宣統預算立案，則不容復列此爲新歲費，應削去五千萬。

　　乙、去冬未償之債欵，又含在此五千萬中，且有海關抵欵現存，更不容列爲新歲費，應削去二千餘萬。

　　丙、四國借欵等並未交付，萬無派息之理。政府所稱新債二萬萬，大約最多不過收十之一耳。其所列一千萬之債息，最少應削去八百餘萬。

　　右三項合計，應削去八千萬内外。

其二，應向宣統預算項下抵銷者

　　甲、該預算新軍防營等費共六千餘萬。今以每師團年費百三十萬起算，則此數可支五十師團之用。若以次遣散至三十師團，則四千萬已足。熊總長謂於原額外須增三千萬，共爲九千萬；據此則應削去五千萬。就令一時未能盡數遣散，其待遣者，暫行支餉，最多需一千萬已足，亦應削去四千萬。

　　乙、該預算有遣散綠營等費一千二百餘萬。今移以充遣散現在軍隊費，可遣散五十餘師團。熊總長於雜支出一萬萬項下，含有遣散費在内，不知所擬之數何如。若假定爲七百二十萬，則除抵銷削去此數外，仍餘五百萬弱。

　　右兩項合計，應削去五千餘萬，或六千餘萬兩。

其三，宣統預算中應裁減移作别用者

　　甲、該預算追加籌備費二千萬，應全削去移作歲入項下；而政府所列新歲出項下，當照此數削去。

　　乙、該預算軍事費實占一萬萬兩以上。今除前兩項抵銷五千萬，或六千萬外，尚餘四千萬，或五千萬，可移歸歲入項下；而政府所列新歲出項下，當照此數削去。

　　丙、該預算案，中央各衙門行政費共八九千萬，當裁削其半，所餘即移歸歲入項下；而政府所列新歲出項下，當照此數削去。

　　右三項，皆據舊預算原有之歲入，而節其無謂之歲出。所節者，即可以補新政府行政費之不足。故政府所列新增歲出項下，應削去一萬二千萬。

其四，調查不確者

甲、政府謂今年歲入應減五千萬，其實未必有此數。即實行免釐後，海關隨而加稅，亦足相抵。故所減收當不能逾二千萬。

右一項，對於政府案歲入項下，增三千萬；即歲出項下，削三千萬。

其五，估算浮濫者

甲、建築物規復費得半已足。

乙、恩恤費一千萬得半已足。

丙、中外商民損失償歉政府未舉其數，今假定爲一千萬。

丁、熊總長將從前外債賠歉，商民損失償歉，遣散軍隊恩恤歉，及新國經費，共估算爲一萬萬兩。除外債賠歉、遣散軍隊歉約占六千萬，前條抵銷削去外，其餘四千萬，屬於此條甲、乙、丙三項者，今估算只須二千萬。應削去二千萬。

右四項合計，應削去二千萬。

都凡以上十二項，合計應削去三萬萬內外。故熊總長所指爲歲入不足二萬六千萬者，實則適爲反對之結果，而膡餘四千萬內外也。今恐猶有錯誤，更爲出入對照表以明之：

歲入之部：

姑照宣統預算減去二千萬，作爲二萬七千七百萬兩。

歲出之部：

外債費五千二百萬兩；

陸軍三十師團費四千萬兩；

海軍購艦費約三百萬兩；

中央行政費四千五百萬兩，照宣統預算減半；

地方行政費七千萬兩，照宣統預算；

優待清室費四百萬兩，此項政府報告漏算。

以上經常費，約共二萬一千二百萬兩。

解散軍隊費七百萬兩；

規復建築費五百萬兩；

恩恤費五百萬兩；

中外商民損失賠償費一千萬兩。

以上臨時必要費，約共三千二百萬兩。

經常、臨時歲出合計約二萬四千四百萬兩，以抵歲入，尚餘三千三百萬兩，可供臨時建設費也。

以上本員概算大略如是。然以按之政府所報告，則相差乃至三萬萬兩。本員未經實地調查，原不敢據所懸揣以爲實錄，特政府所列舉之數，太軼出意想範圍之外，故不得不起疑問耳。今當鼎革之交，百事未定；人心皇皇，不可終日；強鄰具瞻，狡焉思啓。若政府於全國財政真相本無所知，而悍然虛構浮數，搖惑衆聽，以圖遂其借債揮霍之本懷，致使中外人士咸疑我國已瀕破產，國民則嗒然若喪，不克自振，外人則乘機議監督財政，則政府應負之罪責果居何等者！本員知政府諸公，必非爾爾。既非爾爾，而所報告又實難索解，是故不得不敬起而質問也。

右所舉，爲本員對於政府員演說報告不能無疑者。此外更有欲提出敬問之數事：

一、政府擬借之債，始終雖未宣布定數，然墊歆之後，尚須借歆，唐總理蒞院時曾明言之。究竟政府借得此債，充何種用途？有何種計畫？將來償還，是否有策？償還精算書能否提出？

二、南京政府前發行軍需公債一萬萬元，今聞多有以個人資格挾之以五折四折售之外人者。究竟政府對於此項公債，是否承認？作何處置？

三、各地軍政府所發軍用鈔票，據熊總長所報告，謂有三萬三千餘萬。政府對於此項鈔票，有收回之意否？其辦法如何？

四、整理財政，應從金融機關入手，熊總長前已言之。現時銀行制度尚未決定，忽有中國銀行監督之任命。敢問政府，銀行究採何種制度？監督一職，根據何制發生？

以上四項，皆乞詳細開列答復，付本院審議，以釋群疑。

（共和建設討論會1912年7月版）

講壇 第一集

《時事新報》記者誌

《時事新報》創設"講壇"一欄,請新會梁先生寄稿。先生方在研究精神修養的方法,所以見賜的數篇都是論精神修養,《時事新報》因此頓增了銷路。也有人寫信來要求刊做單行本,可見現在中國的人慾橫流時代,這修養法是一服清凉散,好像夏天飲冰,真是需要得極了。所以記者就依寄稿的次第,編成了這本書,解一解社會的渴。現在先生已到歐陸,吸那戰後的新文明了。先生並允繼續寄稿,將來這第二集一定比第一集還要好看。但是記者却有一句話,這精神修養法是要實行的,不像看小説,看完了就可抛棄。所以記者把這幾篇刊成一本,也含有教人看了常常攜帶、時時體會的意思。

《時事新報》記者誌

人生目的何在

嗚呼!可憐!世人爾許忙!忙個甚麽?所爲何來?

那安分守己的人,從稍有知識之日起,入學校忙,學校畢業忙,求職業忙,結婚忙,生兒女忙,養兒女忙,每日之間,穿衣忙,吃飯忙,睡覺忙;到了結果,老忙,病忙,死忙。忙個甚麽?所爲何來?

還有那些號稱上流社會,號稱國民優秀分子的,做官忙,帶兵忙,當議員忙,賺錢忙;最高等的,争總理總長忙,争督軍省長忙,争總統副總統忙,争某項勢力某處地盤忙；次一等的，爭得缺忙，爭兼差忙，爭公私團體位置忙。由是而運動忙，交涉忙，出風頭忙，搗亂忙，奉承人忙，受人奉承忙，攻擊人忙，受人攻擊忙，傾軋人忙，受人傾軋忙。由是而妄語忙，而欺詐行爲忙，而妒嫉忙，而患恨忙，而怨毒忙。由是而決鬭忙，而慘殺忙。由是而賣友忙，而賣國忙，而賣身忙。那一時得志的便宮室之美忙，妻妾之奉忙，所識窮乏者得我忙。每日行事，則請客忙，拜客忙，坐馬車汽車忙，麻雀忙，撲克忙，花酒忙，聽戲忙，陪姨太太作樂忙，和朋友評長論短忙。不得志的那裏肯干休，還是忙；已得志的那裏便滿足，還是忙。就是那外面像極安閒的時候，心裏千般百計轉來轉去，恐怕比忙時還加倍忙。乃至夜裏睡着，夢想顛倒罣碍恐佈[怖]，和日間還是一樣的忙。到了結果，依然還他一個老忙，病忙，死忙。忙個甚麼？所爲何來？

　　有人答道：我忙的是要想得快樂。人生在世，是否以個人快樂爲究竟目的爲最高目的，此理甚長，暫不細説。便是將快樂作爲人生目的之一，我亦承認；但我却要切切實實問一句話：汝如此忙來忙去，究竟現時是否快樂，從前所得快樂究竟有多少，將來所得快樂究竟在何處。拿過去現在未來的快樂，和過去現在未來的煩惱，相乘相除是否合算。白香山詩云："妻子歡娛僮僕飽，看來算只爲他人。"當知雖有廣廈千間，我坐不過要一床，臥不過要一榻。雖有貂狐之裘千襲，難道我能殼無冬無夏，把他全數披在身上。雖有侍妾數百人，我難道能同時一個一個陪奉他受用。若真真從個人自己快樂着想，倒不如萬緣俱絶，落得清净。像汝這等忙來忙去，鈎心鬭角，時時刻刻，都是現世地獄，未免太不會打算盤了。如此看來，那裏是求快樂，直是討苦吃。我且問汝：汝到底忙個甚麼，所爲何來。若説汝目的在要討苦吃，未免不近人情；如若不然，汝總須尋根究柢，還出一個目的來。

　　以上所説，是那一種過分的欲求，一面自討苦吃，一面造成社會上種種罪惡的根原。此等人不惟可憐，而且可恨，不必説他了。至於那安分守己的人，成日成年，勤苦勞作，問他忙個甚麼，所爲何來。他便答道：我總要維持我的生命，保育我的兒女。這種答語，原是天公地道，無可批駁；但我還要追問一句：汝到底爲甚麼要維持汝的生命；汝維持汝的生命，究竟有何用處。若别無用處，那便是爲生命而維持生命。難道天地間有衣服怕没人穿，有飯怕没人吃，偏要添汝一個人來幫着消繳不成。則那全世界十餘萬萬人，個個都是爲穿衣吃飯兩件事來這世間鬼混幾十年,則那自古及今無量無數人,生生死死死死生生,不過專門來幫造化小兒吃飯,則人生豈復更有一毫意味。又既已如此,然則汝用種種方法,保育汝家族,繁殖汝子孫,又所爲何來。難道因爲天地間缺少衣架缺少飯囊,必須待汝構造?如若不然,則汝一日一月一年一世忙來忙去,到底爲的甚麼,汝總須尋根究柢,牙清齒白,還出一個目的來。

孟子曰:"人之所以異於禽獸者幾希。"且道這幾希的分別究在何處。依我説:禽獸爲無目的的生活,人類爲有目的的生活,這便是此兩部分衆生不可踰越的大界線。雞狗彘終日營營,問他忙個甚麽,所爲何來。蟲蝶翩翩蛇蠶蜿蜒,問他忙個甚麽,所爲何來。溷厠中無量無數糞蛆,你爬在我背上,我又爬在你背上,問他忙個甚麽,所爲何來。我能代他答道:我忙個忙,我不爲何來。勉强進一步則代答道:我爲維持我生命,繁殖我子孫而來。試問人類專來替造化小兒穿衣吃飯過一生的,與彼等有何分別。那爭權爭利爭地位忽然趾高氣揚忽然垂頭喪氣的人,和那爬在背上擠在底下的糞蛆有何分別。這便叫做無目的的生活。無目的的生活,只算禽獸不算是人。

我這段説話,並非教人不要忙,更非教人厭世。忙是人生的本分,試觀中外古今大人物若大禹若孔子若墨子若釋迦若基督,乃至其他聖哲豪傑,那一個肯自己偷閑,那一個不是席不暇煖突不得黔奔走棲皇一生到老。若厭忙求閑,豈不反成了衣架飯囊材料。至於説到厭世,這是没志氣人所用的字典方有此兩字;古來聖哲,從未説過,千萬不要誤會了。我所説的是告訴汝終日忙終年忙,總須向着一個目的忙去。汝過去現在到底忙個甚麽所爲何來,不惟我不知道,恐怕連汝自己也不知道;汝自己不惟不知道,恐怕自有生以來,未曾想過。嗚呼!人生無常,人身難得。數十寒暑,一彈指頃,便爾過去;今之少年,曾幾何時,忽已頎然而壯,忽復頹然而老,忽遂奄然而死。囫圇模糊,蒙頭蓋面,包膿裹血,過此一生,豈不可憐,豈不可惜。何況這種無目的的生活,決定和那種種憂怖煩惱糾纏不解,長夜漫漫,如何過得。我勸汝尋根究柢還出一個目的來,便是叫汝黑暗中覓取光明,教汝求一個安心立命的所在。汝要求不要求,只得隨汝,我又何能勉强。但我有一句話:汝若到底還不出一個目的來,汝的生活,便是無目的,便是和禽獸一樣,恐怕便成孟子所説的話,"如此則與禽獸奚擇"了。

汝若問我人生目的究竟何在,我且不必説出來,待汝痛痛切切徹底參詳透了,方有商量。

無聊消遣

現時交際社會上有幾句最通行的說話,彼此見面,多半問道:"近來作何消遣?"那答話的多半說道:"無聊得狠,不過隨便做做某樣某樣的玩意兒混日子罷了。"這幾句話頭,外面看來,像沒有甚麼大罪惡,那裏知道這便是亡國滅種的根原。這種流行病,一個人染着,這一個人便算完了;全國人染着,這國家便算完了。

天下最可寶貴的物件,無過於時間。因為別的物件,總可以失而復得;惟有時間,過了一秒,即失去一秒,過了一分,即失去一分,過了一刻,即失去一刻,失去之後,是永遠不能恢復的。任憑你有多大權力,也不能堵着他不叫他過去;任憑你有多大金錢,也不能買他轉來。所以古人講的惜寸陰惜分陰,這並不是說來好聽,他實在覺得天下可愛惜之物,沒有能殼比上這件的,所以拚命的一絲一毫不肯輕輕放過。近來世界上發明許多科學,論他的作用,不過替人類節省時間的耗費,增大時間的效力。從前兩三點鐘纔能辦結的事,現在一點半點便可辦結,因此尚可以將賸下的時間,賸出來拿去又幹別的事業。所以現在的人,一日抵得過古人兩三日的用處,一年抵得過古人兩三年的用處,所以一世人能做古人兩三世的事業。現世文明進步,一日千里,這便是一個最大關鍵。我國因為科學不發達,沒有種種善用時間的方法,沒有種種節省時間的器具,就令我們比人家加一倍勤勞,也只好做一世人當得人家半世便了。却是人家一日當得兩三日用的還嫌不穀,兢兢業業的一分一秒不敢蹧蹋;我們兩三日只當得一日用的,倒反覺得把他無可奈何,單只想個方法來消了他遣了他。咳!那裏想到天地間一種無價至寶,一落到我中國人手裏,便一錢不值到這麼田地。咳!可痛!咳!可憐!

《論語》說的有兩段話:一段是"飽食終日,無所用心,難矣哉";一段是"群居終日,言不及義,好行小慧,難矣哉"。孔子教人,向來沒有說過一個難字,單單對着這種人,一回說難矣哉,兩回說難矣哉,可見這種人真是自外生成,便是孔聖人也拿他無法可施的了。

《大學》說的"小人閒居爲不善,無所不至";王陽明解說道:"閒居時有何不善可爲,只有一種懶散精神,漫無着落,便是萬惡淵藪,便是小人無忌憚處。"就此看來,這種無聊咧,消遣咧,別看着是一種不相干的話頭,須知種種墮落種種罪惡,都要從這裏發生了。

一個人這樣懶懶散散,這一個人便沒了前途;全國人這樣懶懶散散,這個國家這個種族便沒了前途。三十年前有遊歷朝鮮的人做的筆記,說道:"朝鮮人每日起來,個個都是托着一壺茶唧着一根長烟袋坐在樹下歇涼,望過去像神仙中人。就只一點,便是朝鮮亡國滅種的根子。"前清末年,京城裏旗人個個總靠着一分口糧,舒舒服服過日子,個個都是成日價手拿着一個雀籠口哼着幾句戲腔,無聊無賴,日過一日。稍有眼光的,早知道這一種人不久就要被天然淘汰了。咄!的[我]中國人,好的不學,倒要跟着朝鮮人學,跟着滿洲人學,我看現在號稱上中流社會的一班人,學他們倒越學越像了。既已如此,我們國家的將來種族的將來,那朝鮮人滿洲人就是個榜樣。這因果一定的法則,還可逃避嗎?

顧亭林說的:"天下興亡,匹夫有責。"須知這兩句話,並不是教人個個去出風頭,做志士做偉人纔算負責,就只我們日用起居平淡無奇的勾當,不是向興國方面加一分力,便是向亡國方面加一分力。你道亡朝鮮的罪專在李完用等幾個人身上嗎,據我說,朝鮮幾千萬人沒有一個脫得了干係,因爲世間沒有能在懶惰中生存的人類,沒有能在懶惰中生存的國民。現在朝鮮是亡過了,恐怕世界上第一等懶惰國民要算我中國了,第一等懶惰人類要算我中國內號稱上中流社會的人了。我想中國別的危險,還容易救,就是這上中流社會一種無聊懶散的流行病,真真是亡國鐵券,教我越想越寒心啊。

讀我這篇文章的人或者說道:我實是無聊所以要消遣,汝有甚麼方法教我有聊呢? 這個我可以簡單直截回他一句話:汝的無聊,是汝自己招的;汝要無聊,誰亦不能叫汝有聊。汝自己不要無聊,那麼多少年無聊種子,就立刻消滅淨盡了。汝若是真真自己不要無聊,還請將我前次所問"人生目的何在"這一句話細細參來。

將來觀念與現在主義

人類和禽獸不同的地方甚多,內中有一件最是要緊的,一切文明進化,都從這裏生出來。那一件呢？所謂將來的觀念便是。

就是禽獸也不是絕對的沒有這種觀念。你看燕子還會營造他的窠巢,今年造成,明年還來居住;你看蜜蜂當春夏天百花盛開的時節,日日出來採蜜,預備冬天的糧食,這不是他將來的觀念嗎？但禽獸這種觀念是極簡單極淺薄的,橫的方面沒有聯絡,豎的方面沒有繼續,所以這觀念總不能擴充發達。幾千年前的燕子會營巢,今日也不過僅會營巢罷了;幾千年前的蜜蜂會釀蜜,今日也不過僅會釀蜜罷了。人類却不然,他天生成有一種極複雜極深遠的將來觀念。因為有這種觀念,能彀令我們將一生數十年前前後後的生涯打成一片,做一種有意識有系統的聯絡。不惟如此,還能彀令我們把前代和後代生出一種聯絡來。所以幾百年的家族,幾千年的國家,乃至幾萬年的全世界人類社會,也可以看成個人一世的生涯,一樣的為有意識有系統的發達。人類所以獨秀於萬物,最緊要的就在這一點了。

這種觀念,雖是人人都有,但那印象或深或淺,程度或強或弱,作用或大或小,却是一個一個人各各不同,一國一國的國民各各不同。就是一個人裏頭,也是因年紀而不同;一個國民裏頭,也是因時代而不同。總之這種觀念,可以叫做測量人類進化階級一個最準的寒暑表。凡屬幼稚的人類,這觀念一定狠薄弱;越發長成,越發發達。你看初出世的一兩歲的小孩兒,簡直連一點鐘以後的計算都沒有,他的生活,除了生理上自然衝動之外,便是一秒一秒鐘隔離停頓,沒有一毫意識的連續。就是長到十來歲,這種觀念,還是影響模糊,時發時歇,總是貪目前頑耍舒服,沒計較到後來怎麼樣,所以非有人保護着替他打算,他便不能成立。到了成年以後,智識漸漸豐富,意力漸漸堅強,便會事事思前想後,這將來觀念,便成了宰制一切行為的要素。但是這觀念,或明或不明,或強或不強,那人格的高下和幸福的多少,多半從此生出差別來了。一個社會一個國家的進化,亦同此理。古代野蠻人的生活,像古書說的"飢則求食,飽則棄餘",那將來觀念之薄弱,簡直和兩三歲小孩一樣,和禽獸相去不遠。後來逐漸進化，變成畜牧社會，變成農耕社會，變成工商社會，有家族，有團體，有國家，這都是將來觀念的產物。進化愈高一級，將來觀念愈深遠一層。乃至有大政治家，替國家籌畫百年大計，有大宗教家，替人類全體求來生永久的安寧幸福，這便是將來觀念發達到極地。若要猜度一個國家的盛衰興亡，一個種族的榮華枯落，只要看這國這族的人，是否有這將來觀念，這觀念明昧強弱如何，他的命運，便十成定得八九成了。

　　這將來觀念為甚麼有恁麼大作用呢？又為甚麼幼稚的個人和幼稚的社會，這觀念總不能發達呢？因為將來的利益快樂和現在的利益快樂，不見得處處都能一致。但凡有將來觀念的人，他對於現在的利益快樂，總須有一種犧牲精神。譬如現在放着許多狠可口的東西，因為吃了將來會生病，便不吃他。現在甚麼事不做，雖然舒服，恐怕將來養不活自己養不活妻兒，想到這一層，便發奮起來。現在吃嫖賭吹亂花錢，縱然快活，恐怕將來要正當用錢的時候沒得用，只好節省些兒貯蓄起來。現在騙人害人來升官發財，雖然得一時的榮耀安逸，恐怕將來要受生前的懲罰死後的孽報，不如安分守己，求個精神上的安恬，身體上的平穩。這等種種事，都是拿將來的利害和現在的利害比較一比較，甯可現在委屈些成就將來，不肯拿將來的好處都給現在佔盡。再説到高一層，甚麼毀家紓難，甚麼殺身成仁，都是替將來的國家將來的世道人心打算，情願連現在自己身家都不要。你説他是傻子嗎？不過他的將來觀念比你強些罷了。這樣説來，可知一國人將來觀念的強弱，便是這國家興亡盛衰的大根原。却是這種觀念和作用圓滿發達，可也不十分容易哩。

　　唉！我真真不料這幾年以來，我們中國人，就個個沒志氣沒出息到這步田地。上自一般内外文武紳商閥人，下至小百姓，都是拿着個現在主義做了金科玉條，好像明朝便沒有命是的。講到時光，是消遣得一日算一日；講到做事，是對付得一樁算一樁；講到錢財，是撈摸得一文算一文；講到生活，是快活得一刻算一刻。若是政治上講到三兩年後的計畫，生意上講到三兩年後的出息，那便搖搖頭掩着耳朵不願意聽。分明是全國民窮財盡的時候，却是通都大邑裏頭，日日唱堂會戲，處處賭錢，一擲百萬。甚麼商業都凋敝到零度，却是戲園酒館茶樓，比從前熱鬧十倍，那閥人一味講究討小老婆吃好調和閙汽車閙洋樓頑麻雀頑撲克，那小百姓腰包裏捏着三兩文錢，非當日把他送到戲園賭場酒館茶樓去，便像狠難過。有人告訴他：你這樣行爲將來怎麼樣呢。他便答道：我只圖過了今日，誰還管得明日來。既已明日的事一概都不管，所以凡是可以供給眼前快樂的，便無所不爲。那有權位有勢力的便盜侵公款賣國求榮脅嚇良懦詐取錢財，那小百姓便打着夥學做強盜學做流氓，正是孟子講的"上無道揆，下無法守，朝不信道，工不信度，君子犯義，小人犯刑"。再這樣下去，不是通國人都要變成禽獸嗎？唉！現在主義的流毒到了這般田地，普天下有心人看着，應該怎麼樣驚心動魄呢？

　　如今我說句公平的話，這種現在主義，其實並非人類的本性。況且我中國是個狠有文明歷史的國家，這種文明歷史，都是從我們祖宗狠深强的將來觀念構造出來。我們受了這種好遺傳，就令不肖，何至便像阿非利加洲黑人，今日想不到明日的事？所以忽然生出眼前這等現象，我想不外兩種原因：第一件，是因爲政治腐敗，那萬惡的軍人萬惡的官僚萬惡的民黨，將國家顛來簸去，鬧得個雞犬不寧，叫我們全國人個個都不知命在何時，只得像戲本上說的"火燒眉毛且顧眼下"了。這種心理，凡屬亂離時候的人民，多是一樣。只要讀讀我們歷代的詩歌，便到處露出此中消息。第二件，現正當新舊思潮交替時代，舊日的宗教道德，因爲社會狀態變遷，多不適用，他的權威，已經不能再範圍這社會，那新宗教新道德，却未能改良建設起來。各人各人的神明，都沒了主宰，漂摇浪蕩，因此變成一種失望落膽得過且過的精神病來。這不獨我們中國爲然，就是歐美人，也是因爲社會劇變，理想和事實處處矛盾衝突，多數人都起一種苦悶懊喪的心理。因之現在快活主義，也成了近年的傳染病，他們叫他做世紀末的黑暗(指十九世紀末年)，和中國正是同病相憐哩。

　　雖然如此，我們到底不可因爲一時的刺激，便甘心墮落，總要抖擻精神，從這苦海中九死一生挣回性命。我們須知時間的真正觀念，只有過去，只有將來，並無現在。你看眼前一秒，已成過去，轉眼一秒，還是未來，這中間從那裏找出一個現在來。你說我且顧現在，你這話頭便已簡直不能成立，因爲世間上本來就沒有"現在"這樣東西，你從那裏去顧他呢？過去的是已經過去了，沒有法想了，我們無論肉體上的生命，無論精神上的生命，都是那一位巍巍大神名字叫做"將來"的在那裏替我掌握住。你若看定了你沒有將來，倒不如一刀戳死自己清淨，還講甚麼現在。既已不能，那麼不顧將來，總不過一生自討苦吃。

你説求現在快樂，你試想一想，究竟能彀有一秒半秒真正心安理得的快樂不曾，還不是熱油煎心，日日在刀山劍樹上過日子？從頭細想，這是何苦來呢？至於講到政治上所生的苦痛，須要知道天下事總是互相爲因互相爲果。你光會怨恨這種萬惡政治鬧到我們沒有了將來，却不想想因爲我們個個都不會打算將來，所以造成這種萬惡政治。你却因爲別人妨害你將來，索性連自己的將來也丟掉不要了，這是抱着蓑衣救火的勾當，可是活得不耐煩了麼？所以我苦口勸勸國人，凡事總不要斬斷了後路，總要因爲將來起見把現在犧牲些兒。若使多數人能彀如此，一則可以叫我們國家免走到朝鮮那條路，叫我們種族免走到非洲黑奴那條路；二則你自己也免了像三歲小孩，除了靠人憐憫保護，便沒得性命。至於那般血氣精力方在盛强的青年，越發要把這可寶貴的將來觀念，時時刻刻提起，而且要濬發他到極深極遠，持續他到極堅强，把我一身的前途一家的前途一國的前途努力開拓出來。因爲他們老年的人，他將來的日子是有限了，他若不願意和那將來神結緣，只好隨他。你們青年人，將來的日子長遠得狠哩。你想要幸福啊，還是想要受罪，這兩條路任意揀擇。你若是喜歡將來受罪，請你便拚命求現在的快活舒服；你若還要將來幸福，還是請你把現在的快活舒服犧牲一部分，或者犧牲全部分罷。

推理作用

我這講壇翻來覆去，第一件是最想把孟子説的"人之所以異於禽獸"這句話發揮個透徹。因爲我們開口講人格，閉口講人格，甚麽叫做人格呢？若講到精微奧妙處，那就往古來今多少宗教家、哲學家、科學家千言萬語，還説他不盡；若要簡單明瞭的下一個解釋，不過認清楚了人和禽獸不同的地方，認真將他發揮出來，便是人之所以爲人，便是人格了。

我如今又想起人類和禽獸最不同的一件事來。講到這件事，我又要拿孟子的話來做引證了，孟子説的："古之人所以大過人者無他焉，善推其所爲而已矣。"這善推兩個字，便是我們参天蓋地的一種良能。我們靠着這種良能，祖父子孫一代一代的擴充光大起來，便可以把世界莊嚴得光華燦爛。這種良能，我替他起個名字，叫做推理作用。

推理作用的運用進行，有三個要件：第一件，是經過一回的事，便推想到第二回；第二件，是經過一樁事，便推想到同類的別樁事；第三件，是將許多經過的事彙集起來，推想他總括的原因結果。這頭一件叫做不完全的推理作用，亦叫做反應本能，這是高等動物和野蠻人和小孩子，都是有的。那第二件第三件，叫做完全的推理作用，就一個人講，非長成了以後不能有，就人類全體講，非文明人不能有。這種作用發達程度，或大或小，或強或弱，或簡單，或複雜，或淺薄，或深遠，便是愚人和哲人層層階級種種分別的記號，便是文明人和野蠻人層層階級種種分別的記號了。我如今請舉一個例來子細說明。譬如那撲燈蛾，一回撲向火裏頭，燒得他狼狽倒退，論理說，應該往後就不要撲了。他却不然，撲了一回還要撲第二回，撲了第二回還要撲第三回，到底要把他這條小命送在火裏頭纔算完結。這便是下等動物的情形，連這一點反應本能也是沒有的。到了高等動物便不是這樣。譬如一隻狗咧一隻猫咧，碰着火燒過他一回，下次看見火便會趕忙躲避。那野蠻人和小孩子也是一樣。小孩子看見那美麗的燭光閃來閃去好頑，笑嘻嘻伸手去捉他，捉到手時，哇的一聲大哭起來。從此以後，拿燭給他，他再也不肯伸手了。這便是我說的經過一回便推想到第二回，這便是最簡單的初步推理作用。到這種作用更加擴充，不獨是燭上的火不敢去摸，就是爐上的火也不敢去摸；乃至不獨不去摸那火，並不去摸那爐；乃至連開水咧連滾油咧，一概都不敢拿手指去靠近他。這便是我說的經過一樁事，便推想到同類的別樁事，這便是推理作用的大大進步。問他為甚麼能彀有這種進步呢。因為他會想到凡屬於火，以及經過火候的東西都會發熱的。他又會想到我們若碰着外界熱度和我們身上本來熱度不相應的時候，我的皮膚可受不住。這種思想驟然看來像狠簡單，其實裏頭已經含着好幾個觀念，經幾番錯綜比較結合，發明一種正確不磨的原因結果關係，這思想纔能彀發現出來。這便是複雜的推理作用進行路逕了。我們有了這種大作用，所以不像禽獸樣子一成不變，所以能彀一生裏頭時時進化刻刻進化，幾千萬年裏頭年年進化代代進化。我們有了這種大作用，就應該無論大事小事無論公事私事，隨時隨處都去應用他。怎麼叫做大人物呢？怎麼叫做大國民呢？須知道別無謬巧，不過是這種推理作用，應用得十分圓熟十分周密十分完備罷了。

你不信，等我舉幾個例來看看。那英國人不是世界第一等大國民嗎？英國近一百多年生了兩個人,一個是發明重心力的奈端,一個是發明汽機的瓦特。如今個個都叫他們兩個做世界的恩人,這也可算得第一等大人物了。奈端因甚麼發明重心力呢?不過他的院子裏頭有一顆萍果樹,那一天有一個萍果從樹上落到地下,他便憑着他的推理作用推來推去,推出個重心力。你説他這一推推出個甚麼亂子來,直把我們幾千萬年所想太陽和地球的位置,一翻翻轉,現在所有一切科學都從新立一個基礎了。那瓦特因甚麼發明汽機呢?不過他屋子裏頭有一個開水壺,那一天那開水滾起來,將那壺蓋衝得格磋格磋的響,他便憑着他的推理作用推來推去,推到應用這點子水火既濟的力來造成汽機。你説他這一推又推出個甚麼亂子來,那幾千萬里的海洋,一眨眼便變了我們人類家裏頭一個小小的池塘;那幾千萬里的平原,一眨眼便變了我們人類大門口一條小小的街道。我這不過隨便舉一兩個例,其實世界上所有大大小小學問,那一件不是由我們祖宗我們先輩推理得來呢?又不獨是這種粗淺的世俗學問,還有我們大衆崇拜信仰的那一位大慈大悲釋迦牟尼佛,你説他爲甚麼能彀建設恁麼崇高偉大的宗教來普渡我們呢?也不過因爲他做太子的時候出過三回門。頭一回在路上碰着一個老頭子彎腰曲背衣服襤縷;第二回碰着一個病人瘡膿徧體上氣接不着下氣,委實狼狼可憐;第三回碰着出殯的人前面橫抬着一個死屍,後面許多人跟着號哭。我們佛爺爺憑着他的推理作用推來推去,推出個生老病死遞相循環,爲衆生苦惱根原,推出個人生無常,推出個真如不滅,這個涵天蓋地的佛教,就從此建設了。我們想一想,誰家院子裏没有萍果樹,誰家屋子裏没有開水壺,那老的人病的人死的人,我們眼面前那一日没有看見,爲甚麼往古來今許多人,個個都熟視無睹,到了那三位大人物眼裏,便會生出這空前絕後大事業來呢?我們更要知道,天下事理無窮,眼面前極細微極普通的事,隨處都可以表現極大的真理,都可以發生極大的結果,只怕人不留心罷了。釋迦佛縱然我們不敢比他,那奈端,瓦特,難道是三頭六臂的人嗎?

我們中國文明,雖然發達得狠久遠,雖然狠有我們的特長,但是推理的方法,比較的不甚完備,這是不必諱言的。戰國時代,思想自由,所以那時候的學問,狠能彀替全世界人類有些貢獻。以後便漸漸成了麻木了,因爲凡事都只要蹈常習故,總不肯放開眼孔,推求個所以然之故。所以本來固有的推理良能,積久不用，便從遺傳上萎縮起來。一直到了今日，表面上像是思想漸漸開放，骨子裏還是不會運用，所以越發亂雜無章。每處置一件事，每講究一種學問，都是僅能得極淺薄的見地，所以無論政治方面，學問方面，社會生活方面，總不能有進步。我盼望我青年諸君，要知道這是現在我國人公共的毛病。這毛病不去，在現今世界上決不能生存，終久是要被淘汰的。然則應該怎樣呢？我們個個要把我的推理良能，常常操練他到極熟。這種操練工夫，無論在學校裏頭，或是出來社會上做事，都狠有機會給我應用。只要將自己所讀的書所聽的話所做的事，常常將眼光騰空，將心思深入，仔細推想他前因後果，這就將來許多大學問大事業都從此出來了。

自由意志

人類和禽獸最不同的還有那件呢？人類有自由意志，禽獸便沒有。這又是極要緊的一種分別。

現今老師宿儒，提起自由二字，好像蛇蝎似的，不願意聽，這個固然可笑。但一般青年，拿自由兩字做口頭禪，至於這兩個字，在人性上有甚麼根據，在人道上有甚麼價值，却未曾理會過，所以不能親切有味。日日講自由，却自己日日陷在極不自由的地位，明眼人看去，着實可憐。我以爲若要真正自由，非從本原處講到自由意志不可。

甚麼叫做自由意志呢？譬如一張棹子一張椅子，有人把他擱在一個地方，他便站定了，非等到有別人來搬他，他再不會動一動。他的或動或定，全由他力，這便是不自由。譬如一個錶，把煉上起，他的輪齒，便有一定規則的撥揬，循環往復，再也不會錯，却也不會變化。這純屬機械的作用，也是不自由。譬如一顆樹，雖然，有根有葉，能吸收營養品發達自己，却是自己一毫作不得主。大水衝來，只好等着淹死；大雪下來，只好等着凍死。這是爲自然所支配，也不能自由。譬如高等動物，那就進步多了。他自己想走動便走動，想休息便休息，已經漸漸有一種意思來宰制他的行爲。但是他這種意思，純由生理衝動，並非有一種考量抉擇的作用，仍是從自然力演出，也不能自由。人類却不然。人類的本能有一部分純屬生理衝動作用，和禽獸絲毫無別，如血液的運行，胃膜的漲縮,肺管的呼吸,簡直和機械一樣,不必論了。乃至飲食男女,人之大欲,口之於味,耳之於聲,目之於色,都有同嗜同美。這也不過一種生理關係,五官所接,隨感隨受,和禽獸没有甚麽不同處。獨有一件,凡遇一件事到了眼前,我便想一想,或是應該做,或是不應該做,或是這樣做法,或是那樣做法,先打定一個主意。這個主意,雖然可以和別人參酌商量,但最後的決定,却全在自己。決定之後,自己便命令四肢五官去照着做,誰也不能攔阻我。這便叫做自由意志,這是人類以外的動物所萬不能有的。

但人類到底能否有自由意志,在東西哲學家,仍成爲一多年辯論不決之問題。爲甚麽這個還成爲一個問題呢？有一派學者說:我們看見自己的意念要起便起,要落便落,要東便東,要西便西,像是完全由我作主；但是否真正由我作主,仍屬不能斷定,怎見得没有別的一件東西超出我們之上,正在那裏來宰制我們呢？怎見得我們的意志,不是受了他宰制還不自覺,好像着了催眠術一樣呢？這些話諸君聽了別要驚奇,我們中國諸家聖哲的學說,大半帶這種臭味。如孔孟一派所講的天命說,說人受性受命於天,萬事都由天主宰,所謂"天地爲鑪,造化爲工,陰陽爲炭,萬物爲銅"。就這樣看來,豈不是我們一言一動乃至起一念頭,都在造物小兒甄①陶之中,我們不過像登場傀儡,别有一個人在暗裏牽線,我隨他擺佈轉動罷了。又如老莊一派所講的自然說,他雖不說有一個具體的天神在上頭指揮擺佈,却是說有一個大機器在那裏無意識的流行運轉,我們人類也包舉在裏頭。這個自然的大機器,有絶對不可抗力,人類生於其間,也不過像機器中一輪一齒,那裏有甚麽自由呢？這兩派學說,大同小異,在我國二千年來思想界,實占莫大勢力。所以這絶對的自由意志說,我國先哲,實在未嘗承認。請讀一讀《列子》裏頭的《力命》篇,他假設兩個人,一個名字叫做力,一個名字叫做命。兩人較量功德,這位力先生到底屈伏在那位命老爺的底下,這就算自由意志不成立的斷案。這種或叫做自然說,或叫做宿命說,不獨我中國多年盛行,就是西方古代的印度咧希臘咧,近代的歐美各國咧,也有許多宗教家哲學家力持此論,與自由意志說對抗,勢力狠是不可侮哩。

---

① 原作"甌",已據12月4、13日《時事新報》同文改。下同。

但據我看來，若是人類沒有了自由意志，則一切道德法律宗教，便根本的不能存在。怎麼說呢？譬如就道德方面說，某人是善人，某人是惡人；就法律方面說，善人應該賞，惡人應該罰；就宗教方面說，善人升天堂，惡人入地獄。這道德家法律家宗教家拿甚麼做根據來判斷人呢？因爲有善惡兩途列在前面，任憑各人自由選擇。你要爲善也在你自己，你要爲惡也在你自己。你居然肯選擇善的一條路去，所以應賞；若是你偏要選擇惡的一條路去，這便該罰。種種勸懲賞罰，都是以人類本有自由意志爲前提。若說我們意志沒有自由，則爲善的並非自己爲善，不過造物牽着他爲善，或是自然裹着他爲善，有何可賞！那爲惡的也是如此，罰他豈不冤枉！所以若不承認有自由意志，那就爲善爲惡都無責任；善惡都無責任，那就道德法律宗教連根拔起不能存在。人類生在世間，更有何意義，有何價值！我所以講到根本問題，一定歸結到自由意志，就是爲此。

我所以極力說自由意志的緣故，因爲必須承認意志自由，然後我之爲我纔能實現，然後人格纔有價值。但是泰西學者反對這自由意志說的却甚多，第一，便是那舊派的宗教家。他說人類若果自由，便成了中國古代格言說的"人定可以勝天"，這不是把上帝的全知全能加了限制嗎？這是和基督教義違背萬難承認的。這一說最爲渺茫，最爲陳腐，不是信仰基督教的人，儘可置之不論；就是爲那信教的人說法，也狠容易解釋。我記得美國心理學大家占士氏有個譬喻狠好。他說譬如有一位下棋的國手，對家要下某着某着，他都能預先算定；却是兩着之中，你到底下那一着，只得任憑你自由選擇。你選擇錯了，自己要吃虧，我却不能管你。這就是上帝的全知全能和人類的自由不妨兩立的絕好譬喻。我却還有幾句徹底透亮的話。我以爲上帝之有無，上帝的能力如何，人類和上帝的交接感通如何，這都是不可思議的神秘，不能拿科學來證明的，我們甚麼人，敢下武斷嗎？但我敢說，無論何種宗教，必須以人類有自由意志爲前提。倘或沒有了這個，何以爲受教之地呢？宗教家教人要信仰，教人要懺悔。那信仰不信仰懺悔不懺悔，還不是由各人的意志自由發動自由選擇嗎？各位教主，爲甚麼不去教土石教草木教禽獸，就是因爲他沒有意志，不能自由，想教好他也教不來。翻過來一想，就可以知道我們能受宗教的益處，都是靠這一點自由意志了。

那泰西哲學家,也有狠反對自由意志説的。他説此説和哲學上所公認之因果律不能相容。天下事理,不論大小,斷無無果之因,亦無無因之果。因既生果,果復爲因,因果果因,好像百結連環,一個扣着一個,相聯不斷。這種道理既然大家承認,然則我們的意志爲甚麽發動,發動到甚麽方嚮,總有他一個原因,那裏能彀完全由我作主?我們的行爲,既是由意志作主,若使意志純然自由,那麽無論何人忽然天外飛來的起一個念頭,便也天外飛來的演成一件事實,那不是將因果律完全破壞,鬧得個世界無從捉摸嗎?有一派哲學家所説,大略如此。拿來和中國古代學説比較,他那宗教家講的,有點像我們的宿命説;這些哲學家講的,有點像我們的自然説。這一説雖然狠有深奧的道理,但可惜把自由兩個字有點錯解了。原來自由的意義,並非作絶無原因偶然發生的解釋,乃是指自己不受外界的束縛能彀自發自動。自由意志這句話,説的是我們的神明裏頭一個主人翁,自己要怎麽樣就怎麽樣,別人不能勉强我也不能幫助我的。若講到神明的活動,自然有他的一定法則,和哲學上所謂因果律相應,這更何消説?所以因爲拘泥因果律倒疑到意志不自由,這是不該的。

還有科學家反對自由意志説的,那議論却更精到了。這裏頭又分爲有力的兩大派。一派是心理學家,他説意志之爲物,也不過與知覺、觀念、感情等同爲心理作用之一。心理作用,完全受一定的法則所支配,凡外界所感受的事物,經各種感官傳達於腦,腦的中樞,便起一種動機;動機强的時候,便立成一個意志,可見得意志並非能彀自由發動的。(這是心理學上的動機説。)又人類生性各有所偏,大抵從遺傳承受下來,因之肉體上精神上皆生一種偏重的傾向。這種傾向,愈演愈强,這個人的意志,便全然受了他支配。譬如好飲酒的人,生出來的子孫,漸漸也好飲酒,這全是不由自主,怪他不得的。(這是心理學上的性向説。)又不獨性向而已,習慣也能成爲第二之天性。講到習慣,却大半都是從無意識中生出來。譬如有人偶然蹺着腿坐,當初原非一定有意要這樣,但蹺上幾躺,便成了習慣,以後却非蹺不可了。各種習慣,大率如此。人類意志的活動,什有九都是爲習慣所支配,那裏能彀自由呢?(這是心理學上的習慣説。)這種心理學的論據,狠是有力,那著名的哲學大家斯賓塞爾,曾説"有意志自由便無心理學",可見這辯爭真算激烈了。還有一派便是社會學家,他説人類不過生物之一種,總不能脱生物的公共法則。凡生物的活動,總要受遺傳的支配,而且要順應他的環境,纔能生存。若説人類獨能於遺傳順應之外,拿自己的意志支配自己的活動,豈不是與生物學的原理相背嗎?況且人類的思想,總要受時代和社會的束縛限制,這是顯而易見的。譬如孔子、耶穌,雖是大聖,却不會起個意志想要坐輪船坐火車。我們生在今日,却不會起個意志想學哥侖波的樣子坐一隻帆船過大西洋。我們現在的中國人,再不會起個意志要併吞鄰國。在學堂用功的學生,再不會起個意志要做強盜。諸如此類,都可以證明人類的意志,沒有不受時代和社會的限制,任憑你有多大本領,斷不能離社會而生存。既落在一個社會裏頭,自然是同社會的人人互相模擬,互相牽制。我們自己起一個意志,以爲是由我發動,却不知道實是受社會心理的教唆暗示,好像着了催眠術一般,那裏算得自由呢?這種種學說都是十九世紀末科學大家所主張,壁壘狠是精嚴,好不容易破他哩。

我對於這一類學説,不能不承認他含有一部分真理;但是據着這個來抹煞自由意志,我以爲是大錯了。大抵此等學説,家數雖多,總不脫唯物論的臭味。然而唯物論斷不能説明最高的真理,我是敢昌言的。如今且拿心理學來講。舊派的心理學,把心理和生理同一樣方法去研究,專講他運動變化的軌道,何嘗不極精極密?殊不知這都是心的現象,不是心的本體。講到本體,絕非一般凡近的科學所能説明,全憑參證直覺得來。人類自由意志,正是人心本體最初發動一種不可思議處,安能拿後起的心理作用來推斷他有無呢?至於講到那個人的遺傳性咧,習慣咧,社會上的順應咧摸擬咧暗示咧,誠然對於我們的意志很有影響,但這是我們本來的自由意志,不幸受了限制,斷不能因爲有了這限制,就説我意志本來不能自由。向來都説犯罪人的子孫,多半愛犯罪,却是近來各國的慈善教育家,有些人專教頑劣兒童,成績都很好,這是統計上確鑿有據。若依着極端的遺傳論,那麼從娘胎裏帶着惡血來的人,便一生一世沒有能彀不爲惡的自由,天下安有此理?又如愛吃煙成了習慣的人,他若果然打定主意去戒他,斷沒有戒不了的事。可見習慣支配意志之力本甚小,意志矯制習慣之力却甚大。若説是日常無意識中所養成的習慣,便可以剝奪我的自由,這不過没志氣人所説的話罷了。至於社會上四圍境遇,常能把個人自由意志限制一部分,雖然是不能免;但又須知,無論何種社會,總是常常有個人的自由意志在那裏騰躍摩盪,這社會纔成個活社會,不然,便成個死社會,不久就要消滅了。若説個人意志，個個都不過是順應社會現狀一種反影，那麽社會今日有這種現狀，應該過十年百年還是這種現狀，從那裏還有進化來？須知社會或由壞變好或由好變壞，都是由該社會中各分子的自由意志在那裏相摩相盪。佛説"三界唯心所造"，正是這個道理。近世唯物派的社會學家，硬要叫社會把個人都吞滅進去，我却是不能附和哩。

我辨證這些很囉嗦的學理，却又説不透，恐怕讀者諸君久生厭了。今且簡單歸結起來：第一，原來人類有自由意志，本屬自明之理。譬如我們兩個人辨論，我説自由，你説不自由。你爲甚麽會從自由不自由兩説裏頭揀出個不自由説來主張，這便是你有自由意志的真憑實據。第二，我們凡做一件事，自己總覺得有責任。（責任心之强弱，雖各人不同，但無論何人總有些少。）這責任心從何而來？因爲我可以如此可以如彼，今既如此，則因此所生之結果，我自然當負其責。若是受外界逼迫做那和我自由意志相反的行爲，我便不負責任。譬如船主碰着行船危險的時候，爲救人起見，將所載貴重貨物投下海去，自己便不覺得有蹧蹋貨物的責任。爲甚麽呢？因爲這時候我保全貨物的意志不容我自由呢。第三，我們做過一件事，或是滿足，或是悔恨。爲甚麽呢？因爲這事做與不做，本來有我的自由，所以做對了纔滿足，做錯了纔悔恨呀！第四，我們對於別人的行爲，常常或稱贊他崇拜他，或譏誚他攻擊他，這都是認定了他有他的自由意志。若是没有，那麽他做好事，並不是自己要做好，乃是不得不做好，有何可贊呢？他做壞事，也不是自己要做壞，乃是不得不做壞，有何可譏呢？第五，我們對於別人的思想行爲，雖至親之人，也不能預先測定他一定是這樣或是那樣。爲甚麽呢？因爲他有他的自由意志，誰也不能管他呀！何獨別人，就是我自己，一點鐘以前，也不能知道我一點鐘以後作何思想。爲甚麽呢？因爲我的意志本來自由，現在並不能限制將來呀。第六，我們爲甚麽做一件事要勤勞要努力，因爲我信得過我既已有這個意志，我決定可以自由貫徹下去。若是没有自由，那就任憑你如何努力都没結果，所爲何來呢？這樣看來，人類確有自由意志，大概可以明白了。

讀者諸君，我説這一大片自由意志的話，有何用處呢？我第一件要諸君知道人類萬能，更老實説一句，便是自己萬能。因爲天下事都是從人的意志生出來，人的意志，却是自由發展，本無限制。所以孔子説的"我欲仁斯仁至矣"，又説的"爲仁由己而由人乎哉"，又説的"人能弘道非道弘人"，又説的"先天而天不違，天且不違，而況於人乎"，又説的"能盡其性，則可以贊天地之化育，可以與天地參"；佛世尊説的"一切諸生只要肯發心修行，個個都可以成佛"。這種偉大的教義，都是先認定了人類有自由意志，認定了自由意志是萬能，所以教人拿自己來做世界進化的中樞。我們若是信得過這個道理，便大踏步向上去，竪起脊梁擔當起來，還有甚麼疑沮，還有甚麼頹喪呢？第二件要諸君想一想，這自由意志，既是我本來面目，但是我現在的意志，到底真正得了自由也未曾。恐怕還是如那科學家所説甚麼遺傳咧習慣咧境遇咧，層層束縛，就從來沒有過自由的時候。弄來弄去，只恐連這點意志都麻木了磨滅了。可知道這並非我本來如是，這都是我沒出息甘做那遺傳習慣境遇的奴隸，把最可寶貴的天賦自由抛棄了，這是人生最可恥的事。所以我勸諸君只要將你的自由意志恢復起來擴充起來，這纔不枉却爲人一世哩。

甚麼是"我"

奇怪！誰不知道我就是我？要你來問？你這個題目就好生不通呀。

諸君別忙，聽我説來。當初有人問我這句話，我何嘗不是拿手指着鼻子衝口而出的答應道"我就是我"。後來經多少年子細看來，從前我叫做"我"的，漸漸覺得不像是"我"，從前不叫做"我"的，倒有些狠像是"我"，把我越鬧越糊塗起來，跟着就煩悶起來了。所以如今要拿這不通的題目，向諸君請教請教。

尋常人叫做"我"的，自然是指這肉體。這肉體到底是我不是呢？佛世尊説的好："我今此身，四大和合：髮毛爪齒皮肉筋骨髓腦垢色，皆歸於地；唾涕膿血津液涎沫痰淚精氣大小便利，皆歸於水；煖氣歸火；動轉歸風。四大各離，今者妄身當在何處？"諸君別要因爲我是信仰佛教的人，笑我説話總帶些宗教臭味。其實這種道理，拿極普通極粗淺的科學，都可以證明。如今中小學校稍肯用功的學生，那一個不知道人身是數十種原質和合而成；那一個不知道人身內有無量無數細胞，個個細胞，都有他的知覺運動，那一個不知道我們身上的骨肉精血新陳代謝，現時身上所含物質，不到一個來復便蛻換净盡，全然變了一種新物質。這樣看來，我們若是拿這一層皮包着幾十斤肉的那件東西叫做是我，那麼幾十種原質便可以變成幾十個我，幾萬萬的細胞便可以變成幾萬萬個我，一個來復以前的我，便全然不是一個來復以後的我。說來說去，還不是把這個我鬧得沒有了嗎？兩三歲的小孩，他每每把他的鞋咧帽咧衣服咧玩具咧，看着和他的眼耳口鼻手足一樣，認成他的我體之一部分。到長大了，智識漸開擴，觀念漸明瞭，纔能將身體和身體的附屬物生出一種分別來。但再想深一層，那將身體的附屬物認做我的固然可憐，就是將身體認做我的也何嘗不可笑。這皮囊裏頭幾十斤肉，原不過是我幾十年間借住的旅館。那四肢五官，不過是旅館裏頭應用的器具。自然另外還有個住旅館的人使用器具的人，這個總算是我。那旅館和器具，不是我，只是物。《孟子》裏頭有"物交物，則引之而已矣"這兩句話，最說得好。他上一個物字指的是身外之物，下一個物字就指的是五官四體。(他上文說耳目之官不思而蔽於物。故知下物字即指耳目之官了。)這蠢蠢然幾十斤重的一件物，何嘗是我來？因爲我們一向硬說他是我，所以儘着奉承他袒護他。因爲他的骯髒，倒帶累了我的純潔；因爲他的快樂，倒作成了我的苦惱。這就是我中國古書說的"小人役於物"，亦即是佛經說的"認賊爲子"，也即是和那小孩子把鞋帽玩物等等認做我的差不多一般見識。我們從今以後再不要上當說他是我了。但他既然不是我，我却跑到那裏去了呢？

因甚麼有這"我"字，不是"人"字的對待名詞嗎？没有別人，怎顯得出有我？可見"我自己"和"別人"這兩個觀念，分明是對抗的了。但說也奇怪，無論甚麼人，口裏心裏，常常拿別人當做"我"。你不信嗎，我們口裏頭不但有一個"我"字，還有"我們"這兩個字。這"我們"兩個字，便是拉了別人來做"我"的一部分。好像沒有添入別人，這個"我"就不能圓滿。是不是呢？但講到"我們"，這範圍可就廣了。兩個人也算"我們"，一家八口，也算"我們"，和幾十幾百人偶然凑集在一處，也算"我們"；合幾千幾萬人在一個學問的或宗教的或慈善的或政治的團體裏頭，也算"我們"，合幾萬萬人在一個國家裏頭，也算"我們"，乃至合全世界所有人類，也算"我們"，乃至和過去幾千年以前的人，和將來幾千年以後的人，也算"我們"。"我"的觀念和"別人"的觀念，不消說是顯然有分別。却是"我"的觀念的[和]"我們"的觀念，要清清楚楚畫個界限，可就難了。譬如說我身我家我國，這些還是屬於"我"的呢，還是屬於"我們"的呢？身自然可以說是我的身，家便不能不說是我們的家，國便不能不說是我們的國。又如說我妻我子,妻自然該說是我的妻,子便不能不說是我們的子。若要嚴格的講,單是我纔叫做我,"我們"便不叫做我。這"我"字的範圍,那就迫窄得狠,恐怕就要變成"無我"了。其實人人心目中的"我"字,並非從這等狹義的解釋。"我們"就是"我",却是一般人向來所公認。試把最淺近的例來說明。剛纔所講我妻我子兩個觀念,誰能說他有輕重親疏的分別。不惟如是,就是我身我家這兩個觀念,在普通一般人心中,也並未嘗有甚麼輕重親疏的分明。這樣說來,"我"字的意義,並非不許有別人添在裏頭,而且什有九非把別人添在裏頭不可。這却甚麼緣故呢?

唉!真真叫我煩悶!真真叫我驚疑!我這寶貝似的幾十斤肉,從前一口咬定說他是我,算來算去,的確不是我了。擺在面前這許多人,分明是個別人,忽然和他一個拚起來變成個"我",忽然和他幾個拚起來變成個"我",忽然和他幾十幾百幾千幾萬幾萬萬個拚起來變成個"我",忽然和普天之下往古來今所有的人都拚起來變成個"我"。這是從何說起,到底世界上還有這個"我"沒有呢?若說還有,畢竟甚麼樣纔叫做"我"呢?

諸君見諒,小子學識淺陋,實在還彀不上徹底解釋這個問題;但我想這個"我"字,本來是和客觀對待生出來主觀的一類抽象名詞。既已屬於主觀的,自然各人各人的主觀不同,各人心中"我"字的意義,自然該千差萬別。所以小孩的"我",和成人的"我",截然兩樣;俗人的"我",和豪傑的"我",和聖賢的"我",截然兩樣。"我"的分量大小,和那人格的高下,文化的淺深,恰恰成個比例。譬如最劣等的人,他簡直光拿皮囊裏幾十斤肉當做"我",餘外都不算是我,所以他的行為,就成了一種極端利己主義,甚麼罪惡都做出來。稍高等的,他的"我"便擴大了,就要拉別人來做"我"的一部分。即如最普通的婦人,他會把他兒子看成和他一樣,兒子歡喜他便歡喜,兒子苦痛他便苦痛,兒子病他願意替他病,兒子死他願意替他死。這兒子不是顯然別一個人嗎?却是普天下做母親的,向來就沒有把兒子當作"他",只是將兒子和自己拚起來合成一個"我"。據倫理學的普通學說,都說有利我利他兩種道德。那母親愛護兒子,你說是利他呀還是利我呢?其實還是利我,不過"我"的範圍放大便了。他為甚麼會把他這"我"的範圍放大呢?並不是靠甚麼教育,更沒有絲毫勉強,因為我的分量,本來不是孤丁丁的一個肉體就可以圓滿的,總要拉別人來做"我"的一部分，這個"我"纔覺得舒貼。那孝子爲甚麼孝父母，因爲他實實在在把父母和自己拚成了一個"我"。兄弟夫婦爲甚麼親愛，因爲兄和弟、夫和婦實實在在拚成了一個"我"。尋常人爲甚麼個個都會愛家，因爲他實實在在覺得這家變成了一個"我"，將這家剔去，他覺得他的"我"便不完全了。有教育的國民，爲甚麼個個都會愛國，因爲他實實在在覺得這國變成了一個"我"，將這國剔去，他覺得他的"我"便不完全了。再進一層講到絕頂高尚的道德，孟子説的"禹思天下有溺者猶己溺，稷思天下有飢者猶己飢"，佛菩薩説的"有一衆生不成佛者我誓不成佛"，須知這並不是大言欺人，他實實在在覺得天下衆生都變成了一個"我"，像母親看待兒子一般，有同命一體不可離的關係，便要不愛他，能彀不愛嗎？我們聽見國民一體衆生一體這些話，總覺得大而無當，以爲各人分明有各人的別體，如何能把他合成一體。殊不知母子一體家人一體，都是眼面前有憑有據的事實，這還不是把兩個或幾個的別體合成一體嗎？有何奇特？兩個或幾個別體合得來，爲甚麼幾千幾萬個別體就合不來呢？其實拚合許多人纔成個"我"，乃是"真我"的本來面目。爲甚麼呢？因爲這個"我"本來是個超越物質界以外的一種精神記號。這種精神，本來是普徧的。這一個人的"我"和那一個人的"我"，乃至和其他同時千千萬萬人的"我"，乃至和往古來今無量無數人的"我"，性質本來是同一。不過因爲有皮囊裹幾十斤肉那件東西把他隔開，便成了這是我的"我"，那是他的"我"。然而這幾十斤肉隔不斷的時候實到處發現，碰着機會，這同性質的此"我"彼"我"，便拚合起來，於是於原有的舊"小我"之外，套上一層新的"大我"。再加擴充，再加拚合，又套上一層更大的"大我"。層層擴大的套上去，一定要把橫盡虛空竪盡來劫的"我"合爲一體，這纔算完全無缺的"真我"，這却又可以叫做"無我"了。孟子説的"萬物皆備於我"，佛説的"一切衆生同一佛性"，就是這個道理。

然則"甚麼是我"這問題，到底怎麼解答呢？我還是依着諸君所説的答道"我就是我"。若再要我下一轉語來，我便答道"無我就是我"。

最苦與最樂

人生甚麼事最苦呢？貧嗎？不是。病嗎？不是。失意嗎？不是。老嗎？

死嗎？都不是。我説人生最苦的事，莫苦於身上背着一種未來的責任。

人若能知足，雖貧不苦；若能安分（不多作分外希望），雖失意不苦。老病死乃人生難免的事，達觀的人看得很平常，也不算甚麽苦。獨是凡人生在世間一天，便有一天應該做的事。該做的事没有做完，便像是有幾千斤重擔子壓在肩頭，再苦是没有的了。爲甚麽呢？因爲受那良心責備不過，要逃躲也没處逃躲呀！

答應人辦一件事没有辦，欠了人的錢没有還，受了人的恩惠没有報答，得罪錯了人没有賠禮，這就連這個人的面也幾幾乎不敢見他。縱然不見他面，睡裏夢裏，都像有他的影子來纏着我。爲甚麽呢？因爲覺得對不住他呀，因爲自己對於他的責任還没有解除呀！不獨是對於一個人如此，就是對於家庭，對於社會，對於國家，乃至對於自己，都是如此。凡屬我受過他好處的人，我對於他便有了責任。（家庭，社會，國家，也可當作一個人看。我們都是曾經受過家庭、社會、國家的好處，而且現在還受着他的好處，所以對於他常常有責任。）凡屬我應該做的事，而且力量能彀做得到的，我對於這件事便有了責任。（譬如父母有病，不能靠别人伺候，這是我應該做的事，求醫覓藥，是我力量能做得到①事。我若不做，便是不盡責任。醫藥救得轉來救不轉來，這却不是我的責任。）凡屬我自己打主意要做一件事，便是現在的自己和將來的自己立了一種契約，便是自己對於自己加一層責任。（譬如我已經定了主意要戒煙，從此便負了有不吃煙的責任；我已經定了主意要著一部書，從此便有著成這部書的責任。這種不是對於別人負責任，却是現在的自己對於過去的自己負責任。）有了這責任，那良心便時時刻刻監督在後頭。一日應盡的責任没有盡，到夜裏頭便是過的苦痛日子；一生應盡的責任没有盡，便死也是帶着苦痛往墳墓裏去。這種苦痛，却比不得普通的貧病老死，可以達觀排解得來。所以我説，人生没有苦痛便罷，若有苦痛，當然没有比這個加重的了。

翻過來看，甚麽事最快樂呢？自然責任完了，算是人生第一件樂事。古語説得好，"如釋重負"，俗語亦説是"心上一塊石頭落了地"。人到這個時候，那種輕鬆愉快，直不可以言語形容。責任越重大，負責的日子越久長，到責任完了時，海闊天空，心安理得，那快樂還要加幾倍哩！大抵天下事，從苦中得來的

---

① 此處疑闕"的"。

樂，纔算真樂。人生須知道有負責任的苦處，纔能知道有盡責任的樂處。這種苦樂循環，便是這有活力的人間一種趣味。却是不盡責任，受良心責備，這些苦都是由自己找來。一翻過來，處處盡責任，便處處快樂；時時盡責任，便時時快樂。快樂之權，操之在己，孔子所以說"無入而不自得"，正是這種作用哩！

然則爲甚麽孟子又說"君子有終身之憂"呢？因爲越是聖賢豪傑，他負的責任便越是重大；而且他常要把種種責任來攬在身上，肩頭的擔子，從沒有放下的時節。曾子還說哩："任重而道遠，死而後已，不亦遠乎？"那仁人志士的憂民憂國，那諸聖諸佛的悲天憫人，雖説他是一輩子裏苦痛，也都可以。但是他日日在那裏盡責任，便日日在那裏得苦中真樂，所以他到底還是樂不是苦呀！

有人説：既然這苦是從負責任生來，我若是將責任卸却，豈不是就永遠没有苦了嗎？這却不然。責任是要解除了纔没有，並不是卸了就没有。人生若能永遠像兩三歲小孩本來没有責任，那就本來没有苦。到了長成，那責任自然壓在你頭上，如何能躲？不過有大小的分別罷了。盡得大的責任，就得大快樂；盡得小的責任，就得小快樂。你若是要躲，倒是自投苦海，永遠不能解除了。

意志之磨鍊

人生最要緊的是意志，不論大小事業，都是從堅强意志產生出來。意志薄弱的人，什有九是一事無成；便偶然有成，也不過僥倖。爲甚麽呢？因爲意志是行爲的主宰，我們一切大小行爲，無非奉着意志的號令去幹。意志一有退屈一有變更，那行爲自然中止。行爲中止，不是從前所行的都變了白行嗎？然而無論幹大事小事，總不能一帆風順的到底，中間總不免有些波折。沒志氣的人，碰着波折，便嗒然若喪的掉轉頭來，好像行船遇着逆風便轉柁回頭，那得有日子達到彼岸。又大凡做一件事，做久了總不免有些厭倦。沒志氣的人，隨着自己性子，厭了就把他擱下，好像掘井，掘了幾丈，還未見水，討厭他便停工了，豈不是依然得一個廢井？若是意志堅強的人，除非不打主意做一件事便罷，主意打定，他便百折不回，一定要貫徹到底。並非他的才能比别人高强，並非他的機會比別人便利,不過中間有幾個關頭,別人推不過的,他却推過去,便是他成功獨一無二的秘訣。這個我叫他做意志的威力。意志的威力既然恁麽大,這是我們身上第一件寶貝,自不消説了。但是這件寶貝,並非這個人生來便有,那個人生來便無;這個人生來便强,那個人生來便弱。孟子説得好:"苟得其養,無物不長;苟失其養,無物不消。"我們的意志作用,也是和别的生理作用、心理作用一樣,會修養他,他便變成堅强;不修養他,他便變成薄弱。所以我中國聖經賢傳以及宋明諸儒語録,教人立志的話,不知多少,外國教育家,從前立德育、智育、體育三個綱領,近來却加上一個意育,拿來做那三育的根本,可見修養意志這件事,中外哲人都是一般的看重了。但是意志的修養和别的修養狠有不同。别的事都可以靠别人多少幫點忙,意志却完完全全靠自己發動。别的學問,都可以從書本裏、講堂裏、操場裏學得出來,意志却要從事實上閲歷。若是没有這番閲歷,那學堂裏的修身講義,書箱裏的宋明儒學案,任從你背得爛熟,事到頭來,却一點受用處也没有。質而言之,意志這件東西,好像鋼鐵一般,非經過錘鍊,不能成就;越發錘鍊,越發堅强。所以我這回標題,不用修養兩個字,却用磨鍊兩個字,就是爲此。

然則意志怎生個磨鍊法呢?美國心理學大家占士博士,算是近世提倡意育第一個人。他説是:"意育的教授材料只有一件,名字叫做'困難'。若要磨鍊意志,總要每日碰着困難的事纔得。"這兩句話現今教育家都奉爲名言,其實我國先哲孟子,已經講得十分透闢。孟子説道:"人之有德慧術智者,恒存乎疢疾。獨孤臣孽子,其操心也危,其慮患也深,故達。"又説道:"天之將降大任於是人也,必先苦其心志,勞其筋骨,餓其體膚,空乏其身,行拂亂其所爲,所以動心忍性,增益其所不能。"這些話怎麽講呢?無非借着外界種種困難,將自己的意志千錘百鍊,鍊成一種不折不撓的作用。咄咄!我們好青年聽啊!你家裏窮嗎?你家庭難處嗎?你早年碰着不幸的事嗎?你近來的境遇樣樣失意嗎?你身子單薄嗎?你資質愚鈍嗎?你莫怨恨,你莫恐怖,你莫憂愁。這是别人要想也想不到手的一種磨鍊意志絶好資料,你居然碰着了,也是你前世根基深厚,承天帝特别眷愛,得這種好機會來作成你一輩子的人格。我剛纔不是説的成功秘訣只靠着捱得過幾個難關嗎?須要知道,捱難關可不是頑耍的事。若從前一向没有經過難關的人,到入世做事的時候一碰碰着,捱他不過,這個人可就一輩子算完了。不是多年來鍊出一種捱難關的本領，到臨時那裏有許多僥倖？我們好青年聽啊！現在好容易有這種種小難關擺在你眼前，你只要來一回，捱一回，捱過一關，你的意志便堅強一度。將來你出來擔當事業，便有天大的難關，你也是見慣不驚行所無事了。你莫當作我這話是無聊慰藉的話，其實做人的方法，本來就是如此，請你切勿將這種好機緣錯過罷。

倒是那些富貴人家的少爺小姐們，我却真替他擔心不小。爲甚麽呢？因爲他没有了磨鍊意志的機會。既然没有機會來磨鍊，久而久之，那意志自然會麻木了。生下來豐衣足食，父母鍾愛，或者更有點小小聰明，人人見了恭維，要想甚麽，便得甚麽，從出世到了成年，就不懂這困難兩個字怎麽寫法，還講甚麽拿自己意志去和困難奮鬥呢？却要知道，"困難"這件東西，倒也不甚勢利，他並不是怕富貴欺貧窮，憑你是金鑲玉裏的人，他少不免也常要登門拜訪你一兩次。他不來便罷，來了非和他拚個你死我活，就擋不了他的大駕。到那時保標的就靠着這個意志。這個意志平日既是嬌嬌怯怯的和閨女一般，臨時還中甚麽用？除了降服在這位"困難"老爺的脚底下，恐怕更無别法，你這個人可不是一輩子算完了嗎？所以孟子說"生於憂患而死於安樂"，宋儒也說"少年得志大不幸"。這並不是拿話來嚇你，其實照道理講，本是如此哩。

然則這些不幸的人怎麽好呢？咄咄！我們好青年聽啊！你也别要害怕，我教你一個法兒，你可以從没有機會中造出機會，你可以從没有資料中造出資料。你說這位"困難"老爺總不肯來枉顧你嗎？你就何妨找着他碰上去，拿你的意志和他挑戰？怎麽找法呢？怎麽碰法呢？譬如你在學堂的功課，覺得數學最困難，覺得外國地理最討厭，你便拿出你的意志來和他拚一拚，非弄到不困難不討厭，誓不干休。譬如你最怕的是拿冷水洗澡，你便又拿你的意志和他拚一拚，從夏秋間洗起，到大雪凍冰時還是那樣，看這冷水還奈你的皮膚何，看這皮膚還奈你的意志何，這種不就是磨鍊意志的絶好方法嗎？我不過隨便舉一兩件。你若曉得這個方法，喜歡用這個方法，那就眼面前無論那一件事，都可以扯來做磨鍊意志的資料。我的好青年啊！磨鍊去！趕緊磨鍊去！別要等到將來急時抱佛脚，可就來不及了。

講磨鍊意志的方法，莫妙於找些困難事情碰上去，拿自己的意志和他奮鬥。這個方法並不是我杜撰，中外古今幾多聖賢豪傑，那一個不是由這種方法成就起來。即如佛世尊苦行六年，在深山曠野中樹林底下歇宿，穿墳墓上死人遺下的衣服，乃至每日吃幾粒豆子幾粒芝蔴，來維繫着這條性命，難道説人生的衣食住三件事，必須如此纔合於道德嗎？難道要這樣矜奇立異駭嚇流俗嗎？不過因爲要成就天下第一等偉大事業，必須具有天下第一等堅強意志；要成就天下第一等堅強意志，必須打勝天下第一等困難境遇。佛世尊生爲王子，多福多樂，從那裏得有困難境遇來，所以他要捨家入山，自己去找那人生不堪的境遇來歷鍊自己，能行人所不能行，能捨人所不能捨，能忍人所不能忍，務要把自己四肢百體七情六欲一切制伏，叫他在這尊嚴凛烈的一個意志底下帖耳受命。所有種種苦行，無非拿出意志的威力和外界決鬥，鬥勝一回，意志便堅強一度。好像打鐵的，將這塊鐵丢在火裏燒到通紅，拿出來錘他幾十錘，丢在水裏泡到冰冷，又拿出來錘他幾十錘。要想成就一種金剛不壞性，自然是不得不如此呀！乃至孔子講的"克己復禮"，老子講的"自勝者強"，孟子講的"動心忍性"，都是同一作用。歸根結底，不過是要自己的意志當得起自己的家，作得起自己的主。至於怎麽樣纔能做到，儘可以由各人自擇手段，不必拘於一格哩。

要磨鍊意志，最好是擇些細微事件來，自己檢束自己。譬如吃水烟或吃紙烟，雖然是無益，却没有十分大害，本來就聽他要吃便吃，也不妨事。要磨鍊意志的人，却可以拿他做個操鍊場，不打主意戒便罷，既打主意，一戒就要戒到底。這些事別要看輕他，這是試驗意志強弱最嚴最準的一個寒暑表，也是自己扶植自己意志的一個最妙法門。因爲大事件不容易碰着一回，碰着了自然會注意提點，拿來做修養意志的資料，没有多大效力。（譬如我立定主意不殺人不騙人錢，這殺人騙錢的動機就不容易有，或者一輩子碰不着，或者幾年碰不着。若有了這種動機，我自然能注意，要制止他也比較的容易。）獨有這些小事，如吃烟等類，吃慣了的人，一日之間，想吃烟的動機，可以起到幾百次；自己又覺得他無關輕重，雖然也曾立意要戒，不知不覺便放鬆了。殊不知這便是意志薄弱一種絶大證驗。放鬆一回，便是意志打一回敗仗。若是一日内幾百次想吃，幾百次偏不許吃，這意志便算打了幾百回勝仗，安得不強？我們試讀一讀曾文正的日記，看他講他戒烟的辛苦成功，可以知道他後來在靖港，在湖口，在祁門，千灾萬難百折不回，都不過是少年戒烟時磨鍊出來的意志作用。我説要找一兩件細微事入手用功，這就是個先例。明白這種道理，也就可以知道佛教爲甚麽立許多極繁瑣的戒律，儒教爲甚麽立許多極繁瑣的禮儀，都不過教人磨鍊意志的一種手段。所以佛世尊説的"制心一處，無事不辦"，孔子説的"以禮制心"，"莊敬日強"，"肌膚之會，筋骸之束"，並非説戒律、禮儀便是道德標準。因爲意志是道德的根本，戒律、禮儀，却是修養意志的一種方便。我們若能心知其意，也會自己找出方便來了。磨鍊意志的好方法，一面是剛纔所説，揀一兩件細微習慣，拿起堅強意志去矯正他；一面最好是揀一兩件無關緊要的事件，拿起堅強意志來，日日有一定的規律去做他。晋朝名臣陶侃，拿一百塊磚頭，日日早上親自搬出去擺在院子，晚上親自搬回屋裏頭。英國名相格蘭斯頓，每日午飯後，一定要劈一點鐘的柴。曾文正在軍中，每日定要下一盤棋，李文忠定要臨一百個字的《聖教序》。這都是甚麽意思呢？那陶氏格氏，人人都説他是運動筋骨，要身體強壯。但是運動的方法狠多，何妨日日隨意替換着操練，爲甚麽限定要做搬磚劈柴這樣乾燥無味的事？那曾文正難道是要做下棋國手，那李文忠難道要做書法名家，爲甚麽百忙中總不肯抛下這兩件呢？須知他要操鍊的並不是身體，並不是技術，全是要借來操鍊他的意志。須知自己立一種規律拘束自己，自己便恪恭遵守他一點不含糊，非有極堅強意志的人，斷斷辦不來。拈一件乾燥無味的事，日日有一定時刻去做，不許生厭，養成這種德性，比甚麽事都難。古人説的"十年如一日"，若有人能於日常不關緊要的事任舉一件，真個十年如一日的做去，我説這個人意志的力量，就比泰山還堅，比雷霆還大。拿出來做事，還有甚麽事做不成呢？諸君見諒，説來實在慚愧，我説的方法，我是一件没曾辦到。我所以不能毂成個聖賢豪傑，就是爲此。但孔子説的："不以人廢言。"我雖是自己没有辦到，我的方法却自信是不錯，而且都是前人講過的，我不過撮起來重述一遍。盼望有志之士，採用實行，小子就不勝榮幸了。

讀《孟子》記（修養論之部）

　　客歲暑中爲兒曹講《孟子》，略區爲三部：一曰哲理論，二曰修養論，三曰政治論。今將修養論之部，刊登報中，聊爲青年學古淑身之一助。全書未定稿，不敢以問世也。

著者識

孟子既昌言"性善"，然世間惡人甚多，確爲不可掩之事實，故學者疑焉。孟子則以爲此惡者非性也，乃習也。牛山一章（《告子上》）最暢斯旨：濯濯未嘗有才，非山之性，斧斤牛羊使然耳；違禽獸不遠，非人之性，且晝牿亡使然耳。斧斤牛羊旦晝牿亡，皆後起者，外鑠者，其非性明甚。然伐之旦旦，牿之反覆，則所以習之者深矣。習深則幾成第二之性，不察者即指此爲性焉。然觀雨露所潤，非無萌蘖，平旦夜氣，好惡近人，則雖習於惡，而本性之善，終未嘗息。孟子蓋謂惟此爲性，其習焉而幾成第二性者，實非性也。（荀子言"性惡"，則以爲善者非性也，乃習也，故其言曰：化師法積禮義者爲君子，縱性情安志[恣]睢者爲小人。[《性惡》篇]曰"縱"曰"安"，是甯其本性也；曰"化"曰"積"，則習而成第二之天性也。）

環境影響於人生者至大。牛山何以濯濯？以其郊於大國，受環境之害也。孟子又曰："富歲子弟多賴（阮氏元云"賴猶懶也"），凶歲子弟多暴。非天之降才爾殊也，其所以陷溺其心者然也。"（《告子上》）此就時間之環境言也。空間之環境則亦然。熱帶及腴壤之民多懶（《史記·貨殖傳》云"楚越之地，……地勢饒食無飢饉之患，以故呰窳偸生，無積聚而多貧"。今熱帶之國民，無一能富强者），寒帶及瘠土之民多暴（生計太蹙，非爲暴烈之競爭，則不能自存。故寒帶及确薄之山谷，常有食人族。喪亂之世，圍城之中，往往易子而食，析骸而爨，亦同此理），皆環境之影響使然也。孟子舉此證，意謂前後本此一人，何以遇富歲則賴遇凶歲則暴，以明懶暴生於環境，於本性無與也。然吾以爲以此爲性善之證，不如以此爲性可以爲善可以爲不善之證也。

因環境而生習，因習復造環境。富歲凶歲，本一時偶起之現象。然既因富歲而産多懶之子弟，懶既成習，則歲不富而亦懶矣；既因凶歲而産多暴之子弟，暴既成習，則歲不凶而亦暴矣。懶者既多，則不懶者亦習而懶；暴者既多，則不暴者亦習而暴。於是懶暴由個人而及於社會，如病之有傳染也。懶者之子孫恒懶，暴者之子孫恒暴，於是懶暴由今日而及於將來，如病之有遺傳也。夫天下無完全之環境，甲種環境，能生甲種惡習；反之乙種環境，復生乙種之惡習。人人各有其惡習，惡習既成，則其與性相去幾何？故荀子逕指爲"性惡"也。性雖善而可以習於不善，如何而始能免於不善？曰：惟修養。性雖惡而可以習於善，如何而能進於善？曰：惟修養。故孟荀言性雖相反，而其歸本於修養一也。《易傳》曰："天下同歸而殊途，一致而百慮。"《中庸》曰："萬物並育而不相害，道並行而不相悖。"此之謂也。

孟荀之注重修養也同，其修養下手之方法則不同也。以此佛法：荀子則小乘法也，漸教也；孟子則大乘法也，頓教也。《孟子》全書教人者千言萬語，可以兩言蔽之曰："先之乎其大者，則其小者不能奪也。"（《告子上》）故真能率孟子之教者，大徹大悟，一了百了，本無次第之可言。惟如何然後能"立乎其大"，則孟子提絜三義焉：曰立志，曰存養，曰擴充。

"王子墊問曰：'士何事？'孟子曰'尚志'。"（《盡心上》）"尚志"者，謂高尚其志也。人類之能進步，以其有向上心，不以現狀自滿足，而常求加進。此其所以異於禽獸也。志一立，則肌膚筋骸皆挺舉，而神明自發皇；而不然者，則奄奄若陳死人，更復有何事，直一齊放倒耳。故孟子首以此教學者也。

孟子曰："羿之教人射，必志於彀。學者亦必志於彀。"（《告子上》）彀之為用有二：一曰，求中程；二曰，求到達。學者立志亦然，當懸一鵠以為衡，而求其必至。然則其鵠維何？孟子之教，則志為聖人而已。其言曰："聖人與我同類者。"（《告子上》）又曰："堯、舜與人同耳。"（《離婁下》）又曰："人皆可以為堯、舜。"（《告子下》）又引："成覸謂齊景公曰：'彼丈夫也，我丈夫也，吾何畏彼哉！'"引："顏淵曰：'舜何人也，我①何人也，有為者亦若是。'"引："公明儀曰：'文王我師也，周公豈欺我哉？'"（《滕文公上》）又曰："舜人也，我亦人也。舜為法於天下，可傳於後世。我猶②未免為鄉人也，是則可憂也。"（《離婁下》）人莫患乎甘伍於流俗，以多自證，以同自慰。如是必逐漸墮落，日沈埋於卑濁凡下而不能自拔。縱有寸獲，亦必沾沾自熹，盈溢而不能復進矣，所謂"器小易盈"也。孟子教學者，刻刻以堯、舜、文王自比較，更無絲毫躲閃之餘地，亦永無躊躇滿足之一日，此獅子頻呻、龍象蹴踏氣象也。

立志之法，莫妙於懸一所崇拜之古人以為模範。如該撒常自比亞力山大，拿破侖常自比該撒，楊雄常自比司馬相如，蘇軾常自比白居易，皆刻意模範，而所成就亦略相等，或且過之。事功文章之末且有然，況於學道乎？孟子所自懸以為彀者，則孔子也，故曰"乃所願則學孔子也"（《公孫丑上》）。又曰："由孔子而來至於今，百有餘歲。去聖人之世，若此其未遠也；近聖人之居，若是③其甚也。"（《盡心下》）此孟子自言其志也。

---

① "我"應作"予"。
② "猶"應作"由"。
③ "是"應作"此"。

語以向上,則謙讓未遑,此之謂志行薄弱,而墮落之徵兆也。孟子訶之曰:"自暴者不可與有言也,自棄者不可與有爲也。言非禮義,謂之自暴也;吾身不能居仁由義,謂之自棄也。"(《離婁上》)又曰:"有是四端,而自謂不能者,自賊者也。"(《公孫丑上》)又曰:"是不爲也,非不能也。"(《梁惠王上》)皆大聲疾呼,唤起吾人之自覺心,使自知吾身力量之偉大,未有志焉而不能至者,要在學者毅然發心、直下承當而已。

　　"聞伯夷之風者,頑夫廉、懦夫有立志;聞柳下惠之風者,鄙夫寬、薄夫敦①,奮乎百世之上,百世之下,聞者莫不興起也。"(《盡心下》)此孟子教人以模範古人之法。"待文王而後興者,凡民也;若夫豪傑之士,雖無文王猶興。"(《盡心下②》)此孟子教人以不依傍古人之法,要之皆立志之助也。

　　荀子之教,尊他力,故言"假物"(《勸學》篇云:"假輿馬者,非利足也,而致千里;假舟楫者,非能水也,而絶江河。君子生非異也,善假於物也。"),重得師。(《修身》篇云:"莫要得師";又云"師云而云,則是知若師也";又云"不是師法,而好自用,譬之猶以盲辨色,以聾辨聲③,舍亂妄無爲也。")此其"性惡"之旨相一貫,蓋性既惡,則非藉他力不能以矯正也。孟子言"性善",故尊自力。其言曰:"萬物皆備於我。"(《盡心下④》)曰:"反求諸己而已矣。"(《公孫丑上》)曰:"行有不得者皆反求諸己。"(《離婁上》)孟子常教人學聖人,然又曰:"聖人先得我心之所同然耳。"(《告子上》)是自師吾心,即所以師聖人也。故曰:"夫道若大路然,豈難知哉?人病不求耳。子歸而求之,有餘師。"(《告子下》)

　　孟子曰:"君子深造之以道欲其自得之也。自得之則居之安,居之安則資之深,資之深則取之左右逢其源。"(《離婁下》)自得者,純恃自力之謂。聖賢師友,能示我以爲學之法,不能代我爲學;能引我志於道,不能代我入道。故曰:"梓、匠、輪、輿,能與人規矩,不能使人巧。"(《盡心下》)又曰:"君子引而不發,躍如也。中道而立,能者從之。"(《盡心上》)此孟子教育方法也。泰西舊教育主義近荀子,其新教育主義近孟子。

　　孔子曰:"仁遠乎哉?我欲仁斯仁至矣。"(《論語》)子思曰:"誠者自成也,而

---

① 應作"薄夫敦,鄙夫寬。"
② "下"應作"上"。
③ "猶"上應有"是","聲"後應有"也"。
④ "下"應作"上"。

道自道也。"(《中庸》)此皆自力之教也。佛法亦言自修自證,而不然者,雖有多聞猶聞説食,己不能飽也。學問者,父子兄弟不能以相代者也;人格者,父子兄弟不能以相易也。

持自力之教者,必以凡人皆有自由意志爲前提。有自由意志,然後善惡惟我自擇,然後善惡之責任始有所歸也。(持定命之説者,則必謂人類無自由意志,然後可。蓋一切皆有立乎人類之上者,以宰制之,人類不過如一機器,受宰制者之指揮而動,不復能自由也。持極端"性惡"之論,其結果亦必至使人不能負善惡之責任。蓋吾性既本惡,則爲惡乃生理上之心理上當然之事,謂之有罪,毋乃冤乎?)故孟子於人之不以自力求向上者,訶之曰"自暴",曰"自棄",曰"自賊"(俱見前)。又曰:"人必自侮,然後人侮之;家必自毀,然後人毀之;國必自伐,然後人伐之。"又曰:"天作孽猶可違,自作孽不可活。"(《離婁上》)又曰:"禍福無不自己求之者。"(《公孫丑上》)蓋謂本可以自由爲善,而甘於爲不善,故責任無可逭也。其發明自我本位之義,至深切矣。

曰立志,曰自力,皆導人以嚮學而已。學之所當有事者究何如?孟子教人以第一義,則曰存養,所謂"存其心養其性"是也(《盡心上》)。蓋性本善,能常存其善性使勿失,當養其善性使日長,斯人格具矣。孟子曰:"人之所以異於禽獸者幾希,庶民去之,君子存之。"(《離婁下》)所以異於禽獸者何?即人格其物也。(《孟子》書中言禽獸凡五,本文其一也;"逸居而無教則近於禽獸"[《滕文公上》],其二也;"如此則與禽獸奚擇哉?於禽獸又何難焉"[《離婁下》],其三也;"則其違禽獸不遠矣;人見其禽獸也,而以爲未嘗有才焉"[《告子上》],其四也;"無父無君,是禽獸也"[《滕文公下》],其五也。)孟子於牛山之章更詳説之曰:"人所以放其良心者,猶斧斤之於木也,①且旦而伐之,可以爲美乎?其日夜之所息,平旦之氣,其好惡與人相近也者幾希,則其旦晝之所爲,有牿亡之矣。牿之反覆,則其夜氣不足以存。夜氣不足以存,則其違禽獸不遠矣。"(《告子上》)此其義最精微亦最簡易。言其精微,則平旦夜氣,通於神明,學者可以此爲修養之根焉。言其簡易,則學者試思人之所以異於禽獸者爲何爲何,就此體認之而保存之,斯已足矣。孟子之教,則凡以喚起人類之自覺心而已。(董仲舒言"人當自知貴於萬物"亦即此義。)

人類之生,合神明、軀幹兩部分而成。軀幹者人與禽獸所同有也,飢而思食,勞而思息,寒暑趨避,牝牡交感,凡生理衝動之作用,人無一焉能異於禽獸

---

① "人"應作"其","猶"前應有"亦"。

者也。乃至群處而嬉樂，失侶而愁慘，觸逆而忼怒，遇害而凶懼，凡心理感受之作用，人亦無以大異於禽獸者也。人之所以異於禽獸者，惟以神明。能審量焉，別擇焉，能比推焉，擴充焉，此禽獸所決不能也。然神明寓於軀幹之中，常受軀幹之牽縛。

（軀幹之牽縛）深而神明之作用殆息。此作用息，則幾與禽獸無擇矣。何也？禽獸惟有生理之衝動，與心理之受感，全不能以自身意志爲選擇發動。如曰：吾當如是，吾當不如是；吾欲如是，吾欲不如是；吾必如是，吾必不如是。此皆非禽獸所能也，而人能之，故異於禽獸也。質言之，則人類有自由意志而禽獸無之也。今爲軀幹所束縛而失其意志之自由，爲其所不當爲，欲其所不當欲（《盡心上》云"無爲其所不爲。無欲其所不欲。如此而已矣"），神明不復自主，而成爲軀幹之奴隸（孟子"牿亡"二字極精，謂受桎梏而亡也），則試問與禽獸果復何擇者？故孟子曰："人見其禽獸也。"又曰"於禽獸又何難焉"。蓋此人格喪，則非爲近於禽獸，直是禽獸耳。此孟子一針見血之言也。

然此神明者，雖爲軀幹所牽縛，而究未嘗泯滅也。故孟子字之曰"失"（"此之謂失其本心"，又"舍則失之"），曰"喪"（"賢者能勿喪耳"），曰"放"（"其所以放其良心者"，又"有放心而不知求"），曰"亡"（"有牿亡之矣"），皆一時迷失之謂。曰"害"（"無以小害大，無以賤害貴"，又"以直養而無害"），曰"牿"（"有牿亡之矣。牿之反覆"），曰"陷溺"（"其所以陷溺其心者然也"），皆一時失其自由之謂。此如一家主人或外出，或以故不能治事，則奴隸猖披焉。然主人資格自在，一旦赫然復守其舍，則軀幹遂不得不戢戢聽命矣。故孟子惟標舉一"存"字：人之所以異於禽獸者，君子存之。君子所以異於人者，亦以其存心而已（《離婁下》）。《孟子》全書言"存"者如下："存其心，養其性，所以事天也"（《盡心上》）；"人之所以異於禽獸者幾希……君子存之"（《離婁下》）；"君子所以異於人者，以其存心也。君子以仁存心，以禮存心"（《離婁下》）；"雖存乎人者，豈無仁義之心哉？……牿之反覆，則其夜氣不足以存"（《告子上》）；"操則存，舍則亡，出入無時，無知其鄉，其心之謂與？"①（《告子上》）

"大人者不失其赤子之心也。"（《離婁下》）"非獨賢者有是心也，人皆有之，賢者能勿喪耳。"（《告子上》）"不失"也，"勿喪"也，即"存"也。"學問之道無他，

---

① 後三句"無"原作"莫"，後一"其"字原作"惟"。

求其放心而已。"(《告子上》)"求則得之,舍則失之,是求有益於得者①也,求在我者也。"(《盡心上》)"求"也者取已失已喪已放已亡者而復之也。

能存則自得之矣,自得之則居之安,資之深(《離婁下》)。能存則有諸己矣,"有諸己之謂信"(《盡心下》)。千言萬語歸於自覺而已。宋儒有使人日在其側而問者曰:"主人翁常惺惺否?"所以自覺也。明儒有問求放心者,答以"汝心現在",亦促其自覺也。禪宗一棒一喝,皆使之反諸己而自覺也。此等法門,濫用之則流於玩弄光景,善用之則入道之坦途也。

孟子以存、養並舉(《盡心上》),蓋存與養相屬,不養則不能久存也。人一日不兩食則飢餓,豈惟口腹有飢餓,智識亦有飢餓,道德亦有飢餓。一日廢學問,而智識之飢餓立見矣;一日廢修養,而道德之飢餓立見矣。孟子曰:"苟得其養,無物不長;苟失其養,無物不消。"(《告子上》)又曰:"豈惟口腹有飢渴之害,人心亦皆有害。"(《盡心上》)

孟子曰:"拱把之桐、梓,人苟欲生之,皆知所以養之者。至於身(身指我之全體,非專指軀幹也)而不知所以養之者,豈愛身不若桐梓哉?弗思甚也!"(《告子上》)夫養者自養也。人亦孰不知自養,然要當視其所養者爲何。孟子曰:"所以考其善不善者,豈有他哉?於己取之而已矣。體有貴賤,有大小。無以小害大,無以賤害貴。養其小者爲小人,養其大者爲大人。(中略)養其一指,而失其肩背而不知也,則爲狼疾人也。(中略)爲其養小以失大也。"(《告子上》)所提小體大體之義至切明矣。以一指比肩背,則一指小而肩背大;以軀幹比神明,則軀幹小而神明大。夫軀幹與神明宜並養者也,然兩者時有衝突焉。孟子並非責人以勿養小體,而謂必以不養小失大爲範圍,故曰"以直養而無害"(《公孫丑上》)。"無害"云者,即"無以小害大,無以賤害貴"也。遇神明與軀幹利害相衝突時,必毋或徇軀幹之欲而墮其神明,君子與庶民之異在此也,人與禽獸之異即在此也。

所謂神明與軀幹利害之衝突何如?孟子曰:"生亦我所欲也,義亦我所欲也,二者不可得兼,舍生而取義者也。生亦我所欲,所欲有甚於生者,故不爲苟得也。死亦我所惡,所惡有甚於死者,故患有所不避也。如使人之所欲,莫甚

---

① "者"字原無。

於生,則凡可以得生者何不用也?使人之所惡,莫甚於死,則凡可以避患者何不爲也?"(《告子上》)所謂"二者不可得兼",即神明與軀幹利害相衝突之時也。其衝突之甚,乃至神明與軀幹不能並存。此等境遇,本非人世間所常有,吾儕或終身不一遇焉。萬一遇之,則勢必須舍其一,乃能取其一。孰取孰舍,即人禽所攸分也。禽獸所欲無更甚於生,所惡無更甚於死。人決不然。然舍彼而取此則爲人,舍此而取彼,遂禽獸矣。孰舍孰取,視平日所養如何耳。此養大體、養小體之義也。

神明與軀幹不能並存,非事所恒有也。神明與軀幹之苦樂,因衝突而互爲消長,此則吾儕日日遇之,刻刻遇之。常人徇其軀幹之樂,而不恤其神明之苦者,比比然也。魚我所欲章下半(《告子上》),專明此義。行路乞人,甯死不屑受呼蹴之食,此證明性善之旨,以見小體、大體之辨,本非甚難也。萬鐘受否,無關生死,取舍權衡宜若甚易。而反不爾者,乃在區區"宮室之美、妻妾之奉、所識窮乏者得我"而已。此以見軀幹易爲神明之累,以小害大,以賤害貴。盈天下之人,其日日所蹈者率皆如是,而不自知其已違禽獸不遠也。孟子一則曰,"於我何加焉";再則曰"是亦不可已矣乎"。此一喝,足使人三日耳聾矣。

大體、小體之孰貴孰賤,本非難知,然人曷爲皆貴其所賤,而賤其所貴?學者當由何術以矯正之?孟子乃於公都子之問答,暢明其義焉。公都子曰:"鈞是人也,或爲大人,或爲小人,何也?"孟子曰:"從其大體爲大人,從其小體爲小人。"曰:"鈞是人也,或從其大體,或從其小體,何也?"曰:"耳目之官不思,而蔽於物。物交物,則引之而已矣。心之官則思,思則得之,不思則不得也。此天之所與我者。先立乎其大者,則其小者不能奪也。此爲大人而已矣。"(《告子上》)此章特標物與我之辨,最足發人深省。"物交物"云云,上"物"字指耳目所接之物,佛説自六塵至山河大地,常人所共指爲物者此也。下"物"字即指耳目及軀幹之全部,佛説自六根以至六識,常人則不指此爲物而指爲我,不知此確爲物而非我也。就其至淺者言之,如人之髮齒爪甲,當其麗於我身,共指爲我也(楊朱爲我,拔一毛而利天下不爲謂一毛爲我之體也);及其脱落,則么麽一物而已。此軀幹之全部,與髮齒爪甲何異?今世生理學大明,稍涉其樊者,共知吾全身筋骨血肉,皆歷若干時一蜕變,全非其故矣,然而猶執此爲我而終不悟也。既認此物爲我，則罄吾之智能以養之。凡人終日所營營者，舍養此耳目口體外，更有何事？因養此耳目口體，於是乎有宫室之美、妻妾之奉；寖假而宫室妻妾，且成爲我之一部。如是認賊作子，輾轉相引以至無窮。孟子喝破之曰，是"物交物"而已；曰，是"於我何加焉"。明乎此義，然後知我前此所爲營營齷齷者，皆爲物役。自今以往，我當恢復我之自主權，我將對於一切物而宣告獨立，不復爲之奴隸。我但一作此念，而一切物已戢戢聽命，無復能披猖矣。故曰，"思則得之"也；故曰，"先立乎其大者，則其小者不能奪也"。此孟子之霹靂手段也。

　　"飽乎仁義"，"令聞廣譽施於身"，先立乎其大者也；不願膏粱，不願文綉，則其小者不能奪也（《告子上》欲貴者章）。"在彼者皆我所不爲"，"在我者皆古之道"，①先立乎其大者也；"説大人則藐之"，則其小者不能奪也（《盡心下》説大人章）。"所欲有甚於生"，"所惡有甚於死"，先立乎其大者也；"故不爲苟得"，"故患有所不避"，則其小者不能奪也（《告子上》魚我所欲章）。"居天下之廣居，立天下之正位，行天下之大道"，先立乎其大者也；"富貴不能淫，貧賤不能移，威武不能屈"，則其小者不能奪也（《滕文公下》景春曰章）。"仁義禮智根於心……見於面，盎於背，施於四體"，先立乎其大者也；"雖大行不加焉，雖窮居不損焉"，則其小者不能奪也（《盡心上》廣土衆民章）。伊尹"以斯道覺斯民"，"自任以天下之重"，先立乎其大者也；"禄之以天下弗顧"，"繫馬千駟弗視"，則其小者不能奪也（《萬章上》伊尹以割烹要湯章）。柳下惠"進不隱賢，必以其道"，先立乎其大者也；"袒裼裸裎""焉能浼我"，則其小者不能奪也（《萬章下》伯夷目不視惡色章）。孔子"出乎其類，拔乎其萃"，"由百世之下②等百世之王，莫之能違"，先立乎其大者也；"可以仕而仕，可以止而止，可以久而久，可以速而速"③，則其小者不能奪也（《公孫丑上》不動心章）。孟子善養浩然之氣，先立乎其大者也；"四十不動心"，則其小者不能奪也（同上）。"孔子登東山而小魯，登泰山而小天下。故觀於海者難爲水，遊於聖人之門者難爲言"（《盡心上》）。獨立泰華之巔，豈屑與培塿競高，揚帆渤澥之表，甯復與潢汙較廣？人雖饕餮，未有與小兒争餅者也；家擁金

---

① "道"應作"制"。
② "下"應作"後"。
③ 四句中之"而"字均應作"則"。

穴,則必不至爲一錢而行劫矣。此甯待勉强,小大之量相懸,熟視且無覩也。覩且無焉,奪更何有?

"不能三年喪,而緦、小功之察;放飯流歠,而問無齒決,此之謂不知務"(《盡心上》),此言不立乎其大,則雖兢兢於小無益也。"好名之人,能讓千乘之國;苟非其人,簞食豆羹見於色"(《盡心上》),"以其小者信其大者奚可哉"(《盡心上①》),此言大不立則小者終不足恃也。"原泉混混,不舍晝夜,盈科而後進,放乎四海。有本者如是,是之取耳②。苟爲無本,七八月之間雨集,溝澮皆盈,其涸也可立而待也。"(《離婁下》)"本"者何?立乎其大也;"苟爲無本",則小者能奪也。甯死不受呼蹴之食,爲宮室、妻妾、所識窮乏而受萬鐘(《告子上》魚我所欲章),"無本"故也。

大既立,則小者不能奪固也。然必無以小害大,夫然後大乃能立。故孟子又曰:"養心莫善於寡欲。其爲人也寡欲,雖有不存焉者寡矣;其爲人也多欲,雖有存焉者寡矣。"(《盡心下》)蓋多欲之結果,非至以小害大、養小失大焉不止也。故佛教歸結於覺悟,而謹始於戒律也。然何以能寡欲?仍在務立其大。蓋所欲有大者遠者,則勝流俗人之所欲,已不復覺其可欲矣。荀子專主以禮樂節制人耳目口體之欲,其法甚穩密。由孟子觀之,終不免頭痛炙頭、脚痛炙脚也。

孟子言"寡欲",不言"無欲",無欲者出世間法也,寡欲者世間法也。孟子言世間法不言出世間法也,故曰"無爲其所不爲,無欲其所不欲,如此而已矣"(《盡心上》)。

孟子曰:"我善養吾浩然之氣。"此自道得力處也。公孫丑問"何謂浩然之氣",答曰"難言",其體難言也。佛說真如體,離言說相,離文字相也。又曰:"其爲氣也至大至剛,以直養而無害,則塞乎天地之間。"此言其相也。又曰:"其爲氣也,配義與道;無是餒也。"此言其用也。又曰:"是集義所生者,非義襲而取之也。行有不慊於心,則餒矣。"又曰:"必有事焉而……勿忘,勿助長也。"此言養之之法也(《公孫丑上》不動心章)。此章在全書中號稱難讀,吾欲以《易象傳》"天行健君子以自强不息"之義釋之。"浩然"者,人性中陽剛發揚之法

---

① 此條出自《盡心下》。
② "耳"應作"爾"。

也。人類之所以能向上恒恃此,缺焉則餒,餒則無復自信力,而墮落隨之矣。此氣本人性所同具,曷爲或強或弱,或有或無?則有以害之者。害之奈何?爲其所不爲,欲其所不欲,日受良心之責備,則雖欲不餒焉不得也。氣之爲物,易衰而易竭者也。餒而再振,其難倍蓰焉。養之之法,惟在自強。自強則能制伏小體,不爲物引(老子曰"自勝之謂強"),而不慊於心之行可免矣。集義者常以道義自律,所以增長其自強力也。而其所以能"直養"者尤在"不息"。"必有事焉而……勿忘","不息"之義也。非常常提挈抖擻,則神明必有時而衰惰;衰惰則不強而餒矣。(此自覺與自強之關係也。)然則曷爲戒"助長"?"其進銳者其退速。"(《盡心上》)助長之結果,必至是也。

　　"不動心"之一境界,學者所以自衛也。然茲事談何容易?無所養於平日,則臨境必失其自由,即強制於一時,然歷久仍喪其所守。孟子"養氣",全是從本原處下工夫。以與前北宮黝、孟施舍、告子等所用之方法比較,彼等皆隨事爲臨時抵抗者也;孟子則無事時不能致力,而臨事之抵抗反無所用也。譬諸攝生治病,北宮黝、孟施舍以峻劑故治;告子戒食不出戶,以防外邪之襲;孟子則中氣充盈,病自不能侵也。所謂大立而小不能奪,其本領全在是。"夫仁亦在乎熟之而已矣。"(《告子上》)如何而能熟?惟"勿忘"能之,惟"不息"能之。"一日暴之,十日寒之,未有能生者也。"此教人貞固有恒之法。"不專心致志則不得也。"此教人精力集中之法(《告子上》)。精力集中,孔子所謂"敬事"也。必如此然後神明之作用乃生,無論爲求學爲治事,皆事半功倍。然要非貞之以恒焉不可耳。

　　深造自得,以至於左右逢源(《離婁下》)。"義理①之悅我心,猶芻豢之悅我口。"(《告子上》)此學問興味之説也。人能以學問爲一種嗜欲,爲一種興味,則日進而不自知矣。故孔子曰"學而時習之,不亦説乎";又曰"知之者不如好之者,好之者不如樂之者"。乃知宋賢之教,猶不免以學問爲桎梏,非善教者也。

　　孟子之言存養,大略如是。存養者求自得而勿失也,然非此而已足也,其大作用則在擴充。孟子以惻隱、羞惡、辭讓、是非之心,爲仁義禮智之端。"端"

---

① "義理"應作"理義"。

也者,始基云爾,非謂即此具其全體也。故曰:"凡有四端於我者,知皆擴而充之矣,若火之始然,泉之始達,苟能充之,足以保四海。"此言"四端"力量之偉大也。其下即繼之曰:"苟不充之,不足以事父母。"此言僅有"四端"之不可恃也(《公孫丑上》不忍人之心章)。此就個人修養方面立論。又曰:"人皆有不忍人之心。先王有不忍人之心,斯有不忍人之政矣。"(同上)又曰:"古之人所以大過人者無他焉,善推其所爲而已矣。""故推恩足以保四海,不推恩無以保妻子。"(《梁惠王上》齊桓晉文章)此就政治方面立論。兩者義同一貫,實孟子立教之眼目也。

孟子言良知、良能,而其用在達於天下(《盡心上》良能章)。"達"之義云何?孟子釋之曰:"人皆有所不忍,達於其所忍,仁也;人皆有所不爲,達於其所爲,義也。"①(《盡心下》)雖窮凶極惡之人,忍於族黨,忍於朋友,忍於兄弟,而於父母妻子終有所不忍,能舉其所不忍者而達之於其所忍之兄弟、朋友、族黨焉,則仁矣。常人不忍於家之索,而忍於天下之溺;能舉其所不忍者而達之於其所忍焉,則益仁矣。持世法者不忍於殺人而忍於肉食,若更舉其所不忍者而達之於其所忍焉,則益仁矣。以所不爲達於所爲,義亦同此。故曰:"人能充無欲害人之心,而仁不可勝用也。人能充無穿窬之心,而義不可勝用也。人能充無受爾汝之心②,無所往而不爲義也。"(同上)此擴充之説也。

以擴充爲教,此因勢而利導之,善之善者也。吾名之曰發揮本能之教,亦曰盡性之教。所謂"充類至義之盡"是也(《萬章下》交際章)。個人當孩提時,智識材力、道德能有幾何?以閲數十年,遂能變爲聖賢豪傑。社會當草昧時,文物制度能有幾何?以閲數千年,乃遂光華燦爛,與日月齊耀也。無他,擴而充之而已。故自修養者務發揮自己之本能,教人者務發揮人之本能,爲國民教育者務發揮國民之本能,如斯而已矣。

孟子之教人也,其於門弟子之問答,引申觸類,引而彌長,無待論矣。其對於未聞道者,如許行之徒陳相,因其知"百工之事不可耕且爲",遂進之使明並耕之非(《滕文公上》有爲神農之言章)。墨者夷之,因彼"葬其親厚",遂進之以生物一本之義(《滕文公上》墨者夷之章)。以曹交之紈袴,因其知"徐行後長者",則曰是

---

① 兩"達"字後應均有"之"字。
② "心"應作"實"。

即"可以爲堯舜"矣(《告子下》曹交章)。以齊宣王之驕侈,因其不忍一牛之觳觫,則曰是即可以"保民而王"矣(《梁惠王上》齊桓晋文章)。乃至因鴻雁、麋鹿而導之與民俱樂(《梁惠王上》立於沼上章),因鐘鼓、羽旄兩導之與百姓同樂(《梁惠王下》莊暴章),"好色"則曰"與百姓同之","好貨"則曰"與百姓同之"(《梁惠王下》明堂章),"好勇"則曰"王請大之","一怒而安天下之民"(《梁惠王下》交鄰國章),無他,擴充而已矣。

山徑蹊間,介然成路,擴充也(《盡心下》謂高子章);"原泉混混,不舍晝夜",擴充也(《離婁下》水哉水哉章);掘井九仞而務及泉,擴充也(《盡心上》有爲者章);城門之軌,非兩馬之力,擴充也(《盡心下》禹之聲章);"登東山而小魯,登泰山而小天下",擴充也(《盡心上》登東山章);養氣由於集義,擴充也(《公孫丑上》不動心章);知天由於盡心,擴充也(《盡心上》盡心章);反約由於博學詳説,擴充也(《離婁下》博學章);大任由於增益不能,擴充也(《告子下》舜發畎畝章);"以友天下之善士爲未足,又尚論古之人",擴充也(《萬章下》一鄉之善士章)。擴充之時義大矣哉。

"可欲之謂善,有諸己之謂信,充實之謂美。""可欲"者,悦心之義理也;"有諸己"者,深造而自得之也;"充實"者,擴而充之也。能擴充而學問之能事畢矣。更進焉則"充實而有光輝之謂大,大而化之之謂聖,聖而不可知之①謂神",皆重擴充以擴充而已(《盡心下》浩生不害章)。

鄉愿自以爲是而不可以爲道,曰惟不擴充故(《盡心下》孔子在陳章);且晝牿亡則夜氣不足以存,曰惟不擴充故(《告子上》牛山章)。不擴充則必並其所固有者而失之,所謂"苟失其養,無物不消"也。"仁者以其所愛,及其所不愛",擴充也;"不仁者以其所不愛,及其所愛",擴充之反也(《盡心下》梁惠王章)。擴充之反,則與禽獸無擇矣。孟子曰:"於不可已而已者,無所不已;於所厚者薄,無所不薄。"(《盡心上》)又曰:"爲機變之巧者,無所用恥焉。不恥不若人,何若人有?"(《盡心上》)

立志、存養、擴充三者,學之所以成始而成終也。然因各人氣質不齊,故入道之途亦異。而孟子所最獎勵者,則狂也,狷也。孟子於全書之卒章,述道統之淵源;而其前一章論"狂狷"與"鄉愿"之異,蓋謂能任道者必狂狷其人也。

---

① "之"下應再有一"之"字。

孟子何取乎狂狷？孟子述孔子之言曰："孔子不得中道而與之，必也狂狷乎？狂者進取，狷者有所不爲也。"復釋之曰："孔子豈不欲中道哉？不可必得，故思其次也。"其釋"狂"之義，則曰"其志嘐嘐然，曰古之人古之人；夷考其行，而不掩焉①也"。其釋"狷"之義，則曰"不屑不潔"。其與狂狷最相反者曰"鄉愿"，孟子述孔子言曰："過我門而不入我室，我不憾焉者，其惟鄉愿乎？鄉愿德之賊也。"孟子進而釋"鄉愿"之義曰："非之無舉也，刺之無刺也，同乎流俗，合乎汙世。居之似忠信，行之似廉潔，衆皆悅之，自以爲是，而不可與入堯、舜之道。"又述鄉愿訛狂者之言曰："何以是嘐嘐也？言不顧行，行不顧言，則曰古之人古之人。"其訛狷者之言曰："行何爲踽踽涼涼？生斯世也，爲斯世也，善斯可矣。"孟子總評鄉愿之性質，曰"閹然媚於世"，而斷之曰"德之賊"（《盡心下》孔子在陳章）。讀此而狂狷之價值可識矣。必狂然後能向上進取也，"古之人古之人"也，皆所以向上也；必狷然後能自衛，"不屑不潔"也，"有所不爲"也，皆所以自衛也。狂狷各得中行之一體（中道，《論語》作"中行"），合之即成中行。不狂不狷，而欲自託於中行，則爲鄉愿而已。凡《孟子》書中教人以發揚志氣、堅信自力者，皆狂者之信也；凡《孟子》書中教人以砥厲廉隅，峻守名節者，皆狷者之言也。故學孟子之學，從"狂狷"入焉可耳。

孟子於孔子之外，最尊伯夷、伊尹。孔子中行也，伯夷近於狷者也，伊尹近於狂者也。"伯夷目不視惡色，耳不聽惡聲"；"非其君不事，非其友不友"；"治則進，亂則退；橫政之所出，橫民之所止，不忍居也"；"不立於惡人之朝，不與惡人言"；"思與鄉人處，如以朝衣朝冠坐於塗炭"；"其冠不正，望望然去之若將浼焉"（《公孫丑上》伯夷章、《萬章下》伯夷章）。是"不屑不潔"之極則也，是"嘐然有所不爲"也，是"踽踽涼涼"也。然"治則進亂則退"；其進取之氣，則不盛焉，故曰狷之流也。伊尹曰："何事非君？何使非民？治亦進亂亦進。"思天下之民有匹夫匹婦不被其澤者，"若己推而納之溝中"，進取之極則也。"湯使人以幣聘之，囂囂然曰：吾②何以湯之聘幣爲哉？我豈若處畎畝之中，猶是以樂堯、舜之道哉？""既而幡然改曰：……吾豈若使是君爲堯、舜之君哉？吾豈若使是民爲

---

① "焉"下應有"者"字。
② "吾"應作"我"。

堯舜之民哉?"所謂"其志嘐嘐然",則"曰古之人古之人"也。曰:"天之生斯①民也,使先知覺後知,使先覺覺後覺也。予天民之先覺者也,予將以斯道覺斯民也。非予覺之而誰也?"其嘐嘐氣象如見也。然而"五就湯五就桀",其於"不屑不潔",蓋不立嚴格焉(《萬章上》伊尹割烹章、《萬章下》伯夷章),故曰狂之流也。由狂入聖,可以爲聖之任;由狷入聖,可以爲聖之清。孟子之尊伯夷、伊尹,即孟子獎狂狷也。

狂者"進取",由狂入聖"聖之任"。孟子最進取者也,孟子最能任者也,故孟子亦狂者也。前所述立志諸條,其語氣皆所謂"嘐嘐然""古之人古之人"也。管仲、晏子,則以爲"不足爲"(《公孫丑上》當路於齊章);游夏、顔閔,則曰"姑舍是";伯夷、伊尹,則曰"不同道";而必以願學孔子自程(《公孫丑上》加齊卿相章)。正人心、息邪説,則曰"以承三聖"(《滕文公下》好辨章);三宿出晝,則曰"王如用予,則豈徒齊民安,天下之民舉安"(《公孫丑下》尹士章);則曰"如欲平治天下,當今之世,舍我其誰"(《公孫丑下》充虞章);皆一種嘐嘐之進取氣象也。

狂者之弊,在自信力太過,故往往"夷考其行,而不掩焉",所以非"中道"也。然人若無自信力,則無復進取,而世運之進化,或幾乎息矣。雖太過猶愈於已,故孔子思之。

狷者"不屑不潔",由狷入聖"聖之清"。孟子最"不屑不潔"者也,孟子最能清者也,故孟子亦狷者也。故不肯"枉尺而直尋"也(《滕文公下》陳代章);不肯以道而殉人也(《盡心下》②天下有道章);不肯"辱己以正天下",而曰"歸潔其身"也(《萬章上》伊尹割烹章)。"以順爲正",則斥之曰"妾婦之道"(《滕文公下》景春章);"自鬻以成",則斷之曰,"鄉黨自好者不爲"(《萬章上》百里奚章);"求富貴利達",則比之墦間乞食(《離婁下》齊人有一妻一妾章);大人巍巍則藐之,爲"我所不爲"(《盡心下》説大人章);色厲內荏,以言餂人,則擬諸穿窬之盜(《盡心下》人皆有所不忍章);"不由其道"而仕,則等諸"鑽穴隙"之道(《滕文公下》周霄章)。凡此皆"不屑不潔"也,皆"有所不爲"也,故其結果每至於"踽踽涼涼"也。此狷者氣象也。

孟子曰:"無爲其所不爲。"(《盡心上》)又曰:"人有不爲也,然③後可以有

---

① "斯"應作"此"。
② "下"應作"上"。
③ "然"應作"而"。

爲。"(《離婁下》)人而無所不爲,則凶人也、惡人也,與禽獸無擇也。然則欲全人格以異於禽獸,其必自"有所不爲"始矣。孔子曰:"君子之道,譬則坊歟?"(《禮記·坊記》)宋儒曰:名節者道之藩籬(偶忘何人語)。"坊"也,藩籬也,皆所以自衛也。故《孟子》一書,言砥厲名節者最多(《公孫丑上①》孟子將朝王章,致爲臣而歸章;《滕文公下》陳代章,景春章,周霄章,不見諸侯何義章;《離婁上》男女授受不親章,孟子謂樂正子章;《離婁下》齊人有一妻一妾章;《萬章上》伊尹割烹章,孔子於衛章,百里奚章;《萬章下》敢問不見諸侯何義章;《告子上》魚我所欲章,有天爵者章,欲貴者章;《盡心上》人不可以無恥章,恥之於人大矣章,古之賢王章,謂宋勾踐章,以道殉身章;《盡心下》人皆有所不忍章,説大人章),皆以嚴格自律,無一毫可以寬假,狷之至也。

人不可不進取,而進取必須以"有所不爲"爲界,孟子是也。孟子苟非進取,則何必僕僕於梁、齊、滕、宋之郊,日與時主、俗士爲緣。孟子蓋熱血磅礴人也,誦去齊諸章(《公孫丑下》尹士章、充虞章)所言,而可知也。然而終不肯小有所枉以求合焉,所謂"無爲其不爲"也。爲目的而不擇手段,孟子所決不許也。《易·文言傳》曰:"樂則行之,憂則違之,確乎其不可拔。"孟子有焉。伊尹"自任以天下之重",可謂"其志嘐嘐"矣。然而"非其道也,禄之以天下弗顧也,繫馬千駟弗視也";"非其道也,一介不以與人,一介不以取諸人"(見前),其"不屑不潔"爲何如也!孟子言"當今之世,舍我其誰"(見前),又言"非其道則一簞食不可受於人"(《滕文公下》彭更章),故孟子一伊尹也。

柳下惠之"和",孟子屢道之;然又曰:"柳下惠不以三公易其介。"(《盡心上》)然則柳下惠亦狷者也。不然,則"由由然與之偕","援而止之而止"(《公孫丑上》伯夷章),柳何以異於鄉愿哉?

"聞伯夷之風者,頑夫廉,懦夫有立志";"聞柳下惠之風者,鄙夫寬,薄夫敦"(《萬章下》伯夷章、《盡心下》聖人百世之師章)。此語孟子再三反覆道之。蓋天下風俗之壞則頑、懦、鄙、薄四者盡之矣,惟廉、立、寬、敦可以救之,故曰"聖人百世之師也"。鄉愿何以謂之"賊"?以其"閹然媚於世"而已,以其"同乎流俗、合乎汙世"而已。或疑孔、孟此言謂過,則胡廣、馮道果何人者?故《中庸》曰:"小人之中庸也,小人而無忌憚也。"學者若不從狂、狷兩路立脚,則雖學問日多,閱歷日深,其結果必至"衆皆悦之,自以爲是",然却已陷於"賊"而不自知也。

---

① "上"應作"下"。

其在學派,則狂者偏於理想,狷者偏於實踐。其在政派,則狂者偏於改進,狷者偏於保守。二者如車之有兩輪、鳥之有雙翼焉,缺一不可也。狂然後有元氣,狷然後有正氣。無元氣則不能發揚,無正氣則不能强立。

孟子教人修養之塗徑,大略具是矣。讀此則知後儒專提主敬、主靜等法門者,或專以窮理格物爲事者,或專務禮容節文之末者,皆不免偏至。孟子惟先立乎其大者,不騖枝葉;孟子言必有事焉,不貪寂靜也。

孟子極言教育爲人生之一種責任,其言曰:"中也養不中,才也養不才,故人樂有賢父兄也。如中也棄不中,才也棄不才,則賢不肖之相去,其間不能以寸。"(《離婁下》)又兩引伊尹之言曰:"天之生斯民也,使先知覺後知,使先覺覺後覺也。予天民之先覺者也,予將以斯道覺斯民也,非予覺之而誰也?"(《萬章上》伊尹割烹章、《萬章下》伯夷章)教育之要旨,曰養曰覺。養屬道德方面,覺屬智識方面。(覺者,覺也,學也;學也者,效也。)先輩有養人覺人之義務,後輩有受養受覺、自養自覺之義務。社會文明所以能聯屬不斷、緝熙光明者,全恃此也。故曰:"得天下英才而教育之,三樂也。"(《盡心上》)

"大舜有大焉:善與人同,舍己從人,樂取於人以爲善。……取諸人以爲善,是與人爲善者也,故君子莫大乎與人爲善。"(《公孫丑上》子路章)與人爲善,教育者之事也;取人爲善,受教育者之事也。常能取人爲善,則受教育豈有止境,而亦何常師之有?故曰:"夫苟好善,則四海之內,皆將輕千里而來告之以善。"(《告子下》樂正子章)此自力教育之妙用也。

取人爲善,莫如尚友,故曰:"一鄉之善士,斯友一鄉之善士;一國之善士,斯友一國之善士;天下之善士,斯友天下之善士。以友天下之善士爲未足,又尚論古之人,誦①其詩、讀其書,不知其人可乎?是以論其世也。是尚友也。"(《萬章下》)蓋人類之能進化,全由其富於相熏習性。故一人所發明之新道德、新智識,不轉瞬而可以成爲公衆所共有。然能否均霑此共有物,則在乎人之自取自受而已。其能受之量彌大,則其所受之量亦彌大。故以友自廣,自一鄉、一國而遠及於天下、古人也。

《孟子》一書,言智識教育,較爲簡略。蓋書中推論事理,廣涉各方面,是即

---

① "誦"應作"頌"。

所以增長人智識,不必顯以智育爲揭櫫也。然孟子教學者,並不以積蓄智識爲入道之法門,此則誠其宗旨之一端。孟子曰:"所惡於智者,爲其鑿也。如智者若禹之行水也,則無惡於智矣。禹之行水也,行其所無事也。如智者亦行其所無事,則智亦大矣。"(《離婁下》)如何始能行所無事而得智,孟子未嘗明言。至其惡穿鑿,則固爲騖智識者一良藥耳。何也?穿鑿者必橫一成見以附會之,實智識之障也。

孟子又曰:"天之高也,星辰之遠也,苟求其故,千歲之日至,可坐而致也。"(《離婁下》)此孟子教人以求智識之方法。蓋所用者爲純粹演繹法,謂當據一原理原則以推諸各事物。故曰,"則故而已矣"(同上)。然若何乃能求得其故,吾所認爲"故"者,是否正確,如何而始能得正確,此當求諸歸納法,而孟子未言之。蓋歸納研究法之不發達,實我國古今學者通病,匪獨孟子矣。

孟子曰:"人之有德慧術智者,恒存乎疢疾。獨孤臣孽子,其操心也危,其慮患也深,故達。"(《盡心上》)此言智慧純從閱歷磨練得來,此又孟子智育之一大法門也。

舜發畎畝一章,最足發揚人之志氣,此大醫王之海潮音也。其言曰:"天將降大任於是人也,必先苦其心志,勞其筋骨,餓其體膚,空乏其身,行拂亂其所爲,所以動心忍性,增益其所不能。人恒過而後能改;困於心,衡於慮,然後作;徵於色,發於聲,然後①喻。入則無法家拂士,出則無敵國外患者,國恒亡,然後知生於憂患,而死於安樂也。"(《告子下》)嗚呼!普天下之人,處困境、遭患難、坎軻不得志、顛沛無所告訴者,與夫憂國、憂天下、悲歡絕望者,讀此其可以盡人而興起矣。將受大任者,苦心志,勞筋骨,餓體膚,空乏其身,則既甚矣,猶以爲未足,加之以"行拂亂其所爲"。"拂亂所爲"云者,凡行爲之結果,無一焉不與希望相反。人生到此,真乃心摧氣盡,蓋神明之苦痛,無量無極矣。殊不知非至於此極,則曷由"動心忍性,增益其所不能"?多一分之坎軻顛沛,則動忍、增益加一分之量;坎軻顛沛,至乎其極,即動忍、增益至乎其極者也。故孟子復申之曰:能過然後能改,困於心、衡於慮然後作。凡以證明前此所云云,並非聊相慰藉之言。蓋大人物之成就,其第一要素在意志堅強,其第二要素在思慮周

---

① "而後"應作"然後",兩"然後"均應作"而後"。

密。然此種境界，非此心經幾許操練，決不能至也。困心衡慮，即操練此心之學校也。此種學校可遇而不可求，人終身不能得入學之機會者，比比然矣。今而遇之，則是天之所以厚我者至矣，謂宜歡喜感激，利用此極難得之境遇以自至於成。信能如此，則雖緣執業之異趨與夫才器之異量，而成就有不同，要其必有所成則一也。而不然者，一遇挫折，則頹然自放。譬諸行路然，崎嶇當前，望崖而返，前途雖有萬里坦途，末由涉矣。此所謂志行薄弱，而暴殄於天賜也。

非惟個人爲然也，即國家亦有然。孟子曰："天下之生久矣，一治一亂。"（《滕文公下》好辨章）吾嚮者常疑此言爲過，謂天下竟可有一治而永不亂之國。由今觀之，寧有是耶？世運之進化，非爲直線，而常爲螺旋形。當其在進化途中，波折固所不免。當此波折之時，能有一種新空氣、新力量，蛻變前此之腐氣惰力而與之代興，此國家所以能與天地長久也。豈惟國家，即人類社會之全體亦莫不然。全世界形勢最混雜時代，全世界思想最渾沌、最煩悶時代，是即新思想將發生、新制度將建設之時代也。故曰"生於憂患"也，人亦於憂患中求生而已。而不然者，"富歲子弟多賴"，"世祿之家鮮克由禮"，個人之"死於安樂"也；"天之方蹶，無然泄泄"（《離婁上》離婁章），"安其危而利其菑，樂其所以亡者"（《離婁上》不仁者章），國家之"死於安樂"也。

降大任章，教人以處逆境之方法，至深切矣。此種關於人生一段落之遭際，惟自強其意力可以處之。至於一時一事，偶然之拂逆，孟子教人處之之法，尤甚簡便。其言曰："愛人不親反其仁，治人不治反其智，禮人不答反其敬。行有不得者，皆反求諸己。"（《離婁上》）又曰："仁者如射。射者正己而後發，發而不中，則①不怨勝己者，反求諸己而已矣。"（《公孫丑上》）又曰："有人於此，其待我以橫逆，則君子必自反也：'我必不仁也，必無禮也，此物奚宜至哉？'"（《離婁下》）此實自平其心最妙之法。狠怒怨毒，人類相處之大害也，然此大抵皆觸發於一刹那頃，當此一刹那頃而能節制之，則遂不發矣。孟子教人以自反，即將此一刹那頃按下也。故曰："強恕而行，求仁莫近焉。"（《盡心上》）

孟子所標舉，有一義焉，若與其根本宗旨相衝突者，則言"命"是已。孟子

---

① "則"字應無。

曰:"莫非命也,順受其正。"又曰:"求之有道,得之有命。"(俱《盡心上》)又曰:"莫之致而至者命也。"(《萬章上》)又曰:"君子行法以俟命而已。"(《盡心上》)①又曰:"行或使之,止或尼之。行止非人所能也,吾之不遇魯侯,天也。"(《梁惠王下》)又曰:"夫天未欲平治天下也。"(《公孫丑下》)書中言類此者尚甚多。凡此皆謂我身以外,尚有一物焉,爲最高之主宰,而我之塊[境]遇,恒受其支配。此即所謂"宿命説"也。中國古代宿命説者兩派:其一,謂宿命由天帝所定。天帝者,一種之人格神,而其威權無上,非人所能抗。孟子所謂"天未欲平治天下"云云是也。商、周間之宗教思想,純屬此派,而儒家繼承之。其二,謂宿命由自然之運所演成。其爲物雖非必有意識,然人類之意識,迄不能勝之。孟子所謂"莫之爲而爲""莫之致而至"云云是也。道家之哲學思想,純屬此派,而儒家亦兼採之。此兩派思想,蓋瀰漫於我數千年之思想界,占莫大勢力。其昌言與之反抗者,惟墨子一人而已。然墨子"非命"而復言"天志",則已自相衝突也(參觀《墨子·非命》篇、《天志》篇)。在歐洲哲學,則宿命説與自由意志説最不相容。蓋既信有宿命,則所謂"萬物備我",所謂"自力萬能"者,其説將皆不能成立。人若過信宿命,必且委心任運,處順境將就安不復進取,處逆境將頹喪而不能自振。如是則世運之進化,不幾息耶?故就表面上觀之,孟子學説中之此一點,實與其全體學説相矛盾,且不啻取其全體學説而毀棄之,此無容爲諱者也。然進而求之,則並行不悖之理,又可得言焉。吾以爲"命"也者,佛教"業力"之説也。佛教不言"宿命"而言"宿業"。"業"也者,非別有一人格神焉能造之,亦非自然之運能造之,實衆生所自造也。然衆生既造此業,則必受其報。業與報緊相連屬,絲毫不容假借者也。若此者,名之曰"因果律"。因必有果,絲毫不容假借者也。於是乎人類之境遇,乃至其行爲、其意志,有一部分不能不受業報之束縛。若此者吾中國思想家,謂之曰"命"。業有自業,有共業。自業演爲衆生之個體,衆生各自食其報;共業演爲國土,演爲宇宙(佛説通謂之"器世間"),全國土、全宇宙之衆生同食其報。吾國思想家,名前者爲個人之運命,名後者爲國家之運命(國運),世界之運命(世運)。此種運命,就目前觀之,確爲一種不可抗力。如人壽充其量不過百年,終必有死;欲以吾力逃之,所不能也。如世

---

① "上"應作"下"。

界恒一治而一亂,有光明之一面,隨即有黑暗之一面;欲以吾力抹煞之,所不能也。不深探其本,則或以爲有一人格神焉爲之主持,或以爲自然之運,"莫之爲而爲","莫之致而至"。孟子言"命",其果曾深探其本與否,吾不敢言。然而其言曰:"夭壽不貳,修身以俟諸①,所以立命也。"又曰:"順②其道而死者,正命也;桎梏死者,非正命也。""故知命者不立乎巖墻之下。"(俱《盡心上》)又曰:"命也有性焉,君子不謂命也。"(《盡心下》)曰"正命",曰"立命",曰"不謂命",則孟子非認"命"爲絶對不可抗明矣。依佛教所説,業者也,自力所造也。自力所造,惟還以自力能轉移之。過去之自業未盡,則吾一身食其業報,宜也。今宜如何?則更求所以造善良之自業而已。(此世間法也。出世間法則惟有不復造業。)過去之共業未盡,則吾所處之國土、之世界食其業報,宜也。今宜如何?則更求所以造善良之共業而已。孟子所謂"立命"者,是否作如此解説,吾不敢言;然孟子必有見於此,則吾敢言也。故其言曰:"天作孽猶可違,自作孽不可活。"又曰:"禍福無不自己求之者。"(《公孫丑上》)

宿命之説,有時固可以懶人進取之志,然亦可以息人營求奔競之心。孟子曰:"孔子進以禮,退以義,得之不得曰有命。"(《萬章下》③)又曰:"求之有道,得之有命,是求無益於得也,求在外者也。"此皆爲舉世營營逐逐之徒下頂門一針者。孔、孟之命,其作用大半在是。

"盡其道而死者正命也",真知命者必不爲苟得,真知命者必患有所不避,故曰:"志士不忘在溝壑,勇士不忘喪其元。"(《滕文公下》)

孟子最尊改過,故曰"人恒過而④後能改"(《告子下》);又曰"過也如日月之食焉,人皆見之;及其更也,人皆仰之"⑤(《公孫丑下》);又曰"雖有惡人齋戒沐浴,則可以事⑥上帝"(《離婁下》)。此亦與其"性善"之旨相一貫。雖有陷溺,雖有桎亡,一旦覺悟,則善體固在。故有過非所患,改之而已。此亦孟子善誘學者之一端也。

---

① "諸"應作"之"。
② "順"應作"盡"。
③ "下"應作"上"。
④ "而"應作"然"。
⑤ "焉"字應無;又,兩"人"字均應作"民"。
⑥ "事"應作"祀"。

世界平和與中國

今次大戰得兩大教訓焉：其一凡國家以強力或詐術攫取不正當之權利者，其權利決不能永保，徒招周圍之憎嫉，多樹敵而卒自敗；其二凡有一民族置於不自然狀態之下，被外力遏其自由發展者，終久必惹起反動，為大戰亂之源，而與此等弱小民族關係密切之強大民族，必首當其衝，而最受其累。各國賢明之政治家，有鑒於此，故今茲和會之大精神不徒在結束戰事，而最注意於全世界國際關係之改造，可謂知本矣。此觀察點若不謬，則吾敢斷言中國問題為今後世界第一重要問題，中國國際關係尤必須在此次和會上改造之且保障之。此非中國一國之事業，實全世界人類全體之事業也。

中國有四萬萬民眾居世界人類總數四分之一，其民族之化醇為一體已數千年，團結力極固，顛撲不破，有產生吸納傳播高等文明之能力，其所居者為最大洲中最樞要最膏腴[腴]之地。若能自由發展，則其人文地利皆能大有所貢獻於世界；反是而有外力壓迫，阻其發展焉，無論壓迫程度酷烈至於何等，終不能致其國家於滅亡，致其民族於分裂，不過發展稍困難而遲滯耳。而於其間被壓迫者之爭鬥及四圍壓力相觸之爭鬥必有慘不忍言者，凡世界之經世家真不可以一刻忘此危機也。

我輩所最痛惜者，當七年以前我國仍在專制政體之下，一切政治皆不能與時勢相應，自己應辦之事，多待人強迫而行，或越俎而代。更有野心之國家乘之，遂施其有形無形之侵略，日進日深。今我國民以努力之結果，甫得建設此新政體，方將徐圖發展其國力，以自立於世界。而前此所受外界之束縛不能解除，或且乘其危而更摧抑之，此我國人現時所受之最大痛苦，而全國臥薪嘗膽欲求一正當之解決者也。

其最阻害我發展且為世界伏一大戰亂之危機者，則所謂勢力範圍是已。

勢力範圍之起原，自德國佔領膠州灣始。德人以兩教士被戕爲口實，以軍艦威脅取得一九[八]九八年之膠州條約。除膠州軍港青島商場外，更有膠濟鐵路及沿路三大礦之權，又有數條延長路線之權，又於山東一切權利皆保留優先權。德人既有此令人驚心動魄之舉，各國不能不尤而效之，以資抵制。於是俄之於旅順大連，英之於威海，法之於廣州灣，皆與德之膠州取同一之形式。於是有租借地之一新名詞，領土主權名實分離，勞國際法學者以困難之解釋。不特此也，德在山東既獲有種種極廣漠之優先權，於是俄在滿洲，日在福建，法在滇桂，英在揚子江流域，皆以同一之形式，各競得此優先權。蓋當前世紀末之數年間，中國殆將成一瓜分之局。似此形勢，不能以一日安，稍有識者，所能見及矣。果也不久而爭端發於南滿洲之一角，我國與日俄兩交戰國同受莫大之犧牲。雖戰後而此種險惡形勢，根本上曾無絲毫改變，不過勢力圈線之顏色，一部分有移動耳。於是各國賢明之政治家深憂之，美國首倡保全領土開放門戶之旨，各國從而附和，一時表面上似趨於平穩。然勢力範圍之爲物，與保全領土開放門戶主義實於精神上有不能相容處。故此公平優美之主義，雖日懸於各國政治家之口，而事實所演進，乃適得其反，形勢視前此反加險惡焉，觀世變者所最當特別留意也。

他事且勿具論，試專就山東一隅言之。山東省在北京與上海之間，爲黃河下游出海最膏腴最要害之地，中國文化於此發源焉，人口三千餘萬，爲中國一最大市場。德人之據此以爲侵略遠東之策源地也，不徒欲壟斷山東全省利益而已，且將由此而伸手於直隸、山西及揚子江流域。故所要求延長鐵路，一由濟南府至順德府，在直隸省西南與山西、河南接壤，既得此路，則山西境內號稱世界第一之煤鐵產地，將全受其控制；其二由高密至徐州，徐州者津浦路之中站，爲綰轂南北最衝要之地，歷史上有名之戰爭，多以此地爲決勝點。德人既得山東之種種優越權，而復加以此兩路，是不啻擣中國之心腹，而斷其命脈。所謂山東一帶之勢力範圍者，其性質如是如是。各國不能不力圖抵制，蓋有由也。而我國雖積弱，猶於十餘年間力爲抗拒，故德人實際上所得權利，仍未能出膠濟間之一隅。此一九一四年以前之形勢也。歐戰既起，各國戮力膺懲暴德，英日聯軍合圍青島。我國當時雖牽於事故，未能參加，然已陰許聯軍由龍口登陸，爲種種好意之援助。我之用意，其第一義爲表同情於協約國固也，其第二義亦因勢力範圍爲中國最大禍根,而此禍根之原種子,實惟青島,冀一挫暴德,而此禍根得以永絕。故當時德人雖有自壞中立之嚴重責言,而我弗恤也。然青島既下以後,數年來之形勢則何如？日本以軍事佔領之名義爲久據之計畫,凡前此德人之既得權,如軍港商場之設備,膠濟鐵路之管理,淄川、金子鎭各礦之開採,一切承襲之無論矣；前此德人租借時,代保留於中國之權,如海關等亦一律攫取。不寗惟是,前此德國所要求之優先路線,如烟濰鐵路,如前所述最關重要之高徐、順濟兩鐵路,我多年與德爭持者悉歸日本之手。問其所以然,則一九一五年五月有名之中日二十一條密約,日本限四十八小時答覆之最後通牒所得之結果也。日本於日俄戰役後,既以全遼爲勢力範圍,今次戰役後,復以全魯爲勢力範圍,南北包圍,而北京幾不復能自保。蓋經此大戰而中國境內勢力範圍之色彩,乃轉加濃厚,形勢險惡過於戰前,此現在之實狀也。

　　吾前曾言勢力範圍主義與保全領土開放門户主義,根本精神不能相容。聞者或猶未了解,今更得申明之。勢力範圍之作用所表現在[者]有三：一曰租借地,二曰鐵路,三曰各種利源之優先權。租借地者,名義上之領土權雖屬於本國,實際上之統治權,則歸諸租借國。此例爲前史所未聞,實自暴德創之。夫領土權之爲物,宜爲絕對的,宜爲不可分的。此國際法上公認之定義也。今在租借地內有領土權者不能行使其權,而無領土權者反能行使之,其於論理上實大不通。故租借地若猶存在於中國境內,則中國領土決不能謂之完全；而堅持其租借地不肯放棄之國家,雖謂之事實上否認保全領土主義爲可也。次論鐵路。甲國人投資造路於乙國,爲世界數見不鮮之通例。我國人對於此事非惟不猜忌,而且極歡迎者也。惟我國現在之鐵路,則有異例。如俄人之東清鐵路,如日人承襲俄人權利之南滿鐵路,如日本人承襲德人權利之山東鐵路,如法人之滇越鐵路等,路線所經之地,一切重要之行政權隨之。在甲國領土地面上,乙國徒以投資本鋪設鐵軌之故,遂代行其主權。最重要之部分如此,而猶謂我於甲國領土權完全尊重,此謬於論理之甚者也。而凡此種鐵路,其運輸上殆無不含獨佔的性質,此又與開放門户之旨絕相戾者也。復次論各種利源之優先權。我國天產極富,而發達之必賴外資,吾國人所公認也。惟吾人所希望者則各國資本自由來投,而我國自由利用,絕不願經濟關係之背後復藏有政治勢力之陰影。而所謂勢方圈内之優先權者，則正與此相反。舉中國境内劃爲數大區域，某區域内一切已開未開之利源，爲某國所壟斷，別國不能染指，此其與開放門户機會均等之旨絶相背馳，至易見也。

　　以上三端爲勢力範圍之特有現象。此種現象，自德占膠州以來，播種於中國境内，至今發榮滋長，有加無已。因有此現象，而所謂保全領土、開放門户、機會均等諸名義，盡成爲空談。以吾所觀察，若此種現象不趁今日從根本打破，則不出十年必爲全世界第二次戰爭之媒，其戰禍或比今次爲尤劇。何以言之？其一因此等現象遂將我國置於極不自然狀態之下，我國國民自覺心現已極爲發達，非復前此之比，決不能甘心在此不自然狀態之下，長此終古。若不得各友邦之好意的正當的解決，我國民惟有臥薪嘗膽奮起而自爭之耳。恐此後國際間之情感必生異動，而其禍有不忍言者。其二今後中國富源之發展，其影響於世界經濟者至鉅，盡人能知之。而在此種勢力範圍現象之下，各國互相猜忌，互相抵制，其勢本已僛然如不可終日。他日一經過實際上數度之利害衝突，勢必至各憑藉其根據地以武力相見，則爲禍更何堪設想。嗚呼！吾深望各國先覺之士，當此歐洲問題極複雜糾紛中，稍澄思慮，以圖解決此十年後最大最要之問題，毋使我不幸而言中也。

　　吾以爲解決此問題，有兩大關鍵。其一則租借地及優先權全行撤廢也。租借地本作俑於德、傚尤於俄，其餘諸地爲抵制德、俄而起，本意欲憑此以行侵略也。今德受此大創，不復能恣暴於遠東，盡人知之。俄亦分裂，幾不復成國，自顧不暇，安能謀人？然則我友邦前此以牽制手段維持平和之苦心，今已不必復用，何必更留此耽耽相視之形勢，陷我國於不安，而各國間亦互相增其猜嫉！若曰甲國前此侵略所得之遺產，乙國以武力驅除甲國，則自起而承襲之，此所謂尤而效之，罪又甚焉。我友邦今次皆爲正義人道而戰，義始利終，夫豈其然？故日本屢次宣言將青島交還中國，吾國人實深感其義俠，且深信其必能踐言，且尤望其所交還者，不徒領土之虛號而在統治之實權，庶於日本屢次向各國宣示保全中國領土之盛意，名實皆無矛盾。其餘旅順大連、威海衞、廣州灣等事同一律，皆因膠州而起。今既無復存在之必要，深願趁此時機一併解決，使此種侵略主義之化身，隨暴德鐵血之痕而拭去。我國收回此諸地，亦必開爲自由商港與上海、天津等地同，以符開放門户之旨。其他所謂利源優越之要約，亦元兇維廉第二所留貽之禍水,與今後經濟自由之原則相戾,亦當隨維廉之敗落同時葬送。如此然後中國得以完其調節世界經濟之天職,而今後之平和可以確保矣。其二則鐵路之統一也。我國鐵路比例於面積人口,實為路線最短之國。今延長擴充之餘地甚多,而一皆須仰給外資。借外債以利便交通、發展經濟,實我國朝野一致之所主張。雖然,鐵路所至而國權隨之,實非吾國人所能忍受。不獨後此不願更蹈此覆轍,即目前在此種狀態之鐵路亦不得不力謀矯止。又現在中國鐵路凡借某國資本,該國即操其管理權,乃至購料包工,一切皆歸該國壟斷。運輸之聯絡,脚價之統一,皆不能實行。各路所用洋員皆為合同所束縛,雖有弊竇,不能整頓。循此不變,則中國將成為一種鐵路割據之局,鐵路愈多,則各國權利衝突愈甚。非惟交通行政終古無整理之期,且一切政治上之葛藤,皆將從此而起。故我國人所希望者,將境內一切鐵路不問其為借款自辦,為名義上與外國人合辦,為外國完全承辦,皆隸屬於政府所設統一機關之下,受同一之規制管轄。我之此舉,並非欲對於外國資本家本來之債權絲毫有所侵犯,不過為改良交通行政,且使外國對鐵路投資不戾於經濟自由之原則起見耳。各友邦既無借鐵路以行侵略之野心,既非欲利用鐵路獨佔利益,遏制他國均等之機會,則何必斷斷焉各割據一路,為中國主權之梗,為各國嫉妒之媒也哉!吾之此論,凡稍諳中國情勢者吾信其必表同情也。

　　以上所論租借地及優先權之撤廢鐵路之統一,此二事若能辦到,則所謂勢力範圍之現狀,可以根本打破。中國乃能於其完全主權之下,實行開放門戶、經濟自由之政策,發達其富源,為世界經濟之大團體盡相當之義務。此真戰後平和建設之一大業也。

　　此外尤有兩事使我國在國際上處於極不平等之狀態,為我國民多年所渴望改正者:其一曰領事裁判權。此本中世時代之遺制,所謂法律上之屬人主義與近世所採屬地主義之原則,本相背馳。數百年前歐人在中亞細亞一帶曾行之,但久已撤廢成為歷史上之陳迹。及遠東交通既開,則在我國及日本、暹羅等國皆施行此制。日本已於二十年前撤廢,暹羅亦以次裁撤,惟中國尚存耳。一八〇〇年我與英國所訂《馬凱條約》,曾為撤廢之約束,惟以各有約國同時并撤為條件。各國既互相牽掣,故遷延至今未能實行。查領事裁判權本為外國僑商所不便,且以外交行政官行司法權太戾於三權分立原則,各國學者及有經驗之外交家已多言其撤廢之必要，其說毋庸贅述。抑我國民之渴望友邦撤廢此權，不特爲國家體面起見而已，實於我國將來富源發展之前途有絕大關係。我國現在有所謂租界，外國人在租界外不能有居住營業及旅行之自由。此稍通遠東情事者所能知也。此種限制實反於開放門戶之原則，非今世萬國交通時代所宜有。我國人非不知之，且我方以歡迎外資開發富源爲國是，而重要之富源皆在租界以外，若此限制不解，外國資本家何由插足？此種矛盾現象非惟外國人苦之，即我國人亦苦之。然此限制卒不能解者，則領事裁判權實爲大梗。某國人所至之地則該國司法權即行侵入，如此將何以爲國？故爲貫徹開放門戶之大宗旨起見，必須以撤廢領事裁判權爲前提。而我國之要求撤廢此權，亦非謂必須立刻實行。我國將編製改良司法之計畫書，約以十年或八年爲籌備時期，分年程功。各友邦則與我明定約束，屆期實行裁撤。此不過根據《馬凱條約》而更加一層具體的保證耳，此當爲我友邦所樂爲贊許也。

其二則對等的協定關稅權之確立也。我國之關稅徵收法，規定於一八□□年與英人所訂《南京條約》中，其後各國訂約皆援互惠之例適用之。其稅率所定有一最奇異可笑之點，即無論何種貨物出口入口皆平均值百抽五是也。試在外國中任執一稍有財政常識之人而問之，謂糧食與煙酒之稅率是否當同一，諒無不瞠目失笑。然而我中國之海關稅則固若是矣。此種不合理的非科學的之稅法在今日文明大開之世，本萬無存在之理由。而我國當□十年前當局者絕無常識，但圖省事，漫不經意，爲此種可笑之規定，直至今而不能改。其所以不能改之故，則全由爲片面的最惠條款所束縛，各國中有一作梗，則全體皆成閣置。即如前段所述，一八□□年之《馬凱條約》本亦有改正關稅之規定，後此與日、法、美等國修正新商約皆承許諾。以次商訂及於德國，忽持異議，以致英、法、日、美相待之盛意，亦不能見諸施行。此其最顯著之前例也。我國在此等束縛狀態之下，欲稍稍主張我正當之權利，必須與已經訂約之二十餘國逐一磋商，但使有一小國作梗，則前此之用力皆空。而各國之許我者，恒必要求一二種特殊利益以爲交換，此種利益一經取得，又爲各國所均沾。如此則一種權利之恢復未可期，而多種之權利先已喪失矣。吾國實數十年來在此循環壓迫之下，千冤萬苦，無可控愬。循此不變，恐此區區關稅之改正將終古不能實現矣。今幸當正義人道大放光明之時，和會中以國際平等爲標幟，我國民不能不趁此機會瀝陳其冤酷，以求各友邦輿論公平之判斷矣。

抑有一義，當切實聲明者，各友邦切勿因我提改正關稅之議而生誤會，謂我將取得此權以行保護貿易政策也。關稅戰爭為過去歷史上不祥之產物，斷不容更行於今後經濟自由之時代，我國民既熟知之；況我國方當積弱之時，安敢以此攖各大國之怒！我之所為汲汲求改正者，不過欲廢去此太不合理之舊法，採用各國通行之法，以求財政上得相當之收入耳。若並此區區正當之要求而不我容，則於我財政上經濟上皆生莫大之損害，而影響且及於他國。試言其故。蓋立國於今日之世界，政費逐年膨脹，實為不可逃避之共通現象。惟持國內消費稅及關稅逐年遞增，始有因應之餘裕。今以關稅束縛之結果，乃至最良之稅源，如煙酒稅等各國值百抽二百三百者，我乃與一切必要品同科，同為值百抽五，絲毫不容伸縮。關稅既已如是，則本國產品不能太增徵高率，自無待言。國家既失此正當財源，不能應於貿易發達程度，得如量之財費，財政何從整理？我國近年來財政狀況不佳，雖其他原因尚多，然此實其受病重要之一端也。財政收支不相償，勢不得不出於舉債。舉債為中國之累固已，然其患豈惟中於我邦？今當大戰疲敝之後，有餘力以貸債於我者不過一二國。我國債務對於一二國而生偏重，恐政治上之危機即伏於其後矣。不甯惟是，我國因關稅束縛財政上常若不給，不得已乃有一種惡稅曰厘金者（一種內國通過稅），行之數十年不能裁撤。此項厘金不獨外國商民極以為苦，阻對外貿易之發達而已，本國商民受害更劇，一切工商業不能進步，皆此之由。苟長此不廢，勢必至使我國民生產力消費力皆漸萎悴，而中國市場將成零落。然此稅之惡盡人皆知，而至今卒未能廢者，徒以歲得五千萬元之收入，為國課之一大宗，非有他項抵補，不能豁除。故《馬凱條約》所規定，以裁厘與加稅為交換條件，非得已也。然則關稅一日不改即厘金一日不裁，厘金不裁則中國人之購買力不久將消蝕以盡。中國固病矣，而世界各國之商務，亦甯能不受其敝耶！

關於關稅問題更有兩事欲求各友邦注意者：其一此次我國民之希望改正關稅，其精神與《馬凱條約》所規定微有異同。《馬凱條約》所約束者為加稅，即由值百抽五加至值百抽十二五是也。此不過當時因陋就簡所規定，我國民殊不以為滿足。蓋必要品與奢侈品同率課稅，決非合理之稅則。同為值百抽五固不可，同為值百抽十二五猶之不可也。我國民所希望之新稅率，欲以《馬凱條約》所定之值百抽十二五爲普通貨物平均之標準,而更將各貨物釐定其等級,其必要品或仍值百抽五或逕免稅,其奢侈品則應其奢侈之程,值百抽二十乃至三十。使各級平均,仍與《馬凱條約》之率不甚相遠,務求於各國貨物銷路絕無妨害,而我國庫可以增加相當之收入。他日此議若提出時,我政府當必有完全之表册及説明,吾信其必能令各友邦滿意也。其二各友邦或有誤會,謂去年方在上海開關稅委員會,今始蕆事,何故復提議改正?不知此實兩事,不能混爲一也。去年上海所開者,乃關稅評價委員會耳。蓋我條約所規定值百抽五之從價稅,例須十年一修正,十年前之物價非十年後之物價至易見也。一九一四年本屆應修正之期,戰事忽起,遂爾中止,至今我國稅表仍襲一九〇四年之舊名爲值百抽五實值百抽二耳。去年上海之評價會即三年前應開未開之會,從而開之耳。此爲雙方條約上應履行之義務,與改正之議無與也。

　　此撤廢領事裁判權、改正關税之兩事,我國民已抱非常之決心,將來對德議和時,非要求其完全承認,決不與訂新約。雖然,此非徒對於敵人當爲要求而已,我主張正義人道之友邦,我國民尤願掬熱誠以求達其希望,吾信我友邦必不我遐棄也。

　　吾所欲陳述者,大略如右。更有一小事殆不必勞我喋喋者,則一六[九]□□年條約中關於義和團賠款一事,本爲德人所提,過分苛酷之條件,美國認爲不當,首先退還,供我興學之用。前年十月復承協約國全體之好意,特予展限。深望共援美國之例,悉數退還,我國當確定用途,專以擴充教育事業,則我國四萬萬人所同拜賜也。

　　吾此文所述希望各條件,雖非皆與此次議和有直接關係,然於中國民族之自由發展,實有莫大之影響,即世界永久平和之局繫焉。凡百君子,敬而聽之,幸甚幸甚!

(1919年6月6日、9—14日《時事新報》)

歐遊心影錄（補）

第三篇　倫敦初旅

七　渡海

　　我們在倫敦住了不到一個來復，一個客沒有去訪問，連地方也逛得極有限。巴黎旅舘找定了，徐振飛親自來接我們了，丁在君和法使舘舘員李君在波龍（Bonlogue）候着，十九日就起程前往大陸，代辦公使羅君怡元同行。上午九時從倫敦搭火車到福克司頓（Folkstone），上英倫海峽的輪船。第一件最感不便的，是行一步都要驗護照。從前只有俄國出入境要用這東西，戰事以來，風行各國。我自從到歐洲以至歸國，算是停戰後一年多了，始終離不了他。我的護照，簽名蓋印的好幾十回，也算是一件古董咧。輪船坐了兩點多鐘，就到波龍。這地方雖是法國軍港，卻完全交給英國守衛，連憲兵警察都是英人。我們初見，好生詫異。在波龍匆匆午飯，便上火車。晚十時抵巴黎，胡馨吾、顧小川兩公使及軍事團諸君、法使舘舘員都來迎，從此要入平和戲園觀演平和劇了。

（1920 年 4 月 20 日《時事新報》）

國學小史(補)*

諸子考證與其勃興之原因

(一) 諸子考證

(一) 諸子年代:

生年	卒年	
前五七〇(?)		老子
前五五一	四七九	孔子
前五〇〇	四二〇(?)	墨子
	二七五(?)	莊周
前三七〇	二八九(?)	孟子
	二三〇(?)	荀子
	二三三	韓非

起周靈王元年至秦始皇十六年(統一天下之前十年)約三百四十年間。

(二) 諸子人名及其著述:

(甲) 現存子書及其真偽:

1 《管子》　　　　　偽,疑出戰國。

2 《老子》　　　　　真。

3 《晏子春秋》　　　偽,疑出漢人。

4 《鄧析子》　　　　偽,疑出漢人。

---

* 《飲冰室合集·專集》中的《老子哲學》《孔子》《墨子學案》《老孔墨以後學派概觀》四篇,原爲梁啓超 1920 年 12 月至 1921 年 3 月在清華學校講授"國學小史"先秦部分的講稿,共六章。除第三章"老子"與第五章"墨子"已修訂發表外,其餘四章均存手稿。現恢復原題名。所補之文,在原稿中爲第二章"諸子總論"之第一節"諸子考"。

5	《墨子》	真,有竄亂。
6	《列子》	僞,疑出晉人。
7	《莊子》	真,有附益。
8	《孟子》	真。
9	《荀子》	真。
10	《尹文子》	真。
11	《慎子》	真,不全。
12	《公孫龍子》	真。
13	《商君書》	僞,疑出漢以前。
14	《韓非子》	真,有竄亂。
15	《孫子》	近真,戰國人書。
16	《吴子》	僞。
17	《尉繚①子》	僞,出漢以後。
18	《鶡冠子》	僞,同上。
19	《鬼谷子》	僞,同上。
20	《難經》	疑僞,出漢人。
21	《尸子》	輯本,近真。

(乙)此外《漢書·藝文志》所載已佚子書近真者：

（一）儒家： 《子思》二十三篇

《曾子》十八篇　　　　　《漆雕子》十三篇　漆雕啓後

《宓子》十六篇　名不齊　《景子》三篇

《世子》二十一篇　名碩　《李克》七篇　子夏弟子

《公孫尼子》二十八篇　　《芈子》十八篇　七十子之後

《董子》一篇　名無心　　《魯仲連子》十四篇

《徐子》四十二篇　　　　《虞氏春秋》十五篇　虞卿

（二）道家：　　　　　　《蜎子》十三篇　名淵

《關尹子》九篇　　　　　《公子牟》四篇　魏公子

---

① 原文錯字甚多,如此處"繚"原作"僚",已徑行改正。下仿此,不出注。

《田子》二十五篇　名駢,齊人　　《老萊子》十六篇　楚人,與孔子同時

　　《黔婁子》四篇　　　　　　　　《宮孫子》二篇

　　《捷子》二篇　齊人

（三）陰陽家：　　　　　　　　　《公檮生終始》十四篇

　　《公孫發》二十二篇　六國時　　《鄒子》四十九篇　名衍

　　《鄒子終始》五十六篇　　　　　《乘丘子》五篇

　　《杜文公》五篇　　　　　　　　《南公》三十一篇

　　《鄒奭子》十二篇　　　　　　　《閭丘子》十三篇　名快,魏人。在南公前

　　《將鉅子》五篇　六國時,先南公

（四）法家：　　　　　　　　　　《李子》三十二篇　名悝

　　《處子》九篇　　　　　　　　　《申子》六篇　名不害

　　《游棣子》一篇

（五）名家：　　　　　　　　　　《成公生》五篇

　　《惠子》一篇　　　　　　　　　《黃公》四篇　名疵

　　《毛公》九篇　趙人

（六）墨家：　　　　　　　　　　《田俅子》三篇

　　《我子》一篇　　　　　　　　　《隨巢子》六篇

　　《胡非子》三篇

（丙）此外各書中所舉諸子：

　　（一）《莊子‧天下》篇所舉：墨翟,禽滑釐　宋鈃,尹文　彭蒙,田駢,慎到　關尹,老聃　莊周　惠施

　　（二）《荀子‧非子十二》篇所舉：它囂,魏牟　陳仲,史鰌　墨翟,宋鈃　慎到,田駢　子思,孟軻

　　（三）《荀子‧解蔽》篇所舉：墨子　宋子　慎子　申子　惠子　莊子

　　（四）《荀子‧天論》篇所舉：慎子　老子　墨子　宋子

　　（五）《尸子‧廣澤》篇所舉：墨子　孔子　皇子　田子　列子　料子

　　（六）《呂氏春秋‧不二》篇所舉：老聃　孔子　墨翟　關尹　列子　陳駢　楊生　孫臏　王廖　兒良

　　（七）《史記》諸列傳中所舉：孟子　騶衍　騶奭　淳于髡　慎到　環淵

田駢　接子　荀卿　公孫龍　劇子　李悝　尸子　長盧　吁子　墨翟(以上《孟子荀卿列傳》)　老子　莊周　申不害　韓非　司馬穰苴　孫武　孫臏　吳起　虞卿(以上皆有專傳)　計然　李克　白圭(見《貨殖傳》)

(八) 其餘雜見於各書者：楊朱　許行　告子　子莫　白圭　匡章　陳仲子　宋牼(以上見《孟子》)

宋榮子　楊子居　相里勤　苦獲　已齒　鄧陵子　桓團(以上見《莊子》)

楊朱　公子牟　韓檀(以上見《列子》)

八儒：子張之儒　子思之儒　顏氏之儒　孟氏之儒　漆雕氏之儒　仲良氏之儒　孫氏之儒　樂正氏之儒　三墨：相里氏之墨　相夫氏之墨　鄧陵氏之墨(以上《韓非子·顯學》篇)

(丁) 諸子之派別：

六家(司馬談所分)｛陰陽　儒　墨　名　法　道德｝

七略(劉歆所分)｛九流｛儒家者流，蓋出於司徒之官。
道家者流，蓋出於史官。
陰陽家者流，蓋出於羲和之官。
法家者流，蓋出於理官。
名家者流，蓋出於禮官。
墨家者流，蓋出於清廟之守。
縱橫家者流，蓋出於行人之官。
雜家者流，蓋出於議官。
農家者流，蓋出於農稷之官。
小說家者流，蓋出於稗官。｝
其他三略｛兵家，蓋出古司馬之職。
數術，皆明堂羲和史卜之職。
方伎，王官之一守。｝｝

《荀子·天論》篇：

慎子有見於後無見於先，老子有見於詘(即屈)無見於信(即伸)，墨子有見於齊無見於畸，宋子有見於少無見於多。

《荀子·解蔽》篇：

墨子蔽於用而不知文，宋子蔽於欲而不知得，慎子蔽於法而不知賢，申子蔽於勢而不知知，惠子蔽於辭而不知實，莊子蔽於天而不知人。

《尸子·廣澤》篇《爾雅》邢疏司[引]：墨子貴兼，孔子貴公，皇子貴衷，田子貴均，列子貴虛，料子貴別。

《呂氏春秋·不二》篇：老耽貴柔，孔子貴仁，墨翟貴廉（疑當作兼），關尹貴清，子列子貴虛，陳駢貴齊，陽生貴己，孫臏貴勢，王廖貴先，兒良貴後。

（未完）

（1921年11月《哲學》第4期）

中學以上作文教學法[*]

序言一　　　　　　　　　　　　　　　衛士生、東世澂

這本書是梁任公先生去年在東大暑校講演的筆記。去年秋梁先生在東大講學，我們把這篇稿子給他看過（曾載於暑校日刊），並且告訴他，我們預備刊單行本的意思，他說可以刊的。後來聽說他對於這個題目要另做一本書，我們便把刊單行本的事擱住。現在事隔一年，梁先生的文章，還是遙遙無期；我們因為外面對於這本書的需要很多，各方面來借抄的應接不暇，所以決計把去年的稿本修改了付刊，使需要這書的人先睹為快。將來梁先生書出版時，這本書也可做一個參考。

這本書不但是作文教學法，也是中學以上國文研究法。這本書外梁先生還有一篇《中國韻文裏所表現的情感》是講做韻文的方法，登在去年《改造》雜

---

[*] 《飲冰室合集·專集》之七十雖已收入《作文教學法》，但此文先以單行本面世，且內容不盡相同，故亦輯入。

誌上，必須參考的。

關於中學的國文教授法，世澂曾兩詢梁先生。他説："中學作文，文言白話都可；至於教授國文，我主張仍教文言文。因爲文言文有幾千年的歷史，有許多很好的文字，教的人很容易選得。白話文還没有試驗的十分完好，《水滸》《紅樓夢》固然是好；但要整部的看，拆下來便不成片段。"這是他的特見，現在記在此處做這本書的楔子。

衞士生
束世澂 十一，一十一，十四，東大

序言二

衞士生、束世澂

我們在刊布這本書的時候，曾要求梁先生做一篇序，並且告訴他，我們刊這書有二種目的：第一層"中學以上作文教學法"是現在一個大問題。首先提出這問題的是梁先生。這問題經梁先生提起，登高一呼，響應的一定不少；但是梁先生的講稿至今没有公布，這是教育界的一件大憾事。第二層我們不但希望這書可給目前急需的人一個安慰；也希望在梁先生論文出來以後還可以做一個參考。梁先生的研究是日日有進步的，我們後生小子望塵莫及；但若有一個機會使我們能看見梁先生進步的痕跡，因而跟着去研究，也是一件很愉快的事。

梁先生因爲心緒不寧没有做一篇序。現在把梁先生覆我們的信録在後面，使大家曉得這書的緣起。

"接到兩君來信，又高興，又慚愧。前年我在東南暑校講的中學以上作文教學法，當時因爲時間倉卒，一點没有預備，自己十二分的不滿意。就中尤爲缺憾的，是應該引許多例證一切都没有引，其他不妥當不完備的地方，也不少；恐怕印布出來會誤人，所以兩君請刊單行本的時候，我總想騰出日力來改正一番纔安心的。

現在過了一年多，我又被别的功課牽纏，不惟不能校改；而且早已把原作忘的無影無踪了！今年北京師範大學也要求我講這門功課。我正在要想請兩君把筆記稿子寄來當參考品，免得另起爐竈呢！

這份講義我自己雖然極不滿意；但在最近時間恐怕還没有校正的餘力。

既然兩君說社會很需要這類東西;那麼就請把他印出。好在我們著述講演目的,都不外應當時此地之要求,並非打'藏諸名山'的主意只要不至於十分誤人,就拿很潦草的粗製品出來求社會批評,總是有益的。

兩君要求我做一篇序,我本來很高興的;但因為家人抱病,心緒不寧。今年上半年答應各學校的功課都暫行停止,現在實不能作這篇序,請兩君原諒。若要令讀者知道這部講義的緣起,或者將這封回信登在卷端也可以的,請兩君斟酌罷。

我的夫人若恢復健康,我下半年決當再將這個題目重新研究組織一番。筆記印出後,希望寄給我幾分當資料。

十三年三月十日梁啓超敬復" 衛士生
束世澂

中學以上作文教學法

衛士生
束世澂 記

我所講的這種研究法,可以成立與否,還不能定;不過我總希望多帶一點科學的精神。現在先講其大概:

(一) 提綱

一、文章的作用,在把自己的思想傳達給別人。這句話,要分析一下:
a. 自己的思想。所謂思想,有兩種要素:

  1. 有內容　什麼是內容? 可從反面說:比如替不相干的人做壽序之類,便是無內容的文。又如學校中先生出論題給學生做什麼范增論呀,管仲論呀……學生心中,本沒有要說的話,便是無內容,完全是從前八股氣習。總而言之,凡是應酬考試的文字,多是無內容的,是空的,是不能算數的。

  2. 有系統　思想不會單獨發生,做一篇文的時候,心中必定有許多思想;若是沒有系統寫出來,還算是無思想。好文章是拿幾種思想有條理的排列起來。如一塊玻璃,一根木料,不能成為窗戶;便是幾塊玻璃,幾根木料,亂放在一起也不能成爲窗户;必定要拿好幾塊玻璃,好幾根木料,依一定的條理配好,然後成爲窗户。所以散亂的思想,不算思想。曾文正論文也説要:……"言之有物,言之有序";有物便是内容,有序便是系統。

b. 傳達給别人。傳達給别人,須有三[二]條件:

　　1. 所傳達的,恰如自己所要説的。　作文時,往往心中有要説的話,没有説出;有時心中本不打算説的話,也説出來了;有時將要説的話,説錯了;這就是手與腦不能一致。作文要不多,不少,不錯纔好。

　　2. 令讀者恰恰理會得我的原意。　文章不好,令讀者如墜五里霧中,自己雖以爲傳達的不錯,人家讀了不能明瞭我的意思,或錯會了我的意思,失去我的原意,乃至與原意相反。所以傳達須使自己的意思,一點不含糊,一點不被誤解。

　　以上所説的,似乎很普通,但是很緊要。打開《文選》和《古文辭類纂》,能合這兩種條件的很少。合了這件,便合不了那件,什麽唐宋八大家,都有這個弊病。孔子論文,只説了一個字,最簡最好。他説"辭達而已","達"字下加"而已"兩字,是表明達字外再没有别的話説。本來文章不過是將自己的意思,傳達給别人,能達便是文章。文章一部分是結構,一部分是修詞,前者名文章結構學,後者名修詞學。文章好不好,以及能感人與否,在乎修詞。不過修詞是要有天才,教員只能教學生做文章,不能教學生做好文章。孟子説得好:"大匠能予人以規矩,不能使人巧。"世間懂規矩而不能巧者有之,萬萬没有離規矩而能巧者。

所能教人的只有規矩。現在教中文的最大底毛病便是不言規矩,而專言巧。從前先生改文只顧改詞句不好的地方,這是去規矩而言巧,所以中國舊法教文,没有什麽效果。我以爲作文必須先將自己的思想整理好,然後將已整理的思想寫出來,這是我的全篇的大意。

一、文章種類　文章種類,可從思想路徑區分:

　　a. 以客觀的吸進來之事物爲思想内容者。　這是從五官所見所聞……吸收進來的。

　　b. 以主觀的發出來之自己意見爲思想内容者。　這是從心裏面發出來的。第一種是記述之文。第二種是論辨之文。世間文字不外這兩種。

（二）記述之文

記述之文,可分兩種:

一、記静態　此有三種:

a. 記已完成的事物。

b. 記在一段落之間,其狀態比較的固定底事物。　其事尚在未定之天,不過各部分已發達到某程度。如化學實驗將輕養二氣,在玻璃管中合而成水,便是此類。

c. 在前後事物中,抽出中間一段,看其一刹那間的静態。　記静態之文,如繪畫或彫刻。畫像的不能畫出人一生自少至老的形狀,只能畫出其人某時間的形狀。畫山水的在朝暉夕陰,氣象萬千中,也只能畫出一部分的影象。彫刻也是如此,只能將一時間的狀態表出。

這一類的文,如替一部書做提要(如《四庫全書提要》),替一座建築,一幅畫做記(如《未央宮記》,《東南大學記》,《吳道子畫像記》),替一個地方做志,和遊記(如《登泰山記》),等類皆是。

二、記動態　專記事物活動的過程。其性質如留音機,如活動電影。留音機不同樂譜,樂譜是静態,留聲機能將唱的活動,反應入人耳。活動電影是由許多片子湊成,拆開來是死板板的,合攏來,便可將人的活動過程,惟妙惟肖底反應到人眼中。

屬於這種性質的文;如替一人作傳,或替一事做記事本末等類皆是。

大概記述之文,不外這兩種。但細爲分析又有:

静中之動。　如寫一刹那間之風景。(風景有變化,是爲静中之動。)

動中之静。　如人物傳記。(已死去之人的動態,是爲動中之静。)

静中之静。　如做一書的提要,如題畫。

動中之動。　如記事本末。(如記東大暑期學校,其事尚在進行中,是爲動中之動。)

在静態動態中,又各有單純複雜之別:

單純静態。　如專做一書提要,一種法律,記一支山脈,或河流等類。

複雜静態。　如合記幾部同類的書,比較各種静態,如記一都市,從種種方面記他皆是此類。

單純動態。　一個人在一個時間內做一件事的動作。如記梁某某時在東南大學演講,即是此類。

複雜動態。　記多數人在許多時間空間內同做一件事或幾件事的動作。最複雜的是戰記。不講歐洲戰記;即如楚漢之爭時間佔去五年,空間幾佔中國全部,人數是無數,做一篇記,卻是很難。作文愈複雜愈難,最難的便是戰記。但有不容誤會者,單純記述之文,亦不易做。並且單純記述之文,和複雜記述之文,理法亦有不同的地方。

無論記何種狀態,總要有兩方面都記到。

一、外表的狀態。

二、內含的狀態。

無論動靜,單純複雜狀態,皆有外表及內含的精神。

書——書中篇目,章節,是外表。書中的精神所在是內含。如做《墨子提要》將各篇內容記出,《兼愛》講些什麼,《尚同》講些什麼,《非攻》講些什麼……這是外表。專有外表還是不行,必須將《墨子》精神寫出(內含),纔算完全。

風景——記風景專記他的狀態是外表;觀者的心情是內含。同是一個月:清高的人看月,一面寫月的妙處,一面寫心境的清潔,生離死別的人看月,一面寫月,一面寫生離死別之情,這便是內含的狀態。

人物傳——記人的經歷是外表,記人的精神是內含。如《史記·李將軍列傳》,記李廣一生經歷是外表,記他的忠直的心,和壞的脾氣,遇着壞環境,便是內含。

戰記——戰記要一面使事實很明瞭(外表),一面使讀者明其因果(內含)。

記述之文無論記動靜單複狀態,要理清頭緒最要緊的是把他時間空間的關係整理清楚。因為空間時間都含有不並容性。同一個時間的,必定不同空間;同一個空間的,必定不同時間,這是物理學上很淺的一個原則。比如梁某某時在東大演講,同時不能再有別人也在此處演講;否則也必定在別的地方。空間也是這樣,同一課堂不能同時上兩種課,這一層一定先要清楚。

記靜態的文,以記空間關係為主,記時間關係為輔。記動態文,與之相反,以記時間關係為主,記空間關係為輔。故前者最要注意整理空間,後者最要注意整理時間。但有一原則:記時間空間不能平均單調。如記空間僅寫全部面積多大,是不行的。須詳其一部,略其一部。記時間也是這樣。即如中國有五千年的歷史,若平均分配,百年爲一期,或五十年或十年乃至一年爲一期,是不對的,必須詳記某一時期的事實,別的時期事實從略纔對。但是詳略之間,要配置適當,這是作文的要道,所謂整理就在這個地方注意。

(三) 記靜態之文

記靜態的文,最要整理空間關係。整理空間關係,先要定出觀察點。如算學之有坐標。主要的觀察點分五種:(以下五種觀點名目皆係杜撰,將來想着好的再改。)

觀點一:鳥瞰　這種觀察法,是將身子跳出事物之上騰空觀察。如鳥飛在半空,放眼下視。又如飛機在空中拍照下面景物。這種觀察法是注重全體(平均看);但是只能看出大概的情景。如照相的只能將人的面貌照出,不能將一絲絲的頭髮也照得清清楚楚。

這一類的模範文,如《史記·貨殖列傳》將秦漢間中國經濟狀況全部記出,歷史風俗人情……種種方面都寫到。讀者讀過這篇列傳,腦中便留個當時經濟狀況的影子,明曉當時經濟狀況的大概。

觀點二:類括　這種觀察法,是身入其中,一部分一部分底詳細觀察之後,得綜合的概念,如看東南大學,參觀教室,參觀大會堂,參觀梅菴……一部部的詳細觀察之後,然後合攏起來,將整個的東南大學看出。

這種觀察法,注重各部分的內容,位置和互相的關係。

這一類的模範文,如《漢書·藝文志》(所舉皆是極普通的文字)將各家各派的內容,位置和關係都分得清楚。

觀點三:步移　(移步換形)鳥瞰將身子跳出事物外,看其大概,類括是身入其中看其各部的情況,分析比較再總合起來,這種看法和上兩種不同:他的坐標常常移動,便隨所移動的地方作記述。

這一類的模範文,如《漢書·西域傳》。《西域傳》和地理志的作文不同。地理志用類括法,拿郡國縣做綱領,一條條的記出。《西域傳》便不是這樣,開首便說,"西域以孝武時始通"。下面便叙述有南北二道:南道從鄯善莎車,西經蔥嶺,便到大月氏、安息。北道自車師、疏勒,西經蔥嶺到大宛、康居、奄蔡、焉蓍[耆]諸國。後面叙述諸國的情形,便依着這道路的順叙,這便是步移法。

地理志可以用類括法。因齊魯諸郡縣的名稱一寫出來，人便曉得他的位置所在。至於西域諸國，道里遠近人不能知道，所以《漢書》換一種寫法，依着經過西域的情況寫去，使人明瞭。還有柳子厚的遊記，也是這種辦法。他的遊記共總十幾篇，分開來是十幾篇，合起來是一篇。看他第一篇是《始得西山宴遊記》，恰恰是十幾篇的開端。次尋着鈷鉧潭便作《鈷鉧潭記》。次尋着鈷鉧潭亞[西]小邱，便做《鈷鉧潭亞[西]小邱記》，又次是至《小邱亞[西]小石潭記》……一連十幾篇都是相連續的，是跟着他的足跡所到而記的，令讀者也不知不覺的隨着柳子厚去遊玩，真是妙極的了。

以上三種皆是觀全體的方法。

觀點四：凸聚　這種方法和前三種方法不同，坐標放在傍邊一定點(選擇的)，拿別的事物做陪襯。如繪畫有時以人爲主，那四周的木石便是附屬品，有時以樹木爲主，那樹旁的人物便成爲點綴品了。

這種觀察法，精神總要聚在一點，四面有遠近濃淡。這輕重濃淡之間，很不容易。

這一類的模範文，如黃宗羲所做的《明儒學案》中《姚江學案》，精神專注在姚江之學，其餘的都是陪襯。《明儒學案》這部書做的本好，《姚江學案》更做得好，但是還不如我的《墨子學案》。序中發明墨子學術很多，中間將墨子一書的內容說明，最注重的是結論取《兼愛》做凸聚。什麼《尚同》《非攻》……都是從此發出來的。

觀點五：臠嘗　凸聚法是納全體於一部，這種方法，是專寫一部分，不管這一部分是否屬全體中的重要部分。如《墨子》一部書有許多講哲學的，有許多講論理學和科學的。我是科學家便專看他的科學。我是哲學家便專看他的哲學。又如參觀東南大學：我是研究小學教育的，便專看東南大學的附屬小學。我是研究農科的，便專看東南大學的農科。不問附屬小學和農科是不是東南大學的重要部分，只就自己的興味從一部去觀察他。

以上兩種是局部觀察法。

凡一件事可從種種方面去觀察，所以同一題目，可以有許多篇的好文字。作文時最好只佔一觀點。一題到手，先要選定觀點，切忌雜用。有時或兼用，必須段落分明，告訴人家我現在所佔的觀察點在何處。

五種觀點各有主要條件再伸説一下：

鳥瞰　最要提絜全部。

類括　最要分類綿密正確。

步移　最要層次分明。

凸聚　最要看出主眼所在。如墨子若以《明鬼》做凸聚，便聚不攏。

臠嘗　最要能深入此部分，而割捨他部分。

寫靜態的文，最好繪圖作表，可以省卻許多廢話，使人易於明瞭。好的文章雖不用圖表，能使人讀他的文，便可依據他的記述，做出詳明而正確的圖表。

例如《史記》寫鉅鹿之戰，可以畫一詳圖。以空間論：有河一道，前爲趙兵，還有燕、代、齊、魯諸國兵。敵兵如何包圍，糧道如何接濟。楚兵糧道又如何接濟，曾在何處逗遛不進，細細研究可畫一詳圖。以時間論：某月某日有什麼戰事，一目了然，可以造出一個詳表。論這篇文的字數並不多，還不滿二千文，這纔真是妙文。平常人家作文三反四覆的説來説去，時間空間關係如何，作者自己還弄不清楚，那可糟透了。

有多少文字寫動態，如《左傳·城濮之戰》，亦可將其兩軍相對的情況畫出一個詳圖。晉右翼楚右翼如何對敵，那邊先打起，那邊沒有動，兩方面拿多少兵來對敵，晉國如何先攻楚國的弱點，如何集中攻楚國的左翼，左右翼既敗之後，楚國的中軍如何不敢動，一一可以瞭如指掌。

又如《漢書·西域傳》：記南北二路沙漠在何處，幾條河在何處，每列一國，必定講清離長安多少里（長安是那時的京城），讀者細細研究後便可畫出一個詳圖；並且這個圖還用做現在新疆省的正確地圖，你看這篇文的效用如何。

一件事内容複雜，必定要做表纔能清楚。本人做這表最好，若本人沒有做表，可以補做一個。如《晉書·刑法志·魏律叙略》不滿二千字，主旨是叙魏的新律和從前李悝的《法經》，及《秦律》《漢律》相比較（中國最古律書是李悝的《法經》，後秦商鞅有《秦律》，蕭何有《漢律》九篇，《魏律》改爲二十篇，一直到《唐律》《明律》《清律》各有加增，都是一脈相傳），説明改進的原因，和他的部分篇章加增和移動地方：某條《法經》如何，《秦律》如何，《漢律》如何，現在因什麼理由刪改，都叙述出來。如今《法經》和《秦律》《漢律》都亡了，只剩下這一篇可寶貴文字，我們據着他至少還可以做一個秦、漢、魏律篇目移動表。將《秦律》篇目《漢律》篇目畫爲三格，哪些是加增的,哪些是相沿的分別清楚。

(四) 記動態之文

　　凡動作必須有時間的經過,也必定時間經過之後,動作效果纔現出來。記動態之文,實在講起來,不過記無數時間動作的集積,聚起來求他的效果底總帳(不是記流水帳)。所以這一類文研究的主點有二件:

　　一、記動作集積的理法。

　　二、求得總帳的理法。

　　記動態之文分兩種:

　　一、記人。

　　二、記事。

　　記人之文。記人之文是拿一個人爲中心,從本人或他人的動作上,看出他的人格。做這一類文章應該注意的有三點:

　　A. 背景　記一個人的活動必須知道這個人站在什麼地方,當時的環境怎樣。如畫人必畫這人四面的風景,畫一個納涼的人,必須將夏天的風景畫出,然後這人納涼的動作纔能烘托出來。所以做一人的傳,必須講明此人的時代和地位,然後這人活動所根據的位置纔能明瞭。

　　寫背景也有兩件事要注意:

　　a. 不能寫得太多。　最多不得過全篇三分之一。普通不過佔全篇五分之一,乃至十分之一。不寫背景固然不能看出此人的真象;但是寫得過多,也嫌喧賓奪主。如唐宋八大家便有這種毛病,他們所做的傳和墓誌銘有時不寫背景,有時寫得太多;不怪他們寫得多,因爲除此以外更沒有可寫的,真是可笑。

　　b. 要和本人事業有直接關係。　如替一外交家作傳,應當寫當時國中外交形勢如何,哲學家寫當時哲學思想如何,這纔是本人的背景。太史公的《史記》寫背景的地方很少;但是我們不能怪他,因爲他是做一部史書,全時代的背景散在各處;七十篇列傳多係同時代的人,戰國時人佔三十餘,漢人四十餘,背景大都相合,所以不能篇篇寫出背景。但也有特寫背景的:如《魯仲連傳》寫背景很多,而且寫得很好,魯本是一個倜儻高士,愛打抱不平,遨遊各國,見何國有事便去幫助他,事過之後他又去了,要表明這人的人格必須將他一生所做的事底背景寫出,所以不能不詳。寫背景不好的,如《屈原列傳》,太史公將屈原的人格看錯了,他最崇拜屈原的文學;但是他的程度還不能認出屈原的文學的價值,所以這篇列傳,滿紙恭維都弄錯了。史公認屈原的文是忠君愛國的文,所以寫出許多當時政府上的背景。實在屈原的文,固然有忠君愛國的話,但此不過是他的文章中一部分,且僅僅是一部分,他的好處並不盡在這一方面。若要寫出屈原的人格,應寫過去文學如何(三百篇)。屈原前沒有專門文學家,屈氏是開山祖師,這一點非寫不可。還要把屈原的文和過去文學不同之點,以及屈原所生之地,是從前蠻夷之邦,新加入文明民族團體而能戛戛獨造,都寫出來,纔能見屈原的好處。史公這篇文實在太壞,叫我看卷子,一定取不着優等,至多勉強及格。

B. 個性　寫個性是記人之文的主腦。做一傳決不可作一篇無論何人都可適用的文字。如現在的壽序,最好是做老太太墓誌,年青時如何襄助丈夫,年老時如何撫養兒子,差不多一頂帽子可以放在無數的人頭上,這一定是不堪的文字。英國大經濟學家格林威爾面上有一大痣,一日請某畫師替他畫像,畫師爲美觀起見,便沒有畫他臉上的痣,他大發怒道,畫我要像我,這是我嗎?畫像要畫他與別人不同的地方,一篇傳的好壞便看能否將本人和別人不同的地方找出來。法國寫實派的文豪莫泊桑初作文的時候,他的先生出一個題給他做;這題實在難做:叫他到街上看十個車夫的一天的動作,回來替這十位車夫作十篇起居注,每篇百字左右,要各各不同。莫泊桑經過這次試驗後,常常告訴別人,他所以會作文,全靠他的先生這番訓練。學文的必須用這個方法。列位! 作十個不同樣的人底傳,是很容易的? 做一篇《孔子傳》,一篇《華盛頓傳》,一篇《達爾文傳》,他們本是特別人物,各人環境和事業又各各不同,我們作來之後,很容易的能令我們自豪,以爲這種偉人,也被我們弄得惟妙惟肖了(因爲無可比較)。至於平平無奇的十個人,並且是十個車夫同在城市,背景和事業都相同,要一個個的分清,那這分析的功夫要怎樣,細心考察要怎樣,不怪莫泊桑稱這題目是好題目啊。

中國最好記事文,歷史不易舉例。小說如《水滸》《紅樓夢》他們價值在什麼地方?《水滸》要寫一百零八位好漢。一百零八個樣兒,已經是很難;而且都是強盜,同在一處做強盜,更是難上加難了。《水滸》這個計劃不免失敗,因爲他們不能寫出一百零八樣,有些相同,有些太不近情理,這是由於著者計劃太大的緣故。如他的計劃縮小一半,或三分之二,只爲三十餘人的確有三十個人不同。你看他寫武松、魯智深、李逵……總有十幾二十個強盜各有各的性,曲曲傳出,所以我說《水滸》的計劃,如果縮小一半,他的價值便不止增加一倍了。《紅樓夢》不講別的;單看他寫幾十個丫頭,同在一個大觀園內,的確寫得一個個不同。平兒、襲人、紫鵑……一看而知,各人個性活現紙上。

小說體和列傳體不同:小說個性靠作者想像力,列傳靠作者的觀察力。長於想像的不一定長於觀察。所以做列傳的好手不一定能作小說;做小說的好手,不一定能做列傳。這兩樣哪樣最難?我不敢講,看各人性之所近。施耐菴不見得能做歷史,要太史公想出幾十個不同樣的丫頭,恐怕也是很難。不過列傳沒有小說自由,小說可憑空造(只要想到世界上可以有種人便可),歷史要從實事上觀察出來。

描寫個性的唯一原則,是"凡足以表個性之言動,雖小必敘,凡不足以表個性之言動,雖大必棄"。做一個人的列傳,將他的一生事業,胡亂寫出,是不行的。(大事固然可以表見本人,小事也可以看出本人人格。)有幾個例:

例一:《史記·廉頗藺相如傳》 這兩人是趙國的一文一武,《史記》寫這兩人剛剛相反;寫藺相如專寫他一生兩件大事(完璧歸趙、澠池之會),因爲寫這兩件,便可將相如敏捷強毅忠誠完全表出,相如整個人格活現紙上。記廉頗便換一個方法,專寫他的小事。我們想一想,廉頗是一個武人,當然打戰[仗]是他的大事,況且他打的勝仗很多,兩次勝齊,二次勝魏,三次勝燕,由本傳可以見出,做廉頗的傳,當然是要極力的寫他的戰功了。那知道《史記》寫他八次勝仗,不到二十字,反嚕嚕囌囌的寫他如何與藺相如吃醋嘔氣,如何負荊請罪。後來在異國又如何對趙使者表示沒有老,想趙王用他一氣寫上幾百字,這是什麼緣故呢?因爲若寫他的戰功,那時戰法總是一樣,要寫他的智勇,那吳起、王翦也是一樣的忠勇,從此處都不能表出他的整個人格,寫他幾件小事便可看出他老人家是一位極忠誠的軍人,氣量很小,然而很知大體,待人很厚。

例二:《李將軍傳》 《史記》中好文章很多,上例中的《廉藺傳》和這篇都是超等文章。不過這一篇能否考超等,還有疑問。就文論文,是一定考上等。但是史公和李陵相好,不知道他對於這位老伯伯有沒有偏阿,所以還不能定這篇能否考一等。這篇文舉李廣許多瑣碎事情，射石，挾匈奴，殺關吏……諸事，令讀者可以看出他是個勇將，氣量狹，不大聽人號令，結果自己倒霉，這篇的確是傳文的好模範。

　　C. 他心　記一人的事，有時不能專記本人，須兼記他人來做旁襯。因爲一人的動作必定加在他人身上，所以不必專寫本人，而寫因本人動作所發生的事，或別人對於他有什麼動作，可以烘托出本人人格。

　　例一:《史記・魏公子傳》　專寫候[侯]生、朱亥……這一班下流社會的人，似乎專替他們作傳，寫信陵君的地方反很少。這是什麼緣故？因爲信陵君的地位是國王胞弟，寫他竟能對於這班下賤人如此恭敬有禮貌，這一班人又怎樣的幫助他，從此處便可將信陵君的整個人格看出。

　　例二:《史記・淮陰侯傳》　這一篇也是超等文章。可拿他和《漢書・淮陰侯傳》比較。《漢書》這篇《淮陰侯傳》便壞極了，若要我替他看卷子，必定不許他及格；不特不及格，還要打手板子。《漢書》多抄《史記》，這一篇傳獨將史記中蒯通遊說一事刪去(在《史記》中佔全篇三分之一以上)，使全篇黯然無色。(《漢書》特爲蒯通立傳，蒯通這種人怎配立傳，這已經弄錯；班固又因爲蒯通沒有別的事，只有說韓信造反一件事，便硬把韓信傳中蒯通的事拿開，真是胡鬧。)我們讀《淮陰侯傳》最令人敬重而且憐憫他的，是因爲他不忍背漢高祖，而高祖反要殺他，這一點最爲緊要。蒯通勸他反，他不肯反，便可見出他的心情。《漢書》刪去，便是不知利用他心表現人格。

　　例三:《霍光傳》　《漢書・霍光傳》是一篇精心結撰之文。霍光一生的大事是廢昌邑王立漢宣帝，而助成他這事的便是田延年。所以《漢書》把田延年的重要的事都寫在《霍光傳》上，使人由田延年的動作，看出霍光的人格，和《史記》拿蒯通襯出淮陰侯是一樣的方法。(田延年本傳上沒有寫他一生重要的事，是因爲作者立意要將《霍光傳》做得十二分好，便不顧《田延年傳》的好歹，究竟這種辦法應該不應該，另是一個問題，然而《霍光傳》是的確做得好。)

　　例四:《三國志・諸葛亮傳》　陳壽《三國志・諸葛亮傳》也是一篇用心做的文字。這篇最後一大段，記李平的父親被殺於諸葛亮，而李平還是很愛戴孔明的，由此可以見孔明大公無我，一片至誠，所謂"以生道殺人，雖死不怨殺者"。這種辦法，比自己下批評好得多。

　　做一篇傳如果能三方面都顧得到，一定是一篇好文字。

　　還有一件要討論的事:做傳記文純粹記事好呢，還是夾敘夾議好呢？我以爲文章正格是不下議論，不得已時也可夾敘夾議。太史公便兼用這兩體。如《伯夷列傳》《管晏列傳》《屈原列傳》皆是如此，這是例外。好文章是不下批評，但忠實的寫出，令讀者自見(説出方減少閲者趣味)，最妙是寓批評於敘事之中。如

《三國志·荀彧傳》 荀彧輔佐曹操，操的功績十有七八是他做出來的，到後來曹操要加九錫，他不贊成，飲藥而死。《三國志》寫得最妙，只在本傳最後二句(荀彧既死之後)，大書特書道："明年太祖遂爲魏公矣。"並沒有説荀彧乃心漢室；也不説曹操想篡位，荀彧反對他，只反襯一句説，荀彧既死，明年太祖遂爲魏公，便見得荀彧一日不死，曹操一日不敢篡位。這是何等靈妙。

《史記·魏其武安傳》 這篇也是《史記》中超等文字，寫竇嬰、田蚡、灌夫三人都活現紙上。寫田蚡的驕橫(田蚡以外戚做當朝宰相)，足令讀者心中抱不平，若在不會做文的人，寫到田蚡驕橫的事，少不得要臭罵他一頓。《史記》只在末了記田蚡死後，發見他一件不妥的事。帝曰："武安侯而在者族矣。"(武安侯是田蚡封爵)上面並未説武安侯如何的壞法，而罪可至滅族，只借漢武帝口中的話輕輕的一點，便令讀者全身鬆快。這纔是傳記中的議論和批評的良法。照《屈原傳》之類，便是二等以下的文字了。

(五) 記事文

記事文以事爲中心，記兩人以上之事，有時間的經過及相互動作，於看出這事的因果有關係。

凡記事不是記一件事，是記一組事。一件事沒有可記的地方：比如帳簿上面記某日買豆腐幾個銅子，這不成記事；必須記今朝豆腐多少，明朝買豆腐多少……將多次買豆腐的事記起來，做一個買豆腐表，這纔是記事。或者記用多少錢買豆腐，多少錢買油，多少錢打米……合起來成爲每天日用，也是記事。

如孔子《春秋》"元年，春，王正月，三月公及邾儀父盟於蔑，夏五月鄭伯克段於鄢……"這一類記事做已往的歷史則可；卻不能算是文章，作文必須記許多的事，分組的許多事。分組標準有二：

一、單組事時間的段落。

二、複組事空間的範圍。

記事文的作法重要的原則有四條：

第一理法　分事前事際事後，斟酌詳略，説明他的因果。做事的時間，總有此三階段，事前爲因，事後爲果，事際是由因得果的關鍵。記事文的通例，記事前最詳，記事後次之，事際最略。這是什麼緣故？有兩個理由：

1. 因爲有因，當然得果。譬如二加二必定等於四；能説明因，那果便不叙而明。所以記事文記事前要詳，果是人所求的，其重要次於因，所以記事後亦須較詳；事際不過説明因果關係，和進行之跡，所以可略。

2. 不獨理論上是這樣，一事在事實上所佔時間的比例也是如此。一人做事，預備的功夫一定比實行的時間多。即如我今天這幾張稿子，只夠講兩個鐘頭，我昨晚一夜沒有睡，纔預備出這一點大綱。在昨晚以前，我對於這個問題處處留神，那時間更不知花費多少，至於結果如何，便看諸君聽了之後，怎樣實行，現在還不能預料。所以計[記]事文事前要詳，事後次之，事際最略。

第二理法　凡是足以説明因果關係的雖小必叙，凡是不足以説明因果關係，雖大必棄。這一條是講選擇的方法。

第三理法　要審定這事的性質，是以一人爲主體，還是以兩人或多數人爲主體？若是以一人爲主體，便以一人爲中心，兩人便有兩中心，多數人便有多數中心。這層要看清楚。

第四理法　要注重心理現象。

一事的成功，當然有物質的關係，然最重要的便是人的心理。人的心理是事的原動力，所以記一事不能只看物質上的變化，要看做事的人底心理如何，及其影響到別人的心理如何。

現在要説明這四個原則，非舉例不可；但是舉例很難。戰記是記事文中最複雜的，現在舉《左傳》《通鑑》中間幾個大戰爲例(注意共同的原則)。

第一理法　戰記例分三段：一戰事初機和戰前預備(事前)，二戰時實況(實際)，三戰後結果(事後)。《左傳》和《通鑑》記戰前最詳，常常佔全篇十分之七以上，最少也在二分之一以上。叙結果至多佔全篇十分之二三，最多至二分之一。叙戰況少則不到十分之一，最多不到二分之一。

第二理法　戰記以説明勝敗的原則爲主要目的。所以説明勝敗原因的雖小必叙，否則雖大必棄。

第三理法　戰事有純粹出於一個人的意志底,有出於群衆心理底,應當觀察清楚。

第四理法　戰事勝敗,心理的感召居第一位,物質的感召次之。即如老袁做皇帝,大家説他必敗。這次張作霖和吳佩孚打仗,連他的部下在未戰之前已預料必敗。所以做戰記固然要寫物質上的勝敗,而最注重的還是兩造的心理。

下面再舉十幾個例,拿《左傳》和《通鑑》中八大戰（《左傳》韓原、城濮、邲、鄢陵,《通鑑》距[鉅]鹿、昆陽、赤壁、淝水)互相比較,説明這四條原則。

例一：韓原、城濮、邲、赤壁、淝水諸戰,記戰前的事者極爲詳細(差不多佔着全篇的三分之二)。記戰事很略。韓原之戰,四十一字。城濮之戰、赤壁之戰、淝水之戰,都不過一百多字。邲之戰最略,只有七字,並且這七字也是空的。只説："車馳卒奔乘晉軍。"此外別無戰爭實況。因爲這場戰爭,雙方都不願打仗,議和空氣很充滿,忽然打起來,完全是無意中弄出,所以只能用這空洞的話表當時實況。(實際本是如此,不能多説。)

例二：鄢陵之戰、昆陽之戰,寫戰事最詳,差不多佔全篇三分之一以上,將近二分之一,各有特種原因,下面再爲説明。

例三：韓原之戰、淝水之戰,記戰事都很詳細。韓原之戰佔(全)篇三分之一以上,淝水之戰佔全篇三分之一,也各有特種原因。

韓原之戰秦國雖打敗了晉國,但是本沒有立定主意打勝仗,晉國雖敗,但是晉國人並沒有敗,只是晉惠公一個人愚蠢打了敗仗。又因爲晉惠公本是秦穆公的小舅子,穆公打了勝仗,本想把惠公捉回國内去,穆公夫人聽見捉他的弟弟來了,氣得要尋死,弄得事情不好辦,後來想出許多的方法,纔將這事解決下來。照這樣結果,很是麻煩,非預料所及,所以不能不詳細。

淝水之戰秦國打了敗仗到也罷了；想不到因這一場敗仗,本國便分裂了。本國分裂,本不在戰事範圍以内；然因分裂是直接受戰敗影響,不能單獨敘出,所以不得不詳敘在這一場戰事之後。

例四：城濮之戰、赤壁之戰,所記的都是很莊嚴的大事,一點頑意兒都沒有。這是因爲這兩場戰事兩邊都是大員,大家用心計畫,並且戰時都照着原定的計畫而行,所以專記正經大事。

例五：邲之戰,專記兩方開頑笑的事；一面要打仗,一面要和；一面議和,一面挑戰；一面打獵，一面進酒。這是因爲戰記最要將勝敗的原因寫出，而邲之戰勝敗的原因，完全是從開頑笑來的，所以不能不這般敘出。

例六：距[鉅]鹿之戰、昆陽之戰，記得很可笑。距[鉅]鹿之戰，只見一項羽。昆陽之戰，只見一光武，仿佛戲臺上唱獨脚戲一般。這是因爲這場戰事，的確都是一個人主動，其餘的人不過搖旗吶喊之輩；並且這二人一生的功名發軔於此，所以敘戰況不得不詳。正如唱獨脚戲時，臺上只有他一個人，他的唱做不得不長。

例七：韓原之戰、淝水之戰，也是專敘一人。晉惠公和苻堅都是主帥，因爲他們兩個舉動不對，便打了敗仗，這便是勝敗原因所在，所以專敘這兩人。

例八：赤壁之戰，吳蜀聯兵是主體，所以寫兩方面君臣（劉備、孫權、諸葛亮、周瑜、魯肅五個人）都很詳細，寫得同樣的重要，並且寫出協同動作精神。至於對面曹操如何動作，不便特敘，只由孔明、周瑜的口中講出，這叫作賓主分明。

例九：鄢陵之戰，是主帥無計策，完全由人自爲戰得勝。所以寫出許多有才的將官，在一共同目的下，各人自由動作，好像合一大群人跳舞，或分組跳舞一般。

例十：邲之戰寫得有趣。一部分人輕躁暴烈，一部分人很好，分主戰主和兩派，後來主和派失敗，結果晉國打了敗仗。敗的原因是由於主帥無能，不能駕馭羣師。所以這篇文寫幾個暴烈分子，都很有本領，戰敗之後各人的動作，都很好，反襯出主將不得其人。

例十一：城濮之戰、鄢陵之戰，戰勝國所處的地位都是非勝不可；並且人人有必勝之心。城濮之戰所對的最是勁敵，所以極力寫他對外的手腕，軍隊的布置，種種心理上的計畫。赤壁之戰，寫法亦同。

例十二：距[鉅]鹿之戰、昆陽之戰，敵人勢力浩大，似乎萬萬沒有能勝之理，反襯出項羽、光武二人心力之雄大。

例十三：韓原之戰、淝水之戰，都寫本軍空氣之壞，惠公未戰之前已有人料他必敗，苻堅要攻打晉國，他的夫人不贊成，太子不贊成，滿朝的人不贊成，乃至小孩子與和尚都勸他不要去，讀者一望而知苻堅是不能打仗的了，在這種心理作用範圍之下如何能勝，虧他把這種情形傳出。

(六) 論辨之文

論辨之文,是自己對於某種事件發表主張,或修正他人的主張,希望別人從我。(論辨文的效果是要能得人贊同。)凡分五種:

一、說喻

二、倡導

三、考證

四、批評

五、對辨

說喻之文　說喻之文是對於特定的一個人,或一部分的人,發表自己意思,勸他服從某道理,或做某件事。

如政府說喻百姓(命令告示),百姓上書政府請願,學校中先生令一群學生應明曉某種道理,或對於特定一人或一班學生令其做某件事,以及朋友往來函札互相規勸或討論學說之類,都是此類文字。

倡導之文　倡導之文是標舉一種政策或一種學術,樹堂堂正正之旗,對於全國人(非特定人)或全世界人,乃至將來之人,發表意見。如周秦諸子著書立說,墨子倡兼愛,老子倡無為,皆是此類。此類文注重普遍性,如現在有人主張國家主義,或社會主義,並非對於現在中國的情形而言,乃認為天下真理所在,無論何國皆應如是。

考證之文　在五種論辨文之中,其餘四種文字常常要用考證,因為無論何種文不能不用考證。(非篇篇皆須考證,有許多已公認之理,無須考證,有許多非考證不可。如講過激主義現在不能用,空嘴說白話人家不能相信,必須將俄國經過的壞現象說出纔好。假使說勞農政府好,也必須列舉俄國的好處來證明。)

考證差不多是論辨文之中堅,不用考證,很難做來一篇圓滿的文字。有許多文字專做考證,專考一事供給別人或自己倡導批評之資料。

批評之文　說喻和倡導都是自居第一位,批評之文有三種:

1. 自居於第二位者。人家有一說喻或倡導,我來批評他。譬如你說軍國主義好,我說他壞,是謂駁難的批評,屬於此類。

2. 自己第三位者(超然的)。兩方面互相爭辨,我拿公平的眼光批評兩邊的長處和短處；或人家出版一部書，我對於這書不立於反對地位，特將書中要點提出，對於書中好處表示贊同，不好的地方表示反對，皆是此類。

3. 純粹以歷史的眼光來觀察，並無第二位第三位之關係者。如評白香山的詩，既非附和，又非贊同，不過看他在文學界中與人不同之點，和他的價值如何。

對辨之文　對辨之文，是答人家的批評；或不待人家批評我，而我先算到將有某種某種非難一一駁斥之。

這一類文在中國很少；外國很多：如白拉圖、蘇格拉底常用之。設爲主客問答，通篇辨論到底，在中國便沒有這種文字。《兩都賦》和《七發》雖用問答體；但皆純文學之類，不是辨論道理，不能稱爲對辨文。周秦諸子用問答體的很多，如《墨子·非樂》即是此體。又如《孟子》七篇亦常用問答體，然非全篇皆是兩邊對辨，也不能算純粹的對辨文。

中國要找純粹對辨文，只有桓寬的《鹽鐵論》。這部書很有趣，是東漢人記西漢事，記的是漢武帝的時候將鹽鐵收歸國有，武帝死後，賢良文學建議主張廢除，於是開會討論。政府方面出席的是丞相和御史大夫，首由賢良文學發言請求廢止，次丞相答辨，又次賢良文學申說，丞相又答。照樣反覆辨論，針鋒相對，到後賢良文學發言，丞相不能駁回，御史大夫立起身來說一段，直到最後發言的一人而止。中國有這部書，在文學界中也很有體面了。

論辨之文最要條件有二：

一、耐駁

二、動聽

耐駁要經過思想內容之整理，動聽要經過技術上之整理。現在先講耐駁：

（一）耐駁　論辨是希望人家從我，最好是將他不從我的理由駁倒，使我所說話人不能駁斥，始能達到這種目的。若要想說出話來人不能駁，必須應用論理學。

《因明頌》說：

能立與能破，及似由悟他。

這兩句話有點難懂，先解釋一下：能立是自己的主張能夠立起，能破是人家的主張我可以打破。爲什麼要立要破呢？都由於要悟他。及似二字怎麼講呢？一般人講話有些似乎能立而立不了，似乎能破而破不了，這叫做似能立似能破。真與似都是由於悟他，所以説能立與能破，及似由悟他，我剛纔所講的論辨文底定義，也從這裏偷來的。(發表主張是能立，修正他人主張是能破，希望人家從我是悟他。)

要想悟他必須能立能破。如勸老太太不要到雞鳴寺燒香，必須説出理由來破他的迷信。又如勸人到東南大學大禮堂來聽講，須立出道理來勸他。這層便不容易做到，要有種種法則。自己的思想在腦中先須轉過多次，再想出方法將腦中思想條理整然的發表出來，纔真能立真能破；平常人的思想，不過似能立似能破而已。論理學便是教人真能立真能破，所以要做論辨文，必須用一番功夫去研究論理學。

應用論理學來做論辨文分兩層：

甲、自立

乙、應敵

不管能立能破都要如此。

自立　論理學應用到作文，是"在真確的事實之上，施行嚴密的推理，拿妥當的形式，發表出來"。如此説可將自立分三段解釋：

一、妥當的形式　我們主張一件事最妥當的形式如下：

某事應當怎樣做，因為……

如云學生應有自治會，只講這句話不能使人信服，必定要跟着説明爲什麼什麼。在論理學三段論法的形式如次：

（一）大前提　（二）小前提　（三）斷案

譬如説凡人終須死(大前提)，諸君同我都是人(小前提)，所以諸君同我有一天大家都要死(斷案)，這是拿論理學的形式排列起來的。平常説話只説我們都要死，既是，先將斷案提出。譬如我説梁某終須死，因此理本來明白，無人反駁，大前提便可省去。若有人反駁即告訴他凡人都要死，梁某是一個人，所以不能免，那形式便嚴整了。

發表形式最普通的，必有此三段的形式。

中外論辨文皆是如此，長的文字是三大段中各包小段，小段中又有小段，合無數的三段論法而成。

作文時須自己審察有没有違背三段論法(這是另一學問，非一時所能講得了的)，不合便容易破。

二、真確的事實　徒有形式還是不够。如老太太上鷄鳴寺燒香,他的三段論法是

觀音菩薩能消災解難,(大前提)

上山燒香,觀音菩薩必定心喜,(小前提)

所以拜觀音必能消災解難。(案斷)

形式上一點没有錯;然而不能說他是對的,可見不依據真確的事實是不行的。作文不難於下斷案而難於大小前提之正確。譬如説:

聯省自治是共和國唯一的辦法,(大前提)

中國是共和國,(小前提)

所以中國必須聯省自治。(結論)

本來只要幾句話可以了事,然文章不能照這般簡單,是什麼原故?是因爲大前提中有問題,並且這問題很大,共和國都是聯省自治嗎?聯省自治有壞處没有?要答這兩個問題,必定要費許多筆墨,從此可以曉得文章之所以長没有別的,是爲內容求真實。若求形式不錯,是很容易,很機械的整理語言次序便够了。

又如説:

基督死去了,(斷案)

因爲基督是人,(小前提)

凡人皆要死。(大前提)

這形式也是不錯,這裏面的大小前提有無問題呢?若以孔子爲例,是没有問題的;然在基督徒,決不承認這般辦法。你們的孔子可死,我們的基督不可死。基督是上帝兒子不是人,於是小前提發生問題了。我們要和基督教徒辯論,怎麼辦呢?你説基督不是人,我們便先下一個人的定義:如此這般是個人。再找基督是人的證據,凡人都有眼睛,有手,基督有没有?凡人都要吃飯睡覺,基督要不要?一件件的比起來,基督都和人一樣。再看基督有没有和超人相同的地方,超人是如此這般,基督和他不同,於是基督(不)是超人不成問題。再研究到超人問題,如何而後爲超人?照這樣一件件的研究下去,決斷他不是超人,我的説立,他的説破了。

上面是講小前提能發生問題;而大前提亦可發生問題。如承認梁啓超必

死,必先承認凡人皆要死的大前提。這個凡人皆要死的大前提,在現今科學發達已經不成問題;然在前數十年的中國,這問題還大得很呢!數十年前中國有一部分人信有神仙不死(如呂純陽);世間既有不死之人,即梁某之死與不死便不能定了。文章中有論辨文一體,便是看大小前提是否正確;然做真能立真能破之文,必須拿真確實的事實做基礎(考證的工夫便是用在此處)。如説:

人爲萬物之靈。

問他何以故?在中國舊學可以答出十幾二十個"因爲"。在西洋希臘、羅馬也有幾十個"因爲"(如人爲天地中心之類)。我們要想破他,空話是不行的,必須根據達爾文的《種原論》,説明動物如何進化而成人,證據鑿確,人家駁不了,纔能將"人爲萬物之靈"之説打破。徒説空話,沒有做論文主體之價值,已公認之事實,也沒有做論文主體的價值。譬如説中國非自强不可,這是大家公認的事實,無須討論。

三、嚴密的推理　拿真實的事推論出去,由甲種事實推出乙種事實所生之影響。如要説:

中國非打倒軍閥不可

先要將教育實業……種種被軍閥摧殘的事實一一羅列出來,一面再看到反面的事實:從前中國沒有軍閥是如何的情形,現在的歐美沒有軍閥是如何情形,一一舉出。再討論中國要不要教育?要不要實業?……一層層的由各方面推下去,纔可以下"非打倒軍閥不可"的斷案。斷案不難下,而難於尋出因爲什麽。有時因爲不只一端,便寫個一因爲……二因爲……

應敵　説一句話總須預備駁難,這叫做應敵。應敵原則有兩條:

1. 忌隱匿　有許多人做文的時候,自己知道他的主張有不圓滿的地方,便含糊説去,希望人家找不出他的缺點,這種辦法在不要緊的文章不希望生效力則可;否則決不能行的。作文時必須自己先想到種種人家要駁我的話,用難者曰一類的話一一駁去,能有幾要點被我駁倒便好了。如若隱匿證據或推理的路徑,結果總是自己上當,一定在隱匿之點被人攻破。

2. 忌枝節　要説什麽便説什麽,切不可枝枝節節説到别處去。你本要悟他,别人不知道你説的是什麽,怎麽能悟?大概自己所説的話,怕被人駁斥,心裏懷着鬼胎,口中便閃爍其詞,如孟子講性善,他的學生舉出三説來駁他:一説是無善無不善,一説是性有善有不善,一説是性可以爲善可以爲不善,這三説都可以駁倒孟子的學説。孟子被他們駁得很窘,只説道:"乃若其情,則可以爲善矣……若夫爲不善,非才之罪也。"這種模棱兩可的話,令人不知所云;並且論的是性,何以説到才呢?還有一次:萬章問"堯以天下與舜有諸?"曰"否"。我們便要看他説出什麽理由來了,哪知道他只説:"天子不能以天下與人。"這好像問張三殺李四沒有,答道人不應該殺人,真個驢頭不對馬嘴。《鹽鐵論》有三分之一是大家反臉的話,有時賢良文學駁不過丞相,立起來大罵一頓;有時丞相駁不過賢良文學,也立起來大罵,幸虧秘書長御史大夫出來講和,請他們閑話休提,言歸正傳,究非論辯文的正軌。

(二)動聽　同一内容,寫出來能動人與否,要看各人的技術如何。這已近於巧,然在技術上也有許多規矩,規矩明白了纔能談巧。這規矩有四種:

(一)急切　(二)明晰　(三)注重　(四)對機

急切　文章最要令人一望而知其宗旨之所在,纔易於動人。如向人借錢,晤面之後,不説來意,先寒暄半天,等人家聽的倦了,然後在[再]講到借錢,不如一會面就説借錢,比較爽快一點。"博士賣驢,書券三紙,不見驢字",人既不知所云,怎能動聽?作文時最好將要點一起首便提出,次則早點提出。

如《荀子・性惡》篇起首便説"人之性惡,其善者僞也";開門見山,提起人的精神,使人非看不可。

李斯《諫逐客書》起首便説:"臣聞吏議逐客,臣以爲過矣!"下面列舉客之有益於秦,的確是不能破。

如若要説的話不敢説,先繞幾個大彎,便是很壞的文章。八大家和明代的八股大家,論一事差不多都要從盤古開天地説起,自以爲大氣磅礴,實是最拙。(他的好處便是駁無可駁,前清時所謂拏不着辮子。)

明晰(條理清楚)　凡主張一説,必不止一種理由;必從幾方面視察而來,最好是照思想的路徑寫出。如要説東南大學有擴充之必要:再先從空間着想,對於中國全局有什麽必要;再從時間着想;東南大學對於現代有什麽必要,或從南京這地方看;南京在地理上必要怎樣,在歷史上必要怎樣……這些理由一一列出。一個大的理由可以包小的理由,亦須跟着寫出來。如地理可分軍事文化工商等;文化又可分過去現在將來,如此推去,又有多條。自己的主張,有多少要點要寫清楚，使人不至誤解。

注重　平列許多思想，初淺後深，層次分明，這是明晰法。

一篇文中不只寫一種理由，理由中有許多不必說明的，有許多應該說明白的，平均寫下，常不能引起別人注意。（如繪畫須有濃淡，聲調須有高低。）作文時遇不注重的理由，和人人明白或對面人承認的理由，可以輕輕放過，必找出一二點人不明白的，或和常人所見不同的地方，用重筆提起，自能動聽。

對機　見什麼人說什麼話，叫做對機。同是一句話對甲說和對乙說不同，對大學生和對中小學生說不同。同一篇演說稿，在東大與北京所生的效力不同。同是一句話春秋人說出沒有價值，現在歐洲人說出大有價值。做文時先須看自己所做的文，要給何人看。譬如在前清上皇帝書，引幾句雍正上諭或乾隆上諭，他心裏縱不快活也不敢駁回；若在民國便不免被人唾罵了。又如前五六十年時作文引墨子《兼愛》的話，人必大罵；現在便不然了。對大學生講幾何定理，是人人能懂的；小學生便不能明白。拿小孩子所說的話講給成人聽，也覺得好笑。所以作文或著書時是為一時還是為永久；是給一部分人看，給全部分人看，先要弄清。

（七）教授法

我自己教授的經驗很缺乏；教授中學更沒經驗。我這教學法不能見得實用，不過對於現在教學的缺點訂正一下，供中學教員的參考。

一、教授要分類分期

現在中學教國文的大概先教近代文，次明元宋文，一直逆溯到古代；否則便由教員東選一篇西選一篇。這兩種辦法都不對。先教近代後教古代，是以為近代文易於古代；卻不知道古代文不一定都是難懂，近代文不一定都是容易懂。若是要東選西選，結果便是一種都不到家。我主張一學年有兩學期，一學期教記述文，一學期教論辨文，由簡單而複雜。記述文先靜後動，論辨文先說喻倡導，而後對辨。論小事的在先，論大事的在後。使學生知道理法，可以事半功倍。

二、每學期開始教以作文理法

先教學生以整理思想的主要條件，使他知道看文如何看，做文如何做，等講到一類文章的時候,便特別詳細說明這一類文章的理法。

我近來所講的總有一部分可以適用;不過講的很簡單。我願意將來用一兩個月的功夫,做一部新文章軌範,或可更有所發明。(無論何人,只要肯研究,必能發明原則。)

教員不是拿所得的結果教人,最要緊的是拿怎樣得着結果的方法教人。小說中有一段故事最好:呂純陽有一天看見一個人根器很好,便要度他,先試他一試。以指點石成金,問他要不要。這人回他不要。呂純陽以爲這人畢竟不差,再拿大一些的石點成金子試他,他還是不要,如是數次,呂純陽大喜,以爲這人,真正不差了。便問他:究竟要什麽。他說:"我要你的指頭。"教學生不能拿所點的金給他(金子雖多終有盡日),非以指頭給他不可。善於教人者是教人以研究的方法。或者他所得的能和你一樣多,或可看出你的錯處。拳師怕教會學生打師父,總要留一手看家拳,這是不對的。教學生就是要教會他打師父。我以前所講的是認爲研究文學的路子。梁某的指頭如此,諸君當能補我所不及;或看出我的錯處。不過你用我這方法去研究,或可推翻我的方法;如若不用,那便無法可想。我很願意在我這書未出以前,諸君用我所講的方法來教學生,使學生會打師父。

三、令學生閱讀(分組比較)

上堂的時間有限:一點鐘的課,先生上堂遲一點,下堂早一點,不過四十分鐘。一篇長文讀一遍亦須三十分鐘,若再要一句句的講,不但做不到;亦且不必。(小學生雖講也不懂,中學生不必講。)講文太花費時間,而且使學生討厭。我主張教學須啓發學生自動的在講堂以外預備(各門教授都應如此)。須選文令學[生]能多看。不能篇篇文章講,須一組一組的講。講文時不以鐘點爲單位,而以星期爲單位。兩星期教一組,或三星期教一組,要通盤打算。譬如先講記靜態之文,選十篇(或專選同類的或不同類)令學生看。先生教他如何看法。(觀點何在,時間空間關係如何。)拿一組十篇做一比較。令學生知同是一類的文,有如此種種不同;或同一類的題目,必須如此做法。不注重逐字逐句之瞭解,要懂得他的組織。

四、用討論式的講授

一組文既令學生看過,若在程度稍低的學生(前二年級的學生),有看不到的地方,教員上堂時將一組的文章細細的比較,講給他聽。(不是一篇一篇講的,乃是十篇合講。)程度高一點的學生,看過之後,令他上堂講。(如此教法,那聰明的學生見識或在先生之上。)學生講後,先生批評他講的對不對,最後先生比較十篇說明要點所在。

照三四兩條辦法,學生每篇文必經過幾度研究。於文的思想、路徑、發動、轉折、分折[析]和總合,皆可懂得。若有幾百篇文,學生真能懂得,沒有不會作文的。

五、教材選擇

幾千年的好文章很多,那種文好我不敢講,那種文能選也不好講,不過那種文不能選,倒可以講一講。

1. 綺靡之文不可選　如六朝文,駢文,大都本無話說;而以詞藻填滿,在純粹文學不無價值,但不能教學生。

2. 帶帖括氣之文不可選　此種文是科舉時代用以取人才者,從漢以來便有對策,此類都是拿本不願說的話,勉強說出;而要說的話不說,極其不自然。不過漢代的對策壞的已經不傳,傳的都是好的,所以帖括氣尚不多;從唐朝以後,帖括氣日重一日,這類的文,無必須說的話而說的,都不能要。

唐宋八大家的文,屬於這一類的很多,如韓愈的談[諛]墓之文,思想內容都沒有,本不要作文,因為人家送他幾百元,便不能不做;且因做慣這一類文,便連別的文也是這般做法,所以我不取他。三蘇對策的文很好;但是無論何文,都用這一套,也是很可厭。

3. 矯揉造作之文不可選　本用這個字,因這字不雅馴,便另換一字。或這句本須十字,嫌其冗長,改短一點。這類文非排斥不可。從前老先生教人作文須改字,名叫修辭。宋人有一故事可資談助:這故事說,有一人大書門首道:"宵寐匪禎札闥鴻休",問其所以,本是"夜夢不祥書門大吉"純以他字代之,便成為不可解的詞句。這一類的文字,真是可厭。還有自古相傳為美談的一件事,宋代歐陽修、王安石、蘇軾一班人,一日在街上看見一匹馬赤腳亂跑,踏死一個人,各人回家記這件事。有記到百字的,有二三十字的,歐陽修只記得"逸馬殺人於道"六字,於是大家佩服。從言簡事賅方面看,歐陽記得確是好;但是文章不見得簡的便好,那記成二三十字的百字的可惜不傳,不見得沒有好文章。古來許多名文,我們都嫌其太簡。如歐陽修的《五代史》我實在不敢恭維,我可説《五代史》是最壞，因爲他句句要學《春秋》，要用"逸馬殺人於道"的筆法。不知孔子的時候，没有紙墨筆硯，著之竹帛是一件難事，所以越簡越好，後人何必學他呢？"逸馬殺人於道"很冷静的記事，固然很好；然同時許多很重要的活動，被他去掉了。《五代史》便犯着此病，這便是矯揉造作之文。

教材重要部分如次：記述文以《左傳》《通鑑》四史傳志爲主。《史記》的列傳有三分之一可選。《漢書》《後漢書》《三國志》的傳志有四分之一可選。此外二十史的傳志也有許多可選，此外多選書序或提要。(如《四庫全書提要》可選的至少有二三十篇，戴東原所講的天文算學差不多篇篇可選。)

遊記及雜記(如《水經注》，和柳子厚的遊記，韓、柳的雜記，近代魏源的《聖武記》，王闓運的《湘軍記》)，近人記事文和劄記(如金人瑞短文和劄記，以及我們的文章，或有能引起學生趣味的)，皆可選。

論辨文教材最要的便是周秦諸子。(周秦諸子近經多人校勘注解，讀之並不多費力。)諸子中以《管子》《墨子》《荀子》《韓非子》《孫子》《商君書》《孟子》及《戰國策》爲主。選其比較易懂，並且合論理學法則的。如《墨子》的《非樂》《非命》《尚同》。《荀子》的《解蔽》《禮論》《樂論》都是條理整齊。《孟子》長篇如《許行章》是極好的文學。《韓非子》好的亦多。(大概百篇論辨文，周秦諸子可選得三十篇。)其次《論衡》《鹽鐵論》《潛夫論》和仲長統的《昌言》，劉知幾的《史通》都可選。《論衡》有時嫌瑣碎，但他的批評精神在中國很難得：遇事用客觀的眼光批評，鞭辟近理，有許多篇可選。《昌言》和《潛夫論》兩種，《後漢書》中所選的都可選。《史通》以文而言，還帶一點六朝駢體習氣；但這書内容很豐富，證據多而判決明，能全部看最好。

此外論事之文：如漢人奏議(如鼂、賈乃至揚雄之奏議)，漢人書札，魏晉間的論文都好。唐代柳子厚的《封建論》很好；此外唐文好的尚多。在清代我推薦四人：汪中、章學誠、魏源、曾國藩。汪的《述學》，章的《文史通義》，幾乎篇篇都精到謹嚴。曾國藩雖學八家，然他的才氣和理法都好，没有空話。其次推考據家的文(教學生作文這一類也不可少。使學生看他思想如何整理。如《古文尚書疏證》可選出幾段給學生看)，還有專用歸納式的考證派，歸納許多事證明一事的真妄；如高郵王氏父子(王念孫、王引之)，專用歸納論理學做經學，讀古書。他們著的《讀書雜誌》《經傳釋詞》《經義述聞》都是極好的書，做文的人應該看的。《經傳釋詞》一書，是文法之祖，以前沒有人注意過。學生應受這種訓練，纔能將散在各處人不注意的事，聚集起來，發明一種學術。我主張選考據之文，便是這個道理。此外近人著作討論近代問題，學生讀了很有趣味，且可得新思想，亦可選讀。

選文並不要依時代的次序，要分組選。十篇之中一篇是《左傳》，一篇是《史記》，一篇是新文字……都不妨事。

以上講教授法，以下講教學生作文法。

六、每學期作文次數至多兩三次

現在中學生至少一星期做一篇文，不但中學生做不好，便叫我做也必定越做越不通。我主張每學期少則兩篇，多則三篇，每一篇要讓他充分的預備，使他在堂下做。看題目難易，限他一星期或兩星期交卷。（我是教學生做文，不是防他做賊，沒有充分的預備，在年輕的學生腦筋銳敏或可做出，我便不能。）

多做學生便要討厭，或拿一個套子套來套去。我主張少做。是做一次必將一種文做通，下次再做別一種文。如此便做一篇得一篇的好處。尚有補助法，使學生在課外隨意做筆記，以爲作文的補助，比出題目自然得多。

七、作文的預備由先生指導

作文要有內容，要有許多材料纔能做。材料少的時候，先生要供給材料。如記事之文，使高師附中學生做南高附屬中學記，材料是現成的，先生只要教他去取材料的標準便可。如使附中學生做日本高等師範記，先生必須將日本高師的材料供給他（或書或口授），使他和本地高師比較一番。最好的方法，是使學生拿正史和《資治通鑑》對看。如赤壁之戰，《通鑑》所取的資料是《三國志·周瑜傳》《魯肅傳》《孫權傳》《諸葛亮傳》等，先使學生看這幾篇傳，將關於赤壁之戰的事摘出，看哪段應該要，哪段不應該要，先後的布置應當怎樣，然後再看《通鑑》，便可恍然大悟哪段應取而沒有取，不應取而取，以明先後佈置的方法如何了。

又如淝水之戰，取材大略在苻堅、苻融、王猛、慕容垂、姚萇、謝安、謝玄諸傳中，使學生照上面方法先看諸傳，再看《通鑑》怎樣組織，必定大有裨益。這好像帶學生參觀紡紗廠，先看一堆棉花，次看他如何變成粗紗，次看他又如何變成細紗一般。《三國志》是由棉花成紗，可惜現在棉花已不可見了！《通鑑》是由紗成布，我們如今不能見棉花成紗，只能見棉花成布了。

八、命題的標準

最好是本地風光。如做記述之文，最好是記學生旅行過的地方，或讀過的書。論辨文最好是論與學生有關係的事；不過這種辦法有時而窮，要另外出題時，先生要告訴他們如何作法。記事文本難做，最好是將散事，使學生合攏（此最可爲學生整理思想之用）。這一類的題目在歷史上極多。簡單的題目，如《鉅鹿之戰》如《劉項相爭始末記》，材料現成，不過做出來很短；若要學生做長篇文字，材料不能不特別供給，最要是養成學生整理思想的習慣。

論辨文最好的題目是兩邊對駁，題要切實，不可空泛。如"中國宜自強論"之類，空而不能駁，最壞。如"鴉片宜禁止論"，不空而不能反對，也不好。最好的題目如"中國應聯省自治論"之類兩面都有話說，方不枯窘。（論辨文之題要成問題乃可，不能反對的便是不成問題，不能做論題。）

題的深淺要按學生程度。

一題可做數次。記述文分各種觀點做。論辨文分兩面做。如此則對於一題面面想到，萬分瞭然，可以使學生會做一題目，會做一題便會做一百個題目。現在教學的毛病，便是教學生不能做一題。

九、文言白話隨意

我主張高小以下講白話文，中學以上講文言文，有時參講白話文。做的時候文言白話隨意。因爲辭達而已，文之好壞，和白話文言無關。現在南北二大學，爲文言白話生意見；我以爲文章但看內容，只要能達，不拘文言白話，萬不可有主奴之見。

十、評改宜專就理法講，詞句修飾偶一爲之　改文時應注意他的思想清不清，組織對不對，字句不妥當不大要緊（因爲這是末節）。偶然有一二次令學生注意修詞，未嘗不可，然教人作文當以結構爲主。

我這次講演，一因爲時間短少，二因爲沒有預備，三因爲這是創作，以前的人沒有這樣的研究過，所以我自己覺得不滿意的地方很多。很希望諸君將我所打開的這條新路，開大一點，那我便很榮幸的了。

（中華書局 1925 年 7 月版）

附錄　國文教學法十講

第一講　從教材上比較文言文白話文適用之程度

梁任公先生講演

黃鑄卿　吳　煒　筆記
彭雲谷　饒郡光

我知道我不是個良好的教授,我也沒有充分的教學經驗。今天來討論這個問題,不妥當的地方,一定會很多;況且又沒有充分的準備,但憑我個人的感想來對諸君談談。

數年來因為白話文盛行的關係,學校的國文教材便成了一個待討論的問題。(諸君是師範大學的學生,負有中學教育人材的使命,故討論範圍,僅以中學部為限。)有的主張盡用白話,有的主張要採用文言;但是我呢?——老實説,我是主張中學國文教材採用文言文的;可是諸君不要誤會,以為我是因為現在的教育總長主張文言文,便學他"開倒車"的口吻。我兩年前在南開、東大學校講演,已屢經提出這種主張,並不自今日始。至於作文方面,我對於二者無軒輊,或者還要偏於白話一點也難説。孔老夫子曾説:"辭達而已矣。"這句話很可以説透我對於作文的主張,如自己用文言能達,便用文言;用白話能達,便用白話;只要能達便夠了。至於用作學校教材,當然要經過客觀的選定。我以為至少要具備以下三個原則:

(一)要與他科保有相當的聯絡　學校功課雖名目殊異,並非絕對分離,其中含有聯絡貫穿的意義。如"數學"之於"物理""化學","國文"之於"歷史""地理"等,都是互相關聯的東西。中學"史""地"因限於時間,僅僅教點大綱;若單靠兩三本教科書,所得的史地知識,實在有限,故國文教材應選一部分與史地有聯絡關係的。其他各科常識,能借教授國文的機會給學生補充,愈多愈好。

(二)要具有陶冶心性和指導行為的功能　中學生年齡尚輕,而判斷力亦較弱,學校應授以正確而且穩健的知識;奇僻之論,瑣碎沈晦之義,皆不相宜。含刺激性麻醉性的作品,切須慎擇。正如培養初開的花朵,太乾不行,太濕亦不可,肥料過多過少,過濃過淡都有害。因此之故,純文學作品,如詩詞曲本小説之類,合用的甚少。

(三)教材須長短適中　　大約一千字起四五千字止,條理豐茂,結搆謹嚴的文字,最爲合用。太短的不成篇幅,無以爲教授之資。例如《世説新語》文章之簡潔有風趣,固極可愛;但以之教中學生則不相宜;因其文太簡短,不適於一般思緒正在開展的中學生。又如太長也是同樣的不行,如一部幾十卷前後互相關聯的作品,非讀完後不能了解其中的情節,像這樣冗長的作品,既不宜於講壇上教授,亦不宜於一般功課繁重的中學生的自修。

我們的理想的中學國文教材,因要適合以上三個原則,故在白話文中找教材,很難找出幾篇合格的來。並非白話文本身的缺憾,乃因其歷史太短,尚未達到十分成熟的時期,諸君翻翻所有的語體文作品,便明白了。中國現有的白話文作品,大概不出下列三種:

1. 禪宗反儒家語錄
2. 宋元以來小説
3. 近人白話文

以上三部分作品,我敢説都不能選作中學國文教材。禪宗語錄像打燈謎似的,其不合用無待言;至於宋儒語錄,偶擇幾句爲修養之助,雖未嘗不可,然已覺得陳腐玄談太多了。内容實質且不管他;專就外表形式論,語錄乃隨説隨錄而成,並無文章組織,如何可充教材?但現今提倡白話文的人,也是没有用語錄當教材的主張,今無須多辨。

主張用白話文當教材的人,事實上當然不能不多取材於小説。他的主張的理由,大概(一)現在一般人之能識字及文理通順,什有九是從看《三國演義》一類書得來,足見小説爲學文利器。(二)《水滸》《紅樓》等書,爲中國最有價值之文學作品,宜令學生養成賞鑑能力。(三)這類小説書,從前禁學生看,學生總不免偷着看,何如公開的因勢利導呢?

這些理由我以爲都不充足。就第三點論,學生對於小説不勸自看,雖禁猶看,誠然是事實。既已有這種事實,然則讓學生們多這一門課外自修不更好嗎?何必占正課的時間?須知學生在校中學文的時候本就不多,我們對於時間經濟不能不顧慮,如何纔能利用這時間令學生對於本科或與本科聯絡各科發生最大效力,正是我們的责任。

再論第二點,問題益複雜了。學生須相當的有欣賞美文的能力,我是承認的；但中學目的在養成常識，不在養成專門文學家，所以他的國文教材，當以應用文爲主而美文爲附。除郤高中裏頭爲專修文學的人作特別預備外，我以爲一般中學教材，應用文該占百分之八十以上，純文學作品不過能占一兩成便足了。此一兩成中，詩詞曲及其他美的駢散文又各占去一部分，小説所能占者計最多不過百分之五六而止。若把小説占教材中堅位置，稍有教育常識的人，諒來都不能贊成。

在這成數占得極少裏頭來選擇適用的純文學作品，那更難之又難了。老實説，凡絶好的文學總帶幾分麻醉性，凡有名的文學家總帶幾分精神病。我們以中學教課爲立場，對於這些青春期的學生，雖然不可以過分的壓抑他的情感，要不可不常常加以節制，令情感變爲情操，往健全路上發展。所以偏於幻想及刺激性太重的文，總不能認爲適當。諸君啊！我絶不像老學究們的頭腦，罵《紅樓》《水滸》爲誨淫誨[誨]盜；我是篤嗜文學的人，這兩部書我幾乎倒背得出，其他迴腸盪氣的詩詞劇曲，幾於終日不離口。但爲教中學生起見，我真不敢多用這種醉藥。晁盖怎樣的刼生辰綱，林冲怎樣的火併梁山泊，青年們把這種模範行爲裝滿在腦中，我總以爲害多利少。我們五十多歲人讀《紅樓夢》，有時尚能引起"百無聊賴"的情緒，青年們多讀了，只怕養成"多愁多病"的學生倒有點成績哩！

關於第一點，我們教中學學生作文，不但希望他識字及文理通順便了，總要教他如何整理自己的思想，用如何的技術來發表他，簡單説，我們要教他以作文的理法。《水滸》《紅樓》固然是妙文，但總要通看全部，最少也拿十回八回作一段落，終能看出他的妙處。學校既没有把全部小説當教材的道理，割出一兩回乃至在一回裏頭割出一兩段，試問作何教法？用什麽方法令學生在這一回或一段裏領略全書的真價值且學得作文的技術？

或者説：學文以學叙事文爲最要，小説正是絶好的叙事文，爲什麽不學他呢？我説：這種論點完全錯了。叙事文的性質和小説的性質恰立於正反對的兩極端：叙事文是印寫客觀的事實，小説是表現主觀的想像力（即最極端的寫實小説，也不過用想像力攝取社會魂影），作法根本不同。叙事文對於客觀資料要絶對的忠實服從，受嚴格的束縛，技術在攝收整理；小説是要騁想像力去搆造，絶對的自由，技術在迸發表現。所以有名的史家或叙事文大家，大抵不會做小説；而叙事文的技術,絕非從小説可以學得來。

總而言之,小説是大學文科裏主要的研究品,用作中學教材,無論從那方面看,都無一是處。

語錄小説既都不適用,剩下的只有近人白話文了。近人白話文我看見不多,未敢輕下批評;但據我的忖想,最少也有三個缺點:第一,叙事文太少,有價值的殆絕無。第二,議論文或解釋文中雖不少佳作,但題目太窄,太專門,不甚適於中學生的頭腦。第三,大抵刺激性太劇,不是中學校布帛菽粟的榮養資料。我希望十年以後白話作品可以充中學教材者漸多,今日恐還不到成熟時期。

或者問:你既主張作文不拘文白,而且還有偏於提倡白話的傾嚮,今又主張中學教材要用文言文,將來中學學生都不會做白話文,怎麼好? 我説:這問題狠容易解答:你看國內做白話文做得最好的幾個人,那一個不是文言文功夫用得狠深的? 你怕學生們多讀幾篇《史記》《漢書》,便變成《鏡花緣》裏咬文嚼字的"君子國"嗎? 不會的。放心罷!

第二講　論濫作論事文之弊

梁任公先生講演　　　　　　　　黃鑄卿　吳　煒　筆記
　　　　　　　　　　　　　　　彭雲谷　饒郡光

中學校專以論事文給學生做,我是極端反對的,尤其是前三年級的學生不宜做這種文章,後三年級的學生間或做做,尚無不可;但至多只得占作文全數十分之二三。總之,中學校的作文,應以記叙文爲主。至記叙文之好處,下次再説。今專論濫作論事文的弊病:

人人都罵八股不好,八股的壞處,就在代聖人立言,沒有自己,如今天做一題爲"學而時習之",則語語現出孔子的面目;明天做一題爲"其爲人也孝弟",則句句顯出有子的面孔;後天再做一"孟子見梁惠王",則擺出梁惠王與孟子的面孔;儼若扮演古戲一般,真可笑之至! 論事文之弊,也就是這樣。歷説其弊,約有六端:

(1)獎勵虛僞　年輕的中學生,自己本無何種議論可發;但因先生既出下這一類的題目,不得不做。不得不東塗西抹的亂寫一篇來應付先生。例如

"論打倒帝國主義"一題,學生並不知道帝國主義是甚麼,也沒有感到帝國主義實在該打的明瞭觀念;但是因爲先生出了一個"打倒帝國主義"的題目,只得在這題目下寫些帝國主義怎樣該打怎樣該打的話來。這個弊病,和做八股一樣。從前做八股是代聖人立言,現在做論事文是代先生立言,二者都是没有自己的空論。久之,便養成了虛僞的習慣,這是論事文中的一個大毛病。

(2) 獎勵勦襲　　如"爲子當孝""爲父當慈""人當愛國""人當自立""勞工神聖"一類的話,本來是天公地道,無可辨駁,並且多爲先聖先賢或今日之學者所盡量發揮。年輕的中學生,欲超出先聖先賢及今日之學者所已發之議論外,另闢天地,怕不是容易的事罷。但既遇着這一類的題目,又不能超出前人議論的範圍,最後的一條路,只有勦襲前人已發過的議論,或抄錄先生在講壇上所講的話。孟子説:"非其有而取之者盗也。"勦襲前人作品,也是盗賊一樣的行爲啊!這並非學生本來的壞處,乃由環境所迫,不得不如此。如果先生見了學生勦襲成言而成的文章,不但不以爲怪,反濃圈密點,提高分數;而學生因此更覺勦襲的得意,便專門去做勦襲的工作,其弊更由其作文而影響其爲人了。

(3) 獎勵輕率　　要想對於某一件事下一種確切的判斷,非把客觀的事實看得清清楚楚是不行的,那事未發生以前必有他的遠因,正當發生時必有其引導,既發生以後又必有種種變化,他的前後左右都是互相關聯的。明白了多方面的真象,然後所下的判斷纔有真正的價值。中學生既少實際考察的機會和能力,就讓他們輕舉妄動的來討論另一世界的事實,結果只能引起學生的輕率。例如"論關稅自主"一題,自主是我們同聲贊同的,但是作此題者,至少要知道世界各國關稅的情形,中國關稅的情形,及關稅是怎樣的一種東西,不自主有甚麼妨害,自主又有怎樣的利益。需各方面看清以後,方可來下判斷。今日中學教員,大概見了新發生的問題,便要出給學生去做,不管學生知道不知道。如"金佛郎案不應該辦"一題,辦與不辦都有理由,須從各方面考查金佛郎案的真像,纔能下一個真確的判斷。否則,是不行的。

(4) 獎勵籠統　　作八股文的老前輩,説作文的妙訣,最好是説些不着邊際的話。學生自己没有真知灼見,只得發些老生常談的空論,讓你左看右看都可以,都相像。假設修辭修得好一點,先生閱後,即不能給他最優等的分數,而普通分數總是少不了的。學生因此便養成不主客觀,不重分析的習慣。這種不着邊際的行爲,以做人論,充其量也不過做一個孔子所斥的"鄉愿",凡事無可無不可,這樣來不但不能做學問,而做人亦不能了。

（5）獎勵僻見　此與籠統正相反,從前科舉時代考八股時,每有因作翻案文字而著名的;平和的考官,愛籠統的文章;好奇的考官,便愛翻案。因此便有"出奇制勝"之稱,如三蘇之流,悉以作翻案文字著稱。我所謂中學生不宜作翻案文字者,並非要學生死守遺訓,陳陳相因;乃因學生多作此種文章,久之則一味抹殺客觀,凡事只知有我而不知有人了。此種毛病,大概以有天才者容易干犯,雖其中固亦有好處;但其抹滅真理的習氣,且帶有投機社會的心理,爲害甚大。

（6）獎勵苛刻　這一類的文字,三蘇也是最會做的。例如《范增論》一篇,不管范增在當時所處的地位如何,只管用自己主觀的刻薄的批評。人非上帝,誰能無錯。可惜大蘇非老范,不能親歷范增的窘境,所以任自己的嚴酷,鞭打古人的靈魂,爲寃爲直,是他所不顧的。宋元以來的文章,多不負責任的批評。他們作文時,大擺起裁判官的面孔,說人該死便要死,該打便要打。若以這一類的苛刻文章去教中學生,結果作文的好處,恐未必可以學到,而"刻薄寡恩"的習氣,倒要增加幾分。

以上六種毛病,非常利害,都是由作論事文來的。諸君今日是師大學生,將來便是中學校教師,其影響於教育界,影響於思想界,均甚大。以今日之中國社會,虛僞,輕率,籠統,僻見,苛刻的種種現象,以及國會省會議員之無條理無責任的搗亂;報舘主筆之瞎說;學生之輕易發言,輕易盲從;種種習慣,亦未嘗非由作文教授法不良有以致之。因爲他們不是學八股出身就是在學校學這一派的論事文出身,當然要養成這些惡習。諸君啊！莫以爲我在學堂上教一兩點鐘功課,無關國家之治亂盛衰,稍一不慎,惡果便已如此！我們縱令不能替國家做好事,最少也不要替國家做壞事。諸君須知當青年的師範,做好做壞的機會都特別多,何止國文一科爲然,今不過因論作文而舉其例耳。

第三講　叙事文命題之商榷

梁任公先生講演　　　　　　　　　　　　學生黃如金筆記

要想明白某一種客觀事實的真象,須對於某種事實及其前因後果先作詳密的分析的研究,再作系統的整個的觀察,然後方能澈透某種事實的中心。我所以主張中學生要多作敘事文,也就是要想養成中學生細密的系統的頭腦;因爲作敘事文不像作論事文那樣的易發空論,非準諸事實是不行的。拿畫像來說罷:其輪廓既須與其所描畫的對象相符,還須顯露其精神外爍的態象,方爲畢肖。做敘事文亦然,先要把敘述的對象觀察清楚;然後把觀察的結果再作一度精密的考驗和整理;然後依照腦中的印象絲毫不差的寫到紙上,方爲偉大的創作。不過這種手段不是人人能做得到的,就是中國數千年來的大文學家,其寫實的手段能到這種地步的,也如鳳毛麟角;然而就算不能做到那種地步,我們教學生向這條路上走去,終是一條康莊大道,終是有益無損的。所以我始終主張中學的作文,應以敘事文爲主。教員應以全付精神去訓練他們,萬不可使他們多發空論。即或要發議論,亦需根據事實,並且要有責任。至於作敘事文的方法,容後再說,今暫先講"敘事文命題之商榷":

　　諸君對於敘事文的重要,大致都已感到了;但是要出些狠適當的題目,恐怕又是一件難事,許多國文教員都感到出題目的困難,我也曾有過這樣的感想;然而並非絕無辦法。例如章實齋初作文時,還是十四歲,他以讀《左傳》所得的資料,仿司馬遷作《史記》的辦法,作爲《傳》《志》《表》等一類的文章。據他說,他後來史學的成功,大半由於幼時作文的影響;並且後來他還用此法以授其子弟,都很有成效。諸君去教中學生,也可以利用這種方法,使學生於作文時自動的經歷以下四個階段:

1. 搜羅材料
2. 選擇材料
3. 整理材料
4. 修辭

材料與命題的關係非常密切,所以我們要想確定命題的範圍,須先確定材料的範圍,我以爲中學敘事文的題材,可分爲二:

　　(一)過去歷史中的現成資料　　章氏以《左傳》爲作文的資料,就是這種辦法。如今叫學生做一篇"子產傳",其關於子產的事略,盡載在《左傳》,不待外求;但未作文之先,應使學生明瞭鄭國的情形,和子產對於外交內政在當時所發生的影響,並說明自某卷起至某卷止可以得到這種資料。然後由學生自已去搜取，其所搜羅的材料，是否可靠，固屬另一問題；但至少他們總要用一翻工夫。

資料既搜集好了，應指導學生怎樣去整理牠，不能隨隨便便把些亂雜無章的材料全盤承受。既成文之後，由學生從這許多客觀的事實中找出可靠的系統，下一正確的判斷。這樣的判斷，至少總是比較有價值的，絕不是捕風捉影的空論。《史記》太史公每於傳後附"論曰"數語，我們讀後，每覺聊聊數十字，能把一篇洋洋大文的精華，全盤吐出。他所以有這種本領，也就是因爲他對於那種事實，曾經過多少客觀的研究，纔能得到那幾句正確的判斷。一二年級的中學生，如正在讀《左傳》時，可以讓他們去摹仿顧棟高《春秋大事表》的體例，各自創作"晉楚交兵年表"或"吳越交兵年表"等一類的東西，其採集材料和支配材料，悉由學生自動，教員不過加以指導而已。這樣，不但可以使學生養成從散漫的材料中找出系統的習慣，並且可以使學生從森羅萬象的事變的河流裏找到更偉大更真確的人生。可是，也許有人要說："這樣的工作，恐非中學生所能勝任。"我以爲這並不難爲，只要先生能盡量的去訓練他們，就是初中的學生也可以嘗試這種工作。

又如《資治通鑒》裏所描寫的"赤壁之戰""淝水之戰"等篇，人人都說是空前傑作，不知司馬溫公作《資治通鑒》時，所搜羅的材料的稿件，堆積十九房子之多，可知他的傑作也是經過幾多客觀的研究纔成功的。赤壁之戰的材料，全散見於《三國志》中，但我們讀了《三國志》後，只能得到一點零碎的概念，沒有深刻的整個的"赤壁之戰"印在我們腦裏。在這些比較的情形之下，又可以找到多少有趣味的敘事文的題目。譬如：就出一"赤壁之戰"給學生作吧。先指示學生在《三國志》中某篇某篇可以得到這種材料，學生作好後，再以司馬溫公的"赤壁之戰"示之，兩相比較，更可使學生得到更深刻的教訓，屢次練習，定大有進步。又如在《史記》《漢書》中"漢與匈奴之關係"一題，先生可以指給學生搜集材料的範圍，如《匈奴傳》，高帝以後帝紀，及《大宛傳》，衛青、霍去病等傳都可以使學生去自由搜集關於漢與匈奴相互間的資料，然後作成整篇的文章，至於漢武征伐匈奴時，分兵多少路，陣勢怎樣，亦可教學生從《史》《漢》中考其痕跡，令作圖表。若能這樣，教員出題目的困難也可以免除大半，只要一部《左傳》便可以找出幾十個題，《史記》《漢書》更不用說了。這種方法，既可以免除學生的惰性，更可以養成分析的條理的習慣。

（二）親身經歷以及現時報章所載的資料　　以現在的資料來作敘述的描寫，更較重要，而且有用。小之如旅行記，運動會記；大之如戰爭記等，均屬於此類。但是對於這一類材料的收集，應加以預告。就作運動會記來說吧：應於學校未開運動會之先，便須告訴學生，使他們處處留意，在當時當地便能得到許多重要的資料，然後所作的記，方能逼真。若在當時一語不提，等到事後偶出此題，那麼運動會一切重要的活動和事實，大半都在學生的記憶中消去了。學生雖索枯腸似的去探尋過去的形影，結果仍是遺下一點模糊的回憶。又如旅行記之類，亦須先期預告，即不明示其題，亦當用他種方法使學生注意觀察，不至如烟雲過眼，轉瞬即空。至於戰爭的敘述，以及描寫國家重大事件發生的情節，如湘鄂之戰，直奉之戰，以及最近的五卅慘案之類，更須經過多少客觀的研究，方能包羅無遺，透澈其中的隱秘。今日國文教員，每令學生當堂交卷，我認為是徒勞無益的辦法。就是諸君給我一個重大的問題，要我當堂交卷，恐怕也會要打零呢！所以我們見了重大問題發生，應考察其內容之複雜程度如何，以定交卷的期限，或三月或兩月都可以，在這期限內使學生繼續不斷的去搜羅關於這事件的資料，如新聞紙，或實際考查等，如果學生能繼續不斷的去注意報紙雜誌上的記載，久之便可以自主的辨別記載的真偽。如五卅慘案問題，何以外警敢禁止中國人的遊行運動，何以外人敢在中國領土內鎗擊中國人，若令學生從各方面去考察，考察租界情形及數十年來中外的外交關係等，便可以明白了。一年之內，至少有幾個偵得注意的問題發生，在發生之初，就令學生注意觀察，以訓練學生觀察的能力。這樣，不但使學生對於研究學問養成細密的頭腦，即於處理事務上亦可以養成真確的判斷，不過在這兒我對於國文教員有個小小的要求，就是教員自己要有忠實的思想，和充分的預備，方能領導年青的學生，方能開展和陶冶他們幼稚的心靈。

（1925年11月1日、11月8日、12月6日《北京師大週刊》第272、273、277期）

先秦政治思想史(補)

《儒家哲學及其政治思想》識語

　　本學期在東南大學講中國政治思想史,全書分三篇三十餘章,講義隨講隨編,今猶未成。本報同人索講稿甚急,輒抽出所論儒家一部分與之,實書中第二篇之第三章至第七章也。惟欲知儒家在思想界之真價值,須先與他家比較而明其位置。吾書中別有論道儒墨法四家學說概要之一節,先錄于首以供參考。

　　(一)道家　信自然力萬能而且至善。以爲一涉人工,便損自然之樸。故其政治論,建設於絕對的自由理想之上,極力排斥干涉;結果謂並政府而不必要。吾名之曰"無治主義"。

　　(二)儒家　謂社會由人類同情心所結合;而同情心以各人本身最近之環圈爲出發點,順等差以漸推及遠。故欲建設倫理的政治,以各人分內的互讓及協作,使同情心于可能的範圍內盡量發展;求相對的自由與相對的平等之實現及調和。又以爲良好的政治,須建設于良好的民眾基礎之上。而民眾之本質,要從物質精神兩方面不斷的保育,方能向上,故結果殆將政治與教育同視,而于經濟上之分配亦甚注意。吾名之曰"人治主義"或"德治主義"或"禮治主義"。

　　(三)墨家　其注重同情心與儒家同;惟不認遠近差等。其意欲使人人各撤[撤]去自身的立腳點,同歸依于一超越的最高主宰者(天)。其政治論建設于絕對的平等理想之上,而自由則絕不承認。結果成爲教會政治。吾名之曰"新天治主義"。(對三代前之舊天治主義而言)

　　(四)法家　其思想以"唯物觀"爲出發點,常注意當時此地之環境,又深信政府萬能,而不承認人類個性之神聖。其政治論主張嚴格的干涉。但干涉須以客觀的"物準"爲工具,而不容主治者以心爲高下。人民惟于法律容許之範圍内,得有自由與平等。吾名之曰"物治主義"或"法治主義"。

　　學者讀此,可以察吾對于此四大學派之批評態度何如。則讀此抽登之五章,庶可無悶矣。

著者識

(1922年12月12日《晨報副鎸》)

讀書法講義

一

　　爲什麽讀本國書?讀本國書有何用處?這兩句話,從前絶對不成問題,今日卻很成問題了。依我看,有左列三種用處,所以本國書應讀。

　　第一,爲幫助身心修養及治事的應用,本國書應讀。

　　身心修養及治事,本來要從實際上磨練出來,並非專靠讀書。但書本上所看見的前言往行,最少可以給我們很好的刺激、啓發、印證。這種幫助,實屬有益而且必要。這種幫助,雖不必限定於本國書,——外國書裏頭的資料當然也不少。但本國書最少也和外國書有同等價值。而且本國人和本國先輩到底接近些,他們的嘉言懿行,讀起來格外親切有味,以效率論,有時比讀外國書更勝一籌。

　　第二,爲要知道本國社會過去的變遷情狀作研究現在各種社會問題之基礎,本國書應讀。

　　這種學問,我們名之曰"文獻學"。——大部分是歷史,但比普通所謂歷史的範圍更廣。我們若相信環境和遺傳的勢力,那麽,這門學問之緊要,不必更加説明瞭。我們做宇宙間一個人,同時又做國家底下一個國民。做人要有做人的常識，做國民要有做國民的常識。曉得本國文獻，便是國民常識的主要部分。我們祖宗曾經做過什麼事，所做的事留下好的壞的影響給我們的共有多少，這是和我們現在將來的命運關係最切之問題。我們無論做何種事業，都要看準了這些情形纔能應付。像中國這樣有幾千年歷史的國家，這部分學問自然更重要而且有趣味了。我們所提倡的國學，什有九屬於這個範圍。

第三，爲養成對於本國文學之賞鑑或瞭解的能力及操練自己之文章技術，本國書應讀。

有人説："白話文學通行了，舊書可以不讀。"此話不然。我們不妨專作白話文，但不能專看白話書現在留傳下來最有價值的書，百分中之九十九是用文言寫的。我們最少要有自由翻讀的能力，纔配做一國中之智識階級。即以文學論，文言文自有文言文之美，既屬中國人，不容對於幾千年的好作品一點不能領略。況且在現在及近的將來，文言文在公私應用上還很占勢力，縱使不必人人會做，最少也要人人會看還有一義：將來白話文技術進步以後情形如何，我不敢説。截至今日止，白話文做得好的人，大率都是文言文有相當的根柢。所以爲自己文章技術進步起見，古書也不可不讀。

我們既爲這三項目的讀中國舊書，那麼，可以把應讀的書分出種類；那類書是爲第一項應用的，那類書是爲第二或第三項應用的，讀法自然各各不同。

每項應讀的書及其讀法，本來該由教育機關摘編成書，分配於高等小學及中學之七八年間，可以替青年省多少精力而人人得有國學基本知識。今既未能，則青年對於國學，不是完全拋棄，便要走無數冤枉路，二者必居一於是。我這篇極簡單的講義，不敢望把這兩種毛病救濟，只求能減輕一點，便算意外榮幸了。

二

講身心修養及治事接物之方法的書籍，全世界各國怕沒有比中國更多的了。就中國所有書籍論，也是這類書最多；内中宋、元、明理學家的著述幾乎全部都屬這類。老實説：許多陳陳相因的話，連我讀去也覺討厭，何況青年？然而這部分學問始終是必要而且有益的，既如前述；所以我們總要想方法吸收他的精華資助我的養料。依我看：先把兩套話撇開，賸下的便是我們切實受用所在了。

第一，撇開虛玄的哲理談。性命理氣一派的"形而上"話頭，在哲學上價值如何，暫且不論。但宋以來學者指爲修養關鍵所在，我們敢說是錯了。這種修養，徹頭徹尾要用靜坐體悟工夫——全部襲用佛家方法，內中少數特別天才的人，或者從這裏頭得着高尚的理想，把他們的人格擴大，我們也是承認的。但這種方法，無論如何，斷不能適用於一般人，而且在現代尤多窒礙。所以這類話頭，只好讓專門研究中國哲學史的人去審查他的內容和價值。我們爲實際上修養應用起見，竟把他"束之高閣"也罷了。

第二，撇開形式的踐履談。踐履工夫，自然是修養所最必要。但專從形式上檢點，也是不適用。形式有兩種：一，禮教上虛文。例如家庭及社會交際上種種儀節，沿習既久，含有宗教性，違反了便認爲不道德。其實這些事都與大體無關，而且許多爲今日所不可行。古書中斷斷於此類者很多，大半可認爲廢話。一，外部行爲之嚴謹的檢束。例如古人所最樂道的"動必以禮"——什麼"手容恭足容重"一類話，專教人做鑿四方眼的枯窘生活，無論做不到，做到也是無益。這兩種形式的踐履談，從正面看，已經看不出什麼好處；從反面看，還有個獎勵虛僞的絕大毛病所以我們要根本反對他。

把這兩部分撇開，那麼，古書中所賸下的修養談，也就不很繁重了。從這裏頭找些話自己切實受用，則視乎各人的素性和環境，各有會心，很難說那一類話最要，那一類話姑舍。但據我個人的實感，則現代一般青年所應該特別注意者如下：

一、我們生在這種混濁社會中，外界的誘惑和壓迫如此其厲害，怎麼樣纔能保持我的人格，不與流俗同化？

二、人生總不免有憂患痛苦的時候，這種境遇輪到頭上，怎麼樣纔能得精神上的安慰，不致頹喪？

三、我們要做成一種事業或學問，中間一定經過許多曲折困難，怎麼樣纔能令神志清明精力繼續？

這三項我認爲修養最要關頭，必須通過，做個人纔豎得起。這種修養，要靠實際上遇事磨練，自無待言。但平日沒有一點豫備工夫，事到臨頭，又從那裏應用起？平日工夫不外兩種：一是良師益友的提撕督責；二是前言往行的鞭辟浸淫。良師益友，可遇而不可求；前言往行，存在書冊上，俯拾即是。讀書之對於修養上最大功用最大利便就在此。

這類書全在各人特別領會,有時極平常的人説一句極平常的話,拿起來可以終身受用不盡;所以很難説那幾部書那幾段話最好。若勉强要我説,我請把我自己生平最愛讀的幾部書説來:

《孟子》

《宋元學案》内的《象山學案》

《明儒學案》内的《姚江學案》《泰州學案》(《泰州》專讀心齋、東崖)

王陽明的《傳習録》(内中言性理的一部分可不讀)

顧亭林的《日知録》(内提倡氣節各條)

王船山的《俟解》

戴子高編的《顏氏學記》(記顏習齋、李剛主一派學説)

以上所舉,不過我一個人私好,自然不免偏頗或窒漏。但《紅樓夢》裏頭賈寶玉説得好:"任憑弱水三千,我只取一瓢飲。"何必貪多,一兩句格言,便縠終身。

受用至於我喜歡飲這一瓢,你喜歡飲那一瓢,這是各人胃口不同,只要解得渴,那價值並無差別。

這一瓢,那一瓢,無所不可,只要飲得透。如何纔算飲得透?看見一段話,覺得"犁然有當於吾心",或切中自己的毛病,便把那段話在心中口中念到極熟,體驗到極真切,務使他在我的"下意識"裏頭濃熏深印,那麽,臨起事來,不假勉强,自然會應用。應用過幾回,所印所熏,越加濃深牢固,便成了一種"人格力"。而不然者,什麽好話,只當作口頭禪,在"口耳四寸之間"溜過,臨到實際,依然一毫得不着用處。孟子説:"君子深造之以道,欲其自得之也;自得之則居之安,居之安則資之深。"又説:"夫仁亦在乎熟之而已矣。"修養無他謬巧,只爭熟不熟。熟便"得",得便"安"了。

"只取一瓢飲",是守約工夫。一面守約,一面仍不妨博涉以爲輔,所謂"多識前言往行以畜其德"也。認定了幾件大節目做修養中堅,凡與這些節目引申發明的話,多記一句,自然所印所熏加深一度。要記的既多,最好備一個隨身小冊子,將自己心賞的話鈔出,常常瀏覽。意識將近麻睡,便給他一番刺激,令他驚醒,這便是"熟之"的妙法。

專記格言,也會乾燥生厭。還有最好的修養資料,是多讀名人傳記和信札。我記得很小的時候,讀了一部《曾文正公家訓》(給他兒子的信),不知受多大激刺。稍爲長大一點,讀了全謝山做的黄梨洲、顧亭林兩篇墓碑,又不知受多大激刺。直到今日,曾、黄、顧這些人的面影,永遠蟠踞住我的"下意識"。孟子說:"舜何人也,予何人也,有爲者亦若是。"激揚志氣的方法,再没有好得過"尚友古人"了。

　　二十四史,列傳占了什之七八。以現代歷史觀念而論,可以説内中所記載,有一大半不應入歷史範圍。但中國無論何種著述,總以教人學做人爲第一目的。各史列傳,大半爲這個目的而存在。與其認爲社會史蹟的資料,不如認爲個人修養的資料。我常想:亟應該把歷史上名人——大學者,大文學家,大美術家,大政治家,大軍人,以及氣節峻拔的人,挑選百來個,重新替他們各做一篇有趣味的傳,以此教導青年,比什麽都有益。現在既没有這樣書,將就一點,把正史中現有的傳挑出一二百篇來瀏覽,也是必要。讀這些傳時,且不必當作歷史讀,專當作修養書讀。看他們怎樣的做人;怎樣的做事;怎樣的做學問。設想我處着他的境遇,我便如何?碰着這類事情,我便怎麽辦法?……常用這種工夫,不獨可以磨練德性,更可以濬發才智先輩論讀史益處,大抵最注重此點。

　　讀名人傳記,其人愈近愈好,因爲觀感更切;其傳愈詳愈好,因爲激發更多。近代詳傳,多用年譜體裁行之。試推薦幾部(以著者年代爲次):孫奇逢自著的《孫夏峰年譜》(門人補注),李塨著的《顔習齋年譜》,馮辰著的《李剛主年譜》,王懋竑著的《朱子年譜》,顧棟高著的《司馬温公年譜》《王荆公年譜》,段玉裁著的《戴東原年譜》,焦廷琥著的《焦里堂年譜》,丁晏著的《鄭康成年譜》,黄炳垕著的《黄梨洲年譜》,張穆著的《顧亭林年譜》《閻百詩年譜》,李鴻章著的《曾文正公年譜》,劉毓崧著的《王船山年譜》,梁啟超著的《朱舜水年譜》,胡適著的《章實齋年譜》,這些書讀了都令人聞風興起,裨益青年不少。可惜還有許多偉大人物没有人替他作譜。又各譜體例,我們也未盡滿意。

　　名人信札,和他並時的朋友論事論學,讀之最可益人神智。我也推薦幾部:張江陵的(《張太岳文集》),顧亭林的(《亭林文集》),戴東原的(《東原集》),焦里堂的(《雕菰樓集》),曾滌生的(《曾文正公全集》),胡潤之的(《胡文忠公遺書》),郭筠仙的

(《養知書屋集》),在這些集中專取信札一門讀之,極有益而且有趣。

以上所舉各書及其讀法,皆以幫助身心修養及治事之應用爲目的。孔子説:"古之學者爲己。"讀這類書專以自己直接得着益處爲主。把自己這個人訓練好了,纔配説有益於社會;所以把他列在第一。若以爲這是迂腐之談,則我不敢知了。

三

第二部門的文獻學,雖説他包括國學智識的全範圍,亦無不可。例如和第一部門同性質的書,有許多應用到修養上没有什麽價值,但用來做思想史的資料,便有價值。和第三部門同性質的書,有許多作品没有什麽賞鑑價值,但用來做文學史資料,便有價值。章實齋説:"六經皆史。"編述六經的人,是否目的在著史,雖不敢斷言;但我們最少總可以説"六經皆史料"。把所有書籍都當作史料看待,無論什麽書籍都有用。何止書籍,乃至爛帳簿、廢田契、破蜊紳、陳黄曆⟨……⟩等等都有用。

既已什麽書籍都有用,那麽,指定那部書要讀那部書不要讀,幾乎不可能了。但又須分别講:研究某件專門事項的人,關於這事項的資料文書,固然都要讀;不是研究這門的人,自然有許多不要讀。僅欲得文獻常識的人,自然一切專門資料都可以緩讀。

我們最痛心的是:想舉幾部文獻常識,愜心貴當的書給青年讀,竟自舉不出來!我想這是國學先生們當面的責任,若不趕緊編出幾部好書來,實在對不起青年。但現在既没有恰當的書,又不能因此而把這點常識逕行抛棄;萬不得已,姑列舉以下各書充數:

《左傳紀事本末》(能讀《左傳》原文更好)

《通鑑紀事本末》(能讀《通鑑》原文更好)

宋史、元史、明史《紀事本末》

《文獻通考》之左列各考(《續通考》《皇朝通考》附)

  田賦考 錢幣考 户口考 職役考 國用考 選舉考 學校考

  職官考 樂考 兵考 刑考 經籍考 四裔考

《四庫全書提要》之各部各類總叙

《讀史方輿紀要》之各省各府總叙

舉這幾部書，其實還很不滿意。不滿意的理由：一，卷帙太多了，學校裏的青年，已經沒有時候通讀。內中有些不必要的資料，尚須讀者自行別擇。二，雖有恁麼多卷帙，必要的資料卻並未齊備，內中尤缺乏是政治以外的社會資料。又清朝一代的資料簡直沒有；所以雖讀完了，還不算有"躊躇滿志"的常識。但現在既未有恰好的書，我只好勸青年們耐點煩姑且拿這幾部做基礎罷。

再進一步，我希望青年們能彀分一點工夫把先秦——秦朝以前——幾部書讀一讀第一，因爲那時代中國文化初成熟；那時代的著作，很有一種權威，支配二千年的社會心理。我們無論崇拜他或反抗他，總不能置之不聞不問。第二，那時代的著作，留下的實在不多；把一大部分僞書甄別去後，賸下比較可信的：只有《詩經》，《尚書》中二十八篇，《易經》，《儀禮》，《禮記》之一部分，《春秋》，《左傳》(？)，《國語》，《戰國策》，《論語》，《老子》，《墨子》，《孟子》，《莊子》，《慎子》(？)，《尹文子》(？)，《公孫龍子》(？)，《荀子》，《韓非子》，《孫子》十三篇，《管子》之一部分(？)，《商君書》之一部分(？)，《呂氏春秋》，《楚辭》之一部分。這二十來部書，小部頭的只有幾千言（如《老子》，如佚餘之《慎子》，《尹文子》，《公孫龍子》），大部頭的也不過十來萬字。（最大者《左傳》，《荀子》，《韓非》，《呂覽》。）其中尚有實際上非專門研究家則無從讀或不必讀者。（如《易經》卦辭爻辭，如《儀禮》，如《春秋》經文，如《禮記》之大部分，如《管子》之大部分，《墨子》之小部分，乃至《尚書》之一部分。）有真書中攙入僞文者。（《墨》《莊》《荀》《韓》皆有，其他全書疑僞未決者不必論。）似此別擇下去，必應讀之先秦書籍，實屬寥寥無幾。平均每日讀一點鐘，一年多便可讀完。人生何處不消耗此一年多之每日一點鐘耶？

其次，有幾部書我願意推薦：一，漢王充的《論衡》；二，唐劉知幾的《史通》；三，宋鄭樵《通志略》的叙論；四，清章學誠的《文史通義》。這幾部書都是極富於批評精神的。我們若想對於文獻作部分的專門研究，先看看這幾部書，可以開拓心胸，且生發好些法門。

文獻各部分之專門研究，前途可開拓的境土甚多。正如一個極豐富極遼廣的礦區，礦苗到處分佈，層層堆積，只要你有方法開採，分析，製練，便可以生出許多珍奇高貴的產品。這種事業並不專靠書本,但書本裏頭可珍貴的原料,也真不少。

這種研究,各門有各門的特別資料和特別研究法,這裏不能詳細論列。書籍中的資料,到處散佈,也不能徧舉書名。今但把研究法之普徧原則説説:

第一,用懷疑精神去發生問題:天下無論大小學問,都發端於"有問題"。若萬事以"不成問題"四字了之,那麼,無所用其思索,無所用其研究,無所用其辯論,一切學問都拉倒了先輩説:"故見自封,學者之大患。"正是謂此。所以會做學問的人,本領全在自己會發生問題。"天圓地方"向來不成問題,到歌白尼卻成了問題。"人爲萬物之靈",向來不成問題,到達爾文卻成了問題。"人欲淨盡,天理流行",向來不成問題,到戴東原卻成了問題。乃至蘋果落地,開水掀壺蓋,在旁人不成問題,奈端、瓦特卻對他發生問題。《古文尚書》、《太極圖》,旁人不成問題,閻百詩、胡朏明對他卻發生問題。爲什麼不發生問題?第一,以爲是當然的事理,不值得注意;第二,以爲前人久已論定了,何必更費心。這都是被舊日意見把自己封閉住了,如此便永遠不會有新學問。然則如何纔會發生問題呢?朱晦庵説:"學貴善疑;大疑則大悟,小疑則小悟,不疑則不悟。"善疑便是排除"故見"的第一法門。無論讀什麼書,聽什麼話,看見什麼事,你疑他一下總不會蝕本。所謂疑者,並不是一疑之後從此便不信;因疑得信,也是常有的。但這回的信,卻是有責任的了,有意識的了,不是故見而是新見了。總之:一疑便發生問題;發生問題便引着你向前研究;研究結果,多少總得點新見;能解決這問題固好,即不能,最少也可作後人解決的準備資料,甚至只提出問題,不去研究,已經功德不少;因爲把向來不成問題的變成問題之後,自然有人會去研究他解決他。

第二,用耐煩工夫去搜集資料:披沙揀金,千萬顆沙裏頭不知道得着得不着一兩顆金,可謂最不經濟的事業。但既已沙外無金,那麼,你除非不想得金便罷;想得,只好耐煩揀去。做中國文獻學的苦處在此。材料是儘有的而且很豐富;但散在各處,東一鱗,西一爪,合攏來可以成七寶樓臺,分散着卻一錢不值。但我們萬不可以因此灰心或厭倦。做昆蟲學的人,那裏會有許多奇種異類的蝴蝶蜻蜓……不勞而獲的飛到你身邊讓你研究?博物館裏頭一格一格的蝴蝶蜻蜓標本,像我們這種門外漢看着,還不是莫名其妙嗎?真有昆蟲學趣味的人，倒是非親手從樹林中採集下來，不能過癮。亦且非做過這番工夫，他的智識不能算是自己的。所以我們對於資料之多量而散漫，應該歡喜，不該討厭搜集資料之法，應該以問題爲中心；未有問題以前，資料平鋪紙上，熟視無覩；既有問題以後，資料自然會浮凸起來。凡自己會發生一個問題，必先有若干資料，曾供觀察。就拿這些做基本資料；以後凡遇着和這項問題有關係的資料，見一件便搜羅一件。最要緊的工作，是要勤用筆記。因爲許多寶貴而零碎的資料，稍爲大意一點，便像揀出的金依然混回沙堆子裏，要再找可就費力了。我們若能把勤做筆記的習慣養成，那麽，你所要的資料，自然常會聚攏到你身邊，供給你的新見解。凡研究一個問題，搜集資料的工作，總是居全工作十分之七八。先有豐富的"長編"，纔能有簡潔的定稿。以一個人的全生涯而論，中外古今大學者，他們有價值的著作，多半是四五十歲以後纔成功。四五十歲以前做的什麽事呢？須知都銷磨在搜集資料裏頭。

第三，用冷静頭腦去鑑別資料：我們讀書，往往做了許多冤枉功夫，辛辛苦苦搜集些資料拿來當寶貝，那裏知道這資料卻是假的或是錯的。若將假的錯的資料作爲研究基礎不獨自己不會成功，而且貽誤別人不少中國書假貨極多，稍爲外行的人便要上當：例如將今本《尚書》的《大禹謨》當作唐、虞時候史官所記；將《周官》當作周初制度；將《孔子家語》當作孔子一生行狀。又如認戰國初年有列禦寇這個人曾經作過一部《列子》；隋、唐間有王通這個人曾經作過一部《文中子》：豈非笑話？或者書雖不假，而裏頭所講的話許多靠不住：例如司馬遷的《史記》，公認爲中國史學界第一部名著；然而書中所記三代以前事，最少怕有一半錯謬。官署裏記當時辦理一事的檔案，文集中載同時人的墓志行狀，豈非耳聞目見，最可信據？然而十件中總有八九件絕非實錄。凡此之類，倘不認真別擇，則所憑藉的資料先沒有價值，研究的結果如何能有價值？好在重要的僞書，經清朝儒者考證明白的已經不少。我現在打算做一部書，名曰《古書之真僞及其年代》。我希望將來出版後，可以省青年許多冤枉工夫。至於各種事實的鑑別法，恕我不能詳說。我兩年前著過一部《中國歷史研究法》，裏頭有一部分專論此事，請讀者參看。

第四，用緻密技術去整理資料：滿屋散錢請你拿，但沒有一根繩子串上他，你便拿不去。會切燒鴨子的人，塊塊都是肉；不然，便塊塊都是骨頭。這兩句話雖然鄙俚，卻是做學問的極好譬喻。孔子謂子貢曰："賜也，汝以予爲多學而識之者與？"對曰："然；非與？"曰："非也；予一以貫之。"我們讀前人名著，看見他徵引繁富，總以爲這個人不知有多大記性，腦子裏常常滿貯這許多資料殊不知腦力之强不强，並不在乎能否記憶，而在乎能否分析呆板的"多學而識"，非惟不可能，抑亦無用。荀子說："以淺持博以一持萬。"這便是"一貫"的正解，便是做學問的不二法門。我們對於一個複雜問題，搜集得無數資料，如何纔能駕馭這些資料使爲我用呢？第一，要提挈出他的特點；注意這件資料和別件資料不同的地方在那裏。第二，要善於分類；把所得資料，察其性質，縱分橫分，分爲若干組比較研究。第三，要求出相互關係；各種資料中，或有主從的關係，或有姊妹的關係，務要尋出線索貫穿他，不令一件一件的孤立。學者如能常用這三種方法，那麼，資料越多越得用。如其不然，會被資料把你弄得頭昏哩！

　　第五，用謙謹的態度去判斷問題：無論何項學問，都以解決問題爲最終目的。對於資料所下種種工夫，不過爲解決問題之預備。雖然，發生問題，不妨爲極大膽的懷疑；解決問題，不可不爲極小心的判斷。當搜集、鑑別、整理資料的時候，當然會隨時發生種種"假定"。但是這種"假定"，切勿便認爲已經成熟的意見。戴東原說："有十分之見，有未至十分之見。"凡未至十分之見，若輕於自信，便會變成魔障。大抵研究一個問題，到能轂設立"假定"時候，工夫已經過半了。真是忠於學問的人，在這時候絶不肯放鬆自己。最好將自己的"假定"當做"被告"，自己先做"原告律師"，極力推尋他的破綻；凡有一絲一隙的反面證據，斷斷不肯隱匿。經這一番之後，再回過頭來充"被告律師"，替自己的"假定"辯護。辯得通，那麼，這個"假定"的正確程度便增加一分，或者問題就從此解決。辯不通，便須毅然決然把這個"假定"拋棄了，切勿護前留戀。若覺得這個"假定"十有八九是對，卻還有一二分像站不住，那麼，就請把你認爲站不住的那幾點老實說出來，重新作爲一個問題，待別人研究。切勿因爲怕妨害自己的主張，把他隱藏或曲解。因爲：（一）你自己對於這問題研究很深，別人或不容易看出你的破綻，所以該自己說出來。（二）這問題一部分已經解決的，省得別人費力，把賸下的幾點指出，給別人集中研究，是學術上分功的辦法。（三）自己覺得站不住的地方，或者別人有方法令你站得住，便是把自己意見增加價值。總之，無論大小學問絕不是一個人或一個時代所能完成。若件件完成，後來的人有什麼可做呢？我們最好常常存心：認自己研究的結果只能供別人參考資料，庶幾孔子說的"可以無大過矣"。

這種研究法，我認爲治文獻學惟一法門，不如此做，便非學問。但應用這種法門也非容易，總要在青年時代養成習慣；最好更得前輩所做過者爲之模範。我請把幾部可以做模範的書推薦給各位青年：

萬斯大的《周官辨非》

閻若璩的《古文尚書疏證》

胡渭的《易圖明辨》

康有爲的《新學僞經考》

崔適的《史記探原》

　　這幾部書看他們發生問題何等大膽。但他們判斷問題有不甚謙謹之處，不可學。

趙翼的《廿二史箚記》

俞正燮的《癸巳類稿》

陳澧的《東塾讀書記》

　　這幾部書看他們對於資料之搜集整理何等辛勤。(《癸巳類稿》多經史以外的考證，故舉爲例。)

王引之的《經傳釋詞》《經義述聞》

俞樾的《古書疑義舉例》

　　這幾部書看他們怎樣的駕馭資料，且所下判斷何等謹慎。

總之清代經師做學問，大概都是用這種方法，和近代歐、美人研究科學的方法很有點相同。以上不過隨舉數書，其實各種經傳新疏及各文集中專篇，可學者甚多，恕不枚舉了。他們所致力者雖僅在古典方面，然而這種精神應用於各種文獻學乃至自然科學，皆可以"舉一隅而以三隅反"也。

這種研究法，不惟在學術上可以引起種種發明創造，即就涵養德性論，亦極有關係。若能從青年時代養成這種學問習慣，則勇敢，耐煩，明敏，忠實，謙遜，種種美德，不知不覺會跟着養成。所以，我奉勸青年們多用這番工夫纔好。

四

　　第三部門關於文學方面者約有三個目的：

　　第一個目的，我們向現代青年提出最低限的要求要他們對於用本國文字寫出來的書籍能自由閱讀。這個要求，想來總不算過分罷。然而現在中學教育，對於這個問題便已煞費商量。依我看，選授些古文近文，講解些文法……這類方法，沒有什麽用處。有一個方法，像是極笨拙，而我確信他極有效。那方法是：挑選幾部不淺不深的古書，令青年們精讀，務求一字一句都能瞭解。若要我推薦書名，則第一部是《漢書》，第二部是《左傳》，第三部是《荀子》，第四部是《韓非子》。爲什麽挑這四部書呢？第一，因爲他們的内容很有趣味，而且於文章以外還有別的高貴價值。第二，因爲他們的文體不淺不深，小學或初等中學畢業的青年讀去，不必看注釋而自然瞭解者約居十之六七。然而其中有一部分，字的訓詁和用法，語句的構造法，到底和近代有點不同。雖有不同，卻相差也不甚遠；稍爲參看注釋，或就教師一問，便可瞭然。假如把這四部書放在高等中學三個學年内讀完，並不費力。這四部書完全讀通以後，我敢信讀古今一切書籍，無不通曉。所賸下者。如《尚書》之《周誥》《殷盤》，《墨子》之《經説》《大、小取》〈……〉等等，非專門家不能校讀，則亦不必以責諸一般人了。這個方法，養成青年自動的讀書能力，比什麽講古文講文法等等機械教育强多了。若得了這種常識之後，還不自滿足。更把《説文段注》一讀，知道每個字的來源及異訓；把《經傳釋詞》一讀，知道古書特別語句之構造法。那麽，便可以讀先秦古籍和讀近人白話文一樣的自由了。

　　第二個目的，爲操練自己的文章技術：令自己有什麽觀察所得或感想所及，能彀極自由的發表出來，恰如其分；令別人讀去，毫無不瞭解之處，又不至誤會。再進一步，能令讀者感動，得着自己所想得的發言效率。只要能達到這個目的，或用文言，或用白話，自然是無所不可，但如何纔能得着這種技術，很須費一番操練工夫。操練第一步，自然是找些前人名作來做模範。白話文名作雖然很有，但大率屬於純文學的小説類。小説專表虛構的想像力，其文體不能適用於一般。故以小説作初學文章的模範，我認爲不對我的意見，始終不作文言文未嘗不可，始終不讀文言文，則斷斷不可用好的文言文做技術模範，將來把這種技術應用到白話文，不惟毫無窒礙，而且事半功倍。

然則該用那種類的文來做模範呢？前項所說《漢書》《左傳》《荀子》《韓非》四部書，都是極好文字，學者若能精讀過一遍，當然已受益不少。但專爲學文計，卻嫌他太古奧了。至於明、清以來所謂"古文家"者專提倡韓、柳、歐、蘇之文。我以爲他們浮辭太多，而且格調章法，往往故爲矯揉，不近自然；若用來做模範，我很反對。我認爲最適於做文章模範者，有兩個時代的文：一，是後漢、魏、晉間之文；二，是前清樸學家之文。魏、晉間文，句法整齊，條理明暢，無浮響，無枝辭；擇言必雅而不傷奧澁，蓄意盡達而仍復謹嚴。學者試將《後漢書》《三國志》《晉書》裏頭的書札奏議及論辯之文選出幾十篇常常瀏覽，自然會做成一派嚴肅而條鬯的文字。前清樸學家文章的好處也在此一點。若要我指出幾部書，我願意推薦顧亭林的《亭林文集》，全謝山的《鮚埼亭集》，汪容甫的《述學》，焦里堂的《雕菰樓集》，章實齋的《文史通義》，魏默深的《聖武記》。

第三個目的，是文學的趣味。我們雖然不必個個都當文學家，但至少要對於好的文學能彀欣賞不然，便把自己應享的權利和幸福白白剝奪一部去了。但欣賞能力，也須逐漸養成。養成之法，別無捷徑（但亦何必要捷徑），不外把名作多看，心愛的便加諷誦。所謂名作，固然很難找出絕對的標準。但其價值爲一般人所公認者：如《三百篇》；如《楚辭》；如漢、魏樂府著名之各篇；如曹子建、阮嗣宗、陶淵明、鮑明遠、謝宣城、李太白、杜工部、王摩詰、孟襄陽、白香山、韓昌黎、李義山、王半山、蘇東坡、陸放翁、吳梅村的詩；如李後主、李易安、秦淮海、柳屯田、蘇東坡、辛稼軒、姜白石、王碧山、成容若的詞；曲本則《西廂記》《琵琶記》《牡丹亭》《桃花扇》《長生殿》；小說則《水滸傳》《紅樓夢》《儒林外史》：都算得我國文學界不朽之作，我們總該領略享用他。此外各人嗜好不同，儘可爲多方面的賞會，恕我不多舉了。

（［商務印書館］函授學社國文科）

中國近三百年學術史(補)

《清代政治之影響於學術者》題記

　　本文爲今秋在清華學校所講中國近三百年學術史之第二章。《晨報紀念號》徵文，因校課罕暇，輒錄副塞責。但近頃在師範大學國文學會續講此題，頗有所增訂，未及校改。或將來該會有筆記，可資參考也。

著者記

（1923 年 12 月 1 日《晨報五週年紀念增刊號》）

《清代學者整理舊學之總成績》序

　　此稿爲吾近著《中國近三百年學術史》之一部分，在清華學校授課隨授隨編者。全書約四十餘萬言，此居其四之一。凡分十八章：
　　一，經學。二，小學及音韻學。三，校注先秦諸子及其他古籍。四，辯僞書。五，輯佚書。六，史學。七，方志學。八，譜牒學。九，曆算學及自然科學。十，地理學。十一，政書。十二，音樂學。十三，金石學。十四，佛學。十五，編類書。十六，刻叢書及目錄學。十七，筆記及文集。十八，官書。
　　每章所占篇幅不等，多者二三萬言，少者三四千言。分類殊不正確，但取清儒所注意努力之學科略比而次之云爾。
　　本篇之目的，在將近三百年學問算一算總賬。學問之好與否，有用與否，另一問題，吾但求所記述能適如其分際，斯史家之職責盡。猶畫像者能肖所畫之形貌與神氣，斯畫家之職責盡，像之妍媸，則聽諸觀者之評判而已。

內容組織，自當如標題所云，以清代學者所整理之成績爲主。但吾爲讀者便利起見，每章——或一章中更分子目者，必先略述此學過去之歷史，其在明末清初形勢何如，使讀者得了然於清儒對於此學所努力者在某幾點，其努力所得結果有何等價值。每章之末，又附以己見，説明此學尚有某幾點應行整理而爲清人所未見到或未暇及者，吾個人所認爲整理應採之方法亦間論焉。雖曰述史，或亦青年欲求國學常識者之一津逮也。

　　所論述既涉多方面，一人智慮，勢所不周，況譾陋如吾，而又迫於校課，隨編隨講者哉？自各科專門家視之，其罅漏紕謬指不勝指，蓋斷然矣。吾深自知自愧，不願輕率成書以誤學者。故將此部分之初稿先分期登諸《東方雜誌》中以就正海内通人。有愛我者，斥其譌謬，訂其闕遺，或賜函見教，或發表於本誌通信欄，俾得於成書時悉遵校改以求完善，幸甚幸甚！

十三年五月七日著者白

（1924 年 6 月《東方雜誌》第 21 卷第 12 號）

《大乘起信論》考證*

前論　研究本問題之豫備

　　凡相與討論一問題，必須有若干項兩造公認之基本觀念及事實以爲論難公準。苟此種觀念及事實爲對造所未了察或未承認者，必須令彼察焉認焉，吾乃得向彼有所開説。有人於此，對於吸力之理不解或不信，吾與之言地動非

---

* 原書《序》已作爲《見於高僧傳中之支那著述》附錄一，收入《飲冰室合集》專集之六十八。

静,彼終不能聽也。有人於此,對於東晉晚出之僞《古文尚書》堅信爲三代遺著,吾與之辨證古代史跡,將無從措辭。今吾儕以歷史的眼光談佛教,中間有許多觀念及事實,與疇昔一般佛教徒所信者甚相懸絶。彼輩若執舊説以相稽,則吾儕惟有結舌而已。吾故於討論本問題之前,先提出數項根本意見以諗讀者。讀者如不承認此等意見,吾儕當别爲專篇相與上下其議論。惟讀吾此文時,則望其在此等根本意見之範圍内心以察本問題之真相云爾。

第一,吾儕須承認:思想之發展變遷,有不容躐進之階級,而且恒有時代背景映乎其後。某種思想非其時代所必須要者則不會發生;而一種思想既發生,則必影響於後此思想界;後起之思想家,只有對於前輩之思想,或駁辯引申以求繼長增高,而斷不會冥然若無所覺察。此實各國思想史所同然,佛教史亦斷不能獨違此公例。

第二,循此公例以觀察佛教史,則可分爲下列之六階級:(一)佛在世時及佛滅後百年内派别未分時之思想。以《四阿含經》等爲其代表。(二)佛滅後百餘年至五百餘年分爲二十部派而"一切有部"保持其正統的地位時之思想。以《大毗婆沙論》各家《阿毗曇論》及其論中所述諸派之異説爲其代表。(三)佛滅後六七百年龍樹、提婆等提倡實相派大乘時之思想。以《般若》《法華》《涅槃》諸經;《中》《百》《十二門》《大智度》諸論;爲其代表。(四)佛滅後八九百年無著世親等提倡唯心派大乘時之思想。以《楞伽》《密嚴》《華嚴》諸經;《十地》《顯識》《攝大乘》《顯揚聖教》《瑜伽師地》諸論;爲其代表。(五)佛滅後千年千一百年護法清辯等兩派大乘互諍時之思想。以《成唯識論》《大乘掌珍論》等爲其代表。(六)佛滅後千二百年密教興起時之思想。以各種《陀羅尼經呪》等爲其代表。

第三,既承認有此階級,則不能不承認現行佛經,並非同一時代之産物。大藏七千卷,以經名者居泰半;各經標題皆冠以"佛説"二字,篇首皆有"如是我聞一時佛在……"之語句,向來佛教徒總以爲所有一切經皆釋迦牟尼"金口親説"。其實不然。《般若》《法華》等經,决爲法救、脅比丘、馬鳴諸人所未嘗見;《楞伽》《密嚴》等經,决爲龍樹、提婆諸人所未嘗見;各種《陀羅尼經》,决爲無著、世親諸人所未嘗見。非不見也,蓋當時未有此類經存於世界。

第四,聞此説者必大駭且怒,謂吾儕全中"大乘非佛説"之毒;謂果如此,則經典十之七八皆後人僞造,則佛教徒豈非成爲"大妄語"者!實則不然。佛教義有一最特別之處,曰:"依法不依人。"只須對於佛所了解之正法能與佛一般的同其徹底了解,其人即等於佛,其人之説即可認爲佛説。且如《大毗婆沙論》一書,乃佛滅後六百年時一國王召集許多學者開大會編纂,其成立歷史昭昭在人耳目;而論首發端云:"問大毗婆沙誰所説?答:佛所説。"又如《瑜伽師地》《大乘莊嚴》《辯中邊》《決定藏》諸論,明明爲無著所述。而標題曰"彌勒菩薩造"。蓋佛教徒確信自己所説與佛意契合與先輩意契合者,則將自己著作指爲佛説指爲某先輩説,並不以妄語論。若必以佛"金口親説"始能稱佛説耶?則豈惟大乘非佛,即小乘亦非佛。何也?佛非如删詩書定禮樂之孔子;彼畢生未嘗著書;凡佛經皆出後來佛弟子之手。即最早出之《四阿含》,亦佛滅百年後乃始著諸竹帛耳。是故吾儕當承認各種佛經,乃佛滅後千年間次第成立,而各與其時代背景相應。

第五,既承認此説,然則某經先出某經後出,從何處推定耶?答曰:此在印度史上覓確證甚難。(因印度人思想爲超時間的,故歷史的觀念薄而資料混。)惟有一法焉,曰:由中國傳譯年代可以推出相當的標準也。例如羅什等譯《般若》《法華》,正龍樹派大乘在印度全盛之時,故知《般若》《法華》與龍樹派年代相當且有關系。菩提流支譯《楞伽》,正無著派大乘在印度全盛之時,故知《楞伽》與無著派年代相當且有關系。此亦如吾國近年之譯歐書,必譯其時代流行之新作品。故我國七百年中之翻譯史,認爲印度千年間思想史之縮影,當無大過。既承認佛教思想爲有階級的發展;而其階級又有相當之標準可以考索;則按照此標準以評量某書之出於何年代,又當無大過。

第六,吾儕須承認:現行佛典僞書甚多。佛典之傳譯,至兩晋、南北朝而始盛;而其時正吾國僞書出没猖獗之時,如僞《古文尚書》、僞《家語》、僞《孔叢子》、僞《列子》之類,盡人所能知也。佛教界亦爲此習氣所傳染,僞妄紛出。觀諸家《經録》所載之疑僞品(注一),便知其概。内中如最有名之《開元釋教録》,其列入疑惑類者十四部十九卷;僞妄類者三百九十二部一千五十五卷。其數量之鉅,真足使人一驚。佛典中所以多僞本,其原因不一,今避冗沓,無暇多論。要之此爲公然之事實,吾輩萬不能不承認。既有此事實,則吾輩以學者的嚴正態度,對於形迹稍可疑之書,不肯輕輕放過,亦固其所。

第七，吾儕對於此許多僞書，當操何術以窮其僞耶？若每書爲各別的研究，自有考證家通用之公例，如所謂事證理證正證反證旁證等等（如本文下方所用諸法）。若爲大量的粗糙的研究，則亦有較簡便之一法焉，曰：先研究諸家《經錄》之價值，擇其鑑別最精者而信之。吾今獨舉一簡易之標準以詒讀者曰：梁以前書，宜信《祐錄》（僧祐《出三藏集記》省名）；隋以前書，宜信《法經錄》（法經《隋衆經目錄》省名）；隋以後唐以前書，宜信《開元錄》（智昇《開元釋教目錄》省名）。而其最不可信者莫如《長房錄》（費長房《歷代三寶記》省名）。蓋僧祐、法經、智昇，皆極淵博極謹嚴之學者，費長房則愚而武斷。道宣嘗評其書曰：“瓦玉複糅，真僞難分。”（《續高僧傳》卷二）是故《長房錄》所列真書，萬不可遽信爲真；而《祐錄》《法經錄》《開元錄》三錄中有一錄將某書列入疑僞者，則什有九必僞。此治“佛教目錄學”者所宜留意也（注二）。

第八，以上七段，一面説明佛家著作標題某人説某人造者不必悉認爲歷史上事實；一面説明兩晋、六朝時僞書甚多而佛典爲尤甚。此外尤有中國人之特性應附論者。中國之多僞書，固無庸爲諱；然僞書種類亦至不同。有本人故意作僞以惑人者，亦有本人並非作僞，而後人附會以成其僞者。吾先民往往有極偉大極優美之創作，而不好以其名示人。《周易》卦辭爻辭作者誰耶？《周禮》作者誰耶？《老子》五千言作者誰耶？《古詩十九首》作者誰耶？《孔雀東南飛》作者誰耶？《木蘭詩》作者誰耶？《水滸傳》《紅樓夢》《西遊記》《鏡花緣》作者誰耶？有幾經考索而大略得其主名者，有至今卒不能得其主名者。後人賞其作品而不能得其主名，有好事者，則姑以歸諸前時代或同時代最負重望之人。例如《周易》歸諸文王，《陰符》歸諸周公；乃至漢碑之美者歸諸蔡中郎，唐畫之精者歸諸吳道子。既有此説，則後之著錄者踵而襲之。信以爲真，固不可也；以作僞之罪加諸作者焉，尤不可也。吾以爲我國有價值之創作，如此類者甚多，考證家切勿忘卻此點，庶幾評騭古人無枉無濫也。

第九，最後當知吾國思想界有一最大特色焉，曰：好調和且善調和。姑置他方面，專言佛學界；佛學派別變遷之複雜，既如前述，其在印度，各派恒極端抗執以是其所是而非其所非。故小乘家昌言“大乘非佛”，大乘家亦儕小乘於外道。即大乘空有二宗之諍，亦幾互視爲異端而不相下。中國不然：中國人譯出無數經典見其有許多矛盾之處，則爲判時判教（注三）之説或用其他方法調停之;而常以觀其會通爲鵠。此種精神之長短得失,別爲一問題,然其爲中國特有之民族精神,則事實也。故凡著作之專以此種精神爲職志者,其與吾國人之關係何若,可得而推也。

以上所述,爲吾研究佛學根本方法之一部分,驟視之若與《起信論》問題無何等關係。然若非承認吾此數項意見,則吾下文所考什有九爲無據。故不避"博士買驢"之誚,述其梗概如右。讀者無論對於此意見或贊或否,吾願其姑以此爲基礎,更讀本文。

（注一）看梁僧祐《出三藏集記》卷五所載安公《疑經録》;隋法經《衆經目録》中之大小乘經律論疑惑並僞妄録;隋費長房《歷代三寶記》卷十五所載之《疑經妄作録》;隋彥琮《衆經目録》卷四所載之疑僞録;唐靜泰《衆經目録》卷四所載疑惑及僞妄録;唐道宣《大唐内典録》卷十所載歷代所出疑僞經論録;武周明佺之《衆經目録》卷十五所載僞經目録;唐智昇《開元釋教録》卷十八所載疑僞再詳及僞妄亂真録;唐圓照《貞元新定釋教録》卷二十八之疑惑及僞妄録。

（注二）晋以前僞書,經道安甄別綦嚴。即《祐録》中所引《安録》云云是也。《祐録》純用安公精神,故甚好。《法經録》凡梁以前之書多採《祐録》,以後則根據當時各譯家之專録加以考證,故亦甚好。至費長房一味炫博,取安、祐、經三公曾經考證定其僞妄者一切收入,於是大壞。道宣之《内典録》雖加芟汰,而未能盡。明佺之《武周録》,又取道宣所已汰者復入之。《開元録》雖加重汰亦不能盡。此諸家經録沿襲釐革之大凡也。

（注三）判時判教之業,起於南北朝,完於隋唐,所謂"南三北七"之判法。如天台判藏通別圓四教,賢首判小始終頓圓五教,其最著也。此論在印度極罕見,如《成唯識論》發端有之,其爲護法之説抑玄奘之説蓋待考。

本論上　從文獻上考察

從文獻上考察者,今本《大乘起信論》,題爲馬鳴造真諦譯,吾儕則從馬鳴、真諦二人之史料上考察其與《起信論》之關係何如,又從《起信論》本身史料上,觀察其此兩人或他人之關係何如。此本章研究之大凡也。

一　《起信論》果馬鳴造乎？

馬鳴者誰歟

佛徒所豔稱之馬鳴,大率謂生於龍樹前百餘年,爲大乘教義中興之第一人物。而馬鳴之所以獨享此盛名者，則正以其造《大乘起信論》云爾。其實馬鳴是否歷史的人物，抑僅爲神話的人物，尚有問題。藉曰果有此人，是否屬於所謂大乘派者，又成問題。藉曰信爲大乘家，其曾否有關於哲理的著述，又成問題。各書中關於馬鳴之記事，其重要資料，如：姚秦時鳩摩羅什所譯《馬鳴菩薩傳》；如元魏時吉迦夜等所譯《付法藏因緣傳》；如陳時真諦所譯《婆藪槃豆（世親）傳》；如唐元奘著《大唐西域記》；如唐義浄著《南海寄歸內法傳》。此外尚有達拉拏達著之藏文《印度佛教史》（注一）（省稱《西藏傳》）。若取此諸書比較研究，則馬鳴之時代與事蹟，殆令吾儕仿徨不知所指。試列舉其異説如下：

　　一、馬鳴與迦旃延同時。此説出《世親傳》。果爾，則馬鳴爲佛紀第三紀時人。蓋迦旃延爲造《發智論》之人，生於佛滅後三百年也。

　　二、馬鳴爲脅比丘弟子，與迦膩色迦王同時。此説出《馬鳴傳》；而《世親傳》亦一部分相同。果爾，則馬鳴爲佛紀第六紀時人。蓋迦膩色迦王爲結集《大毗婆沙論》之護法者，脅比丘爲結集領袖，其時當佛滅後約六百年也。

　　三、馬鳴爲富那奢弟子。此説出《付法藏傳》。果爾，則馬鳴爲第六紀稍後之人。蓋富那奢爲脅比丘弟子，馬鳴於脅爲再傳矣。

　　四、馬鳴爲提婆弟子，與提婆、童受同時。此説出《西藏傳》及《西域記》。果爾，則馬鳴爲佛紀第七紀以後人。蓋提婆即《百論》之著者，爲龍樹弟子；童受爲經量部論師，年代亦與龍樹相接也。

以上所述，皆比較的可信之書籍，然而異説百出已若此。於是有爲調和説者，如梁僧祐《出三藏集記》中之《薩婆多部目録》記印土佛法傳授，有所謂前馬鳴後馬鳴者，一在龍樹前，一在其後。甚者如僞妄之《釋摩訶衍論》（看下文注五），造爲六馬鳴之説，最早者與佛同時，最後者在佛滅九世紀。以異説太多之故，致歐洲學者或疑其人爲子虛烏有（注二）。此雖太過，然馬鳴爲印度學者來歷最不明之人，固無庸爲諱矣。以吾所信，馬鳴固必有其人，但只有一人，並無所謂前後。其人之年代及事蹟，仍以羅什所譯《馬鳴傳》爲近真。大抵與脅比丘有淵源，而小乘"一切有部"中之一重要人物也（注三）。

馬鳴之著作

今藏經中題馬鳴著述之書凡八種：除《起信論》外，尚有《大莊嚴論》《佛所行讚》《大宗地玄文本論》《事師法》《十不善業道經》《六趣輪迴經》《尼乾子問無我義經》之七種。後五種宋元以後始入藏，書既晚出，而辭義又鄙劣，其真偽殊不足為馬鳴輕重。今所當研究者前三種而已。

吾儕所最不可解者，則所有一切關於馬鳴傳記之資料，從未有一字道及此人之曾著《起信論》也。最古之羅什譯《馬鳴菩薩傳》，但言其"博通衆經，明達內外，才辯蓋世，四輩敬伏"。未嘗言有何種著作。《世親傳》述《大毗婆沙》結集時事云：

> 馬鳴菩薩，文宗學府，先儀所歸。迦旃延子遣人往舍衞國請馬鳴為製文句。馬鳴既至罽賓。迦旃延子次第解釋……義意若定，馬鳴隨即著文。經十二年，造《毗婆沙》方竟。

果如此說，則馬鳴為《大毗婆沙論》潤文之人。《毗婆沙》為小乘一切有部寶典，其書現有全譯（玄奘譯二百卷），其思想內容與《起信論》懸隔至若何程度，凡治佛學者當能知之。謂兩書同出一人，吾之淺陋，未之敢聞。今且置是：馬鳴曾否參與《婆沙》之編纂，本屬疑問，則或不足持彼以破此。最可異者，著《世親傳》之人非他，即世共指為《起信論》譯主之真諦也（注四）。馬鳴若曾著《起信論》，他人或不知，真諦不容不知。乃非惟不一敘及，且以列諸大乘公敵之一切有部中，寧非怪事！

《西藏傳》盛稱馬鳴文學之美，謂其作多數讚佛之偈，內中百五十頌為最勝，歌舞伶人，皆傳誦之。《歷代三寶記》卷一引《薩婆多記》云：

> 馬鳴菩薩，佛滅後三（五？）百餘年，出家破諸外道，造《大莊嚴論》數百偈，盛弘佛教。

義淨《南海寄歸傳》云：

> 尊者馬鳴，造歌詞及《莊嚴論》，並作《佛本行詩》。……意述如來始自王宮終乎雙樹，一代佛法，並緝為詩。五天南海，無不諷誦。

其所謂《莊嚴論》，即今藏中鳩摩羅什所譯十五卷之《大莊嚴經論》；所謂讚佛百五十頌及《佛本行詩》，即今藏中曇無讖所譯五卷之《佛所行讚經》也。若馬鳴果曾著《起信論》，其價值當然遠在彼二書之上，何以竟無一言道及，寧非怪事！

此外如《付法傳》如《西域記》等，述馬鳴軼事不一而足。內中《西域記》爲玄奘自記所歷，凡印度名家著論之地，詳細備載；而獨於此震古鑠今之《起信論》，無一言道及，寧非怪事！

馬鳴既爲龍樹先輩；龍樹學問之博，古今罕匹，據本傳稱其"誦三藏盡通諸深義，乃周遊諸國，更求餘經"。若馬鳴曾著《起信論》者，龍樹決不容不見。龍樹之《大智度論》，對於先輩學說如迦旃延，如婆須蜜，如脅比丘〈……〉等等，證引綦多，乃獨於所謂大乘中興元勳之馬鳴，及其精華所聚之《起信論》，無一言道及，寧非怪事！（注五）

爲之說者曰：據《薩婆多記》所稱，第十一祖馬鳴以後，尚有第十六祖之後馬鳴，《起信論》之著者爲後馬鳴，固宜爲龍樹所不及見。吾儕不承認馬鳴有前後，既如前述。（欲證明此說，尚須爲種種考據，今避繁不具述。）就令讓一步，果有後馬鳴其人者曾著述《起信論》，其書最少亦當在護法清辯兩論師前早已存在（注六）。護法之《成唯識論》，對於先哲及時賢論緣起之各種學說，一一加以批評，略無所遺；清辯之《大乘掌珍論》亦然。乃獨於此主張真如緣起作大師子吼之馬鳴《起信論》無一言道及，寧非怪事！

《起信論》非馬鳴著也

反對論者若對於以上各問題，不能予吾儕以滿意之答辯，吾儕敢斷言曰：《起信論》非馬鳴著也《起信論》非馬鳴著之真正理由，當於次章論教理時更極言之。然即此文獻上之考證，固已足摧伏馬鳴造論說而有餘。據吾儕所揣度，則馬鳴乃一文豪而非學者也。其所著《莊嚴論》，恰如《今古奇觀》一類之小說，將《四阿含》中故事——最著者如《賴吒和羅經》①等，點綴附益之，加以文學的趣味，令讀者愉悅感動。其所著《佛本行讚》，恰如但丁之《神曲》，彌爾頓

---

① 原誤作《賴和羅吒經》。

之《失樂園詩》,全寓宗教信仰於詩歌之中。此兩大名著,皆發揮其極優美極偉大的藝術天才,使佛教變爲平民化。吾儕今讀譯本,猶躍躍神動,則當時感化力之大,可以推見。馬鳴之有功佛教及其獲享盛名皆以此。以云教義耶,則所演者不外"三法印"之常談,視《婆沙》《俱舍》《成實》尚遜數籌,更無論《三論》無論《唯識》也。若更許吾爲大膽的結論,吾直謂馬鳴爲小乘魁傑,而與大乘絶無關系。若勉求其關系者,只能謂後此大乘文學,由彼間接開拓耳。今以思想界博大精深之作如《起信論》者嫁名於此人,此無異以《春秋繁露》歸諸屈原,以《純粹理性批判》歸諸索士比亞也。

　　(注一)達拉拏達者,西歷十三世紀時之蒙古人,用西藏文著此書,記印度史實。一八六九年,德人西布拏者,譯成德文,在俄京出版。所述皆西藏口碑,在佛教史上有相當價值。

　　(注二)荷蘭人克倫(Kern)所著《佛教史》以一八八四年出版者,謂:"馬鳴非歷史的人物,不過神話上大自在天之化身耳。"蓋因馬鳴史料之紛歧,致生此怪論也。

　　(注三)日本近出雜誌《宗教研究》有寺本婉雅著《關於馬鳴復迦膩色迦王書》一文。蓋著者從西藏佛藏中丹殊爾部第九十四函,發見馬鳴此書,全篇從藏文譯成日文。此書若不僞,則馬鳴爲脅比丘弟子與迦膩色迦同時,殆無疑矣。從來關於馬鳴之聚訟,或可結束也。

　　(注四)《世親傳》是否出真諦手,亦屬疑問。但以理度之,真諦爲輸入世親學説之第一人,爲之作傳,似屬可信。

　　(注五)有所謂《釋摩訶衍論》者——金陵刻經處有刻本。舊題馬鳴菩薩造,龍樹菩薩釋,姚秦時譯。此書若真,則龍樹非惟曾見《起信論》,且親爲之注釋矣。然此書實唐末妄人僞作,殆不值一噱。吾當於篇末附論之。

　　(注六)護法、清辯兩師,略與真諦同時。當時龍樹、世親兩派學説之代表也。

二　《起信論》果真諦譯乎

真諦傳譯説之異同

　　真諦,中天竺人,以梁、陳來遊,譒譯《攝大乘》《俱舍》《唯識》《中邊》《三無性》《佛性》諸論,實輸入世親、無著派教義之第一人也。道宣《續高僧傳》有傳。據傳彼以梁大同十二年(四五六)入中國,太清二年(五四八)至建業。陳太建元年(五六九)卒,凡在中國二十三年。其書以晚年在廣州譯出者爲多。道宣論之曰:"自諦來東夏,雖廣出衆經,偏宗《攝論》。"又記當時俗僧抵軋之言謂:"嶺表所譯衆部,多明無塵唯識,言乖治術,有蔽國風。"斯皆足證明真諦之學爲純粹的世親派。故其門下士宗習所譯《攝大乘論》成爲"攝論宗"也。顧最可異者,道宣於此煌煌二千言之《真諦傳》中,竟未道及其翻譯《大乘起信論》一事!

《起信論》之初著錄於經錄,始自隋法經之《衆經目錄》。此書爲隋開皇十四年(五九四)所編纂,實真諦卒後之二十五年也。其文曰:

> 《大乘起信論》一卷。人云真諦譯。勘《真諦錄》無此論,故入疑。

越三年即開皇十七年,費長房撰《歷代三寶記》。其卷十一真諦條下云:

> 《大乘起信論》一卷。梁太清四年在富春陸元哲宅出。《起信論疏》二卷。太清四年出。

自是始確認此論爲真諦譯,其譯年譯地皆舉出,且謂諦親爲作疏。越五年即隋仁壽二年,彥琮等重定《衆經目錄》,所謂二卷之疏,芟而不錄。其文云:

> 《起信論》一卷。陳世真諦譯。

是以此論歸諸真諦,惟譯時則陳世而非梁世。此後《大唐內典錄》《武周刊定衆經目錄》等,皆全襲《長房錄》之文。至唐開元十八年(七三〇)智昇等所編《開元釋教目錄》(卷六)則云:

> 《大乘起信論》一卷。馬鳴菩薩造。真諦三藏譯。梁承聖二年癸酉九月十日,在衡州始興郡建興寺出。

認此書爲譯自梁代,與《長房錄》同;惟其譯年與譯地則全異。又前此諸錄,皆記譯主,不記論主;明言此論爲馬鳴造,實自《開元錄》始。

《開元錄》所記譯時譯地,蓋採自本論篇首之一序。其序舊題"揚州智愷作"。其文云:

> ……昔梁武皇帝遣聘中天竺……取經並諸法師。遇值三藏拘蘭難陀,譯名真諦。……時彼國王,應即移遣法師。……來朝而至。未旬便值侯景侵擾。法師……暫停而欲還反。遂囑值京邑英賢慧顯、智韶、智愷、曇文與假黃鉞大將軍太保蕭公勃,以大梁承聖三年歲次癸酉九月十日於衡州始興郡建興寺敬請法師……翻譯斯論一卷,《玄文》二十卷,《大品玄文》四卷,《十二因緣經》兩卷,《九識義章》兩卷。傳路人天竺國月支首那

等,執筆人智愷等。首尾二年方訖。……

其與此段記事略相出入者則法藏《大乘起信論義記》卷一云:

> 真諦……以梁武帝太清二年歲次戊辰,見帝於寶雲殿。帝敕譯經,即以太清二年訖承聖三年歲次甲戌,於正觀寺,譯《金光明經》《彌勒下生經》,《大乘起信論》等,總十一部,合二十卷。此論乃是其年九月十日與京邑英賢慧顯、智愷、曇振、慧旻等,並廣鉞大將軍太保蕭公勃等,於衡州建興寺所譯。沙門智愷筆受,月婆首那等譯語。並翻《論旨玄文》二十卷。……

右兩文所記,大同小異。然皆詳敘譯時之時之年月日,譯地之某郡某寺,共譯之人名,同時並譯之經卷,纖悉畢備。驟讀之蓋若南山可移此案不可動矣。雖然,按諸史實果何如者?

真諦果曾譯《起信論》乎

按以上諸說,或云梁譯,或云陳譯;梁譯之中,或云太清,或云承聖;其譯地,或云富春,或云衡州。枝節糾紛,莫可究詰,兩不俱是,必有一非,實則兩俱虛構而已。今請一一抉而破之。

篇首智愷之序,宜若可認爲最有力之證據。蓋如彼所說,愷實筆受此論之人,自道當時事實,寧更舛誤。然此序非智愷作,吾儕所不憚斷言也(注一)。智愷爲諦門第一高弟,曾對翻諸經論,此事實也。然愷之遇諦,實在諦晚年流遇[寓]廣州之時。據諦傳,諦之至廣州,在陳文帝天嘉三年十二月。愷於其後,躡跡南來。《續高僧傳·法泰傳》云:

> 有天竺沙門真諦挾道孤遊……將旋舊國,途出嶺南,爲廣州刺史歐陽頠固留。……泰與智愷等不憚艱辛,遠尋三藏。於廣州制旨寺筆受文義。……

又云:

> 愷往嶺表奉祈真諦。……乃對翻《攝論》,躬受其文;七月之中,文疏並了,都合二十五卷。後更對翻《俱舍論》,十月便了,文疏合八十三卷。

諦云:"吾早值子……無恨矣。"……

天嘉三年上距承聖四年凡九年,若其時諦、愷已合併,則所謂"不避艱辛奉祈嶺表",所謂"吾早值子無恨"等語,寧非夢囈! 愷從弟曹毗(愷俗姓曹)亦及諦門,爲攝宗大師,著有《真諦傳》(注二)。竊意道宣《續高僧傳》之傳諦、愷二公,取材當出毗本。倘有諦、愷對譯《起信》之事,諦傳不言,愷傳亦當言之,而兩傳皆無一語道及何也? 推作僞者之意,蓋以本論來歷不明,爲世訾病,如法經、均正之流,久有微詞。於是更以對譯之業託諸諦門龍象智愷其人者,僞爲此序以取信,而不知乃適以彰其僞也。

　　此僞序出於何時耶? 吾以爲最早亦當在費長房以後。何則? 使此序而爲長房所曾見者,以彼文所敘時日地點等等如彼其周悉,則《長房錄》中"太清四年陸元哲宅"之異説,必無從生也。此序與法藏《義記》孰爲先後,誰實襲誰,尚難懸斷。此兩文者,其事實是否正確,容俟下文再論,即其文義,固已無一可通。《義記》云"以太清二年訖承聖三年譯……《大乘起信論》等……此論乃是其年九月十日……所譯",太清戊辰至承聖甲戌前後凡七年,所謂其年者何年耶? 既云"於正觀寺譯諸經",而下復云"與京邑英賢……等於衡州建興寺"譯本論,究爲正觀耶建興耶? 衡州耶京邑耶? 僞序云:"遂囑值京邑英賢……以承聖三年……九月十日於……建興寺敬請法師……翻譯斯論……首尾二年方訖。""遂囑值"三字成何等語? "承聖三年敬請譯論二年方訖",然則此論究爲承聖三年出耶,抑太平元年出耶? 凡此之類,無一處而不自相矛盾。此無他故,蓋以羌無故實之事,而欲造爲年日地點以實之,故不得不爲遊移兩可之語氣以自遁,而不知其心勞而日拙也(注三)。

　　今且置文義,切談事實。舊傳《起信論》譯時譯地,有極矛盾之兩説:一爲費長房之太清四年富春陸元哲宅説;一爲法藏等之承聖三年衡州建興寺説。時之相距五年,地之相隔千里。兩説果孰可信耶? 吾儕細讀真諦本傳及其諸弟子傳而知其説之皆誣也。大抵真諦一世翻譯事業,皆在陳天嘉三年流寓廣州以後,其在梁朝,所就實寥寥無幾《法泰傳》云:

　　　　真諦挾道孤遊,遠化東鄙。會虜寇勍殄,僑寓流離一十餘年,全無陳譯。

此文"全"字,雖稍過當,然在梁代所譯甚希,略可推見。該傳又云:

> 於廣州制旨寺……前後所出五十餘部……皆此土所無者。……至陳太建三年,泰還建業,並齎新翻經論,創開義旨,驚異當時。

查《法經錄》所載真諦譯本五十□部。法經鑑裁精審,竊疑諦所真譯,已盡於斯。而什九皆出陳世,則在梁更能有幾?(注四)所以然者,全由梁末大亂,不能安居。據本傳:諦以太清二年閏八月始抵金陵,而侯景之禍旋起。故《傳》云:

> 帝欲傳翻經教……屬寇羯憑陵,法爲時崩,不果宣述。

自是避亂四方,遑遑靡騁。《傳》云:

> 乃步入東土,又往富春。令陸元哲創奉問津,將事傳譯。翻《十七地論》,適得五卷。而國難未靖,側附通傳。……於斯時也,兵饑相接,法幾頹焉。會元帝啓祚,承聖清夷。乃止於金陵正觀寺,翻《金光明經》。三年二月,還返豫章。又往新吳始興。後隨蕭太保度嶺至於南康,棲遑靡託。逮陳武永定二年七月還返豫章。又上臨川晉安諸郡。真諦雖傳經論,道缺情離。本意不申,更觀機壤。遂欲汎舶往楞伽修國。道俗虔留,遂停南越。……

以上敘真諦在梁數年間之經歷,大略可稽。其在富春陸元哲宅,雖不知流寓幾時。但觀其翻百卷之《瑜伽》(《十七地論》即此後玄奘所譯《瑜伽師地論》之一部),僅五卷而中輟,則他書不能從事可知。費長房謂《起信》出自彼時,殆不近情。承聖以還,出品僅有《金光明》一經可紀。及其隨蕭太保,又《傳》所謂"棲遑靡託"者也。法藏謂《起信》於彼時出,毋乃滑稽。即讓一步,謂此區區一卷之書,雖轉徙中亦隨時可譯。然而《起信》一册,實論中王;諦既就此大業,其欣慰當何似者,而乃云"本意不申更觀機壤"耶?且既信《長房錄》,必於其所錄中所載十六部四十六卷者而並信之;既信僞序,則必於其所附記之《玄文》二十卷等而並信之;是則諦在梁時所譯已垂百卷。弘法之願,亦庶幾矣,乃更失意欲歸,豈復人情!吾儕若對於本傳稍加研究,則知太清富春與承聖衡州兩說皆不能成立也。

要之法經《衆經目錄》,爲經錄中最可信任之書(注五)。彼去真諦年代甚近，親勘諦所譯書目，確無所謂《起信論》者。著《續高僧傳》之道宣，爲初唐碩學。其傳真諦乃據諦弟子曹毗所撰諦傳，而於譯《起信論》之爾許大業，若一無所聞見。若反對派於此兩大鐵證不能予吾儕以滿意之駁辯，吾儕敢毅然曰：《大乘起信論》非真諦譯也。

(附言）望月氏就真諦譯書用語上觀察；列舉多數同一梵文之術語，而《起信論》所譯與《攝大乘論》《佛性論》《金光明經》不同者。亦足爲《起信論》非出真諦手之一反證。文繁不具引。

《起信論》梵本問題

據以上所考證，《起信論》作者非馬鳴，譯者非真諦，殆成信讞。然則將爲印度不知誰何之所著，而中國不知誰何之所譯耶？吾儕推敲至此，忽引起一新問題：則現存之《起信論》不止一本，除所謂"梁譯"之外，更有實叉難陀之"唐譯"也。唐譯亦有一序，不著作者姓名。中云：

> 此論東傳，總經二譯。初本即西印度三藏法師波羅末陀，此云真諦以梁承聖三年歲次癸酉九月十日於衡州始興郡建興寺共揚州沙門智愷所譯。此本即於闐國三藏法師實叉難陀齎梵文至此；又於西京慈恩塔內獲舊梵本；與義學沙門荆州弘景、崇福法藏等，以大周聖曆三年歲次癸亥十月壬午朔八日己丑，於授記寺與《華嚴經》相次而譯；沙門復禮筆受，開爲兩卷。然與舊翻時有出沒。蓋譯者之意，又梵文非一也。

此文前半，全引舊譯僞序，其妄既如前辨。後半述新譯年代地點等等似甚確鑿，實則全屬虛構。望月氏辨之極詳（原著一〇〇至一〇四葉）。今恐讀者生厭，不復具引。質言之，則實叉難陀並無重譯《起信》之事；聖曆癸亥，決無譯《起信》之餘裕；法藏決未嘗參預譯場。凡此皆可從史料中得極確之反證也。讀者若有餘興，可取原著案之。抑吾更有數語助望月張目者：該序謂因"梵文非一故與舊翻時有出沒"。此在他經論之有重譯者或然，而《起信》則決不爾。今兩本具在，吾儕皆讀之爛熟，吾實苦不能見其互相出入之點何在也。因此益可證明所謂新譯者不過將舊譯改頭換面，絕無所謂新齎梵本。何也？以梵本本來無有也。本無梵本，而新序沾沾然以梵本相矜示至再至三，此俗諺"此地無銀三十兩"之類也。

無梵本之旁證尚有乎？曰，有。《至元法寶勘同錄》卷九《起信論》條下云："此論西藏藏經中缺。"《至元錄》爲元代將中國、西藏兩藏互勘編著。據彼則西藏無此論甚明。藏文經典，視華文有多無少，乃獨於此鼎鼎大名之馬鳴傑作闕焉，毋亦以梵本本來無有也。

於此又引起一更有趣之問題，《開元釋教錄》卷八玄奘條下云：

> 以《起信》一論，文出馬鳴。印度諸僧，思承其本。奘乃譯唐爲梵，通布五天。斯則法化之緣，東西互舉。

此文直接引用《續高僧傳》卷四《玄奘傳》篇末之文，一字不易。此説若真，則印度人得讀《起信論》，乃出玄奘由唐譯梵之賜，寧非大奇。日本學者對於此段故事，望月信之，松本疑之。吾蓋左祖松本説(注六)。蓋《續高僧傳》之《玄奘傳》，全取材於慧立之《慈恩傳》，而《慈恩傳》中並無此文也。然假令此説而真，則《起信論》之非馬鳴著與非真諦譯乃愈不可掩。何則？玄奘留學印度，正值那爛陀大乘全盛時代，何至於開創大乘之馬鳴唯一名著，竟爾亡佚！若曰以年湮代遠故佚耶？真諦來中國在五四八年，玄奘往印度在六二九年，相距不滿百歲。真諦猶能有梵本攜來，迨玄奘時，而其本忽絕跡於五印，天下寧有此情理！從可知印度自始本無所謂《起信論》其物者。藉曰有之，則玄奘從中國販輸以往耳！

然則作《起信論》者誰歟

準此以談，則《起信論》既非馬鳴作，亦並非印度不知誰何之人所作；既非真諦譯，亦並非中國不知誰何之人所譯。然則如之何？則惟有中國人創作之一途耳。此説雖駭人聽聞，然昔人固已有言之者。珍嵩《探玄記》卷十云：

> 馬鳴《起信論》一卷。依《漸刹經》一卷(注七)造此論。而道宣師目錄中云此經是僞經；故依此經之《起信論》，是僞論也。

又均正《四論玄義》卷十云：

> 《起信》，有云北土論師造也。而未知是非。北地諸論師云：非馬鳴造論。昔日地論師造論，借菩薩名目之，故尋覓翻經目錄無有也。未知定是非。

吾儕將根據此兩道告發狀以搜尋造《起信論》之主名。

（注一）此序非智愷作，望月氏辯之特詳，見原著七〇—七六葉。其所指序文中矛盾誤謬處固甚當；然惜尚屬枝葉之考證。若如吾所論，正不必問序中內容如何，其偽一言可決耳。願以質諸望月君。

（注二）據《歷代三寶記》卷十一《仁王般若經》條下，有"見曹毗《真諦傳》"一語；《續高僧傳・真諦傳》中有"見曹毗別歷"一語。故知毗有此書。法經所謂"《真諦錄》"或即此耶。

（注三）此兩文中尤有極可笑之一語，即以《起信論》譯語人嫁名於月婆首那也。月婆首那事蹟，《續高僧傳》附記於《真諦傳》之末，其實此人與真諦絕無關系，——殆未晤面。不過因時代相次，附而傳之耳。細讀傳文，自能明了。乃作偽者忽然牽入此人，在《起信》譯場中派一差使，蓋由採資料於《真諦傳》而誤用也。因此益可證明偽序非惟出於費長房後，抑出於道宣後矣。

（注四）據費長房《歷代三寶記》稱真諦自太清三年迄承聖三年所譯經論如下：

太清三年《仁王般若疏》六卷
　　《九識義記》二卷
　　《轉法輪義記》二卷
四年《十七地論》五卷
　　《大乘起信論》一卷
　　《中論》一卷《中論疏》二卷
　　《如實論》一卷
　　《本有今無論》一卷
　　《三世分別論》一卷
　　《起信論疏》二卷
五年《金光明疏》十三卷
承聖元年《金光明經》七卷
三年《彌勒下生經》七卷
　　《仁王般若經》一卷

共十六部四十六卷。若益以《起信》偽《序》中所言《玄文》二十卷，《大品玄文》四卷，《十二因緣經》二卷，《九識義章》二卷，則此六年中，諦所譯書共七十六卷矣。按諸傳文，寧復可信。

（注五）望月原著對於法經、長房兩家優劣之批評極確當。文繁不具引。

（注六）《起信》在唐時為華嚴宗人所宗尚，而與玄奘之法相宗不相容。故華嚴大師賢首與玄奘譯經，議論不合，卒退出譯場而為《起信》作疏。以此論之，玄奘當無梵譯《起信》之理。此義松本、望月皆未論及，願以質之。

（注七）珍嵩新羅人，唐代之華嚴學家。《漸剎經》即《占察經》，金陵刻經處有刻本。其與《起信論》之關系見餘論。

本論下　從學理上考察

從學理上考察者：一方面研究《大乘起信論》根本思想何在，其所以異於他書而自成其特色者有某幾點。一方面研究佛教教理史發展之全部——某某時代始發生某項問題，某項問題發自印度，某項問題發自中國。然後綜合兩面，觀察《起信論》一派思想發生之可能性與其必要性，而因以推論其著作之年代地方及人物。此本章研究法之大凡也。

一　《起信論》在佛學界位置概説

《起信論》之根本思想

《起信論》者，有名的所謂一心二門三大之教。以衆生心爲萬法之本，此心法函有真如生滅二門，其義則有體相用之三大。如本論《立義分》所説：

> 摩訶衍者，總説有二種。云何爲二：一者法，二者義。所言法者，謂衆生心。是心則攝一切世間出世間法；依於此心顯示摩訶衍義。何以故？是心真如相即示摩訶衍體故；是心生滅因緣相能示摩訶衍自體相用故。

> 所言義者，則有三種。云何爲三：一者體大，謂一切法真如平等不增減故。二者相大，謂如來藏具足無量性功德故。三者用大，能生一切世間出世間善因果故；一切諸佛本所乘故；一切菩薩皆乘此法到如來地故。

以上一段，爲全論總綱，故各《立義分》，以下《解釋分》，不外發明此段之理。摩訶衍即梵文大乘之原語。問大乘作何解，《起信論》以吾輩衆生之心解之。此心何以名爲大，則從體相用三方面説明。體大者，謂吾輩衆生之心體——即心之本性，實爲真如平等不增不減之一實在體。相大者，謂吾輩衆生之心相——即心之現狀，佛教術語所謂如來藏者，現在雖爲客塵煩惱所覆蔽，而其中實具足大智慧大光明等等之無量性功德。用大者，謂吾輩衆生之心用——即心理活動之功用，能産生一切世間出世間之善因果。衆生心具此三德，故名爲大；憑藉此心成佛，故名爲乘。

彼復將此心開爲真如生滅二門。文曰：

>依一心法有二種門。云何爲二：一者心真如門，二者心生滅門。是二門皆各總攝一切法。此義云何？以是二門不相離故。
>
>心真如者，即是一法界大總相法門體。所謂心性不生不滅；一切諸法，唯依妄念而有差別。若離心念，則無一切境界之相。是故一切法從本以來，離言說相，離名字相，離心緣相，畢竟平等，無有變異，不可破壞，唯是一心。故名真如。……
>
>心生滅者，依如來藏故有生滅心。所謂不生不滅與生滅和合，非一非異，名爲阿黎耶識。……

所謂真如門者，即體大，就眾生心之本體立言，與哲學家所謂實在論者相當。謂此眾生心之體性即真如法身。生滅門者即相用二大，就心理狀態及其開展之跡立言，與哲學家所謂現象論相當。謂從如來藏阿賴耶五意以至分別事識，心相次第變展，現起萬法，生出迷悟順逆種種事象。論主既以此二門説明萬法，恐讀者誤解以爲主張二元論，故特別注意説明是"二門皆各總攝一切法"，"是二門不相離"。

其説真如則有空不空二義。文曰：

>所言空者，從本已來一切染法不相應故。謂離一切法差別之相，以無虛妄心念故。
>
>所言不空者，已顯法體空無妄故，即是真心常恒不變，淨法滿足則名不空。

其説生滅主體之阿賴耶識，則有覺不覺二義。文曰：

>所言覺義者，謂心體離念。離念相者……即是如來平等法身。
>
>所言不覺義者，謂不如實知真如法一故，不覺心起而有其念。念無自相，不離本覺。……

其言迷悟順逆之理法，最注重薰習。謂一切染淨法，皆由真如無明之互相薰。文曰：

>云何薰習起染法不斷？所謂以依真如（法）故有於無明。以有無明染法因故即薰習真如。以薰習故則有妄心；以有妄心即薰習無明。不了真

如法故，不覺念起現妄境界。……造種種業，受於一切身心等苦。……

云何薰習起淨法不斷？所謂以有真如法故能薰習無明。以薰習因緣故，則令妄心厭生死苦樂求涅槃。以此妄心有厭求因緣故，即薰習真如。……乃至久遠薰習力故，無明則滅。以無明滅故，心無有起；以無起故，境界隨滅。……

吾輩本來清淨平等不增不減之眾生心，何故能爲客塵煩惱所污？既已被污，何故又能復其本體？舉要言之，則吾儕忽迷忽悟其可能性安在？論主解答此問題，謂由真如無明互有受薰之可能性故。無明薰真如起妄心，妄心復薰無明，造出種種境界及一切苦，於是本與佛同體者變爲眾生。真如薰無明尅妄心，被尅之妄心復薰真如，結果能將無明及其所緣生之境界全滅，於是現在眾生位者皆成佛。所謂生滅因緣相之主要點如此。

本論所立諸義，學者名之爲真如緣起說。蓋彼以真如門說明萬有之實相，以生滅門說明萬有之緣起。然以真如"不可說不可念"故，論文什分之九，皆說生滅。而真如生滅二門既不相離，一切生滅法皆依真如起，以真如爲本體。故謂之真如緣起法門。

《起信論》在佛教思想系統上所占之位置

吾儕治佛學者，一向皆以《起信論》爲入門第一部教科書，輒以爲此種教義及組織，自佛在世時即已如是，乃至各派佛教徒所說無不如是，此大誤也。《起信論》蓋取佛教千餘年間在印度、中國兩地次第發展之大乘教理，會通其矛盾，擷集其菁英，以建設一圓融博大之新系統。譬諸七級浮屠，此其頂也。其在印度，龍樹、無著，雙峰對聳。龍樹從實相方面立觀點，說法體恆空；無著從緣起方面立觀點，說萬法唯識。延及末流，護法、清辯，互諍空有，法海揚瀾。《起信論》以眾生心爲大乘本體，而眾生心一面函真如相，一面函生滅因緣相，生滅又以真如爲依體，而真如又具空不空二義。於是般若法相兩家宗要攝無不盡，而其矛盾可以調和。其在中國，地論攝論諸師，關於佛身如來藏阿賴耶諸問題，各尊所聞，鬨成水火。《起信論》會通眾說，平予折衷。言佛身則應真雙開，言藏識則淨妄同體。於是南北各派之說攝無不盡，而聚訟得有所定。此不過舉其犖犖大者。其他微文深解，融納眾流，殆不可以悉數，故元曉《大乘起信論別記》讚之曰：

  其爲論也，無所不立，無所不破。如《中觀論》《十二門論》等，通破諸執，亦破於破，而不還許能破所破，是謂往而不遍論者也。其《瑜伽論》《攝大乘》等，通立深義，判於法門，而不融通自所立法，是謂與而不奪論者也。今此論者，既智既仁，亦玄亦博；無不立而自遣，無不破而還許。……是謂諸論之祖宗，群諍之評主也。

"群諍評主"一語，誠哉知言。據曉所説，既可知此《起信論》者，實涵有龍樹派之《中觀》《十二門》與無著派之《瑜伽》《攝大乘》等之所長。其實《起信》之所苞舉所調合寧止此而已哉。

於此而吾儕乃生一疑問焉：據老氏"一生二二生三"之理法，凡學説發達之順序，大率先有甲立，次有乙破，末乃丙合。今就印度思想系統言之，則《中觀》甲也，《瑜伽》乙也，《起信》丙也。就中國思想系統言之，則地宗甲也，攝宗乙也，《起信》丙也。人智以積而增，而天道後起者勝。《起信》誠高矣美矣，而謂其出於大乘萌蘖時代之馬鳴大士，則是無諍而評，不孕而育，吾儕如悍然蔑視歷史則已，苟非爾者，終不能不抉群疑以求一是也。

二　佛身論之史的發展與起信思想

本體與佛身

  宇宙之本體何耶？此爲形而上學實在論方面之主題。此問題，佛在世時，蓋所罕言。弟子及外人有問及者，佛往往斥爲戲論，如《阿含》中《箭喻經》所説是其例也。佛何故罕言此問題耶？其一，佛本爲實行的宗教家，非與人諍哲學，故對於此問題無取詞費。其二，本體體性，當由自證，非聲言所能詮説，故引而不發以待學者之自得。佛常説："於現法中，以身作證。"故佛自身之人格即爲此圓滿實在性之體現者。諸弟子親炙佛，即躍然若與此性相接，更無取爲言辭上之討論。原始佛教對於此問題不甚屑意者以此。然亦正以此故，惹起後來佛學界無數問題。

  後此佛學界之實在論，質言之，則佛身——或佛性論也。佛身論何自始耶？佛滅度後，所謂"人格的體現者"已不可得見。佛教徒乃倡爲肉身雖逝法身常存之説以自慰藉。其關於法身之解釋則有種種：或以佛所得之三十七道品十力四無畏十八不共法等之諸功德爲法身；或以無去無來之無爲實相的法體爲法身；或以遍滿虛空光照十方之説法聲音爲法身；大小乘家，其説不一。凡此皆於衆生外求佛身，可名之曰客觀的佛身説。印度自龍樹、提婆以前，中國自羅什以前之佛身論，皆此類也。

佛身與如來藏心

同時有一種學説，其始似與佛身説無關而後此乃兩相結合者，則性浄説是也。據《異部宗輪論》所記，佛滅後百餘年頃，"大衆部"從"上座部"分裂。其教義中之一條，謂："心性本浄，而爲客塵煩惱所覆。"此説小乘正統之"一切有部"大反對之；其在大乘，則"北印系"皆反對之，"南印系"率贊成之。及《大般涅槃經》出現（此經以西四二一年由曇無讖譯出，在羅什後），昌言"一切衆生皆有佛性"，而佛性亦名法身，亦名如來藏。如來藏者指如來本性在客塵纏縛中之情狀言之。其思想淵源出於大衆部之性浄説，蓋無可疑。同此一性，在纏則爲衆生，出纏則爲佛。佛之法身不求諸衆生以外，此爲主觀的佛身説。自此種主觀的佛身説出現以後，於是佛身與如來藏，如來藏與心識之間，生出極複雜的問題。全部《起信論》，不過對於此問題之融通解答而已。

三身説之争辯

龍樹前後之佛身論，惟主張佛陀肉身之外尚有法身存在而已。至無著時代，則於法身及肉身以外更立一所謂應化身者，成爲三身説。而此三身説復有二種：《金剛般若論》《法華論》等，名爲法身報身應身；《金光明經》《攝大乘論》等，名爲法身應身化身，或自性身受用身變化身。不惟名稱有異，而解釋亦殊。吉藏《法華經玄論》卷九云：

> 若《法華論》明三身者：以佛性爲法身，修行顯佛性爲報身，化衆生爲化身。若《攝大乘論》所明：隱名如來藏顯名爲法身，則此二皆名法身；就應身中自開爲二，化菩薩名報身，化二乘爲化身。……《地論》《法華論》是菩提流支所出，《攝大乘》是真諦三藏所翻，此三部皆天親之所述作，而明義有異者，或當譯人不體其意。……

三身之說，雖同出世親，然其傳譯於中國也，先後意義不同：先時在北方所譯之《十地論》等，其第一身指真如本體，其第二身指出纏之如來藏，其第三身則教化衆生所示現之肉身也。厥後南方所譯之《攝大乘論》等則與彼異：謂隱者名佛性，顯者名如來藏，實同一而異名，不能析而爲二，故合彼說之前兩身爲第一身名之爲法身，而將彼說之第三身析爲二，化菩薩者爲第二身化小乘者爲第三身。因有此異說，遂成爲當時北方地論派，與南方攝論派辯爭極劇之一問題。慧遠《大乘義章》(卷十九)謂："北地之三身說開真合應，南地之三身說開應合真。"即其義也。

《起信論》對於兩種三身說之調和

《起信論》對於此兩說採何種態度乎？彼採北方地論派開真合應說建立體相用三大之義；採南方攝論派開應合真說建立法報應三身之義。其所謂體大，指真如體性，正當地論派之法身；所謂相大，指體中大光明智慧諸義，即出纏之如來藏，正當彼之報身；所謂用大，指諸佛自然不思議之業用，正當其應身。雖然，其正說三身也，則又以體相二大總明法身，而以用大說報應二身。論文云：

> 真如自體相者，一切凡夫聲聞緣覺菩薩諸佛無有增減，非前際生，非後際滅，畢竟常恒。從本以來，自性滿足一切功德：所謂自體有大智慧光明義故，徧照法界義故……乃至滿足無有所少義故，名爲如來藏，亦名如來法身。

"無有增減畢竟常恒"，指真如體；下文所臚舉之一切功德，指真如相。然統名之曰如來藏亦名如來法身。是此法身明採攝論家說，將地論家之前二身合爲一也。論文又云：

> 此用有二種。云何爲二：一者依分別事識，凡夫①二乘心所見者名爲應身。……二者依於業識，謂諸菩薩從初發意乃至菩薩究竟地心所見者名爲報身。

---

① "凡夫"原誤作"凡太"。

報應二身,同爲示化利他之身,同屬於用大。是又明採攝論家説,將地論家之後一身析而爲二也。彼之三身説固全採攝宗,然仍旁收地宗説以謀調和。論文又云:

> 又此法身是色體,故能現色。所謂從本以來,色心不二。以色性即智故,色體無形,説名①智身。以智性即色故,説名法身。……諸佛如來,唯是法身智身之身。

此又從法身中立出智身一名。體大真如名法身;相大如來藏名智身;而二者實又異名同物。凡此諸義,其對於南北兩派所諍論之三身問題,融貫折衷慘淡經營之跡,歷歷可見。良由兩説相持,故有折衷的可能性且有折衷之必要。若《起信》爲馬鳴作耶?龍樹以前所謂三身説所謂如來藏説者曾未聞其名,馬鳴安能及此?即三身説兩派之爭,在印度似亦無劇烈之痕跡,故印度其他論家,亦無取對此問題費爾許苦心也。

三 心識論之史的發展與起信思想

六識與八識

關於心識之分類,自小乘諸部多數之經論起,以迄《般若》《法華》《涅槃》《大智度》等大乘之諸經論,皆唯説眼耳鼻舌身意之六識,而於他識更無所言。至《深密》《楞伽》《密嚴》《佛地》等經,《攝大乘》《辨中邊》等論,始立八識。此八識説者,蓋北印度系所產物,西曆四五世紀始成立者也。雖然,其起原抑甚古。蓋僅説六識,則當極睡眠或悶絶之時,六識皆不起,彼時有情之心識,豈非中斷?業之相續果報之相續何由得行?然則六識之上必應有一物焉爲其相續不斷之體。此問題,雖小乘諸師亦有見及此,故各部派中試立種種異名:如根本識,如窮生死陰,如果報識,如有分識,如細意識,如一味蘊等(注一)。八識説即從此等發展來,目此根本細意識爲第八識而名之曰阿賴耶識。阿賴耶之名,據《攝大乘論》卷二謂《增壹阿含》中已有之(但今譯本無彼文)。然義意不大明了,或是昔時外道指爲自我本體之一術語。故初期佛教徒論法相者,對於"何爲阿

---

① "説名"原誤作"説明"。

賴耶"之一問題，頗費索解。一切有部諸師，或以之當"五取蘊"，或指爲"薩迦耶見"，所説非一。至無著派之大乘教義起，始用爲第八根本識之定名，謂此乃如來甚深微妙之義非聲聞輩所能解。此阿賴耶識説成立之次第也。

阿賴耶與如來藏

阿賴耶本含有我愛執藏等義。今既指爲諸識之根本且爲業相續果報相續之主體，則其性質與所謂佛性如來藏者可謂酷相似。於是如來藏與阿賴耶比較論起。兩者之爲同爲異以及心識之如何分類，成爲一極複雜之問題。

西紀四四三年劉宋之求那跋陀羅所譯四卷本《楞伽》中，有論如來藏及阿賴耶語，佛典中説此兩名詞之關系者，當以此經爲最古。此經區分心識有廣略二説。卷一云："略説有三種識；廣説有八相。何等謂三：謂真識，現識，及分別事識。"卷四云："善不善者謂八識。何等爲八：謂如來藏名藏識，心意，意識，及五識身。"兩文合參，則知略説三識中之真識，即指第八之阿賴耶（藏識），經蓋認此識爲即真常淨識。且云"如來藏名藏識"是明認如來藏與阿賴耶爲同物也。其後西紀五一三年後魏菩提流支所譯十卷本《楞伽經》中，其第七卷亦云："阿賴耶識者名如來藏，而與無明七識共俱，如大海波，常不斷絶。"又云："甚深如來藏而與七識俱。"此論與四卷本正同，謂如來藏與阿賴耶同物。雖然，其下文又云："如來藏識不在阿賴耶識中。是其七種識有生有滅，如來藏識不生不滅。"又云："離阿賴耶識無生無滅；一切凡夫及諸聖人依彼阿賴耶識有生有滅。"此則與前文及四卷本之文矛盾，明認如來藏與阿賴耶非同物。所以然者，如來藏説起於南印，阿賴耶説起於北印，其淵源本自不同。《楞伽》之作者，欲調和兩派而未成熟，故無意中便露矛盾也。

如來藏思想，自《涅槃》《勝鬘》等經輸入以來，與真如佛身説相應和，久已深入人心。及菩提流支、佛陀扇多、真諦等次第傳譯無著、世親一派學説，以阿賴耶思想爲中心。於是阿賴耶本質何如與如來藏爲同爲異，遂成爲南北朝時代佛學界諍論之焦點。智青《法華玄義》卷五云：

若地人明：（謂地論派人所説）"阿梨耶是真常淨識。"攝大乘人云：（謂攝論派人所説）"是無記無明隨眠之識，亦名無没識。九識乃名淨識。"互諍。

吉藏《中論疏》卷七云：

> 舊地論師以七識爲虛妄，八識爲真實。攝大乘師以八識爲妄九識爲真實。又云：八識有二義一妄二真。有解性義是真，有果報義是妄用。

湛然《法華玄義釋籤》卷九上云：

> 陳梁以前，弘地論師，二處不同：相州北道，計阿梨耶以爲依持；相州南道，計於真如以爲依持。此二論師俱稟天親，而所計各異，同於水火。加復攝大乘興亦計梨耶以助北道。又攝大乘前後二譯，亦如地論二計不同。舊譯即立菴摩羅識，唐三藏但立第八。

讀此諸文，可見當時地攝兩宗對於此問題諍論極烈。而且地論派中復分南北，攝論派中復分新舊，真有千巖競秀萬壑爭流之概。今請略述其歷史及其諍辯之內容，然後《起信論》思想之位置可得而明也。

地攝兩派關於心識論之爭辯

地論派者，自後魏菩提流支、勒那摩提合譯《十地論》後，學者誦習此論，因以得名。以《華嚴》《楞伽》（四卷本）等經，《十地金剛仙》等論，爲其所宗。此派以阿賴耶爲真常淨識，慧遠《大乘義章》卷三云："阿梨耶有藏識，聖識，第一義識，淨識，真識，真如識，家識，本識，八名。"《十地論義記》卷三云："阿梨耶此翻無沒識。此是第八如來藏心。雖隨緣流轉，體不失滅，故云無沒。"此正宗四卷《楞伽》以賴耶即如來藏之說也。彼輩又呼賴耶爲佛性，名曰佛性識。故《金剛仙論》卷五有"第八佛性識"之語。《大乘義章》卷一云："佛因自體，名爲佛性，謂真識之心。"吉藏《法華玄論》卷二云："先代地論師，以第八識爲佛性。自性清淨故，亦名性淨涅槃。"慧影《大智度論疏》卷十四云："佛性之義，依於能照。即是阿賴耶識。"慧思《隨自意三昧》云："藏識湛然不變，西國云阿梨耶識，此土名爲佛性，亦名自性清淨藏，亦名如來藏。"此種賴耶即佛性賴耶即如來藏之說，源出於南印派，而盛行於我國之北朝，即所謂地論師派也。

其後地論分南道北道二派。北道祖菩提流支及道寵，南道祖勒那摩提及慧光。兩派所諍，在阿賴耶與真如之異同問題。北派爲地論正統，認賴耶純與如來藏同體，爲一切法之所依持，此外別無根本實體。南派別立真如以爲一切之所依持,蓋隱然認賴耶與如來藏爲別物矣(注二)。

攝論宗即自眞諦譯《攝大乘論》後,傳諸其徒法泰等,遂成一宗,當時謂之新教。以《攝大乘》《決定藏》《唯識》諸論爲其所依。其説心識,與地論宗大異。彼輩訶斥阿賴耶謂爲無記無明隨眠之識,而别立第九之菴摩羅識爲眞常淨識。《決定藏論》卷上云:"斷阿羅耶識即轉凡夫性。捨凡夫法故,阿羅耶識滅。此識滅故,一切煩惱滅。"圓測《解深密經疏》卷三云:

> 眞諦三藏,依《決定藏論》立九識義。如九識品説。言九識者:眼等六識,大同《唯識論》。第七阿陀那,此云執持,執持第八爲我我所。……第八阿梨耶。……第九阿摩羅識,此云無垢識。真如爲體。……

地攝兩宗雖同祖無著、世親,然創立攝宗之眞諦,紹述純粹之北印學風,壁壘峻嚴,重分析以分析。故於八識之上復立第九;認阿賴耶爲妄識,與如來藏明示區别。菩提流支等布南印教義於吾國之北,眞諦布北印教義於吾國之南,可稱學界一佳話。而在印度調和久未成熟之學説,乃不得不有待於中國人。此則《大乘起信論》出世之時也。

《起信論》之心識説

《起信論》對於心識作何分析作何融會耶?彼依一心法開二種門。論云:"心眞如者,即是一法界大總相法門體。"此文解釋三大中之"體大",此眞如純爲"超阿賴耶的",立之以爲一切法之所依持,如南道地師所説。此眞如分離言依言兩段説明;離言眞如爲"絶對眞如";依言眞如説其能顯之功用與自具之性功德,是爲"相對眞如",亦即如來藏。心生滅門釋"相用二大"。其發端最重要之語,即:

> 心生滅者,依如來藏故有生滅性。所謂不生不滅與生滅和合非一非異,名爲阿梨耶識。

此文驟讀之,若全依《楞伽》。其實不然。四卷本《楞伽》云:"如來藏名藏識。"①又云:"甚深如來藏而與七識俱。"(注三)如此則如來藏與阿賴耶是一。

---

① "藏識"原誤作"識藏"。

中卷《楞伽》云:"如來藏識不在阿梨耶識中。"如此則如來藏與阿賴耶是異。《起信論》之意,以謂:"依此不生不滅自性清净之如來藏,法爾能有無明七識生滅之相。而此不生不滅自性與彼生滅相之總和,即爲阿賴耶識。"不生不滅真體也;生滅妄相也。自《楞伽》以迄地攝兩宗,皆以真妄二元對待,校其一異。《起信》則建設真妄同體渾然一識之一元觀,故曰"不生不滅與生滅和合非一非異"。然則不生不滅何以能與生滅和合耶?論中嘗舉水波之喻以示其關系(注四)。文曰:

一切心識之相,皆是無明。無明之相,不離覺性。非可壞非不可壞。如大海水,因風波動;水相風相,不相捨離,而水非動性。若風止滅,動相則滅,濕性不壞故。如是衆生自性清净心,因無明風動。心與無明,俱無形相,不相捨離。而心非動性。若無明滅,相續則滅,智性不壞故。

自性清净心,不生不滅者也,喻如水。無明,生滅者也,喻如風。七識相續之相,喻如波。"水相風相不相捨離",故非異;"而水非動性",故非一。此不生不滅與生滅和合之所以可能,而真妄合體之一元觀所由成立也。此義既立,而積年諍論之如來藏與阿賴耶同異問題,可以解決。質而言之,則如來藏爲阿賴耶構成之主要素;而阿賴耶尚藉他要素乃能構成。故亦可云如來藏與阿賴耶非一非異也。

阿賴耶識之本體既已説明,則此識爲真爲妄之争,自可以迎刃而解。《起信論》對此問題,立覺不覺二義。文云:

所言覺者,謂心體離念。離念相者,等虛空界,無所不徧。法界一相,即是如來平等法身。

從覺方面説,則此阿賴耶識即是如來(平)等法身。此地論師所以指此識爲真常净識爲佛性也。論又云:

所言不覺者,謂不如實知真如法一故,不覺心起而有其念。……依不覺故生三種相:……一者無明業相。……二者能見相。……三者境界相。……

從不覺方面説,則此阿賴耶識爲三細六粗一切惡見之母。此攝論師所以指爲妄識爲無明隨眠之識也。然則此極端矛盾之覺不覺兩義,何由能具於一識中耶？論之言曰：

> 念無自相,不離本覺。譬如迷人,依方故迷。衆生亦爾,依覺故迷。若離覺性,則無不覺。以有不覺妄想心故,能知名義,爲説真覺。若離不覺之心,則無真覺自相可説。

此言阿賴耶亦覺亦不覺,自其覺的功用言之則爲真,自其不覺的功用言之則爲妄。而覺不覺實有互不可離之關系,則阿賴耶謂之真也可,謂之妄也亦可。論主以此折衷地攝兩宗之説,而積年阿賴耶真妄問題之聚訟可以息。

（注一）《攝大乘論》卷一云：於、大、衆部,阿笈摩中,亦以異門密意説此,名根本識,如樹依根。化地、部、中亦以異門密意説此,名窮生死陰。《攝大乘論》天親釋卷二云：根本識是摩、訶、僧、祇、部、所立名；窮生死陰是彌、沙、塞、部、所立名；正量、部、立名果報識；上座部立名有分識。《異部宗輪論》云：經、量、部末師,立有根邊藴,有一味藴。一味藴者,即無始來展轉和合,一味而轉,即細意識曾不間斷。

（注二）地論南北兩宗之説,除《法華玄義釋籤》外,別無可考,未能得其內容。竊疑南道學風,頗受南方攝論派影響變化。容俟續考。

（注三）《楞伽》所謂"甚深如來藏而與七識俱",不能與《起信》之"不生不滅與生滅和合"同解。《起信》謂如來藏與七識之總和成爲阿賴耶；《楞伽》謂賴耶與七識同在,而賴耶體相爲何,則未言也。

（注四）《楞伽》卷四云："藏識海常住。境界風所動,種種諸識浪,騰躍而轉生。青赤種種色……日月與光明,非異非不異。海水起波浪,七識亦如是心俱和合生。……謂彼藏識處種種諸識轉。"此文驟讀,若與《起信》水波之喻相同。其實不然。《楞伽》謂賴耶藏誠爲境界風所動,生七識之波浪；而賴耶與七識和合非一非異。即所謂如來藏與七識俱也。《起信》謂自性清净心爲無明風所動生七識之波浪；而净心與無明和合非一非異,成爲賴耶。《楞伽》之賴耶,即《起信》之净心,"實即起信的賴耶",之構成要素。《起信》之和合,即賴耶自體；《楞伽》之和合,則示賴耶與七識相互關系也。治法相者宜分別觀之。

四　從教理上討論《起信論》成立之年代與地方

《起信論》思想與馬鳴

《起信論》思想之內容及其與印中兩土各派思想之關系,既略如前述。今當歸結到本文——《起信論》是否馬鳴造真諦譯之問題。

凡一人有數部著作，其間思想之交互連絡，必有痕跡可尋。例如龍樹之《中論》《十二門》《大智度》；無著之《攝大乘》《顯揚聖教》《瑜伽師地》；世親之《唯識》《佛性》《辨中邊》；皆各有其一家之學風，處處互相發明。今藏中所傳馬鳴著作，其來歷最分明而確實可信者，有《大莊嚴論》《佛本行讚》二種；今以之與《起信》相校，凡《起信》所有之思想，彼中皆無；凡彼中所有之思想，《起信》亦不見。雖曰所詮之對象不同，不必相襲；然以一人之著作而思想系統絕不相屬若此，實情理之所不許。衡以因明"異品徧無"之例，苟不認彼兩書爲馬鳴作則已，亦既認之，則決不能信《起信》爲同出一人之手也。

《起信論》中許多思想，非惟馬鳴時無之，即龍樹時亦無之。他且勿具舉，即以阿賴耶識一義論，此義明明至無著、世親時代乃始成立。故彼兄弟所著書，皆汲汲於辨明此識之必有與夫此種分析之合於佛意。就中如《攝大乘論》，全書三分一之篇幅，費於"阿賴耶有無"之辨論。此凡初創新書者例須如此也。假使《起信論》爲馬鳴作，則阿賴耶說當無著前數百年已爲學界大師所公認，《攝大乘論》之絮絮辨明，豈非全無意義？且馬鳴既立有此識，而龍樹之論識乃全襲舊說僅有第六意識而止(注一)。龍樹以馬鳴之分析爲非耶？宜有以糾駁之，以爲是耶？乃不取此進步的學說而襲用小乘家言何也？否則龍樹爲一極固陋之人，於馬鳴著作全未寓目也。凡此皆事理所必不可通者。不惟此一義而已，如所謂三佛身所謂如來藏所謂衆生心所謂真如受熏等等之主要學說，皆龍樹所未夢見。質而言之，《中觀》《大智度》等論中受《起信》思想影響之痕跡，絲毫不可考見。吾儕既不能認彼諸論爲非龍樹作，即不能認龍樹前有所謂馬鳴《起信論》者存也。

《起信》思想與印度各時代

《起信》出龍樹後，稍有常識者應無異辭，此後馬鳴之說所由生也。此後馬鳴後至何時耶？以思想系統言之，必其在世親後然後可。蓋《起信》中一大部分精神，在調和大乘兩宗空有之諍，至易見也。故若爲印度撰述，亦宜在護法、清辯對壘之時或更在其後。然向來言有後馬鳴者，亦不過言其爲提婆弟子(龍樹再傳)，而彼時代之不能發生此思想又至易見也。故後馬鳴之說亦不能成立也。

凡造論必有所對治，而所對治者必爲當時正面之敵人。譬有一歐文政治學書於此，題爲十八世紀某名家所作，其内容則自立一種社會主義，而對於異派之社會主義偏加批駁；對於貴族主義平民主義之得失乃無一言論及；此書不問而知其僞矣。蓋十八世紀時代之政治論，其主要目的在與君主貴族肉薄；而社會主義並未出現，至何派之優劣更不成問題也。印度之大乘論部書，譯本不下百種，試一一搜覽，當可發見其中破敵之論，皆一面對治小乘，一面對治外道。乃《起信論》則全與彼等異：其中"對治邪執"之一段，所對治者純爲大乘别派，而於小乘及外道乃似不措意。内中所訶斥之"人我見"，全屬關於法身與如來藏之問題，所謂法身有色耶無色耶，空耶不空耶，如來藏有自相差别耶無自相差别耶〈……〉等，正我國南北朝時代佛教徒辯諍之焦點也(注二)。若此論爲馬鳴造耶？馬鳴時代，並如來藏法身等名目而無之，遑問異説？以此對治，寧非無敵放矢？而其時正值外道争鳴小乘跋扈，何以翻無一言施以對治？此何異以一書嫁名亞丹斯密，而書中乃徧評"布爾雪維克""散得加""基爾特"主義之得失；以一書嫁名盧梭，而書中對於君權神授説乃嘿不一及也。夫豈惟馬鳴時代爲然，彼印度之大乘家，蓋始終在外道小乘重圍中，故雖至護法、清辯輩，其著作皆爲對外對小之精神所貫注，從未有舍彼兩大敵而以大乘異説爲對治之鵠者。觀《起信論》所對治，則知其書蓋産於無小乘無外道之國，且當大乘各派訌争混亂之時，而印度則非其倫也。

《起信》思想與真諦

《起信》既非印度著述，則譯人更不成問題。然此書何以嫁名真諦，毋亦以其中思想淵源於《攝大乘論》者甚多云爾。殊不知書中最主要之阿賴耶真妄問題，真諦與《起信》思想根本不同。如前文所引圓測《解深密疏》云："真諦三藏依《決定藏論》立九識義。"是九識之説，傳自真諦。而此説以滅阿賴耶爲鵠；正與《起信》"依如來藏不生滅與生滅名阿賴耶"之説不相容者也。而後此崇尚《起信》之賢首，對於真諦同系之玄奘，意見不合，亦正以此也。是故雖有《起信》，真諦未必譯之；苟真諦而肯譯《起信》，則其所立宗風決不如彼也。

(注一)難者或曰："就令《起信論》非馬鳴作，而阿賴耶之名，在龍樹前早已存在。彼《楞伽經》中佛告大慧，不已詳哉言之耶？"讀者若以此等論鋒相加，則吾儕殆無所容其辯難。如此則惟有認龍樹、提婆輩爲一極陋極愚之學者,並其所讀之《楞伽》而不能解耳。故吾於前論標出數項根本意見,言須承認許多佛經爲佛滅後千年間次第發展。蓋不如此則佛教教理系統全破矣。

（注二）本論對治邪執中之五種人我見,其第一種邪執,謂"法身猶如虛空",此指道生之法身無果及梁代三大法師之佛果無色說也。第二種邪執,謂"真如涅槃之性唯是其空",此指般若一般之說,印度本有之,而中國亦甚盛者也。第三種邪執,謂"如來藏有色心自相差別",全與第二執相反,此指羅什等以佛之音聲等爲法身之說也。第四種邪執,謂"如來藏自體具有世間生死等法",此指天台之所謂十界性,四明之所謂性惡說,蓋當時攝論宗所主張如此也。此等問題,（除第二執外）在印度曾發生與否,不可深考,要之在我國學界乃喧囂極也。

結論　《起信論》之作者及其價值

以上從文獻教理兩方面考察之結果,《起信論》非出印度,殆成信讖。同時支那撰述說當然成立。然則中國曷爲而能有此書且曷爲而須有此書？當時學界情況,如前章所述:先以羅什所傳之龍樹派教義爲中心,成立三論宗。此宗在吾思想界有極深之根柢,極雄之勢力,當東晉、宋、齊間殆呈一統之觀。及流支、笈多輸入世親派教義,創立地論宗,而固有之勢力爲之動搖。真諦東來,又於世親派中異軍特起別成所謂攝論宗者。三宗對峙,成鼎足割據之狀,思想界之混亂,達於其極。以好調和之中國國民性,對於此種狀態,殊難安忍,於是乎感有會通融和之必要。而以三百年間根柢蓄積之深厚,對於各項主要問題經無數賢哲往復辯爭,略已盡其癥結。學者所積學力,既已有調和衆說獨標新諦之可能性。夫既必要而且可能,此則以調和爲職志之《起信論》所由起也。然則調和已奏功乎？曰,是又烏能。夫思想者永無統一之期者也,果統一則已失其活力而不復得名之曰思想。我國佛教思想系統,入隋唐以後,三論蛻變爲天台,攝論蛻變爲法相,地論蛻變爲華嚴。以吾觀之,《起信論》所占位置,不過擴地論宗土宇爲華嚴宗先驅而已。然則《起信論》無甚價值可言耶？曰,是大不然。《起信論》者,消化印度的佛教而創成中國的佛教之一大產物也。印度的佛教與中國的佛教比較優劣,此別一問題。但凡屬文化力偉大之國民,承受外來學說,必能咀嚼之,變化之,加入自己之國民特性以成一新系統。我國之於佛教正如此。而《起信論》及其所導出之華嚴宗,正其代表也。

然則創此《起信論》者誰耶？望月氏與村上氏對於此問題頗費極長之討

論,而其説亦屢有小變。望月先確定其年代:謂此論嘗爲慧遠著述中所稱引,慧遠以隋開皇十二年(西紀五九二)入寂,故成書之最低限,不能晚於開皇十二年。又此論確有引用真諦本《攝大乘論》之痕跡,《攝大乘》之翻譯在陳天嘉四年(西紀五六三),故成書之最高限,不能早於天嘉四年。然則此書殆成於此三十年間某學者之手,殆無可疑。

據唐均正《四論玄義》所説,或云"北土論師造",又云北地論師謂是"昔日地論師所造"。望月氏既求之於北地,又求之於南地,既求之於地論家,又求之於攝論家。其人則若慧思若曇延若曇遷,皆嘗擬及,而結果略推定爲曇遵。其考證之功甚勤,亦粗能自完其説。若全引之,須費數千言,恐讀者見厭,且從省略(注一)。望月之意,總以爲是當時某派論師,欲立一説以戰勝他派。自審人微言輕,乃託於馬鳴、真諦以自重。於是在各派中皇皇求索,務得其人以實之。吾以爲此不必也。本論發端説造論因緣總相曰:

   爲令衆生離一切苦得究竟樂,非求世間名利恭敬故。

安知非當時有一悲智雙圓之學者,憫諸師之鬩争,自出其所契悟者造此論以藥之,而不欲以名示人。此在我國著述界中,殊不足爲奇也。在論主之意,並未嘗欲託古人以爲重。及既傳於世,共賞其玄異而不審其所自來。有好事者則謂是非馬鳴不能作非真諦不能譯也。輒以署之,而傳者因之,於是轉成作僞之文矣。以吾所見,或是如此,姑陳之以備一解。

抑吾更有言者,無論此書作者爲誰,動機何等,曾不足以稍損其價值。此書實人類最高智慧之産物;實中國、印度兩種文化結合之晶體。以佛家依法不依人之義衡之,雖謂爲佛説可耳。於馬鳴乎何有!於真諦乎何有!

(注一)欲知其説,可看原著一六四至一七二葉,又四九至六四葉。

餘　論

一　《起信論》與《占察經》

望月書中有《〈起信論〉爲〈占察經〉之類同及關系》一長篇,指摘兩書相同之點。又考定《占察經》確爲僞書，而因牽及《起信》真僞問題。極有理致。今節譯如下：

　　日本人賢寶所著《寶册鈔》卷八引新羅人珍嵩所著《探玄記》云："馬鳴《起信論》一卷。依《漸刹經》二卷造此論。而道宣師目錄（按即《大唐內典錄》）中云此經是僞經。故依此經之《起信》是僞論也。"珍嵩爲唐代人，均正以後，直指此論爲僞者，彼其首矣。然則《漸刹經》果何經耶？日本豐山快道《〈起信論義記〉懸談》云："古曰漸刹者，恐占察事經歟？漸刹占察音相近，故誤乎？"望月氏據此知漸刹即占察。占察者，全名爲《占察善惡業報經》，今存藏中（明智旭有《占察義疏》現刊行）。書凡二卷。上卷言占察之法：以木輪占過去世所作善惡之業及現世之苦樂吉凶，而歸結於福懺地藏王，實爲一種極妖妄迷信之說。下卷則言所謂大乘實義者：說衆生心體不生不滅自性清淨，說離言真如依言真如，說真如熏習無明熏習，說真如之自體相用，說對治邪執，說三種發心，說奢摩他毗婆舍那，說一行三昧，說專念往生，殆全部分與《起信論》相同。望月氏兩文對較列出十餘條。今擇錄其數條：

占察經	起信論
（一）菩提體者非有非無非非有非非無非有無俱非一非異非非一非非異非一異俱乃至畢竟無有一相而可得者以離一切相故離一切相者所謂不可依言說取以菩提法中無有受言說者及無能言說者故又不可依心念知以菩提法中無有能取所取無自無他離分別相故若有分別相者則爲虛僞不名相應 如來法身中雖復無有言說境界離心想念非空非不空乃至無一切相不可依言說示而據世諦幻化因緣假名法中相待相對即可方便顯示而說	真如自性非有相非無相非非有相非非無相非有無俱相非一相非異相非非一相非非異相非一異俱相乃至總說依一切衆生以有妄心念念分別皆不相應故說爲空 一切法從本已來離言說相離名字相離心緣相畢竟平等無有變異不可破壞唯是一心故名真如以一切言說假名無實但隨妄念不可得故言真如者亦無有相謂言說之極因言遣言 復次真如者依言說分別有二種義一者如實空二者如實不空

(二)所言心外相者謂一切諸法種種境界等隨有所念境界現前故 又復當知心外相者如夢所見種種境界唯心想作無實外事一切境界悉亦如是以皆依無明識夢所見妄想作故 復次應知內心念念不住故所見所緣一切境界亦隨心念念不住所謂心生故種種法生心滅故種種法滅此心滅相但有名字實不可得以心不住於境界境界亦不來至於心如鏡中像無來無去	三者名爲現識所謂能現一切境界猶如明鏡現於色像現識亦爾隨其五塵對至即現無有前後以一切時任運而起常在前故 三界虛僞唯心所作離心則無六塵境界此義云何以一切法皆從心起妄念而生一切分別即分別自心心不見心無相可得當知世間一切境界皆依衆生無明妄心而得住持是故一切法如鏡中像無體可得唯心虛妄以心生則種種法生心滅則種種法滅故
(三)法身本界無增無減不動不變但從無始以來與無明心俱癡闇因緣熏習力故現妄境界以依妄境界熏習因緣故起妄想相應心計我我所造集業諸受生死苦 依一實境界故有彼無明不了一法界謬念思想惟現妄境界分別取著集業因緣生眼耳鼻舌身意等六根 但以無明癡闇熏習因緣現妄境界令生念著所謂此心不能自知妄自謂有起覺如想計我我所而實無有覺知想以此妄心畢竟無體不可見故	是心從本已來自性清淨而有無明爲無明所染有其染心而常恒不變是故此義唯佛能知所謂心性常無念故名爲不變以不達一法界故心不相應忽然念起名爲無明 以依真如法故有於無明以有無明染法因故即熏習真如以熏習心則有妄心以有妄心即熏習無明不了真如法故不覺念起現妄境界以有妄境界染法緣故即熏習妄心令其念著造種種業受於一切身心等苦

兩書相類之點甚多，此不過舉其什之二三，然即此已可推見兩書實有密切之關系。假令《占察》果屬佛說而爲馬鳴所依，則馬鳴直剿經文改頭換面冒爲已作，寧有是理。而《占察》之爲僞經，自隋時既有定讞。《歷代三寶記》卷十二《占察經》條下云：

    右一部二卷。檢群錄無目。而經首題爲菩提登在外國譯。似近代出。今諸藏並寫流傳。而廣州有一僧行塔懺法：以皮作二帖子，一書善字，一書惡字，令人擲之，得善者好得惡者不好。……開皇十三年有人告廣州官司云其是妖。官司推問，其人引證云，塔懺法依《占察經》。……廣州司馬郭誼具狀奏聞。敕不信《占察經》道理。令……就寶昌寺問大德沙門法經等。報云：《占察經》，目錄無名及譯處；塔懺法與衆經復異，不可依行。敕云：諸如此者，不須流行。

據此則此書已經隋代勘驗，認爲僞妄。故法經之《隋衆經目錄》入之疑惑部。此後彦琮之《仁壽錄》，道宣之《大唐內典錄》，亦皆列諸疑僞。惟明佺之《武周刊定目錄》，信爲真經，而《開元錄》因之，其書遂入藏傳至今。然以絶不知名之外國譯師——所謂菩提登者，其來去蹤跡一無可考，舍此本外更無他譯，而舊經錄中亦曾未之見，則法經等之判爲僞，誠屬至當。其旨歸在禮懺地藏菩薩，明屬就中國俗間迷信附會出來，章章甚明。

顧最可怪者，其下卷所言教理與《起信》若合符節，且並文句亦多相同。望月氏於是提出三問題：（一）二書同出一人手，（二）《起信》襲《占察》，（三）《占察》襲《起信》。彼主張第二説，鄙意則第三説較爲近是。蓋當時《起信》初出世，傳習尚希，著僞《占察》之人偶獲其本，輒剿以實已書。其人又不解法相，故於論中言三細（六）粗等文悉刪去，惟挦撦其泛言心性者敷衍之，故文冗漫不可讀。然即此愈可證《起信》來歷不明，故作僞者利其可隱祕而敢於剽竊。不然，抄人人共讀之馬鳴論謂爲佛説，雖愚者不出此也。

二 《起信論》與《釋摩訶衍論》

有一妖書題曰《釋摩訶衍論》十卷者，現存藏中祕密部（金陵刻經處有單行本）。其書標題次行云：

马鸣菩薩本論　　　波羅末陀譯
龍樹菩薩釋論　　　筏提摩多譯

篇首有一序，題曰"天回鳳威姚興皇帝製"，內有

朕聞其梵本先在於中天竺，遣騎奉迎，近至東界。以弘始三年歲次星紀九月上日於大莊嚴寺親受筆削敬譯斯論。直翻譯人筏提摩多，傳俗語人劉連陀等，執筆人謝賢金等。首尾二年方繕寫畢功。

等語。其書所謂本論者，即梁譯《起信論》原文也。果有此書，果有此譯，則龍樹豈惟曾見《起信》，且曾爲之注釋，吾儕所考證，直可一筆抹殺耳。然此書作僞之謬而且愚，有出尋常情理外者。請略舉之。

第一，該書標題本論波羅末陀譯，釋論筏提摩多譯，譯一部書之注，反將本

文抽出不譯而委諸他手，已屬異聞。且波羅末陀非他，即真諦梵文原名也。梁承聖三年波羅末陀始譯出本論（從舊説），而一百五十五年前之弘始三年，有所謂筏提摩多者因其本文而譯其注，豈非妖怪！蓋作僞者並波羅末陀之爲誰氏而不知，殆以彼爲唐、虞三代時人矣。

第二，序文題"天回鳳威姚興皇帝"，可謂怪誕已極。姚興乃秦主姓名並非皇帝徽號；且興亦從未聞有所謂"天回鳳威"之怪稱。此如鄉嫗説城市事，開口便可笑。況姚秦時又安有所謂大莊嚴寺者？弘始三年，鳩摩羅什方在長安，聲勢赫矣，無人敢與抗顔行。雖以飽學之佛馱跋陀羅（即譯《華嚴》者）且被排而去，何物筏提摩多，能近姚興之禁臠耶？

第三，該書臚列許多異經異論且引其文。其卷一謂《起信》所依經有百種，將經文一一列出，内中惟《金剛三昧經》《諸法無行經》《大乘同性經》《維摩詰經》《華嚴經》《大品經》《修行道地經》之七種，其名見於經録，其書存於現藏；自餘九十三種，不惟從未見其書，且古今各著述家從未道其名。該書又言馬鳴作論一百部，内九十種花文論攝，十種攝義論攝。其所謂攝義論攝之十部，亦一一舉其名，從第一部《一心遍滿論》起至第十部《大乘起信論》止，皆從來著作家所未聞未見。真是"信口開河"。

第四，六馬鳴之説，即該書所自創也。原來印度所傳馬鳴事蹟，半帶神話性質，其年代亦言人人殊，如吾前文所述。作僞者乃雜糅諸説而會通之，化一爲六。夫學説雖可以會通，一個人出生年代，斷無可以會通之理，此常識所能知也。如作僞者所説，則此馬鳴者，從佛在世時起至佛滅後九百年止，連續出世六次。怪誕可謂已極。尤奇妙者，此部《起信論》，爲第幾次出世之馬鳴菩薩所造，彼卻未説！

第五，該書假造許多梵文來嚇人。其中最可笑者，如謂方等爲必薩伊尼羅，如來藏爲婆伽婆俱舍，法界爲達摩邊那，真如爲婆阿久尼羅，世間爲羅諾補帝尸，出世間爲度羅諾補帝等等。方等之梵名爲毗浮略 Vaipulya，佛門中小沙彌多知之。如來藏梵名爲 Tathagatagarbha①，絕非婆伽婆俱舍。婆伽婆爲佛之敬稱，作僞者因佛亦稱如來，故移用於此而別湊上俱舍兩字。世間梵語爲

---

① 原誤作"Fathagatagarbha"。

Loka，出世間爲 Lokottara①，絶無所謂羅諾補帝之怪名。作僞者既杜撰一羅諾補帝爲世間，又取漢字中超度之義加上一度字名出世間爲度羅諾補帝，真堪絶倒。計書所舉梵名數十，除卻摩訶衍爲大乘確譯外，其餘恐皆是作僞者自爲蒼頡而已(以上據望月原著二五二葉)。此正如現今京、滬間乩壇，常常有阿里士多德之流降臨，奮筆寫不成拼音之英語，其愚謬固可憐，其大膽欺人，卻真可惡！

第六，該書第九卷，造種種怪字，號爲真言。其中有自二十九字至九十五字連屬之呪語，謂誦之可獲功德。其怪字最可駭者，如嶯(那闇反)皿(毗入反)乃(阻立反)九(於呼反)冈(隱天反)歪(於可反)峃(弗八反)之類，明是踵襲武則天新字變本加厲，隨意亂作。

此種妄人妄作之妖言妖書，寧值置辯。顧吾不惜費此等墨者，則以千年來信奉而寶習之者實繁有徒。他且不論，即如鼎鼎大名之華嚴宗第五祖唐圭峰禪師宗密，所著《圓覺經疏鈔》卷十，即云："準龍樹菩薩《釋摩訶衍論》中説，馬鳴菩薩約一百本了義大乘經造此《起信論》。即知此論通釋百本經中義也。"圭峰且然，後學誰敢持異議者？吾儕雖欲不辯而烏能已於辯哉？

嗚呼！吾欲大聲疾呼警告普天下之僧衆及居士曰：仁者日日誦持之經典，如此類者甚衆；日日所行之作法，如《占察經》之類者甚衆。慎之慎之，其毋以作佛事故而助魔張目也！

(上海商務印書館 1924 年 6 月版)

朱舜水先生年譜(補)

朱舜水先生學説彙纂

(一)泛論

學者立志當如山，求師當如海。《答奥村德輝》(卷十葉十一)

---

① 原誤作"Lokattara"。

爲學非難，立志爲難。志既堅定，則寒暑晦明貧富夷險升沉通塞，均不足以奪之矣。如此而學有不成者乎？然學所以祈進者也；所以基大者也；而自以爲進者恒退；自以爲大者，並其小而失之。《答矢野保庵》（卷六葉八）

學須內求，不在貌取。近世之人，多貌取以炫世已爾，非有真能實實，求進於學者也。《答銅山知幾》（卷六葉八）

氣恒奮而不靡，志恒苦而不弛，何腳跟之不能立定而聖賢之不可幾及哉？最吃緊者無如"我亦秉彝之民不可不行"之語。（案：當是來書原文。）誠知其在我，則亦何必他求。若使饘於斯粥於斯歌於斯哭泣於斯，則亦世俗之民爾已，非所貴乎豪傑之士也。夫千人之中萬人之中絶絶特拔，謂之豪傑；混混然隨波逐流同聲附和，謂之鄉人。二者惟足下擇而安焉爾。《答明石源助》（卷六葉六）

不自安於庸人，則必爲豪傑矣。《答古市務本》（卷十葉十二）

學者志不可雜，頃言專心致志者此也。若今日欲學何事，明日又欲學何事，其人到老不能精一藝。何也？以其志泛而心浮且欲速也。《答滕［藤］井德昭問》（卷十五葉十八）

勤學敬修，志立道成，是所望於吾學者也。舊習不脫，屢志難保，非所望於吾學者也。（案：勤學云云舊習云云當皆是來書原語。）祿位福澤宮室土田玩好珍奇諸凡大小之物明：現前者皆不可必得。何也？屬之人者也。名壽壯健通達康寧顧適亨泰亦不可必得。何也？屬之天者也。若夫志與道，欲立則立，欲成則成，三軍之師，不能奪吾之志。孟賁、烏獲之勇，不能敗吾之道。何也？屬之我者也。孟子曰："求則得之，舍則失之，是求有益於得也，求在我也。求之有道，得之有命，是求無益於得也，求在外者也。"舊習也則祛之而使之脫，志屢也則振之而使之壯。其權在我，非人之所得操者也。孟子曰："人皆可以爲堯舜。"爲之不已，堯舜且可，而況下於堯舜者乎？堯舜非爲之而至者乎？抑生而堯生而舜乎？冉有說："仲尼之道而諉之力不足。"孔子曰："力不足者，中道而廢，今汝畫。"足下先虞其舊習屢志也而惴惴焉畏之怖之，則自畫矣。自畫則志不立矣。志既不立，道豈有成乎？《答古市務本》（卷十葉十三）

自謂不能者，自暴棄者也。謂他人終於不能者，嫉人害人者也。《與野傳雜帖》（卷十二葉十五）

光陰若流，事業無就（案：此二語當是來書原文），此蹈襲前人語，非也。但當曰

光陰若流,不讀書行己,則事業必無所就。《答奧村德輝》(卷十葉九)

前年見足下時,方在成童,轉瞬之間,已冠已昏矣。……孟子謂"待文王而興者凡民也,若夫豪傑之士,雖無文王猶興",其言可深長思也。夫待文王而興,猶且謂之凡民,待文王而不興者,其將謂之何哉?足下欲爲豪傑之士乎?欲爲凡民之不若者乎?《答奧村德輝》(卷十葉十)

歲序維新,景物明麗,卿士大夫以及庶人,無不以爲喜,惟學者則以爲懼。通計舊年之功,未見大有所進,而瞬息已增一年。設使歲歲如茲,百年止是鄉人,何時可以及舜?《與安東守約》(卷九葉二)

能學則稠人群聚之時,必有我師,事務紛錯之際,皆有其學。《答奧村德輝》(卷十頁十一)

問:僕經星霜二十餘年汲汲世事,皇皇職務,而雖不知聖賢之道……云云。答:汲汲世事,皇皇職務,遂謂荒廢學業,則必明窗淨几,伊吾咕嗶而後謂之學矣。則身體力行者非學,而吟詩作文者爲學矣。是殆不然。……但問日夕之所以汲汲皇皇者,公私利欲之間爲何如耳,苟或背公植黨,營其私家,則罪也。如果勤思職業……則汲汲皇皇乃學問之大者。《答古市務本問》(卷十四葉十三)

奧村庸禮問:"幼年……不知聖賢之道……及長,國政之暇,閱經書,其理難澁……又國俗不任(所欲)……性情軟弱,氣品麤笨,孝敬之心日弛,聖賢之道彌離。伏冀先生示嚴諭。"答:"聖賢之所以持心,君子之所以守道,其得力處不在多。只要一句兩句,扼其要領,遂終身用之不盡。聖賢之道,不在他求,剛而不撓,精而不浮,莫過於是,何多自遜也。至於國俗不任所欲,愚謂不然。公侯卿相者,禮義之所司,作則於上而爲士民之所觀感而取法焉者也。聞有矯國而革俗者矣,豈有委身以循故俗者哉?"《答奧村庸禮問》(卷十四葉十一)

啓超案:奧村蓋貴族而執一藩之政者(但似非藩侯),故先生誨之如此。然矯國革俗,固士君子之常責,不獨貴族社會爲然也。持心守道,只在一兩句扼要領受用,亦無論何人爲學,只是如此。

古來爲學,不問其貧富貴賤,不問其事冗繁簡,惟問其好不好耳。好則最煩最不足者偏有餘力餘功,不好則千金之子,貴介之冑,祇以嗜酒漁色,求田問舍,何復有一念及於學問?且學問者,亦何必廢時荒業,負笈千里而後爲學哉?家有母,學爲孝;家有弟,學爲友;家有婦,學爲和;出而有君上,學爲忠愼;有朋友,學爲信;無往而非學矣。其不得其意者,時取古人之書以印之證之擴之充之,即此是學矣。茅容樵子耳,郭林宗勸令爲學,卒爲大儒,世何有不可學之人?漢光武、明帝之時,期門羽林皆讀《論語》《孝經》,分番上直,以書納之懷中,暇則出而讀之,何有不可學之時哉?《答小宅重治》(卷八葉五)

爲學之道,在於近裏著己,有益天下國家,不在乎純弄虛脾,捕風捉影。《答奥村庸禮》(卷十葉八)

孔子曰:"有顏回者好學,不遷怒,不貳過。"豈非聖賢之學,俱在踐履。若文字語言,則游、夏、賜、予,遠過顏子。《答安東守約雜問》(卷十四葉一)

天下文字千頭萬緒,道理只是一個。若能明得此理,引而伸之,觸類而長之,無往非是。若執何書以爲鵠的,猶非絶頂議論。《答安東守約雜問》(卷十四葉一)

爲學當有實功,有實用。不獨詩歌辭曲無益於學也,即於(經傳)字句之間,標新領異者,未知果足爲大儒否,果有關於國家政治否,果能變化於民風士俗否。……能以爲學修身合而爲一,儘足追踪古聖前賢,若必欲求新,則禹、稷、契、皋、陶、伯益所讀何書也。《答小宅生順問》(卷十五葉十)

世之學聖人者,視聖人太高,而求聖人太精。謂聖人之道,一皆出於自然而毫無勉強。故議論臻於寥廓,析理入於毫毛,而究竟聖人之道去之不知其幾千萬里已。幾千萬里而已也,容有至之時。卒之馬牛其風,愈趨而愈遠,是皆好高喜新之病害之也。古今之稱至聖者,莫盛於孔子,而聰明睿知莫過於顏淵。及其問仁也,夫子宜告之以精微之妙理,入於言思俱斷之路,超越於惟精惟一之命,方爲聖賢傳心之秘,何獨曰非禮勿視,非禮勿聽,非禮勿言,非禮勿動?夫視聽言動者耳目口體之常事,禮與非禮者,中智之衡量,而勿者下學之持守,豈夫子不能説玄説妙言高言遠哉,抑顏淵之才不能爲玄爲妙驚高驚遠哉?夫以振古聰明睿知之顏淵而遇生民未有之孔子,其所以授受者止於日用之能事,下學之工夫,其少有不及顏淵者,從可知矣。故知道之至極者,在此而不在彼也。《勿齋記》(卷十八葉一)

既好聖賢之學,自然能知能行。未能知未能行,非所患也。況今日所知所行,種種皆是能事。但貴引而伸之。《答安東守約》(卷九葉十九)

躬行之外,更無學問。《與古市主計》(卷十一葉二十一)

愚以爲學仲尼而不得其要,不若學鄉國之君子。學鄉國之君子而未得其真,不若學比閭族黨之善人。……若後生小子……遽於天人理欲義利公私之際與之辯析毫芒,彼不蹶然而去,則有嗒然而喪爾。其曰,所論益精,所就益寡。《答某書》(卷六葉十一)

學者以躬行心得爲主而潤色之以文彩。不可以文字爲主而潤色之以德行。《答古務市本》(卷十葉十一)

理障之學,人己俱入混沌,須一切屏去,千萬勿以擾心。《答安東守約》(卷十二葉三十五)

存心養性者,少異於正心誠意,而大別於明心見性也。《與安東守約》(卷九葉四)

問:太極陰陽。答:貴國專言太極。……夫子至聖,不言天道。子貢名賢,言天道不可得聞。今貴國諸儒賢於古人,而宋儒過於夫子、子貢也。《答加藤朋[明]友問》(卷十五葉一)

問:赤子之心何形象?又是宋儒口角。赤子之心,不識不知,渾然天真,絕無一毫私僞。……若問其形象,昔人有問王陽明先生曰:"良知形色何如?"陽明答曰:"是赤的。"良知豈是赤的來?(同上)

每事知懼知敬,不患心不正品不好。今人之所以汙邪侈辟者,只是不懼不敬耳。《與野道設》(卷十一葉十)

必役於毀譽,誠哉鄉愿之學,必不可也。若便[使]毀譽以爲美惡,是他人爲我作主,我不得爲一身之主矣。世豈有他人代我爲聖爲賢者乎?……毀譽之來,但當自反於己,自反無缺,便屹然不動。《答安東守約》(卷九葉二十一)

凡言議當看彼人與我之品地何如?其人高於我而議我之失,則可懼也。其人不及我而議我之失,則理之自然,何怪之有。若使彼言是也,我當改之;彼言非也,我何惑於彼哉?《與佐藤彌四郎》(卷十一葉四)

高潔之行可爲也,高潔之言不可爲也。若夫有關於衆,雖高潔之行亦不可爲也。昔者韓宣子爲司馬將斬人。郤獻子爲元帥馳救之而不及,使速以徇,曰,吾以分謗也,此意可深長思矣。《與安東守約》(卷九葉四)

問:楊秉三不惑,學者所當宗師,守約常欲守之。答:堯百榼,孔千鐘,無害於酒。及姜女,來相(胥?)字,無害於色。周公受分獨多,古今稱富,無害於財。陳仲子能絕四者,獨與其妻居於於陵,然濟得甚事。真聖賢大豪傑卻不在此中尋求。《答安東守約雜問》(卷十四葉八)

啓超案：先生最謹嚴方正，且常以克己節欲之義教後輩。此處爲已成德之安東説法而更有以進之，非一般所能藉口也。

"談論輕疾，乘喜失儀，習俗漸化，言涉非禮。"（案：此當是來書自責原語。）必不至此。稍稍有之，亦自無妨大德。曾子曰："狎甚則簡也，莊甚則不親。是故君子之狎足以交歡，莊足以成禮而已。"可見君子無時不莊，而猶以近人爲念。不佞習性莊嚴，不能自化，每每以此爲病，賢契豈可復蹈之。且足容必重，手容必恭，禮特言其大要爾。自朱子言之，儼然泥塑木雕，豈可復行於世。《答安東守約》（卷九葉二十）

植德之基，要在多識前言往行。不然，則執非是者以爲是，舉非義者以爲義，差之毫釐，謬以千里。《答奧村庸禮》（卷十葉四）

勿區區剽竊紛飾自號於人曰我儒者也，則可矣。處處危疑而弗能決，投之艱大而弗能勝，豈儒者哉？《答古市務本》（卷十葉十二）

武夫悍將詆譏文人無用者，彼衹見迂儒小生三學村[村學]究膠柱鼓瑟引喻失義者耳；如王欽若輩閉户誦經，賦詩退虜者耳。若陸宣公、李長源、王文成、高文襄輩，圖度虜情，如指諸掌，雖健將累百，有能出其範圍者哉？又安在悉索刀瘢箭痕哉？是故欲爲大將名將，必當讀書。《與奧村庸禮》（卷十二葉三十七）案：此書針對當時日本武人見解而發。

公餘之暇，惟在讀書，一則曰親古人，一則曰遠損友。古人日益親，則路境日益熟。匪人日益遠，則持身日益高。閒事不涉，則禍患不侵。閒人不交，則浪費節省。若能高尚而不詭俗，和光而不同汙，斯善之善者也。《答古市務本》（卷十葉十二）

古人云世間何物最益人神智，曰無如讀書，然則讀書非特修身正行，適所以益人神智也。……然中年向學，經義簡奧難明，讀之必生厭倦，不若讀史之爲愈也。《資治通鑑》文義膚淺，讀之易曉，而於事情又近。日讀一卷半卷，他日於事理脗合，世情通透，必喜而好之，愈好愈有味……則義理漸通矣。《與奧村庸禮》（卷十葉三）

一部《通鑑》明透，立身制行，當官處事，自然出人頭地。俗儒虛張架勢，空馳高遠，必謂舍本逐末，沿流失源。殊不知經簡而史明，經深而史實，經遠而史近。此就中年爲學者指點路頭，使之實實有益，非謂經不須學也。《答奧村庸禮》

（卷十葉七）

先賢謂"《戰國策》不可讀，讀之壞人心術"。不佞謂此爲初學及下愚言之耳。若真能學者，如明鏡在懸，凡物之來，妍媸立辨，豈爲彼物所移？何能壞我心術？不見夫海乎？河漢江淮，無一不內，潢汙行潦，并無去取。所以能爲百谷王也。《答安東守約雜問》（卷十四葉一）

孟子曰："盡信書不如無書。"非不要書也，但當以理推斷，不可刻舟求劍耳。書如人之杖。老者力不足者，倚此而行。若兩足不能步履，而竟以杖行，此必無之理也。《答野傳問》（卷十三葉八）

讀書如酒量，有能飲一石者，有不勝一夕者，各當自量其力。若騖多而不精熟，與不讀一般，不如簡約爲妙。倘過目成誦，自當博極群書。《答安東守約雜問》（卷十四葉十）

心不端靈，作文固是浮華，讀書亦成理障。《答安東守約雜問》（卷十四葉一）

（二）批評

批駁古人，要當使死者心服。不然，則爲妄肆譏評矣。《與安東守約》（卷十二葉三十二）

來問朱、王之異，不當決於後人之臆斷，寒暖之向背，即以孔子斷之。……孔子曰："我非生而知之者，好古敏以求之者也。"又曰："十室之邑，必有忠信如丘者焉，不如丘之好學也。"他如學而不厭，下學上達，不一而足。其餘顏淵也，不稱其聞一知十，而亟道其不遷怒不貳過爲好學，是可見矣。朱子道問學，格物致知，於聖人未有所戾。王文成即有高才，何得輕詆之？……文成爲僕里人，然燈相炤鳴鷄相鬥，其擒宸濠，平峒蠻，功烈誠有可嘉。……後厄於張璁、桂萼、方獻夫，牢騷不平之氣，故託之於講學。若不立異，不足以表現於世，故專主良知，不得不與朱子相水火。……愚故曰，文成多此講學一事耳。《答佐野四［回］翁》（卷六葉七）

先儒將現前道理，每每說向極微極妙處，固是精細工夫。不佞舉極難重事，一概都說到明明白白平平常常來，似乎膚淺庸陋。先儒之言，惟危惟微惟精惟一之旨也，不如此不足以立名。然聖狂分於毫釐，未免使人懼。不佞之言，人皆可以爲堯舜之意也。有爲者亦若是，或可使初學庶幾焉。而不佞絕無好名之心。此其所異也。末世已不知聖人之道，而偶有向學之機，又與之辨析精微以逆析之,使智者詆爲芻狗,而不肖者望若登天。……此豈引掖之意乎?
《答安東守約》(卷九葉十五)

　　孔子生知之聖,其一生並不言生知,所言者學知而已。如曰"好古敏求""我學不厭""不如丘之好學也"等語,可見聖人教人之法矣。陸象山、王陽明非之,自然可見矣,不論中國與貴國,皆不當以之爲法也。《與安東守約》(卷十二葉三十三)

　　昔有良工,能於棘端刻沐猴,耳目口鼻宛然,毛髮咸具,此天下古今之巧匠也。若使不佞目炫玄黃,忽然得此,則必抵之爲砂礫矣。即使不佞明見其耳目口鼻宛然,毛髮咸具,不佞亦必抵之爲砂礫。何也?工雖巧無益於世用也。……宋儒辨析毫釐,終不曾做得一事,況又於其屋下架屋哉?《與安東守約》(卷九葉五)

　　問:朱、陸同異,不待辨説明矣。……然尊德性道問學,陸説亦似親切。答:尊德性道問學不足爲病,便不必論其同異。生知學知,安行立行,到究竟總是一般。是朱者非陸、是陸者非朱,所以玄黃水火,其戰不息。譬如人在長崎往京,或從陸,或從水。從陸者須一步一步走去,繇水程者一得順風,迅速可到。從陸者計程可達,從舟非得風,累日坐守,只以到京爲期,豈得曰從水非從陸非乎?然陸自不能及朱,非在德性學問上異也。《答安東守約問雜問》(卷十四葉十六)

　　王文成亦有病處,然好處極多。講良知,創書院,天下翕然有道學之名,高視闊步,優孟衣冠,是其病也。出撫江西,早知甯王必反。彼時宸濠勢燄薰天,滿朝皆其黨羽,文成獨能與兵部尚書王瓊先事綢繆,一發即擒之。其勦橫水、桶岡、利頭之方略,與安、岑之書,折衝撙[樽]俎,亦英雄也。《答安東守約問》(卷十四葉七)

　　嘉、隆、萬歷年間,聚徒講學,各創書院,名爲道學,分門別户,各是其師。聖賢精一之旨未闡,而玄黃水火之戰日炽。高者求勝於德性良知,下者徒與夫峨冠廣袖,優孟抵掌,世以爲笑。是以中國間學真種子幾乎絶息。《答安東守約》(卷九葉十一)

　　晦菴先生力詆陳同甫,議論未必盡然。況彼拾人殘唾亦步亦趨者,豈能有當乎?《答奥村庸禮》(卷十葉八)

　　明道先生甚惲厚寬恕。伊川先生及晦菴先生但欲自明己志,未免有吹毛求疵之病。《答安東守約雜問》(卷十四葉十)

方正學先生執而不化……靖難之役,先生得名之專,彷彿齊、黃,而不能運籌決勝,似非道才。《答安東守約雜問》(卷十四葉七)

問:崇禎年中巨儒鴻士。答:明朝中葉以時文取士。時文者,制舉義也。此物既爲塵飯土羹,而講道學者,又迂腐不近人情。如鄒元標、高攀能[龍]、劉念臺等,講正心誠意,大資非笑。於是分門標榜遂成水火,而國家被其禍。未聞所謂巨儒鴻士也。巨儒鴻士者,經邦弘化康濟艱難者也。《答林春信問》(卷十五葉二)

吾道之功如布帛菽粟,衣之即不寒,食之即不飢。非如彼邪道(案:指佛教)說玄說妙,說得天花亂墜,千年萬年來,總無一人得見。所云有悟者,亦是大家共入窠臼中,未有一句一字真實。可惜無限聰明人,俱被他瞞郤。《答小宅生順問》(卷十五葉十)

(三)自述

僕事事不如人,獨於富貴不能淫,貧賤不能移,威武不能屈,似可無愧於古聖先賢萬分之一。一身親歷之事,固與士子紙上空談者異也。《答小宅生順》(卷八葉六)

來札云:不佞非能言不能行者。此賢契極有眼力處。不佞生平無有言而不能行者,無有行而不如其言者。《答安東守約》(卷九葉十九)

弟性直率,毫不猶人。不論大明、日本,惟獨行其是而已,不問其有非之者也。《答小宅生順》(卷十葉二十四)

弟戇直不近人情則有之,至於欺人誤人,自信一字無有也。《答野傳》(卷十二葉二十八)

不佞於言行之間,但知内不欺己,外不欺人。行而不言者有之矣,未有能言而不能行者也。然止於此而已。賢契乃稱之爲聖賢,又曰自然合道,皆非不佞之所能當也。《答安東守約》(卷九葉十五)

賢契前謂不佞質任自然,久而不變。此是不佞一生本色。此是賢契眼明口快處,魏文侯燕飲天雨,不失虞人之期,古史美之。直是裝點要譽耳。《與安東守約》(卷十二葉三十三)

余生平不欹曲,於人容有齟齬。自流離喪亂以來,二十六七年矣。其瀕於必死,大者十餘。似乎呼吸之間,可通帝座。其有能知之人,乃偏存於庸愚。

是故青天皦日,隱然有雷霆震驚於上。至於風波巇巘,傾蕩顛危,則恬然無疑。蓋自信者素耳。《德始堂記》(卷十八葉二)

僕生平一無他長,衹此好善惡惡之心,切於肺腑。故明末不肯仕進,耑爲此耳。《與鍋島直能》(卷六葉二)

不佞之病,好以廉恥待人,故往往爲小人下流之所侮弄。《與安東守約》(卷九葉二十二)

不佞於中夏四國(案:當指中國、日本、安南、朝鮮)本來一體爲親,凡遇英才,樂於獎進,既已道合心孚,豈有彼此間別?《答安東守約》(卷十二葉三十五)

不佞徒以避難苟全,本非倡明道學而來,亦不以良知赤白自立門户。足下幸勿再生葛籐以滋煩擾。《答某書》(卷六葉十一)

(四)教育

教人之道,有一定不易者,有因人而施者。俗儒執一不通,其誤也多矣。至若不佞之舍己從人,非極痴者必不做也。《答古市務本》(卷十葉十三)

師徒相與之際,宜以和氣涵育薰陶,循循善誘,非能如嚴父之於子也。《答安東守約雜問》(卷十四葉五)

(1926 年 11 月《弘毅》第 1 卷第 4 期)

朱舜水先生言行雜記

先生行事有年月可指者具詳《譜》中。其論學切要語,見"學説"編章。今摭其庸行瑣聞,他無可麗者,別著於此。先生每收録一門弟子,恒極審慎。惟安東守約,未晤面以前已齒諸弟子之列。蓋早於來書中熟知其爲人,亦以當時能否留居日本尚未可必,故留此一段因縁中。其答《安東守約書》(卷九葉十)云:"足下師生之稱,向時猶不敢遽受。欲待晤時定之,或師德,或師學,必有所指而後敢承。今既不可得見,不敢復辭,疑自外於足下也。"

《答奧村庸禮書》(卷十葉三)云:"世之最難者,每如交道矣;而師弟子爲尤難;而富貴貧賤之際爲尤難;以中原人爲之師而貴邦卿大夫爲之弟子爲尤難。……賢弟何取於不佞而欲以爲之師哉？賢弟地親任重……今入覲抵都，又以政務旁午，未嘗得與不佞久處，真知其某事爲賢某事爲賢欣然而羨慕之而敬服之也。不過以人言譽之而信之耳。以人言譽之而信之，不將以人言毀之而疑之乎？……語曰，易合者易離，善始者不必善終。吾欲其終之善，故不輕其始之合也。"又一書(卷十葉五)云："源剛伯來，不佞未免以世俗之情待之，不欲令其輕於執贄。盖師弟子之間最宜詳慎。萬一不妥，事不能終，則騰旁人之笑口，而阻塞貴國向學之機關，爲害甚大也。"集中書札類此者尚多。非徒以遠客故慎於自處，殆亦晚明開門講學馳逐聲氣之病而思有以矯之也。惟其不好爲人師，是可以師矣。

先生弟子不多，其在弟子籍者則視之猶子。嘗言："世容有不肯受教之子弟，斷無吝教其子與弟子之父師。"《答奧村庸禮書》(卷十葉六)、《與下川三省書》(卷十二葉三十六)云："吾於汝分爲師弟子，而實有父子之情。每爲過慮，二三分之疾便作十分之想。若汝能曲體此心，則吾無慮矣。"類此之書札甚多，故諸弟子亦視先生猶父。

先生雖抱道自重，不肯少貶損。然不屑爲名士兀傲之態，舉動必酌情準禮。某自[日]，小宅生順期約偕謁源光國，先生危坐候之，而小宅不至。責以書曰(卷八葉九)："……台臺手教儼然是言午間候公邸也，而僕後期而行，是僕偃蹇也。……偃蹇者驕也。僕自揣何才何德，乃敢驕人；即使有德有才，又何敢驕人也。往讀田子方、王蠋等語，皆言'富貴者安能驕人，貧賤者驕人耳'。千古以爲美談。僕獨評之云，此非聖賢之道，非聖賢之言也。富貴者固不敢驕人已，貧賤者又安敢驕人。貧賤者特不可諂人媚人耳，又何挾而敢驕人耶？……"

先生持躬極方嚴，然不以責諸人人。嘗引曾子"狎甚則相簡，莊甚則不親"之語以規安東守約(全全[文]見《學說》)。嘗有書與源光國論傳教世子。略云："某人謂瑜曰：'世子好奕棋，恐非美事。'瑜曰：'不妨。富貴人必有所好，猶愈於聲色狗馬也。'……賢傅在於輔養君德，不在激訐以自取名，至若程伊川之教太子，如束濕然，則人情不堪，非徒無益而又害之矣。願上公慎之。"先生所以與"方頭中[巾]"異者類如此。

先生三十年不近女色，野節問以程子窒慾相擬。其實先生只是終身服國喪耳。此意雖未明言，似可推見。

先生不願自居文人。但其詩氣格深醇，境界超脫，置諸明清作者中，絕無遜色。今從《姚江詩存》中所載《游仙詩》十二首以見其概。

精氣化絪縕，冥冥天地始。雙丸忽[互]騰挪[擲]，至人安久視。傳聞周老聃，乃是廣成子。變氣隨九宮，必遠迹偏邇。有熊鼎既成，穆王駿亦駛。飄飄出故關，流沙幾千里。退舉復何爲，避人良有以。寥廓[廓]望無垠，東去雲猶紫。

羽化恣逍遥，浮邱善相鶴。持贈王子喬，遨游出伊洛。伊洛通濁流，黃河天半落。岐山鳳不來，吹笙振林薄。揮手上嵩山，周京氣蕭索。帝子降秋風，月寒照虛壑。

崇霞被千里，北上昭王臺。香風拂縷縷[縷]，翔舞雙鸞開。的皪動[洞]光珠，宛轉入君懷。照見三齊路，城闕生蒿萊。既授樂生柄，復契甘需才。燧林路伊爾[邇]，芳艸思悠哉。

言登小夏山，朝日開層霧。大鳥嗥長空，猶疑王次仲。靈書變篆文，豈爲嬴秦用。雲際墮三峰，健翮遥天送。

南關有逸士，卑居念宗室。因緣北郭生，爰受神丹術。玉井粲蓮花，危峰標崒嵂。巨蹠決洪河，頹流去何疾。飛光若流電，毋乃玄珠失。瑤草生紫烟，先春結芳實。赤城霞氣中，時時駕鴻出。

瓊田産神芝，葳蕤似菰[菰]葉。東風長秀莖，盈盈甘露浥。遠道隔橫川，千夫駕舟楫。君房良解事，因風占利涉。孤嶼負靈鼇，近與祖州接。遂乘白虎車，奉使修玄業。黑點指登州，白波輕卷氎。嘯傲坐中林，天門授雲笈。

遠水蒸丹霞，桃花不知數。仙語落雲中，再至豈容誤。君非避秦人，覿面不相晤。

子房瀟洒人，早歲友黃綺。自見長桑君，慷慨念國恥。吁嗟一擊誤，飛迹千里徙。浮沉間黨間，潛踪尤譎詭。故人采紫芝，匿影空山裏。故使圯下翁，脫屣示淫[深]旨。嚴相下五更，對語興亡理。際會及風雲，婉嫕出餘技。俛仰思舊遊，浩然不可止。不師黃石公，去從赤松子。

桂樹粲白石，淮南有小山。感念屬王事，中夜起長嘆。懷古傳離騷，撫卷流汍[汍]瀾。潛心訪奇士，秘簡披荆班。八公何爲者，皓齒自叩關。

沉香燒百和,玄經授玉丹。旋聞宗至正,仙去遂不還。徒有雞犬聲,遥在雯[雲]霞間。

靈山求上藥,偶至吳市門。一照越溪水,感慨聲暗吞。千年種蠢才,寥寥不復聞。坐見滔天莽,識應沙麓痕。陽明藏金簡,神禹迹尚存。冥鴻高逝意,可與和[知]者論。

炎精一朝熄,舜禹在許都。焦生竟遠行[引],結草爲精廬。山花發異彩,萎謝成樵蘇。高臥風雪中,顏色常敷愉。

神迹留詭奇,始信非常道。披髮示雅容,獨倚蘇門嘯。當塗倏陵遲,俄聞太傅召。斷袍啓先機,單衣從所好。稽生揮五絃,妙臻廣陵操。豈知絃外音,畏佳合冥造。由來山澤癯,寂處自埋照。丹梯近可陵,一往迹如掃。

先生在日本不復作詩,故集中並一首而無之。安積覺《舜水先生遺事》云:"先生不作詩。嘗曰:'今詩比古詩無根之華藻,無益於民風世教,而學者汲汲爲之,不過取名干譽而已。即此一念,已不可入於聖賢大學之道。'亦以明季浮薄之流,祖尚鍾、譚、袁中印[郎]之説,詆訶何、李、凌蔑高、楊、張、徐,猶文章之徒,攻擊道學之士,不唯無益而反有害,故絶口不爲耳。其論李、杜曰:'究竟李不如杜。李秀而杜老,李奇險而杜平淡,然不奇奧之極,造不得平淡。'"

先生酷愛美術。集中有《書小李將軍畫軸後》一篇(卷十八葉四)。源光國注云:"先生愛惜此畫,流離漂泊,未嘗去身,今見存焉。"以二三十年崎嶇亡命,盡捨人間一切幸福,而不可捨一軸畫,其結習之深亦可驚,然此畫之流傳,其影響於日本美術界,諒不淺也。安東守約嘗求先生作漢隸,先生答書云:"不佞不能作八分書,求人書寫而不佞自署其名,此有生以來所不爲也。"此雖小節,亦足表其(不)虛僞之素性也。

先生朔望必望拜。黎明,門弟子掃堂設几展氈備香燭,先生披道服戴包玉巾,東向而拜,口誦細語食頃,竟不知其爲何等語。(以下四條皆據安積覺《舜水先生遺事》。)

先生喜賓客,不擇貴賤。非有疾病事故,未嘗不應接,饗客隨家有無必竭其誠。客有問起居,憚其勢勩,不見而去者,意不懌,曰,"辭客其主人,客何辭主人"。若距[鉅]儒碩士來訪論道談文,則自日午自[至]夜半,未嘗厭倦。不能飲酒而喜客飲,時或對棋,棋不甚高。

先生藏書甚少。其自崎港帶來者不過兩簏,而多闕失,完全者亦少。好看

《陸宜[宣]公奏議》《資治通鑑》。……至作文字,出入經史上下古今,娓娓數千言,皆其腹中所蓄也。

先生酷愛櫻花,庭植數十株,每曰,使中國有之,當冠百花。……義公(源光國)環植櫻樹於詞[祠]堂側,存遺愛也。

先生強記神敏,雖老而疾,手不釋卷。(以下五條據今井弘濟、安積覺合撰《朱舜水先生行實》。)

先生作文雄壯古雅。筆翰如洗,隨手成章。嘗曰凡作文須本六經,佐以子史。內既充溢,下筆自然湊泊,不期文而自文。若有意為文,便非文章之至也。

先生飭身以禮,燕居儼若也。平居見客,雖親暱必具衣冠。謙而接物,不盡人歡,嚴而自持,茍無虛飾。

先生格物窮理,志慮精純,古今禮儀而下,雖農圃梓匠之事,衣冠器用之製,皆審其法度,窮其工巧,識者服其多能。

先生擇交而慎言,晦迹以遠疑,如其祖宗官銜及身蒙徵辟,雖親友門人,未嘗與之言也。魯王勅諭,亦不示人。及卒,有古匣鎖而封焉,於中得所自書祖宗以下紙牌及奏疏履歷等,勅書別藏於描龍箱。於是人皆服其深密謹厚而知本末事實云。

(1926年12月《弘毅》第1卷第5期)

附　錄

就任日期通告

　　爲通告事:民國二年九月十一日,奉大總統令"特任梁啓超爲司法總長,此令"等因,本總長遵於九月十五日就任司法總長之職。除呈報大總統外,特此通告。

(1913年9月16日《政府公報》第491號)

呈大總統報明就職視事日期文

　　爲呈請事:九月十一日奉大總統令"特任梁啓超爲司法總長"等因,啓超遵於九月十五日就職視事。除通告外,理合備文呈報大總統鑒核備案。謹呈

(1913年9月22日《政府公報》第497號)

令各省高等檢察廳

（1913年9月16日）*

　　據奉天司法籌備處。呈稱"案據瀋陽監獄。呈稱'監獄爲執行刑罰機關，而行刑權之發生，實基於收監時各級審檢廳所送來之文書。若該文書有不合法，匪惟行刑之條件難期證明；即犯罪之事實，亦無從考察。擬請援照北京監獄成例，轉呈部飭各級審檢廳，凡遇有判決人犯應執行者，於所送執行書外，另附以判決副本，俾資考證'等情，理合呈部，鑒核施行"等因前來。查東西各國規定，犯人收監條件，至爲詳晰，既有執行書以資證明，復有判決書以備考察，法良意美，裨益良多。北京監獄行之已久，該處長所呈各節不爲無見。想應通令各該高等檢察廳，轉飭各級檢察廳，嗣後判決送監之犯，於執行指揮書外，並須附送該犯判決副本，以供參考而重獄政。除指令奉天司法籌備處外，仰即查照辦理。此令

（1913年9月18日《政府公報》第493號）

---

* 此爲批復日期。以下凡呈文類公文，均同。

呈大總統擬將新疆司法籌備處暫緩裁撤請鑒核施行文

(1913年9月25日)

爲呈請事:竊本部請將各省司法籌備處一律裁撤,業於本月十七日呈請大總統鑒核在案。查各省司法籌備處之設,實沿法司舊制,爲此權宜過渡之辦法。今議裁撤,凡在高等審檢兩廳業經成立省分處,務劃歸廳轄,自無窒礙。惟全國高等兩廳尚未回復者,尚有新疆一省。該省迭以邊事孔亟及經費支絀,電請緩辦。所有覆判及上訴案件,均暫由現設司法籌備處管理,以濟其窮。是該省司法事務在高等兩廳未回復以前,該籌備處機關,似未便與各省同一比例。理合據實陳明,擬請將新疆司法籌備處作爲例外,暫緩裁撤。俟該省高等兩廳回復後,再行呈明辦理。謹經由國務總理,呈請大總統併入前案,鑒核施行。謹呈

(1913年9月26日《政府公報》第501號)

令京外各級檢察廳

(1913年9月25日)

檢察機關,上下一體,乃司法行政上之通義。我國現行檢察制度,本部有

监督各级检察厅之权,总检察厅亦负统一全国检察机关之责,亟应谋政策之统一,而促事务之进行。乃近来各省检察厅对于检察事务,遇有应行质疑者,或赴总检察厅请求解释,或迳呈本部请示办法,程序既有未合,办理恐滋纷歧,甚非整齐画一之道。嗣后京外各检察厅遇有上开问题,仰即呈请各该高等检察厅,或呈由总检察厅核示,毋得迳行呈部。倘各该厅一时不能解决,再由总检察厅呈部核办,以符现制而一事权。此令

(1913年9月28日《政府公报》第503号)

呈大总统陈明本部已未派往各国修习员另筹办法暨嗣后毋庸呈请等情鉴核备案文

(1913年9月27日)

为呈明事:窃本部派赴外国修习实务各员,叠经前任总长呈请选派,先后奉均令照准各在案。查修习之举,诚为要图;然派赴之赀,动需巨款。据《派赴修习章程》所规定,虽以原官官俸充作费用,但往返川赀及其他必要等费,无一不取诸公家。值兹厉行减政主义之时,凡非必不得已之需,实不敢藉口要公,稍滋耗费。现查此项人员,有奉派业经前往者,有奉派尚未成行者,有请愿尚未核准者。启超愚以为固不宜以惜费而蔽塞聪明,亦岂容以糜费而涂饰耳目?现拟综核前后各案,分别缓急,切实整理。所有已派未派各员,统由部详细调查妥筹办法,以资收束。且此项派赴手续,系属于部务范围。嗣后应否继续遣派及有无变更之处,均由部酌核迳行办理,毋庸另案呈请,以省繁渎。所有陈明已未派往各国修习员另筹办法及嗣后毋庸呈请缘由,理合呈请大总统鉴核备案。谨呈

(1913年9月29日《政府公报》第504号)

呈大總統遵將司法籌備處裁撤其應辦事宜擬分別改歸高等審判檢察兩廳辦理毋庸遴員兼任請鑒核示遵文

（1913年9月30日）

　　爲呈請事：九月二十三日奉大總統令。現在內外財力，艱窘萬分，前飭各省設立司法籌備處，本爲預策進行。目前各處未設法院，有無餘力擴充，尚待從長計畫。所有各省司法籌備處，應即一律裁撤。各該處應辦事宜，有涉及審判一方面者，有涉及檢察一方面者，有涉及審判、檢察兩方面者。與其就高等審檢兩廳長中遴員兼任，似不如將各該處應辦事宜，分別改歸高等審檢廳各自辦理，或由該兩廳會同辦理之爲便。除將各該處應辦事宜詳細畫分，令行各該審檢廳遵照外，所有各省司法籌備處裁撤後，無庸遴員兼任緣由，理合呈請大總統鑒核，批示遵行。謹呈

(1913年10月2日《政府公報》第507號)

呈大總統擬就各級審判廳試辦章程條文分別修正補訂以昭劃一開單請鑒核示遵文

（附《修正各級審判廳試辦章程三條》）

（1913年9月30日）

　　爲呈請事：竊現在民刑訴訟律尚未頒佈，所有民刑訴訟辦法，均照《各級審判廳試辦章程》辦理。查該章程所定施諸京外，多有不能劃一之處。本部現據原章第三條及第一百二十條之規定，酌加修正。嗣後京外各級司法衙門，均應照修正條文辦理，以昭劃一而利進行。是否有當，理合開具修正條文，呈請大總統鑒核批示，祇遵。謹呈

　　修正各級審判廳試辦章程三條

第六十條　凡刑事上訴，自宣示判詞之日始，限於十日內，呈請原檢察廳移送上級檢察廳。

第六十一條　凡民事上訴，自遞送判詞之日始，限於二十日內，呈請原審判衙門移送上級審判衙門。

第六十五條　凡逾上訴期限而不上訴者，其原判詞即爲確定。但因天災或意外事變之障礙，刑事准向原檢察廳、民事准向原審判廳聲明，查無虛僞，仍許上訴。

　　修正補訂各級審判廳試辦章程一條

五　各省民刑上訴期限，准用原章第六十條、第六十一條、第六十五條修正之規定；但應依道里遠近，除去在途之日計算。

（1913年10月2日《政府公報》第507號）

呈大總統擬懇准照約法將廣西桂林地方審判廳判決楊松林等一案宣告減刑暨由部按新刑律施行細則改刑等情請鑒核批示施行文

（1913年9月30日）

爲呈請事：民國二年七月九日，據總檢察廳呈稱"廣西桂林地方廳判決楊松林等反獄一案，前司法司以引律未協，咨由該省高等檢察廳，提起非常上告。經高等審判廳判決後，高等檢察廳復以引律錯誤，照通常上告程序，聲請上告大理院，以高等審判廳違法受理，將判決撤銷，維持第一審原判。惟查第一審判決，吳濤、黃凛忠、楊松林，均照首犯，擬絞立決。一案而有首犯三人，與現行律不合。新刑律頒到該省，又在第一審判決之後。若據舊律，則首犯一人，例在必死，全案人不能同有利益。是此案第一審錯誤，未便按新舊律提起非常上告。惟有呈請量予減刑，以資救濟。將訴訟記錄送部"等因，本部當以大理院撤銷高等廳判決。由於在訴訟程序上違法受理，並不問第一審之有無錯誤，因令該廳調卷送核。茲據將全卷呈核前來，查該案楊松林、吳濤、黃凛忠初犯，皆監禁十二年；伍貴亭初犯，監禁三年。楊松林於元年三月十九號起意，商同吳濤、黃凛忠反獄。吳濤、黃凛忠擔任在工場約人助勢，楊松林擔任首先舉事並出獄後逃走川資。吳濤、黃凛忠因在工場密約伍貴亭、田紹乾，又與伍貴亭共竊取繩索、鞋錐等件，定於二十號開工時，捆縛看守人，並奪取佩刀，將其殺斃，反出監獄。十九號晚五更時，伍貴亭因恨田紹乾不從，將鞋錐戳傷田紹乾胸膛、肚腹等處。田紹乾於睡中痛醒，報明典獄官，由典獄官將吳濤、黃凛忠、伍貴亭、田紹乾送地方檢察廳起訴。嗣典獄官又查出楊松林爲此案正犯，一併送廳。經該審判廳判決，將吳濤、黃凛忠、楊松林依現行律並未傷人、起意劫獄首犯例，俱擬絞立決；伍貴亭比照止傷役卒、幫毆有傷夥犯例，亦擬絞立決。通核該案始末，第一審判决，實屬錯誤。現行律名例，共犯罪者以先起意一人爲首；劫囚本例首犯，與爲從亦有區分。該犯伍貴亭聽約入夥，固屬爲從，即吳濤、黃凛忠擔任約人助勢，與楊松林擔任首先舉事及逃走川資比較，亦屬爲從。該原判除伍貴亭比照定罪不議外，而以楊松林、吳濤、黃凛忠均依首犯，處絞立决，並未分別首從科斷，此其錯誤者一。該犯等雖竊取繩索、鞋錐，商同捆縛殺斃看守人逃獄，旋因伍貴亭戳傷同監人犯，發覺破獲，按之事實，究未實施。新律未遂得減等；舊律雖無此規定，而原情定罪，本可酌量辦理。乃該原判均擬絞决，與實施劫獄者無異，此其錯誤者二。現在判决業已確定，別無救濟之方。查《臨時約法》第四十八條："大總統得宣告減刑。"該犯楊松林、吳濤、黃凛忠，雖同謀反獄，然僅爲豫備，並未着手。該犯伍貴亭，雖戳傷同監人犯，然只爲殺人未遂，而反獄亦未着手。若竟實之極刑，實堪矜憫。理合呈請大總統准照《約法》，將該第一審判處楊松林、吳濤、黃凛忠、伍貴亭絞立决之刑，均宣告減爲流三千里，由部按照《暫行新刑律施行細則》，均改處一等有期徒刑十年。伏冀鑒核，批示施行。謹呈

(1913年10月3日《政府公報》第508號)

令各省高等審判檢察廳

(1913年10月4日)

前奉大總統令："各省司法籌備處，應即一律裁撤。各該處應辦事宜，仍由司法部就高等審、檢兩廳長中，遴員呈請兼任，以節縻費。此令。"等因，經本部以"各該處裁撤後，無庸遴員兼任"等語，呈奉大總統批准在案，所有各該處應辦事宜，應分別改歸該審、檢廳，各自辦理，或會同辦理。茲列舉如下：

甲、應改歸該審判廳辦理者：

一、關於未設法院各縣幫審員任免懲戒事項(《司法籌備處辦事畫一章程》第

十一條第一科所管第一款之一部分）；

二、關於新法院審判職員呈請任用事項（同上第一科所管第二款之一部分）。

乙、應改歸該檢察廳辦理者：

一、關於未設法院各縣管獄員任免懲戒事項（同上第一科所管第一款之一部分）；

二、關於新法院檢察及新監獄職員呈請任用事項（同上第一科所管第二款之一部分）；

三、關於設置或改良監獄事項（同上第二科所管第二款）；

四、關於監獄教育事項（同上第二科所管第三款之一部分）。

丙、應改歸該兩廳會同辦理者：

一、關於各級法院之設置及其管轄區域分畫事項（同上第二科所管第一款）；

二、關於司法教育事項（同上第二科所管第三款之一部分）。

丁、應由該兩廳以前三項及向來辦法爲標準自行畫分，改歸該兩廳各自辦理或會同辦理者：（如下列第一、第二款及第四款之統計報告，均從前三項生出，故應隨時逐事照前三項畫分。第三款及第四款之月報彙報，可照原有廳務向來辦法畫分。第五款多係檢察事務，惟關係幫審員者，得畫入會同辦理項下。）

一、關於收發文件編纂檔册及一切庶務事項（同上第一科所管第三款）；

二、關於各項籌設機關之預算決算並款項收支事項（同上第一科所管第四款）；

三、關於未設法院地方之訴訟費及罰金沒收事項（同上第一科所管第五款）；

四、關於各項統計報告及未設法院地方之訴訟月報彙報事項（同上第一科所管第六款）；

五、關於各該處前奉部令辦理未了事項（如奉令查辦縣知事或幫審員被訴案件未了者）。

以上所舉，應由各該廳長，督率原有各廳員，繼續辦理。如將來事務較繁，得列入預算，呈請酌添書記官、技士若干人。所有《司法籌備處辦事畫一章程》，第二條，第五條，第十二條，第十三條，第十六條至第十八條，嗣後於各該廳長準用之。爲此令行各該廳遵照。此令

（1913年10月7日《政府公報》第512號）

令各省高等審判檢察廳縣知事幫審員

(1913年10月4日)

　　各省司法籌備處裁撤後，該管事宜應分別改歸各該廳繼續辦理，業經通令在案。所有《各縣幫審員辦事暫行章程》內關於司法籌備處之部分，亦應一律修正。合開列清單，令仰各該廳縣遵照。此令

　　計開：

　　一、原章第三條"屬於司法籌備處長之監督"，修正爲"分別審判、檢察，屬於高等審判、檢察廳長之監督"；

　　二、原章第八條"呈由司法籌備處長委任之"，修正爲"呈由高等審判廳長委任之"；

　　三、原章第十條第一款"由司法籌備處長會同高等審判、檢察長官預先列表布告之"，修正爲"由高等審判、檢察廳長預先列表布告之"；

　　四、原章第十三條"由司法籌備處酌定之"，修正爲"由高等審判檢察廳酌定之"。

(1913年10月8日《政府公報》第513號)

令駱通、何炳麟、張祥麟、蔣棻

（1913年10月15日）

　　前派駱通、何炳麟、張祥麟、蔣棻分赴美、英、法、日本等國，修習實務，現在本部另訂辦法。所有該員等無論已未行抵指派之國，均即一律撤回，毋庸在各該國修習實務。此令

（1913年10月18日《政府公報》第523號）

令胡振禔

（1913年10月15日）

　　前派胡振禔前往美國調查登記事項，現在本部另訂辦法。該員無論已未行抵美國，應即撤回。此令

（1913年10月18日《政府公報》第523號）

令京師地方京內外高等審判廳

（1913年10月17日）

據該廳京師地方審判廳呈稱"訴訟費用,《各級審判廳試辦章程》業經規定,乃多抗延不交,非意為玩視,即藉口於上訴尚未完結。嗣後征收時,是否可以強制執行,及因上訴而不繳者,應否俟上訴確定後,方能徵收,章程內無明文,請示遵"等因。查訴訟費用,本部業經釐訂《民事訴訟印紙暫行規則》,咨詢眾議院意見,現猶未准議覆,公布實行,尚需時日。目前徵收困難,自係實在情形,應暫妥籌救濟之法。查《各級審判廳試辦章程》第八十六條,本有隨時徵收之規定。所有第八十七條"所定費用,應於收受訴狀時,向起訴人徵收;如未經繳納,或繳不足額,其訴狀毋庸受理",此項費用,及第九十條至九十五條所定各項費用,既經判決歸敗訴人擔負,如上訴期滿判決確定後,仍抗延不繳,自可適用第四十一、四十二條所定程序,強制執行,其在上訴期未滿以前,本案完結之後,盡可限期徵收。除指令該廳遵照,並《徵收費用詳細規則》,由部另自擬訂外,合即令行該廳,轉飭所屬各級審判廳及各縣幫審員,嗣後無論一審二審三審案件,一律遵照辦理。此令

（1913年10月20日《政府公報》第525號）

令京師直隸高等審檢廳

(1913年10月17日)

　　各省司法籌備處自奉令裁撤以來,所有籌備事務,業由本部呈准劃歸高等兩廳,分別辦理,並於第四四一號訓令公布在案。查從前施行之《司法區域分劃暫行章程》第二條第一款,"京師高等審判廳,以順天府轄境爲其管轄區域"等語,是未設審判廳之順屬各縣地方,所有司法籌備事宜,自應劃歸京師高等審檢廳辦理,以專責成。除令行直隸京師高等審檢廳外,仰該廳即便遵照。此令

(1913年10月20日《政府公報》第525號)

令直隸高等審判檢察第二高等審判檢察分廳

(1913年10月17日)

　　司法籌備事宜業由部呈准,改歸高等審判、檢察兩廳分別辦理,並於第四一四號訓令公布在案。惟熱河地居邊要,所有應行籌備事宜,自不得不就近劃歸第二高等審判檢察分廳,查照前項訓令分別辦理,以便措置而專責成。除令行直隸第二高等分高等廳外,仰該廳分廳即便遵照。此令

(1913年10月20日《政府公報》第525號)

令公布《監獄身分簿》(附身分簿)

(1913年10月17日)

茲制定《監獄身分簿》特公布之。此令

身分簿			某 監獄		
	典 獄	第一科長	主管		
羈押年月日	自中華民國年月日 至中華民國年月日	入監年月日	中華民國年月日	本籍	
被告事件		判決罪名		現住	
廳票發付年月日	中華民國年月日	刑名刑期		職業	
檢察官及推事姓名		法院名稱		身分	
豫審終結年月日	中華民國年月日	判決年月日	中華民國年月日	姓名	
公判移付年月日	中華民國年月日	判決確定年月日	中華民國年月日	年齡	
初審判詞宣示年月日	中華民國年月日	刑期起算日	中華民國年月日		
上訴	控告	控告呈請	中華民國年月日	刑期終結年月日	中華民國年月日	稱呼 號數	第號
		控告判決	中華民國年月日	刑期逾十年或逾二分之一之年月日	中華民國年月日		
	上告	上告呈請	中華民國年月日	算入刑期之羈押日數	中華民國年月日	收監 號數	第號
		上告判決	中華民國年月日	出監年月日及事由	中華民國年月日		
障礙聲明	中華民國年月日				
備考					

編訂目錄									
一	執行判決書	二	身歷表行	三	作業表身分關	四	視察表書	五	賞譽表人
六	懲罰表	七	狀錄	八	係一覽表	九	信表	十	相表

身歷表					
第一	姓名及年齡職業		第七	祖父母伯叔父母兄弟姊妹並間在一戶籍內之親族姓名及其存亡	
第二	本籍地				
第三	出生地				
第四	現住地				
第五	出生別				
第六	父母之姓名年齡存亡配偶及子孫之存亡長男女之年齡		第八	生育關係	
			第九	財產關係	
			第十	一家之生活狀態	
第十一	宗教之關係及教育之程度		第十六	家庭之良否	
第十二	前 科		第十七	一家與親族故舊及近鄰之交際狀況	
第十三	嗜 好		第十八	近鄰對於其家之品評	
第十四	本人之性質素行及本人對於家族並近鄰之感情		第十九	出獄後之居住地及承受人之姓名職業年齡並居住地	
第十五	父母兄弟配偶之素行		第十二	其他參考事項	

身歷表用例　　（擇要解釋）

一、出生別　分嫡出、庶出、私生三種。如棄兒及瘖啞者不能分別時，須附記其理由。

二、生育　該犯由所生父母撫養抑非由所生父母撫養，須詳細載明。

三、財產　財產分有資產、稍有資產、無資產、赤貧四種，並附記其生活程度。

四、前科　前犯之事由、刑名、刑期與檢舉審判及執行之處所，均須載明。

五、本表所列各項須詳細記載，有疑事項，須照會警察官廳查覆。

年		作業名		課程	成　　績				工錢	不就業期間	工場名	監房號數	號數姓名
月	日	業名	細目		最上等	上等	中等	下等	最下等				備　考
視察表									號數姓名				
事實及意見									判　　定				

視察表用例

一、罪犯書信、接見及其他監內一切之舉動足供行刑上之參考者，監獄官吏皆須將其事實及意見記入於第一欄內，呈監獄長官查閱。

二、監獄長官查閱其事實及意見時，須調查其事實之真僞及意見之當否判定之。

賞譽表					號數姓名	
事由及意見	賞譽之種類	判定	執行時日	賞譽中之情狀		備考

賞譽表用例

一、看守長、教誨師認爲當賞譽者，須記明其事由及意見於第一欄內，蓋印。

二、監獄長官認爲應行賞譽者，即酌量賞譽之種類判定之，並將執行時日記入，蓋印。

三、賞譽中有因他故停止執行者，須記載其事由於備考欄內，蓋印。

懲罰表				年齡	號數	姓名
犯行及意見	懲罰之種類	判定	執行時日	執行前後之體量及狀況		備考

懲罰表用例

一、看守長或教誨師對於宜加懲罰之事須具意見，填列第一欄內，蓋印。

二、監獄長官依前項意見，酌量懲罰之種類判定之，並將執行時日記入，蓋印。

三、執行中如有因他故停止或免除執行者，即記載其事由於備考欄內，蓋印。

四、懲罰前，醫士須豫診斷其身體及精神有無异狀；懲罰後，復於本項下填列身體、精神有無异狀，並比較懲罰前後體量之輕重，蓋印。

行狀錄	（甲種）		號數姓名
年月	查定	摘要	蓋印
年月日		一命令之遵否 一作業之勤惰 一懲罰　　回	
年月日			
年月日			
年月日			

行狀錄用例　　（甲）

一、本表須每月審查一次。

二、審定後，須下考語於查定欄內，並將摘要欄內各事項分別記入。

三、審定後，凡列於審查會議者，各須蓋印。

	號數姓名				
行狀錄　（乙）				自中華民國年月日 至中華民國年月日	
關於教誨教育之觀念					
關於衛生之觀念					
關於作業之觀念					
對於官吏之言行					
對於同監者之言行					
對於親屬故舊之感情					
賞罰之有無及其情狀					
物品之整否					
查定	行狀　善良 良 普通 不良	有 改悛之狀稍有 無	有 再犯之虞稍 無	蓋印	
審查年月日				中華民國年月日	

行狀錄用例　　　（乙）

一、本表於該犯入監後,每六個月審查一次。

二、審查須由監獄各長官會議決定之。

三、議決之結果,即爲具體的方法填列之。例如,關於教誨教育之觀念,則以教誨之服膺、教育之進步與否記載之;關於衛生之觀念,則以衣食住是否注意及一身之清潔與否記載之;關於作業之觀念,則以製品精粗、竣工遲速、進境有無記載之;對於官吏之言行,則以服從或輕視之情節記載之;對於同監者之言行,則以對於在監者有無爭鬧通謀及爲不正行爲記載之;對於親戚故舊之感情,則就其書信、接見時之狀況及平素之思念與否記載之;對於賞罰之情狀,則察其感奮及愧悔心之有無記載之;對於物品之整否,則以使用保存注意與否記載之。

四、審查畢,如各種行狀俱良,應行賞譽者,即照賞譽表辦理。

身分關係一覽表			刑期	號數姓名	
接見次數及接見者	書信發受次數及發受者	送入物品次數及送入人	存儲物品及作業賞與金之額數		健康狀態

身分關係一覽表用例

一、本表自入監後,每六個月記載一次,並附記其年月日。

二、接見及書信之發受,係其親族或親族以外之人,須將其姓名、次數、關係於第一第二欄內分別記載。

三、送入物品次數及送入人之關係,記載於第三欄內。

四、存儲物品及作業賞與金額數,須分別品名、重量,記入於第四欄內。

五、疾病有無,狀態奚似,記載於末欄內。

書信表					罪名	刑期	監房號數	號數姓名		
典獄許可蓋印	年月日	發信或受信	摘要		受信發信者之姓名及與本人之關係		廢弃年月日		備考	主管看守蓋印
	年月日	信信								
	年月日	信信								
	年月日	信信								
	年月日	信信								
	年月日	信信								

書信表用例

一、凡罪犯發受書信，許可者即於第一欄內蓋印，不許者則記其事由於備考欄內，並蓋印。

二、書信經本人閱過，照所定期間保存，過期則廢弃之，並記載其廢弃大要於備考欄內。

三、書信檢閱如認爲可供行刑上之參考者，須另記於視察表意見項下。

人相表				號數 姓名	
身長及體格					
髮		額		鼻	
眉		腮		口	
須		眼		耳	
髯		齒		面色容貌	
斑痕及他特征					
接見簿					

典獄許可蓋印	年月日	接見要旨	談話要領	接見人					在監人		備考	主管看守蓋印
				姓名	年齡	住所	職業	身分	與在監人之關係	罪名	刑期		
	年月日												
	年月日												
	年月日												

（1913年10月21日《政府公報》第526號）

呈大總統擬懇將辛萼樓一犯宣告減刑請鑒核施行文

（1913年10月21日）

　　爲呈請事：七月八日、十七、二十二等日，先後准國務院函開"奉大總統發下衆議院議員蘇祐慈、上海廣肇公所董事陳維翰等及臨時稽勳局局長馮自由各呈，均以辛萼樓光復有功，詳叙犯罪情節，請特予赦免"等語，當經調查大理院判詞，旋據總檢察廳移送到部。查該犯辛萼樓向雇黃李氏之艇載運貨物，素無嫌隙。宣統三年四月二十三日，辛萼樓查出黃李氏之子黃亞果，用假圖章冒支艇費銀一百八十餘兩，往尋黃亞果不見，遂將黃李氏之艇拉至埠頭鎖住，並用麻繩縛住黃李氏右脚。夜間，辛萼樓命更夫看守。三更時，更夫恐其解脱逃出，乃改用鐵練。黃李氏久病受驚，於次日寅刻身死。該省高等審判廳依舊律威力制縛人致死律，判處絞候。該犯不服，依法上告。大理院撤銷原判，改依新律，將該犯私擅監禁罪免訴，監禁致死罪適用第三百四十七條、第三百十三條第一款，處一等有期徒刑十五年。查該院判決尚屬適當。惟查赦令條款，依新律，則因傷致死，即在不准除免之列；依舊律，則威力制縛人致死，若非情重，即可免除。該犯雖威力制縛人致死，情重與否，尚屬疑問。且光復之始，曾輸助重貲，亦宜在矜宥之列。查《臨時約法》第四十條："大總統得宣告減刑。"可否准照《約法》，將辛萼樓一犯於院判所引第三百十三條第一款刑之範圍內，由一等有期徒刑十五年，宣告減爲二等有期徒刑五年之處，理合至請大總統鑒核施行。謹呈

（1913年10月24日《政府公報》第529號）

監獄看守服務規則

（1913年10月22日）

第一編　總則

　　第一章　紀律

第一條　看守遵守官吏服務令外，須依本規則執行職務。

第二條　長官命令事件，即須執行，須復命者，不得懈怠。

第三條　禮式服裝，須照所定規則，嚴行遵守。

第四條　携帶之武器，須小心擁護，非依據法令，不得使用。

第五條　待遇在監人以公平嚴肅爲主，不得有憤怒狎昵情狀。

　　第二章　服裝

第六條　服務時須着制服。

第七條　服裝須清潔整齊。

第八條　携帶之武器常須注意，毋使生鏽缺損。

第九條　雨雪時須着長靴。

第十條　捕繩、呼笛、日記、鉛筆、名刺等須常携帶。

　　第三章　出勤及缺勤

第十一條　出勤時，記名於出勤簿。

第十二條　服務中，言語舉動均須謹慎，公事外事項不得叙談。與在監人接近地方，所有在監人事項及其他公事不得濫行交談。

第十三條　在監獄内，除非常事變外，不得奔走。

第十四條　在監人申訴事件或轉達於在監人事件，須敏活執行。

第十五條　急遽之事臨機處置後，報告於主管長官。

第十六條　服務中，因病及其他不得已事由須離勤務地方時，應經長官許可。

出署時亦同。

第十七條　退署時,各主管事務須整理之文書及其他物件,收檢於一定地方。

第十八條　因病及其他事由缺勤時,須於午前呈遞告假書於主管長官。

第十九條　告病假至七日以上者,其告假書須添附醫生診斷書。續假時亦同。

　　　第四章　雜則

第二十條　被任用者,須於十日內開具詳細履歷。

第二十一條　去職時,所使用之公物限於當日繳還。

　　前項繳還物品如有污損,得視其污損程度,使其賠償或命其修理完好。

第二編　戒護

　　　第一章　通則

第二十二條　不問何時何地,不得任在監人獨步及在視綫之外。

第二十三條　戒具破損時,從速報告該管長官。

第二十四條　在監人犯獄則時,即時報告該管長官。

　　　第二章　檢查

第二十五條　有必須通身檢查者,所有頭髮、口耳、四肢、指間及各隱微等處,均須詳細檢查。

第二十六條　外科病繫繃帶者,如疑有物件藏匿時,由醫士解查。

第二十七條　在監人携帶之乳兒,得通身檢查之。

第二十八條　在監人入監時,所有衣類、携有物品,均須檢查。

第二十九條　發見有禁物及私藏物時,報告該管長官。

第三十條　衣類臥具之檢查,所有領袖、襟袋及縫着等處,均須嚴重行之。如疑有物藏匿時,得解縫檢查之。

第三十一條　監外送入之書類,須檢查之。

第三十二條　作業者之檢身,於罷役後還房前行之;但認爲必要時,得隨時行之。

第三十三條　獨居囚之檢身,由浴室、運動場等處還房時行之。

第三十四條　在監人檢身後,非有特別事由,不得離位。

第三十五條　監房内之檢查每日行之,但獨居房,須依該管長官之指揮。

第三十六條　監房之檢查,務於在監人出房時行之;但不得已時,不在此限。

第三十七條　檢查監房變更物品位置時，須回復原狀。
第三十八條　監房之檢查，須注意左列各事項：
　　一、門樞、牆壁、窗牖關鍵；一、房內上下四旁；一、常置器具及携有物品；一、各處破損之有無，各物污毀之有無。

　　　第三章　監房
第三十九條　監房之視察，除依長官命令外，須注意在監人左列各事項：
　　一、坐位之整否及動作之情狀；一、在房者與房外名牌是否相符；一、企謀逃走、反獄、自殺等事之有無；一、爭鬥、談話、遊戲、喧嘩等事之有無；一、猥褻行爲之有無；一、衣被及其他常置器具之整否；一、空氣是否流通，掃除是否潔淨；一、處罰者悔悟之有無；一、晝寢及假寐者之有無；一、將食物分與他人及交換之有無；一、將器物污損棄擲及其他不潔行爲之有無。
第四十條　夜間房門閉後，非有長官在場及特許外，不得開之。但遇災變時，不在此限。
第四十一條　門須常時鎖閉，鎖鑰須嚴重注意保管之。
第四十二條　疑有精神病者之監房，時時視察之，將其舉動報告該管長官。
第四十三條　在監人有逃走、反獄、自殺、湮滅罪證之虞者，須格外注意。
第四十四條　遇有急病及變死者時，報告中央瞭望處，並爲相當之處置。
第四十五條　遇有圖謀逃走或反獄者時，急報告主管長官，並須設法防止。
第四十六條　遇有臨時出監者時，奉長官命令後，即行通知本人，使其自行整理其所有物品，抹銷該監房前名牌，將該出監者交付於接受之看守。
第四十七條　在監人出房就役時，須受看守長之指揮。監房擔當看守整列在監人於房前，點檢後，交於工場擔當看守。
　　罷役還房時，工場擔當看守照前項之程序，交於監房擔當看守。
第四十八條　食物及其他物之配付，監房擔當看守行之，但得使雇員輔助之。

　　　第四章　運動及入浴
第四十九條　在監人因運動或入浴出房時，須使其肅靜，齊集於指定地點。
第五十條　運動、入浴畢，查點人數後，使其經由指定路綫，齊入監房。
第五十一條　運動中，如遇有左列事項之一，須報告於主管長官：
　　一、私語；二、通謀；三、喧嘩；四、爭鬥；五、放謌；六、佇立；七、指畫；八、物品之俯拾；九、物品之拋棄。

第五十二條　老年或廢疾者，經長官許可時，得使其在特別浴室入浴。

第五十三條　患瘡疥及其他傳染病者，之入浴，須依醫士之指揮。

第五十四條　入浴擔當看守須按照時季，定浴湯之溫度。

第五章　理髮

第五十五條　在監人之頭髮，至少須每月整理一次。

第五十六條　婦女頭髮，使其每朝梳理之。

第五十七條　在監人理髮時，不得任其與理髮人交談。

第五十八條　理髮所用器具，不時消毒。

第六章　書信

第五十九條　在監人之書信，限於免作業日爲之。但緊要時，不在此限。

第六十條　在監人不能自行寫信時，看守中以一人當視察戒護之任，以一人爲之代書。

第六十一條　在監人如有呈送各官廳書類，須即送呈主管長官核辦。

第六十二條　來信及發信，均須提出於主管長官。

第六十三條　寫信時，如見有犯則之行爲，即停止之，並報告於主管長官。

第六十四條　代書時，須將其書信原文讀與在監人知之，代書者並須署名。

第七章　病監

第六十五條　病監擔當看守須將左列各事項記入病監日記：

一、病人之姓名、年齡、罪質及病名；二、病人之言語、舉動足供醫士之參考者；三、癲狂之狀態。

第六十六條　病人不服從醫士命令時，懇切諭戒之，並一面報告主管長官。

第六十七條　病人有偽病謀逃等情時，須格外注意。

第六十八條　長官巡視及醫士到病監時，所有病人名數、病狀及其他特須注意事項，須靜肅報告之。

第六十九條　傳染病者所使用之物品不時消毒更不得與他物相混。

第七十條　病人之衣類、臥具及其他物件，不潔淨時，須洗換之。

第七十一條　病人症候急變或危篤時，從速報告醫士及主管長官。

第七十二條　在監人死亡，其領受人到監請問死者情狀時，得告知之。

第七十三條　死者之屍骸，須加相當之保護。

第七十四條　死者之屍骸，非有長官監視，不得入殮。

第七十五條　看護人之護持事務及病監之衛生，須依醫士之指揮。

第七十六條　看護人對於病人有無不當行爲，須嚴重注意。

第八章　工場

第七十七條　服役者之坐位，非有上官命令，不得變更。

第七十八條　工場擔當看守，所有該管之在監人，須知其身分關係，並檢察其行狀，報告主管長官。

第七十九條　工場擔當看守在勤務中，須檢察左列各事項：一、服役之勤惰；二、服役之適否；三、製品之精粗；四、工業師之動作；五、謀逃、反獄及自殺者之有無；六、材料、器械有無缺損。

第八十條　在監人在工場服役時，除有不得已事由外，其大小便，須於特定時間爲之。尚須注意左列各事項：

一、人數及其動作；二、藏匿物之有無；三、談話之有無；四、污損便所及不正行爲之有無。

第八十一條　服役課程之完否，須檢查記入日課簿。

第八十二條　檢查課程時，對於課程不良者須告誡之；若出於怠惰，則報告主管長官。

第八十三條　對於服役未熟習者，須督促之。

第八十四條　罷役時，工業器具即行嚴重點檢，藏於一定地方。

第八十五條　工業器具點檢之際，件數之足否及破損之有無，須一一細查之。

第八十六條　工業材料於一定數量之外，不得交付之。

第八十七條　使用火器之工場擔當看守，於罷役之時，須注意熄火；鎖閉工場時，須再加檢查。

第八十八條　工場之啓閉，擔當看守行之。其鑰須交當值長官掌管。

第八十九條　長官巡視時，須報告其人數。

第九十條　於監房內服役者，適用本章之規定。

第九章　外役

第九十一條　外役者出役時，每二人聯絆之，受主管長官之點檢。罷役歸監時亦同。

第九十二條　聯絆不論何時，不得解除之。但認爲必要解除時，須受主管長官之許可。

第九十三條　在監人出役中，須帶護笠。

第九十四條　在監人不得使其與他人接近，並須防止其爲物品之授受及拾取。

第九十五條　在監人逃走時，即追捕之，並迅報本監。追捕中，得求警察官之援助。

第九十六條　因在監人逃走及其他事故戒護缺人時，從速報告主管長官。

第九十九條　外役所用器械，須將其品名、件數記載於簿，出役及罷役時點檢之。

　　　　第十章　厨室

第九十八條　厨室擔當看守指揮戒護厨人，擔當厨室事務。

第九十九條　食物之部署，須與衛生、經濟之旨兩不相妨。

第一百條　食物配與之前，須呈交主管長官查核。

第一百零一條　厨室擔當看守將前日之食物及消費薪炭等項，作厨室消費日表，呈交主管長官查核。殘飯於每日食後，妥爲保存，以作下次之用，並將其殘餘分量，記載於厨室消費日表。

第一百零二條　食物及薪炭等項，十日間所需之額，三日前於物品會計官處領取，保管於厨室所屬倉庫。

第一百零三條　由監房及他處交還之食器，須檢查之；有不足時，報告主管長官。

第一百零四條　厨人之衣服，常使其清潔。

第一百零五條　厨室罷役時，嚴密檢查後，方行鎖閉。

　　　　第十一章　門衛

第一百零六條　門衛看守常須正其姿勢，對於外來之人，須懇切接待之。

第一百零七條　對於外來之人，須詢其來監之原因。如有左列事項之一，方使其入門。但形迹可疑，即報告主管長官，待其指揮。

　　一、於公務有關係者；二、得參觀之許可者；三、求面會在監辦事官吏者；四、求面會在監人者；五、許其平日出入監獄帶有許可證者；六、監獄官吏因事使其到監者。

第一百零八條　外來人許其入門時，須交付入門證。

第一百零九條　携有平日出入監獄許可證者，檢查許可證後，使其入門。

出門者携有物品時，須與其出門證相對照；有不符時，報告主管長官，待其指揮。

第一百十條　閑雜人等如在監外徘徊集聚，得禁止之。

第一百十一條　門衛看守交代之際，所有外來人數、入門證牌之交付及他注意事項，須詳密交代之。

第一百十二條　監門閉後，如有入門之人，於開門前，須問其姓名、身分、職業及來監原因。除監內辦事人員外，不問何人，不得使其即行入門。但送信人及各官衙所派人員磪有證明者，不在此限。

對於監內辦事人員以外之入門者，將其姓名、身分、職業及來監原因報告主管長官，待其指揮。

第一百十三條　監獄內各門，除服務官吏外，非得長官許可，不准出入。

第十二章　巡查

第一百十四條　監獄之巡查，須注意在監人逃走、犯則及預防火災等事。所有監房工場牆壁、其他建設物，須周密視察之。

第一百十五條　監房外之巡查，如見有竹木、鐵具、長繩、其他足供逃走之物件散在各處時，須收拾之。有危險之虞時，須報告主管長官。

第一百十六條　夜間之巡查，所有監房門户、牆壁等處均須注意。苟於視聽有感觸時，即須追究；認爲有變异時，從速報告主管長官。

認爲有前項變异不遑報告時，自爲應急之處置，並鳴警笛，以求援助。

第一百十七條　夜間之巡查，於使用火器地方特要注意。

第一百十八條　看守勤務者交代之際，其看守區域及勤務中所生事故，須詳細告知於接受之看守。

第十三章　衛生

第一百十九條　監內衛生事項，除依法令規定外，並受醫務所長之指揮。

第一百二十條　掃除人洗滌便器，投棄穢物，須使其於一定處所爲之。

第一百二十一條　掃除人到監房內時，有無與在房者共謀等事，須特別注意。

第一百二十二條　掃除病監之人非沐浴消毒後，不得使其在他處掃除。

凡病監使用物件，不得與他處物件相混。

第十四章　接見室

第一百二十三條　接見勤務之看守於接見許可時，由監房擔當看守處領出在監人，到中央看守所點檢人數後，帶入接見暫候室。

第一百二十四條　在監人入接見暫候室後，將接見簿呈交接見監視看守長或看守部長，挨次使之接見。

第一百二十五條　接見畢，須帶領該在監人到中央看守，所點檢人數後，交還監房擔當看守，其接見簿交還收發處。

第三編　庶務

第一章　收發

第一百二十六條　接受人民請願書時，溫和懇切應對之，將該書送呈主管長官。

接受文件物件時，照前項辦理。

第一百二十七條　接見事項，歸收發看守辦理。

第一百二十八條　有請求接見在監人時，將請求人姓名、職業及與在監人關係等件，詢明記載於接見簿，受典獄認可後，將該簿送呈主管長官核辦。

前項記載事件有疑點時，須報告主管長官。

第一百二十九條　在監人係禁止接見者，如有人請求接見時，須將其事由告知之。

第二章　文書

第一百三十條　文書之保管，須參酌司法部《文件保存細則》辦理。

第一百三十一條　秘密之文書，須呈交主管長官或文書主任。

第三章　物品保管

第一百三十二條　入監者帶有銀錢時，如數為之保管。如攜有物品，嚴密搜檢後，為之保存；發見异狀時，則中止搜檢，以現品報告主管長官。

保管中之物品或送入物品，適用前項之規定。

第一百三十三條　入監者攜有之物品，除新製品外，須設法净潔後，方為保管。

第一百三十四條　凡保管銀錢及其他物品，須將其數目、品名詳細記明於保管簿。

第一百三十五條　凡保管之物品不得污損、錯誤,並不時清理之。

第一百三十六條　保管之銀錢物品一出一入,均須由監獄長官加以印證。

第四章　出納

第一百三十七條　物品之購入,非有監獄長官之命令,不得爲之。

第一百三十八條　物品之請求,雖急速需要時,非有物品會計員之指揮,不得交付。

第一百三十九條　倉庫中物品所有品目、數量,須整列明瞭。每次交付時,須與物品出納簿相對照。

第一百四十條　倉庫除主管者外,不得自由出入。

第一百四十一條　購入及賣卻之物品,須速處理,不得於倉庫外堆積。

第一百四十二條　不用之物品除特別規定外,每三月一回,調查報告主管長官。

第五章　工業

第一百四十三條　工業材料及制成物品須嚴重分別保管,除主管者外,不得妄動。

第一百四十四條　工業品非有監獄長官命令,不得製作。

第一百四十五條　工業材料之出納須記明於簿,其殘餘材料,每月與出納簿對照一次。

第一百四十六條　在監人作業日課簿於罷役時登載之,翌晨呈交主管長官察核。

第一百四十七條　工業物品制成時,須作書報告主管長官。

附則

第一百四十八條　本規則未盡事宜,得由監獄長官隨時指揮辦理。

第一百四十九條　本規則自公布日施行。

（1913年10月24日《政府公報》第529號）

令各省高等檢察廳

（1913年10月23日）

　　查各省舊監獄，大都因襲各該府廳州縣原有地址，未經改良。監房湫隘，疫癘於以時行；看守不良，綱紀因之不振。因陋就簡，無可諱言。本部前曾擬定《舊監改良辦法》八條，以本年第六十七號訓令公布施行，限期呈報。迄今已及數月，呈報到部者，尚屬寥寥，本部殊深繫念。近日國家財政支絀，萬分張皇，與作固勢所不能；而稍事補苴，則事難稍緩。當茲財力未充，建築未備，則惟恃該管長官之實心毅力，以爲補偏救弊之圖。於衛生清潔、工作管理諸大端，苟能慎重注意，因地制宜，亦足補形式之不完，而收改良之效果。爲此通令各該廳長，按照前令及上開各節，轉飭各該管獄專員，詳晰籌畫，剋日推行，並將整頓改良情形。遵照《改良辦法》八條，按條造具說帖，每年分四期呈報到部。獄政所關，無再延緩。此令

（1913年10月26日《政府公報》第531號）

令直隸高等審判檢察廳

（1913年10月29日）

　　據直隸民政長電稱"查直隸前因保定爲省城，天津爲商埠，故分設高等審

檢兩本廳暨分廳,現在行政公署及省議會均在天津,天津地方實合省城、商埠爲一處。本廳現已駐津,則保定所設分廳已無存在之必要。況輪軌暢行,交通便利,凡至保者,均立可至津,裁撤分廳更無阻窒。裁撤後,即將覆判區域歸併天津辦理,亦於事實無礙,而經費節省甚多,適合減政主旨"等因,查《司法區域分劃暫行章程》第二條二項,內開"其有總督巡撫及邊疆大員駐所,並距省遼遠之繁盛商埠,得設高等審判分廳"等語。保定距津不遠,又非商埠,本無設立分廳之必要。前據該廳呈准,將天津分廳移保,原屬一時遷就辦法。兹據電稱前因,事實上既屬可行,政費上亦不無少補。直隸第一高等審判檢察分廳應即裁撤。除電覆直隸民政長外,仰該檢察廳長迅即轉飭遵照。所有該分廳主管事宜,應即並歸該廳分別辦理。此令

(1913年11月7日《政府公報》第543號)

令京師地方審判廳京內外高等審判廳(附《查封動產暫行辦法》)

(1913年10月31日)

據該廳京師地方審判廳呈稱"執行查封動產一事,本廳現已開始實行。查民國二年九月十二日奉鈞部令開'據該廳呈擬《民事判決後強制執行辦法》各節,當經照准,令飭遵照在案。查各國通例,有體動產之強制執行率歸承發吏辦理。吾國執行法規及承發吏各種規則尚待頒布,承發吏職權責任並無詳細規定。如有廳行查封事件,應由該廳令書記官偕往,以昭妥慎。此令'等因奉此。惟書記官與承發吏對於執行時所有職務權限至爲重要,倘不設法劃清,則臨事不免有互相推諉之弊,疏忽時,亦無從根據懲辦。應請預訂簡章示遵"等因前來,查動產執行本屬承發吏專責,惟揆之現在情形,殊難遽臻妥善。本部

現已擬定《查封動產暫行辦法》十二條，以承發吏執行，以書記官負指導之責，相輔而行，較爲妥愼。合行鈔錄全文，令仰該廳遵照。除鈔錄全文，指令京師地方審判廳遵照外，合行令仰該廳轉飭該管地方以下審判廳及暫行受理訴訟衙門，此後關於查封動產事件，務須一律遵照辦理。此令

附擬定《查封動產暫行辦法》
查封動產暫行辦法
一、查封動產，以該管審判衙門令書記官指導，承發吏行之。
一、查封時，得於債務人房屋、器具及其他藏置物件所在，用啓視、封閉等方法搜索之。
一、查封物以其價格足償債務及執行費用等爲限；但價格在百圓以上時，應請鑒定人核准。
一、查封時，應酌留債務人及其家屬一個月間生活必要之物品。
一、查封時，如遇反抗，得請警察官之協助。
一、查封物如有不便搬運等情，應呈請該管審判衙門指定保管人或委托相當之官署保管。
一、查封時，如債務人不到場，應命其年長之家屬或鄰戶一二人或警察官到場。
一、查封時，應按照部定程式，作清單筆錄，以備存查。
一、星期日及慶祝日不得執行查封事件；但遇情形緊急時，得呈請該管審判衙門核辦。
一、承發吏關於執行事宜，應受書記官之指導。
一、查封時，如遇重大事件，書記官、承發吏不能逕行辦理時，應呈請該管審判衙門核定。
一、書記官、承發吏如違背職務上之義務，致人受損害時，應負賠償之責。

(1913年11月8日《政府公報》第544號)

令京外高等審判廳（附《民事訴訟費用徵收規則》）

（1913年11月6日）

　　前據京師地方審判廳呈請指示徵收訴訟費用方法，當經擬定辦法，令行該廳，轉飭一律遵照，並登報公布在案。民國肇造，法院組織伊始，書記官辦事規則尚待里訂，訴訟費用徵收程序自應先行擬定，以昭妥慎。查民事裁判，各國均取有償主義。日本徵收訴訟費用，第二審較第一審加收半額，第三審較第一審加倍徵收。現行《各級審判廳試辦章程》第八十七、八十八條所定數目，不因審級而异，本極輕微。聞京外向來有只由第一審徵收，餘皆不問者，既長人民之濫訴，又損國家之歲入，殊屬不合。此後無論何級上訴，均須照章各別徵收一次。又訴訟費用爲司法衙門經常歲入，各國審判廳有特別會計規則，歲入徵收官與現金出納官權責分明，流弊自少。現在會計法規既未完備，各法院長官對於徵收官吏應嚴重監督，以息群疑。其徵收時，各種證憑書類當責令保存，隨時檢查。綜之法律由事實而生，必使現在事實與將來法律漸相接近，而後法規公布，始可便於實行。訴訟費用徵收規則固審判廳會計規則之椎輪，亦半爲民事訴訟用印紙法之先導。爲此訂定《民事訴訟費用徵收規則》十九條，令行該廳遵照，並轉飭所屬審判廳及暫行受理訴訟衙門，務須督率書記官，切實遵辦。此令

　　附規則十九條，表式六紙。

　　民事訴訟費用徵收規則

　　第一條　本規則依《審判廳試辦章程》第八十七條、第八十八條、第九十條徵收訴訟費用時適用之。各省訴訟費用，依《補訂試辦章程》第六項有增減時，其徵收程序仍依本規則辦理。

　　第二條　各審判衙門均於署內設收發處、收費處。收發處事務，派書記官專任。收費處事務，以該衙門會計科之書記官兼任。

第三條　當事人遞訴狀時，不照章繳納費用或繳不足額，該訴訟毋庸受理。錄事鈔案費非照章繳足，所鈔案卷不得交付當事人。

第四條　應行徵收數目須用大字列明細表，由該衙門鈐蓋官印，揭示於人所易見處所。訴訟物價值原依銅幣或銀幣起算者，依《審判廳試辦章程》第八十七條，用比例算法徵收之。（如銀十兩以下應徵收三錢，則銅幣十千以下應徵收三百，銀幣十元以下應徵收三角。餘類推。）銀銅幣、銀幣折算價目另按市價揭示之，但每五日得更正一次。

第五條　收發處收訴狀時，由書記依訴訟物價值，照章算定應收數目，發徵收通知單，令起訴人自赴收費處照納（徵收通知單附式甲）。收費處照收訴訟費用後，即交付領收證於納費人，並發領收通知單，交納費人自送收發處（領收證領收通知單附式乙）。

第六條　收發處收到前條第二項領收通知單後，即於該訴狀表面上端鈐蓋收費戳記，記明所收數目。各項通知單均須保存備查。

第七條　收發處置收狀日記簿，隨時由書記記明所收訴狀之號數，依司法年度收案順序之號數。當事人姓名、住址、案由，撮舉數字，如地租、房價、債務之類。訴訟物價值徵收貨幣種類及其數目（收狀日記號附式丙）。

第八條　收發處置鈔案日記簿，隨時記明請求鈔案之姓名、住址、本案號數、鈔錄件數、字數及收費數目（鈔案日記簿附式丁）。第五條、第六條之規定，徵收鈔案費時准用之。收狀日記簿、鈔案日記簿須逐日呈該衙門長官核閱。

第九條　收費處置徵收費用簿，按會計年度隨時記明繳納費用之費別，如訴訟費、鈔案費。領收號數，依會計年度領收順序之號數。繳費人姓名、貨幣種類及其數目（徵收費用簿附式戊）。逐日所收總數，銀、銅幣均按市價折合銀幣結算。銀、銅幣、銀幣折算價目，按市價隨時登入徵收費用簿備考欄內，務與依四條二項所揭示者一律。

第十條　徵收費用簿逐頁注明頁數，並於騎縫處鈐蓋該衙門官印，按會計年度每年更換一次。

第十一條　收費處書記逐日於徵收費用簿內綜結日收總數後，即將原簿送由會計科主任鈐章，轉呈該衙門長官核閱鈐章。審檢所呈幫審員。所收現金，逐日送交會計主任保存。

第十二條　會計科主任置現金收存簿於收發處,交到現金時,即將收到貨幣種類、數目折合銀幣價詳細登入,呈該衙門長官核閱簽章。審檢所呈幫審員。

第十三條　各審判衙門所收現金,在省會及商埠地方,會計主任應每五日一次,匯送銀行存儲;其僻遠地方,得由該管長官酌定妥實方法存儲。

第十四條　會計主任送現金存儲銀行時,應先將送存數目填記現金收存簿內,呈由該衙門長官核閱簽章。送存銀行後,必取回該行摺據或憑賬為據,呈交該衙門長官保存。

第十五條　在京審判衙門每十日應將徵收確數作成明細表,呈報司法部一次;但各省得每月呈報一次。初級審判廳及審檢所,均呈由該管地方審判廳轉呈高等審判廳報部。

第十六條　審判衙門所收現金,京內非由司法部核准,各省非由高等廳長核准,並報司法部備案後,不得支用。

第十七條　訴訟費用,起訴人無力繳納請求免收時,須另具聲請救助狀加取鋪保或戶鄰切結,呈由該衙門核准後,方予免收(聲請救助狀附式已)。請求免收訟費之起訴人如或敗訴,其費用仍向具保結人徵收;如勝訴,則向被告人徵收。

第十八條　本規則於刑事徵收罰金時准用之。

第十九條　本規則如有未盡事宜,司法部得隨時修改。

甲式　徵收通知單

審判廳

存根	第　　號	納費人	住　　址
	費		姓　　名
	計銀　　(或錢洋)　　整		
	民國　年　月　日收發處書記某姓名		

審判廳

徵收通知單	第　　號	納費人	住　　址
	費		姓　　名
	計銀　　(或錢洋)　　整		
	會計科收發處照收		
	民國　年　月　日收發處書記某姓名(印)		

乙式　領收證領收通知單

審判廳

存根	第　　號	納費人	住　　址
	費		姓　　名
	計銀　　（或錢洋）　　整		
	民國　年　月　日會計科收費處書記某姓名		

審判廳

領收證	第　　號	納費人	住　　址
	費		姓　　名
	計收到銀　　（或錢洋）　　整此據		
	民國　年　月　日會計科收費處書記某姓名(印)		

審判廳

領收通知單	第　　號	納費人	住　　址
	費		姓　　名
	計收到銀　　（或錢洋）　　整特上		
	收發處臺照		
	民國　年　月　日會計科收費處書記某姓名(印)		

一、各項單紙每聯均長六寸，寬四寸。

一、收銀洋數至分而止，錢數至十而止。分十以下如有零數，逾六則收爲一，不及六者勿收。各記簿均仿此。

丙式　收狀日記簿

月日	訟案號數	當事人姓名	當事人住址	本案事由	訴訟物價值	貨幣種類	徵收數目	備考

丁式　鈔案日記簿

月日	本案號數	當事人姓名	當事人住址	鈔票件數	鈔案字數	貨幣種類	收費數目	備考

戊式　徵收費用簿

月日	長官鈐印	費別	領收號數	納費人姓名	貨幣種類	徵收數目	會計主任鈐章	備考

一、貨幣一欄，如生銀或銅、銀兩幣，應分記之。

一、收發處日記簿、收費處徵收費用簿均長九寸，寬一尺。

己式　聲請救助狀

聲請救助狀	姓名住所	
	身分職業	
	財產狀況	
	家產狀況	
	納稅額多寡有無	
某姓名爲○○○(案由)聲請救助暫免繳納訴訟費用如或敗訴 具保結人願代繳納此具　　○○○審判廳長　臺鑒　　民國　　年　　月　　日戶鄰(擔保)姓名(押或印)			

一、此狀用通常用紙填寫。

二、此狀式存收發處，有求免收訟費者，交令照填，隨同原訴狀呈遞。

三、聲請救助人，其本案號數及其應收數目等，仍由收發處記入收狀日記簿，但於備考一欄注明聲請救助。

（1913年11月8日《政府公報》第544號）

司法部布告定期考驗並甄拔司法人員
（附《甄拔司法人員準則》）

（1913年11月8日）

法官爲人民生命財產名譽自由之所寄，責任既宏，任用自不得不愼。本部自改組京外法院以來，任命法官，僅就《法院編制法施行法草案》所定任用司法官各項資格，爲暫行任用之標準。論目前過渡辦法，舍此本茫無依據。惟資格與人才，究屬二事。具有法官之資格者，未必即勝法官之任。若長此因循，漫無考驗。當茲群流競進之時，實無以辨別眞才，以重法權，而饜民望。本總長懲前毖後，瞿然引爲深憂，特制定《甄拔司法人員準則》都凡十七條，藉爲救濟方法，意在拔用合格而能勝任之人才，以謀司法事業之進步。除將部定準則公佈外，茲特定於本年十二月十五日，在本部開甄拔司法人員會。所有合於前項準則第一條所列資格人員，仰即匯齊各項憑證，並甄拔費一元，於開會前一月，親赴本部報名，呈明志願，聽候定期考驗。特此布告。

甄拔司法人員準則

第一條　依本則受甄拔之人員，以有左列資格者爲限：

一、在外國大學或專門學校，修法律或法政之學三年以上，得有畢業文憑者；

二、在國立或經司法總長、教育總長認可之公立大學，或專門學校修法律之學三年以上，得有畢業文憑者；

三、在國立，或經司法總長、教育總長認可之公立、私立大學，或專門學校，充司法官考試法內主要科目之教授三年以上者；

四、在外國專門學校，學習速成法政一年半以上，得有畢業文憑，並曾充推事、檢察官者；或在國立、公立大學，或專門學校，充司法官考試法內主要科目之教授一年以上者。

第二條　司法部內設甄拔司法人員會，以左列職員組織之：

一、會長一人；

二、審議員無定額；

三、甄拔考驗監視員一人；

四、事務員無定額。

甄拔考驗典試員以審議員兼任之。

第三條　甄拔司法人員會會長，由司法總長囑託，或選任簡任以上之官員充之。審議員由司法總長囑託，或選任左列之人員充之：

一、京師高等以上審檢衙門司法官；

二、司法部參事司長；

三、法制局參事及法典編纂會纂修；

四、國立大學及專門學校教員。

甄拔考驗監視員，由司法總長囑託，或選任薦任以上之官員充之。事務員由司法總長指定薦任以下之官員充之。

第四條　甄拔方法，依左列各款行之：

一、就學校講義考試答案，及考列等次，考察其學業之程度，並逐年及卒業時之成績。

二、就卒業後之經歷，及其主辦事務之內容，考察最近之學況，並事務上之成績及能力；但入學前經歷有足備考者，並應調查之。

三、就向來之言行狀況，考察品行性格才能及體質，能否為司法官，並宜於充何種職務之司法官。

四、舉行甄拔考驗，以測知學問之程序並運用能力為宗旨。

第五條　關於甄拔方法施行之規則，除本則有規定外，由甄拔司法人員會會長另定之。前項規則應報達於司法總長。

前二項之規定，於《審議員審議規則》，《審議員會細則》，及《甄拔考驗細則》準用之。

第六條　審議員應依《審議規則》，調查甄拔合格人員。審議員應於《審議規則》規定期間內，依附表定式，提出各員詳細報告書於會長。

第七條　甄拔司法人員會會長，接受前條報告書後，應定期開審議員會。

會長兼任審議員會議長。司法次長未經選任爲會長時，當然參預審議員會會議，並陳述意見，列入表決之數。

第八條　舉行甄拔司法人員，由司法總長酌定時期，先期通告，以政府公報公布之。

第九條　依第一條，有受甄拔資格人員，得於部定甄拔時期前，提出證明資格證書，及第四條之關係文件，呈請司法總長施行甄拔。受甄拔人員，經審議員爲第四條第一款至第三款之調查，於充司法官足認爲適當，並有第十條所舉法律之著述，或其他顯著之學績時，得由主任審議員，或報由會長發議，經審議員五人以上之同意，提議於甄拔司法人員會，依《審議員會細則》之規定議決，免其甄拔考驗。

第十條　甄拔考驗，依筆述行之。但典試員認爲雖經筆述考驗，仍未足貫徹第四條第四款之宗旨者，應指定科目，得會長之同意，續行口述考驗。

甄拔考驗之科目如左：

一、現行新刑律；　二、民法；　三、商法；　四、民事訴訟法；　五、刑事訴訟法。

第十一條　考驗人員之成績，由典試員制作成績表，報達於司法總長，及甄拔司法人員會。

第十二條　甄拔委員會議決合格人員後，由會長提出議決書，及各員詳細報告書於司法總長。

第十三條　甄拔合格及不合格人員，由甄拔司法人員會會長給與通知書。

第十四條　甄拔合格人員，由司法總長指定審檢衙門，派往實習。

第十五條　甄拔合格人員，由司法總長依現行任用司法官之標準，隨時呈請任官。

第十六條　甄拔合格人員，未經任官以前，仍應從新法關於司法官任用資格之規定。

第十七條　本則自公布之日施行。

《甄拔司法人員準則》附表第一號

報告書（甲種）

甄拔人員

本審議員依《甄拔司法人員準則》及《審議規則》之規定審議　君，認爲合格，特具詳細報告如左：

（一）受甄拔之資格

查　　　　　　　　　　　　　　　　　　　　　　　　　　　云云

據上開，説明該員受甄拔之資格，查照《甄拔司法人員準則》第一條，認爲適合。

（二）學校講義考試答案及考列等次（非學校卒業者改記其特別事項）：

（甲）學校講義之種類及程度

查　　　　　　　　　　　　　　　　　　　　　　　　　　　云云

（乙）學年及卒業考試答案之種類與分數

查　　　　　　　　　　　　　　　　　　　　　　　　　　　云云

（本欄内得記入答案之内容及批評）

（丙）學年及卒業考試等次

查　　　　　　　　　　　　　　　　　　　　　　　　　　　云云

（三）卒業後（及入學前）之經歷並其舉辦事務之成績：（非學校卒業者，記其特別經歷及舉辦事務之成績。）

（甲）卒業後之經歷

查　　　　　　　　　　　　　　　　　　　　　　　　　　　云云

（乙）入學前之經歷

查　　　　　　　　　　　　　　　　　　　　　　　　　　　云云

（無足備考者略之）

（丙）歷年舉辦事務之成績（無足備考者略之）

（四）素行及康健：

（甲）關於品性應記之點

查　　　　　　　　　　　　　　　　　　　　　　　　　　　云云

（乙）關於性格才能應記之點

查　　　　　　　　　　　　　　　　　　　　　　　　　　　云云

（丙）關於體質健康應記之點

查　　　　　　　　　　　　　　　　　　云云

（五）甄拔考驗之成績：（依第九條第二項免考驗者，此項不適用之。）

查該員於　年　月　日應　考驗，茲據該員成績表，記述其所得分數如左：

現行新刑律　　分　民法　分　商法　分　民事訴訟法　分　刑事訴訟法　分

（應口述考驗者，分數應記入之。）

總計平均分數　　分

據上所開該員成績，認爲

（六）斷定

綜以上説明該員

　　　本審議員認爲充任　　　之司法官　　適當云云

　　　　　　　審議員　　報告

甄拔司法人員會會長

中華民國　年　月　日

《甄拔司法人員準則》附表第二號

報告書（乙種）

甄拔人員

本審議員依《甄拔司法人員準則》及《審議規則》之規定，審義　君，認爲無受甄拔之資格，特具詳細報告如左：

（一）證明資格之憑證：

　（甲）該員所提出者

查　　　　　　　　　　　　　　　　　　云云

　（乙）審議員所調查者

查

（僅據該員提出證憑，足證無受甄拔之資格者，得略記之。）

（二）斷定

查《甄拔司法人員準則》第一條云云，該員

本審議員認爲無受甄拔之資格。云云。

審議員報告

甄拔司法人員會會長

中華民國　　年　　月　　日

(1913年11月10日《政府公報》第546號)

令京師及沿路綫各省高等以下各級審檢廳縣知事幫審員

(1913年11月14日)

　　十一月六日，准交通部函開"嗣後各路局解送竊犯，請仿照前定京漢鐵路辦法，行知京師及沿路綫各省高等審檢廳，轉行各地方審檢廳或縣知事，查照分別受理，並鈔送各路名稱表"等因前來。查本部前准交通部函開"嗣後京漢鐵路獲犯，均責成沿路各段巡官敘明案由，向該管審判廳或縣告發。車外所獲人犯，無論在站在路，均由各該段巡官解送犯事地方有管轄權之審判廳或縣受理。車上所獲人犯，即於例應停止之車站，由該路巡官送交該車站地方有管轄權之審判廳或縣受理。請查核"等因，當以鐵路巡警獲犯問題，與司法衙門認定訴訟管轄問題，應分別觀之。鐵路巡警在車外獲犯，不論在站在路，均應由該段巡官敘明案由，及獲犯地點，解送管轄該站該路之司法衙門。(已設廳地方之檢察廳，未設廳地方之縣知事。)在車內獲犯，因車之停止或進行而有別。停止中所獲者，其辦法同前；進行中所獲者，應於獲犯後最初例應停車之站(快車專指大站言之，慢車兼指大小站言之)，由該段巡警官敘明案由，及獲犯地點，解送管轄該站之司法衙門。如是，則鐵路巡警之責已盡。至該司法衙門受理後，按照法律，認定該案事物土地之管轄，或逕受理，或移交別衙門受理，純係司法官職務，無庸鐵路巡警官預爲認定等因,分行直豫鄂三省司法籌備處,及高等審檢廳,會同分別轉飭各該廳縣遵照辦理在案。茲准函開前因與前案事同一律,合令飭京師及沿路綫各省高等以下各級審判檢察廳、縣知事、幫審員,嗣後遇有各路局解送竊犯,務各一體遵照本部前定辦法辦理。原函附表所列各路局公司,對於鐵路獲犯,均有告發資格。茲將各路局公司名稱開列於左,以備查考。此令

計開:

交通部直轄各路

京漢路局　京奉路局　津浦路局　滬寧路局　京張張綏路局　正太路局　道清路局　吉長路局　株萍路局　廣九路局　漢粤川鐵路總公所　隴秦豫海鐵路總公所　浦信鐵路籌備處

商辦各路

江西南潯鐵路公司　廣東新甯鐵路公司　廣東粤漢鐵路公司　廣東潮汕鐵路公司　蘇省鐵路公司　浙江鐵路公司

(1913年11月16日《政府公報》第552號)

令京外各級審判廳暨各縣知事幫審員

(1913年11月15日)

查褫奪公權,爲從刑之一種。《暫行新刑律》第四十六條:"所謂褫奪公權,即剝奪公權,應終身褫奪公權全部或一部。"第四十七條:"所謂得褫奪公權,即停止公權,僅得褫奪其現在之地位,或於一定期限內,褫奪公權全部或一部。"二者義意,至爲明顯。適用之際,自應查照分則各條,分別處斷,不得稍涉含混,尤不得任意出入。乃各省審判廳、縣知事、幫審員判決案件,往往於分則各條明定褫奪公權者,或竟不褫奪,或限以一定期間;明定得褫奪公權者,輒終

身褫奪。甚者對於分則各條並未明定褫奪公權,及得褫奪公權之犯罪,竟照第四十六條,或第四十七條處斷,又不指定其所褫奪之部分。似此漫無標準,十判九誤,殊不可解。迭經本部分別解釋,指示在案。須知公權乃各個人應有之權利。褫奪雖屬從刑,關係至爲重要,一經誤判,妨害滋多。茲爲尊重人民權利起見,特此通令京外各級審判廳暨縣知事、幫審員,嗣後對於應褫奪公權各案,務須查照分則各條褫奪公權及得褫奪公權之規定,依第四十六條,第四十七條,詳晰判斷。其於分則各條並無明文規定者,尤不得任意褫奪。以尊國法,以重公權,即以保持審判之信用。毋得疏忽。此令

(1913年11月27日《政府公報》第563號)

令京外高等審判檢察廳

(1913年11月22日)

本部制定《甄拔司法人員準則》,業於第十七號布告公布在案。查此項甄拔,專爲未經任用之司法人員而設。其現在各該廳侯補或練習各員,如志願甄拔,准其就近呈明各該廳長官。即由各該廳查取各該員履歷、成績、畢業憑證或教授講義,暨足以證明資格等項書類,並出具切實考語,一併呈由本部發交甄拔司法人員會,詳加審議。如有認爲資格適合、成績優良者,本總長自當酌量分別任用,庶於慎選之中,仍寓優待之意。除發去《甄拔司法人員準則》册外,仰即遵照。此令

(1913年11月25日《政府公報》第561號)

批張鵬飛呈

（1913年11月24日）

呈悉。所陳疑問三端，不無誤會，特逐節批示如下：一、《甄拔司法人員準則》第四條第一款所謂"就其講義考察"，係藉以覘該校教授程度，驗其學業之如何，並非就此範圍內，各別命題也。且此項講義，擬由部先期酌量，函向各校調取，無庸報名人員各自呈驗。但具有準則第一條第三、四兩款資格者，必須將教授講義，匯呈備核。二、第四條第三款之考查，不過爲甄拔方法之一種，非謂合於此款規定，即可認爲合格。觀於第九條第二項所定益明。三、此次舉行甄拔係專就未經任用之司法人員而設。證以第十四、十五兩條規定，自無疑義。仰即遵照。此批

（1913年12月1日《政府公報》第567號）

批神州大學代表張嘉森等呈

（1913年11月24日）

據呈已悉。本部所定《甄拔司法人員準則》，係爲慎重司法人員之任用起見，專就現認爲有司法官資格者，加以考驗，以定用人之標準而已，實與司法官之考試，迥然不同。故《準則》第一條，不便加入私立學校畢業生，以自亂其例。

至若司法官考試資格，對於官私立各法校，原應同一待遇，以昭公允。刻正擬將該法草案提出修正。所呈各節，留備、採用可也。此批

（1913年12月1日《政府公報》第567號）

令京外高等以下各該審檢廳審檢所及行使司法之縣知事

（1913年11月25日）

查看守所之設，原以羈押刑事被告人。而被告人之有罪與否，必俟判決宣告，始能確定。故惟限於有湮滅證據及希圖逃走之虞者，不得已而剝奪其身體行動之自由，藉以減少訴訟進行之障礙。乃查閱近來京外各地方檢察廳呈報看守所統計月表，收容人數强半逾額，少者數百，多者近千。地方湫隘，疾疫於以勃興；穢惡欝蒸，死亡不時見告。是使被告人所受之痛苦，較之已決之囚，尤爲酷烈。興言及此，尤所痛心。爲此通令京外高等以下各該審檢廳審檢所，及行使司法權之縣知事，凡被告人在偵查訊問之始，判決宣告以前，除的確認爲有滅證及逃走之虞者，不得已量予收所外，其餘情節果係輕微，身分或非浮浪者，悉當厲行保釋責付。毋因訴訟之延遲，而使被告人蒙影響；毋憚傳喚之繁重，而以看守所爲尾閭。近有關於司法之改良，遠且係於人權之保障。本部前以審判廳之進行延緩，看守所之管理不良，曾經通令各該長官，注意辦理各在案。然非厲行保釋責付，尚無以貫澈此目的。人民生命所係，不厭煩言。其各勉體此意，切切勿忽。此令

（1913年12月1日《政府公報》第567號）

令京外高等審判檢察廳

(1913年11月26日)

前於第七十五號及九十九號訓令京外各長官實行監督廳員,並按月考核成績,原期收實效而策進行。迺近聞各該廳受理案件,往往多所積壓,延不清理,迭據來部控告有案。若長此因循,不予整頓,何以壓人民之望,而促司法之改良?爲此令仰該廳長檢察長實力奉行,隨時督促。嗣後各該推事、檢察官對於審判上檢察上應負職務,務須振刷精神,迅速辦理,庶案牘少一日之稽留,則人民少一日之拖累。倘或案多事繁,原有庭員實係不敷分配者,亦應據實聲明,呈部核辦。並仰轉飭各該廳一體遵照。此令

(1913年11月29日《政府公報》第565號)

令公布《監獄規則》(附規則)

(1913年12月1日)

茲制定《監獄規則》一百零三條,特公布之。此令

監獄規則

第一章　總則

第一條　監獄屬司法部管轄。
第二條　監獄爲監禁被處徒刑及拘役者之所。有不得已時，看守所得代用爲監獄。
第三條　未滿十八歲者監禁於幼年監；但滿十八歲後，三個月內刑期即可終結者，其殘刑期間，仍得繼續監禁之。因精神、身體發育情形認爲必要時，適用前項，得不拘定年齡。
第四條　婦女監禁於女監。
第五條　各監設在同一區域內者，嚴行分界。
第六條　司法部每二年一次，派員視察監獄。
第七條　視察員得以檢察官充之。
第八條　在監者不服監獄之處分時，得在事故發生後十日內，申愬於監督官廳或視察官吏；但申愬未經判定時，無中止處分之效力。
第九條　不服監督官廳或視察官吏之判定者，許其再愬於司法部；但司法部之判定有最終效力。
第十條　關於在監者之待遇及其他監獄行政之重要事項，監獄長官須諮詢監獄官會議之意見。
第十一條　有請參觀監獄者，限於確係研究學術及有其他正當理由者，得許之。
第十二條　本規則規定，沒收物品充監獄慈惠之用。
第十三條　受監禁處分者，準用被處拘役者之規定。
第十四條　本規則不適用於陸海軍監獄。應收陸海軍監獄者，若有職權者囑託，亦得暫收於普通監獄。
　　第二章　收監
第十五條　新入監者，監獄官非認定具備適法之公文，不得收之。
第十六條　收監婦女有請携帶其子女者，非認爲不得已時，不得許之。許携帶之子女，以滿一歲爲限，在監內分娩之子女亦同；但該子女已達限制年齡，若無相當領受人，又無在外安置方法時，得延至三歲。
第十七條　新收監者，醫士須診察之。
第十八條　新收監者若有左列情事之一，得不收之。

一、精神喪失或因監禁有不能保其生命之虞者；二、懷妊七月以上及分娩未滿一月者；三、罹激性傳染病者。

第十九條　依前條規定不收監者，若認爲必要時，得暫行收監。

第二十條　新收監者之身體衣類及携帶物品須檢查之，並調查其體格及個人關係。

前項之規定對於已在監者認爲必要時，亦適用之。

第二十一條　身體檢查及體格調查非認爲萬不得已時，不得裸體爲之。

第三章　監禁

第二十二條　在監者概以分房監禁爲原則，但因精神、身體認爲不適當者，不在此限。

第二十三條　滿十八歲者，分房三年後，非本人情願，不得繼續分房；未滿十八歲者，分房一年後亦同。

第二十四條　監獄長官及教誨師至少每十日一次訪問分房之在監者，看守長須常訪問之。

第二十五條　雜居者無論在監房、工場，均須斟酌其罪質、年齡、犯數性格等隔別之。

第四章　戒護

第二十六條　在監者有逃走、暴行、自殺之虞及在監外者，得加以戒具。戒具設窄衣、手鐐、捕繩、聯鎖四種。

第二十七條　戒具非有監獄長官命令，不得使用；但緊急時，得先行使用，再請監獄長官指揮。

第二十八條　監獄官所携帶之槍或刀，若遇左列事項之一，得使用之：

一、在監者對於人之身體爲危險暴行或加以將爲暴行之脅迫時；二、在監者持有足供危險暴行所用之物不肯放棄時；三、在監者聚衆騷擾時；四、劫監者及幫助在監者爲危險之暴行脅迫或逃走時；五、圖謀逃走者以暴行拒捕或制止不從仍行逃走時。

第二十九條　監獄官照前條規定使用槍刀後，須將實在情形從速報部。

第三十條　當天災事變認爲必要時，得令在監者就應急事務，並得請求軍隊、警察等署之援助。

第三十一條　當大災事變如在監內無法防避時,得將在監者護送於相當處所;護送不遑時,得暫時解放。被解放者由解放時起算,限於二十四小時內至監獄或警察署投到;逾時者,得以刑律脫逃罪論。

第三十二條　在監者逃走後十日內,監獄官得逮捕之。

第三十三條　在監者逃走後,須以逃走之事實及逃走者之人相表,通知監獄所在地及預想逃走者所經過之警察官署逮捕之。

第三十四條　逃走之事實監獄長官須報部捕獲逃走者亦同。

　　　第五章　勞役

第三十五條　服勞役者,須斟酌其年齡、罪質、刑期、身分、技能、職業及將來之生計、體力之強弱科之。

第三十六條　除刑期不滿一年者外,監獄官認爲必要時,得使在監者在監外服勞役。

第三十七條　勞役非有監獄長官命令,不得中止廢止或變更。

第三十八條　在監者每日勞役時間於七小時以上十小時以下之範圍內斟酌時,令地方情形、監獄構造及勞役種類定之。教誨教育接見訊問診察及運動所需時間得算入勞役時間。

第三十九條　對於服勞役者,應定相當科程;各種勞役科程,以前條勞役時間及普通一人平均工作分量爲標準,均一定之。

第四十條　免服勞役日列左:
一、國慶日;二、紀念日;三、十二月末二日;四、一月一日至三日;五、星期日午後;六、祖父母、父母喪七日;七、其他認爲必要時。

第四十一條　因炊事、灑掃及不得已事由必須服勞役者,不適用前條之規定;但前條第六項不在此限。

第四十二條　因勞役所得之收入概歸國庫。

第四十三條　服勞役者得斟酌其行狀、罪質、成績等,分別給與賞與金。

第四十四條　賞與金額,徒刑囚不得過該地方普通傭工價十分之三,拘役囚不得過該地方普通傭工價十分之五。

第四十五條　在監者故意損害器具製造品材料及其他物者,得以其賞與金充賠償費。在監者逃走後,得沒收其賞與金之一部或全部。

第四十六條　賞與金於釋放時交付之,但本人請求充家屬扶助料及賠償被害人時,其積存達十元以上者,得酌付三分之一。

第四十七條　因服勞役受傷、罹病、致難營業或死亡者,得依其情狀給與恤金。前項恤金,監獄長官申請,監督官廳決定之。

第六章　教誨及教育

第四十八條　在監者一律施教誨。

第四十九條　未滿十八歲者,一律施教育;但滿十八歲者,自請教育或監獄官認爲必要時,亦得教育之。

第五十條　教育每星期二十四小時以内,依小學程度教以讀書、習字、算學、作文及其他必要學科。有同等學力者,依其程度設相當補習科。

第五十一條　在監者請閱書籍,限於無礙監獄之紀律及感化之宗旨,得許之。

第七章　給養

第五十二條　對於在監者,須斟酌其體質、年齡、勞役及地方氣候等項,給與必要之飲食、衣類及其他用具。

第五十三條　在監者禁用烟酒。

第五十四條　在監者給與灰色獄衣。除一定獄衣外,所有衣被苟無礙於紀律及衛生者,得許在監者自備。

第五十五條　監房及其他在監者之處所,於極寒時,得設暖房;但病室設備暖房之時間,由監獄長官定之。

第五十六條　婦女携帶之子女得自備衣食及日用必需雜具。

第八章　衛生及醫治

第五十七條　監獄須灑掃潔净,房間及衣類、雜具、厠所、便器等類,須定次數清潔之。

第五十八條　在監者須令其沐浴。沐浴次數,由監獄長官斟酌勞役種類及其他情形定之;但四月至九月至少三日一次,十月至三月至少七日一次。

第五十九條　在監者除有不得已事由外,須每日運動半小時;但因勞役種類認爲無運動之必要者,不在此限。

第六十條　在監者罹疾病時,速加治療,病重者收入病室。

第六十一條　在監者罹激性傳染病時,須與他在監者嚴行離隔;但看護人不在此限。

第六十二條　罹激性傳染病者所用物品，須消毒後，方可給與他在監者使用。

第六十三條　激性傳染病流行時，出入監獄之人及寄送在監者之物品，得加以必要之制限。

第六十四條　病重者經監獄長官許可，得自費招請醫生治療。

第六十五條　因特種疾病，醫士請以該種專門醫生補助時，得許之。前項規定，產婦準用之。

第六十六條　孕婦、產婦、老弱者、廢疾者，以病者論。

第九章　接見及書信

第六十七條　在監者只許與其家族人接見；但有特別理由時，得許與家族以外之人接見。

第六十八條　拘役囚接見每十日一次，徒刑囚每月一次，其接見時間不得過三十分鐘；但監獄長官認爲有不得已情形者，不在此限。

第六十九條　接見由監獄官監察之，如認有通謀作弊或妨害監獄紀律時，得停止接見。

第七十條　在監者只許與其家族人發受書信；但有特別理由時，得許與家族以外之人發受書信。

第七十一條　書信，拘役囚每十日一次，徒刑囚每月一次；但監獄長官認爲有不得已情形者，不在此限。

第七十二條　往來書信由監獄長官檢察之，如認有通謀作弊或妨礙監獄紀律時，得不許其發受。

第七十三條　在監者除因私事，發受書信費用應自備外，餘由監獄支給。

第十章　保管

第七十四條　在監者之物品，檢查保管之。無保存價值或不適於保存之物品，得不爲保管。

前項之物品，若本人不爲相當處分時，得廢棄之。

第七十五條　有請以保管物品充家屬扶助之用或其他正當用途者，監獄官得斟酌情形許之。

第七十六條　由外送入之物品限於無礙監獄紀律時，得許其收受。送入之物品認爲不適當,或送入人姓名、住所不明及在監者拒絶受領時,得没收或廢棄之。在監者私帶未經許可之物品,得適用前項之規定。

第七十七條　保管物品,於釋放時交還之。

第七十八條　死亡者之親屬請求領回遺留物品或金錢時,交付之。死亡者之遺留物由死亡之日起,經過一年,無前項請求人時,歸國庫所有;逃走者之遺留物,由逃走之日起,經過一年,尚未捕獲時亦同。

　　第十一章　賞罰

第七十九條　賞罰由監獄長官行之。

第八十條　在監者遵守監獄紀律時,得爲左列之賞遇:

一、照本規則所定接見、書信度數增加一次;二、每月增給一元以内之勞役賞與金;三、每十日增給菜三次以下,但每次價額不得過一角。

第八十一條　在監者有左列各款行爲,得賞給二十元以下之金錢:

一、密告在監者爲逃走、暴行之預謀或將爲逃走、暴行;二、救護人命或捕獲逃走中之在監者;三、天災事變或傳染病流行,服監獄事務有勞績者。

第八十二條　在監者違反監獄紀律時,得處以左列之懲罰:

一、面責;二、停止發受書信、接見及閱讀書籍;三、減食:減食每餐減去五分之一或五分之三;四、停止運動;五、暗室監禁;六、酌減賞與金。

前列各項得並科之;但第三項、第四項之懲罰不得過七日,第五項之懲罰不得過三日。第二項至第五項之懲罰,未滿十八歲者不適用之。

第八十三條　受懲罰者有疾病及其他特別事由時,得停止懲罰。受懲罰者有悛悔情狀時,得免除懲罰。

　　第十二章　赦免及假釋

第八十四條　監獄長官得爲受諭知刑罰之在監者爲赦免之聲請。前項聲請書經由諭知刑罰之檢察廳,提出司法部。

第八十五條　赦免之聲請書須填具該在監者歷年身分簿。

第八十六條　第八十四條之規定,在假釋中者適用之。

第八十七條　在監者雖達假釋期,若非監獄長官確認其有悛悔實據,並得監獄長官會議多數同意,不得聲請假釋。

第八十八條　假釋之聲請,除填具該在監者歷年身分簿外,並將前條監獄官會議多數同意書蓋印呈部。

第八十九條　假釋出獄人在假釋期間內，應遵守左列各款規定：

一、就正業保持善行；二、受監獄監督，但監獄得以其監督權委託警察官署或其他認爲適當之人；三、移居或爲十日以上之旅行時，須有監督者之許可。

第九十條　監獄長官知假釋出獄人有該當刑律第六十七條者，須具意見書報部。

第九十一條　監獄長官認爲假釋出獄人違背第八十九條規定事項者，停止假釋之處分，一面報部。

第十三章　釋放

第九十二條　應釋放者，由監獄長官釋放之。

第九十三條　釋放在監者，須依赦免假釋之命令或期滿之次日午前行之。

第九十四條　因赦免或假釋釋放者，監獄長官須依定式釋放之假釋者，並須交付證票。

第九十五條　因期滿釋放者，釋放前至少三日以上，使之獨居。

第九十六條　被釋放者無歸鄉旅費及衣類時，得酌給之。

第九十七條　被釋放者若罹重病，請在監醫療時，依其情狀得許之。

第十四章　死亡

第九十八條　在監者死亡，監獄長官須會同檢察官檢驗其屍體。

第九十九條　病死者，醫士應記明其病名、病歷、死因及死亡年月日時，於死亡簿簽名蓋印。

第一百條　死亡者之病名、死因及死亡年月日時，應速知照死亡者之家屬或親故，並須報部。

第一百零一條　死亡者之家屬親故請領屍體者，得付之。

第一百零二條　死亡經過二十四小時無請領屍體者，埋葬之。埋葬處應立木標，記明死亡者姓名及死亡年月日。

第十五章　附則

第一百零三條　本規則自公布日施行。

（1913年12月4日《政府公報》第570號）

令請覲各員開具履歷赴部報到

（1913年12月2日）

查《覲見大總統禮節》内開"凡文職官初進見，及授職或改授，及外入請覲、内出請辭，均用覲見禮。由各部代呈請期，總、次長帶覲"各等語，所有本部職員，暨直轄各官署簡任薦任官，應請覲見者，自應由部彙齊代呈，以重典禮而昭畫一。兹定於每月初十、二十兩日，爲彙集代呈請覲之期。如值星期，即改於次日辦理。仰應行請覲各員，查照上開期日，先行開具銜名、籍貫、年齡、出身、職務，赴部報到，候呈大總統示期，帶領覲見。此令

（1913年12月5日《政府公報》第571號）

令直隸高等審檢廳

（1913年12月2日）

直隸第一高等審檢分廳，業已裁撤，並於本年第四百五十九號訓令公布在案。所有直隸第二高等審檢分廳，應即改爲直隸高等審判檢察分廳，以正名稱。仰該廳迅即轉行遵照。此令

（1913年12月5日《政府公報》第571號）

令山東高等審檢廳

（1913年12月2日）

　　據該廳呈稱"未經任命之現任推檢及學習推檢並現任書記官，具有法官資格各員，可否由廳臚列成績，呈送查核，免予甄拔考驗？抑仍須受驗之處？請核示"等因到部，查此項廳員甄拔辦法，本部十一月简日通電，暨五一二號訓令業已分別示遵。至書記官中具有法官資格各員，如願受甄拔，亦准其呈由該廳長檢察長查照五一二號訓令辦理。此令

（1913年12月5日《政府公報》第571號）

致大理院長函

（1913年12月3日）

　　逕啓者：查此次甄拔司法人員會之設，雖爲過渡辦法，實示用人標準。會長全局統籌，尤非有法家泰斗，不足以主持斯舉。伏承貴院長以法學先河，爲天下廷尉，年來經過事實都在鏡銓，目前法界品流知勞籌慮。本總長橫覽當代，敢以兹會會長一席竭誠囑託，定荷俯允，並賜教言，司法前途庶手有豸，不勝忻慕屏營之至。此致

（1913年12月10日《政府公報》第576號）

司法部布告爲發給律師證書事

（1913年12月10日）

　　查本部發給律師證書，向係按照《律師暫行章程》辦理。惟前因各學校畢業名册，教育部未經送齊，又在實行律師制度之初，不得不暫從寬格。凡由各該高等廳呈請者，驗明各項憑證相符，具有《律師暫行章程》免考條件，即予核給證書。現在呈請日多，其中畢業是否確實，僅驗文憑，考核手續原未完備。復準教育部迭次函稱，"核給證書，須以送到各項名册爲憑"等語，是核發律師證書，自應查照教育部畢業名册有無案據，以爲准駁。自前月起，即已照此實行，嗣後呈請證書各生，雖合律師免考資格，如查教育部開送册案並無其人，即行駁還，以昭愼重而防流弊。各該生須知學校統一，乃教育部專責。果使畢業核准有案，斷不致册送無名。即有畢業已經核准，確無疑義，而本部未經接准册案者，當是教育部正在造册之際。各該生等仍可呈請教育部核送，過部覆驗無異，自當將證書隨時核發，並非一經駁還，遂致取消資格也。聞見多歧，恐滋誤會，特此布告。

（1913年12月13日《政府公報》第579號）

令順天府習藝所辦事員

（1913年12月10日）

　　順天府習藝所自開辦以來，即係收禁已定罪人犯，其性質本與監獄無殊。前經本部提議於國務院，請將該所劃歸本部管轄。現由內務部贊同原議。將該所移交本部接收。按照本部本年第二百八十號訓令，應即取消習藝所名目，改作監獄。以昭劃一。再查該監獄所在地，係宛平縣地方，著即定名爲宛平監獄。仰即遵照。此令

（1913年12月14日《政府公報》第580號）

呈大總統擬將直隸第一高等審檢分廳裁撤裁缺各員一律免官另候任用並設在熱河之直隸第二高等審檢分廳改正名稱各等情請鑒核施行文[*]

（1913年12月17日）

　　爲呈請事：查直隸前因保定爲省會、天津爲商埠，故高等審檢本廳設保定，高等分廳設天津。自入民國以來，該省行政公署及省議會均在天津因令本廳、

---

[*] 此件係與國務總理熊希齡共同署名。

分廳互相移置。尋以熱河請設高等分廳，求名稱之辨別，因以設保定者定名爲直隸第一高等審檢分廳，設熱河者定名爲直隸第二高等審檢分廳，迭經呈明，辦理在案。現在體察情形，天津地方實合省場、商埠爲一處，本廳既已移津，則保定所設分廳已無存之必要。況輪軌交通，津、保咫尺。駐保分廳裁撤以後，訴訟既無妨礙，經費節省尤多。復據署直隸民政長劉若會請以該分廳管轄案件歸並本廳，電商前來，實爲事所應爾，業於上月由部令飭各該廳遵照辦理。所有此次裁缺之推、檢各員，自應一併呈請免官。擬請將直隸高等審判廳推事、充直隸第一高等審判分廳監督推事王義檢，署直隸高等審判廳推事、充直隸第一高等審判分廳推事張允同、宗賡霖，署直隸高等檢察廳檢察官、充直隸第一高等檢察分廳監督檢察官曹祖蕃，署直隸高等檢察廳檢察官、充直隸第一高等檢察分廳檢察官汪德溫、何寶銓，即行開去本缺署缺及免去所充分廳推、檢本官，一律另候任用。署直隸第一高等審判分廳推事趙汝梅、朱鼎芬、張務本、解雲輅，署直隸第一高等檢察分廳檢察官熊元楷、葉翼鑾，即行免去推、檢本官，一律另候任用。理合按照各部官制通則第六條，會同國務總理，呈請大總統鑒核施行。再直隸第一高等審檢分廳既已裁撤，所有設在熱河之直隸第二高等審檢分廳，應即改爲直隸高等審判分廳、直隸高等檢察分廳，以正名稱。除飭遵外，合並聲明。謹呈

批據呈已悉，王義檢等已另有令，准免本官。餘如所擬辦理。此批。

（1913年12月19日《政府公報》第585號）

令浙江高等檢察廳

（1913年12月17日）

前據該廳呈請，發給梅雪春、方鈞、何壽權、宋詠梅、董欽等律師證書，當經

照給在案。茲查梅雪春等五名均係私立浙江法政專門學校畢業,核與《律師暫行章程》第四條第三款所列資格不符,應即撤銷。除登《政府公報》公布外,仰該廳迅將原給梅雪春等之一八〇三、一八〇四、一八〇五、一八〇六、一八〇七等號律師證書追繳,送部存案,並行知同級審判廳查照。此令

(1913年12月25日《政府公報》第591號)

令京外各級審判廳暨各縣知事幫審員

(1913年12月20日)

十二月二日,准交通部函開"查各處鐵路軌道上之物件,無論鉅細,均關緊要。設有偷竊損傷,易生絕大危險。是以妨害交通刑律,定有專章,用意至爲鄭重。乃近來各處審判人員,對於此等案件,其依律判決者,固足以資懲儆;而仍照普通竊犯科罪,以致頑民無所儆畏者,亦在所不免。本部爲預防危害起見,相應函請貴部,迅賜通令各省高等審判廳,分行各地方法院,暨各縣幫審員,一體知照。嗣後遇有偷竊損壞已成路軌上物件之案,務須核其情節,按照妨害交通罪章內所定各條,分別科斷,勿得僅以普通竊盜論,俾重交通,而杜危害"等因到部。查《新刑律》分則第十五章防害交通罪,雖非僅指鐵路一部分而言,然與鐵路有關係者,均有明文規定。如遇此等犯罪,自當科以應處之刑,不得以普通竊盜論斷。合行令飭該廳等,嗣後遇有損壞已成路軌上物件之案,務須分別情節,照律治罪,毋稍輕縱,致妨路政。此令

(1913年12月23日《政府公報》第589號)

令京外各級審判檢察廳長官

（1913年12月26日）

　　現在甄拔司法人員，業於本年十二月十五日開始辦理。所有京外呈請薦任廳員，除合下開暫行辦法各條仍准繼續核辦外，嗣後非經甄拔合格人員，不得呈請薦任。其在本屆甄拔期內，有因懸缺，礙係需人，請以未受甄拔之員急切承乏者，准其呈請代理，先予立案，仍俟歸入下屆甄拔是否合格，再行核辦。茲將暫行辦法列舉如下，仰京外各級審判、檢察廳長官一體知照。此令
　　一、京外各廳呈請任命文件，在本年十二月三十一日以前到部者；
　　一、京外各廳在本年十二月三十一日以前呈報先行派員署理某缺，曾經聲明，俟有成績或俟數月後再行呈請薦任者；
　　一、曾經簡任、薦任原有本缺之司法官，現擬調補或調署他缺者；
　　一、曾經簡任、薦任之司法官辭職或裁缺者。

（1913年12月29日《政府公報》第595號）

令京外高等地方審判廳

（1913年12月26日）

　　查各級廳推事成績之優劣，應以判決案件之當否爲憑；而考核判決之當

否，應以所作成判詞爲憑。近來京外各廳，遵照修正覆判簡章第五條及本部第一百八十六號、第二百九十七號訓令，專案或彙案報部。刑事案件經本部嚴密覆核，程度互有不齊，除地方及初級審判廳獨任推事判決案件職責分明外，其高等審判廳及地方審判廳合議庭判決案件各有主任之員，而判詞僅列署審判長、推事及陪席推事員名，究不知此項判詞出自某員之手。就法定職務言，審判長固責無旁貸；而按之實際，不能不責備主任之員。藉非就判詞内特別標明，其成績優異者既末由表彰，而判決錯誤者復無從稽核。在各廳長實施監督，自有考績之方；而本部考察庭員，究乏鑒衡之準。爲此通令各該高等及地方審判廳，嗣後判決刑事案件，除對外宣示判詞，應仍照《審判廳試辦章程》第三十八條定式辦理外，其應專案或彙案報部案件，務須一律就原判詞內標明主任推事，送由同級檢察廳分別報部，以資考核而明責任。此令

（1913年12月29日《政府公報》第595號）

令公布《修正律師暫行章程第七章第八章》各條文（附修正文）

（1913年12月27日）

茲《修正律師暫行章程第七章第八章》各條文，特公布之。此令

修正律師暫行章程第七章第八章
  第七章 懲戒
第三十三條 律師有違反本法及律師公會會則之行爲者，律師公會會長依常任評議員會或總會之決議，聲請懲戒於該地地方檢察長。
  地方檢察長受前項聲請後，呈由該管高等檢察長，送交同級審判廳律師懲

　　　　戒會審查之。
　　　　前項呈請，地方檢察長得以職權行之。
第三十四條　法院得依法院編制法第六十四條第一項、第六十六條第二項之規定，逕向懲戒會移請懲戒。
　　　　法院於審判上發見律師有應受懲戒之事由者，得通知該地地方檢察長。
　　　　經前項通知後，於相當期間內未送交懲戒會者，得由法院逕向懲戒會移請懲戒。
第三十五條　各高等審判廳內置律師懲戒會，律師懲戒會規則另定之。
第三十六條　懲戒會之決議經確定後，報告於司法總長，由司法總長命令該地地方檢察長執行。
第三十七條　懲戒之分類如左：
　　　　一、訓飭；二、二年以下之停職；三、除名。
第三十八條　受除名之處分者，四年內不得再充律師。
　　　　　第八章　附則
原章程第三十七條、第三十八條，遞改爲第三十九條、第四十條。

（1913年12月29日《政府公報》第595號）

令公布《律師懲戒會暫行規則》（附規則）

（1913年12月27日）

　　茲訂定律師懲戒會暫行規則二十三條，特公布之。此令
　　律師懲戒會暫行規則
　　　　第一章　律師懲戒會之組織
第一條　律師懲戒會以會長一人、會員四人組織之。

第二條　律師懲戒會以各該高等審判廳推事爲會員，高等審判廳長爲會長。

第三條　會員及其代理順序，由高等審判廳長於前年度終，開會與推事協議定之。

第四條　《各級審判廳試辦章程》第三節各條，於參與律師懲戒會會議人員準用之。

第五條　關於庶務之準備及進行，由會長指定法院書記官任之。

第二章　懲戒之審查

第六條　會議非會長及會員全體出席，不得開議。

決議以多數表決定之，會長加入表決之數。

第七條　聲請呈請或移請爲懲戒審查者，應提出證據並附具意見書。

第八條　會議日期，由會長於接受事件後，十五日內指定之。

高等檢察長應列席於會議，陳述意見。

第九條　調查證據得以職權或囑托他審判或檢察衙門爲之。

調查證據有必要時，得給限相當期間，命該律師提出辯明書或命其到會陳述；但逾期不提出或不到場者，得逕行決議。

第十條　會議之開議、延展、續行並討論終結，由會長定之；但關於討論終結，因會員二人之提議，得付表決。

第十一條　關於懲戒行爲之表決，應先就開始懲戒程序是否合法及行爲應否懲戒行之。

第十二條　律師懲戒會審查中，如預料其行爲應受除名處分時，無論何時，得以職權或依高等檢察長之聲請，先表決停止被付懲戒律師之職務。

前項表決應通知高等檢察長及被付懲戒律師，其効力即自接受通知之日起發生。

第十三條　表決方法，以無記名投票行之。

第十四條　凡議決之結果，即時報告於司法總長，並通知高等檢察長及被付懲戒律師。

第三章　聲明不服程序

第十五條　高等檢察長或被付懲戒律師，得對於律師懲戒會之決議於接受通知之翌日起，二十日內，向司法總長聲明不服。

聲明不服,應將理由書經由原律師懲戒會提出於司法總長。

原律師懲戒會接受前項理由書,連同記録及證據迅速轉呈於司法總長;但係逾期者,即通知高等檢察長及被懲戒律師。

第十六條　司法總長接受前條之呈送後,即分別爲左列之命令:

一、不合法者,徑駁斥之;

二、有理由者,發交原會或鄰省律師懲戒會爲覆審查;

三、無理由者,維持原議。

第十七條　懲戒處分,因期内無合法之聲明不服或經司法總長爲前條第一款、第三款之命令時,即行確定。

前條第二款之覆審查,決議後,報告於司法總長,即爲確定。

第四章　懲戒之執行

第十八條　司法總長接受懲戒會決議報告,或爲第十六條第一款、第三款之命令後,即分別爲左列之執行:

一、訓飭或停職,除令該管高等檢察長轉令地方檢察長傳送訓飭文或停職命令外,并將決議書訓飭文或停職命令以《政府公報》公告之。

二、除名,即令該管高等檢察長轉令地方檢察長追繳證書,高等審判廳長撤銷登録,并將決議書除名命令以《政府公報》公告之;但有必要時,以電報通知於各高等審判廳。

第五章　懲戒審查與刑事訴訟程序之關係

第十九條　刑事訴訟程序中,律師懲戒會就同一事件,不得開始審查。

懲戒審查中,就同一事件對於被付懲戒律師開始刑事訴訟時,其事件未經判決以前,應停止懲戒之審查。

第二十條　依刑事裁判受免訴或無罪之宣告時,就同一行爲仍得付懲戒。

第六章　附則

第二十一條　應付懲戒之行爲,在本規則施行以前者,亦得依本規則付懲戒。

第二十二條　本規則自律師懲戒法頒布後,失其効力。

第二十三條　本規則自公布日施行。

(1913年12月29日《政府公報》第595號)

令各省高等檢察廳

（1913年12月29日）

　　前以各省設立監獄學校，紛紛呈請立案。本部爲慎重監獄教育起見，曾經制定《監獄學校規程》，以第八十六號部令公布在案。嗣後開辦學校固應遵辦，即公布前成立學校無論曾否報部立案，如與此項規程不符，均須更正，以歸畫一。至關於成績考查等事項亦已明白宣示，概依教育部定各項規程辦理。乃查近來各公私立監獄學校，辦理合法、確有成績可考者固屬不少，然僅憑一紙呈文率行呈請者，尤爲指不勝屈。考其校章不完不備，所招學生只有額數而無姓名、履歷等，核與辦學手續，殊有未合。此項學校既爲本部直轄，自應再爲規定。除規程所載應行呈報外，呈部備案時，須將學生姓名、履歷等造册達部；至畢業時，再將畢業人數、姓名、履歷等，連同畢業所得總平均分數造册呈報。至表册方式，教育部已有規定，仿照辦理自無違誤。其已經立案之各監獄學校未備學生姓名、履歷等表册者，亦須遵令補報，藉備考查而杜弊混。爲此令仰該廳轉飭遵照，毋怠毋忽，並令以後呈請之件，須呈由該廳先行查核轉呈，不准直接報部。此令

（1913年12月31日《政府公報》第597號）

令京外高等檢察廳

（1913年12月29日）

　　查《看守所暫行規則》，本部業於本年一月二十八日以第七號部令公布修正看守暫行規則，人數統計月表，本部復於本年三月八日以第三十號部令公布，均先後登載《政府公報》在案。該規則內第八條、第九條、第十一條、第五十條均有呈報司法部之規定，乃數月以來，各所多不遵章造報，間有僅將看守所人數統計月表彙報，而於第九條、第十一條之規定尚付闕如，辦理殊爲疏忽。爲此通令京外高等檢察廳轉令該監督長官，迅即督飭該管看守所，務須遵照部定規則，詳晰具報，以憑考核。所有關於看守所管理事項，亦宜時加稽察，切實整頓，毋許日久生玩，是爲至要。此令

（1913年12月31日《政府公報》第597號）

令各省高等檢察廳檢察長

（1913年12月29日）

　　本部制定《監獄規則》一百零三條，以本年第二百八十四號部令公布在案。惟各省舊監獄設備多未完全，按諸該規則，恐有礙難適用之處。茲特詳加分別，除《監獄規則》第十條、第二十二條、第二十三條、第二十六條第二項、第三十六

條、第三十八條、第三十九條、第四十四條、第四十八條、第四十九條、第五十條、第五十四條、第五十五條、第五十八條第二項、第五十九條、第六十條、第八十條、第八十二條、第八十五條、第八十七條、第八十八條、第九十五條，舊監獄得酌量情形變通辦理外，其餘各條，統須遵照實行，以昭畫一而重獄政。爲此通令各該高等檢察廳檢察長，轉飭各該管獄員遵照，並將變通辦理情形報部。此令

（1913年12月31日《政府公報》第597號）

令各省高等檢察廳檢察長

（1913年12月31日）

　　查假釋一事，關係至爲重要。善用之固足以促囚人之遷善；不善用之，適足以損刑法之威嚴。本部前以各省呈請假釋之件，每有條件不完，程序未備者，業以本年第一百十一號及第二百八十五號訓令各該長官注意辦事各在案。唯各省舊監，尚未改良，管理戒護教誨工作各端，諸多簡陋。囚人假釋，苟非慎重注意，流弊曷可勝言，兹特訂定《舊監獄呈請假釋辦法》四款，令仰各該高等檢察廳檢察長，轉飭各該管獄員，一體遵照辦理。此令

　　一、按照《暫行新刑律》第六十六條，呈請假釋者，須呈送左列文件。

　　一、該假釋者之判決謄本或案情；

　　一、該假釋者之身歷表及行狀錄；

　　一、該假釋者之刑名、刑期，及刑期起算、刑期終了、已執行期間、殘刑期間各項清册。

　　二、呈請假釋者除前款文件外，該假釋者與社會之感情，出獄後之職業、生活方法、家族狀態等，須詳細說明，填造表册。

　　三、該假釋者居住地有無警察署，及該假釋者距離警察署之遠近等項，須

另册呈报。

四、依《假释者管理规则》等十四条之规定，其监督权不在警察署时，须将被委任者之籍贯、年龄、身分、职业，及与该假释者之关系等，另册呈报，并须被委任人签名盖印。

除前项外，并须该假释者居住地之自治团体，出具保结，连同呈报。

(1914年1月7日《政府公报》第599号)

令各省高等以下审判检察厅县知事帮审员新疆司法筹备处

(1913年12月31日)

查刑事案件判决之迟速及其当否，关系人民利害，及罪名出入，影响至大；而本部对于各该厅等判决案件，及执行刑罚，依法监督，纠正错误，责任亦至钜。是以本部除依《新刑律》第四十条，有覆准之权外，复于《修正覆判暂行简章》第五条，及训令第一百八十六号、第二百十三号、第二百九十七号，分别规定专案汇案特别报部办法，俾各该厅等将判决各种刑事案件，一一报部，以资考核而图补救。乃自民国二年一月起，至十二月止，本司法年度业已告终，而综计各省各该厅等，遵照部定办法实行报部者，仍寥寥无几。要报部覆判案件，有少至一二案，或并无一案者；非覆判案件，有少至六七案，或二三案者。就已报各案，严密覆核，有审判程序错误者，有认定事实或援据法律错误者，历经本部详晰指示，及令提起再审之诉，或非常上告在案。溯自光复以来，各处讼狱之繁，倍于往昔；而各该厅等之报部案件，则止有此数。藉非积案不判，废弛职务；必系案结不报，弁髦部章。而实际上诉讼停滞，累及无辜，及判决错误，末由纠正之案件，不知凡几；社会上含冤饮恨，无可申诉之人民，又不知凡幾。司法腐敗，爲世詬病。此實其重要原因。爲此通令（各該廳縣，該處），嗣後受理案件，務須隨時按律審判；《覆判簡章》務須實力奉行。至已經判決確定各案，應即遵照部章，及歷次訓令，分別專案彙案特別報部辦法，一一報部，以憑查核。其本司法年度內報部案件最多省分，如山東、奉天、吉林，應將該高等地方審檢各廳長官特予嘉獎。其報部案件最少省分，如江蘇、安徽、浙江、福建、廣東、廣西、湖南、湖北、新疆，應將（該高等地方審檢各廳長官該處長）加以儆告。自此次通令之後，（各該廳縣該處）倘再因循玩愒，積案不判，或案結不報，違法定之職務。視部令爲具文，除觸犯《新刑律》第一百四十六條之規定者，當然受刑事制裁外，定將各該長官按照《法院編制法》第一百六十條，加以懲戒處分，不少寬貸。其各懍遵。此令

(1914年1月7日《政府公報》第599號)

呈大總統擬懇將已故前四川重慶高等檢察分廳監督檢察官馬柱比較陸軍上校陣亡例給卹請鑒核批准施行文

(1914年1月13日)

爲呈請事：據署四川高等審判廳長龍靈署四川高等檢察長安永昌呈稱"熊逆肇亂，竊據渝城，肆其淫威，殘賊善類。查有已故重慶高等檢察分廳監督檢察官馬柱，自奉前司法司委任就職後，實心任事，成績甚優。當國民黨勢力極橫之時，該故員獨能守正不阿，秉公執法，群小側目，叢怨最深。迨至熊逆倉卒告變，該故員明知必死，猶復盡厥職守，不肯擅離。逆黨擁兵逮捕，將其凌辱不堪。初亦惜其才能，尚欲脅歸己用；及見該故員百折不回，痛斥奸逆，乃加以杖責。血肉橫飛，一息奄奄，罵不絕口，旋被槍斃。噩耗紛傳，衆口僉同，訪聞已

確。在熊逆慘無人道，現已同釜底游魂；而該故員慷慨捐軀，實足以風勵末俗"等情，並據各該廳電，請轉呈優卹，等因到部。查該故員馬柱忠於所事，獨立不撓，以罵賊而見凌，受非刑而不屈，常山舌斷，忠愍創傷，卒以堅貞橫遭戕斃，死事最烈，宜慰忠魂。既據各該廳長官合詞呈報，自應從優給卹，以風有位。惟司法官制及恩給撫卹，各法令均未公布，此項卹典尚無依據。查本年十月二十三日，內務部呈請將已故湖北京山縣知事顧慶雲，比照陸軍上校陣亡例給卹，奉大總統批准在案，該故員馬柱雖非效命疆場，實屬死於職守，與該知事為國效忠事同一律，應即照案辦理。又查該故員，係未經呈請任命之員，惟派充職務，實已報部在先，核其資格，亦與司法官資格相合。檢察官既係薦任官，擬請將已故前充四川重慶高等檢察分廳監督檢察官馬柱，比較陸軍上校陣亡例，給予一次卹金五百元，年撫金三百元，照章給予五年，以彰卹典，而勵在職。理合據情呈請大總統鑒核，批准施行。謹呈

(1914年1月17日《政府公報》第609號)

令各省高等檢察廳

(1914年1月14日)

　　本部制定《舊監獄呈請假釋條例》四款，業以第五百九十一號訓令公布在案，所有各該舊監獄呈請假釋之件，其已呈送各該高等檢察廳尚未轉呈到部者，及已呈請到部尚未經部核准者，統須按照第五百九十一號訓令所開各款，補造表冊，呈候核辦。相應通令各該高等檢察廳檢察長，轉飭各該舊監獄一體知照。此令

(1914年1月19日《政府公報》第611號)

呈大總統擬具司法官廻避辦法四條繕單請鑒核施行文（附單）

（1914年1月16日）

爲呈請事：上年十一月十四日，奉令開"嗣後司法各官，應蠲除省界，明示限制，即由司法部妥速籌擬，呈候施行"等因，查各省自光復以來，省界劃若鴻溝，政席類皆本籍，而法官之任用，亦遂因之。雖屬一時權宜，而流弊輒以百出。故上年十二月間，（啓超）詳擬司法整頓辦法，呈內曾經瀝陳現狀，並請實行廻避，以防瞻徇各等因。當奉鈞令，照准在案，自應遵照辦理。惟查各該廳法官，以本地人士充任者，十之八九。若遽予同時改組，於廳務恐礙進行。現擬分別後先，逐次抽換，庶收駕輕就熟之效，而免改弦更張之煩。又審檢長官，既有監督本廳及所屬各廳之責，則法官與該管長官遇有姻親關係者，亦宜一並嚴示限制，以杜弊混，而保公平。謹擬具《各省司法官廻避辦法》四條，理合繕單，呈請大總統鑒核施行。謹呈

謹將擬訂《各省司法官廻避辦法》開列於後：

一、各省高等審判檢察廳司法官，不得以本省人士充之。

二、各省地方初級審判檢察廳司法官，不得以該地方廳管轄區域內人士充之。

三、各省各級審判檢察廳司法官，與本廳或該管上級廳長官，有四親等內血族，或三親等內姻族之關係者，應自行聲請廻避。

四、各省任用在前之司法官，有不合前三項辦法者，由司法總長以次分別酌量調用。其現任實缺司法官，在未經調用以前，一律暫改爲署任。

（1914年1月18日《政府公報》第610號）

令各省高等檢察廳

（1914年1月24日）

查監獄看守所官員職務至爲重要，必須認真督課，方能促獄政之進行。檢閱文卷，各省於監獄看守所官員履歷及就職日期多未完全造報，殊不足以備考查。爲此令仰該廳，即將所轄之監所各官員一律造具履歷清册，務須將年齡、籍貫、出身、經歷及就職更調日期，詳晰開列，限文到一月內呈報到部。該廳有監督全省監所之責，該各官員如查有不稱職者，許其隨時更換，仍將更換緣由連同清册具報，毋稍疏忽瞻徇，以副本部改良獄政之意。此令

（1914年1月26日《政府公報》第618號）

呈大總統謹補訂各省法官回避辦法二條繕單請鑒核施行文（附單）

（1914年1月27日）

爲呈請事：本月十日，本部呈擬《各省法官回避辦法》四條，業奉鈞令，照准在案。查《法院編制法》第二十八條"各省因地方遼闊，或其他不便情形，得於高等審判廳所管之地方審判廳內，設高等分廳"等語，原以本廳管轄遼闊，故設分廳，以便人民之訴訟，而促司法之進行。是分廳管轄區域，既與本廳劃分，則

凡各省設有高等分廳地方，其本廳或分廳司法官之回避，自應分別以該本廳或分廳管轄區域內人士爲限。謹《補訂各省法官回避辦法》二條繕單，呈請大總統鑒核施行。謹呈

兹將《補訂各省法官回避辦法》二條開列於後：

一、各省設有高等審判檢察分廳者，其高等本廳司法官之回避，只以該本廳管轄區域內人士爲限。

一、各省高等審判檢察分廳司法官，不得以該分廳管轄區域內人士充之。

（1914年1月29日《政府公報》第621號）

呈大總統查明山西河東地方檢察長閻秉真現無吸烟證據擬請免其懲處請鑒核批示施行文[*]

（1914年2月3日）

爲呈請事：前准國務院交到陸軍部呈，查明晋南鎮守使董崇仁誤用職權，請嚴行申誡。案内奉大總統批"據呈已悉，該鎮守使始而收受人民張拱娃控訴案件，繼復有審理該處檢察長閻秉真家吸烟情事，均屬以軍職干預司法。既經該部會同司法部派員查明屬實，自應按照陸軍懲罰令，由該部嚴行申誡，以儆將來。至該檢察長閻秉真違法吸烟，亦屬有玷官箴，應由司法部按律懲處，用昭爛戒。此批"等因，鈔交到部，自應遵照辦理。惟查此案前經本部會商陸軍部，派本部僉事劉遠駒、主事周偉、陸軍部諮議官宋振綱、副官欒汝霖會同前往河東地方，切實調查。旋據該員等報告，内稱"據出保人聲稱，閻秉真前曾吸烟，後已戒斷。在河南候補時，業經調驗"等情，是閻秉真吸烟一節係屬過去事

---

[*] 此件係與國務總理熊希齡共同署名。

實,既據保結人聲稱後已戒斷,而該員等調查報告,亦無閻秉真吸烟證據,自應免其懲處。惟究係曾經吸烟戒斷之員,非絕無沾染嗜好者可比,應由部令行山西高等檢察廳隨時察看,以資儆惕。所有查明山西河東地方檢察長閻秉真現無吸烟證據,擬請免其懲處,緣由是否有當,理合經由國務總理,呈請大總統鑒核,批示施行。謹呈

　　批:據呈已悉,准如所擬辦理。此批。

(1914年2月8日《政府公報》第631號)

致汪有齡先生聘任爲法律編查會副會長書

(1914年2月3日)

　　逕啓者:《法律編查會規則》業奉大總統教令,公布在案。查茲會之設,關係綦鉅。擘畫推行,端賴賢哲。夙仰執事績學亮識,見重於時,敢以茲會副會長一席,竭誠聘任,並依該規則第十條規定,月支薪五百元。尚望俯允,勉出勗勤,無任忻幸。此致

(1914年2月10日《政府公報》第633號)

令京師律師懲戒會會長

（1914年2月10日）

據呈"本會已於本年一月三十日成立，請頒發關防，以資矜用"等語，此項木質關防，應定爲二寸二分長，一寸五分寬，文曰"京師律師懲戒會關防"。仰即逕由該會自行刊用，仍呈部備案。此令

（1914年2月12日《政府公報》第635號）

致董康先生等聘任爲法律編查會顧問書

（1914年2月10日）

逕啓者：司法改良百端草剏；而法律損益，關係尤鉅。非折衷各國大同之良規，無以刷新利用，非熟參歷代相沿之禮俗，無變通宜民。迺者設會編查，茲事體大。集思廣益，收效斯宏。啓超深維不德，肩斯重任，輒懷捫燭之虞，益盼他山之助。伏承執事博通中外，法學先河，素志所期，必多偉畫。謹備弓旌，敦請執事屈爲本會顧問，伏冀俯賜教益，用作指南，法治前途，庶乎有豸。焚香擁篲，無任欽遲。此致

董　康先生　　章宗祥先生　　施　愚先生　　王寵惠先生

（1914年2月25日《政府公報》第647號）

致羅文幹先生等聘任爲法律編查會編查員書

(1914年2月10日)

　　逕啓者：自民國肇造以來，百政草刱。新舊法律，修訂未完，或程序與事實不調，或法理與國情相戾，拘牽繁重，百弊叢滋。故欲推行之無阻，道貴折衷；期損益之適宜，責在賢哲。邇者編查設會，組織更新，廣益集思，蘄臻完善。執事洽聞博學，夙所傾仰。本會長盱衡海內，敢以茲會編查員一席，竭誠聘任，貯盼惠肯，發攄所學，示我周行，不勝忻慕屛營之至。此致

羅文幹先生　　汪熛芝先生　　姚　震先生　　余榮昌先生
朱　深先生　　江　庸先生　　林行規先生　　王蔭泰先生　　程樹德先生
胡以魯先生　　鄭　浩先生　　黃　群先生　　伍朝樞先生　　高　種先生
朱獻文先生　　潘昌煦先生　　周大烈先生　　籍忠寅先生　　徐彭齡先生

(1914年2月25日《政府公報》第647號)

呈大總統所有司法部裁缺各員張軫等均行開去薦任本缺仍留原官資格其餘各員擬仍照舊供職請鑒核批示遵行文*

（1914年2月12日）

爲呈請事：竊本部修正官制，業奉大總統公布在案。查本部原設參事四缺，現應裁去一缺；原設編纂四缺，現應全裁；原設僉事三十二缺，現應裁去十三缺。所有裁缺各員，除編纂房宗嶽前經奉令照准辭職外，擬請將參事張軫，編纂石志泉、何炳麟、程家潁，僉事吳洪椿、許維錡、吕慰曾、陳武、李碧、林稷枏、王駒、沈寶昌、胡振禔、葉苣蘭、傅栢山、賀得霖、陳家棟等，均行開去各該薦任本缺，仍留原官資格。其餘各員，請仍照舊供職。理合呈請大總統鑒核，批示遵行。謹呈

批：據呈已悉，應即照准。此批。

（1914年2月15日《政府公報》第637號）

---

* 此件係與國務總理熊希齡共同署名。

令總檢察廳及京師高等以下審判檢察廳
（附《司法官考績規則》）

（1914年2月16日）

　　茲制定《司法官考績規則》二十三條，《審判及檢察事務成績表編製細則》二十條，並附表十五紙，特公布之。自本年三月一日起，先由各該廳暫行試辦，嗣後再定期通行外省各廳。除咨大理院外，合令各該廳遵照辦理。此令

　　　司法官考績規則

第一條　本規則所稱長官，指總檢察長、高等及地方審判廳檢察廳之長而言。

　　關於審判廳、檢察廳長官之規定，於初級審判廳監督推事、初級檢察廳監督檢察官準用之。

第二條　各員職務之考績，依各員審判或檢察事務成績表行之；但充庭長之職者，其庭長職務之考績，依各庭審判成績表行之。

　　各員審判及檢察事務成績表，另以《成績表編製細則》編訂之。

　　各庭審判事務成績表，依各員審判事務成績表之定式編製之。

第三條　各員事務分配符號之決定及變更，由各該衙門長官隨時報告於上級衙門長官。

第四條　各員及各庭月收及月結之總件數、分類件數、各庭分配總人數，由各該衙門長官於下月上旬內，報告於上級衙門長官。

第五條　各員及各庭審判案件之上訴及撤銷件數並其撤銷之分類，由上級審判衙門長官於下月中旬，通知於各該下級衙門長官；但上告於大理院之案件，囑託大理院長為之。

　　檢察官主任事件於上訴審所得之結果及其分類，由該上級檢察衙門長官

於下月中旬,通知於各該下級衙門長官。

第六條　上級及各該衙門長官就各員或各庭職務之成績,依另訂程式編製第二條之成績表。

上級及各該衙門長官依各員審判或檢察事務成績表之定式,編製全廳事務成績表。

第七條　關於高等審判廳推事或各庭控告審審判事務成績表之編製,除依前條規定外,囑託大理院長爲之。

前項規定於地方以下審判廳推事或各庭之成績表,經司法總長認爲必要時,亦準用之。

第三條、第四條之規定,於本條情形準用之。

第八條　地方審判廳、檢察廳之長官,應於每月上旬提出所編製及該管初級廳編製之上前月分之成績表於各該高等廳之長官。

總檢察廳、高等審判廳之長官,應於每月上旬提出所編製上前月分之成績表於司法總長。

總檢察廳、高等審判廳之長官接受所屬各長官提出之成績表時,應隨時添附意見,於十日內提出於司法總長。

高等檢察長於所編製之成績表,應於再次月上旬於地方檢察長提出之;成績表應添附意見,於接受後十日內,提出於總檢察長。

第九條　司法部根據大理院長咨達及各該長官提出之各員各庭及各廳事務成績表,編製同級審判或檢察廳各員總比較成績表,同級審判廳各庭事務總比較成績表,或同級審判及檢察廳全廳事務總比較成績表。

前項比較表另以《比較表編製細則》編訂之。

第十條　各長官職務之成績,由該直接上級長官每三月一次,依另定程式編製長官成績報告書,經由該管直接上級長官添附意見後,提出於司法總長。

《長官成績報告書編製細則》另定之。

第十一條　各衙門長官就所屬司法官,按照左開事項,隨時調查,編製報告書,於每年六月及十二月,經由各上級長官添附意見後,提出於司法總長;但同一內容之記載應省略之:

一、品行;二、履歷;三、學歷及其現況;四、執務狀況;五、交際狀況;六、健康狀況；七、性格才能；八、志願；九、其他參考事項。

第十二條　報告書品行門詳記行止，如有應行注意情事，應聲叙之。

第十三條　報告書履歷門逐次查叙從來業務上之經歷，如有應行注意情事，應並記之。

第十四條　報告書學歷及現況門逐次查叙修學經歷、著述有無及現時修習之學問與其修習實況；但能解外國文者，應並記其國別及程度。

第十五條　報告書執務狀況門詳記執行職務之勤惰及其原因，如有顯背法則及其他應行注意情事，應聲叙之。

第十六條　報告書交際狀況門詳記從游朋輩，如有超越常軌及其他應行注意情事，應聲叙之。

第十七條　報告書健康狀況門詳記體質之強弱有無特異情況，如於該地方及所執事務有不適當，或較該地方於衛生上尤爲不宜，或係事務較繁難處亦堪勝任者，應聲叙之。

第十八條　報告書性格才能門詳叙其性格才能究宜於何種職務之司法官，並舉示其例證。

第十九條　報告書志願門詳記志望在爲何種司法職務及何處地方之司法官。

第二十條　各衙門長官編製成績表及報告書，應負核實之責。

　　　　成績表及報告書得詳叙理由，隨時提出修正。

第二十一條　第十條、第十二條至第二十條之規定，於上級長官對於下級長官爲第十一條所列事項之調查，準用之。

第二十二條　關於大理院司法官之考績，由大理院長另定規則行之。

第二十三條　本規則自民國三年三月一日施行。

　　　審判及檢察事務成績表編製細則

第一條　成績表由訴訟記錄、參考簿册、統計表類及他衙門之通知調查編製之。

　　　通常統計表類如於編製成績表不能足用時，隨時增製之。

　　　因編製成績表有必要時，得於《考績規則》第四條、第五條規定外，對於他衙門請發通知及爲通知。

第二條　一庭或推事一員兼理二級審之職務者,其成績表各別編製之。

第三條　成績表用紙縱二尺,橫一尺六寸,以皮紙或其他堅質之紙爲之;但事項簡單者,得於欄外多存空白。

第四條　各衙門提出之成績表,除數字及備考欄說明外,以印版爲之。

第五條　表示數目以羅馬數字爲之。

第六條　數字應於各欄右側整齊記入之。

第七條　一表式二用或爲他種表所準用者,應分別刪除不能準用或毋庸準用之欄。

第八條　編製成績表時不及記入之事項,應於得記入時,填記同一之表式紙,迅行補送,並應將原缺格表之所屬廳姓名、月分及提出年月日注明之。

追加成績表依《考績規則》第八條之例補送到部時,即爲補記於原缺格之表,並於備考欄注明之。

第九條　結件較多或少之原因及其他表內應加說明事項,均於備考欄注明之。

第十條　本係一案件而有判決或決定數件者,仍以一案件計算。

第十一條　對於得爲上訴之裁判聲明上訴者,於上訴審成績表亦以一案件計算。

第十二條　表內記同庭庭長庭員欄,如係一人審判者,應刪除之。

第十三條　表內記同庭庭長庭員欄,應以參與判決之評議者爲準。

第十四條　表內處務日期之計算,其始期以在處務時間內收受者爲準,終期以在處務時間內有終結行爲者爲準。

第十五條　表內記比較事項者,以數學計算,得知其幾分之幾後,以漢字記入之。

第十六條　表內拘留日期之計算,新拘留者,即自其拘留命令之日起算;繼續拘留者,即自該案件收受之日起算。

第十七條　第八號至第十號成績表通用之附表,應就每撤銷案件各編製一紙;但於撤銷裁判外有瑕疵之審判,亦應每件編製之。

前項但書情形,應將該附表撤銷理由刪除,另表爲之。

第十八條　前條附表,應就各廳推事之各該案件排序頁次填記之。

第十九條　檢察官成績表內所稱呈控,指以稟呈及其他程式聲明不服處分等类者而言。所稱關係人，指被害人及被告代理人、輔佐人、辯護人、有相當親屬關係之人，並其他因案件而受命令處分等類者而言。

第二十條　本規則與考績規則同日施行。

（《審判及檢察事務成績表式》略）

（1914年2月24日《政府公報》第646號）

呈大總統擬將直隸豐寧縣監犯改處無期徒刑之池維垣白雲升二犯再減爲一等有期徒刑十年等情請鑒核批示施行文

（1914年2月17日）

爲呈請事：一月五日，據直隸高等檢察分廳呈稱"豐寧縣知事余炳猷，呈報民國二年十一月一日監犯反獄一案，有池維垣、白雲升二名，當衆囚反獄之時，安分守法未動，請量予減刑，以示矜宥"等因，查池維垣係犯槍傷池維熙身死，依舊律故殺大功弟律，擬絞監候，秋審入於緩決之犯。白雲升係犯調姦婦女未成，致傷白康氏身死，依舊律照犯罪拒捕殺人例，擬絞監候，秋審情實停勾之犯。於民國元年八月間，均經本部照《暫行新刑律施行細則》，改處無期徒刑在案。茲據該分廳呈稱"豐寧縣監犯反獄，囹圄幾致一空。惟該二犯事前並未與謀，群囚暴動之際，復能安靜守法，悛改之心，昭然可見"等語，自應開以自新之路，量予減等。查《臨時約法》第四十條："大總統得宣告減刑。"理合呈請大總統宣告將池維垣、白雲升二犯，由無期徒刑減爲一等有期徒刑十年。伏冀鑒核，批示施行。謹呈

（1914年2月19日《政府公報》第641號）

呈大總統謹將應行迴避之河南等省高等廳長官互相調用人員開單請鑒核施行文（附單）

（1914年2月24日）

爲呈請事：查《法官迴避辦法》，業經呈奉批准在案。竊維法官於民最切近，於官最尊嚴。然自法院改組以來，利未大著，而弊先乘之。徵諸已往之事實，默計將來之進行，僉以爲興革之端，實以法官迴避本籍爲第一要義。故奉鈞准之日，（啓超）兢兢夙夜，即擬實行。顧念各省已奉任命之員，星羅棋布，各有職司。若同時馳檄飛書，紛紛搖動，匪惟妨礙訴訟，抑慮熒惑見聞。不得已定爲逐漸抽換之謀，重之以考核精嚴之意。經營旬月，大致粗得要領，而布置迄未完全。私慮所存，方在惴惴。乃者奉職法曹，行將退避。念此經手未了之局，敢懷將去何恙之心；且虞繼任倉皇，未知端緒，若再遲回觀望，則區區整飭，待至何時？萬一空言未見實行，法務因無起色，豈惟（啓超）有志未逮，負疚滋多；即對於大總統德意未宣，待罪尤重。私心過計，所繇不得不於在職之日，斟酌行之者也。竊緣斯義，除各省高等以下各廳員應行迴避本管區域，均責成各該長官查核呈辦外，茲謹將河南、江蘇、浙江、湖南、湖北、廣東、廣西等省高等廳長官，業經悉心考核，互相調用各員，另單開列。按照《各部官制通則》第六條，經由國務總理呈請大總統鑒核施行。再單內各員，均係在任日久，此次調任，擬請一律實授。又江西高等檢長潘學海，福建高等審長林蔚章，現均調任。所有各該本缺，及單內未列之各省應行迴避長官，現因一時未有相當人員，擬請暫緩任用及暫照舊任，合併聲明。謹呈

茲將應行迴避之河南等省高等廳長官互相調用人員開列於後：
現署廣東高等檢察廳檢察長陳官桃
以上一人擬請調任爲河南高等審判廳長

現署浙江高等審判廳長蔡元康

　　以上一人擬請調任爲江蘇高等審判廳長

現署江蘇高等審判廳長楊蔭杭

　　以上一人擬請調任爲浙江高等審判廳長

現署江西高等檢察廳檢察長潘學海

　　以上一人擬請調任爲湖南高等審判廳長

現署湖南高等審判廳長周詒柯

　　以上一人擬請調任爲湖北高等審判廳長

現署福建高等審判廳長林蔚章

　　以上一人擬請調任爲廣東高等審判廳長

現署廣西高等審判廳長葉鏡湜

　　以上一人擬請調任爲廣東高等檢察廳檢察長

現署廣東高等審判廳長張學璟

　　以上一人擬請調任爲廣西高等審判廳長

（1914年2月26日《政府公報》第648號）

呈大總統據甘肅山東高等檢察廳呈報同級審判廳覆判杜清潔程旦等各案未據刑律減等情輕法重擬懇宣告減刑以資救濟請鑒核示遵文

（1914年2月25日）

　　爲呈請事：據甘肅、山東高等檢察廳呈報同級審判廳覆判，杜清潔、程旦傷害人致死各一案到部。查該犯杜清潔於前清光緒三十四年十一月間，因代其伯母王氏向杜清彥擔保債務，屢索未償，彼此争吵。杜清彥用防狼短矛冒戳，杜清潔奪矛回戳，乃杜清彥撲來勢猛，收手不及，適傷其咽喉，移時身死，當經報驗。杜清潔恐連累其伯母，到案投首，由甘肅文縣知事判決，送經該省高等審判廳覆判，依《暫行新刑律》第三百十三條第一款，處二等有期徒刑九年十一月。又該犯程旦於前清宣統三年九月間，與表兄王繼先同祖兄弟程玉因算賬口角，王繼先扭按程旦辮髮，用拳毆打。程旦情急，順取棹上鐵錐嚇戳，適程玉向前拉勸，誤傷其胸膛，倒地身死。由山東昌東縣獲犯審擬，送經該省高等審判廳覆判，依《暫行新刑律》第三百十三條第一款，處一等有期徒刑十五年，各等情。查該二案犯杜清潔、程旦傷人致死之所爲雖不免防衛過當，究屬情有可原，適合《暫行新刑律》第十五條但書，得減本刑一等至三等之規定。覆判均未援用該條，酌予減等，未免情輕法重。查《臨時約法》第四十條：“大總統得宣告減刑。”擬請大總統宣告，將杜清潔一犯照原定二等有期徒刑九年十一月減二等，處四等有期徒刑二年十一月；程旦一犯照原定一等有期徒刑十五年減二等，處三等有期徒刑四年，以資救濟。是否有當，理合呈請大總統鑒核，批示遵行。謹呈

（1914年2月28日《政府公報》第650號）

呈大總統爲擬預定期日實行《國幣條例施行細則》之第二條以立新幣之基礎且推廣中國銀行鈔票文

（1914年8月）

呈爲擬預定日期，實行《國幣條例施行細則》之第二條，以立新幣之基礎，且推廣中國銀行鈔票，敬陳管見，仰祈鈞鑒事：竊查《國幣條例施行細則》第二條云：“舊有各官局所鑄發之一圓銀幣，政府以國幣兌換改鑄之；但於一定期限內，認爲與國幣一圓有同一之價格。”啓超日前曾上手摺，臚陳新幣制施行綱

要，擬將此條於明年正月初一日實行。旋由財政總長周自齊面奉鈞諭，命將此條利病，再加研究等語。仰見大總統慎重幣制，不厭求詳之至意，欽佩莫名。啓超謹按此條，實爲新舊幣交代之際，推行關鍵，苟辦理得宜，絕無流弊。謹據管見所及，爲我大總統陳之。先就硬幣方面論。將欲施行新幣制，自必須有新幣，以供授受。全國共需新幣若干，今雖未能確指，若以每人平均需用一圓計，應需四萬萬圓以上。即初辦時，先求各大城鎮商埠，兌換流通，亦非有二萬萬圓內外不可。然現在全國造幣廠，每日僅能鑄五十萬圓左右；益以整理廠務，添修機器，以求鑄造之精良，則鑄成二萬萬圓，至少須期以兩年。苟非利用舊銀元過渡補充，則施行幣制，惟有兩法：其一，則需用之幣，全數鑄足，然後於施行之日，將舊幣全數收回。其二，則將少數之新幣，隨鑄隨發，使與舊幣各自流通。此二法皆不可行，顯而易見。蓋若用第一法，必須預備生銀一萬五千萬兩內外，積二年之力，陸續鑄成銀元，存儲之，以備二年後一齊發出。無論改革幣制，不能延至二年之久，且從何處得此一萬五千萬兩之鑄本？藉曰得之，又豈容窖藏以亙二年？此法之不可行，殊無容辯。若用第二法，則新幣與舊幣，聽其自然流通於市場，兩者之間，必生比價。而舊幣數鉅勢雄，其市價既仍高下無定，新幣在各地方之價值，亦將生出參差。例如在天津新幣，合北洋銀圓七錢二分五；在上海因北洋銀圓市價較低，或合七錢三分。商民不明其故，又習見銀元市價之無定，則新幣本身之價值，遂將遷地而差池。昔大清銀幣，成色重量，本甚畫一，而發出之後，南北異價，其前車也。第二法之不可行，亦既共見。譬諸用兵，新幣猶官軍也，舊銀元猶土匪也。用第一法，如積二年之力，練成二十萬之官軍，整旅而出，以剿盪二十萬之土匪，勝算原可操券。但力既未能遽逮，時又不容久延，降格而用第二法，則如以極少數之官軍，朝募練而暮使出陣，漫無節制，而與徧地之積匪相遇，勢惟有被裹脅而盡化爲匪已耳。今試以數月之力，設法鑄成二三千萬之新幣，俟定期發行，即同時認二萬萬之舊銀元，有同一價格，是猶精練官軍數萬，挾之以招降土匪二十萬，其勢最順，而效最捷，至易見矣。更就鈔券方面論之。現今中國銀行鈔券，不能推廣者，何故耶？凡鈔券必有其所代表。然今之鈔券，所代表者爲何物，殆無從確指。無已，則曰代表通用銀元而已。然通用銀元，種類紛殊，時而代表大清銀幣，時而代表北洋造銀元，時而代表江南造銀元，及其他某種某種。而此諸種者，其價格日日遷異，曾無定準。且同一種也，而在此市與在彼市，其價恆絕異。因鈔票所代表之物，其價值無定，故鈔券自身價值，自隨而無定，其越地不能通行也固宜。夫越地不通行，則欲鈔券之推廣，勢固不可得矣。不甯惟是，一市之中，有兩三種通用銀元，則其鈔券遂同時並爲兩三種之代表。而各種市價不同，商民乘間展轉射利，銀行乃至以發券爲病。試舉其例：今江蘇省中，南北洋銀元並用，惟北洋之價，低於南洋三釐或五釐。在南京以北洋銀元一枚易鈔券，持至上海，易南洋銀元，一出入間，銀行每萬元虧耗三五十元。故彼中鈔票之需求雖廣，而銀行竟不敢多發。此現狀之章明較著者矣。若不設法劃一舊銀元之價，則將來新國幣鑄出後，銀行鈔券，一面代表新國幣，一面仍不得不代表舊銀元，而其價之參差，一同今日之鈔券，永無發達之望。此其利病，蓋不可不深長思也。今致疑於《施行細則》第二條爲不可行者，大約不外四端：其一，疑本來不齊不平之價，焉能以法令之力齊而平之？其二，疑舊銀元價驟提高，奸民因緣爲利。其三，疑國家及銀行，緣此而受損失。其四，疑舊有惡幣與新鑄良幣同價，將累及新幣之信用。據啓超愚見，則謂此皆無足慮也。查《施行細則》第四條：“以庫平純銀六錢五分四釐，折合一元。”此將來生銀與國幣兌換之法價也。今市面各種舊銀元，其市價皆在此法價之下，或三釐或四釐不等。新舊同價之令一布，人民必爭收之以牟利，則需要之方面日增。而當新制施行之前數月，早已令各廠停鑄，則供給之方面日少。既已求過於供，市價自然日漲，勢必漲至與法價齊而後已。故第一事不足慮也。所謂奸民因緣爲利者，謂其牟法價與市價差額之利耶？果爾，則政府固甚歡迎之。何也？政府之目的，本欲將此項舊銀元市價提高。商民乘以牟利，不啻爲政府作游擊之師也。若欲於此差額之外，而別牟利，則固無術可取。試舉例證明之。現在北洋造銀元，在天津市價值庫平六錢五分一釐。將生銀六錢五分一釐，購得北洋一圓，以易國幣，誠坐獲三釐之利矣。若再將所易得之國幣鎔燬之，取其生銀，以購北洋銀元，則不能有利，蓋國幣所合銀實只六錢四分八釐，以購北洋，尚須虧三釐也。故除是造幣廠不遵法令，當新制施行後，仍繼續鼓鑄舊洋，則誠可以獲利，然固政府之力所能禁矣。若慮中外奸民盜鑄，則與其盜鑄此項主幣，不如盜鑄他種輔幣，冒大險而僅獲每枚二三釐之利，黠者弗爲。故第二事不足慮也。至於國家或銀行所受損失，是誠不免。抬高三四釐之價，以收舊幣，收一千萬枚，則虧三四萬兩,此有目所共見也。然以此區區之費,而收回爾許紛亂不清之舊幣,比如散金帛四萬,而收得千萬之降卒,其代價亦可謂至廉。況所出代價,不必皆用新鑄之硬幣也,鈔券亦可充用。以鈔券收改舊幣,各國改革幣制,恒必由斯道。今以此薄利予商民,苟操縱得宜,則二萬萬之舊銀元,其爭趨於中國銀行之庫,將若水之就壑,而銀行券之乘此而發出者,最少亦應及一萬萬矣。故第三事不足慮也。至謂新舊同價,恐累信用,此誠篤論。不知《施行細則》第二條明言將舊銀元收回改鑄,不過於一定期限內,暫準同價;而其期限,又以教令定之。則此種辦法,爲暫局而非久局甚明。銀行所收得之舊銀元,自當隨時運往幣廠改鑄。不過初時恐新幣或不敷兌換,可暫擇成色重量較高之舊幣偶佐發兌耳。故第四事亦不足慮也。抑啓超更有陳者:頗聞前清議改幣制時,上海商會,對於處分舊幣之法,頗不慊意。其所要求,即在暫認舊銀元有同一價格。可見此中作用,實合乎商民心理所同然矣。前清幣制則例,大致尚稱妥愜,惟因缺此一條之規定,斯施行之窒礙滋多。故彼時咸謂非有一萬萬以上之資金,不能著手。今若善行此條之意,而利用舊銀元以作過渡,則但得三四千萬,亦可游刃有餘。在今日籌款孔艱之時,此亦亟宜計及者也。所有引申《國幣條例施行細則》第二條意義緣由,理合呈請大總統鈞鑒訓示。謹呈

(1919年版《幣制彙編》第2冊)

呈大總統爲臚陳鑄幣計畫文(附說帖)

(1914年9月)

呈爲臚陳鑄幣計畫,別具說帖,仰祈鈞鑒事:竊啓超前曾擬請於本年九月開鑄國幣,明年正月施行國幣,略舉辦法大綱,具手摺密陳在案。竊惟欲改革幣制之業,完全普及於全國,最速須期以兩年。而此兩年間,必須計日程功,一

刻不容松懈。惟計畫預定於先事,庶因應無誤於臨時。除銀行兌換券,與幣制關係極密,亟宜悉心籌畫外,其關於硬幣方面,最當措意者:第一,在預算鑄數,而講分配之方;第二,在估計鑄本,而謀運用之意。謹就管見所及,別具說帖,分爲四節,縷陳梗概。抑啓超更有請者。現在幣制借款,進行甚緩,故改革之業,亦隨而遷延。惟是幣制能否整頓,萬國觀聽繫焉,若更蹉跎時日,則對外信用所損非細。況以幣制紊亂之故,國家財政,國民生計,咸蒙莫大之虧耗,火熱水深,於茲已極。惟茲謀之克臧,斯全局之俱活。由此言之,國之大政,孰先於是?據啓超所私計,竊謂能得大款,固捷於程功;即僅得小款,亦非無辦法。更質言之,則但得五百萬鎊之資金,爲六箇月間之運用,隨借隨還,期以兩年,則全國之硬幣紙幣,一切可整理完竣。而鑄幣餘利,與夫保證準備發行之兌換券,更可得數萬萬元,以應國家要需。此非迂闊夸大之譚,蓋按諸學理,推之事實,皆可旋至而立有效者也。伏乞大總統指授機宜,飭下所司,盡此數月間,力議此項資金之供給,則幣制前途之光明,拭目可俟矣。所有臚陳鑄幣計畫緣由,理合具呈大總統鈞鑒訓示施行。謹呈

附說帖

(一) 新輔幣鑄數及其種類之分配

欲定幣制計畫,首當推求全國需用貨幣之總數,以爲鑄造標準。惟是貨幣有主幣輔幣之別,而主幣需要之多寡,恆與兌換券互爲伸縮。欲測定全國應鑄主幣之實數,爲事甚難,抑亦可以不必。故各國恆以法律規定輔幣鑄數,而主幣則聽其自由挹注而已。今從事改革幣制,首當決定者,即爲此事。以啓超所概算,則謂全國輔幣鑄數,應暫定爲六萬萬元。其理由如下:

(第一) 據人口比例推算,定爲此數。現今各國輔幣之數,最多者如英國之每人六元一角餘,西班牙之每人四五元四角餘,最少者如希臘、俄羅斯,皆每人九角餘;日本居我東鄰,其輔幣則每人二元三角餘。我國大商務未發達,人民所需貨幣,大率以供日常零星交易之用,故需輔幣宜較多。若援日本爲比,實應鑄輔幣九萬萬元內外。今暫定爲六萬萬元,則每人僅合一元五角,決不爲多也(臺灣約每人一元六角)。

(第二) 據現行輔幣推算,定爲此數。歷年各官局所鑄銀角銅元,通行市面者,計五角小銀元三千二百餘萬枚,二角小銀元十二萬二千餘萬枚,

一角小銀元二萬三千餘萬枚，五分小銀元五百餘萬枚，銅元三百萬萬枚。以上四種合計，以十進算，其法值應值五萬八千八百餘萬元。現在此項銀角銅元，市價皆在法價之下，宜若以過多為病。不知此項銀角銅元，現在皆壅積於數省之都會，而大多數之地方，往往欲求一枚而不可得。苟分配得宜，則此數決不患其多也。

故據啓超所臆度，竊謂六萬萬元之輔幣，實為我國必需之最小限度。將來幣制大定後，所需數不止此。今當推行伊始，為保持十進價起見，與其失諸多，毋寧失諸少，故暫定為六萬萬元。

此六萬萬元之輔幣，其種類當若何分配乎？以啓超所臆度，擬分配如左：

五角銀幣　二萬萬枚，值一萬萬元。
二角銀幣　二萬五千萬枚，值五千萬元。
一角鎳幣　二十萬萬枚，值二萬萬元。
五分鎳幣　二十萬萬枚，值一萬萬元。
二分銅幣　十萬萬枚，值二千萬元。
一分銅幣　一百萬萬枚，值一萬萬元。
五釐銅幣　四十萬萬枚，值二千萬元。
二釐銅幣　五十萬萬枚，值一千萬元。

照舊輔幣之通行於市面者，大約銀銅各半，今之新計畫，則鎳輔幣居四分之二，而銀銅輔幣各居四分之一。如此分配者，其理由有四：（一）主幣既用銀，故銀輔幣不宜過多。（二）銅輔幣太笨重，非人民所便。今已緣所鑄太多，而價日落，必當收回一部分。（三）腹地之民，習用制錢。自銅元盛行，而零碎日用品之媒介幾絕，導民於奢侈，故必須增鑄五釐二釐之幣以劑之。（四）改鑄銅元，損耗不貲；改銅而代以鎳，則足償所耗而有餘。而鎳質至堅，能耐磨損，且偽造較銅亦為難。故與其多鑄銅，毋寧多鑄鎳也。

此六萬萬元之輔幣，擬盡兩年內鑄成。其機器能力之計算，容別陳明。

（二）新主幣鑄數及兌換券之比例

主幣既採自由鑄造主義，則其鑄數之多寡，將來必依於市面之需要，以為消息，政府固不必強為預定，且亦非政府所能強為預定也。雖然，當新制施行伊始，非有相當之主幣，則不能維持信用，確定法價。故亦當立一最少限度，實續鑄造，以樹幣制之中堅。以啓超所計畫，擬每日鑄七十萬元，盡兩年之力，鑄成四萬萬元內外。或問曰：前節所擬兩年內鑄輔幣六萬萬元，今主幣僅擬鑄四萬萬元，主幣反少於輔幣，可乎？答之曰：主幣得以兌換券爲代表。兌換券若用五成現款準備，四萬萬元之主幣，可發同額之兌換券，是共爲八萬萬元；若用三分一現款準備，則可發倍數之兌換券，是爲十二萬萬元也。故主幣似少而實非少也。今暫以五成現款準備計算，而將兩年計畫，分爲四期，則每期通幣遞增之數略如下：

第一期(四年六月末止)，全國共有通幣三萬五千萬元。

  內主幣一萬萬元；

   輔幣一萬五千萬元；

   兌換券一萬萬元。

第二期(四年十二月末)，共有通幣七萬萬元。

  內主幣二萬萬元；

   輔幣三萬萬元；

   兌換券二萬萬元。

第三期(五年六月末)，共有通幣十萬萬零五千萬元。

  內主幣三萬萬元；

   輔幣四萬五千萬元；

   兌換券三萬萬元。

第四期(五年十二月末)，共有通幣十四萬萬元。

  內主幣四萬萬元；

   輔幣六萬萬元；

   兌換券四萬萬元。

據此則直至民國五年末，而全國所有通用貨幣，共得十四萬萬元；以人口比例之，每人僅占三元五角，其不爲過多也明矣。(日本每人通用貨幣十元零九角四分，臺灣每人通用貨幣六元四角餘。)而復分期漸進，其吸集生銀也以漸，其鑄成硬幣也以漸，其發行兌換券也以漸，而三者皆以嚴確之比例出之，則進行之穩健，何以過此！

  前所擬每期鑄造輔幣之數，固萬不容再少。至於主幣之數，倘機器能力有未逮，則雖所鑄稍減，亦無防。蓋舊日官局所鑄大銀元，既許與國幣有同一效力,則可以暫充兌換;而生金生銀,又可以充現款準備,雖未能遽變其形爲國幣,而效用固相等也。要之第一期内,但使中國銀行所存現款,合新國幣舊銀元及生金銀,共得一萬萬元之實值,則發一萬萬元兌換券,以爲之輔,絕無危險,而新幣制之基礎已立矣。

(三)新幣鑄本與舊幣改鑄費

依《國幣條例》,以鑄各種幣,鑄一元主幣及五釐二釐銅輔幣,皆須虧耗,鑄其他各種輔幣,皆有贏餘,此其大較也。然尚有復雜之關係焉,則以舊官局所鑄大小銀元銅元,皆須陸續收回改鑄,而收舊改新,比之逕購原料以鑄新者,其成本固有參差也。今請分別計算之:

一圓主幣,法價與實價相等。外加鑄費六釐,而此六釐,定不足供購銅及工作之需,計每鑄一枚,應虧四釐左右。此逕購原料以鑄新幣所虧之數也。舊銀元因成色不齊,故其市價在國幣法價之下。今若認爲與國幣有同一之效力,則每枚應虧三分一厘餘。此改舊爲新所虧之數也。據各廠歷年統計,鑄出之大銀元,共二萬一千餘萬枚。若全數改鑄,所虧應不下六七百萬。但前此所鑄,不無銷燬,存在市面者,斷不足此數。且留一部分貯作銀行準備,暫緩改鑄,亦無大礙。故略擬兩年内改鑄之數爲一萬萬元,餘皆新鑄之數。其鑄虧總額如下:

一圓主幣四萬萬枚。

內、改舊一萬萬枚　虧三百一十萬零二千三百元;

新鑄三萬萬枚　虧一百二十萬元。

共需鑄本四萬零四百三十萬零二千三百元;

實虧四百三十萬零二千三百元。

五角二角之銀輔幣,皆將舊鑄之五角二角一角小銀元改鑄。前此銀八銅二,今改銀七銅三;前此市價與所含銀價略相等,今改法價爲十進。故雖費改鑄之勞,然所贏餘尚不少。今略算如下:

五角銀幣一萬萬元。(將舊五角舊一角改鑄,不足則以舊二角添改。)

需鑄本八千五百八十九萬八千九百八十五元;

實贏一千四百一十萬零一千零二十五元。

二角銀幣五千萬元。(將舊二角改鑄。)

需鑄本四千二百八十二萬五十元；

實贏七百一十七萬五千元。

鎳幣則贏利最大。國家鑄幣，雖非爲牟利起見，然既足便民，且以補他種幣之損耗，亦義所應得也。略計所贏如下：

一角鎳幣二萬萬元。(定購鎳胚，自行印花。)

需鑄本二千一百零三萬一千一百八十七元；

實贏一萬七千八百九十六萬八千八百十三元。

五分鎳幣一萬萬元。(同上。)

需鑄本一千六百二十八萬零五百八十四元；

實贏八千三百七十一萬九千四百十六元。

銅幣餘利甚薄，衆所共知。但緣前此濫鑄之結果，價格日落，今非收燬一大部分，不足以維持法價。故處分舊銅元，實今後一大苦痛之事也。幸其市價猶未落至與所含銅價相等，故改鑄其一部分，尚有贏利；惟收燬之一部分，則所耗不貲矣。今擬懸一厲禁，兩年之內，不復購買生銅，凡所鑄銅輔幣，皆收舊銅元以改鑄。現在市價，每元約能購百三十枚內外。陸續收回，價目自漸漲。待所收逾百萬萬枚以上，乃可泐一定價限期，全數收燬，則物價不太動搖，人民不感苦痛，而國家所損耗亦不至太大。今假定收回改鑄之平均價格，爲每元百二十五枚，收回銷燬之價格，爲每元百十五枚，則其贏虧之數略如下：

二分銅幣二千萬元。(將當十舊銅元改鑄。)

需鑄本一千五百六十六萬二千五百元；

實贏四百三十三萬七千五百元。

一分銅幣一萬萬元。(同上。)

需鑄本九千六百七十八萬五千元；

實贏三百二十一萬五千元。

五釐銅幣二千萬元。(同上。)

需鑄本二千一百三十八萬五千二百元；

實虧一百三十八萬五千二百元。

二釐銅幣一千萬元。(同上。)

需鑄本一千三百七十二萬五千九百五十四元；

實虧三百七十二萬五千九百五十四元。

以上改鑄新銅幣一萬五千萬元，除虧外，實尚贏二百四十四萬一千三百四十六元。雖然，就舊銅元方面觀之，其改以成新者，不過除去一百四十萬萬枚而已，而現存之數不下三百萬萬枚，所餘者尚一百六十萬萬餘枚，勢不得不銷燬之，以售其原料。計每萬枚含銅一百斤餘，值銀三十二兩餘，含鉛十一斤餘，值銀一兩四錢餘。以每元百十五枚之定價收之，計每萬枚需銀八十六元九角六分，每萬枚須虧三十五元七角四分，百六十萬萬枚，共虧五千七百一十八萬四千元有奇也。此項銅原料，雖仍可留出三百三十七萬五千斤，爲鑄各種銀幣攙合之用，然就銅幣言銅幣，則損耗終自甚鉅也。

合以上各種幣之鑄本而總計之，則五角銀幣、二角銀幣、一角鎳幣、五分鎳幣、二分銅幣、一分銅幣、六項，共贏二萬九千一百五十一萬千七百五十四元；一元銀幣、五釐銅幣、二釐銅幣、三項，共虧九百四十一萬三千四百五十四元，加以收燬舊銅元項下，虧五千七百十八萬四千元；兩數相抵，實仍贏二萬二千四百九十一萬九千三百元。誠能實行此計畫，則兩年之內，銅元積弊可以廓清，幣制可以確立，而國家仍能得鑄幣餘利二萬二千四百九十一萬九千三百元以供收回紙幣及他項政費之用也。

（四）籌措鑄本之法

籌措鑄本，所最難者第一批耳。第一批新幣既發行之後，自能如數吸換生銀，且可增發兌換券，以助吸收，轉圜挹注，非所憂矣。惟第一批之鑄造，則在新幣制施行以前，必須先鑄成若干貯藏之；直至實施之日，始行發出。其間總有數月，轉使此項資本，失其流通作用。故必須別籌一宗款項，可以經數月備而不用者以充之。又當新幣制未施行以前，兌換券緣種種扞格，不易廣發，其吸收現款之力甚薄。而生銀因沿舊習，仍有充交易媒介之作用，吸收之更不易易。故籌措鑄本之艱窘，惟在此最初發軔之短期間而已。今請概算此短期間內所需之最小限度，乃進而謀籌措之法。

依前節所算，兩年內共需鑄本七萬一千七百八十九萬六千七百元。以四期平分之，每期應需一萬七千九百四十七萬四千一百七十五元。但第一期所需，有可以較省於後三期者：（其一）第一期所擬備之主幣一萬萬元，內一部分可以舊銀元代用，暫緩改鑄，故新鑄者只能算七千萬元之譜。（新廠未開工以前，盡各廠機器能力,所鑄亦僅能及此數。)且其成本,可照新鑄估價,不必照改鑄估價。(其二)所鑄銅幣,因各廠現存有餘銅,終須銷用,故可移以充鑄新銅幣之需。故一部分之新銅幣,亦可照新鑄估價,不必照改鑄估價。即其餘一部分,須照改鑄估價者,而此時期之舊銅元,市價甚低,可照每元百三十枚估價。緣此兩端,故第一期所需鑄本,應視後三期爲較省。惟亦有較增者,則添購機器,改良廠務,各種之臨時費,是也。今再概算第一期六箇月間,實需鑄本之數如下:

一圓銀幣,約七千萬元(就新鑄估價),需鑄本七千萬零二十八萬元;

二角銀幣,約二千萬元(就新鑄估價),需鑄本一千七百一十三萬元;

一角鎳幣,約五千萬元,需鑄本五百二十五萬七千七百九十六元;

五分鎳幣,約二千五百萬元,需鑄本四百零七萬零一百四十六元;

二分銅幣,約四十萬元(照新鑄估價),需鑄本十九萬九千一百三十元;

一分銅幣,約三百萬元(照改鑄估價),需鑄本二百九十萬零三千五百五十元;

五釐銅幣,約三十萬元(照新鑄估價),需鑄本二十三萬五千二百三十元;

二釐銅幣,約十萬元(照新鑄估價),需鑄本十萬零七千五百四十元。

以上共需鑄本一萬零零十八萬三千三百九十二元。

外加購機改廠等費二百萬元。

此第一期所需之略數也。然此第二[一]期中,復可分爲第一批與第二批。第一批則幣制實施前所需也,第二批則實施後所需也。第一批所需,則啓超前次曾呈手摺,估計四千八百餘萬元,合以購機諸費,約五千萬元內外。苟並此款而不能籌得,則改革實無從着手。啓超前此所陳諸法,若有礙難辦到之處,則雖委曲其途,出重息以借短債,亦當爲之。蓋得此爲起點,則後此所收之利,決足償所失而有餘也。第一批鑄本有著,一到新制實施後,困難漸迎刃而解矣。

第一批以五千萬元之鑄本,約鑄成七千萬元之新幣。將此新幣七千萬元,交與中國銀行,使任發行,而更以五千萬元之兌換券爲之輔,則國中有新通幣一萬二千萬元。以此新通幣散出市場,民之欲得之者,必以生銀爲易。一箇月內,最少亦應能吸生銀八九千萬,則以供第二批之鑄費,自綽有餘裕。至第二期以後,則吸收力益强,而鑄費之籌措,不復成問題矣。

(1919年版《幣制彙編》第2冊)

呈大總統推行國幣簡易辦法說帖

（1914年9月）

一、將國幣與各地方之過帳銀，算出比價，列爲詳表。例如國幣一元，合天津行平化寶銀六錢九分一釐，合上海九八規元銀七錢二分七釐。其他各地，皆照此推算公布之。

二、在天津將行平化寶銀六十九兩一錢，在上海將九八規元銀七十二兩七錢，交與造幣廠或中國交通兩銀行者，立刻兌給國幣或兌換券百元。其他各地，照此類推。

三、將國幣或兌換券百元，向中國交通兩銀行換生銀者，在天津立兌與行化銀六十九兩一錢，在上海立兌與規元銀七十二兩七錢。其他各地，照此類推。

四、與外國銀行交涉，凡彼此來往帳目，在上海地面，國幣一百元，當規元銀七十二兩七錢計算，規元銀一百兩，當國幣一百三十四元二角計算；在天津地面，國幣一百元，當行化銀六十九兩一錢計算，行化銀一百兩，當國幣一百四十五元八角計算。懸爲定準，永不變更。

五、外國銀行，將生銀託造幣廠代鑄國幣，無論數目大小，皆依第二條辦法。但數目太大時，得商議展期交給新幣，於所展期限內薄給利息，由造幣廠認之。

六、各地國幣匯兌，皆以一元平匯一元，無論何地，無論何時，不得申水貼水。應飭中國交通兩銀行及各郵政局，嚴守此例。

七、中國交通兩銀行，當過渡時代，仍兼辦銀兩匯兌，但須依公布之比價表行之。例如有人欲匯規元銀一百兩往上海者，收到一百三十四元二角，即爲代匯；欲匯行化銀一百兩往天津者，收到一百四十五元八角，即爲代匯。無論何時,無論由何地匯往,概不得申水貼水。

八、政府爲利便商民起見,特在腹地各省,發行國幣匯兌券。凡持該券往中國交通兩銀行或郵政局,托匯往他市者,其效力與國幣同。

九、此項匯兌券,準用以完糧納稅。凡公私一切授受,概不得拒絕。

十、飭各造幣廠趕鑄新輔幣,分運各地,務使嚴保十進法,以爲國幣之輔。若趕鑄不及時,得暫出輔幣票代之,惟仍當嚴守十進。

十一、中國交通兩銀行,在各地所發兌換券匯兌券輔幣券等,其吸得之現銀,掃數運交附近之造幣廠,改鑄新幣。

十二、各地方之舊銀角舊銅元及濫紙幣,照市價行使,用兌換券及匯兌券,暗中收回之。所收回之舊銀角舊銅元,即運廠改鑄;所收回之濫紙幣,即燬之。其因此所生之損失,由中央政府暫爲擔任,仍責令各該省分期攤償。

十三、勸諭各地方商會及錢莊,令勿復用該地之過帳銀,爲計算之標準;一切來往數目,皆用國幣計算。俟國幣推行漸熟,即嚴禁過帳銀之名稱,勿許沿用。其沿用者,一經涉訟,法庭不爲受理。

(1919年版《幣制彙編》第2冊)

呈大總統爲將整理造幣廠計畫臚舉綱要別具說帖文(附說帖)

(1914年10月)

呈爲將整理造幣廠計畫,臚舉綱要,別具說帖,仰祈鈞鑒事:竊查近今各國貨幣基礎所由鞏固,良以造幣權總攬[攬]於國家。而國家實爲正義之源泉。國家之自保其信用也甚嚴,人民之孚信於國家也亦甚厚,故國家置一物焉以爲價格標準,而民皆深便之而樂遵之,誠得其道也。夫國家貨幣上之信用安所寄？則造幣廠是已。故各國之對於造幣廠，其管理最密，其監督最嚴。我國前此各省銀銅局，皆地方大吏藉爲籌款機關，色量則漫無法定，鑄發則不應供求，圜法敗壞，實胎於是。晚清方圖整飭，邊邅滄桑；民國肇建，日不暇給。各廠雖號稱直隸中央，而監督之實，百未一舉。故各廠自爲風氣，毫不整齊。重以種種弊竇，沿自前清，積習深痼，湔拔不易。又其甚者，各省緣籌款孔艱，急不暇擇，或將封閉之廠，要求續開，或將擱存之機，試委商辦。性質既加龐雜，監督自益困難。究其結果所極，徒使鑄數無節，成色紛岐。若聽其遷流，非特將來幣制基礎，永無建樹之期；即市面舊幣信用，益成墜落之勢。夫樂趨簡易，民之恒情也。交易媒介之貨幣，定一價格標準，而以枚數計算，其爲便易，視彼紛紜錯雜，換算平色者，何啻數倍！顧我民曷爲久安於彼之紛錯，而不趨此之簡易，其故可思也。蓋各廠所造之幣，圖式肉好，雖相彷彿，品位分量，則相逕庭。一遵既無所適從，雜廁更未由鑒別。故雖有貨幣之名，只能與生銀同視。制之不立，職此之由。更進言之，則人民之信造幣廠也，不如其信公估局，不如其信爐房。公估局與爐房，各市自爲風氣，則全國平色，混亂如蔴，固其所也。故非廓清平色之畛域，則幣制無確立之期；非鞏固幣廠之信用，則平色無廓清之望。啓超自奉職以來，首注意於此事。現已派員分往各廠稽查，飭天津總廠試行改組。將來整理細目，尚須於進行之際，隨時察看，着着改良。今僅粗舉綱要，祈飭下部局，詳擬各種細則，分別施行。所有謹擬整理造幣廠計畫綱要，理合別具說帖，呈請大總統鈞鑒訓示。謹呈

謹將整理造幣廠計畫，臚舉綱要，恭呈鈞鑒。

甲　全局之規畫

今欲國幣流通全國，常保法價，則對於造幣廠，其最關重要之規畫如下：

一、裁置局廠　造幣廠過多，則監督難周，而鑄出之幣，易生參差，不能一律行用。又各廠鑄數，合之或爲過濫，而價因以跌落。現總分廠規定七處，本甚適宜。惟參雜其間之銅元局，久應裁撤。所有裁撤辦法，業經會同財政部呈請鑒核，待批準後施行。又原定七廠，對於西北地方，稍覺落空。竊謂宜添設太原一分廠，以供給西北一帶。太原商民，所藏生銀，較多於他省；吸收挹注，以供鑄數，亦較他省爲便也。又鼓鑄鎳幣，流弊最當嚴防。宜專設一廠，集中一處，其地點則以在天津或北京爲最宜。

二、檢查重量成色　各廠鑄幣，重量成色，須由部局檢查，以防歧異。該項檢查章程，亦經會同財政部呈請核定。

三、規定鑄數　各廠但期餘利之厚，濫行鑄發，法價自難維持。如現時之銅元跌價是也。以後各廠鑄數，應由幣制局隨時核定，務求適合需要。現先當限制銅元，所擬限制辦法，亦經會同財政部呈明。其全國兩年內擬鑄輔幣之總數，別於鑄幣計畫說帖內陳明，不更復述。

四、明定權限　以造幣爲營業或鑄款之機關，勢必濫鑄。今後當明定權限，使各廠但司鑄造；凡兌換販賣，皆以中國銀行經理之。兌換鑄造之出入盈虧，另立一賬。廠費由國庫撥用，勿使仰給於餘利。如是則營業之性質去，而濫鑄乃可以免。此端本係造幣廠章程所規定，惟待籌備實行。

五、選用專才　普通政務，關涉普通人民，須就人民之範圍，自不能純倣他邦，過違習俗。惟如軍隊學校銀行工廠等事，招集少數之人，以就一定之範圍，而辦特別事務，則大可廢棄陳舊之制度，而採用最新之良法。處今之世，抑亦不得不爾。故其用人，不當徒重尋常事務之經驗，尤須求有專門之才識。此如治軍必用軍人，治學校必用教育家，治銀行必用銀行家，治工廠必用工業家也。造幣廠爲工廠之一種，其人員自必須習於工商之事。若使其成爲一尋常之衙署，廠長委員，都無專長，日惟畫到署諾，不能躬親廠務，徒使司事工役，循例工作，則整理何以實行，弊端何由袪絕？斯後應選用專才，廠長必熟習工廠之事，通曉幣制情形；廠員必各擅一能。技術之事，皆當屬於專門之技師技士。而操守廉潔，則尤爲必要也。

乙　內部之整頓

各廠鑄幣，不能待中央之檢查而後發行。發行後，成色重量，倘有不合，甚難收回。故必整頓於事前，便弊端不至發生。惟整頓僅在鑄造，猶爲未足。蓋重量成色之輕減，大利所在，結習已深。苟非全廠紀綱嚴肅，殊難弊絕風清。至汰除虛耗，節省公款，亦非整頓全廠不可。茲擬整頓方法如左：

一、改良管理　造幣廠之組織，業經規定，管理方法及辦事規則，擬再詳細改訂。如廠員之服務，工役之統轄稽查，兌換各幣之計算收發，材料之採購保存收發檢查，銀銅之校準配合，耗失之查計，餅幣之保存，領發款項之收支，凡此諸端，皆須有細密適用之規則，以範圍之。庶統系分明，有如臂指之聯絡；

監察順便，無患耳目之不周。而全廠人員，皆能循規守範，不曠職守也。

　　二、訂定簿記　工廠中事務復雜，人員眾多，稽察款項之出入省費，與夫成本盈虧之計算，工作勤惰之查考，必不能以舊式之簿記馭之，須另訂細密之工廠簿記，管理乃有所根據。現正從事擬訂試行，以待推及各廠。

　　三、精究技術　鑄幣本精微之技術，惟素來各廠視爲手藝細事，徒令工匠自爲之。各所委員，本不了了，亦衹能袖手旁觀，鑄造自不精良。現擬將技術事務，皆歸專門之技師技士任之，使研究改良，以輕減熔化烘洗之耗失，輾片厚薄之參差，舂餅印花之毀壞，及成色重量不合公差之枚數。若須修理機械，添置自動太平等器，所費當亦不甚鉅也。

　　四、注重化驗　各廠本有化驗科，以試銀條之成色。惟常有化驗未竣，即行鑄造者，且鑄成幣後，不復化驗，以致成色重量仍甚含糊。現擬飭各廠，非化驗後，確知配合無差者，不得開鑄。以後成色之準否，化驗師應負責任，藉以輔中央檢查之所不及。中央化驗所，仍添聘外國著名技師，使巡回各廠，悉心稽查，各化驗師之功過，委其考核。庶幾能破積習，面[而]對外之信用，亦可增也。

（1919年版《幣制彙編》第2冊）

批裕國實業銀行總籌備處代表董耕雲呈

（1917年7月25日）

　　原具呈人裕國實業銀行總籌備處代表董耕雲呈一件爲請改資本二百萬元爲八十萬元並查驗已繳股款二十萬元以便營業由

　　據呈"時事障礙，招股不甚踴躍，請將章程內股本定額二百萬元改爲八十萬元，並請查驗已繳股款二十萬元"等情已悉。查請改股額一節，核與定章尚無不合，自應准如所請，將該行股本總額改爲八十萬元。至已繳股款，核計銀元二十萬元，經本部令行京師總商會，赴中國銀行查驗屬實，應准注册。所有執照，俟本部頒行執照時，再行一並給領，並仰知照。此批

(1917年8月3日《政府公報》第556號)

批裕國實業銀行總籌備處代表董耕雲呈

(1917年7月26日)

原具呈人裕國實業銀行總籌備處代表董耕雲呈一件爲呈驗股本內小洋羌票折合大洋有盈無絀請免折變大洋由

呈悉。所請將原收股本小洋、羌票兩項免予折變大洋一節，既稱款項提兑，窒礙良多，核與北京銀元市價，尚無不足，應准變通辦理。惟查該行章程內股本數目定明爲銀元，則股東交股均應以大銀元計算。該處所收小洋、羌票，登記股册，仍應折合大銀元，以符定章。此批

(1917年8月3日《政府公報》第556號)

呈大總統漢口商會會長俞崇敬承銷印花年認鉅額請從優獎勵文

（1917年7月31日）

　　爲漢口商會承銷印花年認鉅額請將該商會會長俞崇敬從優獎勵以昭激勸具呈仰祈鑒覈事：竊據湖北印花稅分處處長高琦度呈稱"湖北印花稅務歷年收數，全省合計，至多不過十餘萬元。衡諸部定比額，相差甚鉅。漢口爲著名商埠，華洋萃處，情形特異，故印花開辦三年，稅收迄無起色。悉心體察，知遷就固非良策，操切尤礙進行。祇有設法利導，俾得先就範圍，徐圖展拓。幸該埠賢明紳商意見相同，樂爲贊助，開會集議，劃定全年應銷票額，即由商會承銷。經與商會會長俞崇敬等多方策畫，始經議定，漢口一埠全年認銷十三萬元，概由商會承領分銷，定於本年六月一日起實行。查湖北稅務進行，全視漢口爲轉移，此動彼應，關係匪輕。此次該埠承銷印花，超過歷年全省收數，華洋一致，遐邇傾矚。各紳商熱心匡益，實皆大著勤勞。而漢口商會會長俞崇敬，以高資耆年，雅負重望，始終不辭勞怨，力贊厥成，見義勇爲，尤堪敬佩。亟應從優獎勵，藉以風示全國。查該會長俞崇敬上年因勸辦內國公債，已由湖北省長呈准獎給三等嘉禾章，應如何從優覈獎之處，非敢擅擬。其餘出力紳商，容再擇尤另案呈獎，分資鼓勵"等情到部。查印花稅一項，既以補充國庫收入，即以保證人民契約，東西各國均視爲最良稅源。我國開辦數年，習慣未成，推行匪易，而通商口岸，尤覺因應爲難。此次漢口商會會長俞崇敬獨能體念時艱，熱誠贊助，每年承銷之額多至一十三萬元，實屬賢勞卓著，功績昭彰，不惟有裨稅收，亦足矜式全國。應請准如所請，優予獎勵，以策來茲。該會長曾經於公債案內奉給三等嘉禾章，此次辦理印花稅務，尤爲異常出力，可否特予晉給勳章，抑請明令嘉獎，伏候鈞裁。所有請將漢口商會會長俞崇敬從優給獎緣由是否有當，

理合呈請大總統鈞鑒訓示。謹呈

（1917年8月2日《政府公報》第555號）

呈大總統請將原有遇閏加徵及已未停免各省一律免除文

（1917年8月1日）

爲核議田賦遇閏加徵制度與現用曆制不符擬請明令免除事。竊查田賦加閏辦法，係前清時沿用陰曆舊制；民國成立，改用陽曆，本無閏月之可言。前迭准國務院咨，直隸、江西兩省均以此項加閏有礙國體，業由該省議會提出請願，經參、衆兩院先後議決取消在案；茲復准奉天省長咨開"准省議會咨稱'本會受理北鎮縣唐景岳等請議徵收警餉改用陽曆一案，提出會議，僉以徵收畝捐改用陽曆，既杜浮收之弊，亦與國體相符，應請查照施行'等因，當經令行財政廳核議。旋據復稱'從前各項支出，均照陰曆月份計算，每遇閏年，自不得不加閏徵收，以資抵補。自改用陽曆以來，已無閏月之支出，此項收入未便仍循舊章，致招物議。應即布告，俾衆周知'等情咨部，查照備案"等因前來。本部復查，遇閏所加賦額，惟奉省畝捐爲數較鉅，其餘各省，均屬無幾。現在直隸、江西兩省既經參、衆兩院議決取消，奉天又經該省長咨請停免，所有照舊徵收各省分，風聲所至，自必援例請求本部詳加核議。與其待請求而後取消，似不若概予免徵，既可省手續之煩難，又可示人民以大公，辦法似較妥洽。謹將原有遇閏加徵及已未停免各省分暨賦額分別繕單，恭呈鈞鑒。如蒙允准，即請明令公布，將田賦加閏一案一律停免，以昭公允而維體制。所有核議田賦遇閏加徵制度與現用曆制不符，擬請明令免除緣由，理合呈請鑒核施行。謹呈。

謹將原有遇閏加徵及已未停免各省分暨賦額分別繕單,恭呈鈞鑒。

計開(略)

(1917年8月3日《政府公報》第556號)

呈大總統次長金還請敘官等文

(1917年8月1日)

爲擬敘本部次長官等仰祈鈞鑒事。竊查本部次長金還業奉鈞令,任命在案。茲謹按照《中央行政官官等法》第六條之規定,敘列二等。所有擬敘本部次長官等緣由,謹乞大總統鈞鑒,訓示施行。謹呈

(1917年8月3日《政府公報》第556號)

批華富殖業銀行呈

(1917年8月4日)

原具呈人華富殖業銀行呈一件爲遵照部定章程及部准合同續領債券事由

呈悉。查發行債票照殖業銀行則例第二十一條之規定,銀行應於發行前另訂專章,呈部核准。本部已於上年十一月三十日第二百二十一號及十二月

二十一日第二百六十八號兩次批示在案,該行迄今並未遵辦,所請續領債票一節,礙難照准。此批

(1917年8月9日《政府公報》第562號)

呈大總統請任免本部秘書文

(1917年8月8日)

　　爲薦任本部秘書事:竊查本部秘書胡彤恩於本年四月十二日奉令,任命爲兩浙鹽運使,姚傳駒於本年六月三十日,由中國銀行調任東三省分銀行經理,羅文莊於本年七月二十日自行呈請辭職。以上三員,均應請明令免去本部秘書本職,另行由部遴員薦任,以重職守。茲查有前任東三省鹽運使羅振方,前署教育部秘書、國務院存記羅惇曧,本部前署僉事、中國銀行總管理處副總司庫徐新六三員,或歷任要職,幹練精詳,或學識閎通,制行端謹,或研精計學,綜核才長,均爲啓超素所深悉,堪充斯選。除由部將該員等履歷咨送銓叙局審核備案外,擬請明令任命羅振方、羅惇曧、徐新六爲本部秘書,以專責成。其羅振方、羅惇曧兩員並留原有簡任職之資格。所有薦任本部秘書緣由,理合具文呈請大總統鑒核,訓示施行。謹呈

(1917年8月10日《政府公報》第563號)

令部員開去兼差

(1917年8月15日)

本部事務繁重,前經明令,不准兼他項機關職務。至部內各廳司處兼差人員,亦應酌加限制。除有特別情形必須兼差者,應由各廳司處長官呈明,仍令兼充外,其餘均應將兼差一律開去,以專責成。此令

(1917年8月18日《政府公報》第571號)

呈大總統陳明本部裁撤機關陶汰人員情形文

(1917年8月18日)

爲本部裁撤機關陶汰人員各情形恭呈仰祈鑒核事:竊查本部自元年成立以來,當熊希齡、周學熙更迭掌部之時,事尚核實,人員極少。以後陸續添設機關至十餘處之多,調部任用人員將近四百員,以致預算俸給薪津之數幾於不敷開支。啓超蒞部以後,悉心體察,並與次長李思浩、金還率同各廳、司、處長詳加商定,除二三成績較優之機關,如印花稅處、清查官產處暨新請併部之菸酒公賣局等,款有專司,責難兼攝,仍應繼續辦理外,其餘或事務較簡,近於駢枝,或時勢所限,實行有待。值此時艱孔亟、庫款支絀之時,自應認真裁併,以資撙節。茲擬將本部附設之財務檢查委員會、財政討論會、籌辦會計金庫統一事宜

處、籌辦新稅處、進款綜核處、編譯報告處各機關一併裁撤，其原辦事務，除編譯報告處歸併秘書辦理外，其餘即責成主管各司分別接收辦理，俾無停滯之虞。至本部及鹽務署各廳、司暨擬留機關各人員，額數雖亦較多，惟部、署事務實在殷繁，自未便過事節減，致與進行有礙。但爲預算經費不敷，亦不得不酌加陶汰，俾免濫竽。現擬酌定標準，凡實缺以外，到部未滿一年歷資較淺之員，除成績尚優、勤能較著者仍應留部外，其餘一概開去差使；其到部一年以上各員，亦經認真考核，凡非事務上所必需者，亦行裁撤，庶於節減之中仍寓慎重之意。合計以上兩項，每月可省經費萬餘元。惟本部現值整理之際，一切應興之事正在籌劃進行。此次所有裁併各機關之預算經費，擬請歸併本部預算之內，以便遇有需用之時，隨時可以支用，仍歸決算案切實開報。一轉移間，庶幾款不虛糜，而事亦克舉。至此次所裁人員中尚不乏可用之才，擬分別另案呈請大總統交國務院存記，分省任用，其辦事員等即由部派往各省財政廳酌量任用，以示體恤。所有本部裁併機關陶汰人員各緣由，理合呈請大總統鑒核。謹呈

(1917年8月22日《政府公報》第575號)

令京兆察哈爾財政廳廳長張家口稅務監督

(1917年8月21日)

前准京兆尹咨稱："據涿縣呈稱：'本年縣境大水爲災，昨經紳商公同提議，擬赴張家口一帶採買小米三百噸、高糧一百五十噸，由火車運送來涿，以資接濟。'"當經本部核定，准予援照京師四郊平糶成案，將稅釐減半徵收，令行該廳監督遵照在案。茲復准京兆尹咨稱："查本年涿縣永定河決口，大水爲災，全縣莊邨田廬漂沒幾盡，人民露處忍飢，慘難言喻。現經官紳籌辦急賑，此次購買

糧食經費，無非由勸募而來，若耗一分關稅，即少一分民食。且此項賑米悉數爲放賑災民之用，與四郊平糶仍收回成本者情形實不相同。可否仍請俯念災民待哺嗷嗷，允予照准將此項米糧一律豁免稅釐。"等因。本部復核此次涿縣大水爲災，人民待賑甚急，自應特予變通辦理。此項賑濟米糧，所有沿途稅釐准予一律豁免，以示體恤。除咨復京兆尹轉飭遵照外，仰即查明上項米糧石數與護照相符，即予放行可也。此令

（1917年8月25日《政府公報》第578號）

呈大總統擬請將揚由常關另派監督管理毋庸由鎮江關兼管文

（1917年8月23日）

　　爲擬請將揚由常關另派監督管理毋庸由鎮江關兼管以專責成事。竊據鎮江關監督周嗣培呈稱"監督兼管揚由常關並兼任交涉員，一身而兼三職，實有不能兼顧之勢。蓋海關職務本簡，而揚由常關所轄局卡至二十餘處之多，歲徵比額有二十餘萬之鉅。外交則常、鎮、淮、揚交涉均歸鎮江辦理，監督遂無分身出巡之暇，但責稅員控馭，緩之則作奸，急之則訌變，尤難保稅員不與書、巡朋比狼狽。故爲整頓常關計，監督當移住揚州，隨時稽巡各局，興革乃有實際，稅收或可增加。而監督既兼任外交，值此對德交涉緊急之時，豈惟移駐不易，亦且出巡爲難。監督遽請將交涉兼職解除，尤恐涉避難辭薄之咎。惟有呈請派員專辦揚由常關，俾資整理"等情前來。查鎮江海關職務本簡，在民國初年設立監督時，曾以揚由係內地常關，與鎮埠鄰接，又向例歸監督經徵，故本部查照舊案，將該常關稅務劃歸鎮江海關兼管；復以從前常、鎮、淮、揚一帶交涉尚不甚繁，亦由外交部將交涉員一職任命鎮江關監督兼任，歷經遵照辦理在案。茲

據該監督呈稱,鎮埠自對德絕交以後,交涉繁重,頗以兼轄揚由常關爲難,亦屬實在情形。應請以周嗣培專任鎮江關監督,仍兼外交交涉員。所有揚由常關額徵既鉅,迭經本部嚴令切實整理,但積弊已深,迄難裁革,難保無税員與書、巡通同作弊等項情事。若長此因循,不另派員專辦,恐無以副監督之名而獲增收之實。亟應呈請大總統選派專員,任爲揚由關監督,以專責成而資整理。至關署經費一層,鎮江海關從前因兼管常關,故本部比照宜昌、浙海等關,定爲三等,關月支經費一千五百元。現既將揚由常關劃出,事務較簡,擬比照不兼常關之杭州、梧州等關,改爲四等海關,月支經費一千元。其原額所餘之五百元,即查照粵海關節省經費辦法,按月照數解交金庫,以符成案。其揚由常關原定各分關局卡經費,月支二千四百四十餘元,現既專設監督經費,自必增加。本部擬參照各常關經費成案,准其每月增支五百五十元,共以三千元爲定額。除監督薪俸照内地常關監督俸額月支三百元外,所有公署開支各費,或以揚關改爲總關,俾資撙節;或就近組織關署,俟監督到任後,酌量辦理,總以稅收增加、款不虛糜爲要義。所有擬請將揚由常關另派監督管理毋庸由鎮江關兼管以專責成緣由,理合呈請鈞鑒,訓示施行。謹呈

(1917年8月27日《政府公報》第580號)

令在職各員

(1917年9月4日)

整飭官常,首重賞罰。本部實缺署缺暨辦事學習各員,業經督飭各廳司局處長官認真甄別,其勤能卓著者,並經分別補署各缺或量予升階,或酌加俸給,以資策勵;至辦事不甚得力及不常到部之員,輕者先予申誡,重者即行開除。自此次甄別之後,所有在職各員,務宜振刷精神,奮勉將事,本總長有

厚望焉。此令

（1917年9月8日《政府公報》第592號）

呈大總統擬將山東民運區域福山等十八縣攤入地丁之鹽課自七年分上忙起一律豁免實行直接新稅文

（1917年9月7日）

  爲整頓山東民運區域實行新稅擬請將攤丁舊課先行豁免以便施行恭呈仰祈鈞鑒事：竊山東福山、蓬萊、黃縣、棲霞、招遠、萊陽、牟平、文登、海陽、榮城、安邱、諸城、昌邑縣、膠縣、高密、即墨、平度等十八縣，地處沿海，逼近灘場，向爲民運民銷區域，應徵鹽課攤入地丁徵收，計歲銷票額共三萬四百三十五張，每張歲課銀一錢六分七釐有奇，歲應徵銀五千餘兩。嗣於籌撥庚子賠款案內，每票歲加課銀一兩，共加徵銀三萬四百三十五兩。此歷來民運區域攤徵鹽課之大概情形也。民國二年，頒行《鹽稅條例》內載"鹽課列入地丁內者，以命令免除之"等語，所有山西、陝西、四川等省，凡由地丁內攤徵鹽課者，均改收直接鹽稅。惟東省民運區域尚係由地丁內間接徵收，以普通食鹽之稅，專責諸置有田業之人，負擔既不平均。且東綱票引各岸稅則均漸增加，淮北近場五縣亦均實行徵稅，獨此甌脫之區運售無稅之鹽。近灌東綱，遠侵淮引，國稅損失殆難數計。前於三年三月間，飭據前山東運使壽鵬飛擬具辦法，以舊例每票重二百二十五觔徵銀一兩有奇，每百觔約合銀元七角有奇，定爲每百觔收銀元七角，暫仍攤入地丁徵收，並另刊發百觔新式運票，每張稅銀六角，凡赴場運鹽者，概須納稅領票，以爲推行新稅之漸。四年三、四月間，復據運使王鴻陸先後呈請，將新票六角之率減爲四角，並請將沿海魚鹽每百觔祇收二角，均經部隨時核准，並呈報前大總統聲明，一俟票稅暢收，即將攤稅豁免在案。此近年整理民運區域酌收鹽稅之辦理情形也。乃新章宣布已逾兩年，而百觔四角之票稅迄未暢收有效。各縣人民以攤丁，既經納課新稅，即屬重徵，疑阻多端，至今爲梗。本年一月間，復據運使王鴻陸呈請取銷舊稅前來。部署通籌熟計，以爲攤丁舊法決難存留，而整頓鹽法端在實行新稅。新稅果能普及，則全區不食無稅之鹽，鄰境不受衝銷之害，以後國家歲收鹽稅逐漸增加，較之前項攤課豈止倍蓰？但舊稅一日不除，則新稅之推行即不能暢然而無阻。與其因仍不變，使反對者有此橫生之阻力；莫如先予廢止，俾改良者得以積極而進行。擬將山東民運區域福山等十八縣攤入地丁之每百觔七角鹽課，自民國七年分上忙開徵之日起，一律豁免，一面實行直接新稅，俾人民曉然於此項稅收係屬以新代舊，並非額外重徵，疑慮自消，施行自易，庶於鹽稅、民情兩無窒礙。如蒙俞允，即由部署咨行山東省長，令飭該福山等縣知事遵照辦理，並出示曉諭各縣人民一體知照。仍由部署令飭山東運使，將直接新稅定期實行，以裕稅收而符條例。所有請將山東民運區域攤丁舊課先行豁免以便施行新稅緣由，理合恭呈具陳，伏乞鈞鑒，訓示遵行。謹呈

(1917年9月10日《政府公報》第594號)

令公布《戰時財政金融審議會規則》(附規則)

(1917年9月7日)

茲訂定《戰時財政金融審議會規則》，特公布之。此令

戰時財政金融審議會規則

第一條　本審議會掌審查評議關於戰時整理財政金融事宜。

第二條　本審議會附設於財政部。

第三條　本審議會置會長一人，副會長二人，審議員無定額，皆以財政部內人

員充之。

第四條　會長由財政總長兼任，副會長及審議員由會長指任。

第五條　本審議會置名譽顧問及顧問，均無定額，由會長酌行聘請。

第六條　會長總攬會務，分配審議事件。

　　　　會長有事時，得囑託副會長一人代理。

第七條　審議員分專任、兼任二種，任審議事務。

第八條　名譽顧問得到會發表意見。

第九條　會長視爲必要時，得函請其他機關派員到會。

第十條　會長視爲必要時，得指令財政部所屬機關人員到會。

第十一條　本審議會置事務員若干人，由會長委任，掌文牘、庶務等事。繕寫文件得用雇員。

第十二條　本審議會人員概不支給薪水。

第十三條　本規則自公布日施行。

（1917年9月8日《政府公報》第592號）

呈大總統兩淮緝私統領季光恩應請開缺另用遴派劉槐森接充文

（1917年9月8日）

爲遵覈派員接充兩淮緝私統領恭呈仰祈鈞鑒事。本年八月十九日准秘書廳函開"據兩淮鹽運使張季煜洽電，'請以劉槐森接充緝私統領'等情，奉諭交財政部覈"等因奉此，查兩淮地方鹽區甚廣，緝私統領一職統帶淮南北三團十五營，督率巡緝，布置籌謀，在在胥關重要，自非爲地擇人，不足以收指臂之效。茲據該運使陳請，以現駐揚州巡緝隊統領劉槐森接充兩淮緝私統領。查該統領駐揚以來,紀律嚴明,軍民安洽。以之派充斯職,自屬人地相宜。擬即准如所請,派令劉槐森接充兩淮緝私統領。其原任斯職之季光恩,應即開去差使,另候任用。如蒙允准,即由部署分別轉行遵照。所有遵覈派員接充兩淮緝私統領緣由,理合恭呈具陳,伏乞鈞鑒,訓示施行。謹呈

(1917年9月11日《政府公報》第595號)

呈大總統武昌造幣分廠廠長一職遴員更替文

(1917年9月9日)

　　爲武昌造幣分廠廠長一職遴員更替以重鑄務具文呈祈鈞鑒事:竊查武昌造幣分廠廠長蔡康,部擬另行委用,擬請明令將武昌造幣分廠廠長蔡康免去本職。所遺之缺,查有金鼎堪以呈薦,業由本部將該員履歷咨送國務院銓叙局審核,尚屬相符。本部復查該員金鼎在鄂從公近二十年,歷任重要職差,經驗甚深。以之補充斯職,必能整頓鑄務,實屬人地相需。該廠爲本部直轄機關,自應查照歷辦成案,無庸拘定依類序補辦法准予薦任。擬請明令任命金鼎爲武昌造幣分廠廠長,以重鑄務。再查該員金鼎係前政事堂存記人員,按照《文職任用令》第四條之規定,應仍留簡任原資,合併呈明。所有武昌造幣分廠廠長一職遴員更替各緣由是否有當,理合具文,呈祈大總統鈞鑒,訓示施行。謹呈

(1917年9月11日《政府公報》第595號)

呈大總統會同覈議陝西省長請豁免田賦附加二成銀兩未便照准文[*]

(1917年9月14日)

　　爲核議陝西省長呈請豁免陝省田賦附加二成銀兩未便照准恭呈仰祈鈞鑒事：竊承准國務院函開"奉發陝西省長李根源呈請將陝省田賦附加二成銀兩一律豁免文一件，應請會同內務部核辦"等因，並附原呈稿一件到部。查此案已准該省長咨部，查照施行在案。茲奉前因，覆查該省近年荐荷不靖，瘟旱頻仍，本係實在情形。惟此項田賦附稅關係全國，通案查各省田賦附稅總數不下七百餘萬元，內陝西一省亦達四十餘萬元。前承准國務院函開："准陝西省長漾電開'陝省旱象已成，請將耀縣、同官等縣附加二成銀兩暫予緩徵'等因，並電准該省長咨送清冊到部。"業經本部以"查耀縣等十五縣田賦附加二成稅，統計應徵庫平銀一十五萬七千七百一十六兩一錢八分二釐，擬請准予援照上年臨潼、朝邑等縣成案，暫緩徵收，以紓民力"等情，會同呈請鑒核，批示施行在案。若該省遽將此款全行豁免，各省勢將紛紛援請，必至牽動預算全案，於中央、地方財政均有窒礙。該省長所請將陝省田賦附加一律豁免一節，礙難遽予照准。應俟國家財政稍有餘裕，再行體察情形，統籌辦理，以昭畫一而免紛歧。所有遵議陝西省長呈請豁免陝省田賦附加二成銀兩未便照准緣由，除咨復國務院暨該省長外，理合呈請大總統鈞鑒，訓示遵行。再此呈係財政部主稿，會同內務部辦理，合併聲明。謹呈

(1917年9月18日《政府公報》第607號)

---

[*] 此件係與內務總長湯化龍共同署名。

呈大總統爲兩浙北監長林兩場知事營私舞弊請交文官高等懲戒委員會依法懲戒恭呈祈鑒文

（1917年9月17日）

　　爲兩浙北監、長林兩場知事營私舞弊請交文官高等懲戒委員會依法懲戒恭呈仰祈鈞鑒事。竊查案據前兩浙鹽運使胡彤恩呈稱"據北監場鹽警長李大昌等呈，控該場知事劉偉彭剋扣薪餉，濫用私人，誤塡運單等情，當經派員澈查。據復：剋扣鹽警辦公費一節，實有其事。惟所用員司內有濫竽充數，並無辦事經驗，額設公役兩名，以鹽警兼充，並未設置。所塡毛鹽運單，因塡票不善，覈算少塡至九十餘擔，經收稅官駁詰有案。並據溫處督銷局呈報，緝獲私鹽九百三十擔，內祇一百二十二擔係向北監場完稅，領有護票六紙。派員往查屬實，並驗得該項私鹽均蓋有'稽覈員驗訖'字樣，並非船户沿途夾帶。應請嚴加查辦"等情，又據兩浙鹽務稽覈分所咨開"據士民李宗祥呈，控長林場知事宋楙琳私收鹽坦罰款，並引稅聯單不塡月日，以致肩販持單販私等情，業飭溫州收稅官查明。坦捐乃商包時稅款之一，白溪坦捐向係漏繳。該知事於四年十月間，突派場警十數人荷槍前往該地，將牙户、坦户等傳到，科以匿稅之罪，當認罰洋一百十元了事。以十元交警目龐姓，餘百元帶場，至今未准報解。至引稅聯單，本月甲乙兩聯，上年護票未經實行時，各場以乙聯發給鹽販，仍以甲聯繳局稽核。今檢該場前繳三萬二十號稅單，甲聯係上年四月十六日發給，塡明日期，而乙聯並不照塡，以致發生一單數用情事。並查稅單甲聯收款明塡一角五分六釐，而乙聯則塡一角七分二釐，如謂以附捐並入在內，何以單上又有外加一成公費字樣，是又爲浮收之證。相應咨請查辦等因。除將該兩員先行撤任外，理合呈報鑒核"等情，當經部署指令該運使查明該兩員等舞弊事由並一切證據，送署核辦去後。茲據該運使查明，分別錄案造冊，呈送前來。查該員劉偉彭、宋楸琳等身任場官，乃敢營私舞弊，實屬有虧職守，應請令交文官高等懲戒委員會依法懲戒，以儆官邪。所有兩浙北監、長林兩場知事營私舞弊請交文官高等懲戒委員會依法懲戒緣由，理合恭呈具陳，伏乞鈞鑒訓示。謹呈

(1917年9月20日《政府公報》第604號)

呈大總統為大員違法處理公務涉及刑事範圍應請明令依法懲處文*

(1917年9月17日)

　　為大員違法處理公務涉及刑事範圍應請明令依法懲處以儆官邪而肅綱紀恭呈仰祈鈞鑒事：竊本部前呈准將全國菸酒事務署裁撤歸部，設局辦理，並蒙簡任胡汝麟為該局總辦在案。茲據呈報接收該署情形，關於大宗款項之支出，該前督辦鈕傳善實有處理失當並涉及刑事範圍者，謹為我大總統縷晰陳之：一、支付菸酒銀行股本四十三萬元一項。查菸酒銀行係本年四月十四日由張肇達集資擬辦，並請公家撥款補助，分呈本部及前菸酒事務署核辦。嗣准該前督辦一再密咨本部，主張撥給鉅款。五月二十八日，又據張肇達等呈稱，股額認足，照章收股。菸酒署亦允"准撥資提倡，開具各項章程，請予驗資立案"，等情到部。當經派委李光啓、陳震福二員驗明，准予立案開業，一面由該前督辦先自署提公款四十三萬元撥交該行，先後各在案。惟查公款收據上書，係整股三千四百四十股，即一百七十二萬元之四分一，核與菸酒署准撥五十萬元原案不符，並查卷內有種種歧異矛盾之點節。經派委凌文淵、陳介等按照《銀行稽查章程》前往該行，逐項澈查，陸續呈報前來。按張肇達等所呈股東認股清冊，

---

* 此件所署為呈文日期。

共二十一户,認股五百萬元,俱係商股,並稱照章按股本總額四分之一,即一百二十五萬元已如數收齊。是所稱收到之一百二十五萬元,當然係商股五百萬元之第一期股金。本部原批謂:"該行已收股款一百二十五萬元,除另由本部派員查驗外,其關於公家撥資提倡一節,仰該商等逕向菸酒署接洽辦理。"是菸酒署認撥五十萬元,實撥之四十三萬元,當然在商股一百二十五萬元以外。乃經部委查驗,謂存匯豐銀行七十五萬元,存菸酒署五十萬元。查接收署卷,張肇達等並無商款存署,反指署中預備入股之公款冒充商股,欺騙部委,矇請驗准。實則除官股外,商股僅七十五萬元,與原案已屬不符。此該銀行根本上不能成立者一也。該銀行六月十六日填給菸酒署四十三萬元之收據,係屬第一號,是六月以前,並未收有股款。不但菸酒署之五十萬元係指官款矇驗,即匯豐銀行之七十五萬元,亦未必非挪移影射。旋據凌文淵等查稱,該行六月十六日以前,確未收到股款一元。是該行立案時,所稱一百二十五萬元如數收齊者,純屬虛僞。此該銀行根本上不能成立者二也。查該銀行呈報前署,於六月七日開全體股東會,選定饒孟任、鈕元伯、陳秉璋、張肇達、李盛鐸、余國華等爲董事,鈕傳鍔爲監察人,同時選定李盛鐸爲總理,張肇達爲協理。經該前督辦核准在案。現既據凌文淵等查稱,該行收股俱在六月十六日以後,而六月十六日以前,竟有全體股東開會,選定職員之舉。既未收股,何來股東?既無股東,何來職員?空中樓閣,純爲虛構。此該銀行根本上不能成立者三也。又據陳介等查稱,該行股款收據簿及抄示股本清單所列股東姓名及繳股數目,與原報部者又大不相符。則立案時,股東認股清冊之係僞造,不問可知。其實收股本自本年六月十六日起,結至八月二十九日止,共一百十五萬一千二百五十元。內除官股四十三萬元,商股僅七十二萬一千二百五十元,至今仍不足一百二十五萬元之定額。此該銀行根本上不能成立者四也。前列四項,有一於此,該行根本上即無存在之餘地。以毫無著落之機關,承領國家數十萬元之鉅款,以供其捏列之股東、捏選之職員營業或其他之運用,該前督辦竟一再密咨本部,竭力主張,並稱爲"萬難恝置,理無推卸,一舉數善"等語,已屬咎無可辭。乃查原呈股東名册,列有鈕三壽堂。據凌文淵等查稱,該行股款收據簿載鈕三善堂,即鈕傳善之化身。再按該前督辦批准之選定職員單,董事鈕元伯即鈕傳善,監察人鈕傳鍔即鈕傳善之弟。該前督辦一方爲主管長官,行使財政處分權,撥助鉅款，以便冒充商股，朦准立案；一方又為捏列股東、捏選職員中之重要當事人，以實行營私利己。此等違法處理，不惟該前督辦應受刑事之處分，而該銀行根本上之效力早已消滅。現在本部已將准予立案、開業及撥款補助之案先行分別撤銷，一面責該行原領款人李盛鐸、張肇達等將公股四十三萬元如數呈繳，以重公款。惟究竟能否全數收回，尚不能有完全把握也。二、支付建設第一菸廠經費五十七萬元一項。查該前督辦於五年八月間呈准建設菸廠，九月間與禮和洋行訂立合同十條，購定制菸機器一架，價洋六十八萬餘元。由合同成立之日至本年二月，先後派前署第一科科長靳裕華，交付該洋行現洋四十五萬餘元各在案。按近來中國購買機器慣例，均須先繪詳圖，續訂合同，再交訂款。該合同所規定，合同成立時，交價三分之一，四箇月再交三分之一。而機器全圖，則六箇月方能繪出，是菸酒署未見一紙之圖，該洋行已得四十五萬餘元之鉅款。此該合同之喪失權利者一也。又交貨誤期，慣例依誤期時間之長短，定違約金數目之多寡。該合同所規定，僅為說明理由及事實，否則應負遲延之咎。究竟遲延之咎作何解釋，負何責任，毫無界限。若該洋行永不交貨，不難以說明理由、事實，便可任意搪塞；即並不說明，而自認遲延，依據合同，亦並無何等責任。此該合同之喪失權利者二也。又洋行代為購貨，須負完全責任。該合同所規定，機器到滬，受有損失，禮和負責向保險行索賠，不另給價；而全部機器遺失，則僅定負向保險行索賠之責，並無照原件補交、不另給價之明文。設該洋行以全機遺失報告菸酒署，在彼僅有代為負責之名，在我並無責令照賠之權。此該合同之喪失權利者三也。況該合同之訂立及交第一批款，在歐戰開始一年以後；交第二批款，在中德預備絕交之時。禮和既為德商，萬無能運重大機器來華之理。該前督辦身為大員，豈並此國際重大事件毫無聞知，乃竟於此時與禮和訂立合同，一再交付數十萬元之鉅款，尤不可索解。本部現正設法向該洋行接洽，將來能否將合同取銷或改正，及能否索得原款或機器，殊難預定。惟就合同及事實而論，在禮和純為優越權利，菸酒署純為片面義務，國家之損失殊多。即令將來能圖補救於萬一，而該前督辦處理此事之有利德商，有損公家，實百口莫能解免者也。其餘十二萬元左右，係該前督辦委史久龍在上海經營廠地之用。據派員查稱，所購地基在擬開之霍必蘭路一帶，普通地價每畝約三四百元，開報之價則為每畝銀一千四百兩，相差甚鉅，情弊顯然。此等弊端,究係史久龍箇人行爲,或係與該前督辦扶同舞弊,現在尚未查明。綜之前列二項之事實,雖有尚待碻查之處,而現在調查所及,已足證明該前督辦鈕傳善處理公務,圖利自己或第三者,致損國家公署之財產,涉及刑事範圍,毫無疑義。惟該前督辦爲特派大員,究應如何懲處之處,非本部所應擅擬。應請特降明令,依法辦理,庶足以儆官邪而肅綱紀。所有以上各緣由是否有當,理合具呈,恭請大總統睿鑒,訓示施行。謹呈

(1917年9月26日《政府公報》第610號)

令公布《戰時財政金融審議會辦事細則》(附細則)

(1917年9月18日)

　　茲訂定《戰時財政金融審議會辦事細則》,特公布之。此令
　　戰時財政金融審議會辦事細則
第一條　本審議會分設財政、金融二科。
第二條　審議員之分科得各自選擇之。
第三條　本審議會分大會、常會二種。大會由兩科會合行之,常會由各科各別行之。
第四條　本審議會會期,除大會由會長隨時定期召集外,常會於每星期內,各科各行一次以上,日時由會長定之。
第五條　常會之議會以專任審議員任之,但兼任審議員亦得自由列席。
第六條　審議員之專任、兼任由會長指定之。
第七條　審議事件由會長提出之,審議員之提議須詳細具案,呈候會長核定交議。
第八條　議事日程於會期前三日,連同議案,由事務員先行油印分配於各審議

員;但臨時發生事件不在此限。

第九條　審議員須按照議事日程准時出席。若因事缺席時,須具告假書,提出於會長。

第十條　審議事件由大會議決後,訂成報告書,分別施行。

前項報告書之起草員,由會長於專任審議員中指定之。

第十一條　未經公布之審議事件,會長視爲應守秘密時,各審議員應負其責。本條之規定,事務員並適用之。

第十二條　議事記錄及所有案卷書類,由事務員編制保存之。

第十三條　本細則如有未盡事宜,由會長隨時增改之。

(1917年9月21日《政府公報》第605號)

令公布《菸酒行政評議會章程》(附章程)

(1917年9月19日)

茲訂定《菸酒行政評議會章程》,特公布之。此令

菸酒行政評議會章程

第一條　財政部全國菸酒公賣局設立菸酒行政評議會,以研究菸酒稅法之整理,制造之改良,專賣之準備,關稅之修訂,暨其他一切關於菸酒事宜。

第二條　本會會長由本部總長兼領,副會長以次長及菸酒公賣局總辦兼領之。

第三條　本會會員分爲會員及專任會員兩種,均以菸酒上有專門學識經驗者任之,由總長分別函聘或委派。

第四條　本會設事務員二人,掌管本會一切事務,由會長於菸酒公賣局職員內指派兼充。本會設速記生二人,紀錄議論。

第五條　本會會長、會員、本局及各省區辦理菸酒事務人員,均得隨時提出意

见书，付会研究。

第六條　本會會期分常會、臨時會二種。常會每星期一次，臨時會無定期，均由會長酌定，先期通告。

第七條　本會開會時，會長爲主席。會長因事未能涖會時，副會長代理。

第八條　凡遇緊急特別事件，須即解決施行，或範圍極小事件，毋須經衆討論者，均由會長指定專任會員辦理。

第九條　本會議決事件，由總次長核定，分別施行。

第十條　本會應議事件及開議日時，均記載於議事日程，並將議案先期印刷，分送各會員。

第十一條　本章程未盡事宜得隨時更改，其議事細則由本會自定之。

第十二條　本章程自公布日施行。

（1917年9月21日《政府公報》第605號）

令公布《清理檔案處章程》（附章程）

（1917年9月20日）

茲訂定《清理檔案處章程》，特公布之。此令

清理檔案處章程

一、清理檔案處附設於總務廳文書科，以文書科長爲主任，率同檔案課各員承辦，並由管理總務廳之秘書隨時督飭辦理。

一、除總務廳各科檔案由清理處自行接洽辦理外，其各司、局、處檔案由各該長官指定專員數人承辦。

一、清理處及各司、局、處指定承辦清理檔案之員，每五日應將清理檔案共若干宗，開單報告該管長官及清理處查核。

一、清理手續應由清理處與各司、局、處所派承辦專員接洽辦理,以歸一律。
一、各應司、局、處檔案無論已結、未結,均應一併清理。其已結各案業由各司清理就緒者,應先行開單送交清理處覆核,以完手續。
一、清理處及各司、局、處特派之員,應將清理之件限定數目,列爲功課,登入日記簿,由清理處主任隨時查核。俟清理完竣時,得擇尤呈請獎勵。其功課不足者,並得商請該主管長官酌量懲處。
一、本章程自公布之日施行。

(1917年9月22日《政府公報》第606號)

令公布修正《戰時財政金融審議會辦事細則》第四條文

(1917年9月25日)

兹修正《戰時財政金融審議會辦事細則》第四條,特公布之。此令
　　第四條　本審議會會期無論大會常會,均由會長隨時定期召集。

(1917年9月27日《政府公報》第611號)

令各省財政廳

（1917年9月）

爲訓令事：理財之道，經緯萬端；綜核貴得其詳，統計斯爲要政。民國四年，本部設立統計專科，編訂田賦、釐金、雜稅、公債各項統計調查表式，附以通則，頒發各該省區財政廳，飭令限期填報在案。兹查前項統計各表，除江西、山東、黑龍江、京兆等省區業已報齊，辦理尚屬詳明外，其他各省，有經一再督催仍無片紙報部者，有雖填報到部而內容舛誤、經部駁詰迄未答覆者。推其原因，一則以事屬創始，手續較繁，各該省財政廳辦理統計事項既無專科以課其成，而承辦人員大都無相當學識，以致所造各表多不適用；一則以各該省縣局昧於統計行政之重要，對於應行填報該廳之分表任意延擱，或潦草塞責，以致省表不能編造完全。本部辦理統計，按期彙輯，俱有一定之程序。若如上述各項情形，則填報動有稽遲，斯進行諸多窒礙。兹爲整理此項要政起見，特通飭各該財政廳長，於該廳內設立統計專科，就廳員中選派富有統計學識經驗者若干人專任其事，以重責成，不得另行開支經費；並由各該財政廳長對於各縣局嚴定統計考成，隨時督催，以杜玩愒之弊。自此次通令後，仰即認真督率辦理，並將統計專科成立日期、承辦人員履歷以及統計考成辦法，詳細報部，以憑核辦，勿延爲要。此令

（1917年9月29日《政府公報》第613號）

財政部布告爲殖業銀行私發債票事

(1917年10月9日)

查《殖業銀行則例》第二十條內載"殖業銀行得照實收資本五倍之數發行債票。如其資本實收在二百萬元以上,可發債票至八倍;但不得過放出額項之總額"又,第二十一條內載"債票金額每張以五元爲率,並可加彩償還;惟應照下列各條,於發行前另訂詳細專章,呈候財政部核准:(一)債票額息及付息方法;(二)逐次發行總數;(三)抽籤償還年限及方法;(四)加彩數目及方法"各等語,誠以殖業銀行專爲放資農業、工業而設,因放款長期居多,故予以發行債票之權,藉爲周轉之助。條例所定極爲明晰。乃近聞有殖業銀行並不遵章辦理,擅自私發債票。似此玩視部章,殊堪痛恨。除通令嚴行查究外,爲此布告,嗣後殖業銀行如有不遵章辦理,擅自私發債票者,一經查明,定將經理人從嚴懲處,決不寬貸。特此布告。

(1917年10月15日《政府公報》第627號)

呈大總統分別修正《全國菸酒公賣暫行簡章》文

(1917年10月16日)

爲分別修正《全國菸酒公賣暫行簡章》以資遵守具呈仰祈鈞鑒事:竊查

《全國菸酒公賣暫行簡章》載第十二條:"各省公賣局徵收款項,就近繳存各該省支金庫,並按月列表,詳報全國菸酒事務署,聽候核撥。"及第二十條:"本章程施行細則,由各省局體察地方情形,規定詳情,全國菸酒事務署核定施行。"各等語,係經前全國菸酒事務署於民國五年三月間呈准修正,公布在案。現在該署業已裁併,所有全國菸酒事宜,均歸本部設局辦理。此項條文所規定詳署字樣,核與事實不符,當然不能適用,擬請重加修正。第十二條爲:"各省公賣局徵收款項,就近繳存各該省支金庫,並按月列表,呈報本部,聽候核撥。"第二十條爲:"本章程施行細則,由各省局體察地方情形,詳細規定,呈請本部核定施行。"方足以資遵守而符事實。如蒙允准,即由部分行遵照辦理。所有分別修正《全國菸酒公賣暫行簡章》各緣由,是否有當,理合具呈,作乞鈞鑒,訓示施行。謹呈

(1917年10月19日《政府公報》第631號)

令公布《財政部特派赴日財務行政視察團章程》(附章程)

(1917年10月29日)

兹訂定《財政部特派赴日財務行政視察團章程》,特公布之。此令
　　財政部特派赴日財務行政視察團章程
第一條　本團團員由總長選派,赴日本大藏省及該省所屬機關視察各項財務行政。
第二條　本團設團長一員,由總長在團員中指派。凡關於本團公共及對外各事務,均由團長主持辦理。
第三條　本團設會計、文牘各一員,由團長在團員中選任,辦理公共會計、文牘

各事務。

第四條　團員視察事項,由部編具目錄,交由團長,俟到東後,會商大藏省員,按事項之繁簡分配日程細表,再由各員分別擔任。

第五條　團員視察事項除詳細報告、應俟回部後彙呈外,其視察大概情形,各團員可隨時自行報告,但須交由團長核閱彙寄。

第六條　各團員除星期例假外,必須按照日程從事視察,並應將視察所得繕具日記,以備查考。其在他處各機關視察者,應將視察情形隨時報告於團長。

第七條　本團往返川資及因公用款由會計員支付,俟回部後,據實報銷。其各團員均月給旅費二百元,凡在日膳宿等費,由各員自行開支。

第八條　本團視察時期,以三個月爲限。

第九條　本章程自公布之日施行。

(1917年11月1日《政府公報》第644號)

呈大總統請將四川寧遠關裁撤歸成都關監督派員管理並將該監督吳士椿免職另用文

(1917年11月1日)

爲擬請將四川寧遠關改歸成都關監督派員管理毋庸專設監督事:竊查四川寧遠關本由該省財政廳派員管理,嗣於歸併四川常關案内,曾以寧遠關毗連滇境,運輸便利,復以冕寧縣鹽茶稅及瀘沽所徵之稅歸併經理,年可增收至十萬元,經部呈准,將寧遠關專設監督,並任命吳士椿爲該關監督在案。茲據該關監督吳士椿呈稱"寧遠關與雅州關同在上川南,地勢近接,所征貨物大致相類。輸出之貨由寧而雅,輸入之貨由雅而寧,非歸併不足以資整理。以徵稅論，奸商之繞越可不禁而絕；以用人論，稅員之私弊計無從施。蓋由於此者必經於彼，稽徵既無瞹隔，考察亦易周詳。且兩關稅款如地方平靖，年約徵銀四五萬元，徵款微薄，較之各常關不啻霄壤，尤不足以言獨立。況經費短絀，合併則公費差可敷用。現在雅關已歸併成都關，可否將寧遠關一併歸入成都關辦理，伏候察核"等情前來。本部復核，該監督所稱各節尚係實情，且查該監督到任時，報告冕寧縣鹽茶稅另有專收機關，經部核准，免歸該關接管，並改訂全年稅額爲六萬六千餘元。核閱近兩年收數册報，僅徵二三萬元，實無特設監督之必要。本部擬請變通前案，照雅安關歸併辦法，即將寧遠關改歸成都關，派員管理，以便稽徵而資整理。再寧遠關既經裁併，所有該關監督吳士椿應請免職，另候任用。如蒙允准，一俟令下，再由本部轉行遵照。所有寧遠關改歸成都關監督派員管理緣由，理合呈請鑒核施行。謹呈

(1917年11月8日《政府公報》第651號)

呈大總統爲擬定各省區處理官產人員懲戒章程並給獎辦法文（附章程）

(1917年11月13日)

　　爲擬訂各省區處理官產人員懲戒章程恭呈仰祈鈞鑒事：竊查各省區處理官產人員，其認真從事者固不乏人，而奉行不力者亦在所不免。現在需款正殷，此項稅外收入欲圖切實整理，似非明定懲戒章程，不足以資儆惕而策進行。查本部前於"呈明清理官產情形擬請明發明令由部主持辦理"案內，曾聲明"奉行不力，由部呈請，分別懲處"在案。爰本此旨，擬訂《各省區處理官產人員懲戒章程》凡十一條，繕具清單，恭呈鑒核。惟既有懲戒，即不能不有獎勵。查從前辦理，官產人員，係按照《督徵官經徵官獎勵條例》給獎。現在前項獎勵

條例奉令廢止,當經本部於呈報五年分官產解款數目案內,聲明"隨時擇尤請獎,或酌給津貼,以資鼓勵"在案。擬請嗣後處理官產人員,其有成績良好,收入確有起色者,由本部隨時核擬給獎,呈明辦理。如蒙允准,即由部通行遵照。所有擬訂《各省區處理官產人員懲戒章程》緣由,理合具呈,伏乞鈞鑒,訓示施行。謹呈

謹將擬訂《各省區處理官產人員懲戒章程》開呈鈞鑒。

計開

第一條　各省區處局處理官產人員依本章程之規定懲戒之。

凡知事兼任處理官產事務者,仍依《知事懲戒條例》辦理。

第二條　懲戒分左之三種,依事實輕重處分之。

第一種　撤差　第二種　減薪　第三種　記過

第三條　有左列事實之一者,受第一種懲戒處分。

一、侵吞產款,查有實據者。二、呈報各項產價,查有短估情弊者;三、丈量土地或建築,以多報少者;四、部照存根內,所填地價短於照內所填地價數目查有實據者;五、縱容僕役詐贓有據者;六、於核定各項官產價格不經呈准核,減私擅減價出售者;七、於定章外,巧立名目私取或浮收者;八、以自己名義或假借他人名義,買受所管各項官產者;九、非因疾病而不處理公務者;十、才具竭蹶,不能稱職者;十一、未經奉准請假,擅離職守者;十二、記過至三次以上或減薪至二次以上者。

第四條　有左列事實之一者,受第二種懲戒處分。

一、僕役詐贓有據,查係失察者;二、不經本部核准,動用產款者;三、僚佐屬吏犯重大過失,知情而不舉發者。

第五條　有左列事實之一者,受第三種懲戒處分。

一、不服從長官命令或奉行不力者;二、徵收產款報解逾限者;三、處理事務錯誤或延緩者;四、應公布事件而不公布者;五、典守文卷器物誤爲遺失者。

第六條　本章程所未列而事實相等者,得受同等之處分。

第七條　受第三種處分者,每回記一次。但於該事實之情形,得併記二次。

第八條　受減薪處分者,期間爲一月以上六月以下,數目爲月薪十分之一以上三分之一以下。

第九條　因於第三條第一、第四、第六、第七、第八各款及第四條第二款之事實而受懲戒者,除懲戒外,仍分別追繳或補償之。

第十條　依本章程應受懲戒處分之人員,由財政總長交本部文官普通懲戒委員會議決行之。

其涉及刑事範圍者,仍由法庭依法辦理。

第十一條　本章程自公布日施行。

（1917年11月16日《政府公報》第659號）

存 目

司法總長任內公文

就任日期通告(1913年9月16日)

呈大總統報明就職視事日期文(1913年9月22日)

令各省高等檢察廳(1913年9月16日)

呈大總統擬將新疆司法籌備處暫緩裁撤請鑒核施行文(1913年9月25日)

令京外各級檢察廳(1913年9月25日)

呈大總統陳明本部已未派往各國修習員另籌辦法暨嗣後毋庸呈請等情鑒核備案文(1913年9月27日)

呈大總統遵將司法籌備處裁撤其應辦事宜擬分別改歸高等審判檢察兩廳辦理毋庸遴員兼任請鑒核示遵文(1913年9月30日)

呈大總統擬就各級審判廳試辦章程條文分別修正補訂以昭劃一開單請鑒核示遵文(附《修正各級審判廳試辦章程三條》)(1913年9月30日)

呈大總統擬懇准照約法將廣西桂林地方審判廳判決楊松林等一案宣告減刑暨由部按新刑律施行細則改刑等情請鑒核批示施行文(1913年9月30日)

令各省高等審判檢察廳(1913年10月4日)

令各省高等審判檢察廳縣知事幫審員(1913年10月4日)

令駱通、何炳麟、張祥麟、蔣棻(1913年10月15日)

令胡振禔(1913年10月15日)

令京師地方京內外高等審判廳(1913年10月17日)

令京師直隸高等審檢廳(1913年10月17日)

令直隸高等審判檢察第二高等審判檢察分廳(1913年10月17日)

令公布《監獄身分簿》(附身分簿)(1913年10月17日)

呈大總統擬懇將辛萼樓一犯宣告減刑請鑒核施行文(1913年10月21日)
監獄看守服務規則(1913年10月22日)
令各省高等檢察廳(1913年10月23日)
令直隸高等審判檢察廳(1913年10月29日)
北京律師登錄第四表(1913年10月31日,存目)
令京師地方審判廳京內外高等審判廳(附《查封動產暫行辦法》)(1913年10月31日)
令京外高等審判廳(附《民事訴訟費用徵收規則》)(1913年11月6日)
司法部布告定期考驗並甄拔司法人員(附《甄拔司法人員準則》)(1913年11月8日)
令京師及沿路綫各省高等以下各級審檢廳縣知事幫審員(1913年11月14日)
令徐良(1913年11月14日,存目)
令京外各級審判廳暨各縣知事幫審員(1913年11月15日)
令給賀俞、范治焕加俸(1913年11月21日,存目)
令給徐良加俸(1913年11月21日,存目)
令京外高等審判檢察廳(1913年11月22日)
批張鵬飛呈(1913年11月24日)
批神州大學代表張嘉森等呈(1913年11月24日)
令京外高等以下各該審檢廳審檢所及行使司法之縣知事(1913年11月25日)
令京外高等審判檢察廳(1913年11月26日)
令公布《監獄規則》(附規則)(1913年12月1日)
令請覲各員開具履歷赴部報到(1913年12月2日)
令直隸高等審檢廳(1913年12月2日)
令山東高等審檢廳(1913年12月2日)
致大理院長函(1913年12月3日)
司法部布告爲發給律師證書事(1913年12月10日)
令順天府習藝所辦事員(1913年12月10日)
司法部發給律師證書月表(1913年12月13日,存目)
呈大總統擬將直隸第一高等審檢分廳裁撤裁缺各員一律免官另候任用並設在

熱河之直隸第二高等審檢分廳改正名稱各等情請鑒核施行文(1913年12月17日)

令浙江高等檢察廳(1913年12月17日)

令京外各級審判廳暨各縣知事幫審員(1913年12月20日)

令馬德潤等員(1913年12月25日,存目)

令李泰三等員(1913年12月25日,存目)

令石志泉等員(1913年12月25日,存目)

令京外各級審判檢察廳長官(1913年12月26日)

令京外高等地方審判廳(1913年12月26日)

令公布《修正律師暫行章程第七章第八章》各條文(附修正文)(1913年12月27日)

令公布《律師懲戒會暫行規則》(附規則)(1913年12月27日)

令各省高等檢察廳(1913年12月29日)

令京外高等檢察廳(1913年12月29日)

令各省高等檢察廳檢察長(1913年12月29日)

令各省高等檢察廳檢察長(1913年12月31日)

令各省高等以下審判檢察廳縣知事幫審員新疆司法籌備處(1913年12月31日)

呈大總統擬懇將已故前四川重慶高等檢察分廳監督檢察官馬柱比較陸軍上校陣亡例給邮請鑒核批准施行文(1914年1月13日)

令各省高等檢察廳(1914年1月14日)

呈大總統擬具司法官廻避辦法四條繕單請鑒核施行文(1914年1月16日)

令吳洪椿等員(1914年1月21日,存目)

令給吳洪椿等員支俸(1914年1月21日,存目)

令各省高等檢察廳(1914年1月24日)

呈大總統謹補訂各省法官回避辦法二條繕單請鑒核施行文(1914年1月27日)

呈大總統查明山西河東地方檢察長閻秉真現無吸烟證據擬請免其懲處請鑒核批示施行文(1914年2月3日)

致汪有齡先生聘任爲法律編查會副會長書(1914年2月3日)

令京師律師懲戒會會長(1914年2月10日)
致董康先生等聘任爲法律編查會顧問書(1914年2月10日)
致羅文幹先生等聘任爲法律編查會編查員書(1914年2月10日)
令潘元諒(1914年2月11日,存目)
令潘元諒(1914年2月11日,存目)
呈大總統所有司法部裁缺各員張軫等均行開去薦任本缺仍留原官資格其餘各員擬仍照舊供職請鑒核批示遵行文(1914年2月12日)
令吳源(1914年2月13日,存目)
令張伯楨(1914年2月13日,存目)
令林紹敏(1914年2月13日,存目)
令給李猶龍、李泰三加俸(1914年2月16日,存目)
令吳承仕(1914年2月16日,存目)
令給潘元諒加俸(1914年2月16日,存目)
令總檢察廳及京師高等以下審判檢察廳(附《司法官考績規則》)(1914年2月16日)
呈大總統擬將直隸豐寧縣監犯改處無期徒刑之池維垣白雲升二犯再減爲一等有期徒刑十年等情請鑒核批示施行文(1914年2月17日)
令趙宣(1914年2月17日,存目)
令趙秀偉(1914年2月17日,存目)
令給趙秀偉叙等加俸(1914年2月17日,存目)
令趙秀偉(1914年2月17日,存目)
令准黃孝覺呈(1914年2月19日,存目)
令黃孝覺(1914年2月19日,存目)
令給林紹敏叙等加俸(1914年2月19日,存目)
令何若水(1914年2月19日,存目)
呈大總統謹將應行迴避之河南等省高等廳長官互相調用人員開單請鑒核施行文(附單)(1914年2月24日)
呈大總統據甘肅山東高等檢察廳呈報同級審判廳覆判杜清潔程旦等各案未具刑律減等情輕法重擬懇宣告減刑以資救濟請鑒核示遵文(1914年2月25日)

幣制局總裁任內公文

呈大總統爲擬預定期日實行《國幣條例施行細則》之第二條以立新幣之基礎且推廣中國銀行鈔票文(1914 年 8 月)

呈大總統爲臚陳鑄幣計畫文(附説帖)(1914 年 9 月)

呈大總統推行國幣簡易辦法説帖(1914 年 9 月)

呈大總統爲將整理造幣廠計畫臚舉綱要別具説帖文(附説帖)(1914 年 10 月)

財政總長任內公文

批裕國實業銀行總籌備處代表董耕雲呈(1917 年 7 月 25 日)

批裕國實業銀行總籌備處代表董耕雲呈(1917 年 7 月 26 日)

呈大總統漢口商會會長俞崇敬承銷印花年認鉅額請從優獎勵文(1917 年 7 月 31 日)

呈大總統請將原有遇閏加徵及已未停免各省一律免除文(1917 年 8 月 1 日)

呈大總統次長金還請叙官等文(1917 年 8 月 1 日)

呈大總統江西浮梁茶稅局長王毓騤請給勳章文(1917 年 8 月 3 日,存目)

批華富殖業銀行呈(1917 年 8 月 4 日)

呈大總統山東烟臺警察廳暨商會辦理印花稅出力人員擬請分別獎給勳章文(1917 年 8 月 8 日,存目)

呈大總統請任免本部秘書文(1917 年 8 月 8 日)

呈大總統會覈安徽賑款擬准核銷文(1917 年 8 月 9 日,存目)

呈大總統遴員汪鏦接充浙江官產處處長文(1917 年 8 月 9 日,存目)

令陳時(1917 年 8 月 14 日,存目)

令部員開去兼差(1917 年 8 月 15 日)

令湯昭(1917 年 8 月 18 日,存目)

令彭淵恂(1917 年 8 月 18 日,存目)

令鄧邦造(1917 年 8 月 18 日,存目)

令張友棻(1917 年 8 月 18 日,存目)

令直隸菸酒公賣局長(1917 年 8 月 18 日,存目)

呈大總統遵覈浙江省民國四年分被灾各縣應行蠲豁及緩徵錢糧數目與例相符文(1917 年 8 月 18 日,存目)

呈大總統覆議浙江青田縣元年分被水冲没及縉雲等四縣五年分灾歉田畝懇請分別蠲緩豁免錢糧以紓民困文(1917年8月18日,存目)

呈大總統陳明本部裁撤機關陶汰人員情形文(1917年8月18日)

令陳介(1917年8月20日,存目)

令郭熙洽(1917年8月21日,存目)

令江蘇菸酒公賣局長高增秩(1917年8月21日,存目)

令歸察菸酒公賣局長萬繩權(1917年8月21日,存目)

令黑龍江菸酒公賣局長呂斅琦(1917年8月21日,存目)

令直隷菸酒公賣局長劉傳樞(1917年8月21日,存目)

令京兆察哈爾財政廳廳長張家口稅務監督(1917年8月21日)

令孫光圻(1917年8月22日,存目)

呈大總統會覆湖南省公署各年度溢支經費擬請准予流用文(1917年8月23日,存目)

呈大總統擬請將揚由常關另派監督管理毋庸由鎮江關兼管文(1917年8月23日)

呈大總統查覆湖南財政廳三四年度不敷經費擬請准予流用文(1917年8月24日,存目)

令陳士耄(1917年8月24日,存目)

令福建菸酒公賣局長章景楓(1917年8月24日,存目)

令孟廣澎(1917年8月24日,存目)

令劉觫訓(1917年8月25日,存目)

令閔星臺、王志、丁偉東、伍步楹、張雲如(1917年8月25日,存目)

令梁文淵(1917年8月25日,存目)

令熊冰、鄧邦道、余金錫、胡震(1917年8月25日,存目)

令汪樹馨(1917年8月25日,存目)

令王澤敷、何澄一、金肇宗、陳韜、王同冕(1917年8月25日,存目)

令潘敬、孟心邉、陳銘鑑、饒澤潘、黃大迳(1917年8月25日,存目)

令靳裕華、魏貞、元銓林、黃廷杰、鄭逈鑑、孫詒譯(1917年8月25日,存目)

呈大總統覆議湖南東安縣屬仁智等鄉五年分被灾地畝懇請分別蠲緩錢糧文

（1917年8月25日，存目）

呈大總統會覈陝省耀縣等十五縣因旱請緩徵本年田賦附加二成銀兩案擬請准予立案暫緩徵收文（1917年8月25日，存目）

令兼署江西菸酒公賣局長羅述稷（1917年8月27日，存目）

令姚梓芳（1917年8月27日，存目）

呈大總統覈議直隸各縣民國五年分秋禾災歉地畝懇請分別蠲緩錢糧文（1917年8月29日，存目）

呈大總統覈議民國五年江西南昌等十五縣被災地畝懇請分別蠲緩錢糧文（1917年8月29日，存目）

呈大總統分發山東塲知事王楨幹擬請改分東三省任用文（1917年8月29日，存目）

令李燿忠（1917年8月30日，存目）

令京兆菸酒公賣局長顧澄（1917年8月30日，存目）

令在職各員（1917年9月4日）

呈大總統覈議陝西省四年分經徵田賦考成請依例將經徵各員商縣知事培成等長安縣知事楊宗漢等分別獎懲文（1917年9月5日，存目）

呈大總統覈議黑龍江省各屬四年分被災地畝懇請蠲緩錢糧文（1917年9月5日，存目）

呈大總統擬將山東民運區域福山等十八縣攤入地丁之鹽課自七年分上忙起一律豁免實行直接新税文（1917年9月7日）

令公布《戰時財政金融審議會規則》（附規則）（1917年9月7日）

呈大總統兩淮緝私統領季光恩應請開缺另用遴派劉槐森接充文（1917年9月8日）

呈大總統武昌造幣分廠廠長一職遴員更替文（1917年9月9日）

令吳祖鑑、馬和賡（1917年9月11日，存目）

令王嵩儒（1917年9月12日，存目）

令龍煥綸（1917年9月12日，存目）

呈大總統會覈直隸安新縣屬同口等村麥田被淹展緩春賦文（1917年9月14日，存目）

呈大總統會覈熱河林西縣五年分被灾地畝分別蠲緩錢糧文(1917年9月14日,存目)

呈大總統會覈熱河平泉縣屬三道河子等鄉五年分被灾地畝懇請分別蠲緩錢糧租銀文(1917年9月14日,存目)

呈大總統會同覈議陝西省長請豁免田賦附加二成銀兩未便照准文(1917年9月14日)

令張伯衍(1917年9月15日,存目)

呈大總統爲兩浙北監長林兩場知事營私舞弊請交文官高等懲戒委員會依法懲戒恭呈祈鑒文(1917年9月17日)

呈大總統爲大員違法處理公務涉及刑事範圍應請明令依法懲處文(1917年9月17日)

令公布《戰時財政金融審議會辦事細則》(附細則)(1917年9月18日)

令公布《菸酒行政評議會章程》(附章程)(1917年9月19日)

呈大總統覈議福建省民國三年分徵收田賦考成請將督徵經徵已完未完分數各員分別獎懲文(1917年9月19日,存目)

令公布《清理檔案處章程》(附章程)(1917年9月20日)

呈大總統覈議湖南茶陵縣五年分被灾地畝懇請蠲免錢糧文(1917年9月22日,存目)

呈大總統覈議江西浮梁等縣五年分被灾地畝懇請分別蠲緩遞減錢糧文(1917年9月22日,存目)

令公布修正《戰時財政金融審議會辦事細則》第四條文(1917年9月25日)

令各省財政廳(1917年9月)

令梁文淵(1917年9月27日,存目)

令金其堡(1917年9月27日,存目)

令姚梓芳(1917年9月29日,存目)

令朱鈞弼(1917年10月2日,存目)

令孫光圻(1917年10月2日,存目)

呈大總統會覈京兆上年賑務用款擬准造銷文(1917年10月4日,存目)

令李文熙(1917年10月9日,存目)

令陳兆春(1917年10月9日,存目)
財政部布告爲殖業銀行私發債票事(1917年10月9日)
令李綏恩(1917年10月12日,存目)
呈大總統分別修正《全國菸酒公賣暫行簡章》文(1917年10月16日)
呈大總統江蘇省承募五年公債出力人員援案請獎勛章文(1917年10月23日,存目)
呈大總統爲酌改兩浙福建雲南口北晋北東三省山東長蘆等處銷鹽比較年額文(1917年10月24日,存目)
令公布《財政部特派赴日財務行政視察團章程》(附章程)(1917年10月29日)
呈大總統分發兩廣東三省各場知事王德如等一年期滿照章甄別留省補用據情轉呈文(1917年10月30日,存目)
呈大總統考覈各常關五年度第三第四兩結收數成績繕單祈鑒文(1917年10月30日,存目)
呈大總統請將四川寧遠關裁撤歸成都關監督派員管理並將該監督吳士椿免職另用文(1917年11月1日)
呈大總統爲派員接辦廣東官產事宜循案具報文(1917年11月3日,存目)
呈大總統山西保晋公司人員承購鉅額公債專案請頒匾額文(1917年11月6日,存目)
令全國菸酒公賣局科員李綏恩(1917年11月7日,存目)
令全國菸酒公賣局調查員常堉蕙(1917年11月7日,存目)
呈大總統覈議新疆所屬綏來沙灣兩縣額糧數目懇請准予劃分文(1917年11月12日,存目)
呈大總統覈議甘肅泰安縣文縣民國四年分被灾地畝懇請分別蠲緩錢糧文(1917年11月12日,存目)
呈大總統請派莫德惠等接充吉林等省清理官產處處長文(1917年11月12日,存目)
呈大總統請派龍紱瑞等接辦湖南等省官產事宜文(1917年11月12日,存目)
呈大總統爲擬定各省區處理官產人員懲戒章程並給獎辦法文(附章程)(1917年11月13日)

令孟廣澎(1917年11月13日,存目)
令李恩藻(1917年11月13日,存目)
令段芝清(1917年11月13日,存目)
令江世沅、吳同芳、邵瑞彭、曾敬詒、侯汝信(1917年11月17日,存目)
呈大總統覈議察哈爾陶林縣境永寧等村民國五年分被災地畝懇請分別蠲緩錢糧文(1917年11月21日,存目)
令文廷直(1917年11月21日,存目)
令梁文淵(1917年11月21日,存目)
呈大總統覈議京兆寶坻等縣五年分被災地畝分別蠲緩糧租文(1917年11月22日,存目)
令張德潤(1917年11月22日,存目)
令馮德明(1917年11月22日,存目)
呈大總統核議甘肅皋蘭等十三縣民國五年分被災地畝懇請蠲緩錢糧文(1917年11月26日,存目)

後　記

　　這本增訂版的出版,最應當感謝的是北京大學出版社以徐丹麗爲首的文史哲事業部編輯團隊。檢索了一下微信記録,將近七年前,準確説是2018年7月2日,我已與徐丹麗就重出《〈飲冰室合集〉集外文》達成了協定。當時的想法很簡單,主要是重新排版與校對,以修正初版本中存在的錯誤,並將先前陸續收集到的若干佚篇補入。所以,交談後不過一個多月,依照初版本三册所做的重排已完成,並開始進入校對階段。出版社的想法是儘快出版,我何嘗不是如此希望呢?那時絶對想不到,完成修訂會拖延這麽久。

　　應該説,到2019年3月底之前,我已經增補了一些篇目,有些當初未見到原刊者也儘量做了彌補,並重新調整了目録。不過,2019年4月開始的哈佛大學訪學兩個多月,還是打斷了我手頭正在進行的工作,儘管出版社方面的整理、校對仍在有序推進。6月回來後,因爲加入了我的晚清四本隨筆小書的編印,對《集外文》不免分心。接下來就是三年疫情,出版社還是會不時提醒我應該繼續推進,我卻總未能集中心思。

　　需要感謝的第二個人就是陳平原。我做事一向遲緩,總需要有人催促,纔可以繼續前行。陳平原就扮演了這樣的角色。2022年9月底,由於徐丹麗提到轉年即爲梁啓超誕辰150周年,對於《集外文》的印行是一個有利時機。平原於是又加緊鼓動。他説服我,輯佚是永遠做不完的,而且,多一篇兩篇對此書没有什麽影響。我也覺得不應再拖下去,便向徐丹麗表態:"我把手頭已經查到的佚文整理一下,不再擴大增補範圍了,整理好就發給你。"無奈11月趕完考核任務後,文史哲事業部諸人紛紛中招病倒。直到次年2月6日纔開始上班,《集外文》方重新啓動。

　　這次我們先制定了一些校對規則,比如:所有文稿均以原刊本核校,文字依照原本,繁體字、異體字全書不做統一等。而且,2月7日還建立了微信群,可以隨時處理校對中的問題,及時傳送文檔。爲此,除了初版本底稿中所用的影本,還有大量抄件需要找到原刊。我自己花了不少時間下載,但最後一些無法檢索到的篇目,只好交給我和陳平原指導過的學生、現在山東大學任教的宋雪博士幫忙。她果然不負所託,那些短缺的文獻最後都有了著落。

微信群對提高工作效率確實大有助益,起碼我不會再像此前那樣,文稿一擱,兩三年沒有動靜。當然,我還在陸續把新找到的佚文加入,三位責編也在一遍遍地核對校樣。本來2024年底出書已經很有希望,但由於一個新契機的出現,出版計劃又做了調整。

這個契機是王蔚帶來的。王蔚雖然畢業於北京大學英文系,卻偏愛中國近現代文史考證。我看過她的一些文章,對其考辨精細、思路縝密印象深刻。2024年9月,因爲編發論文而與她聯繫增多。某日,王蔚發來幾則梁啓超署名的啓事,問我是否看過。我告以現在正在做《〈飲冰室合集〉集外文》的增訂,正好插入。從此一發而不可收,連續一個多月,王蔚幾乎每天都給我發送她新找到的未收入《梁啓超全集》的作品。這些新增部分包括祭文、序跋、書信、啓事、挽聯等,總共有五十餘件,對《集外文》的增訂是極大的補充。

坦白説,在此次啓動《〈飲冰室合集〉集外文》增訂工作之前,《梁啓超全集》已經在2018年3月由中國人民大學出版社出版。皇皇二十册大書,由湯志鈞、湯仁澤父子投入三十餘年心血編成,實在令人感佩!本以爲此書既已面世,其他諸種梁啓超文集,包括我編的《集外文》都可以不再重印,因爲《全集》出版前,人大歷史系老教授王汝豐先生曾特意寫信,代表湯志鈞先生詢問,能否授權《全集》借用《集外文》中的一些篇目,我自然表示同意,並且也確實看到在《全集》的相關出處中有標記。不過,在翻閲《全集》後,我發現在《集外文》印行後又積累的一些梁啓超作品,《全集》仍有漏收。特別是一些朋友和出版社的勸説也打動了我,他們認爲,《全集》部頭太大,八九千的定價也讓人生畏,已擁有中華書局影印版的讀者,只需再配一套《集外文》已經够用。這確實是重新開工的充足理由。

如此,我最初的想法,就是對《集外文》初版本略做增補即可。不過,一旦上手，其實不然。一是有了《梁啓超全集》出版在前的示範，二是有了資料庫日益增多所提供的便利，使我都應當而且必須比《全集》在輯佚方面做得更好。爲達成這個目標，除了自己利用北大圖書館購買的《申報》《大公報》《全國報刊索引》等資料庫進行檢索外，又加上諳熟各種近代文獻資料庫的王蔚的説明，目前完成的增訂版總算差强人意。

列舉一下重要的增補：一是光緒十五年（1889）廣東鄉試的考卷，梁啓超即憑此中舉。補遺綫索在《梁啓超年譜長編》（上海人民出版社1983年版）已明示："先生第一題的文章，載光緒己丑《廣東闈墨》第一册頁三十八，詩載同書第二册頁八十一。"此一文一詩系北大圖書館副研究館員欒偉平借由《廣東大典》而查到。

其次是《蔡松坡遺事》。蔡鍔1916年11月8日病逝日本後，梁啓超發表過多篇電報、祭文、傳記與演説，而此文最晚出，篇幅最長，卻也最難尋。《梁啓超年譜長編》雖稱1926年11月8日，"北京《晨報》爲出紀念特刊一大張"，亦言及"先生並撰《蔡松坡遺事》一長篇，凡數千言，記蔡公事蹟甚詳"，然《晨報》影印本並未收入這份特刊。我先請宋雪查找，在《中國歷史文獻總庫·近代報紙資料庫》中發現了此文，可惜從網上只能下載一半；再請託國家圖書館出版社副總編張愛芳在内部調閲，終於獲得全文。

第三是《和文漢讀法》。在《〈飲冰室合集〉集外文》序中，我已經提到日本學者樽本照雄先生曾在網上代爲發布過尋書啓事，仍無所獲，故我對見到初刊本已不抱希望。這次是由於王蔚的提醒，並轉來在日留學的李海博士發現《和文漢讀法》最初印本的論文資訊，纔促使我開始新一輪的查找。此次被我一再打擾的是東京大學文學部的陳捷教授，她又去聯絡和李海有過聯繫的成城大學教授陳力衛。最終采用拼合的方法，我纔得以復原這個最早的版本。在此期間，清華大學副教授陳愛陽在日文辨識、校勘與輸入方面給我很大幫助。整個經過，我專門寫了一篇《〈和文漢讀法〉初刊本復原記》以做交代，並致感謝。

第四爲《財政原論》。《梁啓超年譜長編》對此書已有記述，1909年項下有云："四月，先生著《財政原論》。據該書目次，知全書共分五編十八章。"並引用《例言》中語，稱："可見先生年來對於財政學用功之深，懷抱之大，惜全書迄未完成。"而我對同年7月12日(農曆五月二十五日)梁啓超寫給二弟啓勳的信中言記憶更深,"近爲《財政學》一書,可得百萬言,洵療國之秘方"。設想如此大書,半途而廢,實在令人扼腕。但完全没想到,啓超先生還是留下了他的全書構想,即單印一册,包括《例言》與《目次》的本書。並且,其目録之詳細,以此册竟達一萬三千字即可知。甚至僅憑此目次,梁啓超之財政思想、救國方略已可概見,更毋論其未完著作的規模之大、功力之深。而此書正是由王蔚提供。

第五爲《講壇 第一集》。此書中所收九文,1918年11月至1919年2月,曾在北京的《國民公報》、天津的《大公報》與上海的《時事新報》"講壇"或"星期講壇"欄目刊出,足見梁啓超對此系列文章的重視。初版《〈飲冰室合集〉集外文》已據南北三報,全部收録。只是,當年《國民公報》的"講壇"尚多出一篇《歐戰結局之教訓》,與前後所刊"談精神修養"(《講壇 第一集·〈時事新報〉記者誌》)諸文題旨不合。現在彌補了當初的遺憾——明知《時事新報》社印行了單行本,卻不得見;而且,排除了討論國際政治一文,全書的論題也獲得了統一。得到此書影本,則要感謝華東師範大學的魏泉教授。

這次重新過目,也發現初版本中有二文《飲冰室合集》已收入:一是《海外殖民調查報告書》,雖然間有不同,但其文字大體可於《新大陸遊記》中得見;一爲《上海蔡公治喪事務所同人公祭蔡松坡先生文》,與《合集》中《公祭蔡松坡先生文》相同,故均删去。

又,初版本當初輯録梁啓超1900—1901年澳洲行所作三篇文章與兩組詩,乃是移録自劉渭平所撰《梁啓超的澳洲之行》,該文1981年分兩次發表於臺灣的《傳記文學》1月號與4月號。此次請曾在悉尼大學執教的孔書玉博士幫忙,查對了在悉尼印行的《東華新報》原刊,改正了兩則代擬的題目並誤植字,方纔安心。

此外,在查尋資料與使用OCR處理文檔的過程中,欒偉平給了我很多切實的幫助,甚至是一兩分鐘後的立即回應,在此一併致謝。

儘管做了不少努力,也新增了近百篇目,但毫無疑問,失收仍然在所難免,且必然如此。如《序》中專門述及的《經藝奇觀》中梁啓超早年所作八股文四篇,雖則《梁啓超全集》已經收入,我卻終因未見原書而放棄。也有已見而不收的情況，如遵照原訂體例，挽聯均作爲附錄，不單收，故挽寄禪法師與林長民兩聯均未錄入。明白輯佚永遠是有遺憾的工作，姑且到此打住吧。

夏曉虹
2025 年 2 月 27 日於京西圓明園花園